# BOUQUINS

*Collection fondée par Guy Schoeller
et dirigée par Jean-Luc Barré*

OUVRAGE PUBLIÉ AVEC LE CONCOURS
DU CENTRE NATIONAL DU LIVRE

GUY SACRE

# LA MUSIQUE DE PIANO

## DICTIONNAIRE DES COMPOSITEURS ET DES ŒUVRES

# A - I

RÉPERTOIRE ALPHABÉTIQUE DES ŒUVRES

\*

ROBERT LAFFONT

© Editions Robert Laffont S.A., Paris, 1998
ISBN : 978-2-221-05017-7
Dépôt légal : mars 2012 - N° d'éditeur : 52425/02

*À Vladimir Jankélévitch,
pour le clavecin de Vermeer,
pour la Ville invisible
et l'infatigable mois de mai,
pour le cœur de la rose
et le chœur de l'enfant.*

*À Robert et à Billy,
qui, que, dont, et quibus auxiliis...*

*Je me refuse à les admirer en bloc parce qu'on m'a dit que c'étaient des maîtres ! Ça jamais ! De nos jours, à mon avis on prend à l'égard des maîtres des façons de domestiques fort déplaisantes ; je veux avoir la liberté de dire qu'une page ennuyeuse m'ennuie, quel que soit son auteur.*

DEBUSSY.

*Nulle part les méconnus, les mal connus et les inconnus ne sont plus nombreux que dans le domaine de la musique. Une vie entière ne nous suffirait pas si nous entreprenions de réhabiliter ce peuple obscur des génies délaissés, si nous voulions faire reconnaître ces trésors abandonnés dans la nuit de la méconnaissance. La résurrection des morts que nous promettent les religions est un modeste fait divers auprès du grand branle-bas que produira, en ce monde d'imposteurs et de pitres, la resurrection des chefs-d'œuvre.*

JANKÉLÉVITCH.

*— Qu'est-ce que c'est que ceci ? Vous avez mis les fleurs en enbas.*
*— Vous ne m'aviez pas dit que vous les vouliez en enhaut.*
*— Est-ce qu'il faut dire cela ?*
*— Oui, vraiment. Toutes les personnes de qualité les portent de la sorte.*

MOLIÈRE.

## AVERTISSEMENT DE L'ÉDITEUR

Le piano — depuis Chopin et Liszt — est sans doute l'instrument le plus populaire. Cette popularité, il la doit à l'extraordinaire richesse de ses possibilités d'expression. En effet, des premières sonates du jeune Mozart, emportées par leur fraîcheur juvénile, aux harmonies complexes du dernier Brahms, l'éventail des formes, des mélodies, des tons est immense.

Les compositeurs qui — de Bach à Messiaen — ont écrit pour le clavier sont légion. Comment se retrouver dans cet océan ? Quels sont — parmi les centaines de noms égrenés par d'utiles répertoires — les plus importants ? Quelle est la place des pièces pour piano dans l'ensemble de leur œuvre ? Quelles sont les circonstances qui ont vu naître les différents recueils de Schumann et quel rapport existe-t-il entre ses *Fantasiestücke* et E. T. A. Hoffmann ? Comment sont construites les *Arabesques* de Debussy ? A ces questions et à bien d'autres ces deux volumes sur la musique de piano apportent une réponse.

On y trouvera, par ordre alphabétique, un choix de 272 compositeurs. Ils représentent quatre siècles de piano, des virginalistes anglais (Byrd, Bull, Gibbons, Farnaby) aux grands compositeurs de la première moitié du XX$^e$ siècle (Debussy, Bartók, Ravel, Prokofiev), en passant par l'âge d'or du piano en Europe qui est, incontestablement, le XIX$^e$ siècle. Certes, l'histoire du piano est loin d'être terminée ; mais il a fallu choisir une date butoir. Ainsi, ne figurent pas les compositeurs nés après 1920 ; on n'y trouvera donc ni Stockhausen, ni Elliott Carter, ni Ligeti, ni Berio, ni Pousseur. Grâce au répertoire des œuvres, le lecteur peut directement aller à la page de la pièce commentée. Chaque auteur est présenté par une introduction ; viennent ensuite les œuvres rangées dans l'ordre chronologique.

Malgré son classement alphabétique, ce livre n'est pas un simple dictionnaire. Le choix opéré par l'auteur reflète, aussi, ses préférences.

Ainsi, une place importante est accordée à la musique française, par goût, par conviction, et parce que les plus grands pianistes — Chopin et Debussy — ont entraîné dans leur sillage nombre de compositeurs importants.

La passion que l'auteur voue au piano s'exprime également à travers ses analyses, qu'il s'agisse de l'enchantement que lui procure les suites de Couperin ou de Scarlatti, ou des jugements portés sur l'*Album pour enfants* ou les *Morceaux* de Tchaïkovski. Car *La Musique de piano* est l'œuvre d'un passionné qui a voué sa vie au piano et qui appliquerait volontiers à son instrument préféré le mot de Nietzsche : « Sans la musique, la vie serait une erreur. »

GUY SCHOELLER

# INTRODUCTION

« C'est par le piano que je tiens à la musique, j'aime la musique que je peux tenir sous les doigts », confesse Jankélévitch. Et de s'inquiéter : « Est-ce vraiment la musique que j'aime, ou est-ce le piano ? » Et nous sommes nombreux à avoir la passion, la religion du piano. Et nous acceptons ce dieu dans toutes ses métamorphoses, qu'il soit le frêle truchement de la *Sonate facile* de Mozart, la machine-outil de la *Toccata* de Prokofiev et du *Ragtime* de Hindemith ou le meuble bourgeois à appliques, « le piano que baise une main frêle... » et où s'égrène une valse de Reynaldo Hahn. Nous en soutirons un plaisir égoïste et presque honteux : accompagner une flûte, une voix, pratiquer le quatre mains sont des joies plus généreuses. Notre excuse, c'est d'éprouver au plus intime de nos nerfs ses douceurs de jeune fille ou ses colères de boxeur, le pianissimo où s'éteint la *Berceuse* de Balakirev, le coup de poing du *Rudepoéma* de Villa-Lobos. Surtout, déchiffreurs favorisés, cette pointe aiguë de nos doigts nous guide parmi les méandres merveilleux de l'harmonie, où les relaient aussitôt nos oreilles, par un va-et-vient continu que les autres instrumentistes ne connaissent pas. Ainsi faut-il entendre ceux qui parlent du piano comme d'un instrument « complet » : l'important n'est pas tant d'y pouvoir produire plus de notes ensemble que partout ailleurs (à l'exception de l'orgue, cousin germain), mais d'y travailler dans les deux sens, l'horizontal et le vertical, quand tant d'instruments ne sont que monodiques.

Voilà pourquoi le piano est à la musique une véritable pierre de touche. Ce qui ne sonne pas bon au piano, il est rare qu'il sonne meilleur à l'orchestre. Et inversement, une platitude, qui peut nous illusionner en passant par l'appareil orchestral, se trahit presque immanquablement au piano.

Mais n'allons rien forcer, demeurons dans notre jardin. On voit parfois les pianistes, par un mélange d'orgueil et de crainte, et pour devancer je ne sais quelle critique, comparer leur instrument à l'orchestre, et se vanter d'avoir à leur disposition les timbres des bois, des cordes et des cuivres (*quasi oboe*, comme écrit Liszt, *quasi corno*, ou *quasi arpa*...). À son tour, à propos de Beethoven ou de Debussy, je tomberai dans ces images courantes. Ce n'est là qu'hyperbole imparfaite. Le piano est d'abord le piano, heureusement pour lui. Sa gloire n'est pas la couleur, quand bien même il en saurait étaler des palettes entières, mais le noir et blanc, avec son grain multiple, ses reliefs, ses dégradés.

Je projetais de m'en tenir au répertoire du piano proprement dit ; cela me faisait débuter à peu près aux fils de Bach. Mais quoi, se priver de Bach, de Scarlatti, que tous les pianistes possèdent à leur répertoire ? de Rameau, qu'une Marcelle Meyer a su nous annexer avec intelligence et superbe ? de Couperin, qui sonne encore mieux au piano que tous ceux qui précèdent, quoi qu'en jugent les longues oreilles ? De palier en palier, je suis remonté jusqu'aux virginalistes qui, à côté de pièces ambivalentes, convenables à tous claviers, de l'orgue à l'épinette, nous offrent bel et bien des morceaux de piano, par anticipation.

Car (je m'empresse de le dire, pour qu'on ne se méprenne pas à la quarantaine d'auteurs qu'on trouvera ici nés avant 1700) j'ai toujours eu le piano en vue. Certes je ne prétendrais plus aujourd'hui qu'une perruque soit incommode et qu'un clavecin produise un vilain petit bruit (et si d'aventure on rencontrait à ce sujet un peu d'humeur, dans quelque passage du livre, qu'on me pardonne). Mais de même qu'il ne me viendrait jamais à l'idée de réciter Racine avec l'accent de l'époque, et la déclamation ampoulée de l'Hôtel de Bourgogne, pas davantage il ne me paraît qu'un clavecin puisse vivre parmi nous (je dis vivre ; la vie n'est pas une représentation). Quant aux instruments anciens, aux modèles successifs de l'organologie, sans qu'ils me rebutent, je les laisse volontiers à leurs amateurs, – qui, après les *Impromptus* de Schubert, voudront y entendre les *Études* de Chopin, par pur souci historique.

L'Histoire en esthétique n'est bonne à prendre que lorsqu'elle a la vue large ; elle est à fuir lorsqu'elle se transforme en donzelle à binocles, revêche et tatillonne, férue de points à mettre sur les i. Nul danger, celle-ci, qu'elle vous parle d'ennui ou de plaisir, et mesure à ces simples et quotidiennes valeurs l'intérêt d'un ouvrage ; mais vous la verrez, au long de longues préfaces, s'enquérir du détail inextricable des ornementations.

Le piano, donc, est ici l'unique objet de mon sentiment. Mon soin a été d'inciter le pianiste à lire ces partitions anciennes auxquelles il se dérobe, à les apprivoiser (rien qu'en les défrisant, tenez, de mille ornements inutiles), à y trouver assez de délices pianistiques pour réussir à vaincre le préjugé qui les lui interdit. Ces délices, ne croyons pas qu'elles soient obligatoirement d'ordre digital, et que je convie à des exercices sportifs (où nous suffisent amplement nos romantiques !) ; avant tout elles procèdent de l'oreille. Effeuiller au piano, où chaque note résonne au gré des attaques les plus variées, les accords troublants qui parsèment les pièces « luthées » de Couperin, de Duphly, de Dagincour (autant de pages hélas rabotées au clavecin), est une volupté sans égale, dont j'ai voulu rendre compte, tout en sachant que les mots, à pareille tâche, peinent désespérément.

Cela dit, quelque prix que j'aie attaché à ce répertoire préclassique, et tout autant aux classiques (et au temps de la suture invisible entre clavecin et piano), j'ai réservé la part la plus nombreuse, comme on s'y attend, au piano romantique, pris dans sa définition la plus large, avec ses précurseurs tâtonnants et son interminable et admirable ribambelle.

Le romantisme est l'âge par excellence du piano, par cela même qu'il est celui de l'individu. Le piano est l'instrument du moi, que celui-ci parade avec orgueil ou qu'il se retire en lui-même. Il se prête aux confidences éperdues d'Eusebius et de Florestan comme aux cavalcades de Mazeppa ; tour à tour le double du poète, ou la moitié animale de ce centaure qu'est le virtuose. C'est à cet âge que naissent ses formes les plus spécifiques, la ballade, le nocturne, l'étude, l'impromptu, la rhapsodie. Quand il n'aurait donné au monde que l'œuvre de Chopin, de Schumann et de Liszt, le piano serait sanctifié, lavé de ses erreurs et de ses excès, absous de sa démesure et de sa vanité.

On pourra me chicaner l'importance que j'ai accordée à tel préromantique, à tel rejeton de Chopin, à tel Russe ou à tel Tchèque, et soutenir à bon droit que certains articles n'ont pu s'allonger que par la perte consentie de notices plus courtes et plus nombreuses. Mais j'ai préféré le développement de quelques figures à un fourmillement sans consistance et à des perspectives tronquées.

Justement cet ouvrage n'était pas extensible à l'infini. Je me suis embarqué avec cinq cents compositeurs ; beau chiffre, sans doute, et belle témérité. Mais à mesure que je développais ma matière, j'ai compris que je devrais me restreindre. En définitive, ils se montent à deux cent soixante-douze : moins beau chiffre, assurément. Certains abandons allaient de soi : je n'ai eu aucun mal à préférer quelques pièces de Grovlez, de Vuillemin ou de Tomasi aux sonates réunies de Persichetti et de Krenek. J'ai renoncé sans états d'âme à Boismortier, Clérambault ou Boïeldieu. Mais certains sacrifices m'ont coûté. Je ne me console pas de m'être délesté, chez les préclassiques, de Poglietti, de Della Ciaia, et chez les classiques, de Kozeluch, de Rutini, de Hässler, sinon de Jean-Christophe Bach ; de n'avoir pu, parmi les petits maîtres romantiques, inclure Reinecke, Fanny Mendelssohn, Maria Szymanowska ; d'avoir dû réduire la part des Russes (dommage pour Antipov ou Chtcherbatchev...) ; d'avoir laissé sur le carreau quelques Américains (Antheil, Dello Joio, Sessions, Carter...) et quelques Sud-Américains (Garcia Morillo, Gianneo, Ficher...) à peine moins méritants que ceux de leurs compatriotes que j'ai tenu à conserver. Et les Français de la période 1880-1910 ont beau avoir la préséance, je regrette La Presle et Aubin, Capdevielle et Martelli ; je regrette Mariotte (pianiste, courez, sur ma foi, déchiffrer les *Impressions urbaines* !). Certes, trois cents pages de plus y auraient suffi ; mais quoi, trois cents pages ajoutées à trois mille, on ne s'arrête plus...

Plus fermement, désireux de privilégier le XIX$^e$ siècle et le début du XX$^e$ siècle, cent cinquante ans de riches merveilles pianistiques, je me suis imposé un point d'arrêt, une vraie borne, propre à m'épargner des choix plus délicats encore : les compositeurs nés après 1920 ne seront pas de cette première mouture, qui pourrait avoir pour titre : « La Musique de piano de Byrd à Dutilleux ». Les méchants diront que cela me débarrasse de quelques agressives laideurs, de quelques prétentieux produits de cette hydre qu'on appelle l'avant-garde (jusqu'au jour où elle est remisée, comme prévu, dans le placard académique) ; je regrette quant à moi quelques dizaines de belles partitions de notre temps, dont cette limite fatidique m'a empêché de vanter la valeur : telles sont par exemple les *Études* de Castérède, de Ligeti ou de Noël Lee, les *Épigrammes* de Gilbert Amy, les *Variazioni* de Berio, la *Ballade berlinoise* de Pousseur...

On verra quelques idées simples revenir dans ce livre. Parmi elles, celle que les formes dites grandes ne le sont que par définition. Ainsi trop de gens révèrent la Sonate, ce vaste sac où ne s'engouffre souvent que du vent. Trop de gens rendent naïvement les armes devant les termes de « développement » ou de « strette », et sont vainement obnubilés par les règles, les méthodes, les modes d'emploi ; plus il y en a (et dans quelque art qu'ils considèrent), plus l'œuvre leur paraît vénérable, et garanti le sérieux de son auteur. Trop de commentaires critiques se contentent de s'étourdir sur l'agencement d'un mouvement de sonate ou d'une fugue. Je crois n'avoir donné que peu dans ce panneau. Le bâti, l'échafaudage, le schéma... qu'ils se fassent maçons, si c'est leur talent !

En revanche, j'ai marqué toute l'importance de l'écriture harmonique, et me suis efforcé d'en refléter, tant bien que mal, l'indicible, l'intarissable émerveillement. Encore une fois, un déchiffreur ne goûte pas de délectation plus intense que celle des accords qui jalonnent son chemin ; les rencontres imprévues, les agrégats étranges, les enchaînements inédits, les sentiers écartés le ravissent bien plus que la poursuite d'un plan, chose théorique et utopique à quoi le papier suffirait, avec l'équerre et le compas.

À la Sonate, je n'ai presque jamais cessé d'opposer le Klavierstück. Le beau rassemblé dans un espace exigu, dans un cercle étroit de certitudes, cause au cœur autant qu'à l'esprit une émotion violente. C'est qu'on le sent fragile et vulnérable, dans sa perfection même et son secret. Et cependant cette émotion est inaltérable, quand tous les coups de foudre et tous les jets de flamme ont leur retombée de cendres. Les *Sonates* de Chopin ne nous consoleraient pas de la perte de ses *Préludes* ; mais un seul de ces *Préludes* (ou de ceux de Liadov, ou de Scriabine) efface peut-être toutes les sonates du romantisme.

Une autre opinion que je hasarde à satiété : qu'il n'y a rien d'infâmant, pour une musique, à être de *salon*, si elle est bien faite, si son écriture est pure, ses thèmes inspirés, ses harmonies originales ; plus exactement : que l'infâmie ne tient pas à la rubrique. La fugue la plus bardée de savoir, la sonate la plus corsetée peut se révéler vulgaire. Que sont la plupart des *Nocturnes* de Chopin, ou des *Barcarolles* de Fauré, sinon des musiques de salon réussies ? De surcroît, je ne puis me résoudre à faire la grimace (cette fuite du faible, cette dérobade du vergogneux) chaque fois qu'une phrase s'alanguit, qu'une inflexion s'aventure entre sensible et sentimental ; je veux bien leur opposer un rien d'ironie, par respect humain ; mais la feinte est inutile. « Cela me fait pleurer, disait à peu près le Philosophe à la Dame de la Radio ; et vous non ? tant pis pour moi, ce doit être la sénilité. » Non, simplement cet homme avait refusé de se prémunir sottement contre le charme et contre la bonté. Reste qu'il faut savoir distinguer entre Glazounov et Godard ; la frontière est ténue, où brusquement un accord vous horripile, une cadence vous fait grincer les dents...

Enfin on me surprendra fréquemment à ironiser à propos de l'histoire, de la direction historique, de l'échelle du temps qui influencerait, selon les naïfs, celle des valeurs. Ravel, Rachmaninov et Schönberg sont nés à un ou deux ans d'intervalle ; voilà trois évolutions opposées, trois univers différents : lequel des trois croira-t-on justifié par la chronologie ? est-on plus moderne de tarabuster un idiome courant dans l'attente d'un très vague futur ? ou d'adhérer sans barguigner aux émotions du présent ? D'un autre point de vue, chez un même compositeur, la progression des années ne va pas forcément de pair avec le progrès ; je n'ai pas craint de dire ma prédilection pour le premier des trois ou quatre Scriabine ; et je sais, au rebours, qu'en dépit de ma prose, tel amateur de Debussy préférera toujours la juvénile *Suite bergamasque* aux *Études* testamentaires.

Pour le reste, qui m'importe peut-être davantage, les épigraphes que j'ai épinglées sur mon seuil me dispensent de disserter. Nous n'en aurons jamais fini avec les méfaits de la méconnaissance, presque aussi grands que ceux de la soumission aveugle aux idoles des manuels.

Au moment de conclure, je regarde une fois de plus, comme disait Valéry, « ce que je vais donner aux yeux des autres comme la préparation nécessaire de l'ouvrage désiré, que je commence de *voir* dans sa maturité possible... ». Déjà je me préoccupe de rédiger le chapitre « contemporain », et de rajouter à quelques autres : un volume de suppléments et compléments viendra bientôt, si j'en ai le courage (c'est-à-dire le cœur), réparer ce que certains auront pris hâtivement pour de la désinvolture. Je l'enrichirai d'aperçus et de tableaux divers : une histoire de l'instrument et du répertoire, un abrégé de la technique pianistique, un lexique des formes, une étude des thèmes, voire un panorama des virtuoses. Alors seulement je pourrai songer que j'ai parcouru dans sa totalité l'univers innombrable du piano.

Tel qu'il est, ce livre me semble bien représentatif du répertoire pianistique. Plus encore que le compositeur, c'est le déchiffreur qui s'y est attelé en solitaire pendant dix ans. Toutes les œuvres commentées ont été longuement jouées et fréquentées ; et en dépit des recommencements, je me suis efforcé de maintenir presque toujours la part de l'émoi originel, cette alerte native et ce frais discernement que trop de ratiocination peut user. J'ose espérer que j'ai fait moins de place à l'école qu'au vagabondage, moins à la doctrine qu'à l'émotion, moins à l'ennui qu'au plaisir ; moins au brouhaha des attroupements qu'aux joies silencieuses de la connivence.

Guy Sacre<br>30 décembre 1997.

Nul besoin de mode d'emploi. Une grande majorité des compositeurs retenus sont traités *in extenso* (sous réserve des inédits). Les œuvres sont rangées dans l'ordre chronologique, les catalogues les plus vastes étant généralement distribués en genres (pour Chopin, par exemple, sont regroupées ballades, études, mazurkas...), ou autres catégories appropriées (pour Schumann, sont rassemblés sous une même rubrique « les carnavals et les recueils lyriques » ; pour Albéniz, « les grandes œuvres espagnoles »). Les abréviations employées ne prêtent pas à confusion : COMP, PUB, DED, CRE sont mis pour composition, publication, dédicace, création. Pour les compositeurs survolés plus brièvement, essentiellement les préclassiques, un texte continu présente les œuvres les plus saillantes. Le lecteur pressé pourra se servir du répertoire alphabétique prévu en tête de chaque volume ; mais je ne recommande pas cette méthode de lecture, qui rompt les liens et dissimule les transitions.

Je m'explique sur une particularité : les indications de tempo ou de caractère, en italien dans leur majorité, sont parfois mises en italique, parfois laissées en romain. C'est qu'il s'agit dans le premier cas de l'indication de départ, signalétique d'un morceau ou d'une section ; et dans le second d'une indication de passage. J'en profite pour dire qu'en règle générale j'ai respecté (pour le plaisir !) l'italien de cuisine que fabriquent, avec une admirable intrépidité, nombre d'auteurs et des plus grands, leurs mots inventés et leur orthographe impossible. Il y aurait une étude savoureuse à écrire sur le sujet.

Je n'ai pas fourni d'exemples musicaux : mille difficultés m'en ont empêché ; je n'en présente pas moins mes excuses à ceux qu'ils auraient intéressés. Mais sérieusement, combien sont-ils ? Si j'osais, je m'en tirerais par une entourloupette, en citant *Un fil à la patte* ; car ces exemples, après tout, c'est comme la chanson de Bouzin (« Moi, je pique des épingues ») pour les jeunes filles : « À celles qui ne comprennent pas, ça ne leur apprend pas grand-chose, et à celles qui comprennent, ça ne leur apprend rien du tout... »

## REMERCIEMENTS

Je voudrais remercier tous ceux qui m'ont obligeamment fourni les partitions qui me manquaient : Gabriel Blancafort, Narcis Bonet, André Bornhauser, Jean-Yves et Martine Bras (Bibliothèque de Radio-France), Sydney Buckland, Gerardo Dirié (Latin American Music Center, Indiana University), Anatoli Dourakine, Martin Eastick, Philippe Grison (Editions Salabert), Henry J. Grossi (Catholic University of America, Washington D.C.), Radoslav Kvapil et Jill Nizard, Donald Manildi (International Piano Archives at Maryland), Marco Rapetti, Jean-Yves Vital, Diana von Volborth (Centre belge de documentation musicale).

Enfin je tiens à inscrire ici (il mérite pis encore !) le nom de Xavier Palacios, sans qui n'aurait jamais débuté cette furieuse aventure...

# RÉPERTOIRE ALPHABÉTIQUE DES ŒUVRES

**ABSIL, Jean**
*Alternances, op. 140* : 10
*Bagatelles, op. 61* : 5
*Ballade pour la main gauche, op. 129* : 10
*Danses bulgares, op. 102* : 7
*Du rythme à l'expression, op. 108* : 11
*Échecs, op. 96* : 7
*Esquisses sur les sept péchés capitaux, op. 83* : 6
*Études préparatoires à la polyphonie, op. 107* : 11
*Féeries, op. 153* : 9
*Hommage à Schumann, op. 67* : 6
*Humoresques, op. 126* : 8
*Impromptus (Trois), op. 10* : 2
*Marines, op. 36* : 4
*Passacaille, op. 101* : 10
*Pièces pour la main droite seule (Trois), op. 32* : 3
*Poésie et vélocité, op. 157* : 11
*Sonatine, op. 27* : 3
*Sonatine (2ᵉ), op. 37* : 5
*Sonatine (3ᵉ), op. 125* : 8
*Suite (Grande), op. 62* : 6
*Suite (2ᵉ Grande), op. 110* : 8
*Variations, op. 93* : 9

**ALAIN, Jehan**
*Nous n'irons plus au bois* : 21
*Œuvre de piano (L'), tome 1* : 15
*Œuvre de piano (L'), tome 2* : 16
*Œuvre de piano (L'), tome 3* : 18
*Pièces (Dix)* : 19
*Pièces (Seize)* : 20
*Quand Marion* : 21
*Suite monodique* : 14
*Variations (Quarante)* : 18

**ALBÉNIZ, Isaac**
*Amalia, op. 95* : 50
*Angustia* : 50
*Automne-valse (L'), op. 170* : 49
*Azulejos* : 42
*Barcarola, op. 23* : 50
*Champagne (Carte blanche)* : 49
*Chants d'Espagne, op. 232* : 31
*Danses espagnoles (Deux), op. 164* : 30
*Danses espagnoles (Six)* : 48
*Deseo, op. 40* : 46
*Espagne (Souvenirs)* : 33
*España, op. 165* : 30
*Estudio Impromptu, op. 56* : 46
*Études dans les tons naturels majeurs (Sept), op. 65* : 46
*Fiesta de aldea* : 49
*Iberia* : 35
   *1ᵉʳ cahier* : 36
   *2ᵉ cahier* : 37
   *3ᵉ cahier* : 39
   *4ᵉ cahier* : 40
*Mallorca* : 48
*Mazurka de salón, op. 81* : 50
*Mazurkas de salon (Six), op. 66* : 49
*Menuet en sol mineur* : 50
*Menuet (3ᵉ)* : 50
*Navarra* : 42
*Pavana-Capricho, op. 12* : 50
*Pavana fácil* : 50
*Pièces caractéristiques (Douze), op. 92* : 43
*Rapsodia cubana, op. 66* : 48
*Recuerdos, op. 80* : 50
*Recuerdos de viaje, op. 71* : 28
*Rêves, op. 101* : 44
*Rhapsodie espagnole, op. 70* : 27

*Ricordatti, op. 96* : 50
*Saisons (Les), op. 101 bis* : 44
*Sérénade espagnole, op. 181* : 31
*Serenata árabe* : 48
*Sonates* : 47
*Suite espagnole, op. 47* : 26
*Suite espagnole (2ᵉ), op. 97* : 29
*Suites anciennes* : 47
*Valses (Six Petites), op. 25* : 49
*Vega (La)* : 33
*Yvonne en visite* : 45
*Zambra granadina* : 49
*Zortzico* : 49

### ALBERT, Eugen d'
*Bagatelles (Cinq), op. 29* : 51
*Capriolen, op. 32* : 52
*Klavierstücke (Huit), op. 5* : 51
*Sonate en fa dièse mineur, op. 10* : 51
*Suite en ré mineur, op. 1* : 50

### ALBERTI, Domenico
*Sonates (Huit), op. 1* : 53

### ALKAN, Charles Valentin
*Alleluia, op. 25* : 80
*Andantes romantiques (Trois), op. 13* : 62
*Capriccio alla soldatesca, op. 50* : 81
*Chants (Trente), op. 38, 65, 67 et 70* : 77
*Études* : 61
  *Trois Études de bravoure, ou Improvisations, op. 12* : 62
  *Trois Études de bravoure, ou Scherzos, op. 16* : 62
  *Étude de concert « Le Preux », op. 17* : 64
  *Étude « Le Chemin de fer », op. 27* : 64
  *Douze Études dans les tons majeurs, op. 35* : 65
  *Douze Études dans les tons mineurs, op. 39* : 68
  *Trois Grandes Études, op. 76* : 63
*Fantaisies (Trois Petites), op. 41* : 80
*Fugues (Deux), Jean qui pleure et Jean qui rit* : 79
*Gigue et Air de ballet, op. 24* : 80
*Le tambour bat aux champs, op. 50 bis* : 81
*Marches « quasi da cavalleria » (Trois), op. 37* : 80
*Minuetto alla tedesca, op. 46* : 80
*Mois (Les), op. 74* : 73
*Morceaux dans le genre pathétique (Trois), op. 15* : 62
*Motifs, ou Esquisses (Quarante-huit), op. 63* : 76
*Nocturnes* : 80
*Préludes (Vingt-cinq), op. 31* : 74

*Rondos* : 79
*Saltarelle, op. 23* : 80
*Scherzo focoso, op. 34* : 80
*Sonate « Les Quatre Âges » (Grande), op. 33* : 57
*Sonatine, op. 61* : 60
*Toccatina, op. 75* : 81
*Une fusée, op. 55* : 81
*Variations* : 79

### ALLENDE, Pedro Humberto
*Études, nᵒˢ 1-6* : 86
*Études, nᵒˢ 7-9* : 87
*Miniatures grecques (Six)* : 85
*Préludes (Deux)* : 87
*Tempo di minuetto* : 87
*Tonadas (Douze)* : 83

### ANGLEBERT, Jean-Henri d'
*Pièces de clavecin* : 88

### ARENSKI, Anton
*Arabesques, op. 67* : 101
*Bigarrures, op. 20* : 94
*Caprices (Six), op. 43* : 97
*Esquisses (Trois), op. 24* : 94
*Essais sur des rythmes oubliés, op. 28* : 94
*Études (Quatre), op. 41* : 96
*Études (Douze), op. 74* : 101
*Morceaux (Trois), op. 19* : 93
*Morceaux (Quatre), op. 25* : 94
*Morceaux (Trois), op. 42* : 97
*Morceaux caractéristiques (Vingt-quatre), op. 36* : 95
*Morceaux en forme de canon (Six), op. 1* : 92
*Pièces (Six), op. 5* : 92
*Pièces (Six), op. 53* : 99
*Préludes (Douze), op. 63* : 99
*Près de la mer, op. 52* : 98
*Scherzo, op. 8* : 93

### ARNE, Thomas
*Sonates* : 102

### AUBERT, Louis
*Esquisse sur le nom de Fauré* : 108
*Esquisses (Trois), op. 7* : 105
*Lutins, op. 11* : 106
*Pièces en forme de mazurka (Deux), op. 12* : 106
*Romance, op. 2* : 105
*Sillages* : 107
*Valse-Caprice, op. 10* : 106

### AURIC, Georges
*Adieu New York* : 116
*Danse française* : 117
*Extraits des « Fâcheux » (Trois)* : 116

*Gaspard et Zoé* : 114
*Imaginées, n° 5* : 118
*Impromptu en mi* : 117
*Impromptu en ré mineur* : 117
*Impromptu en sol* : 117
*Impromptus (Trois)* : 113
*La Seine, un matin* : 117
*Marche (Petite)* : 117
*Morceaux pour « Lac aux dames » (Trois)* : 116
*Pastorales* : 110
*Pièces brèves (Neuf)* : 115
*Prélude de l'Album des Six* : 116
*Rondeau pour « L'Éventail de Jeanne »* : 116
*Sonate en fa majeur* : 112
*Sonatine* : 110
*Suite (Petite)* : 111

### BACH, Carl Philipp Emanuel

*Fantaisie en mi bémol majeur, W. 58/6* : 138
*Fantaisie en ut majeur, W. 61/6* : 139
*Langueurs tendres (Les), W. 117/30* : 140
*Rondos* : 137
  *Rondo en la mineur, W. 56/5* : 137
  *Rondo en mi majeur, W. 57/1* : 137
  *Rondo en la majeur, W. 58/1* : 138
  *Rondo en ut majeur, W. 59/4* : 138
  *Rondo « Abschied von meinem Silbermannschen Clavier », W. 66* : 138
*Sonates* : 120
  *Six Sonates prussiennes, W. 48* : 121
  *Six Sonates wurtembergeoises, W. 49* : 123
  *Dix-huit Sonates avec reprises variées, W. 50-52* : 127
  *Six Sonates « pour connaisseurs et amateurs », W. 55* : 130
  *Autres Sonates « pour connaisseurs... », W. 56-59, 61* : 132
  *Six Sonates du Versuch (Probestücke), W. 63* : 125
  *Sonate en si bémol majeur, W. 62/1* : 134
  *Sonate en si mineur, W. 65/13* : 134
  *Sonate en sol mineur, W. 65/17* : 134
  *Sonate en ut mineur, W. 65/31* : 135
  *Sonate en mi majeur, W. 65/40* : 135
  *Sonate en si bémol majeur, W. 65/44* : 136
  *Sonate en ut majeur, W. 65/47* : 136
*Stahl (La), W. 117/25* : 140
*Variations sur les Folies d'Espagne, W. 118/9* : 139

### BACH, Jean-Chrétien

*Andante flebile* : 148
*Aria con variazioni* : 148
*Menuets (Six), Polonaises (Deux) et Aria* : 148
*Rondeau con variazioni* : 148
*Sonates* : 142
  *Six Sonates, op. 5* : 142
  *Six Sonates, op. 17* : 145
*Variations sur le « God save the King »* : 148
*Variaziones* : 148

### BACH, Jean-Sébastien

*Aria variata alla maniera italiana, BWV 989* : 196
*Capriccio en mi majeur, BWV 993* : 193
*Capriccio sopra la lontananza..., BWV 992* : 194
*Clavier bien tempéré (Le)* : 197
  *1er livre, BWV 846-869* : 198
  *2e livre, BWV 870-893* : 210
*Concerto italien, BWV 971* : 193
*Concertos d'après divers auteurs (Seize), BWV 972-987* : 191
*Duettos* : voir *Inventions et Duettos*
*Fantaisie (et Fugue inachevée) en ut mineur, BWV 906* : 165
*Fantaisie (ou Prélude) en ut mineur, BWV 919* : 166
*Fantaisie chromatique et Fugue en ré mineur, BWV 903* : 164
*Fantaisie en ut mineur sur un rondeau, BWV 918* : 167
*Fantaisie et Fugue en la mineur, BWV 904* : 165
*Fantaisies en sol mineur et la mineur, BWV 917, 922* : 166
*Fugue en la mineur, BWV 944* : 169
*Fugues en la mineur, ré mineur, la majeur, BWV 947-949* : 168
*Fugues en ut majeur, la majeur et si mineur sur des thèmes d'Albinoni, BWV 946, 950, 951* : 168
*Fugues en ut majeur, BWV 952, 953* : 169
*Fugues en si bémol majeur, sur des thèmes de Reinken et d'Erselius, BWV 954, 955* : 167
*Inventions et Duettos* : 152
  *Inventions à deux voix, BWV 772-786* : 153
  *Inventions à trois voix (Sinfonies), BWV 787-801* : 155
  *Quatre Duettos, BWV 802-805* : 158
*Menuets (Trois), BWV 841-843* : 185
*Ouverture à la française en si mineur, BWV 831* : 190
*Ouverture en fa majeur, BWV 820* : 173
*Partie ou Suite en la majeur, BWV 832* : 174
*Partitas (Six), BWV 825-830* : 185

*Praeludium et Partita del tuono terzo, BWV 833* : 174
*Prélude en si mineur, BWV 923* : 166
*Prélude et Fugue en la mineur, BWV 894* : 162
*Prélude et Fugue en la majeur, BWV 896* : 162

*Préludes (Petits)* : 159
  Sept Petits Préludes du Klavierbüchlein, BWV 924-930 : 159
  *Prélude en la mineur, BWV 931* : 160
  *Prélude en mi mineur, BWV 932* : 160
  Six Petits Préludes à l'usage des commençants, BWV 933-938 : 161
  Cinq Petits Préludes de la collection Kellner, BWV 939-942, 999 : 160

*Préludes et Fuguettes en la mineur, ré mineur, mi mineur, fa majeur et sol majeur, BWV 895, 899-902* : 163
*Sonate en ré majeur, BWV 963* : 194
*Sonate en ré mineur BWV 964* : 196
*Sonate en la mineur, BWV 967* : 195
*Sonates en la mineur et ut majeur d'après Reinken, BWV 965, 966* : 195
*Suite en la mineur, BWV 818* : 184
*Suite en mi bémol majeur, BWV 819* : 185
*Suite en sol mineur, BWV 822* : 174
*Suite en fa mineur, BWV 823* : 174
*Suites anglaises (Six), BWV 806-811* : 175
*Suites françaises (Six), BWV 812-817* : 180

*Toccatas* : 169
  *Toccata en fa dièse mineur, BWV 910* : 172
  *Toccata en ut mineur, BWV 911* : 172
  *Toccata en ré majeur, BWV 912* : 171
  *Toccata en ré mineur, BWV 913* : 170
  *Toccata en mi mineur, BWV 914* : 170
  *Toccata en sol mineur, BWV 915* : 171
  *Toccata en sol majeur, BWV 916* : 172

*Variations Goldberg, BWV 988* : 224

### BACH, Wilhelm Friedemann
*Burlesque ou Bourleska, F. 26* : 243
*Concerto en sol majeur « per il cembalo solo », F. 40* : 240

*Fantaisies* : 231
  *Fantaisie en ut majeur, F. 14* : 232
  *Fantaisie en ut mineur, F. 15* : 234
  *Fantaisie en ut mineur, F. 16* : 234
  *Fantaisie en ré majeur, F. 17* : 232
  *Fantaisie en ré mineur, F. 18* : 232
  *Fantaisie en ré mineur, F. 19* : 233
  *Fantaisie en mi mineur, F. 20* : 232
  *Fantaisie en mi mineur, F. 21* : 233
  *Fantaisie en la mineur, F. 23* : 232

*Fugues (Huit), F. 31* : 242
*Gigue en sol majeur, F. 28* : 243
*Marche en mi bémol majeur, F. 30* : 243
*Menuet, F. 25* : 243
*Polonaises (Douze), F. 12* : 240
*Preludio en ut mineur, F. 29* : 243
*Réveille (La), F. 27* : 243

*Sonates* : 235
  *Sonate en ut majeur, F. 1* : 238
  *Sonate en ut majeur, F. 2* : 238
  *Sonate en ré majeur, F. 3* : 235
  *Sonate en ré majeur, F. 4* : 238
  *Sonate en mi bémol majeur, F. 5* : 236
  *Sonate en fa majeur, F. 6* : 236
  *Sonate en sol majeur, F. 7* : 237
  *Sonate en la majeur, F. 8* : 237
  *Sonate en si bémol majeur, F. 9* : 237

*Suite en sol mineur, F. 24* : 239

### BAINES, William
*A Last Sheaf* : 245
*Concert Studies (Three)* : 245
*Paradise Gardens* : 244
*Pictures of Light* : 245
*Preludes (Seven)* : 244
*Silverpoints* : 244
*Tides* : 244
*Twilight Pieces* : 245

### BALAKIREV, Mili
*Alouette (L')* : 266
*Au jardin (Idylle-Étude)* : 261
*Berceuse* : 262
*Capriccio* : 262
*Chant du pêcheur* : 264
*Doumka (Complainte)* : 261
*Esquisses* : 265
*Fileuse* : 265
*Gondellied* : 262
*Humoresque* : 264
*Impromptu* : 266
*Islamey* : 260

*Mazurkas* : 255
  *1re Mazurka* : 255
  *2e Mazurka* : 255
  *3e Mazurka* : 256
  *4e Mazurka* : 256
  *5e Mazurka* : 257
  *6e Mazurka* : 257
  *7e Mazurka* : 258

*Mélodie espagnole* : 266

*Nocturnes* : 251
  *1er Nocturne* : 251
  *2e Nocturne* : 251
  *3e Nocturne* : 252

Novelette : 265
Phantasiestück : 264
Polka : 260
Rêverie : 264

Scherzos : 248
   *1er Scherzo* : 248
   *2e Scherzo* : 249
   *3e Scherzo* : 250

Sérénade espagnole : 266
Sonate en si bémol mineur : 258
Tarentelle : 262
Toccata : 263
Tyrolienne : 263

Valses : 252
   *1re Valse* (« *Valse di bravura* ») : 252
   *2e Valse* (« *Valse mélancolique* ») : 253
   *3e Valse* (« *Valse-Impromptu* ») : 253
   *4e Valse* (« *Valse de concert* ») : 253
   *5e Valse* : 253
   *6e Valse* : 254
   *7e Valse* : 254

**BALBASTRE, Claude**
Pièces de clavecin : 267

**BARBER, Samuel**
Ballade, op. 46 : 273
Excursions, op. 20 : 270
Nocturne, op. 33 : 272
Sonate, op. 26 : 271

**BARTÓK, Béla**
Allegro barbaro, Sz. 49 : 284
Bagatelles (Quatorze), op. 6, Sz. 38 : 277
Burlesques (Trois), op. 8c, Sz. 47 : 283
Chants de Noël roumains, Sz. 57 : 292
Chants paysans hongrois (Quinze), Sz. 71 : 293
Chants populaires hongrois (Trois), Sz. 66 : 293
Chants populaires hongrois du district de Csík (Trois), Sz. 35 : 291
Danses populaires roumaines (Six), Sz. 56 : 292
Danses roumaines (Deux), op. 8a, Sz. 43 : 281
Débutants au piano (Les), Sz. 53 : 298
Élégies (Deux), op. 8b, Sz. 41 : 281
En plein air, Sz. 81 : 288
Esquisses, op. 9b, Sz. 44 : 282
Études, op. 18, Sz. 72 : 286
Improvisations sur des chansons paysannes hongroises, op. 20, Sz. 74 : 294
Marche funèbre de Kossuth : 303
Mikrokosmos, Sz. 107 : 298
Nénies (Quatre), op. 9a, Sz. 45 : 283
Pièces (Quatre) : 303

Pièces (Neuf Petites), Sz. 82 : 289
Pièces faciles (Dix), Sz. 39 : 279
Pour les enfants, Sz. 42 : 297
Rhapsodie, op. 1 : 303
Rondos sur des thèmes populaires (Trois), Sz. 84 : 296
Scherzo ou Fantaisie en si majeur : 303
Sonate, Sz. 80 : 287
Sonatine, Sz. 55 : 291
Suite, op. 14, Sz. 62 : 285
Suite (Petite), Sz. 105 : 296
Variations : 303

**BATON, René**
Au Pardon de Rumengol, op. 25 : 305
Ballade (2e), op. 43 : 306
Cortège funèbre d'un samouraï, op. 41 : 305
Dans le style rococo, op. 23 : 305
En Bretagne, op. 13 : 304
Valse romantique, op. 45 : 306

**BAX, Arnold**
A Hill Tune : 318
A Mountain Mood : 316
A Romance : 317
Apple-Blossom Time : 314
Burlesque : 318
Ceremonial Dance : 319
Concert Valse in E flat : 312
Country Tune : 318
Dream in Exile : 316
In a Vodka Shop : 313
Lullaby : 318
Maiden with the Daffodil (The) : 314
Mediterranean : 318
Nereid : 316
On a May Evening : 316
Paean : 319
Pièces sur le nom de Gabriel Fauré (Cinq) : 319
Princess's Rose-Garden (The) : 314
Russian Tone-Pictures (Two) : 313
Serpent Dance (The) : 319
Slave Girl (The) : 317
Sleepy Head : 315

Sonates : 307
   *1re Sonate* : 308
   *2e Sonate* : 309
   *3e Sonate* : 310
   *4e Sonate* : 311

Toccata : 313
Water Music : 319
What the Minstrel Told Us : 317
Whirligig : 317
Winter Waters : 315

**BEETHOVEN, Ludwig van**
*Allegretto, WoO 53* : 389
*Allemande en la majeur, WoO 81* : 390
*Andante favori en fa majeur, WoO 57* : 387
*Bagatelle en ut majeur, WoO 56* : 389
*Bagatelle en la mineur (« Für Elise »), WoO 59* : 389
*Bagatelles* : 381
  *Sept Bagatelles, op. 33* : 381
  *Onze Bagatelles, op. 119* : 383
  *Six Bagatelles, op. 126* : 384
*Écossaise en mi bémol majeur, WoO 86* : 390
*Écossaises (Six), WoO 83* : 390
*Fantaisie, op. 77* : 387
*Klavierstück (« Lustig und traurig »), WoO 54* : 389
*Klavierstück en si bémol majeur, WoO 60* : 389
*Klavierstück en si mineur, WoO 61* : 389
*Klavierstück en sol mineur, WoO 61a* : 389
*Menuet en mi bémol majeur, WoO 82* : 390
*Polonaise en ut majeur, op. 89* : 388
*Prélude en fa mineur, WoO 55* : 388
*Préludes (Deux), op. 39* : 388
*Presto (Bagatelle), WoO 52* : 389
*Rondo a capriccio, en sol majeur, op. 129* : 386
*Rondo en ut majeur, op. 51 n° 1* : 386
*Rondo en sol majeur, op. 51 n° 2* : 387
*Rondos (Deux), WoO 48, 49* : 386
*Sonates* : 323
  *Trois Sonates, en fa mineur, la majeur et ut majeur, op. 2* : 325
  *Sonate en mi bémol majeur, op. 7* : 329
  *Trois Sonates, en ut mineur, fa majeur et ré majeur, op. 10* : 331
  *Sonate en ut mineur (« Pathétique »), op. 13* : 334
  *Deux Sonates, en mi majeur et sol majeur, op. 14* : 336
  *Sonate en si bémol majeur, op. 22* : 337
  *Sonate en la bémol majeur, op. 26* : 338
  *Deux Sonates « quasi una fantasia », en mi bémol majeur et ut dièse mineur (« Clair de lune »), op. 27* : 340
  *Sonate en ré majeur, « Pastorale », op. 28* : 343
  *Trois Sonates, en sol majeur, ré mineur (« La Tempête ») et mi bémol majeur, op. 31* : 344
  *Deux Sonates faciles, en sol mineur et sol majeur, op. 49* : 368
  *Sonate en ut majeur (« Waldstein », ou « L'Aurore »), op. 53* : 348
  *Sonate en fa majeur, op. 54* : 349
  *Sonate en fa mineur (« Appassionata »), op. 57* : 350
  *Sonate en fa dièse majeur, op. 78* : 352
  *Sonate en sol majeur, op. 79* : 353
  *Sonate en mi bémol majeur (« Les Adieux »), op. 81a* : 354
  *Sonate en mi mineur, op. 90* : 355
  *Sonate en la majeur, op. 101* : 356
  *Sonate en si bémol majeur (« Hammerklavier »), op. 106* : 358
  *Sonate en mi mineur, op. 109* : 361
  *Sonate en la bémol majeur, op. 110* : 363
  *Sonate en ut mineur, op. 111* : 364
  *Trois Sonates en mi bémol majeur, fa mineur et ré majeur, WoO 47* : 366
  *Sonate en fa majeur, WoO 50* : 367
  *Sonate facile en ut majeur, WoO 51* : 367
  *Sonatines en sol majeur et fa majeur, Anh. 5* : 368
*Valses en mi bémol majeur et ré majeur, WoO 84, 85* : 390
*Variations* : 369
  *Variations sur un thème original, op. 34* : 376
  *Variations et Fugue (« Eroica »), op. 35* : 376
  *Variations en ré majeur, op. 76* : 378
  *Variations sur une valse de Diabelli, op. 120* : 379
  *Variations sur une marche de Dressler, WoO 63* : 370
  *Variations sur un air suisse, WoO 64* : 370
  *Variations sur un thème de Righini, WoO 65* : 374
  *Variations sur une ariette de Dittersdorf, WoO 66* : 371
  *Variations sur un thème de Haibel, WoO 68* : 371
  *Variations sur un thème de Paisiello, WoO 69* : 371
  *Variations sur un thème de Paisiello, WoO 70* : 371
  *Variations sur un thème de Wranitzky, WoO 71* : 372
  *Variations sur un thème de Grétry, WoO 72* : 372
  *Variations sur un thème de Salieri, WoO 73* : 373
  *Variations sur un thème de Winter, WoO 75* : 373
  *Variations sur un thème de Süssmayer, WoO 76* : 374
  *Variations faciles sur un thème original, WoO 77* : 374

*Variations sur « God save the King »,*
   *WoO 78* : 377
*Variations sur « Rule Britannia »,*
   *WoO 79* : 377
*Variations en ut mineur, WoO 80* : 378

### BENDA, Jiří Antonín
*Sonates* : 391
*Sonatines* : 394

### BENNETT, William Sterndale
*Allegro grazioso, op. 18* : 405
*Capriccio, op. 2* : 404
*Capriccio scherzando, op. 27* : 405
*Esquisses musicales (Trois), op. 10* : 400
*Études caractéristiques (Deux), op. 29* : 403
*Études en forme de caprices (Six), op. 11* : 401
*Fantaisie en la majeur, op. 16* : 399
*Geneviève* : 405
*Impromptus (Trois), op. 12* : 401
*Introduction et Pastorale, Rondino et Capriccio, op. 28* : 405
*Prélude en si bémol majeur* : 406
*Préludes et Leçons, op. 33* : 404
*Romances (Trois), op. 14* : 402
*Rondeau à la polonaise, op. 37* : 406
*Rondeau « Pas triste, pas gai », op. 34* : 406
*Rondo piacevole, op. 25* : 405
*Sonate en fa mineur, op. 13* : 398
*Sonate en la bémol majeur « The Maid of Orleans », op. 46* : 399
*Suite de pièces, op. 24* : 402
*Toccata, op. 38* : 406
*Variations en mi majeur, op. 31* : 405

### BERG, Alban
*Pièces diverses de jeunesse* : 409
*Sonate, op. 1* : 407
*Variations sur un thème original* : 408

### BERKELEY, Lennox
*Concert Studies (Four), op. 14 n° 1* : 411
*Concert Study in E flat, op. 48 n° 2* : 414
*Impromptus (Three), op. 7* : 411
*Improvisation on a theme by Manuel de Falla, op. 55 n° 2* : 414
*Mazurka, op. 101b* : 415
*Mazurkas (Three), op. 32 n° 1* : 414
*Piano Studies (Four), op. 82* : 415
*Pieces (Three), op. 2* : 410
*Pieces (Five Short), op. 4* : 410
*Preludes (Six), op. 23* : 413
*Scherzo, op. 32 n° 2* : 414
*Sonate, op. 20* : 412

### BERNERS, Lord
*Dispute entre le papillon et le crapaud* : 419

*Expulsion from Paradise (The)* : 419
*Fragments psychologiques* : 418
*Marche en si mineur* : 419
*Marches funèbres (Trois Petites)* : 417
*Poisson d'or (Le)* : 416
*Polka en ré majeur* : 419
*Valse en fa dièse mineur* : 419

### BIZET, Georges
*Chants du Rhin* : 423
*Chasse fantastique* : 422
*Compositions diverses* : 421
*Esquisses musicales (Trois)* : 422
*Marine* : 424
*Nocturne en fa* : 421
*Nocturne en ré* : 425
*Pièces du « Magasin des familles » (Trois)* : 422
*Valse de concert (Grande)* : 421
*Variations chromatiques* : 424

### BLACHER, Boris
*Études pour clavecin (Quatre)* : 430
*Ornamente, op. 37* : 428
*Pièces (Trois), op. 18* : 428
*Préludes (Vingt-quatre)* : 430
*Sonate* : 429
*Sonatines (Deux), op. 14* : 427

### BLANCAFORT, Manuel
*Cançons de muntanya* : 435
*Cants íntims, I* : 436
*Cants íntims, II* : 438
*Chemins (Camins)* : 439
*Jocs i danses als camps (Jeux et danses aux champs)* : 434
*Nocturnes (Cinq)* : 442
*Notas de antaño (Notes d'antan)* : 435
*Parc d'atraccions (El)* : 440
*Pastoral en sol* : 442
*Romanza, Intermedio y Marcha* : 443
*Sonatina antiga* : 442

### BLASCO DE NEBRA, Manuel
*Sonates* : 444

### BLISS, Arthur
*Bliss* : 448
*Interludes* : 447
*Masks* : 447
*Miniature Scherzo* : 448
*Rout Trot (The)* : 448
*Sonate* : 446
*Study* : 447
*Suite* : 446
*Toccata* : 447
*Triptych* : 447

## BLOCH, Ernest
*Circus Pieces (Four)* : 453
*Enfantines* : 451
*Ex-voto* : 449
*In the night* : 450
*Nirvana* : 452
*Poems of the sea* : 449
*Sketches in Sepia (Five)* : 450
*Sonate* : 452
*Visions et Prophéties* : 453

## BOËLY, Alexandre
*Caprice, op. 7* : 456
*Caprices ou Pièces d'étude, op. 2* : 455
*Études, op. 6* : 456
*Études, op. 13* : 456
*Sonates (Deux), op. 1* : 454

## BÖHM, Georg
*Capriccio en ré majeur* : 458
*Menuet en sol majeur* : 458
*Prélude, Fugue et Postlude en sol mineur* : 458
*Suites* : 457

## BORDES, Charles
*Caprice à cinq temps* : 459
*Fantaisies rythmiques (Quatre)* : 459

## BORODINE, Alexandre
*Scherzo* : 462
*Suite (Petite)* : 461

## BRAHMS, Johannes
*Ballades, op. 10* : 473
*Études* : 492
*Exercices (Cinquante et un)* : 493
*Fantaisies (Sept), op. 116* : voir *Klavierstücke*
*Gavotte d'après Gluck* : 492
*Gavottes (Deux), WoO 3* : 492
*Gigues (Deux), WoO 4* : 492
*Intermezzi (Trois), op. 117* : voir *Klavierstücke*
*Klavierstücke* : 483
   *Huit Klavierstücke, op. 76* : 484
   *Deux Rhapsodies, op. 79* : 486
   *Sept Fantaisies, op. 116* : 487
   *Trois Intermezzi, op. 117* : 488
   *Six Klavierstücke, op. 118* : 489
   *Quatre Klavierstücke, op. 119* : 491
*Rhapsodies (Deux), op. 79* : voir *Klavierstücke*
*Sarabandes (Deux), WoO 5* : 492
*Scherzo en mi bémol mineur, op. 4* : 472
*Sonates* : 467
   *Sonate en ut majeur, op. 1* : 469
   *Sonate en fa dièse mineur, op. 2* : 468
   *Sonate en fa mineur, op. 5* : 470

*Variations* : 474
*Variations sur un thème de Schumann, op. 9* : 475
*Variations sur un thème original, op. 21 n° 1* : 478
*Variations sur un lied hongrois, op. 21 n° 2* : 477
*Variations sur un thème de Haendel, op. 24* : 479
*Variations sur un thème de Paganini, op. 35* : 481

## BRÉVILLE, Pierre de
*Esquisses (Sept)* : 498
*Fantaisie (Introduction, Fugue et Finale)* : 494
*Impromptu et Choral* : 496
*Portraits de maîtres* : 494
*Prélude et Fugue* : 496
*Sonate en ré bémol* : 497
*Stamboul (Rythmes et chansons d'Orient)* : 495

## BRIDGE, Frank
*A Dedication* : 508
*A Sea Idyll* : 512
*Arabesque* : 506
*Berceuse* : 511
*Canzonetta* : 507
*Capriccio (1er)* : 512
*Capriccio (2e)* : 512
*Characteristic Pieces* : 502
*Dramatic Fantasia* : 512
*Étude rhapsodique* : 512
*Fairy Tale Suite* : 511
*Gargoyle* : 508
*Graziella* : 507
*Hidden Fires* : 507
*Hour Glass (The)* : 504
*Improvisations for the left hand (Three)* : 503
*In Autumn* : 505
*Lament* : 507
*Lyrics (Three)* : 504
*Miniature Pastorals, I et II* : 510
*Miniature Pastorals, III* : 510
*Miniature Suite* : 511
*Piano Pieces (Three)* : 501
*Poems (Three)* : 501
*Sérénade* : 511
*Sketches (Three)* : 501
*Sonate* : 508
*Vignettes de Marseille* : 506
*Winter Pastoral* : 507

## BRITTEN, Benjamin
*Character Pieces (Three)* : 514

*Holiday Diary, op. 5* : 515
*Moderato et Nocturne* : 516
*Night-Piece* : 517
*Variations (Twelve)* : 514
*Walztes (Five)* : 513

**BULL, John**
*Fantaisies* : 519
*Gigues* : 520
*In nomine* : 519
*King's Hunt (The)* : 520
*Pavanes et Gaillardes* : 519
*Variations* : 518

**BUSONI, Ferruccio**
*Albumblätter (Drei), K. 289* : 534
*An die Jugend, K. 254* : 535
*Ballet-Szene (2$^e$), op. 20, K. 209* : 546
*Ballet-Szene (4$^e$), op. 33a, K. 238* : 548
*Élégies, K. 249 et 252* : 527
*Étude en forme de variations, op. 17, K. 206* : 544
*Études (Six), op. 16, K. 203* : 543
*Fantasia contrappuntistica, K. 256* : 530
*Fantasia nach Bach, K. 253* : 530
*Grosse Fuge, K. 255* : 530
*Indianisches Tagebuch, K. 267* : 532
*Klavierstücke (Zwei), op. 30a, K. 235* : 547
*Macchiette medioevali, op. 33, K. 194* : 542
*Morceaux (Trois), op. 4-6, K. 197* : 543
*Nuit de Noël, K. 251* : 529
*Perpetuum mobile, K. 293* : 536
*Prélude et Étude en arpèges, K. 297* : 537
*Préludes (Vingt-quatre), op. 37, K. 181* : 540
*Racconti fantastici, op. 12, K. 100* : 539
*Sonate en fa mineur, op. 20a, K. 204* : 545

*Sonatines* : 522
  *Sonatina, K. 257* : 522
  *Sonatina seconda, K. 259* : 523
  *Sonatina ad usum infantis, K. 268* : 524
  *Sonatina in diem Nativitatis Christi MCMXVII, K. 274* : 525
  *Sonatina brevis in signo J. Seb. Magni, K. 280* : 525
  *Sonatina super Carmen, K. 284* : 526

*Stücke (Sechs), op. 33b, K. 241* : 548
*Stücke zur Pflege des polyphonen Spiels (Fünf kurze), K. 296* : 537
*Suite campestre, op. 18, K. 81* : 539
*Toccata, K. 287* : 533
*Una festa di villagio, op. 9, K. 185* : 542
*Variations sur un thème de Chopin, op. 22, K. 213* : 546

**BUXTEHUDE, Dietrich**
*Choral « Auf meinem lieben Gott », BuxWV 179* : 550
*Fugue en ut majeur, BuxWV 174* : 550
*Partite diverse sur « La Capricciosa »* : 549
*Praeludium en sol mineur, BuxWV 163* : 550
*Suites* : 549

**BYRD, William**
*Danses* : 551
*Fantaisies* : 551
*Grounds* : 553
*Variations* : 551

**CASADESUS, Robert**
*Berceuses, op. 8* : 558
*Berceuses, op. 67* : 562
*Enfantines (Six), op. 48* : 561
*Études (Huit), op. 28* : 559
*Impromptu, op. 67 n° 4* : 563
*Préludes (Vingt-quatre), op. 5* : 555
*Sonate (1$^{re}$), op. 14* : 558
*Sonate (2$^e$), op. 31* : 560
*Sonate (3$^e$), op. 44* : 560
*Sonate (4$^e$), op. 56* : 562
*Toccata, op. 40* : 560
*Variations sur un thème de Falla, op. 47* : 561

**CASELLA, Alfredo**
*À la manière de..., op. 17 et 17 bis* : 567
*A notte alta, op. 30* : 572
*Barcarola, op. 15* : 567
*Berceuse triste, op. 14* : 566
*Canzoni popolari italiane (Due), op. 47* : 576
*Cocktail's Dance* : 575
*Contrastes (Deux), op. 31* : 572
*Inezie, op. 32* : 573
*Notturnino* : 575
*Pavane, op. 1* : 565
*Pezzi (Nove), op. 24* : 568
*Pezzi infantili, op. 35* : 573
*Ricercare sul nome « Guido M. Gatti »* : 576
*Ricercari sul nome « BACH » (Due)* : 576
*Sarabande, op. 10* : 566
*Sinfonia, Arioso e Toccata, op. 59* : 574
*Sonatine, op. 28* : 570
*Studi (Sei), op. 70* : 575
*Toccata, op. 6* : 566
*Variations sur une chaconne, op. 3* : 565

**CASTELNUOVO-TEDESCO, Mario**
*Alghe, op. 12* : 580
*Alt Wien, op. 30* : 584
*B-a-ba, op. 57* : 588
*Candide, op. 123* : 591

*Canons (Six), op. 142* : 599
*Cantico, op. 19* : 583
*Cielo di settembre, op. 1* : 579
*Cipressi, op. 17* : 582
*Corali su melodie ebraiche (Tre), op. 43* : 594
*Crinoline, op. 59* : 597
*Danze del re David (Le), op. 37* : 587
*English Suite* : 594
*Epigrafe, op. 25* : 584
*Evangélion, op. 141* : 592
*Fantasia e Fuga sul nome di Pizzetti, op. 63* : 600
*Film Studies (Two), op. 67* : 589
*Lucertolina* : 600
*Media difficoltà, op. 65* : 598
*Naviganti (I), op. 13* : 580
*Ninna-nanna del dopoguerra* : 600
*Onde, op. 86* : 591
*Passatempi, op. 54* : 596
*Pièces en forme de canons (Six), op. 156* : 599
*Piedigrotta 1924, op. 32* : 585
*Poemi campestri (Tre), op. 44* : 587
*Preludi alpestri (Tre), op. 84* : 590
*Questo fù il carro della morte, op. 2* : 580
*Raggio verde (Il), op. 9* : 580
*Sirenetta e il Pesce turchino (La), op. 18* : 582
*Sonate, op. 51* : 595
*Sonatina zoologica, op. 187* : 593
*Stagioni (Le), op. 33* : 586
*Suite nello stile italiano, op. 138* : 599
*Vitalba e Biancospino, op. 21* : 582

### CASTILLON, Alexis de
*Fugues dans le style libre, op. 2* : 602
*Pensées fugitives* : 605
*Pièces dans le style ancien (Cinq), op. 9* : 603
*Suite, op. 5* : 602
*Suite (2ᵉ), op. 10* : 604
*Valses humoristiques (Six), op. 11* : 604

### CASTRO, Juan José
*Casi Polka* : 609
*Corales criollos* : 608
*Sonate (2ᵉ)* : 607
*Sonatina española* : 609
*Suite infantil* : 607
*Tangos* : 608
*Toccata* : 607

### CHABRIER, Emmanuel
*Air de ballet* : 617
*Bourrée fantasque* : 618
*Capriccio* : 616
*Habanera* : 617
*Impromptu* : 612
*Pièces pittoresques (Dix)* : 612

*Pièces posthumes (Cinq)* : 617
*Suite de valses* : 619

### CHAMBONNIÈRES, Jacques Ch. de
*Pièces de clavecin, 1ᵉʳ livre* : 621
*Pièces de clavecin, 2ᵉ livre* : 622

### CHAUSSON, Ernest
*Fantaisies (Cinq), op. 1* : 624
*Paysage, op. 38* : 625
*Quelques danses, op. 26* : 625

### CHÁVEZ, Carlos
*Caprichos (Cinco)* : 630
*Estudio a Rubinstein* : 630
*Études (Trois)* : 630
*Études (Quatre Nouvelles)* : 630
*Homenaje a Chopin* : 630
*Invención* : 630
*Pièces (Sept)* : 628
*Préludes (Dix)* : 629
*Sonate (3ᵉ)* : 628
*Sonate (6ᵉ)* : 629
*Sonatina* : 627

### CHERUBINI, Luigi
*Capriccio ou Étude* : 633
*Sonates (Six)* : 631

### CHOPIN, Frédéric
*Allegro de concert, op. 46* : 731

*Ballades* : 637
  *1ʳᵉ Ballade, op. 23* : 639
  *2ᵉ Ballade, op. 38* : 640
  *3ᵉ Ballade, op. 47* : 641
  *4ᵉ Ballade, op. 52* : 643

*Barcarolle, op. 60* : 734
*Berceuse, op. 57* : 734
*Boléro, op. 19* : 730
*Cantabile, B. 84, KK IVb/6* : 736
*Contredanse, B. 17, KK Anh. Ia/4* : 736
*Écossaises (Trois), op. 72 n° 3* : 736

*Études* : 645
  *Douze Études, op. 10* : 646
  *Douze Études, op. 25* : 654
  *Trois Nouvelles Études* : 659

*Fantaisie, op. 49* : 732
*Fantaisie-Impromptu, op. 66* : 730
*Fugue, B. 144, KK IVc/2* : 737

*Impromptus* : 660
  *1ᵉʳ Impromptu, op. 29* : 661
  *2ᵉ Impromptu, op. 36* : 662
  *3ᵉ Impromptu, op. 51* : 663

*Largo, B. 109, KK IVb/5* : 737
*Marche funèbre en ut mineur, op. 72 n° 2* : 736

## RÉPERTOIRE ALPHABÉTIQUE DES ŒUVRES

Mazurkas : 664
   Quatre Mazurkas, op. 6 : 666
   Cinq Mazurkas, op. 7 : 667
   Quatre Mazurkas, op. 17 : 668
   Quatre Mazurkas, op. 24 : 670
   Quatre Mazurkas, op. 30 : 671
   Quatre Mazurkas, op. 33 : 672
   Quatre Mazurkas, op. 41 : 673
   Trois Mazurkas, op. 50 : 674
   Trois Mazurkas, op. 56 : 675
   Trois Mazurkas, op. 59 : 676
   Trois Mazurkas, op. 63 : 677
   Mazurkas, op. 67 $n^{os}$ 1 et 3 : 671
   Mazurkas, op. 67 $n^{os}$ 2 et 4 : 678
   Mazurkas, op. 68 $n^{os}$ 1-3 : 665
   Mazurka, op. 68 $n°$ 4 : 679
   Mazurkas en sol majeur et si bémol majeur, B. 16, KK IIa/2, 3 : 665
   Mazurka en ré majeur, B. 31 et 71, KK IVa/7 et IVb/2 : 668
   Mazurka en si bémol majeur, B. 73, KK IVb/1 : 668
   Mazurka en ut majeur, B. 82, KK IVb/3 : 669
   Mazurka en la bémol majeur, B. 85, KK IVb/4 : 669
   Deux Mazurkas en la mineur, B. 134 et 140, KK IIb/4 et IIb/5 : 674

Moderato en mi majeur, B. 151, KK IVb/12 : 737

Nocturnes : 679
   Trois Nocturnes, op. 9 : 682
   Trois Nocturnes, op. 15 : 684
   Deux Nocturnes, op. 27 : 685
   Deux Nocturnes, op. 32 : 686
   Deux Nocturnes, op. 37 : 688
   Deux Nocturnes, op. 48 : 689
   Deux Nocturnes, op. 55 : 690
   Deux Nocturnes, op. 62 : 691
   Nocturne en mi mineur, op. 72 $n°$ 1 : 681
   Nocturne en ut dièse mineur, B. 49, KK IVa/16 : 682
   Nocturne en ut mineur, B. 108, KK IVb/8 : 687

Polonaises : 692
   Deux Polonaises, op. 26 : 695
   Deux Polonaises, op. 40 : 696
   Polonaise en fa dièse mineur, op. 44 : 697
   Polonaise en la bémol majeur, op. 53 : 698
   Polonaise-Fantaisie, op. 61 : 698
   Trois Polonaises, op. 71 : 694
   Polonaises en sol mineur et si bémol majeur, B. 1 et 3, KK IIa/1 et IVa/1 : 693
   Polonaise en la bémol majeur, B. 5, KK IVa/2 : 694
   Polonaise en sol dièse mineur, B. 6, KK IVa/3 : 694
   Polonaise en si bémol mineur, B. 13, KK IVa/5 : 694
   Polonaise en sol bémol majeur, B. 36, KK IVa/8 : 695

Préludes : 700
   Vingt-quatre Préludes, op. 28 : 702
   Prélude en ut dièse mineur, op. 45 : 708
   Prélude en la bémol majeur, B. 86, KK IVb/7 : 708

Rondos (Rondeaux) : 709
   $1^{er}$ Rondeau, op. 1 : 709
   $2^e$ Rondeau, « à la Mazur », op. 5 : 710
   $3^e$ Rondeau, op. 16 : 710

Scherzos : 711
   $1^{er}$ Scherzo, op. 20 : 712
   $2^e$ Scherzo, op. 31 : 713
   $3^e$ Scherzo, op. 39 : 713
   $4^e$ Scherzo, op. 54 : 714

Sonates : 715
   $1^{re}$ Sonate, op. 4 : 716
   $2^e$ Sonate, op. 35 : 717
   $3^e$ Sonate, op. 58 : 719

Tarentelle, op. 43 : 731

Valses : 720
   Valse en mi bémol majeur, op. 18 : 723
   Trois Valses, op. 34 : 724
   Valse en la bémol majeur, op. 42 : 725
   Trois Valses, op. 64 : 726
   Valse en la bémol majeur, op. 69 $n°$ 1 : 723
   Valse en si mineur, op. 69 $n°$ 2 : 722
   Valse en sol bémol majeur, op. 70 $n°$ 1 : 723
   Valse en la bémol majeur, op. 70 $n°$ 2 : 726
   Valse en ré bémol majeur, op. 70 $n°$ 3 : 722
   Deux Valses de l'album d'Émilie Elsner, B. 21 et 46, KK IVa/13 et IVa/14 : 721
   Valse en mi majeur, B. 44, KK IVa/12 : 722
   Valse en mi mineur, B. 56, KK IVa/15 : 722
   Valse en mi bémol majeur, B. 133, KK IVb/10 : 725
   Valse en la mineur, B. 150, KK IVb/11 : 726

Variation pour l'Hexaméron, B. 113, KK IIb/2 : 729
Variations en la majeur (« Souvenir de Paganini »), B. 37, KK IVa/10 : 728
Variations sur un air national allemand, B. 14, KK IVa/4 : 727
Variations sur un thème de Hérold, op. 12 : 728

**CHOSTAKOVITCH, Dimitri**
Aphorismes, op. 13 : 741
Danses des poupées : 751

*Danses fantastiques (Trois), op. 5* : 740
*Pièces enfantines (Petits Contes), op. 69* : 746
*Préludes (Cinq), op. 2* : 739
*Préludes (Vingt-quatre), op. 34* : 742
*Préludes et Fugues (Vingt-quatre), op. 87* : 746
*Sonate (1re), op. 12* : 740
*Sonate (2e), op. 61* : 744

### CIMAROSA, Domenico
*Sonates (Trente-deux)* : 753
*Sonates (Trente et une)* : 754

### CLEMENTI, Muzio
*Caprice en si bémol majeur, op. 17* : 787
*Caprices (Deux), op. 34* : 787
*Caprices (Deux), op. 47* : 788
*Fantaisie sur « Au clair de la lune », op. 48* : 792
*Fugues (Six)* : 793
*Gradus ad Parnassum, op. 44* : 790
*Monferrines, op. 49* : 792
*Sonates* : 758
  *Quatre Sonates, œuvre 1 nos 1-4* : 759
  *Trois Sonates, op. 2 nos 2, 4, 6* : 760
  *Trois Sonates, op. 7* : 761
  *Trois Sonates, op. 8* : 762
  *Trois Sonates, op. 9* : 763
  *Trois Sonates, op. 10* : 765
  *Sonate et Toccata, op. 11* : 766
  *Quatre Sonates, op. 12* : 766
  *Trois Sonates, op. 13 nos 4-6* : 768
  *Sonate en ré majeur (« La Chasse »), op. 16* : 770
  *Sonate en ut majeur, op. 20* : 770
  *Trois Sonates, op. 23* : 772
  *Deux Sonates, op. 24* : 771
  *Six Sonates, op. 25* : 773
  *Sonate en fa majeur, op. 26* : 776
  *Trois Sonates, op. 33* : 776
  *Deux Sonates, op. 34* : 778
  *Trois Sonates, op. 37* : 780
  *Trois Sonates, op. 40* : 781
  *Sonate en mi bémol majeur, op. 41* : 783
  *Sonate en si bémol majeur, op. 46* : 784
  *Trois Sonates, op. 50* : 784
  *Sonate en fa majeur, WO 3* : 772
*Sonatines, op. 36* : 792

### CLIQUET-PLEYEL, Henri
*Acrostiches (Sept)* : 795
*Blues (Deux)* : 798
*Cliquettes* : 799
*Hommage à Debussy* : 800
*Mazurkas* : 799
*Menuet* : 798

*Pièces à la manière d'Erik Satie (Trois)* : 795
*Suite* : 796
*Tangos (Cinq)* : 797
*Toccata et Fantaisie* : 794
*Tombeau de Satie (Le)* : 798
*Valse de la bicyclette* : 798

### COPLAND, Aaron
*Down a Country Lane* : 808
*Fantaisie* : 806
*Midday Thoughts* : 809
*Midsummer Nocturne* : 809
*Moods (Three)* : 808
*Night Thoughts* : 809
*Passacaglia* : 802
*Piano Blues (Four)* : 805
*Piano Variations* : 802
*Portrait (Petit)* : 808
*Proclamation* : 809
*Scherzo humoristique (« Le Chat et la Souris »)* : 807
*Sentimental Melody* : 808
*Sonate* : 804
*Sunday Afternoon Music* : 808
*Young Pioneers (The)* : 808

### COUPERIN, François
*Pièces de clavecin, 1er livre (1er-5e Ordres)* : 812
*Pièces de clavecin, 2e livre (6e-12e Ordres)* : 819
*Pièces de clavecin, 3e livre (13e-19e Ordres)* : 827
*Pièces de clavecin, 4e livre (20e-27e Ordres)* : 836
*Préludes de « L'Art de toucher le clavecin »* : 846

### COUPERIN, Louis
*Pièces de clavecin* : 846

### COWELL, Henry
*Aeolian Harp* : 853
*Anger Dance* : 856
*Banshee (The)* : 853
*Celtic Set* : 856
*Dynamic motion* : 851
*Encores (Five) : What's this, Amiable Conversation, Advertisement, Antinomy, Time Table* : 851
*Episode* : 857
*Exultation* : 851
*Fabric* : 852
*Fairy Bells (The)* : 853
*Harp of Life (The)* : 851
*Ings (Nine)* : 854
*Lilt of the Reel (The)* : 852

*Maestoso* : 857
*Piece for piano with strings* : 853
*Rhythmicana* : 855
*Set of Four* : 856
*Sinister Resonance* : 854
*Snows of Fuji-Yama (The)* : 851
*Tides of Manaunaun (The)* : 850
*Tiger* : 852
*Two-Part Invention in three parts* : 857
*Vestiges* : 857

**CRAMER, Johann Baptist**
*Études* : 858
*Sonates* : 860

**CRAS, Jean**
*Danze* : 865
*Paysages* : 866
*Poèmes intimes* : 863

**CUI, César**
*À Argenteau, op. 40* : 871
*Bluettes (Deux), op. 29* : 870
*Impromptus (Trois), op. 35* : 871
*Mazurkas (Deux), op. 70* : 875
*Mazurkas (Trois), op. 79* : 875
*Miniatures (Douze), op. 20* : 868
*Miniatures (Six), op. 39* : 868
*Morceaux (Trois), op. 8* : 868
*Morceaux (Quatre), op. 22* : 869
*Morceaux (Cinq), op. 52* : 872
*Morceaux (Quatre), op. 60* : 873
*Morceaux (Cinq), op. 83* : 875
*Morceaux (Cinq), op. 95* : 876
*Mouvements de danse (Trois), op. 94* : 876
*Mouvements de valse (Trois), op. 41* : 872
*Polonaises (Deux), op. 30* : 870
*Préludes (Vingt-cinq), op. 64* : 873
*Suite, op. 21* : 869
*Thème et Variations, op. 61* : 873
*Valse-Caprice, op. 26* : 870
*Valses (Trois), op. 31* : 870

**CZERNY, Carl**
*Études* : 877
*Sonates* : 878
*Toccata, op. 92* : 877

**DAGINCOUR, François**
*Livre de pièces de clavecin* : 880

**DALLAPICCOLA, Luigi**
*Quaderno musicale di Annalibera* : 887
*Sonatine canonique sur des Caprices de Paganini* : 885

**DANDRIEU, Jean-François**
*Pièces de clavecin, 1er livre* : 890
*Pièces de clavecin, 2e livre* : 892
*Pièces de clavecin, 3e livre* : 893

**DAQUIN, Louis-Claude**
*Livre de pièces de clavecin* : 895

**DEBUSSY, Claude**
*Arabesques (Deux)* : 939
*Ballade* : 940
*Berceuse héroïque* : 947
*Children's Corner* : 914
*Danse* : 940
*Danse bohémienne* : 938
*D'un cahier d'esquisses* : 942
*Élégie* : 947
*Estampes* : 906
*Études* : 932
*Hommage à Haydn* : 946
*Images* : 909
  *1re série* : 910
  *2e série* : 912
*Images « oubliées » (Trois)* : 903
*Isle joyeuse (L')* : 942
*Masques* : 942
*Mazurka* : 941
*Morceau de concours* : 945
*Nocturne* : 941
*Petit Nègre (Le)* : 945
*Plus que lente (La)* : 946
*Pour le piano* : 904
*Préludes* : 917
  *1er livre* : 918
  *2e livre* : 925
*Rêverie* : 941
*Suite bergamasque* : 901
*Valse romantique* : 940

**DECAUX, Abel**
*Clairs de lune* : 948

**DELANNOY, Marcel**
*Cahier de Sylvine (Le)* : 952
*Clé des songes (La)* : 951
*Dîner sur l'eau* : 951
*Mouvements (Quatre)* : 950
*Prise de Guingamp (La)* : 951
*Rigaudon* : 951

**DELIUS, Frederick**
*Badinage* : 953
*Danse* : 953
*Pensées mélodieuses n° 2* : 952
*Piano Pieces (Five)* : 953
*Pièces (Deux)* : 953

*Preludes (Three)* : 954
*Presto leggiero* : 953
*Zum Carnival (Polka)* : 952

**DELVINCOURT, Claude**
*Boccacerie* : 956
*Croquembouches* : 960
*Galéjade* : 964
*Heures juvéniles* : 962
*Pièces (Cinq)* : 959

**DIEUPART, François (Charles)**
*Suites pour clavecin (Six)* : 965

**DOHNÁNYI, Ernö**
*Études de concert (Six), op. 28* : 975
*Feuillet d'album* : 979
*Fugue pour la main gauche* : 979
*Gavotte et Musette* : 979
*Humoresques, op. 17* : 973
*Passacaglia, op. 6* : 970
*Pastorale* : 979
*Pièces (Quatre), op. 2* : 968
*Pièces (Trois), op. 23* : 974
*Pièces (Six), op. 41* : 977
*Pièces singulières (Trois), op. 44* : 978
*Rhapsodies (Quatre), op. 11* : 971
*Ruralia hungarica, op. 32a* : 976
*Suite dans le style ancien, op. 24* : 975
*Valse boiteuse* : 979
*Variations et Fugue, op. 4* : 969
*Variations sur un thème hongrois, op. 29* : 976
*Winterreigen, op. 13* : 972

**DUKAS, Paul**
*Plainte, au loin, du Faune (La)* : 985
*Prélude élégiaque* : 984
*Sonate en mi bémol mineur* : 980
*Variations, Interlude et Finale sur un thème de Rameau* : 983

**DUPHLY, Jacques**
*Pièces de clavecin, 1er livre* : 986
*Pièces de clavecin, 2e livre* : 987
*Pièces de clavecin, 3e livre* : 988
*Pièces de clavecin, 4e livre* : 989

**DUPONT, Gabriel**
*Airs de ballet (Deux)* : 998
*Feuillets d'album (Quatre)* : 998
*Heures dolentes (Les)* : 992
*Maison dans les dunes (La)* : 995

**DURANTE, Francesco**
*Sonates (Six)* : 999

**DUREY, Louis**
*Basquaises (Dix), op. 68* : 1006
*De l'automne 53, op. 75* : 1006

*Études (Deux), op. 29* : 1003
*Inventions (Dix), op. 41* : 1005
*Nocturne en ré bémol, op. 40* : 1004
*Préludes (Trois), op. 26* : 1003
*Romance sans paroles, op. 21* : 1002
*Sonatine (1re), op. 36 n° 1* : 1004

**DUSSEK, Jan Ladislav**
*Chasse (La), op. 22, C. 146* : 1025
*Consolation (La), op. 62, C. 212* : 1026
*Fantaisie en fa majeur, op. 76, C. 248* : 1026
*Fantaisie et Fugue en fa mineur, op. 55, C. 199* : 1026
*Préludes (Trois), op. 31, C. 135-137* : 1026
*Rondeaux* : 1025

*Sonates* : 1008
  *Sonate en la bémol majeur, op. 5 n° 3, C. 43* : 1009
  *Trois Sonates, op. 9, C. 57-59* : 1010
  *Trois Sonates, op. 10, C. 60-62* : 1012
  *Sonate en la mineur, op. 18 n° 2, C. 80* : 1013
  *Sonate en si bémol majeur, op. 23 ou 24, C. 96* : 1013
  *Sonate en ré majeur, op. 25 n° 2, C. 127* : 1014
  *Sonate en ré majeur, op. 31 n° 1, C. 133* : 1014
  *Trois Sonates, op. 35, C. 149-151* : 1014
  *Trois Sonates, op. 39, C. 166-168* : 1016
  *Sonate en la majeur, op. 43, C. 177* : 1017
  *Sonate en mi bémol majeur (« L'Adieu »), op. 44, C. 178* : 1017
  *Trois Sonates, op. 45, C. 179-181* : 1018
  *Deux Sonates, op. 47, C. 184, 185* : 1020
  *Sonate en fa dièse mineur (« Élégie harmonique »), op. 61, C. 211* : 1020
  *Sonate en la bémol majeur (« Le Retour à Paris », ou « Plus ultra »), op. 64, ou 70, ou 71, C. 221* : 1021
  *Sonate en ré majeur, op. 69 ou 72 n° 3, C. 242* : 1023
  *Sonate en mi bémol majeur, op. 75, C. 247* : 1023
  *Sonate en fa mineur (« L'Invocation »), op. 77, C. 259* : 1023

*Sonatines* : 1025
*Sufferings of the Queen of France (The), op. 23, C. 98* : 1026
*Variations* : 1025

**DUTILLEUX, Henri**
*Air à dormir debout (Petit)* : 1029
*Au gré des ondes* : 1028
*Blackbird* : 1028

## RÉPERTOIRE ALPHABÉTIQUE DES ŒUVRES

*Préludes (Trois)* : 1028
*Résonances* : 1028
*Sonate* : 1026
*Tous les chemins mènent à Rome* : 1028

### DVOŘÁK, Antonín
*Berceuse et Capriccio, B. 188* : 1045
*Danses écossaises, op. 41, B. 74* : 1042
*Dumka, op. 35, B. 64* : 1039
*Dumka et Furiant, op. 12, B. 136, 137* : 1041
*Églogues, B. 103* : 1032
*Feuillet d'album, B. 158* : 1044
*Feuillets d'album, B. 109, 116* : 1044
*Furiants (Deux), op. 42, B. 85* : 1042
*Humoresque en fa dièse majeur, B. 138* : 1045
*Humoresques, op. 101, B. 187* : 1037
*Impressions poétiques, op. 85, B. 161* : 1034
*Impromptu en ré mineur, B. 129* : 1044
*Impromptus* : 1044
*Mazurkas (Six), op. 56, B. 111* : 1043
*Menuets (Deux), op. 28, B. 58* : 1041
*Morceaux (Six), op. 52, B. 110* : 1033
*Otázca, B. 128a* : 1044
*Perles (Deux Petites), B. 156* : 1045
*Silhouettes, op. 8, B. 98* : 1031
*Suite en la, op. 98, B. 184* : 1036
*Thème et Variations, op. 36, B. 65* : 1039
*Valses (Huit), op. 54, B. 101* : 1043

### ECKARD, Johann Gottfried
*Sonates (Six), op. 1* : 1047
*Sonates (Deux), op. 2* : 1048

### EISLER, Hanns
*Klavierstücke, op. 3* : 1049
*Klavierstücke, op. 8* : 1049
*Klavierstücke, op. 31 et 32* : 1050
*Sonate (1re), op. 1* : 1048
*Sonate (2e), op. 6* : 1049
*Sonate (3e)* : 1050
*Sonatine, op. 44* : 1050
*Variations* : 1050

### EMMANUEL, Maurice
*Sonatine (1re) (« Bourguignonne »), op. 4* : 1052
*Sonatine (2e) (« Pastorale »), op. 5* : 1053
*Sonatine (3e), op. 19* : 1054
*Sonatine (4e) (« sur des modes hindous »), op. 20* : 1055
*Sonatine (5e) (« alla francese »), op. 22* : 1056
*Sonatine (6e), op. 23* : 1057

### ENESCO, Georges
*Hommage à Fauré* : 1067
*Prélude et Fugue* : 1067
*Sonate en fa dièse mineur, op. 24 n° 1* : 1064

*Sonate en ré majeur, op. 24 n° 3* : 1065
*Suite (1re) dans le style ancien, op. 3* : 1060
*Suite (2e), op. 10* : 1061
*Suite (3e) (« Pièces impromptues »), op. 18* : 1062

### ESPLÁ, Oscar
*Cantos de antaño* : 1069
*Levante* : 1069
*Lirica española, op. 54* : 1070
*Movimientos (Tres)* : 1069
*Pájara pinta (La)* : 1068
*Sierra (La)* : 1069
*Sonata española, op. 53* : 1070
*Suite de pequeñas piezas* : 1068

### FALLA, Manuel de
*Allegro de concert* : 1079
*Chanson* : 1079
*Chant des bateliers de la Volga* : 1079
*Danse des gnomes* : 1079
*Fantasía baética* : 1076
*Homenaje (pour « Le Tombeau de Debussy »)* : 1077
*Nocturne* : 1078
*Pièces espagnoles (Quatre)* : 1074
*Pour le Tombeau de Paul Dukas* : 1078
*Sérénade andalouse* : 1078
*Valse-Caprice* : 1078

### FARNABY, Giles
*Danses* : 1082
*Fantaisies* : 1081
*Variations* : 1081

### FAURÉ, Gabriel
*Ballade, op. 19* : 1110
*Barcarolles* : 1085
  *1re Barcarolle, op. 26* : 1087
  *2e Barcarolle, op. 41* : 1087
  *3e Barcarolle, op. 42* : 1088
  *4e Barcarolle, op. 44* : 1089
  *5e Barcarolle, op. 66* : 1089
  *6e Barcarolle, op. 70* : 1090
  *7e Barcarolle, op. 90* : 1090
  *8e Barcarolle, op. 96* : 1091
  *9e Barcarolle, op. 101* : 1091
  *10e Barcarolle, op. 104 n° 2* : 1092
  *11e Barcarolle, op. 105* : 1093
  *12e Barcarolle, op. 106 bis* : 1093
  *13e Barcarolle, op. 116* : 1094
*Impromptus* : 1104
  *1er Impromptu, op. 25* : 1104
  *2e Impromptu, op. 31* : 1105
  *3e Impromptu, op. 34* : 1105

4ᵉ *Impromptu, op. 91* : 1106
5ᵉ *Impromptu, op. 102* : 1106
6ᵉ *Impromptu* : 1106
*Mazurka, op. 32* : 1111
*Nocturnes* : 1094
   1ᵉʳ *Nocturne, op. 33 n° 1* : 1095
   2ᵉ *Nocturne, op. 33 n° 2* : 1096
   3ᵉ *Nocturne, op. 33 n° 3* : 1096
   4ᵉ *Nocturne, op. 36* : 1097
   5ᵉ *Nocturne, op. 37* : 1098
   6ᵉ *Nocturne, op. 63* : 1098
   7ᵉ *Nocturne, op. 74* : 1099
   8ᵉ *Nocturne, op. 84 n° 8* : 1100
   9ᵉ *Nocturne, op. 97* : 1101
   10ᵉ *Nocturne, op. 99* : 1101
   11ᵉ *Nocturne, op. 104 n° 1* : 1101
   12ᵉ *Nocturne, op. 107* : 1102
   13ᵉ *Nocturne, op. 119* : 1103
*Pièces brèves, op. 84* : 1114
*Préludes, op. 103* : 1115
*Romances sans paroles, op. 17* : 1109
*Thème et Variations, op. 73* : 1112
*Valses-Caprices* : 1107
   1ʳᵉ *Valse-Caprice, op. 30* : 1107
   2ᵉ *Valse-Caprice, op. 38* : 1108
   3ᵉ *Valse-Caprice, op. 59* : 1108
   4ᵉ *Valse-Caprice, op. 62* : 1109

**FERROUD, Pierre-Octave**
*Au parc Monceau* : 1120
*Bacchante (The)* : 1124
*Études (Trois)* : 1122
*Fables* : 1125
*Prélude et Forlane* : 1121
*Sarabande* : 1119
*Sonatine en ut dièse* : 1124
*Types* : 1122

**FIBICH, Zdeněk**
*Dětem* : 1137
*Dolce far niente* : 1137
*Feuillets d'album, op. 2* : 1136
*Malířské studie (« Études de peintures »), op. 56* : 1135
*Mazurek en si majeur* : 1137
*Nálady, dojmy a upomínky* : 1127
   *Nálady, dojmy a upomínky, op. 41* : 1129
   *Novella, op. 44* : 1131
   *Nálady, dojmy a upomínky, op. 47* : 1132
   *Nálady, dojmy a upomínky, op. 57* : 1134
*Polka en la* : 1137
*Rondinos (Deux)* : 1137
*Scherzo en mi bémol majeur* : 1137
*Scherzo en mi mineur, op. 4* : 1137

*Sonatine en ré mineur* : 1137
*Z hor (« Des montagnes »), op. 29* : 1135

**FIELD, John**
*Nocturnes* : 1139
   1ᵉʳ, 2ᵉ *et* 3ᵉ *Nocturnes, H. 24-26* : 1141
   4ᵉ *et* 5ᵉ *Nocturnes, H. 36 et 37* : 1141
   6ᵉ *Nocturne, H. 40* : 1142
   7ᵉ *et* 8ᵉ *Nocturnes, H. 45 et 46* : 1142
   9ᵉ *Nocturne, H. 14E* : 1142
   10ᵉ *Nocturne, H. 30* : 1143
   11ᵉ *Nocturne, H. 56* : 1143
   12ᵉ *et* 13ᵉ *Nocturnes, H. 58D et 59* : 1143
   14ᵉ, 15ᵉ *et* 16ᵉ *Nocturnes, H. 60-62* : 1144
   *Nocturne « Le Troubadour », H. 55* : 1145
   *Nocturne-Pastorale, H. 54* : 1144
*Rondos* : 1146
*Sonate (4ᵉ), H. 17* : 1146
*Sonates (Trois), op. 1, H. 8* : 1145
*Variations et fantaisies* : 1147

**FISCHER, Johann Caspar Ferdinand**
*Ariadne musica* : 1151
*Blumen-Strauss* : 1151
*Musicalischer Parnassus* : 1149
*Musicalisches Blumen-Büschlein* : 1148

**FRANÇAIX, Jean**
*Bis (Cinq)* : 1155
*De la musique avant toute chose* : 1156
*Éloge de la danse* : 1154
*Insectarium (L')* : 1157
*Marches dans le style du Premier Empire (Six Grandes)* : 1157
*Nocturne* : 1157
*Portraits de jeunes filles (Cinq)* : 1153
*Pour Jacqueline* : 1157
*Promenade d'un musicologue éclectique (La)* : 1157
*Rock'n Roll du commandant Touquedillon* : 1157
*Scherzo* : 1153
*Sonate* : 1155
*Variations sur le nom de Johannes Gutenberg* : 1156

**FRANCK, César**
*Caprice (Grand), op. 5* : 1163
*Danse lente* : 1164
*Églogue, op. 3* : 1163
*Plaintes d'une poupée (Les)* : 1164
*Prélude, Aria et Finale* : 1161
*Prélude, Choral et Fugue* : 1160

**FRESCOBALDI, Girolamo**
*Canzoni* : 1166
*Caprices* : 1167

*Ricercari* : 1166
*Toccatas* : 1165
*Variations* : 1167

**FROBERGER, Johann Jacob**
*Capriccios et Canzoni* : 1170
*Ricercari et Fantaisies* : 1170
*Suites* : 1169
*Toccatas* : 1169

**GADE, Niels**
*Allegretto grazioso en la majeur* : 1178
*Andantino en ut dièse mineur* : 1179
*Aquarelle en la majeur* : 1180
*Aquarelles, op. 19* : 1173
*Aquarelles (Nouvelles), op. 57* : 1176
*Arabesque, op. 27* : 1177
*Barcarolle en fa* : 1179
*Dandserinden* : 1179
*Danse folklorique en ré bémol* : 1179
*Danses populaires (Folkedandse), op. 31* : 1174
*D'un cahier d'esquisses (Fra Skizzebogen)* : 1175
*Feuillets d'album (Trois)* : 1179
*Fleurs printanières (Foraarstoner), op. 2b* : 1173
*Idylles, op. 34* : 1174
*Mélodies populaires scandinaves* : 1179
*Noëls (Børnenes Jul), op. 36* : 1175
*Pièces de fantaisie (Fantasistykker), op. 41* : 1175
*Rébus, op. 2a* : 1172
*Romance en la bémol* : 1179
*Saltarella en ré majeur* : 1179
*Scherzino en mi bémol* : 1179
*Scherzino-Aquarelle en ré mineur* : 1179
*Scherzo en ut majeur* : 1179
*Sonate en mi mineur, op. 8* : 1177

**GALUPPI, Baldassare**
*Sonates* : 1180

**GIBBONS, Orlando**
*Danses* : 1182
*Fantaisies* : 1183
*Pavanes et Gaillardes* : 1182
*Préludes* : 1181
*Variations* : 1182

**GINASTERA, Alberto**
*Danzas argentinas, op. 2* : 1184
*Malambo, op. 7* : 1186
*Milonga* : 1192
*Piezas (Tres), op. 6* : 1185
*Piezas infantiles* : 1192

*Preludios americanos, op. 12* : 1186
*Rondó sobre temas infantiles argentinos, op. 19* : 1189
*Sonate (1re), op. 22* : 1189
*Sonate (2e), op. 53* : 1190
*Sonate (3e), op. 55* : 1191
*Suite de danzas criollas, op. 15* : 1188
*Toccata d'après Zipoli* : 1192

**GLAZOUNOV, Alexandre**
*Études (Trois), op. 31* : 1196
*Idylle, op. 103* : 1201
*Impromptus (Deux), op. 54* : 1199
*Miniatures (Trois), op. 42* : 1198
*Morceaux (Deux), op. 22* : 1196
*Morceaux (Trois), op. 49* : 1198
*Nocturne, op. 37* : 1196
*Prélude et deux Mazurkas, op. 25* : 1195
*Prélude et Fugue, op. 62* : 1199
*Prélude et Fugue en mi mineur* : 1200
*Préludes et Fugues, op. 101* : 1200
*Préludes-Improvisations (Deux)* : 1200
*Sonate (1re), en si bémol mineur, op. 74* : 1202
*Sonate (2e), en mi mineur, op. 75* : 1203
*Suite sur le thème Sascha, op. 2* : 1194
*Thème et Variations, op. 72* : 1199
*Valse (Petite), op. 36* : 1197
*Valse de concert (Grande), op. 41* : 1197
*Valse de salon, op. 43* : 1197
*Valse sur le thème SABELA, op. 23* : 1197

**GLIÈRE, Reinhold**
*Esquisses (Cinq), op. 17* : 1205
*Esquisses (Deux), op. 40* : 1211
*Esquisses (Douze), op. 47* : 1212
*Esquisses (Trois), op. 56* : 1212
*Mazurkas (Trois), op. 29* : 1207
*Morceaux (Deux), op. 16* : 1205
*Morceaux (Trois), op. 19* : 1206
*Morceaux (Trois), op. 21* : 1206
*Morceaux (Six), op. 26* : 1207
*Pièces caractéristiques (Vingt-quatre), op. 34* : 1211
*Pièces enfantines (Douze), op. 31* : 1210
*Pièces faciles (Huit), op. 43* : 1212
*Préludes (Vingt-cinq), op. 30* : 1207
*Scherzo, op. 15* : 1205

**GLINKA, Mikhaïl**
*Danses et pièces diverses* : 1215
*Pièces (Deux) de 1847* : 1216
*Variations* : 1213

**GOETZ, Hermann**
*Genrebilder, op. 13* : 1219
*Lose Blätter, op. 7* : 1217
*Sonatines (Deux), op. 8* : 1219

## GOOSSENS, Eugène
*Capriccio* : 1226
*Conceits (Four), op. 20* : 1223
*Étude de concert, op. 10* : 1221
*Études (Deux), op. 38* : 1225
*Hommage à Debussy, op. 28* : 1225
*Kaleidoscope, op. 18* : 1222
*Nature Poems, op. 25* : 1224
*Ships, op. 42* : 1226

## GRANADOS, Enrique
*A la pradera* : 1242
*Allegro de concert* : 1233
*Barcarolle en fa majeur* : 1241
*Cartas de amor* : 1242
*Cuentos de la juventud* : 1232
*Danses espagnoles (Deux)* : 1242
*Danses espagnoles (Douze)* : 1229
*Esquisses (Bocetos)* : 1233
*Estudio en mi majeur* : 1241
*Études expressives (Six)* : 1232
*Goyescas* : 1236
*Impromptu en ut majeur* : 1241
*Impromptus (Deux)* : 1229
*Jacara* : 1242
*Livre d'heures (Libro de horas)* : 1241
*Oriental (Canción variata, Intermedio y Final)* : 1242
*Paysage* : 1242
*Pelele (El)* : 1240
*Pièces sur des chants populaires espagnols (Six)* : 1231
*Scènes poétiques* : 1235
*Scènes romantiques* : 1234
*Valses poéticos* : 1228

## GRAZIOLI, Giovanni Battista
*Sonates* : 1244

## GRETCHANINOV, Alexandre
*Album d'enfants, op. 98* : 1248
*Bagatelles, op. 112* : 1249
*Journée d'un enfant (La), op. 109* : 1249
*Mazurkas (Quatre), op. 53* : 1250
*Moments lyriques, op. 78* : 1251
*Pastels, op. 3* : 1249
*Pastels, op. 61* : 1250
*Pièces (Deux), op. 37* : 1250
*Sonatines (Deux), op. 110* : 1251

## GRIEG, Edvard
*Ballade en sol mineur, op. 24* : 1273
*Danses et Mélodies populaires norvégiennes, op. 17* : 1275
*Feuillets d'album, op. 28* : 1269
*Holberg-Suite, op. 40* : 1270
*Humoresques, op. 6* : 1268
*Impressions (Stemninger), op. 73* : 1271
*Improvisata sur des chants populaires norvégiens, op. 29* : 1270
*Marche funèbre pour Rikard Nordraak* : 1279
*Mélodies norvégiennes, op. 66* : 1276
*Pièces (Quatre), op. 1* : 1266
*Pièces lyriques* : 1255
  $1^{er}$ *recueil, op. 12* : 1256
  $2^e$ *recueil, op. 38* : 1257
  $3^e$ *recueil, op. 43* : 1258
  $4^e$ *recueil, op. 47* : 1259
  $5^e$ *recueil, op. 54* : 1260
  $6^e$ *recueil, op. 57* : 1262
  $7^e$ *recueil, op. 62* : 1262
  $8^e$ *recueil, op. 65* : 1263
  $9^e$ *recueil, op. 68* : 1264
  $10^e$ *recueil, op. 71* : 1265
*Pièces sans opus* : 1279
*Scènes de la vie paysanne, op. 19* : 1268
*Slåtter, op. 72* : 1277
*Sonate en mi mineur, op. 7* : 1272
*Tableaux poétiques, op. 3* : 1267

## GRIFFES, Charles Tomlinson
*De profundis* : 1286
*Fantasy Pieces, op. 6* : 1282
*Pleasure-Dome of Kubla Khan (The)* : 1286
*Preludes (Three)* : 1285
*Roman Sketches, op. 7* : 1283
*Sonate* : 1284
*Tone-Pictures (Three), op. 5* : 1281

## GROVLEZ, Gabriel
*Almanach aux images (L')* : 1289
*Au jardin de l'enfance* : 1289
*Études de difficulté transcendante (Deux)* : 1288
*Fancies* : 1288
*Impressions* : 1290
*Improvisations sur Londres* : 1287
*Pièces (Trois)* : 1288
*Recuerdos* : 1287
*Royaume puéril (Le)* : 1290
*Sarabande* : 1290
*Valse-Caprice* : 1288
*Valses romantiques (Trois)* : 1288

## GUARNIERI, Camargo
*Cavalinho de perna quebrada (O)* : 1296
*Chôro torturado* : 1295
*Dansa brasileira* : 1295
*Dansa negra* : 1298
*Dansa selvagem* : 1296
*Études* : 1302
*Ficarás sosinha* : 1297

*Lundu* : 1297
*Maria Lucia* : 1298
*Peças infantis (Cinco)* : 1302
*Ponteios* : 1298
  *1ᵉʳ cahier (nᵒˢ 1-10)* : 1299
  *2ᵉ cahier (nᵒˢ 11-20)* : 1299
  *3ᵉ cahier (nᵒˢ 21-30)* : 1300
  *4ᵉ cahier (nᵒˢ 31-40)* : 1300
  *5ᵉ cahier (nᵒˢ 41-50)* : 1301
*Sonatine (1ʳᵉ)* : 1292
*Sonatine (2ᵉ)* : 1292
*Sonatine (3ᵉ)* : 1293
*Sonatine (4ᵉ)* : 1293
*Sonatine (5ᵉ)* : 1294
*Sonatine (6ᵉ)* : 1294
*Suite Mirim* : 1302
*Toada triste* : 1297
*Toccata* : 1296
*Valses* : 1302

**GUASTAVINO, Carlos**
*Cantilenas argentinas (Diez)* : 1304
*Preludios (Diez)* : 1304
*Sonate en ut dièse mineur* : 1305
*Sonatinas (Tres)* : 1305

**HAENDEL, Georg Friedrich**
*Capriccio en fa, « op. 3 »* : 1312
*Fantaisie en ut, « op. 5 »* : 1312
*Fugues (Voluntaries) (Six)* : 1311
*Pièces diverses* : 1315
*Prélude et Allegro en sol mineur, « op. 4 »* : 1312
*Préludes* : 1315
*Sonate en sol* : 1313
*Sonate en ut, « op. 2 »* : 1312
*Sonates et sonatines diverses* : 1314
*Suites (Huit Grandes), 1ᵉʳ recueil* : 1307
*Suites, 2ᵉ recueil* : 1310
*Suites diverses* : 1313

**HAHN, Reynaldo**
*Au clair de la lune* : 1318
*Études (Deux)* : 1328
*Juvenilia* : 1316
*Portraits de peintres* : 1318
*Premières valses* : 1319
*Rossignol éperdu (Le)* : 1321
*Sonatine en ut majeur* : 1320
*Thème varié sur le nom de Haydn* : 1320

**HALFFTER, Ernesto**
*Crepúsculos* : 1329
*Espagnolade (L')* : 1331
*Habanera* : 1331

*Hommages* : 1331
*Llanto* : 1331
*Nocturne automnal* : 1330
*Pregón* : 1331
*Sérénade à Dulcinée* : 1331
*Sonate* : 1330
*Sonate en ré majeur* : 1330

**HALFFTER, Rodolfo**
*Bagatelas (Once), op. 19* : 1333
*Hojas de álbum (Tres), op. 22* : 1333
*Homenaje a Antonio Machado, op. 13* : 1333
*Preludio y Fuga, op. 5* : 1332
*Sequencia* : 1334
*Sonatas de El Escorial (Dos), op. 2* : 1332
*Sonate (1ʳᵉ), op. 16* : 1333
*Sonate (2ᵉ), op. 20* : 1334
*Sonate (3ᵉ)* : 1334

**HARRIS, Roy**
*American Ballads* : 1337
*Piano Suite* : 1337
*Sonate, op. 1* : 1336
*Suite (Little)* : 1336
*Toccata* : 1338

**HARSÁNYI, Tibor**
*Baby-Dancing* : 1345
*Bagatelles* : 1344
*Blues* : 1347
*Burlesques (Deux)* : 1342
*Étude* : 1347
*Études rythmiques (Cinq)* : 1345
*Fox-trot* : 1347
*Impromptus (Trois)* : 1346
*Morceaux (Quatre)* : 1339
*Pastorales* : 1346
*Pièces (Douze Petites)* : 1341
*Pièces courtes (Six)* : 1341
*Pièces de danse (Trois)* : 1343
*Pièces lyriques (Trois)* : 1346
*Préludes brefs (Cinq)* : 1343
*Rhapsodie* : 1346
*Rythmes (Inventions)* : 1343
*Semaine (La)* : 1340
*Sonate* : 1341
*Suite* : 1344
*Suite brève* : 1345
*Suite de danse (Petite)* : 1339
*Tourbillon mécanique (Le)* : 1347

**HAYDN, Franz Joseph**
*Capriccio en sol majeur, Hob. XVII/1* : 1374
*Fantaisie en ut majeur, Hob. XVII/4* : 1375
*Sonates* : 1348
*Sonates, L. 1-18* : 1351

Sonates, L. 19-28 : 1354
Sonates, L. 29-32, Hob. XVI/45, 19, 46, 44 : 1356
Sonate en ut mineur, L. 33, Hob. XVI/20 : 1358
Six Sonates « Esterházy », L. 36-41, Hob. XVI/21-26 : 1359
Six Sonates « von Anno 776 », L. 42-47, Hob. XVI/27-32 : 1362
Sonates, L. 48-52, Hob. XVI/35-39 : 1365
Sonates, L. 34, 35, 53, Hob. XVI/33, 43, 34 : 1368
Trois Sonates, L. 54-56, Hob. XVI/40-42 : 1369
Sonate en fa majeur, L. 57, Hob. XVI/47 : 1370
Sonate en ut majeur, L. 58, Hob. XVI/48 : 1370
Sonate en mi bémol majeur, L. 59, Hob. XVI/49 : 1371
Trois Sonates (« anglaises »), L. 60-62, Hob. XVI/50-52 : 1372
Variations en sol (ou en la) majeur, Hob. XVII/2 : 1375
Variations en mi bémol majeur, Hob. XVII/3 : 1375
Variations faciles en ut majeur, Hob. XVII/5 : 1376
Variations en fa mineur, Hob. XVII/6 : 1376

**HELLER, Stephen**
Album (Petit), op. 134 : 1389
Album pour le piano dédié à la jeunesse, op. 138 : 1390
Art de phraser (L'), op. 16 : 1392
Aux mânes de Frédéric Chopin, op. 71 : 1380
Barcarolles : 1403
Bergeries, op. 106 : 1386
Chasse (La), op. 29 : 1393
Dans les bois, I, op. 86 : 1383
Dans les bois, II, op. 128 : 1389
Dans les bois, III, op. 136 : 1390
Églogues (Trois), op. 92 : 1385
Études (Vingt-quatre Nouvelles), op. 90 : 1394
Études d'expression et de rythme (Vingt-quatre), op. 125 : 1395
Études mélodiques (Vingt-cinq), op. 45 : 1393
Études pour former au sentiment du rythme et à l'expression (Vingt-cinq), op. 47 : 1393
Études progressives (Trente), op. 46 : 1393
Études techniques (Vingt et une), op. 154 : 1396
Feuilles d'automne, op. 109 : 1387
Feuilles volantes, op. 123 : 1388
Feuillets d'album (Six), op. 83 : 1383
Lieder ou Mélodies (Sept), op. 120 : 1387
Mazurkas : 1403
Miscellanées, op. 40 : 1379
Nocturnes : 1403
Nuits blanches, op. 82 : 1382
Phantasiestücke (Quatre), op. 99 : 1385
Polonaises : 1402
Pour un album, op. 110 : 1387
Préludes (Vingt-quatre), op. 81 : 1396
Promenades, op. 80 : 1381
Promenades d'un solitaire (I), op. 78 : 1381
Promenades d'un solitaire (II), op. 89 : 1384
Rêveries, op. 58 : 1380
Rêveries du promeneur solitaire, op. 101 : 1386
Romances sans paroles (Trois), op. 105 : 1386
Scènes d'enfants, op. 124 : 1388
Scènes pastorales, op. 50 : 1380
Sonate (2$^e$), op. 65 : 1399
Sonate (3$^e$), op. 88 : 1399
Sonate (4$^e$), op. 143 : 1399
Sonatines (Trois), op. 146, 147, 149 : 1400
Tablettes d'un solitaire, op. 153 : 1391
Tarentelles : 1402
Valses : 1401
Variations : 1401
Voyage autour de ma chambre, op. 140 : 1390

**HENSELT, Adolph**
Études caractéristiques, op. 2 : 1405
Études de salon, op. 5 : 1406
Frühlingslied, op. 15 : 1408
Impromptu (1$^{er}$), op. 7 : 1407
Impromptu (2$^e$), op. 17 : 1407
Impromptu (4$^e$), op. 37 : 1407
Nocturnes (Deux), op. 6 : 1406
Pensée fugitive, op. 8 : 1407
Rhapsodie, op. 4 : 1406
Romance, op. 10 : 1407
Scherzo, op. 9 : 1407
Toccatina, op. 25 : 1407
Valse brillante, op. 30 : 1407
Valse mélancolique, op. 36 : 1407
Valses (Deux Petites), op. 28 : 1407
Variations de concert, op. 1 : 1407

**HINDEMITH, Paul**
In einer Nacht, op. 15 : 1410
Klaviermusik (I), op. 37 : 1414
Klaviermusik (II), op. 37 : 1415
Klaviermusik (Kleine), op. 45 n° 4 : 1416
Ludus tonalis : 1419
Sonate, op. 17 : 1411
Sonates (Trois) : 1417

*Suite « 1922 », op. 26* : 1412
*Tanzstücke, op. 19* : 1411
*Variations* : 1418

**HOLST, Gustav**
*Chrissemas Day in the Morning* : 1423
*Jig* : 1423
*Nocturne* : 1423
*O! I Hae Seen the Roses Blaw* : 1423
*Shoemakker (The)* : 1423
*Toccata* : 1422

**HONEGGER, Arthur**
*Airs sur une basse célèbre (Petits)* : 1430
*Cahier romand (Le)* : 1427
*Esquisses (Deux)* : 1430
*Hommage à Roussel* : 1429
*Neige sur Rome (La)* : 1429
*Pièces (Trois)* : 1426
*Pièces (Trois) de 1910* : 1429
*Pièces brèves (Sept)* : 1426
*Prélude, Arioso et Fughette* : 1428
*Sarabande de l'Album des Six* : 1429
*Scenic Railway* : 1429
*Souvenir de Chopin* : 1430
*Toccata et Variations* : 1425

**HUMMEL, Johann Nepomuk**
*Capriccio en fa majeur, op. 49* : 1442
*Études (Vingt-quatre), op. 125* : 1443
*Fantaisie en mi bémol majeur, op. 18* : 1442
*Rondo en mi bémol majeur, op. 13* : 1440
*Rondo brillant en si mineur, op. 109* : 1441
*Rondos du recueil des Bagatelles, op. 107* : 1441
*Sonates* : 1431
   *1re Sonate, en ut majeur, op. 2 n° 3* : 1432
   *2e Sonate, en mi bémol majeur, op. 13* : 1433
   *3e Sonate, en fa mineur, op. 20* : 1434
   *4e Sonate, en ut majeur, op. 38* : 1435
   *5e Sonate, en fa dièse mineur, op. 81* : 1436
   *6e Sonate, en ré majeur, op. 106* : 1437
*Variations sur une chanson autrichienne, op. 8* : 1439
*Variations sur un thème de Cherubini, op. 9* : 1439
*Variations sur « God save the King », op. 10* : 1440
*Variations sur un thème de Gluck, op. 57* : 1440

**IBERT, Jacques**
*Espiègle du village de Lilliput (L')* : 1453
*Féerique* : 1453
*Française* : 1453
*Histoires* : 1447
*Noël en Picardie* : 1452
*Pièces (Six)* : 1447
*Rencontres (Les)* : 1450
*Suite en quinze images (Petite)* : 1451
*Toccata sur le nom de Roussel* : 1453
*Valse de « L'Éventail de Jeanne »* : 1453
*Vent dans les ruines (Le)* : 1453

**INDY, Vincent d'**
*Contes de fées, op. 86* : 1467
*Fantaisie sur un vieil air de ronde française, op. 99* : 1462
*Helvetia, op. 17* : 1464
*Menuet sur le nom de Haydn, op. 65* : 1465
*Nocturne, op. 26* : 1464
*Paraphrases, op. 95* : 1467
*Pièces (Quatre), op. 16* : 1463
*Pièces brèves (Treize), op. 68* : 1465
*Poème des montagnes, op. 15* : 1456
*Pour les enfants de tout âge, op. 74* : 1466
*Promenade, op. 27* : 1464
*Schumanniana, op. 30* : 1465
*Sonate en mi, op. 63* : 1459
*Tableaux de voyage, op. 33* : 1458
*Thème varié, Fugue et Chanson, op. 85* : 1461

**INGHELBRECHT, Désiré-Émile**
*Danses suédoises (Six)* : 1471
*Esquisses (Deux)* : 1468
*Nurseries* : 1471
*Pastourelles* : 1472
*Paysages* : 1469
*Poèmes dansés (Trois)* : 1471
*Suite petite-russienne* : 1469

**IRELAND, John**
*A Sea Idyll* : 1485
*Almond Trees (The)* : 1481
*Amberley Wild Brooks* : 1482
*April* : 1483
*Aubade* : 1484
*Ballade* : 1481
*Ballade of London Nights* : 1481
*Bergomask* : 1483
*Columbine* : 1485
*Dances (Three)* : 1485
*Darkened Valley (The)* : 1482
*Decorations* : 1474
*Equinox* : 1483
*February Child* : 1484
*For Remembrance* : 1482
*Greenways* : 1476
*In Those Days* : 1484

*Leaves from a Child's Sketchbook* : 1485
*London Pieces* : 1475
*Merry-Andrew* : 1482
*Month's Mind* : 1484
*On a Birthday Morning* : 1483
*Pastels (Three)* : 1478
*Prelude* : 1483
*Preludes* : 1475
*Rhapsody* : 1478
*Sarnia* : 1477
*Soliloquy* : 1483
*Sonate* : 1479
*Sonatine* : 1480
*Spring Will Not Wait* : 1484
*Summer Evening* : 1482
*Towing-Path (The)* : 1482

**IVES, Charles**
*Anti-Abolitionist Riots in the 1830's and 1840's (The), Étude n° 9* : 1492
*Étude n° 20* : 1492
*Étude n° 22* : 1492
*Étude n° 23* : 1493
*Some South-Paw Pitching, Étude n° 21* : 1492
*Sonate (1$^{re}$)* : 1487
*Sonate (2$^e$) (« Concord-Sonata »)* : 1489
*Three-Page Sonata* : 1493
*Varied Air and Variations* : 1494
*Waltz-Rondo* : 1494

# A

**Jean ABSIL**
(1893-1974) Belge

Absil est de ces musiciens à qui un argument, quel qu'il soit, est bénéfique. Son *Zodiaque* consiste en variations symphoniques avec piano et chœurs, au nombre de douze, bien entendu, et sur un thème de douze sons. Son ballet *Les Météores* décrit la voie lactée, l'ouragan, la neige, l'orage, la pluie, l'arc-en-ciel. Sa *Mythologie* pour orchestre célèbre Jupiter, Vénus, Vulcain, Cérès. Ses *Silhouettes* pour flûte et piano esquissent la Sereine, la Mutine, la Dolente, la Capricieuse... On ne s'étonnera pas que ses mélodies, ses chœurs, ses cantates constituent le meilleur de son œuvre, – ni que ses vraies réussites au piano, à quelques exceptions près, soient les morceaux où il s'est senti stimulé par un titre. La mer *(Marines)* en a inspiré d'autres que lui, mais avouons que ni les péchés capitaux *(Esquisses)* ni les pions du jeu d'échecs *(Échecs)* ne sont des sujets courants en musique ! Qu'importe, le voilà en verve. Plus simplement, et sans aller si loin, les petits titres innocents qu'il donne à ses pièces de moyenne force, pour servir d'hameçon aux apprentis pianistes, l'appâtent à son tour ; il est rare qu'il rate son coup lorsqu'il a inscrit au haut de sa page *Le Petit Clown*, *Le Ruisselet* ou *Ronde paysanne*.

Mais à la vérité il y a deux Absil, à quelque époque qu'on l'envisage. Le premier, qu'on entend dès les *Impromptus*, son entrée en piano, écrit difficile, à tous les points de vue. Il est exigeant non seulement pour les doigts de ses interprètes, mais aussi et surtout pour leurs oreilles. C'est dans ses pages virtuoses, déjà pleines de singularités rythmiques qui le rattachent à Stravinski (changements métriques, mesures additives ou aberrantes), qu'il cultive ses conceptions harmoniques, jetant son propre grain dans le terreau de la polytonalité, de la polymodalité, de l'atonalité ;

elles mûrissent avec lui, au long de son œuvre ; mais aussi s'arrêtent-elles un jour de donner des fruits, le laissant se répéter d'une partition à l'autre. La *Sonatine* et les *Marines* sont des chefs-d'œuvre, la *Grande Suite* contient des pages admirables. Mais à partir des années cinquante, à moins que n'intervienne le coup de baguette d'un titre, d'un programme, cet Absil-là tourne un peu en rond, et sa musique grisonne avec lui.

L'autre Absil s'adresse aux jeunes, ou aux amateurs ; et cela va de la *Deuxième Sonatine* (1939) aux petites études de *Poésie et vélocité* (1972). Il peut avoir des hauts et des bas ; mais il n'est jamais à court d'idées, parce qu'adoptant une syntaxe accessible au plus large public, il ne se borne plus aux limites de ce qu'il pense être « son » langage. Qui croirait du même auteur, et de la même année 1959, la *Passacaille* et les *Danses bulgares* ? Celle-là aligne les mêmes mornes accords à longueur de page ; celles-ci ont trouvé à se renouveler par le biais du folklore, une des passions d'Absil, un autre de ses stimulants. Mais disons aussi que la première de ces œuvres est un morceau de haute technique, imposé à l'un des concours les plus prestigieux du monde, – et que la seconde n'a besoin, pour bien sonner, que de doigts médiocres, et de cœurs aimants...

## SONATINES, SUITES ET RECUEILS

***Trois Impromptus*** (op. 10)

COMP 1932. PUB 1938 (Schott frères). DÉD au pianiste Robert Vantomme.

Absil les aurait écrits pour apprendre la polyrythmie à sa seconde épouse. Ils me semblent pouvoir servir, bien mieux, à initier aux arcanes de la polymodalité. Voyez le début du premier *(vif)*, où des triolets fantasques volettent en lignes brisées au-dessus des croches régulières de la basse. On est en ut, bien sûr ; mais alors que la main droite minorise tierce et sixte, la main gauche opte pour la tierce majeure, et s'octroie le si ♭ mixolydien ; conflit indolore, qui n'a pas besoin de se résoudre (même le dernier accord n'y tient pas), et nous vaut des frottements délicieux. La pièce est menée avec une exemplaire sûreté de trait ; on reconnaît, au passage, une autre gourmandise absilienne, qu'on pourrait appeler l'accord parfait diminué, do ♯-mi-sol-do ♮ (mes. 34-38).

La répétition des figures, dans le deuxième *(modéré)*, tourne à l'obsession (dessin descendant de la droite, ascendant de la gauche), et l'inquiétude sourd, alimentée par ce rythme heurté de onze doubles croches par mesure (distribuées 4+4+3). La reprise du thème initial, enrichie d'accords, est fort belle.

Mesure à onze doubles croches également dans le troisième morceau *(vif/allegretto)*, mais réparties cette fois 5+6 ou 6+5, cette variante permettant des jeux rythmiques d'autant plus séduisants qu'ils tiennent au fil d'une seule et brévissime note : l'impression la plus nette est celle d'un accompagnement de quintolets tournoyants, qui tâchent de rattraper un thème à 6/8. Tonalement, la mélodie oscille (il s'en faut toujours d'un cheveu) entre ré majeur et mi bémol mineur, l'accord final scellant une façon de compromis.

## *Sonatine* (op. 27)
COMP 1937. PUB 1938 (Schott frères). DÉD à Joseph Dopp.

Une œuvre d'un agrément immédiat, qui servira de sésame à quiconque veut pénétrer dans l'univers sonore d'Absil ; notamment l'*allegretto* initial, où l'on s'émerveillera que de superpositions bitonales, et même de segments atonaux, puisse naître une musique si harmonieuse. C'est qu'Absil ne maltraite jamais la ligne, et n'a pas le culte de tant d'autres pour le brisé, le heurté, le discontinu ; il évite dans ses mélodies les dessins en dents de scie, au profit des notes conjointes, naturellement chantantes et génératrices du sentiment tonal. De plus, il a compris d'emblée le rôle tout-puissant de la redite ; *bis repetita placent*, l'adage ne se trompe guère ; répétez, et vous persuadez ; mieux encore, vous rassurez. Ce que l'oreille entend deux ou trois fois, elle le communique en nous au sensible autant qu'au raisonnable. Une phrase, un motif, un accord réitéré est une boussole. Nous ne saurions nommer à chaque ligne les parages tonaux où nous nous trouvons ; mais nous sentons que nous n'allons pas à la dérive. On pourrait, après avoir écouté ce début de sonatine, aussi frais et pastoral que les meilleures inspirations du jeune Milhaud (par exemple les six pièces intitulées *Printemps*), s'amuser à relever ces répétitions, nombreuses, qui donnent force d'évidence à des harmonies recherchées et hardies.

Le deuxième mouvement est une *Humoresque*, dans le style d'une improvisation, qui alterne des cadences de trilles et d'arpèges *(molto rubato)* et un thème qui se prélasse mollement sur le rythme obstiné d'un accompagnement chromatique *(a tempo moderato)*. Une *Toccata*, en guise de finale (en fa dièse mineur, *vif*), propose ses joyeux martellements de quartes et de quintes.

## *Trois Pièces pour la main droite seule* (op. 32)
COMP 1938. PUB 1961 (Eschig).

Peu convaincantes. D'une part, Absil n'est pas à son aise dans ce style rhapsodique, qui, aussi bien dans la pièce *Héroïque* que dans la *Tendre* ou dans la *Gaie*, délaisse la mélodie continue, au profit d'un jaillissement de figures, transportées d'une octave à l'autre. D'autre part, la gageure de cette *main droite seule* n'est pas réussie. Ce que de tels morceaux doivent s'efforcer d'obtenir, avec le concours important de la pédale, c'est l'illusion de deux mains. On truque peut-être mieux, d'ailleurs, avec la main gauche, qui, après avoir posé les basses sans effort, n'a pas besoin de monter bien haut pour chanter un thème, presque naturellement (voyez le *Prélude et Nocturne op. 9* de Scriabine). Mais une droite forcée de faire la basse devient maladroite, et plus gauche que la gauche ; elle travaille contre nature, obligeant le pianiste à d'incessantes contorsions, pour aller loin dans le grave, sans quoi le tour n'est pas joué. Il ne l'est guère dans les pièces d'Absil, qui restent manchotes ; on entend des déplacements successifs, on suit la main dans ses voltiges acrobatiques ; c'est une main solitaire, et qui n'en peut mais.

### *Marines* (op. 36)

COMP 1939. PUB 1953 (Schott frères). DÉD à Philippe de Clerck.

Un des cahiers les plus séduisants d'Absil, et parmi les meilleurs qu'ait inspirés à un musicien l'innombrable fascination de la mer, ses jeux de vagues, ses nappes d'ombre et de lumière, ses alternances de calme et de violence, ses rivages changeants. D'une palette moins colorée, d'un souffle moins puissant, d'un pianisme moins éblouissant que les trois mouvements du *Chant de la mer* de Samazeuilh, ces trois pièces, joliment virtuoses, ont l'avantage de la brièveté.

La première *(allegretto)* est toute miroitements et reflets moirés. La mer paisible scintille au soleil d'été. Surgi d'une pédale tonique de fa dièse, un thème de quartes se balance au gré du rythme à 6/8 ; quartes aussi dans les accords brisés de l'accompagnement ; quartes et tons entiers dans ces petites vagues de triolets arpégés qui s'essorent vers l'aigu et retombent en gouttelettes ; quartes dans le second thème, au dessin dactylique, qui s'anime et s'enfle jusqu'au *fff*, dans la mousse des glissandos.

La trouvaille de l'admirable deuxième pièce (en si bémol mineur, *andantino*), c'est ce rythme nonchalant (à 7/16, avec un triolet sur les troisième et quatrième doubles croches), dont se berce et s'engourdit la rêverie, comme en une barcarolle très lasse et mélancolique. En contraste, la section centrale fait entendre un petit appel réitéré, sur sept notes, dans des tons clairs et sereins. Auprès des accords de quartes, gourmandise habituelle d'Absil, quelques accords parfaits enchaînés viennent nous rappeler, comme les tons entiers de la pièce précédente, que Debussy n'est jamais loin, celui que Jankélévitch appelle « le musicien des eaux dormantes et croupissantes ».

La troisième pièce *(vivo)* est pleine de remous et d'écume bouillonnante. Du dessin chaotique initial, qui s'élève et s'écroule sur quatre octaves, sort un thème de trois notes, aussitôt multiplié par la houle montante des triolets. Les mains alternent en giboulées sur toute l'étendue du clavier. L'étonnant passage central superpose deux moutonnements chromatiques, dont l'un tout effrangé de secondes, en menaçants murmures, et fait soudain vibrer d'un registre à l'autre, en écho, ses accords de quinte augmentée. Avec ses ressacs et ses coups de vent, la mer ici ne dispense plus le rêve, mais l'effroi. Les dernières mesures, retrouvant le ton de fa dièse et jusqu'aux basses initiales de la première pièce, referment idéalement ce petit cycle maritime.

(Sous-titres proposés par Absil : « Chant de marins », « Mer calme au soleil », « Mer agitée puis déchaînée ».)

## *Deuxième Sonatine (Suite pastorale)* (op. 37)
COMP 1939. PUB 1939 (Cnudde).

Destinée aux jeunes pianistes, c'est au fond la première enfantine d'Absil, qui en écrira un assez grand nombre (voir les *Bagatelles,* et plus tard les recueils *Du rythme à l'expression* et *Poésie et vélocité*). On goûtera cette petite partition où l'auteur ne s'est pas cru tenu, sous prétexte qu'il s'adressait à des enfants, de prendre un ton de niaiserie. Surtout il ne les prive pas de ses trouvailles de langage ; il se contente d'en atténuer la hardiesse et les adapte à cette écriture épurée à deux ou trois voix.

Le premier mouvement *(allegro cantabile)* s'intitule *À l'aube*. L'enfant est-il mal réveillé ? car le voilà qui dans cette tonalité de la mineur laisse parfois glisser un do ♯, tierce majeure ; mais le jour se lève, tout le printemps embaumé entre par la fenêtre, et ces motifs sont en effet « allègres et chantants », au pas égal des croches.

*Plaines et bois* : le mouvement lent est une promenade (en fa majeur, *andante con moto*), et son rythme celui d'une sicilienne ; au passage, on entend un appel de cors ; et la main gauche croise la droite pour jeter au loin la tierce mélancolique du coucou.

Pour finale, une *Ronde champêtre* (en la majeur, *allegro giocoso*), menée bon train par l'ostinato de la droite, un dessin brisé de quartes, au-dessus du thème crié à tue-tête, avec dans le fond un bourdon de dominante (mi-si) ; on notera, au milieu du morceau, un passage à la fois birythmique et bitonal, d'une réjouissante verdeur.

## *Bagatelles* (op. 61)
COMP 1944. PUB 1951 (Schott frères).

Cinq pièces, une récréation enfantine, dans l'ombre de la *Grande Suite* contemporaine, réservée celle-ci aux virtuoses chevronnés. Le cahier comporte une *Pastourelle* (en si bémol majeur, *allegretto*), volontiers charmeuse, avec son rythme pointé de sicilienne ; une *Musette* (en ré mineur, *andantino*), plaintive, fleurie de mordants, sur sa tonique obstinée ; une paisible *Berceuse* (en si bémol majeur, *andantino*) ; une *Gavotte* (en sol mineur, *moderato*), parfumée du mode dorien (avec la sixte majeure mi ♮) ; et une *Toccata* (en si bémol majeur, *vivo*), efficace mais point périlleuse, qui permettra au meilleur de la classe de briller à peu de frais.

### *Grande Suite* (op. 62)
COMP 1944. PUB 1953 (Schott frères). DÉD au pianiste André Dumortier.

Quatre pièces. Plus que les deux pièces rapides, – un *Scherzetto* tournoyant, de couleur sombre (n° 2, *vivo*), une *Toccata* dont les martellements serrés et les bribes modales évoquent la guitare (n° 4, *vivo*), – on retiendra les deux pièces lentes : un *Prélude* enrobé d'arpèges de barcarolle (n° 1, *andantino*), et qui, si loin qu'il aille vers les bords atonaux, ne laisse pas de respirer un charme véritablement fauréen ; et surtout le *Nocturne* (n° 3, *misterioso*), aux arpèges souplement onduleux (à 5/8), aux longues pédales, aux caressantes arabesques chromatiques, et qui hésite sans cesse entre majeur et mineur (ton de sol).

### *Hommage à Schumann* (op. 67)
COMP 1946. PUB 1953 (Schott frères).

Une autre suite ; mais ces trois morceaux de moyenne force (et de difficulté croissante) ne répondent qu'imparfaitement à leur titre : le seul qui se rattache à Schumann, c'est le premier, une *Marche* (en mi bémol majeur, *moderato*), fanfaronne et réjouie, dans l'esprit de certains numéros de l'*Album pour la jeunesse*. En se forçant un peu, on pourrait voir dans la métrique équivoque de l'*Impromptu* suivant (en ut mineur, *allegretto*) un souvenir de certaines birythmies schumanniennes, celle par exemple qui fait l'attrait de *Des Abends* dans les *Fantasiestücke* ; quelque chose aussi de doux et de frissonnant, dans les phrases mélodiques, évoque le compositeur romantique. Le *Mouvement perpétuel* conclusif (en mi bémol majeur, *vivo*) ne doit à personne sa bonne humeur, son rouage bien huilé de doubles croches, que les déplacements d'accents n'arrivent pas à freiner.

### *Esquisses sur les sept péchés capitaux* (op. 83)
COMP 1954. PUB 1967 (Cebedem).

Sept pièces, pour accéder à la demande du mime Jacwalther. Absil signe ici une de ses partitions les plus attrayantes, agréable autant de jeu que d'écoute, apparentée par son humour (et même quelques-uns de ses tours mélodiques et harmoniques) à la veine des préludes « anglais » de Debussy. Ce dernier eût presque pu signer la première pièce, *L'Orgueil* (en fa majeur, *marziale*), menée, comme il se doit, au pas fiérot d'une marche, dont de rapides triolets bousculent vainement la pompe ; ou la sixième, *La Gourmandise*, scherzo vrillé de secondes répétées *(alla burlesca)*, où des accords parfaits sur les touches blanches descendent à la rencontre d'octaves brisées sur les touches noires ; mais aussi la troisième, *La Paresse*, dont les croches à 12/8 s'étirent languissamment *(andante)*, parfois par trois, parfois par deux (duolets), sous de vaporeux agrégats où mollit l'octave diminuée.

Dans le deuxième morceau, *L'Envie*, rampent des lignes chromatiques, geignardes, maugréantes *(allegro moderato)*. Le quatrième, *L'Avarice* (en ré mineur, *moderato*), est pingrement bâti de la seule « série » de douze sons énoncée au départ par la gauche, obstinément reprise sous toutes les formes, augmentée, diminuée, condensée en accords, en total chromatique. Après ces pages volontairement grises, la valse *(leggiero)* de la *Luxure* prend des couleurs de pastel et se veut enjôleuse, tout en étant fuyante (accord final évasif, de quartes empilées dans l'aigu). Enfin la septième pièce *(vivo)* ne fait pas mentir son titre, *La Colère*, avec ses traits de toccata, ses accents véhéments, ses octaves, ses glissandos.

## *Échecs* (op. 96)
COMP 1957. PUB 1966 (Cebedem).

Une suite de six pièces, plaisante, variée, et de belle facture pianistique. Elle s'ouvre, comme il se doit, avec *Le Roi*, une marche bouffonne *(moderato)*, aux staccatos étriqués, qui moque gentiment sa vulnérable majesté ; se poursuit avec *La Reine (andante)*, dont le thème mélancolique s'accole à un accompagnement brisé qui descend et monte avec lui ; puis nous décrit burlesquement *Le Fou (andantino)*, toujours dans l'esprit des préludes les plus facétieux de Debussy, avec de petites glissades chromatiques, des accords répétés, de brusques oppositions de nuances ; plus sérieusement *La Tour*, dans le style d'un grave choral *(très lent)* ; continue avec *Les Pions (andantino)*, leurs notes piquées, leurs appogiatures comme autant de chiquenaudes ; et conclut avec *Les Cavaliers*, lancés au galop du rythme à 6/8 *(molto vivo)*, qu'un appel de trompes, à 2/4, vient parfois contrarier.

## *Danses bulgares* (op. 102)
COMP 1959. PUB 1961 (Lemoine).

Il faut compter dans la musique d'Absil, à partir des années quarante, avec une bonne part d'inspiration folklorique. Le folklore roumain, en particulier, lui a fourni nombre d'œuvres, depuis le coup de foudre, en 1943, des *Chants du mort*, que lui montra un élève, et qu'il mit en musique dans une cantate (op. 55), aussitôt suivie d'une *Rhapsodie roumaine op. 56* pour violon et piano, jusqu'aux *Colindas op. 87* (chants de Noël) et à la *Suite pour quatuor de saxophones op. 90* qu'il rapporta de son voyage de 1955 en Roumanie. Le folklore bulgare n'est pas en reste, dans ces *Danses* pianistiques, que prolongera à l'orchestre la *Rhapsodie bulgare op. 104*.

Ce sont des morceaux faciles et charmants, d'une séduction aussi immédiate que, chez Bartók, les six *Danses roumaines* qui ont fait le tour du monde. Sans pour autant bouder son plaisir, on peut se demander ce qui, dans cette écriture tonale affirmée et dans ces modes au parfum spécifique, demeure du style propre au compositeur. Mais il n'importe, on les aime, depuis l'entrée solennelle de la première danse (en ut majeur, *maestoso*), jusqu'au finale exubérant (en ut majeur, *vivo*), avec un petit faible pour la cinquième (en sol mixolydien, *andantino*), la plus simple de la série, fleur de terroir cueillie en sa fraîcheur.

### *Deuxième Grande Suite* (op. 110)
COMP 1962. PUB 1962 (Cebedem).

Absil lui a donné le sous-titre d'« Hommage à Chopin », mais cet hommage ne réside, à quelques allusions près, que dans l'emploi des formes chères au romantique. Sept pièces : un *Prélude* méditatif, troué d'un épisode vif ; un *Premier Nocturne* assez terne ; une *Valse* tragique, corrodée par le chromatisme ; un *Deuxième Nocturne* meilleur que le premier, flou et mystérieux, dans son chavirement d'harmonies augmentées ; un *Impromptu* instable et inquiet ; un *Troisième Nocturne* très réussi, où tout ce qui jusque-là sentait le procédé, la recette harmonique, concourt à un moment de vraie musique : d'ailleurs plutôt une barcarolle, bercée sur un rythme ondoyant qui reste souple en dépit des changements de mètre (*allegretto*, ton de sol, à modes divers) ; enfin une *Étude*, sans grand relief, qui retombe de plusieurs crans après ces pages inspirées.

### *Troisième Sonatine* (op. 125)
COMP 1965. PUB 1966 (Metropolis, Anvers). DÉD à Simon Poulain.

En trois brefs mouvements, une œuvre encore plus facile d'approche que la *Deuxième Sonatine* qui la précède d'un quart de siècle. Entre un premier mouvement intitulé simplement *Sonatine*, aux rosalies naïves, et une alerte *Tarentelle* finale (tous deux en ut majeur), fleurit une *Pavane* (en la mineur), qui alterne des contrepoints imitatifs, dans un éolien archaïsant, et des séquences d'accords en tons entiers.

### *Humoresques* (op. 126)
COMP 1965. PUB 1966 (Lemoine). DÉD à Josiane Garabedian.

Trois courts morceaux en ut majeur, qui s'avouent de « moyenne force » et rappellent les *Bagatelles* : un *allegro giocoso* qui semble emprunter à quelque folklore (roumain ?) les degrés altérés de sa mélodie principale (fa ♯ et si ♭) ; un *andantino* aux incises moqueuses, par-dessus l'allure de marche, inflexible, de la main gauche ; un *molto vivo* criblé de staccatos, savoureusement déboîté, où les mains ne vont jamais dans le même rythme.

***Féeries*** (op. 153)
COMP 1971. PUB 1971 (Cebedem).

Encore un de ces « programmes » renouvelés, qui stimulent l'inspiration d'Absil et lui soutirent presque toujours de bonnes pages. Voici réunis, en six pièces, les cousins de Puck et les sœurs d'Ondine. Les *Lutins*, évadés de chez Debussy, ont de petits bonds lunaires (*andantino* à 3/4), des rubans de triolets chromatiques qui s'égayent dans l'aigu. Pour les *Elfes*, des guirlandes délicates, lacées puis dénouées par les mains alternées (*souple et léger*, à 3/8), – alors qu'échoient aux *Korrigans* des accords plus rudes, de brusques accents, des rythmes heurtés *(allegro energico)*, dans un climat à la Bartók. Les *Néréides*, divinités marines, s'ébattent en quatre pages de liquides doubles croches, mesurées à 10/16 et partagées entre les deux mains, les pouces marquant un chant qui ne craint pas d'être fortement tonal (ut dièse mineur, jusqu'à la volte-face de la dernière ligne en si majeur). Après elles, les *Choéphores* sont un peu les « danseuses de Delphes » d'Absil, procédant en paisibles accords soulignés d'octaves et le plus souvent estompés, dans un mètre à 7/8 *(andante moderato)*. Enfin les *Farfadets* proposent leurs pointes rieuses, leurs dessins à la fois grêles et incisifs *(vivo)*, leur jeu alterné des mains d'un bout à l'autre.

## PIÈCES ISOLÉES

***Variations*** (op. 93)
COMP 1956. PUB 1956 (Cebedem). DÉD à Paulette Stevens.

Le thème (en sol mineur, *allegretto pastorale*), bien qu'il occupe trente-quatre mesures d'exposition, peut se ramener essentiellement à quatre notes, sol, la, si ♭, do ♯ ; et l'on entendra sans mal que la seconde augmentée lui confère une couleur orientale, très particulière. De cette brève cellule mélodique sortent quatorze variations, petit portrait de l'auteur sous toutes ses coutures, comme on peut le dire de celles qui constituaient, trois ans plus tôt, le *Thème varié* de Poulenc.

Elles ont des titres, qui en soulignent l'esprit. Une *Danse barbare* scande d'abord le thème en ostinato, rythmé à 4+5 doubles croches *(vif et très rude)* ; un *Intermezzo* le traite en imitations *(andante espressivo)* ; une variation *Leggiero* le brise dans l'aigu, staccato *(léger et aérien)* ; une variation *Funèbre* le transforme en marche pesante *(andante)*, au fatidique rythme pointé. La cinquième est un *Scherzetto* joyeux et cliquetant *(vif)*, la sixième un *Misterioso*, la septième une *Humoresque* d'un humour debussyste *(andantino quasi allegretto)*, la huitième un *Choral* aux beaux accords solennels *(grave)*. Puis viennent un *Hommage à Czerny*, étude de vélocité *(presto)*, opposant traits liés et notes piquées ; un *Menuetto* gracieux, presque suave *(cantabile)* ; une *Valse* piquante, à la Ravel *(rapide et léger)* ; une *Berceuse* où sol mineur et fa majeur se superposent sans trop de heurts ; une délectable *Sérénade*, aux réparties pleines d'ironie *(andantino)* ; et l'on termine par une *Toccata* vigoureuse *(vivo)*, où le « thème » crépite entre les mains alternées.

### *Passacaille* (op. 101)
COMP 1959. PUB 1966 (Cebedem). DÉD à Alban Berg, *in memoriam*.

Autres variations, au nombre de vingt, pour servir de morceau imposé au concours Reine Élisabeth de Belgique de l'année suivante. Puisque hommage il y a, le thème est dodécaphonique, dans sa forme tantôt directe (variations paires), tantôt inversée (variations impaires), sauf un petit îlot central plus lent, qui emploie le rétrograde et son inversion (var. 10-13). Le rythme est le plus souvent à trois temps, très classiquement, à l'exception de courtes incises entre les variations. Du reste, ce thème mis à part, ou plutôt cette basse, Absil ne s'affilie pas aux sériels, mais utilise ses harmonies habituelles, avec, hélas, une fâcheuse absence de renouvellement. La musique « pure », décidément, lui va moins bien que l'autre. Il a beau diversifier ses effets pianistiques (n'oublions pas qu'il écrit en vue d'un concours de haut niveau), ces pages qui s'en tiennent à quelques accords caractéristiques sont aussi grises, et pour les mêmes raisons, que certaines du dernier Scriabine.

### *Ballade pour la main gauche* (op. 129)
COMP 1966. PUB 1972 (Cebedem).

Le répertoire de la « senestre » n'est pas si fourni qu'on puisse faire fi de cette *Ballade*, d'ailleurs plus convaincante, dans son propos, que les *Pièces pour la main droite* de 1938. Le début trillé, en récitatif, l'*andantino* chantant, porté sur de vastes arpèges, l'étincelant *vivo* à 6/8 que relancent constamment des chiquenaudes de secondes, les accords raveliens cernés de pédales aux deux bouts du clavier, le *moderato* bercé sur des accords brisés, font autant d'épisodes contrastés. Mais on reste étrangement sur sa faim, privé de vrai lyrisme comme de vrai brio, dans un univers harmonique étroitement limité.

### *Alternances* (op. 140)
COMP 1968. PUB 1971 (Cebedem). DÉD à Josiane Garabedian.

Une nouvelle ballade, ou mieux encore une rhapsodie, dans le sens propre du terme, cousue comme elle est de morceaux divers. Les premières pages traînent d'une cadence à l'autre, et ne sont guère engageantes. Mais voici l'*allegretto* central (à 7/8), dont la mélopée s'étire souplement sur des basses insistantes ; et je ne sais quel charme s'en exhale, mais on est pris, on s'oublie dans cette atmosphère de langueur, – d'où nous secoue bruyamment le finale *(molto vivo e leggiero)*, une danse trépidante et barbare, orientale ou caucasienne, qui sonne par endroits comme du Balakirev...

## MORCEAUX PÉDAGOGIQUES

En trois séries d'études et morceaux pour la jeunesse, Absil réussit son *Mikrokosmos*. La *Deuxième Sonatine*, les *Bagatelles*, les *Humoresques*, et même les ravissantes *Danses bulgares*, toutes pièces écrites avec le souci des exécutants de « moyenne force », pourraient entrer dans ce cadre, comme un aboutissement des « études », une récréation.

### *Études préparatoires à la polyphonie* (op. 107)
COMP 1961. PUB 1961 (Lemoine), en deux cahiers.

Trente petites pièces progressives, rédigées à deux voix et basées sur des airs folkloriques. « Il faut bien convenir, dit l'avertissement, que le plaisir qu'éprouve l'élève en jouant de belles mélodies est un facteur important de progrès dans l'étude musicale. » Le folklore français est le plus largement représenté (treize fois), puis le russe (cinq), le roumain (quatre), le bulgare (trois). Il y a quatre airs flamands et une chanson allemande. Chemin faisant, outre l'indépendance des doigts que requièrent ces chants et contrechants (d'autant qu'Absil propose, après chaque étude, son *renversement*, la gauche prenant le thème et la droite le contrepoint), on travaille des phrasés opposés, des juxtapositions de nuances, des changements de mesure, des accents.

### *Du rythme à l'expression* (op. 108)
COMP 1961. PUB 1963 (Lemoine), en deux cahiers.

Vingt-quatre pièces, qui continuent la lancée des précédentes. Chacune d'elles, sous un titre que le compositeur veut alléchant, annonce entre parenthèses la nature de la difficulté étudiée : croisement de la main gauche, précision du rythme, expression de la dissonance, travail des sonorités, etc. Le but pédagogique poursuivi, si précis soit-il, n'a pas nui à la musique, et la plupart de ces morceaux sont de petits objets d'art, ciselés avec amour.

### *Poésie et vélocité* (op. 157)
COMP 1972. PUB 1972 (Lemoine), en quatre cahiers.

Vingt pièces, allant du « degré moyen A » au « degré supérieur B », pour employer les normes du conservatoire. Comme il avait allié *rythme* et *expression*, Absil montre ici, dès le titre, que les problèmes d'ordre technique ne sauraient éclipser le souci de l'expressivité, du jeu poétique. Du reste, ces nouveaux morceaux sont de loin plus ambitieux que les précédents, et les derniers d'entre eux mènent aux portes de la virtuosité : il va de soi qu'avec davantage de moyens, l'imagination vole plus assurée...

Tout est réussi dans cet opus qu'on ne saurait assez recommander aux amoureux du déchiffrage. Le choix égoïste qui suit indique, à tout le moins, les pièces les plus « poétiques », qu'elles soient ou non « véloces ». Du premier recueil, on retiendra le *Prélude* (en la mineur, *andante con moto*), dont le chant nostalgique s'accompagne à deux-contre-trois d'un cours égal de triolets ; et la touchante *Mélancolie* (en ré mineur, *allegretto*), dont tant le thème que l'harmonie chromatisent. – Du deuxième, le *Glas* (en ut mineur, *andante*), dont les harmonies ravélisantes et la sourde pédale de sol ne manquent pas d'apporter un souvenir du *Gibet* de *Gaspard de la nuit*. – Du troisième, les deux pages frétillantes intitulées *Guitares* (en mi mineur/majeur, *allegro moderato*) ; les *Jeux*, criblés de secondes rieuses *(vivo)* ; l'amusant *Polichinelle*, fantasque et burlesque autant qu'il se doit, en pirouettes, en saccades, en sautes d'humeur. – Du quatrième, la joyeuse *Tarentelle (vivo)*, qui lance au vent ses courts motifs dansants et se divertit aux accords de quinte augmentée.

## Jehan ALAIN
(1911-1940) Français

Jehan Alain, fauché en sa fleur, a eu le temps de donner à l'orgue une poignée de chefs-d'œuvre, joués par les organistes du monde entier : *Le Jardin suspendu*, les *Variations sur un thème de Janequin*, les *Litanies*, les *Trois Danses*. Au piano, il ne laisse que les prémices d'une œuvre, ignorées de la plupart des pianistes. Le catalogue établi par Bernard Gavoty dès 1945, et celui, plus complet, de Helga Schauerte en 1985, ont beau aligner un nombre impressionnant d'opus : un coup d'œil suffit à constater qu'on n'atteint ces chiffres qu'en assignant un numéro à chaque pièce isolée, voire à chaque fragment, comptât-il deux mesures. Plus concrètement, sachons que la musique de piano d'Alain tient en deux disques ; et encore faut-il, pour les remplir, gratter jusqu'à la dernière parcelle d'inédits, et faire un sort à des piécettes que le compositeur aurait peut-être détruites, ou tout au moins gardées par-devers lui.

Au fond, le piano n'est que la récréation de cet organiste, fils et frère d'organistes. Quand il n'écrit pas, d'un seul jet, dans ces cahiers qu'il fabrique et transporte partout avec lui, il improvise, d'enthousiasme. Il a l'esprit pointu, le cœur ardent, l'âme parfois rebelle ; il est entier dans ses rires et dans ses larmes, et passe aisément de l'un à l'autre. Son humour, visible à certains titres et intitulés, est spontané, blagueur, celui d'un adolescent qui ne se décide pas à grandir. Il a le don de l'instantané, plus facile à capter au piano qu'à l'orgue, cette énorme soufflerie, cette usine à timbres ; à l'orgue, un orchestre vous répond, mais au piano vous êtes seul avec vous-même. La plupart de ses pièces vont d'un coup au bout d'une émotion ; elles sont courtes parce qu'elles sont vraies. « Vision passagère » : le terme est de lui. En une page, voici les jeux d'un rayon de lune *(Un cercle d'argent souple)* ; en deux pages, voilà un flot de poussière dorée *(Lumière qui tombe d'un vasistas)*, un réseau de fines gouttelettes *(Il pleuvra toute la journée)* ; et trois pages recréent l'univers entier *(Mythologies japonaises)*.

Cette musique s'adresse rarement au virtuose. Il faut certes de sérieux moyens digitaux pour jouer l'*Étude sur les doubles notes* ou l'*Étude sur un thème de quatre notes*, et c'est d'une technique proprement pianistique que sont nées les hallucinations de *Dans le rêve* ou la violence de *Tarass Boulba*. Mais la majorité des pièces d'Alain sont de difficulté moyenne. C'est du moins l'illusion qu'on en peut avoir ; qu'on s'y attelle, les périls commencent. Ils touchent à la pédale, aux plans sonores, au rythme, au « rubato actif » dont parle son frère Olivier, un monde d'impondérables que seul l'instinct commande, et pour lequel il n'est pas de règle écrite.

L'art intuitif d'un enfant génial. L'enfance est une clé de l'œuvre d'Alain. D'ailleurs il a aimé écrire pour les enfants, et peut-être nous aurait-il donné un jour l'équivalent des *Kinderszenen* de Schumann. Il offre à deux élèves les morceaux d'une *Suite facile*, il harmonise *Nous n'irons plus au bois* ou *Le Bon Roi Dagobert*. Surtout, il adore raconter des histoires. Voyez, dans le Tome II de son *Œuvre de piano*, l'*Histoire d'un homme qui jouait de la trompette dans la forêt vierge* ; dans les *Dix Pièces* éditées en 1989, l'*Histoire, sur des tapis, entre des murs blancs*. On trouve dans les *Seize Pièces* éditées en 1992 l'amorce d'un récit *(La Peste)*, d'un personnage *(Méphisto)*, avec la précision « pour les petits enfants ».

Les dix ans de composition d'Alain (1929-1939) recouvrent ses années de conservatoire. Trop long pour celui-ci, et trop court pour celle-là. A-t-il pu se former un style ? À l'écoute de son œuvre, on s'en persuade. Ce mélange harmonieux d'influences possède indéniablement un ton personnel. Alain est de son temps, par l'exploration du rythme, le goût des combinaisons contrapuntiques et des étagements polytonaux, l'attrait pour l'exotisme, et jusque par ses essais sans barre de mesure, ou à mesure libre. L'eût-il été davantage, s'il avait vécu ? Il ne semble pas avoir été préoccupé d'atonalité, de dodécaphonisme ; et l'abstraction ne l'a jamais attiré (le canon, oui, qu'il manie avec adresse, la variation, qu'il privilégie ; ces techniques, chez un poète, sont vivifiantes ; elles n'ennuient que chez les racornis). Mais encore ce moderne, qui ne s'est pas défendu d'aimer le jazz, a-t-il été friand de grégorien et de vieux modes, et sa *Suite monodique* par exemple y a gagné, avec son austérité, la pureté et la souplesse de sa ligne, la liberté de son rythme. Nourri dans la foi et dans l'exaltation de la liturgie, il a le choral facile, et comme son œuvre d'orgue, sa musique de piano en est parsemée, sous des titres divers, dans des humeurs variées, que ce soit le terrible *Seigneur, donne-nous la paix éternelle*, le doux et caressant *Ecce ancilla Domini*, le chaleureux *Thème varié* ou le candide *En dévissant mes chaussettes*.

Le grégorien, les titres humoristiques, les « menus propos enfantins », le culte de la pièce brève : il ne serait pas incongru de trouver quelque accointance entre Jehan Alain et Erik Satie. En esprit, la *Suite monodique* n'est pas bien éloignée des *Danses gothiques*, ni les *Mythologies japonaises* des *Sonneries de la Rose+Croix*. Des titres comme *Mélodie-Sandwich* ou *Petite Rhapsodie bœuf-mode*, des indications comme « en laissant tomber » ou « dans l'esprit de la chose », une armure à sept bémols et un double-bémol, semblent l'écho de plaisanteries satistes. Et si vous voulez creuser cette ressemblance hors de la musique, allez regarder certains des délicieux dessins d'Alain, celui qui représente, par exemple, l'atelier de « Jehan Alain facteur d'orgues électriques, de Barbarie, pneumatiques, en tous genres et autres », avec un écriteau « demandez notre banc incurvé spécial pour messieurs les ecclésiastiques » : n'aperçoit-on pas le petit cousin du bonhomme qui fabriquait des châteaux tout en fonte ? Et cependant, voici la différence, essentielle : l'humour de Satie est celui d'un solitaire, d'un mal-aimé, il trahit une effrayante déréliction ; celui d'Alain est à partager, en famille, avec des amis, dans l'amour et la connivence. Oui, la grande affaire de Jehan Alain, c'était le partage ; et son vœu le plus cher, comme le disent les derniers mots de la préface qu'il avait ébauchée à ses œuvres, c'était qu'avec sa musique on reçoive « un peu de cette douceur qui vous baigne lorsqu'on a croisé un regard ami ».

### *Suite monodique*
COMP 1934-1935. PUB 1935 (Hérelle). DÉD « à Mme E. ».

Seule composition pianistique publiée du vivant d'Alain, elle passe pour sa meilleure réalisation dans ce domaine. On n'est pas obligé de le penser ; mais cette œuvre singulière force l'intérêt, à défaut de la connivence. Monodique, elle l'est presque de bout en bout : à l'exception des derniers volets du premier et du troisième mouvement, on n'y entend qu'une seule voix mélodique, seule ou doublée à l'unisson. L'ascèse pianistique est rarement poussée plus loin, et l'on a du mal, quand on les déchiffre, à s'apprivoiser à ces pages si radicalement dépourvues de charme : le charme, en musique, le sortilège, c'est l'harmonie... Le mouvement central, surtout, de ce triptyque *(adagio molto rubato)*, d'une nudité déconcertante, page blanche où quelques notes traînantes et murmurantes forment peu à peu un chant, comme une fleur poussée dans le désert, ne peut exister que par un acte d'amour : trouvera-t-il souvent un pianiste amoureux ?

Le premier mouvement *(animato)*, carré et résolu, semble énoncer sans cesse un sujet de fugue à quoi rien ne répond ; à la fin deux autres voix se décident à ajouter un grêle accompagnement. Dans le finale *(vivace)*, une trouvaille : ce thème aux accents de mélopée orientale, présenté nu d'abord, puis doublé à l'unisson, est ensuite joué en canon, avec le décalage d'une croche entre les deux mains, d'où un poétique effet de résonance, de halo autour de chaque note.

## *L'Œuvre de piano, tome I*
COMP 1930-1938. PUB 1944 (Leduc).

Les éditions Leduc ont publié dès 1944 trois recueils d'inédits de Jehan Alain, sous le titre général « L'Œuvre de piano ». Neuf pièces composent le Tome I, la première étant un *Choral*, « Seigneur, donne-nous la paix éternelle », daté du 17 novembre 1930. C'est une imploration tragique, en courtes phrases coupées de silences, dans les nuances les plus contrastées. « Je veux la terre carrée. Je veux déchirer ce bleu du ciel. Je veux voir derrière. Je veux que mes tempes se rompent sous des monstruosités déraisonnables... » : paroles de révolte, écrites au bas de la page, soulignant le puissant dernier retour du thème, qui cadence en sol mineur. (On verra dans le Tome II une pièce de la même année, *Ecce ancilla Domini*, tout l'opposé de celle-ci par son acceptation sereine.)

L'*Étude de sonorité*, d'octobre 1930, adaptée de la *Berceuse sur deux notes qui cornent*, pour orgue, utilise une double pédale de do et ré, que trace l'accompagnement régulier de la main gauche, en doubles croches doucement monotones. Le thème répète quelques notes persuasives ; l'harmonie rôde autour d'ut, tour à tour mineur (avec mi ♭), lydien (avec fa ♯), dorien (avec si ♭) et autres variantes chromatiques sur cet espace immuable ; fin imprévisible, en la mineur (mais avec fa ♯, sixte majeure). Ce n'est rien, et c'est d'un accent inimitable, la première de ces notations aiguës dont Alain aura le troublant, l'éphémère secret. « Ceci ne peut être joué avantageusement, précise-t-il, qu'à partir de 10 heures du soir jusqu'à 4 heures du matin, en petit comité et sur un bon piano. »

Deux courts feuillets : l'un, datant de 1932 et intitulé *Un cercle d'argent souple*, est un haïku subtil, jeu d'accords irisés où s'émeut soudain une phrase mélancolique ; dans l'autre, de 1931, dédié par Alain à sa sœur Marie-Claire « pour ses cinq ans », avec ce titre charmant : *Heureusement, la bonne fée sa marraine y mit bon ordre*, un thème paisible s'égrène sur des accords translucides, où la dissonance est plus fondante que la consonance même.

Le numéro suivant est un petit chef-d'œuvre, qui mérite à lui seul le détour vers le piano de Jehan Alain : les *Mythologies japonaises* (1932), un choral varié dont le titre, trouvé après coup par son frère Olivier, se justifie par les citations que le compositeur a empruntées, pour chacune des cinq variations, au récit japonais de la création des hommes. La même année, à propos d'un poème d'Omar Khayyam, il notait cette réflexion : « J'aime beaucoup les vieilles choses orientales, les poésies à l'opium et les récits à base de lanternes violettes... » Alain tout entier se trouve dans ce thème aux inflexions liturgiques, au parfum modal, dont l'ut dièse hésite savoureusement entre majeur et mineur. Pas de barre de mesure, mais parfois un petit trait vertical pour indiquer un temps d'arrêt au bout des phrases. La 1$^{re}$ variation fleurit en contrepoint à trois voix (« le collier de cinq cents joyaux recourbés ») ; la 2$^e$ ménage sous le thème deux lignes de croches rapides, en intervalles disjoints (« huit cents myriades de Dieux s'assemblèrent dans le lit desséché de la rivière Amanoyasu ») ; la 3$^e$, en canon, est d'une sobriété exemplaire, une courbe unique où tinte le la ♯ du mode dorien (« le Dieu Isanagi a jeté son auguste jupe ») ; la 4$^e$ est un choral grave et solennel (« je vais vous faire un serment par lequel nous donnerons le jour à des enfants ») ; la 5$^e$ enfin, immortalisant l'instant de la Création (« elle les broya entre ses dents, puis les soufflant de sa bouche en léger brouillard... »), enchaîne de lents agrégats, étagés dans un aigu immatériel.

Toujours de l'année 1932 date une brève et nostalgique *Romance*, accompagnée d'accords brisés à trois-contre-deux. Et de 1935, un lancinant *Nocturne* (en la bémol majeur, *molto rubato, assez lent*), rythmé à 6/8, dont la basse utilise tantôt l'iambe (brève-longue), tantôt le trochée (longue-brève), et où les glissements chromatiques, les équivoques enharmoniques, les insistances mélodiques favorisent un climat de sourde angoisse.

Ce premier recueil posthume s'achève avec ce qui fut la dernière composition pour piano d'Alain, les deux morceaux d'une *Suite facile* (1938), destinés à deux élèves de ces cours de piano du mercredi soir où sa sœur Marie-Claire dit l'avoir souvent vu « attraper du papier à musique et crayonner selon les besoins ». Le premier (en sol mineur, *con moto*), à deux voix, pousse sa plainte sur un accompagnement continu de croches ; une certaine monotonie et des modulations erratiques empêchent de le goûter complètement. Mais le second (en si mineur, *comme une barcarolle, lent*) a toutes les grâces, toutes les tendresses, et fait à l'œuvre pianistique de Jehan Alain un épilogue à la fois souriant et ému, d'une indéfinissable mélancolie.

### L'Œuvre de piano, tome II
COMP 1929-1936. PUB 1944 (Leduc).

En tête de ce Tome II qui regroupe huit pièces, un *Thème varié* de 1930, sous-titré dans le manuscrit « Patte de velours » (*andante*, « avec une sonorité chaude et un peu éteinte »). Les cinq variations, purement ornementales (triolets, arpèges brillants, broderies, accords, syncopes), sans changer une note à l'harmonie, se contentent de la répartir suivant divers schémas rythmiques. Autant dire que tout procède, ici, du thème (à 5/8), conçu avec assez de richesse pour survivre à tout traitement.

Le consentement, le « oui » de la Vierge, « *Fiat mihi secundum verbum tuum* », « Qu'il me soit fait selon ta parole », nous donne l'antithèse du choral torturé qui ouvrait le Tome I : *Ecce ancilla Domini* (août 1930) est une pièce fraîche et ingénue (en mi mineur, *pas très vif*), où la mélodie liturgique est harmonisée avec beaucoup de délicatesse. La partie en ut dièse mineur, où frémissent de fragiles secondes (à ne pas écraser !), remplit d'émotion ; et il y a une simple grandeur dans l'écriture chorale de la fin.

D'octobre 1930 date une *Étude sur les doubles notes* (en ré mineur, *vivace*), où les mains alternent et se croisent joyeusement, dans un mètre à 6/4 qui mêle subtilement des triolets aux croches ordinaires ; clochettes de quartes ; harmonies debussysantes. La fin est puissante, inattendue, en choral entrecoupé de traits filant vers l'aigu (dernier accord dans la tonique majeure).

Un des premiers morceaux pour piano d'Alain est le bref et curieux *Togo* (juin 1929), pièce non mesurée, délibérément privée de nuances, sorte d'improvisation de couleur africaine. C'est l'époque où il découvre le jazz (mais son frère Olivier, pour sa part, évoque la *Danse de Puck* de Debussy, de rythmique en effet semblable). Sur une gauche en accords longuement tenus (surtout des dixièmes), la droite, *vivace*, scande des motifs qu'il faut se garder d'assourdir, pour arriver en surprise à la seule nuance écrite, à la toute fin : « languoroso subito ».

D'avril 1931 date une nouvelle et courte étude de sonorité, intitulée *Lumière qui tombe d'un vasistas*, une minute à peine, baignée de beaux arpèges de triples croches, où surnagent quelques notes mélodiques.

Petite récréation, l'*Histoire d'un homme qui jouait de la trompette dans la forêt vierge* (1935 ?) : à la gauche, des arpèges où des notes sont accentuées pour indiquer une façon de rubato, – et à la droite un court motif rythmé, promené à travers registres et modulations, tour à tour *f* et *p*, comme si toute la forêt renvoyait son écho à ce solo instrumental.

Les deux dernières pièces de ce Tome II sont un *Prélude* (1936), dont on retiendra, entre deux saillies improvisées, l'épisode *calme*, un thème appuyé d'accords battus, d'une irréelle poésie ; et *Il pleuvra toute la journée* (1932), mouvement perpétuel de doubles croches chromatiques, qui s'arrête un instant, reprend *molto rubato*, en s'estompant jusqu'à la fin.

## L'Œuvre de piano, tome III
COMP 1929-1936. PUB 1944 (Leduc).

Une étude ouvre ce Tome III, la difficile *Étude sur un thème de quatre notes* (novembre 1929), une des rares pièces à montrer, chez l'adolescent, des préoccupations virtuoses. C'est un fiévreux bouillonnement (en mi mineur, *vivace*), des dessins de tierces brisées à 6/8 qui montent et descendent dans le médium du piano. Après un intermède de lents accords, aux enchaînements étranges, l'effervescence reprend, augmentée pour finir de traits de triples croches en aller et retour, crescendo « con fuoco possibile ».

De février 1931 date une *Petite Rhapsodie* qui, après avoir présenté un fond d'accords complexes, en ostinato rythmique, et un thème de pastorale ensuite élaboré en canon, superpose le tout fortissimo. On sourira au sous-titre insolite du manuscrit, où la rhapsodie est dite « bœuf-mode » !

La même année 1931, en octobre, Jehan Alain compose une de ses pièces les plus longues et les plus impressionnantes, *Dans le rêve laissé par la Ballade des pendus de Villon*. Sa sœur nous apprend qu'il était hanté par ce poème, au point d'en peindre le texte sur le papier mural de sa chambre, à l'imitation du parchemin, et de l'orner d'un gibet... Tout le morceau est traversé de carillons, que la main droite, avec son branle continuel de croches en nombre variable (aucune fraction de temps n'est indiquée), fait sonner dans l'aigu. La gauche parfois l'y rejoint, mais elle s'occupe le plus souvent à la mélodie, de plus en plus sonore, en notes simples, en octaves, en accords puissants. Ailleurs les rôles s'inversent, la gauche se démenant en vastes arpèges acrobatiques. La couleur de ces pages évoque irrésistiblement le Ravel de *Gaspard*. Fin apaisée, au fur et à mesure que les visions de cauchemar s'éloignent, que la musique s'émiette, se raréfie, ne laissant pour conclure qu'un lent arpège, égrené de bas en haut du piano.

Dans la même inspiration littéraire, on aimera moins la pièce conclusive du recueil, un morceau à la Bartók, un peu impersonnel mais d'effet certain, qui, sous le titre de *Tarass Boulba, Encelade, Icare, etc.*, traduit en accords violents, en rythmes lourds et obstinés de chevauchée, les impressions d'une lecture de Gogol (1936).

## Quarante Variations
COMP 1930. PUB 1989 (Leduc).

Les éditions Leduc ont repris leur publication d'inédits avec ces *Variations* juvéniles. Alain, qu'on aurait supposé bien éloigné de Satie, s'aventure ici dans les parages du vieux mage d'Arcueil. Celui-ci prétendait qu'on se jouât huit cent quarante fois les trois lignes de *Vexations*. Qu'on « se » jouât : le « se » est de taille, même si certains ont feint de ne pas l'apercevoir ! Et c'est avec « soi », ou en compagnie d'amis, qu'on goûtera le mieux ces *Variations* lilliputiennes (les jouer en public serait insensé), qui ressassent le même thème minuscule, – étrange pensum élaboré entre humour et dérision. Satie n'est pas seulement dans cette réitération laborieuse et un peu folle, mais aussi dans l'intitulé de chaque numéro : *nœuds* lorsque les doubles croches se bouclent en triples croches (1re variation), *piédestal* quand la mélodie s'appuie sur de solides accords (6e), *hachoir* quand les mains se coupent l'une l'autre sur les mêmes positions (12e), *le chameau* parce que les arpèges brisés de septièmes semblent tracer des bosses sur la portée (21e), *reflux* quand des accords arpégés montent caresser le thème et repartent sans bruit (31e)... On s'amuserait davantage de ces plaisanteries de potache si le résultat était plus musical. Et l'on doute fort qu'Alain eût laissé publier ce *private joke*.

### *Dix Pièces*
COMP 1930-1931. PUB 1989 (Leduc).

La première pièce retenue dans ce nouveau choix d'inédits, *Histoire, sur des tapis, entre des murs blancs* (mai 1931), est une des plus belles qui soient sorties de la plume d'Alain. Sur de lentes et vibrantes harmonies où se mêlent des quintes successives, sinue un thème mélancolique (en mi bémol mineur, *lent et voilé comme une femme arabe* : l'indication peut faire sourire, elle est pourtant sérieuse, et expressive !). Climat de mystère, et qu'on pourrait presque dire *gnossien*, en songeant à certaines mélopées immobiles de Satie, figées dans un rêve ancien. La partie centrale contraste beaucoup : elle s'établit sur un fugato, lequel, à la reprise, se superpose au thème initial.

Le titre cocasse de *Mélodie-Sandwich*, qui recouvre paradoxalement un choral des plus tristes (en mi bémol mineur, *assez lent*), daté du 23 février 1931, s'explique, d'après Marie-Claire Alain, par la structure du morceau : deux parties étoffées et graves, en da capo, resserrent un minuscule *scherzando* de six mesures, – de la minceur du jambon entre deux tranches de pain !

La pièce suivante, qui a pour titre la date où elle fut écrite, *26 septembre 1931*, trahit l'organiste improvisateur, autant dans ses changements de tempo que dans ses enchaînements où, d'un accord à l'autre, les bémols tamisent la lumière.

*Comme quoi les projets les plus belliqueux finissent souvent par un bâillement ou par une promenade en barque* : dix-huit mots servent d'appellation à un morceau qui commence en tourbillon de colère *(presto)* et, à force de ralentir, s'achève en barcarolle.

Un court *Nocturne* (dédié à une mystérieuse Lola B., et cloué de deux dates, « nuit du 4 août, soir du 22 août 31 ») propose ensuite son air lourd, son thème oppressant. On ne s'en jette qu'avec plus de bonheur dans le morceau composé tout juste après lui (septembre 1931) et baptisé, allez donc savoir pourquoi, *En dévissant mes chaussettes*, – un choral transparent et candide, mais si court (une minute) qu'on ne peut s'empêcher de le reprendre aussitôt.

De décembre 1930 date une pièce *Pour le déchiffrage*, destinée au conservatoire de Saint-Germain-en-Laye, un peu debussysante, en beaux enchaînements d'accords sous des octaves brisées (début et fin dans un ut dièse modal). Et de l'hiver 1929-1930 une *Chanson triste* (en ut mineur), aux douloureuses dissonances.

(Les deux derniers morceaux publiés dans ce recueil, un *Choral à sept voix* et un *Canon à sept parties*, écrits sur quatre portées, sont destinés au piano à quatre mains.)

### *Seize Pièces*
COMP 1932-1935. PUB 1992 (Leduc).

Ce dernier reliquat d'inédits regroupe des pièces d'importance et d'intérêt fort inégaux. Cela va de la simple idée notée sur le vif, deux ou trois mesures, au mouvement de sonate amplement développé.

Fragments les plus courts : trois mesures non datées, intitulées *Le Gai Liseron*, par allusion à un vers de Rimbaud ; quatre mesures également non datées, avec le titre *Obsession matinale (une scie)*, petit thème entêtant, en si bémol mineur ; quatre mesures de main gauche pour un *Méphisto*, « histoire pour les petits enfants » ; six mesures d'accords, toujours « pour les petits enfants », et dont le titre *La Peste* s'explique sans doute par une horrible armure en ré bémol mineur (les sept bémols, plus le si $\flat\flat$ !) ; un *Premier Amen*, un *Deuxième Amen*, un *Christe Eleison*, brèves sonneries liturgiques, plus orgue que piano ; enfin cinq mesures *Sur le mode de ré, mi* $\flat$*, fa, sol* $\flat$*, la* $\flat$*, si* $\flat\flat$*, do*, cet énoncé suffisamment clair par lui-même.

Plus consistante, évidemment, la longue (relativement) pièce appelée *Un très vieux motif... peut-être le premier*. Elle n'en est pas moins incompréhensible ; que voulait faire Alain de cette romance sucrée (en ré mineur), de style Belle Époque, et de sa variation dégoulinante d'arpèges ?

On trouvera un Alain plus familier dans le choral intitulé *Théorie* (c'est-à-dire « Cortège »), typique de son style d'orgue ; et dans les lumineux enchaînements harmoniques qu'il a nommés *Le Rosier de Madame Husson* (mars 1932).

Il faut retenir deux pièces apparentées aux deux chansons enfantines publiées en 1946 par Lemoine : *Le petit Jésus s'en va-t-à l'école* (en ré bémol majeur) et *Le Bon Roi Dagobert* (en si majeur) ; modèles d'harmonisation, fine et originale. Le décalage des temps, dans la deuxième, est particulièrement bien venu et suggestif.

Restent une *Sonata* (en ré majeur), en un mouvement de cinq bonnes minutes, besogne scolaire où l'auteur trace des méandres fort impersonnels à travers les tonalités ; et un *Andante* (en si bémol majeur), cinq minutes également, page ambitieuse et touffue, datée de janvier 1935, et qui se présente comme la première version du *Largo assai* pour violoncelle et piano.

(La dernière pièce éditée dans ce recueil est un *Post-scriptum* pour chant et piano, sur ces paroles : « J'ai oublié de vous parler d'un pays où l'on mange du boudin, des saucisses, des choses délicates... »)

PIÈCES DIVERSES. – Marie-Rose Clouzot a recueilli pour l'album *Jardin d'enfants* des éditions Lemoine (publié en 1946) deux pièces composées par Alain vers 1935 : **Nous n'irons plus au bois** (n° 1 du recueil) et **Quand Marion** (n° 10). Ce sont, comme leurs titres l'indiquent, deux harmonisations de chansons populaires, destinées à de « petites mains », surtout la première (en mi bémol majeur, *andantino*), écrite à deux voix, ingénument simple ; la seconde (en mi majeur, *modéré et joyeux*), à quatre voix, n'est pas moins candide, mais suppose une certaine aisance aux doubles notes et aux tenues. On trouvera deux autres exemples de cette veine dans le recueil de *Seize Pièces* édité en 1992 par Leduc (voir ci-dessus).

# Isaac ALBÉNIZ
(1860-1909) Espagnol

On a vite dit qu'Albéniz a deux ou trois « manières ». Il existe assurément une énorme différence de qualité entre une page d'*Iberia* et une page de la *Pavana-Capricho* par quoi l'on fait commencer, faute d'en savoir davantage, le catalogue surabondant du compositeur. Sans remonter si haut, ni la *Suite espagnole*, ni *España*, ni les *Chants d'Espagne* pourtant plus proches, ne préfigurent les douze pièces géniales qui sont à la fois son chef-d'œuvre et son testament. *Iberia* est « unique », et l'on peut regretter qu'elle ne le soit pas dans tous les sens du terme : elle suffit à la gloire d'Albéniz, et presque tout le reste ne sert qu'à l'écorner. Certains, pour lui garder leur admiration, feignent de douter qu'elle soit du même auteur que ce reste : quoi donc, Albéniz serait né d'un coup à la grandeur, un matin de 1905, après avoir inondé le répertoire de morceaux sans valeur, que lui-même appelait ses « petites saletés » ?

D'ailleurs, que faut-il entendre par « manières » ? Peu de traits rapprochent le Beethoven de l'opus 101 de celui de la *Pathétique* ; l'un n'implique pas l'autre, et l'explique encore moins. Pas davantage le Debussy de la *Rêverie* ou de la *Valse romantique* ne laisse-t-il prévoir celui des *Études*. À leur propos, il est légitime de se demander sérieusement s'il s'agit du même musicien au départ et à l'arrivée. Au lieu que, pour l'essentiel, tout Albéniz est déjà dans ses premières œuvres, ses qualités comme ses défauts ; d'une part la verve, la joie, la couleur, la passion du rythme, l'écriture pianistique étincelante ; et d'autre part la facilité, la négligence, le rabâchage, le mauvais goût confinant parfois à la vulgarité. Les unes sont à la hauteur des autres, car ce tempérament généreux n'a guère de place pour la médiocrité, ce « juste milieu » qu'Horace a dit doré *(aurea mediocritas)*, mais qui, en musique, n'aboutit souvent qu'à la grisaille.

Mieux vaut dire qu'il y a plusieurs sortes d'Albéniz. Plutôt qu'ils ne se succèdent, ils cohabitent longtemps, et ce n'est qu'à la toute fin que deux d'entre eux abandonnent la place au troisième. Ils procèdent tous du pianiste virtuose qu'il fut dès son plus jeune âge. Voici d'abord, formé par l'étude du répertoire, un musicien « classique » (mettons à ce mot de prudents guillemets), assez respectueux de la forme pour écrire des sonates, des études, des suites « anciennes » qui taquinent la gavotte, la sarabande et le menuet. Et s'il ne fut jamais habile à jongler avec le thème A et le thème B (« *fuera las reglas* », « au diable les règles », finit par lui dire Pedrell, auprès de qui Albéniz pensait les apprendre, et qui préféra le laisser à sa spontanéité), du moins était-il doué pour le pastiche. Il fait du Chopin, du Liszt, du Mendelssohn à volonté ; il fait de l'antique, où son cher Scarlatti lui sert de modèle. C'est cet Albéniz-là, secrètement et paradoxalement épris de discipline, qui subira à Paris l'ascendant des gens de la Schola cantorum, – de Chausson et Bordes, de Dukas et d'Indy, – et tentera sur le tard, avec *Iberia*, de vaincre sa facilité.

Cependant, dès l'origine, apparaît l'antithèse de l'élève appliqué : l'improvisateur de génie, qui jette par poignées le feuillet d'album, la mazurka et la valse, et si libéralement que lui-même n'en sait plus le nombre ni les titres, encore moins les dates (d'où l'anarchie qui règne dans son catalogue). De cette profusion, un éternel besoin d'argent n'est pas la moindre cause ; l'éditeur Pujol ne lui achète-t-il pas séance tenante, à trois pesetas la page, les œuvres composées dans son arrière-boutique ? « Ce n'était pas cher, dira Albéniz, mais je faisais cela très vite ! » Cet Albéniz persiste (et signe !) longtemps. Plus de dix ans après les *Six Petites Valses*, il trousse une valse intitulée *L'Automne*, contemporaine d'*España* ; et avec leurs joliesses, *Rêves* ou *Les Saisons* de la période anglaise sont encore des colifichets, *ad usum puellarum*. Mais dans ce gaspillage il se fait la main, ou la conserve ; en tournant ainsi le madrigal sur des pianos de rencontre (ces mazurkas que lui-même appelle « de salon », et dont chacune porte un prénom de femme !), en multipliant le lieu commun, le thème éculé, le cliché harmonique, il s'exerce à manier la bigarrure, à oser la surcharge, à la doser, à vérifier l'effet de ce pianisme, de sa pâte et de sa texture ; même à l'époque de la Schola, quand il se sera convaincu du prix et du poids de chaque note, il gardera cette munificence, si éloignée de l'art économe de ses amis français.

Le troisième Albéniz, on s'en doute, c'est l'espagnol. Lui aussi est né assez tôt, et mérite le titre de défricheur, dans un domaine où ses compatriotes tardaient à s'engager : la mise en valeur du folklore. Pedrell passe pour l'instigateur du mouvement, mais son manifeste, *Por nuestra música*, n'est que de 1891, date à laquelle Albéniz a déjà écrit les deux *Suites espagnoles*, la *Rhapsodie cubaine*, la *Rhapsodie espagnole*, les *Six Danses espagnoles*, *España*... Et si quelques étrangers semblent le devancer, Liszt et Glinka, qui font le voyage en Espagne et en rapportent deux ou trois motifs, Bizet, dont la *Carmen* date de 1875, ce sont là les manifestations d'un hispanisme approximatif, touristique, celui-là même qu'Albéniz qualifiait plaisamment de « polonais », aussi artificieux en son genre que les tziganeries du même Liszt par rapport à l'authentique folklore hongrois. Albéniz est le premier à se plonger au cœur brûlant de la race. Encore qu'elle ne l'inspire pas tout entière : ce Catalan, étrangement, n'a presque pas chanté la Catalogne, et à peine les Asturies, la Navarre ou le Pays basque. L'Aragon lui parle davantage, avec la franchise et la fierté de ses thèmes, leur optimisme, qui triomphe dans la *jota*, la plus vive des danses populaires. Mais il a été par-dessus tout le chantre de l'Andalousie. Il lui a emprunté ses multiples danses, polo, séguidille ou malagueña. Il a tenté de transcrire son flamenco, son *cante jondo*, ce « chant profond » si fiévreux, si envoûtant, parfois si chargé de désolation et d'amertume. Il a imité ses préludes guitaresques, les tambourins et les castagnettes, le claquement des talons *(zapateado)*. « Je suis Maure », s'écriait-il, reniant sa ville natale de Camprodón ; maure, autant dire andalou. Des douze pièces d'*Iberia*, la seule à ne pas évoquer l'Andalousie *(Lavapiés)* cite un *villancico* de la région. Séville et Grenade, en particulier, sont fêtées dans sa musique, opposées comme le jour et la nuit, condensé d'âme espagnole, l'une éclatante et bariolée, à la fois païenne et follement mystique, sentant le vin et les vapeurs d'encens, – et l'autre voluptueuse, alanguie dans l'ombre, parmi la fraîcheur des jets d'eau et l'odeur des jasmins.

D'avoir reconnu trois aspects différents, et souvent coexistants, d'Albéniz, ne nous fait pas éluder la question de départ : qu'est-ce qui a changé entre les balbutiements de ses vingt ans (1880) et l'œuvre rayonnante et mature de ses dernières années ? Certes point les thèmes. Que d'abord il les habille à la va-vite de tierces et sixtes déliquescentes, empruntées à Chopin et à Liszt, ou que plus tard il les enferme en des herses d'acciacatures, en des buissons d'accords de plus en plus complexes et dissonants, en des réseaux de contrepoints inventifs, ils n'en demeurent pas moins simples, et comme évidents. Ils émanent d'une spontanéité mélodique jamais tarie. Ils ont un air de famille, les mêmes courbes, les mêmes ascensions, la même attirance pour la dominante, où ils retombent et se prélassent longuement. Ils ne se développent guère, et sur ce point l'exemple de la Schola n'a servi de rien, Dieu merci ; à peine exposés, on les retrouve dans un autre ton, sous une autre ornementation ; c'est sa façon de « varier ». Du début à la fin, remarquons-leur ce mordant ou ce gruppetto caractéristique, hérité peut-être des clavecinistes, et qui garde à la mélodie sa nervosité, sa vibration.

Autant ses thèmes sont peu différenciés, autant la vitalité rythmique si particulière d'Albéniz témoigne d'une invention illimitée. Certaines de ses pièces ne valent que par ce côté : quand on songe à *El Albaicín* ou au *Prélude* des *Chants d'Espagne*, on se remémore avant tout une pulsation, un rythme d'artères et de nerfs. Ici encore, nul besoin d'attendre les splendeurs d'*Iberia*. Dès la pâlotte *Rapsodia cubana*, dès les romantiques *Recuerdos de viaje*, il sait tirer parti des formules les plus rebattues, qu'il transfigure par un contretemps, une syncope, un accent, une note répétée, un motif brusque et rageur. Joignons à ce don l'amour irrépressible de la vitesse, qui excite en lui le virtuose : comme l'a bien vu Gabriel Laplane, Albéniz n'est pas le musicien des lentos et des adagios... Le rubato, le ritenuto, tant qu'on voudra ; mais pas l'insupportable lenteur où le rythme se pétrifie. Même la déploration, chez lui, adopte un tempo rapide : *El Polo*, ce poème funèbre, est un allegro, à quoi l'adjectif *melancolico* impose à peine un frein.

On touche davantage à la spécificité des dernières œuvres, *La Vega*, *Iberia*, *Navarra*, *Azulejos*, en abordant leur technique pianistique. Certes, bien des pages de jeunesse, en particulier les *Études*, tirent des feux d'artifice ; partout les arpèges et les gammes véloces, les écarts et les sauts, les doubles notes et les notes répétées, à la manière moins de Liszt que de Mendelssohn ou de Chopin, quelquefois de Schumann. Mais enfin, tout cela reste jouable, et plusieurs cahiers s'ouvrent sans peine à l'amateur, d'où leur durable succès. *Iberia* ne se joue presque pas ! Des virtuoses consommés, si même ils ont consenti l'effort de lire ces pages criblées d'accidents, reculent devant ce grouillement d'accords, ces bonds périlleux, ces enchevêtrements de mains inédits, que les moins scrupuleux d'entre eux finissent par « faciliter ». Et ne parlons pas des miracles de vigueur et de douceur que commande une dynamique allant de cinq *f* à cinq *p*, avec si fréquemment la fameuse quadrature du cercle : « dolce ma sonoro »... On raconte qu'Albéniz, conscient après coup de ces écueils, fut parfois tout près de brûler son œuvre. Mais d'autres fois, il se vantait de l'avoir rendue impraticable aux médiocres pianistes, comme une revanche sur tant de morceaux si joués dont il rougissait d'être l'auteur.

En vérité ce singulier pianisme, dont on critique souvent la surcharge, est le résultat d'une quête harmonique ; et c'est dans l'harmonie qu'on débusque le meilleur Albéniz, c'est là qu'il a montré des « manières » successives. Quelle évolution, depuis les accords innocents, les enchaînements paresseux des quinze premières années de composition (où pourtant pointe çà et là une idée ingénieuse), et la luxuriance déployée à la fin ! Une oreille sans cesse affinée guide les doigts de l'improvisateur, leur suggère ces dissonances, ces fausses relations, ces modulations pleines d'audace et d'assurance, ces aromates modaux. Comment voudrait-on que tant de richesses ne se traduisent pas, sur la page, noir sur blanc ? Dans ce domaine de l'harmonie, le plus précieux de notre art, les amoureux d'Albéniz se retrouvent et lui savent gré, pour reprendre le mot de Debussy, de « jeter la musique par les fenêtres ».

*

Hormis quelques œuvres théâtrales, zarzuelas ou opéras, quelques mélodies, un *Concerto* dit « fantastique », une *Catalonia* pour orchestre, l'œuvre d'Albéniz est consacrée au piano. Œuvre immense, plus improvisée qu'écrite, et dont bonne partie est perdue. La majorité des pièces qui nous restent précèdent l'année 1890, début de sa période anglaise ; on y trouve la plupart des morceaux de salon, études, suites et sonates, mais aussi les deux *Suites espagnoles*, les *Recuerdos*, *España*. Autour de 1896-1897 se placent les morceaux avant-coureurs de son véritable génie, le *Córdoba* des *Chants d'Espagne*, surtout *Espagne (Souvenirs)* et *La Vega*. Enfin, à partir de 1905, naissent *Iberia*, *Navarra*, *Azulejos*, ces deux derniers inachevés.

La perte des autographes, la numérotation d'opus chaotique, les fonds sans cesse transmis d'un éditeur à l'autre (Pujol, Romero, Dotésio, Unión musical española), et plus que tout l'esprit incroyablement brouillon du compositeur sont cause des trous du catalogue et des tâtonnements des commentateurs (voir le récent essai de chronologie de Pola Baytelman, Harmonie Park Press, 1993). La plupart des dates indiquées ci-dessous demeurent conjecturales.

## LES GRANDES ŒUVRES ESPAGNOLES

À parler franc, il n'y a qu'une poignée de « grandes œuvres », les douze pièces d'*Iberia*, *La Vega*, *Navarra*, *Azulejos*, les deux joyaux méconnus qui se nomment *Espagne (Souvenirs)*. Elles suffisent à hausser Albéniz au premier rang du firmament pianistique. Mais les deux *Suites espagnoles*, les petites pièces d'*España*, les *Chants d'Espagne*, universellement répandus, font le bonheur de tant de mélomanes, de tant de pianistes, amateurs ou professionnels, que j'ai tâché d'étendre ma rubrique.

### Suite espagnole (op. 47)

COMP 1886-1896. PUB en pièces séparées 1886-1901 (Zozaya); au complet 1911 (Hofmeister), puis 1913, 1918 (Unión musical española). DÉD des n<sup>os</sup> 1-3 et 8 à Gracia Fernández, à sa mère, à la comtesse de Morphy, à Ramón Rodríguez Correa.

Cette œuvre, dans la forme qu'on lui connaît (huit pièces), soulève un problème d'ordre chronologique. Quatre pièces seulement remonteraient à 1886 : *Cataluña* et *Cuba*, datées respectivement du 24 mars et du 25 mai (d'après Gabriel Laplane, autographes appartenant au Conservatoire de Madrid, aujourd'hui disparus?); *Granada* et *Sevilla*, exécutées par Albéniz le 24 janvier (au Salon Romero). D'ailleurs, dans un album du 21 mars 1887, destiné à la régente d'Espagne, ne figurent, sous le titre *Suite espagnole*, que ces quatre pièces ; mais on y trouve le plan de toute la suite, avec les titres des quatre morceaux manquants. Laplane pense qu'après la mort du compositeur, les éditeurs ont « complété » l'œuvre, en empruntant au reste de la production albénizienne des morceaux qui pouvaient, à la rigueur, remplir ces blancs : pour *Cádiz*, la *Sérénade espagnole* déjà publiée sous le numéro d'opus 181 ; pour *Asturias*, le *Prélude* des *Chants d'Espagne* ; pour *Aragón*, la *Jota aragonaise* de l'opus 164 ; enfin, pour *Castilla*, la *Seguidillas* des mêmes *Chants d'Espagne*. Cette manipulation posthume, outre qu'elle crée des doublons, a l'inconvénient de faire voisiner des pièces composées sur plus de dix ans. Je m'en tiens ci-dessous aux quatre morceaux de 1886 (n<sup>os</sup> 1, 2, 3 et 8) ; les autres se trouvent un peu plus loin dans la rubrique.

Ramenée à ces quatre anciens numéros, la *Suite espagnole* perd beaucoup en qualité. Ces premiers pas du compositeur dans la musique populaire de son pays (la *Sérénade arabe* de 1883 est négligeable) sont timides ; attiré par le terroir, il ne s'y sent pas encore chez soi ; à quelques touches de couleur locale, il mêle les accents favoris du salon romantique. Mais *Sevilla* vaut le détour ; on y surprend à sa source le filet ténu qui deviendra, vingt ans plus tard, le fleuve impétueux d'*Iberia*.

C'est naïvement que la première pièce espagnolise : *Granada* (en fa majeur, *allegretto*), qui n'est pas une *serenata* pour rien, égrène des accords de guitare à la droite, confie de faciles inflexions à la gauche, et dans sa partie centrale, pour alanguir le thème, lui met des boucles et le laisse hésiter entre majeur et mineur.

*Cataluña*, qui lui succède (en sol mineur, *allegro*), est, avec le *Capricho catalán* d'*España*, la seule pièce pour piano que sa province natale ait inspirée à Albéniz (à l'orchestre il donnera, en 1899, une fringante *Catalonia*). Mais plutôt que la rude *curranda* catalane, on y entend un scherzo mendelssohnien, à 6/8 : rien n'y manque, ni les harmonies indulgentes, ni, dans la troisième partie, cette main gauche agile, qui frétille en doubles croches.

Il y a certes bien loin de *Sevilla*, la troisième pièce (en sol majeur, *allegretto*), à la *Fête-Dieu à Séville* d'*Iberia*. Mais le compositeur y saisit déjà ce mélange de fébrilité joyeuse et de mysticisme religieux qui caractérise ce haut lieu de l'Andalousie. Les dactyles de la *sevillana*, rythmés à la basse, avec dans les notes répétées l'écho des castagnettes et des claquements de talons, l'ardeur de cette mélodie qui parfois se termine avec l'habituel gruppetto sur la dominante, et parfois vocalise autour de quelques notes insistantes, les nombreuses modulations qui semblent déplacer la danse d'une ruelle à l'autre, tout cela concourt à une atmosphère de fête populaire. Comme de coutume, l'unisson des deux mains, séparées de deux octaves, traduit (en ut mineur) l'intervention attendue du chanteur.

*Cuba*, le nocturne qui devait clore la série projetée de huit pièces « espagnoles » (en 1886, l'île est encore intégrée à l'Espagne), nous ramène en arrière. Cet *allegretto* (en mi bémol majeur) plus compassé qu'indolent, qui se balance au gré d'une superposition du binaire et du ternaire, propre à la habanera, à laquelle Albéniz est souvent revenu (*Sous le palmier*, des *Chants d'Espagne*, va jusqu'à reprendre note pour note le début, en le transcrivant de 6/8 à 2/4), est d'une inspiration assez pâlichonne ; et l'épisode central, en la bémol mineur, tombe dans une fade sentimentalité...

### *Rhapsodie espagnole* (op. 70)
COMP vers 1886-1887. PUB 1887 (Romero).

Elle fut exécutée par Albéniz le 20 mars 1887, dans une version pour piano et orchestre (à ce deuxième concert du Salon Romero de Madrid, il fit connaître, outre des pièces pour piano seul, sa *Rapsodia cubana* et son *Concerto en la mineur*). Enesco la réorchestra en 1911 (et s'attira les foudres de Turina). Il existe une version originale pour deux pianos ; mais on joue le plus souvent la réduction pour piano seul.

Réplique à celle de Liszt, bien visible dans le filigrane, l'œuvre n'est pas seulement le « barbouillage » de jeunesse qu'y voyait Turina. Il faut oublier un instant *Iberia*, dont la souveraine et solitaire grandeur fausse notre jugement, et laisser vivre de leur vie ces premières flambées d'hispanisme. Celle-ci mérite son titre : le rhapsode, selon l'étymologie, n'est-ce pas celui qui rapièce et coud ensemble les matériaux les plus divers ? Cet art à la fois ingénu et ingénieux a toujours séduit les auditeurs ; il les rend eux-mêmes à une sorte d'innocence ancienne, qui leur permet d'applaudir sans réticence à des tours de passe-passe verbal, à des inventions, voire à des conventions. La *Rapsodia española* use des unes et des autres, et s'amuse à utiliser des airs connus de musiciens populaires.

Elle commence *(allegretto)* sur la dominante de ré mineur, obstinément frappée pendant plus de trois pages, avec une phrase douce et triste, que d'abord appuient des accords décalés sur la partie faible du premier temps (deuxième croche de la mesure à 3/4), et qu'ensuite survolent des guirlandes d'arpèges. Ce motif reviendra deux fois encore, servant de lien entre les divers épisodes : une *petenera* de Mariani (en ré mineur, *allegretto non troppo*), aux accords nerveux, elle aussi à la fin embellie d'appogiatures et de volutes virtuoses ; une *jota* (en la majeur, *allegro*), d'une gaieté délicieuse, le plus souvent dans l'aigu du clavier ; une *malagueña* de Juan Breva (en mi bémol majeur, *andantino ma non troppo*), repue de trilles dans tous les registres ; et pour terminer une *estudiantina* (en ré majeur), allègre chanson d'étudiants, qui tire parti de tout ce qui précède, cite la *jota*, s'ébroue avec les gruppettos et les appogiatures, et finit *presto*, dans une bousculade de doubles croches, ponctuée dans le grave par un puissant trémolo.

## *Recuerdos de viaje* (op. 71)

COMP vers 1886-1887. PUB 1886-1887 (Romero). DÉD à la comtesse de Santovenia, Plácido Gómez, Rafaela de Lloréns, Mme Belén Gastón de Moya, Isabel de Parlade, General López Domínguez, Paulina Baüer.

Le folklore est plus timide dans ces « Souvenirs de voyage », et ne se fait un jour furtif que dans trois des sept numéros. Les autres démarquent Chopin, ou Liszt, et ne s'en cachent guère. Morceaux séduisants, du reste, et fort agréables à jouer, une fois reconnues leurs limites.

La première pièce, *En el mar* (en la bémol majeur, *con moto*), est une barcarolle, avec tout ce que l'on associe à ce mot d'arpèges liquides et de clapotements ; ondoiement du rythme à 6/8, charme facile de la mélodie, jusqu'à céder, dans le *minore* central, à la guimauve.

La deuxième, *Leyenda* (en mi bémol majeur), dite fautivement « barcarolle », ferait plutôt songer à une ballade : rythme capricieux de l'*andantino*, avec ses unissons rhapsodiques, ses traits, ses accélérations, ses réticences ; puis, dans la tonique mineure, un *allegro molto* impétueux et sombre, d'une âpreté toute romantique. Les dernières mesures ramènent le thème initial et son mode majeur.

On goûte une qualité pastorale de poésie dans le début de la troisième pièce, *Alborada* (en la majeur, *andantino non troppo*) : ces quintes vides de la basse, ce pépiement d'oiseau pris dans la serre d'une neuvième, ces cascades, ces traits de chalumeau, ces trilles, ont beaucoup de fraîcheur. La deuxième partie, où la gauche chante en la mineur sous les accords de la droite, est plus conventionnelle, de même que ce péan triomphal, à la reprise, sans doute destiné à peindre, en cette « aube », la clarté recommencée du jour.

La pièce suivante se veut espagnole, et même mauresque : *En la Alhambra* (en la mineur, *allegretto non troppo*), qui évoque Grenade, avec plus de raucité, d'âpreté que le *Granada* de la *Suite espagnole*. Rythme incisif du motif initial, staccato, sans accompagnement ; puis un thème de chanson, qui n'est pas long à s'endolorir, avec sous le premier temps un arpège obstinément appuyé à la tonique. Le milieu ne se tient pas à la même hauteur : cette Espagne, « en dépit de l'envie » (et du dansant triolet !), finit par ressembler à celle du *Boléro* de Chopin, qui était, de l'avis même d'Albéniz, polonaise !

On en dira autant de la cinquième pièce, *Puerta de Tierra*, qui est précisément un boléro (en ré majeur, *allegro non troppo*) ; plus colorée, plus verveuse, pianistiquement plus brillante, utilisant le rubato avec beaucoup d'humour, et prodiguant le gruppetto caractéristique du mélos ibérique, elle traîne pourtant des motifs éculés, que la grâce d'une harmonie tant soit peu inventive ne vient jamais toucher.

*Rumores de la Caleta*, le morceau le plus connu du recueil, en est aussi le plus réussi ; c'est une *malagueña* (en ré mineur, *allegro*), ce qui est de mise pour la *cale* de Málaga, ce port de Méditerranée auquel une des plus belles pièces d'*Iberia* rendra un jour hommage. Il a de cette danse les sursauts, la brusquerie, les accents nostalgiques. On n'y entend la tonique que par allusion : il se meut tout entier sur la dominante (comme le *Prélude*, également en ré mineur, d'*España*), à l'exception d'un bref épisode central en fa majeur. Motifs de guitare flamenco, gruppettos, staccatos légers, et des bouffées de chant plaintif, d'un accent très authentique dans leur simplicité.

Retour au pastiche romantique avec la dernière pièce, *En la playa* (en la bémol majeur, *andantino*), dont le titre est une antiphrase : on est fort éloigné de la plage et du plein air, dans ce salon suranné où passe moins Chopin que le Liszt un peu pâmé des *Rêves d'amour*. Encore une fois, ni le cœur ni même l'esprit ne manque ici ; mais comme il nous tarde, en écoutant ces arpèges déliquescents, ces grâces faussement candides, ces harmonies tranquilles, de découvrir un autre Albéniz...

## *Seconde Suite espagnole* (op. 97)
COMP vers 1889. PUB vers 1890 (Romero). DÉD à Luisa Galarza et Théophile Benard.

Trois ou quatre ans après la *Suite espagnole*, ces deux pièces font mesurer les progrès d'Albéniz dans cette veine nationale à laquelle, en dehors de quelques miniatures, valses et mazurkas, il se consacre désormais. Par la verve, l'éclat, la fantaisie, il y est proche de Chabrier, un Chabrier encore policé, qui n'ose pas la truculence.

La première pièce, *Zaragoza* (en mi bémol majeur, *allegro*), célèbre l'Aragon, avec une *jota* virevoltante, capricieuse en diable (*capricho*, dit le sous-titre) : on y trouve, après une ritournelle de deux mesures, une des figures guitaresques préférées d'Albéniz, des triolets partagés aux deux mains, la gauche accaparant la première note pour le thème, et la droite les deux autres comme accompagnement (disposition pianistique qu'on relève, par exemple, dans *Torre bermeja* des *Pièces caractéristiques*, ou dans *Seguidillas* des *Chants d'Espagne*). Vitesse étincelante, papillotement de sons dans la lumière, irrésistibles crescendos. Au milieu, une courte *copla* en sol bémol majeur, issue de la ritournelle initiale ; c'est la gauche qui s'en charge, sous les accords que la droite égrène doucement sur une imaginaire guitare (comme dans *Granada*, de la première *Suite espagnole*).

*Sevilla* (en ré majeur, *allegretto*), qui nous ramène une fois de plus en Andalousie, pèche par sa longueur, mais on le lui pardonne volontiers au regard de sa robuste santé, de sa bonne humeur. Un refrain de quelques mesures, d'une gaieté communicative, avec ses sextolets filant à vive allure et sa double cadence parfaite qui propulse violemment chaque main à une extrémité du clavier (effet repris une douzaine de fois !) ; des couplets, tous en octaves de bravoure, qui utilisent subtilement les intervalles modaux : le dernier est le plus original, où sol majeur se pimente de mi ♭, de la ♭, de fa ♮. Toute la pièce maintient, sauf pour une minuscule cadence, le rythme dactylique de *sevillana* déjà employé dans le *Sevilla* de la première *Suite espagnole*, et abonde en trouvailles harmoniques qui font songer au premier Debussy, exactement contemporain.

### *Deux Danses espagnoles* (op. 164)
COMP vers 1889. PUB 1889 (Stanley Lucas Weber), 1890 (Veuve Girod).

La première nous retiendra un moment, puisqu'il s'agit d'*Aragón*, reprise dans l'édition posthume de la fameuse *Suite espagnole*, où elle figure sous le n° 6, avec le sous-titre de *fantasia*. Elle promène gaiement les petites roulades de son thème de *jota (allegro)*, du ton initial de fa majeur à ceux de la, d'ut, plus loin de la bémol, sans se soucier de quelque développement que ce soit. Deux *coplas* la coupent ; dans l'une alternent sans cesse un chant de tierces langoureuses et de vifs rythmes de guitare ; dans l'autre (en la majeur) chante la main gauche, sous les arpègements de la droite, comme en tant d'endroits d'Albéniz (par exemple le début de *Granada* dans la *Suite espagnole*, ou le milieu de *Zaragoza* dans la *Seconde Suite*, repris ici presque à l'identique).

La seconde des *Deux Danses*, un *Tango* (en la mineur), est un laideron qu'il faut laisser dormir son sommeil séculaire ; aucun prince charmant ne se hasardera à la réveiller. (Pièces republiées dans l'album « Dix Pièces » des éditions Leduc, en 1922.)

### *España* (op. 165)
COMP vers 1890. PUB 1890 (H.B. Stevens, Boston ; Pitts & Hatzfield, Londres).

Il ne faut pas confondre avec *Espagne (Souvenirs)* ce recueil hélas bien plus connu, surtout des amateurs, que sa facilité technique ne peut manquer d'allécher. Pâles et maigrelettes, ces six « feuilles d'album » sont l'antithèse non seulement d'*Iberia*, mais de tout Albéniz. Les destinait-il à des « petites mains », comme la *Pavana fácil* qui figure à son catalogue sous le numéro 83 ? Cela expliquerait aussi leur simplicité mélodique et harmonique (puisqu'il est convenu, la plupart des musiques dites « enfantines » le prouvent, qu'on ne doit pas servir aux enfants des mets trop épicés !).

Pourtant tout n'est pas médiocre dans *España*. La *Malagueña* (n° 3, en mi mineur, *allegretto*), avec son rythme élémentaire, son triolet caractéristique et sa dominante obstinée, finit par avoir quelque chose d'envoûtant, que renforce le « récit » central *(adagio)*, aux courtes phrases suspendues par des arpèges. Le *Capricho catalán* (n° 5, en mi bémol majeur, *allegretto*) crâne gentiment, avec son thème de tierces et son pouls syncopé. Le *Zortzico* (n° 6, en mi majeur, *allegretto*), fagoté de doubles notes, vaut par son rythme à cinq temps, typique de cette danse basque. La *Serenata* (n° 4, en sol mineur, *allegretto*) mérite avant celle de Debussy l'épithète d'« interrompue », dans sa partie principale où une mélodie complaisante et vouée au rubato est narquoisement coupée par un grêle staccato de guitare ; il n'y a pas grand-chose à dire du milieu, à la boléro, plus conventionnel. Et pas davantage de la première pièce du cahier, un *Prélude* (en ré mineur, *andantino*), qui alterne un « récit » à l'unisson des mains et des rythmes de danse, et dont l'insistance sur la dominante rappelle, en moins inspiré, les *Rumores de la Caleta* des *Recuerdos*. Mais on fuira comme la peste le *Tango* (n° 2, en ré majeur, *andantino*), ce morceau si rabâché dont la vulgarité n'a même pas l'alibi de l'ironie.

### *Sérénade espagnole* (op. 181)
COMP vers 1890. PUB 1890 (Pujol ; Ducci, Londres).

Elle est doublement célèbre ; d'abord sous ce titre, et comme une pièce isolée dont il existe des dizaines de transcriptions à travers le monde ; ensuite parce qu'elle aussi, du fait des éditeurs, appartient désormais à la *Suite espagnole*, où elle représente la ville de *Cádiz*, avec le sous-titre de *saeta* (en ré bémol majeur, *allegretto ma non troppo*). Qu'en dire ? Elle est si galvaudée que le charme primitif est à jamais perdu. Ce qu'elle a de meilleur, c'est son épisode central, où l'harmonie rappelle parfois Chopin, plus souvent Grieg. Le reste (dès le thème principal, sur ses arpèges de guitare, lancés par un triolet qui serait nerveux s'il n'était pas si monotone) a besoin d'indulgence.

### *Chants d'Espagne* (op. 232)
COMP 1896-1897. PUB 1897 (Pujol). DÉD à Louis Pujol, Joaquin Bonnin, Emilio Vilalta, Enrique Morera, Leonardo Moyna.

Il y a du bon et du moins bon dans ce cahier de cinq pièces, dont une en particulier, la première, jouit d'une célébrité universelle, à la faveur de transcriptions plus ou moins heureuses. Ce *Prélude* en effet (en sol mineur, *allegro ma non troppo*), on l'a tellement entendu à la guitare qu'on en arrive à oublier qu'il est écrit pour le piano. Mais il est vrai que cette disposition pianistique, ce *punteado* des deux mains alternant leur staccato infatigable, avec le thème à la gauche et un ré obstinément répété à la droite, évoque d'emblée l'instrument à cordes pincées : impression qu'accentuent, à partir de la mes. 25, les accords cinglants que la droite, acrobatique, trouve moyen d'arracher dans l'aigu avant de revenir à sa note répétée. Cependant, si réussie soit-elle, cette « évocation » n'a pas encore le caractère obsédant et magique d'*El Albaicín* (du troisième cahier d'*Iberia*). L'épisode central est un exemple de ces « récits » familiers à Albéniz, et que les deux mains déclament à l'unisson à deux octaves d'intervalle ; mélopée solitaire, à seconde augmentée, à peine rejointe çà et là par des bribes harmoniques, des clausules, des paraphes nerveux. – Ce morceau fut plus tard intercalé dans la *Suite espagnole*, comme n° 5, avec le titre *Asturias (leyenda)*, qui jure avec son contenu andalou.

On négligera sans mal les deux pièces suivantes, *Orientale* et *Sous le palmier*. L'une est un *allegretto* (en ré mineur), introduit par deux accords *adagio* sur la dominante, et dont le thème court légèrement, le plus souvent à la main gauche, entre les triolets ou les doubles notes staccato. L'autre (en mi bémol majeur, *allegretto ma non troppo*), qui part de la même idée que le *Cuba* de la *Suite espagnole*, est l'un de ces trop faciles tangos que le compositeur a répandus dans son œuvre, allant jusqu'à leur consacrer le recueil entier des *Six Danses espagnoles* ; quelques piments harmoniques ne suffisent pas à en rehausser la saveur.

Le quatrième morceau, *Córdoba*, est le plus beau du cahier, par la grâce de son prologue *(andantino)*, où des accords parfaits juxtaposés, lents et recueillis, quasi liturgiques, allant de fa majeur puis fa mineur à ré mineur (le vrai ton de la pièce), tapissent le « silence de la nuit » dont parle l'épigraphe, avec leurs notes « aussi douces que le balancement des palmes dans les cieux élevés ». Mais elle parle aussi de « sérénades » et de « mélodies ardentes », traduites par l'irruption du rythme, par ce chant qui se répond d'une main à l'autre, ces staccatos de guitare et, dans la section centrale (en ré majeur), ce thème clamé en accords, jusqu'au « grandioso ». Ainsi deux climats opposés de l'Espagne sont-ils ici réunis. – La pièce a été instrumentée par Rafael Frühbeck de Burgos, et remplace *Cuba* dans sa version orchestrale de la *Suite espagnole*.

Pour finir, voici les accords crépitants, le rythme bondissant de *Seguidillas* (en fa dièse majeur, *allegro molto*), qui témoigne de la verve, de la fièvre, de la joie de vivre populaires ; pièce toute de nerfs, de contrastes, de brusques éclats suivis de pianissimos subits ; tel thème d'octaves, « con anima », y marque l'enthousiasme, telles notes répétées et tels mordants y suggèrent les castagnettes. Vigueur de l'écriture et beauté des modulations (voyez mes. 54-69) contribuent à élever ce morceau au rang des meilleurs de cet Albéniz d'avant *Iberia*. – Lui aussi fait partie, après coup, de la *Suite espagnole*, dont il est le n° 7, titré *Castilla*.

### Espagne (Souvenirs)
COMP vers 1897. PUB 1897 (Universo musical, Barcelone). DÉD à Carmen Sert.

Ces deux morceaux inexplicablement méconnus sont les premiers d'Albéniz que l'on puisse appeler, sans arrière-pensée, des chefs-d'œuvre. Leurs harmonies si subtiles et si neuves, la qualité de leurs thèmes, leur délicat impressionnisme annoncent un art plus conscient, plus rigoureux, plus raffiné. *Iberia* n'est plus loin.

C'est d'abord un *Prélude* (en ré bémol majeur, *andantino*), baigné d'une douce lueur crépusculaire, par la magie d'une obsédante, omniprésente pédale de tonique, et de l'opposition rythmique entre une gauche à la scansion immuable, et une droite très souple, syncopée, sans cesse décalée par rapport au 12/8 indiqué. On songe à la fois à la *Berceuse* de Chopin, en ré bémol elle aussi et pareillement hypnotique, et à *Évocation*, du premier cahier d'*Iberia*, que préfigurent ces modalismes (fa ♭, do ♭ en ré bémol), ces accords rares et ces frottements. Au bout de deux pages parfaitement immobiles et chuchotées, le thème va s'accroître, « crescendo sempre », de doubles croches ornementales, mais pour aussitôt retomber dans la torpeur. Un deuxième motif chante alors, à la gauche, « dolce e sonoro » (combien de fois Albéniz ne pose-t-il pas ce problème !), sous des accords répétés, impalpables, dans l'aigu ; la droite le reprend, le déclame en accords, sur la pédale initiale de ré bémol, avec au ténor une ligne chromatique dont le tracé provoque de délicieuses dissonances. La dernière partie retrouve le thème initial, cite allusivement le second, et termine « morendo », dans les ombres errantes de la nuit tombée.

La seconde pièce, *Asturies*, plus simple, plus nue, est peut-être plus admirable encore (en fa dièse mineur, *allegretto non troppo*). Elle semble exprimer avec plus d'acuité qu'une autre le mal du pays, le secret tourment de l'exilé. Mélancolie de ce rythme à trois temps sagement rempli par des noires et des blanches, de ces accords aérés où se glissent de fragiles et tremblantes secondes, de ces modulations passagères, de ce chant vibrant qui bientôt, avec l'animation des arpèges de croches, se répercute en écho entre les mains. La dernière page, apaisée, d'une émotion intense, avec cette hésitation de la phrase entre mi ♮ et mi ♯, fait songer par avance aux sortilèges de Federico Mompou.

### La Vega
COMP février 1897. PUB 1910 (Édition mutuelle). DÉD à José Viana da Motta. CRÉ par Blanche Selva (6 mars 1905, Schola cantorum).

Avec cette pièce, la première et l'unique d'une suite projetée par Albéniz, et qui devait s'appeler *L'Alhambra*, le musicien sort de son cocon, la chrysalide devient papillon. Ne donnons pas tout le crédit de cette transformation aux leçons de la Schola ; les règles ont du bon, et l'exemple de ses amis français, dans leur cadre sûr, leur confort, leur aisance formelle, fut bénéfique à ce bohème qui se promenait dans la musique avec son baluchon sur l'épaule. Mais tout son être tendait, depuis les premières notes qu'il jeta sur le papier, ou plutôt sur le piano, à cet accomplissement. Le génie auquel arrive Albéniz (ce n'est pas un paradoxe ; et quand le génie est à l'arrivée, il est souvent meilleur) tient autant à sa vieille, à son incurable prodigalité, à sa curiosité, à sa fringale de sons, de rythmes, de couleurs, qu'à la discipline finale à laquelle il voulut humblement se soumettre.

*La Vega* trahit sans doute un peu l'effort. Elle a des longueurs, des surcharges, des répétitions. On doit la prendre pour le brouillon des merveilles qui vont suivre. Telle quelle, on en demeure confondu. Que d'idées, et de quelle qualité ! Ces accents pathétiques : écoutez la longue phrase initiale (en la bémol mineur, *allegretto*), à 3/8, sur son accompagnement de guitare et sa pédale de tonique, suivez sa chute funèbre, endeuillée par le demi-ton du mode phrygien (si ♭) ; – ces sursauts de flamme : accords rutilants, frémissements de triolets, lueurs impressionnistes de la modulation ; – et plus loin cette tendresse : le long passage nocturne, baigné d'arpèges, ou bien l'intermède hypnotique, au relatif majeur *(meno mosso)*, bâti lui aussi sur une pédale inamovible, dans son complexe échafaudage de voix, – voilà qui ne sort plus d'une échoppe à souvenirs. On accueille ces pages avec une émotion croissante ; l'âme qui y palpite semble inépuisable. Le pianiste, lui, vous dira l'enthousiasme qu'il y a à pétrir cette pâte splendide. L'extrême bémolisation a beau rendre la lecture éprouvante (mais comme si majeur serait plus banal, ici, que do bémol !), et l'enchevêtrement des notes, la multiplicité des plans constituer autant d'embûches, le résultat, cette alchimie sonore, vaut largement le prix payé.

*La Vega* est comme la chute d'un premier bastion, sur la route d'un conquistador à l'audace grandissante ; *Iberia* lui donnera tout l'eldorado. Ainsi comprendrons-nous (sans que ni le poète ni le musicien y soient pour quelque chose !) la longue épigraphe empruntée à Francis Money-Coutts, son ami banquier, librettiste et commanditaire de ses opéras, – un poème intitulé *Granada*, qui s'achève par ces vers étrangement prophétiques :

> *Most gorgeous Word of blazoned Art,*
> *In whose eternal scroll*
> *The student who can read a part*
> *Is Master of the whole !*

## Iberia

COMP 1905-1908. PUB 1906-1908 (Édition mutuelle ; puis Unión musical española), en 4 cahiers. DÉD à Mme Ernest Chausson (I), Blanche Selva (II), Marguerite Hasselmans (III), Mme Pierre Lalo (IV). CRÉ tous par Blanche Selva (9 mai 1906, salle Pleyel ; 11 septembre 1907, Saint-Jean-de-Luz ; 2 janvier 1908, chez la princesse Edmond de Polignac ; 9 février 1909, Société nationale).

Le chef-d'œuvre d'Albéniz, et l'un des sommets de l'art pianistique, un de ceux qui exaltent l'instrument, était imprévisible. À mille lieues du reste de sa production, c'est le fruit d'un long combat contre la prodigue facilité. Ici la remarque d'Henri Collet, selon lequel Albéniz « a fondé l'École espagnole par quelques morceaux écrits comme en se jouant », n'est plus valable. Dans les années qui précèdent son éclosion (Albéniz n'a plus rien écrit pour le piano depuis *La Vega*), le compositeur installé à Paris, et lié intimement aux gens de la Schola, s'interroge gravement sur sa musique passée, qui soudain lui fait honte : sait-il construire, développer ? n'est-il pas trop lisible ? n'a-t-il pas trop sacrifié à l'instantané, au pittoresque, au brillant ? Pourtant, ce Chabrier, qui lui ressemble si fort... Qu'à cela ne tienne, il n'aime plus Chabrier, ce dilettante ! et rêve désormais de chromatisme, de complexes contrepoints.

L'obsession de la forme aurait pu tuer le génie au profit du talent, et ce bohème débraillé se mettre en faux col empesé, manchettes méticuleuses et lorgnon... Oui, tout autre se fût guindé, eût rapetissé ; Albéniz sort grandi de l'épreuve. On pouvait craindre quelque réchauffé de *Prélude, Choral et Fugue* ; on reste ébahi devant cette opulence, cette ingéniosité, cette fantaisie, ce chatoiement de couleurs, ce ruissellement de sonorités, mais aussi devant cette ampleur, à laquelle les œuvres précédentes ne nous avaient pas préparés. En contrepartie, une extrême difficulté d'exécution. Ce n'est plus écrit pour les amateurs, ni même les virtuoses courants, les batteurs d'estrade qui ont leurs gammes et leurs arpèges tout prêts au bout des doigts. Ces pièces bousculent les habitudes digitales ; elles sont l'invention d'un moderne Scarlatti qui ne reculerait même pas devant l'impossible pour satisfaire son amour du timbre rare, de l'épice corsée, pour obtenir un effet nouveau de profondeur ou de relief. Cette nouveauté les absout d'emblée du péché de surcharge. À Blanche Selva, qui les en accusait, et les trouvait injouables, « *ti* les joueras, disait Albéniz ; il n'y a rien d'inutile ; et *ti* le verras plus tard ». Il eut pourtant des doutes, parla de détruire les manuscrits, se persuada quelque temps qu'*Iberia* dépassait le piano, et songea à l'orchestrer. Le résultat, sur les deux premiers morceaux, ne lui plut guère ; il laissa la tâche à Arbós ; tâche ingrate : hors du piano, cette musique a ses ailes rognées.

Cependant, oublions cet aspect technique. *Iberia* a pour sous-titre « douze nouvelles *impressions* », et non pas « douze nouvelles *études transcendantes* » ! Au-delà de la fascination que l'œuvre exerce, à bon droit, par ses prestiges pianistiques, ce qui fait sa valeur irremplaçable, c'est son pouvoir d'évocation. *Évocation*, s'intitule justement le premier morceau. Evoquer n'est pas peindre, et l'on cherchera ailleurs la carte postale et le bibelot touristique à deux sous. Debussy, dans son fameux article de décembre 1913 sur *Iberia*, écrivait que « les yeux se ferment, comme éblouis d'avoir contemplé trop d'images ». Oui, si l'on prend ce mot d'*images* au sens où lui-même le prenait dans ses pièces du même nom pour piano ou pour orchestre : paysages intimes, recomposés par la mémoire. La nostalgie de l'exilé forme comme une brume tremblante, à travers laquelle lui parviennent des reflets d'une Ibérie désormais plus rêvée que vécue. Le plus souvent, – dans l'exubérance de son imagination, – les éclats de rire, la rumeur de la foule, l'allégresse des chants et des danses arrivent à percer le brouillard ; le musicien en profite pour buriner sa musique, pour en préciser le trait, pour lui donner une violente couleur, plus vraie que le réel. Mais d'autres fois (voyez la fin de nombre de ces pièces), les contours s'estompent, les sons s'effilochent dans le lointain ; c'est ce poétique, cet impondérable pianissimo d'Albéniz, ce *piano* triple, quadruple et quintuple, qui met la sourdine au soleil, au bruit, au mouvement, et même à l'exaltation du souvenir.

PREMIER CAHIER. – Le plus joué des quatre, en raison d'une toute relative facilité d'exécution. *Évocation*, en particulier, qui ouvre la série, ne dépasse pas (une fois maîtrisée la lecture ardue d'une multitude d'accidents !) les capacités d'un pianiste moyen. L'extrême bémolisation (elle est en la bémol mineur, *allegretto expressivo*) traduit à merveille, comme dans *La Vega*, cette mélancolie grise qui précède la montée du souvenir. Les longues pédales, les syncopes de l'accompagnement et sa pulsation continue, les harmonies indéterminées ajoutent encore à cette rêverie un peu immobile : l'âme tourne en rond comme ces croches autour de quelques notes, que fait vibrer çà et là l'habituel mordant. Plus tard, un second thème vient chanter en ut bémol majeur (relatif), d'abord à gauche, sous les souples arpèges brisés de la droite, puis en écho aux deux mains, par modulations rapides, en riches accords où il entre aussi de la gamme par tons. C'est lui qui conclut, en la bémol majeur, avec les syncopes qui accompagnaient le premier : « très doux et lointain » ; et l'on n'oublie pas l'effet magique de ces accords étrangers, ut bémol mineur, sol majeur, qui viennent rompre un moment la cadence.

Un rythme unique anime la pièce suivante, *El Puerto* (en ré bémol majeur, *allegro commodo*), aussi sèche et précise que la première était vaporeuse et floue : la lumière solaire succède aux ombres, dans la bruyante animation d'un port andalou, sans doute celui de Cádiz. Un thème, unique lui aussi, s'éparpille dans l'air, avec ses notes répétées, ses mordants et son joyeux staccato ; des appels, des cris l'entrecoupent : brusques accents, secondes stridentes, martellements ; et toujours ce rythme obstiné de six croches, qui parfois se veut « souple et caressant ». Le thème résiste à ces bruits parasites, reprend le dessus, vient langoureusement moduler en fa dièse, en si, taquine un moment la gamme par tons (comme le faisait *Évocation*), retrouve l'allégresse du ton initial. La fin est un grand ralenti où motifs, rythmes et cahots se fondent dans un imperceptible quadruple piano.

La troisième pièce du cahier (en fa dièse mineur, *allegro gracioso*) est la fameuse *Fête-Dieu à Séville (El Corpus en Sevilla)*, la seule d'*Iberia* que l'on puisse qualifier de descriptive. Morceau rhapsodique, un des plus longs de l'œuvre, qui veut figurer l'enthousiasme d'un jour de fête, la liesse populaire, la bousculade du cortège, les cuivres et les carillons, une atmosphère inimitable où la ferveur s'allie à la turbulence. Quatre brefs roulements de tambour introduisent un thème de marche à 2/4, ponctué d'accords plus secs que des pizzicati, où criaillent de rudes acciacatures. Partie pianissimo, la marche s'exaspère, s'amplifie, débouche triomphalement en fa dièse majeur, et cependant qu'on continue de l'entendre à l'aigu, dans un joyeux vacarme de doubles croches, la basse déclame à toute force (jusqu'au quadruple, et plus loin au quintuple forte !) un thème aux accents liturgiques. Alors tout s'apaise, le battement de doubles croches se réduit au murmure, descend dans le grave, au-dessus duquel vient planer le thème liturgique, découpé en couplets modulants, que séparent des points d'orgue « virgulés » (le mot est d'Albéniz) : c'est la lyrique *saeta*, improvisée d'un balcon à l'autre sur le passage de la procession. On notera ces indications : « plus lent et très, très vague », « plus calme encore », « très doux et très lointain », « absolument estompé »... Quand le dernier couplet est presque absorbé dans le silence, le thème de la marche revient subrepticement, s'enfle à nouveau, entraîne à sa suite les doubles croches bruyantes et claironnantes ; voici peut-être le plus bel épisode, un cliquetis de sonnailles dans l'aigu, où le contrepoint si personnel d'Albéniz exerce tous ses prestiges, suivi d'une diminution du thème de la marche, qui passe à 3/8 *(vivo)* et culmine sur un accord puissant qu'il faut laisser longtemps résonner. Parvenu à ce comble, le compositeur aurait pu bâcler une cadence. Mais non, au bout de tant de pages, il lui vient un surcroît d'inspiration, pour une extatique coda *(andante)* tissée de grands accords profonds et moelleux, sur lesquels s'épand plaintivement un « récit » répercuté par l'écho, avec à l'arrière-plan la vibration mystérieuse des dernières cloches de la fête.

DEUXIÈME CAHIER. – Une variante du fandango donne son titre à la première pièce, *Rondeña* (en ré majeur, *allegretto*), caractérisée par son alternance de 6/8 et de 3/4. Morceau étrange, méconnu, pour ne pas dire mal-aimé. Son calme est trompeur ; ce rythme fatalement boiteux instille une manière d'inquiétude, un indéfinissable malaise ; la musique y fait du surplace ; il ne faut pas moins de quatre pages de prélude pour que, de ces accords serrés et précis, de ces ébauches de motifs, sorte un vrai thème (en octaves, très modal, avec do ♯ et fa ♮ en sol majeur). À peine énoncé, surgit un deuxième, une *copla* (en la majeur, *poco meno mosso*), pleine d'abandon et de volupté, avec ses duolets, ses quartolets, et le gruppetto qui termine ses petites phrases insistantes, cependant que l'accompagnement s'efforce de maintenir le cadre de la mesure. Les deux thèmes se mêleront pour finir, avant les derniers staccatos de guitare et le paraphe un peu ironique d'une cadence parfaite.

Cette pièce et la suivante, *Almería* (en sol majeur, *allegretto moderato*), n'ont qu'un défaut, mais qui a pu affecter leur renommée : elles se ressemblent. Même alternance de 6/8 et de 3/4 (moins systématique dans la seconde), même structure tripartite, et dans la *copla* le chant pareillement binaire sur un accompagnement ternaire. Il n'est pas jusqu'aux syncopes, jusqu'aux dissonances, jusqu'à l'élan des octaves du thème ou des grands arpèges de la basse, qui ne les rapprochent. Cependant, s'il en fallait choisir une, *Almería* l'emporterait, par son mélange de nonchalance et de franchise dans la première partie ; par la lumineuse beauté de sa *copla*, qui compte parmi les pages les plus inspirées d'Albéniz ; par la luxuriance de sa reprise, en motifs capricieux, en gammes de doubles croches véloces, en accords éclatants ; par sa coda qui, après un rappel du couplet central, égrène une dernière fois le premier thème, lent et retenu, sur le bout des doigts.

*Triana*, la dernière pièce du cahier (en fa dièse mineur, *allegretto con anima*), serait plutôt, elle, victime de sa célébrité : c'est une des plus jouées, parce que la technique pianistique qu'elle exige, sans être décourageante, fait briller le pianiste, qui peut déployer toute la panoplie de la virtuosité romantique, celle qu'on voit par exemple aux *Ballades* de Chopin. Elle tire son titre du nom d'un faubourg de Séville, dont elle évoque le grouillement de sons et de couleurs : le rythme en effet la gouverne, avec ces figures de la *sevillana* ou du *paso doble* où le dactyle joue un si grand rôle. Pourtant prenons garde à l'indication des premières mesures : « gracieux et tendre » ; il faut, tout au long, sentir cette grâce et cette tendresse, en dépit des brusques accents, des secondes crépitantes, des accords martelés, et de ce double mordant qui, dans l'accompagnement, vient parfois précéder le deuxième temps de la mesure. L'épisode central, en la majeur, commencé dans la nonchalance d'un rythme doucement balancé, se poursuit dans la mobilité de vif-argent des sextolets, qui rayent la page et courent à travers les registres. Le thème en pourrait être vulgaire ; et c'est le lieu de remarquer que la plupart des mélodies d'*Iberia* ne sont pas foncièrement différentes de celles qu'on trouve dans les premières œuvres d'Albéniz ; mais leur incomparable parure les métamorphose et, des filles des rues qu'elles étaient, fait des espèces de princesses.

TROISIÈME CAHIER. – Le plus beau des quatre ; à lui seul il résume l'art d'Albéniz. On ne saurait imaginer morceaux plus différents que les deux extrêmes : d'une part, quasi immobile à force de monotonie, une eau-forte, d'une nudité, d'une économie exemplaires ; de l'autre, un assemblage insensé, une étourdissante confusion sonore. Entre les deux, le sombre poème de la douleur. Son excessive difficulté empêche les pianistes de donner plus souvent ce cahier en concert, et *Lavapiés* en particulier pose des problèmes presque impossibles à résoudre.

La première pièce, *El Albaicín* (en si bémol mineur, *allegro assai, ma melancolico*), évoque le quartier gitan de Grenade. On ne peut plus, quand on connaît l'anecdote, ne pas songer en écoutant son prélude guitaresque, ce crépitement scarlattien de notes piquées aux deux mains, à la façon dont Albéniz traduisait ce rythme en onomatopées : « tic et tic – tic et tic et tic et toc – tic et tic »... Notes répétées et sécheresse des attaques (dont on avait un avant-goût dans le *Prélude* des *Chants d'Espagne*), sonorité uniforme et absence de vrai thème finissent par méduser la conscience. Puis les staccatos de guitare, sans quitter complètement la place, la cèdent par intermittences à l'un de ces nombreux « récits » de la musique espagnole où, privées du soutien des basses, les mains planent à l'unisson sur le clavier, à deux octaves de distance. Ici, le compositeur demande qu'on cherche « la sonorité des instruments à anche ». Tour à tour la monodie plaintive et les formules rythmiques se succèdent, quand soudain, rompant les digues, le « récit » se soulève en une ample vague lyrique, dans une sorte d'ardeur douloureuse assez proche de certaines des *Goyescas* de Granados (et il est vrai que pourrait servir dans ces quatre ou cinq pages l'étrange indication de *El Amor y la Muerte* : « come una felicità nel dolore »). Fin oppressante, malgré la conversion au mode majeur, à cause de l'insistance du même motif, de la sonorité étouffée, de la longue pédale de tonique aspirant lentement les harmonies. Et l'on est pris de court devant les brutaux *fff* des dernières mesures.

*El Albaicín* tirait son atmosphère envoûtante de son surplace autour de quelques notes ; *El Polo*, la deuxième pièce du cahier, trouve sa force de persuasion dans son rythme inchangé, à trois croches lentes (*allegro melancolico*, à tirer plutôt du côté de la mélancolie que de l'allégresse...), dans son écriture verticale, aux accords lancinants et funèbres, dans cet obsédant fa de la basse (tonique, le morceau est en fa mineur) qu'on ne lâche pas durant plus de deux pages. Le *polo*, chanson et danse andalouse, devient ici une plainte funèbre, dont le thème s'endolorit page après page, avec une amertume infinie. « Toujours dans l'esprit du sanglot », précise Albéniz. Le difficile est de conserver cet esprit, malgré une route semée d'obstacles : modulations rapides à quoi président des accidents propres à décourager la lecture, enchevêtrement des doigts, dosage infinitésimal de la sonorité, chant sans cesse contrarié par des appogiatures cinglantes et de cruelles dissonances qui, en mordant ainsi la musique, risquent de la distraire de sa douleur...

*Lavapiés*, qui clôt le cahier, est la gloire du piano d'Albéniz ; mais ils sont peu nombreux, les virtuoses disposés à affronter, après une lecture vraiment pénible pour les yeux, ces broussailles d'accords où les doigts s'emmêlent, ces bonds fulgurants d'une région à l'autre du clavier, cette diversité de plans sonores et d'attaques ; peu nombreux à trouver en eux-mêmes la vitalité, l'enthousiasme, l'audace que réclament ces pages splendides, qui mériteraient pour épigraphe le mot de Claudel dans l'avant-propos du *Soulier de satin* : « L'ordre est le plaisir de la raison, mais le désordre est le délice de l'imagination. » Le titre se réfère à un quartier populaire de Madrid, et à l'église où se déroulait, le jeudi saint, la cérémonie du lavement des pieds. En ré bémol majeur *(allegretto bien rythmé mais sans presser)*, relatif de ce si bémol mineur qui mélancolisait à l'autre bout du cahier, le morceau s'ébranle d'un coup, éparpille à la volée un émiettement de thèmes, un bariolage d'harmonies plus piquantes les unes que les autres ; il se divertit des triolets qui viennent, dans cette mesure à 2/4, dégingander le rythme, des hoquets bouffons qui, dans la partie centrale en la bémol majeur, courent se placer sur la dernière croche de la mesure (« lancé sec »), et de ce couplet que le compositeur lui-même exige « narquois, sec et canaille » ! Çà et là des traits de doubles croches se chargent d'électriser encore un climat déjà survolté. La dernière page, « pianissimo subito », laisse glisser de l'aigu au grave les dernières bribes de thème, sur les timbales voilées qu'imite, au fond du clavier, la double pédale de tonique-dominante, avant les deux accords vigoureux de la cadence parfaite.

QUATRIÈME CAHIER. – Albéniz hésita longtemps sur le contenu. À *Málaga* et *Eritaña*, achevées les premières, il pensa d'abord adjoindre *Navarra*, presque terminée (mais qui n'aura jamais sa fin ; les dernières mesures furent ajoutées par Déodat de Séverac après la mort du compositeur). Puis il songea à une *L'Albuféra*, qui aurait emprunté le rythme de la *jota* valencienne, – et qui demeura à l'état de projet. *Jerez*, dernier venu, et peut-être difficilement, se ressent à la fois de cette hésitation et de la maladie d'Albéniz, et le paie de quelques longueurs, de quelques redites. C'est la seule réserve, bien mince, qu'on puisse formuler au sujet d'un triptyque aussi éblouissant que ses aînés.

*Málaga*, son nom le laisse entendre, fait la part belle à la *malagueña*, et traduit ensemble le côté voluptueux, âpre et secret de cette danse andalouse (en si bémol mineur, une fois de plus, et *allegro vivo*). Le premier motif prélude dans le grave, sur la dominante, avec d'emblée on ne sait quoi d'exaspéré, que son rythme capricieux, ses mordants, ses à-coups sur les temps faibles rendent physiquement palpable. Il est suivi d'un chant d'une belle ampleur, en octaves douces et sonores (selon l'alchimie albénizienne), qu'anime le mouvement des arpèges. Comme souvent dans *Iberia*, le plus précieux de la pièce est sa *copla*, d'un accent encore inouï, puisque son thème (en ré bémol majeur, ton relatif), empreint d'une sombre ardeur, avec ces notes répétées si persuasives, est contrarié par une droite légère et sarcastique, qui l'escorte d'un rire d'accords dissonants. Cependant, après l'avoir énoncé quatre fois en modulations successives, où l'enharmonie joue un grand rôle, la gauche abandonne ce thème à la droite qui, changeant de ton, l'emporte dans un tourbillon de passion (« con anima »), et lui fait rejoindre, par le moyen des arpèges d'accompagnement, le motif précédent. Et l'on a une véritable réexposition (si déplacé que soit le mot dans cette musique !), où tour à tour un thème cède la place à l'autre, dans la même atmosphère d'élans, de ferveur retombée, parmi les staccatos ironiques, sans qu'un instant le rythme de la danse ne se relâche.

*Jerez* (en la mineur, *andantino*), si prisé des uns, aux autres paraît rabâcher un peu ; mais il faut avouer qu'il tire le meilleur parti de ses redites et de sa monotonie. Quoi de plus « trouvé » que les seize premières mesures, autour des mêmes trois ou quatre accords, dont la sensible (sol ♯) est délibérément exclue (mode éolien) ? Ces enchaînements parallèles finissent par hypnotiser. On en dira autant de l'insistante appogiature brève qui donne au thème sa scansion si particulière, faisant saillie dans la continuité des doubles croches. Un court épisode à 3/8, mystérieux et feutré, en glissements chromatiques, mais traversé cependant d'étincelantes fusées de triples croches, mène à une langoureuse *copla* en ut majeur, où le tempo se desserre, où les contours mêmes de l'accompagnement se dissolvent, avec toujours dans le lointain le frémissement des guitares. Elle se développe magnifiquement, s'amplifie et s'achève avec beaucoup de panache sur l'accord de mi (dominante). C'est ici que le compositeur aurait pu sacrifier quatre pages qui reprennent librement les éléments précédents, avant de se retrouver sur ce même accord de mi. Les deux dernières pages, en revanche, ne peuvent susciter que l'admiration ; sur ce mi qui s'impose comme tonique définitive, scintille une dernière fois le motif principal, orné de fioritures impalpables, de grappes cristallines, de staccatos effleurés, au bord du silence.

Enfin voici cette *Eritaña* si vantée par Debussy et Falla. Elle porte le nom d'une fameuse auberge de Séville, et nulle pièce ne pouvait mieux conclure *Iberia* que ce poème dionysiaque du rire, de la danse et du vin (en mi bémol majeur, *allegretto grazioso*). Un rythme de *sevillana* la parcourt du début à la fin, sans la parenthèse d'un « récit » ni l'alanguissement d'une *copla*. Cela n'empêche pas une étonnante variété, une richesse infinie de motifs, une prodigue efflorescence de figures, que des harmonies surprenantes rendent plus vivaces encore. Peut-on moduler avec plus de justesse, manier plus subtilement la dissonance ? L'imagination ne serait pas si souveraine si elle n'était secrètement soumise aux lois de l'oreille ; et cette oreille, *Eritaña* prouve qu'Albéniz l'a désormais (pour si peu de temps, hélas !) infaillible. On se prend à rêver, ici plus qu'ailleurs, à ce qu'aurait pu être la série entière des *Azulejos*, si le destin l'avait voulu. Au-delà d'une exigence formelle accrue, l'instinct a su garder les plus valables de ses droits ; mais cette musique est d'autant mieux sincère et généreuse qu'on ne peut plus le lui imputer à défaut.

*Azulejos* – *Navarra*

COMP 1909, inachevées, terminées respectivement par Granados et Séverac. PUB 1911 et 1912 (Édition mutuelle). DÉD à Carlos de Castéra ; à Marguerite Long.

On a médit du travail de Granados sur *Azulejos*. Ce titre, qui aurait été suggéré à Albéniz par son ami Castéra, devait recouvrir une série de courts morceaux, lumineux comme ces carreaux de faïence colorés qui servent de décor en Espagne et au Portugal ; Albéniz ne laissait que les esquisses d'un *Prélude* ; Granados en tira une pièce relativement longue. Mais elle est fort belle, cette pièce (en la mineur, *andante*), et le serait rien qu'avec ses deux premières pages, où s'expose un thème admirable, d'abord tressé en mailles fines par les deux mains emmêlées au-dessus d'une pédale de tonique (encore un de ces passages inextricables, où les dix doigts peinent longtemps avant de se reconnaître !), puis largement chanté sur de généreux arpèges, en modulation ascendante par les tierces mineures. Qu'ensuite Granados le promène à travers tons et registres, dans une parure qui lui ressemble, n'en altère en rien le sortilège. D'ailleurs Albéniz, s'il avait vécu, aurait-il tenu sa promesse d'écrire plus bref qu'à l'accoutumée ?

Le cas de *Navarra* est différent. Séverac n'a fait qu'adjoindre vingt-six mesures à une partition qui en comprenait déjà deux cent vingt-huit, et qu'Albéniz avait poussée bien au-delà de la réexposition. Le morceau est complet, pour ainsi dire, et Henri Collet est mal venu de juger que « le piano à deux claviers d'Albéniz se transforme en épinette » ! Même si la palette des dernières pages est plus douce que celle des précédentes, elle en utilise les couleurs. – *Navarra* est du pur Albéniz, du meilleur. Elle a un premier thème inoubliable (en la bémol majeur, *allegro non troppo*), surtout dans sa seconde phrase, frottée de modalismes qui l'orientalisent ; elle s'ouvre sur une *copla* plus belle encore, dans une écriture étagée sur trois portées, le chant largement déclamé en accords à l'aigu, les basses longuement résonnantes, le milieu grouillant de secondes écrasées, d'appogiatures en grelots, d'arabesques aussi chantantes que le thème lui-même. Et cependant, elle n'ajoute rien à *Iberia* (dont elle a failli faire partie, avant que ne la remplace *Jerez*, dans le quatrième cahier) ; elle dérange l'ordonnance du chef-d'œuvre, menace ce monde clos scellé par le chiffre douze... *Azulejos* ouvrait une porte, menait vers un nouvel horizon.

## LES MORCEAUX DE SALON

Ce terme, faut-il le préciser, n'est qu'à moitié péjoratif. Tout un pan de la littérature pianistique appartient à ce genre, où les réussites sont nombreuses, parfois au point de secouer les catégories toutes faites et les étiquettes des bien-pensants. Combien de sonates pesantes, combien de fugues et de chorals « inappétissants » (comme disait Satie) ne donnerait-on pas pour une valse, pour un impromptu, capables d'envol, sachant rayer de leur aile poétique le ciel grisâtre des traités de composition ! Mais le *Salonstück* a son enfer, qui a englouti des centaines de compositeurs. Nul ne s'en cache : sans *Iberia* et ses proches, Albéniz habiterait un des cercles infernaux ; non point le dernier, toutefois, non point celui des sourds et des stupides, car il a, même en ces riens innombrablement répandus, de l'oreille, de l'humour, du savoir-faire. On trouvera ci-dessous le meilleur de cette veine.

### *Douze Pièces caractéristiques* (op. 92)
COMP 1888-1889. PUB vers 1889 (Romero).

Ce recueil est à cheval sur plusieurs rubriques ; ces pièces en effet reflètent les divers visages d'Albéniz, et deux d'entre elles sont d'inspiration espagnole. Le n° 7, *Zambra* (en sol mineur, *allegro molto*), malgré son rythme typique (croche-noire-croche), ses appogiatures nerveuses, sa couleur mauresque, ses phrases plaintives, que vient balayer le brouhaha de l'épisode majeur, est encore timoré. Mais le n° 12, qui vante cette célèbre *Torre bermeja*, cette « Tour vermeille » de l'Alhambra de Grenade que tant de compositeurs espagnols allaient évoquer après Albéniz, compte parmi ses meilleurs morceaux d'avant *Iberia*. Sous-titré *serenata*, il oscille sans cesse de mi majeur à mi mineur *(allegro molto)*, réservant le majeur pour le prélude guitaresque (accords brisés en triolets, aux mains alternées, tels que ceux de *Zaragoza*, dans la *Seconde Suite espagnole*), passant au mineur à l'entrée du chanteur sur le même accompagnement infatigable, s'accordant un intermède plus paisible (une *copla*), à nouveau dans le mode majeur.

Dans la catégorie de l'étude, on rangerait le n° 11, un caprice (en la majeur), délectable, dont le titre de *Staccato* annonce l'écriture pointue, de crépitements et d'étincelles, un hommage réussi au grand Domenico Scarlatti.

Dans le genre « ancien » : le n° 1, une ravissante *Gavotte* (en sol majeur), qui persifle sur un thème d'une de ses élèves, Irène Landauer (la dédicataire de *Champagne-valse*) ; le n° 2, *Minuetto a Sylvia* (en la majeur), très joliment tourné, d'un style plus concis, moins embarrassé, moins superflu que les menuets des *Suites anciennes* ; le n° 8, une *Pavane* (en fa mineur), sérieuse, et même guindée, qui s'éternise.

Purs morceaux « de salon » : le n° 3, une barcarolle sous-titrée *Ciel sans nuages* (en mi bémol majeur), où un épisode modulant à 6/8, en rythme pointé, s'intercale entre deux pans d'accords paisibles à 3/4 ; le n° 4, *Plegaria*, c'est-à-dire « Prière » (en mi bémol majeur), qui ne fait illusion qu'un moment (les accords du début, graves et religieux), jusqu'à l'entrée de ces diables d'arpèges, tout sucre et tout miel ; le n° 5, une polka nommée *Conchita* (en fa majeur), et le n° 6, une valse nommée *Pilar* (en la majeur), toutes deux d'une frivolité un peu pincée ; le n° 9, une brillante *Polonaise* (en mi bémol majeur) ; enfin le n° 10, une interminable *Mazurka* (en sol mineur).

### *Rêves* (op. 101)

COMP 1891. PUB 1891 (Stanley Lucas Weber, Londres ; Veuve Girod, Paris). DÉD à Mme Girod, Mary Moll, Mme Jules Derabours. Numéro d'opus : 101 sur la couverture, 201 à l'intérieur.

Trois feuillets d'album de la « période anglaise », où Albéniz donne à nouveau la preuve de ses dons de caméléon. Cette fois, il regarde du côté de Schumann, ou plutôt de Tchaïkovski, qui faisait lui aussi dans la « schumanniana » sentimentale et délavée. Le reproche vaut surtout pour l'affligeant *Chant d'amour* (n° 3, en la majeur, *allegretto*), qui croit s'appassionner en y allant de ses syncopes et de ses ritenutos ; quelques belles harmonies ne donnent pas le change. Le *Scherzino* (n° 2, en ut majeur, *allegretto*) est meilleur, au moins dans son début, battements de doubles croches espiègles, à la toccata, même si l'on y perçoit plutôt Leipzig que Málaga ou Séville ! Plus parfaite, dans son genre, est la *Berceuse* (n° 1, en sol majeur, *andante*) : deux pages très simples, assourdies (« una corda » d'un bout à l'autre), où les accords parfaits juxtaposés du thème planent doucement sur des pédales changeantes, invitant à la torpeur.

### *Les Saisons* (op. 101 bis)

COMP 1891. PUB 1892 (Chappell), 1893 (Veuve Girod).

Paru à Londres avec le surtitre *Album of miniatures*, ce recueil partage l'opus 101 des *Rêves* (chronologiquement, 201 conviendrait mieux aux deux). Et comme les *Rêves*, ces exercices appliqués où Albéniz renoue, sans doute pour des raisons matérielles, avec l'inspiration hétéroclite de sa jeunesse (« un poco di Chopin », « un poco di Schumann », comme dirait Tchaïkovski, auteur lui aussi de *Saisons* pianistiques !) valent tout au plus la peine qu'on les lise une fois. Mais le déchiffrage est plaisant, les morceaux faciles, bienvenus sous les doigts les moins dégourdis.

Demandons-nous, puisque « saisons » il y a, s'ils sont descriptifs. Les staccatos et les notes répétées de *L'Hiver* (n° 4, en ré mineur, *allegretto*) évoquent assez bien la chute des flocons de neige (Debussy ne s'y prendra pas autrement, dans *Children's Corner*, pour *The snow is dancing*). Le

*Printemps* (n° 1, en la majeur, *allegretto*) est traversé de figures de doubles croches légères qui peuvent passer pour des battements d'ailes ou des bouffées de vents printaniers. Dans *L'Automne* (n° 3, en la mineur, *andantino*), peut sembler automnale cette tristesse un peu grise que suggère le chromatisme du thème, confié à la main gauche, sous les accords brisés que la droite fait tinter régulièrement sur la partie faible de chaque temps. Cependant, le meilleur du recueil est peut-être cet *Eté* qui ne décrit rien (n° 2, en ré majeur, *allegro*) ; deux éléments s'y opposent, énoncés à tour de rôle à la faveur des modulations : un amusant tricotage des deux mains en doubles croches parallèles, legato très léger, et un motif d'accords staccatissimo.

(On trouve *Rêves* et *Saisons*, en désordre, dans le recueil de « Dix Pièces » de Leduc, 1922, qui récupéra les fonds de la Veuve Girod.)

## UNE ENFANTINE

### Yvonne en visite

PUB 1905 dans l'*Album pour enfants petits et grands* de la Schola cantorum (Édition mutuelle), puis 1909. DÉD « à ma chère petite amie Yvonne Guidé ».

*España* n'était qu'une collection de pièces faciles, *Yvonne en visite* est l'« enfantine » d'Albéniz, et c'est une réussite, totalement méconnue. Ne confondons pas la musique destinée aux enfants avec celle qui parle des enfants, ou, plus périlleusement, les fait parler. Albéniz triomphe de l'obstacle ; il ne bêtifie pas ; il ne joue pas non plus sur la distance, l'ironie acide, pour grandes personnes. Le petit texte qui accompagne sa musique n'est pas du Satie, même s'il a de l'humour.

Dans une première partie (en la mineur), intitulée « La Révérence », on voit la petite fille saluer à plusieurs reprises (à chaque fois quatre mesures d'accords cérémonieux et modulants, *andante ma non troppo*), alterner l'espièglerie (*poco più mosso*, en triolets gracieux) et la timidité (chant de la gauche sous un frémissement de triolets, qui se communique au thème de la révérence).

La seconde partie, plus développée (en sol majeur), nous peint une « Joyeuse rencontre, et quelques pénibles événements ». Un léger motif de doubles croches *(allegretto)* introduit Yvonne chez son amie. Elles se racontent « leurs petites histoires », et c'est l'occasion ou jamais pour le compositeur d'employer un de ses procédés favoris, le « récit » à l'unisson des mains, à quoi des doubles notes jacassantes viennent ajouter quelques papotages. Tout irait pour le mieux si la maman d'Yvonne n'avait l'idée (saugrenue !) de demander à sa fille de jouer son dernier morceau de piano... Yvonne s'exécute, la mort dans l'âme, écorchant la pièce, se trompant de ton. Mauvaise humeur de la mère, qui la tance et la met, non pas au thé sans sucre et au pain sec, comme dans *L'Enfant et les sortilèges* de Ravel, mais aux exercices de Hanon... dont Albéniz parodie aussitôt, délicieusement, les ennuyeuses rosalies ! On rentre ; Yvonne, avec philosophie, se résigne, s'attelle à ses gammes. Fin estompée, dans la tenue des deux pédales.

## ÉTUDES, SONATES, SUITES ANCIENNES

L'éblouissant pianiste qu'était Albéniz, doublé d'un professeur recherché et adulé, ne pouvait pas, à cette époque où papillonnaient autour de lui tant de *queridas discípulas*, ne pas leur offrir, en marge des valses et mazurkas destinées à leurs albums, quelques pages plus techniques, et partant plus sérieuses. Quant à l'Albéniz « classique », amoureux des maîtres du passé, et respectueux, par faiblesse et en théorie, de la forme avec un grand F, on le voit essayer des moules et pasticher de tout son cœur, avec beaucoup d'ingénuité.

### *Deseo* (op. 40)
COMP entre 1883 et 1886. PUB vers 1886 (Romero). DÉD à sa femme.

Étude de concert (en mi mineur), toute lardée de doubles notes, tantôt répétées précipitamment par trois ou par deux, avec toute l'ardeur voulue par le titre (qui signifie « Désir »), tantôt formant des trémolos continus au-dessus du chant de la main gauche. Est-ce plus réussi qu'une valse ou qu'une mazurka ? Disons que cela sort d'une convention pour entrer dans une autre, – mais qu'au moins on entend passer ici un peu plus de musique, pour impersonnelle qu'elle soit.

### *Estudio Impromptu* (op. 56)
COMP vers 1886. PUB 1886 (Romero). DÉD au comte Solms.

Cousu d'accords brisés en mouvement contraire entre les deux mains (en si mineur, *vivace*, à 6/8) ; le style tente de se rapprocher de Chopin, et n'y parvient vraiment que dans le trio majeur, où quelques harmonies pourraient tromper un connaisseur.

### *Sept Études dans les tons naturels majeurs* (op. 65)
COMP vers 1886. PUB 1886 (Romero). DÉD à José Tragó, Juanita Acapulco, Alice Cosling, Luisita Chevallier, Pepita Junoz, Jesús de Monasterio, Antonio Almagro.

Elles n'ont vraiment rien qui les rattache à Albéniz, pas même à celui des valses et des mazurkas ! Mais plusieurs d'entre elles devraient séduire les techniciens du clavier. Quel qu'en soit le style (composite, romantisant, fait de bric et de broc), une pièce comme la première (en ut majeur), qui frétille de doubles notes, de triolets véloces, et semble uniquement habitée de fous rires, ne laissera personne de marbre : il suffit de n'en pas avouer l'auteur ! La deuxième (en sol majeur) se donne un intermède « à la Schumann » (nommément désigné) : on y voit plutôt les points communs qu'Albéniz avait avec Granados... On aimera (avec un peu de vergogne au front) la troisième (en ré majeur), qui n'a d'étude que le nom, et ressemble beaucoup, elle, à certains accès sentimentaux de Schumann. On retrouve, dans la fatigante quatrième (en la majeur), l'amour effréné du jeune Albéniz pour les doubles notes, dont il trace ici des chapelets interminables, en va-et-vient à travers le clavier. Triolets dans la cinquième (en mi majeur), formant des guirlandes d'arpèges, farcies des mêmes doubles notes sur chaque attaque du temps. La sixième (en si majeur) exerce la main gauche, en lui confiant cette sorte de traits si familiers au compositeur, où la vague harmonique, en flux et reflux, charrie avec elle toutes les appogiatures des accords brisés. La septième enfin (en fa majeur) est à nouveau une pièce assez simple, sous ce titre intimidant d'étude, aussi « schumannienne » que la troisième, toute syncopée et dans le goût d'un lied un peu déclamatoire.

***Troisième Sonate*** (op. 68) – ***Quatrième Sonate*** (op. 72) – ***Cinquième Sonate*** (op. 82)
COMP 1886-1887. PUB 1886-1887 (Romero). DÉD à Manuel Guervós, au comte de Morphy, à Carlos Vidiella.

Des cinq sonates d'Albéniz, on n'a conservé que les trois dernières (et le scherzo de la *Première*). Sonates-fantaisies, non parce qu'elles s'écartent des règles, mais par leurs thèmes, sans relief, où toujours s'enroulent les arpèges appogiaturés de l'improvisateur, et qui sont davantage une succession d'harmonies que des chants clairement tracés : ainsi l'*allegretto* de la *Troisième Sonate*, en la bémol majeur, ou l'*allegro non troppo* de la *Cinquième Sonate*, en sol bémol majeur, interchangeables, et qui auraient pu, avec quelques rembourrages, servir aux *Sept Études*. Il est d'usage de citer le menuet de cette *Cinquième Sonate*, dit *Minuetto del Gallo* ; mais qu'a-t-il de meilleur que le reste, à part un titre qui le sort de l'anonymat ? La *Quatrième Sonate*, en la majeur, est moins banale, et son *allegro* initial se joue sans trop d'ennui, – une fois, pas davantage ; on voit bien (cela vaut pour toutes les sonates d'Albéniz) que cette façon de mélodie et d'accompagnement provient de la *Troisième Sonate* de Chopin, dont les vertus caricaturées ressemblent hélas à des défauts.

***Première Suite ancienne*** (op. 54) – ***Deuxième Suite ancienne*** (op. 64) – ***Troisième Suite ancienne***
COMP 1886-1887. PUB 1886-1887 (Romero). DÉD à Trinidad Scholtz, à Isabel de Lisboa, à José de Cárdenas et Rafael Ferraz.

Elles ne comportent que deux pièces chacune. Si la *Gavotte* donne le change, le *Menuet* de la *Première Suite* n'a de menuet que les trois temps, et son trio pourrait passer pour un épisode de *Fantasiestück* schumannien. La *Deuxième Suite* nous retient davantage, surtout le début de la *Sarabande* et le milieu de la *Chaconne* (curieusement à 2/4), qui retrouvent le ton, la couleur antique, celle que Grieg a si bien restituée dans sa *Holberg-Suite*. Dans la *Troisième Suite*, écrite pour une épreuve de déchiffrage, on préférera au *Menuet*, trop emberlificoté, la mélancolique *Gavotte*, qui s'ouvre sur une « musette », mignonne et ingénue.

## PIÈCES DIVERSES

D'abord les autres œuvres d'inspiration espagnole, du menu fretin, au regard de ce qui précède. Mais pour qui fait montre de patience (et de passion pour Albéniz !) et tend longtemps ses filets, il y a encore quelques bonnes prises à faire ; le reste se rejette à l'eau, sans remords.

La **Serenata árabe** (en la mineur, *allegretto ma non troppo*), composée vers 1883 et dédiée à l'infante Eulalia de Bourbon, est une pièce assez morne et incolore, malgré les efforts du triolet nerveux de sa ritournelle guitaristique, et quelques enchaînements censés être exotiques ; mais il n'est pas indifférent d'y relever, au début du trio majeur, l'indication qui devait devenir si fréquente dans Albéniz : « una corda ma sonoro ».

Une **Rapsodia cubana** (op. 66) fut exécutée dans une version orchestrale le 20 mars 1887 (notons que l'insouciance d'Albéniz a donné ou laissé donner le même numéro d'opus aux *Six Mazurkas de salon*). Il n'en subsiste que la version pianistique. Le début (en sol majeur, *allegro*) traîne de façon obsédante sur la pédale de tonique, avec un incessant effet de trois-contre-deux ; monotonie voulue ; mais quelle absence d'idées, surtout dans le trio (en ré, *presto*), indiqué « bruyant », et s'épuisant inutilement à superposer 6/8 et 3/4 !

Les **Six Danses espagnoles** (vers 1887, Romero) sont toutes des tangos, la plupart de piètre qualité, et vite ennuyeux par ce rythme indéfectible, qui n'est ici nonchalant que par convention (on retrouvera souvent cet amour du tango-habanera, jusqu'au célèbre *Sous le palmier* des *Chants d'Espagne*, jusqu'au *Lavapiés* d'*Iberia*). Excepté une, offerte au peintre Gomar, Albéniz a dédié ces *Danses* à ses « chères élèves » (et l'on peut s'amuser aux variations de l'intitulé : « *a mi querida discípula..., a mi buena discípula..., a mi distinguida discípula...* »). Retenons la deuxième (en si bémol majeur, *allegretto*), bien que longuette, mais qui a de l'humour dans ses réticences, et de la tendresse dans ses courbes ; quelques accents originaux dans la quatrième, comme le passage sur pédale de ré (mes. 33) ; et l'épisode en sol dièse mineur de la cinquième.

Trois pièces espagnoles écrites entre 1891 et 1893, avant la parenthèse des opéras, zarzuelas et mélodies, témoignent d'une curiosité, d'un goût neuf pour une harmonie plus raffinée : une barcarolle intitulée **Mallorca** (en fa dièse mineur, *andantino*), qui semble vouloir citer, sans s'y résoudre vraiment, la *Première Ballade* de Chopin (« en souvenir des amants de Palma ? », se demande Jankélévitch), et s'abandonne un peu trop suavement dans l'unisson énamouré de l'épisode majeur ; – une ***Zambra granadina*** (en ré mineur, *allegretto ma non troppo*), pleine de charme, avec ses tierces plaintives, son mode éolien (do ♮), ses secondes augmentées, ses étranges fausses relations dans le trio majeur ; – un ***Zortzico*** (en mi mineur, *allegretto non troppo*), obsédant par son rythme pointé à 5/8, par sa basse en chromatismes ou en notes répétées, par ses accords parfois crûment dissonants, et par la birythmie de son épisode majeur, où la droite joue à 2/4 par-dessus les cinq croches de la gauche. – Les deux premières publiées chez Pujol ; la dernière d'abord chez Diaz (San Sebastian), sous le titre *Arbola-Pian*, puis à l'Édition mutuelle (1910).

(Mentionnons ici ***Fiesta de aldea***, pièce posthume publiée en 1975 par l'Unión musical española, et qui n'est que la réduction pianistique d'une œuvre orchestrale de 1888, apparemment disparue.)

Autres morceaux « de salon ». Les ***Six Petites Valses*** (op. 25) composées vers 1883 ne font pas un déchiffrage désagréable ; elles sont ce qu'elles ont voulu être, de petites choses délassantes, fraîches au moment de l'écriture, et vite fanées. On y saisit (voyez en particulier la quatrième) le goût d'Albéniz pour les doubles notes, cette façon d'occuper tous ses doigts, – qui le mènera au pianisme flamboyant des pages futures, et du même coup à leurs harmonies somptueuses.

La valse ***Champagne (Carte blanche)***, en mi bémol majeur, écrite vers 1887 (parue chez Romero), premier numéro d'une série dite « Cotillon » qui ne vit jamais le jour, est assurément plus brillante, mais aussi plus vulgaire. Les *Six Petites Valses* avaient, dans l'ombre de Chopin, une ingénuité que celle-ci a perdue ; elle distribue clins d'œil et sourires aguicheurs, sur des thèmes rebattus.

Enfin ***L'Automne-valse*** (op. 170), publiée en 1890 (Pujol), sonne le dernier réveil, inutile et irritant à cette époque plus fermement espagnole, de cette muse en cotillon. C'est une chaîne de petites valses, avec introduction et coda, telles que le premier faiseur en écrit. Décidément cette veine ne réussit pas à Albéniz, – alors qu'on peut jouer avec plaisir les *Valses poéticos*, œuvre de jeunesse de Granados.

Faut-il élire un seul parmi les prénoms féminins (ceux des dédicataires, élèves d'Albéniz) qui servent de titres aux ***Six Mazurkas de salon*** (op. 66) publiées vers 1886 (Romero) ? Peut-être la mélancolique *Casilda* (n° 2, en fa mineur) ; ou mieux la joyeuse *Christa* (n° 5, en mi majeur), dont le thème rit aux éclats sur une pédale intérieure. On redira ici ce qu'on a dit à propos des *Petites Valses* : même facilité mélodique, entre verve et sentimentalité, même écriture instrumentale, mêmes lignes truffées de doubles notes, où l'on voit la « patte » du pianiste improvisateur, habile à ne laisser aucun doigt inemployé !

Les autres mazurkas, ***Recuerdos*** (op. 80), ***Mazurka de salón*** (op. 81), ***Amalia*** (op. 95), ***Ricordatti*** (op. 96), cette dernière dédiée à sa femme, n'apportent rien de plus ; impersonnelles comme les précédentes, vaguement teintées d'hispanismes, ne serait-ce que parce qu'elles sont, de la première à la dernière, livrées à de perpétuels triolets (soit dans le thème, soit dans les voix intérieures), qui finissent par sonner comme des gruppettos ou des mordants...

À ranger sur la même étagère : une ***Barcarola*** (op. 23), en ré bémol majeur, mollassonne et sucrée, dédiée à l'ami Arbós ; une pantelante romance sans paroles, en mi mineur, qu'on aurait préférée également sans notes, intitulée ***Angustia*** et offerte à S.M. la Reine régente, – qui n'avait sans doute pas mérité cet affront.

À rattacher au genre « ancien » : la ***Pavana-Capricho*** (op. 12) qui ouvre, faute de renseignements plus précis (et compte non tenu d'une *Marche militaire* composée à ... huit ans), le catalogue d'Albéniz, et qu'il jouait dès 1883 ; un ***Troisième Menuet*** (en la bémol majeur), commencé d'une main ferme, en rythme pointé, mais dont le trio s'oublie et verse dans la romance tendre, d'ailleurs assez bien venue ; un ***Menuet*** encore (en sol mineur), paru dans l'album Leduc de 1922, élégant, raffiné, de loin le meilleur du genre ; une ***Pavana fácil*** pour les petites mains.

## Eugen d'ALBERT
(1864-1932) Allemand

D'Albert offre le cas rarissime d'un pianiste virtuose qui cesse très tôt de fournir à son propre instrument (et finira par renoncer à l'estrade), au profit de ce qui lui est le plus étranger, la voix : dix volumes de lieder, et surtout une vingtaine d'opéras, dont le style va de Wagner à Mascagni, et qui ont eu leur heure de succès, sinon de gloire. Six numéros seulement de son catalogue (et quelques pièces sans opus) sont consacrés au piano. Dans ses meilleures pages, il penche vers Brahms, alors qu'il aurait pu ressembler à Liszt, qui fut son maître. Aucune ne s'est maintenue au répertoire : ce qu'on a le plus longtemps joué de lui, c'est sa transcription de la *Passacaille* de Bach.

La ***Suite*** en ré mineur (op. 1), publiée vers 1883 par Bote & Bock, témoigne d'emblée de son savoir-faire ; ces cinq pièces réussissent leur pari de copier au plus près la manière des maîtres classiques (mais avec les octaves romantiques des transcriptions de Busoni !). Au rebours du Grieg de la *Holberg-Suite*, qui demeure reconnaissable sous sa perruque d'emprunt, d'Albert s'interdit la moindre parcelle d'originalité, tant dans la cérémonieuse *Allemande* que dans la vive *Courante*, dans la *Sarabande* aux inflexions sentimentales *(mit Empfindung...)*, dans la *Gigue* fuguée et copieusement nourrie ; arrêtons-nous sur la *Gavotte*, dont la délicieuse *Musette* constitue, par rapport aux harmonies d'antan, le seul moment de relative liberté.

C'est Brahms qu'on entend dans les **Huit Klavierstücke** (op. 5), publiés en 1886, également par Bote & Bock ; et ici l'on ne parlera point de pastiche, mais de sincère affiliation, d'affinité de pensée et de moyens. En huit pièces très contrastées, tout un éventail d'émotions et d'humeurs se déploie dans une fort belle écriture pianistique. On peut retenir, dans le genre paisible ou méditatif, la deuxième (en la majeur), intermezzo apparemment serein, mais d'une agitation contenue, que traduisent les syncopes et le trois-contre-deux ; ou la cinquième (en mi bémol majeur), un peu longue, mais si prenante, avec ce moutonnement intérieur de tierces deux par deux, sous la mélodie, et ces harmonies vacillantes, peu à peu envahies de bémols ; – dans le genre opposé, les rafales de doubles triolets de la sixième (en mi bémol mineur), à chaque main tour à tour, puis dans les deux ensemble en mouvement contraire et au paroxysme de la force, avant le repos lumineux dans le mode majeur ; ou l'emportement de la huitième (en ut dièse mineur), véritable ballade, soulevant des masses d'accords et d'octaves, mais dont le trio se tempère et incline à la douceur et à la confiance retrouvées.

La **Sonate** en fa dièse mineur (op. 10), publiée en 1893 (Bote & Bock), tout aussi brahmsienne et qu'on dirait justement parfois cousine de la propre *Sonate en fa dièse mineur* de Brahms, n'emporte l'adhésion que dans son premier mouvement, d'une ardente coulée, partagé entre l'élan passionné du thème initial (accords à pleine poigne et pressant rythme pointé) et les phrases tendres de la seconde idée (caressées de sixtes, équivoquant à deux temps dans leur 3/4). Dans le mouvement lent à variations, l'inspiration vacille, et la fugue finale, quoique d'une belle pâte, finit par sentir l'exercice.

Sautons quelques années (et les *Quatre Klavierstücke*, op. 16, de 1898) pour arriver, avec les **Cinq Bagatelles** (op. 29), parues en 1905 chez Bote & Bock, à ce qui constitue un tournant de l'œuvre pianistique de d'Albert. Pour commencer, une étrange et funèbre *Ballade* de deux pages (en ut mineur), aussitôt suivie d'une *Humoresque* gracieuse et dansante (en la bémol majeur), histoire de montrer qu'il ne faut rien prendre au tragique, puis d'un *Intermezzo* (en fa majeur), petite valse pétillante (entre les deux, jetons à la trappe le *Nocturne*, dont aucun pianiste ne saurait rendre supportable l'affreuse guimauve) ; pour finir, un *Scherzo* (en ré bémol majeur), facétieux comme du Chabrier, et comme lui faussement sentimental dans son trio. – Nul ne prétendra préférer ces piécettes à celles qui, dans les recueils précédents, trahissent tellement plus d'âme et de souffle ; mais on dirait qu'ici d'Albert arrive à sa vérité ; il se ressemble ; naïveté et frivolité ensemble lui resteront attachées.

L'écriture de ces *Bagatelles* (et de quelques morceaux isolés, sans numéro d'opus, comme la *Serenata* parue en 1906 chez Hofmeister et l'*Albumblatt* paru en 1908 chez Augener) nous prépare à ce qui, une quinzaine d'années plus tard, constituera le dernier recueil pianistique du compositeur, les **Capriolen** (op. 32), cinq pièces publiées en 1924 par Atlantic Musikverlag, Munich. Il les dit « simples » *(schlichte)*, elles le sont autant par le contenant que par le contenu, – encore qu'il faille des doigts déliés à la première, *Papillon brûla ses ailes*, où les deux mains alternées dans l'aigu, en arpèges légers, tramant une étoffe soyeuse et diaprée. Le reste va sans mal : une *Valse tendre* d'une extrême sobriété, fil de notes tendu sur un accompagnement qui n'occupe que les temps faibles de la mesure ; une romance aux harmonies pénétrantes, intitulée *Rose sous la neige* ; un petit diptyque appelé *Missie-Massa*, qui passe des gémissements chromatiques aux sautillements de l'allégresse ; et le finale à programme, *Le cirque arrive*, marche joyeuse, saturée de frottements cocasses, de chaînes de septièmes, d'accents en porte-à-faux.

## Domenico ALBERTI
(1710 ?-1740 ?) Italien

On ne sait presque rien de lui, mais on ne risque pas de l'oublier : pas de jour où l'on ne prononce son nom, associé à cette fameuse « basse » qui, depuis bientôt trois siècles, accompagne en accords brisés les chants les plus divers, de la *Sonate facile* de Mozart à telle *Improvisation* de Poulenc ! Alberti en est-il l'inventeur ? Non, assurément, car dès que l'accord fut jeté sur un clavier, il dut y avoir quelqu'un pour l'égrener en arpèges de toutes sortes, et trouver par hasard cette formule si caractéristique. On la rencontre, à l'approchant, chez Sweelinck, Pachelbel ou Couperin. Mais avant lui, nul ne l'a employée aussi systématiquement (par exemple, comme on ne s'est pas fait faute de le relever, dans trente-neuf des quarante-six mesures que compte l'*allegro moderato* de sa *Deuxième Sonate*...) ; après lui, l'usage se généralise, et la présence de telles basses suffit souvent à assigner à un morceau pour clavier une date postérieure à 1740. Le procédé, en bornant la main gauche à ce rôle de soutien harmonique, en lui ôtant tout relief mélodique, a contribué de toute évidence à hâter le déclin du contrepoint et à installer pour longtemps, de façon despotique, le *cantabile* dans le registre aigu.

On possède d'Alberti, pour l'essentiel, **Huit Sonates** (op. 1), composées probablement à Rome, publiées à Londres après sa mort, en 1748, par Walsh, et qui connurent un large succès, si l'on en juge au nombre d'exemplaires encore répertoriés dans les bibliothèques. L'histoire de cette publication, racontée par Burney, est curieuse ; Walsh aurait obtenu ces œuvres par un ami du compositeur, désireux de couper court au plagiat éhonté dont se rendait coupable un élève d'Alberti, le castrat Giuseppe Jozzi, qui vendait les sonates de son maître sous son propre nom !

Sonates « italiennes », en deux mouvements, comme le furent dès 1732 celles de Durante, et le seront plus tard celles de Paradisi ; le premier à 4/4, sept fois sur huit ; le second à 3/4, six fois sur huit, et d'allure dansante (menuets ou gigues, qu'ils en portent ou non l'indication). Ces mouvements sont binaires, à reprises ; mais une moitié d'entre eux présentent vers la fin un retour de l'idée initiale, amorçant le plan ternaire qui conduit à la véritable forme sonate.

Tout, chez Alberti, n'est pas grevé par cette « basse » si vite fastidieuse. La *Quatrième Sonate* (en sol mineur), qui l'utilise alternativement, dans son *allegro* initial, avec un continuo de croches, n'en a plus besoin dans la robuste gigue à 12/8 *(presto)* du second mouvement. La *Cinquième Sonate* (en la majeur) s'en passe aussi dans l'*andante moderato* qui l'ouvre, un des plus beaux morceaux d'Alberti, fin tissu polyphonique à trois et quatre voix, aux lignes émouvantes (noter le curieux effet des diminutions, avant chacune des barres de reprise) ; elle l'emploie à bon escient dans son *allegro*, la faisant entrer après un prélude aux mains alternées ; et d'ainsi accompagner d'amusantes rosalies, la basse albertine semble se découvrir (dès ce temps reculé !) une fonction humoristique...

Dans l'*allegro moderato* de la *Sixième Sonate* (en sol majeur), on pourra juger à nouveau ce rouage un peu envahissant, encore qu'il serve à régler maintes modulations et maints frémissements chromatiques. Du reste, quoi que l'on pense de ce premier mouvement, il faut l'accepter, pour le plaisir de l'*allegro* à 3/8 qui s'y enchaîne, agrémenté d'équivoques harmoniques bien audacieuses pour l'époque : à certains moments, une des mains dans les dièses, l'autre dans les bémols, en enharmonie, on en vient à douter de l'existence d'une porte de sortie...

(Il existe six autres sonates en deux mouvements, ainsi que dix mouvements séparés, repérés par Wilhelm Wörmann, qui a établi un index thématique en 1955, dans *Acta musicologica*. Alberti en a sûrement écrit beaucoup plus, perdues avec lui.)

## Charles Valentin ALKAN
(1813-1888) Français

L'œuvre d'Alkan, si elle devait recevoir un titre propre à la peindre à l'imagination de la postérité, ne saurait en avoir de plus significatif que celui qu'il a lui-même donné à la dernière de ses *Études dans les tons mineurs* : « Le Festin d'Ésope ». Il y faisait allusion à un épisode connu de la vie du fabuliste grec, alors esclave du philosophe Xantus : son maître lui ayant un jour demandé de préparer le meilleur mets qu'il pût trouver, et le lendemain le plus mauvais, Ésope à chaque fois lui servit de la langue, argumentant tour à tour que c'était « le lien de la vie civile, la clé des sciences, l'organe de la vérité et de la raison », ou bien « la nourrice des procès, la source des divisions et des guerres »...

Le meilleur et le pire : tout créateur en est capable ; mais nul autant qu'Alkan ne les a si continûment prodigués ensemble ; et il ne faut pas chercher plus loin la raison principale de la longue éclipse qu'il a subie jusqu'à ces dernières années, où sa fortune semble renaître. Rares sont les pièces de son copieux catalogue, presque exclusivement consacré au piano, qui ne mêlent pas intimement les inventions les plus originales et les plus tristes platitudes. On y va d'étonnements en déconvenues. Surtout, on y rencontre souvent l'ennui ; et, contredisant Baudelaire, cet ennui est chez lui le fruit de la *curiosité*, d'un appétit boulimique, qui le fait accumuler les notes et les mesures, sans contrainte ni discrimination.

Le beau et le laid sont presque impossibles à définir, tant il y entre d'ingrédients divers, selon les époques, les lieux, les mentalités. Mais il existe, du beau, un composant sur lequel la plupart des hommes tombent secrètement d'accord : l'harmonie, c'est-à-dire la proportion exacte, c'est-à-dire encore la modération. C'est elle qui a assuré à l'œuvre de Chopin une survie enviable. Les particularités les plus aiguës de l'écriture chopinienne, tel accord, telle modulation, tel contrepoint, tel raccourci formel, peuvent bien demeurer mystérieuses à la majorité de ses auditeurs, ils sont tous sensibles, et sans même le savoir, à la pureté de son style, à ce « rien de trop » qui apparente son art, en plein romantisme, à celui des classiques.

Cette devise qui nous ramène en Grèce, et au fronton de Delphes, devait faire enrager Berlioz ; et Alkan, ce « Berlioz du piano », comme l'appelle Hans von Bülow, ne s'en accommodait pas davantage. Il lui a fallu, au contraire, et presque toujours, le trop, le plus : le plus long, le plus fort, le plus lourd, le plus rapide, le plus difficile, le plus extravagant ; et parfois il s'est efforcé de tirer de la laideur une forme inédite de beauté. Il s'est complu dans l'excès. Où un accord suffit, il en superpose trois ; où une simple note est efficace, il la double, la triple, la quadruple ; où trois pages diraient l'essentiel, il en aligne trente. A-t-il de quoi les remplir ? Peu lui importe. Il vit, il pense aux confins de son époque, aux extrêmes de son art. Mais hélas, le talent ne produit que dans des bornes étroites ; le génie peut les franchir, pour de brefs éclairs, et l'on parle alors de sublime, à condition qu'il retourne parmi nous. Celui qui se flatte de n'habiter qu'en dehors de ce cercle cultivé, dans la *terra incognita*, ne trahit-il pas une tare ? N'est-il pas tout simplement privé de ce talent, sans lequel Valéry disait que le génie n'est rien ?

L'homme et la musique, chez Alkan, sont encombrés de paradoxes (on le voit, de façon détournée, dans son culte pour l'antithèse, qui nous vaut des titres comme *L'Amour-La Mort, Héraclite et Démocrite, Neige et Lave, Jean qui pleure et Jean qui rit*). Un des plus cuisants, et qui a dû compter dans son attitude d'*héautontimorouménos*, de « bourreau de soi-même » (car ce misanthrope ne s'aimait guère), c'est son éternelle oscillation entre l'imagerie romantique la plus outrée et les formes les plus conservatrices de la musique. Il a du goût pour le pathos, de l'attirance pour le fantastique, le macabre, le morbide ; il manie le pittoresque sans discernement ; il appelle le mythe et la littérature à la rescousse, à grand renfort de titres, de citations, d'indications verbeuses, qui laissent pantois même un Schumann. Mais il aime composer des fugues, des menuets, des airs « dans le genre ancien ». Ses champions ne sont ni Wagner, qu'il abomine, ni Liszt, en qui il n'estime que le pianiste, mais Mendelssohn, mais Beethoven et Mozart, mais Bach. Il écrit des pages échevelées, ardentes et sulfureuses, mais lui-même, au piano, « manque d'ampleur, de passion, de poésie, de chaleur communicative » (selon un compte rendu de 1845 ; et l'on pourrait en citer bien d'autres de cette teneur).

Avec cela, il fut un pianiste phénoménal, de la trempe de Liszt, mais comme une inversion ou une subversion de ce dernier, et l'erreur des hagiographes alkaniens, c'est précisément de les placer au même niveau. Chez tous deux le compositeur est inséparable du virtuose. Liszt aime le legato et le halo de la pédale, Alkan préfère le staccato, les lignes découpées, les plans bien définis. Liszt aime le rubato, le temps volé au métronome ; Alkan favorise le tempo giusto et le rythme précis. Mais surtout, Liszt a pratiqué très tôt un choix draconien dans ses propres possibilités ; voyez-le remettre ses *Grandes Études* sur le métier, et peiner longtemps à gommer l'inutile, à sacrifier le massif, le redondant, l'injouable, au profit d'un pianisme en effet *transcendant*, en ce sens qu'il dépasse les défis du mécanisme pour aboutir à la poésie ailée. Liszt est l'inventeur de milliers de figures incomparables, où notre modernité continue de puiser. Alkan, avec moins d'imagination que d'orgueil, et dans une sorte de délire monomaniaque, n'a souvent travaillé qu'à épaissir la pâte pianistique, à entasser de lourdes, besogneuses, rébarbatives difficultés. Au fond, il n'est pas tant passionné par l'instrument que par le langage hyperbolique que cet instrument permet ; dans la dernière partie de sa vie, il se consacre au piano à pédalier, parce que ce monstre éphémère l'autorise à surcharger encore davantage ses portées...

Est-il plus heureux dans les pièces brèves et même brévissimes, comme les *Préludes* ou les *Quarante-huit Motifs*, qui s'opposent à l'himalaya de ses *Études*, à leurs gageures, à leurs surenchères ? Pas toujours, en vérité, et le proverbe se trompe : qui peut le plus ne peut pas forcément le moins. Ces morceaux, quoi qu'on en dise ici ou là, ne sont pas d'un intérêt considérable (et d'ailleurs on se trompe une nouvelle fois en évoquant la manière frugale et franciscaine du dernier Liszt : même quand il aère sa texture, Alkan demeure prisonnier d'une syntaxe volumineuse, d'une phraséologie nourrie). On verra que j'en commente une grande partie, soucieux de ne laisser perdre aucune chance à ce compositeur à la destinée si étrange ; or, il lui arrive de réussir quelques étonnantes miniatures. Mais pour rendre un son vraiment original, Alkan a besoin d'un espace illimité, où aussitôt affluent qualités et défauts, où percent des idées singulières, où par mégarde une forte pensée tourne soudain en eau sucrée. L'*Allegro* du *Concerto*, dans les *Études mineures*, est à cet égard exemplaire ; en soixante-dix pages de musique, il passe en revue (je reprends mon image) à peu près toutes les façons d'accommoder la langue.

Et cependant (ce diable d'homme les rend-il à leur tour paradoxaux ?) aucun lecteur, aucun auditeur d'Alkan ne pourra concevoir, une fois découvert cet univers déconcertant, que l'on passe outre, que l'on persiste à dérouler sans lui, comme on l'a fait si longtemps, l'histoire de la musique romantique. Il en constitue à lui seul un chapitre, bon gré mal gré. La *Sonate* et la *Sonatine*, les *Études dans les tons mineurs*, celles *dans les tons majeurs*, ne se raient pas d'un trait de plume. Ni notre paresse ni notre confort, encore moins notre sacro-saint « bon goût », ne comptent devant elles. Force nous est d'envisager ces œuvres, de les connaître et les faire connaître ; et puisque après tout il y a des astres noirs, elles ont leur place parmi les étoiles du piano.

## LES SONATES

J'aurais pu regrouper sous cette rubrique, auprès de la *Grande Sonate* de 1847 et de la *Sonatine* de 1861 (qui ne doit ce diminutif qu'à la comparaison avec son aînée), la *Symphonie* en quatre mouvements et le

*Concerto* en trois qui figurent dans les *Études op. 39* : ce sont d'autres façons de sonates, ni plus ni moins réussies. Mais cela eût entraîné la dislocation de la série d'études en question, cimentée par l'emploi successif des tons mineurs. Les quatre ouvrages témoignent de la fascination que la sonate a exercée sur les musiciens romantiques. Quelque effort qu'elle leur coûtât, ils s'en sont tous approchés, au risque d'y brûler leurs ailes ; peut-être se sont-ils crus, naïvement, et chacun à son tour, capables de l'adapter à leur univers. Seul Liszt renouvelle le genre de fond en comble et tente de le projeter dans l'avenir. Le bâti paradoxal de la *Sonate « Les Quatre Âges »*, si séduisant soit-il, ne vaut que pour elle, bien entendu.

### *Grande Sonate « Les Quatre Âges »* (op. 33)

COMP 1847. PUB 1848 (Brandus). DÉD à son père. Elle ne semble pas avoir été jouée en public, dans sa version complète, avant Ronald Smith (10 août 1973, New York University).

Les hyperboles à son sujet viennent à peine de commencer, mais déjà elles sont irritantes, et il faudrait en finir avant qu'elles lui fassent trop de mal. L'œuvre est certes considérable, à tous les points de vue ; et quoique ses thuriféraires prétendent trop haut en la comparant à la *Sonate* de Liszt, convenons qu'elle représente une des grandes créations du romantisme dans ce domaine, et que l'oubli où elle était tombée doit être réparé. L'important, c'est qu'il s'agit ici, avant tout, de musique ; ni philosophie ni littérature, encore moins symbolique et numérologie (l'opus 33 d'un homme de trente-trois ans...), ne remplacent l'appréhension du simple fait musical, qu'il faut tâcher de ramener à ses proportions, petites ou grandes. Une phrase est belle ou mal venue, une harmonie est émouvante ou creuse, une répétition de motif est expressive ou stupide. On s'expose aux pires divagations en éludant cette disposition de l'oreille (et de l'âme) à entendre la musique avant l'idée. Dans une page de sonate, mieux vaut s'extasier d'une mélodie ou d'un accord que de la rencontre de Goethe ou de Byron.

Le trait le plus original de la *Sonate* d'Alkan, où les quatre compartiments que s'attribuent normalement toutes les sonates romantiques se voient dévolus aux « quatre âges » de l'existence humaine, est sa progressive décélération, du premier mouvement au quatrième : très vite, assez vite, lentement, extrêmement lent. Le scherzo vient en tête, le largo à la fin. Ce plan inusité, disons même provocateur, n'est sans doute pas étranger à l'incompréhension qui semble avoir entouré l'œuvre dès sa parution : un pianiste consent mal, après avoir vaincu les embûches de deux morceaux particulièrement difficiles, mais enfin brillants et excitants, à s'enfoncer, et le public avec lui, dans des pages plus ternes, dépourvues d'effets, où le temps n'en finit plus de se dévider. Et cependant, aussi bien le mythe de Faust que celui de Prométhée paraissent dérisoires devant cette véridique image du ralentissement, du délabrement irrépressible de la vie.

Le premier mouvement s'intitule *20 ans* ; il n'a pas de sous-titre, contrairement aux autres, mais on pourrait lui appliquer, retourné, celui du premier mouvement de la *Symphonie fantastique* : « Passions et Rêveries. » Un trait qui monte vers l'aigu comme une vrille *(très vite)*, un vigoureux accord de tonique (si mineur, quand on se croyait en ré majeur !), et un joyeux grelot d'accords brisés : voilà le thème principal, développé ensuite sur quatre pages. D'emblée le compositeur en prend à son aise avec le 3/4 apposé à l'armure : la plupart des figures sont à deux temps. Beaucoup d'humour dans ce début, et même des éclats de rire, comme le souligne le mot « ridendo » lorsqu'une dernière reprise de la petite vrille ascendante se termine inopinément par l'accord de si bémol, aussitôt corrigé ! Une chose étonnante, et vraiment extravagante, est le « pont » entre les deux thèmes : six lignes trouées de silences (« palpitant »), avec le pouls obstiné du fa ♯ à la basse (dominante), et des fragments jetés, abrégés, interrompus, comme si le mécanisme grippé ne voulait plus repartir. – Vient le deuxième thème (en si majeur), ou le trio de ce scherzo : d'abord hésitant, sur quelques accords entrecoupés de silences (« timidement », « amoureusement »), puis prenant de l'essor et de l'ampleur, accompagné d'arpèges (« avec bonheur »), et bientôt s'exaltant en sixtes chopiniennes : le passage le plus charmeur de la sonate entière. – Après la reprise de A, et l'ultime apparition de B sur de rapides arpèges déferlant sur plusieurs octaves (« bravement »), le mouvement se conclut en si majeur, dans la joie et l'exubérance de la conquête (« valeureusement », « victorieusement »). Si j'y allais ici de mon poète, je citerais Victor Hugo :

> Quand on est jeune, on a des matins triomphants,
> Le jour sort de la nuit comme d'une victoire...

Le deuxième mouvement, *30 ans*, est une longue ballade de quinze minutes, coulée dans la forme sonate, et sous-titrée « Quasi-Faust ». À trente ans, visité déjà par le diable ? Le motif principal du morceau porte le cachet des puissances infernales : « sataniquement », inscrit Alkan sur les premières mesures (en ré dièse mineur, *assez vite*), qui font retentir en triple unisson un appel impérieux, suivi d'un ricanement dans le grave. Toute l'exposition est laissée à ce Faust que Méphisto ridiculise en lui lançant ses triolets comme des étincelles, comme des parcelles de soufre enflammé, en accompagnant de sombres trémolos ses menaces, – prélude à son entrée en grand costume : « le Diable » (mes. 38), sonnerie de cuivres, *fff*, en si majeur, inversion (diabolique en effet !) du thème initial, et méchant rire d'accords martelés... Alors l'Homme (ou faut-il imaginer ici une Quasi-Marguerite ?), qui se taisait jusque-là, partagé entre l'attirance et la terreur, trouve les accents de la prière, « avec candeur » (en sol dièse mineur) ; au fil des pages, ce beau thème amorcé par des notes répétées finit en cri passionné (dans le mode majeur), et se met à ressembler, incontestablement, au thème *grandioso* de la *Sonate* de Liszt. – Le développement joue de toutes ces idées, comme un drame romantique ; on réentend les menaces et les ricanements de A, « impitoyable », à quoi B ne peut répondre qu'« avec désespoir », « suppliant », « déchirant ». – La reprise de A, avec ses croisements de mains et ses sauts terrifiants, semble vouloir aller au paroxysme de la diablerie. Pourtant le dernier épisode voit le triomphe du Bien : après un énorme crescendo aboutissant à quatre accords arpégés qui recouvrent toute la surface du clavier, commence un fugato aussi étrange qu'inattendu, six parties en contrepoint renversable (avec des contrechants secondaires et des doublures !), dont l'exécution confine au tour de force ; thème rédempteur issu du thème faustien, et modulant, à coup de dièses et doubles dièses, vers mi dièse majeur (Alkan détestait l'enharmonie, et d'ailleurs eût jugé trop banal d'écrire ici en fa...), jusqu'à l'entrée du « Seigneur » (en fa dièse majeur), véritable tintamarre céleste sur un accord-pédale. Et désormais le deuxième thème, le thème humain si menacé, n'est plus que jubilation (« avec bonheur », « avec délices », « avec confiance »), pardessus le thème persistant de la rédemption.

« Un heureux ménage », le sous-titre du troisième mouvement, *40 ans*, est parlant, surtout suivi de l'indication « avec tendresse et quiétude » ; et c'est bien l'illustration du bonheur domestique que ce thème de romance (en sol majeur, *lentement*), avec son accompagnement à trois-contre-deux et ses reflets dans la nappe harmonique. Un deuxième épisode (en ré majeur) décrit « les enfants », leur babillage, ronron paisible et familier ; hors de ce contexte, et prises un peu plus vite, ces trois pages constituent une petite étude de doubles notes pour la main droite, au-dessus d'une gauche en zigzags. La romance des parents reprend, pour s'achever cette fois en dialogue amoureux, – et l'ensemble serait une simple forme lied (ABA), s'il ne s'y ajoutait sur le coup de dix heures (un si aigu dix fois répété), en guise de coda, « la prière », un cantique naïf où les enfants greffent leur contrepoint. – On peut s'étonner de trouver à la même enseigne, à quelques instants l'une de l'autre, l'estampe satanique qui précède et cette image d'Épinal du foyer bourgeois. Quelle est ici la part de l'ironie ? Et d'ailleurs pourquoi serait-elle d'un côté plus que de l'autre ? Qui sait si ce n'est pas ce soufre et ce pathos à la Berlioz qui sont moqués, relégués au magasin d'accessoires de cette chose improbable qu'est le romantisme français ?

Quelque idée qu'on se fasse et d'Alkan et de la destinée humaine, on ne s'attend guère, au sortir de l'idylle familiale, à ce finale des *50 ans* sous-titré « Prométhée enchaîné » (en sol dièse mineur, *extrêmement lent*), et coiffé d'épigraphes amères empruntées à la tragédie d'Eschyle (dont le dernier vers : « Vois s'ils sont mérités les tourments que j'endure ! »). Vision pour le moins pessimiste de la vieillesse, mais telle que peut l'imaginer un jeune homme romantique. Des trémolos (les chaînes de Prométhée ?) et des figures pointées alternent avec un choral lentissime, enfoui dans les ténèbres du clavier, qui reprend en l'augmentant le thème faustien, avec des fragments de marche funèbre. Risquons cette remarque qu'entre les mains du premier venu, ces sept ou huit minutes désolées, dans une atmosphère de limbes, font une fin malaisée au concert, malgré le dramatisme des nuances contrastées ; mais un interprète pénétré du sens musical de l'œuvre, plus encore que de son anecdote, en peut tirer un beau parti, et la hisser jusqu'à ce dernier crescendo, une gamme ascendante qui s'enfle graduellement, autour du retentissant sol ♯ tonique, pour conclure cependant, vidée de forces, sur trois accords exténués. – L'être qui s'exprime ici, réel ou imaginaire, s'il s'est rêvé Faust, s'est très tôt senti Prométhée, chargé de liens dont lui-même a fourni l'essentiel. Voleur de feu ? L'ambition, rétrospectivement, paraît démesurée. Mais en tout cas puni, par lui-même autant que par autrui, pour être si différent de ses semblables...

## *Sonatine* (op. 61)
PUB 1861 (Richault).

Son classicisme, gagné peut-être au fil des petites pièces qu'Alkan engrange à la même époque et qu'il publiera la même année sous le titre de *Motifs*, est la parfaite antithèse du romantisme sulfureux de la *Sonate* de 1847. Elle aurait pu, à peu de chose près, être écrite dans les années vingt par un rejeton de Haydn ou de Beethoven ; mais Sorabji n'a qu'à moitié raison d'y voir quelque chose comme une sonate beethovénienne composée par Berlioz. Les « programmes » philosophico-littéraires ont vécu, et tout autant le gigantisme orchestral. Au lieu des exergues, titres, intitulés bavards, au lieu de l'accumulation sonore, du temps dilaté, de l'espace atrophié, on trouve ici des indications sobres, des textures aérées, privilégiant le contrepoint ; et si le pianisme demeure robuste, il n'est plus intimidant.

Le début de l'*allegro vivace* (en la mineur) s'élance, bien découplé, à 6/8, sur ses accords battus de sonatine dix-huitième ; le geste est précis, la matière économe, et ces quelques mesures suffiront à fournir toutes les idées du morceau. Des traits volubiles de doubles croches, scandés d'accords, servent de transition vers un second thème plus dansant que chantant, dans le registre grave. En guise de conclusion, des moulinets fantasques convertissent à 3/4 le mètre original. Développement serré, mais sans pédantisme, en dépit de ses imitations canoniques ; et reprise écourtée, au profit d'une ébulliente et virtuose coda (« con fuoco », « sempre più focoso »).

Le mouvement lent (en fa majeur, *allegramente*) commence comme une chanson de marche, dans un climat bucolique ; mais au fil des épisodes, l'humeur est si changeante que l'on ne sait s'il faut suivre à la lettre le « con placidità » indiqué au départ. Le trio (en ré majeur), tant par son rythme obstiné (noire pointée-croche-noire-noire) que par son chant, ses harmonies, ses pédales, évoque Schubert, à s'y tromper ; ses clochettes délicates persistent à la reprise, par-dessus le thème principal, et feraient une fin impalpable et irréelle, n'était l'accord conclusif, violemment percuté, contre toute attente.

Le *scherzo-minuetto*, comme Alkan l'appelle (en ré mineur, *leggiermente*), a tout d'une étude de vélocité, avec ses gammes déferlantes et ses dessins brisés, que la gauche soutiendrait mieux si elle ne devait parfois les croiser, dans des positions incommodes... Le trio (en fa majeur, *dolce e sostenuto*), vêtu de candides accords, produit le même effet que les chorals introduits par Chopin dans ses deux nocturnes en sol mineur (op. 15 n° 3, op. 37 n° 1).

Les trois premiers mouvements, à tout prendre, et quitte à gommer quelques particularités, auraient pu être écrits par un autre ; mais le finale (en la mineur, *tempo giusto*) ne porte la marque, et avec quelle outrecuidance !, que d'Alkan. Ce début belliqueux, rythmé comme une danse barbare, sur un do qui résonne comme s'il voulait réveiller les morts, « energicamente e rimbombando », puis cette folle débandade de doubles croches, par-dessus la gauche toujours tonitruante, ne sauraient avoir d'autre auteur que lui. Mais qui donc s'attendrait, ensuite, à ce deuxième thème si lyrique, au point de paraître un peu niais dans son bain d'arpèges mousseux ? Le conflit de deux idées si radicalement opposées dégénère en méchanceté, en rudesse. Au total un morceau de colère, de poigne sèche, de nerfs, – visionnaire, inimitable, – le sommet d'une partition en tous points réussie.

## LES ÉTUDES

Elles forment le bastion de l'œuvre alkanien ; mais aussi, paradoxalement, son point le plus vulnérable. C'est en partie parce qu'il y eut un temps où les élèves de piano se voyaient proposer, dans leur répertoire d'études purement digitales, des pièces d'Alkan, que son nom a fondu parmi ceux de Steibelt, de Kessler, de Kullak. Même Isidore Philipp, auquel on doit, en association avec Delaborde, la réédition d'Alkan, n'en a pas usé autrement.

Mais où commence, où finit, chez l'intrépide et farouche compositeur, la notion d'*étude* ? A côté des morceaux redoutables qu'il a libellés sous ce titre (et qu'on trouvera ci-dessous), il en est tant d'autres qui appartiennent de plein droit à la catégorie ! Risquons cette lapalissade : quand il n'écrit pas simple, il écrit compliqué. Chez lui, pas de vrai milieu. En dehors de quelques cahiers où il s'est soucié des pianistes du dimanche (lesquels, après tout, auraient formé le lot de ses amis), il n'a en vue que l'estrade, et davantage encore lorsqu'il l'a lui-même quittée. Des méchants en ont déduit qu'il n'accumulait les difficultés que par esprit de vengeance ; contre les virtuoses ; contre les gens qui lui préféraient Liszt à la scène et Marmontel au Conservatoire ; contre lui-même, né sous une mauvaise planète. Mais peut-être n'a-t-il cherché, sa vie durant, qu'à transcender par tous les moyens un instrument qu'il n'aimait guère, qui lui semblait insuffisant, mais auquel, solitaire et reclus, il était lié à jamais...

***Trois Études de bravoure, ou Improvisations*** (op. 12) – ***Trois Andantes romantiques*** (op. 13) – ***Trois Morceaux dans le genre pathétique*** (op. 15) – ***Trois Études de bravoure, ou Scherzos*** (op. 16)
PUB 1837 (Richault). DÉD de l'opus 15 à Liszt.

D'un Alkan jeune et encore sociable, rival de Liszt et de Thalberg dans les salons, n'ayant pas commencé de cultiver la bizarrerie, cet ensemble virtuosissime d'études (ou de *caprices*, comme il a pensé les appeler) ne peut que séduire. Elles ne sont pâles qu'au regard des étrangetés et des monstruosités à venir ; Liszt lui-même n'aurait pas rougi d'en signer quelques-unes, tant elles s'inscrivent dans sa première et juvénile approche du piano.

Les *Improvisations*, allant de l'excellent au médiocre, regroupent une bondissante étude d'octaves et d'accords (en mi bémol majeur, *prestissimo*) ; une romance variée (en ré bémol majeur, *allegretto*) dont le thème, d'abord un peu trop sucré, est habilement converti de 3/4 à 6/8, où il attrape des accents plus ardents, avant une jolie coda vaporeuse, sur pédale de tonique ; enfin, hélas, une marche assez triviale (en si mineur), de pur style pompier, qui commence en staccato d'accords et s'achève en vacarme d'octaves, « superbamente ».

Les *Andantes romantiques*, pour être par définition les moins échevelés de ces douze morceaux, n'en contiennent pas moins des difficultés qui les haussent au niveau de l'étude. Voyez en particulier le deuxième, le meilleur des trois (en ut dièse majeur), où les mains déplacent ensemble leurs accords à travers le clavier, en allers et retours, pianissimo d'abord puis à toute force, faisant apparaître comme le fantôme d'un thème dans ce halo d'harmonies.

Les *Morceaux dans le genre pathétique* essuyèrent les rebuffades de Schumann, qui écrivit que le recueil « sentait l'Eugène Sue et le George Sand » et fustigea l'« absence d'art et de naturel » de ce *Néo-Français*... Le genre descriptif à la Berlioz répugnait à Schumann ; il le jugeait prosaïque, à mille lieues de sa propre façon de miniaturiste, suggestive, allusive, ailée et véritablement poétique. Liszt, en revanche, dédicataire de l'œuvre, lui consacra un article assez élogieux. Précisons que seule la deuxième pièce, intitulée *Le Vent* (en si mineur), est réellement « pittoresque », avec ses chuintements et sifflements ininterrompus de doubles croches chromatiques. La première, *Aime-moi* (en la bémol mineur), digne de son titre ridicule, est une romance déclamatoire, dont l'accompagnement de plus en plus envahissant et volubile fera reculer les mains normalement constituées. Le même thème réapparaît dans la dernière, *Morte* (en mi bémol mineur), « pathétique » en effet, et morbide, avec son glas et sa citation du *Dies irae*. – Ces études offrent la particularité de ne comporter aucune indication de tempo ni de dynamique : hommage détourné au savoir-faire de Liszt ?

C'est parmi les *Scherzos* qu'on trouvera l'inspiration la plus authentique. Le premier (en ut majeur, *mouvement de valse*) renferme un étonnant trio en la bémol, aux sonorités de boîte à musique, grelottement léger de croches à la main droite, par-dessus le balancier obstiné de la gauche (mi♭-si♭) et la tonique longuement résonnante : une des pages les plus originales d'Alkan. On peut oublier le deuxième scherzo (en ut mineur, *moderato*), un « quasi minuetto », creux et rébarbatif, – malgré l'écriture singulière de l'accompagnement dans le trio, en vibrements d'accords, d'ailleurs sous une mélodie banale. Mais le troisième (en si mineur, *prestissimo*) est un chef-d'œuvre, de bout en bout. Il le doit à l'insolite conflit dont il est le terrain, entre les rythmes à trois temps et à deux temps ; dès la partie principale, une mesure à 2/4, aberrante, vient ponctuer (« au même mouvement », précise l'auteur) l'impétueux élan des accords à 3/4, que du coup elle freine ou fait boiter ; plus loin, après un semblant de trio à la polyphonie chopinienne, le véritable intermède arrive (en ut majeur, *prestissimamente*), impose son 2/8, et la victoire du deux-temps est telle qu'il s'arrange pour persister au retour du scherzo, les deux rythmes ennemis superposés vaille que vaille. Morceau étourdissant, et nourri de vraie musique.

### *Trois Grandes Études* (op. 76)
PUB 1839 (Richault).

En dépit de leur numéro tardif (celui de la réédition), ce sont des œuvres de la première période, et assurément les plus impressionnantes de toutes les études d'Alkan. Ce n'est pas par leur aspect colossal ou par leur harmonie excentrique qu'elles terrifient le pianiste, comme les *Études dans tous les tons mineurs*, mais par leur pure et stricte difficulté. Ailleurs on le frôle, ici on bascule dans l'impossible. La main gauche seule dans la première, la main droite seule dans la deuxième, les mains réunies dans la troisième, y souffrent mille morts...

La *Fantaisie* pour la main gauche (en la bémol majeur) demeure la plus abordable des trois, et Busoni l'a quelquefois jouée. Elle commence par un prologue de couleur lisztienne, en deux parties, dont la seconde reprend en l'accélérant le matériau de la première *(largamente/allegro vivace)*, thème décidé, accompagnement de trémolos ou batteries. Le corps même de l'étude est une marche qui, partie de quelques octaves sourdes et sinistres *(p, gravemente)*, se gonfle d'accords en rythme pointé, et finit par projeter ses harmonies sur le clavier en furieux déplacements *(ff, vivamente)*. – Il n'est pas inutile de savoir que Ravel, futur auteur d'un *Concerto pour la main gauche*, chef-d'œuvre du répertoire manchot, possédait un exemplaire de cette étude dans sa bibliothèque.

Il y a peu d'espérance que l'étude pour la main droite, *Introduction, Variations et Finale*, devienne jamais un morceau de concert. Jouée à deux mains, elle mériterait encore l'épithète de *transcendante* que Liszt et Liapounov ont donnée aux leurs. Cette technique arrogante, qui fait déjà bon marché de l'anatomie normale d'un poignet, de la taille courante d'une main, de l'écart ordinaire entre les doigts, ne tient aucun compte de l'endurance du pianiste. L'*Introduction* (en ré majeur, *largamente*), sous son thème, fait d'abord parade de vastes accords arpégés, puis déclenche de périlleuses cascatelles à travers toute l'étendue du clavier. Les *Variations*, sur un sujet apparemment innocent, dans son gracile et gracieux habillage à deux voix (en la majeur, *andante*), se corsent bien vite d'accords bondissants d'une région à l'autre de l'instrument (1$^{re}$ variation), de textures polyphoniques (2$^e$, en fa majeur), de traits incisifs qu'on imagine plutôt arrachés à un violon (3$^e$, en ut majeur), de trémolos vertigineux et d'impossibles doubles notes (4$^e$, qui retourne à la majeur). On retrouve dans le *Finale* (en ré majeur, *superbamente*) le thème orgueilleux de l'introduction, traité à peu près comme si l'auteur disposait soudain de deux mains supplémentaires !

Un *Mouvement semblable et perpétuel* réunit les deux mains dans la troisième étude, en forme de rondo (en ut mineur, *presto*), les lance pendant cinq cents mesures, ainsi soudées à l'unisson, à deux octaves de distance, dans toutes les figurations et positions imaginables, les plus larges, les plus tortueuses, alternant curieusement le pur exercice et les phrases chantantes, jusqu'à l'électrisant glissando final. La technique utilisée a peut-être suggéré à Chopin l'idée du finale de sa *Sonate funèbre* (1839).

## *Étude de concert « Le Preux »* (op. 17) – *Étude « Le Chemin de fer »* (op. 27)

PUB 1844 (Bureau central de musique).

La première (en si bémol majeur), lourde et compacte en son ferraillement d'accords aux mains alternées, en ses belliqueuses octaves finales, creux tournoi de bravoure où la musique succombe avant le pianiste-chevalier, peut dormir en paix dans l'oubli. Mais la seconde en a été tirée, au bénéfice de son programme naïvement moderniste. Contrairement au

Rossini de *Un petit train de plaisir*, Alkan ne se moque pas de ce moyen de locomotion ; la vitesse le grise, autant qu'elle grisera le Honegger de *Pacific 231*. Il tâche d'en donner un équivalent au moyen d'un mouvement perpétuel de doubles croches (en ré mineur, *vivacissimamente*) : gammes, arpèges et dessins tournoyants, scandés à la basse de notes répétées imitant les bielles ou d'arpègements évoquant les jets de vapeur. Ces pages, effectivement, donnent le vertige, – même celles où les mains alternées nappent de douces harmonies un chant qui pourrait passer pour du Schumann s'il était pris à une autre allure. Heureusement, après un sommet de virtuosité (où la gauche ne se contente plus de son ostinato, mais déplace des blocs d'accords), le mouvement finit par ralentir, et des octaves stridentes imitent le sifflet joyeux du train qui entre en gare...

### *Douze Études dans les tons majeurs* (op. 35)
PUB 1848 (Brandus), en deux suites. DÉD à Fétis.

Dans la première étude (en la majeur, *allegretto*), sur des accords arpégés de la gauche, en blanches, la main droite doit à la fois tenir elle aussi des blanches et jouer des croches, en gammes sages, en dessins brisés un peu guindés ; plus loin les rôles s'échangent. Fort peu de musique dans ce morceau qu'on a comparé abusivement au *Lac de Wallenstadt* de Liszt !

Il y en a moins encore dans l'étude suivante (en ré majeur, *allegro*), vite insupportable, bien que bâtie sur un postulat original : la droite répète infatigablement un motif de trois notes, staccato, avec sa réplique legato à la même tessiture, une nuance plus bas. Mais le thème est banal, l'harmonie quelconque, et convenu l'accompagnement d'accords battus. Le mètre passe de 6/8 à 2/4 dans la coda, aussi creuse que déchaînée, mais où cesse du moins cette ennuyeuse poursuite d'un thème et de son ombre.

La troisième étude (en sol majeur, *andantino*) fait sonner sa mélodie en batteries, formées d'une octave et d'une note. Pathos médiocre, multiplié par les indications : « affannato », « lamentoso ». Au milieu (ut mineur), la gauche prend le rôle principal ; cela tonne, en crescendo, et l'on arrive à des martellements rageurs. La reprise se fait d'abord en sol mineur (« con duolo ») ; puis le majeur l'emporte, et en dépit des accents pressants (« ansiosamente »), la fin se réduit à un murmure.

Voici enfin de la musique : la quatrième étude (en ut majeur, *presto*) est l'exemple d'un morceau qui serait un bijou si Alkan l'avait amputé de la moitié. Elle a douze pages, et plusieurs prétextes techniques ; le premier suffisait, c'est le meilleur, un trémolo ou battement de deux notes changeantes (« scintillante »), pour lequel il préconise le doigté 1-3-2-4, audacieux mais efficace. La gauche là-dessous glisse en staccato un petit thème plein d'humour. Puis les doubles croches trémulantes passent à gauche (à la vitesse prescrite, 108 à la blanche, l'ankylose guette...), et la droite joue le thème en octaves. Cinq pages plus loin s'intercale un dessin brisé, moins intéressant quoique plus ardu, et qui ne fournit guère de meilleure musique qu'une étude de Czerny. Puis il y a des puérilités, comme ce thème en noires (mes. 63), qui revient sonner en carillon (en mi bémol majeur). Rien à reprocher, en revanche, aux deux dernières pages, une coda fantasque, tressée d'accords brisés, les deux mains en mouvement contraire, vraiment « scintillante » et presque impressionniste.

La cinquième étude (en fa majeur, *allegro barbaro*), disons-le tout net, est une des choses les plus laides que le piano ait engendrées ; et peut-être n'y a-t-il l'équivalent que chez Chostakovitch ! Beaucoup s'extasient sur l'intitulé, ravis d'avoir découvert un ancêtre à l'*Allegro barbaro* de Bartók ; mais en dehors des termes, rien de commun entre les deux morceaux. Cet assaut d'octaves aux deux mains est absurde, dans un mode lydien qui s'arrange, une fois n'est pas coutume, pour sonner vilain (si ♮ en fa ; d'ailleurs la pièce n'emploie que les touches blanches). Et si l'on ne peut contester la trouvaille technique du passage central, où la gauche soutient son thème d'accords sous la pédale rythmique et mélodique de la droite en octaves, la dernière partie, « furiosissimo », où la droite tourbillonne à toute allure sur le clavier, dans une débandade de doubles croches, laisse pantois : que de papier gâché, que d'idées perdues pour ce résultat si peu musical !

La sixième (en si bémol majeur, *allegramente*) est une redoutable étude en dessins d'octaves brisées, dans les positions les plus inconfortables, et qui semble reprendre le thème du scherzo de la *Symphonie écossaise* de Mendelssohn. Au moins n'est-elle pas longue... Les creux unissons de la deuxième page s'adressent plus à un élève particulier, à qui l'on veut incruster de force une difficulté dans les doigts et le crâne, qu'à un public de musiciens. Noter pourtant l'étrangeté subversive, et biaisée, du retour au ton, – après les harmonies dissonantes sur pédale d'ut, menant à fa, fausse tonique, à son tour pédale de dominante du ton de si bémol.

Intitulée *L'Incendie au village voisin*, la septième étude (en mi bémol majeur) est un vrai tableau de genre, une scène dramatique, peinte avec toute la naïveté dont Alkan peut être capable, – et cependant assez réussie, parce que la musique, par on ne sait quelle grâce, prend le pas sur l'idée. On entend d'abord, dans une souple écriture à quatre voix, au rythme pointé d'une lente sicilienne (*adagio* à 6/8), un thème plein de fraîcheur, qui se dit lui-même « amoureux », en ses accents mendelssohniens, et même chopiniens dans certaines harmonies. Il est interrompu deux fois par un sourd et lointain sol au fond du clavier, et deux fois il repart comme si de rien n'était. La troisième interruption est plus longue ; la droite, sur ce sol persistant, arrache un agrégat de cinq notes, crispé et menaçant ; et soudain jaillit dans l'aigu une rafale, octaves brisées en trombe, suivies d'une remontée en arpèges enroulés (en ut mineur, *allegro moderato* à 12/8). Fusées, martellements, trémolos graves accentuent la panique :

c'est l'incendie, vu de loin, avec ses flammèches, ses crépitements, ses nuées fuligineuses. Bientôt s'élève un chant de détresse (une véritable étude, oui, d'extension pour la main droite, avec une note qui chante à contretemps au sein d'arpèges écartelants). Ensuite on assiste à l'arrivée des pompiers (*soldatescamente* : une marche, bien sûr ! et l'on ne peut se défendre de sourire à cette image d'Épinal). Enfin, quand sur quelques ultimes roulements du do grave, quelques dernières éruptions, le feu expire, vaincu, – s'élève un chant d'action de grâces, cantique à six voix, d'une vibrante ferveur *(andante).* – Le morceau peut résumer l'esthétique d'Alkan : un mauvais goût foncier, – et des idées singulières qui, employées à meilleur escient, auraient donné des pages vraiment durables.

La huitième étude (en la bémol majeur, *lento, appassionato*), une des meilleures, montre Alkan dans sa veine la plus délicate. Tour à tour la main droite seule puis la main gauche seule ont à la fois un chant très lié, et un accompagnement en notes piquées, suggérant guitare ou mandoline, et occasionnant des écarts pénibles (seul un grand empan permettra de donner l'illusion de la fluidité, de la souplesse). Dans ce duo amoureux, aux harmonies fort avenantes, chaque main presse l'autre, et elles finissent par se rejoindre et communier dans l'extase, « soavemente ».

Est-ce le même homme qui compose l'étude suivante (en ut dièse majeur, *amplement*), titrée *Contrapunctus* ? Voilà bien les contradictions d'Alkan... La partie principale, qui juxtapose deux thèmes en octaves (« fort et lourd »), est d'une massive et laborieuse vacuité. Mais quel ravissant (et périlleux !) trio (en fa dièse majeur), musique d'elfes, en doubles notes piquées, en canon d'une main à l'autre... Le morceau, à la toute fin, tente de ramener l'humeur et l'humour de ce passage, en huit mesures de « recordatio », sur la pointe des doigts, – démenties par le *ff* péremptoire des deux derniers accords.

Comme la septième, la dixième étude (en sol bémol majeur, *adagio*) est une grande fantaisie romantique, à peine moins programmatique, intitulée *Chant d'amour – chant de mort*, avec pour épigraphe une citation du Livre de Job : « *Et quando expectavi lumen, venit caligo* » (« Alors que j'attendais la lumière, c'est l'obscurité qui est venue »). La pièce est très inégale ; et par exemple l'épisode initial, simple mélodie sur l'accompagnement de marche à quatre temps qui a servi à plusieurs nocturnes de Chopin, est d'une extrême banalité et n'approche que de fort loin le modèle (quoi qu'en disent les malentendants). On notera cependant l'inclusion inattendue, un peu avant la fin de cette première partie, de douze mesures d'accords, sombres, lourds et menaçants. L'épisode où les deux mains brassent de mouvants triolets est meilleur, – et plus beau encore, vraiment inspiré de chant et d'harmonie, aussi ardent et subjuguant que le début était placide et mièvre, celui (début en la) qui superpose fiévreusement des groupes de trois, de quatre, de cinq notes. Huit pages au total sont placées sous le signe de l'amour ; mais la mort interrompt ce lyrisme amoureux, avec une seule page (en fa dièse mineur), sobre, tassée dans le grave, où se joue (« froid et sec ») une macabre marche funèbre, aux cuivres étouffés, aux timbales feutrées, qui travestit mauvaisement le thème initial de la pièce. Cela semble naïf, comme peut l'être, examinée à froid, la parodie de l'« idée fixe » dans la *Symphonie fantastique* ; bien exécuté, cela donne le frisson.

La onzième étude (en si majeur, *posément*) aurait été l'une des bonnes, n'était sa longueur démesurée. Étude d'accords, où la main droite doit détacher une partie centrale mélodique (ce qui suppose une complète indépendance des doigts). On trouvera quelque chose d'approchant, mais en plus simple, chez Saint-Saëns (n° 2 des *Études op. 52*). Riche texture, et des harmonies à goûter une à une (en se les jouant lentement). Le milieu (en sol majeur), d'une autre écriture, sonneries d'accords sur une basse en notes répétées, fait une rallonge inutile.

La douzième et dernière (en mi majeur, *andando*) est titrée curieusement (par Philipp ?) *Étude de concert*, comme si les autres étaient des études d'appartement ! La partie principale est quelconque, même si elle dissimule sa banalité par une mesure inusitée à 10/16 ; qu'on retranche une note par temps, et l'on a une étude d'octaves à la Czerny, aux harmonies des plus communes, où les mains échangent une fois de plus leur rôle à mi-parcours. Vient pourtant un intermède (en la mineur), où le jeu alterné, en octaves et accords, crée un climat sombre et haletant.

### *Douze Études dans les tons mineurs* (op. 39)
PUB 1857 (Richault), en deux suites. DÉD à Fétis.

Ce n'est plus l'œuvre d'un virtuose encore fêté et plus ou moins à la mode ; c'est l'ouvrage d'un solitaire, volontairement exilé de la vie musicale. L'opus 35 gardait des proportions relativement normales ; cet opus 39 excède et le piano et le pianiste, sans compter le temps imparti au récital. Le terme d'étude peut convenir à ses trois premiers numéros, voire au dernier ; mais la *Symphonie* en quatre mouvements, le *Concerto* en trois qui occupent le centre du recueil dépassent le genre familier aux pianistes-professeurs-compositeurs. Il s'agit plutôt d'*essais*, consacrés à transmuer en langage pianistique des concepts musicaux visiblement pensés pour l'orchestre.

La première étude, intitulée *Comme le vent* (en la mineur, *prestissimamente*), compte vingt pages époustouflantes, de sifflements, chuchotements, tressaillements, vibrements de l'air et de la poussière, du temps et de l'espace, dans une texture de triples croches, en triolets (mètre à 2/16, mais rythme assimilable à celui d'une tarentelle), dont le graphisme à lui seul suggère une impondérable et vertigineuse mobilité (la croche à 160 : vitesse rêvée, illusoire !). Chaque main à son tour manie ces figures infatigables, en roulements, en arpèges, en dessins furtifs ou obstinés. Ici et là un thème d'accords insiste un peu davantage (en fait, un véritable second thème), un chant reste pris à contretemps dans la matière mouvante, mais on voit bien que l'important est ce remuement fantasque dans toutes les directions du clavier. Étonnant passage, vers la fin, en neuvièmes brisées de la main droite, qui bruissent étrangement dans l'aigu comme si l'instrument s'était désaccordé. L'unisson final *(velocissimo)*, suivi de quelques accords se raréfiant, s'espaçant sur la page, s'éteignant au fond du piano, est saisissant.

L'étude suivante (en ré mineur, *risoluto*), *En rythme molossique*, est toute bâtie à la gloire de ce mètre ancien qu'Alkan figure par des groupes d'une noire et quatre croches (mesure à 6/4). La forme est celle d'un rondo, ou mieux d'un scherzo à deux trios ; la partie principale, en accords massifs, alterne avec un premier trio chantant dans le mode parallèle majeur, toujours sur le même rythme, puis avec un épisode en fa majeur, souplement tissé d'accords brisés en doubles croches ; ces doubles croches s'infiltrent jusque dans la reprise de A, et supportent ensuite en contrepoint le thème inversé du premier trio. La coda (en ré majeur), magnifique, dévide ces mêmes dessins brisés, cependant que retentit obstinément au tréfonds du piano le ré tonique (et le *molosse* du rythme). Enfin trois lentes mesures conclusives ramènent, quand on ne l'attendait plus, le mode mineur.

Nul doute que la troisième de ces *Études*, intitulée *Scherzo diabolico* (en sol mineur, *prestissimo*), ne soit, dans la production d'Alkan, de ces choses parfaitement musicales qui peuvent lui amener des auditeurs et bientôt des amis. L'extravagance n'affecte que le titre, – et encore n'est-ce pas pour effaroucher ceux qui connaissent les *Méphisto-Valses* de Liszt et le *Poème satanique* de Scriabine. Le diable qui ricane dans le deuxième mouvement de la *Grande Sonate* engendre une musique plus originale, mais aussi plus chargée de scories, que celle de ce scherzo à la Chopin (et que Chopin a dû aimer), tracé d'une plume vigoureuse et précise, sans perte de temps ni de substance. La partie principale, démarrant sur un signal fatidique de la main gauche (« diabolicamente »), arraché au silence, fait s'élancer et tourbillonner des arpèges de croches sous une mélodie expressive, et s'achève en martellements sombres et quasi métalliques, dans le grave. Après le contraste d'un trio majeur, plus lent, étoffé d'accords sonores en rythme pointé, la reprise, abrégée, n'est plus qu'un souffle, un murmure au ras du clavier, dans la sourdine, *ppp* (sachons que l'on peine encore davantage à exécuter ces traits si véloces et si digitaux en effleurant les touches !). Et le morceau se perdrait dans des limbes immatériels si ne l'en sortaient brutalement les six dernières mesures, un rappel du trio, en fanfare éclatante.

Les études n[os] 4 à 7, regroupées, forment les quatre parties d'une *Symphonie* pour piano seul ; plus simplement, c'est une sonate, et plus réglementaire que ne l'a été, dix ans plus tôt, celle des *Quatre Âges*. Même le terme d'*étude* est abusif ; ces morceaux sont ardus, mais guère plus, en vérité, que ceux des grandes sonates romantiques, qui ont toutes la même ambition *symphonique* ; et aucun ne présente cet aspect unitaire, cette systématisation d'une formule technique, qui est le propre des études. – De ces quatre mouvements de sonate, dont une analyse détaillée montre sans mal les points de contact et les motifs récurrents, deux sont à retenir, deux autres presque à rejeter ; nous revoici, après la réussite des trois premières études, aux prises avec le génie inégal d'Alkan, aussi bon parfois et aussi mauvais que les fameuses langues d'Ésope, dont cet opus 39 contient, on le sait, une illustration originale (voir plus loin l'étude n° 12).

Hâtons-nous d'éconduire les parties médiocres. La marche funèbre qui sert de mouvement lent à cette pseudo-symphonie (cinquième étude, en fa mineur, *andantino*) applique les poncifs du genre, thème accablé et accords lugubres dans les volets extrêmes, chant de douleur et d'espérance ensemble dans le trio majeur. Quant au finale (septième étude, en mi bémol mineur, *presto*), il s'arrange pour être à la fois pédant et maladroit, avec son thème carré comme un sujet de fugue, son raide contrepoint, ses marches harmoniques convenues, ses remplissages, ses croches tournoyantes au brio de pacotille, ses naïves envolées de choral, ses longueurs surtout, certes pas divines, besogneuses comme dans un devoir d'écolier.

Mais pour commencer, quel bel allegro de sonate (quatrième étude, en ut mineur, *allegro moderato*) ! et comme il prouve que l'ampleur de la conception ne mène pas forcément au rabâchage et à l'amphigouri... Le thème principal, avec ses élans, ses rechutes, ses fiévreuses syncopes, dans la pulsation des accords d'accompagnement, a quelque chose à la fois de révolté et de résigné qui serre le cœur. Mais le second thème (en mi bémol majeur) sort de cette humeur sombre, par petits paliers conjoints, puis s'épand sans nuages ni arrière-pensées, bercé d'arpèges. Sept pages de développement, complexes mais sans redondances, travaillent les thèmes dans toutes les directions, en tirent de nouvelles lueurs, des cris passionnés, de murmurants aveux. L'idée germinale, d'ailleurs, contient tant de promesses que la réexposition elle-même trouve encore à développer, culminant dans une ardente coda, que viennent brusquement éteindre les sept accords conclusifs.

Digne pendant de cet allegro, on aimera tout autant le troisième mouvement de la *Symphonie* (sixième étude, en si bémol mineur, *tempo di minuetto*), faux menuet, vrai scherzo, dont les accents moteurs et le piétinement haletant ne sont pas sans évoquer le *Douzième Prélude* de Chopin, embaumé pourtant de quelques effluves de ländler, avant un ineffable trio majeur, tout pétri de tendresse, dont les tierces et les sixtes chantent avec abandon.

Les études n^os 8 à 10 forment le fameux *Concerto*, qui fait éclater aussi bien ce cadre du concerto que le cadre de l'étude, déjà volatilisé. Il dure cinquante minutes, et l'allegro seul en totalise une trentaine, c'est-à-dire autant que les quatre mouvements de la *Symphonie* réunis ! La démesure, ici, atteint son comble, et Alkan en demeure lui-même d'accord, en proposant une coupure de huit cents mesures, pour le cas où l'on voudrait « faire de cette étude un morceau de concert »... Qu'est-elle donc, en dehors du concert ? Quel pianiste en chambre en saura tirer quelque chose ? Il est vrai que le disque, de nos jours, a résolu la question. Mais au temps d'Alkan, à qui se destinaient de pareils marathons ?

Abordons cet *allegro assai* (huitième étude, en sol dièse mineur), gorgé de beautés autant que d'incongruités. Comme au début de l'*Allegro de concert* de Chopin, qui n'est qu'un troisième concerto avorté, les massives premières pages condensent le tutti d'orchestre, présentent les thèmes principaux : essentiellement un motif impérieux et rythmé, et un chant lyrique commencé en mi majeur. Et comme dans tout concerto, l'« orchestre » fait peu à peu silence, pour l'entrée du soliste, une fusée de notes qui retombe sur le premier thème. Cette exposition solo des deux sujets est on ne peut plus classique : Hummel et Chopin ont préparé ce terrain où jouent les broderies de toute espèce, les effets de trois-contre-deux, les gammes filantes, les accords prestement brisés. L'arrivée du thème lyrique, en si majeur, remplit d'aise et de confiance ; on se sent dans des parages tranquilles et coutumiers. Mais, étude oblige, voici maintenant plus de huit pages de traits de bravoure, surtout des doubles croches en quintolets, au rythme de danse joyeuse, un véritable hors-d'œuvre en plein concerto, qu'un court tutti interrompt, avant de disparaître à son tour en préparant l'accord de sol. Quelques pages modulantes, et le développement commence, avec des changements inattendus de ce matériau de départ si habituel et rassurant. Ainsi le thème lyrique subit-il un curieux martellement d'accords en triolets, à mains alternées, dans les nuances douces (début en la bémol mineur), d'où s'échappe une longue phrase en octaves ; et plus loin le voilà tour à tour à la basse ou à l'aigu, accompagné, si l'on peut dire, d'un infatigable et hallucinant sol ♯, qui bat le pouls du premier thème, – un des moments les plus étranges de tout Alkan. La réexposition, à peu de chose près, est normale ; ce qui l'est moins, c'est cette coda de cinq minutes qui démarre sur un tambourinement infernal et obsédant, les mains alternant sur des notes répétées avant de lancer des accords en s'écartant l'une de l'autre : on aura reconnu, « inventée » soixante ans plus tôt, l'écriture guitaresque du célèbre *Prélude* des *Chants d'Espagne* d'Albéniz, – à qui ferait penser, de toute façon, cette imprévisible couleur espagnole...

Au mouvement lent du *Concerto* (neuvième étude, en ut dièse mineur, *adagio*), on doit pardonner ses faiblesses, son second thème à goût de sirop, et même ses trémolos centraux sur le premier thème, et même ses moments de sèche et funèbre percussion, caractéristiques, saisissants, mais ineptes, – en faveur de son début, cette cantilène expressive, qui à son tour, après la coda de l'étude précédente, a je ne sais quoi d'andalou, de mauresque, et hante durablement la mémoire.

Il y a de tout dans le finale (dixième étude, en fa dièse mineur), qui cache sous son intitulé d'*allegretto alla barbaresca* une piaffante et coruscante polonaise, morceau véritablement endiablé, entre le drôle et le féroce ! De tout : des bonds d'une octave à l'autre, des triolets électriques, des plages entières de trilles et trémulations, des motifs à couleur hébraïsante, d'autres qui sentent le tzigane autant que le polonais, et des rires, et des plaintes... Qu'il soit permis d'y préférer tous les passages (non alkaniens, et même anti-alkaniens, faut-il le dire...) de décoration légère, en pluie d'étincelles, en poudroiement de sonorités, à la Liszt, – en particulier, avant le dernier tutti, trois pages cristallines de doubles croches, commencées à six-contre-quatre, qui auraient constitué à elles seules une magnifique étude.

La longue onzième étude (près d'un quart d'heure) est une *Ouverture* (en si mineur), enchaînant trois parties : un prélude *(maestoso)* où des batteries d'accords épais, qui font résonner tout l'instrument, alternent avec un motif pointé, sombrement cantonné dans le grave ; puis un thème en fa dièse majeur, et sa variation enjolivée de triples croches ; enfin un *allegro* développé à partir de trois thèmes. C'est la plus ingrate des douze études ; elle sonne comme une monstrueuse transcription d'orchestre ; pas un sourire, pas une diversion ; une même écriture empaquetée d'octaves et d'accords.

Et nous voici rendus à cette douzième étude, appelée *Le Festin d'Ésope* (en mi mineur). On ne saurait voir dans ce titre, comme certains, une sorte d'anticipation au *Carnaval des animaux* de Saint-Saëns, un hourvari où seraient conviés tous les personnages des fables d'Ésope. Il s'agit plutôt pour Alkan de montrer toutes les physionomies, bonnes ou mauvaises, émouvantes ou caricaturales, que peut prendre un sujet, – de même que la langue, pour le fabuliste, peut servir à des mets exquis ou détestables. Il ne fait que reprendre, en somme, en la teintant d'ironie, la démonstration de l'étonnant, de l'extravagant *Art de varier* de Reicha. Son thème de départ *(allegretto senza licenza quantunque)*, très simple et surtout très court (huit mesures à 2/4), est bientôt accommodé de toutes les manières possibles, en vingt-cinq variations enchaînées qui ne laissent presque pas de répit à l'exécutant, et le forcent à changer sans cesse et de technique et d'humeur. Tout serait à citer de ce mélange de candeur et de rosserie. Quelques échantillons : les rythmes martiaux parodiques des 5e et 6e variations ; les gammes filantes de la 7e, au-dessus du thème à la basse ; les trémulements de la 8e, sourds et menaçants, au fond du piano, avec le thème en contretemps à la droite ; les accords appogiaturés, comme de petits rires étouffés, de la 13e ; les trompettes de plus en plus éclatantes des 14ᵉ et 15ᵉ ; l'incroyable, l'impossible vélocité des 17ᵉ et 18ᵉ ; la *caccia* de la 21ᵉ, ses cors joyeux, taïaut, taïaut, rejoints dans la 22ᵉ par les aboiements de la meute, en petits gruppettos arrachés du clavier (*abbajante* !) ; les trémolos orageux de la 23ᵉ (mais mieux vaut ne pas examiner de trop près le doigté tordu qu'Alkan recommande !). Le finale est ce qu'il risquait d'être : un tapage. Mais on ne voit pas ce qui aurait pu couronner ce morceau singulier, condensé d'écriture alkanienne, qui mérite amplement sa célébrité.

## LES CYCLES

Autant les pianistes qui ne sont pas des batteurs d'estrade chevronnés ne peuvent être qu'intimidés (affolés est le mot juste) par les *Études* ou la *Sonate*, autant la plupart de ces pièces réunies en albums et suites familières leur paraîtront accueillantes, taillées à leur quotidienne mesure : tableaux descriptifs, confidences attendries ou ironiques, méditations, rêveries fantasques, et quand même s'y mêleraient quelques petites études, voici des œuvres de plus grande sociabilité. Comme toujours chez Alkan, il faut en jeter sans pitié une bonne part ; mais le reste est digne tout au moins de curiosité.

### *Les Mois* (op. 74)
PUB vers 1840 (Richault), en quatre suites de trois pièces chacune.

Le numéro d'opus est trompeur (et d'ailleurs les nᵒˢ 1, 4, 5, 7, 8 et 12 avaient paru en 1838 sous le titre de *Six Morceaux caractéristiques*, op. 8) : ces douze pièces sont l'œuvre d'un jeune homme de vingt-cinq ans qui, en marge de redoutables études de bravoure, qui le font respecter de ses rivaux, lance dans le monde quelques colifichets destinés à un public moins restreint.

Il s'en faut que tous ces morceaux soient de même qualité. Sur un argument qui servira à beaucoup d'autres (et par exemple au Tchaïkovski des *Saisons*), Alkan trempe sa plume dans des encres variées, et certaines, avec leurs reflets lilas ou cramoisis, lui font écrire de mièvres feuillets d'album, comme le cantique dévot de *La Pâque*, la *Sérénade* du mois de mai, décorée de tierces et sixtes trop suaves, l'interminable valse des *Moissonneurs*, – ou des charivaris bruyants, parodiques ou non, comme les sonneries de chasse de *L'Hallali*, le vacarme pompeux de *L'Opéra* (si peu drôle, hélas ! et que Chabrier est donc loin !), ou le cancan du *Carnaval* (où l'on aimera pourtant, entre deux accès d'une hilarité de commande, le bref et curieux épisode sur pédale d'ut, mélodie obsédante, aux relents lydiens).

Reste une demi-douzaine de morceaux, réussis à des degrés divers. *La*

*Retraite* qui figure le mois de mars (en ré majeur, *mouvement de marche*) a surtout des qualités descriptives ; c'est une fois de plus, et toujours efficace, le crescendo-decrescendo qui évoque le passage d'une petite troupe : rythme martial, accords fiérots, roulements de tambours, grosse caisse, et fin dans le fond de l'horizon.

La *Promenade sur l'eau* du mois de juin (en la majeur, *andante*), une fluide barcarolle, dont le thème s'épand au milieu de clapotements de doubles croches aux deux mains, a beaucoup de charme, en dépit d'inflexions communes. Mais *Gros temps*, la pièce d'octobre (en ré mineur, *andantino*), est bien autre chose, avec son économie : registre grave, trémolos sinistres, nuances assourdies, dans une sorte de calme trompeur et menaçant ; seules les dernières mesures, rapidement arpégées, montent grésiller à l'aigu, dans un souffle.

Plus dépouillée encore, la pièce de novembre, intitulée *Le Mourant* (en ut mineur, *adagio*), où une basse en octaves, sourdement obstinée, ponctue de lugubres et lents accords ; deux lignes de cantique au moment de l'extrême-onction ; un récitatif douloureux et nu ; et la fin étranglée en deux accords ; cette veine macabre à la Berlioz a presque toujours réussi à Alkan.

J'ai gardé pour la fin les deux meilleurs morceaux, d'ailleurs complémentaires, ceux de janvier et de juillet. Celui-ci, intitulé *Une nuit d'été* (en la majeur, *lentement*), avec ses paisibles accords brisés dans les deux mains, suggère à merveille un moment de douce sérénité, de candeur heureuse, sous le clignotement lointain des étoiles. L'autre, *Une nuit d'hiver* (en sol mineur, *très lentement*), est une pièce étrange et désolée, exprimant froid, obscurité, solitude, renoncement ; des accords effleurés dans les basses, entre deux silences ; un thème chétif, éparpillé, qui ne parvient à réchauffer ni le corps ni le cœur ; quelques trémolos frissonnants ; et pour finir une espèce de valse pauvre (mode majeur, vite contredit), esquissée à peine, comme on se frotte les doigts devant un maigre feu...

## *Vingt-cinq Préludes* (op. 31)
PUB 1847 (Brandus).

Commet-on une mauvaise action en disant tout haut l'ennui profond qui se dégage de ce recueil, pour qui l'écoute en entier ? La plupart de ces *Préludes* sont d'un abord si facile qu'ils pourraient ouvrir aux jeunes pianistes une petite porte par où pénétrer et plus tard s'avancer dans l'univers alkanien. Mais la plupart aussi sont désespérément lents, mornes et laborieux. Cela leur vient-il d'être destinés à l'orgue autant qu'au piano ? Les cantiques succèdent aux chorals, les prières aux psaumes, les méditations aux actions de grâces : sur vingt-cinq numéros, une dizaine au moins participent du genre, théories d'accords quelquefois exaltés (n° 5, *Psaume 150$^e$* ; n° 19, *Prière du matin*), mais le plus souvent confits en dévotion (n° 4, *Prière du soir* ; n° 25, *Prière* ; n° 13, *J'étais endormie mais mon cœur veillait*, où l'emploi constant de quintolets aggrave plutôt qu'il ne corrige cette impression d'interminable suavité) ; les meilleures pièces, dans ce lot, étant le n° 9, *Placiditas* (en mi majeur, *tranquillement*), choral qui semble échappé des *Romances* de Mendelssohn, et le n° 21, sans titre (en si bémol majeur, *doucement*), aux accords balancés sur une pédale de tonique continue.

Une demi-douzaine de morceaux sont de simples bibelots de salon ; pour un seul valable, et même touchant par ses couleurs de pastel (n° 11, *Un petit rien*), que de vilaines choses (le larmoyant n° 12, *Le Temps qui n'est plus* ; la mauvaise imitation de Schumann qu'est le n° 17, *Rêve d'amour* ; l'affreuse romance du n° 18, en ut dièse mineur, toute fière des glouglous dont la main gauche entoure sa roucoulante mélodie ; le succédané de Chopin du n° 23, en si majeur, où seuls les sourds confondront la copie et le modèle).

Et encore : quelques pages plus abstraites, appliquées au contrepoint (n° 3, *Dans le genre ancien* ; n° 10, *Dans le style fugué*), ou à la technique pianistique (les accords répétés du n° 7, d'ailleurs un des préludes les plus plaisants du recueil ; les octaves du n° 20 ; les traits véloces du n° 24, de loin le plus ardu, une scintillante étude de concert).

En marge, ne ressemblant à rien, purs produits du génie alkanien, deux préludes : les n°s 2 et 8. Le deuxième (en fa mineur/majeur, *assez lentement*), une de ces antithèses typiques de l'auteur, comme le sera le *Héraclite et Démocrite* de l'opus 63, alterne un thème sombre, à 6/8, chanté par une main sur des accords erratiques, et une marche, à 2/2, relativement gaie et même pimpante (« semi-scherzando », lit-on à un moment), qui finit par l'emporter. Thèmes et harmonies sont quelconques, et l'on n'assurera pas que le résultat soit « beau » (cette notion n'est pas d'une grande utilité chez Alkan) ; mais le fait est qu'il impressionne, et qu'on n'oublie pas cette espèce de mimodrame bizarre.

On n'oublie pas non plus, une fois entendu, le huitième prélude, le plus célèbre de la série, intitulé *La Chanson de la folle au bord de la mer* (en la bémol mineur, *lentement*). Peu de musiques sont aussi parlantes, avec des moyens si pauvres en apparence ; des accords à peine changeants, enfoncés dans le grave, et là-haut, à l'autre bout du clavier, une espèce de chanson enfantine, sur les mêmes motifs obsédants. Le coup de génie, c'est l'effrayant crescendo-animando central, suivi d'un decrescendo-rallentando tout aussi vertigineux. Les deux mondes en conflit, cet océan sans bornes et ce cerveau sans frein, qui n'ont qu'une chose à ressasser pour l'éternité, sont amenés à la hurler ensemble, d'un même emportement ; puis, s'étant mesurés et trouvés aussi tenaces, aussi sourds à la raison, ils s'apaisent de concert, dans une sorte de terrible connivence, les accords marins prolongeant longtemps encore les derniers lambeaux de la chanson.

***Quarante-huit Motifs, ou Esquisses*** (op. 63)
PUB 1861 (Richault), en quatre suites. DÉD à la princesse Louise de Schleswig-Holstein.

D'un Alkan plus familier, plus débonnaire, que celui des *Études* ou de la *Sonate*, – glanes composées sur plusieurs années, et dont certaines comptent quelques lignes à peine : une formule digitale, un croquis pittoresque, une méditation, un accès d'humour ou de rancœur. La collection a beau être conçue comme un tout (on le voit à la façon d'organiser, et d'épuiser, les tonalités), il faut y opérer un tri sévère, tant l'inspiration est inégale : cela va de l'inepte à l'émouvant, du vilain au savoureux.

De la PREMIÈRE SUITE, on retiendra *Le Staccatissimo* (n° 2, en fa mineur, *allegro*), petite chose parfaite, scherzo plein d'esprit, attrayant aux oreilles comme aux doigts (*Le Legatissimo*, qui lui succède, est plus banal, du Cramer amélioré, mais les deux réunis passent bien la rampe) ; – *Quasi-Coro* (n° 5, en mi majeur), pièce polyphonique, qui cite *Les Grenouilles* d'Aristophane et suggère de joyeux chœurs de nymphes et de bacchantes ; – *Le Frisson* (n° 7, en fa dièse majeur/mineur, *andantino*), mi-moqueur, mi-grave, dont le thème de berceuse se retrouve secoué de tressaillements ; – *Confidence* (n° 9, en la bémol majeur, *andante*), pour quelques belles modulations qui transfigurent peu à peu ce qui n'était qu'une tiède romance ; – *Increpatio* (c'est-à-dire « reproche », n° 10, en ut dièse mineur, *allegro vivace*), morceau singulier, original, aux accords arrachés, aux quintolets bougonnants et hargneux, tassés dans le grave sous le thème vitupérant des accords ; – enfin *Barcarollette* (n° 12, en mi bémol mineur, *lentement*), où la main droite en doubles notes clapote doucement au sommet du clavier, à plusieurs octaves de la gauche chantante.

De la DEUXIÈME SUITE, on gardera le *Duettino* (n° 14, en fa majeur, *vivamente*), délicieux hommage à Scarlatti (comme l'indique la mes. 19), badinage gracile de deux voix dans l'aigu, d'ailleurs aussi musical, et même davantage, si on le joue lentement ; – la *Fantaisie* (n° 16, en sol majeur, *assez vite*), joliment virtuose, un exercice digital qui tourne vite en vraie musique ; – *Innocenzia* (n° 22, en ré bémol majeur, *assez doucement*), deux lignes à peine, petit prélude méritant amplement son titre, avec ses quatre voix candides que caressent de légers ornements ; – *L'Homme aux sabots* (n° 23, en si bémol mineur, *d'un pas ordinaire*), une pochade, au thème appogiaturé, aux accords frustes, aux dissonances peu amènes, l'image d'un croquemitaine à faire fuir les petits enfants...

De la TROISIÈME SUITE, *La Poursuite* (n° 25, en ut majeur, *prestissimo*), autre petite étude, vite et bien menée ; – le *Rigaudon* (n° 27, en ré majeur, *vivace*), pour son air réjoui, son rythme franc de danse populaire ; – *Minuettino* (n° 32, en ut dièse mineur, *moderato*), dans le rythme, sinon l'esprit, du « *Vedrai carino* » de Mozart *(Don Juan)*, et pourvu d'un ravissant trio majeur à 2/8 ; – *Fais dodo* (n° 33, en la bémol majeur, *doucement*), un vrai bijou, tout juste cinq lignes de berceuse murmurée, en harmonies frôleuses, sur de longues pédales, et pour lesquelles on céderait volontiers plusieurs *Allegro barbaro* ! ; – *Odi profanum vulgus...* (n° 34, en mi bémol mineur, *lento*), aussi court que le précédent, quelques lignes inspirées, où une grave monodie encadre un choral, dans une réelle impression de solitude, – celle en effet que chantait Horace, loin du « peuple profane ».

Enfin, de la QUATRIÈME SUITE, le *Scherzettino* (n° 37, en ut mineur, *presto*), petite diablerie, aux terrifiants trémolos de dixième ; – *Héraclite et Démocrite* (n° 39, en ré mineur), moins pour sa valeur musicale que pour l'imagerie alkanienne qu'elle développe, en opposant à l'air plaintif du premier *(andantino mesto)* l'air gai du second *(allegramente, deux fois plus vite)* : on trouve la même antithèse dans les fugues *Jean qui pleure et Jean qui rit* ; – *Attendez-moi sous l'orme* (n° 40, en la majeur, *vivement et légèrement*), fraîche bleuette, au rythme insinuant, en réponse d'une main à l'autre ; – *Les Enharmoniques* (n° 41, en mi mineur, *moderato*), pour sa folle étrangeté, sa hardiesse expérimentale, aux confins du monde tonal alors habité ; – *Transports* (n° 44, en ut dièse majeur, *con felicità*), chant d'allégresse (et petite étude de doubles notes), harmonisé avec grâce, et que sa tonalité scintillante rend plus séduisant encore ; – *Les Diablotins* (n° 45), autre « curiosité » du musée Alkan : après le prologue (en mi bémol majeur, *lentement*), où les diables tournent en dérision, par le rire méchant de leurs clusters, les sons de plus en plus grandiloquents des orgues célestes, les voilà qui jouent une marche grotesque (en sol dièse mineur, *un peu plus lentement encore*), toujours griffée de leurs petits paquets de secondes agglomérées ; et deux interventions d'En-haut (*quasi-santo*, dans le grave, *quasi-santa*, dans l'aigu) ne les empêchent pas de continuer, hilares, jusqu'à la fin ; – *Le Premier Billet doux* (n° 46, en mi bémol majeur, *amorosamente*), feuillet d'album tracé avec délicatesse. Terminons par la pièce non numérotée qui, sous le titre de *Laus Deo*, boucle le cycle de ces *Quarante-huit Motifs*, en retournant à l'ut majeur primordial *(assez lentement)* : épilogue original, avec ses phrases de cantique, et ses quartes résonnant comme des cloches au-dessus de la pédale de tonique.

## *Trente Chants* (op. 38, 65, 67 et 70)
PUB en cinq suites, 1857 (op. 38 n°s 1 et 2), 1870 (op. 65), 1873 (op. 67 et 70) (Richault).

Ouvertement inspirés des *Romances sans paroles* de Mendelssohn, ils vont jusqu'à adopter systématiquement, à chaque nouvelle *suite*, l'ordre tonal établi dans le premier recueil du compositeur allemand (op. 19), soit mi majeur, la mineur, la majeur, la majeur, fa dièse mineur et sol mineur. Ils tâchent aussi de se couler, quitte à les forcer un peu, dans la plupart de ses moules : mélodie accompagnée, choral, scherzo, agitato, barcarolle. Soit dit sans vouloir offenser ses fervents, on touche ici le moins bon de la production d'Alkan. Cet art de juste milieu ne lui sied guère. Il peut être fort bon, ou fort mauvais, dans l'énorme (une étude, un allegro de sonate) ou dans le parcellaire (un prélude, un « motif ») ; dans ces dimensions moyennes et ce genre commun, il est souvent médiocre ; et le choix sera vite fait.

Dépensons un peu de temps à éplucher la PREMIÈRE SUITE (op. 38 n° 1), cela vaudra pour les suivantes. Le n° 1, qui reprend en l'atrophiant le pur *lied* mendelssohnien, est une interminable, insupportable romance, aux phrases controuvées, à l'accompagnement vaniteusement étalé sur plusieurs octaves, aux harmonies peu harmonieuses (et dire qu'on a comparé cela à du Fauré ! Retournons la parole de l'Évangile : il n'est pire sourd que celui qui *veut* entendre...). – Le n° 5, qui traîne tout autant en longueur et enchérit par son superlatif (*agitatissimo* !) sur l'indication familière au modèle, est plus pénible encore à endurer, avec son désespoir de salon et son chromatisme larmoyant (ici, la même oreille que plus haut entend du Schönberg, sous le prétexte de quelques sauts de neuvième dans la mélodie...). – Le n° 6, une barcarolle (il y en aura toujours une à cette place, révérence à Mendelssohn), bat des records de mièvrerie (et je ne sache pas qu'il faille s'extasier chaque fois qu'une pédale de tonique est maintenue sous un thème). – Restent un *Chœur* (n° 3), tapageur, grandiloquent, mais de belle facture ; – une pièce intitulée *L'Offrande* (n° 4), qui n'est pas dépourvue d'un certain charme vieillot ; – et surtout la *Sérénade* (n° 2), à deux parties, legato de croches à droite, staccato de doubles croches à gauche (en accords brisés), le seul morceau à retenir du cahier, et qui contient des détours harmoniques inattendus.

Dans la DEUXIÈME SUITE (op. 38 n° 2), on gardera, malgré son pianisme massif, le *Chant de guerre* (n° 3), noble et fier ; – et aussi la *Procession nocturne* (n° 4), même si ce thème de marche, en accords, sur des basses « quasi pizzicato », ne renouvelle pas le genre. Mais la pièce maîtresse est évidemment le fameux *Fa* (n° 2), où le pouce de la main droite s'est juré de ne pas lâcher cette note du début à la fin, quelle que soit l'harmonie, servant de pôle ou de gouvernail dans les parages lointains de si bémol, de la bémol (il n'en faut pas exagérer l'importance, on a toujours affaire à une appogiature, dans un dessin fa-mi-do, ou fa-mi-ré, etc. ; et cependant, ce fa vibre, c'est une note longue, une croche dans un contexte de triolets de doubles croches ; et sa résonance finale, dans la pédale, par-dessus l'accord de la, résume la bizarrerie du propos).

TROISIÈME SUITE (op. 65). Le n° 1 est une romance enfin réussie ; triolets généralisés, belles harmonies modulantes, thèmes vraiment chantants, sans platitude. Le n° 4, assez proche de Schumann, et non seulement à cause du dactyle qui le rythme, vaut surtout par son trio, suave sans afféterie. Les meilleurs morceaux restent le n° 2, *Esprits follets*, ravissant scherzo, joué sur la pointe des doigts, tout vibrant de trémolos comme de battements d'ailes ; – et le n° 3, *Canon* (à l'octave), où soprano et ténor se répondent à une mesure d'intervalle, avec de jolis frottements d'harmonies, dus aux retards et notes de passage.

Il y a peu à glaner dans la QUATRIÈME SUITE (op. 67) : le n° 2, *Chanson de la bonne vieille*, où les appogiatures donnent au thème, lui-même assez simplement harmonisé, quelque chose à la fois de boiteux, de grinçant, de touchant ; – le n° 4, un choral très doux, dans la permanence d'un rythme pointé ; – et le trio uniquement (car la partie principale n'a pas d'intérêt) du n° 3, au rythme de sicilienne, aux syncopes suggestives.

Pas davantage dans la CINQUIÈME SUITE (op. 70) : le n° 3, pour son étrangeté, sa burlesquerie ; – le n° 5, *Scherzo-Coro*, à moitié réussi seulement : après un début prometteur, il tourne à la vaine bravoure ; mais quel trio étonnant ! ; – enfin, la surprise du cahier, le n° 6, la seule à conserver des cinq barcarolles de ces *Chants*, mais pour la placer bien haut : mélancolie sombre, oppression de ce rythme heurté de la basse, de ces silences, de ces appuis décalés, lumière méditerranéenne du trio, aux dixièmes bruissantes, aux teintes modales, aux pédales singulières. – Par ailleurs, il faut signaler, juste avant ce dernier numéro, la curieuse *Récapitulation* qui, en guise d'interlude, reprend un peu de chaque pièce précédente, comme le fera un jour Ravel pour l'épilogue de ses *Valses nobles et sentimentales*...

## PIÈCES DIVERSES

Entre quinze et vingt ans, Alkan s'adonne à des **Variations** et à des **Rondos** : *Variations sur L'Orage de Steibelt* (op. 1), *Variations dites Les Omnibus* (op. 2), *Rondoletto* (op. 3), *Rondo brillant* (op. 4), *Rondo sur le Largo al factotum de Rossini* (op. 5). Truffés de « passages » digitaux, d'octaves, de trilles, de bonds spectaculaires, ces morceaux, comme l'écrivit à peu près Fétis à l'époque, prouvent des doigts mais non du cœur. On en dira autant d'un *Rondeau chromatique* et de trois cahiers de variations publiés à Londres en 1834 (celui-là comme op. 12, ceux-ci comme op. 16 n° 4, 5 et 6) ; retenons, pour l'anecdote, que la dernière série de variations utilise une barcarolle napolitaine qu'on reverra dans la *Tarentelle* du *Venezia e Napoli* de Liszt. Deux cahiers de variations, sur des thèmes de Donizetti, paraîtront encore en 1840-1842, sans numéro d'opus.

Parues vers 1840, sans opus, **Deux Fugues** intitulées *Jean qui pleure et Jean qui rit* préfigurent ces antithèses dont naîtront plusieurs pièces d'Alkan (*Héraclite et Démocrite* dans l'opus 63, *Neige et Lave* dans l'opus 67, etc.) ; la maussade gravité de la première (en mi mineur) est vite battue en brèche par l'humour de la seconde (en ut majeur), qui prend pour sujet le joyeux « *Fin ch'han dal vino* » du *Don Juan* de Mozart.

Quatre pièces d'époques diverses portent le titre de ***Nocturnes***. Le *Premier Nocturne* (en si majeur), publié en 1844 (op. 22), est une des compositions d'Alkan les plus réellement proches de la manière de Chopin, et celui-ci a dû beaucoup l'aimer. Les *Deuxième et Troisième Nocturnes*, publiés en 1859 (op. 57), offrent le contraste d'une pièce lente (en si mineur) et d'une pièce vive (en fa dièse ; il faudra attendre Poulenc pour cette variété rapide de nocturne !) ; la première, doucement mélancolique, est la plus réussie, et malgré les dixièmes inconfortables de sa partie majeure, entre dans le petit lot de morceaux alkaniens capable d'apprivoiser le déchiffreur en chambre. Un *Quatrième Nocturne* (en si majeur), également paru en 1859 (op. 60 bis), s'intitule *Le Grillon* et ajoute, avec ses grésillements d'insecte dans l'aigu du piano, un morceau de choix à la liste des « pièces pittoresques » du compositeur.

1844, riche année pour Alkan, vit la parution, entre autres, d'une ***Saltarelle*** (op. 23), fine et véloce, lisztienne en diable (en mi mineur, *prestissimo*) ; d'une ***Gigue et Air de ballet*** (op. 24), dédiés à son frère Napoléon, aussi classiques et vieillots qu'on se défendrait de les attendre d'un ultra-romantique ; d'un pompeux ***Alleluia*** (op. 25) ; d'une fantaisie sans numéro d'opus, intitulée *Désir*. S'y ajoutent, en 1845 et 1846, un *Impromptu* (en fa dièse majeur), sans numéro d'opus ; une *Marche funèbre* (op. 26) ; une *Marche triomphale* (op. 27, numéro déjà occupé par l'étude *Le Chemin de fer*) ; et une *Bourrée d'Auvergne* (op. 29).

Des années 1847-1849, encadrant la *Grande Sonate* et les *Études dans les tons majeurs*, datent encore un ***Scherzo focoso*** en si mineur (op. 34), d'une difficulté presque insurmontable, tout en bonds vertigineux, en furieuses cascades, en véhéments déplacements d'octaves ; et huit *Impromptus* parus en deux recueils, le second curieusement constitué de *Trois Airs à cinq temps et un à sept temps*.

Autour des *Études dans les tons mineurs*, paraissent : en 1856, une « paraphrase » intitulée *Salut, cendre du pauvre !* (op. 45) ; – en 1857, ***Trois Marches*** « quasi da cavalleria » (op. 37), dont la meilleure, la troisième (en ut mineur, *allegro*), dans son rythme à 6/8 et son vif staccato, semble un scherzo mendelssohnien ; un caprice « en forme de zorcico » (op. 42), titré *Réconciliation* ; un ***Minuetto alla tedesca*** (op. 46) long et fatigant avec sa basse toute en octaves (en la mineur, *allegro pesante*) ; et surtout ***Trois Petites Fantaisies*** (op. 41) : on goûtera la deuxième (en sol majeur, *andantino*), dont le thème serait pastoral et paisible, n'était cette gauche en porte-à-faux, qui lui donne l'allure d'une marche haletante ; et davantage la troisième (en si bémol majeur, *presto*), pleine à la fois des défauts et des qualités d'Alkan, – les défauts : l'emphase bruyante des accords, des rythmes piétinants, de la coda tonitruante, – les qualités : le saugrenu sarcastique de ce début sur notes répétées et gruppettos serrés, les harmonies éthérées du passage en doubles croches (mains alternées), les ostinatos inquiétants...

En 1859 est éditée par Richault une série de pièces composées vraisemblablement, comme les précédentes, à des dates variées : un parodique mais assommant *Capriccio alla soldatesca* (op. 50) ; l'esquisse *Le tambour bat aux champs* (op. 50 bis), autre caprice, scandé de timbales et saisissant, celui-ci, dans sa tragique évocation du champ de bataille jonché de morts ; trois *Menuets* (op. 51) ; une nouvelle « paraphrase », *Super flumina Babylonis* (op. 52) ; un *Caprice* (op. 53), intitulé *Quasi-Caccia* ; une sorte de toccata assez creuse, titrée *Une fusée* (op. 55) ; un *Petit Conte*, sans opus ; et les *Deux Petites Pièces* (op. 60), antithétiques, appelées respectivement *Ma chère liberté* et *Ma chère servitude*. Enfin paraissent en 1868 et 1872, sans numéro, deux *Fantasticherias*, la première sans titre, la seconde intitulée *Chapeau bas*.

Terminons (malgré tout ?) en beauté avec une pièce dont on dira, comme souvent chez Alkan, que l'intérêt est inversement proportionnel à la taille, – avec l'éloge en vue, cette fois, non la critique : il s'agit de la *Toccatina* (op. 75), publiée vers 1872 chez Richault, *opus ultimum* d'une minute à peine de durée (en ut mineur, *quasi prestissimo*), à la sidérante vitesse, aux étonnants effets percussifs (ce tambourinement de la gauche, dans l'extrême grave, sous les brisures incessantes de la droite). Le trait final, où les mains, après avoir couru en sens contraire aux extrémités du clavier, se rejoignent sur le do central, vaut signature.

# Pedro Humberto ALLENDE
(1885-1959) Chilien

À certains poètes, à certains musiciens, il suffit de quelques pages pour remplir leur tâche, et marquer leur passage sur terre d'une traînée lumineuse. Et du moment qu'il nous laisse les *Tonadas*, il ne faut pas regretter que Pedro Allende ait si peu écrit pour notre instrument. Il est enclos tout entier dans ce cycle de douze pièces ; et si son nom n'est pas de ceux que les histoires de la musique font retentir à coups de trompette, du moins a-t-il des amoureux fervents, qui n'oublieront plus l'heure où les toucha son sortilège.

L'essentiel de cet œuvre pianistique (les *Tonadas*, les *Miniatures grecques*, les *Six Études*) couvre une dizaine d'années : la première *Tonada* écrite date de 1918, les dernières *Miniatures* de 1929. Un certain nombre d'essais dans le style « classique », rondos, gavottes, sonates, datant des années 1906-1916, sont demeurés inédits (on veut espérer que nul ne prendra sur soi d'enfreindre la volonté du compositeur, qui a fermement renié sa production juvénile). Les années trente, où ont paru *Trois Études* nouvelles, ont aussi leurs inédits, dont il est légitime, en revanche, de souhaiter la parution : une *Berceuse*, un *Prélude et Fugue*, un brelan de pièces enfantines.

Comme la plupart des musiciens qui ont fait leur miel de la chanson populaire, celui-ci s'est d'abord trompé de flore et de climat. Il a butiné chez Mozart, chez Beethoven. C'est qu'on met du temps, si l'on doit jamais y arriver, à retrouver le fameux arbre généalogique ; et Bartók, pour ne citer que lui, a beaucoup lambiné du côté de chez Brahms. Le folklore abondant qu'Allende entendit dans sa jeunesse ne servait de rien ; on l'aurait dit enfoui au profond de lui. Il fallait une impulsion. Il en eut deux : la musique de Debussy, et les écrits de Pedrell. Le premier, dont il déchiffrait avidement les œuvres récentes, lui fit ôter l'habit académique dans lequel il s'engonçait, tâter de nouvelles harmonies, de nouveaux rythmes, acquérir le goût des échelles modales ; le second, qu'il vit en Espagne en 1911, le persuada d'opter pour un art national.

Ce pouvait être un chemin plus perfide encore que celui qu'il quittait. Le risque du folklorisme (gardons ce terme approximatif, bien qu'Allende, plutôt que de citer des thèmes existants, préfère s'en imprégner pour créer les siens propres) est le manque d'âme et de sincérité. Paradoxalement, de ces rythmes piquants et de ces mélodies savoureuses, on fabrique parfois de l'ennui. Tel n'a fait qu'étudier les musiques populaires avec la curiosité prudente d'un entomologiste ; tel autre n'y a vu qu'un ensemble de recettes prêtes à l'emploi, un mode défectif par-ci, un mètre à sept temps par-là, des inflexions, des cadences... Mais Allende, d'un grave acquiescement de son être, s'est identifié à son peuple, à ses peines, à ses bonheurs, à son environnement naturel. Dans les *Escenas campesinas chilenas* (1913), pour orchestre, le paysage chilien est respiré par tous les pores, apprivoisé, mué en musique, et non pas dans le pittoresque facile des cartes postales, mais en touches impressionnistes, qui le gardent vivant. Un autre poème symphonique, *La Voz de las calles* (1920), s'attache à restituer la rumeur de la ville, les cris des marchands, la cohue des passants, le grouillement de sons et de couleurs d'un quartier populaire. Les *Tonadas* pour piano vont plus loin, pénètrent au cœur de l'homme, chantent le mal d'amour, l'exacerbent, le consolent, le bercent d'espoir, – et ce faisant gagnent l'universel. La plainte d'un cœur abandonné, qu'un chanteur ambulant de Santiago exhale sur trois accords de guitare, devient nôtre, par la magie d'un musicien inspiré.

Dans un article demeuré fameux de *La Revue de France*, Florent Schmitt, sous le choc de la découverte des *Tonadas*, les égalait aux *Mazurkas* de Chopin et affirmait qu'on pouvait se les rejouer cinquante fois de suite sans fatigue, avec une joie renouvelée devant leurs harmonies délicieuses, leur sensibilité pénétrante. En dirait-on autant si Allende était resté le parfait sonatiste de ses débuts ? Mais il a reçu la grâce si rare de n'avoir besoin, comme Chopin en effet, ou comme Mompou, que de quelques lignes pour nous envoûter, pour nous toucher jusqu'au plus vif de l'âme.

### *Douze Tonadas*

COMP 1918-1922. PUB 1923 (Senart). DÉD « à l'illustre pianiste Ricardo Viñes et à mes chères enfants Tegualda et Ikela ». CRÉ par Viñes en plusieurs fois (n⁰ˢ 4 et 5 à Lyon en 1923, n⁰ˢ 2 et 7 à Paris en 1925). Versions pour orchestre à cordes, pour voix et orchestre, et pour grand orchestre (1925, 1930, 1936).

On appelle *tonada*, en Amérique latine, un morceau en deux parties enchaînées, dont la première est lente et la seconde rapide. En écrivant ces douze pièces « *de carácter popular chileno* », Allende montre alternativement les deux visages de la musique populaire : mélancolie des thèmes chantés, au rubato expressif, – exubérance des rythmes de danse, que souligne le *rasgueado* de la guitare. Une démarche analogue dicte à Mompou la série de ses *Cançons i Danses*. Mais alors que les pièces du Catalan, échelonnées sur quarante-cinq ans (1918-1962), sont indépendantes les unes des autres, le Chilien a constitué en cinq ans un véritable cycle, fini et fermé, étroitement aggloméré par l'ordre des quintes, en descendant des sept dièses d'ut dièse aux quatre bémols de la bémol, – le mode, au sein de chaque pièce, changeant avec le tempo (mineur pour le lent, majeur pour le vif). Il faut noter que l'harmonie des *Tonadas* est d'autant plus opulente que les tonalités utilisées sont riches en dièses ou en bémols ; aux pièces périphériques, tissées de mille accidents comme un brocart de fils d'or, s'oppose ainsi un noyau central de morceaux relativement dépouillés.

Il suffit de la première (en ut dièse) pour nous assurer qu'Allende est un poète du piano. Dans la partie mineure *(lento)*, la nostalgie est comme aiguisée par ce lancinant ré ♮ phrygien qui, malgré la pédale de tonique, tire l'oreille vers fa dièse mineur. Bercement et boitement ensemble de la mesure à 7/8, calquée sur la diction approximative du chanteur ; euphonie étrange en dépit des frottements ; et quelle avenante disposition pianistique ! La partie majeure à 6/8 *(vivo)* est d'un coup plus gaie, bien que plus acidulée.

Plaisir, dans le *lento* à 7/8 de la deuxième (en fa dièse mineur), d'éveiller autour du thème, dans le croisement des mains, ces voix secondaires tout aussi parlantes, comme en tant de pages de Chopin où l'harmonie se ramifie. Le *vivo*, à 6/8, d'abord aigrelet, met du temps à accepter son ♯, son ré ♯ (tierce et sixte), et les mains en conflit ne s'accordent qu'à la fin, dans la joie.

Deux coups d'aviron, dans le *lento* de la troisième pièce (en si mineur) semblent donner le branle à ces mesures à 5/4, comme d'une barcarolle meurtrie dont le chant se dessine en tierces tout italiennes (et l'on goûtera le « parfum de tristesse », comme dirait Mallarmé, que laisse à plusieurs reprises la sixte majeure du mode dorien : sol ♯ de la mes. 4, ré ♯ de la mes. 10). Le *vivo* majeur (à 6/8) bitone d'abord avec insistance : son thème, crié à tue-tête, a l'air d'être en ut, sur l'harmonie en si, que tierce et sixte minorisent encore ; à la dernière ligne seulement tous les dièses sortent leur joli rire.

Si Mompou a connu ces *Tonadas*, on peut gager, sans grand risque d'erreur, qu'il a préféré la quatrième (en mi). Elle lui ressemble si fort, cette courte page, où d'abord *(lento)* s'afflige une chanson naïve, avec l'intervalle dépressif du mode phrygien (fa ♮), – pour céder la place *(vivo)* à sa sœur majeure, frétillante de septièmes et de secondes. (Ce fut la première écrite de la série : 1918.)

La cinquième pièce, la plus simplement harmonisée, la plus facile à jouer, presque une enfantine, renverse l'ordre modal adopté jusqu'ici ; souplement balancée à 6/8, elle commence en la majeur *(allegretto)*, dans une fraîcheur pastorale, et ralentit à peine pour la partie mineure, où le chant semble un très doux reproche, formulé à mi-voix et discrètement souligné de syncopes.

On garde le rythme à 6/8 pour la sixième (en ré), également très sobre. Tant dans le *lento* mineur, qui ressasse la même interrogation chagrine (colorée un instant par la sixte majeure, si ♮, du mode dorien), que dans le *vivo*, dont le motif descendant forme une réponse optimiste, c'est de la quintessence d'art populaire, économe, efficace, en quelques touches suggestives.

La mélopée du septième *lento* (en sol mineur) n'a-t-elle pas un arôme oriental, avec ses gémissantes secondes augmentées, et même avec ce chromatisme qui contamine bientôt toutes les parties ? Le rythme à 7/8 (qu'on retrouvera désormais dans tous les lentos du cahier) ajoute encore à l'indécision mélodique. Le *vivo*, d'un coup plus franc (à 6/8), joli et pointu, évoque le Ravel des *Valses nobles et sentimentales*.

De même, dans la huitième *tonada*, après le balancement hésitant du *lento* (en ut mineur), on reçoit comme un jet la verve du *vivo*, – d'autant plus ravivant qu'il nous éclabousse de fausses notes, en s'amusant d'abord à superposer son thème de tierces en ut majeur à une fausse basse en sol bémol !

L'admirable *lento* de la neuvième (en fa mineur) voudrait laisser chanter chacune des voix qui le trament, et c'est une vraie volupté que de le reprendre de plusieurs manières, en variant la pression des doigts sur les touches. Dans le délicieux *vivo*, où le thème, bien que franchement en fa, n'a droit qu'au chuchotis, la basse, criarde *(sempre f)*, feint de croire qu'on est en mi bémol ou en mi ! Quand elle se décide à rentrer au bercail, le chant la paie de la même monnaie, et court vagabonder sur la gamme par tons...

Avec les trois derniers morceaux, on s'enfonce dans l'épaisseur et la touffeur des harmonies. L'accompagnement du *lento* de la dixième *tonada* incruste (en triple appogiature) un accord de mi mineur dans son tissu en si bémol mineur ; mais ce corps étranger, loin de fausser le sens harmonique, le renforce en s'irradiant. Là-dessus s'exhale une sourde, une sombre mélodie, qui se repaît de sa douleur et que même un renfort d'octaves, au deuxième énoncé, ne doit pas faire crier. Le *vivo*, sorti par miracle de ce climat oppressant, ne trouve, contraint, son ton de si bémol majeur qu'au bout de pirouettes bitonales dans des tons apparemment étrangers.

Ainsi en use aussi le *vivo* de la onzième, en dépit de la pression des basses, qui font entendre à chaque mesure le mi ♭ tonique, tout en ouvrant imprudemment la voie par leur la ♮ (appogiature inférieure de la dominante) à un accord de la mineur, dont le chant profite aussitôt, dans une insidieuse bitonie. Mais on aura entendu auparavant les voix enlacées du *lento* mineur, véritable chœur de pleureuses qui se répondent dans la nuit obscure de mi bémol mineur, polyphonie sanglotante, à faire chavirer le cœur...

Il y a dans le *lento* de la douzième pièce, que froissent les acciacatures et qu'angoissent les notes surbaissées du chant, un moment rare, quelques mesures où les quatre dièses de mi majeur, rafraîchissants comme une ondée, remplacent les sept bémols de cet étouffant la bémol mineur (un ton espagnol et fatal : songez à la première pièce de l'*Iberia* d'Albéniz, à sa *Vega*). Dans le *vivo*, où chant et harmonie se frictionnent une fois de plus, on assiste à la « correction » de la trajectoire harmonique : le même passage est repris un ton plus bas, avant le coup de barre décisif qui permet de conclure en la bémol majeur.

## *Six Miniatures grecques*

COMP 1918 (n[os] 2, 3, 4 et 6), 1929 (n[os] 1, 5). PUB 1930 (Senart). CRÉ par Ricardo Viñes (1929 et 1931, Paris).

Elles forment un recueil exquis, d'une poésie délicate, aussi dépouillé d'écriture et blanc d'harmonie que les *Tonadas* étaient riches et colorées. En s'en tenant presque uniquement aux modes antiques (et aux touches blanches), Allende courait le risque de la monotonie ; il l'évite avec une maîtrise déconcertante, où pas un instant ne se trahit l'effort. Voici, « vêtus de probité candide et de lin blanc », des bergers d'Arcadie, des danseuses de Delphes, des enfants enivrés de soleil. À chacune de ces *Miniatures* on peut associer une image ; l'auteur, discrètement, en a laissé le soin à ses auditeurs.

Ré dorien pour la première *(allegro)*, où un essaim de croches par cinq (mètre à 10/8) vole d'une main à l'autre, dans la partie supérieure du clavier ; entre deux élans, les notes s'immobilisent en accords translucides.

La deuxième *(lento)*, qui a choisi le sol mixolydien, avec fa ♮, n'a que trois lignes, et le rythme alangui d'une très paisible sicilienne ; la troisième, guère plus longue, est en fa lydien, avec si ♮ *(moderato)*, et son chant de tendresse et de confiance n'a besoin que de six notes consécutives, accompagnées d'un simple contrechant.

À la quatrième *(lento)*, en la éolien, c'est-à-dire sans sensible, on pourrait prêter le titre d'une des *Épigraphes antiques* de Debussy, *Pour un tombeau sans nom*. Quelle âme inconnue évoquent ces cinq lignes, lisses et démunies comme une humble dalle ? L'air est doux, il flotte une odeur de thym et de lavande, – et l'on se sent ému au plus profond.

Le charme aigu de la cinquième pièce *(moderato)*, différente des autres, tient à l'emploi du mode éolien chromatique (quatrième et septième degrés abaissés, soit, en la : la-si-do-ré ♭-mi-fa-sol ♭-la), qui donne une saveur particulière à ces arabesques de flûte, sur le tangage obstiné de la basse.

Dans la sixième *(allegretto alla danza)*, qui oscille entre lydien et dorien, l'empilement des notes produit parfois cette astringente sonorité propre aux accords de treizième (mes. 4). C'est une pièce ravissante, trop courte, hélas, et qu'on a envie de reprendre aussitôt.

## *Six Études (1-6)*

COMP 1920-1929. PUB 1930 (Senart). DÉD à Florent Schmitt.

Études de style, et non de virtuosité : on y voit le compositeur gourmet renifler les harmonies comme autant d'alcools. Même si l'on reconnaît, à quelque détour, la façon d'Allende, on mesure l'écart entre le langage post-romantique de la sixième étude (en mi majeur, *andante*), aux phrases un peu guindées, dont le chromatisme découle à la fois de Chopin et de Wagner, – et l'alchimie personnelle de la première (en ut majeur, *tranquillo*), qui déroule son chant en souplesse, et où, sur la continuité rassurante de la pédale de tonique, le chromatisme est au service de la polymodalité.

Ce sont des oscillations de mode, également, que les fluctuations de l'entêtante deuxième étude (en sol majeur, *lento*), et l'on s'abuserait en y voyant un essai bitonal ; dans cette texture d'arpèges en va-et-vient, chaque main veut prendre l'initiative des accidents qui, retards, échappées ou appogiatures, tirent vers le majeur ou le mineur, et s'efforce de contrarier le choix de sa compagne... Ici encore, les pédales successives renforcent sans erreur possible le sentiment tonal.

Avec la même écriture d'arpèges alternés, la troisième *(allegretto)* est plus subtile en ses modulations, feintes ou réelles. Le thème et les harmonies de la main droite ont beau vouloir affirmer ut majeur, ils n'y parviendront, en forçant les choses, qu'à la toute fin ; en attendant, le fa ♯ et le do ♯ de la gauche, qui n'étaient que des appogiatures de la quinte sol-ré (dominante), finissent par entraîner un réel fa dièse majeur. Plus loin, par un tour de passe-passe beaucoup plus retors, nous voilà en mi. Mais cette façon originale ne peut durer longtemps, et Allende, de l'arrivée en mi bémol (mes. 14) à la reprise, s'accorde sans remords les délices du premier Debussy. Le thème s'exalte à la main gauche, les harmonies tournoient dans l'allégresse ; d'ailleurs tout le morceau rayonne du « charme d'être au monde », comme écrit Bourget, « cependant qu'on est jeune et que le soir est beau ».

La quatrième étude (en mi mineur, *allegretto*) pourrait passer pour un prélude de Scriabine. Des arpèges descendants, divisés entre les mains, soutiennent la courbe du chant ; le crescendo central, sur quelques notes insistantes, est caractéristique, – et cette euphonie voluptueuse, si elle date légèrement, ne laisse pas d'émouvoir.

Terminons avec la cinquième étude (en ut majeur, *molto allegro*), la seule un tantinet virtuose, et qui aurait fait une meilleure fin de cahier que la suivante. Doubles croches sémillantes, dans un mètre à 5/4, appels d'oiseaux de branche en branche, jets d'arpèges lumineux, c'est une matinée printanière, où l'on dirait que Chopin et Debussy se sont promenés ensemble...

### *Trois Études (7-9)*
COMP 1930, 1931 et 1936. PUB 1937 (*Revista de arte* de l'Université du Chili, n° 15). DÉD à Judith Aldunate.

Plus tardives, dans l'esprit des précédentes, avec pourtant quelque relâchement dans le style. La neuvième surtout est décevante, bizarrement décousue et malsonnante, et l'on parlerait de maladresse si elle ne sortait de la plume du musicien des *Tonadas*. Dans la septième, on aimera, plus que l'intermède majeur *(allegro vivace)* où la main droite, au-dessus du chant de la gauche roule des quintolets (les « cinq doigts » de Monsieur Czerny !), la dolente mazurka des volets extérieurs (en ré mineur, *lento*), nouveau souvenir de Scriabine. Cependant, la plus réussie des trois est la huitième *(moderato)*, où les meurtrissures de l'harmonie trahissent une blessure de l'âme ; et l'on n'écoute pas sans angoisse ces orbes de doubles croches à 6/8 où tâchent de se prendre les notes d'une mélodie plaintive et frileuse.

PIÈCES DIVERSES. – Signalons, publiés par Senart en 1928, ***Deux Préludes*** et un ***Tempo di minuetto***, courts essais dans des directions différentes, et témoignant pour le moins d'une oreille sensible. Le premier prélude (en si bémol majeur, *moderato*), qui date de 1915, trahit des restes romantiques, alors que le second (en la majeur, *lentement*) est ouvertement debussyste. Le *Tempo di minuetto* (en ut majeur), composé en 1925 et dédié à Armando Palacios, qui a créé ces trois pièces en 1928 à Paris, se cherche une voie entre le néoclassicisme de d'Indy et celui de Ravel.

## Jean-Henri d'ANGLEBERT
(1635 ?-1691) Français

L'unique livre de *Pièces de clavecin* de d'Anglebert, successeur de son maître Chambonnières comme claveciniste de Louis XIV, a paru en 1689, avec une dédicace à la princesse de Conti, fille du roi et de Mlle de La Vallière. Les pièces y sont regroupées en quatre tons : et comme s'il devait s'excuser de ce nombre réduit (les deux livres de Chambonnières, parus en 1670, en comptent sept), d'Anglebert se hâte de dire dans sa préface qu'il en a « composé sur tous les autres », et qu'il prévoit un second livre, – lequel n'a jamais vu le jour. Leur variété est ailleurs : ces quatre « suites » (sans le mot), dont trois commencent par un « prélude non mesuré », ont la particularité de mêler aux danses habituelles, essentiellement l'allemande, la courante, la sarabande et la gigue, des transcriptions de pages fameuses tirées des opéras de Lully. De telles réductions s'attiraient par avance la faveur des amateurs et assuraient le succès de l'ouvrage, – encore qu'elles soient d'exécution vétilleuse, d'Anglebert ne sacrifiant rien de la matière qu'il transcrit. Aujourd'hui, elles peuvent paraître envahissantes, et l'on saura gré à Kenneth Gilbert, dans son édition du livre (enrichie de pièces manuscrites, 1975, Le Pupitre, Heugel), de les avoir séparées des pièces originales, de façon à garder aux quatre « suites » une longueur à peu près normale. (Notons que ce livre de clavecin comprend également quelques pièces d'orgue, qu'il s'achève par des aperçus théoriques concernant les *Principes de l'accompagnement*, et surtout qu'il s'ouvre par une table d'agréments qui fut très imitée dans toute l'Europe.)

Le musicologue allemand Willi Apel n'était pas loin de placer d'Anglebert au-dessus de tous les clavecinistes de son temps et de l'égaler d'avance à François Couperin. Il en prônait, pour ce faire, la grandeur et la grave dignité. Mais ce ne sont vertus que lorsque l'ennui ne procède pas avec elles, et d'Anglebert ne l'évite pas toujours. Son art, dans sa formulation très fignolée, surchargée de notes et d'ornements, a parfois quelque chose de pesant que Chambonnières, par exemple, n'a jamais eu ; les doigts, qui y travaillent beaucoup, le font parfois à vide, – ce que le piano démontre plus vite que le clavecin. Et cependant, dans ses meilleures pages, voilà une musique très prenante, que justement les pianistes devraient aimer, tant elle est nombreuse, tant elle fait parler leur instrument en profondeur, tant elle est riche aussi d'une harmonie recherchée, encline à la dissonance. Ajoutons que si la grandeur en effet habite passacailles et chaconnes, ainsi que la plupart des allemandes, la petite troupe des gigues, des menuets et des gavottes apporte son brin de gaieté : et ce sourire a son prix, échappé à un homme qu'on devine grave et contenu.

Petite promenade hâtive, dans un recueil où j'engage le déchiffreur à revenir souvent. Dans la *Suite en sol majeur* se détache l'*Allemande*, aux belles harmonies aventureuses (les accords de neuvième puis de septième attaqués mes. 5), aux souples entrelacements de motifs où toutes les voix concourent à tour de rôle ; c'est toujours dans cette danse que triomphe le style « brisé », et l'on verra jusqu'aux allemandes de Bach s'exercer cette polyphonie plus virtuelle que réelle, héritage des luthistes. Les trois *Courantes* (trois : d'Anglebert, comme Chambonnières, a un faible pour cette rythmique ambiguë, qui hésite entre 3/2 et 6/4) participent peu ou prou du même style. À l'autre bout de la *Suite*, et dans un climat opposé, on élira le *Menuet* final, pour sa franchise, sa simplicité, son agrément pianistique, sa touche toute moderne : il y a le pareil dans Rameau.

La *Suite en sol mineur* nous arrête d'emblée à son *Prélude*, remarquable par son emploi du triton, avec des tenues indiquées qui produisent de curieuses traînées d'harmonies, ce que James Anthony qualifie suggestivement de « lavis sonore ». Allons voir ensuite, non point la longue et lassante *Passacaille* finale, mais la première *Courante*, sans doute la plus capricieuse des neuf courantes du livre ; puis la noble et pensive *Sarabande*, aux retards si expressifs, et qui semble, plus elle avance, une déploration funèbre ; enfin la *Gigue*, riche et replète, difficile d'exécution, qu'on ne dut guère, à l'époque, pouvoir prendre à la bonne vitesse, et qui sonne si bien à notre piano.

On goûtera, dans la *Suite en ré mineur*, la première *Courante*, spirituelle et mutine, que son « double » avive encore de ses croches ; la *Sarabande grave*, grave en effet, imperturbablement, et comme drapée dans une digne douleur ; le couple contrasté que forment la *Gavotte* et le *Menuet*, dessinés avec fermeté. Il faut mentionner, bien sûr, les *Variations sur les Folies d'Espagne* qui couronnent la suite, d'autant qu'il n'existe pas, au XVIIe siècle, d'autre exemple de ce thème au clavier ; mais ceux qui les ont trouvées pauvres ont raison : elles sont même maussades, et beaucoup trop nombreuses (vingt-deux) pour trop peu d'idées ; on dirait d'avance les litaniques variations que Haendel troussera bientôt par douzaines ; pour une admirable série sur cette *Folia*, on attendra Carl Philipp Emanuel Bach.

Dans la courte *Suite en ré majeur*, remarquons d'abord l'*Allemande*, différente des trois autres, marquée *gaiement* comme certaines de Lebègue, plutôt une mélodie accompagnée qu'un entrelacs de voix en imitations. Ensuite, évitant le *Tombeau de Chambonnières* conclusif, bien compassé, regardons la *Gigue*, pour son alacrité, son pianisme adroit et substantiel, – et surtout la *Chaconne en rondeau*, en vérité le meilleur morceau du livre, où d'Anglebert sort complètement de sa réserve, de sa solennité, pour quelques pages ravissantes, de couleur pastorale, aussi fraîches de chant que d'harmonie.

Les transcriptions de Lully (par exemple : ouverture de *Cadmus*, chaconne de *Phaéton*, passacaille d'*Armide*) valent moins, on s'en doute, par la musique dont elles s'occupent que par l'habileté dont elles font preuve. On y voit d'Anglebert dans son atelier de compositeur pour le clavier, affûtant ses outils, polissant son matériau, veillant à ce que ces pièces ne sentent plus l'orchestre d'origine, mais exaltent les pouvoirs du clavier. – Quant aux pièces manuscrites éditées par Kenneth Gilbert, elles contiennent entre autres des transcriptions de pièces de luthistes, notamment de ce « Vieux Gautier » que connut et admira Froberger. Ces morceaux, mieux que d'autres encore, illustrent l'influence du style du luth, avec ses brisures caractéristiques, sur celui du clavecin.

**Anton ARENSKI**
(1861-1906) Russe

On a de la peine, aujourd'hui, à entendre la voix d'Arenski. Non qu'elle soit incapable d'éclat ou dénuée de vibration ; au contraire, elle pousse parfois jusqu'à l'emphase et la tonitruance. Mais éloignée de nous, séparée de notre âge par les choix impitoyables de l'histoire, par ces pans successifs que la critique et le public accumulent à bon ou mauvais escient, elle nous atteint rarement, et toujours déformée. Ainsi en va-t-il, hélas, de presque tout le piano russe de la fin du XIXe siècle. Pour quelques auteurs qui nous parviennent à peu près intacts (Scriabine et Rachmaninov), combien continuent de devoir passer par d'injustes critères... Que la musique y soit ou non pour quelque chose, des idéologies stupides nous ont imposé ce cliché : rien n'a de valeur, qui sort d'un piano suranné, dans un salon bourgeois, sous les lustres à pendeloques, parmi le froufrou des étoffes et l'odeur entêtante des tubéreuses.

Tout n'est pas ici comparable. Pour Liadov et Liapounov, et même pour Glazounov, je romps ailleurs quelques lances ; ils méritent qu'on les défende *unguibus et rostro*. Arenski ou Glière (ou Kopylov, ou Blumenfeld) ont transpiré leur époque jusque dans ses mauvais penchants. Eux seuls sont coupables, quand ils n'ont pas le réflexe qui préserve de la niaiserie, le mouvement de recul qui garde de tomber dans le mièvre ou le sucré (affaire d'instinct plus que d'éducation ; aucune règle salutaire ; l'art n'est pas forcé d'épouser l'époque, et si quelques passages de la *Suite bergamasque* font mal aux gencives, la faute en est d'abord à Debussy). Mais même Glière ou Arenski valent qu'on dépense avec eux quelques heures. Si l'on se refuse à poser comme un principe d'esthétique qu'une sonate est toujours considérable, et négligeable une barcarolle ou une romance, si, bravant les oukases, on se risque à placer sur son pupitre un feuillet titré *Désir* ou *Inquiétude*, – bref si l'on a décidé de faire fi des définitions commodes, des étiquettes interchangeables et des articulets de dictionnaires poussifs, il y a manne, ici encore, à ramasser.

Confessons d'emblée, et nous n'y reviendrons plus, qu'il existe chez Arenski une veine larmoyante où il rejoint le Tchaïkovski des mauvais jours. Dès la pièce intitulée *Sympathie* dans l'opus 1, dès la *Romance* de l'opus 5, on lui voit l'émoi au bord des cils. Que d'inflexions doucereuses, par la suite, que d'harmonies à la guimauve ! L'opus 36 en particulier, situé à mi-parcours dans sa production, semble être en ses méchantes parties une anthologie de tout ce qu'on peut infliger à la musique, en matière de salonnardise ! Mais ce même opus, justifiant en cela son titre de *Morceaux caractéristiques*, nous montre aussi quelques-uns des meilleurs moments d'Arenski, parmi lesquels un piquant *Intermezzo* à 5/8. Le rythme, en effet, lui a souvent fourni un antidote contre le laisser-aller mélodique. Et ce ne lui est pas assez de la battue à cinq temps (comme dans le célèbre *Basso ostinato* de l'opus 5, le *Scherzo op. 8*, le *Scherzino* de l'opus 25, la première des *Études op. 41*), ce rythme si prisé des Russes, qui y retrouvent les cadences de leur liturgie ; dans son opus 28, *Six Essais sur des rythmes oubliés*, il s'aventure à acclimater au piano romantique les « logaèdes », les « péons », les strophes « alcéenne » et « sapphique » des Grecs et des Latins, et jusqu'au mètre « säri » des Persans ; c'est une réussite, propre à tenter un pianiste entreprenant.

Semblablement, ses études devraient attirer les virtuoses ; il en a beaucoup écrit, tant groupées en recueils complets, comme l'opus 41 ou le testamentaire opus 74, qu'insérées au courant de publications diverses. Là, quelquefois, à l'abri des soupirs sans vergogne et du rubato intempestif, et grâce au seul truchement des doigts, qui ne fraudent guère, il délivre son âme à tire-d'aile, l'envoie planer au haut de l'empyrée romantique, où elle ne le cède à aucun des grands inspirés de son temps.

S'il ne fallait garder qu'une seule de toutes les partitions pianistiques d'Arenski, ce seraient les *Préludes op. 63*. Elle ne résume pas son art ; disons plutôt qu'elle l'épure. À quarante ans, le voilà à peu près où l'on aurait voulu le trouver dix ou quinze ans plus tôt : ses défauts gommés, ses vertus exaltées, moins de sensiblerie, plus de finesse, une meilleure perception de l'espace musical. Est-ce dû à ce genre du « prélude » qui veut, pour ses succès, que l'on guerroie implacablement le pathos et la redondance ? Le fait est qu'il serre son discours ; mais aussi le renouvelle-t-il, et choisit-il son matériau avec plus de discernement. Le *Salonstück* est ici transcendé, comme il peut l'être chez Liadov et Scriabine.

### Six Morceaux en forme de canon (op. 1)

COMP 1882. PUB ? (Rahter). DÉD à Julius Johannsen, son professeur de contrepoint et de fugue au Conservatoire de Saint-Pétersbourg.

Tout frais diplômé, le jeune homme arbore avec fierté ses galons de contrapuntiste. Mais à ses périls, il amalgame le style sévère, que l'on escomptait, et le style romance, que l'on attendait moins. Le résultat n'est pas toujours heureux ; il faut être Fauré pour réussir cet alliage.

La meilleure des six pièces est la dernière, *Désir* (en fa mineur, *moderato*), où le double canon à la quinte (le ténor et la basse répondant au soprano et à l'alto) arrive à traduire un climat d'expectative, d'ardeur silencieuse, de regrets informulés. On notera l'effet expressif, avant la reprise, des quatre voix dissociées, se saluant de loin en loin, en tierces descendantes.

La quatrième pièce, *Allégresse* (en la majeur, *allegro leggiero*), n'est point déplaisante ; son canon à la septième entre soprano et alto est d'humeur enjouée, et elle tire un gracieux parti de ce rythme à cinq temps qui souvent ne sert qu'à faire boiter la musique. On pourra retenir aussi la cinquième, *Confession* (en si majeur, *allegretto*), en canon à la tierce, également entre soprano et alto, quoique le chant y soit un peu plus douceâtre, dans ses inflexions mollement caressées d'arpèges, à 6/8.

Paix aux trois premières, depuis la *Sympathie* initiale (en fa mineur, *andante espressivo*), larmoyant dialogue à la quinte entre soprano et basse, – jusqu'à la *Marche* (en ut majeur, *allegro marciale*), canon à l'octave, d'une parfaite vacuité, – en passant par cette *Contradiction* (en fa majeur, *allegro giocoso*), ainsi appelée, en toute naïveté, parce que la réponse canonique y est inversée : ce qui monte au soprano descend à la basse, et vice-versa...

### Six Pièces (op. 5)

COMP 1884. PUB 1884 (Jurgenson).

Inégales (la remarque vaudra presque toujours, avec Arenski, au hasard des numéros d'opus). On aimera les accents endeuillés du *Nocturne* initial (en mi bémol mineur, *allegretto semplice*), ces accords funèbres traversés d'un chant plaintif au ténor. Mais l'*Intermezzo* qui suit (en mi majeur, *allegro non troppo*), bien commencé pourtant, est vite lassant, et ne fait que répéter les mêmes assauts, les mêmes élans et rechutes, les mêmes marches harmoniques. La troisième pièce, *Romance* (en la bémol majeur, *andante espressivo*), peut servir de prototype ; elle a tous les défauts du genre, la sentimentalité falote, l'inévitable accompagnement syncopé, – et quelques vertus, car elle sonne bien sous les doigts, avec ses échanges de phrases, ses nombreux contrechants dans la trame. La *Valse* qui lui succède (en fa majeur) est de loin préférable ; pointue sans être sèche, frivole mais non minaudière, elle a des harmonies curieuses, pleines de rencontres piquantes et de détours imprévus.

La cinquième de ces pièces, *Basso ostinato* (en ré majeur, *andante sostenuto*), fut longtemps un morceau favori des anthologies de musique russe. Ce ne serait qu'un de ces thèmes de choral quinaires, aux harmonies archaïsantes, familiers aux compatriotes d'Arenski, – sans cette singularité rythmique : soutenant à la basse le thème à 5/4 et ses variations, l'ostinato lui-même est composé de six notes, six noires qui dédaignent la barre de mesure et jouent à perturber le sentiment du temps fort.

Une autre combinaison de rythmes dans l'*Étude* finale (en ut majeur, *presto agitato*), qui superpose des croches à trois-contre-quatre dans son mètre à 3/8, unique et maigre intérêt d'une pièce trop longue et répétitive.

### *Scherzo* (op. 8)
PUB 1888 ? (Bessel). DÉD à Vassili Safonov, pianiste et chef d'orchestre.

Un petit morceau adroit et spirituel (en la majeur, *allegro giocoso*), preste aux doigts, dans ses vifs dessins de doubles croches à 5/8 ; le « con passione » de la partie centrale fait un court contraste avant la reprise, presque à l'identique.

### *Trois Morceaux* (op. 19)
COMP 1889 ? PUB ? (Jurgenson).

Une *Étude* (en si mineur, *allegro molto*) incolore, quelque effort qu'on fasse ; un *Prélude* (en mi mineur, *moderato*) d'à peine meilleure mine, avec son remous obstiné de triples croches sur une partie de la mesure, transvasé de la droite à la gauche dans la section centrale ; heureusement, la *Mazurka* finale (en la bémol majeur) est ravissante, prétexte à des modulations aussi nombreuses que désinvoltes, dont les trois premières mesures, allant d'une pichenette de la bémol à la naturel, montrent d'emblée le caprice.

*Bigarrures* (op. 20)
COMP 1889 ? PUB ? (Grosse, Moscou).

Trois pièces assimilables à des impromptus, légers et fuyants ; envol de croches à 12/8 dans la première (en fa majeur, *allegro molto*), scintillants dessins brisés de doubles croches à 3/4 dans la troisième (en si bémol majeur, *vivace*), cependant que la deuxième (en ré mineur, *presto*), après avoir commencé à la russe, au point d'emprunter le mode dorien, tourne coquettement à la valse dans son épisode médian, effleuré du bout des doigts.

*Trois Esquisses* (op. 24)
PUB 1893 (Jurgenson).

Peu à glaner dans ce recueil. Les petits roulements véhéments de la première (en fa majeur, *allegro*) escortent une mélodie des plus quelconques ; et la dernière (en fa mineur, *presto*), où la main gauche essaie de retrouver quelque chose de l'étude de même tonalité de Chopin (op. 25 n° 2), a des inflexions vraiment laides et contournées. Mais il faut faire une place à la deuxième pièce (en la bémol majeur), une belle étude de doubles notes, cliquetantes et trébuchantes, aux mains alternées, que vient rompre un épisode chantant, en fa dièse mineur.

*Quatre Morceaux* (op. 25)
COMP 1892 ? PUB ? (Jurgenson). DÉD du n° 3 à S. Rémézov.

L'*Impromptu* (en si majeur, *andante sostenuto*) n'est qu'une romance sirupeuse. Dans la *Rêverie* qui suit, si l'on supporte l'insupportable mièvrerie de la partie principale (en la mineur, *andantino*), on sera gratifié d'un joli *maggiore* central, de couleur plus russe et d'inspiration plus fraîche. Les choses s'arrangent avec l'*Étude* (en sol bémol majeur, *presto*), aux triolets tournoyants, qui cite en guise d'intermède un « thème chinois », aussi pentatonique que possible ; et surtout avec le *Scherzino* (en ut majeur, *allegro molto*), joyeux et bondissant, assez court pour n'avoir pas le temps de s'aigrir, et où fait merveille un mètre à 5/8 distribué alternativement en 2+3 et 3+2 croches.

*Essais sur des rythmes oubliés* (op. 28)
COMP 1893. PUB ? (Jurgenson). DÉD à Th. Korsch.

Avec ces six pièces, nous tenons, dans la chronologie du piano d'Arenski, la première œuvre véritablement intéressante, et que l'on aurait tort de continuer à dédaigner. Les réussites éparses dans les opus précédents montraient que la mollesse et l'abandon sentimental sont parfois combattus en lui par le ressort du rythme, qui parvient à lui soutirer quelques pages pourvues de vertèbres. À plus forte raison dans ce cahier où il s'est plu à adapter à la musique certains rythmes poétiques de l'Antiquité.

Ainsi la première pièce, *Logaèdes* (en ut majeur, *moderato*), se réfère-t-elle à ce mètre composé de la succession longue-deux brèves-longue-brève, traduit dans une mesure à 6/8 ingénieusement dérythmée (croche pointée-deux doubles croches pointées-noire-croche). Loin d'être abstrait, le résultat est une belle mélodie qui s'essore au-dessus d'un ruissellement d'arpèges, et ne sombre jamais dans la fadeur.

Pour les *Péons*, bâtis d'une brève entre deux longues, Arenski retourne à son cher 5/8, composé ici d'une croche entre deux noires, et employé pour une espèce de danse russe (en la mineur, *allegro vivace*), qui piétine en accords, avant de céder la place à un épisode chantant, dans le mode majeur, accompagné d'un sautillant arpège de guitare.

La troisième et la quatrième pièce, *Ioniques* et *Säri*, respectivement inspirées de la Grèce et de la Perse, présentent toutes les deux des combinaisons plus ou moins régulières de mesures à 6/8 et 3/4. L'une alterne à deux reprises *andante* et *allegro*, ré bémol majeur et ut dièse mineur, thème de barcarolle et air guerrier ; l'autre (en si bémol mineur, *andantino*) est une élégie, à l'entêtant rythme impair (phrases de trois mesures), aux intonations orientales fort proches de Balakirev, avec un *maggiore* central animé et bruyant, qui transfigure le même thème en accents héroïques.

*Strophe alcéenne* et *Strophe sapphique*, ces titres un peu encombrants recouvrent deux morceaux écrits dans un mètre à 6/8 légèrement déboîté, où le temps faible se monnaye parfois en deux croches pointées au lieu des trois croches coutumières. Le premier (en ré majeur, *allegro*) y trouve un élan, une ardeur juvénile à la Schumann ; le second (en si mineur, *andante*) s'en sert pour endolorir encore davantage une mélodie plaintive, sans grande distinction, – la seule ombre (mais un pianiste sensible saura la réduire) dans ce cycle de bonne venue.

### *Vingt-quatre Morceaux caractéristiques* (op. 36)
COMP 1894. PUB ? (Jurgenson).

Un choix sourcilleux s'impose dans cette collection disparate. Il faut passer au large de l'ennuyeux *Prélude* (n° 1, en ut majeur, *adagio non troppo*), occupé à alterner gros accords sonores et petites phrases enrubannées d'arpèges ; négliger les effets simplistes de *La Toupie* (n° 2, en ut mineur, *vivace*) et de ses vibrions de triples croches ; sauter à pieds joints la *Consolation* (n° 5, en ré majeur, *andantino*), qui eut son temps de célébrité salonnière, grâce peut-être à Siloti qui la promena beaucoup ; vaguement tâter du *Duo* en forme de valse (n° 6, en ré mineur), mais éviter la *Valse* suivante (n° 7, en mi bémol majeur, *allegro non troppo*), pesante et dénuée d'esprit ; ne pas prendre au mot le titre de l'affreuse romance intitulée *Ne m'oubliez pas* (n° 10, en mi mineur, *andante*) et la laisser à sa poussière, en compagnie de la *Rêverie de printemps* (n° 19, en la majeur, *allegro moderato*), morne souvenir de Mendelssohn, et de l'inutile et tapageuse *Marche* (n° 21, en si bémol majeur, *allegro moderato*).

On peut retenir le *Nocturne* (n° 3, en ré bémol majeur, *andante sostenuto*), à l'ornementation délicate ; et même la *Petite Ballade* (n° 4, en ut dièse mineur, fin en ré bémol majeur), qui alterne *allegro* et *moderato* comme autant de sections narratives ; accepter aussi bien le pastiche appliqué de *In modo antico* (n° 8, en mi bémol mineur, *andante*), avec son lourd rythme pointé, que le frétillement attendu de *Papillon* (n° 9, en mi majeur, *vivace*) ; s'apitoyer un moment avec le thème de la *Barcarolle* (n° 11, en fa majeur, *andantino*), qui soupire au ténor sous le clapotis de la droite en doubles notes ; pratiquer l'*Étude* (n° 13, en fa dièse majeur, *moderato*), où les gammes décoratives de triples croches tirent le chant de son ornière ; prendre au sérieux le morceau appelé *Inquiétude* (n° 18, en sol dièse mineur, *allegro molto*), moins pour son titre que pour ses dessins brisés de véhémente et ardente étude ; et dans la foulée ne pas trop bouder la *Mazurka* en canon (n° 20, en la mineur, *allegro moderato*) et l'*Andante con variazioni* (n° 23, en si majeur), scolaires mais plaisants aux doigts.

Les meilleurs numéros : l'*Intermezzo* (n° 12, en fa mineur, *vivace*), visiblement ravivé par le rythme à 5/8 ; le bref *Scherzino* (n° 14, en fa dièse mineur, *allegro*), auquel on aurait souhaité un trio ; la pièce pittoresque intitulée *Le Ruisseau dans la forêt* (n° 15, en sol majeur, *allegro moderato*), au vrai une étude, bouillonnement d'accords brisés en triolets dans les deux mains ; l'*Élégie* (n° 16, en sol mineur, *adagio non troppo*), où l'on pouvait craindre le pire, mais où la mélodie est inspirée, l'harmonie expressive, et obsédant surtout ce lent roulis rythmique de la main gauche, avec les notes de la basse en syncope (c'est le climat dolent de certains préludes de Rachmaninov) ; le nocturne intitulé *Le Rêve* (n° 17, en la bémol majeur, *andante*), dans sa parure d'accords chatoyants, embellie d'un faufilage de triolets à la reprise ; la fringante *Tarentelle* (n° 22, en si bémol mineur, *presto*) ; enfin l'épilogue titré *Aux champs* (n° 24, en si mineur, *adagio*), chant de terroir, rempli de douce mélancolie.

## *Quatre Études* (op. 41)
COMP 1896. PUB 1897 (Jurgenson).

Que le genre de l'étude convienne à Arenski, ce recueil le prouve. Le rythme à 5/8 est la principale difficulté de la première (en mi bémol majeur, *allegro molto*), où la main gauche garde tout au long son aller et retour d'arpèges en doubles croches, réparties en 4+6 ; les harmonies sont belles, et l'élan généreux.

La deuxième étude (en fa dièse majeur, *allegro vivace*) fait tourner à la main droite de petits moulinets de doubles croches à 2/4, la première et la quatrième de chaque temps formant le thème, en voix médiane et rythme pointé. L'écriture n'est pas neuve, il y en a mille exemples antérieurs (ne serait-ce que celui de la *Deuxième Novellette* de Schumann) ; mais on aimera, ici encore, les harmonies, les pédales, les irisations chromatiques.

On progresse avec la troisième étude (en mi bémol mineur, *allegro*), une des pièces les plus réussies du piano d'Arenski. Elle est entièrement constituée de grands remous d'accords brisés, à 12/8, les mains en sens contraire, où une note répétée, tantôt aux pouces tantôt aux cinquièmes doigts, donne le ressac. Voilà pour l'aspect technique, assez corsé ; il est largement distancé par la musique, véhémente et poignante, emportée par une farouche et sombre passion.

La quatrième étude (en la mineur, *allegro molto*) crépite d'un feu de doubles notes, par petites flambées qui éclatent et retombent. Très modulante, elle semble pressée de faire oublier son point de départ, court vers le relatif, joue de tous les glissements chromatiques, ne rejoint le ton qu'à contrecœur.

## *Trois Morceaux* (op. 42)
COMP 1896 ? PUB ? (Rahter). DÉD à Mme Blaauw de Lange, Mlle N. Maourine, Mlle A. Drouker.

À prendre avec des pincettes. Nous revoilà dans le salon cossu encombré de potiches. Pourtant ce ne sont pas tous des morceaux pour amateurs désœuvrés. Le *Prélude* (en fa mineur, *allegro*), où la main droite doit lier des chapelets de doubles notes autour du thème, est plus difficile encore que l'*Étude* (en fa majeur, *allegro molto*), qui distribue ses doubles croches aux mains alternées, une à gauche et trois à droite, avec l'effet de grelot des notes répétées (les deux premières de chaque temps). Celui-là demande trop d'efforts pour des idées banales ; celle-ci tourne court au bout de deux pages, comme fatiguée elle-même du procédé. Entre les deux peine et fait peine une *Romance* (en la bémol majeur, *andante con moto*), tristounette, assurément, mais vilaine à faire frémir.

## *Six Caprices* (op. 43)
COMP 1898 ? PUB 1898 (Jurgenson). DÉD au pianiste Alexandre Siloti.

Après le bel emportement du premier (en la mineur, *allegro molto*), dans ses remuements d'arpèges, soutenus de grands accords (beaucoup de septièmes expressives), le deuxième n'est qu'une valse légère (en la majeur, *vivace*), d'ailleurs agréable, une des meilleures du compositeur.

On fera moins de cas du troisième (en ut majeur, *andante sostenuto*), qui déroule sa rêvasserie (il n'y a pas d'autre terme) en longs rubans incolores. Mais quel morceau exquis que le quatrième (en sol majeur, *allegro*) ! La main droite se charge à la fois du chant en noires et des accords brisés en triolets de croches, au-dessus de basses paisibles où parfois traîne une pédale ; la mélodie se déploie avec naturel ; les harmonies, finement enchaînées, font songer à Liadov, ce qui n'est pas un mince compliment.

Le cinquième caprice (en ré majeur, *andantino*) a quant à lui, par moments, un faux air de Schumann (du quatorzième des *Davidsbündlertänze*), dans tel détour mélodique, tel roulis chromatique de l'accompagnement ; mais on est loin du modèle, et cet à-peu-près le fait désirer plus fort...

Le cahier se termine sur une véritable étude (en si majeur, *allegro moderato*), magnifique d'élan et de panache, et que n'eût pas désavouée le jeune Scriabine ; grands arpèges de la droite en allers et retours, thème au pouce de la gauche, effets de birythmie (mesure à 6/8, mais accents à 2/4).

## *Près de la mer* (op. 52)

COMP 1901. PUB 1901 (Jurgenson). DÉD à Annette Essipov.

Arenski a donné à ces six pièces le sous-titre d'« esquisses » ; quelques années plus tard, il eût peut-être parlé d'« estampes » ou d'« images » : même si elles n'ont rien d'impressionniste, elles comptent parmi les premières « marines » du piano, et sont pour la plupart assez réussies pour nous faire regretter qu'il n'ait pas cédé plus fréquemment à la tentation du pittoresque.

La trouvaille de la première (en mi bémol majeur, *andante sostenuto*), une barcarolle, dont le thème suit le mètre indiqué à 3/4, mais dont la basse équivoque se balance en réalité à 6/8, c'est ce vaste et rapide arpège ascendant d'une main à l'autre, sur le premier temps, semblable au flux régulier des vagues, sur le rivage, au crépuscule.

Après les houles plus banales de la deuxième pièce (en sol mineur, *allegro vivace*), la troisième (en ré majeur, *moderato*) est un calme nocturne, où l'on écoute la mer clapoter doucement : trame à quatre voix, une pour le chant, l'autre pour les longues basses, les voix intérieures tissant des sixtes, en croches monotones. À l'opposé, la quatrième a un thème d'ardeur et d'expansion (en sol bémol majeur, *allegro moderato*), énoncé dans le registre du violoncelle, sous les roulements harmonieux de la droite en triolets.

La cinquième (en mi bémol mineur, *allegro scherzando*) paraîtra évidemment la plus charmeuse, avec son thème facile de sérénade, en rosalies, son léger staccato de doubles notes, ses harmonies curieusement espagnoles, à la Granados. Mais la plus belle est décidément la sixième (en mi bémol majeur, *presto*), toute frémissante et moutonnante de croches à 9/8 aux deux mains, et où l'harmonie rappelle souvent Liadov (par exemple la modulation de la deuxième idée, mes. 24, sur l'aile des bémols) ; le soleil rit sur la mer, la ridant de plis joyeux.

### Six Pièces (op. 53)
COMP 1901. PUB 1901 (Jurgenson).

La première (en mi mineur, *largo*) est un *Prélude*, aux accents graves et même austères, au pesant rythme pointé. Le *Scherzo* qui lui succède (en mi majeur, *allegro*) dissipe vite toutes les ombres, et il n'y a que de l'enjouement dans son staccato d'accords ; limité à deux pages, c'était un morceau charmant ; il s'est donné un intermède inutile, assez fade pour nous ôter jusqu'au plaisir de la reprise. L'*Élégie* (en sol mineur, *allegro non troppo*) est ce qu'elle est, immanquablement, chez Arenski : un point faible ; du moins délaisse-t-il, pour une fois, le ton de la jérémiade, et s'octroie-t-il un *maggiore* souriant qui place, à l'équivoque, un thème de noires dans ce mètre à 6/8.

Viennent ensuite une pimpante *Mazurka* (en sol majeur), qui prend son élan, au deuxième temps, sur les quintes vides de la basse ; une *Romance* nonchalante (en fa majeur, *andante*), plus originale qu'il ne paraît, et dont on suit avec curiosité les détours harmoniques ; et une *Étude* (en fa majeur, *allegro*), rythmée à 12/8, en ondulations d'accords aux deux mains, ardente et inspirée.

### Douze Préludes (op. 63)
COMP 1903 ? PUB 1904 (Jurgenson). DÉD au pianiste Nikolaï Lavrov.

Je l'ai dit dans l'introduction : voici, de tous les numéros du catalogue pianistique d'Arenski, celui qu'on élirait pour perpétuer son art dans le futur, – si tant est que nos arrière-petits-neveux soient encore pourvus d'oreilles. Un pianiste se grandirait à le faire connaître. Il n'y a sans doute là rien d'original, mais le trait est acéré, le goût sûr, la balance bien tenue entre ce qui séduit l'esprit et ce qui fléchit le cœur.

La main droite, dans le premier prélude (en la mineur, *allegro*), maintient au ras des touches un roulement de doubles croches, sous lequel se dessine le thème de la main gauche, parfois moins un chant, d'ailleurs, qu'une émanation de l'harmonie. Faites l'expérience, en dépit du tempo prescrit et de l'indication métronomique, de jouer ces pages deux fois moins vite : c'est un autre morceau, peut-être plus envoûtant et d'un accent plus profond.

Dans le deuxième prélude (en la majeur, *moderato*), au joyeux zigzag de doubles notes de la droite répond régulièrement, en redoublant d'intensité, celui des octaves de la gauche.

Le troisième (en sol dièse mineur, *andante con moto*) est l'un des plus beaux ; les mains, sur chaque demi-temps, joignent leurs pouces au centre du clavier pour chanter à la tierce une douce plainte, et, des autres doigts, défont lentement leurs arpèges de triolets en mouvement contraire ; on pourra voir dans le procédé une réminiscence de la *Deuxième Romance* de Schumann (op. 28), mais Arenski parle de sa voix propre, assourdie, étrangement émouvante.

La délicate perfection du quatrième (en la bémol majeur, *allegretto*) fera songer de nouveau à Liadov : sur deux pages à peine, quelques accords dont l'enchaînement, par glissements ténus et enharmonies, constitue l'essentiel du morceau, avant même le fil de croches mélodiques qui les relie.

Des doubles notes à la main droite, un motif descendant qui se brise à plusieurs reprises, au gré d'un rythme à 3/4 qu'on dirait de valse : c'est le cinquième prélude (en sol mineur, *allegro*), que Chopin aurait volontiers signé.

Fort attachant, le sixième (en sol majeur, *andantino*) ; et, comme les autres, fait de presque rien, d'une idée fragile, d'un fragment donné, un simple motif de six doubles croches (mesure à 6/8) qui décrit une lente hélice entre la basse et les accords de la mélodie. Le sortilège harmonique, frôlements de secondes, changements d'éclairage modal, bémolisations, en compose peu à peu une musique envoûtante.

Dans le septième (en mi majeur, *andante*), les deux mains semblent se bercer l'une l'autre, en paisibles arpèges descendants, qui dessinent comme une traînée d'harmonies sous la ligne très tendre du chant.

Quelque chose du climat harmonique des *Nouvelles Études* de Chopin, si particulier, passe dans le huitième prélude (en mi bémol mineur, *allegro*), – que du reste on veillera à ne pas prendre trop vite, pour laisser leur mélancolie pénétrante à ces doubles notes battues du poignet en léger louré.

En revanche, on observera un bel et vigoureux *allegro* pour jeter avec enthousiasme, à travers le clavier, le vibrant va-et-vient d'arpèges du neuvième prélude (en mi bémol majeur).

Les familiers de Liadov penseront au célèbre *Prélude en si mineur* de son opus 11, devant le dixième du cahier d'Arenski (en ré mineur, *adagio*) : la gauche y a pareillement, presque tout au long, un battement de doubles notes, dont elle change l'harmonie à petits coups, en bout de mesure, ménageant quelques heureuses surprises. La mélodie, chez Liadov, chante davantage, et de façon plus inoubliable ; ici, ce sont plutôt de courtes incises, en écho de l'aigu au grave.

Le charme de la mesure à cinq temps opère une fois de plus dans le onzième prélude (en ré majeur, *allegretto*), gracieux et dansant, et qui module avec une si souriante désinvolture.

Le douzième (en ré bémol majeur, *allegro moderato*) clôt le recueil sur une belle effusion lyrique, par grands orbes que la main droite dessine en noires, portée par le flux et reflux des arpèges de la gauche en triolets ; on pardonne volontiers à ces harmonies suaves, en faveur de leurs enchaînements.

## *Arabesques* (op. 67)
COMP 1903 ? PUB ? (Jurgenson). DÉD à Félix Blumenfeld.

Six pièces qui forment une suite, comme l'indique clairement le sous-titre (et le lien tonal manifeste entre les parties). Elles sont hélas un peu inégales. On part sur une pièce remarquable (en ut mineur, *allegro moderato*), digne des meilleures de celles que Scriabine compose au même moment, succession fébrile d'accords modulants, sur deux pages. Puis c'est une petite chose ravissante (en ut majeur, *vivace*), toute en cascades que les mains sans cesse alternées font ruisseler dans le registre aigu. On goûtera aussi le troisième morceau (en sol mineur, *tempo di valse*), où les coquetteries de la danse se teintent d'une imperceptible ironie. Le reste est un peu décevant : le climat idyllique de la quatrième pièce (en sol majeur, *andantino*) vire au maussade à force d'enchaînements contournés ; et les doubles croches de la cinquième (en mi bémol majeur, *allegro molto*) travaillent à vide. Mais il y a du panache dans la dernière (en ut mineur, *allegro risoluto*), qui alterne les fiers accords en noires et les croches en furieuse et soudaine ébullition.

## *Douze Études* (op. 74)
COMP 1905. PUB 1906 (Jurgenson).

La première (en ut majeur, *moderato*) est une étude pour les oreilles plus que pour les doigts ; ces petits arpèges de triolets qui forment un frissonnant rideau d'harmonies entre le thème du ténor et sa réponse au soprano ne soulèvent pas la moindre difficulté technique. Mais les résolutions sont surprenantes : on va d'une septième de dominante à l'autre, et cette perpétuelle fuite en avant loin du ton attendu, qui ne se fait pas sans heurts, donne un tour abrupt à la phrase au moment précis où elle allait s'amollir, se laisser choir indolemment...

La deuxième (en ut mineur, *moderato*) est plus commune, qui chante à la Rachmaninov, sur son roulis d'arpèges ; et la troisième (en ré bémol majeur, *allegro non troppo*) ne tire qu'un faible parti de la formule pianistique adoptée : les mains constamment décalées en syncope, chacune ayant à son tour la mélodie ou les accords d'accompagnement. Mais la quatrième (en ut dièse mineur, *allegro non troppo*) est magnifique, en ses allers et retours d'arpèges aux deux mains, ses harmonies flamboyantes, sa bravoure, et on ne la rabaisse pas en y voyant un souvenir de la dernière étude de Chopin (op. 25 n° 12).

Le frais ruissellement des septolets qui tombent d'une main dans l'autre, ce murmure de source argentine a fait la célébrité de la cinquième étude (en ré majeur, *andante con moto*). Elle est charmante, mais on lui préférera l'écriture plus aiguë de la sixième (en ré mineur, *presto*), où les mains alternent sans cesse en accords brisés, et qui équivoque entre 3/4 et 6/8, c'est-à-dire entre les croches par deux ou par trois ; selon qu'on y mettra la pédale, on accentuera les lignes et les ruptures, ou bien l'on donnera l'impression d'îlots harmoniques en déplacement.

C'est une pièce languissante que la septième étude (en mi bémol majeur, *andantino*), où un thème de romance, banal malgré ses modulations, flotte au-dessus d'un moutonnement de doubles croches. La huitième (en mi bémol mineur, *allegro molto*), qui séduit d'emblée par son emportement et ses dessins houleux, a le tort de traîner en route et de se répéter beaucoup. On n'en apprécie que davantage l'économie de la neuvième (en mi mineur, *vivace*), trois pages fermement tracées, sur une cellule obstinée de la droite, réseau d'appogiatures autour d'un thème à rythme pointé.

On retrouve dans la dixième étude (en fa dièse majeur, *allegro*), aux larges arpèges descendants de la gauche, au dessin d'octaves brisées de la droite, toute en moirures chromatiques, le climat de joie extasiée que cette tonalité confère si souvent à la musique de Scriabine ; la pièce, on s'en persuadera vite, gagne à être jouée dans un tempo plus modéré.

Avec une figuration à peu près semblable de la main droite, la onzième étude (en la bémol majeur, *andante*) est bien loin d'avoir l'intérêt aussi bien mélodique qu'harmonique de la précédente ; c'est même la plus faible du cahier. Heureusement, Arenski se rattrape et termine en beauté avec la douzième (en sol dièse mineur, *allegro moderato*), une étude de doubles notes (essentiellement des sixtes), de caractère sombre et comme fatal, – qui de surcroît renouvelle en partie, quand on ne s'y attendait plus, l'écriture pianistique d'un recueil presque exclusivement consacré aux arpèges.

## Thomas ARNE
(1710-1778) Anglais

On croit avoir retenu l'essentiel d'Arne en se souvenant qu'il est l'auteur du fameux *Rule Britannia*, qui surnage dans un océan de musiques pour le théâtre, sa grande spécialité. C'est injuste pour ses concertos, ses sonates en trio, surtout pour ses **Huit Sonates**, parues chez Walsh en 1756 (rééditées entre autres par Christopher Hogwood, 1983, Faber Music), pratiquement les premières « sonates » anglaises pour clavier, – terme ici agrémenté du doublet courant *Lessons*.

Mélodieuses, coulantes aux doigts, sonates à l'italienne, les huit valent le déchiffrage ; Il y règne la plus grande variété, car elles sont, dans l'esprit, plus proches de suites que de sonates, même quand elles s'essaient au nouveau schéma ternaire (mouvements rapides des n[os] 1 à 4). La *Première Sonate* (en fa majeur) ne comprend que deux mouvements, avec deux mesures d'*adagio* pour servir entre eux de charnière (un peu lâche). Le premier, un *andante* à 4/4, a vite fait, après deux mesures placides, de dérouler des triolets de doubles croches sur le continuo de croches de la basse, et joue ensuite de ce contraste ; le second, un *allegro* à 3/8, tricote plus gaiement encore, à la Scarlatti, en dessins divers que le développement teinte de couleurs changeantes, et rehausse ses mailles de petits trilles incisifs.

La *Deuxième Sonate* (en mi mineur) a la même sorte de finale en forme sonate (*allegrissimo*, à 3/8), mais auparavant un *andante* plus sensible, avec ses triolets parlants et ses chutes d'octave expressives, – ainsi qu'un *adagio* qui promettait beaucoup, dans ses imitations d'un registre à l'autre, mais qui tourne court, hélas, au bout de treize mesures (c'est mieux, évidemment, que l'ersatz de la sonate précédente !).

Fort peu réglementaire, la *Troisième* (en sol majeur), inaugurée par un *Prélude* à l'improvisade, avec traits alternés et arpègements (« *as extempore touches before the Lesson begins* »), se poursuit par un solide *allegro* de type haendelien, et s'achève par un *Minuet* naïf, à deux variations.

La *Quatrième* (en ré mineur) pourrait bien être la plus réussie, sans d'ailleurs répondre le moins du monde, elle non plus, au découpage prescrit. Fort bel *andante* initial, où insiste tout au long une plaintive septième descendante (en trois notes), et où se singularise, avant chaque clausule, une longue ligne syncopée. Puis vient, dans le relatif majeur (fa), un bref et caressant *Siciliano*, à 6/4 *(largo)* ; la *Fugue* qui suit (ré mineur à nouveau, *allegro*) paraîtra scolaire ; mais l'*allegro* final à l'allure de gigue (2/4 à triolets), cousu avec élégance de contrepoint renversable, nous redonne l'auteur à son meilleur.

Deux mouvements dans la *Cinquième Sonate* (en si bémol majeur) : un *poco largo* à 3/4, court, serein et souriant, dont le seul rôle est d'introduire une *Gavotte*, trapue, énergique, de bonne humeur (et ne s'en pliant pas moins à un plan de forme sonate). Autant dans la *Sixième* : un *affetuoso* à 3/4 (en sol mineur), précédant un *presto* à 6/8 (en sol majeur), nouvelle façon de gigue, plus simple mais non moins allègre que celle de la *Quatrième Sonate*.

Trois mouvements dans la *Septième Sonate* (en la majeur) : un robuste *presto* à 4/4, dont les deux voix tournicotent entre croches et doubles croches, petit mécanisme implacable de précision ; un *andante* des plus fragiles, presque éthéré en son début, par la grâce de triolets chantants, paisiblement déroulés dans l'aigu, sans basse ; un court *allegro* à 3/8, façon de menuet, pour servir de congé désinvolte et rieur.

La série se termine par des variations, qui composent à elles seules la *Huitième Sonate* (en sol majeur). Le thème, un menuet, n'est pas de l'auteur (il a été attribué à Rameau) ; Arne l'a varié, précise l'édition, « *at the request of a Lady* » ; il faut imaginer à cette dame des doigts bien dégourdis, pour triompher des deux dernières variations (3 et 4), l'une brodée d'arpèges en triolets, avec des croisements de la gauche, l'autre en doubles croches affairées.

**Louis AUBERT**
(1877-1968) Français

Une douzaine de pièces de piano, une quarantaine de mélodies, quelques chœurs, quelques œuvres orchestrales, un opéra, c'est peu pour un homme qui mourut nonagénaire. Bien qu'il lui ait survécu de trente ans, il bat le record de parcimonie de Ravel, son camarade dans la classe de composition de Fauré. Et cependant, « n'eût-il écrit que *Sillages*, les *Poèmes arabes* et la *Sonate pour piano et violon*, Louis Aubert serait déjà l'un des plus grands musiciens français » : ajoutons-y la *Habanera* et *La Forêt bleue*, et nous souscrirons à cette assertion de Jankélévitch. Le nombre, comme le temps, ne fait rien à l'affaire. Et la méconnaissance où l'on tient coupablement cette poignée d'œuvres admirables ne les empêche pas de rayonner à jamais pour ceux qui les ont une fois entrevues.

S'il maîtrisa très tôt les outils de l'écriture, s'il montra d'emblée une oreille d'une extraordinaire finesse, entraînée sans effort aux plus imperceptibles dosages de l'harmonie, si toujours il témoigna un goût irréprochable, pourchassant la note inutile, la courbe inexacte, la chute banale, l'inflexion exagérée, Aubert ne révéla que lentement la richesse de sa nature. Au piano en particulier, quelle distance de la suave *Romance* de 1897 aux resplendissants *Sillages* achevés en 1913 ! Il dut compter quelque temps avec un double léger et charmeur, docile aux séductions de l'art fauréen, mais n'en assimilant que la délicatesse, au détriment de la force, – la part de son être qui s'émeut aux vers mollassons d'Armand Silvestre (les *Rimes tendres* de 1896-1898). Entre deux mélodies au sirop de framboise, ce dandy jette au piano les feux d'une *Valse-Caprice*, de deux *Mazurkas*, d'une espiègle toccata qu'il baptise *Lutins*. Il se laissait aller à une pente délicieuse, celle qu'on voit à la même époque chez Reynaldo Hahn. Un jour, pourtant, brisant les fenêtres du salon bourgeois, l'air du large s'engouffre dans sa musique ; et peut-être que *Chanson de mer*, sur des vers de Sully Prudhomme, présageait cette inspiration ; mais c'est dans *Sillages* qu'Aubert se réveille, prend mesure de lui-même et de son âme immense. La partition, lentement élaborée, comme toutes les œuvres chez lui qui comptent, atteste, dans une écriture pianistique éblouissante, l'imagination colorée, le trait vigoureux, le langage âpre, le sentiment profond dont il est capable. Désormais ce descendant de corsaires malouins ne laissera pas de céder, avec volupté, à l'invitation au voyage (les contes de fées de *La Forêt bleue* ne l'ont-ils pas déjà conduit en pays étranger ?). À d'autres les intérieurs cossus et l'ennuyeux quotidien ! Il offre à la voix une *Nuit mauresque* (1911), des *Poèmes arabes* (1915-1917), un souvenir *De Ceylan* (1920), une évocation du *Pays sans nom* (1926), des *Chants hébraïques* (1930) ; à l'orchestre une *Habanera* (1917-1918). Et la mer, tard dans sa vie, qu'il a encore chantée dans *Aigues marines* et dans la *Berceuse du marin*, revient baigner son *Tombeau de Chateaubriand* (1948).

Au piano, hélas, il ne donnera plus rien, à l'exception d'un émouvant hommage à Fauré, en 1922. L'instrument n'a-t-il réellement fleuri pour lui « qu'un seul jour », comme la fleur séculaire du sonnet de Heredia ? Ou s'émut-il, ayant écrit ce qu'à bon droit il pouvait considérer comme un joyau du piano français, de ne l'entendre jouer qu'occasionnellement, dans l'ombre encombrante des triptyques de Ravel et de Debussy, des *Estampes*, des *Images*, de *Gaspard de la nuit* ?

### *Romance* (op. 2)
COMP 1897. PUB 1897 (Durand). DÉD à Mme Cabanette.

Un morceau de salon, dans le style composite d'un musicien en formation. Il y a dans ces trois pages (en la bémol majeur, *andante*), d'ailleurs finement rédigées et pleines de charme, pêle-mêle du Franck, du Massenet, du Wagner, et beaucoup de Debussy, via les Russes, comme le montrent les belles et rêveuses pédales, et les harmonies de neuvième.

### *Trois Esquisses* (op. 7)
COMP 1900. PUB 1901 (Durand). DÉD à son maître Albert Lavignac.

Destinées aux épreuves de lecture du Conservatoire. On peut sacrifier la deuxième, un assez fade *Nocturne* (en ut dièse mineur, *très lent*). Le *Prélude* initial (en la bémol majeur, *modéré*), aux arpèges tressés d'harmonies fauréennes, sert par ailleurs d'accompagnement à la mélodie *Chanson de mer*. Adorable *Valse* finale (en la majeur, *animé*), avec son début hésitant, et dans son milieu ce chant expressif du ténor, sous l'ostinato léger et tournoyant de la droite.

### *Valse-Caprice* (op. 10)
COMP 1902. PUB 1902 (Durand). DÉD au pianiste Lucien Wurmser.

Fauréenne, encore qu'Aubert ne joue point à rivaliser avec la virtuosité à tire-d'aile des *Valses-Caprices* de son maître ; ce qu'il propose, dans ces pages joliment frivoles (en la majeur), c'est moins l'exubérance d'une vraie danse que le frémissement éphémère d'un songe : « rêvant », cette indication de la mes. 41 vaut pour l'ensemble. Aussi ne doit-on pas se faire les doigts sur ces gammes et ces arpèges toujours expressifs, mais veiller au chant, celui par exemple qui vient contrarier par son 2/4 le rythme à trois temps de la basse.

### *Lutins* (op. 11)
COMP 1903. PUB 1903 (Durand). DÉD au pianiste Louis Diémer.

Ces pages bruissantes (en la majeur, *très vif*) ont les séductions à la fois du deuxième Fauré et du premier Debussy. Toccata, non point masculine, comme celles de Czerny, de Schumann, de Ravel ou de Prokofiev, où prédominent doubles notes et jeu du poignet, mais féminine, comme celles de Debussy ou de Poulenc, perlée de gammes, frémissante d'accords brisés. Pour intermède, de lents accords changeants, par-dessus lesquels, « de très loin », tinte obstinément l'appel de trois notes (ré, si, la), trois gouttes de cristal dans la nuit sibylline. Puis le mouvement repart et les doubles croches véloces rient à nouveau et cabriolent sous la lune.

### *Deux Pièces en forme de mazurka* (op. 12)
COMP 1907. PUB 1907 (Durand). DÉD à Mme Robert Catteau.

La première (en sol majeur, *lent*), où s'amorce le thème des fées de *La Forêt bleue*, est moins une mazurka qu'une espèce de valse très lasse ; intermède chantant, caressé d'arpèges brisés ; à la reprise, entrée de triolets, qui scandent d'abord le premier temps, puis festonnent la mesure entière, jusqu'à la coda légère et virevoltante, murmurée dans un « aérien » pianissimo. – Dans la deuxième mazurka, prise à très vive allure (*animé*, la noire à 192), le fantasque premier thème passe son temps à « moduler » : c'est le mot, il s'émancipe dans les altérations modales de cet étrange ton de la, tout parfumé d'aromates. Des appels de cors sur un la obstinément répété mènent à la partie centrale, où un chant d'accords en valeurs longues survole le froufrou d'arpèges de la main gauche. Reprise, et fin en la majeur, vigoureuse et sonore.

Auric est par excellence le musicien du staccato, qui permet d'économiser la pédale ; du quart de soupir, qui nargue l'élan mélodique ; du rythme précis, qui interdit le rubato et le cœur en écharpe ; de l'acide fausse note, qui déjoue les sortilèges harmoniques. Il est aussi celui de la brièveté. On résumera l'essentiel de son œuvre de piano (peu importante : guère plus du douzième de son bagage) en disant qu'elle est placée sous le signe du petit : une sona*tine*, une *petite* suite, des pièces *brèves*, des *impromptus* ; et pour quatre mains, des *bagatelles*. Ce sont, pour employer le terme dont Catulle ou Martial désignaient leurs piécettes de vers, des *nugae*, des riens. Surtout, ne nous prenons pas au sérieux ! À d'autres les soucis architectoniques et les laborieuses dissertations ! À d'autres la tentation du sublime ! On a soupçonné Auric de tordre le cou à son émotion, de porter un masque ; sous cet humour pince-sans-rire, cette ironie un peu glacée, on a voulu voir de l'amertume. Mais non, il n'a pas eu besoin de se forcer. Spontanément son intelligence, une des plus acérées de son temps, prend le pas sur ses sentiments, et même sur ses sens. D'où la réussite des *Pastorales* et de la *Sonatine* (1919-1922). Cette réserve, cette objectivité ne sont pas une pose ; il y est à son aise. Son verre n'est pas grand, mais il boit dans son verre. Au contraire, chaque fois qu'il a voulu excéder ses limites, essayer le dramatique et le monumental, quelque chose s'est enrayé dans le mécanisme, et son métier, qu'on aurait cru à toute épreuve, n'a pas suivi.

Dans un article sur Auric, paru en 1926 dans *La Revue musicale*, Boris de Schloezer se demandait si un jour, « sous une brusque poussée intérieure, les jeux du stade ne se transformeront pas en drame... » Justement, l'ambitieuse *Sonate en fa* (1930-1931) brise avec un art de dilettante, joue après celle de l'humour la carte du sérieux ; et Auric, qui avait jusque-là marché dans les traces de Satie, regarde du côté du premier Berg ou du dernier Scriabine. Il romantise ; il se met en rupture de tonalité, ou presque ; il taquine le contrepoint. La critique de l'époque, particulièrement intolérante, refusa de lui reconnaître ce droit au changement, parla d'accident de parcours, soupçonna une méchante plaisanterie. D'ailleurs, comme pour lui donner raison, les *Impromptus* et les *Pièces brèves* (1936-1941) tâcheront de retrouver l'esprit, la verve, la santé des années vingt.

Est-ce à dire qu'il était condamné à ne pas évoluer ? Cet homme si ouvert à la modernité réservait une surprise à la Stravinski. À partir des années cinquante, il est fortement tenté par le sérialisme, et sans l'adopter tout à fait, s'en sert à sa façon, qu'illustre la cinquième de ses *Imaginées*, dédiée au piano. Est-ce encore Auric ? Ceux qui l'aiment préféreront, en toute injustice, s'en tenir à l'insolent *Prélude* qu'il dédiait en 1919 « au général Clapier »...

## SUITES ET SONATES

Une *Sonatine* et une *Sonate*, opposées comme les deux faces de Janus ; une *Petite Suite* à l'ancienne ; des *Pastorales* d'une belle verdeur ; ajoutons-y les *Trois Impromptus* : voici peut-être, avec toutes leurs différences, les moments les plus représentatifs du piano d'Auric.

### *Pastorales*
COMP décembre 1919-mars 1920. PUB 1920 (La Sirène musicale). DÉD à Darius Milhaud.

Rangées dans l'ordre vif-lent-vif et reliées par les tonalités, ces trois pièces forment une véritable petite suite. Mais l'inspiration bucolique, si répandue à cette époque qu'on dirait d'éternelles vacances, ne se fait pleinement jour que dans la deuxième.

La première (en fa mineur, *vif et rude*) dément d'emblée le titre. Avec sa brutalité, son rythme implacable à 2/4 (fausse polka !), ses notes répétées hargneuses (ce mi ♭ sonnant méchamment sur le mi ♮ de la gauche), c'est quelque chose comme un *allegro barbaro* pour rire, à peine plus civilisé que celui de Bartók. Musique de machine, quand on attend des notations agrestes. On les a, dans le trio (*un peu moins vif*, à 6/8), léger et dansant. Mais le motif initial revient vite, annoncé par des trilles et de lourdes quintes vides dans le grave.

La deuxième pièce (en ré mineur, *modérément animé et dans un sentiment très calme*) justifie la dédicace : elle ne déparerait pas *Printemps* ; c'est la même poésie champêtre, la même fraîcheur, et sans les pieds de nez coutumiers d'Auric. La basse se balance à 12/8, en ostinato, avec le deuxième degré hésitant entre mi ♭ et mi ♮ ; le thème chante à 4/4, en blanches et noires, simple et placide, à peine rehaussé çà et là par quelques dissonances sans aigreur. Après un épisode à 9/8, plus vif et moins clément pour les oreilles, le thème initial revient, cette fois en fa majeur, sur un nouvel accompagnement immuable, qui laisse flotter le quatrième temps dans le vide.

La troisième pièce (en fa majeur, *très vif et très net*) n'est qu'humour et polissonnerie, et n'y regarde pas à deux fois avant de superposer les notes les plus étrangères. Les rythmes sont francs, les phrases carrées. On entend passer des marches, des ritournelles, on croit reconnaître un thème au virage ; tout cela du reste bien innocent.

### *Sonatine*
COMP juin 1922. PUB 1923 (Rouart-Lerolle). DÉD à Francis Poulenc.

Une partition négligée à tort. Elle a l'insolence, l'élégance et le charme ambigu de la jeunesse. Onze pages : c'est le goût retrouvé de l'époque pour l'économie, la rapidité, l'efficacité. Combien n'en a-t-on pas écrit, alors, de sonatines ! Celles de Poulenc, pour instruments à vent, sont presque contemporaines de celle-ci, d'où peut-être la dédicace ; même précision, même vitesse de tir.

L'*allegro* (en sol majeur) s'amuse d'un thème principal entre la marche et la danse, à 2/8, escorté de quartes sèches et cocassement fausses. D'ailleurs la note à côté persiste tout au long du morceau, avec une désinvolture désarmante. Des souvenirs de jazz traversent l'air. Le second thème est plus chantant, mais son accompagnement aussi aride. Écriture linéaire, parcimonieuse, et guère spécifiquement pianistique ; on imagine une version instrumentée (trio d'anches, par exemple ; Auric en écrira un, en 1938, dans le même esprit persifleur).

Le bref *andante* (en mi majeur) n'élève presque pas la voix. Les cinq premières mesures, tendres et ingénues sur leur sage basse d'Alberti, se passent d'altérations ; puis les accidents s'infiltrent en catimini (sol ♮ sous sol ♯) et l'on module en ré bémol majeur, où s'énonce une deuxième idée, en tierces souriantes, sur un paisible fond de batteries. Une gamme suivie d'un trille ramène le premier motif, qui finit énoncé à la basse, en augmentation, avec l'accompagnement dans l'aigu.

Dans le finale (en sol majeur, *presto*), une dégringolade de doubles croches précède le thème, déclamé dans une couleur tout italienne. À ce refrain succèdent divers couplets en alternance, faits de vives saillies, de motifs criards ; pages alertes, d'un réel agrément pianistique. Un clin d'œil pour finir, avec la citation du thème du premier mouvement, déformé, fortissimo.

## *Petite Suite*

COMP 1927. PUB 1928 (Heugel). DÉD à Mme Louis Laloy.

Deux de ces cinq pièces sont écrites « d'après des pièces de luth polonaises du XVIe siècle ». On songe à la *Suite française* que Poulenc tirera en 1935 de quelques danses de Claude Gervaise, avec le même parfum d'archaïsme et la même simplicité d'écriture.

C'est d'abord un *Prélude* où, après quatre lignes de trilles, d'arpèges et de sonneries de cors (en la bémol majeur, *modéré*), se prélasse un thème rêveur (en sol majeur, *lent*), harmonisé à trois et quatre voix, et passant de la main droite à la main gauche. Vient ensuite une *Danse* (en ré majeur, *assez animé*), vive et spirituelle, pleine de bonds en son refrain, avec par deux fois un couplet plus carré (en sol majeur), de saveur modale. La troisième pièce est double, *Vilanelle et Entrée* (en la majeur) ; C barré pour la vilanelle [sic], au thème calme et noble *(modéré)* ; 3/4 pour l'entrée *(allegretto)*, qui ressemble fort à un menuet, souriant, sans histoires, sans surprises.

Bien qu'originale, la quatrième pièce, une *Sarabande* (en ré mineur, *lent et expressif*), évoque assez le luth, avec ses accords arpégés, sa couleur ancienne (mineur sans sensible à la première mesure) ; elle s'anime en son milieu (la mineur), sept mesures qui prennent anachroniquement des allures de mazurka. Le dernier morceau, *Voltes* (en mi mineur/majeur, *très vif*), est en effet virevoltant, comme il le dit, remonté par son moulinet de croches, gai, sans prétention, – comme au demeurant toute cette *Suite*, qu'on dirait écrite *ad usum delphini*.

### Sonate en fa majeur

COMP 1931-1932. PUB 1932 (Rouart-Lerolle). DÉD à sa femme Nora. CRÉ par Jacques Février (11 décembre 1932, La Sérénade).

Selon ce que l'on aime en Auric, ou tout simplement en musique, on regrettera que sa *Sonate* ne soit pas assez ceci ou cela : assez désinvolte ou volontaire, assez souriante ou tendue, assez économe ou prodigue, et cetera. C'est dire que, par quelque bout qu'on la prenne, elle ne convainc qu'à moitié. Sa violence et sa gravité inattendues laissent percer çà et là (car il n'est pari qui tienne contre le naturel) des moments de détente, des bouffées de fraîcheur. Son parti pris contrapuntique fléchit quelquefois et laisse la place à de claires harmonies. Son écriture touffue se débroussaille par endroits. Elle a eu de rudes adversaires (comme celui qui écrivit, au lendemain de la création : « on ne peut juger le néant »), et des défenseurs convaincus. Elle manifeste chez le musicien, sans doute sincèrement, un désir de rompre avec la veine allègre et facile où ses ballets, ses mélodies, ses pièces de piano l'ont jusqu'alors confiné. Après l'insuccès de l'œuvre, Auric retournera quelque temps à sa première pente, et de plus embrassera (avec un sentiment de délivrance ? ou par dépit ?) cette carrière de musicien de cinéma où l'entraînait à la même époque le premier film de Cocteau, *Le Sang d'un poète*. L'œuvre la plus ambitieuse qu'il ait destinée au clavier ne devait trouver de pendant que vingt-quatre ans plus tard, avec la *Partita pour deux pianos*.

Sonate « en fa » comme la *Sérénade* de Stravinski est « en la » : elle tourne librement autour de ce pôle, tantôt majeur, comme le dit l'intitulé, tantôt mineur, et parfois s'en écarte assez pour sembler friser l'atonal. Sonate « cyclique », témoignant de préoccupations insolites pour un ancien du Groupe des Six : récurrence de la plupart des thèmes, en particulier de la cellule initiale de cinq notes (la-si ♭-mi-ré-do), qu'on retrouve sous différentes formes rythmiques dans les premier, troisième et quatrième mouvements, aussi bien au chant qu'à la basse.

Le premier mouvement, avec ses incessants changements de tempo, ses innombrables points d'orgue, semble n'être qu'une improvisation notée. Il est en réalité strictement construit autour d'un premier thème, la fameuse cellule de base, tour à tour basse insistante ou capricieux motif de valse, et d'un second thème chantant *(beaucoup plus lent)*, qui reviendra modifié dans le finale. Trois parties de même longueur, à la mesure près, correspondant aux rubriques exposition-développement-reprise ; et coda accélérée.

Le deuxième mouvement, scherzo fantasque, alterne d'abord deux thèmes (*très vif* et *moins vif*), entre la mineur et ut dièse mineur, l'un en turbulentes doubles croches, l'autre en accords nerveux, variante du second thème du premier mouvement. Un trio tripartite propose, entre deux sections lentes où une mélodie rêveuse s'épanche sur des arpèges (en fa mineur), une nouvelle variation (en si) du second thème en question, très décorative. Reprise écourtée du scherzo.

Le troisième mouvement *(très lent)* pèche par sa longueur, vaste récitatif, tour à tour calme ou véhément, de métrique très changeante, de tonalité très fluctuante et corrodée par un chromatisme quasi perpétuel. Cortot, si peu tendre pour le piano d'Auric, se réjouit de « ce morceau généreusement inspiré et tout vibrant de la plus authentique émotion musicale » ; on n'est guère obligé de le suivre.

Le finale, peut-être le plus réussi des quatre mouvements, reprend le matériau du premier, sous forme de gigue *(vif et robuste)* ou de chanson enfantine *(dans un sentiment très calme)*, avec un grand brio instrumental.

### *Trois Impromptus*

COMP mars 1940. PUB 1946 (Eschig). DÉD à Claude Rostand.

Ces musiques faciles à entendre, piquantes à jouer (on en ferait d'efficaces bis de concert), retrouvent l'esprit du Groupe des Six, avec cependant, définitivement acquis, quelque chose de plus sage, de plus posé. La « blague » ne va pas jusqu'au bout, et le métier corrige sans cesse ce qu'une feinte maladresse pouvait avoir d'inventif. C'est pétillant, spirituel, et en même temps conventionnel (même différence, chez Poulenc, entre les vrais éclats juvéniles, et l'écriture plus contrôlée des années quarante).

Le premier (en ut majeur, *assez vif*) claironne un thème qu'on voudrait dire « gentiment militaire », comme Debussy dans *La Boîte à joujoux* ; sonneries de caserne, rythme de marche, quelques bénignes fausses notes. Le trio (en la bémol majeur, *très lent subito*) semble parodier une romance sentimentale, quelque mauvaise « chopinata » (et ce serait le pastiche d'un pastiche), où les basses incisives et cocasses contrarient sans cesse la fadeur fleurie de la mélodie.

Le thème principal du deuxième (en fa majeur, *très vif*), tout dans l'aigu et accompagné de grands arpèges, évoque une ronde enfantine ; thème naïf, harmonies limpides. Dans la dernière page, le mouvement s'immobilise brusquement, la gauche marque sèchement les temps, *alla marcia*, et la droite médusée lâche quelques notes de plus en plus faibles. Coda exsangue, quelques tierces alternées, un petit trait, un grêle accord.

Pour l'essentiel, le troisième morceau (en ré majeur, *vif*) est une boîte à musique : début et fin dans l'extrême aigu, les deux mains presque superposées. Suivent divers jeux, courses chromatiques, arpèges en éventail, modulations (en sol, en mi bémol), qui relèvent cette pièce plaisante, et joliment superficielle.

(Il y a trois autres *Impromptus*, isolés : voir PIÈCES DIVERSES.)

### ENFANTINES

Je range sous cette appellation deux cahiers fort différents, que plus d'un quart de siècle sépare. L'auteur du premier est lui-même un enfant, – dans la mesure où l'on peut vêtir de ce nom les quinze ans de Radiguet ou de Rimbaud. Les prodiges inspirent autant d'effroi que d'admiration. Les vignettes musicales intitulées *Gaspard et Zoé* forcent les deux ; ce ne sont pas des barbouillages ; des plumes plus expérimentées n'ont pas eu ce trait précis, cette écriture sans volutes ni frisons. Mieux encore, l'enfance ici décrite est infiniment plus vraie que celle que les adultes observent à la lorgnette. – Tout autres sont les *Pièces brèves*, d'intérêt surtout pédagogique, offertes aux élèves de Marguerite Long.

### *Gaspard et Zoé*

COMP automne 1914. PUB 1927 (Hansen). DÉD à René Chalupt.

L'adolescent (dont les délicieux *Interludes* sur des vers du même Chalupt viennent d'être créés à Paris) est devenu, pour avoir écrit un article sur lui, un familier de Satie ; il poursuit ici dans la veine du « Maître ». N'a-t-il pas déchiffré à Montpellier, toutes fraîches encore, les œuvres dites « humoristiques » du bonhomme d'Arcueil ? Ce *Gaspard et Zoé*, sous-titré « L'Après-midi dans un parc », c'est un peu les *Sports et Divertissements* d'Auric : même façon de kaléidoscope musical, pour illustrer un texte farfelu. Celui des *Sports* était de Satie lui-même. *Gaspard et Zoé* s'inspire de « scènes enfantines » d'Henri-Pierre Roché (1879-1959), un écrivain qui ne connaîtra la gloire qu'à soixante-dix ans passés, avec son roman *Jules et Jim*.

Détailler l'argument serait aussi inepte que de commenter pas à pas la musique. En résumé : après avoir fait connaissance et joué dans le parc, jeux auxquels se mêle Jujules, le fils du jardinier (il faut un troisième, même à cet âge, pour éveiller rancœur et jalousie !), les enfants se séparent en se disant au revoir. Le musicien en herbe s'amuse visiblement beaucoup à ces ingénuités, trace une valsette pour la tartine de confiture, une polka pour les cerises, mime de quelques bonds les ricochets dans le bassin, sonne poétiquement l'angélus, décrit cocassement Gaspard tirant les cheveux à Zoé... L'étonnant n'est pas tant que cela ressemble à du

Satie, mais que cela soit déjà de l'Auric, et du plus vrai. Il est plus pointu, parfois plus âpre que son modèle, mais jamais hargneux ; il est souvent plus franchement enjoué ; techniquement, il a plus d'art, ou de rouerie. Surtout, il est toujours plus sobre, presque aride. Ce n'est pas économie, c'est avarice. Comment s'est-il persuadé, si jeune, qu'une note est une note, comme on dit qu'un sou est un sou ?

(On n'entend jamais parler de ce petit ouvrage, pourtant bien sympathique. Il aurait sa place dans un concert autour de Satie.)

## *Neuf Pièces brèves*

COMP février 1941. PUB 1948 (Eschig). DÉD à Marguerite Long, pour ses élèves.

Pièces « de moyenne difficulté ». Elles sont très agréables à déchiffrer et méritent d'être mieux connues. Gaieté et sérénité constantes : sur les neuf, une seule emprunte le mode mineur, et ce n'est pas la plus réussie du cahier.

La première pièce s'intitule *Réveil* (en ré majeur, *décidé*), et l'on ne saurait se lever de meilleure humeur ; thème de marche rapide, et sonneries (comme dans le premier des *Trois Impromptus*), que la basse ponctue de secondes goguenardes. La deuxième est une *Romance sans paroles* (en si bémol majeur, *modéré sans traîner*) ; accompagnement de croches égales et contrechant du pouce gauche, pour une cantilène de banalité choisie (avec telle inflexion où-donc-entendue ?). La troisième, une *Valse* (en sol majeur, *assez vif et léger*), est bonne pour une leçon de danse à Lilliput, avec ses effets de boîte à musique dans la section centrale ; peu de notes à la fois, des effleurements légers, des pointes, une frivolité consommée. La quatrième, *Églogue* (en ut majeur, *modéré sans traîner*), fait très « premier Poulenc » (celui de la *Suite*, par exemple) ; morceau en « blanc majeur » : on y trouve seulement un fa ♯, par deux fois, dissonant sans méchanceté ; l'accompagnement est absolument identique d'un bout à l'autre, pour un thème d'une adorable candeur. La cinquième est une *Marche* (en la majeur), une de plus chez cet Auric décidément hanté, comme le Cocteau des années vingt, par les dianes de caserne et les défilés de pioupious ; des piques, de l'alacrité, de narquoises dissonances.

La sixième pièce, *Sicilienne* (en si bémol mineur, *modéré*), est peu alléchante, malgré le mal qu'elle se donne : usage de l'enharmonie, modulations par demi-ton descendant ; du reste, on y est plus souvent en majeur qu'en mineur. La *Mazurka* qui suit (en fa majeur, *assez vif*) n'a de mazurka que le nom ; moitié valse, moitié romance (dans l'épisode en la bémol), avec des sonorités grêles : morceau de poupée. La huitième pièce est une *Berceuse* (en mi bémol majeur, *lent*) ; d'abord à trois voix, simple et dépouillée, sans altérations, elle va ensuite en sol dièse mineur, pour un passage de sixtes alternées aux deux mains, qui sonne curieusement comme du Brahms (très précisément un moment de l'andante de la *Troi-*

sième *Sonate*) ; après quoi le début est repris, un peu plus orné. La *Polka* finale (en la bémol majeur) est amusante, mais bêtifie peut-être un peu trop, accumulant les lieux communs en un genre où en effet ils abondent (la *Polka* des *Villageoises* de Poulenc n'est pas meilleure ; il faut Stravinski pour faire encore sourire de ces rythmes et de ces thèmes, dont la niaiserie n'est pas assez calculée).

## PIÈCES DIVERSES ET TRANSCRIPTIONS

De décembre 1919 date le fameux ***Adieu New York*** (publié en 1920, La Sirène), dédié à Jean Cocteau. Ce « fox-trot » exorcise le jazz plutôt qu'il ne tente de l'acclimater. Le rythme déhanché n'est qu'un prétexte. Esthétique de la fausse note, défense et illustration des lignes claires, des contours anguleux, de l'économie des moyens. Sécheresse voulue, et tout un aspect râpeux exprès. Au demeurant, un rondo bien classique (refrain en ut majeur, un couplet en la bémol majeur, un autre entre sol majeur et sol mineur).

Le **Prélude** de l'*Album des Six*, daté du 22 décembre 1919, est dédié « au général Clapier »... Ce recueil collectif des Six au piano (publié en 1920, Demets) classant ses auteurs par ordre alphabétique, Auric a l'honneur de l'ouvrir. Rengaines militaires, flonflons de fête foraine, une phrase plus tendre par-ci, un accord méchant par-là, c'est joliment pianistique, efficace, sans temps perdu. Fraîcheur de la bitonalité et netteté des contours ajoutent au charme. Un moment poétique, un peu avant la fin : le thème de marche initial vient mourir, au ralenti, sur un accompagnement faussement ingénu (et vraiment faux !) de doubles croches en basse d'Alberti. – A jouer avec gentillesse, sans montrer les dents ; surtout sans excès de sécheresse ; il y a longtemps que ces « audaces » n'en sont plus ; mais la musique y demeure prise, et la joie d'écrire d'un turbulent garçon de vingt ans.

Tirés en 1926 de son ballet, sous forme de « transcription de concert », les **Trois Extraits des « *Fâcheux* »** (Rouart-Lerolle) perdent beaucoup de leur agrément en quittant l'orchestre pour le piano. La gavotte et la canarie du *Maître à danser* ont encore du relief, mais la bitonie du *Nocturne* (la bémol contre si) s'aigrit dans une pâte trop épaisse, et la bonne humeur des *Joueurs de boules* se refroidit quelque peu. On aura la même impression, en 1934, dans les **Trois Morceaux pour « *Lac aux dames* »** (également chez Rouart-Lerolle), détournés d'une musique de film ; seuls les *Laendler* du premier passent l'épreuve.

En 1927, Auric compose un **Rondeau** pour *L'Éventail de Jeanne*. On sait que ce ballet, dont la création eut lieu en soirée privée chez Mme Jeanne Dubost, le 16 juin 1927, est une œuvre collective, réunissant des musiciens comme Ravel, Ibert, Poulenc, Milhaud. La contribution d'Auric est une des plus réussies. Un refrain (en ré majeur, *très rythmé et vif*) chante gaiement, en tierces et sixtes, dans un espiègle rythme à 5/8. Trois couplets contrastés se succèdent : une danse légère (en sol majeur, à 3/8), un air de foire du plus parfait mauvais goût (en ré majeur, à 2/4), enfin une valse lente, elle aussi d'une facilité mélodique qui déconcerterait si l'on n'y sentait l'ironie (en fa dièse mineur, à 3/4).

Pour un autre recueil collectif, *À l'exposition*, où se côtoient Ibert, Milhaud, Poulenc, Sauguet et Tailleferre (publié en 1937 chez Deiss, et dédié à Marguerite Long), Auric compose un feuillet intitulé ***La Seine, un matin...*** C'est une pièce curieuse, qui s'épuise en cours de route, comme à bout de forces. Le début (en mi majeur, *très modéré et souple*) est chaleureux, harmoniquement riche, avec de beaux accords, une écriture polyphonique, des pédales insistantes, et la douceur du balancement à 6/8. Mais on passe en sol majeur au bout de neuf mesures, puis à 2/4 *(plus vif subito)* ; les notes se raréfient, le legato se mêle au staccato, le thème se morcelle ; et l'on finit à deux voix, avec de moins en moins de matière (et de sérieux), la jolie rengaine populaire « expédiée », à la va-vite.

Moins bons que les *Trois Impromptus* de 1940 (voir plus haut), l'***Impromptu en sol***, composé en juillet 1936 et paru la même année aux Éditions sociales internationales, avec une dédicace à Jacques Février, et l'***Impromptu en mi***, composé en 1938 et publié en 1939 aux mêmes éditions. Si le premier *(très vif et brillant)*, valse miniature qu'entraîne le mordant de son premier temps et qui ne quitte pas le registre aigu, a quelques grammes d'agrément, le second *(très modéré)* n'est qu'un gribouillage, indigne du talent d'Auric.

Composée en 1946 pour l'album *Jardin d'enfants* des éditions Lemoine (pièces recueillies par Marie-Rose Clouzot), la ***Danse française*** (en fa majeur, *vif*), deux pages à peine, s'amuse à déboîter le rythme de son petit thème perché dans l'aigu, en le reprenant à contre-mesure ; puis elle l'attire dans le grave, l'assourdit, avant les deux derniers accords, secs et forts.

L'***Impromptu en ré mineur***, composé en avril 1950, a paru en 1951 dans *Les Contemporains*, 2ᵉ recueil (Pierre Noël) ; il est dédié à Pierre Bertin. Deux volets rapides *(vif)* encadrent un intermède majeur *(très légèrement ralenti)* ; au grêle et sautillant staccato des croches succède le legato chaleureux d'un chant de noires, que balance le rythme en va-et-vient de la main gauche. Fausses notes charmantes, sans danger, comme les couleurs du même nom !

Destinée à la *Petite Méthode de Marguerite Long* (1963, Salabert), voici encore une ***Petite Marche***, digne des beaux jours du Groupe, avec son articulation sèche et précise, ses dissonances impavides, ses trouées de silences (en si bémol majeur, *décidé et sans jamais traîner ni faiblir*).

Le dernier morceau pour piano d'Auric, daté du 2 novembre 1974, a été publié en 1976 (Salabert), avec une dédicace à Henri Dutilleux ; c'est la cinquième d'un ensemble de six pièces, les ***Imaginées***, chacune instrumentée différemment (flûte et piano, violoncelle et piano, clarinette et piano, chant et piano, piano seul, la sixième les regroupant tous avec l'adjonction d'un quintette à cordes). Cet Auric tardif réussit à déconcerter encore ceux qui ont suivi ses différentes manières. Sans se renier, mais en s'adaptant à des techniques nouvelles, son art essaie de survivre au milieu de la « modernité ». Avec son écriture pointilliste et discontinue, ce staccato rageur et percussif, ces bonds d'une région à l'autre du clavier, ces trilles nerveux, et même en comptant quelques mesures plus lyriques, la *Cinquième Imaginée* est-elle autre chose, après tout, qu'un dernier reflet du gavroche des années vingt, dans un miroir déformant ?

# B

**Carl Philipp Emanuel BACH**
(1714-1788) Allemand

Au sein d'une œuvre considérable, qui aborde les genres les plus divers, Philipp Emanuel Bach nous laisse quelque trois cents morceaux pour le clavier, dont la moitié sont des sonates : ce Bach aussi a démenti son nom, moins ruisseau que fleuve, et fleuve rien moins que tranquille, fleuve torrentiel, ayant forcé son chemin et fertilisé des contrées entières. Comme son père de la fugue, il est inséparable de la sonate, qui lui doit une part de son devenir. On ne dira plus aujourd'hui qu'il l'a inventée : elle vient de loin, résulte de cent tentatives, de mille tâtonnements maladroits. Mais il en a fourni des exemples achevés, dont il ne restait plus qu'à appliquer les recettes infaillibles. « Il est le père, nous sommes ses enfants » : ni Haydn ni Mozart n'ont refusé leur part d'héritage.

Plus encore qu'à la sonate, il est lié à l'*empfindsamer Stil*, à ce « style sensible » cultivé au nord de l'Allemagne, vers le milieu du XVIIIe siècle, qui se caractérise par une mélodie expressive, entrecoupée de silences, traversée de « soupirs », – par des dessins brisés, des rythmes versatiles et complexes, de brusques changements de tempo, de violentes oppositions de nuances, des inclusions de passages en récitatif, des unissons « pour occuper la pensée », – par des chromatismes audacieux, des modulations surprenantes, des harmonies aventureuses. Un art fondé sur l'improvisation. L'*Empfindsamkeit* mène au *Sturm und Drang*, se confond bientôt avec lui, unit les dernières flambées du baroque à l'ardeur préromantique.

Pour Emanuel Bach, l'*expression* est l'essentiel, et peu importe comment il y arrive, et s'il faut hardiment mélanger les genres, par exemple transposer dans la sonate le théâtre et la chaire, leur dramatisme et leur éloquence, voire y traduire les quatre tempéraments. Son *Versuch*, son fameux « Essai sur la vraie manière de jouer du clavier » (1753), parmi des qualités plus matérielles, érige la passion en principe cardinal : « Pour émouvoir, soyez ému vous-même. » Et ceux qui décrivent son jeu le montrent en effet remué par la musique, capable de véhémence, de fureur, d'extase, tel Burney, qui le peint « inspiré, les yeux fixes, la lèvre inférieure tombante, le visage ruisselant de sueur ».

Et cependant, contrairement au génial Wilhelm Friedemann, il n'affiche que le masque de l'extravagance. Dans le fond, ce n'est ni un rêveur ni un mélancolique ; un faible, en aucun cas, et cette incohérence avouée cache une maîtrise sans défaut. Du reste il ne faudrait pas trop le tirer vers le fantasque et le bizarre, qui font assurément le pouvoir extraordinaire de certaines de ses pièces, et encore moins l'y cantonner. Ces particularités qui ont frappé les jeunes romantiques (leur absence est certes moins visible que la moindre de leur présence) sont loin d'être chez lui une constante. Il évolue, plus ou moins consciemment, des contrastes du baroque, de sa liberté, de son esthétique du fragment, à la symétrie, à la rigueur classique, des subtilités du contrepoint à la clarté et à l'homophonie du langage « galant ». Et surtout sa lyre a des cordes nombreuses, dont il excelle à toucher, à chaque occasion, celles qu'il convient.

Cette diversité lui permet de satisfaire tous les publics. Très tôt, il a consenti à sacrifier quelque peu au goût du jour, laissant paraître des œuvres faciles et d'attrait immédiat, et gardant par-devers lui des sonates plus exigeantes, plus personnelles (j'en commente quelques-unes, sitôt après les grands cycles édités par ses soins). On est frappé des conseils qu'il donne à un cadet dans une lettre de 1784 : « Dans les choses qui doivent être publiées, et qui donc appartiennent à tout le monde, soyez moins artiste, et donnez plus de sucre, – *geben mehr Zucker...* »

Enfin Carl Philipp Emanuel Bach est lié au piano. Avec lui commence à s'installer pour de bon dans la musique ce *pianoforte* qu'il apprit à connaître à la cour de Frédéric le Grand. Le *Versuch* indiquait déjà un penchant pour le clavicorde (c'était aussi le goût de Jean-Sébastien). Peu à peu, dans sa musique de clavier, les indications de dynamique augmentent, les crescendos et diminuendos deviennent fréquents. Les rondos des recueils *für Kenner und Liebhaber* (à partir de 1780) désignent impérieusement le nouvel instrument.

## LES SONATES EN RECUEILS

Des quelque cent cinquante sonates de Philipp Emanuel Bach, réparties sur plus d'un demi-siècle (la première en 1731, les dernières en 1786), un peu plus de la moitié ont paru de son vivant, en général par ses soins. Une quinzaine seulement datent de Leipzig et de Francfort. La période de

Berlin (1738-1768) est de loin la plus productive, d'ailleurs dans tous les domaines : six *Sonates prussiennes*, six *Sonates wurtembergeoises*, six sonates formant les *Probestücke* qui suivent son *Essai*, trois séries de six *Sonates avec reprises variées*. Moins importantes, concédées au goût commun, les six *Sonates faciles* et les six *Sonates à l'usage des dames*. Dans les marges se sont glissées presque autant de sonates inédites. La période de Hambourg (1768-1788) comprend avant tout les sonates qui ont trouvé place dans les six recueils *für Kenner und Liebhaber*.

Sonates en trois mouvements, vif-lent-vif, dans leur très grande majorité ; un tiers à peu près dans les tons mineurs, forte proportion pour l'époque. Les mouvements vifs adoptent la coupe binaire, à reprises, celle que l'on voit déjà à certains préludes du second *Clavier bien tempéré* (celui en ré majeur, par exemple) : un seul thème, que l'on retrouve souvent au début de la deuxième section, à la dominante ou au relatif, et qui revient à la fin dans le ton de départ, après un développement modulant ; ce dernier souvent très fantasque. Quelques allegros ont un second thème, généralement apparenté au premier, et qui n'est pas nécessairement repris. Le finale est varié, plus léger que le premier mouvement, fréquemment une gigue, ou une toccata, rarement le menuet ou le rondo qui deviendront bientôt la règle (de Wagenseil et Štěpán à Haydn). Le mouvement lent, point culminant de l'œuvre, où les fervents d'Emanuel Bach l'attendent avec émotion et sont rarement déçus, est plus divers encore, du récitatif à l'invention, de l'arioso à la sicilienne.

## Six Sonates prussiennes (W. 48)[*]

COMP 1740-1742. PUB 1742 (Schmid, Nuremberg). DÉD à Frédéric II de Prusse.

Le premier recueil publié veut montrer toute la variété dont l'auteur est capable, présenter un échantillon de son inspiration comme de sa technique. Il traduit l'air du temps, fait le point sur les développements stylistiques observés, affronte ensemble le passé (le contrepoint de Jean-Sébastien) et le futur (le style galant, Telemann par exemple), alterne rigueur et fantaisie.

SONATE W. 48/1, H. 24 (en fa majeur). – Le premier mouvement *(poco allegro)*, gai, insouciant, a encore le style d'une invention, à deux et parfois trois voix. On le dira plutôt monothématique : bien qu'on puisse considérer comme « deuxième sujet » la petite phrase entrée à la dominante mineure (mes. 18), le développement n'en tient pas compte. – L'*andante* (en fa mineur) est surprenant par son mélange d'arioso et de récitatif, par ses modulations, ses transitions abruptes, toute une façon théâtrale et douloureuse d'employer le chromatisme et l'enharmonie. – À

---

[*] La lettre W désigne le catalogue d'Alfred Wotquenne (Leipzig, 1905), et la lettre H celui, plus récent, d'Eugene Helm (New Haven, 1989).

cela le *vivace* final (à 3/8) oppose sa bonne humeur retrouvée et son rythme de gigue folâtre.

SONATE W. 48/2, H. 25 (en si bémol majeur). – Les doigts, dans le *vivace* initial, se divertissent à toutes sortes de figurations virtuoses, gammes véloces, triolets en vrille, arpèges modulants aux mains alternées. – L'*adagio* (en sol mineur), endolori et passionné (voyez, dès la deuxième mesure, le choix alternatif de cette gémissante seconde mineure la ♭, qui suggère brièvement une harmonie napolitaine), multiplie les silences, les rythmes pointés, les *forte/piano* expressifs. – En contraste, un *allegro assai* sautillant, débonnaire, nourri de tierces et de sixtes.

SONATE W. 48/3, H. 26 (en mi majeur). – C'est la sage et la savante des six, avec son premier mouvement tissé de noires et de croches *(poco allegro)*, si lisse à côté de la diversité rythmique de celui qui ouvrait la *Deuxième Sonate*. On notera le changement de mode du deuxième énoncé et sa souple modulation vers sol (mes. 9-16). Une deuxième idée, à la Scarlatti, superpose un long trille à un dessin de croches. – L'*adagio* (en ut dièse mineur), particulièrement inspiré, brode trois voix en contrepoint, véritable trio instrumental, en un courant lyrique ininterrompu, qu'intensifient les appogiatures, les syncopes, les marches harmoniques. – Au sortir de ces phrases gonflées d'émotion, c'est à nouveau l'élan joyeux d'une gigue (*presto*, à 6/8), ses vives arêtes, sa bousculade de dessins brisés, ses accords en fanfare.

SONATE W. 48/4, H. 27 (en ut mineur). – L'écriture ferme, à l'emporte-pièce, de l'*allegro*, donne à ce début de sonate, en dépit de la multiplicité des motifs, une vigueur singulière ; les nombreux traits moutonnants en triolets sont typiques de l'auteur (et Haydn en adopte souvent la manière). Le « second thème », dans le ton de la dominante, s'oppose à tout ce qui précède par son accompagnement d'accords battus. On remarquera l'absence de vraie césure entre développement et reprise, celle-ci reprenant A en sol mineur, où celui-là l'avait laissé. – *Adagio* tendre et paisible (en mi bémol majeur, à 3/4), phrases chantantes, souvent enjolivées de tierces et de sixtes, opposant leur flux sans histoire aux péripéties qui précèdent. – Le *presto* pourrait être signé par Jean-Sébastien, on n'y verrait que du feu ; c'est le rythme d'une gigue et l'écriture d'une invention à deux voix, à peine rehaussée de quelques accords, précise, concise, menée de main de maître.

SONATE W. 48/5, H. 28 (en ut majeur). – Le rythme de menuet du premier mouvement *(poco allegro)*, gentiment pompeux, tranche avec les autres débuts de sonate ; deux thèmes, à peine différenciés ; mais on notera la pédale insistante du deuxième, qui a son dernier énoncé dans le mode mineur, avec un assourdissement de la sonorité. Belles marches harmoniques, caractéristiques de Carl Philipp, dans le développement. –

L'*andante* (en la mineur), d'une sobriété exemplaire, en sa couleur d'élégie, revient au style de la mélodie accompagnée, et joue lui aussi de longues pédales en notes répétées ; quelques brusques mesures de silence, à l'un ou l'autre détour de phrase, marquent discrètement des pointes d'émotion, où l'on dirait que la parole manque, que la voix s'étrangle et n'est recouvrée qu'au prix d'un véritable effort. – Finale assez court, et très efficace *(allegro assai)*, avec les syncopes bien scandées de son premier thème, les arpèges volubiles du second, l'échange de réparties du développement. La reprise, désinvolte, sacrifie A, et B termine, en gais moulinets.

SONATE W. 48/6, H. 29 (en la majeur). – La plus développée, la plus brillante des six, surtout dans son *allegro* initial. Voyez ce début, qui inspirera Haydn : deux mesures placides, des silences, une flèche ascendante suivie d'une chute arpégée, et soudain ces roulements de triolets qui vont occuper la scène, parfois aux deux mains à la fois, en accords brisés, en gammes, en incisives notes répétées ! – L'*adagio* (en fa dièse mineur) est le plus beau de la série des *Prussiennes*, avec cette plainte pathétique que soprano et alto se renvoient des doigts forts aux doigts faibles de la main droite ; la fameuse marche harmonique de Carl Philipp fait ici d'autant plus d'effet que la ligne mélodique se disjoint, se meurtrit d'appogiatures. – Le finale *(allegro)*, original et étendu, tire parti du contraste entre ses longues lignes de noires en contrepoint serré, et ses soudaines cascades d'arpèges brisés, que déclenche le preste ressort de quatre doubles croches.

### *Six Sonates wurtembergeoises* (W. 49)

COMP 1742-1744. PUB 1744 (Haffner, Nuremberg). DÉD au duc Charles de Wurtemberg.

La suite rayonnante des précédentes, allant davantage encore dans le sens du *Sturm und Drang*, favorisant les tonalités mineures (trois sonates sur six), poussant de plus en plus le genre de la sonate dans celui de la fantaisie, triomphant dans ce qu'Emanuel lui-même appelle la « surprise calculée ».

SONATE W. 49/1, H. 30 (en la mineur) – Le *moderato* initial, brillant, mouvementé, abuse un peu trop de sa petite anacrouse impétueuse, en forme d'arpège ascendant, qu'on entend sans cesse et à tous les registres. – La tendre confidence de l'*andante* (en la majeur) a beau vouloir passer sans heurts, d'un mouvement égal et paisible, elle nous prend de court chaque fois qu'elle emprunte les tons mineurs, creusant l'émotion, disant le plus avec le moins. – Voici un autre homme dans le finale *(allegro assai)*, celui qui a légué à Haydn sa verve, son humour, sa vitalité ; le remontoir des notes répétées, les modulations rapides, les réponses du tac au tac, les accords brisés en chaîne, et surtout, à la conclusion de l'une et l'autre partie, cet étonnant piétinement de l'harmonie sur la basse changeante, générateur de bonnes et drues dissonances, tout cela comble d'aise et le pianiste et l'auditeur.

SONATE W. 49/2, H. 31 (en la bémol majeur). – Deux éléments contrastés au début du premier mouvement *(un poco allegro)*, et qui le nourriront tout entier : des sixtes caressantes, et un trait de doubles croches en dents de scie, avec des mordants sur les notes répétées, bien difficile quand il passe à la main gauche ; à huit reprises, une mesure *adagio* rompt le discours ; et de brusques chutes en mineur le dérobent à la bonne humeur qu'il simule au début. On notera la réexposition complète. – Le mouvement lent (en ré bémol majeur, *adagio*), après un prologue un peu hésitant, où l'on semble poser à tâtons un climat propice, déroule soudain, en triolets, une mélodie admirable, de couleur presque mozartienne ; elle va buter, et la suite du morceau plusieurs fois encore, contre ces écueils étranges, si nombreux chez notre compositeur, qui arrêtent la pensée, la brisent d'un effroi de tonalités spectrales (mes. 14-15, ré bémol mineur) : il y faudrait mettre un point d'orgue, et ne repartir qu'après une sorte de lutte intime avec soi-même... – L'alerte finale *(allegro)* se dépense en accords brisés, qui dans les marches du développement donnent un rôle acrobatique à la main gauche.

SONATE W. 49/3, H. 33 (en mi mineur). – L'*allegro*, original, a un début vigoureux, quatre mesures d'accords, à quoi s'enchaîne un motif à notes répétées, répercuté d'une main à l'autre, qui semble signifier le départ d'une toccata : un peu plus tard, ce motif se révèle n'être que l'accompagnement anticipé d'un thème qui aurait pu, en réalité, commencer lui-même le mouvement, et que seul le caprice a retardé ; le jeu se reproduit, plus piquant encore, dans le développement (où les notes répétées, sur une série de septièmes diminuées, ont beaucoup d'allure) et dans la reprise. – L'*adagio* (en mi majeur) semble échappé d'un concerto ; on entend l'orchestre pendant les onze premières mesures ; à la douzième entre le soliste, qui plane sur la crête de ces cordes invisibles, tantôt ardent, tantôt confidentiel. – *Vivace* à 3/8, instable, parfois rappelé à l'ordre par la férule de sa basse de croches, et d'autres fois brusquant le tempo, dans ces passages où les deux mains se poursuivent sur un mince fil de doubles croches.

SONATE W. 49/4, H. 32 (en si bémol majeur). – Premier mouvement nettement bithématique *(un poco allegro)* : thème A très court, en rythme pointé, thème B très développé, mais l'un et l'autre assez quelconques et rassis, dans le goût d'un concerto grosso, traité sans humour. – L'*andante* (en sol mineur) se charge de dissiper cette impression ; merveilleuse écriture en trio, proche de celle des *Sonates d'orgue* de Jean-Sébastien ; le thème, commencé en mouvements disjoints de croches (dont deux septièmes) et terminé en doubles croches conjointes, entre d'abord au soprano, puis à l'alto, ensuite à la basse ; contrechants enveloppants, aussi tendres et sensibles que lui. – L'*allegro* final est spirituel, entrecoupant ses saillies de silences ironiques, s'amusant à quelques acrobaties (dans la seconde moitié : traits en notes répétées, trille double sous lequel la main gauche brise des accords à toute vitesse).

SONATE W. 49/5, H. 34 (en mi bémol majeur). – En dépit d'une exposition à deux thèmes (le premier fiérot, dégringolant deux octaves et poursuivant en rythme pointé, rythme qui d'ailleurs contamine tout le morceau, – le second frisé de gruppettos), en dépit d'un long développement et d'une vraie réexposition, l'*allegro* n'est pas exempt d'une certaine platitude. – Mais quelle page profonde que l'*adagio* (en mi bémol mineur), au thème gémissant, repris en imitation, dans une texture serrée et précieuse ; quand, un peu plus loin, le chant s'accompagne d'arabesques de doubles croches (mes. 19), on croit entendre la *Sinfonie* en mi mineur de Bach. – Dans l'espiègle finale *(allegro assai)*, que scandent, en ses cahotants dessins brisés, les notes répétées de la pédale de dominante, qui donc hésiterait à citer Haydn, et lui uniquement ?

SONATE W. 49/6, H. 36 (en si mineur). – Sonate étrange, mélange d'abstrus et de fantasque. Le *moderato* initial, surtout, déconcerte ; oppositions constantes de dynamique, de texture, de rythme ; arrêts intempestifs et points d'orgue, ruptures de discours, digressions ; modulations capricieuses. Au fond, c'est un interminable récitatif, qu'un rythme d'ouverture française tente vainement de mettre au pas. – Le même décousu règne dans l'*adagio non molto* (en si majeur), et le même rythme pointé, plus pressant encore ; de semblables gouffres semblent happer d'un coup la musique. – L'*allegro* conclusif, après ces pages chargées de notes et d'intentions, surprend par ses lignes claires, son débit sec et précis d'invention à deux voix.

### *Six Sonates du Versuch (Probestücke)* (W. 63)

COMP 1753. PUB 1753 (Winter, Berlin), comme supplément du *Versuch über die wahre Art das Clavier zu spielen* (1<sup>re</sup> partie).

Plutôt des « morceaux en forme de... » sonates ; les dix-huit *Probestücke* qui doivent servir à illustrer sa méthode, Carl Philipp les range par trois, un peu artificiellement, dans un ordre croissant de difficulté, tout en dotant chacun d'eux d'une tonalité différente : ainsi l'élève pourra s'exercer dans dix-huit tons différents (deux sonates de plus, et le fils refaisait le *Clavier bien tempéré* de son père !). On notera également qu'il raffine sur les indications de caractère : « tranquillamente », « innocentemente », « con tenerezza », disent les trois premiers ; « con spirito » tel autre, tel autre encore « amoroso ». Surtout, la série se distingue par son luxe d'indications de dynamique, employées en fortes antithèses, du double forte au triple piano.

SONATE W. 63/1, H. 70. – Plutôt une sonatine. *Allegretto* en ut majeur, *andante* en mi mineur, *tempo di minuetto* en sol majeur. Seul le mouvement lent mérite d'être retenu ; mais il prouve que l'on n'a pas besoin de matière ni d'espace pour écrire de belles choses ; une page, et deux voix tout au long, dont l'une chante et l'autre accompagne ; syncopes expressives et notes répétées (plaintes, soupirs) ; noter l'indication de départ : *andante, ma innocentemente*.

SONATE W. 63/2, H. 71. – Sonatine encore. Un *allegro con spirito* en ré mineur, binaire, symétrique (deux fois seize mesures, calquées les unes sur les autres) ; quelques gammes et arpèges en façon d'exercice. – *Adagio sostenuto* en si bémol majeur, de maigre et facile substance. – Et comme *presto*, en sol mineur, une petite gigue à 12/8, très réussie dans son brio sans danger.

SONATE W. 63/3, H. 72. – Badinage à deux voix du *poco allegro*, en la majeur, en forme de menuet, où la noire est souvent monnayée en triolets. – L'*andante*, en la mineur, à 9/8, déroule de chantants arpèges ; « lusingando », recommande l'auteur ; un peu moins fin de texture, Jean-Sébastien l'eût adopté pour son *Clavier bien tempéré*. – Toujours à deux voix, l'*allegro* conclusif, en mi majeur, a de fort jolies harmonies dans le développement, et des effets de soupirs, avec notes répétées et contretemps haletants.

SONATE W. 63/4, H. 73. – D'un coup plus difficile, et de matériau plus solide que les trois précédentes. Le premier mouvement, en si mineur, se présente sous l'indication trompeuse d'*allegretto grazioso* ; si l'on se base sur les nombreux traits en triples croches, ce n'est plus qu'un andante, et peut-être même un adagio. Mélodie accompagnée, très ornée, en fioritures déjà plus classiques (songez aux frisons beethovéniens) que baroques. – *Largo maestoso* en ré majeur, à rythme pointé d'un bout à l'autre, en riches condensations verticales. Une libre *cadenza* conclusive le conduit en fa dièse mineur pour l'*allegro siciliano e scherzando*, – morceau admirable, un des deux plus beaux *Probestücke* (avec celui en la bémol), et qu'on a envie de prendre plutôt lent, tant il évoque l'adagio du *Vingt-troisième Concerto* de Mozart ; la dernière reprise (mes. 41) touche au plus vif de la chair, avec sa modulation en si mineur, amorcée par ce frottement du sol ♮ contre le fa ♯ de la basse.

SONATE W. 63/5, H. 74. – L'*allegro di molto*, en mi bémol majeur, est une petite étude, bien que gammes et arpèges n'y exercent, au fond, que la musicalité de l'interprète ; on est fort proche, ici, en plus élaboré, du style des *Petits Préludes* de Bach (le début, avec cette septième abaissée, devrait vous en rappeler un en particulier !). – Le poignant *adagio assai*, en si bémol mineur, déroule une cantilène aux mélismes tourmentés, sur un fond d'accords battus ; deux pages aux incessants contrastes de dynamique, et qui s'achèvent, après la percussion violente de gros accords tassés, fortissimo, par un *ppp* inattendu. – C'est presque un rondo à la Mozart que l'*allegretto* final, en fa majeur, à jouer « arioso ed amoroso », et comportant des reprises variées écrites : Carl Philipp annonce son recueil suivant.

SONATE W. 63/6, H. 75. – On ne se trompera guère en trouvant à l'*allegro di molto*, en fa mineur (ce ton, justement !), un caractère beethovénien avant la lettre ; tout un côté impulsif, impératif, intensément passionné. Début en basse d'Alberti à la main droite, que la gauche, après l'attaque de l'accord de tonique, croise pour placer à l'aigu ce motif haletant qui sert de thème unique au mouvement. Plus loin, les mains échangent leurs rôles, et aux mesures de conclusion travaillent ensemble ces fougueux dessins brisés.

Une haute inspiration soutient de bout en bout l'*adagio affetuoso*, en la bémol majeur. Basse d'arpèges recommencés, indiquée de telle sorte que toutes les notes en soient tenues (ce qui renseigne sur la façon dont il faut jouer de semblables dessins chez Mozart, par exemple, et bien d'autres, victimes de pianistes secs et timorés). Mélodie en tierces, en sixtes, « affectueuse » en effet, et doucement éloquente. Le morceau finit sur une grande mesure ouverte, de cadence, – à jouer sans aucune hâte, bien sûr, les notes égrenées au plus près des touches, parlées plus encore que chantées.

La *Fantasia* en ut mineur qui termine la sonate, et met un orgueilleux paraphe au *Versuch* tout entier, a été appelée « Hamlet-Fantaisie » parce que le poète Gerstenberg voulait lui appliquer le fameux monologue de Shakespeare (et même y joindre sa propre version de la mort de Socrate). Mais on n'est pas forcé de voir dans cette pièce, assurément fantasque et même fantastique, autre chose que de la musique : en liberté, improvisée avec superbe, en arpègements, fragments de récitatif, traits volubiles, modulations brutales, silences retentissants. Entre deux pans de désordre (plus ou moins organisé, il va sans dire), à mesure ouverte, s'étend un *largo* en mi bémol, aux accents pathétiques. – Il faudra attendre une trentaine d'années avant de retrouver, dans les derniers cahiers *für Kenner und Liebhaber*, l'équivalent de cette *Fantaisie*.

### *Dix-huit Sonates avec reprises variées* (W. 50, 51, 52)

*W. 50* : COMP 1758 (n° 5) et 1759. PUB 1760 (Winter, Berlin). DÉD à la princesse Amalia de Prusse (sœur de Frédéric). – *W. 51* : COMP entre 1750 et 1760. PUB 1761 (Winter). – *W. 52* : COMP entre 1744 et 1762. PUB 1763 (Winter).

À l'époque où furent publiées ces trois séries, l'usage était de varier les reprises d'une sonate, et les interprètes avaient toute latitude pour le faire à leur façon. De même qu'un jour Beethoven réagira contre la liberté laissée au pianiste d'improviser les cadences de concertos et rédigera au complet les siennes, de même Philipp Emanuel décide ici d'écrire lui-même, puisque c'en est la mode, ses reprises variées. Dans ces variantes ornementales, il révèle des trésors d'invention, d'adresse, de finesse. Son public en redemande ; après le succès de la première série de six sonates *mit veränderten Reprisen*, il lui donnera coup sur coup une « suite » *(Fortsetzung)* et une « nouvelle suite » *(Zweite Fortsetzung)* ; en réalité, devant puiser à cette fin dans le monceau de sonates plus anciennes et inédites, il ne généralisera pas le procédé. – On trouvera ci-dessous un choix parmi ces dix-huit sonates.

SONATE W. 50/5, H. 126 (en si bémol majeur). – Une œuvre contrastée, où la pièce maîtresse est le mouvement lent (en sol mineur, *larghetto*), à l'expression poignante, aux harmonies instables. – Le premier mouvement *(poco allegro)* paraît bien débonnaire auprès de ces pages, et son piétinement continu de croches à la basse finit par être monotone ; on n'en éprouve pas moins la curiosité de voir l'auteur s'ingénier à varier ses phrases, dans ses fameuses reprises écrites, et l'on s'étonne de son inclination à dessiner ses fioritures en groupes anomaux, indivisibles, l'équivalent des petites notes du siècle suivant. – Le finale est un *tempo di minuetto* à deux thèmes, amplement développé ; on y remarque, périodiquement, une cadence en octaves, d'un effet comique et théâtral.

SONATE W. 50/6, H. 140 (en ut mineur). – Elle sort de l'ordinaire. Un seul mouvement *(allegro moderato)*, en forme de rondo, le premier thème mineur, le second majeur, tous deux revenant variés, suivant le schéma ABABA. Écriture incisive, trouée de silences, motifs fébriles, ne tenant pas en place, que ce soit dans un mode ou dans l'autre, et avec de fortes oppositions de dynamique.

SONATE W. 51/1, H. 150 (en ut majeur). – En dépit du titre annonçant une « suite » aux précédentes, on ne rencontre de reprises variées que dans la cinquième sonate de cette série (voir ci-dessous). Mais cette première sonate, composée en 1760, a la particularité de comporter deux autres versions, qui en sont autant de variantes (respectivement W. 65/35 et 36, H. 156 et 157). Les trois se trouvent dans le troisième volume du choix de sonates de Philipp Emanuel édité par Darrell Berg (Henle, 1989), et leur comparaison est une passionnante étude de l'art de varier. – Le meilleur des trois mouvements est l'*allegro* final, très original et considérablement amélioré dans les versions suivantes ; un motif de cinq notes y sert de tremplin répété, et suffit en quelque sorte à engendrer ces pages rieuses et même farceuses, qui égalent Haydn en humour et brio. Les oppositions de nuances, les changements de registre, les silences soudains s'inscrivent dans une structure précise, où il n'y a pas place, dirait-on, pour le hasard. Classique, irréprochablement.

SONATE W. 51/4, H. 128 (en ré mineur). – L'*allegro assai*, à 4/4, fonce sur son thème unique, un motif arpégé, ponctué au quatrième temps par la tonique dans le grave ; beaucoup d'accords brisés, aux mains alternées ; texture légère à deux voix, à part les petits martellements de la conclusion. Rien d'extravagant ni d'improvisé, le temps est précisément compté ; le long silence de trois temps qui coupe l'élan du développement (mes. 24) n'en est que plus éloquent, et d'autant qu'il sert à enrayer l'optimiste fa majeur du relatif, pour repartir dans un sombre la mineur. – Le mouvement lent (en fa majeur, *largo e sostenuto*) est très inspiré, et dans sa marche relativement sobre, son pas égal et suivi, les quelques écarts prennent des proportions inattendues : la soudaine fioriture de triples et quadruples croches, avant-goût de Field et de Chopin (mes. 11), la brusque modulation au relatif (mes. 13), le fortissimo sur l'harmonie napolitaine (mes. 22). – *Presto*, quant à lui, plein de fantaisie, en mosaïque de petits motifs : entre autres le rythme iambique initial, les dessins brisés qui dégringolent à la dixième, le second thème haut perché dans l'aigu, les brillants arpèges en jeu alterné, le bruyant martelage conclusif.

SONATE W. 51/5, H. 141 (en fa majeur). – *Allegro assai* aux joyeuses petites fanfares de tierces, dans son 9/8 pastoral ; les reprises sont variées (y compris tout le développement, repris et embelli). – Puis vient un court *larghetto* (en ré mineur), moins un véritable mouvement qu'une transition vers l'*allegro* final, lui aussi plutôt bref, mais fort amusant, cousu de triolets, en bonds continuels d'un registre à l'autre, en roulements serrés, la main gauche hors jeu, se contentant de marquer la cadence.

SONATE W. 52/1, H. 50 (en mi bémol majeur). – Une des plus anciennes de la série, elle remonte à 1747. Passant vite sur le premier mouvement *(poco allegro)*, où pourtant, sous l'apparent poli de surface, on est surpris par de brusques et nerveux jets de triples croches, par des unissons coléreux, par quelques teintes mineures accentuées (mes. 30), – il faut s'arrêter au mouvement lent (en ut mineur, *adagio assai*), très expressif, jusqu'à pathétiser, avec son ornementation d'arioso, ses contrastes dynamiques multipliés à toutes les mesures, ses soudaines et véhémentes octaves de main gauche. – Le *presto*, à 3/8, et à deux voix, est une perfection ; mouvement quasi perpétuel de doubles croches à la main droite, sur une basse légère en croches ; on est à mi-chemin entre un prélude de Jean-Sébastien et un exercice de Scarlatti.

SONATE W. 52/4, H. 37 (en fa dièse mineur). – La seule de cette tonalité chez Philipp Emanuel. Plus ancienne encore que la précédente, datant de 1744, ce qui la rend contemporaine de la sixième des *Wurtembergeoises*. Elle est attachante par son *allegro*, qui n'arrive pas à se décider entre deux tons (et même deux styles). Le premier thème roule des triolets de toccata aux deux mains alternées, le deuxième chante pensivement sur une basse bien égale d'accords battus : d'un côté Jean-Sébastien, de l'autre Jean-Chrétien ? Les triolets du premier coupent le second à plusieurs reprises, impétueusement, comme pour l'appeler à plus d'énergie.

SONATE W. 52/6, H. 129 (en mi mineur). – Une très belle sonate, réussie de bout en bout. Contraste, tout au long de l'*allegro*, entre la plainte résignée et l'emportement ; il n'est que d'entendre les quatre premières mesures : les tierces et sixtes très douces des deux premières, piano et pianissimo, suivies des cris violents, fortissimo, des deux suivantes. La basse a un incessant piétinement de croches, en notes répétées. Long développement, rempli d'étrangetés, de modulations enharmoniques. – L'*adagio* (en mi majeur), méditatif et mélancolique, porte un titre curieux, *L'Einschnitt*, ce qui signifie « incision » et se réfère à la manière dont cette longue mélodie se développe, par éléments de phrase dont chacun reprend à son début les dernières notes du précédent, en changeant de registre. – *Allegro di molto* à 3/4, mené au rythme harcelant de cette même basse en notes répétées ; morceau court et précis, en petites bouffées de colère.

## *Six Sonates « pour connaisseurs et amateurs »* (W. 55)

COMP 1758 (n° 2), 1765 (n°s 4 et 6), 1772-1774 (n°s 1, 3 et 5). PUB 1779 (Leipzig).

Après Leipzig et Francfort, après Berlin, la dernière période de Carl Philipp Emanuel Bach se déroule à Hambourg, où son activité toujours plus importante se dépense en une œuvre prolifique, touchant à tous les genres, concertos et symphonies, trios et quatuors, musique vocale, musique religieuse. Le clavier est loin d'être en reste ; c'est à Hambourg qu'il assemblera, de pièces anciennes comme de morceaux plus récents, les six cahiers *für Kenner und Liebhaber*, consacrés au début uniquement à des sonates, mais où bientôt les sonates vont alterner avec des rondos, puis avec des fantaisies. – Ces sonates de la grande maturité continuent d'explorer une forme à laquelle il a donné déjà tant de beaux fleurons ; il s'y emploie avec des techniques nouvelles et variées (on notera en particulier l'usage de mouvements enchaînés), une texture influencée par le piano, un goût recommencé pour la virtuosité, une liberté accrue, une palette sensible plus large, où la passion comme l'humour, la gravité comme l'ironie se colorent de teintes toujours plus recherchées. Il demeure, par vocation, multiple, imprenable aux rets de la classification : la *Quatrième* et la *Sixième Sonate* du recueil, composées la même année, semblent écrites par deux êtres différents.

SONATE W. 55/1, H. 244 (en ut majeur). – Dans l'étonnant *prestissimo* initial, on ne saurait parler de thème, devant ces figures de doubles croches divisées entre les mains, gammes et arpèges, pour se faire les doigts avant les choses sérieuses ! Noter l'équivoque rythmique des mes. 21-24 et assimilées : la droite est à deux temps sur les octaves en noires pointées de la gauche. – *Andante* tendre (en mi mineur), chantant en tierces, en sixtes, avec des soupirs, et je ne sais quoi d'italien ou d'espagnol dans les mélismes. – L'*allegretto* est désinvolte au point d'irriter. Ces saillies rythmiques, ces gammes qui fusent, ces brusques écarts entre les mains, camouflent peut-être ici une absence de pensée (mais allons, le pianiste va nous arranger cela, comme d'habitude).

SONATE W. 55/2, H. 130 (en fa majeur). – L'*andante* qui ouvre la sonate, à 2/4 pointé tout au long, et très chargé d'ornements, est remarquable par son emploi du *Bebung* (vibrato), qui donne en particulier aux dissonances du développement central une extraordinaire intensité. – Le morceau enchaîne sans transition sur un émouvant *larghetto* (en fa mineur, à 9/8), plainte recommencée, lovée en ces dessins arpégés qui partent du médium, se hissent quelques degrés plus haut, mais retombent comme attirés irrésistiblement par le sol. – On s'offusquerait (comme on le fait souvent chez Mozart) de rencontrer, au sortir de ces pages contrites, l'insouciance et la bouffonnerie du finale *(allegro assai)*, s'il n'était si réussi, dans ses motifs tranchés, ses silences, ses sauts à travers le clavier, son décousu plus fignolé qu'on ne pense. L'arpège de départ de la basse, en aller et retour, a le beau rôle dans le développement, jusqu'à remplir quelques mesures d'unisson, brouhaha joyeux dont Beethoven se souviendra.

SONATE W. 55/3, H. 245 (en si mineur). – Aventureuse en ses modulations. L'*allegretto*, à 2/4, place ré majeur (le relatif) avant si mineur, atteint rapidement sol pour le second thème, module en mi mineur, puis (très douloureusement) en fa dièse mineur, et arrive ainsi à la barre de reprise ; repart avec A en la majeur, perd ses dièses l'un après l'autre en rétrogradant en ré, sol, ut, retrouve B, module en la mineur, enfin rejoint le ton de départ. – L'*andante*, à 3/8 et apparenté au précédent par ses thèmes, commence dans le ton éloigné de sol mineur ; il module brutalement à la mes. 19, pour ramener les dièses, et enchaîner sur le finale. – Celui-ci est un *cantabile* à 2/4, à deux voix très nues et désolées, dessins de doubles croches sur une basse en noires ; on distingue un refrain (la portion où cette basse, de passacaille, est chromatique) et des couplets : il s'agit d'un rondo, atypique, pour une fois fort loin de l'humour et de la désinvolture qu'on associe à la forme.

SONATE W. 55/4, H. 186 (en la majeur). – Une des sonates les plus admirées de Carl Philipp, pour ses qualités classiques d'économie. L'*allegro assai* est brillant, avec son thème gaillard, frappé de contretemps ; virtuose, avec ses nombreux traits alternés et ses trémolos ; moderne, dans les belles modulations du développement ; pas une ombre de contrepoint : il regarde résolument vers le futur. – Le mouvement lent (en fa dièse mineur, *poco adagio*) pousse plus loin, dans sa veine élégiaque et son ornementation délicate : il romantise... – L'*allegro* final nous chasse toutes les ombres ; triolets gaiement lâchés en gammes et arpèges ; et cette clochette obstinée (mes. 17, etc.) qui se met à tinter à plusieurs reprises.

SONATE W. 55/5, H. 243 (en fa majeur). – Une sonatine, dont l'*allegro* a la particularité de commencer, en ut mineur et en accords, comme du Beethoven (la *Pathétique*), et de bifurquer pour s'installer en fa à la mes. 5 et continuer comme du Mozart (le *Rondo K. 617* pour harmonica et quatuor). – Un court *adagio maestoso* le sépare d'un *allegretto* encore plus court, d'humeur haydnienne, capricieux en diable, esquissant une idée, l'abandonnant pour une autre, nous surprenant jusqu'à la dernière mesure.

SONATE W. 55/6, H. 187 (en sol majeur). – Si la précédente était lilliputienne, celle-ci s'impose comme une des grandes sonates de Philipp Emanuel ; moins par la taille, d'ailleurs, que par le contenu. Sonate-fantaisie, progressant régulièrement, avec délectation, de l'ordre au désordre. Quand on a démontré des dons d'organisateur, de planificateur, on peut bien en prendre le contrepied ! L'*allegretto moderato* est complexe dans ses rythmes comme dans ses mélodies, bourré d'idées éclatées en fragments, dans une débauche de groupes irréguliers. – L'*andante* (en sol mineur) passe de l'improvisation au discours réglé : au début, par exemple, dans une mesure totalement libre, tombent en cascade des triolets de doubles croches, freinés en croches, aboutissant à un trille avec point d'orgue ; puis la page s'organise, en arabesques harmonieuses, jusqu'au nouvel essor de triolets. – L'*allegro di molto* est encore plus débraillé, difficile à rendre, dans l'extrême mobilité des rythmes, la variété des valeurs, les idées disposées en mosaïque. Le meilleur moment, peut-être : les plages de triolets chantants, en marches d'harmonie, où l'on a envie d'entendre un air de Schumann.

## Autres Sonates « pour connaisseurs et amateurs » (W. 56-59, 61)

COMP entre 1763 (W. 57/6) et 1786 (W. 61/5). PUB 1780, 1781, 1782, 1785 et 1787 (Leipzig).

Poursuivant sur sa lancée, et son succès (près de six cents exemplaires vendus du premier recueil), Philipp Emanuel Bach publia cinq nouveaux recueils « pour connaisseurs et amateurs », mais en entremêlant les sonates de rondos et de fantaisies. De ces dernières sonates (au nombre de douze), je donne ci-dessous un choix ; on trouvera rondos et fantaisies plus loin.

SONATE W. 56/4, H. 269 (en fa majeur). – Deux mouvements seulement (chose rare), dont il faut retenir le *presto* à 2/4, réjouissant au possible, ayant d'avance quelque chose de la robuste et raisonnée *burla* dont Beethoven est capable. Arrêts, brisures, jaillissements s'inscrivent ici dans un ordre qui, pour être caché, n'en séduit pas moins la conscience.

SONATE W. 57/4, H. 208 (en ré mineur). – Le deuxième mouvement, un *cantabile e mesto* en sol mineur, à 3/8, est un des plus saisissants mouvements lents de toutes les sonates d'Emanuel Bach (hélas compris entre deux morceaux assez quelconques). Tout y concourt : chromatismes lancinants, harmonies napolitaines (l'arrivée de la mes. 4), imitations vraiment parlantes, soudaines équivoques rythmiques (impression de deux temps dans ce mètre à trois, mes. 16-17), accords de septième diminuée accentués, etc. On pourrait suivre cela à la trace, qui n'expliquerait pas cette continuité, ce souffle ; le caprice a fait durablement place ici à l'émotion la plus nue.

SONATE W. 57/6, H. 173 (en fa mineur). – Bien connue, pour son magnifique *allegro assai*. Aucun temps mort, depuis ce début énergique, qui escalade en rythme pointé l'arpège du ton, jusqu'à ce fort développement, qui nous entraîne en tourbillons de triolets modulants dans les parages étranges de fa bémol majeur (enharmonique de mi) et nous en extirpe de façon tout aussi étonnante. – Forkel estimait que ce premier morceau peignait « l'indignation », que l'*andante* en fa qui le suit représentait « la réflexion », et le petit *andantino grazioso*, sur son pas de croches, « la consolation ».

SONATE W. 59/3, H. 282 (en si bémol majeur). – Très belle sonate, dont on a dit qu'elle était le portrait du compositeur. Voyez l'*allegro un poco*, en particulier, d'une vie trépidante, avec ce thème initial qui, sitôt posés ses trois premiers temps, fuse à l'aigu, retombe pour une roulade, remonte, redégringole en trombe ; turbulence de ces passages où les mains superposent trémolos et arpèges, vigueur de ces unissons. – Le *largo* (en mi bémol) est un peu long, mais si expressif, à la fois lyrique et confidentiel. – L'*andantino grazioso*, si l'on n'y veille, peut tomber dans le marivaudage ; chose exquise, mais qui jure décidément avec le caractère du premier morceau ; il faut lui maintenir, malgré lui, une carrure, et ne pas l'enrubanner.

## SONATES DIVERSES

En dehors des recueils constitués par Carl Philipp Emanuel Bach, voici un petit choix de sonates, forcément arbitraire (tant d'autres méritaient d'être retenues) ; les unes parues dans des recueils collectifs de l'époque, les autres inédites de son vivant. Je les range dans l'ordre chronologique établi par Helm.

**Sonate en si bémol majeur** (W. 62/1, H. 2)
COMP 1731 (Leipzig), révisée en 1744. PUB 1761 (dans *Musikalisches Allerley*).

À mentionner pour montrer, sur les premiers essais d'Emanuel, la griffe encore bien présente de son père. Le *presto* initial est une invention à deux voix, calquée sur l'*Invention en fa* de Jean-Sébastien. L'*andante* (en sol mineur) est bien circonspect, sur ses accords battus en croches, mais sait déjà employer les triolets pour changer d'humeur. Le finale *(allegro assai)* se secoue, grimpe crânement la gamme, plus loin inverse son thème, joue des syncopes et des contretemps.

**Sonate en si mineur** (W. 65/13, H. 35)
COMP 1743 (Berlin).

Un *poco allegro* d'une belle et profonde gravité, en noires à 3/4, d'écriture plus verticale qu'horizontale, sauf quelques mesures d'imitations, en glissements chromatiques (mes. 37, inversés dans la deuxième section) ; syncopes éloquentes du thème initial, dans les deux mains, répétées tout au long du morceau : la dissonance est figée, prolongée, en attente. Le *molto adagio* (en ré majeur) est de caractère élégiaque ; l'*allegro molto* s'enflamme, tire parti de son motif initial, nerveux, sur un arpège descendant.

**Sonate en sol mineur** (W. 65/17, H. 47)
COMP 1746 (Berlin).

Une des plus admirables sonates de l'auteur. Fantaisie plutôt que sonate, en trois mouvements enchaînés. Le premier *(allegro)* est le plus fantasque, qui débute par des traits aux mains alternées, débouche sur un turbulent unisson de triolets, se trouve un thème, pour l'entrecouper à nouveau d'unissons et de récitatifs : tout cela en réalité très construit, passant subtilement des plages improvisées aux mesures plus strictes. – Arrêt sur la dominante, pour enchaîner avec un bel *adagio* (en sol majeur) de forme rondo, dont le bref refrain, doux et consolant, sépare de courts épisodes contrastés. – L'étonnant finale *(allegro assai)* passe son temps à décevoir une attente ; son thème principal, après l'efflorescence d'un arpège entre grave et aigu, semble, avec ses lignes brisées et son chromatisme, quelque insolite sujet de fugue... laquelle ne s'amorce jamais, le restant du mouvement préférant une allure de chant accompagné. Silences et points d'orgue augmentent la tension ; après maints essais, le thème de « fugue » finit tout seul, dans sa nudité.

***Sonate en ut mineur*** (W. 65/31, H. 121)
COMP 1757 (Berlin).

La « Pathétique » de Philipp Emanuel Bach. L'indication du premier mouvement *(allegro assai ma pomposo)* est exacte : il y a de la pompe dans ce long unisson de départ, qui scande fièrement les arpèges de tonique et de dominante en rythme pointé, comme un nerveux tutti d'orchestre. À la neuvième mesure, un petit air, au relatif, désinvolte. Mais le rythme pointé le rattrape, puis l'unisson, et c'est à nouveau la proposition initiale, en octaves à la basse, avec réponse fébrile à l'aigu. Tout le mouvement met en conflit ces éléments antithétiques. – L'*andantino* (en sol mineur) produit d'avance l'effet du mouvement lent du *Quatrième Concerto* de Beethoven. Tutti orchestral du début, en rythme pointé, fort et menaçant, à quoi répond une petite phrase entrecoupée ; ainsi plusieurs fois en alternance, avec parfois un surcroît de plainte (mes. 13-15, en syncopes déchirantes) que le rythme pointé étouffe à nouveau, triomphant jusqu'à la fin. – En dépit de ses sixtes et de son 6/8 de sicilienne, le thème de l'*allegro scherzando* final est âpre et vindicatif ; ici encore, oppositions et contrastes dramatiques, entre pianos et fortissimos, entre phrases plaintives et octaves violentes. – Dans toute la sonate, une écriture classique, où la vigueur et la netteté des idées et des lignes remplacent la fantaisie baroque.

***Sonate en ré majeur*** (W. 65/40, H. 177)
COMP 1763 (Potsdam).

L'*allegro* pourrait être signé de Haydn, presque sans changement : l'écriture parfaite, la thématique, et cette sobriété, cette efficacité classique atteinte une fois pour toutes, en dépit des changements incessants de manière. L'électricité des triolets qui rompent le cours de l'exposition et bousculent ses croches se communique au développement. L'*allegro* final, à cette vie un peu trop nerveuse, ajoute du piquant, de l'esprit. – Entre les deux mouvements vifs s'étend un admirable *larghetto* (en ré mineur), où tout chante, tant la droite, qu'elle joue des sixtes et des tierces ou tourne lentement une broderie, que la gauche, où la moindre double croche, selon la leçon apprise de Jean-Sébastien, doit compter, en ces dessins qui montent amoureusement vers la droite, et plus loin lui font écho ou même la précèdent, ou l'imitent à la note près. Nocturne et soliloque, aussi discret que sensible. Ici encore, le fantasque et le décousu sont remplacés par le précis, mais poétique : et l'on se dit soudain (l'espace d'un instant) que c'est peut-être l'extravagance qui est prosaïque...

### Sonate en si bémol majeur (W. 65/44, H. 211)
COMP 1766 (Berlin).

C'est une des rares à n'avoir que deux mouvements (en réalité, une première version comprenait un *larghetto*, que le compositeur publia comme deuxième mouvement de la *Sonate W. 59/3* : voir plus haut). Le premier, un *andantino* en forme de rondo, est pourvu de « reprises variées », et rien n'est plus piquant que cette impression de lire aussi les brouillons du morceau, de voir telle ligne au départ très sobre s'étirer, se friser en roulades expressives. – Le finale *(allegro assai)* est étourdissant ; thème en noires, au 3/4 de menuet, mais amené par un arpège en fusée. Peu à peu les croches, puis les doubles croches se mettent de la partie ; contraste drolatique entre le statisme des mesures nues, à l'articulation sèche, et le fourmillement des dessins brisés, la vélocité des gammes.

### Sonate en ut majeur (W. 65/47, H. 248)
COMP 1775 (Hambourg). PUB pour la 1re fois 1989 (Henle).

Je termine volontairement sur cette sonate, une de celles qui vont le plus loin dans le bizarre et l'imprévu : à la date où elle est écrite, une évolution normale ne la ferait pas attendre ; mais justement, ces considérations ne valent rien chez Philipp Emanuel, ou peu de chose ; on dirait que par ses allées et venues stylistiques, il s'est efforcé de déjouer les « périodes » que l'on aurait pu établir dans sa vaste production.

L'*allegro* n'est pas seulement décousu ; il est rongé d'un acide mystérieux et pernicieux ; on ne saurait trouver trois mesures successives qui fassent phrase et sens ; même les rythmes se sabotent comme à plaisir : temps forts éclipsés, perte de toute notion métrique, le 3/4 indiqué n'est qu'une méchante plaisanterie. – L'*adagio assai* va de ré bémol à sol en quatre lignes incohérentes, où chaque mince velléité de thème est aussitôt moquée par une modulation, une dissonance, un silence. – L'*andante* final, où l'on comptera beaucoup plus de fragments « chantables », n'en est que plus cruel de les vitrioler l'un après l'autre ; et voyez bien qu'il ne le fait pas pour rire (plus exactement, c'est ici l'envers sarcastique de l'humour) ; le dessin descendant d'octaves brisées, fortissimo, qui taille à même le chant, y met de la colère (mes. 5-6, 29-34, etc.). Le plus inattendu survient au moment précisément le plus chantant, le seul qu'on aurait cru épargné d'avance pour sa douceur (mes. 35) ; à peine a-t-il réussi à faire cadencer une phrase, qu'il est balayé par un martelage frénétique, où les mains alternées s'écartent l'une de l'autre en triples croches. – Les pianistes d'aujourd'hui devraient courir à la découverte de cette sonate extraordinaire, une de celles que l'auteur se réservait, loin du public des « amateurs » et « connaisseurs » de tout poil...

## ŒUVRES DIVERSES

**Rondos.** – Le genre commença à faire fureur dans les années soixante-dix, et Philipp Emanuel Bach ne fut pas le dernier à suivre la mode. Treize rondos se trouvent dans la collection « pour connaisseurs et amateurs », apparus en 1780 avec la deuxième série. Ces pièces ont une démarche particulière : elles promènent leur refrain dans les tons les plus éloignés, et au fond ne sont pas autre chose que des fantaisies déguisées, poursuivant au fil des pages l'exploration harmonique qui est une des préoccupations essentielles du compositeur. De petits motifs, aisés à suivre, sont ainsi répétés en modulation, subissent toutes sortes de variations, sont coupés d'épisodes contrastants, dans une bousculade de traits, d'accents, de dynamiques opposées (le *Rondo a capriccio* du « sou perdu », chez Beethoven, dérive directement de cette technique). Une seule règle, surprendre (beaucoup plus encore que toucher, contrairement à la profession de foi de Couperin). Les contemporains ont été friands de ces morceaux, – qui enrichiraient, par leur brio, leur verve, leur éclat, leur humour, le répertoire de plus d'un pianiste d'aujourd'hui.

Voici quelques-uns parmi les plus remarquables. Dans le *Rondo en la mineur* du deuxième recueil (W. 56/5, H. 262), composé en 1778, tout part d'un minuscule motif, petit dodelinement de tierces, chuchoté pianissimo, et dont le retour incessant pendant six longues pages, loin d'irriter l'auditeur, le rassure, lui promet un semblant de continuité parmi les figures où l'entraîne l'imagination du compositeur. Par surprise, et traîtrise ! Au début, cela paraissait un mouvement lent de sonate, et des moins excentriques ; l'accord brutal de la mes. 51 (premier fortissimo du morceau), dominante de mi mineur amenée par enharmonie, dérègle le mécanisme bien remonté ; les mains s'activent soudain en traits alternés, poussent en triolets une bruyante et véhémente marche harmonique. Et ainsi de suite, au gré de l'envie, le motif de tierces initial revenant, bariolé de nouvelles couleurs, parfois élevant lui aussi la voix (par exemple, juste avant les beaux arpèges en septolets de la troisième page, quand il veut forcer une modulation) ; c'est lui, on s'en doute, qui clora la pièce, trois fois répété, en dégradé sonore.

Le *Rondo en mi majeur* du troisième recueil (W. 57/1, H. 265), daté de 1779, a l'un des plus jolis thèmes de tous ces rondos, une mélodie véritablement mozartienne, harmonisée à trois voix, qui prend son temps de fleurir, avant d'être développée comme en variations. Au bout de vingt-quatre mesures, première rupture, modulation en fa, où le thème est à nouveau énoncé, partie à la main droite, partie à la gauche sous des batteries d'octaves brisées. Deuxième rupture, au bout de seulement cinq mesures ; cette fois les mains se jettent dans une sorte de cadence, commencée en la mineur. Et cetera. L'un des plus charmants épisodes :

celui en fa dièse majeur, où le rythme à 12/8 transforme le thème en pastorale.

Le thème du court *Rondo en la majeur* du quatrième recueil (W. 58/1, H. 276), écrit en 1782, se berce au rythme d'une sicilienne ; et le rythme à 6/8 demeure à peu près perceptible durant tout le morceau, même dans les sections à traits alternés ; nul changement de tempo non plus. Mais ce thème ne connaîtra pas moins de six tonalités différentes : son la majeur initial, puis mi majeur, ut majeur, sol majeur, si mineur, si bémol majeur. Le *minore* n'est pas fortuit, ni clause de style : comme souvent chez Mozart et chez Schubert, on dirait que le chant trouve enfin sa vérité.

Le plus dramatique, et préromantique, de tous est le *Rondo en ut mineur* de la cinquième série (W. 59/4, H. 283), composé en 1784, avec une rupture, une volte-face presque à chaque ligne. Le premier thème, non seulement par cette tonalité, mais par son élan sur l'arpège du ton, son piétinement, ses trous, ses oppositions de dynamique, est de ceux que l'on dit, par paresse ou par naïveté, « beethovéniens ». Bouillonnement de triolets, plages d'accords, accents contradictoires. Un petit thème placide (mes. 36), dans son clair mode majeur et son pas mesuré, croit pouvoir apaiser cette tempête sous un crâne ; elle recommence au bout de quatre lignes. Un peu avant la fin, la brusque modulation du thème initial en fa dièse mineur puis en mi bémol mineur jette des lueurs rougeoyantes. Saisissante conclusion (si c'est conclure) : un dernier arpège du thème, tout seul dans le grave, stoppé dans son élan, arrêté au bord du vide.

Terminons par un rondo séparé de la même époque (1781), intitulé *Abschied von meinem Silbermannschen Clavier*, « Adieu à mon clavicorde Silbermann » (W. 66, H. 272) ; morceau célèbre (en mi mineur), où l'improvisateur est encore plus à nu que dans les autres rondos, parce qu'il est plus touché lui-même, et l'exprime sans fard. Les traits virtuoses s'éclipsent, l'émotion affleure, remplit autant les notes que les silences.

**Fantaisies.** – Si tant de sonates, déjà, nous paraissent fantaisistes, à plus forte raison ces pièces qui ne craignent pas l'incohérence. Carl Philipp avoue, dans une lettre souvent citée, qu'il a publié ses fantaisies afin que la postérité sache quel *Fantast*, quel improvisateur il était. Et le voilà en effet qui improvise devant nous, explorant le cercle harmonique, sans boussole ni horloge. Les plus connues des *Fantaisies* sont les six de la collection « pour connaisseurs et amateurs » (à partir du quatrième recueil).

La *Fantaisie en mi bémol majeur* du quatrième recueil (W. 58/6, H. 277), datée de 1782, n'est pas fantaisiste d'architecture, si elle l'est de matériau, et d'esprit. On distingue nettement une forme en arche ABACABA, deux volets ABA non mesurés entourant un volet central où se rétablit la barre de mesure. A ne consiste qu'en traits de toccata *(allegro di molto)*, arpèges et autres dessins partagés entre les mains ou roulements à l'unisson ; B chante davantage, module beaucoup, chromatise, lance des *arpeggios* (notés en blanches, avec chiffrage) ; C sert de mouvement lent *(poco adagio)*, chant syncopé d'un bout à l'autre, d'une incroyable instabilité tonale, en sorte que ces quelques lignes mesurées, apparemment réglées par le chronomètre, apparaîtront de loin comme la vraie « fantaisie ».

À l'opposé, la *Fantaisie en ut majeur* du sixième recueil (W. 61/6, H. 291), composée en 1786, semble donner d'emblée un sentiment de sécurité, de confort, qui jure avec le genre. Au lieu des mesures ouvertes, des triolets qui roulent et des arpèges qui se bousculent, voici des dessins bien sages et des pages bien compartimentées, en sections homogènes. Mais la fantaisie est à l'intérieur ; et plutôt que d'illustrer un drame et de provoquer des émotions tumultueuses, elle veut déclencher l'humour: Voilà à quoi s'emploie le thème principal *(presto di molto)*, dans les trois sections impaires de ce morceau en cinq parties : thème court, rebondissant sur ses notes répétées, claironnant parfois et riant toujours, d'un registre à l'autre et sur tous les tons. Et ce ne sont pas les sections paires qui l'empêcheront de conclure dans la bonne humeur ! Qu'elles sont différentes de nature, pourtant, et peu prévisibles, au milieu de ces gaudrioles... D'abord un *andante*, qui va de mi bémol à mi, en chuchotant de doux reproches, en élevant à peine la voix, çà et là, pour un accord ; ensuite un *larghetto sostenuto* qui, parti de sol majeur, module en tonalités de plus en plus lointaines, jusqu'à ce fa dièse mineur éploré où se suspend une phrase de récitatif, jusqu'à cet accord de septième diminuée qui ramène le thème principal, – lequel, évidemment, n'est pas pressé de prendre congé, et s'autorise encore quelques espiègleries !

**Variations.** – Ce paragraphe pour citer une petite partition merveilleuse, les *Variations sur les Folies d'Espagne* (W. 118/9, H. 263), composées en 1778 (parues en 1803, à Vienne). Elles sont douze, qui, après avoir énoncé en accords, en ré mineur, le fameux thème qu'on peut suivre à travers les âges de Corelli à Rachmaninov, lui proposent un commentaire aussi délicat que savant, d'une étonnante originalité, bien éloigné des insupportables litanies qu'on trouve ordinairement dans les thèmes variés de l'époque (et dont se rendront coupables même un Mozart et un Beethoven). Depuis les deux voix en brisures de la 1re variation, ou les romantiques arpèges de triples croches à appogiatures, alternés entre les mains, de la 3e (ne craignons pas d'y mettre de la pédale et d'en faire une légère buée sonore), jusqu'au souple et gracile canon de la 4e, aux traits capricieux et au mélange de valeurs de la 9e, aux syncopes de la 11e, voici en vérité les premières « variations sérieuses » de l'époque.

**Divers.** – Il faudrait du temps, de l'espace encore, pour examiner les nombreuses petites pièces qui, entre deux sonates, sont tombées de la plume de Carl Philipp, – à vrai dire non point des chutes, des rogatons, mais quelques-unes ciselées avec art et par lui-même publiées en recueils, ou offertes à des publications collectives. Je me borne à tirer hâtivement quelques tiroirs, pour en évoquer simplement le contenu. – Il y a quelques exquises sonatines, aux deux bouts de la carrière du compositeur, les *Six Sonatines* juvéniles de 1734 (W. 64), les *Sei Sonatine nuove* composées d'un mouvement chacun et publiées en 1787 comme complément à la troisième édition du *Versuch* (W. 67/7-12). – Il y a des menuets, des polonaises, de petites fantaisies, de minuscules mouvements de sonates, ceux par exemple des deux recueils publiés en 1766 et 1768 sous le titre *Kurze und leichte Klavierstücke* (W. 113 et 114), réédités en 1962 (Universal), qui ont la particularité de comporter, si menus soient-ils, des « reprises variées ». – Il y a des *solfeggios*, dont l'un, en ut mineur (W. 117/2), est devenu célébrissime sous le titre « Solfeggietto » et se rencontre dans toutes les collections de « classiques favoris ». – Il y a enfin des pièces de caractère et portraits, quelques-uns dispersés dans le *Musikalisches Allerley* et le *Musikalisches Mancherley* publiés en 1761 et 1762 ; retenons au moins ces deux pièces remarquables : *La Stahl* (W. 117/25, H. 94) et *Les Langueurs tendres* (W. 117/30, H. 110) ; celle-là (en ré mineur) est une vraie *scena patetica*, comme dira un jour Clementi, parsemée de coups de théâtre, avec récitatifs, colères, protestations et sanglots ; celle-ci (en fa mineur), entièrement basée sur une petite cellule de quatre notes, que les mains s'échangent en écho, en gémissants chromatismes, montre une fois de plus qu'Emanuel Bach avait mille couleurs à sa palette, y compris les nuances fragiles de notre Couperin.

## Jean-Chrétien (Johann Christian) BACH
(1735-1782) Allemand

Pour nous autres, ce qui fait la gloire de Jean-Chrétien Bach, c'est Mozart. Car au fond, ce benjamin de l'illustre famille, si différent de son père et de ses frères, ce John Bach ou « Bach de Londres » gagné sans coup férir au catholicisme, à l'opéra, au goût italien, au style galant, et le seul d'entre eux à avoir fait fortune dans la musique, nous ne l'aimons qu'autant qu'il annonce, de tout son talent, un éclatant génie. Arbre enraciné dans le terreau de la mode et de la facilité, nous pouvons lui pardonner de ne porter que des feuilles et de nous laisser sur notre soif : les fruits de son rejeton sont venus à point pour nous désaltérer.

C'est peu de dire qu'il a influencé Mozart : peut-être sans lui Mozart n'eût-il pas existé. Celui-ci n'a que huit ans lors de la fameuse accointance londonienne (1764) ; la marque lui en demeure, indélébile, jusqu'à la fin. Plagiat d'abord, pur et simple, comme on peut l'attendre d'un enfant surdoué, prompt à refaire des gestes, à se les approprier ; ensuite imitation raisonnée, où interviennent tous les critères du choix, de plus en plus affinés ; enfin transmutation véritable, le plomb changé en or, par la vertu d'on ne sait quelle pierre philosophale...

Il y a d'autres exemples de l'attachement d'un musicien au style d'un prédécesseur : Liadov a sciemment marché dans les pas de Chopin, Liapounov de Liszt, Kirchner de Schumann, Reger de Brahms ; et dans ce cas les nouveaux venus semblent autant de reflets, plus ou moins fidèles selon l'éclairage. Il est plus rare de voir s'estomper le premier musicien, jusqu'à ne paraître que l'ébauche imparfaite, le vague essayage du second. C'est sans ironie que je pense ici au mot (pourtant féroce) de Jules Renard : « Maman a eu un tas de qualités naissantes, qui n'ont pas grandi. » Les qualités de Jean-Chrétien Bach ont grandi, mais chez Mozart, – comme celles de Field chez Chopin. Assurément, quand Jean-Chrétien opte pour la clarté, pour la douceur, pour l'élégance, pour la suavité mélodique, son goût le guide autant que son désir de conquérir le plus vaste public ; mais il ne soupçonne pas lui-même ce qu'une respiration moins étroite, une sensibilité plus aiguë, une âme mieux trempée pourront tirer de ses recettes. Pour mieux dire, les qualités en question sont chez lui négatives ; la gracieuseté n'est pas la grâce, la joliesse n'est pas la beauté ; les unes ne proviennent que d'une langue aimable et aisée, heureuse de sa propre mollesse ; les autres veulent moins d'abandon, et sous leur teint de velours cachent des ligaments d'acier. Pour l'ingéniosité (au sens de la sûreté, de la finesse du métier), le Bach de Londres en avait à revendre ; mais il en fallait paradoxalement davantage encore, pour qu'à ce mot nous puissions substituer, dans l'étonnement et le ravissement, celui d'ingénuité.

Au reste il ne s'agit ici que de son œuvre de clavier ; on ne lui rendrait justice qu'en considérant (ce n'en est pas le lieu) ses opéras et sa musique religieuse, où il arrive que la force de l'expression fasse craquer le glacis délicat dont il la recouvre. Dans ses sonates pour piano, il ne cherche que de plaire ; cela passe par le superficiel et le superflu. Cette pente irrésistible où va la musique de son temps, non seulement il s'y laisse glisser, mais il y concourt de tout son être, et de tout son art, qui n'est pas mince. On verra son frère aîné, Wilhelm Friedemann, céder à son tour aux charmes du nouveau style ; mais Friedemann est un prodigieux créateur, un Protée aventureux, qui peut égaler le vieux Bach en rigueur polyphonique, ou annoncer les romantiques par ses harmonies audacieuses et son lyrisme couleur de ténèbres ; les sonates « galantes » qu'il dédie vers 1778 à la princesse Amélie de Prusse sont le fait d'un ironique touche-à-tout ; s'il avait sérieusement pris ce style à son compte, il y aurait devancé la profondeur de Mozart. Jean-Chrétien se garde de rien approfondir ; nulle fibre, en lui, ne le réclame ; et son public ne risque pas de l'en prier ! Le bon John n'a pas vocation au martyre, et l'auréole de musicien maudit, que gagna le bohème Friedemann, ne le tente guère.

« Mon frère vit pour composer, moi je compose pour vivre », disait-il à propos d'un autre Bach, l'admirable Philipp Emanuel. La phrase n'est qu'à moitié juste, Emanuel n'ayant point méprisé le succès, et le suffrage des « amateurs ». Mais elle marque lucidement la différence entre l'artiste et l'artisan. Quelques rares fois, devant ses intimes, Jean-Chrétien, qui était un excellent improvisateur, semble s'être abandonné à une inspiration plus intense, à des accents plus troublants (au témoignage, par exemple, de Schubart) ; mais rendu à la réalité, il redevenait ce fournisseur, ce musicien de société dont la foule attend qu'il lui ressemble, et lui offre un plaisir facile, immédiat, renouvelé sans effort.

## LES SONATES

L'essentiel de l'œuvre pour clavier de Jean-Chrétien Bach, par ailleurs fort restreinte, est constitué par douze sonates, parues en deux séries de six, op. 5 et 17, et toujours rééditées depuis l'origine (d'autres sonates, sans doute de jeunesse, se trouvent encore en manuscrit à Bologne, à Milan et à Berlin). De ces douze, deux seulement empruntent des tonalités mineures ; et quatre s'étendent à trois mouvements, le reste préférant le patron italien en deux parties (mais il faut mettre à part la sixième sonate de l'opus 5, qui commence par un prélude et fugue). Le mouvement lent est donc une rareté, mais quand il est présent, il l'emporte presque toujours sur les autres, par une qualité particulière de douceur, de pureté mélodique. Le finale de prédilection est le rondo, ou le menuet. Quant à la forme sonate, lot du premier mouvement et de quelques derniers, l'auteur la taquine de toutes les façons, sans trop s'avancer ; structure légère, qui n'encombre pas le paysage mélodique.

### *Six Sonates* (op. 5)
PUB 1765 (Welcker, Londres).

Parmi les premières à porter l'indication « pour le clavecin ou le pianoforte ». Le compositeur ne cache pas sa préférence pour le nouvel instrument, dont il fut le pionnier en Angleterre, et qui non seulement permet les effets de dynamique et favorise les traits virtuoses, mais surtout lui dicte ces thèmes tantôt chantants, tantôt pirouettants, dont il devait transmettre le rudiment à Mozart. Lequel d'ailleurs, dès l'année suivante, arrangea en concertos (K. 107) les sonates n$^{os}$ 2, 3 et 4 du recueil de son aîné.

SONATE op. 5 n° 1 (en si bémol majeur). – Placée en tête, une composition visiblement destinée aux élèves de Jean-Chrétien. Deux mouvements, d'une écriture aisée et transparente. L'*allegretto*, à 2/4, alterne deux thèmes guillerets et naïfs ; accompagnement sans surprises, batteries et basses d'Alberti. On ne parlera pas de stricte forme sonate : le premier thème, après la barre de reprise, est énoncé à la dominante (fa), avec un minuscule développement qui passe par sol mineur ; après quoi le deuxième thème conclut dans le ton principal (pas de réexposition complète).

En revanche le deuxième mouvement *(tempo di minuetto)* emploie la recette : deux thèmes peu différenciés (à part les noires trillées du second), mais réexposés tous deux à la tonique ; le développement utilise un nouveau matériau (comme un *trio* de menuet) : doubles croches et accords, sur pédale de dominante.

SONATE op. 5 n° 2 (en ré majeur). – Il y a bien plus de matière et de variété dans cette sonate, qui applique cette fameuse « loi des contrastes » que Burney, très tôt, relevait dans le style de Jean-Chrétien : contraste non seulement entre les thèmes, mais à l'intérieur même de chaque groupe. Le début de l'*allegro di molto*, à 4/4, alterne par deux fois deux mesures d'accords *f*, affirmation péremptoire du ton, et deux mesures gracieusement mélodiques, *p*, avec basse d'Alberti. La transition modulante confie à la droite de vigoureuses batteries, trémolos de cordes sous lesquels la gauche claironne un thème pointé, d'allure militaire. Le deuxième thème peut entrer (en la, mes. 19), avec son malicieux staccato, sa grêle écriture à deux voix, poursuivre par des motifs trillés, et l'exposition se conclure en fanfare joyeuse. Cette prodigalité thématique, Mozart à son tour en fera preuve dans ses premières sonates. Le développement brasse la plupart de ces idées, et l'ensemble est un modèle de forme sonate.

Le mouvement lent (en sol majeur, *andante di molto*) est agencé lui aussi de plusieurs petites idées mises bout à bout, sans liant véritable, disons-le, et sinon une totale absence de souci, il n'exprime pas grand-chose. Le *minuetto* qui sert de finale aurait pu être du premier Haydn ; le cocktail est identique : quelques galanteries, un zeste d'humour, et dans le trio mineur le contraste nécessaire... et suffisant !

SONATE op. 5 n° 3 (en sol majeur). – L'*allegro* initial, un des bons de la série, laisse étrangement insatisfait : parce qu'on y est aux portes de Mozart, qu'on s'attend à le voir paraître, mais que le miracle n'a pas lieu... Il y a de l'adresse, de la volubilité, des « passages » virtuoses (surtout dans le développement), et par-dessus tout, encore une fois, cette insouciance qui est moins le produit de la frivolité que de l'égalité d'humeur. Forme sonate, mais incomplète : le premier thème n'est pas réexposé dans le ton principal.

Le second mouvement est un *allegretto* à quatre variations ; rien que de banal et d'escompté : la première brode le thème en doubles croches, la deuxième l'habille d'accords, avec les arpèges de la gauche à contretemps, la troisième le commente en triolets, la quatrième le pulvérise en joyeux gruppettos ; on reprend le thème pour finir.

SONATE op. 5 n° 4 (en mi bémol majeur). – Nous tenons, avec l'*allegro* de cette sonate, un des meilleurs de Jean-Chrétien, le patron sur lequel des générations de « classiques » traiteront les leurs : forme sonate parfaite, vite et bien menée. Le premier thème, avec ses notes insistantes, sa basse en croches à tâtons et sa pédale de tonique, a quelque chose de circonspect, que viennent contredire de rieuses gammes de doubles croches. Le deuxième thème, en si bémol, s'élance sur les notes de l'arpège, qu'il trille, accompagné de triolets. Une troisième idée (mes. 29) revient aux croches simples du début, avec toutefois moins de placidité. Le développement, avant de reprendre les éléments de l'exposition, commence par une série d'arpèges montant des basses par vagues continues, d'une manière que beaucoup qualifieront, par avance, de beethovénienne.

L'orthographe « rondeaux » ne dissimule rien d'autre, dans le second mouvement, qu'un... rondo *(allegretto)*, dont le refrain a vraiment du charme, avec ses deux sauts mélodiques successifs (sixte d'abord, puis dixième, comme Mozart aimera de le faire), ses trilles un peu précieux, et les croches bien liées de son accompagnement. On retiendra le deuxième couplet, dont les doubles croches alternées modulent en ut mineur, ce qui amène une fausse rentrée du refrain dans ce ton, où il mélancolise...

SONATE op. 5 n° 5 (en mi majeur). – Sonate en trois mouvements, ambitieuse de forme et de fond, et la plus virtuose de l'opus ; il y faut, dans les mouvements extrêmes, des doigts précis et véloces, que n'intimide pas ce ton de mi majeur, si peu pianistique. L'*allegro assai* est tout en « passages » : crépitement des arpèges du début, martelés entre les mains, puis courses de gammes alertes, où la gauche rattrape vite la droite ; quelques accords pour constituer une armature : voilà le premier groupe thématique. Le second, d'abord, chante davantage ; mais le brio ne se fait pas attendre, les gammes fusent à nouveau, déclenchées par ces batteries d'octaves brisées qui semblent le cœur du rouage. Jeux gratuits, certes, mais plaisants. Au surplus, ce n'est pas une forme sonate, mais une structure binaire : ni vrai développement, ni réexposition ; la seconde partie ramène le matériau de dominante à tonique, en passant par le relatif (ut dièse mineur) pour le second thème.

L'*adagio* (en la majeur) fait fleurir, sur un paisible mouvement d'arpèges en triolets, un chant continu dans la manière de l'opéra italien, sensible mais un peu mièvre : il nous laisse au bord de sa propre émotion. Avec des moyens aussi simples, l'*andante amoroso* de la *Troisième Sonate* de Mozart (K. 281) nous touchera d'emblée au plus vif. À noter trois points d'orgue, dont l'un, quatre mesures avant la fin, sur l'accord de quarte et sixte, appelle une cadence de l'interprète ; autrefois, on en était capable ; aujourd'hui, on pliera vite bagage ; petit trille et conclusion.

La main gauche est décidément débridée dans le rondo *(prestissimo)* ; elle glisse sous le refrain des tourniquets hardis, raye la page de gammes dans les deux sens, et bat sa sœur sur son propre terrain, la... dextérité ! Deux couplets, l'un en mi mineur, l'autre en ut dièse mineur, celui-ci joliment harmonisé, sur une basse d'Alberti.

SONATE op. 5 n° 6 (en ut mineur). – Voulait-il d'avance démentir ceux qui le jugeraient un jour inguérissablement superficiel ? Jean-Chrétien termine l'opus sur une note sérieuse, voire austère, avec cette sonate que l'on pense dater du séjour en Italie et de la férule du père Martini (avant 1762). Le premier mouvement commence par un *grave* à l'expression passionnée, au souffle large : basse en grands arpèges, sous un thème d'accords amplement déclamé, puis passages en imitations, mélodies de sixtes dolentes. Cette introduction lyrique débouche sur une double fugue *(allegro moderato)*, qui sur des idées banales construit peu à peu un puissant édifice ; les harmonies sont originales, et l'écriture (voyez le stretto conclusif) d'une grande habileté.

Le finale *(allegretto)* traite en rondo un thème de gavotte, non dénué d'une certaine pompe, d'une certaine raideur voulue, et dont les tierces posent des pas précautionneux ; un court épisode de triolets, vers le milieu, délie un peu cette verticalité embarrassée d'elle-même.

## *Six Sonates* (op. 17)
PUB 1777 (Welcker, Londres).

Douze ans d'écart n'apportent pas de sensible changement dans le style de Jean-Chrétien ; bornons-nous à remarquer que les rondos cèdent la place à des finales au rythme de gigue ; que le thématisme est moins morcelé, les phrases un peu plus amples, l'accompagnement plus varié, la texture presque partout plus riche.

SONATE op. 17 n° 1 (en sol majeur). – Sans être aussi élémentaire que celle qui ouvrait l'opus 5, c'est encore une sonate « facile », conçue sans doute pour allécher le client. « Prenez l'*allegro*, monsieur, examinez notre premier thème, qui festonne gentiment sur sa basse d'Alberti ; notre second, en triolets, dessine des arpèges brisés, – oh, guère difficiles, ne craignez rien... » Que l'amateur achète de confiance : dans le développement l'attendent de sensibles modulations ; et si la réexposition de A est tronquée de six mesures, il n'empêche que voilà une brave et honnête forme sonate.

Pour finir, un *minuetto con variatione* ; le thème est quelconque ; les cinq variations suivent l'ordre habituel de « difficulté » croissante : triolets à droite (1re), à gauche (2e), doubles croches à droite (3e), à gauche (5e), avec au milieu un numéro dédié aux syncopes (4e), un peu meilleur, – mais quoi, des syncopes donneraient de l'attrait à la mélodie la plus ingrate...

SONATE op. 17 n° 2 (en ut mineur). – Elle prouve que même un Jean-Chrétien Bach n'est pas demeuré insensible au fameux *Sturm und Drang*, à cette tempête qui souffle dans les années 1770 sur la musique allemande et autrichienne. Certes, ce n'est pas l'ut mineur de la sonate de Haydn (Hob. XVI/20, 1771). Aucune extravagance, aucun excès, l'écriture est lisse, « convenable » ; mais elle n'est jamais inexpressive ; et un auditoire non prévenu, si on lui jouait à brûle-pourpoint le finale, ne prononcerait pas le nom de son auteur. Du reste, l'œuvre va croissant en intérêt.

L'*allegro* semble d'abord assez sage ; son premier thème, frileux et plaintif, avec ses notes répétées soupirantes, ne s'étend guère ; le deuxième groupe, en mi bémol majeur, absorbe plus des trois quarts de l'exposition, avec successivement des contretemps, des accords brisés, un chant sur basse d'Alberti, et quelques vigoureuses mesures de mains alternées. Mais le développement surprend, par une soudaine progression modulante (mes. 67), sur une basse qui descend chromatiquement.

Belles modulations aussi dans l'*andante* (en mi bémol), dont un passage, à s'y tromper, sonne comme du Mozart (mes. 46-52) : moment à la fois de grâce et d'abandon, où le sentimental le cède au sensible.

Finale remuant, avec son allure de gigue à 12/8 *(prestissimo)*, sa poussée de triolets infatigables, son énergie farouche, et même on ne sait quelle âpreté que le majeur du relatif n'arrive pas à édulcorer. Écoutez entre autres le petit thème conclusif, à notes répétées, juste avant les barres de reprise : la seconde fois, l'harmonie de sixte napolitaine (mes. 93) lui confère un ton presque désespéré, à la Schubert, rarissime chez notre auteur.

SONATE op. 17 n° 3 (en mi bémol majeur). – Trop de matière nuit au premier des deux mouvements *(allegro assai)*, un des plus longs de Jean-Chrétien. Succession décousue d'idées diverses : le début est longuement trillé, sur une basse d'Alberti volubile ; le second thème, accompagné de tierces battues, nous surprend par son double énoncé majeur/mineur ; plus loin, c'est un passage de contrepoint à trois voix (noter l'écrasement de secondes sur les premiers temps), où la basse est une longue gamme ascendante (empruntée à la mes. 17). Le développement s'occupe assez longuement de A pour le dispenser de revenir dans la réexposition, consacrée à B et ses comparses.

Le finale *(allegro)* n'a qu'une ambition : étinceler, faire feu de ses gammes brillantes, de ses triolets agiles, dont les deux mains sont abondamment fournies. Badinage agréable, sans plus, dans un assemblage de forme binaire et de rondo.

SONATE op. 17 n° 4 (en sol majeur). – Une des plus creuses de Jean-Chrétien. Deux mouvements pleins de « passages », de figures purement digitales, – en particulier, dans l'un et l'autre, ce dessin de dixième brisée à la main gauche, incommode, dont il semble si fier... Pas un motif qui retienne durablement l'attention. On se prend à rêver à ce que Haydn, par exemple, sait tirer des mêmes jeux. Plutôt que l'*allegro* (où le premier thème comporte ce levé typique de quatre notes conjointes descendantes, que reprendra souvent Mozart), s'il faut choisir, retenons le *presto assai*, pour sa virtuosité gratuite, sa brièveté d'exercice à la Scarlatti (ou plutôt à la Cimarosa) : voyez l'arpège brisé initial, qui tombe en cascade du haut en bas du clavier, ou les fréquentes octaves brisées de la basse.

SONATE op. 17 n° 5 (en la majeur). – Au rebours de la précédente, une œuvre inventive, où certes les doigts s'escriment beaucoup, mais jamais en pure perte. On appréciera avant tout le second des deux mouvements, un *presto* à 3/8, composé de gigue et de toccata, petit moteur efficace dont le rouage essentiel est ce triolet infatigable, où quelquefois concourent les mains alternées. Du brio, mais aussi de jolies harmonies dans le développement.

L'*allegro* initial vaut surtout par la douce mélancolie du premier thème, – qu'on veillera à prendre un peu au-dessous du mouvement, pour lui laisser son caractère. Le second thème, à ce côté chantant, oppose ses dessins de tierces brisées aux deux mains. La surprise : une belle envolée d'arpèges (mes. 26), qui donne soudain au mouvement une couleur préromantique. Remarquer aussi, parmi les curiosités, la fausse rentrée de A dans le développement (mes. 45), et le point d'orgue cadentiel au milieu de la réexposition (mes. 80), – où d'ailleurs B est escamoté.

SONATE op. 17 n° 6 (en si bémol majeur). – À côté de celui de la *Sonate en si bémol* de Mozart (K. 333), qu'on lui a souvent comparé, avouons que le début de l'*allegro* est bien raide, bloqué sur sa pédale de tonique, et n'arrive pas à s'envoler. Mais le second thème (en fa) se dégourdit : passages de doubles croches, arpèges, réponses, traits alternés, à la façon d'un petit concerto. Le développement comporte un bel épisode en ré mineur, réellement digne de Mozart.

L'*andante* (en mi bémol majeur) a du souffle, du volume, de l'espace ; rien de gringalet, pour une fois, dans ce thème d'accords, qu'accompagne un souple continuo de croches. Tierces, et plus loin sixtes, pour le second thème (en si bémol), où soudain piétine la pédale de tonique (mes. 25-30), appelant invinciblement (il n'est pas noté !) un crescendo.

Avec le *prestissimo* final, Jean-Chrétien écrit son meilleur mouvement de sonate, une nouvelle gigue (à 12/8), après celles qui terminent les deuxième et cinquième sonates du même opus 17, – genre qui décidément réussit à sa muse et lui donne des ailes. Morceau vigoureux, musclé, bellement pianistique, en ses tourbillons, ses arpèges vifs, ses gammes étincelantes, où les deux mains parfois filent ensemble à fond de train. Les traits, si souvent timides dans d'autres morceaux de la série, se font hardis : voyez celui de la mes. 36, où la main gauche escalade d'un coup deux octaves et demie sous le trille de la droite. Pas un instant de répit, pas une faiblesse. On songe au meilleur Haydn, voire au premier Beethoven.

## PIÈCES DIVERSES

Quelques morceaux de Jean-Chrétien Bach, danses ou variations, la plupart de jeunesse, se trouvaient naguère encore en manuscrits ; d'autres, de son vivant, avaient fait partie d'éphémères recueils collectifs. Susanne Staral a entrepris l'édition de ces raretés (publications de l'Université de Graz, Autriche, premier volume paru en 1980). Hélas, presque tout y est négligeable, et Jean-Chrétien restera l'auteur de douze sonates, ni plus ni moins. Ne disons rien des transcriptions : les *Six Ouvertures* où il propose au piano ses propres *Symphonies op. 3*, et l'arrangement de la *Symphonie impériale* (n° 45) de Haydn. Relevons un ***Andante flebile***, en fa mineur, qui doit dater des années italiennes : plaintif, un peu théâtral, étroit de registre et finissant dans le grave. Retenons aussi, parmi quelques autres danses, les ***Six Menuets, Deux Polonaises et Aria*** qui passent pour sa première composition (1750-1754), du temps des études avec son frère Philipp Emanuel à Berlin : morceaux aimables, simplement mais finement tracés, et qui pourraient remplacer avec fruit, auprès des jeunes élèves, les pièces trop ressassées du problématique *Petit Livre d'Anna Magdalena*.

Dans le chapitre des variations : sept ***Variations sur le « God save the King »***, faciles, enchaînées sans interruption (l'hymne a déjà été varié par Jean-Chrétien à la fin du dernier des *Concertos op. 1*) ; une ***Aria con variazioni***, ou onze variations *« über eine bekannte Ariette »*, thème banalissime (en ut), de huit mesures, pour un curieux exercice privé où les variations impaires empruntent le mode majeur, et les paires le mineur ; un ***Rondeau con variazioni***, ou douze variations sur un menuet de Fischer (en ut), le même que Mozart prendra bientôt pour sujet, – ouvrage longuet, puisque le thème atteint les vingt-cinq mesures, mais plaisamment virtuose, avec la 11ᵉ variation en *minore* gémissant ; enfin, les seules dignes d'un peu d'attention, les ***Variaziones***, au nombre de dix, sur un thème original (en ut), caractérisé par ses syncopes initiales : roulements de triolets dans la 2ᵉ variation, petits martelages dans la 4ᵉ et la 7ᵉ, croisement des mains d'un bout à l'autre de la 6$^e$, tierces dans la 9$^e$, et un finale fantaisiste coupé de silences et de traits ad libitum, dans le style de Philipp Emanuel.

## Jean-Sébastien (Johann Sebastian) BACH
(1685-1750) Allemand

On comprend mal l'œuvre de clavier de Bach si l'on ne se figure pas un solitaire. Certes entouré de femme et enfants, d'élèves, d'amis, – mais enfin un homme privé, et finalement seul, n'ayant de compte à rendre qu'à lui-même, et à la divinité. Bach, pour le dire d'autre façon, est l'homme du clavicorde, quand Scarlatti l'a été du clavecin. Tout l'art des préludes, des fugues, des suites de Bach est tendu vers l'émotion intime, partagée en petite connivence, qu'elle soit joie ou chagrin, ardeur ou prière ; et celui des sonates de Scarlatti, quand même elles ne sont composées que pour la reine d'Espagne, et pour ce copiste qui les aligne jour après jour dans ces volumes qui seront reliés aux armes royales, cet art-là est public, fomenté pour l'ébahissement et l'exultation du plus grand nombre.

Une autre donnée à garder dans l'esprit, et qui contredit la première par ce qu'elle suppose d'affluence, non pas nombreuse et collective mais innombrablement individuelle, autour de cette œuvre, c'est son aspect pédagogique. Le mot n'a jamais eu bonne presse. On se figure aussitôt le vieux pion barbouillé d'encre et de craie, le pédant besogneux devant son cercle de moutards sans âme ni cervelle. Mais quoi, les *Études* de Chopin, aussi, se voulaient pédagogiques, dans leur principe. Nous ne les avons que partiellement détournées de leur rôle : car si les virtuoses les programment sans cesse, pas un élève qui ne s'y appuie pour décrocher diplômes et récompenses. Tant pis pour qui imaginera Bach en Topaze de la musique ; mais les *Inventions* comme les *Petits Préludes*, plus tard les grands *Préludes* du *Clavier bien tempéré*, qui est bel et bien un manuel didactique, s'adressent d'abord aux élèves ; les « connaisseurs » viendront après, s'il se peut. Et qu'est-ce donc que les *Partitas*, sinon une *Klavierübung*, un « exercice », une « école du clavier » ? Ces chefs-d'œuvre ont d'ailleurs été en partie préservés parce qu'ils étaient pédagogiques. La grande chape d'oubli qu'on dit qui s'abattit, après sa mort, sur le Cantor, ne recouvrit en réalité que les cantates, les passions, la *Messe en si*. Mais le *Clavier bien tempéré* demeura dans la pratique, et la vénération, des musiciens ; pas toujours pour les meilleures raisons, mais il n'importe.

Voilà le paradoxe le plus criant de la musique pour clavier de Bach. Il y a enclos des pensées de solitaire, adressées à une autre solitude, qu'il espérait confusément proche de la sienne. Et cependant, son irrépressible besoin de former, d'éduquer, de transmettre, lui a fait partager ces trésors à la multitude. D'où la situation particulière de cette œuvre. Tous les pianistes en parlent, tous l'ont travaillée et la font travailler. Peu la jouent en public. Ne donnez pas pour excuse qu'elle est difficile : à qui joue la *Sonate op. 109* ou les *Kreisleriana*, à plus forte raison *Méphisto-Valse* ou *Gaspard de la nuit*, quelle page de Bach est interdite ? N'alléguez pas non plus que les pianistes ont peur des clavecinistes, et qu'un baroqueux vienne dynamiter leur instrument ; Edwin Fischer autrefois, Glenn Gould plus près de nous, ont cassé ce tabou stupide. Tout simplement, devant une salle, on s'aperçoit trop souvent qu'un message si pur, si intense, d'une si grave plénitude, et en même temps si obscurément secret, ne s'adressait pas à tant de monde réuni.

On a souvent dit que Bach n'a rien inventé. C'est vrai, et c'est inexact. C'est vrai qu'il n'a eu qu'à se servir chez ses devanciers, dont il savait n'extraire que le meilleur. On s'étonne de le voir, sa vie durant, recopier les textes d'autrui, pour apprendre encore et toujours. « Quiconque s'appliquera autant que moi, disait-il modestement à son entourage, parviendra au même résultat. » Il a la modestie de son nom. Cet homme qui aurait dû s'appeler Fleuve ou Torrent ne s'appelle que Ruisseau. Il voit son commencement plus que sa fin. Son commencement, c'est par exemple ce Froberger dont il admire les suites, ce Buxtehude dont il imite les toccatas, ce Fischer à qui il reprend l'idée de préludes et fugues dans tous les tons ; c'est ce Vivaldi dont il transcrit assez de concertos pour pouvoir un jour écrire son propre *Concerto italien* ; c'est Dieupart, qui lui montre l'exemple de suites « avec préludes », origine de ses propres *Anglaises*. Et même, ce seront un jour ses propres fils Friedemann et Philipp Emanuel, auxquels il incline sur le tard, sans se l'avouer, de toutes ses forces, en cet automne de sa vie où s'éveille, dans sa vieille sève, toute la jeune ardeur du « style sensible ». De ces tendances si variées, il ne cesse de faire la synthèse, brassant les genres, agglomérant le neuf au vieux, l'italien et le français à l'allemand ; les véritables « goûts réunis », on les trouve chez lui.

Il n'a rien inventé, c'est inexact. Il a inventé d'écrire du Bach. S'il n'avait été qu'un carrefour, on l'aurait sans doute oublié aujourd'hui, au lieu qu'il est l'un des trois ou quatre plus grands génies de l'histoire de la musique. Mais ce style propre à Bach demeure étrangement méconnu. On retient souvent de lui l'image d'un spéculatif, d'un abstracteur de quinte essence, celle d'un savant en rébus compliqués, en charades musicales, doué pour cette prétendue science qu'on ne définit pas en l'affublant, comme le veut la mode, du terme grotesque de « combinatoire » ; oui, sur la foi de ce que l'on croit deviner de *L'Art de la fugue*, des puzzles et des canons fourchus de *L'Offrande musicale*, simplement de cet univers intimidant qu'est le contrepoint pour le profane, avec tout ce qui l'accompagne de terminologie poussiéreuse (essayez déjà de le dire en latin, *contrapunctus*), on le range parmi les purs esprits. Peu d'entre nous imaginent Bach sans sa perruque (« Bach décoiffé », comme Chapelain !) ; peu le voient jeune, vraiment vivant, le sang chaud, les nerfs à vif ; il nous suffit de ce ronron que Colette associait à celui de la machine à coudre : de quoi bercer une partie de notre conscience ; mais l'autre, alors, qui demande à être nourrie ?

Le plus fortuné de nous, ce sera toujours celui qui, vierge d'oreille et de cœur, loin des idées reçues et des opinions toutes faites, loin même de cet extraordinaire labeur musicologique qui, depuis la mort du Cantor, n'a cessé de pulluler autour de chaque parcelle de sa musique, reconnaîtra moins fréquemment la puissance de Bach que sa douceur et sa vulnérabilité, moins sa science que sa poésie, moins sa mystique, sa théologie et sa philosophie que sa bouleversante humanité.

\*

On prend l'œuvre de clavier de Bach, en général, comme l'offre le catalogue de Wolfgang Schmieder, le fameux BWV (*Bach-Werke-Verzeichnis*, 1re édition en 1950), par grandes entités, par portions commodes : les inventions, les préludes, les suites, les toccatas, etc. Quelques repères dans la chronologie ne sont pas inutiles ; les périodes qu'on a coutume d'observer suivent de près les changements géographiques, mais n'en marquent pas moins autant de changements stylistiques.

Peu d'œuvres dans la première période, cristallisée à Arnstadt et Mühlhausen (1703-1708) : une *Sonate en ré* qui imite poule et coucou à la façon de Frescobaldi ou de Kerll ; deux *Capriccios*, l'un en l'honneur de son frère Johann Christoph, l'autre sur le départ d'un autre frère, Johann Jacob, à la façon de Kuhnau ; des suites qui s'évadent lentement du giron de Reinken, Böhm ou Pachelbel, l'*Ouverture en fa*, la *Suite en sol mineur*, le *Praeludium et Partita del tuono terzo*.

À Weimar (1708-1717), Bach conquiert graduellement sa première maturité, perd de sa gaucherie, élargit son harmonie, approfondit son savoir contrapuntique. Trois groupes principaux ; au premier rang celui des sept *Toccatas*, où l'on voit se peindre cette évolution, même si leur datation respective soulève toujours des problèmes ; ensuite les seize *Concertos* transcrits d'après Vivaldi et quelques autres, travail d'une importance capitale, par lequel Bach s'assimile durablement le style concertant italien, dans sa figuration extérieure comme dans son rouage interne, de quoi alimenter aussi bien suites que préludes ; enfin des fugues, fantaisies, préludes, aboutissant au grand *Prélude et Fugue en la mineur* (BWV 894).

La période suivante est la plus prolifique pour le clavier. Bach à Cöthen (1717-1723), c'est le musicien de cour, celui des suites d'orchestre, des suites et sonates instrumentales, des *Concertos brandebourgeois* ; mais pour nous c'est le pédagogue, et d'abord en famille, l'auteur des *Petits Préludes*, *Inventions* et *Sinfonies*, entrepris pour le *Klavierbüchlein* de son fils Wilhelm Friedemann, et que couronne le premier livre du *Clavier bien tempéré* ; celui des *Suites françaises* commencées pour le premier *Notenbüchlein* de sa femme Anna Magdalena ; des *Suites anglaises*. Appartient sans doute à la période la première version de la *Fantaisie chromatique*. Le contrepoint s'assouplit, perd complètement sa raideur, son aspect savant, archaïsant ; il s'incorpore aux figures à « soupirs », aux thèmes chantants du style galant.

La longue dernière période, à Leipzig (1723-1750), celle des cantates, des passions, des oratorios, des grandes pages d'orgue, voit naître les *Partitas* et l'*Ouverture française*, apogée de la suite selon Bach ; le *Concerto italien*, dernier écho du labeur sur Vivaldi ; les *Duettos*, qui sont des inventions à deux voix sublimées ; les *Variations Goldberg*. Toutes ces œuvres forment, en quatre parties successivement publiées, un ensemble que Bach a voulu intituler, non sans fierté, *Klavierübung*, « École du clavier ». Joignons-y la *Fantaisie et Fugue en la mineur*, les deux *Fantaisies en ut mineur* et le deuxième livre du *Clavier bien tempéré*, et voilà résumés, dans cette ultime saison de Bach, tous les styles, tous les genres, toutes les tendances des précédentes. Le passé exalté, dans les canons des *Goldberg* et le *stile antico* de certains préludes et fugues ; le futur accueilli sans appréhension, sous les espèces de cette forme sonate dont le second *Clavier* offre quelques exemples avant-coureurs.

## LES INVENTIONS ET LES DUETTOS

On donne le titre simplifié d'*Inventions* aux deux séries parallèles de pièces à deux et à trois voix que Bach écrivit à l'intention de son fils aîné Wilhelm Friedemann, sous le titre *Praeambula et Fantasiae*, et dont on trouve le premier état dans le *Klavierbüchlein* commencé pour celui-ci le 22 janvier 1720 (l'enfant était alors âgé de neuf ans ; ce manuscrit, rédigé tantôt par le père, tantôt par le fils, et contenant entre autres onze des *Préludes* du premier *Clavier bien tempéré*, est conservé à la bibliothèque de l'université de Yale). En 1723, Bach réunit les morceaux dans la disposition tonale qu'on leur connaît : d'ut majeur à si mineur, en omettant les tonalités trop diésées ou trop bémolisées ; il leur donna le titre définitif d'*Inventions et Sinfonies* (manuscrit autographe à la Deutsche Staatsbibliothek de Berlin) et leur ajouta une note liminaire significative : sa méthode, écrit-il, non seulement fera progresser l'élève dans l'exécution, mais aussi « montrera comment développer correctement un thème, et surtout comment acquérir un jeu chantant ». Bach ne séparait pas l'exécution de la composition. Et certes on ne forme plus, aujourd'hui, de compositeurs dans les écoles de piano ; mais on devrait cesser de détourner au profit de la seule technique digitale ces pièces qui sont toujours la base de l'apprentissage de notre instrument.

Elles ont de lointains modèles dans les préludes de Kuhnau ou dans ceux de Fischer. Mais leur titre leur est particulier. Le terme d'« invention » s'inspire peut-être des *Invenzioni op. 10* de Bonporti, dont il est plaisant de savoir que la Bach Gesellschaft les a d'abord attribuées à Bach, qui en avait copié quatre de sa main, comme il l'a fait de beaucoup de musiques, à des fins d'exercice. Le terme de « sinfonie » est plus étrange dans ce contexte, puisqu'on le réservait à des compositions pour ensemble instrumental ; Bach a dû le prendre dans le sens étymologique : parties qui « chantent ensemble ».

Inventions « inventives », en tout cas. Elles emploient et mêlent toutes les techniques contrapuntiques, le canon, la fugue, le contrepoint double, mais de la façon la plus souple, sans rigueur doctrinaire. La proposition initiale une fois trouvée, Bach se laisse emporter par une imagination inépuisable, dont l'auditeur ne saurait jamais prévoir les caprices. Variété des sujets, et de leur traitement ; merveilleuse indépendance des voix, égalité plus étonnante encore : si la pédagogie a durablement adopté ces morceaux, c'est qu'ils fournissent aux deux mains leur compte de labeur. En échange, quelle profusion de beauté !

À quelque vingt ans de là, en 1739, dans la troisième partie publiée de la *Klavierübung*, prennent place quatre *Duettos* que l'on peut considérer comme de grandes inventions à deux voix, qui transcendent définitivement le genre ; ils sont encore trop méconnus.

### *Inventions à deux voix* (BWV 772-786)

COMP 1720-1723 (Cöthen). PUB 1801 (Hoffmeister & Kühnel, Leipzig).

Qui donc n'a pas joué la première invention (en ut majeur) ? Est-il rien qui sollicite si plaisamment les doigts, pour peu qu'on se soit levé de bonne humeur ? Car cet ut est matinal, et quelques accidents n'en rayent pas la blancheur. Exercice facile et sans larmes, bien huilé, il n'y faut qu'un bon doigté (et Dieu sait si les éditeurs y pourvoient). On brode autour de quelques notes, la gauche tout heureuse de répondre illico à la droite (le savant, mine de rien, vous a inversé son thème dès la troisième mesure !) ; on va sagement à la dominante ; on module un instant au relatif, d'où l'on revient sans heurts. Avec un peu de pratique, ce petit moteur tourne assez vite.

La deuxième (en ut mineur) n'a pas le côté engageant de la précédente, son sujet bref et incisif. Au contraire, elle festonne un long dessin de doubles croches auquel elle fixe ensuite quelques croches plaintives. La deuxième voix la suit comme son ombre, en canon rigoureux, avant de prendre le dessus et d'imposer sa marche à son tour (à partir de la mes. 11, à la dominante).

Le thème de la troisième (en ré majeur), parti du ré central, gagne par petits paliers, en quatre mesures, le ré de l'octave supérieure, suivi de près par son double à la main gauche, – lequel, plus vite essoufflé, s'arrête un moment sur la dominante et le regarde continuer ses cabrioles.

Très jouée, la quatrième (en ré mineur), pour ses symétries faciles, pour la simplicité de ses gammes, bien placées, comme on dit, et que la main la moins adroite arrive à maîtriser sans peine ; dans la seconde moitié, long trille de la gauche sur mi, dominante secondaire.

Le thème de la cinquième (en mi bémol majeur) a un côté sentencieux, appliqué, avec ces noires où il bute et qui le freinent ; mais il est d'emblée contrepointé par un grouillement affairé de doubles croches : presque une fugue, celle-ci, avec une réponse à la dominante.

La sixième invention (en mi majeur) est une des plus belles, par la grâce de son écriture entièrement syncopée et de sa richesse mélodique. En constant décalage d'une double croche, dans un rythme à 3/8, les deux mains superposent, en se les échangeant (contrepoint double), deux thèmes aussi expressifs l'un que l'autre et nettement différenciés : la voix non syncopée monte une gamme toute lisse, alors que la voix syncopée, descendante, est égayée de mordants. On ne peut déterminer lequel des deux chants est le principal, chacun à son tour reprend la prérogative : pour l'interprète, une source de joie, et de variation s'il a soin de doser ce dialogue selon l'humeur du moment. – Noter que la pièce, la seule de son espèce dans les deux cahiers, est de coupe binaire, avec barres de reprise.

Ambitus assez large pour le thème de la septième (en mi mineur), déployé sur une octave et une quinte, en deux propositions qui vont de la tonique à la dominante et inversement ; d'ailleurs la basse ne parvient jamais à l'avoir au complet : au plus long qu'elle parvienne (mes. 12-13), il lui manque encore un temps. Au demeurant, la seule pièce du recueil à laquelle on puisse reprocher d'être un peu scolaire.

Parmi les plus jouées, la huitième (en fa majeur), dont le thème bondit en avant sur l'arpège de tonique, pour redescendre aussitôt en gamme, bien délimité par l'octave, entre ses deux fa. La main gauche suit joyeusement dès la deuxième mesure, et d'abord en canon. C'est aussi, cette invention, surtout quand les mains tricotent ensemble leurs doubles croches à distance de sixte, une de celles où l'on sent le plus un *odor di esercizio* ; je ne le dis pas péjorativement, au contraire : exercice plein d'humour, clin d'œil complice (et supérieur !) à toutes les « méthodes » passées, présentes et à venir.

La marque de la neuvième (en fa mineur), c'est ce saut de sixte (parfois converti en septième ou en octave) qui freine sans cesse, expressivement, à l'une ou l'autre voix, le débit des doubles croches. On remarquera l'absence de cadences claires, l'impression de mélodie continue, chaque voix à son tour relançant la proposition lorsqu'elle va se replier. Du reste, sujet long, quatre mesures, et épandu, une octave et une quarte.

Mouvement de gigue à 9/8 pour la dixième (en sol majeur), toute en accords brisés, presque une petite fugue, avec réponse à la dominante. Musique ensoleillée, caracolante, qui remplit d'aise. Dans la seconde moitié, longs trilles de la main droite, – qui s'y repose, en somme, et écoute la gauche jongler à découvert dans les arpèges ; celle-ci reprend le trille, en l'écourtant, et toutes les deux finissent en connivence.

Curieux sujet que celui de la onzième (en sol mineur), long, méandreux, et qui, après avoir fait mine de cadencer dans le ton, court terminer en ré mineur ; la gauche, elle, en le reprenant, conclut en si bémol. D'ailleurs l'intérêt se porte plutôt sur le contre-sujet, apparu dès l'entrée, chromatisant.

Le sujet de la douzième (en la majeur), à 12/8, débute en valeurs longues (quatre la, un si), puis tournoie en spirales rapides de doubles croches. Réponse à la dominante. Les nombreux dessins arpégés, en écho d'une voix à l'autre (gros travail de main gauche), lui donnent un air plus vertical qu'horizontal.

Harmonique aussi, plus que contrapuntique, la treizième (en la mineur), aussi belle que fréquemment jouée par les élèves, qui aiment son thème d'arpèges (tonique-dominante-tonique), et ses petites cascades en intervalles brisés.

Une des plus musicales, la quatorzième invention (en si bémol majeur), avec son thème aux dessins brisés ornementaux, dont on retrouve souvent le pareil chez Bach, par exemple dans les allemandes des suites (voyez la *Deuxième Suite française*).

Dans la quinzième (en si mineur), sujet alternant brisures et notes répétées. Petite fugue : réponse à la dominante, au milieu cadence au relatif, énoncé du thème en ré majeur, réponse en la ; les deux dernières entrées dans le ton initial. Notez que l'immobilité des deux premières mesures, où la gauche marque le pas sur les quatre temps, ne reviendra plus : passé ce début, pas de répit pour les doubles croches.

### *Sinfonies (Inventions) à trois voix* (BWV 787-801)
COMP 1720-1723 (Cöthen). PUB 1801 (Hoffmeister & Kühnel).

De plus grandes beautés, et une résonance plus longue (comme on dit d'un vin qu'il est « long en bouche »), nous attendent dans ces *Sinfonies*, moins connues assurément que les *Inventions* à deux voix, parce que les élèves n'en jouent qu'une faible portion. Elles participent à la fois de la fugue et de la sonate en trio, puisque la basse y sert souvent de continuo (en particulier au début de chaque pièce, où elle évite au sujet d'entrer à nu).

Une gamme, en doubles croches, est l'élément essentiel de la première sinfonie (en ut majeur) : trois entrées successives, au soprano, à l'alto, à la basse, la troisième occupant suffisamment longtemps la main gauche (elle ajoute l'inversion du sujet, mes. 4) pour que la droite puisse faire dialoguer ses deux parties devenues soudain chantantes et câlines. Somme toute, c'est la basse qui a le plus de mouvement ; une fois le sujet posé, les autres voix sont plus calmes ; mais, relayée de l'une à l'autre, la double croche n'en est pas moins perpétuelle ; et à cet affairement des doigts, on se sent dans un ouvrage didactique.

Au contraire, dans la deuxième (en ut mineur), domine le climat de la danse. Rythme à 12/8, thème en croches sur les degrés de l'arpège. Bien que la basse soit présente dès le début, en continuo, sa véritable entrée (de sujet) n'a lieu qu'à la mes. 9, à la dominante.

La troisième aussi (en ré majeur) a un thème dansant, en rosalie descendante, avec un « levé » caractéristique. Première entrée au soprano, réponse de l'alto à la dominante, la basse reprenant à la tonique. Bonne humeur partout répandue.

Même plan dans la quatrième (en ré mineur), avec cette basse qui joue d'abord son rôle de continuo, avant de prendre sa partie dans le fugato. – En revanche, la cinquième (en mi bémol majeur) tourne à l'homophonie. La basse n'a tout au long, obstinément, qu'un seul dessin, arpégé (quart de soupir, trois doubles croches, deux noires) ; il lui est propre, aucune voix ne le reprend. Soprano et alto chantent en duo, sur un rythme pointé de sarabande, suivant en quelque sorte les harmonies que leur prépare ce continuo. Ornements délicats, retards expressifs, – une pièce admirable.

Thème minuscule dans la sixième (en mi majeur) : dix notes sur un ambitus de sixte, rythmées à 9/8. L'alto commence, le soprano suit à la quinte, la basse termine à la tonique. Sobriété, économie exemplaire, qui n'empêche pas un développement harmonieux.

Nouvelle merveille avec la septième (en mi mineur). Intense dialogue des trois voix, le continuo chantant autant que les voix supérieures, avant l'entrée effective du thème à la basse. Toute l'exposition est en croches (rythme à 3/4) ; d'où l'effet, à partir de la mes. 14, du continuo soudain brodé en doubles croches, sous le soprano et l'alto qui renversent leur contrepoint. L'effet inverse est également saisissant : les doubles croches s'arrêtent un instant, huit mesures avant la fin, et l'on est presque tenté de mettre un point d'orgue, avant de repartir pour la très douce conclusion.

Thème sautillant, enlevé, de la huitième (en fa majeur), avec son petit levé, qui sert ensuite à des imitations rapprochées, joyeuses, comme du tac au tac.

Contraste énorme, avec l'extraordinaire neuvième sinfonie (en fa mineur), la plus complexe, la plus grave de ces pièces, instaurant même un climat tragique auquel rien de tout ce qui précède ne nous a préparés. C'est en réalité une triple fugue, dont les thèmes très différenciés composent un tissu serré, au bord de la rupture : le premier en noires, descendant chromatiquement, – le deuxième en croches soupirantes, – le troisième, le plus étrange, en doubles et triples croches, disjoint et grimaçant. Pages meurtries, endolories par ce chromatisme rampant et ces dissonances incessantes.

Jolie attaque, décalée après le temps fort, du sujet de la dixième (en sol majeur), légère et babillarde, dans l'esprit de celle en ut majeur, avec le même fil ininterrompu de doubles croches.

La onzième (en sol mineur) est peut-être la plus belle ; court sujet à 3/8 : les trois notes d'un arpège descendant, suivies d'un saut d'octave ; en fait, on peut parler d'homophonie, et même de style luthé, avec ces beaux frottements engendrés par les syncopes et les retards. Un souffle étonnant, avec si peu de matière : voyez la progression des mes. 17-36, qui part de sol mineur, module en marches, atteint la dominante de ré mineur (la), traîne longuement avant la cadence attendue, relance encore une modulation, s'arrête à nouveau en ré mineur. Harmonies chaleureuses, lovées dans tous ces arpègements successifs (mais du diable si l'on sait ce qu'en peut faire un clavecin). – Un mot encore : il faut jouer ce morceau très lent, bien sûr, très souple et enveloppé, sans s'inquiéter de ceux qui parviennent à y entendre « un passepied » !

Encore un début, dans la douzième (en la majeur), où la basse fait d'abord son continuo (croches et soupirs), avant d'emboîter le pas aux autres voix dans ce qui ressemble à un petit concerto, allègre et insouciant (tous ces dessins brisés, ces batteries d'orchestre à cordes).

Sobre, la treizième (en la mineur), à 3/8, avec son thème qui danse sur une quarte à peine d'étendue (on monte la-si-do-ré, on descend do-si-la), ses périodes régulières de quatre mesures ; le reste est broderie de doubles croches. – Et plus économe encore la quatorzième (en si bémol majeur), dont le thème très simple, d'une mesure, à 4/4, sert à toute la trame : partout la succession caractéristique de quatre doubles croches et de deux croches.

Enfin la quinzième sinfonie (en si mineur) adopte l'allure d'une brève toccata, avec ses notes répétées et ses volubiles arpèges brisés dans un rythme à 9/16, ses difficiles croisements et enchevêtrements de parties (qui supposent deux claviers, comme dans certaines des *Variations Goldberg*, si l'on ne veut pas se prendre les doigts d'une main dans ceux de l'autre) ; style plus vertical qu'horizontal ; en outre, la moitié du temps, l'écriture se réduit à deux voix.

(Il faut mentionner ici que dans un manuscrit non autographe, qui appartint à Wilhelm Friedemann, les deux séries sont présentées de façon que chaque invention soit suivie de la sinfonie de même tonalité ; certains enregistrements discographiques ont privilégié cet ordre, qui de surcroît met l'accent, pour certaines « paires » ainsi formées, sur des similitudes de climat, de rythme, voire de dessin mélodique.)

***Quatre Duettos*** (BWV 802-805)
PUB 1739 (chez l'auteur, Leipzig : 3ᵉ partie de la *Klavierübung*).

La publication, nommément « *vor die Orgel* », consiste en vingt et un chorals d'orgue, aussi bien *manualiter* que *pedaliter* (les *Chorals du Dogme*, BWV 669-689), encadrés du *Prélude en mi bémol majeur* (BWV 552) également pour orgue, et de sa *Fugue* ; entre chorals et fugue prennent place les *Duettos*, qui ne s'adressent qu'aux claviers manuels de l'orgue. Ce sont des « inventions » de grand format, presque des fugues à deux voix, qu'on a coutume, depuis le siècle passé, d'incorporer dans l'œuvre de clavier de Bach.

Après les parties I et II de la *Klavierübung* (c'est-à-dire les *Partitas*, le *Concerto italien* et l'*Ouverture à la française*), qui se voulaient sinon mondaines et galantes, du moins engageantes, la partie III montre Bach au bord d'une voie plus secrète et solitaire, attiré par un contrepoint spéculatif, tournant qui le mènera à *L'Offrande musicale* et à *L'Art de la fugue*. La dédicace ne vise plus seulement les « amateurs » de musique, mais les « connaisseurs », qui peuvent suivre le compositeur sur son terrain. – De fait, on ne se cachera pas que les *Duettos*, abordés sans précaution, paraissent abstraits, qu'ils ont l'air d'être nés de froids calculs ; ils offrent une noix un peu dure, qu'il faut avoir le courage de briser, pour goûter leur étonnante saveur.

Gammes en aller et retour alternent, dans le premier (en mi mineur, à 3/8), avec des motifs à « soupirs » chromatiques, étrangement torsadés, qui ne sont pas sans rapport avec ceux du *Prélude* de même tonalité dans le second *Clavier bien tempéré*.

Le deuxième (en fa majeur, à 2/4), si harmonieusement diatonique dans sa première partie (thème sur l'arpège de tonique, claires cascades d'accords brisés), chromatise à n'en plus finir dans la section centrale, qui trace dès son départ une curieuse seconde augmentée. C'est dans cette partie que se trouve (mes. 46) le passage canonique souvent cité (entre autres par Milhaud) comme exemple d'écriture bitonale avant la lettre. La partie A est reprise en da capo.

La tension se relâche dans la troisième pièce (en sol majeur, à 12/8), la plus facile d'accès, la plus euphonique, en ses ondes caressantes de doubles croches. Mais elle revient dans la quatrième (en la mineur, à 2/2), une vraie fugue, dont le long sujet pèse d'abord sur trois blanches péremptoires, puis défait longuement des spirales de croches.

(Les *Duettos*, comme la plupart des œuvres tardives, ont subi toutes sortes d'interprétations, qui ont trait à leur tonalité, à leur nombre, à leur écriture à deux voix ; on y a déchiffré, entre autres, les quatre éléments, les quatre évangélistes, le pain et le vin eucharistiques... En s'apprivoisant à ces pièces, on sera heureux de rendre à la musique ce qui lui appartient : presque tout.)

## LES PETITS PRÉLUDES

Peu de morceaux de Bach ont connu et connaissent encore autant de faveur, auprès des jeunes élèves, que les « Douze Petits Préludes », qui leur paraissent d'emblée faciles, charmeurs, variés, et en tout cas, à leurs oreilles et à leurs doigts, préférables aux *Inventions*, qu'on a le tort de leur proposer toujours trop tôt. Mais on ignore en général que ce recueil des « Douze » a été composé artificiellement par leur éditeur Griepenkerl, en 1843, à partir de sources diverses : d'une part six préludes (BWV 924-928, 930) et un menuet (BWV 929) de ce même *Klavierbüchlein* de Wilhelm Friedemann qui contient les *Inventions et Sinfonies*, d'autre part cinq préludes (BWV 939-942, 999) de la collection réunie par Kellner, un élève de Bach. Griepenkerl, à l'exemple du compositeur, a été jusqu'à grouper les morceaux retenus dans l'ordre ascendant des tonalités, d'ut majeur à la mineur.

En revanche une autre série, à peine un peu moins connue, publiée en 1806 par Forkel sous le titre « Six Petits Préludes à l'usage des commençants » (BWV 933-938), semble refléter un groupement authentique de Bach, dans l'ordre ut majeur/ut mineur, ré mineur/ré majeur, mi majeur/mi mineur ; le compositeur se serait arrêté au moment où prenait forme le dessein plus ambitieux des préludes du *Clavier bien tempéré*. C'est de ces préludes que le biographe indique que Bach les écrivait au cours de ses leçons, comme une application plaisante aux exercices techniques qu'il avait d'abord imposés.

Restent enfin deux préludes (BWV 931 et 932, ce dernier inachevé) du *Klavierbüchlein*, non retenus par Griepenkerl, et un prélude (BWV 943) de la collection Kellner, qu'on croit plutôt destiné à l'orgue.

### *Sept Petits Préludes du Klavierbüchlein* (BWV 924-930)
COMP vers 1720 (Cöthen). PUB 1843 (Peters), avec les cinq suivants.

On les trouvera ici dans leur ordre d'origine.

Le *Prélude en ut majeur* (BWV 924) est intitulé *Praeambulum* dans le cahier de Friedemann, où il suit immédiatement le petit exercice liminaire de doigté que Bach a appelé *Applicatio*. Composé uniquement d'accords brisés à la main droite (rythme à 4/4), sur une basse en noires apparemment sages mais embellies de divers ornements, qui finit par tenir une longue pédale de dominante (sol), c'est un essor joyeux, propre à dérouiller à la fois les doigts et l'esprit. (Un peu plus loin dans le *Klavierbüchlein*, au n° 26, figure une version plus courte, modifiée, simplifiée, sans les ornements à la basse, et due peut-être à Friedemann lui-même.)

Accords brisés également dans le *Prélude en ré mineur* (BWV 926, n° 4 du *Klavierbüchlein*), mais descendants, en croches, dans une écriture qui, à chaque mesure où manque l'appui des temps à la basse, conduit souvent à jouer ce 3/4 comme un 6/8 ; humeur grise, égrènement doux et monotone ; un bref jaillissement de traits rapides aux mains alternées, quelques mesures avant la fin, qui choisit le mode majeur.

La bonne humeur du *Prélude en fa majeur* (BWV 927, n° 8 du *Klavierbüchlein*) est communicative, avec ces accords clabaudants et ces gais dessins « albertins », échangés d'une main à l'autre, la droite poursuivant jusqu'au bout dans ses figures brisées de doubles croches ; c'est l'un des préludes favoris des jeunes pianistes.

Le *Prélude en sol mineur* (BWV 930, n° 9 du *Klavierbüchlein*) possède la rare particularité d'avoir été entièrement doigté par Bach lui-même ; ce soin méticuleux s'explique d'autant mieux qu'il prévoit, dans ces lacets de croches à 3/4, quelques passages du pouce, technique d'avant-garde, encore mal saisie, mais qui n'allait pas tarder à entrer dans les mœurs.

Ensuite un nouveau *Prélude en fa majeur* (BWV 928, n° 10 du *Klavierbüchlein*), dans le même climat d'allégresse que le précédent, mais plus étendu, plus ambitieux dans sa polyphonie (imitations répétées du claironnant motif de tête, harmonies verticales, passages chromatiques), plus difficile aux « petites mains ».

Qu'il soit de Bach ou de son fils Wilhelm Friedemann, auquel on l'attribue aujourd'hui, le *Prélude en ré majeur* (BWV 925, n° 27 du *Klavierbüchlein*) n'en demeure pas moins un rayonnant petit chef-d'œuvre, dix-huit mesures de polyphonie à quatre voix, qui s'élèvent comme un chant d'action de grâces, sur les degrés de l'arpège tonique.

À proprement parler, le *Prélude en sol mineur* (BWV 929) est un trio composé pour le menuet d'une partita de Stölzel, dont Bach a recopié les quatre morceaux (ouverture, air italien, bourrée, menuet) au n° 48 du *Klavierbüchlein*. L'éditeur Griepenkerl l'a associé aux autres pour compléter sa série de « Douze Préludes », – ce qu'on ne saurait lui reprocher, puisque cela permet à cette petite pièce, gracieuse et tendre, d'être toujours vivante, alors que la partita en question l'aurait enterrée avec elle...

(Insérons ici les préludes non retenus par Griepenkerl : le *Prélude en la mineur*, BWV 931, n° 29 du *Klavierbüchlein*, d'authenticité douteuse, et qui, long de huit mesures à peine, semble une étude pour les agréments ; et le *Prélude en mi mineur*, BWV 932, n° 28 du *Klavierbüchlein*, né peut-être sous la plume de Wilhelm Friedemann, laissé inachevé au bout de onze admirables mesures.)

### Cinq Petits Préludes de la collection Kellner (BWV 939-942, 999)
COMP vers 1720 (Cöthen). PUB 1843 (Peters), avec les sept précédents.

Le *Prélude en ut majeur* (BWV 939), parent en esprit du premier *Praeambulum* du Cahier de Friedemann (mais avec des croches au lieu des doubles croches), est tout entier tiré de l'arpège initial du ton, qu'il promène ensuite sur des accords voisins. « Pour jouer avant de se mettre au travail », comme dira ce titre des *Heures juvéniles* de Claude Delvincourt.

Un petit joyau polyphonique de dix mesures, le *Prélude en ré mineur* (BWV 940), dont le thème descend plaintivement en traînant sur deux mordants ; chaque voix le reprend à son tour, puis elles s'en échangent les premières notes, en échos attristés.

Deux brèves inventions, le *Prélude en mi mineur* (BWV 941) et le *Prélude en la mineur* (BWV 942) ; le premier à trois voix, l'alto abandonné en route au profit de vives réparties entre soprano et basse ; le deuxième à deux voix, rythmé à 9/8, quelque peu aigre et dissonant.

Hormis le premier prélude du premier *Clavier bien tempéré*, il n'est rien de plus célèbre au monde, parmi les œuvres de clavier de Bach, que le *Prélude en ut mineur* de la collection Kellner (BWV 999), – mais on l'entend surtout à la guitare : ce qui, à vrai dire, ne le trahit nullement, puisqu'il s'agit à l'origine d'un morceau pour le luth, composé vers 1720. On ignore si la transcription pour clavier est le fait de Bach, mais cela n'empêchera pas les débutants de tout poil d'aspirer à jouer un jour (avec la « Lettre à Élise »), scandées par le rythme obstiné de la basse, ces harmonieuses successions d'accords brisés, à notes répétées, qui, abandonnant bientôt la tonique, tournoient chromatiquement autour de la dominante, et concluent en sol majeur.

## *Six Petits Préludes à l'usage des commençants* (BWV 933-938)

COMP vers 1720 (Cöthen). PUB 1806 (Bureau de musique, Leipzig).

En dépit du titre, ils sont de loin plus élaborés que ceux qui précèdent ; tous sont écrits en forme binaire, à reprises (ce n'était le cas, parmi les autres, que du *Prélude en sol mineur*, BWV 930, et du *Menuet* pour la partita de Stölzel).

Belle et fringante entrée en matière du *Prélude en ut majeur* (BWV 933), bien carré sur ses accords, et d'écriture plus verticale qu'horizontale ; deux sections symétriques, de huit mesures chacune ; parcours tonique-dominante-tonique.

Le *Prélude en ut mineur* (BWV 934), avec une anacrouse, aurait pu remplacer la courante de la *Deuxième Suite française*, de même tonalité ; c'en est l'esprit, l'écriture, le plan harmonique, le même 3/4, les mêmes méandres de croches sur une basse de noires.

Quant aux *Préludes en ré mineur, mi majeur* et *mi mineur* (BWV 935, 937, 938), ce sont de véritables inventions à deux voix, auxquelles il ne manque ni l'étendue, ni la fermeté, ni la profonde musicalité. Le sévère *Prélude en ré mineur* a d'ailleurs, dans l'*Invention* du même ton, une jumelle, qui reproduit son rythme à 3/8, la symétrie de ses entrées, et plusieurs de ses inflexions ; le *Prélude en mi mineur* ressemble plus encore à cette même *Invention*, et, transposé, tomberait souvent sur les mêmes notes. Le *Prélude en mi majeur* est plein d'humour, et même de cocasserie, occupant chaque main tour à tour à son petit thème disjoint ou à ses frétillements de doubles croches.

Mais la merveille du cahier est le *Prélude en ré majeur* (BWV 936), pure effusion mélodique, sur un sobre continuo de croches. Dans la première section, le chant est presque uniquement au soprano, avec de brèves incises de l'alto ; mais dans la seconde section, au soprano l'alto veut soudain répondre, avec les mêmes accents, et ce serait un duo amoureux jusqu'à la fin si le soprano, pour les dernières volutes, ne reprenait la prérogative.

## LES PRÉLUDES (OU FANTAISIES) ET FUGUES

Les pièces dont Bach est sûrement l'auteur : les *Préludes et Fugues* BWV 894, 900-902, la *Fantaisie chromatique et Fugue* BWV 903, les *Fantaisies et Fugues* BWV 904, 906. Celles qui soulèvent le doute, mais auxquelles on fera grâce : les *Préludes et Fugues* BWV 895, 896, 899. Celles dont l'authenticité est gravement mise en cause, ou définitivement repoussée : les *Préludes et Fugues* BWV 897, 898 (oui, même ce fameux *Prélude et Fugue sur le nom de Bach* !), les *Fantaisies et Fugues* BWV 905, 907, 908, le *Concerto et Fugue* BWV 909. On trouvera ci-dessous un ordre chronologique approximatif.

### *Prélude et Fugue en la majeur* (BWV 896)
COMP 1707 ? (à la fin des années d'Arnstadt). PUB de la *Fugue* 1843 (Peters).

Un *Prélude* de douze mesures à peine, en rythme pointé continu, avec on ne sait quoi de mélancolique ; une *Fugue* à quatre voix, dansante, rythmée à 6/8, menée tambour battant à l'entrain de sa note répétée initiale ; plusieurs strettos efficaces, dont un (mes. 48) combine le thème à son renversement. (Il faut noter que seule la *Fugue* se rencontre dans les éditions courantes, le *Prélude*, ignoré par la *Bachgesamtausgabe*, n'ayant été publié qu'en 1912 dans le *Bach Jahrbuch*.)

### *Prélude et Fugue en la mineur* (BWV 894)
COMP 1717 ? (à la fin des années de Weimar). PUB 1843 (Peters).

Vaste composition, animée de bout en bout d'un élan, d'un souffle prodigieux, et si riche, en vérité, que Bach ne résista pas à l'envie, quinze ans plus tard, de l'adapter, avec l'ajout d'un adagio central (emprunté à la *Troisième Sonate pour orgue*), pour en faire le *Concerto pour flûte, violon, clavecin et cordes* (BWV 1044). Le *Prélude*, avec ses alternances de tutti et de soli, revêt d'emblée ce caractère concertant (Bach vient de transcrire pour clavier seul seize concertos italiens ou apparentés ; voir LES CONCERTOS) : l'orchestre, ce sont ces accords massifs de cadence, qui soulignent marches et modulations, tandis que le soliste, lui, caracole sur les sommets en triolets, toutes les cordes lancées à sa poursuite ; mais il y a aussi des traits de clavier pur, ces guirlandes, ces vives arabesques que les mains se partagent à toute vitesse. Les triolets de doubles croches du prélude, dans un mètre à 4/4, deviennent l'unité du temps dans la *Fugue*, dont le mètre à 12/16 signifie aussitôt l'allure d'une gigue (plus tard on aurait dit une tarentelle), tournoyant follement à tous les registres ; et les doigts qui dans le premier morceau étaient parfois heureusement freinés par le retour régulier de la cadence normale (sans triolets) n'ont plus ici, les pauvres, qu'à s'exécuter sans le moindre répit. Fugue à trois voix, où le contre-sujet, face à ce sujet increvable, doit se contenter de quelques accords.

### *Préludes et Fuguettes en la mineur, ré mineur, mi mineur, fa majeur et sol majeur* (BWV 895, 899-902)
COMP vers 1720 ? (Cöthen). PUB 1843 et 1866 (Peters).

Les deux premiers sont suspects ; si je les épargne, c'est par égard pour tant d'éditions qui les reproduisent, à la suite des *Petits Préludes et Fugues* ; reconnaissons qu'ils ont fait le bonheur de beaucoup d'apprentis.

Le diptyque en la mineur (BWV 895), après un prélude improvisé, obsédé par un petit motif descendant de quatre notes, qu'il reprend à satiété à toutes les voix, martèle d'un air bourru les notes répétées de son sujet de fugue, développé à quatre voix ; les fioritures finales rappellent celles du prélude.

Le prélude en ré mineur (BWV 899), comme le précédent, n'utilise qu'un très court motif, mais il en élabore une polyphonie à quatre voix, expressive, parfois tourmentée. La fugue, après ces lignes sinueuses, est toute lisse et paisible ; thème simpliste, quatre noires pointées conjointes (mesure à 3/8), engendrant croches et doubles croches, à trois voix.

« Fuguette » n'est pas le mot exact, dans le cas de celle en mi mineur (BWV 900) : cent quatre mesures de fugue à trois voix (dont l'une souvent s'absente), sur un long thème entrecoupé de silences, qui tâche de monter par paliers les degrés de la gamme, mais se décourage vite et redescend avec autant d'efforts ; croches à 3/4, mais au bout d'une page les doubles croches prennent le relais, courent s'ébattre à travers le clavier, oubliant un peu le thème, qui semble, à chaque retour, jouer les rabat-joie. Auparavant, on aura eu un prélude capricieux, qui s'amuse dès la deuxième mesure à inverser chant et accompagnement, puis multiplie ses figures brisées et, les doubles ne lui ayant pas suffi, s'essaie à quelques traits véloces en triples croches.

La particularité de la fugue en fa majeur (BWV 901), c'est qu'on la retrouve, transposée en la bémol et doublée de longueur, dans le second *Clavier bien tempéré*. Son prélude est ici une courte page polyphonique à trois voix, rythmée à 12/8, souplement tissée de gammes et d'arpèges, qu'on aurait tort pourtant de jouer à toute vitesse : c'est au contraire un de ces morceaux sereins où la moindre double croche doit compter son poids de chant et de lumière.

Le diptyque en sol majeur (BWV 902) a vu lui aussi sa preste fuguette, en arpèges volubiles à 3/8, servir plus tard, dans le même ton et avec quelques modifications, au second *Clavier bien tempéré*. Elle est ici précédée d'un morceau admirable, de loin supérieur à celui que Bach retiendra pour le *Clavier* : un véritable mouvement de sonate, avec exposition, barre de reprise, développement après la barre, réexposition abrégée ; et même quelque chose comme deux thèmes, apparentés mais distincts, le premier en contrepoint double, ses deux voix chantantes et syncopées alternant du soprano au ténor et planant sur la pédale de tonique, le second (mes. 21) en dessins brisés ; les douze mesures du développement central, sorte d'arioso au lyrisme intense, décoré d'arabesques, sont inoubliables. – Mais cette fugue, au total, aura eu trois préludes : à celui du *Clavier* a en effet tenu lieu de lointaine ébauche un petit prélude (BWV 902a), comme lui à 3/4 et pareillement habité d'un infatigable rouage de doubles croches, accords stagnants dans le joyeux ronron de leurs batteries.

### *Fantaisie chromatique et Fugue, en ré mineur* (BWV 903)
COMP vers 1720 ? (Cöthen) ; reprise vers 1730 ? (Leipzig). PUB 1802 (Hoffmeister & Kühnel, Leipzig).

La *Fantaisie* fait plus que de nous restituer, comme sur le vif, un improvisateur de génie, un virtuose aux doigts inventifs, à l'imagination audacieuse, – elle nous livre le monologue d'une âme. On y distinguera trois parties successives : la première, à la toccata, est sillonnée de traits, alternés aux deux mains, dans un climat d'inquiétude ; la deuxième est comme un choral dont les accords, au lieu d'être plaqués, seraient arpégés en longues vagues dolentes et plaintives ; la troisième, plus poignante encore, est un ample récitatif, qui gémit, soupire, se reprend, se débat entre la révolte et la résignation. L'instabilité du discours et ses aléas, le dramatisme des figures, le chromatisme, les dissonances, les enchaînements hardis, tout ce vocabulaire expressionniste et sensible, qui a tant séduit les romantiques au moment de leur redécouverte de Bach, laisse place, dans la *Fugue* à trois voix, tout aussi chromatique, au travail de la raison ; si même il y traîne d'abord quelques traces du désordre ancien, les conflits se dénouent lentement, l'air se purifie, et l'âme finit par accéder à une triomphante certitude.

## *Fantaisie et Fugue en la mineur* (BWV 904)
COMP vers 1725 ? (Leipzig). PUB 1839 (Peters).

Peu d'œuvres pour clavecin, chez Bach, sentent l'orgue aussi fortement que cette *Fantaisie* : cent onze mesures d'écriture horizontale, à 4/4, où la polyphonie atteint parfois jusqu'à six voix, dans un style volontairement sévère et même archaïsant (mais combien plus fluide, ce *stile antico*, et moins raide que celui de la *Fantaisie en sol mineur*, BWV 917 !) ; porté par ce flux continu, presque sans rides, on a l'impression, comme souvent dans ses œuvres d'orgue, que la musique pourrait s'écouler indéfiniment, page après page, avec la même inexplicable assurance, la même sereine beauté (quelques morceaux de clavier retrouvent cette atmosphère, par exemple le *Prélude en fa* du second *Clavier bien tempéré*). L'analyse révèle pourtant un plan minutieux, avec un refrain de douze mesures, quatre fois repris (la mineur, mi mineur, ré mineur, la mineur), alternant avec des couplets aux voix plus éclaircies.

La *Fugue*, à l'opposé, est remuante et enchevêtrée. Double fugue, d'ailleurs : le premier sujet, énergique, commencé en croches, poursuivi en doubles croches et terminé par un trille (mes. 1-36), contraste avec le deuxième, gémissant, glissant chromatiquement sur une quarte, en noires (mes. 37-60). Fusion finale des deux thèmes, et cadence dans le mode majeur.

## *Fantaisie (et Fugue inachevée) en ut mineur* (BWV 906)
COMP vers 1738 ? (Leipzig). PUB 1802-1803 (Hoffmeister & Kühnel) ; la *Fugue* en 1843 (Peters).

De ce diptyque on ne connaît généralement que la *Fantaisie*, fréquemment jouée, adoptée de longtemps par les pianistes, qui trouvent beaucoup de plaisir à ces triolets exubérants, à ces fougueux traits chromatiques, à ces sauts d'adresse, et plus encore sans doute aux nombreux croisements de mains qu'elle exige. Les séduisent encore, assurément, dans cette tonalité préférée du pathos romantique, des accents qui les transportent d'avance auprès du Mozart de la *Fantaisie en ut mineur*, et même du Beethoven de la *Pathétique*, – mais qu'on voit, plus simplement, aux fantaisies de Friedemann et d'Emanuel Bach. Sous ses dehors improvisés, la pièce est de construction très stricte, presque un mouvement de sonate, avec ses deux thèmes contrastés, son développement, sa reprise abrégée.

La *Fugue*, hélas, est inachevée, et doublement ; elle s'arrête au bout de quarante-huit mesures, mais l'autographe de Bach ne semble pas dépasser les trente premières ; une main inconnue a tâché de poursuivre, d'ailleurs dans un esprit différent du début. Les éditeurs proposent diverses manières de s'en sortir, mais rien ne nous rendra le chef-d'œuvre qu'eût été ce morceau, parti du sujet le plus étrangement chromatique, de l'exposition la plus grincheusement dissonante que Bach ait écrite !

## LES FANTAISIES ISOLÉES

Des sept fantaisies (ou préludes) que le catalogue de Schmieder répertorie sous les numéros 917-923, aucune, du point de vue de l'authenticité, n'emporte une adhésion totale. Le *Prélude en si mineur* (BWV 923) a été attribué, sans trop de preuves, à Wilhelm Hieronymus Pachelbel, fils du grand Johann. On trouvera ci-dessous les moins douteux de ces morceaux, dans un ordre très approximatif.

### *Fantaisies en sol mineur et la mineur* (BWV 917, 922)
COMP vers 1710 ? (Weimar). PUB 1866-1867 (Peters).

La première, dite aussi *Fantaisie « duobus subjectis »*, alterne et mêle en effet, en fugato, deux sujets aussi faciles et chantants l'un que l'autre, ce qui fait passer sur sa raideur et ses répétitions. – On a du mal, en revanche, à considérer la seconde (appelée aussi *Prélude*) comme autre chose qu'une erreur de jeunesse ; c'est moins une démonstration de bravoure que d'endurance, bricolage tapageur à partir de quelques formules digitales, insatiablement promenées dans tous les tons.

### *Prélude en si mineur* (BWV 923)
COMP vers 1715 ? (Weimar) ; ou même un peu plus tard, 1720 ? (Cöthen).

Qu'elle soit ou non de Bach (mais de qui donc seraient, à cette époque, des pages aussi fermes ?), cette pièce de quarante-neuf mesures séduit par son écriture harmonique. Aucun thème, mais des figurations successives, en particulier un long *arpeggio* (enchaînements d'accords arpégés) qui remplit toute la seconde moitié et évoque d'avance les fameuses progressions de la *Fantaisie chromatique*. Elle tourne un peu court et l'on peut se demander si elle est vraiment achevée. Quelques sources lui adjoignent la *Fugue en si mineur* BWV 951 (d'après Albinoni) : il faut les suivre, cela constitue un diptyque d'une force étonnante. (Mais la version en la mineur du prélude, BWV 923a, est apocryphe.)

### *Fantaisie (ou Prélude) en ut mineur* (BWV 919)
COMP vers 1720 ? (Cöthen). PUB 1843 (Peters).

À ne pas confondre avec la *Fantaisie en ut mineur* BWV 906. Cette petite pièce (on voit que le terme de « fantaisie » peut recouvrir les genres les plus divers !) n'est guère autre chose qu'une invention à deux voix, née sans doute à la même époque que les fameuses du *Klavierbüchlein* de Wilhelm Friedemann, – jouant le même jeu, et parvenant comme elles à tourner un exercice en pure musique. Thème en deux parties : un rapide aller et retour de doubles croches (mes. 1-2), suivi d'un motif plus mélodique, avec dactyles et notes répétées (mes. 2-3).

### *Fantaisie en ut mineur, sur un rondeau* (BWV 918)
COMP vers 1735 ? (Leipzig).

Les opinions divergent considérablement concernant la datation de cette pièce, si tant est qu'elle soit de Bach. Basso a sans doute raison de la juger contemporaine des grandes fantaisies et fugues de Leipzig, glorifiant avec elles et à sa façon le *stylus phantasticus*, – et mieux encore parente des quatre *Duettos*. Strictement à deux voix, étendue sur cent trente-deux mesures, elle suit le plan du rondeau français (le titre de « fantaisie en forme de rondeau » serait plus exact) : un refrain quatre fois repris et trois couplets sur le même matériau. Les couplets sont chaque fois plus étendus (seize, vingt-quatre, trente-deux mesures) ; de même, les deuxième et troisième reprises du refrain comptent dix-huit mesures, au lieu des douze initiales et finales. Ces jeux de construction composent une pièce singulière et distante, à laquelle on ne s'apprivoise que difficilement ; un Couperin ne l'aimerait guère : elle touche moins qu'elle ne surprend.

## LES FUGUES ISOLÉES

Classées aux numéros 944-962 du catalogue de Schmieder. Ici encore, une fois les plus douteuses mises de côté (sans compter les apocryphes purs, comme le *Fugato* BWV 962, qui est une composition d'Albrechtsberger), il ne reste qu'une dizaine de fugues, qu'on tâche de répartir en groupes chronologiques approximatifs.

### *Deux Fugues en si bémol majeur, sur des thèmes de Reinken et d'Erselius* (BWV 954, 955)
COMP avant 1708 ? (Arnstadt). PUB 1880 (Peters).

La *Fugue en si bémol* n'est pas le seul morceau dans lequel Bach emprunte à Reinken, le vieil organiste de Hambourg ; de l'*Hortus musicus* de ce dernier, recueil de sonates en trio, il a non seulement tiré ce thème, mais également remanié deux sonates entières, qui ont engendré ses propres *Sonates en la mineur* et *en ut majeur* (BWV 965 et 966). Dans sa fugue, Bach est hélas ligoté par le sujet qu'il a choisi, terriblement niais, tournant banalement en rosalie, et qu'il s'acharne pourtant à traîner sur quatre-vingt-quinze mesures.

Le thème d'Erselius possède un peu plus de caractère, et son lent mouvement disjoint initial contraste plaisamment avec les dactyles rapprochés qui le terminent ; mais tout cela demeure bien gauche et grisailleux.

## Fugues en la mineur, ré mineur, la majeur (BWV 947-949)
COMP vers 1710 ? (Weimar) ; BWV 948 plus tardive ? PUB 1843 et 1867 (Peters).

La fugue en la majeur (BWV 949) ne présente qu'un thème simplet, des idées courtes et répétitives, où l'archaïsme est moins un parfum délicat qu'un ennuyeux défaut.

On monte d'un cran avec la fugue en la mineur (BWV 947), vigoureuse, nourrie, allant de l'avant avec son petit thème buté, même si l'on peut lui reprocher de trop nombreuses et semblables cadences. (Authenticité très contestée ; la seule source est l'édition de Griepenkerl, en 1847 ; les manuscrits sur lesquels cette dernière se fondait sont perdus.)

La meilleure, assurément, est la fugue en ré mineur (BWV 948), que beaucoup datent de l'époque de Cöthen (vers 1720). Long sujet à 4/4, commencé en croches sur une mesure, poursuivi en doubles croches sur quatre, en succession d'accords brisés ; contre-sujet à rythme dactylique, fort efficace par la suite pour relancer le mouvement ; un peu avant la fin, une longue cadence d'arpèges en triples croches (septièmes diminuées), où Bach n'est peut-être pour rien.

## Fugues en ut majeur, la majeur et si mineur sur des thèmes d'Albinoni (BWV 946, 950, 951)
COMP vers 1710 ? pour la première, vers 1715 ? pour les autres (Weimar). PUB 1866-1867 (Peters).

Sur des thèmes empruntés respectivement à la douzième, à la troisième et à la huitième des *Sonates en trio* d'Albinoni (op. 1, publiées en 1694).

La fugue en ut majeur (BWV 946) ne peut manquer de séduire, dans ses habits anciens de *ricercar*, par sa démarche un peu timide et circonspecte, qu'elle doit aux syncopes de son thème. Texture de départ à quatre voix, raréfiée en cours de route ; les cinq dernières mesures font apparaître une partie de pédalier, qu'il faudra évidemment transposer.

Avec les deux suivantes, Bach développe d'amples morceaux qui n'ont plus rien de commun avec leurs modèles. La fugue en si mineur, en particulier, atteint des proportions monumentales (cent douze mesures à 4/4, dans la version longue ; il y en a une plus courte, BWV 951a) ; on y admire autant la puissance du souffle que la richesse, la variété des épisodes ; une émotion sourd à chaque ligne, que le musicien italien n'a pas imaginé de mettre dans sa sonate. (Certaines copies rattachent BWV 951 au *Prélude en si mineur* BWV 923.)

## Deux Fugues en ut majeur (BWV 952, 953)
COMP vers 1720 ? (Cöthen). PUB 1843 (Peters).

On est certain de l'authenticité de la seconde (BWV 953), écrite de la main de Bach, entrée au n° 31 du *Klavierbüchlein* de Wilhelm Friedemann. Ayons le cœur de laisser auprès d'elle cette autre fugue en ut (BWV 952), aujourd'hui remise en cause, et qui lui tient compagnie depuis si longtemps dans toutes les éditions courantes, à la suite des *Petits Préludes et Fugues*. Tous les élèves ont joué ces deux morceaux, d'étoffe similaire, tous deux à trois voix, aussi gais l'un que l'autre en leur habit de doubles croches à 4/4. (Je crains qu'on ne puisse étendre cette indulgence à la *Fuguette en ut mineur*, BWV 961, à deux voix, rythmée à 12/8, dont nous avons tous aimé jouer les jolis mordants sur les premier et troisième temps, en redoutant d'avance l'arrivée, dans la seconde moitié, de ces doubles croches trébuchantes...)

## Fugue en la mineur (BWV 944)
COMP entre 1720 (Cöthen) et 1725 (Leipzig) ? PUB 1829, 1843 avec la « fantaisie » (Peters).

La plus ambitieuse, la plus spectaculaire aussi de toutes les fugues de Bach. Elle est plus connue sous le nom de « Fantaisie et Fugue » ; mais c'est un titre usurpé : la partie « fantaisie » (que n'ont pas toutes les sources) se borne à dix mesures d'accords arpégés, qui vont de la tonique à la dominante. La fugue proprement dite en compte cent quatre-vingt-dix-huit, à 3/4, et le sujet à lui tout seul en occupe sept, un pur rouage de doubles croches qui va donner au morceau ce ronronnement caractéristique de moteur remonté à bloc. Fugue vraiment concertante, qui, transformée, ravivée encore dans un mètre à 6/8, a donné naissance à celle du *Prélude et Fugue en la mineur* pour orgue (BWV 543).

## LES TOCCATAS

Le fleuron du premier Bach, du Bach d'avant Cöthen. Ces sept pièces tour à tour exaltées, pathétiques, vibrantes d'allégresse ou de passion, le représentent au point le plus haut de sa jeunesse. Mieux que celles de Frescobaldi, de Muffat ou de Buxtehude (que d'ailleurs le public ne connaît guère, alors qu'il a quelques chances d'approcher celles-ci), elles font oublier l'acception moderne, à laquelle nous sommes parvenus depuis Schumann (ou Czerny), d'un mouvement perpétuel, formidablement virtuose et strictement mesuré, maintenu dans les roues dentées d'un mécanisme implacable. La toccata de Bach, nourrie à l'école des vieux maîtres, est au contraire une apothéose de la liberté ; et donc aussi de la variété. La part de la virtuosité, indéniable, n'empiète pas sur celle de l'expressivité ; il y faut ensemble les doigts infaillibles du prestidigitateur, la fantaisie débridée de l'improvisateur et le savoir consommé du contrapuntiste.

Schémas variés. Mais quatre d'entre elles (BWV 910, 912, 913, 915) suivent le même plan : introduction rhapsodique et virtuose, arioso (précédé d'un allegro dans BWV 912), première fugue, adagio, fugue finale développée. C'est celui de Buxtehude, avec l'ajout capital de cet arioso, leur creuset d'émotion.

Sans qu'on puisse les dater de façon précise, on pense que les plus avancées stylistiquement (BWV 910 et 911) ont vu le jour dans les premières années de Weimar ; les plus anciennes (BWV 913 et 914) pourraient remonter à l'époque d'Arnstadt. Contrairement à ce qu'il fera pour les *Inventions et Sinfonies*, les *Suites*, à plus forte raison les préludes et fugues du *Clavier bien tempéré*, Bach n'a jamais songé à les regrouper en recueil.

### *Toccata en ré mineur* (BWV 913)
COMP entre 1705 et 1708 ? (Arnstadt ou Weimar). PUB 1801 (Hoffmeister & Kühnel).

La plus longue des sept, et celle où s'affrontent les plus grands contrastes. Une introduction rapide, où la main gauche part la première en doubles croches (comme une entrée de pédalier solo à l'orgue), suivie de la droite avec laquelle elle alterne les arpèges, les gammes, les petits martellements secs, – amène un arioso à quatre voix, d'une tristesse aiguë et lancinante. Puis c'est un premier fugato (à 4/4), sur deux thèmes successifs, l'un montant et décidé, l'autre descendant et plus inquiet. Petite cadence avant l'étonnant *adagiosissimo*, qui n'est que plainte, ressassement de douleur, sur la ponctuation régulière des accords : règne soudain de la verticalité, harmonies étranges et ténébreuses. Enfin entre le deuxième fugato (à 3/4), sur un thème tout semblable au premier, dont il varie l'accent et le caractère, à la façon de Froberger (ce qui devrait suffire à placer cette toccata en tête de la chronologie ; noter du reste que plusieurs manuscrits l'appellent « Toccata prima »).

### *Toccata en mi mineur* (BWV 914)
COMP entre 1705 et 1708 ? (Arnstadt ou Weimar). PUB 1839 incomplète, 1843 (Peters).

Celle-ci est la plus courte, qui ne comporte pas d'arioso après le prélude, et dont tout l'effort semble tendre vers la fugue finale. Treize mesures d'introduction (à 3/2), sobres, sans fioritures, privilégiant le grave. Le premier fugato (à 4/4, *un poco allegro*), sur deux thèmes, à quatre voix très rapprochées, garde tout au long sa nature austère, son climat de concentration. Au contraire, le bref *adagio* qui suit est fantasque, improvise des traits de toute sorte, dissipe en deux pages la morosité de ce début ; il prépare la place à la belle fugue finale, dont le long sujet ressemble aux meilleurs des fugues d'orgue : doubles croches, en batterie sur une descente chromatique, communiquant leur énergie et leur alacrité à tout le morceau.

### Toccata en sol mineur (BWV 915)
COMP 1708-1710 ? (Weimar). PUB 1843 (Peters).

Un trait de doubles croches tire-bouchonnées de l'aigu au grave, sur quatre mesures, introduit brutalement un arioso de treize mesures (à 3/2), déclamé au-dessus d'accords solennels, et s'arrêtant sur la dominante de sol mineur. Mais c'est dans le ton relatif (si bémol majeur) que choisit d'entrer le premier fugato (à 4/4), pimpant, plein d'humour, à cent lieues de l'humeur sombre où donnait le début du morceau, et jouant à imiter quelque concerto grosso dans ses oppositions de solistes et d'orchestre. Il ne conclut pas, contre toute attente : une cadence évitée le fait déboucher sur un nouvel adagio à 3/2, en style de récitatif, qui rétablit le ton initial, prologue à la copieuse fugue finale. Celle-ci prend l'allure d'une gigue exubérante, d'exécution périlleuse, en sautillants triolets pendant sept pages (4/4, avec la notation ancienne : croche pointée-double croche au lieu de noire-croche) ; elle inverse son thème à mi-parcours, et au moment de finir, retrouvant le trait de doubles croches qui ouvrait la toccata, le précipite à nouveau jusqu'au bas du clavier.

### Toccata en ré majeur (BWV 912)
COMP 1708-1710 ? (Weimar). PUB 1843 (Peters).

Un plan légèrement différent des autres : après la courte mais tapageuse introduction (roulements de gammes et d'accords, trémolos), au lieu de l'arioso éclate un *allegro* de caractère concertant, dont le thème danse joyeusement, et même avec hilarité, tour à tour à l'aigu ou au grave, accompagné d'accords piqués ou de dessins brisés de doubles croches. Puis c'est un *adagio* en récitatif, intense, interrogeant, ponctué de trémolos, et qui amène, à force de régression dans les tonalités mineures, le fa dièse mineur du premier fugato, sur deux thèmes (*allegro*, selon l'un des manuscrits ; mais un tempo modéré exprime davantage l'espèce de sagesse profonde et grave de ces lignes). Interruption, pour un second récitatif, où Bach a noté, dans la portée, les mots *con discrezione* : à la discrétion de l'instrumentiste, qui doit tirer le parti le plus expressif de ces arpègements, de ces efflorescences, de ces tempos contrastés, de ces points d'orgue. Vient alors la fugue conclusive, à trois voix, dans un 6/16 de gigue, pleine d'harmonies ravissantes, fraîches et parfois imprévues ; l'oreille y suit davantage le contre-sujet, bien profilé, que le thème, limité à une ondulation sur quelques notes. (Certains manuscrits donnent cette toccata pour une « Fantasia con Fuga ».)

### Toccata en sol majeur (BWV 916)
COMP 1710 ? (Weimar). PUB 1867 (Peters).

Encore une autre forme, et la plus simple de toutes, pour cette toccata : trois mouvements (vif-lent-vif) qui l'assimilent à un petit concerto, – d'autant que l'allegro initial adopte les oppositions caractéristiques de tutti et de soli, les uns en accords de sixte, en croches, massifs et pétulants, les autres en brisures et batteries de doubles croches, avec même à la fin une cadence aux mains alternées. L'*adagio*, dans le ton relatif (mi mineur), chante à tous les registres, en phrases paisibles, doucement mélancoliques. Puis c'est un *allegro e presto*, à 6/8, fugue vivante et affairée, digne de figurer à la fin de quelque *Suite anglaise*.

### Toccata en fa dièse mineur (BWV 910)
COMP 1710-1712 ? (Weimar). PUB 1837 (Trautwein, Berlin).

La plus belle, la plus émouvante de la série ; sombre, tourmentée, parfois farouche ; brûlant d'un feu dont elle essaie de dissimuler les tisons et les cendres ; une œuvre vécue, éloignée de toute spéculation, reflétant des chagrins, des alarmes, de sourdes angoisses. Dix-huit mesures d'introduction, en arabesques, en dessins brisés, conduisent à l'arioso (à 3/2), page bouleversante, qui vous point de ses gémissants chromatismes, de ses dissonances. Une première fugue *(presto e staccato)* propose son sujet descendant, en croches, que vient épauler la diminution en doubles croches d'un remuant contre-sujet. Nouvel adagio, dont l'ostinato mélodique et rythmique, en d'incessantes modulations, ressasse une tristesse inextinguible. La fugue finale (à 6/8), à quatre voix, sur un sujet à notes répétées dont la descente chromatique rappelle le thème de l'arioso, parvient à conclure dans un climat de paix.

### Toccata en ut mineur (BWV 911)
COMP 1710-1712 ? (Weimar). PUB 1839 (Peters).

Véritable « Toccata et Fugue », composée d'une fugue unique, mais colossale, déployée sur plus de dix pages. Le morceau commence par les traits habituels, où les mains se relaient et s'appuient ; poursuit par un *adagio* à quatre voix, dont le thème escalade péniblement une gamme, et qui finit en fioritures analogues à celles du prélude ; arrive à la fameuse fugue (à trois voix). Long sujet redisant deux fois sa proposition initiale, sur les degrés de l'arpège, avant de festonner en doubles croches. Quelle est sa nature ? Tout dépend du tempo, et des accents qu'on lui donne : on peut le jouer ingénu et chantant, ou au contraire énergique et batailleur. Pour ma part j'inclinerais à la première façon, du moins dans le courant de la première exposition : car il y en a deux, séparées de traits empruntés au prologue, et la deuxième emploie justement dans son nouveau contre-sujet ces triples croches caractéristiques, qui ne peuvent manquer de donner à l'ensemble une allure plus fébrile. Développement prodigieux, en double fugue, brusquement interrompu par un accord de septième diminuée ; trois mesures de récitatif *(adagio)* et un trait dégringolant en torsade *(presto)* terminent hâtivement la toccata.

## LES SUITES

Cinq suites de jeunesse, composées sans doute à Arnstadt ; quatorze suites à Cöthen (les six *Anglaises*, les six *Françaises* et deux suites apparentées à ces dernières) ; sept à Leipzig (les six *Partitas* et l'*Ouverture à la française*). Parties de Froberger, rencontrant en route Couperin et Corelli, elles illustrent les « goûts réunis » de Bach. Le style français, le mode de la danse y prédominent (on pourrait dire, en forçant à peine, que c'est la « musique de salon » de l'époque, par opposition à l'art savant du prélude et fugue... ou encore y voir l'espace étroit où le luth et le clavecin triomphent de l'orgue). Bach adopte quantité de danses, les accommode à son goût, n'oublie pas de prévoir quelques doubles, s'amuse aux variantes, employant aussi bien la *corrente* à 3/4 que la *courante* à 3/2, la *giga* à 6/8 que la *gigue* à 6/4 ; mais il n'en reste pas, comme Telemann, à ces galanteries ; dans ce genre où l'homophonie est d'usage, il insuffle le contrepoint imitatif allemand, qui resplendit dans les gigues ; ou bien, mettant à profit la leçon de Vivaldi, bâtit dans les *Anglaises* de grands préludes concertants à l'italienne.

### *Suites de jeunesse* (BWV 820, 822, 823, 832, 833)
COMP probablement 1703-1707 (Arnstadt). PUB 1843 (BWV 823), 1876 (BWV 820), 1904 (BWV 822) (Peters).

Qu'elles se nomment « suite », « ouverture » ou « partita », suivant l'usage flottant de l'époque, voici quelques œuvres parmi les plus anciennes de Bach ; la chronologie exacte est impossible à déterminer, mais elles devaient être achevées, pour la plupart, avant son arrivée à Weimar. Nul ne les joue aujourd'hui, et l'on a du mal à l'y reconnaître, quand on est accoutumé aux *Françaises* par exemple ; mais ce Bach en gestation devrait forcer autre chose qu'un pieux assentiment ; et avec un peu de curiosité, on finirait par trouver dans le lot quelques bonnes pages.

Telle est assurément l'*Ouverture en fa majeur* (BWV 820), qui comprend, outre l'*Ouverture* proprement dite (premier volet aux ornements surabondants, dans l'habituel rythme pointé, deuxième volet en fugato à 3/8), une *Entrée* dont le thème claironnant, et pointé comme celui du début de l'ouverture, s'inverse dans la seconde partie, laquelle d'ailleurs se colore à la fin de mineur ; un *Menuet* au phrasé impair de trois mesures, et son trio brodé de croches à la basse, à grands points ; une *Bourrée* bien campée sur ses sabots ; enfin une *Gigue*, courte, expédiée. Toute la suite cousue à la hâte, d'une écriture transparente, mais sonnant fort bien à peu de frais.

Il y a plus d'apprêt mais moins de charme dans la *Suite en sol mineur* (BWV 822) ; et quoiqu'on puisse s'y arrêter, à la recommandation des guides, sur un aventureux passage chromatique dans le fugato de l'*Ouverture*, modulant de ré mineur à sol bémol majeur, l'œuvre dans son ensemble est quelque peu guindée, et la maladresse s'y sent davantage, à cause même d'un surcroît d'ambition. Passons outre l'ennuyeuse *Aria* à l'italienne, la *Gavotte en rondeau* qui tire en longueur, et oublions même la *Gigue* ; mais exceptons, pour sa grâce et sa jolie conclusion (ou « petite reprise »), d'harmonie napolitaine, la « Bourrée » (ainsi nommée dans la *Neue Bach-Ausgabe*, mais en fait, la pièce n'a pas de titre), et les deux *Menuets*, où la prouesse technique (le second reprend le premier en inversant le contrepoint) ne nuit pas à la fraîcheur.

Longtemps tenu à l'écart du corpus, et quelquefois attribué à Pasquini, le *Praeludium et Partita del tuono terzo* (BWV 833), en fa majeur, est une composition attachante, dans son habit vieillot. Successivement un *Praeludium* à 3/2 (marqué *andante*), dans une simple et coulante écriture imitative ; une *Allemande* bruyante, pleine de notes rebattues ; une *Courante* italienne à 3/4 qui fournit une sorte de variation de la danse précédente, comme dans les suites-variations de Reinken ; une courte *Sarabande*, étendue par un « double » (marqué *allegro*) en doubles croches ; et pour conclure un *Air* (également *allegro*) un peu exsangue, dont les ritournelles sont de simples basses chiffrées, à réaliser.

L'authenticité de la *Partie* ou *Suite* en la majeur (BWV 832) a été très discutée (et Telemann proposé comme son auteur), surtout parce que surprend, après la souple *Allemande* qui la commence, un *Air pour les trompettes*, drôle, fanfaron et criard. Vient ensuite une *Sarabande* à la riche écriture verticale, aux progressions audacieuses (voyez les mes. 9-14) ; puis une *Bourrée* et une *Gigue*, toutes les deux dans une claire texture à deux voix ; et l'on ne saurait douter, à certaines inflexions, à certains détours harmoniques, que ces pages soient de Bach, et même d'un Bach en progrès sur ce qui précède, et cheminant vers sa première maturité.

Cette maturité se sent mieux encore dans les trois mouvements qui constituent la *Suite en fa mineur* (BWV 823, dite « fragmentaire » par la *Bachgesamtausgabe*), et qui nous amènent peut-être au cœur de la période de Weimar. Le *Prélude* (à 3/8) émeut d'emblée par la douceur de son petit refrain de huit mesures, séparant des épisodes de même longueur, soit plus fournis de texture, soit plus rapides de figuration. La *Sarabande en rondeau*, si exquise de ligne, est digne de figurer dans les *Suites françaises* ; et la *Gigue* finale n'y figure-t-elle pas, sous les traits d'une sœur jumelle, celle de la *Deuxième Suite*, dans la même écriture à deux voix, dans le même 3/8 pointé de « canarie » ?

(Autres numéros du BWV : la *Suite en si bémol majeur* BWV 821 est plus que suspecte ; la *Suite en la majeur* BWV 824 est reconnue comme une œuvre de Telemann.)

### *Six Suites anglaises* (BWV 806-811)

COMP 1720-1722 (Cöthen) ; la première peut-être plus tôt, à Weimar. PUB 1805 (Hoffmeister & Kühnel).

Pour les distinguer des *Suites françaises*, dont elles sont contemporaines, Bach les appelait simplement « suites avec préludes » : c'est en effet leur caractéristique (mais les préludes en question, si riches, si longs et disproportionnés par rapport aux danses, seraient postérieurs aux suites elles-mêmes). Pourquoi alors cette appellation d'« anglaises » ? Et d'autant que les danses qu'elles emploient sont aussi françaises que possible ? On trouve la mention « fait pour les Anglois » en tête de la première, dans le manuscrit de Jean-Chrétien ; et Forkel en a déduit l'hypothèse qu'elles résulteraient de la commande d'un mystérieux « gentilhomme anglais ». Plus probablement, elles auraient reçu ce surnom, dans l'entourage de Bach, du fait de leur ressemblance avec les *Suites* de Dieupart (parues en 1701), qui vivait à Londres au début du XVIIIe siècle ; Bach les a recopiées à titre d'exercice : il a même tiré de la gigue de la première le thème de son propre premier prélude.

Le plan des *Suites anglaises* est moins fantaisiste, moins varié que celui des *Françaises*, et respecte, comme les *Suites pour violoncelle seul* de la même époque, le modèle de Froberger : un prélude suivi de cinq danses, dans l'ordre régulier, allemande, courante, sarabande, « galanterie », gigue. La « galanterie » en question peut être une bourrée (*Première* et *Deuxième Suite*), une gavotte (*Troisième* et *Sixième*), un menuet *(Quatrième)*, un passepied *(Cinquième)*. Les danses sont parfois dédoublées : par exemple, deux courantes dans la *Première*, deux bourrées dans la *Deuxième*, etc. Et il y a des « doubles », ou variations ornementales. Deux sommets, dans chacune des suites : le prélude (cinq sur six consistant en grands allegros de forme ABA, qui combinent les procédés de la fugue et la structure du concerto grosso) et la sarabande, plus proche du récitatif que de la danse, monologue et minute de vérité. – Ajoutons que plus longues, plus difficiles que les *Françaises*, plus masculines aussi, moins polies, moins charmeuses, elles sont destinées, à l'inverse de celles-ci, au clavecin, et au concert.

Succession de leurs tonalités : la, la, sol, fa, mi, ré. La *Première Suite* fait redondance ; et comme elle est un peu différente des autres, on peut se demander si elle faisait partie du cycle. D'ailleurs la *Suite en la mineur* est intitulée « Svit. 1re » dans le manuscrit le plus ancien.

SUITE n° 1 (en la majeur). – Ce serait l'une des plus jouées, n'était la succession problématique de ses courantes. Elle a le *Prélude* le plus court, un morceau à 12/8, où deux mesures d'arpèges rapidement alternés aux deux mains introduisent le thème, un motif descendant de croches (à partir de la mes. 18, inversé, et utilisé de concert avec la forme initiale). Écriture à quatre voix, mais légère, rarement pleine, en polyphonie souple et transparente : ce pourrait être un prélude du *Clavier bien tempéré* (il est fort proche de ceux en mi du Premier Livre, en la du Second). À jouer sans hâte, dans la sérénité, et dans une couleur pastorale (même si l'origine du morceau, comme on l'a dit plus haut, est dans une gigue de Dieupart).

L'arpège domine dans l'*Allemande*, les accords brisés formant à eux seuls toute la polyphonie, en entrelacs précieux et complexes, d'un grand raffinement dans le détail ; on est loin des allemandes plus épurées des *Suites françaises*. Très rares mesures à deux voix, le reste grouillant de tenues (arpègements), de réponses, de reflets. Détermination et assurance ; cette musique va de l'avant (comme le premier prélude du second *Clavier bien tempéré*).

Afin sans doute d'équilibrer un prélude relativement bref, il y a deux *Courantes*, à 3/2 (la variété française, ainsi que dans toutes celles qui vont suivre), et la deuxième se voit offrir deux doubles, ce qui aboutit au fond à quatre courantes successives. La première a vingt mesures également réparties en deux fois dix, et son 3/2 est très précisément respecté, de façon même un peu trop scandée (à part la dernière mesure de chaque section, traditionnellement sentie à 6/4). La deuxième courante (huit plus seize mesures) est plus capricieuse, joue davantage de l'équivoque rythmique, et suppose donc des scansions différentes, selon le goût ; sa basse, de plus, reçoit parfois l'aiguillon de quelques doubles croches : elle est justement développée en sautillants dactyles dans le premier double, alors qu'elle est toute lisse et uniforme de croches dans le second. Question : faut-il jouer cette succession de courantes, au risque de lasser l'auditeur ? Ce sont plutôt des répétitions que l'on s'offre chez soi ; au concert, mieux vaudra choisir.

Merveilleuse *Sarabande*, dont on a comparé le thème à celui de la berceuse de l'*Oratorio de Noël* ; harmonies souveraines, ornementation parlante (le mordant écrit de la première mesure se retrouve partout, causant le même doux ébranlement) ; toutes les voix chantent chaleureusement, attentives chacune à la réponse des autres. Coloration élégiaque : le mineur semble partout près de l'emporter.

Deux *Bourrées* également, relativement longues : quarante-huit et trente-six mesures, à deux voix toutes les deux. La première a son thème en notes conjointes, s'élevant deux à deux pour retomber, aussitôt imitées par la basse ; ces petits paliers successifs, qui freinent son élan avec humour, et ces piétinements de la basse dans la deuxième section, en noires, lui donnent une physionomie très particulière. La deuxième bourrée, au mode mineur, bouffonne carrément, avec son marmonnement de croches à la basse.

*Gigue* à 6/8, hérissée de nombreux mordants ; imitations, comme de coutume (à l'octave au début, à la quinte dans la deuxième section, qui inverse le thème). On relèvera une indication de dynamique, très rare chez Bach : *piano* sur les cinq dernières mesures de chaque section.

SUITE n° 2 (en la mineur). – Ce n'est pas un *Prélude*, c'est un concerto qui l'inaugure ! Huit pages d'endurance, où la double croche à 3/4 ne connaît pas de répit, faisant ronronner un moteur qui parfois s'apparente à ceux de Vivaldi. Deux thèmes, le premier vigoureux, tressant ses lignes en arpèges, en batteries, mouvement perpétuel de violon virtuose, le second (mes. 55) plus stable, basé sur une figure anapestique (deux doubles croches, une croche) et des accords battus, la main gauche en dehors, avec des marches caractéristiques. Plan ternaire ABA, avec da capo complet.

L'*Allemande* est inventive, en imitations, circonvolutions recommencées, fantasques, d'une substance qu'on dirait intarissable. La *Courante* est capricieuse, prodiguant toujours ces ambiguïtés propres à la courante française à 3/2.

Est-ce dans un but didactique que Bach fait suivre la *Sarabande* d'une version avec « les agréments », où il l'émaille d'une décoration subtile ? Veut-il donner une leçon d'ornementation (pratique courante dans les reprises, laissée d'ordinaire à la discrétion de l'interprète) ? Nous y avons gagné ces couples jumeaux (il y en a un autre dans la *Troisième Suite*) où, après avoir entendu une page déjà admirable en soi, nous recevons avec émotion son image tourmentée, sa réflexion dans les miroirs du baroque. Douze plus seize mesures ; champ d'expérience limité, cadre étroit, où chaque mesure semble être un tout, bien que la ligne générale ne soit jamais rompue ; noter que Bach n'a pas la tentation d'enjoliver d'autres parties que le soprano : seul le chanteur reçoit cette variante qui honore ses prouesses...

Deux *Bourrées*, pour tourner la page ! (on est si troublé, qu'il faut du mouvement, maintenant). La première est d'abord fruste, avec ses pédales persistantes, puis prend une pente plus lyrique, dans ce mouvement en moulinet (mes. 9-14) qui recèle en son sein un germe thématique. La deuxième, bien plus brève et rassise, passe au mode majeur, et sourit avec une grande douceur dans sa robe de tierces et de sixtes (joli sol ♮ mixolydien du début).

La *Gigue*, à 6/8, n'est pas fuguée, contrairement aux autres ; c'est une *giga* italienne, où deux voix rivalisent d'agilité, de brio, les deux mains en mouvement parallèle.

SUITE n° 3 (en sol mineur). – Même ampleur concertante dans ce *Prélude* que dans le précédent. Fort de son rythme énergique à 3/8, voici le vigoureux et sonore tutti d'orchestre, avec ses accords battus et ses ourlets de violons, l'entrée plus enjouée du ou plutôt des solistes, car le modèle est visiblement un concerto grosso (mes. 33), l'orchestre à nouveau (mes. 67), et ainsi de suite ; les alternances sont très nettes ; une transcription réussie, bourdonnante de vie, même si on peut la trouver un peu compacte.

N'était que la main gauche a beaucoup à faire, l'*Allemande* serait assez proche de celles des *Suites françaises*, par ses brisures harmonieuses, qui permettent un échange virtuel et sensible entre deux voix supérieures. Puis une *Courante* affairée, un rien revêche, mais riche de surprises rythmiques. Après quoi vient la plus belle *Sarabande* des six, sublime, endolorie, passionnée et passionnante, – avec de longues tenues (le sol initial de la basse, sur sept mesures : vive le piano !), de troublantes dissonances, des glissements enharmoniques, des effleurements de tonalités lointaines (la bémol mineur !). Les « agréments » qui suivent sont plus expressifs encore, avec une gauche émancipée et parlante, qui évoque d'avance la manière de Chopin.

Deux *Gavottes*, ou plutôt une gavotte et sa musette : l'une pleine de robustesse, populaire en diable, surtout quand la basse, vers le milieu, se met à répéter comiquement son sol, après l'avoir trillé, – l'autre exquise, au mode majeur, française assurément, imitant la cornemuse, avec la tonique tenue à la basse d'un bout à l'autre (au piano, les vibrations par sympathie empêchent la note de disparaître).

*Gigue* fuguée, à trois voix, dont le thème dégringole une octave et demie, remonte prestement, tourbillonne dans son 12/8, nous dansant plutôt la tarentelle ; sujet inversé, comme d'ordinaire, avec son contre-sujet, pour la deuxième section.

SUITE n° 4 (en fa majeur). – On dit que c'est la plus gaie ; c'est aussi la plus prosaïque. *Prélude* concertant, à la Vivaldi, déjà dans le style (c'en est la tonalité) de l'allegro du *Concerto italien*. Cent huit mesures à 4/4, en forme ABA : dans les deux fois vingt de tutti (prologue et épilogue, identiques), s'activent les doubles croches, soutenues par un rythme pointé omniprésent ; la partie centrale fait alterner orchestre et soliste, sur des motifs tour à tour rythmiques ou chantants.

L'*Allemande* se distingue de toutes les autres par ses triolets de doubles croches, qui moutonnent à chaque main. *Courante* exubérante, mais sans fantaisie. *Sarabande* cérémonieuse, d'écriture verticale comme celle de la *Première Suite française*, et presque totalement dépourvue d'ornements ; la plus quotidienne, la moins émouvante des six (et pourtant pleine de beaux détails : c'est la comparaison qui la dessert).

Deux *Menuets*, l'un très simple et uni, à deux voix ; l'autre au relatif (ré mineur), ombré de tristesse (un nuage passe ?), opposant sa ligne descendante à l'allant ascendant du premier.

La *Gigue* a de la verdeur, en ses allègres fanfares de chasse (et ce saut d'octave récurrent, surtout dans la seconde section, qui rappelle le cornet du postillon du *Capriccio sopra la lontananza*) ; à deux voix, pratiquement, l'essai d'une troisième au début ayant vite avorté.

SUITE n° 5 (en mi mineur). – La plus austère. Huit pages longues et ardues pour le *Prélude*, d'ailleurs une fugue, cent cinquante-six mesures à 6/8 ; thème descendant, sur l'accord de septième diminuée ; toujours la forme ABA avec da capo, et la partie centrale développant les mêmes oppositions entre orchestre et soliste.

*Allemande* essentiellement à deux voix, qui s'imitent sans cesse ; le thème inversé paraît à la basse au début de la deuxième section ; quelques mesures raboteuses, pour ne pas dire rébarbatives (15-16), en tout cas peu soucieuses de plaire. *Courante* ordinaire, peu différenciée de ses sœurs. Frileuse *Sarabande*, aux tierces mélancoliques, sur un même allant rythmique d'un bout à l'autre.

Deux *Passepieds*, le premier en rondeau (refrain et deux couplets), à deux voix, le deuxième majorisé, à trois voix.

Le thème de la *Gigue*, à 3/8, une fugue à trois voix, a des chromatismes audacieux, qui imposent leur tension, et donnent à l'ensemble une odeur étrange, un rien laborantine ; un interprète aura du mal à insuffler à ces pages une autre vie que celle de l'esprit.

SUITE n° 6 (en ré mineur). – La plus riche, la plus profonde, et techniquement la plus difficile de la série. Extraordinaire *Prélude*, le plus développé (cent quatre-vingt-quinze mesures à 9/8). Il débute par une introduction lente (ainsi du moins l'imagine-t-on, il n'y a pas d'indication de tempo), en arpèges dont les notes tenues composent peu à peu un fond harmonique mouvant ; puis, en fugue, il adopte un mouvement plus vif *(allegro)* et la forme ABA avec da capo complet que nous avons vue aux autres préludes. Le thème A, qui monte la gamme en doubles croches et la redescend en croches, est vite inversé ; le thème B a un départ en notes répétées, lui aussi immédiatement inversé par la basse. Musique intense ; moteur impitoyable aux doigts.

L'*Allemande*, très polyphonique, ornée à profusion, est du genre contemplatif. La *Courante*, à deux voix, la basse en croches presque ininterrompues, est la plus simple de toutes, non la moins touchante. *Sarabande* magnifique, à 3/2, rédigée en valeurs longues, que le « double » développe ensuite en fioritures délicates.

Les deux *Gavottes* apportent un bref moment de détente à cette suite plutôt sombre ; la deuxième sert de musette, avant la reprise de la première ; celle-ci à deux voix chantantes, deux chalumeaux, sur les croches mobiles de la basse ; celle-là dans le mode majeur, toute en clé de sol, avec un ré pédale qui traîne tout au long, et des frottements délicieux.

*Gigue* à 12/16, sérieuse et même ténébreuse, agitée de trilles, de chromatismes, loin de toute idée de divertissement, et ne faisant aucune concession à l'instrumentiste. Les inversions de la deuxième section, savants « miroirs », annoncent l'écriture spéculative des dernières années de Leipzig.

### Six Suites françaises (BWV 812-817)
COMP 1720-1722 (Cöthen) ; la dernière peut-être à Leipzig, au plus tard en 1725. PUB 1806 (Hoffmeister & Kühnel).

Les cinq premières *Suites françaises* sont réunies, sous une forme parfois incomplète, dans le premier *Klavierbüchlein* d'Anna Magdalena, rédigé par Bach en 1722 (conservé à Berlin, Deutsche Staatsbibliothek). La sixième serait plus tardive. On a complété la série grâce à différents manuscrits, dont une copie de Nicolas Gerber, élève de Bach, datant de 1725 ; une autre copie ne contient que les quatre premières, suivies des *Suites en la mineur* et *mi bémol majeur* (BWV 818, 819), qu'on trouvera un peu plus loin. L'ensemble a connu de nombreuses révisions et variantes.

Le qualificatif « françaises » n'est pas de Bach ; il est dû en partie aux « galanteries » qui, selon l'usage ordinaire des clavecinistes français, s'ajoutent aux quatre danses canoniques, allemande, courante, sarabande et gigue (et les *Anglaises* le méritent tout autant !) ; mais aussi au style, plus « galant », qui favorise la mélodie avant les astuces du contrepoint ; d'ailleurs il s'agit ici de *Hausmusik*, au meilleur sens du terme (et Bach la destinait au clavicorde) : une musique à usage intime, familial, voire pédagogique, – ce que sont restées de nos jours ces suites fort prisées des amateurs, qui les savourent mieux chez eux qu'au concert.

Beauté des allemandes, qui sont parfois de véritables préludes et rompent tout lien avec la danse ; variété des courantes, les unes françaises et cérémonieuses (rythme à 3/2 ou à 6/4), les autres italiennes (à 3/4), d'allure rapide et de souple mélodie ; variété aussi des gigues, allant du rythme pointé de l'ouverture française à celui, aussi pointé mais plus vif et déluré, de la canarie, ou encore aux bonds légers de la *giga* italienne.

SUITE n° 1 (en ré mineur). – La plus sérieuse des six, avec quelque chose d'archaïsant. L'*Allemande*, comme la plupart des autres (celles de la *Deuxième*, de la *Quatrième Suite*), utilise ce précieux et gracieux « style brisé » des clavecinistes français, qui rompt habilement la ligne mélodique en plusieurs voix. Cette polyphonie artificieuse (une seule note jouée à la fois) et souple (puisque aussi bien les voix peuvent s'éteindre à n'importe quel moment, sans être forcément remplacées par leur équivalent de silences) génère des frottements délicieusement dissonants (retards), des remplissages harmoniques (notes tenues des arpègements), tout un jeu de reflets et d'échos, d'un charme irrésistible. Cette première allemande, de surcroît, est d'un merveilleux équilibre, à tous les points de vue : dans sa forme (deux fois douze mesures), dans la symétrie de ses dessins, alternant l'ascendant et le descendant, le conjoint et le disjoint, avec un sens très aigu des proportions.

*Courante* à la française, à 3/2 (sauf à la dernière mesure de chaque section, sentie à 6/4) ; elle poursuit dans le même style ; même façon aussi de déjouer les cadences, de vite relancer la phrase après une résolution. Grande unité du matériau thématique : groupes de quatre croches identiques, à tous les registres.

Grave *Sarabande*, à quatre voix, formant de lents et solennels accords presque à chaque temps (le vertical se mêle à l'horizontal). Chaque voix à son tour pourrait passer pour principale, et l'interprète devrait jouer de cette richesse, ne serait-ce que dans les reprises. Climat de tristesse, accru par quelques fortes dissonances. Un très beau passage (mes. 9) quand la basse reprend le thème avec d'autres harmonies.

Il y a deux *Menuets*, tous deux à trois voix ; le premier est le plus long, le plus mélancolique ; deuxième section au relatif, avec le thème à la basse. Le thème du second part de la troisième mesure du premier, reste bien ferme sur la tonique, même dans sa courte deuxième section (huit mesures, avant la reprise da capo du début).

La *Gigue* est mesurée à 4/4, ce qui est rare (voyez cependant celle qui termine la *Sixième Partita*). Avec son écriture fuguée, son rythme pointé vigoureux, et même rude, si différent du fluide mouvement des gigues ordinaires, elle s'apparente à une ouverture française. Inversion du thème dans la deuxième section : le procédé se rencontre si couramment dans les gigues qu'on ne devrait signaler que son absence.

SUITE n° 2 (en ut mineur). – La plus mélodieuse, la plus facile aussi, peut-être la plus immédiatement séduisante. Elle s'ouvre sur une *Allemande* parmi les plus belles ; la conduite des « voix » engendrées par le même style brisé, ou luthé, que la précédente, est ici moins noueuse, épanouie en longues phrases ; la gauche a le plus souvent un continuo de croches (surtout dans la copie de Gerber, plus simple), et la droite le dialogue de deux voix tendres, caressantes, fréquemment en syncope. Il est intéressant, pour saisir la façon dont Bach exploite ces brisures, de faire l'expérience de jouer la pièce sans cette polyphonie simulée, sans les tenues qui créent artificiellement deux voix là où il n'y en a qu'une en vérité ; on en tirerait une leçon de diction et d'expression pour toutes les pièces où, au contraire, Bach écrit ses dessins de manière très lisse : ce qui ne veut pas dire qu'il ne sous-entend pas des prolongements de sons, des doigts qui traînent sur les touches, mais seulement qu'il lui est plus commode de rédiger sous la forme d'une seule voix (ce qu'il fait, par exemple, quand il transcrit *Les Bergeries* de Couperin dans le deuxième cahier d'Anna Magdalena, rabotant l'écriture luthée du Français, par facilité).

La *Courante* est à l'italienne, une *corrente* à 3/4, dans une écriture à deux voix (sauf pour quelques mesures), la droite essentiellement en croches et la gauche en noires. Il existe quatre versions de la fin, de longueur variable, la plus courte étant celle du *Klavierbüchlein*.

Très belle *Sarabande*, à caractère élégiaque : une voix qui chante en mélismes de doubles croches, au-dessus de deux voix d'accompagnement en noires et croches, qu'on peut d'ailleurs être tenté de faire ressortir ici et là, tant leur galbe est chantant lui aussi (particulièrement le ténor, au début de la deuxième section). Noter le plan du morceau, tripartite et soigneusement équilibré : huit mesures d'exposition, jusqu'à la barre de reprise ; huit mesures de développement, commencé au relatif ; reprise modifiée du début, à la tonique, en huit mesures également.

Ici s'intercale un *Air*, joyeux et décidé, en écriture d'invention à deux voix (« air » instrumental, bien entendu, nullement vocal en ses dessins) ; puis un *Menuet*, à deux voix lui aussi (il possède un trio, absent des éditions courantes) ; de même que la *Gigue*, à 3/8, qui sautille en grandes enjambées, dans le rythme enlevé, et persistant, d'une canarie.

SUITE n° 3 (en si mineur). – Peut-être la plus riche de contenu ? Perfection délicate de l'*Allemande*, à deux voix (sauf aux accords de fin de section), dessus et basse, sans les tentations du style brisé. L'anacrouse de trois notes (au lieu de la note unique de toutes les autres allemandes) forme un dessin suffisamment éloquent pour que Bach l'emploie sans cesse : c'est elle qui alimente la phrase, et les réponses ; elle est inversée dans la deuxième section.

*Courante* française, à 6/4 (et à 3/2 dans plusieurs mesures ambiguës), d'une écriture serrée, aux imitations nombreuses. Profonde *Sarabande*, qui débute sur un arpège ascendant, retombant en gamme, dans la tranquillité des croches ; puis la phrase se met à broder des doubles croches ; dans la deuxième section, le thème est au ténor (qui s'en était déjà emparé à plusieurs reprises), mais le dialogue est ininterrompu, en reflets et réponses, à tous les registres.

Une nouveauté, l'*Anglaise* qui suit, rythmée à 2/2, et qui n'est autre chose au fond qu'une gavotte (c'est sous ce nom, du reste, que la donne un des manuscrits), pimpante comme elles le sont toutes. Puis vient un délicat *Menuet*, au débit de boîte à musique, en son rouage bien réglé de croches ; trio plus court et circonspect (absent du premier autographe). Et l'on termine par une *Gigue* à 3/8, plutôt une *giga*, volubile, aux doubles croches infatigables une fois déclenchées.

SUITE n° 4 (en mi bémol majeur). – Un élan de bonheur emporte l'*Allemande*, avec cette montée irrésistible, cet épanchement de figures arpégées, épaulées par la basse, en harmonies successives (par exemple, très vite, ce ré ♭ qui tendrait à cadencer à la sous-dominante) ; la tentation est grande, ici, de jouer à la romantique ces pages qui s'apparentent à quelque prélude.

La *Courante*, ou *corrente*, à 3/4, a des triolets dansants à chacune de ses deux voix (on remarquera l'orthographe de l'époque : croche pointée et double croche sont mises pour noire et croche). Inversion du thème dans la deuxième section. La gauche s'amuse à des enjambées d'un registre à l'autre : voyez, notamment, l'arpège ascendant de la mes. 17, sur deux octaves.

Tendre et persuasive *Sarabande*, un peu dans le genre de celles des *Suites anglaises*. Elle aussi effleure subrepticement la sous-dominante : ré ♭ dès la deuxième mesure. Une figure obstinée (croche, deux doubles croches, une noire) commence quinze mesures sur les vingt-quatre, soit au soprano, soit à la basse.

La *Gavotte*, à deux voix, avec des imitations à l'octave, est d'une grâce piquante. Elle est suivie d'un très court *Menuet* (deux fois huit mesures) que ne donnent pas toutes les sources, puis d'un *Air*, à 4/4, bien délimité en expositions (six mesures), développement (dix) et réexposition (six). La *Gigue* est exemplaire, à 6/8 et en fugato, bruyante et piaffante de sonneries de chasse et de galops joyeux ; il y faut du brio, et de la décision.

(Le manuscrit de Gerber contient de plus un prélude et une seconde gavotte, qu'on estime apocryphes.)

SUITE n° 5 (en sol majeur). – Celle-ci est la plus sereine de toutes, la mieux équilibrée. Sa gracieuse *Allemande* fait mouvoir ses courbes au-dessus des deux voix presque aussi chantantes de la main gauche, qui reçoit à son tour sa part de doubles croches, quand elle se met à accompagner, quasiment en basse d'Alberti.

*Courante* italienne, à 3/4, aux deux voix vivaces, qui échangent en riant croches et doubles croches. *Sarabande* au pas de la noire, verticale, et très ornée (nombreux mordants). *Gavotte* irrésistible, pétillante, levée tôt et de joyeuse humeur. Jovialité toute pareille de la *Bourrée*, qu'accompagnent sans barguigner des croches bien affûtées, avec force mouvements disjoints. Une *Loure* ingénue, à 6/4, vient là-dessus poétiser, dans sa rythmique nonchalante. Et l'on finit sur une *Gigue* à 12/16, en fugato à trois voix, plus périlleuse que ses compagnes, si on veut la jouer à une bonne allure.

SUITE n° 6 (en mi majeur). – La plus brillante, la plus copieuse de la série avec ses quatre *galanterien*, – et partant, celle qui a le plus souvent les honneurs du concert. À l'opposé de la première ou de la deuxième du recueil, son *Allemande* se suffit de deux voix bien lisses, bien tendues, le soprano (quelque peu violonistique, avec ses dessins disjoints en « démanché ») chantant plus que la basse, qui lui donne rarement autre chose qu'un continuo. Ferrailleuse et décidée, digitale avant tout, mais avec beaucoup d'esprit. Le motif secondaire de la mes. 8 est abondamment utilisé dans la deuxième section.

La *Courante* court vraiment, avec ses deux voix en doubles croches aériennes ; quelques traits alternés entre les mains.

Riche *Sarabande*, dont les repos de blanches (deuxième et troisième temps) sont développés à la basse en figurations ornementales, en commentaires. Profusion de « grâces » : gruppettos, mordants divers, trilles, arpègements.

La *Gavotte* est jumelle de la précédente, aussi débonnaire, avec plus d'humour encore. Puis c'est la nouveauté d'une *Polonaise*, courte (vingt-quatre mesures), à deux voix, proche encore du menuet (d'ailleurs son titre, dans l'un des manuscrits, est « Menuet-Polonaise »). On a fait remarquer que le thème initial en anapeste provient de la fin de la gavotte, où il apparaît à l'alto.

*Bourrée* adorable de vivacité, de saine gaieté ; toujours à deux voix, guère simple à manipuler, les croches filant dans tous les sens, et trop souvent en mouvement contraire des deux mains. *Menuet* révérencieux, dans lequel la main gauche se borne à souligner, entre deux silences, les fins de phrase de la droite. Enfin *Gigue* enlevée et virtuose, et même acrobatique, à 6/8 et à deux voix, avec l'inversion habituelle du thème en deuxième partie.

### *Deux Suites isolées* (BWV 818 et 819)
COMP 1720-1722 (Cöthen). PUB 1866 (Peters).

La *Suite en la mineur* (BWV 818) forme un lien entre la série des *Anglaises* et celle des *Françaises*, et ce d'autant qu'une version alternative (BWV 818a) comporte, outre le supplément d'un menuet, un prélude (plutôt court) qui tente de l'assimiler à la première série. Mais cette version est conservée dans des copies tardives, et la paternité du *Prélude* est contestée ; certains ne voient pas Bach écrire ce début d'accords pimpants, ces traits de gammes de la gauche, ces dessins brisés successifs au-dessus d'accords de septième diminuée, toute une syntaxe galamment facile, quand il vient de fournir, avec les préludes des *Anglaises*, quelques vigoureux moments de style concertant ; mais il n'importe, le morceau est plaisant à souhait, et singularise assez cette suite pour mériter d'être régulièrement adopté.

*Allemande* et *Courante* relativement courtes, de style imitatif, mais souple, souriant, sans rien de contourné. Belle *Sarabande*, qu'on peut jouer soit dans la première version, où elle prodigue les arpègements et se donne un double monnayé en doubles croches, en contrepoint à deux voix, – soit dans la seconde, en fait une nouvelle variation, – soit, mieux encore, dans ses trois états, complémentaires.

Le *Menuet* ajouté dans BWV 818a annonce celui de la *Quatrième Partita* par son mélange de doubles croches normales et en triolets, dans une mesure à 3/8. La *Gigue* est fuguée, à trois voix au tramage clair, dont le mouvement, comme d'usage, s'inverse dans la deuxième section.

La *Suite en mi bémol majeur* (BWV 819) est une cousine germaine des *Françaises*, il ne lui manque que la gigue. Des deux versions de l'*Allemande* initiale, toutes deux à deux voix, la première, plus coulante, et semblable en ses démanchés de violon à celle de la *Sixième Suite française*, peut sembler préférable à la deuxième (BWV 819a), aux dessins plus anguleux et vite chromatiques. La *Courante* garde tout au long un 6/4 à la basse, le chant préférant l'équivoque fréquente avec 3/2.

*Sarabande* pleine de tendresse, à trois voix, les deux supérieures souvent à la tierce ou à la sixte, avec de nombreuses et expressives appogiatures, la basse alternant croches en notes répétées et dessins mélodiques de doubles croches. Délicieuse *Bourrée*, dans son rythme carré et ses brisés gentillets, suivie de deux *Menuets* dont le second, en *minore* (ton rarissime de mi bémol mineur), sert de trio à l'autre : on pourra le prendre un peu plus lentement.

### *Trois Menuets* (BWV 841-843)
COMP vers 1720. PUB 1867 (Peters).

Ils figurent aux n[os] 11-13 du *Klavierbüchlein* de Wilhelm Friedemann, juste avant les onze préludes qui, remaniés, finiront dans le premier *Clavier bien tempéré*. Composés sans doute en guise de récréation, mais avec autant d'art que d'amour, ils auraient pu servir à l'occasion dans quelqu'une des suites. Leur intérêt s'accroît progressivement. Le premier (en sol majeur), long de vingt-quatre mesures, est le plus simple, dans son dévidage de noires et de croches, ses harmonies quotidiennes et sans surprises. Le deuxième (en sol mineur), plus court avec ses seize mesures, est plus sinueux de mélodie, plus recherché dans ses accords. Le troisième (en sol majeur à nouveau), qui atteint trente-deux mesures, cantonnées dans le médium et le grave, est tout parsemé de dactyles, qui le font sautiller gaiement.

(Autres danses du *Klavierbüchlein* : deux allemandes en sol mineur, BWV 836 et 837, attribuées à Friedemann lui-même.)

### *Six Partitas* (BWV 825-830)
COMP 1725-1730. PUB 1726 (n° 1), 1727 (n[os] 2, 3), 1728 (n° 4), 1730 (n[os] 5, 6) ; les six 1731, avec la mention « opus 1 » et le titre *Klavierübung* (chez l'auteur, Leipzig).

Premier ouvrage publié par Bach, en vue de la Foire annuelle de Leipzig. Le compositeur a emprunté le titre général de *Klavierübung* à Kuhnau, son prédécesseur au poste de cantor à Saint-Thomas de Leipzig, qui l'avait utilisé pour coiffer pareillement, en 1689 et 1692, des partitas pour clavier. Bach allait poursuivre cette « Étude » avec la publication en 1735 d'une deuxième partie comprenant l'*Ouverture à la française* et le *Concerto italien*, en 1739 des *Duettos* (joints à des œuvres d'orgue), enfin en 1742 des *Variations Goldberg*.

Les six *Partitas* (qu'on a appelées aussi « Suites allemandes » pour les distinguer des deux séries précédentes) commencent toutes par un morceau d'envergure, intitulé différemment à chaque fois : praeludium, sinfonia, fantasia, ouverture, praeambulum, toccata. Elles prolongent la forme étendue et ambitieuse des *Anglaises*, avec plus d'ampleur encore, de variété, surtout de liberté. Les *Troisième* et *Sixième* d'entre elles ont d'abord été insérées dans le second *Klavierbüchlein* d'Anna Magdalena (commencé en 1725).

PARTITA n° 1 (en si bémol majeur). – La plus ingénue, la plus modeste et intime, la plus délicate et lumineuse. On peut songer, en écoutant le *Praeludium*, au sourire de l'Ange de Reims. Ce court morceau de vingt et une mesures (mais brodées de triples croches) est une merveille d'équilibre et de sérénité. Le thème, appuyé sur des mordants, monte lentement une octave, avec un retour rapide au point de départ, puis s'étend par marches harmoniques, qui l'arrêtent sur la dominante ; la basse le reprend ; au total, il sera exposé six fois, dans une écriture en trio, sauf à la fin qui le nourrit d'accords. (Jean-Chrétien Bach le cite, non sans émotion, dans la première de ses *Sonates op. 10* pour violon et clavier.)

L'*Allemande* est un mouvement perpétuel de doubles croches, en dessins brisés, où parfois les mains alternent acrobatiquement. Deux voix la plupart du temps, mais suffisant à remplir l'espace sonore. Gaieté ; ampleur du geste, et des basses.

Délicieuse *Courante*, plutôt *corrente* italienne, à 3/4, toute en triolets (et à deux voix). C'est espiègle, et brillant, la gauche a des bonds, des arpèges sur deux octaves ; ces courantes des *Partitas*, qui secouent l'habit encore vieillot et guindé de celles des *Suites anglaises*, ne sont pas leur moindre charme.

La *Sarabande* déroule un chant très expressif, avec autant de noblesse que de quiétude. La gauche n'a qu'un rôle discret, limité (sauf un court moment) à quelques accords d'appui, à des silences. C'est la droite qu'on est venu écouter, dans ses arabesques déliées ; et l'on admire autant sa souplesse que sa sûreté dans l'élan et la juste visée.

Deux *Menuets*, l'un à deux voix, tricotant croches contre noires, – l'autre tout petit, tout vertical et statique, et dans le même ton, ce qui est rare : on peut s'amuser à accentuer la basse, tonique, dominante, pour faire « musette ».

La *Gigue* est ravissante ; et quel amateur n'a-t-elle pas tenté, avec ses croisements de mains (qu'on dirait scarlattiens si les *Essercizi* du Napolitain n'avaient paru en 1738 seulement !). Rythme à 4/4 et triolets, c'est-à-dire au fond un 12/8 ; et pas le moindre souci fugué, à l'encontre des gigues suivantes.

PARTITA n° 2 (en ut mineur). – Elle commence par une *Sinfonia* en trois parties, en accélération progressive : sept mesures à 4/4 *(grave adagio)*, aux accords massifs, au rythme pointé d'ouverture française ; puis un *andante*, toujours à 4/4, long chant plaintif de la main droite sur une basse égale en croches, aux fioritures italianisantes, comme dans le volet central d'un concerto pour violon ; enfin un morceau rapide et fringant, à 3/4, fugato à deux voix.

L'*Allemande* poursuit un peu dans la même veine : toujours deux voix qui s'imitent, dans un style serré et soutenu, loin du « brisé » des allemandes des *Suites françaises*. Mais ce style brisé ou luthé revient en force dans la *Courante*, très élaborée, à 3/2, rythmiquement complexe et rendue plus vétilleuse encore par les petits frisons de doubles croches qui agrémentent chacune des voix à son tour.

Il n'y a que deux voix à nouveau dans la *Sarabande* (à part les accords qui concluent chaque section), même si çà et là une note est un peu plus tenue : affleurements passagers, qui sont moins des idées mélodiques que de languides négligences des doigts qui traînent un peu sur les harmonies. Pièce très expressive, où la basse a son tour de chant, violoncelle émouvant, creusant les inflexions du soprano, les approfondissant dans son registre.

Adorable *Rondeau* (« rondeaux », écrit Bach), à 3/8, caractérisé par ses chutes de septième successives. Quatre reprises du refrain, vif et incisif, avec des couplets plus ronds et chantants : au total sept sections très équilibrées (trop !), de seize mesures chacune.

Rien d'aussi verveux chez Bach, d'aussi dansant (au point de faire parfois songer d'avance à la polka, ou au jazz !) que le *Capriccio*, à 2/4, avec ses alertes sauts de dixième, ses syncopes, son ferraillement précis et efficace, – une pièce assez brillante pour pouvoir servir de finale, et faire passer à la trappe (c'est bien la seule fois !) la sacro-sainte gigue !

PARTITA n° 3 (en la mineur). – *Fantasia*, tel est le titre du premier morceau, mal choisi à vrai dire ; car rien dans ces trois pages d'allure sévère, – une longue invention à deux voix, où les doubles croches à 3/8 ne chôment guère, où la musique va tout droit jusqu'à la dernière mesure, – ne sent l'improvisation, la liberté rhapsodique. « Prélude » aurait mieux convenu ; c'est d'ailleurs le terme utilisé dans le *Klavierbüchlein* d'Anna Magdalena, où la suite figure.

L'*Allemande*, enrubannée de triples croches, suppose un tempo modéré ; capricieuse, avec les dactyles de son début ; puis saisie d'accents lyriques ; arpègements nombreux, aux notes tenues, formant de petits îlots d'harmonie dans un tissu filé en réalité à deux voix.

Très belle *Corrente*, à 3/4 et à deux voix. Le rythme pointé lui impose des saccades (et il est parfois saisissant, et tout moderne, ce piétinement rythmique de la basse).

*Sarabande* très sobre, plutôt verticale d'écriture (beaucoup de tierces et de sixtes), sans ce travail minutieux d'enjolivures qui fait la séduction des sarabandes dans les *Anglaises*. Deux caractéristiques : les nombreux mordants, et le triolet en diminution de la croche, conférant leur poids à ces lignes, leur côté pensif.

La *Burlesca* qui suit, à 3/4, est curieusement appelée « menuet » dans le cahier d'Anna Magdalena ; cela paraît étrange, au vu de ces doubles croches remuantes ; non, c'est bien de *burla* qu'il s'agit, on le voit à la variété des rythmes, aux sautes d'humeur, aux réparties.

Un *Scherzo* maintenant, unique en son genre (et le *Klavierbüchlein* ne l'a pas), dont le thème à 2/4 se gondole sur de secs accords, pour ensuite courir en intervalles disjoints.

Enfin une *Gigue*, à 12/8 ; fuguée, à trois voix, avec le thème inversé à la reprise ; on l'entend parfois au galop, mais il faut la prendre à une allure modérée, sous peine de la rendre inaudible.

PARTITA n° 4 (en ré majeur). – La plus belle, la plus expressive de toutes. Elle commence par une *Ouverture* à la française, avec le début caractéristique en rythme pointé (*grave* à C barré), traits de gammes et accords solennels, qui débouche sur une fugue à 9/8 (démarrée en la, ton de la dominante), d'une alacrité merveilleuse, courant sur plus de six pages (le *grave* n'est pas repris).

Vient alors l'*Allemande* la plus magnifique que Bach ait écrite, celle qui fera avec nous le voyage vers l'Île heureuse, – par l'ampleur des phrases, la richesse mélodique, l'épanouissement successif des idées, et déjà, avant la lettre, ce « style sensible », cet *empfindsamer Stil* qui nous bouleversera dans le *Prélude en fa dièse mineur* du second *Clavier*. La variété des dessins est pour beaucoup dans cette impression de profusion : doubles croches, mais aussi triolets, et triples croches ; syncopes ; et cette façon unique d'infléchir la courbe, et de faire chanter les voix intérieures à l'égal de ce soliste éperdu, perché dans le ciel du clavier.

La *Courante*, qui mêle subtilement 3/2 et 6/4, est relancée sans cesse par un dactyle espiègle. Puis, avant la sarabande (c'est la seule fois, avec la *Sixième Partita*, que les trois danses « canoniques » ne se suivent pas), vient une *Aria*, qui semble au début ne songer qu'au rythme et à la danse, à coups de contretemps et d'accents brusqués ; mais il faut éviter un tempo rapide, et laisser s'épanouir ces lignes de doubles croches qui ne demandent qu'à répondre au titre (beaucoup jouent ces pages de façon musclée, roborative, bien à tort).

La *Sarabande* est faussement binaire : à la fin de la deuxième section, le début est repris, modifié. Écriture à deux voix ; mais la basse est si mouvante, le chant si plein en ses volutes, que l'on a le sentiment de se mouvoir au sein d'une polyphonie chaleureuse et nourrie.

Adorable *Menuet*, qui alterne croches normales et croches en triolets. Et la *Gigue* éclate, dans sa joie tourbillonnante, avec son thème lancé par un arpège, à 9/16, fuguée bien sûr, comme la plupart ; cependant, à la deuxième section, plutôt que d'inverser le thème, elle en adopte un nouveau, brusquement raccroché au premier.

PARTITA n° 5 (en sol majeur). – *Praeambulum* désinvolte et brillant, dont au début les gammes descendantes alternent avec des accords sèchement plaqués ; puis jeu des mains alternées, comme dans quelque fantaisie, avant le dévidement d'un rouage malicieux, doubles croches contre croches, comme dans une invention à deux voix.

L'*Allemande* étincelle de triolets (main gauche redoutable, si l'on va vite !). La *Courante*, à 3/8 et à deux voix, multiplie les dessins d'arpèges ; texture harmonique ; on dirait une sonate de Cimarosa.

*Sarabande* essentiellement à trois voix, deux dans la main droite, qui s'accolent et se répondent, la basse fournissant plus qu'un appui à ce dialogue, y prenant sa part au plus beau moment, y ajoutant son timbre velouté de violoncelle. Appogiatures énamourées. Il faut veiller à ne pas imprimer un air guindé et solennel à ce rythme pointé, qui traduit plutôt les battements du cœur.

*Tempo di minuetto*, note ensuite Bach, et non « menuet ». D'ailleurs ce 3/4 est équivoque, dans sa distribution entre les mains, une croche à l'une, deux à l'autre, ce qui force évidemment une impression de 6/8. Est-il encore question de danse, en ces parages ? Pourtant le *Passepied* (à 3/8) obéit encore, non sans humour, à des pas de ballet : avec ce mordant, par exemple, qui appuie le premier temps comme un coup de férule.

*Gigue* à 6/8, en fugue, très étendue et complexe. Le thème est original, avec ses arpèges tombants de septième, puis ses silences. Comme dans la gigue précédente, la seconde section se trouve un autre sujet, et bientôt le combine au premier : double fugue, ourdie dans une insatiable et rayonnante joie de créer.

PARTITA n° 6 (en mi mineur). – Huit pages de *Toccata* pour commencer cette extraordinaire et ultime partita. La forme en est tripartite, apparentée à celle de l'ouverture française. Le premier volet est lui-même composite, alternant accords pointés et traits virtuoses, avec deux fois l'inclusion d'un arioso. Fugue centrale, à trois voix, sur soixante-deux mesures, et citant à un moment, comme épisode, l'arioso qui précède. Le dernier volet reprend le premier, en le modifiant (sans l'arioso). – L'ensemble d'une couleur pathétique appuyée ; toutes les variétés du tragique : le déclamé, le dolent, l'austère, le résigné.

*Allemande* à rythme pointé, respirant le drame, trahissant un étrange sentiment d'angoisse. *Courante* ou plutôt *corrente* toute haletante de syncopes.

Ce qu'on retient de l'*Air*, à part sa carrure (à C barré) et son allure décidée, ce sont ces curieux sauts de la droite (mes. 24-27), en onzièmes, comme on en voit peu chez Bach.

Étonnante *Sarabande*, d'un luxe d'ornementation confondant, qui paraîtrait excessif s'il ne servait à ce point l'expression. Ces pages tourmentées butent sans cesse sur des dissonances, des retards, des appogiatures, chaque temps enrobé d'un nimbe de valeurs brèves ; elles s'en trouvent aussi « noircies » que certains adagios de Beethoven ! De tels traits, du reste, sont plus proches du récit que du chant. (On y a noté des particularités modernes : exposition avec sujet au début et à la fin, développement modulant, récapitulation, – rudiment de sonate...)

Un jovial *Tempo di gavotta* (C barré, mais senti comme un 12/8 à force de triolets) pour servir de repos précaire entre cette douloureuse sarabande et la *Gigue*, monumentale, à 4/2 (le mètre le plus improbable pour cette danse, si c'en était une), fugue sur un sujet disjoint qui alterne deux septièmes diminuées, dans un rythme trochaïque obstiné (noire pointée-croche).

### *Ouverture à la française, en si mineur* (BWV 831)

COMP vers 1734. PUB 1735 (Weigel, Nuremberg) ; elle forme avec le *Concerto italien* la 2ᵉ partie de la *Klavierübung*.

Cette « septième partita », comme on l'a souvent appelée, demeure la plus méconnue des grandes suites de Bach. Sa longueur (trop de danses !) l'éloigne sans doute du concert. Elle n'en contient pas moins quelques pages remarquables, ne serait-ce que son premier mouvement, celui qui lui a valu son titre officiel *(Ouverture nach französischer Art)*. Il existe une version primitive de l'œuvre en ut mineur. En la transposant, non seulement Bach évitait la redondance avec la *Deuxième Partita*, mais complétait, avec le *Concerto italien* qui l'accompagne, les huit lettres de l'échelle musicale allemande (les *Partitas* : B, C, A, D, G, E ; le *Concerto* : F ; l'*Ouverture* : H).

Cette *Ouverture* initiale est tripartite, et contrairement à celle de la *Quatrième Partita*, reprend à la fin son solennel et vigoureux début en rythme pointé, embelli de toutes sortes de figures décoratives. La longue portion centrale, une fugue concertante à 6/8, est d'une étonnante richesse, d'une vie impétueuse ; trois épisodes de solo alternent avec des expositions au caractère de ritournelle orchestrale (l'œuvre, s'adressant comme le *Concerto italien* au clavecin à deux claviers, peut profiter des changements de timbre).

Curieusement, il n'y a pas d'allemande (on espère que ce n'est pas une façon naïve de marquer la *französischer Art*, les Français ayant tous fait, de cette danse canonique de la suite, une consommation considérable !). La *Courante*, à 3/2, se distingue de toutes les autres par la pédale de tonique qui soutient la première phrase ; on réentendra l'effet à la mes. 20 (à la cadence en mi mineur).

Les deux *Gavottes* sont adorables ; la seconde, en ré majeur, plus carrée, à deux voix serrées dans le médium et le grave, sert de trio à la première, où de petites descentes de doubles croches redonnent sans cesse de l'allant.

Suivent deux *Passepieds*, dans le même rapport, le premier repris aussitôt après le second. Celui-ci passe au mode majeur, ce qui nous vaut l'unique morceau pour piano que Bach ait écrit dans cette tonalité, en dehors de ceux du *Clavier bien tempéré*. Tous deux sont ciselés avec minutie, en véritables bibelots qu'ils sont ; et il y a je ne sais quel charme entêtant dans la jolie phrase ascendante du second, jouée à la tierce par les deux voix supérieures, et parfois soulignée d'appogiatures.

La *Sarabande*, comme celles des *Suites anglaises*, est coulée dans une nombreuse et émouvante polyphonie à quatre voix, où quelquefois la dissonance est singulièrement parlante. Lignes flexibles, phrases d'une belle ampleur à toutes les parties : le déchiffreur a plaisir (comme si souvent chez Bach) à varier, avec chaque lecture, l'importance qu'il entend confier à chacune d'elles.

Les deux *Bourrées* se complètent à merveille ; les deux voix de la première composent un contrepoint charnu, et l'on pourrait à la rigueur marquer à l'une ou l'autre, à tour de rôle, sa préférence ; la seconde danse est d'esprit différent, plus tendre, plus câlin, et la main gauche s'y fait caressante, presque romantique, glissant doucement ses arpèges sous le chant, l'accompagnant plus loin d'humbles batteries, le soulignant d'incises, attentive à ne pas l'offusquer. – Toutes ces danses, il est temps de le dire, sont de petits bijoux mélodiques ; ce Bach-là pourra toujours se feindre modeste, à chaque ligne il a une trouvaille.

La *Gigue*, à 6/8, à la plupart des commentateurs a toujours paru maigrelette ; elle n'équilibre pas, c'est vrai, l'imposante ouverture qui trône à l'autre bout de l'œuvre, et s'apparente aux gigues des *Suites françaises* qui, contrairement à celles des *Anglaises*, n'avaient justement pas de prélude à contrebalancer (voyez celle de la *Deuxième*, dans le même rythme de canarie). Mais aussi est-elle suivie d'une pièce surnuméraire, intitulée *Écho*, battue à 2/4, à forte scansion, avec de nombreux accords et une prépondérance du dansant rythme dactylique ; c'est le finale inattendu de notre suite, bruyant, remuant, un brin populacier, employant les deux claviers de l'instrument aux effets annoncés par son titre.

## LES TRANSCRIPTIONS DE CONCERTOS ET LE *CONCERTO ITALIEN*

### *Seize Concertos d'après divers auteurs* (BWV 972-987)
COMP 1713-1714 ? (Weimar). PUB 1851 (Peters).

Il semble que ce soit sur la commande du jeune prince Jean-Ernest de Saxe-Weimar (et non, comme on le disait depuis Forkel, en vue de s'exercer lui-même au style italien) que Bach entreprit de transcrire pour clavecin seul seize concertos pour violon (il en arrangea également cinq pour l'orgue ; dans le même temps, d'ailleurs, son cousin et collègue Johann Gottfried Walther recevait une semblable commande, et s'acquittait d'une quinzaine de transcriptions). Son contact avec la musique italienne date de bien plus tôt. Néanmoins le concerto vivaldien a compté fortement dans son évolution stylistique ; s'il n'a pas attendu Vivaldi pour « penser en musique », selon le mot de Forkel, ou même, simplement, pour gommer les aspérités de son écriture juvénile, il a gagné à le lire une liberté nouvelle, une vitalité accrue, un meilleur sens de l'espace, sans compter la mine d'idées mélodiques, rythmiques et figuratives qui s'ouvrait à lui. Formellement, le style *ritornello* du concerto, avec ses symétries propres à ordonner de grandes constructions, lui a été bénéfique. Parmi ses premières œuvres à s'en ressentir : les préludes concertants des *Suites anglaises*, peut-être nés dès cette époque.

Six de ces concertos sont transcrits d'après Vivaldi (qui a également fourni la matière de trois des concertos pour orgue et du *Concerto pour quatre claviers* BWV 1065) ; trois proviennent de *L'Estro armonico*, op. 3 (BWV 972, 976, 978), deux de *La Stravaganza*, op. 4 (BWV 975, 980), un de l'op. 7 (BWV 973). Pour les concertos restants, Bach a emprunté aux frères Marcello (BWV 974, 981), à Torelli (BWV 979), à Telemann (BWV 985) ; trois concertos (BWV 982, 984, 987) ont pour auteur le prince Jean-Ernest lui-même, qui devait mourir précocement en 1715, dans sa dix-neuvième année ; les trois autres concertos sont d'auteurs inconnus (BWV 977, 983, 986).

Il ne saurait être question de commenter ici ces seize morceaux. Certains, de par leur pauvreté initiale, que Bach n'a pas tâché de camoufler, s'effacent d'eux-mêmes. Et les transcriptions trop strictes n'ont d'intérêt que documentaire. En revanche, comme il l'a fait pour les *Sonates d'après Reinken*, Bach a parfois considérablement retravaillé et bonifié des modèles qui en valaient la peine, adaptant les formules, embellissant les basses, ajoutant partout de riches contrepoints. Parmi les meilleurs résultats de ce labeur, retenons le *Deuxième Concerto* (BWV 973), en sol majeur, d'après Vivaldi, avant tout pour son *largo* (en mi mineur), que Bach étoffe d'une troisième voix et pourvoit d'une ornementation délicate et précieuse ; le *Troisième* (BWV 974), en ré mineur, d'après Alessandro Marcello, pour l'*adagio*, dont la décoration annonce le *Concerto italien* ; le *Quatrième* (BWV 975), en sol mineur, d'après Vivaldi, autant pour le *largo* (en ré mineur), tout aussi embelli dans le chant, avec l'ajout de chromatismes à la basse, que pour la vigoureuse *Giga* finale (*presto* à 12/8) ; le *Cinquième* (BWV 976), en ut majeur, toujours d'après Vivaldi, irrésistible par le brio de ses mouvements rapides (alors que le *largo*, littéralement transcrit, est un peu terne).

## Concerto italien (BWV 971)

PUB 1735 (Weigel, Nuremberg) ; avec l'*Ouverture à la française*, il forme la 2ᵉ partie de la *Klavierübung*.

La page de titre le proclame : si l'*Ouverture en si mineur* représente la *französische Art*, ce *Concerto* fameux veut exalter quant à lui l'*italiänisch Gusto*. Ces « goûts réunis » par un Allemand ne font pas le seul intérêt de la nouvelle publication, amenée par le succès des *Partitas* ; elle rapproche aussi des styles antithétiques : d'une part la clarté, la simplicité toutes modernes du *Concerto*, garantes d'un attrait immédiat, de l'autre l'écriture savante, à l'ancienne, de l'*Ouverture*.

À l'instar des concertos de Weimar (mais à cette différence essentielle que le modèle, cette fois, est imaginaire !), l'œuvre se présente comme l'arrangement pour clavier d'un concerto de violon, et multiplie les références au style vivaldien, d'un Vivaldi d'ailleurs tardif et lui-même mûri. Le premier mouvement (à 2/4, sans indication de tempo : un *allegro moderato* convient) se divise assez nettement entre tutti et solo, celui-là occupé à la grande ritournelle introductive, qui revient intégralement pour conclure et fragmentairement entre les passages solistes, – celui-ci pourvu de ses propres thèmes et digressions, parfois chantant sur un continuo d'accords répétés, d'autres fois caracolant en dessins virtuoses.

L'*andante* (à 3/4, dans le ton relatif de ré mineur) est encore plus évocateur, avec son accompagnement continu de croches, qui imite des cordes en sourdine, sous les figurations émouvantes du soliste.

Pour finir, un *presto* (à 2/2) où les mains, après avoir claironné ensemble la ritournelle orchestrale, et entre deux retours de *tutti*, s'épaulent dans un tissu contrapuntique à deux voix. Pages dynamiques et toniques, d'une gaieté même un peu tonitruante, d'un effet assuré sur l'auditeur.

## ŒUVRES JUVÉNILES DIVERSES
### (Capriccios, Sonates, Variations)

### Capriccio en mi majeur (BWV 993)

COMP vers 1704 ? (Arnstadt). PUB 1867 (Peters).

Titre exact dans la copie de Kellner : *Capriccio in honorem Johann Christoph Bachii*. Bach en effet destinait la pièce à son frère aîné, qui lui avait servi de père, comme un témoignage de reconnaissance, et aussi un échantillon de ses capacités de compositeur. Sous ce nom passe-partout de « caprice », il compose en réalité une vaste fugue de cent vingt-six mesures, entrecoupée d'épisodes virtuoses, dans des tonalités et des textures variées (la plupart homophoniques) : on l'appellerait une fugue en rondeau, si le terme existait. Le sujet, des plus allègres, se suffirait d'une octave, n'était son espiègle saut final de sixte, qui l'étend à la treizième.

## *Capriccio sopra la lontananza...* (BWV 992)
COMP 1704 ? (Arnstadt). PUB 1839 (Peters).

Du Bach de vingt ans, ordinairement si mal connu, voici au moins une œuvre célèbre. Le serait-elle sans ce titre (exactement : *Capriccio sopra la lontananza del suo fratello dilettissimo*, « sur le départ de son frère bien-aimé »), et sans ce « programme » indiqué en toutes lettres entre les portées, qui la tronçonne en sections et l'apparente aux non moins fameuses *Sonates bibliques* de Kuhnau (parues en 1700) ? Ne posons pas la question à ceux qui écouteront toujours l'*Appassionata*, la *Pathétique* ou les *Adieux* de préférence à une « Sonate opus quelque chose ».

Ce « frère bien-aimé », si l'on s'en tient à la tradition (et nul besoin d'aller chercher ailleurs, en prêtant par exemple au mot *fratello* le sens plus général d'*ami*), ce serait Johann Jacob, qui vers 1704 partait rejoindre la Garde de Charles XII de Suède, comme hautboïste. Dans l'*arioso* qui ouvre la composition (en si bémol majeur, *adagio*), ses amis tentent de le détourner de son projet : sixtes plaintives et insistantes. Puis « on lui représente les périls qui le guettent à l'étranger » : dix-neuf mesures d'écriture fuguée (début en sol mineur), semée de dissonances. Vient alors le « lamento » des amis (en fa mineur, *adagiosissimo*), morceau en forme de passacaille sur une basse descendante de quatre mesures, remarquablement expressif avec ses « soupirs », son chromatisme désolé (basse chiffrée à réaliser). Le voyageur ne cédant pas, les amis prennent congé de lui : onze mesures. On entend l'*Aria* du postillon (en si bémol majeur, *allegro poco*), soulignée d'un motif en saut d'octave (le cornet !) qu'on retrouve en contre-sujet dans l'épilogue, une *Fuga all'imitatione della posta*, toute criarde et nasillarde de notes répétées.

« Caprice » en effet, mélange de sérieux et d'humour, teinté d'ironie jusque dans ses moments les plus pathétiques, où Bach est sans doute trop heureux de pouvoir appliquer les recettes de Froberger ou de Pachelbel.

## *Sonate en ré majeur* (BWV 963)
COMP 1703-1707 ? (Arnstadt). PUB 1867 (Peters).

La seule vraie sonate pour clavier de Bach (les autres sont des transcriptions) est moins « sonata » que « toccata », avec ce plan où s'enchaînent cinq parties : une sorte d'aria à 3/4, où les mains se répondent en petites phrases câlines (à condition, bien entendu, de ne pas choisir ici un tempo rapide !) ; puis quatorze mesures de transition, à 4/4, attaquées sur un accord de fa dièse et quelque peu déclamatoires (il s'y trouve d'encombrantes notes graves de pédalier) ; elles mènent à une première fugue, dans le ton principal de si mineur, sévère, introspective ; une nouvelle transition, fort belle, en arpègements ; et voici la fugue finale, aussi désopilante que la précédente était sérieuse, avec son *thema all'imitatio Gallina Cucca*, – italien de cuisine qui signifie tout simplement qu'on y entendra piailler les notes répétées de la poule et chanter la tierce du coucou... Ce n'est ni la première ni la dernière fois en musique, depuis un *Capriccio sopra il Cucco* de Frescobaldi et en attendant le *Coucou* de Daquin ; mais c'est l'une des bonnes ; si naïve que soit l'imitation, la musique y gagne, c'est le meilleur moment de la sonate.

### *Sonate en la mineur* (BWV 967)
COMP 1703-1707 ? (Arnstadt).

En un seul mouvement. On ignore si d'autres devaient suivre ; et on la suspecte d'être la transcription du premier mouvement d'une œuvre anonyme, peut-être un concerto. Plusieurs mesures sont laissées à l'état d'ébauche (ligne mélodique et basse chiffrée). Telle quelle, la pièce ressemble à certains mouvements non fugués des *Toccatas*, et dispense une certaine virtuosité digitale : après une exposition en accords de *tutti* d'orchestre, un roulement de doubles croches s'installe à la basse, monte ensuite à la voix supérieure, et peu à peu les deux mains concertent tout autant ; mais entre chaque course, les ritournelles sonnent bien creux ; et l'ensemble tourne court et laisse insatisfait.

### *Sonates en la mineur et ut majeur d'après Reinken* (BWV 965, 966)
COMP 1710 ? (Weimar), ou 1720 ? (Cöthen). PUB 1866 (Peters).

Bach avait emprunté au *Hortus musicus* de Reinken, publié en 1687, le sujet de sa *Fugue en si bémol majeur* (BWV 954) ; vers la même époque, il a arrangé deux sonates de chambre du vieil auteur, respectivement la première et la troisième. En réalité, chacune des « sonates » du *Hortus*, consistant en une fugue entre un prélude et un postlude, est suivie d'une suite de quatre danses ; Bach transcrit l'ensemble de la sonate-suite en la mineur, mais pour le groupe en ut majeur, laisse de côté les trois dernières danses et ne retient que l'allemande.

Transcriptions très libres, comme on peut l'imaginer. Dès l'*adagio* qui ouvre la *Sonate en la mineur*, Bach modernise la musique de Reinken en lui ajoutant une frise à l'italienne, à l'imitation du violon. La fugue, ensuite, monumentale et splendide, digne des plus belles des *Toccatas* contemporaines, abandonne le schéma répétitif du modèle et le retravaille de fond en comble en l'enrichissant d'épisodes. Dans les danses, le désir d'embellissement va jusqu'à la surcharge, et certains passages sont de réalisation difficile (particulièrement dans la *Gigue* finale, passée de trois à quatre parties) ; mais quel content de musique !

La *Sonate en ut majeur* ne laisse pas la même impression. Les thèmes en sont-ils plus quelconques ? On est vite gagné par l'ennui dans la fugue, qu'on sent désespérément interminable, sur des figures mécaniques. Bach lui-même doit s'être lassé de cette tâche ingrate, pour l'avoir arrêtée après l'*Allemande*.

### Sonate en ré mineur (BWV 964)
COMP 1730 ? (Leipzig). PUB 1866 (Peters).

Qu'elle soit ou non le fait de Bach (on l'attribue volontiers à son fils Wilhelm Friedemann), cette transcription de sa *Sonate en la mineur pour violon seul* (BWV 1003) est une grande réussite. Elle n'a pas eu besoin d'ajouter beaucoup au texte original, déjà si richement polyphonique, exemplaire de l'époque de Cöthen à laquelle il appartient (vers 1720). Il y a plaisir à dérouler au piano les volutes de l'*adagio* initial ; à braver les embûches de la fugue (*allegro* à 2/4), proche parente de certains préludes des *Suites anglaises* (cinquième, sixième) et comme eux inépuisable (dix pages bien tassées, sans un instant de lassitude) ; à énoncer le tendre dialogue à deux voix de l'*andante*, sur sa basse de croches répétées ; et si l'on trouve trop parcimonieux, après tant d'opulence, l'*allegro* final, simple jeu figuratif aux mains alternées, rien n'empêche de souligner çà et là quelques basses, de prolonger quelques notes, dût le puriste s'en chagriner...

### Aria variata alla maniera italiana (BWV 989)
COMP vers 1709 ? (Weimar). PUB 1867 (Peters).

Voici, avec les *Variations Goldberg* qui ne les suivent qu'à plus de trente ans de distance, les seules variations de Bach pour le clavier (la *Sarabande con partite*, BWV 990, est d'attribution plus que douteuse). Un thème assez expressif (en la mineur), dans une riche polyphonie à quatre voix, dont l'espacement suppose l'emploi d'un pédalier ; parcours harmonique original, de la tonique à la dominante mineure dans la première partie, puis du relatif à la tonique en passant par dominante et sous-dominante mineures (les mes. 7-8, dans toutes les variations, en garderont une saveur étrange). Les neuf premières variations, au détail près, n'emploient que deux voix, ce qui a fait penser à la transcription de quelque composition pour violon et basse ; la texture, pour autant, n'est pas maigre, et les effets sont aussi variés que le comporte le genre : dactyles (1re variation), doubles triolets (2e), rythme de gigue (7e), accords brisés et jeu alterné (8e), doubles croches véloces aux deux mains (9e). La 10e et dernière reprend l'écriture à quatre voix espacées.

## LE CLAVIER BIEN TEMPÉRÉ

Considérés dès l'époque comme le rayonnant chef-d'œuvre de Bach au clavier, innombrablement recopiés, transmis par les parents, les amis, les élèves, ces quarante-huit préludes et fugues qu'on a dits constituer l'Ancien Testament de la musique seront joués, écoutés, commentés dans la moindre note et le plus petit soupir jusqu'à la fin des temps. L'admiration qu'ils suscitent se double d'une amitié profonde et fervente ; peu de musiques comblent si fortement la raison et le cœur ensemble ; le technicien les démonte avec un plaisir renouvelé ; l'humble mélomane (ce peut être le même homme) y trouve jour après jour un aliment à son existence. Ces pages qui se proposaient d'explorer le cercle de la tonalité, jusqu'en ses terres inconnues, ont fini par parcourir un atlas plus rare et plus important, celui des émotions humaines. Elles ne sont pas seulement « chose de beauté », chose de savoir, mais jalons d'une quête, où le spirituel et le sensible se fondent indissolublement ; elles reflètent notre être dans sa prodigieuse et douloureuse diversité, dans ses ténèbres comme dans sa lumière.

Au départ (puisqu'il faut un départ), l'ambition d'écrire des préludes et fugues dans toutes les tonalités ; une façon pour Bach de marquer sa place dans la dispute sur la question du « tempérament ». Il a nombre de prédécesseurs : entre autres Pachelbel, qui dans ses suites emploie jusqu'à dix-sept tonalités, mais surtout Johann Ferdinand Fischer, dont l'*Ariadne musica*, petits préludes et fugues pour orgue parus en 1715, en utilise jusqu'à dix-neuf (le *Manuel de l'organiste* de Matheson, en 1719, s'il va jusqu'aux vingt-quatre tons, ne fait que proposer des exercices de basse continue). Bach systématise, aborde l'un après l'autre tous les tons, dans l'ordre chromatique, chaque diptyque majeur suivi de son parallèle mineur (ordre à ne pas confondre avec celui des quintes, que met en pratique, entre autres, le recueil des *Préludes* de Chopin). Certaines de ces tonalités, du reste, font ici leur apparition pour la première et la dernière fois dans son œuvre : il n'emploiera plus ut dièse et fa dièse, ré bémol et la bémol, ré dièse mineur, sol dièse mineur, si bémol mineur...

Le choix du prélude et fugue, pour cette aventure, n'est pas fortuit (outre que l'exemple de Fischer semble lui donner un garant). La fugue, c'est la rigueur, la forme par excellence, la pierre de touche du savoir ; preuve par neuf : ce qui est prouvé par son moyen n'est plus remis en cause. Le prélude, au contraire, c'est la liberté, le primesaut, le caprice, la bride laissée à la fantaisie, la licence de tâter de tous les styles. Bach, en somme, revendique ici toutes les antinomies : l'ordre et le désordre, le « plaisir de la raison » avec le « délice de l'imagination ».

Ce qui est vrai en général de la musique de Bach et de son époque l'est tout particulièrement du *Clavier bien tempéré* : autant d'interprètes, autant de versions différentes, où tout peut changer, le tempo, les nuances, les attaques. Dans les *Suites* et les *Partitas*, on est aidé de ce que l'on sait par ailleurs d'une allemande, d'une sarabande, d'une gigue. Mais dans les *Préludes et Fugues*, on n'a pour soi (et contre soi) que quelques traditions, qui valent ce qu'elles valent, le plus souvent peu de chose, tant elles sont compliquées de mode et de littérature. Les tripatouillages de l'édition de Czerny (si même ce dernier prétend nous donner la vision beethovénienne du *Bien tempéré*) ont certes mené aux pires excès romantiques, mais la myopie des baroqueux n'est pas moins dommageable (et n'entrons pas dans la querelle *matérielle* entre tenants du clavicorde, du clavecin, du piano, voire de l'orgue).

Retrouver leur prétendue « vérité » ? Elle serait aussi fausse que celle du plafond de la Sixtine ; Michel-Ange nettoyé nous parle moins. Une œuvre est faite aussi des couches de sensibilité accumulées par le temps ; Mozart a pris le choc de ces *Préludes et Fugues* comme un poing dans la poitrine (« le coup de poing de marbre de la beauté », dirait Cocteau) et y a réagi dans quelques pages bouleversantes ; Schumann et Chopin s'en sont nourris, les ont reflétés dans leurs propres musiques, en les déformant, comme tout reflet... Allons-nous trancher ce lien qui les rattache à nous ? et feindre de retrouver la sensibilité de l'époque qui les a vus naître, comme si nous pouvions être d'un coup, par un artifice de la volonté, vierges de la nôtre ?

Reste à chacun de puiser, selon sa mesure, dans la force des textes, dans leur physionomie, leur contenu mélodique et harmonique, leur écriture instrumentale, autant de petits indices, guère assurés, mais bons à prendre. De toute manière, un interprète inspiré se fera tout pardonner...

### *Premier Livre* (BWV 846-869)

COMP 1720-1722 (Cöthen) ; onze des vingt-quatre préludes (n<sup>os</sup> 1-6, 8-12) figurent dès 1720 dans le *Klavierbüchlein* de Wilhelm Friedemann ; révisions diverses, la dernière en 1744. PUB 1801 (Simrock, Bonn ; Hoffmeister/Kühnel, Vienne/Leipzig ; Nägeli, Zurich) ; puis Londres et Paris. La fameuse édition de Czerny (Peters), rehaussée d'indications de tempo, de dynamique et de nuances, est de 1837.

Ce Premier Livre est le véritable *Clavier*, celui qui porte dans l'autographe, conservé à la Deutsche Staatsbibliothek de Berlin, le titre *Das Wohltemperierte Klavier* (le Second Livre ne se présentant que comme « Nouveaux Préludes et Fugues »). Un recueil clos sur lui-même, limité dans le temps. Une œuvre démonstrative autant que récréative, qui se donne « pour l'usage et profit des jeunes musiciens désireux d'apprendre, aussi bien que pour le divertissement de ceux qui sont déjà connaisseurs en l'art ». Un grand nombre de préludes appartiennent au type de l'étude, arpeggio ou toccata ; d'autres sont des inventions à deux ou à trois voix, ou des ariosos. Les fugues sont variées (de deux à cinq voix), à sujets tantôt purement diatoniques, tantôt chromatiques ; elles prodiguent les strettos et utilisent tous les artifices du contrepoint.

Le rapport entre prélude et fugue a titillé beaucoup d'auteurs, qui se sont ingéniés à l'établir, par toutes les contorsions possibles. En fait, ce rapport n'apparaît de façon claire que fort rarement, presque fortuitement ; et quoi qu'on en ait dit, il n'a pas un intérêt considérable...

PRÉLUDE ET FUGUE n° 1 (en ut majeur). – On n'ose plus entrer que sur la pointe des pieds dans ce *Prélude* rebattu, où Gounod a apposé un graffiti célèbre (c'est la plaisanterie de Cecil Gray : avec son *Ave Maria*, le Français ressemble, dit-il, au touriste qui grave son nom sur la façade d'un monument historique). Chacun le joue comme il peut ; il n'en est pas de plus trahi, mais aucun non plus qui soit si révélateur du caractère, du goût, de la culture, et même des mœurs de son interprète. Il y a celui qui le déclame en force, celui qui le murmure au ras des touches, celui qui l'ouvre lentement en spirale, celui qui l'égrène en saccades ; il y a le romantique honteux qui le noie dans la pédale et le classique dépenaillé qui l'égratigne, – celui qui se rêve aux claviers de l'orgue et celui qui s'imagine à l'épinette... Sans doute le plus proche de la vérité est l'interprète qui en sent le caractère méditatif. – On sait que ces trente-cinq mesures d'arpèges régulièrement partagés entre les mains (deux notes à gauche, trois à droite) peuvent être ramenées, condensées, à des accords ; la disposition verticale des harmonies fait alors mieux ressortir le contrepoint des cinq voix qu'elles dissimulent. Telle quelle, la pièce est assimilable aux préludes luthés (tout comme le *Praeambulum* en ut majeur, ou « Petit Prélude » BWV 924, du *Klavierbüchlein* de Friedemann), mais aussi, en son essence purement harmonique, à quelque accompagnement pour une mélodie virtuelle (et Gounod n'a donc qu'à moitié tort). On prendra garde à une étrange et piquante dissymétrie (d'ailleurs trente-cinq, le chiffre met la puce à l'oreille) : les séquences vont par groupes de quatre mesures, sauf la séquence 9-11, à trois mesures (Schwencke se trompe en situant ce « manque » dans la séquence 21-23, où il propose naïvement le rajout d'une mesure corrective...). – La version du *Klavierbüchlein*, qui n'est pas la première, est plus courte de huit mesures ; ce qui lui manque en particulier est la longue expansion sur pédale de dominante ainsi que la coda sur tonique de la version définitive.

La *Fugue* (à quatre voix) ne compte que vingt-sept mesures (et son sujet ne s'étend que sur les six premières notes de la gamme), mais d'écriture complexe, comme s'il s'agissait, après deux pages quasi improvisées, de prouver le savoir contrapuntique. Elle ne s'interdit pourtant pas de présenter ses quatre entrées d'exposition dans l'ordre irrégulier sujet-réponse-réponse-sujet. Quelque peu têtue et raisonneuse, occupée seulement de son sujet (vingt-quatre entrées !), elle se passe de contre-sujet et d'épisodes, et s'élabore de strettes successives (dès la mes. 7). Elle module en la mineur au milieu (mes. 14), d'où elle sort par des strettes rapprochées qui donnent de la vie à ce thème apparemment placide. Les quatre dernières mesures apaisées, sur la pédale de tonique. (Les passionnés de numérologie s'enthousiasment à compter quatorze notes dans le sujet : Bach, dont on sait que le nom se traduit par le chiffre 14, ne pouvait faire moins – ni plus ! – dans cette fugue d'introduction à l'ouvrage...)

PRÉLUDE ET FUGUE n° 2 (en ut mineur). – Du type de l'étude, en mouvement perpétuel, le *Prélude* jette les mains dans un intarissable et impétueux dévidage de doubles croches, deux voix en dessins répétés de sens contraire, une harmonie par mesure, comme dans le précédent. Intarissable : du moins dans la version du *Klavierbüchlein*, qui se défendait de s'arrêter en chemin, et allait d'une traite à l'efflorescence finale. Dans la version définitive, portée de vingt-sept à trente-huit mesures, le *praeludium* didactique devient *fantasia* : la longue pédale de dominante aboutit à une brusque accélération (*presto*, mes. 28-33), suivie d'un élargissement (*adagio*, mes. 34), avant la reprise du tempo initial (noté *allegro* à la mes. 35, ce qui renseigne sur la vitesse à prendre au début ; ces trois indications figurent parmi les très rares de l'ouvrage) ; fin majorisée (tierce dite « picarde »).

Le thème enjoué de la *Fugue* (à trois voix), fort simple et vite gravé dans la mémoire (procédant à petits pas sur un intervalle total de sept notes), est souvent supplanté par le contre-sujet, dont la gamme descendante accompagnera les modulations de la tête du thème (mes. 9-10), ou s'inversera pour monter chanter au soprano au-dessus des autres voix cousues en tierces (mes. 13-14). Trois parties équilibrées, la deuxième commençant à ce glissement passager au relatif (mi bémol, mes. 11) qui renforce encore l'impression d'insouciance, la troisième au retour du sujet en ut mineur (mes. 20). Nombreux épisodes, mais pas de strette, le sujet ne s'y prêtant guère. Fin sur un dernier énoncé du thème, au soprano, sur pédale de tonique, où l'on notera le renfort (irrégulier ! mais si biensonnant) de voix supplémentaires. Accord final majeur.

PRÉLUDE ET FUGUE n° 3 (en ut dièse majeur). – Un nouveau mouvement perpétuel dans le *Prélude*, dont les joyeuses doubles croches à 3/8 ne connaissent aucun répit jusqu'à l'accord final : alternativement à la droite ou à la gauche, comme dans une invention à deux voix, en batteries, en festons, en petits martellements où elles servent de contretemps (ces derniers dans la partie interpolée à la révision, mes. 63-98, comme extension de la pédale de dominante primitive), enfin dans l'effeuillement d'arpèges conclusif. Tout cela scintille, dans la clarté des sept dièses (et davantage : le cercle des quintes ascendantes fait bientôt toucher sol dièse majeur, ré dièse mineur, etc., avec les doubles dièses qui s'ensuivent), – et si bien, en vérité, que les versions qui veulent faciliter la lecture en proposant plutôt les cinq bémols de la tonalité synonyme, ré bémol, donnent *a contrario*, par une étrange réaction synesthésique des doigts et des yeux, l'illusion de l'ombre et de la moiteur ! (Extension, une fois de plus, de la version primitive.)

Atmosphère pastorale dans la *Fugue* (à trois voix), tant dans le pimpant sujet, avec son gruppetto initial et ses quatre sixtes ascendantes, que dans le contre-sujet, qui brode des fioritures de flûtiau ; ils sont accolés régulièrement tout au long de ces cinquante-cinq mesures, qui ne vont pas sans redites (il y a même une réexposition du début, mes. 42, *quasi sonata* !) ; ce n'est pas une fugue d'école, ou alors voilà une école buissonnière, comme les prédécesseurs de Bach n'en imaginaient guère... Un beau passage, vers le milieu (mes. 35-42), limité au soprano et à la basse, qui dialoguent paisiblement.

PRÉLUDE ET FUGUE n° 4 (en ut dièse mineur). – Le *Prélude*, un des plus inspirés de ce Premier Livre, déploie sur deux pages (trente-neuf mesures) sa polyphonie nombreuse, lacis de croches à 6/4 qui se répondent à travers les registres : chaque voix à son tour reçoit une part de ce flot mobile, ou au contraire attend, en valeurs longues, que le flux la rejoigne pour un accord frémissant, une sourde dissonance, une résolution apaisée. Mélodie continue, en somme, à laquelle tout le clavier concourt, et d'une rare ampleur : en fait, il n'y a que deux phrases (mes. 1-14, 14-35), la seconde repoussant toujours le moment de se replier, et prolongée encore par la cadence rompue. L'expression est intense, qu'on la tourne vers le passionné, le tragique ou le résigné.

La nef est digne du portique : la *Fugue* est une des plus longues (cent quinze mesures), des plus riches des deux livres, et l'une des deux seules à travailler sur cinq voix (l'autre se trouve également dans le Premier Livre : n° 22, en si bémol mineur). De plus c'est une triple fugue (une seule autre : celle en fa dièse mineur du Second Livre). Dans l'esprit du ricercare, notée *alla breve*, elle naît d'un premier sujet étroit et élémentaire, de cinq notes, où geint la quarte diminuée (do ♯-si ♯-mi-ré ♯-do ♯) ; toute la première page en rondes, blanches, noires, comme une liturgie austère et presque funèbre, jusqu'à cadencer en mi majeur (relatif). Alors le deuxième thème (mes. 35), combiné d'emblée au premier, tempère un peu cette solennité par sa guirlande de croches ; le troisième y ajoute (mes. 49) son attaque en quarte ascendante et sa note trois fois répétée. À partir de la mes. 94, ne sont plus en présence que les thèmes 1 et 3, renforcés de strettes, avec d'étonnantes progressions chromatiques. Pour finir, double pédale de tonique, supérieure et inférieure, encadrant les autres voix. (On a rapproché cette fugue de la *Fugue en fa* pour orgue, BWV 540, double fugue monumentale, et elle aussi de *stile antico*.)

PRÉLUDE ET FUGUE n° 5 (en ré majeur). – Le *Prélude*, à nouveau, appartient au genre de l'exercice ou de l'étude, en *perpetuum mobile* ; travail de la main droite, difficile, en arabesques ininterrompues de doubles croches, que la gauche ponctue de basses aussi sèches que des pizzicatos ; malgré les contorsions et les passages du pouce, il faut laisser à la pièce son air radieux et insouciant. Trouvaille adorable de la version définitive (qui porte à trente-cinq les vingt-deux mesures de celle du *Klavierbüchlein*) : la reprise du début dans le ton de sol (mes. 20), qu'on devrait accompagner d'une nuance plus douce, voire d'un peu d'estompe, avant le crescendo qu'on imagine sur la longue pédale de dominante, et la fioriture finale, suivie des cinq accords conclusifs.

*Fugue* atypique, où les valeurs s'inversent, où l'harmonie triomphe sur le contrepoint, le vertical sur l'horizontal, dans une isorythmie peu courante dans cette forme. Que dire du sujet, lancé par un vif ressort de triples croches, mais aussitôt rassis sur un sage rythme pointé ? Un mélange ironique de belliqueux et de pompeux : cela non plus n'est pas le quotidien des fugues... Quatre voix, certes bien réglées, mais ne s'embarrassant ni de strettes (on ne peut donner ce nom à l'accumulation finale de la figure en triples croches) ni même d'un véritable contre-sujet.

PRÉLUDE ET FUGUE n° 6 (en ré mineur). – *Prélude*-étude en accords brisés pour la main droite (des triolets de doubles croches, dans une mesure à 4/4), au-dessus d'un continuo de croches, qui tantôt chante et tantôt seulement ponctue. La version du *Klavierbüchlein* s'arrêtait abruptement en plaquant un accord parfait à la quinzième mesure ; à partir d'ici la version du *Clavier bien tempéré*, qui s'étend à vingt-six mesures, brode longuement au-dessus d'une pédale de tonique, ajoute une troisième voix un peu avant la fin, et termine par une série descendante chromatique (septièmes diminuées tronquées) avant la cadence. Il ne faut pas négliger, dans ce roulement continu, la voix chantante qui tâche parfois de se faire jour, à contretemps, sur la dernière note des triolets, en écho à la basse (à partir de la mes. 6).

Le sujet de la *Fugue* (à trois voix) est caractérisé par son gruppetto central, aux échos multipliés, et par son trille final ; bien tracé, quelque peu scolaire, apte à la strette et surtout à l'inversion, dont la pièce use et abuse, surtout à partir de l'arrivée sur la dominante (mes. 21). Le résultat est souvent revêche, la dissonance prodiguée avec moins de sel que de sécheresse impavide.

PRÉLUDE ET FUGUE n° 7 (en mi bémol majeur). – Le *Prélude*, un des plus longs (soixante-dix mesures) et des plus remarquables, n'existait pas dans le *Klavierbüchlein* ; mais il pourrait provenir de la révision de quelque pièce plus ancienne. Sa structure en trois parties lui est particulière : une courte introduction où des guirlandes se répondent d'une main à l'autre (mes. 1-9), un fugato en valeurs longues et de saveur archaïsante (mes. 10-24), enfin une magnifique fugue-fantaisie, qui combine deux sujets issus du fugato et de l'introduction (à partir de la mes. 25). Riche tissu polyphonique, avec de nombreuses strettes ; certes un souffle puissant l'anime de bout en bout, mais on n'est pas forcé de déclamer ces lignes (ce qu'on entend souvent faire) ; il faut les tourner plutôt, harmonieusement, dans une lumière dorée.

À l'inverse du prélude, et comme si elle estimait que le savoir avait reçu son dû, la *Fugue* (à trois voix) se veut légère et gambadante. Plus encore que le sujet lui-même, et son rire ingénu (oui, de l'innocence, et non point de la désinvolture), on retient les dessins d'arpèges descendants qui le relient à la réponse, et qui bientôt remplissent tout le morceau de leurs fraîches cascatelles. Aucun artifice savant, pas une combinaison, pas une strette ; à certains moments, dans la liberté du propos et le charme mélodique, on s'éloigne du style fugué pour rejoindre celui de la sonate en trio.

PRÉLUDE ET FUGUE n° 8 (en mi bémol mineur). – Admirable et bouleversant *Prélude* (déjà présent à l'identique dans le *Klavierbüchlein*), une élégie, dont le chant douloureux, rythmé à 3/2, s'épand presque sans interruption à la main droite, porté par de lents accords arpégés ; çà et là, pourtant, la gauche prend la relève, amorce un dialogue, souligne une inflexion de sa compagne, la force à sortir de sa résignation. Effet indicible de la cadence évitée, à la mes. 29 : le morceau se prolonge, l'émotion se creuse encore, et la gauche s'émancipant tout à fait, on songe malgré soi, et d'avance, au milieu de l'*Étude en ut dièse mineur* (op. 25) de Chopin. (Ce ton de mi bémol mineur : rarissime, même chez Bach, où on ne le retrouve que dans le second *Menuet* de la *Quatrième Suite française*.)

*Fugue* (à trois voix) des plus amples (quatre-vingt-sept mesures), et d'une rare complexité, prodiguant les artifices retors du contrepoint, – et cependant, en dépit de toute sa science, profondément émouvante (quoique d'une autre manière que le prélude, en touchant des fibres différentes) ; elle demeure jusqu'au bout toute pénétrée de ce thème endolori, qui n'entre pas moins de trente fois, lancinant, infatigable, une plainte sans but et sans consolation. Trois parties à peu près égales : la deuxième commence à l'inversion du thème (mes. 30), la troisième à son augmentation (mes. 62). Le moment sans doute le plus étonnant, quoique assez difficile à réussir pour l'interprète, que d'ailleurs toute cette fugue soumet à rude épreuve : mes. 77, où se superposent le thème à la basse, son augmentation en noires pointées-croches à l'alto et son augmentation en blanches-noires au soprano ; et ce n'est point tant démonstration d'écriture que plénitude d'inspiration. (Cette fugue était d'abord rédigée en ré dièse mineur, ton enharmonique : peut-être vient-elle d'une ancienne version en ré mineur, qu'il a suffi d'« accidenter » sans changer les notes.)

PRÉLUDE ET FUGUE n° 9 (en mi majeur). – Souples arabesques de croches à 12/8 dans le *Prélude*, composant une polyphonie limpide à trois voix, où la moindre note est chargée de son poids de musique ; le climat est pastoral, l'humeur euphorique ; les doigts courent, mais sans hâte, attentifs à ne rien laisser perdre de ce chant renouvelé. Trois parties égales, les deux volets extrêmes symétriques, en façon de « sonate », de part et d'autre d'un petit développement. (Un des autographes montre qu'il a servi de prélude à la *Sixième Suite française*.)

Exactement dans le même esprit, la *Fugue* (à trois voix), dont le sujet original, après avoir énoncé placidement une croche suivie d'une noire, bourgeonne soudain en doubles croches ; le contre-sujet l'y rejoint si naturellement qu'il est impossible de voir la suture. Ensemble et sans pédantisme, ils entretiennent toute la pièce d'un courant incessant et joyeux ; volubilité volontiers virtuose, selon le tempo choisi.

PRÉLUDE ET FUGUE n° 10 (en mi mineur). — Le *Prélude* est celui qui a subi le plus de changements depuis le *Klavierbüchlein*. Non seulement il s'est étendu de vingt-trois à quarante et une mesures, par l'ajout d'une seconde partie (un *presto*, l'indication est de Bach, remonté comme un mouvement perpétuel aux deux mains), mais surtout la version définitive, aux accords que la droite plaquait sèchement sur le va-et-vient de doubles croches de la gauche, ajoute l'efflorescence presque vocale d'un arioso (confiée aux doigts faibles), d'une expression à la fois si intense et si spontanée qu'on est tout surpris de la savoir consécutive à la révision ; sans elle, la pièce n'était qu'un exercice d'égalité pour la main gauche, d'ailleurs fort vétilleux...

La *Fugue* est la seule à deux voix parmi les quarante-huit des deux livres. Elle forme une suite naturelle au *presto* qui précède, avec le même débit de doubles croches (mais à 3/4 après le 4/4), la même allure d'étude, avec en plus quelque chose d'expérimental, qui provient tout à la fois de sa texture économe, de ses dessins chromatiques, d'on ne sait quelle aridité volontaire. Bien que le sujet module dans le ton de la dominante, la réponse est « réelle », et donc tout aussi modulante : de quinte en quinte, on se retrouve en fa dièse majeur à la mes. 5 (chose exceptionnelle !). Deux parties, dont la seconde transpose la première, avec échange des parties entre main droite et main gauche.

PRÉLUDE ET FUGUE n° 11 (en fa majeur). — Peut-être le couple le moins intéressant de tout le Premier Livre. Le *Prélude*, rythmé à 12/8, est en forme d'invention à deux voix, doubles croches contre croches, avec échange des rôles ; des trilles aussi se répondent d'une partie à l'autre. Gaieté, franchise ; un soupçon de sécheresse ?

Le soupçon est plus grand et plus confirmé dans la *Fugue* (à trois voix), que son rythme de gigue à 3/8 ne sauve pas du guindé : seule peut-être la coda (mes. 56-72), en perdant de vue le sujet, gagne en musique. (Le thème est calqué sur celui de la *Fugue* du même ton de Fischer, n° 10 de l'*Ariadne musica*.)

PRÉLUDE ET FUGUE n° 12 (en fa mineur). — Un *Prélude* parmi les plus touchants, dans cette écriture polyphonique très libre qui est le propre du style brisé (par exemple celle des allemandes, dans une suite), en voix souvent virtuelles ; vingt-deux mesures où le chant est partout, dans l'arabesque continue des doubles croches (à 4/4), dans les noires qui parfois les épaulent, dans les fragments en dialogue, en style d'invention. Mélancolie grise. Encore une cadence évitée (mes. 16, passage ajouté à la révision), avec cet effet de prolongement, d'élargissement de la musique.

Ample *Fugue* (à quatre voix), sur un sujet chromatique très expressif, dont les noires pleines de gravité contrastent avec les doubles croches légères (nombreux dactyles) des contre-sujets. Au reste, ce chromatisme lui-même, responsable de quelques heurts d'harmonie, laisse place au diatonisme – et aux rosalies – des épisodes, sentis comme autant de répits (même effet dans la dernière *Fugue* du livre, en si mineur). Pas de strettes, le sujet n'en offre pas la possibilité. Morceau souvent très sombre, dans une sensation d'accablement : un véritable « fa mineur », ce que n'était pas le prélude.

PRÉLUDE ET FUGUE n° 13 (en fa dièse majeur). – Un des diptyques les plus précieux des deux livres réunis. En style d'invention à deux voix, dans un mouvement de gigue à 12/16, le soprano souvent en syncope sur la basse, ce lumineux *Prélude* est une merveille de grâce, de rythme, d'ingénuité ingénieuse. Séquences successives et apparentées, toutes commencées par un petit envol d'arpèges, modulant de fa dièse à ut dièse, à ré dièse mineur, la dièse mineur (!), sol dièse mineur, pour retrouver le ton initial.

Plus qu'au sujet lui-même, en deux parties séparées d'un demi-soupir, plus qu'au contre-sujet, la *Fugue* (à trois voix) doit son accent et son effet (inoubliable : c'est l'une de celles qui hantent la mémoire) à un dessin de notes répétées, apparu mes. 7, et désormais omniprésent, – triomphant en particulier dans la belle séquence 23-28, où d'abord il épaule ce chant amoureux qui se répond du soprano à l'alto, puis devient chant lui-même, de plus en plus éperdu (et l'on ne saurait avoir pris un tempo assez lent pour laisser à ce passage, comme à la fugue entière, toute sa plénitude mélodique ; hélas, certains commentateurs l'entendent rapide, et n'y voient qu'enjouement !).

PRÉLUDE ET FUGUE n° 14 (en fa dièse mineur). – Au sortir du couple précédent, le *Prélude* de celui-ci paraît bien maigre, et même bien ingrat, dans son allure d'exercice digital, avec son thème en petits roulements de doubles croches (à 4/4), et les intervalles brisés (surtout des sixtes) qui lui servent d'échasses, remplacés dans la seconde moitié par de brefs accords.

Mais quelle belle et sensible *Fugue* (à quatre voix), et qu'il est dommage de l'apparier à ce prélude inexpressif ! Le sujet monte lentement, péniblement de la tonique à la dominante, redescend avec hâte, lâche un trille et retrouve son point de départ. Contre-sujet à notes répétées et « soupirs », d'où l'impression d'un ajout à la fugue précédente, cette fois sur le mode plaintif, et d'autant plus que le mode majeur est résolument tenu à l'écart du morceau : seul l'accord final y a droit. Long thème, longue exposition (dix-huit mesures), d'ailleurs irrégulière : sujet-réponse-sujet-sujet. Remarquer les deux entrées en inversion (mes. 20, 32), la seconde, à la basse, particulièrement parlante.

PRÉLUDE ET FUGUE n° 15 (en sol majeur). – *Prélude* aux triolets tournoyants (notés, en réalité, à 24/16), en dessins arpégés qui passent de la droite à la gauche, et parfois occupent les deux mains ensemble ; c'est une étude, dont l'effet croît avec la vitesse, et l'on n'hésitera pas à lui donner tout le brio voulu.

*Fugue* savante (à trois voix), dont le long sujet, caractérisé par deux sauts de septième entre des roulements à degrés conjoints, s'inverse soudain (mes. 20) pour une contre-exposition en règle ; nombreux passages tricotés à deux voix, et qui risquent de tourner à vide sans un coup de pouce de l'interprète ; au vrai, ces pages recèlent beaucoup d'humour, sous leur impeccabilité.

PRÉLUDE ET FUGUE n° 16 (en sol mineur). – Un des éléments du *Prélude* est ce long trille initial sur sol, la tonique (mes. 1, repris mes. 3), qui reviendra à la main gauche sur de nouvelles toniques, en si bémol majeur dans le médium (mes. 7) puis en ut mineur dans le grave (mes. 11). Ce trille, une ronde, enchaîne sur un deuxième élément, festons de doubles et triples croches, repris tout au long en imitation, à la façon d'une invention (d'ailleurs, il rejoint le motif de l'*Invention* en si bémol majeur). Écriture de trio, élargie à la fin à quatre voix, pour une atmosphère sereine et méditative.

La *Fugue* (à quatre voix) présente un court et net sujet de onze notes, limité aux sept notes de la gamme, et fournissant lui-même son contre-sujet, par inversion de sa seconde moitié. Le dactyle inhérent au thème et largement (monotonement) utilisé lui confère ce caractère à la fois reposant et rassurant propre à ces pièces dont on se dit, à tort évidemment, qu'on en pourrait chanter la suite. Du reste, une des fugues les plus pédagogiques du cahier, bien « placée » sous les doigts (à part les dixièmes de la mes. 18 ?), jusque dans ses strettos.

PRÉLUDE ET FUGUE n° 17 (en la bémol majeur). – Dans cette tonalité rarissime chez Bach (et qu'ignore sa musique instrumentale), le *Prélude* n'est rien qu'un amusant exercice digital, qui, après avoir tracé son unique et court motif (tout juste un accord brisé précédé d'un mordant) et clamé quelques petites sonneries d'accords, à la façon d'un début de concerto, vous le promène infatigablement sur tous les degrés, commenté de doubles croches en batteries ou torsades, dans une trame lisse à deux voix.

Thème tout aussi bref (sept notes) et brisé dans la *Fugue* (à quatre voix), laquelle est cependant de tout autre essence. La double croche, tout à l'heure un signal de joyeux batifolage, dessine ici les méandres du contre-sujet, filet d'eau vive où se reflètent les contrepoints d'un thème qui n'est au fond qu'une succession d'accords. Non plus le prosaïsme d'un ancêtre de « Monsieur Czerny », marquant les temps avec sa férule, mais un frisson d'autant plus poétique, on l'entendra, qu'on ne rencontre ici ni strettos ni stratagèmes...

PRÉLUDE ET FUGUE n° 18 (en sol dièse mineur). – Un des plus beaux diptyques de ce premier *Clavier bien tempéré*. Le *Prélude* a l'écriture d'une invention à trois voix ; cela part de rien, d'un petit roulement de six doubles croches suivi de trois croches qui en freinent l'élan (mesure à 6/8) ; ces doubles croches prolifèrent en rosalies et marches harmoniques, ces croches suivent une pente tour à tour ascendante ou descendante (inversion du thème, mes. 15), et cela suffit à bâtir deux pages aussi graves que denses. Le moment qu'on attend, et qui nous trouve à chaque fois aussi émus : l'harmonie napolitaine de la mes. 24 (accord de la majeur), avant la cadence dans le ton et le petit paraphe conclusif.

Le pouvoir des notes répétées se vérifie une fois de plus dans la *Fugue* (à quatre voix) : le sujet y gagne une partie de sa force ; une partie seulement : l'autre est dans sa nature modulante, car il va brusquement de tonique à dominante, comme celui de la *Fugue en mi mineur* du même cahier. Ainsi s'installe une double et contradictoire impression : instabilité d'abord (observons toutefois que la fugue n'étant pas « réelle » mais « tonale », elle est moins aventureuse que la *Fugue en mi mineur*, moins exposée à la modulation en chaîne), aussitôt corrigée par une ferme cadence, avec l'appui des notes répétées tombant sur les degrés forts (cette seconde moitié du thème devient presque indépendante par la suite, soulignée de brefs accords). Fugue éloquente, et poignante. Bach, à un thème déjà si expressif, ne croit pas devoir apporter le renfort du stretto, encore moins le plaisir un peu abstrait (et un peu égoïste) de la diminution ou de l'augmentation.

PRÉLUDE ET FUGUE n° 19 (en la majeur). – Sous ses allures de badinage, le *Prélude* est un éblouissant exercice en triple contrepoint (et pour certains une triple fugue), de loin plus complexe que la fugue qu'il est chargé d'introduire. Un sujet qui tire-bouchonne en doubles croches ; un autre en noires placides, commencé chromatiquement ; un dernier en croches, syncopé, de mouvement descendant ; les trois pouvant occuper chacune des trois voix de la polyphonie (Bach utilise quatre des six combinaisons possibles). En vingt-quatre mesures, le tour est joué, avec une élégance confondante, jusqu'aux deux petites gammes conclusives qui font s'écarter les deux mains l'une de l'autre, aux extrémités du clavier.

La *Fugue* (à trois voix) ne prétend pas rivaliser avec ce tour de force ;

il lui suffit d'être, simplement, l'une des trois ou quatre plus belles fugues de Bach. Après trois fugues à quatre temps bien carrés, elle propose une cadence à 9/8 qui lui donne la physionomie d'une danse pastorale. Le sujet est adorable, et très original : d'abord une unique croche, qui pointe espièglement le nez, suivie de trois demi-soupirs ; puis cinq quartes brisées ascendantes (tout un escalier !) ; une syncope (deux croches liées) et la terminaison. Pendant vingt-deux mesures, on s'émerveille à cette trame de croches serrées, qui ne trahit jamais l'effort (et pique sans cesse la curiosité : par exemple, on a souvent commenté l'entrée de la basse, mes. 6, qui feint d'ajouter une quatrième voix... sans avenir ; et il faut compter avec la délicieuse équivoque rythmique de ce ternaire senti souvent comme binaire). À la vingt-troisième mesure, se faufilent de remuantes doubles croches, pour dessiner quelque chose comme un second sujet (on vous avait dit qu'elle n'était pas savante, cette fugue ; oui, mais elle n'est pas nigaude, non plus, et réservait sa surprise). Le déchiffreur qui a pris trop vite le début, ici devra rétrograder...

PRÉLUDE ET FUGUE n° 20 (en la mineur). – À nouveau un *Prélude* qui sent l'exercice, un morceau digital, basé sur des dessins d'arpèges, de gammes et de tremblements ; franchement l'un des moins palpitants du cahier. La *Fugue* (à quatre voix) l'est-elle bien davantage ? C'est la plus étendue, quatre-vingt-sept mesures bien tassées, sur un sujet relativement long ; mais contrairement au précédent, ce sujet en lui-même est banal et monotone, à l'exception de la neuvième descendante (en trois notes) qui le coupe en deux et rompt son débit de notes conjointes ; il trottine sagement, comme des milliers de sujets de fugues. On comprend qu'il pousse Bach, cette fois, à user copieusement de toute sa science contrapuntique : on y compte, par exemple, quatorze strettos et des inversions (toute la contre-exposition, à partir de la mes. 14). Malgré ce côté scolastique, les dernières lignes, par accumulation, atteignent une réelle grandeur ; deux accords s'y distinguent (accord de triton à la mes. 80, accord de sixte sensible à la mes. 82), signaux de rupture, avant la coda sur pédale de tonique, – impraticable en dehors de l'orgue ! (Ce diptyque est sans doute l'un des plus anciens, datant peut-être même de Weimar.)

PRÉLUDE ET FUGUE n° 21 (en si bémol majeur). – Vingt mesures de *Prélude*, une allègre toccata miniature, avec cette technique de mains alternées (une croche à gauche, trois triples croches à droite) courante à l'époque : on la voit par exemple dans le sixième *Prélude*, en ré, des *Pièces de clavecin* de Fischer. Par trois fois, au milieu, des sonneries d'accords, suivies de traits véloces ; et l'arpège brisé final grimpant sur trois octaves.

La *Fugue* (à trois voix) est fournie d'un ample sujet, mais retient presque davantage par ses deux contre-sujets, bien distincts, le premier en notes répétées, le deuxième en petites incises de doubles croches coupées de silences. Avec cette variété, et malgré son plan régulier en trois expositions, elle n'est jamais pédante, garde le sourire, et une exquise transparence.

PRÉLUDE ET FUGUE n° 22 (en si bémol mineur). – Parodions le dicton : il n'y a pas de sot procédé, il y a de sottes musiques... Ce même dactyle (une longue-deux brèves) auquel nous devons le piétinement de quelques fugues peu inspirées envahit ce *Prélude*, l'un des plus expressifs, et y produit l'impression d'une douleur inconsolable, contenue à grand-peine dans les bornes de ce rythme de marche funèbre. Écriture au moins aussi verticale qu'horizontale, et quelles admirables harmonies (dissonances attaquées sans précaution, secondes gémissantes, fréquentes pédales)... Trois mesures avant la fin, point d'orgue sur un accord de septième diminuée, avant la clausule dans le mode majeur.

Exprimant, avec des moyens plus sobres, le même tourment, et peut-être une angoisse plus sourde, la *Fugue* est digne en tous points de son prélude (et le diptyque mérite le premier rang, avec ceux en ut dièse mineur et mi bémol mineur). C'est la seconde et dernière, des quarante-huit, à avoir cinq voix. Sujet de six notes, *alla breve*, monastiquement simple, dans le goût d'un ricercare : une chute de quarte (de quinte à la réponse) suivie d'un soupir, puis, prises une neuvième (une dixième) plus haut, quatre notes conjointes descendantes. Morceau difficile à bien traduire, ne serait-ce que techniquement (et que dire du reste, qui ne s'enseigne guère ?) ; le magnifique stretto de la fin (mes. 67) est de réalisation particulièrement vétilleuse ; il faudrait cinq instruments pour rendre cet étrange effet de carillon, quartes et quintes répercutées, en chute sur plus de deux octaves.

PRÉLUDE ET FUGUE n° 23 (en si majeur). – Le *Prélude* de l'île déserte ; il en est de plus grandioses, de plus dolents, de plus brillants ; quel autre a cette grâce émouvante, cette délicate perfection dont seuls Chopin, Liadov et Scriabine, dans leurs propres *Préludes*, retrouveront parfois le secret ? Il n'en faut pas longuement parler : en quelques mots, on aura écrasé ce peu de notes. Dix-neuf mesures, trois voix idéalement tracées (sauf la dernière ligne, qui s'étoffe), s'attendant, s'écoutant l'une l'autre, tantôt une montée de noires, tantôt un ourlet de doubles croches. On a beau l'avoir entendue mille fois, toujours le cœur bat plus vite à cette arrivée sur le mi grave (mes. 7, avec le retard du ré, formant septième), qui gomme l'effet de la modulation précédente en fa dièse, et pousse l'harmonie vers le relatif sol dièse mineur.

La *Fugue* (à quatre voix) est une des plus souriantes, allant paisiblement son chemin, le donnant pour jonché de fleurs, un joli sentier de campagne, quand en réalité elle met en œuvre une science consommée. Le sujet démarre sur les premières notes du prélude, et l'exposition monte du ténor au soprano, avec la dernière entrée à la basse ; à mi-parcours, une fois la dominante atteinte (mes. 18), inversion passagère du thème, juste le temps d'asticoter l'auditeur...

PRÉLUDE ET FUGUE n° 24 (en si mineur). – Le seul *Prélude* qui emprunte la forme binaire, à reprises, que l'on voit aux divers mouvements des *Suites*, et qu'on retrouvera copieusement dans le Second Livre. Écriture de trio tout au long ; deux voix chantent à la main droite, en imitations (thèmes différents d'une section à l'autre), sur un continuo de croches (qui n'est pas moins chantant, et qu'on aurait tort de « piquer » : procédé terrifiant, par quoi l'on croit rapprocher le piano du clavecin, et qui prouve un manque aussi total de cœur que d'oreille ; à la rigueur un détaché, appuyé, charnu ; mais on n'a pas à rougir de vouloir au piano cette basse liée, sans scrupule). L'intensité de ces pages, riches en frottements dissonants (multiples retards, prodiguant secondes et septièmes), culmine dans le chromatisme des dernières lignes. On notera une indication de tempo, chose rare : *andante*.

Deux climats se partagent l'extraordinaire *Fugue* finale (à quatre voix), conçue comme un véritable couronnement du Premier Livre : l'un chromatique, celui du sujet, avec ses croches plaintives, ses secondes traînantes, cahotant par paliers sur on ne sait quel douloureux golgotha (total chromatique en trois mesures), celui du contre-sujet, petite spirale aux intervalles discordants, – l'autre diatonique, avec les claires rosalies et les marches harmoniques bien quotidiennes du premier épisode (mes. 17). L'indication de départ, *largo*, donne la mesure de l'espace et du temps à occuper. Il n'est pas vain de citer ici le vers de Verlaine, auquel ces six pages faites de lutte et d'espérance, autant que de désarroi, semblent souscrire d'avance : « Et pourtant je vous cherche en longs tâtonnements... »

### *Deuxième Livre* (BWV 870-893)

COMP 1738-1742 (Leipzig) ; mais plusieurs morceaux d'une époque antérieure. PUB comme le Premier Livre.

Ce Deuxième Livre est fort différent du Premier, ne serait-ce que parce qu'il résulte d'une compilation ; à un certain nombre de pièces récentes, Bach a ajouté, parfois en les transposant pour la cause, et en les retravaillant, des morceaux plus anciens, remontant souvent à l'époque du Premier Livre. Les préludes, ici, méritent moins leur nom, ne songent pas qu'ils annoncent une fugue, sont des morceaux à part entière ; aucun n'a le caractère d'une étude ; beaucoup sont de longs et lents monologues, parmi les inspirations les plus hautes du vieux Bach, avec les pages lentes des *Variations Goldberg* ; dix d'entre eux sont de coupe binaire à reprises (un seul dans le Premier Livre) ; et il y a des expériences de forme sonate, qui prouvent l'influence, même sur Bach, de la mode (comme le prouvent, peut-être à son corps défendant, toutes les touches de style

« galant »). Les fugues, qui évitent les sujets chromatiques, sont moins acharnées à montrer leur science ; beaucoup se passent de vrais contre-sujets, négligent les combinaisons quand bien même leurs thèmes s'y prêtent. Ce Second Livre, en somme, n'a pas l'efficace tour de vis du Premier ; c'est ici pourtant que les fervents viendront écouter les chants les plus purs du compositeur, et confronter au sien les battements de leur cœur.

PRÉLUDE ET FUGUE n° 1 (en ut majeur). – Le portique du Deuxième Livre est sans commune mesure avec celui du Premier. Dans celui-ci on pénétrait par un prélude en *arpeggio*, court et dense, au fond un dérouillage des doigts sur un plan harmonique ; qu'il soit devenu célèbre (et il le mérite, par son charme immédiat et sa perfection de détail) ne change rien à sa modestie. Mais ce nouveau *Prélude* en ut voit large et revendique le droit à l'improvisation ; et tout en poussant plus loin son exploration du clavier et de l'harmonie, prenant sans cesse des chemins de traverse, modulations vraies ou feintes, il ne veut que chanter, dès cette efflorescence initiale que soutient la pédale de tonique. À ce chant collabore chacune des quatre voix, dont aucune ne s'efface devant l'autre, et qui n'arrêtent plus leurs délicats entrelacs jusqu'à la dernière des trente-quatre mesures. Il s'agit ici de la sorte de polyphonie virtuelle dont sont coutumières, entre autres, les allemandes de Bach, qui reprennent au style luthé des Français cet art de briser en plusieurs voix des figures qu'une seule d'elles suffirait à dessiner. On ne cherchera pas de thème proprement dit ; il y a plusieurs motifs récurrents, en imitation, mais au vrai presque chaque mesure a sa physionomie. Du moins dans la première moitié. Au sortir de tout un lacis chromatique, et à partir de la cadence en fa (sous-dominante), les mes. 20-28 reprennent les mes. 5-14, transposées, avec un curieux déplacement du matériau par rapport à la barre de mesure, – avant le retour à la tonique, renforcé par une pédale symétrique à celle du début. (La pièce a connu des états successifs, remontant au milieu des années vingt : une version courte en dix-sept mesures, une version lisse dépourvue de triples croches.)

La *Fugue* (à trois voix) aurait tout pour être scolaire ; ses ourlets et surpiqûres de doubles croches ne la rattachent-ils pas au style « machine à coudre » que moquait gentiment Colette ? Mais ce thème est lui-même si joyeusement moqueur, avec son saut de sixte souligné d'un mordant polisson, qu'il met les railleurs de son côté. (La fugue aussi était plus courte, et battue à 4/4, au lieu de son 2/4 actuel.)

PRÉLUDE ET FUGUE n° 2 (en ut mineur). – *Prélude* de forme binaire, avec reprises : c'était l'exception dans le Premier Livre *(Prélude en si mineur)*, ce sera le cas de dix préludes du Deuxième. Il a le style d'une invention à deux voix, exemplaire d'économie et de clarté : doubles croches contre croches, celles-là en petits tourniquets, celles-ci en intervalles disjoints, les mains intervertissant constamment leurs rôles. De la légèreté, de l'insouciance, certes ; mais il y entre peut-être (est-ce assez contradictoire !) un peu d'application.

La *Fugue* (à quatre voix) est une de celles (moins nombreuses qu'on ne le prétend) dont le thème s'apparente nettement à celui du prélude : on en retrouve les notes et la ligne, mais l'esprit est transformé ; à la frivolité d'un *esercizio* a succédé un propos grave, qui se renforce encore en avançant. Elle est célèbre pour receler un exemple pratique, audible autant que lisible, de ce que l'on nomme l'augmentation et l'inversion d'un thème ; toutes deux se produisent ensemble dans la strette des mes. 14-16 : le sujet au soprano, son inversion au ténor, son augmentation à l'alto, dans une disposition transparente. Il faut préciser qu'à ce stade, contre toutes les règles, la quatrième voix n'a toujours pas fait son entrée : elle n'arrive qu'à la mes. 19, à la basse, en augmentation (*grammatici certant* : les opinions divergent sur la nature exacte des voix en place avant cette quatrième entrée). Un dernier stretto, magnifique, avec cet accord majeur inattendu (mes. 24), auquel la fausse relation confère une saveur archaïsante.

PRÉLUDE ET FUGUE n° 3 (en ut dièse majeur). – Le *Prélude* est un des plus charmeurs, qui rejoint le tout premier du Premier Livre, aux innombrables différences près : la diaprure des dièses, le battement continu de la main gauche (en noires et croches), la figuration plus délicate des arpèges de la main droite (en doubles croches, divisées en deux voix), l'harmonie plus riche, plus trouble et plus changeante, les multiples et chantantes notes de passage ; sans compter, à l'arrivée sur la dominante, cette deuxième partie inattendue, un *allegro* qui abandonne les quatre temps du prélude pour un 3/8, son écriture harmonique et son climat contemplatif pour le contrepoint d'un impertinent fugato...

La *Fugue* (à trois voix) n'est pas moins originale que le prélude ; ce n'est qu'une série recommencée de strettes, sur un très bref sujet coupé de silences (on ne s'est pas mis d'accord sur sa longueur : quatre notes ? huit ? douze ? et y a-t-il un contre-sujet ?), inversé dès sa troisième entrée (mes. 2, à l'alto), diminué aussitôt (mes. 5-6), plus tard augmenté (mes. 25). Cette mosaïque, passionnante à défaire, à observer en ses menus fragments, n'en constitue pas moins un tout parfaitement homogène, qui s'étoffe peu à peu de traits de doubles et triples croches. (La version primitive était deux fois plus courte ; et elle était en ut, comme le *Prélude*, d'ailleurs.)

PRÉLUDE ET FUGUE n° 4 (en ut dièse mineur). – Un admirable *Prélude*, d'une intensité inégalable ; il nous dit des choses parmi les plus profondes que Bach ait exprimées au clavier, et si l'on prend soin de le jouer bien lentement (comme il le mérite), il a le temps pour lui. Rythme à 9/8, écriture de trio instrumental : celle qui, chez Bach, fait chanter aussi pleinement chaque partie, avec un galbe aussi pur, en sorte qu'on ne peut donner à aucune la préséance. Du reste, quoique les voix soient étonnamment indépendantes, on retrouve souvent de l'une à l'autre les mêmes inflexions : la première phrase de la voix supérieure, par exemple, reparaît mes. 7 à la voix médiane ; et la deuxième partie (à partir de la mes. 33) reprend à sa façon le contenu de la première. Couleur particulière de ce lyrisme : non point l'émotion préromantique et trop humaine du *Prélude en fa dièse mineur* du même Deuxième Livre, mais un long remuement de la tristesse au creux de l'âme. On notera l'abondance des ornements en tout genre, gruppettos, mordants, trilles, appogiatures, qui contribuent à modeler les lignes.

Rythme à 12/16 pour la *Fugue* (à trois voix), une gigue en mouvement perpétuel où la double croche ne connaît aucune trêve. Sans doute fallait-il ce remue-ménage pour nous sortir brutalement de l'atmosphère du prélude. Ce rythme et cette texture apparentent le morceau aux fugues des *Toccatas* ; sans remonter si loin, peut-être appartient-il à l'époque de Cöthen ? Principales étapes de cette fugue : le renversement du thème (mes. 24), puis l'entrée d'un second sujet, chromatique, en croches pointées (mes. 35), qui se combine bientôt avec le premier (mes. 48). (On possède de cette fugue une ancienne version en ut mineur.)

PRÉLUDE ET FUGUE n° 5 (en ré majeur). – Dans le *Prélude* de ce diptyque parmi les plus joués, on verra un véritable mouvement de sonate, de forme binaire et sur un seul sujet, avec exposition (mes. 1-16), développement à partir de la dominante (17-40) et réexposition (41-56). Morceau plein de vitalité et d'éclat, dont le thème alterne originalement le 12/8 de la première proposition, de sens ascendant, fanfare claironnante sur l'arpège du ton, dans ce ré brillant favori des trompettes, et le C barré de la réponse, descendante. Ternaire et binaire, tout au long, non seulement se relaient, mais se superposent, les doubles croches du 6/8 battues par deux ou par trois selon le cas. Comme dans la plupart des gigues (et ce prélude en est une à sa façon), le thème est inversé au début de la deuxième section ; cette particularité, l'écriture stricte à trois voix, et même l'esquive d'une reprise littérale, attestent les liens au passé, pour une pièce où Bach regarde avec curiosité du côté de ses fils.

La *Fugue* (à quatre voix) ne claironne pas moins, mais avec un clinquant auquel échappait le prélude ; elle y est poussée par les notes répétées, la cadence, les appuis sur les degrés forts d'un sujet solennel, – et ne pourra guère sortir de cette pompe un peu trop voyante et de ce ton quelque peu guindé. Le thème se prête, évidemment, au stretto, et en profite, plutôt six fois qu'une... Pièce d'apparat, *ad usum populi*, – lequel en demeure satisfait. (On l'entend parfois jouée lentement, avec la gravité d'un choral, par des interprètes qui veulent la forcer au vœu de pauvreté ; mais la bure dont ils la revêtent camoufle mal sa pourpre et ses ors...)

PRÉLUDE ET FUGUE n° 6 (en ré mineur). – Un transfuge du Premier Livre, en tout cas de son époque (on en possède une version datant de la fin des années vingt), le *Prélude* est un des plus simples, à tous les points de vue, ce qui ne lui ôte rien de sa valeur : *essercizio* efficace, vigoureux petit moteur de doubles croches, en gammes, accords brisés et batteries, – échos amusés, presque moqueurs, des rouages habituels aux concertos de Vivaldi (autrement dit : ceux que Bach a donnés aux préludes de ses *Suites anglaises*, qui s'inspirent justement du concerto italien).

La *Fugue* (à trois voix) n'est peut-être pas plus récente que son prélude. Sujet remarquable, commencé en impétueux triolets de doubles croches, diatoniques et de sens ascendant, terminé par une placide descente chromatique de croches ; cette variété mélodique et rythmique, principal attrait du morceau, qui s'accroît encore des doubles croches normales du contre-sujet, ne tire guère à toutes ses conséquences. Ainsi, pas de trois-contre-deux : Bach, à part un temps de la mes. 9, évite soigneusement la superposition des figures et se borne à les enchaîner ; et les contrepoints sont plus lâches qu'on ne l'aurait imaginé à partir de ces motifs. Un bel objet un peu abstrait, économe de temps comme d'émotion ; tout juste vingt-sept mesures : ce qui se conçoit bien s'énonce... brièvement !

PRÉLUDE ET FUGUE n° 7 (en mi bémol majeur). – Le *Prélude* est un enchantement, et ce sentiment demeure intact à chaque fois qu'on l'entend, à chaque fois qu'on le reprend sous ses doigts. Peut-être que s'il fallait choisir, de la veine lyrique et tragique de Bach (celle qui s'épanche dans le *Prélude en mi bémol mineur* du Premier Livre, dans le *Prélude en fa dièse mineur* du Second), ou de sa veine pastorale (celle qui rafraîchit le *Prélude en mi majeur* du Premier Livre), laquelle, après des années, nous touche exactement comme au premier jour, cette dernière l'emporterait. Il me semble que Philipp Emanuel, et Friedemann plus encore, ont écrit quelques pages aussi bouleversantes que les premières que je viens de citer de leur père ; mais ils n'ont pas trouvé « ce climat de la grâce » qui baigne, chez lui, quelques morceaux occupés à exprimer le simple, l'élémentaire bonheur d'exister et de sentir cette existence reflétée dans le murmure des sources et le chuchotement des feuillages. Bach, avec Couperin, est le véritable ancêtre des compositeurs d'églogues, d'idylles et de promenades. – Ainsi respire-t-on, par avance, quelque chose de l'âme de Tomášek, de l'âme de Schubert et de Heller, dans les croches souriantes de ce prélude en mi bémol, dans ces dessins arpégés à 9/8, posés sur des basses impondérables et gonflés d'harmonies heureuses, ces tournoiements légers comme de la gaze, – qu'il ne faut surtout pas convertir en gigue folle ! (On trouve un prélude semblable, et de même tonalité, au début de la *Suite* BWV 998 pour luth.)

Bien différente, la *Fugue* (à quatre voix). Ne lui reprochons pas de nous ramener sur terre, le sortilège du prélude est précisément de ceux qu'il faut rompre d'un coup (sinon, nous y serions encore ; ainsi, dans les *Préludes* de Chopin, accepte-t-on que le bruit et la fureur du *Prélude en ré mineur* succèdent brutalement aux orbes magiques du *Prélude en fa majeur* ; et que les plus profonds mouvements lents de Mozart soient suivis de finales désinvoltes). Non, cette fugue, d'ailleurs touchante à sa manière, a le défaut de ressembler à un discours de la méthode, à une leçon *de natura fugarum*. Elle a retenu pour son exposé le sujet le plus clair, le mieux découpé qui soit ; elle marche à pas comptés, à la même cadence ; elle a ses entrées en escalier, de la basse au soprano, comme désignées du doigt au fur et à mesure ; elle se maintient le plus qu'elle peut dans le rapport tonique-dominante... Brisons là ; Busoni, éternel iconoclaste, n'hésite pas à la permuter avec la *Fugue en mi bémol* du Premier Livre, dont le climat s'apparente indubitablement mieux à ce prélude-ci.

PRÉLUDE ET FUGUE n° 8 (en ré dièse mineur). – Le *Prélude*, parfaite invention à deux voix, mais de forme binaire (avec même un semblant de réexposition), est contenu en germe dans ses premières mesures : frises de doubles croches, dessins brisés de croches, se relayant d'une partie à l'autre. Ainsi décrit, cependant, le morceau paraît n'être qu'un jeu sonore, un de ces petits riens gratuits, impeccablement réussis par un musicien au sommet de ses dons. Mais la tonalité veut autre chose ; ce ré dièse mineur force le sérieux, sinon la tristesse ; ces pages, baignant dans une très douce mélancolie, sont de plus en plus expressives ; leur modelé s'affine de mesure en mesure, leurs harmonies gagnent en subtilité. Maint détail charme le déchiffreur (le déchiffreur patient qui décortique lentement chaque mesure et se pénètre de chaque nouvel accord) : par exemple, mes. 6-8, le chant qui traîne secrètement au pouce de la droite, sur les doubles croches les plus faibles de la mesure... C'est ici incontestablement le Bach ultime ; et l'opinion qui veut qu'il ait existé de cette pièce une version primitive en ré mineur, à laquelle le compositeur n'aurait eu qu'à ajouter sa herse d'accidents, ne se défend guère, stylistiquement. (En revanche, il est certain que ce ton difficile et même désagréable à lire a raréfié l'enthousiasme autour de ce diptyque, un des plus méconnus de l'ouvrage ; on le trouve d'ailleurs plus couramment transcrit dans l'enharmonique mi bémol mineur, à peine moins hirsute à la vue.)

La *Fugue* (à quatre voix) est une des plus méditatives de Bach. Simple et grave, le sujet, qui n'a qu'une sixte d'étendue, commence par la tonique trois fois répétée, monte par paliers jusqu'à la quinte et redescend ; sa dernière entrée (mes. 40) le clamera à la basse, scandé par les trois autres parties en accords. La trame est dense, serrée, presque étouffante ; un seul et bref épisode, repris avant la fin. – Fugue soliloque, inaccessible à trop de gens réunis : je veux dire qu'on ne gagne rien à la jouer en public. Mais à part soi, on y trouve un aliment fécond à sa propre songerie ; d'autant qu'on peut alors se permettre ce tempo lent et même lentissime, qui seul en dégage toute la force de persuasion.

PRÉLUDE ET FUGUE n° 9 (en mi majeur). – Comme le *Prélude en ut dièse mineur* du même livre, ce *Prélude* prodigue les trésors de l'écriture en trio, où Bach n'a jamais été égalé. Dans ses meilleures réussites, et c'en est une ici, ce style produit une polyphonie transparente, un concert ininterrompu où toutes les voix chantent, se répondent, s'imitent, se concertent, où chacune à son tour distance les autres, les attend, les regarde venir et s'unir à elle : voyez le début, où la basse écoute d'abord le dialogue des voix supérieures, en petits arceaux de doubles croches, puis leur ajoute une volute de plus, qui équilibre toute la proposition ; ou bien, mes. 13-15, la lancée successive, par le soprano, l'alto, la basse, d'une même guirlande ; ou encore, mes. 21, après sa longue pédale de dominante, cette basse qui s'émancipe et dessine une longue broderie sous les croches des deux autres. On pourrait citer chaque ligne. – La pièce est de forme binaire, avec un parcours tonique-dominante-tonique ; on notera, au début de la deuxième section, une modulation au relatif mineur (ut dièse), qui creuse plus avant ces inflexions déjà si tendres. (Je n'ignore pas que ce que j'en dis suppose un tempo relativement lent ; la vitesse escamote la plupart de ces beautés ; les doigts pressés, les phalanges fébriles feront aussi bien de laisser ces pages tranquilles ; elles ne leur sont pas destinées.)

La *Fugue* (à quatre voix), dont le sujet est emprunté à la *Fugue en mi* de l'*Ariadne musica* de Fischer, se veut archaïsante, entre le ricercare et le motet, dans le souvenir de Palestrina, avec son 4/2 de *stile antico*. Ici encore, il faut avoir le courage de la lenteur, et s'y tenir, recomposer note après note le bâti souverain de cette pièce, édifier la sobre exposition (mes. 1-9), où la mobilité du contre-sujet met encore plus en valeur les pans austères de rondes et de blanches, élever les strettos qu'appelle un tel thème (mes. 9-16), et ainsi de suite, en étapes toujours émerveillées, jusqu'à la diminution du sujet (mes. 27), jusqu'à la modulation en sol dièse mineur (mes. 35), signal de l'accession du contre-sujet d'abord, puis du sujet, à l'éblouissant registre aigu, d'où ils redescendent pour un dernier et solennel stretto.

PRÉLUDE ET FUGUE n° 10 (en mi mineur). – De forme binaire et rythmé à 3/8, le *Prélude*, de tout le *Clavier bien tempéré*, est celui qui ressemble le plus aux *Inventions*. Non seulement deux voix tout au long, strictement, avec les imitations habituelles à ce style ; mais aussi la même thématique de dessins tournoyants, les mêmes trilles en écho d'un registre à l'autre (voyez les *Inventions en ré majeur* et *en ré mineur*, pareillement à 3/8) ; et ce même rien de sécheresse...

La *Fugue* (à trois voix) est une des plus extravagantes, une des moins prisées de Bach. Peut-être parce qu'à ce sujet atypique, de quarante-deux notes, qui trouve moyen d'alterner dans le désordre triolets de croches, doubles croches, noires, blanches (deux noires liées), sans oublier le groupe noire pointée-double croche, avec des accents incisifs clairement indiqués un peu partout, on ne sait pas quel tour donner. Est-ce ironie ou sarcasme ? variété blanche ou variété noire de l'humour ? Est-il orgueilleux, tout simplement ? vindicatif, tout bêtement ? Le morceau, en avançant, ne fournit pas la réponse ; tout ce qu'on y remarque, c'est l'étrangeté de la langue (mais quoi, avec ce thème...), l'opiniâtreté d'un discours qui ne s'éteint qu'à la quatre-vingt-sixième mesure (une rallonge à l'autographe, arrêté, quant à lui, au point d'orgue de la mes. 70, sur la dominante).

PRÉLUDE ET FUGUE n° 11 (en fa majeur). – En s'embarquant dans quelques préludes du Second Livre, il faut accepter de jeter boussole et chronomètre ; on met à la voile, et peu importent la durée de la traversée et le havre final, pourvu qu'en route on voie se lever, comme dans le vers de Heredia, « du fond de l'océan des étoiles nouvelles ». Tel est par excellence le *Prélude en la bémol*, aux horizons sans cesse reculés. Le *Prélude en fa* fait partie du nombre ; le principe de la première phrase, dont les lentes cascades de croches tombent d'une voix à l'autre en laissant traîner à chaque palier des flaques d'accords en valeurs longues, suffit à remplir soixante-douze mesures à 3/2 d'une riche polyphonie à quatre et cinq voix (lesquelles résultent souvent, comme Bach en est coutumier, des brisures du style luthé, mais n'en sont pas moins vivantes et mouvantes). Peu de musiques, chez Bach, expriment une sérénité si vaste, une semblable plénitude de l'âme. – Le voyageur désireux, malgré tout, de déployer des cartes, notera une division de l'espace en quatre parties, basée sur les escales tonales ; et verra que le retour à fa (mes. 57) entraîne une véritable réexposition.

Mouvement de gigue à 6/16 pour la *Fugue* (à trois voix), dont le joyeux sujet saute en trois bonds à l'octave supérieure et retombe en se tortillant. Morceau de pure jubilation virtuose, et fort peu soucieux de procédés contrapuntiques (et de son sujet ? absent durant un long épisode central). Le dernière entrée du thème, à la basse, est souvent citée pour son effet humoristique : quatre bonds au lieu de trois, comme s'il ratait la bonne marche, puis une interminable queue de doubles croches jusqu'à la cadence conclusive.

PRÉLUDE ET FUGUE n° 12 (en fa mineur). – Jean-Sébastien dans le miroir de son fils Emanuel ; étonné lui-même, sans doute, de tant céder (et d'aussi bon gré...) à l'air du temps, au « style sensible », avec ce que cela comporte d'impudeur consentie. Ce *Prélude*, avec celui en fa dièse mineur, nous fait rêver aux fruits étranges qu'auraient permis dix ans supplémentaires accordés au compositeur (on le fait bien pour Mozart, pour Schubert, morts jeunes ; et n'est-ce pas, avec de tels morceaux, un Bach trop jeune qui disparaît en 1750 ?). – Pièce de forme binaire (et embryon de forme sonate, avec exposition, développement, réexposition), de style plus vertical qu'horizontal, apparemment une mosaïque d'idées, et pourtant un ensemble homogène, en mélodie presque continue. Alternent, entre autres : un thème élégiaque, en tierces et sixtes, avec les « soupirs » de ses appogiatures ; des dessins brisés aux mains alternées ; une ondulation de doubles croches (septièmes arpégées) au-dessus de deux voix de main gauche (où les appogiatures du début sont transformées en retards) ; dans le développement une longue plainte portée par des accords brisés (le moment le plus préromantique). Noter, deux mesures avant la fin, après le halètement de la dernière ligne et la tension accumulée, cet accord de septième diminuée qui appelle irrésistiblement un point d'orgue, dont on aurait tort de se priver... – On ne joue jamais deux fois de la même façon cette pièce, tant on peut hésiter, à chaque mesure, sur la note à mettre en valeur ; du reste, si souvent qu'on l'ait jouée, on y découvre toujours un détail nouveau.

Chutes de quinte, de septième (en trois notes), notes répétées, roulement de doubles croches dessinent le sujet d'une *Fugue* (à trois voix) aussi énergique et remuante que son prélude pouvait être endolori. À plus tard le chagrin et le repli sur soi ! Ces pages ne trahissent nul souci, et pas même celui d'une construction tant soit peu rigoureuse ; on ne trouve aucun contre-sujet valable ; une bonne partie de la fugue est occupée par des épisodes en marches harmoniques, qui en marquent les divisions.

PRÉLUDE ET FUGUE n° 13 (en fa dièse majeur). – On a souvent fait remarquer que le *Prélude* trompait son monde, en donnant l'illusion d'une polyphonie plus nombreuse que ne le supposerait son écriture à deux voix ; question de disposition, et surtout de matériau : ces multiples dessins brisés leurrent l'oreille, qui en suit tantôt la partie haute, tantôt la partie basse, et comme ils se rencontrent à chaque main à tour de rôle, ce sont parfois quatre voix qu'on imagine entendre (le pianiste, en laissant traîner ses doigts sur les touches, et sans même l'aide de la pédale, en sortira encore davantage !). – Le rythme pointé (noire pointée-double croche, à 3/4) régit la pièce entière, conférant un caractère dansant (plutôt que pompeux : ce serait une erreur) à ces phrases un peu aguicheuses, aux gracieux ornements, qui passent souplement d'un registre à l'autre. La section centrale module beaucoup, à la façon d'un développement, et il y a une reprise à la tonique (mes. 57) : toujours cette approximation de forme sonate, où Bach emboîte le pas à la jeune musique qui se crée autour de lui.

Sujet et contre-sujet sont de même importance dans la *Fugue* (à trois voix), le premier avec son trille sur la première note (la sensible : Beethoven entame de la même façon la fugue de la *Hammerklavier*), son brusque silence, son fluctuant septième degré (mi ♯, mi ♮, mi ♯ à nouveau), – le second avec son début en notes répétées et son trille conclusif. C'est ce dernier qui, habillé de tierces et sixtes, fait danser deux des épisodes (mes. 24 et 56).

PRÉLUDE ET FUGUE n° 14 (en fa dièse mineur). – Ce que Bach a livré de plus émouvant au clavier, les soirs où on ne le trouve pas dans l'*Allemande* de la *Quatrième Partita*, ou dans la vingt-cinquième des *Variations Goldberg*, on le prend dans ce *Prélude*. Musique humaine, et trop humaine, certes ; elle nous caresse dans le sens des fibres, elle avive en nous chaque plaie mal fermée, elle excite chaque nerf avide de souffrir. – Un grand arioso où la main droite a le chant principal, en mélodie continue, secourue çà et là par les deux voix de la main gauche, qui ne se cantonnent pas au rôle d'accompagnement ; rythme à 3/4, avec de nombreux triolets de doubles croches en alternance avec les doubles croches normales, et quelques syncopes judicieusement placées. Tout est inspiré dans ce morceau, depuis la plaintive quarte descendante initiale, qu'on retrouve une première fois à la dominante (mes. 12), une seconde fois, avec une expression accrue, à la réexposition à la tonique (mes. 30), – la progression ascendante, emplie de passion, du motif en syncopes (mes. 21-25), – le brusque arrêt du développement sur un point d'orgue (mes. 29), – jusqu'à cette harmonie napolitaine (mes. 34) pour laquelle, si fort qu'on ait clamé les syncopes des deux mesures précédentes, il faut, me semble-t-il, prévoir un pianissimo subit, et ne reprendre son souffle qu'à la longue péroraison brodée de triolets.

La *Fugue* (à trois voix) est avec la *Fugue en ut dièse mineur* du Premier Livre la seule triple fugue du *Clavier bien tempéré*. Physionomies bien distinctes des trois sujets : l'arpège de tonique descendant puis le saut de sixte du premier, la ligne tombante et le rythme pointé du deuxième (mes. 20), et surtout le moutonnement de doubles croches du troisième (mes. 36), qui ne cesse plus dès qu'il est entré. Les trois se superposent deux fois, non loin de la fin (mes. 60 et 67). Au-delà du savoir déployé, la pièce est profondément belle, par un accent désabusé qui prolonge, dans un esprit de résignation, l'épanchement du prélude.

PRÉLUDE ET FUGUE n° 15 (en sol majeur). – Ce diptyque est une des récréations du Deuxième Livre, et l'irruption au sein du vieil âge d'un pur écho de la jeunesse. On y voit Bach dans les premières années de Cöthen, au milieu d'une ribambelle, enfants et disciples ; entre une pièce d'orgue et une sonate de violon, il leur montre comment se trousse un petit *Prélude* sans conséquence, mais non sans art, de ceux que l'on rencontre dans le *Klavierbüchlein* de Friedemann. De vifs dessins de doubles croches carillonnent (ou violonisent) à 3/4, répétant à satiété les notes pédales (dominante ou tonique) ; un continuo de croches souligne cette absence (si chantante !) de thème ; deux voix uniques, mais ces accords brisés donnent l'illusion d'un plein de l'harmonie. (Une ébauche de ce morceau, le prélude BWV 902a, ainsi qu'un autre prélude en sol, BWV 902, ont précédé la même fugue.)

Plutôt fuguette, ou toccatina, cette *Fugue* (à trois voix), et sentant pareillement l'improvisation joyeuse d'un surdoué, qui en remontre jusque dans la désinvolture. Un long sujet de la plus limpide diatonie, en accords brisés à 3/8, guirlande suspendue sur une journée de printemps ; un sujet dont on peut affirmer d'emblée qu'il ne s'en laissera pas imposer par les manuels d'école et le traité *de fugandis rebus cum commento* ! Aucune combinaison savante ; çà et là les touches incongrues d'une brève quatrième voix ; vers la fin un trait de triples croches qui s'entortille du grave à l'aigu sur deux octaves. Que nous voilà loin, avec ces deux pages allègres, des fugues méditatives ou plaintives, des fugues états d'âme ou de nerfs ! Et n'attribuons pas cette insouciance à la tonalité : même le ton de sol a eu de plus sérieuses et sévères pensées...

PRÉLUDE ET FUGUE n° 16 (en sol mineur). – L'envers du *Prélude* précédent, sa face sombre et tourmentée. À l'insouciance, à l'absence de propos, répond ici le propos le plus grave ; aux vives batteries succède un pesant rythme pointé (à prendre le plus lent possible, dans le sens du *largo* indiqué, si l'on veut éviter de le voir sautiller au bout de quelques lignes). Sur cette cadence obstinée, et à partir de la même cellule insistante s'édifie une dense polyphonie à quatre voix, saturée de dissonances.

La *Fugue* (à quatre voix), aussi compacte, tend elle aussi à l'obsession, avec ce thème resserré sur une sixte et caractérisé par la note sept fois répétée qui le conclut. Elle a un fort beau et persistant contre-sujet, en contrepoint double avec le sujet (d'où l'avis, parfois, qu'il s'agit d'une double fugue). Climat non seulement austère, mais confiné dans une étrange morosité, dont tentent de s'évader de nombreux (et peu orthodoxes) énoncés des sujets en tierces et sixtes.

PRÉLUDE ET FUGUE n° 17 (en la bémol majeur). – Comme le *Prélude en fa* rencontré plus haut, ce merveilleux *Prélude* (un des derniers écrits, 1741) est une invitation au voyage, – toute une longue pièce rêveuse sur une seule idée au fond très simple, un double motif qui alterne des accords souplement balancés sur le dessin pointé de la basse (mes. 1) et une frise de doubles croches chantantes (mes. 2). Chemin faisant, en réalité, de nouvelles figures apparaissent, mais on les sent apparentées aux précédentes, variations recommencées du paysage, – et d'ailleurs on est occupé à suivre le sillage des modulations, chaque nouvelle tonalité saluée par le motif initial : arrivée en mi bémol, ton de la dominante (mes. 17), en fa mineur, ton relatif (mes. 34), en ré bémol, ton de la sous-dominante (mes. 50)...

La *Fugue* (à quatre voix) n'a d'abord compté que vingt-quatre mesures, dans une version datée des années vingt, en fa majeur (*Prélude et Fugue* BWV 901) ; Bach l'a transposée, étoffée, et portée ici à cinquante mesures, sans nuire à l'homogénéité de style. Elle a la même sorte d'allégresse que celle du *Onzième Prélude* vu plus haut, comme si, au sortir de préludes semblablement poétiques et pérégrinateurs, les fugues se devaient de mettre pied à terre : un pied dansant, d'ailleurs, – l'autre était une gigue, celle-ci est un ballet aux sveltes figures. Mais un savoir confondant a veillé sur ces dessins faussement désinvoltes : le sujet (certes élémentaire, avec ses sauts cadencés sur les degrés forts) et les deux contre-sujets (premier en noires chromatiques, second en ourlets de doubles croches) sont bâtis en contrepoint triple. Noter que la partie nouvellement ajoutée va traîner dans les tonalités mineures, sans perdre pour autant de sa faconde.

PRÉLUDE ET FUGUE n° 18 (en sol dièse mineur). – Deux éléments complémentaires forment le thème du *Prélude* : le premier en gamme, le second en tierces (plus loin sixtes) « soupirantes » ; ce sont à peu de chose près ceux du *Prélude en fa mineur* ; et ils suffisent une nouvelle fois à remplir toute la pièce. Mais si le mélodiste est économe, l'harmoniste ne cesse de dépenser son bien ; c'est lui qui accentue le pathétique de ces inflexions, de ces ruptures, lui qui simule des voix dans les dessins brisés. – C'est un des dix morceaux de coupe binaire du cahier, et l'un de ceux qui trahissent des velléités de sonate (avec un vrai développement, et une réexposition abrégée à la mes. 41) ; il faut mentionner par ailleurs, mes. 3 et 5, un *piano* et un *forte*, seules indications de dynamique de tout le *Clavier bien tempéré*.

La *Fugue* (à trois voix) est une de celles où l'on s'enfonce au début sans précaution, croyant pénétrer dans un jardin, quand c'est une forêt vierge. Ces croches à 6/8 ne semblent d'abord que de frêles guirlandes fleuries, le berceau d'une allée solitaire (on n'y viendra, de toute façon, que seul ; nulle fugue n'est plus intime, plus difficile à partager ; je parle pour ceux qui ont à cœur d'éviter ici un tempo de gigue ; les autres sont déjà au bout du morceau). Mais bientôt se tressent d'épais réseaux de branchages, des lianes fortes, qui emprisonnent le promeneur. À la mes. 61 apparaît un second sujet, chromatique (en réalité une variante du contre-sujet), qui transforme le morceau en double fugue (les deux sujets se combinent à la mes. 97). Plus d'issue, avant la cent quarante-troisième mesure ; mais pourquoi voudrait-on jamais quitter ces lieux, et leur captivante monotonie ?

PRÉLUDE ET FUGUE n° 19 (en la majeur). – Ce *Prélude* est le frère du *Prélude en mi* du Premier Livre (comme aussi du *Prélude* de la *Première Suite anglaise*) et doit dater sensiblement de l'époque de Cöthen : le même rythme à 12/8, le même climat pastoral, la même sorte de motifs mélodiques, tracés avec la même élégance merveilleuse, une semblable texture à trois voix, un pareil usage de l'imitation, celui qui nous occupe jouant même à inverser son thème de départ (mes. 9).

*Fugue* vite et bien menée (à trois voix), sur un sujet serré, pressé, remonté comme un petit rouage, et qui se déclenche avec une vigoureuse bonne humeur. Amusant contre-sujet à rythme pointé, qui finit par entraîner la basse dans de cocasses enjambées d'octaves.

PRÉLUDE ET FUGUE n° 20 (en la mineur). – Forme binaire et style d'invention à deux voix pour le *Prélude*, triomphe à la fois du chromatisme, du contrepoint double, de la totale symétrie. Deux éléments, aussi chromatiques l'un que l'autre, l'un en croches descendantes, l'autre en dessins brisés de doubles et triples croches ; au début de la deuxième section, changement de direction, les croches montent, les dessins festonnent à l'envers. Quelque accent qu'on tente de lui donner, la pièce a du mal, au bout de quelques lignes, à passer pour autre chose qu'une expérience un peu froide ; le chromatisme du *Premier Duetto*, de la *Fugue en si mineur* du Premier Livre, est expressif au point de bouleverser ; ici on voit à l'œuvre le spéculatif ; dans tous les sens : *speculum*, c'est le miroir...

Une *stravaganza*, la *Fugue* (à trois voix), avec ce sujet en intervalles brisés descendants (dont la septième diminuée), scandant énergiquement quatre noires et huit croches séparées de silences, et modulant à la dominante, suivi d'un contre-sujet qui se précipite en roulements de triples croches ponctués d'un trille. Un pareil matériau ne nous donne que vingt-huit mesures de fugue très libre, mais quelle musique ! On ne peut la jouer qu'agressive ; sa colère et sa vitalité éclatent à chaque ligne, cassent les mesures. Dans la seconde moitié du morceau, où la basse a le beau rôle, il y a ce moment étonnant (mes. 20-23) où elle se saisit du fameux trille, ne veut plus le lâcher, le monte par paliers, comme un trépignement, sur deux octaves et demie, et redégringole en grommelant.

PRÉLUDE ET FUGUE n° 21 (en si bémol majeur). – Un des plus joyeux, rythmé à 12/16, comme une gigue, mais aussi brillant et difficile qu'une toccata, ce fort long *Prélude* est un véritable et ample mouvement de sonate (toujours la coupe binaire à reprises), où l'on distingue nettement deux thèmes ; les trois voix du premier, en gamme descendante, ne sont plus que deux pour le second, arpégé en imitations serrées (noter dans cette partie de nombreux croisements de mains : on se croirait chez Philipp Emanuel, – mais tout autant dans le Bach de la *Fantaisie en ut mineur* !). Développement, réexposition (mes. 49) et même coda (après un point d'orgue, sur un accord de triton, mes. 76), où les deux mains s'ébattent en mouvement contraire.

Après ces doubles croches affairées, les croches à 3/4 de la *Fugue* (à trois voix) peuvent paraître placides, d'autant que son sujet piétine en fin de course sur des notes répétées. Qu'à cela ne tienne, c'est mélodiquement l'une des plus charmeuses, – et son sourire empêche de voir, à partir de la cadence à la dominante (mes. 41), le complexe travail du contrepoint triple entre ce sujet et deux petites idées adventices (un dessin de blanches pointées, un motif anapestique croche-croche-noire), imbriqués successivement dans cinq des six combinaisons possibles.

PRÉLUDE ET FUGUE n° 22 (en si bémol mineur). – Ce diptyque est un des points culminants du Second Livre, et le *Prélude* en particulier résonne longtemps dans le souvenir, par la splendeur de ses thèmes. Après le *Prélude en ut dièse mineur* du même Second Livre, Bach se montre une fois de plus inégalable dans cette écriture stricte à trois parties, celle de la sonate en trio (voyez notamment les radieuses *Sonates pour orgue*), où chacune des voix reçoit son content de chant. Un climat de tristesse résignée enveloppe ce long thème, en deux parties distinctes, commençant en dessin descendant et finissant en motif à notes répétées : premier énoncé à l'alto, deuxième au soprano (mes. 8, à la dominante mineure), troisième un peu plus tard à la basse (mes. 25). À partir d'ici, les deux éléments du thème se dissocient, se divisent entre les voix, ou bien laissent le champ à des idées apparentées ; on ne le réentendra au complet qu'à la réexposition, d'abord à la sous-dominante mineure (mes. 55), puis à la tonique (mes. 62).

La *Fugue* (à quatre voix) semble destinée à réparer l'impression que la plupart de ses sœurs du Deuxième Livre ont dû laisser aux savants, celle de fugues buissonnières, peu soucieuses de démonstrations scolastiques. Elle a, au contraire, du métier et de la science à revendre ; de la passion aussi. Sujet rythmé à 3/2, sombre et buté, qui se met lentement en marche vers la dominante (fa), en blanches, puis en noires, enfin en croches, en marquant deux temps d'arrêt ; contre-sujet chromatique ascendant. Des divers plans qu'en ont donnés les commentateurs, le plus clair est celui de Riemann, qui distingue cinq sections : exposition (mes. 1-26), strettes du sujet (27-41), contre-exposition inversant sujet et contre-sujet aux quatre voix (42-66), strettes de l'inversion (66-79), enfin strettes entre sujet direct et sujet inversé (80-101).

PRÉLUDE ET FUGUE n° 23 (en si majeur). – Le *Prélude* est un nouveau miracle d'ingénuité, de délicatesse, – de jeunesse aussi, retrouvée par Bach au milieu de ses fils et de leurs amis, de toute cette génération qui a donné Haydn et qui mène à Mozart. C'est Mozart que l'on croit entendre, d'avance, dans le dialogue exquis qui s'amorce à partir de la mes. 23, sur une basse qu'on peut bien dire albertine. La pièce est extrêmement fantasque, d'un décousu subtil, depuis la gamme et les trilles du début, repris quatre lignes avant la fin, jusqu'à ces nombreux traits modulants alternés entre les mains, typiques de la *fantasia*, sans oublier ces délicats brisés sur basse de croches (mes. 3), si chantants, et propres à blottir plusieurs voix virtuelles dans leurs brisures.

Le sujet de la *Fugue* (à quatre voix), noté en blanches *(alla breve)*, en intervalles disjoints sur une octave, annonçait une pièce austère et archaïsante ; le contre-sujet pouvait y changer quelque chose, qui meuble de ses syncopes la durée des valeurs longues, mais il disparaît sitôt les entrées terminées. Cependant, il s'agit d'une double fugue : un nouveau sujet fait son entrée à la mes. 28, guirlande de croches dans l'aigu, – et dès lors tout le morceau baigne dans une euphonie singulière, et dans une grande sérénité.

PRÉLUDE ET FUGUE n° 24 (en si mineur). – Au contraire du *Prélude et Fugue en si mineur* du Premier Livre, conçu pour clore l'ouvrage en apothéose, ce dernier diptyque n'est pas un vrai congé ; voyons-le, d'ailleurs avec le précédent, comme un sourire amical, offert en sus, après l'adieu impressionnant du *Prélude et Fugue en si bémol mineur*. – Le *Prélude* est une admirable invention à deux voix, deux mélodies sinueuses, en réalité si parfaitement pleines et complètes qu'on a du mal à les faire dialoguer et qu'on ne sait, à chaque ligne, à laquelle accorder la prééminence : voilà encore un morceau de Bach que l'on ne saurait jouer deux fois de la même façon. (Une version primitive le donnait en valeurs deux fois plus longues, croches et doubles croches au lieu des actuelles doubles et triples croches.)

*Fugue* (à trois voix) bien éloignée de toute pompe, rieuse au contraire et légère, dans son 3/8 pimpant et ses sauts d'octave, encore plus réjouie quand, pour sa deuxième série d'entrées (mes. 27), elle abandonne les roulements et les trilles d'un premier contre-sujet au profit des brisures d'un second : un moyen d'accentuer encore son caractère dansant, celui, au fond, d'un passepied. Au sortir du monument, le maître de la fugue, jetant le sérieux aux orties, n'est plus qu'un maître de ballet. Cette façon désinvolte de tirer sa révérence vaut bien des apothéoses.

## LES *VARIATIONS GOLDBERG*

### *Variations Goldberg* (BWV 988)

COMP vers 1741. PUB 1741-1742 (Schmid, Nuremberg : 4ᵉ partie de la *Klavierübung*).

Une seule œuvre, monumentale, constitue la dernière partie de l'ouvrage commencé par les *Partitas* : cette *Aria mit verschiedenen Veränderungen* (« Aria avec diverses variations ») que Bach écrivit à la commande du comte Hermann von Keyserling, ambassadeur de Russie à la cour de Saxe. On connaît le détail anecdotique rapporté par Forkel (et qui doit donc remonter à Friedemann Bach) : le comte souffrait d'insomnies, et un élève de Bach, Johann Gottlieb Goldberg, venait lui jouer ces *Variations* pour adoucir ses longues nuits sans sommeil. Keyserling, ravi de l'œuvre, la paya d'une coupe en or contenant cent louis d'or. On ne nous dit pas s'il retrouva le sommeil. Mais le pauvre claveciniste dut avoir tout loisir de maudire le compositeur, qui le mettait aux prises avec une partition de la plus haute virtuosité instrumentale, où Bach semble vouloir rivaliser avec le Scarlatti des *Essercizi*, publiés en 1738. (Précisons que Goldberg, né en 1727, n'avait que quinze ans à l'époque, ce qui pourrait entacher d'un léger soupçon cette anecdote ; il devait mourir en 1756, ayant composé quelques œuvres, dont une sonate en trio longtemps attribuée à Bach : BWV 1037.)

Ce n'est pas tout que cet aspect digital, et il n'y eut sans doute jamais, en musique, un écart plus grand entre une cause et son effet, entre une œuvre et son prétexte. Dans ces trente variations sur un air repris au *Klavierbüchlein* de sa femme Anna Magdalena (1725), Bach décida d'enclore un microcosme de son art et de sa pensée. Le canon régit puissamment la composition : un toutes les trois variations, à un intervalle chaque fois plus grand (canon à l'unisson dans la 3e variation, à la seconde dans la 6e, à la tierce dans la 9e, et ainsi de suite jusqu'à la 27e, qui est un canon à la neuvième). À partir de la 5e, une variation virtuose tous les trois numéros (nécessitant l'emploi du clavecin à deux claviers, nommément indiqué). Cohabitent ainsi les rythmes de danses, les prouesses de toccata, les amples méditations. La 16e variation, pour introduire la deuxième moitié de l'œuvre, est en forme d'ouverture française ; la 30e, pour la clore sur un sourire, est un quodlibet où se mélangent plaisamment deux chansons populaires.

Variations non point sur une mélodie, comme pouvaient l'être celles de l'*Aria variata* (voir ŒUVRES JUVÉNILES DIVERSES), mais sur une harmonie et une structure : ce que Bach conserve de la donnée initiale, comme dans une chaconne ou une passacaille, c'est le canevas harmonique dérivé de la basse du thème ; tout en changeant sans cesse de mètre, il garde le plus souvent les périodes symétriques du thème, deux fois seize mesures (avec reprise), se réservant de les condenser dans quelques variations. La tonalité de départ, sol majeur, demeure également inchangée, sauf pour trois variations mineures.

L'*aria* est un morceau délicat et tendre, dans le rythme à 3/4 d'une sarabande, finement ornementé ; à voir son écriture harmonique, on comprend le choix de Bach : un accord par mesure, parcours tonique-dominante (mes. 1-16), puis dominante-relatif (17-24), et retour à la tonique (25-32).

La 1re variation, toujours à 3/4, en style d'invention à deux voix, fait échanger aux mains leur matériau, les gammes de doubles croches de l'une contre les croches en vastes bonds de l'autre ; d'emblée quelques croisements. – La 2e, à 2/4, passe du duo au trio : deux voix se répondent dans la main droite, sur le continuo de la gauche. – Trio également dans la 3e, à 12/8, qui propose un premier canon, à l'unisson ; atmosphère de pastorale ; la basse, d'abord en simples arpèges de croches, se met bientôt à imiter ses compagnes, dans une liberté que celles-ci (bien enchevêtrées, les malheureuses !) doivent lui envier, et elle ne cesse plus son roulement de doubles croches. On sera bien venu, pour éviter l'impression d'une mécanique trop bien huilée, de prendre un tempo très modéré, sinon lent. Noter que les trente-deux mesures de l'aria sont ici contractées en seize.

Dessins disjoints à toutes les voix, en échos joyeux, dans la 4e, rythmée à 3/8, une danse robuste et pimpante. – La 5e, à 3/4, est la première des variations virtuoses ; grouillement de doubles croches, à chaque main tour à tour, en diverses formules digitales (gammes, accords brisés, batteries), compliquées de nombreux croisements. – Puis vient le canon à la seconde de la 6e variation, à 3/8, paisible cantilène, en dessins conjoints, sur le murmure régulier de la basse.

La 7e est scandée à 6/8 pointé, comme une sicilienne rapide, ou une gigue, avec çà et là un levé de quatre triples croches ; deux voix claires, bien découpées, relevées de mordants et d'appogiatures ; c'est le Bach familier et souriant des *Suites françaises*. – Nouvelle variation virtuose, la 8e, à 3/4, exigeant deux claviers à cause du croisement acrobatique de ces deux voix en cascades et geysers de doubles croches : les pianistes s'arrangent comme ils peuvent dans toutes ces positions inconfortables. – La 9e variation, à 4/4, est un canon à la tierce, conçu à nouveau comme un trio : la basse a sa part dans cette polyphonie, ici commente, là répond à sa façon, presque plus présente que les voix chantantes elles-mêmes, que leur imbrication (comme plus haut dans la 3e variation) rend parfois mal perceptibles.

Battue *alla breve* (à C barré), la 10e variation est une fuguette à quatre voix, sur un sujet de quatre mesures. – La 11e, à 12/16, virtuose et à deux claviers, pousse encore un peu plus loin la technique, avec notamment ces arpèges volubiles dont les lignes se croisent périlleusement, à la Scarlatti. – La 12e, à 3/4, un canon à la quarte, utilise le procédé de l'inversion ; thème de gammes, insouciant, à jouer sans poids ni pose.

Le premier arioso, la première variation à marquer d'une pierre blanche : la 13e, à 3/4, en écriture de trio ; la voix supérieure épanche une mélodie sinueuse, à l'ornementation délicate, riche de gruppettos, rejoignant l'andante du *Concerto italien* dans le lyrisme, prémices du bel canto ; la basse suit en un sobre continuo ; la voix médiane, dans la première section, place essentiellement quelques notes longues, introduites par le levé d'une double croche, mais dans la seconde section, son chant n'est plus du tout indifférent, et l'on peut être tenté de le mettre discrètement en valeur. – La 14e variation, à 3/4, la virtuose qu'on attend périodiquement tous les trois numéros, éparpille fantasquement, en toccata, toutes sortes de motifs, une nouvelle idée toutes les quatre mesures (accords brisés en bousculade, petits mordants aux mains alternées, vifs allers et retours), repris dans la seconde section. – La 15e, un canon inversé à la quinte, à 2/4, est la première variation mineure du cahier ; c'est un moment de profonde émotion, par la force, en particulier, des notes répétées du thème, accaparées dans la deuxième moitié par la basse, sous un nouveau thème des voix canoniques ; étonnante dernière mesure, une gamme dans l'aigu, solitaire, qui s'arrête sur le cinquième degré (ré). Placée au milieu de l'œuvre, cette variation en constitue un premier aboutissement.

Après elle, il faut un nouveau départ : à quoi s'emploie la 16e variation, en forme d'ouverture, dès l'accord de main gauche qui restitue impérieusement le mode majeur. Deux parties ; rythme à C barré dans la première moitié, avec les figures pointées rituelles, et mesure à 3/8 pour la seconde, un allègre fugato à trois voix (trois, malgré la tentative d'en faire apparaître ici ou là une quatrième). – La 17e, à 3/4, relance le virtuosisme ; mouvement perpétuel de doubles croches ; traits divers, dont des tierces et des sixtes brisées. – La 18e, en canon à la sixte, à C barré, peut passer pour une gavotte, simple et mélodieuse, de saveur légèrement archaïsante.

Rythme à 3/8, pour la 19e, à trois voix limpides : on suit la mélodie en doubles croches, paisible et dodelinante, de la voix d'alto à la voix de soprano (mes. 5), puis de ténor (mes. 9). – Dans la 20e, à 3/4, une nouvelle étape est franchie en difficulté technique ; sauts périlleux et croisements incessants, martelages, roulements de triolets mercuriels. – Puis, nouvelle variation en sol mineur, la 21e, un canon à la septième, à 4/4 ; page admirable, inattendue après ce brouhaha et ce brio d'estrade, plongée dans la nuit et l'affliction ; phrases déchirantes, sur une basse qui descend chromatiquement ; sujet et réponse s'inversent dans la seconde moitié (noter que c'est une des variations où le nombre de mesures se contracte de trente-deux à seize).

Pour dissiper ces brouillards et ces pensées funèbres, la 22e variation, *alla breve*, est un fugato à quatre voix, d'une rythmique rudimentaire, un fruste et débonnaire coup de soleil dans la morosité. – On enchaîne avec les gammes étincelantes de la 23e, à 3/4, traitées en canon rapproché ; quelques-unes sur la fin en tierces et en sixtes aux deux mains ! – Puis vient le canon à l'octave de la 24e, très douce pastorale, en écriture de trio comme les canons précédents.

Le sommet expressif de la partition est la 25e variation, dernière des trois variations dans le mode mineur, – le pendant des plus émouvants, des plus abandonnés préludes du second *Clavier bien tempéré* (ceux en ut dièse mineur, en fa dièse mineur) ; rythmée à 3/4, la mélodie du soprano s'épand en fioritures d'arioso au-dessus de deux voix d'accompagnement également chantantes et s'imitant sur leurs propres motifs (si on fait les reprises, autant les y mettre en valeur) ; syncopes tout au long, chromatismes, sauts expressifs du chant. On peut voir dans cette variation, qui du reste est un morceau à part entière, une forme sonate, avec réexposition à la sous-dominante (ut mineur, mes. 25). – La 26e variation, ensuite, se hâte de faire rouler ses doubles croches à 18/16, alternativement à la droite puis à la gauche, pour accompagner le 3/4 placide du chant (nombreux et harassants croisements). – Elle est suivie, dans la 27e, d'un canon à la neuvième, à 6/8, tracé comme une invention à deux voix.

Les 28e et 29e, toutes les deux à 3/4, sont une culmination virtuose, les pages les plus échevelées que Bach ait écrites, et pour lesquelles assurément il a dû rêver nos pianos de concert ; surtout ces trilles continus, sibilants dans l'une, produits par de vigoureux martellements d'accords dans l'autre, préfigurent Beethoven. – La 30e variation, contre toute attente, arrête ce feu d'artifice ; Bach y combine en *quodlibet* deux airs populaires du temps, qui devaient réjouir ses familiers : « Il y a si longtemps que je n'ai été auprès de toi » et « Les choux et les betteraves m'ont fait fuir » ! – Après quoi, en façon de congé, on reprend l'aria d'Anna Magdalena (comme on reprend le thème à la fin des variations de la *Sonate op. 109*) ; ce n'est plus le même morceau, on s'en doute ; à chaque ligne on entrevoit, dans le filigrane, les fabuleuses métamorphoses auxquelles cette humble basse a donné lieu.

## Wilhelm Friedemann BACH
(1710-1784) Allemand

Combien de temps faudra-t-il encore pour que Wilhelm Friedemann Bach occupe la place de premier plan qu'il mérite, non seulement dans les histoires de la musique, qui sont de poussiéreux tombeaux, mais aussi dans la vie des mélomanes, dans l'intimité de leur pensée et de leur cœur ? La postérité, quand elle n'est pas ignorante, n'a retenu qu'un seul titre à sa gloire : d'avoir été le plus grand inspirateur de son père. C'est en effet pour ce fils aîné, alors âgé de dix ans, que Bach s'est attelé en 1720 à un *Klavierbüchlein* où ont figuré peu à peu, au fil des jours et des progrès de l'enfant, après quelques *Petits Préludes*, les *Inventions* à deux et trois voix, et le premier état d'une dizaine de préludes du premier *Clavier bien tempéré*. Sourde à sa musique, cette postérité s'est contentée d'une légende : celle d'un bohème excentrique, d'un éternel infortuné, errant de ville en ville sans pouvoir se fixer, désertant les rares emplois qu'il obtient, dilapidant dans les tavernes le maigre argent qu'il arrive à gagner, terminant sa vie dans la maladie et la misère. Au portrait du raté on a joint celui d'un être sans scrupules, soit que l'insuccès le réduise à présenter ses compositions sous le nom glorieux de son père, soit qu'à bout d'inspiration il prétende de son cru telle ou telle œuvre de Jean-Sébastien. Au surplus, on ne nous cache pas qu'il ne s'est pas privé de vendre, à Dieu sait qui, une bonne part des manuscrits de Bach (et nous aurons perdu, par sa faute, une ou deux années de cantates...) ; on ne nous fait grâce ni de son mauvais caractère, ni de sa grossièreté ; on le dit quasi fou sur la fin : en somme, un autre « neveu de Rameau », que nulle bonne littérature (la mauvaise, oui, se l'est approprié) n'a sauvé de la méconnaissance, qui est pire que l'oubli.

Ces bribes d'une aventure humaine, vraies ou fausses, ou déformées, qu'ont-elles à voir avec le plus précieux qui nous en reste, l'œuvre elle-même, que plus de deux siècles écoulés depuis la mort de son auteur n'ont pas imposée à la pratique musicale ? Elle n'a pas, tant s'en faut, les dimensions colossales de celle de Jean-Sébastien ou de Philipp Emanuel ; mais enfin, elle touche à tous les domaines, concertos, symphonies, cantates, musique de chambre, musique de clavier tout particulièrement ; et certes les spécialistes n'en ignorent ni le contenu ni, on veut l'espérer, les vertus ; mais où est-il, le pianiste qui inscrit à ses programmes ce cahier de *Polonaises*, par exemple, qui suffirait à résumer Friedemann, comme les *Préludes* disent presque tout Chopin, presque tout Schubert les *Impromptus* ?

Mais aussi, comment peut-on être le fils de Bach ? La mort de Bach (ce fatidique et si *juste* 1750 qui tranche le siècle en deux) verrouille un monde, en laisse un autre s'entrouvrir. Auquel des deux appartenez-vous, quand votre enfance et votre adolescence ont baigné dans le premier, quand le second irrésistiblement vous appelle ? Philipp Emanuel et Jean-Chrétien ont à peu près résolu le problème, chacun à sa façon. Le premier, de quatre ans seulement plus jeune que Wilhelm Friedemann, hérita de son père ce génie de la synthèse qui souvent constitue le génie tout court ; il sut concilier des styles apparemment irréductibles et de leurs disparates se créa un langage original. Son époque le réclamait, qui se disait elle-même de l'*Empfindsamkeit*, de la « sensibilité ». Le second, qui n'avait que quinze ans à la mort de son père, se propulsa d'un bond dans le nouveau monde, s'y apprivoisa, travailla à rendre plus simple encore, plus léger, plus « galant » l'idiome qu'on y parlait. Rien de tel chez Wilhelm Friedemann. Pour reprendre un mot célèbre, ce sont les extrêmes qui *le* touchent ; et il ne se résigne pas à quitter l'un pour l'autre. Sa vie durant, il demeure tiraillé entre la fidélité au contrepoint, à la polyphonie, aux savantes splendeurs du baroque, à cette écriture qu'il tient de son père et où il a fait ses premières armes, – et la tentation de tours plus modernes, appropriés à ce vaste remuement du sensible et du sentimental qui se produit alors dans les consciences, et que le vieux Bach lui-même avait pressenti. Quand il regarde du côté du passé, Friedemann peut aller, en rigueur, en clarté, en austérité, jusqu'à évoquer Pachelbel : le peu que l'on connaît de son œuvre d'orgue en témoigne. Du côté de l'avenir, il préfigure Schumann, et la fièvre de cette inspiration « humoresque » que le seul clavier peut délivrer. Le plus déconcertant, c'est qu'il n'évolue pas d'une manière à l'autre, mais qu'il les emploie toutes à la même époque, et jusqu'au sein d'une même composition.

Les œuvres écrites à Leipzig (avant 1733) imitent Bach (la *Suite en sol mineur*), Couperin (la courte pièce intitulée, dans un français fantaisiste, *La Réveille*), ou Muffat. Mais si l'allemande de la *Suite* eût pu figurer sans mal dans une des *Partitas* de Jean-Sébastien, la gigue est décidément moderne, et déjà teintée d'*Empfindsamkeit*. Un peu plus tard, à Dresde (1733-1746), les premières *Fantaisies* sacrifient avant tout à la virtuosité et nous rappellent que Friedemann fut un exécutant extraordinaire, dont la réputation fit le tour de l'Allemagne ; le cours en est résolu, le climat optimiste, la forme brouillonne. Du même séjour à Dresde datent pourtant (avec des *Duos* pour flûte d'une suprême habileté contrapuntique) les séduisantes premières *Sonates* ; si certaines de leurs étrangetés sont imputables à un reste de gaucherie, la plupart procèdent d'une revigorante liberté ; les mouvements lents, surtout, se singularisent par une expressivité, une concentration qui ne doivent rien à la manière italienne, et ne ressemblent pas non plus à l'art méditatif de Jean-Sébastien vieillissant (lequel, en ces années qui voient naître, par exemple, les plus belles pièces du second *Clavier bien tempéré*, nous trouble certes par des accents nouveaux, plus tourmentés, plus impudiques que naguère, mais davantage encore par telles pages lentement et longuement sereines, où la lucidité n'est jamais prise en défaut). Dans la période suivante, à Halle (1746-1770), Wilhelm Friedemann inaugure le *Klavierstück* romantique, avec ses douze *Polonaises*, celles en particulier qui exaltent, comme nul ne l'a fait avant lui, la face ténébreuse, le dolorisme des tonalités mineures. Griepenkerl, leur premier éditeur, y verra « l'image très sincère d'une âme noble, tendre et profondément agitée ». Le rôle s'y accroît d'une écriture essentiellement homophonique, d'une harmonie audacieuse, traduisant fidèlement le pouls de l'émotion. Le paradoxe veut qu'il produise à cette époque deux douzaines de cantates où s'exerce une polyphonie que ses contemporains jugeaient difficile et passée de mode. Ses dernières années, d'abord à Brunswick puis à Berlin (1771-1784), sont plus mélangées encore. On peut attribuer à une vieillesse inquiète, insatisfaite et solitaire, les incohérences des dernières *Fantaisies* ; elles n'en montrent pas moins, ne serait-ce que par leur ampleur, des moyens peu ordinaires. Et c'est à l'extrémité de sa route terrestre qu'il écrit, comme pour souligner une ultime fois sa singulière incapacité de choisir, ces œuvres si contradictoires que sont les huit *Fugues* et la deuxième *Sonate en ré majeur* (toutes deux dédiées, non sans humour peut-être, ou humeur, à la même princesse), celles-là coulant la ferveur, la passion de l'*empfindsamer Stil* dans les flancs d'une forme réputée sévère, celle-ci ayant l'air de parodier, légère et court-vêtue, le genre insouciant où florissait Jean-Chrétien, le benjamin de la famille.

Tant de mal à se connaître soi-même ne pouvait que lui nuire aux yeux d'autrui. On ne prit pas garde que sa voix était unique, dans quelque langage qu'il la fît entendre. Ce qu'il a de commun avec Carl Philipp Emanuel, les écarts mélodiques, les contrastes, les modulations brutales, les coq-à-l'âne, la manie des syncopes, l'abus des silences, en un mot : la surprise considérée comme élément du discours, pourrait lasser si son œuvre n'était si courte (et lasse en effet, chez son frère, après avoir intrigué et charmé). Mais ce qui lui appartient en propre, cette inquiétude, ce sentiment du tragique, cette esthétique de la douleur qui fait le prix de ses plus belles pages, ne relâche pas, quand on l'a subie, son emprise. Et ce d'autant mieux qu'il a, pour l'exprimer, les ressources d'une écriture harmonique sans précédent, la plus originale de son époque. Elle a passé pour obscure ; aujourd'hui, on ne peut que la trouver prophétique, merveilleusement accordée à une personnalité complexe, en avance sur son temps et ne s'en doutant guère. Il a manqué d'oreilles attentives ; les romantiques les lui avaient prêtées, devinant en lui un précurseur. Quand il aura conquis droit de cité, non seulement sur le piano des amateurs, mais dans les salles de concert, on mesurera ce dont on s'est privé, et on se pressera de rattraper ce temps perdu.

## LES FANTAISIES

S'il est vrai, comme l'affirme son frère Philipp Emanuel, que « les chiquenaudes à la raison font l'attrait d'une fantaisie », celles de Wilhelm Friedemann n'ont rien à envier à personne. Rythmes capricieux, harmonies téméraires, écarts mélodiques étranges et changements de tempo incessants, l'imagination y règne en maîtresse. On en a authentifié neuf (F. 22, en sol majeur, est d'attribution douteuse) ; elles seraient plus nombreuses si le compositeur, semblable en cela à la plupart des virtuoses de l'époque, n'avait renoncé à transcrire les improvisations dont, au dire de tous, il avait le génie. La fantaisie à son époque n'est plus forcément le premier volet un peu fou d'un diptyque que l'austérité d'une fugue viendra équilibrer ; elle s'impose comme un genre autonome, affranchi de toute autre loi que celle du bon plaisir et de l'envie du moment.

Il y a pourtant une évolution dans ces neuf pièces ; et quoique nous n'ayons de date assurée que pour trois d'entre elles, leurs particularités permettent de les situer, en gros, dans la chronologie de leur auteur. Les trois premières (F. 14, 17 et 18) remontent probablement à l'époque de Dresde (1733-1746) et se signalent par leur structure très simple, leurs dimensions réduites, leur technique ébouriffante. Les quatre suivantes (F. 23, 20, 19 et 21) doivent dater de la fin du séjour à Halle (on connaît la date de F. 20 : 1770), et tout en prenant des proportions plus amples, en combinant des parties de plus en plus nombreuses et diversifiées, arrivent à montrer à la fois de la logique, de la rigueur, et une grande puissance d'expression. Les deux dernières (F. 15 et 16), Friedemann les écrit à Berlin en 1784, l'année même de sa mort ; ce sont des pots-pourris extravagants ; selon l'optique, on pourra lui reprocher de ne plus savoir organiser sa matière, ou l'applaudir d'annoncer le *Fantasiestück* du siècle suivant...

### Fantaisies en ut majeur, ré majeur, ré mineur (F. 14, 17, 18)*
COMP probablement 1733-1746 (Dresde).

La *Fantaisie en ut majeur*, en deux parties avec barres de reprise, est uniquement préoccupée de bravoure digitale, et prodigue les traits alternés, les gammes déferlantes, les chaînes d'arpèges, les sauts périlleux et les croisements incommodes (ceux-ci visiblement influencés par l'écriture de la *Sinfonie en si mineur* de Bach), dans un mouvement perpétuel de doubles croches *(presto)*.

D'un seul tenant, comme la précédente, et de difficulté plus corsée, mais plus creuse, la *Fantaisie en ré majeur* ajoute aux gammes vertigineuses et aux arpèges de toute espèce (triples croches, *allegro*) quelques cascades de sixtes agrémentées (!) de mordants.

Toujours les fusées de gammes, les arpèges divisés aux deux mains, et autres produits d'artificier, dans la *Fantaisie en ré mineur*, un *allegro* de structure ABA, à da capo intégral (la section B est en fa majeur), – où pourtant il faut signaler un élément nouveau : l'inclusion, entre B et la reprise de A, d'un court *larghetto* de six mesures, énigmatique moment de répit.

### Fantaisies en la mineur, mi mineur, ré mineur (F. 23, 20, 19)
COMP octobre 1770 (Halle) pour F. 20 ; F. 23 et 19 probablement de la même période.

Beaucoup plus élaborée que les précédentes, plus ferme et mieux conduite, la *Fantaisie en la mineur* est un modèle du genre, – et relativement courte, ce qui ne gâte rien. Deux parties bien tranchées. La première, la plus « fantaisiste » en ses deux pages non mesurées, improvise librement sur quelques motifs, les enchaîne, les entremêle, les promène à travers les tonalités, tour à tour *allegro* ou *adagio*, avec force traits, cadences, récitatifs. La deuxième partie *(prestissimo)*, soumise à la barre de mesure, est une toccata jaillissante et nerveuse, quasi scarlattienne dans sa perfection ; noter les trouvailles rythmiques : appuis sur les temps faibles (mes. 2-9), séquences à trois temps bousculant le 2/4 de départ (mes. 26-31).

Deux thèmes principaux alternent dans les cinq sections de la *Fantaisie en mi mineur*, œuvre sage et sobre, la seule des *Fantaisies* à être dépourvue de passages virtuoses. Les sections impaires *(allegretto* à 4/4),

---

* La lettre F se réfère au catalogue de Martin Falck (Leipzig, 1913).

respectivement en mi mineur, si mineur et mi mineur, ont un levé de cinq notes conjointes descendantes et des motifs pointés en imitation ; un curieux roulement de triolets à l'unisson paraphe la première et la dernière. Les sections paires (*largo* à 3/4), en ut majeur et la mineur, semblent tirer leur thème du largo de la *Sonate en la majeur* (F. 8) ; écriture à trois voix, d'une grande simplicité et d'un sentiment serein.

La *Fantaisie en ré mineur*, dans son inspiration sérieuse, et même grave, n'est pas indigne de Jean-Sébastien Bach. L'essentiel en est une fugue, mise en valeur de façon originale par les sections qui l'encadrent et qui forment prélude, interlude et finale. Appelée « Capriccio » dans l'édition de Riemann, elle a pourtant une forme étudiée (ABABCBACA), admirablement équilibrée, à partir de trois éléments contrastés. Le premier (A), qui revient quatre fois, est un *allegro di molto* à 4/4, tour à tour en ré mineur, la mineur, sol mineur et ré mineur, en dessins rapides de triolets aux mains alternées. Le deuxième (B), employé trois fois, est un *grave* à 3/8, au solennel rythme pointé, caractérisé par l'accord de septième diminuée, qui lui donne une fonction modulante. Le troisième élément (C) est la fugue elle-même, à 2/4, à trois voix, développée d'abord en trente mesures, en ré mineur, puis en quarante-huit mesures, en sol mineur ; son sujet n'est pas sans parenté avec celui de la *Fugue en sol mineur* du premier *Clavier bien tempéré*.

### *Fantaisie en mi mineur* (F. 21)
COMP vers 1770 (dernières années à Halle), ou 1771-1773 (séjour à Brunswick).

Plus longue (cent quatre-vingt-quatre mesures) et plus complexe que toutes celles qui précèdent, cette deuxième *Fantaisie en mi mineur* est la plus belle des *Fantaisies*. Elle est unique par son mélange particulier, si difficile à réussir, d'ancien et de nouveau. À l'ordonnance rigoureuse de F. 19 succède le désordre le plus délibéré, mais qui n'empêche pas encore une profonde cohésion interne. La première page (étrangement marquée *furioso*) regarde vers le passé, avec ses unissons déclamés, ses gammes véhémentes, ses trilles ; cet épisode sera repris un peu plus loin, et reviendra conclure. À l'ancienne aussi, le court épisode *grave*, en rythme pointé, qui par deux fois tourne la face de l'œuvre vers Bach le père ; de même que l'*andantino* à 3/8, mélancolique et résigné. Mais plus modernes, assurément, les nombreux récitatifs qui traduisent la parole pure, élémentaire, à quatre reprises, de plus en plus rapprochées ; les habituels dessins partagés entre les mains (dans les deux épisodes *prestissimo*) ; et par-dessus tout l'emploi inattendu de la basse d'Alberti (mes. 19-22).

***Deux Fantaisies en ut mineur*** (F. 15 et 16)

COMP 1784 ? (12 juillet 1784, date de la dédicace au baron Ulrich von Behr). Titre exact du manuscrit (non autographe) : *Due Fantasie per il clavicordio solo*.

La première *Fantaisie en ut mineur* (F. 15) est une incroyable mosaïque, assemblée de dix-sept sections enchaînées, avec pas moins de onze motifs différents. Quatre cent vingt-quatre mesures : c'est la plus longue des *Fantaisies* (mais aussi, plus du tiers provient de morceaux antérieurs). Œuvre d'un septuagénaire, malade et malheureux ; la belle lucidité des compositions de la maturité a cédé la place à un langage incohérent, qui n'est pas sans toucher, et même troubler. Friedemann s'avance ici sur les chemins du romantisme : « humoresque » à la Schumann, c'est-à-dire dictée par l'humeur du moment...

Décrivons rapidement ces motifs contrastés. Le *grave* initial, qui revient trois fois au total, est très court : accords et rythme pointé, dans l'esprit de tant d'ouvertures ou préambules de suites ou toccatas. Le *vivace*, trois fois employé lui aussi, développe en une vingtaine de mesures un fugato à 3/8, parfumé d'archaïsmes. L'*andantino* (deux fois), au thème dolent et abandonné, ressemble à maints mouvements lents de sonates ; il débouche la deuxième fois sur un passage *arpeggio*, succession de grands accords modulants, qu'on reverra plus brièvement juste avant la fin. Puis c'est un *prestissimo* à 3/4, qui commence comme une invention à deux voix et finit comme une toccata, suivi d'un *adagio* à 4/4, claire et sereine mélodie accompagnée d'accords. Ici s'intercalent un *cantabile* emprunté au *Concerto en sol majeur* (F. 40) et un *allegro di molto* pris à la *Sonate en ut majeur* (F. 2). Plus loin, nouvel emprunt, un *grave* à 3/4 provenant de la même *Sonate en ut majeur*. Le morceau se termine abruptement par six mesures *un poco allegro,* qui reprennent en l'accélérant le rythme pointé du *grave* initial.

La seconde *Fantaisie en ut mineur* (F. 16) n'a que cent cinquante-quatre mesures, mais paraît bien longue ; on lui trouverait difficilement une forme logique. Elle commence par un *vivace* à 3/4, en imitations, suivi d'un *grave* à 4/4, en rythme pointé. Un passage *arpeggio ed allegro*, très modulant, mène ensuite à un *cantabile* de douze mesures, en mi bémol majeur, à 6/8, dont l'inspiration rêveuse et calme est bousculée, sur la fin, par des syncopes. Retour du *vivace*, et nouveau passage *arpeggio*, monotone, interminable. Le *vivace* (interrompu par un court *presto*) termine brillamment cette œuvre sans réel intérêt.

## LES SONATES

Les neuf sonates de Friedemann Bach sont inégalement réparties dans le temps. Deux d'entre elles, en ré majeur et en mi bémol majeur (F. 3 et 5), furent publiées à Dresde, l'une en 1745, comme la première de *Six Sonates*, l'autre en 1748. En y ajoutant les sonates en fa majeur, sol majeur, la majeur, et si bémol majeur (F. 6-9), inédites à la mort du compositeur, Falck pense avoir reconstitué cette série de six initialement prévue, qui suivrait, selon l'usage, l'ordre ascendant des tonalités. La sonate en ut majeur (F. 1) doit être de la même époque. Les deux dernières sonates, en ut majeur et en ré majeur (F. 2 et 4) furent probablement écrites à Berlin vers 1778, date présumée d'une copie de la seconde.

Il n'y a pas de commune mesure entre les deux groupes. Celles de Berlin, au style poli, exempt de bizarreries, de baroquismes, pourraient être l'œuvre du jeune Mozart, ou tout simplement de Jean-Chrétien Bach ; ce ne sont pas les plus intéressantes. Celles de Dresde, en revanche, pleines de surprises, de contrastes, aussi capricieuses que des fantaisies, accumulant les modulations imprévues, les rythmes inventifs, jouant de leurs points d'orgue, de leurs silences subits, débraillées dans leur premier mouvement, endiablées dans leur finale, et surtout parlant dans leur mouvement lent le langage de la tendresse, de la mélancolie, de l'inquiétude, utilisent cet *empfindsamer Stil* qui est celui de la sensibilité retrouvée.

Toutes contiennent trois mouvements, dans l'ordre vif-lent-vif ; la plupart binaires, en deux parties répétées ; çà et là l'ébauche de deux thèmes, et même du développement *(Sonate en fa majeur)*, sans qu'on puisse parler de forme sonate. Il ne semble pas que ces questions de structure préoccupent le compositeur ; le contenu l'intéresse plus que le contenant ; il réserve tous ses droits à l'imagination.

### Sonate en ré majeur (F. 3)

PUB 1745 (Dresde), comme la première de *Sei Sonate*. DÉD à Georg Ernst Stahl, conseiller à la cour du roi de Prusse.

Première publication de Wilhelm Friedemann. Les *Sonates prussiennes* de son frère Philipp Emanuel, parues en 1742, l'ont-elles poussé à proposer pareillement une « série » de sonates à d'éventuels souscripteurs ? Ce ne fut pas un succès, et il garda par-devers lui le restant de musique composée ; il n'en devait distraire que la *Sonate en mi bémol majeur*, publiée séparément en 1748. D'après Forkel (premier biographe de Jean-Sébastien Bach, et qui connut fort bien Friedemann), si personne n'acheta la sonate, c'est que personne ne pouvait la jouer. On pensera plutôt que l'extrême étrangeté de cette musique, mélange insolite de tradition et de modernité, déconcertait plus encore que les difficultés proprement techniques (et réelles, ainsi qu'en témoigne le finale).

Le fantasque premier mouvement *(un poco allegro)* ne peut que séduire aujourd'hui par sa versatilité rythmique, ses surprenantes modulations, son discours décousu où par deux fois se glisse une mesure *adagio*.
– Dans le mouvement lent (en si mineur, *adagio*), la première partie, qui regardait du côté de Jean-Sébastien avec son mélancolique contrepoint à trois voix, tourne court en arrivant sur le relatif (ré majeur), lequel pouvait attendre ; la deuxième partie, infiniment plus libre, erre en dessins variés, module beaucoup, et gagne en imprévu ce qu'elle perd en rigueur.
– Quant au finale *(vivace)*, que son remue-ménage de triolets assimile à une gigue, c'est un coq-à-l'âne perpétuel, dans une riche texture où le contrepoint a la plus large part. On remarquera que les trois mouvements s'achèvent tous par la même figure, en clin d'œil.

### *Sonate en mi bémol majeur* (F. 5)
PUB 1748 (Dresde).

Les premières mesures de l'*allegro ma non troppo* sont trompeuses ; ces croches bien sages de la basse, à l'italienne, vont accompagner en réalité un discours peu linéaire, de plus en plus abrupt, avec de brusques échappées de triolets, des syncopes, des points d'orgue, des silences, des harmonies inattendues, qui finissent par donner à l'ensemble une allure plus inquiète que ludique. – Le lyrique mouvement lent (en ut mineur, *largo*), au flux mélodique continu, se réfère une fois de plus au passé, dans sa délicate écriture contrapuntique, à trois voix d'un bout à l'autre, comme un trio instrumental. – Un *presto* pour finir, dont le 6/8 affecte parfois des airs de 3/4, d'où quelques jolis effets rythmiques ; joyeuses fusées de triolets et croisements de mains en font un *exercice* scarlattien, spirituel et brillant.

### *Sonates en fa majeur, sol majeur, la majeur, si bémol majeur* (F. 6-9)
COMP vers 1745 ? (Dresde).

SONATE F. 6 (en fa majeur). – Elle me semble poser problème. Falck la situe dans les années de Dresde, et dans la « série » dont le compositeur projetait la publication. Cependant une certaine sécheresse dans le premier mouvement *(un poco allegro)*, due à l'emploi presque exclusif de deux voix en imitations, un réel « développement » dans le bouillant finale *(presto)*, avec des figures d'arpèges et des marches harmoniques caractéristiques, l'apparenteraient plutôt aux deux sonates de Berlin. Les trois versions différentes du mouvement lent (en fa majeur, comme les autres) ne simplifient rien : un *minuetto* avec trio dans la plus longue, un *larghetto* de quatre mesures seulement dans la plus courte...

SONATE F. 7 (en sol majeur). – Une des plus belles sonates de Wilhelm Friedemann, pleine de rebondissements, pourtant économe de moyens. Elle commence par un mouvement capricieux, qui alterne le lent et le vif : d'abord un *andantino* à 4/4, de deux mesures, qui enchaîne sol majeur, mi mineur et ut majeur, par tierces descendantes ; ces modulations rapides, soulignées par de brusques *f*, accentuent le caractère expressif d'un thème tout en syncopes ; suit un *allegro di molto* à 3/4, au conquérant thème d'arpèges, qui s'arrête sur le ton de la dominante (ré) ; retour à l'*andantino*, modulant cette fois de ré majeur à si mineur puis à sol majeur ; l'*allegro* reprend ses arpèges, brode deux fois plus longtemps sur des motifs apparentés, avant de laisser les derniers mots à l'*andantino*, qui conclut en six mesures éloquentes.

Le mouvement lent (en mi mineur) mérite son titre de *lamento* ; c'est une plainte en effet, avec son thème de tierces et de sixtes, ses syncopes, et les septièmes diminuées qui triturent toute la deuxième partie. Le compositeur a rarement atteint cette sobriété de ton, cette simplicité si parlante ; nul besoin ici de bizarreries.

Le *presto* final a l'allure d'une gigue à 6/8 et la forme d'une invention à deux voix, avec échos et imitations de l'une à l'autre. Dans la deuxième partie, un effet extraordinaire et souvent cité : par deux fois, en plein mouvement perpétuel, il y a des mailles qui sautent dans ce tricot de croches (mes. 51, 65), et l'on n'entend plus que quelques notes éparses sur les subdivisions les plus faibles (troisième et sixième croches) de la mesure !

SONATE F. 8 (en la majeur). – Elle va en s'améliorant. Si les maniérismes de l'*allegro*, ses valeurs de notes trop changeantes (de la noire au triolet de doubles croches), ses figures trop agitées pour des motifs exigus, lui donnent quelque chose de fébrile et de fatigant, en dépit de la belle allure des nombreux passages virtuoses, le *largo con tenerezza* (en la mineur) ne saurait encourir de reproches : admirable effusion, d'un sentiment à la fois mélancolique et confiant, dans son pouls régulier à trois noires.

Mais le plus réjouissant est le finale *(allegro assai)*, d'une gaieté irrésistible, très proche de l'esprit de Haydn, très moderne d'écriture (le milieu, en vagues d'arpèges alternés, modulant en marche harmonique).

SONATE F. 9 (en si bémol majeur). – Séduisante, sans rien de très original. Le premier mouvement *(un poco allegro)* est insouciant, spirituel, un badinage « galant », sans plus ; il contient l'ébauche d'un second thème, mais le « développement », si c'en est un, avorte vite. – Le mouvement lent (en mi bémol majeur, *grazioso*), caractérisé par une même cellule rythmique, tour à tour ascendante et descendante, paraît interminable, quelque effort de renouvellement qu'y fasse l'harmonie. – Le finale, semblable en cela au premier mouvement de la *Sonate en sol majeur*, alterne deux tempos, *allegro di molto* à C barré et *andantino* à 3/4, l'ensemble basé sur des traits divisés entre les mains ; la dernière section rapide, la plus longue (trois pages), a quelques mesures de surplace, modulantes, qui rompent le va-et-vient incessant des arpèges.

### Sonate en ut majeur (F. 1)
COMP vers 1745 ? (Dresde).

Elle a un ambitieux premier mouvement *(allegro)*, non tout à fait réussi pour autant ; beaucoup de matière, deux thèmes contrastés, et surtout un vrai développement modulant, qui s'achève par un trille mesuré de la gauche, modulant lui aussi, du plus bel effet. – Suivant les versions, on a le choix entre deux mouvements lents : soit le fragile couple formé par deux menuets très simples, dont le second sert de trio à l'autre, soit un funèbre *grave* de dix mesures à peine (en ut mineur). – La curiosité du finale (*vivace* à 3/8), tout de verve et d'insouciance, en ses ressorts de triples croches et ses vivantes syncopes : l'intrusion par deux fois, en pleine course, d'une mesure aberrante à 3/4, coiffée d'un point d'orgue.

### Sonate en ré majeur (F. 4)
COMP vers 1778 (Berlin). DÉD à la princesse Amélie de Prusse.

L'antithèse parfaite de la *Sonate en ré majeur* publiée en 1745. À l'imprévu, au fragmentaire, succède ici et dans la sonate suivante un style pleinement équilibré, passé à la pierre ponce, n'ayant plus rien de la rugosité qui faisait après tout le charme si particulier de leur auteur. Non pas qu'il faille bouder ces sonates ; mais on sourira de songer que Wilhelm Friedemann ait pu dédier à la même princesse à la fois ces œuvres « galantes », qui font obédience à l'homophonie, et les huit *Fugues*, dernier regard vers l'âge du contrepoint.

Aucune perte de temps, aucune rupture de pensée dans l'*allegro con spirito* : thèmes bien découpés, flux continu de doubles croches, lignes claires ; mais aussi une certaine froideur, comme si l'absence de matière entraînait celle de l'inspiration. – Le frêle et délicat *grave* qui suit (en sol majeur) ne suscite pas beaucoup d'émotion, en dépit d'un luxe (peu fréquent, il faut le souligner) d'indications dynamiques. – Pour conclure, le frais babillage d'un *vivace* à 3/8, qui doit à ses triolets de doubles croches un brio digne des finales de Haydn.

### Sonate en ut majeur (F. 2)
COMP vers 1778 (Berlin).

La jumelle de la précédente, mais cette fois entièrement réussie. Et même si l'on préfère chez Friedemann une musique plus tourmentée, plus lunatique, moins tirée à quatre épingles, force est de reconnaître que cette sonate, la plus « classique » des neuf, est une sorte de chef-d'œuvre, et d'autant qu'elle est rédigée dans ces ultimes années berlinoises qui voient décliner ses facultés créatrices. Voulut-il administrer, à lui-même comme à autrui, une preuve du contraire ? Bientôt la *Fantaisie en ut mineur* (F. 15) péchera par incohérence, et d'ailleurs réutilisera deux mouvements de la présente sonate, au milieu d'une profusion d'autres motifs... Un *allegro* vite et bien fait, mouvement presque perpétuel de doubles croches folâtres, et un *presto* robuste et moqueur, campé sur ses trois temps, entourent un mouvement lent de la plus grande beauté (en la mineur, *grave*) : pour l'essentiel, une mélodie accompagnée, sur des accords paisibles ; il règne dans cette quarantaine de mesures une étrange douceur, en dépit de la plainte qui s'y exhale ; c'est, dans l'œuvre de Wilhelm Friedemann, un moment que l'on ne peut plus oublier.

## LES AUTRES ŒUVRES

**Suite en sol mineur** (F. 24)
COMP sans doute avant 1733 (Leipzig).

Il y a de beaux moments dans cette œuvre de jeunesse, une des premières qui nous soient parvenues de l'auteur. Il s'y montre fort proche de la manière de son père, fort respectueux d'une certaine tradition baroque, ce qui n'empêche ni l'invention, ni quelques modernismes de détail.

L'*Allemande* initiale *(grave)* en remontrerait à celles des *Suites anglaises* ou même des *Partitas*. La richesse d'une écriture toute en arabesques, en entrelacs, l'équilibre sonore des parties témoignent d'une exceptionnelle maîtrise. On n'y trouve encore aucune des rudesses, des bizarreries où se complairont bientôt Friedemann et son frère, au seuil de l'âge de la « sensibilité » ; et s'y manifeste, au contraire, une surprenante égalité d'humeur.

La *Courante* qui suit *(allegretto)* fait tout autant la part du contrepoint, avec ses continuelles imitations canoniques ; la rythmique est variée, alternant souplement triolets et doubles croches ; l'allure générale est décidée, quelque peu fière : les motifs vont de l'avant, retombent, repartent aussitôt. Arpèges rapides et extensions viennent, dans la deuxième partie, rehausser la main gauche.

La *Sarabande* nous fait monter d'un cran encore, par la gravité de son inspiration *(sostenuto)*. La basse, en rythme pointé, y scande un pas solennel, et comme imperturbable. Raffinements harmoniques : ce mi ♭ en ré mineur (mes. 7), cette basse qui descend chromatiquement sous les syncopes de la voix supérieure (mes. 8-9, 24-25), cet accord de passage si éloigné (mi bémol mineur, mes. 15).

Après ces trois pièces à l'ancienne, la *Gigue* fait d'un coup diversion ; *presto* à trois temps, joliment virtuose, se plaisant aux croisements de mains, aux percussives notes répétées d'un style plus neuf (où Jean-Sébastien avait montré la voie : gigue de la *Première Partita*). On notera, un peu avant la fin de la première partie, la coquetterie d'une hésitation entre majeur et mineur.

Est-ce fini ? Non pas, car voici la surprise : en rupture soudaine de convention, Friedemann termine par la *Bourrée* qu'il aurait dû placer avant sa *Gigue*, un *allegro* un peu fruste, où un triolet sert de levé aux temps forts, et de proche en proche contamine toute la pièce. Autre surprise : deux trios, à trois temps tous les deux, le premier plein de réticence, avec son trois-contre-deux, le second tendre et plaintif, avec la suavité de ses sixtes et de ses tierces.

## *Concerto en sol majeur « per il cembalo solo »* (F. 40)
COMP vers 1735-1740 (premières années à Dresde). PUB pour la première fois en 1960 (Kistner & Siegel, Organum).

Une œuvre longtemps méconnue, dans la descendance immédiate du *Concerto italien* de Bach, et comme lui visant à créer l'illusion, sous les doigts d'un seul instrumentiste, d'un échange entre orchestre et soliste. Art encore ingénu ; les mouvements rapides (un *allegro non troppo* à 4/4, un *vivace* à 2/4) sont exubérants, mais frustes, de rédaction un peu gauche ; mais l'*andante* (en mi mineur, à 3/8), en deux pages voilées de mélancolie, atteint par des moyens simples et sobres une émotion profonde ; et le compositeur le savait bien, qui l'a repris près d'un demi-siècle plus tard, tant dans sa première *Fantaisie en ut mineur* (F. 15) que dans un hymne nuptial (*Herz, mein Herz, sei ruhig*, F. 97).

## *Douze Polonaises* (F. 12)
COMP vers 1765 (Halle). PUB 1819 (Peters).

Ces douze pièces ont fait le renom de Wilhelm Friedemann auprès des musiciens romantiques. N'ayant de « polonaises » que le nom et que le rythme à trois temps (et dans quelques-unes, l'emploi de valeurs brèves sur le premier temps ; et dans toutes, l'usage des fins dites « féminines », sur le troisième temps de la mesure), ce sont essentiellement des *Klavierstücke*, d'une diversité infinie, avec des accents prophétiques, un langage où sans cesse l'émotion l'emporte sur la raison. Triomphe du clair-obscur : elles suivent, avant les *Fugues* de 1778, l'ordre tonal ascendant, d'ut à sol, chaque ton majeur suivi du mineur correspondant ; et nulle part, ni dans les *Préludes* de Chopin ni dans le *Clavier bien tempéré*, la séparation entre les modes ne se fait tant sentir. Jean-Sébastien ne joue pas vraiment sur cette opposition : plusieurs de ses pièces mineures sont gaies et bondissantes, et inversement le mode majeur peut se faire chez lui introverti et méditatif. Ici, c'est net : les pièces majeures (numéros impairs) sont plutôt rapides, musclées, dansantes, spirituelles, et propices aux doigts virtuoses ; les mineures (numéros pairs) sont lentes, lyriques, et pas de n'importe quel lyrisme : celui de la mélancolie pour le moins, et de l'amertume, plus souvent encore de la résignation, de la douleur, et même du désarroi. Aussi bien, ce sont ces pièces que l'on choie, que l'on attend, les autres ne servant qu'à les mettre en valeur.

La première polonaise (en ut majeur, *allegretto*) est gracieuse ensemble et chevaleresque, dans son rythme résolu, ses appuis, ses triolets, ses fioritures de triples croches ; un ut majeur bel et bon, pour ouvrir la série ; on entre en scène ; on se dégourdit les doigts et l'esprit. – Changement complet d'éclairage avec la deuxième (en ut mineur, *andante*) ; ce thème qui monte sourdement un arpège, ce ton pensif, cette harmonie trouble et troublante, c'est tout un climat préromantique, où une sensibilité aiguë s'exprime sans réserves.

La troisième (en ré majeur, *allegretto*) revient à une certaine pompe, à des élans fiers et juvéniles ; accords cérémonieux, rythmes enchevêtrés et variés. – Nudité, au contraire, de la quatrième (en ré mineur, *molto moderato*), à peine seize mesures, pièce admirable où les syncopes, les chromatismes, les hésitations de l'harmonie confèrent au chant quelque chose à la fois de douloureux et de farouche.

Dans la cinquième (en mi bémol majeur, *allegro moderato*), on retrouve un peu plus le rythme de la danse ou du cortège ; les accents syncopés sur les temps faibles, le déhanchement des basses, les effets de fanfares contribuent beaucoup à sa gaieté. – La tonalité rare de la sixième (en mi bémol mineur, *poco adagio*) convient à merveille à son inspiration lunaire, méditative, à son harmonie toute en frôlements (mélancoliques secondes, retards, nombreuses appogiatures).

La septième (en mi majeur, *andantino*), très diatonique en son début, doit son allure décidée, son rien de morgue, à ses arpèges bien placés aux deux mains ; elle module davantage par la suite, et s'attendrit pour un doux motif syncopé. – Longue mélodie de la huitième (en mi mineur, *andante*), abandonnée, lourde de peine, sur une pulsation régulière de la gauche ; contraste d'un second thème mouvementé, lancé par des arpèges.

De l'humour, et peut-être un peu d'espièglerie, dans la neuvième (en fa majeur, *allegro moderato*) ; piétinement des basses, triolets tourbillonnants, beaucoup d'élégance dans l'enchaînement des idées. – La dixième (en fa mineur, *adagio*) est sans doute la plus belle ; elle rit parfois à travers les larmes (extraordinaire douceur, après la barre de reprise, de l'arrivée en la bémol, relatif) ; ici encore, un chant très libre, quasi improvisé dans ses rythmes capricieux, sur la pulsation assourdie de la basse.

La onzième (en sol majeur, *allegretto*) évoque une invention, par ses imitations ; le morceau est difficile, très chargé, avec une vétilleuse partie de main gauche. – Aussi complexe, la douzième (en sol mineur, *andante*) est remplie d'idées rythmiques et harmoniques, confinant presque à la surcharge ; la fin, où la basse descend chromatiquement par paliers, est particulièrement saisissante.

(Falck mentionne une *Polonaise* séparée, F. 13, en ut majeur.)

***Huit Fugues*** (F. 31)
PUB 1778 (Berlin). DÉD à la princesse Amélie de Prusse.

Elles sont exactement l'opposé d'une autre œuvre dédiée à la même princesse, la *Sonate en ré majeur* (F. 4). Autant celle-ci, résolument moderne, parle déjà le langage du jeune Mozart, autant les *Fugues* marquent un retour inattendu au contrepoint et à la rigueur. Pourtant, il ne faut pas être dupe de la forme choisie : l'*empfindsamer Stil* s'infiltre jusque dans ces pièces apparemment disciplinées.

Toutes les pièces, brèves et techniquement faciles, sont à trois voix. Du point de vue des tonalités, elles paraissent commencer un cycle à la manière des *Inventions* de Bach, ou tout simplement des propres *Polonaises* de Wilhelm Friedemann : les six premières sont respectivement en ut majeur, ut mineur, ré majeur, ré mineur, mi bémol majeur, mi mineur (ne sont évitées que les tonalités trop accidentées) ; cependant la septième et la huitième, en si bémol majeur et fa mineur, font avorter le projet.

Le sujet de la première fugue (en ut majeur) semble exprimer une interrogation étonnée en même temps qu'amusée, avec ce long troisième temps (une noire) qui freine l'élan des doubles croches. La deuxième (en ut mineur) a un thème anxieux, qui déroule un ruban de doubles croches autour de la tonique ; quelques effets de deux temps au milieu de ce 3/8, quelques syncopes, quelques entrées en mouvement contraire. La troisième (en ré majeur) est brève et joyeuse, avec son thème de huit notes, à saveur mixolydienne (do ♮ en ré majeur). La quatrième (en ré mineur), qu'il faudrait prendre très lentement, est très sombre, dans son chromatisme et ses silences expressifs ; pas un sourire, jusqu'à la fin, poignante, après un point d'orgue dramatique. La cinquième (en mi bémol majeur) a de l'humour et de l'insouciance, encore que ce thème en dents de scie, exposé en ut mineur vers le milieu, prenne des lueurs d'inquiétude. La sixième (en mi mineur), peut-être la plus expressive, est douloureuse, sans répit ; long thème de six mesures, à 6/8, tournoyant autour de la tonique, insistant, déjà romantique et proche des sujets de fugue schumanniens (à condition, bien sûr, de jouer la pièce lentement ; un tempo rapide la transforme en gigue, d'ailleurs sinistre). La brévissime septième (en si bémol majeur) semble plutôt une invention qu'une fugue ; dansante et légère, désinvolte, et pourtant si réussie à sa manière.

Mettons à part la huitième (en fa mineur), la plus longue (quatre pages) et incontestablement la plus belle. Elle est bâtie sur un thème lent et fatal, descendant chromatiquement, tel qu'on en voit des centaines à cette époque (il ressemble beaucoup à celui de l'*Invention* à trois voix du même ton chez Jean-Sébastien), mais traité d'emblée de façon originale, avec un contre-sujet si parlant qu'il en devient presque le sujet principal. Sérieux et gravité, sentiment de douleur, plainte recommencée ; emploi

incessant de syncopes déchirantes et de contretemps. Harmonies surprenantes (fin de la deuxième page). L'inversion du thème (fin de la troisième page) en accentue encore la résignation.
(Le catalogue de Falck signale trois autres *Fugues*, F. 32-34, respectivement en ut mineur, fa majeur et si bémol majeur.)

## PIÈCES DIVERSES

Datant de la jeunesse de Friedemann : un morceau pittoresque à la Couperin, en ut majeur, intitulé, dans l'orthographe approximative de l'auteur, **La Réveille** (F. 27) ; une **Gigue** en sol majeur (F. 28) ; une **Burlesque** ou *Bourleska* (F. 26), dite aussi « L'Imitation de la chasse », où les cors retentissent, où les mains se croisent avec brio. Le **Menuet** (F. 25) n'est que la *Gigue* de la *Suite en sol mineur*.

Deux autres pièces, peut-être de l'époque de Dresde, retiendront davantage notre attention. L'une (F. 30) est une **Marche** en mi bémol majeur, pleine de décision, de bonhomie, fière de son rythme pointé et de ses sonneries de sixtes ; on y entendra pourtant (mes. 23) une arrivée brutale dans le mode mineur, certes quelques mesures à peine, mais une preuve supplémentaire de l'instabilité d'humeur de Wilhelm Friedemann. L'autre morceau (F. 29) est un **Preludio** en ut mineur, page des plus émouvantes, avec la plainte si expressive de ses triolets syncopés, que suivent pas à pas, comme un cortège funèbre, les croches régulières de la basse. On peut regretter que ce petit joyau ne soit pas enserré dans l'écrin d'une sonate.

Signalons, pour terminer, que quelques morceaux du fameux *Klavierbüchlein* que Bach entreprit en 1720 à l'intention de son fils sont aujourd'hui attribués à Friedemann lui-même, qui les aurait rédigés à titre d'exercice : deux allemandes (BWV 836 et 837) et trois petits préludes (BWV 924a, 925 et 932).

## William BAINES
(1899-1922) Anglais

On est d'emblée attiré par cet éphémère de la musique, une figure de plus parmi toutes celles, dans l'Angleterre du début de notre siècle, qui ont suivi le courant debussyste, depuis Delius et Scott jusqu'à Ireland et Bridge. Si brève soit cette existence, l'œuvre n'en est pas moins considérable ; Baines laisse des partitions d'orchestre, de la musique de chambre, et surtout des pièces de piano : une soixantaine éditées, la plupart après sa mort (mais aussi un vaste amas d'inédits légués par sa mère au British Museum). Elles sont généralement groupées en petits recueils. Les titres, suggestifs, impressionnistes, évoquent souvent des paysages, des effets d'ombre et de lumière, des créatures de féerie ; la musique est à la fois sensible et audacieuse, et dans un climat conservateur a dû passer pour révolutionnaire. Certes, on sort du déchiffrage avec une impression mitigée ; le degré d'achèvement de ces pièces, leur intérêt varie beaucoup ; ce qui de prime abord semblait séduisant ne remporte pas forcément l'épreuve des doigts (et de l'oreille, qui s'accroche mieux à ces derniers qu'aux yeux toujours plus complaisants). Mais Baines méritait mention, pour quelques pages étrangement belles, frappées au sceau de l'originalité, qu'on serait malheureux de voir disparaître dans le tourbillon de l'oubli.

Des composites ***Seven Preludes*** (publiés en 1919, Elkin), où se profilent aussi bien Debussy que Scriabine (les arpèges languides qui ouvrent le n° 5) et que... Brahms (le n° 7), on aimera beaucoup le deuxième, qui commence en la bémol et finit en ré bémol et fait entendre régulièrement, dans un fin lacis d'harmonies très douces, le pépiement d'un merle, celui de l'épigraphe empruntée à Karl Wood (« *A serene peace reigned in the Convent garden,/ Only broken by the love-song of a blackbird as he sang to the lilies...* »). Mention aussi pour le quatrième, en dessins d'accords brisés aux mains alternées, passant de la bitonie initiale (fa sur fa dièse) à la diatonie rayonnante, pour finir abruptement en ut dièse en dépit d'une armure à deux bémols !

***Paradise Gardens*** (également publié en 1919, Elkin), morceau isolé, long de dix pages, n'est pas réussi à la hauteur de ses ambitions ; texture complexe, écriture souvent à trois portées, harmonies somptueuses, pour suggérer l'or rougeoyant d'un coucher de soleil. Tout le début (en fa dièse mineur) est d'une belle venue ; mais la couleur fatigue vite ; on ne voit plus que la maladresse du dessin.

Retenons, des quatre pièces intitulées ***Silverpoints*** (publiées en 1921, Elkin), les deux premières : *Labyrinth*, qui veut décrire une grotte sous-marine, à l'aide d'obsédants ostinatos, à la droite comme à la gauche, motifs en va-et-vient sur quelques notes ; *Water-Pearls*, petite valse plurimodale (en mi mineur/majeur, avec touches de lydien, de phrygien, etc.), à l'accompagnement tout aussi obstiné sous les arabesques capricieuses et vaguement exotiques du chant.

Le recueil titré ***Tides*** (Elkin, 1922) contient deux morceaux d'inspiration maritime, dont le second, *Goodnight to Flamboro'*, est vraiment saisissant, avec ses accords parfaits changeants sur une basse obstinée qui ondule bitonalement en doubles croches (pédale d'ut), « *like a murmuring* *sea* » ; épigraphe empruntée à Edward Dowden : « *Cry, Sea ! It is thy hour ; thou art alone.* »

Les **Three Concert Studies** (Elkin, 1923) forment l'un des meilleurs cahiers de Baines. Études plutôt de composition, de texture, d'harmonie, que de technique pianistique. *Exaltation* (en mi majeur), entièrement composée de triolets aux deux mains, en accords brisés et dessins mélodiques plus ou moins apparents, arrive à tenir quatre pages de pure diatonie, sans une altération (il n'y en a qu'aux deux dernières mesures). *The Naiad*, en scintillements et moirures, se plaît à des jeux bitonaux, avec un intermède au contraire très nettement tonal et à nouveau diatonique ; sonorités très délicates, fin *pppp*. Emploi caractéristique de l'octave augmentée dans cette pièce comme dans la troisième, *Radiance* (en fa dièse mineur), la meilleure des trois ; trois-contre-deux tout au long, et surplace obstiné (cela n'empêche pas le mouvement) autour de quelques pivots.

Les trois **Twilight Pieces**, composées en 1921 (Elkin, 1923) sont inégales. La première, *Twilight Woods* (en la mineur, *lento grazioso*), sort tout à fait du lot : deux pages très suggestives, avec leur inlassable pédale de tonique, leur rythmique entre bercement (à gauche) et caprice (à droite). La deuxième, *Quietude*, est peu engageante, et même maussade, en ses contrepoints chromatiques ; et la troisième, *Pause of Thought*, tourne en banalité en dépit d'un départ original (battement de croches composé de deux tritons successifs).

Baines semble avoir été fasciné par la lumière, dans ses mille métamorphoses au gré de l'heure et de la saison (et son journal, d'après Peter Pirie, abonde en notations atmosphériques). C'est un petit joyau que la troisième des trois **Pictures of Light** (Elkin, 1927), dont l'éditeur précise que ce fut la dernière pièce composée par Baines ; intitulée *Pool-Lights*, de tonalité indécise (un pivot en ut), avec cette indication : *moderato mormoroso* ; mouvement continu d'arpèges descendants à la main droite, caressant l'accord d'appogiatures, et gauche chantante, par petits fragments ; climat de mystère et d'attente.

On trouve encore, publié en 1930 (Elkin) sous le titre **A Last Sheaf** (« Dernière Gerbe »), un recueil de quatre pièces écrites en 1921-1922 ; s'y distingue en particulier la première, *Glancing Sunlight*, petite toccata chromatisante, bris de doubles croches tintant comme du cristal.

Rien à signaler dans *Four Poems* (Augener, 1921), *Four Sketches* (Banks, 1921) et *Milestones* (Elkin, 1922). Quant aux morceaux parus chez Theodore Presser, *Fairy Legends* (1922), *Scenes from the Southland* (1923), etc., ce sont des enfantines de maigre qualité ; Baines (peut-être trop jeune) n'avait pas ce talent particulier, et si rare, de parler sans niaiserie à la jeunesse.

## Mili BALAKIREV
(1837-1910) Russe

Supposé qu'on ait décidé de braver le courant qui ramène périodiquement, sur notre grève, cette seule œuvre pour piano de Balakirev, *Islamey*. Supposé qu'on ait voulu en savoir plus, en avoir le cœur net, une fois pour toutes. Le déchiffrage de quelques morceaux, tant bien que mal et au hasard, donne d'emblée le sentiment d'une terrible injustice : quoi, tant de richesses, et si méconnues ! On ne sait qu'admirer davantage, de la fermeté du dessin, de l'éclat des harmonies, de la prodigalité des rythmes. On demeure ébloui par l'extraordinaire variété de l'écriture instrumentale, par le parti pris d'une virtuosité dont l'invention paraît inépuisable. Et l'on se dit avec stupéfaction que voilà peut-être les pièces pianistiques les plus réussies de l'école russe. Comme l'a fort bien résumé Edward Garden, Balakirev est moins efféminé que Scriabine, moins lourdement sentimental que Rachmaninov, plus vigoureux que Liadov ou que Glazounov. Ajoutons : plus raffiné que Moussorgski. Et oublions Borodine et Rimski-Korsakov, dont la musique de piano ne pèse guère auprès de ceux que l'on vient de citer.

L'énigme de cette méconnaissance touche à cette autre énigme que fut le destin de Balakirev. Nul ne sait au vrai pourquoi cet homme, qui fut le tyrannique mentor du Groupe des Cinq et de l'avis de tous le plus doué d'entre eux, écrivit si peu de musique ; pourquoi, après quelques œuvres prometteuses (des ouvertures pour orchestre, des mélodies, des pièces de piano, dont le fameux *Islamey*), il se retira de la vie musicale à trente-cinq ans, garda le silence pendant un quart de siècle, se remit à composer dans sa vieillesse, abattant en dix ans plus de besogne qu'en soixante. Son sens critique hypertrophié le paralysait-il ? Ses fonctions de chef d'orchestre et de directeur d'école lui servirent-elles d'excuse pour renvoyer à plus tard les chefs-d'œuvre qu'on espérait de lui ? Ne pouvait-il mettre le meilleur de lui-même que dans les autres ? Ces autres lui faisaient-ils ombrage par leur propre talent (Rimski, Borodine) ou leur génie (Moussorgski) ? Attendit-il, plus ou moins consciemment, de leur survivre ? Doit-on plus banalement incriminer ses déboires à la Société russe de musique, où son intolérance (il ne programmait que les « modernes », refusant en bloc Haydn, Mozart et Beethoven) lui valut quantité d'ennemis ? Faillite, démission, dépression nerveuse, crise de mysticisme aigu : il y a là de quoi tirer un roman, – russe, bien entendu ! Toujours est-il que lorsqu'il se remit à la composition, son art n'avait pas faibli ; mais il avait pris des rides ; où donc Balakirev aurait-il trouvé le ferment d'une évolution ? Il mit au net nombre d'ébauches anciennes (disons, par souci d'exactitude, qu'il avait pu achever en 1882, entre deux silences, son poème symphonique *Tamara*, l'œuvre de sa vie) ; et il entreprit d'en écrire d'autres, dans le même idiome, celui d'*Islamey*, qui avait trente ans d'âge : son catalogue pianistique, aux trois quarts, est le fait d'un vieillard retombé dans une sorte de jeunesse miraculeuse.

Ce piano merveilleux n'en était pas moins anachronique ; et les amis qui ne gênaient plus Balakirev ne pouvaient non plus le défendre. Ce qui sauva *Islamey* (et qui le sauve encore), c'est qu'il datait d'une époque où l'on avait eu le droit de l'écrire ; et deux ou trois générations de pianistes en avaient éprouvé la valeur, se l'étaient transmis avec fierté. Imagine-t-on, en revanche, les jeunes interprètes de 1900, justement enflammés pour la musique de leur âge, hésiter beaucoup entre ces liszteries, si somptueuses fussent-elles (Balakirev proclamait en effet que la musique s'était arrêtée à Liszt), et les *Estampes* de Debussy ou les *Miroirs* de Ravel ?

Aujourd'hui que mode et chronologie ne comptent plus, Debussy ou Balakirev ayant pareillement reculé dans le flou du passé, il est temps de redécouvrir une œuvre admirable à tous égards. Elle souffre avant tout, hélas, d'être réservée aux champions. Le destin des musiques trop ardues est, par des chemins différents, identique à celui des musiques trop faciles (et Balakirev se retrouve logé à la même enseigne que Mompou). Celles-ci font le bonheur des amateurs, mais ne flattant pas les doigts, quel professionnel leur sacrifiera le disque ou le concert qui les partagera au plus grand nombre ? Celles-là, au contraire, séduiraient plus d'un virtuose ; mais outre que les batteurs d'estrade ont la curiosité parcimonieuse et les minutes comptées (soucieux qu'ils sont d'entretenir une cinquantième vision de la *Quatrième Ballade*, une centième de l'*Appassionata*...), les pages en question manqueront toujours de ce relais indispensable qu'est l'amateur, tâchant de déjouer note après note, dans le silence d'une chambre, les embûches de la partition.

Qu'on n'aille pas penser pour autant que la technique pianistique soit le seul attrait de l'œuvre de Balakirev. Oui, le style « toccata » inauguré par *Islamey* (martellement d'accords alternés aux deux mains, décoration de triolets autour du thème, dessins d'octaves brisées, et cent réjouissantes nouveautés), cet art de la variation échevelée qui remplace chez lui l'élaboration thématique, procure à l'interprète une joie sans égale. Mais l'essentiel de Balakirev est peut-être ailleurs. Dans son goût, par exemple, des pédales harmoniques : on citerait malaisément trois pages de suite qui n'en contiennent pas ; sur ce point il dépasse tous les Russes, pourtant spécialistes en la matière. Dans sa passion pour la bémolisation : Rimski disait de Balakirev qu'il n'aimait que ré bémol majeur et si bémol mineur ; il leur substitue souvent ré majeur et si mineur (pour mieux y revenir, mon enfant !), et cette promenade de cinq bémols à deux dièses est un de ses tours les plus fréquents. Dans ses incessantes modulations : rien ne sert d'indiquer le point de départ de tel scherzo, de telle mazurka ; quatre mesures plus loin, il a déjà bifurqué. Dans cette épice distinctive, la quinte augmentée (sol ♯ en ut majeur), qui noie le sentiment du mode et donne l'illusion que l'on va au relatif mineur. Dans l'emploi d'inflexions orientales, dérivées en partie du folklore caucasien.

Tant d'ingrédients spécifiques, à force d'usage, risquent de lasser. La quinte augmentée souffle à Balakirev vingt fois le même thème. Sa hâte à moduler, au lieu de renforcer le coloris déjà si éclatant de sa musique, peut la délaver, inexplicablement. Les triolets en guirlandes et les vastes arpèges de main gauche finissent par paraître envahissants. Il ressert les recettes d'*Islamey*, quelquefois sans discernement : ce thème lyrique aurait dû demeurer frêle et flexible, il le percute soudain en toccata ; ce nocturne était paisible, il y déchaîne un vacarme d'accords intempestif... Mais ce sont les réserves de qui a déchiffré l'une après l'autre, sans reprendre haleine, la quarantaine de pièces de Balakirev, et senti parfois quelque chose se fêler dans son enthousiasme. Après l'émerveillement, le doute ? On garantit le premier, et rien que lui, à ceux qui s'approcheront de la *Sonate*, du *Deuxième* et du *Troisième Scherzo*, de la *Berceuse*, du *Capriccio*, de la *Tarentelle*, et d'une demi-douzaine encore d'indiscutables chefs-d'œuvre.

## LES SCHERZOS

Ils comptent parmi les morceaux les plus passionnants de Balakirev. Un demi-siècle a beau séparer le premier des deux autres, ils ont en commun la mesure à 3/8, les dessins, le brio, la générosité. Mais quel progrès, et comme cette écriture s'est dégagée de la pesanteur ! Les doubles croches un peu compassées du début se débrident, les rythmes se dégourment, les doigts ne se privent pas de gaspiller allègrement leurs trouvailles ; ils en auront d'autres, pourquoi thésauriser ? Chopin, qui erre dans le filigrane du *Premier Scherzo*, disparaît ensuite complètement. En revanche, dès le début, l'esprit de Mendelssohn (celui du *Scherzo a capriccio*) circule entre les portées, et domine dans les deux derniers ; c'est de lui que semblent se réclamer leur légèreté aérienne, leur verve fantasque, leur électricité. Ce pianisme, à son tour, nourrira le *Scarbo* de Ravel.

### Premier Scherzo
COMP 1856. PUB 1860 (Stellovski ; puis Gutheil).

En si mineur, la tonalité du *Premier Scherzo* de Chopin. Son climat, surtout, est indéniablement chopinien ; et pourquoi, dira-t-on, refaire en moins bien ce qu'un autre a si magistralement réussi ? Cependant ce morceau force plus que la curiosité. C'est une des toutes premières œuvres de Balakirev, avec le *Premier Nocturne* ; mais au lieu que celui-ci transpire la maladresse, le scherzo étonne par sa maîtrise. Affaire d'inspiration, tout bonnement ; on voit d'avance où va la pente du compositeur : dans le rythme et la couleur, il est aussitôt à son aise. Ne reprochons pas au premier thème *(allegro assai)* la monotonie de sa carrure, en groupes de quatre mesures ; le rythme pointé, les octaves, les fusées chromatiques lui confèrent une belle et juvénile vigueur. Remarquons-y plutôt, dès la modulation en ré, la quinte augmentée et les pédales caractéristiques. L'épisode central (en la bémol majeur, *meno mosso*) chante avec beaucoup d'insouciance, à la droite d'abord, puis à la gauche, décoré de festons de doubles croches soyeuses ; et il y a place, entre les deux énoncés, pour un motif secondaire, accompagné d'un piétinement d'accords. La reprise est amorcée par un long trille enfoui dans les basses, le motif incisif et résolu du premier thème revenant à la charge, entre deux soupirs exténués du second. Mais voici le point le plus faible de l'œuvre ; Balakirev y fait ce que Schönberg voulait qu'on laissât au copiste : il reproduit textuellement ses cent soixante-quinze premières mesures, – lui qui plus tard variera avec tant d'invention ses effets ! Vient enfin la péroraison, en si majeur, sur le second thème en accords martelés, *fff*, et sur le premier accéléré *(presto)* et environné de gerbes de doubles croches étincelantes.

## *Deuxième Scherzo*

COMP juin-juillet 1900. PUB 1900 (Zimmermann). DÉD à Alexandrine Kologriwov.

Que ce morceau splendide, un des sommets du piano, ne soit pas au répertoire des grands virtuoses, voilà qui témoigne de la « morne incuriosité » de ceux dont dépend, malgré nous, la vie des œuvres musicales. Sans doute y faut-il un pianiste rompu aux pires diableries, celles d'*Islamey* ; mais on y récolte plus de musique, profonde et vraie, que dans ce dernier ; l'esprit gagnerait à l'échange, et les doigts n'y perdraient rien.

Avec la *Doumka* du mois de juin, le *Deuxième Scherzo* marque le retour de Balakirev à l'écriture, en partie dû à la rencontre d'un nouvel éditeur, Zimmermann. Il le rédige à partir du scherzo de son *Octuor* et du premier mouvement de sa *Sonate* de jeunesse : pensers antiques, œuvre nouvelle ! Le petit motif de départ, marqué « quasi corno », sera fertile en rebondissements.

Une introduction de vingt mesures *(allegro moderato)* place l'atmosphère : trois appels mystérieux, suivis d'une giboulée d'arpèges aux deux mains. Le premier thème, en si bémol mineur, se développe alors, à tous les registres, dans de belles harmonies scintillantes. Le deuxième, en ré bémol majeur *(tranquillo)*, est une grande phrase d'accords, sur une pédale de dominante en vagues d'octaves brisées et de notes répétées (le principe remonte à Chopin et sera beaucoup imité après Balakirev, ne serait-ce que par le Ravel de *Scarbo*). Autre figuration du même motif : en martellements d'accords où chaque main à son tour joue une note du thème, emprisonné dans ce fouillis sonore (cela provient de Liszt, celui par exemple de la *Dixième Étude transcendante*, mais c'est Balakirev qui a exploité le plus assidûment cette technique, inséparable de son nom). Autres encore : en dessins arythmiques d'octaves brisées, en octaves déclamées *ff* sur une gauche acrobatique qui dégringole à chaque mesure plus de deux octaves, gloire du saut précis, de la juste visée.

Un retour de l'introduction, transposée, amène la section médiane, en ré majeur, dont le thème songeur (issu de la sonate juvénile) s'épand à 2/4 sur de vastes arpèges à 6/8 ; puis le chant passe à la main gauche, survolé d'une frémissante broderie de triolets. Nouveau retour de l'introduction, cette fois pour la reprise, abondamment variée, bigarrée, jubilante. La coda permet de réentendre, entre deux galops du premier thème, la mélodie de l'épisode central. Poétiques dernières mesures : la main droite énonce une fois encore, à mi-voix et retenu, ce thème initial (où l'oreille musicienne doit chercher à deviner, au lieu du cor, un tendre hautbois : « quasi oboe »...) ; et un brusque arpège de vif-argent strie le clavier de bas en haut.

## *Troisième Scherzo*

COMP juin 1901. PUB 1901 (Zimmermann). DÉD à Dimitri Stassov.

Une des pièces les plus radieuses de Balakirev. Il y a entre ce scherzo et les précédents le même écart que, chez Chopin, entre le *Quatrième Scherzo* et les autres. On ne dira pas qu'il leur est supérieur ; il est autre chose, voilà tout. Le monde où il se meut n'est que lumière et poussière sonore, vibration de la matière, liberté joyeuse des figures pianistiques ; le musicien ne s'y attache qu'au pur plaisir de l'imaginaire ; l'imprévisible est sa loi, et plus encore que le fortuit, le gratuit de ces jeux.

Extrêmement économe de moyens, l'œuvre est entièrement bâtie sur deux thèmes, dont le premier est omniprésent, remplissant à lui seul la première partie, et la moitié de l'épisode central. Le début *(allegro non troppo)* est de tonalité incertaine ; vingt-quatre mesures impondérables, immédiatement reprises une quinte plus bas ; le thème est plus effleuré que vraiment exposé ; on ne l'entend dans sa gloire, fortissimo, en accords redoublés aux deux mains, qu'à la mes. 73, où sa tonalité, fa dièse majeur, triomphe enfin des caprices de l'harmonie. La partie médiane, en ré puis ré bémol (deux dièses, cinq bémols, les armures favorites de Balakirev), fait alterner ce premier thème avec un motif plus rythmique qui, si même on l'a souvent entendu chez son auteur, garde sa fraîcheur et sa vivacité. La dernière partie, revenant au ton initial, déploie tous les prestiges de l'écriture du compositeur, guirlandes chromatiques, dessins d'octaves brisées, grappes d'accords martelés, dans une belle dépense de verve et de vitalité.

## LES NOCTURNES

Ce n'est pas ici qu'on débusquera le meilleur Balakirev, au contraire. Le lyrisme inhérent au genre n'est pas vraiment son affaire ; cela doit, à ses yeux, compromettre les chances du pittoresque. Est-ce aussi d'avoir un trop illustre modèle ? Même pianistiquement, il reste en deçà de ce que l'on aurait attendu de lui. Seul le *Troisième Nocturne* mérite un détour.

### *Premier Nocturne*
COMP 1856 ; révision 1898. PUB 1898 (Gutheil). DÉD à Alexandrine de Wessel.

Le jeune Balakirev imite ensemble un Chopin et un Liszt dont il n'a retenu que les défauts, singulièrement dans le thème initial (en si bémol mineur, *andante*), mollement balancé sur les arpèges de la main gauche, qui s'arrangent pour manquer sans cesse à l'euphonie. La section centrale (en ré majeur, *allegro non troppo, ma agitato*) est d'une autre encre ; rythmes syncopés, longues pédales et harmonies de quinte augmentée font entendre déjà un authentique Balakirev. (Signalons que le morceau, initialement rédigé en sol dièse mineur, fut transposé lors de sa révision : le compositeur, entre-temps, était devenu un fanatique de si bémol mineur.)

### *Deuxième Nocturne*
COMP mai-juin 1901. PUB 1901 (Zimmermann). DÉD à Marie Stassov.

Le thème principal (en si mineur, *andante espressivo*) ressemble à celui de *L'Alouette* de Glinka, cette romance célèbre dont Balakirev fit pour le piano une transcription tout aussi fameuse ; c'est dire le côté incurablement sentimental de ce début, au demeurant joliment harmonisé, et bercé du même rythme syncopé que la *Doumka* de l'année précédente (voir PIÈCES DIVERSES). Le second thème (en sol majeur, *l'istesso tempo, religioso*), qui délaisse la Russie des salons pour celle des églises, a trois présentations contrastées : d'abord en grands accords arpégés imitant l'orchestre, de *mf* à *p* (« quasi fiati ») ; ensuite *pp*, au récit d'orgue (« quasi organo ») ; enfin *ff* et *maestoso*, dans un environnement d'octaves tonitruantes. On peut regretter, au retour du premier thème, ces roulements de triolets qui en dénaturent la simplicité. La coda, comme souvent, est le meilleur moment du morceau : un long trille mesuré dans le grave accompagne en sourdine le thème liturgique, et déclenche pour finir une légère houle d'arpèges, au-dessus desquels chante une dernière fois le thème principal.

### Troisième Nocturne
COMP août-septembre 1902. PUB 1902 (Zimmermann). DÉD à Catherine Botkine.

Le plus réussi des trois *Nocturnes*, avec ce sobre et émouvant premier thème (en ré mineur, *andante*), qui se balance morosement sur son rythme à 6/8, comme une berceuse du souvenir : deux des pages les plus simples, les plus directes de Balakirev. La suite est loin d'avoir cette qualité ; le second thème (en ré majeur, *poco animato*), passionnément déclamé sur de grands arpèges où se bousculent les notes répétées, ne laisse pas d'être banal ; et cependant, lorsque après la reprise du thème initial, ce thème à son tour est répété, dans des teintes plus sombres et presque fuligineuses, il accède à une mystérieuse beauté.

## LES VALSES

Ce sont, plus encore que les *Mazurkas*, des morceaux de concert, d'une ampleur inusitée (environ cinq cents mesures pour la *Première* et la *Septième Valse* !), d'une invention débordante, d'un brio irrésistible. De quoi fait-on l'aveu, si l'on aime ces poèmes tour à tour nonchalants ou véloces, abandonnés ou lucides, ayant en commun leur absence de but ? De futilité ? Qui sait, pourtant, si ce temps perdu au « plaisir délicieux et toujours nouveau d'une occupation inutile » (selon le mot d'Henri de Régnier que Ravel agrafe à ses *Valses nobles et sentimentales*) ne rapporte pas davantage que celui que nous plaçons en sonates sérieuses et austères symphonies ? Tout n'est pas également digne d'admiration ou même d'intérêt, dans les sept *Valses* de Balakirev ; mais du moins rien n'y engendre, tant soit peu, l'ennui ; et les plus réussies susciteront toujours, chez ceux qui ne sont pas brouillés avec la muse virtuose (de toutes la plus légère, la plus court-vêtue), une manière d'ivresse et d'enthousiasme.

### Première Valse (« Valse di bravura »)
COMP août 1900. PUB 1900 et 1901 (Zimmermann). DÉD à Eugen d'Albert (1900), puis à Ricardo Viñes (1901).

La ruée initiale *(presto con fuoco)*, qui reprend l'écriture d'un passage du *Premier Scherzo* de Chopin (thème aux pouces, accords brisés en sens contraire), semble devoir introduire des pages enfiévrées. Mais non, le premier thème (en sol majeur, *meno mosso*), d'ailleurs plutôt une ritournelle, papillonne avec grâce et insouciance, et bientôt tout n'est plus que figures de bravoure, comme l'avoue le titre. En guise d'intermède *(moderato, quasi allegretto)*, un thème d'accords qui glisse de fa dièse en ré, balancé sur un va-et-vient d'arpèges, puis que chante « amoroso » le ténor, sous une frise de triolets.

### Deuxième Valse (« Valse mélancolique »)
COMP septembre-octobre 1900. PUB 1900 (Zimmermann). DÉD à Véra Liadski.

La plus indulgente aux doigts, mais aussi la moins inspirée des sept valses de Balakirev (ceci expliquant sans doute cela). Le thème principal (en fa mineur, *moderato*), au dessin enrubanné, a des réminiscences faussement chopiniennes : je veux dire qu'il ne rappellera Chopin qu'à ceux qui n'en connaissent que la « fleur bleue ». On préférera, si peu original soit-il, le thème rêveur de la partie centrale (en ré bémol), bercé de pédales, et finalement morcelé en dessins à deux temps.

### Troisième Valse (« Valse-Impromptu »)
COMP août-septembre 1901. PUB 1901 (Zimmermann). DÉD à Olga Weiss.

Le premier thème, très capricieux de rythme (en ré majeur, *moderato*), se meut dans le riche réseau d'une écriture harmonique à plusieurs parties. Le deuxième (en sol mineur, *cantabile*) imite Liszt, non sans humour, à la fois dans le motif, l'harmonie, les accords d'accompagnement où se croisent les mains. Un dernier enfin, charmant et désuet, fait des pointes sur un aller et retour d'arpèges où vibre la pédale de dominante ou de tonique ; c'est sur lui que commence la coda *(poco più agitato)*, pour s'achever doucement *(meno mosso, quasi andantino)* sur le thème « lisztien », qui sert d'envoi à cet hommage à peine déguisé.

### Quatrième Valse (« Valse de concert »)
COMP juillet 1902. PUB 1902 (Zimmermann). DÉD à Basile Tsarégradski.

Au début, quinze mesures quasi improvisées constituent un ravissant lever de rideau. Point d'orgue. On attend, de confiance ; mais voici, en si bémol majeur *(allegro non troppo)*, un des thèmes hélas les plus mièvres de Balakirev, qui n'en commit pas beaucoup de la sorte ; ce ne serait rien, s'il n'était souvent repris, en octaves dans l'instant d'après, ou à la fin dans ces figurations d'arpèges ou d'accords martelés que l'on connaît bien, et qui ne parviennent pas à l'améliorer. Tout différent est le thème de l'épisode médian, en mi bémol mineur, énoncé d'abord très simplement et même pauvrement, avec de grêles pizzicatos de la main gauche, puis diminué, en accords éclatants, et enfin majorisé dans la péroraison du morceau.

### Cinquième Valse
COMP février 1903. PUB 1903 (Zimmermann). DÉD à Rosa Newmarch.

Un dièse à l'armure pour l'introduction *(vivo, agitato)*, en arpèges modulants, alternativement *f* et *p* ; et l'on rejoint le ton de ré bémol majeur pour le premier thème *(tempo di valse)*, aux grâces de félin, propre à évoquer le mot de Berlioz au sujet des *Valses* de Chopin : « de divines chatteries ». Une cadence mesurée, en petites notes, introduit de manière originale le thème de la section centrale, en fa dièse mineur : bribes de récitatif coupées d'arpègements, avec même un bref canon. Alors seulement ce thème s'affirme *(allegretto scherzando)*, dans un rythme décidé, tour à tour en octaves à la droite, ou à la gauche sous un roulement d'octaves brisées. Avec la reprise de l'introduction, nouveau départ, nouvelles parures aux deux thèmes, dont un séduisant passage de triolets alternés. Les dernières lignes, « con fuoco », à grand renfort d'accords rapides et puissants aux deux mains, n'ont plus rien d'une valse...

### Sixième Valse
COMP juillet 1903. PUB 1903 (Zimmermann). DÉD à Alexis Gorbounov.

La plus simple, la plus belle aussi des sept valses, par la grâce de son premier thème (en fa dièse mineur, *andante*), arabesque de croches nonchalamment posée sur quelques accords, qui se muent bientôt en arpèges enveloppants. Les pédants et les grincheux se défieront de ce charme : libre à eux ; ce sont les mêmes qui vilipendent les *Impromptus* de Chopin ; nous autres, cédons à ces quelques mesures qui semblent tirées du fond de la mémoire. S'il avait continué de donner des titres à ses valses, Balakirev eût peut-être nommé celle-ci « Valse-souvenir ». Deux autres motifs en alternance : l'un *(più animato)* est ce thème d'accords, aux harmonies de quinte augmentée, qu'on entend pour ainsi dire dans tout Balakirev (comme on a déjà entendu ces variations ornementales qui viennent ensuite le briser en éclats) ; l'autre, commencé sur un dessin chromatique, est pensif, hésitant, entrecoupé de silences, et sera choisi pour terminer le morceau, *ppp*, sur le bout des doigts.

### Septième Valse
COMP juillet 1906. PUB 1906 (Zimmermann). DÉD à Marie Lavrov.

Étrange morceau que cette ultime *Valse*, une des dernières compositions de Balakirev. Certains passages sont admirables, d'autres en regard un peu décevants. Près de cinq cents mesures : cela peut paraître beaucoup, pour une valse. Est-ce que c'en est une, d'ailleurs ? Quand, après un court prélude arpégé, on attaque le thème principal (en sol dièse mineur, *allegro con fuoco*), en accords volontaires aux deux mains, thème farouche et presque tragique, on est loin de la danse. Il faut attendre le deuxième motif, en si majeur, pour un vrai mouvement de valse, qui ne va pas sans un rien de fadeur, avec cet accompagnement favori de Balakirev (toutes ses valses l'ont à quelque moment) d'un arpège en va-et-vient qui bute sur le troisième temps de la mesure. Mais revoici le fatidique premier thème, varié, développé, concluant sombrement la première partie. L'épisode central, en mi majeur *(poco più moderato)*, fait alterner une longue phrase lyrique, et un ravissant passage d'octaves brisées qu'électrisent les notes répétées, les appogiatures chromatiques, l'équivoque de ces croches par quatre, dédaigneuses de la sacro-sainte barre de mesure. Ironie tour à tour et tendresse, l'une et l'autre bien vaines, et tenues en respect par la rentrée du thème principal qui atteint cette fois son paroxysme (*ff*, « pesante »). On aurait voulu que le morceau se terminât comme il avait commencé, dans cette couleur inhabituelle qui le distingue dans la succession des sept valses ; mais peut-être ici le compositeur jugea-t-il qu'il risquait de peser ou de poser ? La coda, en un clin d'œil, éconduit sol dièse mineur, accueille à sa place ce faux jumeau plein d'insouciance, la bémol majeur, et tire un brillant feu d'artifice.

## LES MAZURKAS

À l'exception de la courte *Deuxième Mazurka*, ces sept pièces d'époques diverses (deux œuvres de jeunesse, deux de la maturité, trois de la dernière période), loin de s'en tenir aux dimensions modestes que requiert ordinairement le genre, poussent dans tous les sens, se ramifient, et méritent amplement l'épithète de « symphoniques » que l'on accole aux plus ambitieuses de celles de Chopin. Morceaux de concert, admirablement écrits pour l'instrument, mais sans prouesses ostentatoires ; si sollicités que soient les doigts, la musique y garde la part la meilleure.

### Première Mazurka – Deuxième Mazurka
COMP 1861. PUB ensemble 1861 (Stellovski ; puis Gutheil). DÉD à Anne Kovalevski ; à Lioubovna Pogriebov.

La *Première Mazurka*, étonnant assemblage d'idées sur deux cents mesures, commence résolument par un thème rustique (en la bémol majeur, *allegro moderato*), que scande à la basse une quinte vide en bourdon. Équivoque de ces anapestes (deux brèves, une longue), binaires dans un rythme à trois temps ; hésitation de la quarte entre le ré ♮ lydien et l'ordinaire ré ♭ : tout cela bien dans l'esprit du genre. D'un deuxième thème, en accords, à saveur modale, s'échappe un motif plus dansant qui, modulant en fa mineur *(poco meno mosso)*, fournit une troisième idée, plaintive et désabusée, accompagnée de grands accords arpégés. Enfin, un quatrième thème passe de si à mi majeur, puissamment déclamé à la main gauche et harmonisé comme un choral. Tout ce matériau est repris dans le désordre, une riche coda se chargeant de mêler les thèmes, et même de les superposer.

La *Deuxième Mazurka* est frugale en comparaison de sa jumelle, et à son rebours ne vise que l'amateur. Certes, l'habit est emprunté, on songe à Chopin sans cesse : les deux premières mesures, c'est le début de la *Mazurka en ut mineur* (op. 30 n° 1) ; les deux suivantes, c'est le trio de la *Mazurka en ut dièse mineur* (op. 6 n° 2) ; et ainsi de suite. Mais qu'importent, après tout, ces emprunts ou ces réminiscences ? La pièce, à la fois courte et sobre, a une séduction immédiate. Un premier thème mélancolique (en ut dièse mineur, *allegretto*), qu'endolorit l'intervalle de seconde augmentée (la-si ♯), précède une section plus décidée, bâtie sur la dominante d'un ré qui ne se déclare jamais. Belle reprise : le thème initial rentre d'abord au ténor, en voix intérieure, partagé aux deux pouces, pour finir à l'aigu, dans une précieuse parure d'accords arpégés. (Cette *Deuxième Mazurka* était primitivement en si mineur.)

### *Troisième Mazurka – Quatrième Mazurka*
COMP 1886. PUB 1886 (Jurgenson). DÉD à Maria Volkonska ; à Maria Gurskaline.

Elles constituent, avec l'« idylle-étude » *Au jardin* de 1884, les seuls morceaux pianistiques de la deuxième période de Balakirev, qui n'est à vrai dire qu'un long silence de trente ans, uniquement interrompu par les deux poèmes symphoniques *Tamara* (1882, commencé en 1867) et *Russie* (1884).

La *Troisième Mazurka* retrouve en son premier thème (en si mineur, *andantino*) la nostalgie pénétrante des plus beaux débuts chopiniens. Elle a son modèle, avoué ou non, en la *Mazurka en ut dièse mineur* (op. 50 n° 3) : mêmes imitations d'une main à l'autre, questions pensives, réponses désabusées. La touche de Balakirev, c'est de baisser son deuxième énoncé d'un demi-ton, de si mineur à si bémol mineur (Chopin va de tonique à dominante), et de ne revenir à la tonalité initiale que par une série de modulations rapides et originales ; ces caprices font toute la poésie de la première page, hésitante et chuchotée. En contraste, le deuxième thème *(poco più mosso)* a de la fougue, de l'énergie ; à bien l'examiner, il est pourtant bâti sur des cellules mélodiques et rythmiques déjà rencontrées plus haut. Ces deux idées répétées forment la première partie de la mazurka. Deux autres thèmes occupent la partie centrale, de mouvement accru *(poco più vivo)*, avec un crescendo plein d'ardeur batailleuse. Reprise variée du début, et coda sur le deuxième thème, avec une longue et profonde pédale de tonique, un si répété pendant les vingt dernières mesures. (À noter que cette mazurka a été arrangée pour piano à quatre mains par le compositeur.)

La *Quatrième Mazurka* est un bijou, et son premier motif (en sol bémol majeur) d'une aérienne délicatesse, sur la pédale de tonique, que la main gauche marque tantôt en rythmes pointés, tantôt selon la figure arpégée, en balancement, si familière à Balakirev. On va en si bémol pour le second thème, allègre et bruyant, scandé sur deux octaves par la paysanne quinte vide qu'employait déjà la *Première Mazurka*. Retour du début, et cadence à la tonique initiale. L'épisode central *(a tempo poco più moderato)* s'empare du sol♭, le transforme en fa♯ et module en ré majeur : thème de valse lente et évasive, « quasi violoncello », encadrant deux lignes plus rudes d'accords en rythme pointé, « martellato ». La reprise ramène les arabesques du début, les varie, les rend plus impondérables encore dans une coda au lacis de dentelle.

### Cinquième Mazurka
COMP juillet 1900. PUB 1900 (Zimmermann). DÉD à Liapounov.

Composée immédiatement après le *Deuxième Scherzo*, elle réutilise le deuxième mouvement d'une sonate de jeunesse, et finira elle-même, sans changement, dans la *Sonate en si bémol mineur*. En ré majeur (bien que l'introduction de huit mesures commence en si bémol), elle n'est assemblée que de courts motifs, infiniment répétés ; la variété naît uniquement des modulations incessantes et de l'invention pianistique, cause d'étonnants changements de couleur. La partie principale *(moderato)* est basée sur une figure de quelques notes, qui tourne obstinément sur elle-même, accompagnée tour à tour d'accords, de vastes arpèges, avec la joyeuse rudesse du rythme iambique (brève-longue) et la persistance de pédales variées. Le milieu, principalement en si bémol majeur, fait entendre une mélodie plus déliée, mais guère moins répétitive, sous ses habits variés : à droite par-dessus d'ondoyants arpèges couvrant plus de trois octaves ; à gauche, sous de légers dessins de triolets ; éclatée en accords brisés ; égrenée dans un aigu de boîte à musique, en de cristallins arpèges aux deux mains alternées. Reprise et coda, orchestrant les deux thèmes (on y lit ce mot, par exemple : *quasi flauti*, que n'eût pas renié Liszt), et mourant pianissimo sur la pédale de tonique, dans un lointain où surnagent des bribes du thème principal.

### Sixième Mazurka
COMP septembre 1902. PUB 1903 (Zimmermann). DÉD à Alexandre Tiniakov.

De cette pièce complexe à tous les points de vue, on dira, suivant l'humeur, qu'elle est à moitié réussie, ou à moitié ratée. Tonalement, elle tient moins en place encore que les autres. Est-elle en la bémol majeur, comme le prétend son armure ? Ainsi finit-elle, assurément, mais elle passe son temps ailleurs ; la première cadence en la bémol n'arrive qu'à la mes. 24... Couleur orientale, tout au long, et modalismes. Ce qu'elle a de meilleur, c'est son premier thème *(moderato capriccioso)*, si mélancoliquement évasif. Il revient à plusieurs reprises, à la manière d'un refrain, et la coda le modifie inventivement en *tempo di krakowiak*, à 2/4. Le reste est inégal ; on remarquera l'épisode chromatique *(poco più animato)*, rempli d'une sourde angoisse, suivi de fanfares guerrières (*ff* « impetuoso »), que rythme la pédale de tonique.

## Septième Mazurka
COMP août-septembre 1906. PUB 1906 (Zimmermann). DÉD à M.D. Calvocoressi.

Une des dernières compositions de Balakirev. Elle entremêle librement trois thèmes et, comme la précédente, vaut avant tout par son début (en mi bémol mineur, *moderato*), une complainte à parfum modal, que la droite chante à mi-voix, frileusement, avant que ne l'entoure le contrepoint des autres parties ; elle reparaîtra dans l'aigu, sur un léger staccato de croches. Mais le deuxième thème (en ré) ne manque pas non plus de relief ; et certes il se souvient d'un passage de la *Mazurka en ut dièse mineur* (op. 50 n° 3) de Chopin, déjà « revisitée » par Balakirev dans sa *Troisième Mazurka* ; mais l'inévitable quinte augmentée, mes. 35, vaut signature. Le troisième thème (en si majeur), sorte de valse de l'ombre, trouée de silences, est harmonisé capricieusement sur une basse descendante, accentuée sur le dernier temps ; il rentre, un peu plus loin, transfiguré, dans une ravissante figuration d'arpèges aux deux mains alternées ; et c'est lui qui clôt la pièce, en marmonnant sourdement dans le grave, sur sa basse boiteuse.

## LA SONATE

### Sonate en si bémol mineur
COMP septembre 1905. PUB 1905 (Zimmermann). DÉD à Liapounov.

Cette œuvre magnifique suffirait, si on la jouait, à tirer de l'oubli le nom de Balakirev. Rien ne le laissait espérer à cette date. Car s'il est vrai qu'il est revenu, depuis 1898, à la composition, ce qu'il confie au piano, pour être parfois de grande qualité, manque d'ampleur : pièces relativement courtes, vite achevées et remplacées par d'autres sur le pupitre. Une étrange course contre la montre, en ces années d'hiver, le pousse à la fois à écrire sans répit, et à faire dans la brièveté. Pourtant, au bout de tant de scherzos, de mazurkas, de valses et de pièces diverses, voici cette *Sonate*, comme une revanche. Ç'aurait pu n'être qu'un pensum, une laborieuse avant-dernière pensée. C'est un morceau inspiré, d'un bout à l'autre, sans défaillance, et où l'on voit toutes les facettes du compositeur.

Elle a connu bien des tribulations. Une partie en remonte à plus d'un demi-siècle. Dès 1855, Balakirev avait esquissé une sonate en quatre mouvements, pourvue d'un épilogue fugué, à la mémoire du poète Lermontov. Une deuxième version, en trois mouvements, dédiée à César Cui, date de 1856-1857 (et n'a été publiée qu'en 1951) ; en 1900, le second thème du premier mouvement fournira une partie du *Deuxième Scherzo*, tandis que le deuxième mouvement, retravaillé, deviendra la *Cinquième Mazurka*.

La sonate finale garde cette mazurka comme deuxième mouvement. Elle la fait précéder d'un *andantino*, qui parvient à concilier fugue et forme sonate. Reprenant en effet l'idée de l'hommage à Lermontov, Balakirev traite en fugato le premier thème, sobre et austère, de couleur quasi liturgique, à peine orné de quelques mordants. Le second thème, au relatif majeur (ré bémol), est moins un motif mélodique qu'une effusion ornementale de la tonalité, arabesques légères sur un calme ondoiement d'arpèges, et pédale de tonique tout au long. Le contraste pourrait choquer ; mais non, tout cela semble naturel, d'autant que le sujet de la fugue, réapparaissant en canon dans cet environnement de sonorités vaporeuses, vient sceller la fusion de deux mondes qu'on eût crus antagonistes. Beau développement modulant, mêlant de la même manière les éléments contrapuntiques et les grands arpèges nocturnes ; et cadence brillante avant la récapitulation des deux thèmes.

Après l'exubérante mazurka (voir sa description à MAZURKAS), vient un « intermezzo » *(larghetto)*, quatre pages qui comptent parmi les moments les plus inoubliables de Balakirev. Improvisation, plus proche encore de la berceuse que du nocturne, dans ce rythme flottant de la main gauche où les doubles croches à 12/16 hésitent entre le quatre-fois-trois et le trois-fois-quatre, le pouce marquant à contretemps, et comme à contrecœur, un évasif écho à la merveilleuse mélodie de la main droite. Avec cette indécision, à quoi s'ajoute la modulation incessante, la chronologie s'arrête, en quelque sorte ; et l'intermède, bien mal nommé, loin d'être transitoire, semble promu à l'éternel ; à peine si le second motif, avec ses arpèges plus dociles au métronome et son thème plus ardent, secoue par deux fois cette torpeur.

Le finale *(allegro non troppo, ma con fuoco)*, enchaîné au larghetto par l'accord de septième de dominante, nous ramène au piano virtuose de Balakirev, haut en couleur, multiple en prouesses et néanmoins musical. Il est traversé d'un élan de conquête, avec ses deux thèmes parents, en périodes de quatre mesures, l'un accompagné d'accords syncopés, l'autre (en ré majeur) d'arpèges décalés par rapport à la barre de mesure. Le milieu du mouvement s'apaise pour une brève réapparition du thème de l'intermezzo, imprévue et d'un effet délicatement poétique. Après quoi les deux thèmes repartent de plus belle, non point développés, mais transposés ; il y a, on s'y attend, un grand fortissimo d'accords martelés, sur le thème principal ; mais cette agitation, au lieu de mener à quelque coda frénétique, tourne court, et les dernières lignes gagnent en retenue, en calme, en intériorité, jusqu'au lumineux accord majeur de la fin.

## LES PIÈCES ISOLÉES

Dix-sept pièces, en ne comptant pas l'*Impromptu* (voir plus loin TRANSCRIPTIONS ET ARRANGEMENTS), et en tenant pour une seule composition les trois *Esquisses*, qui s'enchaînent obligatoirement. Quatorze datent de la dernière période (1900-1909). Elles vont de la notation relativement simple à l'étude de virtuosité transcendante. Balakirev s'y répète beaucoup : thèmes, harmonies, rythmes se ressemblent, et l'ombre de Liszt est envahissante. Quand la grâce est refusée, cela donne *Gondellied* ou *Rêverie*, médiocres feuillets d'album, que la perfection du métier ne sauve guère. Mais en dehors d'*Islamey*, aujourd'hui trop rebattu, on trouve ici des morceaux admirables, comme la *Berceuse*, la *Tarentelle*, le *Capriccio*, l'*Humoresque*, la *Novelette*, injustement méconnus.

### *Polka*

COMP 1859. PUB 1859 (Denotkine ; puis Gutheil).

La première œuvre que Balakirev laissa paraître n'est qu'une babiole amusante. Après une introduction de huit mesures sur la dominante *(allegretto scherzando)*, un seul thème, carré au possible, suffit aux trois volets, un majeur entre deux mineurs (ton de fa dièse). Pianisme encore engourdi, fait surtout d'octaves épaisses comme du carton.

### *Islamey*

COMP août-septembre 1869 ; révision 1902. PUB 1870 (Jurgenson) ; version révisée 1902 (Rahter). DÉD à Nicolas Rubinstein. CRÉ par Rubinstein (30 novembre 1869).

Cette « fantaisie orientale » est un morceau mythique, à la fois redouté et convoité des virtuoses, et longtemps considéré comme le *nec plus ultra* du répertoire : c'est ce record que voudra battre le *Scarbo* de Ravel (qui regarde aussi du côté du *Deuxième Scherzo*).

Balakirev, au cours d'un voyage au Caucase, avait noté des thèmes populaires, en particulier un motif d'*islamey*, danse encore en vigueur dans la République des Kabardines, qu'il arrangea pour piano, comme étude pour son poème symphonique *Tamara*. Il le reprit, avec un autre thème de danse de même origine, et une chanson d'amour tartare qu'il entendit à Moscou, chez Tchaïkovski, par un acteur arménien. De ce matériau brut, à couleur fortement exotique (seconde augmentée du premier thème, quintes consécutives du deuxième), il allait tirer, par la seule ressource de l'écriture pianistique, une incroyable variété de rythmes, de figures, de timbres, d'harmonies.

Pas de développement ; la répétition est l'atout essentiel ; c'est elle qui donne peu à peu à la pièce ce caractère hypnotique (Louis Aguettant évoque des derviches tourneurs). Les deux premiers thèmes (en ré bémol majeur, le second d'ailleurs présenté d'abord en fa dorien, *presto con fuoco*) sont menés de pair, transformés de toutes les façons, truffés de tierces, d'octaves, de notes répétées, éclatés en accords. Les obsédantes pédales que la main gauche, douée d'une véritable ubiquité, arrive à tenir, à placer, à jeter entre deux traits, ajoutent au somptueux coloris de ce début tourbillonnant et percutant.

Le troisième thème (en ré majeur, *moderato e tranquillo*) crée d'abord une diversion par sa rêverie indolente, et ce 6/8 alangui qui remplace les virevoltantes doubles croches à 12/16. Mais bientôt il se révèle aussi rythmique que les autres *(presto energico)*, les rejoint dans une tension croissante, qui explose une première fois dans un « tempo di trepak » frénétique, endiablé, sillonné d'octaves trépidantes et de glissandos (*allegro vivo* à 2/4), – et qui culmine dans le *presto furioso* final, épuisant martellement d'accords et tonnerre d'octaves. (Le morceau a été révisé en 1902 ; orchestré par Casella en 1908, par Liapounov en 1914.)

### *Au jardin (Idylle-Étude)*
COMP 1884. PUB 1885 (Jurgenson). DÉD à Henselt.

Une des rares œuvres de la deuxième période, avec les *Troisième* et *Quatrième Mazurkas*. Elle fait songer à Liszt, et plus encore à son dédicataire : la main droite rêve paresseusement, balancée à 6/8 sur de vastes arpèges de la gauche, tout palpitants d'appogiatures (en ré bémol majeur, *andantino quasi allegretto*). Chatoiements de la modulation, en mi majeur puis en ut dièse mineur (avec de troublantes harmonies, mes. 28-35, sur une pédale de sol ♯). Après une courte *cadenza*, vient un passage moins heureux (mes. 50), où le thème est trituré selon cette technique d'octaves brisées que Balakirev ne cessera plus d'utiliser, parfois comme ici hors de propos. Le morceau finit paisiblement, en arpèges vaporeux aux deux mains, « poco a poco morendo ».

### *Doumka (Complainte)*
COMP juin 1900. PUB 1900 (Zimmermann). DÉD à Marie Edliczka.

Elle marque le retour de Balakirev à la composition, après quinze ans de silence, et précède de fort peu le magnifique *Deuxième Scherzo*. C'est une pièce sans prétention, mais non sans charme, alternant mi bémol mineur, pour une phrase plaintive que bercent des accords syncopés *(allegretto)*, et son relatif sol bémol majeur, pour un thème joyeux et bondissant *(risoluto)* qui essaie de dissiper cette humeur mélancolique. Des triolets tourbillonnants forment une cadence et, gardant le devant de la scène, accompagnent le retour des deux thèmes. (Un des morceaux les moins difficiles à jouer de l'auteur.)

## Gondellied
COMP avril-mai 1901. PUB 1901 (Zimmermann). DÉD à Joseph Borowka.

On est loin des splendeurs de la *Barcarolle* de Chopin, ou même des premières *Barcarolles* de Fauré. Morceau faiblelet (en la mineur, *andantino*), qui n'évoque le chant des gondoliers que par la convention du rythme à 6/8 et du clapotis d'arpèges : les thèmes sont quelconques, les harmonies peu variées, et même le pianisme assez pauvre, sauf pour un passage virtuose de notes répétées, qui d'ailleurs sent plus la steppe que la lagune. Le second thème, en fa majeur, alimente la coda, tout entière sur la pédale de tonique, et finissant par l'accord majeur.

## Berceuse
COMP juin 1901. PUB 1901 (Zimmermann). DÉD à Anastasie Borodouline, née Botkine.

À l'opposé du précédent, un des morceaux les plus inspirés de Balakirev. Pièce à programme, coiffée d'un texte explicatif : une mère berce son enfant, qui s'endort ; il fait un cauchemar, se réveille en pleurant ; elle le berce à nouveau ; il se rendort, et rêve cette fois de papillons d'or et de clochettes d'argent. Mais peu importe cette littérature ; elle sert tout au plus à justifier, après la première partie (en ré bémol majeur, *andantino*), aux arpèges doucement hypnotiques, le sombre et funèbre *adagio misterioso*, confiné dans le grave, soulevé de menaçantes harmonies chromatiques, et où passe le souvenir du *Penseroso* de Liszt. La fin, avec ses beaux accords, sa longue pédale de tonique (un moment la synonymie ré♭/do♯), ses larges arpèges à la basse, ses tintements de doubles croches dans l'aigu, est d'une exquise poésie.

## Tarentelle
COMP août 1901. PUB 1901 (Zimmermann). DÉD à Nicolas Borozdine.

Certes un peu longue, et pianistiquement très éprouvante : quatre cent vingt mesures d'*allegro vivo* à 6/8 (en si majeur), sans nul répit, dans une technique de sauts, d'extensions, d'octaves. Mais quelle œuvre enthousiasmante ! Tous les virtuoses se devraient de la connaître et de la jouer, à la gloire de leur instrument. D'une verve continuelle, au demeurant moins italienne que slave (mais le motif en mi bémol mineur est napolitain, on en mettrait sa main au feu !), elle finit par trois pages de coda irrésistibles, piaffantes et pimpantes tour à tour.

## Capriccio
COMP avril 1902. PUB 1902 (Zimmermann). DÉD à Anne Nowitski.

Un autre fleuron parmi ces « pièces diverses » du vieux Balakirev. La structure en forme d'arche (ABCBA), la netteté et l'économie des motifs, la vigueur du trait sont pour beaucoup dans cette réussite, mais plus encore l'instabilité frémissante de l'harmonie, et la beauté grave des thèmes employés, un je ne sais quoi d'*appassionato* schumannien se mêlant ici à une syntaxe ordinairement empruntée à Chopin et à Liszt. Tout le début, cette partie A si fantasque et modulante *(agitato assai)*, qu'on retrouve à la fin, et dont le thème sombre piétine au-dessus du grondement des arpèges et des longues pédales successives, semble improvisé : diverses couleurs du spectre tonal, en brefs clignotements, avec de soudaines fusées sonores, qui retombent en pluie d'étincelles ; mais rien n'est plus précis, et même savant, que ce rouage harmonique. On est en ré majeur pour la mazurka de la deuxième partie *(moderato)*, un ré vacillant, aussi vite converti à des tons étrangers, par chromatisme, que le rythme à trois temps lui-même se laisse infiltrer de figures à deux temps. La troisième partie, centrale, est dans le ton de si bémol majeur *(l'istesso tempo)*, lui aussi fluctuant, zébré de lueurs chromatiques, pour un thème qui s'ingénie à chanter pareillement à trois temps, malgré le binaire anapestique de la basse. Déchiffrer lentement ces pages est un bonheur ; dans la vitesse, on est emporté d'une passion toute romantique ; mais en démêlant un à un ces beaux enchaînements d'accords, on se grise de plus de musique encore, celle qui se développe dans l'oreille après avoir touché le cœur. Avant la reprise de B, puis de A, une *cadenza* égrène délicatement le thème de la mazurka parmi des trilles et des cascades d'arpèges.

### *Toccata*
COMP août 1902. PUB 1902 (Zimmermann). DÉD à Pélagie Belkowski.

Elle commence mal, sur un thème trop facile (en ut dièse mineur, *allegro ma non troppo*), aux harmonies convenues, et qu'on imagine sans conséquence, en dépit d'une écriture en doubles notes, d'ailleurs sans réelle difficulté. Le staccato a beau dominer, il ne donne pas beaucoup de nerf aux premières pages. Le passage central, en la majeur, est plus ferme, avec cette chopinienne main gauche, qui maugrée dans le grave. C'est le retour du premier thème, dans la technique favorite de Balakirev, martellement d'accords alternés rapidement aux deux mains, qui vaut enfin son titre à la pièce.

### *Tyrolienne*
COMP novembre-décembre 1902. PUB 1903 (Zimmermann). DÉD à Olga Dombrowski.

On y verra quelque chose entre l'élégant badinage de salon (le premier thème, en fa dièse majeur, *moderato*, valse de porcelaine) et l'étude de concert (le deuxième thème, en ré majeur, *risoluto*, avec ses tourniquets de triolets autour du pouce, farcis d'accords, sur la basse en octaves).

## Humoresque
COMP mars-avril 1903. PUB 1903 (Zimmermann). DÉD à Sergius Bulitsch.

Morceau délicieux, vraiment plein d'humour, – sinon d'*Humor*, qu'il faut réserver à Schumann... Ce thème à 2/4, à la scansion régulière et aux contretemps carrés (en ré majeur, *allegro con brio*), comme il nous repose des triolets : quatre pages en rythme binaire, quelle aubaine ! Le second thème, en sol mineur, à 6/8, semble une variation virtuose du premier ; écriture fine, légère, virtuosité pour une fois économe de notes. La reprise est écourtée, et une coda en octaves alternées, « poco a poco stringendo al fine », termine la pièce dans une belle turbulence.

## Phantasiestück
COMP septembre 1903. PUB 1903 (Zimmermann). DÉD à Nicolaï Kazanli.

Le doux et méditatif premier thème (en ré bémol majeur, *andante*) fait songer de façon frappante au jeune Fauré (et singulièrement au *Troisième Nocturne*) : voyez le souffle de la phrase, les syncopes, les harmonies, et jusqu'à ces réticentes cadences. La section centrale *(vivo con brio)*, très modulante, change de décor : c'est une allègre tarentelle, allant par deux fois du *p* léger au *ff* éclatant. Une brève *cadenza* ramène le thème initial, qui achève dans un climat de paix (amoureuse... si l'on en croit une indication du texte) ce morceau relativement court, aisé, abordable à l'amateur, et un peu moins typé que le reste.

## Rêverie
COMP 1903. PUB 1903 (Zimmermann). DÉD à Serge Traïline.

Pièce assez pâle et languide, en dépit de détails ingénieux. Le flux de doubles croches ne s'arrête pas un instant (si : quatre mesures de triples croches) pour ce nocturne inspiré des *Rêves d'amour* lisztiens. Un thème unique (en fa majeur, *andantino*), d'une évanescence distinguée, et des harmonies désormais trop entendues, engendrant inévitablement les mêmes inflexions.

## Chant du pêcheur
COMP 1903. PUB 1903 (Zimmermann). DÉD à Marie Hurskalin.

Cinq pages : avec la *Deuxième Mazurka*, c'est la pièce la plus courte de Balakirev ; une des plus simples aussi, à la portée d'un bon amateur. D'une seule venue, sur un thème mélancolique, presque invariablement dans le même ton (si bémol mineur), les mouvements intérieurs et les nombreux chromatismes n'en affectant pas la tranquillité. La main gauche conserve un même balancement rythmique, en aller et retour. Morceau très réussi dans son genre, et prenant, surtout si l'on a soin de le jouer un peu au-dessous du mouvement indiqué *(allegretto)*.

## Novelette
COMP février-mars 1906. PUB 1906 (Zimmermann). DÉD à Constantin Tchernov.

Trois années la séparent des pièces précédentes, ce qui paraît beaucoup, comparativement à la cadence à laquelle Balakirev compose durant cette ultime période de sa vie : mais comptons qu'il a consacré ce temps à l'achèvement de sa *Sonate*. – Du rythme, du panache, dans le premier thème (en la majeur, *moderato con brio*), avec ces tierces fringantes, ces staccatos de la gauche, ces modulations incessantes ; sinon le cœur, c'est l'esprit de Schumann. L'épisode médian, après avoir exposé son thème en accords, en fa majeur, l'embellit : les pouces des deux mains se partagent la mélodie en l'entourant d'arpèges, dans l'aigu, plus légers que l'air.

## Fileuse
COMP août 1906. PUB 1906 (Zimmermann). DÉD à Maurice Rosenthal.

Les doubles croches en mouvement perpétuel (arpèges divisés, vastes arpèges de la gauche, traits multiples, martellement final) justifient peut-être le titre ; mais ni l'indication du début *(allegro con fuoco)*, ni la mélodie, de folklore oriental (et provenant, comme le *Deuxième Scherzo*, de l'*Octuor* de jeunesse), ne s'y accordent vraiment. Ce serait une étude intéressante si le compositeur n'y rabâchait un peu ; on ne peut se répéter davantage, thèmes, harmonies et pianisme. Est-ce à cause du fatidique ré bémol, et de la non moins obligée quinte augmentée, qui attire aussitôt le relatif mineur ?

## Esquisses
COMP septembre-octobre 1909. PUB 1910 (Zimmermann). DÉD à Sophie Stratonowicz.

Dernière œuvre pour piano du compositeur septuagénaire, consistant en trois courtes pièces enchaînées, la troisième servant explicitement de coda. Il y a quelque chose de désabusé, presque de dérisoire, en ces musiques qui empruntent des rythmes de valse, et, sans en avoir l'air, tâchent de résumer les tics, les manies du pianisme de Balakirev. La première (en sol majeur, *allegro moderato*) a le plus de fraîcheur, le moins d'arrière-pensées ; c'est une « huitième valse », un peu courte d'élan, un peu étroite de respiration, mais encore pimpante. La deuxième (en mi bémol majeur, *l'istesso tempo*) serait plutôt la « huitième mazurka » ; elle cite, comme avec réticence, *le* thème par excellence du compositeur, celui à la quinte augmentée ; mais prend aussi des chemins plus rares ; et réussit un délicieux « dolce scherzando », dans un aigu immatériel. La troisième (en sol majeur, *poco a poco più agitato*) fait virer l'atmosphère au sombre, et même à l'angoissant ; long début sur une pédale de dominante (ré) enfouie dans les profondeurs de l'instrument, tonalité instable, chromatismes, menant à un formidable martellement d'accords ; fin plus légère, pourtant, recouvrant l'élan de la valse, comme une dernière pirouette de l'esprit.

## TRANSCRIPTIONS ET ARRANGEMENTS

Des premières années de composition de Balakirev, vers 1862, dans le sillage des deux premières mazurkas, date la plus célèbre de ses transcriptions, celle qu'il fit de *L'Alouette*, romance de Glinka (publiée chez Gutheil). Elle est très habile, et plaisante aux doigts déliés. Ton de si bémol mineur. Un prélude en récitatif annonce le thème et déroule quelques arabesques inachevées dans l'aigu. Puis la romance est exposée (en si bémol mineur, *andantino*), avec un accompagnement d'accords : rien que de très banalement suave et sentimental. Mais voici, après le thème de Glinka, la variation décorative de Balakirev : un ramage d'accords brisés, de gammes frissonnantes entoure le chant, et l'on retrouve jusqu'aux arabesques de la première page, prises dans le filigrane.

Ce n'est rien, au départ, que la *Mélodie espagnole* d'avril-mai 1902 ; et c'est à l'arrivée quelque chose. Que si l'on joue le thème seul (en ré bémol majeur, *allegretto quasi andantino*), on n'en voit que les rosalies banales et la mièvrerie. Balakirev l'habille d'une harmonie si fine, avec ces voix secondaires, ces guirlandes de triolets, cette pédale obstinée de tonique où s'ancre le roulis des arpèges de la main gauche (ré♭ converti plus loin en do♯ et entraînant toutes sortes de modulations), qu'on ne l'entend lui-même presque plus, qu'on ne perçoit plus que ce nimbe si finement peint autour d'une tête quelconque.

Mais on ne fera nul éloge de la *Sérénade espagnole* de mai-juin 1902 (en si bémol mineur, *allegro moderato*), révision d'une étude de jeunesse, sur un thème que Glinka semble avoir fourni à Balakirev : bimbeloterie, espagnolade de convention, avec arpèges de guitare et mélodie énamourée ; avec surtout un « passionato » central de l'effet le plus vulgaire.

Il faut mettre à part l'*Impromptu* de 1907, sur des thèmes de Chopin, et l'on pourrait hésiter à le ranger dans les transcriptions. Certes, Balakirev y reprend sans s'en cacher, en les alternant, deux préludes de l'opus 28, ceux en mi bémol mineur (n° 14) et si majeur (n° 11) ; mais il y glisse peu à peu des traits si spécifiques de son propre pianisme et de son harmonie, qu'on oublie la donnée initiale ; et il n'y a pas de meilleur hommage à un musicien que cette façon de l'acclimater à une nouvelle atmosphère, sans en trahir l'esprit. (En vue du centenaire de la naissance de Chopin, en 1910, Balakirev devait encore arranger quatre pièces de ce compositeur en suite d'orchestre, et réorchestrer le *Premier Concerto*.)

## Claude-Bénigne BALBASTRE
(1727-1799) Français

Balbastre a été pour l'essentiel un organiste, et de Saint-Roch à Notre-Dame ses improvisations faisaient accourir les foules. Mais le clavecin lui importait peut-être davantage ; maître de clavecin de Marie-Antoinette, auteur d'un *Premier Livre* paru en 1759, sa curiosité pour cet instrument est allée jusqu'aux rouages : on le tient en effet, avec le facteur Taskin, pour l'initiateur du « jeu de buffle ». Cependant ses *Noëls*, en 1770, laissent le choix entre clavecin et pianoforte ; et sa *Marche des Marseillais*, après 1789, ne s'adresse qu'au nouvel instrument, – auquel entre-temps, avec le facteur Clicquot, il a tâché de donner un cousin original mais peu viable, le « fortepiano organisé », hybride de piano et d'orgue.

Stylistiquement aussi, son œuvre occupe un carrefour, où convergent les manières les plus opposées ; ici les dessins du concerto ou les rythmes de la gigue à l'italienne ; là le rondeau français et l'art couperinien du portrait ; ailleurs le style galant en ses prémices, la basse d'Alberti, et des inflexions déjà mozartiennes.

On trouvera le meilleur Balbastre, auprès du médiocre, dans les ***Pièces de clavecin*** de 1759 (au nombre de dix-sept, rééditées par Alan Curtis, chez Heugel, Le Pupitre, 1974, avec quelques autres œuvres).

*La De Caze* (en ut mineur, *fièrement et marqué*), qui sert d'ouverture, est un hommage à la dédicataire, femme d'un riche fermier général. Le rythme pointé domine ; la main gauche lance régulièrement de petites gammes de triples croches ; mais ce ton sévère est radouci dans quelques caressantes mesures de jeu « luthé », où l'on relève cette indication : « moelleux ».

Sa couleur funèbre rattache le rondeau *La D'Héricourt* (en ut mineur, *noblement, sans lenteur*) à la tradition du « tombeau », et rappelle *La Ténébreuse* de Couperin *(Troisième Ordre)*. Refrain enfoui dans le grave ; le premier couplet emploie des « traits doubles », qui figurent des vibrations, pour « lier et tenir les sons » : ceux des arpèges de la droite, que la gauche croise pour éveiller à l'octave un faible écho.

Le titre *La Ségur* recouvre deux gavottes en rondeau (en ut mineur et ut majeur, *gracieusement*), dont la seconde sert de trio à la première et s'avive de triolets. – Dans *La Monmartel ou la Brunoy* (en ut majeur, *allegro*), les doigts se dérouillent, filent au train d'une gigue rieuse, à 12/8. Une mauvaiseté à la Scarlatti (mes. 8-10, 26-28) : la gauche doit croiser les arpèges à notes tenues de la droite, pour de brèves incises, et replonger aussitôt afin de placer les octaves de la basse (il en résulte des accords de neuvième).

Négligeons *La Boullongne*, assemblée de deux rondeaux (en ut mineur et ut majeur) et dégénérant vite en vaine virtuosité. Mais *La Castelmore* est à retenir, qui alterne un « air champêtre » (en ut majeur), joyeusement rustaud sur son bourdon de quinte, et un « air gracieux » (en ut mineur), aux tendres et délicates incises. – Deux « airs » aussi (ut majeur et mineur) dans *La Courteille*, le premier repris après le second.

*La Bellaud* (en ut majeur, *vivement*), mouvement de sonate binaire, préclassique, abuse de la basse d'Alberti. On se demande pourtant lequel est le plus redoutable, de ce bavardage intarissable mais souriant, ou du remplissage de figures qui apparente *La Lamarck* (en mi bémol majeur) à un insipide concerto italien. – Mais sous le titre de *La Berville* nous consolent deux mignonnes gavottes en rondeau (en sol mineur et sol majeur), avec leurs phrases tour à tour émues et insouciantes.

On tient un petit chef-d'œuvre avec *La Lugeac* (en fa majeur, *allegro*), une *giga* à 6/8, bien enlevée, ronde et même charnue (elle sonne merveilleusement au piano) ; au vrai, une forme sonate, avec cette chose encore rare à l'époque : la réexposition, dans le ton, de la première idée. On notera dans le développement ce passage où la droite trace à partir du la central des intervalles de plus en plus vastes ; et à la reprise ce soudain renfort d'accords qui donnerait à la fin une vigueur de toccata, s'il ne tournait court, sur un imprévisible accord de neuvième.

Le plaisir proprement digital qu'on prend, dans la première partie de *La Suzanne* (en la mineur, *noblement et animé*), à ces courses agiles, à cet accompagnement brisé en dixièmes, au glissando qui ramène le début, – cède la place, dans la partie centrale (en la majeur, *gracieusement*), à une émotion plus diffuse, née du registre grave, des basses piétinantes, des inflexions alanguies.

Rien qu'une gigue aimable dans *La Genty* (en la majeur, *gaiement*) ; on renoncerait à tant de plates redites, sans l'émouvant couplet en fa dièse mineur. – De même, dans l'« ariette gracieuse » *La Malesherbe* (également en la), le passage au relatif mineur arrive presque à suggérer Mozart ; mais la basse d'Alberti, dans le restant, est bien laborieuse (on en verra de semblables ravages dans le dernier livre de Duphly, 1768). Un « air gay » termine la pièce, bouffonnant sur un inlassable bourdon, et pourvu d'un trio mineur. – Quant à *La Berryer ou la Lamoignon*, c'est un double rondeau, le second (la mineur) servant de trio au premier (la majeur) ; thème enfantin, basse en croches liées deux à deux.

La bravoure de *La Laporte* (en la majeur) est hélas assez creuse ; chaque main à son tour entend démontrer son adresse à rouler des triolets, sans trop se soucier de musique. Néanmoins, cela faisait au recueil une conclusion fringante ; Balbastre ne s'en tient pas là, ajoute un dernier morceau, *La Morisseau* (en la majeur, *noblement*), d'une encre plus sérieuse, où la veine lyrique reprend le dessus.

## Samuel BARBER
(1910-1981) Américain

On peut s'étonner que Barber, qui fut un pianiste accompli (mais aussi un excellent baryton et un bon violoncelliste), ait apparemment attendu ses trente-quatre ans et son opus 20 pour nous donner une partition pianistique. On perd un peu de cet étonnement en découvrant qu'il a en réalité composé son premier morceau pour piano à l'âge de sept ans, et qu'une quantité de pièces de jeunesse demeurent inédites (hormis *Three Sketches* publiés confidentiellement en 1924, et dont le deuxième est dédié à son Steinway...). Mais enfin ces essais de l'enfance et de l'adolescence n'entrent pas en ligne de compte ; il n'est sérieusement venu au piano qu'au bout de quatre recueils de mélodies, d'un quatuor à cordes, de deux symphonies, d'un concerto pour violon, de nombreux chœurs, de plusieurs pièces d'orchestre ; et à ce piano, au bout de sa longue vie, il n'aura consacré que quatre compositions originales.

Il est vrai que l'ensemble de son catalogue est fort mince : une cinquantaine d'opus. À côté des créateurs prodigues qui se nomment Copland ou Harris, Antheil ou Persichetti, pour ne rien dire de ce crésus de Cowell, Barber est un cénobite de la musique américaine, aussi frugal et parcimonieux que notre Ravel. Et d'autre part, si le piano reçoit la portion congrue, les quatre œuvres en question sont des plus variées : une sonate couronnée par une fugue, un recueil de danses inspirées du folklore, une ballade, un nocturne dédié aux mânes de Field (on laissera les délicieux *Souvenirs* à leur version originale à quatre mains) ; et elles illustrent fidèlement le style du compositeur, avec ses changements sur trois décennies.

Changements infimes, au regard de l'essentiel. La qualité la plus durable, la plus reconnaissable de la musique de Barber est son lyrisme, qui, plus encore que l'harmonie à la Brahms qu'il utilisa longtemps, lui a valu l'épithète de « romantique ». Acceptons-le, cet adjectif, mais refusons la tentation du préfixe « néo », qui sent l'école, le manifeste, la borne chronologique, et accuse un effort de volonté, alors qu'il s'agit d'un élan spontané. Le pommier produit des pommes, le cerisier des cerises, et Barber chante comme il respire, amplement, généreusement. Que la raison vienne ensuite mettre des douves à la prime émotion, l'enfermer dans ces moules formels que Barber manie mieux que quiconque, elle n'en tue jamais le naturel. Ce naturel s'impose de lui-même, et se reconnaît : comment expliquer, sinon, qu'une pièce de Barber (le fameux *Adagio pour cordes*, arrangé d'après le mouvement lent de son *Premier Quatuor*) ait acquis une telle renommée ? Barber fait mentir le titre qu'il a donné à son plus beau cycle vocal, sur des vers français de Rilke, *Mélodies passagères* (op. 27) : « Puisque tout passe, faisons la mélodie passagère », écrit le poète ; mais le chant du musicien inspiré reste gravé dans la mémoire.

Il faut bien voir que c'est cette primauté du chant qui a empêché le compositeur d'aller trop loin dans la *modernité* : pas plus loin, en tout cas, qu'un peu de polytonalité, de polyharmonie, qu'un peu de contrepoint dissonant, que quelques recherches rythmiques, toutes pratiques qui ont raffermi et renouvelé son écriture, qui l'ont enraciné dans son siècle, sans le détourner de son choix fondamental. L'intérêt que Barber a pu feindre çà et là pour la dodécaphonie n'est qu'une moquerie déguisée, et douze sons piqués au hasard, selon l'absurde recette de Schönberg, ne s'en meuvent pas moins chez lui au sein d'un chaud climat tonal. Ne nous leurrons pas sur les apparences : les blasés qui prennent les armes contre la tonalité sont les mêmes qui voudraient étrangler à sa source, chez un musicien, cet irrépressible besoin de chanter, sans lequel la musique ne vaut pas mieux qu'un problème d'algèbre, ou qu'une grille de mots croisés.

## *Excursions* (op. 20)

COMP 1944. PUB 1945 (Schirmer). CRÉ partiellement par Vladimir Horowitz (4 janvier 1945, Philadelphia).

« *They are excursions in small classical forms into regional American idioms* », dit l'avant-propos : quatre promenades à travers le folklore américain, par le biais de formes éprouvées. Elles tirent leur pouvoir expressif d'un matériau restreint, exploité de façon obsédante.

Ainsi la première pièce (en ut mineur, *un poco allegro*) nous emmène-t-elle dans les environs de Chicago, sur un rythme de boogie-woogie. Basse obstinée et lancinante, au déhanchement caractéristique, ancrée tour à tour sur do, sur fa, sur sol ; la droite, libre et inventive, joue divers motifs apparentés, syncopés ou dérythmés par rapport à la barre de mesure, et rehaussés de couleurs modales. En y regardant de près, on décèle un rondo à deux couplets (forme ABACA).

La deuxième pièce, qui oscille entre sol et ut, est de la quintessence de blues, pris à un tempo très lent (la noire à 60). Figures lasses, triolets alanguis, pulsation discrète, par bouffées ; nuances plutôt douces ; et la septième mineure de rigueur (la « note bleue » des gens du jazz).

La troisième (en sol bémol majeur, *allegretto*), la plus difficile à jouer des quatre, consiste en variations rythmiques sur une chanson de cowboy, « *The Streets of Laredo* ». La forme est celle de la chaconne, ou du ground. Ne revendique-t-elle pas aussi, secrètement (et immodestement !) une parenté avec la *Berceuse* de Chopin, chaconne elle aussi, à sa manière ? Harmonies rudimentaires, inchangées pendant quatre pages où ne se risque aucune altération. À la fin arrive subrepticement la septième mineure (fa ♭, comme le do ♭ chez Chopin).

Ostinatos aussi dans la quatrième (en fa majeur, *allegro molto*), tant mélodiques qu'harmoniques. Déguisée en *barndance*, où l'on croit entendre harmonicas et banjos, c'est une toccata cliquetante et trébuchante, vigoureusement rythmée, les mains souvent superposées. Fin pianissimo, pourtant, avec un délicat arpège de tonique où vibrent septième mineure et neuvième.

### *Sonate* (op. 26)

COMP 1949. PUB 1950 (Schirmer). CRÉ par Vladimir Horowitz (9 décembre 1949, La Havane).

Cette œuvre, résultat d'une commande de la *League of composers* pour son vingt-cinquième anniversaire, est une des grandes sonates de l'école américaine, et sans doute du XX$^e$ siècle. Elle illustre parfaitement le style de la maturité de Barber, fait d'un invincible romantisme, dans le fond comme dans la forme, à quoi se mêlent des éléments de modernité. Ceux-ci peuvent aller jusqu'au dodécaphonisme ; mais nul ne sera dupe de ces « séries » ironiques, où le sentiment tonal ne perd jamais de sa force.

Début volontaire du premier mouvement (en mi bémol mineur, *allegro energico*) : ce thème initial au rythme pointé, au dessin précis, a quelque chose de farouche, que rehausse encore le chromatisme. Pour ceux qui les traquent, voici dès les mes. 9-10 deux séries dodécaphoniques, sagement inscrites dans le parcours modulant ; d'autres suivront : l'une d'elles, en arpèges ondoyants, accompagne le second thème (mes. 23), dont un fragment particulièrement mélodieux obsédera longtemps la mémoire. Figures annexes : un triolet de doubles notes (dès la mes. 17), et surtout un groupe de quatre notes répétées (apparues mes. 35), tantôt menaçantes, tantôt insidieusement douces. Très beau passage, dans le développement, lorsque après les figures brisées de A, en style d'invention, vient la petite phrase mélodieuse de B (en ut mineur, *un poco meno mosso*), sur un sol mouvant de doubles croches issues de la figure de quatre notes répétées : d'ailleurs elle ne se développe guère, mais s'énonce à plusieurs reprises, traversée d'arpèges harmonieux. Et la coda la retrouve, dans le ton de mi bémol mineur, avant de conclure en bribes hâtives, jetées en écho au-dessus d'un ostinato de la basse.

Le deuxième mouvement (en sol majeur, *allegro vivace e leggero*) est l'un des plus merveilleux scherzos de notre temps, à peu près ce que Mendelssohn aurait écrit s'il avait été enfant de ce siècle. Titania et toutes les fées de l'été revivent dans ces pages, qui tirent du registre aigu des sonorités de cristal. Au milieu fleurit une valse, adorable, avec toutes les quelques mesures ce temps supplémentaire qui fait boitiller si drôlement sa basse... Examiné dans le détail, que d'art dans ce divertissement, et que d'assurance ! Ces notes étrangères qui n'occultent pas le ton, mais le paillettent d'or (la phrase du début, et son accompagnement de tritons), ces équivoques rythmiques entre 6/8 et 3/4, ces imitations à distance de quinte (mes. 31), cet engrenage précis de notes liées, de notes piquées, de notes répétées, qui pas une seconde ne sent l'effort...

« *Anch'io son pittore !* », a dû s'exclamer Barber en décidant de bâtir son mouvement lent *(adagio mesto)* sur des séries de douze sons ; et tous de s'y laisser prendre, les uns se félicitant, les autres déplorant qu'il ait fini par rejoindre le peloton des disciples de Schönberg. Mais jamais la dodécaphonie n'aura été si peu atonale ! Le ton de si mineur est affirmé à plusieurs reprises jusqu'à la fin, et si la basse traîne sur un la ♯ (note sensible), c'est pour nous faire désirer plus fortement cette tonique implicite. Les séries n'affectent, en gros, que la main gauche, l'accompagnement d'arpèges (mélodique) ou d'accords (harmonique) sur lequel s'épand douloureusement la mélodie, – car le contraste est grand, il est temps de le dire, entre cet adagio désolé et le pirouettant scherzo qui le précède.

La célèbre fugue qui parachève l'œuvre (en mi bémol mineur, *allegro con spirito*) est elle aussi, comme le scherzo, une des réussites de ce genre au XXe siècle. Elle ne sent pas l'école, le renfermé des traités ; ni ne sonne comme un réchauffé de Bach. Peut-être parce que son sujet, bravement moderne, scandé à la jazz, écarte d'emblée les comparaisons. Pianistiquement, elle est redoutable, avec ses quatre voix affairées, où les doubles croches n'ont presque pas de répit. Délicieux *scherzando* central (en mi majeur), qui reprend une idée de la deuxième page. Fin étourdissante, « stringendo e crescendo », où un 3/8 survolté remplace le 4/4 initial.

## *Nocturne* (op. 33)
COMP 1959. PUB 1959 (Schirmer). CRÉ par John Browning (1959).

Dans cet « Hommage à John Field », à l'inverse de l'*adagio* de la *Sonate* où l'accompagnement était bâti sur des séries de douze sons, c'est la mélodie qui est dodécaphonique, sur une basse bien tonale, aux dissonances près. Mais comme dans l'*adagio*, le résultat est singulièrement euphonique, – et fort proche du modèle. Les moindres traits de Field (pour ne pas dire : de Chopin lui-même) se retrouvent dans ces quatre pages (en la bémol majeur, *moderato*). Pour les yeux, à l'identique : la mesure à 12/8, les lents arpèges continus, les motifs en voix intérieure, la tentation du relatif mineur, les trilles, les fioritures, les traits argentins, les cadences de petites notes, et jusqu'aux doubles notes finales. Mais l'harmonie déforme cette musique aux oreilles, comme si elle ne pouvait traverser le temps qu'au prix de ces atteintes, de ces menus gauchissements. Le portrait vient-il à trop grimacer ? et la rêverie nocturne menace-t-elle de se perdre dans les sables atonaux ? Aussitôt un imperceptible dièse, un bémol bien ajusté nous remet dans la sécurité d'un ton nettement défini...

***Ballade*** (op. 46)
COMP 1977. PUB 1977 (Schirmer).

Dernier opus pianistique de Barber, composée pour la cinquième édition du concours international Van Cliburn, la *Ballade* est un morceau attachant, qui parle à l'imagination de l'auditeur. Plus courte, en ses six pages, que la moindre des chopiniennes, elle suit très simplement un plan tripartite, où une section centrale turbulente *(allegro con fuoco)* contraste avec les panneaux extérieurs, – pourtant aussi agités, intérieurement (*restless*, indique le compositeur), sous leur dehors immobile ; songez à Mompou, qui écrivait ces mots énigmatiques au-dessus du deuxième de ses *Charmes*, celui « pour pénétrer les âmes » : *lent, en apparence*.

Ce début et cette fin font l'étrange beauté de la pièce : dans un rythme berceur à 6/8, un mystérieux enchaînement d'accords, les uns parfaits, les autres subtilement dissonants, par frottements impondérables. Des syncopes accentuent encore ces glissements harmoniques. Pages inspirées, où l'émotion affleure à chaque note. L'idée suivante (en fa majeur, mes. 12), qui nourrit aussi l'*allegro*, est moins originale, et va jusqu'à rappeler Franck. On laissera passer bousculade et crescendo, pour retrouver le bercement d'accords, jusqu'à ces mesures conclusives où il s'éteint, en superposant la mineur et ré bémol majeur.

# Béla BARTÓK
(1881-1945) Hongrois

Le piano a accompagné Bartók sa vie durant. C'était un prodigieux pianiste, qui eut une longue et brillante carrière internationale (dernier concert en janvier 1943, deux ans avant sa mort), et qui fut au clavier le premier et le principal défenseur de sa musique. Cela explique la difficulté de certaines pièces, ce style particulier d'octaves, d'ostinatos, d'accords implacables, cette technique dissuasive qui les réserve aux virtuoses. Mais il y a aussi en Bartók un pédagogue né, qui enseigna longtemps le piano et se plut à écrire des ouvrages didactiques. Les *Dix Pièces faciles*, les recueils *Pour les enfants*, les premiers cahiers de *Mikrokosmos* attestent le désir répété d'offrir aux débutants comme aux amateurs quantité de musique variée et intéressante. La préoccupation n'est pas courante : combien de morceaux de Ravel, de Debussy, de Messiaen, peut-on aborder dès la première, voire la deuxième année de piano ?

La production pianistique de Bartók compte deux douzaines d'œuvres (si l'on néglige celles d'enfance et de jeunesse). Chiffre important, comparé à l'apport d'un Ravel, d'un Hindemith, d'un Stravinski, d'un Schönberg ; mais guère énorme au sein d'un catalogue de plus de cent compositions dans tous les genres, tant vocaux qu'instrumentaux. Du reste, sur ces œuvres de piano, quatre ou cinq seulement (l'*Allegro barbaro*, la *Suite opus 14*, la *Sonate*, les *Six Danses roumaines*, les *Danses bulgares* de *Mikrokosmos*, peut-être la suite *En plein air*) ont, auprès du grand public, la renommée des quatuors à cordes, des concertos pour piano, du *Concerto pour orchestre*, de la *Musique pour cordes*, de la *Sonate pour deux pianos et percussion*. Autrement dit, tout y est encore à découvrir. En n'inscrivant jamais à leur programme des pages aussi admirables que les *Bagatelles* ou que les *Improvisations*, les virtuoses se privent, et nous privent, de grandes joies.

Considéré dans son ensemble, le piano de Bartók n'a pas beaucoup évolué. On n'y trouve pas les deux ou trois manières chères aux classificateurs. Certes, le Bartók de la *Sonate* (1926) est un musicien mûr, rayonnant, maître de son langage et de ses moyens ; mais il ne fait que tenir les promesses du musicien des *Bagatelles* (1908). Il n'y a pas entre eux de rupture (celle, par exemple, qui donne à penser que le Debussy de la *Suite bergamasque* et celui des *Études* sont deux personnes différentes), mais un progrès constant dans la même direction.

Pourtant, Bartók s'est beaucoup cherché ; il l'a fait dans des œuvres qui nous sont pour la plupart inconnues : soit perdues, soit détruites. De ses premières pièces, rédigées à neuf ans (une valse, une mazurka, une sonatine, des polkas), aux *Quatre Pièces* de ses vingt-deux ans, il a pu remplir deux catalogues numérotés (1890-1894, 1894-1903) où chaque fois, croyant que ce serait la bonne, il recommençait à l'opus 1. Le peu qui nous en reste ne nous les fait pas regretter. Schumann, puis Brahms, puis Liszt y sont copiés à chaque mesure, sans génie ; et le virtuose y étouffe assez vite le compositeur : pages difficiles, presque injouables (l'*Étude pour la main gauche* de 1903), bardées de traits de bravoure, – pages bavardes, dont on comprend qu'il se soit délesté sans mal, mais dont on s'étonne qu'il ait pu traîner si loin les séquelles, puisqu'il commença son troisième et dernier catalogue, en 1904, en faisant les honneurs du nouvel opus 1 à cette *Rhapsodie* qu'il allait jouer lui-même si longtemps, dans sa version avec orchestre, et qui démarque Liszt une fois de plus. Il est vrai qu'à l'auteur des *Rhapsodies hongroises*, il emprunte non seulement son formidable magasin d'artificier du piano, mais aussi ce qu'il prend alors pour la musique populaire de son pays, et qui n'est que le pseudo-folklore de la musique tzigane, fabriqué de toutes pièces, superficiel et clinquant.

Ce qui lui ouvre brutalement les yeux (et les oreilles), en 1905, c'est l'exemple de Kodály, qui s'est lancé avec autant de rigueur que de passion à la recherche de l'authentique musique hongroise, enfouie sous des couches hétérogènes. À son tour Bartók se consacre à remonter aux sources de cette musique, visite les villages, note scrupuleusement des milliers de chansons paysannes. Dès 1906, il publie avec Kodály *Vingt Chansons populaires hongroises*. Il ne se bornera pas à son pays : les peuples voisins aussi l'intéressent ; de proche en proche, il recueillera des airs slovaques, roumains, même turcs, et cette part de son activité sera considérable : conférences, communications, publications scientifiques jalonnent son existence.

La découverte de ses vraies racines force le compositeur à rompre avec son propre passé musical. D'un coup Bartók est né, à jamais tributaire de ce folklore. Dans les *Bagatelles* de 1908, il n'emploie le langage d'aucun devancier. Liszt, sa virtuosité transcendante, ses faux hungarismes, sont liquidés. Pas davantage il n'y imite ses contemporains : Debussy ou Schönberg influenceront peut-être quelques pages futures, ici ils sont absents. Non, Bartók innove, sur tous les plans. Il voit plus court, plus sobre, plus dense ; il pénètre d'un bond dans le monde de la dissonance ; il se permet, avant Stravinski et Milhaud, la première notation franchement bitonale ; surtout, dès ces quatorze pièces, il juxtapose deux façons de faire : morceaux inspirés par le folklore, morceaux entièrement personnels.

Ces deux façons alterneront désormais, d'une œuvre à l'autre, et quelquefois au sein de la même composition. Avec toutes sortes de nuances : harmonisations plus ou moins subtiles de thèmes populaires (et Bartók pousse parfois le souci scientifique jusqu'à joindre à la partition une table des thèmes dont il s'est servi, sans oublier les paroles) ; libre utilisation d'éléments populaires dans un ouvrage original ; quand il ne crée pas, à force d'en vivre et de les incorporer à sa substance, un folklore imaginaire, celui de ses meilleures œuvres. Ces étapes ne sont nullement chronologiques, et dérangeront un esprit rationnel : les *Deux Danses roumaines* de 1909-1910 ont déjà des thèmes inventés, les *Rondos* de 1927 transcrivent encore des thèmes populaires hongrois...

Une telle persistance du folklore peut lasser. Que l'on déchiffre quelques recueils à la queue leu leu, et l'on devra concéder que tous ces petits thèmes, ces phrases courtes et répétées, que ces modes et ces rythmes, si divers soient-ils par ailleurs, finissent par se ressembler. Et nul ne se cache qu'une audition intégrale de *Pour les enfants* serait fastidieuse. Mais il est indéniable que le style si caractérisé de Bartók est inséparable de ce folklore. Ainsi son harmonie est-elle née en partie de ces airs, de leurs échelles modales, de leurs intervalles inhabituels. Comme Grieg autrefois pour les mélodies populaires de Norvège, Bartók arrive à déceler, de ces thèmes, l'« harmonie cachée », qu'il fait sienne au point d'en pouvoir écrire à son tour, spontanément, qu'on jurerait authentiques. Au folklore il doit aussi le côté trépidant de sa musique, sa rythmique complexe, sans cesse plus élaborée. Bien entendu, avec les années, se glissent dans cette harmonie des debussysmes, des ravélismes, plus tard une tentation d'atonalité, voire de sérialité ; et le « retour à Bach » des années vingt n'est pas étranger à l'intérêt accru pour la ligne et le contrepoint, visible dans les *Quatre Dialogues* et dans maintes pièces de *Mikrokosmos*. De même, dans cette rythmique, il faut compter avec Stravinski, avec Prokofiev, avec une époque qui revendique sa modernité dans la violence et les bruits de machines. Mais les marques formelles de Bartók sont plus profondes, elles font davantage partie de son être, procédant véritablement de l'homme, de ses chants, de ses danses, du battement de son cœur, – et non de partis pris abstraits et de choix esthétiques. Aussi est-ce, des grands créateurs du XXe siècle, peut-être le plus sincère, le plus assoiffé d'absolu.

## LES ŒUVRES DE CRÉATION ORIGINALE

Donnons ce nom d'« originales » aux partitions qui n'empruntent pas directement au folklore, soit que Bartók y recompose son propre miel à partir des fleurs de terroir qu'il a butinées, comme la *Suite opus 14* ou la suite *En plein air*, soit que rien ne les rattache à cette veine populaire, comme les *Nénies* ou les *Burlesques*. Mais ce n'est qu'un mode de classement pratique, qui vaut ce que valent toutes les étiquettes : la vérité y est déguisée. Les *Bagatelles*, les *Dix Pièces faciles*, les *Esquisses*, bien que comportant quelques harmonisations de chants populaires, se trouvent ici parce que le folklore y est accessoire et que leur invention porte ailleurs. En revanche, une œuvre aussi aiguë, aussi puissamment personnelle que les *Improvisations* figure dans la rubrique LES ŒUVRES TIRÉES DU FOLKLORE, parce qu'avec ses raffinements et sa complexité, elle est cependant issue de thèmes authentiques, dont le compositeur tient à soumettre la liste précise.

***Quatorze Bagatelles*** (op. 6, Sz. 38)*
COMP mai 1908. PUB 1908 (Rozsnyai, Budapest). CRÉ dans la classe de piano de Busoni (29 juin 1908, Berlin).

Si la *Rhapsodie* de 1904 est l'aboutissement extrême de l'influence de Liszt (laquelle, conjuguée à celle de Debussy, traînera encore dans les *Élégies* ou dans la quatrième des *Esquisses*), en revanche, dans les *Bagatelles*, Bartók est lui-même d'un bout à l'autre ; il devient Bartók, si soudainement, si indubitablement que l'on ne peut pas parler d'évolution, mais d'une décision de son for intérieur. Ce Bartók définitif, les *Bagatelles* en révèlent d'emblée toutes les facettes.

Elles sont volontiers abstraites, et même expérimentales : petites études comme il y en aura dans *Mikrokosmos*, harmonisations de thèmes populaires, notations d'atmosphère. Elles frappent par leur laconisme, après le délayage des œuvres de jeunesse ; par la simplicité de leurs lignes, leur relative facilité d'exécution ; par leur recours à l'ostinato, à l'unisson, au rubato hongrois caractéristique ; surtout par l'exercice d'une harmonie merveilleusement originale, aiguë, efficace, par quoi deux mesures de Bartók se reconnaissent entre mille.

Nouveauté dès la première pièce *(molto sostenuto)* : les deux portées ont une armure différente ; celle de main droite, à quatre dièses, oscille entre mi majeur et ut dièse mineur ; celle de main gauche, à quatre bémols, est en ut phrygien. En 1908, ni Stravinski ni Milhaud, futurs rois de la polytonalité, n'en sont là ! et les *Sarcasmes* de Prokofiev, dont le troisième place trois dièses sur cinq bémols, datent de 1912-1914. Mais à l'examiner de près, l'essai bitonal s'avère anodin ; les deux voix ne se superposent jamais franchement ; de plus, do ♯, ré ♯ et sol ♯ étant enharmoniques de ré ♭, mi ♭ et la ♭, ces points communs préservent l'euphonie. D'ailleurs on finit en ut. Les mains s'opposent surtout par leur rythme et leur caractère ; alors que la gauche se contente d'égrener impassiblement son petit motif de gamme descendante, coupé de silences, la droite offre un chant continu, de direction ascendante, plus mobile et rythmiquement plus varié.

Le thème de la deuxième pièce *(allegro giocoso)*, syncopé, harcelé par une impatiente seconde majeure, trace un zigzag chromatique dont les intervalles s'élargissent progressivement ; on est dans un cocasse ré bémol, où chaque demi-ton est ainsi frappé à son tour.

La troisième (ancrée en ut, *andante*) se présente comme un exercice des « cinq doigts », ceux de la droite, à l'étroit sur le dessin obstiné d'un quintolet qui tourne chromatiquement en rond (sol-si-si ♭-la-la ♭ ; on peut, bien sûr, tâter d'un autre doigté). La gauche, dans le même registre (et

---

* L'abréviation Sz. se réfère au catalogue thématique d'András Szöllösy (Budapest, 1956).

cette promiscuité des deux mains sera familière à Bartók), joue la mélodie, en petites phrases subtilement variées : voyez comme la surprise du fa ♮, après trois fa ♯, est soulignée par un « più piano ».

Dès cette époque, Bartók se plaît à alterner des arrangements de folklore et des pages plus personnelles. Ainsi la quatrième pièce *(grave)* harmonise-t-elle simplement, comme un choral, un chant hongrois du district ouest du Danube, dans le ton de ré éolien (mineur sans sensible) ; tandis que dans la cinquième (en sol mineur, *vivo*), un allègre ostinato d'accords de septième accompagne un chant slovaque de la province de Gömör, en sol dorien (si ♭, mi ♮).

Lisse et dépouillée, uniquement composée de noires et de blanches, la sixième pièce *(lento)* anticipe sur les *Nénies* ; harmonies désolées et transparentes (quintes vides, tierces dans la partie centrale) pour un thème chromatisant, très expressif.

La septième *(allegretto molto capriccioso)*, une des plus belles et des plus inventives, bitone à plaisir : écoutez ce début à mains croisées, où la main gauche occupe surtout les touches noires, contrariée par la droite, dont les accords arpégés vers le bas se confinent aux touches blanches. Tempo fluctuant d'une improvisation : la noire varie de 45 à 208 au métronome !

On a assimilé la huitième *(andante sostenuto)* à une étude « pour les appogiatures non résolues » : des tierces sont effleurées à un demi-ton des notes réelles, et restent suspendues dans le vide, créant un climat sonore des plus insolites, blocs irréconciliés de septièmes majeures.

Dans la neuvième pièce *(allegretto grazioso)*, aux lignes anguleuses, aux figures saccadées, Bartók emploie un autre procédé qui sera fréquent chez lui : l'unisson des mains (la première des *Dix Pièces faciles*, un mois plus tard, en fait autant).

La dixième *(allegro)*, virtuose et percussive, peut passer d'avance pour un « sarcasme » à la façon de Prokofiev. Prenant la quarte comme intervalle mélodique, elle enchaîne, après un début d'accords piaffants, plusieurs ostinatos de la gauche, quintes brisées, batteries truffées de doubles notes. La dernière page, avec ses croisements rapides, le brouhaha de son infatigable pédale d'ut et de ses stridents accords de quartes (arpégés vers le bas), est vraiment impressionnante.

Encore des accords de quartes dans la onzième *(allegretto molto rubato)*, au rubato plein d'humour, indiqué très précisément par des mouvements métronomiques variés, et par des silences bizarrement placés au-dessus des barres de mesure.

La douzième pièce (*rubato*, puis *poco più mosso*), la plus longue, la plus poétique des *Bagatelles*, est une nouvelle improvisation, récitatif très libre, composé pour l'essentiel de guirlandes de la main droite, tantôt vers le haut, tantôt vers le bas, soutenues d'accords ou isolées sur la page. Mais on y remarque avant tout, qui donne le départ à quatre reprises, cette étrange mesure d'accélération progressive sur une seule note répétée, comme en vibration, presque un effet de cymbalum.

Il y a un petit « roman », un roman vrai, dans les treizième et quatorzième *Bagatelles*, les seules à porter des titres. Elles suivent de près la fin d'une liaison de Bartók avec la violoniste Stefi Geyer (à qui il dédia un concerto, redécouvert et créé en 1958, et appelé depuis *Premier Concerto*) ; et même : la treizième, intitulée *Elle est morte...*, date précisément du jour où la jeune fille lui envoya sa lettre de rupture (14 février 1908). Sur l'accompagnement des deux seules triades de mi bémol mineur et de la mineur, pédale alternative au fond du clavier, rendue plus obsédante encore par le rythme iambique (brève-longue), la droite énonce une plainte sourde et sombre, en replis chromatiques *(lento funebre)*. Cinq mesures avant la fin, Bartók cite le « motif de Stefi » (celui du *Concerto*, à tierces ascendantes), dans sa forme bémolisée (ré ♭-fa-la ♭-do).

Enfin la quatorzième *Bagatelle*, la plus connue du cycle, est une *Valse* sous-titrée *Ma mie qui danse*, où toutes sortes de jeux se succèdent, dans un climat d'ironie, voire de dérision quelque peu sardonique (*presto* à 3/8). C'est la version pour piano du second des deux *Portraits* pour orchestre (Sz. 35) ; elle caricature le « motif de Stefi » (ré-fa ♯-la-do ♯), comme Berlioz caricature son « idée fixe » dans la *Fantastique*. (Noter, à propos des *Portraits*, que le premier, titré *Idéal*, n'est que le remaniement du premier mouvement du concerto de Stefi ; quant au second, il a le titre parlant de *Difforme...*)

### Dix Pièces faciles (Sz. 39)

COMP juin 1908. PUB 1908 (Rozsnyai).

Nées dans le même élan que les *Bagatelles*, elles leur ressemblent quant au contenu, tout en piochant davantage dans le terroir ; elles sont plus courtes, et infiniment plus simples à jouer, sauf les deux dernières, qui perdent de vue leur qualificatif de « faciles ».

Une *Dédicace* non numérotée ajoute une unité à ce chiffre de « dix pièces » ; morceau émouvant qui, après avoir rappelé le « motto » de Stefi Geyer (voir plus haut *Bagatelles* n⁰ˢ 13 et 14), alterne des phrases de récitatif (« parlando », « poco appassionato », « poco espressivo ») et des plages de lents accords, dans l'aigu, translucides et lointains.

La première pièce proprement dite, *Chant de paysan* (en ut dièse mineur, *allegro moderato*), rude et primitive, est du folklore réduit à sa plus simple expression ; les deux mains déclament le thème à l'unisson, en blanches et noires, couvrant une octave en mode dorien.

Dans la deuxième, *Tourment*, la main gauche dessine obstinément, sous le thème douloureux et sombre de la droite *(lento)*, une étrange et moderne basse d'Alberti où les appogiatures produisent des tritons successifs. Ton de ré dorien, favorisant lui aussi le triton dans la mélodie (fa-si). On dirait, transposé à notre époque, le climat du *Deuxième Prélude* de Chopin.

La troisième est une *Danse slovaque* (en ut mineur, *allegro*), d'abord présentée sans accompagnement, puis soulignée de doubles notes sur le premier seulement des deux temps.

La quatrième pièce, qui a pour titre son tempo, *Sostenuto*, se meut dans des harmonies estompées, tâte des tons entiers, de la bitonalité (en particulier, mes. 24-31, la superposition de la mineur et d'ut dièse mineur), dans une sorte de demi-sommeil, jusqu'à l'accord final de la majeur.

La cinquième pièce, *Une veillée chez les Sicules*, est bâtie sur l'alternance de deux thèmes pentatoniques ancrés en mi (sur les notes ré-mi-sol-la-si). Le premier *(lento, rubato)* est une mélopée qu'on imagine exhalée par la flûte ou le hautbois, et qu'harmonisent très simplement de beaux accords consonants (y compris une septième infiniment suave pour conclure), avec d'imperceptibles variantes rythmiques ; le second *(vivo, non rubato)*, est une danse espiègle et bien enlevée, quoique maintenue dans les nuances douces. Bartók a transcrit ce morceau pour orchestre en 1931 (*Images hongroises*, Sz. 97).

La sixième pièce est un *Chant populaire hongrois* (en ut majeur, *allegretto*), harmonisé en tierces, quintes et sixtes (sonneries de cors), la gauche se contentant de paysannes quintes vides, à contretemps.

La septième pièce, la plus belle du recueil, s'intitule *Aube*. Sur une immuable battue à trois noires *(molto andante)* s'étagent des accords aux harmonies subtiles, équivoques, brouillées (noter, mes. 7, ces tierces majeures qui se suivent à distance de tierce mineure, une des signatures de Bartók) ; musique impressionniste, d'une poésie indicible, en écho aux pages les plus sensibles de Debussy. La fin s'éteint en si majeur, sur un lumineux accord de neuvième.

La huitième est un *Chant populaire slovaque* (en ut mineur, *poco andante*), dont l'humble thème sur six notes, les premières de la gamme, passe de la droite à la gauche, harmonisé d'accords de septième. La mesure cadentielle à la fin de chaque phrase produit un effet curieux.

La neuvième est un *Exercice pour les cinq doigts (moderato)* à rapprocher de la *Troisième Bagatelle* : une figure en va-et-vient sur cinq notes, parodiant Czerny avec ses degrés altérés (gamme par tons), fait travailler chaque main à son tour ; fin inattendue sur un accord de la mineur.

La dixième pièce, *Danse de l'ours* (en ré majeur, *allegro vivace*), est, comme la *Cinquième Bagatelle*, un de ces morceaux à la rythmique obstinée dont Bartók sera coutumier par la suite, et dont l'*Allegro barbaro* n'est que l'exemple le plus célèbre. Des notes répétées y installent un rythme obsédant, sur lequel de lourds accords criards viennent s'écraser, donnant l'illusion de la bitonalité. Danse rustique au demeurant, pleine de bonne humeur. Elle aussi a été transcrite pour orchestre dans les *Images hongroises* (avec le n° 2 des *Nénies*, le n° 2 des *Burlesques* et le n° 40 du premier cahier *Pour les enfants*).

## *Deux Élégies* (op. 8b, Sz. 41)
COMP février 1908 et décembre 1909. PUB 1910 (Rozsnyai). CRÉ par Bartók (21 avril 1919, Budapest).

Dans ces années 1908-1911 où Bartók trouve son style et ses affinités, ces deux pièces trahissent des poussées de virtuosité lisztienne, et même d'emphase romantique : pages noires d'écriture, envahies de traits, d'arpèges, de trémolos, de grappes d'accords. Mais elles intègrent aussi des éléments debussystes (Bartók, poussé par Kodály, vient de se procurer les *Images*) ; et l'ensemble arrive tout de même à sonner parfois comme du Bartók.

Leur auteur ne les aimait guère et leur reprochait leurs regards en arrière. Ce désaveu touche autre chose que la forme : les *Élégies*, en effet, sont encore liées à Stefi Geyer (voir les *Bagatelles*) ; son « motif » apparaît à la cinquième page de la première (ré-fa ♯-la-do ♯, « molto agitato » et « molto crescendo ») ; et c'est l'inversion de ce motif qui fournit l'arpège descendant qu'on retrouve tout au long de la deuxième, dans l'harmonie, dans les thèmes, dans la profusion d'ornements.

## *Deux Danses roumaines* (op. 8a, Sz. 43)
COMP 1909 et mars 1910. PUB 1910 (Rózsavölgyi, Budapest). CRÉ par Bartók (12 mars 1910, Paris).

On les tient pour l'œuvre la plus ambitieuse de ce Bartók en maturation qui va des *Bagatelles* à l'*Allegro barbaro*. Les idées dans les *Bagatelles*, étant objets d'expérience, ne donnaient naissance qu'à de courtes pages, comme extraites d'un carnet de travail. Ici l'inspiration prend ses aises, son espace. Pièces de longue haleine, riches d'invention, difficiles d'exécution, ces *Deux Danses* ne peuvent que séduire le virtuose, qu'elles font piaffer. Le public aussi les aime, à cause de ce folklore imaginaire (tout, selon Bartók lui-même, y est inventé), qu'illustrera bientôt la *Suite op. 14*.

La première danse (en ut mineur) est en trois volets. Du fond du piano, sur un accompagnement de quintes sourdes, émerge le thème principal *(allegro vivace)*, cellule rythmique élémentaire (à 4/4, six croches et un anapeste) qui croît peu à peu de *ppp* à *f*, en changeant de registre et en inversant parfois ses notes (mes. 12). Comme souvent dans ces musiques à caractère folklorique, la répétition joue un rôle considérable et ce matériau est abondamment repris. En contraste, au milieu de la pièce, un *lento* rhapsodique, qui rompt le rythme implacable du début, avec ses grands arpèges de harpe et sa phrase rêveuse réitérée dans des harmonies différentes. Le dernier volet ramène le thème initial, qui escalade le clavier et s'installe en octaves dans l'aigu, fortissimo, sur des basses sonores et puissantes, avant une coda sur le petit anapeste infatigable.

La deuxième danse (en sol majeur, *poco allegro*) est frénétique, avec des accélérations subites, des arrêts, des volte-face, des piétinements. Vitesse incroyable. La formule essentielle en est, à droite, un ostinato d'octaves brisées, avec appogiature brève sur la note aiguë ; la gauche dessine d'abord, enchevêtrée à sa sœur, un thème à grandes brisures, narquois et claironnant, puis marque dans le grave une mélodie de sixtes (sixtes, oui, malgré l'orthographe !) qui finit sur la tonique. Plus loin, il y a place aussi pour un martellement (« febbrile ») où les deux mains se rejoignent pour se séparer aussitôt de part et d'autre du clavier. Fin en octaves *(molto vivace)*, déchaînée.

## *Esquisses* (op. 9b, Sz. 44)

COMP 1908-1910. PUB 1912 (Rozsnyai). DÉD du n° 1 à Márta Ziegler, du n° 3 à Emma et Zoltán Kodály.

Moins abstraites que les *Bagatelles*, ces sept pièces, hormis la quatrième, en retrouvent le laconisme, mais font la part du rêve, de la douceur sonore, et préfèrent le chant à la trépidation. Bien qu'inégal, le cahier mérite d'être davantage connu.

Le *Portrait d'une jeune fille* qui constitue la première pièce est celui de la dédicataire, que Bartók allait épouser en 1909. En deux pages d'une grande économie de moyens, c'est une de ses notations les plus fraîches, quoique non dénuée d'une légère ironie, celle que Debussy répandra bientôt dans certains de ses *Préludes* : phrases très courtes *(andante con moto)*, caractérisées par leur anacrouse, et se terminant chaque fois par une cadence plus ou moins orthodoxe. Le « portraitiste » donne l'impression d'hésiter devant différents éclairages de son modèle, avant de conclure dans le ton de sol.

La deuxième pièce *(commodo)*, aussi délicieuse que brève, fait un usage particulièrement euphonique d'une bitonalité mi mineur/la bémol majeur. Le titre, *Jeu de bascule*, se réfère aux figures arpégées en va-et-vient des deux mains presque superposées. Unisson final, sur un do insistant.

Tout aussi brève la troisième *(lento)*, sans titre, sorte de récitatif au rythme souple, coupé de silences, soutenu de dixièmes successives apparemment étrangères à son harmonie. On éprouve de l'inquiétude, et même un étrange malaise. Vers le milieu, les deux notes de la dixième trillent et forment un rapide éventail de triples croches. Pour finir (en ut majeur), une phrase syncopée s'élève vers le sol aigu, avec la basse en mouvement contraire.

La quatrième pièce (en ut dièse mineur, *non troppo lento*) fait mentir le titre d'« esquisse » et dépare le cahier. Trop longue (quatre pages !), trop difficile d'exécution, et la moins personnelle : Bartók n'a jamais poussé plus loin l'imitation des procédés debussystes, à la fois dans les thèmes, les accords, les rythmes, les dispositions pianistiques, sans parler de la couleur, de l'atmosphère. Musique séduisante, certes, mais où le vrai Bartók ne se trahit que rarement.

De nouveau la brièveté, l'économie, avec la cinquième *(andante)* ; et le retour aux sources : c'est un *Chant populaire roumain*, qui se contente d'accords assez simples pour harmoniser, de trois façons, un thème de quelques notes. La sixième, *À la manière valaque* (en mi mineur, *allegretto*), est plus élémentaire encore : thème à l'unisson (avec quelques notes tenues), caractérisé par le triton et terminé, toutes les quatre mesures, par un quintolet descendant de triples croches.

La septième *(poco lento)* forme un épilogue rêveur, à l'harmonie vaporeuse, engendrée par les notes tenues du thème. Souplesse des rythmes : au départ un 9/8 nonchalant, puis des mesures plus rares, 6/8+2/8, 5/8, 7/8. À la fin, deux gammes par tons se superposent à distance de sixte, d'abord en accords arpégés, puis, à la dernière mesure, empilées en clusters.

On lira avec profit la préface à la révision de 1945 : Bartók y insiste sur le fait que la quatrième pièce est en ut dièse mineur et la septième en si majeur, pour s'opposer à « ceux qui appellent *atonale* toute musique qu'ils ne comprennent pas ».

### *Quatre Nénies* (op. 9a, Sz. 45)

COMP 1910. PUB 1912 (Rózsavölgyi). CRÉ partiellement par Ernö Dohnányi (17 octobre 1917, Budapest).

L'antithèse des *Élégies* : pièces blanches et nues comme la pierre tombale, pièces énigmatiques, qui procéderaient à la fois de Debussy (si *Canope* était écrite) et de Satie (si Bartók connaissait les *Sarabandes*). Elles n'offrent pour ainsi dire, sur un total de huit pages, que noires, blanches et rondes, dans des tempos lents. Les harmonies en sont relativement simples, successions d'accords processionnels, sur lesquels se détachent des thèmes volontairement monotones, encore que non dépourvus d'accent, à l'unisson, parfois sur deux ou trois octaves. Dans ces années où Bartók travaille dans toutes les directions, les *Nénies* représentent le versant funèbre de son inspiration, qu'on reverra souvent, qu'on a déjà rencontré dans les *Bagatelles* (la sixième, déjà une « nénie » avant la lettre ; la treizième, sous-titrée *Elle est morte...*).

### *Trois Burlesques* (op. 8c, Sz. 47)

COMP novembre 1908, mai 1911, 1910. PUB 1912 (Rózsavölgyi). DÉD du n° 1 à sa femme Márta. CRÉ partiellement par Ernö Dohnányi (17 octobre 1917, Budapest).

Admirables pièces de concert, qu'il faudrait jouer davantage. Tout y est, l'invention langagière, l'humour, le pianisme étincelant, sans les accessoires du romantisme.

La première pièce, *Querelle*, fait tournoyer les deux mains à l'unisson *(presto)* sur de grands arpèges de croches à 3/4, les lance du grave à l'aigu, crescendo, jusqu'à deux accords qui claquent *ff* leur seconde mineure et projettent un thème au rythme pointé. La partie centrale *(meno vivo)* développe ce thème, à la valse, avec quelque chose de la raillerie du Méphisto lisztien. On entend alors revenir la première idée, lentement d'abord, puis de plus en plus vite et fort, jusqu'à perdre haleine.

La deuxième pièce, intitulée *Un peu gris* (en mi mineur, *allegretto*), continue dans le persiflage. Les accords plus ou moins parfaits de la droite (thème de quartes brisées, accents bouffons à contretemps) y sont comiquement appogiaturés par ceux de la gauche (très « à côté », par définition, et illisibles à force de dièses et de bémols !). Effet irrésistible des mesures à 2/4 qui viennent rompre, sans crier gare, le cours du 4/4. Page très descriptive, où l'on voit la démarche titubante de l'ivrogne, où l'on entend ses hoquets...

La troisième pièce, sans titre *(molto vivo, capriccioso)*, très vétilleuse d'exécution, superpose les mains de la manière la plus incommode ; en bitonie (mais on n'en perçoit pas moins le ton de mi bémol mineur), l'une jouant des gammes, l'autre des accords brisés, elles se heurtent en secondes mineures. Exercice de haute voltige, un des morceaux les plus séduisants de Bartók, annonciateur de certaines pièces de *Mikrokosmos*.

### *Allegro barbaro* (Sz. 49)

COMP 1911. PUB 1918 (Universal). CRÉ par Bartók (27 février 1921, Budapest, avec les *Improvisations*).

Ce morceau célèbre est toujours cité au côté du nom de Bartók, surtout par ceux qui ne l'aiment pas, et à qui ce seul adjectif de « barbaro » donne des armes. Le terme pourtant ne figurait pas dans le manuscrit original : d'après Kodály, Bartók le reprit d'un critique français qui l'avait utilisé à son propos un an plus tôt (n'y voyons donc aucune allusion à l'*Allegro barbaro* de l'op. 35 d'Alkan, que Bartók ne devait pas connaître). Il est vrai qu'avec son rythme rudimentaire, son martellement, ses accents furieux, son ostinato, son surplace, ses répétitions, la pièce a quelque chose de sauvage, de primitif. La *Toccata* de Prokofiev, l'année suivante, ira certes plus loin dans le machinisme et le « pas d'acier » ; et ici l'épisode central, plus relâché, procure un moment de répit ; mais enfin c'est déjà de la musique « à la hache », pour emprunter le mot de Cocteau. La recette « barbaro » servira désormais souvent à Bartók (la *Sonate*, le premier mouvement de *En plein air*, le *All'ungherese* des *Neuf Petites Pièces*...) et marquera, pour bien des oreilles, son style.

On remarquera qu'en dépit des accidents dont tout le début est hérissé, le thème, pendant deux pages, se joue uniquement sur les touches blanches. Les si ♯, fa ✕, mi ♯ et do ✕ ne font qu'exalter le même ton, un fa dièse mineur phrygien ; orthographe « logique », que Bartók aime à employer, mais qui corse le déchiffrage...

***Suite*** (op. 14, Sz. 62)
COMP février 1916. PUB 1918 (Universal). CRÉ par Bartók (21 avril 1919, Budapest, avec les *Études*).

Une des œuvres pianistiques les plus jouées et les plus immédiatement accessibles de Bartók. Les thèmes engageants et les harmonies transparentes y sont pour beaucoup, ainsi que ce pianisme brillant sans être rédhibitoire, mais aussi la variété de ces quatre pièces, une danse d'allure folklorique, un scherzo de vif-argent, un ostinato houleux, que couronne de manière imprévisible une pièce lente et méditative (un andante initialement prévu entre l'allegretto et le scherzo a été abandonné en chemin). Dans ces années dédiées aux recherches ethnologiques, le cahier fait la preuve, chez Bartók, d'une création originale, libre, dont les chefs-d'œuvre à venir seront la *Sonate* et la suite *En plein air*.

Folklore réinventé dans la première pièce *(allegretto)* : un thème de danse, de style roumain, accompagné à contretemps (et qu'il est délicieux, ce si bémol lydien qui profite de sa quarte augmentée, mi ♮, pour s'offrir au passage un accord de mi majeur/mineur). Le second épisode fait moudre des doubles croches à la gauche, sous les quintes consécutives de la droite ; et il y a bien de l'humour dans le retour progressif au premier thème.

La deuxième pièce, toute en noires à 3/4, à vive allure *(scherzo)*, rappelle le climat des *Burlesques* ; les deux mains alternées dessinent des arpèges dans les deux sens tour à tour, « séries » de dix ou douze sons jetés comme par défi. Dans l'épisode *tranquillo*, de joyeuses secondes viennent crier par-dessus un chant en doubles notes. (Forme ABABA.)

Dans la troisième pièce (en ré mineur, *allegro molto*), une basse obsédante, formée d'une gamme ré-mi-fa-sol-la ♭, régie par le triton, fait un roulement de houle dans le grave. Il en émerge un thème des plus frustes, de deux notes d'abord (ré-mi ♭, seconde phrygienne), qui s'épand impétueusement en changeant de registre, et finit par être exposé en quartes (Bartók dit l'avoir noté à Biskra en 1913). Mouvement moteur, presque impossible à contenir.

Après trois mouvements animés et rythmés, on ne pouvait imaginer plus grand contraste que le *sostenuto* final (et Bartók reprendra bientôt l'idée dans son *Deuxième Quatuor*) : merveilleux épilogue, plein d'une étrange poésie, avec ses harmonies rares, ses lents accords syncopés comme un pouls battant (à 6/8), ses fragments mélodiques désenchantés.

*Études* (op. 18, Sz. 72)

COMP 1918. PUB 1920 (Universal). CRÉ par Bartók (21 avril 1919, Budapest, avec la *Suite op. 14*).

On voudrait que ces trois pièces soient un bilan, comme celles que Debussy écrivit trois ans avant sa mort, et qui le résument. Il n'en est rien dans le cas de Bartók. Court répit dans la période « folklorique » qui va de la *Sonatine* (1915) aux *Improvisations* (1920), elles montreraient plutôt de lui un aspect en voie de disparition. En effet, voici à nouveau, et pour la dernière fois, la tentation d'une riche et complexe écriture instrumentale, qui, au moins sous l'aspect visuel et tactile, évoque immanquablement Debussy et le Liszt des *Études transcendantes* (sur le plan harmonique, on s'en doute, l'un et l'autre sont loin désormais ; s'il y a une influence, c'est celle de Schönberg dans ces pièces plus ou moins atonales, sans l'aveu). Ces morceaux sont les plus redoutables que Bartók ait dédiés à son instrument, – et le suprême feu d'artifice de la virtuosité romantique. Plus tard la *Sonate*, la suite *En plein air*, le sixième cahier de *Mikrokosmos* ne seront pas moins difficiles, mais avec des moyens différents.

La première *(allegro molto)* est une sorte de toccata, dans un mouvement de croches à 2/2, d'abord à l'unisson aux deux mains, qui tracent de grands intervalles brisés (principalement neuvièmes et dixièmes) en grignotements chromatiques ; puis la droite arrache des accords violents au clavier, cependant que la gauche, écartelée dans le grave, continue son remue-ménage, avant de scander à son tour, « marcatissimo », un pesant motif d'accords. Les dernières pages reprennent les formules brisées du début, mais cette fois les mains jouent chacune sa partie, l'une harmonisant l'autre, dans un crescendo formidable aboutissant à des paquets d'accords stridents.

La deuxième *(andante sostenuto)* est une étude d'arpèges. Arpèges immenses, chaque main balayant à son tour sa portion de clavier, en rafales de doubles et triples croches, l'autre main tenant à l'opposé des octaves simples ou doubles en guise de chant. La section centrale *(meno mosso)* a des grappes d'accords, harmonieux dans chaque main prise séparément, mais que la superposition fait dissoner (Messiaen emploiera souvent cette écriture polyharmonique).

Dans la troisième étude, qui commence *rubato* pour accélérer peu à peu au *tempo giusto,* la main gauche a un mouvement perpétuel de doubles croches (arpèges et figures brisées de toutes sortes), la droite jetant ses accords dissonants à contretemps, au petit bonheur. Rythmes complexes (7/8, 10/16, 9/16, 11/16, etc.) qui à la fin se stabilisent.

***Sonate*** (Sz. 80)
COMP janvier 1926. PUB 1927 (Universal). DÉD à sa seconde femme Ditta. CRÉ par Bartók (8 décembre 1926, Budapest, avec deux pièces d'*En plein air* et huit des *Neuf Petites Pièces*).

Elle marque un retour au piano. Six années la séparent de l'œuvre pianistique précédente, les *Improvisations* (on ne compte pas l'arrangement de la *Suite de danses* en 1925). Période de concentration intérieure, au bout de laquelle naissent coup sur coup cette *Sonate* et la suite *En plein air*, deux chefs-d'œuvre jumeaux et contradictoires (c'est également, au piano, l'année du *Premier Concerto*). Les deux alimenteront le répertoire de Bartók : car les années vingt l'ont vu établir sa carrière et sa renommée internationale de virtuose. Et de fait, la *Sonate* est épuisante pour le pianiste, – et quelque peu ardue pour l'auditeur, à l'inverse d'*En plein air*, d'une séduction presque immédiate.

Elle commence par un *allegro moderato,* dans un climat de tension, de rudesse. C'est l'*Allegro barbaro* porté à son comble, dans le sens de l'agressivité. Plutôt que de véritables thèmes, il faut parler de courts motifs, qui piétinent obstinément, qui insistent jusqu'à l'obsession. Le piano peut être fier de ses marteaux : il est ici avant tout un instrument de percussion ! Quant au geste, c'est le plus souvent celui de l'octave. Pulsation incessante, moments de violence, éclats soudains, accords comme arrachés du clavier, farcis de secondes, septièmes, neuvièmes : il y a de plus en plus de « clusters » dans la musique de piano de Bartók, peut-être sous l'influence de Cowell, rencontré en 1923. On est à cent lieues, bien sûr, de la *Sonate* elliptique, acide et linéaire que Stravinski vient d'écrire (1924), dans l'esprit du « retour à Bach ». Néanmoins, tant de dissonances n'empêchent pas un fort parfum modal et populaire des motifs, et un sentiment tonal très net (mi lydien, avec la ♯, et sol aussi bien ♯ que ♮). Fin trépidante, *più mosso*, avec un glissando final.

Le deuxième mouvement *(sostenuto e pesante)* donne à la ligne ce que le premier donnait à l'accord. Contrepoints aérés, dans un réseau d'harmonies immobiles, apparemment étrangères, blocs énigmatiques posés sur leur parcours. Comme dans l'allegro, la répétition joue un grand rôle : ainsi celle de ce mi ♮ lancinant du début (sur une harmonie la ♭-mi ♭-fa), qui revient dans la dernière page et qui, au milieu du mouvement, donne le départ à une gamme curieuse, en valeurs longues accentuées, énoncée par le pouce gauche entre les accords de la droite et le ré pédale de la basse et aboutissant à fa ♯, dans un crescendo irrésistible (mes. 30-42).

Si le premier mouvement avait quelque chose de forcené, d'implacable et de sombre, le finale *(allegro molto)*, aussi robuste et même davantage, est assurément plus joyeux. Le motif initial, cette fois, chante vraiment, bien que court et sans cesse répété et varié : rengaine populaire, en si mixolydien, rustaude, à forte carrure en dépit de l'irrégularité métrique

(3/8, 2/4, 1/4...). Les octaves, les piétinements d'accords de secondes, les « clusters » témoignent ici de la bonne humeur, et le diatonisme succède à l'ambiguïté tonale. Inventions nombreuses, qu'on dira gestuelles, telles ces doubles croches frémissantes qui viennent, aux dernières reprises, orner et comme électriser le thème, ou ces accords bruyants où le pouce doit écraser trois notes à la fois...

### *En plein air* (Sz. 81)

COMP juin-août 1926. PUB 1927 (Universal), en deux cahiers. DÉD du n° 4 à sa femme Ditta. CRÉ partiellement (n[os] 1 et 4) par Bartók (8 décembre 1926, Budapest, avec la *Sonate* et huit des *Neuf Petites Pièces*).

L'autre sommet du piano de Bartók. Sommet radieux, aux antipodes de la *Sonate*. Autant celle-ci se veut abstraite, trois mouvements purement formels, autant celle-là, dans ses cinq pièces, se plaît à revenir aux titres. Bartók n'en a pas employé depuis les *Burlesques* (1908-1911) ; ou à la rigueur depuis la *Sonatine* (1915, sous-titres des deux premiers mouvements). Est-ce l'influence des pièces de Couperin qu'il édite la même année ? *Les Tambourins, Les Gondoles de Délos, La Musète de Choisi* ou celle *de Taverni*, ces pièces du claveciniste français lui ont-elles soufflé *Avec tambours et fifres, Barcarolla* et *Musettes* ? Peut-être, mais on pense bien que cela se borne à une image, à ce coup d'aile qu'un titre peut donner à la fantaisie. Pour le reste, il n'y a là aucun « retour à... », dans le style de ce qui se faisait alors, de Ravel à Stravinski, en passant par le Groupe des Six...

La première pièce, *Avec tambours et fifres*, a en commun avec la *Sonate* (et le *Premier Concerto*, de cette faste année 1926) les basses métalliques (les dernières notes du piano, aggravant jusqu'à l'hypothétique soubasse la tonique de mi mineur), le piétinement des accords martelés *(pesante)*, les secondes écrasées, les neuvièmes glapissantes, les courts motifs obstinés autour de quelques notes, – le côté « barbare », pour tout dire, et cette rythmique « de machine » inflexible.

Au contraire, la *Barcarolla* qui suit est un morceau hypnotique, aquatique ; d'une nappe de lentes et souples croches *(andante)* émerge ce thème engourdi où vibre une note longuement tenue, effleurée d'une note répétée, staccato, à un demi-ton de distance. L'effet en est mystérieux et lunaire. On retrouvera dans le *Notturno* de *Mikrokosmos* (quatrième cahier) ces dessins à fluctuation modale (comme au début, ton de sol, la-si-do ♯ en montant, do ♮-si ♭-la ♭ en descendant).

La troisième pièce *(moderato)* s'intitule *Musettes*. Comme le titre le veut, il y a, au début et à la fin, des basses en quintes, truffées d'appogiatures ; il y a l'éternel piétinement d'accords ; il y a, à la troisième page (et qui revient à la sixième), un thème léger qui descend puis remonte une gamme en dactyles *(più mosso)* et traîne en s'effilochant sur une longue pédale ; il y a surtout ces trémolos électriques, à toutes les pages, où se frottent toutes sortes d'intervalles dissonants, dans une poussière de sonorités joyeuses.

Mais voici, au cœur battant de la suite, ce *lento* qui est une des plus belles inspirations de Bartók, *Musiques nocturnes*, dédié à sa femme Ditta. Ce n'est pas ici l'esthétique romantique du nocturne, avec ses *Liebestraüme*, ses chants bercés d'arpèges au fond d'une nuit voluptueuse ; mais le mystère végétal et animal de la nuit, évoqué par de grandes plages de calme, au seuil du silence, où crépitent quelques bruits, frôlements d'insectes, bruissements de feuillages, appels d'oiseaux, traduits par des gruppettos, des secondes répétées, des traits rapides dans le grave, des neuvièmes stridentes dans l'aigu. Au milieu de ces présences, et dans leur rumeur persistante et mystérieuse, l'homme essaie de se faire entendre : d'abord par une sorte de choral, les mains à l'unisson à trois octaves d'intervalle, ensuite par un thème qu'on dirait de flûte, en ut dièse dorien, bondissant dans l'aigu. Pour finir, les deux mélodies se superposent, puis le thème de flûte achève seul, et tout rentre dans le silence. Le morceau s'inscrit sur trois portées, qui en rendent lisibles les divers plans sonores.
– Notons qu'à partir de cette date, presque chaque œuvre importante de Bartók comportera un moment de « musique nocturne » (voyez le *Premier Concerto pour piano*, le *Quatrième Quatuor*, la *Musique pour cordes*, etc.)

*Poursuite*, le *presto* qui termine la suite, est une pièce échevelée, sensationnelle, à causer le vertige. Après quelques mesures d'accords où claquent les secondes empilées, la main gauche déclenche un roulement perpétuel de doubles croches (quintolets, quartolets vers la fin), dessin ascendant qui bute obstinément sur un mi et s'élargit progressivement vers le bas jusqu'à atteindre des écarts de dixième, de onzième, de quatorzième, forçant la main à de pénibles extensions. Sur cet ostinato hallucinant, la droite marque son thème de gamme, haletant de silences et glapissant de notes répétées. Repris en octaves, puis étoffé de doubles notes (du demi-ton chromatique à la dixième), il parcourt implacablement l'étendue du clavier, toujours soutenu par cet accompagnement hystérique à la basse. Fin crescendo (et arrivée en fa, imprévisible), qui laisse à bout de forces. Il faut de longues minutes pour revenir de l'audition de cette pièce, magnifique conclusion d'une des plus belles œuvres de la littérature pianistique de notre temps.

## *Neuf Petites Pièces* (Sz. 82)

COMP octobre 1926. PUB 1927 (Universal), en trois fascicules. CRÉ de huit sur neuf par Bartók (8 décembre 1926, Budapest, avec la *Sonate* et deux pièces d'*En plein air*).

Elles forment une collection disparate : on dirait des chutes (le terme des couturiers) des deux chefs-d'œuvre précédents. D'abord quatre *Dialogues* ; puis quatre pièces pouvant composer une petite suite ; et enfin un diptyque à deux volets contrastés. Tel quel, ce recueil a peu de chances d'être entendu au concert ; dommage pour certaines de ses pièces, de la meilleure veine.

Les quatre *Dialogues* sont des inventions à deux voix (avec à peine parfois quelques notes pédales passagères), comme on en verra beaucoup dans *Mikrokosmos*. Peu variés, un peu acides, un peu ingrats, et sentant leur pédagogue, ils témoignent à leur manière d'un ambiant « retour à Bach », tout en étant des expériences de bitonalité, ou polymodalité.

Suit un *Menuetto*, d'esthétique voisine. Linéaire, économe de moyens, il est à la limite du persiflage, peut-être sans le vouloir ; musique inclémente, où persiste, entre autres, un la ♯ à la basse, qui fragilise l'assurance du ton de la (majeur/mineur).

Plus réussie est la *Chanson*, dont un court prélude établit la tonalité (la majeur, *allegro*), qu'avivent des grappes de secondes claires et joyeuses. Le thème de la chanson proprement dite *(meno mosso)* est traité en legato à deux voix, d'une nudité enfantine ; il s'accélère, en notes détachées, accompagné d'accords : harmonies faciles, que parfument à peine un ré ♯, un sol ♮. Reprise, en postlude, des mêmes grappes de notes, et ce sol ♮ s'installe, imposant le mode mixolydien.

La *Marcia delle bestie* (en si bémol majeur/mineur, *comodo*), amplifiée, n'eût pas déparé la suite *En plein air*. Ses thèmes têtus en font, à tout le moins, un petit « allegro barbaro », de belle facture.

Rythme martelé aussi et trépidant surplace *(allegro molto)* pour le *Tambour de basque*, mais dans un climat sonore assez inhabituel chez Bartók, presque méditerranéen, et avec des accords que l'on dirait andalous ! « Blanc majeur » : tout juste un si ♭ apparaît-il à la troisième page, et c'est seulement la quatrième et dernière qui reçoit une profusion d'acciacatures sur les touches noires.

La neuvième de ces *Petites Pièces* (en sol dièse mineur) est composée d'un *Preludio* aux contrepoints graves et austères, aux lignes pures *(molto moderato)*, suivi d'un *All'ungherese*, où le même thème se voit utilisé dans un tout autre propos *(allegro non troppo, molto ritmico)* : accélération perpétuelle, notes répétées et ostinatos d'accords, une fois de plus ce style « allegro barbaro », si caractéristique de Bartók.

## LES ŒUVRES TIRÉES DU FOLKLORE

Bartók lui-même, on le sait, envisageait tant de façons de traiter un matériau folklorique (de la simple harmonisation de chants populaires à la fusion, dans une œuvre, de l'« esprit » même du folklore), qu'à peu près toute sa musique pourrait participer de cette rubrique. Mais nous nous y tiendrons aux recueils qui emploient des thèmes donnés, dont le compositeur inclut souvent la liste en annexe. Tels sont par exemple les morceaux de l'« année roumaine » (1915), les *Quinze Chants hongrois*, et même les *Improvisations* et les *Rondos*, bien qu'ils se trouvent à la frontière étroite qui sépare arrangement et composition (c'est-à-dire la démarche du folkloriste, si génial soit-il, et l'inspiration d'un libre créateur).

### Trois Chants populaires hongrois du district de Csík (Sz. 35)
COMP 1907. PUB 1909 (Rozsnyai).

Trois pièces minuscules, le premier filet d'eau de cette immense nappe du folklore que Bartók, muni de sa baguette de sourcier, va explorer désormais avec tant de persévérance et d'amour. Il en a entendu les thèmes à la flûte, joués par un vieux paysan. Enchaînées, la première dans un lent rubato, malléable, expressif, les deux autres peu à peu plus vives et plus fermement rythmées, elles touchent d'emblée, humbles fleurs des champs que rehaussent des harmonies encore faciles, triades et septièmes (celles qu'emploieront, huit ans plus tard, les fameuses *Six Danses roumaines*).

### Sonatine (Sz. 55)
COMP 1915. PUB 1919 (Rózsavölgyi). Transcrite pour orchestre en 1931, sous le titre *Danses de Transylvanie*.

Écrite sur des thèmes transylvaniens, elle inaugure l'année du folklore roumain (voir les *Danses* et les *Noëls* qui suivent). Ses petites dimensions, sa facilité d'exécution, son agrément auditif en font une récréation un peu exceptionnelle dans la carrière de Bartók.

Trois mouvements. Le premier, sous-titré *Joueurs de cornemuse*, a un thème très modal (en ré, *molto moderato*), qui chante gaiement sur des quintes à la basse, en bourdon paysan. Le milieu, en ut, est plus rapide *(allegro)*, plus enjoué encore, sur ses accords à contretemps. Harmonies simples et fraîches et euphonie recherchée, pour ces pages insouciantes.

Le deuxième mouvement *(moderato)* a beau s'intituler *Danse de l'ours*, on est loin de la dixième des *Pièces faciles* qui porte le même titre. Ici, pas d'accords piétinants, pas de notes obstinément répétées, mais un thème débonnaire, presque placide, marqué « pesante », qui hésite entre ut majeur et la mineur et passe de la main droite à la main gauche. Quatre lignes au total.

Le finale (en ré, *allegro vivace*) est une danse joyeuse, aux mêmes effets de bourdon, au rythme syncopé, bien accentué sur le premier temps. Trio en sol, avec un long trille mesuré à chaque main tour à tour.

### Danses populaires roumaines (Sz. 56)
COMP 1915. PUB 1918 (Universal). DÉD au professeur Ion Busitia. Transcrites pour petit orchestre en 1917.

Ces six pièces ne doivent pas être confondues avec les *Danses roumaines* de l'opus 8, au nombre de deux seulement et datant de 1909-1910. Elles forment une des œuvres les plus charmeuses, les plus célèbres de Bartók, surtout dans la version orchestrée. Suite de petites dimensions, d'une grande transparence dans l'harmonie, qui veille à ne jamais écraser les thèmes. Peu de notes, sans doute ; mais que d'oreille !

Successivement : *Danse du bâton*, où deux phrases inégales, respectivement de huit et seize mesures, sont énoncées chacune deux fois, avec une harmonisation différente, le rythme régulier et les basses profondes ajoutant à la mélancolie du thème (en la mineur, avec des cadences majeures, *allegro moderato*) ; *Danse de la ceinture*, trois lignes spirituelles, avec reprise, dans le mode de ré dorien *(allegro)* ; *Surplace* (en si mineur, *andante*), qui fait entendre dans l'aigu du piano, sur des pédales alternatives de si et de ré, une mélopée d'une nostalgie infinie, colorée par la seconde augmentée ; *Danse de Bucium* (sur la dominante de ré mineur, *moderato*), très douce, où sous le thème à 3/4 la basse est scandée à deux temps pendant la moitié du morceau ; *Polka roumaine* (en ré majeur, *allegro*), où le rythme assemble deux mesures à 3/4 et une à 2/4, dans la bonne humeur des notes pédales et des raclements de violons campagnards ; enfin *Danse rapide*, à deux thèmes, l'un *allegro*, commencé en ré lydien (avec sol ♯), l'autre *più allegro*, en ut lydien (avec fa ♯) ; fin enthousiaste, sur la dominante de ré.

### Chants de Noël roumains (Sz. 57)
COMP 1915. PUB 1918 (Universal).

Dans ces vingt pièces réparties en deux séries de dix, Bartók assemble un choix de *colinde*, terme qui désigne en roumain ces chants de Noël, que les garçons du village allaient chanter de maison en maison. Comme il le fera pour les *Improvisations op. 20*, il donne avec l'œuvre une table thématique des mélodies qu'il emploie, en indiquant leur ton original et leur lieu de provenance. Elles sont beaucoup plus variées, rythmiquement, que les *Danses roumaines* de la même année, où on ne sortait guère du 2/4 et du 3/4. Quelques exemples de la première série : la première pièce incruste des mesures à 3/8 dans une structure à 2/4 ; la troisième alterne 4/8 et 3/8 ; la septième porte à la clé l'addition de 2+3+2 croches, anticipant sur les *Danses bulgares* de *Mikrokosmos*, que caractérise la répétition régulière de rythmes irréguliers. C'est l'un des charmes de ces *Noëls* trop peu connus, que les déchiffreurs en chambre devraient d'autant mieux feuilleter que l'écriture en est facile (à l'usage du concert, le compositeur a prévu, en annexe, de rajouter ici ou là octaves et accords).

On observera que les dix morceaux de chaque série doivent s'enchaîner sans coupure ; cela constitue, en réalité, deux petites mosaïques, où les éclairages variés (modes, rythmes, tempos, nuances) n'empêchent pas l'unité d'inspiration, due à une même sorte de ferveur, de religiosité ingénue.

### *Trois Chants populaires hongrois* (Sz. 66)

COMP 1914-1917. PUB 1942 dans le recueil collectif *Homage to Paderewski* (Boosey & Hawkes), où ils voisinent avec des pièces de Milhaud, Castelnuovo-Tedesco, etc.

Ils faisaient partie de la grande moisson folklorique d'où sont issus les *Quinze Chants paysans* (voir ci-dessous), mais le compositeur les conserva par-devers lui et ne les sortit, tardivement, que pour l'occasion. Très brefs, chacun d'eux utilise une courte phrase répétée dans des habillages harmoniques variés. Le premier (en sol mixolydien, *andante tranquillo, rubato*) est le plus étrange, le plus spectral d'harmonie ; le deuxième (en la dorien, *allegro non troppo, un poco rubato*), le plus rythmé ; et le dernier des trois (*maestoso*, en sol mixolydien), dans sa solennité de choral, le plus adapté à ce « tombeau » du grand pianiste compositeur disparu en 1941.

### *Quinze Chants paysans hongrois* (Sz. 71)

COMP 1914-1917. PUB 1920 (Universal). Orchestrés en partie en 1933.

Ils semblent groupés de façon à constituer une sonatine ou une suite : un premier mouvement comprenant les quatre premières pièces, ou *Vieux Airs* ; un scherzo (n° 5) ; un mouvement lent en forme de variations (n° 6) ; et un finale de neuf danses (n[os] 7 à 15). Une table des thèmes utilisés, toujours avec leurs paroles, figure à la fin du recueil.

Les quatre *Vieux Airs* forment deux paires. Ré mineur pour les n[os] 1 et 2, le premier *(rubato)* déclamé à l'unisson, escorté de loin en loin d'accords de harpe ; le deuxième *(andante)*, de mode dorien, d'abord en harmonies très douces, puis passant à gauche et relevé d'accords plus rares. Fa dièse mineur pour les n[os] 3 et 4, l'un phrygien (à deux dièses, *poco rubato*), simple morceau de quelques notes à l'harmonie imprécise, erratique ; l'autre dorien (à quatre dièses, *andante*), récitatif à l'unisson, avec un rythme hésitant et des syncopes.

Le *Scherzo* (en ut dorien, *allegro*) énonce quatre fois sa mélodie, la première et la quatrième presque identiques, dans le grave, avec des accords ironiques (« umoristico »), la deuxième une octave plus haut, la troisième dans l'aigu (notes simples et notes octaviées en alternance).

La *Ballade* a un minuscule thème de quatre mesures, à 7/8, en sol dorien *(andante)*, et neuf variations qui à vrai dire ne le varient en rien, mais l'allongent d'autant de strophes. Les trois premières, où la droite ne change pas, font descendre sans cesse plus bas les arpèges d'accompagnement, dans un volume sonore accru ; la 4e est en accords ; la 5e dans l'aigu, « dolcissimo », impalpable ; les 6e et 7e, dans d'autres tonalités, essaient un chemin de traverse ; les 8e et 9e concluent dans la forme initiale, de plus en plus fort, en accords stridents.

Pour finir, les *Vieux Airs de danse*, qui sont les morceaux les plus anciens, et aussi les plus populaires du cahier (Bartók les a souvent joués seuls). Les unissent la bonne humeur, le tempo rapide, les harmonies limpides, la carrure franche (croches suivies de noires accentuées à la fin de chaque période) et les phrases impaires (rythme de trois mesures dans les nos 7, 8 et 11 ; rythme de cinq mesures dans le n° 12). Également l'enchevêtrement original : le n° 9 est repris à la fin du n° 10, le n° 12 à la fin du n° 13. Le quinzième, le plus développé, tire un savoureux parti de l'imitation des cornemuses.

## *Improvisations sur des chansons paysannes hongroises* (op. 20, Sz. 74)

COMP 1920. PUB 1922 (Universal). DÉD de la septième à la mémoire de Debussy ; elle figura dans l'hommage collectif de la *Revue musicale* (décembre 1920). CRÉ par Bartók (27 février 1921, Budapest, avec l'*Allegro barbaro*).

Huit pièces d'une invention étonnante, d'un extrême raffinement, où les thèmes populaires (dont Bartók dresse la liste au début du cahier) sont sublimés, traités avec une liberté magnifique, d'où le titre prudent d'« Improvisations sur... ». Le compositeur lui-même en disait : « ...ici la mélodie paysanne joue uniquement le rôle de la devise ; l'essentiel est ce qu'on met autour... » Ce qu'il met autour, c'est une harmonisation subtile, beaucoup plus complexe que dans ses arrangements passés, dissonante, aux frontières de l'atonalité (quoique le sentiment tonal ne se perde jamais, grâce à la forte assise tonale et modale des thèmes). L'œuvre est ainsi hissée au rang d'originale ; et preuve en est que Bartók lui assigne un numéro d'opus, ce qu'il réserve d'ordinaire à ses œuvres « personnelles ». (Noter qu'ici s'arrête la numérotation de son catalogue ; seule encore la *Première Sonate pour violon et piano* est désignée « opus 21 » dans une lettre.)

Il faut admirer, outre les merveilles que déploie l'harmonie de Bartók, la précision de ses annotations de tempo ; pour faire entendre le degré exact d'« improvisé » qu'il souhaite, le compositeur n'hésite pas à multiplier les indications, à modifier sans cesse les chiffres métronomiques ; cette méticulosité, qui met en « liberté surveillée » le pianiste, est vraiment extraordinaire ; c'est le triomphe du rubato, mais d'un rubato guidé...

Tonalement, on peut considérer que les deux premières pièces tournent autour de do, les trois suivantes autour de sol, la sixième de mi bémol, et les deux dernières à nouveau de do ; ce parcours assure au recueil une cohésion fondamentale, très sensible à l'audition.

La première *(molto moderato)* est la plus simple : un chant de quatre mesures, répété trois fois, dans un habillage chaque fois plus recherché ; d'abord quelques secondes ; puis des tierces ; puis des accords arpégés, d'harmonie plus rare. Les mesures conclusives s'effilochent comme un écho, sur la tenue d'une quinte dans le grave. (N'y a-t-il pas dans cette pièce comme un souvenir de la *Berceuse* des *Enfantines* de Moussorgski ?)

La deuxième *(molto capriccioso)*, en brusques accélérations et décélérations (la noire va de 50 à 168), est une des plus fantasques. Le thème, de huit mesures, est exposé en ut, en mi, en la bémol/sol dièse, pour finir de nouveau en ut (mixolydien) ; entre ces différentes présentations, quelques mesures libres, ornementales, à base surtout de secondes, plages de brouillage sonore. Rien n'est plus piquant que ce contraste entre une harmonie si équivoque et des thèmes si fortement installés dans la tonalité.

La troisième *(lento, rubato)*, faite de chuchotements, de frôlements, évoque d'avance l'atmosphère des *Musiques nocturnes* de la suite *En plein air*. Sur un accord égrené à la main gauche, « senza colore » (deux quartes brisées dont les notes tenues forment un empilement de secondes), le thème s'énonce une première fois, « quasi parlando ». La deuxième fois, il est à gauche, harmonisé (en décalage !) par de douces tierces arpégées sur la gamme par tons. La dernière fois, plus lent, il sonne à l'unisson des mains, avec un contrechant intérieur. Ici encore, des interludes ornementaux séparent les exposés de la mélodie, et concluent la pièce.

La quatrième *(allegretto scherzando)* énonce deux fois son thème de douze mesures. D'abord en sol, accompagné sur le temps faible d'un petit ornement chromatique, rapide et fuyant, en triolets (alternativement lydien/phrygien, comme l'arpège de la *Barcarolla* dans *En plein air*). Puis, embelli de mordants et de trilles, il a pour support, à contretemps, des accords bigarrés qui sont autant d'acciacatures. La coda, sur des quintes vides, aboutit en sol avec une délicieuse désinvolture.

Tempo instable à nouveau pour la cinquième *(allegro molto)*, succession d'« allargando », « stringendo », « rallentando », « ritardando », « accelerando »... Une seconde mineure do ♯-ré accompagne d'abord le thème, à quoi s'ajoute bientôt le do ♮, l'ensemble formant un petit cluster grésillant. Puis viennent des quintes, et enfin des accords de septième. Le thème, lui, ne quitte pas son confortable ton de sol mineur. Coda accélérée, sur des lambeaux du thème.

Dans la sixième *(allegro moderato, molto capriccioso)*, un « scherzando » bitonal (gauche pentatonique en octaves sur les touches noires, droite en accords sur les blanches) prélude à deux expositions du thème (pentatonique lui aussi), l'une dans l'aigu, avec un rythme hésitant basé sur des croches et des noires irrégulièrement combinées en quintolets, – l'autre dans le médium puis le grave, en octaves à la gauche. La fin reprend le prélude, crescendo jusqu'au *fff*.

La septième improvisation *(sostenuto, rubato)*, celle du *Tombeau de Debussy*, est une des plus belles du cahier. Elle a pour thème une berceuse de Transylvanie, et l'environnement harmonique emprunte beaucoup aux accords chers au musicien français. Atmosphère impressionniste, tour à tour vibrante et vaporeuse.

La huitième pièce *(allegro)* conclut brillamment le cycle, avec le thème successivement en si, en ré, en canon mi/si bémol, enfin en ut où elle rejoint le ton de la première pièce (je parle toujours de l'harmonie inhérente au thème, de son assise tonale, car pour le reste...). Accords percussifs, doubles notes tantôt légères et tantôt crépitantes, rythmique capricieuse, et ces altérations mélodiques qui font croire à des variations fantasques et impertinentes. Cela d'autant mieux que les *Improvisations* sont comme un renoncement, au bout de nombreuses années consacrées au folklore. Bartók ne concluait-il pas, dans l'autobiographie qu'il confia en 1921 au *Musikblätter des Anbruch*, qu'il n'y avait « nulle part au monde un réel intérêt pour cette branche de la science musicale (l'ethnomusicologie), qui n'a peut-être pas la signification que certains de ses fanatiques lui ont donnée » ? De fait, désormais ses œuvres de création originale prendront complètement le pas sur ses arrangements de thèmes folkloriques ; au piano, il restera encore les trois *Rondos*.

### *Trois Rondos sur des thèmes populaires* (Sz. 84)
COMP 1916 (n° 1), 1927 (n°s 2 et 3). PUB 1930 (Universal).

Il y a une grande différence de style entre le premier, écrit dans la période qui a vu naître tant d'harmonisations de thèmes populaires, et les deux autres, composés au lendemain des grandes œuvres libres que sont la *Sonate* et la suite *En plein air*. Le premier rondo (en ut majeur) est traité assez sagement, ses thèmes alternant plaisamment le lent et le rapide, avec des transpositions et des variantes harmoniques, comme dans les *Quinze Chants paysans* ou les *Six Danses roumaines*. Le deuxième (en ré polymodal) et le troisième (en fa lydien, avec si ♮), en revanche, sont plus libres d'écriture, plus audacieux dans leurs harmonies, leur pianisme rude et percussif, avec des passages contrapuntiques très caractéristiques du Bartók des années vingt.

### *Petite Suite* (Sz. 105)
COMP 1936. PUB 1938 (Universal).

Ces pièces écrites d'après cinq des *Quarante-quatre Duos pour deux violons* de 1931 (destinés à la jeunesse, l'équivalent pour les violonistes des cahiers *Pour les enfants*) ont pris du poids en changeant d'instrument, et demandent au pianiste plus que du savoir-faire. Gravité, et même âpreté de la première pièce, *Air lent* (en la mineur/majeur, *lento, poco rubato*), avançant résolument au pas de ses noires. Mais c'est pour tomber dans la

*Danse tournoyante* de la deuxième *(allegro)*, dont le ton de ré est joyeusement saupoudré de toutes sortes d'épices délectables, – puis dans le *Quasi pizzicato* de la troisième (en sol majeur, *allegretto*), où des accords sèchement arpégés évoquent le violon, et que pimente à la fin le mélange majeur/mineur. La quatrième pièce, une *Danse ruthène* (en si bémol majeur, *allegretto*), commence dans la bonhomie des quartes et des sixtes, pour se trouver peu à peu vitriolée de dissonances, d'une allègre férocité. Et l'on termine sur une pièce intitulée *Cornemuses* (début en sol lydien, *allegro molto*), tout aussi cliquetante de fausses notes, mais sans le moindre sarcasme, plutôt comme autant de violons de village désaccordés, accompagnés d'un bourdon obstiné, dans la bonne humeur générale.

## LES ŒUVRES PÉDAGOGIQUES

À cheval sur les catégories précédentes, puisqu'un grand nombre des pièces qui suivent sont des arrangements de chants populaires, mais que d'autres sont des créations à part entière. Peu importe, leur point commun est de servir, de par la volonté du compositeur, à l'éducation des jeunes pianistes, non seulement en étendant leur répertoire, comme le font les morceaux de *Pour les enfants*, mais en leur proposant une méthode complète, comme l'ambitionnent les six cahiers progressifs de *Mikrokosmos*.

### *Pour les enfants* (Sz. 42)
COMP 1908-1909 (85 pièces, en quatre cahiers) ; révision 1945 (79 pièces, en deux cahiers). PUB 1910-1912 (Rozsnyai) ; version révisée 1947 (Boosey & Hawkes).

Bartók y exploite à fond le trésor des chants populaires et se propose de les faire aimer en priorité aux enfants, à cet âge privilégié où la mémoire est tendre et le goût spontané. Estimant que le folklore, outre ses vertus inspiratrices pour tout compositeur qui sait le transcender après s'en être imprégné, constitue un matériau pédagogique de première qualité, il s'engagea avec joie dans la composition de ces petits joyaux, que petits et grands déchiffrent avec autant de plaisir, et que des virtuoses ne se privent pas de jouer en concert : Bartók le premier, qui en donnait souvent un choix. Il faut l'imiter, d'ailleurs ; une audition intégrale n'en est pas concevable ; voilà par excellence une œuvre où l'on se promène comme dans un petit jardin embaumé, où l'on cueille telle et telle fleur, où l'on assemble des bouquets variés. – Le succès de ces morceaux leur valut des transcriptions, pour violon et piano, pour orchestre, aussi bien du compositeur que d'autres musiciens.

Dans la version définitive de 1945, le premier cahier est consacré à des thèmes hongrois, le second à des thèmes slovaques. Pièces véritablement « enfantines », sans jamais être des « enfantillages », elles prennent le débutant par la main, les oreilles, le cœur. Par la main, ou plutôt les doigts : positions faciles et rapprochées, absence d'octaves, accords étroits, peu d'altérations, écriture linéaire et dépouillée. Par les oreilles : non seulement le majeur et le mineur, mais aussi tous les modes, sans oublier l'échelle pentatonique ; le charme des mélodies est subtilement rehaussé par des harmonies qui réussissent un étonnant équilibre entre recherche et simplicité, et s'inspirent en quelque sorte des intervalles mêmes du chant (d'où ces septièmes si doucement consonantes, ces quartes fraîches, ces quintes débonnaires). Par le cœur et les sens : sans qu'on ait besoin de lire les titres, auxquels pourtant la révision s'est attachée à donner le plus d'attrait possible (ici une *Ronde*, là une *Chanson des soldats* ou une *Chanson à boire*, ailleurs une *Plaisanterie*, une *Poursuite*, un *Chagrin*), les moindres notes parlent juste, et profond.

### *Les Débutants au piano* (Sz. 53)
COMP 1913. PUB 1913 dans la *Méthode* de Bartók et Sándor Reschofsky ; réédition 1929 (Rózsavölgyi).

Pour mémoire. Dix-huit petits morceaux rudimentaires sur cinq notes, quelques thèmes populaires, deux ou trois numéros à peine plus aventureux : c'est un travail appliqué, et l'on est loin des trouvailles constantes de *Pour les enfants*.

### *Mikrokosmos* (Sz. 107)
COMP 1926, 1932-1939. PUB 1940 (Boosey & Hawkes), en six cahiers. DÉD des deux premiers cahiers à son fils Péter ; des *Six Danses* du 6e cahier à Harriet Cohen. Sept pièces transcrites pour deux pianos en 1940 (nos 113, 69, 135, 123, 127, 145, 146).

Ce vaste ensemble est le testament pianistique de Bartók ; il s'y trouve résumé, avec une bonne partie de la musique de son temps. L'œuvre se présente sous le couvert d'une méthode de piano. On y progresse régulièrement : si les deux premiers cahiers s'adressent aux débutants, il faut un virtuose pour triompher des difficultés des *Danses bulgares* qui couronnent le sixième.

On y apprend, bien sûr, la technique proprement pianistique *(Staccato et legato, Passage du pouce, Mains croisées, Études en notes doubles, Arpèges divisés)*, mais aussi la technique musicale, celle de Bartók en tout cas, et ce dès les premiers cahiers *(Canon à l'octave, Canon à la quinte inférieure, Deux Pentacordes majeurs, Sons harmoniques, Gammes par tons entiers, Sujet et renversement)*. Dès le début aussi est éveillée la curiosité pour les modes, pour les rythmes populaires *(En mode dorien, En mode phrygien, En mode lydien, À la yougoslave, À la hongroise, À l'orientale, À la russe, De l'île de Bali)*. Mais l'apport le plus intéressant reste celui des pièces caractéristiques, impressionnistes, subjectives, qui traduisent le « microcosme », justement, de Bartók ; *Ce que la mouche raconte, Mélodie dans la brume, Canotage, Notturno*, expriment son amour de la nature, – et même un titre aussi « théorique » que *Secondes mineures, septièmes majeures* (sixième cahier) ne fait que camoufler un moment de « musique nocturne » comme lui seul sait les écrire. Et il y a son humour si singulier *(Foire, Cahots, Burlesque rustique, Bouffon)*. Certes, dans ces pièces conçues au départ comme « enfantines », un certain Bartók, celui de la violence, de la frénésie, semble ne pas s'exprimer. Par ailleurs, tout cela est-il toujours de la musique ? La pédagogie peut-elle longtemps aller de pair avec une musique créative, inventive ? Tant de bonnes intentions marquent du même coup les limites de l'œuvre, du moins des premiers cahiers, écrits d'ailleurs après les autres, pour fournir un début à la « méthode ».

Au total, cent cinquante-trois pièces. De trente-six dans le premier cahier, elles ne sont plus que quatorze dans le sixième, mais ont gagné en ampleur, et surtout en force et beauté. De toute manière, la plus longue n'atteint pas trois minutes et demie (selon l'auteur), et plus de la moitié durent moins d'une minute. Pas de temps perdu : un problème bien posé est vite résolu.

Il ne s'agit pas de commenter une à une ces pièces. Les deux premiers cahiers, en particulier, n'offrent pas de prise. De ces morceaux brévissimes, *ad usum delphini*, qu'il suffise de dire qu'on y trouve déjà, sous les espèces les plus simples, toutes sortes de modes populaires, et de canons plus ou moins savants.

Du TROISIÈME CAHIER, un peu moins rudimentaire, on retiendra : *Mélodie contre doubles notes* (n° 70), qui propose des armures différentes à chaque main : rien à la gauche, cinq dièses à la droite, renouvelant le propos de la *Première Bagatelle* ; *Hommage à J.S.B.* (n° 79), titre transparent, où Bartók renvoie, comme dans les *Dialogues* de 1926 (des *Neuf Petites Pièces*), au Bach des *Inventions* à deux voix (la pièce suivante, *Hommage à R. Sch.*, est loin d'être aussi réussie) ; *Duo pour chalumeaux* (n° 88), également à deux voix, d'un rythme souple et d'un contrepoint délicat ; *Cahots* (n° 96), où les mains jouent parfois à l'unisson, parfois en avance l'une sur l'autre, parfois encore en mouvement contraire.

Le QUATRIÈME CAHIER s'ouvre sur l'admirable *Notturno* (n° 97), qui est plutôt une barcarolle, très lente et très calme, avec son va-et-vient d'arpèges et son thème confiant. *Chanson de style populaire* (n° 100) combine savoureusement 5/8 et 3/8. *Sons harmoniques* (n° 102) est une expérience de sonorité : la gauche enfonce sans le faire sonner un accord parfait (si-ré♯-fa♯) ou de septième (si-ré-fa-la), libérant les étouffoirs ; la droite plaque cet accord dans un autre registre, et sur les harmoniques qui résonnent alors, égrène doucement un thème d'allure populaire ; effet surprenant et original (le premier exemple de l'emploi des harmoniques se trouve dans la première des *Pièces op. 11* de Schönberg, écrites en

1909 ; le résultat y est quelque peu différent). *Mélodie dans la brume* (n° 107) est une petite page impressionniste, sorte d'hommage simple à Debussy ; des accords (la gauche sur les touches blanches, la droite sur les noires) tissent un brouillard ténu, d'où émergent des lambeaux de thèmes. *Lutte* (n° 108) propose, à l'unisson, un véritable conflit entre la partie basse et la partie haute de chaque main, chacune à son tour jouant un court motif sur les tenues de l'autre. *De l'île de Bali* (n° 109), un *andante* au milieu duquel s'intercale un *risoluto*, taquine les modes exotiques, de manière allusive et raffinée ; deux échelles de quatre sons (si-do-fa-sol♭ à droite, sol♯-la-ré-mi♭ à gauche) se répondent ou se superposent.

Le CINQUIÈME CAHIER voit plus grand encore, et plus haut. Presque tout serait à citer. *Accords joints et opposés* (n° 122) est un de ces morceaux trépidants dont Bartók a la spécialité : les accords s'entrechoquent, les secondes crissent, au milieu des accents brutaux, des syncopes, des contretemps, dans une implacable vitesse. *Staccato* (n° 124) est une étude non seulement de notes piquées, « secco quasi pizz. », mais aussi de notes répétées, qui vrillent toute la première page, obstinées et placides ; dans la seconde, l'atmosphère se raréfie : nombreux silences, irrégulièrement disposés, avant le grésillement chromatique des dernières mesures. *Canotage* (n° 125), une des pièces les plus poétiques de *Mikrokosmos*, rappelle le *Notturno* du cahier précédent ; bitonale, mais sans rudesse ; la main droite y joue un thème pentatonique sur les touches noires, la gauche l'accompagne d'arpèges sur les blanches ; au milieu, les mains échangent leurs positions ; impression de calme, de langueur monotone ; la fin, très ralentie, n'a plus que des bribes et s'efface comme un rêve. *Danse paysanne* (n° 128) est autrement plus terre-à-terre : pesanteur de l'accompagnement, en noires bien scandées, sous un thème des plus frustes ; la section centrale est un hommage de plus à Bach, avec ses sages imitations, avant le retour du motif de danse en doubles croches ornementales. *Tierces alternées* (n° 129) refait à la manière de Bartók le prélude debussyste du même nom (dans le Second Livre) : plus brièvement, plus rudement aussi, avec des détentes nerveuses et des accents caractéristiques. *Burlesque rustique* (n° 130), miniature sans prétention mais non sans humour, énonce tour à tour à droite puis à gauche un thème tout simple dont la couleur modale est subtilement variée au moyen d'accidents divers. *Secondes majeures plaquées ou brisées* (n° 132), malgré la sécheresse de son titre, est un chef-d'œuvre du piano de Bartók, à rattacher à son inspiration « nocturne » ; ces dissonances qui mordent la page, ce thème sinueux d'intervalles étranges, cette hypnotique lenteur y créent peu à peu toutes les conditions de l'envoûtement. *Syncopes*, qui lui fait suite (n° 133), réveille d'un coup par les problèmes rythmiques qu'il pose, par son côté percussif et strident, par ses dissonances inclémentes. Le début de *Cornemuse* (n° 138) est très spirituel, qui superpose (sans prévenir !) le 2/4 d'un thème agrestement orné de quintolets et le 3/8 d'un accompagnement basé sur la quinte du « bourdon ». Et *Bouffon* (n° 139) termine joyeusement le cahier, avec ses anapestes bondissants, ses cadences bien carrées, ses notes répétées dans l'aigu (et à la fin dans le grave), comme un appel, et ses petites cascades brisées, créant une savoureuse bitonalité.

Le SIXIÈME CAHIER vaut la peine d'être connu (et exécuté) en entier. On en extrait toujours les fameuses *Six Danses bulgares* qui le terminent brillamment ; mais les huit pièces qui précèdent sont aussi inspirées. *Variations libres* (n° 140) joue sur les doubles notes, intervalles divers où règne cependant la seconde mineure, avec son bruissement d'aile de criquet ; vitesse harassante *(allegro molto)*, mais impression de surplace, due à ce « la » tonique, qui se meut à travers les registres mais demeure omniprésent, les autres notes tournoyant chromatiquement autour de lui ; l'épisode central *(molto più calmo, lugubre)* transforme en chant intense le motif que dissimulaient les doubles notes précédentes. *Sujet et renversement* (n° 141) et *Arpèges divisés* (n° 143) partent une fois de plus d'un prétexte didactique pour aboutir à de petits poèmes musicaux ; le premier, avec son écriture à quatre voix où dominent quartes et quintes, a une couleur étrangement médiévale ; le second, par sa souplesse, sa brume soyeuse, sa liquidité, évoque une fois de plus l'art de Debussy. Entre les deux, *Ce que la mouche raconte* (n° 142) est un bourdonnant scherzo, que Jankélévitch dirait « entomologique », où comme autour d'un lumignon palpitent les secondes mineures autour d'un sol central ; ce grêle staccato giratoire finit par donner le vertige, obstinément contenu dans le médium du clavier ; une courte section *agitato* (« e lamentoso ») l'interrompt à peine, par quelques accents plus ressentis ; le chuchotis reprend, se répand en arpèges, les deux mains coincées l'une sur l'autre, et disparaît dans un souffle, sur un ultime sol tenu jusqu'au bout. *Secondes mineures, septièmes majeures* (n° 144) recrée un peu de l'atmosphère des *Musiques nocturnes* de la suite *En plein air* ; une fois de plus, chez Bartók, la nature parle sa langue la plus secrète et la plus dépouillée ; ce *molto adagio, mesto* pourrait servir de mouvement lent à la plus ambitieuse des sonates ; ce sont trois minutes et vingt-cinq secondes (puisque le compositeur a minuté le morceau !) de frémissements impalpables, tressaillements d'herbes et d'insectes, avec soudain une plainte d'oiseau de nuit ; que le simple choix de deux intervalles dissonants puisse donner ce résultat semble tenir du miracle ; il tient à une oreille aiguë, à une sensibilité exacerbée, en connivence avec le monde. Les trois pièces qui suivent ce sommet paraîtront plus minces en comparaison : une *Invention chromatique* (n° 145) dont les deux versions a et b peuvent être jouées séparément, ou ensemble à deux pianos ; un *Ostinato* (n° 146) vigoureux, où le compositeur refait encore une fois cet *Allegro barbaro* de sa jeunesse qui lui a servi de carte de visite auprès du grand public ; enfin une

*Marche* (n° 147) pesante, en octaves massives, en sonores triolets, statique d'harmonie (le début sur une pédale de si) et de rythme.

Les *Six Danses sur des rythmes bulgares* qui couronnent le cahier (n°s 148-153) sont à part ; dédiées à la pianiste Harriet Cohen, elles forment un tout indissociable, d'une difficulté accrue par rapport à l'ensemble de l'œuvre. Elles ne sont bulgares que par leurs rythmes, leurs mélodies demeurant dans l'esprit populaire hongrois ; rythmes composés, un pour chaque danse, et conservé tout au long de la pièce. La première a un rythme de 4+2+3 croches, qui s'élance sur une gamme ascendante de mi majeur, contredite par le thème, en mi phrygien (sans altérations) ; c'est la plus plaintive, la plus féminine des six, en dépit des octaves qui la parachèvent. La deuxième, au rythme de 2+2+3 croches, est narquoise, avec ses notes répétées, son thème énoncé en octaves brisées (ut dorien), ses mesures de surplace. La troisième est à 5/8, rythme boiteux par excellence ; elle ne se prive pas de claudiquer, non sans charme ; c'est la plus légère de texture, la plus énigmatique d'atmosphère. La quatrième (3+2+3 croches) montre tour à tour une verve un peu drue et une enfantine candeur ; thème syncopé qui rebondit d'une main à l'autre, beaux accords parfaits, secondes répétées, quelques trilles sur la fin, et deux lignes plus compactes pour terminer. La cinquième compte 2+2+2+3 croches, à toute vitesse, et utilise des syncopes, des contretemps, des notes et des accords répétés ; elle tourne modalement autour de la, en délicatesse, du bout des doigts. La sixième, à 3+3+2 croches, est en mi majeur comme la première et ferme ainsi cette manière de « suite » ; thème en accords parfaits, accompagnement d'octaves brisées formant une pédale de tonique, notes répétées répandant leur fébrilité à travers la pièce, motifs de croches en imitations, c'est la plus virtuose, et son crescendo final, ponctué d'octaves éclatantes, sert d'apothéose à tout *Mikrokosmos*.

## PIÈCES DE JEUNESSE

Il s'agit des pièces, fort nombreuses, composées jusqu'en 1904 (et on y inclura la *Rhapsodie*, opus 1 officiel du catalogue de Bartók). Elles posent l'éternel problème : réussies ou non dans leur genre, leur auteur n'y figure ni de face ni de profil, elles n'en livrent pas la moindre prémonition. Qu'en faire ? Et quel est ce singulier tour d'esprit qui nous empêche de goûter, à telle date et sous telle signature, des musiques que nous aurions accueillies avec intérêt, parfois avec enthousiasme, si elles étaient signées d'un autre auteur, à une autre époque ?

La plus grande partie de ces *juvenilia* est perdue. Ce qui reste fait de temps en temps l'objet d'une publication, d'un article. Bornons-nous à commenter quelques morceaux qui en valent la peine ; il y a assez à engranger avec le véritable Bartók.

Les éditions Zenemükiadó Vállalat (Budapest) ont publié en 1965 un petit recueil de six pièces. Parmi elles, un *Scherzo ou Fantaisie* en si majeur écrit en 1897. Bartók est alors âgé de seize ans, et compose inlassablement (beaucoup de pièces de cette année-là ont disparu, dont une *Sonate* et une *Grande Fantaisie*). On entend, dans ce morceau plein d'une sombre impétuosité, tour à tour le tumulte des *Rhapsodies* de Brahms (la partie principale) et leur ton de tendresse anxieuse (l'épisode mineur). Le jeune homme, cependant, abuse de sa banale formule d'accompagnement, un va-et-vient d'arpèges sous les octaves emportées de la mélodie.

Dans la même publication posthume, relevons les *Variations* de 1900-1901, un thème de choral en mi mineur *(andante)*, suivi de treize variations, dont les dernières passent au mode majeur. Exercice d'école ; mais il figurerait en bonne place dans le catalogue d'un postromantique. La pâte est épaisse, au point de tourner en grumeaux, et le jeune étudiant semble vouloir prouver qu'il peut faire avec deux mains ce qu'un autre aurait destiné à quatre. Mais cela sonne bien, indéniablement. Et l'on peut extraire du lot, dégagée de cette écriture inflationniste, la sobre 6ᵉ variation *(adagio)*, lente procession d'accords endeuillés.

Autres travaux d'apprentissage, les *Quatre Pièces* de 1903, publiées dès 1904 (Bárd Ferenc, Budapest), c'est-à-dire trop vite pour laisser à leur auteur le temps du repentir, trahissent elles aussi une étonnante facilité à imiter les maîtres qu'il étudiait, Brahms, Liszt ou Strauss. Lui-même en est cruellement absent. Ce n'est pas forcément une raison pour les bouder toutes, et l'une au moins d'entre elles, la première, une *Étude pour la main gauche* (en si bémol majeur, *allegro*), long morceau en forme sonate, passe dignement la rampe. À condition de ne pas songer un instant au musicien des *Bagatelles*, de l'*Allegro barbaro* ou de la suite *En plein air*, on se laisse prendre à ces pages virtuoses, touffues mais généreuses, qui alternent panache et lyrisme, – et enrichissent le répertoire « manchot », fascinant mais limité. Les trois autres pièces, deux *Fantaisies* et un *Scherzo* (en mi mineur ; long, très long, démesuré), ne se déchiffrent que d'une oreille et d'un doigt distraits.

La *Marche funèbre* que Bartók, en 1903, a arrangée pour piano d'après le dixième tableau de son poème symphonique *Kossuth*, comme la *Rhapsodie* (op. 1) de 1904, plus connue dans sa version pour piano et orchestre, sont les derniers produits de ce hungarisme faux, ou tout au moins bâtard, qu'ont forgé les Tziganes et que Bartók a hérité de Liszt. Œuvres apparentées par les thèmes, inflexions et cadences, par les rythmes, par les harmonies. Les pages de la *Rhapsodie* (du moins de cette transcription de l'*adagio mesto*, dédiée à Emma Gruber) sont noires d'un fourmillement de notes, et traduisent à la fois, en leur exubérance décorative, en leurs assauts de sombre passion, les restes d'un romantisme naïf et les débuts d'un nationalisme ardent. On a envie de leur opposer la blancheur de la *Première*

*Bagatelle* : ce serait tricher. Les *Études* de 1918, si authentiquement bartokiennes, seront à peine moins chargées ; mais, aussi, de quelle musique !

## René BATON (RHENÉ-BATON)
(1879-1940) Français

Une cinquantaine de mélodies, une quarantaine de pièces de piano, quelques pages symphoniques, un peu de musique de chambre : l'activité principale de Rhené-Baton, la seule dont on se souvienne aujourd'hui, celle de chef d'orchestre (notamment aux concerts Lamoureux et aux concerts Pasdeloup), ne l'a pas empêché de composer ; et même, à certaines époques, avec ardeur : la décennie qui va de 1920 à 1930 concentre plus de la moitié de son œuvre, et c'est pourtant celle qui l'a vu constamment monter au pupitre et défendre la musique des autres.

La sienne est-elle impérissable ? On répondrait mal en disant qu'elle a déjà péri corps et biens. Il loge, assurément, dans cet immense purgatoire qui rassemble, Dieu sait pour combien de temps encore, tant de musiciens français, authentiques créateurs, qui ont préféré leur sincérité à l'opportunisme des modes, leur solitude à la publicité des chapelles. Mais observez que les temps changent, que quelques-uns commencent d'en sortir. Et si même, après tout, Rhené-Baton ne devait jamais plus avoir son heure, quelques déchiffreurs, en chambre, s'offriront encore le simple bonheur de ces thèmes colorés de modalismes, souvent carrés, parfois un tantinet rudes et malappris, aimant mieux se répéter que se développer, et de ces harmonies abondamment chargées de secondes et de septièmes, et qui ne tiennent pas en place, qui modulent infatigablement.

Le terroir a fourni, à ce Breton, la matière de plusieurs pièces isolées, – *Danses de la Saint-Jean au pays trécorrois* (op. 40), *Vieille Chapelle en Cornouaille* (op. 41), *Danse pour Anne de Bretagne* (op. 44), – mais surtout de deux suites pittoresques, séparées d'une dizaine d'années. La plus ancienne, intitulée ***En Bretagne*** (op. 13), comporte six morceaux, composés de novembre 1908 à février 1909, sauf le premier, qui date de 1901 (publication en 1909, chez Durand, comme toutes les partitions citées dans ce chapitre). Les meilleurs : le deuxième, *Retour du Pardon de Landévennec* (en la mineur), dont on retient le *tempo di marcia* initial, en mode éolien (avec sol ♮), et plus encore, au même pas, la chanson naïve des mes. 15-26, en « blanc majeur », au milieu du piano ; – le troisième,

*Dimanche de Pâques, sur la place de l'église de Pont-Aven* (en si mineur, *allegro vivo*), rempli de sonnailles joyeuses, reprises à la fin comme dans un écho affaibli, avec au milieu, par bouffées, le cantique du « *O filii* » harmonisé de lents trémolos ; – enfin le cinquième, *Fileuses près de Carantec* (en ré majeur, *allegro moderato*), avec son dévidement de doubles croches, arpèges en va-et-vient au centre du clavier : on y gagne peu à peu l'impression, physique, d'être assis soi-même au rouet...

L'autre recueil régional a pour titre ***Au pardon de Rumengol*** (op. 25), six pièces composées d'avril à juillet 1921 (et publiées en 1922, avec une dédicace à cet autre Breton, Louis Aubert). Un morceau y est savoureux entre tous, quoique un peu trop étendu, le quatrième, *Le Coin des commères* (en si mineur, *allegretto vivace*), dans son jacassement de secondes à tous les registres, ses vives réparties, ses phrases tour à tour martelées ou chantantes. – *Soir de fête*, le sixième (en la bémol majeur, *allegro vivace*), fait un vigoureux finale, scandant obstinément son petit thème carré, sur tous les tons, s'ajoutant un air de fifre, d'abord lointain, puis proche, éclatant, glapissant, ne voulant plus quitter la place où l'on rit, où l'on chahute, où l'on tape des mains et des sabots. – Voyez aussi la deuxième pièce, *La procession sort de l'église* (en la majeur, *tempo di marcia, poco maestoso*), pour son ostinato intérieur de quartes et de quintes, en carillon assourdissant, entre basses ronflantes et choral à pleins poumons ; la dernière page, toutefois, va lentement diminuant, espaçant ses volées de cloches, les estompant dans un poétique lointain.

Ne limitons pas trop vite Rhené-Baton à ces musiques en patois. Il lui arrive de délaisser sa chère Bretagne, d'aller par exemple, à l'autre bout du monde, évoquer le ***Cortège funèbre d'un samouraï*** (op. 41), dans une pièce composée en juillet 1924 (publiée en 1925), aux lourdes sonorités de gong, aux lents et lancinants dessins chromatiques.

Ou encore il lui agrée de remonter le temps, par exemple pour les trois morceaux ravissants qu'il a réunis en mai-juin 1920 sous le titre ***Dans le style rococo*** (op. 23, publiés en 1921) et dédiés à Marguerite Long. Avec le fond change aussi la forme : loin des angélus, des pardons, des processions et des rondes villageoises, son écriture se fait incisive, son harmonie d'une âpreté étonnante ; on sent qu'il a mis beaucoup d'humour et d'amour à la fois à ouvrager ces bibelots, qui valent bien des pages plus ambitieuses. Successivement une *Romance sentimentale* (en fa dièse mineur, *andantino*), à jouer « avec préciosité », presque satiste en ses phrases, en ses rythmes, en son ironie ; un *Menuet vieillot* (en sol bémol majeur), que Ravel aurait pu revendiquer, et dont le trio (en ré), presque tout en quintes, sonne inopinément chinois ! ; – une *Sérénade baroque* (en fa mineur, *allegretto con moto*), au vrai tout simplement espagnole, avec ses arpèges sèchement arrachés, ses martellements, ses modes exotiques, et tout le nonchaloir andalou dans le trio.

Ces qualités plus aiguës se retrouvent dans deux pièces qui me paraissent être les fleurons de la production pianistique de Rhené-Baton, parce qu'il s'y ajoute, dans l'une le sentiment de l'étrange et du surnaturel, dans l'autre celui du tragique ; toutes deux trahissent, sous leurs dehors trompeurs, des préoccupations plus graves, et touchent en nous une région plus profonde. La première est la **Deuxième Ballade** (op. 43), d'août 1925 (publiée en 1926). Elle part d'un programme, inspiré peut-être du *Souper des armures* de Théophile Gautier : « ...et parfois, la nuit, dans la galerie d'honneur du vieux château désert, les portraits des ancêtres s'animaient ; chevaliers et marquis, princesses et duchesses, s'évadant de leurs cadres, se mettaient à danser... » L'argument est sans doute naïf, la musique l'est assurément moins, avec les sonorités larvaires de son prologue et de son épilogue, tintements mystérieux sur pédale de triton, et l'alternance, à plusieurs reprises, d'un menuet et d'une valse, aussi fantomatiques et grinçants l'un que l'autre.

L'autre pièce à redécouvrir, et à choyer, est la **Valse romantique** (op. 45), composée en juin 1926 (publiée en 1927). Elle pouvait n'être que frivole, comme tant de ses pareilles, – et ce n'est pas un reproche, quand elles sont réussies, comme celles de Fauré, de Saint-Saëns, de Jacques Ibert, de Florent Schmitt. Mais cette page de Rhené-Baton, à l'instar de la grande *Valse* symphonique de Ravel, non seulement répugne au jeu, aux pointes, aux révérences, aux voltes mignonnes, aux clins d'œil coquets, mais nous fait pénétrer dans un univers hostile, où sa cadence et ses envolées, pourtant attendues, ne traduisent que le malaise, que l'angoisse, que la peur du sol dérobé sous les pieds. Harmonies troubles et instables, inflexions rompues, accents meurtris, faux scherzando, – ironie retournée vers soi comme un miroir...

## Arnold BAX
(1883-1953) Anglais

C'est une personnalité fascinante que celle de Bax, devenu, selon ses termes, « un inlassable chasseur de rêves » depuis sa découverte de l'Irlande, à vingt ans, à travers les écrits de Yeats. De son goût pour les légendes et les symboles celtiques, de son amour panthéiste de la nature et en particulier de la mer, de ses visions épiques et fantasques, de son lyrisme intense, de sa quête d'on ne sait quel idéal à la fois mystique et sensuel, ne répond pas seulement son œuvre musicale, mais une production littéraire importante, tant poésie que roman, publiée sous le pseudonyme de Dermot O'Byrne. Il est fort méconnu chez nous, et il y a peu d'espoir qu'il puisse s'acclimater de ce côté de la Manche, tant il exprime la spécificité d'une race, ses racines profondes et sa philosophie.

La musique de Bax, prolifique dans tous les domaines, notamment celui de l'orchestre (son renom, quand il en a, lui vient de ses premiers poèmes symphoniques, *The Garden of Fand, November Woods, Tintagel*), fait une large part au piano. Mais c'est une part bornée dans le temps : entre 1915 et 1920 pour l'essentiel (les deux premières sonates et les morceaux isolés), avec deux pointes importantes en 1926 et 1932 (les deux dernières sonates). Sonates aussi bien que pièces pittoresques rendent un vibrant hommage aux grands virtuoses romantiques : un simple coup d'œil jeté aux partitions montre un pianisme issu de Chopin et de Liszt, conforté par Scriabine et Rachmaninov ; et sous ce seul aspect, Bax serait le moins anglais de tous ses compatriotes musiciens, n'étaient son imaginaire et les sujets qu'il met en musique. À l'influence des Russes (qui remonte à 1910 et à une escapade amoureuse à Saint-Pétersbourg : voyez la *Première Sonate*), de Wagner, de Grieg, se conjugue étroitement celle des impressionnistes français. Le résultat est une palette harmonique luxuriante, une grande complexité de plans sonores, et dans ses thèmes un attrait invétéré pour l'arabesque décorative, l'irisation chromatique, les surprises de la modalité.

Romantique, le fond de sa nature l'a toujours été, qu'il le pousse à l'action, à l'élan dynamique et passionné, ou au contraire à la contemplation, à la mélancolie. Il se dit « primitif », de la famille de Beethoven et de Sibelius, et demeure persuadé, comme il l'écrit dans une lettre de 1930 à la pianiste Harriet Cohen (qui fut sans doute sa plus grande inspiratrice), que devant les énigmes de l'univers, la spéculation a moins de ressources que l'intuition. On devine, en déchiffrant sa musique de piano, que l'improvisateur y a tenu le plus grand rôle, – tous sens avivés, tous nerfs et linéaments tendus à poursuivre la fuyante émotion, à la fixer, à la traduire en immuable beauté.

## LES SONATES

On peut dire, en simplifiant, que des quatre sonates publiées de Bax (trois sonates de jeunesse sont encore inédites), les deux premières appartiennent à la période des poèmes symphoniques, les deux dernières à celle des symphonies. Il y a plus de liberté, plus de fantaisie, une inspiration plus sensuelle et plus tumultueuse, mais aussi plus brouillonne, dans celles-là, dont la matière est coulée chaque fois en un seul mouvement ; et dans celles-ci à chaque fois davantage de rigueur, d'austérité, d'économie. Foncièrement et ardemment romantique, comme lui-même le proclamait fièrement (« *a brazen romantic* »), Bax n'en a pas moins gagné, peu à peu, son propre classicisme. La surcharge qu'on lui reproche en ses débuts, tant dans la forme que dans le fond, est gommée, la structure est clarifiée. La *Quatrième Sonate*, musclée et dénuée d'oripeaux, est peut-être la plus digne de survie.

### Première Sonate

COMP été 1910 (en Ukraine); révision 1917 et 1921. PUB 1922 (Murdoch). CRÉ par Harriet Cohen (12 avril 1921, Wigmore Hall).

Un seul ample mouvement de vingt minutes, d'ascendance russe, et précisément scriabinienne, élargissant le cadre de la forme sonate traditionnelle. Si l'on peut diviser l'œuvre selon le schéma convenu (exposition à deux thèmes, développement, réexposition), le foisonnant matériau de chacune de ces sections, leurs ramifications, le temps qui leur est imparti, dépassent les bornes ordinaires. L'auditeur sort de l'œuvre avec une multiple impression de saturation : forme, vocabulaire, syntaxe, tout souffre ici d'un excès passionné ; et en même temps, les oreilles pleines de ces thèmes exacerbés, de ces harmonies rutilantes, de ce pianisme somptueux, il sent qu'il n'en a pas épuisé les richesses, et il lui tarde de s'y replonger, pour la débroussailler un peu plus.

Le premier thème (en fa dièse mineur, *not too fast and very decisive in rhythm*) déborde d'énergie, de fougue, d'accents péremptoires. Un énoncé le clame en accords, un autre le soulève au sommet d'arpèges, un autre le réduit au murmure, au-dessus de trémolos, avec un dessin en va-et-vient obstiné à la basse : on voit que Bax tend à développer d'emblée, dès ses thèmes posés, sans attendre le moment indiqué par les grammaires. Une page de transition *(non troppo lento, sospirando)* établit une pédale de fa ♯, sentie bientôt comme dominante pour le deuxième thème (en si majeur, *allegro appassionato*), lyrique, brûlant d'amour et d'abandon, lui aussi très développé, et passant du chuchotis confidentiel au cri enflammé.

Maintenant, au bout d'une codetta rythmée comme une marche, est-ce le développement qui débute ? Voici bien, et très rapprochées, l'amorce de A, celle de B ; mais ensuite, trois pages d'arpèges étales que la droite brise au-dessus du chant de la gauche et qu'il faut jouer pianissimo, semblent plutôt une rêverie nocturne, quelque chose comme le mouvement lent d'une sonate qui prétendait s'en passer (Harriet Cohen y voyait « l'étendue illimitée de la plaine russe ») ; et peut-être le développement proprement dit, avec ses conventions, ne commence-t-il qu'un peu plus loin, au *tempo primo* qui martèle à nouveau le premier thème, et ne s'en délivre qu'au bout d'une longue promenade modulante.

À la réexposition, ce thème a tant servi déjà que le compositeur l'abrège, en faveur du thème de transition, dont les soupirs prennent cette fois la forme de tierces très douces, par-dessus de grandes nappes d'arpèges, – et surtout du deuxième thème, transfiguré (en fa dièse majeur, *languido e lontano*). La longue coda *(broad and triumphant)*, en partie rédigée sur quatre portées, est si orchestrale qu'on comprend que l'œuvre ait failli s'appeler *Romantic Tone-Poem* ou encore *Symphonic Phantasy* : le piano retentit de carillons, évocateurs des cloches de Pâques de Saint-Pétersbourg, dont Bax dans son autobiographie *(Farewell, My Youth)* nous décrit le souvenir comme « une fantasmagorie de son et de lumière ».

### *Deuxième Sonate*

COMP juillet 1919. PUB 1921 (Murdoch). DÉD à Harriet Cohen. CRÉ par Arthur Alexander (24 novembre 1919, Aeolian Hall) ; version définitive par Harriet Cohen (15 juin 1920, Queen's Hall).

Sonate en un seul mouvement, comme la précédente ; plus vaste encore, plus complexe, au point qu'on en trouve des analyses fort différentes, qui tâchent d'organiser au mieux ce riche et proliférant matériau ; et toujours aussi russe, dans sa chair et son sang, aussi apparentée à l'univers de Scriabine. Le compositeur l'assimilait lui-même à « une lutte entre le bien et le mal ».

L'œuvre commence dans les profondeurs létales du piano *(lento tenebroso)*, en trémolos caverneux qui tentent d'établir la tonalité d'ut mineur, cependant qu'un thème d'accords, surgi du grave à l'aigu, en crescendo, nous tire plutôt l'oreille vers si majeur (où ré ♯ serait orthographié mi ♭). Dans ce brouillage tonal, recommencé une quarte plus haut, on perçoit surtout un court motif mélodique et rythmique, petite oscillation de cinq notes menaçantes, assurément une figure du mal. S'y oppose, dans un sol majeur radieux que Bax reconnaissait pour la tonalité principale de sa sonate, une marche belliqueuse *(moderato eroico)*, toute fière de ses cuivres étincelants (« brazen and glittering »), et pourtant vite arrêtée par le retour de l'inquiétant « motto » de cinq notes.

Ne nous risquons pas à appeler développement l'*allegro moderato* qui va suivre ; laissons-nous simplement prendre à ce beau thème de ballade slave, à ses sixtes murmurantes, puis à ses arabesques décoratives ; écoutons-le s'emballer, finir en danse ; et demandons-nous si nous n'avons pas affaire à une sorte de scherzo inavoué.

Nous arrivons maintenant, après un nouveau rappel de la ritournelle fatidique, à ce qui constitue, bel et bien, le mouvement lent de notre sonate, son cœur battant et inspiré, un *lento* aux harmonies brumeuses, à l'atmosphère de rêverie (en mi bémol majeur) ; il s'ouvre un instant pour un intermède en forme de gigue *(vivace)*, au rythme pointé à 6/8 ; puis retrouve son thème principal, pour le clamer en triomphe.

Enfin, mieux qu'à une réexposition, c'est à une synthèse que nous convie la seconde moitié de l'œuvre. Après la pénombre des trémolos introductifs, dans l'effervescence des arpèges en aller et retour, la menace prend des lueurs rougeâtres, des reflets cuivrés (« like a tuba ») ; on entend piaffer à nouveau les accords pointés de la gigue, cette fois plutôt une chevauchée ; le thème héroïque rentre en force *(molto largamente),* et bientôt s'y superposent les sixtes plaintives du thème slave ; le *lento* les suit de près, avec sa brume mystérieuse, ouvrant la voie à un paisible épilogue, où retentissent les derniers appels du « motto » (un vain crescendo vite étouffé), et qui regagne lentement mais sûrement le ton de sol majeur.

## *Troisième Sonate*

COMP 1926. PUB 1929 (Murdoch). DÉD à Harriet Cohen. CRÉ par Cohen (18 novembre 1927, Liverpool Centre of the British Music Society).

Le cadre et l'inspiration changent ensemble ; ce ne sont plus les passions de la Russie romantique, mais les légendes celtes ; et ce n'est plus l'ambitieux mouvement unique, dérivé de Liszt et de Scriabine, mais le plan traditionnel en trois mouvements.

Sur un accompagnement houleux, en trémolo dans le grave, montent les accords du premier thème de l'*allegro moderato,* obsédant chant du large, sombre et désespéré, de tous les thèmes de ces quatre sonates le seul vraiment inoubliable, – et abondamment développé dès l'abord (trois énoncés), comme toujours chez Bax. Ambiguïté tonale : la longue pédale de do ♯ force irrésistiblement cette tonique, et le ton de sol dièse mineur, annoncé dès l'armure (et le titre), met quelque temps à s'imposer. Y a-t-il vraiment un second thème ? Au bout de six pages, l'essentiel est dit, et ce qui pourrait passer pour un nouveau sujet (en sol majeur, *andante con moto*), – caressant, voluptueux, autant dans son contour mélodique que dans ses harmonies, et même ne craignant pas de céder à une certaine suavité, – n'est qu'un greffon de la branche primitive. Le développement (début en mi mineur) se concentre sur ce thème initial, soudain vigoureusement rythmé, battu de tambourins ou de tambours, entre la danse et la fanfare martiale ; il atteint vite un paroxysme de force et de passion, dans l'éclaboussement de grandes vagues d'arpèges, qui continuent à se déchaîner (l'effet est extraordinaire) par-dessus le retour à sol dièse mineur pour la réexposition. Conclusion étonnante : on revient aux accords du début, à leur sombre engourdissement au sein des trémolos de la gauche, « morendo » ; cela pourrait finir dans le silence ; mais les trois dernières mesures s'exaspèrent d'un seul coup, un trait jaillit, et l'accord final de sol dièse mineur écrase avec lui, au fond du piano, le dernier la grave.

Six mesures solennelles préludent au mouvement lent (en sol majeur, *lento moderato*), dans lequel on croit entendre d'abord les orbes mélodiques, la couleur harmonique du Slave oriental qu'était Rachmaninov (en particulier ces triolets alanguis, et cette gamme qui minorise le sixième et le septième degré). Mais c'est au folklore celtique que s'apparente la deuxième idée (en mi bémol), tendre et mélancolique, trahissant un véritable « mal du pays ». Tout un luxe décoratif l'entoure ensuite, que met à profit la reprise du premier thème, délicatement brodée de quintolets. Les deux idées s'accordent pour conclure, en alternance rapide, – non sans révéler du même coup un troublant air de famille.

Sol dièse mineur à nouveau pour le finale *(allegro)*, en dépit de l'armure défective à quatre dièses. Tourbillons de triolets, dans un murmure ; ce sont un peu les dessins, chez Ravel, du *Prélude* du *Tombeau de Couperin*, mais ils supportent ici un thème emporté, incisif ; et une idée secondaire à l'allure de danse sauvage vient s'interposer dans ce flot trop égal. Le deuxième thème *(moderato molto espressivo)*, d'abord tout à la tendresse, s'accompagne de petits trilles phosphorescents ; puis le voilà qui donne de la voix, dans de dures dissonances (« clanging »). Les tourbillons reviennent de plus belle, et le dansant staccato avec eux. À la toute fin, dans le pianissimo qui a gagné peu à peu les dernières pages, retentit au lointain le thème de départ de la sonate, ce beau chant du large qui revient hanter la mémoire.

### *Quatrième Sonate*

COMP 1932. PUB 1934 (Murdoch). DÉD à Charles Lynch. CRÉ par Harriet Cohen (1er janvier 1934, New York).

Les fervents du Bax romantique, et d'un piano généreux, riche et chatoyant, ne le retrouveront sans doute pas dans cette sonate tardive, où ce prodigue, enclin à dépenser sans compter ses thèmes et ses harmonies, se met à pratiquer l'économie, vertu pour quelques-uns de nous seulement, défaut pour la plupart des autres.

Voyez le premier mouvement (en sol majeur, *allegro giusto*), ses lignes claires, sa texture aérée, composée uniquement de blanches, de noires, de croches, la simplicité classique de son plan formel, sa brièveté. Ce qu'on perd en luxuriance, on le gagne en concentration, en approfondissement de la pensée. Voici par ailleurs, après des sonates sombres et tourmentées, une œuvre enfin lumineuse et heureuse. Fa dièse mineur, sol dièse mineur, et leur cortège d'angoisses, habitaient la *Première*, la *Troisième Sonate* ; et l'on se souvient que le sol majeur de la *Deuxième Sonate* n'était conquis qu'après une âpre lutte avec les puissances des ténèbres. Ici les thèmes respirent d'emblée librement, dans leur fraîcheur modale (le mixolydien du premier, fa ♮ en sol ; le lydien du second, sol ♯ en ré) ; ils sont d'essence nordique, et si l'un emprunte en partie l'allure d'une marche, entrant d'un pas sobre et décidé, l'autre chante aussi ingénument que du Grieg ou du Sibelius.

Le mouvement lent (en mi majeur, *allegretto quasi andante*) est un joyau de la musique de Bax, une longue rêverie crépusculaire, portée presque tout au long par une pédale de sol ♯. Harmonies délicatement modales (le deuxième énoncé, par exemple, en tierces, sur la gamme par tons ; ou l'intermède mélancolique, dans un ut dièse équivoquant entre majeur et mineur). Une lettre de la même époque semble se rapporter à l'inspiration de cette musique empreinte d'irréalité ; Bax y parle de « l'étrange sensation que seul un voile léger sépare notre monde d'un royaume de féerie où nul ne vieillit, où nulle beauté ne se fane... »

Une joie dionysiaque habite le finale (en sol majeur, *allegro*), qui se traduit par cette sorte de fanfare initiale dont le modalisme rappelle celui du premier mouvement, par ce thème bruyant assujetti à des basses en quintes parallèles, par ces chocs bitonaux, ces septièmes turbulentes et criardes. Quelque effort que fasse le second thème pour assombrir le climat (septièmes encore, mais gémissantes, et motifs « piangendo »), l'air demeure salubre et vivifiant, jusqu'à l'éclatant *trionfale* qui conclut l'œuvre en allègre tintamarre.

## LES PIÈCES ISOLÉES

Une trentaine, la plupart d'essence poétique : évocations légendaires, estampes exotiques, images de nature, et jusqu'à ces thèmes de folklore plus ou moins réinventé, *country tune* ou *mountain mood*, que Bax harmonise avec art. Parfois, d'ailleurs, trop d'art finit par nuire à ces impressions fragiles, dont la spontanéité s'effarouche au traitement somptueux qu'il leur réserve. Tout n'est donc pas de la même qualité dans cet ensemble (et les toutes dernières pièces sont franchement médiocres) ; mais des morceaux comme *The Princess's Rose Garden*, *Apple-Blossom Time* ou *Sleepy Head* méritent d'être connus ; et *Winter Waters* est une page admirable, qui laisse à l'auditeur un émoi profond.

### Concert Valse in E flat
COMP février 1910. PUB 1911 (Boosey & Hawkes).

Même si elle est peu représentative, et dépourvue de l'aura poétique qui fait le prix des meilleures compositions pianistiques de Bax, on se divertira beaucoup à déchiffrer cette *Valse en mi bémol*, brillante, piquante, teintée d'ironie, sans cesse intrigante dans ses tours mélodiques, ses enchaînements harmoniques, sa palette d'accords : on ne tombe jamais sur la basse qu'on attend, l'inflexion qu'on imagine, et pourtant ces treize pages se tiennent d'affilée, sans un creux, jusqu'au réjouissant *presto* conclusif à deux temps, en forme de galop.

### *Two Russian Tone-Pictures*
COMP février 1912. PUB 1913 (Joseph Williams). DÉD à Olga et Natacha ; à Tobias Matthay (son professeur de piano à la Royal Academy of Music).

Souvenirs du séjour de 1910 en Russie, deux pièces contrastées, d'un fort pouvoir d'évocation. La première est la plus remarquable, un *Nocturne*, sous-titré *May-Night in the Ukraine*. Bax a décrit avec émotion, dans son autobiographie, ces inoubliables nuits de mai, gorgées de chaleur, bourdonnantes d'odeurs et de chants d'oiseaux, et ce ciel où les étoiles « semblaient des fruits mûrs, suspendus à portée de main » ; mais la musique pourvoit tout aussi bien à nous restituer le sortilège. Les volets extérieurs de la pièce (en la majeur, *tempo moderato quasi andante*) exposent un thème de saveur caractérisée, à la Balakirev, ayant cette propension très slave à s'obscurcir rapidement dans le ton du relatif mineur. Une première variation aussitôt après l'énoncé : le thème passe à la main gauche, sous les arabesques de la droite ; une deuxième à la reprise : il chante à nouveau à la main droite, au-dessus d'un insaisissable réseau de triples croches, dessin de tierces brisées, « *pp murmurando sempre* ». Le volet central est lui-même tripartite, un « récit » nostalgique, en fa dièse mineur, enserrant une partie en fa dièse majeur, qui ne cesse de croître en ardeur et en exubérance (« con passione », « molto passionato »).

La seconde pièce s'intitule *Gopak*, du nom d'une danse ukrainienne. Thème principal en mi dorien, d'où les deux dièses de l'armure ; à jouer, comme indiqué, avec rythme et humour *(allegro vivace)*, en marquant cette paysanne basse de quintes et ces accords tout aussi frustes. La partie centrale, en sol majeur, est plus enjouée, sur une pulsation plus élastique, et laisse la place à des délicatesses : fines guirlandes, harmonies aguicheuses. Mais le « gopak » est bientôt repris, et finit brillamment, en martelages, fortissimo.

### *Toccata*
COMP 1913. PUB 1920 (Murdoch). DÉD à Hamilton Harty.

Dans ce morceau joliment virtuose (en ré bémol majeur, *allegro brillante*) mais un peu long, le meilleur est la partie crépitante et coruscante, celle qui répond le plus justement au titre, dans son cliquetis d'accords aux mains alternées et ses doubles croches dévidées avec une précision mécanique. À côté, la section centrale, qui tient à « chanter », paraît bien languissante.

### *In a Vodka Shop*
COMP janvier 1915. PUB 1915 (Augener). DÉD à Myra Hess.

Borodine et Balakirev à la fois semblent revivre dans cette pièce, nouveau souvenir de Russie (en sol majeur, *allegro vivace*). Les rythmes piaffants du début introduisent une danse, menée dans tous les tons et tous les registres, et qui, bien qu'elle ne se décide pas à choisir entre les mètres à six, sept ou huit noires, est d'une cadence irrésistible. Elle se convertit passagèrement en cantique, mesuré à quatre temps, – et ces deux aspects de la Russie éternelle, bacchanale d'un côté, religiosité de l'autre, vapeurs d'alcool contre vapeurs d'encens, font un mélange détonant, qui a valu au morceau sa célébrité.

### *The Princess's Rose-Garden*
COMP janvier 1915. PUB 1915 (Augener). DÉD à Harriet Cohen.

Un opulent nocturne, dans un climat de langueur et d'adoration amoureuse, qu'accentuent la tonalité choisie (toute la pourpre de fa dièse majeur), le bercement du rythme à 9/8, lent et comme étourdi d'ivresse et de parfums capiteux *(drowsily rythmical and moderately slow)*, les harmonies somptueuses, les courbes voluptueuses du chant qui sourd d'abord à la main gauche, traînant des inflexions orientales. À la fois rêverie assoupie et sursauts passionnés, la pièce est difficile à rendre, d'autant que malgré la richesse de la trame, Bax insiste, dans une note, pour que le tout ne soit jamais sacrifié à la partie : « À jouer aussi simplement que le permet la complexité du détail. »

### *The Maiden with the Daffodil*
COMP janvier 1915. PUB 1915 (Joseph Williams). DÉD à Harriet Cohen (sous son surnom de « Tania »).

Harriet Cohen fut pour le compositeur cette « Jeune Fille au narcisse », en souvenir d'une fleur qu'elle portait comme ornement à l'une de leurs premières rencontres. La pièce (en sol majeur, *very moderate tempo, fresh and innocent*) est comme improvisée, et d'un charme exactement contraire à celui de la précédente. Aux fastueux massifs de roses s'oppose cette fleur solitaire et candide. Deux thèmes, le premier ascendant, un envol capricieux à partir de quelques points harmoniques, entrecoupé d'arpègements de harpe, – le second descendant, reconnaissable à son début à 5/4. Ils sont exposés deux fois (ABAB), et comme on va de sol à la, puis de la à sol, chacun à son tour a les honneurs des deux tonalités.

### *Apple-Blossom Time*
COMP mai 1915. PUB 1915 (Augener). DÉD à S. H. Braithwaite (un ami compositeur et peintre).

Ce « Temps des pommiers en fleurs » est un morceau paradoxal qui alterne des moments hésitants, des phrases qui pour ainsi dire cherchent leur chute et même leur ton (le début, *allegretto*, avec ce sol teinté de modes divers, et ces rythmes qui veulent bondir et retombent sans cesse), – et d'autres pleins de franche allégresse *(gay and playful)*, comme ces dactyles de chanson fraîche et naïve, dans leur remuant 7/4. Il y a des arrêts, de brusques chutes de tension en plein crescendo, des oppositions violentes. Il y a surtout cette fin inattendue *(slow and sad)*, qui se replie dans le mode mineur, – avant qu'un si ♮ inespéré vienne rétablir le majeur initial. Pourquoi donc cette tristesse ? Est-ce le souvenir des printemps enfuis de l'enfance, comme dans les vers de notre Marot :

> Mon beau printemps et mon été
> Ont fait le saut par la fenêtre... ?

## *Sleepy Head*
COMP mai 1915. PUB 1915 (Augener). DÉD à « Elsita » (Elsa, femme du compositeur).

« L'Endormie », comme son nom le fait attendre, est une berceuse (en la bémol majeur, *slow and drowsy*, « lent et somnolent »), d'une adorable délicatesse, où la tendresse prodigue à chaque instant les inflexions les plus suaves qu'elle puisse trouver. Un chromatisme à la Chopin alimente la rêverie, créant des halos où la conscience se perd. La trame, une fois de plus, est ouvragée dans ses moindres détails, mais le chant prédomine, succession ininterrompue de longues phrases. Une petite cellule rythmique en anacrouse acquiert de l'importance, devient un motif réitéré, persuasif, le branle léger qui entraîne aussi la modulation.

## *Winter Waters*
COMP septembre 1915. PUB 1918 (Chester). DÉD à Arthur Alexander.

Peu de pages pianistiques, à cette époque (qui est celle de la guerre), sont aussi désespérées que cette pièce, « paysage tragique », comme Bax lui-même l'appelle (en fa mineur, *moderate measure*). La première à laquelle on songe, en comparaison, est le *Prélude* de la *Suite* de Roussel. Comme chez le musicien français, une basse obstinée rampe au fond du piano, rivée aux mêmes notes lugubres du début à la fin (sol ♭-fa-mi-fa ou leurs enharmoniques), dans des figurations diverses. Sur cette véritable basse de passacaille s'élève, en quintes et quartes étouffées, la voix même de l'angoisse. Qu'à certain moment les dièses prennent le pas sur les bémols, qu'une phrase plus tendre, plus clémente, essaie de se glisser dans ces ténèbres épaisses, ne change rien au climat. Un peu avant la fin, l'ostinato gravit les octaves, passe à l'aigu, et le choral hivernal descend clamer son désarroi dans le grave. Puis tout retombe, assourdi... On déchiffre au début de la pièce une indication (*threatening in mood*, « menaçant ») qui la rattache à l'univers de noirceur où commence la *Deuxième Sonate*.

## A Mountain Mood
COMP septembre 1915. PUB 1918 (Chester). DÉD à Harriet Cohen.

Variations décoratives, un peu trop emberlificotées, sur un thème « montagnard » des plus simples (en ut majeur). Dès sa présentation, l'habillage est excessif, et ces phrases ingénues paraissent étouffer dans leur parure chromatique. La première variation (plutôt un deuxième vêtement), en ut mineur, ajoute à l'alto un contrechant rythmique syncopé. La deuxième place à l'alto et au ténor deux ostinatos mélodiques et rythmiques, faisant clignoter la ♮ contre la ♭, et non synchrones avec le thème (ils sont à trois temps, le thème à quatre). La dernière présentation met le thème en valeur : il chante librement à la main gauche, sous les arabesques chromatiques de la droite.

## Dream in Exile
COMP février 1916. PUB 1918 (Chester). DÉD à Tobias Matthay.

La mélopée (en mi mineur, *moderate pace*), avec l'effluve oriental de sa seconde augmentée, se déroule comme une fumée d'encens dans un climat chromatique, encombré de guirlandes. Le milieu (en sol majeur, *simply*) contraste fortement, thème plus carré, accords plus stables, diatonie, pédale tonique, – avant la reprise écourtée. Les méchants diront que la pièce illustre un défaut remarquable de Bax : le simplisme compliqué...

## Nereid
COMP mars 1916. PUB 1919 (Chester). DÉD à Harriet Cohen.

Une berceuse encore, ou un nocturne, ou une barcarolle (en si majeur, *delicate and floating*). Rythme syncopé des grands arpèges marins, volutes de la mélodie, recherches modales et tonales, – et jusqu'à ces superpositions artistes, vrai travail d'orfèvrerie, de l'avant-dernière page, où à la reprise du début à 6/8 s'ajuste un contrechant à 4/4 : tout cela devrait séduire... Et pourtant on a le sentiment que cette riche matière n'est pas vivifiée par une émotion assez profonde. « Rien d'autre qu'une couleur sonore », disait le compositeur. De l'art pour l'art ? il ne se trompait guère. Pages un peu superficielles, et comme inhabitées.

## On a May Evening
COMP 1918. PUB 1919 (Aschergerg). DÉD à C. Albanesi.

Beaucoup plus simple, harmoniquement, que la plupart des pièces précédentes, ce morceau fait partie des inspirations « irlandaises » de Bax, – et il ne s'agit plus d'une ukrainienne nuit de mai... On y trouve un peu de cette joie populaire qui envahit, chez Debussy, *Les Collines d'Anacapri*. En forme d'arche (ABCBA), il dispose, autour d'un paisible *cantabile* central, baigné d'arpèges, le rythme bondissant d'une gigue à 6/8 (en ré majeur, *allegro vivace*), et dans les volets extérieurs (en fa majeur, *allegretto*) une chanson populaire à 2/4, qui vire elle-même à la danse. Une coda vient mêler tous ces éléments (voyez par exemple le rappel, égrené au lointain, *ppp*, du thème de la gigue).

## *A Romance*
COMP 1918. PUB 1919 (Ascherberg). DÉD à Harriet Cohen.

Un long monologue lyrique (en fa majeur, *very moderate tempo, dreamy and passionate*), par longues coulées mélodiques et harmoniques, – mais d'un style quelque peu relâché et verbeux. Cette mélodie qui semble se nourrir d'elle-même, Bax la citera quinze ans plus tard, dans le mouvement lent de sa *Quatrième Symphonie*, en la rattachant (« Est-ce ainsi que les hommes vivent ?... ») à une nouvelle passion amoureuse.

## *Whirligig*
COMP juillet 1919. PUB 1919 (Chester). DÉD à Irene Scharrer.

Amusant sans plus, ce badinage (en ut majeur, *allegretto molto vivace*), qu'on a du mal à imaginer l'exact contemporain de la *Deuxième Sonate*, fait le pari de maintenir pratiquement d'un bout à l'autre un petit « tourniquet » (c'est le sens du titre), un motif giratoire obstiné qui passe d'une main à l'autre, servant de fond à des thèmes divers. Lui-même, dans la partie centrale (en la majeur, *molto più lento, espressivo*), devient thème à son tour, en une polyphonie serrée, – avant de reprendre gaiement ses doubles croches initiales. Fin en glissando ascendant, la gauche en gamme simple, la droite en tierces !

## *What the Minstrel Told Us* – *The Slave Girl*
COMP 1919. PUB séparément 1920 (The Anglo-French Music Co.). DÉD à Harriet Cohen ; à Tamara Karsavina (danseuse des Ballets russes de Diaghilev).

Aussi décevantes l'une que l'autre. *What the Minstrel...* est une longue et fatigante « ballade » (en mi mineur), dont un thème de quatre mesures (dorien, avec le do ♯) fait tous les frais : soit simplement harmonisé, soit surnageant au-dessus de trémolos où majeur et mineur se confondent dans le flou des appogiatures et des altérations, soit durement scandé, en des rythmes heurtés *(allegro feroce)*. On s'ennuie beaucoup.

*The Slave Girl* (en ut dièse mineur) est une fantaisie orientale, plus proche, hélas, du *Marché persan* de Ketelbey que de l'*Islamey* de Balakirev, clinquante au possible, objet ramassé dans un souk.

## Lullaby – Burlesque
COMP 1920. PUB 1920 (Murdoch). DÉD de *Lullaby* à Tamara Karsavina.

Même si Bax ne les a pas constituées en diptyque, ces deux pièces contemporaines, publiées séparément mais à la suite l'une de l'autre, me paraissent pouvoir aller de pair, car elles sont de la même encre en dépit du contraste ; elles forment le pendant, plus sobre et plus modeste, des *Tone-Pictures* de 1912.

*Lullaby* (« Berceuse », une de plus) est presque entièrement régi par la pédale de tonique (en la majeur, *lento tranquillo*) ; et ces harmonies à peine changeantes, tout juste tamisées par quelques fluctuations modales, agissent peu à peu comme un hypnotique, renforcées par le va-et-vient de la basse, à 2/4. La reprise, amorcée dans le mode mineur, donne le thème à la main gauche, sous une broderie évanescente de triples croches dans l'aigu.

La *Burlesque* (en fa majeur, *allegro vivace*) est une réussite de rythme et de couleur, comparable au célèbre *In a Vodka Shop*, en plus drôle, en moins lourd. Elle se distingue par sa rythmique détraquée, où alternent irrégulièrement des mesures à 3/4 et 4/4, par ses motifs répétitifs et découpés à l'emporte-pièce, par ses pédales, ses effets grotesques dans le grave (le passage « quasi fagotto scherzando »), sans oublier, dans la section centrale en la mineur, son coloris russe-oriental.

## Country Tune – A Hill Tune
COMP 1920. PUB 1920 (Murdoch).

*Country Tune* est une chanson irlandaise (en la majeur, *allegretto*), très finement harmonisée, avec en particulier, au début, un ostinato intérieur, chromatique, de quatre notes, qui passe ensuite à l'aigu (staccato et brisé), le thème prenant sa place dans le médium. L'intermède, *più allegro*, tourne à la danse, dans une bonne humeur communicative.

*A Hill Tune* (en si bémol majeur, *andante*) est un morceau de charme, d'une euphonie extrême ; et pourtant, il ne tombe pas dans le trivial. Le début, où la gauche chante le thème sous les arpèges brisés de la droite, évoque le fameux *Prélude* de l'opus 12 de Prokofiev ; c'est une fort belle mélodie, de saveur populaire, mais large de souffle. Ses énoncés, contrairement à l'usage, gagnent chaque fois en sobriété ; la deuxième fois, ce sont des accords paisibles *(simply)* ; à la troisième, le chant plane lent et lointain, au-dessus des accords syncopés de l'accompagnement.

## Mediterranean
COMP 1920. PUB 1921 (Murdoch).

Un des rares morceaux où Bax s'éloigne de ses brumes celtiques au point de se tremper, non seulement dans les eaux de la Méditerranée, mais aussi dans la gaieté bariolée de l'Espagne. On goûtera beaucoup cette façon de valse rétive (en la majeur, *tempo moderato e rubato*), qui passe de l'hésitation à l'exubérance, du « scherzando » au « languido », et retombe dans le murmure, et comme immobilisée sur ses pédales. Harmonies piquantes, aromatisées de savoureuses dissonances.

## *Paean – The Serpent Dance*
COMP 1920. PUB 1929 (Murdoch). DÉD à Franck Merrick ; à Reginald Paul.

Est-on sévère, si l'on trouve ces pièces indifférentes ? *Serpent Dance* (en la mineur, *slow and plaintive*), à la rythmique changeante, à la palette fortement imprégnée de souvenirs de Grieg, reste préférable au tapageur et pompier *Paean* (en si bémol majeur, *allegro moderato trionfale*), une passacaille, sous-tendue d'un bout à l'autre par un motif obstiné de deux mesures.

## *Water Music – Ceremonial Dance*
COMP 1920. PUB 1929 (Murdoch). DÉD de *Water Music* à Lady George Cholmondeley.

Il n'y aurait rien à dire de *Water Music*, s'il ne portait ce titre, qui cherche à l'ajouter aux belles pièces aquatiques de Bax. Le morceau est médiocre, une romance de salon, d'une joliesse moins naïve que roublarde, aussi vulgaire dans ses inflexions que dans ses harmonies (en sol majeur, *lento espressivo*).

*Ceremonial Dance* (en sol majeur) ferait un menuet plausible si ne l'écrasait une lourde parure d'accords, dans une texture de transcription d'orchestre. Mais la partie centrale, en si mineur, à l'écriture plus légère et au parfum d'archaïsme plus perceptible, emporte l'adhésion ; on se croit presque chez Ravel, dans *Le Tombeau de Couperin*.

## *Cinq Pièces sur le nom de Gabriel Fauré*
COMP 1945. PUB 1996 (Eschig).

Récemment découvertes, ces cinq pièces tardives, la version originale d'une suite pour harpe et cordes (*Variations on the name Gabriel Fauré*, 1949), referment la longue production pianistique de Bax. Ce congé adressé à l'un des plus grands musiciens français fait pendant au salut que Bax adressait, dans ses premières œuvres, aux Russes du siècle passé. Est-il moins à l'aise chez nous que chez eux ? Le *Quodlibet* final, interminable, l'*Intermezzo* qui précède, avec son « orage » un peu délayé, le feraient croire. Mais le *Prélude* initial (en ut majeur, *andante con moto*), de texture délicate, retrouve quelque chose assurément du charme fauréen, mâtiné de quelques rudesses ; la *Barcarolle* qui suit (en sol mineur, *andante*) est doucement caressante, avec ses phrases abandonnées, et l'hésitation modale, au début, de son accompagnement (mi ♮-

mi ♭). Hors de Fauré, reste la *Polka* centrale (en ut majeur), inattendue, piquante, impayable par endroits.

## Ludwig van BEETHOVEN
(1770-1827) Allemand

Classique ou romantique ? Beethoven n'est ni l'un ni l'autre, il se tient au carrefour. Il est né à la date exacte qu'il fallait. Changement de société, de mœurs. Disons, pour simplifier, qu'en la personne de Mozart le dernier musicien de cour a reçu le dernier coup de pied d'un maître à son laquais. Beethoven, lui, ne porte pas livrée, sa musique non plus. Il l'écrit de moins en moins pour les autres ; avec les années, il ne l'écrira plus que pour lui-même, et contre son temps : c'est de lui que date le décalage qu'on a coutume d'observer entre un artiste et son public. « Cela leur plaira un jour », on connaît ce mot méprisant, jeté du bout des lèvres.

Mais Beethoven n'est pas né seulement de la Révolution française. Une autre révolution l'a favorisé, celle qui a vu le clavecin supplanté par le piano (le fait que ses sonates, jusqu'à l'opus 27, puissent être libellées « pour le clavecin ou le pianoforte » ne traduit que les derniers sursauts, dans le public, de l'hydre ancienne). Un règne est terminé, un règne commence. Cet instrument tout neuf, du moins dans l'usage, il en surveillera les progrès avec passion, utilisant au fur et à mesure chaque nouvelle conquête de mécanisme, chaque pouce de territoire gagné dans le grave ou l'aigu du clavier (jusqu'aux six octaves et une quarte de la *Hammerklavier*). L'histoire de cette musique est celle de la rencontre d'un individualiste farouche, d'un indépendant, d'un solitaire, avec le seul instrument capable de lui répondre, de traduire cette « octave infinie » de l'émotion, inusitée avant lui, – celui même dont les romantiques feront leur plus intime confident.

Il faut rappeler que Beethoven, comme Mozart, fut un prodigieux pianiste. Lors du grand concert de mars 1795 qui établit la renommée du jeune élève de Haydn, Vienne a surtout fêté le virtuose. Comme Mozart, il improvise devant les foules ; et cela nous vaut d'abord quantité de variations sur les airs d'opéras à la mode. Mais cette vie mondaine n'a qu'un temps. Bientôt son caractère ombrageux, son orgueil, sa misanthropie croissante, et la terrible surdité qui sera son calvaire, l'enferment avec cet instrument auquel Mozart a déjà confié (trop rarement, hélas) quelques états d'âme ou de nerfs : la *Fantaisie en ut mineur*, le

*Rondo en la mineur*, l'*Adagio en si mineur*. Beethoven prend la relève. Il avait tâté, comme tout un chacun, de la sonate ; à cette forme il fera vivre une aventure. Le premier sans doute, si l'on excepte Philipp Emanuel Bach, il s'assimile à elle et par là même à l'instrument. Piano subjectif. La plupart de ses familiers l'ont entendu commenter sa musique ; il y est tout entier : son esprit, sa culture, sa foi dans l'homme et dans la divinité, et tout autant les alarmes du cœur et du corps. Il n'aurait pas renié les « programmes » que l'on accroche depuis toujours à ses œuvres.

Mozart (Haydn non plus) n'écrivit jamais rien qui dépassât les limites raisonnables du piano, et des pianistes. Mais aussi Mozart se tenait-il ordinairement dans les bornes de la pudeur. Beethoven, porté aux extrêmes, fait de la surenchère, musicalement, et pianistiquement. Toute sa vie on lui reprochera les difficultés amoncelées dans ses sonates ; cela tient certes à leur fond (« incompréhensible », le mot revient souvent dans la critique de l'époque), mais pour une bonne part à la technique instrumentale qu'elles réclament. La virtuosité mozartienne, en résumé, repose sur les gammes et les arpèges. Celle de Beethoven appartient d'emblée à une autre école. Il est significatif que sa « première » sonate officielle (op. 2 n° 1) se termine par un prestissimo, notion étrangère à Mozart (ce qui ne l'empêche pas, à la même époque, de prescrire les mouvements les plus lents, *largo* ou *grave*, auxquels Mozart est également réfractaire). Les octaves, les doubles notes deviennent monnaie courante. Beethoven se plaît à enchaîner rapidement des accords massifs et puissants ; il ne recule devant aucune extension, aucun saut ; il affectionne le procédé des mains alternées, proches ou lointaines, en martellements secs ou en sonorités légères. La main gauche retrouve avec lui cette indépendance, cette souplesse qu'elle avait perdue depuis Bach (depuis les virginalistes !), et il y ajoute de la témérité. Les trilles sont de plus en plus longs et difficiles ; il ne les regarde pas simplement comme un ornement conclusif, mais s'en sert pour mettre en vibration tout l'instrument, et finit par les considérer comme des corps sonores en soi (le fameux trille du rondo de la *Waldstein*, ou ceux qui habitent toute la *Hammerklavier* ou l'arietta de l'opus 111). Bien avant Debussy, il connaît « les mille moyens de traiter les pianistes comme ils le méritent ».

Ces moyens, employés aux fins de la pure technique, ne produisent que de fatigants bateleurs. Chez Beethoven, comme chez ses devanciers Clementi et Dussek, auxquels il doit bonne part de son écriture, ils sont mis au service d'une riche et vigoureuse pensée. La sienne, au surplus, est constamment originale, et d'une variété illimitée. Avec cette particularité, tôt révélée, que l'idée, le matériau thématique élémentaire, le moellon architectural qui fonde toute la construction, l'emporte chez lui sur la mélodie proprement dite, et même sur l'harmonie. Les phrases inoubliables, les enchaînements troublants, vous les découvrirez dans Mozart, dans Schubert, – voire dans Dussek et Clementi, sans oublier les fils de

Bach, et Bach lui-même en ses jours d'*empfindsamer Stil*, de « style sensible ». Avec la logique (qui est aussi l'art de sacrifier le superflu), ce qui caractérise avant tout Beethoven, c'est la force, cette puissance presque inconnue avant lui, qui faisait dire à Goethe : « On dirait que la maison va s'écrouler. » Quand on la rencontre ailleurs, on emploie spontanément l'adjectif « beethovénien », si même à propos de Haydn ou de Mozart. Cette force s'exprime par le rythme. La simple lecture d'une table thématique de ses sonates met en lumière ce bondissement initial. Voici où le piano est indispensable. Sans composer nécessairement à l'instrument, Beethoven est le premier à mesurer toute la portée d'un geste pianistique. Tel sursaut dramatique, telle poussée de fièvre, ont l'air de jaillir véritablement des doigts, de la main, du bras, des épaules ; et pareillement (car on n'a que trop tendance à superposer à Beethoven l'image romantique d'un éternel cafardeux, on cache vergogneusement sa robuste gaieté) tel éclat de rire, telle saute d'humeur, et d'humour. Cela peut sembler paradoxal, de la part de ce cérébral ; ce ne l'est qu'à demi ; sa pensée se mue instantanément, et comme irrésistiblement, en matière. Même à la fin, quand ses oreilles l'auront définitivement isolé du monde des sons, son dédain du sensible n'empêchera pas cette musique d'exalter, comme nulle autre n'avait su le faire, le piano.

La technique beethovénienne, du reste, parlons-en mieux. Elle n'est pas seulement feu d'artifice des dix doigts, auquel cas Scarlatti battrait Beethoven sur plusieurs longueurs de clavier. Elle tient aussi à la variété du toucher, aux indications expressives, aux effets de pédale. L'opposition du « tenuto sempre » de la droite au « staccato sempre » de la gauche, dans les mouvements lents des « deuxième » et « quatrième » sonates, est un exemple entre cent, et des moins malaisés, du soin apporté aux plans sonores. Le luxe d'indications qu'on lit dans le récitatif de l'opus 110 est difficilement surpassable : dix-neuf en trois mesures ! Quant à la pédale, même si l'on n'ajoute qu'à moitié foi au témoignage de Czerny selon lequel Beethoven jouait le *largo* du *Troisième Concerto* avec la pédale enfoncée tout au long, il faut croire qu'il se plaisait aux effets de réverbération quand on voit le brouillard « impressionniste » prescrit à tels endroits de la *Tempête* (les récitatifs de la réexposition), de la *Waldstein* (le thème du rondo) ou de l'*Appassionata* (premier mouvement, les mesures précédant le *più allegro*). Et au rebours, il faudrait relever l'emploi de la sourdine (« una corda »), entre autres dans l'*adagio* de l'opus 101, ou dans celui de la *Hammerklavier*.

On a comparé l'écriture du piano, dans Mozart, à celle de la voix humaine ; et celle du piano de Haydn au quatuor à cordes. C'est l'orchestre, assurément, qu'évoque le piano de Beethoven. Effets de masse, avec de grands déplacements d'accords, des trémolos, des doublures à tous les registres ; dynamique violente, inséparable désormais du nom de Beethoven, avec ses oppositions de nuances, de l'extrême douceur à la brutalité, ses véhéments sforzandos, ses vastes crescendos aboutissant à un pianissimo inattendu ; imitation de timbres instrumentaux, préfigurant Liszt : les cors du motif *Lebewohl* dans la *Sonate des Adieux*, le roulement sourd des timbales dans la marche funèbre de l'opus 26, ici la flûte ou le hautbois, là les archets. La musique pour clavier, avant lui, semble tracée au crayon, chacun tâchant d'en atténuer la pâleur par le travail du relief, de la perspective, de la profondeur ; la sienne éclate de toutes les couleurs d'une palette magnifique.

## LES SONATES

On a dit que le *Clavier bien tempéré* était l'Ancien Testament du piano, et les sonates de Beethoven le Nouveau. Cependant un demi-siècle sépare l'achèvement de l'un du commencement de l'autre, durant lequel la sonate est devenue aussi familière aux contemporains de Beethoven que la fugue pouvait l'être à ceux de Bach. Beethoven, quand il se met à en écrire (dès 1782, mais partons seulement de l'opus 2), a sous les yeux des modèles achevés, difficiles à perfectionner davantage. « Recevez des mains de Haydn l'esprit de Mozart », lui écrivait le comte Waldstein la veille du grand départ pour Vienne (octobre 1792). Haydn semble avoir été un médiocre professeur, et Beethoven négligera, dans la dédicace de l'opus 2, de mentionner qu'il en est l'élève ; mais à travers ses propres sonates, dont bon nombre sont admirables, le vieux « papa » pouvait transmettre à la fois Mozart et Jean-Chrétien Bach, et Philipp Emanuel, et Clementi.

Aussi bien, cet héritage, Beethoven l'accepte volontiers et même il y veille avec soin. Les romantiques n'ont voulu voir chez lui que chaos et révolte ; c'était mal le comprendre. Son moindre pas en musique est longuement prémédité. Il se bornera au début (jusqu'à l'opus 22) à ratifier de petites innovations dictées par une exigence profonde, et qui n'entament pas la solidité de la forme. Citons en vrac : adoption de la sonate en quatre mouvements, sur le modèle de la symphonie et du quatuor (six fois sur onze ; il n'y en a aucune chez Mozart ; deux chez Haydn) ; remplacement du pesant menuet par l'agile scherzo ; allegro initial précédé d'une introduction lente (la *Pathétique*, après Dussek ; il le refera quatre fois encore, dans la *Tempête*, les *Adieux*, les opus 78 et 111). Mais ce sont des détails. La nouveauté est ailleurs, et de meilleure conséquence : l'individualisation des thèmes ; l'importance grandissante de la coda ; la densité, la concentration des mouvements lents ; et surtout le travail thématique serré, avec cette logique innée, cette vue claire des proportions, ce sens de l'économie qui lui permet de tirer parti du plus petit motif, et même fragment de motif, dont on peut suivre l'élaboration pénible, vingt fois remise sur le métier, dans les carnets d'esquisses. – Appuyons, au passage, sur cette réalité qui souvent passe inaperçue : de tous les champs cultivés par le jeune Beethoven, la sonate pour piano est celui qui produit les fruits les plus mûrs ; dans cette première période, ni quatuors, ni concertos ni symphonies ne peuvent rivaliser avec elle.

Dans les quatorze sonates suivantes (ne comptons pas ici l'opus 49, qui date de 1795-1797), des accidents divers témoignent d'une volonté réfléchie de changement. Conscient de s'exprimer désormais totalement dans sa musique, Beethoven, tout en renforçant son propre langage, cherche à la sonate une unité plus profonde. Il secoue le cadre, il expérimente. Cela commence, au tournant du siècle, par un vrai bouleversement : les opus 26 et 27 intervertissent l'ordre des mouvements, ramifient quelques-uns en polyptyques, incluent des corps étrangers (marche funèbre de l'opus 26). Les jumelles de l'opus 27 croient devancer les reproches en s'intitulant « quasi una fantasia » ; les dernières sonates n'auront pas de ces scrupules... Et quand Beethoven, classique au fond de l'âme, retourne à la tradition, c'est avec plus de diversité : l'opus 31 n° 3 n'a pas de mouvement lent, en dépit de ses quatre morceaux ; les opus 54, 78, 90, en deux mouvements, affichent parallèlement un faible pour la petite forme ; quant à la sonate des *Adieux*, elle ne rougit pas de renouer avec la musique à programme chère au Kuhnau des *Sonates bibliques* (et bientôt au Clementi de *Didon abandonnée*).

Enfin les cinq dernières sonates ne sont plus que des soliloques, des fruits de la solitude. Le musicien s'y élève à l'universel ; il devient, selon le mot de Stravinski, « pour toujours notre contemporain ». D'une liberté totale, ces morceaux défient l'analyse. Beethoven fabrique ses propres moules, combine les éléments les plus contradictoires, accueille la fugue, le récitatif, la variation, bâtit sa musique en fonction du finale, devenu le temps fort de l'œuvre ; et l'écriture pianistique, d'une difficulté sans cesse accrue, menace de dépasser le cadre de l'instrument.

Toutes choses considérées, on a minimisé ces sonates si l'on n'a fait que de les présenter comme une lutte contre une forme établie. Elles valent avant tout par leur variété, par l'individualité surprenante de la moindre d'entre elles ; elles ne sont pas interchangeables. Ce n'est pas un parc aux allées rectilignes, aux parterres soignés, aux buissons taillés, aux sages boulingrins, mais un jardin naturel et sauvage, où selon l'envie on contemple cet arbre, on néglige cet autre, on revient souvent à ce troisième, dont l'odeur respirée ne nous quitte plus. Cela aussi, qui ne peut se dire des « séries » composées par ses devanciers ou ses contemporains, est une marque du génie beethovénien.

***Trois Sonates, en fa mineur, la majeur et ut majeur*** (op. 2)
COMP 1794-1795. PUB 1796 (Artaria). DÉD à Haydn.

Cet opus 2, qui regroupe les trois premières sonates qu'il ait jugées dignes d'être retenues dans son catalogue, Beethoven ne pouvait manquer de le dédier à Haydn, dont il est, depuis son arrivée à Vienne en novembre 1792, l'élève et l'ami. La dédicace, ornée de la mention « Docteur en musique », témoigne pourtant, avec beaucoup de respect, de quelque goguenardise. Celui que Haydn appelait « notre Grand Mogol » prouve ici, à plus d'une reprise, qu'un âge va s'achever avec le vieux maître. Ici débute l'aventure de la sonate beethovénienne. La forme est élargie, symphoniquement, à quatre mouvements. Deux fois sur trois l'antique menuet cède la place au tout neuf scherzo. L'andante mozartien, trop « allant » justement, est remplacé par l'adagio, par le largo. Techniquement, on s'élève au niveau des plus difficiles sonates de l'époque ; le pianiste n'a pas assez de ses dix doigts pour les jouer, ce sera l'un des reproches les plus couramment adressés à cette musique. Quant aux idées (autre reproche !), Beethoven entasse dans chaque sonate de quoi en remplir plusieurs : abondance de biens ne nuit pas. Bien sûr, cela ne va pas sans défauts. Ce cadre dix-huitième est trop grêle pour une pensée qui déjà le dépasse. Il y a des maladresses, des naïvetés, – et dans l'emploi du mode mineur un côté déclamatoire dont Beethoven ne se défera jamais complètement. Mieux encore, on voit par avance que, chez lui, la *force* de l'expression comptera plus que son *charme*. Dès ces premières sonates, c'est un anti-Mozart, sans le vouloir, sans pouvoir faire autrement : la déchirure est irréparable, elle ira s'accentuant. Mais enfin, il les a faites ressemblantes, y mettant d'emblée tout ce qu'il est, la passion tumultueuse comme la bonne humeur, la douleur comme le sourire. Ce triptyque si contrasté est un autoportrait, de face, de profil, de trois-quarts, dont la vérité a dû paraître, à son bon maître, friser l'impudeur.

SONATE op. 2 n° 1 (en fa mineur). – La plus beethovénienne des trois, c'est-à-dire la plus conforme à l'idée, fausse à moitié, qu'on se fait de Beethoven. Tonalité mineure, comme dans une poignée d'œuvres parmi les plus connues du grand public *(Pathétique, Appassionata, Troisième Concerto, Cinquième Symphonie)*. Dramatisme, thèmes emportés, violents contrastes dynamiques. Quelque chose de sombre tout au long, à peine éclairé çà et là par une phrase plus tendre. – Mais quiconque a déchiffré Clementi la dira tout bonnement clementinienne... à cela près que Beethoven réduit l'action à l'essentiel ; employons cette expression fautive mais parlante : il est plus « vite » que son modèle.

L'*allegro* est mené tambour battant, sans rupture. On a rapproché son premier thème de celui du finale de la *Quarantième Symphonie* de Mozart, ou du début de la *Sonate en fa mineur* (W. 57/6) de Philipp

Emanuel Bach. On pourrait en évoquer cent autres : ce démarrage sur l'arpège de tonique est commun à l'époque ; Beethoven l'a employé, l'emploiera tant et plus. Moins un thème, ici, qu'un dessin rythmique, en staccato, terminé par un gruppetto qui acquiert vite de l'importance et prouvera son efficace à la fin du développement : cet art de tirer parti de la moindre cellule, Beethoven le portera au plus haut degré. Observons aussi la dynamique de ce sujet si volontaire : en huit mesures on est passé du piano au fortissimo, avec deux sforzandos, pour retomber piano sur un point d'orgue ; voilà qui vaut signature. Le second thème procède du premier, mais descendant, et en notes liées ; thème douloureux, fébrile, entre le majeur et le mineur, et dont l'étrange fa♭ vient durement heurter le mi♭ de la basse. Il évolue en « soupirs » jusqu'à cette longue gamme descendante au bout de laquelle seulement on entend l'arrivée sur la bémol (relatif). Il n'acquerra pourtant sa vraie signification qu'à la reprise, énoncé en fa mineur.

Si l'essentiel de l'*adagio* (en fa majeur) ne provenait d'un de ses trois quatuors avec piano de 1785 (celui en ut majeur, WoO 36 n° 1), on accuserait encore Beethoven d'imiter Mozart (mouvement lent de la *Sonate en ré majeur*, composée en 1789). Il est vrai que le thème principal s'essaie à une grâce mozartienne ; mais il a quelque chose de guindé que Mozart n'eut jamais. Dans la section centrale en ré mineur, la main droite, marquant tour à tour le thème et la basse, croise les tierces plaintives, à contretemps, de la gauche ; plus décorative, l'écriture prodigue bientôt les guirlandes de triples croches et les doubles triolets, dont profitera la reprise du premier thème, très enjolivée, et aussi mouvante que le début était sobre et paisible.

Le troisième mouvement (en fa mineur, *allegretto*) est un *menuetto*, le seul de l'opus 2, les deux autres sonates ayant élu à cette place un scherzo. Scherzos ou menuets, c'est dans ces mouvements, souvent les plus réussis de ces œuvres de jeunesse, que Beethoven révèle ce qu'il doit à Haydn : morceaux économes, inventifs, voués au rythme, à la surprise, peut-être aussi au plaisir physique des doigts. Ce menuet-ci n'est pas sans inquiétude : voyez telle ponctuation de la basse sur le troisième temps, tel mouvement contraire, à contretemps, des deux mains en tierces, telle course à l'unisson, fortissimo ; et le pianissimo effleuré de la cadence finale. Le trio, dans le mode majeur, est aussi réussi qu'une invention de Bach : croches volubiles dans chaque main à tour de rôle, culminant dans un passage d'accords de sixte (quartes à droite), joyeux et sonore.

« *Sturm und Drang* » pour le finale *(prestissimo)*, où sur une houle d'arpèges, en triolets impétueux, résonnent de lourds accords. Dans ce fa mineur véhément, on entend la première *Appassionata*. La droite à son tour s'empare des triolets, les roule en tourbillon sur les croches normales de la gauche, à trois-contre-deux. Suit un long thème descendant, en octaves gémissantes, par-dessus les triolets incessants ; et les accords pesants éclatent à nouveau. Même sans y croire, on se laisse prendre à cette furie juvénile. Imprévu, cependant, juste après la barre de reprise, et préféré aux affres du développement, un nouveau motif (en la bémol majeur) vient parler de tendresse et de douceur, avant que la violence initiale ne l'emporte.

SONATE op. 2 n° 2 (en la majeur). – On ne saurait trouver un meilleur antidote au sombre et farouche fa mineur de la précédente : voici, au début de l'imposant massif des « trente-deux », la marque également de la joie. Ce Beethoven est plus fréquent qu'on ne pense, et c'est peut-être, en ces années, le plus sincère. Disons qu'à cette époque le genre heureux lui va davantage. Plaisir des sons, de l'idée menée à son terme ; plaisir instrumental : les trois mouvements rapides proviennent visiblement de gestes pianistiques, libérateurs ; les octaves descendantes de l'allegro, l'arpège brisé du scherzo, la longue fusée ascendante du finale partent des doigts, et engendrent les motifs.

L'*allegro vivace* commence spirituellement, avec par deux fois un appel de deux notes, à quoi répond une glissade de triples croches. La *Sixième Sonate* (op. 10 n° 2), autre sonate gaie, aura le même début malicieux, jeté du bout des doigts dans le silence. Cela continue par des croches ascendantes, en petit trot, se poursuit en triolets, avec çà et là des imitations. Jusque-là, l'atmosphère est récréative. Mais le second thème, d'un tout autre caractère, part en mi mineur, « espressivo », et à trois reprises, en montant chaque fois une tierce plus haut, énonce une phrase chaleureuse, sur un remuement d'accords brisés en doubles croches. Le développement, qui enchaîne directement ut à la bémol (cette désinvolture deviendra une habitude chez Beethoven), se sert d'abord de cet accompagnement, joué au milieu du piano entre les figures du premier thème, puis fait la part belle au motif trottinant, avec ses imitations agencées de façon ingénieuse.

Le mouvement lent de la sonate précédente, une mélodie accompagnée, presque une romance en ses fioritures, était de rédaction spécifiquement pianistique (dans la mesure où le piano, de plus en plus, tâche d'imiter la voix) ; celui-ci (en ré majeur, *largo appassionato*), infiniment plus sobre et plus concentré, dans son aura méditative, a une écriture de quatuor, bien perceptible au début : le « tenuto sempre » des trois parties supérieures, en lents accords, contre le « staccato sempre » de la basse, véritable pizzicato. L'impression persiste dans les épisodes, où chaque voix à son tour prend le dessus. La dernière rentrée pousse le thème principal une octave plus haut et ajoute à l'alto un dessin de notes répétées.

Cette fois, le troisième mouvement (en la majeur) est un scherzo, mais noté *allegretto*, avec ce que cela suppose de prudence, de modération (vous trouverez cependant des pianistes qui trichent, et vous en modifient l'esprit de fond en comble). Seule y compte la figure de départ, cet accord brisé lancé vers le haut. La dynamique, ici encore, veut surprendre : en quelques mesures (9-17), on va du piano au forte, au fortissimo. Trio chantant, mélancolique, d'une seule coulée, en la mineur.

Plus que de la gaieté, c'est du bonheur que respire le rondo (en la majeur, *grazioso*), dont le refrain, avec son arpège initial bondissant comme un ressort vers le mi aigu, sur plus de trois octaves, et son drôle de saut de treizième qui freine un instant le cours égal de l'accompagnement, est digne des plus fringantes pages de Haydn (aux dernières reprises, ce trait sera encore plus acrobatique, venant de plus bas dans le clavier). Le premier épisode entretient la verve, par son remue-ménage de doubles croches (périlleuses à la main gauche ! les escarpins de la basse d'Alberti transformés en bottes de sept lieues...). Mais à quoi diable peut servir cet épisode en la mineur, creux et répétitif, avec ses rudes triolets staccato, ses gammes chromatiques banales, son emphatique fortissimo ? Heureusement, la coda, revenant à la bonne humeur, se chargera d'adapter à sa légèreté ces mêmes gammes et triolets. La fin, au bout de ces joyeusetés, n'est guère prévisible : douce, effacée, sans bruit.

SONATE op. 2 n° 3 (en ut majeur). – La plus longue, la plus ambitieuse, la plus pianistique aussi des trois sonates « à Haydn » ; elle vise le concert, et a toujours été la plus jouée.

Son *allegro con brio* a la bravoure d'un début de concerto. Les tierces introductives, bénignes encore, dans une écriture de quatuor d'orchestre, vont supporter quelques mesures plus loin le ferraillement d'octaves brisées en chaîne, en éclatant fortissimo : entrée du soliste ! Le thème de transition (en sol mineur), qui provient lui aussi du quatuor de jeunesse déjà cité à propos de l'adagio de la *Sonate en fa mineur*, est une simple cantilène, plaintive à peine et comme à regret. Le second thème proprement dit (en sol majeur) peut paraître d'une banalité exaspérante ; et il est vrai que tout ce mouvement a des mélodies et des harmonies bien communes. Ce qui compte ici, une fois de plus, c'est le geste instrumental. Le développement progresse dans ce robuste esprit concertant, qui est celui des grandes sonates de Clementi et de Dussek ; arpèges brisés en modulation, travail sur la tête du premier thème, oppositions de registres. Pour parfaire l'imitation, à la fin de la reprise, après un ondoiement de septièmes diminuées aux deux mains alternées, arrive une vraie *cadenza*, annoncée par le traditionnel accord de quarte et sixte : chute des barres de mesure, essaims de petites notes, points d'orgue, et le trille de terminaison, avant la salve finale d'octaves brisées, aux deux mains, fortissimo.

Tonalité lointaine (mi majeur) pour l'*adagio*, en forme de rondo (ABABA). Que ce ton, chez Beethoven, soit souvent celui du recueillement (voyez entre autres le finale de la *Sonate op. 109*), on l'éprouve dans le premier volet, un bref choral, lent, méditatif. Un épisode douloureux (en mi mineur) lui succède, où la gauche survole les vagues de triples croches de la droite pour placer dans l'aigu la syncope d'un sanglot. Le choral est redit à l'identique ; mais une modulation brutale, scandée fortissimo, ramène l'épisode en ut majeur ; il est abrégé, passe vite en mi, cède la place au choral, dont le dernier énoncé s'embellit de figures décoratives.

Un vrai scherzo enfin, noté *allegro* (en ut majeur). Il y a de l'ironie dans ce staccato généralisé, ces entrées en imitation, ce gruppetto de départ (semblable, au fond, au thème principal de l'*adagio*) que Beethoven nous décochera tout au long, avec une insistance un peu folle. Le trio (en la mineur), virtuose, échevelé, fait monter et descendre sur le clavier des arpèges en triolets. Belle coda, avec un étonnant piétinement de la basse sur deux notes, pianissimo.

Le meilleur de la sonate, et sans doute le plus excitant de tous les mouvements de l'opus 2, est le finale (en ut majeur, *allegro assai*), copieux rondo-sonate à 6/8, plein d'idées, toutes séduisantes : l'impétueux et cependant léger dessin de croches du début, en accords de sixte, montant à l'assaut de l'aigu du clavier ; les dessins descendants en doubles croches qui lui répondent, rapides comme l'éclair ; les figures brisées qui dégringolent à l'unisson. Par-dessus tout, peut-être, admirons l'épisode en fa, sorte de choral, d'une couleur si originale, dont on trouvera l'écho dans le finale de la *Troisième Sonate* de Brahms. Pour terminer, au bout de deux pages verveuses dont les trilles font croire à quelque nouvelle *cadenza*, voici l'un des « trucs » les plus caractéristiques de Beethoven : points d'orgue, émiettement de la musique, semblant de modulation ; on feint de finir en catimini, « calando », « rallentando »... avant le fortissimo joyeux des octaves conclusives.

### Sonate en mi bémol majeur (op. 7)
COMP 1796-1797. PUB 1797 (Artaria). DÉD à la comtesse Babette von Keglevics.

Oublions qu'elle a pu s'appeler « L'Amoureuse » (à cause de l'amitié tendre qui liait Beethoven à la dédicataire). C'est la première que son auteur désigne du nom de « grande sonate », et qui remplisse à elle seule tout un opus. Grande, elle l'est par ses dimensions : la plus longue (trente minutes) après la *Hammerklavier* ; mais aussi, par la richesse et la variété de ses idées, voilà l'une des plus belles de la période. Est-elle beaucoup jouée ? La mode des intégrales force les pianistes à l'apprendre ; elle mérite mieux que d'être défendue du bout des doigts.

Le début du premier mouvement *(molto allegro e con brio)* est emporté d'un seul élan, irrésistible, dès la note répétée (mi ♭, tonique) de ses premières mesures, dans un allègre mouvement de croches à 6/8. Cela respire l'ardeur juvénile et le désir de conquête. Beethoven a vingt-six ans ! En écoutant cette envolée de motifs, persuadons-nous qu'il a pu être jeune, fringant, coquet, prendre des leçons de danse et caracoler sur le Prater, – ainsi que caracole, un peu plus loin, ce curieux dessin disjoint, à chaque main tour à tour (mes. 41, 51)... Le « bonhomme » des années futures, l'incurable grincheux peut attendre. Le second thème, en noires pointées, tente-t-il d'imposer le calme ? C'est un court répit : les notes répétées, les croches incessantes s'emparent de lui ; son aire est grignotée peu à peu par des octaves crépitantes, par d'étincelantes doubles croches, jusqu'à cette clausule syncopée, si caractéristique, qui jouera son rôle dans le développement. Que de notes ! et quelle profusion d'événements, dans le second sujet ! Beethoven les juxtapose, les imbrique, émerveillé de sa propre invention, et jetant superbement son bien par les fenêtres.

Au contraire, dans le mouvement lent (en ut majeur, *largo con gran espressione*), Beethoven découvre l'éloquence du silence, ou plutôt s'en fait pour la première fois un appui. Il faut prendre le plus lentement possible le premier thème pour lui conférer sa gravité, son intensité, et mettre en valeur, justement, les soupirs et demi-soupirs qui lui font cortège. Dans cette atmosphère ténue, le fortissimo soudain qui déchire la cadence (mes. 20-21), avec ces accords arrachés au clavier, n'est que plus saisissant. Un épisode, commencé en la bémol majeur, chant d'accords sur une basse de notes piquées, mène, à travers de nombreuses modulations, à un passage dramatique, où une sorte de cri effrayé répond, dans l'aigu, à la menace des octaves (mes. 37-41). Reprise variée du début, et court détour par le deuxième thème, amorçant la coda. – On reste confondu devant le luxe d'indications qui jonche ces portées ; Beethoven, à qui l'orchestre ici manque un peu, s'oublie jusqu'à demander un crescendo sur un accord, chose irréalisable au piano !

Le troisième mouvement n'a pas de désignation : ni menuet, ni scherzo, simplement un *allegro* à trois temps (en mi bémol majeur). Beethoven semble avoir tâché d'y concilier deux mondes irréductibles : d'une part, toute la politesse, l'élégance d'un thème « quasi minuetto », où le silence joue cette fois un rôle humoristique, ainsi que les notes répétées ; d'autre part, un authentique trio de scherzo (en mi bémol mineur), où des triolets aux deux mains dessinent dans leur flot incessant, aux franges de leur écume, une mélodie presque imperceptible, au milieu de sforzandos qui sont autant de coups de tonnerre ; très belle page, haletante, sourdement grondante, ténébreuse, – romantique assurément, et comme Schubert saura en écrire. Ajoutons que s'opposent aussi, dans ce mouvement, l'écriture de quatuor des volets extérieurs et la rédaction purement pianistique du volet central.

Si réussi soit-il, le rondo (en mi bémol majeur, *poco allegretto e grazioso*) couronne mal une sonate autrement ambitieuse ; et ce nouveau « grazioso » ne vaut pas son prédécesseur de l'opus 2. Beaucoup de « gracieuseté » en effet (et non de la grâce) dans le thème principal, gentillet, sans grand relief. Le milieu (en ut mineur) se veut dramatique ; il grommelle, en triples croches bruyantes, sans convaincre quiconque de sa nécessité. Cette trouvaille pourtant, à la fin : une brusque présentation du refrain en mi (quand on attend mi bémol), et l'utilisation ironique, pour terminer, des triples croches de l'épisode central, mais légères, amicales, jusqu'au pianissimo heureux des dernières mesures.

### *Trois Sonates, en ut mineur, fa majeur et ré majeur* (op. 10)
COMP 1796-1798. PUB 1798 (Eder). DÉD à la comtesse Anna Margarete von Browne.

L'opus 10 est un triptyque à nouveau. Les deux premières sonates, en trois mouvements rondement menés, ont quelque chose de plus nerveux, de plus économique aussi, que les précédentes ; mais la troisième, avec ses quatre mouvements, dont le magnifique *largo e mesto*, les a éclipsées toutes les deux. Dommage pour celle en fa, une des œuvres les plus délicieuses de Beethoven.

SONATE op. 10 n° 1 (en ut mineur). – Un pesant accord de tonique, un arpège brisé escaladant rageusement deux octaves en rythme pointé, une réponse piano, en accords : cette opposition entre une irrésistible poussée de forces et leur retombée fait tout le prétexte du mouvement initial *(allegro molto e con brio)*. Saluons le premier ut mineur de la série des trente-deux sonates, sans nous cacher ce qu'il doit au *molto allegro* de la sonate du même ton de Mozart (K. 457). Pareille succession de tonalités, idées apparentées ; plus de rondeur chez Mozart, dont c'est une œuvre mûre et pesée ; plus de fougue juvénile et d'impatience chez Beethoven. Le second thème, lui, chante simplement, en mi bémol majeur, sur un accompagnement de croches modeste et quotidien. « Pathétisme » du développement, avant la lettre (mais l'opus 13 n'est pas loin !), lequel se donne un nouveau thème où s'épancher. À la réexposition, faux départ du second thème, en fa, comme une bévue, avec sa « correction » en ut mineur, qui se déclame en octaves pour se faire pardonner.

Le pouls du mouvement lent (en la bémol majeur, *adagio molto*), son bon tempo, on le prendra à la mes. 28 : ces fioritures soudaines de quadruples croches, il ne faut surtout pas les précipiter, dans une bousculade sottement virtuose. C'est dire l'extrême lenteur où se déploie cette musique sereine, rêveuse, dont quelques pics d'intensité n'affectent pas la tendresse (est-il rien de plus tendre que ces passages, mes. 36, 83, où les mains se joignent pour défaire en triolets la tresse des harmonies ?), et que termine une coda d'une infinie douceur, avec son accompagnement syncopé, et ce mi ♭ (pédale de dominante) répété jusqu'au bout. (Morceau en forme sonate, sans développement.)

Il y a de la résolution, et presque de la hargne, dans le premier thème du finale (en ut mineur, *prestissimo*), petit motif trépignant qui s'élève à partir du même tremplin de trois notes. Le second thème lui est apparenté, et tous deux seront associés, à la fin du morceau, dans la même phrase. On entend dans le développement une prémonition du « thème du destin » de la *Cinquième Symphonie*, dont les quatre notes dégringolent sur trois octaves. L'effet rhétorique (ou théâtral) de la conclusion est bien connu : quelques lignes avant la fin, pause, modulation en ré bémol (ton de la sixte napolitaine), grand ritardando, jusqu'à une mesure *adagio* bloquée sur l'accord de septième diminuée ; mais cette fausse digression est balayée d'un coup par le ton initial, et l'on termine en majeur (plus ou moins : la sixte, la ♭, est toujours mineure), pianissimo, au fond du clavier.

(Beethoven prévoyait quatre mouvements. Voir dans les PIÈCES DIVERSES deux scherzos possibles, WoO 52 et 53, auxquels il renonça.)

SONATE op. 10 n° 2 (en fa majeur). – Voici l'œuvre la plus séduisante de tout ce premier Beethoven. Longtemps méconnue, on la redécouvre ; il faut lui donner toute sa valeur. Elle représente au mieux cet aspect trop négligé du compositeur : la gratuité. Elle ne tire sa substance que d'elle-même, se fabrique peu à peu de ses propres motifs, – un quart d'heure férié, dirait Jankélévitch, dérobé à la grisaille ambiante. Ici le « Grand Mogol » fait mentir doublement son sobriquet : il peut être comique sans lourdeur, et profond sans charme.

L'*allegro* est de proportions parfaites, et son premier thème, d'emblée, définit l'atmosphère : il persifle, mais sans rogne ; juste un brin de malice dans ces deux accords brefs, à quoi répond un petit rien en triolet. Le second thème, impétueux, à base d'accords, forme un arpège ascendant et s'accompagne d'un grondement de doubles croches qui tournoient sur elles-mêmes, se renforcent, se multiplient. Quoi de plus drôle que le passage suivant, avec ses silences calculés et ses contretemps affairés ? À la fin de l'exposition, la droite place un gros trille amusant dans le grave sous les arpèges à toute allure de la gauche. Retenons enfin le motif de trois notes qui conclut : rien qu'une cadence, apparemment inoffensive ; de lui seul pourtant surgit tout le développement. Mais peut-être le meilleur moment de cet allegro est-il à la réexposition : des modulations successives font rentrer le premier thème en ré ! Faux retour, corrigé peu après par le vrai, au ton principal.

L'*allegretto* qui suit (en fa mineur) est une merveille, le morceau par excellence qu'on doit proposer à ceux que Beethoven ne surprend plus. Ni mouvement lent, ni scherzo, il débute à l'unisson dans le grave, en murmure, sur un thème inquiet et hanté, aussi sombre que sont clairs les mouvements qui l'encadrent. Alors la voix supérieure interroge, et lui répond la voix médiane, toujours piano en dépit des accents (à ne pas exagérer !) sur le troisième temps. Le trio (en ré bémol majeur) console d'on ne sait quoi, tâche de sourire ; déjà palpite ici l'âme de Schubert. L'utilisation abondante des syncopes, au retour du thème principal, montre que l'inquiétude persiste ; mais le pianissimo prescrit interdit que l'on s'affole...

Le *presto* final (en fa majeur) dissipe d'un coup les nuages. Mouvement moteur, sur un seul sujet, au fugato humoristique : c'est par dérision que le contrepoint est convié à cette musique dansante et débridée ! Cela ne va pas sans quelques entorses aux règles, délibérées ; le contrepoint en tierces de la troisième entrée provoque-t-il d'impertinentes « octaves parallèles » ? qu'à cela ne tienne, la musique fonce de l'avant, bouscule tout, s'ébroue, se moque de l'entêtement de son propre thème. Et il y a des choses désopilantes, comme le motif en accords homophones, avec son « bourdon » de village.

SONATE op. 10 n° 3 (en ré majeur). — Une « grande sonate », sans le titre ; et l'une des plus jouées de Beethoven. Curieuse, par un mélange continuel d'abstrait et de charnel, de clair et d'obscur, de joie et de douleur. L'unité en est sans cesse menacée : qu'y a-t-il de commun entre la décision du presto initial, la verve du finale, l'amertume et le renoncement du célèbre mouvement lent ?

Le premier mouvement *(presto)* tient tout entier aux quatre notes descendantes (ré-do #-si-la) qui commencent aussi bien le premier que le second thème. L'un est volontaire, remonte aussitôt en octaves à l'unisson, sonne le réveil, avec une manière d'agressivité matinale, d'énergie froide, tout à fait singulière. L'autre (en la majeur) est insouciant en diable, presque moqueur. À eux deux, aidés d'un thème de transition en si mineur (qui transpose d'un ton les quatre notes), ils organisent une exposition de vastes proportions, au regard d'un développement relativement court (amorcé dans un fier et hardi si bémol majeur). Pages agitées, fébriles ; mais un conflit d'idées plutôt que de sentiments. C'est la première fois que l'on sent en Beethoven le cérébral.

Au contraire, le *largo e mesto*, cœur de l'œuvre et sa justification, nous ramène au langage des sens, et même des viscères. Dans ce morceau poignant, portrait d'un mélancolique, selon Beethoven lui-même (au témoignage de Schindler), rôdent sans doute plus que des peines sentimentales : des peurs physiques, une hantise de la souffrance et de la mort. Ce ton de ré mineur (infiniment plus rare qu'on ne le pense : la *Tempête* ; le largo du *Trio en ré majeur*) évoque le *Lacrymosa* du *Requiem* de Mozart, qui a le même 6/8 et presque les mêmes intervalles accablés. La deuxième partie, en fa majeur, commence par une phrase contemplative, doublée entre soprano et ténor, dans le battement régulier de l'accompagnement ; mais la musique se soulève peu à peu, se gonfle de reproches véhéments : lourds accords arpégés dans le grave, à quoi répondent des triples croches par trois, en contretemps, piano dans l'aigu, jusqu'à ces mesures impressionnantes où, la basse étant morte, les triples croches descendent en haletant vers le grave, rongées à leur tour par le silence. Reprise ; et admirable coda, les arpèges de sextolets par-dessus le thème dans le grave, montant progressivement, dans un crescendo inouï, et se figeant à nouveau sur le ré tonique. Conclusion décharnée, douloureuse (avec le fameux frottement de la septième diminuée sur la tonique), qui laisse une dernière interrogation suspendue dans le vide.

On n'attendait pas un menuet après ces pages d'angoisse et de résignation. C'en est un, pourtant, que cet *allegro* (en ré majeur), ou même un ländler, avec juste ce qu'il faut de fraîcheur et de candeur, même dans l'essai contrapuntique de la seconde partie, pour éclaircir l'atmosphère. Trio en sol majeur, virevoltant, en alertes triolets à la main droite, que la gauche s'amuse à croiser pour jouer alternativement les questions et les réponses (un rien moqueuses) d'un dialogue entre grave et aigu.

« Suis-je encore mélancolique ? » D'après les cahiers de conversation, telle est la question que Beethoven se pose à l'orée du rondo final (en ré majeur, *allegro*). Qu'on adhère ou non à ces images simplistes, il est vrai que ce motif de trois notes, suivi de silences, simule un point d'interrogation, cette fois ironique. En réalité, c'est Haydn qui revit dans ce mouvement insouciant, spirituel au possible, fourmillant d'idées espiègles (mises en « question », oui, tour à tour), parsemé de trous et de points d'orgue, et se refermant sur une page délicieuse, légère et paisible, où la musique, sur une arabesque chromatique, semble se dissoudre dans les airs.

### Sonate en ut mineur (« Pathétique ») (op. 13)
COMP 1798-1799. PUB 1799 (Hoffmeister ; puis Eder). DÉD au prince Carl von Lichnowsky.

Inutile de se battre contre ce moulin à vent : la *Pathétique* aura toujours la faveur du public. Qu'est-ce qui la fait priser à ce point ? Son titre ? Les éditeurs d'autrefois, qui valaient bien les nôtres, savaient qu'il est plus facile de retenir une épithète qu'un numéro d'ordre, ou d'opus ; Beethoven lui-même, du reste, s'il ne fut pas consulté, approuva du moins ce surnom, qu'il employa à son tour. Sa tonalité ? C'est une fois de plus ce ton emblématique du pathos romantique, qui jalonne la vie de Beethoven, du *Troisième Trio* à la *Trente-deuxième Sonate*, en passant par le *Troisième Concerto*, la *Cinquième Symphonie*, la *Fantaisie chorale*, la *Septième Sonate pour violon et piano*, œuvres obscurément mais indiscutablement apparentées. La mise en scène de son premier mouvement, avec cette introduction lente dont les accords reviennent par deux fois interrompre l'allegro ? Sans doute tout cela à la fois ; et plus simplement ce rien de vulgarité qui nous est nécessaire, à quoi nous croyons succomber ici sans risque : la *Pathétique* nous gratte, dirait Madame Jourdain, par où nous nous démangeons.

Malgré son côté déclamatoire, le *grave* introductif est encore le meilleur moment de la sonate. Accords sombres, au rythme pointé d'ouverture française ; accents *fp* sur le premier temps ; opposition entre un motif piano, suppliant, et un autre fortissimo, implacable (ce serait le moment d'en appeler aux « deux principes », masculin et féminin, qui, selon une confidence faite à Schindler par Beethoven, s'affronteraient dans sa musique) ; traits en valeurs brèves (jusqu'à la quintuple croche), qui raturent l'espace et le temps ; le dernier, longue fusée descendante, débouche en *attacca* sur l'allegro.

Celui-ci *(allegro di molto e con brio)* est emporté, entre ardeur et colère, dans son premier thème, en accords staccato sur des trémolos d'octaves à la main gauche. La *Sonate en ut mineur* de Mozart n'est guère loin, une fois de plus (voir l'opus 10 n° 1) : mêmes trémolos grondants et mêmes accords, sauf que le thème de Mozart descend quand celui de Beethoven monte, comme indomptablement ; mais une sonate de Dussek, également en ut mineur (op. 35 n° 3) et plus récente, développe des idées similaires, dans une semblable texture. Mi bémol mineur pour le second thème (il n'y a pas d'éclairage majeur), où la main droite, jouant le chant dans l'aigu et son amorce dans le grave, croise les accords battus de la gauche ; on peut regretter qu'il soit affadi par ces mordants un tantinet ridicules... L'exposition, après sa reprise, conduit au premier retour du *grave* (quatre mesures), à la dominante, modulant en mi mineur ; le développement en combine le thème, lissé de son rythme pointé, avec le premier thème de l'allegro. À son tour la réexposition est coupée par les quatre mesures du *grave* ; il a perdu son premier temps, aspiré par du silence ; on a beau connaître ce passage par cœur, l'effet est toujours saisissant.

L'*adagio cantabile* (en la bémol majeur) ne tient pas jusqu'au bout les promesses de son beau début. Autant la phrase initiale, épanouie et remplie d'on ne sait quelle gratitude, est inspirée, – si même elle évoque le milieu de l'adagio correspondant de Mozart, – autant l'épisode central, un *minore* agité, aux trémolos poussifs, semble une diversion inopportune, vaguement besogneuse ; son seul mérite est l'impulsion nouvelle qu'il donne au retour du premier thème, en lui communiquant son rythme de triolets.

Il y a peu à dire du rondo (en ut mineur, *allegro*). On rapporte que Beethoven le jouait avec humour. Il en faut, certes, pour faire passer le mélisme insupportable de son thème principal (qui commence comme le second thème de l'allegro). Pourtant l'épisode en la bémol, en valeurs longues, avec ses syncopes et son contrepoint léger, a quelque chose de désenchanté qui touche au plus profond. Cela ne dure guère. Fin « beethovénienne » typique, à quoi les pianistes doivent les bravos et les bis : une hésitante incursion en la bémol, comme si l'on regardait par une porte entrebâillée ; des silences ; le pianissimo le plus éteint ; et soudain, *ff*, la foudroyante gamme conclusive.

## Deux Sonates, en mi majeur et sol majeur (op. 14)

COMP 1798-1799. PUB 1799 (Mollo). DÉD à la baronne Josefine von Braun.

Les deux sonates de l'opus 14 sont récréatives entre toutes. La preuve : elles n'ont pas de mouvement lent (l'andante de la seconde est plutôt une marche). Contemporaines de la *Pathétique*, elles ont végété dans son ombre, n'en sortant qu'aux grandes occasions, où l'on veut bien les dépoussiérer. Il leur manque l'aura de la tragédie ? Qu'importe, les amateurs leur ouvrent grands leur cœur et leurs oreilles, et s'en délectent.

SONATE op. 14 n° 1 (en mi majeur). – La première sonate du diptyque, la plus méconnue, est vraiment réussie d'un bout à l'autre. Beethoven en fit assez grand cas pour la transcrire, en fa majeur, pour quatuor à cordes (1802). L'*allegro* a un premier thème décidé, joyeux, qui s'élance en blanches vers la tonique supérieure, accompagné d'un battement régulier d'accords, avec quelque chose à la fois de fier et de juvénile, qu'accentue le petit motif suivant, zigzag de tierces brisées sur trois octaves. Plus apprêté, plus savant, le second thème (en si majeur) est l'occasion de jeux contrapuntiques, qui ne vont pas sans d'inclémentes rencontres de sons. Le développement, très court, fait déclamer des octaves sur un roulement de doubles croches. Dans la réexposition, les accords statiques de l'accompagnement sont remplacés par des fusées de gammes qui traversent le clavier de bas en haut.

Faut-il croire le témoignage de Schindler et Beethoven prenait-il vraiment « allegro furioso » le merveilleux *allegretto* qui suit (en mi mineur) ? En ce cas, il avait tort ; tout est murmuré plutôt que dit dans ces pages, faites de presque rien, d'une originalité surprenante, avec cette cellule au rythme pointé qui exprime une inapaisable inquiétude ; mi mineur n'est-il pas le ton par excellence de la grisaille du cœur ? Le *maggiore*, en ut, étale et nu, uniquement composé de noires et de blanches, parle de réconfort, sans parvenir à convaincre. Voilà bien l'un des plus touchants mouvements de toutes ces premières sonates, et il n'y aura fallu que les moyens les plus simples.

Un thème à la gaieté bourrue, en octaves ascendantes sur un remous de triolets, ouvre le rondo (en mi majeur, *allegro comodo*). Les gammes fusent bientôt, se répondent d'une main à l'autre, zèbrent le clavier dans les deux sens : jeux d'esprit et d'humeur, et même, pourquoi pas, éclats de rire. Le couplet central (en sol majeur) reprend les triolets à son compte, déchaîne une rafale, l'exténue, la fait mourir au bout d'une longue gamme chromatique. La fin s'amuse à syncoper le thème d'octaves, dans un vigoureux crescendo.

SONATE op. 14 n° 2 (en sol majeur). – Plus légère de texture et plus insouciante encore que la précédente. C'est, consciemment ou non, la dernière fois que Beethoven rend hommage à Haydn. Cette absence de pesanteur, cette adresse, ce plaisir de l'écriture sont bien dans la manière du vieux maître.

De l'enjouement et de la tendresse à la fois dans le thème initial de l'*allegro* (toujours mal rendu, d'ailleurs, en raison d'un léger décalage rythmique, qui n'est redressé qu'au bout de quatre mesures). La deuxième phrase, où insiste une note répétée, est sans doute quelconque ; de là à l'énoncer sottement, il n'y a qu'un pas, que maint pianiste n'hésite pas à franchir. Il y faut au contraire une espèce de fausse naïveté, qui la rehausse et mette les rieurs de son côté. Le second thème est délicieux, avec ses tierces descendantes fraîches comme des clochettes. Le développement vagabonde librement d'un ton à l'autre, le premier thème à la basse, sous de rapides triolets de la main droite (amusant boitillement du trois-contre-deux).

Un guilleret thème de marche pour l'*andante* (en ut majeur), tout en accords détachés, pourvu de trois variations lilliputiennes, qui en conservent le rythme et les effets (accents, crescendos, « piano subito ») jusqu'au bout. Fin satiste, avant la lettre : des accords pianissimo qui s'éparpillent, et d'un coup, sans crier gare, un unique accord de tonique, au fortissimo d'enclume !

Jeux rythmiques également dans le scherzo final (en sol majeur, *assai allegro*), dont le refrain (car il s'agit d'un rondo inavoué) s'amuse d'une équivoque entre 2/8 et 3/8, enjambant les barres de mesure et trompant l'oreille. Adorable épisode en ut majeur, au frais thème de ländler, doucement baigné d'un cours égal de doubles croches. La fin du morceau est surprenante et poétique, avec son accord de tonique en mouvement (sans la tierce), longue pédale bruissante, au-dessus de laquelle les dernières notes du refrain s'éteignent peu à peu.

### *Sonate en si bémol majeur* (op. 22)
COMP 1799-1800. PUB 1802 (Hoffmeister). DÉD au comte Johann Georg von Browne.

Intitulée « grande sonate », comme chaque fois que Beethoven en publie une toute seule et en quatre mouvements, elle est curieusement dépourvue de réelle inspiration, si l'on excepte le milieu du mouvement lent. Elle ne manque pourtant ni de fermeté dans le trait, ni de rigueur dans la construction. Mais Beethoven s'y répète, s'y parodie ; on le sent à ce moment exact où il a suffisamment pris conscience de son style pour pouvoir, sans qu'il lui en coûte, fabriquer du Beethoven sur commande. Voilà pourquoi cette sonate ferme une époque ; les suivantes rompront d'un coup avec cette « manière », où il courait le risque de tourner à vide. Qu'il ait lui-même eu quelque faible pour le présent opus 22 ne prouve qu'une chose : la forme que lui ont léguée ses prédécesseurs, la voici arrivée à une rare perfection. C'est de l'intérieur qu'elle se désagrège. Il en jettera bientôt les oripeaux aux quatre vents.

L'*allegro con brio* ne travaille pas dans la miniature ; tout ce qu'il met en œuvre est massif, sérieux, abstrait, manquant à la fois d'humour, de grâce et d'émotion, quand l'occasion pourtant semblerait se présenter. On va d'une banalité à la suivante, et l'on entend parfois le ronron du vide (par exemple les octaves tapageuses, à l'unisson, qui terminent l'une et l'autre partie). Ce premier thème conquérant qui fait monter par paliers des groupes de doubles croches, dont l'impulsion se transmet à tout le mouvement, ces gammes, ces arpèges, ces octaves brisées, ce trémolo des basses, comme ils donnent l'impression du déjà entendu ! Le développement lui aussi est sans surprises, qui module interminablement sur des sentiers battus : la surprise, c'est plutôt que cela puisse s'arrêter...

Le mouvement lent (en mi bémol majeur, *adagio con molta espressione*) a plus d'âme, et plus d'invention. Une longue cantilène s'y déploie, italianisante, sur de paisibles accords battus, où viennent pourtant se heurter (« suavement », diront certains...) quelques longues appogiatures. Le milieu surtout nous retient, avec ces ondes de doubles croches aux deux mains, par-dessus lesquelles la droite marque un motif sanglotant ; harmonies troublantes, et un accent soudainement désespéré, qui est inoubliable.

Menuetto sans indication de tempo (en si bémol majeur), et tout en contrastes. Le début veut-il exprès faire vieillot ? La deuxième partie, du coup, avec ses trémolos et son brusque fortissimo, détonne. Quant au trio (sol mineur), il est emporté dans le mouvement de la main gauche, qui sillonne le clavier de traits de doubles croches coléreuses, vindicatives, sous des accords syncopés fortement accentués. Deux mondes opposés ; la reprise du menuet n'en est que plus étrange, elle fait presque grincer des dents, – et on pourrait l'interpréter dans cet esprit...

Le rondo (en si bémol majeur, *allegretto*) a un jumeau : celui de la *Sonate en fa majeur* pour violon et piano, dite *Printemps* (op. 24). Mêmes joliesses (on voudrait dire : mêmes viennoiseries), le thème tout en boucles, en volutes, et une fraîcheur n'allant pas sans un brin de niaiserie, involontaire ou délibérée. Le plus intéressant est le couplet en triples croches, où l'on croit entendre, au milieu des fioritures, la fugue de la *Toccata en ré mineur*, pour orgue, du vieux Bach ! La fin brode encore sur le refrain, jusqu'à la lassitude, à coups de triolets et autres figures, et ces huit pages longuettes finissent par compter comme quarante.

## *Sonate en la bémol majeur* (op. 26)

COMP 1800-1801. PUB 1802 (Cappi). DÉD au prince Carl von Lichnowsky.

Est-ce le tournant du siècle ? L'échéance de ses trente ans ? Les sonates de 1801 sonnent le branle-bas. Durant trois œuvres successives, la forme de la sonate va être secouée. Il en sortira un nouveau Beethoven, le Beethoven « deuxième manière » des classificateurs, celui que Liszt, après

« l'adolescent », nomme simplement et bellement « l'homme ». L'opus 26 commence par un mouvement lent, se poursuit par un scherzo et une marche funèbre, conclut sur un allegro à l'allure de toccata ou de mouvement perpétuel : aucun des mouvements ne se donne la peine d'être en forme sonate ! Ainsi assemblée de bric et de broc, est-elle tout à fait réussie ? Non, certes ; elle sent un peu le laboratoire ; mais c'est « la sonate à la marche funèbre » : cela suffit à assurer sa survie.

Un *andante con variazioni* en guise de premier mouvement ne surprend qu'à moitié si l'on songe, entre vingt exemples, au début de la *Sonate en la majeur* de Mozart (K. 331). Thème de romance, d'une très schubertienne mélancolie, suivi de cinq variations qui s'enchaînent sans changement de tempo ni de rythme. Elles ne sont pas bien inventives, et le thème y demeure aisément reconnaissable. La 1$^{re}$ est une variation rythmique, qui pose de gracieux arpèges sur le premier temps ; la 2$^e$, en martellements des mains alternées, prend le thème à la basse ; le *minore* de la 3$^e$ préfigure la couleur sombre de la marche funèbre et s'articule en syncopes incessantes, avec des sforzandos sur les temps faibles (c'est peut-être à son propos que Chopin a dit son fameux mot à Lenz, qui lui jouait la pièce : « Oui, c'est beau, mais faut-il donc s'exprimer toujours de manière aussi déclamatoire ? ») ; la 4$^e$ oppose le staccato de la gauche au legato de la droite, parmi des syncopes tout aussi nombreuses et des changements de registre ; la 5$^e$ prolifère en triples croches, qui forment au-dessus de la mélodie cette sorte de vibration trillée, persistante, que l'on verra dans les œuvres tardives.

Le scherzo (en la bémol majeur) précède cette fois le mouvement lent. *Allegro molto* : la vitesse, justement, en fait tout le prix. Plus on le joue à vive allure, plus ses petites phrases ascendantes, renforcées de tierces dans la seconde partie, prennent une couleur fantastique. À cette mobilité de vif-argent, à ce staccato nerveux succède le legato du trio (en ré bémol majeur), dans un rythme uniforme et berceur de blanches et de noires (trochées) ; la musique fait du surplace, avant de reprendre l'humeur capricieuse du scherzo.

En dépit de sa célébrité, la *Marcia funebre* (en la bémol mineur, *maestoso andante*) n'est pas le meilleur de la sonate, loin de là. Quel héros Beethoven avait-il en vue dans le sous-titre (« *sulla morte d'un Eroe* ») ? Sûrement pas celui qu'il enterrera bientôt dans la *Symphonie héroïque*, ce Bonaparte qui eut à ses yeux le tort de devenir Napoléon. Plutôt qu'une vraie marche, c'est une épure ; et plutôt qu'un vrai thème, un rythme, qu'on continue d'entendre au-delà de toutes les mélodies qu'il peut convoyer. Le compositeur obéit aux conventions du genre... qu'il est en train d'inventer. On entend le pas monotone du cortège, et dans l'épisode majeur, le crescendo des timbales et l'éclat des cuivres. Quelques belles modulations par enharmonie, où fa ♯ substitué à sol ♭ ouvre la porte de régions diésées qui ont, après l'obscurité des sept bémols, l'étrange et froide clarté des limbes. (On sait que cette marche fut exécutée aux obsèques de Beethoven ; et qu'accoutrée en fanfare elle est de toutes les funérailles de la planète.)

Aussi brillant qu'insouciant, l'*allegro* final (en la bémol majeur) s'ébroue dans un flux continu de doubles croches, comme une étude d'accords brisés ou une toccata ; en quoi il préfigure le finale de la petite *Sonate en fa* (op. 54). Il contient une section en ut mineur où l'on croirait entendre, dans ces montées en crescendo sur un trémolo de la basse, un souvenir de l'allegro de la *Pathétique*. La plus grande partie du mouvement se meut dans une sonorité effleurée qui lui donne un aspect un peu irréel ; à cet égard la fin est très belle, qui s'éteint pianissimo dans le grave, en laissant résonner un dernier la ♭.

### Deux Sonates « quasi una fantasia », en mi bémol majeur et en ut dièse mineur (« Clair de lune ») (op. 27)

COMP respectivement 1800-1801 et 1801. PUB séparément 1802 (Cappi). DÉD du n° 1 à la princesse Joséphine von Liechtenstein, du n° 2 à la comtesse Giulietta Guicciardi (les deux sonates devaient avoir la princesse pour dédicataire ; au moment de les publier, Beethoven décida d'offrir la deuxième à sa jeune élève, en échange du *Rondo op. 51 n° 2* qu'il lui avait repris).

Comme la *Sonate op. 26*, qui ne la revendiquait pas mais qui la mérite tout autant, ces deux œuvres, en inventant leur forme au fur et à mesure, justifient chacune à sa façon la mention *quasi una fantasia*, – à la fois audacieuse, par ce que le terme de « fantaisie » annonce de manquements à la norme, et timide, par cet adjectif « quasi » qui opère aussitôt un retrait. Liszt tournera superbement l'expression en appelant *fantasia quasi sonata* le fameux *Après une lecture de Dante* des *Années de pèlerinage*.

SONATE op. 27 n° 1 (en mi bémol majeur). – La cadette a longtemps nui à cette aînée. Aujourd'hui, on lui accorde souvent les honneurs du concert. On a compris sa portée ; c'est le versant ensoleillé de l'opus (sourions de la coïncidence qui veut que, chez Chopin, le même numéro d'opus, 27, oppose deux nocturnes, le ténébreux et funèbre *Septième*, en ut dièse mineur, et le lumineux *Huitième*, en ré bémol majeur). Comme la suivante, elle avoue sans ambages sa liberté : fantasia ! à rapprocher du verbe allemand *fantasieren*, « improviser ». On est pourtant loin de ce que Schumann appellera des *Fantasiestücke*. En s'évadant, dans ces années 1800, des schémas traditionnels, Beethoven, après Haydn et Mozart (sans oublier Philipp Emanuel Bach, et le trop méconnu Wilhelm Friedemann), cherche à substituer à l'ordre ancien un nouvel ordre, et non le poétique « désordre » où excellera le musicien des *Kreisleriana*.

Des deux sonates, au demeurant, c'est la première qui « improvise » le plus, multipliant les contrastes, les changements d'humeur, avec une brusquerie déroutante. Sa succession de morceaux enchaînés peut se diviser en quatre mouvements : les deux extrêmes, ramifiés, encadrent deux courts mouvements centraux, d'un seul tenant.

Un *andante* à C barré pour commencer (tempo relativement lent, comme au début de l'opus 26). Accords simples, trop simples, de tonique et de dominante, dont le côté débonnaire est contrarié par une basse mobile et souple, qui dessine des arabesques dans le sens inverse de la mélodie d'accords. On sent confusément la précarité de tant de calme. Alors un *allegro* à 6/8 (en ut majeur) se déchaîne brutalement, trouant l'espace d'arpèges brisés et de roulements de doubles croches, que ponctuent des sforzandos en fin de mesure. La course des deux mains bute sur un point d'orgue ; l'andante initial revient, raccourci, plus calme encore, s'il se peut, et se clôt sur une courte et mystérieuse coda, chuchotée, raréfiée, avec à la basse le mi ♭ insistant de la tonique.

Le mouvement suivant (en ut mineur, *allegro molto e vivace*), aussitôt attaqué, est un pur scherzo, d'humeur sombre, en figures arpégées aux deux mains, la plupart du temps en mouvement contraire, à différents registres du clavier, dans un piano legato que rompt brutalement le forte staccato de la cadence. Le trio (en la bémol majeur, mais sans changement d'armure) est surprenant, avec son motif en arpège, joué à contretemps, grimpant crescendo jusqu'à ce trille sonore et sarcastique, et retombant en poussière. La reprise du début, développée, apporte cette variante ingénieuse : la droite liée en syncopes sur la gauche en notes piquées ; fin en ut majeur ; et *attacca* de la suite.

Le troisième mouvement consiste en un *adagio con espressione* (en la bémol majeur), d'une page et quelque, dont le thème méditatif s'épanouit dans une riche écriture d'accords ; il se termine, après trille, cadence et pause, sur un accord de septième de dominante, qui déclenche (toujours *attacca*) le dernier mouvement.

Cet *allegro vivace* final (en mi bémol majeur), robuste et volontaire, où tout converge, il n'en faut pas chercher la beauté mélodique, et pour une fois, peu importe ; tel quel, c'est un jaillissement continu vers la lumière. Il s'arrête un instant pour citer dix mesures de l'adagio, cette fois en mi bémol, et conclut brièvement, *presto*, dans un crescendo irrésistible.

SONATE op. 27 n° 2 (en ut dièse mineur). – On remplirait plusieurs volumes avec la littérature qu'a inspirée cette œuvre, dont l'*adagio* initial fait partie des morceaux les plus connus du monde, et les plus exécutés, dans tous les sens. Contrairement à ce que l'on pouvait craindre, elle est toujours intacte, et garde son pouvoir. Il faut pardonner au poète Rellstab, pour qui elle évoquait un clair de lune sur le lac des Quatre-Cantons, de lui avoir donné ce titre, au regard de la gloire qu'elle en a retirée. Il faut, surtout, oublier tant bien que mal le roman d'amour à deux sous (véritable ou non) qu'on a tissé autour de la dédicataire. Que sa coquetterie ait fait souffrir Beethoven, cela justifie-t-il tant de commentaires puérils ? On a été jusqu'à expliquer par les initiales de cette Célimène au rabais (GG) les nombreux sol ♯ (G dans la notation allemande) du début et du finale, – comme s'il n'était pas normal de rencontrer sans cesse cette note (la dominante !) dans une œuvre en ut dièse mineur...

L'*adagio sostenuto* mérite amplement sa popularité. Ce morceau qui doit être joué tout entier « delicatissimamente e senza sordino », c'est-à-dire avec beaucoup de pédale, a un effet quasi hypnotique sur l'auditeur. Le temps semble s'y être arrêté. Un immuable et monotone mouvement de triolets, sur des basses profondes, y soutient un thème plaintif comme un glas, inconsolable. Est-ce un thème d'ailleurs ? Berlioz y voyait, plus justement, « l'efflorescence mélodique de cette sombre harmonie ». Morceau indéniablement nocturne, et déjà, avant Brahms, une berceuse pour les douleurs. Rien jusque-là chez Beethoven n'égale l'expression poignante de la fameuse broderie de neuvième mineure (mes. 16). Longue pédale de dominante au centre du mouvement (sol ♯ grave, pendant treize mesures) ; et fin murmurée, enfouie dans le plus profond du clavier.

Ré bémol pour l'*allegretto* qui suit ; enharmonique majeur du ton initial, sa face lumineuse. Ce thème naïf, étonné, quasi de menuet, que Liszt appelait « une fleur entre deux abîmes », – l'abîme immobile de l'adagio, le gouffre tournoyant du presto, – veut dissiper à lui seul les nuages noirâtres de la mélancolie. Délicieux trio, où la syncope, déjà présente auparavant, se généralise.

Le *presto agitato* (en ut dièse mineur) si rebattu (en dehors des virtuoses, quel amateur, parvenu à dominer à peu près les deux premiers mouvements, n'a tenté de se le mettre sous les doigts ?) conserve sa dose de fascination ; il remue, et même il bouleverse. Ce que le premier mouvement n'a pas livré se débonde en ce morceau passionné, au demeurant bel et bien en forme sonate, comme pour pallier le fond par la forme. Irruption de forces souterraines, traduite par ces arpèges qui montent du fond du clavier par houles successives (l'opposé des arpèges statiques de l'adagio) et butent à chaque fois sur deux vigoureux accords. *Actus tragicus*, en vérité ; pas un instant cette agitation ne cesse ; si le second thème implore, c'est sur un accompagnement de doubles croches frénétiques (jamais la basse d'Alberti n'avait exprimé tant de fièvre !). Le thème de conclusion, lui, tout en colère rentrée, substitue aux doubles croches les croches d'accords nerveux, qui font du surplace. La fin est visionnaire, avec ses plages de septièmes diminuées, ses points d'orgue, ses traits de cadence atterrissant sur deux lentes octaves tapies dans le grave, enfin sa péroraison affolée, une ultime bousculade d'arpèges, et les deux puissants accords conclusifs.

## Sonate en ré majeur (« *Pastorale* ») (op. 28)

COMP 1801. PUB 1802 (Bureau d'art et d'industrie). DÉD à Joseph von Sonnenfels.

La loi de l'alternance voulait-elle qu'à une œuvre tragique succédât une œuvre insouciante, et qu'à trois tentatives de renouvellement de la forme répondît un morceau respectueux des règles du jeu ? La *Pastorale* est une halte, à plus d'un titre, dans le cycle des sonates. Beethoven a dû avoir connaissance de ce surnom, que Kinsky rapporte à une édition anglaise parue trois ans après l'originale. Qu'en a-t-il pensé ? Lui qui, un jour prochain, mettra des sous-titres dans les marges de sa *Sixième Symphonie* (« scène au bord du ruisseau », « joyeuse réunion de paysans », « chant des bergers »), a-t-il entendu, comme nous sommes désormais enclins à le faire, le bourdon et le chalumeau du finale ? A-t-il respiré la fraîcheur agreste, l'air pur de l'allegro initial ? Ou s'est-il contenté de dire, comme pour la symphonie : « plutôt impression que peinture » ?

Le début confidentiel de l'*allegro* est un des plus originaux de Beethoven (avec ceux de l'opus 31 n° 3 et de l'opus 101). Le ré trois fois répété de la première mesure fait plus que d'établir la tonique, il prépare une atmosphère. Obstinément redit pendant vingt mesures, c'est une ligne d'horizon sous la belle phrase planante du premier thème, laquelle est aussitôt reprise à l'octave supérieure. Écoutons ces harmonies, pour une fois recherchées : le do ♮ du premier accord, harmonie de sous-dominante, les septièmes et neuvièmes, frottements infiniment doux. Le second thème, amené merveilleusement, après un détour harmonique, par des batteries d'accords ondulants, modulants, chante avec une joie débordante et persuasive, de la douceur à l'exaltation. Après ces quatre ou cinq pages « données » (comme dirait Valéry), on regrette un peu d'avoir à passer, sous prétexte de sonate, par la corvée du développement, – qui tarabuste à plaisir un fragment du premier thème ; à vingt ans d'ici, de ces idées si simplement musicales, le compositeur n'aurait peut-être tiré, exemplairement, qu'une *Bagatelle*...

Beethoven, au témoignage de Czerny, se jouait souvent à lui-même l'*andante* qui suit (en ré mineur), au thème d'accords liés sur une basse staccato (la combinaison se lit déjà, entre autres, dans les mouvements lents des *Sonates op. 2 n° 2* et *op. 7*) ; thème de choral mélancolique qui, selon le tempo adopté (on a tendance à le tirer vers l'adagio), va de la lassitude à l'accablement. L'épisode majeur le déride à peine, où alternent des accords en rythme pointé et un petit motif dégringolant en triolets. À la reprise, le thème initial s'orne de triples croches, sans pour autant perdre de sa gravité ; et le motif dansant de l'intermède perd toutes ses vertus, repris en mineur dans la coda.

Le scherzo (en ré majeur, *allegro vivace*), malgré son tempo rapide, n'a-t-il rien d'une valse ? Fait de gestes brusques, de rythmes, et aussi de silences (un soupir au troisième temps), il est d'une humeur fantasque. Le trio, volubile, essaie tour à tour l'habillage de si mineur et de ré majeur, sur un court et simple motif, sans cesse répété.

Le plus « pastoral » des quatre mouvements est à coup sûr le rondo (en ré majeur, *allegro ma non troppo*) : par son 6/8 tout d'abord ; par l'insistance, comme dans le premier, sur la pédale de tonique (bourdon ou musette) ; par les thèmes bucoliques, ensoleillés, sincèrement heureux. Des épisodes plus « sérieux », en contrepoint, et quelques rafales en octaves brisées (on songe à l'orage de la *Symphonie pastorale*) n'en distraient pas la confiance, jusqu'à l'exubérante page finale, *più allegro, quasi presto*.

### Trois Sonates, en sol majeur, ré mineur (« La Tempête ») et mi bémol majeur (op. 31)

COMP 1801-1802 (n⁰ˢ 1 et 2), 1802 (n° 3). PUB 1803 (n⁰ˢ 1 et 2, Nägeli, « Répertoire des clavecinistes »), 1804 (n° 3, Nägeli, id.). DÉD à la comtesse von Browne (dans l'édition collective de 1805 chez Cappi).

L'opus 31 est contemporain du « testament de Heiligenstadt », cette lettre que Beethoven, le 6 octobre 1802, adresse à ses frères, et par eux à l'univers (on ne la découvrit qu'à sa mort). Il est sourd, et il sait qu'il ne guérira plus. On pourrait s'attendre à des œuvres tragiques, tourmentées, justement testamentaires. C'est vrai, non pas à moitié, mais au tiers seulement : si la deuxième du triptyque reflète en effet les étapes d'une grave crise morale, les deux autres, à l'opposé, ne sont que joie, que bonne humeur ; preuve, s'il en fallait, que chez Beethoven l'élan vital est irrépressible.

SONATE op. 31 n° 1 (en sol majeur). – Cette sonate, mal-aimée du public, il semble d'après les esquisses que Beethoven la destinait d'abord au quatuor à cordes. L'*allegro vivace* est un de ses débuts les plus bouffons, à la gloire de la syncope, considérée comme élément humoristique (en France, on en profite pour commettre ce titre : « La Boiteuse »). Ce premier thème est neuf jusqu'à son graphisme, jusqu'à son aspect sur la page : une note d'attaque sur la dernière double croche de la mesure, syncope, et trait descendant ; réponse en accords, avec la même syncope, le même décalage insolite entre les mains. On reproduit tout cela un ton plus bas, sans crier gare. Puis le trait de doubles croches, aux deux mains à l'unisson, serpente de l'aigu au grave, où il se convertit en vagues d'arpèges qui éclaboussent allégrement le clavier. Le second thème, quant à lui, s'offre le luxe d'entrer à la médiante au lieu de la dominante : on attendait ré, on a si ; thème syncopé, lui aussi, avec un accompagnement déluré de danse populaire. Au développement, assez court, suffit le trait de départ, en trois modulations successives. On retiendra les quatre lignes de coda, du pur Beethoven, et même amélioré : car si, au bout de quelques énoncés comiquement rachitiques, est prévisible ce brusque tintamarre (non, n'applaudissez pas encore !), il l'est beaucoup moins, le « piano subito », juste deux accords, qui signe pour de bon le mouvement.

L'interminable *adagio grazioso* (en ut majeur), comme il sonne « première manière », l'ingénuité en moins ! C'est l'un des moins sobres, l'un des plus creux mouvements lents de Beethoven (les deux vont parfois de pair). Thème de romance, à 9/8, avec force joliesses décoratives, sur un accompagnement dont le staccato veut peut-être imiter guitare ou mandoline. Une section centrale très modulante, constituée d'accords répétés en batteries de doubles croches, fait dialoguer le grave et l'aigu (banal motif de gamme, à une mesure d'intervalle). À la rentrée du thème principal, l'accompagnement s'annexe ces doubles croches, s'amplifie ; ils sont plusieurs, maintenant, les donneurs de sérénade ; fioritures plus nombreuses encore, trilles, roulades à profusion. On en sort exténué.

Dans le rondo également (en sol majeur, *allegretto*), on se croirait retourné quelques années en arrière. L'essentiel en est constitué par la superposition presque constante du binaire et du ternaire, chaque main à son tour ayant les triolets de l'accompagnement ou les croches égales du thème. Morceau bavard, exagérément développé. Mais la fin est surprenante : un court *adagio* où le refrain s'effiloche, terminé par un long trille dans le grave, sur lequel s'enchaîne un *presto* ébouriffant, sur le motif initial de quatre croches.

SONATE op. 31 n° 2 (en ré mineur). – L'antithèse de la précédente. Voilà bien, s'il y en a une, la « sonate du testament de Heiligenstadt ». Sonate à littérature : que ce soit par moquerie ou pour de bon que Beethoven ait répondu à Schindler, qui voulait des « explications » sur l'œuvre (et sur l'*Appassionata*), « lisez La Tempête de Shakespeare », le surnom lui en est resté (avec quelques « programmes », fournis par de bonnes âmes, à la lumière de la pièce). Ajoutons que c'est une sonate à tonalité mineure : elle a vraiment toutes les chances !

Le premier mouvement alterne le lent et le rapide *(largo/allegro)*, la prière et la menace (encore les fameux « deux principes »...), et fait un usage très neuf du récitatif dramatique. Deux mesures introductives égrènent en sourdine un lent arpège de la majeur (dominante), comme un présage fatal. Il est aussitôt suivi du motif saccadé de croches, liées deux par deux, en crescendo, qui caractérisera l'allegro. Point d'orgue au bout de quatre mesures. Nouvel accord arpégé, cette fois d'ut majeur (dominante de fa, le relatif) ; et l'allegro à nouveau, aboutissant en fin de course au ré mineur du premier thème proprement dit. Ce thème n'est autre que l'arpège initial, inquiétant maintenant, percuté dans le grave, sous des triolets qui bouillonnent sur place, tandis qu'à l'aigu répond une plainte étouffée. Le second thème n'abandonne pas le mode mineur : en la mineur, apparenté au motif d'ouverture, secoué des mêmes croches haletantes, exprimant la même angoisse. À la réexposition, les arpègements de la et d'ut sont amplifiés chacun par un récitatif, « con espressione e semplice » (avec les fameuses indications de pédale qui prouvent la dilection de Beethoven pour certains brouillages sonores). Alors survient un étonnant épisode : par trois fois, en crescendo, quatre accords répétés, suivis d'un trait fusant en aller et retour, ramènent le second thème et son piétinement fiévreux. La coda, contre toute attente, est paisible ; ré mineur vibre doucement à la surface du clavier, en longues tenues à la main droite, en roulis sourds à la gauche, dans le fond de l'instrument.

L'*adagio* (en si bémol majeur) s'ouvre sur un thème à la fois mystérieux et réconfortant, très lent, solennel, répandu sur plusieurs registres. Mais voici que s'éveillent à la basse, comme un lugubre roulement de timbales, des trémolos ponctuant chaque temps, lourds de pressentiments ; un peu plus tard, quittant leur registre, ils alternent entre grave et aigu, enserrant les accords de la mélodie dans un réseau d'échos menaçants. On songe à l'*Intermezzo* de la *Troisième Sonate* de Brahms, où de semblables trémolos accompagnent un dernier et désolé « regard en arrière ». Après un second thème plus banal, en fa majeur, aux accents de lied, le premier revient (forme sonate sans développement), ruisselant cette fois d'arpèges brisés en cascades de triples croches. Trémolos à nouveau ; rentrée du second thème ; et coda où le ton de si bémol paraît tout endeuillé de teintes mineures.

L'*allegretto* final (en ré mineur), tant vanté par certains, n'est qu'à moitié satisfaisant. Un rythme indéfiniment répété, giratoire, forme son premier thème : idée mélodique très banale, presque vulgaire, dont on s'étonne qu'elle puisse tenir tant de pages. Mais le second thème, avec son insistance affolée sur deux notes, suggère plus que de la panique : une débandade de tout l'être. Cédons à notre tour, si peu que ce soit, à la littérature ; il suffit de relire, dans le « testament », ces mots d'un être au bord du suicide : « C'est l'art, et lui seul, qui m'a retenu. »

SONATE op. 31 n° 3 (en mi bémol majeur). – On ne peut placer que bien haut cette sonate. Elle est aussi éloignée des œuvres épurées de la fin que des excessives démonstrations de la jeunesse. Sonate heureuse, rayonnante, ailée (on a parfois le sentiment que ce sont les ailes, justement, qui manquent le plus à Beethoven). Sonate inventive, où les délices de l'imagination sont constamment secondées par une écriture de la plus grande maîtrise. On la joue de plus en plus, après une époque de désaffection, ou d'ignorance ; puisse-t-elle supplanter certaines de ses sœurs trop rabâchées...

Merveilleux début de l'*allegro* : un appel répété, sur un accord insolite (au lieu de l'immanquable accord de tonique, un accord de sous-dominante, avec sixte ajoutée) ; une réponse hésitante de quatre mesures, « ritardando », un point d'orgue au bout ; et la vraie réponse, « a tempo », qui établit le ton et en profite aussitôt pour monter une gamme. À l'octave supérieure, le processus recommence : appel, réponse hésitation, réponse franche. Alors seulement le mouvement part, dans la joie. Cette quinte descendante du début, que l'on retrouvera partout dans le mouvement, convertie en sixte, en septième, en octave, elle a valu longtemps à l'œuvre son surnom de « La Caille ». En France, on a souvent dit « La Chasse », à cause du finale, où l'on prétend voir une poursuite. Oublions ces horreurs, dont la plus sympathique reste la « traduction » par Liszt du motif do-fa-fa : « *liebst du mich ?* », « m'aimes-tu ? », – histoire, probablement, de le faire sentir à quelque élève sans âme... Voici maintenant le second thème, exquis, sur une fraîche basse d'Alberti tout étonnée de se voir traiter avec la même ingéniosité que chez Mozart. Il est deux fois énoncé, avec entre les deux une efflorescence de doubles et triples croches, comme une cadence ; la deuxième fois, d'ailleurs, le thème semble subir la contagion de son accompagnement, et se multiplie, pour ainsi dire, en doubles croches lui aussi.

La « curiosité » de cette sonate : quatre mouvements, et pas un qui soit lent. En revanche, et comme par moquerie, elle a les deux mouvements antagonistes, scherzo et menuet l'un après l'autre. Le scherzo, en forme sonate, s'annonce *allegretto vivace* (en la bémol majeur) ; on comprendra cette indication curieuse en observant le premier thème ; ces accords, comme une marche pressée (à 2/4), dans le médium du clavier, c'est l'allegretto, à la main droite ; la gauche, elle, place une basse électrique, staccato, du bout des doigts : vivace ! Le thème de transition, en fa majeur, vif et pétillant, superpose les deux mains à intervalle de sixte, en notes piquées et accords brisés, piano, séparés par des accords fortissimo qui claquent comme des coups de semonce. La gauche détache ensuite un petit motif de tierces, en rythme pointé, qui piétine sur place et s'exaspère avec humour. Enfin le second thème, en mi bémol majeur, spirituel et léger, sur un staccato de doubles notes. Tout cela, fort vétilleux d'exécution, demande précision et contrôle des doigts.

Au tour du menuet, maintenant, qui contraste en tous points avec le scherzo, ainsi qu'il se doit : un thème paisible et chantant (en mi bémol majeur, *moderato e grazioso*), gentiment suranné, legato après les staccatos qui précèdent. Le trio est original, avec ses bonds d'accords aux deux mains ; il a fourni à Saint-Saëns la matière d'une espèce de chef-d'œuvre, les *Variations pour deux pianos*. Contre l'usage, le menuet est répété intégralement, avec ses reprises (peut-être pour allonger le mouvement par rapport aux autres), et il y a une coda de huit mesures, qui ralentit peu à peu et plonge dans le silence.

Également en forme sonate, le finale (en mi bémol majeur, *presto con fuoco*) est une tarentelle, menée à toute allure, pleine de vie, de rythme, de couleur, – un des morceaux les plus enthousiasmants de Beethoven. Quand on doute de sa verve, c'est ici qu'il faut le rejoindre. Tour à tour les croches par trois, véloces et légères, et les saccades du rythme trochaïque (longue-brève, ou brève-silence-brève) se disputent les groupes de thèmes. Ce 6/8 infatigable, où les idées fusent de toutes parts, évoque d'avance (ils ne sont plus loin) certains finales de Schubert, aussi débridés, aussi communicatifs dans leur allégresse.

**Deux Sonates** (op. 49)
Voir SONATES DE JEUNESSE ET SONATINES.

**Sonate en ut majeur (« Waldstein », ou « L'Aurore »)** (op. 53)
COMP 1803-1804. PUB 1805 (Bureau d'art et d'industrie). DÉD au comte Ferdinand von Waldstein.

Increvable morceau de concert ; du piano virtuose, du piano où la virtuosité est non seulement tangible mais visible (ce que ne sont pas toujours les dernières sonates, pourtant les unes plus difficiles que les autres) : à ce titre, la *Waldstein* est indispensable aux succès d'estrade. La technique instrumentale suit de près, chez Beethoven, les progrès de la facture des pianos. À l'époque où il la compose, il acquiert un Érard, qui lui donne quelques notes de plus dans l'aigu. Sonate, aussi, particulièrement étendue, au point que le compositeur, sur les conseils d'un ami, remplaça le mouvement lent initialement prévu par une courte introduction au finale (le morceau fut publié séparément ; c'est celui qu'on appelle *Andante favori*, WoO 57 ; voir LES PIÈCES ISOLÉES). L'œuvre a parfois été appelée *L'Aurore*, peut-être à cause de l'éveil progressif de son rondo ; aujourd'hui, s'il lui faut absolument un titre, on préfère utiliser le nom du dédicataire.

Le premier thème de l'*allegro con brio* reçoit deux présentations successives. D'abord en accords répétés, dans le grave (la première phrase attaquée sur ut, la seconde un ton plus bas sur si bémol : procédé déjà employé au début de la *Sonate op. 31 n° 1*). Ensuite une octave plus haut, en trémolos de doubles croches (attaques : ut majeur, ré mineur). Ce thème, que beaucoup de pianistes, oublieux du pianissimo de départ, jouent à tort de façon féroce, ou tout au moins inquiète, n'est au fond qu'une succession de cadences en mouvement, un crescendo élémentaire, issu d'un embryon d'harmonie murmurante. Au contraire le second thème, amené par des octaves brisées, n'est que chant, – non pas l'hymne tonitruant qu'on entend souvent, mais un très doux choral, en valeurs longues, dans le ton lointain de mi majeur (médiante, au lieu de la dominante attendue : toujours le souvenir de la *Sonate en sol* de l'opus 31) ; lui aussi est aussitôt repris, enjolivé par des triolets. Développement très modulant, dans une écriture de concerto, et longue réexposition avec coda virtuose, non sans quelque excès de gammes et d'arpèges décoratifs. Notons pourtant deux moments dignes de considération (admirative ? non, mais amicale, et souriante, ce qui vaut mieux) : les quatorze mesures qui amènent la réexposition, bloquées sur la dominante, uniquement remplies de fragments de gamme, la droite s'éloignant toujours davantage de la gauche en action au fond du clavier, passage *sui generis*, reconnaissable entre mille pour être beethovénien, et toujours propre à tournebouler le badaud ; et pareillement, à la fin de la rentrée du premier thème, l'extension inattendue de la figure arpégée (l'équivalent de celle des mes. 12-13), qui feint d'avoir manqué sa destination et s'octroie une ligne supplémentaire pour la retrouver !

Il faut considérer comme un seul mouvement l'*adagio molto* et le finale, l'un menant à l'autre (Beethoven l'indique expressément : « introduzione »). Le premier (en fa majeur) est un morceau énigmatique, que son lent rythme pointé place entre l'interrogation et l'inquiétude ; il sonne comme du Beethoven de la fin et détonne entre deux morceaux si francs de facture. Ici, tout est en demi-teintes, en harmonies hésitantes, en silences. Les dernières lignes, avec cette basse secouée de triples croches et s'affaissant graduellement dans le grave, sont saisissantes. La dernière note, un sol surmonté d'un point d'orgue, résonne toute seule dans le vide.

Le rondo (en ut majeur, *allegretto moderato*) est peut-être le plus développé de tous ceux de Beethoven. On a pris le refrain, dans sa carrure, ses symétries, sa tierce allant du majeur au mineur, pour un chant populaire, mais les esquisses montrent que le compositeur l'a longuement cherché. La gauche d'abord l'énonce dans l'aigu, en croisant les arpèges de la droite ; celle-ci le redonne en octaves. Jusque-là, « pianissimo sempre », avec ces notes de basse que la pédale doit impérativement tenir, d'après Beethoven, au risque de noyer les harmonies et de mêler tonique et dominante (sans doute l'effet escompté !). Mais soudain les forces se libèrent, et c'est le fameux passage qui, dans la même main, associe au thème triomphant un long et difficile trille sur sol, crescendo jusqu'au vacarme, cependant que la gauche se livre à des gammes exubérantes. Ce trille, invention de Beethoven (du moins dans l'usage qu'il en fait), nous le verrons souvent dans les dernières sonates. Deux couplets, celui en la mineur très brillant, en triolets, celui en ut mineur un peu clinquant, trop long, où le thème revient en accords, et où la gauche a une petite figure de trois notes inspirée du début du thème, sous une droite en arpèges chuchotants. Enfin un grand *prestissimo* conclusif, condensé du morceau, arpèges, trilles, octaves, dans l'exultation d'ut majeur, cette *tabula rasa* du virtuose.

### Sonate en fa majeur (op. 54)
COMP 1804. PUB 1806 (Bureau d'art et d'industrie).

Hélas une inconnue. À cause de sa place entre deux géantes, et de surcroît pourvues d'un surnom : avec ses deux mouvements et son anonymat, elle ne fait pas le poids. À cause de son étrange originalité : le faux menuet qui la commence, l'imperturbable toccata qui la conclut, l'absence de mouvement lent. Certains y voient, à tort, une œuvre restée à l'état d'ébauche, livrée trop vite à un éditeur pressé, et rêvent à la « statue colossale » qu'elle aurait pu être (Charles Malherbe). Comme s'il n'y avait pas assez de colosses dans la musique de Beethoven ! Donnons, nous autres, une place de choix à ce pur caprice de l'imagination.

*In tempo di menuetto* : le début, en effet, propose un thème de menuet, ou presque, vingt-quatre mesures bien symétriques (deux fois quatre, deux fois huit). Ironiques ? Sans doute un peu ; avec on ne sait quelle irrésolution, quelle réticence ; en tout cas ne préfigurant rien de ce qui va suivre : c'est-à-dire, « sempre forte e staccato », une pleine page d'octaves énergiques puis de doubles notes aux deux mains, qui brisent d'un coup la jolie porcelaine du menuet. Qui en rompent même le rythme, puisque les triolets qui composent ce second thème sont quelquefois scandés à deux temps, par groupes de six, en dépit de la barre de mesure. Decrescendo. Un murmure dans le grave annonce la rentrée du premier thème. De nouveau, vingt-quatre mesures, où le menuet s'embellit cette fois de doubles croches, d'appogiatures brèves, de syncopes. L'épisode « forte e staccato » tente un retour ; il avorte au bout d'une douzaine de mesures, couronnées d'un double point d'orgue. Dernière présentation du menuet, encore plus orné, – trilles, triolets de doubles croches. Courte coda, sur une pédale de tonique (fa), où l'on reconnaît à la basse, dompté et assourdi, le triolet du second thème.

Dans son *perpetuum mobile* de doubles croches, l'*allegretto* final est l'un des plus intelligents, des plus stimulants mouvements de Beethoven. Une toccata, un « exercice » scarlattien à deux voix, d'une efficacité étonnante, à partir d'un seul thème. Les harmonies fraîches et inventives, la grâce des modulations, l'humour partout répandu, et par-dessus tout le plaisir digital qu'on y prend, couronné par l'emballement de la dernière page *(più allegro)*, auraient dû asseoir davantage son renom, et avec lui celui de la sonate tout entière.

### Sonate en fa mineur (« *Appassionata* ») (op. 57)
COMP 1804-1805. PUB 1807 (Bureau d'art et d'industrie). DÉD au comte Franz von Brunsvik.

Beethoven n'a pas connu ce surnom d'*Appassionata*, dû à l'éditeur Cranz (dans un arrangement à quatre mains de 1838 ?). Sans doute eût-il pensé qu'il qualifie au mieux cette sonate qui semble avoir été sa préférée. De toutes les œuvres « grand public », c'est la plus digne de faveur. Plus encore que pour la *Clair de lune*, les innombrables exécutions au concert, la pléthore de versions enregistrées, n'en ont pas usé la beauté, qui est réelle. L'*Appassionata* réussit le tour de force d'être dramatique sans emphase, éloquente sans rabâchage. Si même on aime un autre Beethoven, qu'on sait pouvoir rejoindre dans des sonates plus désinvoltes, plus détendues, la voix grave et puissante qui parle ici ne peut laisser indifférent.

*Allegro assai* : les deux mains à l'unisson, à deux octaves de distance, tracent pianissimo l'arpège de fa mineur, descendant d'abord, puis remontant deux octaves plus haut. Un petit trille ; repos sur la dominante ; silence. Même chose un demi-ton plus haut, en sol bémol, ton de la sixte napolitaine. Une petite figure obstinée, trois ré♭ descendant sur do. Et soudain, le déchaînement des forces, sous la forme d'un trait fulgurant de doubles croches qui raie le clavier du haut jusqu'en bas, suivi d'un accord forte, puis d'un accord piano avec point d'orgue. Tel est le début bien connu de l'*Appassionata*, tragique dès les premières notes, et jusqu'à la dernière. Pas de surcharge ; au contraire, une impression d'économie : les lignes sont nettes, la musique procède par affirmations. Témoin le rythme de l'arpège initial, passé du 4/4 des esquisses au 12/8 que l'on connaît : la double croche est évidemment plus brève dans le deuxième cas. Témoin la figure « fatidique » qui annonce le « thème du destin » de la *Cinquième Symphonie* et n'a besoin que de ses quatre notes pour ébranler la conscience (peu importe qu'on la rencontre déjà dans telle sonate de Haydn ou telle fantaisie de Mozart, et chez Beethoven dans le finale de l'op. 10 n° 1, c'est ici qu'elle affronte le réel).

Poursuivons. Revoici le premier thème, amplifié par de bruyants accords syncopés, auxquels répond un *p* impalpable. Il s'en détache un mi♭ qui, répété, va former pédale au-dessous d'un motif de transition remarquable par son élasticité, son emploi des temps faibles, son rebond sur trois registres. Arrive alors le second thème (en la bémol majeur), de même rythme que le premier, et presque son renversement, en octaves au-dessus d'une batterie d'accords. Curieusement, il ne va pas jusqu'au bout, se brise avant la cadence attendue, par l'arrivée d'un formidable remuement de doubles croches, en la bémol mineur. Thème de conclusion. Chose exceptionnelle, il n'y a pas de reprise.

Magnifique développement, amorcé par une présentation du premier thème qui cherche ses nouvelles harmonies, à partir de l'enharmonie la♭/ sol♯. Mi mineur l'emporte, précédant une série de modulations, avec le thème en écho de part et d'autre d'une nappe de quintolets que les mains s'échangent. Le second thème module à son tour, jusqu'à une plage d'arpèges de septièmes diminuées, où résonne à nouveau le motif du destin. Réexposition originale, commencée sur une pédale de do puis de ré♭ (dominantes respectives de fa mineur et sol bémol majeur), terminée par une cadence en arpèges fortissimo. Après quatre mesures ralenties, où insiste une dernière fois la petite figure « fatidique », noyée dans la pédale, quatre accords foudroyants déclenchent la coda *(più allegro)*, haletante, finissant pourtant dans la douceur d'un trémolo, sous lequel meurt peu à peu, dans l'extrême grave, jusqu'au *ppp* (une des premières fois où Beethoven indique cette nuance), l'arpège originel d'où tout le drame est sorti.

Contrastant avec le débordement des mouvements qui l'encadrent, l'*andante con moto* (en ré bémol majeur) a un thème d'accords immobiles, paisiblement solennels, cantonnés dans le grave ; à peine la basse remue-t-elle un peu plus ; harmonies simples et quotidiennes. Trois variations en diminution progressive, et qui s'élèvent du grave vers l'aigu : la 1re a une basse entièrement syncopée ; la 2e, avec son calme flot de doubles croches, met en mouvement les accords de la mélodie ; la 3e est baignée de triples croches, qui passent souplement d'une main à l'autre. Une dernière partie reprend le thème, mais morcelle ses phrases sur différents registres, et par là lui confère quelque chose d'inquiétant, – jusqu'aux deux accords de septième diminuée, l'un pianissimo, l'autre fortissimo, qui annoncent le finale.

Celui-ci (en fa mineur, *allegro ma non troppo*) démarre sur le même accord : signal menaçant, treize fois répété, à quoi succède un trait de doubles croches, vite devenu bourrasque dans les deux mains conjuguées, introduisant le thème proprement dit, qui n'est lui-même qu'une vague farouche, un mouvement giratoire et presque perpétuel, où la basse par endroits halète à contretemps. Aucun sourire dans ce mineur forcené (ce n'en est pas un que l'utilisation, d'ailleurs constante dans toute la sonate, de l'harmonie de sixte napolitaine) ; et pas même le possible contraste d'un second thème. Tout au plus, de ces houles désespérées, se détache un appel, une supplication. Sur la fin, après la reprise (tout à fait hors normes !) du développement, éclate un trépidant *presto*, en accords staccato, aux allures de danse barbare ; et la coda, torrentielle, vertigineuse, semble arrachée de force au clavier. – Avec cette œuvre se clôt un chapitre ; jamais plus Beethoven n'emploiera ce ton. Comme pour le laisser reprendre son souffle, quatre années se passent avant la sonate suivante.

### Sonate en fa dièse majeur (op. 78)

COMP 1809. PUB 1810 (Clementi, Londres ; puis Breitkopf & Härtel). DÉD à la comtesse Thérèse von Brunsvik.

Cette « Sonate à Thérèse » (ainsi l'a-t-on parfois nommée, d'après la dédicataire), Vincent d'Indy la jugeait « insipide » : tant pis pour lui ! Beethoven, lui, l'opposait à la *Clair de lune* et disait : « On me parle toujours de la *Sonate en ut dièse mineur* ; mais dans la *Sonate en fa dièse*, j'ai pourtant écrit quelque chose de mieux. » Il est vrai que c'est une œuvre intime, à jouer pour soi, ou alors devant un auditoire choisi, attentif, prêt à la connivence. On y chuchote beaucoup. Tendons l'oreille et pesons chaque note. Dans l'*Appassionata*, on peut n'écouter que le flux des pages ; l'ensemble y compte plus que le détail. La *Sonate en fa dièse* est de matériau fragile : peu d'accords, peu de volume ; même le fortissimo y est délicat. Ajoutons que sa tonalité, si rare, renforce son charme et la rend « unique ».

Le premier des deux mouvements est introduit par un minuscule *adagio cantabile*, quatre mesures rêveuses et tendres, dont Hans von Bülow affirmait qu'elles auraient pu suffire à rendre Beethoven immortel. Le mouvement lui-même *(allegro ma non troppo)*, à deux parties répétées comme dans les sonates anciennes, est lyrique d'un bout à l'autre, et ses deux thèmes chantent tout autant ; le premier, confiant, candide, amoureux, avec cette anacrouse dont le rythme pointé ponctuera le développement ; le second, « dolce », en triolets candides. Tout le morceau est composé de guirlandes, d'arabesques à égrener impondérablement, chose plus ardue qu'on ne pense. Casella, qui s'y connaissait, classait cette sonate 23e dans l'ordre de la difficulté, juste avant la *Waldstein*.

Le finale *(allegro vivace)* est un délicieux caprice, avec son thème claironnant, ses dessins brisés de doubles croches au-dessus d'un mince fil de croches. Parfois les deux mains se rejoignent dans un joyeux va-et-vient, courant d'appogiatures qui traverse le clavier et le fait vibrer. Et il y a des trouvailles précieuses, comme cette montée en arpèges majeurs (mes. 57), à quoi répond un petit piétinement d'accords mineurs.

### Sonate en sol majeur (op. 79)

COMP 1809. PUB 1810 (Clementi, Londres ; puis Breitkopf & Härtel).

Il ne faut pas la comparer à la précédente, qui est une manière de chef-d'œuvre. Cette sonate, ou sonatine, ou sonate facile (autant d'appellations prévues par Beethoven), est un délassement entre des œuvres aussi importantes et variées que le *Cinquième Concerto*, le *Quatuor op. 74*, la *Fantaisie chorale*. Sans les esquisses, clairement datées, on la croirait bien antérieure. Est-ce une œuvre « naïve », comme on le dit de certains tableaux de peinture ? Peut-être était-elle destinée à Thérèse Malfatti, à qui une lettre de l'époque (début 1810) promet quelques compositions pas trop difficiles...

Extrêmement simple, et même fruste, de dessin, d'harmonie, de rythme, le premier mouvement *(presto alla tedesca)* est une robuste danse allemande, que son second thème, composé uniquement de figures arpégées, « leggiermente », tente en vain d'entraîner sous les lustres du salon. Danse, mais non pas valse : tout cela sent la campagne. Jusqu'à quel point ? Les commentateurs en mal d'idées croient deviner, dans le développement, le cri du coucou ; j'entends bien ces tierces descendantes, d'ailleurs marquées de sforzandos ; mais s'il fallait crier « coucou ! » chaque fois qu'on en rencontre... Les deux parties sont reprises, comme dans la sonate précédente, avant une longue coda où le thème s'attrape quelques appogiatures brèves assez cocasses.

Le court *andante* (en sol mineur) fait songer d'avance à une « romance sans paroles », de celles que Mendelssohn appelait *venetianisches Gondellied* (il y en a justement une en sol mineur). Des tierces et des sixtes de saveur bien italienne, en effet ; et un rythme berceur, plus complexe qu'il n'y paraît : on entend parfois les pianistes jouer banalement trois mesures à 6/8 là où Beethoven a prévu, plus subtilement, deux mesures à 9/8. Dans l'épisode central (en mi bémol majeur), on vocalise, accompagné d'arpèges langoureux, qui pour finir s'enrouleront aussi autour du thème initial.

Tout aussi élémentaire que le presto, le finale (en sol majeur, *vivace*) retrouve quelque chose de l'esprit de Haydn. D'allure populaire, un rien trivial, basé sur le rythme dactylique (une longue, deux brèves), il éclate de bonne humeur... (Maintenant, qu'on rejoue lentement, tendrement, le thème initial, en accentuant la première note de chaque temps : on reconnaît le début de l'opus 109. Il ne faut jurer de rien...) Une seconde idée, en ut majeur, a ses gammes et ses arpèges énergiquement installés dans le ton. À plusieurs reprises, superposition des dactyles du chant aux triolets de l'accompagnement : joies du rythme, avec ses traquenards ; qu'en pensa Thérèse Malfatti ?

### Sonate en mi bémol majeur (« Les Adieux ») (op. 81a)

COMP 1809-1810. PUB 1811 (Clementi, Londres ; puis Breitkopf & Härtel). DÉD à l'archiduc Rodolphe d'Autriche.

Le titre complet *(Les Adieux, l'Absence et le Retour)* est bien de Beethoven, encore qu'il se plaignît de cette traduction en français, qui est le fait des éditeurs. Dans une lettre du 9 octobre 1811, il explique que « *Lebewohl* est tout autre chose que *les adieux* ; on ne dit le premier qu'à une seule personne, et de cœur seulement ». C'est que cette sonate est dédiée, de cœur en effet, à l'un de ses amis les plus chers, à l'archiduc Rodolphe, fils de l'empereur Léopold II, son élève depuis 1804 probablement, déjà dédicataire des *Quatrième* et *Cinquième Concertos*, et qui recevra encore la *Dixième Sonate pour violon et piano*, le *Trio op. 97* (« à l'Archiduc », justement), les *Sonates op. 106* et *111*, la *Missa solemnis*, la *Grande Fugue* pour archets... L'occupation de Vienne par les troupes françaises avait forcé l'archiduc à quitter la ville ; d'où ce « programme » naïf, à quoi, évidemment, écrivains et musiciens ont rajouté. Cela peut mener loin... jusqu'au geste d'agiter un mouchoir, que Hans von Bülow arrive à lire au troisième mouvement, dans telle descente de tierces ! Bülow, du reste, mécontent, avec d'autres, de cette sonate de l'amitié, préfère y voir une sonate de l'amour (une de plus !) et cite *Tristan et Iseut*. Heureusement, cette œuvre un peu exceptionnelle contient beaucoup de vraie musique, et l'on peut fermer les yeux sur sa petite histoire.

« L'Adieu » : les trois premières notes de l'*adagio* introductif épellent le mot *Le-be-wohl*, motif descendant (sol-fa-mi♭), sur une sonnerie de cors. L'extrême mobilité des harmonies, au long de ces quelques lignes, traduit une gamme de sentiments allant de la tristesse à l'inquiétude, à l'abattement (l'harmonie du sixième degré, c'est-à-dire un accord d'ut mineur, dès la syllabe « wohl » ; plus loin l'arrivée sur ut bémol). Pourtant les teintes vont s'éclaircir, et l'*allegro*, attaqué « subito », s'il montre de l'effervescence, de la bousculade, est cependant loin d'être tragique. Il y a même de la consolation, et de l'espoir, dans le second thème, en si bémol majeur. Ce début de sonate est déjà au fait de sa conclusion... Le plus étonnant du mouvement, ce sont ces mesures de rondes, où se concentre en quelque sorte tout le sentiment, soit qu'elles s'énoncent à la droite, la gauche scandant un rythme précipité (développement), soit qu'elles se répondent d'une main à l'autre, dans l'admirable coda qui, superposant les harmonies de tonique et de dominante, éparpille le motif *Lebewohl* à tous les registres (« Adieu », dit l'un ; et l'autre sans doute « Hélas », comme dans *Bérénice*). Ces dissonances choquaient Ries, sans doute assez pour l'inciter, lors d'une réédition, à supprimer la moitié de la coda pour les éviter (cet ineffable Ries a publié un « arrangement » du *Quatuor en ut* de Mozart, où les fameuses dissonances du début disparaissent comme par enchantement !).

*Die Abwesenheit*, « L'Absence », ainsi s'intitule le deuxième mouvement (en ut mineur, *andante espressivo*), moment de la solitude, de l'accablement et du doute. Pour l'exprimer, une forme originale, où une série de motifs hésitants (plainte en lancinant rythme pointé, trait isolé et comme égaré de la main droite, *cantabile* frémissant accompagné de batteries d'accords) se répètent, la deuxième fois (mes. 21) transposés. À peine amorcée, une troisième reprise s'interrompt brusquement sur l'accord de septième de dominante de mi bémol, pour enchaîner sans pause avec le finale.

*Das Wiedersehen*, « Le Retour » (précisément « Le Revoir ») : joie exubérante, délivrée, dans le tempo le plus rapide possible *(vivacissimamente)* ; doubles croches en délire, dans un 6/8 qui cabriole plus qu'il ne danse ! On peut sourire de ce contraste, ce qui n'empêche pas de céder à ce paroxysme, à ces motifs hilares, à ce chant de triomphe (les noires à l'unisson aux deux mains, marquées sforzando). Mais voici, juste avant la fin, quelques mesures songeuses et comme rétrospectives *(poco andante)*, où, l'effervescence passée, on prend le temps de se reconnaître. Et pour finir *(tempo primo)*, une rapide cascade d'octaves brisées, sonores comme un éclat de rire.

## Sonate en mi mineur (op. 90)
COMP 1814. PUB 1815 (Steiner). DÉD au comte Moritz von Lichnowsky.

En deux mouvements, comme la *Sonate en fa dièse*, et comme elle une sonate poétique, un acte gratuit. Avec pourtant quelque chose de plus concerté, de plus étoffé, qui en fait un trait d'union entre le groupe précédent et les cinq dernières sonates. Quatre années la séparent des *Adieux*, et deux années de l'opus 101. Ces « blancs » l'isolent, et en même temps lui donnent valeur de repère. De cette œuvre à deux visages (et à deux modes : mineur pour commencer, majeur pour finir), on a le sentiment que si le finale regarde vers le passé tout proche, la terre sûre et balisée qu'il abandonne, le premier mouvement contemple l'avenir, la *terra incognita*, où Beethoven, renonçant à parler à ses semblables, noue désormais le dialogue avec lui-même.

Pour la première fois, les indications sont libellées dans la seule langue allemande (on sait que ce sera l'usage de Schumann), alors que les deux derniers morceaux de la *Sonate des Adieux* réunissaient allemand et italien. Le premier mouvement porte ce libellé : *mit Lebhaftigkeit und durchaus mit Empfindung und Ausdruck*, « avec vivacité, et toujours avec sentiment et expression ». Un premier thème en questions (forte) et réponses (piano) culmine en une phrase d'une rafraîchissante tendresse, très douce en ses syncopes, en ses notes répétées. Des octaves montent gravement à l'unisson, des gammes descendent à toute vitesse, et cela mène, après quelques jeux harmoniques et quelques accords haletants, au second thème (en si mineur). Lyrique, affectueux, il plane au-dessus d'une de ces basses d'Alberti pour mains immenses et empans géants dont Beethoven a la spécialité. Pas de reprise. Le développement vaut par sa fin, aussi étrange qu'originale, où une figure de cinq notes se ralentit, en canon, se réduit, se dissout. – Quoi de commun entre cette musique de rêve, et la prosaïque anecdote rapportée par Schindler ? Beethoven aurait mis en musique la liaison du dédicataire avec une actrice de l'opéra de Vienne, disant qu'on pourrait baptiser ce premier mouvement : « Conflit entre la tête et le cœur »...

Le second, toujours d'après Schindler, serait une « Conversation avec la bien-aimée ». Résignons-nous à n'y voir qu'un rondo, le dernier rondo de Beethoven, doucement ému, dans un mi majeur éclairant d'un coup le paysage (on retrouvera ce contraste modal entre les deux mouvements de l'opus 111 : ut mineur/ut majeur). Indication de tempo : *nicht zu geschwind und sehr singbar vorzutragen*, « pas trop vite et très chantant ». Le refrain chante, en effet, comme une romance sans paroles (de l'avis de Mendelssohn lui-même), ou mieux comme un thème de Schubert : d'allure, de climat... et de longueur ! car il est omniprésent, quelques idées secondaires n'empiétant pas sur son pouvoir ; mais la variété de l'écriture de détail prévient toute monotonie. Ne manquons pas ce mot glissé dans le filigrane (mes. 24) : « teneramente » ; c'est la clé du morceau.

### *Sonate en la majeur* (op. 101)
COMP 1816. PUB 1817 (Steiner). DÉD à la baronne Dorothea von Ertmann.

Bien que le mot *Hammerklavier* ne soit accolé qu'à l'opus 106, sachons que c'est pour l'opus 101 que Beethoven a désiré, pour la première fois, un équivalent allemand au mot italien *pianoforte*, seul en usage. Sa correspondance avec ses éditeurs atteste qu'il l'a beaucoup cherché, joignant des amis lettrés à sa quête. « *Für das Hammerklavier* », tel est donc le fier intitulé de la *Sonate en la* ; les indications de tempo, quant à elles, sont à la fois en allemand et en italien. Voilà pour l'extérieur. Ce serait peu de chose que cette nouveauté, si l'œuvre n'en apportait d'autres : l'étonnante souplesse de la forme sonate, dans le premier mouvement, qui aboutit à en effacer les contours ; et, dans le finale, l'entrée en force de la fugue dans l'univers des sonates.

Elle s'ouvre *(allegretto ma non troppo)* sur la dominante, chantant doucement sur le bercement du rythme à 6/8, et ce début d'un effet magique est peut-être le plus beau de tout Beethoven ; on a le sentiment, quand elle commence, de baigner déjà dans cette musique. L'indication en allemand est plus précise : *mit der innigsten Empfindung*, « avec le sentiment le plus intime ». Dans ce soliloque, que Wagner donnera pour exemple de ce qu'il entend par « mélodie infinie », le flot musical est si continu que les thèmes se suivent sans transition, sans arrêts ni paragraphes ; il y a des sections en la, d'autres en mi, voilà tout. Un usage poétique de la syncope, des dispositions d'accords de la plus grande euphonie (chez ce sourd !), une subtilité d'harmonie qu'on ne lui connaissait guère, font de ce mouvement (un des plus courts de Beethoven) un moment privilégié, un peu miraculeux.

Le *vivace alla marcia* qui suit est en fa majeur, ton bémolisé inattendu dans cet environnement de dièses. Cette marche qui remplace le scherzo au pied levé (certes !), avec son rythme pointé rapide, à tous les temps, son élan si juvénile, sa bravoure frondeuse, sonne comme du Schumann (et tout simplement elle préfigure le deuxième mouvement de la *Fantaisie*, que Schumann écrira en partie à la mémoire de Beethoven). Le trio (en si bémol majeur), lisse et paisible, a pourtant quelque chose d'étrange, impression renforcée par l'écriture canonique ; la fin revient au rythme pointé, et enchaîne avec la reprise de la marche.

Le troisième mouvement, très court, commence dans la lenteur (en la mineur, *adagio ma non troppo, con affetto*), vingt mesures pleines d'émotion, à la sonorité étouffée et presque funèbre (sourdine tout au long : « una corda ») ; pas de nuances, pas de crescendos, une tristesse étale. Un trait de petites notes (avec l'indication, l'objurgation « non presto » : ce n'est pas le lieu d'exercer ses phalanges !) enchaîne sur le retour imprévu du thème du premier mouvement, hésitant, troué de points d'orgue, comme un très ancien souvenir. Un nouveau trait (cette fois rapide, « presto », pour briser le sortilège) ; une chaîne chromatique de trilles (ré, ré ♯, mi) ; changement de décor, avec le déferlement joyeux et turbulent des doubles croches du finale.

L'intitulé allemand de cet *allegro* (en la majeur) insiste sur la « décision » *(mit Entschlossenheit)* : il en faut, et du courage, et de la technique digitale, pour soutenir cet élan ; à partir d'ici, chez Beethoven, la substance musicale dépassera l'instrument, posant à l'interprète de redoutables problèmes, peu gratifiants au regard du public, car c'est une difficulté sans panache et souvent cachée. Fugato d'abord (premier thème), puis fugue (développement) ; la sonate sort des brouillards mélancoliques et accède d'un coup à une lumière brutale. Pourquoi la fugue ? « Cela n'a rien d'extraordinaire, expliquait Beethoven à son ami Holz ; j'en ai fait des douzaines au temps de mes études ; mais la fantaisie a également ses droits, et aujourd'hui, il faut introduire dans le vieux moule une matière nouvelle, vraiment poétique. » Y parvient-il ? (et y est-il parvenu dans la *Cinquième Sonate pour violoncelle et piano*, op. 102 n° 2, œuvre jumelle de la nôtre ?) Disons que la réussite ne sera complète que dans l'opus 110, où réellement le plaisir intellectuel de la fugue (cette partie d'échecs) devient, par une sorte de grâce, une joie aussi du cœur.

### Sonate en si bémol majeur (« Hammerklavier ») (op. 106)
COMP 1817-1818. PUB 1819 (Artaria). DÉD à l'archiduc Rodolphe d'Autriche.

Plusieurs auditions et une longue habitude n'y changeront rien, elle sera toujours aussi neuve, aussi « moderne », à nos oreilles. Comment la ramener à la norme ? Elle est contre nature. Comment l'aimer vraiment ? Elle laisse insatisfait l'auditeur comme le pianiste. On l'accuse de « gigantisme » ; soit, elle dépasse largement les quarante minutes ; mais plusieurs sonates de Schubert en font autant, qui ne se sont valu que le reproche de « divines longueurs »... Sa longueur est moins en cause que la difficulté de son langage, qui va croissant au fur et à mesure que l'œuvre avance. Les deux premiers morceaux, premiers aussi par la date de composition, sont assez « normaux », et du reste Beethoven, qui hésitait beaucoup sur le contenu définitif de sa sonate (il faillit laisser carte blanche à Ries, qui en surveillait la gravure à Londres), envisageait, parmi d'autres possibilités, de la limiter purement et simplement à ces deux-là. L'adagio, immense mouvement de seize minutes, offre plus de résistance, ne se laisse pas apprivoiser du premier coup. Mais la fugue surtout (sans parler du largo déraisonnable qui l'introduit) dépasse les notions ordinaires du goût, refusant de charmer, poussant même exprès du côté de la laideur. Ajoutons que l'œuvre excède réellement les moyens du piano, sinon des pianistes ; *clavicymbalum miserabile*, se plaignait Beethoven (ce qui ne saurait justifier l'orchestration qu'en fit Weingartner en 1926). Longtemps injouée, il fallut Liszt, éternel champion des causes perdues, pour en imposer ne serait-ce que l'idée (à Paris, en 1836). Depuis, il y a eu d'autres Liszt, mais qu'est-ce que cela change ? La *Hammerklavier*, tout le monde en parle, personne ne la connaît vraiment, ou ne désire la connaître. Elle défie la connivence. On passe au large, avec un respect mêlé d'effroi.

Cette œuvre sans égale a pourtant, vue du dehors, un cadre familier : celui de la « grande sonate » classique, en quatre mouvements clairement délimités ; rien n'y manque, ni l'allegro de forme sonate, ni le scherzo, ni le mouvement lent ; et ce n'est pas une chose bien extraordinaire qu'un finale précédé d'une introduction (voyez, à deux pas, l'opus 101). Beethoven utilise, pour la dernière fois, un schéma traditionnel ; on peut dire qu'il le quitte, sinon en beauté, du moins en force.

Le premier thème de l'*allegro* a peut-être son origine dans le cri « vivat, vivat Rodolphus ! », pour chœur à quatre voix, qu'on relève parmi les esquisses, compliment d'anniversaire adressé à l'archiduc. Ces quatre mesures d'accords fortissimo, avec le si♭ grave de l'anacrouse, font un départ enthousiaste et tonitruant, dont se souviendra la *Sonate op. 1* de Brahms. La phrase qui leur succède en est l'antithèse, par sa douceur et sa souplesse. Dans les divers motifs qui suivent, les mains semblent s'exercer à occuper, de par leur distance de plus en plus accrue et leurs sauts considérables (mes. 34 !), l'espace total de l'instrument. Brusque sonnerie du premier thème, qui module en ré majeur (ton lointain, attaqué avec désinvolture), guirlandes de croches, préparant l'arrivée du second thème (en sol), épaulé de grands accords de la basse ; plus sensible, le thème conclusif, un « cantabile » en valeurs longues, accompagné de triolets de noires et oscillant entre sol majeur et sol mineur. Notons qu'à la reprise, pour retourner de ce sol au si bémol initial, Beethoven à nouveau ne s'embarrasse d'aucune précaution ; les deux mains à l'unisson, en octaves nues, claironnent les trois notes conjointes sol-la-si♭, dont la dernière, vibrant avec la pédale, suffit à déclencher le rythme pointé du départ et sa salve d'accords. Parmi les nombreuses péripéties du développement : un fugato à quatre voix sur le premier thème (en mi bémol majeur), une promenade modulante sur la tête de ce thème, le « cantabile » conclusif énoncé en si majeur/mineur. L'enharmonie la♯-si♭ fait retrouver le ton originel, pour la réexposition, pleine de surprises encore, avant une coda dynamique où des fragments du cri « Rodolphus vivat ! » se font écho, dans des nuances contrastées.

Le scherzo (en si bémol majeur, *assai vivace*) est le dernier des sonates de Beethoven. Un rythme pointé y domine d'un bout à l'autre, dans une écriture de quatuor à cordes. On veut, dans l'emploi qu'il fait de dessins de tierces (ascendants, descendants), voir un lien avec l'allegro ; le procédé serait commun à toute la sonate ; c'est possible ; mais cela ne mérite pas des volumes de gloses ; les tierces font partie des quelques briques (elles sont plus limitées qu'on ne l'imagine) qui servent au compositeur pour maçonner ses thèmes. Comme dans le scherzo de l'opus 101, quelque chose de schumannien avant la lettre (« danse de kobolds... ») passe ici confusément, impression renforcée par le trio mineur, fantomatique, mélodiquement décharné (une espèce de comptine pour enfants fantômes), harmoniquement dépourvu de la moindre altération, où les mains très espacées s'échangent les octaves du thème et les lourds roulements de triolets. Le retour au scherzo passe par un *presto* à

2/4, qui semble un fragment de danse paysanne, et que termine une longue fusée de notes *(prestissimo)* du fa grave au fa suraigu. La coda, enfin, s'amuse à feindre l'hésitation entre si et si bémol ; mais c'est un humour grinçant, où Beethoven a l'air de se caricaturer lui-même, dans sa manie des oppositions de nuances et des conclusions extravagantes.

Avec l'*adagio sostenuto* (en fa dièse mineur), on entre dans l'impossible, dans l'inouï. Cette seconde moitié de la sonate, écrite après l'autre, dans la petite ville autrichienne de Mödling, Beethoven la sentait assez déconcertante pour envisager de l'en séparer. De ce mouvement à la fois très lent et très long, on ne peut sortir qu'abasourdi. Non qu'il défie l'analyse : il est en forme sonate, bien démontable. Mais en l'écoutant, plutôt que le sentiment d'une série d'événements temporels, définis dans leur apparence et dans leur durée, on a celui d'une pulsation continue, qui n'a pas plus de raison de finir que de commencer. La voix qui s'exprime ici est vraiment universelle. On peut décrire quelques-unes de ses inflexions, mais elles ne valent qu'enchaînées les unes aux autres : – la première mesure (on en connaît l'histoire ; quand Ries reçut à Londres l'ordre de la rajouter *in extremis*, il crut Beethoven devenu fou !), deux notes toutes nues en triple unisson, inanité sonore à partir de laquelle semble s'élaborer l'adagio tout entier ; – l'ample et profonde cantilène, « appassionato e con molto sentimento », jouée avec la pédale sourde, dans ce fa dièse mineur si rare, qui inspira à Mozart un de ses plus douloureux mouvements lents (l'adagio du *Vingt-troisième Concerto*) ; – l'arrivée sur sol à la 14e, à la 22e mesure (exploitation de la sixte napolitaine) ; – l'idée suivante, « con grand'espressione », secondée de syncopes pantelantes, en voix intérieure ; – le second thème, en ré majeur, dans la basse profonde, et son écho en octaves dans l'aigu ; et ainsi de suite. Un des plus beaux endroits est le retour du premier thème, enrobé de triples croches murmurantes ; et toute la fin, en accords, avec un persistant la ♯ (tierce « picarde »), qui mélancolise.

Entre ce mouvement et la fugue finale, s'étend, en manière d'introduction *(largo)*, une des pages les plus troublantes de Beethoven, apparemment dans l'esprit des fantaisies de Philipp Emanuel Bach, ou mieux de son frère Wilhelm Friedemann, mais incomparablement plus « moderne » de conception et de matériau. Une exploration à la fois harmonique et mélodique du clavier : le compositeur traverse les cercles de la tonalité en descendant par tierces successives ; des thèmes se proposent, pour ce qu'on pressent devoir être une fugue ; ils avortent l'un après l'autre, jusqu'à ce qu'arrive, signalé par des trilles, le ton de si bémol majeur, et qu'éclate, dans les débris de ce morceau déconcertant, le sujet définitif de la fugue.

Cette fugue est un champ de bataille. *Allegro risoluto*, c'est-à-dire avec la même « décision » que la fugue de l'opus 101, son thème fait d'abord un saut de dixième, actionne un trille sur la sensible, poursuit par deux gammes descendantes, se termine par une broderie de doubles croches. Le trille surtout retient l'attention : tout le piano de Beethoven, désormais, en est habité. À partir de ce sujet orgueilleux, épineux (d'ailleurs traité librement, « con alcune licenze »), s'amassent plus de quinze pages de contrepoints en tout genre, qui jouent de l'augmentation, de l'inversion, du canon « à l'écrevisse » ; sans compter que, loin de se suffire de ce thème, flanqué de deux contre-sujets, Beethoven en ajoute un deuxième (mes. 143, si mineur, sur le rétrograde du premier), un troisième (mes. 240, ré majeur, le meilleur épisode, « sempre dolce e cantabile », dans un calme rythme de noires qui rompt un moment le débit harassant des doubles croches) ; et pour finir, après la combinaison des premier et troisième sujets, d'autres épisodes encore, strettos, pédale de dominante, trilles dans le grave, péroraison d'octaves triomphantes... Le résultat est impressionnant. Est-il beau ? Il faudrait, pour le proclamer, n'avoir pas d'oreilles ; et du reste, répétons-le, cette musique ne veut pas charmer. Ceux qui la jouent, en butte à d'inextricables difficultés, se font si peu plaisir ; comment en donneraient-ils aux autres ? Ce morceau si riche est pourtant un désert ; les fruits étranges qui y poussent n'apaisent pas la soif.

## *Sonate en mi majeur* (op. 109)

COMP 1820. PUB 1821 (Schlesinger, Berlin). DÉD à Maximiliana Brentano.

Dire que Beethoven qualifiait de *Brodarbeiten* (travaux destinés à gagner son pain) les trois dernières sonates, contemporaines de conception ! Le pensum, c'est ce qui précède. Après l'hyperbole, voici au contraire la concision de trois sonates plus intimes, d'une liberté cette fois totale, et, ce qui ne gâte rien, d'un charme profond et persistant. La plus choyée, sans doute, est cette *Sonate en mi*. Si le chantier de la *Hammerklavier*, ses affres et ses paroxysmes devaient permettre, deux ans plus tard, l'éclosion d'une œuvre si fraîche, alors tant d'efforts n'auront pas été vains. Dans l'opus 106, Beethoven s'est libéré de son corps souffrant ; la trilogie finale, si elle reflète encore des luttes et des rêves, traduit la conquête, tardive mais décisive, de la sérénité, du détachement.

Rien n'est plus opposé que les thèmes du bref premier mouvement. D'abord (*vivace ma non troppo*, à 2/4) les mains alternées entourent de leurs accords brisés, comme d'une arabesque, une tendre mélodie en noires (ce sont en effet ces noires qu'il faut faire ressortir, contrairement à l'usage négligent qui donne à entendre le thème dans *toutes* les notes de la main droite). On songe à Schumann une fois de plus, et cette fois aux rêveries d'Eusebius plutôt qu'aux chevauchées de Florestan. Au bout de huit mesures à peine, un accord de septième diminuée sert de seuil à ce qui semble un intermède improvisé (*adagio espressivo*, à 3/4), phrase pensive et souples guirlandes de triples et quadruples croches : en réalité le second thème, l'un des moins académiques que l'on puisse imaginer.

Développement sur le premier thème, récapitulation (le premier thème *f* dans le registre aigu), et coda rayonnante, avec cette hésitation de la sixte (mineure, avec do ♮ ? majeure, avec do ♯ ?) qui fait luire l'harmonie.

Le deuxième mouvement (en mi mineur, *prestissimo*) doit s'enchaîner au premier sans interruption (il n'y a pas de double barre dans le manuscrit). Traité en forme sonate, il a l'allure d'une gigue, mais farouche, véhémente, d'une indomptable énergie. La sobriété, l'économie des moyens n'est pas moins exemplaire que dans le morceau précédent : on le voit dans le développement, quand la basse sur laquelle s'élève le volontaire premier thème acquiert le statut de mélodie à son tour, traitée en imitations.

Tout le sortilège de la sonate est concentré dans son admirable finale, un mouvement lent (ce qui rompt décidément avec l'usage), et un « thème varié », comme Beethoven n'en a jamais écrit jusqu'alors dans ses sonates. Il y a certes des variations dans l'opus 14 n° 2, dans l'opus 26, dans l'*Appassionata*, mais elles suivent d'assez près la tradition purement décorative d'un genre qui nous a valu tant d'œuvres interchangeables de Haydn ou de Mozart, et chez Beethoven lui-même d'innombrables séries dans ses jeunes années ; elles ne font que déranger l'aspect extérieur du thème choisi, lignes ou couleurs ; pas de surprises, à quelques exceptions près. Mais l'opus 109 (comme l'opus 111, comme un peu plus tard les fameuses *Variations Diabelli*) attaque le thème de l'intérieur, l'interroge, l'oblige à révéler, par transformations successives, sa nature intime et ses pouvoirs. Le thème en question (en mi majeur, *andante molto cantabile ed espressivo*, à 3/4), soutenu de lents accords, est d'une merveilleuse sérénité, avec ce côté méditatif que le ton de mi a souvent conféré aux adagios de Beethoven. Deux fois huit mesures, avec reprises : schéma commode, que suivront en gros les six variations (leur souci n'est assurément pas de modifier cette structure de base, qui ne pèse guère sur l'imagination). La 1<sup>re</sup> variation *(molto espressivo)* suscite, sur les harmonies d'origine, une espèce de valse lente (oui, plutôt que la lourde marche teutonne qu'on entend parfois), au charme ambigu. La 2<sup>e</sup> *(leggiermente)* est une variation double : alternativement, pour chaque partie, un dessin de doubles croches rebondissant entre les mains, de deux en deux, et une phrase à la fois tendre et impérieuse, ponctuée de trilles, qui s'achève dans le halètement d'accords syncopés. La 3<sup>e</sup> *(allegro vivace)*, qui passe à 2/4, est une capricieuse invention à deux voix ; à l'une on reconnaît la basse du thème, que le contrepoint renversable a plaisamment fait passer du grave à l'aigu ; à l'autre une broderie du thème, plus facile à distinguer à l'œil qu'à l'oreille. La 4<sup>e</sup> *(un poco meno andante*, avec la précision – car on ne sait pas toujours que le mot *andante* signifie « allant » – *cioè più adagio*, « c'est-à-dire plus lent ») déroule à 9/8 de délicates guirlandes de doubles croches, qui se répondent à toutes les voix, pour finir dans un chaleureux crescendo d'accords en lents trémolos. La 5<sup>e</sup> *(allegro ma non troppo*, à 2/2) travaille encore plus profondément la substance du thème, propice à un énergique fugato. Enfin la dernière *(tempo primo del tema)* reprend le thème, l'anime, l'amplifie, des noires aux croches, aux doubles croches, aux triples croches, jusqu'à cet incroyable trille de vingt-trois mesures, aux deux mains tour à tour, à la basse, à l'aigu, tandis que le thème s'éparpille en fragments au milieu des arpèges. Cette poussière sonore de plus en plus ténue se dissipe devant le retour imprévu du thème, apparemment dans sa forme initiale, mais forcément plus expressif, plus émouvant, transformé lui-même au sortir de ses propres métamorphoses.

### Sonate en la bémol majeur (op. 110)
COMP 1821. PUB 1822 (Schlesinger).

Ce n'est certes pas une sonate à programme, mais elle conte, à sa manière, une convalescence, autant morale que physique ; le *poi a poi di nuovo vivente* de la fugue, s'il est à prendre au propre comme au figuré, annonce l'adagio du *Quinzième Quatuor*, « chant de reconnaissance d'un malade à la divinité ». Ici, cependant, Beethoven ne s'adresse qu'à lui-même : l'œuvre, cas relativement rare, n'a pas de dédicataire (plus exactement, il renonça à sa première idée de la dédier à Antonia Brentano). Plus qu'un monologue ou qu'une confession, c'est un tableau clinique. À tel détour de la musique, à telle mesure précise, on perd possession de soi-même ; à telle autre, on se retrouve, – et l'art des sons a beau n'avoir jamais besoin de commentaires, une certaine candeur pousse l'auteur à noter, dans les marges, ces retrouvailles...

Quatre mesures rêveuses *(moderato cantabile, molto espressivo)* introduisent un chant ingénu, sur des accords battus, doux et sereins. « Con amabilità », précise le compositeur ; ce qui ne doit pas revenir à affadir ce thème ; on a quitté depuis longtemps les lambris dix-huitième où se complaisaient certains adagios, certains rondos de jeunesse, gracieux et coquets. Un passage de transition en arpèges légers de triples croches (et tranquilles : l'erreur serait de les bousculer), qui traversent le clavier et reparaîtront à la réexposition autour du thème introductif, mène au second groupe de thèmes : une phrase cristalline, au rythme pointé, et un motif syncopé qui s'élève dans l'aigu, accompagné de trilles descendants à la basse. La merveille de ce mouvement, l'instant que l'on devrait guetter ? il est dans la réexposition, cette modulation soudaine en mi majeur, par la grâce d'un ré ♭ devenu do ♯ ; quelque chose d'infiniment triste et doux submerge ici le cœur et la pensée.

On se demande, dans le deuxième mouvement (en fa mineur, *allegro molto*), s'il faut accentuer les mesures paires ou les mesures impaires de ce thème à la saveur populaire, et même un peu rustaud. On peut, comme Schnabel, pencher pour la seconde solution ; mais l'autre est préférable : la première mesure devient une anacrouse, et le rythme gagne en légèreté.

Ce morceau, du reste, vaut surtout par son trio (en ré bémol majeur) : la droite oppose ses croches volubiles au contretemps de la gauche, qui la croise pour piquer du grave à l'aigu les notes de l'accord de tonique (sauts périlleux d'un registre à l'autre). Reprise, et brève coda attaquée en accords violents, séparés de silences ; mais il faut jouer piano l'arpège brisé de fa, sur trois octaves, qui prépare le ton de si bémol mineur où commence le mouvement suivant.

Finale complexe, comme dans l'opus 101, mais d'autant plus organisé qu'il travaille une matière encore plus dense, et se propose d'utiliser ces formes antagonistes que sont le récitatif, l'aria et la fugue. Cinq parties enchaînées : un *adagio ma non troppo*, très modulant, dans le style du récitatif, avec l'effet surprenant (et fameux) d'un la obstinément répété qui va s'amplifiant puis s'exténuant, – noté par groupes de deux notes, la seconde liée, comme si elle vibrait à nouveau après l'attaque de la première (au clavicorde, on pouvait obtenir cet effet, appelé *Bebung*) ; un *arioso dolente*, à 12/16, longue plainte inconsolable sur des accords palpitants, en la bémol mineur (en dépit d'une armure à six bémols seulement), qu'on rapprochera de celle de la *Cavatine* du *Quatuor op. 130* ; coupant court à cette effusion, une fugue à trois voix, en la bémol majeur (*allegro ma non troppo*, à 6/8), au sujet caractérisé par trois quartes ascendantes successives ; un retour à l'arioso (cette fois en sol mineur), recru de douleur, avec l'indication « perdendo le forze » ; enfin, amenée par un massif accord de sol majeur, dix fois répété, la forme renversée de la fugue, « poi a poi di nuovo vivente », où les ficelles du métier (augmentation, diminution, double diminution et stretto) ne nuisent pas à l'expression d'une joie sans bornes ; elle éclate dans la magnifique coda, où, dans ce vermeil la bémol regagné, l'harmonie ayant supplanté le contrepoint, le thème de la fugue rayonne dans l'aigu, par-dessus un accompagnement effervescent d'accords brisés.

### *Sonate en ut mineur* (op. 111)
COMP 1821-1822. PUB 1823 (Schlesinger). DED à l'archiduc Rodolphe d'Autriche.

Au reçu de l'opus 111, les éditeurs écrivirent pour demander si le copiste n'avait pas oublié le « rondo finale » ; et Schindler les avait devancés, qui harcelait Beethoven de questions sur les raisons de cette absence de troisième mouvement. « Je n'ai pas eu le temps d'en écrire », superbe réponse ! On ne comprit guère, à l'époque, que dans cette sonate vraiment testamentaire, Beethoven, tentant une fois de plus de réconcilier les extrêmes, mais allant cette fois jusqu'au bout de sa pensée, était parvenu à un équilibre sans précédent, qui n'allait pas avoir de suite. Ni chez lui : en fait de sonate, l'opus 111 est bien le mot de la fin ; on ne pouvait rien ajouter à l'édifice ; et désormais s'engage une aventure aussi passionnante, celle des derniers quatuors. Ni chez les autres : les romantiques n'adhèrent à cette forme que du bout des doigts ; il faudra Liszt pour la remettre en question, et lui soutirer un chef-d'œuvre.

Synthèse, donc, de la sonate, par l'accumulation des contraires. Car tout oppose ces deux mouvements. Force dynamique du premier, lenteur quasi immobile du second. Ut mineur pour commencer, avec son cortège de réminiscences, ut majeur pour finir, le « blanc majeur » pacifié des espaces sans bornes. D'un côté l'éclat (« con brio »), la fièvre (« ed appassionato »), la tension ; de l'autre la sobriété (« semplice »), le chant délivré (« e cantabile »), la stabilité. Le premier mouvement manie une ultime fois la forme sonate, vivifiée par le contrepoint, ainsi que dans toutes les œuvres de cette période ; le second poursuit (les *Variations Diabelli* sont en chantier) l'exploration de la grande variation. Enfin si l'allegro regarde, comme nostalgiquement, vers les années juvéniles (avec cet ut mineur et cette introduction lente, la *Pathétique* est derrière la porte ; et le mot « appassionato » n'évoque-t-il pas avant tout l'opus 57 ?), si le flot musical y charrie encore des impuretés, si l'homme y combat encore ses démons, l'adagio, lui, est ouvert sur l'ailleurs ; l'air y est neuf, et presque irrespirable à force de raréfaction ; c'est le vertige des hauteurs ; notre humaine terre est à des lieues, microscopique, s'éloignant à toute vitesse à mesure que la musique se déroule, et ne laissant pas de place au regret.

« Les effets les plus étonnants que l'on attribue au seul compositeur ne sont souvent obtenus que par un emploi judicieux de l'accord de septième diminuée... » : on se remémore ces mots de Beethoven en écoutant le *maestoso* qui sert de prologue, et dont cet accord constitue le fondement. Il y est employé sous ses trois formes possibles ; trois bonds successifs, dans des tonalités de plus en plus reculées, ébranlent le clavier, avec un rythme pointé qui prédominera jusqu'à la fin, où un trille dans l'extrême grave sert à déclencher, en un crescendo impressionnant, le ton d'ut mineur et l'irruption du premier thème. – *Allegro con brio ed appassionato* : un triolet rageur, une cellule de trois notes (do-mi ♭-si ♮), un long unisson qui racle d'abord le grave, puis s'élève par paliers comme s'il s'arrachait péniblement au sol, pour retomber sans forces. Faut-il parler de forme sonate ? La cellule initiale est omniprésente. L'exposition est elle-même un développement, plus riche que le vrai, où le thème de transition, avec son orageux fugato, ne sert qu'à mettre le premier thème en valeur. Quant au second, en la bémol majeur, qui essaie des inflexions plus lyriques et un timide relâchement du tempo, le voilà brutalement interrompu, au bout de six mesures à peine, par une rafale de doubles croches qui ramène tout droit à son rival (il se rattrapera à la réexposition, réussissant à obtenir seize bonnes mesures). Cette vigueur pourtant n'a pas le dernier mot ; contre toute attente, le mouvement s'éteint dans le murmure, et la tierce « picarde » (mi ♮) impose le mode majeur et prépare le climat du morceau qui va suivre.

L'*Arietta* qui sert de thème aux variations finales *(adagio molto semplice e cantabile)*, notée dans un insolite 9/16, est d'une simplicité, en effet, et d'une innocence désarmantes : il faut la foi des esquisses pour mesurer le labeur patient qui a mené à tant d'évidence. Ut majeur, ce n'est pas seulement le contraire du mineur qui précédait ; c'est aussi l'espace libre et vierge des touches blanches, où l'imagination vagabonde sans se cogner à la herse des dièses ou des bémols, l'ingénue et quotidienne tonalité qui donne paradoxalement sur l'inconnu. Alors commencent les métamorphoses : les variations enchaînées vont naître les unes des autres, de plus en plus denses, avec des valeurs de plus en plus brèves, doubles croches d'abord, peu à peu triples croches (notées à 12/32 !), en des rythmes de plus en plus complexes. Pages extraordinaires à voir, dans leur calligraphie stellaire. Ce fourmillement de notes et de signes, arpèges, syncopes d'accords, trémolos, chaînes de trilles, ne change rien à la singulière impression d'immobilité que l'on retire de cet étrange assemblage de sons ; musique en instance autant qu'en devenir, et capable, en existant, d'effacer sa propre durée. Enfin le thème, qui avait éclaté en poudroiements, qui s'était morcelé et dissous, se fait à nouveau entendre, avant une dernière variation mélodique, où un long trille, pur objet sonore, s'éveille, frémit dans l'aigu, puis rentre à l'intérieur de la substance musicale, et disparaît.

## SONATES DE JEUNESSE ET SONATINES

Beethoven avant Beethoven. On serait déçu si l'on y cherchait des signes prémonitoires du futur auteur de la *Clair de lune*, ou même de la *Pathétique*. Éparses sur une dizaine d'années, ces œuvres témoignent avant tout, avec les cahiers de variations de la même époque, d'un goût prononcé pour le clavier, et de doigts déjà fort agiles. Bien entendu, elles trahissent toutes sortes d'influences, que l'adolescent reçoit à travers Neefe, son professeur : cela va des fils de Bach à Clementi, sans oublier Haydn et Mozart.

Rattachons-y, plus tardives, les deux sonates « faciles » de l'opus 49, fâcheusement numérotées, comme « dix-neuvième » et « vingtième », parmi les vraies sonates.

***Trois Sonates, en mi bémol majeur, fa mineur et ré majeur*** (WoO 47)[*]
COMP 1782-1783. PUB 1783 (Bossler, Spire). DÉD à Maximilien-Frédéric, prince-électeur de Cologne.

On les appelle parfois *Kurfürsten-Sonaten*, à cause de la dédicace. Le *Magazin der Musik* les annonce comme l'œuvre d'un « jeune génie de

---

[*] L'abréviation WoO désigne les œuvres sans numéro d'opus *(Werk ohne Opuszahl)* dans le catalogue de Kinsky et Halm (Munich, 1955).

onze ans » : il va sur les treize, mais son père, qui se prend pour Léopold Mozart, le rajeunit systématiquement de deux ans, pensant lui faire durer plus longtemps l'auréole d'enfant prodige.

La *Sonate en fa mineur*, sous prétexte qu'un *larghetto maestoso* introduit l'*allegro assai* et reparaît avant la réexposition, a été jugée par certains comme une ébauche de la *Pathétique*. Ils vont vite en besogne. L'œuvre est pauvre, maladroite à décourager l'éloge ; et si l'*andante* vocalise gentiment, le *presto* final est franchement antipathique.

La *Sonate en mi bémol majeur* vaut à peine davantage, en l'*allegro cantabile* qui la commence et l'*andante* qui la poursuit. Mais on retiendra le *rondo vivace* à 6/8, allégrement virtuose, où l'esprit se dégourdit avec les doigts.

La *Sonate en ré majeur* sort nettement du lot. Elle me semble même, de tout ce Beethoven juvénile, le morceau le plus accrocheur. Plus développée que les deux autres, elle exige incomparablement plus de technique pianistique. Le frais et vivant *allegro* évoque Mozart, – non pas sa grâce, mais son élégance ; et une rondeur dans le trait, que le vrai Beethoven remplacera bientôt par une angularité caractéristique. Les deux autres mouvements regardent du côté de Haydn : le *menuetto sostenuto* en la majeur, avec ses six variations finement tracées (la 5e, *minore*, toute en syncopes) ; et le spirituel *scherzando* qui conclut l'œuvre sur une pirouette.

### *Sonate en fa majeur* (WoO 50)
COMP vers 1788-1790. PUB 1909. DÉD à Franz Wegeler, son ami d'enfance.

Deux mouvements brévissimes la composent. Le premier (sans indication de tempo) est malhabile jusqu'à l'étrange et pour le moins expéditif. Le second *(allegretto)* a de quoi plaire, avec la décision amusée de ses tierces et de ses sixtes ; mais lui aussi s'arrête trop vite : on sent qu'il manque quelque chose comme un trio à cet inavoué menuet de vingt-six mesures. L'autographe porte ces mots, de la main de Wegeler : « écrite et signée pour moi par Beethoven ».

### *Sonate facile en ut majeur* (WoO 51)
COMP 1791-1792. PUB 1830 (Dunst, Francfort). DÉD à Eleonore von Breuning (autre amie d'enfance, qui d'ailleurs épousa celui dont il est question ci-dessus).

Doublement inachevée : pas de finale, et l'*adagio* a été complété par Ries (les onze dernières mesures). Facilité n'est pas enfantillage, voyez la « Sonate facile » de Mozart, qu'elle rappelle par sa tonalité, sa limpidité, sa texture fine à deux voix. Beaucoup de charme vrai, et quelques trouvailles (ainsi, dans l'*allegro*, l'attaque du développement en mi bémol, avec toutes les modulations qui s'ensuivent, ou encore la fausse rentrée du second thème à la sous-dominante).

## Deux Sonates faciles, en sol mineur et sol majeur (op. 49)
COMP vers 1795-1797. PUB 1805 (Bureau d'art et d'industrie).

Elles occupent les numéros 19 et 20 de la série des trente-deux ; et leur publication tardive, sous cet opus trompeur, les fait croire contemporaines de la *Waldstein* ! Sans être totalement insignifiantes (les amateurs y trouveront toujours leur compte), elles déparent l'ensemble des *Sonates*, et on a tort de s'obstiner à les y inclure. Ce sont bel et bien des « sonatines », non seulement par leur forme en deux mouvements (l'opus 111, avec quelques autres sonates, n'en a pas davantage), mais par leur propos modeste, leur facilité d'exécution. Beethoven les destinait sans doute à des élèves, et peut-être, sans l'insistance de ses frères auprès d'éditeurs peu enthousiastes, ne nous seraient-elles jamais parvenues.

L'*andante* initial de la *Sonate en sol mineur* commence par un thème plaintif, en croches, où l'on entend d'avance le *Premier chagrin* de l'*Album pour la jeunesse* de Schumann ; une phrase gracieuse lui répond, en si bémol majeur, qui bientôt se presse en doubles croches légères. Le rondo (en sol majeur, *allegro*) a tout pour danser, avec son staccato rebondissant et ses notes répétées, et il en profite ; quant à l'épisode mineur, fébrile et modulant, il sent la parodie et devrait être joué au second degré.

La *Sonate en sol majeur* a d'abord un *allegro ma non troppo*, qui rappelle à s'y tromper les petits *Divertimenti* de Haydn. Le second mouvement est un *tempo di minuetto*, qui sera repris dans le *Septuor* (1800), gratifié de trois trios au lieu de deux ; vrai menuet, débonnaire, élégant, un rien pincé.

## Deux Sonatines, en sol majeur et fa majeur (Anh. 5)
PUB vers 1830 (Cranz).

Les débutants qui s'y frottent presque tous, fatalement (tous les recueils de « morceaux choisis » les contiennent), et qui croient pénétrer par elles dans l'univers beethovénien, continueront longtemps d'ignorer, qu'ils y prennent ou non du plaisir (l'expérience ferait pencher vers la négative), que ces deux brimborions ne sont probablement pas de Beethoven. De qui donc ? Mystère... On aurait trouvé ces sonatines dans sa succession. Elles comptent deux mouvements l'une et l'autre. Un *moderato* exsangue et une *romanze* d'une affligeante fadeur composent la *Sonatine en sol*. Dans la *Sonatine en fa*, à peine plus longue, se succèdent un *allegro assai* dont le développement a l'air de parodier une invention de Bach, et un *rondo allegro* vaguement guilleret, qui s'octroie, pour faire bonne mesure, un couplet censé être plus « sombre », en ré mineur.

## LES VARIATIONS

Elles forment vingt cahiers, si l'on ne compte pas les deux séries pour piano à quatre mains (WoO 67 et 74) et une œuvre d'authenticité douteuse (sur le lied « *Ich hab ein kleines Hüttchen nur* ») : chiffre important, à côté des quinze cahiers, beaucoup plus courts, de Mozart, ou des quatre de Haydn. Pourtant, à peine connaît-on et joue-t-on, par ordre décroissant de fréquence, les *Variations en ut mineur*, les *Diabelli*, les *Eroica*. Joignons-y une ou deux séries faciles, qui sont depuis toujours la pâture des débutants : les *Variations sur un air suisse*, les secondes des *Paisiello*. Du restant, point de nouvelles. L'ensemble se morfond dans les coulisses de la scène où, sous les feux de la rampe, se pavanent fièrement les sonates.

C'est d'autant plus regrettable que ce genre de la variation a jalonné la production de Beethoven, plus longtemps même que celui de la sonate : sa première œuvre éditée, en 1782, est un thème varié, et il achève les *Diabelli* en 1823, un an après la dernière sonate. Mais oublions un instant le piano (et ne songeons même pas aux huit ou neuf séries de variations pour diverses formations, piano et violon, piano et violoncelle, trio, etc.). Que de mouvements, dans sa musique, sont traités en variations, depuis le troisième *Trio* de l'opus 1 jusqu'à la *Neuvième Symphonie*, en passant par l'*Héroïque*, les deux dernières sonates pour violon et piano, le *Trio à l'archiduc*, les *Dixième, Douzième, Quatorzième Quatuors*... C'est un des terrains où Beethoven entraîne le plus assidûment son art. Il y est comme nulle part à son affaire ; partir de presque rien, tirer au clair les ressources cachées du plus simple motif, et des lignes les plus visibles déclencher la surprise de l'imprévisible, n'est-ce pas une constante de son style ? Par jeu, dans ses premiers essais ; mais de plus en plus par nécessité, et avec certitude, sachant qu'il arrive de la sorte à la vérité de sa musique. Avec la *Sonate op. 111*, les *Variations Diabelli* et la *Neuvième Symphonie*, un « Art de la variation » couronne son œuvre, comme un « Art de la fugue » parachève celle de Bach.

Revenons aux cahiers pianistiques, où nous distinguerons quelques étapes. Jusqu'au tournant du siècle, jusqu'à ses trente ans (fatidiques ; qu'on taxe cette remarque de superficielle, si l'on veut ; mais Beethoven, comme le premier homme venu, n'a certes pu franchir ce double cap sans s'interroger profondément sur son art et ses motivations), il sacrifie à un genre à la mode, qui sévira encore au siècle suivant, comme un divertissement de salon. Art de décorateur, de perruquier, de plumassier, en marge de ses œuvres « sérieuses » ; on peut y voir aussi un matériel pédagogique, à soumettre à d'éventuels élèves ; plus précieusement, on y assiste quelquefois (dans les finales) au numéro d'un extraordinaire improvisateur. Mais lui-même en mesure les limites. Pour marquer le rang inférieur où il tient ses variations, il ne leur accorde pas de numéro d'opus. Cela concerne douze cahiers sur les vingt. Les plus belles sont celles sur des thèmes de Wranitzky, de Salieri, de Süssmayer.

L'année 1802, celle du « testament de Heiligenstadt » et des *Trois Sonates op. 31*, mérite plus encore d'être appelée l'année de la variation. Elle voit l'éclosion des opus 34 et 35, premiers chefs-d'œuvre en ce genre (devancés seulement par les variations liminaires de la *Sonate op. 26*), qui rompent avec l'écriture automatique des thèmes variés antérieurs. Mieux, elle voit la révision des *Variations sur un thème de Righini* (WoO 65 ; première version en 1791), cahier singulier, prophétique, déconcertant de nouveauté et d'audace, cousin méconnu des *Diabelli*. Un peu plus tard, si les variations sur le « *God save the King* » ou le « *Rule Britannia* » (1803) et les *Variations op. 76* (1809) sont anodines, les célèbres *Variations en ut mineur* (1806) tentent, avec plus ou moins d'intérêt, de renouveler le genre de la passacaille ou de la chaconne, qu'illustrent de manière inégalable les *Variations Goldberg* de Bach. Suit, dans ce domaine, un long silence, qu'interrompt au bout de dix ans la fameuse commande de l'éditeur Diabelli ; ce seront les prodigieuses variations qui immortalisent son nom, une des grandes aventures de l'esprit beethovénien, où le concept même de variation est repensé de fond en comble, et poussé à ses plus extrêmes conséquences.

### *Neuf Variations sur une marche de Dressler* (WoO 63)
COMP 1782. PUB 1782 (Götz, Mannheim). DÉD à la comtesse de Wolf-Metternich.

Ces variations sont la première composition que nous ayons de Beethoven. Son professeur, Neefe, la fit graver, et rédigea lui-même l'entrefilet du *Magazin der Musik* de Cramer. On nous apprend que l'élève joue couramment *Le Clavier bien tempéré* ; on nous prédit que ce « jeune génie » deviendra un second Mozart. Il n'y a pourtant rien de génial dans ces variations, dont le thème, d'une triste platitude, n'a pour lui que d'être en ut mineur. L'enfant de douze ans ne se doute pas que ce sera la tonalité beethovénienne par excellence ; mais il est assurément rompu aux ficelles du genre : variation en croches, variation en doubles croches, triolets, gammes, arpèges, et tout le tremblement, avant le feu d'artifice de l'allegro final, *brillante* comme il se doit, et en ut majeur. Plus personnelle, la 5ᵉ variation, avec son jeu des mains alternées, tour à tour staccato et legato.

### *Six Variations sur un air suisse* (WoO 64)
COMP 1790 ? PUB 1798 (Simrock).

Écrites indifféremment pour la harpe ou le clavier, ce sont, de leur propre aveu, des *leichte variationen*, des variations faciles, sur un thème plus facile encore (en fa majeur), qui vaut par sa structure rythmique (trois phrases impaires, respectivement de trois, trois et cinq mesures), conservée tout au long.

### Treize Variations sur une ariette de Dittersdorf (WoO 66)
COMP 1792. PUB 1793 (Simrock).

Comme toujours dans ces recueils de variations, c'est le choix du thème qui est intéressant. Celui-ci, l'ariette « *Es war einmal ein alter Mann* » (en la majeur) de l'opéra de Dittersdorf *Das rote Käppchen*, semble d'abord inoffensif. Mais voici, mes. 13-21, un fragment de huit croches obstinément répété avec son accompagnement ; voici, mes. 22, un silence complet, pause surmontée d'un point d'orgue, suspendant la cadence un pied en l'air. Et quand la musique repart, voici un accord de si mineur qui, si passager soit-il, rompt avec l'environnement tonique-dominante. Alors le thème peut revenir, et conclure. De tout cela, Beethoven se sert avec esprit, accentuant ce silence, organisant délibérément l'arrivée sur si mineur (au point, dans la 5ᵉ variation, d'en faire un *arioso, andante con moto,* cinq mesures à 6/8, au beau milieu du *risoluto* de départ à 2/4 ; ou, dans la 9ᵉ, un *andantino* à C barré, en plein *con spirito* à 2/4 lui aussi). Mais enfin, cela n'empêche pas, avant la *marcia vivace* qui conclut le cahier sur le mode humoristique, de compter les minutes. Voilà le défaut majeur de ces cahiers : trop de variations d'affilée ; comme ses prédécesseurs, Beethoven livre ses trouvailles en vrac, au lieu d'en proposer la quintessence. Les *Diabelli* (trente-trois variations !) ne sont pas à l'abri de ce reproche...

### Douze Variations sur un thème de Haibel (WoO 68)
COMP 1795. PUB 1796 (Artaria).

Une mélodie d'une extrême banalité (en ut majeur), des harmonies primaires : ce thème de Jakob Haibel, « menuet à la Viganò » (à 4/4 au lieu du 3/4 attendu), extrait de son ballet *Le Nozze disturbate*, est une épure, qu'il s'agit d'enjoliver. Beethoven y parvient, sans se demander si le jeu en vaut la chandelle. Retenons surtout le premier des deux *minore* (4ᵉ variation), aux harmonies de sixte napolitaine. Dans la 10ᵉ variation, de rapides et acrobatiques croisements de mains nous rappellent le désir du compositeur de « mettre dans l'embarras les maîtres de piano d'ici », dont beaucoup, dit-il, sont ses « ennemis mortels ».

### Neuf Variations sur un thème de Paisiello (WoO 69) – Six Variations sur un thème de Paisiello (WoO 70)
COMP 1795. PUB 1795 et 1796 (Traeg). DÉD de WoO 69 au prince Carl von Lichnowsky.

*La Molinara*, opéra de Paisiello, venait d'être représentée avec succès (juin 1795). Beethoven, sans doute sollicité par l'un ou l'autre des frivoles mondains qu'il fréquentait alors (on a une anecdote de Wegeler à ce sujet), choisit l'air « *Quant' è più bello* » pour une première série de variations (en la majeur). Elles offrent, après huit numéros bien ordinaires (triolets de croches, doubles croches, triolets de doubles croches, *minore*...), la surprise d'abandonner le rythme initial à deux temps pour les trois temps d'un menuet plein d'humour.

La seconde série (en sol majeur), sur le duo « *Nel cor più non mi sento* » du même opéra, a fait partie de toutes les collections de « Classiques favoris », et s'est attiré la faveur des apprentis pianistes, dont elle flatte à peu de frais les doigts et la sensibilité. Joli thème, au demeurant, que Mozart aurait pu tracer. De ces variations à l'écriture délicate et limpide, la plus suggestive est la 4e, *minore*, avec ses syncopes douloureuses et ses « soupirs ».

### Douze Variations sur un thème de Wranitzky (WoO 71)
COMP automne 1796. PUB 1797 (Artaria). DÉD à la comtesse von Browne (dédicataire, l'année suivante, des *Trois Sonates op. 10*).

Les premières variations qui méritent d'être connues. Le thème (en la majeur), une « danse russe » du ballet *Das Waldmädchen* de Wranitzky, est de coupe originale : trois phrases de cinq mesures (« exotique » rythme impair...), emboîtant deux incises de deux mesures. Sur ce schéma intangible, Beethoven brode une douzaine de variations pleines d'invention et de brio. Il y a trois *minore*, très différents, tous réussis : la 3e variation, mélancolique, qui débute par des tierces et finit par des octaves ; la 7e, en triolets impétueux ; la 11e, doucement plaintive. Relevons, parmi les autres, la 1re variation, avec ses petits sauts à la main droite et ses descentes chromatiques brisées ; la 2e, en syncopes sur une basse de notes piquées ; la 8e, pour le contretemps de la main gauche ; la 10e, pour son ondulation de triolets. Mais on admirera par-dessus tout la variation finale *(allegro)*, à 6/8, sa coda attaquée en style fugué, sa longue plage médiane modulante, qui culmine sur un trille, et sa fin poétique, en decrescendo, sur un la répété à la basse (pédale de tonique).

### Huit Variations sur un thème de Grétry (WoO 72)
COMP 1796-1797. PUB 1798 (Traeg).

Le thème (en ut majeur, la romance « Une fièvre brûlante » de l'opéra *Richard Cœur de lion* de Grétry) a quelque chose de mozartien, qui donne à ce cahier une couleur particulière : on y attend malgré soi, d'une variation à l'autre, le moment (mes. 17-20) où l'harmonie s'infléchit vers un accord de ré mineur, et qui rappelle la *Sérénade* de *Don Juan*... Les plus saillantes : la 2e, roulement d'arpèges paisibles en triolets, comme un avant-goût de Schubert ; la 5e, où le thème passe à la main gauche, sous la droite en surplace sur quelques notes ; la 7e, en accords à la main droite, l'autre promenant son appogiature et ses notes répétées dans tous les registres. Le finale, développé, remplace l'indolent *allegretto* à 3/4 du thème par un joyeux *allegro* à 2/4, avec une coda partie brusquement en la bémol (pianissimo) et retournant à ut pour un *presto* ébouriffant et sonore, en arpèges de doubles croches aux deux mains.

L'œuvre valut à Beethoven d'être mentionné pour la première fois dans l'*Allgemeine musikalische Zeitung* ; on ne loue que sa virtuosité. Les rédacteurs de cette revue, Beethoven quant à lui les appellera bientôt, et durablement, « les Bœufs de Leipzig »...

### Dix Variations sur un thème de Salieri (WoO 73)

COMP janvier 1799. PUB 1799 (Artaria). DÉD à la comtesse Babette von Keglevics (qui a reçu, deux ans plus tôt, la *Sonate op. 7*, et recevra plus tard les *Variations op. 34*).

On sent que Beethoven s'amuse beaucoup, tout au long du cahier, de ce thème bouffon (en si bémol majeur), l'air « *La stessa, la stessissima* », tiré du *Falstaff* de Salieri, qui venait d'être créé à Vienne (3 janvier 1799). Les gammes chromatiques de la 1$^{re}$ variation, les syncopes de la 3$^e$ où la basse « sempre legato » s'oppose aux accords « sempre staccato » de la partie supérieure, les imitations faussement maladroites de la 6$^e$, les appogiatures brèves qui pépient dans la 9$^e$, régulièrement suivies de trilles saugrenus, tout cela participe d'un avoué état de verve. Même la variation mineure (5$^e$), avec son frottement de sensible sur tonique (la ♮ sur si ♭), n'arrive pas à se prendre au sérieux ; il y a manifestement de la parodie dans ce lamento d'opéra à la mode. Le finale, très développé, comme d'habitude, délaisse le C barré du thème pour un rythme de danse à 3/8, *alla austriaca*. On sourit aux pirouettes de l'improvisateur : il festonne de scintillantes doubles croches, s'amuse à des décalages rythmiques, à des croisements de mains, donne à la droite un aparté cocasse de quatre lignes, module par enharmonie (un souvenir de la *Fantaisie en ut* de Haydn), et lance enfin une fusée chromatique, éclatée en un long trille de dix-huit mesures, avant de feindre la reprise du thème *(tempo primo)*, et de l'abandonner, avec son gruppetto piétinant dans le fond du clavier.

### Sept Variations sur un thème de Winter (WoO 75)

COMP 1799. PUB 1799 (Mollo).

Il n'y a presque rien à relever dans ce cahier sans importance. Beethoven ne prit visiblement aucun intérêt à ce thème (en fa majeur), le quatuor « *Kind, willst du ruhig schlafen* », extrait d'un opéra de Peter von Winter *(Das unterbrochene Opferfest)*. Thème beaucoup trop long, et répétitif, qui ne pouvait que l'embarrasser. Tout juste la variation mineure (6$^e$) et le finale prennent-ils un peu le large. Le *minore* est réellement beau, dans sa couleur grisâtre et mélancolique. Le finale est une pièce à part entière, commencée à 3/4 *(allegro)*, terminée à 2/4 *(allegro molto)*, où les syncopes sur basse remuante, les martellements, les imitations passagères, les modulations nombreuses, les effets de pédale (trémolos d'octaves brisées à la basse) et les trilles prolongés nous restituent une fois de plus les dons d'improvisateur de Beethoven, son esprit d'aventure, sa fertile virtuosité.

### Huit Variations sur un thème de Süssmayer (WoO 76)
COMP automne 1799. PUB 1799 (Eder). DÉD à la comtesse von Browne.

Cette fois, si la substance du thème choisi (en fa majeur, le trio « *Tändeln und scherzen* » du *Soliman* de Franz Xaver Süssmayer) est toujours maigre, du moins un détail y séduit-il Beethoven, qui voit le parti à en tirer : les points d'orgue qui, par trois fois, interrompent le discours. Et de fait, il les exploite savoureusement, variant jusqu'à la manière de les mettre en valeur. Les quatre premières variations sont bien tranchées, alors que les trois suivantes s'enchaînent, respectivement en ré mineur (relatif), si bémol majeur et fa majeur, pour préparer le finale. La 7e *(adagio molto ed espressivo)* est d'une ornementation exubérante, fouillis de triples et quadruples croches, notes répétées, trémolos et trilles, comme pour opposer ces pages constellées de signes à la nudité du thème. La variation finale *(allegro vivace)* remplace le 3/8 initial par un énergique 2/4, entame une façon de fugue à trois voix, module plaisamment, poursuit par un passage en échos, où la droite tour à tour dans l'aigu et le grave croise les accords staccato de la gauche ; dix mesures d'*adagio* à 3/8 feignent de conclure dans le chuchotement, avant le fortissimo brutal des deux derniers accords.

### Six Variations faciles sur un thème original (WoO 77)
COMP 1800. PUB 1801 (Traeg).

Sur un thème (en sol majeur) inspiré d'un passage du finale de la *Sonate op. 22*, des variations *(ad usum discipuli...)* qui s'en tiennent à la vieille succession, doubles croches, triolets, exercice pour la main gauche, octaves brisées et jeu polyphonique, gammes et arpèges de triples croches. Seule la variation mineure rompt avec cette « facilité » de ton plus que d'écriture : à l'exception de quatre mesures, c'est un unisson des deux mains, dans le grave du clavier, murmurant et fantomatique, comme égaré dans cet entourage.

### Vingt-quatre Variations sur un thème de Righini (WoO 65)
PUB 1791 (Schott, première version), 1802 (révision : Traeg). DÉD à la comtesse Hortense von Hatzfeld.

À propos de la version de 1791, Wegeler rapporte une anecdote : Beethoven, piqué au vif par un certain abbé Sterkel, maître de chapelle de l'électeur de Mayence, qui estimait que leur compositeur même ne pourrait pas exécuter des variations si difficiles, non seulement les joua, mais en improvisa quantité d'autres tout aussi ardues. Cette première version ayant disparu, on ne peut aujourd'hui juger de sa valeur ; mais il ne fait pas de doute que celle de 1802 la renouvelle considérablement, sinon totalement. Il n'y a pas deux mesures d'affilée, dans l'œuvre que nous possédons, qui puissent remonter à une époque où Beethoven a tout juste écrit, en matière de piano, quelques sonatines, deux rondos lilliputiens et deux maigrelettes séries de variations. Ces *Variations Righini*, il faut les considérer contemporaines des opus 34 et 35, autres cahiers importants, qui laissent loin la série composée dans les premières années viennoises ; c'est le premier chef-d'œuvre dans ce domaine, sur la longue voie qui mène aux *Diabelli*.

L'ariette « *Venni amore* » de Vincenzo Righini se voit traitée aussi cavalièrement que, vingt ans plus tard, la valse de l'éditeur ; et de même qu'il ne faut pas moins de trente-trois variations, dans le futur cahier, pour épuiser (sans paradoxe) un thème si vide, celui-ci lui en fournit vingt-quatre, par une semblable absence de musique. Mais aussi, Beethoven ne l'a-t-il pas élu pour rien. Ce thème (en ré majeur) est un archétype, huit mesures qui vont de la tonique à la dominante, huit mesures qui font le parcours inverse. Aucune surprise en chemin, pas une pierre où achopper, pas une distraction, ni harmonique, ni mélodique, ni rythmique. Le minimum de contrainte. On imagine le plaisir que le compositeur a dû prendre à vêtir ce squelette, vingt-quatre fois plutôt qu'une ! Il en résulte une œuvre un peu abstraite, mais qui devrait séduire les pianistes d'aujourd'hui, et leur fournirait un excellent substitut aux quatre ou cinq sonates qu'ils traînent à longueur de carrière.

Plus question, dans ces variations, d'appliquer des procédés mécaniques ; pas une qui sente le réchauffé. L'invention y semble illimitée, et elle est toujours surprenante. Parmi les événements majeurs du cahier : dans la 2e, les contretemps de la gauche sous les hoquets comiques de la droite ; les longues fusées de gammes ascendantes de la 3e ; les trilles incessants qui électrisent la 4e ; dans la 9e, les gammes de tierces chromatiques aux deux mains ; les trépidantes octaves de la 13e (en ré mineur) ; le rythme capricieux de la 14e, qui s'octroie, toutes les quatre mesures d'*allegretto* à 2/4, quatre mesures contrariantes d'*adagio* à 3/8 ; l'humour acide, dans la 20e, du petit motif chromatique qui répond à la sonnerie de cors du thème initial ; et bien sûr le finale *(allegro)*, sa brutale incursion en si bémol majeur, et sa poétique coda *(presto assai)*, où la figure brisée de la main droite ralentit progressivement, de doubles croches à croches, à noires, à blanches, à rondes, pour s'enliser dans le silence : les premières notes du thème, à la gauche, émergeant comme un souvenir, évoquent d'avance le *Lebewohl* de la *Sonate des Adieux*...

### Six Variations sur un thème original (op. 34)

COMP 1802. PUB 1803 (Breitkopf & Härtel). DÉD à la princesse Odescalchi (née Babette von Keglevics).

La séduction de ce cahier, le premier auquel Beethoven ait voulu allouer un numéro d'opus, vient de sa diversité tonale. À partir d'un thème en fa majeur, chacune des cinq premières variations est écrite dans la tonalité de la tierce descendante qui suit, la sixième retrouvant pour conclure le ton initial. Tempos et rythmes changent également, entraînant des modifications de couleur et d'atmosphère. Beethoven ne devait jamais reprendre ce procédé.

Malgré son mode majeur, le thème *(adagio)* a une ombre de tristesse, que soulignent quelques harmonies expressives. Mais la 1$^{re}$ variation (en ré majeur) n'est qu'un riche entrelacs de motifs décoratifs, arabesques légères, gammes et arpèges, trilles, groupes irréguliers de triples et quadruples croches, fantasque éparpillement sonore sur la sage régularité des basses. Au milieu de la 2$^e$ (en si bémol majeur, *allegro ma non troppo*), qui passe de 2/4 à 6/8, crépite le staccato des mains alternées. La 3$^e$ (en sol majeur, *allegretto* à 4/4) est de climat pastoral, en croches aux deux mains, qui s'accompagnent doucement tout au long. Au menuet élaboré de la 4$^e$ (en mi bémol) succède la marche funèbre de la 5$^e$ (en ut mineur, *allegretto*), son rythme pointé, ses basses trémulantes d'octaves brisées, sa ponctuation de tambours voilés : ces deux variations, de caractère si opposé, montrent la remarquable plasticité du thème. Cependant la lumière du majeur pénètre d'un coup dans ces ténèbres lugubres, avec le mi ♮, l'accord de septième de dominante sur do, et le trille qui enchaîne sur le finale. Celui-ci est en fa, et le cercle est bouclé ; variation double : d'abord un *allegretto* à 6/8, à l'allure de danse allemande ; ensuite un *adagio molto* à 2/4, qui reprend le thème initial, l'ornemente une nouvelle fois, dans une profusion de triples, quadruples, quintuples croches, en gammes, en arpèges, en trémolos et trilles à tous les registres, avec même, juste avant les accords paisibles de la fin, une cadence en petites notes, annoncée par le traditionnel accord de quarte et sixte.

### Quinze Variations et Fugue en mi bémol majeur (« Variations Eroica ») (op. 35)

COMP 1802. PUB 1803 (Breitkopf & Härtel). DÉD au comte Moritz von Lichnowsky (futur dédicataire de la *Sonate op. 90*).

Ce recueil, comparativement méconnu, est un chef-d'œuvre, le meilleur après les *Variations Diabelli*. Beethoven en a emprunté le thème à son ballet *Les Créatures de Prométhée*, récemment achevé (1801) ; il l'emploiera encore dans le finale de l'*Héroïque*, d'où le surnom, à cet opus 35, de *Eroica-Variationen*.

De manière très originale, l'œuvre commence par tout un jeu sur la basse du thème, énoncée d'abord seule et nue, à l'unisson des mains (Schumann se souviendra de cet effet dans ses *Impromptus sur un thème de Clara Wieck*), puis élaborée à deux, trois et quatre voix. Dès le début, un si♭ grave, trois fois répété fortissimo, attire l'attention, tant il est saugrenu : il retentira à travers toute la partition. Quand enfin le thème arrive, dansant, guilleret, il a curieusement l'air d'être une paraphrase de la basse que l'on vient d'entendre : l'essentiel, en quelque sorte, est déjà dit ! Comme tant de thèmes variés, il se compose de deux périodes égales, de huit mesures chacune, répétées toutes les deux. Parcours tonique-dominante-tonique de rigueur, avec la coquetterie (les variations s'en souviendront) d'un point d'orgue à la douzième mesure, sur l'accord de septième de dominante.

Parmi les meilleurs numéros : la 2ᵉ variation, avec ses rapides arpèges de triolets et sa cadence en petites notes, plus rapide encore ; la 3ᵉ, martellement d'accords entre les mains ; la 6ᵉ (en ut mineur), dramatique, la basse en octaves brisées ; le délicieux canon à l'octave de la 7ᵉ ; la 9ᵉ et la 13ᵉ, pour cette répétition presque hystérique du fameux si♭ (en pédale), accentué avec des appogiatures rageuses, dans l'une à la basse, dans l'autre à l'aigu ; la 14ᵉ, aux harmonies sombres et mystérieuses (en mi bémol mineur), qui exalte à nouveau la basse du thème ; le magnifique *largo* de la 15ᵉ, à 6/8, qui anticipe sur les *Diabelli* et les dernières sonates, par son poudroiement sonore et sa gravité méditative.

Le finale, non numéroté, est complexe : d'abord une fugue *(allegro con brio)*, sur cette basse devenue sujet ; puis un *andante con moto* ornemental, suprême variation et variation double de surcroît, où le thème passe d'un registre à l'autre, accompagné de figures virtuoses, arpèges, trilles, broderies de doubles et triples croches.

## *Sept Variations sur « God save the King »* (WoO 78) – *Cinq Variations sur « Rule Britannia »* (WoO 79)

COMP 1803. PUB séparément 1804 (Bureau d'art et d'industrie).

Séries jumelles sur des chants nationaux anglais. Le « *God save the king* », qu'un jour Debussy convoquera moqueusement (dans l'*Hommage à Pickwick* du deuxième livre des *Préludes*), sert ici de prétexte à des variations « sérieuses » (en ut majeur), finement élaborées. Contrepoint délié de la 1ʳᵉ, où abondent les chromatismes ; doubles croches espiègles de la 2ᵉ et de la 3ᵉ ; bruyants accords martelés de la 4ᵉ ; longue phrase chantante de la 5ᵉ (en ut mineur, *con espressione*), accompagnée d'arpèges ; *allegro alla marcia* pour la 6ᵉ, qui fanfaronne. Le finale est en deux parties rapides, séparées par un adagio qui cite le début du thème ; fin fortissimo, dans le tapage des octaves de la main gauche.

Le « *Rule Britannia* », en revanche, est traité dans une sorte d'humour à froid, très insolite. Il est vrai que ce thème pompeux et carré (en ré majeur) se prête au « détournement ». On relèvera en particulier l'étrangeté de la 4ᵉ variation (au relatif mineur), où la main gauche demeure confinée, en lent trémolo, dans les régions les plus graves du clavier ; et de la coda, dont une petite gamme, celle de la deuxième mesure du thème, fait tous les frais, répétée, inversée, modulée, dans un environnement hostile où la harcèlent les dissonances...

## *Trente-deux Variations en ut mineur* (WoO 80)
COMP automne 1806. PUB 1807 (Bureau d'art et d'industrie).

Est-ce de l'ironie ? une gageure ? ou son admiration pour Haendel qui poussa Beethoven à utiliser ici le vieux moule de la chaconne ? C'est en effet aux interminables chaconnes variées de Haendel que font penser ces *Trente-deux Variations*, l'œuvre la plus connue, la plus jouée de Beethoven dans ce domaine, ce qui est confondant, car elle est bien dépourvue de vraie musique, et marque un recul par rapport aux cahiers de 1802. Le thème, à peine huit mesures sur une basse chromatique descendante, offrait-il beaucoup de possibilités ? Moins une mélodie qu'un schéma harmonique, invariable par définition. L'ingéniosité du compositeur se borne aux « figures », dans tous les sens du terme, dont celui de tropes de la composition : des outils du discours, étalés sur l'établi.

Ut mineur d'un bout à l'autre, sauf une courte halte en ut majeur pour les numéros 12 à 16. Les variations s'enchaînent sans interruption, et seraient fastidieuses si elles n'étaient combinées en groupes. Par exemple, la 1ʳᵉ a des accords brisés et des notes répétées à la droite, en aller et retour sur de brefs accords de la gauche ; la 2ᵉ inverse le rôle des mains ; et dans la 3ᵉ toutes deux manient les doubles croches, en mouvement contraire. Semblable symétrie dans les 7ᵉ et 8ᵉ, 10ᵉ et 11ᵉ, 20ᵉ et 21ᵉ. Défilent les octaves (7ᵉ, 15ᵉ, 16ᵉ, 22ᵉ), les tierces (14ᵉ, 26ᵉ, 27ᵉ), les triolets, les syncopes, les trémolos, sans oublier les superpositions de rythmes : trois-contre-deux (9ᵉ), quatre-contre-trois (16ᵉ), et même, pour finir en beauté, sept-contre-dix (32ᵉ). On exagère à peine en voyant dans ces pages le prototype des innombrables cahiers d'exercices par quoi Czerny, l'élève de Beethoven, s'acquerra son seul titre de gloire. Beethoven, dit l'anecdote, ne se souvenait pas de les avoir écrites ; à une jeune femme qui venait de les lui jouer, il demanda le nom de l'auteur ; et quand celle-ci, stupéfaite, le lui eut révélé, « ô Beethoven, s'écria-t-il, quel âne as-tu été ! »

## *Six Variations en ré majeur* (op. 76)
COMP 1809. PUB 1810 (Breitkopf & Härtel). DÉD à Franz Oliva.

Ce thème hautement comique, avec ses basses obstinées, ses tierces et sixtes répétées, ses accents bouffons, Beethoven le réutilisera dans la « Marche turque » des *Ruines d'Athènes* (œuvre de circonstance écrite en

1811). « Turquerie » en effet, dans le goût du fameux rondo de Mozart (de la *Sonate en la majeur*), ces variations peu variées ont l'avantage d'être peu nombreuses ; une de plus, et l'amusement qu'on peut y prendre dégénérait en ennui. Leur verve, leur brio en font un excellent bis de concert.

### Trente-trois Variations sur une valse de Diabelli (op. 120)
COMP 1819-1823. PUB 1823 (Diabelli). DÉD à Antonia Brentano.

Elles sont à la mode ; le snobisme aidant, on les joue souvent, et on en parle davantage encore. Sont-elles aimées pour autant ? Les sincères ne se font pas prier pour dire qu'elles les ennuient. C'est qu'elles exigent une entière connivence, sans laquelle cette partition de plus de quarante-cinq minutes vous épuise au bout de dix. D'ailleurs, elle n'est pas plus faite pour le concert que les *Variations Goldberg* ou que *L'Art de la fugue* de Bach : par excellence un morceau que l'on déchiffre chez soi, à part soi (péniblement, certes !), ou dont on écoute le disque, avec le loisir de sauter ou de répéter des pages, de repartir à zéro. Si une musique a besoin d'être « comprise » pour être aimée, c'est bien celle-ci.

Curieuse aventure que celle de ce thème de valse (en ut majeur), que l'éditeur Anton Diabelli eut l'idée de soumettre aux compositeurs de son temps, Beethoven en tête. Il y en eut cinquante à l'arrivée, en 1823, dont Schubert et Liszt (âgé alors de douze ans). Beethoven se fit longtemps prier. Ce thème, dont il raillait les « rapiéçages », lui semblait absurde autant que stupide. Et le voilà qui se décide, et du coup, au lieu des quelques variations escomptées par Diabelli, il lui en expédie trente-trois ! Qui sait, n'étaient les affres où le plongeait alors la *Neuvième*, il eût été jusqu'à cinquante, jusqu'à cent...

Ce thème, on l'a dit, est d'un merveilleux anonymat, une fois débarrassé de ses quelques caractéristiques. Ce qui séduisit finalement Beethoven, plus encore qu'en tant d'autres thèmes donnés, c'est la parfaite symétrie de son découpage, la simplicité de son harmonie ; les rosalies élémentaires ont dû également l'amuser ; et n'oublions pas l'anacrouse. Le reste ne l'intéresse pas, ne le concerne pas ; à la pauvre substance mélodique qu'on lui a proposée, il va substituer un monde sonore inouï. Jamais l'écart n'a été ou ne sera plus grand entre un thème et ses variations. Beethoven s'en sert pour une exploration thématique, harmonique, rythmique, dynamique de son propre univers ; ce sera le résumé de sa dernière manière. Son imagination illimitée dans les figures, son goût accru pour le contrepoint, son obsession du trille, ses moments de méditation, dans cette langue étrange et inimitable qui traduit chez lui le soliloque, tout cela se retrouve dans les *Diabelli*, à partir du prétexte le plus anodin qu'un nain ait jamais fourni à un géant.

Dès la 1$^{re}$ variation, pour montrer le peu de cas qu'il fait du thème,

Beethoven remplace les trois temps coquets de la valse par les quatre temps vigoureux d'une marche ; et certes, il revient au 3/4 dès la deuxième, et dans plus de la moitié des variations : mais il lui fallait d'abord clairement marquer ses distances. Il a le champ libre. Une grande partie des trente-trois numéros feint de ne voir, dans le thème, que des motifs, des pivots, les rosalies, l'anacrouse. Telles sont la 5e, où les deux croches de levé suffisent amplement à remplir les deux fois seize mesures de la carcasse, répétées inlassablement, rapprochées, au point qu'on finit par entendre des motifs à deux temps, malgré la barre de mesure ; la 9e (en ut mineur ; il y aura trois autres *minore* : 29e, 30e et 31e), qui s'amuse non seulement de cette anacrouse, mais de l'appogiature brève qui l'accompagne, et distribue ce motif, de plus en plus strident et dissonant, à travers la pièce ; la 11e, où cette anacrouse devient un triolet, qui se répond d'une voix à l'autre ; la 13e, où il ne subsiste quasiment rien du thème : variation rongée par le silence, l'imagination de l'auditeur devant suppléer à ce manque, à l'aide des pans demeurés debout.

Une autre série de variations met à profit toutes les symétries, tous les parallélismes de la donnée initiale : variations « en miroir », où chaque partie de seize mesures semble réfléchir l'autre ; on y voit s'inverser les figures, monter ce qui descend, l'extrême aigu refléter l'extrême grave, et au rebours. Ainsi en est-il des imitations placides de la 4e, des arpèges bruyants de la 6e, du lourd rythme pointé de la 14e, des octaves brisées qui déferlent à la main gauche dans la 16e, du dessin trillé de la 21e, d'abord cascade et puis geyser. D'autres enfin sont vouées à la polyphonie, et rien n'est plus surprenant que les sévères contrepoints engendrés par un thème si sottement diatonique, et qui, après la fughetta de la 24e variation et les canons de la 30e, nous valent la colossale triple fugue de la 32e, seule variation en mi bémol, monde clos sur lui-même, parfaitement étranger au restant de l'œuvre.

La plus folle de ces variations : peut-être la 10e, sorte de danse tournoyante, dont chaque partie commence « sempre staccato ma leggiermente », en octaves murmurantes et accords placés du bout des doigts, pour s'achever dans le vacarme d'un interminable trille grave. La plus mystérieuse : la 20e, que Romain Rolland appelait un « sphinx », toute en valeurs longues (blanches pointées), forçant l'impression que le temps s'est dilaté, que l'espace n'est plus mesurable, dans l'étrange chuchotement de blocs harmoniques apparemment sans relation les uns avec les autres. La plus drôle (pourquoi oublier les droits de l'humour ?) : la 22e, bien entendu, où le compositeur s'aperçoit soudain que les harmonies de son thème pourraient convenir, après tout, à mille thèmes passés et futurs, et par exemple à l'air de Leporello, dans le *Don Juan* de Mozart, « *Notte e giorno faticar* »... et de le citer aussitôt, reprenant les paroles à son compte : nuit et jour se fatiguer... sur un pareil thème ! La plus lyrique des trente-trois : la 31ᵉ *(largo, molto espressivo)*, magnifique effusion, à mi-chemin entre le Bach des *Goldberg* et le Chopin des *Nocturnes*, – assurément la plus belle page que le ton d'ut mineur ait inspirée à Beethoven.

Tant de richesses, pourtant, sont éclipsées par la dernière variation, cette 33ᵉ qui, après les accords proprement inouïs, modernissimes, qui servent de transition entre la fugue (32ᵉ) et elle, récupère à la fois l'ut majeur et les trois temps de la valse de Diabelli, sauf à les déguiser sous la fausse, la rassurante indication de *tempo di minuetto*. Voici conviée, dans cet épilogue, l'atmosphère raréfiée, éthérée, des dernières pages de l'opus 111. Après les avoir tournées en dérision, Beethoven ici justifie les harmonies élémentaires du thème de départ ; ces progressions si simples de tonique et de dominante, ce « blanc majeur » immaculé, il semble que cela puisse, au-delà du sensible, émouvoir le plus lointain de la conscience...

## LES BAGATELLES

Trois cahiers, les deux premiers (op. 33 et 119) assemblés de morceaux de différentes dates, le dernier (op. 126) constituant un véritable cycle pianistique. Avec ces pièces, du moins les meilleures d'entre elles, Beethoven entre dans le petit groupe (Tomášek, Voříšek, Schubert) de ceux qui ont inventé le genre par excellence du piano romantique, auquel un seul mot réellement convient, celui de *Klavierstück*, pièce de piano, sans plus, et tout est dit. Genre suprêmement libre, sans intitulé, sans mode d'emploi, sujet uniquement au caprice de l'instant (et que justement Schubert, pour sa part, nommera « moment musical »). Genre bref, surtout, à l'abri du reproche de pédantisme que peuvent s'attirer même les plus réussies des sonates. D'une part la musique, ici, suscite elle-même ses propres contours (et si, au fond, elle continue d'obéir à des lois, la substance en reste mystérieuse) ; et d'autre part, elle sait où s'arrêter pour éviter qu'au primesaut ne se substitue l'habitude. On aime qu'à ces morceaux, dont certains sont de purs joyaux, leur auteur n'ait voulu donner que ce titre menteur, faussement modeste, de « bagatelles ». Appellation propre à éloigner le distrait, le tiède, le prudent. Le raisonneur aussi : nul n'entrera ici s'il *est* géomètre !

### *Sept Bagatelles* (op. 33)
COMP 1802 (nᵒˢ 1, 3 et 4 sans doute plus anciens). PUB 1803 (Bureau d'art et d'industrie).

Inégalement réussies, et de style disparate. Mais trois au moins sont du meilleur cru, et balancent largement les faiblesses des autres.

La première (en mi bémol majeur, *andante grazioso, quasi allegretto*) est sûrement la plus ancienne, – sans aller jusqu'au « 1782 », bien improbable, de l'autographe ! Quelques fioritures au courant des doigts n'ôtent pas de sa fadeur à ce thème de romance. « Fadasse exprès », comme dirait Verlaine : des mesures plus aiguës (21-24), peut-être rajoutées après coup, font soupçonner un rien de persiflage...

Nervosité, précision, coups d'éclat et éclats de rire dans le *scherzo allegro* de la deuxième, partagé en deux moitiés égales, l'une en ut majeur, qui ne cesse d'alterner pianos et sforzandos, l'autre en la mineur, avec son roulement de triolets dans le grave. Un trio fait ensuite la part belle aux gammes, circulant en croches entre les deux mains.

Encore une romance pour la troisième (en fa majeur, *allegretto*), qui doit également remonter assez loin. Il y a beaucoup de charme dans ce 6/8 berceur et maintenu tout au long. Le passage abrupt, au bout de quatre mesures, du fa initial à un ré inattendu est caractéristique.

La quatrième pièce (en la majeur, *andante*) sonne en son début comme un choral à quatre voix, d'une sérénité un peu distante. Mais le milieu, dans le mode mineur, a des accents mélancoliques, le chant à la basse, l'accompagnement brisé à contretemps. À la reprise, le thème initial est énoncé tour à tour à l'aigu et dans le grave, et comme attendri par le flot des doubles croches, qui lui renvoie son reflet.

La plus étonnante est la cinquième (en ut majeur, *allegro ma non troppo*), véritable caprice pianistique, et presque une étude, dans ses mailles de triolets serrés aux deux mains et sa dynamique démonstrative. L'épisode central, en ut mineur, déclame passionnément, en octaves, avec la basse en sourds grondements. La coda se signale par un singulier passage (mes. 59-64), sur deux notes, fa grave et la aigu, tout boitant et hoquetant.

Une esquisse retrouvée permettrait d'assigner la date de 1802 à la sixième de ces pièces (en ré majeur, *allegretto quasi andante*), au beau thème pénétrant, pour lequel Beethoven demande « una certa espressione parlante ». Et réellement le poète y parle, et se répète, et tâche de persuader. Le morceau se clôt sur des accords paisibles, qui descendent le clavier en trois paliers successifs, sur une pédale syncopée de tonique.

Une danse allemande pour finir, déchaînée, à une vitesse folle (en la bémol majeur, *presto*). Des sections purement rythmiques, où des accords piétinent sous un petit motif hirsute, alternent avec des vagues d'arpèges aux deux mains, mis en branle par un fortissimo de la basse et joués pianissimo dans le brouillage de la pédale (expressément indiquée). Furieux crescendo final, malicieusement démenti, cependant, par la cadence (du pur Beethoven !) : deux fois deux accords, placés du bout des doigts.

## Onze Bagatelles (op. 119)

COMP 1820-1822 (mais certaines remontent jusqu'en 1794). PUB 1821 (n°s 7-11, dans la *Wiener Pianoforte Schule* de Friedrich Starke), 1823 (l'ensemble, Schlesinger, Paris ; Clementi, Londres). D'abord comme opus 112.

« Vos morceaux ne valent pas le prix que vous voulez en avoir et c'est au-dessous de votre dignité de passer votre temps à écrire des futilités telles que tout le monde pourrait en faire. » Qui sait si des opinions comme celle de l'éditeur Peters ne nous ont pas privés de quelques recueils précieux, où le génie improvisateur de Beethoven, en marge des *Sonates*, se fût exercé sans contrainte ? Il faut espérer que nul de nos jours n'a la sottise de considérer ces pièces comme les rognures d'une œuvre plus haute ou plus impérieuse... La dévotion pour la grande forme a produit, en ces années où le classicisme se traîne, cent sonates indigestes, de cent compositeurs aujourd'hui oubliés. Mais avec ces morceaux si neufs, adroitement dissimulés sous des dehors inoffensifs, la façon même d'aborder le clavier se renouvelle. On imagine l'éditeur atterré devant l'« insignifiance » de la dixième, par exemple, qui compte une ou deux lignes. Il y a pourtant plus de musique, là-dedans, que dans bien des allegros à deux thèmes.

La première pièce (en sol mineur, *allegretto*), comme un faux et tendre menuet, avance légèrement sur la pointe des notes. Le milieu, dans un lumineux mi bémol majeur, s'exalte un instant, et retombe. La reprise est variée ; un mouvement continu de croches entraîne le thème dans une coda menaçante, qui pourtant s'apaise d'un coup dans la dernière ligne. Fin sur l'accord majeur.

Dans la deuxième pièce (en ut majeur, *andante con moto*), sur le pas imperturbable des croches de la main droite, la gauche trace un friselis de triolets de doubles croches, tour à tour dans l'aigu et le grave, comme des échos se répondant. Harmonies simplissimes. Candeur des dernières mesures, avec le délicieux frottement de la dominante sur la tonique, et le saut cadentiel de deux notes toutes nues, sol-do, dans le vide.

*À l'allemande* : cette indication en français pour la troisième pièce (en ré majeur), dont la première moitié est délicate, lancée par un arpège délié dans l'extrême aigu, et tapageuse la seconde, en accords soutenus de doubles croches fébriles.

La quatrième (en la majeur, *andante cantabile*) déroule un thème mystérieux, comme interrogatif, qui s'effiloche au bout de deux lignes, en doubles croches trouées de silences. Au total, seize mesures infiniment poétiques.

La cinquième (en ut mineur, *risoluto*) est-elle un galop fantastique, ou une sicilienne ? De celle-ci, elle a le rythme pointé et la tonalité très italienne. Mais qu'on prenne une plus grande vitesse, qu'on y mette plus d'énergie, la pièce se métamorphose, tant il est vrai que des morceaux si courts peuvent s'interpréter de plus d'une façon.

Après ce premier groupe, en partie plus ancien, les *Bagatelles* suivantes évoquent sans conteste la manière des dernières sonates, leur nouveauté et leur étrangeté. La sixième pièce (en sol majeur) commence par six mesures d'introduction *(andante)*, lever de rideau fort semblable à celui de la *Sonate op. 110* ; puis vient un *allegretto*, où le rythme dactylique, la pédale tantôt de tonique tantôt de dominante (sol-ré), les syncopes légères accentuent la candeur de la mélodie ; climat pastoral, à la Tomášek.

La septième (en ut majeur, *allegro ma non troppo*) est vouée aux trilles, qu'on entend tour à tour à la voix supérieure, à la voix médiane, et enfin à la basse, long trille grave de dix mesures, crescendo, sous les figures décoratives de la main droite ; harmonie surprenante entre toutes. Aussi curieuse, la huitième, rédigée à quatre voix, dans ses nombreux frottements et ses intervalles insolites (en ut également, *moderato cantabile*).

Deux instantanés musicaux, la neuvième (en la mineur, *vivace moderato*), une valse, toute d'élans et de retombées, et la dixième (en la majeur, *allegramente*), en syncopes bruyantes et moqueuses, dix secondes à peine de durée, plus courte que le plus court prélude de Chopin !

Enfin ce merveilleux épilogue, la onzième pièce (en si bémol majeur, *andante ma non troppo*), elle aussi en écriture de quatuor, avec cette précision : « innocentemente e cantabile ». Page en effet naïve, étonnée, où cependant rôde on ne sait quoi de désolé. Il faut se recueillir, se blottir en soi pour jouer les dernières mesures, en lents accords, le plus doux possible. (C'est sur cette pièce que Reger édifiera ses *Variations et Fugue op. 86*, pour deux pianos.)

## *Six Bagatelles* (op. 126)
COMP 1823-1824. PUB 1825 (Schott, Mayence).

Les « dernières pensées » de Beethoven au piano, si l'on néglige deux valses, une écossaise, et le petit *Klavierstück* en sol mineur de 1824-1825. Contrairement aux précédentes *Bagatelles*, celles-ci sont conçues, de l'aveu du compositeur, comme un cycle (« *Ciclus von Kleinigkeiten* », lit-on en marge de l'esquisse de la première). Plus étoffées (toutes sont plus longues que la plus longue de l'opus 119), elles sont pourtant plus concentrées encore. Elles ont besoin de plus d'espace pour dire davantage de choses ; mais elles les disent avec plus d'économie, s'il se peut, et de distance. C'est le journal intime d'un solitaire, mais détaché du quotidien et aspirant, plus que jamais, à l'impossible « région où vivre ». D'où tant de phrases tranquilles, innocentes, et même enfantines ; d'où aussi, quelquefois, une atmosphère impalpable, ténue, comme les variations finales de l'opus 111 en donnent le plus merveilleux exemple.

Le thème de la première pièce (en sol majeur, *andante con moto*), doux et mélancolique, va son pas tranquille, jusqu'au curieux changement de caractère des mes. 21-30, qui passent de 3/4 à 2/4, piétinent sur quelques notes, hésitent, abordent le triolet, les doubles croches, déclenchent un premier trille, un second, un troisième, couronné d'un point d'orgue. Courte cadence, et retour au thème initial, mais dans quel climat différent désormais ! Il est à la basse, et voici tout un jeu de contrepoints, où les motifs se croisent librement.

Par deux fois, dans la deuxième (en sol mineur, *allegro*), un impétueux motif de doubles croches s'élance et retombe, suivi en écho d'une réponse doucement implorante. Alors vient une longue phrase imprégnée de tendresse, aux harmonies très modulantes. Le trait initial claque à nouveau, coupé de silences menaçants. Mais l'étrange dernière page, commencée dans l'agitation, substitue aux doubles croches des triolets de croches et se calme progressivement, non sans hésiter entre majeur et mineur.

Écriture verticale pour la paisible rêverie de la troisième pièce (en mi bémol majeur, *andante*). Une courte cadence introduit ensuite une variation décorative, en triples croches dans l'aigu, d'un effet presque irréel.

La quatrième, un rude et vigoureux *presto* (en si mineur), vaut surtout par son épisode central majeur, dont le motif est hallucinant à force d'être répété, monotonement, sur le bourdon de la basse.

La cinquième (en sol majeur, *quasi allegretto*) est une chose adorable et fragile entre toutes. Dans le balancement de la mesure à 6/8, un chant se déploie, confiant et ingénu (on ne saurait assez insister sur cette qualité particulière au dernier piano de Beethoven), souligné par le souple contrepoint de la gauche. La partie centrale, très italianisante, avec ses tierces et ses grands arpèges ondoyants, est si belle qu'on a envie de faire plus d'une fois la reprise indiquée, pour s'en pénétrer davantage.

Dans la sixième (en mi bémol majeur), un turbulent *presto* de six mesures enferme aux deux bouts, comme une ritournelle, un *andante amabile e con moto* à valeur d'épilogue : longues pédales hypnotiques de tonique et dominante, la première fois en accords (mi bémol), la seconde fois en long trémolo (la bémol), sous un thème énigmatique, érodé par le silence. La seconde idée déplie un ruban de triolets sur des basses guère plus mobiles que les précédentes. Nul en vérité n'a décrit, avant Beethoven, cette torpeur de la conscience, ce point extrême où la musique se dissout dans le temps ; et les dernières mesures de l'andante, avec leurs brèches et leurs hésitations, sonneraient comme le plus déchirant des adieux si Beethoven, par une suprême malice, ne brisait ce climat en ramenant la bousculade tapageuse du presto.

# LES RONDOS

**Deux Rondos** (WoO 48 et 49)

COMP 1783. PUB 1783 et 1784 (Bossler).

Ils marquent un certain recul par rapport aux sonates qui les précèdent (les trois *Kurfürsten-Sonaten*, WoO 47). Le premier surtout (en ut majeur, *allegretto*) tourne à vide sur un motif assez quelconque. Il y a plus d'invention dans le second (en la majeur, *allegretto*), dont le thème n'est pas dénué de charme.

**Rondo a capriccio, en sol majeur** (op. 129)

COMP vers 1795. PUB 1828 (Diabelli).

Ce morceau fameux, que son numéro d'opus élevé et sa publication posthume avaient fait considérer comme une œuvre de la fin, date en réalité des premières années viennoises. Le titre habituellement retenu, *Die Wuth über den verlorenen Groschen ausgetobt in einer Kaprize* (« La colère sur un sou perdu, déchargée dans un caprice »), n'est pas de Beethoven, qui a marqué plus simplement : *alla ingharese, quasi un capriccio*. – Tel quel, le morceau est d'une drôlerie irrésistible, et mérite amplement sa célébrité. Mené tambour battant, dans un mouvement éclaboussant de croches répétées, de doubles croches, de gammes, d'arpèges brisés, passant allégrement d'une tonalité à l'autre, n'hésitant pas devant les dissonances, les frottements de toutes sortes, il entraîne interprète et auditeur dans un tourbillon d'où toute mélancolie est bannie. On se trompe en y voyant de la colère, de la mauvaise humeur, une mine renfrognée. Grossier presque, et paysan (ces accents, ces lourds accords, ces piétinements !), mais bon enfant, c'est une excellente illustration du rire en musique, chose, on le sait, rarissime...

**Rondo en ut majeur** (op. 51 n° 1)

COMP 1796-1797. PUB 1797 (Artaria). D'abord sans numéro d'opus, comme le suivant.

Le do majeur des apprentis pianistes ! Toute une page sans altérations (à l'exception d'un ré ♯ chromatique au passage) ; un thème à la fois naïf et heureux, calme, sans histoires, sur une basse en croches bien régulière *(moderato e grazioso)*. Le premier couplet s'anime, en sol : doubles croches, arpèges de la basse, mouvement plus ample de la mélodie, modulations. Le second, lui, est en ut mineur : bousculade, avec syncopes, triolets et sforzandos ; il passe en mi bémol majeur pour une phrase plus détendue, mais revient vite au mineur. Ici, surprise : le refrain, au lieu du ton initial, entre en la bémol, s'orne de triolets (trois-contre-deux) ; fausse rentrée, d'ailleurs ; la vraie ne tarde guère. Pour finir, des points d'orgue annoncent une coda, qui part en ré bémol (ton de la sixte napolitaine) ; jeux autour de la tête du thème, arpèges modulants, croisements de mains, le thème en écho, de la basse à l'aigu. Au total, un morceau très plaisant, combien qu'il ait traîné dans toutes les auditions d'élèves.

### Rondo en sol majeur (op. 51 n° 2)

COMP 1798-1800. PUB 1802 (Artaria). DÉD à la comtesse Henriette von Lichnowsky (d'abord offert à Giulietta Guicciardi ; Beethoven le lui redemanda pour la comtesse, et lui dédia en échange, par la suite, la sonate dite *Clair de lune*).

Plus élaboré que le précédent, plus capricieux (toutes ces gammes de triples croches qui décorent le thème), mais aussi plus long et répétitif. Le meilleur endroit en est l'épisode central, en mi majeur *(allegretto)*, qui rompt ce 2/4 enrubanné pour un 6/8 battu d'accords répétés, où bientôt s'animent de joyeux tourbillons de doubles croches.

## GRANDES PIÈCES ISOLÉES

### Andante « favori », en fa majeur (WoO 57)

COMP 1803-1804 (comme mouvement lent de la *Sonate « à Waldstein »*). PUB 1805 (Bureau d'art et d'industrie).

Ses huit minutes auraient encombré la sonate, où le remplace, en guise d'introduction au finale, une page courte et saisissante, autrement plus « moderne », et de forme et de fond. En tant que pièce isolée, et même s'il rejoint plutôt la première manière des mouvements lents de Beethoven, ce style abondamment orné que Stravinski qualifiait de « frisé », cet *Andante* réellement « favori » de son compositeur (sans doute parce qu'il y rattachait le souvenir de Thérèse de Brunsvik) garde ses chances. Il a la forme d'un rondo varié, et un refrain tendre et rêveur *(andante grazioso con moto)* où se glisse soudain, sur une modulation inattendue, le murmure de quatre mesures en ré bémol. Un épisode en si bémol majeur sert d'intermède, avec les mains en martellements. La dernière variation, développée et très virtuose, finit en octaves crépitantes. Très belle coda : une page modulante, en doubles notes, qui sonne comme une préfiguration de la *Toccata* de Schumann, suivie d'une longue plage sur pédale de tonique, allant s'apaisant et diminuant jusqu'au *ppp*, – et, quelques mesures avant la fin, une brusque et brève montée sur sol bémol (sixte napolitaine), d'un effet poétique et mystérieux.

### Fantaisie (op. 77)

COMP 1809. PUB 1810 (Clementi, Londres ; Breitkopf & Härtel). DÉD au comte Franz von Brunsvik.

Cet étrange morceau, qui commence en sol mineur et finit en si majeur après s'être promené à travers tons, peut laisser l'auditeur sur sa faim.

Czerny et Moscheles y voient l'exact portrait de Beethoven improvisant. Le terme de « fantaisie » suffit-il à excuser ce désordre et ce décousu ? On dirait que ces fragments mis bout à bout pendant six pages (une introduction où alternent traits et accords, avec des bribes de chant ; un *allegro ma non troppo* en si bémol majeur, à 6/8 ; des arpèges modulants, quintolets de triples croches, menant à un *allegro con brio* à 2/4, en ré mineur, où de bruyantes octaves brisées passent de la droite à la gauche ; un *adagio* en la bémol majeur puis si bémol mineur ; un *più presto* en si mineur) ne servent qu'à amener, *in fine*, l'*allegretto* en si majeur, une émanation du mouvement lent du *Cinquième Concerto*, dont le thème, fort beau, ne fait plus que se répéter en variations décoratives, pendant six nouvelles pages.

*Polonaise en ut majeur* (op. 89)
COMP décembre 1814. PUB 1815 (Mechetti). DÉD à l'impératrice Élisabeth de Russie.

Très peu connue (combien de pianistes peuvent-ils se vanter de l'avoir jouée, voire seulement déchiffrée ?), elle ajoute une touche au portrait d'un Beethoven inattendu. Ce rythme qu'on a coutume d'associer à Chopin, notre auteur l'a déjà employé dans la *Sérénade op. 8* pour trio à cordes, puis dans le *Triple Concerto*. Il y met ici, tour à tour, de la grâce et de la verve, jette d'abord un thème caressant, le cambre avantageusement, pousse un élan d'octaves, digresse en ut mineur, en la bémol majeur, s'invente une fausse rentrée en la, frise quelques trilles malicieux, emprunte encore un ou deux chemins de traverse... Tout cela mérite amplement qu'on s'y arrête, entre deux sonates.

## PIÈCES DIVERSES

La date de publication (1803, Hoffmeister & Kühnel) et le numéro d'opus des **Deux Préludes** (op. 39) ne doivent pas nous induire en erreur : ces deux exercices de contrepoint datent de 1789. Dédiés indifféremment au piano ou à l'orgue, ils sont écrits *durch alle Dur-Tonarten*, c'est-à-dire qu'ils parcourent le cycle des tonalités majeures, de quinte en quinte. Si l'on peut préférer le second (qui a l'avantage d'être plus court ; le premier, interminable, répète innombrablement un agaçant motif de quatre doubles croches sur le quatrième temps), tous deux, quoique assurément revus lors de la publication, sentent autant la besogne.

Le **Prélude en fa mineur** (WoO 55) remonte plus haut, aux années 1786-1787, mais, publié en 1805 (Bureau d'art et d'industrie), a dû être sérieusement amendé. Lui aussi convient au piano comme à l'orgue, et peut-être davantage à celui-ci. Y chercher des traces de Beethoven est inutile ; mais ce n'est pas une pièce indifférente ; du point de vue de l'écriture, c'est un compromis entre le *Prélude en fa majeur* et le *Prélude en si bémol mineur* du second *Clavier bien tempéré* : mais n'y cherchons pas Bach non plus, il est à vingt mille lieues !

Des **Quatre Pièces** (WoO 52, 53, 54 et 56) publiées en 1888 (Breitkopf & Härtel), les deux premières, un *presto* et un *allegretto* en ut mineur, datant de 1796-1798, se trouvent parmi les esquisses de la *Sonate op. 10 n° 1*, de même tonalité, à laquelle elles devaient aussi bien pouvoir servir de scherzo. Beethoven s'en tint à trois mouvements, tant mieux pour la sonate, mais dommage pour ces morceaux que l'on n'a aucune chance d'entendre, et qui méritent d'être connus. – Le *Presto WoO 52* (publié sous le titre de *Bagatelle*) est mené tambour battant, avec des notes répétées qui se poursuivent d'une main à l'autre, dans un climat fébrile et presque tragique ; aucune nuance indiquée, mais on imagine les contrastes dynamiques, les accents qu'aurait ajoutés Beethoven s'il l'avait lui-même publié. Trio majeur, tout en tierces liées, serein, étale, uniquement composé de noires monotones. – L'*Allegretto WoO 53* faisait lui aussi un efficace scherzo, peut-être moins original, d'un dramatisme plus extérieur ; il est également pourvu d'un *maggiore*, dont le motif est rappelé à la coda, en fin de reprise. – Pour ceux qui n'auraient pas compris le contraste entre majeur et mineur, le *Klavierstück WoO 54* (1802 ?), sous-titré « *lustig und traurig* », c'est-à-dire « joyeux et triste », met les points sur les i : accords paisibles d'ut majeur, doubles croches agitées d'ut mineur, – le tout en une page, C.Q.F.D. – Quant à la *Bagatelle WoO 56*, qui date de 1803, c'est un morceau singulier (en ut majeur), une sorte de menuet grimaçant, plein de frottements insidieux, de brusques accents de colère, suivis de douceurs trompeuses ; ce n'est certes pas là la musique de tout le monde, et les pianistes, après une sonate de notre auteur, seraient bien venus d'offrir parfois ce bis inattendu à leur public.

La **Bagatelle en la mineur** (WoO 59) cache sous ce nom banal et ce vilain matricule l'impérissable, l'inusable « Lettre à Élise », comme on l'appelle sur la foi d'une mauvaise lecture de l'autographe, aujourd'hui disparu (« *für Elise, am 27.April, zur Erinnerung von L. v. Bthvn.* », « en souvenir de Beethoven »). Mais cette Élise n'est sans doute qu'une Thérèse, la fille du docteur Malfatti, médecin du compositeur (voyez à son propos la *Sonate op. 79*). Cela se passait en 1810 ; la première édition est de 1867 (Ludwig Nohl, *Neue Briefe Beethovens*). À quoi servent d'ailleurs ces détails ? Tous les apprentis pianistes de la planète continueront à réclamer de leur professeur, au bout de trois mois de leçons, le fatidique mi-ré-mi-ré-mi et les rosalies qui suivent, – quitte à rechigner devant les incommodes triples croches du passage en fa majeur.

Enfin **Trois Pièces** (WoO 60, 61 et 61a) qui sont trois feuillets d'album : le premier du 14 août 1818, peut-être écrit pour Marie Szymanowska, qui l'avait en tout cas en sa possession ; le deuxième du

18 février 1821, pour Ferdinand Piringer ; le troisième du 27 septembre 1825, sans doute pour Sarah Burney Payne, la fille du musicologue Charles Burney. – Rarement entendus, indifférents aux pianistes, trop bizarres pour être livrés aux enfants, ces morceaux ne peuvent être la part, et la joie, que du déchiffreur, qui ne les jugera pas indignes des dernières *Bagatelles*. – Le *Klavierstück en si bémol majeur, WoO 60*, est tout en fuites, en à-peu-près, en choses murmurées du bout des lèvres et ponctuées de silences ; une phrase « teneramente » au milieu ; une abrupte modulation enharmonique aux mes. 20-21, menant de ré bémol à ré. – Écriture à trois parties dans le *Klavierstück en si mineur, WoO 61* ; rythme pointé, imitations, syncopes caractéristiques ; le climat est austère, mais il y a l'enjouement d'un trio majeur. – Treize mesures à peine composent le *Klavierstück en sol mineur, WoO 61a* ; « comme un souvenir », dit (en français) l'autographe ; deux voix se répondent en s'imitant ; accord final majeur, mettant un sourire au bout de cette mélancolie.

Terminons par des **Danses diverses** (WoO 81-86). L'*Allemande en la majeur, WoO 81*, courte pièce à 3/8 (écrite aux alentours de 1800, publiée en 1888), a été réutilisée en partie dans le deuxième mouvement du *Quatuor op. 132*. – Du *Menuet en mi bémol majeur, WoO 82*, de 1803, Beethoven devait être assez content pour le faire éditer en janvier 1805, avec son *Prélude en fa mineur* (voir plus haut, WoO 55) ; c'est une pièce attachante, et si l'origine en peut remonter aux années 1785-1787, les contrepoints et syncopes de la deuxième partie, la métrique étrange, un peu boiteuse, du trio, portent la griffe d'un Beethoven plus mûr, et sûr. – Les *Six Écossaises, WoO 83*, alimentent depuis des décennies les auditions de fin d'année ; elles n'y ont pas perdu un brin de leur charme ; il s'agit au vrai d'une seule pièce, où six petits couplets en mi bémol majeur, frais et dansants comme du Schubert, s'enchaînent par la même ritournelle. On n'en connaît pas la date exacte : l'éditeur Traeg les annonçait pour 1807. – Enfin, écrites pour l'éditeur Carl Friedrich Müller, la *Valse en mi bémol majeur, WoO 84* (24 novembre 1824, publiée en décembre 1824), la *Valse en ré majeur, WoO 85* et l'*Écossaise en mi bémol majeur, WoO 86* (14 novembre 1825, publiées en décembre 1825) offrent quelques parcelles, infinitésimales, de l'étrange et dérangeant génie du dernier Beethoven : en particulier le trio sur basse obstinée de la *Valse en mi bémol*, qui semble une boîte à musique déréglée...

## Jiří Antonín (Georg Anton) BENDA
(1722-1795) Tchèque

Le plus illustre des frères (et sœurs) Benda est surtout connu pour ses mélodrames et ses singspiels, qui influencèrent l'opéra mozartien, et dont l'écho se prolonge jusqu'à Beethoven et Weber. Mais à côté de nombreux concertos et symphonies, une cinquantaine de sonates et sonatines pour clavier témoignent de son intérêt constant pour la musique instrumentale. Elles le montrent attaché au style des fils de Bach, en particulier de Carl Philipp Emanuel, avec cependant de fortes marques individuelles, ne serait-ce que ce mélodisme où remuent parfois des souvenirs de sa Bohême natale. Dans un registre étendu de la gravité à l'insouciance, de l'allégresse à la mélancolie, voire à la douleur, il écrit une langue pure, ferme, quelquefois travailleuse (Burney lui reprochait de poursuivre la singularité), mais toujours efficace. Il ne dédaigne pas le brio, mais c'est un brio facile aux doigts, et qui n'effarouche pas les amateurs. Que ce soit dans les *Sonates*, qui ont toutes trois mouvements et suivent généralement le plan vif-lent-vif, ou dans les *Sonatines*, qui n'en ont qu'un, il excelle dans les pages lentes, qu'en quelques touches sensibles il sait rendre émouvantes. D'ailleurs une note apposée à la *Sonate en ut mineur* (n° 7) montre que l'instrument auquel Benda s'adresse est le clavicorde, préféré au clavecin pour sa plus grande expressivité. Autant dire qu'on ne le trahit guère en le transportant au piano.

Des ***Seize Sonates*** de Benda, les six premières ont paru en 1757 à Berlin (chez Winter) ; les dix autres en 1780-1787 dans six volumes mêlés de pièces instrumentales et vocales qui portaient le titre général de *Sammlung vermischter Clavier- und Gesangstücke für geübte und ungeübte Spieler* (Ettinger, Gotha ; puis Schwickert, Leipzig). Elles ont été rééditées en 1956 dans la série *Musica antiqua bohemica* (Prague), numérotées de 1 à 16. J'en signale les plus remarquables ; mais il n'en est presque aucune d'indifférente.

La *Première Sonate* (en si bémol majeur) révèle d'emblée un musicien de l'*Empfindsamkeit*. Tout l'*allegretto* initial est contenu dans ses quatre premières mesures : instabilité de ton, de rythme, de dessin ; et partant, d'humeur. D'abord le thème piétine ; puis il grimpe en rapides spirales, s'arrête durement sur le butoir des appogiatures, retombe en rythme pointé. Le reste est de la même encre effervescente. – La musique persuasive du *larghetto* (en ré mineur) procède par cadences évitées, par emprunts, par dérobades harmoniques sur quelques phrases plaintives, qu'on retrouve tout au long, transposées ; voyez comme, dès le début, surgit inopinément l'harmonie napolitaine ; plus loin, entendez ces feints détours, que corrige à chaque fois la sixte augmentée. – Il y a moins de secousses dans l'*allegro* final, vraiment « allègre », lui, et qui fonce au but en ligne droite, tout au plaisir des gammes agiles et des sauts périlleux.

Dans la *Troisième Sonate* (en ré mineur), le premier mouvement *(allegro ma non tanto)*, concentré, tendu, fait un grand usage de l'imitation ; il est vite achevé, comme parvenu au bout de ses ressources. – La sicilienne de l'*andantino* (en la mineur) a beau nous entraîner dans des méandres d'harmonie, elle n'en garde pas moins toute sa tendresse, par instants fort proche de Mozart (adagio du *Concerto en la*). – Pirouettes de l'*allegro* final : ce trait de départ qui s'entortille vers le haut, divisé aux deux mains, ces questions et réponses, ces arpèges qui dégringolent, trahissent peut-être moins de verve que de fièvre ; mais le musicien s'attache à la calmer, au début de la deuxième partie, où la bouffée de doubles croches ascendantes est curieusement reprise en croches, geste expressif, un peu théâtral...

La *Quatrième Sonate* (en fa majeur) est la plus originale des *Sei Sonate* de 1757. Le premier mouvement, en particulier, sort des sentiers battus. Rythmé à 3/2 *(allegretto assai moderato)*, il commence tranquillement en blanches et noires qui chantent sans heurts malgré leurs intervalles brisés. Et soudain c'est une course de doubles croches, une frénésie de gammes dans tous les sens ; on en sort un peu étourdi. Tout le mouvement balance ainsi entre deux allures opposées. – Le *largo* (en fa mineur), troué de silences, a les accents douloureux de l'élégie ; il faut le jouer en demi-teinte, dans les nuances douces, sauf à ménager quelques pointes sur ces cris de révolte que sont, par quatre fois, les accords de septième diminuée. – Magnifique finale *(presto)*, dont aussi bien les figures jaillissantes et les moulinets, d'un brio étincelant, que les thèmes chantants (ah, ces belles mesures alanguies de bémols, 10-13, 41-44...) préfigurent le finale de la *Sonate K. 332* de Mozart, de même tonalité et à peu près de même rythme (12/8 ici contre 6/8).

Dans les sonates tardives se détache un brelan en ut mineur. Et d'abord la *Septième Sonate*. Qu'il soit d'avance voué à la palette romantique, et à décrire des élans et des retombées, ut mineur l'indique ici dès le seuil de l'*allegro moderato*, où, après les lignes brisées de croches, endolories de chromatismes, tournoient de vives doubles croches en triolets ; dans les inflexions, on perçoit encore Mozart, celui justement de quelques pages dans cette tonalité. – L'*andante sostenuto* (en mi bémol majeur) paraît plus paisible et presque atone, mais ce n'est qu'une brève impression ; et cette rythmique déconcerte et empêche l'indolence, où l'unité chantante va sans cesse de la noire à la triple croche. – Finale minuscule *(allegro)*, bâclé, un peu décevant après tout ce qui précède.

La *Douzième Sonate* est plus gravement en ut mineur que la précédente, plus impérieusement, surtout en son premier mouvement *(allegro non troppo)*, commencé sur le geste énergique d'une quinte descendante, avec des chutes successives, durcies par les appogiatures, sur une basse rongée de silences. Pas un temps de perdu, pas une digression ; quatre pages toutes de nerfs, et pleines de contrastes. – Admirable mouvement lent (en mi bémol majeur, *un poco largo*), aux modulations aventureuses et pathétiques ; rien ne brise la ligne d'une mélodie presque continue, tantôt caressée de sixtes, tantôt gonflée de triolets ou se pressant en syncopes ; un sommet expressif de l'art de Benda. – Le finale *(allegro)*, ferme et concis lui aussi, tient jusqu'au bout l'élan de ses premières notes, et l'œuvre se termine comme elle a commencé, urgente et sérieuse.

La *Quinzième Sonate* (toujours en ut mineur) manifeste la même gravité, à la fois pleine et économe, tracée d'un trait volontaire. Le premier mouvement *(allegro ma non troppo)* alterne écriture à quatre voix, en valeurs longues, et traits volubiles de doubles croches ; belles modulations dans le développement (la bémol mineur, si bémol mineur). – Après l'instant de tendresse du mouvement lent (en mi bémol majeur, *andante*), petite ariette aux tierces câlines, bondit le finale au rythme de gigue *(allegro* à 12/8), alliant lui aussi densité et sobriété.

Il faut déchiffrer la belle *Neuvième Sonate* (en la mineur) pour mesurer le classicisme auquel parvient Benda dans ses dernières années. Presque rien ne demeure, dans l'*allegro*, des sautes d'humeur à la Philipp Emanuel Bach, sinon telle brusque et saisissante modulation (par exemple en si bémol, un peu après le début de la reprise) ; les thèmes sont clairement agencés, le pouls rythmique suffisamment égal, le rythme harmonique suffisamment lent pour ne pas nuire à la continuité des phrases ; le développement s'équilibre parfaitement entre les deux autres parties. Plutôt que des gestes, la surprise vient d'un enchaînement, d'un écho, d'un arrêt, d'une syncope bien placée, d'un dessin soudain plus sensible. – À lire l'émouvant *andante con moto* (en la majeur), on comprend que Benda ait été aimé de Mozart, qu'il préfigure ici de façon étonnante : la courbe de la mélodie, ses élans, ses replis, les sixtes qui l'attendrissent, et jusqu'à tel amuïssement dans le mode mineur. – Le finale, comme souvent, est bref, à la limite du désinvolte, une petite gigue à fond de train *(presto)*.

La *Treizième Sonate* (en mi bémol majeur) a le finale sans doute le plus mozartien *(allegro)*, enlevé avec esprit, alacrité, joie communicative, par bonds vivaces et roulements de gammes légères et pétillantes. – On aimera tout autant l'*allegro non troppo* initial, engageant, parti sur des lignes de croches qui s'imitent, et vite dansant au gré de rythmes variés ; et plus encore le bel *andantino* (en ut mineur), certes court, mais parlant dans ses moindres détails ; on dirait l'ébauche d'un mouvement de concerto, et pour un peu l'on attendrait, çà et là, les réponses d'un orchestre invisible.

Les **Trente-quatre Sonatines** de Benda, publiées en 1780-1787 dans les six volumes cités plus haut, ont également été rééditées dans la série *Musica antiqua bohemica* (Prague), en 1958. Qu'on soit habile au clavier *(geübt)* ou dépourvu d'expérience *(ungeübt)*, on trouvera son bien dans ce recueil. L'écriture pianistique est d'une attrayante efficacité ; des plus simples aux plus virtuoses, ces morceaux tombent admirablement sous les doigts. Benda s'y révèle un maître de la petite forme, dont il varie le contenant comme le contenu : forme binaire (AB), forme ternaire à da capo (ABA), ou encore rondeau, pour une inspiration qui, comme dans les *Sonates*, peut virer du rose au gris. La concision lui réussit mieux qu'à d'autres ; il y joint le dépouillement (car on peut faire court et épais, court et copieux). Avec si peu de moyens, c'est un art plus roué qu'on ne pense ; il n'est que d'examiner l'emploi des silences ; on assiste souvent à de petites scènes de théâtre, d'autant plus parlantes qu'elles se réduisent à l'essentiel.

Le joueur « inexpérimenté » est le plus largement servi dans ces sonatines. Plus de la moitié lui conviennent ; et ne croyez pas qu'il n'y ait, dans ce lot, que des mouvements lents ; bien des allegros, parfaitement adaptés à ses moyens, lui permettront de briller à peu de frais. Benda n'en est pas pour autant le Scarlatti du pauvre, et ces rythmes capricieux, ces mélodies fraîches ou expressives n'appartiennent qu'à lui. Dans la *Troisième Sonatine* (en la mineur, *allegro*), les mains alternent pour un arpège rapide, ou se croisent prestement sur des accords brisés. La *Huitième* (en ré majeur, *allegro assai)* s'amuse à des triolets qui fusent comme des ressorts et retombent en gammes filantes. La *Neuvième* (en fa majeur) se divertit à traiter le même matériau sous deux formes : à 4/4, *andante quasi allegretto,* puis à 3/4, dans le rythme d'un menuet. La *Dix-septième* (en ré majeur, *presto*) se sert d'un motif unique, une gamme descendante, que la gauche souligne sur le temps fort. La *Vingt-neuvième* (en mi bémol majeur, *allegretto*) séduit par sa mobilité rythmique : aux croches succèdent les doubles croches en rythme pointé, les jets de triolets, les points d'orgue ; on croit entendre des répliques de comédie.

Changeons de registre. La *Cinquième Sonatine* (en mi mineur, *allegretto*) n'a besoin que de vingt-quatre mesures pour nous émouvoir, avec son petit thème tombant en croches plaintives, et conclu par un zigzag de triolets ; la cadence évitée, une ligne avant la fin, devance l'effet du *Sixième Prélude* de Chopin. La *Douzième* (en ré majeur, *andantino quasi allegretto*), la *Quatorzième* (en la majeur, *allegretto con spirito*), la *Dix-huitième* (en mi bémol majeur, *andante quasi allegretto*), la *Trentième* (en sol mineur, *andante un poco allegretto*), sont des miniatures gracieuses et graciles, naïves, sans prétention, d'une fine musicalité. La *Vingt-troisième* (en sol mineur, *andante un poco allegretto*) est une complainte pensive, qui se berce doucement sur son rythme à 6/8, avec un court épisode majeur.

Parmi celles qui demandent de la dextérité, on retiendra la *Vingt-deuxième* (en si bémol majeur, *allegro moderato*), badinage délicieux, aux figures alertes, cabriolantes ; la *Vingt-cinquième* (en ré majeur, *allegro*), un véritable « exercice » scarlattien, rapide, clair et concis ; la *Trente-troisième* (en fa majeur, *allegro*), une des plus virtuoses, toute en sauts, en petites gammes véloces, en figures ébréchées et rieuses. Une mention spéciale à la *Septième Sonatine* (en si bémol majeur, *allegro moderato*), pour sa drôlerie ; ces croisements affairés, ces mordants rageurs, ces allers et retours dans le grave, tout ce jeu goguenard de la main droite, dessus ou dessous la gauche sagement rivée à sa basse d'Alberti et à ses harmonies quotidiennes, sont d'un humour acéré ; bien jouées, voilà des pages désopilantes !

L'une des plus originales est la *Treizième Sonatine* (en ut mineur, *allegro non troppo*). D'abord, ce n'est pas une miniature, comme la plupart des autres, mais un véritable mouvement de sonate, avec développement ; mais surtout, elle s'arrange pour opposer, à une époque cruciale de l'histoire de la musique, l'ancien monde et le nouveau : le thème A, écrit à trois voix, à l'ancienne, se voit rétorquer, après un point d'orgue significatif (véritable trou dans la trame !), un thème B à la moderne, accompagné prestement et lestement d'arpèges brisés, et aussi déluré que le premier était grave.

# William Sterndale BENNETT
(1816-1875) Anglais

Qui est Bennett ? On est tenté de répondre : un nom dans la biographie de Schumann. Dans un coin, presque invisible. C'est à lui que sont dédiées les *Études symphoniques*. Où irait-on, s'il fallait pouvoir mettre un visage, une date, une notice sur tous les dédicataires de l'histoire de la musique ? Les trois quarts sont de parfaits inconnus, surgis de l'anecdote, tombés dans le néant. Cependant, détrompons-nous vite : dans le cas de Bennett, la dédicace n'est pas de circonstance, ou de complaisance. Schumann offre un de ses chefs-d'œuvre à un musicien qu'il admire, dans lequel il croit avoir discerné un de ses pairs ; et pour mieux marquer sa faveur, il a eu l'idée (une schumannerie typique) de bâtir le finale des *Études* sur un thème d'un opéra de Marschner, *Le Templier et la Juive*, dont les connaisseurs de l'époque avaient à l'esprit les paroles : « Réjouis-toi, fière Angleterre ! » Même crypté, cela reste un dithyrambe. Pouvait-il prévoir que l'Angleterre, et le monde entier avec elle, loin de se réjouir de Bennett, l'aurait un jour totalement oublié ?

Les coups de foudre de Schumann n'ont pas eu de chance. Pour un ou deux musiciens, Chopin, Brahms, qui ont survécu à cet enthousiasme débordant, combien sont morts en chemin ! Ne parlons pas de ceux que la mort physique, injuste, a fauchés dans la fleur de l'âge, Burgmüller, Schunke, Goetz ; mais des autres, qu'une mort beaucoup plus perfide a desséchés vivants. Pourtant Schumann avait un sens aigu, divinatoire, de la valeur d'un musicien et d'une musique. Ses antennes ne l'ont pas trahi : Bennett jeune méritait qu'on le désignât du doigt et qu'on l'appelât « une belle âme poétique ».

Un génie ? Ce mot est à prendre avec des pincettes ; il ne convient qu'aux abrégés d'histoire, aux « digests », ainsi nommés parce qu'ils s'adressent à des cerveaux à digestion lente, qui n'assimilent que trois noms et demi par génération. Mais la musique (et n'importe quel art) est faite avant tout de talents, qui se suivent, se mêlent, s'entrechoquent, s'adulent, se combattent, se pillent, se complètent superbement. Pourquoi l'œuvre entier de Beethoven nous consolerait-il de telle merveilleuse sonate de Dussek que personne ne joue plus ? et l'œuvre entier de Brahms de tel admirable *Klavierstück* de Kirchner qui a sombré dans l'ingrate mémoire humaine ?

Non point un génie, Bennett, en dépit de sa précocité, de son triomphe à seize ans dans un *Premier Concerto* de belle facture, et de l'engouement public dont ont longtemps bénéficié certaines de ses œuvres, tant pianistiques (les *Sketches*, la *Sonate en fa mineur*, les *Romances*, la *Fantaisie*) qu'orchestrales (l'ouverture *The Naiads*). Mais un talent considérable, et si apparenté à celui de Mendelssohn que Schumann emploie à leur propos le terme de *Brüderähnlichkeit* : car on voit entre leurs silhouettes musicales la même similitude de traits, d'allure, d'accent, de goût, de culture, qu'entre deux frères à peine séparés de quelques années. Ceux qui accusent Bennett d'imiter servilement son aîné ne songent pas que deux natures analogues, et qui respirent le même « air du temps », le même climat mélodique et harmonique, se rencontrent forcément, pour la confusion des oreilles, comme on dit que des jumeaux confondent les miroirs. À plus forte raison quand ils se chérissent. « Je suis assuré de tirer autant de plaisir et de profit à sa fréquentation que lui à la mienne... », ces mots qu'à propos de Bennett Mendelssohn adresse à des correspondants anglais, non seulement écartent l'idée du plagiat, mais montrent qu'il croyait aux vertus de l'échange.

Un meilleur terme est celui de connivence. Ils partageaient un idéal.

Tous deux vénéraient le passé musical, sous ses espèces encore vivantes, la forme sonate, le fugato ; tous deux avaient un faible pour la « romance », vocable déprécié par lequel nous traduisons, faute de mieux, le *Lied ohne Worte* (qui est à la fois un genre et un état d'âme, ou d'esprit) ; tous deux enfin privilégiaient la pureté de l'écriture, la finition du détail, et s'attachaient au contenant autant qu'au contenu. Natures délicates, plus sentimentales que sensibles, capables certes de passion (comptez, chez l'un et l'autre, le nombre d'*agitatos* !), à condition qu'elle n'excède pas ses droits, qu'elle n'imprime aucun pli disgracieux au tissu musical (on devine qu'ici Schumann est forcé de s'éloigner, de se déprendre, ce qu'il fit d'ailleurs au fil des années, malgré lui, à pas lents, à reculons). Et s'ils n'avaient en vérité nulles recettes techniques, nuls secrets d'artisan à s'apprendre l'un à l'autre, les promenades quotidiennes, les lectures, les déchiffrages, à chacun des passages de Bennett à Leipzig, confortèrent cette amitié fraternelle, que seule interrompit, en 1847, la mort prématurée de Mendelssohn.

On aurait beau jeu de voir dans cette disparition, qui laissa Bennett affreusement désemparé, l'une des raisons de sa faillite de compositeur, – l'autre étant ses fonctions de plus en plus accaparantes, comme professeur, chef d'orchestre, directeur d'académie, sans oublier la Bach Society, qu'il fonda et anima avec ardeur. Ses meilleures œuvres, fraîches, spontanées, prometteuses, sont incontestablement celles qu'il compose avant ses trente ans. Après, du reste, sa production diminue ; il écrit à ses moments perdus, d'une plume toujours ferme, toujours élégante, – où jamais plus, hélas, le sang ne lui tient lieu d'encre. Oui, on pourrait imputer au découragement, à la solitude, aux besognes journalières, cet appauvrissement de la sève juvénile, cet entêtement à se répéter avec moins de spontanéité, moins d'invention, moins d'inspiration. Mais à bien juger, n'observe-t-on pas le même phénomène dans les dernières années de Mendelssohn ? et de Schumann lui-même, qui le dénonçait chez Bennett ? Ces Allemands, sur cet Anglais, ont eu l'avantage d'une vie plus courte ; et l'éclat de leurs jeunes années a pu outrepasser leur existence peu à peu rassise, embourgeoisée, atteinte de ce qu'il faudrait oser nommer le syndrome de Leipzig...

On dirait qu'une certaine forme de romantisme n'a de parfum que dans ses fleurs, et que les fruits n'en passent pas la promesse. Respirons-les, ces fleurs, à leur plus fragile, dans les charmants *Sketches* de Bennett ; plus fortes d'odeur, dans la *Sonate en fa mineur*, et surtout dans la *Suite de pièces op. 24*, qui aurait dû le préserver de l'oubli.

## LES DEUX SONATES ET LA FANTAISIE

La part du piano dans l'œuvre de Bennett est importante : près de la moitié du catalogue (dix-neuf sur les quarante-six opus, et sept œuvres non numérotées ; mentionnons aussi les *Diversions op. 17*, pour quatre mains). De courtes pièces pour la plupart, isolées ou groupées en recueils. Mais les deux *Sonates* et la *Fantaisie* (une sonate déguisée) trahissent d'autres ambitions que celle du miniaturiste, où l'on a tendance à le cantonner.

### *Première Sonate, en fa mineur* (op. 13)

COMP 1836-1837. PUB 1838 (Kistner ; 1841 Williams, Londres). DÉD à Mendelssohn (en cadeau de mariage).

Une vraie *sonata romantica*, écrite par un compositeur de vingt ans que Schumann et Mendelssohn élèvent d'emblée sur le pavois. On est fort loin, dans ces quatre mouvements étendus, de l'ouvrage de dame pour quoi peuvent passer les trois *Sketches* de 1835, si réussis soient-ils.

Dès le premier mouvement *(moderato espressivo)*, la vigueur et le sérieux des idées vont de pair avec un pianisme exigeant ; la passion couve dans ce premier thème, qui démarre sur la dominante, s'établit fermement sur la tonique, puis laisse tomber ses gammes fiévreuses sur les sombres trémolos de la basse. Le deuxième thème, au relatif (la bémol), est d'une expansion particulière, en ses triolets caressants, et la réexposition, en le formulant en octaves, lui confère une étonnante force lyrique : voilà du sang jeune et ardent, et non ce sirop que les élégiaques ont souvent dans les veines... Le développement ne tarit pas de fougue ; et toute la coda, « ritenuto al fine », médusée sur sa pédale de tonique, est d'une beauté douloureuse.

Scherzo tout aussi passionné (toujours en fa mineur, *allegro agitato*), et comme infatigable en ses élans recommencés. Le court répit du trio majeur *(meno mosso)* tourne presque à la valse, de celles qui bercent les peines, sans en avoir l'air. Reprise du scherzo ; les deux dernières pages magnifiques, avec le chant au ténor de la main gauche, sous les tournoiements de la droite.

Mendelssohn, assurément, semble de faction à chaque page de l'œuvre ; mais de sentir la parenté entre la *Serenata* du mouvement lent (en fa majeur, *moderato grazioso*) et certaines choses de Schumann, par exemple l'épilogue des *Scènes de la forêt*, on comprendra qu'Eusebius ait aimé ce cœur parfois proche aussi du sien. Voici les amples phrases lyriques que nous connaissons, l'accompagnement d'accords battus, les ravissantes trouvailles harmoniques qui font tressaillir de bonheur, et palpiter plus fort la mélodie.

Le finale (en fa mineur, *presto agitato*) est en recul sur les autres mouvements. Il abonde en idées, mais sa texture un peu épaisse, en accords, le rend moins pianistique ; on s'y sent bridé, et l'ardeur des thèmes y perd, d'autant que le rythme ne varie guère. C'est une de ces pages où un compositeur a besoin d'un interprète fervent, qui collabore en quelque sorte à l'œuvre, en gomme les défauts, en exalte les vertus : celles du second thème, et surtout de la codetta, d'une exquise fraîcheur.

### *Fantaisie en la majeur* (op. 16)
COMP 1837. PUB 1837 (Breitkopf & Härtel). DÉD à Schumann.

La « fantaisie », c'est d'avoir commencé cette *quasi sonata* par une romance, une de plus : le premier mouvement, dans l'esprit, n'est pas autre chose (en la majeur, *moderato con grazia*), et serait plus à sa place dans l'opus 14. Il ne s'en plie pas moins à la dialectique consacrée, où Bennett se sent toujours à l'aise ; thème A et thème B jouent leurs rôles sans broncher, quoique fort semblables, également chantants dans leur parure d'arpèges.

À ces pages trop uniformément suaves fait suite un turbulent scherzo (en fa dièse mineur, *presto*), dont les accords claquent au sein d'une houle de triolets, sans cesse soulevés d'une nuance à l'autre. Hélas, il est démesurément long, et perd de sa force à se répéter. Imaginez un mouvement de sonate, cette fois en bonne et due forme, avec ses deux thèmes, son développement, sa réexposition : le scherzo proprement dit ; ajoutez-y un trio, en ré majeur, dans le même rythme mais en sourires ; répétez le scherzo, selon l'usage, sans oublier la coda ; et voilà dix-sept pages bien tassées !

En guise de mouvement lent, une brève mais adorable *Canzonetta* (en la majeur, *andantino*), habillée d'accords où transparaît, sous l'ingénuité, une oreille délicate et sûre de ses choix. – Et l'on part aussitôt dans un finale développé (en la mineur, *presto agitato*), tissé d'infatigables doubles croches à 6/8, nourri d'une vraie et véhémente passion, jusqu'à cette péroraison d'ardeur et de fièvre, que dut envier Mendelssohn...

### *Deuxième Sonate, en la bémol majeur (« The Maid of Orleans »)* (op. 46)
COMP 1869-1872. PUB 1873 (Lamborn Cock, Londres ; 1876 Kistner). DÉD à la pianiste Arabella Goddard.

Qui l'eût dit, que l'auteur de tant d'études, romances, impromptus et rondos, se mettrait sur ses vieux jours à la sonate à programme, avec ces quatre mouvements-tableaux qui suivent de près le fameux drame de Schiller, *La Pucelle d'Orléans*, chacun précédé d'un titre et d'une épigraphe ? On a beaucoup médit de ce dernier labeur de Bennett ; et il est vrai que l'on y voit son talent bien éteint. Pourtant quelques tisons rougeoient dans la cendre. Cela nous vaut, par exemple, ce premier mouvement qui dépeint « la vie aux champs » de l'héroïne, *In the Fields*, un *andante pastorale* d'une très belle venue (en la bémol majeur), véritablement teinté d'innocence, en ses phrases balancées au gré d'un mètre composé souplement changeant (12/8, 9/8, 6/8).

Le deuxième mouvement, *In the Field*, consacré au tumulte du « champ de bataille » (en la bémol mineur, *allegro marziale*), semble interminable, et décousu ; les plages de calme, après les épisodes de remuants triolets, paraissent insipides (c'est le défaut, souvent, des seconds thèmes chez Mendelssohn) ; mais le morceau regorge encore d'harmonies saisissantes.

L'*adagio patetico* (en mi majeur) du troisième mouvement, ou tableau, qui montre Jeanne d'Arc « en prison », *In Prison*, n'est guère défendable, et quelques adroits enchaînements d'accords ne sauvent pas de la fadeur cette romance, inattendue en ce lieu. Et le finale (*moto di passione*, en la bémol mineur/majeur), qui évoque « la fin », *The End*, quitte l'ingénuité pour la mièvrerie.

## RECUEILS DIVERS

***Trois Esquisses musicales (Three Musical Sketches)* (op. 10)**
COMP 1835 ? PUB 1836 (Williams, Londres ; 1838 Kistner).

Morceaux à succès, que Bennett, bon gré mal gré, joua fréquemment dans sa vie. Schumann, en y voyant l'équivalent musical des toiles de Claude Lorrain, les appelait « des paysages vivants et sonores ».

La première de ces *Esquisses* mérite toujours d'être connue, *The Lake* (en mi majeur, *andante tranquillo*). Cette mélodie qui chante clair, à 6/8, dans la limpidité de la polyphonie, suggère une eau placide, reflétant un ciel pur. À peine, dans la partie centrale et à la fin, un flux de doubles croches remplace-t-il les croches berceuses. Ce n'est pas le tourment lamartinien du temps écoulé, mais la contemplation sereine, avec çà et là une pointe d'émotion plus vive.

La deuxième, *The Millstream* (en mi mineur, *presto agitato* : il s'agit du « courant » qui fait tourner la roue du moulin), est plus quelconque ; ces vaguelettes de croches à 12/8 et ces harmonies de septième diminuée ont trop servi. Mendelssohn ne nous convainc pas davantage quand il se sent (ou croit se sentir) de brusques assauts de fièvre.

Mais les triolets de *The Fountain* (en si majeur, *presto mormorando*) sont autre chose ! Tout le morceau scintille de reflets mouvants, dès l'introduction aux étranges chromatismes. Des harmonies à la Schubert enjolivent ces petites phrases naïves ; de soudaines modulations nous ravissent. À jouer pianissimo et scherzando presque du début à la fin.

(Schumann a dit du jeu de Bennett dans cette *Fontaine* qu'il était « d'un effet véritablement magique ».)

### Six Études en forme de caprices (op. 11)
COMP 1834-1835. PUB 1836 (Williams, Londres).

Sous son aspect d'étude de tierces et autres doubles notes, la première pièce (en ut mineur, *allegro con precisione*) est un morceau de forme sonate, avec les deux thèmes et le développement central attendu ; passion à fleur de peau, mais à laquelle on peut feindre de se laisser prendre, qu'on peut même accentuer, jusqu'au « con fuoco » final.

La deuxième (en mi majeur, *moderato, grazioso*), malgré son travail polyphonique, en legato, est moins une étude qu'une idylle aux couleurs pâles, à la Mendelssohn.

Un courant d'onduleux triolets donne à la troisième (en si bémol majeur, *allegro brillante*) sa fraîcheur particulière. C'est la plus belle de la série ; l'étude est ici pièce pittoresque, on attendrait un titre comme « Le Ruisseau », à l'imitation de ceux de l'opus 10. Effet de la brève, mais précise, modulation en ré (mes. 23) : un rai de soleil argente soudain la surface de l'eau.

Trop de lieux communs, en revanche, entachent la quatrième pièce (en fa mineur, *vivace, giocoso*), où l'on reconnaît pourtant un rythme d'accords répétés cher à Schumann.

La double indication, *andante capriccioso*, de la cinquième (en ré majeur) est parlante : une paisible rêverie, portée par des battements réguliers, est troublée à plusieurs reprises par une capricieuse figure en rythme pointé.

La sixième (en sol mineur, *allegro agitato*), une étude d'octaves et d'accords, peut être impressionnante (elle étonnait Schumann lui-même), en dépit de ses clichés. Comme la première, c'est une forme sonate, à deux thèmes, avec un court développement. Bel effet du « con fuoco », diminuant brusquement aux dernières mesures.

### Trois Impromptus (op. 12)
PUB 1836 (Williams, Londres ; 1838 Kistner).

La première de ces pièces (en si mineur, *andante espressivo*), dont le thème palpite d'abord doucement sur les accords à contretemps, avec de fugitives réponses de la gauche, pour s'élever ensuite jusqu'au fortissimo, ne montre de Bennett que cette émotivité superficielle et cette agitation factice qu'on trouve aux moins bonnes pages de Mendelssohn.

Mais la deuxième (en mi majeur, *grazioso*) nous redonne le lyrique et le tendre, et séduit par son thème principal, si plein d'innocence qu'on pardonne au compositeur les remous inutiles (ah, ces contrastes obligés, en musique !) du *minore* central.

Curieusement, la troisième (en fa dièse mineur, *presto*) est tributaire de trois styles, celui de Mendelssohn (le début, toujours dans la manière fiévreuse des *agitatos*), celui de Schumann (le deuxième thème, en la majeur, si ressemblant de tracé et d'harmonie) et celui de Chopin (quelques passages chromatiques) ; non point confrontés, mais harmonieusement fondus dans ce qui est sans doute une des meilleures pièces de Bennett, et techniquement l'une des plus difficiles.

*Trois Romances* (op. 14)

COMP 1837. PUB 1837 (Coventry & Hollier, Londres ; 1838 Kistner).

La première (en si bémol mineur, *agitato*) est terriblement déclamatoire ; c'est le pathétique réchauffé des mauvais agitatos mendelssohniens ; Bennett arrive à en remplir sept pages, avec d'ailleurs beaucoup plus de souffle que ne le laissait entendre le banalissime début.

Plus banale encore paraîtra la deuxième (en mi bémol majeur, *moderato grazioso*), et comme assemblée de plusieurs romances de Mendelssohn. Pourtant, qu'on y regarde à deux fois : si la thématique est en effet assez quelconque, le langage harmonique a de quoi surprendre, avec ses dissonances, ses équivoques, ses feintes modulations (au sens propre : glissement des modes, altération des degrés).

Tout autre est cependant la troisième romance (en sol mineur, *agitato*), la seule des trois à emporter l'adhésion ; la forme sonate fournit un moule efficace à ces thèmes qui alternent l'ardeur amoureuse et la tendresse souriante ; les dernières pages, comme enivrées d'elles-mêmes, s'animent, se prolongent, ne veulent plus finir leurs tournoiements de passion.

*Suite de pièces* (op. 24)

COMP 1841 ? PUB 1842 (Williams, Londres ; Kistner). DÉD à Mrs. Anderson.

Six pièces ; le chef-d'œuvre pianistique de Bennett ; qu'on joue quelquefois cette *Suite*, qu'on la diffuse, et elle devrait s'imposer comme une des partitions importantes du jeune romantisme.

La première pièce (en ut dièse mineur, *presto leggiero*), si on l'exhumait, suffirait à redorer le nom de Bennett. Elle est étonnante, l'air de rien. On la prend d'abord pour un caprice de plus, à la Mendelssohn, arabesques de vives doubles croches, destinées à des doigts agiles ; mais voici des tournures originales, de soudaines échappées lyriques, en des modulations inattendues, à la fois hardies et naturelles (voyez la progression à partir de la mes. 31). Car Bennett, comme un chat, est prompt à retomber souplement sur ses pattes, après les bonds harmoniques les plus périlleux. On sort admiratif de ce morceau, avec une envie furieuse de le faire entendre, et de réparer l'injustice criarde qui tient si méconnu notre compositeur.

Aussi séduisante, mais d'une autre façon, la deuxième pièce (en mi majeur), intitulée *Capricciosa* : caprice et impromptu, par l'esprit, l'agilité, l'attrait sonore, le mélange de désinvolture et de sérieux, mais d'écriture impeccable. Deux mesures d'*andante* à 3/8 introduisent (et viennent trois fois encore freiner) le véritable mouvement, un *allegretto leggiero* à 9/8 où le staccato spirituel laisse la place, quand on s'y attend le moins, à de grands élans expressifs. Un bijou. Un pianiste qui jouerait cela en bis, et sans en nommer l'auteur, s'amuserait beaucoup aux pronostics des « connaisseurs ».

Un tourbillon de triolets (doubles croches) entretient le feu et l'exaltation de la troisième (en mi mineur, *agitato assai*), qui ne s'interrompt, à deux reprises, que pour quelques lentes mesures de choral, commencées « con passione » et finies « *pp* tranquillo ». Morceau plus proche que les autres de la manière de Mendelssohn.

La quatrième pièce, *Alla fantasia* (en la majeur, *moderato quasi andante*), est la moins réussie des six. L'idée en vaut une autre, d'un choral entrecoupé de figures de triples croches ; mais le style est scolaire, le ton guindé. Toute la *Suite*, il est vrai, se donne un air « à l'ancienne », celui qu'empruntent, par exemple, quelques-uns des *Charakterstücke op. 7* de Mendelssohn. Mais ailleurs des « pensers nouveaux », comme aurait dit Chénier, animent ces formes antiques.

Le *presto agitato* de la cinquième pièce (en fa dièse mineur) est mené d'une seule traite, sans reprendre haleine, en figures remuantes où domine le staccato. Fin véhémente, « con fuoco », sous la poussée des octaves de la main gauche.

La sixième (en si majeur) aurait fait un splendide mouvement de sonate, avec son souffle lyrique, sa charpente à la fois souple et solide, ses deux thèmes bien contrastés, son riche et sensible développement. Trois mesures d'introduction, un crescendo accéléré sur des battements de seconde que l'on retrouvera plus loin, amènent les fières gammes ascendantes du premier thème (*ff, bravura*, prescrit le compositeur !), puis son motif d'octaves pimpantes (« giocoso »). Dans le fervent second thème, enveloppé d'harmonies chaleureuses, on croirait presque entendre le Chopin de la *Troisième Sonate*.

### *Deux Études caractéristiques* (op. 29)
COMP 1844 ? PUB 1848 (Williams, Londres).

On ne peut plus « caractéristiques » : intitulées l'une *L'Amabile*, l'autre *L'Appassionata*, elles reflètent deux aspects essentiels de Bennett. On ne s'étonnera pas que la première soit plus réussie que la seconde : non qu'il faille limiter notre compositeur à sa veine la plus légère, à son talent de boudoir, mais parce que la « passion », qui n'excède pas ses forces, excède parfois son goût et lui fait écrire des banalités. – *L'Amabile* (en mi bémol majeur, *andante espressivo*) est aimable en effet, avec cette idée rythmique : dans le dessin brisé des croches de la main droite, à 9/8 (trois fois trois croches et souligné par la basse), elle fait chanter, en guise de thème, une note sur deux, dédaignant la barre de mesure et trompant délicieusement l'oreille. – *L'Appassionata* (en sol mineur, *allegro con forza*), avec tout son panache et son brio, ses poussées d'arpèges, son thème pathétique, en rythme pointé, est paradoxalement plus pâle ; on en a entendu cent fois l'équivalent.

***Préludes et Leçons*** (op. 33)
COMP 1851-1853. PUB 1853 (Ashdown, Londres).

Une série de trente courts morceaux, ou *lessons*, chacun précédé d'un prélude plus bref encore ; ils sont composés, dit le titre complet, « *for the use of Queen's College* ». Voici donc, après le jeune élu romantique, le professeur consciencieux et laborieux.

Pédagogiques, ces pièces, mais jamais rebutantes. Le prélude sert, comme aux premiers temps du genre, à mettre en goût, à mettre en doigts, à préparer le ton de la leçon. Celle-ci varie sans cesse dans l'esprit, dans l'écriture, dans la difficulté (relative). Ce peut être l'étude d'un problème technique particulier : sauts de main gauche (n° 3), sixtes (n° 11), trilles des doigts faibles (n° 17), octaves brisées (n° 18) ; – ou d'une forme prétexte : récitatif (n° 2), invention (n° 8), marche (n° 16), aria (n° 19), caprice (n° 20), scherzetto (n° 29). Mais il y a aussi des pièces pittoresques, car Bennett, en bon maître, n'ignore pas l'importance des étiquettes attrayantes : *Le Papillon* (n° 5), aux mordants délicats ; *Éole* (n° 21), où les deux mains volettent parallèlement en triolets ; *Zéphyr* (n° 25), aux fuyants arpèges ; *Il Penseroso* (n° 26), aux lents accords méditatifs ; ou encore cette pièce sans titre mais non pas sans programme (n° 22) qui commente, « lamentevole », trois vers de Tennyson.

(Trente pièces, et non les vingt-quatre habituelles : ce nombre inusité s'explique par le fait que, parti d'ut majeur et la mineur, Bennett épuise d'abord la série des dièses, puis celle des bémols, sans écarter les doublets enharmoniques ; il admet à la fois les sept dièses d'ut dièse et les cinq bémols de ré bémol, etc.)

## PIÈCES DIVERSES

Au seuil du catalogue pianistique de Bennett, le ***Capriccio*** (op. 2), composé en 1834, publié en 1836 (Williams), avec une dédicace à Cipriani Potter, qui fut son maître à la Royal Academy of Music de Londres, est un morceau prometteur, aussi ferme que concis (en ré mineur, *allegretto scherzando*). La transition d'un thème à l'autre se fait sans heurts, grâce à ce dactyle omniprésent, à petits bonds serrés, qui de nerveux devient caressant, et entraîne des inflexions à la fois tendres et douloureuses : car le *maggiore* du second thème, ici, est un vain mot, et ses parages offrent plus d'ombre que de clarté.

C'est peut-être dans l'*Allegro grazioso* (op. 18), composé en 1838 (publié en 1840), que Bennett se rapproche le plus de son cher Mendelssohn. Chose d'abord légère et charmeuse (en la majeur), où les doigts s'activent à tresser de jolies guirlandes sous un thème qui pourrait, pris plus lentement, fournir à quelque romance. Mais chemin faisant, le crescendo, les accords martelés (« appassionato ») donnent au morceau du nerf et du caractère.

*Geneviève* est le titre d'une romance (en si majeur, *andante ed amabile*), sans numéro d'opus, composée en 1839 et publiée l'année suivante, en fac-similé, dans l'*Allgemeine musikalische Zeitung*. Geoffrey Bush la résume d'un joli mot : « Fleur séchée entre les feuillets d'un vieux livre. »

Le ***Rondo piacevole*** (op. 25) de 1842, publié la même année chez Kistner, est certes un peu long (en mi majeur, *moderato con grazia*) ; mais ces pages guéries de toute fièvre, délivrées de tout pathos, et où courent allègrement les triolets (à 9/8), ont le charme des *Impromptus* de Chopin, leur esprit. Cela part de rien ; et en chemin, voici des rencontres, des saillies, des tours d'adresse, de jolies volte-face harmoniques. Pour le pianiste, du brio en perspective ; mais la musique ne s'absente guère, même si elle ne creuse aucune émotion et se contente de ce babillage sans souci.

Une des meilleures, parmi les pièces isolées, est le ***Capriccio scherzando*** (op. 27) de 1845 (publié chez Williams). Le titre mélange, comme aimait à le faire Mendelssohn, la notion de « caprice » et celle de « scherzo ». Mais la première, ici, n'est pas de mise, et rien n'est mieux construit que ces pages (en mi mineur, *presto leggiero*), qui s'en tiennent à la bonne vieille forme sonate. La seconde est exacte, et aurait suffi. Scherzo, en vérité, qui aurait trouvé sa place dans une sonate complète, si Bennett en ces jours, faute de temps, n'avait favorisé la brièveté. – Aux détentes du premier thème, à ce ressort nerveux qu'entretient le remontoir de quatre croches ascendantes, s'oppose la paix souriante du second thème, aux harmonies chopiniennes, et sous lequel d'ailleurs viennent se pousser les mêmes quatre croches, dans un tout autre esprit. Beau développement modulant, plein de lueurs changeantes, et compté au plus juste, sans une mesure de trop.

L'op. 28 réunit une ***Introduction et Pastorale*** (publiée en 1846), un ***Rondino*** et un ***Capriccio*** (1849). Pièces tièdes, timides, médiocrement pensées. La moins banale est le *Capriccio* (en la mineur, *allegro scherzo*), dans son staccato maigrelet et son allure de marche un peu bouffonne, avec laquelle, par deux fois, contraste un épisode en arpèges liés.

Il y a encore moins à dire des ***Variations en mi majeur*** (op. 31), publiées en 1850 ; ou du *Rondeau* (op. 34) intitulé *Pas triste, pas gai* (en sol mineur) : labeurs ingrats, – on n'ose pas dire bâclés, chose rarissime chez Bennett, qui apportait ses soins à la moindre page. Mais la notion de « morceau pédagogique » n'est pas un critère, car avec le même dessein, le *Rondeau à la polonaise* (op. 37), publié vers 1855 (Kistner), est réussi. Il y a dans cette dizaine de pages alertes (en ut mineur, *allegro non troppo e con grazia*) la sorte d'allégresse pianistique qu'on trouve au premier Chopin, celui des rondos et des variations. Cette musique ne s'embarrasse pas de gravité, de pensers importants ; elle tire son effet de sa légèreté, de touche comme d'intention. La technique en est plaisante aux doigts, emportés dans l'essor des triolets. Comme dans tous les morceaux que Bennett écrit à cette époque, l'élève ou l'apprenti concertiste peut briller sans trop d'efforts. Et ce n'est pas pour autant l'ouvrage de n'importe quel barbon : les transitions, les éclairages harmoniques, l'euphonie ambiante, le soin du détail, sont d'un maître.

Semblablement, la *Toccata* (op. 38), composée en 1854, est une étude de vélocité (en ut mineur, *allegro leggiero*), très agréable, venant bien sous les doigts, de moyenne force (quand ce nom de toccata fait redouter des pages vétilleuses) ; le brio qu'on y atteint sans grand péril aurait dû lui valoir longtemps les faveurs des écoles de musique.

On peut encore citer, datant de 1863, un *Prélude en si bémol majeur*, court *andante*, presque uniquement composé d'accords brisés par la main droite, au-dessus d'une basse en valeurs longues. Les harmonies sont délicates, et même assez raffinées pour évoquer plus souvent Schumann que Mendelssohn. L'étrange est que cette pièce n'ait pas à proprement parler de thème ; oui, elle se présente comme un accompagnement de lied, – et l'on est réduit, en la déchiffrant (avec beaucoup de plaisir), à se chanter à soi-même, dans la tête, les notes d'une mélodie imaginaire...

## Alban BERG
(1885-1935) Autrichien

Le piano, dans l'étroit catalogue de Berg, n'occupe pas beaucoup de place. En dehors du *Concerto de chambre*, où il partage l'office de soliste avec le violon, on ne le rencontre que dans trois des douze opus du compositeur : la *Sonate op. 1*, les *Quatre Lieder op. 2* et les *Quatre Pièces pour clarinette et piano op. 5*. En faisant la part des sept *Frühe Lieder* publiés en 1928, et surtout des *juvenilia* inédits du vivant de Berg (une centaine de lieder, et plusieurs pièces pour piano), on obtient certes d'autres chiffres, mais on ne parle plus du même compositeur. Berg, au bout de ses années d'étude avec Schönberg, ne s'est guère intéressé au piano seul. On peut y voir la désaffection pour un instrument trop romantique, qui le ramenait trop sûrement à ses instincts ; ou considérer que le temps lui a réellement manqué : des trente années qu'il a vouées à écrire, Berg a consacré plus de la moitié à ses deux opéras, *Wozzeck* et *Lulu* ; ou encore admettre qu'il ait voulu, à chaque nouvelle partition, changer à la fois de moule et de matière.

Les pianistes se trouvent donc bornés à cette *Sonate* ; et ici commence un malentendu. Le nom de l'auteur, avec l'évocation obligée de la fameuse trinité qu'il forme avec Schönberg et Webern, en assourdit certains, au point qu'ils ne savent plus prendre ces pages pour ce qu'elles sont : un fruit tardif du romantisme allemand, un composé de Schumann, Brahms et Richard Strauss. Ces naïfs sont tout étonnés de pouvoir s'aventurer sans péril dans la cage aux fauves. On leur pardonnera plus volontiers qu'aux roublards qui, en la jouant, se targuent à peu de frais de consommer de la musique d'avant-garde.

## *Sonate* (op. 1)

COMP 1907-1908. PUB 1910 (Robert Lienau, Berlin ; puis Universal). CRÉ par Etta Werndorff (Vienne, 24 avril 1911 ; au même concert, le *Quatuor à cordes op. 3*).

On y touche à peine à Berg. Il a vingt-trois ans et termine ses études sous la férule de Schönberg. Le cordon ombilical est loin d'être rompu avec le langage tonal. L'œuvre, un seul mouvement en forme sonate (deux autres devaient suivre, mais le maître l'arrêta, jugeant qu'il avait « tout dit... »), est solidement ancrée dans la tradition la plus classique, et même académique : exposition (et avec reprise, s'il vous plaît), développement, récapitulation. Elle dure une dizaine de minutes, c'est du concentré d'inspiration, où l'analyse met en lumière un travail méticuleux sur un matériau réduit et fragmentaire, choisi pour servir à toutes les astuces de l'écriture, la verticale comme l'horizontale. Mais l'esprit en est éperdument romantique, les gestes emportés, les contrastes violents (voyez le quadruple forte du développement, suivi presque aussitôt d'un pianissimo) ; passion et véhémence, abandon et rêverie, l'interprète a de quoi faire ; d'ailleurs, dans ses innombrables et minutieuses indications, de tempo, de dynamique, Berg cherche à guider une exécution sensible, qui ne saurait être qu'un perpétuel rubato.

Qu'un demi-ton pèse lourd en musique, cette sonate n'en finit pas de le prouver. On jurerait que le début est en ut mineur (*mässig bewegt*, « modérément animé ») ; trois mesures plus loin, la phrase cadence en si mineur (le ton officiel de l'œuvre, celui qu'indiquent les deux dièses de l'armure), où l'entraîne perfidement le chromatisme. – Ces trois mesures initiales, on pourrait dire, en exagérant à peine, qu'elles résument l'œuvre. Elles en sont la signature tonale, même si le reste ne cesse de s'en échapper ; elles énoncent le premier thème, cette anacrouse de deux quartes ascendantes, puis ces notes répétées deux par deux, plaintivement ; elles font entendre, en voix intérieure, le rythme pointé du second thème ; elles révèlent d'emblée une écriture chromatique généralisée, qui procède aveuglément de Wagner ; elles ont le temps, en un si court espace, de joindre un *accelerando* et un *ritenuto*, tension et détente que le mouvement tout entier utilise constamment, et qui lui donnent son climat de fièvre.

Des motifs complémentaires, véritables cellules, naissent de ce début : par exemple l'arpège descendant de trois notes, à la fin de la mes. 3, condensé du premier thème, sans les notes répétées ; et le triolet ascendant de la mes. 11, qui reprend l'anacrouse de départ. Ils nourrissent le conflit, s'opposant, se superposant, – conférant à la plupart de ces pages leur côté pathétique et sombre. Il est vrai que le second thème (*langsamer*, « plus lent »), qui chante presque voluptueusement, à la Scriabine, avec son accord de neuvième initial et sa chute languide de quatre doubles croches, tâche d'allumer un fanal dans ce grisou. Quant au thème qui conclut l'exposition (*viel langsamer*, « beaucoup plus lent », *quasi adagio*), c'est une phrase extatique, vraiment belle et inspirée, qu'on est tout surpris de voir tirée du sextolet de la mes. 38 ; elle trouve son accomplissement à la toute fin : treize mesures d'une extrême douceur, d'une tristesse résignée, qui flottent dans une sorte de rêve éveillé, et cependant nous ramènent fermement, après cent tentatives atonales, au ton de si mineur.

ŒUVRES DE JEUNESSE. – On ne connaissait, des années d'apprentissage de Berg, que la *Sonate*, assez réussie pour mériter d'inaugurer le catalogue officiel du compositeur. Les éditions Universal ont publié, en 1985 et 1990, sous le titre de *Frühe Klaviermusik*, deux minces volumes de pièces pianistiques choisies, qui, bien que datant de la même époque, nous ramènent plusieurs décennies en arrière. Entreprises dans le cadre des études de composition avec Schönberg, ce sont plutôt des exercices que de véritables compositions.

Le morceau le plus ambitieux occupe à lui seul un des volumes : il s'agit des ***Variations sur un thème original***, en réalité déjà publiées en 1957, en fac-similé. Des nombreuses variations commencées par Berg, ce sont les seules à avoir été achevées. Elles n'essaient pas un seul instant de franchir le cadre scolaire où les cantonne un thème simplet (en ut majeur), aux harmonies amènes et complaisantes, sagement réparti en deux fois huit mesures. Les meilleures font songer à Brahms, parfois à Schumann. Il y a des doubles notes (var. 1, 4, 5, 8), de la birythmie (2, 7, 10), des canons (3, 6), et un grand finale tapageur (12). Elles sont très agréables à déchiffrer ; et à écouter, bien entendu. Il ne faut pourtant pas en abuser. Les jouer chez soi, passe encore ; leur donner la publicité du concert, c'est absurde. Le compositeur, qui les avait reniées, n'y est pas même l'ombre de lui-même.

On ne le trouvera pas davantage dans l'un quelconque des dix morceaux qui constituent l'autre volume. Mais certains n'en sont pas moins, dans leurs atours fin de siècle, de fort bons morceaux de musique. À retenir en particulier : le *Klavierstück en fa mineur*, pour ses équivoques rythmiques ; le *Klavierstück en si mineur* et le *Klavierstück en ut mineur*, passionnés comme du Brahms, le premier plutôt un intermezzo, le second un caprice ou un scherzo ; l'*Impromptu en mi*, surtout pour sa section centrale, si expressive ; et même la *Petite Valse en sol*, pour sa bonne humeur et ses accents viennois.

## Lennox BERKELEY
(1903-1989) Anglais

Ce cousin britannique de notre Poulenc a gardé, de son apprentissage en France, le goût de la clarté, de la mesure, de l'élégance. Il y a conforté sa propension à aimer la musique aimable, et à la vouloir telle qu'il l'aimait : entendez par cette écholalie qu'il appartient à l'espèce des musiciens que le plaisir musical ne fait pas rougir. On les accuse ordinairement de *légèreté* ; leur coupable faiblesse pour les chants qui chantent, les harmonies harmonieuses et les rythmes dansants leur ôte en effet tout crédit auprès des gens *graves*, c'est-à-dire pesants.

Berkeley n'améliore pas son cas en manifestant son sens de l'économie. Cet entêtement à préférer un quatuor à un orchestre symphonique, une voix à un double chœur, et l'écriture à deux parties aux échafaudages polyharmoniques, donne des armes à ses détracteurs. On parle de ses « limites », comme de bornes auxquelles il s'est heurté. On n'imagine pas un instant qu'il ait pu, sciemment, les établir à l'entour de son domaine, et s'y sentir heureux.

Un miniaturiste ; sa *Sonate* exceptée, que seuls les inconditionnels s'obstineront à tenir pour un chef-d'œuvre, il n'a gratifié le piano que de petites pièces, rassemblées en menus cahiers : préludes, études, mazurkas, impromptus (on voit qu'il n'avait pas le penchant d'Ireland, de Bax ou de Bridge pour les titres descriptifs). Le tout n'excède pas les quatre-vingt-dix minutes d'exécution. Le catalogue est court, les morceaux brefs ; ce peu d'espace lui suffit à s'exprimer. Il n'estime pas non plus nécessaire à sa pensée le fabuleux mais encombrant pianisme que les modernes ont hérité de Liszt : une bonne part de son œuvre est à la portée des amateurs.

Berkeley est le contraire d'un enfant prodige : il a passé les trente ans quand il écrit ses premiers morceaux publiés. A les écouter, on lui en donnerait vingt, l'âge des naïves insolences du Groupe des Six, des niaiseries moqueuses de l'École d'Arcueil. Mais qu'on les examine de près : sa maturité se trahit à sa maîtrise, au soin qu'il apporte à la moindre note, au moindre accord. En sorte que s'il ressemble à Poulenc pour le fond, pour la forme il se rapprocherait de Ravel. Âme heureuse, esprit lucide : nul ne se plaindrait de ce double parrainage.

***Three Pieces*** (op. 2)
COMP 1935. PUB 1937 (Augener). DÉD à Harriet Cohen, Alan Searle, Vere Pilkington.

Elles ont peu de chose en commun, sinon la précision du trait, et l'amour des assaisonnements acides et des rythmes francs. Les accords de l'*Étude* initiale *(allegro moderato)*, fonceurs et butés, évitent soigneusement de doubler ne serait-ce qu'une des notes de la basse ; si la droite arbore un la ♭, un fa ♮, la gauche affichera un la ♮, un fa ♯ ; moyennant quoi tout dissone, sans hargne, dans une parfaite bonne humeur, que souligne la conclusion impertinente en ut. – La *Berceuse* (en mi bémol majeur, *allegretto*), euphonique au point de frôler la banalité, se rattrape avec le rythme ; trouvant sans doute trop monotone le balancement des croches à 3/4, elle intercale au petit bonheur quelques mesures pernicieuses, à 7/8 ou à 9/8, qui la font boiter à plaisir. – Poulenc, déjà en filigrane dans cette *Berceuse*, est nettement visible dans le *Capriccio* final (en ut majeur, *allegro*), moins d'ailleurs par le style harmonique, plus rude chez Berkeley, que par l'esprit facétieux, les bonds, les ruptures, les échappées de chanson, les fins de phrase à l'emporte-pièce, l'atmosphère de foire, le brio instrumental.

***Five Short Pieces*** (op. 4)
COMP 1936. PUB 1937 (Chester). DÉD à N. José Raffali.

Dix pages faciles à déchiffrer et sans autre ambition que de divertir. La première pièce (en ré majeur, *andante*) ne compte que dix-sept mesures, à quatre voix ; promenade pastorale ; de jolis frottements, un rien de verdeur ; l'air matinal est frais, il pique les narines, mais on marche paisiblement au pas des croches, au gré de mètres changeants (7/8, 5/8, 6/8...).

Le début de la deuxième (en ut majeur, *allegro moderato*) évoque à s'y tromper le jeune Poulenc et sa *Suite en ut*. Ton de niaiserie charmante, esprit des sonatines bien lisses et quotidiennes ; on retourne à l'école : heureusement qu'elle est buissonnière, que çà et là un pied de nez prouve que l'on ne se prend pas au sérieux.

Hélas la troisième pièce (en sol majeur, *moderato*) fait une vilaine tache dans le recueil ; on avance entre variétés (le charme embeurré) et chostakovités (les modulations faussement ou vraiment maladroites) ; et cependant, ces fadeurs trouveront aussi leur public...

Quelle réussite, en revanche, que la quatrième (en mi majeur, *andante*) ! Minuscule barcarolle, à 6/8, le chant passant de la main gauche à la main droite, et l'accompagnement de doubles croches tremblotant de notes répétées, d'un effet délicat.

Après quoi, la cinquième pièce (en la mineur, *allegro*) vient placer sa petite conclusion hâtive, brouillonne, une bousculade de mètres variés, le boniment final du bateleur avant de quitter la scène.

## *Three Impromptus* (op. 7)
COMP 1935. PUB 1937 (Winthrop Rogers).

Ce petit cahier renferme au moins une perle, le premier impromptu (en sol mineur, *moderato*). On ne résistera pas à cette valse aguicheuse, aux harmonies tantôt suaves, tantôt savamment acidulées, et que Jean Wiéner n'aurait pas désavouées. Une valse ? Oui, parce que ce 3/4 élégiaque se subdivise en réalité, par la force de l'accompagnement, en deux fois 3/8, comme dans le mouvement lent du *Concerto en sol* de Ravel, auquel Berkeley a dû songer. (Mais on sera bien venu de baisser de quelques crans l'indication métronomique, noire à 112, trop rapide.)

Expédions le deuxième impromptu (en ut majeur, *andantino*), guère meilleur que la troisième des *Short Pieces*, dont il reprend le rythme dactylique, dans une vaine dépense de fausses notes. – Le troisième impromptu *(allegro)* est une petite toccata, ou si l'on préfère une « improvisation » à la Poulenc, qui laisse percer tout à coup, au milieu de son bruyant remue-ménage, quelques phrases lyriques, « *p* subito ». Disons-le en fa majeur, quoiqu'il ne passe que quelques instants, au début et à la fin, dans cette tonalité...

## *Four Concert Studies* (op. 14 n° 1)
COMP 1940. PUB 1940 (Schott). DÉD à David Ponsonby, Bep Geuer, Marc Chatellier, Claude Berkeley.

Brillantes, sans être redoutables, ni sacrifier la musique à l'exercice des doigts. La première (en si mineur, *presto*) a cette façon athlétique de s'élancer, muscles bandés et nerfs tendus, de la plupart des mouvements rapides de Berkeley ; presque un mouvement perpétuel : les quelques mesures où la double croche s'arrête servent à faire le plein d'énergie !

La deuxième (en mi majeur, *andante*) n'a d'étude que le nom ; on entend une paisible romance, sur le tremblement continu de l'accompagnement (rythme à 6/8), dans d'étranges harmonies douces-amères ; il s'en faut sans cesse d'un cheveu pour que règne la consonance : voyez la partie centrale, ces sixtes qui chantent en dépit de tous les frottements.

Dans la troisième *(allegro)*, harmoniste et métricien fourbissent leurs armes, jouent à la fois du bimodal et du birythmique. Bimodalité : au début, par exemple, la main gauche tire vers ut mineur, la droite aussitôt rectifie par ut majeur. Birythmie : malgré les accents notés, l'oreille perçoit parfois une gauche à 3/4, sous les joyeux tourniquets à 6/8 de la droite, qui d'ailleurs, çà et là, cède à sa compagne...

Le moteur de doubles notes de la quatrième étude (en fa majeur, *allegro*) rappelle celui de la *Toccata* de Schumann. C'est la plus consonante de la série, et preuve en est que l'auteur n'a pas négligé, cette fois, d'indiquer son armure. La reprise, au bout d'un intermède un peu plat, est irrésistible : la gauche convertit les fluets arpèges de croches du début en sonores gammes descendantes, et le crescendo chromatique final lâche Schumann pour Prokofiev !

## Sonate (op. 20)
COMP 1945. PUB 1947 (Chester). DÉD à Clifford Curzon.

Sonate, « puisqu'il faut l'appeler par son nom » : ils n'en meurent pas tous, mais tous les compositeurs en sont frappés, et Berkeley comme un autre. Que reste-t-il de ses qualités dans le *moderato* initial ? Tout juste le « signal » de départ sur l'arpège du ton (la majeur), et quelques souples figures mélodiques apparentées par le saut de sixte, qui surnagent tant bien que mal (bel épisode *tranquillo*, avec son battement d'accords alternés) dans le maelström du développement. Pages interminables ; on entend d'ici le compositeur au piano : patience, souffle-t-il à ses doigts, tricotez encore un peu, jusqu'à la reprise...

Le bref *presto* qui suit (en fa majeur) nous redonne le vrai Berkeley, au meilleur de sa forme ; c'est une vive et scintillante étude de vélocité, où la main droite brise des accords, avant de retrouver sa compagne pour tracer avec elle, à une allure folle, des vagues d'arpèges harmonieux.

L'*adagio* (en mi mineur) appartient au style spéculatif illustré par Prokofiev dans ces pièces étranges qu'il appelle *Choses en soi* ou *Pensées* : étonnante parenté d'inspiration et d'écriture. Le morceau paraîtra terne au premier déchiffrage ; au deuxième, telle phrase accroche, puis telle harmonie ; et si facile que cela soit à lire et à jouer, on se sent avancer dans une forêt profonde et mystérieuse...

Le dernier mouvement, un rondo, est le moins comestible des quatre ; il a l'air accommodé avec les restes des trois autres. La morne *Introduction*, annonciatrice du thème principal de l'*allegro* ; ce thème lui-même (en la majeur), un choral de tierces qui tente de chanter, talonné par une basse échappée à une fugue de Bach (ou au finale de l'*Appassionata* !) ; les remplissages d'accords brisés ; le retour du choral, vaguement pathétique dans ses accords battus : tout cela n'attise que l'ennui.

***Six Preludes*** (op. 23)
COMP 1945. PUB 1948 (Chester). DÉD à Val Drewry.

Le meilleur cahier pianistique de Berkeley, le plus représentatif de sa manière et de son tempérament. Il n'est pas sans faiblesses, mais ces défauts complètent le portrait du musicien, et pour ainsi dire le font priser davantage à ceux qui lui ont d'emblée accordé leur sympathie.

Trois pièces vives alternent avec trois lentes. Le premier prélude (en la bémol majeur, *allegro*) est une de ces choses parfaites où chaque détail est soigné ; mouvement perpétuel, comme les aime l'auteur, tissé de doubles croches à 6/8, en boucles fines, arpèges, gammes. Une main chante, l'autre bourdonne ; harmonies fraîches, avec des surprises enharmoniques (mes. 11, où la bémol passe à mi), des effleurements ravissants (début et fin caractéristiques, où majeur et mineur se superposent).

Mal joué, le deuxième (en la majeur, *andante*) semblera une banale romance, écrite au courant de la plume ; il y faut mettre du cœur, et de l'ingénuité ; ce ton s'apparente à celui que prend parfois Prokofiev (dans les *Visions fugitives*, par exemple : les mes. 9-12 ont l'air d'en être échappées). La reprise, rédigée sur trois portées, ajoute dans l'aigu un contrechant au thème principal que les mains se partagent dans le médium.

Le troisième (en fa majeur, *allegro moderato*) est encore un délicieux badinage de doubles croches, à tricoter maille après maille avec des mains agiles. Comme pour le troisième des *Impromptus*, on dirait une « improvisation » de Poulenc, qui charrierait quelques dissonances de plus (et les mes. 37-38 sont une signature, que le faussaire imite excellemment !).

Une valse, le quatrième (en mi majeur, *allegretto*), et commencée simplement, dans des tons presque trop suaves ; mais la voilà, mine de rien, qui tourne à l'ironie...

Le cinquième prélude est, avec le premier, l'autre joyau du recueil (en si bémol majeur, *allegro*). Le rythme à 7/8, bondissant, coquin, y est pour beaucoup, et surtout le titillant décalage entre la droite, scandée 3+3+1, et la gauche, 1+2+2+2. Musique de plein air, de bonne et saine humeur.

Tel quel, le recueil se terminait fort bien. L'épilogue que constitue le sixième prélude (en la bémol majeur, *andante*) risque de sembler fadement sentimental ; et ce balancement à 6/8 d'autant plus soporifique que les modulations, qui se veulent gracieuses et naturelles, sont contournées. Mais ne jurez de rien avant d'avoir entendu quelque pianiste inspiré : qu'une pensée amicale se glisse en ces pages, elles en sont toutes transformées.

***Three Mazurkas*** (op. 32 n° 1)
COMP 1949. PUB 1951 (Chester).

Elles marquent le centenaire de la mort de Chopin, célébré à travers le monde par de nombreux témoignages et *tombeaux* musicaux. Ce n'est pourtant pas un pastiche, mais, comme dans les belles *Mazurkas* de Tansman, une façon personnelle de renouer avec le climat chopinien, par le biais de ce rythme immuable et presque fatal. La première mazurka (en ré bémol majeur, *allegro*) a quelque chose d'irrémédiablement sombre dans son petit thème obstiné que fait gémir la quarte lydienne (sol ♮), entre autres notes modales ; l'harmonisation en est particulièrement relevée, par un savant dosage d'épices, et il faut plusieurs auditions avant d'en goûter toute la saveur. – Les deux autres sont plus faibles, de style plus composite ; on aimera cependant, dans la troisième, l'épisode central, qui piétine âprement sur une basse en bourdon.

***Scherzo*** (op. 32 n° 2)
COMP 1949. PUB 1950 (Chester). DÉD à Colin Horsley.

Dans ces pages délectables (en ré majeur, *vivace*), après Chopin, n'est-ce pas à Scarlatti que Berkeley tire sa révérence ? Ces tombées d'arpèges, ces crépitements de notes répétées, ces petits motifs repris avec la modulation, ces sauts de bravoure, ces virevoltes, nous entraînent du côté du génial Napolitain, qui savait mieux que nul autre mesurer le juste poids d'une note, la juste durée d'un morceau.

***Concert Study in E flat*** (op. 48 n° 2)
COMP 1955. PUB 1956 (Chester). DÉD à Colin Horsley.

Une nouvelle mouture, plus sobre et moins virtuose, du *presto* de la *Sonate* : revoici les vifs et miroitants accords brisés de la main droite, que la gauche souligne d'un staccato à la fois nerveux et discret (en mi bémol majeur, *allegro vivace*). Un épisode *meno vivo* procure une brève détente, avant la reprise et le brillant crescendo final.

***Improvisation on a theme by Manuel de Falla*** (op. 55 n° 2)
COMP 1960. PUB 1960 (Chester). DÉD à Douglas Gibson.

Les éditions Chester avaient demandé à quelques-uns de leurs auteurs, pour l'album du centenaire de la maison, d'écrire une pièce sur un thème de *L'Amour sorcier* de Manuel de Falla : ainsi Poulenc s'acquitta-t-il d'une *Troisième Novelette*. Berkeley livre ici une de ses pièces les plus poétiques, trois pages à peine, où un *andante* à 7/8, faussement calme, encadre un petit épisode animé, fantasque, improvisé comme une cadence. On commence en mi mineur, mais la fin, qui se referme comme une énigme, semble cadencer en sol majeur, avec le ré grave, dominante, au fond du piano.

## Four Piano Studies (op. 82)
COMP février-mars 1972. PUB 1976 (Chester). DÉD à Anthony Chaplin.

Ces morceaux de couleur sombre, de caractère romantique, écrits par un Berkeley septuagénaire, déconcerteront ceux qui ne connaissent de lui que les *Short Pieces* ou que les *Préludes* de ses insouciants trente et quarante ans.

La première étude *(allegro moderato)*, c'est encore, dans ce rythme à 6/8 qu'il affectionne, un vif courant de doubles croches à la main droite, tourbillons, remous chromatiques, avec des lueurs d'harmonie scriabinienne.

La deuxième (en fa dièse mineur, *allegro*) est une étude de doubles notes, dans des mètres changeants, où le 5/8 prédomine. Ce boitement, joint au chromatisme, à l'insistance des figures, accentue l'inquiétude, presque l'angoisse de la pièce, laquelle, au bout de plusieurs crescendos, finit dans un souffle au fond du clavier.

La troisième *(lento)* tourne à l'interrogation, à la méditation, avec des sursauts pathétiques. Étude, si l'on veut, de legato, dans une écriture d'accords ; mais d'abord étude d'expressivité.

Il faut attendre la quatrième *(presto leggiero)* pour retrouver un semblant d'allégresse, et pour échapper un peu au chromatisme. On reste pourtant sur sa faim ; ces doubles croches tournoient à vide, le cœur n'y est pas plus que l'esprit... (Et l'oreille ? Le si ♭ de l'armure et l'accord final indiquent le ton de fa majeur ; mais on entend plutôt ré mineur, – et mieux encore, dans les mesures initiales, un mode de la phrygien, à seconde mineure.)

## Mazurka (op. 101b)
PUB 1983 (Chester).

Tout juste deux pages, en sol majeur. Et l'on a plutôt l'impression de germes, de bribes d'où pouvaient sortir plusieurs mazurkas, toutes différentes : le thème piétinant du début et de la fin, sur pédale de tonique ; la phrase suivante, plus sinueuse, avec son triolet sur le deuxième temps ; le minuscule « cantabile » amorcé en la bémol. Telle quelle, avortée, maladroite, la pièce a quelque chose d'étrange et d'émouvant.

## Lord BERNERS
(1883-1950) Anglais

« Un *amateur*, au meilleur sens du terme, au sens littéral », disait de lui Stravinski, qui le trouvait « drôle et délicieux ». Cet autodidacte excentrique, de son vrai nom Gerald Tyrwhitt avant d'avoir hérité le titre de baronet de son oncle, *aima* aussi la peinture et la littérature, exposa des toiles, publia des romans, rédigea deux volumes d'autobiographie ; il fut un temps diplomate ; mais c'est à la musique qu'il était le plus fier d'appartenir. Le meilleur de sa production musicale est antérieur aux années vingt. Petit bagage, solitaire, mais caractéristique : quelques morceaux de piano, quelques pièces d'orchestre, des mélodies. Leur commun dénominateur est l'ironie, dans toutes ses nuances, depuis le persiflage, variété badine, jusqu'au sarcasme, variété méchante. Elle s'exerce au-dedans comme au-dehors. Berners promène sur le monde un regard sans tendresse, épingle les ridicules, raille les tics, – mais en même temps pourfend le pathos et l'appassionato, brise les grands élans mélodiques, vitriolise les belles harmonies. Comme ces Indiens qui enduisent leurs flèches de curare, son arme est le staccato pointu, recouvert de dissonance ; car il emploie un style d'avantgarde, et l'on n'écrit rien de plus avancé à cette époque en Angleterre : ses assauts iconoclastes valent ceux de Stravinski, de Casella, de Prokofiev. Leur apparence d'incongru et d'arbitraire sert à merveille ses desseins.

Ceux qui veulent mieux le connaître devront, à côté des *Marches funèbres* et des *Fragments psychologiques* pour piano, lire ses *Trois Pièces pour orchestre*, où il se moque du faux exotisme musical de son temps, ses *Valses bourgeoises* à quatre mains, où les Strauss (toute la tribu) en prennent pour leur grade, son *Lieder-Album*, où l'on découvre que le Heine du fameux *Du bist wie eine Blume* ne s'adressait pas à une jeune fille en fleurs mais à un petit cochon blanc ! Plus tard, Berners est attiré par le théâtre, le ballet, le cinéma. Sa veine demeure parodique, mais son écriture se fait infiniment plus clémente ; c'est presque de la musique légère. Un vin pétillant, parfois un simple sirop de bonne maison, remplacent les breuvages acides, mais originaux, qu'il infligeait dans sa jeunesse.

### *Le Poisson d'or*
COMP 1915. PUB 1919 (Chester). DÉD à Stravinski.

Publication à la fois poétique, musicale et picturale, puisqu'un poème (en français) de Lord Berners lui-même précède la musique, et que l'ensemble est illustré par Natalia Gontcharova, connue à l'époque pour avoir exécuté les décors du *Coq d'or* de Rimski-Korsakov (elle fera plus tard ceux de *Renard* et des *Noces* de Stravinski). Le poème évoque un poisson dans son bol, qui rêve d'une compagne « belle et brillante comme une pièce de vingt francs » ; on lui jette une miette de pain ; il l'avale sans joie « et continue à tournoyer, morne et solitaire, dans son bol de cristal ».

Sur ce mince argument, le compositeur a écrit des pages personnelles et curieuses, aux sonorités captivantes, en égrènements d'accords cristallins dans le registre aigu *(lento melanconico)*. Cette musique presque immobile, presque sans cesse limitée aux nuances douces, – sauf au moment où la miette de pain trouble l'eau du bocal et suscite brusquement un remous de figures rapides *(allegro)* qui finissent en scintillant glissando, – est d'une inexorable tristesse.

### *Trois Petites Marches funèbres*
COMP 1916. PUB 1917 (Chester). DÉD à Mme Khvoschinski (femme d'un diplomate russe à Rome). CRÉ par Alfredo Casella (30 mars 1917, Rome).

Elles ont suffi à l'époque à la renommée, bonne ou mauvaise selon les gens, de Lord Berners, et l'ont classé définitivement parmi les humoristes de la musique. Peut-être leurs titres ont-ils été plus décisifs que les notes elles-mêmes. Une marche funèbre « pour une tante à héritage », cela ne passe guère inaperçu, surtout quand la surmonte cette indication sans équivoque : *allegro giocoso* ! Mais on ne saurait préjuger de l'impression que ces pièces feraient à quiconque ignorerait leur programme.

Ainsi la première marche, *Pour un homme d'État*, pourrait-elle passer pour un morceau sérieux, comme celle qu'Honegger écrivit pour *Les Mariés de la tour Eiffel,* et dont personne ne s'aperçut qu'elle empruntait pour basse, goguenardement, la valse du *Faust* de Gounod ! Ces appels de cuivres criards *(très lent et pompeux)*, sur le « motif du destin » de la *Cinquième Symphonie*, ces roulements de timbales, ces gémissants glissandos de trombones, ce rythme pesant, étranglé de points d'orgue, ces crescendos emphatiques, ces fortissimos retentissants donnent le change. Il n'est pas jusqu'aux fausses notes, aux harmonies discordantes, qui ne semblent participer à la douleur générale ; et toute la fin, stridente et sinistre, redondante, calée dans le ton lugubre de mi bémol mineur, a des couleurs expressionnistes, à la Hindemith, à la Chostakovitch. Tout cela dans le cas d'une audition aveugle. Au concert, il y aurait le spectacle du pianiste : les attaques prescrites, accents et staccatos, les brusques oppositions de nuances et de registres, doivent lui tirer des gestes éloquents ; et l'on sentira (voilà bien l'intention de l'auteur) que le sublime et le grotesque ne sont séparés que d'une fragile barrière...

Ni l'un ni l'autre, en revanche, ne concernent la deuxième pièce, *Pour un canari*. D'innombrables poètes, depuis Catulle et son moineau, ont pleuré la mort d'animaux familiers, les leurs, ceux de leurs maîtresses ou de leurs protecteurs ; qu'ils y missent ou non de la sincérité, ils n'y mettaient pas d'ironie. De même qu'on se tromperait en attachant foi aux sanglots de la précédente, qui ne sont que des borborygmes moqueurs, on serait mal avisé de sourire à cette élégie, simple et touchante, où mi bémol mineur à nouveau mène le deuil *(très lent)*, où le chromatisme pleure en silence, où la main gauche croise la droite pour lancer dans l'aigu un petit cri obstiné sur deux notes, en souvenir de l'oiseau défunt. (La seule drôlerie, et seulement dans l'autographe, c'est le calembour du sous-titre, *Kanarinskaia* !)

Du moins s'accordera-t-on sans mal sur la troisième pièce, la fameuse *Pour une tante à héritage*, qui n'a de « marche funèbre » que le nom, et n'est qu'une féroce bouffonnerie, un scherzo acide et méchant *(allegro giocoso)*, martelé de dessins en dents de scie, d'accords incisifs, horriblement dissonants. Le sarcasme va crescendo, se termine en fou rire inextinguible, en hoquets convulsifs, triple et quadruple forte ! On rit aussi, bien entendu ; il faut quelque recul pour examiner la nature de cette macabre gaieté collective ; l'humoriste philosophe nous tend un miroir, où se reflète notre propre cruauté.

### *Fragments psychologiques*
COMP 1916. PUB 1918 (Chester).

Dans ces trois pièces, le trait devient plus acéré, plus impitoyable. Ainsi, pour nous décrire *La Haine*, Berners a plongé sa plume dans le vitriol. En trois pages accablantes de vérité, voici condensées toutes les variétés d'un des plus forts sentiments de l'homme, où il consume bonne part de son énergie. Écoutez le ressentiment qu'exprime ce début *(sombre et menaçant)*, qui écrase un accord de quinte diminuée sur un accord d'ut mineur et enchaîne des accords parfaits mineurs ; puis la rancune de ces gémissants accords de quartes chromatiques (mes. 4) ; l'exécration que traduisent ces agrégats stridents arrachés au clavier (mes. 9-10) ; le repli dans l'ombre, dans le fond du clavier, avec une longue pause, car il faut bien que la haine se recharge en s'accordant un répit (mes. 13-14). Il y a encore les cris, les coups martelés, l'hypocrite douceur d'une chute de tierces, le ricanement grinçant d'un glissando ; ô la charmante panoplie...

Le tableau suivant devrait être moins sombre, assurément, puisqu'il concerne *Le Rire*. N'oublions pas toutefois qu'il est des rires de toutes sortes : il suffit de songer à celui qui se donne libre cours dans la marche funèbre de la « tante à héritage » ! On n'assurera pas qu'il n'y en ait ici parfois l'équivalent, particulièrement au début *(allegro molto)*, où sévit le même « martellato » chromatique : ce rire n'est pas d'une bonne âme, il perce la page, les oreilles et le cœur. Mais plus loin on y va à gorge déployée, en toute franchise et sympathie ; dans ces notes répétées hilares s'exprime, qui sait, un joyeux luron, un innocent, voire un benêt ; dans ces intervalles brisés, glousse une vieille dame, la main sur la bouche, en catimini.

La troisième pièce, intitulée *Un soupir*, est peut-être la plus réussie des trois. Ce n'est pas seulement le chromatisme, dont l'emploi à cette fin remonte aux baroques, qui rend aussi expressives ces deux pages *(andante)*, c'est aussi le rythme de la proposition initiale (5/8+2/4), ses silences, ses nuances étouffées, cette façon qu'elle a de pousser lentement les deux mains l'une vers l'autre. Tout le morceau est ainsi empli d'une profonde et tangible lassitude.

PIÈCES POSTHUMES. – Un volume publié en 1982 chez Chester, par les soins de Peter Dickinson, révèle, en plus des morceaux commentés plus haut, un certain nombre de pièces inédites. La plus intéressante, ***Dispute entre le papillon et le crapaud***, date de 1915 environ, et continue la manière du *Poisson d'or*. En deux pages agressivement dissonantes, qui auraient ravi le Prokofiev des *Sarcasmes*, voilà une petite histoire en musique (avec des commentaires entre les portées) : au staccato voletant du papillon, à ses tournoiements de plus en plus hystériques, s'opposent le lourd sautillement du crapaud et son coassement obstiné.

Les autres pièces, composées dans cette période finale où Berners se consacre au ballet et au film, sont d'une encre différente ; dans ce style pour consommation courante, on aura du mal à reconnaître la griffe du compositeur. Si la ***Polka*** (en ré majeur) extraite du film *Champagne Charlie* (1941) a quelque saveur, assaisonnée qu'elle est à la Chostakovitch, on n'en trouvera guère à la ***Valse*** (en fa dièse mineur) du film *The Halfway House*, sorte de « chopinata » à l'eau de rose (1943), non plus qu'à la ***Marche*** (en si mineur) écrite vers 1945, de destination inconnue. De 1945 également, deux pages intitulées ***The Expulsion from Paradise***, dédiées à une Lady Penelope Betjeman, et destinées à accompagner un spectacle de Noël dont elle était l'organisatrice ; il n'y a rien d'autre à en dire.

# Georges BIZET
(1838-1875) Français

Le mélomane ordinaire serait bien en peine de vous citer, ex abrupto, le titre d'une œuvre pour piano de Bizet. Si d'aventure il connaît les *Jeux d'enfants*, du reste écrits pour quatre mains, c'est dans leur version orchestrée, où le compositeur n'a retenu que cinq des douze morceaux originaux. Mais pour une fois, le mélomane ordinaire n'est pas à blâmer. Bizet a confié fort peu de pages au piano ; et naguère encore la majorité de cette production était introuvable : manuscrits inédits, pièces égarées en des revues éphémères, le reste noyé dans l'oubli, hormis les *Variations chromatiques*, auxquelles quelques pianistes téméraires avaient tâché de redonner du lustre, et une nouvelle chance...

Imaginons pourtant le contraire, et que tout le piano de Bizet s'affiche depuis toujours aux devantures. Le moins qu'on en puisse dire, c'est que cette poignée de morceaux n'ajoute rien à la gloire du compositeur. Ils appartiennent presque tous à la veine la plus facile, au genre le plus complaisant, nocturnes, romances, valses, et autres bibelots de salon. L'instrument n'y gagne pas davantage. À défaut de pensées profondes, on pouvait espérer un vrai feu d'artifice, car Bizet fut un remarquable pianiste. « Son exécution, écrit Marmontel, toujours ferme et brillante, avait acquis une sonorité ample, une variété de timbres et de nuances qui donnait à son jeu un charme inimitable. » Il aurait pu faire carrière au concert, mais outre qu'il détestait le métier de virtuose, il renâclait à passer pour un pianiste compositeur, que le milieu du théâtre eût regardé avec condescendance. Il ne jouait pratiquement que dans des salons amis. N'empêche, son écriture de piano est souvent gauche quand il la veut compliquée ; et quand il la veut simple, elle est plate ; qu'il fasse du Liszt ou du Mendelssohn, c'est au petit pied.

Il a des excuses, puisqu'il s'agit surtout d'œuvres de jeunesse. Sur vingt-sept pièces recensées (en comptant les *Esquisses musicales* primitivement destinées à l'harmonium), dix-sept ont été composées entre treize et vingt ans, c'est-à-dire approximativement de son Premier Prix de piano à son Prix de Rome ; et de ce nombre, seules les six dernières ont connu la publication, d'ailleurs de façon plutôt confidentielle. Bizet éprouvait si peu d'intérêt pour le piano qu'il laissa passer sept ans avant d'y revenir, en 1865, avec la *Chasse fantastique* (tendance Liszt) et les *Chants du Rhin* (tendance Mendelssohn et Schumann). On peut laisser celle-là à sa poussière, mais ceux-ci, injustement calomniés, valent un moment d'arrêt ; s'il est une œuvre où Bizet se soit montré « allemand de conviction, de cœur et d'âme » (pour reprendre les termes d'une lettre à son élève Paul Lacombe), c'est bien ce recueil de « lieder sans paroles ». Enfin les trois dernières pièces datent de 1868 ; il a trente ans ; il lui reste sept ans à vivre, où il ne donnera plus rien au piano seul (les *Jeux d'enfants* sont de 1871). Le *Nocturne en ré*, son meilleur morceau, aurait pu marquer le départ d'un style pianistique personnel, fluide et subtil, annonciateur de Fauré. Le sort en a décidé autrement.

## Compositions diverses
COMP 1851-1852. PUB 1984 (Mario Bois).

Ce titre (du manuscrit autographe) recouvre les neuf plus anciens morceaux de piano que l'on ait conservés de Bizet. Ce sont d'abord *Quatre Préludes*, minces brimborions, qui se succèdent dans l'ordre des quintes cher à Chopin (ut majeur, la mineur, sol majeur, mi mineur) et laissent imaginer l'ambition (prématurée !) d'un cycle complet. Puis vient une *Valse* (en ut majeur), simplette et gentillette, semblable à cent mille aujourd'hui tout aussi oubliées ; et un *Thème* (en ut majeur également), emphatique, boursouflé d'octaves, taraudé de trémulantes notes répétées : on songe avec effroi aux variations qu'il aurait pu engendrer ! Les deux *Caprices originaux* (l'un en ut dièse mineur, l'autre en ut majeur) ont des oripeaux tziganes, à la Liszt, et quelque joyeuse verdeur (la « clochette » et le bourdon du second !). Enfin une *Romance sans paroles* (en ut majeur), toujours inspirée de Liszt, mais de celui des *Rêves d'amour*, aligne bravement les poncifs du genre : mélodie pantelante baignée d'arpèges, giboulées de petites notes, et l'inévitable intermède au relatif mineur, mâle et sombre, avec accords battus et crescendos obligés. Rien, dans ces amusements d'un adolescent de treize ans, qui puisse éveiller l'intérêt.

## Grande Valse de concert – Nocturne en fa
COMP septembre 1854. PUB 1984 (Mario Bois).

Deux autres *juvenilia*, demeurés aussi longtemps inédits, mais plus prometteurs que les précédents. On comprend que Bizet ait fait à la *Valse* les honneurs d'un « opus 1 » (d'abord attribué à la *Valse* de 1851). Froufroutante et papillonnante de traits virtuoses, dans la tradition des « valses brillantes » de Weber et de Chopin, elle alterne un refrain bondissant (en mi bémol majeur, *allegro*) avec deux couplets contrastés, l'un plus rêveur (en si bémol majeur), mais égayé d'un joli trémolo quand il passe en ré majeur, l'autre plus sentimental (en la bémol majeur, *con grande espressione*). Le dernier retour du refrain, sur une longue pédale de dominante, fait de l'effet sous des doigts dégourdis.

On sent paradoxalement plus de frivolité dans le *Nocturne en fa* (qui dérobe leur « opus 2 » aux *Préludes* de 1851) ; ou peut-être, dans ce genre qui a produit des merveilles, absout-on moins les clichés ? Ces pages en sont cousues, depuis le thème principal, qui se balance dans son hamac d'arpèges, palpite d'aise, trille coquettement, passe au médium sous une guirlande brodée à la hâte, – jusqu'au *minore* tout frémissant d'accords battus : en somme, avec plus d'oreille et d'adresse, la forme sans surprise de la *Romance* de 1851.

### Trois Pièces du « Magasin des familles »
PUB 1853 (n° 1) et 1856 (n°ˢ 2 et 3) dans le *Magasin des familles* ; réédition 1984 (Mario Bois).

Le père de Bizet, qui fournissait ce mensuel en romances, y fit entrer son fils : une première fois pour une *Méditation religieuse*, une seconde pour une *Romance sans paroles* et une polka-mazurka intitulée *Casilda*. Ces morceaux à la suavité agaçante, au pianisme borné, à la palette limitée à un prudent ut majeur, méritaient leur abandon, et leur récente exhumation ne s'imposait pas. Bizet, si jeune soit-il, a l'air d'y servir de prête-nom. La *Méditation* ronronne à vide, banale et confite en dévotion de patronage. La *Romance*, en dehors de quelques enchaînements qui ont dû surprendre les... familles, enfile les perles les plus communes. Dans les trois temps menés tambour battant de *Casilda*, un amateur donnera l'illusion d'avoir des doigts. (« Casilda » ! On retrouvera, jusque chez Granados et Albéniz, cette manie de baptiser de prénoms féminins les mazurkas, valses, galops et autres cotillons...)

### Trois Esquisses musicales
PUB 1858.

Il y a un peu plus de musique dans ces pièces, qui s'adressent indifféremment au piano ou à l'harmonium, et dont la composition dut précéder de peu le départ du jeune Prix de Rome pour la villa Médicis. Le futur auteur des *Adieux de l'hôtesse arabe*, de *Djamileh* et de *Carmen* y taquine déjà l'exotisme, non sans une pointe de salubre humour. La *Ronde turque* (en la mineur) est cocasse, avec ce thème présenté à nu dans le grave, ce staccato, cette allure de petite marche narquoise, et dans la section majeure cet ostinato de trois notes à l'accompagnement et ces longues pédales harmoniques. Le meilleur de la *Sérénade* (en ré bémol majeur, *andantino*) est son intermède guitaristique (en la majeur, *allegro vivo*), dont le rythme persiste à la reprise, sautillant drôlement sous le thème initial. Espagnolade un peu plus appliquée, le *Caprice* (en la mineur, *allegretto*) est colorié comme une carte postale : on ne peut que sourire de cette gauche qui « grattouille » ou « chatouille », de cet épisode au rythme de pas redoublé et aux cadences ronflantes, de ces petits motifs d'opéra-comique.

### Chasse fantastique
COMP 1865. PUB 1866 (Heugel). DÉD à Marmontel.

Ce morceau (en mi bémol majeur), par lequel Bizet revient au piano au bout de sept ans consacrés à l'opéra *(Don Procopio, La Guzla de l'émir, Les Pêcheurs de perles, Ivan IV)*, contient assez de trémolos, de trilles, de roulements de gammes dans l'aigu, pour faire de l'effet au concert ; mais qu'il est creux, n'en déplaise à son dédicataire, lequel y trouvait « les accents chevaleresques et diaboliques des vieilles légendes » ! Vraiment ? Après Liszt, et son *Mazeppa*, et sa *Méphisto-Valse* ? On n'y entend, en réalité, que tous les trucs du genre de la « chasse » : les appels de trompes et de cors, les phénomènes d'écho, le rythme galopant à 6/8. Quelques idées, comme ces arpèges de septième diminuée qui grommellent à la main gauche sous les gammes de la droite (six-contre-huit), ne rachètent pas une harmonie quelconque et des thèmes sans génie. Ce pianisme, du Liszt au rabais, sent la transcription d'orchestre : on en a parfois conclu que cette *Chasse* provient d'une ouverture aujourd'hui perdue, *La Chasse d'Ossian*, un des « envois de Rome » du compositeur.

## Chants du Rhin

COMP 1865. PUB 1866 (Heugel). DÉD à Marmontel, Planté, Le Couppey, Délioux, de Bériot et Saint-Saëns.

Le temps a englouti, et nous n'y perdons guère, le nom de Joseph Méry, poétaillon dont les stances ont inspiré ces six morceaux à Bizet. Mais il faudrait redonner ses chances à la musique elle-même, attachante et romantique jusqu'à la moelle, germanique assurément, et qui doit beaucoup à Mendelssohn, à Schumann, voire à Schubert.

Trop long, trop étendu, le morceau initial, *L'Aurore* (en ut majeur, *andantino espressivo*) : Schumann, qu'il imite de près, en eût sacrifié la moitié. Ce bercement d'arpèges à 3/8, divisé entre les mains sous un chant ingénu, est monotone au bout de deux pages : et il y en a sept, de la même encre, que l'harmonie n'arrive pas à renouveler.

Soprano et ténor chantent à l'unisson dans *Le Départ* (en mi majeur, *andantino quasi allegretto*), séparés par un remous de triolets confiés à la droite ; une pimpante ritournelle vient ponctuer, çà et là, ce voyage à deux. On entend les coups d'aviron, le clapotis de l'eau ; la « barque oisive » du poème de Méry prend peu à peu de l'allure : les trois dernières pages forment un vaste crescendo, aboutissant au fortissimo final, « risoluto e brillante ».

La troisième pièce, *Les Rêves* (en ré bémol majeur, *andante ma non troppo*), la plus belle du cahier, promène d'un registre à l'autre un court motif élégiaque, accompagné d'accords battus, où des voix chantantes apparaissent à leur tour en contrepoint. Par deux fois, le crescendo projette soudain le ton de mi double-bémol (synonyme de ré : et de fait, le passage revêt toute la clarté des dièses, après la lueur laiteuse des bémols). Belle coda, où la ligne chromatique du soprano descend lentement, comme à la rencontre de la tonique.

*La Bohémienne* qui suit (en la mineur, *allegro deciso*), et qui « sur le rauque tambour fait tinter les grelots », comme l'écrit cacophoniquement Méry, ne peut manquer d'aguicher, avec le déhanchement de son rythme (on entend déjà la séguedille de *Carmen*), son motif de tierces accentuées, ses fins de phrase caressantes, ses multiples modulations, – qui pourtant firent tiquer l'éditeur ! Pièce instrumentale, et démentant le titre : on ne la *chanterait* guère... Sauf au moment de la poétique coda *(moins vite)*, où s'égrènent une à une, au ténor, les notes de plus en plus ferventes d'une ample mélodie, suspendue entre les tierces initiales et les notes raréfiées de la basse.

La cinquième pièce, *Les Confidences* (en mi majeur, *andante molto*), à mi-chemin entre Mendelssohn et Chopin, se laisse déchiffrer sans ennui. La main droite marque à la fois le chant et l'accompagnement de sextolets, la gauche se contentant de poser les quatre temps du rythme ; de toutes, c'est la pièce la plus proche du lied, et Bizet y fait preuve, sinon d'originalité, du moins de subtilité harmonique.

En compagnie de Mendelssohn (celui, par exemple, de la *Romance en ut mineur*, op. 38 n° 2), on retrouve Schumann dans *Le Retour* (en ré bémol majeur, *allegro vivace*) : dialogue entre soprano et ténor, contretemps haletants de l'accompagnement. Ce morceau jeune et enthousiaste, il faut y mettre un brin de candeur. Les doubles croches que la gauche invente pour accompagner la reprise sont un peu creuses, mais le reste sonne juste, et bien.

## Marine
COMP 1868. PUB 1868 (Choudens). DÉD à la comtesse d'Alton Shée.

Les trois compositions de 1868, derniers essais de Bizet dans le domaine du piano, vont du pire au meilleur. Le pire, c'est cette *Marine* (en la mineur, *allegretto molto moderato*), que le manuscrit annonce comme « chanson de matelot, souvenir d'Ischia », et qui déclame un bien pauvre thème à la main gauche, sous les vaguelettes de doubles notes de la droite. Les choses ne s'arrangent guère en passant du mineur au majeur, et ce pathos nous ramène droit au *Thème* des compositions d'adolescence, qui du moins avait la naïveté pour excuse. La coda s'évertue à quelques recherches harmoniques, mais le reste n'est même pas digne du salon.

## Variations chromatiques
COMP 1868. PUB 1868 (Choudens). DÉD à Stephen Heller.

Aucun rapport entre *Marine*, cette « quelconquerie » (comme aurait dit Apollinaire !), et ces *Variations* qu'on tient pour le chef-d'œuvre pianistique de Bizet. Elles ont la particularité d'être édifiées sur une simple gamme chromatique sur pédale de do, tour à tour ascendante et descendante (un des procédés les plus caractéristiques du compositeur). Loin d'être *varié*, ce motif se retrouve au long des quatorze variations, immuable, tantôt à la basse, tantôt à l'aigu ; mais sa simplicité même ouvre le champ à des harmonies singulières, à de prophétiques étrangetés ; elles atténuent cet aspect de pensum monumental, que l'œuvre prend au bout de dix minutes (exactement comme son modèle beethovénien, les assommantes *Variations en ut mineur*).

Sept variations dans le mode mineur, sept dans le mode majeur, la coda finissant en mineur. Les meilleures : la 5ᵉ, dont les trémolos cristallins sonnent comme ceux des *Catacombes* des *Tableaux* de Moussorgski ; la 7ᵉ, paroxysme de la partition, avec son crescendo de *ppp* à *fff*, son double trémolo et sa double pédale aux deux mains, responsables des « âpres dissonances » qui effrayèrent Marmontel ; la poétique 12ᵉ, unisson d'arpèges irisés, en harmonies chromatiques. La coda, souvent critiquée, est en effet un peu puérile, et s'étire en longueur : en y arrivant, on se dit qu'on a entendu trop de trémolos, et que ce chromatisme de principe est passablement ennuyeux. – Œuvre originale, en somme, et significative, mais sans grand avenir ; l'auditeur y bâille ; le pianiste, mis à la torture par certains passages d'extensions méchantes, n'y brille que modérément... et obscurément !

(Signalons, sans y souscrire, l'hypothèse séduisante de Pietro Rattalino, qui voit dans ces *Variations*, où semblent défiler à tour de rôle, par le biais de leur pianisme, les ombres de Weber, Schubert, Schumann, Chopin ou Liszt, « un effort d'abstraction et de citation des moments les plus typiques de l'histoire récente du genre ».)

## *Nocturne en ré*

COMP 1868. PUB 1868 (Choudens). DÉD à Marianne Paultre.

Bizet le nomma « Premier Nocturne », détrônant du même coup le *Nocturne en fa* de 1854, et laissant entrevoir son désir d'en écrire d'autres. Aussi libre que les *Variations* étaient formelles, c'est une pièce inspirée, aux harmonies ravissantes, parfois tout à fait surprenantes, annonciatrices de Fauré. Sur un paisible balancement d'arpèges divisés entre les mains, flottent quelques notes incertaines et tremblantes *(andante espressivo)* ; longue et mystérieuse hésitation tonale : la tonique n'est atteinte qu'à la mes. 23, et on ne la retrouvera qu'à la toute fin. Des prestiges hérités de Liszt, traits dans l'aigu, trilles simples et doubles, déferlement brillant de gammes en tierces ; mais on notera l'écriture raréfiée, les modulations rapides, la souplesse du cadre, l'aisance souveraine de la facture.

# Boris BLACHER
(1903-1975) Allemand

C'est fort peu de chose, en quantité, que l'œuvre pianistique de Blacher, auprès de ses opéras, de ses ballets, de sa musique orchestrale et vocale, de son abondante musique de chambre. Tout juste cinq partitions (auxquelles s'ajoute un mince recueil pour clavecin), – mais qui sont exemplaires. Celui qui se penche sur elles est assuré, en moins d'une heure d'écoute, d'embrasser l'essentiel de la personnalité du compositeur.

Et d'abord sa dimension ludique. La part du jeu, chez Blacher, est omniprésente ; elle l'éloigne irrésistiblement de la musique allemande, du moins de son sérieux, de son lyrisme, de sa sincérité, de sa tendance au message. Admettons que ce soient des qualités ; Blacher leur oppose son principal défaut : l'intelligence, aiguisée au point qu'elle lui sert de scalpel. Il a vu dans l'héritage romantique une surabondance d'idées et de sentiments ; l'âme en étouffe comme d'une graisse ; sous cet amas adipeux, on ne discerne plus les linéaments. D'où ce besoin de tailler à vif dans l'émotion trop bien nourrie du siècle précédent, et du même coup dans les formes plantureuses où elle s'est développée. Il est par excellence le musicien de l'économie, de la concision, de la linéarité, de la transparence, presque du décharnement. On comprend qu'il ait suivi spontanément le courant néoclassique, dans une série d'ouvrages magnifiquement maîtrisés, la *Concertante Musik* (1937), le *Concerto pour orchestre à cordes* (1940), la *Partita pour cordes et percussion* (1945), et surtout les *Variations sur un thème de Paganini* (1947), pour orchestre, qui demeurent son œuvre la plus populaire. Au piano, cela nous vaut deux *Sonatines* spirituelles et trois *Pièces* brèves où, pour tordre son cou à l'emphase, il emploie tour à tour les armes de Satie, de Stravinski, du jazz.

Par jeu, n'entendons pas uniquement l'humour et ses dépendances, ironie, satire, causticité, détachement, insouciance, où en effet la pente de Blacher le conduit sans cesse. Ajoutons-y, plus marqué encore, le plaisir de réussir un tour de passe-passe, de résoudre un casse-tête, de démonter un théorème, de bâtir un bel *objet* musical. C'est à cet aspect de sa nature qu'il doit son invention des « mètres variables ». D'autres jouent avec les modes, les intervalles, les harmonies, Blacher s'est passionné pour les recherches rythmiques. Il a eu très tôt un véritable culte de l'ostinato, d'ailleurs commun à bien des musiciens de notre siècle ; et radicalisant cet ostinato, il a fini par l'utiliser comme principe de composition. Les *Ornamente* (1950), sept études pour piano, sont le premier produit de cette méthode qui, appliquant aux rythmes la technique sérielle, les régit par des séries arithmétiques. Prenons l'exemple de la première pièce, la plus simple ; la série, désignée par la formule intimidante 234...898...32, enjoint la succession de mesures à deux, trois, quatre croches, etc., jusqu'à neuf, puis dans l'ordre inverse, huit, sept, etc., jusqu'à deux. Une fois bâti ce cadre rythmique, cet échafaudage logique et parfait, il ne reste plus qu'à placer les notes.

Ainsi décrite, la méthode fait peur ; on imagine le pire, et que la muse ne puisse vivre au milieu de chaînes pareilles. Mais oublie-t-on celles de la passacaille, de la fugue, ou même de l'allegro de sonate, tout aussi pesantes, pour ne rien dire de la série dodécaphonique ? Blacher, en vérité, met beaucoup de variété dans ses *Ornamente* ; dans la forme, il renouvelle constamment ses formules ; dans le fond, il passe du sévère au plaisant, du violent au poétique, s'employant à faire oublier son parti pris. Il y parvient d'autant mieux qu'il a cette chance d'avoir conservé intacte sa foi dans le dogme tonal ; à quelques peccadilles près (que le croyant qui ne pèche pas lui jette la première pierre !), do majeur, dieu de ses pères, est demeuré le sien. Que craindre, au sein d'un tel rempart ? Ses postulats rythmiques, loin de la brider, stimulent son inspiration. Du reste, il n'est pas homme à s'enfermer dans un système. Dès l'année suivante, la *Sonate* montre moins de rigueur, plus de liberté. Et vingt-quatre ans plus tard, les *Préludes* bouclent le parcours, le résument ; les fameux mètres n'y sont qu'un des moyens utilisés ; mais que d'émotions contrastées, en quelques lignes, en quelques notes ! Cet art frugal aurait pu se dessécher, il s'est gardé souple ; et l'on dirait, sous l'enveloppe ténue, qu'on sente mieux palpiter le cœur.

### *Deux Sonatines* (op. 14)

COMP 1940. PUB 1941 (Bote & Bock). DÉD à la pianiste Gerty Herzog, que Blacher devait épouser en 1945 et qui créa la plupart de ses œuvres.

Dès ce premier essai pianistique, il a un style : le goût de la clarté, de la nudité, de la sobriété ; le sens du rythme ; une inclination pour l'austère, plus exactement le spéculatif ; tout cela assorti de cette qualité d'humour qui donne plutôt dans l'ironie que dans le sarcasme.

Ces *Sonatines*, aussi brèves l'une que l'autre, ne se ressemblent guère. La *Première Sonatine*, plus aride, plus acide, persifle davantage, quelque part entre Scarlatti et le Stravinski de la *Sonate*. L'*allegro* inscrit ses gammes en mouvement contraire et ses accords brisés dans une métrique instable, qui alterne sans cesse 4/4, 3/4 et 3/8 ; fin en sol, à défaut d'autre chose. Deux lignes d'*andantino* en triades sur une basse obstinée introduisent le *vivace* conclusif, à 5/8, en fugato, d'une impavide sécheresse, joué fort, à l'exclusion du trait final, qui raye délicatement l'aigu ; fin sur l'accord de la majeur.

La *Deuxième Sonatine*, plus amène, commence par un ravissant *moderato* dont la fraîcheur et l'ingénuité ne peuvent manquer de rappeler le Groupe des Six. Ce balancement rêveur de pastorale, – ces dièses fruités dont la droite se sert pour contredire gentiment l'ostinato de la gauche, bien calée en ut, – le renversement des parties à mi-chemin, – la reprise à l'identique, sans complexes, – voilà qui vous jette d'emblée dans une atmosphère de vacances. L'*allegro* final, du plus franc, du plus diatonique ut majeur, n'est pas en reste, quoique sur le mode drolatique. Dans un rythme à 2/4, où la droite sautille en gais anapestes, la gauche, faisant fi de la fraction et de la barre de mesure, marche à 3/8, d'où l'obligation, pour retrouver le compte en fin de phrase, d'une mesure corrective à 5/8, cocassement accentuée d'un *sforzando*... Un petit intermède en jazz imite des glissements chromatiques de saxophone ; et l'on termine comme on a commencé, en éteignant progressivement le son jusqu'à la fin.

### *Trois Pièces* (op. 18)
COMP 1943. PUB 1946 (Universal).

Trois pochades en jazz, de trois minutes à peine au total, qui sont un vrai régal dans leur genre. La première (en ré majeur, *allegro*), sous-titrée comiquement « *What about this, Mr. Clementi ?* », brise les rythmes, multiplie les syncopes et les accents contrariants au-dessus d'une gauche « staccato e secco » qui joue imperturbablement son petit exercice pour les cinq doigts. La deuxième (en fa majeur, *moderato*), qui commence comme un blues ordinaire, tourne à la parodie avec ses essais de fugato, et aurait pu s'intituler « *What about this, Mr. Bach ?* »... Enfin la troisième, qui va d'ut à fa *(allegro moderato)*, conclut le cahier dans le plus pur style rag, déhanché et joyeux, mais *p* d'un bout à l'autre.

### *Ornamente* (op. 37)
COMP 1950. PUB 1951 (Bote & Bock). DÉD à sept amis compositeurs, comme autant de portraits : Virgil Thomson, Rudolf Wagner-Régeny, Karl Amadeus Hartmann, Priaulx Rainier, Rolf Liebermann, Nicolas Nabokov et Gottfried von Einem.

Voici les fameuses « études sur des mètres variables », la première œuvre où Blacher expérimente son procédé de systématisation des changements de mesure. C'est au vu de la partition seulement qu'on peut le taxer de dogmatisme (en dirait-on moins en démantibulant *L'Offrande musicale* ? ou, plus près de nous, le *Ludus tonalis* de Hindemith ?). Les oreilles n'entendent là que de bonne et vivante musique ; elle emploie sans doute un peu trop l'ostinato, mais on n'a pas attendu les « mètres variables » pour le faire. Puis, Dieu merci, Blacher écrit dense et bref ; le cahier n'atteint pas les dix minutes ; c'est une excellente démonstration.

De la poigne, des accents, un staccato de mitraillette dans la première pièce *(vivace)*, où les jets de croches chromatiques fusent plus haut à chaque mesure, avec la série arithmétique : deux croches d'abord, puis trois, puis quatre, etc., jusqu'à neuf, pour rétrograder jusqu'à deux et repartir aussitôt. L'esprit du jazz imprègne ces pages trépidantes, qui s'achèvent pourtant dans un poétique pianissimo, où vibrent de loin en loin quelques quintes obstinées.

Basée sur une série semblable, qui progresse de trois à neuf croches, la deuxième pièce (en sol majeur, *andante*) est une des plus belles, sorte de barcarolle fluide où des accords paressent doucement au-dessus de changeantes pédales (quartes et quintes brisées).

La troisième *(allegro)* utilise une série 2-3-4, 3-4-5, 4-5-6, etc., alternant figures brisées et dessins chantants, pour finir (en sol) sur un crépitement de notes répétées.

La quatrième *(allegretto)* est très suggestive, avec son obsédante quinte la-mi forçant le ton de la mineur, et à gauche ces notes éparses, comme si un thème essayait de se formuler sans y parvenir. Série cyclique : 4-5-6-3-2, 5-6-3-2-4, etc.

L'ostinato frénétique de la cinquième pièce *(allegro)*, ses tierces infatigablement répétées, sa métrique apparemment détraquée (mais logique : une série additionnelle 2-3-5-8-13), son harcèlement d'accents, sa conclusion féroce, lui donnent indubitablement quelque chose de bartokien.

La sixième *(moderato)* regagne le climat poétique de la deuxième ; octaves lentement brisées, en pédales successives, au-dessus ou au-dessous de beaux accords flottants. La série métrique est fort simple : succession recommencée de 3, 4, 5 et 6 croches, dans le désordre.

Trépidant finale, la septième pièce (en ut majeur, *presto*) fait alterner un do martelé en noires sur quatre octaves, et un dessin tournoyant de croches qui va s'étendant puis se rétrécissant entre ces noires fatidiques ; le morceau est d'autant plus impressionnant qu'il faut le jouer $pp$ de bout en bout, à l'exception d'un court intermède chantant.

### *Sonate*
COMP 1951. PUB 1951 (Bote & Bock). DÉD à son éditeur Kurt Radecke.

L'application après la règle : les « études » des *Ornamente* se devaient de déboucher sur une œuvre de quelque ampleur. Ce dernier mot recouvrant, chez Blacher, une notion toute relative, la *Sonate* ne compte que huit minutes ; elle n'en mérite pas moins son nom, par sa rigueur formelle, sa concentration, sa vigueur, son éloquence. Bartók et Stravinski, dieux tutélaires, continuent d'y être bien visibles, mais la clarté, la densité atteintes ne sont le fait que de Blacher.

Deux mouvements, chacun en deux parties, l'ensemble formant un chiasme vif-lent-lent-vif, qu'accentue la disposition en miroir des parties lentes centrales. Le premier mouvement commence par un *allegro ma non troppo*, volontaire, tenace, un paquet de nerfs, dont les courts motifs sont remontés sans cesse par cette efficace « série arithmétique » où chaque mesure compte une croche de plus que la précédente ; des tierces chantantes viennent mettre un brin de fraîcheur au milieu de ces rythmes brisés, de ces lignes heurtées, de ces dessins têtus. Le mouvement se poursuit par un *andante* (sur une « série cyclique » permutant des mesures de 3, 4, 5 et 6 croches), où Blacher laisse affleurer une veine lyrique qu'on ne lui soupçonnait guère : ici la ligne parle et s'émeut vraiment, sur ses accords battus à la romantique.

Le second mouvement s'enchaîne au premier, avec un nouvel *andante*, suite immédiate du précédent, – et son reflet, puisque les mains sur la même musique se contentent apparemment d'échanger leurs rôles. Mais les permutations ne sont pas exactement les mêmes, l'ordre des mesures a subtilement changé : le reflet est déformé, comme par le souvenir... Dans le *vivace* conclusif, spirituel et dynamique, bâti par successions régulières de 4, 6, 5 et 7 croches, le jeu des mains alternées confine à la virtuosité d'une toccata, avec à nouveau le sourire fugitif de quelques tierces, – et dans la partie centrale des amusements contrapuntiques, qu'on ne distinguera qu'à la loupe.

## *Quatre Études pour clavecin*

COMP 1964-1967. PUB 1968 (Bote & Bock). DÉD du n° 4 (premier écrit) à la claveciniste Antoinette Vischer.

Que les pratiquants du clavecin contemporain ne nous en veuillent pas de leur emprunter ces pièces, parfaitement convenables au piano, et dont l'une au moins mérite le transfert : la troisième *(moderato)* qui, avec ce sol ♯ répété comme un grésillement d'insecte, à différents registres, au milieu d'accords tenus, de notes vibrantes, de phrases avortées, ressemble à quelque « musique nocturne » de Bartók. La quatrième étude *(allegretto)* est un caprice rythmique, où de grands intervalles disjoints alternent avec de petits amalgames stables d'accords répétés. Moins anguleuse, la deuxième *(allegretto)* tient la même opposition de traits brusques et mobiles et d'accords piétinants. Dans la première *(andantino)*, qui anticipe, en plus lent, sur le *Quinzième Prélude*, on se laisse prendre et tromper par ce rythme de sicilienne initial, qu'aussitôt d'autres mètres viennent détraquer, et dont on ne fait plus qu'attendre les réapparitions...

## *Vingt-quatre Préludes*

COMP 1974. PUB 1978 (Bote & Bock). DÉD à sa femme Gerty Herzog.

Les recueils de préludes (on le voit à ceux de Heller, de Chopin, de Scriabine, de Debussy) sont souvent des microcosmes, un raccourci de la pensée de leur auteur, de ses goûts, de sa sensibilité, de sa technique. Ceux de Blacher faillent d'autant moins à cette règle qu'ils sont écrits quelques mois avant sa mort : œuvre testamentaire, venant un quart de siècle après les *Ornamente*, comme un bilan.

Vingt-quatre préludes, chiffre fatidique, pour couvrir l'ensemble des tons majeurs et mineurs. Blacher, qui dans ses œuvres précédentes se dispensait d'armure et ne se croyait pas tenu de naviguer dans une tonalité déterminée, revient ici à l'usage ancien (il revient aussi aux mesures conventionnelles : huit préludes seulement emploient les « mètres variables »). Mais il n'adopte ni l'ordre chopinien des quintes, ni l'ordre chromatique du *Clavier bien tempéré*, encore moins le désordre particulier à Debussy (que la question n'intéressait guère). Son classement est original : en partant d'ut majeur et en postulant que les préludes impairs seront majeurs et les pairs mineurs, le deuxième est un demi-ton plus bas (si mineur), le troisième un demi-ton plus haut (ut dièse majeur), le quatrième à nouveau un demi-ton plus bas (si bémol mineur), le cinquième un demi-ton plus haut (ré majeur), et ainsi de suite en zigzaguant. Autrement dit : les préludes majeurs montent la gamme chromatique, d'ut majeur à si majeur, les mineurs la descendent, de si mineur à ut mineur.

Pourquoi donc ? Par simple caprice ? Non point, mais en vertu d'une construction logique et séduisante. Si l'on partage le recueil en deux moitiés égales, on constate que chaque élément de l'une se réfléchit dans l'autre. De chaque côté de cette ligne invisible, les n[os] 12 et 13, 11 et 14, 10 et 15, etc. jusqu'à 1 et 24, se reflètent de diverses façons. Ils forment des couples majeur/mineur ; portent la même indication de mesure ; adoptent le même tempo. Pour certains la gémellité va plus loin et confine au tour de force : le n° 24 reprend le n° 1, qu'il condense, et minorise, en lui ajoutant une coda ; les n[os] 20, 21 et 23, exacts rétrogrades des n[os] 5, 4 et 2, en réutilisent le matériau en commençant par la fin : les mouvements s'inversent (ce qui montait se met à descendre, et vice versa), parfois la dynamique aussi (ce qui augmentait diminue), et le majeur vire au mineur ! Ainsi s'agence un monde, qui se mire en lui-même et s'enclôt dans sa propre perfection. Le compositeur, nous l'avons dit, y a disposé toutes ses facettes. Si le savant s'occupe à ces combinaisons formelles, tour à tour l'ironiste, le tendre, le coléreux, le méditatif y insufflent de la musique.

Quelques exemples. Le premier prélude *(allegro)* est un petit chef-d'œuvre d'humour, dont la tonalité même d'ut majeur fait les frais, cet ut sacro-saint qu'il est d'usage d'affirmer à l'orée d'un cycle de préludes : la note do est partout tambourinée, et des clusters do-ré-mi-fa-sol appuient le ton. Vingt-trois mesures, la douzième servant de pivot entre deux moitiés qui se réfléchissent en miroir. Ainsi le morceau liminaire est-il emblématique du recueil entier. L'une après l'autre, la ronde, la blanche pointée, la blanche, la noire, les croches, les triolets de croches, les doubles croches entrent en scène : l'artisan ouvre devant nous sa trousse d'outils ! On notera la rosserie du cluster iconoclaste de la mesure-pivot (à partir de laquelle tout reprend dans l'ordre inverse) : il est en ut dièse, petit amas scintillant, les cinq notes haussées d'un demi-ton !

Le septième prélude (en mi bémol majeur, *maestoso*) est très curieux. La basse, sans égards pour la mesure à 5/4, escalade une gamme, retombe comme Sisyphe au mi bémol initial, recommence, se hausse chaque fois d'un degré, lentement, péniblement ; la droite, qui ne s'en préoccupe pas beaucoup, joue de petits motifs chromatiques, séparés de silences.

Les huitième et dix-septième (en sol dièse mineur et la bémol majeur, *agitato*), les quatrième et vingt et unième (en si bémol mineur et si bémol majeur, *presto*) déploient, dans leurs bornes étroites, une virtuosité romantique, gammes véloces et martellements serrés ; alors que le dix-neuvième (en la majeur, *andante*), nu comme un mur de monastère, se contente d'un simple unisson des mains, murmuré, en quatorze mesures.

Le quinzième (en sol, *vivace*) est un morceau ravissant, et malicieux : malgré son rythme à 7/8, c'est en réalité une sicilienne rapide (6/8 pointé, bien net à la main droite), où la gauche s'amuse à intercaler, à des moments arbitrairement choisis, une croche insolente !

Les plus beaux, les plus expressifs : le sixième (en la mineur, *andante*), dépouillé comme un haïku ; – le neuvième (en mi majeur, *adagio*), non moins sobre et concis, où la matière, raréfiée au début et à la fin, se concentre dans la mesure centrale, la plus longue, à huit croches ; – le onzième (en fa majeur, *lento*), où la droite met obstinément sur chaque premier temps une quarte do-fa, qui prouve qu'elle croit à la tonalité choisie, cependant que la gauche la souligne d'un mi dissonant (la sensible), tout en glissant erratiquement des notes chromatiques, autant de coups d'épingle dans le tissu tonal ; – l'admirable quatorzième (en fa mineur, *lento*), un vrai prélude « de la goutte d'eau », avec son rythme obstiné, son fa répété, sa tierce oscillant du mineur au majeur, ses lambeaux de mélodie (« *What about this, Mr. Chopin ?* »...) ; – le seizième (en mi mineur, *adagio*), autre condensé chopinien, où la main droite répète mélancoliquement des mi, des fa, des fa ♯, au milieu des fragments plaintifs de la gauche.

## Manuel BLANCAFORT
(1897-1987) Espagnol

De quatre ans le cadet de son grand ami Mompou, et catalan comme lui, il lui a ressemblé au point de se confondre en cette œuvre jumelle, d'y disparaître, – du moins si l'on s'en tient à ses compositions des années vingt, les seules, à vrai dire, qui soient un peu connues. Un même retour aux sources populaires ne suffirait pas à expliquer cette similarité de ton ; mais davantage une même façon d'aborder le mystère de la musique, d'en fixer le vertige en signes économes (pages souvent très nues, où l'abandon des barres de mesure renforce l'impression d'une voix esseulée, « *clamans in deserto* »), un même art de la redite, de l'écholalie considérée comme un sortilège, une thérapeutique. Où Mompou et Blancafort se rapprochent le plus, c'est dans leurs thèmes, courts, carrés, élémentaires, taillés la plupart du temps sur le modèle des chansons enfantines, et qui remonteraient à Satie si nos Espagnols n'étaient pas mille fois moins acides, moins guindés et mécaniques, moins vite essoufflés dans leur élan.

Blancafort est plus ouvertement romantique, et d'inspiration décidément plus sombre. Le premier cahier de ses *Chants intimes* pourrait se lire comme une sorte de journal sentimental, le *Tagebuch* d'un homme plein de tristesses, d'un être que tout délaisse, et son propre cœur. Les fleurs y sont « fanées » et le ciel « tout gris ». Tout tourne ici à la douleur, à la plainte, aux larmes. On perçoit des regrets, des reproches ; vers la fin, on voit se dessiner un « pardon », encore embué de mélancolie. Le deuxième cahier, lui, après avoir pleuré une « absence », aligne deux « épitaphes »... Tristesse encore, et déréliction, dans les *Chemins*, où passe un « solitaire », où est évoquée une « dernière rencontre », et célébrée une « fête sans joie ». Même dans ses moments les plus désolés, Mompou n'atteint pas cette grisaille de l'âme ; et d'abord il n'enfreint pas sa règle de pudeur, et ne congédie pas l'ange souriant (un doigt sur les lèvres) qu'il a mis de garde au seuil de ses pensées.

N'importe, ils parlent la même langue, avec le même accent ; et ce n'est pas par hasard que Blancafort a dédié à Mompou ces *Chemins* qu'à quelques notes près – et quelques intentions – son ami aurait pu tracer lui-même sur le papier. Et ils se retrouvent mieux encore dans leur allégresse ; les pages les plus vives, les plus verveuses de *Suburbis* et de *Parc d'attractions* se répondent, – mais on verra que Blancafort charge davantage, appuie sur le trait, force sur la couleur, et ne craint pas de solliciter le virtuose.

Leurs sentiers vont diverger avec l'âge. Mompou, semblable en cela à Falla, resserre encore sa matière, contraint sa voix à un filet pur, jailli entre deux rocs d'harmonies arides et consumées de soleil ; il choisit l'ascèse mystique de Jean de la Croix, où la musique se fait silence : *la música callada, la soledad sonora*. À l'opposé, lassé de n'être considéré que comme un avatar de Mompou (et parfois seulement un ersatz : car il y a toujours entre eux la distance infinie du « je ne sais quoi »), Blancafort semble n'avoir eu de cesse qu'il n'ait démontré au monde l'ampleur de ses dons, et fait sonner toutes les cordes de sa lyre. Le miniaturiste céda la place au sonatiste, et tour à tour le concerto, le quatuor, la symphonie vinrent élargir son panorama, et ses ambitions. Forçait-il son talent ? On ne retrouve pas le charme des premières compositions dans celles de la maturité ; et s'il n'appliqua pas ce style inflationniste dans sa musique de piano, demeurée le lieu de la rêverie, de la confidence, de la méditation (les *Nocturnes,* mais aussi des *Tonadas* et des *Piezas espirituales* inédites), elle n'en perdit pas moins une part de ses vertus, et de sa vérité.

## Jocs i danses als camps (Jeux et danses aux champs)
COMP 1918-1919. PUB 1920 (Unión musical española). DÉD à Helena Paris.

Six pièces brèves, faites de thèmes rudimentaires, comptines, mélopées, chansons enfantines, que parfume l'harmonie ; un musicien à peine sorti de l'adolescence y découvre la magie du silence, la force de la sobriété, de l'itération.

La première pièce (en ré mineur, avec le si ♮ dorien) répète infatigablement son fruste motif populaire, qui monte et descend la gamme, scandé par les accords statiques de la gauche ; frottements drus de secondes ; pédales et ostinatos. Au deuxième énoncé, la gauche se dérouille, articule quelques noires. Fin dans le mode majeur *(alegre)*, sur le bourdon des violoneux du village (quinte ré-la).

Dans la deuxième, qui s'anime *poc a poc* jusqu'à l'*alegre*, mais s'achève dans la lenteur, l'harmonie, sous un thème pratiquement inchangé, varie subtilement, passant de mi mineur (rehaussé de notes modales, le do ♯ du dorien, par exemple, qui est à l'armure) à sol majeur, – ou posant à l'avant-dernière ligne une quinte ut-sol dans le grave, cependant que la mélopée s'égrène avec un bel effet de ralenti et des vibrations de pédale. Fin sur la dominante. Tout au long tremblent les notes ajoutées au ton, secondes et sixtes...

*Suaument* et *sense córrer* (« doucement » et « sans courir »), la troisième (en ré majeur), où traîne dans le fond du clavier le bourdon de tonique-dominante, fait tinter dans l'aigu sa mélodie au rythme impair de trois mesures (il n'y a pas de barre, mais il ne faut pas être sorcier pour percevoir ici un 3/4). Plus loin, toujours avec des vibrations de quinte et quelques grêles appogiatures, c'est la *tonada del flabiol*, ce « fluviol » ou petite flûte catalane que l'on entend à la même époque chez Déodat de Séverac *(Sous les lauriers-roses)*.

La quatrième pièce est tripartite, une danse intercalée dans une chanson. La chanson (en ut majeur, *reposat*), à quatre voix très souples, a fait le vœu de n'utiliser que les touches blanches (on imagine toutes ces rêveuses « notes ajoutées » aux accords parfaits...), jusqu'au si ♭ très doux qui annonce le ton de la danse ; celle-ci, à 6/8, va de fa en ré, pour revenir à fa, avec pédale de ces toniques successives. Retour à la chanson, et fin lumineuse, avec toujours ces sixtes et secondes ajoutées.

Rythme pointé dans la cinquième (également en ut, *a tota pressa*), où les tierces radieuses alternées à tour de mains se muent en un chant belliqueux, un *cant per anar a la guerra*, vibrant et bien scandé. Plus loin, sur le bord des touches, passe l'écho d'une flûte, souvenir du pays. Et les tierces alternées, de nouveau, pour conclure.

Volées de cloches dans la sixième (en fa majeur, *molt animat*), remplie de joyeux vibrements (à 6/8). Au milieu, rythmée à 2/4, une sorte de chanson de marche. Puis les carillons reprennent, terminant l'œuvre dans une poétique allégresse.

### Cançons de muntanya
COMP 1916-1918. PUB ? (Unión musical española).

On ne quitte pas campagnes et montagnes avec ces neuf « chants sans paroles », dont chacun tient sur une page, et qui semblent ne vouloir fournir à la pensée qu'un germe impalpable, assez vivace cependant pour croître en nous, se mêler à nos propres souvenirs de comptines, de chansons anciennes.

La première, par exemple, est une *Cançó del vent gronxant les branques*, « Chanson du vent agitant les branches » (en ut majeur, *lent*), au rythme vacillant à 6/8 et 9/8, à la frileuse incertitude modale, entre majeur et mineur, avec au passage la quarte lydienne (fa ♯), comme un bouquet de saveur champêtre ; la troisième, une *Cançó de l'hivern* (en sol dièse mineur, *lentement*), harmonisée de sixtes ou de tierces, morne comme le paysage ; la quatrième, une *Cançó del adéu*, « de l'adieu » (en fa mineur), dont le rythme pointé « véhément » trahit le reproche, et la couleur éolienne (mineur sans sensible) la résignation. À l'autre bout du cahier, après la grise et somnolente *Cançó del silenci* (en la mineur), petit air de flûte au-dessus de longues pédales, échappé « dans la tristesse du paysage », la neuvième pièce, *Cançó del matí lluminós*, « Chanson du matin lumineux » (en la majeur, *vif*), s'exalte, et sur sa pédale de tonique, dans le surplace qui leur est particulier, lance le 6/8 tournoyant des rondes enfantines.

### Notas de antaño (Notes d'antan)
COMP 1915-1919. PUB ? (Ediciones Armónico, Barcelone).

Huit notations brèves et variées, dont les trois premières forment un petit cycle automnal. La nostalgie se berce au rythme d'une paisible sicilienne (*Quand vient l'automne*, en fa mineur, *moderato*), dans l'effleurement de très douces dissonances ; ou bien, sur la cadence répétée des dactyles (longue-brève-brève), en phrases tombantes, rêve à des jours enfuis qu'embaume encore un parfum de roses (*Au jardin*, en mi mineur, *moderato*) ; et cela peut aller jusqu'aux « sanglots longs » et à la « langueur monotone », avec ces inflexions toutes semblables, des arceaux composés de six croches et d'une noire, tendus sur les arpèges d'un accompagnement à trois-contre-deux, dans la couleur de feuille morte du mode éolien (*Plainte*, en si bémol mineur, *un poco agitato*).

Les deux pièces suivantes se rattachent au monde enfantin. Un rythme sautillant, à 9/8 et 6/8 pointé, et quelques fraîches successions de quartes sur des basses syncopées, suffisent à réveiller de gaies réminiscences (*Les Joyeux Compagnons*, en sol majeur, *giocoso* ; avec cependant la précision : *non troppo allegro*...). Mais quel regret s'est tapi dans cette naïve comptine (*Souvenir d'enfance*, en si bémol mineur, *semplice*) qu'endolorit au passage la quinte diminuée fa ♭ ?

Suivent deux impressions de nature. Celle qui s'intitule *La lune luit* (en fa dièse mineur, *andantino moderato*) est la plus belle pièce du recueil ; on ne se défait plus de cette mélodie si pure, portée par le lent rythme de marche de la basse, surtout dans ce deuxième énoncé (mes. 10) où vient la survoler un contrechant, « con molto tenerezza », en quintes et septièmes caressantes. Puis ce sont des *Oiseaux dans le ciel d'avril* (en mi bémol majeur, *tranquillo*), quatre lignes d'accords en mouvement, dans le soyeux bruit d'ailes des triolets, et qui n'atteignent la tonique qu'aux deux dernières mesures, quand tous les oiseaux ont regagné leurs feuillages.

Une dernière pièce, en guise de signature : un *Chant populaire* (en la majeur, *moderato assai*), scandé d'un bourdon de quinte grave ; on dirait la version primitive, tracée au crayon fin, de la complainte que Mompou rehaussera bientôt de quelques couleurs (la première de ses *Chansons et Danses*, composée en 1921).

## Cants íntims, I
COMP 1918-1920. PUB 1924 (Senart). DÉD à Helena Paris.

Un peu après que Mompou a confié au piano ses *Impressions intimes* et ses *Cants màgics*, voici, comme une émanation des deux cahiers, ces huit « chants intimes » de Blancafort, qui leur ressemblent tant : même atmosphère secrète, mêmes notations fugitives, presque impalpables, et pouvant pourtant laisser une empreinte profonde à l'auditeur. Même aspect, aussi, pour le déchiffreur, de la page écrite, où l'absence de fraction et de barre de mesure semble abolir espace et temps ; tout au plus le musicien livre-t-il, comme Debussy avec les titres de ses *Préludes*, quelques indices poétiques, en faisant précéder chacune de ses pièces d'une épigraphe suggestive.

La première (en fa dièse mineur), parle de « fleurs fanées » (« *Encara he trobat flors marcides* »). Une phrase impaire (sept fois trois croches) s'y répète, encadrant une phrase sur la dominante mineure, plus carrée et précipitée ; cette phrase centrale est redite à la fin, ralentie en noires. Aucune altération, mais d'expressives notes ajoutées ; et ce ré ♮ qui gémit dans la phrase en ut dièse mineur. Tout cela fait un début désolé, qui préfigure le ton du recueil.

La deuxième pièce (en ut majeur) est d'abord rivée sur la tonique, obstinément, même quand l'oreille désire ardemment un autre degré ; et sur la dominante dans la partie centrale. Rythmique subtile, ici encore : le mouvement de barcarolle de A peut se diviser en mesures à 6/8, sauf à la cinquième, à 9/8, qui déséquilibre le balancement ; B, dans le mode mineur, a des phrases composées d'une alternance de cinq, trois, quatre temps. Impression de flottement irréel des volets extérieurs ; chanson voilée de l'intermède, grise comme le ciel de l'épigraphe (« *He anat a reposar a la platja, i el cel era tot gris* »).

La troisième (entre la mineur et la majeur) porte un seul mot comme épigraphe, « *llàgrimes* ». Deux notes, un sol et un la, se répondent frileusement d'une main à l'autre ; un arpège fait un aller et retour, avec à sa cime l'appel si ♭-do (couleur phrygienne) ; et voici les « larmes », ces triolets tombant de la droite à la gauche, sous une phrase issue du sol-la initial. Tout cela, si nu, si simple, et pourtant si expressif, se répète une fois encore, après un bref intermède de quelques accords accompagnés d'une basse au rythme de tambourin.

« *Estic sol i estic trist* » : la quatrième pièce (en mi mineur), après ces fragments et ces motifs répétitifs, propose une vraie mélodie, quoique simple, harmonisée de beaux accords où circule bientôt le chant des notes de passage ; trois présentations du thème au total, dans un habillage subtilement varié ; la conclusion, irrésolue, s'arrête sur la dominante de si mineur.

Dans la cinquième pièce (en ré mineur), le chant tourne douloureusement (*dolorós* : on retrouvera ce terme dans la septième) autour de quelques notes insistantes, répétées, un la, un mi à la cadence, pôles attractifs d'une ligne qui n'arrive pas à s'en échapper. On songe au titre de Janáček, *La parole manque* (du recueil *Sur un sentier recouvert*) : ici, même la musique manque, ainsi réduite à cette plainte nue, caressée de secondes, et si forte, pourtant, de ce pouvoir itératif. (Épigraphe : « *Queixantme amargament* », « En me plaignant amèrement ».)

Inconsolable sixième (en sol dièse mineur ; « *En res puc trobar consol* »). Pédale de tonique tout au long. Un premier thème pressé, fébrile, sur l'ostinato de la gauche ; un second plaintif *(planyívol)*, parfumé d'aromate phrygien (la ♮) ; rengaines échappées à la douleur, à la solitude.

« *T'he perdonat* », annonce la septième (en la mineur). La formulation du pardon est-elle moins larvaire que celle de la plainte et de la déréliction ? Voici, comme dans le quatrième morceau, une mélodie plus construite, plus ample, finement harmonisée, et qui semble, au-delà de la tristesse, rallumer comme un sourire fragile.

Huitième et dernière (en ut majeur), « *La mare canta i el breçòl gronxa* » : le balancement et la tonalité de la deuxième pièce retrouvés pour cette berceuse, dodelinante, portée de bout en bout par la double pédale de tonique et dominante, avivée en son milieu par les syncopes de la voix d'alto, – et qui termine le recueil dans la confiance et la sérénité.

## Cants íntims, II
COMP 1916-1924. PUB 1929 (Senart). DÉD à Pierre Bourgoin (sauf n° 5 : à Artur Perucho).

Ce n'est sûrement pas parce qu'elle adopte les fractions et la barre de mesure (à peu près à l'époque, d'ailleurs, où Mompou lui-même y revient), mais cette seconde série, comprenant cinq pièces, semblera moins spontanée que la précédente : les deux « Épitaphes », en particulier, peuvent donner l'impression d'appliquer, sans trop y croire, quelques recettes éprouvées ; il faut avouer que rien n'est plus périlleux que ce style, quand l'inspiration fait défaut...

La première pièce, *L'Absència*, n'encourt aucun reproche. Quel beau et poignant début (en si bémol mineur, *très lent*), avec ce motif brisé, en croches, épaulé d'accords processionnels, au-dessus d'une vibration de la quinte grave... Transposition ensuite de ces quelques mesures à la dominante mineure (fa) ; ce sont elles aussi qui terminent le morceau. Au milieu, divers thèmes, avec beaucoup de fluctuations dans le tempo, – et dont l'un, « joyeux », tâche de rire au cœur de cette tristesse, sur son trémolo de triolets.

Quelques notes seulement (et un rythme obstiné) composent toute la *Confidència* (en la mineur), d'abord jouées *lentement*, sur des accords de septième immobiles ; puis, *vif et agité*, à quatre voix, avec des syncopes aux trois voix inférieures. Au milieu *(modéré)*, superposition du thème (à 3/4) à un accompagnement de grands arpèges à 6/8. Retour de l'*agité*, les voix intérieures réduites à une vaguelette de tierces ou de sixtes ; et la fin reprend le début (forme en arche, ABCBA).

Chute de tension dans la première *Epitàfi* (en la mineur, *énergique*) ? Ici ni la mélodie ni l'harmonie ne se renouvelle ; la première s'en tient à cinq notes conjointes, qui sillonnent la page à différents registres et se répondent d'une main à l'autre ; la deuxième aux touches blanches (à part les fa ♯ qui précèdent l'épilogue) ; là n'est pourtant pas la question : Mompou, avec ces ingrédients, réussit de petites merveilles ; peut-être le morceau est-il trop long pour si peu, et trop fruste. L'épilogue *(lent)* harmonise en quartes, puis en tierces, une simple rosalie ; c'est le moment qui justifie le titre : accords funèbres, s'effaçant doucement, du « *f* un peu lourd » au « *pp* doux et comme lointain ».

La deuxième *Epitàfi* est aussi blanche (aucune altération : ré dorien, à si ♮) et démunie, avec sa gamme mélancolique ; encore qu'ici, après l'unisson du début *(grave)*, quelques échanges contrapuntiques témoignent d'une certaine recherche. La lenteur lui donne plus de poids que la précédente, mais encore plus d'austérité. Fin solennelle, en fortissimo.

La douce *Cançó vespral* (« Chant du soir ») termine bien le cahier. La chanson proprement dite (en ré mineur, *assez lent*), au thème tendre et balancé sur ses accords, s'ouvre sur une danse centrale *(vif)*, aux sonorités étouffées, comme un souvenir ; puis la chanson reprend, et s'éteint sans bruit, sur l'accord de dominante.

### Chemins (Camins)
COMP 1920-1923. PUB 1928. DÉD à Federico Mompou.

Quatre pièces. Trois thèmes alternatifs constituent la première, *Chemin du solitaire (Camí del solitari)*, une des plus belles inspirations de Blancafort. La première page en particulier, qui expose A, est magique (en si mineur, *lent et concentré*). Un motif apparaît d'abord, chuchoté autour de trois notes, à 4/4 ; l'accompagnement entre à la basse, en triolets, calme mouvement d'octave brisée en aller et retour ; le motif de trois notes se révèle être le contrechant, à l'alto, du vrai thème, phrase berceuse, qui n'entre qu'à la troisième mesure ; on croit être en sol, avec un do ♯ lydien ; peu à peu seulement si mineur se dévoile. Suivent un thème B, « léger et gai », à 6/8, plus dansant, et un thème C, « tranquille », à 3/4. Réexposition de A, varié, à 6/8 ; puis de B et de C, presque intouchés. Une dernière apparition de A, pour prendre congé, où l'on notera les harmonies altérées de la voix d'alto, – et un bref cri plus intense, fortissimo, avant les sourdes mesures finales, où s'endolorit la sixte mineure (sol) ajoutée à l'accord de tonique.

La deuxième pièce, *Chemin de fête sans joie (Camí de festa sens alegria)*, oppose, sur les quelques notes d'une échelle défective, un début *lent et plaintif* (en mi mineur), à 3/4, et un épisode *très animé*, à 6/8, qui, afin d'évoquer la fête, passe au mode majeur, mais n'y peut tenir longtemps : son écho, « très lointain », est mineur ; seul l'élan des dernières mesures rétablit sol ♯, tierce majeure de l'*alegria* impossible.

Les sonorités de quartes dans l'aigu, le grelot des appogiatures, les amorces de thèmes, les nombreux changements de tempo, les arrêts, les points d'orgue, ne font que préparer, dans *Chemin de la dernière rencontre (Camí del darrer encontre*, en si mineur, *vif)*, la mélancolique « chanson » centrale, dans sa parure d'accords translucides, étagés au-dessus du bourdon de quinte qui vibre à la basse, et rehaussés par la sixte majeure du mode dorien (sol ♯).

La joie du *Chemin sur la colline (Camí damunt del turó)* s'exprime non seulement par ce thème plein d'allant (en si majeur, *vif et gai*), mais encore, une fois n'est pas coutume, par quelques traits, éclairs rapides et scintillants sur le clavier. Et si le milieu exhale une douce plainte, dans le mode mineur, elle est vite oubliée à la reprise, – jusque dans cette conclusion (« *pp* sonore », comme dirait Albéniz), qui étage en doubles octaves le fa ♯ de la dominante, et ajoute la vibration de la sixte (sol ♯) à l'accord de tonique.

## El Parc d'atraccions
COMP 1920-1924. PUB 1926 (Senart). DÉD à Ricardo Viñes. CRÉ par Viñes (Paris).

C'est l'œuvre qui, fêtée dès sa création, orchestrée, transformée en ballet, a fait connaître au monde entier le nom de Blancafort. Pianistiquement, c'est une partition brillante et variée ; les virtuoses qu'intimide (hélas !) le style dépouillé des *Cants íntims* ou des *Jocs i danses* trouveront ici infiniment plus de matière. Grâce au ciel, cet effort vers le concert ne dénature pas l'inspiration du compositeur, qui reste « intime » jusque dans l'éclat de la fête, jusque dans l'humour, et qui continue de creuser, dans ces six pièces, la veine du souvenir, du regret, de la mélancolie inguérissable. Le « parc d'attractions » est ici simple prétexte, comme l'« exposition » pour Moussorgski ; une singulière unité d'atmosphère se tisse peu à peu de ces bribes de thèmes, si proches les uns des autres, toujours ces comptines, ces airs enfantins, ces motifs élémentaires, à notes répétées, à rythmes carrés, – exaltés sans cesse par l'invention harmonique.

La première pièce (en ut mineur) évoque *L'Orgue dels cavallets* (« L'Orgue du carrousel »). Une brève ritournelle, de cinq mesures balancées à 6/8 *(tranquillement)*, ouvre le morceau, bâti en arche, avec des motifs variés et bariolés : une chanson des rues, moulue par l'orgue, à 3/4 *(modéré)*, sur la même pédale obstinée (noter les modalismes : tierce majeure, seconde et sixte mineures) ; ritournelle ; un épisode à 4/4, de rythme pointé (« brusque et précis »), où carillonnent les doubles notes, avec un appel de trois notes à l'aigu ; un thème en octaves (« plein et pompeux »), que souligne un vacarme de tambourins ; retour des carillons puis de la chanson des rues ; et la ritournelle pour conclure.

*El tumult desvetlla recorts* (« Le tumulte éveille des souvenirs ») : comme Janáček ou Gabriel Dupont, Blancafort n'a pas trop d'une phrase pour cerner le contour d'une inspiration tremblante et fugace. La pièce (en si bémol mineur) est tripartite. Voici d'abord, à la basse, et scandé d'accords à contretemps, le court et simple motif qui va traverser la pièce, en se colorant des reflets mêmes d'une humeur changeante ; on l'entendra au-dessus d'arpèges, ou d'une délicate et cristalline guirlande chromatique, ou encore (« *pp* gracieux ») harmonisé à quatre voix, comme un chant d'église. L'intermède, où se lisent ces notations : « véhément », « nerveux et passionné », « avec emportement », est plus rhapsodique, change de rythme, de tempo ; avec la montée du souvenir, des sentiments contradictoires agitent l'âme, la ballottent entre révolte et amertume. Puis revient le début, son motif enfantin et touchant ; une brève allusion à l'intermède ; et la comptine s'éteint (« *pp* au loin »), – avec, prise dans l'accord de tonique, la mélancolique sixte majeure (sol ♮).

*Abstraccions* (« Abstractions ») : sous ce titre étrange (et un peu inquiétant : on appréhende quelque fugue rigoureuse, quelque canon fourchu...), se cache l'une des pièces les plus sensibles de Blancafort. Son charme naît avant tout de sa couleur modale particulière (c'est ré dièse, avec mi ♮, sol ♮ et la ♮) ; tout le début, ce thème nu et solitaire qu'il faut égrener *naïvement*, est ainsi suspendu à ce mode irrésolu. Ensuite, ré dièse sert de dominante à sol dièse mineur (mes. 18), pour une chanson tendre et nostalgique, à l'accompagnement oscillant. Dans la seconde moitié du morceau, les bémols remplacent les dièses, ré dièse cède la place à son jumeau enharmonique mi bémol (ce qui n'est jamais qu'une façon de s'affirmer définitivement), – et si le majeur à la fin l'emporte, ce n'est qu'après avoir énoncé une dernière fois le début modal, dans sa nouvelle orthographe. Cette harmonie recherchée met en valeur des pages où errent les motifs, tour à tour attristés, lointains, dormants, puis bondissants et vifs, comme autant de souvenirs : et par là la pièce rejoint la précédente.

Dans ce *Parc d'attractions*, les trois pages de la *Polka de l'equilibrista* (en ré bémol majeur, *animé*), en particulier, ont plus fait pour la gloire (passagère...) de Blancafort que tout le restant de sa musique ; c'est dommage ; mais on comprend le succès immédiat qu'elle a rencontré. Ce thème cocasse bâti de phrases impaires (de trois mesures), avec les borborygmes et fausses notes de son accompagnement (la ♮ et sol ♮ contre la ♭), cet intermède « comiquement sérieux » où l'on croit entendre un lourd solo de trombone sous de narquois contretemps, montrent, à ceux qui prenaient notre compositeur uniquement pour un rêveur, un profil un peu différent.

Il y a de l'humour aussi, mais habilement dosé, avec des mélancolies plus ou moins feintes, des tristesses plus ou moins déguisées, dans *La Terrassa i la música militar* (« La Terrasse et la Fanfare », en ut dièse mineur). Désordre concerté de la composition, où s'entremêlent et se juxtaposent les thèmes et les humeurs : un motif « léger et sautillant », une comptine de plus, qui sert de ritournelle, se développe vers le milieu, et conclut le morceau pianissimo ; un thème de tango (« emphatique » ; plus loin « ampoulé »), qu'à deux reprises on retrouve converti en nocturne, avec des arpèges à 12/8 ; des échos de la *Polka de l'équilibriste* ; il y a encore des triolets moutonnants, des traits impétueux, – et avant la conclusion, dans le lointain, l'effilochement de la fanfare...

Enfin, au bout du parc et de la journée, voici, entre rêve et réalité, l'épilogue de *Prop del dancing* (« Près du dancing », en fa mineur, *modéré et bien rythmé*) : ce sont, avec leurs rythmes pointés, leurs syncopes, leurs accords altérés, leurs chromatismes, des rengaines sentimentales, un foxtrot aux échos traînants dans la nuit, à quoi vient s'ajouter l'air persistant de l'orgue du carrousel (première pièce du cahier). Le tout disparaît progressivement dans le flou du songe, avec, au fond du clavier, un dernier do frappant lentement au seuil du silence...

## Pastoral en sol
COMP 1926. PUB 1927 (Senart).

Voilà un morceau qui n'engendre guère la mélancolie ! Ce sont aussi des *jocs i danses als camps*, mais sans aucune ombre. Suite en trois parties indépendantes. La première (en sol majeur, *modéré*) commence par un thème bien scandé, « très rythmé et gai », qu'accompagne un tohu-bohu d'accords, où rient et frottent toutes sortes de notes modales, la quarte lydienne (do ♯), la septième mixolydienne (fa ♮) ; puis cite une rengaine populaire (« chantez »), avec ses tierces en rosalie ; poursuit plus loin par un motif « délié » qui se déroule comme un petit ressort et se répond d'une voix à l'autre ; retrouve enfin le joyeux allant du début, qu'elle achève « très pompeux ». – Lui succède une deuxième partie, qui fait office de mouvement lent (*tranquille*, en mi mixolydien, sans sensible) ; premier temps pointé, ornementé à la basse (mordant ou triolet), et sur pédale de tonique ; épisode central en la majeur, où le rythme pointé, plus solennel, se déplace sur le deuxième temps ; reprise variée. – Le finale (en sol majeur, *un peu animé*) part des premières notes du morceau, une gamme ascendante, mais les traite à trois temps au lieu de deux ; « toujours joyeux », recommande l'auteur ; c'est une danse légère, qu'anime au milieu un passage à 6/8, et qui finit très retenue, voilée, comme à bout de sa propre joie.

## Sonatina antiga
COMP 1934. PUB 1991 (Editorial Boileau, Barcelone).

Trois mouvements, où l'on voit le poète devenir géomètre et commencer à taquiner l'abstraction. On se détournera assez vite de l'*Exercici* pseudo-scarlattien (en ut majeur) qui constitue le premier, en faveur du deuxième, dont le titre, *Tendresa* (en sol mineur), indique plus sûrement où puiser la vérité du compositeur : lignes en effet plus sensibles, harmonies plus câlines que dans le froid essai qui précède. C'est un peu long, cependant, et la substance se perd en route. Le finale, *Recreació* (en ut majeur), est lui aussi fort bavard et répétitif, mais séduit par sa verve populaire, ses frottis d'accords colorés, ses modes en liberté.

## Cinq Nocturnes
COMP 1930-1937 (n° 1), 1931 (n° 2), 1940 (n° 3) et 1941 (n°s 4 et 5). PUB 1980 (dans *Llibre per a piano*, anthologie de compositeurs catalans). DÉD des n°s 2 et 3 à Maria Canals.

Du premier (en mi bémol mineur, *moderato*), on retiendra surtout la première partie, aux longues pédales, aux grands arpèges voluptueusement épandus d'une main à l'autre (le rythme allie triolets et croches normales), sous un thème pensif, aux altérations endolories.

De même, le deuxième (en fa dièse mineur, *lento assai*) commence bien, mais tourne court, s'éparpille ; c'est une improvisation laborieuse, où les nombreux changements d'humeur et de tempo traduisent moins l'inspiration que la fatigue... Il y a des modulations de faiseur, nées sous les doigts de la facilité. Et la répétition, la réitération n'a plus ici le pouvoir persuasif qu'elle avait dans les fécondes années vingt. L'épisode rapide *(vivace)*, une danse au rythme des tambourins, est meilleur.

Dans le troisième (en mi bémol majeur, *andantino*), Blancafort modernise encore son harmonie, à la façon du Mompou de *Música callada* ; et justement, on imagine le parti que ce dernier tirerait de ces mesures introductives au rythme de marche, sourdes et inquiétantes, avec leurs harmonies altérées ; laisserait-il ensuite, comme ici, la musique languir, tomber dans le décousu, presque l'ennuyeux ?

Mettons hors de pair le quatrième de ces *Nocturnes (lento e tranquillo)*. C'est une valse rêvée, qui finit en mi majeur après avoir modulé sans cesse, avec des harmonies étranges et délicates, qui semblent devoir quelque chose au dernier Scriabine. Il y a une reprise à mi-chemin, qu'on n'hésitera pas à faire : on n'est guère pressé de quitter ces deux pages si bien venues...

Mais le cinquième (en mi bémol majeur, *con anima*) est déplorable ; aucune tenue ni de fond ni de forme : c'est une improvisation relâchée, errante, de style romantique ; les thèmes en sont quelconques, et les harmonies ont traîné partout, – même, hélas, dans la « variété »...

## *Romanza, Intermedio y Marcha*

COMP 1942. PUB ? (José Porter, Barcelone). DÉD à Felix Millet et Montserrat Tusell de Millet ; à Salvador Millet et Carmen Muntadas de Millet ; à Luis Bonet Gari et Mercé Armengol de Bonet.

On sera aussi peu tendre pour la *Romanza* (en mi bémol majeur, *moderato*) que pour les moins bons des *Nocturnes* qui précèdent ; quelques beaux accords voudraient donner le change ; mais l'inspiration rase le sol. Certes, le genre même de la « romance » suppose ces molles inflexions, ces suavités ; mais du poète des *Chemins*, on les aurait imaginées enrobées à la fois d'humour et de tendresse.

L'*Intermedio* (en sol majeur, *andante semplice*) est meilleur, quoiqu'il flâne beaucoup en route (mais après tout, un intermède...) ; et l'on attend sans déplaisir le retour de la naïve comptine initiale.

Tout cela n'est rien auprès de la savoureuse *Marcha* (en mi bémol majeur), qui évoque un *flautista ambulante*, comme le *Suburbis* de Mompou rassemblait gitanes, guitaristes et chanteurs des rues. N'est-il pas exquis, dans sa maladresse et sa candeur, cet air du flûtiste, qu'accompagne assurément un vieil orgue de Barbarie, avec ses appuis de secondes, ses basses plus ou moins détraquées ? Après le *tempo di marcia*, vient une valse (en la bémol majeur, *andantino mosso*), encore plus désaccordée, tournant à l'aigre. On l'arrête court, on reprend la jolie rengaine, qui du moins ne fait pas trop mal aux dents ! Le dernier énoncé, sur d'improbables septièmes, est d'une drôlerie irrésistible. – À défaut de retrouver jamais le message des *Chants intimes*, nous aurons reçu un écho du *Parc d'attractions*, renoué avec son pittoresque sensible, sa verve poétique et sa délicate ironie.

## Manuel BLASCO DE NEBRA
(1750 ?-1784) Espagnol

On ne sait presque rien de lui, sinon qu'il fut organiste de la cathédrale de Séville, comme le porte l'intitulé de son unique ouvrage (le seul en tout cas qui nous soit parvenu), les *Seis Sonatas para clave y fuerte piano* (op. 1) parues à Madrid. Ces **Sonates**, rééditées en 1963 par Robert Parris (Unión musical española), n'ont pas encore beaucoup d'interprètes. Elles méritent d'être définitivement sorties de l'ombre ; ce ne sont pas de simples divertissements ou des exercices d'école ; leur vigueur, leur saveur les détachent du lot ordinaire ; d'innombrables reliefs harmoniques, à grand renfort d'appogiatures, un habile maniement digital, une vaste couverture du clavier (et qui suppose, en dépit de l'hésitation du titre, le piano plus que le clavecin) leur confèrent un attrait particulier. On peut y voir un prolongement, rapaisé, de Scarlatti ; mais plus souvent on croira y entendre un Philipp Emanuel Bach, parfois un Mozart, auxquels l'Espagne aurait donné tantôt de l'âpreté, tantôt cette grâce coquette, ce *garbo* que Granados se fera fort de retrouver un siècle plus tard.

Rangées dans un ordre tonal descendant (ut mineur, si bémol majeur, la majeur, sol mineur, fa dièse mineur, mi majeur), elles comportent invariablement deux mouvements, le premier lent (*adagio* à 4/4), le second rapide (d'*allegro* à *presto*), et suivent à peu près sans faillir un plan de forme sonate, avec des idées bien définies, des contrastes, presque toujours une réexposition en règle.

Encore une fois, les six valent le déchiffrage. S'il faut néanmoins choisir, je retiendrai avant tout la *Cinquième Sonate*, en fa dièse mineur, la meilleure à tous les points de vue. De l'*adagio*, on voudrait dire qu'il est l'œuvre d'un Mozart ibérique, fortement frotté de terroir, et même de modes anciens ; il a par instants ces accents intenses, cette couleur de cendre que prennent chez Mozart les heures graves, sinon tragiques ; la sorte de basse d'Alberti du début, les sauts mélodiques, la longueur du fil harmonique, tout inspire ce rapprochement. – Le *presto* n'est pas moins étonnant, dans son thème hors des sentiers battus, ses arpègements à acciacatures, et ses clausules (à chaque fin de section) en dixièmes brisées, audacieuses et incommodes aux petites mains.

Également très réussie, la *Quatrième Sonate*, en sol mineur. L'*adagio*, rhapsodique, séduit par l'antithèse entre les thèmes, l'un mouvementé, recroquevillé, instable, l'autre étrangement placide (mais on n'ira pas jusqu'à trouver, avec Newman, que l'insistance de ce second thème fasse songer à Schubert). – Bonheur, ensuite, d'un *allegro molto* exubérant, virtuose, avec ses octaves brisées ou plaquées et ses tombées d'arpèges ; surtout expressif, avec ses dissonances longuement vibrantes, ses passages de poursuite syncopée entre les mains.

La *Deuxième Sonate*, en si bémol majeur, après un *adagio* empreint de solennité, offre un *allegro* délectable et scarlattien, dans son rythme alacre de gigue à 6/8, à deux voix presque tout au long ; rythmique remarquable : phrases impaires (sept mesures pour les deux premières, cinq pour les deux suivantes), syncopes à l'espagnole (rythme iambique des mes. 15-17 et autres), asymétrie des clausules (sur pédale) avant les barres de reprise.

C'est plutôt par l'*adagio* que plaira la *Troisième Sonate*, en la majeur ; morceau pensif, de dessins variés (lentes notes répétées, mais aussi triolets et brusques efflorescences de doubles croches), relevé de nombreuses dissonances, avec de curieux passages où les ornements, neuvièmes résolues sur dixièmes, supposent un grand empan (mes. 26, 58).

L'*allegro* de la *Première Sonate*, en ut mineur (laissons l'*adagio*, il est terne et décousu), est peut-être le plus étonnant de ces deux foix six morceaux ; on ne saurait oublier, quand on l'a entendu, ce départ extravagant, les bonds impérieux de la gauche, la neuvième mineure hardiment jetée par la droite ; ni ensuite ces accords arpégés en syncope sur la dernière croche du 3/4 (mes. 19), et tous ces passages où la droite pirouette haut dans l'aigu, la gauche se contentant de la suivre à distance, de quelques basses maigres, posées en catimini...

# Arthur BLISS
(1891-1975) Anglais

Il a commencé, comme tant d'autres dans les années vingt, par imiter Stravinski ; et cela transparaissait si fort qu'il fit les frais d'une caricature, rapportée par Martin Cooper dans son livre sur *Les Musiciens anglais* :

on y voyait Stravinski à sa table de travail, avec à ses pieds une corbeille remplie de brouillons abandonnés ; et à quatre pattes, sous la table, bourrant ses poches de ces précieux papiers, Arthur Bliss... Plus tard il suivit Ravel, puis encore le Groupe des Six, ou ce qu'il en restait. Dans sa maturité, on le découvrit romantique (l'essence, au fond, de son tempérament) ; rentré au bercail d'Elgar, l'enfant terrible ne gardait de ses frasques juvéniles qu'une énergie indomptable, un sens aiguisé du rythme, et un faible pour l'écriture ornementale, pour les dessins à trilles, à gruppettos, à riches arabesques.

Ce créateur qui a touché à tous les genres, mais dont sans doute la musique de chambre (la *Sonate pour alto et piano*, le *Quintette avec hautbois*, le *Quintette avec clarinette*) durera plus longtemps que les ballets ou les œuvres orchestrales (y compris la curieuse *Colour Symphony*), a peu écrit pour le piano. Si l'on néglige quelques pages isolées, trois partitions d'importance jalonnent sa longue existence, à des intervalles presque réguliers.

De 1925 date une **Suite** de quatre pièces (publiée en 1926, Curwen). On ne se défendra pas, dans l'*Overture* (en ré majeur, *allegro*), de songer aux contemporaines *Sonate* et *Sérénade* de Stravinski ; l'unisson de départ débouche vite sur un succédané de Bach, du Bach acidulé, faussé par d'ironiques dissonances, par une rythmique bien détraquée sous son apparente placidité (un 3/4 battu parfois à 6/8, des accents sur les croches les plus faibles, des syncopes, sans compter l'intrusion de quelques 2/4 et 5/8) ; parfois cela chante (ces tierces toutes frisées...), mais on ne saurait trancher à coup sûr entre sincérité et persiflage.

Vient ensuite une *Polonaise* (en la majeur), déglinguée elle aussi, parfois jusqu'à la colère, à violents jets de soufre, et d'autres fois faussement héroïque, à la limite du pompier.

Tout cela ne serait rien sans l'*Elegy*, la minute de vérité de cette partition, et que Bliss dédie à son frère, tué au front en 1916. Quelques accords désenchantés pour prologue, puis s'épand un thème (en mi bémol mineur) sur des arpèges descendants, décoré d'appogiatures pleureuses, page d'émotion vraiment poignante ; au milieu monte un choral funèbre, où viennent tinter des cloches (« quasi campanelle »), avant la reprise de la mélodie élégiaque (en si bémol mineur, cette fois, le ton officiel du morceau).

Des *Variations* finales, et de leur thème (en ré majeur), on se serait passé volontiers ; retenons, à la rigueur (mais pour quoi faire ?), la cinquième des six, bucolique et enjouée, au rythme de sicilienne.

La **Sonate**, composée en 1952 (publiée en 1953, Novello), est une œuvre ambitieuse, en trois mouvements d'une durée totale d'environ vingt-cinq minutes. Le premier *(moderato marcato)* est bâti sur deux idées que tout oppose : l'une vigoureuse, entraînée par un infatigable rythme pointé (à 6/8), l'autre caressante, en souples arabesques, en arpèges fluides, en ornements délicats. Début en la mineur, fin en mi mineur.

Le deuxième mouvement *(adagio sereno)* consiste en variations sur un thème extatique ; elles ne respirent pas à sa hauteur ; lui seul aurait suffi, dans ses harmonies envoûtantes, ses voix intérieures chantantes, sa noble tristesse. L'épilogue n'est pourtant pas dénué d'expression : immobile et fantomatique, de piano à pianissimo.

Le finale (en la mineur, *allegro*) présente son premier thème avec rudesse, pour le reprendre aussitôt avec douceur, dans un bercement d'arpèges ; en guise de second thème, une espèce de danse barbare, au frénétique rythme pointé ; puis un récitatif central, comme une improvisation sur le thème initial, de plus en plus lyrique, – avant les pages virtuoses et enfiévrées de la coda.

En 1970, Bliss a écrit à l'intention du pianiste Louis Kentner trois pièces qu'il intitule simplement ***Triptych*** (publiées en 1972, Novello). Dans la dernière, *Capriccio*, alternent les figures de toccata et les rythmes de polonaise. Avant elle s'étendait (c'est le mot) un ennuyeux *Dramatic Recitative*, dont le drame, selon le compositeur, réside « dans la contestation : déclarations rhétoriques contre passages de bravoure » ; ni les unes ni les autres ne sauraient nous retenir. Mais avec le premier volet de son triptyque, *Meditation* (en la majeur, *andante tranquillo*), Bliss a signé le plus beau morceau de son catalogue pianistique ; pièce originale, en son errance pensive, en ses sentiers personnels, ouverts à l'improviste ; tout y chante sans cesse, mais de façon toujours surprenante ; ici une phrase s'enrobe d'harmonies inattendues, renouvelées ; là un dessin s'effeuille avec grâce, traîne nonchalamment quelques notes, les rafraîchit d'un courant de doubles croches. Rêverie d'octogénaire, sans doute, mais dont le cœur a gardé quelque chose de la gravité de la jeunesse.

Ces pages encore, contemporaines de la *Suite* : les quatre pièces intitulées ***Masks*** (publiées en 1925, Curwen), dont on retiendra la première (en ré majeur, *allegro vivace e giocoso*), toute en grelots rieurs, dans un diatonisme triomphant en dépit de toutes les petites piques de l'harmonie, et surtout l'étonnante troisième, où s'obstine sous le chant un sinueux dessin de croches, lui-même à son tour soutenu de basses profondes (*andante con moto*, en fa mineur, les trois bémols de l'armure marquant le mode dorien, avec ré ♮) ; – deux insupportables ***Interludes*** (publiés en 1925, Chester) et une méchante et aigre ***Toccata*** (publiée en 1926, Curwen), auxquels il n'est pas difficile de préférer la courte ***Study*** (publiée en 1927, Curwen), martelée et rythmée comme du jazz, avec force contretemps et changements rythmiques. – À ce style « jazzé » appartiennent les deux brimborions intitulés *Bliss* (1923) et *The Rout Trot* (1927).

Signalons enfin un *Miniature Scherzo*, composé en 1969 (paru chez Novello), pour le cent vingt-cinquième anniversaire du *Musical Times* ; Bliss y détourne un fragment du *Concerto pour violon* de Mendelssohn, qui se trouve avoir été composé en 1844, c'est-à-dire l'année même du premier numéro de la célèbre revue. Un badinage de trois pages, vif et spirituel.

# Ernest BLOCH
(1880-1959) Américain d'origine suisse

En dehors d'une pièce isolée, en 1914, et si l'on ne compte pas quelques inédits de prime jeunesse, l'œuvre pianistique de Bloch est entièrement issue de deux brefs élans créateurs : l'un dans les années 1922-1923, qui voient naître trois recueils et deux morceaux séparés, l'autre dans les années 1935-1936, date de la *Sonate* et d'un petit recueil transcrit d'après l'orchestre. Plutôt que d'élan, d'ailleurs, on parlerait bien mieux d'envie : celle d'utiliser, en passant, un instrument pour lequel il n'avait ni tendresse ni facilité (ce violoniste, en revanche, écrit magnifiquement pour les cordes). Il s'ensuit non seulement que ces partitions le représentent mal, chose courante chez la plupart des auteurs indifférents au piano, mais aussi, paradoxalement, qu'elles sont réussies en proportion inverse de la part qu'il y a prise.

De toutes, en effet, la plus ambitieuse, la plus développée, est la *Sonate* ; on y reconnaît le style puissant et coloré de Bloch, la solennité hiératique, le souffle lyrique, la véhémence, l'âpreté, et en alternance la sérénité contemplative, la gravité méditative, qui frappent dans ses œuvres de musique de chambre, le *Premier Quatuor*, par exemple, ou le *Premier Quintette avec piano*. Le *barbaro* et le *mistico* ne sont-ils pas comme deux pôles entre lesquels ne cessa d'osciller sa musique de rhapsode, de chantre inspiré de l'âme juive, même après qu'il eut abandonné titres et programmes au bénéfice d'un art plus abstrait ? Pourtant l'on ne sort qu'à moitié satisfait de cette *Sonate*, où les défauts l'emportent sur les vertus, peut-être parce que le piano les met davantage en évidence, trahit la pâte épaisse, signale impitoyablement la redondance et l'emphase, aggrave les creux. Bien moins « importants » (mais à quoi juget-on l'*importance*, en musique ? au message ? c'est l'affaire des tribunes, des gazettes, du roman naturaliste ; aux dimensions ? encore moins, puisque, pour parodier Boileau, un prélude sans défaut vaudra toujours mieux qu'une longue sonate !), bien plus modestes, les *Sketches in Sepia* ne se réclament pas de leur auteur plus que d'un autre, et l'on aura du mal à l'y enfermer tout entier ; mais quel recueil accompli, fini dans ses moindres détails, musical de bout en bout ! C'est lui sans doute qu'on visitera le plus souvent, de ces quelques îlots de musique pianistique, perdus dans l'immensité océane de l'œuvre de Bloch.

### *Ex-voto*
COMP 1914. PUB 1964 (Broude Brothers).

Pièce égarée, qui ne figurait dans aucun catalogue de Bloch et ne fut découverte qu'après sa mort. Elle avait paru en fac-similé dans un journal genevois, *Le Monde et la Mode*, à la suite d'un article sur le compositeur. C'est un peu sa *Fille aux cheveux de lin* : mélodie embuée de mélancolie douce, dans ses teintes modales, entre deux frises d'accords archaïsants (en si bémol mineur, *assez lent*).

### *Poems of the Sea*
COMP juillet 1922. PUB 1923 (Schirmer). Orchestrés.

Si l'on veut bien ne pas les comparer à celles des Français de la même époque (les *Sillages* d'Aubert, *Le Chant de la mer* de Samazeuilh, splendides poèmes destinés à un piano virtuose et orchestral), ces trois marines, faciles dans toutes les acceptions du terme, ne déplairont pas. Bloch en a trouvé l'inspiration au cours d'un séjour au Canada, en Gaspésie, durant l'été 1920 : orages spectaculaires, vagues déferlantes, hurlements du vent et cris des goélands. Plus tard il les coiffa d'une longue épigraphe empruntée à Whitman.

La première pièce, *Waves* (« Vagues », en si bémol mineur, *poco agitato*), remue ses flots à la main gauche, en croches à 9/8 ; on entendra dans ce roulis un do♭ persistant, qui heurte le do♮ du chant (noté, lui, à 3/4). Du murmure presque inarticulé du début, on passe à un registre plus intense, avec une phrase en octaves ; et des croches aux doubles croches, serrées en trémolos. Retombée et reflux donnent ensuite libre cours à un intermède modal, complainte triste et simple, soutenue des accords les plus quotidiens. Reprise, et fin chuchotée.

Dans la deuxième pièce, *Chanty* (« Chanson de marins », en la mineur, *andante misterioso*), le barde de l'intermède précédent chante une mélopée de couleur dorienne (sixte majeure, d'où ce fa♯ à l'armure), en s'accompagnant de lents accords. Bloch ici ressemble fort à MacDowell, surtout dans l'épisode majeur, « *in the style of a folk-song* », où l'on entend même le *scotch snap* (rythme iambique, brève-longue) si cher au musicien de la Nouvelle-Angleterre.

Mode dorien également dans la troisième pièce, *At sea*, et à nouveau le fa ♯ à la clé pour ce morceau en la mineur *(allegro vivo)*. Rythme à 6/8, comme d'une gigue emballée ; motifs simples, harmonies évidentes, à peine relevées de quelques superpositions majeur/mineur. Tout cela traduit naïvement les coups de vent, le lointain flot houleux, les mouettes criardes, et l'on y est au plus près de l'épigraphe :

> *The boundless blue on every side expanding,*
> *With whistling winds and music of the waves...*

### In the Night
COMP juillet 1922. PUB 1923 (Schirmer). Orchestré.

Les sept bémols de la bémol mineur, avec leur ouate nocturne, n'assurent-ils pas d'emblée à ce « poème d'amour » (*A Love-Poem*, précise le sous-titre) une atmosphère de torpeur, lourde à la fois de désirs et de regrets ? Un sombre remuement d'arpèges, au fond du clavier *(lento assai)*, constitue le sol meuble d'où s'extrait péniblement ce thème gémissant, meurtri d'altérations modales. Cependant le ton change ; à la morne plainte succèdent les vagues emportées de l'appassionato, au manque d'assurance des degrés défectifs la certitude du plus lumineux des tons, sol majeur. Extase passagère ; si la pièce à partir d'ici gagne une sorte de paix impondérable, faite d'acquiescement, elle n'en retombe pas moins dans ses glissements chromatiques et ses profonds arpèges bémolisés. Nulle part l'équivoque entre cette sérénité volontaire et cette oppression des ténèbres environnantes ne se traduit mieux qu'au haut de la dernière page, où se heurtent les indications contradictoires : « molto calmo », « teneramente », mais *ff*, dans un ultime élan de passion. Enfin la conclusion est gagnée au mode majeur, avec pourtant, jusqu'au bout, l'irrésistible attirance de la tierce mineure...

### Five Sketches in Sepia
COMP juillet 1923. PUB 1924 (Schirmer).

En dix minutes qu'on préférera aux vingt-cinq de la *Sonate*, c'est le chef-d'œuvre du mince catalogue pianistique de Bloch, de brèves notations impressionnistes, très suggestives dans leur monochromie de lavis.

Le *Prélude (moderato)*, quintessence d'*Humor*, a des arpègements fuyants, des fragments où insistent quelques notes, des harmonies altérées, un rythme fantasque, avec de brusques accélérations, des arrêts, des points d'orgue. L'accord final superpose, en appogiature, ut majeur à si majeur.

Grande liberté rythmique également (rubato et points d'orgue) pour *Fumées sur la ville (moderato)*, où une petite ritournelle plaintive se serre frileusement entre quelques accords. Ton non indiqué, mais assez net, d'ut dièse mineur.

*Lucioles*, qui chez Florent Schmitt est le titre d'un poème virtuose (la seconde pièce des *Nuits romaines*), est chez Bloch celui d'un étonnant haïku de trente secondes *(scherzando)*. Le vol capricieux des insectes est rendu par des mètres changeants (7/8, 6/8, 9/8, 5/8...), et leurs furtives lueurs par des frémissements de quartes qui bitonent avec la basse. Un trille final, deux arpègements brefs, tout disparaît. (Tonalement, la pièce est un subtil alliage de la majeur et de ré mineur.)

Pour suggérer l'*Incertitude*, voici s'enchaîner maintenant de lents accords *(moderato)* ; des notes appogiaturées, vibrant dans la pédale ; un thème qui tente de s'imposer, au médium, mais n'aboutit pas ; des cloches lointaines ; et un dernier accord sibyllin, où la mineur survole si bémol mineur.

En guise d'*Épilogue*, un très beau nocturne (en mi dorien, avec deux dièses à la clé, *andante sereno*), où d'abord de paisibles quintes tanguent doucement sur de grands arpèges en triolets. Puis l'on entend citer des bribes de chacune des pièces précédentes : ces évocations ne vont-elles pas ramener l'inquiétude et l'ennui ? Mais le courant pacifique des arpèges repart ; puis c'est le calme clignotement des étoiles, avec ces secondes qui descendent du firmament, au-dessus de croches dodelinantes, répétées deux par deux ; et l'accord final (« quieto ») ne saurait être que majeur.

## *Enfantines*

COMP 1923. PUB 1924 (Carl Fischer). DÉD entre autres à ses filles Suzanne (n° 1) et Lucienne (n° 3) ; cette dernière est l'auteur des vignettes qui illustrent le cahier.

On sait comme est malaisée la pratique de l'*enfantine*, genre entre tous périlleux. Il est plus facile de s'adresser à des adultes, qu'on peut gaver de sonates, qu'à des enfants, dont l'âme encore fraîche veut une friandise à la fois plus simple et plus rare. Quelques-uns de ces dix morceaux sont trop mièvres, destinés à cette enfance de pacotille qui n'existe que dans le cerveau des grandes personnes : par exemple *Dream* (n° 10), aux arpèges séraphiques ; ou *Melody* (n° 6), qui refait interminablement, en l'édulcorant, le *Quatrième Prélude* de Chopin.

Les meilleures pièces : *Lullaby* (n° 1, « Berceuse », en la mineur), vraiment enfantine, toute sur les touches blanches, candidement, à l'exception d'un sol ♯ vers la fin ; *Elves* (n° 4, « Elfes », en sol majeur), où la pédale soutient dans son halo des arpèges alternés d'une main à l'autre ; *Joyous March* (n° 5, en sol majeur), à cause de sa cadence plaisante où se succèdent 4/4 et 3/4 ; mais surtout *Rainy Day* (n° 8, « Jour de pluie »), avec ses notes répétées grelottantes, son rythme équivoquant entre binaire et ternaire, son la mineur phrygien (si ♭ à la clé, seconde mineure).

## Nirvana

COMP avril 1923. PUB 1924 (Schirmer). DÉD à Povla Frijsh.

Cette pièce veut évoquer un au-delà paisible, un néant « sans désir, sans souffrance », comme l'annoncent les mots de l'exergue. Elle est en ré, malgré les trois dièses à l'armure ; du moins entend-on le pouls régulier d'une pédale rythmique de ré durant les volets extérieurs *(assai lento)*, scandée au fond du piano, tandis que montent peu à peu de ces limbes des accords bitonaux, des motifs insistants flottant dans la vibration, – puis des tintements de cloches sourdes (accords sans la tierce), *pp* dans l'aigu, avec un battement plus lointain encore d'harmonies dans le médium, *ppp*. Le volet central (en sol dièse mineur) tire des sons extatiques d'une superposition de très lents trémolos. L'accord final additionne les deux tons de la pièce, ré majeur et sol dièse mineur.

## Sonate

COMP mars-octobre 1935. PUB 1947 (Carisch). DÉD au pianiste Guido Agosti.

Des pensées sombres et douloureuses ont présidé à cette œuvre, qu'on pourrait appeler une « sonate de guerre », au même titre que la *Sixième* ou la *Septième Sonate* de Prokofiev, que la *Deuxième* de Chostakovitch, que la *Deuxième* de Kabalevski, à cela près que (voyez la date) la guerre y est seulement pressentie.

Dans le premier mouvement (en ré mineur/majeur, *maestoso ed energico*), rempli de sourdes menaces, de bruits, de rumeurs, d'explosions de colère, alternent des sections rhapsodiques et capricieuses, où l'on discerne essentiellement une rapide figure arpégée, tantôt ascendante, tantôt descendante, qui va rebondir sur des notes lentes accentuées avec rudesse, – et des sections plus rythmiques, à l'allure de danse guerrière, faites d'une succession irrégulière de mesures à 2/4, 3/4, parfois 4/4, dont les croches font l'unité, pressées qu'elles sont, affolées, de deux en deux. On retiendra par-dessus tout quelques mesures poignantes et brutales, qui clament leur chant en quintes vides superposées.

La même figure arpégée qui conclut *ff* ce mouvement sert à amorcer, reprise *pp* en écho, le deuxième, une *Pastorale (andante)*, plutôt un long nocturne, aussi décousu que peut l'être la rêverie, où les motifs se cherchent à tâtons, souplement se répondent, s'imitent, s'entremêlent, et où le métronome ne compte guère. La thématique y est souvent orientale, et même hébraïsante. Il y a, vers le milieu, une merveilleuse et romantique apothéose d'accords, dans un bouillonnement d'arpèges.

Suzanne Bloch rapporte que son père lui montra un jour une statuette chinoise qu'il possédait, représentant un monstre affreux qui foulait des corps humains : « Le dieu de la guerre, murmura le compositeur ; c'est le dernier mouvement de ma *Sonate*. » On n'en comprendra que mieux le lourd piétinement de ce finale (en si mineur, *moderato alla marcia*), d'autant plus inquiétant qu'il procède sans franchise, avec de sournois moments de répit où le rythme semble se distendre ou se diluer. Bitonalité acide, naissant d'accords parfaits superposés à une basse étrangère au ton principal. On réentend au passage, comme une plainte (« lamentoso »), des bribes du premier mouvement. La fin, d'un effet étonnant, s'assourdit de plus en plus, ralentit, s'estompe, dans un murmure d'octaves au fond du piano.

### *Visions et Prophéties*
COMP 1935-1936. PUB 1936 (Schirmer).

Cinq pièces aussi denses que brèves, que Bloch a adaptées d'une œuvre pour violoncelle et orchestre intitulée *The Voice in the Wilderness*. La première (en ré mineur, *moderato*) fait une entrée en matière saisissante, avec ses unissons, ses accents de récitatif, ses quartes et quintes métalliques et douloureuses, son cri d'angoisse aigu, vite ravalé dans la solitude : c'est vraiment « la voix qui crie dans le désert »...

Il faut des doigts subtils et une oreille attentive pour restituer le mystère de la deuxième (en mi bémol mineur, *poco lento*), plans sonores étagés sur le clavier, mélismes orientaux à seconde augmentée, pédales traînantes, arpègements, échos, dans la liberté de tempo d'une improvisation.

La troisième pièce (en ut dièse mineur, *moderato*) est de caractère héroïque : son de trompes, rythmes hiératiques, accents belliqueux, et tout un coloris primitif.

Climat mystique de la quatrième (en fa majeur, *adagio, piacevole*), dont les lignes, les accords, les appels, flottent au gré de grands arpèges mélodieux ; ici encore, le pianiste doit tâcher d'orchestrer sa partition, d'en nuancer précisément la palette, d'en diversifier les registres.

Enfin la dernière pièce (en ut mineur) est comme un résumé des précédentes, de leurs alternances d'emportement et de résignation, de leurs élans, de leurs cris de fureur, de leurs accalmies ; voici successivement le rythme pointé des cuivres et leurs accords archaïques ; la houle silencieuse des basses, rivées à la tonique ; les poussées d'octaves chromatiques ; et l'apaisement final, si doux, si émouvant, avec cette gamme qui monte lentement mourir à l'aigu, loin au-dessus d'un dernier frémissement de triolets.

(J'ai dû passer sous silence, à regret, les *Four Circus Pieces* de 1922, un petit chef-d'œuvre de drôlerie et de satire, – dont l'une, *The Clown*, est dédiée à Charles Chaplin. Elles ont été enregistrées ; mais les héritiers de Bloch, se voulant fidèles aux volontés du compositeur, n'en ont pas encore autorisé la publication.)

# Alexandre BOËLY
(1785-1858) Français

D'une vaste production pianistique, essentiellement composée de courtes pièces (le pendant de ses trois cents pièces d'orgue), et dont la majeure partie, accumulée pendant un demi-siècle, n'a paru qu'après sa mort, seules peut-être les *Sonates* et les *Études* pourraient redorer le nom de Boëly, injustement rongé par la poussière de l'oubli. Elles le montrent sérieux, tournant résolument le dos à l'engouement du temps pour les rondos, les fantaisies, les variations sur des airs à la mode. Ces œuvres peuvent être difficiles, elles ne sont jamais ostentatoires. Surtout, elles révèlent un musicien consommé, nourri de tradition classique, et qui, s'il fut parfois tenté par des formes, des idées, des accents neufs, aima plus encore adapter à son époque le style de Bach, de Haendel, de Scarlatti, dans de curieuses *Suites dans le style des anciens maîtres*. On ne le goûta que médiocrement. « Un artiste imbu d'un pareil système n'a pas à compter sur l'appui de ses contemporains ; il ne peut attirer l'attention que plus tard, quand la question d'actualité n'existe plus. » Saint-Saëns (qui fut le jeune dédicataire de sa *Fantaisie op. 21*) écrivait ces lignes en 1902, pour préfacer une anthologie de Boëly aux éditions Costallat. « Le temps est venu... », ajoutait-il. Près d'un siècle plus tard, sa parole ne s'est guère accomplie.

Le coup d'essai des **Deux Sonates op. 1**, publiées en 1810 (Pleyel et Naderman), est un coup de maître, et il faut regretter qu'elles soient restées l'unique effort de Boëly dans le domaine de la sonate pianistique (mis à part le *Duo à quatre mains op. 4*, et la *Sonate à quatre mains op. 17*). – La *Première Sonate*, en ut mineur, est un pur produit beethovénien (ou mozartien, si l'on songe à la *Sonate en ut mineur*) ; il y entre heureusement, deux fois sur trois, autant d'inspiration que d'admiration pour ces maîtres ; et quant au métier, on ne peut rien reprocher à ses trois mouvements, fermes, denses, concis, et d'une attrayante écriture pianistique. Les deux thèmes de l'*allegro molto* sont bien délimités, le premier en accords, par petites incises haletantes, qu'arrête à chaque fois, sous un point d'orgue, un accord de septième diminuée (il vient tout droit du finale de Mozart), – le second (au relatif mi bémol) aimable et coulant, au-dessus de batteries de croches. Le plus beau moment est, à la réexposition, la redite inattendue du premier thème en fa dièse mineur, puis si mineur, question réitérée dans le silence, et demeurée sans réponse. – Le sensible *adagio con espressione* (en la bémol) repose sur trois motifs : A en accords de choral méditatif, B en cantilène chromatisante et modulante, C en grands arpèges de triolets qui passent de la main droite à la main gauche ; la deuxième moitié du morceau insère après A un bref développement de C, avant de poursuivre normalement sa réexposition de B et de C. – Finale remuant *(presto)*, et parfois grondant jusqu'au tumulte, mais trompeur, moins « nécessaire » que ce qui précède, cousant plus souvent le cliché que la trouvaille, sauf au début du développement, où le motif d'accords inquiets sur un glissant trémolo de la basse a beaucoup de caractère.

L'*allegro con brio* de la *Deuxième Sonate*, en sol majeur, retient surtout par son second thème, le seul à être développé, une affectueuse mélodie bercée d'arpèges en triolets, où flotte d'avance un arôme schubertien (tel qu'en exhalent tant de sonates de Dussek, que Boëly a dû connaître). – Pas de mouvement lent, mais un adorable scherzo à 6/8 (en sol mineur), qui ne perdra rien à être pris à un tempo plus modéré que l'*allegro* indiqué par le compositeur. Encore des anticipations de Schubert dans ces phrases ingénues, cette mélancolie souriante ; jolie fin, majorisée, dans le grave, à effleurer du bout des doigts. – Rondo médiocre, hélas, incapable de tirer parti de sa proposition initiale (qu'un Dussek eût maniée à ravir !), et vite épais d'écriture et balourd d'esprit.

L'ambitieux auteur de sonates s'effaça très vite au profit du pédagogue, occupé à fournir un matériau à ses élèves. Les *Études* publiées par Boëly sont au nombre de cent, en trois recueils, sur des intervalles de quinze ans : trente *Caprices ou Pièces d'étude op. 2* en 1816 (chez Boieldieu jeune), trente *Études op. 6* en 1830 (Pleyel), et quarante *Pièces d'étude op. 13* en 1845 (Richault). Mais les opus posthumes formés par Richault avec la masse des inédits (op. 33, 34, 46 à 56) contiennent aussi nombre de pièces assimilables à des études.

Parmi les premières du genre dans l'histoire du piano (celles de Cramer ne les précèdent que de douze ans), les *Études op. 2*, dédiées à la pianiste Marie Bigot, sont concises, délicates, de petits feuillets d'album très réussis. Rares sont celles qui ne sentent que l'exercice (n° 15, 18, 26) ; la plupart arrivent à concilier le propos du didacte et la sensibilité du musicien. Quelques-unes, tout naturellement, regardent vers le passé : par exemple la sixième (en ut dièse mineur, *andante*), qui avec son harmonie épandue en paisibles arpèges et ses dessins chantants de doubles croches semble quelque prélude de Bach, – ou la vingt-cinquième (en sol mineur, *andante*), dans son mélodieux tissage à trois voix. D'autres avancent à pas comptés mais sûrs dans le siècle romantique : la dix-septième (en la bémol majeur, *allegro sempre legato*), aux inflexions schubertiennes, dans son chant planant sur des triolets, – ou la dix-neuvième (en sol mineur, *presto ma non troppo*), dont les dessins tournoyants, talonnés par le rythme pointé de la basse, évoquent si fortement Schumann.

Les *Études op. 6*, dédiées à Kalkbrenner, ont été composées entre 1817 et 1829 ; plus étendues et plus brillantes que les précédentes, il leur arrive d'être creuses, préoccupées d'un mécanisme à la Czerny. Parmi les plus intéressantes : la quatorzième (en fa majeur, *presto ma non troppo*), rythmée dans le 6/16 d'une gigue, parsemée de syncopes, d'accents contrariants ; – la dix-huitième (en la mineur, *vivace*), en vigoureuses attaques de doubles notes, avec de vastes dessins arpégés de la gauche ; – et la magnifique vingt-troisième (en ré mineur, *allegro un poco agitato*), dévorée d'une flamme ardente, au début encore timide et secrète, puis (épisode majeur) emportée dans un irrésistible élan.

Il y a davantage à glaner dans les *Études op. 13*, dédiées à Cramer, dont la composition va de 1823 à 1844. Par exemple la troisième (en si bémol majeur, *allegro ma non troppo*), dont les infatigables figures de croches, conjointes ou disjointes, « sempre legato », sont scandées d'un rythme dansant à la basse (noire-blanche-noire) ; – la huitième (en ut dièse mineur, *allegro*), où le dessin brisé de la droite, en croches, au-dessus des valeurs longues de la basse, dissimule une mélodie en rythme pointé (croches 1, 4, 5, 8 de chaque mesure) ; – la dixième (en sol mineur, *allegro moderato ma energico*), titrée « 28 juillet 1830 », orageuse et passionnée, toute en roulements d'harmonies houleuses (doubles triolets, à 4/4, alternant d'une main à l'autre) ; – la quinzième (en la majeur, *cantabile sostenuto*), pour son allure de nocturne, à la Field plutôt qu'à la Chopin, bercé de voluptueux triolets, et auquel ne manquent même pas quelques fioritures de bel canto ; – l'hilarante dix-neuvième (en ut majeur, *non troppo presto e mezzo staccato*), avec ses sauts périlleux, les deux mains en sens contraire ; – la trente-quatrième (en ut mineur, *un poco sostenuto*), qui tire du trille ou du trémolo, en lents triolets sur de longues basses, un effet presque hypnotique et beaucoup d'expressivité.

Terminons, pour tâter d'un Boëly plus à la mode, – ce qu'il ne fut guère longtemps, faute de disposition pour ce sport, – par le **Caprice op. 7** (en la bémol), où il tire son épingle du jeu, parmi les innombrables fournisseurs de l'époque. Ce morceau, dont on connaît uniquement la date de réédition (1843, chez la veuve Lanner), mais qui doit remonter aux environs de 1830, est fort plaisant, aux doigts comme aux oreilles ; sans rien d'exceptionnel, il peut se targuer de n'être ni sot, ni vulgaire. La partie principale *(allegro grazioso)* tendrait à verser dans la valse, et n'en a que plus de mérite, à l'avant-dernier retour, à basculer, avec le même thème, dans un 2/4 guilleret, vraiment inattendu. L'intermède, quant à lui, passe dans le mode mineur *(cantabile)*, où ses sept bémols ont tôt fait d'être soufflés par des modulations enharmoniques. Huit pages, impeccables, enlevées sans fatigue.

## Georg BÖHM
(1661-1733) Allemand

Le sort des précurseurs immédiats de Bach est cruel. En croissant, il les a diminués. Il y a sans doute encore des organistes pour jouer Pachelbel ou Böhm, mais combien de clavecinistes ? combien (ne sourions pas) de pianistes ? L'historien, l'analyste, ces comptables, ont beau jeu d'exposer point par point une dette : ce que Bach a emprunté à ses devanciers, procédés, secrets de métier, et jusqu'à tel sujet, tel rythme, telle combinaison polyphonique, tel agencement formel, il nous l'a rendu au centuple. Mais une ébauche réussie demeure émouvante, même auprès du tableau terminé : voilà pourquoi l'amoureux de Chopin doit fréquenter parfois Hummel, et le fervent de Bach remonter jusqu'à Böhm, ce natif de Thuringe qui voulut, avant lui, concilier les différents courants allemands, en les trempant de surcroît dans une bénéfique influence française.

Son catalogue n'est guère étendu. On trouvera ses œuvres de clavecin (et d'orgue, elles se confondent souvent), réunies en deux volumes, chez Breitkopf & Härtel (édition de Johannes Wolgast, revue par Gesa Wolgast, 1952). Pour le clavecin, Böhm laisse onze suites, une poignée de pièces diverses. Même en piochant dans les chorals variés qui semblent revenir d'office à l'orgue, on n'accroîtra guère que de quelques unités ce petit répertoire, – que Bach, au témoignage de son fils Emanuel, étudia et chérit quand il était à Lüneburg, où Böhm tint les orgues de l'église Saint-Jean de 1698 à sa mort.

Les *Suites* de Böhm, comme celles de Buxtehude et de Reinken, sont presque toutes bâties sur le patron établi par Froberger : allemande, courante, sarabande et gigue. Une seule, la *Suite en ré majeur* (*Deuxième Suite* de l'édition Wolgast), s'en écarte résolument : *Ouverture* lullyste consistant en un fugato à 6/8 entre deux pans à 4/4 en lent rythme pointé, *Air* tendre et persuasif, *Rigaudon* bien carré, d'accent populaire, et dont le trio mineur fait chanter deux chalumeaux à la tierce, *Rondeau* et *Menuet* aussi galants l'un que l'autre, fière et joyeuse *Chaconne*, on voit par ce menu qu'elle n'a pas volé l'appellation de « Suite française » qu'on lui donne communément.

Les autres suites, malgré l'uniformité de leur plan, n'en ont pas moins chacune sa personnalité ; cela tient à des riens, le ton utilisé, l'espace octroyé, tour à tour la sobriété ou la prodigalité des figures. Telles sarabandes se réduisent à deux lignes, seize mesures concentrées (*Troisième*,

*Neuvième* ou *Onzième Suite*), mais telle autre s'accroît lentement, s'alimente de ses syncopes et ne s'éteint qu'avec regret *(Quatrième)*, telle autre est construite en rondeau *(Dixième)*, telle encore s'octroie un double qui dénoue ses accords *(Septième)*. Telle gigue n'a même pas le temps de prendre son envol *(Troisième Suite)*, quand une autre au contraire danse tout son saoul *(Onzième)* ; et à propos de gigue, notons que la *Neuvième Suite* s'en passe, se limitant à trois mouvements, et que la *Huitième* lui substitue une *Chaconne*.

La plus grande variété, cependant, on la rencontrera dans les allemandes ; certaines, par leur rondeur et leur plénitude, avec ces flexibles dessins conduits d'une voix (et d'une main) à l'autre, ces échos suggestifs propres au style brisé, nous évoquent d'avance la manière de Bach *(Première* ou *Neuvième Suite*, de façon vraiment saisissante, et aussi *Quatrième, Septième, Huitième*) ; celle de la *Troisième Suite*, plus statique, plus sévère, refuse la volupté des entrelacs ; celle de la *Cinquième*, en revanche, est fleurie comme un préambule de toccata ou de fantaisie ; celle de la *Dixième*, brève et un peu archaïsante, est exceptionnellement précédée d'un *Prélude* aussi concis, quelques gammes et arpèges alternés, le temps pour l'instrumentiste de se dérouiller les doigts.

S'il fallait n'en choisir qu'une : la *Septième Suite*, en fa majeur, dont l'*Allemande* est de la plus belle venue, brodant ses fils sur une trame aussi ferme que légère, – dont la *Courante* séduit par de piquantes syncopes, – dont la *Gigue* est de loin la plus dansante, par la vertu d'un vigoureux rythme pointé, – et dont la *Sarabande* surtout (avec son double) est inoubliable, pour l'attaque inattendue, mes. 7, de cet accord (ré bémol, sixte napolitaine de la dominante, avec appogiature supérieure) si violemment romantique...

À signaler, dans les **Pièces diverses**, le *Capriccio* en ré majeur, succession de trois fugues partageant un même sujet (sur cinq notes), la première à 4/4, sage et studieuse, la deuxième à 3/4, moins innocente, relevée par les chromatismes de son contre-sujet, la troisième à 24/16, la dégourdie des trois, qui danse une gigue endiablée.

Mais un autre morceau mérite mieux que le détour de la curiosité, l'étonnant *Prélude, Fugue et Postlude* en sol mineur, où Böhm témoigne de puissance et d'originalité ; prélude massif, en accords battus à 3/2 (selon l'humeur, on lui imprimera une allure funèbre et comme inexorable, ou bien on le lancera à toute volée, dans une bruyante exaltation) ; fugue à quatre voix, pensive, mélancolique ; postlude en accords brisés descendants, à la main droite, la basse soulignant aux temps forts ces halos d'harmonies.

Enfin, ne refermons pas ce petit chapitre sans rappeler l'existence, dans le second *Klavierbüchlein* d'Anna Magdalena (1725), d'un *Menuet fait par Mons. Böhm* (en sol majeur), recopié de la main de Bach. Court et simplet, à deux voix graciles, dans le plus pur style galant, il n'est peut-être pas de la plume de notre auteur ; mais on peut, avec Hugh McLean, et pour le roman, être tenté d'y voir un symbolique cadeau de mariage, envoyé à son cadet par le vieil organiste, en souvenir des jours de Lüneburg...

## Charles BORDES
(1863-1909) Français

Sans connaître Bordes lui-même, jeune et bouillant fondateur de la Schola cantorum, qui sacrifia la composition à sa double passion pour le chant populaire et la musique ancienne, tout amoureux du piano français du XX$^e$ siècle se souviendra qu'il a rencontré son nom, et perçu quelque chose de son style, dans la délicieuse fantaisie de Séverac, *Sous les lauriers-roses*. Car Déodat fait mieux que de dédier sa pièce « à la mémoire des maîtres aimés, Chabrier, Albéniz et Bordes » : il en trace, au détour, le portrait musical, et s'il évoque Chabrier dans un scherzo-valse, pour Bordes il a recours au rythme à cinq temps...

Et de fait, les deux partitions pianistiques de Bordes, toutes deux datées de 1891 (Édition mutuelle, puis Rouart-Lerolle), justifient ce clin d'œil. L'une est un **Caprice à cinq temps** (en si mineur), basé sur le rythme du zortzico, à 5/8, qui séduisait tant ce Basque d'adoption. Dans la première partie se succèdent un thème dansant, appuyé d'accords à contretemps, sur une basse à grands intervalles, – et sa variation *(très vif)*, où l'accompagnement s'arpège en triolets. Le *maggiore* central *(tranquillo)* commence comme un très doux choral, souligné plus loin d'une basse staccato. Reprise abrégée de A ; courte conclusion sur B, élargi et sonore.

L'autre partition comporte **Quatre Fantaisies rythmiques**, attachantes, intrigantes, pleines de caprices, mais aussi d'un luxe d'annotations propre à serrer au plus près cette vie fantasque : désordre savant et liberté tenue au licou. Dans la première (en fa dièse mineur), qui taquine à nouveau le 5/8, la « fantaisie » provient de l'alternance incessante d'un bref appel en accords plaqués, la croche à 132, et d'une réponse mélodique plus rapide, la croche à 208 ; il y entre justement un peu trop d'apprêt, trop de symétrie forcée, mais l'intermède, moins calculé, corrige un peu cette impression.

La deuxième (en ut dièse mineur), plus banale d'intonation, utilise un 8/8 divisé en 2+3+2 croches, anticipation de certains mètres bartokiens, d'où ne résulte ici, à vrai dire, qu'une espèce de valse boiteuse.

La troisième (en la bémol mineur), qui remonte à 1883, n'a rien de « rythmique », dans son lent et régulier 3/4 ; et la fantaisie y serait plutôt « chromatique », tant ce choral endeuillé, couleur de feuilles mortes, se réfère au style de Franck (Bordes avait vingt ans, et ne jurait que par le *Pater seraphicus*).

Le plus réussi des quatre morceaux est le dernier (en si mineur, *vif*), qui, avec son allure de ronde découpée à 15/8 et sa couleur dorienne, respire le terroir (et nous rappelle le rôle considérable de Bordes dans le défrichement du folklore basque et languedocien) ; l'épisode central passe à 7/8 et au mode majeur *(assez lent et très mystérieux)*, pour glisser moins un thème que sa suggestion, en grosses notes, au milieu d'un fin réseau d'harmonies.

On n'est pas quitte pour si peu avec Bordes ; il faut aller le découvrir dans son meilleur, en mélodiste, en musicien inspiré de Verlaine (par exemple les quatre *Paysages tristes* de 1886, ou *Le Son du cor* de 1893) et de Francis Jammes.

## Alexandre BORODINE
(1833-1887) Russe

Cet homme à la double vie édifia patiemment, dans les loisirs que lui laissaient ses travaux de chimiste, une œuvre musicale aussi restreinte qu'admirable. Comme il favorisait la voix et l'orchestre, il est, de tout le Groupe des Cinq, voire de tous les compositeurs russes, celui qui a le moins écrit pour le piano. Nous n'avons de Borodine que les sept pièces qui composent la *Petite Suite*, et qu'un *Scherzo*, l'une et l'autre datant de ses dernières années. (Sa contribution, en 1878, aux *Paraphrases* à quatre mains, ce délicieux badinage où il eut pour complices Rimski, Cui et Liadov, n'entre pas dans notre propos.) S'il arrive au *Scherzo* de servir de bis (Rachmaninov, par exemple, l'a beaucoup joué), les virtuoses ne sont guère attirés par la *Suite*, bien trop facile pour leur plaire. Les amateurs ne la connaissent pas davantage. Ils ont tort ; ces pièces modestes retiennent une part essentielle de l'art de Borodine. Elles ne peuvent rivaliser en couleur avec ses symphonies ou son *Prince Igor* ; mais elles ne leur sont pas inférieures en beauté, en nouveauté harmonique. La force leur manque, mais non la grâce mélodique si particulière au compositeur. Les inflexions orientales, les aromates modaux, les longues pédales, s'allient en un langage unique, savoureux, reconnaissable entre tous, – et dont la musique française a ressenti durablement l'emprise.

## Petite Suite

COMP 1885. PUB 1885 (Bessel). DÉD à la comtesse de Mercy-Argenteau.

Malgré leur titre, ces pièces rédigées en partie d'après des matériaux anciens (*Rêverie*, *Sérénade* et *Nocturne*) forment une collection disparate, à tous les points de vue. Par leurs sujets : le religieux et le profane s'y côtoient, comme les inflexions slaves et les rythmes espagnols. Par leur ordonnance : les deux mazurkas se talonnent, la suite commence et finit dans la lenteur, les tonalités semblent choisies sans discernement, jusqu'à laisser se succéder trois pièces en ré bémol. Qualitativement non plus, rien ne rapproche ces sept morceaux : certains, en dépit d'une forme harmonieuse, ne sont que des porcelaines de salon ; d'autres demeurent plus longtemps dans le souvenir. Conscient peut-être de ces défauts, le musicien, après coup, calqua sur l'œuvre un « programme » en français qui, s'il n'en excuse pas l'inégalité d'inspiration, du moins en justifie l'apparent décousu (« Petit Poème d'amour d'une jeune fille : Sous la voûte de la cathédrale on ne pense qu'à Dieu ; On rêve la société ; On ne pense qu'à la danse ; On pense à la danse et au danseur ; On ne pense qu'au danseur ; On rêve au chant d'amour ; On est bercée par le bonheur d'être aimée. »). Cependant, plus intéressante que ce roman à l'eau de rose, qui devait enchanter la dédicataire, une réelle parenté entre les thèmes assure à l'œuvre sa secrète unité.

La première pièce, *Au couvent* (en ut dièse mineur, *andante religioso*), est construite en arche (ABCBA) ; elle commence par des accords espacés qui tintent comme des cloches et descendent lentement de l'aigu, cependant que résonne à contretemps, dans l'extrême grave, un do # inébranlable, formant pédale de tonique (ainsi vibre longuement, dans la troisième des *Études transcendantes* de Liapounov, *Carillon*, la voix sépulcrale de la grande cloche). Après ce prélude, on entend un chant d'église, d'abord en transparent contrepoint, puis en accords de plus en plus épais, comme un choral clamé à pleins poumons, pour revenir au pianissimo et aux lignes horizontales. La fin reprend les carillons du début. Morceau russe jusqu'à la moelle, inspiré de bout en bout, l'un des plus beaux du cahier.

L'inspiration baisse d'un cran avec l'*Intermezzo* (en fa majeur), qui affiche un *tempo di menuetto* mais n'est qu'une mazurka de plus, avant les deux proprement dites. Le meilleur en est le trio central, hélas trop court, aux harmonies ravissantes, sur de longues pédales de ré bémol puis de do (dominante du ton principal) ; c'est dans ces enchaînements caractéristiques que Ravel a trouvé le départ de sa valse pastiche, *À la manière de Borodine*.

Des deux *Mazurkas*, l'une en ut majeur *(allegro)*, l'autre en ré bémol majeur *(allegretto)*, on préférera sans doute la première, qui certes se souvient souvent de Chopin, mais qui est pleine d'allant, de fraîcheur, et vibre d'un sol obstiné, pédale tantôt de dominante, tantôt de tonique ; dans le trio, Borodine s'amuse à harmoniser de trois façons différentes un menu motif de quatre mesures. – La seconde mazurka, qui s'ouvre sur un solo de violoncelle à la gauche (« espressivo ed amoroso »), ne se défend pas d'un peu de mièvrerie, et ses motifs ont l'air d'avoir traîné partout.

La *Rêverie* (en ré bémol majeur, *andante*) ne fait qu'une page, dont on sort un peu déçu, avec la curieuse impression que le musicien a voulu couper court à son rêve, – ou qu'il n'en a plus retrouvé le fil. Écriture diaphane ; harmonies, là encore, surprenantes et trompeuses, par le biais de ces lignes chromatiques qui tremblent sur de longues pédales. L'*andantino* du *Quatuor* de Debussy doit beaucoup à ces quelques mesures, dont il a su saisir et prolonger le mystère.

La *Sérénade* (toujours en ré bémol majeur, *allegretto*) est une exquise miniature ; en prélude et postlude, cinq mesures d'accords martelés qui imitent la guitare ; puis un thème fiérot, accompagné d'arpèges brisés, avec un trémolo formant pédale et des harmonies à la Balakirev (la mélodie elle-même ne se souvient-elle pas du début d'*Islamey* ?). Le pastiche de Ravel s'est nourri autant de cette *Sérénade* que de l'*Intermezzo*.

Le *Nocturne* (en sol bémol majeur, *andantino*) ne fait pas une conclusion idéale au cahier, et d'ailleurs certaines éditions placent la *Rêverie* en dernier (ce qui vaut mieux du point de vue tonal). Ici se séparent l'harmoniste et le mélodiste. Le thème, en soi, est quelconque, et cette banalité n'est pas sauvée in extremis par un humour du second degré, – celui qu'on voit à l'œuvre, par exemple, dans *La Plus que lente*, cette valse pâmée où s'amusa Debussy. En revanche, quel raffinement dans ces notes répétées persuasives, dans ces accords au rythme dodelinant (la pièce, en manuscrit, portait le titre de *Berceuse*), dans ces modulations inventives, et toujours dans ces pédales, – secrets de charmeur, qui ne seront pas perdus pour la jeune école française en train de naître à cette époque.

## *Scherzo*

COMP 1885. PUB 1885 (Bessel). DÉD au chef d'orchestre belge Théodore Jadoul.

Si la *Petite Suite* demeure dans les limites de la « moyenne force », le *Scherzo* est une pièce virtuose, réclamant adresse, nervosité, légèreté ; réclamant couleur et fantaisie. Ce ne sont que staccatos de doubles notes, bonds rapides, batteries précipitées, par quoi, sans aller jusqu'au caprice méphistophélique à la Liszt, qui sent le soufre et lance des flammèches, Borodine renouvelle le scherzo mendelssohnien, habité de lutins et de feux follets.

Le morceau (en la bémol majeur, *allegro vivace*) utilise la forme sonate : un premier thème en accords sautillants, en surplace sur la pédale de tonique, un second en forme de gamme ; ajoutons-y un dessin rythmique, qui les accompagne, qui les relie, remplissant l'œuvre de son frisson chromatique. Court développement, pivotant des bémols aux dièses, sautant d'une idée à l'autre, secoué de rires et de grelots ; réexposition dans les règles ; le tout prestement mené, preuve que la « forme », responsable de méfaits sans nombre, peut se faire oublier chez un grand musicien, et n'est pas toujours prétexte à rabâchage (autre exemple de forme sonate sans poids ni pose : les *Jeux d'eau* de Ravel !).

(On notera que toutes ces pièces ont été arrangées pour orchestre par Glazounov, en 1889 : il en transposa quelques-unes, et du *Scherzo* fit un trio pour le *Nocturne*.)

L. Bowen

## Johannes BRAHMS
(1833-1897) Allemand

Le piano n'occupe que le huitième environ de l'œuvre de Brahms : peu de chose en comparaison de Chopin, de Liszt, de Schumann, et même de Mendelssohn. C'est que Brahms appartient à l'arrière-garde romantique, qui ne s'identifie plus corps et âme avec le piano, qui ne se perd pas corps et biens avec lui. Mais au piano il a débuté, dans un fracas d'œuvres ambitieuses ; il est revenu y faire son *gradus ad Parnassum* ; et vieux il a fini par s'y exprimer à découvert. Le parcours ne vaut pas seulement par sa clarté aux yeux du critique, qui en trouve sa besogne mâchée d'avance ; il reflète une transformation singulière, que les autres domaines explorés par Brahms, tant mélodie que symphonie ou musique de chambre, n'illustrent pas aussi bien.

Brahms commence par confier au piano trois sonates juvéniles, impatientes, des espèces de sommes où il met à la fois tout ce qu'il sait comme musicien et tout ce qu'il peut comme pianiste. L'un et l'autre est déjà considérable. Le pianiste, à dix-neuf ans, a fait ses preuves en de multiples concerts ; il a ses trucs de prédilection, jongle avec les tierces, les sixtes, les accords capitonnés, plaque les dixièmes comme un autre les octaves, se joue des sauts les plus périlleux, des extensions les plus douloureuses (et un cahier d'*Exercices* consignera bientôt ce pianisme si personnel). Sa prodigieuse indépendance des doigts et des mains fait merveille dans le jeu polyphonique, dans la superposition de mètres antagonistes. Sa gauche (osons le calembour) est d'une dextérité sans précédent : dans une transcription du *Mouvement perpétuel* de Weber (finale de la *Sonate op. 24*), il inverse les rôles et lui confie la mercurielle partie prévue pour la droite ! Au fond, dans ces sonates que Schumann appellera des « symphonies déguisées », il cherche à rivaliser avec l'orchestre, et pour cela tous les moyens lui sont bons. Quant au compositeur, formé par son maître Marxsen à l'étude de Bach et de Beethoven, il a dès ce temps le sentiment inné de la forme, le souci de l'architecture, l'instinct du contrepoint. Certes, il ne laisse pas d'appartenir à son temps, et à sa jeunesse ; ses trois sonates, il les signe « Kreisler junior », comme Schumann signait « Florestan » ou « Eusebius » ; une génération a beau les séparer, ils sont de la même famille, enfants du même romantisme allemand, nourris d'Eichendorff, de Hoffmann, de Tieck, de Jean-Paul Richter. Mais les moments les plus échevelés de sa musique obéissent à d'antiques lois, à leur esprit toujours, souvent à leur lettre. Et plus tard, dans le vaste ou l'exigu, mouvement de symphonie ou *Klavierstück*, on ne le prendra jamais en flagrant délit de désordre ou d'erreur. Ce respect du passé ne brise pas son élan, ne l'empêche pas d'écrire comme il respire : largement. Son opus 1 ne consiste pas en variations pimpantes sur le nom d'une imaginaire comtesse ; c'est un monument du piano où, s'inspirant ouvertement de cet autre monument, la *Hammerklavier*, il se hausse d'un coup au niveau des plus grands.

On n'atteint pas impunément, si jeune, ce qu'en dépit des maladresses il faut bien appeler des sommets. Juge-t-il qu'il est allé plus loin que ne le comporte sa vraie nature ? Il ne va pas tarder à se retirer d'une partie trop difficile, à laquelle son caractère le dispose médiocrement. L'article enthousiaste et un peu tonitruant de Schumann (« *Neue Bähne* », « Chemins nouveaux », dans la *Neue Zeitschrift für Musik* du 28 octobre 1853) lui fait plus de tort que de bien ; il est offert à l'admiration du monde musical, autant dire livré à sa malveillance ; il est désigné comme l'« élu », et investi d'une lourde responsabilité, celle de défendre la tradition contre les coups de l'avant-garde, ces *Neue-Deutscher* qui entourent Liszt à Weimar. C'est l'origine de nombreux malentendus. Brahms ne se sent pas de taille à prendre la tête d'une croisade, si forte soit par ailleurs son antipathie pour les gens de la clique lisztienne, leur musique à programme, leurs théories iconoclastes et leurs fumeux idéaux d'avenir. S'il y a du panache et de la tempête dans ses portées, lui-même est modeste et réservé. La mort de Schumann achève de le plonger dans le désarroi : Kreisler junior meurt avec lui, trop jeune et déjà consumé. A-t-on assez remarqué que, bientôt après cette disparition, Brahms change exprès d'aspect, se laisse pousser la barbe, épaissir la taille, forcir la voix, devient rude en ses manières, voire grossier (lui que Joachim décrivait « pur comme le diamant, doux comme la neige ») ? En même temps, il s'éloigne quelque peu du piano. Déjà, ne voulant pas en faire un usage aussi exclusif que ses devanciers (Schumann en particulier, dont les vingt-trois premiers numéros d'opus sont consacrés au clavier), il a entremêlé à ses *Sonates* et à ses *Ballades* des recueils de lieder et un trio. Maintenant, ne se trouvant pas assez habile (Dieu sait, pourtant !), il se remet à l'étude. Dans ses œuvres pianistiques de 1857 à 1863, il s'habille plus vieux que son âge (« je suis un musicien posthume », dira-t-il un jour) : aux poèmes flamboyants et généreux succède la série des variations, d'un classicisme consolidé, puisé dans les *Variations Goldberg* et les *Variations Diabelli*. Voici le règne du contrepoint, du canon, de la fugue. Encore une fois, cette discipline librement consentie ne vient pas brider l'imagination ; mais elle finit par l'assagir ; elle va dans le sens de ce durcissement de l'écorce à quoi le compositeur semble pressé de parvenir. Il ne faut pas s'étonner du long silence qui s'installe au piano jusqu'en 1878, époque des premiers *Klavierstücke* (op. 76), silence à peine interrompu par la récréation des *Valses* et des *Danses hongroises* à quatre mains. Il y en aura un second, jusqu'en 1892, où éclosent soudain (et l'on songe au vers d'Agrippa d'Aubigné : « Une rose d'automne est plus qu'une autre exquise... ») les quatre derniers cycles pianistiques.

Fin de la trajectoire. Il ne servait donc à rien de museler ce cœur... Lentement le vieux musicien secoue sa réserve d'homme du Nord et se débonde ; plus sobrement en vérité que dans ses sonates anciennes, où il entrait de la littérature ; plus sincèrement, plus douloureusement, parce qu'entre-temps le fleuve de la vie a coulé, que la nuit descend (« *Der Tod, das ist die kühle Nacht...* »), que la solitude est moins un rempart qu'une prison. À cette heure de la confidence, plutôt du soliloque recommencé, où un frêle intermezzo en dit davantage que tout un allegro symphonique, Brahms enfin découvre le piano, c'est-à-dire tout l'opposé de l'orchestre à quoi tendaient les grandes machines d'autrefois : un timbre spécifique, irremplaçable, une voix qui lui renvoie l'écho profond de la sienne, une chaleur, une présence éveillée par le contact amical et pressant de doigts rendus à leur humilité. Était-il prévisible, ce dernier ton de Brahms, si intime, et parfois si déchirant ? Certes, en remontant à tel mouvement de sonate, à telle *Ballade* (la deuxième, le début de la quatrième), à telle de ses *Variations sur un thème de Schumann*, on entend ces accents par avance, auxquels lui-même ne nous laissait pas le loisir d'être durablement pris. Désormais, dans ces pages crépusculaires, il s'exprime sans fard, et nous touche au plus secret de nos propres abîmes.

L'évolution qu'on vient de tracer affecte le fond plus que la forme. À peu de musiciens il fut donné d'être eux-mêmes du premier coup. Il ne faut pas plus d'une sonate à Brahms pour imposer sa « manière », que toute son œuvre confirme. Sa première règle, c'est qu'on a besoin de règles en effet. L'anecdote qui le montre chez Liszt, en 1853, s'assoupissant quand le maître lui joue sa *Sonate en si mineur*, est révélatrice. Si géniale que soit la *Sonate* de Liszt (lequel a trouvé, à vrai dire, la seule solution valable à la sonate romantique), sa liberté suprême, son apparent décousu, l'orgueil qu'elle a de créer son propre moule, sans compter son virtuosisme fulgurant, ces prestiges d'un Méphistophélès du clavier, qui laissent loin derrière eux la robustesse un peu terre-à-terre de la technique de Brahms, tout cela ne pouvait que le hérisser. Hors de la forme, pour lui, point de salut. Ce goût du cadre sans défaut, de la construction sans faille, étranger non seulement à Liszt, mais à ce Schumann même qui feignait sur le tard de le professer, on le relève dans la moindre de ses pages. Mais ce n'est pas un critère d'originalité, et l'on aurait plus de mal à définir ce qui rend d'emblée reconnaissables quelques lignes de Brahms. Son langage harmonique, qui prolonge Schubert et Schumann, n'y suffirait sans doute pas, – encore qu'à de certaines dispositions pianistiques, un déchiffreur, à défaut de le deviner à l'oreille, le devinerait aux doigts. Ses thèmes, oui, ont un air de famille, en particulier ceux qui, par leur simplicité d'intonation, leur coupe symétrique, leurs répétitions, pourraient passer pour d'authentiques chants populaires : féru de folklore, lecteur inlassable des *Stimmen der Völker* où Herder avait tâché d'en rassembler le trésor, Brahms en écrit de spontané, d'imaginaire ; un goût durable de l'héroïque, du légendaire, du mystérieux, fait sourdre au fond de lui ces âpres motifs de ballade nordique, ces chants tourmentés qui, les reçoit-on pour la première fois, font aussitôt prononcer son nom. Sa rythmique est plus caractérisée encore ; elle révèle, sous le sage revêtement formel, une inclination à l'étrange, au fantasque, à l'instable, au déconcertant ; emploi innombrable de la syncope, de la polyrythmie (le moindre exemple en est le fameux « trois-contre-deux » dont il a usé et abusé), de l'équivoque métrique (comme d'enjamber la barre de mesure, ou de scander brusquement un 6/8 à 3/4) : sa manière d'anarchie, et l'un des charmes ambigus de sa musique.

Pourtant rien de cela n'explique le caractère unique de l'œuvre de piano de Brahms. Il est peut-être, finalement, dans cette tonalité « sérieuse » qu'on a souvent crue uniformément grise, mais qui, dans une palette en effet restreinte, exprime toutes les nuances qui vont d'une énergie sombre et farouche à un morne accablement, en passant par la rêverie inquiète, la mélancolie douce-amère, la plainte étouffée, le vain ressassement des regrets. Il y a chez Brahms, aux exceptions près, une remarquable absence de la joie. L'humour non plus n'est pas son fort ; tout au plus une artificielle et viennoise bonne humeur égaie-t-elle quelques pages, des saillies empruntées au folklore tzigane rehaussent-elles quelques menus endroits. La fin de la *Troisième Sonate*, l'*Intermezzo en ut majeur* de l'opus 119 sont des raretés. Ailleurs, dès le *Rückblick* de la même sonate, dès les *Ballades*, dès la toute première des *Variations sur un thème de Schumann*, l'exaltation le cède à la tristesse, la ferveur retombe en désespérance. On est, dans cette musique, plus près des larmes que du rire, plus près du sanglot que du pleur. Mais que soudain la tendresse y parle, revenue de si loin, elle y prend une note inoubliable, qu'aucun autre musicien ne nous a donnée.

## LES SONATES

Le massif des trois sonates pour piano de Brahms se dresse au début de son œuvre, imposant, solitaire : le compositeur ne reviendra plus à cette forme, du moins en ce qui concerne le piano seul. En deux ans (1852-1853), un jeune homme de vingt ans fait le tour de la question ; et ce triple coup d'essai est un coup de maître, en dépit des influences, des maladresses, des longueurs. Brahms y est déjà tout entier (comme il l'est dans le *Scherzo* de 1851), thèmes, rythmes, harmonies. Certes, pour l'instant, plein d'enthousiasme et d'exubérance, il accumule, il rabâche, il ne mesure ni son temps ni son espace, il ne regarde pas aux proportions ; la maturité se chargera de réduire ce discours à l'essentiel. Mais dès ces sonates, il possède, sous l'inspiration romantique, ce métier ferme, cette conception solide, véritablement classique, – que Schumann, moins heureux dans ses propres sonates, a dû lui envier... On comprend que cette musique ait fait son admiration, quand elle aurait pu exciter sa jalousie.

Romantisme : il les signe « Kreisler junior », pseudonyme que ses amis d'alors lui connaissent. S'il ignore encore tout, ou presque, du musicien des *Kreisleriana*, il porte haut dans son cœur ce Hoffmann qui est un des écrivains favoris de Schumann. Et lui qui, à la différence de Schumann et de Liszt, aura les « programmes » en horreur, il appose aux trois mouvements lents des vignettes empruntées au folklore et à la poésie (il ne le fera plus que dans la première des *Ballades op. 10*, et dans le premier des *Intermezzi op. 117*). C'est le romantisme, également, qu'il faut rendre responsable de la surenchère pianistique déployée dans ces œuvres : ce piano proprement orchestral, souvent compact, hérissé de difficultés redoutables, ces pages rébarbatives à la vue, réservées aux virtuoses confirmés.

Classicisme : inutile d'y chercher le « grain de folie » qui rend si touchantes les sonates de Schumann, pourtant moins réussies. Tel rythme, telle modulation, telle figure mélodique surprend-elle, chez Brahms, la logique suffira généralement à l'expliquer. Sous ce désordre feint veille un savoir étonnant. Le maniement du contrepoint, en particulier, est déjà admirable ; et dans ce domaine le compositeur ira sans cesse en progressant. « Aimez-vous les canons, on en a mis partout », voilà ce qu'on est tenté de s'écrier, en parodiant Boileau. Cette façon de traiter le matériau musical lui assure évidemment une cohésion à toute épreuve ; ajoutons-y le soin que prend Brahms de relier les parties, preuve autant d'ingéniosité que d'économie : dans l'opus 1, il bâtit premier et dernier mouvements sur le même thème ; le scherzo de l'opus 2 est une variation supplémentaire au thème de l'andante ; les deux mouvements lents de l'opus 5 se mirent l'un dans l'autre ; l'allegro initial de ce même opus 5 pousse la rigueur jusqu'à tirer tous ses thèmes d'un seul motif.

*Sonate en fa dièse mineur* (op. 2)
COMP novembre 1852. PUB 1854 (Breitkopf & Härtel). DÉD à Clara Schumann.

Première terminée, elle ne fut éditée qu'après la *Sonate en ut majeur*. La dédicace ne date que de la publication ; mais on notera ce ton prophétique de fa dièse mineur, voué à Clara (ton de la *Sonate op. 11* que Robert lui a offerte sous les noms d'Eusebius et de Florestan ; ton des prochaines *Variations op. 9* de Brahms, en hommage aux deux époux ; et plus tard du premier *Capriccio* de l'opus 76, cadeau d'anniversaire à Clara). C'est la plus broussailleuse, la plus partagée entre rigueur et liberté ; l'écriture pianistique y est chargée au point de donner l'impression d'une réduction d'orchestre.

Le premier mouvement *(allegro non troppo, ma energico)*, impulsif, passionné, visionnaire, est assurément sous l'empire de ce fou de Kreisler. Au sauvage déferlement d'octaves du début succède, « mezza voce » au fond du clavier, un inquiétant motif ascendant, répété sous les broderies fantasques de la droite. Amplifié en octaves et en triolets, il introduit le deuxième thème, d'abord cris et saccades, jaillies chaque fois d'un peu plus haut, puis chant éperdu, sur un piétinement d'accords. Tout cela n'est pas sans emphase juvénile, – tant dans la rédaction compacte que dans le violent contraste entre des accents emportés et des moments d'insinuante et menaçante douceur. Il faut noter, à la reprise, l'adroite superposition du second thème et du motif qui l'a conduit.

Le mouvement lent (en si mineur, *andante con espressione*) consiste en variations libres sur un thème que Brahms, selon son ami Albert Dietrich, aurait modelé d'après un vieux *Minnelied* (chanson d'amour courtois), « *Mir ist leide* ». Thème désolé et morcelé, énoncé à la main gauche, l'accompagnement se limitant à quelques accords dans les trous de la mélodie, – et cet effet d'écho accroît l'impression de solitude. « Comme je suis triste, dit la chanson, que l'hiver ait dénudé les bois et les landes ! » La 1$^{re}$ variation renforce le thème en octaves et ajoute au tissu harmonique le grelottement de notes répétées à contretemps. La 2$^e$, plus décorative, plus riche de rythmes, d'accords et de plans sonores, doit utiliser trois portées, et atteint, en arrivant au relatif (ré majeur), un *ff* « grandioso » presque orchestral. La 3$^e$ variation est en si majeur ; sonore elle aussi et dramatique, en nuances brutalement opposées, elle s'arrête comme les autres sur la dominante, avec « attacca » du mouvement suivant.

La surprise que réserve le scherzo (en si mineur, *allegro*), c'est d'offrir une variation de plus au thème de l'andante, dont il mue le paisible 2/4 en un 6/8 bondissant (tout Brahms est là : apparente spontanéité, mais, dans l'ombre, des rouages précisément calculés). Trio en ré majeur *(poco più moderato)*, au rythme de sicilienne, scandé à mi-voix dans le grave.

La reprise du scherzo s'accompagne, dans la dernière page, de trilles et trémolos orchestraux.

Composite, souvent grandiloquent, parfois creux, le finale est le moins réussi des quatre mouvements. Il commence par vingt-quatre mesures d'*introduzione (sostenuto)*, dont le grave sujet est coupé de traits et de trilles, comme on en rencontre peu fréquemment chez Brahms. Le mouvement proprement dit *(allegro non troppo e rubato)* promet beaucoup, qui calque son premier thème sur celui de l'introduction, le baigne d'un ruisselet de croches, l'entraîne en de nombreuses modulations. Mais la suite est laborieuse ; on y perd du temps, en particulier avec la curieuse séquence d'accords qui précède le développement et le retarde d'autant ; et l'on voudrait courir à la coda, illuminée du mode majeur, qui ramène les arabesques du début (et comme un souvenir de la *Barcarolle* de Chopin ?).

### Sonate en ut majeur (op. 1)
COMP avril 1852 (andante) et printemps 1853. PUB 1853 (Breitkopf & Härtel). DÉD à Joseph Joachim.

Brahms lui a conféré l'honneur de l'opus 1, bien qu'elle soit un peu postérieure à la *Sonate en fa dièse mineur*. Il s'en explique ainsi à son amie la pianiste Louise Japha : « Quand on se montre pour la première fois, les gens préfèrent voir votre front, et non vos pieds. » Remarque désobligeante pour l'autre sonate ; mais de fait, celle-ci est la meilleure des deux ; la forme y est maîtrisée, le jaillissement des idées canalisé, l'écriture un peu mieux adaptée au piano. Et n'est-ce pas celle qu'il a choisi de jouer aux Schumann, lors de sa première visite, le 1er octobre 1853 ?

Le compositeur, sur la scène musicale, entre en fanfare. L'*allegro* initial part à l'assaut du monde, et du clavier, avec ce thème héroïque, aux lourds accords, au rythme volontaire, qui fait songer inévitablement (jusque dans son traitement en canon, mes. 17) au début de la *Hammerklavier* : geste sans doute voulu, et volonté d'affirmer une filiation. Au rebours, le second thème (en la mineur) est une phrase douce et tendre, accompagnée d'arpèges ; et une troisième idée, plus douce encore, se développe en tierces *(poco ritenuto)*, sur une de ces pédales de dominante chères à Brahms.

Comme dans la sonate précédente, le mouvement lent (en ut mineur, *andante*) varie un *Minnelied*, dont Brahms cite les paroles au-dessous des notes : « *Verstohlen geht der Mond auf, blau, blau Blümelein...* » Du moins croyait-il authentique ce thème, déniché dans une anthologie, compilation d'un certain Zuccalmaglio. Mais qu'importe ? Les trois variations en épousent fidèlement les contours, dans un climat en effet « lunaire » et « furtif » ; mode majeur pour la troisième, ainsi que pour la belle et sereine coda *(molto tranquillo)*, en canon, sur pédale de tonique.

Le thème du scherzo (dans le ton inattendu de mi mineur, *allegro molto e con fuoco*) part des dernières mesures de l'andante ; mouvement endiablé, aux turbulents accords staccato, alternant avec des pianissimos électriques ; fin trépidante, en octaves martelées. Le trio (en ut majeur, *più mosso*) passe de 6/8 à 3/4 et propose un chant d'une longue coulée, soutenu par des battements de croches, et tout irisé de modulations délicates.

Le finale, un rondo, est une réussite totale, le meilleur mouvement de l'œuvre, et l'un des morceaux les plus enthousiasmants de Brahms *(allegro con fuoco)*. On lui reprochera seulement de démarrer sur un rythme voisin de celui du scherzo, avec lequel il ne contraste pas d'emblée. Mais en lui-même il est inégalable. S'appropriant en guise de refrain le thème initial du premier mouvement, qu'il déforme en motif de chevauchée, à 9/8, il accumule les sauts périlleux, les syncopes, les brusques détentes nerveuses, les équivoques rythmiques. Deux épisodes le tempèrent en cours de route, – le premier lyrique, en accords (ah, les vacillantes septièmes !), accompagné d'arpèges (en sol majeur), – le second dans le ton d'une légende ou d'une ballade, balancé à 6/8 (en la mineur). La coda *(presto agitato)* est un galop forcé, d'un effet irrésistible.

### *Sonate en fa mineur* (op. 5)

COMP octobre 1853. PUB 1854 (Senff, Leipzig). DÉD à la comtesse Ida von Hohenthal.

La plus ambitieuse, la plus parfaite des trois, et de loin la plus jouée, elle figure en bonne place dans le peloton de tête des sonates romantiques, autant pour le virtuose que pour le public. Cinq mouvements, disposés symétriquement, les deux lents (deuxième et quatrième) se répondant sur le même thème, de part et d'autre du scherzo. En dépit de ses longueurs, une œuvre achevée, d'une originalité et d'une maturité surprenantes chez un musicien de vingt ans.

Six mesures de portique majestueux, en accords vigoureux qui s'élancent par bonds vers l'aigu, déterminent la thématique de l'*allegro maestoso*. Le premier thème en reprend la formule, pianissimo, soutenu d'une quinte grave en rythme contradictoire (scandée à deux temps, quand lui-même est battu à 3/4). Les six mesures initiales, un peu amplifiées, introduisent alors une variante de ce premier thème, augmenté (valeurs longues), talonné à la basse par le motif rythmique du prologue. Le climat, tendu, cède au lyrisme du second thème (en la bémol majeur), tiré pareillement du motif d'ouverture, – une cantilène expressive, au fort effluve chopinien. De ces éléments se crée le morceau avec une grande économie de moyens. À signaler, dans le développement, sous les syncopes de la droite, une soudaine effusion de la gauche, indiquée « quasi cello ». Conclusion en fa majeur.

Le deuxième mouvement (en la bémol majeur, *andante espressivo*) est un long nocturne, un duo d'amour aux rayons de la lune, ainsi que le laisse entendre l'épigraphe empruntée à Sternau (« *Der Abend dämmert, das Mondlicht scheint...* ») ; morceau admirable de sensibilité, d'émotion contenue, de communion avec l'espace et le mystère de la nuit. Quatre sections, selon un schéma ABAC inhabituel. Première section, à 2/4 : un thème qui descend par tierces, et remonte se poser sur sa note initiale, oscillant sur des tierces brisées qui le suivent dans sa trajectoire ; il est immédiatement redit, mais fortement bémolisé, nimbé d'une lueur impalpable. Une seconde idée, dans un aigu de cristal, est le chant même des « deux cœurs » de l'épigraphe, en écho de part et d'autre des accords battus. Deuxième section, à 4/16, et en ré bémol majeur *(poco più lento)* : presque entièrement sur la pédale de tonique, elle alterne une sorte de berceuse, en sixtes divisées aux deux mains, et un thème exalté, brodé de triolets autour de ce ré♭ invariable. La troisième section reprend la première, à la différence près qu'elle s'accompagne de ce rythme de triolets qui vient d'être trouvé. Le morceau pourrait s'arrêter ici, en ordinaire « forme lied ». Mais Brahms ajoute une dernière section, toujours en ré bémol *(andante molto)*, qui élargit le nocturne en choral, avec une coda de treize mesures *(adagio)*. – Wagner, qui entendit ce mouvement en 1863, s'est inspiré de cette fin dans le premier monologue de Hans Sachs *(Les Maîtres chanteurs de Nuremberg)*. Conclusion en ré bémol, contre toute attente, pour ce morceau commencé en la bémol...

Lancé par le ressort d'un arpège, qui se détend sur trois octaves, le scherzo (en fa mineur, *allegro energico*), très schumannien, ressemble à ces danses robustes, rythmées à trois temps, espèces de valses frondeuses, chères à l'auteur du *Carnaval* ; de l'éclat, de la vitalité, des dissonances à revendre ! Le trio (en ré bémol majeur), avec ses accords en valeurs longues, est comme un paisible et mélancolique choral, évoquant des registrations d'orgue ou d'harmonium.

L'*intermezzo* qui suit (en si bémol mineur, *andante molto*) est le mouvement le plus surprenant de cette sonate, et comme ajouté à une structure normale à quatre mouvements. Il porte le sous-titre de *Rückblick*, « Regard en arrière ». Et en effet, il « se souvient », pour ainsi dire, du mouvement lent, dont il imite les paliers descendants, mais dans une tonalité mineure, ayant troqué les harmonieux accords brisés pour un roulement de timbales qui lui imprime l'allure d'une marche funèbre. Voici l'envers, la face obscure du clair nocturne entendu plus tôt, – et quelque chose comme le *Colloque sentimental* de Verlaine :

> Dans le vieux parc solitaire et glacé,
> Deux spectres ont évoqué le passé...

Dans le finale, un rondo libre *(allegro moderato ma rubato)*, passe à nouveau la chevauchée fantastique, avec ce 6/8 piétinant, ces accents contrariants sur le temps faible, ces élans, ces retombées : voilà pour le premier thème. Le deuxième (en fa majeur) chante longuement, de confiance, sur une ondulation de doubles croches. Enfin un troisième thème (en ré bémol majeur), très inspiré, énoncé en écriture de choral ; une fois entré, il prend le pas sur les autres, se prête au canon, renvoie B, talonne A ; et surtout, il occupe les dernières pages (en fa majeur), progressivement accéléré, d'abord *più mosso*, puis *presto*, dans un climat d'enthousiasme et de juvénile gaieté : goûtons-la d'autant plus que Brahms n'en sera pas coutumier...

## LE SCHERZO ET LES BALLADES

Comme en marge des groupes bien définis que l'on a coutume d'observer dans la musique de piano de Brahms, ces partitions de jeunesse, aux antipodes l'une de l'autre : le *Scherzo* dans la banlieue des *Sonates*, dont il aurait pu constituer un mouvement, aussi voué qu'elles au mythique et emblématique Kreisler, – les *Ballades* en manière de prélude aux pièces lyriques de la dernière période.

### *Scherzo en mi bémol mineur* (op. 4)

COMP août 1851 (Hambourg). PUB 1854 (Breitkopf & Härtel). DÉD au pianiste Ernst Ferdinand Wenzel.

L'essentiel de Brahms est déjà dans cette première œuvre (un reste, peut-être, de sonate avortée). À dix-huit ans, il a trouvé une bonne part de son style. D'abord ces contrastes, ces pointes extrêmes de passion et de douceur ; Eusebius et Florestan, bientôt, reconnaîtront avec bouleversement ce jeune frère ou ce cousin, et lui ouvriront leur cœur réconcilié. Typiques aussi, le pianisme massif, la texture orchestrale (qui va se déployer dans les trois sonates successives) ; et cette rythmique surtout, d'une remarquable vitalité, qui jouera chez lui un rôle sans cesse accru.

Le thème principal du *Scherzo* (*rasch und feurig*, « rapide et fougueux »), lancé par un trait, et rappelant le *Deuxième Scherzo* de Chopin (que Brahms affirma ne pas connaître à cette époque), est rude, volontaire, opiniâtre, avec ses accents, ses notes répétées, son énergie trépidante. Deux trios, comme souvent chez Schumann (Brahms ne reviendra guère à cet usage). Le premier (en mi bémol majeur), dont le thème est calqué sur un passage du scherzo, ferait plutôt la part de l'humour, du jeu (« scherzando », y est-il précisé çà et là), avec ses octaves piquées, ses syncopes, ses petites incises ; et si la tendresse y pénètre, c'est entre parenthèses, sans avoir l'air d'y toucher. Le second trio (en si majeur, *molto espressivo*) est indéniablement chopinien, dans son ardente mélodie épanchée sur de grands arpèges.

## Ballades (op. 10)

COMP été 1854 (Düsseldorf). PUB 1856 (Breitkopf & Härtel). DÉD à Julius Grimm.

Aucune de ces quatre pièces ne possède l'étendue et la complexité d'une ballade de Chopin ou de Liszt, et d'ailleurs elles forment un ensemble, soudé par l'atmosphère et les tonalités, qu'il ne faudrait jamais démembrer (on joue plus souvent la première, qui a jeté de l'ombre sur les autres). Est-ce l'influence de la musique de Schumann ? La technique pianistique, par rapport aux athlétiques *Sonates* qui les précèdent, y est considérablement simplifiée ; avec les *Variations op. 9* de la même année, ce sont les pièces les plus proches de l'univers schumannien, et la quatrième, en particulier, rend à l'aîné un véritable hommage. Il n'empêche que Brahms est reconnaissable à chaque page du cahier ; ce ton de légende nordique, ces thèmes tantôt âpres et tantôt désolés n'appartiennent qu'à lui.

La première est la seule à participer du genre de la ballade romantique, dans la mesure où celle-ci s'inspire plus ou moins explicitement d'un argument littéraire. Rien n'étant plus étranger à Brahms que l'idée de musique à programme, cette exception (après celle des mouvements lents des *Sonates*) vaut d'être soulignée. Le texte prétexte, ici, est la ballade écossaise *Edward*, tragique évocation d'un parricide, telle qu'il a pu la lire dans le recueil folklorique de Herder, *Stimmen der Völker* ; et les différentes parties de la pièce s'efforcent d'en suivre la progression dramatique. Elle énonce d'abord un sombre thème de choral (en ré mineur, *andante*), dont le dessin rythmique hantera tout le morceau ; le barde raconte, avec on ne sait quoi de fatal et de résigné dans la voix. La partie centrale (en ré majeur, *allegro ma non troppo*) éclate de fanfares héroïques, en crescendo, aboutissant à un *ff* de fière allure. La fin reprend le thème initial, « sotto voce », sur une basse en contretemps, de l'effet le plus sinistre. – « Je la trouve merveilleuse, écrivait à Clara le malheureux Schumann, depuis l'hospice d'Endenich d'où il n'allait plus sortir ; elle sonne avec une étrange nouveauté. »

Le début de la deuxième ballade (en ré majeur, *andante*) est bâti sur les notes fa-la-fa, F-A-F en notation allemande, qui forment la devise de Brahms : « *frei aber froh* », « libre mais heureux » (réplique à celle de Joachim, F-A-E : « *frei aber einsam* », « libre mais solitaire »). Cela nous vaut une phrase d'une émouvante douceur, planant sur un bercement de noires à contretemps, arpèges lents formant pédale de tonique. Le milieu contraste violemment ; tripartite, d'abord en si mineur *(allegro non troppo)*, avec ses sonneries, son rythme énergique, son humeur guerrière ; ensuite en si majeur *(molto staccato e leggiero)*, avec ses notes piquées effleurées d'appogiatures, musique d'elfes sautillants et grimaçants ; puis à nouveau l'épisode mineur. Le premier thème est repris dans un climat encore plus éthéré qu'au début ; fin impalpable, toujours sur l'hypnotique pédale de tonique.

La troisième ballade (en si mineur, *allegro*), curieusement sous-titrée *intermezzo*, offre dans sa partie principale un rythme original, rude 6/8 empli de syncopes, d'accents, de silences ; musique à l'image du désarroi. Ici encore, un épisode central antithétique (en fa dièse majeur), l'une des pages les plus extraordinaires de Brahms : chant d'accords parfaits confiné dans l'aigu, presque irréel, sur le rythme balancé et les syncopes d'une gauche qui, elle, parcourt l'étendue du clavier ; nuances à la limite de l'inaudible, du pianissimo au triple piano. Du coup, quand la première partie revient, elle est jouée, contre toute attente, pianissimo à son tour. On remarquera la cadence finale : de médiante à tonique, sur le bout des doigts.

La quatrième ballade est la plus complexe des quatre, et la plus lyrique. Le premier thème (en si majeur, *andante con moto*) chante comme un nocturne, sur des arpèges descendants partagés aux deux mains. Admirable plainte des mes. 17-26, en mineur, où quelque chose du cœur semble se briser. La deuxième partie (en ré dièse mineur, *più lento*) est très étrange ; cantonnée dans le médium et le grave, et à trois-contre-deux, elle dissimule un chant hésitant (« col intimissimo sentimento ») à l'intérieur d'harmonies stagnantes, multiples pédales et pianissimos brumeux. Reprise alors du premier thème, avec une légère variante rythmique qui imprime aux arpèges une espèce d'oscillation. Suit un court épisode, phrases de cinq mesures en lents accords, qui bientôt ramène le passage plaintif de la première partie, encore plus dolent d'être privé de ses arpèges nocturnes au profit de cette morose verticalité. La ballade s'achève avec un retour du deuxième thème, cette fois dans le ton de si mineur ; aux dernières lignes, un clignotement modal (ré ♮/ré ♯), le même qu'on perçoit au tout début du morceau.

## LES VARIATIONS

Au lendemain des trois *Sonates*, qui marquent l'entrée en force du jeune Brahms dans la musique, une deuxième période, de 1854 à 1863, s'ouvre en son catalogue pianistique, dix années consacrées exclusivement (les *Ballades* exceptées) au genre de la variation, déjà abordé dans les mouvements lents des sonates. À vrai dire, les premières écrites, ces *Variations sur un thème de Schumann* où il associe Robert et Clara, sont à part : elles représentent le moment de sa vie et de son œuvre où il a le plus ressemblé à son aîné, au point de tomber parfois dans le mimétisme, par amour et dévotion. Les années 1855-1856, au contraire, consacreront une sorte de rupture avec le monde schumannien : Brahms se met à des « études de composition », s'attachant particulièrement au travail de la polyphonie. On a de cette époque une poignée de gigues, sarabandes et gavottes, où Bach sert de modèle (voir PIÈCES DIVERSES). Dans ces études, c'est la forme variation qui le préoccupe ; et plus qu'aux *Variations Diabelli* de Beethoven, la référence aux *Variations Goldberg* de Bach. Une lettre de juin 1856 à Joachim nous le montre cherchant « une forme plus pure et plus stricte » de la variation.

De ce labeur, résultent quatre séries de variations pour piano à deux mains et une série pour piano à quatre mains, à quoi l'on peut ajouter la transcription que Brahms fit lui-même des variations qui constituent le mouvement lent de son *Sextuor op. 18* (transcription publiée en 1927). On retrouvera plus d'une fois, par la suite, la variation dans sa musique de chambre ou sa musique symphonique (par exemple : les finales du *Troisième Quatuor à cordes*, de la *Quatrième Symphonie*, du *Quintette pour clarinette*, sans oublier les *Variations sur un thème de Haydn*, dans leur double version, pour orchestre ou deux pianos). Mais nulle part comme en ces cahiers pianistiques cette forme n'est prise comme champ d'expériences, ne se révèle un tel creuset de métamorphoses.

## *Variations sur un thème de Schumann* (op. 9)

COMP juin 1854 (Düsseldorf ; var. 10 et 11 en août). PUB 1854 (Breitkopf & Härtel). DÉD à Clara Schumann (titre du manuscrit : « Petites Variations sur un thème de Lui, dédiées à Elle »).

Le véritable chef-d'œuvre de Brahms dans le domaine de la variation, que pourtant les *Variations Haendel* continuent d'occulter. Il est vrai que les *Haendel* sont du Brahms à part entière, alors que celles-ci respirent, et pour cause, du côté de chez Schumann. Les *Haendel* sont robustes, délibérées, tournées résolument vers l'avenir ; celles-ci sont fragiles, hésitantes, et d'avance endeuillées, d'avance en larmes, à force de regarder ce présent qui s'effiloche et qui est déjà du passé (dans la nuit du 27 février 1854, Schumann a tenté de se noyer dans le Rhin ; on l'interne quelques jours plus tard). Dans ce double hommage, Brahms met plus que de la musique, et une qualité d'émotion que les variations suivantes ne retrouveront pas.

Hommage à Robert : non seulement le thème, mais la manière. Cela ne cesse jamais d'être du Brahms, mais cela suggère Schumann à chaque pas. Prolongeant, de façon douloureuse, la fameuse dualité entre Eusebius et Florestan, telle que l'illustrent entre autres les *Davidsbündlertänze* de Schumann (où chaque pièce est suivie d'un E ou d'un F), le jeune homme signe ses variations tantôt « Brahms » tantôt « Kreisler » (manuscrit). Dans la forme, on est loin des excès des *Sonates*, pourtant toutes proches ; voici d'un coup plus d'économie dans l'écriture, plus de sobriété dans le pianisme, plus d'intériorité. Paradoxalement, les trésors de contrepoint que Brahms y dispense (voyez les canons des var. 8, 14, 15) sont dignes déjà du Bach des *Variations Goldberg* ; mais ces tours de force sont cachés, ne laissant de perceptible que le lyrisme le plus profond ; c'est une des merveilles de cet opus 9 que tant de science y soit si discrète.

Hommage à Clara : ce recueil lui est dédié ; certaines de ces variations ont été écrites le jour de sa fête ; et l'une d'entre elles contient un thème de Clara elle-même, celui dont Schumann avait fait le sujet de ses propres *Impromptus op. 5*. Ajoutons que Clara venait d'écrire à l'occasion des quarante-trois ans de son époux des variations sur le même thème. L'attention de Brahms, note-t-elle dans son journal, la touche beaucoup, « par ce qu'elle signifie de tendresse et de pensée ».

Le thème choisi est le premier des trois *Albumblätter* parus dans l'opus 99 de Schumann, qui réunit sous le titre de *Bunte Blätter* une collection de pièces d'époques diverses, sortes de retombées des cycles pianistiques de la période 1830-1840. En soi un morceau admirable, d'une grande simplicité (mais quelles harmonies !), empreint de tristesse et de résignation (*ziemlich langsam*, « très lent », en fa dièse mineur, le ton de Clara...) : à 2/4, d'abord descendant, après trois do ♯ répétés, – puis montant, tâchant d'atteindre un mi, un sol, « sforzando », – enfin replié à nouveau, pianissimo.

La 1$^{re}$ des seize variations *(l'istesso tempo)* pose le thème à gauche ; Brahms en fait la basse de ses harmonies. – La 2$^e$ *(poco più mosso)* est une variation rythmique, à 9/8, la droite en accords syncopés, bien liés, la gauche au petit trot, en staccato léger ; variation des plus économes : les vingt-quatre mesures du thème s'y réduisent à six (deux fois répétées, cependant). – La 3$^e$ *(tempo di tema)* repasse le thème à la gauche, qui croise souvent la droite ; harmonies de sixtes et de tierces plaintives ; une modulation à mi-parcours nous vaut quelques mesures bémolisées, dans un poétique effet de lointain. – La 4$^e$ *(poco più mosso)* propose une sorte de contrechant du thème, un double, avec des battements d'accords aux mains alternées. – La 5$^e$ *(allegro capriccioso)*, sur le même rythme mais plus vif et plus martelé, supprime le thème, les harmonies suffisant à suggérer la ligne mélodique. – La 6$^e$ *(allegro)* est une course de triolets capricieux où luisent des fragments éparpillés de la mélodie. – Elliptique à nouveau, la 7$^e$ *(andante)*, en lents accords chuchotés, qu'infléchit le chromatisme.

La 8$^e$ variation *(andante)* inaugure l'usage du canon dans le recueil ; en accords arpégés à droite et trémolos à gauche, c'est un canon à l'octave entre soprano et ténor, les trémolos en question dessinant mystérieusement le thème. – Avec la 9$^e$, Brahms réussit un tour d'adresse, celui de prendre comme variation de cet *Albumblatt* de Schumann un autre *Albumblatt*, le n° 2 de l'opus 99 ; plus exactement : Brahms reproduit la tonalité (si mineur), le tempo (*schnell*, « rapide ») et l'aspect (un tourbillon d'arpèges en triolets de doubles croches) de cette deuxième pièce de Schumann, et parfois quelques-unes de ses mesures note pour note, les pouces marquant le fantôme du thème de la première ; jeu de miroirs, assez troublant. – La 10ᵉ (en ré majeur, *poco adagio*) prolonge encore ce jeu ; en changeant de mode, elle modifie l'éclairage ; sa mélodie rêveuse n'est autre que la basse du thème de Schumann, et sa basse son propre renversement ; l'accompagnement dissimule, quant à lui, une diminution du thème ; enfin, dans les dernières mesures, apparaît en voix médiane le « thème de Clara » qui avait servi de point de départ aux *Impromptus* de Schumann : rien d'étonnant, quand on sait que cette variation a été écrite, avec la suivante, le 12 août, jour de la Sainte-Clara... – La 11ᵉ variation *(un poco più animato)* portait sur le manuscrit cette jolie épigraphe : « La rose et l'héliotrope ont fleuri. » Toute en octaves, et très éloignée du thème, ce n'est qu'une cadence, qui annonce trompeusement sol, mais prépare en réalité la rentrée du fa dièse mineur initial.

La 12ᵉ variation *(allegretto poco scherzando)* est un caprice, presque entièrement staccato, signée « Kreisler » comme la plupart des variations exubérantes. – La 13ᵉ *(non troppo presto)* semble une étude pour les doubles notes, dans l'harmonie du thème, camouflé une fois de plus. – La 14ᵉ *(andante)* est en soi un morceau complet, n'ayant qu'un lien très lointain avec le thème ; merveilleuse musique nocturne, gorgée de regrets, chant et contrechant (canon à la seconde) sur des arpèges qui rappellent intensément Schumann (et très précisément le *Chopin* du *Carnaval op. 9*, ce qui en ferait un triple hommage !). – Viennent alors, enchaînées, les deux dernières variations *(poco adagio* toutes les deux, majorisées, enharmoniques l'une de l'autre : sol bémol/fa dièse). La 15ᵉ, ineffablement belle, en ses arpèges languides et ses harmonies vaporeuses, éveille le souvenir d'une autre pièce de Schumann, l'admirable n° 14 des *Davidsbündlertänze* ; soprano et basse se répondent, en canon à la sixte. Enfin la 16ᵉ, d'une simplicité, d'une nudité désolante, est étonnamment sombre en dépit du mode majeur ; on n'y perçoit plus que la basse du thème, et quelques accords errants à contretemps ; c'est Schumann à l'asile d'Endenich, lentement envahi de ténèbres ; la fin se dissout dans un impalpable silence.

### *Variations sur un lied hongrois* (op. 21 n° 2)

COMP 1853-1856. PUB 1862 (Simrock) avec les *Variations sur un thème original*.

On pense que Brahms a commencé ces variations au cours d'une tournée de l'année 1853 avec le violoniste Eduard Reményi, auquel il doit la découverte du folklore qu'on disait alors « hongrois », et qui est surtout « tzigane » ; il les aurait terminées dans la période « studieuse » 1855-1856. Cahier dans l'ensemble peu inspiré, sentant l'exercice. Brahms s'en tient, sans modification appréciable, à la mélodie du thème (en ré majeur, *allegro*), dont la seule originalité est le mètre « hongrois », 3/4+4/4, employé durant les huit premières variations (sur treize) et ne revenant qu'à la fin.

Les six premières variations passent en ré mineur, et valent par l'écriture des rythmes : trois-contre-deux, accents déplacés. Les suivantes reprennent le majeur, jusqu'à l'épilogue complexe de la treizième, divisée en plusieurs volets, changeant plusieurs fois de tempo et de tonalité, évoquant même la czardas populaire, et concluant sur le thème initial, déclamé fortissimo à grands accords.

### Variations sur un thème original (op. 21 n° 1)
COMP 1857 (Detmold). PUB 1862 (Simrock), avec les *Variations sur un lied hongrois*. CRÉ des deux séries de l'opus 21 par Clara Schumann (8 décembre 1860, Leipzig).

Ce cahier inexplicablement méconnu, que le compositeur appelait ses « Variations philosophiques », contient de fort beaux moments, dignes du meilleur Brahms. C'est la seule fois, dans ces cahiers de variations, où il se sert d'un de ses propres thèmes : une ample et calme mélodie (en ré majeur, *poco larghetto*), ayant un peu la solennité d'un choral, aux riches accords, au pas grave et régulier ; on remarquera le rythme impair (deux fois neuf mesures), caractéristique.

Les six premières des onze variations gardent la tonalité du thème et son rythme à 3/8. La 1$^{re}$ *(poco più mosso)* est toute en figurations arpégées de doubles croches, où palpite uniquement l'harmonie du thème, très doucement, « teneramente ». – La 2$^e$ *(più mosso)* superpose au courant des arpèges un nouveau thème issu du premier. – La 3$^e$ *(l'istesso tempo)*, ralentie en croches, a des accords syncopés, alors que la 4$^e$ est comme une étude d'accords répétés. – Retour au *tempo di tema* pour la 5$^e$, un canon en mouvement contraire, avec cette particularité que la voix supérieure est en doubles croches égales, et l'inférieure en doubles croches inégales, parce que souplement et capricieusement posées sur des triolets ; admirons une fois de plus que l'artifice technique ait engendré une musique si parlante et si tendre. – La 6$^e$ *(più mosso)* a des triolets aux deux mains, la droite en octaves brisées, la gauche en vastes arpèges ; page périlleuse, typique de l'écriture pianistique de son auteur.

Les variations 7 à 10 abandonnent le 3/8 du thème pour un 2/4. La 7$^e$ *(andante con moto)*, la plus belle de la série, semble un hommage à Schumann, dans sa délicate figuration d'accords brisés, à grands intervalles, où les deux mains alternent de deux notes en deux notes, le thème se trouvant une fois de plus mystérieusement évoqué au milieu de l'harmonie ainsi diffuse. – Les trois suivantes sont en ré mineur. La 8$^e$ et la 9$^e$, qui s'enchaînent *(allegro non troppo)*, se vouent au rythme, à la force et même à la violence ; accords piaffants, octaves, bonds rapides, basses trémulantes, voilà qui annonce l'aspect technique des futures *Variations Haendel* et *Paganini*. La 10$^e$ est plus calme, en dépit de son *agitato* ; la gauche y faufile un ourlet régulier sous les contrepoints expressifs de la droite.

Enfin la 11ᵉ *(tempo di tema, poco più lento)* reprend le mètre à 3/8 et le ré majeur de la proposition initiale. Morceau complexe, comme il sied à la dernière variation d'un cahier. D'abord une variation double, où vibre tout au long une basse en trilles prolongés, tandis que la droite s'active en enchevêtrements polyphoniques, brodant par exemple elle-même sous le chant, à force d'extensions, ces guirlandes de triolets qui donnent l'illusion d'une troisième main ; ensuite un deuxième volet, « molto espressivo », où la mélodie s'anime, accompagnée de triples croches effervescentes ; et une coda très poétique, sur des accords battus, les voix extrêmes se répondant quelque temps, puis la mélodie supérieure finissant toute seule, enfouie, à l'intérieur de la parure harmonique.

## *Variations sur un thème de Haendel* (op. 24)

COMP septembre 1861 (Hambourg). PUB 1862 (Breitkopf & Härtel). CRÉ par Clara Schumann (7 décembre 1861, Hambourg).

La partition encore la plus jouée du piano de Brahms, et la plus prisée des gens sérieux (comme *Athalie*, selon Voltaire, est la pièce des « connaisseurs »). Pourtant quelques téméraires (les mêmes sans doute qui goûtent plutôt *Bérénice*) oseront dire que certaines des *Variations Haendel*, sans parler de la fugue qui les couronne, tournent à vide ; que celles mêmes qu'ils admirent le plus, ils ne vont pas jusqu'à les aimer d'amour ; ils ont beau avoir, comme le pauvre Gargantua, « argumens sophisticques » qui les suffoquent, ils avouent préférer, dans le même rayon, les *Variations sur un thème de Schumann*, si négligées des pianistes, et où science et art s'allient sans jamais nuire à l'émotion.

Cet exorde formulé, la proposition demeure : les *Variations Haendel* comptent parmi les hauts lieux de la musique de Brahms ; il a cherché d'y mêler le baroque, le classique, le romantique, d'y rivaliser à la fois avec Bach et Beethoven ; mesuré à cette aune, il suscite à bon droit l'étonnement.

Le thème est une aria en si bémol majeur, à laquelle Haendel avait lui-même confectionné cinq doubles, gentils et naïfs ; deux fois quatre mesures, avec reprises, dans un parcours tonique-dominante des plus rassurants, sans aucune altération ; quelques trilles ingénus. Comme la valse de Diabelli pour Beethoven, c'est un archétype, parfaitement lisse, ouvert à tous les possibles. Brahms ne pouvait mieux trouver. Il respectera scrupuleusement cette structure, gardera le 4/4 initial (parfois remplacé par son équivalent ternaire 12/8), conservera le ton de si bémol (parfois minorisé), sauf pour une brève incursion dans le ton voisin de sol mineur (21ᵉ variation). S'étant mis volontairement ces bornes, il n'en est que plus à l'aise pour diversifier son œuvre de l'intérieur.

La 1ʳᵉ variation *(più vivo)*, sur une basse sautillante, imite avec humour le style ancien, dans le même franc diatonisme : le modèle est encore sous les yeux ! – Mais Brahms entre d'un coup dans la 2e *(animato)* : ce trois-contre-deux, ce chromatisme ne trompent guère. – Dans la 3e, également typique *(dolce scherzando)*, des groupes de trois croches se répondent d'une main à l'autre. – Octaves énergiques dans la 4e *(risoluto)*, accentuées sur les temps faibles. – Avec les deux suivantes, on passe en si bémol mineur. La 5e *(sostenuto)* montre le Brahms élégiaque : mélodie effusive, qui dénoue et alanguit le trille de Haendel, accompagnée d'arpèges berceurs. – Le climat s'assombrit dans la 6e *(misterioso)*, qui reprend la mélodie précédente, en octaves nues aux deux mains ; canon à l'octave dans la première partie, et par mouvement contraire dans la seconde.

Retour au majeur avec la 7e variation *(con vivacità)*, dont les notes répétées forment une grêle et joyeuse fanfare. – La 8e s'y enchaîne sur le même rythme, les notes répétées cette fois à la basse, formant pédale de tonique ou de dominante. – La 9e *(poco sostenuto)*, comme la deuxième, et bientôt la vingtième, quitte le diatonisme imparti par le thème pour une écriture chromatique, en lourds accords processionnels. – Notes répétées encore dans la 10e *(allegro)*, en triolets bondissants sur tout le clavier, accentués çà et là par de mordants gruppettos. – Le paisible chant de la 11e *(moderato)* s'accompagne sagement de batteries de doubles croches, à la Mozart, tandis que dans la 12e *(l'istesso tempo)*, le thème est énoncé à la gauche, « soave », sous des figures décoratives où Tovey croyait entendre un chant de rossignol. – À cela, la 13e (à nouveau en si bémol mineur, *largamente ma non troppo*) oppose son thème de sixtes, avec quelque chose de tzigane et de funèbre (le *lassan* des *Rhapsodies* de Liszt), sur de grands accords arpégés à contretemps.

Ici s'ouvre, en si bémol majeur, un groupe de cinq variations plus techniques, presque uniquement virtuoses. La 14e *(sciolto)* est tissée de gammes de sixtes à droite et de redoutables octaves brisées à gauche. – La 15e a des doubles notes aux sonorités de fanfare et de rapides déplacements des mains. – L'exercice se poursuit dans la 16e, où sinue un canon, en fuyantes doubles croches, dans un mystérieux pianissimo. – La 17e *(più mosso)* jongle encore avec les sauts, en confrontant staccato et legato. – Enfin dans la 18e *(grazioso)*, les deux mains échangent sans cesse leurs traits véloces et leurs dessins syncopés.

La 19e variation *(leggiero e vivace)* arrête le feu d'artifice ; c'est une merveille de délicatesse, avec son allure de sicilienne rapide, ses mordants, son parfum d'archaïsme ; un souvenir d'autrefois semble y sourire. – En contraste, la 20e *(andante)* est sombre, en accords douloureusement chromatiques. – La 21e *(vivace)*, la seule en sol mineur, est une étude de polyrythmie, trois-contre-quatre, en arpèges légers. – La 22e *(alla musette)* est avec la dix-neuvième l'autre bijou du cahier ; confinée dans l'aigu, sur un obstiné bourdon de tonique, elle évoque une boîte à musique, d'un minutieux travail d'orfèvrerie.

Après cette halte, les dernières variations s'enchaînent sans interruption *(vivace)* et forment un grand crescendo vers la fugue finale : vifs triolets de la 23e, à la gigue, – déferlement de doubles croches de la 24e, en vagues alternatives d'une main à l'autre, ou aux deux mains en mouvement contraire, – triomphal martellement d'accords de la 25e, fortissimo presque de bout en bout.

Vient alors la fugue. Robuste, volontaire, digne pendant de l'ensemble des variations, elle est tirée de la première mesure du thème (des quatre premières notes effectives : si, do, ré, mi), et traitée librement, avec une science confondante (les inversions et augmentations attendues), qui n'ôte rien à ces pages débordantes de vie et de santé.

## *Variations sur un thème de Paganini* (op. 35)

COMP hiver 1862-1863 (Vienne). PUB 1866 (Rieter-Biedermann), en deux cahiers. CRÉ par Brahms (17 mars 1867, Vienne).

Clara les appelait des « variations de sorcière », et ce n'est pas en vain que Brahms leur avait donné le titre d'« études ». Elles rassemblent dans le moins d'espace possible toutes les chausse-trapes de son piano, et même un peu plus ; technique vraiment effrayante, qu'il demande ici pour la dernière fois : aucune des partitions suivantes n'aura ce pianisme acrobatique, d'ailleurs aussi éloigné des tours de passe-passe du piano de Liszt que de la difficulté « en profondeur » de celui de Chopin. Mais (ces devanciers nous ont accoutumés au paradoxe) d'ainsi prendre le parti des doigts ne l'empêche pas d'édifier une œuvre riche d'événements purement musicaux. Même les contempteurs ordinaires de la virtuosité se laissent volontiers captiver par ces pages, n'ont pas la force de bouder l'enthousiasme qu'elles déclenchent. Une seule réserve : il est absurde de jouer à la suite les deux cahiers qui forment l'opus ; Brahms lui-même entendait qu'on laissât à chacun son indépendance : deux séries de quatorze variations chacune, l'une et l'autre pourvues de quelques moments de repos, et d'un époustouflant finale.

Le thème, fort connu, est ce *Caprice en la mineur*, déjà varié par son propre auteur, que Liszt emprunta pour la sixième de ses *Études d'après Paganini*. Par la suite, des compositeurs aussi différents que Rachmaninov, Lutoslawski ou Blacher devaient également le prendre pour prétexte. On les comprend : c'est un thème élémentaire, bien compartimenté (4+8 mesures, avec des reprises), sur un même rythme inlassablement répété, avec quelque chose d'incisif qui s'impose à la mémoire.

Le premier cahier, le plus intéressant des deux, commence tapageusement par une 1re variation à la toccata, en doubles notes, surtout des sixtes à droite et des tierces à gauche, écriture caractéristique de Brahms mais poussée ici à son comble. – La 2e variation renchérit avec des sixtes à

gauche et des tierces et octaves à droite, dans le même mouvement résolu.
– Dans la 3e, les mains alternées dessinent des arpèges de plus en plus vastes, en mouvement contraire. – Arpèges aussi dans la 4e, formés d'octaves brisées, pour chaque main à tour de rôle, l'autre combinant notes tenues et trilles. – La 5e, où 2/4 se superpose à 6/8, est particulièrement périlleuse pour la main gauche qui croise la droite et redescend en octaves brisées de l'aigu au grave du clavier. – La 6e, à 6/8, a des octaves aux deux mains, en contretemps. – Octaves et doubles notes dans la 7e, où les deux mains en mouvement contraire se déplacent rapidement des extrêmes au médium du clavier. – Déplacements plus redoutables encore, plus rapides, dans la 8e, en staccato, qui fait songer au *Mazeppa* de Liszt. – La 9e superpose quatre doubles croches contre six, en octaves répétées à l'une des mains, en accords à l'autre. – La 10e, mystérieuse, « sotto voce », a des syncopes et des croisements de mains. – Répit avec les deux suivantes (toutes les deux en la majeur, *andante*) : la 11e est une délicieuse et menue boîte à musique, en doubles notes aux deux mains, dans l'aigu (comme la « musette » des *Variations Haendel*) ; la 12e superpose au chant radieux de la gauche les guirlandes de triolets de la droite, comme un écho prolongé sur les mêmes notes. – On revient au ton de la mineur et à la virtuosité ébouriffante avec la 13e *(vivace e scherzando)*, en octaves de bravoure et glissandos (d'octaves !), et la 14e *(allegro)*, finale pyrotechnique, qui accumule les tours de force, courses de triples croches « con fuoco », arpèges dégringolant les registres, octaves brisées, sauts, martellements, trémolos, frémissantes doubles notes.

Il y a un état de grâce virtuose dans le premier cahier, que ne retrouve pas le second, tout passionnant qu'il est : quatorze variations n'ont-elles pas épuisé le sujet ? Quoi qu'il en soit, voici la 1re, vouée aux tierces, puis à des gammes truffées d'octaves ; la 2e *(poco animato)*, où des octaves en croches normales s'opposent à des arpèges en triolets (trois-contre-deux) ; la 3e, cousue de tierces, avec des levés d'octave sur les temps faibles. – La 4e (en la majeur, *poco allegretto*) offre le repos charmant d'une quasi-valse, à la viennoise. – Mode mineur à nouveau pour la 5e, où des triolets alternent aux deux mains au milieu d'octaves répétées ; la 6e *(poco più vivace)*, une course de triolets aux mains alternées, « senza pedale » ; la 7e, étude rythmique, superposant un 2/4 (quatre croches) et un 3/8 (trois croches soutenues par des triolets de doubles croches à contre-mesure) ; la 8e *(allegro)*, en dessins opposés aux deux mains, propulsés du milieu aux extrémités du clavier ; la 9e, où les deux mains à l'unisson ont des octaves tour à tour brisées ou plaquées ; la 10e *(feroce, energico)*, toujours à l'unisson, avec ses traits d'arpèges à toute allure ; la 11e enfin *(vivace)*, horriblement difficile, les deux mains en mouvement contraire traçant des espèces de gammes où une note sur deux est octaviée. – Vient alors la 12e variation (en fa majeur, *un poco andante*), musicalement la plus belle de tout l'opus 35, simple et douce romance, au chant expressif, aux arpèges alternativement à 6/8 et 3/4, équivoque rythmique d'un effet prenant. – La virtuosité reprend ses droits avec les doubles notes de la 13e *(un poco più andante)*, et les diableries multiples de la 14e *(presto ma non troppo)*, épilogue étendu, d'abord une course de doubles croches « scherzando », puis des doubles notes alternées, de grands arpèges à l'unisson, des crépitements d'accords, et pour finir, en guise de coda, un dernier et vigoureux trois-contre-deux, avec d'incroyables sauts d'octaves à la main gauche.

## LES KLAVIERSTÜCKE

Troisième volet de l'œuvre pianistique de Brahms : après Beethoven, qui hante les *Sonates*, après Bach, qui sert avec lui de modèle aux *Variations*, voici Brahms tel qu'en lui-même enfin la vieillesse le change. Le troisième « B » (comprenons ainsi la formule de Hans von Bülow) ne doit plus grand-chose à ses devanciers. Il laisse au garde-meuble ce piano tapageur qui voulait concurrencer l'orchestre ; et dans le fond d'un tiroir toute cette science d'écriture, ce savoir contrapuntique qui préside aux grandes formes, au développement. Désormais il veut faire court, aller au plus pressé. Quand on dit l'essentiel, on en a vite assez dit, ou trop dit. D'où l'éclosion de ces pages brèves, et nombreuses, qui ressassent la même mélancolie. Trente pièces, en six recueils, les quatre de 1892-1893 (op. 116 à 119) étant précédés, quinze ans plus tôt, d'un prophétique et déjà tout automnal opus 76, et d'un opus 79 de *Rhapsodies*.

La répartition de ces pièces, du point de vue des titres et du contenu, peut paraître désordonnée. L'opus 76, intitulé simplement *Klavierstücke*, réunit des capriccios et des intermezzi ; l'opus 116 également, mais sous l'appellation générale de *Fantaisies* ; l'opus 117 n'a que des intermezzi ; dans les opus 118 et 119, intitulés à nouveau *Klavierstücke*, aux intermezzi s'ajoutent dans l'un une ballade et une romance, dans l'autre une rhapsodie ; rhapsodies uniquement dans l'opus 79 (pourtant appelées « caprices » à la création). Mais on voit vite que le fond de ces recueils est constitué d'intermezzi (dix-huit) et de capriccios (sept).

Il n'est pas facile de différencier ces deux genres. Quand on aura dit que Brahms, de toute évidence, ne reprend pas à son compte le capriccio à la Mendelssohn, sorte de scherzo ou de mouvement perpétuel, volubile et léger, à fleur de doigts et de pensée, ni l'intermezzo à la Schumann, tout d'élans et de sautes d'humeur, tantôt frondeur et tantôt pacifié, on n'aura pas avancé beaucoup dans la question. Estimera-t-on, avec José Bruyr, que « les capriccios relèvent davantage de la passion, et de la rêverie les intermezzi » ? La chose est à moitié vraie seulement. Bornonsnous prosaïquement à remarquer que les premiers sont généralement rapides (allegro ou presto), portant effectivement une fois le mot « passionato », une autre fois « energico », plus souvent « agitato » ; et les seconds plutôt lents (andantino, andante, adagio), avec ces indications : « teneramente », « con intimissimo sentimento », « con molta espressione ». À ceux-ci il arrive de sourire à travers leurs larmes ; à ceux-là, en dépit de leur véhémence, de se résigner.

En réalité, quel que soit leur titre, la plupart touchent le fond de la souffrance, mais avec des moyens non ordinaires. C'est la musique d'un homme rude, d'un ours mal léché, et pourtant sentimental. Surtout c'est la musique d'un homme solitaire, qui n'écrit que pour lui (on notera que ces cahiers, l'opus 79 excepté, n'ont pas de dédicace), et qui berce, ainsi qu'il disait lui-même, ses propres douleurs ; et cet épanchement continu est si monotone qu'il en paraît immobile ; et cela manque à ce point d'éclat que ces œuvres si déchirantes ont pu passer pour froides aux oreilles inattentives. Musique déconcertante, jusqu'au malaise. Aujourd'hui, nous la connaissons bien, nous y trouvons notre aliment. À l'époque, il y eut des amis pour se plaindre, comme Billroth, de « ce goût imprévu de Brahms pour le piano ». Ils y perdaient sans doute, les pauvres, une inutile cinquième symphonie...

### *Huit Klavierstücke* (op. 76)

COMP été 1878 (Pörtschach ; mais le n° 1 remonte à 1871). PUB 1879 (Simrock), en deux cahiers.

Pour mesurer l'originalité de ces pièces, que Hanslick appelait des « monologues », il faut se rappeler qu'elles sont contemporaines du *Concerto pour violon* et de la *Sonate pour violon et piano en sol majeur*, œuvres musclées, rigoureuses, destinées au concert, au public. En revanche, dans ce cahier qui marque son retour au piano seul (il ne lui a plus rien adressé depuis les *Danses hongroises* de 1868 ; et les *Variations Paganini*, dernière grande œuvre, remontent à 1863), Brahms ne semble guère se soucier d'un auditeur éventuel. Non seulement ce sont des confidences, mais c'est à lui-même qu'il les adresse, tâchant vraiment d'exprimer l'inexprimable, et créant un monde clos où domine la rêverie grise et mélancolique.

La première pièce, un *Capriccio* (en fa dièse mineur, *un poco agitato*), est la plus ancienne ; elle fut offerte à Clara Schumann, le 12 septembre 1871, en cadeau d'anniversaire. Douloureuse, ineffablement. Un inquiet flot d'arpèges en doubles croches, montant comme une houle, établit un prélude d'une page. Alors un chant se détache, murmurant d'abord, puis tout gonflé de regret et d'amertume (on le retrouve inversé, mes. 42, à l'alto). Et Clara d'imaginer un grand cimetière, sous la lune et la rafale d'hiver...

La deuxième, encore un *Capriccio* (en si mineur, *allegretto non troppo*), est tout le contraire de la précédente. Insouciante, et même gaie (on utilisera rarement cet adjectif !), elle a quelque chose d'une sérénade un rien narquoise, avec ses staccatos de guitare, ses rythmes légers, son tour « hongrois », – et l'esprit de Schubert y rôde un peu.

La troisième (en la bémol majeur, *grazioso*) est un *Intermezzo*, rêveur, confiant, deux simples pages nocturnes et lunaires. Le début, dans ses harmonies lisztiennes et son écriture dans l'aigu (les mains imbriquées, arpègements à gauche, accords syncopés à droite), est d'une extrême délicatesse. Au milieu chante un court motif en triolets, plein d'abandon et de tendresse, sur une basse en syncopes.

*Intermezzo* également, la quatrième (en si bémol majeur, *allegretto grazioso*), en frôlements et chuchotements, en syncopes aux voix intérieures, réveille à nouveau la mélancolie et le souvenir. On ne peut éviter plus longtemps la tonique : tout le début traîne sur la pédale de dominante, mène à sol mineur (relatif) pour une clausule en tierces et sixtes, étrangement angoissée ; belles harmonies chromatiques du développement ; ce n'est qu'au retour de la clausule, à la fin, que si bémol s'affirme.

La cinquième pièce, un *Capriccio* (en ut dièse mineur, *agitato, ma non troppo presto*), a quelque chose de l'atmosphère d'une *Ballade* de Chopin ; atmosphère sombre et menaçante, que renforce l'usage de la polyrythmie (la droite nettement à 3/4, dans ce 6/8 à peu près suivi par la gauche). La seconde partie, d'être ramassée à 2/4, est plus dramatique encore et plus exaltée ; voyez le retour pantelant du thème initial sur un accompagnement d'arpèges. Brève et fulgurante coda, « crescendo e stringendo », bouillonnement de la main droite sur les octaves de la gauche.

La sixième pièce, un *Intermezzo* (en la majeur, *andante con moto*), est d'abord paisible, enjouée même, en dépit de ses syncopes, de sa rythmique si capricieuse et originale. L'épisode médian, en fa dièse mineur, mélancolise, s'abandonne, avec cet émouvant trois-contre-deux dont nul n'a usé si bien que Brahms, et auquel il a imprimé sa marque. (Semblable contraste entre un la majeur serein et un fa dièse mineur douloureux dans la deuxième pièce de l'opus 118.)

L'*Intermezzo* qui suit (en la mineur, *moderato semplice*), de climat nordique, débute à la façon d'une ballade triste, aux accords statiques, au rythme de marche. La seconde partie, plus mobile, a un thème syncopé accompagné d'arpèges.

Pour finir, un *Capriccio* (en ut majeur, *grazioso ed un poco vivace*), dans le mouvement d'arpèges de la première pièce et presque dans son rythme (6/4 correspondant à 6/8) ; mais il en est l'opposé quant à l'esprit ; libre improvisation, passionnée et même emportée, aussi loin que possible de la tonalité annoncée, – avec pourtant une note optimiste et claire ; cette bourrasque qui balaie le clavier chasse les mauvais nuages...

***Deux Rhapsodies*** (op. 79)
COMP été 1879 (Pörtschach). PUB 1880 (Simrock). DÉD à Elisabeth von Herzogenberg. CRÉ par Brahms (20 janvier 1880).

Après les monologues mélancoliques, après l'introversion de l'opus 76, on dirait un retour à l'impétuosité de la jeunesse, à ses élans vers le monde extérieur. Amples, développées l'une en rondo libre, l'autre en forme sonate, avec une rigueur qui peut sembler contraire au genre (*décousu* par définition), mais magnifiques d'éclat et de lyrisme, elles ont toutes les deux la faveur des pianistes, et du public.

La première (en si mineur, *agitato*) a un départ farouche : thème emporté, au triolet caractéristique, à la basse haletante, aux accents guerriers. Mais soudain (mes. 16), c'est la chute de toutes les forces vives, un murmure tapi dans le grave, souligné d'un fa ♯ répété qui, après avoir été dominante, devient la tierce majeure de la nouvelle tonique. Vient alors, en ré mineur, un thème de légende, phrase plaintive, insistante, mais qui n'a pas encore le loisir de s'épanouir : les fanfares du premier thème reprennent le dessus, le motif « au triolet » de plus en plus rapproché (en stretto), de plus en plus sonore, et des gammes marquent le retour au début en si mineur. – Pourtant le thème légendaire a son heure : dans l'épisode central (en si majeur, *meno agitato*), merveilleux moment d'accalmie, où il se développe enfin, escorté d'un battement de croches (notez la couleur pastorale des pédales), avant la reprise de la première partie (intégralement : chose bien rare chez Brahms). Et il reviendra hanter la coda, plus sombre, à la basse, sous les arabesques de la droite.

La deuxième rhapsodie (en sol mineur, *molto passionato, ma non troppo allegro*) semble d'abord moins âpre que la précédente, avec l'envolée lyrique des mesures d'introduction qui établissent le climat de ballade (non pas sa tonalité : ces lignes modulantes la font attendre). Mais voici (mes. 9) un thème de chevauchée, sur une basse rythmique d'octaves, proprement le premier thème de cette forme sonate (ce qui est rhapsodique, ici, c'est la variété de A, à trois éléments distincts et non continus). Lui répond une plainte déchirante, portée par la houle des arpèges, et dont le triolet d'attaque (la-si ♭-la) va bientôt soutenir le crescendo du second thème, en ré mineur, et devenir, à l'intérieur du tissu harmonique, un motif obsessionnel, conjuguant l'effroi au mystère. Le développement tire parti, avant tout, du premier élément de A, modulant dans une brume mystérieuse jusqu'à si mineur, où il retrouve B, qu'il paraphrase. Réexposition ; la fin décroît sur un long trille, avant le brusque *ff* des deux accords conclusifs.

***Sept Fantaisies*** (op. 116)
COMP été 1892 (Ischl). PUB 1892 (Simrock), en deux cahiers.

Avec ce recueil où dominent les intermezzi (quatre fois) et les tonalités mineures (cinq fois) nous sont livrés les premiers feuillets du journal intime que constituent les quatre derniers opus pianistiques de Brahms, « un bréviaire du pessimisme » selon Hanslick. Il y renoue avec la manière de l'opus 76 qui les précède de quinze ans, et l'amplifie dans le sens de la méditation lyrique et du renoncement. On songe aux derniers nocturnes de Fauré, pareillement chargés de chagrin, remuant des pensers moroses, mais parfois traversés, le temps d'un souvenir, d'on ne sait quelle juvénile bouffée de désir.

Le *Capriccio* qui ouvre le cahier (en ré mineur, *presto energico*) est une pièce étrange, incurablement sombre, aucun sourire ne venant l'éclairer ; toute en octaves, en accords, en syncopes ; harmonies grises, piétinements chromatiques. Le geste pianistique, gauche, embarrassé, traduit bien le climat de la pièce.

La deuxième pièce est un *Intermezzo* (en la mineur, *andante*). On ne peut rien imaginer de plus désespéré. D'autres pièces sont plus véhémentes, plus torturées ; celle-ci, infiniment sobre, et avec peu de moyens (elle est accessible au moindre amateur), peint une déréliction profonde. Un simple rythme (deux croches suivies d'une blanche), un usage suggestif du trois-contre-deux, la douceur douloureuse de ces tierces qui ne consolent de rien, cela suffit à imprimer durablement ce début dans la mémoire. Quand, après un épisode plus animé *(non troppo presto)*, fantastique, fantasmagorique, apparaît une variante du thème initial, avec changement de mode, on éprouve le même serrement de cœur que dans les passages majeurs de Schubert, encore plus désolés que les mineurs qu'ils prétendent éclaircir.

La troisième pièce, un *Capriccio* (en sol mineur, *allegro passionato*), est plus conventionnelle, si l'on peut dire, et retrouve l'esprit des *Rhapsodies* : thème fougueux, passionné en effet, avec ses roulements d'arpèges, sa façon de monter à l'assaut des degrés. Un trio plus calme (en mi bémol majeur, *un poco meno allegro*) arrête un instant ce tournoiement, avec ses accords un peu compacts, ses valeurs longues, ses triolets de noires ; on y goûte, vers le milieu, une audacieuse modulation en sol, suivie d'un radieux crescendo. On notera, à la reprise, la légère mais si expressive modification d'écriture, remplaçant, sur les mêmes harmonies, les unissons d'arpèges par des arpèges en mouvement contraire.

Brahms voulait appeler « nocturne » l'*Intermezzo* qui suit (en mi majeur, *adagio*), rêverie douce et pour une fois consolante, une halte heureuse en ce cycle. On ne peut plus oublier ce rythme hésitant du début, cette impression de dialogue entre les deux mains, ce thème qui se cherche, de mesure en mesure, avec la poussée du triolet initial, pour aboutir à la belle retombée des mes. 8-9, où l'arpège effusif de la gauche monte rejoindre la droite. Ce n'est pas qu'il n'y ait ici aussi des ombres, et parfois un sanglot étouffé (le passage « dolce », avec ces doubles croches de la gauche, pressantes, comme un ressaut ténébreux du cœur). Mais dans l'ensemble, l'humeur y est moins farouche, et toute la fin vraiment détendue.

La cinquième pièce, un *Intermezzo* (en mi mineur, *andantino con grazia ed intimissimo sentimento*), est une énigme. Est-elle gaie, est-elle triste ? Tout son début, avec ces silences réguliers sur les deuxième et cinquième croches du rythme à 6/8, ces harmonies surprenantes, incertaines, quelquefois réduites à deux notes qui dissonent, séparées par tout le clavier, cette absence de thème, simule l'inquiétude. La suite est sûrement plus claire : beaux arpèges nocturnes, paisibles et confiants ; et d'ailleurs la première idée revient se résoudre sereinement sur l'accord majeur.

Encore un *Intermezzo* pour la sixième pièce (en mi majeur, *andantino teneramente*). Les deux volets extrêmes, avec leurs riches accords, leurs progressions chromatiques, leurs équivoques (emploi raffiné de l'enharmonie) et leur côté statique et compact, s'opposent à la section centrale, en sol dièse mineur, un admirable chant accompagné de triolets alternés aux deux mains, et tout sanglotant de regrets.

Dernière pièce, un *Capriccio* (en ré mineur, *allegro agitato*), à moitié réussi seulement : car on peut trouver le début, avec ses arpèges de septième diminuée, peu inspiré et d'une agitation factice, ou facile. Mais l'épisode central, en la mineur, au chant syncopé, partagé entre les deux mains, dans un environnement d'arpèges montants et descendants, est magnifique.

### *Trois Intermezzi* (op. 117)
COMP été 1892 (Ischl). PUB 1892 (Simrock).

La tonalité sombre domine en ces pages, et la résignation. Tempos lents, sans la diversion qu'apporterait un capriccio, avec sa relative mobilité ou ses accents de révolte. Mais musique intense, impropre au concert, communicable seulement dans la connivence, et même réservée à la solitude.

La première pièce (en mi bémol majeur) commence *andante moderato*, avec une épigraphe tirée d'une berceuse écossaise du recueil de Herder, dont voici la traduction : « Dors tranquille, mon enfant, dors tranquille et sage ; j'ai tant de peine à te voir pleurer... » C'est en effet un simple et tendre thème de berceuse enfantine, placé en voix intérieure, dans la touffeur des accords ; effet hypnotique de la pédale de tonique ; effet magique, aux mes. 13-15, de la basse à 3/4 contre le chant à 6/8 ; et douceur, dans la reprise finale, des doubles croches qui font à ce thème une délicate broderie. La section centrale (en mi bémol mineur, *più adagio*) est plus trouble, plus inquiète : rien d'enfantin dans ce motif sanglotant, que soutiennent de lents et lourds arpèges, tassés au fond du clavier.

La deuxième (en si bémol mineur, *andante non troppo e con molta espressione*) a comme un souvenir de Schumann dans l'écriture, la disposition pianistique : ces figures fuyantes, fantasques, en triples croches, ces arpèges où le thème se calfeutre, tant de pages nous y ont habitués, signées d'Eusebius comme de Florestan... Cependant, cette irrépressible douleur, ces élans qui ne débouchent sur rien, cette façon de faire tourner l'âme en rond, sont bien du dernier Brahms. On notera que le second thème n'est qu'une variante, augmentée (en accords) et majorisée (en ré bémol, relatif), du premier.

La troisième pièce (en ut dièse mineur, *andante con moto*) présente au début un thème à la fois d'angoisse et de renoncement, « sotto voce », d'abord à l'unisson des mains sur trois octaves, puis inséré dans une parure d'arpèges et d'accords. Un épisode plus mouvementé (en la majeur, *più mosso ed espressivo*), presque enjoué, avec ses syncopes et ses grands déplacements, essaie d'atténuer cette brume ; peine perdue, le thème initial revient bientôt, plus oppressant ; fin ralentie, funèbre, désespérée.

## *Six Klavierstücke* (op. 118)
COMP 1893 (Ischl). PUB 1893 (Simrock).

Suite (et non pas fin encore) du précédent, ce recueil est plus varié, moins uniformément sombre ; aux intermezzi s'ajoutent une ballade et une romance ; il y a place pour l'héroïsme, l'ardeur, et même le sourire ; c'est pourtant dans cet opus 118 que se trouve, à la sixième et dernière place, le plus bel intermezzo de Brahms, celui qu'on choisit s'il n'en faut emporter qu'un seul, – le plus irrémédiablement douloureux de la série.

La première pièce, un *Intermezzo* (en la mineur, *allegro non assai, ma molto appassionato*), est toute d'élans, de sursauts, de retombées. Quelque chose ici revient d'un Brahms plus jeune, voire juvénile : cette fièvre des arpèges, ces accents pleins de force et de chaleur, ce mouvement véhément d'un bout à l'autre du morceau, qui conclut sur la tonique majeure.

L'*Intermezzo* suivant (en la majeur, *andante teneramente*) est une des plus belles pièces du compositeur. Brahms n'a pas son pareil pour traduire en musique cette tendresse persuasive, qui voudrait déborder, mais qu'une réserve impérieuse retient au bord de l'aveu. La mélodie avance par paliers, craignant de trop en dire, s'y reprend à plusieurs reprises, en piétinant autour de quelques notes, et ne s'épanouit que sur le forte de la mes. 30. L'épisode central, en fa dièse mineur, conjugue une fois de plus, comme Brahms seul le réussit à ce point, un thème en croches égales sur un accompagnement de triolets (trois-contre-deux), – thème d'une grande beauté, longue phrase chargée de regrets ; il est repris en lents accords murmurés, dans le mode majeur, puis à nouveau dans son ondoiement d'arpèges, à l'alto, sous un contrechant plus ému encore que lui.

La troisième pièce est une *Ballade* (en sol mineur, *allegro energico*).

Cet adjectif « energico » n'est pas un mot en l'air : le morceau respire une vigueur, une impétuosité qui le rapprochent, plutôt que des *Ballades op. 10*, de la première des *Rhapsodies op. 79*, et dont la *Rhapsodie* qui achève l'opus 119 donnera un autre exemple. La merveille en est l'épisode médian, qui, après les accords héroïques, un peu lourds et tapageurs, et le rythme fortement scandé du début, propose, sur un va-et-vient d'arpèges, un thème de légende, en si majeur, d'un irréel pianissimo.

Un *Intermezzo* à nouveau pour la quatrième pièce (en fa mineur, *allegretto un poco agitato*). Curieux morceau, méconnu, traversé d'inquiétude. La première partie, traitée en canon, combine les rythmes (trois-contre-deux), module beaucoup, dissone fréquemment ; la partie centrale (en la bémol), plus statique, oblige à d'incessants, et irritants, croisements de mains : la gauche y redit canoniquement, à distance de noire, et une octave plus bas, les accords et les notes d'appui de la droite.

La cinquième pièce (en fa majeur, *andante*) est une *Romance* (plus exactement une *romanze* : ainsi orthographiée, on ne la prendra point pour du Mendelssohn !), et l'un des plus paisibles morceaux du dernier Brahms, vraiment sans ombres, ce qui ne veut pas dire sans mélancolie. Beau thème nordique, harmonies pures et claires, avec, comme dans le premier *Intermezzo* de l'opus 117, la mélodie en voix intérieure, ce qui en accentue la douceur (il est vrai qu'ici tout « chante », et que le thème est tour à tour à l'une ou l'autre des voix, sans qu'on puisse marquer de réelle préférence...). Équivoque rythmique de ce 6/4 battu tantôt comme deux fois 3/4, tantôt comme trois fois 2/4 (dans les cadences). L'intermède (en ré majeur, *allegretto grazioso*) est une chose inspirée et délicate entre toutes, avec sa basse obstinée de musette, ses trilles, sa quarte parfois lydienne (sol ♯), ses envolées de gammes, ses broderies.

Pourtant il n'appartenait pas à cette pièce apaisée et confiante de clore le cycle ; Brahms a choisi pour ce rôle l'un de ses morceaux les plus saisissants, l'*Intermezzo* en mi bémol mineur *(andante, largo e mesto)*. On ne s'attend pas à un tel épilogue. Brahms a-t-il écrit rien de plus désolé et désolant, de plus pathétiquement résigné ? Tout y concourt : la tonalité, la main gauche qui erre au gré de ces arpèges si décousus, la droite qui égrène son thème endolori autour de trois notes insistantes comme une vrille, et qui l'agrémente de tierces plus tristes encore... La section centrale essaie, à coups d'accords, d'octaves, de rythmes bien scandés, de changer de ton, de parler de révolte et de bravoure : mais non, tout retombe définitivement, avec cet unisson funèbre des deux mains, et ce dernier arpège qui s'égrène en sourdine.

***Quatre Klavierstücke*** (op. 119)
COMP été 1893 (Ischl). PUB 1893 (Simrock).

Brahms savait-il que ces quatre pièces, trois intermezzi et une rhapsodie, seraient ses *ultima verba* au piano ? À ce titre elles nous touchent de façon particulière, encore que l'on puisse rêver d'un autre épilogue à l'ensemble des *Klavierstücke* que la pompeuse et batailleuse *Rhapsodie*...

L'*Intermezzo* initial (en si mineur, *adagio*), deux pages à peine, est d'une indicible tristesse. Le début, où les mains étroitement rapprochées dessinent ensemble les lents arpèges descendants qui soutiennent le thème de la droite, est magique ; la voix chantante y semble l'émanation de l'harmonie, toute tremblante de ces notes tenues où la dissonance est plus suave que la consonance même. Plus loin, en ré majeur (relatif), des accords pressants montent crescendo, à deux temps dans cette mesure à 3/8, et culminent passionnément, pour redescendre avec lenteur. Ce mouvement se reproduit une fois encore, des triolets remplaçant les simples doubles croches de la gauche. Retour du début, plus incertain, comme frileux, et fin estompée dans un murmure.

À l'*Intermezzo* suivant (en mi mineur, *andantino un poco agitato*), le rythme dactylique, les accords répétés de la basse et le demi-soupir qui les sépare, le « sotto voce » demandé, confèrent, en dépit du tempo relativement lent, un caractère d'inquiétude, d'hésitation. Le même thème reviendra sous des figurations diverses, en triolets syncopés, en contretemps avec la basse, et enfin en croches égales accompagnées d'arpèges : seul moment où l'inquiétude se dénoue. Dans l'épisode central (en mi majeur, *andantino grazioso*) s'exhale un chant paisible, quoique amoureux, dont on ne s'aperçoit pas immédiatement qu'il est le calque exact du thème de la première partie, mais avec un tout autre rythme, qui en a déplacé les accents. Le début est alors repris presque sans changements, mais les dernières mesures, rassérénées, dans le mode majeur, citent la « variante » de l'intermède.

La troisième pièce du cahier (en ut majeur, *grazioso e giocoso*) est le dernier *Intermezzo* de Brahms, le plus frais, le plus heureux de tous. Ut majeur dicte ici au compositeur une page délicieuse, d'une insouciance et d'un charme inhabituels chez lui. La mélodie palpite à la voix médiane, dans la main droite, par-dessous les batteries d'accords, que la gauche escorte de grands arpèges. Modulations délicates, harmonies imprévues, quelques mesures d'équivoque rythmique (la droite à 3/4 sur une basse à 6/8), quelques traits légers pour finir : il fallait toute la tendresse bourrue du vieux Brahms pour réussir ce petit miracle d'ingénuité.

Dans la *Rhapsodie* qui met un terme à la fois à l'opus 119 et au piano de Brahms, éclatent la fougue et l'héroïsme retrouvés de l'opus 79, et même ici de l'optimisme, en contraste avec la tonalité générale des derniers recueils. Elle commence comme une marche (en mi bémol majeur, *allegro risoluto*), dont on remarquera les périodes impaires de cinq mesures (plus exactement : de quatre mesures suivies d'une mesure redondante, pour accentuer le caractère martial du thème de départ). La seconde idée introduit de lourds triolets, sourds, compacts. Dans la partie centrale, en la bémol majeur, de fins arpègements décorent un thème ineffablement beau, de ceux qui « racontent », qui viennent de lointains pays de légende (on notera que sa période de huit mesures est inégalement divisée en 3+5). Retour aux triolets, dans un crescendo formidable, qui ramène lui-même inopinément au premier thème, chuchoté, en ut majeur (et même dénaturé, avec ce staccato un peu caricatural). Le climat s'adoucit alors, et confine à la plainte. Après une page progressant comme un choral, et ponctuée de traits descendants de la droite, puis ascendants de la gauche, le début revient, fortissimo. Coda grandiose, échevelée, comme une chevauchée fantastique, et fin en mi bémol mineur.

## PIÈCES DIVERSES

Écrites au début de l'année 1855, les **Deux Gavottes** (WoO 3), les **Deux Gigues** (WoO 4) et les **Deux Sarabandes** (WoO 5) ne sont que de petites études stylistiques dans la manière de Bach, où Brahms se fait la main en vue d'œuvres plus ambitieuses. Pièces sans vraie inspiration, sentant le labeur, excepté toutefois la *Première Sarabande* (en la majeur/mineur), seize mesures très brahmsiennes, que le mouvement lent du *Quintette op. 88* devait reprendre trente ans plus tard.

Dédiée à Clara qui la joua souvent en bis, la **Gavotte d'après Gluck**, transcrite d'une gavotte du ballet *Pâris et Hélène*, est une pièce gracieuse (en la majeur) qui, tout en restant fidèle à l'original, sonne comme du Brahms grâce à son écriture de tierces, de sixtes et d'octaves.

Rangeons sous le titre d'***Études*** des pièces d'époques diverses, difficiles à dater, dont la plupart remontent probablement aux années de piano avec Marxsen. Aucune ne porte de numéro d'opus. Des deux publiées en 1869, la première arrange à la Brahms l'*Étude en fa mineur* (op. 25 n° 2) de Chopin : les simples triolets de la main droite y sont farcis de doubles notes, tierces et sixtes ; épreuve redoutable ; et de transformer le *presto* indiqué par Chopin en *poco presto* ne résout pas le problème ! Quant à la seconde, elle part du célèbre rondo qui sert de finale à la *Première Sonate* (op. 24) de Weber, en inversant le travail des mains, si bien que le mouvement perpétuel de doubles croches est dévolu à la main gauche... Brahms avait effaré son professeur en lui jouant cet arrangement sans précédent ; faut-il préciser que la substance même du rondo de Weber n'y gagne guère ?

Dix ans plus tard, en 1879, année des *Rhapsodies op. 79*, sont publiées trois autres « études », toutes modelées sur Bach. Les deux premières, deux versions inversées d'un arrangement de la *Courante* de la *Sonate en sol mineur* pour violon seul (*presto*, à 3/8), sont des mouvements perpétuels d'une difficulté considérable, et dont Brahms était particulièrement fier. La troisième étude est une transcription pour main gauche seule de la célèbre *Chaconne* de la *Deuxième Partita* pour violon seul, – la plus intéressante des nombreuses transcriptions qu'a suscitées ce morceau ; comme le dit Brahms lui-même dans une lettre à Clara, « il y a une seule façon de retrouver la vérité de l'œuvre, c'est de la jouer pour la main gauche seule : le même genre de difficultés, le même style de technique, les effets arpégés, tout cela concourt à me donner une impression violonistique ».

Enfin, publiée seulement en 1927, une dernière étude applique à l'*Impromptu en mi bémol majeur* de Schubert (op. 90 n° 2), le même traitement qu'au *Rondo perpétuel* de Weber : inversion des deux mains, la gauche se voyant destiner le tourbillon joyeux de triolets qui caractérisait la main droite dans l'original.

Terminons avec les ***Cinquante et un Exercices*** (WoO 6), composés pour la plupart dans les années 1850-1860, réunis et publiés par Brahms en 1893 (chez Simrock, l'année de l'opus 119 !). Ce sont sans doute ses propres exercices pianistiques, valables pour ses œuvres plus que pour d'autres ; la préoccupation principale n'y est pas la vélocité, mais par exemple la polyrythmie, le travail des doigts faibles, l'indépendance des doigts, les doubles notes et le jeu polyphonique, les écarts et les extensions. On abîmerait plus d'une main en en conseillant l'emploi quotidien. Brahms en était conscient, d'ailleurs...

(Je n'ai pas cru bon d'inclure les *Valses op. 39* et les *Danses hongroises*, œuvres pour piano à quatre mains, que leur version à deux mains, pourtant de Brahms lui-même, amenuise considérablement ; et encore moins sa transcription des *Variations* du *Premier Sextuor*.)

# Pierre de BRÉVILLE
(1861-1949) Français

Nul ne parle aujourd'hui de Bréville. Si son nom refaisait surface, ce serait essentiellement pour ses mélodies, une centaine, qui tirent peut-être leur force expressive de la doctrine de Franck, mais ne doivent qu'à leur auteur leur charme ambigu, voluptueux, que le temps n'a pas frelaté. Il y a peu de chances qu'on mette au jour ses pièces de piano, lesquelles se réduisent d'ailleurs à quelques titres, quoique Bréville ait atteint, comme Ropartz, autre disciple de la Schola, un âge de patriarche. Ce sont des œuvres disparates, isolées au milieu de sa production ; elles se répartissent en deux groupes, séparés d'un curieux fossé de plus de quinze ans. Du premier groupe, au tournant du siècle, retenons la pittoresque suite intitulée *Stamboul*, croquis de voyage comme on les aimait à l'époque, et qui peut encore servir à illustrer l'orientalisme dans la musique française ; du second, dans les années vingt, aux beaux jours du Groupe des Six (mais aussi du *Thème varié, Fugue et Chanson* de Vincent d'Indy...), se détache une *Sonate*, bellement lyrique, vive et contrastée, agréable aux doigts comme aux oreilles, le meilleur titre de Bréville à quelque survie dans le domaine du piano.

### *Fantaisie (Introduction, Fugue et Finale)*
COMP 1888. PUB 1895 (Baudoux). DÉD à Léontine Bordes-Pène.

À l'orée de l'œuvre pianistique de Bréville, pouvions-nous trouver autre chose qu'un hommage appuyé à Franck ? Plus qu'un hommage : il ne semble pas capable à cette époque, le voudrait-il, de se défaire de la puissante marque de fabrique de son maître. Rien ne manque à cet exercice *in modo franckino*, et surtout pas le thème « cyclique » qui relie entre elles les trois parties et que Bréville fait imprimer sur la page de garde, avec ses métamorphoses, au cas où l'on n'aurait pas compris... L'*Introduction* (en la mineur, *solennel mais pas trop lent*) a les rythmes pointés, les dessins à la fois fantasques et volontaires, le caractère improvisé qu'on attend. La *Fugue* à quatre voix *(modéré)*, d'abord paisible et austère, dans un vêtement quasi monacal, révèle bientôt sa richesse et s'ouvre aux orages romantiques (l'épisode en triolets), module à satiété, arrive en ut dièse mineur où elle se calme un instant, avant de reprendre son élan et de s'arrêter irrésolue. Une cadence, alternant les arpèges et les plages de récitatif, mène au *Finale* (en fa majeur, *modéré*), essentiellement lyrique, emporté dans un bel élan chantant sur la vague recommencée des arpèges.

### *Portraits de maîtres*
COMP 1892. PUB 1907 (Demets). DÉD à la vicomtesse Théobald Foy.

Une série de pastiches, enchaînés sans interruption. Les *Tableaux* de Moussorgski avaient un thème de « promenade » pour fil conducteur ; ces *Portraits* ont pour liant un motif wagnérien, celui du « Tarnhelm », dans *L'Or du Rhin* : « En d'autres formes, comme je veux, je transforme la mienne, grâce à ce heaume... » C'est le seul sourire complice que nous adresse l'auteur ; Casella, vingt ans plus tard, dans son *À la manière de*, s'amusera davantage. Ses « maîtres », Bréville les révère trop pour se permettre la moindre irrévérence.

Le cahier débute, sous le nom de *Fauré*, par une romance caressée d'arpèges, avec les équivoques harmoniques, les bémolisations successives et les modulations feintes que l'on connaît bien (en si bémol majeur, *calme, sans traîner*). Il poursuit avec un triptyque, dont les volets extérieurs sont consacrés à *d'Indy*, pour des variations et une ronde finale très caractéristique (ton principal de mi bémol mineur), et le panneau central à *Chausson*, pour une nouvelle romance (en la bémol majeur, *pas vite*), dans le climat mélancolique, un peu évanescent, propre au musicien des *Serres chaudes*. La dernière pièce est un choral varié à la façon de *Franck* (en si mineur, *doucement*), qui ne manque pas, évidemment, sa transfiguration finale dans le séraphique mode majeur. « Bréville, nous dit Paul Landormy, avait vu en rêve le compositeur, et cette vision lui avait inspiré immédiatement et toujours en rêve un thème qu'il n'eut qu'à noter une fois éveillé... »

## *Stamboul (Rythmes et chansons d'Orient)*

COMP 1894-1895 (*Le Phanar* ajouté en 1913 comme n° 2). PUB 1897 ; 1921 (Rouart-Lerolle, édition définitive). DÉD à Blanche Selva.

L'Orient a exercé une longue fascination sur les musiciens européens, au premier rang desquels les Français, entrés en exotisme avec les *Mélodies orientales* de Félicien David. De Saint-Saëns à Jacques Ibert, de Debussy à Daniel-Lesur, de Ravel à Louis Aubert ou à Maurice Delage, chacun a tâché de représenter ses propres songes et ses confins, réels ou imaginaires. Dans la même aire géographique que Bréville, Reynaldo Hahn, en 1906, rapportera quelques images de Turquie : la côte d'Eyoub, Galata et le Bosphore revivent dans la section *Orient* de son *Rossignol éperdu*.

Dans une note liminaire, Bréville déclare avoir recueilli son matériau sur place, avec l'aide d'un musicien arménien vivant près de Constantinople. Mais ces thèmes, si authentiques soient-ils, perdent leur essence sitôt employés ; ils sont irréductibles à l'harmonie occidentale ; rien ne sert de leur garder leurs échelles défectives, si on les incorpore à nos accords ordinaires. Ainsi la première pièce, qui s'intitule *Stamboul* comme l'ensemble du recueil, et qui évoque « les muezzins de Sainte-Sophie », n'est-elle qu'une carte postale naïve. Ce qu'elle a de suggestif, en ces quelques lignes où la mélopée retentit au sommet de grands accords arpégés, comme au haut du minaret (tout le début, ainsi que les dernières mesures), elle l'égare dans l'épisode *andante* (en si bémol, puis ré), où le rythme à 7/8 ne trompe pas longtemps : on dirait une romance bourgeoise, bien de chez nous...

La deuxième pièce, *Le Phanar*, est la plus tardive et sans doute la meilleure du cahier. Pour peindre ce quartier grec de Constantinople, Bréville a noté une danse *mandra*, à 7/16 *(assez animé, pas trop vite)*, dans un ton de fa très mobile, où la sixte est mineure (favorisant l'intervalle de seconde augmentée ré♭-mi) et la tierce hésitante entre les deux modes. Petite toccata au moteur de doubles notes, dans un perpétuel et lancinant surplace mélodique.

La troisième, *Eyoub*, « au fond de la Corne d'or, l'allée des tombeaux et la mosquée sainte », veut mêler la danse au rêve, en une « synthèse de la vie orientale ». Régie par le ton de ré mineur, et mettant l'accent sur l'intervalle si♭-do♯ (seconde augmentée), indiqué à l'armure, elle commence dans la songerie *(pas vite, mais sans traîner)*, en déroulant de lentes volutes dans une souple métrique à 9/4 qui note une juxtaposition de 4+2+3 noires. Puis le même rythme, cette fois rapide et bien scandé *(assez vite)*, se prête à la saltation, avant la reprise du début, et la conclusion très lente, indécise et feutrée.

Enfin la quatrième pièce a pour décor le quartier cosmopolite de *Galata*, où l'on voit, dit Bréville, « l'intrusion de notre tapage affairé dans cette atmosphère de paresse » *(modérément animé*, en fa mineur, coloré de divers modalismes, dont le sol♭ phrygien). Motifs à notes répétées et mélismes exotiques font un joyeux brouhaha, coupé d'un intermède langoureux, rythmé à 3+2+3 croches, qui sonne d'abord comme du Chausson (en la bémol majeur), puis évoque la flûte orientale. La pièce finit dans l'exubérance, non sans avoir rappelé la mélopée du premier morceau.

## *Impromptu et Choral*

PUB 1905 dans l'*Album pour enfants petits et grands* de la Schola cantorum (Édition mutuelle). DÉD à Marie-Thérèse de Germiny.

Un morceau relativement simple, plein de charme et de sensibilité. L'*Impromptu* (en mi mineur, *modéré sans lenteur*), mouvementé, avec ses dessins en syncope d'une main à l'autre, enserre un paisible *Choral* (en ut majeur, *lent*), aux harmonies douces, au ton ingénu, qui revient clore la pièce dans les rayons du mode majeur.

## *Prélude et Fugue*

COMP juillet 1922. PUB 1923 (Rouart-Lerolle). DÉD à Mme R. de Saint-Marceaux.

Après une longue absence, Bréville revient au piano avec ce diptyque, dont les éléments s'opposent comme le jour et la nuit. Le *Prélude* (en fa majeur, *modéré*) est harmonieux, mélodieux, largement diatonique en dépit des moirures du chromatisme ; les deux mains y jouent presque sans cesse à contretemps, modelant souplement leurs lignes l'une sur l'autre, dans une mesure à 9/8 en réalité composée subtilement d'une addition de 3/4 et 3/8. Le morceau respire la joie, l'ardeur partagée. Tout autre est la *Fugue* (en fa mineur, *lent*), austère au point d'être revêche, noueuse et chromatique jusqu'à la torture.

## Sonate en ré bémol
COMP mars 1923. PUB 1923 (Rouart-Lerolle). DÉD à Tatiana de Sanzéwitch.

Le chef-d'œuvre pianistique de Bréville est l'œuvre d'un sexagénaire ; et c'est l'une des sonates les plus jeunes de la musique française de ce siècle. L'art du compositeur s'y présente épuré, dépouillé, mais non pas asséché. Peu de musiques, sous ce vocable de sonate, consentent à ce point à chanter, dans une sorte d'ivresse, toute algèbre oubliée, toute grammaire rangée. À d'autres les astuces du thème cyclique, les jeux contrapuntiques, les prouesses du canon. Bréville adopte la forme la plus libre, en un seul mouvement, où les parties s'enchaînent sans heurts.

Et réellement, il n'a l'air de s'occuper que du chant : voyez comme le premier épisode en est gorgé, que ce soit dans sa partie en ré bémol majeur (*assez vite*, à 3/4), qui correspondrait à peu près au premier groupe d'un allegro de sonate, ou dans sa partie en si bémol mineur (*assez animé*, à 2/4), qui figurerait le second groupe. Celle-là est baignée d'arpèges, dans des harmonies délicieusement équivoques et insinuantes, qui privilégient les degrés mineurs (dès les premières mesures : ce mi ♮, appogiature de la tierce majeure, sonne aussi comme fa ♭, tierce mineure, etc.), et favorisent par enharmonie l'irruption des dièses, comme des jets de lumière. Celle-ci, réutilisant l'écriture du *Prélude* de l'année précédente, affronte les mains à contretemps, aussi mélodieuses l'une que l'autre.

En guise de mouvement lent, un épisode en fa dièse mineur *(très lent)*, comme autant de variations sur un thème qui semble échappé d'une flûte pastorale : plainte très douce, dans l'arôme délicat du mode dorien (ré ♯, sixte majeure). L'une de ces variations, tressée d'accords, comme une polyphonie aux voix syncopées, aux pédales traînantes, a l'air d'être un hommage de Bréville au dernier Fauré, et d'avance un toast funèbre à l'adresse du vieux maître qui s'éteindra un an plus tard.

Peut-être l'épisode final (en ut dièse mineur, *très agité*), qui cite des motifs des parties précédentes, paraîtra-t-il plus volontaire, et voler d'une aile moins spontanée ; assurément, il romantise et dramatise beaucoup, et retournant en quelque sorte à la passion juvénile (Fauré aussi, au milieu de son *Treizième Nocturne*, salue sa jeunesse perdue), on dirait qu'il en recouvre également la rhétorique. Et ne l'accusera-t-on pas d'abuser, plus que les pages précédentes, de l'accord de quinte augmentée ? N'importe, on se laisse convaincre par tant d'ardeur, et il y a un peu avant la fin, rassérénée par le mode majeur (ut dièse, enharmonique du ré bémol initial), un moment de joie sereine et confiante, de la plus belle venue.

## Sept Esquisses

COMP septembre 1925. PUB 1926 (Rouart-Lerolle). DÉD à Mme Louis Mante-Rostand.

On ne tirera pas grand-chose de l'*Improvisation* initiale (en ré mineur, *pas très vite, mais agité et violent*), pleine de sursauts, de secousses, de colères, et qui, lorsqu'elle délaisse les rapides zébrures et les martellements, chante en mélismes curieusement orientaux. Lesquels se retrouvent dans la troisième pièce, un *Prélude* en vagues sonores, au climat oppressant (en si bémol majeur, *vite*). Mais comme est touchante, entre les deux, et profonde avec simplicité, la brève *Dédicace* (en sol mineur, *très lent*) qui, d'abord énigmatique, interrogative, finit réconciliée, comme un souvenir de Franck.

Autre réussite, et le bijou de ce recueil, la quatrième pièce, intitulée *Crépuscule* (en mi bémol majeur, *lent, sans traîner*), une étude d'atmosphère, délicatement impressionniste, avec son rythme particulier (un double 5/8 où, dirait Verlaine, « l'indécis au précis se joint »), ses tintements de quartes comme un lointain angélus, qui se rapproche, emplit l'air de vibrements, et s'en va se dissoudre dans le paysage. Une *Danse d'esprits* (en sol mineur, *très vif*) vient ensuite faire tournoyer ses doubles croches ; c'est Mendelssohn rajeuni, ou revisité, un siècle plus tard.

Dernières pièces : un *Thème* (en si bémol majeur, *très lent*), de tonalité instable, d'harmonie équivoque, fort étrange sous sa feinte ingénuité, – suivi de sa *Variation*, à l'intérieur d'une sorte de péan (en ré mineur, *assez vite*), rythmé à 7/4 et de couleur archaïsante.

# Frank BRIDGE
(1879-1941) Anglais

En étrange pays en son pays lui-même. Bridge, mal-aimé de son vivant, entra dès sa mort dans un oubli forcé. Un purgatoire ? Plutôt l'enfer : d'ailleurs un tribunal d'inquisiteurs, parmi les siens, l'y condamnait dès les années vingt, pour changement intempestif d'esthétique, dérive moderniste, collusion avec l'hérésie atonale. On ne commence à l'en sortir que depuis une quinzaine d'années.

Le piano occupe à peu près le cinquième du catalogue complet dressé par Paul Hindmarsh. En dehors de la *Sonate*, et d'une *Fantaisie* de jeunesse récemment éditée, Bridge n'a donné à notre instrument que de courtes pièces, la plupart assemblées en minces recueils. *Poems, Lyrics, Sketches, Miniatures* : titres similaires, qui conviennent à l'ensemble. Ce musicien dont la musique de chambre compte des œuvres d'envergure, privilégie au piano une poétique de l'instant, des impressions fugitives, des sensations impondérables, pourtant toujours notées avec une précision extraordinaire. Ce surdoué, maître de la construction en arche, manieur inégalable des formes et des volumes, pratique un art de la délicatesse, dans les rythmes, les harmonies, les textures ; travail de ciseleur, d'enlumineur, de filigraniste, à l'aise avec des fils de la vierge, des cheveux d'ange, de la gaze, des gouttelettes d'or, des particules de rosée.

Et cela, à quelque date qu'on le considère. Car Bridge a beaucoup évolué, dans le fond comme dans la forme. Sa première période, où il part de Brahms et arrive à Fauré, est plutôt insouciante, et charmeresse. C'est l'époque où il est aimé dans les salons pour des brassées de mélodies, où il concourt avec succès au renouveau du genre de la *fantaisie* instrumentale, lancé par Cobbett, où enfin un poème symphonique comme *The Sea* (1910-1911) le rend presque populaire. Quelques pièces de piano circulent, dont l'ineffable *Rosemary* des *Three Sketches*, mais là n'est pas son principal effort.

Cependant, sous la sensualité, la préciosité, l'hédonisme, se sont lentement glissés les signaux de sa métamorphose. Juste avant la Guerre de 14, les *Three Poems* marquent au piano (et le *Deuxième Quatuor* en musique de chambre) un premier tournant ; on y constate qu'au diatonisme rassurant des thèmes s'oppose désormais un entourage chromatique plus dense, qui, s'il ne suspend pas le sentiment tonal, le tiraille, le contrarie. Cela va de pair avec une veine plus sombre, des pensées inquiètes, des obsessions mystérieuses. Dès lors le piano supplante tout le reste, significativement : car il n'est pas de fine oreille qui puisse se passer du piano, s'il s'agit d'expérimenter de nouveaux dosages harmoniques. À un brusque assèchement de la musique de chambre correspond une floraison pianistique (1917-1924) : une trentaine de pièces jusqu'à la *Sonate*. Dans les meilleures (les *Characteristic Pieces*, les *Improvisations*, les trois pièces intitulées *The Hour Glass*, les *Lyrics*, le diptyque *In Autumn*), Bridge révèle une sensibilité accrue, des antennes de plus en plus sûres ; trois lignes de lui sont reconnaissables, à leur matériau à la fois ténu et fort, à leur perfection ouvragée, à leur agrément instrumental, plus vif encore que chez Ireland.

La *Sonate*, elle, constitue le second tournant, le plus décisif. Achevée en 1924, elle est le fruit amer, et tardif, de cette Guerre mondiale vécue avec horreur par un pacifiste convaincu (Bridge l'a dédiée à un ami compositeur, mort au front ; mais si l'on veut une preuve plus immédiate de ce bouleversement, il faut écouter le *Lament* de 1915, pièce pour orchestre à cordes, transcrite pour piano, et dédiée à une petite Catherine de neuf ans, disparue dans le naufrage du *Lusitania*). Sans aller jusqu'à dire que la guerre lui a permis de mesurer la vanité du charme, du pur plaisir musical (c'est une vue d'ascète, et l'on se trompe en la lui prêtant), du moins l'a-t-il sentie comme une blessure irréparable, qu'il fallait traduire dans la chair même de la musique. Cet ébranlement du monde lui a rendu moins sûres les bases de son propre univers. Sa curiosité a fait le reste. Il n'y a pas moins de sensualité dans la *Sonate* et les pièces qui ont suivi ; c'en est une autre, poussée à son comble de vertu, épurée de ses attaches trop mondaines.

Les pièces nées au lendemain de l'épuisant effort de la *Sonate* témoignent en effet de l'étonnante liberté désormais acquise, quand bien même elles retrouvent une veine plus légère. Leur écriture harmonique, de plus en plus inclassable, d'une fluidité qui décourage l'analyse, se tient, quoi qu'on en pense, à bonne distance du langage atonal ; mais elle ouvre sans cesse des pistes, les referme aussitôt, fausse nos pas, nous détourne de toutes les habitudes prises. On attend telle résolution, telle tonalité, on en découvre une autre, à demi suggérée seulement, et à son tour fondue dans la suivante.

Dans sa jeunesse, Bridge voulait écrire de façon à plaire au public ; toute son éducation d'artiste lui avait conféré ce sentiment d'un devoir, et tendait à ce résultat de respectabilité, d'honorabilité. Après ces années cruciales, il lui devint indifférent d'être suivi. On ne le lui pardonna guère. On l'accusa d'« enlaidir sa musique pour la garder à la mode ». C'est qu'il ne s'employait plus simplement à décorer ses thèmes de broderies dissonantes, mais à creuser la dissonance pour elle-même, à chercher les polyharmonies cachées, les bitonalités inhérentes, à les conduire au seuil où le ton se désagrège. Ce sont, au vrai, de perpétuelles délices pour le déchiffreur, qui n'en finit pas de s'étonner que tant de simulacres demeurent si euphoniques. Y contribue, assurément, le don mélodique, la gracieuse beauté des courbes ; Bridge repousse d'instinct ces lignes artificiellement brisées, ces hystériques ruptures d'octave qui, chez un Schönberg revenu à do majeur, rendraient inaudible même *Au clair de la lune*.

Hélas, une fois affermi dans sa nouvelle nécessité, il abandonna le piano (et la mélodie), revint à la musique de chambre, lui confia ses chefs-d'œuvre ; nous n'avons pas, au piano, l'équivalent des *Troisième* et *Quatrième Quatuors*, du *Deuxième Trio avec piano*, de la *Sonate pour violon et piano*, qui ont poursuivi la quête de la *Sonate*, et mené Bridge à son accomplissement.

## LES CYCLES ET RECUEILS

### *Three Sketches*
COMP 1906. PUB 1915 (Winthrop Rogers).

Faut-il céder au charme frelaté de ces morceaux de salon ? Question perfide ; on trouve moins d'ennui dans leurs fanfreluches que dans une fugue à perruque, voire à faux col et lorgnons. Mais l'auteur accentue comme exprès les défauts, répand le sucre, la joliesse, l'affectation. Dommage, il s'en faut de peu (d'un peu d'ironie) que nous plaisent encore le vif essor d'arpèges, de sixtes, de tierces de la première, *April* (en mi mineur, *allegro molto*) ; la chansonnette naïve, mais noyée dans l'eau de rose, du célèbre *Rosemary* (en sol majeur, *andante espressivo e molto rubato*), avec sa basse descendante si typique ; et même les pointes à la Tchaïkovski de la *Valse capricieuse* (en sol mineur, *allegro moderato e grazioso*). Toutes proportions gardées, ce cahier est à Bridge ce que sont les *Arabesques* à Debussy ou la *Pavane pour une infante défunte* à Ravel : un péché de jeunesse, dont le public s'entiche, et que l'auteur n'a plus le loisir de regretter...

### *Three Piano Pieces*
COMP 1912 (le *Minuet* est de 1901, révisé). PUB 1913 (Augener).

La meilleure des trois est curieusement la plus ancienne, ce *Minuet* précautionneux, gourmé, piqué du bout des doigts, plus triste que gai, un vrai reflet de bergamasque (en si bémol mineur). La *Columbine* qui ouvre le recueil (en la bémol majeur, *poco lento/tempo di valse*), la *Romance* qui le clôt (en mi bémol majeur, *andante molto moderato*), sont plus fades, l'une écervelée et minaudière, l'autre sentimentale et pâmée.

### *Three Poems*
COMP décembre 1913-avril 1914. PUB 1915 (Augener).

Ce cahier inaugure, on l'a dit, un nouveau chapitre, et la première pièce en particulier, *Solitude* (en ut mineur, *poco adagio e molto espressivo*), est une création étonnante, que rien ne laissait prévoir. Entièrement composée de la même sorte de mailles, quatre ou cinq voix dont la plus haute chante à longues et lentes phrases, dont la plus basse pose également des valeurs longues, les parties intermédiaires s'en tenant à d'oppressantes syncopes, elle joue d'incessants glissements chromatiques, d'infimes équivoques harmoniques, trompant l'oreille, égarant la modulation, éconduisant toute résolution possible avec on ne sait quelle cruauté doucereuse, – tourment en effet de solitaire, qui égratigne lui-même sa blessure...

On change de registre avec la deuxième pièce, *Ecstasy* (en sol bémol majeur, *lento e sostenuto/allegro con moto*), et peut-être aussi recule-t-on sur la précédente. Elle n'est pas moins raffinée, en sa texture à la Scriabine (et à la Chopin, car ces beautés du chromatisme diatonique remontent à lui, le diable d'homme !) ; mais elle semble aussitôt moins nécessaire. Trop de volupté sonore et trop d'élans sont ici un reliquat de la période antérieure, – même si l'oreille, désormais exigeante, alerte les sens (et donc l'esprit) à la moindre banalité, la tournant à son profit plutôt que de lui céder.

On regagne les hauteurs avec *Sunset* (« Soleil couchant », en ré majeur, *adagio e sostenuto*), page bercée d'un lent rythme de sicilienne, au gré des souples changements de mètre (9/8, 15/8, 12/8) qui assurent au thème chromatique glissé dans l'étagement de l'harmonie son indépendance et son imprévu. Des arpègements légers dans l'aigu ajoutent leur touche de féerie.

(Une quatrième pièce, *Arabesque*, devait faire partie du recueil ; elle a été publiée séparément ; voir PIÈCES ISOLÉES.)

## *Characteristic Pieces*

COMP avril-mai 1917. PUB 1917 (Winthrop Rogers). DÉD du n° 2 à sa femme Ethel.

Dans la lignée des *Poems*, mais plus suggestives encore, ces quatre pièces montrent Bridge au faîte de ses dons d'harmoniste, de sa science de méticuleux assembleur de sons, – car leur charge poétique, leur apparent éparpillement sur les ailes de la fantaisie ou de l'improvisation, ne les empêchent pas d'obéir à des rouages précis ; comme chez Ravel, auquel il ressemble de plus en plus, un voile de gaze et de moirures dissimule le mécanisme.

Les « naïades » de la première pièce, *Water Nymphs* (en ré majeur, *allegro con moto*), s'ébattent dans l'éclaboussement des quartes, des quintes et des sixtes, dans le ruissellement des arpèges, aux harmonies savamment altérées ; ce sont les petites sœurs d'Ondine, plus modestes qu'elle, mais aussi plus enjouées.

La deuxième pièce s'intitule *Fragrance* (en mi majeur, *andante ben moderato*), sans doute à cause de l'arôme délicat de ces accords de septième majeure et quinte augmentée qui, au début, au milieu et à la fin, entrouvrent doucement leur corolle, au-dessus d'une pédale insistante. Pièce évasive, tant dans sa mélodie que dans sa tonalité ; on n'atteint réellement le ton de mi qu'à la conclusion.

L'incertitude tonale est plus grande dans la troisième, *Bittersweet*, où le chromatisme nous leurre à chaque instant, et nous fait trouver « douce-amère », comme dit le titre, la mélodie qui se faufile à la mes. 9 dans le médium, sous les fuyants dessins brisés de la main droite *(allegretto moderato)* ; elle tient bon, pourtant, accède à l'aigu, où elle retentit, « con fuoco », et se pulvérise. La dernière page ralentit paresseusement la première, la défait en filaments irréels ; et l'accord final de la majeur n'est qu'un des nombreux havres possibles.

Le cahier s'achève sur le ballet des « lucioles », *Fireflies* (en sol majeur, *allegro vivo*), un morceau ravissant, aussi agréable aux doigts qu'aux oreilles. Les mains alternées (une double croche à la gauche, trois à la droite), oscillant de secondes à sixtes ou septièmes (puis quintes), composent une petite étude de mouvement et de sonorités, qui grésille d'appogiatures et vibre d'incessantes modulations.

## *Three Improvisations for the left hand*
COMP mai-juillet 1918. PUB 1919 (Winthrop Rogers). DÉD à Douglas Fox.

Les pianistes manchots ont, sans le vouloir, contribué à accroître le fascinant répertoire du piano à une main ; ce qui ne procède souvent chez un compositeur que de la pure gageure, du plaisir de proposer un exercice aussi vain que périlleux (voyez, dans ce sens, les *Études op. 76* d'Alkan), devient une bonne action lorsqu'il s'agit de fournir à des virtuoses accidentés de quoi remonter sur une estrade... C'est pour le pianiste Douglas Fox, qui avait perdu son bras droit à la guerre, que Bridge a composé ces pièces brèves, parmi les plus simplement belles du genre. Car il n'y a pas trace ici d'esbroufe ou de surenchère. Bridge ne se met pas en quatre pour multiplier par deux cette main unique, pour lui donner le don d'ubiquité. Un souci d'élégance, voire de confort, l'a gardé dans les bornes du commun possible, de l'accessible à tout un chacun.

La première pièce, *At Dawn* (« À l'aube », en mi majeur, *poco adagio*), n'a besoin que de quelques arpèges, dont elle entoure comme d'un halo fragile une mélodie tonalement indécise, que les quintes de la basse font graviter d'un pôle à l'autre, avant de la rendre à mi. Il perce une étrange impression de désarroi ; ce n'est pas l'aurore d'un jour d'enthousiasme ; plutôt les dernières pensées d'une nuit de solitude.

Au contraire la deuxième pièce, *A Vigil* (« Une veille », en sol majeur, *ben moderato e tranquillo*), est propice à la sérénité, avec ses paisibles accords, harmonisant par légers glissements un thème persuasif, qui insiste sur quelques notes ; accords tramés de secondes, à jouer sans rudesse, du bout des doigts ; des quintes graves, ici encore ; des nuances douces tout au long.

Par un chemin logique, ces deux premiers morceaux convergeaient vers le troisième, *A Revel* (« Un divertissement », en si bémol majeur, *allegro*), en préparaient l'exubérance, la joie solaire. La main, recouvrant son adresse, lance à travers le clavier les triolets alertes d'une gigue. Aucune bravade inutile ; tout chante et rit en ces arpèges, en ces gammes, en ces quintes claironnantes, jusqu'au fortissimo crié dans l'aigu, – après quoi, en trois lignes, la musique s'apaise et se dérobe dans le silence.

## The Hour Glass
COMP septembre 1919-avril 1920. PUB 1920 (Augener).

L'« impressionnisme » anglais a produit peu de pages aussi ensorcelantes que celles de ce « Sablier » ; on ne résiste guère à leur magie sonore. Sous ce titre énigmatique s'offrent à nous trois images d'atmosphère, trois moments saisis dans leur éphémère beauté, « apparitions disparaissantes », comme aurait dit Jankélévitch.

Et d'abord le trouble et mourant « Crépuscule » (*Dusk*, en la mineur, *molto moderato*). Les deux mains accolées semblent filtrer les dernières lueurs du jour ; c'est la gauche qui chante, longuement, et la droite qui répond, qui l'imite en syncopes, qui arpège les harmonies, et déploie elle-même dans l'aigu, en quintes successives, la phrase commencée. À la fin, après un trait cristallin qui superpose délicatement ut et fa dièse, la musique se dissout, comme aspirée par la nuit.

Dans la pièce suivante, *The Dew Fairy* (en la majeur, *allegretto moderato e rubato*), les mains encore plus conjointes alternent pour tisser un impalpable réseau d'harmonies, où scintillent les gouttelettes de rosée *(dew)* de cette fée aurorale. Aux doigts faibles de la droite, à peine plus audibles, tintent les notes du chant ; même quand un *f* s'inscrit dans la portée, et que les doigts se précipitent soudain en cascades véloces, on doit veiller à laisser à cette musique son côté fragile ; aussi bien, à la fin, comme dans toutes les fins de ce cahier, tout s'assourdit, s'évanouit dans l'irréalité.

Un sablier peut-il ignorer les « heures tragiques » ? C'est le titre d'une des pièces de l'opus 1 de Roussel, *Des heures passent...* Et tout un cahier de Gabriel Dupont rassemble des « heures dolentes ». Ainsi la dernière pièce de *The Hour Glass*, après les « visions fugitives » qui précèdent, creusant un peu plus profond, traduit une émotion violente, – déclenchée par le spectacle de la « marée à minuit » *(The Midnight Tide)*, ce lourd et lent soulèvement qui ressemble à la montée de l'angoisse dans le cœur humain. Le climat harmonique de ces pages (début et fin en si bémol mineur, *molto lento*) n'est pas sans rappeler celui du *Gibet* de Ravel. Aux accords du début, à leur crescendo, à leur accélération irrésistible sous les coups de semonce des octaves graves, succède, pour la reprise, une écriture tourmentée où les agrégats verticaux se rompent en arpèges houleux, les deux mains clamant à l'unisson ce chant désespéré, surgi du fond des âges, qui finit par rentrer dans l'oubli.

## Three Lyrics
COMP avril 1921, juillet 1922 et juin 1924. PUB 1922 (nos 1 et 2), 1925 (n° 3) (Augener).
DÉD du n° 1 à Elizabeth Sprague Coolidge.

Rien ne les rapproche, sinon leur poésie profonde, et l'art de leur auteur, assez varié pour passer du simple au complexe sans perdre de son essence. Ainsi le premier morceau, intitulé *Heart's Ease* (« Tranquillité du cœur », en mi majeur), est-il un pur haïku, où des accords cristallins, tracés en petites notes *(andante tranquillo)*, forment le cadre et l'intervalle de la rêverie mélodique, celle-ci très simplement et suavement harmonisée *(lento)*. Nulle science ne semble avoir présidé à des lignes si dépouillées ; mais un art est à son comble quand on n'en voit plus les apprêts.

Qui dirait cette première pièce, dans sa naïve diatonie, contemporaine de la suivante, *Dainty Rogue* (quelque chose comme « Fripon mignard... », en sol majeur, *molto allegro e vivo*), un des meilleurs scherzos de Bridge, mercuriel, fantasque, sophistiqué dans ses harmonies comme dans ses rythmes ? Le chromatisme, ici, éveille des lueurs de phosphore, des éclairs de magnésium. Quelle peut bien être cette délicate fripouille ? Un frère cadet du *ragamuffin*, du « gamin des rues » des *London Pieces* d'Ireland ? Un cousin éloigné du joyeux Puck de la féerie shakespearienne, qui revit dans un prélude de Debussy ?

Le dernier de ces *Lyrics*, écrit plus tard, après le long enfantement de la *Sonate* et au lendemain du diptyque *In Autumn*, est d'écriture plus aventureuse, et plus équivoque. Son titre, *The Hedgerow* (« La Haie »), suggère une scène pastorale ; et si l'on s'en tient à sa mélodie, subtilement parfumée par le mode dorien (fa # en la mineur), l'impression est celle d'un air de flûte au milieu des bois ; faites l'expérience, effleurez-la d'un doigt, privée de tout soutien harmonique : elle ne respire que diatonisme et simplicité. Mais une harmonie contrariante vient mettre son acidité dans ces effluves champêtres, déjouer le sortilège tonal, fausser le parcours ; dissonances, fausses relations, effets bitonaux, basses altérées, contribuent à obscurcir, à assombrir (dans tous les sens) ces pages pourtant peuplées d'oiseaux...

## *In Autumn*

COMP avril-juin 1924. PUB 1925 (Augener).

Deux pièces admirables, comme des retombées de la *Sonate*, mais à nouveau dans le registre intime et concis qui caractérise le piano de Bridge. La première, *Retrospect* (« Regard en arrière », *adagio ma non troppo*), est une élégie couleur de rouille et de feuilles mortes, intonée par de douloureuses septièmes, et des notes répétées dont elle tire tout au long un parti mélodique. La saturation chromatique n'empêche pas de sentir des pôles tonaux (fa au début et à la fin). Un grand cri passionné secoue la dernière page, dans l'épaisseur des accords ; puis l'élan tombe, se résout en harmonies livides, avec un sol ultime répété comme une clochette funèbre.

La deuxième pièce, *Through the Eaves* (« À travers les combles », en ut dièse mineur, *allegro moderato e rubato*), compte parmi ces inspirations miraculeuses, ces brèves trouées qui rendent sensible la présence de la grâce (pages offertes par le dieu, comme Valéry disait qu'il y a des vers donnés ; du moins voudrait-on que le travail de l'homme ne fût pour rien dans cette perfection fragile). L'aigu seul du clavier, ou presque, est convié à cette fête ; un arpège de cristal tombe et remonte, des harmonies iridescentes (quintes, septièmes majeures) tournent dans la lumière, des arabesques se jouent, délivrées de la pesanteur ; et pourtant un chant dolent soupire à la gauche, d'abord obstinément cantonné en ut dièse mineur, puis déporté en la mineur, en mi bémol mineur, avant de retourner au ton initial. Morceau pour égoïstes : le plaisir de l'oreille n'y a d'égal que celui des doigts ; et peut-être, hélas, seuls ceux qui y mettront les mains pourront-ils le savourer dans sa plénitude...

## Vignettes de Marseille

COMP octobre-novembre 1925. PUB 1979 (Thames Publishing). Les trois premières orchestrées en 1938 sous le titre *Vignettes de danse*.

D'une encre plus facile que tout ce qu'il écrit à l'époque, ce sont quatre croquis pittoresques, que Bridge a ramenés d'un voyage en Méditerranée, en compagnie de sa femme et d'Elizabeth Sprague Coolidge, son mécène. Atmosphère de vacances, clins d'œil ironiques, gaieté insouciante : une récréation bien tonale à la veille d'œuvres plus radicales, comme le *Troisième Quatuor*.

*Carmelita*, l'Espagnole, regarde du côté de Falla (en sol majeur, *con brio*), alors que *Zoraida*, l'Orientale, se trahit par sa gamme mauresque et sa langueur (en la mineur, *allegro molto moderato*). Entre les deux vient danser *Nicolette*, la Française : musique de quartes acides, sur un rythme de rigaudon (en mi mineur, *andante moderato*). Le finale, *En fête* (en ré majeur, *allegro ben ritmico*), veut évoquer l'agitation bruyante des rues de Marseille un soir de liesse ; flonflons et fanfares, rythmes variés, alternant marche et valse musette.

## PIÈCES ISOLÉES

### Arabesque
COMP avril 1914. PUB 1916 (Augener).

En fa majeur, *allegro scherzando*. Elle devait faire partie des *Poems*, mais fut éditée séparément. C'est aussi bien, car sans leur être inférieure, elle appartient à un autre univers, avec ses harmonies faciles, son brio fantasque, ses petites cascades de secondes incisives (appogiatures) dont la main gauche suit la chute à contretemps, en accords de dixième, et son thème central romantique, en octaves, à la Rachmaninov.

### *Lament*
COMP juin 1915. PUB 1915 (Goodwin & Tabb). DÉD « *to Catherine, aged 9, Lusitania...* »

La dédicace est déjà poignante. Cette petite fille et ses parents, amis de Bridge, trouvèrent la mort dans le torpillage du navire. La pièce (en mi bémol majeur, *adagio, con molto espressione*), d'abord écrite pour orchestre à cordes, puis transcrite pour le piano, n'est qu'une longue déploration, où des accords complexes, dans leur dérive chromatique, sont sans cesse ramenés au glas inlassable de la pédale de tonique. On est bien loin de la pièce de circonstance. Bridge devait nourrir, contre cette guerre, une rancœur assez violente pour y puiser bientôt une partie de son renouvellement musical.

### *Winter Pastoral*
COMP décembre 1925. PUB 1928 (Augener).

En fa dièse mineur, *andante molto moderato*. Elle pourrait, avec la transposition de quelques dizaines d'années, être signée du dernier Liszt. C'est le même ton de solitude, la même écriture épurée, un chant sensible et réduit à son essence, des accords transparents (le givre des quintes sur tout le paysage), un début énigmatique, une fin happée par l'espace et le temps.

### *Canzonetta – Graziella*
COMP juillet 1926. PUB 1927, séparément (Winthrop Rogers). DÉD de *Canzonetta* à Susan Pember.

Avec d'autres harmonies, plus stables, et quelques ajustements d'intervalles mélodiques, *Graziella* serait une romance fin de siècle *(andante con moto)* ; elle ne l'est qu'allusivement, dans un mélange de tendresse et de réticence. – La *Canzonetta*, elle (en ut majeur, *allegretto molto moderato e rubato*), ne craint pas d'employer les pastels d'autrefois, joue le jeu du diatonisme, des arabesques déliquescentes, des accords à sixte ajoutée, dans un climat préraphaélite, – que vient rayer d'un coup, dans le joyeux intermède, la bitonalité (sur une basse obstinée la-mi-si, la droite jette des la♭, des mi♭, des si♭, toutefois sans rudesse, comme des grelots).

### *Hidden Fires*
COMP 1926. PUB 1927 (Winthrop Rogers).

En contraste avec les deux paisibles pièces précédentes, celle-ci fait, comme son nom l'indique, la part du feu, – d'un feu qui a longtemps couvé sous la cendre, et qui s'éveille soudain en gerbes, en flambées rougeâtres, dans ces arpèges virtuoses que les mains alternent du début à la fin (en mi mineur, *allegro agitato*) ; la pièce est d'un romantisme inattendu ; cela sonne presque comme du Rachmaninov, – aux harmonies près (et encore !), surtout à leurs enchaînements...

### *A Dedication*
COMP septembre 1926. PUB 1928 (Augener).

Avec *Gargoyle*, la pièce peut-être la plus difficile d'accès de Bridge ; non pour les doigts, qui n'y tracent que de lentes volutes (*andante con moto* ; et le milieu *allegro con moto* n'est pas périlleux), ni même pour les yeux, qui liront sans trop de peine ces accidents imprévus, – mais pour les oreilles, qui ne s'acclimateront qu'au bout de plusieurs reprises à ces harmonies sibyllines, où le compositeur recrée à sa façon l'atmosphère languide des pièces finales de Scriabine. L'armure en la majeur ne vaut (et vaut-elle beaucoup ?) que pour les premières et les dernières mesures.

### *Gargoyle*
COMP juillet 1928. PUB 1977 (Thames Publishing).

Les pages les plus avancées, les plus irréductibles à la tonalité, du catalogue pianistique de Bridge, – lequel d'ailleurs, son éditeur les ayant refusées, les enferma dans un tiroir et n'écrivit plus rien pour le piano ! (Pour le piano seul ; mais à cet instrument qui l'a si bien servi, il fera don, en 1931, d'une œuvre avec orchestre, l'étonnant *Phantasm*.)

Une « gargouille », il suffit de voir celles de Notre-Dame de Paris, est un monstre grotesque et ricanant, un affreux diable cornu qui tire la langue à l'univers entier. Le titre a-t-il précédé la musique ? On veut croire que non, tant il s'adapte à ce morceau sardonique, à cette écriture éclatée, qui mord, griffe et grimace. Observez qu'elle privilégie l'aigu, comme si souvent chez Bridge, et que la main gauche, ironique, imperturbable, garde presque tout au long son rythme de valse (à 3/8), insensible aux criailleries, aux bousculades, au criblage, au harcèlement bitonal de la droite.

## LA SONATE

### *Sonate*
COMP mars 1921-mars 1924. PUB 1925 (Augener). DÉD à la mémoire de son ami le compositeur Ernest Bristow Farrar, tué en France en 1917. CRÉ par Myra Hess (15 octobre 1925, Londres).

Il a fallu trois ans à Bridge pour mener cette œuvre à bien, de loin la plus importante de toutes celles qu'il a dédiées au piano, ne serait-ce que par ses dimensions. Trois ans de lutte, celle de Jacob avec l'ange, le combat que l'on se livre à soi-même à travers un matériau rebelle. La critique, en majorité, prit ombrage de ce qu'elle croyait un virage à quatre-vingt-dix degrés, un ralliement brutal au modernisme. Pourtant les indices de ce changement s'accumulaient depuis quelques œuvres ; mais c'est ici que Bridge rompt le dernier cercle qui le séparait de lui-même.

L'œuvre est sombre, imprégnée d'angoisse, en ses trois mouvements enchaînés. En guise de prologue au premier mouvement, le glas d'un sol ♯ tinte lugubrement sur trois octaves, au-dessus des accords d'un choral *(lento ma non troppo)*, suivi d'une réponse doucement et tendrement plaintive *(andante ben moderato)* ; les deux idées alternent encore une fois, le choral et le glas plus sonores, la réponse plus persuasive. Alors démarre le mouvement proprement dit *(allegro energico)*, avec son motif pointé caractéristique, fortement accentué, ses poussées exacerbées, ses accents passionnés, mais aussi ses plages de rubato, comme improvisées. Le retour de la phrase plaintive *(andantino)*, comme une accalmie, entraîne une rêverie, qui ne dure guère. Tout le mouvement est fait de ces contrastes : ainsi dans le développement *(allegro ma non troppo)*, avec ce pianissimo presque inaudible, mais menaçant. Trois pages avant la fin, revient le glas, en force, ce sol ♯ terrible multiplié en bitonie par-dessus les riches accords de la déclamation chorale. Fin en si mineur.

Le long mouvement lent *(andante ben moderato)*, en forme d'arche, passe des accents d'une grave et pessimiste méditation, à des phrases emplies d'espoir (et à ces moments, on croit retrouver la veine idyllique d'un Bridge plus ancien). Harmonies indéfinissables, complexes et cependant transparentes : les deux mains feignent de s'ignorer, mais cela chante toujours, et des réponses se font jour d'une partie à l'autre. Parfois s'infiltrent des rais de lumière (le deuxième thème, mes. 14, et sa variation, mes. 56), et à d'autres moments, c'est une soudaine pénombre. Notez aussi le rôle de la note répétée, pour persuader... Cette musique se veut parole et confidence, prend son temps, ne se mesure ni à l'heure ni à l'espace. Épilogue paisible, en ré, entre majeur et mineur.

Le finale *(allegro non troppo)*, décidé, a des arêtes vives, des phrases carrées, un thème de marche. Poigne, nervosité, colère à gros bouillons ; quelque chose d'implacable. Le deuxième thème est certes plus détendu, mais à peine ; ici aussi souffle un vent de violence, une bourrasque qui l'emporte malgré lui. À la reprise, la marche devient franchement sarcastique *(a tempo risoluto)*. Retour final du glas du premier mouvement, ainsi que de sa phrase plaintive. Les dernières pages valent signature, avec leur emploi caractérisé de ce qu'Anthony Payne appelle le *Bridge chord* (accord mineur auquel se superpose l'accord majeur de son deuxième degré, par exemple ré majeur sur ut mineur), ce qui n'empêche nullement la perception du si mineur conclusif (pédale de tonique jusqu'au bout).

## LES ENFANTINES

**Miniature Pastorals, I et II**

COMP juillet 1917 et février-mars 1921. PUB 1917 et 1921 (Winthrop Rogers), avec des vignettes de Margaret Kemp-Welch.

Deux fois trois morceaux, charmants, mais guère caractéristiques (la plupart des compositeurs, hélas, perdent leur accent original quand ils s'adressent à des enfants ; Ravel est l'exception).

Les illustrations suggèrent un petit scénario. Dans la première pièce (en fa dièse mineur, *allegretto con moto*), un garçon joue de la flûte, une fillette danse ; douceur bucolique, bonheur paisible, avec pourtant, vers la fin, de brusques ruptures, et un ralentissement expressif. – La vignette de la deuxième montre les enfants s'éloignant l'un de l'autre, la mine boudeuse ; et cette petite valse (en ré mineur), dans son tour naïf et contrit, semble en effet succéder à une dispute. – Pour la troisième (en ré majeur, *allegretto ben moderato*), les enfants réconciliés lèvent la tête vers un arbre ; on entend un gazouillis d'oiseau, en alternance avec un air joyeux, au rythme de sicilienne.

La quatrième pièce (suivons toujours les petits dessins de Mme Kemp-Welch) est une marche pimpante *(allegro giusto)* ; les enfants défilent en cadence, leur fusil de bois sur l'épaule ; un loustic sonne du clairon, interrompant de sa ritournelle en si bémol un morceau établi en la ; et on le distingue encore, au lointain, quand la petite troupe s'est éloignée. – La cinquième est une berceuse (en mi bémol majeur, *andante con moto*), aux harmonies translucides, appliquées d'un fin pinceau d'enlumineur (que d'apprentis pianistes seraient heureux de jouer ces pages, au lieu des textes ingrats qu'on leur impose trop souvent !). – Une ronde pour finir *(allegro ma non troppo)*, mais sans exubérance, dans une joie innocente et printanière, un air bucolique souligné par le mode dorien (fa # en la mineur).

**Miniature Pastorals, III**

COMP avril 1921. PUB 1978 (Thames Publishing).

Trois pièces de même veine que les précédentes demeuraient inédites ; Paul Hindmarsh les a publiées comme troisième cahier de *Miniature Pastorals*. La première pièce (en sol mineur, *andante tranquillo*), assez debussysante, pousse une faible plainte, au sommet d'une ondulation d'accords brisés. La deuxième (en si mineur, *allegro con moto*) est un scherzo, à traits rapides, à texture aérée. Et la troisième (en la mineur, *allegretto vivace*), simple et débonnaire, adopte la carrure d'un menuet.

## Fairy Tale Suite
COMP septembre-octobre 1917. PUB 1918 (Augener).

C'est encore le monde de l'enfance qui est évoqué dans ces quatre pièces, et précisément celui des contes, avec fées, ogres et princesses. Mais il ne s'agit pas à proprement parler, comme dans les *Miniature Pastorals*, de pièces « enfantines » ; elles demandent des doigts experts, autant de dextérité que de musicalité. On ne les placera pas bien haut dans la musique de Bridge ; il y laisse courir une plume facile, peu circonspecte, accueillant les idées comme elles viennent et les habillant d'harmonies plaisantes. Musique décorative, propre à illustrer un spectacle, que ce soit la valse initiale, *The Princess* (en sol majeur, *allegretto con moto*), gracieuse et ouvragée comme une porcelaine, – le scherzo burlesque de *The Ogre* (en ut mineur, *allegro deciso*), avec ses grommellements dans le grave, ses accents menaçants, ses pesants contretemps, – les effets de harpe de *The Spell* (« Le Sortilège », en fa majeur, *adagio e sostenuto*), – ou l'enthousiasme démonstratif, l'allant décidé, le brio qui marquent l'arrivée du héros sauveur, *The Prince* (en sol majeur, *allegro giocoso*).

## Miniature Suite
COMP 1921. PUB 1990 (Thames Publishing).

Ces quatre inédits plus ou moins achevés, complétés le cas échéant par Paul Hindmarsh (qui leur a ajouté leurs titres), composent un album enfantin de plus, lui aussi d'un niveau de difficulté supérieur à celui des trois recueils de *Miniature Pastorals*. Successivement : un *Choral* (en sol mineur), plutôt marche funèbre, avec la persistance de sa quinte vide dans le grave, comme un tambour voilé ; un *Impromptu* (en mi bémol majeur), mélodieux et charmeur, tissé d'arpèges fuyants dans un pianissimo irréel ; un *Caprice* (en la majeur), preste, atmosphérique, petites chiquenaudes de lutin insaisissable ; une *Marche* (en ut mineur), grotesque et impertinente.

## PIÈCES DIVERSES DE JEUNESSE

Une ***Berceuse*** en si bémol majeur, composée en août 1901 pour petit orchestre, a été réorchestrée, transcrite pour piano et publiée en 1929 (Keith Prowse). Gentillesses de salon et grâces « fauréennes », comme on dit quand on connaît mal Fauré. Au milieu, quelques remous dans l'eau de cette aimable potiche. On concède volontiers à Bridge d'avoir écrit ces pages à vingt ans ; mais pourquoi diable les redonner à cinquante ? – La ***Sérénade*** en la publiée en 1906 (Reid Brothers) est également transcrite pour le piano à partir d'une version instrumentale ; on y fait passer, à des mondains gentiment oisifs, quelques sirops framboisés.

Un ***Premier Capriccio***, d'avril 1905, et un ***Deuxième Capriccio***, de juillet 1905, ont paru chez Augener, respectivement en 1905 et 1906. Ce sont des liszteries, certes ; mais si réussies ! Comment faire la grimace devant une écriture aussi raffinée, un brio pianistique si plaisant ? L'auteur retarde, c'est entendu ; à son âge (vingt-six ans), il ferait mieux de suivre Debussy ou Ravel. Mais puisque cela viendra bientôt, patientons et ne boudons pas ces morceaux. Le premier (en la mineur, *presto*), petit scherzo méphistophélique, crépite de martellements secs et imite en brusques fusées le ricanement d'un méchant lutin ; un court intermède, lyrique et mélodieux, semble une parodie de romance. Le second, deux fois plus long (en fa dièse mineur, *vivo*), jette plus d'étincelles encore ; lui aussi s'offre une section contrastée, où le chant s'abandonne « con tristezza », en petits glissements chromatiques.

***A Sea Idyll***, pièce composée en juin 1905 et publiée en 1906 conjointement au *Deuxième Capriccio* (Augener), est une barcarolle (en mi majeur, *andante moderato*), au calme chant d'accords, et qui fait grand usage de la pédale de tonique, où naissent les vagues recommencées des arpèges d'accompagnement. Le milieu, plus agité, quitte ce voluptueux diatonisme, chromatise, module, gagne en passion. La reprise, apaisante, transporte jusqu'à l'aigu le flux d'arpèges, par croisement des mains, et propage ainsi l'onde harmonique autour du chant.

Publiée seulement en 1990 (Thames Publishing), l'***Étude rhapsodique*** de novembre 1905 est un délicieux badinage (en ut majeur, *vivo*), qui, comme les *Capriccios*, associe un scherzo de notes chromatiques, en staccato léger, à une partie centrale romantique, – peut-être un rien ironisante, avec ses accords passionnés sur des vagues de triolets.

On a retrouvé après sa mort une ***Dramatic Fantasia***, dont Bridge avait oublié l'existence, et qu'il a composée en janvier 1906 pour la pianiste Florence Smith, sa condisciple au Royal College of Music (publiée en 1984, Thames Publishing). La pièce est longue, d'un romantisme trop sincère pour ne pas paraître naïf, et d'une pâte trop épaisse pour être toujours digeste ; mais elle a ses beautés, et le déchiffrage n'en est pas inutile. Bridge y utilise la forme en arche qu'il affectionnera dans ses fantaisies : une introduction solennelle et sombre (en mi bémol mineur, *adagio*), en accords et rythmes pointés ; une exposition à deux thèmes, le premier agité et dramatique, sur des roulements de gammes à la main gauche *(allegro moderato)*, le second apaisé et chantant (en si bémol majeur, *ben sostenuto e nobile*) ; pas de développement, mais un mouvement central (en si majeur, *lento ma non troppo*), de caractère contemplatif, où s'entremêlent des styles trop divers, du Brahms, du Fauré, voire du Debussy (le passage en tierces, accompagné d'harmonies vaporeuses) ; une reprise des deux thèmes principaux ; et une coda qui rappelle l'introduction, dans le mode majeur.

# Benjamin BRITTEN
(1913-1976) Anglais

Même avec la publication posthume de quelques pièces juvéniles, l'œuvre pianistique de Britten occupe peu de place. Il faut en prendre son parti : ce pianiste surdoué n'a pas favorisé ses pairs. Non seulement cette œuvre est courte, mais d'être limitée dans le temps (cinq partitions sur six rédigées avant ses vingt-sept ans), elle n'a aucune chance d'être représentative. Il n'y a rien de commun entre les *Walztes* ingénues du garçonnet de dix ans (titre auquel Britten, en acceptant leur publication tardive, conserva affectueusement sa faute d'orthographe...) et les *Character Pieces* vaguement scriabinesques de l'adolescent de dix-sept, entre le *Moderato et Nocturne* rescapé d'une vieille sonatine et le *Night-Piece* du quinquagénaire. Ou plutôt si : à l'exception près, les relie une même absence de gravité, ou de pesanteur, comme on voudra. Il ne filtre ici qu'un seul aspect de Britten, le plus léger, le plus souriant, avec çà et là une émotion poétique assez durable pour qu'on la perçoive encore au bout du silence où finit toute musique. L'aspect tragique, tourmenté, l'accent humaniste ou religieux qui fait le prix de ses pages les plus belles, manque à ces feuillets, écrits comme autant de récréations et méritant tous le titre du plus connu d'entre eux, *Holiday Diary*. Et nous regretterons toujours qu'il n'ait pu mener à bien l'œuvre (commencée en 1965) qu'il destinait à Sviatoslav Richter.

## *Five Walztes*
COMP 1923-1925. PUB 1970 (Faber Music).

D'un lot de dix valses juvéniles (*walztes*, comme il les avait orthographiées, au lieu de *waltzes*), Britten, sur le tard, laissa paraître ces cinq ; et comme le dit avec humour son avant-propos, s'il ne s'y cache aucun Mozart (« *since the composer was a very ordinary little boy...* »), du moins pourront-elles servir à des doigts sans expérience. Ajoutons qu'elles sonnent bien, qu'elles sont extrêmement variées (jusque dans leurs rythmes, ce qui est rare dans un recueil de valses !), et qu'avec le recul elles ne sont pas dénuées d'un charme ironique : voyez l'emphatique trio de la première, en accords solennels *(majestic)*, ou les petits bonds pressés de la deuxième, ou la fausse sentimentalité de la quatrième, qui conjure les ombres à la fois de Schubert et de Chopin.

## *Three Character Pieces*
COMP septembre-décembre 1930. PUB 1989 (Faber Music).

On peut s'étonner que Britten ne se soit guère soucié de divulguer ces morceaux si achevés dans leur genre, si remarquables, et d'un agrément certain. Certes, ils le représentent à l'âge de dix-sept ans, plus influencé par Bridge, qu'il vient de quitter, que par Ireland, son nouveau maître, cité dans le troisième numéro. Délices harmoniques, raffinement de la texture, virtuosité cristalline, de quoi séduire les pianistes qui se plaignent de n'avoir que le *Holiday Diary* à se mettre sous les doigts.

Chacune des pièces porte le nom d'un camarade, – John, Daphné, Michael, – dont le compositeur s'est peut-être efforcé de tracer un portrait musical. On imagine volontiers ces sous-titres : « Le Candide », « La Tendre », « L'Espiègle »... Simplicité naïve de la première *(poco allegro vivace)*, à l'allure de pastorale, et qui chante si spontanément, pourtant la plus recherchée des trois sur le plan tonal, la plus encline aux équivoques, aux faux-semblants que permet le chromatisme. – Douceur de la deuxième (entre ut dièse mineur et mi majeur, *poco andante grazioso*), où le 6/8 déjà employé dans la précédente se fait berceur, et dont le thème persuasif chuchote longtemps dans le souvenir. – Folle exubérance de la troisième (en ré majeur, *poco presto e molto capriccioso*), rieuse, lumineuse, proche de Ravel par l'écriture pianistique, et dont on trouvera l'écho dans la première pièce du *Holiday Diary*. Un peu avant la fin, en hommage à Ireland, Britten cite *Ragamuffin* (deuxième des *London Pieces*).

## *Twelve Variations*
COMP mars-avril 1931. PUB 1986 (Faber Music). CRÉ par Murray Perahia (22 juin 1986, festival d'Aldeburgh).

La seule des six partitions pianistiques de Britten qui évite consciencieusement le charme, et la spontanéité. Elle a l'aspect réfléchi, abstrait, quelque peu rébarbatif, d'un devoir d'école. Le thème (en la majeur, *allegretto*) est une épure, avec sa petite phrase descendante, reprise trois fois, chaque fois une tierce plus haut, et suivie d'un bref écho, – procédure à laquelle se conformeront toutes les variations, peu ou prou. Dans la variation finale, ce thème s'allie au sujet chromatique, raide et anguleux, d'une *fughetta*. Auparavant se seront succédé différentes métamorphoses du matériau, dont deux variations très virtuoses, la 4e et la 11e, où les deux mains s'activent en mouvement contraire. Britten montre le bout de son nez dans la 6e *(andante grazioso)*, un nocturne au bercement hypnotique, îlot poétique au sein d'une œuvre bien austère.

***Holiday Diary*** (op. 5)
COMP octobre 1934 (titre primitif : *Holiday Tales*). PUB 1935 (Boosey & Hawkes). DÉD à Arthur Benjamin, qui fut le professeur de piano de Britten au Royal College of Music.

On ne peut qu'aimer cette œuvre de « débutant », officiellement son premier opus pianistique, si fraîche d'inspiration, si maîtrisée d'écriture, et déjà bien personnelle par endroits. La première pièce, *Early morning bathe* (« Baignade matinale », en ut majeur, *vivace ma non troppo presto*), nous plonge d'un coup, c'est le cas de le dire, dans l'atmosphère de ces vacances. Une page de prélude jette capricieusement quelques figures fantasques sur le clavier, un petit arpège lancé, quelques accords timides, un frisson autour de trois ou quatre notes, un crépitement de secondes, un cliquetis de quartes et de quintes. On met un pied dans l'eau ; brrr, elle est froide ! Les triolets s'agitent, de plus en plus rapprochés, grimpent dans l'aigu, retombent, et le morceau démarre pour de bon. Ces dessins arpégés, avec leur flux et leur reflux à 6/8 et leur diatonisme, ce thème éveillé lentement aux pouces, comme ils peignent bien le nageur, fendant la vague à coups réguliers ! De sol, la quinte vide de la basse se transporte à fa dièse, à mi, à ré, à do enfin, où le mouvement atteint son ampleur. Ce grand balancement cesse comme il a commencé, s'effrite en figures éparses : le prélude en sens inverse, – et la pièce s'arrête sur une dernière gamme descendante, un dernier arpège strident.

Les volets extérieurs de *Sailing* (« En bateau »), pièce de forme ABA, sont admirables (en ré majeur, *andante comodo*). Sur une quinte vide de la basse (ré-la), que la pédale laisse vibrer, et par-delà un accompagnement de doubles notes répétées deux par deux (où même les dissonances, secondes, septièmes, neuvièmes, sont infiniment douces), la main droite pose paisiblement son chant, qu'agrémente ici et là un triolet. Au bout de neuf mesures, on module en fa (quinte fa-do à la basse) pour neuf autres mesures, puis on retourne en ré, le chant, sur ses bourdons intangibles, ne craignant pas la quarte augmentée du mode lydien. Toute cette première partie revient à la fin, à deux différences près : les doubles notes, au départ, survolent le chant, glissé au registre médian ; et surtout, après avoir fait mine de passer à nouveau de ré en fa, Britten supprime sans crier gare cette digression, écourtant sa reprise : et l'effet est extraordinaire. L'épisode central, en revanche *(molto animando)*, où vraisemblablement la petite navigation de plaisance est perturbée par un coup de vent (accords dissonants, appogiatures criardes, roulements de doubles et triples croches), est moins réussi, et dépare le morceau.

*Fun-Fair* (« Fête foraine ») tire un parti pittoresque de la forme rondo. Ce refrain tintinnabulant, sans altérations, en dents de scie sur sa basse claudicante (en la majeur, *allegro brillantissimo*), sert de fil d'Ariane au milieu d'épisodes bariolés, contrastés à l'extrême, qui nous conduisent d'un stand d'attractions à l'autre. Le premier, où des gruppettos hilares s'élancent sur des accords battus pimentés de secondes, a beau être en si bémol, un si ♮ narquois retentit dans le grave, à contretemps, comme dans du Stravinski. Le deuxième (en ré bémol lydien, avec sol ♮) est une joyeuse fanfare. Le troisième étire *ppp*, d'un bout à l'autre du clavier, un nombre croissant de voix (de une à sept), empilées en accords sur les touches blanches. Le quatrième fait vraiment la foire : martellements, gloussements bruyants de secondes, glissandos superposés sur les touches blanches et les touches noires, tout cela engendrant un tohu-bohu des plus amusants. La fin est une bousculade, unisson d'arpèges dégringolant jusqu'au fond du piano, et accord asséné *fff* dans l'aigu.

La lenteur, le calme, l'immobilité, l'estompe de *Night* (« Nuit », en ut majeur, *molto lento e tranquillo, sempre rubato*) font un effet saisissant après cette kermesse, – un peu comme, dans la *Suite op. 14* de Bartók, la paix de l'épilogue au bout de trois pièces remuantes. Au début du morceau, des doubles notes dans l'aigu et dans le grave tramant une polyphonie à quatre voix, très aérée. Dans l'espace médian, d'abord laissé libre, comme une ligne d'horizon entre ciel et terre, naît peu à peu un chant (et à partir d'ici, il faut une troisième portée au compositeur, pour bien séparer ses plans sonores). Ce chant, on voudrait dire qu'il module ; non pas, il vacille sur les degrés d'échelles modales, et finit par se créer une stabilité à lui, étrangère à ces accords qui pivotent doucement dans les ténèbres. Bientôt, ayant atteint son comble, par petites phrases où passent confusément, dans l'esprit du dormeur, les souvenirs de sa journée (le geste du nageur fendant les flots, le canotage, un flonflon de la fête...), il s'immobilise, laissant vibrer aux deux bouts du clavier la double quinte vide d'ut majeur.

### *Moderato et Nocturne*
COMP 1940. PUB 1986 (Faber Music).

Ce sont les deux premiers mouvements d'une *Sonatina romantica* en quatre parties, composée par Britten lors de son séjour aux États-Unis, dans les premières années de la guerre, à l'intention d'un pianiste amateur, le docteur William Titley. L'auteur était mécontent du finale, et les éditeurs posthumes ont respecté son sentiment ; ils auraient dû étendre cette sévérité au *Moderato* initial (en mi mineur), qui a l'air fabriqué avec les bouts les plus vilains des premières sonates de Beethoven. Mais le *Nocturne* (en ut majeur, *andante* à 6/8) est une jolie petite pièce enfantine, dont la mélodie doucement rêveuse se berce d'une paisible ondulation de doubles croches. (La *Sonatina* complète a été créée par George Benjamin, le 16 juin 1983, au festival d'Aldeburgh.)

***Night-Piece***
COMP mai 1963. PUB 1963 (Boosey & Hawkes).

Écrit pour le concours international de piano de Leeds, ce *Notturno*, plus encore que le *Holiday Diary*, nous fera regretter la parcimonie du compositeur en ce domaine. Il rappelle, bien sûr, le *Night* qui achève le « Journal de vacances » ; mais surtout, avec ses murmures, ses bruissements d'herbe, ses remuements d'insectes, ses cris d'oiseaux, il s'apparente aux *Musiques nocturnes* de Bartók (de la suite *En plein air*), autre poétique évocation du mystère de la nuit. C'est d'abord, sur de longues tenues de basse, un fond assourdi d'octaves brisées (en si bémol majeur, *lento tranquillo*) par-dessus lequel se détache une ligne mélodique très simple et sereine, qui fait un détour par si et retourne aussitôt au ton initial ; puis le chant s'étoffe en beaux accords translucides (nombreuses neuvièmes), cependant que naît, au ras des touches, entre la basse et la mélodie, un petit appel (double triolet). Ce motif d'abord imperceptible va lentement envahir la scène, se répéter obstinément, gagner le suraigu, d'où il survole le chant toujours paisible. Un peu avant la fin, en deux pages très évocatrices, il s'éparpille librement en trilles, en traits non mesurés, en notes répétées frémissantes, au-dessus d'une basse médusée, qui semble s'être arrêtée pour écouter ces bruits de la nature, cette vie étrange tapie dans les feuillages, les buissons, les mottes de terre, les nappes d'eau. Enfin la mélodie d'accords reprend et conclut, en incluant le petit motif dans ses harmonies chaleureuses. – Morceau de concours, qui ne sert pas d'épreuve à la pyrotechnie mais à la musicalité, à la variété du toucher : en quoi il est peut-être plus redoutable qu'une fracassante étude d'octaves...

# John BULL
(1563 ?-1628) Anglais

Ce fut le Liszt et le Paganini du virginal, un virtuose ébouriffant, aux pouvoirs surhumains, que ses contemporains effrayés soupçonnaient d'avoir conclu quelque pacte avec les puissances infernales ; une force de la nature, que son nom même (le « Taureau ») semblait opposer au tendre et délicat Byrd (l'« Oiseau »). Mais cet exhibitionniste sans vergogne, qui prodigue si souvent l'exubérance et l'optimisme, a ses moments d'introversion, de mélancolie profonde ; après les démonstrations d'adresse, les voyantes acrobaties digitales, les variations ornementales où prolifèrent follement les notes rapides, il peut se livrer à d'austères méditations, pour lesquelles lui suffisent les valeurs longues du plain-chant. Du reste, Bull est un explorateur, qui non content de maîtriser l'idiome de l'époque, pousse son chemin vers le futur, manie des rythmes improbables, prodigue la dissonance, s'aventure quelquefois dans les dédales du chromatisme le plus obscur.

Bull a composé une quinzaine d'anthems, et au moins une centaine de canons qui sont autant de tours de force, mais sa gloire repose sur son œuvre de clavier, qui compte environ cent cinquante pièces (pour virginal ou orgue, ce n'est guère spécifié à cette époque). Il n'en a paru de son vivant que sept, dans *Parthenia*, publication londonienne qui réunit en 1612 ou 1613 les noms de Bull, Byrd et Gibbons. Mais on en a conservé quantité de copies manuscrites ; le fameux *Fitzwilliam Virginal Book* de Cambridge, réédité par Dover (1963, reprint de l'édition Breitkopf de 1899), ne contient pas moins de quarante pièces. L'œuvre complète a été publiée par les soins de John Steele, Francis Cameron et Thurston Dart, dans la série *Musica britannica*, volumes XIV et XIX (1960-1970).

Au premier rang de cette œuvre vient, auprès de quelques autres *Variations*, l'étonnant *Walsingham*, trente variations sur un air déjà utilisé par Byrd (« *As I went to Walsingham* »). Il représente à la fois l'apogée du style virtuose de son auteur, et celui de ce genre dont les virginalistes se sont fait une spécialité ; et l'on comprend qu'à ce morceau étincelant soit échu l'honneur d'ouvrir le *Fitzwilliam Virginal Book* (n° 85 dans *Musica britannica*). Le thème, fort simple, de huit mesures à 3/2, allant de la mineur à la majeur, y demeure à peu près identique à lui-même parmi les figurations les plus ingénieuses et les traits les plus téméraires. Un prestidigitateur surdoué y multiplie les courses de main gauche, en gammes, arpèges, intervalles brisés (var. 9, 15, 17, 18, 23), les notes répétées en marteau piqueur (var. 8), l'imbroglio polyphonique (var. 3, 19), les jeux rythmiques (var. 20, 25) et s'amuse même à des croisements de mains (var. 28).

À l'opposé, les variations intitulées *Bull's Goodnight*, au nombre de neuf (ce chiffre, comme pour les précédentes et à l'ordinaire des virginalistes, s'entend en donnant le numéro 1 au thème lui-même), sont relativement simples et ne changent guère à la physionomie du thème, un air délicieux et primesautier, en sol majeur ; à peine les deux dernières le convertissent-elles en rythme ternaire, et surtout le parfument d'un peu d'aromate mixolydien (fa ♮). (La pièce est la dernière du second volume de *Musica britannica*, n° 143.)

À citer encore, pour leur tour étrange, leurs piquantes et incessantes fausses relations, les variations sur *Why ask you ?* (n° 62 de *Musica britannica*), en ré mineur.

On retrouve, en passant au genre des **Fantaisies**, l'invention sans frein et la griserie de la vitesse dans l'une des trois *Fantaisies sur l'hexacorde* (n° 18 de *Musica britannica*), pièce qu'on pourrait dire entièrement consacrée à la gloire (ou à la déroute !) de la senestre, prodigieuse « École de la main gauche » avant la lettre, – où, sous l'imperturbable recommencement des six notes du motif, en valeurs longues à la main droite (qui participe aussi, de loin, au... déballage technique), se succèdent à la gauche les gammes, les bouclettes et fronces de doubles croches, les tierces, les sixtes, les accords, les enchevêtrements rythmiques et polyphoniques ! Litanie insensée, interminable, épuisante, autant pour l'auditeur que pour l'instrumentiste, mais qu'il faut avoir parcouru une fois, pour prendre la juste mesure de la virtuosité de Bull.

Même principe dans les pièces tirées du plain-chant, par exemple le premier *Salvator Mundi* (n° 37), thème en rondes, commentaire en notes de plus en plus rapides et virtuoses. Dans un genre voisin, mais où les deux mains rivalisent d'adresse, le *Miserere* à trois parties (n° 34), à la fois plus extravagant et plus creux.

Une autre *Fantaisie sur l'hexacorde* (n° 17) est de tout autre écriture, et de plus grande valeur musicale. Ici, c'est l'harmoniste qui nous stupéfie : hors de toute velléité virtuose, dans une écriture polyphonique austèrement composée de rondes, blanches et noires, le *cantus firmus* se trouve, à chaque aller et retour, transposé d'un ton vers l'aigu ; d'abord au soprano (de sol à fa), puis à la basse (de la ♭ à mi), enfin au ténor (de fa ♯ à sol) ; cercle harmonique (et enharmonique) de dix-sept strophes, quelques-unes vers la fin très complexes de rythme, – qui a donné à penser que Bull disposait du tempérament égal.

C'est généralement le rythme qui fait la singularité des **In nomine**, un genre spécifiquement anglais, lieu d'expériences complexes ; tel est le neuvième des douze que nous a laissés Bull (n° 28), en la mineur, écrit à quatre voix très denses, et dont le mètre original additionne deux rondes et trois noires (résultat : une mesure à 11/4), sans compter de nombreuses et étonnantes syncopes, et toutes sortes de trouvailles en matière de figuration. – Mais s'il n'en faut retenir qu'un, que ce soit le douzième *In nomine* (n° 31), en ré, plus court et à trois parties, une pièce admirable, au beau mode hypo-éolien, avec son début syncopé en valeurs longues, puis cette gauche qui se met à se mouvoir en valeurs brèves, entraînant bientôt, sous le surplace du thème, de petites imitations hoquetantes, en écho entre l'alto et la basse.

Des nombreuses danses de l'œuvre de Bull, on retiendra ces quelques exemples contrastés. En fait de **Pavanes et Gaillardes** (ce couple très prisé à l'époque), non point l'ensemble imposant, mais rigide et ennuyeux, que constituent la *Quadran Paven*, sa *Variation* et sa *Gaillarde* (n° 127), mais plutôt la *Queene Elizabeths Pavin*, dite *Pavane chromatique* (n° 87), ne serait-ce que pour sa deuxième section, aux enchaînements d'accords à couper le souffle, aussi extravagants que ceux qui nous pétrifient dans Gesualdo ; la *Gaillarde* qui l'accompagne, quant à elle, passe dans sa dernière section par si majeur, fa dièse mineur, si mineur, avant de retomber sur son la tonique. – Parmi les danses isolées : la ravissante *Piper's Galliard* (n° 89), en la mineur, avec sa *Variation* d'un brio extraordinaire, tout ornée de trilles, d'arabesques, de folles fusées ; et la *Pavane en sol mineur* (n° 77), pour son thème, et sa première reprise en triolets qu'on dirait presque romantiques.

Parmi les **Gigues** : les deux que Bull intitule respectivement *My Selfe* et *My Grief*, pièces jumelles de caractère, pareillement en sol, aussi charmeuses l'une que l'autre (n° 138 et 139). On les complètera par la courante dite *Dr Bull's Juell*, dont *Musica britannica* donne quatre versions différentes (n° 141) ; voici l'une des mélodies les plus fraîches, les plus naturelles qu'il ait écrites, sans vains ornements, sans effets virtuoses, et qui sonne fort bien sur nos pianos modernes. (Au n° 142 figure une cinquième version, portant l'une des rares dates de la musique de Bull : 12 décembre 1621.)

Terminons en apothéose avec l'un des morceaux les plus célèbres de Bull, *The King's Hunt*, en sol (n° 125) ; tous les moyens techniques propres à ce genre descriptif sont mis en œuvre, dans une bonne humeur communicative : accords percussifs, syncopes à fond de train, trompes de chasse à tue-tête, notes répétées volubiles, jusqu'à la culmination finale de l'hallali...

## Ferruccio BUSONI
(1866-1924) Italien

Faites l'expérience ; dans une librairie musicale, demandez du Busoni ; on vous donnera du Bach, du Liszt, voire du Schönberg, revus et corrigés par un certain... Busoni. C'est le même. Le compositeur est oublié, au profit de l'arrangeur, du transcripteur ou du pédagogue. Profit, c'est beaucoup dire ; les pianistes sérieux sont de moins en moins nombreux à exécuter sa version de la *Chaconne* de Bach, – pour ne citer que l'un de ses plum-puddings, le plus fréquemment servi aux auditeurs, pourtant le plus indigeste. Aujourd'hui, on rend au violon ce qui est au violon, à l'orgue ce qui est à l'orgue ; et l'on n'éprouve guère le besoin de boursoufler d'octaves les *Variations Goldberg*. Quant aux éditions de travail de Busoni, souvent admirables (celle des sonates de Beethoven, par exemple), on leur préfère un *Urtext* fidèle au manuscrit à la quadruple croche près.

Alors, Busoni ? On soupçonne bien que ce pianiste génial a dû faire comme tous ses pareils : à force de jouer Chopin, y aller de ses propres préludes, de ses propres études et scherzos. Tout de même, on reste ébahi devant la liste de ses compositions, près de trois cents dans le catalogue de Kindermann, dont plus de la moitié consacrées au piano. En les lisant, en les écoutant, on va de surprise en surprise. Cet enfant prodige, ce virtuose, ce touche-à-tout, est un chercheur, un découvreur. Il possède, sur d'autres pianistes compositeurs, l'avantage de ne pas suivre ses doigts à l'aveuglette, dans une voie tracée d'avance. Ses jeunes années, oui, se sont consumées à refaire du Chopin, du Schumann ou du Brahms ; mais aussi, Busoni a commencé à écrire à l'âge de sept ans ! A vingt, il a déjà épuisé cette veine, et s'il était mort au lendemain des *Préludes*, des *Études*, ou des magnifiques *Variations sur un thème de Chopin*, nous aurions un postromantique de plus, et nous le connaîtrions peut-être mieux. Mais il vit, et s'interroge. Par deux fois, son catalogue pianistique montre des trous béants : l'un entre 1885 et 1890, où Busoni se consacre à la musique de chambre, – l'autre, considérable et aspirant toute sa force créatrice, entre 1895 et 1907. Cette dernière date est l'année des *Élégies*, et de ce qu'il appelle son *Wendung*, c'est-à-dire son « tournant ».

Un artiste a ses dieux tutélaires, à qui il doit de s'être enfin rencontré. Ceux de Busoni se nomment Bach et Liszt. Tout ce qui compte, chez lui, s'inscrit entre cet alpha et cet oméga (et les innocents qui croient qu'il existe un compositeur du nom de Bach-Busoni, ou de Liszt-Busoni, comme il existe un Wagner-Régeny, ne se trompent qu'à moitié !). Tout le problème tient à ce choix. Bach est l'image glorieuse du passé, Liszt le symbole vivant du futur. On ne saurait concevoir deux mondes plus antinomiques, – même en se souvenant que Liszt est l'auteur d'une *Fantaisie* sur le nom de Bach. C'est du Liszt franciscain que sort le nouveau Busoni, de ce poète expérimental qui a entrepris, avant notre siècle, de déstabiliser la tonalité ; c'est de lui qu'il reçoit ce langage harmonique soluble, fusion de majeur et de mineur, ces lignes épurées et comme spectrales. Et dans le même temps, un indéfectible attrait pour la fugue et le choral, pour le savoir contrapuntique, lie Busoni à Bach, dans une entreprise recommencée, et sans doute un peu folle, qu'on appellerait un transfert de substance vitale si l'on ne craignait pas la comparaison avec les travaux du professeur Frankenstein...

D'autres, plus rondement, ont utilisé le terme de kleptomanie. Il fait sourire, et rend mal compte de ce grave et sérieux processus d'identification. Si l'on s'en tenait aux emprunts, d'ailleurs, il faudrait citer Bizet, dont s'empare la *Sixième Sonatine*, Mozart et Paganini, que trafiquent la troisième et la quatrième partie de *An die Jugend*, et même Strauss, que travestit le *Tanzwalzer* pour orchestre. Busoni n'a jamais craint de s'approprier un matériau étranger, et de le transformer avec plus d'audace encore que Liszt dans ses paraphrases. Il y a là une sorte de joute intellectuelle, de gageure, où il excellait, où il a sûrement trouvé du bonheur. Mais composer n'est pas toujours un plaisir, et peut devenir une crucifixion. La relation à Bach est d'ordre spirituel, philosophique, et même mystique. Busoni en porte de véritables stigmates. On en suit les étapes au long de sa vie : transcriptions fidèles, des modèles du genre, – éditions reflétant ses propres interprétations, avec les coupures qu'il pratiquait, les transformations qu'il apportait, – et compositions originales, où Bach est le germe dans un terreau fécond.

Bach emprunté, cité, métamorphosé, n'en tire pas moins de son côté ce créateur modernissime qui, dès 1907, non content de composer, proposait aussi une théorie de l'esthétique, pleine d'idées prophétiques, résolument tournée vers l'avenir. Des œuvres comme la *Sonatina seconda*, cette avancée vers les bords atonaux, et la *Fantasia contrappuntistica*, ce jeu complexe de miroirs, où Bach s'invertit, devraient être le fait de deux compositeurs étrangers l'un à l'autre, et peut-être ennemis. Que Busoni les ait signées à la même époque permet de mesurer sa curieuse et fascinante dualité.

## LES SONATINES

Au nombre de six, réparties sur une période de dix ans (1910-1920). Malgré un titre identique, leur groupement ne laisse pas d'être artificiel. Les deux dernières sont des fantaisies d'après un matériau étranger ; les deux premières des morceaux élaborés, ambitieux de forme, de fond, de technique pianistique ; seules les troisième et quatrième, dans leur économie, répondent à l'appellation diminutive. Telles quelles, cependant, les *Sonatines* contiennent en peu d'espace quelques moments exemplaires de leur auteur ; elles illustrent sa relation à Bach *(Sonatina brevis)* comme à Liszt (via Bizet : *Sonatina super Carmen*), montrent sa pente à réutiliser ses propres textes *(Première Sonatine)*, le campent tantôt en progressiste affranchi des règles *(Sonatina seconda)*, tantôt en conservateur ambigu *(Sonatina ad usum infantis)*, habile à contourner la lettre, sinon l'esprit, de la loi.

### *Sonatina* (K. 257)*

COMP août 1910. PUB 1910 (Zimmermann ; puis Breitkopf & Härtel). DÉD à son élève Rudolph Ganz. CRÉ par Busoni (30 septembre 1910, Bâle, Musikhochschule).

Refonte, pour l'essentiel, de quatre pièces du cycle *An die Jugend*, écrit l'année précédente (voir plus loin LES ŒUVRES PÉDAGOGIQUES), d'où

* La lettre K renvoie au catalogue de Jürgen Kindermann (Ratisbonne, 1980).

quatre parties enchaînées, autour de deux thèmes principaux. La première partie (en la mineur, *semplice, commovente*) commence par un thème original, appelons-le A, valse miniature à 3/8, d'une enfantine candeur ; l'épisode suivant, d'une autre encre, où l'harmonie se détraque, introduit le rythme à deux temps du *Preludietto* de *An die Jugend*, où alternent triolets et croches normales, et c'est ce boitement qui accompagne le retour de A, dans une singulière birythmie (3/8 sur 2/4). – La deuxième partie (en ut majeur, *più tranquillo*) se contente de reprendre, sans y rien changer, la *Fughetta* à 6/8 de l'œuvre antérieure : notre thème B. – Dans la troisième partie *(allegretto elegante)*, Busoni combine habilement ce thème B à la *Quasi-Valse* qui constituait l'*Esercizio* de 1909 ; main gauche à 3/4, en la bémol ; main droite à 4/4, sur les tons entiers, en accords brisés, doubles notes et traits brillants (notons qu'au lieu du « sempre delicatamente » de la première version, la version « sonatine » adopte un crescendo allant jusqu'au « stridente »). – Enfin, dans la dernière partie *(teneramente, come da principio)*, on retrouve A et B, mêlés à des citations de l'*Epilogo* de *An die Jugend* ; la conclusion est particulièrement belle, avec ses nuances éteintes, son harmonie vaporeuse, quintes parallèles, superpositions bitonales, – et pourtant la certitude finale d'ut majeur.

## *Sonatina seconda* (K. 259)

COMP juin-juillet 1912. PUB 1912 (Breitkopf & Härtel). DÉD au pianiste Mark Hambourg. CRÉ par Busoni (12 mai 1913, Milan, conservatoire Verdi).

Le point le plus extrême de l'écriture de Busoni : il ne franchit pas les dernières barrières qui le retiennent avant l'atonalisme (et c'est à tort que l'on prononce ce mot devant des agrégats de quartes, quintes et secondes), mais de l'autre côté la *terra incognita* est en vue. On ne sait trop ce qu'il faut le plus admirer ici, qu'il ait poussé si loin, ou qu'il se soit si bien retenu. N'importe, l'œuvre est exemplaire, et réussie au-delà de toute espérance. Sa première qualité est d'être brève (moins de dix minutes) ; sa deuxième, d'être constamment pianistique, dans sa complexité ; et puis, Dieu merci, elle n'obéit pas à un système et ne répugne pas, après le coup de force contre la tradition, à faire humble allégeance à ses devanciers : en un mot, elle est moins radicale que la fameuse troisième pièce de l'opus 11 de Schönberg qui, en se jetant dans l'inconnu, se brise à elle-même la passerelle du retour.

Aucune indication de mesure ; la barre tombe où elle veut, et parfois elle est écartée sur un long parcours (ce qui n'empêche pas quelques sections clairement à 4/4 ou 6/4) ; les accidents ne valent que pour la note qu'ils précèdent immédiatement ; l'allure de la page y gagne en étrangeté, – mais on a vu pire, ne serait-ce que chez Satie ! L'impression générale, pour l'œil, puis pour l'oreille, est celle d'une improvisation, d'une grande cadence. D'ailleurs tout le morceau ne doit-il pas être joué (indication de départ) *vivace, fantastico, con energia, capriccio e sentimento*, et, obéissant à l'instant donné, mêler les humeurs les plus contraires ?

Voici la succession des épisodes. Une phrase introductive, dans le grave, s'étirant sur plus de deux octaves (« sostenuto, a mezza voce parlando »), et son écho à l'aigu, au-dessus d'un ondoiement d'arpèges en aller et retour ; – un thème impérieux, motif essentiel de l'œuvre, scandé comme une marche : son rythme pointé caractéristique se détache sur des figures chromatiques variées (frissons légers, traits stridents de secondes, dessins brisés en triolets) avant un énoncé à l'allure de choral *(un poco più sostenuto e posato)*, que Busoni reprendra dans son *Doktor Faust* ; – retour aux arpèges ondoyants, avec un thème expressif et languide (« pallido ») ; – grésillement de petites notes entraînant, « moltissimo crescendo », un vacarme d'octaves en ostinato *(con fuoco, energicissimo)* ; – épisode lent amorcé par quatre mesures d'accords mystérieux *(lento occulto)*, poursuivi par un bref canon *(andante tranquillo)*, puis par un fugato *(meno andante)*, pour finir en nocturne aux souples arpèges, en rotation sur des pédales successives ; – la phrase introductive, dans ce remuement liquide, prend la relève, toujours dans le grave (« quasi violoncello ») ; – conclusion sur le thème de marche *(sostenuto, un poco marziale)*, qui s'enfonce peu à peu dans le fond du clavier, et dans le silence.

### *Sonatina ad usum infantis* (K. 268)

COMP juillet 1915. PUB 1916 (Breitkopf & Härtel). DÉD à Madeline Manheim (le titre complet dit simplement *« ad usum infantis Madeline M\* Americanae »* ; le nom de cette jeune amie de son fils Benvenuto, longtemps caché, apparaît au verso d'une photographie que Busoni avait d'elle). CRÉ par Busoni (6 novembre 1917, Zurich, Tonhalle).

L'œuvre marque le début de ce que le compositeur lui-même appelait le « jeune classicisme » : l'ère des expériences se termine, il faut tourner la page. Quoi de mieux, pour le faire, que cette sonatine délicieuse, fragile comme une bonbonnière dix-huitième, pourtant sans esprit de pastiche...

Cinq mouvements enchaînés, aussi brefs les uns que les autres. Le premier, poétique, plein de douceur (en la mineur, *molto tranquillo*), semble d'abord immobile et confidentiel ; puis des doubles croches accompagnent de leurs spirales obstinées l'essor rayonnant d'un choral ; arrêt sur la dominante. Le fugato du deuxième mouvement (en la mineur, *andantino melancolico*), basé sur le même thème, s'accorde un moment presque fauréen (mes. 16, « teneramente »), et cite à la fin le choral du mouvement précédent ; fin en fa majeur. Suit un *vivace alla marcia* (en ré majeur), où alternent les accords rythmés et les séquences d'arpèges, et qui finit en mignonne fanfare, en hésitant entre fa mineur et la majeur. Le quatrième mouvement *(molto tranquillo)* élabore à nouveau la matière du premier, mais dans un rythme à 3/4 qui prépare celui du cinquième, une *Polonaise* (en fa majeur, *un poco cerimonioso*), reprise à l'opéra *Arlecchino* et paraissant hésiter entre l'émotion et l'ironie.

(La précision du titre, « *pro clavicimbalo composita* », n'est guère prise en compte ; Busoni lui-même fit entendre l'œuvre au piano ; pourtant ces pages graciles ne devraient pas sonner trop mal au clavecin...)

## *Sonatina in diem nativitatis Christi MCMXVII* (K. 274)

COMP décembre 1917. PUB 1918 (Breitkopf & Härtel). DÉD à son fils Benvenuto. CRÉ par Busoni (24 janvier 1920, Zurich, Tonhalle).

Plus encore que la sonatine précédente, c'est une œuvre intime et souriante, tournée dans la lumière de Noël. Quoiqu'elle soit d'un seul tenant, on y distingue aisément les mouvements traditionnels d'une sonate.

Le premier *(allegretto)* doit sa poésie à ses nombreuses séquences d'arpèges bitonaux, où la droite tombe sinueusement sur les dessins obstinés de la gauche, dans un climat d'irréalité ou de rêve éveillé. Deux épisodes en alternance : dans l'un *(un poco vivace)* courent des gammes en triolets, dans l'autre *(calmo)* un chant d'octaves monte lentement du grave et passe à l'aigu. Le thème initial rentre une dernière fois en augmentation. (Pivot tonal : on peut dire de cette *Sonatine* qu'elle est « en la », comme la *Sérénade* de Stravinski.)

Pour servir de mouvement lent *(sostenuto alla breve)*, un choral à peine articulé, « sotto voce », succession d'accords en blanches, que les deux pédales vont noyer dans une vibration de cloches profondes, mystérieuses et lointaines : « *campane di Natale* », notait Busoni dans ses esquisses, pensées pour *Doktor Faust*.

Pour finale, une danse joyeuse *(moderatamente vivace)*, légère et comme rêvée, pleine à son tour de carillons (début en la bémol) ; on y reconnaît le motif de l'épisode en triolets du premier mouvement (et, rythmiquement, des accents entendus dans la *Nuit de Noël* de 1908). A la fin retourne le thème initial de l'œuvre, traité d'abord en fugato, puis augmenté, et nimbé d'une lueur de vitrail (« quasi trasfigurato »).

## *Sonatina brevis in signo Joannis Sebastiani Magni* (K. 280)

COMP août 1918. PUB 1919 (Breitkopf & Härtel). DÉD à Philipp Jarnach.

À Busoni l'alchimiste il arrive, dans sa recherche de la pierre philosophale, de muer l'or en plomb ; et au sorcier, au nécromant qui veut recréer un corps vivant à partir de membres morts, de ne fabriquer qu'un monstre... Cette sonatine est en effet élaborée à partir de la petite *Fantaisie et Fugue en ré mineur* qu'on a longtemps attribuée à Bach (BWV 905). Busoni y joint ses propres contrepoints (par exemple les étranges septièmes diminuées du début), y plaque ses harmonies personnelles (voyez surtout la fugue), réussit des tours de force contrapuntiques (combinaison finale de tous les motifs), – auxquels en vérité on demeure insensible. Pergolèse revu par Stravinski peut forcer l'amitié ; ici, sans crier au sacrilège (l'original n'en vaut guère la peine), on a envie de dénoncer une laideur agressive. Un curieux objet musical, « difficile à ramasser », comme aurait dit Cocteau...

(La *Sonatina brevis* reparut en 1920, comme conclusion du volume VII de l'édition monumentale Bach-Busoni chez Breitkopf, « signature musicale de l'entreprise entière », selon le mot d'Antony Beaumont.)

### Sonatina super Carmen (K. 284)

COMP mars 1920. PUB 1921 (Breitkopf & Härtel). DÉD à Richard Tauber, ténor autrichien (1892-1948), « en souvenir d'estime et de reconnaissance ». Autre titre : *Fantasia da camera (Kammer-Fantasie)*.

Cette fois, d'un coup de baguette magique, voilà Busoni transformé en Liszt, celui des paraphrases, et cuisinant à la manière de son illustre prédécesseur un pot-pourri sur des airs d'opéra. Contrairement à ce qu'il fait dans la *Sonatina brevis* d'après Bach, il ne télescope aucunement les époques, il n'accommode pas le siècle passé à ses épices personnelles : à quelques détails près (surtout dans l'épilogue), Liszt pourrait signer ces pages, brillantes, excitantes, et pourtant plus sérieuses qu'il ne paraît, posant un point final insolite (et déconcertant) à la série des sonatines.

On entend tour à tour, comme autant de mouvements de sonate : le chœur initial de l'acte IV de *Carmen*, traité en canon, à coups d'octaves trépidantes (début en la majeur, *allegro deciso*) ; une paraphrase de l'air de Don José (acte II), « La fleur que tu m'avais jetée », la mélodie au ténor, prise entre les accords de la basse et les fioritures délicates de l'aigu (en ré bémol majeur, *andantino con amore*) ; des variations sur la fameuse habanera (acte I), dans une couleur fantasque et fantastique, avec effets de pédale et doubles notes, broderies de triolets, octaves « tempestoso » à la main gauche ; le prélude de l'acte I, énergiquement rythmé (en la majeur, *allegro ritenuto*) ; enfin un étonnant épilogue *(andante visionario)*, sur le thème du destin : on ne joue plus, le ton devient sinistre, les harmonies vacillent, la fantaisie de concert se mue en méditation douloureuse. Fin en la mineur.

## LES AUTRES ŒUVRES DE LA MATURITÉ

Où commence la « maturité », chez Busoni ? Les *Préludes*, composés à quinze ans, les *Études*, à dix-sept, les *Variations*, à dix-neuf, ne dépareraient pas le bagage d'un musicien chargé d'ans et de savoir. Plus encore que Saint-Saëns selon Berlioz, il a « manqué d'inexpérience ». Mais puisque aussi bien il a marqué lui-même cette borne dans sa musique, convenons de commencer cette rubrique en 1907, avec le « tournant » des *Élégies*.

## Élégies (K. 249 et 252)

COMP septembre-décembre 1907 (n°s 1-6) et juin 1909 (n° 7). PUB des six premières 1908, de la septième 1909, de l'ensemble 1909 (Breitkopf & Härtel). DÉD chacune à un jeune pianiste : Gottfried Galston, Egon Petri, Gregor Beklemischeff, Michael von Zadora, O'Neil Phillips, Leo Kestenberg, Johan Wijsman. CRÉ des six premières par Busoni (12 mars 1908, Berlin, Beethovensaal) ; de la septième par Leo Kestenberg (mars 1910, Berlin, Choralionsaal).

Busoni a voulu dater des *Élégies*, avec lesquelles il retrouve le piano après plus de dix ans d'absence, le début de sa dernière manière. Rien de plus arbitraire, au demeurant, que ce cahier, réunion de pièces totalement différentes, d'intention comme de style, sous un nom qui ne convient à aucune d'elles, ou presque ! Postromantiques, mais remplies de nouveautés singulières, elles constituent une sorte de chantier : le compositeur y reprend des œuvres anciennes, y amorce de futures, mêlant à des épisodes lisztiens des harmonies bitonales, et à des pages simples à jouer des morceaux de haute voltige.

La première élégie, titrée *Recueillement*, mais aussi *Nach der Wendung* (ce qui signifie « Après le tournant », et conviendrait au recueil entier), est essentiellement une étude d'atmosphère, sur un thème unique dont elle varie la présentation. Le voici d'abord *(sostenuto quasi adagio)* qui égrène au milieu du clavier les trois notes de l'accord parfait d'ut majeur (do-mi-sol), puis bifurque en tonalités de plus en plus vagues, accompagné de grands accords répartis aux deux mains. Plus loin, il apparaît à la basse, sous les accords brisés de la droite qui évoquent un carillon ; plus loin encore, il sonne en octaves aux deux mains, emprisonnant des batteries d'accords ; on le retrouvera dans le grave, au-dessus d'un marmonnement plus grave de doubles croches en triolets. Conclusion en accords parfaits, alternant fa dièse et ut (les deux tons qui régissent le morceau), « sempre più dolce », sur une chaîne de trémolos profonds qui descendent l'échelle chromatique.

La deuxième pièce, *All'Italia ! in modo napolitano*, est un diptyque où Busoni exalte à tour de rôle le chant et la danse, et dont la matière provient des deux scherzos de son géant *Concerto pour piano* (1903). Une courte introduction (à 6/8, *andante barcarolo*), dont les fluides arpèges modulants hésitent sans cesse entre majeur et mineur, amène le thème d'une *canzone* napolitaine (« *Fenesta che lucivi* »), d'abord énoncé « mezza voce », dans le moutonnement de l'accompagnement, puis déclamé en accords, « più appassionato », dans un déferlement de vagues, avec toujours les mêmes effets d'enharmonie et le même balancement modal. On enchaîne avec une brillante tarentelle (en fa dièse majeur, *allegro*), dont le thème figurait déjà dans l'introduction, dissimulé à la basse (mes. 14). La coda rappelle des bribes de la *canzone* et conclut sur les arpèges introductifs. On croit finir en fa dièse, quand les derniers accords signent si bémol. (Ces deux tons pivots de la pièce, fa dièse et si bémol : en allemand F et B, les initiales du compositeur, qui se plaisait, selon Egon Petri, à ces « jeux privés ».)

*Meine Seele bangt und hofft zu Dir* (« Mon âme craint et espère en toi ») : la troisième élégie, la plus longue, paraphrase sous ce titre le choral luthérien « *Allein Gott in der Höh' sei Ehr'* », dans un style assez proche de celui du vieux Liszt, spectral et vacillant aux derniers bords de la tonalité. Atmosphère d'angoisse (« pauroso », mes. 11), avec le chromatisme de cette basse qui menace et de ces tierces qui s'échappent en triolets vers l'aigu. Le choral proprement dit chante doucement dans le lointain, en la lydien, sur un mi ♭ obstinément frappé dans les profondeurs de l'instrument, et ce rapport de triton accentue l'étrangeté du passage. De nouveau les basses rampantes et menaçantes. Le choral répond, sans désemparer, cette fois dans le registre médian, sur une pédale de sol ♯/la ♭, décoré de trémolos aigus. Une deuxième partie fait alors entendre un thème d'espoir, pourtant encore hésitant, comme le montre l'oscillation constante entre majeur et mineur ; la main gauche, en croches bien égales, s'enfle bientôt d'octaves, brise ces octaves avec une force accrue, et communique sa fébrilité à la mélodie ; un crescendo d'accords battus traduit un effroi grandissant, jusqu'au fortissimo (« con supremo timore »). Mais l'atmosphère va se détendre durablement pour la troisième partie *(andantino)* : de grands arpèges, par intervalles de tierces, y tissent une harmonie céleste, dans la paix revenue. Étonnant étagement de sonorités à la fin (sol et si, majeurs puis mineurs), avant l'accord conclusif, inattendu, de ré majeur. (Le morceau, presque inchangé, fournira les dix premières pages de la *Fantasia contrappuntistica*, version 1910.)

La quatrième pièce, *Turandots Frauengemach* (« L'Appartement des femmes de Turandot »), sous-titrée « intermezzo », tire un brillant feu d'artifice du fameux thème anglais *Greensleeves* (anonyme du XVIe siècle), employé par Busoni dans sa musique de scène pour le *Turandot* de Gozzi, et plus tard dans son propre opéra *Turandot* (1917). C'est une de ces transcriptions ou fantaisies de concert dont le compositeur est friand (voyez la *Sixième Sonatine*, qui prend *Carmen* pour prétexte). Entre un prélude et un épilogue en sol majeur *(andantino sereno)*, dont les arpèges scintillent dans l'aigu, le morceau proprement dit est en mi mineur *(più vivo e distaccato e ritmato)* ; accompagnée d'arpèges de guitare, la mélodie se répartit aux deux mains, prouesse de jongleur ; plus loin des notes répétées tambourinent, des gammes raient l'espace, des tierces grésillent comme des feux de Bengale. Le dernier accord, imprévisible, insolent, signe mi majeur.

La cinquième élégie, *Die Nächtlichen* (« Les Nocturnes »), s'avoue valse, – mais de quelle qualité ! Pièce fascinante, la plus courte du recueil, elle prend sa source dans ces musiques un peu fantasmagoriques du dernier Liszt, pareillement vouées à d'irréelles danses, sur le fil du songe (les *Méphisto-Valses* et autres *Valses oubliées*). Frises de triolets, froissements chromatiques de l'harmonie, fragiles septièmes, trilles de tierces, murmures imperceptibles d'un thème à peine esquissé, toute la pièce rôde dans le *p*, le *pp*, ballet d'impalpables libellules, et finit sur un accord d'ut mineur, au bout d'une mystérieuse coda d'accords battus. (Elle a, comme la précédente, des prémices et des échos dans l'un et l'autre *Turandot*.)

*Erscheinung* (« Apparition »), la sixième, est un nocturne également, mais plus traditionnel. C'est la moins bonne de la série. Elle démarque dans Liszt ce qu'il y a de déclamatoire, – encore que, dans la sonorité, elle ne s'élève jamais plus haut que le *mf*. Thèmes en rythme pointé (*andante*, avec ces indications successives : « amoroso », « mistico », « soavemente », « nebuloso », chères à Scriabine), accompagnements d'accords à contretemps, de batteries, de trémolos. Mais quelle saisissante conclusion, avec ces gammes aériennes de la droite (la dernière en glissando), rayures bitonales au-dessus des lents accords de choral... Deux fins au choix : l'une en la mineur ; l'autre (deux mesures de plus) bifurquant tout à coup en ut, pour citer le début de la première élégie, ce qui permettait, quand le cycle se limitait à six pièces, de le refermer harmonieusement. (Busoni réutilisera cette musique dans son opéra *Die Brautwahl*, 1912.)

La *Berceuse* finale, la dernière en date des *Élégies*, est la plus belle, et l'un des chefs-d'œuvre du piano de Busoni (remaniée quelques mois plus tard, sur le coup de la mort de sa mère, ce sera l'extraordinaire *Berceuse élégiaque* pour orchestre). Il y parle une langue originale, impressionniste, intensément poétique. – D'abord *(andantino calmo)*, sur de lents et vastes dessins brisés, au mouvement pendulaire, recommencés à partir du fa grave, monte une étrange mélodie, en méandres sur une octave. Puis (« calmissimo ») les deux mains alternées, avec la tenue des deux pédales, dessinent une plage d'accords brouillés, bitonaux, où se détachent quelques notes accentuées, comme l'émanation mélodique de ces harmonies vaporeuses. Le thème initial résonne alors à nouveau, accompagné d'une douce vague de triolets, se replie (« espressivo dolente »), tente un cri plus fort (« quasi appassionato »), et retombe, abandonné. Fin en accords syncopés, enfouis peu à peu dans le grave ; accord final d'ut, avec le ré, neuvième ajoutée.

### *Nuit de Noël* (K. 251)
COMP décembre 1908. PUB 1909 (Durand). DÉD à Frida Kindler.

Cette « esquisse », comme la nomme son auteur, on aura vite fait de la décréter « debussyste ». À la vue, rien n'y semble manquer, jusqu'aux nuances en français, jusqu'aux poinçons de Durand et à la gravure de Douin... Les oreilles entendront pourtant du pur Busoni, celui des *Élégies* contemporaines, si même il emprunte çà et là (peut-être ironiquement) à la langue d'un Debussy qu'il ne goûtait qu'à demi.

Adombré dans les deux pédales, tout le début *(andantino, très calme)*, où la gauche oscille obstinément en quintes et quartes et où la droite chante une sorte de cantique, évoque des cloches, à travers un paysage de neige. Viennent ensuite, sur le même trille infatigable (mi ♭-fa), d'abord une tarentelle (« un peu vivement, sans pédale »), puis une canzone, toujours à mi-voix, comme si l'on en percevait des échos seulement, dans la distance. On réentend les cloches du début ; et les dernières lignes, suggestives, superposent un nouveau trille (la-si), un élargissement du précédent (ré-fa-mi ♭-fa), le ton de fa dièse mineur à la basse, et des accords de givre dans l'aigu. Cadence surprise, en ut (« avec solennité »).

### *Fantasia nach Bach* (K. 253)
COMP juin 1909. PUB 1909 (Breitkopf & Härtel). DÉD à la mémoire de son père.

Un funèbre motif de trois notes répétées (mes. 15) sert de liant ou d'incrustation (soupirs, larmes, cloches sourdes) dans un matériau emprunté à trois pièces d'orgue de Bach : les *Partite diverse* sur le choral « *Christ, der du bist der helle Tag* » (BWV 766), la *Fughetta* sur « *Gottes Sohn ist kommen* » (BWV 703), le choral « *Lob sei dem allmächtigen Gott* », tiré de l'*Orgelbüchlein* (BWV 602). La pièce est à l'image de son court prélude, en vagues roulées d'une main à l'autre, montant du grave à l'aigu et passant de fa mineur à son relatif la bémol majeur : l'homme endeuillé, après les affres et l'obscurité du *dolente*, connaîtra la paix lumineuse du *riconciliato*.

### *Grosse Fuge* (K. 255) – *Fantasia contrappuntistica* (K. 256)
COMP janvier-mars 1910 *(Fugue)*, juin 1910 *(Fantasia)*. PUB toutes deux 1910 *(Fugue* : Schirmer, édition limitée à cent exemplaires ; *Fantasia* : Breitkopf & Härtel). DÉD toutes deux à Wilhelm Middelschulte. CRÉ de la *Fantasia* par Busoni (30 septembre 1910, Bâle, Musikhochschule, avec la *Première Sonatine*).

Il était naturel, et presque prévisible, qu'un jour Busoni, pour joindre à jamais son nom à celui de son idole, et avant même l'édition monumentale qui transmettra jusqu'à nos petits-neveux l'existence d'un hybride appelé Bach-Busoni, s'attelât à terminer la grande inachevée de Bach, le fameux *Contrapunctus XIX* de *L'Art de la fugue*. D'autres s'y étaient essayés, avec plus ou moins de succès, mais en demeurant frileusement dans les bornes du style de Bach. Busoni, lui, dépassant le prétexte, allait construire avec le matériau de Bach un édifice spectaculaire et bien de notre temps.

Il projetait une édition critique du chef-d'œuvre de Bach. L'idée de le parachever lui vint lors d'une tournée aux États-Unis, où il revit son vieil ami Bernhard Ziehn, maître contrapuntiste, qui professait un contrepoint « symétrique », impitoyablement fidèle aux intervalles donnés, sans égards pour les harmonies dissonantes qui en résultent. Ziehn lui confirma que l'ultime fugue de Bach devait être une quadruple fugue, qui aurait imbriqué en guise de quatrième sujet le thème initial de *L'Art de la fugue*, le *Contrapunctus I*, et lui montra séance tenante la combinaison des quatre sujets. C'était plus qu'il n'en fallait pour passionner Busoni, et le jeter, en dépit des tracas de la tournée, dans un travail forcené (« quelque chose, dit-il, entre Franck et la *Hammerklavier* ») sur cette fugue inachevée. En quelques semaines, il termina une première version, la *Grosse Fuge*, aussitôt éditée chez Schirmer. Mais la forme définitive ne fut trouvée qu'un peu plus tard, quand il décida, dans un éclair de génie, d'utiliser sa *Troisième Élégie* (le choral « *Meine Seele bangt und hofft zu Dir* ») en guise de prélude, – ce qui porte l'*edizione definitiva* à un total de douze parties : *Choral* ; *Fugues I, II, III* ; *Intermezzo* ; *Variations I, II, III* ; *Cadenza* ; *Fugue IV* ; *Choral* ; *Stretta*.

Monument grandiose ; disons tout de suite qu'il n'est guère engageant à visiter. Pour cette raison d'abord que, pas plus que *L'Art de la fugue* lui-même, la *Fantasia* n'est adaptée à notre instrument. Busoni aurait voulu l'instrumenter ; il laissa ce soin à d'autres, n'en put fournir qu'une version à deux pianos (1921), infiniment plus facile à jouer, – et à entendre. Telle quelle, c'est un bloc abstrait, d'une complication redoutable à tous égards. L'autre raison tient au langage composite de l'œuvre, qui juxtapose comme à défi le présent, le passé, le futur ; différents styles s'entrechoquent en un combat perpétuel dont aucun ne sort vraiment gagnant. L'harmonie y demeure certes logique, grâce aux principes de Ziehn ; on est loin de l'atonal, où Busoni ne voyait que « naïveté barbare ». Mais rien n'y fait, le résultat déconcerte ; au mieux, il est étrange ; et trop souvent il confine à la laideur. À l'exception près (le *Choral*, bien entendu, ou l'*Intermezzo*), c'est à Bach que l'on doit les moments de réelle grandeur, de massive beauté.

Le tour des lieux, rapidement. Le *Preludio corale* reprend la *Troisième Élégie*, sans retouches, sinon des trémolos au début, et quelques mesures finales de charnière ; morceau admirablement adapté à son nouveau rôle, avec ses alternances d'angoisse et de joie extatique.

Les deux premières *Fugues* demeurent assez fidèles au texte de Bach (premier et deuxième sujets du *Contrapunctus XIX*) ; Busoni épaissit la texture, change un registre, ajoute ici une voix, là une doublure, beaucoup de notes de passage chromatiques, et les clignotements qu'il affectionne entre majeur et mineur. Les méchants diront qu'il met des moustaches à la Joconde... Dans la *Fuga II*, il s'arrange pour introduire à la fois le motif BACH et son propre *Choral*, en contrepoint dissonant.

Pour la *Fuga III*, le disciple poursuit la tâche abandonnée par le maître, reprend le troisième sujet (BACH), le combine aux précédents, tisse un réseau complexe et serré, dans un climat tendu, presque irrespirable. On ne sait ce qui étonne davantage : ces sonorités inouïes, ou bien le fait d'en sortir abruptement pour retomber dans des cadences plus conventionnelles...

Après un *Intermezzo* de quatre lignes sur le motif BACH, dont les harmonies nébuleuses ont un effet apaisant, par leur côté irréel (noter ces mots : « misticamente », « visionario »), trois *Variations* continuent de travailler opiniâtrement les trois sujets, que vient bousculer un assaut de triolets. Puis c'est une *Cadenza*, commencée d'une poigne ferme, et terminée dans la douceur, sur des accords parfaits (balancement de si majeur à ré mineur).

La *Fuga IV*, où, par rapport à la version de la *Grosse Fuge*, une quarantaine de mesures sont coupées et reléguées en note (d'ailleurs au détriment des proportions), accomplit la performance tant attendue : partie sur le rythme de gigue du *Contrapunctus II* (une fausse piste), elle passe de si bémol mineur à ré mineur, et voici claironner enfin à la basse le quatrième sujet, celui du *Contrapunctus I*. S'ensuit une série de strettos, ornés de trilles (polyphonie nombreuse, comme on l'imagine, et atteignant les six voix), d'où se dégage le motif BACH, pour aller tambouriner en croches au fin fond du clavier. Alors, sur cet ostinato pourtant fébrile, jaillit la mélodie merveilleuse et consolatrice du *Corale*, jouée en accords dans un aigu séraphique, avec des échos dans le médium (« come un vago riflesso »). Et l'œuvre s'achève dans le galop d'une *Stretta*, éperonné de notes répétées, avec le nom de BACH en apothéose.

(En 1912, Busoni rédigea une *edizione minore* ne comprenant que les quatre fugues, très simplifiées (le matériau de Bach restauré), précédées de nouvelles variations sur le choral. En 1916, les deux versions de la *Contrappuntistica* furent incluses dans le volume IV de l'édition Bach-Busoni.)

## *Indianisches Tagebuch, I* (K. 267)

COMP juin-août 1915. PUB 1916 (Breitkopf & Härtel). DÉD à Helen Luise Birch.

Le *Journal indien*, recueil de « quatre études », est une des partitions les plus attachantes du piano de Busoni, d'un attrait immédiat et durable. Le compositeur y emploie d'authentiques motifs des Peaux-Rouges d'Amérique, qu'une ethnologue américaine, Natalie Curtis, autrefois son élève en harmonie, lui avait communiqués en 1910, lors d'une tournée aux États-Unis. Il travailla beaucoup (quoique malaisément) sur ces thèmes, et en tira d'abord une *Fantaisie indienne* pour piano et orchestre (1913-1914), qui fournit à son tour la matière de ce *Journal indien* pianistique. Bientôt suivit un *Journal indien II*, pour petit orchestre (1915).

Busoni n'entend pas refaire la *Symphonie du Nouveau Monde*, et l'œuvre ne donne pas, ou presque pas, dans l'exotisme et la couleur locale, où Dvořák avait trouvé ses délices. Ce qu'elle retient, de ces thèmes, c'est leur âme et leur dimension poétique. Son pittoresque se borne à restituer le cadre où ils sont nés ; car ils chantent à l'origine ces notions simples, immémoriales, la mère, l'enfant, la fiancée, la guerre et la paix ; et de même la musique de Busoni se fera berçante, amoureuse, belliqueuse ou pacifiée.

Les deux thèmes de la première *(allegretto affetuoso, un poco agitato)* sont bien des thèmes de berceuse ; le premier flottant sur un accompagnement de tierces chromatiques ; le second porté par un courant d'arpèges. La reprise les ramène respectivement un demi-ton plus bas et un demi-ton plus haut, le second vraiment transfiguré dans des harmonies très douces et enveloppantes. Conclusion pourtant abrupte, sur un récitatif ponctué d'accords incisifs ; fin en fa dièse.

La deuxième pièce (en fa mineur/majeur, *vivace*), d'après un chant de victoire des Cheyennes, est d'une gaieté débridée et primitive, avec sa rythmique inexorable, son staccato, sa gauche occupée à divers ostinatos, tourniquets, octaves, quintes chromatiques, ses stridentes et gouailleuses secondes et neuvièmes, ses notes répétées, – toute cette quincaillerie qui tinte dans l'aigu. Énorme crescendo central, mais fin « sotto voce ».

La troisième (en sol majeur, *andante*) semble au début la plus typée des quatre : mélodie caractéristique (le fameux *Bluebird*), rythmique syncopée, et jusqu'aux harmonies qu'on entend dans le Dvořák américain, ou dans MacDowell... Mais l'intermède, un nocturne tout rafraîchi d'une brise d'arpèges, est du pur Busoni ; pédale de ré, et des harmonies d'abord « normales », qui peu à peu, sous le chant amoureux de la droite, se dérèglent délicieusement, dans un pianissimo aérien. Là-dessus le thème initial rentre un demi-ton plus haut (la bémol), jusqu'à la « correction » des dernières mesures.

Il y a une ardeur guerrière, des accents de bravoure dans la marche à trois temps de la quatrième pièce (en ré majeur, *maestoso ma andando*), présentée en arpègements sonores, que remplacent ensuite des accords brisés, sillonnant le clavier en triolets rapides. Au milieu s'exhale une étrange plainte, accompagnée d'abord d'accords brisés à quatre-contre-trois, puis de gammes chromatiques. La conclusion retrouve le ton martial, avec force accents et dissonances.

### *Toccata* (K. 287)

COMP juillet-septembre 1920. PUB d'abord dans le supplément du *Musikblätter des Anbruch* de janvier 1921 ; puis 1922 (Breitkopf & Härtel). DÉD à Isidore Philipp. CRÉ par Busoni (18 novembre 1920, Berlin, Philharmonie).

« *Non è senza difficoltà che si arriva al fine.* » En la coiffant de cette phrase de Frescobaldi, Busoni ne faisait pas seulement allusion à la difficulté technique de l'œuvre, qui est ardue sans être redoutable, – mais aussi, et d'abord, à sa sévérité (outre qu'il avouait la peine qu'elle lui avait donnée). Ce triptyque, sous-titré *Preludio, Fantasia e Ciaccona*, manque singulièrement d'attraits, quoi qu'en pensent des thuriféraires pressés d'y voir l'aboutissement du « classicisme » busonien. Passé les trois pages du *Preludio* (en la bémol mineur, *quasi presto, arditamente*), étonnante avalanche d'arpèges métalliques que le compositeur reprend à son opéra *Die Brautwahl*, on s'ennuie ferme. Si même on en escompte une substantifique moelle, l'os est dur à ronger... La *Fantasia* met bout à bout, en forme d'arche, six ou sept motifs différents, dans des harmonies impossibles, grisâtres, sentant plutôt l'obstination du labeur que la liberté de l'improvisation. Elle emprunte, quant à elle, au *Doktor Faust* alors en chantier ; et tout autant la *Ciaccona (allegro risoluto)*, à peine moins ingrate, qui s'édifie sur quelques mesures de basse, abruptes, emportées. On croit entendre tantôt du Bach, tantôt du Liszt, les fameux lares, méchamment déformés à travers on ne sait quels singuliers miroirs. Le morceau (neuf minutes environ) finissait en ré majeur, contre toute attente... mais les dernières mesures ramènent, brutalement, le ton initial de la bémol mineur.

### *Drei Albumblätter* (K. 289)

COMP août 1917, avril 1921 et mai 1921. PUB du premier 1918, des trois ensemble 1921 (Breitkopf & Härtel). DÉD à Albert Biolley, Francesco Ticciati, Felice Boghen. CRÉ par Busoni (4 février 1922, Londres, Wigmore Hall).

Recueil déconcertant de trois pièces que rien ne saurait réunir, sinon leur tonalité commune de mi mineur. Le premier *Feuillet d'album*, arrangement d'une pièce pour flûte et piano de 1916 (offerte par Busoni à son banquier zurichois, flûtiste amateur), n'est qu'une romance assez banale *(andantino sostenuto)*, avec son accompagnement staccato, ses effets d'écho et sa décoration finale d'arpèges en triolets ; quelques bizarreries harmoniques n'arrivent pas à l'enjoliver.

Le deuxième *(andante)* est le plus court et le meilleur des trois ; fugato étrange, aussi chromatiquement plaintif dans son sujet que dans son contre-sujet, lequel envahit bientôt la place ; la pièce tourne court au bout de deux pages, pour s'immobiliser en accords, avec, tout à la fin, sous la triade de tonique, un improbable do grave.

Style composite dans le troisième *(sostenuto religioso)*, un choral varié d'après le *Christ lag in Todesbanden* de Bach (BWV 278, du recueil de Kirnberger). Le début semble un pastiche de style ancien, sévère et sombre, à quatre voix ; plus loin, quand la voix de ténor devient le nouveau thème, en passant à l'aigu, au-dessus d'une gauche en arpèges, on change d'époque ; et désormais c'est un déroutant va-et-vient entre Bach et Busoni.

## LES ŒUVRES PÉDAGOGIQUES

Comme on a dit que presque tout est mûr, d'emblée, chez Busoni, on voudrait dire que presque tout est chez lui pédagogique. S'il n'a jamais résolu son conflit intérieur entre compositeur, pianiste et pédagogue, c'est peut-être qu'il sentait que ce dernier l'emportait. La manie de l'emprunt, du pastiche, de la reconstruction, chez Busoni, provient de ce qu'il voit dans toute musique un matériau de travail, pour lui d'abord, ensuite pour autrui. Quelle différence entre sa refonte d'une *Fantaisie et Fugue* de Bach (dans la *Sonatina brevis*) et sa compression en un seul bloc du *Prélude* et de la *Fugue en ré majeur* du premier *Clavier bien tempéré* (dans *An die Jugend*) ? Les deux gestes sont également sacrilèges, mais pareillement excusables dans sa passion de transmettre un savoir, une technique, où la Tradition avec un grand T est finalement moins bafouée qu'exaltée...

Vaste pan de l'œuvre de Busoni, si l'on voulait s'arrêter sur les transcriptions, les éditions critiques, la *Klavierübung* surtout, entreprise recommencée, réunion d'exercices, d'études, d'arrangements, de morceaux écrits ou refondus pour l'occasion. On comprendra que je me borne, ci-dessous, à celles de ces « œuvres pédagogiques » où la part de la création pure égale ou dépasse celle de la spéculation.

## *An die Jugend* (K. 254)

COMP juin-août 1909. PUB 1909 (Zimmermann ; puis Breitkopf & Härtel), en quatre parties et un épilogue. DÉD à Josef Turczyński, Louis Theodor Gruenberg, Leo Sirota, Louis Closson, Émile Blanchet. CRÉ partiellement par Busoni (16 octobre 1909, Londres, Bechstein Hall).

Cette collection, où alternent pièces originales et transcriptions, est comme un raccourci d'histoire de la musique en vingt minutes. Busoni lui-même parlait de « palimpseste » : en grattant soigneusement le style d'une époque, ne voit-on pas apparaître celui de l'époque précédente ? Quant à la « jeunesse » ici conviée, ce ne peut être que celle de l'esprit (ainsi qu'il faudra comprendre le « jeune » classicisme) ; il ne s'agit pas d'enfantines, et l'*Album* schumannien est bien loin ! Les « jeunes » pianistes devront attendre, avant de jouer ces morceaux, d'avoir une technique à toute épreuve.

Le matériau de la première partie, *Preludietto, Fughetta ed Esercizio*, est entièrement original (un an plus tard en sortira la *Première Sonatine*) et forme une suite des plus charmeuses. Le thème naïf du *Preludietto* (en la majeur, *andantino tenero*) tangue sur un rythme caractéristique où alternent triolets et croches normales ; la gauche a l'air d'y faire sagement son exercice des « cinq doigts », sur des échelles changeantes ; juste avant la fin, joli friselis de quartes à l'aigu. – La *Fughetta* (en ut majeur, *più tranquillo*), à 6/8, chante avec fraîcheur ; le thème va se promener, on ne sait trop comment, dans les tons bémolisés, au milieu de trilles délicats. – L'*Esercizio* (en la bémol majeur, *allegretto elegante*), sous-titré « Quasi-Valse », superpose au 3/4 régulier de la danse le 4/4 de broderies aériennes sur la gamme par tons ; morceau remarquable à tous égards ; on se demande s'il ne faut pas le préférer dans cette version primesautière et sans arrière-pensées : celle de la *Sonatina* voudra superposer valse et fughetta, d'ailleurs avec beaucoup d'aplomb.

En route maintenant pour le voyage dans le temps ! La deuxième partie d'*An die Jugend*, *Preludio, Fuga e Fuga figurata* est une étude d'après le *Prélude et Fugue en ré majeur* du premier *Clavier bien tempéré*. Et cela vaut comme tour de force : après avoir simplement exposé, sans presque y toucher, le prélude et la fugue de Bach, Busoni les combine avec une adresse diabolique. À jouer, en bis, pour l'effet sidérant sur l'auditeur !

Le triptyque suivant, *Giga, Bolero e Variazione*, est une étude d'après Mozart. Busoni y reprend, en l'étoffant pour piano de concert, la fameuse et si étrange *Gigue en sol* (K. 574) ; y joint une transcription du fandango des *Noces de Figaro* (acte III), transposé de la mineur à sol mineur ; termine par une version virtuose de la gigue, à 2/4 au lieu de 6/8, aux octaves fracassantes, où il ajoute son propre piquant aux harmonies chromatiques de Mozart.

La quatrième partie est constituée d'une *Introduzione e Capriccio paganinesco*, avec un *Epilogo* à la collection entière. L'*Introduzione* (en ut majeur, *andante*), écrite pour la seule main gauche, provient du *Onzième Caprice* de Paganini, le *Capriccio* (en mi mineur, *posato*) du *Quinzième Caprice* ; et Busoni suit de près son modèle, qu'il pare, à la Liszt, de tous les prestiges pianistiques. – Mais l'*Epilogo* est autre chose, et assurément l'un des moments les plus inspirés du piano de Busoni, tout auprès de la *Berceuse* (ou *Septième Élégie*) : trois pages évanescentes, crépusculaires, traversées de trilles, de traits fantasques sur la gamme par tons, où résonne au début un écho déformé de Paganini, où revient, obsédant, dans des harmonies d'outre-monde (le tonal, l'atonal, le bitonal s'y mêlent indissolublement), le thème de la *Fughetta* de la première partie. Fin paisible et radieuse, en ut majeur, tout simplement.

(On retrouve le *Preludio, Fuga e Fuga figurata* dans le volume IV de l'édition Bach-Busoni ; et le *Paganinesco* dans le volume X de la *Klavierübung*, 2ᵉ édition.)

## Perpetuum mobile (K. 293)

COMP février 1922. PUB 1922 (Breitkopf & Härtel). DÉD à Cella Delavrancea.

D'après le deuxième mouvement du *Concertino* pour piano (op. 54), trois minutes de *presto* à 4/4, en dessins infatigables de doubles croches, que viennent bientôt compliquer des tierces à la main droite, puis des martellements entre les mains. Qu'on n'y voie pourtant pas le ferraillement d'une toccata : à part quelques lignes de *f*, la pièce s'en tient aux nuances douces, au « sotto voce » du début, et se termine « dolcissimo ».

(On la trouve dans la *Klavierübung*, volume V de la 1ʳᵉ édition, volume IX de la 2ᵉ.)

## Prélude et Étude en arpèges (K. 297)
COMP janvier-février 1923. PUB 1923 (Heugel). CRÉ par Egon Petri (18 août 1923, Weimar, Deutsches Nationaltheater, avec trois des *Fünf kurze Stücke*).

C'est à la demande de son ami le pianiste et pédagogue Isidor Philipp, qui préparait une *École des arpèges*, que Busoni écrivit cette pièce séduisante, d'une poétique virtuosité. Lui-même, en ces années, s'était attelé à une *Klavierübung*, collection d'exercices et d'études, transcriptions et pièces originales. La commande de Philipp rejoignait ses propres préoccupations.

Les arpèges du *Prélude*, en septolets et sextolets de doubles croches *(arioso, volante ma tranquillo)*, juxtaposent et superposent leurs tons autour d'un thème aussi fugitif que leurs harmonies ; puis se déploie un chant plus expressif (« melancolico »), que souligne plus loin un contre-chant en trémolos (« con dolce estasi ») ; reprise, et coda staccato.

Busoni souhaitait (il suffit de voir sa notation) qu'on jouât sans passage du pouce les arpèges en aller et retour de l'*Étude* (en ut mineur, *allegro*, avec cette précision : « violinisticamente articolato »). Le pianiste en fera pourtant à sa tête, le morceau est bien assez difficile sans ce surcroît. La gauche, pendant deux ou trois pages, se contente de soutenir de quelques basses l'effort de la droite (on songe à la *Première Étude* de l'opus 10 de Chopin). Mais la voici bientôt qui travaille à son tour en vastes éventails ; et les deux mains associées ont vers la fin un long crescendo d'arpèges, aboutissant à une conclusion fougueuse, où rayonne la lumière aveuglante d'ut majeur.

## Fünf kurze Stücke zur Pflege des polyphonen Spiels (K. 296)
COMP mars-juillet 1923. PUB 1923 (Breitkopf & Härtel ; puis 1925 dans le volume IX de la *Klavierübung*, 2ᵉ édition). DÉD à Edwin Fischer. CRÉ des trois premières par Egon Petri (18 août 1923, Weimar, Deutsches Nationaltheater, avec le *Prélude et Étude*).

Ces études « pour la culture du jeu polyphonique » sont de style varié, mais de propos identique : détacher une mélodie au sein d'enchevêtrements complexes, parfois très chromatisants ; chants et contrechants échoient souvent à la même main, qui doit accomplir des prodiges ; morceaux, on le conçoit, réservés à des pianistes chevronnés.

La première (en mi mineur), après dix mesures de lent prélude *(sostenuto)*, énonce une mélodie continue *(poco più andante)*, qui doit demeurer perceptible en dépit des figures d'accompagnement en imitation d'un registre à l'autre. La fin reprend le début en postlude *(tranquillo)*, tressant autour des accords en noires un lien de doubles croches chromatiques.

La brève deuxième pièce *(andante molto tranquillo e legato)* est sans conteste la plus réussie du cahier. Page étonnante, aussi atonale que Busoni peut l'écrire : dans un climat irréel clignotent rapidement des tons fuyants où l'oreille n'a pas le temps de se fixer. Chaque main à son tour se voit confier des dessins chromatiques de doubles notes (tierces et sixtes), en triolets, contre un chant en croches égales et ses imitations. À peine un peu plus d'une minute, mais qui vaut bien des développements sentencieux.

Dans la troisième, un hommage à Bach (en ré mineur, *allegro*), des triolets de croches accompagnent de leur mouvement perpétuel un *cantus firmus* en valeurs longues, et son reflet canonique dans le grave.

La quatrième pièce (en sol majeur, *andante tranquillo*) est particulièrement discordante ; ornementation baroque, reflétée dans une glace infidèle ; la mélodie flotte au milieu d'étranges limbes harmoniques. Citation, au passage, du choral de la pièce suivante, à quoi celle-ci sert de prélude.

Après Bach, voici Mozart, clairement annoncé : la cinquième pièce (en ut mineur, *adagio*) lui emprunte le « choral des hommes armés » *(La Flûte enchantée)*, pour un remarquable échafaudage polyphonique, scrupuleusement fidèle au modèle, dans la lettre comme dans l'esprit. Le thème, en valeurs longues, se joue bien en dehors et lié, l'accompagnement de croches en détaché léger.

(Le volume IX de la *Klavierübung/2ᵉ édition* compte sept « pièces polyphoniques » : ces cinq, précédées du *Preludietto* du volume I de la *Klavierübung/1ʳᵉ édition*, et suivies d'une étude pour la troisième pédale du piano Steinway.)

## ŒUVRES DE JEUNESSE

Le premier morceau de Busoni que signale le catalogue de Kindermann est une *Canzone*, composée à sept ans. Mais il n'est pas question de remonter si haut, ne serait-ce que parce que nombre des œuvres accumulées en ces années prodiges et prodigues sont perdues, et que la plupart des autres demeurent inédites, sous la protection des bibliothèques. Cependant, le compositeur fut livré au public presque aussi tôt que le pianiste (et l'adulte de s'en plaindre souvent, à l'occasion d'une réimpression) : les *Cinq Pièces op. 3* de 1877, sa première œuvre pianistique publiée, ont paru l'année même de leur composition. La matière est donc copieuse, le choix difficile, en raison, répétons-nous, de l'étonnant degré d'achèvement de cette musique juvénile. En sorte que, si je n'ai retenu que deux œuvres d'avant 1881 (période qui nous porte déjà, tous genres confondus, à 175 numéros de catalogue !), en revanche on trouvera ci-dessous presque toutes celles de la période 1881-1895.

***Suite campestre*** (op. 18, K. 81)
COMP avril 1878. PUB 1981 (Breitkopf & Härtel).

Il y a plus que de la facilité, et même plus que du talent, dans ces cinq pièces, œuvre d'un garçon de douze ans. La plus ambitieuse (et la moins réussie) est la troisième, *L'Orgia* (en la majeur), gonflée d'unissons, d'octaves brisées, de formules digitales à la Czerny. La quatrième, *Il Ritorno* (en sol mineur, avec début sur la dominante) est une marche un peu sèche qui se souvient à la fois du Schumann de l'*Album pour la jeunesse* et du Mendelssohn des *Kinderstücke*. La deuxième, *La Caccia* (en ré mineur), sans échapper aux servitudes du genre (appels de cor, trot léger des croches à 6/8), a de jolies modulations, et beaucoup d'aisance.

C'est dans les volets extérieurs qu'on rencontrera le plus de musique : dans la première pièce, *Canzone villereccia del mattino* (en ut mineur, *allegro vivace*), saveur modale, basse en bourdon, rudesse des motifs populaires, modulations à la Grieg ; dans la dernière, *Preghiera della sera* (en ut mineur également), transparente écriture polyphonique, quelques curiosités harmoniques qui sont peut-être le fait de la maladresse, – et ces poétiques hésitations entre majeur et mineur, qui deviendront si caractéristiques, plus tard, de la manière de Busoni.

***Racconti fantastici*** (op. 12, K. 100)
COMP 1878. PUB 1882 (Trebbi, Bologne). DÉD à Stefano Golinelli.

La littérature est vite entrée dans le monde intellectuel et sensible du jeune Busoni ; le fantastique, en particulier, l'a très tôt conquis, et il gardera par exemple toute sa vie une passion pour Hoffmann, – qui lui inspire le deuxième de ces trois « récits », *Klein Zaches* (en ré mineur, *veloce con spirito*), un rondo dont le refrain malicieux, pincé d'appogiatures et piqué de staccatos, décrit les gesticulations de cette espèce de lutin difforme, aux trois magiques cheveux d'or. – La troisième pièce, *La Caverna di Steenfoll* (en fa mineur, *agitato assai*), a sa source dans un roman de Wilhelm Hauff, où l'on voit un pêcheur vendre son âme au diable, pour l'or d'un navire englouti ; registre grave, frémissements de doubles croches et septièmes diminuées placent un décor inquiétant ; le milieu, qui incline au majeur (ré bémol puis fa) fait entendre, imagine-t-on, la voix des noyés, dans un choral d'outre-tombe ou plutôt d'outre-flots ; tout cela conventionnel, certes, mais bien ficelé. – Quant à la première pièce, *Duello* (en ut mineur, *quasi presto*), si l'on ne sait à quelles lectures la rattacher, son titre est amplement justifié par son écriture fuguée, la plupart du temps à deux voix.

***Vingt-quatre Préludes*** (op. 37, K. 181)
COMP 1880-1881. PUB 1881 (Lucca, Milan ; puis Ricordi). DÉD à Luigi Cimoso.

En ce recueil ambitieux qui suit l'ordre des quintes, à la façon des *Préludes* de Chopin, l'adolescent de quinze ans fait révérence à la plupart de ses devanciers, d'où l'impression d'un amalgame stylistique. On entend du Bach, du Beethoven, du Schumann, du Mendelssohn. Il n'empêche que certaines de ces pièces valent qu'on les fasse connaître ; la maîtrise y est toujours confondante, et l'inspiration parfois à son plus haut degré.

Le premier prélude (en ut majeur, *moderato*), entièrement fondé sur un rythme syncopé, fournit au cycle un harmonieux portique d'accords. Le deuxième (en la mineur, *andantino sostenuto*), sur sa pédale à la fois tonale et rythmique, chante une âpre mélopée, d'allure fruste et populaire ; l'épisode central *(più mosso)* s'égaie un peu, avec ses dansantes basses staccato, et ses accords brisés soutenant le thème délicat de la droite. Les cors du troisième (en sol majeur, *andante con moto*) évoquent Mendelssohn ; atmosphère pastorale, à peine agitée, au milieu, par quelques appels plus pressants. Dans le quatrième (en mi mineur, *allegretto*) semble passer le Schubert des scherzos.

C'est peut-être la tonalité du cinquième (en ré majeur, *vivace assai quasi presto*) qui a dicté ce rythme de « caccia », à 6/8 ; staccato de doubles notes, piétinement de notes répétées, vitesse folle à peine freinée par quelques syncopes, modulations inventives et brio pianistique. En contraste, le sixième (en si mineur, *moderato*) est un profond choral, tout en accords solennels, aux harmonies chromatiques et sévères.

Voici, dans le septième (en la majeur, *allegro vivace*), ce Bach avec qui Busoni allait signer un bail à vie ; dans le style du maître, il se divertit à une gigue effrénée, à 12/16 ; ces motifs liés, l'auteur avouera plus tard préférer qu'on les joue « non legato ».

Dans le huitième (en fa dièse mineur, *allegro moderato*), un des plus beaux, la main gauche ne lâche pas un instant tonique et dominante, qu'elle alterne en une hypnotique ondulation de triolets ; la droite pose sur ce fond un thème aux harmonies changeantes, et les rencontres de sons qui en résultent sont très originales ; nombreux modalismes. Même effet de pédale dans le neuvième (en mi majeur, *allegretto vivace e con brio*), autre réussite, mais d'un caractère tout différent ; l'ostinato de la basse, détachée et appogiaturée à contretemps, soutient une danse populaire, où les motifs rieurs en doubles notes sonnent comme des grelots. Le dixième prélude (en ut dièse mineur, *vivace ed energico*) dissimule une véritable étude : d'incessantes doubles croches, à la main gauche, accompagnent avec fièvre le farouche énoncé du thème principal ; dans la dernière section, le thème ayant passé à la basse, c'est au tour de la droite de s'escrimer, qui l'accompagne de fougueux déplacements d'accords brisés dans l'aigu.

« Alla danza », le onzième (en si majeur, *allegretto piacevole*) est délicatement champêtre, et fait usage, en son milieu, d'une expressive pédale de dominante. L'admirable douzième (en sol dièse mineur, *andantino*), à qui l'on accordera peut-être la palme en ce cahier, a capturé quelque chose du climat de mystère où baignent, chez Chopin, les débuts de ballades ; un motif unique, arpégé, s'entrouvre et se referme en d'incessantes modulations, où les voix secondaires ont le beau rôle ; on pense aussi au déroulement recommencé du *Prélude op. 45*.

Le treizième (en fa dièse majeur, *allegretto scherzando*) est bâti de progressions d'accords, auxquels le silence d'une noire, dans une mesure originale à 5/4, donne à chaque fois un rebond ; l'intermède (en la majeur, *più mosso, vivace*), adoptant le 3/4, révèle la véritable nature du morceau : une sorte de menuet. Marche funèbre dans le quatorzième (en mi bémol mineur, *lento*), avec les roulements sinistres de la basse, ses motifs obstinés, – et le modalisme de sa sixte majeure (do ♮). Berceuse dans le quinzième (en ré bémol majeur, *andantino sostenuto*), paisiblement balancée, en accords diaphanes, que survole une mélodie d'une simplicité touchante ; on admirera la modulation en la, par enharmonie (mes. 23).

Les octaves belliqueuses de la gauche, l'alternance de triolets et de croches normales, les accords accentués du thème font du court seizième prélude (en si bémol mineur, *maestoso ed energico*) une page impressionnante. À quoi le dix-septième (en la bémol majeur, *allegretto vivace*) oppose l'enjouement et la grâce de ses arabesques, et l'humour de ses syncopes et de ses cadences. Quelque part entre un Chopin plus tiède et un Liszt plus frêle, – entre le nocturne et l'impromptu, – le dix-huitième prélude (en fa mineur, *allegretto con moto*) se dédie aux arpèges, divisés entre les mains ; c'est le milieu surtout qui chante, avec cette mélodie prise dans le médium, entre les volutes de l'accompagnement.

Le dix-neuvième (en mi bémol majeur, *allegro vivo*) est un mouvement perpétuel, doubles croches au galop, « con bravura ». Toujours d'infatigables doubles croches dans le vingtième (en ut mineur, *allegro moderato*), mais elles font, à la main gauche, un murmure indistinct, un chuchotement chromatique, sous les accords du thème. Commencé en mazurka, et dans le mode mineur, le vingt et unième (en si bémol majeur, *andantino sostenuto*) se poursuit en fugato énergique (octaves et accords envahissent les mains), aboutit à un éclatant *grandioso*, retrouve la mazurka mélancolique, et rentre dans les limbes d'où il est sorti.

L'écriture savante, à la Bach, préside aussi bien au vingt-deuxième (en sol mineur, *vivace e scherzoso*), brève et alerte fugue, à la rythmique acérée, – qu'au vingt-troisième (en fa majeur, *allegro vivace*), ébouriffante invention, d'une maîtrise étonnante. Enfin le vingt-quatrième (en ré mineur, *presto*), réconciliant les contraires, procède à la fois de Bach (le thème, encore une invention) et des romantiques (les grands arpèges d'accompagnement).

## Una festa di villagio (op. 9, K. 185)
COMP 1881. PUB 1882 (Lucca, Milan ; puis Ricordi). DÉD à Angelo et Fanny Speckel.

Six pièces, un « Carnaval » à l'italienne. La première (en la majeur) peint la *Preparazione alla festa*, dans le brouhaha des cloches (sections *moderato*, beaux accords en triolets de noires, pris bitonalement, ou presque, dans la résonance du bourdon de tonique), et parmi les gambades et les cris des enfants (sections *veloce assai e festivo*, en rythme pointé).

La deuxième est une *Marcia trionfale* (en ut majeur, *deciso e maestoso*), dans le style de la plupart de celles de Schumann, et où l'intermède (en fa majeur, *più calmo*) transforme les triolets sonores de la fanfare à 4/4 (« squillante ») en croches paisibles à 12/8 (« con dolcezza »).

La troisième, *In chiesa* (« À l'église », en mi mineur), alterne en style d'organiste, et bien académique, les accords d'un lent choral, à plein jeu *(grave e solenne)*, et les croches d'une improvisation, au récit *(allegro)*. Tout cela peut sembler incongru en cet endroit ; mais comment, un jour de fête en Italie, se passer d'eau bénite et de vapeurs d'encens ?

Le quatrième morceau est le meilleur de la suite : *La Fiera* (« La Foire », de si bémol majeur à sol majeur, *vivace e brioso*), tableau vivant et coloré, où passent et se mélangent les bruits du marché (accords battus, triolets, vives appogiatures), les airs des « Tziganes » (cadences caractéristiques), les accents d'une musette (sur son bourdon de quinte, pianissimo la première fois, et à la fin dans un tohu-bohu de doubles notes), la superbe d'un « Magicien » (lourdes octaves), les cabrioles d'un « Paillasse » (doubles notes véloces).

On enchaîne sur une *Danza* (en ré majeur), où aux phrases mélancoliques et caressantes d'une valse lente, s'oppose le staccato bondissant d'un *allegro vivace*. Et la fête se termine dans le silence apaisant de la *Notte* (« Nuit », en la mineur/majeur, *andante sostenuto*), épilogue expressif et sentimental ; la première pièce y prête par bouffées son motif pointé de gambades enfantines, et pour finir ses sonorités de cloches, enfouies dans l'espace indécis du rêve.

## Macchiette medioevali (op. 33, K. 194)
COMP 1882-1883. PUB 1883 (Trebbi, Bologne).

Six morceaux de moyenne difficulté, inspirés par un Moyen Âge de convention. On est loin du chef-d'œuvre ; mais il y a toutes sortes de menues trouvailles, surtout dans la liberté des modulations.

Un contrepoint ténu, des phrases de cinq mesures, des cadences modales, décrivent d'abord l'élégance fragile de la *Dama* (en fa majeur, *moderato con delicatezza*). Le *Cavaliere* (en la mineur, *veloce con spirito*) adopte le rythme pointé alternant avec le triolet ; texture très légère, harmonies de saveur « ancienne », modalismes (par exemple la sixte majeure finale, fa ♯), et dans cette prestance un peu de mélancolie. Un dactyle sur le premier des trois temps (longue-deux brèves), « con grazia », caractérise le *Paggio*, quelque peu moqueur (en mi majeur, *vivace*), – et un lourd rythme pointé va emportant le *Guerriero* dans un énorme crescendo (en ut majeur, *tempo di marcia*). Pour l'*Astrologo*, un fugato aux chromatismes mystérieux (en fa mineur, *sostenuto*), et pour le *Trovatore* (« Troubadour »), des accords arpégés imitant luth et mandore (en fa majeur, *moderato ma con slancio*).

### Trois Morceaux (op. 4-6, K. 197)
COMP 1883. PUB 1884 (Wetzler, Vienne). DÉD à Betty de Preleuthner.

Le troisième mérite d'être connu et joué : une *Scène de ballet* (en fa dièse mineur, *vivace e fantastico*), ballet de démons et de sorcières, dans la lignée des pièces méphistophéliques de Liszt, certes en moins brillant et moins échevelé, en plus épais de texture, mais où le staccato persifleur, le rythme galopant à 12/8, les ostinatos de la basse, les brusques crescendos créent le même climat visionnaire, éveillent les mêmes lueurs de soufre. (Autres « Scènes de ballet » : K. 209, 235, 238.)

Le premier morceau, un *Scherzo* (en fa mineur, *allegro vivace*), n'est que l'essai, plus terne, de ce troisième si réussi ; et le *Prélude et Fugue* central (en ut majeur et ut mineur), habilement écrit, n'a rien qui force la sympathie.

### Six Études (op. 16, K. 203)
COMP 1883. PUB 1883 (Gutmann, Vienne ; puis 1886 Breitkopf & Härtel). DÉD à Brahms.

Sans être vraiment brahmsiennes, elles peuvent s'apparenter au style du dédicataire (dont Busoni, à l'époque, jouait les *Variations Haendel* et la *Troisième Sonate*), tout en doubles notes, en accords, en octaves, et différent des traits déliés, des gammes virevoltantes de Weber ou de Chopin. Virtuosité massive, épuisante, où le poignet travaille plus que les doigts.

La première étude (en ut majeur, *allegro deciso*) est une éclatante entrée en matière, à sons de trompe. Le virtuose y sert de héraut, à l'image de cette gauche orgueilleuse qui prélude seule, assumant thème et accompagnement, s'escrimant sur deux octaves et demie. Même quand elle cède le terrain à la droite, elle demeure toute-puissante, la doublant, l'imitant, la soulignant d'octaves percussives.

Comme pour ne pas être en reste, la main droite exécute à son tour un solo au début de la deuxième (en la mineur, *allegro moderato*), qui ressemble au scherzo d'un quatuor de Mendelssohn, où cette main téméraire tiendrait les quatre instruments à la fois ! La gauche la rejoint au bout de trois lignes ; ensemble, elles orchestrent véritablement le morceau ; on croit entendre, au quatuor, se joindre les vents, par touches précises et colorées. C'est dire que le pianiste a fort à faire... L'intermède (en fa majeur), commencé dans la douceur, aux accents d'une pastorale, atteint bientôt une grande puissance, dans un déferlement d'octaves. La fin de l'étude nous ramène aux fées mendelssohniennes : ces doubles notes staccato, ces pizzicatos ailés, qui disparaissent dans la nuit...

Dans la troisième (en sol majeur, *moderato*), meurtrière pour le poignet, un petit motif obstiné conduit le bal, glissé dans les accords de la droite. La gauche le reprend, martelé en octaves, dans la partie centrale (en mi majeur).

Avec la quatrième étude (en mi mineur, *allegro vivace assai e con fuoco*), Busoni écrit sa « Révolutionnaire ». Gammes tumultueuses de la main gauche, en aller et retour, dans un mode tzigane à secondes augmentées ; thème déclamé, épique et douloureux ; et un point culminant où le torrent de la gauche charrie des octaves étourdissantes.

Une fugue magnifique, au joyeux motif de doubles croches, sert de cinquième étude, pour les doubles notes et le jeu polyphonique (en ré majeur, *allegro giusto*) ; vrombissement de toccata, avec encore une fois un galop d'octaves à la main gauche ; on en sort exalté, sans avoir éprouvé une seconde d'ennui.

Sous-titrée « Scherzo », la sixième (en si mineur, *vivacissimo, energico, feroce*) est une marche triomphale, empanachée, à grands accords battus en triolets ; il y passe (c'est bien la seule du cahier) un peu de l'atmosphère des ballades et rhapsodies de Brahms.

### *Étude en forme de variations* (op. 17, K. 206)
COMP 1884. PUB 1884 (Gutmann, Vienne ; puis Breitkopf & Härtel). DÉD à Brahms.

L'*Étude en forme de variations* est à la fois le pendant et le couronnement des *Études* précédentes. Le thème (en ut dièse mineur, *moderato*) a cette allure de choral qui caractérise les thèmes variés de l'époque romantique, que ce soient les *Études symphoniques* de Schumann ou les *Variations sérieuses* de Mendelssohn. Huit variations enchaînées. La 1re ajoute sous le thème un ourlet de triolets chromatiques. La 2e *(un poco più mosso)* ne fait plus que le suggérer, parmi ses accords, ses octaves et son énergique rythme pointé. On en retrouve des fragments dans la 3e *(con eleganza)*, où un martellement léger alterne avec un dessin lié. La 4e *(veloce)* lance une course de triolets, qui commentent l'harmonie du thème, sur une basse d'octaves. Ces triolets, dans la 5e *(con fuoco, marcato e deciso)*, entre la marche belliqueuse des accords, font un roulement de tambour (corsés, à la gauche, par des octaves !).

Je m'arrête un moment sur la 6e variation *(un poco andante)*. Brahms a dû choyer cette page admirable, où il devait reconnaître un peu de son propre lyrisme intime, de sa mélancolie grise, – surprenante à vrai dire chez ce garçon de dix-huit ans, qui a soudain la voix du vieil homme, revenu de bien des chemins... La main gauche, berceuse, superpose deux dessins ; la droite pose simplement, « semplice », sa mélodie tranquille, si douce et si émue qu'on en a vite le cœur serré. L'enharmonie, plus loin, nous mène un instant en la bémol ; plus loin encore, on passe un moment en ut ; et ces deux plages plus fraîches rendent plus désolé le retour à ut dièse mineur.

La 7e *(poco più vivo)* choisit le ton de ré bémol, enharmonique majeur, pour un calme moutonnement au-dessus d'une basse syncopée. Puis c'est le finale *(allegro vivace assai)*, développé, moins inspiré que le reste, consistant surtout en trémolos, avec un fugato central et de longues pédales, avant la citation conclusive du thème, en accords.

### *Sonate en fa mineur* (op. 20a, K. 204)

COMP Noël 1883. PUB 1983 (Breitkopf & Härtel). DÉD à Anton Rubinstein. CRÉ par Busoni (6 mars 1884, Vienne, Bösendorfer Saal).

Vite tombée dans l'oubli, publiée un siècle après sa composition, la *Sonate en fa mineur* n'en marque pas moins d'une pierre blanche les années d'études de Busoni, qui ne dédaignait pas de la mentionner, des lustres plus tard, parmi les réussites de sa jeunesse. Est-ce sa longueur, sa complexité, qui en ont reculé la parution ? Le public était plus friand de romances que de sonates ; et celle-ci n'est pas une sinécure ! Gageons qu'elle rencontrera aujourd'hui plus d'un amateur, – même si l'on peut continuer de préférer, parmi les partitions de cette époque si prometteuse, les *Variations Chopin*, ou même, simplement, tel ou tel des *Vingt-quatre Préludes*.

Busoni avait déjà composé, en 1880, une première sonate dans le même ton de fa mineur ; il en reprend des éléments dans la nouvelle en date, qui, comme les *Études* contemporaines, ne cache pas sa dette envers Brahms. Premier mouvement d'allure intrépide et batailleuse *(allegro risoluto)* ; le dessin arpégé du thème principal, dont use et abuse le développement, finit par lasser ; mais la seconde idée (en la bémol), aux spirales enjôleuses, est bienvenue.

Copieux mouvement lent (en si bémol majeur), long d'une douzaine de minutes, composite, mais rempli de belles choses : un prélude paisible ; des motifs passionnés, dans le ton d'une ballade ; des accords carillonnants ; et des moments d'extrême douceur, au gré d'arpèges languides.

Les deux pages d'introduction au finale *(nella guesa d'un' improvvisazione)* feront invinciblement songer à celles qui, dans la *Hammerklavier* de Beethoven, mènent à la fugue. Et c'est justement un *allegro fugato* qui conclut notre sonate, en moulinets de doubles croches, mécanisme infatigable, remonté dans l'autre sens (inversion du sujet !) au bout d'une moitié de parcours. Fin en fa majeur, avec cadence des mains à l'unisson, et citation triomphale du thème initial de l'œuvre.

***Zweite Ballet-Szene*** (op. 20, K. 209)
COMP 1884. PUB 1885 (Breitkopf & Härtel). DÉD à sa mère, Anna Weiss-Busoni.

En grand progrès sur la première (voir plus haut *Trois Morceaux*), qui était de bâti plutôt fruste, cette deuxième « Scène de ballet », qu'introduisent des accords staccato *(veloce e leggiero)*, débute par une valse d'écriture précise et précieuse (en fa majeur, *con grazia*), où vient se nicher un trio tournoyant dans l'aigu sur une pédale d'ut. En deuxième partie, un *quasi presto* (en mi mineur/majeur), qui substitue 2/4 à 3/4, comme le fera bientôt le *Galop* de la *Vierte Ballet-Szene*. Reprise modifiée de la valse, et coda brillante, en crescendo jusqu'au triple forte.

***Variations sur un thème de Chopin*** (op. 22, K. 213)
COMP 1885. PUB 1885 (Breitkopf & Härtel). DÉD à Carl Reinecke.

Cette belle œuvre couronne la première période du catalogue pianistique de Busoni (et sera d'ailleurs suivie de cinq années de silence relatif, dédiées à des transcriptions). Elle prend pour prétexte le *Vingtième Prélude*, en ut mineur, que Rachmaninov utilisera quinze ans plus tard dans ses propres *Variations*. Il est vrai que ces treize mesures de Chopin, où deux phrases en accords de choral se suivent dans des nuances de plus en plus douces, invitent à la variation, – tout comme le *Septième Prélude*, autre brévissime moment musical, a pu susciter un prolongement chez Federico Mompou...

La 1$^{re}$ variation *(grave, lugubre)*, à 3/2, est une procession d'accords endeuillés, que lie un motif de tierces ascendantes, parfois redoublé aux deux mains ; elle s'enchaîne à la 2$^e$, à 4/4 *(più mosso, scherzoso)*, vouée aux doubles notes (surtout tierces et sixtes). Dans la 3$^e$, à 6/4 *(calmo e legato)*, planent des fragments du thème, parmi des arabesques décoratives. La rythmique et nerveuse 4$^e$ *(deciso e marcato)* sert d'introduction à l'admirable paraphrase de la 5$^e$ *(semplice, moderato)*, qui imprime au thème de Chopin un rythme hésitant, syncopé, flottant sur les croches de ce 12/8 sans rigueur. La 6$^e$, à 4/4 *(sostenuto)*, alterne des plages d'accords rêveurs, sur pédale de tonique profonde, et un épisode polyphonique ; la 7$^e$ *(più mosso, molto energico e marcato)*, aux triolets fougueux, est pleine d'impatience et de révolte, – climat d'orage que la 8$^e$ *(l'istesso tempo, leggiero e staccato)* est prompte à dissiper, avec son mode majeur, ses prouesses techniques de haute voltige (tierces, sixtes, accords enchaînés à toute vitesse) et ses modulations inattendues (mi à la mes. 10). On peut considérer qu'ici s'achève une première partie, la 9$^e$ variation servant d'entracte : longue cadence *(lento, quasi fantasia)*, que jalonnent quelques accords du thème, lointains et comme oubliés, au milieu des traits « a piacere », ruissellements de gammes et d'arpèges en petites notes.

La 10ᵉ *(allegro)* retrouve la barre de mesure et, si même lâche, la structure du thème, qu'elle ranime dans l'ombre, en quintolets chuchotés, course chromatique à ras de clavier. La 11ᵉ *(vivace, ben ritmato)* évoque une chevauchée fantastique, avec son rythme pointé et ses accords à contretemps. Douceur et torpeur de la 12ᵉ *(più calmo, semplice, con eleganza)*, qui élit le ton de la mineur, pour une mélodie rêveuse, quasi improvisée, décorée de guirlandes de triolets. On retourne à ut majeur pour la 13ᵉ *(vivace, con fuoco)*, petite toccata en accords battus, et à ut mineur pour la 14ᵉ *(andante con moto)*, nocturne aux arpèges languides et fuyants. La 15ᵉ *(moderato, scherzoso)*, très belle et très étrange, semble placer ses accents au hasard, et dans sa partie centrale superpose des mètres différents. Dans la 16ᵉ *(allegro con fuoco)*, les mains à l'unisson font fluer et refluer des houles grondantes de doubles croches. Le mode majeur reluit une ultime fois dans la 17ᵉ *(andantino)*, romance où deux voix se répondent, énamourées ; et voici la 18ᵉ et dernière *(energico ed appassionato)*, où au grondement des basses répliquent des accords inquiets ; elle sert d'introduction à la fugue monumentale qui parachève l'œuvre.

(Une version révisée, rédigée en 1922 et incorporée dans la *Klavierübung*, volume V de la 1ʳᵉ édition et volume VIII de la 2ᵉ, ne compte plus que dix variations, quelques-unes tout à fait nouvelles, comme le n° 3, en carillon, ou l'*Hommage à Chopin* du finale, en forme de valse. Ce qu'il a gardé des anciennes, Busoni l'allège, le raccourcit ; l'économie de l'homme mûr prime sur la prodigalité de l'adolescent ; et la gravité cède la place à l'humour.)

### *Zwei Klavierstücke* (op. 30a, K. 235)

COMP 1890. PUB 1891 (Rahter, Hambourg) ; édition révisée 1914 (Rahter ; et Breitkopf & Härtel), avec le titre *Zwei Tanzstücke*.

La première de ces pièces, par lesquelles Busoni retourne à la composition pianistique au bout de cinq ans d'abstinence, s'est d'abord appelée *Contrapunctisches Tanzstück* ; à la révision, elle est devenue *Waffentanz* (« Danse de la guerre »). Elle mérite les deux appellations, par son staccato prédominant, son fugato robuste, ses progressions chromatiques, ses soudaines sonneries de cuivres, son rythme de marche à trois temps (en ut majeur, *allegro giusto*).

La seconde (en si bémol majeur, *allegro sostenuto*), à l'origine une *Kleine Dritte Ballet-Szene* (troisième « Scène de ballet »), a pris le nom de *Friedenstanz* (« Danse de la paix »). Légère et spirituelle, dans son rythme sautillant à 3/2, elle sonne en son début comme du Prokofiev, celui des gavottes et autres pastiches ironiques et verts. On goûtera la fin de la version de 1914, à 3/4, très douce et chuchotée.

### Vierte Ballet-Szene (op. 33a, K. 238)

COMP 1892. PUB 1894 (Breitkopf & Härtel) ; édition révisée 1913, avec le sous-titre *Walzer und Galopp*. DÉD à Carl Stasny.

Cette quatrième « Scène de ballet » est une brillante fantaisie à la Liszt (en ré majeur), qu'on serait en droit de préférer dans la version primitive, deux fois plus longue et virtuosissime. La version révisée, plus sobre, compte deux parties inégales : une *Valse (moderato grazioso)*, souvenir viennois tout orfévré de doubles notes et riant sous cape de sa propre coquetterie ; un court *Galop (vivamente)*, mené tambour battant, dans son 2/4, en octaves bravaches et dessins chromatiques, et où le rire devient peu à peu sardonique...

### Sechs Stücke (op. 33b, K. 241)

COMP 1895. PUB 1896 (Peters), en deux cahiers. DÉD du premier cahier à Reger, du second à Isabella S. Gardner.

Ces six pièces, les dernières avant le long silence de douze ans où mûrira le Busoni des *Élégies*, sont assez décevantes. La meilleure est la deuxième, intitulée *Frohsinn* (« Gaieté »), une valse fantasque, secouée du fou rire des triolets (en fa majeur, *elegante e vivace*). On peut trouver, à la rigueur, un attrait exotique à la lugubre et grisâtre *Ballade finnoise* (n° 5, en ut mineur, *andante*), du moins dans le premier épisode, parcouru de gammes chromatisantes, sur une oppressante pédale de tonique ; et pardonner à la *Fantasia in modo antico* (n° 4, en si mineur) de n'être qu'un exercice d'école, qui démarque, avec ses deux thèmes en fugato, séparés puis combinés, entre un prélude et un postlude en accords, la *Fantaisie et Fugue en la mineur* de Bach.

Le reste n'a rien qui retienne : pièce initiale déclamatoire (*Schwermuth*, « Mélancolie », *largamente e grave*, sur la dominante de si mineur) ; finale assommant, fanfare d'accords en rythme pointé (*Exeunt omnes*, en si majeur, *pomposo marziale e vivace*) ; et un *Scherzino* des plus creux (n° 3, en ut majeur, *vivace e giocoso*), où quelques phrases chantantes essaient de se glisser dans une mitraille de notes répétées.

**Dietrich BUXTEHUDE**
(1637-1707) Allemand

Ce musicien considérable n'a distribué au clavecin proprement dit qu'une part minuscule de son œuvre : une vingtaine de suites, une demi-douzaine de variations *(partite)*. Encore ne les connaît-on que depuis quelques décennies ; elles ont été retrouvées au Danemark, dans un manuscrit en tablature, non autographe et portant les seules lettres D.B.H. (édition récente par les soins de Klaus Beckmann, chez Breitkopf & Härtel, 1980). Musique hélas bien décevante, ordinaire, pauvre de forme et de fond, assurément l'œuvre d'un tout jeune homme, qu'on n'imagine pas destiné à écrire, par exemple, ces riches et rayonnants préludes, fugues et toccatas pour orgue qui feront accourir auprès de lui, en 1705, le jeune Bach ! Avant d'avoir découvert ces languissantes successions d'allemandes, courantes, sarabandes et gigues toutes semblables, ces variations prétextes à vaines démonstrations digitales, on pouvait du moins rêver aux « Sept Suites » de Buxtehude sur la nature et le caractère des planètes, dont Mattheson nous parle avec émerveillement, et qui ont disparu sans laisser d'autres traces...

Il n'y a véritablement presque rien à relever dans ces *Suites* (n° 226 à 244 du catalogue BuxWV établi par Georg Karstädt), auprès desquelles celles de l'autre Allemand du Nord, Reinken, font figure de chefs-d'œuvre ; tout au plus les doigts peuvent-ils errer sans déplaisir dans quelques sarabandes, sur des entrelacs d'harmonies, des arpèges de « style luthé » ; et se dérouiller dans quelques gigues point trop revêches.

Parmi les *Variations* (BuxWV 245-250) il vaut la peine de regarder de près les *Partite diverse* sur l'aria « La Capricciosa » : trente-deux variations (en sol majeur), une vraie trousse de voyage de la technique instrumentale, prodiguant le pire à côté du meilleur. Jeu des mains alternées dans la 7$^e$ « partita », contretemps dans la 10$^e$, fioritures de triples croches dans la 13$^e$, rythme de gigue à 12/8 dans la 19$^e$, gammes filantes, en sens contraire, dans la 26$^e$, volubile main gauche dans la 32$^e$... Quelques numéros se préoccupent d'expressivité : ici d'insistants chromatismes (12$^e$), là de doux arpèges luthés (25$^e$).

Pour ceux qui ne voudraient pas demeurer sur ce constat, on proposera cet expédient : une poignée de morceaux de l'œuvre d'orgue de Buxtehude sont rédigés *manualiter*, sur deux portées (c'est-à-dire qu'ils se passent du pédalier), et sonnent fort bien au clavecin, voire au piano. On s'y trouve en présence d'un compositeur mûri, assuré de ses moyens, parfois hautement inspiré. Tels sont : la *Fugue en ut majeur* (BuxWV 174), avec son long sujet de six mesures, en forme de gigue à 12/8, développé avec maestria et brio ; – le *Praeludium en sol mineur* (BuxWV 163), vaste composition à sept sections enchaînées, dont les parties impaires sont laissées en liberté, en récitatifs, en inflorescences d'arpèges, en accords brisés, et les parties paires bâties en fugues, dans des rythmes variés, l'une (à 12/8) empruntant l'allure de la gigue, la suivante (à 4/4) martelant une note répétée avant de festonner en doubles croches, la dernière (à 12/16) retournant aux bonds de la danse ; – ou encore, à moindres frais de virtuosité, le choral varié « *Auf meinen lieben Gott* » (BuxWV 179), en mi mineur, dont le thème méditatif sert de base à toute une petite partita : double en forme d'allemande, sarabande, courante et gigue finale.

## William BYRD
(1543 ?-1623) Anglais

« Father of Musick », comme l'appelaient ses contemporains et ses élèves : et il est vrai qu'il a fondé le style du virginal, à partir de presque rien, de primitifs qu'il dépasse de cent coudées. Nul avant lui, au clavier, n'avait secoué la vieille écriture horizontale, privilégié des accords verticaux, émancipé la mélodie accompagnée ; nul n'avait donné cette force persuasive au rythme, à son accentuation régulière ; l'une et l'autre nouveauté tirées des luthistes, et du chant populaire. Byrd fait de la danse et de la variation des genres fondateurs, tournés vers le futur, ceux où le contrepoint s'amenuise, où se libère de l'engourdissement polyphonique une technique de clavier qui parviendra presque inchangée jusqu'à Bach ; mais nourri de tradition, il cultive à leurs côtés la fantaisie, dont l'écriture est contrapuntique, au contraire, quoique épurée et assouplie, et alternant avec des traits de pur clavier.

Ce style du virginal, trouvé d'instinct, Byrd l'a également épuisé, et les générations suivantes n'y apporteront que des embellissements de détail. C'est qu'il l'a saturé d'émotion, de tendresse, de grâce rêveuse. Il lui a imprimé ses inflexions à la fois les plus naturelles et les plus travaillées, habile à gommer la trace de son effort. Une chanson anonyme de l'époque le dit tout haut : « *A bird I have that sings so well,/ None like to her their tunes can raise.* » Voici le poète et l'âme du virginal, dont Bull est le génial et versatile bateleur.

Son œuvre de clavier compte quelque cent vingt pièces, dont huit seulement ont été publiées de son vivant (avec des pièces de Bull et de Gibbons, dans le recueil *Parthenia*, paru à Londres vers 1612). Le *Fitzwilliam Virginal Book* en contient soixante-dix, le *My Ladye Nevells Booke* quarante-deux, non sans force doublons ; ces deux manuscrits fameux ont été réédités par Dover (1963 et 1969), et comme ils se trouvent couramment, je donne leurs numéros de préférence à ceux de l'édition complète d'Alan Brown (volumes XXVII et XXVIII de la série *Musica britannica*, 1969-1976), à laquelle, toutefois, on ne peut manquer de se reporter si l'on cherche apparat critique et texte sûr.

Passons rapidement sur les **Fantaisies** de Byrd, une huitaine à peu près, destinées plutôt à l'orgue qu'au virginal. À cet univers savant se rattache la pièce intitulée *A Lesson of Voluntarie* (n° 29 du *My Ladye Nevells Booke*), en ut, superbe composition canonique à cinq parties, qui évite la monotonie en intercalant dans sa marche à quatre temps un épisode ternaire, sautillant de façon charmante, faisant passer un sourire (et le souvenir des chansons populaires) au beau milieu d'un labeur sérieux.

Les **Danses** pourraient nous arrêter longtemps, surtout ces couples de *Pavanes et Gaillardes* dont le *Nevells Booke* contient huit exemples, à quoi il ajoute deux pavanes isolées, le tout numéroté de 1 à 10. Bornons-nous à quelques-unes : la *Firste Pavian* (*LN* n° 10, *FVB* n° 167), en ut mineur, est grave et endolorie, et sa *Gaillarde* en prolonge l'humeur, où alternent 3/2 et 6/4 comme ils le feront dans la courante française ; peu de figurations dans l'une et l'autre, mais une sobriété voulue. La *Tennthe Pavian* (*LN* n° 39) est cette « Pavane de Sir William Petre », en sol mineur, retenue par les éditeurs de *Parthenia* ; ici la mélancolie est comme rafraîchie d'un courant de doubles croches ; et la *Gaillarde*, avec sa deuxième section dans le relatif majeur (si bémol), gambade sans arrière-pensées. La *Seventh Pavian* (*LN* n° 22, *FVB* n° 275), écrite en canon et dépourvue de gaillarde, passe pour être un hommage à Tallis (mort en 1585), qui avait initié Byrd à cette discipline.

Les **Variations** de Byrd le montrent un maître, peut-être le maître, du genre ; non point tant par la virtuosité qu'il y déploie, que par la candeur qui peut résulter chez lui, paradoxalement, de cette riche polyphonie de virginal, où nul ne l'a dépassé. Rien ne semble davantage compter pour lui que l'air qu'il a choisi, et dont il veut conserver l'intégrité ; malgré les innombrables traitements auxquels il le soumet, le voici toujours dans sa fleur et son parfum, dont le musicien n'a fait que développer l'essence. Le grand *Sellinger's Round* (*LN* n° 37, *FVB* n° 64), en sol majeur, tourne effectivement en rond sa mélodie rustique, la rattrape d'un rythme à l'autre, la surveille attentivement sous l'éclat insolite de ses neuf parures successives, chacune pouvant compter pour un petit morceau complet. Et de même le *Carman's Whistle* (*LN* n° 34, *FVB* n° 58), bien carré en ut majeur, un petit joyau de gaieté et d'humour, ne lâche pas un instant, dans les entrelacs et les imitations, ce « sifflement » populaire, qu'on traîne ensuite toute une journée, dont on ne peut plus défaire sa mémoire !

Dans l'ingénu *The Woods so Wild* (*FVB* n° 67 ; titre plus complet dans *LN* n° 27 : *Will you walke the woods soe wylde*), on est si pénétré de la fraîcheur du thème, de son petit trot à 6/4, de son dessin immédiatement mémorable (court trajet de fa à sol, le vrai ton), on l'entend si clairement sous les guirlandes de croches, qu'on ne s'aperçoit pas de son estompe momentanée dans les variations 8 à 11. On notera ici, souvent retrouvé ailleurs, le faible de Byrd pour les changements de registre, qui simulent un dialogue : c'est un ténor qui entonne le thème, et un soprano qui lui répond dans la variation suivante.

On rencontre à nouveau ce trait au début de *Walsingham* (*FVB* n° 68 ; dans *LN* n° 31 : *Have with yow to Walsingame*). Sur ce thème savoureux, qui passe brusquement de sol mineur à sol majeur en fin de parcours, et qui a inspiré plus tard à Bull une de ses compositions les plus brillantes, les plus extraverties, hérissée de gammes, d'arpèges, de trilles et de notes répétées, Byrd n'a fait que broder avec élégance et finesse, déployant une science consommée de l'écriture polyphonique, et beaucoup d'ingéniosité rythmique (variations 16 et 17, par exemple, avec leur trois-contre-deux). La virtuosité ne se montre guère (tout au plus les doubles notes à la main gauche, dans la variation 14), ce qui ne veut pas dire que ces pages, parfois très denses, soient faciles à maîtriser.

N'allons pas prétendre que les doigts, chez Byrd, ne sont jamais à la fête. Quelques variations ne dédaignent pas un peu de brio, qui va à merveille avec leur thème et qui en rehausse le caractère. C'est le cas avec *Jhon come kisse me now* (*FVB* n° 10), fanfaron, bruyant, un rien trivial et m'as-tu-vu, qu'emportent aussitôt quelques acrobaties ; la gauche se déplace en zigzaguant sur le clavier, combine deux parties, et reçoit comme la droite son lot de doubles croches véloces. Du reste, l'humour n'est pas le seul fournisseur de ces traits. Dans le mélancolique *Fortune* (*FVB* n° 65), la dernière variation ne pullule de tant de notes, qui noircissent brusquement la page, que pour divertir un cœur blessé : David jouant de la harpe, dispensant à Saül l'unique *consolament*.

Les plus simples, pourtant, les plus courts de ces morceaux nous toucheront davantage, et plus longtemps. Par exemple *Callino Casturame* (*FVB* n° 158), six variations en ut majeur, sur un air qui pourrait être celui d'une comptine, et que quelques roulements de croches légères n'entraînent pas en dehors de son sentier buissonnier ; ou *Rowland* (*LN* n° 33, *FVB* n° 160), trois variations en sol mineur, la mélodie peut-être la plus nostalgique de Byrd, qui dit avec le plus d'acuité le regret des jours et des êtres passés.

Assimilés aux variations, les **Grounds,** basses obligées sur lesquelles la verve ou le lyrisme du musicien savent se donner libre cours. L'un des plus célèbres s'intitule *The Bells* (*FVB* n° 69) ; sur le do-ré obstiné de la basse montent des prières, des carillons, des chants de liesse ; bientôt tout l'instrument résonne d'une joie exubérante, à la volée de toutes les cloches de la ville ; mais aux folles doubles croches qui courent dans tous les sens (variation 8) succède un repli ; la fin n'a plus que des croches, étouffées peu à peu dans le lointain ; le soir descend sur la ville, une douce paix emplit les cœurs.

# C

**Robert CASADESUS**
(1899-1972) Français

---

D'un virtuose aussi consommé, on aurait attendu des œuvres brillantes, ce que l'on appelle un peu péjorativement de la musique de pianiste. Mais non, Casadesus n'a aucun faible pour les prouesses d'estrade ; il a composé des *Études*, une *Toccata*, mais comme en marge de ses quatre *Sonates*, où la musique passe avant les doigts. Disons même, plus rondement, qu'il n'a aucune tendresse particulière pour le piano ; il ne lui a consacré que le cinquième à peu près de sa production ; et deux douzaines d'œuvres de musique de chambre, huit concertos, sept symphonies, témoignent clairement que son propre instrument ne l'a pas obnubilé. Mais il y est revenu régulièrement, l'a entretenu en amitié, d'égal à égal, sans rien lui sacrifier de ses choix esthétiques, qui remontent à ses débuts dans la composition.

Pour entendre le style de Casadesus, il suffit en effet de sa première œuvre pianistique publiée, les *Vingt-quatre Préludes* de 1924 (la première écrite, une suite de dix pièces intitulée *Le Voyage imaginaire*, est encore inédite, comme d'ailleurs la moitié de son catalogue). Les *Préludes* le dévoilent, et il ne changera plus guère. Ses inclinations sont nettes : le modal, dans toutes ses variétés ; le diatonique, envers et contre tout ; le monochrome, parfois jusqu'à l'excès, obtenu non seulement par une étrange résistance à la modulation, mais aussi par sa façon d'éviter tenacement les altérations dans le ton même ou le mode où il lambine. Sa phobie, évidemment : le chromatisme. Pour le fond, on ne le surprendra jamais à s'aider d'images, d'épigraphes, d'arguments littéraires ; pas un titre dans ses *Préludes*, qui préfèrent suivre Chopin que Debussy ; il n'en a donné, tardivement, qu'à ses *Enfantines*, admettant que les enfants tout au moins ne sont pas indifférents aux histoires.

Ces goûts et ces dégoûts le limitent. Le piège qui le guette sans cesse est la monotonie. Le peu qu'il a pris au terroir, à l'air de la Méditerranée (un rythme de sardane par-ci, un effet de guitare ou de tambourin par-là), lui fournit parfois quelques heureux contrastes ; mais bien des pages se ressemblent, bien des pièces ressassent longtemps les mêmes inflexions. Et cependant, à ce langage voulu restreint, les moments inspirés (par exemple le *lento* de la *Troisième Sonate*, ou le *Cinquième*, le *Dix-huitième Prélude*) ont gagné une beauté originale, faite d'austérité, de gravité, de rigueur.

### *Vingt-quatre Préludes* (op. 5)

COMP mars-juillet 1924. PUB 1925 (Eschig). DÉD à Ravel. CRÉ par Casadesus (1927).

L'auteur en condensé : voilà ce que sont des préludes réussis. À vingt-cinq ans, à l'âge où l'on transpire encore toutes les influences que l'on a reçues, Casadesus est déjà lui-même. Fort de ses choix, il se tient à égale distance de Debussy, dont les derniers *Préludes* ont paru douze ans plus tôt, du Groupe des Six, dont l'esthétique ludique n'a pas eu de prise sur lui, de Schönberg, qu'il ignore, déjouant d'avance avec ses vingt-quatre tonalités toutes les sirènes atonales. Peut-être la seule leçon qu'il ait retenue est-elle celle de son glorieux dédicataire, dont *Le Tombeau de Couperin* a pu lui montrer une façon sérieuse de retour au passé, par le biais non seulement des modes et des rythmes, mais aussi de la clarté formelle, de la pureté stylistique, de la hauteur de pensée. Il a un cousin dans cet art poétique imperméable aux dates : Georges Migot ; mais son écriture plus ferme, plus ramassée, plus spécifiquement pianistique, lui donne l'avantage.

Dans le premier prélude (en ut majeur, *léger et fantasque*) court un petit motif de doubles croches, ponctué de septièmes à la main droite et de doubles quintes à la main gauche, dans la blancheur crue du clavier : la seule altération sera le fa ♯ de la modulation en mi mineur. L'épisode central *(assez lent et doux)* module davantage, sorte de grave sarabande, en rythme iambique (brève-longue) ; il faut un grand empan des mains pour plaquer ces intervalles.

Le deuxième (en la mineur, *triste et doux*) adopte le « style d'une berceuse populaire » ; thème très simple, en rosalies naïves, dodelinant sur les quintes vides de la basse, parfumé par la sixte majeure du mode dorien (fa ♯), et plus touchant encore quand surgit à l'alto ce calme contrechant de croches...

Qui veut mesurer l'amour de Casadesus pour le modal devra déchiffrer le troisième prélude (en sol majeur, *assez lent, mais doux et allant*), où des gammes chantent paisiblement sur un rythme de sicilienne : pas une altération, qu'on soit en sol ou, plus loin, en ut ; cela ne va pas sans frottements, d'ailleurs très doux, dans une atmosphère étrangement placide.

*Champêtre*, indique le quatrième (en mi mineur) ; et l'on ajoutera : « fruste », et même « rustaud » ! Bourdon de quinte obstiné dans l'extrême grave, sur lequel la main droite détache un thème carré, qu'elle harmonise ensuite de quartes solides, puis qu'elle augmente de croches à noires, « lourdement ». Mode dorien, ici encore, et qui ajoute à la rusticité.

Le cinquième prélude (en ré majeur, *lent et recueilli*) rend hommage à Ronsard, dont on fêtait en 1924 le quatrième centenaire de naissance : on sait que la *Revue musicale* avait pressenti huit compositeurs, qui écrivirent des mélodies pour un *Tombeau de Ronsard*, paru en mai (le fleuron en est le *Ronsard à son âme* de Ravel). Casadesus, pour son hommage pianistique (et privé), prend les sept lettres du nom du poète, et les grave dans du marbre ; c'est une stèle que ce choral, avec ses valeurs longues (à 4/1), ses lignes austères, son modalisme (pas de sensible : le do est bécarre ; et la tierce plus souvent mineure que majeure). Les dernières mesures, en iambes mélancoliques, sont particulièrement belles.

Brévissime, le sixième (en si mineur, *très léger et assez vif*) ne fait que passer, en gambadant joyeusement, avec son rythme pointé à 6/8, ses quintes et quartes fraîches comme l'air du matin, ses gammes rapides à travers le clavier.

Le septième (en la majeur, *très lent*) est un chant funèbre, tout en accords isorythmiques, massés dans le registre grave ; le ré ♯ y suggère sans cesse le mode lydien. – Dans le huitième (en fa dièse mineur, *simplement*), le même ré ♯ souligne le mode dorien, pour une tendre pastorale, d'abord accompagnée d'accords statiques, puis d'une basse d'Alberti, qui brise des accords de septième, à mi-voix.

Bouillant neuvième (en mi majeur, *avec fougue*), où tournoient les arpèges aux mains alternées, où claquent les accords, où siffle la rafale des gammes ; est-ce le mode mixolydien (ré ♮) qui empêche ce ton, d'ordinaire ensoleillé, de vraiment marquer la joie ?

Le dixième (en ut dièse mineur, *énergique et sauvage*), après un début irascible, plein de saccades, d'accents, de martellements furieux, de septièmes arrachées, avec çà et là, à la basse, l'attaque sèche d'une quinte vide, se poursuit en danse frénétique, que rythme un dactyle, en sourd ostinato dans le fond du piano.

Un thème doucement balancé sur des basses profondes et régulières, puis harmonisé en accords de septième et survolé d'un nouveau chant, pur comme du cristal : tel est le onzième prélude (en si majeur, *très lent*). – Monotone, le douzième (en sol dièse mineur, *vif, doux et fluide*) s'obstine sur un rythme, et quelques accords ressassés.

Un air champêtre, et qu'on pourrait siffler, avec son rythme pointé et sa ligne spontanée, fait le charme du treizième (en fa dièse majeur, *allant et simple*), lui aussi, comme tant d'autres, d'une extrême monochromie : une seule altération, le si ♯ qui fait moduler à ut dièse, au milieu ; mais septièmes et neuvièmes à profusion, dans leur native fraîcheur. – Même économie (et même unique altération) dans la valse du quatorzième (en ré dièse mineur).

Le quinzième (en ré bémol majeur, *pas trop vite, nerveusement rythmé*) est une fantaisie « dans le goût espagnol », mélange de rythme et de rubato, avec de fiers sursauts, des bouffées de violence, des coquetteries, des caresses langoureuses ; dans la seconde moitié, indications parlantes, comme d'un scénario amoureux : « en insistant un peu », « toujours tendre », « doux et tremblant », « doucement plaintif ».

Le seizième (en si bémol mineur, *pas vite, élégamment, intime*) n'est qu'un feuillet d'album, mais c'est un des plus réussis de ces préludes, petite chose parfaite, et fragile, qu'il faut à peine effleurer des doigts. On aimera ces harmonies douces, cet inégal mais fluide écoulement de doubles croches (5/8, 2/8, 4/8...), dont on se gardera justement de souligner les changements métriques. Épilogue *lent et grave*, de six mesures pensives.

Un accès de colère, le dix-septième (en la bémol majeur, *très vite et très brusque*) : coups de poing, silences hagards, débit haché, – et pour finir, imprévisiblement, ce lambeau de tarentelle au bord du vide, « mystérieux et lointain ».

Admirable dix-huitième prélude (en fa mineur, *monotone et lointain*) ; le rythme iambique le gouverne d'un bout à l'autre ; ostinato de la gauche, quatre notes par mesure, toutes tenues dès qu'elles sont émises ; la droite à peine plus variée, ses notes également tenues ; il en résulte un effet des plus poétiques, comme de cordes vibrantes, aux sons confusément mêlés, d'où s'échappe une plainte étouffée. Une seule altération, vers la fin : le ré ♮ dorien du chant, dissonant doucement avec le ré ♭ de la basse.

Lignes brisées et syncopes dans le court dix-neuvième (en mi bémol majeur, *allant, simple et balancé*), plutôt un prologue au suivant qu'un morceau à part entière. – Le vingtième (en ut mineur, *lent et grave*) est très impressionnant, par sa marche implacable, la montée inexorable de ses forces, la puissance, au point culminant, de ses accords et de ses basses de quintes et d'octaves, et peut-être plus encore par sa conclusion, où tout retourne au silence, un dernier motif venant superposer, pianissimo et « très lointain », l'harmonie de si mineur à l'ut mineur de la basse.

Dans le vingt et unième (en si bémol majeur, *joyeux et avec entrain*), une page bousculée, à la toccata, introduit un choral fugué, pompeux et pesant.

Avec le vingt-deuxième (en sol mineur, *naïvement*), on tient sans doute la perle du recueil. Chanson « dans le style ancien », en mode dorien (le mi est bécarre), avec son rythme de gavotte, sa pédale de tonique, ses courts motifs répétés, ses imitations, et le délicieux intermède d'une musette, où un petit thème vient tinter doucement au-dessus d'un halo d'accords brisés (« ne pas quitter les deux pédales jusqu'à la fin » ).

Pour conclure, la bourrée du vingt-troisième prélude (en fa majeur, *rude et bien scandé*), en mode lydien, pleine de verdeur populaire, rythmée de quintes à la gauche et martelée de secondes au pouce droit ; – puis l'étude de quintes du vingt-quatrième (en ré mineur, *doux et tranquille*), en mode dorien, qui s'arrête au bout de quatre pages pour un *épilogue* (au cycle tout entier ?), chant très pur planant sur de grands accords immobiles.

### *Berceuses* (op. 8)
COMP 1925, 1927 et 1931. PUB 1932 (Deiss). DÉD à Jean Casadesus, Violette d'Auriol, Jean-Pierre Bret.

Il règne une grande mélancolie dans ces morceaux, berceuses pour les grandes personnes, plus encore que pour les enfants. La première *(moderato)*, qui module et chromatise bien fréquemment, au regard des habitudes de Casadesus, semble inspirée du jazz, employant à satiété ses tournures mélodiques, ses syncopes, même ses accords. La deuxième *(semplice)* coule sa mélodie dans de fluides dessins de doubles croches, en mi dorien (d'où les deux dièses à l'armure) ; la confie à la gauche au moment de moduler, « dolcissimo », en ut toujours dorien ; la ramène en si mineur, puis, agrémentée de quintes, la pousse inopinément vers mi mixolydien (à trois dièses). Enfin dans l'étonnante troisième berceuse (en mi mineur, *lentement*), l'un des morceaux les plus réussis de Casadesus, monte un chant de flûte, d'une couleur étrange, avec son 6/8 capricieux au-dessus d'une basse iambique, en secondes et septièmes ; ce serait la plus triste des trois si elle ne s'avisait de citer, en guise d'intermède birythmique (2/4 sur 6/8) et dans le joyeux ton de sol, « À mon beau château »...

### *Première Sonate, en si mineur* (op. 14)
COMP 1930-1931. PUB 1947 (Salabert). DÉD à « Shelley » (surnom donné à un ami qui, au moral comme au physique, ressemblait au poète). CRÉ par Casadesus (1931).

La monochromie chère à Casadesus, qui pouvait, limitée à deux ou trois pages, faire le charme des meilleurs *Préludes*, devient vite fastidieuse dans une sonate. C'est le tort de ce premier essai dans la grande forme : en dépit de beautés éparses, on ne tarde guère à s'y ennuyer. On écouterait volontiers, détachés du bloc, le deuxième thème *(tranquillo)* du premier mouvement, aux accents de pastorale, et surtout le début si expressif du deuxième mouvement (en fa dièse mineur, *molto adagio*) ; mais quelque effort que fasse le compositeur pour varier ses idées (en fait-il, d'ailleurs ?), ces harmonies identiques, ces gammes partout répandues (le finale !), découragent l'auditeur.

## *Huit Études* (op. 28)

COMP 1939-1940. PUB 1941 (Durand). DÉD à Louis et Lucy Crowder, Goddard Lieberson, Claude Pasquier, M. et Mme Lucien Wulsin, Carl Thorp, Leland Coon, Hugo Balzo, Oscar et Ida Lifshey. CRÉ par Casadesus (1943, Carnegie Hall).

Comme celles de Debussy, ces *Études* ont pour titre, le plus humblement du monde, la difficulté même qu'elles se proposent de faire travailler au pianiste ; et comme son devancier, quoique avec des moyens plus modestes, Casadesus s'ingénie à transcender le pur mécanisme, à noter quelques états poétiques, avec autant d'acuité que de brièveté.

*Tierces* ravissantes, tierces frémissantes de la première étude *(vivo)*, où si mineur est coloré du mode dorien (avec sol ♯) ; sur le rythme dansant de la gauche, elles tombent en gammes, s'effeuillent en bouquets brisés, se développent en arpèges ; on notera les nuances douces : un seul forte, vite effacé au milieu des pianissimos.

La deuxième, *Octaves* (en la mineur, *allegretto a capriccio*), s'habille à l'espagnole : « quasi guitarra » des basses, syncopes caractéristiques, persistance du mode éolien (mineur sans sensible), et ce staccato d'octaves cristallines, comme autant de grelots. Monochromie : tout se joue sur les touches blanches, il n'y a que quelques accidents furtifs.

La troisième, *Sonorité*, est une étude polyphonique (en la mineur, *andantino*), sur le nom du dédicataire, Claude Pasquier, qu'on trouve énoncé tour à tour en noires, en blanches, en croches, à différents registres, avec augmentations, diminutions, inversions. Mouvement de berceuse ; tendresse, pureté des lignes. Monochromie ici encore : à peine l'altération du fa ♯ dorien.

Casadesus renouvelle cet effet de palette dans la quatrième étude, *Quartes et Quintes* (en ré dorien, avec si ♮, *scherzo vivacissimo*), qui évoque l'Extrême-Orient, comme l'*Étude pour les quartes* de Debussy. Si l'épisode central se colore d'accidents divers, le reste, pour l'essentiel, carillonne en jolis gongs argentins sur les touches blanches.

Poétique et délicate étude de *Deux-contre-trois*, les doigts à fleur de clavier, la cinquième (en si bémol majeur, *presto*) devient singulièrement expressive (faites donc l'expérience !) si on la prend lentement, comme un andante rêveur.

La sixième (en fa dièse mineur, *allegro leggero*), une étude de *Main gauche*, paraît longue ; tout le début est exquis, dans ses rythmes contrariés (doubles croches liées par trois dans une mesure à 3/4), son staccato de doubles notes, son diatonisme résolu ; mais le milieu se traîne, tourne à l'exercice.

... Ce qu'on sentira aussi dans la huitième, intitulée *Légèreté* (en la majeur, *vivamente*), où, pour quelques jolis et trémulants spiccatos, légers en effet comme des feux follets, il faut en passer par beaucoup de traits assez creux.

Entre les deux, il y a cependant *Accords*, une joyeuse et festive sardane (en fa dièse majeur), comme les aimait tant Casadesus (la première de ses *Danses méditerranéennes* pour deux pianos en est une autre, et des plus séduisantes). L'épisode mineur *(teneramente)* a de délicieux effets de cloches, que la main gauche, en croisant la droite, monte faire tinter à l'aigu.

### *Deuxième Sonate, en fa mineur* (op. 31)

COMP 1941. PUB 1953 (Durand). DÉD au pianiste Grant Johannesen, son élève. CRÉ par Johannesen (1950, Town Hall).

Bien plus réussie que la précédente : de plus beaux thèmes, de plus grands contrastes, et des harmonies renouvelées. On jugera sans doute l'*allegro con fuoco* initial un peu trop romantique, et héroïque, avec sa fougue, ses élans, son *appassionato* avoué ; mais il y a cet émouvant second thème *(calmato, tranquillo)*, mesuré à 5/4, dans sa paix harmonieuse.

La sicilienne du mouvement lent, contre toute attente (car la lenteur va bien à Casadesus), se révèle besogneuse au bout de quelques lignes (en la bémol majeur, *adagietto grazioso*) ; et curieusement opaque, en dépit de ses accords à claire-voie.

Mais on se rattrape avec le finale, un rondo *(non troppo vivo e delicatamente)*, qui bâtit sur une basse entêtée les petits motifs brisés, à contre-mesure, d'un refrain envoûtant et fantasmagorique, pianissimo staccato, – et tourne un premier couplet lyrique, en syncopes soupirantes, un second exubérant, en tierces piquées.

### *Toccata* (op. 40)

COMP 1946. PUB 1950 (Durand). DÉD à son fils Jean. CRÉ par Gaby Casadesus (1950).

Les cent moyens d'accommoder les doubles notes : onze pages bruissantes (*allegro*, en ré dorien : pas de si ♭ à la clé), dans une grande variété d'attaques, de rythmes, de textures, de dispositions pianistiques, – sur une poignée de brefs motifs récurrents.

### *Troisième Sonate, en la mineur* (op. 44)

COMP septembre 1948. PUB 1964 (Durand) avec la *Quatrième Sonate*. DÉD à sa fille Thérèse.

Très inégale, hélas. Le *prestissimo* initial est d'une désespérante monotonie, enfilade de noires à 3/4, formant arpèges et gammes, avec le moins d'accidents possible, bien entendu (on dirait, accommodé chez nous, le style « naïf » de Virgil Thomson). Le second thème renouvelle l'harmonie, mais guère beaucoup le rythme. Et c'est long ! – Quant au *rondo giocoso* final (en la majeur), sa profusion de gammes (ces tierces et ces triolets échappés de *L'Art de la vélocité*) le rend difficilement supportable, quand même quelques jaillissements rythmiques et mélodiques en auguraient du bon ; dommage surtout pour le passage « molto secco », rythmé d'agrestes tambourins, danse populaire aux harmonies acidulées.

Mais avec le mouvement lent (en ré mineur, *lento e tristamente*), nous voici en présence d'une des plus poignantes inspirations de Casadesus. Rondes, blanches et noires, flottantes et stagnantes, composent une dolente polyphonie, à quatre et cinq parties, où le chant tâche de circuler d'une voix à l'autre ; les pédales, les syncopes, les insistances, créent peu à peu une manière d'envoûtement ; tristesse close comme une tombe ; et l'on n'a même pas le désir d'en sortir...

### *Variations sur un thème de Falla* (op. 47)
COMP 1951. PUB 1960 (Ricordi). DÉD à la mémoire de Manuel de Falla. CRÉ par Casadesus (1952, Carnegie Hall).

Cet hommage greffé sur un autre hommage (puisqu'il part de l'*Homenaje* que Falla écrivit pour le *Tombeau de Debussy*) pourrait bien être la meilleure partition du piano de Casadesus. On aimerait dire qu'on n'y rencontre que les qualités de ses défauts. Ce qui, ailleurs, pouvait tourner à la répétition monotone, voire au procédé, sert ici à exalter la belle proposition initiale, à en renforcer le pouvoir d'envoûtement ; et le motif de Falla, qui piétine sur quelques notes et s'enroule sur quelques autres, colorées d'altérations andalouses, semble trouver ici son véritable accomplissement.

La forme de l'œuvre est originale. Après avoir fait entendre l'essentiel de l'*Homenaje*, quarante-huit mesures, Casadesus en varie les seize premières, deux fois, en se bornant à ajouter au thème inchangé des guirlandes de triolets en doubles croches, puis des batteries de triples croches. Alors seulement il varie le reste, dans un climat d'improvisation. La suite s'éloigne davantage du modèle, en trois parties contrastées : un *presto* à 9/16, d'abord simple accompagnement guitaristique, sur les touches blanches, où à la fin vient s'insérer un fragment du thème ; un poétique *andantino alla barcarola*, qui superpose un chant à 2/4 à des arpèges descendants à 6/8 ; enfin un *allegro ben moderato*, espagnol en diable, sonore et fougueux, rythmé avec énergie. (La tonalité : la mineur, mais sur la dominante mineure : un mi dorien, avec le do ♯.)

### *Six Enfantines* (op. 48)
COMP 1949-1953. PUB 1955 (Durand). DÉD à sa fille Thérèse.

Il faut à la fois beaucoup d'âme et beaucoup d'art pour fournir au répertoire enfantin, et deux pièces au moins sont fort bien venues dans ce petit recueil : la première, *Berceuse pour Edna* (en la mineur, *doux et mélanco-*

*lique*), où un ostinato hypnotique accompagne, dans un nuage de pédale, les notes tout aussi monotones du chant ; la troisième, *Barcarolle* (en si mineur, *andantino*), en rythme pointé à 6/8, balancée dans un murmure. On peut encore retenir la deuxième pièce, une joyeuse et pimpante *Idylle*. Les autres morceaux sont plus ternes, y compris une *Légende* sur le nom de Chaplin qui, pourtant bien commencée, ne fait plus bientôt que délayer son peu de matière.

### *Quatrième Sonate, en si mineur* (op. 56)

COMP septembre-décembre 1957. PUB 1964 (Durand) avec la *Troisième Sonate*. DÉD à Edouard Muller-Moor. CRÉ par Gaby Casadesus (1967, Société nationale).

La plus intéressante des quatre sonates. Le meilleur de l'*allegro impetuoso* initial est peut-être bien, au bout des élans un peu désordonnés du premier thème et de ses iambes énergiques, la valse délicate et fluide qui sert de seconde idée.

Scherzo très réussi (en si majeur, *vivace*), avec son rythme équivoquant entre 6/8 et 3/4, ce qui permet à la gauche, sous les croches véloces de sa compagne, d'énoncer quelque chose comme un thème de habanera (mes. 21). Le trio, à 2/4, tout en syncopes (« sospirando »), et harmonisé à quatre voix, semble une complainte populaire.

L'*andantino* (en sol dièse mineur) est également inspiré ; à quatre voix, balancé à 9/8, c'est une élégie douce et plaintive, où chaque note a son poids de musique, et qui ne perd pas sa substance en chemin. On notera l'expressive bitonalité de l'épisode central, obtenue par un décalage d'un demi-ton entre la gauche, en sol dièse mineur, et la droite, qui fait sonner quartes et quintes en la mineur, comme des cloches déformées par la distance...

Le finale aussi carillonne (en si majeur, *giocoso, non troppo vivo*), mais c'est de joie, et à toute volée, dans une métrique où domine l'impair (7/8, 5/8). Les doubles notes tintent drûment, et la basse répond en octaves éclatantes. Pages brillantes, parmi les rares à rappeler, en Casadesus, le virtuose.

### *Trois Berceuses* (op. 67)

COMP 1966-1969. PUB 1979 (Durand). DÉD à Antoine Casadesus, Nathalie Wellers, Carter Casadesus Rawson (son petit-fils).

Ni la première de ces *Berceuses*, sur les lettres du prénom « Antoine » ou « Antonio », ni la deuxième, sur celles de « Nathalie » ou « Natacha », ne tient les promesses de son début, – et le rythme de sardane de celle-là, en particulier, n'arrive pas à raviver l'intérêt de mélodies et d'harmonies assez grises. Mais la troisième pièce, intitulée *Berceuse lunaire* parce qu'elle commémore à la fois la naissance du petit dédicataire et le départ des cosmonautes américains pour la lune (16 juillet 1969), est fort attachante, avec son air méditatif, ses paisibles et tendres contrepoints, et ce 3/4 qui feint parfois le 6/8.

## *Impromptu* (op. 67 n° 4)
COMP août 1968. PUB 1988 (Eschig). DÉD à la mémoire de Dinu Lipatti.

Cet ultime morceau de son catalogue pianistique se trouve être un des plus séduisants du compositeur. Et non point l'un des plus caractéristiques. Certes, celui qui connaît bien Casadesus, des inflexions familières le lui rappelleront à plus d'un détour ; il n'empêche que ces six pages témoignent, sur le tard, d'une volonté (d'un besoin) de renouveau. La palette harmonique est plus large qu'à l'ordinaire, en ses chatoiements debussystes, et plus libre, plus inventive ; reflets et moirures obtenus par des dessins d'arpèges brisés que soulignent discrètement les notes chuchotées d'un chant, par des arpèges rapides, par des batteries doucement meurtries de dissonances (le passage *a tempo tranquillo espressivo*, repris à la fin *tristamente*). À part le milieu, où la musique se fait plus incisive, et passionnée, tout le morceau se maintient dans le murmure et l'effleurement.

# Alfredo CASELLA
(1883-1947) Italien

Il arrive, en Casella, qu'on loue le pianiste, le critique, le pédagogue, l'éditeur attentif des grands classiques, le fondateur enthousiaste de revues et de sociétés musicales, le défenseur infatigable de la musique contemporaine en Italie en même temps que l'ardent défricheur du passé de son pays. Mais on ne célèbre plus guère le compositeur ; et son œuvre, qui fut vivante, ne représente qu'un modeste paragraphe dans l'histoire de la musique.

Si l'histoire voulait l'honorer davantage, auquel de ses avatars accorderait-elle le laurier ? Peu de créateurs ont tellement tardé, tellement peiné à se trouver un langage. C'est souvent le lot des enfants prodiges. Celui-ci, à onze ans, jouait par cœur les deux volumes du *Clavier bien tempéré*. À treize, il étonnait ses camarades du Conservatoire de Paris par ses improvisations dans tous les styles. Il passera longtemps pour un caméléon, – presque un compliment, quand on voit le parti qu'il a su tirer de ses dons d'imitateur dans le délicieux *À la manière de*, collection de pastiches, les plus réussis qu'on ait jamais écrits. Mais durant ces premières années, ses propres œuvres se suivent et ne se ressemblent pas. Au piano, il évoque tantôt son maître Fauré, tantôt ses amis Debussy et Ravel, ou quelque autre de ces Français auxquels il s'est frotté durant deux décennies ; à l'orchestre, tantôt Rimski, tantôt Mahler. Art cosmopolite et luxueux, où n'entre encore aucune nécessité.

À trente ans, tout change. Il s'interroge sur lui-même, et plus largement sur la musique italienne. Il pénètre, ce sont ses termes, dans une période de « doute tonal ». Guido Gatti, moins négatif, préfère l'appeler une époque d'« exaltation harmonique » ; disons, plus rondement, qu'il s'agit d'une ère d'expérimentation, amorcée par sa *Notte di Maggio*, pour chant et orchestre. Au piano, les *Nove Pezzi* (1914) brisent d'un coup la porcelaine de salon accumulée depuis des lustres. Adieu pavanes, sarabandes et barcarolles ! Car en même temps qu'elle se hérisse d'accords inouïs, d'agrégats polytonaux explorés par une oreille à la curiosité sans bornes, sa musique accueille les grimaces du grotesque, les griffes de l'ironie, et jusqu'au vitriol du sarcasme. On dira que cette fois il imite Stravinski... Pourtant, il y a là un ton personnel, qui se précise dans la *Sonatine*, les *Contrastes*, les *Inezie*, ou les *Pupazzetti* pour piano à quatre mains. La matière se raréfie, la ligne s'épure. L'harmonie s'aventure aux confins du monde tonal, risque à tout moment de tomber dans Schönberg, et se rattrape toujours, la lucidité latine l'emportant sur la grisaille du Viennois.

La lumière... C'est au sein de la nature toscane qu'un jour de printemps 1923, Casella a cette révélation, rapportée dans son autobiographie, *I Segreti della Giara* : « Je compris que l'Italien ne pouvait, en aucun cas, être impressionniste, et que la clarté transparente de ce paysage était celle même de notre art. » Il tenait ainsi la réponse à ses deux questions. Voici ce qu'il devait tenter, et où il mènerait la musique italienne, secondé par ses amis Malipiero et Pizzetti : retrouver les modèles d'un âge d'or instrumental, antérieur à l'impressionnisme, au romantisme. Cette certitude lui redonne une confiance en soi qu'avaient ébranlée les assauts contre ses expériences, jugées « antipatriotiques ». Il va vers son classicisme, celui de ses ancêtres, l'esprit serein et le cœur affermi.

C'est ici qu'on l'attendait, et qu'il n'a pas vraiment donné ses meilleurs fruits. D'autant qu'il suit désormais deux directions opposées, toutes deux classiques en effet, dont aucune n'arrive à prendre le pas sur l'autre, dont chacune nuit à l'autre : soit le divertissement à la Scarlatti, fait d'esprit pétillant, de rythmes allègres, de lignes claires (les *Scarlattiana* pour orchestre, justement), – soit l'architecture monumentale, dont se réclame la *Sinfonia, Arioso e Finale*, que Casella estimait son chef-d'œuvre pianistique, et qui ne saurait susciter qu'un assentiment poli. Dans cette ultime manière, où certes sont rompues les dernières attaches qui pouvaient le retenir aux impressionnistes français comme aux symphonistes allemands, le contrepoint, invinciblement, gagne sur l'harmonie ; et un savant quelque peu austère remplace le téméraire découvreur d'accords.

Quel Casella retiendra l'histoire ? Peu importe, l'histoire est injuste et se trompe souvent. Ceux qui aiment Casella choisiront sans mal, et si même contre lui : celui de la *Sonatine*, qui parle haut, net, – et bref. Mais si l'on ne veut pas tailler dans un catalogue de piano relativement abondant (dix-sept opus et des poussières), qu'on aille à la recherche de cette nappe continue, chez notre compositeur, qui est celle des « berceuses ». Favorisée par son goût de l'ostinato, elle court à travers l'œuvre, depuis la *Berceuse triste* de 1909 jusqu'à la *Berceuse sarde* des *Canzoni italiane*, en passant par la « nénie » des *Nove Pezzi*, par la *Berceuse* des *Inezie*, par celle encore des *Pezzi infantili*. Au-delà des modes et des changements de style, dans ce regret récurrent de l'enfance à jamais perdue, gît peut-être le secret de Casella.

### *Pavane* (op. 1)
COMP été 1902. PUB 1902 (Énoch). DÉD à Renée Criticos.

Une pièce un peu trop mièvre et sucrée (en fa mineur), qui regarde du côté de la *Pavane* de Fauré, de la *Pavane pour une infante défunte* de Ravel (ou du *Passepied* de la *Suite bergamasque* de Debussy, qui a failli s'appeler « Pavane » lui aussi, et qui, sans être encore publié, pouvait être connu de Casella). Elle a leur basse détachée en accords brisés, leur modalité archaïsante (éolien, ou mineur sans sensible), leurs accords sur les degrés faibles ; et la même sentimentalité, la même naïveté d'enluminure. Après un intermède majeur, la reprise ajoute à l'alto un contrechant de croches, staccato comme la basse. – La pièce obtint le second prix d'un concours patronné par *Le Figaro*.

### *Variations sur une chaconne* (op. 3)
COMP 1903. PUB 1903 (Mathot). DÉD à Louis Diémer (son professeur de piano au Conservatoire de Paris).

Sur le thème, à peu près, des *Folies d'Espagne*, qu'avant lui Corelli, Haendel, Philipp Emanuel Bach ou Liszt, après lui Rachmaninov ont rendu fameux, Casella tresse dix variations et une fugue, d'harmonie sage (c'est le fa mineur sans sensible qu'on trouvait déjà dans la *Pavane*), et de pianisme banal. Peut-être tirera-t-on quelque chose de la 7e variation, où les sextolets prennent dans leur lacis quelques notes chantantes. Pour le reste, pensum de gammes, d'arpèges, de sauts, de martellements, sans oublier les délices du trois-contre-deux (1re variation) ou des doubles notes (10e), et le passage obligé au mode majeur (6e à 8e). L'hymne final, entonné « tutta forza », à briser l'instrument, est censé déchaîner les bravos. – Ces *Variations* partagèrent, avec une mélodie de Casella (sur *La Cloche fêlée* de Baudelaire), le premier prix d'un concours de composition.

***Toccata*** (op. 6)
COMP décembre 1904. PUB 1918 (Ricordi). DÉD à Édouard Risler.

Un peu plus d'une année suffit au jeune Casella pour affirmer son écriture : après les exercices appliqués que sont la *Pavane* et les *Variations*, voici un autre pianisme, une autre harmonie. Le musicien plante son chevalet devant Debussy, non plus celui de la *Suite bergamasque*, qui inspirait en partie la *Pavane*, mais le Debussy plus neuf, lui aussi, de *Pour le piano*. De fait, on ne peut imaginer toccatas plus ressemblantes ; au point que l'Italien a l'air de plagier le Français (alors qu'il saura, plus subtilement, le parodier, dans son *À la manière de...*). Même tonalité (en ut dièse mineur, *allegro non troppo e molto deciso*), mêmes tourniquets de doubles croches, motifs apparentés, syntaxe commune d'accords parfaits parallèles, technique identique de mains alternées, – et jusqu'à cette fin majeure (mais Casella choisit, par coquetterie, l'enharmonique ré bémol). Il n'importe, l'œuvre a du panache, de la personnalité, et devrait continuer à séduire les pianistes. Elle était demeurée quinze ans inédite, rappelle le compositeur ; puis fut éditée, sans grand succès ; et d'un coup devint célèbre, « on ne sait pourquoi », prétend-il. Pourquoi ? il n'y a qu'à l'entendre au concert ; son brio est irrésistible.

***Sarabande*** (op. 10)
COMP octobre 1908. PUB 1909 (Mathot). DÉD à Gustave Lyon (directeur de la maison Pleyel, qui voulait développer la harpe chromatique).

Première de deux pièces écrites pour la harpe chromatique ou le piano (la seconde est la *Berceuse triste*), elle semble vouloir réunir les styles, pourtant irréconciliables, de Debussy et de Fauré. On entend distinctement les échos de la *Sarabande* de *Pour le piano* dans ces grands accords douloureux (en ut mineur, *gravement, quoique pas trop lent*) qui donnent à la mélodie un air que Verlaine eût dit « carlovingien ». À la page suivante, le même thème se voit envelopper d'arpèges, et glisse en modulations étranges (si bémol mineur, ut dièse mineur), que d'imperceptibles tressaillements chromatiques et enharmoniques gouvernent avec autant de souplesse que de fermeté. La partie centrale est plus raffinée encore ; mais ici le piano est moins à son aise que la harpe, – à laquelle il faut décidément abandonner cette *Sarabande*, la *cadenza* finale achèvera de nous en convaincre.

***Berceuse triste*** (op. 14)
COMP 1909. PUB 1911 (Mathot). DÉD à Adèle Fanta.

Au contraire de la *Sarabande*, la *Berceuse* (en ut majeur, *allegretto, quasi andante*) ne perd pas de ses vertus sous les doigts d'un pianiste ; et elle en a davantage que son aînée. Plus courte, plus sobre, avec son balancement hypnotique à 6/8, sa mélopée plaintive, parsemée d'accidents modaux, son infinie douceur («dolcissimo», « colla più gran dolcezza », répète l'auteur), et ses accords d'une rareté parfois ravélienne, c'est la première des nombreuses berceuses de Casella, et l'œuvre de piano la plus attachante de cette première période.

## *Barcarola* (op. 15)
COMP 1910. PUB 1917 (Ricordi). DÉD à Alessandro Longo.

Courte pièce en la mineur *(allegretto)*. Ne nous laissons pas tromper à l'allure peu originale (ce 12/8 au rythme régulier, ce thème qui semble avoir traîné sur tous les lacs et toutes les lagunes) : l'harmonie, après quelques mesures banales exprès, se raffine ; il y a des épices piquantes, des détours imprévus, pleins de charme. Cependant le milieu *(allegretto più mosso, quasi serenata)*, dans le mode majeur, est plus quelconque, avec ses arpègements de guitare et ses gruppettos de convention.

## *À la manière de...* (op. 17 et 17 bis)
COMP 1re série avant 1911, 2e avant 1913. PUB 1re série 1911 (Mathot), 2e 1914 (Mathot). CRÉ de la 2e série par Casella (10 décembre 1913, salle Pleyel).

Cahiers récréatifs, certes mineurs, mais en tous points délicieux. On connaît surtout la deuxième série, où Ravel a trempé (pour un *Borodine* et un *Chabrier*) ; mais la première vaut davantage, dont les pastiches sont réussis au-delà de toute espérance. C'est que l'exercice est périlleux, et n'a fourni généralement que des inepties (voyez d'Indy, par exemple, et son triste *Pour les enfants de tout âge*). Casella ne prête que la plume à ses auteurs ; il les laisse faire et feint de s'éclipser ; ils ne se savent pas observés.

Wagner griffonne un *Einleitung des 3. Aufzuges*, un « Prélude du troisième acte » de quelque drame fumeux : voici un beau thème tristanesque, qui, trois mesures plus loin, se met à moduler sans pouvoir s'arrêter, à coups d'enharmonies en chaîne ; voici, à la basse, la pédale de si bémol des timbales assourdies ; un unisson des violoncelles et des contrebasses ; un roulement de caisse ; le rideau peut se lever...

Au tour de Fauré, avec une *Romance sans paroles* (en ré bémol majeur, *andante quasi allegretto*) : tout y est, les arpèges vaporeux, le thème bergamasque (calqué sur la phrase de *Clair de lune* : « Au calme clair de lune triste et beau... »), la tonalité favorite, la quarte lydienne caractéristique (sol ♮), l'absence de sensible, les enharmonies, les progressions, l'anapeste et le dactyle, et même la pudeur du « senza rallentare » final.

Brahms fournit un *Intermezzo* ; on entend sa fougue un peu massive (en ut mineur, *allegro passionato*), ses thèmes de sixtes, son éternel trois-contre-deux, ses ostinatos (l'*adagio* conclusif), et jusqu'à ces moments (tout le milieu) où il imite plus ou moins consciemment Schumann.

Debussy fait un savoureux pendant à Wagner, avec son *Entracte pour un drame en préparation*. La monodie initiale suffit à l'identifier : la courbe, les intervalles, le triolet de noires, la suspension sur une note ; on devine le hautbois, ou le cor anglais. Le reste à l'avenant : les accords parallèles, le trémolo grave à la Wagner, les arpèges alternés (« mystérieux »), le pizzicato final (*pppp* « sec »), – et ne comptons pas pour rien les indications du texte : « avec une sonorité molle et diffuse », « avec une expression douce et insinuante »...

Pour suivre, Richard Strauss propose sa *Symphonia molestica* (en mi bémol majcur, *lebhaft*, « vif »), – et la plume lui fourche : c'est *domestica* qu'il voulait écrire ; *molestica*, excusez-le, signifie « ennuyeux » ! Il se trompe à peine, bien entendu, avec ce mélange de banalités et de dissonances agressives, ces accords tonitruants que soutient dans le grave une hypothétique « troisième main ».

Enfin le dernier invité laisse sur la table, en guise d'adieu, une *Aria* (en fa dièse mineur, *allegro ben moderato*), en beau style d'organiste, qui erre interminablement d'une modulation à l'autre, par les degrés chromatiques : c'est César Franck, plus vrai que nature (on dirait le début de *Prélude, Aria et Finale*), – et qui ne se retiendra pas de conclure, comme on s'y attend, dans le « séraphique » mode majeur !

Quelque temps plus tard, Casella se pique une nouvelle fois à ce jeu, et des quatre pastiches qu'il projette, en propose deux à Ravel, gardant pour lui un d'Indy, *Prélude à l'après-midi d'un ascète* (titre sournois, quand on sait les mauvais rapports de d'Indy et de Debussy), dont l'intermède est une ronde joyeuse, à 15/8, mètre à cinq temps bien escompté ; – ainsi qu'un... Ravel, justement, qu'il intitule avec humour *Almanzor ou le Mariage d'Adélaïde*, et qui tâche d'attraper le style des *Valses nobles et sentimentales* : avouons qu'il n'y parvient qu'à moitié ; oui, tous les éléments y sont, jusqu'à cette notation plaisamment emberlificotée de l'harmonie ; il y manque ce rien indéfinissable qui, chez Ravel, transforme l'« occupation inutile » en poésie.

## *Nove Pezzi* (op. 24)

COMP été 1914. PUB 1915 (Ricordi). DÉD à Igor Stravinski, Enrique van der Henst, Ildebrando Pizzetti, Yvonne Lumley, Florent Schmitt, Maurice Ravel, Tina Dreyfus, Yvonne Muller, Gian Francesco Malipiero.

Ces morceaux inaugurent, dans l'œuvre pianistique de Casella, cette période de « doute tonal » où, sans aller jusqu'à l'imitation de Schönberg, il expérimente inlassablement l'univers infini de la dissonance : complexes polytonaux, contrepoints d'accords inclassables, qui lui vaudront le sobriquet de « paladin de la cacophonie ». Le fond change avec la forme : voici pénétrer dans sa musique, je l'ai dit plus haut, le burlesque, le sarcastique, le tourmenté, le féroce, l'exaspéré, le fantasque,

– autant d'humeurs traduites dans ce microcosme qu'est l'opus 24. L'écriture instrumentale est épineuse, et il faut au pianiste plus d'ouïe encore que de dextérité pour maîtriser couleurs et plans sonores, jeux de timbres, effets de pédale.

Le premier morceau, *In modo funebre* (en si bémol mineur, *lento e molto grave*), évoque un gigantesque édifice sonore, un temple plus fastueux encore que celui des *Danseuses de Delphes* chez Debussy *(Préludes I)*, avec ces colonnes d'agrégats dressées jusque sur quatre portées, et ce rythme double-pointé de procession solennelle. Deux grands crescendos se succèdent, avant une page plus étale où, sur la basse imitant sourdement le tam-tam, chante une mélopée d'une tristesse infinie. La conclusion fait tomber de l'aigu au grave un dernier cortège d'accords, triple piano. (Jouer les mains séparées produirait des résultats euphoniques : voyez le début, où elles n'ont pratiquement que des accords parfaits ; mais elles les superposent à un demi-ton de distance, si bémol contre la, ré bémol contre do, mi contre mi bémol...)

Le deuxième morceau, *In modo barbaro (allegro molto moderato)*, n'a pas volé son titre et dame le pion au fameux *Allegro barbaro* de Bartók, de quatre ans plus ancien. Sous un lourd ostinato de la droite dans le grave (quarte sol-do), la gauche plaque méchamment son thème grotesque (autour de do ♯), ponctué de gruppettos rageurs arrachés au clavier. Des traits martelés aux deux mains font monter la tension et l'intensité ; l'ostinato se renforce, à trois, à quatre sons. La dernière page feint d'éteindre le son, d'arrêter le mouvement ; puis la musique repart progressivement de l'extrême grave, grimpe vers l'aigu, éclate en accords stridents, avant le paraphe « feroce » au fond de l'instrument.

On croit entendre Debussy au début et à la fin de la troisième pièce, *In modo elegiaco* (en sol dièse mineur, *lento*). Cette cantilène douloureuse, que les mains jouent à l'unisson, pourrait venir de *Pelléas*, et ressemble fort à celle que Casella signait du nom du musicien français, dans son *À la manière de...* Mais ici, point de jeu, point de sourire. Entre ces deux volets endeuillés, nus comme du plain-chant, une mélodie va se déployer, « dolente, quasi parlando », avec son écho dans le grave et son accompagnement d'accords syncopés, et croître jusqu'au « *fff* grandiosamente », que scandent les timbales de la gauche.

*In modo burlesco*, le quatrième morceau (en fa mineur, *presto vivace*) dure une minute à peine : le temps de quelques bonds, de quelques éclats de rire, de quelques bouffonneries rythmiques, où les deux mains s'amusent à distance de septième.

L'étrange et pénétrant cinquième, *In modo esotico*, n'est pas pour rien dédié à Florent Schmitt, grand amateur d'exotisme musical : à la dédicace s'ajoute ici l'hommage stylistique. La mélopée initiale, tour à tour dévêtue, ou habillée d'agrégats et d'arpègements précieux, évoque la flûte d'un charmeur de serpents ; puis c'est un bref chant d'accords, songeur, mystérieux ; puis une danse lointaine, dont le motif, joué au ténor, s'accompagne dans l'aigu de tout un orchestre délicat, imitant le *gamelan*. Reprise, pour finir, de l'air de flûte et du chant d'accords. Notez que Casella préconise l'emploi de la sourdine *(una corda)* d'un bout à l'autre du morceau, à jouer *lento, improvvisando*.

Le sixième, *In modo di nenia* (en mi bémol mineur, *andantino dolce*), est une berceuse, tendrement balancée à 6/8 (l'édition, par erreur, note un C). Musique raffinée, un peu désabusée, dont l'harmonie semble vouloir rappeler celle des *Valses nobles et sentimentales* du dédicataire, – que Casella vient justement de pasticher dans la deuxième série de son *À la manière de...* (mais la superposition d'un triton et d'une quarte juste, par exemple mes. 29, est une gourmandise spécifiquement casellienne !).

Le septième morceau, *In modo di minuetto* (en ré bémol majeur), est celui des neuf qui séduira d'emblée. Il a pour lui le charme mélodique et la suavité harmonique, – laquelle provient en partie de l'espacement des accords (Koechlin l'a bien observé : un agrégat bien aéré ne dissone presque plus). Ni *burla*, ni barbarie, et pas même l'humour d'un pastiche, mais, sur les trois temps classiques du menuet, une inspiration heureuse, d'une relative et sage simplicité.

Quelques années avant Milhaud, voici déjà un *saudade do Brazil*, avec le huitième morceau, *In modo di tango*, que Casella dédia à cette élève, Yvonne Muller, qui allait devenir sa seconde épouse. *Allegretto indolente e capriccioso* : ces adjectifs conviennent bien à ces rythmes paresseux, à ces thèmes abandonnés (quintes et quartes parallèles), – que rompt soudain un accès de colère, un éclat de nerfs, un mouvement d'orgueil, secouant d'un coup la musique, la réveillant, avant de la laisser retomber dans une sensuelle torpeur. De si mineur à si majeur, par deux fois. On admirera en particulier l'échafaudage de la troisième page, où la mélodie du ténor est enserrée entre les syncopes de la basse et les accords dans l'aigu.

La dernière pièce, *In modo rustico (allegro vivace, ritmico e robusto)*, revient à Bartók, cette fois à sa veine populaire (celle des *Danses roumaines*) ; staccatos de la basse, accords joyeusement bruyants, anapestes bondissants, harmonies drues, – et une vigueur à toute épreuve, ne trouvant à s'apaiser que dans la dernière page, où chante soudain, repris à la *Suite pour orchestre* de 1910, un thème ingénu de pastorale, dont le clair ton de la majeur repousse, en définitive, la tentation atonale qui guettait tout au long du recueil...

## *Sonatine* (op. 28)
COMP mai 1916. PUB 1917 (Ricordi). DÉD à Blair Fairchild.

Merveilleuse réussite, un modèle du genre, et peut-être, dans sa concision et sa clarté, le chef-d'œuvre du piano de Casella. Lui-même s'y croyait proche de Schönberg, pour lequel il éprouvait une admiration mêlée de crainte. Mais si fort qu'elle emploie le chromatisme et les accords de quartes, elle est plus polytonale qu'atonale ; et latine, nul ne peut s'y tromper. L'ironie, la tendresse, le regret, l'émotion poétique y trouvent également à s'exprimer, dans une forme minutieusement ciselée.

L'*allegro con spirito*, plutôt que d'engager une joute scolaire entre thèmes A et B, choisit de se mouvoir en deux « climats », nettement opposés. Le premier privilégie le staccato persifleur, proscrit la pédale et le ralentissement, fait la part du silence moqueur, du contretemps, de l'ellipse ; sécheresse voulue des motifs, tracés au tire-ligne, à l'équerre ; on ne s'interdit pas le paradoxe : « malizioso, un poco melanconico », lit-on à tel détour. En alternance avec ce matériau, son contraire : de grands agrégats plus ou moins parallèles, embués de pédale, à jouer ad libitum ; la barre de mesure tombe, le métronome s'arrête ; au temps réglé et mécanique succède un espace libre, ouvert à la fantaisie. Des deux, c'est le climat poétique qui l'emporte, avec cette conclusion qui fait tinter sur trois registres des cloches de plus en plus éloignées (trois accords très espacés, la superposition des douze demi-tons de la gamme chromatique).

Comme dans la *Sonatine* de Ravel (1905), que Casella a pu prendre pour modèle, le deuxième mouvement est un menuet. Le compositeur s'y essaie à une métrique irrégulière, où parfois les trois temps traditionnels ne sont plus que deux. Musique grêle, raréfiée, avec ce thème à la fois mélancolique et distant, qu'accompagnent des accords un peu métalliques, où prédomine le staccato. « Mourons ensemble, voulez-vous ? » Dans ce pastiche d'un pastiche, les amoureux du parc verlainien prennent froid, se recroquevillent, et tout à coup paraissent leur âge ; mais qui donc aurait le cœur d'en rire ?

Dans le finale *(veloce molto)* scintille d'abord un trait de triples croches, réparti aux deux mains, qui sert de refrain dans une espèce originale de rondo. Il est suivi d'un épisode rythmique, en accords battus. Le trait revient, se développe sur deux pages. Nouvel épisode, « sotto voce, grottesco ». Alors, comme pour couper court à cette dérision, le thème extatique du premier mouvement, avec ses accords noyés de pédale, se fait entendre au lointain, « come un ricordo » (« comme un souvenir »). Un dernier assaut de traits virtuoses ; et c'est une longue coda : le motif pentatonique entendu dès le début du mouvement (main gauche du « refrain ») se transforme en marche, scandée par une pédale de do ♯, ponctuée d'accords imitant le gong (et une citation du *Turandot* de Carlo Gozzi vient, à point, insister sur ce caractère « alla Chinese »). Crescendo impressionnant, jusqu'aux dernières mesures, martelées à toute force.

## *A notte alta* (op. 30)
COMP août 1917. PUB 1919 (Ricordi). DÉD à Yvonne Muller.

On ne peut imaginer esthétique plus différente, à l'époque de la *Sonatine*, des *Contrastes* ou des *Inezie*, que celle de ce long « poème musical » (comme il l'appelle lui-même), dont Casella révéla le « programme » en 1921, quand il créa à Carnegie Hall la version pour piano et orchestre : deux amants, personnifiés par leurs thèmes respectifs (mes. 11, grave, celui de l'homme ; mes. 25, capricieux, celui de la femme), se rencontrent et se séparent, au profond d'une indifférente et solitaire nuit d'hiver. L'œuvre est, comme on dit, *sincère* : les méchants insinueront que c'est hélas ce qui l'empêche d'être entièrement réussie. L'art de Casella se dilue dans ces vingt-trois pages de nocturne, où parfois « nuit » rime avec « ennui ». La distance ironique, la parcimonie, la litote y cèdent la place à une écriture à la fois impressionniste (longues pédales, sonorités brouillées) et romantique (répétitions, accents véhéments, climat passionnel allant de l'exaltation au désespoir). Le musicien ne poussera jamais plus loin la confidence. On ne restera pas insensible à quelques passages d'une singulière beauté : tout le début, par exemple *(lento molto, misterioso)*, avec ses accords polytonaux noyés dans la brume, étagés sur trois et même quatre portées, dans la résonance d'une immuable pédale de do ♯ (dominante : le morceau a le ton de fa dièse pour pivot) ; ou encore, vers le milieu (p. 12-14), le murmurant et douloureux dialogue, que souligne obstinément la syncope d'une tierce mineure (la ♯-do ♯), lointaine et glacée.

## *Deux Contrastes* (op. 31)
COMP 1916 et 1918. PUB 1919 (Chester). DÉD à Ricardo Viñes.

Avec les délicieuses *Inezie*, ils constituent l'antidote au debussyste ou scriabinien *A notte alta*. Le premier *(andantino molto moderato)*, intitulé *Grazioso* et sous-titré encore « Hommage à Chopin », se hasarde à retailler (vingt et une mesures au lieu de seize) et à réharmoniser (la bémol au lieu de la, avec toutes sortes d'épices délectables) le *Septième Prélude* de Chopin, qu'un jour Federico Mompou prendra pour sujet de variations, – et auquel Casella lui-même reviendra dans l'une de ses *Études*. Le second, *Antigrazioso (allegro vivace e grottesco)*, cite la *Sonatine* et bouffonne comme prévu, malgracieux à souhait, avec ses bribes de marche, ses sursauts, ses grimaces, sa gauche raide et obstinée, et jusqu'à ce thème pentatonique en son milieu (mes. 28), qui se veut ingénu, au-dessus des quartes revêches de l'accompagnement.

## Inezie (op. 32)
COMP mai 1918. PUB 1919 (Chester). DÉD à Geneviève Besnard.

Ces pièces, dont le titre signifie « bagatelles » (Casella lui-même les nomme en français des « riens »), pourraient bien demeurer, quand des œuvres plus ambitieuses auront disparu. Les dira-t-on « satistes » ? Elles vont leur chemin, imperturbables, disent peu de chose et le répètent, et lorsqu'on croit qu'elles ont tordu le cou à l'émotion, de leurs lignes graciles, de leurs harmonies acides et de leurs thèmes maigrichons naît une étrange poésie.

Un *Preludio (andante molto moderato)* se tisse peu à peu de quelques phrases, rehaussées d'ornements, sur l'accompagnement obstiné de deux lignes de croches superposées, avant de laisser tinter, « cristallino », une chaîne de doubles quintes.

On enchaîne (« attacca subito ») avec une *Serenata (allegretto moderato)* dont la basse, arpégée staccatissimo, ne veut rien savoir des nombreux changements de mesure du thème ; elle conserve un rythme uniforme de croches, et les mêmes infatigables quatre notes en va-et-vient pendant plus d'une page, mimant un piètre mais obstiné joueur de guitare, sous cette mélopée chromatique et comme agacée... Petit intermède *(animato)*, où zigzaguent les traits en quintolets et claquent les notes répétées, comme les talons du *zapateado* ; et la sérénade reprend, pour se perdre peu à peu dans le grave, jusqu'au dernier si♭ effleuré au fond du piano.

Enfin la troisième pièce est une *Berceuse (andante molto moderato, quasi adagio)*, où cette fois l'ostinato est utilisé à des fins narcotiques, hypnotiques, et qui cite « Dodo, l'enfant do » dans un fin réseau polytonal.

## Pezzi infantili (op. 35)
COMP 1920. PUB 1921 (Universal). DÉD à Castelnuovo-Tedesco.

À la suite des *Inezie*, ces onze « Pièces enfantines » marquent l'évolution du compositeur vers un langage plus limpide et plus serein. Aux agrégats, aux constellations de notes, va succéder une harmonie presque transparente ; au sarcasme une ironie bénigne ; à l'agressivité un climat d'optimisme et de paix. La musique y gagne-t-elle ? On peut en douter devant des morceaux qui prouvent surtout (une fois de plus) l'extrême difficulté de s'adresser à des enfants. D'évidence, Casella est parti pour chacun d'entre eux d'un problème de technique, d'un « truc » à résoudre, avec le moins de notes possible. Il en sort une enfance décharnée, et de surcroît un peu niaise, un univers de poupées, de *pupazzetti*, comme disait son opus 27 (à quatre mains).

Il y a quelques réussites, dignes des *Pièces faciles* à quatre mains de

Stravinski, qui lui ont peut-être servi de modèle (et dont l'une lui est dédiée). La *Siciliana* (n° 6), dans sa simplicité populaire, a du charme ; le *Minuetto* (n° 8), ravélien par endroits, est plein de tendresse, avec sa musette fragile et diaphane ; le *Carillon* (n° 9), dans l'extrême aigu, tire un parti délicieux du chevauchement bitonal des mains, l'une sur les touches blanches, l'autre sur les noires ; la *Berceuse* (n° 10) chante avec émotion, sur ses quintes monotones (l'ostinato est de règle en ce cahier) ; et l'on peut rire au *Galop* final, quintessence de vulgarité.

Le reste n'a pas beaucoup d'âme ; on n'y sent que les recettes. Touches blanches dans la *Valse diatonique* (n° 2), qui oppose staccato et legato ; touches noires dans le *Canone* (n° 3), chinoiserie vite agaçante ; espagnolade du *Boléro* (n° 4), sec comme une trique ; ou encore cet exercice digital, *Omaggio a Clementi* (n° 5), si aride à côté de la *Troisième Bagatelle* de Bartók, de semblable propos.

(En 1940, Casella devait tirer de ces pièces un ballet, *La Camera dei disegni*, op. 64.)

### *Sinfonia, Arioso e Toccata* (op. 59)

COMP 1936. PUB 1936 (Carisch). DÉD à Ornella Puliti-Santoliquido. CRÉ par Santoliquido (septembre 1936, Venise).

Venant après une série de grandes œuvres symphoniques (l'*Introduzione, Aria e Toccata*, le *Triple Concerto*, le *Concerto pour violoncelle*), c'est une partition étendue, complexe, ambitieuse, avec laquelle Casella pensait avoir écrit son chef-d'œuvre pianistique. On en donnerait une douzaine de cette sorte pour un seul comme la *Sonatine*. Elle est touffue (Casella affirmait pourtant, à l'époque, que l'ère de la musique compliquée était révolue), compacte (alors qu'il privilégie d'ordinaire le détail minutieux), et surtout interminable, d'autant plus que ses trois mouvements sont constitués comme des mosaïques, par assemblage de matériaux hétéroclites.

La *Sinfonia* encadre, selon l'usage, de deux volets solennels au rythme pointé à la française et assez tonitruants (en ut mineur, *largo, maestoso*), un *allegro animato* où se succèdent, rapiécés de gammes véloces, un ostinato de danse barbare, un fugato, un choral héroïque ; on reste épuisé de tant de versatilité. – L'*Arioso*, après quelques mesures fuguées où les voix s'imitent à l'intervalle de septième majeure, commence une envolée admirable : thème dolent (en mi mineur), sur un fond d'accords presque romantiques ; c'est la page, en vérité, qui fait regretter l'échec du restant ; elle retourne à la fin, mais il faut d'abord en passer par des digressions ennuyeuses. – La *Toccata (allegro)* n'échappe pas à ces défauts : un manque d'unité, tant mélodique qu'harmonique, et de pénibles passages à vide, après de bons moments (comme ces courses de doubles croches légères au-dessus du continuo de croches piquées). Un choral pompeux éclate au beau milieu, – qui vient couronner l'œuvre en tintamarre, dans un triomphant ut majeur.

### *Sei Studi* (op. 70)

COMP 1943-1944. PUB 1944 (Curci). DÉD à six de ses élèves, Carlo Zecchi, Armando Renzi, Maria Luisa Faini, Marcella Barzetti, Lya De Barberiis, Pietro Scarpini.

C'est l'opus ultime du piano de Casella. Il écrira encore, après ces *Études*, la *Missa pro pace*, puis, sa maladie l'empêchant de composer, ne s'occupera plus qu'à des éditions, d'ailleurs remarquables, des grands classiques (Bach, Mozart, Chopin). Dans l'avant-propos des *Études*, le musicien déclare avoir voulu offrir « un humble hommage d'admiration et de gratitude aux mémoires de Chopin et de Ravel ».

De fait, la première étude, *Sur les tierces majeures* (en mi mineur, *presto*), vive et bourdonnante comme une guêpe folle (et dont une première version avait été rédigée en 1942), emprunte en le majorisant le prétexte de l'Étude des tierces de Chopin (op. 25 n° 6) ; et l'on reconnaît au détour le Ravel des *Valses nobles et sentimentales* (quatrième valse). Quant à la cinquième étude, *Sur les quintes* (en la bémol majeur), elle s'inspire à nouveau du *Prélude en la majeur* de Chopin, qui occupait déjà le premier des *Contrastes*.

L'inquiétante deuxième étude, *Sur les septièmes majeures et mineures (allegro molto vivo)*, accommode cet intervalle à toutes les sauces, le brise, le dédouble, l'alterne entre les mains, le tourne du fiévreux au mélancolique. La quarte, ingrédient favori de Casella, occupe la troisième étude (en ut dièse mineur, *moderato*), qui fait du charme, avec ses harmonies ouatées et son poétique trois-contre-deux. Les notes répétées emportent la quatrième en un scherzo impétueux et sarcastique (en ré mineur, *allegro molto vivace ed agitato*). Enfin la sixième *(presto veloce)*, à la fois toccata et mouvement perpétuel, accumule en six pages une multitude de chausse-trapes : doubles notes, gammes agiles, traits alternés, martellements joyeux.

PIÈCES DIVERSES. – Un ***Notturnino*** en si mineur, probablement composé la même année, a paru en 1909 dans le magazine parisien *Foemina*. Casella ne lui a pas assigné de numéro dans son catalogue, et ne mentionne guère, dans son autobiographie, ce morceau écrit à la hâte, dans le style d'une romance de salon, – et sans intérêt que documentaire.

Contrairement à ce qu'on eût pu croire, il n'y a pas l'ombre d'une ironie, pas la moindre distance dans le ***Cocktail's Dance***, babiole composée en 1918 (en fa majeur, *allegro*), où Casella semble avoir tenu le pari d'écrire, sans dévier, en souvenir peut-être des cake-walks du casino de Dieppe, un rag à la Scott Joplin.

Les *Due Canzoni popolari italiane* (op. 47) d'octobre 1928 sont des harmonisations (mais çà et là Casella taille librement dans le tissu mélodique), pour une collection de chants folkloriques de tous pays, publiée par l'Oxford University Press : respectivement *Ninna-nanna* (en la mineur), sur une berceuse sarde qu'il harmonise de quintes parallèles, et qu'il réutilisera au premier acte de son opéra *La Donna serpente* ; et *Canzone a ballo* (en mi mineur), sur deux thèmes des Abruzzes, que pimente la quarte augmentée.

Le premier des *Due Ricercari sul nome « BACH »*, d'octobre 1932, fut écrit pour l'*Hommage à Bach* de la *Revue musicale*. Publiés en 1933 (Ricordi), ils sont dédiés à Walter Gieseking. Ensemble ils mériteraient le titre de *Contrastes*, que porte l'opus 31. Le premier, *Funebre (molto moderato, quasi lento)*, est une intense et sévère polyphonie, où l'harmonie, d'abord inclémente, s'adoucit peu à peu : chaleureuse pédale de mi♭ au milieu de la pièce, et soudain, à l'armure, les cinq bémols de si bémol mineur, que de grands accords de dixième tendent sous les deux voix chantantes (le motif BACH à l'alto, et un beau thème lyrique au soprano). – Le second ricercare, *Ostinato*, un rouage implacable *(vivacissimo)*, s'anime progressivement, ne lâche pas un instant les fatidiques quatre notes, les fait passer d'une main à l'autre, et s'en sert pour bâtir un énorme et effrayant crescendo.

Enfin le *Ricercare sul nome « Guido M. Gatti »*, composé en 1942 à l'occasion du cinquantième anniversaire du célèbre critique italien (publié en 1946, De Santis), est une pièce brève, intimiste, méditative (et presque hiératiquement), d'un contrepoint paisible et transparent.

## Mario CASTELNUOVO-TEDESCO
(1895-1968) Italien, naturalisé américain

Rien qu'à parcourir le catalogue de Castelnuovo-Tedesco, il saute aux yeux que ce musicien, à défaut d'être lui-même peintre, sculpteur, romancier, poète, a partie liée avec la peinture, la sculpture, le roman, la poésie. Peu d'œuvres, en proportion de son immense production, lui sont nées du simple fait musical, du seul matériau des sons, peu appartiennent à la « musique pure » (si ce terme est légitime, qui voit une corruption dans le contact avec les autres arts). Ne parlons pas uniquement de la musique vocale, ce domaine, par définition, où même le musicien le plus « pur » est forcé de dévoiler ses goûts littéraires, et parfois quelque chose de plus

(Fauré, qui sécrète son âme en nocturnes, en impromptus, en préludes, en barcarolles, aussi pudiquement que Chopin, avoue pourtant Watteau en avouant Samain et Verlaine, et pour nous sa musique aura toujours pour cadre un grand parc vaporeux où chantent les rossignols, où jasent les jets d'eau). Castelnuovo, témoignant d'une vaste culture, élit dans ses mélodies et ses chœurs Leopardi et Dante, Shakespeare, Heine et Tagore, Virgile et Horace, Lorca et Whitman, Gide, Proust et Musset, saint François d'Assise et le poète anonyme d'*Aucassin et Nicolette* ; mais il accole aussi le titre de *Capitan Fracassa* à un morceau pour violon et piano (op. 16), invoque les prophètes de la Bible dans son *Deuxième Concerto pour violon* (op. 66), accueille Cervantès ou Goya dans des partitions pour guitare (op. 177, 195). Son œuvre de piano, par-dessus tout, se plaît à ces échanges d'une muse à l'autre. Un passage de la *Vie des peintres* de Vasari lui inspire à dix-huit ans une de ses pièces les plus fameuses, *Questo fù il carro della morte* ; un tombeau sculpté par Jacopo della Quercia donne naissance à l'*Epigrafe* ; Charlot et Mickey se partagent les *Two Film Studies* ; le héros de Voltaire revit dans les six pièces de *Candide* ; les quatre évangiles fournissent la substance de l'*Evangélion*.

Ce qu'il n'a pas pris aux arts et aux lettres, Castelnuovo l'emprunte à la nature. Ici encore, c'est sa musique de piano qui reflète le mieux son amour pour le soleil et la mer, les vallons et les plaines, les sources et les feuillages, et le ciel étoilé, et tous les animaux de la création. Il n'est pas indifférent que son opus 1 tâche de retenir l'émotion d'un ciel de septembre, et que sa dernière partition éditée pour piano soit une sonatine « zoologique » où se succèdent libellules, escargots, lézards et fourmis... Voici le rayon vert (op. 9), les algues (op. 12) et les cyprès (op. 17) ; voici la fable de la petite sirène et du poisson bleu turquin (op. 18), ou celle de la clématite et de l'aubépine (op. 21) ; voici le cortège des quatre saisons (op. 33) ; et des poèmes « champêtres » (op. 44), et des préludes « alpins » (op. 84).

À considérer ces deux sources d'inspiration, et même en y joignant, plus rare, la veine abstraite d'où sortent la *Sonate*, les *Six Canons* ou la *Suite nello stile italiano*, on ne peut manquer d'évoquer Debussy. Un temple de Delphes, un personnage de Dickens, un vers de Baudelaire, une porte de l'Alhambra de Grenade, un paravent chinois, mais aussi le vent dans la plaine, des voiles sur l'eau, des pas sur la neige, des jardins sous la pluie : voilà la double matière des *Estampes*, des *Images* et des *Préludes*, à quoi s'ajoute l'art non figuratif d'un menuet, d'une sarabande, d'une toccata ou d'une poignée d'études. Oui, la démarche semble identique ; et quand on lit (le graphisme même est révélateur !), quand on écoute les premiers morceaux de Castelnuovo-Tedesco, la similitude est plus frappante encore : au-delà des causes, celle des effets.

Une telle ressemblance, qui provient d'affinités de cœur, d'esprit et d'épiderme, est souvent prise à tort pour le résultat d'emprunts indélicats, voire de larcins. Elle a nui à ce compositeur, singulièrement disparu de nos mœurs musicales, de nos disques, de nos concerts, même de nos déchiffrages solitaires. Car trop souvent le tableau de la musique se réduit à un palmarès, avec ses éternels premiers, seconds et derniers ; quel argument opposer à l'historien avare de ses points, qui note systématiquement au-dessous de la moyenne dès qu'il croit repérer un accord, un enchaînement, un geste pianistique copié chez un camarade ?

Il est vrai que Debussy, soleil mystérieux, a entraîné dans sa ronde d'innombrables planètes, de toutes les tailles. Pendant une douzaine d'années (1910-1922), Castelnuovo, d'une manière ou d'une autre, en subit l'attraction, en reçoit la clarté. Il lui en restera à jamais quelque chose. Mais dès ce temps son originalité ne fait pas de doute. D'une part, à partir du *Raggio verde* (1916), ces œuvres pianistiques, dont certaines comptent parmi ses plus belles et ses plus hardies, attestent une sensibilité auditive aiguë, imaginative, apte à capter l'émotion poétique dans les mailles d'un réseau sonore de plus en plus serré et délicat ; d'autre part, elles certifient une identité, une appartenance : ici chante un Italien, retrouvant l'essence de la mélodie populaire, et quand il ne l'utilise pas directement, composant son folklore comme une abeille son miel. Et non seulement le Toscan qu'il est de naissance (ce qui autorise Guido Gatti à comparer ses lignes et ses couleurs au paysage de collines où ses aïeux vécurent plus de quatre cents ans) ; mais d'avance, par l'écume, le sel et l'air marin qui imprègnent maintes pages, le Napolitain d'adoption qui va bientôt célébrer *Piedigrotta*, ses rengaines, ses tarentelles.

Une deuxième période, de douze ans elle aussi (1923-1935), montre de nouvelles orientations. On voudrait l'appeler « rhapsodique », vu qu'elle commence par quatre rhapsodies, la viennoise, *Alt Wien*, la napolitaine, *Piedigrotta*, l'hébraïque, *Danze del re David*, et ce que l'on pourrait nommer la toscane, avec les trois *Poemi campestri*. Mais elle contient les premières œuvres « abstraites » (annoncées par l'*English Suite* du garçon de quatorze ans), et cela va des vastes dimensions de la *Sonate* aux modestes proportions des valses intitulées *Passatempi*. Celles-ci étant de loin plus réussies que celle-là, on se demandera si Castelnuovo est à son aise dans le maniement des grandes machines (les mêmes années voient naître quantité de concertos et de musique de chambre, sans titres ni intitulés). N'empêche qu'à cette époque il fait preuve d'une facilité, d'une fertilité accrues, tout en concentrant sans cesse son écriture, en épurant son style pianistique. Notons également l'apparition, à côté de la veine italienne (qui court aussi dans le *Concerto italiano* pour violon, dans le *Notturno adriatico* pour violon et piano, dans le ballet *Bacco in Toscana*), de la veine juive, qui alimente les *Danze*, les *Tre Corali*, et aussi bien cette *Sonate* à moitié ratée (et, hors du piano, *Les Prophètes*, pour violon et orchestre).

Hélas, les partitions de la période finale, ou américaine, loin d'ajouter au portrait de Castelnuovo, risquent d'en diminuer la stature. C'en est vraiment fini de ce pianisme bariolé et fantasque, héritier à la fois de Liszt et de Debussy ; l'étoffe est désormais moins voyante, et taillée au plus juste, selon des patrons classiques, voire académiques. À l'exception près, il n'y a rien dans ce dernier groupe d'œuvres qui puisse soutenir la comparaison avec les précédentes. Le métier, oui, est demeuré intact, comme l'intelligence, et la provision d'humour ; mais l'envie n'y est peut-être plus ; la plume a moins de rigueur ; on la dirait salariée, astreinte à un certain nombre de pages par jour ; aucune ne soulève l'enthousiasme, à défaut d'un regain, çà et là, d'intérêt. Concédons-le, cet intérêt, à quelques pièces de *Candide*, à quelques tableaux de l'*Evangélion*, et surtout à cette *Sonata zoologica*, fausse sonate et vrai bestiaire, où le vieux compositeur semble un instant retrouver l'éblouissement de sa jeunesse.

## LES ŒUVRES PITTORESQUES

Ici se trouve le meilleur de l'inspiration de Castelnuovo-Tedesco, qu'il lui soit dicté par une statue de marbre ou par un phénomène de nature. Les trois pièces « marines » et les deux « fables » des années 1919-1921 en sont les fleurons, suivies des « rhapsodies » des années 1923-1926. Il est terrifiant de constater que cette poignée de chefs-d'œuvre, qui resplendissent dans le répertoire pianistique du premier quart de siècle, n'aient pas assuré une gloire éternelle à leur auteur.

### *Cielo di settembre* (op. 1)
COMP automne 1910. PUB juin 1931 (Milan, revue *Antologia musicale*, n° 6). Orchestré en 1915.

Cet opus 1 « officiel », écrit longtemps avant toute formation musicale sérieuse, comme l'explique le compositeur lui-même dans une note manuscrite ajoutée à l'autographe, faisait partie d'une suite intitulée *Feuilles d'automne*, égarée depuis lors. Quand il se mit à travailler sous la direction de Pizzetti, Castelnuovo-Tedesco instrumenta le morceau, qui devint ainsi sa première œuvre orchestrale.

La pièce (en si mineur, *calmo*), qui regarde du côté du premier Debussy, par ses enchaînements harmoniques, par ses indications de flou et d'atmosphère (le début « un poco velato », la fin « un po' più stanco et più triste »), a trouvé, pour exprimer ce ciel automnal et cette fatigue des sens, l'accompagnement d'un rythme obsédant, employé tout au long par-dessus la ligne plaintive du thème et les lents accords de la basse.

## Questo fù il carro della morte (op. 2)
COMP 1913. PUB 1914 (Forlivesi).

Castelnuovo avait trouvé dans les *Vies de peintres* de Giorgio Vasari la matière de trois *Novellettes*. La première, consacrée à Giotto, est demeurée inédite, et la troisième, à Léonard de Vinci, est perdue. Celle-ci est la deuxième, dont une longue citation précise le sujet : la description, dans la *Vita di Pier di Cosimo*, d'un funèbre char de carnaval, où l'on voyait la Mort entourée de sépulcres béants, d'où sortaient à demi des cadavres, pour entonner, au son de trompes sourdes, un lugubre *miserere*. « Ce dur spectacle, conclut Vasari, remplit toute la ville de terreur et d'émerveillement. »

Avec un tel programme, on s'attend à des pages exceptionnelles. Elles ne le sont guère. Commencé en sol bémol majeur et achevé en fa dièse (enharmonique), scandé d'un rythme pointé de marche lente, qui s'ébranle au son étouffé des cuivres, allant du majeur au mineur et passant par sonnailles et trémolos, le morceau souffre de sa longueur, de son esthétique informe, de ses effets simplistes, de son écriture plus orchestrale que pianistique. Mais on ne peut dénier au jeune compositeur un fort pouvoir de suggestion.

## Il Raggio verde (op. 9) – Alghe (op. 12) – I Naviganti (op. 13)
COMP juillet 1916 ; mars 1919 ; septembre 1919. PUB la première 1918, les deux autres 1920 (Forlivesi). DÉD à Renato Bellenghi ; à Romano Romanelli ; à Renzo Lorenzoni.

Pièces séparées ; mais Guido Gatti a raison de considérer qu'elles forment une espèce de « suite marine », et elles gagnent à être jouées ensemble, en perspective. Ce sont les premières réussites du piano de Castelnuovo-Tedesco, des morceaux d'une grande beauté formelle, originaux, séduisants aux doigts comme aux oreilles. On les ignore assidûment ; ils tiendraient pourtant dignement leur place, dans le répertoire d'un pianiste, aux côtés des *Images* de Debussy et des *Miroirs* de Ravel.

C'est dire qu'on y trouvera les derniers feux de l'impressionnisme (que nourrissent quelque temps, en Italie un Malipiero, en Angleterre un Ireland et un Bridge). Mais ne croyez pas que ces pages appliquent à l'aveuglette les recettes de nos Français ; les ressemblances sont superficielles, moins fortes que les disparités. Certes, tous ces musiciens ont des écritures apparentées, mélodies, harmonies, pianisme ; un art à la fois souple et précis, poétique et concerté, que sa liberté d'allure n'empêche pas d'être exact (par le silence, l'intonation, le poids du doigt) au microsoupir, au dixième de croche, au millième de gramme près. Ils s'en servent pour fixer des vertiges, comme aurait dit Rimbaud ; Ravel le vol hagard et lourd des noctuelles, Debussy la vibration des cloches à travers le feuillage, et Castelnuovo ce « rayon vert » que les yeux croient percevoir, au crépuscule, à force de regarder le rougeoyant soleil couchant. Mais on ressent assez vite que la muse de notre compositeur est plus charnelle (et charnue, oserait-on dire...) qu'il n'est coutume à cette époque ; et qu'au-delà des impressions d'esthète, sa musique est chargée d'humanisme, et prolonge les aspirations et les angoisses du siècle romantique.

Ainsi *Il Raggio verde*, commencé comme une estampe pittoresque (en mi bémol majeur, *rapido e vivace*), tressé de lignes chantantes qui fusent joyeusement sur de longues pédales (dominante puis tonique), se croisent et se répondent dans une vivante polyphonie (et quelquefois dans une séduisante et intrigante polyrythmie, qui fera réviser son solfège à plus d'un pianiste !), s'ouvre soudain sur un récitatif, d'une intensité, d'une véhémence inattendues (« molto forte e doloroso », « declamato », puis « *fff* disperatamente »). N'est-ce rien, en effet, que cet astre qui meurt dans un incendie de moire et d'or ? et peut-on se défendre d'éprouver une étrange et secrète appréhension, comme si l'on était aux bornes du dernier jour, et que l'on désespérât de toute aube, de tout recommencement ? La fin, si belle dans son calme retrouvé, si triste dans ses tintements lointains, ses échos assourdis (cet obsédant motif de chanson qui a servi à toute la pièce), élargit l'horizon à l'infini, et aurait pu avoir pour épigraphe le vers fameux de *L'Infinito* de Leopardi, que le compositeur mettra bientôt en musique : « *E il naufragar m'è dolce in questo mare...* »

*Alghe*, qui serait le deuxième et le plus court volet de cette « suite » plus ou moins avouée (en ut majeur, *semplice e tranquillo*), est d'essence contemplative. L'horizon marin inspire ici des pensées plus sereines ; et quoiqu'on y trouve des motifs proches de ceux de la pièce précédente, l'absence de contrastes, l'atonie voulue, la clarté harmonique (lumineux accords parfaits) gardent au morceau sa paix initiale, à peine embuée çà et là de mélancolie (l'arrivée en si, par exemple, *un poco più stanco*). Sans doute le rythme berceur et caressant du début (brève-longue-brève) est-il également pour quelque chose dans cette quiétude rêveuse, comme l'emploi des tierces, qui adoucit les contours. Des trois pièces, c'est la plus debussyste, – un « prélude », à s'y tromper, entre *Voiles* et *La Fille aux cheveux de lin*.

La troisième pièce, *I Naviganti* (en ut majeur, *lento e malinconico*), plus que l'attrait du large, semble chanter la nostalgie de la terre ferme, de ses paysages, de ses rencontres, de ses amours. Sur le sol quasi inamovible des deux premières pages (dominante plus ou moins consciente), et après le motif ascendant, à notes répétées, des quatre premières mesures, se dessinent les deux thèmes principaux de cette barcarolle des mariniers : le premier (mes. 5), quintessence de chanson populaire, s'appuyant sur les notes répétées du début et ourlé lui-même de semblables répétitions internes, – le deuxième (mes. 15) déroulé en spirale à la main gauche, montant à la droite, puis récité par les deux mains ensemble. Ajoutons à ce matériau élémentaire et uni la petite figure descendante apparue à la mes. 42, elle aussi avec une note insistante : autant de notes persuasives, disant l'irrépressible désir du retour. La pièce évoluerait dans les nuances douces, n'était, à la reprise, la soudaine exaltation du premier thème, véritablement orchestré, en écho d'une main à l'autre (« appassionato », mes. 59) ; il laissera aux deux autres le soin de conclure, dans une brume lointaine, cependant que vient murmurer, aux quatre dernières mesures, mais cette fois sur la pédale de tonique (ut), le motif ascendant du début.

### *Cipressi* (op. 17)
COMP 1920. PUB 1921 (Forlivesi).

La pièce est dédiée au souvenir des cyprès d'Usigliano di Lari, qui bordaient le chemin de la propriété de famille, et qui semblent avoir donné leur haute stature et leur élan vertical à ces piliers d'accords *(lento e grave)*. Le compositeur y systématise pour la première fois ces quintes et quartes (accords sans la tierce) dont il aimera toujours davantage l'enchaînement. De la haie initiale s'échappe comme un chant de flûte, d'abord du plus simple diatonisme, mais qui finit en s'enroulant de dolents chromatismes, de couleur orientale. Cette volute conclusive de quatre doubles croches, fermée sur elle-même, prolifère, devient un arioso de plus en plus intense, caractérisé par le retour d'un triolet à l'espagnole, au sein de beaux accords de septième. Malgré quelques inflexions plus heureuses, bouffées d'air pur, échos insouciants des jours d'enfance, le ton de la pièce est à la déploration (« lamentoso », « piangente », et jusqu'à ce « disperatamente » entrevu dans *Il Raggio verde*), comme si, à ces cyprès funèbres, le passé ne pouvait que s'émouvoir et s'endeuiller. Pourtant, après le point culminant de la sixième page, où le thème, violemment déclamé, se répond à lui-même aux quatre coins du ciel, vient un épilogue paisible et résigné, aux harmonies translucides, où se défont confusément les derniers frémissements chromatiques.

### *La Sirenetta e il Pesce turchino* (op. 18) – *Vitalba e Biancospino* (op. 21)
COMP octobre 1920 ; 1921. PUB 1921 ; 1922 (Forlivesi). DÉD à Rita Giovannozzi ; à Rita Giovannozzi et Maria de Matteis.

Voici peut-être, à cette époque, les deux morceaux les plus ouvertement « pittoresques » de Castelnuovo-Tedesco, les plus apparentés à l'impressionnisme français. Mais personne, au vu de leur réussite, ne leur reprochera de n'être que purs jeux sonores. Il est bon de les exécuter à la suite ; ils sont aussi complémentaires que pouvaient l'être ceux des opus 9, 12 et 13. Tous deux s'annoncent comme des « fables » ; mais on ne gagne rien à démêler, dans la trame musicale, d'hypothétiques aventures : la sirène et le poisson turquin, la clématite et l'aubépine servent de prétexte, les uns à une évocation « marine », les autres à un tableau « champêtre ».

Les deux premiers thèmes de *La Sirenetta* sont présentés d'emblée : admettons que cette phrase caressante qui tombe lentement et remonte en arpège *(languido)* dépeigne la sirène, et qu'aussitôt après, ce motif dansant de triolets *(più mosso)* campe le gros poisson exubérant, puis laissons se développer ces idées contrastées, avant l'arrivée d'un troisième thème, plus lyrique, caractérisé par son rythme à cinq temps et son accompagnement syncopé (mes. 35). Dans les trilles, les cascades de petites notes, les frissons de triples croches, les accords cristallins dont ces pages s'agrémentent, on reconnaîtrait, même sans le titre, une célébration de l'eau, une image aquatique de plus dans le répertoire pianistique, et non des moins belles. La pièce passe par des instants ténus, aux confins du murmure, et par des moments d'intense exaltation, au plus fort de la sonorité et de l'effervescence rythmique ; elle culmine dans la superposition du thème lyrique augmenté (5/4 au lieu de 5/8) et du petit motif dansant (mes. 96), qui aboutit à une cadence tourbillonnante (« turbinoso »), où les mains accolées brassent joyeusement l'écume marine. Les deux pages conclusives ramènent la langueur et la douceur du premier thème, sous les vaguelettes argentines que la main droite fait ruisseler dans l'aigu. Fin en sol.

L'églogue de *Vitalba e Biancospino*, après deux mesures d'introduction qui reviendront comme une ritournelle, alterne à trois reprises deux thèmes bien différenciés : le premier, à 3/8, chante les deux premières fois en septièmes délicates, la troisième fois en lumineux accords parfaits, au-dessus d'un frisson d'arpèges ; le second, à 12/16, annoncé par les quintes d'une sonnerie de cors, semble un souvenir de tarentelle, entendu à l'autre bout de l'horizon. La merveilleuse coda *(lento e nostalgico)*, qui nécessite trois portées, cite, au-dessus d'une longue pédale de dominante (sol : la pièce finit en ut), en accords de dixième imitant des cloches, et relayé par son écho en canon, l'air « *E come debbo far a andarla a ritrovar ?* » (« Comment faire pour la retrouver ? »), où vient s'incruster par intermittence l'insouciant petit thème de tarentelle.

### *Cantico* (op. 19)
COMP 1920. PUB 1921 (Ricordi). DÉD à Fernando Liuzzi.

La pièce fut primée à un concours organisé par la revue *Il Pianoforte*. Que cela ne nous empêche pas de trouver bien ennuyeuses ces théories d'accords, ces sonorités de cloches et ces bribes de mélismes religieux (en ut majeur, *lento e grave*). Quant aux fracas d'octaves de la fin, ils délaissent la pieuse atmosphère d'église (et la statuette de san Bernardino dont ce « Cantique » veut tirer son origine), pour aller tonitruer sur une estrade de concert, comme dans les pires accès de religiosité triomphale de Liszt... Ces lourdes portées d'écriture sommaire ne peuvent que déconcerter, après les morceaux raffinés qui précèdent ; à leur (mauvaise) manière, elles marquent la fin d'une époque.

## Epigrafe (op. 25)
COMP 1922-1923. PUB 1923 ? (Forlivesi).

Bien plus réussi que le *Cantico* de 1920, ce morceau, qui s'inspire à la fois du fameux tombeau d'Ilaria del Carretto, sculpté par Jacopo della Quercia (cathédrale de Lucques), et de quatre vers de Ben Jonson *(Epitaph on a Lady)*, aligne quelques accords transparents, tend d'une basse à l'autre les lianes souples de quelques croches chantantes, puis, passant de 3/4 à 3/8, fait vibrer à la main gauche une cantilène expressive que la droite auréole d'arpèges, enfin divise les arpèges entre les mains, pour permettre à cette droite de doubler la mélodie en octaves. Juste avant la reprise, au-dessus du thème en doubles tierces, court dans l'aigu, en triples croches, une arabesque de flûte. Toute cette « épigraphe antique » trempe encore ses pinceaux dans la palette debussyste ; mais elle s'y prend à merveille ; et pour la dernière fois.

## Alt Wien (op. 30)
COMP 1923. PUB 1923 (Forlivesi). DÉD à la princesse Edmond de Polignac.

C'est une œuvre singulière, et l'une des meilleures du piano de Castelnuovo-Tedesco, que cette « rhapsodie viennoise » (comme il est précisé dans l'intitulé), en trois pièces, où un hommage véridique à la Vienne d'autrefois emprunte tour à tour des accents ironiques ou attendris, sarcastiques ou funèbres. Du point de vue du style, elle rompt nettement avec les estampes plus ou moins impressionnistes qui l'ont précédée ; l'art du compositeur se dirige ici vers des formes plus classiques, une écriture plus aiguë, plus pointue, plus linéaire : cheminement proche de celui de Ravel.

La première pièce, qui reprend le titre de tout le triptyque, *Alt Wien*, est une valse (en ut majeur, *volubile e fantastico*), d'un charme acidulé, avec ses frottis de dissonances, ses phrases légères auxquelles un arpège donne l'envol, ses rubatos romantiques (« con sentimento esagerato », persifle le compositeur !), ses alternances d'emphase et de douceur, – et surtout son pimpant motif de quartes (mes. 39), qui lui confère soudain des sonorités de boîte à musique.

Ce motif, la deuxième pièce, *Nachtmusik*, le reprendra comme un souvenir confus (« poetico e lontano ») entre deux thèmes de chanson soupirés dans une nuit amoureuse, et plus napolitains que viennois : l'un par-dessus de grands arpèges de barcarolle, l'autre au-dessous d'un trait de triples croches en aller et retour. Morceau voluptueux et troublant, commencé sur la dominante de si majeur/mineur *(tranquillo)*, et conclu en ré majeur.

La troisième pièce, lugubrement intitulée *Memento mori* (en sol mineur), fait basculer la « rhapsodie » dans le drame. Ravel, dans les trois temps de sa *Valse* (1919-1920), qui devait justement, à l'origine, porter le titre de *Wien*, venait d'enclore des visions pessimistes, des pensées tournées vers la guerre ; l'apothéose de la danse devenait un tourbillon fantastique et macabre. Castelnuovo, après avoir laissé passer dans l'insouciance et valse et nocturne, rejoint son aîné dans ce « fox-trot tragique », aux accents de marche funèbre, où deux thèmes présentés séparément finissent par se superposer avec violence. En outre, on retrouve le motif de boîte à musique, méconnaissable dans cet environnement inquiétant. Un des moments les plus saisissants est la dernière entrée du premier thème, chuchoté dans l'aigu, harmonisé de tritons et septièmes « glacés et spectraux » (« gelido e spettrale »)...

## *Piedigrotta 1924* (op. 32)
COMP 1924. PUB 1925 (Ricordi). DÉD « à Clara ».

À mon gré le chef-d'œuvre du piano de Castelnuovo, cette nouvelle « rhapsodie » en cinq volets célèbre Naples après Vienne, et alterne danses et chansons, clairs de lune et ronds de soleil, dans un vivant climat méditerranéen, où la joie, étrangement, est talonnée par l'inquiétude, et la tendresse par la fureur.

Ainsi commence-t-elle par une *Tarantella scura* (*allegro furioso*, dans un ut modal et fluctuant dont rendent mal compte les trois bémols de l'armure), sur deux thèmes alternés, l'un bien diatonique et tournoyant à 6/8, l'autre chromatique et piétinant à 2/4. Des indications comme « violento », « stridente », « minaccioso », « piangente », « ansioso », « disperatamente », reflètent suffisamment l'atmosphère torturée, et résolument « obscure », comme dit le titre, de ce morceau.

Au contraire, il n'y a que « luxe, calme et volupté » dans la deuxième pièce, intitulée *Notte e luna* (en fa dièse majeur, *dolcemente mosso*), même s'il arrive à cette berceuse, à l'accompagnement doucement ondoyant, de monter jusqu'à l'« appassionato » ou de céder à l'« abbandono » : car elle vibre au pouls changeant de la nuit, à ses parfums troubles, à ses bouffées enivrantes, avec ce premier thème presque immobile et tremblant au-dessus des harmonies et de la longue pédale de tonique, et ce second thème aux accords gonflés de bonheur.

La troisième pièce, *Calasciunate* (en sol majeur, *allegramente*), enchaîne sur la vibration du fa ♯ de la précédente, et fait éclater dans les lueurs du jour sa gaieté sans bornes. Accords de guitares et sonorités de tambourins, espiègles refrains de terroir (« con spirito »), rythmes de danse bouffons (« burlesco », « grottesco »), tournoiements de tarentelle, se mêlent et se répondent ; ici sonnent des tierces chaleureuses, là des quartes cliquetantes, ailleurs des basses de quintes paysannes. La pièce finit en ré, et la dernière basse résonne à son tour longuement pour l'enchaînement avec la pièce suivante.

Intitulée *Voce luntana*, cette quatrième pièce est le pendant de la deuxième, et comme elle un nocturne, cette fois brouillé de mélancolie (*lento e nostalgico*, dans un la mineur qu'embaume le fa♯ du mode dorien). On y entend s'essorer lentement et s'endolorir l'air populaire « *Fenesta che lucive* », rythmé à 12/8 au-dessus d'un staccato d'arpèges comme de mandoline, étouffés dans la pédale, tandis qu'à l'aigu lui répondent les tierces cristallines d'un autre motif, inachevé, suspendu dans les étoiles. À la mes. 19, ce deuxième thème prend le dessus, achève sa courbe (que colore, en sus, le si♭ du mode phrygien : on peut aussi parler d'harmonie napolitaine) et la conclut par des traits de flûte champêtre. Plus loin, à la faveur d'un changement de mesure (4/4), on distingue le thème chromatique de la *Tarantella scura*, qui réveille on ne sait quelle émotion profonde, quelle angoisse oubliée... Fin en ut, avec la chute scintillante d'un glissando sur les touches noires, « comme une étoile filante » (« come una stella cadente »).

La dernière pièce, *Lariulà !* (*assai mosso*, dans le même ut modal que la première), conclut la suite dans une atmosphère de liesse retrouvée. Le début sort confusément des voiles de la nuit, imite les carillons de l'aube, les gazouillis d'oiseaux, de plus en plus rapprochés, et finit par introduire une marche paysanne, joyeusement scandée à 2/4 (« alla maniera popolaresca »), remplie de tumultes, de cris, d'éclats de rire. Aux mesures finales retentit le thème principal de la *Tarantella scura*, mais dépourvu désormais de toute noirceur, entraîné malgré lui dans la lumière et la joie de vivre.

## *Le Stagioni* (op. 33)

COMP 1924. PUB 1925 (Forlivesi). DÉD à Clara Sansoni.

Écrit dans l'ombre de l'ambitieux *Piedigrotta*, ce petit cycle de pièces modestes, de moyenne difficulté, n'en est pas moins attachant pour autant, et prouve, comme le montreront au fil des ans d'autres cahiers similaires, que le compositeur est également à son aise dans ces étroites dimensions et ce langage simple, et ne perd rien de ses dons poétiques. Et même il se trouvera des déchiffreurs pour préférer ces notations rapides, où l'inspiration n'a pas le temps de s'émousser.

Voici donc, une fois de plus, les quatre saisons en musique : les quintes mélancoliques de l'*Inverno* (en sol mineur, *andantino*), que berce le rythme à 6/8, et où le la♭ du mode phrygien cohabite avec le la♮ ; les agiles et fuyants triolets chromatiques de la *Primavera* (en sol majeur, *rapido e leggero*), joués par la main droite, et croisés par la gauche pour un thème jovial comme une comptine ; les exubérants accords de quarte de l'*Estate* (*vivo e luminoso*, début en ré dorien, fin en ré majeur), qui tambourinent au-dessus du chant de la gauche, crié à tue-tête (« a piena voce ») ; les arabesques de flûte de l'*Autunno* (*tranquillo e ondulato*, début en sol dorien, fin en sol majeur). Et Castelnuovo nous gratifie en surplus d'un *Epilogo (con malinconia)*, où passent des bribes de chaque saison à son tour.

### *Le Danze del re David* (op. 37)
COMP 1925. PUB 1926 (Forlivesi). DED à la mémoire de son grand-père maternel Bruto Senigaglia.

Sept pièces, une « rhapsodie » encore, et « hébraïque » celle-ci, après la viennoise *(Alt Wien)* et la napolitaine *(Piedigrotta 1924)*. Issue de thèmes traditionnels, elle marque le premier coup de pioche de Castelnuovo-Tedesco dans le terreau de la musique juive, d'où il rapportera bien des partitions. Les sept pièces, ou danses, se suivent sans interruption, dans une grande variété d'humeurs et de couleurs.

Une stridente note répétée, imitant le *shofar* liturgique (ou corne de bélier), servira de ritournelle entre les morceaux. Elle introduit la première danse (en sol mineur, *violento ed impetuoso*), farouchement scandée de clameurs sauvages et de percussions (« quasi timpani », « quasi gran cassa »). La deuxième *(ieratico)* utilise bitonalement un accompagnement de harpe en la bémol majeur (sans la tierce) avec un thème de choral paisible, tour à tour en mi ou en ut (armure différente à chaque portée). La troisième (en la mineur, *rapido e selvaggio*) retrouve la rudesse, la violence, les accents désespérés de la première (« brusco e stridente », « tumultuoso ») ; toujours les motifs à notes répétées, les accords sans la tierce, successions de quartes et quintes hiératiques. Mais voici le cœur de la partition, avec la lente psalmodie de la quatrième (en fa dièse mineur, *lento ed estatico*), d'abord toute nue, sur trois octaves, puis accompagnée de trémolos frémissants ou d'arpèges en éventail. La marche épique de la cinquième (en ut mineur, *rude e ben ritmato*), la déploration de la sixième (en si mineur, *malinconico e supplichevole*) mènent aux accents belliqueux de la septième (en sol majeur, *allegro guerriero*), la moins réussie, hélas, plus triomphaliste que triomphale, aussi creuse que ses tambours, comme si le musicien s'était trouvé à court au moment de conclure...

### *Tre Poemi campestri* (op. 44)
COMP septembre 1926. PUB 1927 (Forlivesi). DÉD « à Clara ».

Castelnuovo ne le précise pas ; mais nul n'aura de mal à reconnaître dans ces trois morceaux quelque chose comme les trois volets d'une nouvelle « rhapsodie », italienne, et vouée au ciel natal, à cet Usigliano di Lari dont les cyprès lui avaient déjà inspiré une pièce de piano *(Cipressi)*. Plus que jamais, en effet, s'entend ici un art de rhapsode, et ces « trois poèmes », malgré l'intitulé, n'en font qu'un seul (et d'ailleurs s'enchaînent, « attacca »), une seule et même célébration de la campagne, de ses coteaux ensoleillés, de son ciel étoilé.

Poème du retour, comme l'annonce le titre de la première pièce, *Ritorno*, et sa joie débraillée, ses changements de tempo et d'éclairage, ses nuances contrastées, ses motifs cousus dans le désordre. Le rapiéçage rhapsodique ne convient-il pas à merveille à des retrouvailles ? On n'a pas le temps d'embrasser l'horizon, on passe d'un point à l'autre, on s'exclame aux arbres fleuris, aux toits de tuile, au sentier qui poudroie, au ruisseau qui jase ; tout est là, tel que le souvenir l'avait préservé. Les accords haletants du début, par-dessus trilles et trémolos, le grand cri d'allégresse poussé du fond de la poitrine (*ff* « con entusiasmo »), la chanson populaire qui revient aux lèvres (et à l'oreille intérieure, dans ses jolies tierces sentimentales), le rythme pointé de danse qui franchit l'espace et le temps, tout cela se combine d'un même élan lyrique, et nous vaut quelques-unes des plus belles pages du compositeur, – telles que les eût aimées Séverac, autre poète du retour au sol natal, s'il avait assez vécu pour les entendre.

Dans la deuxième pièce, *I Cipressi e le Stelle*, où l'un des thèmes précédents revient avec insistance, paraissent, après un prologue d'accords engourdis *(lentissimo)*, d'autres lambeaux de chanson (« affetuoso », ou « teneramente »), émaillés de tintements cristallins, ou soulignés à la basse, de sourdes timbales. En dépit du crescendo central, en triple unisson, le morceau baigne dans la sérénité nocturne, et les derniers accords se perdent réellement dans les étoiles, bien loin au-dessus du confus trémolo de la main gauche.

La lumière, à nouveau, rit dans les pages exubérantes de la troisième pièce, *Vigneti (vivo ed arioso)*. Sous de fraîches cascades de triples croches s'éveille lentement un premier thème, progressant de mesure en mesure, jusqu'à ces accords jubilatoires d'ut majeur qui mettent en branle tout l'instrument. Le même thème en contrepointe ensuite un autre, « ingénu, écrit le compositeur, comme un chant populaire », et leur savoureuse birythmie (une mesure de l'un, à 6/8, recouvrant deux mesures de l'autre, à 2/4) est une des trouvailles de la partition. On ne s'étonnera pas de réentendre, dans ce finale, des airs échappés aux autres parties, qui scellent ainsi l'unité de l'œuvre.

## *B-a-ba* (op. 57)

COMP 1929. PUB 1930 (Ricordi). DÉD à Paola Ojetti.

Un divertissement de qualité, quoique un peu long. Sous les espèces d'une série de variations sur un thème de comptine (« *tema infantile* »), le compositeur assemble en réalité une douzaine de pastiches, pleins d'humour et d'ingéniosité, comme autant d'hommages à quelques auteurs favoris.

Les deux premières variations évoquent Ravel, avec d'abord les liquides arpèges d'*Ondine*, qui nappent de façon inattendue le *b-a-ba* du thème, puis la gracile écriture du menuet du *Tombeau de Couperin*, qui s'octroie comme intermède la musette mélancolique du rigaudon...

La 3e variation, largement déclamatoire, avec ses trémolos, ses quartes et ses quintes, regarde du côté du *Schelomo* de Bloch, tandis que la 4e adapte au thème, qui se met à ressembler à « Nous n'irons plus au bois », l'accompagnement des *Jardins sous la pluie* de Debussy.

Entre la brévissime 5e, qui parodie le *Pulcinella* de Stravinski, à renfort de secondes stridentes et de rythmes détraqués, et la 7e, qui fait sonner toutes les cloches du finale des *Tableaux* de Moussorgski, il y a place, dans la 6e, pour un piquant jeu de reflets *(Omaggio a M.C.T.)*, où l'auteur emprunte à son propre *Alt Wien* : valse coquette, aux sonorités de porcelaine. (Dans sa galerie de pastiches, au demeurant plutôt médiocres, *Pour les enfants de tout âge*, d'Indy s'amuse également à accrocher un autoportrait, toutefois sans étiquette, à l'adresse des seuls « connaisseurs »...)

Le vieux Bach prête à la 8e variation les accords brisés de son *Prélude en ut mineur* (du premier *Clavier bien tempéré*), qui vont comme un gant au petit thème de nursery. Puis c'est au tour de Malipiero dans la 9e, pour une *Prédication aux oiseaux* qui, avec ses accords liturgiques, ses mélismes grégoriens, son parfum d'archaïsme, semble venue tout droit du *San Francesco d'Assisi* ; de Falla dans la 10e, pour un extrait des *Jardins d'Espagne*, entre nocturne et habanera, entre fontaines sanglotantes et fiévreux rythmes andalous ; enfin de Casella pour les deux dernières variations, une *Scarlattiana* au grêle staccato, et une *Marche triomphale des Tartares*, où le piano imite gongs et tam-tams. La pirouette conclusive est de Castelnuovo, qui cite, en guise d'adieu, son *Concerto pour piano* : un glissando rapide, deux accords étouffés, un ultime do au fond de l'instrument.

(Le thème est en la majeur ; mais tous les tons à leur tour sont sollicités dans cette fantaisie haute en couleurs, depuis l'ut dièse rutilant d'*Ondine* jusqu'au modeste et franciscain la modal de la *Prédication*...)

## *Two Film Studies* (op. 67)
COMP 1931. PUB 1933 (Ricordi). DÉD à Carlo Zecchi.

Campant l'illustre Charlot et le non moins célèbre Mickey Mouse, ce sont deux morceaux très réussis à leur manière, plutôt caricatures que portraits, dans le genre des préludes « anglais » de Debussy. Et de fait, on songe beaucoup à *Minstrels* dans la première de ces études, *Charlie*, qui met en œuvre une même technique du décousu, du collage, véritable kaléido... phone ! où se heurtent plaisamment, dans le désordre, la rengaine que moud mélancoliquement, en quintes métalliques, un vieil orgue de Barbarie (à 6/8), une marche qui passe de l'humour à la tendresse (à 4/4), un tohu-bohu d'accords stridents (à 2/4), les triolets élégants (et « désinvoltes », dit le texte) d'une valse (à 3/4), le tout coupé encore de phrases de récitatif, de vociférations de trombones, de trilles et de trémolos, de jacassantes notes répétées. Toute la verve de Castelnuovo-Tedesco est passée dans cette pièce, que seul un pianiste un peu bateleur saura défendre comme elle le mérite. (La lecture des indications montre à quel point le compositeur a touché de près, sous les allures de la pochade, la vérité de son personnage : « desolato », « grazioso e con spirito », « affetuoso », « parlante e persuasivo », « disinvolto e galante », « dolce e sognante », « tragico », « stanco e lontano », jusqu'au salut final de quatre mesures, espiègle et vif, – tout Charlot en raccourci !)

On ne cherchera pas la même humanité dans le croquis de *Mickey Mouse*, aussi enlevé, mais plus simple à tous les points de vue, se contentant essentiellement, entre quelques traits capricieux de cadence, d'un thème de fox-trot dégingandé sur le staccato « indifférent » de sa basse. Vers la fin, deux citations imprévues : le « Toréador prends garde » de Bizet et le « *Vissi d'arte* » de Puccini...

### *Tre Preludi alpestri* (op. 84)
COMP 1935. PUB 1936 (Ricordi). DÉD « alla mia nostalgia »...

Nouvel « album d'un voyageur », un siècle après celui de Liszt, et pareillement inspiré par l'air des cimes et les paysages alpins. Dans la première pièce, *Il prato canta* (« La prairie chante »), ce chant qui surgit d'un bruissant tremblement de doubles croches chromatiques *(vivo e frusciante)* en évoque bien d'autres de notre compositeur, tout aussi prenants par leur tour populaire, celui par exemple de *Notte e luna*, de la suite *Piedigrotta*. Plus frais encore d'être harmonisé, un peu plus loin, de quintes cristallines dans l'aigu ou de tierces tendres dans le grave, il cède la place, dans l'intermède, à une mélodie plus rêveuse (« calmo e indolente », « dolce e languido »), qu'accompagnent des trilles en cascade d'un registre à l'autre du clavier.

La deuxième pièce, *Campane a valle* (« Les Cloches de la vallée », *lento*), comme son titre le laisse prévoir, est emplie de tintements, de vibrements, de carillons que l'écho répercute à travers monts et vallons. Quartes et quintes sont les ingrédients tout indiqués de cette alchimie sonore, qui s'étage parfois sur trois portées, en plans consécutifs. Bribes de chansons, appels indistincts, froissements d'ailes ajoutent à l'étrange sentiment de mélancolie qui imprègne ces pages, où se mêlent confusément la plainte et la torpeur.

Non plus seulement ce mal-être indéfini, mais un véritable accès d'angoisse soulève la troisième pièce, *Vento nel bosco* (« Le Vent dans le bois », *rapido e tumultuoso*), agitée de trémolos et d'arpèges en bourrasque, et où une phrase plus douce et contrite essaie vainement de percer entre deux remous, puis se hasarde à couvrir la furie du vent, et finit par crier à son tour, au diapason de ces éléments déchaînés. « Piangente »,

« appassionato », « disperato », « pesante e tragico », « sinistro » : ces notations nous éloignent de la pure « estampe », nous livrent une âme désemparée, que le spectacle de la nature plonge dans un surcroît de pessimisme ; et l'on comprend alors que le compositeur ait dédié ce triptyque « à sa nostalgie »...

## *Onde* (op. 86)
COMP 1935. PUB 1936 (Ricordi). DÉD à Oscar Levi.

Deux « études » (c'est leur sous-titre), respectivement intitulées *Onde corte* et *Onde lunghe*. Il va de soi qu'il faut comprendre de deux façons ce mot d'« ondes », et l'hommage à la T.S.F. n'est que dans le calembour. À la vue, à l'ouïe, ces ondes se révèlent bel et bien aquatiques, comme celles qui donnèrent leur nom à la fée Ondine, chantée au piano par Ravel et par Debussy. On ne nomme ces compositeurs, hélas, que pour opposer leurs délicates merveilles à ces deux pièces bien quelconques, d'un Castelnuovo qui nous avait évoqué de meilleure façon les sortilèges de l'eau, de l'écume, des vagues (voyez son triptyque « marin », *Il Raggio verde, Alghe, I Naviganti*). Ses « Ondes courtes » (en ré dièse mineur, *rapido, leggero, volante*), où un dessin ascendant de la droite accompagne le chant syncopé de la gauche, tout comme ses « Ondes longues » (en sol majeur, *ampio, fluttuante, sonoro*), avec leurs grands allers et retours d'arpèges par-dessus la basse en octaves (on croit entendre un réchauffé de la *Première Étude* de Chopin), manquent de l'essentiel : d'une véritable impulsion créatrice. Ni les thèmes ni les harmonies n'accrochent l'intérêt. Nous amorcerons bientôt cette dernière période du compositeur, où nulle nécessité ne semblera dicter un nombre toujours accru de pages...

## *Candide* (op. 123)
COMP 1944. PUB 1947 (Delkas Music Publishing Co.).

Près de dix ans après les dernières œuvres écrites en Europe, cette première partition américaine, six « illustrations » pour le roman de Voltaire, ramène au piano un auteur déjà bien fécond dans ce domaine, et confirme un changement de manière, qui, à plus d'une oreille, apparaîtra comme un affaiblissement de son inspiration. Facile dans ses intentions, étriqué dans son dire, quel rapport ce style peut-il avoir avec l'écriture vibrante du *Raggio verde* ou de *Piedigrotta* ?

Pourtant, attiré par le sujet, on feuillette avec curiosité ce conte musical. Pour *Le Château en Westphalie*, Castelnuovo cuisine un menuet plus ou moins cocasse (en fa majeur), pourvu, en guise de trio, d'une romance à la Fauré ; on notera, à leur intersection, la petite phrase *(andantino quieto)* qui représente le personnage de Candide, et qui reviendra dans l'œuvre comme un leitmotiv.

Viennent ensuite : une *Marche des Bulgares*, qui sonne à peu près comme du Prokofiev *(rhythmic and ferocious)*, et où, au milieu des rudes staccatos et des accents belliqueux, monte soudain le cri d'effroi de Candide, aigu et perçant *(shrieking)* ; une *Marche pour l'autodafé* (en fa mineur, *lento e grave*), bâtie sur le *Dies irae*, dont les échos lugubres terrorisent à nouveau notre pauvre héros (cri cette fois strident, *shrilling*), d'autant que retentissent bientôt les trémolos caverneux du tremblement de terre de Lisbonne, et que le clavier se couvre de glissandos rapides comme l'éclair...

Vignettes que tout cela, passablement puériles ; du moins la suivante fait-elle preuve de quelque malice, qui, pour nous peindre *Les Jeunes Filles et les Singes* (Candide, ne l'oublions pas, se retrouve au Paraguay), adopte un rythme de samba, auquel le héros, remis de ses alarmes et entrant dans la danse, prête volontiers son propre leitmotiv...

Enfin la cinquième pièce, peut-être la meilleure, propose des variations sur le thème bien connu du « Carnaval de Venise » (en la bémol majeur) ; écriture translucide, sonorités menues, dans un pianissimo presque constant. Et pour servir d'épilogue, *Le Jardin sur le Bosphore* tourne à la blague le *Rondo alla turca* de Mozart, dont on entend les échos dans la distance, cependant que s'étire indolemment le leitmotiv du héros *(calm and philosophic)*, occupé à « cultiver son jardin ». Double effet, piquant et réussi, l'un de birythmie (la marche est à 2/4, le thème de Candide à 6/8), l'autre de bitonie (elle sonne en la majeur, loin au-dessus de l'harmonie de fa majeur).

## *Evangélion* (op. 141)

COMP 1949. PUB 1959 (Forlivesi), en quatre parties. DÉD à Nino Rota.

Cet évangile enfantin (sous-titré : *La Storia di Gesù, narrata ai fanciulli*, « racontée aux enfants ») est une œuvre touchante. L'auteur a trouvé, pour retracer les épisodes de la vie du Christ, un équivalent musical de l'art des enlumineurs ; et non seulement il emploie leur fin pinceau, leurs couleurs vives, leur symbolisme ingénu, mais il transpire une émotion semblable. Variés dans leur forme autant que dans leur expression, ce ne sont pas de simples tableautins de commande ; leur écriture se fait tour à tour prière, méditation, adoration.

Quatre parties, racontant tour à tour *L'Enfance* (n°s 1-6), *La Vie* (n°s 7-14), *Les Paroles* (n°s 15-21) et *La Passion* (n°s 22-28). En voici les épisodes les plus remarquables. Dans la première : la sérénité céleste de *L'Annonciation* (n° 1), dont les phrases très pures auréolent ensemble la salutation de l'Ange et le « oui » rayonnant de la Vierge ; la pastorale de *La Nativité* (n° 2), où concourent pipeaux de bergers et chœurs d'angelots ; le tableau de *Jésus parmi les docteurs* (n° 6), dialogue inégal entre les questions « solennelles et pompeuses » des lettrés et les réponses « innocentes » de l'Enfant. – Dans la deuxième : la barcarolle du *Lac de*

*Galilée* (n° 9), où s'élève soudain, oublieux du temps et de l'espace, le chant d'un marinier bien italien ; l'évocation de *La Samaritaine au puits* (n° 11), douce, idyllique, sur un rythme de sicilienne. – Dans la troisième : le simple et touchant *Pater noster* (n° 16), où se retrouve quelque chose de la muse franciscaine du vieux Liszt ; la plaisante antithèse entre *Vierges sages et Vierges folles* (n° 19), les unes avançant au pas d'une sobre sarabande, les autres dansant la bourrée ! – Enfin, dans la quatrième, la bouleversante prière de *Gethsémani* (n° 24), où, dans un entourage de quintes « froides et mystérieuses », à l'image de ce Jardin des oliviers endormi, une note unique, un ré obstinément répété, suffit à traduire la déréliction et l'effroi du Christ à l'approche de sa Passion ; la pénible montée au *Golgotha* (n° 26), avec ses cahots, ses arrêts, ses efforts douloureux, ses appels désespérés... Ce choix n'est pas limitatif ; il faut feuilleter cet ouvrage, si même un peu long et naïf ; dans chaque pièce il y a quelque trouvaille, et son sujet a réellement inspiré le compositeur.

## *Sonatina zoologica* (op. 187)

COMP 1960 (sauf n° 3, 1916). PUB 1961 (Ricordi). DÉD à Ornella Puliti-Santoliquido (sauf n° 3, à Alfredo Casella).

Réjouissons-nous que le catalogue pianistique du compositeur se referme sur cette exquise *Sonatine* en quatre pièces, où réapparaît, de façon imprévue, la manière des années 1916-1920. On disputera de savoir si c'est le désir d'employer la *Lucertolina* de 1916 qui lui a fait retremper sa plume dans cet ancien mais précieux encrier ; ou si ce n'est pas plutôt ce retour quasi miraculeux à son premier style qui lui a fait trouver tout naturel de reprendre une pièce ancienne, par laquelle toute la partition acquérait en quelque sorte ses lettres de noblesse et sa légitimité.

Elle commence par le ballet aérien des « Libellules », *Libellule*, où alternent deux thèmes, le premier nimbé d'arpèges frissonnants et effleuré d'appogiatures, le second relevé de quartes argentines ; poursuit par le traînant « Escargot », *La Chiocciola*, ses récitatifs, ses phrases douces, ses motifs reflétés en canon. Ensuite vient *Lucertolina*, ce « Petit Lézard » aux mesures inégales, à l'allure capricieuse, aux dessins chromatiques fuyants *(rapido e leggero)*, que son dédicataire joua si souvent à l'époque. Et le petit bestiaire se referme sur le trottinement des « Fourmis », *Formiche*, décrit d'emblée par l'indication de tempo et de caractère *(molto attivo, industrioso e belligerante)* ; petite toccata pressée, en battements de doubles croches et de croches, où chante une voix intérieure, mais qui s'anime et s'enhardit (fourmis guerrières !) jusqu'à l'« agressivo », jusqu'au « furioso ». Fin en ut, comme l'était déjà celle de la première pièce (la deuxième se termine en mi bémol).

## LES ŒUVRES ABSTRAITES

S'agissant d'un autre compositeur, je protesterais que ce terme ne doit pas être pris dans un sens péjoratif, et que ce n'est ici que commodité de classification. Mais ne trichons pas : voilà le moins attachant de l'œuvre de Castelnuovo, et parfois le plus rébarbatif. Sa muse, quand elle n'est pas sollicitée par une image, semble s'endormir. On trouvera néanmoins deux exceptions notables : les *Passatempi* et les *Crinoline* (1928-1929), qui ne prétendent qu'à nous distraire, mais pour lesquels on céderait volontiers des douzaines de sonates, de suites et de canons.

### English Suite
COMP 1909. PUB 1962 (Belwin Mills).

Timide essai d'un garçon de quatorze ans, cette suite, dite « anglaise » en révérence à Bach, et qui s'adresse au clavecin de préférence au piano, va d'ut majeur à ut mineur et aligne un *Preludio* de caractère improvisé (rubans d'arpèges et de gammes, encadrant un petit motif faussement ingénu, que souligne un trille moqueur), un *Andante* nostalgique, et une *Giga* à 6/8, de saveur modale, relevée d'indications humoristiques (« secco, quasi marionettistico », ou « burlesco, quasi fagotto »). L'intention vaut mieux que l'écriture, banale, faite de rapiéçages maladroits.

### Tre Corali su melodie ebraiche (op. 43)
COMP 1926. PUB 1927 (Universal). DÉD à sa mère.

Gide proclamait que les beaux sentiments ne produisent que de médiocre littérature ; la chose, hélas, se vérifie quelquefois en musique. On ne doute pas que de belles pensées aient dicté cette œuvre « filiale », dans tous les sens du terme ; mais dans son émotion, qui n'était pas d'essence musicale, le compositeur a perdu une partie de ses moyens. Ou alors il s'en est donné d'autres, qui ne lui ressemblent guère. En sorte que ces *Trois Chorals* font une vilaine tache dans ces partitions des années vingt, un trou noir au milieu d'étoiles de première grandeur. N'incriminons pas sa veine hébraïque, puisqu'elle lui a permis, l'année précédente, la relative réussite des *Danses du roi David* : il n'y semblait aucunement limité par son matériau. Dans les *Chorals*, il cède au simplisme. Lui si raffiné, si habile à peser chaque note d'un accord, à doser chaque couche d'une texture, à varier ses effets, il assène ici de grosses et lourdes banalités, sans barguigner, et cet aplomb, qui chez d'autres résulterait d'une mauvaise oreille, provient chez lui d'une bonne conscience... N'insistons pas ; ces défauts, apparents déjà dans le *Cantico* de 1920, envahiront la *Sonate* de 1928. Le choral (et l'hiératisme) sied mal à notre auteur.

Les trois *Corali* s'enchaînent sans interruption. Le premier (en ut mineur, *grave e meditativo*) se fait l'écho des désirs, des angoisses, des supplications du peuple tout entier, avec ces thèmes implorants qui passent d'un registre à l'autre, ces voix qui se talonnent en canon, et à l'intérieur de la trame toutes ces notes qui tombent deux par deux, comme la musique baroque en montre déjà l'exemple chaque fois qu'il s'agit d'exprimer le gémissement ; sous les mélismes orientaux de la fin, la main gauche imite de sourdes timbales.

Changement d'atmosphère : le morceau suivant (en ut mineur également, *con ritmo rude e ostinato di danza*) est une danse guerrière, d'abord âprement scandée par les quintes et quartes vides de la basse, ne voulant pas décolérer, mais soudain éclairée par les bécarres du mode majeur et les guirlandes de doubles croches. Canons ici encore, de toutes sortes ; et toujours l'archaïsme de ces accords sans la tierce, qui tourne à l'obsession, à la fatigue, et au défaut d'imagination.

La troisième pièce (en si bémol majeur, *vivo e scalpitante*), de loin la meilleure, qui porte en guise d'épigraphe les versets de l'*Exode* qui célèbrent le passage de la mer Rouge (chapitre 15), est en effet un véritable chant de victoire, où l'on croit entendre trompes et tambourins. La trouvaille du début ne manque pas de piquant, cette percussion joyeuse, ce dru martellement où alternent les accords de si bémol et de sol (faisant clignoter chromatiquement la note si), au-dessus du chant triomphal confié à la basse. Mais trois pages auraient suffi : il y en a cinq, bien tassées, répétitives ; et la dernière, fanfare tonitruante (« sfolgorante » !), rayée de glissandos d'octaves, est d'un mauvais goût hollywoodien...

## *Sonate* (op. 51)
COMP 1928. PUB 1932 (Universal). DÉD à Walter Gieseking.

On voudrait la nommer « la sonate des quartes », – péjorativement. Cet intervalle favori, dont il compose souvent des chapelets de notes argentines, ou qu'il utilise comme une épice savoureuse, il arrive à Castelnuovo de l'employer à tort et à travers ; alors ce n'est plus qu'un matériau de remplissage, propre à bâtir à la hâte des pans de mur entiers. Quartes et quintes superposées forment aussi ces accords sans la tierce, dont l'allure archaïsante est trop marquée pour qu'on les puisse utiliser à longueur de pages. Il n'y a presque rien d'autre dans le finale *(allegro furioso)*, emporté et grondant, plein de fanfares, de cris menaçants, de bouffées sarcastiques, d'échappées de danse hilare : les quartes « quasi corni » du refrain, à 6/8, alternent avec les quartes « grotesques » qui lancent les doubles croches du thème secondaire, et seules quelques lignes *(andante mosso)* avant la coda ménagent un bref répit lyrique, où la sonnerie du début devient un chant insistant, en triades, baigné d'arpèges. L'âpreté des motifs, la rudesse des rythmes, la couleur orientale rappellent, bien entendu, les *Danze del re David*, mais sans leur efficace sobriété.

Il y a plus de variété dans le premier mouvement *(rude e violento)*, et les deux sujets principaux, amenés l'un et l'autre par ces appels de cuivres qui, tantôt voilés, tantôt stridents, peuplent toute l'œuvre, sont nettement contrastés : le premier, vibrant et passionné, en accords parfaits parallèles, est taillé selon le patron rythmique de bien des thèmes de Schubert ; le second, en triolets, évoque une marche à la fois fière et goguenarde. Le développement développe, hélas, et la reprise reprend : ils ont tort, les cinq premières pages en avaient assez dit ; mais quoi, neuf sonates sur dix sont dans ce cas.

L'originalité du mouvement lent *(adagio)*, où monte un long thème méditatif, dans la persistance de la pédale de dominante (sol : le début est en ut majeur), c'est cette forme ABACA qui lui donne, en guise d'intermèdes, deux *blues*, quelque peu inattendus dans cette partition. À vrai dire, le premier *(allegretto grazioso e un poco malinconico)* profite des quartes du thème principal, de leur rythme syncopé et pointé, que sa propre basse détachée et déhanchée entraîne dans la danse, avec ici un couplet de « saxophones » nostalgiques, là un trait de « clarinette ». Le second *(un poco languido e sognante)* est véritablement orchestré, sur trois portées : accords diaphanes, motif rythmique de tierces puis de quintes, solo capricieux, et périodiquement une amorce de triples croches, comme un glissando de trombones ; et ce sont les meilleurs moments de la sonate que ces pages rêveuses, qu'a pu inspirer le *blues* de la *Sonate pour violon et piano* de Ravel, d'un an l'aînée de celle de Castelnuovo.

## *Passatempi* (op. 54)
COMP 1928. PUB 1929 (Forlivesi). DÉD à Tito Petralia Carducci.

On s'étonnera que ce petit opus délectable ait pu naître à côté non seulement de la fatigante *Sonate*, mais aussi d'œuvres comme les *Variations symphoniques* pour violon et orchestre ou la *Sonate pour violoncelle et piano*. Il les dépasse largement en charme, en finesse, tout simplement en inspiration, écrin de cinq valses que Ravel eût aimé ajouter aux siennes, et qui méritent à leur tour la fameuse épigraphe empruntée à Henri de Régnier... Si tous les compositeurs avaient de tels « passe-temps », de telles « occupations inutiles », on les voudrait toujours oisifs, plutôt que penchés sur des pages laborieuses.

Car on ne sent nul effort, en ces cinq morceaux, mais aussi nul relâchement ; chaque note est ici miraculeusement à sa place ; il n'y a pas une mesure de trop, pas une harmonie controuvée, aucun vain détour, aucune fausse inflexion ; et l'on ne sait laquelle aimer davantage, de ces *piccoli walzer*, qui consolent de bien des sonates ratées...

Elles se jouent enchaînées. La première, fine et délicate *(un poco mosso)*, se dirige par petites modulations vers son ton final de mi bémol majeur, trace par deux fois un arc arpégé, ourle une phrase de tierces, la poursuit en quartes, au bord des touches, rêve de valse plutôt que vraie danse.

La deuxième, en dépit du motif *un poco burlesco* qui la commence (un dessin chromatique brisé, « quasi fagotto »), tâche de poursuivre sérieusement, reprend le ton de mi bémol de la précédente, propose un thème à la fois naïf et caressant, tressé d'accords de tierce et quarte, et plus loin de quintes parallèles ; mais le « basson » loufoque l'interrompt à plusieurs reprises, et termine tout seul, cependant que la basse, quittant sa tonique, prépare le ton de la valse suivante.

Cette troisième valse est la valse des regrets *(un poco malinconico)* et l'exprime autant par le dessin tombant de sa basse que par son hésitation entre la majeur et la mineur (à quoi s'ajoutent des coquetteries orthographiques, par exemple un mi ♭ accréditant le ton d'ut mineur, en bitonie, quand il n'est qu'un ré ♯, appogiature de la quinte en la mineur...). Un épisode contrastant fait luire le sourire de jolies tierces, entrées folâtrer dans ce boudoir mélancolique.

La quatrième (en la majeur, *serenamente, quasi campestre*) n'est valse que par intitulé ; on y devine un air populaire, quelque chanson napolitaine, bercée d'un accompagnement ondoyant, – et d'autant mieux que l'harmonie dite « napolitaine » (accord du deuxième degré mineur : si ♭ en la) vient succéder à celle de tonique, conférant sa couleur nostalgique à ce thème déjà si prenant. En guise d'intermède, l'enjouement d'une suite de tierces brisées, avant le retour de la *canzone*.

Ce sont des sixtes que brise l'intermède de la cinquième (en la majeur, *con brio, alla Viennese*), la plus proche peut-être de Ravel, en sa « viennoiserie » pleine d'humour, faite d'élans, de réticences, de pointes légères, de crescendos soudains où l'on voit tourbillonner les couples sous les lustres. – Et l'on termine par une coda de deux pages, bouquet d'adieu où remonte, comme un arôme entêtant, le souvenir des deux premières valses.

### *Crinoline* (op. 59)
COMP 1929. PUB 1930 (Ricordi). DÉD à Alfred Cortot.

Est-ce parce qu'il les dédie à un pianiste français ? Ces cinq adorables petites pièces, de moyenne difficulté, qui sont autant de scènes de bal, pourraient être signées Ibert, ou mieux Delvincourt : la première (en ut majeur, *allegretto*) ressemble à s'y tromper à un « croquembouche », dans son écriture pointue, son rythme de cake-walk, ses thèmes persifleurs, sa façon de moduler incontinent, sans crier gare. (On aura relevé l'insolent anachronisme : ces *Crinolines* commencent par une danse bien moderne !)

La deuxième (en fa majeur, *cerimonioso e galante*), rythmée comme une « valse noble » de Schubert (mais à 6/8), et où si ♮ crisse délicatement contre si ♭, délaisse un instant son rythme pompeux pour un accompagnement de fluides septolets.

La troisième est également une valse, mais vive, fantasque, insaisissable *(leggero e volante)*, aussi instable d'humeur que de tonalité, ici dévalant une gamme, là relevée d'appogiatures, s'arrêtant brusquement pour un appel de trompes, et repartant de plus belle.

Dans la quatrième (en mi mineur, *teneramente, alla romanza*), les « crinolines » s'arrêtent de tourner ; c'est l'heure de la sérénade, des phrases d'amour que deux voix s'échangent candidement par-dessus la basse monotone ; n'allez pas croire que ce soit seulement un jeu, et des « sentiments à fleur d'âme », comme dit Verlaine : quand le thème descend dans le grave, les accords de quarte qui l'harmonisent lui confèrent soudain une étrange gravité.

Le bal s'achève par une polonaise (en fa majeur, *allegro*), dont le pouls régulier bat tantôt dans l'aigu (effet de clochettes lointaines), tantôt dans le grave (tambours voilés), et qui finit en citant, « con spirito », le motif de cake-walk du premier morceau.

### *Media difficoltà* (op. 65)
COMP 1930. PUB 1932 (Carisch).

Titre trompeur. On le comprendrait pour les *Passatempi* ou les *Crinoline* ; mais ce recueil de quatre pièces est moins simple qu'il le prétend. Je parle de son exécution ; pour l'aimer, en revanche, on n'a pas besoin d'effort.

La première pièce, curieusement (et sans doute ironiquement) intitulée *Romanza senza parole* (en fa dièse majeur), avec cette précision : « per signorine », avance d'abord en beaux accords dissonants sur une longue pédale intérieure (appogiatures non résolues), qui lui donnent l'air d'un pastiche de Ravel ; puis ce sont des accords parfaits, toujours sur pédale, accentuant l'impression d'un cortège archaïque (et nullement celle d'une romance !). Mais le milieu de la pièce, moins contraint, plus souple, se laisse brièvement aller à un rythme de valse.

Délectable, la deuxième, et plus ironique encore, avec son titre de *Studio sulle note false* (en la majeur, *presto*). Les « fausses notes » en question ne sauraient offusquer nulle oreille : d'inoffensives secondes, malicieusement piquées dans la trame, sur les parties faibles de tous les temps (doubles croches paires de ce 2/4), et qui courent comme un fil d'argent chromatique au milieu d'harmonies quotidiennes.

Les deux dernières pièces sont plus relâchées. La troisième, un *Tango* dont l'auteur laisse au goût de chacun de déterminer s'il est argentin ou brésilien (en la mineur, puis majeur), se trémousse à loisir sur des thèmes convenus, et s'octroie de déliquescents arpèges (« quasi flauto », « quasi clarinetto »), pour meubler les à-coups de son rythme fatal. La quatrième, un *Fox-trot*, vaut surtout par ses deux trios, placides, et comme indifférents.

### Suite nello stile italiano (op. 138)
COMP 1947. PUB 1955 (Ricordi). DÉD à Jacob Gimbel.

À mettre au rebut, dans le lot des œuvres manquées, où nul divin potier n'ira les sauver... Trente-cinq pages, qui paraissent interminables. Par on ne sait quel mauvais génie, les rares idées plaisantes s'y ternissent à peine écloses. Successivement un *Preludio*, où un *Ricercare* à 3/4 se mue en *Mascherata* à 2/4 ; une *Gagliarda* (en sol majeur), où pour quelques motifs enlevés et colorés, il faut en passer par beaucoup de grise banalité ; une *Siciliana* (en sol mineur) des plus mal ficelées, qui s'évertue à nous faire entendre son thème tour à tour à la flûte, au hautbois, au cor, au basson (« quasi flauto », « quasi oboe », etc.), au-dessus de vibrants accords de harpe, sans que jamais rien ne nous y touche réellement (mais c'est assurément la meilleure des quatre pièces, celle où un pianiste astucieux peut donner le change) ; enfin une *Tarantella* (en ut mineur/majeur), qui ne nous vaut qu'un plus amer regret du temps de la *Tarantella scura* de *Piedigrotta*, le rayonnant chef-d'œuvre des années vingt.

### Six Canons (op. 142)
COMP 1950. PUB 1953 (Leeds Music Corporation). DÉD des n<sup>os</sup> 1-4 et 6 à Georgia Akst, André Previn, Lillian Magidow, Herman Stein, Adrian Paskowitz ; le n° 5 écrit pour le centenaire de Chopin.

Petits exercices égoïstes : je veux dire qu'ils doivent demeurer privés. Les deux qui ne le sont pas, la *Burlesca* (n° 4), qui revendique un interlocuteur sur qui rebondit la balle de l'ironie, la *Marcia funebre* pour Chopin (n° 5), qui suppose un petit rassemblement de circonstance, sont franchement agaçants (mais on s'amusera d'entendre, dans le trio de cette dernière, une parodie inattendue de Poulenc !). Le *Preludio* initial, pur monologue à deux voix (l'auteur et son double), la *Sonatina* qui suit, au rythme de sicilienne, promenade solitaire sur un sentier printanier, sont les meilleurs numéros de cette suite sans prétention.

### Six Pièces en forme de canons (op. 156)
COMP 1952. PUB 1954 (Ricordi). DÉD à Gerhard Albersheim (n° 1), Amparo Iturbi (n<sup>os</sup> 2 et 3).

Pour mémoire. Bien peu réussies, en comparaison des précédentes, elles sont ou bien plates et maussades, ou bien d'une agressive laideur. Dans le lot figure une *Élégie* en « hommage à Fauré », qui chez tout autre ferait suspecter la malveillance, tant elle traîne, sous ce nom, de repoussante guimauve. La seule pièce qu'on puisse déchiffrer sans grincer des dents est la cinquième, une *Valse* en « hommage à Chabrier » (en fa majeur, *gracious and elegant*), qui n'a rien à voir avec l'auteur de la *Bourrée fantasque*, mais qui du moins n'est pas dépourvue d'esprit, ni d'un peu de musique.

## PIÈCES DIVERSES

*Lucertolina*, pièce composée en 1916, publiée d'abord dans le périodique *Musica d'oggi* (IV, 1937) puis chez Ricordi, devait initialement faire partie d'une suite d'*Histoires naturelles* qui ne semble pas avoir dépassé le stade du projet. Le compositeur la reprit, bien plus tard, comme troisième mouvement de sa *Sonatina zoologica* (op. 187), à laquelle on se reportera.

En 1930, Castelnuovo écrit une **Fantasia e Fuga** sur le nom de Pizzetti (op. 63), publiée par Ricordi dans le cadre d'un *Omaggio a Pizzetti*. Ce procédé, de prendre un nom comme point de départ d'une composition, remplira plus tard tout un cahier, l'opus 170 : pièces écrites entre 1953 et 1964, pour la plupart inédites, dont n'ont paru qu'un *Tango* sur le nom d'André Previn, des *Mirages* sur celui de Gieseking, un *Fandango* sur celui d'Amparo Iturbi, un *Ricercare* sur celui de Dallapiccola, un *Slow* sur celui de Nicolas Slonimsky. Toujours d'après le même principe, une **Ninna-nanna del dopoguerra**, de 1952, a paru chez Forlivesi, sans numéro d'opus ; cette « Berceuse de l'après-guerre » prend pour prétexte le nom du petit Guglielmo Sangiorgi (fils d'Alfredo Sangiorgi, ami du compositeur), commence en sonorités feutrées, s'accompagne de tierces chromatiques, avec une pédale de la ♭ au fond du clavier comme une cloche sourde, et soudain s'interrompt devant les échos lointains d'une marche.

De 1931 date une pièce intitulée *Mi-la*, publiée dans *Musica d'oggi*, numéro de juin 1933. De 1941, une contribution à l'*Homage to Paderewski* des éditions Boosey & Hawkes, ainsi qu'un *Nocturne in Hollywood*. De 1948, pour l'album *American Composers of Today* (publié en 1956, Piedmont Music Company), un *Prélude*, trois pages d'aride contrepoint, lentes et méditatives.

À part les pièces mentionnées plus haut, beaucoup d'inédits dorment encore dans leurs cartons. Des œuvres de jeunesse : *Calma, a Giramonte* (1910), *Primavera fiorentina* (1911) ; d'autres plus tardives : *Terrazze* (1936), *Stars* (1940, où l'on trouve entre autres les portraits de Greta Garbo et de Marlène Dietrich), *El Encanto* (1953), *The Stories of Joseph* (1955).

## Alexis de CASTILLON
(1838-1873) Français

Il n'y aura jamais qu'un pianiste sur dix mille à avoir entendu le nom de Castillon. Ce pianiste y gagne-t-il ? Les autres, en tout cas, n'y perdent pas grand-chose. L'effort auquel on assiste aujourd'hui, en faveur de ce compositeur, porte sur sa musique de chambre, et elle le mérite. Ses deux trios, son quatuor avec piano, sa sonate pour violon et piano font partie des fleurons d'une époque qui, en France, fut assez chiche en ce domaine. Mon unique pianiste, quant à lui, a sans doute eu vent des *Pensées fugitives*, et c'est la raison pour laquelle il ne fera pas d'envieux. Les histoires de la musique vont répétant, quand elles veulent bien dire un mot de Castillon, qu'il est l'auteur de ces vingt-quatre pièces. Elles ne mentent pas, bien entendu ; mais plût au ciel qu'elles se fussent tues ! D'abord parce que ces *Pensées*, dans l'ensemble, sont assez quelconques ; et ensuite parce que ce titre a laissé dans l'ombre les cinq autres recueils pianistiques de l'auteur, tous meilleurs, comme par hasard, depuis ses *Fugues* jusqu'à ses *Valses humoristiques*.

Presque tout l'œuvre de Castillon est enserré entre ces deux dates : 1868, où, sortant des mains de Massé (qui fut, pour nos aïeux, le musicien des *Noces de Jeannette*), il prit ses premières leçons avec Franck, et 1873, l'année de sa mort prématurée. En cinq ans, il aura abattu beaucoup de besogne. La date précise de chacune de ses œuvres, à l'intérieur de cet intervalle, n'étant presque jamais certifiée, on mesure mal ses progrès. Si l'on suit aveuglément la numérotation des opus, il a l'air d'avancer cahin-caha. Les *Fugues op. 2* montrent d'emblée un musicien solide et original ; les *Suites op. 5* et *op. 10* attestent qu'il a de l'humour, quelque chose même comme la verdeur d'un Chabrier plus poli ; entre les deux suites, les *Pièces op. 9* marquent un sérieux recul ; les *Valses op. 11* sont un petit chef-d'œuvre, à leur façon modeste ; mais les *Pensées*, qui passent pour sa dernière composition, ne sont presque jamais dignes du reste...

Doit-on exhumer ce piano de Castillon, lui redonner ses chances ? « S'il eût vécu, disait son éditeur Hartmann, il eût été une sorte de Beethoven moderne. » Parole excessive ; aucune des œuvres de son mince catalogue ne recelait de telles promesses. Toute comparaison, d'ailleurs, lui serait fatale. Prenons ses meilleurs morceaux comme une halte reposante, sur cette longue route du piano français qui mène à Debussy.

***Fugues dans le style libre*** (op. 2)
COMP vers 1868. PUB 1869 (Hartmann). DÉD à Saint-Saëns.

Huit pièces. La première fugue (en ut dièse mineur, *soutenu, et sans lenteur*) fait au cahier un portique sévère ; et si l'on y sent peu à peu de la majesté, on n'y trouve pas d'emphase, même au plus fort de tels claironnants accords de sixte, ou de telles basses d'octaves qui rendent un son d'orgue.

Tout autre est la dansante deuxième fugue (en la majeur, *gaiement, et détaché*), où le rythme pointé à 6/8 fait merveille, qui nous emmène gambader en plein air avec ces motifs folâtres, si joyeux qu'au moment de finir, dans son élan la musique s'échappe du cadre imparti, se défait, s'accorde quelques mesures à 2/4, et des silences, avant de réintégrer le mètre initial.

La troisième (en sol mineur, *pas trop lentement, et très lié*) se distingue par son thème étrange qui hésite entre ton et relatif, par ses alternances de 9/8 et de 6/8, par cette basse qui, au bout d'une page, sort soudain du buisson polyphonique et trace quelques courbes en solitaire ; – et la quatrième (en ré mineur, *assez lentement*), plus curieuse encore, par son aride écriture chromatique, aux convulsions inattendues...

Un sentiment de jubilation soulève la cinquième fugue (en ré majeur, *très marqué, et pas trop vite*), entonnée en octaves, scandée d'accents vigoureux (une débauche de « sforzandos »), et finissant par adopter, au bout de cinquante-quatre mesures à 6/8, un énergique 4/4, où son sujet prend des couleurs cuivrées de fanfare. Les trois dernières lignes, pourtant, au tempo élargi, rentrent dans une sorte de solennelle sérénité.

À la remuante espièglerie de la sixième (en si mineur, *mouvement modéré*), à son dru staccato, à ses trilles, s'opposent les courbes tendres, le legato de la septième (en sol majeur, *avec grâce*), qui serait dénuée de défauts sans l'irruption en son milieu (heureusement éphémère !) d'octaves et de doubles croches bien inutiles ; mais toute la fin nous en console, avec son concert chuchoté à deux voix, planant au-dessus du ré grave de la pédale de dominante.

Passons hâtivement sur la dernière (en ut mineur, *pas trop vite, et bien rythmé*) : sa suffisance, sa creuse rhétorique, son agressive laideur déparent le cahier ; c'est la fugue scolaire dans toute sa vanité.

***Suite de cinq pièces*** (op. 5)
PUB 1868 (Hartmann).

Le *Canon* initial (en ut mineur, *sans lenteur et avec expression*) n'est pas bien engageant, et, avec son thème maussade et ses frottements malgracieux, arrive à être aussi « rébarbatif » que le sera, un jour, tel choral du bon Satie... Ne le quittons pas, toutefois, avant d'arriver aux dernières lignes, si étrangement raréfiées, où la musique ne tient plus qu'à quelques notes frileuses, qui se font un grêle écho de l'aigu au grave.

Plein d'entrain et de verve, le *Scherzo* (en mi bémol majeur, *vif et bien rythmé*) amuse par ses accents, par ses croches turbulentes, ses unissons « impétueux », – avec un trio en la bémol plus retenu. La fin est dans le ton ; mais deux douzaines de mesures, brodant « avec liberté » sur le trio, et menant à la dominante de sol, permettent d'enchaîner avec le morceau suivant.

C'est un *Thème et Variations*, et certes la pièce la plus curieuse de cette suite. Interminable énoncé du thème (en sol majeur, *mouvement modéré*), les mains à l'unisson, à deux octaves de distance, la gauche finissant tout de même par jouer une voix harmonique. Une 1re variation *(allegro)* double la vitesse initiale, divise le thème en fragments bondissants (« avec énergie »), que la gauche imite aussitôt, non sans ironie ; unissons encore pour terminer, en doubles croches pressées, qui roulent en crescendo. Une 2e variation chante le thème en batteries d'accords à 12/8 ; une 3e, qui sert de coda, le traite en pastorale ; fin surprenante, sur fa dièse, un demi-ton plus bas que prévu, comme si l'on allait en si.

Non, c'est en ut mineur que l'on se retrouve, pour la *Gavotte (vif et martelé)*, le joyau du cahier, une pièce à faire connaître ! Du Chabrier avant la lettre, par les élans, les accents, la brusquerie des rythmes, les surprises de la modulation, l'utilisation suggestive des modes ; le trio, au mode majeur, est une chose ravissante entre toutes, avec ses petits triolets frisés et ses deux voix au tendre dialogue.

À nouveau ce coloris annonciateur des *Pièces pittoresques* dans la *Marche* qui clôt la suite (en ut majeur, *très marqué et pas trop vite*) : moins heureuse, et trop longue, mais pleine de trouvailles cocasses ; retenons-en surtout le savoureux intermède, où, sur l'ostinato des quintes ou des octaves graves, et entre deux rantanplans de timbales, luisent les doubles notes staccato, les accords de septième et de neuvième, et qui, lui, fait irrésistiblement penser à Grieg, à ses trolls gentiment farceurs.

### *Cinq Pièces dans le style ancien* (op. 9)
PUB 1872 (Hartmann). DÉD à la marquise d'Angosse.

Tout au contraire de l'opus 5, ce cahier (en ré mineur) est loin d'être une réussite. Il montre, c'est entendu, un Castillon au fait des formes, des harmonies, des rythmes classiques. Il ne s'en écarte pas assez pour les recréer, leur insuffler de la vie. Le temps s'approche où un Chausson, puis un Debussy, un Ravel, un Roussel, redonneront un autre lustre à ces vieilleries charmantes. Lui s'y empêtre, et lourdement : il n'en retrouve même pas la grâce fragile. Rien, ou presque, à glaner dans le pesant et banal *Prélude* (n° 1), dans l'*Air* de pacotille, salonnard et antipathique (n° 4, en ré majeur), dans la *Fughette* (n° 5), que ses modalismes ne sauvent pas, et dont les tristes et mécaniques doubles croches démentent l'indication *giocoso*. À défaut d'originalité, la *Sarabande* (n° 3) est un peu plus plaisante, avec ses accords détachés *(maestoso)* que la basse accompagne une fois sur deux à contretemps. Le meilleur du cahier demeure encore la *Sicilienne* (n° 2), surtout en son intermède majeur, où deux voix murmurantes s'accolent tendrement, avec de jolies rencontres harmoniques.

### *Deuxième Suite* (op. 10)
PUB 1872 (Hartmann).

Cinq pièces. Une *Ballade* ouvre le cahier (en la mineur, *lentement*), évocatrice du passé, d'abord mélancolique, puis tâchant de ramener le souvenir de quelques vieilles fanfares guerrières, et finissant étrangement désabusée.

Le titre de *Ronde* convient fort mal à la deuxième pièce (en la mineur, *pas trop vif, mais très accentué*), plutôt une sorte de marche à trois temps, farouche, décidée, parfois même emportée, et d'un rythme sans relâche. L'intermède (en fa majeur) est délicieux, avec ses tierces joyeuses sur le rythme claudicant de sa basse (brève-longue) : quelque chose comme une chanson de retour.

L'*Adagietto* (en fa majeur, *très lentement, et soutenu*) est un lied harmonisé en grands accords arpégés, et enserrant une section centrale plus animée, de pianisme laborieux, toute pantelante d'accords battus et d'unissons déclamatoires.

Ce qu'il faut retenir de la *Fantaisie* (en ré mineur, *assez vite et avec agitation*), ce ne sont pas ses volets extérieurs, qui essaient vainement d'attraper la manière effervescente et fantasque de Schumann, mais bien l'intermède, tendre et capricieux, avec son hésitation entre 3/4 et 2/4 et ses accords palpitant à la lumière du mode majeur.

La pièce la mieux venue est la *Saltarelle* finale (en la majeur, *vif et rythmé*) : alternance de triolets, de rythmes pointés, de croches par deux, brusques accents et dansants staccatos, et surtout, par deux fois, un intermède pianissimo, chant ingénu accompagné d'un ostinato d'arpèges, joliment modal, d'esprit vraiment populaire.

### *Six Valses humoristiques* (op. 11)
PUB 1871 ? (Durand & Schoenewerk). DÉD au comte O'Donnell.

Castillon serait peu flatté qu'on le dise : mais c'est peut-être, considéré dans son ensemble, son meilleur cahier... Légères et aimables, ces six valses se promènent dans les tonalités diésées, et annoncent un recueil tout aussi aguicheur, celui des *Valses poéticos* de Granados.

La première (en mi majeur, *liberamente/vivo*) explicite le titre : elle n'est que sautes d'*humeur*, bondissements, arrêts subits, tempo fluctuant, et passe sans prévenir du rire à l'attendrissement. La deuxième (en la majeur, *non troppo vivo*) avoue sa frivolité, si même quelques tierces feignent, à un tournant, de s'y éplorer « tristamente ». Mais la troisième (en ut dièse mineur, *con fantasia*), pleine de petits raffinements harmoniques et rythmiques, se plaint sérieusement, avec une couleur presque espagnole.

La quatrième (en fa dièse majeur, *comodo*) est la plus charmeuse, et l'on s'étonne qu'elle ne soit pas davantage connue : quel bis elle ferait ! Balancement régulier de la basse, comme un mouvement d'escarpolette, tierces dodelinantes du chant, promené du majeur au mineur.

Plus capricieuse encore que la première, la cinquième (en si majeur, *energico*) se passe à préluder, par à-coups, arrêts intempestifs et feintes modulations, à un thème chantant qui n'apparaît qu'au bout de quarante-deux mesures... et abuse un peu trop de ces unissons que Castillon aime si fort ! La sixième, elle *(vivo assai)*, ne tient pas en place, change de ton avant qu'on ait pu l'entendre, se retrouve en fa majeur quand elle commençait en ut dièse mineur, et ne se décide pour mi majeur qu'en fin de parcours.

## *Pensées fugitives*
PUB 1900 (Heugel).

C'est la partie la plus faible, la plus parfaitement digne d'oubli du piano de Castillon. Ces vingt-quatre pièces ont été comparées à du Schumann par des gens qui, soit ne les ont jamais jouées, soit ne connaissent rien à Schumann, et appellent « schumannien » le moindre brimborion, le moindre *Klavierstück* affublé d'un titre quelconque. Elles se rapprocheraient plutôt, sans les égaler, des futures *Quinze Pièces* de Pierné : même écriture « moyenne force » (on y brille à peu de frais), mêmes sujets d'inspiration (de pseudo-enfantines, de vrais morceaux de salon). Loin des ambitions des *Fugues* ou des deux *Suites*, loin surtout de la réussite des *Pièces op. 5*, elles reflètent le mauvais goût de leur époque, mignard, complaisant, larmoyant dans le sérieux, infantile dans le rire.

Ne les détaillons pas toutes, elles n'en valent pas la peine. Il y a l'exécrable : la *Première Mazurka* (n° 6), délice de midinette, avec ses effets roublards, les accélérations sur quelques mesures, le *doloroso* à l'arrivée de la dissonance, le « rêveusement » quand la droite a quelques notes à réciter avant la reprise ; le *Scherzo-Valse* (n° 9), fadasse et tiède, qui s'escrime en vain à des modulations ; *Regrets* (n° 10), caricature du genre, pleurnicharde, en ut mineur évidemment ; *Bayadère* (n° 16), au vilain orientalisme de carte postale ; *Extase* (n° 18), avec ses accords battus, son crescendo de rigueur, son *grandioso* hurlant, son *vaporoso* pour finir.

Il y a le médiocre : la romance sucrée de l'*Aveu* (n° 1) ; la valsette bizarrement intitulée *Minuetto* (n° 2) ; les arpèges gentiment ondoyants de la

*Causerie* (n° 7), que ride un soudain et disproportionné *con fuoco* ; les triolets bousculés de *Feu follet* (n° 15). – Il y a le passable : un *Carillon* (n° 4) basé sur un rythme obstiné de sicilienne, qui passe poétiquement par la bémol avant de retrouver son ton d'ut ; un *Compliment* (n° 5) où des croches sagement accolées madrigalisent suavement ; un *Au revoir* (n° 14), valse mignonne (toujours sous cette fausse identité de « minuetto »), qui exprime moins le regret que la joie de partir (ah non, ce n'est pas la *Valse de l'adieu* !) ; un *Appel du soir* (n° 22), dont la mélodie chante à la tierce, « sans rigueur », entre quelques appels répétés avec leur écho.

Il y a enfin, parce qu'après tout Castillon est un vrai musicien, quelques pages vraiment réussies : la *Fanfare* (n° 8, en fa majeur, *allegretto leggiero*), qui du moins ne tombe pas dans la sensiblerie et les soupirs de vieilles dames, avec son staccato d'accords rieurs et ses joyeuses modulations ; la *Deuxième Mazurka* (n° 11, en la bémol majeur), petite chose vive et spirituelle, point indigne de Chopin lorsqu'il a sa veine facile et ses rythmes pirouettants ; ou encore la *Toccata* (n° 12, en ut majeur, *allegro spirito* [sic]), qui refait espièglement, avec ses sixtes piquées, le finale de la *Troisième Sonate* de Beethoven.

## Juan José CASTRO
(1895-1968) Argentin

Une douzaine de partitions constituent l'apport au piano du deuxième des frères Castro, le plus important des quatre, celui qu'on put considérer comme la figure de proue du mouvement nationaliste argentin dans les années trente, avant le relais pris par la génération de Ginastera. Nationalisme d'ailleurs tempéré. Si la *Sinfonía argentina* (1934) explore les rythmes du tango, si la *Sinfonía de los campos* (créée en 1939) évoque la tradition de la pampa dans un langage impressionniste, si l'un des livres clés de la culture gauchesque, le *Martín Fierro*, est pris pour sujet de cantate (1944), si la *Sonatina campestre* (1948) s'adresse au bandonéon, l'instrument par excellence des ensembles populaires (1948), Juan José Castro n'oublie jamais ses années d'études à Paris ; et sans qu'on puisse dire que son maître d'Indy ait déteint sur son style, du moins l'esprit cosmopolite de la capitale française l'a-t-il empêché de s'enfermer dans des bornes trop étroites. Revenu chez lui, ce compositeur chef d'orchestre n'eut de cesse de faire connaître en Amérique latine toute la diverse nouveauté de la musique européenne de son temps. Son œuvre, versatile, étendue, touche à des domaines variés ; on le voit dans la mouvance des Français avec son poème symphonique *Dans le jardin des morts* (1924) ; le néoclassicisme le séduit, le temps d'un *Concerto pour piano* (1941), d'un *Quatuor à cordes* (1942) ; l'atonalisme le tente à l'occasion ; vers la fin de sa vie prédomineront les techniques sérielles. Lorca lui inspire des opéras expressionnistes (dont *Noces de sang* en 1953), mais il peut aussi bien dédier au machinisme le ballet *Mekhano* (1934).

Tout n'est pas égal dans sa production pianistique. On gardera de l'affection pour l'allégresse roborative de la *Toccata*, pour l'insondable mélancolie des *Tangos*, dans leurs étranges discordances harmoniques, pour les poétiques *Corales criollos*, et surtout pour la *Sonatina española*, un des chefs-d'œuvre du piano sud-américain, à la bitonalité adroite et inventive, au subtil dosage d'émotion et d'humour.

Parmi les premières pièces de son catalogue, la **Suite infantil**, composée en 1929 dans sa version pour orchestre et transcrite pour piano en 1949 (publiée par la Casa Iriberri), est une partition haute en couleur, d'une grande séduction sonore. Elle repose, comme son titre l'indique à peu près, sur des thèmes de comptine, élaborés de façon inventive. La pâte orchestrale, au piano, se traduit par un vivant grouillement de plans et d'harmonies, que seul un virtuose pourra maîtriser.

Quatre pièces, successivement : *La Historia de Mambrú (allegro vivo)*, où nous reconnaissons notre « Malbrough », page d'une belle alacrité, dans son rythme de marche fanfaronne ; *Ay ! ay ! ay ! Cuando veré a mi amor* (en ré bémol majeur, *allegretto tranquillo*), une jolie romance sentimentale, dont le thème s'énonce d'abord au ténor (main gauche), sous l'éventail d'arpèges de la droite ; *Sobre el puente de Aviñon* (en mi majeur, *moderato*), autre chanson importée de chez nous ; enfin *Arroz con leche* (en fa majeur, *allegro vivo*), une véritable toccata, avec ses batteries d'accords trémulants.

Castro a composé deux sonates, l'une en 1917, l'autre en 1939. Bien que sa meilleure veine, au piano, soit ailleurs que dans ces pages de longue haleine, on ne regrettera pas de s'arrêter, dans la **Sonata** de 1939 (publiée en fac-similé par Editorial argentina de compositores), sur le deuxième des trois mouvements, intitulé *Choral*. Il a la particularité, après avoir présenté un grave premier thème (le choral proprement dit), en lents accords processionnels à 4/4, puis une pimpante chanson des rues ou des champs, qui scande son 12/8 dans l'aigu, soulignée d'une persistante et fraîche septième, de superposer les deux idées, en mêlant savoureusement leurs harmonies.

Claudio Arrau est le dédicataire de la **Toccata**, composée en 1940 (publiée en 1945, Editorial argentina de música). La pièce est en ré mineur *(allegro)*, le ton de la *Toccata* de Prokofiev ; elle a le même début martelé, et plus loin la même façon de progression implacable. Pourtant voici deux univers bien différents ; le Russe a voulu transcrire une mécanique inhumaine, qui garde tout au long sa rigueur et sa froideur de métal ; l'Argentin, qui semble plutôt traduire un moteur de la joie, ouvre sa pièce, à mi-parcours, à un épisode chaleureux, aux harmonies impressionnistes, et la conclut dans l'enthousiasme du mode majeur, en grandes flaques d'arpèges lumineux.

Deux des partitions les plus attachantes de Juan José Castro : les **Tangos**, composés en 1942, et les **Corales criollos** de 1947 (toutes deux publiées en 1948, Editorial argentina de música).

Les *Tangos* sont quatre, à jouer enchaînés comme une suite, précédés d'une introduction. On goûtera particulièrement le charme étrange de cette dernière qui, sous le titre d'*Evocación* (en fa mineur, *lento e rubato*), effiloche dans la nuit, sur des harmonies de plus en plus vagues, et rythmés d'une basse lointaine, des lambeaux de la célèbre *Comparsita*. – Puis c'est *Llorón* (toujours en fa mineur), dont le thème pleure, en très doux legato, au-dessus d'un staccato d'accords aigrelets, avant de s'appassioner, en octaves, à la romantique. – Le début de *Compadrón* (en si bémol mineur) ressemble à une marche, en sourds accords effleurés au fond du piano, « molto staccato ». Par deux fois une mélodie se fait entendre, sentimentale, blottie dans des harmonies bien quotidiennes, où il faut se garder de voir de l'ironie. – *Milonguero* est le titre d'un tango à deux voix (en ré mineur), particulièrement discordant, où l'une tâche de chanter en dépit des sons désaccordés de la seconde, qui l'égare plus qu'elle ne l'accompagne. – Tous ces morceaux, on le voit, ne sont pas bien gais, et le quatrième, *Nostálgico* (en fa mineur à nouveau, *lento, melancólico*), est le plus sinistre du cycle, avec son thème énoncé d'abord au ralenti, en intervalles dissonants (septième majeure ou octave diminuée, seconde augmentée, triton), cependant que la main gauche tambourine funèbrement au fond du clavier.

Le premier des deux *Corales criollos*, dédié à Martín Fierro, est un chef-d'œuvre, qu'on voudrait voir plus connu de ce côté du monde. Sur un choral de douze mesures (en fa mineur, *grave*), d'une sobre et immuable tristesse, huit variations, moins vouées à l'exaltation d'une technique d'exécution ou de composition, qu'à la révélation graduelle de toute la force concentrée dans ce thème. Parmi les plus saisissantes : la 1re, où les deux mains alternées tendent les fils d'or de quelques arpègements sur la nudité, la pauvreté monacale de la mélodie ; la 3e, qui la brise en octaves et tierces, dans un mètre irrégulier où se succèdent 6/8 et 5/8 ; l'extraordinaire 4e, « pastorale », carillon obstiné sur quelques notes, en si bémol dorien ; la 6e, « intermezzo », qui ne conserve du thème que le rêve, parmi des chants d'oiseaux, à la frontière du silence ; la 7e, un tango tragique et désaccordé.

Pour servir d'antithèse, la **Casi Polka** de 1946 (publiée en 1947, Editorial argentina de música), tout juste quatre pages, aussi gaies que les *Tangos* étaient lugubres, et plus simplement, plus directement cocasses que le *Circus Polka* de Stravinski. Castro donne ici une leçon de bitonalité, d'une clarté exemplaire. Suivez ce petit motif initial *(allegretto)*, énoncé à la gauche et bien assis sur l'arpège de la : la main glisse jusqu'à mi bémol, s'y trouve bien, le choisit pour tonique, y campe le rythme caractéristique de la polka. La droite, qui s'était tue jusque-là, entre avec le même motif, mais en ut majeur, l'effrontée ! Qu'à cela ne tienne, sa compagne lui jouera plus tard le même tour, claironnant sol quand elle-même a décidé d'être en mi bémol (ou si bémol mixolydien). C'est pourtant la droite qui l'emporte, et rien n'est plus drôle que de la voir tirer la conclusion à soi, en dépit des efforts de l'autre (l'ostinato bouffon en mi bémol, qui casse même le rythme de la danse...).

Terminons par un petit chef-d'œuvre, la **Sonatina española**, écrite à Melbourne en 1953 (publiée en 1956, Universal) et dédiée à Hephzibah Menuhin. Cette sonatine, qui aurait le droit de s'appeler sonate, est une des œuvres pianistiques les plus séduisantes de cette Amérique du Sud trop mal connue chez nous. Composée de trois mouvements fort variés, mais subtilement liés par cette atmosphère « espagnole » que nombre d'œuvres de Juan José Castro s'efforcent de restituer, elle ne peut que sourire aux pianistes poètes.

Poétique assurément, de la première à la dernière note, et comme improvisé leur semblera le premier mouvement *(allegretto comodo)*, qui suit pourtant docilement les règles de la forme sonate. Le thème d'entrée se déplie doucement en intervalles disjoints (on l'entendra un peu plus tard étoffé en accords), puis pousse une plainte légère, appuyée par des mordants. Le rythme est souplement changeant (9/8, 6/8, 7/8), la tonalité à peu près fixée sur fa dièse mineur (avec des oscillations enharmoniques), quoique l'armure ne l'indique guère. Puis vient l'émouvant second thème, fait de quelques notes ressassées, planant au-dessus de la vibration des basses, avec de loin en loin de sourds accords effleurés comme une percussion au fond du piano : quand on la réentend, cette mélopée, exacerbée « con dolore » dans le développement, on songe invinciblement au *cante jondo*.

Admirable mouvement lent (en la bémol majeur, *poco lento*). Rien ne saurait exprimer l'émotion qui naît d'emblée de ces voix tendres qui se répondent, tapies dans la moiteur de l'harmonie comme dans un feuillage odorant. Ensuite l'une des voix s'isole, pousse amoureusement ses mélismes, gonfle ses arabesques dans la lumière. À la reprise, les thèmes se confondent en une chaude polyphonie. La dernière page libère une ultime note répétée, qui vibre longtemps dans l'aigu, tourne une volute encore au lointain, et s'arrête dans le silence.

Le finale *(allegro)* peut sembler n'être, au début, qu'un jeu gratuit : la main droite y joue le thème du rondo de la *Première Sonate* de Weber, dans sa tonalité originale d'ut majeur, cependant que la gauche claironne en fa dièse. Qu'on y regarde de près : c'est ce thème de la gauche qui compte, et le contrepoint webérien doit demeurer un murmure. Mais cet exercice bitonal, d'ailleurs délicieux, n'est qu'un prétexte, le ton de fa dièse s'installe, et le thème principal, passé à droite, chante gaiement sur de chaleureux arpèges. Tout le long du morceau tournoient les figures inspirées du modèle romantique, mais les mélodies sont de la famille espagnole, et plus précisément apparentées à Falla. Les dernières pages sont une fête, par grandes éclaboussures sonores.

# Emmanuel CHABRIER
(1841-1894) Français

Qui ne connaît le célèbre dessin de Detaille, où l'on voit Chabrier installé au piano, sans avoir pris la peine d'ôter pardessus ni chapeau, et triturant à pleines mains l'ivoire d'où s'échappent effarées une multitude de notes ? On y joint d'ordinaire la description d'Alfred Bruneau : « Le spectacle de Chabrier exécutant *España* dans un feu d'artifice de cordes cassées, de marteaux en miettes et de touches pulvérisées, était chose de drôlerie inénarrable, qui atteignait à la grandeur épique. » Pour qui ne retient que ces images, Chabrier ne sera jamais qu'un Silène pansu et truculent, un habitué de l'« hénaurme », prenant la musique à bras-le-corps, et sacrifiant à une verve prodigieuse, que nul ne se hasarde à lui contester, les critères ordinaires du bon goût.

Or, ce qu'il faut mettre en avant, dans la musique de Chabrier, c'est au contraire et plus souvent une extrême délicatesse de sentiment. Sa muse est certes primesautière, pétrie d'instinct, servante de Dionysos plus que d'Apollon ; loin de lui tenir la bride, elle l'engage à l'exubérance, à la goguenardise. Mais voici soudain les accents les plus subtils, la plus tendre mélancolie ; voici la candeur de la mélodie, nourrie d'une âme droite et confiante. Ce n'est pas le mot d'Henri Prunières qui peut lui rendre justice : « une âme de jeune fille sentimentale dans le corps d'un porteur d'eau », car qui lit *sentimentalité* pense moins *sensibilité* que *sen-*

*siblerie*. Mais ce cabaretier qui ne craint pas de brailler avec les ivrognes, on l'entend tout à coup, comme le décrit Verlaine, « vif comme les pinsons et mélodieux comme les rossignols ».

Qu'il soit parfois vulgaire, c'est entendu ; qu'est-ce d'ailleurs que la vulgarité, à une époque qui n'eut jamais le bénéfice du goût, de Franck à Grieg, de Tchaïkovski à Massenet ? S'il prodigue le pire après le meilleur, si même il tombe parfois dans la platitude, cela n'affecte jamais, en revanche, une forme qu'il ciselait avec l'opiniâtreté d'un autodidacte, confronté sa vie durant à des problèmes de métier. « Tout me coûte beaucoup de travail, avouait-il ; je n'ai pas ce qu'on appelle de la facilité. » Il travaillait au crayon et à la gomme, ôtant ceci, modifiant cela, soucieux de noter méticuleusement la plus mince nuance, le moindre quart de soupir. Cela donne un aspect caractéristique à ses portées. On a pu l'accuser de surcharge, d'empâtement : « il veut mettre trop de choses, il fatigue la toile », disait Reynaldo Hahn. Jolie formule, mais vue de pédant : sous cette profusion, les lignes restent claires ; mais c'est miracle que tant de retouches, d'effaçages, d'ajouts, n'aient pas détruit sa spontanéité.

On ne dira jamais le malheur et le bonheur ensemble qu'il eut d'être un *amateur*. L'un (le malheur) se comprend d'emblée : il faudra essuyer les quolibets des grammairiens, rougir d'un métier appris sur le tas, vaille que vaille, et soupirer toujours après cette fameuse « aisance » que la sainte théorie est réputée conférer aux moins doués des élèves de Conservatoire, et qui fait remplir de pleines pages de papier réglé, peu importe *de quoi* puisqu'on sait *comment*. L'autre (le bonheur) est plus véridique : une oreille exceptionnelle, et non pervertie par les manuels, donna très tôt à Chabrier le goût des accords nouveaux et téméraires, lui fit rechercher les agrégats délectables, les modes parfumés, les appogiatures savoureuses, les enchaînements surprenants. Cette harmonie si audacieuse pour l'époque (au point, comme il arriva pour Moussorgski, autre amateur de génie, de passer pour fautive) est l'essentiel de son apport. Jointe au jaillissement de ses rythmes, elle assure à sa musique cette couleur qu'il revendiqua, dans une lettre à ses éditeurs, souvent citée : « S'il ne faut traiter que le gris-perle ou le jaune-serin avec leurs nuances, ça ne me suffit pas, et sur le catalogue du Bon Marché il y a trois cents nuances rien que dans le gris-perle. Un peu de rouge, nom de Dieu ! À bas les gniou-gniou ! Jamais la même teinte ! »

Il ajoutait, sachant qu'il aurait le mot de la fin : « De la variété, de la forme, de la vie par-dessus tout, et de la naïveté si c'est possible, et c'est ça le plus dur ! » La naïveté, c'est ce qui aura manqué, par exemple, à ce Wagner que Chabrier aimait si fort, jusqu'à ne pas se retenir de l'imiter dans son théâtre, jusqu'à fondre en larmes quand, à Bayreuth, il entendit la première note du prélude de *Tristan*, ce « la » des violoncelles qu'il attendait depuis si longtemps. À ce Wagner dont sa musique de piano fut en France le plus efficace antidote...

L'œuvre pianistique de Chabrier, si mince en proportion de son importance pour l'avenir de la musique, on en a vite fait le tour, sans qu'il soit besoin de la diviser en périodes. Quelques brimborions de jeunesse, devoirs d'écolier, valses, polkas et quadrilles dont il n'y a pas grand-chose à garder ; un *Impromptu* (1873) qui marque son entrée en musique ; les *Pièces pittoresques* (1880), une des grandes dates du piano français ; une *Habanera* (1885) qui est à Chabrier ce que le *Tango* d'*España* est à Albéniz (de l'eau au moulin de leurs détracteurs...) ; enfin la *Bourrée fantasque* (1890), ultime chef-d'œuvre, résumant l'art de celui que Vincent d'Indy surnommait « l'ange du cocasse ». On publiera encore quelques pièces après sa mort (*Cinq Pièces posthumes*, *Air de ballet*, *Capriccio*...) ; elles ne nous consolent guère de tout ce que la démangeaison du théâtre nous aura fait perdre, dans tous ces longs intervalles où Chabrier ne songeait plus au piano.

### *Impromptu*
COMP 1873. PUB 1877 (Heugel, puis Énoch). DÉD à Mme Édouard Manet. CRÉ par Saint-Saëns (27 janvier 1877, Société nationale).

C'est la première œuvre importante du piano de Chabrier, la première où on le reconnaisse d'emblée. Cette façon d'aborder le piano, ou plutôt de s'y précipiter, ces bonds d'un bout à l'autre du clavier, ces brusqueries, ces syncopes, ces fortissimos tapageurs suivis de pianissimos impondérables, ce plaisir de l'harmonie savoureuse, cet amour frondeur pour la dissonance, pour le rythme, pour l'éclat, et jusqu'à ce goût du mauvais goût n'appartiennent qu'à lui. La verve qui se donne libre cours dans ces huit pages annonce les meilleures des *Pièces pittoresques*.

En ut majeur *(allegretto scherzando)*, il est pour l'essentiel composé de fragments de valses, que seule enchaîne l'humeur du moment. Disons plutôt que la valse, coqueluche des salons (et d'ailleurs extrêmement prisée de Chabrier), y est traitée « à la blague » : les syncopes y freinent sans cesse le mouvement, et au « ritenuto » tentateur s'opposent aussitôt des accélérations et des changements de tempo. Même l'épisode en la bémol majeur *(molto meno mosso e dolcissimo)* voit sa feinte langueur brusquement contrariée par des mesures plus courtes et plus rapides, plus capricieuses, piquées de malicieux staccatos.

### *Dix Pièces pittoresques*
COMP 1880-1881. PUB 1881 (Énoch & Costallat). DÉD à la comtesse de Narbonne-Lara, Marie Pillon, Marie Meurice, Marie de la Guéronnière, Mme Charles Phalen, Jane Monvoisin, Yvonne de Montesquieu, Marguerite Gagne, Gabrielle Petitdemange, Mina de Gabriac. CRÉ en partie par Marie Poitevin (9 avril 1881, Société nationale). Orchestration en 1888 des n[os] 6, 7, 4, et 10, sous le titre *Suite pastorale*.

« Nous venons d'entendre quelque chose d'extraordinaire ; cette musique relie notre temps à celui de Couperin et de Rameau. » On a souvent rapporté ces mots de César Franck, au sortir du concert où venaient d'être révélées quelques-unes des *Pièces pittoresques*. Et certes il mettait moins l'accent sur leur fidélité à la « tradition » (difficile à démontrer ; d'ailleurs, de quelle tradition s'agissait-il alors ?) que sur leur nouveauté, sentant confusément qu'autant Couperin et Rameau étaient neufs à leur époque, et inimitables, autant Chabrier innovait en son propre temps. On était dans la vogue des romances, des valses, des thèmes variés, musiques à la fois vides d'esprit et de cœur, musiques (comme disait Chabrier) « que ça n'est pas la peine ». Franck lui-même, à cette date, n'était au piano que l'auteur de fantaisies, de caprices, de « petits riens » (titre de son opus 16 !) ; il lui faudra trois années encore pour écrire, à plus de soixante ans, *Prélude, Choral et Fugue*. Chabrier ouvre avec fracas les fenêtres du salon, ou mieux sort la musique en plein air. Cet autodidacte de génie dame le pion aux membres de l'Institut, aux fonctionnaires de la musique assise. Une suite de dix pièces, avec le grouillement de ses couleurs, le tumulte de ses rythmes, la générosité de ses mélodies, la saveur et la volupté de ses harmonies, suffit à lui valoir le titre, que lui décerna Roland-Manuel, de « père nourricier de l'école française contemporaine ». Ne disons pas seulement qu'aucune de ses découvertes si spontanées ne s'est perdue ; l'essence même de son tempérament a trouvé à se reproduire. La démarche railleusement compassée du *Menuet pompeux* revit dans le *Menuet antique* de Ravel ; la verve endiablée de *Scherzo-Valse* et la tendresse d'*Idylle* dans le *Caprice italien* et l'*Adagietto* des *Biches* de Poulenc ; et *Sous-Bois*, de cet ami de Renoir, de Manet et de Monet qui, l'un des premiers, admira et collectionna leurs toiles, fait le premier impressionniste de la musique.

La première pièce, *Paysage* (en ré bémol majeur, *allegro non troppo*), est le plus engageant des préludes : dès les premières mesures, on est lâché à travers champs, dans une nature en fête, comblée de couleurs et de parfums. Ce thème en phrases de trois mesures que les mains jouent à l'unisson ou se renvoient en écho, comme il se promène librement, comme il s'aventure dans les modulations, piqué çà et là d'appogiatures, ponctué de secondes cliquetantes ! La partie centrale en la majeur *(vivo)*, toute bruissante de notes répétées, est moins une halte qu'un redoublement d'alacrité et de verve ; pianisme délicieusement virtuose, tout en légèreté brillante et fuyante à la fois.

Après le joyeux vivant, voici Chabrier le tendre. La deuxième pièce, *Mélancolie* (en sol majeur, *ben moderato senza rigore e sempre tempo rubato*), deux pages à peine, est une simple effusion, sur un thème unique, présenté à la main droite (qui joue également les harmonies au-dessus de lui), poursuivi aux deux mains à l'unisson (à la distance, caractéristique chez Chabrier, de deux octaves, l'accompagnement entre les deux voix), et pour finir joué en canon, avec précisément l'indication « teneramente », qui souligne l'émotion de cet échange (*Tendresse*, sous ce titre, une des pièces de *Dolly* de Fauré, à quatre mains, nouera bientôt, en canon justement, un semblable dialogue). Métrique souple, alternant irrégulièrement 9/8 et 6/8, et accompagnement en syncope, rythmant tout au long le pouls de la musique.

Le titre de la troisième pièce, *Tourbillon* (en ré majeur, *allegro con fuoco*), est explicite : un tournoyant mouvement de triolets entraîne la plus grande partie du morceau, arpèges fougueux ou gammes étincelantes, que rehaussent encore les appogiatures. La mesure est à 3/4 mais, comme souvent, Chabrier ne se le tient pas pour dit, et, enjambant allégrement la barre inutile, fait entendre en cours de route un cocasse motif d'accords à deux temps, qui rompt un moment la bousculade des triolets.

Numéro quatre, *Sous-Bois* (en ut majeur, *andantino*). Bien avant le *Clair de lune* de la *Suite bergamasque* de Debussy (et le *Notturno* des *Pièces lyriques* de Grieg), c'est ici qu'est né l'impressionnisme musical ; et encore celui de Debussy doit-il quelque chose à Verlaine, et par lui à Watteau. Chabrier, lui, ne s'inspire ni des poètes, ni même des peintres ; mais disons qu'à la manière de Monet ou de Renoir, comme eux leur chevalet, il semble avoir emporté son papier à musique en plein air. Cette pièce, ce sont les menus bruissements du feuillage, le murmure des ruisselets, la lumière tamisée à travers les branches, la torpeur d'un après-midi d'été. La main gauche, d'un bout à l'autre, met en mouvement le grave du clavier, et cette rumeur indistincte et monotone sert de pédale à diverses figures, accords arpégés, bribes mélodiques, thèmes d'accords vaporeux et changeants (parfaits, ou de quinte augmentée), fragments répétés par l'écho, toute une atmosphère de sonorités délicates, un instant suspendues dans l'éther et aussitôt étouffées. Point de vrai thème là-dedans, sinon le retour régulier d'une cadence. La pièce finit comme elle a commencé, par ce remuement assourdi de la basse, qui s'immobilise à son tour et disparaît.

La cinquième pièce, *Mauresque* (en la mineur, *moderato*), a des grâces de danseuse, avec ses tierces caressantes, ses appogiatures, et ce rythme nerveux qui maintient tout au long la cadence. La sixte majeure (fa ♯) et l'absence de sensible (mode dorien), les longues pédales de tonique ou de dominante expliquent sans doute en partie le titre. Observons que le thème du futur *Trio* de Ravel (premier mouvement) est déjà pressenti en celui-ci. Fin très poétique, qu'adoucit encore la tierce majeure.

*Idylle*, sixième pièce du recueil, est en mi majeur *(allegretto, avec fraîcheur et naïveté)*. Le charme de ces pages si originales ne s'affadira jamais. C'est miracle, aussi, que d'avoir associé tant de science à tant d'ingénuité. Science (et conscience, assurément) de cette écriture à trois parties où tout relève de la trouvaille ; et candeur de ce chant bien lié, que sous-tendent les notes répétées du pouce et qu'accompagne le rebond d'une main gauche en octaves brisées, les plus légères, les plus effleurées qu'on puisse imaginer. Quand, après une digression en sol majeur et mi mineur, pleine de pointes ironiques et de chromatismes, le thème initial revient, avec à la basse cette fois des doubles croches, un inexprimable frémissement d'aise anime la musique, et se communique à l'auditeur. Ajoutons que rien n'est plus périlleux que l'exécution de ce morceau, qui doit se mouvoir tout entier, quelques accents exceptés, dans un impalpable pianissimo.

Dans la septième pièce, *Danse villageoise* (en la mineur, *allegro risoluto*), un thème décidé, trapu, bien campé sur les temps forts, et ne voulant rien savoir de la scolaire note sensible, est d'abord présenté à la main droite seule, qui l'harmonise ensuite en accords parfaits au-dessus d'une basse de croches. Un second motif claironne alors en robustes unissons, court en doubles croches, avec la même saveur archaïsante et modale. La pièce méritait bien son titre, par cette santé, cette contagieuse bonne humeur. Le trio, en la majeur, est peint de couleurs claires et pastorales, tout rehaussé de notes brèves, avec un adorable appesantissement sur la dernière croche de la mesure. Harmonies sans cesse inspirées, d'une fraîcheur renouvelée, où se profile à chaque instant, comme si souvent chez Chabrier, le devenir de la musique française. Ravel, surtout, est ici dans le filigrane.

*Improvisation*, la huitième pièce (en si bémol majeur, *andantino*), est encore une de celles où Chabrier se livre plus qu'il ne se débride. Ceux qui le croient capable uniquement de verve canaille et de trépidation le surprendront ici dans le secret de son émotion. Il y ressemble autant à Schumann qu'au premier Fauré. « Fantasque et très passionné », lit-on dès l'abord, ce qui est typiquement une indication du musicien des *Fantasiestücke* ; schumanniens aussi l'élan frémissant du premier thème, qu'enrobent les figures arpégées, le climat fiévreux et instable, le flou rythmique de ces doubles croches à 6/8, tantôt prises par deux, tantôt par trois ou quatre. Mais c'est à Fauré que font songer les arpèges modulants, en mouvement contraire, du second motif (mes. 19), les contrepoints si souples du développement, la subtile conduite de l'harmonie.

Honneur à Chabrier, qui fit revivre dans sa neuvième pièce, *Menuet pompeux* (en sol mineur, *allegro franco*), cette danse qui allait désormais figurer obligatoirement dans toutes les suites françaises, de la *Suite bergamasque* de Debussy au *Tombeau de Couperin* de Ravel, des *Pupazzi* de Florent Schmitt à la *Suite* de Daniel-Lesur. Il est vrai que son menuet, tout en tâchant de parodier quelque chose de la prétendue raideur attachée à ce mot (la parodie n'atteint jamais que la surface des choses), n'a pas le temps d'être vraiment pompeux, avec cette noire à 144 qui lui donne plutôt l'allure emballée d'une danse populaire ; et les unissons comme la pédale du passage « con vigore » accentuent encore cette rusticité. L'archaïsme, lui, se traduit surtout dans les cadences. Le trio, en sol majeur *(meno mosso e molto dolce e grazioso)*, est une merveille de délicatesse et d'ingénuité : un thème qui se prélasse dans l'aigu, sur des battements fragiles, avec des hésitations charmantes, des demi-teintes, des reprises, de soudains élans. (La pièce a été orchestrée par Ravel en 1918, pour les Ballets russes de Diaghilev.)

On ne peut rêver d'un finale mieux enlevé que cette dixième pièce, *Scherzo-Valse* (en ré majeur, *vivo*), qui clôt le recueil dans un remue-ménage ensoleillé. Quand plus tard Chabrier l'orchestra, avec *Idylle*, *Danse villageoise* et *Sous-bois*, il voulut lui donner le titre de *Gigue*. Mais le mot « scherzo », dans son sens primitif de « plaisanterie », de « facétie », convient bien davantage à cette première partie ébouriffée, à ces coups de talon impérieux, à ces doubles croches volubiles, à ce staccato généralisé qui met la morosité en déroute. C'est dans le trio, en si bémol majeur, qu'on entend un peu valser ; la main droite, croisant d'abord la gauche, chuchote quelques notes frêles, par périodes de quatre mesures régulièrement ponctuées de deux mesures de cadence ; puis elle s'enhardit, quitte le milieu du clavier, promène son motif dans l'aigu en le paraphant de lumineux arpèges, pour retomber enfin dans son murmure. Reprise écourtée du scherzo, plus réjoui que jamais après cet intermède sentimental.

## *Capriccio*

COMP 1883, abandonné, terminé par Maurice Le Boucher. PUB 1914 (Costallat). DÉD à la mémoire de Raoul Pugno.

Cortot, à bon droit, n'a que dédain pour ce qu'il appelle « l'art ingrat et difficile d'accommoder les restes ». Mais tout dépend des restes, et du cuisinier ! On eût été bien chagrin de perdre à tout jamais le *Navarra* et les *Azulejos* d'Albéniz, et Séverac comme Granados doivent être remerciés de nous les avoir rendus comestibles. De même, les amoureux de Chabrier sauront gré à Maurice Le Boucher d'avoir complété avec talent ce *Capriccio* qui, contemporain des merveilleuses *Valses romantiques* pour deux pianos, les évoque à plus d'un détour. Rhapsodie plus encore que caprice, emporté d'un seul élan *(allegro con impeto)*, ce morceau sans doute un peu long et désordonné accumule les trouvailles, mélodiques, harmoniques, rythmiques. Il transgresse constamment son ton de mi majeur (et d'ailleurs commence dans le relatif ut dièse mineur), court les bémols après avoir courtisé les dièses, ne tient pas en place, n'élit aucun havre en dépit des pédales qui tâchent de le maintenir. Il s'ébat joyeusement dans la mesure à 3/4, la traite souvent comme un 6/8, et dans son allant, l'*agitato* aidant, s'octroie quelques lignes à 2/4, plus volubiles à son gré. Tout Chabrier est dans ces unissons faussement passionnés, ces crescendos, ces vertiges soudains, ces accents contrariés. Après la verve de la première partie, on ne peut qu'aimer l'épisode central, son *tempo di rubato* (en la bémol), son dialogue doucement échangé de part et d'autre des accords battus. La reprise, trop étroitement calquée sur l'exposition, nous laisse un peu sur notre faim, – mais qu'importe, voilà un morceau que les pianistes ont tort de négliger.

## Habanera
COMP 1885. PUB 1885 (Énoch). DÉD à Marguerite Lamoureux.

Par quelque bout qu'on la prenne, on ne saurait être tendre pour cette pièce (en ré bémol majeur, *andantino*). Et non point seulement parce qu'on l'a trop entendue : *España*, autre souvenir du voyage en Espagne de 1882, la bat en célébrité. Mais il n'y a rien de commun entre l'étincelante et coruscante partition d'orchestre et la languide page pianistique (laquelle, d'ailleurs, fut orchestrée à son tour en 1888). Du point de vue de la couleur locale, l'une est aussi fausse que l'autre, et il faudra attendre la *Habanera* de Ravel (et *La Soirée dans Grenade* de Debussy) pour trouver autre chose, chez les Français, que des espagnolades de carte postale. Mais *España* donne le change, par ses rythmes, sa vitalité, sa truculence, son éclat renouvelé. Il y a de jolis détails dans la *Habanera* (les modulations, le contrechant souvent cité de la reprise), – mais la cadence lascive de cette danse, si elle ne soutient pas une mélodie tant soit peu racée, devient vite irritante ; et le moins qu'on puisse dire du thème en question, c'est qu'il manque singulièrement de tenue...

## Air de ballet
COMP vers 1888. PUB 1897 (Costallat).

Une bricole (en ré majeur, *allegretto scherzando*). Cortot la traîne dans la boue ; c'est prendre bien au sérieux cette façon de polka goguenarde, où le génie comique habituel à l'auteur ne réside nullement dans la pâte harmonique, assez quelconque, ni dans le jaillissement mélodique (tout le monde jurera avoir déjà entendu ce thème), mais dans les nuances, les attaques, les ralentissements, les accélérations ; oui, il y a tout un parti à tirer des nombreuses indications qui émaillent la musique, et si le pianiste y met sa propre cocasserie, il tient là une bonne idée de bis !

## Cinq Pièces posthumes
COMP vers 1890. PUB 1897 (Énoch ; les titres sont probablement de l'éditeur). DÉD à Marie Jaëll *(Aubade)*, Édouard Risler *(Feuillet d'album)*, Louis Diémer *(Ronde champêtre)*. CRÉ en partie par Risler (3 avril 1897).

Elles sont d'intérêt très inégal. Il y a peu à dire du *Caprice*, que l'on croit composé pour un concours de déchiffrage, d'on ne sait plus quel conservatoire de province. En ut dièse mineur *(lent et déclamé)*, il lie tant bien que mal un début en carillon sur trois notes, quelques velléités de récitatif, un passage en harmonies fâcheusement wagnériennes, repris pour terminer, et une brève romance dont le thème à l'eau de rose déclame à deux-contre-trois sur des accords en triolets.

*Ballabile* et *Feuillet d'album* sont plus réussis. Le premier (en fa majeur, *mouvement de valse*), avec son thème unique qui virevolte tantôt dans l'aigu, tantôt dans le grave, est assez court pour mériter, plus que celle de Chopin, le surnom de « Valse-minute ». L'autre, qui hésite entre la majeur et fa dièse mineur *(en un mouvement assez lent de valse, et très tendrement)*, évoque le premier Fauré par sa grâce nostalgique, sa douceur, ses triolets un peu déliquescents. Mais ce redoublement de la mélodie à l'octave, c'est une signature de Chabrier (celle même qu'imitera Ravel dans son *À la manière de...*).

*Ronde champêtre* et *Aubade* valent mieux qu'un détour, et la deuxième, surtout, ne déparerait pas les *Pièces pittoresques*. La *Ronde* oppose un court refrain en la mineur *(con brio)*, allégrement ponctué d'appogiatures, à deux couplets contrastés, l'un en la majeur *(molto moderato)*, dont le thème gracieux s'accompagne tour à tour de grands accords que les deux mains égrènent de bas en haut comme sur une harpe, et de lumineux arpèges descendants, à la Schumann, – l'autre en si bémol majeur *(animato e leggieramente)*, qui est la ronde proprement dite, et va s'animant et s'exaltant, jusqu'au dernier énoncé du refrain, conclu en la majeur.

L'*Aubade*, quant à elle (en la majeur, *allegro con moto*), semble se souvenir du voyage en Espagne de l'été 1882 (celui dont Chabrier rapporta le matériau de sa fameuse *España*, rhapsodie pour orchestre). Le thème principal en est tout piqué de pizzicatos et d'accords arpégés de guitare, avec dans le grave le léger martellement de la pédale de tonique, imitant de lointains tambourins. Hésitations, ironies, grimaces, accents bouffons, et en même temps beaucoup d'effusion sincère. La section centrale, en ré majeur *(meno mosso, molto rubato)*, ressemble à une improvisation : tempo instable, élans soudains, grands apaisements, quelques traits virtuoses. Toute la pièce est très inspirée, et devrait être connue, et défendue, par les pianistes qui ont mis les *Pièces pittoresques* à leur répertoire.

### Bourrée fantasque

COMP 1890. PUB 1891 (Énoch & Costallat). DÉD à Édouard Risler. CRÉ par Madeleine Jaeger (7 janvier 1893, Société nationale).

Dernière composition publiée de son vivant, c'est la pièce qui résume Chabrier, un chef-d'œuvre de rythmes, de timbres, de couleurs, où le piano rivalise avec l'orchestre. Au dédicataire, alors âgé de dix-huit ans à peine, qui allait devenir un maître de l'école pianistique française, il écrivit : « Je vous ai fabriqué un petit morceau que je crois assez amusant et dans lequel j'ai compté cent treize sonorités différentes... »

Le premier thème, en ut mineur *(très animé, avec beaucoup d'entrain)*, s'installe en force au médium de l'instrument, sans accompagnement, et divisé aux deux mains. Rudesse des accents (« marcatissimo »), volubilité des notes répétées, carrure franche et populaire : c'est une danse du terroir, à n'en pas douter. « Je rythme ma musique avec mes sabots d'Auvergnat », jamais ce mot de Chabrier ne fut plus vrai. Thème aussitôt repris une octave plus haut, accompagné d'une basse d'Alberti savoureusement fausse, sur un do grave qu'il faut tenir avec la pédale, au risque (plaisant !) de brouiller les harmonies. La droite laisse alors échapper, en la bémol puis en sol, un friselis de doubles croches, et un motif complémentaire où rient les grêles doubles notes et les accords staccato. On s'amuse ensuite en imitations avec ce que les scoliastes appelleraient la tête du thème, lequel éclate à nouveau aux mains alternées, pour finir dans l'aigu, cette fois deux octaves plus haut. Cadence bruyante, et point d'orgue, sur un insolite fa ♯.

Le second thème, en fa majeur, est tout l'opposé de ce début cabriolant. Sur une main gauche syncopée, où traîne bientôt la pédale de dominante (do), une phrase d'une grande douceur va s'épanouir, à partir de quintes successives, se refermer, s'ouvrir à nouveau à plusieurs reprises. Modulations expressives, relâchement du tempo, ardeur, extinction de la phrase en un dernier souffle, triple piano : c'est la veine tendre après la verve bigarrée. Mais voici, *a tempo vivo*, au milieu des syncopes et des bribes du chant, le thème initial qui montre par deux fois le bout de son nez ; on feint de ne l'avoir pas vu ; mais il a donné au second thème l'idée de prendre à son tour de l'éclat, de s'époumoner dans le grave, « tutta forza », sous les trémolos railleurs de la droite...

Et c'est enfin, pour de bon, le retour de la bourrée, plus bariolée, plus criarde que jamais, et où à son tour s'introduit spirituellement le second thème. Il y a place aussi pour une exquise modulation en mi, avec le premier thème en augmentation (« con malinconia »), sous les clochettes délicates que la droite fait tinter dans l'aigu. Fin en ut majeur, dans un joyeux tintamarre.

PIÈCES DE JEUNESSE. – Pour mémoire. Et pour souligner que le génie inclassable des *Pièces pittoresques* a commencé comme un talent besogneux. Polkas, mazurkas, valses et autres nocturnes emplissent trois cahiers des années 1849-1859 ; un enfant s'amuse ; il n'est pas Mozart, et personne n'ira commenter scrupuleusement ces petits riens, comme on le fait (moi-même !) pour le *Cahier d'esquisses londonien* de Wolfgang. En 1862 paraît chez Gambogi la première œuvre publiée de Chabrier, *Souvenir de Brunehaut*, suite de valses ; en 1863, chez le même éditeur, une *Marche des Cipayes*, refonte, semble-t-il, d'un morceau de 1856 intitulé *Le Scalp*.

De là on saute à 1872, pour une ***Suite de valses*** qui n'a paru qu'en 1913 (Costallat). Ce n'est pas un chef-d'œuvre ; mais du moins évoque-t-elle son auteur, comme votre reflet lointain, dans une glace obscure, peut vous ressembler. Trois valses s'y succèdent, entre une introduction et une coda qui les rappelle brièvement. On notera, détail piquant qui trahit une époque, que la deuxième valse contient quelques mesures « pour le concert », à supprimer si l'on joue « pour le bal » : ce sont les meilleures de l'œuvre, un court passage rêveur que parfume subtilement l'harmonie éolienne (mineur sans sensible).

Enfin signalons ici, faute de mieux, une *Petite Valse*, que Chabrier écrivit en 1878 sur l'album de l'hôtel des Vieux Plats à Gonneville-la-Mallet, près d'Étretat, – et que la *Revue de musicologie* publia pour la première fois en 1968.

## Jacques Champion de CHAMBONNIÈRES
(1602-1672) Français

Le père des clavecinistes français. Louis Couperin, Lebègue, d'Anglebert procèdent de lui. À eux quatre, ils ont forcé au XVII$^e$ siècle l'invincible passage du luth au clavecin, le transfert du premier au second instrument de ce style caractéristique que l'on dit « brisé ». Chambonnières, qui regroupe ses danses (essentiellement l'allemande, la courante, la sarabande et la gigue, et une poignée de danses facultatives) au sein d'une même tonalité, a joué un rôle important dans la formation de la suite. Quelques rares titres n'y font rien : ce sont toujours des danses, de forme binaire, et il faudra attendre le siècle suivant pour l'émancipation de la pièce libre et purement descriptive, et pour la généralisation du rondeau.

Ce n'est pas de la musique de virtuose : non pas faute de doigts (car on vantait l'adresse de Chambonnières et son art d'ajouter sans cesse des ornements nouveaux dans ses exécutions), mais par le désir de faire partager ses morceaux au plus grand nombre. Ni celle non plus d'un savant contrapuntiste, encore qu'il emploie spontanément l'imitation, et qu'il se soit amusé à écrire une *Gigue où il y a un canon*. Mais c'est assurément celle d'un mordu de ballet (il a lui-même dansé, aux côtés de Louis XIV et de Lully, dans un *Ballet royal de la nuit*, en 1653) : ses trouvailles les plus piquantes sont d'ordre rythmique, comme on le voit en particulier dans la métrique inventive, joyeusement incohérente, et parfois déconcertante, de ses courantes, sa danse préférée.

Un art d'improvisateur, comme le furent tous les premiers clavecinistes, qui aimaient renouveler leur matière et dédaignaient le travail étroit sur un motif. On a reproché à Chambonnières sa brièveté, ses raccourcis, ses fins brusquées ; mais André Pirro l'absout d'un mot, qui vaut pour tous les temps : « Cette indifférence pour le développement est, aussi bien, d'un sage qui connaît le monde. Les auditeurs de salon n'écoutent pas longtemps. »

Contrairement à celle de Brunold et Tessier (1925, Senart), l'édition procurée par Thurston Dart (1969, Oiseau-Lyre) ne représente pas l'œuvre complète, qui comptait de très nombreux inédits à la mort du compositeur (quelque quatre-vingts pièces, dans le fameux manuscrit Bauyn de la Bibliothèque nationale) ; mais elle reprend fidèlement, en un volume, les *Deux Livres de clavecin* parus à Paris en 1670, chez Jollain. Ces soixante pièces (dont vingt-huit sont des courantes), composées à différentes époques, représentent en quelque sorte l'anthologie personnelle de Chambonnières. Divisées en onze « ordres » par l'éditeur moderne, elles procureront au pianiste quelques heures d'agréable loisir. On y découvre sans cesse, sous une apparente simplicité, des délicatesses d'oreille, des subtilités de rythme, une phrase qui s'alanguit sans prévenir, une autre qui soudain creuse plus profond qu'on ne l'aurait soupçonné. Ce qui suit n'est qu'un choix parmi d'autres.

*Premier Livre* (dédié à la duchesse d'Enghien). Du *Premier Ordre* (en la mineur), on retiendra l'allemande *La Rare*, qui illustre si bien cette douceur empreinte de fermeté, cette sobriété mêlée de savoir, propres à Chambonnières ; écriture à quatre parties, très fluide, avec de discrètes imitations (plutôt des échos insensiblement modifiés entre les voix) ; – la première des trois courantes, charmeuse, et pourvue d'un double, où ses noires se monnayent en croches coulantes, notes de passage traçant de gracieux dessins, reflétés parfois d'une partie à l'autre.

Le *Deuxième Ordre* (en ut majeur) ne compte que quatre pièces, également belles. Il commence par une allemande, *La Dunkerque*, décidée, avec même quelque chose de belliqueux, qui explique sans doute le titre (si elle évoque la prise de Dunkerque, elle remonte à 1646) ; des curiosités (pour nos oreilles modernes) : le changement de fa ♯ à fa ♮, aux mes. 16-17, où pourtant les dessins s'imitent ; ou l'arrivée sur un accord de sol mineur, mes. 18. – Les deux courantes ne vont point l'une sans l'autre ; la première, dite *Iris*, est trop courte, abrupte, et comme interrompue avant terme ; la seconde lui ajoute de la profondeur, une aura poétique (voyez la seconde partie, avec son cheminement de sol majeur à mi mineur). – On finit avec la magnifique *Sarabande de la Reyne* (écrite, qui sait, pour le mariage de Louis XIV en 1660 ?), remplie, sous sa relative ingénuité, sous sa lisibilité de surface, de petites trouvailles : ici une note qui se prolonge sous un changement d'accords, là un enchaînement inattendu, une volte-face ; et ne minimisons pas le piquant de cette rythmique si souple, qui alterne 3/4 avec un 6/4 souvent pris à 3/2 : fluides groupes de croches, imprévisibles accents...

Du *Troisième Ordre* (en ré mineur), si l'allemande initiale, *La Loureuse*, peut sembler trop maniérée et contournée, la courante qui suit (première des quatre courantes de l'ordre), dite *La Toute Belle*, est fort réussie, une de celles qui jouent le mieux de cette équivoque rythmique entre binaire et ternaire, voulant sans cesse dérouter, contrecarrer l'instinct de l'auditeur, trop prompt à prendre le pli d'une unique et rassurante cadence ! – La deuxième courante, dite *Courante de Madame*, a quelque chose de sévère, de tendu même, qu'on n'observe pas souvent chez Chambonnières ; voyez l'âpreté douloureuse des appogiatures, à la fin (mes. 16-17), que du reste le manuscrit Bauyn ne reprend guère. – La sarabande, d'une belle et constante gravité, a été citée par James Anthony pour une séquence mélodique (deuxième partie) au sentiment tonal très clair et tout moderne, rare à une époque où l'harmonie trace ses méandres à travers une « ombre prétonale », qui en fait d'ailleurs le charme essentiel. – Plus loin c'est une pièce très étrange que la courante dite *Les Barricades*, avec son thème aussi sinueux qu'insinuant, un de ceux que l'on garde en mémoire. – La gigue appelée *La Madelainette*, à 3/2, gaie, frétillante et pleine d'accents imprévus, choisit le mode majeur, – comme aussi la gigue finale, sans titre, plus allègre encore, mieux bâtie, et dont le rythme pointé à 6/4 est plus cadencé à notre goût : gigue moderne, telle qu'on la verra dans les suites de Bach.

Sautons le *Quatrième Ordre* (en fa majeur), dont les pièces tournent trop court (quoique l'allemande, dans Bauyn, soit bien intrigante...), et venons au *Cinquième* (en sol mineur), où dès le seuil nous attend la célèbre pavane *L'Entretien des dieux* ; trois parties inégales, de quinze, neuf et onze mesures, allant de la tonique à la dominante, puis au relatif majeur, puis rejoignant le ton ; inspiration soutenue, intense, funèbre : on y a vu un « tombeau » pour le luthiste Gaultier (le Vieux, mort en 1651). – Regardons ensuite les deux sarabandes (qui alternent avec deux courantes), très simples, mais nourries de substance, et se répondant bien, l'une en mineur, l'autre en majeur, la première tendrement grave, la deuxième ingénue et souriante. – L'ordre conclut avec une gigue appelée *La Villageoise* et une canarie : morceaux délicieux, évidemment apparentés, dont le pas dansant, la souplesse, la finesse séduisent d'emblée.

***Second Livre.*** À partir d'ici, le paysage me semble un peu moins renouvelé. Quelques arrêts, cependant : dans le *Sixième Ordre* (en ut majeur), l'allemande, pour l'hésitation modale de sa dernière ligne (fa ♯ ? fa ♮ ?), qu'on se rejouerait volontiers trois ou quatre fois ; et la gigue *La Verdinguette*, d'allure franche et populaire, une voix qui chante sur deux d'accompagnement ; – dans le *Septième Ordre* (en ré mineur), la sarabande, si contrite, et comme repliée sur sa peine ; – dans le *Neuvième*

*Ordre* (en fa majeur), la sarabande également, exceptionnelle par ses retards, son expression intense ; – dans le *Dixième Ordre* (en sol mineur), la riche et même opulente pavane, plus teintée d'archaïsme que le reste ; et la première gigue, recherchée, surprenante à chaque ligne, repartant de plus belle quand on la croit proche de cadencer ; – dans le *Onzième Ordre* (en sol majeur), la sarabande *Jeunes Zéphyrs*, adorable de naïveté et de fraîcheur ; ainsi que le menuet, trapu et débonnaire, le seul que nous ayons du compositeur.

# Ernest CHAUSSON
(1855-1899) Français

Quiconque a joué une seule fois, ou une seule fois entendu, les *Quelques danses* de Chausson, dix minutes d'admirable musique, n'a plus qu'à nourrir un éternel regret. Ces quatre pièces (1896), avec un *Paysage* de la même époque et des *Fantaisies* de jeunesse aussitôt répudiées, forment tout le bagage pianistique du compositeur. On a beau savoir que l'œuvre entier de Chausson ne totalise qu'une quarantaine d'opus (accrus toutefois d'un bon nombre d'inédits), c'est notre instrument qu'il a le moins favorisé. La chose intrigue d'autant plus que le piano a la part belle dans le *Trio op. 3*, dans le *Concert op. 21*, dans le *Quatuor op. 30*, – et surtout qu'il se trouve merveilleusement traité dans les mélodies, avec autant de variété que de raffinement.

C'est le piano, n'en doutons point, qui apporte à l'art intimiste de Chausson, tel qu'il s'exprime dans sa musique vocale et sa musique de chambre, sa note caractéristique, son mélange de retenue et d'émotion, sa mélancolie grise et douce ; c'est à lui, et à l'exploration des doigts, qui entraîne celle des oreilles, qu'il est redevable des subtilités harmoniques qu'on ne trouve pas aussi répandues dans ses grandes pages d'orchestre. On soutiendra même, sans penser exagérer, que le piano l'a peu à peu délivré de la toute-puissante emprise de Wagner, en même temps qu'il l'éloignait du modèle de son maître Franck. Les sirènes de Bayreuth ont séduit son théâtre, les préceptes du *Pater seraphicus* imprègnent sa *Symphonie en si bémol* ; mais les *Serres chaudes*, où il traduit Maeterlinck, mais *La Chanson bien douce*, d'après Verlaine, mais les *Danses* se détournent de l'un et de l'autre. De toute la « bande à Franck », il est le seul à pouvoir, et non seulement par éclairs, nous évoquer Debussy. À l'amour qu'ils ont tous deux pour les modes anciens, les enchaînements inédits, les septièmes et neuvièmes non résolues, l'ambiguïté, la solubilité tonale, il a fallu le laboratoire du clavier. De suivre pas à pas le piano des mélodies de Chausson, on prend mesure de cette lente mais irrésistible évolution, que la mort devait brutalement interrompre.

Les trop rares, trop courtes *Quelques danses* ont encore un autre mérite : elles achèvent de sceller, après les *Pièces pittoresques* de Chabrier (1880) et la *Suite bergamasque* de Debussy (1890), les retrouvailles de la musique française avec son passé. Toutes les fugues du monde, désormais, toutes les lois cycliques, – comme aussi tous les graals de légende, pourraient bien ne pas peser lourd auprès d'une forlane, d'une sarabande ou d'un menuet touché par la grâce, à l'ombre tutélaire de Couperin et de Rameau.

## *Cinq Fantaisies* (op. 1)

COMP automne 1879. PUB 1879 (Durand & Schoenewerk). DÉD à son ami Léopold Cesare.

Chausson les compose à vingt-quatre ans, les fait paraître, – et aussitôt leur voue une haine farouche : non seulement il les renia, mais alla jusqu'à en faire détruire les planches. Elles ne méritaient pas autant d'acharnement ; mais il faut avouer qu'elles sont, pour la plupart, bien pâlottes.

Un bref *Prélude* de quatorze mesures (en la mineur, *lent*), en forme de mazurka, ouvre le cahier. Lui succède une valse assez fade (en ré mineur, *pas vite, avec un sentiment triste*), qui oublie sa sentimentale tristesse au bout de trois lignes, passe au mode majeur, module en sol, chante ingénument, avant de retrouver comme à regret le ton plaintif du début.

La troisième pièce (en sol mineur) n'a pas volé son pilon ! Huit mesures d'introduction *(très lent)*, puis un *allegro appassionato* où un thème d'une affligeante banalité, joué à la gauche, se donne les airs de la passion, sous les contretemps de la droite. Plus loin un trémolo grave, sous un motif repris à l'introduction, vient suggérer, hélas sans ironie, l'opéra-comique.

La quatrième (en mi bémol mineur, *grave*) ressemble à la réduction d'un concerto miniature, dans le style de Mendelssohn. On entend l'introduction orchestrale, sur le premier thème, l'entrée du soliste à la huitième mesure... C'est agréable, un peu bâclé (on passe bien vite au *maggiore*). La deuxième partie *(animé)*, où des accords vibrent pompeusement sur une houle d'arpèges, est plus quelconque. On peut jouer cela *sérieusement*, en oubliant jusqu'au nom de Chausson ; c'est un bon déchiffrage.

La meilleure, de très loin, est la cinquième pièce (en ut majeur, *fièrement*), et l'on pourrait l'exhumer sans trop de scrupules. C'est une imitation assez réussie des *Novellettes* de Schumann : accords tout au long, bravoure martiale du thème, énergie du rythme, syncopes caractéristiques, – avec un court trio (en sol majeur, *beaucoup moins vite*), qui remplace par un 4/4 le 3/4 initial, et la pugnacité par un ton plus tendre, plus souriant.

## *Paysage* (op. 38)
COMP 1895. PUB 1895 ? (Baudoux). DÉD à sa nièce Christine Lerolle.

Seize ans après les malheureuses *Fantaisies*, Chausson, sûr de sa palette et de ses pinceaux, revient au piano avec ce court morceau, que suivront un an plus tard les *Quelques danses*. La pièce est mélancolique (en ut mineur, *calme sans lenteur*), et si vraiment elle a été composée, comme on le dit, lors d'un séjour à Fiesole, elle reflète bien moins la lumière toscane (Calvocoressi parle à son propos d'un « gris triste à la Corot ») que les ombres d'un paysage intérieur. Le thème principal, d'écriture polyphonique, s'exhale comme un regret, énoncé tour à tour à la tonique puis à la dominante mineure ; le chromatisme, les triolets glissés dans la trame (trois-contre-deux) accentuent ce spleen très doux, à la frange du cœur. Peu à peu des figures arpégées viennent bercer le chant (alternées entre les mains, figuration que l'on retrouvera dans la *Pavane* des *Danses*). La brève section centrale s'anime d'un mouvement conjoint de croches murmurantes (j'emploie à dessein ce verbe, il me paraît indispensable de presser ici le tempo) ; et à la pâte un peu grumeleuse de Franck semble succéder celle, plus fluide, de Debussy. Puis la mélodie initiale reprend dans l'aigu, redescend d'une octave, traîne un peu jusqu'à la cadence, et les dernières mesures s'éclaircissent passagèrement des lueurs du mode majeur, avant l'accord final mineur. On notera l'absence de dynamique : il y a deux *mp*, un *p*, et de rares soufflets ; mais pour autant, on se gardera de jouer assourdi d'un bout à l'autre.

## *Quelques danses* (op. 26)
COMP juin-août 1896. PUB 1897 (Baudoux). DÉD à Mme de Bonnières. CRÉ par Édouard Risler (3 avril 1897, Société nationale ; les *Serres chaudes*, d'après Maeterlinck, également créées à ce concert).

Au lendemain du *Poème* pour violon et orchestre, Chausson donne enfin sa mesure au piano, avec cette suite de danses qui s'inscrit dans ce grand mouvement de retour aux formes classiques, où l'on comptera, sur un quart de siècle, aussi bien le Debussy de la *Suite bergamasque* et de *Pour le piano*, le Saint-Saëns de la *Suite op. 90*, que le Roussel de la *Suite op. 14* ou le Ravel du *Tombeau de Couperin*. Menuets, sarabandes, gavottes et autres passepieds remplacent, au pied levé (c'est le cas de le dire !), les barcarolles, nocturnes et impromptus hérités du romantisme.

Une courte *Dédicace* (en sol majeur, *calme*) précède les trois danses proprement dites ; et l'on ne saurait, avant des pièces vouées par définition à une cadence, à des certitudes rythmiques et mélodiques, imaginer de prologue plus poétiquement indécis : un 3/4 hésitant, aux incessantes syncopes, une tonalité fuyante, de petites phrases entrecoupées, des sonorités voilées, des dissonances non résolues. Aux dernières mesures, l'accord de septième de dominante demeure suspendu, en vibration.

« On doit les aimer toutes, ces danses, écrivait Debussy en 1903 ; pourtant je dirais ma particulière dévotion pour la *Sarabande*. » Celui qui, avant Chausson (mais après Satie...), avait retrouvé cette forme (la première version de la *Sarabande* de *Pour le piano* date de 1894), et qui s'apprêtait à en écrire une nouvelle (l'*Hommage à Rameau* du premier livre d'*Images*), pouvait-il demeurer insensible à une telle réussite ? La *Sarabande* de Chausson, dans un rythme à 3/4 *(andante)* où pèse un peu plus le deuxième temps, est attirée ensemble par le majeur et le mineur : si bémol majeur et sol mineur, plus loin fa majeur et ré mineur, colorent tour à tour ce thème un peu cérémonieux, qui respire tantôt la tristesse, tantôt l'attente sereine. « Et c'est une chose inouïe/ Comme le passé reparaît » (je détourne deux vers de sa mélodie *Nos souvenirs* !), avec cet air d'archaïsme et ces grands accords qui vibrent comme de luth ou de mandore. Septièmes et neuvièmes moelleuses, chromatismes, modalismes : ce composé tient le milieu, une fois de plus, entre Franck et Debussy, – avec un regard attendri vers Wagner. Le second thème, porté par un dessin de notes répétées, et où la droite et la gauche se relaient ou se confortent en se croisant, chante plus largement, par grandes phrases au galbe pur.

La *Pavane* qui suit est plus étonnante encore, et mérite plus de « dévotion » (mais elle usurpe son titre et n'a nullement l'allure de cette danse). Sur un courant continu de croches à 4/4, aux deux mains *(sans hâte)*, la mélodie palpite, trace un orbe, retombe un peu haletante, s'éteint en un dernier remous. Plus loin (mes. 19), une deuxième idée se développe, fauréenne de ligne et caressée d'harmonies languides, en figures descendantes que les mains se partagent ; puis le frémissement de croches reprend, et le thème palpitant du début. Un intermède, caractérisé par un motif mélodique en rythme syncopé et traversé de traits de doubles croches, précède la reprise abrégée de la première partie. (Pas d'accident à l'armure ; ton de mi éolien, sans sensible ; parfois, au début, à la main gauche, le fa ♮ du phrygien.)

Les deux mains, au commencement de la *Forlane* (en sol mineur, *animé*), ne font que se doubler, d'abord en unissons, puis à deux fois deux voix, où bientôt un chant de tierces se détache sur le flux intarissable des croches à 6/4. La couleur est sombre, l'atmosphère orageuse ; et ce pianisme difficile et peu confortable. Dans l'épisode central, les tierces ne sont plus que décoratives, jouées à la droite seule, par-dessus le chant feutré de la gauche ; harmonies plus rares (entre autres la gamme par tons), texture plus subtile : Debussy dans le filigrane. La fin retrouve l'agitation du début, avec un accroissement de la force, jusqu'aux octaves que les deux mains propulsent à travers le clavier, fortissimo. Mais les dernières lignes, tout en gardant cette ample sonorité, passent au mode majeur, et terminent l'œuvre dans une rayonnante et fervente clarté.

## Carlos CHÁVEZ
(1899-1978) Mexicain

Ce n'est pas dans son œuvre de piano (un bon quart de sa production) que l'on trouvera le Chávez nationaliste, celui du ballet aztèque *El fuego nuevo* (1921), de la *Sinfonía india* (1936), ou de ce *Xochipili* (1940) qui nécessite l'emploi de percussions indigènes. Plus exactement, le piano n'a pas eu chez lui l'emploi pittoresque qu'il a chez un Ginastera, chez un Villa-Lobos. Il lui a servi de laboratoire à expérimenter, abstraitement, des modes, des rythmes, des accents, sous des titres non figuratifs, sonates, préludes, études (et l'un des rares intitulés imagés de Chávez, *Polígonos*, ne fait que renforcer cette abstraction). Ce piano, dans son noir et blanc, n'en reflète pas moins la plupart des traits de la musique indienne du Mexique : les lignes rudimentaires, comme tracées au canif, la nudité archaïque du matériau, les motifs entêtés, la sonorité percussive, surtout la prédominance du rythme, principe vital de sa musique, et qui d'être chez lui sans cesse plus élaboré ne perd rien de sa vigueur farouche et primitive.

On a publié en 1983 (Carlanita Music Company) deux volumes de danses et pièces diverses composées par Chávez dans les années 1918-1921 ; il y a de tout dans cette musique juvénile, souvent maladroite, presque toujours conventionnelle : au pire de la guimauve de salon, des quelconqueries sentimentales à la Mendelssohn (*Inocencia*, ou *Bendición*), au mieux des esquisses vaguement debussysantes *(Meditación)*. Mais avec la **Sonatina** de 1924 (dédiée à sa femme Otilia, publiée en 1930, Cos Cob Press), c'en est fait d'un coup du style vieillot où languissaient valses et feuillets d'album. Chávez a découvert sa vérité, et l'exprime de façon originale, dans une langue âpre et brutale, qui ne craint pas de rudoyer les bonnes manières. L'euphonie est la première victime de ce changement ; presque tout dissone dans ces pages. Beaucoup sont des dissonances diatoniques, nées de ce que les voix modales superposées occasionnent secondes, septièmes et neuvièmes ; mais il y en a de chromatiques, qui jouent au passage comme autant de fausses notes, si ♭ sur si, do ♯ sur do. L'autre caractéristique de cette musique, c'est sa frénésie de l'ostinato ; quelques simples dessins, le plus souvent de notes conjointes, à faible ambitus, se répètent inlassablement, dans un tempo inflexible. On parlera de « primitivisme » facile ; certes, mais il se dégage énormément de force de ce matériau brut ; et c'est une force hypnotisante et magnétisante, comme le serait celle d'une incantation.

Quatre mouvements minuscules, enchaînés, le dernier reprenant le premier en le ralentissant de *moderato* à *lento*. On notera tout au long de l'œuvre l'emploi du triolet, en alternance ou en superposition avec des croches normales, ce qui est un trait spécifique du folklore mexicain. (De la même année datent deux autres sonatines, respectivement pour violon et piano, et pour violoncelle et piano, qui présentent les mêmes traits stylistiques.)

Des années 1923-1930 datent ***Sept Pièces*** (publiées en 1936, New Music Edition). Rien ne semble destiner ces morceaux à figurer dans un même recueil. Le premier, *Polígonos*, est un bâti massif, aux lignes anguleuses, aux accents rudes et péremptoires, alternant les accords d'un *lento* déclamatoire et les triolets d'un *vivo* jubilant. Même rudesse, « sempre forte », dans le mouvement perpétuel du troisième, intitulé curieusement *36*, mêmes triolets (ou croches par trois lorsque la mesure passe de 4/4 et 5/4 à 12/8), et des accords piétinants qu'exaspère la vrille des notes répétées. Le deuxième morceau, *Solo*, et le sixième, *Paisaje*, plus brefs l'un que l'autre, sont d'une simplicité monastique, lentes superpositions de lignes claires, avec plus de calme et plus de chant dans celui-là, plus de tension et de concentration dans celui-ci. Le quatrième, *Blues*, et le cinquième, *Fox*, feignent de prendre quelque chose au jazz, mais ces danses n'y servent que de prétexte ; ce sont des épures, d'une abstraction glacée. Le septième, *Unidad*, démesurément développé et techniquement éprouvant, annonce, par sa relative « blancheur », l'écriture des *Préludes*.

Des six sonates de Chávez, se place ici la plus intéressante (je ne dis pas : la plus belle), la ***Troisième Sonate*** composée en 1928 et dédiée à Aaron Copland (publiée en 1933, New Music Edition). Non seulement une œuvre expérimentale, mais une œuvre de combat. Le premier mouvement *(moderato)*, tout juste deux pages, l'une reprenant l'autre presque à l'identique, impose d'emblée sa tension et son absence de compromis : cruelles neuvièmes mineures violemment surimposées, unissons inattendus qui creusent soudain la sonorité, déplacements d'un registre à l'autre, criblage de notes répétées ; dans ce contexte, les petits fragments chantants, en notes conjointes, prennent une couleur menaçante.

Mais c'est encore peu de chose auprès du deuxième mouvement *(un poco mosso)*, qui sert de scherzo à la sonate. C'est un cataclysme, obtenu d'ailleurs avec des moyens, une fois de plus, très simples. Les doigts se meuvent surtout sur les touches blanches, les quelques accidents rencontrés n'ajoutant qu'un piment de plus à une musique épicée, si l'on peut dire, naturellement ; ils jouent plutôt des lignes que des accords, et l'on ne parlera donc pas de surcharge harmonique ; mais ils tombent n'importe où, sur n'importe quel intervalle, comme au petit bonheur la chance ; ils tracent des angles, des figures brisées, presque toujours en force. Impossible à la main de prendre des habitudes, elle qui doit déjà perdre toutes celles que l'usage lui a inculquées !

Sera-t-on plus heureux avec le mouvement lent *(lentamente)*, de caractère fugué ? Il n'y a guère d'espérance. Le tempo change, mais non le procédé, cet effort perpétuel vers le dissonant, le rugueux, le disjoint. Pourtant bien des motifs, pris séparément, extirpés de cet insolite tissu polyphonique, ne demanderaient qu'à chanter...

Hasardons de penser que le finale *(claro y conciso)* est un peu plus avenant que tout le reste, peut-être parce qu'on croit y reconnaître une atmosphère de fête, des lambeaux de chansons, des cris joyeux, une gesticulation, une saltation contagieuse. Son thème initial s'impose à l'oreille, dans sa naïve crudité. Puis il y a là une débauche de rythmes (syncopes, accents contrariés, rapide alternance de mesures irrégulières), et cette variété métrique finit par déteindre, en bien, sur l'harmonie.

Sautons plus d'une trentaine d'années pour noter que quiconque s'avisera de jouer, après cette *Troisième Sonate*, la **Sixième Sonate** de 1961 (publiée en 1965, Mills Music), ne voudra pas croire qu'il s'agisse du même auteur : elle n'est pas seulement sage et confite en dévotion tonale, mais pastiche purement et simplement quelque contemporain de Haydn et de Mozart, parmi les moins talentueux. Exercice incongru, où ne semble entrer nul humour, et qu'un autre n'aurait pas songé à numéroter, bien et dûment, dans la liste de ses œuvres. (La *Cinquième Sonate*, de 1960, inédite, doit partager la même esthétique, si l'on en croit son sous-titre : « d'après le schéma harmonique de la *Sonate K. 533/494* de Mozart ».)

L'écriture à deux voix et la diatonie dissonante, si on peut l'appeler ainsi, qu'on voyait déjà à l'œuvre dans quelques-unes des *Sept Pièces* et dans la *Troisième Sonate*, fournit l'essentiel des **Dix Préludes** composés en 1937 (publiés en 1940, Schirmer), qu'on trouvera, en revanche, infiniment moins rudes dans les rythmes, le volume sonore, l'expression. Les six premiers s'en tiennent aux touches blanches, en partant des différentes échelles modales ; les septième, huitième et neuvième, bimodaux, voient arriver quelques accidents contradictoires (fa ♯ contre fa ♮, si ♭ contre si ♮) ; et le dixième s'établit nettement en la majeur, avec les trois dièses réglementaires à l'armure.

Quoi dire de ces morceaux ? L'écoute du premier est facile, on retire de ce contrepoint linéaire, de ces unissons, de ces rythmes carrés, de cette blanche monotonie, une impression d'hiératisme, celle d'assister à quelque culte primitif. On commence à s'alarmer dans le deuxième qui, quoique plus rapide, compte huit pages bien serrées. Quelques syncopes, dans le troisième, retardent un moment la crainte légitime de voir tourner sans plus finir un moteur impeccablement remonté. Hélas, le moteur repart avec le quatrième (dix pages), et c'est désormais, au choix, l'ennui, la résignation ou l'agacement devant cette partition extravagante, élémentaire, dont on ne peut s'empêcher de songer que le premier venu pouvait l'écrire, en partant de la même donnée.

Le lot des *Études* nous fera vite oublier ces assommants, malsonnants et malingres *Préludes*. Il y en a neuf au total, regroupées de la façon suivante : quatre études composées en 1949, commande de l'Unesco pour le centenaire de la mort de Chopin, mais éditées séparément, la quatrième d'abord, comme *Homenaje a Chopin* (1949, Ediciones mexicanas), puis les trois autres, après révision, comme *Trois Études* (1969, Mills Music) ; quatre composées en 1952 et publiées comme *Quatre Nouvelles Études* (1985, Carlanita Music Company) ; et l'*Estudio a Rubinstein* écrit en 1974 (publié en 1976, Schirmer).

Musique dissonante, crue et criarde, mais d'une saine et réjouissante vigueur. La plus colorée est la première des *Trois Études*, qui enchaîne des triades à chaque main tour à tour, ou dans les deux mains ensemble, dans un incroyable grouillement polytonal ; la plus corsée, la troisième du même cahier, toute en lignes brisées aux deux mains (à 6/8), que son chromatisme corrosif et ses écrasements dissonants n'empêchent pas de bien sentir, au début, au milieu, à la fin, son ré majeur natif.

Dans les *Nouvelles Études*, la première, une gigue endiablée, à grands sauts mal commodes, crissantes fausses notes et piquante birythmie, et la troisième, « pour les secondes majeures », véritable gageure, infatigable bourdonnement d'insectes, séduiront un virtuose téméraire, – qui retrouvera des secondes, mineures cette fois-ci, en mouvement perpétuel, alternées entre les mains en chapelets, en grappes, en cascades, dans l'*Estudio* dédié à Arthur Rubinstein.

Ces *Études* inventives constituent le meilleur de la production pianistique de Chávez ; et il vaut mieux feindre de la borner ici. Les deux partitions restantes ne sauraient être défendues que par des aficionados ; elles consterneront les autres. L'*Invención* de 1958 (publiée en 1960, Boosey & Hawkes) est une interminable rhapsodie, sans queue ni tête (et pour cause : le compositeur s'y refuse, à titre d'expérience, à toute répétition de motifs), d'une laideur apprêtée, grise et morne jusque dans ses moments de tintamarre. Quant aux *Cinco Caprichos* de 1975, résultat d'une commande du pianiste Alan Marks (publiés en 1983, Schirmer), ils poussent à ses plus extrêmes conséquences le style abrupt, anguleux, brisé, qu'on voyait déjà aux *Sept Pièces* ; les numéros impairs sont animés, pointus, d'une sécheresse voulue, les numéros pairs lents et introspectifs ; dernières pages pianistiques de Chávez, qu'on devine aux prises avec la maladie qui devait l'emporter.

## Luigi CHERUBINI
(1760-1842) Italien

Cette mince production pianistique d'un auteur qui s'est couvert de gloire dans le champ de l'opéra et de la musique religieuse offre une énigme impossible à résoudre : que le même compositeur ait pu écrire, en 1780, six *Sonates* bien classiques, sentant fort leur clavecin, et plutôt parmi les plus étriquées, les moins imaginatives que son temps ait produites, – et dans la même décennie, en 1789 (année, il est vrai, révolutionnaire !), un *Caprice* de cinquante pages, longtemps demeuré inédit, où sont rassemblées jusqu'à l'obsession, jusqu'à l'extravagance, toutes sortes de figures instrumentales, en des séquences, des schémas harmoniques qui ne serviront que vingt ou trente ans plus tard. Le plus étrange est qu'à l'exception d'une courte *Fantaisie* en 1810 (d'ailleurs adressée également à l'orgue), le piano ne devait plus jamais tenter Cherubini, comme si, ayant fait le tour de la fabrique et inventorié d'un seul coup les procédés, leur application ne l'avait pas autrement intéressé...

Les **Six Sonates** composées en 1780 et publiées en 1785 à Florence (chez Poggiali) sont les œuvres d'un garçon de vingt ans qui, si même il a déjà à son actif une ou deux messes, un opéra, des intermezzos pour la scène, est encore malhabile et peu personnel. Elles sont contemporaines des premières sonates de Clementi (en particulier les trois de l'opus 2) auxquelles, quoi que certains en aient dit hâtivement, elles ne ressemblent guère. On cherchera vainement ici l'étonnante et jeune maîtrise de son aîné, la fermeté et la clarté de sa pensée, ses audaces pianistiques, sa verve inépuisable. Le seul trait que Cherubini ait peut-être pris à Clementi, c'est de borner ses sonates à deux mouvements, un morceau de forme sonate et un rondo : les deux musiciens, avec l'impatience du jeune âge, semblent remettre à plus tard la minute de vérité de l'adagio... Encore le Florentin manie-t-il assez lâchement les formes ; son premier mouvement accroche les idées les unes aux autres, sans véritable contraste, et ne développe qu'entre guillemets ; son finale n'a de rondo que le nom, et se borne à une forme ABA, où la section A est reprise telle quelle, da capo, après une section B plus virtuose et comme improvisée.

Que de boucles, bouclettes et frisettes, dans le *moderato* initial de la *Première Sonate* (en fa majeur) ! C'est de la musique de perruquier... La gentille basse d'Alberti ne nous en voudra pas de la trouver franchement envahissante, avec son imperturbable petit traintrain, sous ces fioritures agaçantes. Des rosalies aussi, à n'en plus finir, dans le développement. – Tout le début du rondo *(allegretto moderato)* est insignifiant ; le milieu voudrait l'être moins, et y met un coup de brio, mais ne fait que préfigurer les exercices de Czerny, ou pis de Hanon : ces gammes creuses qui se talonnent d'une main à l'autre pendant une douzaine de mesures !

La *Deuxième Sonate* (en ut majeur) commence sur les traces de la précédente, avec un *moderato* aussi brillant que clinquant. Les phrases semblent collées bout à bout vaille que vaille. C'est fait de rien, pendant dix pages. – Mais le rondo *(allegro)* est réussi. On me fera remarquer que les ingrédients sont les mêmes ; oui, mais il y a cette fois l'assaisonnement de l'esprit ; plus de finesse, de meilleurs enchaînements ; et des étrangetés, des arrêts intempestifs, des saillies, des sautes d'humeur. Les doigts, inventifs, s'égaient davantage.

Avec la *Troisième Sonate* (en si bémol majeur), on monte de plusieurs crans, incontestablement. C'est d'ailleurs la sonate la plus connue de la série, pour avoir fait partie de nombre d'anthologies classiques ; c'est la seule des six à figurer dans le *Cherubini-Album* de Breitkopf & Härtel (collection *Unsere Meister*, « Nos maîtres »). Le premier mouvement *(allegro comodo)*, de belle proportion, est plein d'idées qui, si elles manquent de vrai contraste dynamique, n'en offrent pas moins une certaine variété d'humeurs. On notera l'étendue du second groupe qui, après un peu de persiflage (thème de noires appogiaturées, « con spirito », au staccato comique et presque théâtral, incises chromatiques, petits soufflets), enchaîne deux lignes de petits martelages aux mains alternées, puis trois lignes modulantes par vagues d'arpèges en triolets, pour finir par un dernier petit motif ironique, « con grazia », en intervalles disjoints. Le développement, en revanche, est réduit au strict minimum, une page d'arpèges modulants. – Le rondo *(andantino)* paraîtra plus banal, malgré quelques effets de rythme, plus concertés que spontanés ; la partie B, une fois de plus, concède au « brillante », ici des cascades d'arpèges brisés en triolets.

La *Quatrième Sonate* (en sol majeur) a un premier mouvement *(moderato)* plus classique, moins encombré d'idées adventices ; un thème A, qui se veut « amabile », comme une conversation de bon aloi entre gens de goût ; une transition ; un thème B contrastant par sa relative placidité avec le remuement qui l'entoure. Court développement d'une page. Mais rien, à vrai dire, qui retienne l'attention. – Le rondo *(andantino)* mérite un peu mieux son nom que les précédents ; le thème initial est un vrai refrain, avec retours, et il y a un second couplet *minore*, en triolets véloces.

L'*allegro con brio* de la *Cinquième Sonate* (en ré majeur) oppose plaisamment deux idées dans son premier groupe, l'une *f* menée à la double croche, à l'allure d'une basse d'Alberti si affairée qu'elle en devient cocasse, l'autre en accords *p*, sur une basse de croches en octaves brisées staccato. On ne peut parler de second thème, l'exposition à la dominante continuant dans la ligne initiale. – Le meilleur du rondo *(allegretto)* est cette fois la partie centrale, une espèce de cadence de concerto, à qui ne manque même pas le trille final, et qui reprend en les transposant des motifs de la première partie.

La *Sixième Sonate* (en mi bémol majeur) est la meilleure de la série, par la vertu de son mouvement initial *(allegro spiritoso)*. Ici, les lignes sont nettement tracées, les contours définis, la structure organisée ; sans doute perd-on en fantaisie ce qu'on gagne en rigueur, mais il y a plaisir aussi à ces pages ramassées, bellement concertantes, où l'affairement virtuose, avec sa vague de modulations, évoque la manière de Mozart. Le développement, loin d'être un passage obligé (c'est-à-dire un passage à vide...), travaille efficacement les figures précédentes. – Le rondo *(andantino con moto)* reste à cette hauteur, quoique avec plus de grâce, de coquetterie : points d'orgue, rythmes capricieux, pullulement décoratif. Il fait du charme, mais à bon droit ; il en a la matière.

Le *Capriccio* ou *Étude*, composé en 1789, n'a été publié qu'en 1983 (Ricordi), par les soins de Pietro Spada. Le manuscrit semble avoir appartenu à Alfred Cortot. – Neuf cent quatre-vingt-quatre mesures, cinquante pages, une demi-heure de musique d'affilée. Une œuvre isolée, solitaire, irréductible à son époque. Est-ce une improvisation, comme les fantaisies de Wilhelm Friedemann Bach, de Philipp Emanuel Bach, de Mozart, ou comme les *Capricci* de Štěpán ? Mais tous ceux qu'on vient de citer – et l'on en pourrait nommer bien d'autres – prennent au moins garde au temps qui passe. Leurs divagations s'inscrivent au moins dans une norme de durée, si loin qu'elles aillent dans la liberté formelle, dans l'audace des idées et des modulations, mêlant toutes les techniques instrumentales, accords, gammes et arpèges, traits divisés, toutes les textures, harmoniques et contrapuntiques, s'accordant ruptures brutales d'humeur, brusques changements de tempo, étrangetés du discours et du geste. Le *Capriccio* de Cherubini suit abondamment cette tradition, mais il en étend la bizarrerie jusqu'à la folie, – par l'accumulation des épisodes, la répétition obsessionnelle des motifs. On ne peut lui comparer (encore est-ce à un demi-siècle de distance) que les élucubrations du vieux Rossini, étalées elles aussi sur des dizaines de pages. Mais Rossini s'amusait de ce qu'il nommait plaisamment des *péchés de vieillesse* ; Cherubini a l'air sérieux.

Ne crions pas pour autant au chef-d'œuvre. Cela ressemble souvent à un répertoire de figures, et la musique n'a pas fort à faire en ce lieu où s'escriment les doigts. D'ailleurs ce *capriccio* n'est-il pas avant tout, nommément, une *étude* ? Les passages contrapuntiques sont scolaires, et l'énorme fugue terminale, au bout de quelques pages, tourne en leçon d'ennui. Un endroit pourtant de l'œuvre nous arrête, et même nous abasourdit : l'épisode *andantino* (mes. 492), avec ses triolets porteurs d'une ample et lyrique mélodie, et ses harmonies changeantes ; bien avant les *Impromptus* de Schubert, avant même ceux de Voříšek, voilà engagée l'écriture du piano romantique, et découvert le langage indubitable de la confidence.

# Frédéric CHOPIN
(1810-1849) Polonais

On pourra être repris, avec irritation, si l'on va répétant que Chopin est « l'âme de la Pologne » : il y a des adversaires farouches et des partisans convaincus de ce « slavisme ». Mais nul ne contestera qu'il soit « l'âme du piano ». Peu de compositeurs (Heller, Albéniz, Mompou) se sont identifiés si complètement avec l'instrument, lui ont voué une si longue fidélité. Schumann, dont les dix premières années d'ouvrage sont presque exclusivement consacrées au piano, a fini par toucher, l'un après l'autre, tous les domaines : lieder, musique de chambre, concertos, symphonies, oratorios. Liszt, autre héros (et héraut) du piano romantique, a beau lui avoir dédié cinq ou six cents œuvres, de toute nature, de la pièce originale à la transcription, l'orchestre et l'église lui en ont inspiré presque autant. Mais Chopin, en dehors de deux concertos et de quelques morceaux pour piano et orchestre, d'un trio de jeunesse, d'une sonate de violoncelle qui est son chant du cygne, et d'une poignée de mélodies, s'est contenté du piano pour édifier une des œuvres les plus singulières et les plus ensorcelantes de toute l'histoire de la musique.

Car peu de compositeurs, et cela compte davantage que la fidélité à l'instrument, ont su arracher au piano des accents à la fois si personnels et si universels. C'est même tout le malentendu de la musique de Chopin. Elle exprime une infinie variété d'émotions, de sensations, de sentiments, dans un langage immédiat, accessible au plus grand nombre, et la fortune de l'œuvre prouve assez que le profane n'en a jamais été exclu. Mais dans le même temps, le connaisseur ne cesse de s'en émerveiller, d'en creuser l'innombrable richesse, et il n'y a peut-être pas d'autre exemple d'une musique dont la globalité appartienne à tous, et le détail à quelques privilégiés. Dix personnes réunies autour de l'*Appassionata* reçoivent la même dose de musique, communient à peu près dans les mêmes proportions de pathos, de mélodie, d'harmonie, de rythme, voire de littérature ; c'est un bloc, qui se donne d'un coup, et qu'une audition épuise. Dix personnes rassemblées autour de la *Quatrième Ballade* ne partagent pas la même écoute ; l'un reçoit de plein fouet la masse de l'œuvre, en sort éberlué, chancelant ; mais l'autre, à tel moment, n'a suivi que la main gauche ; et le troisième vient seulement de remarquer tel enchaînement d'accords...

L'âme du piano et sa gloire : il ne faut pas rougir de le dire, le compositeur est inséparable, chez Chopin, du virtuose. Les *Scènes d'enfants* ou les *Scènes de la forêt*, qui sont à la portée du moindre pianiste, nous disent presque tout sur Schumann, nous révèlent son essence. Mais l'essentiel de Chopin n'existerait pas sans les ressources de la virtuosité. Le miracle, c'est qu'en élargissant les conquêtes de Field, de Hummel, de Weber, par une invention pianistique sans précédent, il n'a produit que de la musique. Un arsenal entier de *figures de doigts* (comme il y a des figures de mots ou de grammaire) se transforme avec lui en poésie sonore. Un autre miracle, c'est qu'à l'inverse de Liszt ou de Schumann, il n'excède au piano ni le corps ni le cerveau. Liszt, souvent, est un dompteur, qui à coups de cravache fait exécuter à son lion les tours d'adresse les plus improbables ; toutes les bornes physiques sont avec lui transgressées. Schumann, en son piano, ne voit qu'un confident, auquel il avoue les moindres replis de son cœur, ou un double, chargé de l'exprimer avec franchise, dût-il en passer par l'impudeur ; avec lui, la limite franchie est pour ainsi dire d'ordre spirituel, et peut-être même moral. Chopin est le seul qui écoute le piano parler, de sa voix propre et entière ; il l'ausculte par les doigts ; de ce contact intime avec les touches sont certes nés ses plus beaux chants ; on peut les prendre pour ce qu'ils sont ; ils n'en exaltent pas moins, en premier lieu, des qualités de timbre, de poids, de résonance, d'euphonie, – comme aussi la recherche, fondamentale et assidue, de l'équilibre.

Cette dernière notion est essentielle. Chopin ne serait pas ce prodigieux inventeur de thèmes et d'harmonies (les premiers inséparables des secondes) sans ce goût inné pour le terme juste, la dimension exacte, l'espace et le temps mesurés. Jeté dans la tourmente de l'âge romantique, n'en refusant pas les âpres colères, les sombres passions, partagé comme tous ses contemporains entre l'humaine désespérance et la quête de l'absolu, entre la rêverie immobile et la fièvre de l'action, il ne se départira pourtant jamais d'un art économe et pondéré. Comme Valéry, entre deux *mots* il choisit le moindre. L'antique « rien de trop » est fait pour lui ; ce n'est pas Mendelssohn, c'est lui, le dernier classique de l'époque, l'héritier de Bach et de Mozart. La gamme expressive de Mendelssohn est trop étroite pour pouvoir prétendre à l'universalité que les classiques réclamaient ; celle de Chopin embrasse le monde, sans qu'il ait besoin de forcer le ton, d'appuyer le trait, d'excéder ce qu'en d'autres temps on appelait les bienséances.

Il n'a pas non plus besoin d'embaucher les services d'un autre art que le sien. Sa musique ne convoque ni Dante ni Raphaël, encore moins ce Kreisler qui racle du violon dans Hoffmann ; et elle n'est pas davantage attirée par le pittoresque des hommes, des bêtes, des paysages, ou par l'étrangeté de la féerie. Ce n'est pas lui qui peindrait l'oiseau-prophète, la ronde des lutins ou l'équipée de Mazeppa. Ni scènes de genre ni albums de voyage, pas le moindre clair de lune, pas le plus petit ruisseau, pas le plus frêle oiseau. Chopin nous laisse avec des préludes, des études, des nocturnes, des impromptus. Cette œuvre qu'en revanche la littérature la plus sotte et la plus médiocre a si longtemps assaillie (que de romans à bon marché sur le compte de Chopin, que de portraits affligeants pour réduire à la femmelette, au moribond, à l'ange évanescent, un être avant tout viril, sous sa fragile enveloppe !), cette œuvre s'est efforcée d'être pure de tout corps étranger. Il faut s'y résigner : ni éducation sentimentale, ni quête intellectuelle ou mystique, elle s'est d'abord attachée au fait musical, – la succession des notes en phrases inimitables, d'une souplesse, d'une variété d'inflexion infinies, – la combinaison des notes en harmonies surprenantes de nouveauté, découvertes à fleur de clavier par des doigts et des oreilles divinatoires, – la superposition des notes en contrepoints sans cesse plus magnifiques, voix secondaires, échanges éphémères, appuis passagers, – les variations infinitésimales de ces notes au sein d'un accord, d'une basse, par altérations, renversements, redoublements, petits riens presque inaudibles, porteurs d'un surcroît de beauté.

Une opinion répandue, et qu'il convient de corriger, veut qu'en Chopin l'improvisateur ait la meilleure part. Assurément, le premier jet, ou plutôt le premier geste, compte ici beaucoup. Les doigts ont à la fois l'instinct spatial, l'intuition mélodique, le pressentiment harmonique. Et cependant, on ne sait pas assez l'acharnement avec lequel Chopin revoyait sa copie, polissant et repolissant le matériau, purifiant le galbe d'une phrase, affûtant le pivot d'une modulation, jusqu'à toucher au plus près de l'impossible perfection. La forme aussi lui fut un constant souci. Les doigts ont rarement d'emblée le sentiment formel. Doué d'un génie naturel pour le bref, l'aphoristique, qui lui permet d'en dire autant, en un prélude de trente secondes, que d'autres en un mouvement de sonate, Chopin ne voulut pas pour autant manquer à la confrontation avec l'ample et le développé. Là aussi, où on l'attendait moins, sa réussite est certaine ; et si l'on a longtemps examiné sous toutes les coutures, avec méfiance, le tissu de ses *Ballades* ou de sa *Fantaisie*, on en reconnaît aujourd'hui l'unité supérieure, la conception merveilleusement adaptée à la pensée hardie qu'il doit revêtir.

Chopin laisse une œuvre presque sans déchet ; et comme il fut lui-même du premier coup (sort enviable, que peu de créateurs ont partagé), il est l'un des rares qui ne se prêtent guère au découpage en périodes. La chronologie, avec lui, n'entraîne nulle hiérarchie. On lui passe volontiers quelques péchés de jeunesse, véniels, car ils touchent tout au plus à la frivolité, jamais à la maladresse ; et qu'importe une valse coquette, un rondeau futile, dans les marges des rayonnantes *Études op. 10* ? Le péché le plus grave de Chopin, à cette époque, un mot de Rivarol pourrait l'illustrer : « Le génie égorge ceux qu'il pille. » Ce jeune homme fragile a sur la conscience la mort de Field, de Hummel, et de quelques autres. Cependant, si cette musique se ressemble du début à la fin (avec tous les raffinements progressifs qu'on verra genre après genre), il n'empêche qu'elle évolue selon sa nature même et sa pente. La première mazurka mène irrésistiblement à la dernière, parce que ce musicien était destiné à aimer avec autant de force le mode lydien et les quintes paysannes, et le contrepoint de Bach ; de l'âme enfantine au cerveau mûri, de l'adolescent joyeux au contemplatif des dernières années, il semble n'avoir eu que d'heureuses rencontres : c'est parce qu'il a impitoyablement repoussé toutes celles qui l'écartaient de sa vérité.

Que le piano, avec Chopin, ait trouvé son âme, on le voit à la descendance du compositeur. Elle est immense. Une âme aussi vaste ne pouvait que se multiplier, en des corps variés qui, sous d'autres cieux, se sont nommés Fauré, Scriabine ou Granados[*].

## LES BALLADES

Les quatre *Ballades* sont les œuvres les plus ambitieuses de Chopin. Avec la *Fantaisie*, les *Scherzos* et les *Sonates*, ce sont celles qu'il faut donner à entendre aux gens (il en reste) pour qui Chopin se range parmi « les pleurards, les rêveurs à nacelles,/ Les amants de la nuit, des lacs, des cascatelles » que raillent les vers de Musset. Le musicien des *Ballades*, monté sur ses grands chevaux, bouscule tout sur son passage, à commencer par les formes convenues. Aussi large de souffle, ici, qu'il respirait à l'étroit dans les lambris des *Valses*, aussi impatient et débondé qu'il était guindé dans l'habit *fashionable* du *Premier Impromptu*, ce lyrique ajoute, sans crier gare, à sa lyre une corde d'airain, et dès ce coup de maître de la *Première Ballade*, esquissée à vingt et un ans, révèle à des

---

[*] La datation de nombre d'œuvres est toujours discutée ; je suis généralement le catalogue de Maurice J. E. Brown (MacMillan, Londres, 1960/1972), auquel renvoie l'abréviation B. pour les œuvres sans numéro d'opus. L'abréviation KK, pour les mêmes œuvres, désigne le catalogue de Krystyna Kobylańska (Henle, 1979).

auditeurs sans doute un peu déconcertés qu'il a, aussi, « la tête épique ». Il est vrai que le premier cahier d'*Études*, l'opus 10, publié en 1833, contenait (à grand-peine, c'est le mot !) les signes avant-coureurs de ce langage : l'*Étude en ut dièse mineur*, l'*Étude en ut mineur* (« Révolutionnaire »), ont des accents d'une brutalité inouïe ; l'âme s'y cabre, fière et emportée, rebelle au mors et aux guides ; ce ne sont pas des morceaux à mettre entre toutes les mains, et non seulement en raison de leur redoutable difficulté : Chopin, ce modèle de pudeur, y ose des choses impudiques. De politesses et de bonnes manières, l'épopée ne s'embarrasse guère. De même, chaque nouvelle *Ballade* recule un peu plus les bornes du bien-dire.

Elles les reculent, mais sans avoir l'air d'y toucher. Nulle part on ne peut les prendre en flagrant délit de démesure, tant une logique souveraine semble présider sans cesse à leur invention. Voilà ce qui oppose ces deux genres « narratifs » que sont la ballade, chez Chopin, et la rhapsodie, chez Liszt. L'art du rhapsode est fait, et l'étymologie l'atteste, de décousu, qu'il faut justement, tant bien que mal, recoudre ensemble. Tel lambeau peut jurer avec tel autre, peu lui chaut, la seule règle étant celle du bon plaisir. Le rhapsode n'arrête pas d'improviser ; à chaque instant s'ouvre une allée nouvelle en son discours. Chopin simule l'improvisation ; en réalité, s'il invente un genre où donner libre cours à sa fantaisie (la ballade, avant lui, est vocale uniquement), il le coule dans un moule plus vaste, et qui a donné ses preuves : une espèce de grand mouvement de sonate, foncièrement bithématique, élargi le cas échéant par une introduction et une coda. Ce sentiment de la forme, inné chez lui, assure une cohésion à des pages qui à première vue paraissent disparates. Il confère un indéniable air de famille à ces quatre morceaux que plusieurs années séparent, si fort et si original que Chopin, dans ce domaine, n'a pas eu de descendance : ni Brahms, ni Grieg, encore moins Fauré ou Debussy n'ont pu refaire ce singulier composé de liberté et de rigueur, de fièvre et de désarroi, d'héroïsme et de rêverie, de puissance et d'émotion qu'est une ballade de Chopin.

Ces ballades « racontent », c'est entendu : le terme médiéval nous plonge d'emblée dans une atmosphère de légende ; au début de chacune d'elles, nous croyons entendre le barde : « Il était une fois... » Mais que racontent-elles ? Nous ne le saurons jamais, Dieu merci. La manie des programmes et des feuilletons est étrangère à Chopin ; la littérature n'a jamais été son fort, en quoi il diffère irrémédiablement des autres romantiques. Les tentatives faites, après Schumann et Liszt, pour « lire » dans ces quatre morceaux des transpositions des poèmes de Mickiewicz, ne peuvent qu'avorter ; elles forcent des analogies que Chopin n'a jamais avouées. Qui l'en eût empêché ? Ses éditeurs ne demandaient pas mieux, dont les moins scrupuleux, à Londres, n'hésitaient pas à baptiser sa musique de titres de leur cru, d'une réjouissante stupidité : voyez le

*Premier Scherzo*, les premiers *Nocturnes*... Mais non, ces musiques ne valent que leur pesant de notes ; il est inégalable, et peu de mots en vérité, quand ce seraient ceux d'un plus grand poète encore, en seraient dignes.

### Première Ballade, en sol mineur (op. 23)
COMP 1835 (Paris ; esquissée mai-juin 1831, à Vienne). PUB 1836 (Breitkopf & Härtel ; Wessel ; Schlesinger). DÉD au baron Nathaniel Stockhausen, ambassadeur du Hanovre.

Dès l'introduction (*largo* ; *lento* dans l'édition allemande), le ton épique est donné : cette lourde montée (« pesante ») des mains à l'unisson sur trois octaves ; ce repli douloureux de la phrase ; et la fameuse septième mesure, avec son mi ♭ dissonant, que des éditions timides « corrigeaient » naguère en un ré insignifiant et redondant ; sans compter l'incertitude tonale, ce morceau en sol mineur feignant de commencer en la bémol majeur (ton de la sixte napolitaine ; mais on ne le sait qu'après coup).

Ce décor « légendaire » une fois planté, le premier thème *(moderato)* vient affirmer un ton, et un rythme, ce 6/4 qui évoque une espèce de valse lente, à la fois anxieuse (l'interrogation en forme de croches) et résignée (les incessantes cadences). L'escamotage du temps fort à la basse accuse encore cette sourde inquiétude, comme aussi la fusée de notes véloces (un sursaut de l'âme, et non point une brusque envie des doigts !) qui termine l'exposition du thème. Suit un épisode de plus en plus fiévreux et agité, qui part de groupes de quatre notes haletantes, s'anime d'arpèges tourbillonnants, avant de s'apaiser et de laisser la place au second thème, merveilleusement annoncé par des quartes et quintes vides qui sont autant d'appels de cors au lointain. Ce second thème *(meno mosso*, en mi bémol majeur au lieu du banal relatif, si bémol, qu'on attendait) est une des plus belles inspirations mélodiques de Chopin ; murmuré plus que chanté, au-dessus d'un calme flot d'arpèges, il propose une fragile image de bonheur.

L'accalmie est rompue par le soudain retour du premier thème dans le ton éloigné de la mineur (développement) ; avec ses doublures et sa pédale de dominante, ce mi qui insiste lugubrement dans le fond du clavier, il prend une couleur menaçante, grossit, entraîne à sa suite le second thème, déclamé en accords puissants, où l'on a peine à reconnaître la phrase suave de tantôt. L'élan accumulé de trois séries d'octaves montantes débouche, *più animato*, sur un étrange scherzo, digression inattendue et fantasque. C'est reculer pour mieux sauter : on retrouve, comme si on ne l'avait jamais quitté, un second thème de plus en plus fébrile, hérissé de dissonances, et ne s'apaisant qu'en fin de parcours, au retour du premier thème dans la tonalité initiale de sol mineur (réexposition inversée, B précédant A).

Voici le moment le plus effrayant de la ballade ; on devine confusément des forces malfaisantes, mal contenues, dans ce « sotto voce » sinistre, dans ce ré lancinant qui forme une nouvelle pédale de dominante, dans cet irrésistible gonflement du thème, « appassionato », « il più forte possibile », qui tout à coup explose et libère l'épisode final : un *presto con fuoco*, à C barré, page hirsute et furibonde, apparemment étrangère à ce qui précède (comme la plupart des codas chez Chopin), mais s'imposant d'emblée comme la seule péroraison possible, jusqu'aux gammes finales qui rayent de traits de feu la dernière page, et aux octaves chromatiques qui en forment l'hallucinant paraphe.

### Deuxième Ballade, en fa majeur (op. 38)

COMP 1re version 1836, version définitive janvier 1839 (Majorque). PUB 1840 (Breitkopf & Härtel ; Wessel ; Troupenas). DÉD à Schumann.

En la dédiant à ce Schumann qu'il n'aima jamais, Chopin se rendait-il compte que cette ballade illustre à sa manière l'éternel conflit, en chacun de nous, d'un Eusebius rêveur et mélancolique et d'un Florestan fiévreux et désespéré ? Fondée tout entière sur la plus violente des antithèses, elle ne pouvait que plaire au musicien des *Kreisleriana*. Celui-ci, cependant, affirme avoir entendu, jouée par Chopin à Leipzig en 1836, une version très différente de l'œuvre : elle ne finissait pas dans l'insolite la mineur que nous connaissons, mais en fa, comme elle avait commencé, et la partie dramatique manquait ; autant dire que c'était un autre morceau, un nocturne plutôt qu'une ballade...

Et pourtant, si même on ne possédait plus, aujourd'hui, que la première page de l'opus 38, on ne pourrait se tromper au ton qu'on y entend. Cet *andantino* à 6/8, dont le rythme berceur de sicilienne finit par hypnotiser la conscience, ces longues phrases murmurantes parlent d'un autrefois nostalgique, enfoui au plus lointain du temps et de l'espace. Si le terme de « ballade » eut jamais pour Chopin quelque sens, s'il n'est pas une simple étiquette choisie au hasard parmi d'autres (comme, chez Debussy, tant d'appellations interchangeables, « estampes », « images », « préludes », recouvrant à peu près la même réalité musicale), c'est en cette page qu'il s'accorde le mieux à l'inspiration. Il est difficile d'en analyser, sous l'apparente ingénuité, la perfection mystérieuse ; une oreille sans faille a dosé chacun de ces accords, varié subtilement les césures, veillé au meilleur usage de l'insistance, de la redite. Une indéniable saveur archaïque fait le reste, et quand cette première partie s'achève, sur un grand arpège de tonique, épandu depuis le fa grave jusqu'au la médian six fois répété, les sens peu à peu engourdis s'endorment dans un climat de légende.

Ce qui les en tire, avec fracas, n'a pas son pareil même dans Chopin. Certes, le *Nocturne en fa* offrait déjà un tel contraste dramatique, avec son bruyant épisode mineur, propre à ébranler le calme plat du début majeur ; mais, outre que la juxtaposition y pouvait paraître artificielle, la faible qualité du matériau mis en œuvre interdisait d'y voir autre chose qu'une de ces rhétoriques ruptures de discours qu'on entend à profusion dans Beethoven. Le *presto con fuoco* de notre *Ballade* est à la fois imprévu et nécessaire ; l'état de torpeur, d'analgésie qui le précède le prépare sans qu'on le sache ; quand ces doubles croches impétueuses, bouillonnantes, jaillies de l'aigu, viennent se fracasser sur la montée orgueilleuse des basses, on est à la fois secoué et, paradoxalement, rassuré : voilà donc où tendait cette quiétude, cette douceur persuasive... Et d'ailleurs, est-elle tout à fait étrangère au début, cette phrase en accords pressés, qui monte par paliers, déclame fortissimo, et retombe, pantelante, dans un grand « diminuendo », sur un fond de gammes roulantes qui se dissolvent peu à peu dans l'inaudible ?

Retour du thème initial, et de son bercement ; ici nous attend un effet extraordinaire : l'énoncé en fa majeur s'interrompt au bout de six mesures, comme étranglé à sa source. Et il faut savoir faire durer le silence, donner l'impression qu'à jamais cette source est tarie. Mais non, la phrase, après cette ellipse, reprend dans sa partie mineure, et cette fois, au lieu de conclure, se développe en harmonies plus riches, plus rares, plus troubles aussi, s'ouvrant par deux fois pour une flambée passionnée d'accords chromatiques, « più mosso », qui finissent par ramener, dans leur accélération, le *presto con fuoco*, plus frénétique que jamais, dans le ton de ré mineur. Sur la fin de son énoncé, de sombres trémolos et des trilles en chaîne dans le grave annoncent l'*agitato* final, en la mineur, tout crépitant de doubles notes et de notes répétées, musique vraiment cataclysmique, déchaînée, exprimant la panique et l'inspirant tout autant, et dont la course s'arrête abruptement sur un accord de sixte augmentée, éperdu et criard. Et c'est alors le rappel, dans ce la mineur désolant, de quelques mesures du premier thème, vainement berceur désormais, et qui se disperse, comme au bord d'un abîme.

### *Troisième Ballade, en la bémol majeur* (op. 47)

COMP 1840-1841. PUB 1841 (Schlesinger), 1842 (Breitkopf & Härtel ; Wessel). DÉD à son élève Pauline de Noailles.

La moins sombre des quatre ; elle donne moins dans l'héroïsme tragique que dans le chevaleresque ; elle est jeune de cœur, et comme ensoleillée d'atmosphère. Mais la structure en est complexe, et les parties s'enchaînent avec une liberté accrue.

Pas d'introduction. Le merveilleux premier thème entre d'emblée *(allegretto)*, alterné d'un registre à l'autre, pendant huit mesures ; il semble poser une question mystérieuse, à laquelle il répond lui-même, tout aussi mystérieusement. Tout le morceau est en quelque sorte contenu dans cette éclosion spontanée, aussitôt refermée sur son propre secret. Remarquons-y, à la deuxième mesure, la seconde descendante de deux accords liés : cette figure élémentaire sert de ciment à la ballade entière, on l'entendra partout. Elle fournit, tout de suite, un premier épisode qui, parti d'un quadruple la♭ résonnant aux deux extrémités du clavier, s'anime peu à peu, s'exalte, achève son élan par une série de fiers arpèges en mouvement contraire aux deux mains, qui modulent en ut majeur, inondant la page de lumière. Mais voici le retour (il n'y faut qu'une demi-mesure) de la bémol, de sa douceur, de son estompe, et le premier thème à nouveau interroge, s'efforce d'aller plus loin, y renonce, et s'arrête le plus simplement du monde, sur un accord de tonique.

Un son de cloche dans l'aigu, « mezza voce », quatre tintements d'un do énigmatique : ainsi s'annonce le second thème, avec son pas dansant, appuyé en accords sur les temps faibles : il est en fa majeur, mais reste comme suspendu à ce do, sa dominante. C'est dans le mode mineur qu'il va véritablement s'exprimer, avec toujours ce boitement caractéristique, qu'accentue dans l'accompagnement la petite figure de seconde déjà signalée. Le ton monte jusqu'au fortissimo, avec le panache des octaves aux deux mains, décroît, baisse complètement ; c'est pour laisser revenir la quadruple sonnerie du do, et la même démarche hésitante, à pas feutrés, du thème en fa, oscillant étrangement sur sa dominante.

Jusqu'ici, Chopin au fond n'a fait que présenter ses deux thèmes, en deux parties symétriques, de structure ABA. Avant de les développer, il s'accorde une halte : c'est l'épisode des mes. 116-144, que des critiques tatillons lui ont reproché, comme une digression inutile. Il est vrai que ces arabesques de doubles croches légères semblent un caprice, une subite envolée que dictent des doigts impatients, irrités d'être tenus si longtemps en cage. Mais ce n'est pas en vain que la vitesse est doublée ; sous le dehors innocent d'un jeu digital, voici glissé dans la place un élément bientôt incontrôlable, la double croche, sans laquelle les pages frémissantes qui vont suivre n'existeraient pas.

Ce court épisode nous a ramenés au la bémol initial, et c'est un la♭, maintenant, qui tinte quatre fois au lointain, remplaçant le do de tout à l'heure et, comme lui dominante, annonçant le retour du second thème, dans la nouvelle tonalité de ré bémol majeur. Le thème, on s'y attend, passe en mineur (ut dièse, l'enharmonique) comme précédemment, mais accompagné, au lieu des accords dansants, d'un inquiétant frémissement de doubles croches. Bientôt le chant passe à gauche, sous la double octave brisée d'un sol♯ (pédale supérieure de dominante), rejaillit à droite, en vigoureuses volées de cloches, aboutit en si majeur, et après avoir laissé vibrer quatre fois un si au centre du clavier, va pour recommencer son parcours, par-dessus un menaçant trémolo qui ébranle sourdement le fond de l'instrument. Mais voici le plus saisissant de ce développement, un des plus admirables de l'œuvre de Chopin : sur le même trémolo, « sotto voce », revient inopinément, par bribes, alternant avec le second thème, le motif initial de la ballade qui, s'enhardissant de plus en plus, finit par refouler son compagnon, par occuper toute la place, où il déclame enfin à pleine force, en accords rayonnants et splendides, culminant dans un finale radieux où l'on entend, suprême coquetterie du maître d'œuvre, une allusion aux arabesques de l'épisode digressif, qui amènent, droits et décidés, les quatre derniers accords.

### *Quatrième Ballade, en fa mineur* (op. 52)

COMP 1842. PUB 1843 (Breitkopf & Härtel ; Schlesinger), 1845 (Wessel). DÉD à Mme Nathaniel de Rothschild.

Si achevées, si parfaites, chacune à sa manière, que puissent être les trois premières *Ballades*, un fossé les sépare de la quatrième et dernière, le même, à vrai dire, qui isole le *Quatrième Scherzo* des trois autres, la *Sonate en si mineur* de la *Sonate funèbre*, ou la *Polonaise-Fantaisie* du restant des *Polonaises*. Nous pénétrons ici dans ces ultimes années de Chopin, où la beauté des thèmes, la somptuosité des harmonies, la souplesse des rythmes, n'ont d'égale que la fantaisie ailée qui gouverne ces pièces si diverses, toutes reliées par un véridique lien de sang.

Et certes, cette ballade vaut d'abord, pour l'auditeur, comme poème épique et dramatique : il suffit de son effarante coda. Mais quelques-unes de ses pages, son motif d'introduction par exemple, ou son second thème, la mettent à un rang, sinon supérieur, du moins différent, où la qualité jusque-là discursive de la musique s'efface au profit de ce qu'il faut bien nommer une manière d'impressionnisme avant la lettre, comblant le sens auditif au-delà des bornes où la raison peut encore intervenir. Ces moments en rejoignent d'autres ; l'énumération ci-dessus n'est pas limitative ; y figurent tout autant le *Prélude op. 45*, le *Troisième Impromptu*, les deux derniers *Nocturnes*, et bien entendu la *Berceuse* et la *Barcarolle* ; y figurent telles *Mazurkas* des opus 56 et 59 ; même la *Tarentelle* en fait partie... On voit bien qu'il ne s'agit pas de grandeur, et même pas d'impeccabilité formelle. Disons qu'en ces merveilles, éparses aussi bien dans les poèmes ambitieux que dans les feuillets intimes, Chopin cesse d'être dialecticien ; il autorise l'arrêt brutal du déchiffreur sur un passage, sur une mesure, parfois sur un accord où le cœur chavire de bonheur, où les doigts tremblent ; et alors, qu'importe un thème A, un thème B, un développement, et toutes les ficelles d'un métier par ailleurs insurpassable ? Là, justement, n'est plus la question.

Tout cela pour en arriver à ceci : les sept mesures qui introduisent la ballade *(andante con moto)*, valent à elles seules le morceau tout entier, – et Dieu sait s'il y a rien de plus admirable que la *Quatrième Ballade* tout entière ! Mais enfin, l'œuvre avance, elle se hâte plus ou moins vite vers un but, que lui imposent d'antiques habitudes, propres au langage, à qui il faut un début et une fin. Quelques rares fois dans la musique, et celle-ci en est une (et le milieu du *Quatrième Scherzo* en est une autre, avec son mouvement circulaire et réitéré), on peut feindre de tourner en rond. À quoi tend ce sol répété, vague et mystérieux, ce doux clapotement d'accords anticipant sur la *Barcarolle* ? À tout, peut-être, puisqu'une quinzaine de pages en vont sortir ; à rien, cependant, en ce moment précis, sinon à nous faire perdre l'usage du temps avec celui de la parole, jusqu'à ce point d'orgue où s'arrête, médusée, l'harmonie d'ut majeur.

Alors la grammaire (pardon !) reprend ses droits. Ce do était une dominante ; nous sommes en fa mineur, où s'engage maintenant le premier thème : mélodie murmurée, parente de ces autres thèmes en fa mineur, chez Chopin, l'*Étude op. 25 n° 2*, ou la première des *Trois Nouvelles Études*, et chez Liszt l'étude de concert surnommée *La Leggierezza*, – mais tellement plus désolée, plus lasse, avec cet accompagnement évoquant, comme pour le premier thème de la *Première Ballade*, une valse lente et désabusée. Ce premier énoncé débouche sur une étrange procession d'octaves, à la main gauche, en sol bémol d'abord, puis en fa bémol, et l'on croit à quelque chemin de traverse ; mais on retrouve aussitôt thème et accompagnement, jusqu'à la même mélancolique cadence. C'est alors (mes. 58) un nouvel énoncé, variant le thème, l'agrémentant de doubles notes et de notes répétées, le pressant dans la fièvre des doubles croches, que la main gauche amplifie bientôt d'octaves impétueuses. Un brusque changement de décor, comme si cette première idée avait épuisé son contenu. Voici maintenant le paisible balancement du second thème, en si bémol majeur, dans ce 6/8 rendu soudain au monde du nocturne (voyez l'épisode central du *Nocturne en sol, op. 37 n° 2*) ou de la barcarolle. Le temps à nouveau s'arrête ; on pourrait jouer cent fois ces quelques mesures, déjà d'essence répétitive, qui forment comme une ondulation sonore perpétuelle, de si bémol à si bémol recommencé... Il faut, pour échapper à l'heureuse torpeur de ces accords, la porte brutalement ouverte d'une série de modulations, où des figures variées s'entrechoquent et se brisent, où les rythmes se bousculent en syncopes et piétinements, où les sixtes mélodieuses tentent de donner de la voix : deux pages vivantes et contrastées, qui aboutissent comme par miracle (détrompons-nous : rien n'est plus concerté que ce retour) au motif de l'introduction, exposé en la majeur (mes. 129), et que termine, « dolcissimo », une cadence de petites notes, point d'eau rafraîchissant où l'on nous invite à faire une courte halte.

La seconde partie du voyage débute de la façon la plus inattendue qui soit, du moins chez Chopin : en canon sur le premier thème. Rassurons-nous, cela ne dure qu'une dizaine de mesures, au bout desquelles on retrouve l'énoncé normal de la mélodie, toute frileuse d'être passée par ces dissonants contrepoints. Suit une nouvelle variation de ce premier thème, d'emblée passionnée, avec ses groupes anomaux de sept, de huit, de dix notes, que tente en vain d'endiguer une main gauche aux arpèges encore réguliers ; l'effervescence, en quelques mesures, se traduit en triolets tourbillonnants, qui finissent par contaminer cette prudente gauche elle-même : gammes véloces et arpèges acrobatiques y accompagnent maintenant le deuxième thème, en ré bémol majeur, méconnaissable à la surface de ce flot sonore sans cesse accru. Chopin est incomparable dans l'art de métamorphoser ses premiers motifs qui, de paisibles et même circonspects qu'on les avait crus, se voient soudain entraînés dans les remous les plus violents. Parvenu à son comble, le thème éclate en vastes arpèges aux deux mains (où l'on reconnaît la terrible houle qui secouait la *Vingt-quatrième Étude*), suivis d'un stretto d'accords bruyants, et d'une foudroyante cadence, *fff*, en ut majeur.

Dernière surprise, en cette œuvre fertile en rebondissements. Un autre aurait tiré un parti immédiat de l'accumulation de tant de forces, et foncé tête baissée dans cette coda que l'on devine toute prête à l'emploi. Chopin nous offre un dernier répit, huit mesures d'immobilité, et presque de silence, où les doigts effleurent à la surface du clavier cinq accords mystérieux, d'une candeur vraiment navrante. L'amoureux de poésie sait qu'il les a rencontrés au seuil des *Poëmes* de Léon-Paul Fargue, auxquels ils servent d'épigraphe...

Le musicien peut libérer maintenant le torrent des triolets, des doubles notes, des tierces chromatiques, des octaves, qui assure à cette ballade, quand même les pianistes n'y exercent souvent que leurs doigts, une conclusion d'une vigueur irrésistible.

## LES ÉTUDES

Chopin présente le cas déroutant d'un créateur qui livre un résumé de son art au tout début de sa carrière, avant même d'en avoir arrêté les étapes. Plus précisément, les *Études* en livrent d'emblée une des clefs : la technique pianistique. Qu'on le veuille ou non, il faut imaginer Chopin au piano, pas à la table ; il ne fait pas partie de ces abstraits qui n'ont de contact qu'avec le papier réglé. La moindre *pensée* musicale, chez lui, procède bel et bien des doigts (et c'est le cas chez Liszt, chez Debussy, chez tous les grands réformateurs du pianisme). Or, ce pianiste n'est pas n'importe quel pourfendeur de claviers. Avant lui, après lui, d'innombrables virtuoses font reculer sans cesse les bornes de la difficulté, voire de l'impossibilité. On conquiert peu à peu octaves et doubles notes, trilles et trémolos, indépendance de la main gauche, extensions et sauts, puissance foudroyante, impalpable légèreté : de quoi remplir cent cahiers d'études, de Cramer à Clementi, à Hummel, à Kalkbrenner, de Steibelt à Czerny, à Moscheles. Le jeune homme d'à peine dix-neuf ans qui met au net, en 1829, ses premières *Études*, ne croit pas agir autrement que ses devanciers, à qui il rend hommage, à qui il doit, çà et là, quelque chose (et parmi eux à cette Marie Szymanowska qu'il entendit à Varsovie, et dont fut édité vers 1820 un cahier d'*Exercices et Préludes*). Qu'il les publie, et ce sera, dans le monde, sa carte de visite de virtuose et de professeur, la preuve éclatante de son savoir-faire.

Si pourtant elles n'étaient qu'un recueil de trucs ingénieux, il y a longtemps qu'elles auraient déserté le concert et le disque. On ne les jouerait pour ainsi dire qu'en privé, dans l'ennui des studios de travail, comme *L'École du virtuose* ou *L'Art de délier les doigts* de Czerny, exécrés des élèves, ou le *Gradus ad Parnassum* de Clementi, à peine mieux toléré. Et l'on se plaindrait, au passage, que ce bréviaire soit incomplet : Chopin ne raffolait pas d'octaves brisées, de martellements, de croisements de mains, les laissait dédaigneusement à d'autres, à Liszt, à Thalberg... Mais, le premier sans doute après le Bach des *Inventions* et du *Clavier bien tempéré*, Chopin démontre que la virtuosité peut faire bon ménage avec l'émotion, avec la poésie ; et même qu'elle en est parfois un composant, non point nécessaire, certes, mais suffisant. Élargissons le mot de Ravel : dans cette musique, non seulement les traits, mais les moindres tours de force digitaux sont *inspirés*.

Plus encore que dans les *Préludes*, autre recueil exemplaire, c'est dans les *Études* que Chopin est le plus moderne. Les *Valses* sont tributaires des salons, les *Mazurkas* et les *Polonaises* du pays natal, les *Nocturnes* d'un peu de mode et, malgré Chopin, de littérature (la nuit, depuis Young et Novalis, appartient aux romantiques !). Les *Études* affectent de n'être que de purs objets musicaux. Elles se dissimulent derrière tel ou tel prétexte technique, inscrit dans leurs premières mesures, et l'épuisent : les arpèges dans la première, les gammes chromatiques dans la deuxième, les touches noires dans la cinquième, et ainsi de suite. Elles sont sûres, de la sorte, de ne pas usurper leur nom. Il faudra Liszt, une fois de plus, pour donner des titres comme *Mazeppa*, *Feux follets* ou *Harmonies du soir* à des morceaux qui sont plutôt des poèmes pianistiques, et qui disputent à l'orchestre son pouvoir évocateur et ses couleurs. Chopin travaille en blanc et noir ; il feint, du moins, cette humilité (et Debussy, pour lui rendre hommage en ses propres *Études*, délaissera les titres programmatiques des *Préludes*, *Images* et autres *Estampes*, et indiquera simplement : *Pour les cinq doigts*, *Pour les tierces*, *Pour les sixtes*...). Chemin faisant, il lègue à l'instrument ses œuvres les plus emblématiques, celles qui, dans mille ans, et tant qu'il y aura des pianos, et des pianistes, seront universellement jouées.

## *Douze Études* (op. 10)

COMP 1829-1832 (octobre-novembre 1829 : n°s 8 à 11 ; été ? 1830 : n°s 5 et 6 ; automne 1830 : n°s 1 et 2 ; septembre ? 1831 : n° 12 ; printemps 1832 : n° 7 ; août 1832 : n°s 3 et 4). PUB 1833 (Kistner ; Wessel ; Schlesinger). DÉD à Liszt (édition anglaise : à Liszt et à Ferdinand Hiller).

Le 20 octobre 1829, Chopin écrit à son ami Titus Woyciechowski : « J'ai fait un grand *Exercice en forme* dans une de mes manières... » Il a dix-neuf ans, et sait déjà tout sur lui-même, sur ses pouvoirs de pianiste et de créateur. Mais sans doute n'a-t-il pas encore l'intention de donner une suite à ce qu'il appelle modestement des « exercices » (on trouve encore ce titre dans une copie des deux premières *Études*). On a dit que l'idée d'en écrire lui est venue en travaillant ses *Concertos* ; et de fait, *Concertos* et *Études* partagent quelques formules. Mais il ne s'agit pas, à côté de deux monuments, d'un simple chantier, ou d'une carrière ; aujourd'hui, quoi qu'on pense des *Concertos*, c'est aux *Études* qu'on réservera le rang de chefs-d'œuvre. Pressé de trouver, comme dit Rimbaud, « le lieu et la formule », un adolescent de génie y livre d'un coup son compte de musique ; n'eût-il plus rien écrit, l'opus 10 suffisait à nous faire mesurer sa grandeur, son sens divinatoire non seulement du piano, mais plus encore de l'harmonie moderne.

Ces *Études* forment-elles un cycle ? Question saugrenue, à une époque où il est courant de les entendre jouées d'affilée au concert. Chopin lui-même ne l'entendait peut-être pas ainsi. Outre que la pratique de son temps excluait les « intégrales » (c'est une mode assez récente), la succession des tonalités ne s'y prête guère. On est loin de la belle régularité que le cycle des quintes impose aux *Préludes*. Si les six premières pièces de l'opus 10 forment des paires, écrites deux par deux et tonalement reliées (chaque numéro impair, majeur, est suivi de son relatif mineur : ut/la, mi/ut dièse, sol bémol/mi bémol), la septième rompt ce semblant d'ordre par un retour à ut majeur, qui donne un nouveau départ, mais une suite plus chaotique. Et cependant, il n'importe, il faut céder à la tyrannie de ce chiffre douze, aussi arbitraire après tout qu'un autre : pour le virtuose, il y a quelque chose d'exaltant à affronter le massif tout entier, à réajuster, au seuil de chaque étude, ses muscles, ses nerfs, ses battements de cœur. Le public y gagne : cette ivresse est communicative ; l'espace sonore où on le hisse ébloui est, pour une fois, à la mesure de tant d'efforts.

La première étude (en ut majeur, *allegro*) ouvre le cahier de manière fulgurante, conquérante. C'est une prise de possession du clavier tout entier. La main droite le balaie en allers et retours successifs, dans un vaste mouvement pendulaire qui lui fait dépasser quatre octaves en moins de deux mesures, à coups d'arpèges brisés excédant fréquemment l'intervalle de dixième : belle témérité, quand Moscheles ou Cramer, ces timorés, se bornaient en pareil cas à l'octave rassurante (*Étude op. 70 n° 11* de Moscheles, par exemple). Étude d'extension, pour grands empans, mais aussi de contraction : à chaque projection de l'arpège vers l'octave suivante, la main doit se ramasser sur elle-même, pour rebondir, tous doigts dehors. Étude pour terminaisons d'acier : il y faut à la fois précision et puissance, dans une vitesse qui, même si l'on ne prend pas à la lettre l'excessive indication métronomique du compositeur (noire à 176 !), demeure vertigineuse. La partie de main gauche, elle, est la plus placide que Chopin ait jamais écrite : pas une fois, en soixante-dix-neuf mesures, elle ne va plus loin que de jouer les octaves de la basse en valeurs longues, se contentant de tendre ce filet précaire à sa sœur funambule. Ainsi décrit, ce morceau semble ne mériter que le nom d'exercice que Chopin lui destinait d'abord. Mais c'est une étude harmonique autant que digitale, et par là un merveilleux édifice sonore. Nous sommes dans cet ut majeur si peu employé par Chopin (deux fois dans les *Études*, une fois dans les *Préludes*, et dans une demi-douzaine de mazurkas) ; tonalité éminemment peu romantique ; toute classique, en revanche, comme chez Bach, où elle est celle des commencements : ainsi commencent les *Inventions*, les *Sinfonias*, le *Clavier bien tempéré*. Or, c'est Bach que Chopin veut imiter, dans ses *Préludes* et dans ses *Études* ; à son tour il pénètre par ut majeur, porte ouverte à toutes les aventures ; et comme Bach au début du premier *Clavier*, ce qu'il propose ici peut se ramener à un simple (ce n'est pas le mot) schéma harmonique, amplifié par l'emploi obligé de la pédale, qui fait vivre ces accords résonnants, les fait rutiler à travers les cordes, les enchaîne par grappes, en somptueux agrégats. L'admirable musique en vérité ! Est-il une seule pièce pour piano qui donne à l'interprète une si formidable impression de maîtrise ? En l'espace de cinq ou six pages, on possède le monde ! En est-il une autre qui démange autant le profane, et lui fasse désirer si fort de posséder, l'espace de cinq ou six pages, les doigts miraculeux qu'il faudrait ?...

La deuxième étude (en la mineur, *allegro*) est tout l'opposé de la précédente. Celle-là, d'un coup d'aile puissant, survolait le clavier ; celle-ci se traîne à petits pas de fourmi : elle est écrite pour les degrés chromatiques ; et si elle a, comme l'autre, un mouvement de va-et-vient (ici de deux mesures en deux mesures), elle n'a parcouru au bout du compte qu'une octave et demie. À l'audition, ce murmure de doubles croches frissonnantes, au-dessus d'une sage main gauche en accords quasi pizzicato, n'impressionne guère ; on sent bien, comme la Magdelon de Molière, qu'« il y a de la chromatique là-dedans », mais encore ? Regardons-y de plus près : ce chapelet de notes qui s'égrène à la main droite est soutenu, dans la même main, par un accord à chaque temps, que prennent fermement le pouce et l'index ; il ne reste donc, pour ces gammes chromatiques, que les doigts faibles, troisième, quatrième et cinquième, obligés de se chevaucher de la façon la plus pénible (vraie torture, et digne du chevalet !), en conservant rigoureusement le legato demandé (à sept reprises, Chopin craignant à juste titre que l'interprète ne relâche son effort...). Inutile d'évoquer ici le doigté des clavecinistes, avant la généralisation du passage du pouce : aucune page de clavecin n'a rien imaginé d'aussi cruel. Quant à Moscheles (n° 3 de l'opus 70), il n'emploie, dans une figuration similaire, que les doigts forts, bien entendu. Il y a sans doute quelque ironie, de la part de Chopin, à dissimuler que ces quatre pages étranges et pleines de frémissements forment peut-être la plus difficile des vingt-quatre *Études*.

La troisième étude (en mi majeur, *lento ma non troppo*) a fait le tour du monde, profanée sous des titres divers (« Tristesse » est le plus connu, et le moins lamentable), dans des transcriptions de toutes sortes, avec les paroles les plus ineptes, et pour les instruments les plus saugrenus. Précisons que c'est toujours à la partie principale, et mélodique, qu'on inflige ces mauvais traitements ; la section centrale, purement pianistique, est évidemment supprimée sans appel par les faiseurs de chansonnettes. Dira-t-on que ce morceau est à Chopin ce que le *Boléro* est à Ravel ? Ravel ne voyait dans son œuvre qu'une amusette. Chopin pensait que le thème de l'*Étude en mi* était une de ses plus belles mélodies ; elle lui rappelait irrésistiblement sa jeunesse en Pologne, au point qu'il s'exclama, un jour qu'un élève la lui jouait : « Ah, mon pays ! » Et il est vrai que cette cantilène, que son mode majeur n'empêche pas d'être désolée et chargée de regrets, peut évoquer le mal de la patrie ; ce pouls égal de l'accompagnement intérieur, ce mouvement berceur de la basse en syncopes en accentuent le charme, qu'il faut se garder d'affadir par un mouvement trop lent : on sait que les autographes portent l'indication (surprenante !) de *vivace ma non troppo* ; la vérité est entre les deux, et c'est ce *ma non troppo* qu'on retiendra : il fait la différence entre une banale romance de salon et une mélodie inspirée. Mais voici, à la mes. 21, la partie centrale *(poco più animato)*, et ce qui n'était qu'un épanchement de l'âme devient peu à peu une épreuve pour les doigts. Les doubles notes crépitent, s'élancent de part et d'autre aux deux mains à la fois, hérissent la page, forment une bousculade de septièmes diminuées ; le volume croît : « con forza », « con fuoco », « con bravura », lit-on en l'espace de quatre mesures ; on comprend que le gosier des cantatrices n'ait pas été séduit par ces bonds, ces intervalles, cette écriture spécifiquement instrumentale... Le retour du premier thème est alors doucement amené par quelques mesures insistantes et frôleuses, et le morceau s'éteint aussi paisiblement qu'il a débuté. Étude délicate, sans qu'il y paraisse ; c'est la seule de l'opus 10 à n'être pas d'un seul tenant, d'une seule encre ; et il est assez malaisé de lier avec naturel des éléments aussi contradictoires.

La quatrième étude (en ut dièse mineur, *presto*) libère, pour la première fois sans doute chez Chopin (mais pas la dernière, assurément !), des forces élémentaires, et même démoniaques ; elle sent le soufre ; le « con fuoco » initial est à prendre à la lettre : c'est un feu d'enfer ! Ces grésillements de doubles croches d'une main à l'autre (car les deux mains, ici, sont traitées en égales, comme il arrive si souvent chez Bach, et bien moins souvent, quoi qu'on pense, chez les romantiques), ces lueurs, ces éclairs, ces brusques jets d'étincelles (mes. 12), ces flambées de violence la rattachent à l'inspiration visionnaire de la *Douzième Étude* (d'un an son aînée), avec pourtant plus d'exaspération et de noirceur. Chromatisme omniprésent, accents brutaux, contrastes fiévreux, crescendos dramatiques, tout contribue à provoquer l'effroi, sans parler de celui des doigts, qui se voient vraiment écartelés (le long passage central où les deux mains ferraillent, avec ces arpèges de dixième à la gauche, comme des élancements). La dernière page, tonitruante et forcenée, « con più fuoco possibile », ne sera pas dépassée, en sauvagerie, par la coda de la *Première Ballade*, ou du *Premier Scherzo*.

La cinquième étude (en sol bémol majeur, *vivace*) n'est pas seulement le tour de force technique (ou la blague d'adolescent) que l'on sait, consistant à n'employer, pour la main droite, que les seules touches noires du clavier, – d'où le surnom de « Négresse » que porte courageusement ce morceau. C'est avant tout une merveille de légèreté, de lucidité, de poétique humour. Limités à cinq notes sur douze (l'échelle pentatonique), les doigts de la droite font tinter des clochettes dans l'aigu, s'ébrouent d'un registre à l'autre, suscitent de nouveaux grelots, et dans cette pluie d'intervalles brisés et de notes répétées, parviennent à simuler en même temps le rôle de chanteurs et d'accompagnateurs, sans qu'on sache isoler vraiment l'un ou l'autre. De même la gauche, qui n'a que des basses et des accords, glisse çà et là des lambeaux thématiques. L'ensemble se complète admirablement et ce qui aurait pu tourner à une brillante démonstration *ad usum saloni* (pardon pour ce barbarisme !) se révèle un pur joyau de musique. Le moins étonnant n'est pas, dans les bornes qu'il s'est imposées, la délicate et virtuose variété de l'harmonie. – Pour la petite histoire : le pari de n'effleurer aucune touche blanche avec la droite risque d'être perdu, car il y a un fa à la cadence, mes. 66..., que rien, bien sûr, n'interdit de prendre avec l'autre main !

La sixième étude (en mi bémol mineur, *andante*) délaisse la prouesse technique et les feux d'artifice. C'est une halte en ce cahier, une manière de nocturne, au thème sombre, presque accablé, avec ce mouvement incessant, ce lent remuement de doubles croches à 6/8 qui donne à la voix intérieure un caractère de plainte inconsolable. Les doigts n'en travaillent pas moins pour autant, mais ils le font plus discrètement : étude de jeu polyphonique, où la difficulté vaincue n'est pas ostentatoire, où l'amateur de trapèze et de sauts de la mort n'en a pas pour son argent, mais qui comble les fervents de l'harmonie chopinienne. Elle est ici d'une subtilité sans pareille, et devance les trouvailles de Liszt et de Wagner ; les appogiatures de la voix intérieure semblent vouloir obscurcir à dessein un plan tonal qui, ramené à ses accords essentiels, serait sans mystère ; non pas certes sans surprises, comme le montre, à la deuxième page, la belle arrivée en mi majeur, qui luit tout à coup dans ce ciel lourd. Tout le milieu de la pièce, avec ses progressions chromatiques, ses équivoques enharmoniques, son hésitation entre le clair et l'obscur, est admirable ; et la gravité du ton, l'intensité contenue, la « mâle fierté » y sont, de la part d'un jeune homme de vingt ans, aussi saisissantes que sa maîtrise formelle. Que dire des dernières mesures, où la sixte napolitaine répétée diffère d'autant la cadence finale, avec ce magique emprunt d'une demi-mesure au ton de la majeur ? Ces merveilles sont du même ordre que celles qui nous ravissent dans les œuvres de la fin. Ici plus que jamais, Chopin désarme ceux qui voudraient le diviser en « périodes ».

La septième étude (en ut majeur, *vivace*) palpite tout entière de doubles notes à la main droite ; observons ces deux lignes superposées : elles se contredisent, celle du haut « sempre legato », celle du bas en notes répétées, forcément détachées. Il résulte de cette méchante gymnastique une allure affairée et presque fébrile, qu'accentuent, du moins dans la première et la dernière partie de la pièce, les notes chromatiques de la main gauche. Voilà bien un autre ut majeur que celui, rayonnant et diatonique, qui ouvrait l'opus 10 ! Pourtant cette étude, à sa facon bruissante et agitée, chante aussi le bonheur de vivre ; et Chopin n'a peut-être jamais mieux exprimé l'insouciance que dans le délicieux (et trop court !) épisode central, « delicato », où, au-dessus d'une main gauche qui consent enfin à quitter le sol ferme pour quelques arpèges acrobatiques, la droite fait entendre, dans les notes les plus aiguës et sur les temps les plus faibles, un petit motif ingénu. Nul, du reste, ne l'a égalé dans l'art de dissimuler un thème au milieu de trompeuses broderies pianistiques.

Dans la huitième étude (en fa majeur, *allegro*), une des premières écrites, un petit trille en anacrouse éveille, à la main droite, de tournoyantes volutes que relie le passage du pouce : autant de vols planés successifs qui, partis de l'aigu, descendent se poser sur les basses et regagnent aussitôt les hauteurs, dans un mouvement ininterrompu. Main gauche malicieuse, avec son appogiature brève ; faussement sage, imperturbable, marquant le pas, et quelque chose comme un thème et ses propres échos (ce do-do-do comiquement répété). Pourquoi *allegro*, cette étude, et non point *presto* ou *vivace* ? On pourrait être tenté, dans les deux premières pages, d'aller aux dernières limites de la vélocité : c'est périlleux, ce n'est pas impossible. Mais l'écriture change, et l'esprit, avec la modulation au relatif (ré mineur) ; cette basse ne s'amuse plus, elle menace ; la main gauche, qui piétinait dans la coulisse, rentre sur le devant de la scène, s'allie à la droite dans une série de tourbillons en mouvement contraire, assez malaisés pour imposer à toute l'étude un tempo de départ prudent. La reprise du motif initial, après ces velléités d'orage, sonne comme une délivrance, les traits y sont plus volubiles encore, et le morceau s'achève dans un étincelant unisson des mains, qui s'écroulent en cascade vers le grave, bouillonnent un moment dans le fond du clavier, et rejaillissent en arpèges vers le fa suraigu, avant les quatre accords, vastes et vigoureux, de la cadence finale.

C'est à la main gauche que s'adresse la neuvième étude (en fa mineur, *allegro molto agitato*) ; les amples et continuelles batteries de l'accompagnement supposent une grande main, et de bonnes extensions. Ce n'en est pas moins l'une des pièces les plus abordables du recueil, et les amateurs lui font toujours un sort. Outre cette impression de facilité (relative : jouer cette main gauche « sempre legatissimo », sans la noyer dans un flot de pédale, n'est pas à la portée du premier venu), ils y prisent peut-être, hélas, cette chose si rare chez Chopin : un ton quelque peu déclamatoire. Ce thème haletant, bientôt redoublé en octaves, ces contrastes simplets (*f* suivi de *pp*, toutes les deux mesures), ces accélérations, ces pantelantes notes répétées, autant d'écueils pour l'interprète, qui risque d'en dire ou trop (c'est le plus fréquent), ou pas assez (il ne s'agit pas non plus de nier le caractère juvénilement passionné du morceau). Sans doute qu'une oreille attentive à la gauche, à son fréquent rôle de pédale simple ou double (tout le début par exemple, sur la quinte fa-do), au contrechant discret que le pouce y marque, permettrait d'exprimer, plutôt qu'une vaine et factice agitation, une réelle et durable inquiétude.

La dixième étude (en la bémol majeur, *assai vivace*) a été placée au pinacle par Hans von Bülow. Qui la maîtrise, selon lui, est arrivé au Parnasse. Qu'on lui discute ou non cette première place, le morceau est redoutable au poignet, et demande une variété de rythmes, de phrasés, d'accents, que peu de pianistes prennent vraiment en compte. Sur une basse en arpèges brisés, la droite se voit confier ce qui pourrait n'être qu'un exercice de sixtes, jouées avec les deuxième et cinquième doigts, alternant avec le pouce en une série ininterrompue de battements. Mais les mêmes effets ne se répètent presque jamais : dans cette mesure à 12/8 que l'accompagnement tente de sauvegarder, les croches de la droite vont d'abord par trois (ce que confirme l'accent de soutien sur les temps faibles), legato, phrasées de la sixte au pouce ; puis par deux, toujours legato, phrasées du pouce à la sixte, avec tenues du pouce ; encore par deux, mais cette fois staccato... et d'autres trouvailles aussi ingénieuses. Tant de minutie pourrait nuire à l'envolée de la musique : paradoxalement, l'étude est une des plus fraîches, des plus joyeuses, des plus spontanées de Chopin ; à peine le ciel se couvre-t-il, passagèrement, dans les quelques mesures (43-54) qui ramènent le thème initial, et dont l'écriture préfigure les *Ballades*. L'harmonie, en ce morceau si mélodique, est également féconde ; bornons-nous à citer la ravissante modulation, si familière à Chopin *(Dix-septième Prélude, Troisième Nouvelle Étude)*, de la bémol à mi (de quatre bémols à quatre dièses, par le coup de baguette magique de l'enharmonie).

Une des moins jouées, en dehors des exécutions intégrales, est la onzième étude (en mi bémol majeur, *allegretto*). C'est pourtant l'une des mélodies les plus épanouies de Chopin, planant rêveusement au-dessus des harmonies comme un oiseau à la cime d'une forêt luxuriante. Le morceau est tressé de vastes accords, que les mains arpègent du grave à l'aigu, et si en effet les notes supérieures prédominent, ce réseau complexe à six, sept, parfois huit parties n'en fait pas moins entendre, subtilement cachés dans l'épaisseur, de délicats contrechants. Labeur ingrat pour le virtuose : ce n'est pas du piano démonstratif, en dépit d'une difficulté considérable (les accords arpégés de l'*Étude op. 70 n° 2*, chez Moscheles, demeurent confortablement tapis sur l'octave ; ceux-ci dépassent sans cesse l'intervalle de dixième et peuvent atteindre la treizième !). L'effort répété du poignet et de l'avant-bras, pour jouer souplement les notes, et les jouer toutes, dans un mouvement permettant de garder au thème la légèreté de son envol, justifie en quelque sorte l'opinion malveillante de Rellstab sur l'ensemble des *Études* : au pianiste assez fou pour les travailler, il conseillait d'avoir toujours un bon chirurgien à portée... de la main !

Si tant de littérature ne l'a pas tuée, c'est qu'elle a la vie éternelle, cette douzième étude (en ut mineur, *allegro con fuoco*) surnommée (par Liszt ?) « Révolutionnaire ». Fut-elle vraiment écrite en ce mois de septembre 1831 où Chopin, à Stuttgart, apprenait la chute de Varsovie ? On voudrait pouvoir la considérer, plus prosaïquement, comme le plus beau tribut que le compositeur ait offert à la main gauche... Mais comment n'y pas entendre, encore aujourd'hui, un cri de révolte et de désespoir ? Dans aucune autre étude, le prétexte digital ne paraît aussi futile, l'entreprise didactique aussi vaine. Cette gauche en rafales brutales, en sursauts pathétiques, en grondements et marmonnements farouches, accompagne moins l'autre main qu'elle ne l'entraîne, comme dans les huit mesures d'introduction où, après deux traits fulgurants de la senestre, les deux se retrouvent à l'unisson pour un troisième trait, et finissent dans le grave, qu'elles font bouillonner comme de la lave en fusion (Chopin, bien que Beethoven ne fût pas un de ses dieux lares, ne peut s'empêcher ici de se souvenir du finale de l'*Appassionata*). Jamais le thème ne l'emporte : ces accords tragiques, tour à tour déclamés passionnément ou murmurés en sourdine, n'existent que dans la mesure où l'omniprésente gauche y consent. C'est elle qui, par ses arpèges, ses gammes, ses mouvements chromatiques, ses modulations, engendre l'atmosphère d'épopée et l'entretient ; c'est elle qui, au dernier retour du thème, dont les huit mesures ont besoin tout à coup de s'épandre jusqu'à seize, pour mieux s'endolorir (la merveilleuse arrivée sur ré bémol, puis ut bémol !), s'adoucir, et presque s'exténuer, c'est elle qui continue de menacer sourdement au fond du clavier. Pour finir, elle forcera de nouveau la droite à se joindre à elle, en un dernier éclair de feu, ponctué par quatre lourds accords de cadence plagale. Conclusion impressionnante, que seul le silence pouvait suivre : c'est sans doute à dessein que Chopin mit la « Révolutionnaire » en fin de cycle, opposant ainsi, aux deux bouts de l'opus 10, la jubilation d'ut majeur au sombre et funèbre héroïsme d'ut mineur.

## *Douze Études* (op. 25)

COMP 1832-1836 (premières écrites : n^os 4-6, 8-10 ; dernière : n° 1). PUB 1837 (Breitkopf & Härtel ; Wessel ; Schlesinger) ; l'édition anglaise les numérote de 13 à 24, comme une suite à l'opus 10. DÉD à Marie d'Agoult.

Le second sommet du massif. Inutile de se demander s'il est plus élevé : ce ne peut être que de quelques coudées, musicales s'entend. Tout au plus dira-t-on que l'*Étude en ut dièse mineur* n'eût sans doute pas été écrite à l'époque de l'opus 10. Sont-elles plus difficiles, techniquement ? L'étude pour les tierces peut rivaliser, de ce point de vue, avec celle pour les notes chromatiques, du premier cahier ; mais dans l'ensemble, la virtuosité de l'opus 25 paraît moins gratuite (c'est le contraire d'un mot péjoratif), et partant moins transcendante. Et cependant son exécution d'affilée épuise davantage l'interprète (et l'auditeur ?), à cause de la succession redoutable des trois dernières, les colosses du piano de Chopin.

Le seul aspect, sur la page imprimée, de la première étude (en la bémol majeur, *allegro sostenuto*), renseigne déjà sur son contenu. C'est presque un calligramme. On y voit figuré un ruissellement continu de petites notes aux deux portées, avec, régulièrement disposées, quelques notes plus larges, comme un gué au milieu d'un courant d'eaux vives. Ce n'est pas pour rien qu'on l'a appelée, entre autres, « Le Ruisseau » (l'autre titre connu étant celui d'« Étude des harpes »). On cite toujours à son propos le commentaire de Schumann, ces mots entre autres : « On se tromperait en pensant que Chopin faisait entendre nettement chaque petite note qu'on y voit. C'était plutôt une ondulation de l'accord de la bémol majeur, transportée par la pédale jusque dans le registre supérieur. » De là à conclure à une sorte de flou impressionniste, il n'y a qu'un pas... qu'il ne faut pas se hâter de franchir. L'admirable, dans ce morceau, c'est d'y faire entendre *toutes* les notes, mais en diversifiant les plans sonores, en faisant ressortir, suivant les cas, dans cet incessant murmure des vastes arpèges en mouvement contraire aux deux mains, et en plus de la « mélodie merveilleuse » (confiée principalement au cinquième doigt de la droite), tel motif adjacent dans la même main (marqué d'un tiret, mes. 14-16), tel contrechant du pouce de la main gauche (mes. 17-20 : et à ce moment, subtilement, la gauche n'a plus que des groupes de quatre doubles croches au lieu de six, entraînant, sous le double triolet de la droite, ce tremblement expressif du rythme qu'on nomme prosaïquement « trois-contre-deux »). Tout cela lisse et bien égal, sans heurts, en dépit des extensions et des sauts (ce fa suraigu, par exemple, qu'il faut atteindre pianissimo, onze mesures avant la fin). Conclusion immatérielle, propageant l'accord de tonique dans l'aigu, et laissant vibrer, juste avant l'accord final, un trille fugitif dans le grave.

La deuxième étude (en fa mineur, *presto*) serait un vrai casse-tête s'il fallait observer à la lettre la notation de Chopin. Il y oppose en effet, dans un mètre à C barré, quatre triolets de croches à deux triolets de noires. Le compte, apparemment, est bon, puisque douze croches, en stricte arithmétique, se superposent parfaitement à six noires ; mais si l'on veut faire sentir des triolets, les accents se contrarient d'une main à l'autre, et freinent la vitesse prescrite. Aussi a-t-on l'habitude de jouer ce morceau comme s'il était noté à 6/4 (les croches divisées en 6×2 au lieu de 4×3). La difficulté en est considérablement diminuée, ce n'est plus qu'un brillant mouvement perpétuel, au demeurant un miracle de légèreté, où Liszt a sans doute trouvé l'idée de sa *Leggierezza*, dans la même tonalité.

La troisième étude (en fa majeur, *allegro*) est une des plus intrigantes. Qu'y entend-on ? Le principe en est simple : le thème, d'un bout à l'autre, à quelques exceptions près, est constitué d'octaves brisées ascendantes, ce qui déjà, vu les intervalles de la mélodie, pose un problème technique ; les deuxième et troisième doigts apposent à la première note de chacune de ces octaves une appogiature, tantôt simple, tantôt répétée, qui grève d'autant cette main droite à qui l'on demande, par définition, de la « dextérité » ! La main gauche, en mouvement contraire, peine encore davantage, avec ses extensions et ses sauts continuels. Ne comptons pas pour rien, en plus de ces gentillesses, quelques subtiles modifications d'une page à l'autre : les accents déplacés du passage en si majeur (mes. 29), les staccatos coiffant les croches paires, à la reprise... Arrive-t-on vraiment, dans ces conditions, au « leggiero » prescrit en tête du morceau ? Il faut croire que oui ! C'est à cela, en tout cas, que devraient s'attacher les virtuoses : donner, au milieu de ces embûches, l'illusion de l'insouciance, et glisser en même temps cette ironie, c'est-à-dire cette réticence amusée, qu'y semble demander Chopin.

La quatrième étude (en la mineur, *agitato*) propose, sur une main gauche staccato qui marque alternativement la basse et les accords (rapide et incessant déplacement latéral du poignet), un chant uniformément syncopé à la main droite, soit staccato, soit legato, soit le plus souvent combinant les deux (chant lié aux doigts faibles de la main, accords piqués aux autres doigts). Technique peu familière à Chopin, que le staccato prolongé n'a pas souvent tenté (il y sacrifie à nouveau dans la neuvième du même opus, et plus encore dans la *Nouvelle Étude* en ré bémol majeur) ; mais quel résultat ! Trois pages haletantes, obsédantes, que leur dynamique (*p* subits, brusques *f*) rend tour à tour passionnées ou retenues, fières ou craintives. Effet mélancolique, à la fin, de l'harmonie de sixte napolitaine (accord de si bémol, mais dernier accord majeur.

La cinquième étude est la seule, avec la dixième du même cahier et la troisième de l'opus 10, à avoir une section centrale contrastée. C'est peut-être elle qui pousse le plus loin l'antithèse. En ses volets extérieurs (en mi mineur, *vivace*), on verra l'un des morceaux les plus dissonants de Chopin, véritable « étude pour les appogiatures », lesquelles s'amusent (« scherzando »...) à griffer méchamment, hargneusement, le tissu thématique, en doubles notes où l'inclémente septième est l'intervalle le plus répandu. La main gauche, la plupart du temps, se contente d'arpéger sèchement de grands accords. Admirons, une fois de plus, la minutie de la rédaction, par exemple ces variantes rythmiques : double croche suivie de croche pointée, croches égales, notes brèves (l'un n'est pas l'autre, messieurs les pianistes !). Le volet central, quant à lui, confie à la main gauche une mélodie d'une rayonnante beauté (en mi majeur, *più lento*), que la droite accompagne de grands arpèges à doubles notes sur plusieurs octaves, pivotant autour du pouce, d'abord en triolets de croches, puis en doubles croches. Ce moment vraiment céleste, et comme ouvert sur l'infini, est brutalement rompu par le retour en force du thème initial, où des accords remplacent les doubles notes, plus insidieux et plus criards. Étonnantes dernières mesures : un grand accord de mi majeur, où grattent obstinément, aux deux mains, deux appogiatures encore, avant de se muer en trille, crescendo jusqu'au *fff* ; et de bas en haut du clavier, un lumineux arpège conclusif, où luit d'un insolite et moderne éclat la neuvième ajoutée (fa ♯).

Pourquoi a-t-on parfois donné le titre de « Sibérienne » à la sixième étude (en sol dièse mineur, *allegro*) ? Évoque-t-elle vraiment « les grelots d'une troïka fuyant sur la neige » ? Appelons-la, plus simplement, « étude de tierces ». Plus glorieusement aussi : car c'est l'étude de tierces par excellence, et l'un des morceaux les plus ardus à jouer de tout l'œuvre de Chopin. Sur ce prétexte obligé de tous les ouvrages didactiques, ses prédécesseurs n'ont généralement réussi que d'honnêtes exercices, filant au ras de la prose (Moscheles par exemple, *Étude op. 70 n° 13*). Voici, au rebours, les tierces les plus poétiques que l'on ait écrites. Tantôt vaporeuses et doucement monotones (tout le début, « sotto voce »), tantôt joyeusement frémissantes (la descente des mes. 15-16), tantôt cristallines comme un tintement de cloches (mes. 27-30, « leggierissimo », avec ces merveilleuses neuvièmes), ou bruyamment affairées (mes. 31-34, où la gauche, lasse d'être reléguée au second plan, joint ses propres tierces, en mouvement contraire, à celles de la droite), elles n'ont certes de fin qu'en elles-mêmes ; mais ce n'est pas la finalité un peu stérile d'un *Gradus* ou d'une *École de la vélocité* ; et elles n'en disent pas moins, à leur pianistique manière, une âme confusément partagée entre l'inquiétude et l'insouciance.

La septième étude (en ut dièse mineur, *lento*) procure en cet opus 25 la même nécessaire interruption que l'*Étude en mi bémol mineur* dans l'opus 10. C'est un nocturne, sans l'atmosphère d'angoisse et de déréliction que la même tonalité confère au contemporain *Septième Nocturne*. Et pour cause : alors que celui-ci est une musique de solitaire, éclose dans la noirceur funèbre de minuit, l'étude est un dialogue, non point certes celui de l'« extase langoureuse » ou de la « fatigue amoureuse », mais plutôt l'échange de deux plaintes, qu'on devine aussitôt de nature différente. La main droite se meut discrètement dans un registre limité, autour de quelques notes, tout empêchée de ses accords (car il lui incombe aussi l'harmonie du morceau), et comme attentive à la barre de mesure. La main gauche, au contraire, une des plus libres jamais écrites par Chopin (d'où parfois, à cette étude, le titre inexact d'« Étude pour la main gauche »), prend à la fois le temps et l'espace de s'exprimer. Elle prélude toute seule, *senza misura*, comme en récitatif, s'élance la première dans la mesure établie à trois temps, prononce huit doubles croches où l'autre n'a osé que deux noires, varie ses rythmes, monte loin dans l'aigu, descend plus loin encore dans le grave, ne recule devant aucun trait pouvant servir à l'émanciper (et elle en a quelques-uns de périlleux, rafales de triples croches irrégulières et de petites notes qui secouent les basses de l'instrument). Cette main chantante et déclamante, c'est aussi une main modulante ; et qui sait, s'il ne tenait qu'à elle, la grisaille du mineur serait bientôt abandonnée. C'est elle qui installe le relatif mi majeur (mes. 21) et s'efforce de le préserver contre le dolorisme de la droite ; c'est elle qui amène, par un trait irrésistible, l'aberrante tonalité de mi bémol majeur dans cet environnement de dièses (mes. 29), et aussitôt utilise la synonymie mi♭/ré♯ pour moduler en si majeur, où elle pousse sa compagne à une rêveuse effusion, pendant huit mesures si irréelles, si magiques, si hors de propos, qu'elles ne peuvent s'éteindre que sur un point d'orgue. À la reprise, pourtant, le ton est de nouveau au lamento, à quoi la gauche semble céder d'un coup et jusqu'au bout, d'un sombre acquiescement.

Sixtes à la droite pour la huitième étude (en ré bémol majeur, *vivace*), une des plus enthousiastes, des plus exubérantes de la série. Le « molto legato » indiqué complique encore ces pages acrobatiques, où pourtant le pianiste idéal devrait pouvoir dissimuler son effort. La main gauche, principalement composée d'arpèges en doubles notes, participe à la fois de cette technique transcendante et de cette désinvolture...

Il y a deux façons radicalement opposées de jouer la neuvième étude (en sol bémol majeur, *assai allegro*), qui n'est pas le chef-d'œuvre de Chopin. La plus courante, et sans doute la plus authentique, cantonne la pièce au salon, et justifie le titre de « Papillon » dont l'affubla Hans von Bülow : rebond léger de ces groupes de quatre doubles croches (une octave brisée, deux octaves consécutives, l'une liée, les autres détachées), nervosité élégante de la main gauche, en staccato pointu (c'est la même gauche que dans la quatrième étude du même opus, l'âpreté en moins, la coquetterie en plus). Cela fait un joli morceau, aussi gracieux et futile qu'une bonbonnière de Sèvres, – et ce n'est pas l'inattendu « appassionato » de la mes. 33 qui donnera le change... On peut aussi profiter de cette ardeur juvénile, de cette main gauche dansante (c'est le rythme, après tout, d'une polka !), de ces accents sur les pouces, de ces basses en octaves tapageuses à partir de la deuxième page, de ces longues pédales (de ré ♭, mes. 17-24 ; de sol ♭, toute la fin) et, prenant d'emblée une bonne vitesse, tirer cette étude du côté d'une saine et rustique gaieté. On y gagnerait, à tout le moins, de ne pas trop déparer l'ensemble de la collection.

Des octaves aux deux mains, chez Chopin, c'est bien rare. Voilà qui fait l'intérêt immédiat de la dixième étude (en si mineur, *allegro con fuoco*). En triolets précipités, le plus souvent à l'unisson, quelquefois à distance de sixte, d'autres fois en mouvement contraire, montant et descendant par secousses chromatiques, donnant l'impression de piétiner, de s'enliser dans la masse sonore qu'elles remuent, elles forment pendant deux pages un formidable crescendo. Humeur sombre et farouche : le Chopin visionnaire des *Ballades*. Un surcroît de difficulté consiste à faire ressortir, au sein des triolets, le *cantus* en valeurs longues, sorte de thrène lourdement accentué. L'épisode central (en si majeur, *lento*), sans renoncer aux octaves, éclaircit d'un coup l'atmosphère et cherche, après la véhémence des pages précédentes, à favoriser la rêverie. Cela ne va pas sans inquiétude ; et dans les chromatismes de la deuxième phrase (mes. 55) on devine un cœur toujours aux abois. Admirons, au retour de la première, le beau motif consolant, encore une fois en valeurs longues, glissé à l'intérieur des octaves : si-la-sol-sol-fa (mes. 59-60) ; ce sont de ces riens qui n'ont pas de prix. La reprise s'amorce par une figure obstinée de six croches à la gauche, insinuante, menaçante, bientôt renforcée en octaves et entraînant, par son accélération, le retour au tempo initial et la rentrée du thème, plus impétueux, plus coléreux que jamais. Conclusion en crescendo, « al più forte possibile », comme si Chopin voulait braver soudain ses propres barrières physiques (n'en doutons pas, c'est à Liszt, grand manieur d'octaves, qu'il a dû songer tout au long de ce morceau).

« Vent d'hiver » ou « Tempête », ces titres décrivent assez bien, pour une fois, la onzième étude (en la mineur). Après quatre mesures d'introduction *(lento)*, au rythme de marche funèbre, l'*allegro con brio* éclate avec furie, sextolets de doubles croches en trombes forcenées, en vagues de cauchemar, prêtes à tout saccager sur leur passage. L'auditeur, même prévenu, en reste un moment abasourdi. La main gauche, par-dessous ces remous incessants, reprend le motif funèbre de l'introduction, le rythme farouchement, le répète obstinément, octaves et vastes accords à l'appui, sans la moindre velléité de développement ; il lui suffit de ces accents, toute monotonie étant évitée par la couleur renouvelée des harmonies. Un moment entre autres est irrésistible : lorsque les deux mains travaillent ensemble le flot épais de doubles croches, poussant d'abord l'une vers l'autre, puis s'éloignant chacune à une extrémité du clavier, dans un crescendo étourdissant (mes. 61-68). Est-ce encore de la musique civilisée ? Est-ce le Chopin de ces dames ? La forme, oui, a pu demeurer impeccable, par on ne sait quelle surhumaine détermination de la volonté. Mais le fond ? La dernière page touche à l'hallucination pure : long bouillonnement de la droite, de l'aigu au grave du clavier, pendant que la gauche tambourine violemment dans les basses, dernière déclamation du thème en accords compacts, et fulgurante gamme finale des deux mains à l'unisson. (L'introduction, dit-on, fut ajoutée à la suggestion d'un ami ; béni soit-il ; peu de débuts sont aussi saisissants ; tout l'orage à venir tient dans ces quatre mesures si nues, et si précaires.)

La douzième étude (en ut mineur, *molto allegro con fuoco*) est le couronnement des deux cahiers à la fois. Elle rejoint d'une certaine manière l'ut majeur initial (op. 10), dont elle est la face obscure, le pendant nocturne et irréconcilié. C'est à peu près le même mouvement pendulaire, le même aller et retour du grave à l'aigu, à cela près que les deux mains, cette fois, brassent ensemble les figures arpégées. La différence est de taille. Là, c'étaient les arpèges aériens d'une vertigineuse main droite, imbattable en tours de passe-passe, en trucs de prestidigitateur ; ici, ce sont de lourds arpèges pantelants, péniblement hissés au sommet de la pente, d'où ils redégringolent aussitôt : et certes il faut (une fois n'est pas coutume !) faire sentir cet effort, qui donne son poids de douleur et de larmes à la pièce entière. De même, en ut majeur, ces dessins de doubles croches ne signifiaient que leur propre déroulement, gouverné par la succession, tellement inventive, des accords ; ici, le pouce de la main droite marque fortement, sur le premier temps de chaque mesure, comme un *cantus firmus* enfoui sous la houle (et répercuté à l'aigu), un des thèmes les plus désespérés, les plus bouleversants de Chopin, à quoi répond (par exemple mes. 7-8) une plainte aussi déchirante, que le cinquième doigt éveille à contretemps dans le réseau d'arpèges. On a voulu, à cette étude, faire partager la fameuse épithète de « révolutionnaire » que porte l'autre étude en ut mineur. C'est vouloir illustrer, une fois de plus, un moment d'histoire, un jalon de chronologie, par un désespoir qui n'a pas de lieu, qui n'a pas d'âge, qui remonte à la nuit des temps. Il est vrai que l'une se révolte, et que l'autre se résigne ; il faut laisser celle-là à ses cris, celle-ci à ses sanglots.

## *Trois Nouvelles Études* (B. 130, KK IIb/3)

COMP automne 1839. PUB 1840 (Schlesinger), 1841 (Chappell, Londres).

Écrites pour la *Méthode des méthodes* de Moscheles et Fétis (qui demandèrent également des études à Mendelssohn et à Liszt), elles pourraient passer pour des morceaux de circonstance, un devoir d'école, plus ou moins laborieux. Il n'en est rien, et les fervents de Chopin leur consacrent une place de choix dans l'œuvre du compositeur, – une place qu'ils tiennent secrète, non pas plus *haut* que les deux glorieux recueils d'*Études* (ce serait sot), mais plus *loin* : seule en effet cette notion de *distance* peut faire sentir leur différence. Les *Vingt-quatre Études* sont le fabuleux bagage pianistique d'un génie à peine sorti de l'enfance, elles ont mis d'emblée Chopin au firmament des virtuoses. Les *Nouvelles Études*, plus brèves, tiennent davantage du prélude ; outre qu'il ne s'agit plus ici de virtuosité transcendante (tout au plus de petites tracasseries !), leur charme inexprimable vient de l'étrange beauté de leurs thèmes, de la rareté de leurs harmonies, de cette écriture sans cesse plus subtile qui fera le prix de la moindre mazurka dans les dernières années de Chopin.

Si on l'interroge sur la première (en fa mineur, *andantino*), il dira n'avoir cherché qu'à résoudre un problème de birythmie, la superposition sans heurts de six noires à huit croches par mesure. Résultat, une de ses plus prenantes, de ses plus amples mélodies, sinueuse, délicatement chromatique, baignée, dans sa sourde tristesse, de changeants accords arpégés en va-et-vient par la main gauche. (*Andantino*, oui, vraiment : on entend quelques pianistes se précipiter, prendre feu ; le crescendo indiqué n'est pas un accelerando.)

La deuxième (en la bémol majeur, *allegretto*), procédant d'un semblable principe, pose les triolets d'accords de la droite sur une basse en croches normales ; rien que de très simple (et le morceau se joue sans aucun mal). Mais voici bien les deux pages les plus ensorcelantes de Chopin, – d'un certain Chopin (oublions *Ballades* et *Scherzos*), avide de chatoiements harmoniques, qu'il sait convertir, mystérieusement, en mélodie inoubliable : le Chopin dont Liadov est l'héritier.

Après ces deux pièces émouvantes, chacune à sa manière, la troisième (en ré bémol majeur, *allegretto*) joue davantage ; sur une basse au rythme de valse, la main droite en doubles notes allie deux touchers contradictoires, la ligne supérieure legato, l'inférieure staccato ; poésie fragile et fuyante.

## LES IMPROMPTUS

Bien des commentateurs feignent de tenir pour négligeables les *Impromptus* de Chopin. Même Aguettant, d'ordinaire si perspicace, écrit de ces morceaux qu'« ils se tiennent avec distinction dans la zone moyenne de l'agréable » et les appelle « les merveilles de la musique de salon ». On les associe moins à ceux de Schubert qu'à ceux du Mascarille de Molière : « Il faut, s'écrie celui-ci, que je vous dise un impromptu que je fis hier chez une duchesse de mes amies ; car je suis diablement fort sur les impromptus. » Musique bonne à des oisifs, pommadée, enrubannée ; jeu de société, parmi les madrigaux, les bouts-rimés, et autres passetemps futiles.

La faute est au *Premier Impromptu*, le plus joué, le plus facile aux doigts et aux oreilles (laissons à plus loin la *Fantaisie-Impromptu*, que Fontana, contrevenant au vœu de Chopin, publia après la mort du compositeur). Il semble en effet inaugurer, chez un Chopin âgé pourtant de vingt-sept ans, un nouveau genre frivole, après le rondo, la variation, la valse. Tant pis pour cette pièce qui, amputée de sa partie centrale un peu mièvre, eût été prélude, et comme telle célébrée par ses contempteurs d'aujourd'hui : reproche-t-on au *Dix-septième Prélude* de ressembler à une romance sans paroles ? Le *Troisième Impromptu*, lui, a le tort de partager avec le *Premier* les croches par trois (mesure à 12/8, comparable au 4/4 en triolets du précédent), l'accompagnement d'arpèges et quelques inflexions de son motif initial : on en profite pour continuer d'ignorer une des pages les plus mystérieusement belles de Chopin. Quant au *Deuxième Impromptu*, il n'a cure des boudoirs et des « belles écouteuses » ; il y passe des rumeurs de bataille, des chants guerriers ; la hauteur de l'inspiration, la rareté des thèmes et des harmonies, excluant toute complaisance, le mettent au premier rang des compositions de Chopin. Encore faut-il l'écouter...

Impromptus ? Le terme est trompeur. Musique à fleur de doigts, mais non de pensée. Ici comme ailleurs, Chopin ne livre que le dernier jet, au bout d'une longue patience.

### *Premier Impromptu, en la bémol majeur* (op. 29)

COMP 1837. PUB 1837 (Wessel ; Schlesinger), 1838 (Breitkopf & Härtel). DÉD à la comtesse Caroline de Lobau.

On a beaucoup médit de cette œuvre ; et il est de bon ton de la cantonner dans le bagage mondain de Chopin, avec les premières *Valses* et les premiers *Nocturnes*. Son « numéro un » ne doit pas cacher qu'elle est éclose en pleine maturité chopinienne, après les *Études*, la *Première Ballade*, le *Premier Scherzo*. Briller en public, à cette date, n'est plus le principal souci du compositeur. Il est vrai que cette musique, charmes vocaux, papillonnements d'arpèges, froissements d'harmonies, n'est pas profonde : mais tous les *Préludes* le sont-ils ? Qui dit léger ne dit pas toujours frivole : ce peut être le contraire de pesant.

Les triolets aux deux mains *(allegro assai, quasi presto)* donnent d'emblée son envol à la pièce, souple arabesque mélodique de la droite, arpèges légers de la gauche. Frémissements chromatiques, élans successifs, tournoiements autour de quelques notes, et pour finir, ce rire cristallin dans l'aigu tout piqueté de clochettes, voilà toute la première partie de ce morceau qui, comme le *Troisième Impromptu*, la *Fantaisie-Impromptu*, comme la moitié de ceux de Schubert, comme les trois quarts de l'œuvre de Chopin, endosse la plus simple des formes, la forme lied (ABA). L'erreur serait de jouer ces pages avec « élégance » : sous ce couvert, on n'entend d'ordinaire qu'une musique guindée et dédaigneuse ; si ténu qu'en soit le propos, il y faut un peu de fièvre, un peu d'ivresse. L'épisode médian, dans le relatif (fa mineur, *sostenuto*), est un nocturne dans l'impromptu ; sur la basse régulièrement décalée d'un temps, un chant s'épanche, agrémenté de gruppettos, de vocalises, de mordants, de trilles, toute une écriture inspirée du bel canto, encore que, comme toujours, Chopin détourne ces prestiges au profit du pur langage instrumental. Retour des triolets aériens, et conclusion en accords immatériels, happés l'un après l'autre par le silence.

## *Deuxième Impromptu, en fa dièse majeur* (op. 36)

COMP automne 1839. PUB 1840 (Breitkopf & Härtel ; Wessel ; Troupenas) ; c'est de justesse que Chopin parvint à empêcher son éditeur anglais de lui imposer un titre de son cru : « Agréments au salon ».

Il n'y a rien de commun entre cette pièce et la précédente. Du reste, la dénomination d'« impromptu » ne lui sied guère ; disons même que le choix en est singulièrement malheureux. « Caprice » ou « fantaisie » eût mieux convenu à un morceau qui tient tour à tour du nocturne, de la marche, du prélude, et même, admettons-le, de l'impromptu...

La première page (*allegretto* ; *andantino* dans quelques éditions) est unique en son genre. Cette main gauche toute seule pendant six mesures, traçant en doubles notes à la fois le sol harmonique et un premier motif mélodique, dans ce mouvement de noires si doucement monotone ; ce chant rêveur que la droite, venant de loin dans la mémoire (*wie aus der Ferne*, aurait écrit Schumann), éveille sur les mêmes harmonies, développe, enveloppe de petites notes également chantantes ; ce thème d'accords qui tremble comme un appel, suspendu entre ciel et terre sur la pédale et la septième de dominante : il n'y a rien de pareil dans Chopin ; ou plutôt, si, de semblable climat, il y a le début de la *Deuxième Ballade*, composée quelques mois plus tôt. Et qui sait si, avec ce début en fa dièse, nous ne tenions pas en effet une ballade, que Chopin n'aurait pas menée à bout ? L'impression persiste, d'ailleurs, avec le deuxième épisode (en ré majeur) : voilà bien le contraste qu'on attendait ; et s'il n'a pas la frénésie, la sauvagerie du *presto con fuoco* de la *Deuxième Ballade*, il parvient peu à peu à une farouche grandeur. C'est une marche guerrière, que rythme une gauche implacable, bientôt renforcée d'octaves et bondissant en sauts périlleux du médium au grave du clavier. Cuivres éclatants et bruyantes timbales : et l'on voudrait que ce fragment d'épopée fût né dans un « salon » !

Le retour au thème initial passe par deux mesures (59-60) qui ont fait couler beaucoup d'encre : l'étrangeté de l'harmonie, les uns la mettent sur le compte de la maladresse (chez Chopin ! avec ce « métier » impeccable et cette oreille impérieuse ?), les autres y voient un raccourci génial. Disons que l'interprète en a la clé ; selon le poids que l'on met sur telle note, ce sol ♯ devenu la ♭, ce ré ♭ issu de do ♯, la transition semble obscure, ou lumineuse. Retour, donc, du premier thème, en fa majeur contre toute attente (c'est-à-dire un demi-ton plus bas : ce que faisait déjà le finale du *Concerto en mi mineur*), et balancé souplement par un chuchotement de triolets à la surface duquel flotte à nouveau le tout premier motif de la main gauche. La tonalité d'origine n'est cependant pas loin, et sitôt revenue (par un tour de passe-passe, lui, unanimement admiré), le chant à son tour se déploie en triolets : c'est la figuration, pendant neuf mesures, des *Premier* et *Troisième Impromptus*.

Alors, un dernier thème fait son entrée, à la basse, dans l'exaltation de ce fa dièse majeur désormais assuré ; une légère et scintillante arabesque de triples croches le survole dans l'aigu, joliment virtuose ; et le morceau s'achève par l'énoncé, doux mais pressant comme un souvenir, du thème d'accords qui concluait la première partie ; accord final fortissimo.

### *Troisième Impromptu, en sol bémol majeur* (op. 51)
COMP automne 1842. PUB 1843 (Breitkopf & Härtel ; Wessel ; Schlesinger). DÉD à la comtesse Jeanne Batthyany-Esterházy.

Le plus accompli des trois, aussi éloigné des élans juvéniles que des orages de la maturité. Chopin n'y chante que pour chanter, dans la joie d'une invention désormais parvenue à son comble. Peu de pièces naissent de si peu (une guirlande de croches à 12/8) pour aller si loin. Les thèmes, les figures rythmiques, les enchaînements harmoniques, forment un composé subtil, par quoi chaque mesure acquise semble contenir en substance la mesure suivante : c'est bien de mélodie continue qu'il s'agit. Cela pourrait ne pas s'arrêter ; cela s'arrête, car Chopin met un soin jaloux à sauvegarder les apparences, à rentrer dans la commune et quotidienne humanité. Sinon, le *Dix-huitième Nocturne*, le trio du *Quatrième Scherzo*, la *Barcarolle*, à plus forte raison la *Berceuse*, seraient encore en expansion dans l'univers.

Un thème, aussi bien, que les insensibles jugeront léger, sinon futile *(vivace, giusto)* ; d'incessants chromatismes qui ne lui ôtent rien de sa souplesse, au contraire (le chromatisme, chez Chopin, redisons-le, est généralement au service du diatonisme le plus endurci) ; un accompagnement qui abandonne parfois les arpèges pour de tendres battements d'accords ; la redite du thème en doubles notes, où l'emportent les sixtes rêveuses ; des modulations, bien sûr, où la synonymie joue son rôle habituel, tous ces bémols basculant un instant dans les dièses ; le ton doucement éploré du trio (en mi bémol mineur, *sostenuto*), où la palpitation des triolets sous-tend le chant binaire épandu à la gauche (trois-contre-deux) : autant de mots impuissants à décrire autre chose que la lettre ; l'esprit, ou mieux, le cœur de ces pages, est sauf à jamais.

### *Quatrième Impromptu* (« *Fantaisie-Impromptu* »)
Voir GRANDES PIÈCES ISOLÉES.

## LES MAZURKAS

Dans ces courtes pièces, près d'une soixantaine, réparties sur sa vie entière, on trouvera les pensées musicales les plus neuves, les plus audacieuses de Chopin. Non point l'essence de son art, comme dans les *Études* ou dans les *Préludes* ; encore moins un laboratoire ; mais une manière de jardin secret, où il laissa libre cours à une invention mélodique et harmonique sans bornes. Il a quatorze ans à peine quand il écrit les premières ; la dernière, qu'il ne put entendre (op. 68 n° 4), est son message ultime au seuil de la mort. On voit que les mazurkas témoignent avant tout d'une longue et touchante fidélité au terroir natal. Mais on n'a plus besoin d'y deviner, comme Schumann, « des canons cachés sous des fleurs » ; l'odeur de la poudre est dissipée, il nous reste les senteurs du jardin.

Les mazurkas font les délices de tous les vrais fervents de Chopin. Par des sentiers mystérieux, ces pièces, pour la plupart si simples à déchiffrer, les mènent au bout du monde. On s'émerveille d'abord de rencontrer, dans un cadre fixe et menu (les immuables trois temps de la danse, qu'altère à peine, et pas toujours, un accent sur le troisième, voire le deuxième temps), une telle variété d'inspiration. Les unes sont gracieuses, presque frivoles, libres de pose et de poids ; les autres tendrement caressantes ; les autres encore rêveuses et nostalgiques ; en voici que la verve seule anime et fait bondir, d'autres la fierté, petites sœurs des *Polonaises* ; celles-ci, sous leur sourire, dissimulent un rien d'ironie ; celles-là mélancolisent, et du gris virant au noir, finissent par peindre la ferveur retombée, la lassitude, l'accablement, ce fameux *zal*, sentiment slave par excellence, intraduisible dans les mots comme dans les faits, et dont Liszt écrit qu'il formait « le sol du cœur de Chopin ». Plus d'une fois, c'est dans la même mazurka, le temps d'un intermède, à l'orée d'une modulation, d'un nouveau motif, qu'éclatent soudain ces contrastes, d'autant plus saisissants qu'ils ont peu d'étendue où s'exprimer.

Mais outre cette diversité proprement atmosphérique, c'est leur langage qui donne aux mazurkas tant de rare et d'inimitable beauté. La moindre d'entre elles regorge de trouvailles, qui sont autant de trésors. Chopin d'emblée s'y enhardit, s'évade des carcans de la ville, fait la musique buissonnière. Il rompt, par exemple, avec les phrases « au long col sinueux » admirées de Proust, et multiplie au contraire les courts motifs répétés. Il se délecte des modes anciens, si répandus dans les thèmes populaires : le lydien, avec sa quarte augmentée ; le phrygien, avec son second degré minorisé ; l'éolien, ou mineur naturel, avec son absence de sensible. Il se divertit aux quintes vides, aux pédales, qui renforcent encore cette impression de terroir. Et cependant, il n'emprunte jamais directement au folklore ; de toute la collection, seule la *Mazurka en fa majeur, op. 68 n° 3*, y aurait recours ; ce n'est rien. Lui-même disait que ses mazurkas n'étaient pas destinées à la danse ; si danse il y a, Chopin la stylise, à partir des trois danses paysannes polonaises, *oberek* (rapide), *mazur* (modéré) et *kujawiak* (lent). Elles n'en parlent pas moins « à l'âme en secret sa douce langue natale ».

Aisées en apparence, mais complexes dans le détail, petites par leurs dimensions, mais grandes par leur contenu, essentiellement slaves, mais vouées à l'universel, les mazurkas sont des œuvres paradoxales. Les plus mûres d'entre elles entrent dans le rang des chefs-d'œuvre de Chopin ; on y trouve un usage étonnant du contrepoint, des développements quasi symphoniques, des codas d'une prodigalité magnifique, sans commune mesure avec leur point de départ ; la frêle plante se révèle un arbre vivace, et le jardin une forêt.

Les mazurkas de Chopin sont au nombre de cinquante-sept (en n'y comptant ni le *Mazurek en ré majeur*, publié à Varsovie en 1910, d'authenticité douteuse, ni la *Mazurka en sol majeur*, publiée à Prague en 1879, simple ligne vocale sur des vers de Maciejowski). Quarante-cinq d'entre elles furent publiées du vivant de Chopin, dont quatre sans numéro d'opus. Après sa mort, on passa outre aux volontés du compositeur, et huit mazurkas de dates diverses firent l'objet d'une publication en 1855, en deux cahiers agencés par Julian Fontana. Quatre mazurkas devaient encore paraître, à intervalles plus ou moins rapprochés (la dernière en 1930), sans numéro d'opus. On trouvera l'ensemble des *Mazurkas* rangées ici dans l'ordre chronologique (comme pour les *Valses*), quitte à démembrer les factices opus posthumes 67 et 68.

### *Deux Mazurkas, en sol majeur et si bémol majeur* (B. 16, KK IIa/2, 3)
COMP 1826. PUB 1826 (Varsovie).

On ignore tout de la genèse de ces deux pièces, parues sans titre, sans mention d'éditeur (peut-être aux dépens de la famille). On y perçoit l'écho des chants et des danses de paysans, découverts par Chopin lors de ses vacances à Szafarnia, à l'occasion de ces fêtes de village où il se joignait volontiers aux ménétriers, à la contrebasse ! Courtes, simplissimes, faites de sections répétées ; le mode lydien (do ♯ en sol, mi ♮ en si bémol) les rehausse toutes deux d'une pointe d'épice populaire.

### *Trois Mazurkas de l'opus 68* (n[os] 1-3)
COMP 1827 (op. 68 n° 2), 1829 (op. 68 n[os] 1 et 3). PUB 1855 (Meissonnier ; Schlesinger, Berlin) ; le n° 4 est la dernière mazurka écrite par Chopin : voir en fin de section.

La mazurka de 1827 (en la mineur, *lento*) évoque-t-elle ou non le « rossignol » du sous-titre qu'on lui a parfois donné ? Bornons-nous à goûter le charme acidulé de sa seconde augmentée (do-ré ♯), de son fa ♯ lydien dans la phrase en ut, et de ce trille qu'elle fait vibrer toutes les deux mesures. La section centrale (en la majeur, *poco più mosso*) délaisse le chant pour une danse, rustiquement appuyée sur des accords.

Des deux mazurkas de 1829, celle en fa majeur *(allegro ma non troppo)* est la plus séduisante, avec son rythme fier, les tierces et sixtes de son thème principal (le si ♮ préconisé par l'édition Oxford à la mes. 4 est moins parfumé que le si ♭ qu'on joue habituellement), et surtout le délicieux épisode *poco più vivo*, en si bémol lydien (avec mi ♮), motif de violoneux, dans l'aigu, sur des quintes vides bien paysannes : douze mesures à peine, qu'on a envie de reprendre aussitôt ! – La mazurka en ut majeur *(vivace)* est bruyante en ses accords, affairée en ses croches, ses notes répétées, ses appogiatures, et s'attendrit en son trio (en fa majeur), sur un rythme de valse.

## *Quatre Mazurkas* (op. 6)

COMP fin 1830 (Vienne). PUB 1832 (Kistner, Leipzig), 1833 (Wessel, Londres ; Schlesinger, Paris ; l'édition française inclut dans cet opus la *Mazurka en ut majeur* destinée à l'opus 7). DÉD à la comtesse Pauline Plater.

La première (en fa dièse mineur, sans indication de tempo) a quelque chose de désolé, de désabusé, qui serre le cœur : ces chaînes de septième de dominante du refrain, descendant chromatiquement, cette équivoque fa/fa ♯/mi ♯ à la cadence, cet erratique quintolet de noires à la fin du premier couplet, et plus que tout ces appogiatures stridentes dans le deuxième, tout ce vocabulaire expressif rompt irrémédiablement avec la danse.

La deuxième (en ut dièse mineur) nous y ramène-t-elle ? Pas d'indication de tempo, mais un chiffre métronomique généralement considéré trop lent : la noire à 63 ; lenteur sidérante, qui nuit à la plupart des motifs de la pièce, en particulier à l'épisode en la lydien (noté à trois dièses dans certaines éditions, à quatre dièses dans d'autres), au thème si frais, où du reste la mention *gaio* (*naïvement*, dit une copie) prescrit un tant soit peu d'allure. Tout le début cependant, « sotto voce », repris une fois encore avant la fin, longue pédale de dominante, avec ses quintes vides et ses accents, gagne une forte dose d'étrangeté et de mystère à marcher à pas comptés.

La troisième (en mi majeur, *vivace*) n'est que bonne humeur, et même exubérance. Des quintes vides encore : c'est dans les premières mazurkas que l'on en trouve le plus, où Chopin « folklorise » davantage. La main droite croise gaillardement la gauche, prend son tremplin sur un court motif dans le grave, rebondit vers l'aigu en tierces brillantes, recommence en si majeur, plus tard en la majeur, et change à peine d'humeur vers le milieu de la pièce, pour un capricieux motif en croches où la main gauche la rejoint à l'unisson.

On est tout surpris, après cette musique en verve, que le cahier s'achève comme il a commencé, dans un sentiment sinon découragé, du moins mélancolique. La quatrième mazurka (en mi bémol mineur) a beau en effet s'annoncer *presto ma non troppo*, la courbe de son thème, la fragilité de son contrepoint ne s'accommodent que d'un tempo très modéré. Vingt-quatre mesures au total, qu'il faut jouer comme un épilogue, presque sans nuances.

### Cinq Mazurkas (op. 7)
COMP 1830-1831 (Vienne). PUB 1832 (Kistner), 1833 (Wessel ; Schlesinger). DÉD à Paul-Émile Johns.

La première (en si bémol majeur, *vivace*), une des plus connues, se sert comme d'un refrain de son premier motif, plein à la fois d'enthousiasme (le crescendo des trois premières mesures, de *f* à *ff*) et de réticence (le « *p* scherzando » de la réponse, avec ses chutes de sixte, de septième, de neuvième, plus persifleuses que les battements de l'éventail de *Coquette*, dans le *Carnaval* de Schumann). Mais la merveille en est (mes. 45) l'étonnant épisode « sotto voce », avec sa quinte obstinée sol ♭-ré ♭, si dissonante sous un chant à nombreux intervalles modaux, et cette pédale qu'il faut tenir, suivant Chopin, pendant sept mesures (le brouhaha qui en résulte est évidemment plus léger sur les pianos de l'époque !).

La deuxième (en la mineur, *vivo ma non troppo*) serait défigurée si on la prenait dans le mouvement préconisé. Il faut laisser à cette plainte le temps de s'exhaler, de retomber, de mourir. Un accompagnement d'accords où manque le premier temps, des glissements chromatiques (mes. 17-24), des points d'orgue accentuent la tristesse de cette pièce, qu'éclaire à peine le *maggiore* d'un trio plus tourné vers la danse. (Une première version de cette mazurka, écrite en 1829, est précédée d'une pimpante introduction en la majeur, avec le mot *duda*, qui signifie « cornemuse ».)

La troisième (en fa mineur, sans indication de tempo) est d'une grande versatilité d'humeur : quoi de commun entre les huit mesures d'introduction, la main gauche seule, à mi-voix, dans le grave ; le chaleureux premier thème, qu'accompagnent des accords arpégés imitant la guitare ; le curieux stretto où piétine la pédale de tonique ; les accents pompeux, l'écriture verticale du passage en ré bémol majeur ; le chant ému de la main gauche, ramenant le début du morceau par une des plus curieuses modulations de Chopin (ré bémol majeur considéré comme sixte napolitaine d'ut majeur, dominante de fa mineur) ? Cet assemblage n'en paraît pas moins miraculeusement naturel.

On passera plus vite sur les quatrième et cinquième mazurkas (respectivement en la bémol majeur, *presto ma non troppo*, et en ut majeur, *vivo*). Celle-ci, après un sol introductif de la main gauche, douze fois répété, n'est qu'un joyeux tourbillon de seize mesures, qu'on lance et qu'on n'arrête plus (« senza fine » !). Celle-là virevolte tout autant, à peine freinée, sur la fin, par quatre mesures inopinées en la majeur ; ajoutons que sa première version (B. 7) date de 1824 : c'est probablement la première mazurka que nous ayons de Chopin.

***Mazurka en ré majeur*** (B. 31 et 71, KK IVa/7 et IVb/2)
COMP *B. 31* 1829, *B. 71* 1832. PUB *B. 31* 1875 (Leitgeber, Poznán), *B. 71* 1880 (Breitkopf & Härtel).

Le seul intérêt de cette mazurka de salon est justement dans la comparaison des deux versions, la seconde considérablement remaniée, qui permet d'apprécier le regard critique de Chopin. Dispositions plus euphoniques, accords plus rares, ajout de quatre mesures introductives, et surtout remplacement, à la fin du trio en sol majeur, de la creuse descente chromatique par une conclusion plus mélodieuse. Chopin n'en fut pourtant pas assez satisfait pour la publier lui-même.

***Mazurka en si bémol majeur*** (B. 73, KK IVb/1)
COMP 24 juin 1832. PUB 1909 (revue *Lamus*, Lvov).

Feuillet de circonstance, pour l'album d'Alexandra Wołowska, visiblement rédigé au courant de la plume, mais où brillent cependant quatre mesures bigarrées (13-16), en fa lydien.

***Quatre Mazurkas*** (op. 17)
COMP 1832-1833. PUB 1834 (Breitkopf & Härtel ; Wessel ; Schlesinger). DÉD à la cantatrice Lina Freppa.

La première (en si bémol majeur, *vivo e risoluto*) est pleine d'élan, d'impétuosité juvénile, d'harmonies séduisantes et changeantes. Et quel délicieux trio (en mi bémol majeur), avec son rythme contrarié (basse à deux temps), ses appogiatures, ses mordants, ses chromatismes !

La deuxième (en mi mineur, *lento ma non troppo*) chante le mal du pays, mal entre tous incurable. Une mélodie d'une irrépressible nostalgie s'y élève à pleine voix, à trois reprises. Entre la deuxième et la troisième, il y a place pour un admirable épisode (en ut majeur), où sur un long et sourd piétinement d'accords, au milieu des pédales, des retards, des altérations chromatiques, plane comme l'écho d'une danse lointaine et fantomatique.

Rien n'est plus étrange que le début de la troisième (en la bémol majeur, *legato assai*), ce retard initial sur l'accord de septième diminuée, ce thème qui rabâche, qui fait du surplace, avec son inquiétante douceur (il faut prendre garde en effet à l'indication « dolce » inscrite au départ), et qui concède à peine six mesures de son parcours (17-22) à un petit motif en si bémol mineur, aussi rabâcheur que lui. L'épisode central (en mi majeur, amené par l'enharmonie la♭/sol♯ et do♭/si) apporte une bouffée de fraîcheur, et même d'humour (les gammes « perlées », en triolets, sur une pédale de fa ♯).

La quatrième mazurka (en la mineur, *lento ma non troppo*), dite « Le Petit Juif », est associée, apparemment sans raison valable ni preuve tangible, à un passage du « Courrier de Szafarnia », ces lettres en forme de parodie de journal local, que l'adolescent en villégiature adresse à ses parents. « Monsieur Pichon (c'est l'anagramme qu'il utilise) jouait *Le Petit Juif*; monsieur Dziewanowski appela son fermier israélite pour lui demander ce qu'il pensait du jeu du virtuose. Mosiech (...) déclara que si le sieur Pichon voulait jouer aux noces juives, il pourrait gagner chaque fois au moins dix écus. » Ne pouvant faire remonter si loin (août 1824) un morceau d'un art déjà si consommé, on lui a imaginé une improbable première version (que Brown numérote B. 8). Aurions-nous ici, une fois n'est pas coutume, de la musique à programme, quelque chose comme le *Samuel Goldenberg et Schmuyle* des *Tableaux d'une exposition* de Moussorgski ? C'est sans importance ; ce gémissement est universel. – Sur un accompagnement d'accords « sotto voce », dont les pantelantes et comme inexorables chutes chromatiques préfigurent, et dépassent en beauté, celles du *Quatrième Prélude*, l'expressive main droite récrimine, insiste, le chant au bord du sanglot. L'épisode majeur, sur son ostinato de quinte, fait une vaine digression, et le retour à la plainte initiale n'en est que plus brutal. Pour finir, une coda au rythme de valse lente, dont le thème s'exténue avec le glissement des harmonies sur pédale de tonique, jusqu'à l'énigmatique dernier accord, où vibre la sixte non résolue (la-do-fa).

*Mazurka en ut majeur* (B. 82, KK IVb/3)
COMP 1833. PUB 1870 (Kaufmann, Varsovie ; Schott, Mayence).

La copie conservée, d'une écriture inconnue, respecte-t-elle la pensée de Chopin ? On peut en douter, au vu de ces accords plutôt compacts, de ces dispositions parfois peu euphoniques. Du reste, une pièce heureuse, à la gaieté rustique, pimentée de tournures modales.

*Mazurka en la bémol majeur* (B. 85, KK IVb/4)
COMP juillet 1834. PUB 1930 (Gebethner & Wolff, Varsovie).

Elle provient d'un album ayant appartenu à Marie Szymanowska (morte en 1831), où dut la placer sa fille Celina, pour qui elle semble écrite (Celina épousa Mickiewicz, le grand poète polonais ami de Chopin, ce même mois de juillet 1834, à Paris).

C'est un joli bibelot de salon, qui mériterait d'être davantage connu. D'abord un mince ruban de croches à la seule main droite (comme au début de la future *Valse « du petit chien »*), puis un thème gracieusement modulant, des staccatos coquets, quelques touches de chromatisme, une hésitation de dernière minute sur la nature du sixième degré (majeur ? mineur ? huit mesures s'emploient à la réponse), et la mazurka finit comme elle a commencé, par cette droite en croches murmurantes.

***Quatre Mazurkas*** (op. 24)
COMP 1834-1835. PUB 1836 (Breitkopf & Härtel ; Wessel ; Schlesinger). DÉD au comte de Perthuis.

L'expression du *zal*, en musique, voilà ce qu'est la première mazurka de cet opus (en sol mineur, *lento*), une des plus slaves, avec ses secondes augmentées « tziganes » (mi ♭-fa ♯ en montant, do ♯-si ♭ en descendant), sa mélopée mélancolique, son rubato. Deux autres thèmes, plus polis (le dernier surtout, adorné de tierces et de sixtes), n'empêchent pas le morceau de retomber dans une sorte de morne et fatal ennui de vivre.

En contraste, la deuxième (en ut majeur, *allegro non troppo*) respire l'optimisme, et ne songe qu'à l'envol ailé de la danse. Quatre motifs différents se succèdent, après les accords cadentiels d'une brève introduction : un court thème de mazurka proprement dite, entre ut majeur et la mineur, avec le deuxième temps marqué d'un triolet, d'une appogiature ou d'un trille ; un thème plutôt de valse rustique, déployé dans l'aigu, en fa lydien (avec si ♮) ; retour du premier thème ; nouvelle valse, en ré bémol majeur, dont l'élégance frise la parodie ; un chant de la main gauche, en mi bémol mineur, chaleureux comme un solo de violoncelle ; un dernier énoncé du premier thème ; et la pièce conclut, longuement mais sobrement, par les chaînes cadentielles de l'introduction.

La troisième mazurka du cahier (en la bémol majeur, *moderato con anima*) pousse à son tour à cette frontière mal déterminée entre mazurka et valse ; et valse pimpante, avec des gracieusetés bien désuètes ; la courte section centrale, en accords chromatiques, n'y change rien. Quelle légèreté, pourtant, dans le trait final, « dolcissimo », qui s'évanouit peu à peu dans la main droite, sans accompagnement...

Mais voici la mazurka en si bémol mineur *(moderato)*, et avec elle la première grande mazurka de Chopin. Et certes, l'esprit de la valse y flotte encore, mais magnifié par l'invention à la fois mélodique, harmonique, contrapuntique. Dès le troublant, l'intrigant prélude à deux voix, où une octave se rétrécit par degrés jusqu'à la quinte diminuée, le climat est défini. Le thème qui naît de ces deux lignes en mouvement l'une vers l'autre est d'une tristesse incoercible ; une deuxième partie plus fluide, avec ses légers battements « scherzando », n'apporte que l'ombre d'un sourire. Il faudra, pour qu'un peu de clarté illumine ces pages, les chatoyantes modulations enharmoniques de la troisième partie, « con anima », et ses contrastes, du *pp* au *ff*. Est-ce fait, l'obscurité est-elle vaincue ? Non point, le thème initial revient ; et sur ses pas, le plus doucement possible, un admirable épilogue, balançant entre majeur et mineur, à jouer sans nuances, presque sans respirer (« mancando », neuf mesures avant la fin, qu'est-ce à dire, sinon que l'on manque d'air ?), jusqu'au ralentissement final, et à la pauvre nudité des deux dernières mesures, que la droite égrène sourdement.

## Deux Mazurkas de l'opus 67 (n<sup>os</sup> 1 et 3)

COMP 1835 (op. 67 n<sup>os</sup> 1 et 3). PUB 1855 (Schlesinger, Berlin ; Meissonnier) ; voir plus loin les deux autres numéros de l'opus.

On admet sans peine que Chopin ne s'en soit pas autrement soucié. L'une est en sol majeur *(vivace)*, avec un court trio en ut majeur ; preste, enlevée, espiègle, elle s'amuse d'un rien, de ses tierces fluettes, de ses trilles, de ses brusques coups de talon suivis d'effets de pointes, pianissimo. L'autre est en ut majeur *(allegretto)* et, en dehors de huit mesures à la dominante, se contente de répéter béatement son thème de valse framboisé, l'agrémentant une fois sur deux des inévitables tierces et sixtes.

## Quatre Mazurkas (op. 30)

COMP 1836-1837. PUB 1837 (Wessel), 1838 (Breitkopf & Härtel ; Schlesinger). DÉD à la princesse Marie de Wurtemberg.

Le pas réticent de la première (en ut mineur, *allegretto non tanto*), cet accompagnement auquel il manque le premier temps, la simplicité de ce thème dolent, immédiatement repris dans le ton de la dominante, accusent ici l'inspiration populaire ; Chopin chante dans son arbre généalogique. Une seconde idée (en mi bémol majeur, relatif) le distrait brusquement, lui donne un début de fièvre ou d'ivresse (« con anima »). Mais cet élan retombe ; un court motif obstinément répété, sur des accords méchamment dissonants, ramène le début.

La deuxième (en si mineur) s'affadit si l'on adopte le *vivace* de l'édition allemande, au lieu de l'*allegretto* préconisé dans les éditions française et anglaise. La pièce, assez curieusement, se termine en fa dièse mineur : le premier thème, en effet, ne retourne pas, et c'est le deuxième, longue progression harmonique, qui conclut dans le ton de la dominante.

La troisième, la lumineuse mazurka en ré bémol majeur *(allegro non troppo)*, n'a de mazurka que le rythme à trois temps. Avec ce thème, ces harmonies, Chopin pouvait écrire un nocturne, et le dédier à l'Italie de ses rêves, sa seconde patrie en vérité. N'entend-on pas ici vibrer les mandolines, dans l'air plein de parfums et de soupirs ? Rien d'étonnant : le *Nocturne en ré bémol majeur* (op. 27 n° 2) ne date que de l'année précédente ; à réutiliser la même tonalité, Chopin aura retrouvé, mystérieusement prise dans les cinq bémols de l'armure, la même voluptueuse langueur. Que ces tierces et ces sixtes, employées à leur juste place, ont de charme ! Et ces frôlements de l'harmonie, ces équivoques rêveuses, ces hésitations entre majeur et mineur, ces secondes augmentées plus napolitaines que tziganes ! Du bel canto : il n'est pas jusqu'à telle terminaison de trille en petites notes (mes. 40) qui n'en rappelle discrètement les roulades.

Pourtant la merveille, comme souvent désormais (c'était le cas dans l'opus 24, cela se reproduira dans les opus 33, 41, 50), est en fin de cahier. La quatrième mazurka (en ut dièse mineur, *allegretto*) renverse les priorités des *Nocturnes op. 27*, où ut dièse mineur précédait son double majeur, ré bémol. Ici l'obscur suit le clair, et des mêmes tierces que tout à l'heure, Chopin tire un son plus désolé. Italianismes encore, comme ces beaux arpèges au ton de la sixte napolitaine à la fin du premier thème, lancés de plus en plus haut vers l'aigu, ou comme la riche déclamation du troisième ; mais aussi, sans transition, les accents tziganes, à la Liszt, de la deuxième partie. La coda, une des plus hardies de toutes les mazurkas, enchaîne une série d'accords de septième non résolus, entraînant quintes et septièmes parallèles (Debussy ne les a pas inventées !), pour finir à une voix, dans le grave du cahier.

### *Quatre Mazurkas* (op. 33)
COMP 1837-1838. PUB 1838 (Breitkopf & Härtel ; Wessel ; Schlesinger). DÉD à la comtesse Rosa Mostowska.

La première (en sol dièse mineur, *mesto* ; les éditions française et anglaise ont un improbable *presto*), en deux pages dépouillées, concentrées, est tout embuée du regret des jours anciens ; elle laisse éclore en son milieu, « appassionato », un début de valse, en si majeur (relatif), mais revient vite à sa mélancolie.

On n'imagine la deuxième (en ré majeur, *vivace*) que sous les lustres d'une salle de bal, où des couples virevoltent, inlassables papillons du soir. Valse brillante ou frivole *oberek*, elle répète indéfiniment le même thème tournoyant, le transpose en la majeur, le ramène en ré majeur, tantôt fort, tantôt faible et comme en écho. L'épisode central en si bémol majeur, plus rythmé, a une allure presque martiale. La coda, accélérée, piétine sur quelques notes où crissent des appogiatures.

La troisième (en ut majeur, *semplice*) fut cause d'un incident entre Chopin et Meyerbeer ; ce dernier prétendait qu'il fallait la battre à deux temps, ce qui mit le compositeur dans une violente colère... Laissons à Meyerbeer la responsabilité de son opinion (mais où diable entend-il ce 2/4 ?), et goûtons la saveur rustique de ces deux pages, ce thème débonnaire, cet accompagnement accentué sur le deuxième temps, et en guise de trio cette incursion inattendue en la bémol majeur.

C'est encore le terroir natal qui inspire la quatrième mazurka (en si mineur, *mesto*), riche de sections contrastées. Dans la première alternent le chant et la danse : un thème endolori, suivi d'un motif rythmé, que la main droite, croisant la gauche, joue « sotto voce » dans le grave. La deuxième section, plus courte (en si bémol majeur), est pleine d'élan et de confiance. Ces deux parties sont reprises, pour aboutir à un épisode en si majeur, « valse mélancolique et langoureux vertige », qui sourit au milieu des regrets, s'exalte, dans l'effervescence du rythme pointé. Mais voici le passage le plus étonnant de la pièce : tout à coup ce rythme seul subsiste, et pendant dix-sept mesures, une solitaire main gauche occupe la scène, comme irréellement, avant le retour du thème initial.

### *Quatre Mazurkas* (op. 41)

COMP n° 1 novembre 1838 (Majorque), n°s 2-4 juillet 1839 (Paris). PUB 1840 (Breitkopf & Härtel ; Wessel ; Troupenas). DÉD à Stefan Witwicki.

La numérotation de ce cahier varie. La première édition allemande, souvent imitée, donne par erreur l'ordre : ut dièse mineur, mi mineur, si majeur, la bémol majeur. Les éditions française et anglaise suivent l'ordre : mi mineur, si majeur, la bémol majeur, ut dièse mineur, conforme aux volontés de Chopin (clairement exprimées dans une lettre d'août 1839 à Fontana, et dans le catalogue thématique dressé par Chopin et Franchomme à l'intention de Jane Stirling). C'est celui qu'on adoptera ici.

Faut-il préférer les plus longues mazurkas, les plus développées, ces morceaux extraordinaires où le prétexte de la danse, vite éventé, conduit subrepticement à des prodiges d'invention musicale ? Assurément, et à juste titre. Mais il arrive qu'à deux courtes pages on accorde, en secret, plus de prix encore ; la langue qu'elles parlent remue en nous un passé immémorial ; un fil ténu et mystérieux les relie à nos battements de cœur. Ce serait assez vrai pour la première de ces quatre mazurkas, la majorquine (en mi mineur, *andantino*). Son thème principal se limite à deux cadences, l'une en la mineur, l'autre en mi mineur : c'est qu'elle ne commence pas, elle poursuit quelque chose, elle chemine depuis l'aube des temps. La tristesse qui l'alimente, et qui prend sa source au plus profond de nous, n'a pas de fin : on pourrait reprendre indéfiniment les premières mesures. Le milieu, en si majeur, avec son rythme implorant, ses syncopes, ses merveilleuses neuvièmes sur pédale de tonique, ne ressemble à rien d'autre chez Chopin lui-même. La façon dont cet insistant ré♯ amène (mes. 33) une variation du premier thème, et plus loin (mes. 57) ce thème lui-même, surprendra toujours.

Courte, enlevée, joyeusement tapageuse, la deuxième mazurka (en si majeur, *animato*) est traversée de talons qui claquent, de robes qui tournoient : ces accents répétés, ces croches froufroutantes. Vers le milieu éclatent quelques salves : changerait-on d'atmosphère ? Non, l'heure n'est pas à l'héroïsme, et la danse reprend de plus belle.

Que le déroulement de la plupart des mazurkas soit imprévisible, il n'en faut de preuve que la troisième de ce cahier (en la bémol majeur, *allegretto*). On la croirait d'abord frivole et coquette ; elle a ces « divines chatteries » dont Berlioz parlait à propos des *Valses*. Mais ce passage en ut mineur (mes. 32), avec ses syncopes, sa pédale de tonique, ses trois notes uniques (mi, ré, do), plaintivement répétées ? Et cette conclusion désinvolte, qui fauche le thème en plein vol et nous laisse sur notre faim ?

Ce n'est peut-être pas par hasard que Chopin a dédié l'opus 41 à son ami l'écrivain Witwicki, dont il avait reçu ces mots, au début de son exil : « Les montagnes, les forêts, les eaux et les prairies ont leur voix natale, intérieure, quoique chaque âme ne la saisisse pas (...). Cherchez les mélodies populaires slaves, comme le minéralogiste cherche les pierres et les métaux dans les montagnes et les vallées. » La quatrième mazurka (en ut dièse mineur, *maestoso*) remplit ce vœu, et mieux encore. Car il ne s'agit peut-être d'abord que de suggérer un paysage, un climat : ce que réussit amplement le premier thème, en employant l'âpre et douloureux mode phrygien (avec ré ♮, seconde mineure). Mais quand, au bout d'une centaine de mesures aux péripéties diverses et contradictoires, on arrive aux accents épiques de la coda (ce rythme saccadé, ces accords criards, cette pédale de dominante exaspérée !), culminant dans un bruyant unisson des deux mains, et retombant sobrement, enfouis dans le grave, ce qu'on entend traduit en notes, c'est toute la fierté meurtrie d'un peuple auquel Chopin ne cessa jamais d'appartenir.

### *Deux Mazurkas en la mineur* (B. 134, KK IIb/4 ; B. 140, KK IIb/5)

COMP 1840. PUB *B. 134* juillet 1841 (dans un ensemble de « Six Morceaux de salon » d'auteurs divers), puis février 1842 (Schott, Mayence, dans un album intitulé « Notre temps », avec des pièces de Mendelssohn, Czerny, Thalberg, Kalkbrenner, etc.) ; *B. 140* janvier 1841 (Schlesinger, Paris, dans un « Album de pianistes polonais »), puis en automne de la même année, sous un numéro d'opus erroné (43, celui de la *Tarentelle*). DÉD de *B. 140* au banquier Émile Gaillard, père d'un élève de Chopin.

Extérieurement, ces deux pièces se ressemblent beaucoup. Même tonalité, même tempo *(allegretto)*, même structure tripartite, la section centrale en la majeur ; même façon, également, de présenter le thème initial tour à tour dans le ton principal et dans le relatif (ut majeur). La mazurka « Notre temps » a quelque chose de fatal, qu'elle doit à la répétition de la même figure rythmique, à son écriture d'accords qu'aucune digression ne vient rompre ; l'épisode majeur, très original, double la mélodie aux deux mains et s'autorise çà et là quelques rudes dissonances.

La mazurka dédiée à Émile Gaillard fait d'abord entendre un dialogue entre le violoncelle de la main gauche et les voix entremêlées, flûte et hautbois, qui lui répondent à la main droite. Le trio, tout en octaves, vient électriser l'atmosphère. Coda mélancolique, où, sous un trille prolongé de la droite, la gauche, en tierces puis en sixtes, murmure un doux adieu.

### *Trois Mazurkas* (op. 50)

COMP 1841-1842. PUB 1842 (Mechetti ; Wessel ; Schlesinger). DÉD à Léon Szmitkowski.

Le rythme décidé, l'éclat, la franchise de la première (en sol majeur, *vivace*), ne sont presque pas affectés par telle phrase plus timide, en mi mineur (mes. 17), ou tel paisible chant de la main gauche (mes. 41), capricieusement modulant.

La deuxième (en la bémol majeur, *allegretto*), au rythme de valse gracieuse, est une des quinze mazurkas que Pauline Viardot, la célèbre cantatrice amie de Chopin, adapta et chanta ; c'est dire à la fois les qualités et les limites de ce morceau, que le rythme volontaire et les accords piaffants de son trio en ré bémol majeur éloignent un temps du salon.

On peut imaginer que les deux mazurkas qui précèdent n'ont été retenues par Chopin, dans ce cahier, que pour équilibrer le poids de la troisième (en ut dièse mineur, *moderato*), une des plus magnifiques de la collection. Et de même qu'il donnera bientôt le titre de *Polonaise-Fantaisie* à l'opus 61, il aurait dû appeler « Mazurka-Fantaisie » ce chef-d'œuvre dont le contenu brise un cadre trop étroit. Distinguons cinq idées principales. D'abord huit mesures éplorées, « mezza voce », où le thème se répond à lui-même, en imitations canoniques (dans ces années 1841-1842 Chopin manifeste un intérêt accru pour le contrepoint, qui illuminera mystérieusement toutes ses dernières œuvres). Huit autres mesures, morosement valsées, concluent cette manière de prélude, qu'une barre de reprise engage à redire aussitôt. Un troisième motif surgit alors, vigoureux et rythmé, à saveur modale ; il est suivi d'une phrase plus tendre, accompagnée d'un élan de croches, qui ramènent les contrepoints du début, enrichis d'un nouveau chant au soprano. Voici maintenant, pour servir de trio central à la pièce, une mazurka dans la mazurka, en si majeur, d'une insouciance, d'une confiance totale ; comme on ne l'entendra qu'une fois, elle ne craint pas de se répéter, consciente de son rôle de diversion. Point d'orgue. On reprend da capo les quarante premières mesures (c'est-à-dire les quatre premiers motifs thématiques). Et c'est la superbe coda, soixante mesures où ces quatre thèmes sont portés aux nues, dans le climat passionné d'une ballade.

## *Trois Mazurkas* (op. 56)

COMP 1843. PUB 1844 (Breitkopf & Härtel ; Schlesinger), 1845 (Wessel). DÉD à son élève Catherine Maberly.

Ce cahier de mazurkas et le suivant (op. 59) sont les plus beaux peut-être de Chopin. Chaque pièce semble renchérir sur la précédente, reculer les bornes d'une invention qui s'exalte de l'espace même qu'elle s'invente. Les codas, surtout, y brillent de tous leurs feux. Les amateurs connaissent ces morceaux mieux que les virtuoses, pour les avoir habités longuement, humblement. On ne saurait assez conseiller à ces derniers de les inscrire à leur programme (sans les mutiler, par pitié, sans les démembrer : ce sont de véritables cycles, d'un dosage, d'un équilibre savamment calculé).

La première (en si majeur, *allegro non tanto*) est faite de deux épisodes contrastés : l'un d'allure modérée, marchant au pas, sur un rythme caractérisé ; l'autre plus rapide *(poco più mosso)*, léger volettement de croches sur un accompagnement que le silence du premier temps rend plus impondérable. Les enchaînements harmoniques d'un motif à l'autre sont d'une exquise délicatesse (de si majeur à mi bémol majeur la première fois ; la deuxième, de si majeur à sol majeur). Riche et vibrante coda, aux accents chevaleresques de ballade ou de légende.

Une réussite exemplaire, la brève mazurka en ut majeur *(vivace)*, populaire à souhait, et même populacière, avec son bourdon de quinte vide, ses accents, son thème rustaud, son fa ♯ lydien en alternance avec le fa ♮, sa verve communicative ; c'est de la quintessence de folklore ; et il y a plaisir à voir cette robustesse, dont on ne se persuade pas assez qu'elle appartient *aussi* à la veine de Chopin. Un peu plus loin, le fameux épisode des gammes qui se poursuivent en canon à l'octave, engendrant d'âpres frottements, n'a pas fini de surprendre les oreilles...

La dernière mazurka du recueil (en ut mineur, *moderato*) est, une fois de plus, la plus développée ; la plus grave aussi : le ton s'y hausse au tragique. Tout le début, d'écriture polyphonique à quatre voix, exprime une sombre amertume, proche de l'accablement (quelle trouvaille, à la mes. 8, que cette harmonie de sixte napolitaine posée sur sol !). Pourtant, à la deuxième page, le climat s'éclaircit ; harmonies plus douces, délicatement modulantes, suscitant toutes sortes de digressions (avec un hiatus harmonique proprement stupéfiant de si à si bémol, mes. 66-67), qui mènent à ce qu'on pourrait appeler un trio, ou un intermède : une fière mazurka en si bémol majeur, contenant elle-même un *minore* d'une insondable tristesse, mélopée du souvenir, accompagnée d'accords arpégés qu'on dirait tirés d'une mandoline. Une série de septièmes diminuées font rentrer le thème initial ; il bifurque au bout d'une trentaine de mesures, pour une ample coda qui, après cette foison d'idées mélodiques et harmoniques, parvient encore à en introduire de nouvelles et finit la pièce dans le mode majeur.

### *Trois Mazurkas* (op. 59)

COMP juin-juillet 1845. PUB 1845 (Stern, Berlin ; Wessel), 1846 (Brandus, Paris).

La première (en la mineur, *moderato*), si l'on s'en tenait à ses huit mesures initiales, pourrait passer pour une œuvre de jeunesse, un peu simplette. Fausse impression : dès le trille de la huitième mesure, véritable signal magique, voici l'enchantement de modulations d'une liberté, d'une souplesse, d'un naturel surtout sans pareils, favorisant une semblable spontanéité des motifs mélodiques. La section centrale, en la majeur, va plus loin encore et, n'était le rythme à trois temps, nous ferait presque oublier sa nature de mazurka ; ce chant ininterrompu, ces harmonies chaleureuses pourraient se trouver dans un des derniers *Nocturnes*, dans la *Barcarolle* contemporaine. Avec cet esprit d'aventure, on s'étonnera à moitié seulement que la reprise du début se fasse un demi-ton plus bas, en sol dièse mineur ! Pour finir, une brutale cadence rompue amène l'épilogue, d'abord apparemment paisible (avec ce piétinement, à la basse, du ré ♯, de cet accompagnement de valse figé, sans nuances), puis résigné.

La deuxième (en la bémol majeur, *allegretto*) voudrait n'être qu'une danse heureuse, un peu engourdie, infiniment douce à la mémoire, qui ne sait plus s'en défaire. Ce n'est qu'un prétexte à de troublantes harmonies, à des contrechants subtilement dissimulés dans les accords d'accompagnement (et seul le déchiffrage donne à goûter pleinement ce plaisir qu'apporte à l'oreille la plus minuscule modification, le plus menu glissement dans la trame harmonique ; à l'audition, on éprouve tout au plus, et c'est déjà beaucoup, la sensation confuse de la prodigalité...). Sur la fin, cette richesse devient plus voyante, et les harmonies chromatiques des mes. 81-88 passent à juste titre pour l'un des moments les plus hardis de tout l'œuvre de Chopin.

La troisième (en fa dièse mineur, *vivace*) clôt glorieusement ce cahier sans prix. Le début tourbillonne d'autant plus qu'il rebondit, de mesure en mesure, sur les triolets du premier temps ; il ne faut pas y mettre de la vélocité, mais de l'impatience. Du reste, cette première page a-t-elle vraiment beaucoup d'importance ? Qui ne voit qu'elle sert, tout bonnement, à introduire l'épisode en fa dièse majeur, le moment, de toutes les *Mazurkas*, que l'on attend avec le plus de ferveur ? Ces doubles notes chatoyantes, cette main gauche languide, ces équivoques tonales, et jusqu'aux six dièses qui luisent à l'armure, feraient de cette section, jouée lentement, la petite sœur de la *Barcarolle*. À la fin de l'épisode, le cœur aussi bien que les sens chavirent, quand les dièses disparaissent l'un après l'autre pour le retour au mode mineur. Le thème initial se fait alors réentendre, en un bref et très étrange canon ; et ce sont, une fois encore, les mirages de la coda, chromatisante, qui conclut radieusement, sereinement, en fa dièse majeur.

## *Trois Mazurkas* (op. 63)
COMP automne 1846. PUB 1847 (Breitkopf & Härtel ; Wessel ; Brandus). DÉD à la comtesse Laure Czosnowska.

Le dernier cahier paru du vivant de Chopin. Sans marquer par rapport aux deux précédents le recul qu'on a souvent dit, il est certain que ces trois pièces ont moins d'ambition, et des proportions plus frêles. L'art de Chopin y est à son comble sans doute, mais dissimulé : aussi bien oublie-t-il tout public, ciselant ces joyaux pour lui seul, avec une perfection un peu désabusée.

La première mazurka (en si majeur, *vivace*) est la seule des trois à justifier cette appellation, un vrai *mazur*, quand les deux autres évoquent plutôt la valse. Ne prenons pas à la lettre une indication de tempo qui pourrait dénaturer la tendresse chaleureuse du motif principal, son délicat dessin de tierces, et ces douces appogiatures qui viennent se placer sur le premier temps. Un peu d'animation, en revanche, sied bien au thème dansant de la partie centrale, en la majeur, qu'accompagne non sans humour un seul accord par mesure, posé en porte-à-faux sur le troisième temps. Merveilleuses harmonies des mesures qui précèdent la cadence, fondues peu à peu dans une vapeur quasi impressionniste.

La deuxième pièce (en fa mineur, *lento*) est la plus dépouillée, la plus désolée des valses (Montherlant dirait : « triste parmi les tristes »), depuis l'attaque de sa neuvième mineure initiale, jusqu'aux intervalles chromatiques de ses croches ; et ce n'est pas son trio, quelque peu sentencieux, qui pourrait la dérider.

Chopin n'a presque rien écrit qui frise plus dangereusement la sentimentalité que le thème de la troisième mazurka du recueil (en ut dièse mineur, *allegretto*). Le péril guette à chaque note, à chaque détour de phrase ; il faut, pour n'y point donner tête baissée, une extrême sûreté de goût : surtout pas de ces « intentions » qui, bonnes ou mauvaises, pavent l'enfer des pianistes ! Lui-même, à quoi cédait-il en notant cette page où flotte comme un souvenir de la détestable *Valse en si mineur* ? Peut-être simplement au plaisir de prendre plus tard ce thème si naïvement complaisant dans les lacets d'un ingénieux contrepoint : les dernières mesures, en effet, réussissent un canon à l'octave, ce qui est ici le nom savant d'un poétique effet d'écho, d'autant plus séduisant que rien ne le laissait prévoir...

## *Deux Mazurkas de l'opus 67* (n<sup>os</sup> 2 et 4)

COMP 1846 (op. 67 n° 4), 1849 (op. 67 n° 2). PUB 1855 (Schlesinger, Berlin ; Meissonnier), avec deux mazurkas de 1835 : voir plus haut.

La mazurka de 1846 (c'est Fontana qui la date) pourrait être une pièce non retenue de l'opus 63, dernier recueil de mazurkas publié par Chopin. En la mineur *(allegretto)*, elle s'apparente à son tour à ces valses lentes et moroses dont semble se bercer, dans les années ultimes du compositeur, sa nostalgie du pays natal (la *Valse en ut dièse mineur* en est tout à fait contemporaine).

Même quintessence de nostalgie, fugitive expression du fameux *zal*, dans la mazurka de 1849 (en sol mineur, *cantabile*). Dépouillée à l'extrême, Chopin a l'air de s'y parodier, gentiment, avec un faible sourire. Et il y a une désespérante douceur dans le « récit » de huit mesures (33-40) que, juste avant la reprise, et sans accompagnement, vient dire à mi-voix la main droite.

*Mazurka en fa mineur* (op. 68 n° 4)

COMP 1849. PUB 1852 (séparément, comme « Dernière pensée », chez Schlesinger), puis 1855 (Schlesinger, Berlin ; Meissonnier), avec trois mazurkas de 1827-1829 : voir plus haut.

C'est en réalité une esquisse, que Chopin n'eut pas le temps de mettre au net, et que son ami le violoncelliste Franchomme « réalisa » en juin 1852, en négligeant toutefois les dernières mesures (un épisode en fa majeur). Le pianiste polonais Jan Ekier a donné en 1965 une version plus complète de l'original, conservé à la Bibliothèque nationale de Varsovie. Mais celle de Franchomme demeure la plus universellement connue.

Qu'on lui ajoute ou non ses parties manquantes, on n'ajoutera sans doute rien à la singulière beauté de cette mazurka (en fa mineur, *andantino*). Une fois encore, et pressentant peut-être que ce sera la dernière, Chopin dit son attachement à ses racines, qui lui a tiré tour à tour des sursauts d'énergie, des élans d'enthousiasme, des bouffées de joie drue et primitive, des flambées de violence, des accents désespérés. Ici c'est la douleur qui l'emporte : ces inexorables chutes chromatiques, de deux mesures en deux mesures, il y a longtemps qu'elles traduisent en musique le sanglot ; l'harmonie de Chopin a beau être plus tourmentée que celle de Bach (par exemple), le sentiment qu'elle aide à exprimer, deuil et déréliction, est le même. Loin qu'elles se confinent à une chambre de malade, la force de ces deux pages les rend à l'universel. Cette souffrance est toute la souffrance. Elle n'a ni fond ni fin, comme le voudrait donner à entendre l'étrange indication « da capo senza fine » : on ne sait pas, dans l'état actuel de la pièce, où elle s'arrête ; et comment pourrait-on s'évader, d'ailleurs, de ces progressions, de ces enchaînements circulaires, où l'âme captive rôde en rond, éternellement ?

## LES NOCTURNES

Chopin n'a pas plus créé le nocturne que Schubert l'impromptu. Mais les noms de Voříšek (*Impromptus op. 7*, publiés en 1822) et de Field (*Dix-huit Nocturnes*, les premiers parus en 1814) n'appartiennent qu'à l'histoire, pis encore : aux dictionnaires. Et peut-être les pianistes finiront-ils par s'intéresser au premier ; mais Field, on ne le sauvera plus guère ; sa musique descend dans l'oubli. Elle n'a pas entraîné à sa suite les *Nocturnes* de Chopin, qui la prirent longtemps pour modèle ; mais il faut reconnaître que plusieurs de ces nocturnes n'ont pas bonne presse. Même pour les fervents de Chopin, il y a là, au regard des *Scherzos*, des *Ballades*, des *Préludes*, des *Études*, quelque chose à excuser ; certes, il n'est pas question d'en diminuer l'affection que l'on porte au compositeur, mais on en parle avec indulgence, on les concède à ce qu'on appelle dédaigneusement le « grand public » ; on veut bien s'en réserver un ou deux, en prétendant d'ailleurs qu'ils n'ont de « nocturne » que le nom ; et l'on dira que toute la collection ne vaut pas un seul prélude.

Car rien n'a davantage vieilli qu'un certain romantisme : celui du *Lac* de Lamartine ou des *Nuits* de Musset. Rêveries, soupirs, sanglots au clair de lune ont inspiré quelques poèmes admirables, mais nous en ont valu quantité d'affreux. La musique n'est pas en reste de clichés « nocturnes » ; qu'un chant langoureux vienne s'étirer mollement sur un tapis d'arpèges, et voilà planté le décor de tous les *Nachtstücke* et autres « rêves d'amour ». C'est le malheur de Field : en même temps qu'il invente un genre, il lui porte un discrédit définitif. La mode et la littérature en sont les marraines ; ces fées ont leurs pouvoirs limités par le temps.

Chopin aurait-il pu ne pas sacrifier à ce genre, qui allait se répandre comme une épidémie dans les salons ? Tout l'y menait, et d'abord son goût prononcé pour l'opéra italien, qu'il manifesta très tôt à Varsovie, et qu'à Paris il ne cessa de cultiver. Or, c'est précisément le bel canto, ses longues coulées lyriques, son ardeur, sa souplesse, son ornementation virtuose, trilles, roulades et fioritures, qu'essaient d'imiter tant de compositions instrumentales. Le style « legato » des fils de Bach et de Mozart y avait déjà sa source ; encore plus, à l'orée du XIXe siècle, le piano veut-il rivaliser avec le gosier des coloratures. En second lieu, c'est son métier de pianiste, héritier du piano « viennois » (Hummel, Weber) et « anglais » (non seulement Field, mais aussi ces émigrés, Clementi et Dussek), qui conduit Chopin à se frotter au goût du jour. Et le fait, enfin, qu'une partie de son art est nourrie de confidence, d'épanchement, d'intimité avec l'heure et le lieu, avec les êtres, voire avec l'âme des « objets inanimés ».

Chopin écrit donc des nocturnes (dès 1827, date du *Nocturne en mi mineur*). Et nombre d'entre eux, les premiers surtout, s'adressent à autrui, à ce public des salons qui communie dans la recherche de la « note bleue ». Ces lignes de Berlioz, rendant compte d'une soirée à Nohant, leur conviennent d'avance : « Quand les gros papillons du salon étaient partis, quand les médisants étaient au bout de leurs anecdotes, quand tous les pièges étaient tendus, toutes les perfidies consommées, quand on était bien las de la prose, alors, obéissant à la prière de quelques beaux yeux intelligents, il devenait poète. » Ce poète des *Nocturnes* dépasse son devancier de cent coudées. Par l'écriture : on y trouve d'emblée tout le pianisme aventuresque de Chopin, cette main gauche conquérante, qui s'approprie un vaste territoire, serrant de près sa compagne ; cette ornementation imaginative, aérienne, et qui, loin de freiner le chant, en prolonge l'envol ; cet infaillible instinct de l'euphonie, de la résonance, de l'équilibre des sonorités pianistiques. Par la chose écrite : sans même parler de la nouveauté des harmonies, des rythmes chopiniens, quelle oreille, dès le jour qu'il les donna au monde, n'entendit la différence entre ses mélodies et celles dont se paissaient jusque-là les consommateurs d'idylles, églogues, pastorales et autres romances, avec ou sans paroles ? Ce qui demeure pris, dans les arpèges prudents, les petites notes compassées, les phrases étroites des faiseurs (et Field n'est jamais que le meilleur d'entre eux), ce sont des soupirs de demoiselles ; leur naïveté n'excuse pas leur douceâtre banalité ; musique, depuis toujours, bâtie sur les mêmes patrons, et dont le premier auditeur venu devine les détours : de quoi flatter, en chacun de nous, la vanité, et contenter la paresse. Les thèmes de Chopin, d'une variété sans bornes, sont à la fois rares et naturels ; il secoue la léthargie auditive sans jamais défier l'entendement.

Pourtant il n'y a mode qui tienne : bientôt les murs du salon s'évanouissent, et l'essaim froufroutant de jeunes femmes. Ses plus beaux nocturnes, c'est à « l'habitant de ses pensées », c'est-à-dire à lui-même qu'il les destine. Du coup, l'inspiration s'élargit, le ton s'affermit. Voilà le genre du nocturne contaminé par la barcarolle *(Nocturnes en ré bémol majeur, en sol majeur)*, par la mazurka (premier *Nocturne en sol mineur*), par la marche funèbre (deuxième *Nocturne en sol mineur, Nocturnes en ut mineur, en fa mineur*), par la ballade (milieu du *Nocturne en fa majeur*), par la polonaise (milieu du *Nocturne en ut dièse mineur*). Chopin découvre que la nuit n'est pas un moment (on voudrait dire : un état) intermédiaire, mais paroxystique ; que le cri le plus tragique et l'exultation la plus intense (tout le noir contre toute la couleur) y ont peut-être plus de part que la songerie incolore et indéterminée. À cet égard, le clair-obscur de l'opus 27 devance celui des *Fantasiestücke* de Schumann, celui des deux pièces antithétiques que sont *Des Abends* et *In der Nacht*.

Il lui restait à conquérir la sérénité. Dans ses dernières années, qu'on dirait « italiennes », mais d'une patrie de l'âme, Chopin accède au chant pur ; et cette fois, c'est à rebours l'esprit du nocturne qui envahit toute sa musique. La *Berceuse* et la *Barcarolle*, la moitié de la *Sonate en si mineur* (deuxième thème du premier mouvement ; mouvement lent), l'épisode en si de la *Polonaise-Fantaisie*, le *più lento* du *Quatrième Scherzo*, participent de la même esthétique que les deux derniers nocturnes, ce sublime opus 62 où il semble jeter un long regard vers sa jeunesse, et où la nuit n'est plus l'effusion amoureuse, n'est plus la mort abhorrée, mais l'oubli, le merveilleux et salutaire oubli.

L'essentiel des *Nocturnes* (dix-huit sur vingt et un) a paru du vivant de Chopin, en groupes de trois (les six premiers) ou de deux (les autres). Les pianistes devraient davantage veiller à respecter ces ensembles, dont l'arrangement est rarement laissé au hasard.

### *Nocturne en mi mineur* (op. 72 n° 1)

COMP 1827. PUB 1855 (Schlesinger, Berlin ; Meissonnier) ; l'opus 72 contient également la *Marche funèbre en ut mineur* et les trois *Écossaises*.

On aurait une fausse idée des pouvoirs de Chopin à dix-sept ans si l'on s'en tenait à ce premier nocturne, qu'il ne jugea pas digne de la publication. À la même époque, l'introduction lente des *Variations sur « La ci darem la mano »* (pour piano et orchestre) montre, avec le coup d'aile du génie, l'étonnante originalité du musicien dans ce genre repris à de laborieux devanciers ; c'est elle, en réalité, le premier de ses *Nocturnes* ; et les mouvements lents des deux *Concertos* seront les suivants, avant même l'opus 9. Ce nocturne-ci, quant à lui, n'est pas bien meilleur que les meilleurs de Field ; pour l'ornementation, il leur est même singulièrement inférieur. Un thème alangui *(andante)*, sur un incessant mouvement d'arpèges, et que renforcent bientôt des octaves un peu pataudes, alterne par deux fois avec une courte section majeure (tour à tour à la dominante et à la tonique), caractérisée par un chant de tierces suaves. Du déjà entendu ? La main gauche pourtant ne trompe guère, ni l'harmonie : cette ampleur des arpèges, cet instinct des résonances, ce goût des appogiatures, des notes ajoutées, des pédales, signaleraient Chopin à des sourds ! Et lui seul pouvait noter, entre les portées du second thème, le mot « aspiratamente », que Camille Bourniquel appelle joliment « la clé de ces jardins nocturnes ».

### *Nocturne en ut dièse mineur* (B. 49, KK IVa/16)
COMP 1830. PUB 1875 (Leitgeber, Poznań). DÉD à sa sœur Ludwika.

Quelques pages *(lento con espressione)*, que l'on joue de plus en plus fréquemment, la plupart du temps en guise de bis. Elles distillent ce qu'il faut de mélancolie rêveuse, de chant suave, de petites notes en pluie de perles, pour récompenser le public d'avoir écouté sans broncher des morceaux plus exigeants. Contrairement à cet autre posthume, le *Nocturne en ut mineur*, on ne peut soupçonner celui-ci de contrefaçon ; si « typé » soit-il, et si décousu, on sent bien que c'est l'auteur lui-même qui s'amuse à donner quelques échantillons de son style. D'ailleurs le principal intérêt du morceau réside dans ses citations, fort curieusement amenées, du *Concerto en fa mineur*.

### *Trois Nocturnes* (op. 9)
COMP 1830-1831. PUB 1832 (Kistner, Leipzig), 1833 (Wessel, Londres ; Schlesinger, Paris). DÉD à Marie Pleyel. Les éditeurs anglais, d'autorité, les intitulèrent « Murmures de la Seine ».

Rellstab, qui perdit rarement l'occasion de dire une sottise (voyez son opinion sur les *Études*), compare l'opus 9 à du Field reflété par un miroir déformant ! Si Chopin s'inspire en effet de la manière du pianiste irlandais, lui empruntant des formules d'accompagnement, des inflexions mélodiques, et plus que tout cette rêverie vague, cette effusive mélancolie si caractéristiques, il l'enrichit sans cesse de ses propres trouvailles. Dès les premiers arpèges, plus vastes et plus enveloppants, dès la première phrase, plus sensible, dès le premier trait, plus dégourdi, un abîme les sépare : celui qu'il y a entre un talent sous cloche de verre, et un génie en liberté.

Le premier nocturne du recueil (en si bémol mineur, *larghetto*) est à la gloire du bel canto ; peu chantent autant, et avec autant d'abandon, pardessus les grands arpèges berceurs de la main gauche. Ces notes répétées insistantes, cette *morbidezza* de la mélodie, ces roulades de ténor ou de colorature, ces élans de passion plus ou moins factice, toute cette expressivité un peu extérieure trahit l'amateur d'opéra. Mais sous les grâces évanescentes de l'inspiration, l'écriture est déjà ferme. Du moins dans la partie principale ; car pour la section centrale (en ré bémol majeur), trop étendue et répétitive, toute en octaves un peu creuses, ni ses effets d'écho, ni ses enharmonies, ni ses longues pédales n'en rachètent la mollesse.

Si le nocturne précédent devait quelque chose au *Cinquième Nocturne* de Field, en si bémol majeur (pour les yeux, mais pour les yeux seulement, on dirait la même main gauche), le deuxième de l'opus 9 de Chopin semble démarquer les *Premier* et *Dixième* de son prédécesseur, tous deux en mi bémol majeur comme lui. C'est le même ample 12/8, les mêmes gruppettos, les mêmes cadences que l'un ; et les mêmes accords d'accompagnement, le même andante rêveur que l'autre (Field ajoute un qualificatif, *spianato*, qui ne sera pas perdu pour l'opus 22 de Chopin). Mais qui joue aujourd'hui ces morceaux de Field, si frais à leur date et si vite fanés ? À la vérité, ce nocturne de Chopin, que son charme mélodique, sa simplicité strophique, sa brièveté, sa facilité d'exécution ont rendu célèbre dans les salons et les pensionnats de jeunes filles (où le concurrençaient à peine *Le Lac de Côme* de Galos et *La Prière d'une vierge* de Thekla Badarzewska), a lui-même beaucoup vieilli. Il a beau se dépenser en roulades, en trilles, en doubles notes, mélancoliser sa coda par la sixte mineure (do♭), l'agrémenter d'une cadence en petites notes, sa mièvrerie nous est devenue insupportable. Il ne vaut qu'en comparaison de son modèle, qu'il surpasse à chaque mesure.

Le troisième nocturne (en si majeur, *allegretto*) est autrement plus complexe et subtil que les précédents. Pour la première fois, Chopin y utilise les vertus de l'antithèse. La plupart des nocturnes, désormais, opposeront, dans cette structure tripartite si commode (ABA), une section centrale agitée aux deux volets extérieurs plus paisibles, plus lunaires. La première partie de ce nocturne fait d'abord la part du caprice : hésitation du rythme (« scherzando »), sinuosité mélodique et souplesse de l'ornementation (quartolets, quintolets, septolets et autres groupes indivisibles), sur un accompagnement de croches à 6/8, très égal ; mais bientôt elle chante plus largement et chaleureusement (« sostenuto »), plus diatoniquement, dans des harmonies splendides qui rappellent les passages les plus lyriques des *Concertos* contemporains. Rompant brusquement avec cette atmosphère, l'*agitato* central en si mineur, noté à C barré, est plein de bruit, et presque de fureur, avec ces syncopes intérieures, ce deux-contre-trois, ces roulements de triolets menaçants à la main gauche, ce thème qui s'exaspère, ces accents peu à peu guerriers. Le retour au thème initial est très curieux ; deux mesures y suffisent, et c'est comme si l'on retrouvait, après un mauvais rêve, le fil d'une songerie interrompue. Reprise écourtée, amputée de sa seconde idée, mais pourvue d'une cadence en petites notes, égrenées dans l'aigu, « senza tempo ».

Deux mots encore sur ces nocturnes. Chopin y montre, par rapport à la littérature pianistique qui le précède, un penchant pour les tonalités très bémolisées ou très diésées (les cinq bémols du premier, les cinq dièses du troisième), qui ne fera que s'affirmer par la suite. Quoi qu'on pense de la « couleur », de la « saveur » d'une tonalité donnée, notions imprécises où il entre une grande part de subjectivité, il est certain que, pour le pianiste improvisateur, la sensation proprement physique qui résulte de certaines positions des mains peut entraîner, pour chacune d'elles, la prédominance d'un climat particulier. Cinq et six dièses ou bémols semblent susciter, dans la musique de Chopin, les mirages de la nuit : cela ne concerne pas seulement une demi-douzaine de *Nocturnes*, mais aussi la *Berceuse*, les *Treizième* et *Quinzième Préludes*, le *lento sostenuto* de la *Fantaisie*, le trio du *Premier Scherzo*, et bien d'autres merveilles encore...

Sur la ligne « vocale » des *Nocturnes* : il est vrai qu'elle est influencée par l'aria *coloratura* de l'opéra italien (Rossini plutôt que Bellini, que Chopin connut bien plus tard) ; mais qui ne voit comme, d'un nocturne à l'autre, cette stylisation du bel canto devient un art essentiellement instrumental, et même inimaginable ailleurs qu'au piano ?

### *Trois Nocturnes* (op. 15)
COMP 1830-1831 (n°s 1 et 2), 1833 (n° 3). PUB 1833 (Breitkopf & Härtel), 1834 (Wessel ; Schlesinger). DÉD à Ferdinand Hiller. Titre de l'édition anglaise : « Les Zéphyrs »...

Le premier nocturne de l'opus (en fa majeur) commence paisiblement, par une cantilène songeuse *(andante cantabile)*, accompagnée de monotones triolets que leurs notes répétées rendent plus placides encore. On n'en est que plus surpris par le *con fuoco* de la partie centrale, en fa mineur, deux pages fébriles et violentes, gammes en rafale et thème pressant de la gauche sous les lourds trémolos de doubles notes de la droite. On a dit que ce contraste anticipait sur celui de la *Deuxième Ballade* ; il rappelle plutôt celui de l'*Étude en mi majeur* (op. 10 n° 3) ; et encore : c'est ici seulement un orage en chambre, une tempête dans un verre d'eau ; quelque chose d'inexplicablement artificiel s'y exerce tout au long. – Cela dit, un pianiste inspiré y peut donner le change.

Le nocturne suivant (en fa dièse majeur, *larghetto*), un des plus connus et des plus joués, distille un charme étrange. L'ornementation, si pauvre dans le précédent, est ici d'une profusion, d'une minutie, d'une délicatesse sans pareilles ; et d'ailleurs ce n'est plus un vain accessoire de beauté, mais le prolongement naturel de la mélodie : le trait « leggiero » et « leggierissimo » des mes. 11 et 51, par exemple. La section centrale, *doppio movimento*, participe elle aussi de cette recherche dans le détail, qui n'est après tout qu'un bon moyen de noter le rubato : quintolets subdivisés de façon intrigante, faisant surgir, dans ces figures d'arpèges et d'octaves, toutes sortes de motifs secondaires (ce sera l'écriture, entre autres, du *Premier Prélude*). La reprise est toute scintillante des derniers feux de la nuit, qui s'éteignent doucement, « sempre diminuendo ».

Le dernier nocturne du recueil (en sol mineur, *lento*) est le seul de Chopin à juxtaposer deux parties consécutives, sans reprendre la première : forme curieuse, qui ajoute à la singularité de ses motifs. Le premier, « languido e rubato », emprunte l'allure d'une mazurka mélancolique, avançant d'un pas traînant sur un accompagnement régulier où un silence tombe sur le troisième temps ; après quelques énoncés cantonnés dans le ton initial, il évolue dans une atmosphère plus trouble, plus instable, avec d'audacieuses modulations chromatiques, et une lugubre pédale de do ♯ sonnant à la basse sur le deuxième temps. Ce do ♯ camouflé en ré ♭ par enharmonie, puis corrigé d'un demi-ton en do, amène le second motif de la pièce, un choral en fa majeur, « religioso », aux accords en effet liturgiques, culminant dans la dernière page, où est entonné un véritable *cantus firmus* redoublé au soprano et au ténor, et scandé par les quatre voix du chœur. (Cette écriture chorale et ce climat recueilli ne sont pas rares chez Chopin : outre le second *Nocturne en sol mineur*, on pourrait citer le *Vingtième Prélude*, la *Fantaisie*, et même le début de la *Deuxième Ballade*.) Les quatre dernières mesures retournent souplement en sol mineur, avec tierce picarde au dernier accord. – On prétend que Chopin avait noté ces mots sur le manuscrit (perdu) de la pièce : « Après une représentation de Hamlet. »

### *Deux Nocturnes* (op. 27)

COMP 1835. PUB 1836 (Breitkopf & Härtel ; Wessel ; Schlesinger). DÉD à la comtesse Thérèse d'Apponyi. Titre de l'édition anglaise : « Les Plaintives ».

Deux des plus beaux nocturnes, et qu'il ne faudrait jamais séparer l'un de l'autre. Un même ton (ut dièse ou son enharmonique ré bémol), successivement mineur et majeur, leur permet d'exprimer deux aspects opposés, et complémentaires, de la nuit romantique : la noirceur du premier, tendu de velours funèbre, et allant du gémissement au cri de révolte, n'a d'égale que la clarté stellaire du second, merveilleux chant d'amour au bord de la lagune.

De vastes et profonds arpèges, plongeant dans les ténèbres létales du clavier, ouvrent le nocturne en ut dièse mineur *(larghetto)*, et de ce remuement souterrain naît, « sotto voce », un thème d'une extrême désolation, caractérisé, à la cadence (mes. 13, 17), par la dépression d'un ré ♮

(seconde mineure phrygienne) attirant douloureusement la tonique. L'épisode central change brutalement de rythme (trois temps au lieu de quatre) et de tempo *(più mosso)*, et introduit, sur une basse aux triolets grondants, un motif d'octaves haletantes, « sempre più stretto e forte », jusqu'à l'éclat cuivré, « appassionato », d'une sorte de fanfare héroïque. Nouveau crescendo, et accélération, menant cette fois à un fier thème de polonaise, en ré bémol. Quelques mesures modulantes, très chromatiques, et une cadence en octaves puissantes, martelées au plus grave du piano, font revenir le thème initial, d'abord aussi sombre qu'on l'a déjà entendu ; mais la grâce de la tierce majeure incline toute la fin à la paix retrouvée, dans un irréel et radieux ut dièse majeur.

C'est sur la dernière note de la basse, ce do ♯ qui vient de mourir, que s'enchaîne, en le transformant par enharmonie, et en le ranimant dans son mouvement d'arpèges, le nocturne en ré bémol majeur *(lento sostenuto)*. D'une exemplaire sérénité, ce n'est qu'un chant continu, triomphe certes du bel canto et de l'ornementation, mais aussi de l'harmonie chopinienne, qui dispense ici ses plus inimitables prestiges. Pas de section centrale, qui interromprait cette source qu'on sent intarissable ; mais deux motifs alternés, le premier monodique, ondulant souplement, capricieusement (la longue appogiature du la ♮, mes. 5 et 29, remplacé par un magique do ♭ à la mes. 49), le second plus ferme, plus expressif aussi, tout en tierces, sixtes et autres doubles notes chatoyantes. Coda sublime, entièrement sur la pédale de tonique (ce ré ♭ obstinément frappé, qui anticipe sur la *Berceuse* de même tonalité), avec cette série de quintes diminuées que la main droite fait glisser, « dolcissimo », et pour terminer ces impalpables septolets de sixtes ascendantes.

### *Deux Nocturnes* (op. 32)

COMP 1836-1837. PUB 1837 (Schlesinger ; Wessel). DÉD à son élève la baronne de Billing. L'édition anglaise se surpasse ; elle les intitule : « *Il Lamento e la Consolazione* ».

Est-ce à cause des splendeurs de l'opus 27 ? Ces deux nocturnes semblent marquer un recul sur les précédents : autant de métier, et peut-être davantage ; mais en même temps moins d'invention, comme si l'esthétique du nocturne avait atteint à la fois son apogée et ses limites dans le diptyque en clair-obscur que nous venons de quitter. Les suivants nous assureront bientôt du contraire.

La première idée du nocturne en si majeur *(andante sostenuto)* paraît le pastiche d'un pastiche : Chopin s'imite en train d'imiter Field, – et non point le thème, ni l'harmonie, à peine un peu l'accompagnement, mais tout à fait le caractère idyllique, l'effusion rêveuse, et ces grâces un peu désuètes de musique bien éduquée, rompue aux conventions du salon. Chopin reprendra le même bercement à quatre temps, sur les mêmes croches paisibles, dans son avant-dernier nocturne (également en si majeur) : mais avec quels accents, quelle admirable et infatigable invention ! Le second thème a plus d'élan (« tranquillo », pourtant), mais ne fait bientôt que répéter ses questions et ses réponses. Tout le morceau tourne un peu en rond, d'où, pour le mener à bout, cette rupture imprévue, véritable voie de fait, un des moments les plus étranges de la série des *Nocturnes* : le fa ♯ (dominante) qui allait normalement au si (tonique) s'abaisse en fa ♮, sous un accord de sol ; ce fa onze fois répété en sourdine amène une libre cadence (« a piacere »), sorte de récitatif dramatique finissant à l'unisson des deux mains ; et pour corser encore cette fin déroutante, le dernier accord (suivant l'édition française) est en si mineur, le nocturne, au départ si souriant, achevant ainsi de se rembrunir.

Field encore (mais tellement amélioré !) dans le nocturne en la bémol majeur *(lento)*, où un placide mouvement de triolets soutient un chant des plus ingénus. Le milieu, en fa mineur *(più agitato)*, a d'ailleurs un modèle précis chez le musicien irlandais : le second thème de son *Cinquième Nocturne* (en si bémol) ; dans le même 12/8 haletant, ce sont les mêmes formules d'accords, les mêmes notes répétées et les mêmes chromatismes ; évidemment, ce sont de tout autres harmonies ; magnifique modulation, au bout d'une page, vers fa dièse mineur, qui soulève à nouveau le flot de musique, dans un formidable crescendo qui réussit à dénaturer, lors de sa rentrée, le premier thème lui-même, déclamé « fortissimo appassionato », contre toute attente. Mais le calme du début redescend sur la dernière page, qui énonce une ultime fois le thème, pris dans une gaze légère de quintolets et de trilles.

### *Nocturne en ut mineur* (B. 108, KK IVb/8)
COMP 1837 (d'après Brown). PUB 1938 (Varsovie), avec le *Largo en mi bémol*.

Ce morceau est-il vraiment de Chopin ? On a de la peine à le croire, surtout à la date qu'on lui assigne. Même écrit au vol de la plume, comment pourrait-il être si indigne du *Premier Impromptu*, du *Deuxième Scherzo*, des *Mazurkas op. 30 et 33* ? Si indigne des *Préludes*, dont Chopin élabore à l'époque la plus grande partie ? Certes, il ne l'a pas lui-même publié : c'est généralement la marque du peu de prix qu'il accorde à certaines pièces de circonstance, destinées à l'album de tel ou telle de ses amis. Mais même un premier jet ne saurait être si dépourvu d'âme (ce n'est pas de l'âme que cette vague mélancolie souffreteuse, à la portée du premier faiseur venu !), si dépourvu d'oreille, ce qui est plus grave : il y a là, bout à bout, un certain nombre de clichés, tels qu'aurait pu les aligner le plus sot des pasticheurs ; il n'y a pas une seule de ces menues trouvailles que deux lignes de Chopin offrent immanquablement. Cette mélodie étirée en longueur, cette paresse à moduler, ces harmonies convenues, cette complète absence de la moindre voix secondaire, et, disons-le tout net, cette laideur, sont décidément suspectes...

**Deux Nocturnes** (op. 37)
COMP 1838-1839. PUB 1840 (Breitkopf & Härtel ; Wessel ; Troupenas). Titre de l'édition anglaise : « Les Soupirs ».

Comme dans l'opus 27, quoique à un moindre degré, on retrouve l'opposition de couleur et d'inspiration entre le mineur et le majeur d'un même ton. Le premier nocturne (en sol mineur, *andante sostenuto*) était pour Cortot l'illustration exemplaire du mot « mélancolie ». L'indéfinissable *zal*, porteur d'amertume et de regrets, incline même, ici, au lugubre ; avant le *Nocturne en ut mineur* (op. 48 n° 1), ne s'avance-t-il pas déjà au rythme d'une marche funèbre, et ne peut-on distinguer, dans les arpègements de la main droite, comme un roulement de tambours voilés ? Ce deuil en tout cas ne chuchote pas, il s'exclame, comme en témoignent ces accents, ces syncopes, ces *f* et même *ff* qui le parcourent. Quel contraste avec la partie centrale, en mi bémol majeur, où des accords parfaits, *p* presque sans nuances, chantent le plus consolant des cantiques...

Le nocturne suivant (en sol majeur, *andantino*) emprunte le balancement à 6/8 d'une barcarolle ; musique sur l'eau, pleine du léger clapotement des vagues et du scintillement des étoiles. Deux thèmes y alternent à trois reprises : le premier en doubles croches, doubles notes bruissantes que sous-tend une gauche aussi régulière que des coups d'aviron ; le second en croches berceuses, portées par de profondes octaves, donnant une impression de silence et d'immobilité. C'est le nocturne par excellence des modulations : on a dit que des cent quarante mesures qui le composent, une vingtaine à peine se meuvent dans le sol majeur initial. Harmonies splendides, et sans cesse renouvelées. Il faudrait tout citer ; admirons cet effet entre autres, celui de la mystérieuse pédale de dominante (ré) sous le premier retour du premier thème (mes. 69-74). Remarquons aussi que chacune des reprises thématiques est écourtée, comme si les notes s'évaporaient dans l'air et dans la mémoire, la pièce concluant par un dernier et brévissime écho du deuxième thème, aussitôt fondu au sein de la nuit. – Ce nocturne se souvient-il de la traversée de Barcelone à Majorque (7-8 novembre 1838) et du fameux « chant du timonier » décrit dans le journal de George Sand ? « La nuit était chaude et sombre, uniquement illuminée par une extraordinaire phosphorescence de la mer dans le sillage du bateau. Tout reposait à bord, à l'exception du timonier qui, pour se tenir lui-même éveillé, chanta toute la nuit (...). C'était une rêverie plutôt qu'un chant, une sorte de nonchalante adaptation de la voix au bercement du navire, une vague improvisation à la fois caressante et monotone. » Mais on imagine aussi Chopin répondant avec Fauré, à qui l'on demandait où il avait conçu le magique début du *Sixième Nocturne* : « Sous le tunnel du Simplon... »

***Deux Nocturnes*** (op. 48)
COMP octobre 1841. PUB 1841 (Schlesinger), 1842 (Breitkopf & Härtel ; Wessel). DÉD à son élève Laure Duperré.

Est-ce un nocturne, à la vérité, que le premier (en ut mineur) ? On y découvre successivement une marche funèbre, un choral, une ballade, formant les trois volets d'un grand poème tragique. Voici d'abord, *lento*, et « mezza voce », le cortège de la mort : thème inconsolable, avec sa voix étranglée, ses sanglots, ses silences, et qu'entraîne inexorablement le pas régulier des basses (au passage, quelle variété dans les harmonies, comme le montrent celles du dernier énoncé du thème, mes. 17-19 !). C'est ensuite, dans le mode majeur, *poco più lento*, dans une écriture verticale de vastes accords arpégés, une manière de chant d'espérance, qui, par l'effet d'un long crescendo, et l'intrusion de rafales d'octaves chromatiques en triolets, se transforme peu à peu en péan triomphal. Cette agitation se communique à la dernière partie, qui reprend la première, dans un tout autre caractère : *doppio movimento* (c'est-à-dire que les triolets précédents de doubles croches deviennent des triolets de croches), deux pages pathétiques, avec cet accompagnement d'accords répétés, ces basses en octaves, ces fréquentes superpositions de rythmes qui en augmentent encore la fièvre. Six mesures avant la fin, la cadence rompue et le soudain « ritenuto » s'efforcent d'apaiser cette plainte houleuse, qui s'éteint sur quelques notes solitaires de la main droite. Œuvre saisissante, et justement célèbre ; du reste un peu déconcertante, chez Chopin : on ne peut s'empêcher de lui reprocher son côté déclamatoire (et trois mesures d'octaves à l'unisson, 46-48, font un tapage à la Liszt dont elle se serait bien passée !). Mais s'il est de plus admirables nocturnes, aucun n'a cette grandeur désespérée.

À côté de cette page visionnaire, le nocturne suivant (en fa dièse mineur, *andantino*) ne fait pas le poids ; aussi est-ce un des plus méconnus de la série. Goûtons pourtant la délicate ondulation de cette longue phrase mélodique, qui module sans fin et s'abreuve à son propre cours, entraînée par le roulis régulier de la main gauche. Mélancolie non point tant nocturne que vespérale, ou même crépusculaire : le ciel rougeoie encore, et quelque chose de sa lueur reste pris dans cette harmonie, que les dernières mesures, au bout d'une reprise modifiée qu'agrémentent des progressions chromatiques, convertiront au mode majeur. L'épisode médian, en ré bémol majeur *(molto più lento)*, et à trois temps au lieu de quatre, est déroutant ; ce n'est ni une halte ni un nouveau départ ; on y piétine sur un motif répété de deux mesures en deux mesures, où à deux accords solennels succède un petit trait ascendant, de forme interrogative ou dubitative ; pour l'interprète comme pour l'auditeur, il y a là une énigme, vouée à n'être jamais résolue.

***Deux Nocturnes*** (op. 55)
COMP 1843. PUB 1844 (Breitkopf & Härtel ; Wessel ; Schlesinger). DÉD à Jane Stirling.

Il n'y a rien de plus irritant que ce diptyque ; et peut-être, exceptionnellement, vaudra-t-il mieux séparer ces deux nocturnes à l'exécution. Le premier, si réussi soit-il à sa manière, regarde vers le passé ; et sans doute Chopin l'esquissa-t-il bien avant la date indiquée ci-dessus. Il a un côté primaire, une dialectique démonstrative qui jure en ces ultimes années. Le second, en revanche, mériterait d'appartenir au recueil des derniers nocturnes, à cet inégalable opus 62 par quoi le genre même du « nocturne » est absous, pour l'éternité, de tous ses péchés.

Le nocturne en fa mineur *(andante)*, innombrablement joué par des pianistes tout heureux de pouvoir, même dans un nocturne, se faire les doigts, est scandé sur le rythme à quatre noires d'une marche, comme les *Onzième* et *Treizième Nocturnes*. Moins dramatique que ces derniers, respirant moins l'angoisse que l'ennui, ou le guignon, pour citer Baudelaire :

> Mon cœur, comme un tambour voilé,
> Va battant des marches funèbres,

il s'aguerrit dans sa partie centrale, *più mosso*, que de furieux triolets traversent dans le grave, comme des éclairs, à l'unisson des mains ; il en sort un beau thème implorant, dont l'accompagnement imite à s'y méprendre celui du début du *Nocturne en fa dièse mineur* (op. 48 n° 2). Mais voici la reprise, tant attendue par les virtuoses : non pas une redite systématique, mais un envol de motifs qui tournoient dans l'air, exaltant le thème, et concluant dans un joyeux fa majeur.

Avec ce nocturne se tourne une page, où l'on pourrait inscrire le mot « fin ». L'auteur des trois qui suivent, et d'abord du second de ce recueil, se retire du monde, sur la pointe des pieds. Il fait élection d'une patrie intérieure, qui ressemble à s'y tromper à l'Italie de son rêve. Sous ce ciel imaginaire, la musique peut-elle être autre chose qu'« Un vaste et tendre /Apaisement » ?

Ce sont ces vers, pour citer cette fois Verlaine, que suggèrent le calme, la lumière, la ferveur mélodique, la grâce harmonique, la solubilité rythmique du nocturne en mi bémol majeur *(lento sostenuto)*. Son miracle, c'est surtout d'avoir l'air improvisé quand il est, en réalité, si subtil et si savant. Aucun épisode n'y vient interrompre le chant, mélodie infinie qu'accompagne le flux pareillement incessant des arpèges ; mélodie souvent à deux voix, et même trois : celles qui se répondent dans la main droite ; celle que la gauche, au bout de son mouvement d'arpèges, vient y ajouter. Ce contrepoint si ductile, fruit d'une oreille infaillible, est mué aussitôt en pure poésie. La beauté de certaines modulations (mes. 30-34, par exemple) fait presque monter les larmes aux yeux. La fin plane plus haut encore : mirages de la pédale de tonique, hésitation passagère entre le majeur et le mineur, et ces vaporeux quintolets qui descendent lentement de l'aigu, pour se dissoudre en accords.

## *Deux Nocturnes* (op. 62)

COMP 1846. PUB 1846 (Breitkopf & Härtel ; Wessel ; Brandus). DÉD à son élève Mlle R. de Könneritz.

Les plus beaux, les plus achevés de la série. Rien d'étonnant à ce qu'ils soient relativement peu joués. Ce dernier Chopin reste mystérieux pour ceux-là mêmes qui l'aiment ; et surtout il leur demeure intime ; on répugne à le livrer à autrui. Que viendraient faire au concert des pages pareilles ? Leur magie fragile s'en trouverait vite rompue. Elles n'appellent pas le suffrage d'une assemblée, mais la connivence de quelques-uns, que ce jugement doit remplir d'aise : « À ne pas ranger dans la catégorie des pages les plus inspirées de Chopin », écrit froidement, du premier de l'opus 62, ce critique généralement mieux inspiré lui-même. On jubile ; encore une œuvre que les cuistres n'auront pas.

Deux mesures, deux accords arpégés, introduisent le nocturne en si majeur *(andante)*, prélude à un thème rêveur et voluptueux, qui semble se griser lui-même de ses harmonies lunaires, de ses modulations, de ses contrepoints à la fois subtils et naturels. Prêtons l'oreille, mes. 21-26, à ces dessins de doubles croches, sur pédale de ré ♯, qui luisent soudain dans la langueur de la nuit ; ils viendront transfigurer toute la fin de l'œuvre. Le milieu du morceau, en la bémol majeur (atteint par l'enharmonie ré ♯/mi ♭), est un de ces moments de Chopin vraiment inoubliables. C'est, sur un accompagnement syncopé, la plus libre des lignes mélodiques, procédant par courbes successives, s'exaltant, en modulation perpétuelle, et pourtant, comme on le verra si souvent chez Fauré, revenant miraculeusement à son point de départ, invinciblement attirée par le mi ♭ dont elle est issue. Le retour à si majeur comble de bonheur : l'enharmonie joue à nouveau, dans le sens opposé, et fait rentrer le thème initial en une poussière de trilles joyeux, qui se dissipent en vifs arpèges de petites notes, en sextolets de triples croches. Et voici revenir, sur les mêmes syncopes berceuses, les orbes, les spirales impalpables de doubles croches aux intervalles modaux (sol ♮, la ♮ en si majeur), tournoyant doucement de l'aigu au médium, induisant au sommeil, et évoquant, selon la jolie formule de Vladimir Jankélévitch, « les passes magnétiques de l'hypnotiseur ».

Le thème initial du dernier nocturne (en mi majeur, *lento*) pourrait appartenir à une époque antérieure, longue phrase paisible et chaleureuse, sur cet accompagnement de noires égales, *alla marcia*, que l'on a vu à quelques autres nocturnes. Toute la première partie consiste à varier trois fois ces huit mesures, dans des harmonies de plus en plus raffinées, jusqu'aux merveilleuses mes. 25 et 31, où la mélodie semble se fragmenter dans les airs et retomber en pluie de perles. Un deuxième motif se distingue par sa remuante et parlante main gauche, qui se soulève par paliers de deux notes, frémit un moment à la surface de l'harmonie, et retombe dans les profondeurs. Cette fébrilité mène à une section en ut dièse mineur, *agitato*, qui superpose dans l'inquiétude et le remuement de l'âme une basse à grands intervalles expressifs, un thème de plus en plus précipité, et des accords intérieurs essoufflés par la syncope. Les motifs insistent, se répondent, les contrepoints dissonent, l'esprit pendant deux pages n'est plus guère à la songerie nocturne. Il faut toute la persuasion du beau thème initial, à la reprise, pour ramener peu à peu le calme. Précieuses mesures finales, qui résonnent comme un adieu.

## LES POLONAISES

On a souvent fait remarquer que l'œuvre de Chopin s'ouvre avec une polonaise, composée à l'âge de sept ans, et se referme sur une mazurka. Moins nombreuses que les *Mazurkas*, les *Polonaises* ont comme elles accompagné tout au long ce passage de météore. Il a pu traduire ailleurs cette âme qu'il se sentait polonaise, avant tout ; mais c'est là qu'il le fait d'abord, par définition, voudrait-on dire. Et pourtant, lui si précoce, il n'y vit pas d'emblée sa vérité ; il fallut l'exil, il fallut la capitulation de Varsovie. Jamais l'élaboration d'une forme d'art n'aura tant dépendu des circonstances. Ses premières *Polonaises* ne se réclament que de la danse, celle-là que le XVIIIe siècle a adoptée aussi bien dans la suite (Couperin, Bach, Telemann) que dans le rondo (le Mozart de la première *Sonate en ré majeur*, le Beethoven du *Triple Concerto*), et qu'il a parfois célébrée pour elle-même (Wilhelm Friedemann Bach). Est-ce une danse, d'ailleurs ? Plutôt une marche à trois temps, noble, cérémonieuse, un rien compassée, un morceau d'apparat qui ouvrait le bal, comme la décrit Liszt, un « défilé où la société entière faisait la roue ». Pièce d'allure modérée (Chopin lui-même s'en tiendra souvent à un prudent *maestoso*, que la plupart des pianistes enfreignent), aux cadences dites « féminines » (sur le deuxième ou le troisième temps), et où l'anapeste ou le dactyle finit par avoir quelque chose de martial. Elsner, Ogiński, Kurpiński, auteurs à succès en Pologne, en ont écrit tant et plus ; Chopin, spontanément, suit leurs traces, et bientôt les dépasse et leur fausse compagnie. Cette forme encore pesante, il la métamorphose en exercice de haute voltige, y semant les traits vertigineux d'une écriture pianistique qui, si elle doit beaucoup à Hummel et à Weber (auteurs l'un et l'autre de scintillantes *polaccas*), ne tarde pas à devenir unique en son genre. Avec le rondo et la variation, la polonaise est le domaine où, jeune, il a le plus sacrifié aux délices, et délires, de la virtuosité. Doit-on le lui reprocher ?

C'est merveille, après tout, que de voir en ce cadre guindé, sur ce rythme monotone, jaillir les fusées de gammes et d'arpèges, vibrer les essaims de doubles notes, voleter les triples croches. Avec les doigts, c'est l'esprit aussi qui se déniaise.

À Paris, Chopin demeure un long temps sans composer de polonaises. Entre la dernière écrite à Varsovie (1829) et les premières de l'exil, plus de cinq années s'écoulent. Quand il revient à la forme, ce ne sont plus des danses, mais des poèmes héroïques ; elles ont pris le visage martyrisé de sa Pologne ; la tragédie les traverse de part en part, avec ses accents de colère, de fierté, de bravoure, de désespoir. Quelques mazurkas montrent aussi cette humeur belliqueuse ; mais elles sont taillées dans un tissu incomparablement plus fragile. Le Chopin le plus mâle, celui qui a pu rêver de violence (« Ils ont brûlé la ville. Ah, pourquoi ne m'a-t-il pas été donné de tuer au moins un de ces Moscovites ! ») est ici, dans ces héroïdes tour à tour funèbres et triomphales, où tout un peuple s'est reconnu, et qui pourraient avoir pour commune épigraphe ces vers de Victor Hugo qui inspirèrent son *Mazeppa* à Liszt : « ... il tombe,/ Et se relève roi ! »

La boucle pourtant n'est pas encore bouclée. Dans sa dernière polonaise, qu'il se sentit forcé d'appeler *Polonaise-Fantaisie*, le cadre et le prétexte à la fois disparaissent ; le genre vole en éclats, comme dans le *Quatrième Scherzo* ou la *Quatrième Ballade*. Œuvre contemplative, où le mythe épique, batailles, chevauchées, bruits d'armes et sonneries de trompettes, n'est traité que par allusion. La musique y invente à chaque instant la forme, d'une souveraine liberté.

Des seize *Polonaises* que nous possédons, sept seulement (si l'on excepte la toute première, que son père fit éditer à Varsovie en 1817) furent publiées du vivant de Chopin. Comme pour les *Valses* ou les *Mazurkas*, j'ai rangé l'ensemble dans l'ordre chronologique. Une dix-septième est la *Grande Polonaise brillante, op. 22*, pour piano et orchestre, précédée d'un *Andante spianato* pour piano seul.

### Deux Polonaises, en sol mineur et si bémol majeur (B. 1, KK IIa/1 ; B. 3, KK IVa/1)

COMP 1817. PUB *B. 1* 1817 (Cybulski, Varsovie), puis 1927 (fac-similé, *Monthly Musical Record*), *B. 3* 1934 (fac-similé).

La première, dédiée par l'enfant à sa marraine, la comtesse Victoire Skarbek, a été publiée la même année à Varsovie, sans doute par les soins du père de Chopin ; on ne l'a retrouvée qu'en 1924. La deuxième n'est connue que par une copie faite par Nicolas Chopin.

Ces premiers essais de composition, d'une quarantaine de mesures chacun, avec da capo, sont bien sûr élémentaires ; Chopin, âgé de sept ans, imite sagement les musiciens du cru, Ogiński ou Elsner. Notons cet indice d'adresse digitale : au début de la *Polonaise en sol mineur*, l'arpège lancé par les deux mains alternées.

### *Polonaise en la bémol majeur* (B. 5, KK IVa/2)

COMP 1821 (d'après la dédicace « à Monsieur A. Żywny par son élève Fryderyk Chopin, à Varsovie, ce 23 avril 1821 »). PUB 1902 (Gebethner & Wolff, Varsovie).

Si le manuscrit est authentique, il s'agit du premier autographe connu de Chopin. Cette *Polonaise* marque la fin des études de Chopin avec Żywny. Elle est plus longue, plus élaborée que les précédentes, et montre plus d'assurance. On y voit les progrès du virtuose, qui regarde manifestement du côté de Hummel.

### *Polonaise en sol dièse mineur* (B. 6, KK IVa/3)

COMP entre 1822 et 1824 ? PUB 1864 (Kaufmann, Varsovie ; Schott, Mayence). DÉD à Mme Du-Pont.

Elle va plus loin que la précédente dans le brio, et rivalise avec Weber. Les doigts s'y dégourdissent tout à fait, et tirent un joli feu d'artifice : moulinets de triples croches, arpèges rapides, tierces, trilles, friselis chromatiques, et une main gauche qui veut faire oublier son nom. Harmoniquement, une ou deux mesures ne tromperaient personne : c'est du Chopin...

### *Polonaise en si bémol mineur* (B. 13, KK IVa/5)

COMP juillet 1826. PUB 1826 (d'après Brown, lithographiée pour Chopin, à Varsovie), puis 1879 (Breitkopf & Härtel).

Dite « de l'Adieu » : Chopin l'écrivit pour Wilhelm Kolberg, avant d'aller en villégiature à Reinertz. Les deux amis venaient d'assister ensemble à *La Pie voleuse* de Rossini, au Théâtre de Varsovie, d'où dans le trio (en ré bémol majeur) une allusion à une cavatine de cet opéra, « *Vieni fra queste braccia* ». Le ton, comme il se doit, est à la plainte, peut-être un rien sucrée (ah, les tierces et sixtes déliquescentes du début !) ; le métier, lui, s'est considérablement accru.

### *Trois Polonaises* (op. 71)

COMP 1827-1828. PUB 1855 (Schlesinger, Berlin ; Meissonnier).

Dans la forme, elles se ressemblent beaucoup. Sensiblement de même longueur, précédées d'une brève introduction, elles suivent le schéma ternaire habituel (ABA), mais avec plus d'ampleur que précédemment, chacune des trois sections étant elle-même tripartite.

La première (en ré mineur, *allegro maestoso*) n'est qu'un morceau de bravoure, de cette virtuosité exubérante qui fait le charme, dans les mêmes années, du finale des *Variations sur « La ci darem la mano »* (pour piano et orchestre), également en forme de polonaise. Le début aurait pu donner le change, avec son ton vindicatif ; mais quelques mesures plus loin, ce n'est que brio léger (« brillante », lit-on dès la mes. 13) et pyrotechnie. On remarquera, mes. 26-27, une descente chromatique de septièmes diminuées, pianissimo dans l'aigu, bien caractéristique.

La deuxième (en si bémol majeur, *allegro ma non troppo*) mêle intimement prouesses des doigts, jeux de l'esprit, élans du cœur. Elle est parsemée de traits de style spécifiques à leur auteur, anticipant sur l'avenir, comme les chaînes de septièmes de dominante des mes. 70-77, et la modulation « à la sixte allemande » qui s'ensuit.

Plus grave, plus chagrine, presque endolorie, la troisième (en fa mineur, *allegro moderato*). Le pianiste virtuose y délaisse un moment sa panoplie. Mélancolie à fleur de peau, peut-être, et tristesse de peu de conséquence : c'est un genre, aussi, que celui de la « polonaise triste »... La pièce fait souvent se croiser les mains : ce ne sera pas dans les habitudes de Chopin.

## *Polonaise en sol bémol majeur* (B. 36, KK IVa/8)
COMP 1829. PUB 1870 (Kaufmann, Varsovie ; Schott, Mayence).

Une œuvre méconnue à tort. C'est la plus belle des polonaises de jeunesse, parfois toute proche des futurs poèmes écrits à Paris. Chopin ne fait pas que d'y suivre une mode (webériennes invitations à la... polonaise !) et d'y semer négligemment les confettis et les paillettes d'or. La virtuosité, de maîtresse de maison qu'elle était jusqu'ici, devient servante. L'œuvre gagne en panache, en « mâle fierté », ce qu'elle perd en brio factice, en frivolité. Le trio, en mi bémol mineur, est particulièrement développé ; au lieu de la forme ternaire attendue, voici une digression soudaine : passage modulant, « con fuoco », d'octaves retentissantes ; arrivée en mi majeur pour quelques mesures rieuses ; nouveau passage modulant, chromatique, sur le rythme obstiné de la polonaise, dans un crescendo exaspéré.

## *Deux Polonaises* (op. 26)
COMP 1834-1835. PUB 1836 (Breitkopf & Härtel ; Wessel ; Schlesinger). DÉD à Josef Dessauer.

La polonaise précédente montrait la voie ; cinq ans plus tard, Chopin renouvelle de fond en comble une forme qui n'a inspiré à ses prédécesseurs que des vertiges de salon. Lui, c'est de visions qu'il la charge, accédant d'un coup à l'épopée, transformant la danse nationale en vivant symbole d'un peuple opprimé. Le petit dactyle obstiné ne rythmera plus une brillante parade mondaine, mais les coups de canon, la fièvre des combats, les triomphes et les écroulements ; il scandera les chants de victoire, les déplorations, les sanglots. Chopin, si bien fait pour exprimer l'individu, le singulier, chante ici le pluriel ; lui si réservé, il s'engage ; et certes, il gardera ses distances avec les plus excités des Polonais en exil, il ne composera jamais l'opéra national que réclament de lui ses parents et ses amis ; mais ses *Polonaises*, comme ses *Mazurkas*, conspirent ; ce sont des actes de résistance. Ajoutons aussi que Chopin y voit sans doute un puissant antidote à cette veine plus légère (les *Valses*), à ce langage plus enrubanné (les premiers *Nocturnes*) qu'il devra quelque temps encore à la mode...

La première polonaise de l'opus (en ut dièse mineur, *allegro appassionato*) est emplie tour à tour d'explosions de colère et d'élans de tendresse. Quatre mesures d'introduction, en fortissimo d'octaves, précèdent le fier premier thème, fait de courtes montées successives (entendues déjà dans la *Polonaise en sol bémol*), et retombant douloureusement avec la dépression du ré ♮ (harmonie napolitaine). La deuxième idée, plus sombre, est caractérisée par ses accords syncopés et ses fusées de notes ascendantes, déchirant par quatre fois l'air désespérément lourd. En contraste, l'épisode en ré bémol majeur *(meno mosso)* se veut lyrique, et n'est peut-être, d'abord, que sentimental : thème confiant, sur des accords languides. Peu à peu les harmonies chromatiques et les enharmonies lui donnent plus de relief, et c'est un émouvant dialogue des voix extrêmes, dans une écriture toute semblable à la contemporaine *Étude en ut dièse mineur* (n° 7 de l'opus 25).

La seconde polonaise (en mi bémol mineur, *maestoso*) commence dans un climat des plus étranges, douze mesures introductives, jalonnées de ralentissements, d'accélérations, de crescendos, menace voilée qui éclate soudain dans un trille, suivi d'une fulgurante gamme ascendante aboutissant au *fff*. Le thème lui-même, « agitato », en courtes incises et haletantes notes répétées, monte péniblement les degrés et s'arrête en pleine ascension, brutalement fauché par la cadence. Le second thème, en ré bémol majeur, plus résolu, a quelque chose de chevaleresque ; par deux fois il s'exacerbe, brandissant, transformé en cri de ralliement, un motif mélodique que l'on entend nimbé de tendresse au milieu de la *Fantaisie-Impromptu*, composée à la même époque. Le trio, en si majeur *(meno mosso)*, est le cœur mystérieux de l'œuvre ; il a l'atmosphère de ferveur et de recueillement que cette tonalité suscitera plus d'une fois dans une œuvre de Chopin : dans la *Fantaisie*, par exemple, ou dans la *Polonaise-Fantaisie*. On dirait une veillée funèbre, avec au loin des appels étouffés, des roulements de tambours. La reprise de la première partie n'en est que plus dramatique.

### *Deux Polonaises* (op. 40)
COMP 1838-1839 (en partie à Majorque ?). PUB 1840 (Breitkopf & Härtel ; Troupenas), 1841 (Wessel). DÉD à Julian Fontana.

La première (en la majeur, *allegro con brio*) est la célèbre « Polonaise militaire », sans doute une des plus représentatives, mais aussi, en raison de son incessant vacarme d'accords, la cause principale de la désaffection qu'on peut observer, chez plus d'un fervent de Chopin, pour la série entière. Ce morceau, en quelque sorte, leur reste en travers du gosier... Le trio, en ré majeur, encore plus martial et exultant (« energico », lit-on au début de ces pages qui se meuvent du *ff* au *fff*), n'apporte aucun répit à cette œuvre optimiste et directe, où pour une fois Chopin feint d'oublier qu'il est le maître souverain de la mesure et de la nuance.

La seconde du recueil (en ut mineur, *allegro maestoso*) peint les ruines après les trophées, la douleur après le triomphe. C'est la main gauche, en sourdes octaves, qui mène le deuil, accompagnée de sombres accords où sanglotent les voix intérieures. Il n'y a pas, en cette élégie (« *sulla morte d'un Eroe* », aurait dit Beethoven), d'allusion encore au rythme de la polonaise. Il faut le cri soudain de la mes. 35 pour entendre la petite figure dactylique, que l'on continue de percevoir sous la farouche montée en tierces de la page suivante. Le trio, en la bémol majeur *(sostenuto)*, est d'une étonnante richesse, avec ses progressions d'harmonies chromatiques et son contrepoint subtil, caché dans l'épaisseur de la trame. Une cellule mélodique de quelques notes, apparue dans les quatre dernières mesures, continue, pendant les quatre premières de la reprise, à se superposer au thème comme un glas, ajoutant encore au pathétique grandiose de cette fin.

## *Polonaise en fa dièse mineur* (op. 44)

COMP 1840-1841. PUB 1841 (Mechetti, Vienne ; Schlesinger), 1842 (Wessel). DÉD à la princesse Ludmiła de Beauvau, née Komar (sœur de Delphine Potocka).

« Une sorte de polonaise, mais plutôt dans le genre d'une fantaisie », ainsi Chopin décrit-il, dans une lettre à Fontana, cette œuvre magnifique, qui mérite assurément d'avance le titre de l'opus 61. Non seulement il y fait la synthèse des deux danses nationales, en lui donnant pour trio une mazurka, mais, délaissant en partie la structure da capo suivie jusqu'ici, il y pratique déjà cette forme assouplie, libérée, et comme en expansion, qui mène au glorieux chef-d'œuvre final.

C'est la fantaisie, cette « folle du logis » (d'autres disent l'imagination, mais c'est tout comme), qui dicte par exemple ces huit mesures d'introduction, parties de quelques notes dans le grave, à l'unisson, et se précipitant soudain en octaves véhémentes, – puis ce thème en soubresauts, en replis ; c'est elle qui suscite le fameux passage sur pédale de la (mes. 83), soulèvement de tout l'organisme, répétition infinie d'un motif hagard, qui gronde sur place, ponctué de cadences rageuses ; c'est elle qui décuple la puissance de la main gauche, lui confiant d'énormes accords, d'étourdissantes octaves, des chaînes de trilles, des éclairs de petites notes ; elle encore qui éteint la coda dans un murmure indistinct au fond du clavier. Autant la polonaise proprement dite déborde d'énergie et de colère mal contenue, autant la mazurka du trio se veut sereine, idyllique, évocatrice de bonheur : deux thèmes alternatifs, avec leurs longues pédales, leurs tierces et sixtes attendries, leurs modulations harmonieuses en rapport de quinte, dans une atmosphère ténue (« sotto voce »). Le retour à la polonaise (reprise écourtée) est saisissant : le court motif de l'introduction se fait entendre en sourdine, à la basse, sous les derniers échos de la mazurka, et une longue et puissante rafale de doubles croches vient secouer, à deux reprises, la torpeur confiante où la musique allait s'endormir.

### *Polonaise en la bémol majeur* (op. 53)
COMP 1842. PUB 1843 (Breitkopf & Härtel ; Schlesinger). DÉD au banquier Auguste Léo.

Elle mérite, dès son introduction de seize mesures *(maestoso)*, son surnom de « Polonaise héroïque » : ses progressions d'accords chromatiques, sur pédale de dominante (mi♭), mettent d'avance le clavier en effervescence, avant l'affirmation de ce thème si justement célèbre, grandiose et batailleur, orchestré par les basses profondes, les vastes accords arpégés, les mordants et les trilles, les traits flamboyants de petites notes, gammes vertigineuses que les deux mains lancent ensemble du grave à l'aigu. Le trio, en mi majeur, fait d'abord entendre par deux fois l'irrésistible crescendo d'une fanfare, modulant de mi à ré dièse, sur une basse d'octaves piétinant obstinément sur quatre notes : passage fameux, redoutable au poignet gauche, à l'extrême limite du possible (les pianistes pourtant jouent ici avec le feu, tâchent de battre d'absurdes records, ce dont s'irritait déjà Chopin). On retrouvera cette figure de quatre notes dans les dernières mesures, accompagnant le thème principal. La seconde partie du trio, ramenant les bémols par enharmonie, est d'esprit plus ludique, et abandonnant bientôt le rythme martial pour de légères arabesques de doubles croches, elle ménage un moment de répit avant l'énergie retrouvée de la reprise.

(On a daté la pièce de 1836, sur la foi d'un mot de Chopin « à Mlle Clara Wieck par son admirateur, Leipzig, 12 sept. 1836 » ; ce mot, en réalité, accompagnait l'envoi à la virtuose, future Clara Schumann, d'une copie autographe de l'*Étude en la bémol majeur*, op. 25 n° 1 ; il s'est trouvé joint par mégarde au manuscrit de la *Polonaise* que possédait un collectionneur.)

### *Polonaise-Fantaisie, en la bémol majeur* (op. 61)
COMP 1845-1846. PUB 1846 (Breitkopf & Härtel ; Wessel ; Brandus). DÉD à son élève Anne Veyret.

« Polonaise », assurément ; et même on pourrait dire qu'elle contient toutes les polonaises, et qu'elle exalte tour à tour, en les voilant de la mélancolie du souvenir, chacun des sentiments contradictoires qui les ont animées. Mais « fantaisie » avant toute chose, et la plus libre que Chopin ait écrite. On ne hasarde rien en y discernant trois grandes parties : en gros, la très ordinaire succession vif-lent-vif. Mais chacune se ramifie de façon capricieuse ; une fécondité, une variété mélodique infinie s'y déploie ; des rythmes, des contours similaires engendrent de nouvelles idées ; des motifs entiers ne sont pas répétés (mais qu'importe à ce prodigue ? est-ce que la *Fantaisie en fa mineur* reprend son admirable prologue ?) ; et cependant, loin de donner l'impression d'un facile et fatigant décousu, tout semble obéir à une unité supérieure, qu'on dirait trouvée d'instinct, n'étaient les nombreuses esquisses qui révèlent un travail conscient, et acharné.

La longue introduction de vingt-deux mesures *(allegro maestoso)* est une des plus belles de Chopin, avec son signal de quarte descendante, et ses paires d'accords modulants suivies de lents arpèges montant rêveusement du grave à l'aigu. L'improvisateur cherche ses éléments, trouve peu à peu, à travers les enharmonies successives, sa tonalité (la bémol, d'abord mineur puis majeur), adopte le rythme de la polonaise *(a tempo giusto)*, y assujettit son thème principal (mes. 24) qui, commencé « mezza voce », s'enhardit bientôt en tierces joyeuses, en octaves exubérantes. Ce thème chantait ; une deuxième idée danse davantage (mes. 66), et d'autant plus qu'on ne l'entendra qu'une fois, – caressante, fantasque, quittant la bémol pour mi, par un tour de passe-passe aussi fréquent chez Chopin que chez Liszt. Mais le ton initial revient vite, avec le thème principal (mes. 92), et une escorte de triolets qui ajoutent à son lyrisme. Le voilà qui s'agite, qui s'éclaire des lueurs rougeoyantes du mode mineur, et débouche abruptement sur une troisième idée, en si bémol majeur (mes. 116), elle aussi éphémère, – et si changeante, trompeuse paix secouée soudain de traits de colère, ces doubles croches qui raient le ciel, et viennent mourir sur la dominante de si majeur.

C'est dans ce nouveau ton, imprévisible, que Chopin trace les accords tremblants, la basse sinueuse, la tendre mélodie de son intermède *(più lento)* : il s'en était servi, avec autant de magie, pour celui de la *Fantaisie*. Ce cœur de l'œuvre, il faut, pour l'écouter, suspendre les battements de son propre cœur. Puis à nouveau un motif secondaire, en sol dièse mineur (mes. 181) ; on jurerait l'avoir déjà entendu : le rythme rappelle à s'y méprendre celui de l'épisode en si bémol de la première partie ; mais où l'un était fier, l'autre est amer et désabusé, et la plainte y est proche du sanglot. La fin de cette section centrale est des plus curieuses : un long trille sur pédale de dominante, croissant du simple au quadruple ; un rappel de ses deux thèmes ; et surtout, entre les deux, geste aussi *indispensable* qu'inexplicable, deux mesures prises à l'introduction.

Une transition de seize mesures, long crescendo de sextolets fiévreux, sert de lien avec la dernière partie, qui reprend les deux thèmes principaux des précédentes, les porte en triomphe, dans un magnifique déploiement de force ; sur la fin, la chevauchée rêvée semble s'éloigner à l'horizon, avant le puissant dernier accord.

## LES PRÉLUDES

Il suffit de lire les titres qu'Alfred Cortot a donnés aux *Vingt-quatre Préludes* (« Attente fiévreuse de l'aimée », « Désir de jeune fille », « Elle m'a dit : je t'aime », « Retour solitaire à l'endroit des aveux », « Du sang, de la volupté, de la mort »...), pour se rendre compte que l'œuvre de Chopin a toujours été une proie de choix pour les littérateurs. Aujourd'hui encore, une des œuvres les plus réservées, les plus pudiques de l'histoire de la musique, sert de prétexte aux amphigouris du cœur, à ceux de l'esprit, guère moins tristes. Tout Chopin à vrai dire souffre de ce malentendu. Mais enfin les *Préludes* sont peut-être son œuvre la plus dépouillée, la plus économe de moyens. Certains de ces morceaux n'excèdent pas les vingt ou trente secondes : instantanés musicaux, raccourcis, où brillent l'ellipse, la litote, le demi-mot, autant de qualités en contradiction avec la panoplie du romantisme. Il faut se résigner à décoller de Chopin l'étiquette un peu hâtive de « romantique ». Qu'il soit né en 1810, au milieu des Berlioz, Hugo, Schumann, Liszt et Musset, ne fait rien à l'affaire : qu'on le veuille ou non, c'est le dernier des classiques, de ces hommes qui, gouvernant leur cœur, endiguaient du même coup leur langage, freinant les sursauts intempestifs, réprimant les aveux impudiques. Il y a, certes, chez Chopin des élans, des confidences. Mais ses élans sont réglés, comme le seront un jour les rouages de la sensibilité chez Ravel ; ses confidences sont menteuses, et aussi « fausses » que celles de Marivaux. Les *Préludes* illustrent avant tout cette vérité : une page de Chopin est un acte musical, et non un fragment de journal intime ; et il en va de même chez Bach, son devancier direct, ou chez Scarlatti, le dilettante génial, à qui l'on a parfois comparé notre musicien.

Ces *Préludes*, comment justifient-ils leur titre ? Car « préluder », c'est annoncer quelque chose, ouvrir une porte. Les préludes des anciens luthistes menaient à quelques danses, et plantaient le décor tonal. Ou alors le prélude est le premier volet de ce diptyque prestigieux, le « prélude et fugue », celui où, avant le travail de contrepoint, le jeu serré d'une forme entre toutes savante, le musicien propose quelques minutes fériées encore, une manière de mise en train. Mais préludes « à quoi », ceux de Chopin ? À rien, justement. À quelques états d'âme, ou mieux, de nerfs. Ces morceaux si divers, si univoques, paraissent à chaque fois épuiser « toute » la musique, et laissent au cœur, aux oreilles, au plus intime de l'audition, ce regret dont parle Mallarmé : « la cueillaison d'un rêve... » Il ne leur suffit pas d'être brefs ; en quelques mesures ils ont tout dit. Ce qu'ils épuisent en réalité, en ce peu de temps et d'espace, c'est un certain contenu musical. Ce peut être un geste pianistique, une « formule » ; le *Troisième Prélude* est bâti sur un trait véloce et comme perpétuel de la main gauche ; et dans ce cas, le prélude fait, en petit, ce que l'étude fait en plus développé, en plus ambitieux, avec davantage de bravoure et d'éclat. Ce peut être une tonalité, limitée exprès au rapport tonique/dominante (ce qui n'empêche nullement, bien entendu, les raffinements harmoniques) : cas des *Sixième* et *Onzième Préludes*, par exemple ; pas de modulations, pas d'incursions dans l'aventure, pas de ces détours qui font noircir en un clin d'œil un surplus de papier. De même, le prélude chopinien délimite un thème, en prenant soin de ne pas le développer, ou mieux, de le choisir sans développement possible ; on peut même se demander si l'absence de thème ne produit pas les plus rares réussites : le *Premier*, le *Cinquième Prélude* ne sont qu'une pure auréole décorative autour du ton, une effusion, une propagation d'ut majeur ou de ré majeur.

Une précision, ici, n'est pas inutile : en dépit de l'apparence, un prélude n'est pas un impromptu. Il ne tâtonne pas, ne cherche pas à la fois son but et ses moyens, mais possède d'emblée l'un et les autres. Il ne se donne pas la coquetterie d'hésiter au départ, ou de flâner en route : ni changement inopiné de tempo, ni rubato, cette déroute du rythme qui fait le charme un peu déliquescent des vraies improvisations. Le prélude est plutôt le fait de l'improvisateur roué qui a déjà, dans son sac, toutes ses ficelles, et qui feint de les découvrir avec nous.

Si brefs pour la plupart, si fragiles, et en même temps si radieux de leur force, les *Préludes* forment un univers complet, le microcosme de la pensée de Chopin. N'y trouve-t-on pas, sous leur forme la plus ramassée, mazurka, étude, ballade, nocturne et scherzo ? On y trouve même... des préludes, ce sont les plus courts, prouesses si inégalables que leur auteur lui-même ne les refit pas (le *Prélude op. 45* se complaît résolument dans le discursif et l'à-peu-près ; il n'est prélude que par intitulé, et presque par désinvolture). Cet art de la litote joue sur plusieurs plans : le temps dépensé, l'espace parcouru, la matière mise en œuvre. Qui peut le plus ne peut pas toujours le moins : voilà pourquoi l'œuvre de Liszt ne renferme pas de prélude, excepté celui, réussi, qui ouvre la série des *Études transcendantes*. De toutes les formes créées ou adoptées par le piano romantique, voici la moins désordonnée, la moins rebelle, – et la plus sûre, la plus délibérée. C'est par ses *Préludes* que Chopin se rattache au passé, de manière bien plus profonde que ne le fait Mendelssohn à coups de fugues. Nulle part aussi catégoriquement ne montre-t-il sa phobie du laisser-aller, de la redondance, de la démesure.

(Quand on parle des *Préludes* de Chopin, on a toujours en vue le cycle des *Vingt-quatre Préludes, op. 28*. Il convient d'y ajouter les deux préludes isolés, qu'on trouvera plus loin : le *Prélude en la bémol majeur* de 1834, inédit du vivant de Chopin, et le *Prélude op. 45* de 1841.)

### Vingt-quatre Préludes (op. 28)

COMP 1836-1839 ; dates diverses et controversées ; le plus ancien (n° 7) 1836, écrit dans l'album de Delphine Potocka ; les derniers (n°s 2, 4, 10, 21, peut-être 1) octobre 1838-janvier 1839 (Majorque). PUB 1839 (Breitkopf & Härtel ; Wessel ; Catelin). DÉD à Camille Pleyel (éditions française et anglaise), à Joseph Christoph Kessler (édition allemande).

« Tu recevras bientôt les *Préludes* », écrit Chopin à Fontana, une semaine à peine après son arrivée à Majorque. L'essentiel de l'œuvre, en effet, est déjà composé, le reste à l'état d'esquisses. Contrairement à l'opinion répandue (où George Sand a beaucoup de part), ce n'est pas une œuvre majorquine. Mais ce travail de révision est de loin plus important, chez Chopin, que celui de la création proprement dite. Et les *Préludes* en particulier doivent leur miraculeuse perfection à un labeur conscient, acharné, scrupuleux dans le moindre détail.

Son grand modèle est Bach, dont il sait par cœur la plupart des préludes et fugues ; en fait de musique, il n'a mis dans ses bagages que le *Clavier bien tempéré*. Lisons cette description de sa cellule à la Chartreuse, cette « chambre en forme de grand cercueil » : « Face à la fenêtre, sous une rosace filigranée de style mauresque, un lit de sangle. À côté du lit, un vieil *intouchable*, sorte de pupitre carré, mal commode pour écrire et sur lequel est posé un chandelier de plomb avec une bougie. Sur ce même pupitre, Bach et mes grimoires. Silence... on peut crier... les aigles planent sur nos têtes. » Bach, la solitude, et le ciel imprenable : faut-il d'autres inspirateurs ?

C'est le cycle des quintes, cercle immuable de la tonalité, qui préside à ces préludes, au lieu que le *Bien tempéré* épuisait l'une après l'autre les tonalités dans l'ordre chromatique. Parti d'ut majeur, on escalade d'abord les dièses, chaque prélude majeur étant suivi de son relatif mineur, jusqu'au point de suture enharmonique fa dièse majeur/mi bémol mineur (six dièses/six bémols), d'où l'on redescend en bémols jusqu'au ré mineur final. Cette disposition renforce la cohésion interne de l'œuvre, conçue comme un tout indissociable (en jouer un « choix » est le fait d'iconoclastes), enchaînement de « tons voisins », de couples complémentaires ; une promenade à travers le clair et l'obscur.

Le premier prélude (en ut majeur, *agitato*) est le plus « prélude » de tous. Avec ses arpèges rapides, sa manière improvisée de tourner autour du ton (improvisée ? mais voyez plutôt la minutie presque maniaque du graphisme, le rôle précis imparti à chacune des quatre voix...), il évoque les petits riens dont les luthistes se servaient pour vérifier l'accord de leur instrument, se chauffer les doigts, imposer le silence. Vingt secondes plus tard, c'est d'ailleurs le silence : cet élan de bonheur juvénile, porté par les syncopes, gonflé par le crescendo et l'accélération, retombe au bout d'une page, et tout est dit.

Le deuxième (en la mineur, *lento*) est chose lugubre entre toutes, avec les fausses notes, les discordances de sa main gauche (où deux voix se croisent, explicitées dans les premières mesures), et cette droite qui psalmodie plus qu'elle ne chante. Noter, vers la fin, l'étrange effet obtenu par l'arrêt momentané de cet accompagnement monotone, puis de la mélodie elle-même ; au bout de ces basses incertaines, dans la nuit accumulée, on ne distingue plus le chemin tonal. Le morceau, d'ailleurs, ne commence-t-il pas en mi mineur ? Et il finirait, bel et bien, en mi majeur (tierce picarde), n'était le brusque sursaut des derniers accords...

Deux pages festives, radieuses, composent le troisième prélude (en sol majeur, *vivace*). L'auditeur s'y trompe, il n'y entend que facilité heureuse et insouciance. Le pianiste, lui, affronte une petite étude : volubilité de la main gauche, égalité de ces doubles croches qu'il faut jouer « leggieramente », sous de courts motifs en petits sauts. La droite se joint à sa compagne pour les dernières mesures, terminées dans l'aigu.

Qui n'a joué le quatrième prélude (en mi mineur, *largo*) ? Il existe ainsi quelques pages de Chopin que les pianistes (les amateurs et les autres) n'en finissent pas de martyriser. Et ne parlons pas des « arrangements » de toute sorte... De là à dédaigner ce prélude, il n'y a qu'un pas... qu'on se gardera de franchir. Cette douce déploration, « cette plainte assoupie » (comme dans le vers de Verlaine), sur son accompagnement régulier d'accords en mouvement chromatique descendant, touchera toujours autant, si l'on se borne à jouer les notes, à respecter les phrasés (longues respirations, et non pas petits halètements), les nuances (*p* presque tout au long, le seul *f* n'intéresse qu'une seule mesure), si l'on se fait humble devant la gravité de ces quelques lignes.

Le cinquième (en ré majeur, *molto allegro*) est un joyeux mouvement perpétuel aux deux mains, ne dépassant pas la demi-minute ; c'est assez toutefois pour préoccuper l'interprète : comment, dans cette vitesse vertigineuse, et en dépit de positions embarrassées et d'extensions cruelles, réussir le legato léger et frémissant qui sied à la pièce ? L'emploi de la pédale, qui libérera les résonances implicites de ces deux lignes de doubles croches, est également délicat. Pour corser le tout, un irritant petit contretemps fait boitiller le rythme dans telle ou telle mesure...

Le sixième (en si mineur, *assai lento*) est un des trois ou quatre préludes à pouvoir revendiquer le titre de « prélude de la goutte d'eau ». On connaît le récit des hallucinations et des terreurs nocturnes de Chopin, à la Chartreuse, par George Sand : « Chopin se voyait noyé dans un lac ; des gouttes d'eau pesantes et glacées lui tombaient en mesure sur la poitrine : quand je lui fis écouter le bruit de ces gouttes d'eau qui tombaient en effet en mesure sur le toit, il nia les avoir entendues (...). Sa composition de ce soir-là était bien pleine des gouttes de pluie qui résonnaient sur les tuiles sonores de la Chartreuse, mais elles s'étaient traduites dans son imagination et dans son chant par des larmes tombant du ciel sur son cœur. » Les critiques ont donc cherché ces « gouttes d'eau » à travers les *Préludes*, oubliant de lire au passage, dans ce même récit, ces mots essentiels : « Il protestait de toutes ses forces, et il avait raison, contre la puérilité de ces imitations pour l'oreille. » Les notes répétées de ce *Sixième Prélude*, pas plus que celles du *Douzième* ou du *Quinzième*, ne font de l'harmonie imitative ; et du reste, peut-être la meilleure transcription de ces nuits fantomatiques du cloître, de ces « visions de moines trépassés », de ces orages réels ou imaginaires se trouve-t-elle, s'il en faut une absolument, dans le choral central du *Troisième Scherzo*, aux gerbes d'eau tumultueuses. On écoutera plus simplement, dans le prélude en si mineur, ce beau chant de violoncelle à la main gauche, par-dessous les batteries d'accords, la réponse que lui fait la droite (mes. 7-8), l'écho qu'elle-même donne plus loin à cette réponse (mes. 15), – et l'on admirera que cette musique si profonde puisse revenir de si loin.

Le septième prélude (en la majeur, *andantino*) remplit trois lignes à peine, mazurka en miniature, toute au souvenir de la Pologne natale, un rien émue dans les quatre dernières mesures. C'est ce morceau que Federico Mompou a pris comme point de départ de ses merveilleuses *Variations sur un thème de Chopin*.

Dans le huitième prélude (en fa dièse mineur, *molto agitato*) monte la fièvre et gronde la tempête : c'est en lui que Liszt entendait les diluviennes pluies de Majorque. Pages visionnaires, les premières à excéder les dimensions lilliputiennes où se plaisaient les précédents préludes. Ballade dans l'esprit, mais étude dans la lettre : thème âprement marqué par le pouce droit, ruissellement de triples croches aux autres doigts de la même main (indiqué en petits caractères), basse en contradiction rythmique et aux extensions nombreuses, dans une atmosphère tendue à l'extrême par le chromatisme, et que tente en vain d'éclaircir le mode majeur de la fin, vite avorté.

Retour à la brièveté dans le neuvième prélude (en mi majeur, *largo*), choral d'hommes en armes, mélodie d'accords épaulés de pesants triolets (car il vaut mieux faire coïncider la double croche de la voix supérieure et la troisième croche du triolet, à l'ancienne, et laisser le rythme pointé à la basse). La simplicité du plan (trois phrases symétriques de quatre mesures, allant pareillement de mi à mi) n'a d'égale que la magnifique liberté de l'harmonie (la deuxième phrase module jusqu'en la bémol, que souligne un fortissimo, mais grâce à l'enharmonie, il ne lui faut qu'une demi-mesure pour revenir au ton initial).

Brévissime, instantané, le dixième (en ut dièse mineur, *molto allegro*) fait alterner toutes les deux mesures un trait descendant léger et cristallin, soutenu d'accords arpégés de dixième, et un chant ascendant dans le registre grave, au rythme caractéristique, l'écho d'une lointaine et nostalgique mazurka.

Non moins menu, le onzième (en si majeur, *vivace*) est une de ces pages sans prix pour lesquelles on donnerait des douzaines de symphonies bien dodues. Les deux mains au ras des touches y tracent l'idée plutôt que le contour d'une mélodie fugitive et d'harmonies tendres et diaphanes. On essaiera de distinguer la subtile alliance des rythmes : 6/8 ayant parfois des allures de 3/4.

Colère et tourment à la fois dans le douzième prélude (en sol dièse mineur, *presto*), qui harasse la main droite d'un mouvement perpétuel de notes répétées, appuyées sur des accords dans la même main (c'est, les notes répétées en plus, la technique de l'*Étude en la mineur* de l'opus 10), avec une main gauche d'accords staccato au rythme parfois contrariant (simulant 2/4 dans cette écriture à 3/4). De rudes dissonances accentuent encore ce climat obsessionnel, apparenté à celui des *Ballades*.

Le treizième (en fa dièse majeur, *lento*) est-il nocturne, berceuse ou barcarolle ? Sans doute un peu de chaque, par la grâce de sa tonalité diésée, de ses fluides arpèges caressés d'appogiatures (l'écriture, cette fois, rappelle l'*Étude en mi bémol mineur* de l'opus 10), de son thème persuasif, auquel ici un quintolet de noires, là des triolets de croches impriment plus de flou et de langueur encore. Un des rares préludes à comporter une section centrale (avec les *Quinzième* et *Vingt et unième*) : huit mesures *più lento*, modulantes, où toutes les voix chantent, engendrant, comme souvent chez Chopin, des mouvements horizontaux à partir d'une apparente verticalité. La reprise apporte une surprise : une mélodie de plus, planant paisiblement au-dessus du thème initial.

Dans le quatorzième (en mi bémol mineur, *allegro*), les deux mains à l'unisson dans le grave dessinent une course effarée, en triolets pesants, annonçant le finale tragique de la *Sonate funèbre*. Quelques lignes, et qui glacent le sang ; c'est Chopin en délire, et s'habituant « à l'hallucination simple », comme dira Rimbaud.

Des « gouttes d'eau » une fois de plus, dans le quinzième prélude (en ré bémol majeur, *sostenuto*), le plus long des vingt-quatre, et qui aurait mieux trouvé sa place dans un recueil de nocturnes. La note répétée, dans ce cas précis, finit par hypnotiser, par induire en sommeil : *Pour endormir la souffrance*, ce sous-titre de l'un des *Charmes* de Mompou n'aurait-il pas agréé à Chopin, malgré sa phobie de la littérature ? Et Brahms après tout, cet autre pudique du romantisme, n'appelait-il pas « berceuses de mes douleurs » les pages désabusées de son hiver ? Placée où elle est dans l'œuvre, entre le sourd grondement du *Quatorzième Prélude* et la chevauchée fantastique qui va emporter le *Seizième* à travers la rafale, cette pièce est d'abord consolante, avec son thème tendrement ému, et ses harmonies changeantes autour d'un la♭ opiniâtrement redit. Mais ce la♭ devient soudain sol♯, par le biais de l'enharmonie ; on module en ut dièse mineur ; et voici que surgit des basses un étrange et funèbre choral, qui s'enfle peu à peu, s'exaspère, et déclame soudain, dans un fortissimo désespéré, toujours scandé par l'impitoyable et lancinante pédale. Après ce noir d'ébène, le bref retour à la clarté semble toujours un peu hâtif, désinvolte, et comme forcé ; disons qu'à tout le moins l'interprète, plutôt que de s'abandonner à cette paix trop suave, devrait en faire sentir, jusqu'au bout, toute la précarité...

Le seizième prélude (en si bémol mineur, *presto con fuoco*) retrouve, après le *Huitième* et le *Douzième*, l'atmosphère des *Ballades*. Une mesure introductive de six accords compacts, et voilà parti, ventre à terre, un fulgurant *moto perpetuo* de doubles croches à la main droite, course frénétique faite de gammes, de traits chromatiques, d'intervalles brisés. La gauche, elle, piaffe et se cabre comme un étalon que le fouet a rendu furieux ; écoutons-en le rythme véhément : à quelques mois d'intervalle, la même gauche secouera le développement du premier mouvement de la *Sonate funèbre* (où le ton de si bémol mineur traduit le même effroi panique, les mêmes sursauts hagards). Au bout de cette déroute, un trait final à l'unisson monte en spirale de l'extrême grave à l'extrême aigu, et déchire d'un coup la nuit.

Du dix-septième (en la bémol majeur, *allegretto*), Mendelssohn aurait dit : « Je l'aime, je ne puis dire ni combien, ni pourquoi, si ce n'est que c'est une chose que je n'aurais jamais pu écrire moi-même. » Sentait-il à quel point ces pages, tout en s'apparentant en effet à ses propres *Romances sans paroles*, les dépassent dans le fond comme dans la forme ? Dans le fond : elles sont parmi les plus heureuses de Chopin, et sans aller jusqu'à reprendre le titre inepte de Cortot (« Elle m'a dit : je t'aime »...), ce n'est pas les profaner que d'y entendre un palpitement amoureux ; mais pas une fois on ne peut les prendre en flagrant délit de mièvrerie, peccadille courante chez le bon Félix. Dans la forme : ces batteries d'accords sur lesquelles un ample thème prend son envol, plane un instant et retombe, il y en a plus d'un exemple, chez plus d'un romantique (en voici un chez Mendelssohn : la *Romance en fa majeur, op. 53 n° 4*, avec à peu près la même courbe mélodique) ; mais la grâce des harmonies, le naturel des modulations et des incursions passagères, la délicatesse des voix intérieures glissées dans l'accompagnement, n'appartiennent qu'à Chopin ; lui seul pouvait, d'un coup d'aile, nous emporter à deux reprises en mi majeur ; ou feindre d'hésiter, chromatiquement, avant la cadence en mi bémol ; ou encore, trouvaille finale, se servir de cet accord de mi bémol comme tremplin vers la tonique initiale, ce la ♭ qui va vibrer tout au long de la dernière page, dans le grave, comme une cloche profonde.

Le graphisme du dix-huitième prélude (en fa mineur, *molto allegro*) nous en apprend autant que l'audition : il restitue un ciel d'orage, zébré d'éclairs (doubles croches, triples croches vertigineuses et furibondes, en unisson aux deux mains), secoué de coups de tonnerre de plus en plus violents (accords arrachés au clavier, irruption d'octaves), jusqu'à la trombe finale, qui dégringole du fa suraigu au fa profond, avec ce trille dont la terminaison hystérique ébranle tout l'instrument, et ces deux accords conclusifs (le seul *fff* de l'ensemble des *Préludes*, avec les dernières lignes du tout dernier, le *Prélude en ré mineur*). Tempête, oui, mais « sous un crâne » (pour citer Hugo), ce morceau hors du commun, au bord de la folie, montre pourtant la profonde différence entre Chopin et Schumann : celui-ci, dans la débandade de l'esprit, perd quelquefois les rênes de son discours ; celui-là, narguant la déraison, garde une implacable lucidité. Musique, à de tels moments, plutôt de nerfs que de viscères...

S'il n'était déjà dévolu à l'*Étude en la bémol, op. 25 n° 1*, c'est au dix-neuvième prélude (en mi bémol majeur, *vivace*) que pourrait s'appliquer le titre d'« étude des harpes ». Morceau paradoxal : il chante, avec tous les dehors de l'ingénuité et de la spontanéité, le thème le plus lumineux sans doute de tout le recueil ; mais le pianiste est au supplice... Gare à celui qui n'a pas le large empan et le poignet flexible indispensables à ces arpèges en extension aux deux mains, ou qui bronche au moment d'effleurer à leur crête les notes de cristal qui forment la mélodie !

Le vingtième (en ut mineur, *largo*) n'a que treize mesures, en accords solennels, avec le pas d'une marche funèbre. Une première phrase est déclamée fortissimo ; une seconde murmurée piano puis pianissimo, et rien n'est plus poignant que cet effet d'écho. (Mesure 3 : en dépit des éditions qui tiennent le dernier accord pour majeur, il faut le jouer mineur : Chopin a lui-même corrigé, au crayon, le mi ♮ en mi ♭, dans l'exemplaire imprimé de Jane Stirling.)

Le vingt et unième (en si bémol majeur, *cantabile*), quintessence de nocturne, offre d'abord un thème doucement méditatif, sur une main gauche en doubles notes (deux voix s'écartant progressivement l'une de l'autre, en mouvement contraire) : seize mesures emplies de la paix des soirs. Les seize suivantes forment un intermède, en sol bémol majeur, volée de cloches vibrantes, aussitôt répétée au loin par l'écho. Le motif initial rentre alors, sous une forme modifiée : doubles notes aux deux mains, et magnifique crescendo sur la pédale de dominante (fa). Pour finir, dans le calme retrouvé, les dernières bribes de musique sont peu à peu absorbées par le silence.

Étude d'octaves, ou peu s'en faut, le vingt-deuxième (en sol mineur, *molto agitato*), avec cette basse belliqueuse, qui va s'enhardissant au fur et à mesure, pour éclater en imprécations à la mes. 17. Mais aussi exercice de contretemps : la droite, après avoir en vain répondu à sa compagne en colère, tâche de crier plus fort qu'elle, avec ce thème d'accords farouches qu'elle place sur la partie faible de chaque temps.

Si l'on devait (cruelle épreuve !) n'emporter qu'un prélude, un seul, dans la fameuse île déserte, serait-ce le *Troisième*, le *Onzième*, ou... le vingt-troisième (en fa majeur, *moderato*) ? N'hésitons pas, emportons les trois ! Aussi bien ne pèsent-ils pas lourd, tout en étant inépuisables. Celui-ci surtout semble fait de rien, ou de si peu de chose : à droite un souple mouvement d'arpèges (accords parfaits tout lumineux de leur sixte ajoutée), qui gagne peu à peu l'aigu de l'instrument ; à gauche un petit motif bondissant et rieur, quelques trilles fragiles ; le tout « delicatissimo » ; et cette trouvaille : dans l'arpège de tonique final, un étrange mi ♭ (septième mineure) qui se prélasse...

Le vingt-quatrième prélude (en ré mineur, *allegro appassionato*), qui clôt le recueil dans la fièvre, la violence et le désarroi, tient, comme le *Huitième* ou le *Seizième*, à la fois de l'étude et de la ballade. Étude : la méchante, la mauvaise main gauche, avec d'un bout à l'autre de la pièce, et sans répit, ces extensions insensées qui tordent bras et poignet ; les difficiles traits en petites notes (gammes et arpèges) de la main droite ; la périlleuse descente de tierces chromatiques ; et toute cette puissance, cette endurance à déployer ! Ballade, et même épopée : depuis son motif initial, qui a l'air de reprendre le début de l'*Appassionata* de Beethoven, jusqu'à ce ré final qui par trois fois, sépulcralement, résonne au fond du piano, le morceau entier n'est qu'une vision désespérée, une pointe extrême de la musique de Chopin, un accès de fureur si véhément qu'il eût fait, chez tout autre que lui, bondir la musique hors des barres de mesure. Certains font remonter ce prélude à ce mois de septembre 1831 où Chopin, à Stuttgart, apprenait la capitulation de Varsovie ; il serait alors contemporain de l'*Étude révolutionnaire*, en ces jours où le compositeur écrivait dans son journal : « Ô Dieu, existes-tu ? Oui, tu existes et tu ne nous venges pas ! » ; et ceci encore : « Dieu, mon Dieu, ébranle la terre, qu'elle dévore les hommes de ce siècle, que les tortures les plus cruelles tourmentent les Français qui ne nous ont pas secourus ! »

### *Prélude en la bémol* (B. 86, KK IVb/7)

COMP 18 juillet 1834. PUB août 1918 (revue *Pages d'art*, Genève). DÉD à Pierre Wolff.

Quarante et une mesures à 2/4 *(presto con leggierezza)*, la gauche en balancier sur de grands arpèges (début, milieu et fin sur pédale de tonique), la droite en brisures chantantes ; petit rien, trop bref, de cette brièveté à laquelle, contrairement à celle des vrais *Préludes*, manque l'assurance ; mais ce n'est décidément pas l'harmonie de tout le monde ! et il y a même, dans la deuxième moitié, des anticipations du climat des *Nouvelles Études*...

### *Prélude en ut dièse mineur* (op. 45)

COMP août-septembre 1841. PUB 1841 (Mechetti, Vienne, dans un « Beethoven-Album » où se trouvent également, entre autres, les *Variations sérieuses* de Mendelssohn ; puis Schlesinger, Paris), 1842 (Wessell). DÉD à la princesse Elisabeth Czernychev.

Ce beau morceau singulièrement méconnu est comme un portique aux dernières œuvres de Chopin, où prédomine de plus en plus la recherche harmonique. De « prélude », il n'a du reste que le nom ; ni la brièveté, ni la concision ne lui importent ; encore moins la ligne droite. C'est l'œuvre de Chopin qui trace le plus de méandres, improvisant sur quatre pages à la fois sa forme et son contenu. Un flux sans cesse renouvelé de lents arpèges *(sostenuto)* vient doucement déposer à la partie supérieure, comme sur une grève, de grands accords mélodiques, perpétuellement effacés par les suivants. Chopin le jugeait « bien modulé », tout simplement... « En effet, dit Cortot, on n'y relève pas moins de trente incursions successives dans des échelles de gammes différentes, alternant du majeur au mineur et du ton voisin au ton éloigné. » Juste avant la fin, une cadence en petites notes vient résumer, par de rapides accords changeants, cette promenade poétique à travers les tonalités.

## LES RONDOS (ou RONDEAUX)

Voici, avec la variation et le concerto, un genre que Chopin n'emmènera pas bien loin dans sa vie. Ses trois rondeaux (c'est son orthographe), il les compose entre sa quinzième et sa vingt-deuxième année, à quoi remontent également le *Rondeau pour deux pianos* et la *Krakowiak op. 14*, rondeau pour piano et orchestre. Art de chanteur (fioritures et roulades), de danseur (pointes et entrechats). Il y suit les traces de Hummel, grand pourvoyeur de l'époque en rondos, fantaisies, thèmes variés. Mais l'aîné est bien vite battu sur son propre terrain. Prouesses sur prouesses, applaudies par ces salons qui forgent alors le goût, bon ou mauvais. Chopin, virtuose né, a une invention illimitée des « figures » (c'est le terme : il y a des *tropes* de la virtuosité) ; beaucoup de mots pour peu de sens, mais quel délicieux bavardage ! C'est son bagage de pianiste ; il y met le superflu, en homme qui sait son monde et prétend y vivre. Le nécessaire est encore à conquérir, au plus intime de ses artères.

### *Rondeau en ut mineur* (op. 1)

COMP mai 1825. PUB 1825 (Brzezina, Varsovie), puis 1835 (Schlesinger, Berlin), 1836 (Wessel ; Schlesinger, Paris). DÉD à Mme Linde. Titre de l'édition anglaise : « Adieux à Varsovie ».

Il y a de tout dans cette œuvre juvénile : du Hummel, du Weber, du Moscheles, du Rossini. Chopin ne s'y montre guère qu'à la dérobée. On lui pardonne volontiers : il a quinze ans, et la seule chose qui compte alors à ses yeux, c'est cette virtuosité de bon aloi, on voudrait dire de bonne famille, employée à ses propres fins. Un refrain et trois couplets, dans le désordre : thème principal en ut mineur *(allegro)*, appliqué à ne pas sortir de ses harmonies de tonique/dominante ; un deuxième thème en mi majeur *(più lento)*, qui a l'air emprunté à un opéra-bouffe, et au bout duquel les deux mains en triples croches rivalisent de brio (poudre aux yeux ; mais cette main gauche adroite et hardie est déjà chopinienne...) ;

troisième thème en la bémol majeur *(tempo primo)*, sur des arpèges en aller et retour encore bien timides ; quatrième en ré bémol majeur, où les mains fusent en gammes véloces, ou bien se croisent confortablement en arpèges charmeurs.

### *Rondeau en fa majeur, « à la mazur »* (op. 5)

COMP 1826. PUB 1828 (Brzezina, Varsovie), puis 1836 (Hofmeister ; Schonenberger), 1837 (Wessel). DÉD à son élève la comtesse Alexandrine de Moriolles.

Ce *Deuxième Rondeau*, plus jeune d'un an seulement, est vingt fois supérieur au précédent ; c'est même une manière de chef-d'œuvre, injustement méconnu par les pianistes. Morceau indéniablement personnel, avec ses thèmes et son tempo de mazurka, et qui ouvre les fenêtres du salon, pour une bouffée d'air champêtre. Son thème initial *(vivace)*, dès la première mesure, ose le mode lydien (si ♮ en fa majeur), et s'accompagne d'une pédale de tonique tout aussi paysanne. D'ailleurs, la même année 1826, les deux premières mazurkas de Chopin (en sol et si bémol, sans numéro d'opus) font usage, elles aussi, de cette piquante quarte augmentée... Le deuxième thème du rondeau, en si bémol majeur *(tranquillamente e cantabile)*, n'est pas en reste, avec le bourdon de quintes vides qui soutient son envol léger. Pourtant ce ne sont pas seulement ces folklorismes, premiers d'une longue série, – ou même la force et la maîtrise des développements, – qui font l'originalité de l'œuvre, mais tout autant son écriture pianistique ; la virtuosité, cette fois, évitant la bravoure superficielle, en plus des doigts montre de l'esprit : le joli passage de trilles, « scherzando », les moulinets en triolets, « lusingando e leggiero » ; elle annonce bien des moments des *Concertos* (et tout à fait le finale du deuxième).

### *Rondeau en mi bémol majeur* (op. 16)

COMP 1832 (Paris, commencé à Varsovie). PUB 1834 (Breitkopf & Härtel ; Wessel ; Schlesinger). DÉD à son élève Caroline Hartmann. L'édition anglaise porte la mention, inventée de toutes pièces, « Rondoletto sur la cavatina de l'Italiana in Algeri ».

On l'accable généralement de reproches, on l'accuse de revenir à Hummel. C'est faire la fine bouche ; et plût au ciel qu'il y eût chez Hummel de pareils trésors ! Certes, c'est un bien long morceau, qu'étire encore une introduction de trois pages. Et sans être en droit de le juger en recul sur le *Rondeau à la mazur*, on sent que les volets que ce dernier ouvrait sur la campagne sont clos à nouveau et qu'on se meut derechef dans un intérieur douillet. Faut-il prétendre pour autant que l'air en soit irrespirable ? Méfions-nous de ces grands prêtres du sérieux qui boudent leur plaisir et pourchassent celui d'autrui. Peut-on aimer Chopin, et ne pas accueillir également cette insouciance, cette légèreté d'humeur, ce bonheur d'inventer à profusion des figures toutes plus neuves les unes que les autres ?

Oublions l'*introduzione* (en ut mineur, *andante*), faite de bric et de broc, spécimen d'improvisation, où le talent a négligé de refaire la copie du génie. Le rondeau lui-même est exquis. Pour retrouver la verve du premier thème *(allegro vivace)*, il faudra attendre Chabrier ; et comment ne pas succomber au charme du thème en la bémol majeur, doubles notes aguicheuses sur une basse dansante ? Art touché sans cesse par la grâce, qui n'a certes pas dit, dans les *Rondeaux*, son dernier mot ; d'ailleurs on y entend l'écho du pianisme des premières *Études*.

## LES SCHERZOS

Ici, comme dans les *Ballades*, Chopin n'a pas de devancier. Le mot, oui, existe avant lui ; non point la chose. Pour les classiques, le scherzo fut un dérivé à l'ancien menuet qui, transvasé de la suite à la sonate, avec sa raideur amidonnée, persistait à servir de deuxième ou troisième mouvement à toute composition d'un peu d'envergure (il y en a encore un dans la *Première Sonate* de Chopin). Beethoven surtout fit du scherzo sa spécialité, lui insufflant une vie extraordinaire ; dans sa jeunesse, c'est souvent le meilleur moment de ses sonates ; humour, fronde, insolence ou gouaille, il n'y sacrifie qu'à ses propres démons. Tout autre est, chez les romantiques, le scherzo mendelssohnien, fils de l'air, elfe ou lutin virevoltant, aux ailes saupoudrées de staccatos ; Beethoven était parfois sardonique, Mendelssohn revendique une manière d'innocence, et le mot, pour lui, collant à l'étymologie, ne signifie jamais que « plaisanterie ». Chopin, en revanche, ne gardant du scherzo que la mesure à 3/4 et l'usage d'un trio central, emploie le terme par antiphrase ; on ne plaisante pas dans ces pièces où une écriture apparemment disciplinée, irréprochable, sert en réalité la plus extravagante des inspirations. Éclairs, rafales, tourbillons et raz-de-marée, d'un bout à l'autre du clavier : la musique est ici, à la lettre, « élémentaire ». Pourtant, à regarder la page imprimée, la vitesse, en ces quatre prestos (qu'il faut battre par groupes de quatre mesures), est comme invisible : non pas l'essaim bourdonnant de doubles croches qui, dans les mouvements perpétuels à la Weber, donne aux yeux mêmes le sentiment de la trépidation, mais plutôt un fil de croches égales, électriques, parcourant incessamment ces pages et les tendant comme un nerf, ou bien des noires ramassées sur elles-mêmes et prêtes à bondir. Non, il n'y a pas place, dans les *Scherzos* de Chopin, pour les jeux de l'esprit. On verra qu'il faut isoler le *Quatrième Scherzo*, aussi solaire que les trois premiers sont ténébreux. Ceux-ci se meuvent dans l'épouvante nocturne, et à peine éloignée l'accalmie de leurs trios, s'y replongent de plus belle, épuisant leurs dernières forces dans des codas échevelées.

***Premier Scherzo, en si mineur*** (op. 20)
COMP 1831-1832. PUB 1835 (Breitkopf & Härtel ; Wessel ; Schlesinger). DÉD à Thomas Albrecht. Titre de l'édition anglaise : « Banquet infernal ».

Deux accords impérieux trouant tour à tour l'aigu et le grave du piano, c'est le signal qui déclenche les forces vives de cette œuvre sans précédent chez Chopin, sa première musique visionnaire, son premier morceau d'envergure. Est-il né au cours de la fameuse nuit passée dans la cathédrale Saint-Étienne de Vienne, que Chopin raconte dans une lettre à Jan Matuszyński ? « Une harmonie lugubre s'élevait en moi, plus que jamais je ressentis ma solitude. » Cette autre phrase est plus révélatrice encore : « Dans les salons, je semble calme, mais, rentré chez moi, je fulmine sur le piano. » Fulminer ? Le premier thème du scherzo n'est qu'une rafale *(presto con fuoco)*, qui par deux fois gronde dans les profondeurs, jaillit vers l'aigu, redescend convulsivement, remonte encore, bute sur trois accords brutaux. Réponse menaçante, où les deux mains se renvoient un sourd écho. A-t-on bien saisi ce début démoniaque, en a-t-on assez frémi ? Chopin ne se fait pas faute de le reprendre aussitôt, comme pour enfoncer le clou. Suit une section *agitato*, longue et irrésistible progression, sans cesse accélérée, aux deux mains alternées, dont les pouces marquent une mélodie déchirante et désespérée. Reprise encore de l'ensemble : tout le scherzo est ainsi nourri de répétitions, que les pianistes pressés se donnent la liberté de supprimer, alors qu'on y peut entendre l'âme prisonnière tourner misérablement en rond.

Après cet air en ébullition, la fraîcheur de la section centrale produit un contraste si énorme qu'on a du mal à l'accepter d'emblée. Il faut toute la persuasion de ce thème, *molto più lento*, en ce si majeur qui est plus d'une fois chez Chopin le ton de la prière (milieu de la *Fantaisie*, ou de la *Polonaise-Fantaisie*), pour que nous consentions peu à peu à ce calme vraiment céleste. La merveilleuse et sédative berceuse ! avec ses vastes et paisibles arpèges de la main gauche, et cette cloche lointaine (fa ♯ : pédale de dominante) que fait doucement tinter le cinquième doigt de la droite chantante. Chose rarissime, Chopin cite ici directement le folklore de son pays natal, un chant de Noël polonais, « *Lulajże, Jezuniu* » (« Dors, petit Jésus »). On devine l'intention : l'exilé, à peine hors de chez lui, au plus fort de la tourmente, songe à tous ceux dont il ne partagera plus les veillées.

Le retour à la première partie est un nouveau coup de théâtre, par l'irruption, dans le ciel rasséréné de cette page, des deux flamboyants accords introductifs. Le scherzo reprend sa bousculade effarée. Pour finir, une coda déboule frénétiquement, strie le clavier de traits enflammés, pique un dernier galop, et par une longue gamme chromatique des deux mains à l'unisson, aboutit au si aigu, avant les puissants accords de la cadence.

### Deuxième Scherzo, en si bémol mineur (op. 31)

COMP 1837. PUB 1837 (Wessel ; Schlesinger), 1838 (Breitkopf & Härtel). DÉD à la comtesse Adèle de Fürstenstein.

Schumann y voyait un « poème byronien ». Plus complexe que le précédent, c'est de loin le plus joué des quatre, mais aussi le plus *mal* joué. Ce petit appel murmurant du début (que Brahms s'est défendu d'avoir imité dans son *Scherzo op. 4*), bien des pianistes fâchés avec le solfège ne le lisent qu'approximativement ; peu leur chaut la blanche initiale, les silences, la barre de mesure, qui donnent tout son mystère à cette interrogation initiale *(presto)*. La réponse ne se fait pas attendre : affirmation d'accords vigoureux, dans l'aigu. Ainsi quatre fois de suite, dans une oppressante immobilité. C'est alors un fulgurant trait descendant, menant à un thème plein de ferveur (en ré bémol majeur, « con anima »), baigné d'arpèges et largement déployé sur deux pages. Reprise intégrale de ce début.

Le trio marche d'abord à tâtons *(sostenuto)*, suit une voie, une autre, comme à la recherche d'une idée mélodique ; il est traversé de délicats grelots de petites notes. Mais voici un thème, celui d'une mazurka, en ut dièse mineur, unissant deux voix dans la main droite : un chant mélancolique, en chutes successives de trois notes ; et sa réponse rythmique, caractérisée par un triolet sur le troisième temps. D'ainsi onduler sur son accompagnement de noires, la mazurka débouche soudain sur une valse, tourbillon de croches légères, en mi majeur. Reprise. Et surprise : au moment où l'on attend le retour de la première partie, surgit un développement puissant de la mazurka, transformée, de frêle danse qu'elle était, en sombre *agitato*, éperonnée par le triolet de son troisième temps, entrecoupée de traits empruntés au début de l'œuvre. Ayant atteint son point de rupture, *con fuoco*, elle décroît, se défait, regagne le silence mystérieux d'où elle était sortie. Alors seulement le scherzo peut reprendre ; et terminer, *più mosso*, dans un triomphant ré bémol majeur.

### Troisième Scherzo, en ut dièse mineur (op. 39)

COMP 1839 (commencé janvier 1839, à Majorque). PUB 1840 (Breitkopf & Härtel ; Wessel ; Troupenas). DÉD à son élève Adolphe Gutmann.

Le plus bref des quatre. Peut-être le plus singulier par ses vingt-quatre mesures introductives *(presto con fuoco)*, si vagues de tonalité, si hésitantes de rythme ; on ne sait quelle menace plane ici en cercles de plus en plus étroits, prête à frapper. De fait, c'est un tumulte d'octaves qui en sort, rageur et résolu. Le piétinement de ce premier thème (où la noire staccato a décidément remplacé les croches vertigineuses des scherzos précédents) a quelque chose d'inexorable, qui tend les nerfs, suspend la respiration, et fige à nouveau dans l'attente.

Alors seulement, dans un tempo ralenti *(meno mosso)*, s'élève le second thème, en ré bémol (enharmonique majeur ; la même opposition d'ombre et de clarté que celle expérimentée dans les deux *Nocturnes op. 27*). Choral empreint de solennité, énoncé dans le grave, et dont les phrases de quatre mesures sont coupées d'une cascade d'accords brisés, joués « leggierissimo » aux deux mains, tombant sur le dernier accord de chaque phrase, que la pédale a soin de prolonger. Effet sonore inouï encore à l'époque ; regrettons que neuf interprètes sur dix se croient obligés de presser le mouvement de ces croches de cristal ; pensent-ils « embellir » de la sorte un texte pourtant scrupuleusement noté ?

De lumineux arpèges aux deux mains, à la cime desquels vibrent quelques notes mélodiques, entraînent un nouvel énoncé du choral, avant le retour du thème initial et de ses octaves implacables. Mais le choral n'a pas fini de se faire entendre, il résonne une fois encore, d'abord en mi majeur (relatif d'ut dièse mineur), puis en mi mineur, où il prend (*più lento* et chuchoté) un tout autre caractère, amer et désolé. Enfin il se transforme en une longue et chaleureuse mélodie d'accords, qui s'appassionne sur une pédale de sol ♯ (dominante), pour aboutir à la coda, toute en vagues puissantes et furieux roulements de croches.

## *Quatrième Scherzo, en mi majeur* (op. 54)

COMP 1842. PUB 1843 (Breitkopf & Härtel ; Schlesinger), 1845 (Wessel). DÉD à Jeanne de Caraman (édition allemande), à Clotilde de Caraman (édition française).

Il est à part. Comme sont à part les derniers nocturnes, la dernière polonaise, et même la dernière ballade. Les autres scherzos étaient sombres, farouches, emportés : et ce n'est pas seulement à cause de leur mode mineur. Le *Quatrième Scherzo*, réconcilié, est tout nimbé de lumière : et son mode majeur n'explique pas tout. Ils étaient péremptoires ; lui n'affirme rien ; il suggère tout, et davantage. Ils pratiquaient une forme, en gros, aisée à comprendre ; lui n'en fait qu'à sa tête, dût-on le dire vague et même incohérent. Ils se mêlaient, à n'en pas douter, de grands sentiments, de grands événements : le voyage de Majorque revit dans le *Troisième*, et la chute de Varsovie dans le *Premier* ; lui n'a de but que son propre caprice, s'enchante de son propre chant. C'est, au fond, le plus orgueilleux ; mais à bon droit, étant sûr de ses moyens. Écriture d'une perfection suprême, qui renchérit encore sur un art qu'on pouvait croire parvenu à son sommet.

La première page *(presto)* n'a pas d'équivalent dans Chopin. Son motif d'ouverture de cinq notes (qui ressemble beaucoup au début du *Sposalizio* des *Années de pèlerinage* de Liszt) est un sésame ; il éveille un univers de féerie, qui commence à s'animer dans la poussière dorée du matin ; murmures et tressaillements ; tout cela suspendu dans l'attente, en blanches et en noires. C'est l'arabesque de croches qui, à partir de la mes. 66, confère d'un coup au morceau son mouvement : on reconnaît alors le pianisme des autres scherzos, mais transfiguré. Le thème de noires et blanches et la figure de croches alternent quelque temps, suivis bientôt d'un troisième motif, en si majeur, qui superpose son 6/8 au 3/4 de la basse (c'est la même équivoque qui fait le charme, entre autres morceaux, de la *Valse op. 42*). On ne finirait pas de s'étonner de la liberté, de l'invention avec laquelle Chopin, à partir de si peu de matière, couvre huit pages sans faiblesse, et sans la moindre monotonie. Et si certains, dans le passé, ont contesté la « forme » des *Scherzos* (comme aussi celle des *Ballades*, des *Sonates*, de toute œuvre chopinienne d'envergure), c'est qu'obnubilés par la grammaire traditionnelle, ils n'en percevaient pas la logique originale.

C'est pourtant son trio, en ut dièse mineur *(più lento)*, que l'on guette impatiemment dans ce morceau. Des philistins lui ont reproché ses longueurs ; pût-il n'avoir jamais de fin ! Voici l'une des plus belles effusions mélodiques de Chopin, sur des harmonies pareillement inoubliables, et qu'accompagne le bercement de lents arpèges de noires ; à vrai dire, il suffit de compter deux par deux les mesures, pour obtenir le rythme réel de ce passage : c'est le 6/4 ondoyant d'une barcarolle, à rapprocher du second thème, en mi bémol, de la *Première Ballade*. Bientôt ce chant fragile ne se suffit plus, et s'adjoint le contrepoint d'une seconde voix, qui le porte à son comble de lyrisme, voire de sensualité. La dernière page, dans ses troublants enchaînements harmoniques, est merveilleuse de rêve et d'abandon, – et l'on en veut presque au scherzo de reprendre !

Mais Chopin se garde bien, ici, de se redire. Et tout le début de la reprise, en particulier, avec son *f* et le trille qui gronde dans la basse, prend un tout autre caractère que précédemment : on doute, pendant deux pages, si ce n'est pas un scherzo méchant, montrant les dents à la manière des trois autres, qui commence... Cela dure peu, mais ne passe pas inaperçu. Et si la suite finit par retrouver l'état de grâce initial, il y a encore, à la fin de la coda, quelque âpreté dans cette insistante sixte mineure (do ♮), avant la lumineuse gamme ascendante qui termine en franchissant d'un bond le clavier.

## LES SONATES

Parodions le dicton latin : *tot homines, tot sonatae* ! Oui, il y a autant de façons de sonate que de compositeurs, et à part celles que l'on écrit dans les conservatoires et que régissent les traités de composition, aucune ne se soucie vraiment de la doctrine. Oubliant que Beethoven, à chaque nouvelle sonate, découvrait un nouveau moyen de bousculer la forme, d'Indy s'offre le luxe de s'offenser que celles de Chopin ne soient pas réglementaires ; à la bonne heure, c'est leur gage de survie ; preuve en est la disparition, l'extinction de la toute première, cet opus 4 dont nul ne parle, que nul ne se risque à jouer, et qui pourtant s'efforçait, en bon devoir de bon élève, de se couler dans le moule (en sorte que, selon le mot plaisant de Robert Aguettant, « à l'inverse des trois mousquetaires, les trois sonates de Chopin ne sont que deux »).

Qu'importent d'Indy et ses pareils ? Ce sont d'ennuyeuses gens que ceux qui préfèrent à leur ivresse le galbe de leur flacon. Mais aussi les romantiques, à qui la musique monte au cerveau comme les vapeurs du vin, n'auraient pas dû s'occuper de sonates. On les voit tous, pourtant, se piquer au jeu, les turbulents comme les autres (et ceux-ci n'y réussissent pas beaucoup mieux, voyez Mendelssohn). Le mot, plus encore que la chose, leur semble donner des garanties de sérieux. D'ailleurs, sitôt qu'ils en parlent, on croit entendre des professeurs à lorgnon. Schumann, le briseur de philistins, philistine à son tour quand il commente la *Funèbre* de Chopin ; il lui cherche la moindre paille ; il ne voit plus les poutres de ses propres sonates...

Ils ont ensemble raison, contre leurs principes mêmes. Une sonate romantique est d'abord un espace sans bornes, un temps largement compté ; au rebours de la sonate classique, elle est revendication de liberté. Ces musiciens, leurs œuvres courtes paradoxalement les protègent davantage ; ils s'y plient à des lois secrètes, qui équilibrent la poussée de leurs démons. Mais dans leurs sonates, le miniaturiste des *Papillons*, l'aphoriste des *Préludes* prennent le risque d'oublier centimètre et chronomètre ; tout y est à inventer. Et plus ils inventent, et s'écartent de la norme, plus l'œuvre est aboutie. La meilleure sonate romantique, c'est la *Sonate en si mineur* de Liszt, qui tire un trait résolu sur le passé.

### *Première Sonate, en ut mineur* (op. 4)

COMP 1827-1828. PUB 1851 (Haslinger ; Richault), 1852 (Cocks & Co.). DÉD à son professeur Józef Elsner.

Voilà peut-être l'œuvre la plus mal-aimée de tout le catalogue de Chopin ; et pour une fois, c'est presque justice. Il faut défendre les *Rondos* et les *Variations* contre les grognons de tout poil, qui leur reprochent leur « manque de profondeur », au lieu de s'étonner de tant d'aisance, d'humour, d'esprit, et déjà d'oreille. Mais ce pensum est mal défendable, et Chopin lui-même l'a abandonné comme un enfant dénaturé : l'œuvre devait paraître chez Haslinger en 1839, mais il refusa de corriger les épreuves ; c'est un opus posthume de plus.

L'*allegro maestoso* est ruiné d'avance par la nature et le traitement antithétique des deux thèmes (il n'y en a qu'un en vérité, comme il n'y a qu'un ton ; parlons plutôt de deux atmosphères, et qui entraînent deux écritures). Le motif de départ, prometteur, avait le sérieux, la sobriété, la clarté d'une véritable idée de sonate ; mais ce sérieux, justement, empêtre le compositeur, qui n'ose pas s'exprimer d'une autre façon que scolaire. Deux pages plus tard, ce brio instrumental, cette écriture polyphonique, c'est lui tout craché ; hélas, le résultat ne vaut pas la dépense. La réexposition se fait un ton plus bas (en si bémol mineur) ; non pas un geste iconoclaste, mais une coquetterie, qui anticipe sur celle du rondo du *Premier Concerto*, où mi bémol vient remplacer mi à la reprise.

Le menuet (en mi bémol majeur, *allegretto*) n'est qu'une curiosité, et si guindé dans ses trois temps, malgré le timide « scherzando » glissé entre les portées, qu'on se demande si Chopin a songé à relire ceux des sonates de Weber, dégourdis, agiles, ébouriffants, de vrais scherzos ! Mais il y a le trio, dans le mode mineur, d'abord un cortège d'ombres silencieuses, qui ensuite tourne presque à la valse, – du Chopin, indéniablement.

Si fort qu'on dédaigne la *Première Sonate*, on épargne généralement son mouvement lent (en la bémol majeur, *larghetto*), sous prétexte qu'il emploie la mesure à 5/4, encore assez rare à l'époque. La raison n'est guère suffisante ; c'est un nocturne à peu près de la force du tout premier (en mi mineur, de 1827), qui n'est pas bien grande ; Chopin récite une leçon mal apprise, qu'un camarade plus âgé, Field, lui souffle à l'insu du maître ; et pourtant çà et là sa voix naturelle prend déjà le dessus, par exemple dans ces passages où de délicats quintolets de croches ajoutent encore à la langueur du chant et au flou du rubato.

Le *presto* final tourne à vide et sonne creux, malgré son énergie, son brio, l'évidente originalité de ses traits, de ses dessins chromatiques ; c'est qu'on ne discerne pas à quoi tend cette violence, qui n'a rien à se mettre sous les griffes. Mais le deuxième thème (« appassionato ») annonce déjà ces chorals empreints de sentiment religieux qui, chez Chopin, viendront parfois interrompre le cours d'un nocturne ou d'une fantaisie...

### *Deuxième Sonate, en si bémol mineur* (op. 35)

COMP été 1839 (la *Marche* date de 1837). PUB 1840 (Breitkopf & Härtel ; Wessel ; Troupenas).

Cette sonate, dite souvent *Sonate funèbre* à cause de la célèbre *Marche* qui en constitue le mouvement lent, a toujours fasciné interprètes, auditeurs et critiques, – depuis Schumann, qui y voyait un monstre (comme si lui-même n'en avait pas commis d'autres, dans ce domaine !). Elle assemble en effet, autour de cette marche écrite la première, trois mouvements apparemment hétérogènes, et pourtant mystérieusement liés entre eux, pour constituer une étonnante rhapsodie de la mort.

Le premier mouvement, après la sonnerie fatale des quatre mesures d'introduction *(grave)*, peut-être ajoutées après coup, et si étranges dans leur glissement enharmonique, n'est qu'un long halètement d'angoisse, amorcé par quatre mesures de rythme pur. *Doppio movimento* : l'indication est au fond imprécise, et trompeuse si on la prend à la lettre ; tout le monde entend que ce *grave* doit être lentissime, écrasé de points d'orgue, et que ce C barré, *alla breve*, doit courir la poste. C'est le pouls d'un cœur affolé, n'en doutons pas, que transcrit cet « agitato », et ces rythmes heurtés, ces oppositions de nuances, ces basses tantôt sourdes et tantôt brutales. Contre ces figures tragiques et cahotantes, qui remplissent le développement (commencé dans le ton lointain de fa dièse mineur), dans les transes d'une harmonie complexe où Schumann ne voyait que dissonances, – contre ce noir d'ébène et ces affres de cauchemar, toute la douceur ou l'ardeur du second thème (en ré bémol majeur) ne pourra rien. Chopin a beau vouloir lui laisser le dernier mot (la réexposition, au mépris des traités, ne reprend pas le thème principal), le morceau n'en finit pas moins sur cette trépidation initiale, à grands coups désordonnés. (Un point de contestation entre les pianistes : où commencer la reprise, si on la fait ? à la mes. 5, comme indiqué, si abruptement ? ou plutôt au tout début, à ce ré bémol du *grave* mieux amené par le dernier accord de l'exposition, septième de dominante, avec appogiature, du ton de ré bémol ?)

Le scherzo (en mi bémol mineur, sans indication de tempo) poursuit sur le même ton, rude, implacable, avec ses notes répétées et ses rythmes saccadés. On y voit Chopin s'exerçant à l'hallucination. La tension croît encore à l'arrivée en fa dièse mineur, avec ces sauvages ruées de doubles notes chromatiques, et ne se relâche que pour l'étrange et spectral intermède (en sol bémol majeur, *più lento*), une valse chuchotée dans l'ombre, et dont les phrases, d'une navrante douceur, sont coupées d'accords hésitants ; c'est elle qui, après la reprise, termine le mouvement, dans un souffle.

La fameuse marche (qui fut jouée, orchestrée par Reber, aux funérailles de Chopin) se trouve être, paradoxalement, le moment le plus paisible de la sonate. Si lugubre qu'elle soit, avec ses basses de quintes, comme un glas retentissant, son pas obsédant, ses sanglots, elle s'inscrit dans une norme et dans une tradition. Ces tentures, ce catafalque, cette procession pompeuse *(lento)* nous rassurent ; on dirait, par eux, le mystère de la mort apprivoisé. Et la mélodie du trio (au relatif majeur), suave, trop suave, sur ses grands arpèges de berceuse ou de barcarolle, n'a-t-elle pas l'air de nous indiquer naïvement le ciel colorié des images d'Épinal ? Oublié le gouffre béant, voici la voix des séraphins et les harpes célestes...

« La main gauche babille *unisono* avec la main droite » : quelle pudeur, ou quelle ironie mauvaise, a dicté à Chopin ces mots détachés par lesquels il qualifie, dans une lettre à son ami Fontana, le finale *(presto)* de sa sonate ? Car après la vision somme toute réconfortante, réconciliée, de la marche, après la cérémonie proprette, l'orgue ronflant, les vapeurs d'encens, après les pages sarclées comme un jardinet bourgeois, voici le champ et la vallée sans bornes, la déroute, la course aux abois. Pendant quatre pages de triolets à l'unisson, renouvelés du *Quatorzième Prélude*, les mains à travers le clavier semblent mimer une fuite éperdue, où la raison n'a plus son mot à dire, où même la tonalité perd ses droits. « Ce n'est plus de la musique », disait Schumann. Mais comment le serait-ce ? La musique, jusque dans l'agonie du désespoir, essaie de chanter ; ce finale n'en a plus la force, il n'est tout entier qu'un long cri déchirant. – Morceau modernissime ; un siècle et demi plus tard, on ne sait par quel bout le prendre, et comment le jouer : il n'est, pour s'en convaincre, que d'en écouter les innombrables versions ; il n'y en a pas deux semblables. X le joue presque sans pédale, *sotto voce* d'un bout à l'autre, imperturbablement ; Y le noie dans un halo sonore, l'enfle de vagues, de rafales de vent ; Z arrive à y décaler subrepticement les deux mains, et de ces croches monodiques s'ingénie à tirer des taches de polyphonie...

### *Troisième Sonate, en si mineur* (op. 58)

COMP été 1844. PUB 1845 (Breitkopf & Härtel ; Wessel ; Meissonnier). DÉD à la comtesse Émilie de Perthuis.

Elle est aussi lumineuse et ardente, aussi pleine d'enthousiasme et de joie que la *Deuxième Sonate* était sombre et tragique, et fait partie de ces œuvres dernières où Chopin élit une Italie de rêve, comme un paysage de l'âme où chanter à la fois libre et lucide.

Chanter : c'est le seul souci du premier mouvement *(allegro maestoso)*, qui y met une richesse, une fécondité peu compatible avec le tracas de la forme, et tout à l'opposé de l'avare concision de celui qui ouvre l'opus 35. Ici, les phrases semblent naître les unes des autres, dans une profusion d'idées où les censeurs académiques n'ont vu que désordre et digression. Ce premier thème volontaire (et militaire ! si l'on en croit bon nombre d'interprètes sans finesse...), où ils pourraient discerner quelque germe beethovénien, ne les trompe pas longtemps ; ils sentent bien que c'est un leurre (la réexposition le néglige avec superbe !). Et c'en est un autre que la grande mélodie bellinienne du second thème officiel (en ré majeur), pâmée en son lit d'arpèges comme au milieu de bouquets de roses. L'essentiel du morceau est ailleurs, entre les deux par exemple, dans ces transitions si singulières, dictées par une insatiable gourmandise harmonique, dans ces curieux passages où s'affirme le goût du dernier Chopin pour le contrepoint (canon des mes. 23-28, sur une basse chromatique montante), dans ce semblant de développement qui se grise d'improviser passages et figures, en toute indépendance.

Admirable scherzo (en mi bémol majeur, *molto vivace*), le plus joyeux (ce n'est guère difficile !) de tous ceux de Chopin, véloce et plus léger que l'air, un *essercizio* de Scarlatti revu et corrigé par un virtuose romantique ! La main droite sillonne le clavier en prestes arabesques, où la gauche la rejoint pour conclure avec brio. À cette volubilité, l'intermède (en si majeur, grâce à la charmeuse enharmonie mi ♭/ré ♯) oppose ses accords de choral, ses longues tenues, son ton de confidence.

On ne sait quoi préférer dans le *largo* (en si majeur), de sa longue cantilène au galbe pur, à la fois rêveuse et ardente (du bel canto, assurément), tendue au-dessus d'accords en rythme pointé (qui deviendront de lourds et moites triolets d'arpèges à la reprise), – ou des spirales recommencées de son trio central (en mi majeur), trois pages ensorcelantes, hypnotisantes, où l'on voudrait demeurer plus longtemps encore, et dont on ne sort que graduellement, par un des plus étranges sentiers modulatoires que Chopin ait jamais tracés.

Le finale est un rondo, en chevauchée, en galop toujours plus frénétique (*presto, non tanto*, à 6/8) : car l'accompagnement de ce thème exalté est plus rapide à chaque retour, – d'abord trois croches, puis quatre croches (quartolets), puis six doubles croches, que la main gauche remonte infatigablement. En alternance avec le refrain, de scintillantes et grésillantes figurations de la main droite, jusqu'au triomphe de la coda, ralliée au mode majeur, et qui nous jette sa poudre d'or et ses flammèches.

## LES VALSES

Pourquoi, comment la valse, chez Chopin ? sont forcés de demander tous ceux qui, aimant sincèrement, et parfois passionnément les *Études*, les *Préludes*, les *Scherzos*, les *Ballades*, reprochent à Chopin d'avoir succombé à cette tentation... Ne leur répondez pas en leur faisant admirer, ici et là, dans les *Valses*, une harmonie, une inflexion inimitable ; ne vous placez pas sur le même terrain. Ouvrez plutôt avec eux les partitions qui ont leur suffrage. Les *Ballades*, par exemple : qu'entendent-ils le thème principal de la *Première*, dans celui de la *Quatrième* ? dans tel épisode (mes. 138) de la *Première*, telle digression (mes. 124) de la *Troisième* ? Ou les *Scherzos* : qu'est-ce que ce tournoiement de croches, en mi majeur, dans le *Deuxième* ? Ou les *Sonates* : à quoi ressemble l'épisode central du scherzo de la *Sonate funèbre* ? Oui, ce sont des valses, c'en est la lettre, parfois l'esprit. Et il ne faut pas, du retour constant de cette danse chez Chopin, s'étonner plus que chez Schumann, dont le piano est littéralement envahi par le rythme à trois temps si caractéristique : le *Carnaval*, certes, et les *Papillons*, mais aussi les *Davidsbündlertänze* ou les *Novellettes*, mais aussi le finale de la *Fantaisie* (et jusqu'à celui du *Concerto*)... Ce rythme qui traduit l'élan comme la retombée, la fièvre comme l'alanguissement, les pensées les plus diverses lui peuvent être appliquées.

Mais revenons aux *Valses* de Chopin, qui ne ressemblent à celles de personne. Entre la valse de Schubert, fleur d'herbier, sentant encore la campagne et le ländler, et la valse de Strauss, ornée de fanfreluches, corsetée de paillettes propres à lui faire refléter les lustres de la salle de bal, il y avait place pour une valse-poème, où le prétexte de la danse fît admettre des songeries, des confidences, des émois. Au début, d'ailleurs, Chopin ne voit pas plus loin que Weber, inventeur de cette valse de concert en forme de pot-pourri, flanquée d'une introduction et d'une coda, de cette valse « brillante », qui fait chavirer les dames du monde et les jeunes filles à marier. La verve rythmique, l'invention mélodique, le brio digital, – surtout l'humour, ses saillies, ses pointes, ses impertinences, ses pétillements : ce Chopin extraverti semble tout faire pour occuper le devant de la scène. Mais, Schumann l'a bien vu, le corps et l'esprit cèdent vite à l'âme ; alors un poète parle à mi-voix dans la coulisse ; cela peut ne durer qu'un instant, entre deux voltes gracieuses : instant précieux, dérobé à la mode, à la facilité, à la frivolité.

En comptant au plus large, c'est-à-dire en admettant l'authenticité de la *Valse en mi bémol* de l'album Elsner, on arrive à un total de vingt valses. Huit seulement ont paru du vivant de Chopin : ce sont celles que les éditions courantes numérotent arbitrairement de 1 à 8. Ces mêmes éditions n'en offrent généralement qu'un total de quatorze, les numéros 9 à 14 étant occupés par les opus posthumes publiés quelques années après la mort du compositeur. Des six restantes, fort peu connues, quatre ont attendu notre siècle pour être éditées ; et la *Valse en si majeur*, la toute dernière de Chopin, qui daterait d'octobre 1848, est toujours inédite. On les trouvera placées ci-dessous dans l'ordre chronologique.

### *Deux Valses de l'album d'Émilie Elsner* (B. 21, KK IVa/13 ; B. 46, KK IVa/14)

COMP 1827 ? PUB 1902 (Hoesick, Varsovie ; Breitkopf & Härtel).

Découvertes dans un album ayant appartenu à la fille de Józef Elsner, professeur de composition de Chopin (on y trouve également la première version de la *Mazurka op. 7 n° 2*, et sept mélodies). L'une (en la bémol majeur) est la première valse conservée de Chopin. Très courte, et pourvue d'un brévissime (et quelque peu incongru) trio de huit mesures, en ré bémol majeur. Des doubles croches y papillonnent gracieusement, à 3/8, dans les harmonies de monsieur Tout-le-monde. Et pourtant, ici et là, un peu de leur musicien reste assez pris (quoi ? quelques notes répétées ? un frisson chromatique ?) pour qu'on le reconnaisse.

L'autre valse (en mi bémol majeur) est d'authenticité plus que douteuse ; abstenons-nous.

### Valse en si mineur (op. 69 n° 2)

COMP 1829. PUB 1852 (Wildt, Cracovie), avec la *Valse en la bémol* de 1841, sous le titre « Deux Valses mélancoliques » ; puis 1855 (Schlesinger, Berlin ; Meissonnier, Paris), dans l'opus posthume 69, avec la *Valse en la bémol*, dite « de l'Adieu ».

Autrefois, par excellence, la valse des pensionnats de jeunes filles : façon comme une autre de dire que c'est la plus jouée des amateurs ; elle n'offre aucun problème technique à résoudre. Ce premier contact avec la musique de Chopin peut être une expérience malheureuse. Il y a fort peu à sauver dans cette pièce, d'une irritante mièvrerie. Cortot y voit l'expression du fameux zal ! Ce sentiment de nostalgie propre à l'âme slave, à force de le dire « indéfinissable », on en met partout, comme la muscade dans la satire de Boileau...

### Valse en ré bémol majeur (op. 70 n° 3)

COMP octobre 1829. PUB 1855 (Schlesinger, Berlin ; Meissonnier), avec la *Valse en sol bémol* de 1833 et la *Valse en la bémol* de 1840-1841.

Tout autre chose que la précédente. L'écriture y est très neuve pour l'époque, et pour le genre : qui donc eût alors donné une valse polyphonique ? Dans la partie principale *(moderato)*, la main droite accole amoureusement deux voix fragiles ; quant au trio, en sol bémol, il joint la gauche à la droite en un chant plein de ferveur. Dans une lettre à son ami Titus, indiquant que l'œuvre lui a été inspirée par Constance Gładkowska, Chopin précise que c'est la basse qui doit, dans ce passage, prédominer.

### Valse en mi majeur (B. 44, KK IVa/12)

COMP 1829. PUB 1871 (Chaberski, Cracovie).

Valse de boudoir, facile aux doigts comme aux oreilles. Le tremplin initial de notes répétées ne mène qu'à une phrase enjôleuse, en doubles notes, qui sert de refrain en cet agencement de courts motifs (ABA-CABA) ; des deux couplets, le premier est en sol dièse mineur (question pressante, en octaves, réponse leste, aux trilles moqueurs), le second en la majeur (petits élans coquets, annonçant l'opus 18).

### Valse en mi mineur (B. 56, KK IVa/15)

COMP 1830. PUB 1868 (Kaufmann, Varsovie ; Schott, Mayence).

Déjà une « valse brillante », avant la suivante, et le pianiste s'en donne à cœur joie. Ces pages légères, virevoltantes, où même la tendresse est désinvolte, le mettent sans cesse en valeur ; elles ne sont pas écrites pour autre chose ; c'est le bagage d'un jeune virtuose en route pour Paris. Un préambule couvrant rapidement le clavier d'arpèges de la main droite ; un premier thème « grazioso », verveux et fringant, qui rebondit sur ses notes répétées comme le fera bientôt la *Valse op. 18* ; un second motif caressant, aussitôt varié en voltigeants arpèges ; une section centrale où alternent l'insouciance (en mi majeur) et la bouderie (en ut dièse mineur, curieux grommellement de la gauche dans le registre grave) ; et pour finir, la joyeuse tornade de la coda : autant de jeux charmants, offerts en pâture aux salons.

### *Valse en mi bémol majeur* (op. 18)
COMP 1831. PUB 1834 (Breitkopf & Härtel ; Wessel ; Schlesinger). DÉD à Laura Horsford. Titre de l'édition anglaise : « Invitation pour la danse ».

Première valse publiée par Chopin, et certes la première qui en vaille la peine. Elle inaugure le plan à la Weber qu'il suivra dans la plupart des grandes valses : une succession de motifs contrastés, entre une introduction et une coda en forme d'apothéose. Sous-titrée « grande valse brillante », elle est peut-être la plus brillante de toutes, et certainement la plus riche : on n'y relève pas moins de sept idées différentes, qui s'enchaînent avec beaucoup de naturel. Les notes répétées qui introduisent le premier motif, et que l'on retrouve tout au long, lui assurent un rebond continuel, et comme une manière insolente de piaffer. Frivole, oui, mais piquante : le meilleur exemple en est le thème en si bémol mineur, avec ses appogiatures qui criaillent chromatiquement dans l'aigu. Il y a de la malice dans la coda : on feint un arrêt, on donne quelques mesures de main gauche (un-deux-trois, un-deux-trois), et c'est un irrésistible crescendo, entraînant notes répétées et appogiatures jusqu'aux tourbillons accélérés de la dernière page.

### *Valse en sol bémol majeur* (op. 70 n° 1)
COMP 1833. PUB 1855 (Schlesinger, Berlin ; Meissonnier), avec la *Valse en ré bémol* de 1829 et la *Valse en la bémol* de 1840-1841.

Courte, mais plus réussie à sa manière que de plus longues. On dirait un essai dans le genre rustique. Le premier thème *(molto vivace)* n'est que bonds de haute voltige et arpèges périlleux. Le trio, avec son « cantabile » de tierces et de sixtes *(meno mosso)*, son rythme pointé, sa candide douceur, ressemble à quelque ländler, à quelque danse allemande de Schubert.

### *Valse en la bémol majeur* (op. 69 n° 1)
COMP 1835. PUB 1855 (Schlesinger, Berlin ; Meissonnier), avec la *Valse en si mineur* de 1829.

Peu d'œuvres de Chopin ont suscité plus de littérature, surtout de la mauvaise, que cette valse dite « de l'Adieu », éternellement liée au souvenir de Marie Wodzińska, pour qui Chopin l'aurait écrite au moment de leur séparation, à Dresde. « Il y avait un bouquet de roses sur la table, Marie en prit une et la tendit à Frédéric. Il restait très pâle, l'œil inspiré, comme s'il eût entendu un de ces chants intérieurs qui le hantaient. Alors, s'approchant du piano, il y improvisa une valse. » C'est la version accréditée par le comte Wodziński, neveu de Marie, dans un livre naïvement intitulé *Trois romans de Frédéric Chopin*. On ne saurait mieux dire !

En réalité, cette valse fait partie de ces morceaux que Chopin gardait dans ses cartons pour en faire don à divers amis : on a de celle-ci en particulier bon nombre de copies (et d'innombrables variantes ; on joue généralement la version choisie par Fontana). Rien d'étonnant à ce qu'on lise, sur la copie de la jeune fille, ces mots autographes : « pour Mlle Marie » ; mais c'est elle-même qui y ajouta la mention « l'Adieu ». Que Chopin n'ait pas publié l'œuvre lui-même montre en quelle médiocre estime il la tenait. Du reste, loin de traduire, comme le prétend la prose de Wodziński, « les coups répétés de l'horloge et le roulement des roues brûlant le pavé, dont le bruit couvre celui des sanglots comprimés », la plus grande partie de la valse est souriante, avec même quelques touches d'ironie.

N'accablons pas ce morceau que tous les amateurs ont un jour tâché de jouer, tant bien que mal. Il y a quelque chose d'ému dans le thème initial *(lento, con espressione)*, où Chopin semble avoir plutôt réussi une mazurka qu'une valse : descente chromatique de la basse, triolets expressifs, petites notes entraînant un discret rubato. – Faisons remarquer, pour finir, qu'en dépit de ses premières mesures, cette valse n'est pas « en fa mineur », quoi qu'en disent certains commentateurs hâtivement rédigés...

### *Trois Valses* (op. 34)

COMP septembre 1835 (Tetschen), 1831 (Vienne), 1838 (Paris). PUB 1838 (Breitkopf & Härtel ; Wessel), 1839 (Schlesinger). DÉD à Josefine von Thun-Hohenstein, à la baronne d'Ivry, à Mlle d'Eichtal.

Chopin regroupe ici trois pièces d'époques diverses, formant de la sorte une manière de triptyque, où deux mouvements vifs encadrent un mouvement lent. C'est d'elles que Schumann écrivait : « Ce sont des valses pour les âmes plus encore que pour les corps. »

La première (en la bémol majeur, *vivace*) prend, en l'amplifiant, le même départ que la *Valse op. 18* : notes répétées donnant le branle à la pièce entière. Mais elle est infiniment plus poétique, et son premier thème surtout est d'emblée plus expressif, moins désinvolte, et chante de toutes ses sixtes. Un deuxième motif, accentué sur le dernier temps, entraîne par deux fois un crescendo d'accords exaltés ; un troisième, en ré bémol, s'alanguit un instant, en rêveuses doubles notes. Toutes ces idées se suivent et se poursuivent dans un étonnant pot-pourri, avant le léger tourbillonnement de la coda, qui s'effiloche délicatement dans les dernières lignes, comme s'il ne restait plus de l'ivresse du bal que l'éternel rythme à trois temps, et quelques réminiscences.

La deuxième valse (en la mineur, *lento*) sert de mouvement lent au recueil. D'après Heller, c'était la valse préférée du compositeur. Est-ce une valse d'ailleurs ou une mazurka, que ce début désabusé, confié à la main gauche, sous des accords immobiles et dolents ? Le deuxième thème est plus parlant, moins résigné, et même il récrimine ; le troisième danse au lointain, appuyé sur son dernier temps, à la viennoise ; dans le quatrième alternent le majeur et le mineur, avec en ce dernier le si ♭ phrygien, si douloureux. Le plus beau passage est, dans la dernière page, avant la reprise assourdie du thème principal, cette longue plainte de la main gauche, ruban sinueux finissant en arpèges, et où la valse semble d'un coup basculer dans le nocturne.

La troisième valse de l'opus (en fa majeur, *vivace*) est des trois la plus concise et se contente, en bon finale, d'être brillante, enjouée, non sans humour, non sans distance. Tour à tour un tournoiement de croches dont le dessin binaire s'oppose aux trois temps de la basse ; un thème en si bémol, jouant la mélancolie ; et le fameux passage d'arpèges appogiaturés, qu'on prétend inspiré par les bonds d'un chat sur le clavier, d'où le surnom de « Valse du chat »...

### *Valse en la bémol majeur* (op. 42)
COMP 1840. PUB 1840 (Breitkopf & Härtel ; Wessel ; Pacini).

S'il fallait toutes les sacrifier, sauf une, c'est celle-ci assurément qu'il faudrait choisir. Sa légèreté, son élégance, son mélange d'impertinence et d'ardeur ont fait dire à Schumann que, si elle devait être dansée, ce ne pourrait être que par des comtesses. Songeait-il à l'imaginaire comtesse Abegg à qui est dédié son opus 1 ? Il aurait pu trouver en cette valse de Chopin, comme il le fit pour certaines valses de Schubert, une réplique à son propre *Carnaval* : les épisodes en sont aussi variés, ils ont le même éclat juvénile, et l'aile de la poésie les touche pareillement. Un long trille initial donne au morceau son impulsion, et la main droite équivoquant à 6/8 sur la gauche à 3/4 éveille un thème tout palpitant de croches impalpables, redit pianissimo à l'octave supérieure. Une ritournelle de seize mesures relie entre elles les sections suivantes : un deuxième thème gracieux et pimpant ; un troisième plus décidé, avec son rythme pointé, et même péremptoire, dans un soudain crescendo ; un quatrième enfin, minute de vérité où, entre deux voltiges, le cœur consent à s'épancher : une voix d'abord, puis deux, richement harmonisées. Ritournelle finale et coda, enlevée avec brio.

### *Valse en mi bémol majeur* (B. 133, KK IVb/10)
COMP 20 juillet 1840 (manuscrit conservé au Conservatoire de Paris). PUB 1955 (Francis, Day & Hunter, Londres).

Vingt-quatre mesures *(sostenuto)*, seize employées à faire chanter la droite, et huit la gauche : un mince feuillet d'album, écrit pour Émile

Gaillard, – d'ailleurs moins valse que mazurka. Mais après ces phrases de tendresse souriante, échangées d'un registre à l'autre, on regrettera que le dialogue ne se soit pas poursuivi.

### Valse en la bémol majeur (op. 70 n° 2)

COMP 1840-1841. PUB 1852 (Wildt, Cracovie), avec la *Valse en si mineur* de 1829, sous le titre « Deux Valses mélancoliques » ; puis 1855 (Schlesinger, Berlin ; Meissonnier), dans l'opus posthume 70, avec la *Valse en ré bémol* de 1829 et la *Valse en sol bémol* de 1833.

Un de ces morceaux que Chopin jugeait indignes de la publication, mais qu'il recopiait volontiers pour en faire cadeau à ses amis (pour nous, autant de versions parfois divergentes). Très simple de forme : il se contente d'enchaîner deux thèmes contrastés, presque intégralement repris (schéma ABAB). Le premier, caressant et plaintif, commence en vérité en fa mineur, et ne s'infléchit vers la bémol majeur qu'au bout de huit mesures. Le second ne fait que badiner : silences coquets, feints élans d'arpèges, tierces effleurées du doigt.

### Valse en la mineur (B. 150, KK IVb/11)

COMP ? PUB 1955 (numéro de mai de la *Revue musicale*).

On en ignore la date de composition. Brown a proposé 1843 ; Prodhomme est d'avis que c'est une œuvre de jeunesse, et il a certainement raison. On aurait mieux fait de la laisser dans son oubli. Rien n'est plus consternant que ces pages minaudières, que pas un instant la grâce n'a touchées.

### Trois Valses (op. 64)

COMP 1846-1847. PUB 1847 (Breitkopf & Härtel ; Brandus), 1848 (Wessel). DÉD à la comtesse Delphine Potocka, à la baronne Nathaniel de Rothschild, à la comtesse Catherine Branicka.

On ne sait pas assez que ces valses font partie des tout derniers morceaux composés par Chopin. La numérotation habituelle des *Valses*, tout à fait arbitraire, qui commence à l'opus 18 et se termine avec les opus posthumes et les valses sans opus, est source ici de malentendu. Les « délicats » qui reprochent amèrement à Chopin d'avoir galvaudé son génie dans ces œuvrettes les écouteraient d'une autre oreille s'ils se persuadaient qu'elles sont, en quelque sorte, testamentaires. Elles ont peut-être distrait chez Chopin la souffrance physique, la solitude morale, le sentiment sans cesse accru de la difficulté d'écrire. Il les travailla beaucoup, comme en témoignent les esquisses. Mais elles ne trahissent aucunement cet effort.

La première (en ré bémol majeur, *vivace*) a reçu deux surnoms, dont le premier à la rigueur, « Valse du petit chien », signifie quelque chose : le mouvement perpétuel initial décrirait, dit-on, le toutou favori de George

Sand, tournoyant sur lui-même après sa queue. L'autre surnom, « Valse-minute », est absurde, et cautionne chez les virtuoses de peu de cervelle le désir de battre un record de vitesse, un de plus ! Du reste, aussi bien la « minute » que le « petit chien » sont laissés pour compte dans l'épisode central, plus soutenu, rêverie dansée, qu'un la ♭ aigu, en note brève, vient éclairer de son grelot cristallin.

La valse suivante (en ut dièse mineur, *tempo giusto*) est tellement res-sassée, bien ou mal, sur toute la planète, qu'on ne sait plus écouter la nostalgie de son thème initial (voilà bien du *zal*, cette fois), doubles notes accablées, frileuses notes répétées, chromatismes, que le tournoiement comme fatal de son refrain ne fait qu'appuyer. Le trio, en ré bémol majeur *(più lento)*, hésite ensemble et s'abandonne : syncopes de la basse, sou-plesse métrique de la mélodie, frôlements de l'harmonie, groupes de croches irrégulières, autant de façons de traduire, par la lettre, l'esprit de ce rubato dont Chopin, assure-t-on, emporta le secret.

D'être la moins jouée des trois, la dernière valse (en la bémol majeur, *moderato*) conserve encore tout son charme, où les prestiges de l'har-monie comptent pour l'essentiel. La première partie est toute en délicats entrelacs de croches, en caressantes inflexions chromatiques, et module avec beaucoup de bonheur, sur une main gauche qui a fait le pari de s'en tenir, non sans ironie, à une régularité de métronome ; rien de plus exquis que le contraste (qu'il faut bien marquer, en accentuant imperturbable-ment les premiers temps) entre le capricieux et le stable, entre le sinueux et l'immobile. L'épisode central, au contraire, renonce à la valse et prend l'allure d'une mazurka, infiniment douce et songeuse, éclose à la main gauche par-dessous les accords effleurés de la droite ; page précieuse entre toutes, et vraiment digne du dernier Chopin. Le retour du premier motif ménage une surprise : la soudaine clarté d'une modulation passa-gère en mi majeur. Conclusion frémissante, « poco a poco accelerando », que termine un trait de la main droite, qui monte aux cimes du clavier et redescend d'un coup au dernier la ♭.

## LES VARIATIONS

### *Introduction et Variations sur un air national allemand* (B.14, KK IVa/4)

COMP été 1826. PUB 1851 (Haslinger ; Richault), 1852 (Cocks, Londres). DÉD à Mme Sowińska, née de Schroeder.

Certains s'en irritent ; il vaut mieux prendre avec le sourire toutes ces partitions où le jeune Chopin se fait la main. N'a-t-il pas d'ailleurs, en cette même année 1826, écrit un petit chef-d'œuvre, le *Rondeau à la mazur* (op. 5), encore trop méconnu ? Pardonnons-lui de laisser courir sa plume à ces riens que sont les *Trois Écossaises*, que sont ces *Variations*. Pourquoi, de tous les airs à la mode, a-t-il retenu cette chanson tyrolienne, *Der Schweizerbub* (« Le Gamin suisse »), pétrie de clichés naïfs ? Lui a-t-on proposé ce sujet parmi d'autres ? Quoi qu'il en soit, il s'est prêté sans mal à ce jeu de société ; voilà le thème (en mi majeur) précédé d'une introduction *a capriccio*, où les doigts décorent de traits légers et brillants des accords bien communs ; le voilà flanqué d'une première variation en triolets, qui rappelle précisément les pirouettes des *Écossaises* contemporaines ; d'une deuxième en accords ; d'une troisième en doubles croches, qui fournit à la main gauche son lot d'arpèges à dixièmes, pourtant sans grand péril ; d'une quatrième dans le mode mineur. Rien dans tout cela, ou presque, qui sorte de l'ordinaire des thèmes variés à l'usage des soirées mondaines. Mais ne quittons pas trop tôt la place, écoutons le finale ; les trois temps d'une valse y supplantent le C barré du thème ; et Chopin, le vrai, celui que nous connaissons, apparaît, comme s'il sortait de ses bandelettes, aussi verveux et spirituel qu'il le sera, un an plus tard, dans la polonaise finale des *Variations op. 2*, sur le « *La ci darem* » de Mozart.

### *Variations en la majeur (« Souvenir de Paganini »)* (B. 37, KK IVa/10)
COMP été 1829. PUB 1881 (dans le n° 5 de *Echo Muzyczne*, Varsovie).

« Souvenir » : Paganini était en effet à Varsovie du 23 mai au 19 juillet 1829, et Chopin dut l'entendre dans ses acrobatiques *Variations op. 10* sur le fameux *Carnaval de Venise*, dont il reprend ici le thème à son tour. Il est symptomatique que l'art du violoniste, qui bouleversa de fond en comble l'univers pianistique de Liszt, et secoua même celui de Schumann (voyez les *Études* de l'un et de l'autre), n'ait suscité chez Chopin que ces pages frivoles, trois variations où sur une gauche immuable, cantonnée à l'oscillation tonique-dominante, la droite jette avec désinvolture la verroterie de ses tierces et sixtes, de ses gammes, de ses triolets scintillants. Nous savons que la *Berceuse*, quatorze ans plus tard, nous proposera la même parure ; mais les perles en seront vraies, et du plus bel orient.

### *Introduction et Variations sur un thème de Hérold* (op. 12)
COMP été 1833. PUB 1833 (Breitkopf & Härtel), 1834 (Wessel ; Schlesinger). DÉD à son élève Emma Horsford.

On n'oserait parler ici, bien qu'il n'ait que vingt-trois ans, d'un Chopin « juvénile » : à cette date, il a déjà composé les *Études op. 10*, les *Nocturnes op. 9 et 15*, la *Valse op. 18* ; plus encore, le *Premier Scherzo* ; et mis en train les *Études op. 25* et la *Première Ballade*. S'il écrit ces variations, s'il les laisse paraître dans son catalogue (ce qu'il n'avait pas fait pour les précédentes), c'est qu'il ne les croit pas indignes de lui, – et surtout, qu'il ne rougit pas de sacrifier une fois encore à la mode, en offrant ces sorbets au public à qui il commence à proposer des nourritures plus sévères. Toute sa vie il alternera les genres, laissant par exemple se côtoyer, se fréquenter même, sa muse des champs de bataille et sa muse des salons...

Morceau de circonstance, et qui montre en Chopin un amateur d'opéra, au fait de l'actualité : c'est au *Ludovic* de Hérold, laissé inachevé par la mort du compositeur, terminé par Halévy, et représenté à Paris en mai 1833, qu'il emprunte son thème, un air de l'acte I, « Je vends des scapulaires » (en si bémol majeur). Il l'annonce d'abord dans une introduction, deux pages qu'on croirait échappées d'un de ses concertos *(allegro maestoso)* ; puis l'ayant établi, dans son balancement à 6/8 *(allegro moderato)*, il le brode en doubles croches, le dérythme en accords piaffants, « scherzando », l'alanguit dans un nocturne *(lento*, en ré bémol majeur/si bémol mineur), termine enfin par un *scherzo vivace* plein d'esprit. – Aucun authentique chopinien ne regrettera le déchiffrage de ces pages : le sujet a beau en être futile, on admire le matériau employé, la finesse des traits, la beauté, la souplesse des modulations, et toujours cette merveilleuse euphonie des dispositions pianistiques.

### *Variation pour l'Hexaméron* (B. 113, KK IIb/2)
COMP 1837. PUB 1839 (Haslinger, Vienne).

L'*Hexaméron* est une espèce de monstre pianistique, une œuvre collective consistant en variations sur la marche des *Puritains* de Bellini, où trempèrent Liszt, Thalberg, Pixis, Herz, Czerny et Chopin. L'initiative en est due à la princesse Christina Belgiojoso, qui ouvrait une souscription en faveur des Polonais en exil. Six pianistes à la mode (*hexa* !), et six variations, – Liszt, maître d'œuvre, se chargeant en outre de l'introduction, des intermèdes et du finale.

L'ensemble de l'*Hexaméron* est écrit dans la tonalité de la bémol majeur, mais la variation de Chopin, sixième de la série, passe en mi majeur ; de plus, c'est la seule à adopter un tempo lent *(largo)* : éclairage nouveau et caractère de nocturne, brisant avec la virtuosité endiablée du restant. Le thème, énoncé « sotto voce », s'épand sur un accompagnement d'arpèges en doubles notes (triolets, dans un rythme à 4/4) ; il y a un fortissimo central, en accords battus, puis la phrase initiale reprend et conclut paisiblement. Au total, dix-huit mesures, à l'authentique saveur chopinienne. (Qu'en faire, cependant ? Elles sont perdues à jamais. Combien de pianistes sont-ils prêts, pour ce court moment musical, à se lancer dans le redoutable *Hexaméron* ?)

## LES GRANDES PIÈCES ISOLÉES

### Boléro (op. 19)
COMP 1833. PUB 1834 (Peters), 1835 (Wessel ; Prilipp, Paris). DÉD à la comtesse Émilie de Flahaut.

L'édition anglaise arbore le sous-titre « Souvenir d'Andalousie » ; mais Chopin n'était pas encore allé en Espagne ; et plutôt qu'une pièce espagnole, on tient ici un succédané de polonaise : le rythme ne trompe guère, et encore moins l'accent héroïque de certains passages. Dans l'ensemble, c'est pourtant un morceau de pures délices digitales, – comme le laisse entendre, hélas, le mépris dans lequel il est généralement tenu. Mais que ses austères censeurs nous excusent de le trouver à notre goût ; on n'entend rien à Chopin si on ne se le représente pas, à cette époque, comme un homme au tempérament joyeux et malicieux, à la saine gaieté.

On lit parfois que le *Boléro* est en ut majeur ; abus de langage ? L'introduction, oui, est en ut, depuis ses triolets tourbillonnants *(molto allegro)* jusqu'à ce thème *(più lento)* imperceptiblement endolori, qui chaloupe sur sa basse à 3/8, le seul passage de l'œuvre qui puisse passer pour « andalou ». Mais le morceau proprement dit est en la mineur *(allegro vivace)*, avec un épisode en la majeur *(risoluto)*, repris brièvement pour finir. Cela n'empêche pas le ton d'ut d'y colorer encore quelques phrases et quelques cadences : rien de plus normal, c'est le relatif. Un moment charmant, un peu inattendu après les pas de danse et les cabrioles, est le passage en la bémol, court fragment de nocturne, où la main droite vocalise, accompagnée d'une ondulation de triolets.

### Fantaisie-Impromptu (op. 66)
COMP 1835. PUB 1855 (Schlesinger, Berlin ; Meissonnier). DÉD à la baronne d'Este.

Inédite du vivant de Chopin, elle s'est bien rattrapée depuis : c'est l'une de ses pièces les plus jouées. Que lui reprochait-il ? D'appartenir encore, en l'étendant, à son trousseau de dandy, après les *Variations op. 12* et le *Boléro*, alors qu'arrivent les *Polonaises op. 26* et les *Nocturnes op. 27* ? Ce qu'elle offre de volubile aux doigts, de le retirer du même coup au cœur ? Si elle le touche, ce cœur, de s'arrêter à sa surface, et pour un instant ? On tiendra fermement qu'il faut l'exclure des véritables *Impromptus*, qui ne seront jamais que trois (le *Premier*, le *Deuxième* et le *Troisième*, comme « les trois opérations de l'esprit » dans *Le Bourgeois gentilhomme* !) ; mais il n'est guère question de bouder cette pièce. Longtemps encore les virtuoses feront tourbillonner cet essaim de doubles croches (en ut dièse mineur, *allegro agitato*) au-dessus des triolets de croches de la basse (quatre-contre-trois), et, dans l'épisode central (en ré bémol, *moderato cantabile*), éveilleront sur son lit d'arpèges cette mélodie amoureuse.

## *Tarentelle* (op. 43)
COMP été 1841. PUB 1841 (Schuberth, Hambourg ; Wessel ; Troupenas).

Dix pages d'un tournoyant *presto* (en la bémol majeur), une des œuvres les plus insouciantes de Chopin, les plus ensoleillées, étrangement abandonnée parmi des « pièces diverses » qui sont loin de la valoir. Elle offre aux doigts, comme au cœur, une fête aussi perpétuelle que ses croches à 6/8. Il faut l'imaginer comme le finale d'un triptyque méditerranéen, constitué en ses premiers volets de la *Barcarolle* et de la *Berceuse*. Elle leur ajoute le rythme, et c'est un rythme effréné, bondissant, celui d'un poème de la joie, bien supérieur à ce que des terminaisons digitales uniquement soucieuses de vitesse nous donnent à entendre, les trop rares fois où elle est jouée. Après le crépuscule et la nuit, c'est midi qui triomphe, obsédant, presque panique, avec ses orbes, sa giration, sa lumière bienfaisante, dans le rire des êtres délivrés de la léthargie, et revenus au jour élémentaire.

## *Allegro de concert* (op. 46)
COMP été 1841 (esquissé en 1832). PUB 1841 (Breitkopf & Härtel ; Schlesinger), 1842 (Wessel). DÉD à son élève Friederike Müller.

Il semble à peu près assuré que nous tenons avec cette œuvre l'allegro d'un « troisième concerto » que Chopin n'eut pas le loisir d'achever ni d'instrumenter. Il n'a certes pas la séduction des précédents, leur mélange d'ardeur juvénile et de panache, leur façon de caracoler à la cime d'un orchestre presque inaudible, – et même pas la rayonnante beauté de leurs thèmes. Mais tel quel, c'est un morceau magnifique, au mâle et puissant lyrisme, au souffle large, au pianisme exigeant, – et pourtant tenacement méconnu.

La faute en revient sans doute à ses passages de tutti, qu'on peut trouver qui sonnent comme une réduction d'orchestre. Tout le début en particulier, quatre-vingt-sept longues mesures (en la majeur, *allegro maestoso*), présentent selon l'usage un premier thème énergique, au rythme de marche, et un second thème lyrique, scandé de timbales, se passe à attendre impatiemment le « soliste » ; la thématique est flatteuse, l'harmonie recherchée, mais la pâte un peu épaisse ; de telles pages n'étonneraient pas chez Brahms, elles semblent incongrues chez Chopin. Tout change avec l'arrivée du premier solo, dès ce fa ♮ aigu, dès cette cadence de petites notes par laquelle il feint de vouloir entériner la modulation en si bémol majeur, avant de retomber souplement dans le ton initial. L'orchestre disparaît. Il n'y a plus que ce piano, qui tantôt s'invente de nouveaux motifs (A en la), tantôt brode sur ceux qu'on lui a légués (B en mi), tantôt jette sa poudre d'or et ses étincelles, – en une virtuosité inventive et poétique, qui n'a plus qu'un lointain rapport avec le brio acrobatique de la jeunesse. – Après un court tutti qui assoit triomphalement le ton de mi, c'est un deuxième et dernier solo, plus court que l'autre, qui d'abord obscurcit B en la mineur, le fait un peu pleurer dans l'harmonie napolitaine, puis s'élance en nouveaux traits, avant d'être rejoint, pour le « stretto » final, par l'hypothétique orchestre en apothéose.

## *Fantaisie* (op. 49)
COMP octobre 1841. PUB 1841 (Schlesinger), 1842 (Breitkopf & Härtel ; Wessel). DÉD à son élève la princesse Catherine de Souzzo.

Le ton, l'esprit des *Ballades* (et d'ailleurs la tonalité, fa mineur, de la *Quatrième Ballade*, postérieure d'un an) ; çà et là, les éclairs de *Scherzos* qui seraient écrits à deux temps ; mais quelque chose de plus, cependant, dans ce poème solitaire, où règne en maîtresse une imagination fantasque et débridée. Schumann appelle *Fantasiestücke* des pièces d'humeur inégale, d'éclairage varié, où la folie n'est pas toujours dans le filigrane : quoi de commun entre le tremblement crépusculaire de *Des Abends*, les sarcasmes de *Traumes Wirren*, l'éternelle question que chuchote *Warum*, et les échos de kermesse du finale, où l'on danse au soleil retrouvé ? Et de même, la grande *Fantaisie en ut majeur* de Schumann n'est pas seulement, comme l'écrivait Robert à Clara, « une profonde plainte à cause de toi », mais au milieu une marche conquérante, et à la fin un nocturne comblé de bonheur. La *Fantaisie* de Chopin, plus hoffmannesque à sa manière, plonge plus irrémédiablement dans l'obscurité ; ce n'est pas la seule folie, c'est la mort qui rôde en ces pages inconsolées, où luit « le soleil noir de la mélancolie ». Le peu de clarté qu'elle doit à son cantique en si majeur est une lueur d'outre-tombe ; du moins ne faiblit-elle pas aussi vite que ces feux jetés, une fois ou l'autre, par quelques mesures à panache, et aussitôt réduits en cendres. Les triolets qui la parcourent, entre deux motifs, sont l'image même de la déroute. Et cependant, admirons une fois de plus que la transe ne soit pas synonyme de désordre, et qu'à des accents si véhéments ne corresponde pas nécessairement une forme relâchée. Rien n'est plus composé, en réalité, ni mieux organisé que ce morceau visionnaire ; on est bien loin des négligentes rhapsodies, bâties à la va-vite, cousues de fil blanc, et dont chaque moment importe à soi seul davantage que la durée.

Un prologue ; un ample développement à quatre thèmes ; un mouvement lent ; une reprise transposée des quatre thèmes ; une courte coda : voilà le plan, d'une paradoxale simplicité. Le prologue (qu'on dit inspiré de *La Lithuanienne* de Kurpiński) forme un tout, en soi complet, et qui ne sera plus repris ; c'est à lui que d'emblée l'œuvre doit sa couleur fuligineuse ; à son *tempo di marcia, grave*, pendant deux pages inexorables ; à ce motif descendant à l'unisson, toujours plus bas, dans le fond du clavier ; à cette réponse en accords, toujours plus désespérée. Un do♭

converti en si tente-t-il de faire pénétrer la lumière de mi majeur ? Ce sont quelques mesures à peine d'un éclat vite évanoui. La marche proprement dite est vraiment funèbre, chargée d'amertume, avec ses harmonies descendantes ton après ton, jusqu'à la cadence finale en fa majeur.

Changement de tempo (C barré, *poco a poco doppio movimento*), avec l'apparition de ces arpèges modulants, en triolets, qui reviendront tout au long du développement et jusque dans la coda. Ils mènent au corps de l'œuvre, où quatre thèmes vont se succéder : un thème « agitato », en fa mineur, qui place au pis-aller ses syncopes par-dessus le remous des arpèges, et finit par ces tierces haletantes que l'on a déjà entendues dans le développement du premier mouvement de la *Sonate funèbre* ; un thème de doubles notes, en la bémol majeur, qu'on a souvent dit triomphant, mais qui n'est que pathétique, et que la bourrasque de triolets modulants vient brutalement interrompre ; un thème déclamé d'octaves chromatiques, en ut mineur ; enfin un long passage en mi bémol majeur, amorcé par un puissant motif d'octaves en mouvement contraire des deux mains, et débouchant sur une étrange marche rapide, « stretto », accompagnée d'accords staccato, sorte de procession fantomatique et lunaire. La cadence est brutalement brisée, une fois de plus, par ces arpèges tournoyants qui semblent un vol d'ombres maléfiques ; on réentend les deux premiers thèmes, respectivement en ut mineur et sol bémol majeur ; et c'est sur ce sol bémol que s'immobilise, cette fois dans la douceur, un dernier essor de triolets.

Ce sol♭ devenu fa♯ ouvre une porte, un long rayon perce enfin les ténèbres : voici, en si majeur, une des pages les plus inspirées de Chopin, une des plus surnaturellement belles. *Lento sostenuto*, à trois temps, elle a ces accents de la prière qui nous émouvaient déjà dans les *Sixième* et *Onzième Nocturnes*. Mais l'antithèse est ici tout autre. Le cantique, en ces deux nocturnes, succédait à des rêveries grises, à des plaintes assoupies ; il succède ici à la noirceur, à la violence. Il faut d'autant plus lentement jouer cette procession d'accords, aussi séraphiques que le seront un jour ceux de César Franck.

À nouveau l'irruption des triolets : fa♯ redevient sol♭, la porte se referme, l'obscurité revient envahir la musique. Que peut-elle contre cet assaut, que ressasser, transposés, ses quatre thèmes ? Elle le fait avec une frénésie accrue : le dernier motif, en particulier, cette marche rapide notée *p* dans la première moitié de l'œuvre, sonne cette fois « sempre *f*, sempre crescendo, più animato », jusqu'aux furieux tourbillons de triolets. Il y a pourtant, juste avant la fin, deux mesures *adagio sostenuto*, brève réminiscence du cantique, murmuré à une seule voix frêle et nue dans le lointain. Et les arpèges véloces reprennent une dernière fois leur course, long tournoiement montant irrésistiblement du grave vers l'aigu, achevant l'œuvre en la bémol.

(Osera-t-on évoquer, parmi les nombreux commentaires que la *Fan-*

*taisie* a suscités, celui qui y voit la traduction musicale d'une dispute entre Chopin et George Sand ? Vilaine verrue sur une œuvre splendide...)

## Berceuse (op. 57)

COMP 1843. PUB 1845 (Breitkopf & Härtel ; Wessel ; Meissonnier). DÉD à son élève Élise Gavard.

C'est un nocturne, son nom l'indique, mais d'une espèce particulière. Le balancement infatigable de la mesure à 6/8 *(andante)*, l'harmonie statique, la longue et insidieuse pédale de tonique (ce ré ♭ imperturbable de la main gauche) servent ici à distiller le sommeil, ou tout au moins la léthargie des sens et de la pensée. Chopin appela souvent ce morceau ses « variations » : et il est vrai qu'après un thème de quatre mesures à peine, s'enchaînent souplement quatorze minuscules variations, avec une brève coda. Mille agréments, gammes, arpèges, triolets, sextolets, trilles, appogiatures, doubles notes diverses, tierces chromatiques, sixtes brisées, sont jetés par une main droite inventive ; on rougirait d'appeler « virtuosité » ces prestiges qui ressemblent plutôt à des passes magnétiques. L'étonnant est l'absence de véritables motifs ; cette harmonie mystérieuse se grise d'elle-même et n'a de fin qu'en soi. Si la pièce conclut, c'est qu'après tout il faut bien finir : voici alors, à la dernière page, la magique intrusion du do ♭, qui remue un dernier cercle en ce lent mouvement giratoire, et le thème s'étant dissous dans son propre accompagnement, le morceau s'interrompt aussi imperceptiblement qu'il a commencé.

## Barcarolle (op. 60)

COMP 1845-1846. PUB 1846 (Breitkopf & Härtel ; Wessel ; Brandus). DÉD à la baronne de Stockhausen.

Ce morceau admirable et universellement admiré, un des derniers de Chopin, ne forme-t-il pas, avec la *Berceuse* et la *Tarentelle*, une sorte de suite italienne ? Si l'on y joint les deux derniers *Nocturnes*, le *Troisième Impromptu*, le largo de la *Troisième Sonate*, le trio du *Quatrième Scherzo*, on saura d'un coup ce que les œuvres ultimes de ce Slave doivent à l'ardeur, à la chaleur, à la joie d'une Italie de rêve. Gagnant sans cesse en clarté diffuse, en couleur vaporeuse, et pour tout dire : en sérénité, sur les précédentes, elles se vouent au chant pur, au chant lucide, enfin désencombré des ténèbres de l'âme, ou du cœur. Cette patrie de Bellini et du bel canto tant aimé, jamais Chopin n'en fut plus proche qu'en ces compositions comblées de bonheur, heureuses de leur faste, et de leur gratuité.

On a dit que la *Barcarolle* était le plus beau de tous les nocturnes. C'est lui ôter son atmosphère particulière. N'y voit-on pas, plutôt, une lueur toute méridienne, qu'à peine un peu de brume çà et là tamise ? Cette chatoyante armure à six dièses (ton de fa dièse majeur) est tout à l'opposé de celles, à six bémols, à cinq bémols, qui dans le *Troisième Impromptu*, le

*Nocturne en ré bémol* ou la *Berceuse*, atténuent l'éclat de la musique, et la rendent en quelque sorte au scintillement plus feutré des étoiles. Là où le Mendelssohn de tel ou tel *Venitianisches Gondellied* (et même le Liszt de *Gondoliera*, du reste merveilleuse musique) n'a su transcrire qu'un chant de gondolier, Chopin décrit aussi, avec des moyens incroyablement neufs, les jeux de la lumière sur l'eau, les ronds de soleil, les rumeurs de la lagune. Impressionnisme ? Certes, dès la neuvième initiale, dès ce ruissellement de sonorités encore inouïes qui emplit les trois mesures introductives, on peut songer au premier Debussy. Songeons également à Valéry et, pour une fois, mêlons un peu de littérature à cette musique qui s'en passe si bien, donnons pour épigraphe à la *Barcarolle* ces vers du *Rameur* :

> Laissant autour de moi mûrir des cercles d'onde,
> Je veux à larges coups rompre l'illustre monde
> De feuilles et de feu que je chante tout bas.

Voilà bien ce qu'évoque, à la quatrième mesure, ce mouvement si égal, cette pulsation si régulière, assez féconde pour délivrer un des plus beaux chants de Chopin, et peut-être du piano romantique. Chant spontané, de saveur presque populaire, où pourtant veille un sens acéré de la ligne, du volume, des proportions ; chant continu, se nourrissant de lui-même, s'enivrant de sa propre richesse, de son incessante invention. Bien sûr, ces tierces, ces sixtes caressantes seraient mélodieuses même chez le premier venu. Aussi n'est-ce pas à elles que va en dernier ressort l'admiration, mais à ces contrechants subtils, à cette souple arrivée au ton de la dominante (ut dièse), à cette tierce soudain minorisée, fenêtre ouverte à la modulation, à ce poudroiement de trilles qui salue le thème retrouvé, à la magnifique montée, en fin de première partie, de ces accords tout vibrants de notes ajoutées...

La deuxième partie, *poco più mosso*, après quelques mesures linéaires où s'éteignent la moitié des dièses, introduit le deuxième thème, en la majeur. Longue oscillation, sur la monotonie voulue du rythme trochaïque (noire-croche), avec l'insistance de traînantes pédales, et ce ruban de croches murmurantes qui, dans la droite, sert de contrepoint à la mélodie. Ici, la fraîcheur de l'ombre gagne sur le miroitement de la lumière, la musique s'enfonce par paliers dans la torpeur ; et si même, à l'appel d'un trille, le ton monte progressivement, si même le thème en se répétant s'enfle en octaves, ces pages n'en peignent pas moins un délicieux engourdissement, dont on ne se tire qu'à contrecœur, à l'entrée d'une troisième idée thématique, plus allante, celle-ci, et presque conquérante, belle envolée lyrique qui n'a que neuf mesures pour se donner cours, et s'arrête brusquement sur un accord qui semble annoncer, comme dans un concerto, une cadence.

Et il est vrai que les treize mesures qui suivent n'obéissent qu'au caprice : d'abord un long trille où se dissout jusqu'au souvenir de la page qui précède ; puis une série d'accords qui, en ayant l'air de stagner, modulent imperceptiblement par légères touches chromatiques et enharmoniques ; enfin, *dolce sfogato* (une des indications les plus personnelles, et les plus heureuses, de Chopin, pour exprimer un « doux épanchement »), un bruissement d'arabesques sonores, ramenant, par un trille encore, le ton initial de fa dièse majeur.

« Une mystérieuse apothéose » : on ne peut trouver mieux que ces mots de Ravel pour décrire la dernière partie de la *Barcarolle*, qui reprend somptueusement les trois thèmes, dans le désordre, avec l'exubérance des accords, des trilles et des basses profondes, avant de répandre dans les airs, comme une poudre légère et dorée, les dernières triples croches de la main droite, et de faire traverser tout l'espace du clavier au trait final descendant, ponctué des octaves nues, et vigoureuses, de la cadence.

## PIÈCES DIVERSES

De 1826, année du *Rondo à la mazur* et des *Variations sur un air allemand*, datent les **Trois Écossaises**, publiées après la mort de Chopin comme op. 72 n° 3 (1855, Meissonnier). Peu de pièces sont autant prisées par les virtuoses en herbe, aux beaux jours des auditions de fin d'année. Si l'on a pris le pli de s'en agacer, rien n'y fera ; mais on peut sourire de bonne grâce à ce brio facile, à ces motifs avenants de danse où la main droite, sur le tremplin régulier de la basse, semble imiter les pointes d'une danseuse. Les trois morceaux s'enchaînent, respectivement en ré majeur, en sol majeur et en ré bémol majeur (*vivace* tous les trois).

On assigne la date de 1827 (ou de 1829) à la **Contredanse** (B. 17, KK Anh. Ia/4) écrite à l'intention de son ami Titus, et qui ne fut publiée qu'en 1934, en fac-similé, à Cracovie. Court feuillet d'album en sol bémol majeur *(allegretto cantabile)*, que prolonge un trio plus bref encore, en ut bémol ; cette bémolisation, la douceur d'une mélodie à l'italienne, le bercement du rythme pointé, donnent beaucoup de charme à ces trente-deux mesures, parmi les plus méconnues de leur auteur.

1827 ou 1829, on hésite également pour la date de la **Marche funèbre** en ut mineur (à ne pas confondre, faut-il le dire, avec la fameuse, celle qui sert de mouvement lent à la *Sonate en si bémol mineur*). Fontana indique la seconde date, mais Louise, la sœur de Chopin, opine pour la première. Le morceau lui-même ne vaut pas que l'on chipote longtemps ; à quelques mesures près, où l'on reconnaît l'encre de Chopin (surtout dans le trio, en la bémol), ces pages sont bien impersonnelles. Publication posthume, en 1855 (Meissonnier), comme op. 72 n° 2 (c'est-à-dire aux côtés des *Écossaises*, bien bizarrement).

Un **Cantabile** (B. 84, KK IVb/6) de quatorze mesures, en si bémol majeur *(poco andantino)*, composé en 1834, fut publié en 1931 (*Muzyka*, Varsovie). Ce n'est qu'une phrase, tendrement balancée à 6/8, qui nous fait regretter la pièce plus longue (un nocturne ?) où Chopin aurait pu la sertir ; personne ne méconnaîtra ici la marque du compositeur.

On ne saurait en dire autant du ***Largo*** (B. 109, KK IVb/5) en mi bémol majeur, publié en 1938 (Varsovie, avec le *Nocturne en ut mineur*, B. 108). Thème de marche, à répétitions, assez platement harmonisé ; à quoi diable devait-il bien servir ? Tadeusz Zieliński y voit la « Prière des Polonais » dont parle une lettre de 1838 du marquis de Custine.

On s'étonne toujours de rencontrer, dans ce tiroir posthume de Chopin, une ***Fugue*** (B. 144, KK IVc/2 en la mineur) ; pas bien longue, à deux voix seulement, mais enfin une fugue en bonne et due forme, où il a été jusqu'à indiquer, comme un élève scrupuleux, le « thème » et la « réponse » à chacune de leurs entrées. On date le morceau (publié en 1898) des années 1841-1842. Aucun arôme spécifiquement chopinien, avouons-le, dans cet exercice, qu'un trille obsède et où passent, vers la fin, d'étranges chromatismes ; mais cela se joue sans déplaisir, – et même avec une ombre de mélancolie.

Écrit en 1843 dans l'album de la comtesse Anna Szeremetiev, et publié en 1910 (revue *Swiat*, Varsovie), le ***Moderato*** en mi majeur, dit « Feuillet d'album » (B. 151, KK IVb/12), semble également le point de départ d'un nocturne, – de ceux, nombreux chez Chopin, qui adoptent le rythme et l'accompagnement caractéristiques d'une marche, ce 4/4 à la noire, lent et solennel, que transmue peu à peu la plus pure poésie (*Nocturnes* op. 37 n° 1, 48 n° 1, 55 n° 1, 62 n° 2). Ce n'est pas ici le cas ; voilà certes Chopin, mais il dort, – comme il arrivait que dormît le bon Homère...

Quelques rogatons encore, pour le collectionneur : une *Marche militaire* du gamin de sept ans, publiée en 1817, que le grand-duc Constantin apprécia assez, dit la chronique, pour la faire orchestrer, et dont il n'existe aujourd'hui aucun exemplaire ; un *Andantino* en sol mineur, arrangement de la mélodie « Wiosna », publié en 1968 à Londres (Schott) ; dans la même publication, deux *Bourrées* datées de 1846, simples airs berrichons notés et harmonisés par Chopin, et dont George Sand se servit pour accompagner la pièce tirée de son roman *François le Champi* ; un *Canon à l'octave* d'une vingtaine de mesures, non publié (collection privée, Genève ?) ; un *Contrabasso* parodique que Chopin ajouta à un canon à trois voix de Mendelssohn, en date du 16 avril 1832.

# Dimitri CHOSTAKOVITCH
(1906-1975) Russe

---

Ceux qui ne supportent pas Chostakovitch, ce n'est pas sa musique de piano qui le leur fera aimer. Plus que l'orchestre, le piano est un révélateur ; il met à nu cœur et esprit ; il amoindrit les fausses vertus, souligne les véritables défauts. On pourrait lui appliquer le dicton célèbre : pour son piano, comme pour son valet de chambre, nul n'est jamais un grand homme. Combien de grasses symphonies, combien d'épais quatuors résistent-ils à l'épreuve de la transcription ? Ce thème que le cor soupire, ou que le hautbois idyllise, cet accord pâmé dans les trémolos de cordes, les voilà dans leur native platitude ; l'un et l'autre ne valaient que par le coloriage instrumental ; démaquillés, on ne leur trouve plus aucun attrait.

Auprès de ses quinze quatuors, de ses quinze symphonies, de ses six concertos, la musique pianistique de Chostakovitch ne pèse pas lourd : essentiellement deux sonates, un recueil de préludes, un autre de préludes et fugues ; à quoi l'on joindra les *Danses fantastiques* de son adolescence, les *Aphorismes* de ses vingt ans, et sur le tard une poignée d'enfantines où il s'essaie tant bien que mal à « l'art d'être grand-père ». Pourtant ces quelques partitions, généralement minimisées par ses idolâtres, le « révèlent », avec netteté. Cette photographie vaut mieux que la statue que l'on nous édifie depuis quelques années, agglomérat de grandeur, de puissance, de noblesse et de quelques autres mots abstraits où se camoufle à bon escient la banalité.

Il a prétendu, non sans humour, que son art se situait entre Bach et Offenbach. À quelques exceptions près, d'ailleurs admirables (le *largo* de la *Deuxième Sonate*, les *Préludes en mi mineur* et *en sol mineur* de l'opus 34, les *Préludes et Fugues en sol dièse mineur* et *en ut mineur* de l'opus 87), c'est au second qu'il doit ses morceaux de piano les plus réussis. Rectifions : il s'agit d'un Offenbach au vitriol, plus enclin au sarcasme qu'à l'ironie, à la grimace qu'au sourire ; et courant au grotesque, au macabre, au caricatural, lorsqu'on s'y attend le moins. Certes, il y a dans ces ingrédients de quoi alimenter une œuvre de génie. Mais le sublime comme le burlesque veulent un métier assuré, une industrie sans faille ; un sonnet de Saint-Amant vaut une tirade de Racine, parce qu'à ces deux maîtres la plume ne tremble pas. Si l'inspiration, trop souvent, vient à manquer cruellement à Chostakovitch, s'il tombe si brusquement dans la laideur (je ne parle pas des endroits où il l'a voulue, cette laideur insolente, et choyée comme une fin en soi : les *Aphorismes* en sont un exemple, presque réjouissant !), oui, s'il bascule inopinément dans l'insignifiance, ce serait, d'après certains, parce qu'il ne put jamais se défaire complètement d'une insigne maladresse.

On a mauvaise conscience d'incriminer la technique d'un des rares compositeurs de notre époque, avec le Hindemith du *Ludus tonalis*, qui aient relevé le défi du *Clavier bien tempéré*. Disons les choses autrement : écrire une fugue ne ressortit qu'à la grammaire, et d'abondants manuels en exposent à loisir toutes les règles ; en revanche, dessiner la courbe d'une phrase, conduire une modulation, réussir un enchaînement, cela participe de la grâce. Et ici, on sera résolument janséniste : la grâce, en musique, ne l'a pas qui veut. Pour ne comparer que des choses comparables, et s'en tenir à son arbre généalogique, est-ce donc pour rien qu'à plus d'un détour de la musique de Chostakovitch, on se prend à rêver de ce qu'un Prokofiev eût pu tirer des mêmes idées ? Reste qu'avec ses criantes inégalités, cette œuvre rend un son unique, identifiable ; cela suffit à la justifier, autant dans son morne simplisme que dans ses accès de *burla* dévastateurs, ou ses îlots de méditation.

## *Cinq Préludes* (op.2)
COMP 1920-1921. PUB 1966 (Múzyka).

Exercices juvéniles. Ce sont, en réalité, les n[os] 2, 3, 4, 15 et 18 d'un groupe de *Vingt-quatre Préludes* composés par Chostakovitch et deux condisciples de la classe de composition du Conservatoire de Saint-Pétersbourg. (Trois autres préludes sont toujours inédits.)

Dans le premier (en la mineur, *allegro moderato e scherzando*), entièrement en clé de sol et « staccatissimo », batifole un thème vaguement oriental, accompagné d'un ostinato de tierces battues ; à la reprise, les parties extrêmes s'imitent, imperturbables, et comme indifférentes.

Nouvel ostinato dans le deuxième (en sol mixolydien, c'est-à-dire avec fa ♮, *andante*), fait de lents accords parfaits à la cime desquels finit par se détacher un chant, le tout sur le même trémolo bourdonnant de la basse (sol-ré) ; pas une altération : seules les touches blanches sont mises à contribution.

Très russe, le troisième (en mi mineur, *allegro moderato*), à 5/8, en accords tempétueux sur une basse octaviée ; alors que le quatrième (en ré bémol majeur) ressemble à un fragment d'opéra : un petit motif hésitant *(moderato)*, une enclave de trois mesures *(andante amoroso)* commencée en accords arpégés et terminée par un minuscule récitatif, une reprise, et la cadence inattendue, qui congédie sans façons les acteurs.

Le cinquième prélude (en fa mineur, *andantino*) a la douceur d'une pastorale, et bien que le moins personnel, charme beaucoup, avec ses quatre voix chantantes, son balancement à 6/8 et 9/8 ; fin étagée dans l'aigu, *pppp*, au-dessus d'un long fa grave.

## Trois Danses fantastiques (op. 5)

COMP 1922. PUB 1926 (Muzykalny sektor), à l'origine comme opus 1 (ce numéro échut ensuite au *Scherzo en fa dièse mineur* pour orchestre). DÉD à Iosif Zacharovitch Schwartz.

Que n'a-t-il continué sur cette lancée ! L'adolescent de seize ans, dans cette première œuvre pianistique, se révèle un maître, bel et bien. Humour et insolence, séduction mélodique et harmonique, agrément pianistique, rien ne manque à ces trois courtes pièces, qui retiennent quelque chose, à la fois, de la manière de Prokofiev et de celle... de Satie !

La première (en ut majeur, *allegretto*) est la plus ironique, avec sa basse syncopée à la « gnossienne », ses rythmes pointés, ses fusées stridentes dans l'aigu, sa feinte nostalgie. La deuxième (en sol majeur, *andantino*) est la plus sérieuse, dans son allure de valse lente et parfois de « gymnopédie », où pointent cependant, entre les élans lyriques, quelques impertinences. La troisième *(allegretto)*, à la polka, est franchement bouffonne, qui, bien qu'en ut, passe son temps ailleurs, démarre en la bémol, opère un comique rétablissement, va cliqueter dans l'aigu, en tierces chromatiques, en arpèges clochetants (« quasi campanelli »), renvoie son motif d'une main à l'autre en imitations comiques, s'arrête une première fois (point d'orgue), une deuxième (une mesure de silence), pour finir sur le bout des doigts (et en ut, s'il vous plaît, au fond du clavier.

## Première Sonate (op. 12)

COMP 1926. PUB 1926 (Muzykalny sektor). CRÉ par Chostakovitch (9 janvier 1927, Moscou).

Née d'un cataclysme ; ou, comme dirait Mallarmé, « d'un désastre obscur ». L'œuvre est plus saisissante encore que la *Deuxième Symphonie* de Prokofiev ou que son *Pas d'acier*, tout récents ; comme eux, et avant la célèbre *Fonderie d'acier* de Mossolov (1928), elle est remplie de bruyants rythmes de machines, de furieux enchevêtrements polytonaux. Musique d'usine, d'une telle sauvagerie que la *Sonate* de Bartók, de la même année 1926, semble auprès d'elle une gentille sonatine !

C'est qu'on retient surtout, de ce grand mouvement de quinze minutes, les passages implacables, qui font frémir ensemble l'auditeur et le pianiste : tout l'*allegro* initial, zébré de triolets, martelé d'accords, entassant dissonances sur dissonances à tous les registres de l'instrument, qu'il ébranle de chocs violents ; le deuxième *allegro*, gigantesque crescendo, sur son continuo d'octaves, jusqu'à ce puissant trémolo de la gauche dans les entrailles du piano, ponctué des clusters de la droite ; l'*allegro* final, avec son mouvement perpétuel de doubles croches effarées, ses accords grimaçants d'appogiatures, son tapage conclusif de batteries d'acier.

Pourtant il faut compter avec les accalmies qui succèdent à ces tempêtes : le *meno mosso* qui, après la folle tarentelle du début, propose sa carrure, son thème de marche ironique, ses glissades ; le court *adagio*, cantonné dans l'extrême grave et noyé dans la pédale (« tenebroso »), qui reprend le premier thème avec désespoir, d'abord en octaves puis en déchirantes neuvièmes mineures, sur l'ostinato de deux notes. Mais le meilleur moment de la *Sonate* est sans conteste le *lento* central, tout pénétré d'une poétique étrangeté ; la rédaction sur trois portées clarifie les niveaux sonores : basse en croches, arpègements et accords dans l'aigu, et entre les deux ce thème de nocturne, « dolce ma marcato », vacillant et fantomatique... C'est lui qu'une fois retombées les bouffées de colère, évanouies les dissonances un peu trop systématiques, la surenchère chromatique de la partition et toutes les émeutes du « constructivisme », on devrait laisser résonner dans la mémoire...

## *Aphorismes* (op. 13)
COMP 1927. PUB 1927 (Triton). CRÉ par Chostakovitch (1927, Leningrad).

L'année de son prix au concours de Varsovie ! On ne peut imaginer plus radical antidote aux philtres chopiniens... Dès ce mince recueil de dix pièces brèves, c'en est fini du mélodisme, de l'euphonie, – et paradoxalement c'en est également fini de la dissonance, je veux dire de celle que l'on sait doser, comme une épice, choisie pour ses vertus émoustillantes... Le plus souvent, ici, les rencontres sont sans saveur, et Chostakovitch tombe (exprès ?) dans ce curieux travers de la mauvaise basse, du mauvais redoublement, de la platitude, du creux harmonique, – pratique qui peut passer pour rebuffade à l'égard de ceux qui savent goûter un enchaînement subtil, un accord poivré. De la sorte, ayant commencé par effarer le bourgeois, il déconcerte le curieux d'harmonie moderne, et jusqu'au révolutionnaire !

Ingrates choses que ces *Aphorismes*, la plupart secs comme des triques, maussades et malsonnants : l'expérimentation du laid sous toutes ses espèces. Lui-même les condamnera par la suite, avouant qu'il n'y faisait que courir après l'originalité à tout prix.

Le premier morceau est un *Récitatif*, qui commence comme du Prokofiev, mélodieux ou presque, carré dans ses quatre temps, clair, sensé, et soudain bifurque dans l'extravagant, l'irrésolu, avec ce mélange boiteux de 3/4 et de 5/8, ces notes répétées balbutiantes, ces cadences brisées, cet accord final qui se moque éperdument de toute tonalité. Puis c'est une *Sérénade*, elle aussi boiteuse, mais assez réussie dans son genre, avec sa monodie erratique, puis son contrepoint acide de deux voix, et cet accord obstiné (si-ré-fa-do) qui, jeté n'importe où, au hasard de la changeante mesure, simule une guitare désaccordée. Vient ensuite un *Nocturne* (par antiphrase ?), empli de traits divisés, d'arpèges, de trilles tonitruants, de notes répétées stridentes, allant jusqu'au *ffff*, et aussi éloigné que possible de toute poésie de la nuit.

La brévissime *Élégie* (huit mesures) superpose, comme si elle n'en voulait rien savoir, quatre voix qu'elle laisse aller à leur guise. La *Marche funèbre* est meilleure, si même parodique (et bien rapide), avec ses rantanplans sourds, ses clairons enroués, sa neuvième obstinée (la-si ♭) dans le fond de l'instrument, et ses figures brisées alternant d'une main à l'autre. L'*Étude* amorce le style des *Préludes* ; faribole à la Czerny, roulements de doubles croches, suivis d'accords battus par la droite sur une gauche en zigzags acrobatiques, le tout sonnant à peu près aussi seyant que si le compositeur eût tiré ses notes au hasard, comme des jetons du fond d'un chapeau. En dépit de cette tendance à l'écriture automatique, la *Danse macabre*, toute en intervalles disjoints, et traversée par le *Dies irae*, a quelque chose pour elle, et la vitesse requise (la blanche pointée à 132-144) en fait un caprice hallucinant, à la Goya.

Un *Canon* décharné, inutilement épinglé sur trois portées, une *Légende* tissée de croches mercurielles murmurées *ppp*, et une *Berceuse* terminent le cahier : cette dernière, presque entièrement sur les touches blanches, à l'exception du sol ♯ répété dans les dernières mesures et du do ♯ de l'accord final, évoque, avec ses basses monotones et son ornementation profuse, une « Gnossienne » de Satie, – à qui manquerait la grâce, – ou qui s'ingénierait à tomber dans d'irritantes maladresses...

## Vingt-quatre Préludes (op. 34)
COMP 1932-1933. PUB 1934 (Muzgiz). CRÉ par Chostakovitch (24 mai 1933, Moscou).

Cinq années s'écoulent après les *Aphorismes*, occupées à des symphonies, à des ballets, surtout aux deux opéras *Le Nez* et *Lady Macbeth*. Quand il revient au piano, l'enfant terrible s'est assagi ; il n'en faut pour preuve que ces *Préludes*, qui reviennent dans le giron de la tonalité, s'attachent à suivre l'ordre des quintes comme leurs illustres prédécesseurs chopiniens ou scriabiniens, et quelquefois, renonçant à l'insolence, et même à l'humour, poussent une note plus sérieuse et plus grave.

Pas d'emblée, cependant ! Car rien ne va plus, dans le premier prélude (en ut majeur, *moderato*), dès la cinquième mesure ; c'est caractéristique : après un début à la Prokofiev, basse d'Alberti souriante, thème chromatisant, que certes il pouvait mener à bien, voilà que l'harmonie se détraque, que le thème tourne court, et qu'au naturel mélodique succède une volontaire et méchante laideur ; toute la fin, qui se force à revenir en ut, est irritante à souhait.

En revanche le deuxième (en la mineur, *allegretto*) est à peu près intouché par cette humeur iconoclaste ; joli balancement rythmique de valse, avec un triolet ponctuant parfois le deuxième temps ; frémissement d'arpèges brisés à la reprise ; conclusion délicate ; l'esthétique des *Danses fantastiques*.

Le troisième (en sol majeur, *andante*) rejoint le premier dans l'inconsistance. Mais on fera une place au quatrième (en mi mineur, *moderato*), l'un des meilleurs, ricercare à trois voix, sobre, grave, ému, mené tout entier sans altération (modalisme de couleur russe), à part les quelques mesures qui précèdent la coda, et où le crescendo amène une étrange intrusion de bémols ; fin nue, effacée, d'une grande beauté.

Le cinquième (en ré majeur, *allegro vivace*) est un réchauffé de Czerny, un aride et parodique exercice de gammes et d'arpèges pour la droite, que la gauche accompagne placidement de staccatos maigrelets.

Étonnant et irrésistible sixième prélude (en si mineur, *allegretto*), une polka, plus drolatique encore que celle des *Danses fantastiques* et d'une impitoyable rosserie, avec ses motifs décousus, ses fausses notes, ses glapissements, ses silences cocasses : Chostakovitch est ici un Auric russe, aussi impayable que le français.

Le septième prélude (en la majeur, *andante*) fait grimacer inutilement, à la main gauche, sous des accords impassibles, un thème de romance qui n'en peut mais. Le huitième (en fa dièse mineur, *allegretto*) évoque à nouveau Auric (ou Kurt Weill ?) : staccatos, modulations surprises, chiquenaudes et pieds de nez... Puis c'est Poulenc, celui des *Promenades*, que suggère le neuvième (en mi majeur, *presto*), un des plus séduisants : vifs triolets de tarentelle, motifs vacanciers, harmonies fraîches, insouciance, – et ces clochettes finales qui tintent dans l'aigu...

Il faut se forcer à lire le dixième (en ut dièse mineur, *moderato non troppo*) « au second degré » ; au premier, ce thème candidement niais, qui semble moulu par un orgue mécanique, et ces harmonies plates font horreur ; au second, on s'en amusera, comme de toutes les maladresses plus ou moins feintes, de toutes les arrivées plates, – et bien sûr de ces arrêts narquois, de cette incise burlesque (quatre mesures *allegretto*), de ces cadences conventionnelles, de ce stupide trille sur la dominante...

Le onzième (en si majeur, *allegretto*), sous son 6/8 de gigue, est plutôt une valse persifleuse, que ses doubles croches animent d'une verve légère. On sourira à la cadence « amoroso », cinq mesures avant la fin, que griffe une fausse note (si ♮ en si bémol majeur). En comparaison, le douzième (en sol dièse mineur, *allegro non troppo*) est bien pâle, avec sa gauche tournoyante, en arpèges modulants, et ses petites phrases insignifiantes. Quant au treizième (en fa dièse majeur, *moderato*), une marche acide, sur un ostinato d'accords de tonique, de rythme dactylique (une noire, deux croches), il est à fuir, tout simplement.

Une marche funèbre à trois temps, dans le quatorzième (en mi bémol mineur, *adagio*), pesant de ses accords, de ses tragiques trémolos d'orchestre, de son puissant crescendo central, est suivie dans le quinzième (en ré bémol majeur, *allegretto*) d'une nouvelle valse, toute piquée de staccatos, et très réussie, avec sa mélodie à la main gauche, ses soudaines et abruptes modulations, l'air de dire, sans la moindre politesse : « Et maintenant, j'ai envie d'un peu de la majeur, juste pour voir l'effet. »

Le seizième prélude (en si bémol mineur, *andantino*) est une marche fanfaronne, d'une banalité calculée, – mais on lui préférera, en fait de cliché, le délicieux dix-septième (en la bémol majeur, *largo*), une valse-hésitation, où la mesure balance entre trois et quatre temps, où le rythme accélère, ralentit, où la gauche s'arrête, où la droite court soudain en arabesques, dans le plus pur style de salon, jusqu'à l'incertitude finale entre sixte mineure ou majeure (fa ♭/fa ♮).

Décousu, aride, malgré ses imitations, le dix-huitième (en fa mineur, *allegretto*) n'a rien pour lui, – alors que le dix-neuvième (en mi bémol majeur, *andantino*), en dépit de modulations intempestives, d'arrivées creuses, peut séduire par son rythme de barcarolle (6/8) et par le galbe de son thème principal, quelque peu malmené par la suite, il est vrai ; Prokofiev, encore une fois, en eût tiré davantage, avec ou sans malice !

Contre le ton du pathos romantique, le vingtième (en ut mineur, *allegretto furioso*) est un véritable coup de colère, un accès de méchanceté caricaturale (ces trémolos de tierces, fortissimo, scandés par une basse qui met ses délices à paraître sotte !).

Deux façons de valse encore, et dissemblables au possible : le vingt et unième prélude (en si bémol majeur, *allegretto poco moderato*) adopte un piquant rythme à cinq temps, staccato et piano d'un bout à l'autre, ballet minuscule aux enchaînements incongrus et farceurs ; le vingt-deuxième (en sol mineur, *adagio*) est sans doute le plus beau de tout le recueil : ici aucune malice, mais un ton pensif, des phrases rêveuses, dans une écriture transparente, un lacis de croches tendres.

Il n'y a pas plus antipathique que le vingt-troisième prélude (en fa majeur, *moderato*), ou plus absurde ; et rien qui sonne aussi vilain que ces dessins d'octaves brisées ; et les arrivées des deux mains sur un creux unisson sont ici plus désagréables que jamais.

Le cahier, fort heureusement, finit sur l'amusant vingt-quatrième (en ré mineur, *allegretto*), gavotte renouvelée de Prokofiev, pleine du meilleur esprit, et où le rouet de quelques mesures ronronnantes, en doubles croches, tient lieu de musette.

## *Deuxième Sonate* (op. 61)

COMP 1942. PUB 1943 (Muzgiz), à l'origine comme opus 64. DÉD à la mémoire de Leonid Nikolaïev, son professeur de piano. CRÉ par Chostakovitch (6 juin 1943, Moscou).

Bien rassis depuis la *Première Sonate*, qui remonte à seize ans plus tôt, Chostakovitch n'en écrit pas moins, ici, une œuvre « de guerre », au même titre que le sont les *Sixième, Septième, Huitième Sonates* de Prokofiev, triptyque contemporain. Le premier mouvement est classiquement bâti sur deux idées opposées, qu'apparente pourtant le rythme pointé, omniprésent dans l'œuvre. Le premier thème (en si mineur, *allegretto*), accompagné de doubles croches, en gammes, en accords brisés de basse d'Alberti, va son pas débonnaire, tour à tour à la basse ou au soprano, parfois en doubles notes. Le second (en mi bémol majeur, *più mosso*) a l'allure d'une marche qui, rythmée d'accords battus, glapit d'abord dans l'aigu, puis, changeant de registre, s'adoucit, s'attendrit mystérieusement. Suit un premier développement, en contrepoint, entre le premier thème et un court motif de cinq notes conjointes, toujours pianissimo, comme un jeu d'échos ironique et un peu inquiétant. Puis c'est la reprise de A, avec son cortège de doubles croches, auquel B se mêle un moment (réexposés ensemble, bitonalement, mi bémol majeur sur si mineur), avant de s'en détacher pour mener tout seul sa petite marche. Encore un petit développement contrapuntique, avant la péroraison sur le thème principal.

Le deuxième mouvement (en la bémol majeur, *largo*) est une des meilleures inspirations, au piano, de Chostakovitch, – un morceau étonnant qui, s'il ne peut effacer des pages entières d'inepties, du moins s'impose à la mémoire, de son côté, comme un moment d'authentique musique. On peut y voir, au plus fort des noirceurs de la guerre, le souvenir attendri et tremblant des jours enfuis, le regret de tout ce qui, par la folie des hommes, ne sera plus jamais pareil. « Aimez ce que jamais on ne verra deux fois » : on songe à ce vers de Vigny, en écoutant ces mélodies qui s'effilochent, ce fantôme de valse (car c'en est une, qu'une rythmique de rubato, floue, invertébrée, imprécise comme le rêve, fait glisser de trois à quatre ou cinq temps), ces harmonies à peine suggérées (la ♭ constamment à la basse, mais les autres plans d'une liberté totale). Un intermède, d'une lenteur désespérante, murmure un thème de chanson, sur les accords effleurés de la basse. À la reprise, les motifs de la valse se répondent en canon du soprano au ténor ; puis d'impalpables arpègements la décorent, de loin en loin ; et elle finit par mourir, sans force, comme elle a commencé.

Il y a du bon et du moins bon dans le finale, mais aussi du meilleur. C'est un mouvement à variations, dont le thème (en si mineur, *moderato*) a la particularité de se présenter à nu, pendant trente mesures, comme un interminable et obsédant sujet de fugue, de forme caractérisée : une série d'élans ascendants, avec notes répétées, en arpèges de noires, suivis d'une chute en rythme pointé. À la fois plainte, récrimination, résignation fataliste, – et l'on ne sait quelle décision farouche... La première variation lui donne une harmonie, de deux à quatre voix. La deuxième l'accompagne d'un rythme de triolets où la note répétée se fait plus obstinée encore. Une variation fantasque *(più mosso)* l'éparpille en croches piquées, haletantes, à contretemps sur les temps forts de la basse. La gauche à son tour prend un continuo de croches, que la droite frappe d'accords sur les temps faibles. On retrouve alors le tempo initial pour une variation en accords, à l'allure de marche. Puis surgit un scherzo *(allegretto con moto)*, où à nouveau la droite pique ses lignes de croches, fébrilement, talonnée par sa compagne ; le thème ressort peu à peu, déformé à trois temps, passe au ténor, harmonisé en sixtes, remonte au soprano, s'enfuit devant le retour des croches fiévreuses. La variation suivante, à 2/4, alterne en écho, d'une main à l'autre, des fragments du thème en rythme pointé. Ensuite, sur ce rythme soudain ralenti *(poco meno mosso)*, de lentes octaves tintent dans l'aigu, poétiques, irréelles, comme des cloches entendues en songe. L'*adagio* qui suit énonce le thème en rythme double-pointé, à la façon d'une ouverture lullyste (ou de la huitième des *Études symphoniques* de Schumann). Vers la fin, le rythme s'installe en pédale intérieure, au-dessus de la basse, – et survient la radieuse variation majeure, un moment d'intense beauté, peut-être la plus belle page de cette sonate. La variation finale *(moderato)* nous épargne le brio et le tohu-bohu habituels aux péroraisons : elle énonce le thème, tout simplement, avec un accompagnement inquiet de doubles croches à contretemps ; très courte coda, et quelques lents accords conclusifs.

## *Pièces enfantines (Petits Contes)* (op. 69)

COMP 1944-1945. PUB 1945 (Muzykalny fond). DÉD à sa fille Galya.

Il s'en faut de beaucoup que ces six brimborions renouvellent la littérature enfantine. Ils en sont les poncifs, et l'on fera mieux de courir déchiffrer (ou faire déchiffrer), si l'on veut rester chez les Russes, les enfantines de Kabalevski, ou celles de Prokofiev, évidemment plus difficiles. Sans aller jusqu'à dire que si ces piécettes ne portaient pas un nom illustre, elles n'auraient pas été imprimées (on en imprime autant tous les jours, qui ne sont guère meilleures, d'illustres inconnus), il est certain que ce nom les fait vendre. Tant pis, – ou tant mieux pour l'éditeur. Successivement *Marche*, *Valse*, *L'Ours*, *Histoire gaie*, *Histoire triste* (celle-ci en sol majeur, celle-là en mi mineur, contre toute attente) et *Poupée mécanique* ajoutent leur niaiserie particulière à un fonds sans fond. La moins niaise est la dernière, façon de scherzo qui exercera les « cinq doigts » du petit prodige...

(On nous dira qu'un « grand interprète » – toujours lui ! – tirera parti de cet album. D'accord. Il peut transfigurer aussi la *Méthode rose*. Mais jusqu'où faut-il aider le compositeur ?)

## *Vingt-quatre Préludes et Fugues* (op. 87)

COMP 1950-1951. PUB 1952 (Muzgiz). CRÉ par Tatiana Nikolaïeva (23 et 28 décembre 1952, Leningrad).

Moins de dix ans après Hindemith, dont le *Ludus tonalis*, consistant en fugues et interludes, s'efforce de donner un équivalent moderne au *Clavier bien tempéré*, Chostakovitch, à l'occasion du bicentenaire de la mort de Bach, met plus franchement (et sûrement) ses pas dans les traces de Bach, reprend le chiffre de vingt-quatre (quoique adoptant l'ordre des quintes, alors que Bach avait choisi l'ordre chromatique), et livre ce monument, qui le résume, dans ses bons comme dans ses mauvais côtés.

Le premier diptyque (en ut majeur) est calme, recueilli, et même tendre. Accords presque tout au long du prélude *(moderato)*, à l'exception de quelques croches expressives, – comme s'il voulait, avec ce rythme de sarabande repris aux *Folies d'Espagne*, s'ancrer dans le passé. La fugue *(moderato)*, à quatre voix, plus paisible encore, se joue entièrement sur les touches blanches, d'où une jolie couleur modale, mais très variée, puisque chaque degré d'ut sert à son tour de point de départ au sujet.

Le deuxième prélude, en forme d'étude (en la mineur, *allegro*), n'est qu'une ligne tourbillonnante de doubles croches sans répit, un *moto perpetuo* aux mains alternées, à jouer le plus clair possible, « piano sempre » jusqu'à la fin. Il introduit une fugue à trois voix *(allegretto)*, parodique et grotesque, lancée par un anapeste railleur (deux brèves, une longue), – une invention de Bach refaite par un Stravinski mal luné ; sécheresse des staccatos, mauvaiseté des dissonances, modulations aux tons les plus éloignés, rythmique de machine, remontée à bloc et compliquée de nombreux strettos.

Sol majeur n'inspire pas Chostakovitch : dans le troisième diptyque, autant le prélude que la fugue sont ratés, celui-là *(moderato non troppo)* avec ses octaves pesantes, plus propres à l'orchestre qu'au piano, à quoi l'aigu rend un écho plaintif et un peu pleurnichard, – celle-ci *(allegro molto)*, à trois voix, avec son rythme de gigue, et ces gammes ascendantes qui fusent sans répit d'un registre à l'autre et d'un ton au plus lointain, comme du tac au tac, durant six longues pages.

Le quatrième prélude (en mi mineur, *andante*) reprend, en beaucoup plus lent, le motif plaintif du précédent, dont il fait l'accompagnement intérieur d'un chant très expressif, avec une basse en valeurs longues (écriture de choral figuré) ; mélancolie, un tour orientalisant, et les inévitables creux : on se prend à rêver au chef-d'œuvre qu'un musicien plus conséquent aurait tiré de cette donnée. Mais la fugue *(adagio)*, une double fugue à quatre voix, est magnifique, une des plus inspirées de la collection. Gravité du premier thème, dans un climat presque religieux, légèreté souriante du second, et leur réunion magistrale en fin de parcours.

Le cinquième diptyque (en ré majeur) est un des plus plaisants. Prélude charmeur *(allegretto)*, qui mériterait le titre de « prélude des harpes », par son écriture d'accords arpégés, entre les lignes chantantes du soprano et de la basse ; l'atmosphère est celle d'un menuet gracile, pour un ballet de poupées. La fugue, à trois voix *(allegretto)*, oppose les croches piquées, affairées, les notes répétées jacassantes, les silences du sujet, à la ligne liée du contre-sujet ; on s'y divertit beaucoup.

Fiers rythmes pointés, accords énergiques, dans le sixième prélude (en si mineur, *allegretto*), quelque peu déclamatoire (comme certains débuts de symphonies...), qui s'arrête sur la dominante, « attacca », pour une fugue à quatre voix *(moderato)*, étendue, massive, besogneuse, dont le sujet à deux visages passe de la gravité des valeurs longues au remuement de croches et doubles croches qui donne à la pièce son allure de moteur infatigable.

Le septième prélude (en la majeur, *allegro poco moderato*) se souvient du prélude en ré du second *Clavier bien tempéré* ; atmosphère pastorale de ce gai et pirouettant 12/8, dans une lumière feutrée par le « piano sempre ». La fugue *(allegretto)*, à trois voix, est mignonne, emplie de clochettes ; grande euphonie de ces arpèges en écho (son seul matériau ! qui, depuis Reicha, a jamais entendu une fugue purement « harmonique » ?), de ces tierces et sixtes, de cette absence presque complète d'altérations (modulation en fa/si bémol vers le milieu).

Le huitième diptyque (en fa dièse mineur) s'arrange pour passer de la comédie au drame. Sur le petit trottinement de la gauche, en croches staccato, le thème du prélude *(allegretto)* se lamente tant qu'il peut, tâchant de refaire le *Schmuyle* des *Tableaux* de Moussorgski, avec ses mélismes orientaux et ses criardes notes répétées. La fugue *(andante)* lui emboîte le pas sur le même ton, mais avec plus de noblesse ; ce n'est plus l'individu, le mendiant des rues, c'est un peuple entier qui gémit et montre ses plaies... Sept pages sinistres, à donner le malaise.

Dans l'étrange et dépouillé neuvième prélude (en mi majeur, *moderato non troppo*), les deux mains à l'unisson, à distance de deux octaves, se transportent du grave à l'aigu, dans un climat méditatif ; la musique, espacée sur trois portées, semble émaner d'un cloître silencieux (et russe, assurément : le couvent de la *Petite Suite* de Borodine !). La fugue *(allegro)* est tout le contraire, avec ses deux voix mobiles, et pressées ; et le fantôme de Bach y circule à chaque ligne.

Bach aussi (les imitations du septième prélude du premier *Clavier*) démarqué dans le dixième prélude (en ut dièse mineur, *allegro*), mais avec quelles déconcertantes laideurs (encore de ces arrivées, de ces volte-face mélodiques, dont on ne sait trancher si elles sont le fait de la maladresse ou de la parodie). La fugue, à quatre voix *(moderato)*, part sur les dernières notes du prélude, en les ralentissant ; elle est belle, quoique bien longue, académique peut-être, mais avec des lignes simples, une tranquille ferveur, qui parlent au cœur.

La onzième paire (en si majeur) veut amuser, et n'y parvient qu'à moitié. Prélude *(allegro)* sautillant, raréfié, économe à l'excès de ses notes (le glissement de si à fa, mes. 18, fait sourire, soit...) ; fugue à trois voix *(allegro)*, musclée, pleine de contretemps.

Au douzième numéro (en sol dièse mineur) nous attend un étonnant prélude *(andante)*, en forme de passacaille sur une basse obstinée de douze mesures, un des moments de vraie et profonde musique du recueil (Chostakovitch est d'autant plus inspiré qu'il altère peu, qu'il reste dans la couleur modale choisie, qu'il ne compose pas aux ciseaux). La fugue, à quatre voix *(allegro)*, n'est pas moins remarquable, quoique d'une tout autre nature ; avec son rythme à 5/4, ses accents « marcatissimo », sa décision, ses enchevêtrements complexes, c'est un moteur implacable, huit pages très maîtrisées où, une fois n'est pas coutume, on n'a guère le temps de s'ennuyer.

Fa dièse majeur confère au treizième prélude *(moderato con moto)* une couleur italienne de barcarolle ; rythme à 6/8, basse iambique (brève-longue), monotone et sourde, la main droite déroulant ses arabesques, bien prises dans la lumière. Très sérieuse fugue *(adagio)*, la seule à cinq voix du recueil, sur un court sujet qui n'excède pas l'ambitus de la quarte. L'écriture à trois portées clarifie, quand il le faut, cette architecture assez rigide, – plus de l'artisanat que de l'art.

Le quatorzième prélude (en mi bémol mineur, *adagio*), rythmé à 7/4, secoué de trémolos et gratifié de mélismes orientaux, est d'un exotisme bariolé et naïf, mais tragique ; c'est de l'opéra russe, brossé de couleurs criardes : récitatifs, chœurs et cloches à toute volée. Il ne déteint pas sur la fugue, à trois voix *(allegro non troppo)*, sévère, et même austère, menée avec une souveraine maîtrise.

Le quinzième prélude (en ré bémol majeur, *allegretto*) retrouve la veine « valsée » que les *Vingt-quatre Préludes* de l'opus 34 privilégiaient plus d'une fois, généralement avec bonheur. Cette valse-ci est à son tour assez réussie dans son genre, ironique et piquante, avec un délicieux intermède où, sous un thème délicat comme de la porcelaine, la gauche s'amuse à une sorte de ping-pong ! La fugue, à quatre voix *(allegro molto)*, aux antipodes de cette frivolité, est effarante de complexité harmonique et rythmique, et de difficulté pianistique ; sujet posé sur onze tons (« hendécaphonique », diront les pédants) ; imbroglio chromatique, mené à une vitesse d'enfer, « fortissimo marcatissimo sempre al fine ».

Rien n'est plus différent que le prélude et que la fugue du seizième diptyque (en si bémol mineur). Le prélude *(andante)* consiste en variations à la Haydn, où le thème, très serein, présenté en noires et blanches, est enjolivé au fur et à mesure de croches, triolets, doubles croches, pour revenir à la fin aux valeurs lentes initiales, – le seul clin d'œil à noter étant ce soudain et curieux emprunt au ton de ré à la huitième mesure de la mélodie. Mais la fugue *(adagio)*, à trois voix, est une page des plus originales, – et après tant de sujets au profil baroque, celui-ci ne ressemble à rien : moins un thème qu'une ornementation frissonnante autour de quelques notes, un surplace, une série de vibrations comme d'un cymbalum, d'autant plus obsédantes qu'on ne module presque pas ; la première altération (sol ♮) n'arrive qu'à la mes. 37, et dure à peine ; la fin, elle, est majorisée. Troublant et captivant morceau, hypnotisant même, comme une improvisation nocturne dans un cadre exotique...

Musique de vacances dans le dix-septième prélude et fugue (en la bémol majeur). Le prélude *(allegretto)* semble vouloir imiter la façon du jeune Poulenc (celui de la *Suite en ut*) et de ses amis du Groupe des Six, avec, passant d'une main à l'autre, son naïf accompagnement d'Alberti, son thème franchement diatonique, tiré à la ligne, insouciant pourtant et ingénu comme un chant du terroir. Le milieu bêtifie un peu, mais la reprise est ravissante, avec ces tierces acidulées, aux fausses notes savamment dosées. La fugue, à quatre voix *(allegretto)*, paraîtra longue pour son propos (huit pages !) ; mais elle a de la fraîcheur, des modulations enjouées ; si l'on y sent le maître d'école, c'est celui, pour une fois, d'une école buissonnière...

Le dix-huitième prélude (en fa mineur, *moderato*), une sorte de sarabande, à l'ample mélodie accompagnée en rythme trochaïque (longue-brève), se contorsionne harmoniquement de façon pénible, pour un résultat banal. La fugue, à quatre voix *(moderato con moto)*, est transparente comme un vitrail d'église, humble et douce comme une prière monastique. Prélude et fugue ont la même hésitation finale entre majeur et mineur.

L'étrange dix-neuvième prélude (en mi bémol majeur, *allegretto*) alterne un crescendo de lents accords de choral, et des sections plus mobiles, où un petit thème sautillant persifle au-dessus d'une octave tenue dans le grave. Fin inquiétante, tapie au tréfonds de l'instrument. La fugue, à trois voix *(moderato con moto)*, à 5/4, très chromatique, est bizarre, malaisée, anguleuse ; elle récrimine contre on ne sait trop quoi. Ambitus particulièrement exigu, limité à un triton pour le sujet, une tierce mineure pour le contre-sujet : on a l'impression d'un mouvement immobile...

Le vingtième prélude (en ut mineur, *adagio*) fait songer à quelque choral médiéval à la manière du Satie mystique, où la basse double le soprano, – interrompu de phrases librement chantées à l'aigu, comme un ramage d'alouette à la fenêtre du couvent. Très belle fugue, à quatre voix *(moderato)*, née des premières notes du prélude, elle aussi dans une atmosphère d'encens, de missels, de bancs d'église ; elle accompagnerait à merveille la récitation de *Sainte*, de Mallarmé...

Toccatina, ou étude « pour les cinq doigts », le vingt et unième prélude (en si bémol majeur, *allegro*) roule infatigablement ses doubles croches, qu'accompagne tantôt un legato de noires, tantôt un staccato de croches ; à donner aux élèves acrobates, car les musiciens n'y trouveront rien, pas même de l'esprit. De ce dernier, la fugue *(allegro non troppo)*, à trois voix, n'est pas dépourvue, avec son sujet semblable à une sonnerie de caserne (ou est-ce, comme chez Bach, le cor du postillon ?) ; mais ce sujet pouvait fournir trois pages, tout au plus ; en voilà six, de rythmes musclés et d'ardeur belliqueuse, qui finissent par lasser.

Notes répétées et « soupirs » typiques du baroque, sur une main gauche en accords battus, dans le vingt-deuxième prélude (en sol mineur, *moderato non troppo*), uniformément gris et désolé. La fugue, malgré son sujet modeste, est grave et réfléchie *(moderato)*, à quatre voix spacieuses et bien aérées ; noter le grand crescendo qui mène au ton lointain de si mineur, vite abandonné.

Le vingt-troisième prélude (en fa majeur, *adagio*), occupé à moduler, finit par tomber dans le décousu, malgré son thème mélodieux. La fugue, à trois voix *(moderato con moto)*, est enjouée, ingénue, mais hélas beaucoup trop longue ; à babiller ainsi, elle perd bonne part de ses grâces.

Le vingt-quatrième numéro (en ré mineur) est un véritable couronnement, pour un recueil ambitieux. Prélude imposant, majestueux *(andante)*, dont les accords ressemblent à des piliers de cathédrale ; au milieu, douce et voilée, s'élève une paisible prière. De cette idée secondaire, la fugue, une double fugue à quatre voix *(moderato)*, tire son premier sujet. Atmosphère d'église, une fois de plus (il y en a trop de cette veine, qui se font peut-être tort, parce qu'on n'arrive pas à les distinguer). Avec le deuxième sujet, en croches plaintives et notes répétées de deux en deux (voyez le vingt-deuxième prélude), cela se gâte ; dans son désir d'apothéose, le compositeur cède à une froide fabrication. Le pianiste, lui, a contre quoi lutter, avec ces doublures d'orchestre où s'époumone la conclusion, au plus fort des sujets superposés...

## Danses des poupées
COMP 1952. PUB 1952 (Muzgiz).

Moins ineptes que les *Contes* de l'opus 69 ; mais on glanera peu dans ces sept pièces extraites de divers ballets, – bien quelconques, impersonnelles au plus haut degré, sauf à parler des maladresses habituelles, feintes ou non : on en trouve par exemple dans la troisième, une *Romance* en fa majeur, qui fait beaucoup d'efforts et de contorsions pour moduler en ré... Laissons à leur sort l'insignifiante *Gavotte* (n° 2), la *Polka* de convention (n° 4), les ostinatos arides de l'*Orgue de Barbarie* (n° 6) et de la *Danse finale* (n° 7). On peut s'amuser à la *Valse lyrique* (n° 1), caressante, coquette en ses tierces viennoises, espiègle en ses notes répétées ; et, si l'on veut, à la *Valse-Scherzo* (n° 5), boîte à musique, où soudain la gauche vient glisser un rythme à quatre temps sous les trois temps de la droite.

## Domenico CIMAROSA
(1749-1801) Italien

Ce fut une heureuse surprise que l'annonce par Felice Boghen, en 1924, qu'il avait trouvé en manuscrit quatre-vingt-une sonates de Cimarosa, dont nul n'avait jamais parlé ; et tout autant la publication par ses soins de trente-deux d'entre elles. Les clavecinistes autant que les pianistes se précipitèrent ; on pressentait qu'on y retrouverait les vertus du théâtre de l'auteur, sa verve, son humour, sa robuste santé ; on les imaginait brillantes, délectables aux doigts comme aux oreilles. On ne se trompait guère ; mais quoi, bientôt trois quarts de siècle auront passé : elles ne sont pas entrées dans les mœurs. Chacun s'en excuse en répétant que l'auteur du *Mariage secret* est avant tout un compositeur pour la voix ; que ces petites sonates ne peuvent pas balancer la masse énorme de ses opéras, cantates, oratorios (qu'on ne connaît pas bien davantage). En réalité, celles de Scarlatti leur font, à elles aussi qui ne leur sont pas contemporaines, l'ombre qu'elles étendent sur presque toute la musique italienne pour clavier du XVIII$^e$ siècle.

Il faut aller redécouvrir ces pages trop vite remises en terre. Deux éditions, aujourd'hui, permettent d'en embrasser la plus grande partie : à celui de Boghen s'est en effet ajouté un nouveau choix de trente et une sonates, par Vincenzo Vitale, desquelles une seule fait double emploi avec les premières exhumées. Dans cette soixantaine de pièces se dépensent des dons variés, sous des formes toujours nouvelles. Quelques-unes sont d'une singulière brièveté, et n'en portent que plus loin leur visée ; ce sont des instantanés d'humeur, aux traits aigus, ou qui sait, peut-être des portraits, croqués sur le vif. À d'autres la structure habituelle en un mouvement ne suffit pas : un *andantino* dans le mode mineur précède un *allegro* majeur. Certaines s'assemblent par paires, comme chez Scarlatti. Les textures aussi varient beaucoup, de la plus grêle sonate où deux voix batifolent sur quelques notes, aux sonates plus denses et d'harmonie plus nourrie. Mais rien jamais qui pèse, ou qui pose. Cimarosa, on s'en doute, a un faible pour la vitesse, facteur de vertige et d'hilarité ; plus de la moitié des sonates courent la poste ; pour autant, il n'ira pas leur inoculer le virus virtuose ; la plupart demeurent à la portée d'un exécutant de niveau moyen. D'ailleurs il ne force pas la nature. Ce qui fait son charme, c'est sa spontanéité ; les idées lui viennent d'instinct, il ne les triture pas, ne les ajuste pas à un cadre préfabriqué. « Sonate », après tout, ce n'est qu'un mot figé, quand la musique est vivante. Partout enfin se trahit l'homme de théâtre : on voit des mouvements désordonnés, des scènes de dispute, on entend de vives réparties, des éclats de rire, des lamentations plus ou moins feintes ; tel largo pathétique, on se demande s'il faut le prendre au sérieux ou s'en amuser sous cape.

Une question qu'on se posera : clavecin ou piano ? Le fameux manuscrit (qui se trouve à Florence) porte une mention précise : *Raccolta di varie sonate per il fortepiano*. Mais ce n'est pas un autographe. Un détail pourtant pousserait en faveur du nouvel instrument : le fait que Cimarosa, en quittant en 1791 Saint-Pétersbourg (où il aurait écrit ces sonates), en ramenait un avec lui, cadeau de la grande Catherine. On peut encore voir, au musée du conservatoire San Pietro de Naples, deux pianoforte qui lui ont appartenu.

Voici un premier itinéraire (hâtif, hélas), dans les ***Trente-deux Sonates*** publiées par Felice Boghen (1925-1926, Eschig, trois cahiers). Les cinq pages de la première sonate (n° 28 du manuscrit, en ut mineur, *allegro giusto*) feraient une pétillante ouverture d'opéra-comique. Frétillants battements de la gauche sous l'entrée décidée du thème ; on se répond d'un pupitre à l'autre, et du tac au tac ; puis les deux mains se croisent : imaginons un frotti-frotta de cordes, quelques vents narquois ; plus loin, par deux fois, des glissements chromatiques. La reprise, abrégée, répète ces motifs dans le désordre ; dégringolade finale d'accords brisés sur trois octaves : rideau !

À la quatrième (n° 60 du manuscrit, en si bémol majeur, *allegro*), il ne manque rien pour être une petite sonate classique : ni le premier thème, qui démarre en fanfare à l'unisson, et poursuit guilleret sur un continuo de notes répétées ; ni le second, à la dominante, autre appel de trompes, de sens contraire au premier, sous la batterie d'une octave brisée ; ni même un minuscule développement, qui ne développe rien, d'ailleurs, qu'on ait déjà entendu ! (mais Beethoven en fera parfois autant). Reprise assurée, et bonne humeur jusqu'au bout.

Plus on la jouera vite, plus on s'amusera de la huitième (ms n° 54, en ut majeur, *allegro*), de sa cliquetante basse d'Alberti, de son départ sur l'arpège de tonique, frisé de gruppettos, de ses motifs à notes répétées. Classique, elle aussi, surtout par la lucidité de la texture, la clarté, l'efficacité du propos.

La onzième (ms n° 62, en si bémol majeur, *allegro*) est l'une des nombreuses à adopter le rythme à 3/8, où la droite, sur deux ou trois pages, cabriole en gammes, en arpèges, en figures brisées, chaperonnée par une gauche poussive, tout juste bonne à lui compter les temps (voyez les quatorzième, quinzième, vingt-quatrième de la collection Boghen, la onzième de la collection Vitale).

L'esprit de Scarlatti souffle dans la douzième (ms n° 35, en la majeur, *allegro*), dans ces motifs réitérés, ces batteries sèches, ces crépitements de notes répétées à la basse, sans oublier les étincelantes gammes de tierces des dernières lignes.

En deux parties enchaînées, la vingtième (ms n° 70) passe d'un *andantino* à 4/4, en si bémol mineur, à un *allegro assai* à 6/8, en si bémol majeur ; dans les deux c'est la droite qui mène ; elle simule un violon solo, qui d'abord chante son couplet plaintif et l'embellit de doubles triolets, puis, jetant le masque, n'est plus qu'un danseur, un voltigeur saisi par le rythme de la gigue.

Un peu brouillonne, mais riche d'éléments divers, la vingt et unième (ms n° 71, en fa majeur, *allegro*). Au début, ce sont les dessins brisés habituels, pour une droite pimpante ; mais la gauche la rejoint et la croise pour quelques brillants passages de martelage. La basse d'Alberti est aussi de la partie : après avoir sautillé sous un motif qui a l'air de la narguer, elle accompagne, dans le développement, et en des teintes mineures, une effusion qui pourrait être du Mozart. Cela dure à peine : le *commediante*, mû par un ressort, bondit à nouveau sur ses tréteaux.

Parmi les lentes, en voici de fort contrastées. La vingt-troisième (ms n° 55, en la mineur, *largo*), dans son rythme de sicilienne, instille une prenante mélancolie, avec l'écriture la plus sobre ; il n'y manque pas, vers la fin, cette harmonie « napolitaine » (accord du second degré abaissé) qui endolorit la phrase un peu plus. La vingt-sixième (ms n° 61, en sol mineur, *largo*) est un mouvement lent de sonate ou de concerto violonistique, multipliant les fioritures et les trilles, poussière de petites notes au-dessus du pas inflexible de la basse.

La vingt-huitième (ms n° 77, en si bémol majeur, *vivacissimo*) est un petit chef-d'œuvre de drôlerie, d'esprit, de mouvement. Titrée *Perfidia* (tout un programme !) par Cimarosa lui-même, elle nous offre le spectacle d'une scène d'opéra, entre le tragique et le bouffon, aux sons d'un orchestre invisible, dont l'écriture traduit à merveille la nervosité, la finesse, et jusqu'aux registres, jusqu'aux timbres. Un pianiste doué d'imagination (et de doigts, car pour une fois voici de la virtuosité !) fera entendre l'emportement de l'amant trompé (tout le début, raclé de croches staccato), les minauderies de la belle (petites phrases folâtres, sur basse d'Alberti), les soupirs (huit mesures de syncopes, coupées d'un éloquent point d'orgue).

Autre parcours, avec les **Trente et une Sonates** publiées par Vincenzo Vitale (1971-1972, Carisch, en deux cahiers). La treizième et la quatorzième sonate (n°s 2 et 3 du manuscrit) forment une paire indissociable : l'une (en la mineur) est un bref *andantino* où les doigts semblent piquer des arpèges de luth ou de guitare ; l'autre (en la majeur) est un *minuè*, comme écrit l'auteur, à 3/8, tout aussi réduit, gracieux tel un bibelot de porcelaine.

Je cite la dix-septième (ms n° 9, en ré mineur, *andantino*) comme exemple de ces pièces, assez fréquentes, qui se contentent de quelques mesures, de quelques notes, d'un tissage aéré, à deux voix le plus souvent, faciles aux mains les plus démunies de moyens, – et pourtant parlantes, comme ici ces phrases à 6/8, qui disent un rien de tristesse, un nuage de nostalgie.

La vingt-troisième (ms n° 67, en mi bémol majeur, *andantino grazioso*) aurait pu se trouver dans quelque divertimento pour vents du jeune Mozart ; on entend les bassons et les cors scander ces longues basses, les hautbois jouer à la tierce ou à la sixte, et ces phrases bucoliques tourner et s'évanouir dans l'air nocturne.

Après trois accords de tonique, sonores et pompeux, de joyeux motifs frisottent dans la vingt-septième (ms n° 57, en la majeur, *allegro*) ; moteur infatigable, mais un contraste expressif dans le passage en fa dièse mineur, harcelé de trémolos et de notes répétées.

La vingt-huitième (ms n° 76, en ré majeur, *allegro*) est un rondo (et s'en donne le titre), rythmé à 3/8, et dont l'espiègle refrain est joué par les deux mains à distance de dixième ; il n'a que onze mesures : je veux dire qu'il boite un peu (première proposition impaire, à sept mesures), et en cela s'oppose à la carrure des couplets ; au dernier retour, on lui octroie une rallonge : trois petits tours, et puis s'en va !

Un plan original, dans la longue (relativement) trente et unième sonate (ms n° 78, en si bémol majeur) : l'*allegro brioso*, à 4/4, qui débute par de graves unissons et s'anime ensuite au gré d'une volubile basse d'Alberti, se scinde au beau milieu pour accueillir quinze mesures de *largo* en mi bémol, à 3/4. Une fois de plus, on surprend en Cimarosa le musicien de théâtre, qui semble suivre la marche cahotante et déroutante de quelque scénario.

# Muzio CLEMENTI
(1752-1832) Italien

Sans Clementi (et sans Dussek, mais c'est un autre chapitre), nous n'aurions pas eu Beethoven, ou du moins pas le même. Ce que le cadet doit à l'aîné est innombrable, et l'on appelle abusivement « beethovéniens » toutes sortes de traits qui ont d'abord été « clementiniens » : les élans soudains, les ruptures de discours, les accents impérieux, les hardiesses instrumentales, la liberté formelle, les thèmes courts, anguleux, et même abrupts, les développements étendus, l'espacement entre les mains, les brusques changements de registre, les forts contrastes dynamiques, les modulations brutales, les effets orchestraux...

Mais ses meilleurs défenseurs ne sont nullement ceux qui montrent, exemples à l'appui, que la moitié de Beethoven se trouve déjà chez lui. On n'aime pas toujours les précurseurs. On les soupçonne de fabriquer médiocrement, dans l'ombre, à tâtons, ce que d'autres produiront brillamment au grand jour. Mais Clementi est mieux que l'ébauche d'un génie. Il est lui-même, avec ses qualités, ses défauts personnels, ses traits caractéristiques ; on peut le reconnaître ; on peut l'aimer pour son propre compte ; et il est temps qu'on l'*envisage*, comme aurait dit Cocteau. Ses *Sonates* ont longtemps été plus répandues que celles même de Haydn et de Mozart ; mais à l'heure où j'écris, il n'en existe pas d'édition complète. On n'en offre qu'un choix arbitraire, quand le moindre brimborion juvénile de Haydn est partout disponible. Or il n'y a pas, dans Clementi, de brimborion.

Une chose, en particulier, a nui à notre auteur. Et ce n'est pas l'opinion qu'en avait Mozart, qui le traitait de « simple *mechanicus* » : s'il fallait croire les musiciens, quand ils s'expriment sur un confrère, la musique ne serait pas un temple, mais l'hôtel des Invalides. Chopin ne supportait pas Schumann, et Poulenc ne goûtait pas Brahms, prenons-en notre parti. Du reste on comprend que le Mozart des années 1780 ait pu craindre, devant son public viennois, jamais complètement conquis, la concurrence de cet Italien, lequel, soit dit par parenthèse, aimait profondément Mozart, – comme Schumann idolâtrait Chopin ! Non, ce qui a fait du tort à Clementi, c'est cette œuvre pédagogique à laquelle on attache son nom, le *Gradus ad Parnassum*, qui passe pour un tombereau d'ennui. Il y a mis, pourtant, des trésors d'invention musicale ; encore faut-il les déterrer ; l'édition naguère la plus accessible l'amputait de toutes ses merveilles, allegros de sonate, fugues, canons, caprices, au profit des seuls exercices digitaux, – utilissimes, assurément, comme ceux de Czerny ou d'Aloys Schmitt, – et aussi détestés. Enfin, ce que le *Gradus* laissait encore debout de la gloire de Clementi, ses *Sonatines* ont achevé de le démolir. Combien, parmi les professeurs qui continuent de placer ces petites pièces sous les doigts de leurs élèves (car elles sont demeurées aussi efficaces que célèbres), soupçonnent que ce compositeur a écrit une soixantaine de vraies sonates, dont une vingtaine sont des chefs-d'œuvre du genre ?

Un autre malheur de Clementi, a-t-on dit, c'est d'avoir trop vécu. Né quatre ans avant Mozart, mort dans le temps où Chopin publiait son premier cahier d'*Études*, il donnait aux jeunes romantiques l'impression de vouloir pousser jusqu'au milieu de leurs ardeurs et de leurs impatiences les conventions polies de l'Ancien Régime. On oubliait que lui-même avait fait la révolution : son opus 2, en tant que coup d'éclat, vaut l'opus 10 de Chopin ; dans l'un comme dans l'autre, un musicien à peine sorti de l'adolescence assène au monde la preuve d'une stupéfiante originalité ; dans l'un comme dans l'autre, un prodigieux pianiste révèle les pouvoirs cachés de l'instrument auquel, orgueilleusement, il consacrera l'essentiel de son existence. Et comme on dit que tout Chopin (vocabulaire et grammaire) est déjà contenu dans ces douze *Études*, tout Clementi se trouve d'emblée dans ces trois *Sonates*, dans cette audace virtuose, dans cet accroissement de la sonorité, dans cette exploration de l'espace, dans cette expérimentation des timbres, des registres, des nuances, des couleurs d'une machine toute neuve encore, ce *fortepiano* qui allait bientôt supplanter le clavecin.

Chez les puristes, on fronça le sourcil ; à quoi voulait en venir ce bateleur, avec ses octaves et ses doubles notes ? Mais, sans jamais perdre totalement ce goût du pianisme virtuose, il gomma peu à peu les surcharges, réduisit les surenchères ; et l'on vit qu'il avait autant de cœur et d'oreille que de doigts. On entendit qu'il savait chanter comme nul autre, et d'abondance, avec une grâce naturelle que Beethoven, mal loti en ce domaine, a dû lui envier ; Clementi a rarement raté un mouvement lent, c'est-à-dire, dans une sonate, la minute de vérité. Pour l'esprit, qui donc n'en possède pas, à cette époque insouciante ? Il n'avait qu'à emboîter le pas à Haydn (et à se souvenir de son compatriote Scarlatti) pour réussir une poignée de rondos étourdissants de verve et d'alacrité. Ensuite, quelques sonates dans le mode mineur lui permirent de déployer ses dons au complet ; et l'on constata qu'il ne lui manquait ni le génie dramatique, ni la force de la passion, et que sa large palette comptait aussi ces teintes préromantiques, les ocres et les bistres. Plus tard, de plus en plus féru de contrepoint, il le joignit dans son langage aux trouvailles de l'harmonie ; peu d'auteurs de l'époque ont écrit autant de canons employés à des fins expressives, et qui demeurent, de bout en bout, de la musique.

Aurait-il pu annoncer davantage ce romantisme dont les éclairs luisent parfois dans son œuvre ? Au tournant du siècle, il est presque quinquagénaire. C'est un âge où l'on meurt, où l'on se retire ; non point un âge où l'on consent à changer de caractère et de mœurs. Ses trois *Sonates op. 40* (parues en 1802) résument un art à son apogée : si loin qu'il aille dans la confidence mélancolique, dans l'exaltation heureuse, dans la fièvre et le tourment, voire dans l'humour, il répugne aux plis disgracieux, à l'incohérence, à la disproportion. Beethoven eut le front (et sa pente aussi l'y poussait, avouons-le) de braver ces idéaux anciens, l'ordre et la mesure ; il était porteur d'avenir, et du reste Clementi le pressentit à temps. On a allégué son commerce d'éditeur, ses voyages, ses élèves, sa vie de famille. Faut-il expliquer par autre chose qu'une fière humilité les longues années de silence qui suivirent (les *Caprices op. 47*, les *Sonates op. 50*, en 1821, proviennent peut-être de vieux brouillons), occupées seulement à des *Symphonies* cent fois remises sur le métier, à l'ombre de celles du Grand Sourd ? Occupées uniquement, parmi d'autres ouvrages didactiques, à édifier ce malheureux *Gradus*, dont Clementi dut espérer qu'il serait un jour, dans ce terrain qu'on lui laissait libre, un monument comparable à celui des *Trente-deux Sonates...*

## LES SONATES

Il est difficile de se mettre d'accord sur le nombre exact des sonates pour piano seul de Clementi. Outre que beaucoup de sonates de jeunesse sont perdues, que quelques-unes sont encore inédites (et sans parler des attributions douteuses), il existe tant de versions revues et corrigées, tant de numérotations d'opus contradictoires, et de redistributions à l'intérieur d'un opus, parfois du fait même du compositeur, que la pelote peut sembler inextricable. On se heurte ensuite à la difficulté de décider si l'on inclura ou non, au nombre de ces sonates, toutes celles qui, sans être expressément destinées au seul piano, sont pourvues d'un accompagnement de violon ou de flûte ad libitum, ou de parties accompagnatrices si minces qu'on peut les supprimer sans rien ôter à la valeur de l'œuvre. Je m'en tiens ici à un total de cinquante-huit sonates reconnues avec certitude (on n'y trouvera pas celles de l'opus 1 londonien, partiellement reprises dans l'œuvre 1 parisien), qui couvrent, si l'on se réfère aux dates de publication (1771 pour l'opus 1, 1821 pour l'opus 50), un demi-siècle de vie.

Cet univers trop méconnu des sonates de Clementi, il est d'usage qu'on y fasse entrer le public par le biais des trois de sa jeunesse qui sont écrites dans les tons mineurs : la troisième de l'opus 7, la première de l'opus 8, la sixième de l'opus 13 ; si l'on y joint trois « mineures » plus tardives, la cinquième de l'opus 25, la deuxième de l'opus 34, la deuxième de l'opus 40, voilà en effet un ensemble impressionnant. Le mode mineur, comme à la plupart de ses contemporains, lui permet des effets dramatiques, lui arrache des accents poignants. Le mélomane qui ne connaît, du compositeur, que les inoffensives *Sonatines*, tombe des nues : comment lui a-t-on caché une telle musique ? Et sans se hâter de dire que Clementi y révèle son vrai fond (car sa vérité comporte aussi une part d'humour, original et robuste), on peut s'aider de cette poignée d'œuvres pour montrer, à tout le moins, que la sonate ne lui est pas seulement un aimable jeu de société, comme si souvent chez Haydn et même chez Mozart. Avec lui, nous sommes en marche vers la sonate romantique.

Non point, d'ailleurs, la sonate considérée comme un conflit d'idées ou de sentiments. Si fortement qu'il préfigure Beethoven, on le verra plus enclin à unifier son matériau qu'à le diversifier. Comme Haydn, il aime à tirer ses thèmes l'un de l'autre, et s'occupe rarement à dresser A contre B, en personnages caractérisés. En revanche, et comme cet autre novateur de la sonate qu'est Dussek, il ne se refuse pas les digressions, qui l'aident à développer avec une richesse inouïe avant lui, avec une ampleur qui ne doit rien à la simple dialectique. Doué d'une belle oreille, cherchant l'imprévu harmonique, la surprise tonale, il a pu s'autoriser les premières « divines longueurs ». Le nerf, la vitalité, la vigueur, la passion qu'il met en œuvre ouvrent des voies nouvelles à la sensibilité ; et s'il ne les explore pas toutes, du moins s'avance-t-il aussi loin que le lui permettent des idéaux formels bien ancrés en lui.

On ne saurait assez insister, dans ce renouvellement de la sonate, sur l'importance de l'instrument, de ce pianoforte auquel Clementi se consacra de toutes les manières, non seulement en compositeur, mais aussi en virtuose, en technicien, en mécanicien, en facteur. Ses audaces digitales, que dédaignait Mozart, son goût pour une sonorité éclatante, pour une large dynamique, pour un spectre étendu, ont modifié l'essence même du langage. Mozart est le dernier représentant d'une époque où l'on peut penser la musique dans la tête, et sans support instrumental ; Clementi le premier d'une ère où l'instrument dicte la pensée, et bientôt jusqu'à la forme où s'inscrira cette pensée.

### *Quatre Sonates* (œuvre 1, n<sup>os</sup> 1-4) [*]

PUB 1780-1781 (Bailleux, Paris). Le n° 5 de l'opus est une fugue (en la mineur, reprise dans le *Gradus*, n° 69) ; le n° 6 une sonate pour deux pianos.

On mentionnera rapidement, et pour mémoire, ces sonates en partie refondues d'après les *Sonates op. 1* parues à Londres en 1771. Les éléments nouveaux que Clementi y incorpore ne les empêchent pas de dater d'une tout autre époque que le fameux opus 2 publié en 1779. Il n'y est encore qu'un dilettante de la sonate (et de l'instrument), modestement doué. On y éprouve à peu près la même sorte de lisse indifférence que dans les premières sonates de Haydn. Ce qu'elles ont de meilleur, à tout prendre, ce sont leurs mouvements à variations : dans la *Sonate n° 1*, en fa majeur, des variations faciles et enjouées sur l'air de *La Pantoufle* (où l'on reconnaîtra l'enfantin « À mon beau château ») ; dans la *Sonate n° 2*, en si bémol majeur, des variations sur un air du ballet *Mirza* de Gossec, où l'on notera un délicat *minore* (var. 6) ; et surtout, dans la *Sonate n° 3*, en sol majeur, huit variations sur l'air « *Black Joke* », un choix de celles, pleines de hardiesses techniques, qui avaient paru séparément en 1777 (WO 2) : Clementi a beau n'en reprendre que les plus faciles, il reste suffisamment de matière pour le distinguer du lot commun.

Pourtant, ne quittons pas ce recueil sans mentionner le *larghetto* initial de la *Sonate n° 4*, en la majeur : les moyens en paraissent bien simples, mais ce chant soutenu sans fadeur, ces modulations aisées, ces ombres fugitives des tons mineurs, présagent déjà le ton personnel et inspiré des futurs mouvements lents.

---

[*] La numérotation suit celle du catalogue d'Alan Tyson (Tutzing, 1967) ; les lettres WO désignent les œuvres sans opus.

***Trois Sonates*** (op. 2, n°s 2, 4 et 6)
PUB 1779 (Welcker, Londres). Les n°s 1, 3 et 5 de l'opus sont pour flûte/violon et piano.

Cet opus 2 a beaucoup fait pour la gloire du jeune Clementi, qui le révisa et le rééedita souvent (et même augmenta les sonates pour piano seul de parties de flûte ou de violon). Lui qui vivait jusqu'alors dans l'ombre de Jean-Chrétien Bach, il y supplante d'un coup ce maître trop sage, par une technique révolutionnaire, à base d'octaves, de tierces, de sixtes, qui laissera des marques profondes sur le premier Beethoven, et que signale, dès 1780, la notice qui lui est consacrée dans un *Abecedario musico* anglais : « Il a composé quelques séries de *lessons*, qui abondent en passages si singuliers et si difficiles que de toute évidence il s'y est exercé pendant des années avant de les publier ; nous voulons parler en particulier des successions d'octaves... » Ces audaces renouvelées de Scarlatti, et dont l'auteur lui-même se jouait comme un diable, consacrent le règne du piano après celui du clavecin. Elles n'avaient pas, on le sait, la faveur de Mozart (voir son fameux jugement sur Clementi dans les lettres du 16 janvier 1882 et du 7 juin 1883) ; mais le public y applaudissait fort ; et quand Nägeli commença à publier, en 1803, son *Répertoire des clavecinistes*, il choisit précisément ces sonates pour l'inaugurer.

Sonates toutes les trois en deux mouvements, rapides, cela s'entend : pas de place, pas de temps ici pour les langueurs ou les rêveries de l'andante, encore moins de l'adagio...

SONATE op. 2 n° 2 (en ut majeur). — Ce fut longtemps l'œuvre la plus renommée de Clementi, « *the celebrated octave lesson* », comme disaient les critiques anglais. Tant le *presto* initial, en bonne et due forme sonate, que le rondo conclusif *(spiritoso)* sont truffés de difficultés considérables pour l'époque, – que ni Haydn ni Mozart ne se permettent. Il est vrai que ces derniers privilégient la musique, alors qu'ici Clementi ne se préoccupe que de bravoure : octaves dans chaque main tour à tour, dessins en notes répétées, gammes et arpèges scintillants, traits en tierces ou en sixtes, à quoi le *minore* du rondo ajoute ses rafales de mitraillette. Tout cela d'ailleurs réjouissant, parce que juvénile et léger. Et le développement du premier mouvement fait tout de même, au génie près, songer à Beethoven, avec ses moulinets d'arpèges modulants.

SONATE op. 2 n° 4 (en la majeur). — Dans le même genre, mais plus stupéfiante encore de hardiesse, ce qui ne l'empêche pas d'être incontestablement plus musicale. C'est à croire que les trois dièses de la tonalité ont stimulé le compositeur : il est plus difficile d'être original sur les touches blanches d'ut majeur, où la virtuosité tourne vite à l'exercice ! L'*allegro assai* sonne parfois comme du Mozart, tendrement, oui, osons le mot ; mais cela ne dure guère : les traits ont de loin la première place ;

et ils sont si inventifs qu'on les écoute avec excitation : triolets sibilants, doubles notes crépitantes, et ces moulinets de la droite, que scande une basse acrobatique (mes. 46-49). – Le rondo *(spiritoso)* n'a l'air au début que d'une romance, avec son sage 6/8. Mais gare à qui le prend d'emblée trop vite ! Voici bientôt les doubles croches et les octaves brisées, voici surtout ces redoutables trémolos de doubles notes, qui ne se bornent pas à disloquer les doigts, mais réveillent l'harmonie, la font vibrer dans ses modulations. L'épisode mineur est à cet égard très réussi ; dommage qu'il donne lieu, également, à une démonstration un peu fatigante de gammes en octaves.

SONATE op. 2 n° 6 (en si bémol majeur). – Ici encore, on s'en veut d'admirer ces traits et ces tours de force ; la seule excuse qu'on ait, c'est qu'ils ne soient pas antimusicaux... L'*allegro di molto*, dès sa deuxième mesure, se montre sans concession pour les amateurs : ces tierces volubiles, ce qu'elles ont de neuf, c'est qu'elles transcrivent pour le seul piano des passages habituellement joués « à la tierce » (ou « à la sixte ») par le piano et la flûte ou le violon. Mais que dire des triolets tournoyants, des gammes en octaves, et, dans le développement (où pourtant les huit premières mesures, paisibles et joliment modulantes, rompent avec le feu d'artifice), des arpèges de la droite, vertigineux, en aller et retour ? – Il y a plus de substance dans le *prestissimo*, de forme sonate binaire, une gigue époustouflante, à la Scarlatti. Des tierces, des octaves brisées, et surtout ces figures trémulantes de doubles notes, que l'on a vues dans le finale de la sonate précédente, et qui mettent tout le clavier en vibration.

## *Trois Sonates* (op. 7)
PUB 1782 (Artaria, Vienne). DÉD à son élève Maria Theresa von Hess.

Recueil mélangé : le propos est généralement plus ample, le mouvement lent apparaît, ainsi que le ton mineur, et, sauf dans la deuxième de ces sonates, qui doit être la plus ancienne des trois, la virtuosité cède du terrain.

SONATE op. 7 n° 1 (en mi bémol majeur). – L'*allegro assai* vaut surtout par son développement, qui entraîne la musique dans les tons mineurs, avec une course de triolets haletants, entrecoupés, de couleur préromantique. Mais la palme ici revient au beau mouvement lent (en la bémol majeur, *maestoso*), le premier en date de l'ensemble des sonates de Clementi ; il est bâti essentiellement sur un thème, dans des harmonies à la Carl Philipp Emanuel Bach, et plus surprenantes encore ; atmosphère nocturne, respiration oppressée ; on notera la plainte, au milieu, de la gauche croisant la droite, et plus loin l'effet des syncopes et des contretemps, le tout dans une dynamique expressive et violemment contrastée. – Après quoi, le rondo *(allegro)* n'est plus qu'une récréation, un passe-temps spirituel, où les thèmes gambadent sans souci ; on s'y amusera, entre autres, à ce long trille de si ♭ qui, par deux fois, vient amorcer la reprise du refrain.

SONATE op. 7 n° 2 (en ut majeur). – L'incorrigible virtuose y retrouve, comme dit Saint-Foix, « ses mauvaises habitudes », et la façon de l'ut majeur de l'opus 2, par les dessins de tierces et de sixtes du *presto* initial ; non complètement, toutefois : ces acrobaties alternent avec de jolis passages mélodiques ; voyez comme, au milieu du développement, après le second crescendo sur les sixtes et le silence d'une demi-mesure (un précipice !), la mélodie en fa se déploie candidement, fraîche comme une oasis.
– Le finale contient deux mouvements en un seul : un *andantino allegretto*, toujours en ut, à l'allure de menuet rêveur, qui s'ouvre sur un *presto* en ut mineur, à 2/4, page insensée qui secoue l'instrument à coups d'octaves (des doubles croches !), meurtrières pour quelque poignet que ce soit ; retour au havre de l'*andantino*, et conclusion en arpèges descendants.

SONATE op. 7 n° 3 (en sol mineur). – C'est une belle et forte sonate, proche, par son inspiration préromantique, sa concision, sa densité, son côté volontaire, de la *Sonate en ut mineur* de Haydn (1771). Tout l'intérêt de l'*allegro con spirito* initial réside dans son premier thème, motifs brisés qui se répondent de la main droite à la main gauche, avec des appogiatures inquiètes ; le développement le rend plus expressif encore, en le coupant d'unissons coléreux, puis en le présentant par augmentation (mes. 102, en mi bémol). La réexposition, aussi âpre que sobre, écourtée judicieusement de toutes les idées secondaires, finit à mi-voix, en piétinant.

Le sensible mouvement lent (en mi bémol majeur, *cantabile e lento*) ne devra pas traîner en chemin, sous peine de paraître languissant et de perdre son pouvoir et son intensité ; il y a là quelques harmonies saisissantes, et un jeu de nuances contrastées, bien faites pour traduire ces alternances de rêverie et d'élans passionnés.

Finale étonnant *(presto)*, déchaîné, dans le 6/8 galopant de certains finales du jeune Beethoven ; c'est un passage singulier, en vérité, que celui, au début de la deuxième partie, qui mène en sol dièse mineur (pour la réexposition !) ; et tout autant celui qui en sort, après une étrange errance de l'harmonie, pour retrouver sol mineur. L'atmosphère est celle d'une chevauchée fantastique, mais avec des moments d'une inquiétante douceur : la fin, par exemple, aux confins du silence.

### *Trois Sonates* (op. 8)
PUB 1782 (Castaud, Lyon). DÉD à Nancy d'Auenbrugger, Victoire Imbert, Mlle Artaud.

SONATE op. 8 n° 1 (en sol mineur). – A-t-il déjà épuisé cette tonalité ? Il y a moins de « nécessité », dans le premier mouvement de cette sonate *(allegro)*, que dans celui de la précédente (op. 7 n° 3) ; et en même temps davantage de fantaisie, d'arrêts, de silences, de revirements, comme si Clementi voulait compenser par ces sautes d'humeur un certain manque de fond. Le développement est original, qui exploite d'abord la figure conclusive de l'exposition (un arpège tombant en cascades à plusieurs reprises), puis réexpose, bel et bien, les deux thèmes (en ré mineur et fa majeur) ; si bien qu'au sortir, la vraie réexposition n'utilise plus que le premier thème, avec une sobriété exemplaire. – Court mouvement lent, vingt-quatre mesures (en mi bémol majeur, *andante cantabile*), comme en écrit parfois Haydn : rien que quelques accords à la main gauche, rarement plus d'un par mesure, sous les volutes pensivement tracées par la droite. – Quant au *presto* final, c'est un exercice à la Scarlatti, alacre et vif, doubles croches filantes à 3/8, questions et réponses, croisements de mains.

SONATE op. 8 n° 2 (en mi bémol majeur). – Elle est dédiée à cette jeune Lyonnaise dont Clementi devait s'enticher jusqu'à projeter de l'enlever (les parents s'empressèrent de le faire reconduire à la frontière, *manu militari* !). – Ce n'en est pas pour autant la plus réussie de la série, loin de là. Le meilleur de l'*allegro assai* est à la fin du développement, où les triolets du second thème forment soudain, en fa mineur, un accompagnement d'arpèges sous un chant de noires, et comme l'émanation, à mi-voix, de son harmonie. – Puis c'est un court mouvement lent (en la bémol majeur, *larghetto con espressione*), de climat contemplatif, où l'on regrettera que l'expressive modulation en fa mineur tourne court, et n'aboutisse (abruptement) qu'à la reprise... – Le finale est un rondo *(allegro)*, espiègle, bon enfant, où déboule pourtant un énergique couplet en ut mineur, strié de gammes en triolets.

SONATE op. 8 n° 3 (en si bémol majeur). – Le deuxième mouvement, un menuet sans trio *(allegro)*, est peu de chose, si même on compte avec l'ironie qui a dû dicter ces gruppettos d'anacrouse, ces sauts de dixième (mes. 3) ou ces unissons faussement menaçants (mes. 13). – Le finale *(allegretto grazioso)* est un rondo des plus « frisés », pour employer l'adjectif dont Stravinski se servait à propos du jeune Beethoven : crans, boucles, accroche-cœurs ; du reste un charmant bibelot de Vienne. – Mais le premier mouvement *(presto)* a plus d'allure ; vigueur et décision du premier thème ; naïveté du deuxième thème, que les deux mains tressent ensemble, la gauche serrant de près les lignes brisées de la droite, où tinte la clochette du cinquième doigt...

### *Trois Sonates* (op. 9)
PUB 1783 (Artaria, Vienne). DÉD à Mme von Hess.

SONATE op. 9 n° 1 (en si bémol majeur). – L'*allegro assai* rappelle les sonates virtuoses de Londres ; il subordonne tout aux doigts, en séries de

« passages », vite creux et fatigants (ce premier thème, déjà, l'air dadais, sur ses échasses d'octaves brisées ; et ces roulements de doubles croches mécaniques !). Les quelques moments « chantants », sur de gentilles basses d'Alberti, sont parents pauvres ; on entend bien que l'auteur s'occupe ailleurs ! À signaler, avant la réexposition, le long trille de la droite sur fa, pendant que la gauche grimpe puis dévale les degrés à toute vitesse. – Le mouvement lent (en mi bémol majeur, *adagio cantabile, e con espressione*) est plus « frisé » que de coutume ; Clementi, d'ordinaire plus dépouillé, s'est procuré les fers et s'en sert assez bien. – Pardonnons au *presto* (un rondo) son décousu, et sa longueur (un défaut fréquent du genre) ; il s'amuse beaucoup, batifole, bondit d'une idée à l'autre, les relie lâchement de points d'orgue, de cadences. Le refrain est banal, mais inattendu le couplet aux triolets (en fa majeur), ou celui où des gammes survolent un petit iambe moqueur (en sol mineur). Tout cela ne se prend guère au sérieux, ne veut pas peser (à l'inverse du premier mouvement) ; voyez cette fin si simple, deux voix douces, sur la pédale du ton, piano, pianissimo.

SONATE op. 9 n° 2 (en ut majeur). – Débuts du monothématisme : le motif initial nourrit tout le premier mouvement *(allegro, ma con espressione)*, larges sauts successifs, tant à droite qu'à gauche, montant peu à peu les degrés en crescendo. Le deuxième thème en est dérivé, le développement l'exploite. Octaves, tierces et sixtes n'ont plus ici ce caractère un peu vain qui fait la faiblesse de bien des pages précédentes, mais entretiennent une urgence, une tension dramatique. – Le mouvement lent (en ut mineur, *lento e patetico*) n'a que seize mesures (trente-deux, avec les reprises), mais renferme beaucoup d'intensité dans ce court espace. « Patetico » est peut-être rajouté à la révision ; le mot caractérise bien ce climat de sourde tristesse, qu'accentuent les contretemps, les soupirs des triolets. – Pour finir, un rondo de plus *(allegro spiritoso, ma con grazia)* ; quel dommage qu'il y en ait tant, qui se font concurrence... Retenons, de celui-ci, l'expressif *minore*, tout syncopé, profondément affligé, et qu'on peut même tirer vers l'angoisse.

SONATE op. 9 n° 3 (en mi bémol majeur). – Cette fois, dans le premier mouvement *(allegro assai)*, plus question d'économie : les idées surabondent, bien différenciées, et s'entremêlent ; A, avec son gruppetto caractéristique et son contrepoint, revient encore, plus élaboré, après B (mes. 35) ; les gammes quelque peu bavardes de B servent aussi de conclusion, et accompagneront A lui-même dans la réexposition ; le développement, bien entendu, fait feu de tout ce bois. – *Larghetto* méditatif (en la bémol majeur), et même contemplatif, avec quelques pointes plus intenses, qu'il ne faut pourtant pas forcer. – Le *prestissimo* final, en forme sonate, est plus quelconque ; il y a de la vie, certes, de l'énergie dans ces triolets que les mains se disputent, et qui, l'énoncé de B mis à part, alimentent le rouage d'un allègre mouvement perpétuel ; mais cela radote un peu, avec des passages à vide, et l'on comprend Clementi de supprimer sans scrupule, à la réexposition, son thème A...

**Trois Sonates** (op. 10)
PUB 1783 (Toricella, Vienne). DÉD à la comtesse de Grundermann.

Un recueil où l'écriture se fait plus claire, la matière plus économe (monothématisme fréquent) ; on notera que les trois finales adoptent tous la forme sonate.

SONATE op. 10 n° 1 (en la majeur). – Une réussite. Clarté et simplicité de l'*allegro con spirito*, dont le second thème (inversion du premier, en son début) possède un enjouement tout mozartien ; écriture aérée, gracile et gracieuse, moins obnubilée que d'ordinaire par les marteaux du nouvel instrument. – Suit un petit menuet *(allegretto con moto)*, dont le trio pensif, en lignes de noires syncopées, demeure cantonné dans le médium et le grave. – Brio du *prestissimo* final, bien enlevé, dans le même *moto perpetuo* de triolets qu'adoptait déjà celui de la sonate précédente (op. 9 n° 3), mais avec quantité d'idées, et pas une mesure inutile (ne comptons pas les répétitions et effets d'écho à l'italienne, où Clementi est un petit frère de Scarlatti). Notez le trois-contre-deux, les croisements de mains du développement, les fougueux unissons d'arpèges en aller et retour qui préparent la réexposition, – et l'extrême économie de cette dernière, impitoyablement réduite à quatre lignes.

SONATE op. 10 n° 2 (en ré majeur). – Deux mouvements seulement. Au lieu de l'allegro, un *andante maestoso* passablement austère, articulé en noires pesantes (unissons d'arpèges pour les deux thèmes, qui s'inversent, le premier descendant, le second ascendant). – Le *presto* est en forme sonate, mais Clementi garde à ses motifs l'allure distinctive de ses finales : gaieté, insouciance, bondissement ; après la gamme initiale, qui fuse sur deux octaves, un simple gruppetto de quatre doubles croches sert de ressort à l'ensemble du morceau ; la main droite, croisant la gauche qui piétine en croches, le redit à tous les registres, en tire le second thème, en remplit le développement ; la gauche le lui emprunte d'ailleurs assez vite et s'en divertit à son tour. On remarquera que la réexposition de A se fait à la sous-dominante.

SONATE op. 10 n° 3 (en si bémol majeur). – C'est le gruppetto de levé, une fois de plus (l'anacrouse favorite de Jean-Chrétien Bach !), qui gouverne tout le *presto* initial, introduisant les deux thèmes, leur répondant à la basse, activant le développement. Ici encore, réexposition à la sous-dominante, comme Schubert les affectionnera (après le Mozart de la *Sonate facile*) ; c'est un peu celle des paresseux : Clementi transpose sans changement ses quarante-six premières mesures... – Très court mouvement lent (en mi bémol majeur, *andante con espressione*), un menuet sans trio, petit meuble servant à décorer à moindres frais le corridor qui mène au finale. – Celui-ci *(allegro assai)* est spirituel en diable, et scarlattien, avec le vif-argent de ses doubles croches à 3/8, rythme contredit plaisamment, à plusieurs reprises, par une basse nettement à deux temps. Il y a d'amusants croisements de mains, et un passage de tierces (mes. 26) d'autant plus vétilleux que l'auteur les demande « con delicatezza ». Réexposition efficacement écourtée : on n'a pas le temps de sentir la forme sonate.

### Sonate et Toccata (op. 11)

PUB 1784 (Kerpen, Londres) ; la *Toccata*, qui date de 1781, avait été publiée à Paris sans la permission de l'auteur et fourmillait d'erreurs ; l'édition anglaise porte la mention « *corrected by the author* ».

SONATE (en mi bémol majeur). – Écrite au courant de la plume, surtout dans le rondo *(allegro spiritoso)*, d'esprit haydnien, certes, mais qui franchit la barrière invisible qui sépare la causticité, l'esprit, de l'indigence et même de la niaiserie ; trop long, du reste, pour trop peu de matière. – Le court mouvement lent (en si bémol majeur, *larghetto con espressione*), qui ressemble à du Mozart, surprend à un endroit : la cadence évitée de la mes. 16, trois mesures à jouer avec à la fois de l'ardeur et de l'abandon. – Le meilleur du premier mouvement *(allegro con grazia)* est dans le développement, ce passage de mains croisées, où quelques notes déplacées dans les arpèges de la droite font un thème caressant et tremblant.

TOCCATA (en si bémol majeur). – C'est celle que Clementi joua à Vienne devant l'empereur Joseph II, le 24 décembre 1781, lors de la fameuse joute avec Mozart ; ne cherchons rien d'autre, dans ce *prestissimo* en forme sonate, que pyrotechnie. Les fameuses et redoutables tierces, spécialité du compositeur, occupent le devant de la scène, relayées par des ondulations de doubles notes. Le milieu est un peu moins casse-cou : dessins de doubles croches, et arpèges en aller et retour.

### Quatre Sonates (op. 12)

PUB 1784 (Preston, Londres). DÉD à Miss Glover. L'opus comporte une cinquième sonate, en si bémol, pour deux pianos.

On retrouve ici le rondo, absent de l'opus précédent : trois finales sur quatre (celui qui reste est un thème varié), et des plus espiègles, des plus réussis. L'autre facette de l'art de Clementi, méconnue de Mozart, brille tout autant : ce jongleur, ce désinvolte, est aussi un lyrique, dont les mouvements lents, sans être longs ni surchargés, ont un grand pouvoir expressif.

SONATE op. 12 n° 1 (en si bémol majeur). – Riche et vigoureux *presto* initial, accompagné d'un infatigable mouvement de triolets (accords brisés). Était-ce un concerto, au départ, que cette sonate ? On notera la double exposition du long premier thème (au caractéristique, et désormais fréquent, gruppetto d'anacrouse), les longs trilles, simples ou doubles, les points d'orgue, et jusqu'à telles octaves avantageuses... Nombreux croisements de mains, tout au long. Dans l'épisode conclusif, comme souvent, le virtuose s'efface ; et le poète ne laisse affleurer qu'un petit murmure au ras du clavier. – Mouvement lent tripartite (en fa majeur, *larghetto con espressione*), toujours dans ce climat méditatif que Clementi sait tisser en quelques mesures, ce qui n'empêche pas, dans la partie centrale, les ombres du mineur et les accents impulsifs de la septième diminuée. – L'*allegretto* final, brillantissime, varie le fameux air « Je suis Lindor » que Mozart avait déjà utilisé en 1778 *(Variations K. 354)*. La « touche » de Clementi, ce sont ces octaves brisées téméraires (3e et 7e variations), ces tierces et sixtes ébouriffantes (4e et 11e) ; pas de *minore* : seuls les doigts sont à la fête.

SONATE op. 12 n° 2 (en mi bémol majeur). – Un gruppetto encore, mais cette fois sur le premier temps, lance le premier comme le second thème du vivant *presto* initial : l'un descend, l'autre monte, mais ils sont jumeaux. Emploi coloré de l'aigu : ce thème A, après être tombé dans le grave, se plaît au haut du clavier, dont les deux mains accolées tirent des sons de boîte à musique. Quelques vaines virtuosités gâtent parfois la fraîcheur de l'ensemble, comme ce crescendo d'octaves brisées qui sert de conclusion aux deux parties. – Le *largo* (en la bémol majeur) est inspiré : valeur des silences, des contretemps et syncopes ; modulations poignantes de la partie centrale (mes. 21-25). – Comme à l'ordinaire, le rondo *(assai allegro)* n'est que fantaisie ; refrain plein de clochettes cristallines ; un couplet où tournoient les triples croches ; un autre entièrement fouetté d'octaves, et cruel pour le poignet ; une fin en catimini, sur le bout des doigts.

SONATE op. 12 n° 3 (en fa majeur). – Du point de vue de la technique pianistique, une des sonates les plus difficiles de Clementi. L'*allegro molto* séduit dès l'abord par sa fermeté, son dynamisme. Des octaves dans la mélodie, point terrifiantes ; mais l'assaut des accords ascendants, un peu plus loin, est déjà plus rude ; et voici la chute d'accords en triolets de la conclusion, geste hardi, praticable en ut, bien plus méchant à la fin, en fa, avec le frein du si ♭ ! Beau développement sur les syncopes de la mes. 9, mieux exploitées encore à la réexposition. – Court *largo* (en si bémol majeur), où les parties se répondent, dans la pulsation assez régulière de la basse, avec par deux fois, sur l'accord de quarte et sixte, un point d'orgue suggérant au pianiste d'y aller de sa petite cadence. – Le rondo *(allegro)* a dû passer pour une diablerie à l'époque, avec ses passages d'octaves en triolets, ses sauts périlleux de la gauche, et surtout les fameuses gammes de tierces aux deux mains...

SONATE op. 12 n° 4 (en mi bémol majeur). – Une des plus parfaites parmi les sonates de jeunesse de Clementi. L'*allegro* démarre vigoureusement, avec ce premier thème en accords sur la pédale de tonique, qui s'élève ensuite en octaves décidées ; geste énergique des mes. 7-8, ces accords déplacés qui feront l'essentiel du court développement. Le second thème est apparenté, toute la différence étant dans les nuances plus douces, et l'accompagnement en doubles croches, dont le dessin volubile remplace les croches monotones du début. – Le mouvement lent (en ut mineur, *lento*) délaisse le ton habituel de dominante ou de sous-dominante pour le relatif mineur ; profond, émouvant, c'est le plus beau de tous ceux que Clementi a écrits jusqu'ici. Tout y part de ces sauts mélodiques de la première mesure et de ce dolent rythme pointé, qu'on retrouve exaltés dans les dernières lignes, sur une caressante basse d'Alberti, avec une expressive neuvième mineure (sol-la ♭). – Délicieux rondo *(allegro con spirito)*, avec son refrain à l'allure de comptine, en sixtes et tierces sur la tonique qui ronfle comme un bourdon (octaves brisées). Triolets effrénés des couplets, en frissons électriques, en murmures, en moulinets joyeux. Cette musique s'amuse, mais elle chante aussi beaucoup, palpite de vie et d'invention : peut-être est-ce aussi, jusqu'ici, le meilleur rondo de l'auteur.

## *Trois Sonates* (op. 13 n<sup>os</sup> 4-6)

PUB 1785 (Clementi, Londres ; le compositeur inaugure son métier d'éditeur). DÉD au comte de Brühl. Les trois premières sonates de l'opus sont écrites pour piano et flûte ou violon ; les trois pour piano se rencontrent aussi comme op. 14 n<sup>os</sup> 1-3.

Belles et riches sonates, surtout la troisième, où l'on croit entendre l'écho de l'amour malheureux de Clementi pour Mlle Imbert (voir op. 8 n° 2) ; il les aurait écrites à Berne, où il s'était réfugié en octobre 1784, cherchant consolation et solitude. Lui-même y voyait le début d'une nouvelle manière, d'un style « plus mélodieux et plus noble », où la virtuosité perd encore du terrain (on verra pourtant qu'elle n'a pas dit son dernier mot !).

SONATE op. 13 n° 4 (en si bémol majeur). – Les deux thèmes principaux de l'*allegro con spirito* sont identiques, une fois de plus, mais à la fin du premier groupe, assez étendu, il y a une belle idée modulante, en noires accompagnées d'un contretemps de doubles croches, qui servira dans le développement, et surtout vers la fin du mouvement (sur une longue pédale de dominante). Réexposition à la sous-dominante. On sentira, tout au long, le pouvoir des silences, des trilles, des mesures soudain raréfiées, celles par exemple de la conclusion : quelques notes de basse, un petit arpège qui s'écoule avec un bruit d'eau. – L'*adagio* (en mi bémol majeur) est admirable ; le cœur s'y épanche sans fard, et presque sans retenue, se trahissant au pouls de ces notes répétées, de ces accords battus ; les harmonies, trouvées comme d'instinct, dévoilent un intime bouleversement ; et soudain la parole manque : huit mesures avant la fin, on piétine dans le silence, on répète vainement quelques bribes, avant la cadence apaisée, en lent rythme pointé, sur la pédale de tonique. – L'*allegro assai* est le point faible de l'œuvre ; ce rondo trop maigrelet jure avec le reste ; sa gaieté même a l'air factice, et son refrain n'est qu'une ritournelle ; mais on peut feindre, étoffer quelque peu cette écriture décharnée, épaissir ces moutonnements de doubles croches, profiter des octaves, des roulements d'arpèges...

SONATE op. 13 n° 5 (en fa majeur). – Le court *allegro* initial est étrangement languissant, piétinant, en dépit de ses vigoureuses gammes d'octaves. Une curiosité : la réexposition commence en mi bémol, un ton plus bas ! – Le *larghetto* (en si bémol majeur) rachète ce début médiocre ; l'improvisateur y laisse libre cours à des humeurs variées ; une figure descendante y sert de motif principal, et des notes répétées assurent une pulsation plus ou moins régulière ; ici des tierces chuchotent dans le grave ; là, une ondulation de triples croches parcourt tout à coup le clavier ; ailleurs, des octaves se brisent dans l'aigu fragile, diminuendo, sans support. Il y a des points d'orgue : on en pourra poser d'autres, ou du moins faire sentir le poids du silence, l'espace et le temps des respirations, les incertitudes du discours (par exemple, mes. 23-25, cette hésitation entre le majeur et le mineur), les fantasques échappées de la modulation. – Plein de verve et de santé, le *presto* est un tour de force encore, avec ses doubles notes aux deux mains et les octaves brisées dont use (et abuse !) la main gauche.

SONATE op. 13 n° 6 (en fa mineur). – Un des sommets du massif des sonates de Clementi, et la plus étonnante de l'époque. Sombre et fatale, comme invinciblement : les trois mouvements sont en tonalité mineure (ce que ne font ni le Mozart de la *Sonate en la mineur*, ni le Beethoven de la *Pathétique*, pour ne citer que deux exemples), et le *largo* se refuse, pour son second thème, à l'éclaircie du majeur... – Tout l'*allegro agitato* est secoué de syncopes et contretemps sanglotants. On y sentira le rôle de l'insistance, de la répétition : dès le début (étrange, flottant dans l'aigu, comme privé de basses), ces quatre notes plaintives où la gauche répond aux triolets de la droite ; le mi-fa convulsif de la droite ; les trois mesures de redite avant le second thème, qui auraient pu être quatre, cinq, pourquoi pas ? Ce second thème, apparenté au premier (monothématisme), a beau passer au relatif (la bémol), il se teinte vite de mineur, avec un fa ♭, appogiature romantique (mes. 29). Le développement, relativement bref, arrive brutalement et dramatiquement sur la dominante d'ut mineur, ce qui nous vaut une réexposition inattendue dans ce ton. Tout le morceau est empreint de passion, et cependant plus murmurant que grondant, comme un feu qui couve sous la cendre.

Lyrique confidence du deuxième mouvement (en ut mineur, *largo e sostenuto*), de forme sonate. Les harmonies aventureuses, les oppositions de nuances et de registres, marquent d'emblée la parenté avec le style préromantique, l'*empfindsamer Stil* des fils de Bach. Le majeur semble près de s'installer (mes. 14), avec ce thème gracieux sur sa basse d'Alberti ; mais la modulation brutale en sol mineur amène une plainte déchirante, qui croît, retombe, meurt sur son lit d'arpèges. On la retrouve dans le développement, et mieux encore à la fin, de plus en plus exténuée (noter les subtiles, les troublantes appogiatures de l'accompagnement).

C'est un morceau magnifique que le finale *(presto)*, bandé de nerfs et de muscles, dense et précis, sans une mesure vaine, sans un seul espace perdu. Entendez comme les mains se répondent, courbe mélodique et contretemps de l'accompagnement, dans l'énoncé du premier thème, dont ensuite la gauche s'empare, croisant les accords brisés de la droite. On module vers le relatif, et les doubles croches s'affairent, la gauche à nouveau survole sa compagne, redescend tonner dans le grave, remonte, semble partout à la fois. Ce matériau dur et net, aux arêtes précises, fait merveille dans le développement, particulièrement nourri. En définitive, pourtant, et indépendamment des thèmes ou des harmonies, la fièvre, l'agitation est entretenue par ce motif haletant de deux notes (le si-do répété du début, le mi-fa répété de la fin, et toutes les autres variétés de seconde mineure), qui, de simple accompagnement, finit par envahir la musique, jusqu'à l'obsession.

### *Sonate en ré majeur (« La Chasse »)* (op. 16) – *Sonate en ut majeur* (op. 20)

PUB 1786 et 1787 (Longman & Broderip, Londres).

Il ne se passe pas grand-chose dans la *Sonate en ré*. L'*allegro* et l'*andante vivace* (ce dernier en sol majeur) n'alignent que lieux communs. Clementi manquer à ce point d'invention ! Qu'il devait peu aimer les « amateurs » à qui ce badinage est destiné... Tout au plus retiendra-t-on l'*allegro assai* final, un peu fatigant dans ses croches, mais facile aux doigts, et bien mené.

La *Sonate en ut*, plus sonatine que sonate, est vive et spirituelle en ses mouvements extrêmes, surtout l'*allegro con fuoco* final, à 6/8, affairé, sans un instant de répit ; ce train d'enfer (et les modulations en chaîne du développement) compense la banalité des formules. Tout autre est le mouvement lent (en fa majeur, *adagio con espressione*), de climat mozartien, surtout dans la belle incursion centrale en ré mineur.

## Deux Sonates (op. 24)

PUB respectivement 1788 et 1789 (Londres, dans la « *Collection of original harpsichord music* » de Storace). La deuxième sonate de l'opus est celle que Clementi joua avec sa *Toccata*, en décembre 1781, devant l'empereur Joseph II, qui l'avait mis en compétition avec Mozart (on la trouve aussi, révisée, comme op. 41 n° 2) ; l'autre doit dater de la même époque.

SONATE op. 24 n° 1 (en fa majeur). – L'*allegro assai* démarre en trombe : un trait brisé (longue anacrouse d'une mesure entière) qui dégringole par paliers, suivi, sur la pédale de tonique valant signature chez Clementi, d'une gamme ascendante qui monte deux octaves en doubles croches. Cet élan joyeux contamine la gauche à son tour ; puis ce sont des croisements de mains, des arpèges lancés, des triolets grimpants, en attendant le deuxième thème, caractérisé par son trille mesuré aux doigts faibles de la droite (4-5), sous lequel les doigts forts marquent un motif gentiment persifleur, que souligne une gauche ironique tout autant. Le développement, assez court, se décide, au bout de quelques traits, à chanter de façon touchante, en syncopes expressives. L'écriture, non seulement virtuose, mais malaisée, comme d'une réduction d'orchestre, a fait penser que l'œuvre a dû être d'abord un concerto, – ce que corroborent les points d'orgue sur l'accord de quarte et sixte, qui attendent visiblement la cadence du pianiste.

L'*adagio* (en si bémol majeur) est frisé, bouclé, dans le genre des premiers de Beethoven (c'est-à-dire aussi creux, par moments, sous des dehors qui ne trompent que les naïfs), quoique se prenant un peu moins au sérieux. – Le finale varie le thème « Lison dormait » déjà exploité par Mozart en 1778 *(Variations K. 264)* ; au lieu des neuf variations brillantes (presque à l'excès, une fois n'est pas coutume !) de Mozart, Clementi en aligne quatre seulement, relativement faciles, surtout si on les compare aux variations sur « Je suis Lindor » qui terminent la *Sonate op. 12 n° 1* ; pas de *minore*, pas d'adagio ; retenons les syncopes incessantes de la 3ᵉ, et l'alacrité de la 4ᵉ, qui passe de 2/4 à 6/8, fouettée d'octaves brisées.

SONATE op. 24 n° 2 (en si bémol majeur). – « Quel métier ! » ont dû se dire les auditeurs de ce Noël 1781, où Clementi joua sa sonate. Tout y est, la variété des idées, l'assurance de la forme, l'éclat de la technique (mais sans les excès de l'opus 2, ouvrage encore de bateleur). L'*allegro con brio* a un motif principal qui ne sera pas perdu pour Mozart (l'ouverture de *La Flûte enchantée* le reprend, consciemment ou non, allez savoir ; Clementi, en tout cas, tint à marquer le coup dans cette petite note de la réédition de 1804 : « Cette sonate a été jouée par l'auteur devant S.M.I. Joseph II, en 1781, Mozart étant présent »). Clementi le trouve si stimulant, avec le rebond de ses notes répétées et le ressort de son gruppetto, qu'il l'emploie aussi au début du second groupe ; d'ailleurs les quatre notes du gruppetto suffisent seules au développement, ronronnantes et modulantes. À la fin de la réexposition, il y a place pour une cadence : l'accord de quarte et sixte traditionnel, le point d'orgue, le trille de retour. On voit bien qu'on est en public !

Le long *andante* (en fa majeur) est une romance paisible, qu'anime un épisode d'arabesques en triolets. – Le rondo *(allegro assai)*, polisson, facétieux, est d'un charmant décousu ; on sent que l'auteur sort un à un tous les tours de son sac. Voulez-vous des octaves, des tierces, des arpèges enchaînés ? En voici, en voilà. Tout cela mesuré, concerté, ne sentant jamais l'exercice. En contraste, des passages pianissimo, pleins d'humour, d'une fausse naïveté irrésistible. La fin, exquise, sur la pointe des doigts (des sixtes sur une pédale de tonique), rappelle exactement celle du premier mouvement.

### *Sonate en fa majeur* (WO 3)

PUB 1790 (Londres, dans « *A select collection... for the harpsichord or piano-forte* » de Corri).

Courte (deux mouvements), mais piquante ; un divertissement plein de sel. On ne lui demandera rien d'autre. Rythmique originale du *vivace* initial, où certains passages ont l'air d'être à 2/4 au milieu de ce 3/4 de menuet. – Le rondo *(spiritoso)* est remonté à bloc, comme un petit moteur, avec son imperturbable accompagnement de figures brisées ; les couplets s'animent de triolets, courant vivement sous les doigts ; pianisme relativement facile, mais qui en jette plein les oreilles. L'humour vous enveloppe le tout, vite et bien ficelé.

### *Trois Sonates* (op. 23)

PUB 1790 (Longman & Broderip, Londres). DÉD à Miss Gavin.

N'allons pas jusqu'à dire que, dans cet opus, il faut croquer l'amande et jeter l'écale ; mais c'est un véritable chef-d'œuvre que la deuxième sonate, à cent coudées au-dessus des sonatines à deux mouvements qui l'encadrent.

SONATE op. 23 n° 1 (en mi bémol majeur). – Le meilleur de l'*allegro molto* est son second thème, dérivé d'un motif arpégé du premier groupe (mes. 13), auquel il ajoute des syncopes ; et les modulations, soyons justes, du développement sont vraiment expressives. – Le finale est un rondo *(vivace)*, évoquant un Mozart quelque peu débraillé, plutôt bavard qu'inspiré.

SONATE op. 23 n° 2 (en fa majeur). – L'*allegro con spirito* a un long premier groupe : un motif initial impétueux, que ses gruppettos et ses basses aident à grimper par paliers l'arpège de tonique ; sa vive réponse en notes répétées ; une idée secondaire plus mélodique (« dolce »), en notes conjointes. Le deuxième thème, énoncé deux fois, halète un peu sur sa pédale de tonique, et la conclusion festonne en triolets. C'est de ce rythme essoufflé et de ces festons que se bâtit le développement. – Du lyrique *adagio* (en si bémol majeur), il faut retenir la mélodie toute mozartienne qui chante avec grâce au début de la deuxième partie, sur une souple basse d'Alberti. – La sonate croissant en beauté à mesure qu'elle avance (comme il arrive parfois chez Mozart), c'est le rondo *(allegretto con spirito)* qui aura la palme. Étonnant morceau, varié, vivant, sans cesse inspiré, passant d'un enjouement de pastorale dix-huitième à une passion romantique : écoutez en particulier toute la fin du dernier couplet, cet élan schubertien déjà, porté par les arpèges en triolets, dans de belles harmonies où alternent l'ombre et la lumière.

SONATE op. 23 n° 3 (en mi bémol majeur). – On a soudain l'impression (mais d'où vient-elle ? et n'est-elle pas injuste ?) que le matériau ne se renouvelle plus, dans cet *allegro con vivacità* dont chaque motif, chaque rythme, chaque modulation nous semblent connus. Peut-être que le cœur, tout simplement, n'y est pas (l'esprit, si, et le coutumier, l'indiscutable savoir-faire). Clementi lui-même devait le sentir, qui nous offre, en guise de finale, et comme pour nous reposer des rondos, une arietta à variations *(allegretto)*, plus « amplificatrices » qu'« ornementales » ; on y pense beaucoup au premier Beethoven (lequel, d'ailleurs, n'oublia pas ce thème dans le finale de son propre *Septuor* !). Des huit variations, la 5e, avec ses pédales de tonique et de dominante et son écriture canonique, est la plus réussie.

## *Six Sonates* (op. 25)

PUB 1790 (Dale, Londres). DÉD à Mrs. Meyrick.

SONATE op. 25 n° 1 (en ut majeur). – Comment donc, monsieur Clementi ? Vous revoilà en ut majeur ; et avec ce ton, la virtuosité à nouveau vous démange ! Le premier mouvement *(allegro di molto)* n'est le plus souvent que prétexte à bravoure ; votre excuse, c'est qu'il s'agissait à coup sûr, au départ, d'un concerto, comme en témoignent trilles et cadences ; mais est-ce une raison pour retrouver, à la conclusion de l'une et l'autre partie, vos fameuses et vétilleuses gammes en tierces, que l'on n'avait plus aperçues chez vous depuis belle lurette ? (À moins que cela ne date précisément cette sonate d'une époque ancienne...) Le développement, après de prenantes modulations (dessin brisé de la droite), s'ouvre sur un *presto*, vaste cadenza de gammes chromatiques à l'unisson, d'arpèges enchaînés, en petites notes, *senza tempo*, avec accélérations et ralentissements où vous tâchez de guider le caprice du pianiste. Tout cela plutôt morne, en dépit des étincelles ; ce feu d'artifice de pacotille ne séduit même pas le badaud. – L'*adagio* (en fa majeur), complaisamment ornementé, est meilleur, avec son incursion dans le pathétique, juste avant la reprise (dessins et modulations rappelant, en plus étonnant, ceux du développement du premier mouvement). – Mais le rondo, comme d'habitude, nous désarme ; ce gai *presto* a beau traîner en chemin, sa bonne humeur est communicative. On vous pardonne les remplissages, les mesures de trop. Les doigts courent la poste, triment sur quelques méchants passages (ces sixtes à jouer avec 3-5 : avez-vous songé aux frêles jeunes filles ?), se bousculent sur les arpèges en mouvement contraire, s'amusent à ces trois-contre-deux, à ces longs trilles, à toute cette écriture proprement concertante, où l'on croit entendre les interventions de l'orchestre, les entrées du soliste, leur lutte amicale, qui s'achève en éclat de rire.

SONATE op. 25 n° 2 (en sol majeur). – Deux mouvements, et plutôt l'esprit d'une sonatine ; la virtuosité est tenue en bride ; efficacité, classicisme de l'écriture, des lignes, des harmonies ; non sans une certaine froideur : on frôle l'exercice. Presque rien ne différencie les deux thèmes de l'*allegro con brio* : même rebond sur les notes répétées, même accompagnement d'arpèges, et surtout même expansion en triolets ; cinq pages écrites au courant de la plume ; ce n'est ni beau ni laid. – Le rondo *(un poco allegro)* est à la Haydn, mais du modèle le plus courant ; retenons à la rigueur le *minore*, modulant, et capricieux.

SONATE op. 25 n° 3 (en si bémol majeur). – *Bis repetita*. Deux mouvements, bien maigrichons à côté des meilleurs de Clementi, mais de bonne facture. Avec les ingrédients de l'*allegro*, un gâte-sauce mitonnerait un plat insipide ; toujours quelque imprévu, chez notre musicien, sauve les restes ; il a l'art de les accommoder. Voyez le développement, où l'on peut donner le change. – Le rondo *(vivace)* est aussi guilleret que d'habitude : un méchant dirait qu'il n'y a pas de quoi ; ce serait bouder son plaisir, fugace, le temps que durent ces dessins vivement lancés, calqués les uns sur les autres, du refrain aux couplets.

SONATE op. 25 n° 4 (en la majeur). – Deux mouvements, et l'on regrettera qu'il n'y en ait pas un seul ! Le rondo *(molto allegro)* est loin d'être négligeable, mais il n'innove guère. Retenons pourtant la manière excitante dont se termine le couplet en fa dièse mineur, avec ce dessin modulant qui piétine, crescendo, sur le contretemps de la pédale de dominante. – Le premier mouvement, lui *(maestoso e cantabile)*, est une manière de chef-d'œuvre, par sa richesse, sa variété, son invention mélodique et rythmique (pas question ici de monothématisme !). Les phrases du début vous ont déjà ce galbe qui passera de Field à Chopin : arabesques capricieuses, où les notes se pressent et se prélassent tour à tour, en quintolets, septolets et autres groupes asymétriques. On notera surtout, en ce long premier groupe, l'étonnant crescendo de doubles notes en trémolo (sixtes, quintes, quartes), qui torture la main droite, et sonne si moderne. Le deuxième groupe ajoute à ces figures un passage de triolets chantants, à quatre voix, qu'introduit le silence expressif d'un demi-soupir (mes. 45). Court mais très beau développement, la droite arpégeant ses triolets, la gauche la croisant pour aller chanter dans l'aigu, de façon toute romantique : Haydn et Mozart, qui emploient le procédé, n'ont pas eu ces inflexions si caressantes. La réexposition, loin de sacrifier à la redite, trouve encore quelques accents nouveaux, et la conclusion utilise une dernière fois le trémolo de doubles notes, mais terminé dans le silence, pianissimo.

SONATE op. 25 n° 5 (en fa dièse mineur). – Chef-d'œuvre reconnu, une des sonates qu'admirait Beethoven, également réussie dans toutes ses parties, également sérieuse, plongée tout entière dans les tons mineurs, dont Clementi, une fois de plus (voir la *Sonate en fa mineur, op. 13 n° 6*), sait se servir pour exprimer son goût du pathétique. Sobre, au demeurant, et moins démonstrative, moins théâtrale que celle en fa mineur.

On peut aligner les motifs du premier mouvement *(piùttosto allegro con espressione)*, cela n'expliquera pas leur force, leur densité, leur façon de se lier sans heurts en un tout organique. Trois éléments dans le dolent et fatidique premier thème : le gruppetto qui, répété, lance les quatre premières mesures (et remonte à chaque instant le rouage du mouvement) ; le dessin brisé, à mordants, des deux suivantes ; la chute de triolets qui conclut la phrase. Le deuxième thème, lui (en la majeur), ourle des arpèges sur une basse en octaves, qui accentue la dernière croche de la mesure ; sa joie feinte est une joie soucieuse et fébrile, et les syncopes des mesures suivantes témoignent encore de cette inquiétude. Développement assez fantasque ; on ne sait trop où il finit, d'autant que, des deux thèmes, c'est B qui rentre le premier, tout assombri, et comme *expliqué*, c'est-à-dire *déplié* par le mode mineur (voilà bien le moment où l'on attend un inventeur de thèmes !). La rentrée de A est indiciblement belle : le motif se répond à lui-même, de l'aigu au grave, par-dessus les batteries monotones et sourdes de la main gauche.

Le mouvement lent (en si mineur, *lento e patetico*) a dicté de mauvais vers à Fogazzaro :

> *Batto piano nel silenzio della notte a la tua porta*
> *Palpitando, pien d'orrore ; ho sognato ch'eri morta*

(« Je frappe doucement à ta porte, tremblant d'horreur, dans le silence de la nuit ; j'ai rêvé que tu étais morte... »). Mais le poète a bien senti que cette musique était funèbre, avec le glas qui rythme son thème principal, ses dissonances douloureuses, ses échos plaintifs. Deux pages inspirées, d'une étonnante économie de moyens.

Après ce moment de dépression, de désespérance, le *presto* final reprend, si l'on ose l'exprimer ainsi, du poil de la bête. Voici des thèmes volontaires, dessinés d'une main ferme ; craignait-on la complaisance dans le morne et l'endeuillé ? on est tout surpris de cet arpège initial qui plonge avec force, de cette gauche bourdonnante, de ces tierces surtout, dont le tournoiement incessant donne le vertige. Et certes le second thème, que le relatif majeur éclaire d'abord d'une certaine gaieté, devra bien révéler, à la réexposition, dans la vérité du mineur, qu'il est chant de tristesse et de nostalgie... Il n'en reste pas moins, et le sonore arpège final la confirme, une impression de vigueur.

SONATE op. 25 n° 6 (en ré majeur). – On ne peut trouver sonates plus antithétiques que celle-ci et la précédente. Sont-elles du même auteur ? Au sortir de ce sombre fa dièse mineur, ton romantique que Mozart, par exemple, n'utilisa qu'une fois comme ton principal (dans le sublime adagio du *Vingt-troisième Concerto*), peut-on ainsi batifoler, en ré majeur, la tonalité des jours sans nuages, des fronts sans rides, des cœurs sans souci ? Le *presto* initial y va de ses triolets infatigables, comme dans cette sonate de Haydn qu'on met (à tort !) entre les mains des apprentis pianistes (L. 48), – et comme chez Haydn, il y a bien des trouvailles dans ce mouvement apparemment remonté comme un coucou mécanique. – Le mouvement lent (en sol majeur, *un poco andante*) est un joli devoir de vacances ; les phrases chantent paisiblement, l'écriture se contente généralement de deux voix, frêles, et avenantes. – Puis c'est un rondo *(allegro assai)*, d'une belle faconde, d'une robuste santé, où refrain comme couplets semblent sortis du même moule ; les doigts courent à plaisir sur les touches, escaladent les gammes, troussent les arpèges ; on s'amuse beaucoup dans le *minore*, faussement boiteux et hoquetant.

## *Sonate en fa majeur* (op. 26)
PUB 1791 (Clementi, chez Preston, Londres).

Simple récréation que ces deux mouvements, venant après les beautés de l'opus 25 (mais peut-être datent-ils de plusieurs années, fonds de tiroir, toujours bons à prendre pour un éditeur ?). Clarté, transparence, facilité ; c'est le style des sonatines ; les doigts, quand ils ont quelque chose à faire, ne risquent pas lourd ; tout cela ne vaudrait pas qu'on en parlât, n'étaient la sûreté de la plume, l'élégance des proportions, – et quelques tours purement clementiniens, comme, dans l'*allegro*, le premier thème, à l'allure d'opéra-bouffe italien, ou bien les longues pédales qui accompagnent la plupart des motifs lyriques ; et, dans le rondo *(allegretto)*, dont l'obstiné rythme pointé fait songer au cake-walk (!), les accents plus pressants du couplet mineur.

## *Trois Sonates* (op. 33)
PUB 1794 (Artaria, Vienne).

SONATE op. 33 n° 1 (en la majeur). – Deux mouvements. En dépit de ses bons moments (l'opposition beethovénienne des mes. 19-20 entre fortissimo et piano, les accords brisés modulants, en vagues houleuses, des mes. 26-31), l'*allegro* ne fait pas le poids auprès de l'éblouissant finale, un rondo à 3/8 *(presto)*, d'une sûreté de trait, d'une précision étonnantes, d'une invention constante, déjà presque un scherzo mendelssohnien, avec ses doubles croches mercurielles, gammes, dessins brisés, trémolos électriques, sa nervosité, son énergie, ses bonds d'acrobate aérien. Le même dessin initial nourrit refrain (noter ce début en canon à la quinte) et couplets, et de cette économie le morceau tire assurément une part de sa force. Tout serait à citer, de tant d'épisodes séduisants ; choisissons la brusque arrivée en fa du second couplet, qui continue à moduler rapidement, et débouche sur un étrange frémissement chromatique, puis sur des accords battus, dont le crescendo-diminuendo ramène le refrain.

SONATE op. 33 n° 2 (en fa majeur). — Toujours à deux mouvements ; mais c'est une grande et fougueuse sonate, pourvue, pour la première fois chez Clementi (on ne compte pas ici son *Trio op. 27 n° 1*), d'une introduction lente *(adagio)*, laquelle, en vingt-huit mesures tour à tour paisibles ou dramatiques, prépare le terrain où se répliqueront les thèmes de l'*allegro con fuoco*. Ceux-ci d'ailleurs, quoiqu'ils s'opposent dans leur caractère, le premier tempétueux, sur son trémolo de tonique (ce trémolo d'octaves brisées qui constitue le ressort du mouvement), le second tendre et câlin, avec ses réponses, n'en sont pas moins apparentés, par leur dessin brisé initial repris à la première mesure de l'introduction, et surtout par leurs phrases de trois mesures ; il n'est pas jusqu'au motif conclusif, avec son pianissimo feutré et sa naïve basse d'Alberti, qui ne sorte du même moule. — Le rondo lui aussi *(presto)* affectionne le rythme impair, et fait un usage abondant des pédales (presque un bourdon de vielleux de village, sous certaines phrases, qui sentent la danse et le terroir) ; mais que de science concentrée dans cette écriture aux allures désinvoltes ! Le couplet mineur monte encore d'un cran ; on s'amusera de l'allure de valse qu'il adopte, fugitivement, avant de céder la place au refrain.

SONATE op. 33 n° 3 (en ut majeur). — Le morceau, concerto à l'origine (on a retrouvé la partition originale), a été retaillé en sonate, comme on l'a vu faire dans les opus 24 et 25. Il en porte les traces visibles : ce ne sont que traits de bravoure, — non point les juvéniles acrobaties de l'opus 2, inventives, un tantinet goguenardes, mais ce brio théâtral, tapageur et factice qui nourrit la contemporaine *Sonate op. 2 n° 3* de Beethoven (même tonalité, cet ut majeur qui ouvre le champ aux batteurs d'estrade). Certes, ces « passages » tombent fort bien sous les doigts, tout en mettant le soliste en valeur ; mais il faut convenir que nulle part, dans les mouvements extrêmes, l'inspiration ne trouve à se renouveler. Dans l'*allegro con spirito*, on assiste un peu accablé à ces octaves ascendantes truffées de tierces, à ces doubles croches qui tricotent et tournicotent, à cette *cadenza* qui, juste avant la fin, jette aux yeux sa poudre dorée. — Du moins le rondo *(presto)* a-t-il quelque verve (courses de doubles croches dans les deux mains, croisements, et modulations cocasses), mais peut-être moins d'esprit que de savoir-faire, et les thèmes en sont aussi éculés. – Enfin, Clementi réussit tellement mieux, d'ordinaire, ses mouvements lents ! Celui-ci (en fa majeur, *adagio cantabile, con espressione*), qui accumule frisons, bouclettes et circonvolutions, ne *touche* jamais... (Remarque habituelle : un grand pianiste, dans un moment d'inspiration qui ne tient qu'à lui, vous la transformera de fond en comble, cette sonate ; au concert, on prend aisément les vessies pour des lumignons.)

## *Deux Sonates* (op. 34)

PUB 1795 (Clementi, Londres). DÉD à I. Savery. L'opus contient également deux *Caprices* (voir plus bas LES CAPRICES).

SONATE op. 34 n° 1 (en ut majeur). – Encore une transcription de concerto, d'après Ludwig Berger, un élève de Clementi. Le premier mouvement *(allegro con spirito)* promet d'abord le pire ; c'est-à-dire les creuses formules virtuoses de la précédente (également en ut majeur, op. 33 n° 3). Ce premier thème, par exemple, n'est qu'un exercice digital, et l'on ne fait pas de sonate valable (voir plus loin) avec des chaînes d'octaves brisées. Le second thème, heureusement, nous ramène à la musique ; il ne songe qu'à chanter, doux et tendre ; c'est lui encore qui sauve le développement, où après les prouesses du premier son entrée en mi majeur et ses modulations produisent beaucoup d'effet. Le reste est bravoure vaine, – et paradoxalement efficace : le pianiste se fera applaudir.

Le mouvement lent (en fa majeur, *un poco andante quasi allegretto*) hausse d'un coup l'œuvre au rang des grandes ; c'est l'un des plus beaux de Clementi, dans le genre mozartien, qui lui va davantage et l'inspire plus que le beethovénien. Le thème principal, presque enfantin, présenté dans le grave et le médium, est varié sobrement, sans aucun désir de fioriture ; *minore* expressif, pathétique, avec l'ahan de son thème sur ses basses en octaves.

Le finale *(allegro)* est irrésistible, qui tire de ses motifs populaires, simplets exprès, de ses répétitions, de ses boiteries, de sa bourdonnante pédale de tonique (revoilà les vielleux et les violoneux de village qu'on entendait dans le finale de la *Sonate en fa, op. 33 n° 2*), un relief, une couleur, une *vis comica* extraordinaires. Beethoven lui-même, avec ses gros sabots, n'a pas dépassé cet humour plébéien. Clementi montre ici sa prodigieuse versatilité : lui qui peut trousser un rondo dix-huitième, raffiné comme un madrigal ou comme un bibelot, le voici qui tonitrue (le couplet en la mineur, avec ses puissantes octaves), qui frappe du pied, qui bougonne, qui éclate de rire en se tapant sur les cuisses...

SONATE op. 34 n° 2 (en sol mineur). – D'après le même Berger, c'est la réduction d'une symphonie de 1790. – Voici en tout cas une des sonates de Clementi les plus dignes de survie, la meilleure, assurément, des trois sonates en sol mineur de ces années 1780 et 1790 (voir op. 7 n° 3 et op. 8 n° 1 ; je mets à part, bien entendu, la toute dernière sonate de Clementi, cette *Didone abbandonata* de 1821, son testament musical). – Le premier mouvement est précédé d'une introduction lente *(largo e sostenuto)*, qui en énonce pesamment le motif principal, et à vrai dire unique, trois notes répétées suivies d'une chute de quinte, – à sa manière un « thème du destin ». Au bout de dix mesures, déboule l'*allegro con fuoco*, avec sa vie frénétique, ses accents, ses crescendos, ses arpèges tumultueux, ses batteries fébriles, ce tissu serré où les notes répétées jouent le rôle primordial. La fin du développement est saisissante : on ralentit, sur quelques accords qui piétinent, on s'arrête net, et l'on entend venir, en ut, comme une accalmie, le tempo de l'introduction (la *Pathétique* de Beethoven, trois ans plus tard, reprendra l'idée). Mais l'atmosphère se recharge d'éclairs, et la sonate repart, toute nerfs et viscères, colère et vigueur, jusqu'aux dernières lignes.

Un des plus inspirés de Clementi, le mouvement lent (en mi bémol majeur, *un poco adagio*) est empreint de tendresse, d'abandon, de songe intérieur. On dirait le Mozart des quatuors ; pas question ici d'enjoliver la ligne, de la garnir de rubans et de ganses ; cette passementerie dont Clementi est ailleurs capable, et où il préfigure Field, c'est-à-dire Chopin, ne serait que surcharge, au milieu de ces phrases si pleines d'elles-mêmes, de ce réseau de voix, à la fois dense et transparent. Pas une mesure qui ne chante, et presque pas une qui n'émeuve : il faut dire que la langue harmonique de Clementi, dans sa richesse, sa subtilité, son goût pour les dissonances frôleuses, les équivoques modales, les enchaînements imprévus, exalte ses courbes mélodiques, ses inflexions, ses temps d'arrêt, ses reprises. Pages de poète, et d'un poète lyrique, dont la sensibilité, par-delà les âges, se confond avec la nôtre.

Le finale est puissant, passionné, emporté de bout en bout par une sorte de nécessité qui en fait l'opposé des rondos où d'ordinaire se plaît (et nous ravit !) Clementi. Nul instant perdu ; le mécanisme est remonté à bloc, et les notes répétées (celles mêmes du premier mouvement) ne sont pas le moindre de ses rouages : entendez le rythme obsédant du développement (Haydn en a réussi parfois le pareil), la vie intense de ces petits motifs volontaires, que la modulation perpétuelle ne parvient pas à épuiser. Un coup de génie : la fausse rentrée en mi mineur, et en canon, avant la vraie réexposition (mes. 198). – Que font donc les pianistes ? Ils devraient être légion à arborer ce morceau dans leur répertoire, à la place d'honneur, celle qu'usurpent certaines des sacro-saintes trente-deux...

***Trois Sonates*** (op. 37)
PUB 1798 (Longman & Broderip, Londres). DÉD à Harriot Gompertz.

SONATE op. 37 n° 1 (en ut majeur). – Son mouvement lent (en fa majeur, *adagio sostenuto*), incolore et sans saveur, n'est là qu'en guise de halte entre les deux autres, – qui témoignent en revanche d'une invention joyeusement féconde. Ut majeur, comme toujours, met en verve et en doigts notre compositeur ; ce peut être au détriment de la musique ; ici, elle gagne presque à tous les coups. On ne regrettera qu'une chose dans l'*allegro di molto* initial : son second thème un peu niais, et banal, sur ses accords ; mais le reste n'est que trouvailles : le thème principal décidé, sur sa pédale de tonique ; les passages en doubles notes à la main droite ; les comiques unissons d'opéra bouffe ; le délicieux thème conclusif, en forme de musette ; et un développement généreux, dans l'esprit d'un concerto. – Le vigoureux finale *(vivace)* fait piaffer ses accords de sixte, puis déroule ses gais triolets, comme des ressorts, dans toutes les directions. Ici encore, l'esprit du *buffo* et de la *burla*, et une vie inépuisable. Comment peut-on méconnaître de telles pages de musique ?

SONATE op. 37 n° 2 (en sol majeur). – Une des plus belles, presque sans défauts. – *Allegro* monothématique, avec pour motif principal une ligne brisée partant de l'arpège de tonique, et pour figure secondaire les quatre premières notes de la gauche (fa-sol-sol-sol), qu'on reverra à tous les registres, parfois en tierces, entretenant le nerf du morceau. Le développement, de haute graisse, atteint des proportions orchestrales. – L'*adagio* (en ut majeur) force l'admiration, par sa nudité, sa sobriété, son feint détachement des choses terrestres, qui n'en rend que plus émouvant chacun de ses aveux. « *In the solemn style* », porte la suscription : ce qui rend le morceau solennel, c'est son rythme pointé, conservé tout au long, et cette écriture à quatre voix, et ces imitations ; qu'on ne croie surtout pas à de l'austérité ; peu de moments sont aussi nourris d'émotion vraie (telles arrivées, telles dissonances tremblantes, tels moments d'arrêt) ; mais encore faut-il savoir jouer ces deux pages, donner son poids, son temps à chaque note, sa chair à chaque phrase ; le métronome les blesse ; des doigts indifférents les tuent. – Le finale est un rondo-sonate *(allegro con spirito)*, étourdissant, dans l'esprit des meilleurs de Haydn, d'un Haydn qui serait plus roué, et peut-être plus fou ! Ces deux thèmes qui sont l'inversion l'un de l'autre, ces tierces sautillantes, ces contretemps moqueurs de la basse, ces éternelles notes répétées, ces soudaines galopades de doubles croches, éperonnées par la gauche en octaves ! Et l'humour des silences, des points d'orgue, des oppositions de nuances...

SONATE op. 37 n° 3 (en ré majeur). – Elle laisse à l'auditeur des sentiments mélangés. L'*allegro* surprend, après ceux des sonates précédentes : ne revient-on pas au classicisme impeccable et maigrelet du premier Haydn ou de Jean-Chrétien Bach ? Cet accompagnement en triolets, ces thèmes plats, cette étoffe fragile... Même le développement demeure à court d'idées. – Le mouvement suivant vaut davantage, – et ce n'est pas un mouvement lent, mais un *allegretto vivace* (qu'on songe à la *Sonate op. 10 n° 2* de Beethoven, qui ne s'embarrasse pas non plus d'un adagio) ; véritable scherzo, en réalité, dans ses noires à 3/4, son écriture à deux voix, sa densité, sa concision. – Finale époustouflant *(presto)*, avec une fois de plus l'imitation des violons du dimanche à la campagne, scies burlesques, comiquement déhanchées, raclées au-dessus d'un infatigable bourdon de tonique/dominante. Sans compter quelques turqueries (unissons et notes répétées, d'une vulgarité concertée). L'ensemble est un peu long, sans doute, mais comme on s'amuse !

***Trois Sonates*** (op. 40)
PUB 1802 (Clementi & Cie). DÉD à F. Blake.

SONATE op. 40 n° 1 (en sol majeur). – Une ample et riche sonate, à quatre mouvements. Dans le premier *(allegro molto vivace)*, bien que les deux thèmes principaux soient apparentés par leur anacrouse et leurs notes répétées (encore que l'un commence par monter, l'autre par descendre), la matière est abondante, presque un peu trop, et contrastée. Si les nombreux triolets, tant dans les mélodies qu'à l'accompagnement, évoquent Haydn, le motif de noires chantantes, au-dessus d'un roulement d'arpèges de la gauche (mes. 26), vous a une allure indéniablement beethovénienne, comme aussi les modulations et les croisements de mains du développement. Où Clementi est lui-même, imprévisible, original, c'est juste avant la véritable réexposition, dans ces tentatives avortées de reprise, dans des tons différents, aboutissant à des points d'orgue, à des silences, – qu'il faut savoir prolonger, pour bien marquer ici l'hésitation de l'improvisateur.

Le mouvement lent (dans le ton éloigné de mi majeur, *molto adagio sostenuto e cantabile*), après trois lignes sobres et paisibles, bourgeonne, fleurit, développe ses branchages comme sur un carton à tapisserie ; il y a de fort beaux détails, une grande légèreté de touche, si l'on veut bien ne pas prendre au sérieux les quelques accents plus vigoureux qui ponctuent ce nocturne, annonciateur de Hummel et de Field.

En guise de menuet, un canon à l'octave *(allegro)*, par mouvement direct dans la partie principale, par mouvement contraire dans le trio mineur. On voit pointer ici l'auteur du *Gradus*. Ces pages où deux voix remuantes se poursuivent sans se rejoindre, escaladant les degrés, les descendant, enjambant les intervalles, tantôt grondeuses, tantôt chuchotantes, autoritaires dans le majeur, doucement mélancoliques dans le mineur, sont du meilleur Clementi.

On n'en dira pas toujours autant du finale *(presto)*, bavard, plus agaçant qu'amusant, et d'un humour parfois pesant, ce qui est bien rare chez notre auteur. Mais pourquoi diable faut-il qu'ici particulièrement, dans le couplet en sol mineur, se découvrent soudain les mesures les plus étrangement prophétiques de Clementi, une longue promenade à travers tons, des progressions harmoniques qui font venir un nom, un seul, aux lèvres, celui de Chopin ?... Rien que pour ces mesures troublantes, cet éclair de génie, et aussi pour les poétiques octaves syncopées de la dernière reprise, noyées pianissimo dans la pédale, on aimera souvent déchiffrer ce rondo, et l'on n'oubliera pas cette sonate.

SONATE op. 40 n° 2 (en si mineur). – Une des plus justement célèbres. Sa profondeur, son dramatisme, sa liberté formelle, ont plu aux romantiques ; dans ce miroir ancien ils pouvaient contempler une âme sœur. Deux mouvements, mais chacun d'eux ramifié, de façon très originale. Ainsi le premier commence-t-il par une introduction lente *(molto adagio e sostenuto)*, cantilène exprimant une vive et cruelle douleur, que son rythme à 6/8 tâche de bercer, mais qui n'en pousse pas moins de vrais cris, aussitôt étouffés. Là-dessus éclate l'*allegro (con fuoco e con espressione)*, avec son motif énergique et pressant, qui accentue les notes de l'arpège de tonique ; éclairs et tonnerre, dont la menace persiste (écoutez les basses) jusque sous les tierces enjouées du second thème (en ré majeur). Le développement, attaqué en sol majeur, est magnifique, d'une ampleur considérable, et semble le théâtre d'une lutte tragique, avec des moments d'une menaçante douceur (ce chant de noires, à deux voix accolées...) et des modulations aux tons les plus lointains (par exemple l'arrivée en mi bémol).

Le deuxième mouvement commence à son tour par une page lente *(largo, mesto e patetico)*, plus dolente encore que celle qui ouvre la sonate : accablée, endeuillée, inconsolable ; ici, les quelques pointes, les quelques sforzandos ne changent rien à la résignation, à cette plainte nue, proche du récitatif, c'est-à-dire de la parole, qu'accompagnent à peine, à la main gauche, des notes éparses. Arrêt sur la dominante : un *allegro* démarre, à 6/8, et dans son thème principal on reconnaît un fragment du *largo* (les mes. 10-13), métamorphosé par la vitesse ; le chant devient course haletante, fuite en avant d'un cœur aux abois, – que le *largo*, abrégé, vient brusquement interrompre, avant le *presto* de la coda, menée à fond de train.

SONATE op. 40 n° 3 (en ré majeur). – En dépit d'une introduction lente dans le mode mineur *(molto adagio)*, au rythme solennel, aux dramatiques alternances de force et de douceur, l'*allegro* n'est que détente, insouciance et lumière retrouvée après les lueurs sombres et farouches de la sonate précédente. C'est l'un de ceux où les deux thèmes, contrairement à l'usage clementinien, sont nettement différenciés. Le premier commence au pas, calme et sobre, sur le piétinement de la pédale de tonique (on verra que ces valeurs longues, ce dessin ferme, se prêtent au travail motivique). Puis des gammes fusent, en vivantes et mutines doubles croches, avant un nouvel énoncé de A, qui mène au ton de la dominante, où B fleurit délicatement, avec ses mordants mignons. Toutes sortes de motifs secondaires enjolivent cette exposition, dont l'un, conclusif, sonne aussi tendre et caressant que du Mozart. C'est lui d'ailleurs qui commence le développement, en modulant suavement ; mais l'essentiel, ici, procédera du thème A, devenu cellule d'un fugato serré, comme les aimera Hummel.

Il y a des ombres à nouveau, mais fugitives, dans le mouvement lent (en ré mineur, *adagio con molta espressione*), ou plutôt c'est une grisaille de crépuscule, qui laisse l'âme à peu près intacte. Mozart, ici, est le modèle, loin des fioritures qui entachent les adagios du premier Beethoven. – On débouche *(attacca)* dans le finale *(allegro)*, un rondo de belle facture, de veine heureuse et même réjouie, que ses triolets de doubles croches entraînent à vive allure. Le moment le plus excitant est le couplet mineur, traité en canon, avec une stupéfiante dextérité, – cette aisance d'un maître qui se fait une joie de dissimuler sa science, et ne nous donne à voir, en ces lignes, qu'un innocent batifolage.

### *Sonate en mi bémol majeur* (op. 41)
PUB 1804 (Artaria ; Clementi & Cie). DÉD au révérend John Cleaver Banks.

C'était une sonate en deux mouvements rapides, écrite sans doute dans les années 1781-1782. Artaria l'ayant éditée au début de 1804, sans son assentiment, Clementi profita d'une visite à Vienne pour la réviser, lui ajouter un mouvement lent, et la publier lui-même dans le courant de l'année.

Il est vrai que le premier mouvement *(allegro ma con grazia)* semble bien terne, après les merveilles de l'opus 40 ; et même l'enthousiasme des sonates juvéniles n'y apparaît guère ; c'est un exercice impeccable, excessivement bien peigné, d'un classicisme qui en remontrerait à quiconque, mais où les idées ne sont jamais à la hauteur de l'écriture. – Le finale *(allegro molto vivace)* est meilleur ; rythmé à 3/8, en forme sonate, avec un premier thème à la Scarlatti, qui lance ses tierces joyeuses, les brise dans les deux mains, et retombe en arpèges ; et un second thème en triolets. – Mais le mouvement lent (en si bémol majeur, *adagio molto e con anima*), de vingt ans postérieur, parle davantage, trouve des accents profonds, des rythmes variés, des modulations surprenantes (mes. 20), des silences expressifs (mes. 29), et tout un jeu de contrastes dynamiques, notés avec le plus grand soin.

### Sonate en si bémol majeur (op. 46)
PUB 1820 (Clementi & Cie). DÉD à Kalkbrenner, « *as a mark of esteem for his eminent talents* ».

Plus de quinze ans passés sans sonates ! À moins que cette sonate ne date du début du siècle, peut-être ne faut-il pas s'étonner qu'en reprenant son fil à peu près où il l'avait abandonné (dans les *Sonates op. 40* de 1802), Clementi commence par tâtonner ; et surtout par feindre d'ignorer l'évolution du langage musical (les deux premiers volumes de son *Gradus*, pourtant, parus en 1817 et 1819, montraient qu'il en était bien instruit). Il faudra attendre les *Sonates op. 50* (et les *Caprices op. 47*) pour lui retrouver une inspiration authentique.

Le premier mouvement de cette *Sonate en si bémol* est un des rares de Clementi où l'on sente le temps passer, et même durer, un des rares où il se serve d'inutiles rallonges (car jusque-là ses digressions étaient délectables). Il commence de façon engageante, par seize mesures de *larghetto cantabile*, pastorale aux couleurs tendres, avant le lever de rideau. Et quand il démarre *(allegro con brio)*, c'est bien à l'opéra-comique qu'il fait songer, dans ce sonore unisson initial qui a l'air de retentir aux cordes, et dans cette réponse enjouée qui monte des bois. Mais il est vite à bout de souffle et d'idées, et opte bientôt pour le plus mauvais parti possible : l'intarissable triolet d'accompagnement (accords brisés), qui relance faussement l'intérêt. Ils naissent dans la codetta, ces triolets envahissants, mais dans le développement n'ont plus de répit, et l'on ne voit plus la sortie... Vers la fin du mouvement, quand tout semble dit et redit, il y a encore un becquet supplémentaire, une véritable cadence, hors sujet, avec le trille final de rigueur et le tutti conclusif.

Le mouvement lent (en mi bémol majeur, *adagio cantabile, e sostenuto*) est languissant, et étrangement indifférent. On a beau l'ausculter, on ne sent rien battre derrière ces phrases lisses, ces accords communs, ce rythme vaguement cérémonieux. – Trop long finale *(allegro con fuoco)*. Mais on y rattrape un peu sa faim. Les idées sont charnues, ce début qui déboule sur sa basse de doubles croches serrées, ce deuxième thème où les mains se croisent plaisamment, et surtout cet étonnant roulement modulant, né d'un dessin d'octaves brisées, qui nourrit le développement (à partir de l'arrivée en mi mineur), et justifie à lui seul le déchiffrage de ces pages.

### Trois Sonates (op. 50)
PUB 1821 (Clementi & Cie). DÉD à Cherubini.

SONATE op. 50 n° 1 (en la majeur). – Le premier mouvement *(allegro maestoso e con sentimento)* est un des morceaux les plus poétiques de Clementi ; il n'a pas de but, pas de pente véritable ; il musarde, s'attarde en chemin à tel bosquet d'idées, à tel autre, sans paraître se soucier du retour. C'est pourtant de belle et bonne forme sonate, et si les apparences ne sont pas sauves, la réalité l'est tout à fait, à l'analyse. Mais on aimera ce pas de flâneur, ce feint décousu. Le rythme pointé commun aux deux thèmes principaux est vite abandonné, de part et d'autre, pour des arabesques en triolets, de soudains élans de gammes ou d'arpèges ; harmonies riches et modulantes ; nombreux motifs juxtaposés, avec les points d'orgue, les ralentissements, toutes les libertés de l'improvisation, – dont à son tour profitera le long développement (admirons-y en particulier les fluides et rares enchaînements d'harmonies, de ré mineur à fa dièse majeur, où les mains se répondent ; et la soudaine arrivée en ut dièse mineur, avec ce chant qui gémit sur les batteries d'accords brisés).

Magnifique mouvement lent, tripartite, les volets extérieurs en la mineur *(adagio sostenuto e patetico)*, la partie centrale en la majeur *(andante con moto)* ; ceux-là dans le 3/4 d'une sarabande, avec un thème d'une incoercible tristesse, où les lignes sont toutes tombantes, avec des sauts expressifs de sixte, qui n'aboutissent qu'à retomber plus douloureusement ; nombreuses imitations, à tous les registres, donnant l'impression d'une déploration universelle ; le volet médian à 2/4, sur un motif du premier : deux voix en canon à la quinte, confinées dans un aigu presque irréel, comme deux violons qui se feraient écho dans le silence de la nuit.

Le long finale *(allegro vivace)*, qui adopte la forme sonate, est un des meilleurs de Clementi, un des plus enthousiastes, avec l'élan d'octaves du premier thème, le staccato du thème de transition, en surplace, la courbe chantante du second thème, « con espressione », les tierces chromatiques et la pédale de la délicieuse codetta. On admirera, ici encore, l'adresse, l'efficacité de l'écriture canonique, qui fait l'essentiel du développement. Pour finir, après les menues variations de la reprise, c'est la fougue et le brio de la coda, bruissante et tourbillonnante de doubles croches.

SONATE op. 50 n° 2 (en ré mineur). – Le premier mouvement est le moins attirant des trois, et c'est sans doute lui qui a valu à l'œuvre d'être durablement négligée, au sein d'un opus où ses deux sœurs rivalisent de célébrité. Il déborde de passion, soit, et de vraie vigueur *(allegro non troppo, ma con energia)* ; mais il charrie, dans ses torrents d'arpèges et ses figurations tumultueuses, de ces accents convenus, hélas, que favorise le mode mineur, et dont souffrent tant de passages de Beethoven... – Agréable mouvement lent (en si bémol majeur, *adagio con espressione*), sans rien pourtant de l'intense beauté de celui de la sonate précédente ; *bel canto*, jolies roulades à la mode italienne.

L'intérêt de la sonate réside sans conteste dans son finale *(allegro con fuoco, ma non troppo presto)* ; et en ce finale, aux manières tantôt rudes (l'entrée rageuse du premier thème), tantôt débonnaires (le gracieux second thème), il se concentre dans le développement aux multiples rebondissements, aux roulis chromatiques si ahurissants de dissonance, et dans les digressions de la réexposition, qui s'octroie une plage quasi improvisée entre les deux thèmes : atmosphère de concerto, où le soliste tyrannique non seulement prend la parole, mais ne veut plus la lâcher.

SONATE op. 50 n° 3 (en sol mineur). – Ce « chant du cygne », comme on l'appelle, a fait couler beaucoup d'encre. On voudrait que ce fût dû à sa valeur strictement musicale. Or l'ultime sonate de Clementi a eu l'heur de recevoir, de son propre auteur, un titre, *Didone abbandonata*, et un sous-titre, « Scena tragica » (mais voyez aussi celui de « Scena patetica » dans l'une des pièces du *Gradus*), qui ont compté pour la postérité autant que les notes qui la composent. Une sonate à programme, cela ne se lâche pas facilement, même à une époque qui en fut prodigue. Quelles sont les sonates de Beethoven que connaît tout un chacun ? Les plus belles ? Non point, mais celle qui rêve au clair de lune, celle qui s'éveille à l'aurore, celle qui brave la tempête, celle qui chante l'adieu, l'absence et le retour... Or, l'histoire de Didon ne sert en rien cette musique ; elle est plaquée sur l'œuvre, bien plus qu'elle ne l'a suscitée. Cette façon de « sonate tragique », depuis sa jeunesse Clementi en a donné des exemples achevés, qui tous mériteraient (si c'était un honneur) un pareil scénario.

Quinze mesures d'introduction *(largo sostenuto e patetico)*, caractérisées par le rythme double-pointé qui fait gémir le chant dans son tissu d'accords, amènent le premier mouvement proprement dit *(allegro ma con espressione)*. Il faut prendre garde à l'indication inscrite sous le thème initial : « deliberando e meditando » ; que le pianiste y veuille voir ou non l'indécision qui torture l'héroïne à l'annonce du départ d'Énée, il devra donner une allure hésitante et presque égarée à ces mesures d'autant plus efficaces qu'elles se limitent à quelques notes très nues, en élans brisés. Le second thème (au relatif, si bémol) arrive assez tard, chante à la main gauche, mais apporte si peu de réconfort que les tons mineurs reprennent vite le dessus. Développement ample et passionné, qui culmine dans un canon sur le thème principal. Au moment de clore sa réexposition, le compositeur lui donne un surcroît de force, dans une coda impétueuse *(più allegro)*.

On parcourt le mouvement lent (en sol mineur, lui aussi, *adagio dolente*) avec une émotion, et une admiration, sans cesse accrues, – et sans pouvoir se défendre de chercher, dans le filigrane, d'autres visages encore, comme si celui de Clementi ne nous suffisait pas. À bon droit : que telles phrases pleureuses, que telles chutes chromatiques nous fassent songer aux fils de Bach, il n'y a rien là que de naturel ; mais que tel enchaînement place d'avance Chopin devant nous, comment ne pas s'en étonner ? La chose est indéniable : le passage qui va de mi bémol à la bémol (mes. 38-48), si doux et si troublant, n'aurait pas déparé, dix ans plus tard et davantage, un nocturne chopinien... Toute cette écriture, du reste, en méandres librement chantants, et qui passe souplement de l'horizontal au vertical, du polyphonique à l'harmonique, aura chez Chopin sa descendance.

C'est sur cette impression qu'on voudrait refermer le corpus des sonates clementiniennes. Car le finale *(allegro agitato e con disperazione)*, quelles que soient ses qualités, et son effet sur le public, participe d'un autre esprit, d'une autre « façon d'être » en musique. Il est *démonstratif*, quand l'adagio se voulait *persuasif*. Et quiconque veut démontrer doit employer, hélas, l'arsenal des figures de rhétorique. Revoici la lutte entre deux principes, les doubles croches motoriques, le court et abrupt thème principal répété à tous les pivots du discours, les canons incessants du développement (certes plein d'une réelle, d'une électrisante angoisse). Dans cette course folle et suicidaire, on aperçoit soudain la pitoyable héroïne ; puis elle envahit le cadre ; et l'issue du drame, dans une coda exacerbée, impose ses images, où la musique n'a plus qu'une modeste part.

## LES CAPRICES

### *Caprice en si bémol majeur* (op. 17)
PUB 1787 (Longman & Broderip, Londres).

Contemporain des *Sonates op. 16* et *op. 20*, il en a la frivolité, le brio facile, l'esprit acéré. La forme est originale : on dirait un rondo, mais c'est plutôt une sorte d'allegro de sonate où viennent s'incruster deux romances. L'*allegro con molto spirito*, à 3/4, a tout juste le temps d'exposer ses deux thèmes : l'un en si bémol majeur, dessiné par des gruppettos ; l'autre en fa majeur, à la basse, sous un roulement de triolets. Un *andantino* à 2/4, en fa, vient l'interrompre (l'air « Ma chère amie », sans doute une scie à la mode). Il le laisse finir, recommence son exposition, mais tourne bride, et choisit de développer, en modulant. Nouvelle interruption, cette fois par un *larghetto* à 2/4, en si bémol. C'est pourtant le thème initial qui a le dernier mot : remonté en accéléré *(presto)*, il se force brutalement un passage dans un étroit couloir où l'on allait en fa mineur, décrète la bémol majeur, retrouve rapidement son ton de départ, et termine sans barguigner, en pur mouvement de sonate.

### *Deux Caprices* (op. 34)
PUB 1795 (Clementi, Londres) ; révision 1804. L'opus contient également deux sonates (voir plus haut).

Cet opus 34 est décidément l'un des plus inspirés de Clementi, avec ses quatre morceaux de haute graisse musicale : on a déjà vu les deux magnifiques sonates qui l'ouvrent. Il ne se termine pas moins bien, en choisissant de céder maintenant au style débridé, à l'écriture libérée qui sied aux fantaisies, caprices et autres produits hors norme de l'improvisation pianistique.

Cette liberté se manifeste surtout dans le premier caprice (en la majeur), qui débute par des traits virtuoses, gammes filantes et arpèges volubiles, coupés de points d'orgue, se poursuit par des batteries d'accords, module en ut, en la bémol, autant de tons lointains d'où il revient de la manière la plus fantasque, – pour esquisser enfin quelque chose qui pourrait être un mouvement de sonate *(moderato)*. Mais au bout de l'exposé d'un unique thème (notes de l'arpège brisé de la majeur), voici l'irruption d'un *allegro* tumultueux ; nouvelles chaînes modulantes, dans un mètre instable (on passe constamment de 4/4 à 3/4) ; marches harmoniques à la Mozart (celui des concertos). On retrouve, comme si on ne l'avait jamais quitté, le thème de sonate, qui conclut sobrement le morceau.

Le deuxième caprice (en fa majeur) est plus original encore. Il a l'air de commencer en toute ingénuité, avec cet *allegro* à 4/4 dont les gammes et les motifs fusent sur une pédale de tonique obstinée, frappée en noires à la basse. Mais dans ce battement métronomique, les modulations imprévues, les silences insolites, les roulements soudains de doubles croches mettent leur grain de folie. Une deuxième partie *(allegretto moderato)* remplace ces quatre temps oppressants par la cadence plus enjouée d'un menuet ; mais s'y glisse, en catimini, un élément subversif : le rythme pointé, qui fait grincer la danse, et la tourne en parodie. De nouvelles séquences modulantes introduisent un troisième épisode : le thème du menuet s'y transforme en romance mozartienne *(andante cantabile)*, avec un accompagnement en basse d'Alberti. Et maintenant, sous le thème du menuet, rentre la basse en noires du premier *allegro*, lequel s'arrangera bientôt pour imposer son propre thème, sans toutefois parvenir à restaurer son mètre à quatre temps : d'où l'impression étrange d'un habit retaillé à d'autres mesures...

## *Deux Caprices* (op. 47)
PUB 1821 (Clementi & Cie).

Au rebours de l'opus 27 de Beethoven, dont les deux sonates s'excusaient de se présenter dans les atours de la fantaisie, voici le genre du « capriccio quasi una sonata ». Ces deux morceaux n'ont échappé à l'appellation traditionnelle que parce qu'ils s'octroient quelques libertés de forme, se coiffent d'introductions lentes, ramifient abondamment leurs développements, reprennent leurs thèmes d'un mouvement à l'autre. Mais qu'on y voie des sonates « capricieuses » ou des caprices « sonatiques », ce sont des partitions d'envergure, digne pendant des *Sonates op. 50*, au premier rang de l'œuvre de Clementi.

Le premier caprice (en mi mineur) commence par un *adagio*, arpègements feutrés d'où sort une ample mélodie continue, qui passe sans heurts de 2/4 à 6/8, épouse le vague de la rêverie, s'arrêtant parfois sur une valeur longue, fleurissant soudain en flexibles triples croches, s'enrichissant de voix secondaires, pour retomber enfin dans le silence, sur les mêmes arpègements étouffés. Un *allegro agitato* s'y enchaîne, avec deux thèmes qui sont le reflet inversé l'un de l'autre, l'un plus dramatique, l'autre plus enjoué ; on notera l'écriture d'octaves brisées à contretemps (accélérées plus loin en triolets) qui donne au premier sa fièvre, le retour des arpègements de l'*adagio*, la coda bruyante, mais assourdie d'un coup dans les dernières mesures. Puis c'est un mouvement lent (en ut, *adagio sostenuto*), qui se signale par un *minore* très expressif, polyphonique, où les voix s'épanchent à tour de rôle dans une véritable déploration. Et l'on arrive à l'étonnant finale *(allegro vivace)*, où au thème initial, fougueux et têtu, posé sur des pédales obstinées de tonique ou de dominante, succède inopinément, dans le mode majeur, la mélodie peut-être la plus fraîche que Clementi ait écrite, une bouffée d'allégresse qu'on jurerait tirée d'une page de Schubert : le ciel s'ouvre, une âme heureuse palpite dans la lumière ; et le thème anxieux du début a beau revenir une nouvelle fois, en canon, comme pour mieux creuser cette couleur soucieuse, la mélodie schubertienne aura le dernier mot, chassera à nouveau les nuages, et s'essorant dans la coda *(presto)*, s'adjoindra des grelots de fête et des carillons.

Dans l'ensemble, le second caprice paraîtra moins original. Un *allegro* en si mineur, à deux thèmes contrastants, dont le développement court en méandres si nombreux qu'on est forcé de lui donner l'épithète de « symphonique » ; un *adagio cantabile* en sol majeur, où Clementi semble regarder en arrière, vers sa jeunesse, car il y a une innocence à la Haydn dans ces phrases finement ornementées, embellies encore d'un surcroît de figures à leur retour, après une partie mineure plus chargée d'ombres ; un rondo final mené de main de maître (en ut majeur, *allegro vivace*), qui souffle le chaud après le froid, et pousse des accents romantiques après la jolie phrase délurée du début. Oui, tout cela, qui est de belle et bonne sonate, compterait peut-être moins sans les deux pages d'introduction *(adagio sostenuto)*. Le mètre à 5/4 y est déjà pour quelque chose, qui malmène les habitudes prises par l'oreille (et la respiration), bouleverse les symétries toutes faites, impose l'apparent laisser-aller de l'improvisation ; à cela s'ajoute le flou tonal où paraissent abandonnées ces deux mains plus expressives l'une que l'autre, qui parfois joignent leurs triolets, parfois échangent leurs plaintes, se croisent, se répondent, en de brusques ruptures harmoniques, en d'imprévus enchaînements. Moment admirable, à peine vingt et une mesures, parmi les plus inspirées de leur auteur.

## L'ŒUVRE PÉDAGOGIQUE

L'essentiel de l'apport de Clementi à l'enseignement du piano se trouve contenu dans trois ouvrages : les *Préludes et Exercices op. 19* parus à Londres en 1787 (titre exact : *Musical Characteristics*), – la *Méthode pour le pianoforte op. 42* parue en 1801 *(Introduction to the Art of Playing on the Piano Forte)*, avec un *Appendix op. 43* dans l'édition de 1811, – enfin les trois volumes du *Gradus ad Parnassum*. Les *Exercices*, au nombre de vingt-quatre, dans tous les tons majeurs et mineurs, constituent une sorte d'« école des gammes », et se passent de commentaire. La *Méthode* ne nous retiendra pas davantage ; c'est un ouvrage théorique, qui dispense une foule de conseils sur la position du corps et de la main, sur les différentes sortes de toucher, sur la manière d'étudier, etc., avec une partie pratique illustrée de morceaux choisis de divers auteurs. Le *Gradus*, lui, est une œuvre originale, à laquelle on doit longtemps s'arrêter.

### *Gradus ad Parnassum* (op. 44)
PUB en trois volumes, 1817, 1819, 1826 (Clementi, Londres).

Ce gros ouvrage (cent pièces) où Clementi a rassemblé, sous un titre orgueilleux (« L'Escalier vers le Parnasse »), les fruits de son expérience de pianiste et de professeur, n'a pas bonne réputation. On en parle en général comme d'un recueil d'exercices fastidieux, où seuls les doigts trouvent leur compte. C'est l'idée reçue dont Debussy lui-même s'est fait l'écho, au début de son *Children's Corner*. Il y moque Clementi, gentiment d'ailleurs, comme il blaguera Czerny dans la première de ses *Études*. Or on trouve de tout dans ces trois volumes : des études de mécanisme, puisqu'il en faut, qui passent en revue les problèmes techniques les plus divers ; mais aussi des canons de la plus belle encre ; des fugues nourries de sève musicale ; d'amples mouvements de sonate ; des instantanés capricieux où revit le génie de Scarlatti ; et des pages lyriques dont le doux épanchement annonce les *Romances* de Mendelssohn.

Écrits à différentes époques, la plupart de ces morceaux sont groupés par tonalités, pour former ce que Clementi appelle des « suites » de trois, quatre, cinq ou six pièces. Mais il est rare que toutes les parties d'une suite soient d'égale qualité. L'une des plus réussies, de ce point de vue, est la *Suite de trois pièces* en si bémol, comportant les études n[os] 56-58 : un *adagio patetico* dans le mode mineur, mélodie continue, de couleur romantique, qui superpose ses doubles croches par quatre aux triolets arpégés de l'accompagnement ; une fugue *(moderato)* au thème incisif, au rythme énergique, à l'élan vigoureusement maintenu jusqu'au brillant stretto conclusif ; et pour terminer, un vrai finale de sonate *(presto)*, dont les thèmes s'accompagnent d'un dessin chromatique, et qui élabore en guise de développement un canon à la septième.

À retenir également, la *Suite de six pièces* en mi, comprenant les études n$^{os}$ 71-76 : une difficile étude polyphonique *(allegro)*, à quatre voix ; une étude de gammes et arpèges en mouvement contraire, courte et bonne (en mi mineur, *vivace*) ; un canon strict à deux voix, par renversement, et si drôle en ses motifs et ses intervalles (c'est l'humour pince-sans-rire d'un surdoué du contrepoint, qui s'amuse à pousser un postulat jusqu'à l'absurde !) ; une complexe fugue à deux sujets (en mi mineur, *moderato*) ; un nouveau canon, à l'octave ; et pour finir, deux pages de bravoure scarlattienne *(allegro)*, en attaques précises et sauts périlleux.

Non moins intéressante, la *Suite de trois pièces* en si (études n$^{os}$ 25-27) : une *introduzione e fuga* (en si mineur), pleine de grandeur ; un très mélodieux canon à l'octave (en si mineur, *allegro moderato* à 12/8) ; et une étude d'accords tenus et notes répétées (en si majeur, *allegro con fuoco*), redoutable au poignet, mais d'un essor magnifique.

Des autres suites, de valeur inégale, on extraira, pour les jouer isolément, quelques fort beaux morceaux. Par exemple, de la *Suite de cinq pièces* en fa (n$^{os}$ 37-41), l'*allegro moderato* en forme sonate, amplement développé, presque une fantaisie ou un caprice ; ainsi que la célèbre *Scena patetica* (en si bémol majeur, *adagio con grande espressione*), pendant de cette « scena tragica » qu'est la dernière sonate de Clementi, *Didone abbandonata* (op. 50 n° 3). – De la *Suite de cinq pièces* en si (n$^{os}$ 88-92), la gigue à 6/8 (en si mineur, *presto*), d'une précise volubilité ; et l'*allegretto* qui superpose deux mélodies bien distinctes à une basse en tierces brisées. – De la *Suite de cinq pièces* en sol (n$^{os}$ 77-81), la quatrième, un *Capriccio* final, qui commence par alterner traits de gammes *presto* et mesures de récitatif *adagio*, avant de se lancer, *assai allegro*, en dessins brisés de doubles croches, à chaque main alternativement. – De la *Suite de quatre pièces* en ut (n$^{os}$ 12-15), l'étude finale, une des plus ardues de l'ouvrage, mais si excitante, avec ses gammes de tierces, ses batteries de doubles notes et ses croisements de mains.

Parmi les pièces isolées, beaucoup seraient à citer, et non seulement des pièces polyphoniques (la plaintive et si touchante *introduzione* à la fugue du n° 45, en ut mineur), mais des jeux virtuoses, touchés par la grâce : car s'il est vrai que le *Gradus* contient un certain nombre d'exercices arides (exemples typiques : le couple des n$^{os}$ 16 et 17, pour les « cinq doigts », l'un de la droite, l'autre de la gauche), il prouve aussi que la virtuosité peut donner des ailes à l'imagination. Voici des échantillons : l'étude n° 22 (en la bémol majeur, *allegro con spirito*), qui torture les doigts de la droite par ces batteries superposant deux dessins, doubles croches sur croches, mais engendre de belles et troublantes harmonies ; l'étude n° 24 (en fa dièse mineur, *presto*), un des morceaux les plus romantiques, les plus passionnés de Clementi, où la gauche s'éplore et s'exalte sous un dessin continu de la droite, en roulements de doubles croches ; l'étude n° 47 (en si bémol majeur, *molto allegro*), brève et mignonne toccata : grelots de la droite, rythme déhanché de la gauche, apparition dans le médium, grâce au concours des deux mains, d'une petite mélodie fringante ; enfin les deux études n$^{os}$ 94 et 95, que Clementi a intitulées respectivement *Stravaganze* et *Bizzarria* : l'une en forme de variations sur un *allegretto* en fa, qu'elles conduisent d'abord en la puis en ré bémol, avec force chromatismes et... bizarreries, justement, d'harmonie ; l'autre (en ut majeur, *vivace*) toute brodée de quintolets, sur une basse qui sautille d'allégresse.

## PIÈCES DIVERSES

Je range ici les fameuses **Sonatines** (op. 36) de Clementi, au nombre de six, publiées en 1797 à Londres (Longman & Broderip), et dont la plupart ont passé entre les mains de tous les débutants. Je pensais leur ménager une meilleure place ; mais non, il faut leur en vouloir de cette célébrité excessive. Leur auteur est depuis trop longtemps réduit à leur taille modeste et à leurs petits moyens. Soit, elles sont rédigées avec goût et délicatesse, et restent valables sur le plan pédagogique. Mais elles ont fait leur temps ; les professeurs qui tiennent aux motifs guillerets de la *Première Sonatine* (en ut majeur) n'ont qu'à donner à leurs élèves la *Sonatine bureaucratique* de Satie, où elle est cocassement parodiée... (Quant aux *Sonatines op. 37* et *38* que l'on rencontre encore, ce sont des transcriptions des *Sonates op. 4* pour violon/flûte et piano, non reconnues par Clementi, et pourvues d'un numéro usurpé.)

Une **Fantaisie sur « Au clair de la lune »** (op. 48) et des **Monferrines** (op. 49) ont paru en 1821 chez Breitkopf & Härtel (ce qui les rend, au moins par la date d'édition, contemporaines des dernières sonates, les *Trois Sonates op. 50*). Si la première n'est qu'un divertissement frivole, et d'assez piètre technique (on aurait imaginé plus de brio, et de plus fine qualité, de la part de Clementi, sans doute empêché par ce thème au fond stupide), les douze *Monferrines*, du nom d'une danse piémontaise, forment un cahier charmant, sans prétention mais non sans inspiration, où le compositeur arrive à surmonter la monotonie qu'engendre un rythme uniformément à 6/8, à force de variété dans les thèmes, les tempos, les climats de ces petites pièces, tantôt espiègles, tantôt rêveuses. En voici trois bien mignonnes : la troisième (en mi majeur), rehaussée de quelques chromatismes, – la quatrième (en ut majeur), avec ce thème qui monte prudemment ses croches en doubles notes et redescend en doubles croches rieuses, – la dixième (en ut majeur), dévidée dans un aigu de boîte à musique. – L'édition Ricordi (1978) donne en surplus une demi-douzaine de *Monferrines* demeurées inédites à la mort du compositeur (WO 15-20 dans le catalogue d'Alan Tyson).

Les *Six Fugues* contenues dans les opus 5 et 6, à la suite de sonates pour piano et violon (publiées vers 1780 à Paris), ont fini, après révision, dans le *Gradus ad Parnassum* : on les y trouvera aux n$^{os}$ 13, 25, 40, 45, 57 et 74.

Enfin, pour mémoire : un canon, un ou deux rondos, trois ou quatre cahiers de variations, dont l'un sur le *Batti, batti* du *Don Juan* de Mozart.

## Henri CLIQUET-PLEYEL
(1894-1963) Français

Cliquet-Pleyel, au fond de son obscurité, peut avoir au moins cette certitude : autant qu'il pâlisse, son nom ne s'effacera jamais totalement des devantures de l'histoire ; il y aura toujours quelqu'un pour lui redonner, de temps à autre, un coup de pinceau. C'est qu'il fait partie d'une liste, comme « hibou » et « joujou ». Voyez les compères du Groupe des Cinq en Russie, du Groupe des Six en France : de chaque phalange, on ne joue régulièrement, et universellement, que les deux ou trois dont l'œuvre était bâtie contre l'usure ; mais s'il ne vous faut que des noms, le mélomane moyen peut vous les réciter, comme l'élève moyen ses pluriels irréguliers. De l'École d'Arcueil, improvisée un jour de 1922 autour d'Erik Satie, seul avait de l'envergure un nommé Sauguet que ses *Forains* emmèneront au bout du monde (je parle encore comme le mélomane moyen). Désormière préféra sagement la direction d'orchestre à la composition, Maxime Jacob entra dans les ordres, et Cliquet fut aspiré par le vide.

Il n'y a pas d'autre mot pour marquer, non point l'intérêt de son œuvre, dont on verra plus loin qu'elle offre mieux que des *curiosa*, mais la pratique qu'on en peut avoir. On ne connaît pas Cliquet-Pleyel, on ne le joue pas, et c'est à croire qu'on ne l'a jamais joué. On en sait encore moins sur ses partitions que sur lui, ce qui n'est pas peu dire. Elles existent pourtant ; et pour comble, la plupart sont disponibles chez l'éditeur. Laissons aux amateurs de musique de chambre le soin de redécouvrir ses quatuors à cordes, ses sonates pour violon et piano ou son trio avec piano ; aux férus de mélodie celui de feuilleter ses *Tombeaux* sur des vers de Cocteau ; et occupons-nous de la petite brassée qu'il a laissée au piano.

On constate que cette production se répartit en deux époques bien distinctes, séparées d'un fossé de vingt ans. L'une va jusqu'à la mort de Satie (1925), véritable date charnière, qui propage une telle zone d'ombre autour d'elle qu'on peut se demander si cette disparition n'emporta pas d'un coup tout le talent de Cliquet, ou du moins tout son pouvoir ou son envie d'écrire ; l'autre commence au lendemain de la Seconde Guerre mondiale. Presque rien de commun entre ces deux pans. Le Cliquet des années vingt est un pur produit du *Coq et l'Arlequin* ; un hasard l'a rangé sous la bannière « Arcueil » ; un autre hasard aurait fait de lui le septième des Six (ainsi l'entendit Roussel, dans un article du *Chesterian*). Ces chapelles se valent, dont le dieu est Satie, et Cocteau l'officiant. Les fidèles s'y rangent aux mêmes rites de clarté, de simplicité, voire de banalité, pour faire pièce aux liturgies flamboyantes de Wagner, de Rimski, de Debussy, dorées d'icônes et parfumées d'encens. Pour sentir à quel point Cliquet s'est assimilé à cet éphémère moment d'histoire, il faut lire ses *Trois Pièces à la manière de Satie*, et ses *Acrostiches* sur le nom des Six : il est Satie, il est chacun des Six à tour de rôle ! Une *Suite*, des *Blues* et des *Tangos* achèvent d'appuyer ces traits, en les mélangeant ; le résultat est un surprenant tableau cubiste : on reconnaît ici un œil, là une bouche ou une oreille. Ces suites de quartes, c'est Satie ; cet air champêtre, c'est Poulenc ; ces deux gammes qui bitonent, Milhaud... Un émouvant *Tombeau de Satie*, en 1926, viendra signifier la fin de ces jeux.

Un autre compositeur prend la relève, dans les années quarante et cinquante. Il a peut-être gardé, de sa jeunesse, le culte de la ligne et le goût de l'harmonie rare ; mais comme il s'est rangé ! Il ne songerait plus à jeter sur ses portées tout le vitriol qu'il avait autrefois dans les poches. Un humour souriant a remplacé ses sarcasmes. Ce qu'il a perdu en spontanéité (cette insolente naïveté des *trouvailles*), il l'a gagné en profondeur. On aimerait qu'il eût publié davantage (il laisse beaucoup de manuscrits). Quelques *Mazurkas*, des pièces enfantines qu'il appelle joliment *Cliquettes*, un mélancolique *Hommage à Debussy* nous font entendre, comme de loin, le son d'une voix qu'il devait avoir chaleureuse.

## Toccata et Fantaisie
COMP octobre 1915. PUB 1924 (Eschig). DÉD à Lazare Lévy.

« Fantaisie », c'est le moins qu'on puisse dire de ce morceau, en sa dizaine de pages décousues, où les motifs sont jetés, repris, redistribués selon l'envie du moment. Il y a de tout : des traits à la Bach et des trilles, dans ce qui doit tenir lieu de *toccata* ; des souvenirs de polka, satistes en diable, drôlement et vertement malsonnants, et qui servent de ritournelle ou de liant ; des accords plus-que-parfaits, plaqués au hasard ; d'autres bitonaux à plaisir ; des quartes en joyeux tintamarre ; des phrases soudain étonnamment expressives et chantantes, dans leur enrobage d'arpèges ; des points d'orgue tant et plus. Bien adroit l'interprète qui s'y retrouvera...

## *Sept Acrostiches*
COMP juin 1921. PUB 1924 (Eschig). DÉD au Groupe des Six.

En hommage aux fameux Six, leur portrait en musique : à partir des lettres de leurs noms, converties en notes, chaque pièce à son tour tente de saisir quelque chose du style du modèle.

Le cahier commence par décrire *Jeanne Herscher*, cette pianiste amie de Koechlin, et sympathique à ces musiciens qu'elle recevait souvent dans son salon musical ; son thème, harmonisé en quintes vides *(modérément)*, tinte clair et ingénu, avant d'être pris dans les rets d'une souple bitonalité. – Le thème de *Germaine Tailleferre* (en la majeur, *animé et sonore*) secoue gaiement ses anapestes, mais conclut dans la douceur, deux fois plus lent, bercé d'arpèges harmonieux. – Celui de *Darius Milhaud (assez modéré)*, qui semble d'abord une pastorale échappée de *Printemps*, ne tarde pas à prendre le rythme chaloupé d'un *saudade* (début en sol, fin en la). – Celui d'*Arthur Honegger* (en ré majeur, *sans hâte, expressif*) s'étire paresseusement sur une basse capricieuse, dessins d'arpèges où alternent doubles croches, croches normales et croches de triolets, avec force chromatismes *sui generis*...

Pour *Louis Durey*, une barcarolle à 12/8 *(souple et expressif)*, où flottent des souvenirs de *Carillons* et de *Neige* (deux pièces à quatre mains de Durey), et qui, après une fugitive animation de son flux d'arpèges, conclut très poétiquement, en accords doucement dissonants sur l'harmonie obstinée de sol. – *Georges Auric*, l'enfant terrible du Groupe, a droit à une gigue moqueuse (en ut majeur, *assez animé, solide*), qui répète inlassablement un petit motif à 3/16, sur des harmonies de plus en plus criardes et acides. – Et *Francis Poulenc* ferme la marche (en ut majeur, *vif*) ; mais le peintre, ici, n'a pas su attraper la ressemblance ; son Poulenc est méconnaissable. À l'œil, on distingue bien, ici le diatonisme de la *Sonate à quatre mains*, là les glissements chromatiques du *Dromadaire*, ailleurs le rythme de la *Valse de l'Album des Six* ; à l'oreille, c'est autre chose, tout est déformé, et la caractéristique principale de Poulenc (même de Poulenc jeune !), l'euphonie, est tournée en son contraire, une cacophonie grimaçante...

## *Trois Pièces à la manière d'Erik Satie*
COMP décembre 1921. PUB 1924 (Eschig).

Ce cahier pourrait bien être, paradoxalement, le chef-d'œuvre de Cliquet-Pleyel, si l'on doit appeler ainsi une œuvre qui mérite la survie, peu importe à quel titre. Dans le cas présent, c'est à titre pédagogique. Ces trois fois deux pages valent un cours sur Satie, – sur celui, du moins, de la période dite « humoristique ». Toutes les particularités du maître d'Arcueil, ses inventions cocasses comme ses tics horripilants, s'y retrouvent pêle-mêle : à qui les débrouille ici, aucun des recueils du Satie 1912-1915 n'en apprendra davantage.

Voici d'abord des titres caractéristiques : *Prélude rigide, Lamentation hydraulique, Oripeaux de bal et ballets de crins-crins* ; des nuances non moins typées : « éolien », « bien rissolé », « sans cherrer », « ennuyeux », « plus ennuyeux », « bien ennuyeux », « cuit à point », « à reculons », « sympathique », « financier » ; des injonctions : « ne soulevez pas la poussière », « jouez courageusement », « saluez... et phoutez le camp ». Voici encore des textes parasites, non-sens et calembours, entre les portées : « je n'ai pas de pipe pour allumer mon tabac », « oh ! les bonnes odeurs de friture et d'acétylène », « fox-trotter, voilà les flics ».

Mais voici surtout, car il s'agit finalement de musique, comme chez Satie, les basses sèches et obstinées : mouvement de croches dans la première pièce, arpèges brisés dans la deuxième, rythme de polka dans la troisième ; les motifs décousus et parcimonieux, les bouts de choral (« Hymne à Socrate »), les cadences banales qui moquent les classiques, ces « embryons desséchés » ; et par-dessus tout, le recours immanquable aux citations, que ce soient des chansons populaires ou des thèmes classiques (la *Lamentation hydraulique* cite le début de la *Marche funèbre* de Chopin : les *Edriophthalma* du bon maître ne s'en prenaient qu'au trio !). Le plus inattendu, et drôle (un *private joke* !), étant la citation par Cliquet de sa propre *Fantaisie* de 1915 (au début des *Oripeaux de bal*), ou celle de son propre *Acrostiche* sur le nom de Milhaud (plus loin, dans les mêmes *Oripeaux*), assortie du commentaire : « c'est très ressemblant »...

### Suite

COMP janvier 1922. PUB 1924 (Eschig). DÉD des mouvements successivement à Francis Poulenc, Marcel Fichefet, Jean Cocteau, J. de Fraguier, Darius Milhaud.

L'essentiel du premier mouvement tient dans sa première proposition mélodique *(calme)*, un air ingénu qui superpose son la mineur et son 4/4 au fa dièse majeur des arpèges d'accompagnement, sentis à 3/4 malgré la barre de mesure. Cette bitonalité imperturbable contamine tout le morceau, où alternent les plages paisibles et les éclats bruyants (« sonore », « strident »). On entendra, dix-neuf mesures avant la fin, comment des empilements de secondes peuvent sonner poétique et doux.

Ce qui, dans le premier mouvement, demeurait clair, devient opaque dans le deuxième *(plutôt lent)* ; la cacophonie guette, quelque soin que l'on prenne de distinguer les plans sonores ; pas plus que la lumière l'air ne circule. Un épisode pourtant sonne avec bonheur, le *presque vif* de la fin, où deux flûtes champêtres se contrepointent, par-dessus les accords battus de la main gauche.

Il y a de tout dans le troisième mouvement *(vif et léger)*, amusant tohu-bohu, dédié à Cocteau, dont Cliquet vient de mettre en musique trois

*Tombeaux* : un départ en invention canonique ; de longues pédales de sol à la basse, qui défient les accidents de la main droite ; des quartes brisées bitonales, une main sur les touches noires, l'autre sur les blanches ; et même à un détour, dissimulé sous un rythme déformé, l'arpège en fa dièse qui balance, ô sacrilège, la *Barcarolle* de Chopin...

Si la polytonalité semblait souvent, dans les pièces précédentes, être un pis-aller (et aller à la dérive), un prétexte à enchaîner vaille que vaille des bouts musicaux sans lien réel, elle sous-tend, dans la quatrième pièce *(modérément, solide)*, un discours uni, vigoureux, immédiatement perceptible. Ces accords empilés, superposant fa majeur et ré majeur d'un registre à l'autre, sont les colonnes d'un thème nettement dessiné, qui module avec naturel (et l'on pourra parler de modulation bitonale, où les divers agrégats suivent la même route logique). L'ensemble du morceau, où bientôt s'exaspèrent de vives syncopes, doit beaucoup au jazz, un jazz énergique, criard, et coloré.

Le cinquième mouvement, à 5/4 *(animé, avec franchise)*, paraîtra quelque peu brouillon. On dirait qu'il imite une certaine façon juvénile de Milhaud, son dédicataire, par exemple les attaques massives, les rythmes heurtés, les motifs à l'emporte-pièce, les couleurs robustes, grand teint, de la *Première Sonate*. Tout n'y est pas « aimable », – en tout cas, pas du premier coup. Mais on est récompensé de l'avoir déchiffré, quand on arrive aux deux dernières pages où, sur l'harmonie immuable de fa dièse, « de plus en plus brouillée et lointaine », ralentissent et se défont peu à peu tous les thèmes, les grelots de doubles croches, les anapestes de pastorale, les gammes de quartes, les friselis de tierces brisées...

## *Cinq Tangos*

COMP 1920-1922. PUB séparément 1924 (Eschig). DÉD à Jean Wiéner, Robert Cliquet, Darius Milhaud, Mme Francis de Croisset et Jeanne Herscher.

Entre les *Saudades* de Milhaud et la *Sonatine syncopée* de Wiéner, il y avait place pour les *Blues* et les *Tangos* de Cliquet, aujourd'hui bien oubliés les uns et les autres. C'est injuste pour les *Tangos*, qui valent le déchiffrage, et plus d'un ne ferait pas mauvaise figure au concert, non seulement comme témoignage d'époque, mais pour ses propres vertus.

Le plus banal : le deuxième *(assez animé)*, aguicheur et facile, vraie musique de bar, sentant les cocktails et la fumée de tabac, mais qui nous tire la langue tout à la fin : à son mi majeur bien établi, il superpose soudain le ton de fa majeur... pour finir inopinément en ré mineur !

Le plus désaccordé : le quatrième *(doux et souple)*, qui applique les astuces bitonales des *Saudades* de Milhaud avec beaucoup de mauvaise foi, une oreille sourde exprès, Cliquet s'obligeant, où son ami réussissait des tours d'adresse harmonique, à faire tomber platement ses cerceaux de jongleur, – chute saluée d'un glissando moqueur...

Le plus dru, le plus coloré : le premier *(modéré)*, où harmonies, rythmes et contrechants s'étagent sur trois portées, et qui alterne douceur et violence, nonchalance et verdeur. On goûtera cette bitonie qui tantôt caresse et tantôt rudoie, jusqu'à la superposition finale des accords de fa mineur, fa dièse majeur et mi majeur.

Le plus poétique : le troisième *(modéré)*, s'il faut en croire les multiples indications (« très délicat », « lointain et subtil », « gracieux », « brouillé »), et le tour improvisé, discontinu, les motifs capricieusement raccordés.

Le meilleur, à tout prendre : le cinquième *(modéré)*, qui mélange les drôleries d'un esprit satiste à de jolies trouvailles sonores : ce début pianissimo, par exemple, les deux mains entremêlées dans l'aigu, dissonant comme une vieille boîte à musique, – opposé à l'épisode « strident » où un clairon s'égosille à cinq octaves des syncopes d'une basse obstinée.

### *Deux Blues*

COMP novembre et décembre 1922. PUB séparément 1924 (Eschig). DÉD à Léon Kartun et à Mme S. Harris.

L'un est en mi bémol majeur, sur le thème « *Come along* » ; l'autre en sol bémol majeur (malgré une armure fantaisiste à deux bémols), sur le thème « *Far away* ». Ils font penser, *mutatis mutandis*, aux « valses chantées » que Satie cuisinait, avec des restes, à l'intention de Paulette Darty. Les ingrédients les plus communs se retrouvent dans ces piécettes, que ne pimente aucune épice : tout le contraire des *Cinq Tangos* contemporains.

(Ceux qui déchiffreront ces deux morceaux s'apercevront que l'imprimeur a interverti les pages : le premier finit dans le deuxième, et vice versa !)

### *Le Tombeau de Satie*

COMP 1926. DÉD à la mémoire de Satie.

Pages touchantes parce qu'on dirait que Satie lui-même a choisi le marbre de la dalle et rédigé l'inscription, ne laissant à Cliquet que le soin de la graver. Accords de quartes et quintes, lents et cérémonieux, phrases tendrement posées sur des basses insolites, arrêts pensifs sur les valeurs longues, inflexions doucement désabusées. L'accord final empile cinq quintes, dont la dernière ne craint pas d'être diminuée (si-fa) : c'est aussi bien, sur le do grave de la tonique, la superposition de toutes les notes de la gamme, un parfait « blanc majeur »...

### *Menuet – Valse de la bicyclette*

COMP mai 1926 et mars 1928. PUB séparément 1929 (Eschig). DÉD de la *Valse* à Suzy Welty.

Il ne subsiste plus rien, en ces pages, des cruautés (délicieuses !) de ce Cliquet qui jouait avec la tonalité comme un chat avec un moineau.

Est-ce l'influence de Sauguet qui lui a rogné les griffes ? Leurs styles ici se rejoignent : harmonie bien tempérée, mélodie sémillante, classicisme de bon aloi. Mais si le cadet a beaucoup de choses encore « à écrire en do majeur », l'aîné n'y trouve pas son compte. Son *Menuet* (en mi mineur, *modéré*) est gentillet, vaguement maladroit, d'une euphonie guindée ; il y manque un grain de sel. La *Valse* (en la majeur, *vivace*) est plus réussie, quoique un peu longuette, avec son amusant tremplin de neuvièmes, ses croches qui tournicotent joyeusement.

## *Cliquettes*

COMP 1947. PUB 1961 (Jobert) ; le n° 2, *Fête chez les fées*, a paru en 1950, sous le titre de *Valse des trois oranges*, dans le recueil collectif *La Forêt enchantée* des éditions Philippo. DÉD à Virgil Thomson.

On ne peut faire un meilleur compliment à ce mince cahier, écrit « pour les petites mains », que d'affirmer que ce n'est pas ici la musique de tout le monde. La composition de pièces enfantines, à n'importe quelle époque et toute considération de style mise à part, est une gageure ; trop élaborées, elles manquent leur but ; trop édulcorées, elles ennuient ceux mêmes à qui elles s'adressent. Les *Cliquettes* ont du goût, sans avoir forcé sur le poivre ; et elles ne versent jamais dans la niaiserie. C'est dire que leurs thèmes sont originaux, que leurs harmonies sortent des fades cadences où l'on croit devoir confiner les jeunes oreilles. Ces sept morceaux sont cousus d'un simple fil, celui d'un rêve. Or à quoi rêvent les enfants, si ce n'est aux contes de leurs livres d'images ? Voici *Le Début du rêve*, avec ses phrases engageantes et ses petites fanfares ; puis la « valse espagnole » de la *Fête chez les fées*, le menuet pompeux qui accompagne *Le Souper*, les croches virevoltantes du *Colin-maillard* ; voici les accords debussystes de *La Fontaine miraculeuse*, et *Le Soldat de bois* avec son clairon sonore et ses rantanplans ; il ne reste plus qu'à attendre *Le Réveil*, ses motifs insistants, ses appels lointains.

(Les « grandes personnes » qui liront ces pages charmantes auront, en prime, le plaisir des épigraphes, elles aussi hors du commun. Pour *Colin-maillard*, par exemple, ce vers de Verlaine : « Et nous aimions ce jeu de dupes. » Pour *Le Réveil*, ce passage de l'*Antigone* d'Anouilh : « Maintenant, tu ne peux pas savoir, tout est déjà rose, jaune, vert. Il faut te lever tôt, nourrice, si tu veux voir un monde sans couleurs. »)

## *Mazurkas*

COMP 1958. PUB 1959 (Jobert). DÉD à « Mademoiselle K. », Manuel Rosenthal, Léopold Sédar Senghor, Pierre d'Arquennes, Marcelle Meyer, René Gautier.

Six pièces. Cahier fort inégal, que la page de titre annonce comme un « premier recueil » ; mais on ne sache pas qu'il y en ait eu d'autres en préparation.

Les forts aromates de la première mazurka (en mi mineur) lui confèrent un goût plus oriental encore que slave, en particulier cette seconde mineure du mode phrygien (fa ♮), qui imprime un pli douloureux à la phrase, la fait gémir. Plus loin l'hésitation entre mineur et majeur, et les quintes successives, ajoutent à l'exotisme.

Ce bimodalisme teinte encore le début de la deuxième mazurka (en mi majeur, *andante simplice*), dont ensuite le trio, sur pédale d'ut majeur, fait entendre obstinément une criarde seconde augmentée (do-ré ♯).

La troisième (en mi majeur, *vivace ma non troppo*), un peu longue, vaut surtout par son joyeux départ, scandé de quintes paysannes ; cependant que la quatrième (en si bémol mineur, *con moto*), la plus belle des six et la plus intrigante, s'attarde en glissements chromatiques, fait se croiser les mains, s'exalte d'une passion toute chopinienne, avant de retomber mélancoliquement.

Les deux dernières, hélas, font baisser la qualité du recueil. La cinquième (en la mineur, *andante piacevole*) poursuit moins bien qu'elle n'a commencé, et perd en chemin la substance de ce beau thème tour à tour confiant et désespéré, selon que la tierce est majeure ou mineure ; et la sixième (en ré bémol majeur, *vivace*), tout embarrassée d'elle-même, dépourvue d'élan et d'idée, ne fait que tourner en rond.

### *Hommage à Debussy*
COMP ? PUB 1962 (Jobert). DÉD à Marguerite Long.

Une sorte de prélude *(assez lent, recueilli)*, rêvant autour des notes formées par le mot « Debussy » (ré-mi-si-sol-mi-mi-ré), et se souvenant de *Pelléas* (« Je ne souffre plus au milieu de tes cheveux... »), en lentes théories d'accords, en appels feutrés, en douces plaintes chromatiques. Fin en si majeur.

## Aaron COPLAND
(1900-1990) Américain

Il y a deux musiciens en Copland, et sa musique pianistique épouse étroitement cette dichotomie. D'une part un cérébral, enclin à l'abstraction, rompu à l'ascèse et à la discipline intellectuelle, méfiant à l'égard du charme et du lyrisme, tenté par l'expérience atonale, par les théories sérielles, et partisan d'un art égoïste et compliqué où l'on se plaît à soi-même, où l'on s'interroge et se projette à longueur d'œuvres comme en des miroirs. De l'autre un viscéral, un émotif, gourmand d'harmonies et de rythmes, attiré par le jazz et le folklore, épris de simplicité, persuadé qu'en dépit d'Horace le *profanum vulgus* n'est pas haïssable, et que l'art, comme le pain et le sel, est fait pour être partagé. Ces deux êtres contradictoires cohabitent le mieux du monde ; chacun, à tour de rôle, à des intervalles plus ou moins longs, livre une partition. On gage que ce n'est pas au même public ; une foule unanime applaudit le ballet *Billy the Kid* ou le *Concerto pour clarinette* ; une audience plus clairsemée accueille les *Statements* pour orchestre ou le *Quatuor avec piano*.

Cette éternelle instabilité de Copland a été critiquée au coup par coup, et elle irrite encore tous ceux qui n'aiment pas les caméléons. Les censeurs de ses musiques faciles affectent de n'y voir que des besognes alimentaires, une façon triviale de convertir les doubles croches en monnaie trébuchante. Les contempteurs de sa manière plus secrète et plus sérieuse en jugent l'ambition non seulement desséchante, ou élitiste, ou disproportionnée à ses moyens, mais peut-être même insincère. Or l'homme est sympathique, authentique sa démarche, et ses résultats souvent heureux, dans les domaines les plus variés. Il y a deux façons de gérer une nature complexe : on peut la brider de façon qu'elle pousse dans un seul sens. Beaucoup de créateurs ne sont devenus eux-mêmes qu'au prix de choix draconiens ; entre tous leurs possibles, ils ont élu celui qu'ils pensaient le meilleur, et lui ont sacrifié le restant. Mais d'autres ont tenu, pour parodier le mot de Térence, que rien de *musical* ne devait leur être étranger. Voyez, chez nous, comme un Milhaud passe allégrement de la truculence d'une samba à l'âpreté d'un quatuor, et d'un pensum sévère et contraint, pour *happy few*, à une œuvre d'estomac et de cœur, où tout le monde est convié. L'éclectisme peut agacer quand il n'est que le fruit d'une esthétique hésitante ; s'il est congénital, qu'il soit le bienvenu.

De la vingtaine de partitions que comprend le catalogue pianistique de Copland (en ne comptant ni les inédits ni les transcriptions de ballets), trois sont de première importance, des jalons sur son parcours. Mais si l'histoire ne gardait qu'elles, elle nous tromperait sur leur auteur. D'autres encore, et parfois de petites pièces, fournissent le correctif nécessaire. Les *Variations*, chef-d'œuvre des années trente, semblent annoncées par la *Passacaglia*, laquelle, au seuil des années vingt, aurait campé du compositeur un portrait sévère, en élève de Nadia Boulanger, si dans la coulisse le *Scherzo humoristique* ne nous avait fait entrevoir un joyeux drille. Ces *Variations* nous montrent à quoi peut tendre la part la plus abstraite, la plus dépouillée de Copland, celle, après tout, qui survivra sans doute à l'autre ; mais en filigrane, et tant dans les intervalles que dans les rythmes, elles cachent cette influence du jazz que les premiers *Piano Blues* s'amusent à proclamer. La *Sonate* terminée au début des années quarante illustre à sa manière ce qu'Arthur Berger appelle le « style déclamatoire » de Copland, où se conjuguent les psalmodies de la synagogue et les répétitions du folklore ; mais elle prouve surtout les vertus bienfaisantes, sur la musique dite « pure », de la musique populaire à laquelle il sacrifie dans ses partitions de films et de ballets. Le retour au spéculatif, dans les années cinquante, nous vaut la *Piano Fantasy*, œuvre ardue, exigeante, et déjà testamentaire ; sous bien des aspects, elle résume un parcours et des constantes stylistiques : l'économie et la transparence du matériau, la fragmentation mélodique, l'alternance de la transe et de l'hypnose.

### *Passacaglia*
COMP 1921-1922. PUB 1922 (Senart). DÉD à Nadia Boulanger.

Qui place côte à côte le *Scherzo humoristique* de 1920 (voir PIÈCES DIVERSES) et cette *Passacaglia* croira surprendre ensemble Monsieur Hyde et le Docteur Jekyll. Dans le premier s'amuse un polisson. Dans la seconde, un élève consciencieux s'applique à un exercice austère, sous la férule de « Mademoiselle ». Mais il est bon qu'on lui voie, très tôt, cet amour de la rigueur, ce souci de l'architecture, voire ce penchant à l'hiératique, au solennel, qui conduiront aux *Variations*.

Ton de sol dièse mineur. Sur une basse de huit mesures, en valeurs longues *(assez lent)*, s'édifient huit variations, de plus en plus importantes. La 1$^{re}$ a des contrepoints chromatiques. La 2$^e$ chromatise aussi, dans un rythme de triolets syncopés. La 3$^e$ fait tomber de lents arpèges sous une ligne rampante, émanation du thème initial. La 4$^e$ est en canon : thème à la basse, imité par le soprano à deux mesures de distance, avec un dessin médian de triolets, toujours syncopé. La 5$^e$ passe en mi bémol mineur (mal indiqué par les cinq bémols de l'armure) et double la vitesse : accords exubérants, gammes rapides, traits de quartes pour finir. Dans la 6$^e$ (qui retourne à sol dièse mineur), le thème, joué à la main gauche, avec des arpègements de luth, sert de contrechant à un air de pastorale, en rythme pointé ; atmosphère de Renaissance anglaise, allez savoir pourquoi. Puis ce sont des doubles croches dans la 7$^e$, qui s'affairent au-dessus du *cantus firmus* en rondes. Enfin c'est l'apothéose de la 8$^e$, qui canonne le thème (c'est le cas de faire cet affreux calembour !) au milieu d'ostinatos bruyants, et s'achève dans le martellement de la pédale de tonique.

(En 1932, la danseuse et chorégraphe Helen Tamiris tira un ballet de la *Passacaglia*, sous le titre *Olympus americanus*.)

### *Piano Variations*
COMP 1930. PUB 1932 (Cos Cob Press). DÉD à Gerald Sykes. CRÉ par Copland (4 janvier 1931, New York). Orchestrées en 1957 (sous le titre *Orchestral Variations*).

Ce morceau étonnant, peut-être le meilleur de tout le catalogue pianistique de Copland, n'a pas pris une ride, soixante ans après sa naissance. Comment le pourrait-il ? Il est tout en nerfs, tout en muscles durs, en jointures précises. À l'époque, il parut n'avoir que la peau sur les os. Mais il est moins le résultat d'une ascèse morose que le fruit d'un joyeux exercice de l'esprit, attelé à réussir, à partir d'un matériau de quelques notes, dans une texture raréfiée à l'extrême, non point un bel objet musical, une abstraction sans âme, mais une œuvre vivante. (On en dirait autant de l'*Ode symphonique* ou de la *Short Symphony*, autres exemples des recherches de la période 1928-1935.)

Le thème *(grave)*, dont les premières notes ont l'air de transposer le motif BACH en le déformant (mi-do-ré ♯-do ♮), et qui rappelle aussi celui des variations de l'*Octuor* de Stravinski (1923), est attaqué sèchement, « non legato », avec un accent sur chaque son, un *sff* à la fin de chaque phrase, suivi d'un point d'orgue. Si le ton d'ut dièse mineur est nettement perceptible, et souligné de tenues muettes de la tonique (si ♯, sensible, est d'abord écrit do ♮, et Copland jouera sur l'ambiguïté enharmonique entre tierce majeure et quarte diminuée), les changements d'octave, à la Schönberg, brisent la ligne, et l'on ne saisirait pas le thème si la 1re variation n'en donnait aussitôt une version plus mélodique (les notes bien liées, *molto espressivo*). Toute la substance de l'œuvre est dans ces quelques mesures, si parcimonieuses ; mélodiquement, bien sûr ; harmoniquement : la septième majeure, la neuvième mineure (et leurs doublets, octave diminuée, octave augmentée), fournies par le thème lui-même, formeront l'essentiel de la trame et lui garderont sa transparence.

Cette écriture diaphane (non point décharnée, mais dégraissée), d'une froideur calculée, est très excitante pour l'auditeur. Il faut voir avec quelle précision le motif initial s'imbrique en des structures rythmiques variées, où les changements de registre (c'est-à-dire de timbre) donnent l'impression d'éclats, de brisures, de fragmentations irisées, et comme il élabore avec ses propres miroitements une profondeur polyphonique.

La vitesse augmente progressivement *(più mosso)* dans la 2e et la 3e variation, qui sollicitent l'aigu, encore intouché, pour des ponctuations du thème, dans une texture élargie à quatre voix. *Meno mosso*, l'îlot des 4e et 5e, prises dans un rythme pointé solennel (dont l'amorce figurait à la fin de la 3e), et qui, dans leur ostinato, passent subtilement d'ut dièse mineur à mi mineur, ton conservé dans les deux suivantes. Nouvelle accélération de la 6e à la 9e. La mélodie, dans la 6e, partagée entre les mains, se meut entre ses reflets au demi-ton à l'octave supérieure et inférieure ; dans la 7e, elle est doublée euphoniquement en octaves mais brisée sur trois registres ; les 8e et 9e semblent dissoudre le thème dans ses imitations. La 10e déclame le thème *più largamente*, tandis que la 11e *(lento)*, sur un accord immobile de la basse, en fait un contrepoint à deux parties, fragile, d'une étrange beauté (entre-temps, le pivot tonal a changé : ré).

Jusqu'ici les variations étaient linéaires, elles deviennent pointillistes, morcelées d'écriture, éparpillant les notes sur toute la surface du clavier : octaves sèches (12e), petits motifs mercuriels (13e). Puis ce sont des martellements et sautillements dans des mètres changeants (14e, 15e). La tonalité fluctue. La vitesse croît à nouveau, à l'exception de quelques mesures lentes dans la 19e. La 20e accélère sans cesse, frénétiquement, jette des octaves stridentes, finit dans l'extrême grave, brisée, happée par le vide. Enfin une coda, large et sonore, monte le thème (dans son ut dièse mineur retrouvé) aux dimensions d'un choral d'apothéose.

(De cette œuvre fut tiré un ballet, en 1932 : *Dithyrambic*, par Martha Graham.)

### *Sonate*

COMP 1939-1941 (esquisses dès 1935). PUB 1942 (Boosey & Hawkes). DÉD à Clifford Odets, son commanditaire. CRÉ par Copland (21 octobre 1941, Buenos Aires).

*El Salón Mexico* (1936) et surtout *Billy the Kid* (1938), avec leur mélodisme affiché, issu du folklore, et leur simplification harmonique, avaient engagé Copland dans la voie d'une musique plus « populaire », ouverte au plus grand nombre, et qui lui valut en effet un succès considérable. Mais on ne vit pas seulement de pain et de jeux ; quand il éprouve le besoin d'une nourriture plus spirituelle, le compositeur revient au piano, une fois de plus. La *Sonate* (d'ailleurs plus facile d'accès que les *Variations*) est une parenthèse privée dans sa période publique.

Deux mouvements lents encadrant un mouvement rapide : Copland affectionne cette structure inhabituelle, qu'on discerne dans les *Variations* et qu'on retrouvera encore dans la *Fantaisie* (comme dans la *Sonate pour violon et piano* ou le *Quatuor pour piano et cordes*).

Le premier mouvement (en si bémol mineur, *molto moderato*) suit à peu près la forme sonate. Thème initial en accords, avec l'éclat d'une sonnerie de cuivres, autour de quelques notes au dessin tombant (on songe à la fois à Stravinski et à Poulenc ; et à vrai dire on croit entendre un succédané du thème des *Variations*). Fausses relations caractéristiques, avec le clignotement du troisième, du sixième, voire du deuxième degré entre majeur et mineur ; métrique changeante (3/4, 4/4, quelques 5/4). – Le second thème (en sol, avec la même oscillation modale) est assez proche du premier, quoique d'un sentiment différent, avec ses fins de phrase plutôt ascendantes, son bercement tendre, ses tierces chaleureuses. Le développement contient entre autres une section *allegro* très rythmique sur le second thème, dans le style saccadé, à la toccata, de quelques-unes des *Variations*. Réexposition grandiose de A, *fff*, sur quatre portées, les mains passant du grave à l'aigu pour déclamer le thème et le scander d'accents sonores ; B cependant très doux, toujours dans une transparente écriture de choral. Un moment on croit finir avec lui en ré bémol ; mais la dernière ligne rajuste d'un coup, et fort, le ton initial.

Le scherzo est très original (en si majeur, *vivace*). La droite y triture d'abord, obstinément, un petit motif brisé, gigue boiteuse et désinvolte, que la gauche, non moins obstinée, ponctue irrégulièrement d'un appel de sixtes. C'est d'ailleurs le mouvement des sixtes que ce deuxième mouvement, comme le premier était celui des tierces, et on les retrouve dans l'intermède (en fa), suaves et chantantes, un rien surannées, contrastant superbement avec l'effervescence des autres figures, lignes brisées, bonds nerveux, attaques sèches, cruelles dissonances.

Le dernier mouvement (*andante sostenuto*, début en sol majeur) utilise le thème initial du premier, avec celui de l'intermède du scherzo. Sans être le plus réussi de l'œuvre (il est trop long, trop lent et solennel, et quelque peu décousu), il en contient sans doute les plus belles pages : ces plages mystérieuses, aux confins du silence, où deux ou trois voix conversent sans y croire, avec la pulsation persistante d'un motif pointé ; et surtout ces mesures posées sur la vibration de sourdes pédales, où l'attaque syncopée de la voix intérieure laisse planer au soprano un chant d'une émouvante pureté. C'est dans un tel climat que s'achève la *Sonate*, dans le ton de la bémol : coda extatique et hypnotique, plus encore qu'« élégiaque » (l'indication du compositeur), s'éteignant de *p* à *pppp*, en citant une dernière fois le motif de départ, et ses troublantes fausses relations.

## *Four Piano Blues*

COMP 1926 (n° 4), 1934 (n° 2), 1947 (n° 1), 1948 (n° 3). PUB 1949 (Boosey & Hawkes). DÉD à Leo Smit, Andor Foldes, William Kapell, John Kirkpatrick. CRÉ par Leo Smit (13 mars 1950, New York).

Morceaux célèbres, que même on entend plus souvent que les grandes compositions pianistiques de Copland, ce sont des récréations plaisantes, auxquelles il faut donner leur importance dans cette esthétique mélangée qui fait tout le charme du compositeur.

Le premier (en ut majeur, *freely poetic*) adopte l'allure et le ton d'une ballade ; le mètre a beau changer, on sent surtout le 6/8 propre à ce genre ; les mesures à 5/8, 7/8, etc., servent plutôt à donner la difficile recette du rubato. La main gauche plaque beaucoup de dixièmes, sous les phrases nonchalantes de la droite.

Le deuxième (en ré majeur, *soft and languid*) provient du ballet *Hear Ye ! Hear Ye !* (1934). Des tierces paresseuses y tombent par paliers, dissonant doucement avec la basse en accords de dixième ; plus loin quelques rythmes pointés mènent à un court trio, dont la mélodie naïve chante en octaves ; à la reprise, superposition des tierces initiales et de cette mélodie, confiée au ténor.

Nostalgique infiniment, le troisième *(muted and sensuous)*. Il est en si bémol mineur, quoique avec quatre bémols seulement à la clé, la sixte étant souvent majeure (sol ♮). Harmonies chaleureuses, thème alangui de syncopes (ici encore, cette notation, et l'emploi de mesures à 7/8, prescrit un jeu rubato, comme improvisé). Extrême euphonie de la pièce, en dépit des dissonances. Le passage central évoque Stravinski. Fin énigmatique, avec de beaux arpèges égrenés, et un do ♭ délicatement posé au fond du clavier.

On devinerait à son style que le quatrième (en fa majeur, *with bounce*, « énergique »), le plus ancien de tous, est contemporain du *Concerto pour piano* (1926). Syncopes violentes des temps faibles, mesure à 3/4 désarticulée, frottements acides, style impulsif : c'est du jazz qui décoiffe. Comparez-en le début à celui du deuxième blues : c'est la même basse, alternant les accords de fa et de sol, sous une droite qui bitone ; mais l'autre joue la douceur câline, celui-ci la rudesse et la mauvaiseté !

## *Fantaisie*

COMP 1955-1957. PUB 1957 (Boosey & Hawkes). DÉD à la mémoire de William Kapell (dédicataire du 3ᵉ *Blues*, mort en 1953, à trente et un ans, dans un accident d'avion). CRÉ par William Masselos (25 octobre 1957, New York).

Après la *Sonate*, œuvre exigeante et personnelle, des partitions comme le ballet *Rodeo*, le poème symphonique *Appalachian Spring*, le *Concerto pour clarinette*, remettent Copland dans un chemin plus fréquenté. De 1949 à 1955 s'étend une période vocale, relativement aisée d'accès, où pourtant s'inscrit, en rupture, le *Quatuor pour piano et cordes* de 1950, de tendance sérielle, et sérieuse. Mais c'est avec la *Piano Fantasy* (commande de la Juilliard School pour son cinquantenaire) que l'on retrouve Copland au plus vrai, au plus profond de lui-même.

On se perd un peu dans cette vaste improvisation, quarante-cinq pages de musique imprimée, trente minutes de durée, d'un seul tenant, et il faut s'y prendre à plusieurs fois avant de se repérer sur carte et boussole. Mais le voyage, avec un brin d'organisation, vaut la peine. Disons, pour simplifier les choses, qu'on peut distinguer dans la *Fantaisie* trois grandes parties sur le schéma lent-vif-lent, qui avait déjà fait ses preuves dans la *Sonate*.

La première partie commence par exposer une série de dix sons largement espacés à travers le clavier (quatre descendants, suivis de six ascendants), martelés à toute force, et ponctués d'accords de quartes *(slow, in a very bold and declamatory manner)*. « Série », c'est un mot pratique, sans plus, et une idée comme une autre, qui n'entraîne aucune conséquence fâcheuse ; nulle part Copland ne montrera qu'il renonce à la tonalité, orientée sans cesse par de nombreux pivots. Les dix sons, un peu plus loin *(twice as slow*, « deux fois plus lent »), sont repris sous une forme plus chantante, cependant que vibre à la basse, longuement et caverneusement, le dernier la du piano, avec une tierce mi-sol ♯, c'est-à-dire les deux notes étrangères à la série. Jeu de timbre et de résonance, mais aussi jeu d'esprit, ce qu'en anglais on appelle un *private joke*. Se suivent ensuite un épisode *rubato*, construit sur une figure de trois notes, culminant peu à peu en accords sonores, ébouriffés de trémolos, comme d'autant de criardes appogiatures ; – une section à deux voix où domine la mesure composée ; – un passage empli de l'airain de mille cloches (*somewhat broader*, « un peu plus large »), suivi d'une soudaine raréfaction de la sonorité, réduite à quelques tintements lointains *(much slower)* ; – enfin une sorte de rêverie sur la série décaphonique initiale *(moderate tempo, delicate, uncertain)*, beau contrepoint chantant, réitéré dans une étonnante variation en gammes, trilles et trémolos, où le compositeur enjoint à la gauche de garder le tempo le plus exact sous les libres évolutions de la droite.

Les derniers traits enchaînent avec une deuxième partie *(quite fast and rhythmic)*, qui tient parfois du scherzo, et parfois d'une invention de Bach qu'un méchant drôle se serait amusé à dérégler. On reconnaît tout au long (trop long) de ces pages les lignes brisées, les sauts périlleux, les mètres instables, les ostinatos frénétiques et électrisants, l'écriture sèche et dépouillée des plus excitantes des *Variations*, avec l'intermède de quelques pages avarissimes, rongées par on ne sait quel insecte impitoyable, et du plus étrange décousu *(with humor)*. Fin de partie en martellements, glissandos, cependant que tonne la série décaphonique (modifiée) ; grande pause.

La dernière partie, comme on peut s'y attendre, sert de réexposition ; mais si l'on en retrouve la matière, le climat est tout autre qu'au début de l'œuvre : intensément poétique, avec des ornements impalpables, de vibrantes notes répétées, des contrepoints cristallins, tout un fouillis de sonorités évoquant un concert d'oiseaux nocturnes. Cloches finales, avec leur écho dans le fond du paysage ; les dernières lignes s'évanouissent dans le silence.

Certes une œuvre difficile, à tous points de vue. Le pianiste aura fort à faire (et il ne lui suffira pas de suivre les innombrables et scrupuleuses indications de l'auteur). La majorité du public ne lui en saura pas gré. Le scherzo, versatile et brillant, plaira davantage que les plages lentes, pourtant indéniablement plus inspirées.

PIÈCES DIVERSES. – En ne comptant pas les inédits de jeunesse, un *Moment musical* de 1917, une *Valse-Caprice* de 1918, une *Sonate en sol* de 1920-1921, ainsi que trois *Sonnets* (1918-1920), dont le second fut pourtant créé en 1985 par Bennett Lerner, la production pianistique de Copland commence avec le fameux **Scherzo humoristique** (en ré majeur), sous-titré « Le Chat et la Souris », qu'il composa en 1920, créa en septembre 1921 (concert de l'école de Fontainebleau, salle Gaveau), et que Jacques Durand s'empressa de publier (le jeune auteur, tout fier de plaire à l'éditeur de Debussy, lui en céda tous les droits pour vingt-cinq dollars). Morceau délicieux, savoureusement imitatif, d'ailleurs français jusqu'aux moelles. Les mains se donnent en spectacle, suivent le petit scénario, bondissent d'une extrémité du clavier à l'autre, se joignent en martellements cocasses, s'accordent quelques pauses, miment les pas feutrés du chat, le ballet impudent et imprudent de la souris, esquissent un rythme de jazz avec des arpègements de banjo, finissent, après maints jeux, par écraser la souris sous un agrégat strident ; sortie du chat, vaguement penaud, aux accents d'une marche funèbre...

Composés en 1920-1921, publiés seulement en 1981 (Boosey & Hawkes), et créés la même année par leur dédicataire Leo Smit, les **Three Moods** tâchent de cerner en cinq minutes à peine trois « humeurs » contrastées, l'une « amère », l'autre « désenchantée » et la dernière « tapageuse » : *Embittered*, à coups de secondes écrasées, d'accords piétinants, de crescendos colériques ; *Wistful*, où une petite phrase tombante passe plaintivement d'une main à l'autre ; *Jazzy* (en fa majeur), mené à l'allure d'un fox-trot, avec de rudes dissonances, à quoi répond un intermède plus lent et plus relâché, de style blues, en doubles notes sentimentales.

Daté du 3 novembre 1921, **Petit Portrait** (publié en 1981, Boosey & Hawkes, dans un *Piano Album* consacré au compositeur) ne compte que vingt-deux mesures, qui vont répétant, soit à la basse, soit au soprano, les trois notes (la-si-mi) correspondant au prénom d'un ami de jeunesse, Abe (diminutif d'Abraham). Pièce mélancolique (en la mineur, *moderately slow*), avec des syncopes de jazz et des harmonies ravéliennes.

**Sentimental Melody**, qui date de 1926, est un blues, contemporain du quatrième des *Four Piano Blues* (voir plus haut) ; et les deux morceaux avaient paru ensemble en 1929 (Schott). Sous-titré « Slow Dance » (en fa majeur, *non allegro, legato*), il tire un parti piquant de sa bimodalité : main gauche inébranlablement en majeur, sur quelques accords inchangés, main droite en mineur éolien, suggérant trompeusement ré bémol majeur.

Écrits en août 1935 et publiés en 1936 (Carl Fischer) sous le titre *Two Children's Pieces*, **Sunday Afternoon Music** et **The Young Pioneers** forment une antithèse : lent legato rêveur de l'une, staccato vif et dru de l'autre. La première pièce *(very slowly)* joue subtilement à superposer une tonalité (si bémol majeur, à la main droite, en gammes, en motifs arpégés) et son relatif (sol mineur, à la main gauche), jusqu'à la conclusion qui les absout tous deux en ayant l'air d'aller en mi bémol majeur... La seconde pièce (en mi bémol majeur, *quite fast*) s'amuse d'un rythme à 7/8, à la Bartók, où les mains se renvoient un petit motif alerte, avant de le tambouriner ensemble.

**Down a Country Lane**, commande du magazine *Life*, date de 1962 et parut dans le numéro du 26 juin. Deux pages tendres (en fa majeur, *gently flowing, in a pastoral mood*), harmonieuses, aux lignes chantantes, qu'on ne se défendra pas d'aimer, en toute simplicité.

Écrite en 1972 pour le concours Van Cliburn de l'année suivante, publiée en 1973 (Boosey & Hawkes), la pièce intitulée *Night Thoughts*, tout au contraire, ne fait guère de concessions à l'euphonie. La nuit qu'elle dépeint est cloutée d'accords violemment dissonants ; ces pensées ou ces songes sont troubles, comme ceux de Schumann (les *Traumes Wirren* des *Fantasiestücke*) ; phrases courtes, serrées ; cloches dans la brume ; une échappée lyrique, en triple unisson, scandée d'accords qui vibrent dans la pédale ; quelques mesures plus tendres, entre deux paroxysmes ; coda floue et lointaine, en lents arpègements ; l'agrégat final superpose fa dièse à sol. (Cette recherche dans la texture et la sonorité, cette indication minutieuse des pédales, aussi bien que l'âpreté des dissonances, expliquent le sous-titre, « Homage to Ives ».)

C'est une autre nuit, de toute évidence, que celle du *Midsummer Nocturne*, composé et publié en 1977 (Boosey & Hawkes) et dédié à Phillip Ramey, et beaucoup préféreront ces deux pages si simples et si émues (en la majeur, *slowly, poetically, and somewhat thoughtful*) au propos plus ambitieux de *Night Thoughts*. Un thème de dix mesures, deux fois énoncé, dans une harmonie à trois et quatre voix d'un complet diatonisme (le morceau ne comporte aucune altération, ce qui n'empêche pas de très doux frottements de seconde, septième et neuvième) ; un intermède de huit mesures, plus fort et plus saillant ; la reprise du début, plus paisible encore, s'il se peut, avec des tintements de clochettes sur les temps faibles ; et enfin (car jusqu'aux dernières mesures la tonique était évitée) la cadence.

En novembre 1982, à l'instigation de deux amis, le pianiste Bennett Lerner et le compositeur Phillip Ramey, Copland retravailla d'anciennes esquisses et en tira *Midday Thoughts* et *Proclamation*, publiés en 1984 (Boosey & Hawkes) sous le titre *Two Piano Pieces*, et dédiés respectivement à Lerner et à Ramey. *Proclamation*, ébauché en 1973, ne méritait pas de quitter le tiroir ; il se veut sans doute éloquent, mais n'est que rude et criard, asséné à coups de vilains agrégats. *Midday Thoughts* provient d'une *Ballade pour piano et orchestre* projetée en 1944, et par son style se rapprocherait plutôt du *Midsummer Nocturne* que de *Night Thoughts*, n'était un passage de septièmes et neuvièmes un peu grinçant ; début en la, fin en la bémol, *andante pensivo*.

**François COUPERIN**
(1668-1733) Français

Couperin, tout auréolé de mystère... Lui-même imprenable, et sa musique refusant parfois la connivence, un doigt sur la bouche, à la fois univoque et amphibologique, disant à demi-mot, ou ne disant rien, ce qui revient au même. Ce n'est pas par hasard que l'une des pièces les plus secrètes de ce jardin clos s'intitule *Les Barricades mystérieuses*. Et d'abord, mystère de ces titres, dont il est le premier à faire un usage systématique. On les croirait là pour soutenir l'imagination, pour guider la rêverie : ils égarent l'une, déconcertent la seconde. Car on peut bien percer à jour les arcanes de *La Grande Ménestrandise*, examiner à loisir le programme explicite des *Folies françaises*, et se figurer sans mal *Le Moucheron*, *Les Fauvettes plaintives* ou *Le Rossignol-en-amour* ; on peut relier quelques noms à des élèves, femmes du monde pour la plupart, à des musiciens connus. Mais il existe un bestiaire moins évident, des paysages plus énigmatiques, des visages dont on ne saura jamais rien. Qui sont cette *Insinuante*, cette *Prude*, cette *Badine* ? Que veulent dire ces *Coucous bénévoles* et cette *Amphibie* ? Et ces *Ombres errantes* dont l'étrangeté rejoint celle des fameuses *Barricades* ? Debussy ne fera pas tant de mystère dans ses *Préludes* : on imagine aisément *Les Collines d'Anacapri* ou *La Puerta del vino*, et l'on peut, à la rigueur, évoquer dans quelque Inde magique *La Terrasse des audiences du clair de lune* ; sans compter les références à Baudelaire ou à Dickens. Couperin, plus fortuné, ne s'est pas tant embarrassé de littérature, et ses légendes lui sont propres, c'est-à-dire à jamais indéchiffrables. Ce serait peu de chose sans la musique ; mais cela entretient dans son œuvre une circulation, une giration perpétuelle, et en quelque sorte ce remous est d'ordre magnétique. Il attire à la fois et immobilise. Titres et sous-titres d'un univers délicieux, intitulés souvent poétiques, parfois mystificateurs, et qui font désormais cortège au nom même de François Couperin.

Mystère de cet art, qui ne ressemble à nul autre, nous touche comme nul autre de son temps. Couperin n'est pourtant pas né de génération spontanée. Il a de grands prédécesseurs en Chambonnières, en d'Anglebert, en son oncle Louis ; il aura un émule en Rameau ; et des successeurs, comme Dandrieu, Daquin, Duphly, pressés de poser leurs petits pieds dans ses empreintes encore fraîches. Peu ou prou, ce monde de clavecinistes emploie les mêmes matériaux, et moud la même chanson, pour avoir respiré le même air. Mais qu'on le joue après les autres, tout ce qu'on entrevoit chez eux ne s'éclaire que chez lui, chez lui se résout.

Couperin, au moins dans les premiers livres, raisonne sa matière, l'organise, la distribue, groupe ses pièces selon les tonalités, puis, avec plus de recherche, autour de quelques thèmes. Ce semblant d'édifice lui suffit pour donner le nom d'« ordres » (vingt-sept au total) à ce que ses contemporains appelaient plus souvent des « suites ». Ainsi le *Sixième Ordre* est-il gaiement bucolique, avec *Les Moissonneurs, Les Gazouillements, Les Bergeries* ; le *Dixième Ordre* se veut guerrier, avec *La Triomphante* et *L'Amazone* ; le *Quatorzième*, où passent un *Rossignol vainqueur* et des *Linottes effarouchées*, forme une jolie volière que n'eût pas désavouée le Ravel des *Histoires naturelles*.

Son « ordre » va plus loin (car celui-là peut sembler factice) : Couperin met tout son effort à aplanir, à raboter ce qu'avant lui on ne craignait pas de laisser pointu. Il évite la brusquerie des intervalles disjoints, sauf pour appuyer un effet comique ; dans le chant, tout lui paraît devoir couler naturellement, comme une eau limpide. Il équilibre l'action des mains, leur poids, la longueur des parties ; aucun creux, aucune dureté ne lui échappe. Cet ordre se voit dans son amour des périodes symétriques, des imitations qui permettent d'unifier les dessins, de la reprise des mêmes motifs dans les deux sections des pièces binaires ; dans son goût pour le rondeau et ses retours réguliers (le quart de ses pièces adoptent cette forme, bien maigrement utilisée avant lui) ; dans sa façon d'exploiter des registres homogènes, tantôt l'aigu, tantôt ce grave qu'il affectionne si fort, et qui lui dicte quelques-unes de ses musiques les plus profondes *(Les Silvains)*.

Mais regardons-y de plus près : l'ordre, chez Couperin, quel qu'il soit, ne demande qu'à se relâcher, dès qu'on s'y accoutume. Sur des bases solides, le musicien prodigue la fantaisie, la liberté, la trouvaille désinvolte : dans *Les Chinois*, trois tempos différents se succèdent ; *L'Épineuse* enchâsse deux rondeaux l'un dans l'autre ; *Le Croc-en-jambe* accumule les intervalles inattendus, dans une intention caricaturale ; les modulations surprenantes de *L'Amphibie* jouent avec les règles apprises ; *La Mystérieuse* dévoile un penchant pour la bizarrerie à l'italienne.

La magie inimitable des plus belles pièces de Couperin tient à l'emploi de ce que l'on nomme le « style brisé », ou « luthé » (il provient en effet de l'écriture arpégée des luthistes du XVII$^e$ siècle), qui au moyen de tenues crée l'illusion de plusieurs voix en mouvement dans l'espace ; avec les glissements rapides de l'harmonie, ces notes liées produisent fréquemment de saisissantes dissonances, de troublants frottements entre les diverses voix, accentués par les syncopes. Couperin, qui affine et développe sans cesse cette technique, n'a pas son pareil pour multiplier ces halos passagers. Il est évident que le plaisir purement harmonique gagne beaucoup à ces passages dont certains mériteraient d'avance le nom d'« impressionnistes » ; mais la mélodie n'y est pas en reste : l'étrangeté verticale, au moment de se résoudre, doit bien devenir une étrangeté horizontale, sans compter les voix intérieures chantantes que favorisent toutes ces brisures. *Charmes, Ombres errantes, Barricades mystérieuses* : les titres que Couperin donne à ses pièces luthées prouvent qu'il connaît le pouvoir de cette alchimie sonore sur son auditoire.

Sa palette est large ; mais il y a essentiellement deux êtres en lui, opposés, complémentaires, – à leur manière un Eusebius et un Florestan. À une extrémité, un humoriste, doué pour le portrait, pour le caractère, pour le théâtre, voire pour la satire et la *burla* : celui des *Folies françaises*, des *Culbutes jacobines*, de *L'Arlequine*, des *Fastes de la Ménestrandise*. C'est le même, sans doute, qui s'amuse à ces pièces rapides où les mains courent l'une après l'autre, en mouvement quasi perpétuel, *Les Tricoteuses*, ou *Le Tic-toc-choc*. À l'autre extrémité, un sensible, qui avoue préférer ce qui le touche à ce qui le surprend ; un rêveur lunaire, un Gilles qui, d'avoir vécu, n'a pas desséché son émoi primitif, sa naïveté ; et selon les mots de Debussy, « le plus poète de nos clavecinistes, dont la tendre mélancolie semble l'adorable écho venu du fond mystérieux des paysages où s'attristent les personnages de Watteau ».

### Premier Livre

PUB 1713 (l'auteur, Belangé et Foucault) ; cinq pièces avaient paru en 1707 chez Ballard.
DÉD à Pajot de Villers, contrôleur général des Postes et Relais de France.

Couperin, qui a d'abord donné le pas à l'orgue (deux *Messes*), à la musique de chambre *(Sonates en trio)*, à la musique vocale (*Psaumes* et *Motets*), a quarante-cinq ans lorsqu'il publie ses premières pièces de clavecin. Mais une bonne part de ces pièces remonte plus haut, trempe dans le climat du XVII$^e$ siècle, celui de d'Anglebert et de l'oncle Louis Couperin, avec ces danses de la suite ancienne, qui ne cesseront de reculer dans les livres suivants. Pourtant à mille détails on reconnaît un nouvel art d'écrire : à l'abondance des portraits et des pièces pittoresques (« J'ai toujours eu un objet en composant toutes ces pièces » avoue la Préface) ; au rondeau toujours plus répandu ; à la variété de la texture ; aux contrastes, aux curiosités de l'harmonie. Et un nouvel art de sentir : aux premières pièces luthées, un genre où Couperin, d'emblée, est inimitable.

PREMIER ORDRE. – Avec ses dix-huit pièces, en sol majeur et sol mineur, c'est un des ordres les plus longs de Couperin, qu'on peut partager en deux moitiés inégales : d'une part une suite assez régulière, comportant allemande, courante (I et II), sarabande, gavotte, gigue et menuet ; d'autre part une série de pièces variées (dont trois rondeaux), où domine la couleur pastorale (on y trouve aussi une sarabande et une gavotte supplémentaires : les premiers « ordres » de Couperin sont loin de mériter leur nom).

La suite proprement dite, entièrement en sol mineur, s'ouvre par l'une de ces allemandes où Couperin rivalise avec Bach par la richesse contrapuntique, la noblesse et la fermeté des idées ; cet *Auguste* qui s'avance majestueusement, avec son rythme pointé et son luxe d'ornements, ne serait-ce pas Louis XIV en habit de parade, celui du portrait d'Hyacinthe Rigaud ? Puis ce sont deux *Courantes* à la fois, comme toujours en ce *Premier Livre*, la première plus volontaire, et pourvue d'un double (« dessus plus orné sans changer la basse »), la seconde plus mélancolique et plaintive (écoutez l'insistance de la « petite reprise »). La sarabande, dite *La Majestueuse*, est d'humeur sombre, et pleine de hardiesses harmoniques, comme cet étonnant mi ♭ de la mes. 19, qui se joue, dans la reprise ornée, en « tremblement continu ». Entre une *Gavotte* au rythme pointé, à la Lully, et un *Menuet* doucement nostalgique, avec son double, prend place la gigue *La Milordine*, une des plus belles pièces de l'ordre, aux nombreux intervalles de septième et aux retards délicieux, de technique assez périlleuse pour nous avoir valu un doigté précis du compositeur, avec cette recommandation : « Voyez ma Méthode pour la manière de doigter cet endroit. »

La pièce suivante rompt à la fois avec l'esprit de la suite et, en partie, avec le mode mineur. C'est, en sol majeur, un rondeau intitulé *Les Silvains*, la merveille de l'ordre, tout cantonné dans ce registre grave où Couperin délivre toujours sa confidence ; le deuxième couplet de la première partie, la fin de la deuxième partie (en sol mineur), inaugurent les beautés troublantes de l'écriture luthée, où les voix s'entrelacent et se fondent.

C'est encore un rondeau, très court, que *Les Abeilles* (en sol mineur) ; on n'y entend guère, comme dans *Le Moucheron* du *Sixième Ordre*, le grésillement de l'insecte, mais tout juste, mes. 12-15, une vibrante pédale de fa. Notons que la pièce est une des plus anciennes : elle fait partie des cinq publiées en 1707 par Ballard.

*La Nanète* (en sol mineur, *gaiement*) est-elle villageoise ? Il y a quelque chose de fruste dans sa carrure, dans ses répétitions de courts motifs ; elle récrimine, hausse le ton, tape du pied. Au rebours, *Les Sentiments* (sarabande, en sol majeur, *très tendrement*) sont une pièce douce et rêveuse ; comme dans nombre de morceaux tendres du *Premier Livre*, Couperin y emploie la *suspension*, signe qui marque une légère hésitation avant la note ; c'est son *tempo rubato*...

Entre *La Pastorelle* (douze mesures en sol majeur, la pièce la plus brève de l'ordre, transcription d'un « air sérieux » paru en 1711) et *La Bourbonnaise* (gavotte, en sol majeur, morceau facile, destiné sans doute à l'une de ses élèves, Mlle de Bourbon), figure un double portrait, *Les Nonnettes* (imprimées elles aussi dès 1707) : mode mineur pour *Les Blondes*, majeur pour *Les Brunes*, un même rythme de canarie ou de sicilienne berce les deux parties, à jouer *tendrement*.

Paysanne aussi, *La Manon* (en sol majeur, *vivement*), mais avec une agilité, une souplesse que n'avait pas *La Nanète* : c'était une robuste commère, dans la force de l'âge ; celle-ci est une jeune fille espiègle et rieuse : écoutez, mes. 13-14, ces piquantes septièmes, et ces doubles croches qui jasent.

*L'Enchanteresse*, rondeau en sol majeur, rejoint *Les Silvains* en beauté ; autre pièce luthée, autre exploration du registre grave ; le rythme pointé s'y fait ensorceleur ; les deux mains intimement rapprochées dessinent des lacis, où se prennent les douces, les caressantes secondes : enchantements, en effet, d'une harmonie déjà bien subtile. Le dernier couplet libère enfin les doubles croches, qui se répondent amoureusement d'une voix à l'autre.

Pour terminer, deux bucoliques, à 6/8, l'une plus coquette, plus badine, *La Fleurie ou la Tendre Nanette*, l'autre plus sérieuse, plus secrète, *Les Plaisirs de Saint-Germain-en-Laye*, avec les deux mains fréquemment dans le grave, réunies autour de quelques notes insistantes.

DEUXIÈME ORDRE. – Vingt-deux pièces (vingt-trois en comptant pour deux *La Diane*), en ré majeur et ré mineur. Une compilation, comme l'ordre précédent : les dix premières forment une suite, plus ou moins régulière ; les autres sont de l'inspiration la plus variée (un seul rondeau) ; Couperin n'est pas encore à *ordonner* sa matière.

Le meilleur de la suite se trouve, comme toujours, dans le couple allemande-sarabande. L'allemande, dite *La Laborieuse* (pourquoi ce titre, dans une pièce où sans cesse le naturel dissimule le labeur ?), est d'une polyphonie somptueuse, engendrant parfois les harmonies les plus neuves, comme ces retards (mes. 23-24) qui vous mettent aussitôt un nom, un seul, aux lèvres : Chopin... La sarabande, *La Prude*, marche d'abord à pas comptés, feint, à la reprise, d'échanger 3/4 pour 2/4, enfin sort de sa réserve (mes. 18) et dit tout haut son affliction.

Les deux *Courantes* sont, comme à l'ordinaire, l'occasion de caprices rythmiques, et même ici de déroutantes saillies de l'harmonie. *L'Antonine*, qui passe au mode majeur, est un menuet qui ne veut pas s'avouer. Suivent quelques danses, sans doute à l'usage des élèves : *Gavotte*, *Menuet*, *Canarie* et son double, *Passepied*, *Rigaudon* ; retenons le passepied, le seul des *Pièces de clavecin*, pour son humour et son rythme en verve, comme en ce passage où, sans avertir, une mesure à 3/4 s'intercale dans la métrique à 3/8 !

Dans la douzaine de pièces libres, il y a trois chefs-d'œuvre, presque impossibles à départager. Plaçons, s'il le faut, au sommet de l'ordre, et peut-être du *Premier Livre* tout entier, *Les Idées heureuses* (en ré mineur, *tendrement, sans lenteur*) : admirable pièce luthée, où cette tonalité que nous avons, depuis Mozart, romantisée, ne nuit pas au bonheur que confesse le titre, mais le voile d'une douce et souriante mélancolie. Magie des entrelacs, des retards, des résonances ; cette musique chuchote plus qu'elle ne parle. On pourrait citer des beautés à chaque mesure : celles, par exemple, des mes. 15-16, où la basse descend chromatiquement sous les syncopes de la droite. Couperin devait nourrir une prédilection pour ce morceau : c'est lui qui figure sous sa main dans le portrait peint par Bouys.

*La Terpsichore* est un autre joyau (en ré majeur, *modérément et marqué*) ; vraiment une danse des dieux, et bien placée sous l'invocation d'une muse, cette sarabande toute brodée de boucles et de guirlandes ; et n'est-ce pas Couperin le premier qui mérite ces vers de Valéry que Gide appliquait à Chopin :

> Ô courbes, méandre,
> Est-il art plus tendre
> Que cette lenteur ?

Quant à *La Garnier* (en ré majeur, *modérément*), qui tient son nom de Gabriel Garnier, organiste de la Chapelle royale, elle est toute confidence, avec ses effets de luth dans le grave du clavier, son rythme de sicilienne rêveuse, le dialogue ému de ses voix.

Un degré au-dessous de ces trois pièces, *La Flatteuse* et *La Voluptueuse*, toutes deux en ré mineur, semblent former un couple ; l'une est une manière de sarabande, câline *(affectueusement)*, en sa mélancolie grise : sensibles retards des mes. 21-25, réticences de la « petite reprise » ; l'autre, le seul rondeau de l'ordre, appuie son bercement sur les fréquentes syncopes de la voix médiane, et chante avec ingénuité, n'en déplaise à sa malicieuse indication initiale : *tendrement, etc.*

*La Florentine* (qui fut publiée dès 1707 par Ballard) et *Les Papillons* sont des gigues, l'une à 12/16, l'autre à 6/16, pareillement prestes et tournoyantes ; *très légèrement*, lit-on dans la seconde, la plus frivole des deux ; *d'une légèreté tendre*, dans la première, aux harmonies plus raffinées. Joignons-y *La Diligente* (en ré majeur, *légèrement*), qui justifie son titre par ses gammes pressées de doubles croches.

*La Charolaise*, qui n'a que quatorze mesures, s'adresse à Mlle de Charolais, autre fille du duc de Bourbon (et sœur de *La Bourbonnaise* du *Premier Ordre*, comme de *La Princesse de Sens* du *Neuvième*) ; on notera l'effet curieux de la première phrase qui, avec ses six mesures, semble arrêtée en plein essor.

On entend trompes et cors dans *La Diane* (également publiée en 1707), et plus encore dans la « fanfare » qui lui fait suite ; décrit-elle une chasse ? le réveil des soldats à la caserne ? ou, jouant sur les mots, la duchesse de Nevers, dont c'était le surnom ?

Finissons par deux portraits féminins. *La Babet*, qui passe du mineur au majeur, montre ses deux profils tour à tour : gracieuse en sa première partie *(nonchalamment)*, aux croches bien égales et coulantes, piquante dans la seconde *(un peu vivement)*, que le rythme pointé vient taquiner. *La Mimi* (en ré mineur, *affectueusement*) fait plus de façons, avec ses nombreux « coulés » et « ports de voix », qui festonnent la ligne et en dissimulent la native simplicité.

TROISIÈME ORDRE. — Treize pièces (quinze, si l'on considère que *Les Pèlerines* forment un triptyque). Tonalités d'ut majeur et d'ut mineur. Les six premières constituent une suite régulière, utilisant le seul mineur. Ce ton, que Charpentier décrivait déjà « obscur et triste », y va jusqu'au funèbre ; des titres comme *La Ténébreuse, La Lugubre*, plus loin *Les Regrets*, renforcent cette impression ; et la *Chaconne* avant-finale n'est qu'une longue déploration : on a pu se demander si c'était le reflet, dans l'œuvre de Couperin, du deuil de la Cour, où deux dauphins successifs, le Grand Dauphin et le duc de Bourgogne, moururent en moins d'un an (1711-1712)...

*La Ténébreuse* est une gémissante allemande, avec son ornementation passionnée, ses hardiesses harmoniques, sa lourde tenture d'accords (toute la fin) ; on ne peut se défendre d'y voir un « tombeau ». La sarabande *La Lugubre*, qui lui fait pendant, et reprend certaines de ses figures, n'est pas moins expressive : dissonances douloureuses, rythme sourd et pesant. Entre ces deux stèles, les deux *Courantes* sont moins le lieu de la fantaisie que de l'incertitude ; écoutez, dans la seconde, ces intervalles disjoints, ces changements de registre, cette basse soudain haletante. Même la *Gavotte* et le *Menuet*, pièces plus frêles, en prennent un tour plus grave et pensif.

Veut-il montrer comme le rire est proche des larmes ? Dès la première des pièces libres, Couperin change brutalement de ton et d'humeur. *Les Pèlerines* inaugurent la série des petites comédies dont il agrémentera quelques-uns de ses ordres. Trois tableaux, dont les sous-titres tâchent de nous faire deviner le scénario : *La Marche* (en ut majeur, *gaiement*), *La Caristade* (en ut mineur, *tendrement*), *Le Remerciement* (en ut majeur, *légèrement*). La pièce ayant paru en 1712 sous forme d'air, on en saura davantage à la lecture des vers qui l'accompagnaient. Ces « pèlerines de Cythère » demandent charité *(caristade)* d'amour (« On lit dans nos yeux le besoin de nos cœurs ») ; l'ayant obtenue, elles remercient leurs bienfaiteurs (« Que désormais des biens durables/ À jamais comblent vos souhaits »). Allusions voilées et clins d'œil, dans le goût galant (et mythologique) de l'époque. On s'amusera à l'allure comique de la marche, dont la basse en noires marque le pas ; on s'attendrira (sans trop y croire !) avec le volet mineur ; et l'on sourira à la vivacité de la conclusion, où la « petite reprise » part soudain, avec ses doubles croches, d'un grand éclat de rire.

*Les Laurentines* alternent majeur et mineur, avec autant de grâce que de tendresse ; la *suspension*, presque à chaque ligne de la seconde partie, amollit les phrases, les rend plus persuasives.

Entre deux danses, l'une légère et court-vêtue, *L'Espagnolette*, l'autre rustaude et passant plaisamment du binaire au ternaire, *Les Matelotes provençales*, s'épanche le nocturne des *Regrets* (en ut mineur, *languissamment*), si profond d'accent, rempli d'appogiatures anxieuses, et prodiguant (chose rare chez Couperin) le chromatisme dans la ligne mélodique.

Au sommet de l'ordre avec *La Ténébreuse* et *La Lugubre*, et peut-être un degré au-dessus, voici *La Favorite*, une chaconne en rondeau, comme depuis Chambonnières les prisent les clavecinistes français. Celle-ci, de surcroît, est à deux temps, au lieu des trois habituels. Refrain gémissant, tombant par paliers, suivant la pente chromatique de sa basse. Les cinq couplets, sans cesse plus longs, ont beau lui opposer pour la plupart des dessins ascendants, et s'élever sans cesse plus haut dans l'aigu, son retour inéluctable semble à chaque fois plonger la pièce plus profond dans les ténèbres et l'affliction.

Allait-il nous quitter sur ces pages sombres ? Ce n'est pas l'usage de Couperin ; et de même que *La Morinète* viendra dissiper, dans le *Huitième Ordre*, la lourde atmosphère de la *Passacaille*, de même, ici, *La Lutine* termine l'ordre en bonds et pirouettes.

QUATRIÈME ORDRE. – Quatre pièces seulement (six, en comptant pour trois *Les Bacchanales*), en fa majeur pour l'essentiel. Aucune danse, aucun rondeau. C'est, avec le *Dix-septième*, le plus court des ordres couperiniens. L'inspiration y oscille entre le comique et le badin.

La *Marche des Gris-vêtus*, avec sa raideur, sa dégaine *(pesamment, sans lenteur)*, et ce gruppetto qui vient parfois appuyer le dernier temps, tient plus de la parodie que de l'hommage (au régiment du même nom ?). *Les Bacchanales* nous mènent à la comédie-ballet, avec leurs trois actes : innocence (feinte, n'en doutez pas) des *Enjouements bacchiques* ; langueur, ornementation coquette des *Tendresses bacchiques*, où le mineur trouve droit de cité ; virtuosité des *Fureurs bacchiques*, qui glissent du mineur au majeur et se laissent peu à peu emporter dans leurs gammes de doubles croches.

*La Pateline* doit peut-être son épithète à sa mélodie onduleuse, et à la caresse de ses arpèges déjà tout mozartiens ; mais quelle étrange succession de quartes dans les mes. 49-52 ! Quant au célèbre *Réveil-matin* qui conclut l'ordre, il n'a garde de faillir à son titre ; musique descriptive s'il en est, bousculant le paisible sommeil des premières mesures par sa sonnerie tonitruante, trémolo d'octaves dans le grave et l'aigu tour à tour.

CINQUIÈME ORDRE. – Quatorze pièces : une suite de danses de stricte obédience (allemande, deux courantes, sarabande, gigue), et neuf pièces libres (dont six rondeaux) ; en la majeur et la mineur.

Répétons-le : on ne voit que Bach à qui se puisse comparer l'art de Couperin dans certaines de ses allemandes ; et celle-ci, *La Logivière*, est une des plus saisissantes, par son déploiement, l'ample respiration de la première partie, les longues pédales et les intervalles brisés (septièmes nombreuses) de la seconde. Art moins « français » que de coutume ; en témoigne également le petit nombre d'*agréments* employé : pincés et tremblements, saupoudrés de loin en loin, et qu'on pourrait supprimer sans nuire un instant à cette austère beauté. Les deux *Courantes*, comme à l'ordinaire, sont le règne du caprice : l'une (en la majeur) piaffe et bondit en avant ; l'autre (en la mineur) est plus sage, portée à la songerie (relevons les retards accumulés de la mes. 10, les arpègements en sens contraire des mes. 15-16 ; et toujours cette alternance des deux et trois temps). La sarabande qui suit est dite *La Dangereuse* : pourquoi donc ? parce qu'il faut se boucher les oreilles pour ne pas céder à son charme et se perdre dans ses filets ; voyez comme les mes. 14-16 nous entraînent inopinément en ré majeur, comme la mes. 25 nous tente d'aller en mi mineur ; on ne reprend la route harmonique, à chaque fois, qu'au moyen d'une brutale correction de cap... Enfin, concluant la suite proprement dite, une *Gigue* à l'écriture savante, élaborée en fugato.

*La Tendre Fanchon* (en la mineur, *gracieusement*) est un premier rondeau, rempli de ferveur contenue, de doux battements de cœur : magie de toutes ces septièmes (soulignées de *suspensions* dans le deuxième couplet), qui font palpiter la phrase et la laissent indécise jusqu'à la cadence. *La Badine* (en la majeur, *légèrement et flatté*) en est un autre, qui tourne en motifs obstinés autour de quelques notes, avec quelque chose de niais exprès... (Elle fait partie des cinq pièces éditées anonymement par Ballard en 1707.)

*La Bandoline* (du nom d'un cosmétique ? ou de la ville de Bandol ?), *La Flore* et *L'Angélique*, toutes trois en la mineur, et dans le même balancement de croches à 6/8, se ressemblent beaucoup, surtout si on les joue à la suite. La première a les contours les plus anguleux et les harmonies les plus piquantes (neuvièmes) ; la deuxième le chant le plus expressif ; la troisième, qui moutonne dans le registre grave, la structure la plus originale, deux rondeaux enchaînés, allant du mineur au majeur. Même modification d'éclairage dans *La Villers* (du nom du dédicataire de ce *Premier Livre*) : plus de langueur dans le début *(gracieusement)*, plus d'éclat dans la fin *(un peu plus vivement)*, laquelle, fantasque et peut-être un rien malicieuse, troque tout à coup son paisible accompagnement pour un nerveux rythme pointé.

*Les Vendangeuses*, rondeau au rythme de bourrée, annoncent *Les Moissonneurs* de l'ordre suivant, avec plus de rudesse et de pétulance. *Les Agréments*, en deux parties (du mineur au majeur), d'une longueur de souffle inaccoutumée, coulent les ports de voix, prodiguent la redite et la rosalie, tressent à la basse de lents arpèges de luth où se prennent de douces dissonances, rompent çà et là la cadence, pour le bonheur de retarder l'accomplissement de la phrase mélodique ; c'est toujours, je le citais plus haut, *L'Insinuant* de Valéry :

Ô courbes, méandre,
Secrets du menteur,
Je veux faire attendre
Le mot le plus tendre.

Enfin, *Les Ondes* terminent l'ordre dans le moelleux registre grave : les mains se répondent dans les deux premiers couplets, s'épousent à distance de tierce dans le troisième, et dans le dernier rivalisent de vélocité, en gammes de doubles croches, – où l'on notera, pour les éviter, les bizarres doigtés du compositeur, vestiges d'une époque qui ignorait le passage du pouce !

### *Deuxième Livre*
PUB 1716-1717 (l'auteur et Foucault). DÉD à M. Prat, receveur général des finances.

Des ordres enfin décongestionnés, où le nombre des pièces, par rapport au *Premier Livre*, tourne autour de huit ; seul le *Huitième Ordre* est une suite de danses à l'ancienne. Le terme d'« ordre » prend maintenant son sens : le « désordre » qui régnait dans le *Premier Livre* s'organise, parfois clairement, comme dans le *Sixième*, de couleur pastorale, et d'autres fois selon des liens plus subtils. Deux chefs-d'œuvre antithétiques résument ce nouveau livre, la *Passacaille* et *Les Barricades mystérieuses*, qui témoignent de l'étendue du registre couperinien.

SIXIÈME ORDRE. – Un des plus réussis, avec une grande unité d'inspiration (bucolique) et une forte densité de merveilles ; aucune de ses huit pièces n'est faible, et quelques-unes comptent parmi les plus belles du compositeur. Ton de si bémol majeur, la seule fois où Couperin l'utilise dans l'ensemble des quatre livres (mais il vient de s'en servir pour le septième prélude de *L'Art de toucher le clavecin*). Du mode mineur, point de trace, sinon au passage, pour colorer des morceaux dont l'humeur va de la sérénité langoureuse à la franche gaieté.

Voici d'abord le rondeau des *Moissonneurs*, musique ensoleillée, aux accents plaisamment populaires *(gaiement)* ; l'*aspiration* sur le dernier temps donne juste ce qu'il faut de franchise à la carrure ; Couperin apprend à économiser sa matière : le premier couplet, en fa, est repris par le début du deuxième, qui s'infléchit en sol mineur ; la fin du deuxième et le troisième, qui va vers ut mineur, reprennent quant à eux le thème du refrain.

*Les Langueurs tendres*, avec ses trois voix, dont deux à la main gauche, sont une manière d'allemande. Syncopes de la voix médiane, produisant ces septièmes en effet tendres et languides ; abandon, hésitation, repli de la mélodie, aux nombreux et sensibles « coulés ».

Avec *Le Gazouillement*, autre rondeau, Couperin dédie son premier morceau à ces oiseaux dont il emplira la volière du *Quatorzième Ordre* ; blotti à l'aigu, comme à la cime d'un arbre, c'est une exquise réussite ; caressantes tierces brisées du refrain ; le troisième couplet imite des soupirs, que le compositeur accompagne d'un mot dans la portée : *plaintivement*.

Un peu plus disciplinée, *La Bersan* (du nom d'André de Bersan, fermier général ?) serait une invention de Bach, comme *L'Atalante* du *Douzième Ordre* : deux voix, accessoirement trois, se donnent la réplique et jasent à qui mieux mieux ; mais elle est bien trop primesautière ; des saillies soudaines, des sautes d'humeur l'entraînent derechef à de nouvelles figures. Relevons ce trait, fréquent chez Couperin (voyez *La Laborieuse* du *Deuxième Ordre*) : parvenu au ton de la dominante, pour la deuxième partie, il bifurque d'un coup au relatif !

*Les Barricades mystérieuses*, joyau du *Deuxième Livre* tout entier, doivent peut-être leur célébrité à ce titre poétique autant qu'à la musique elle-même. C'est le modèle de ces pièces luthées, qui choisissent la tessiture grave de l'instrument, et y enlacent avec les notes les secrets les plus profonds de l'âme du musicien. Écoutons-les cent fois, mille fois, nous ne les épuiserons guère. Retards et syncopes, tout au long du refrain et des trois couplets, font trembler les voix supérieures ; les voix inférieures se chargent des marches, des pédales, des cadences ; un chant fragile s'élève peu à peu, qui n'est qu'une émanation de l'harmonie ; il s'apprivoise à l'air ambiant, s'enhardit ; pourquoi s'arrêterait-il désormais ? Le troisième couplet s'enivre de lui-même, il ne va plus cesser ; les mains s'agrippent à ce miracle, crainte d'en perdre une seule maille... Musique admirable, à quoi seul le piano peut rendre pleinement justice ; et d'ailleurs l'absence d'ornements ne l'ôte-t-il pas d'emblée au clavecin ? On l'a dite « impressionniste » avant la lettre ; disons plus sobrement qu'elle annonce l'*empfindsamer Stil*, le « style sensible » des fils de Bach. Quant au titre, on glosera longtemps : ces retards, a-t-on dit, forment comme une barricade à l'harmonie ; certes ; mieux encore, toute la pièce, née du mystère et retournant au mystère, s'est par avance verrouillée aux indifférents, aux distraits, aux maladroits.

Le rondeau des *Bergeries*, qui eut l'heur d'être recopié par Bach (un peu modifié) dans le *Klavierbüchlein* de sa femme Anna Magdalena, est tout vibrant de pédales, en voix intérieure ou à la basse (deuxième couplet), qui lui confèrent sa couleur champêtre de musette *(naïvement)*. Aussi bien dans la grâce du thème, tendrement bercé à 6/8, que dans l'accompagnement, qui est déjà une « basse d'Alberti », flotte un avant-goût de Mozart.

Deux pièces descriptives pour finir. Le bavardage de *La Commère (vivement)* n'évoque-t-il pas d'avance *Celle qui parle trop* dans les *Chapitres tournés en tous sens* de Satie ? Croches radoteuses aux deux mains, et flux de doubles croches dans les dernières mesures, qui peignent un torrent de paroles ! Quant au *Moucheron*, gigue à 12/8 *(légèrement)*, son tournoiement de croches par trois, ses motifs obstinés, ses effets d'écho dans l'aigu, ses rebondissements de la phrase à chaque cadence rompue (mes. 9, 15, 25), suggèrent finement le bourdonnement de l'insecte, son harcèlement irritant ; ici encore, la succession est ouverte, de Rimski *(Le Vol du bourdon)* à Bartók *(Ce que raconte la mouche)*...

SEPTIÈME ORDRE. – En sol majeur et sol mineur, huit pièces, dont quatre rondeaux. L'atmosphère y est paisible et douce. En tête de l'ordre, une pièce luthée, *La Ménetou* (du nom d'une claveciniste prodige) ; rondeau en sol majeur, aux nervures délicates, aux harmonies audacieuses, toutes ces notes liées finissant par former des grappes d'accords, qui dissonent dans le grave du clavier ; le troisième couplet rompt avec cette écriture : deux voix s'y poursuivent, dans le style d'une invention.

Quatre morceaux réunis forment la suite des *Petits Âges*, une des plus tendres inspirations de Couperin. D'abord *La Muse naissante*, qui va du majeur au mineur et du médium à l'aigu, et dont les syncopes perpétuelles provoquent toutes sortes de retards et de résolutions irrégulières ; puis *L'Enfantine*, frêle et naïve entre toutes (en sol mineur), oscillant sur un rythme de berceuse, avec l'appui de pédales intérieures à contretemps ; *L'Adolescente*, un rondeau (en sol mineur) pourvu d'un thème dont la séduction, une fois entendu, ne cesse plus de s'exercer : tant de grâce ardente et palpitante, n'est-ce pas déjà le petit cœur pressé de Chérubin ? Rentrée du mode majeur pour *Les Délices* (a-t-il grandi, cet enfançon !), un rondeau encore, tapi dans le grave et même l'extrême grave, et qu'il faut se garder de jouer trop vite ; chaque note ici pèse de son pouvoir de suggestion ; le troisième couplet surtout, avec le rythme syncopé de sa mélodie et les troublantes septièmes de ses marches d'harmonie, est d'une irréelle beauté.

Après ce tableau à quatre volets, c'est le charme ondoyant de *La Basque*, quasi barcarolle, où l'on notera un curieux effet de bourdon au début de la deuxième partie (quintes de la basse). *La Chazé*, qui lui fait suite, lui ressemble sans doute un peu trop ; ce sont, mais transportées dans le grave, les mêmes inflexions, les mêmes ondulations tranquilles. La dernière pièce, *Les Amusements*, qui juxtapose deux rondeaux, va de merveille en merveille, explore une fois de plus le grave de l'instrument ; mélodie continue, en noires, que le premier rondeau développe en majeur, avec un accompagnement brisé à grands intervalles ; le second rondeau la conduit dans le mode mineur, l'approfondit, lui donne ce fond meuble de triolets, ce sillage d'arpèges déjà romantiques ; Norbert Dufourcq a raison de nommer ici Schumann : avec ces *Petits Âges*, avec ces *Amusements* où « le poète parle », Couperin n'a-t-il pas écrit ses propres *Scènes d'enfants* ?

HUITIÈME ORDRE. – Dix pièces, toutes en si mineur, ce ton que Charpentier qualifie de « solitaire et mélancolique » (et qui sera celui du *Vingt-septième* et dernier ordre couperinien). Elles constituent une suite complète, avec quelques danses redoublées (*La Raphaèle* est une première allemande, *La Morinète* une seconde gigue, et il y a deux courantes, comme dans les suites du *Premier Livre*). C'est le plus sérieux des ordres ; mais si sa force et sa beauté sont incontestables, on peut se demander s'il est très couperinien : on y entend plus d'une fois, presque à s'y méprendre, Bach ou Haendel...

Le chef-d'œuvre en est la *Passacaille*, en forme de rondeau à huit couplets, un des morceaux les plus longs du compositeur. Quiconque, n'ayant eu vent que du *Réveil-matin*, du *Carillon de Cythère* ou du *Tic-toc-choc*, voire de *Sœur Monique* ou de *La Fleurie*, veut décrier l'art de Couperin, ne lui parlez pas encore des *Barricades mystérieuses* ou des *Charmes* ; menez-le plutôt devant cette passacaille ; le monument le laissera sans voix. Point de place ici pour la langueur, la badinerie, le sourire ; et point même pour la grâce, « plus belle encor, disait La Fontaine, que la beauté », et qu'on eût crue inséparable de la musique de notre auteur. Sur une basse chromatique, quatre mesures d'accords arpégés constituent, répétées, tout le refrain ; comme dans *La Favorite* du *Troisième Ordre*, son retour régulier et quasi fatidique finit par avoir quelque chose d'oppressant. Les couplets, variés à l'extrême, renchérissent l'un sur l'autre en intensité, en pouvoir suggestif : chromatisme éploré (1$^{er}$ couplet), mélodie véhémente, alternée entre soprano et basse et finissant au relatif majeur (2$^e$), tierces et dixièmes traînantes (3$^e$), tierces encore, et furieux roulements de notes brèves (4$^e$), accords assagis (5$^e$) préludant à des rythmes incisifs (6$^e$) et à d'âpres dissonances (7$^e$), avant le violent torrent de doubles croches (8$^e$).

En tête de l'ordre, *La Raphaële*, somptueuse allemande, d'une profusion ornementale toute baroque, avec des chromatismes et des frottements audacieux (les longues pédales des mes. 23-28), a pour pendant *L'Ausonienne*, allemande à 4/8, plus légère, plus allante, moins parlante assurément (le titre est encore une énigme, digne de *L'Intermédiaire des chercheurs et des curieux* : suivant les uns et les autres, « ausonien » peut signifier « italien » ; Ausone est un poète gallo-romain, pris, qui sait, pour symbole des « goûts réunis » ; le duc de Bourgogne était seigneur d'Ausone ; *etc.*, comme dit ailleurs Couperin !).

Ce qui surprend (« j'aime beaucoup mieux ce qui me touche... », avoue pourtant Couperin) dans la sarabande *L'Unique*, plus que la rudesse des acciacatures, ce sont les mesures précipitées, à 3/8, qui bousculent à deux reprises la pompe et l'ordonnance de la pièce.

Même richesse polyphonique dans les *Courantes* (la conversation est particulièrement animée, dans la seconde, entre les mains pareillement volubles), la *Gigue* fuguée, et même la rêveuse *Gavotte*. Le *Rondeau*, plus léger, sert de récréation à mi-parcours (un rondeau anonyme, sans titre, réduit à sa pure enveloppe formelle !).

L'ordre, qui eût trouvé son apothéose dans la *Passacaille*, se referme sur *La Morinète* (du nom, croit-on, du compositeur Jean-Baptiste Morin). La pièce vaut signature : après ces musiques sérieuses, elle nous ramène à un Couperin plus familier ; tempo de gigue *(légèrement et très lié)* ; une seule voix à droite, mais les intervalles brisés et l'appui des temps faibles y créent l'illusion d'une seconde, plus chantante, en décalage avec la basse, dans un joli volettement d'harmonies.

NEUVIÈME ORDRE. – Serait-ce l'ordre de la tendresse ? Sur dix pièces (dont deux rondeaux), en la majeur et la mineur, on relève quatre fois l'indication *tendrement* : dans *La Princesse de Sens*, exquis rondeau où les deux mains rapprochées à distance de tierce ou de sixte expriment si simplement et justement la douceur de la connivence (cette princesse, encore une fille du duc de Bourbon, est sœur de *La Bourbonnaise* du *Premier Ordre*, de *La Charolaise* du *Deuxième*) ; dans *L'Insinuante*, au thème précieusement enrobé de tierces ; dans *La Séduisante*, vouée au grave, étrangement belle, avec cette fin vaporeuse où s'attardent les secondes ; dans *Le Bavolet flottant*, autre rondeau, où les gammes souples et sinueuses, les batteries graciles s'attachent à évoquer (ce sont les jeux d'une société oisive, que Couperin suit d'un œil à la fois indulgent et désabusé) ce ruban qu'on appelait un « bavolet ». À la même tendresse a puisé *La Rafraîchissante* : flux égal de la mélodie, prédominance des intervalles conjoints, qui donnent à tant de pages de Couperin cette limpidité caractéristique.

Une pièce est à des coudées au-dessus des autres, *Les Charmes*, qui par l'indéfinissable magie de son écriture luthée rejoint *Les Barricades mystérieuses (Sixième Ordre)* et *Les Jumelles (Douzième)* au sommet du *Deuxième Livre*. Ce composé de syncopes, de retards, d'accords égrenés, de dissonances effleurées, d'agrégats chatoyants, qu'à peine formés l'air aussitôt dissout, comment, pourquoi résister à le transporter au piano, à l'y recomposer maille à maille, à en éprouver enfin toute la richesse ? Comme dans *Les Jumelles*, mais au rebours, la deuxième partie change de mode ; et c'est un moment d'émotion inoubliable.

*Impérieusement et animé*, marque l'auteur en tête de *L'Olympique* : le titre et l'indication justifient cette fière allure et ce rythme pointé conquérant. Mais on n'attendait pas le mode majeur dans *Le Petit-Deuil ou les Trois Veuves*, non plus que ces coquetteries, ces minauderies charmantes ; la pièce a beau sonner dans le registre grave, elle se souvient de La Fontaine :

> La perte d'un époux ne va point sans soupirs.
> On fait beaucoup de bruit, et puis on se console.
> Sur les ailes du Temps la tristesse s'envole (...)
> Le deuil enfin sert de parure,
> En attendant d'autres atours.

Reste l'*Allemande à deux clavecins*, placée par Couperin au fronton de l'ordre ; riches taillis polyphoniques, où les voix s'épaulent ou se répondent d'un instrument à l'autre ; elle est unique en son genre dans son œuvre : il en a peut-être pris l'idée chez Gaspard Le Roux, dont un recueil de suites à deux clavecins avait paru en 1705. À l'autre bout de l'ordre, un court *Menuet* (à 6/8, chose rare), qui fait une fin bien légère, comme une pirouette ironique.

DIXIÈME ORDRE. – En ré majeur ou ré mineur, sept pièces (qui sont neuf si l'on compte pour trois *La Triomphante*). Plus inégal que les précédents ; au point, même, qu'en dépit des beautés de *La Mésangère*, s'il fallait un jour, par force, se priver d'un ordre, d'un seul ordre de Couperin, c'est celui qui coûterait le moins de regrets...

Par la vertu de ce ton de ré majeur, une bonne part de ces musiques se sont donné un petit air martial (« gentiment militaire », dirait le Debussy de *La Boîte à joujoux* !), que retrouvera *Le Trophée* du *Vingt-deuxième Ordre*. Les trois parties de *La Triomphante* décrivent tour à tour : le « bruit de guerre » (sonneries de trompettes aux deux mains accolées à la tierce) et le « combat » (trémolos de la basse, arpèges et gammes en trombe, trilles, feu roulant de doubles croches aux deux mains) ; l'« allégresse des vainqueurs » (des trilles encore, dans le 2e couplet, des gammes acrobatiques dans le 3e, mais un chant qui préfigure les plaisirs d'un temps de paix) ; enfin la « fanfare » (trémolos à nouveau, et arpèges brisés claironnants). Le programme anticipe sur *Les Caractères de la guerre* de Dandrieu. On abandonne sans mal ces pages puériles et fatigantes aux cordes métalliques du clavecin !

*L'Amazone* n'est pas moins triomphante et guerrière *(vivement et fièrement)*, bien que ses fanfares soient plus discrètes ; et *La Fringante (vif et relevé)* galope comme... une amazone, dans un incessant rythme pointé aux deux mains.

Après ce sacrifice au dieu Mars, reprenons l'ordre dans l'ordre ; il nous en reste le meilleur. *La Mésangère* (en ré mineur, *luthé, mesuré*) tient-elle son nom du joueur de luth Mézangeau, ou du sieur de la Mésangère, marié à une élève de Couperin, fille du prince de Conti ? Et si elle évoquait plutôt, après *Le Gazouillement* du *Sixième Ordre*, et avant les linottes, fauvettes et rossignols du *Quatorzième*, cet oiseau passereau, la mésange ? Non point tant « luthée » que rappelant les complexes tablatures du luth, avec cette partie de main gauche touffue comme un feuillage, que survolent les volutes du chant, en rythme pointé.

Si *La Gabriéle*, prestement enlevée, fraîche et enthousiaste, a tout d'une gigue, *La Nointèle* est presque une bourrée, de franche carrure et d'humeur plaisante, quoique un peu longue (deux parties, la seconde elle-même en rondeau). Enfin *Les Bagatelles*, première pièce « croisée » de Couperin (nécessitant un clavecin à deux claviers, avec la main droite sur celui du haut, la gauche sur celui du bas), sont le prétexte de jeux espiègles dans l'aigu, batteries, arpèges et pincés ; quelques morceaux des livres suivants se divertiront encore à ces notes tintinnabulantes. Pour l'exécution au piano, on s'inspirera de ce passage de la préface du *Troisième Livre* : « Ceux qui n'auront qu'un clavecin à un clavier, ou une épinette, joueront le dessus comme il est marqué, et la basse une octave plus bas. »

ONZIÈME ORDRE. – En ut majeur et ut mineur, cet ordre célèbre se partage à peu près également : d'une part, quatre portraits féminins, aussi variés que possible ; de l'autre, les cinq actes d'une farce satirique.

Que médite en son cœur la sensible *Castelane* (en ut mineur, *coulamment*) ? Les courbes de ce chant, en sa profuse décoration, tantôt respirent l'ardeur, tantôt l'inquiétude ; ici des *suspensions* font haleter la phrase ; ailleurs au contraire elle s'ouvre en corolle, gonflée de sève, assurée du soutien d'une basse égale et sûre. C'est le lieu ou jamais de l'avouer : on ne saurait choisir entre ces allemandes si belles et si diverses, que Couperin place au seuil de tant de ses ordres.

Virtuose, comme son nom l'indique, *L'Étincelante ou la Bontemps* est un caprice à l'italienne, aux remuantes doubles croches, à l'agile « basse d'Alberti » ; elle n'a pas grand-chose à dire, mais le dit vite et bien. (Si la pièce rend hommage à la femme de Louis Bontemps, valet de chambre du roi, elle doit être ancienne : Mme Bontemps mourut en 1709.)

Avec l'air de rien, que de subtilité dans *Les Grâces naturelles*, qui se présentent comme une « suite de la Bontemps »... *Affectueusement*, préconise l'auteur ; on l'entend bien ; croches aimantes, caressantes, dans l'une et l'autre main pareillement disposées au chant : ces valeurs longues, à la basse, ont leur poids de persuasion, qu'il ne faut pas négliger. À la fin de la première partie, en ut majeur, la « petite reprise » glisse une nouvelle phrase, comme pour conclure ; aussitôt la seconde partie s'en empare, l'infléchit au mode mineur, la développe ; est-il rien de plus touchant, dans tout cet ordre, que ces mesures (20-26) qui vont d'ut mineur à mi bémol majeur ? « Quasi triste », eût indiqué Couperin s'il était Verlaine (ou Watteau), sur ces dessins qui se brisent doucement dans la paix crépusculaire.

*La Zénobie* est une des plus belles parmi les nombreuses pièces de Couperin à 12/8, qui s'inspirent de la gigue en leurs légers tournoiements de croches. Ces arpèges modulants dont il faut tenir toutes les notes créent peu à peu, autour de la mélodie, un poétique et mystérieux halo.

On dit « le doux Couperin » comme on dit « le tendre Racine » : il arrive à tous deux, pourtant, d'avoir la dent dure. Dans *Les Fastes de la grande et ancienne Ménestrandise* (qu'il orthographie sans voyelles, « mxnxstrxndxsx », feignant de redouter d'imaginaires représailles !), le musicien règle son compte à cette corporation, qui imposait tribut aux ménétriers et autres bateleurs, et voulait étendre ce droit anachronique aux organistes, clavecinistes et compositeurs. Le Parlement l'avait déboutée à deux reprises, en 1695 et 1707. On ignore à quelle date exactement Couperin y va de son propre pamphlet ; mais ces pièces sont sans doute assez anciennes. On aurait tort de les compter parmi ses chefs-d'œuvre ; un sujet trop précis, peut-être trop pressant, peut le desservir : on le voit bien à la *Triomphante* du *Dixième Ordre*. De même, ici, son trait si fin s'empâte, son humour si léger s'alourdit. D'une charge qui, à l'époque, a dû sembler féroce, il nous reste cette verve bouffonne et colorée, qui trouvera à s'employer dans les derniers livres : dans le même « goût burlesque », *Le Gaillard-boiteux* du *Dix-huitième Ordre*, *Le Croc-en-jambe* du *Vingt-deuxième* valent bien davantage.

Passons vite en revue les cinq « actes » (comme il les nomme) de sa comédie. *Les Notables et Jurés ménestrandeurs* défilent au rythme d'une marche pompeuse, pincée sur chaque temps, et qu'avivent tout de go les triolets de la « petite reprise ». Puis ce sont *Les Vielleux et les Gueux*, avec deux « airs de vielle » en ut mineur, l'un solennel, l'autre criard et vulgaire, tous deux accompagnés du caractéristique « bourdon ». Viennent ensuite *Les Jongleurs, Sauteurs et Saltimbanques, avec les ours et les singes*, au son d'un fifre jacasseur et insupportable (« cet air se joue deux fois », plaisante Couperin ; pourquoi pas trois ou quatre, sans scrupule ?) ; l'incessant bourdon de la gauche, au clavecin, suggère tambourins et crécelles. À ce cortège succède au quatrième acte un plus hétéroclite encore, celui des *Invalides ou Gens estropiés au service de la grande Ménestrandise* : la main droite mime « les disloqués », dans un pesant rythme pointé ; « les boiteux », à gauche, ont tout juste la force de placer quelques basses ; non seulement les notes claudiquent, mais elles geignent, lamentablement ; page sinistre, au fond assez cruelle, comme peut l'être une estampe de Jacques Callot. La *burla* s'achève : *Désordre et déroute de toute la troupe, causés par les ivrognes, les singes et les ours...* Quel programme ! Les gammes dégringolent, les trémolos ferraillent au fond de l'instrument ; on se rompt le cou, on se relève, on s'enfuit de plus belle (passage de 4/8 à 6/8), en s'aidant de « béquilles » (Couperin, précurseur de Satie, a écrit ce mot entre ses portées), figurées par une série d'octaves sautillantes...

DOUZIÈME ORDRE. – Huit pièces, en mi majeur et mi mineur ; aucun rondeau ; mais quelques-unes, sous leurs titres, dissimulent des danses : *L'Intime* avoue être une courante, *La Galante* et *La Corybante* ressemblent à des gigues, *La Boulonnaise* à un menuet. Ordre « classique », un peu froid, un peu abstrait ; plus de rigueur formelle, moins de charge poétique que la plupart des précédents.

Exceptons la pièce liminaire, *Les Jumelles*, admirable morceau en style luthé. Elle prouve, en sa première partie, l'erreur de Charpentier, qui jugeait mi majeur « querelleur et criard » ; il n'y a, dans ces effleurements, ces vibrements, ces enchaînements d'harmonies, que douceur et suavité. Le *minore* de la seconde partie n'est pas plus tendre ; mais, inversant le dessin ascendant du début, il tourne en plainte ce qui était interrogation ingénue.

*L'Intime*, courante à l'italienne, noue à deux et trois voix un contrepoint habile, mais quelque peu aride, dans ce registre grave qu'en effet Couperin réserve d'ordinaire à l'intimité, au chuchotement du secret. *La Galante* et *La Corybante*, toutes deux à 6/8, pourraient être les tronçons d'une double gigue, allant du majeur au mineur ; elles s'efforcent d'économiser leur matière et, comme chez Bach, après la double barre, reprennent les motifs du début, qui à la dominante, qui au relatif ; *La Corybante* va même jusqu'à employer, après une façon de développement, une manière de da capo (*Les Langueurs tendres* du *Sixième Ordre* en avaient déjà tâté).

La courte *Vauvré* (du nom de Girardin, sieur de Vauvré, maître d'hôtel du roi) n'égrène que cinq ou six notes, les premiers degrés de la gamme de mi majeur ; quelques cercles d'onde (*coulamment* !), quelques pincés ou tremblements ridant par moments la surface, et c'est tout.

Dans l'amusante *Fileuse* (en mi majeur, *naïvement, sans lenteur*), la main gauche, en croches perpétuelles et ronflantes, imite le rouet ; la droite file, d'abord par à-coups (en noires hésitantes), puis sur un rythme égal, que rompt à peine un coulé par-ci, un pincé par-là.

Si *La Boulonnaise*, comme ces menuets que Bach transcrit pour Anna Magdalena, s'adresse à des élèves aux mains encore malhabiles (et leur goût ? que feront-ils de la version ornementée de la « petite reprise » ?), *L'Atalante* exige des doigts agiles et des nerfs à toute épreuve ; dans le style d'une invention de Bach, deux voix luttent de vitesse, en doubles croches serrées. Atalante, nous conte la mythologie, était la plus rapide des mortelles ; elle avait juré de n'épouser que l'homme qui la vaincrait à la course...

## Troisième Livre

PUB 1722 (l'auteur et Boivin).

On a senti généralement plus de gaieté dans l'ensemble de ce livre, comme s'il adhérait plus franchement au siècle de Louis XV. C'est le livre des oiseaux ; celui des fêtes galantes, des bergeries, des bals masqués ; et de quelques spirituelles facéties. Ne disons pas que le cœur y recule (*L'Âme-en-peine*, *L'Attendrissante*, *L'Amour au berceau* nous démentiraient) ; mais l'esprit a gagné des points.

TREIZIÈME ORDRE. – Entièrement en si mineur. Cinq pièces, dont les fameuses *Folies françaises*, à douze couplets, un des plus hauts chefs-d'œuvre de Couperin.

Une courte et touchante pièce luthée pour commencer : *Les Lys naissants*, où les arpèges, modulant sans cesse, insinuent l'indécision, l'inquiétude. La tessiture élevée, les nombreux pincés à contretemps font de ces pages quelque chose de fragile, et presque d'éphémère. Que sont ces lis ? Faut-il les faire rimer avec Philis et Amaryllis, comme le suggère Philippe Beaussant, – et dans ce cas ils servent de préface à la Carte du Tendre des *Folies françaises* ? Sont-ils, avec *Les Roseaux* qui les suivent, les rescapés d'un ordre « botanique », à la façon de l'ordre « ornithologique » suivant ? Ne rejoignent-ils pas plutôt *L'Adolescente* du *Septième Ordre* dans l'évocation des premiers émois du cœur, des premiers troubles de la chair ?

Le poète des *Roseaux*, à sa manière, annonce celui des *Barcarolles*. Fauré retrouvera ces parages aquatiques, ces « humides bords des royaumes du vent » où naît le roseau de La Fontaine ; à son tour il fendra de l'aviron les nappes d'arpèges, soulèvera mille gerbes d'écume sonore ; mais surtout de ce chant si pénétrant, bercé au fil de l'onde, le secret ne sera pas perdu.

Si *L'Engageante* se trouvait dans une partita de Bach, elle en serait la perle, et l'on dirait... qu'il copie ses propres fils. Voilà une pièce étonnamment moderne, de celles qui préfigurent le « style sensible » d'une future génération. Ôtez-en le titre, qui incline, trompeusement, à la minauderie ; ôtez-en les ornements, ici tout à fait inutiles ; oubliez le clavecin. Elle sonne neuve et fraîche comme au premier jour. La permanence d'une cellule à la fois mélodique et rythmique, les émouvantes harmonies de septièmes, la fin identique, insistante, des deux parties : Couperin, comme fera un jour Schubert, se berce de son propre chant, en subit lui-même l'emprise (nous le savions dès le début, dès la première « petite reprise »...).

On comprend que *Les Folies françaises* aient fait couler beaucoup d'encre. Elles ont tout pour plaire, et même la musique ! Car voici la réunion idéale, et bien avant les *Sports et Divertissements* du bon Satie, de plusieurs arts ensemble : le théâtre, la peinture, la danse, la poésie ; ajoutons-y le sel de l'esprit ; et gageons que, par-dessus tout, la philosophie y a sa part : n'est-ce pas un minuscule « traité des passions » que cette passacaille, dont les douze couplets, en se jouant, jettent quelques lueurs sur l'âme humaine, – ce ballet menu où douze dominos de couleurs variées, échappés d'une toile de Watteau, viennent défiler à tour de rôle, en personnifiant quelqu'une de nos vertus, de nos erreurs, de nos misères amoureuses ? *La Virginité, sous le domino couleur d'invisible*, a la démarche un peu cérémonieuse d'un lent menuet ; elle pose *gracieusement* le thème, ou plutôt la basse, l'harmonie de ces variations, toute semblable à celle des *Folies d'Espagne* que Corelli le bien-aimé, entre autres, prit pour sujet. *La Pudeur, sous le domino couleur de rose*, est plus timide, et délicate à l'extrême, avec cette écriture qui n'utilise, *tendrement*, que l'aigu du clavier. Un vigoureux rythme pointé, un mouvement *animé* peignent *L'Ardeur, sous le domino incarnat*. Conversation galante, propos et réparties fusent *gaiement*, en chapelets de croches par trois, dans *L'Espérance, sous le domino vert*. Encore le rythme pointé, mais lentement, *affectueusement*, dans *La Fidélité, sous le domino bleu*. Registre aigu à nouveau pour

*La Persévérance, sous le domino gris de lin*, qui marche à pas légers, *tendrement, sans lenteur*, alors que *La Langueur, sous le domino violet*, a ses notes traînantes. Au tour maintenant de l'épigramme, et même de la satire. *La Coquetterie, sous différents dominos*, en profite pour varier également son mètre et son tempo, passant de 6/8 à 3/8, à 2/4, alternant le *gai*, le *modéré*, le *léger*. *Les Vieux Galants et les Trésorières surannées, sous des dominos pourpres et feuilles mortes*, ont des accents pompeux, de lourds accords, un rythme à la Lully *(gravement)*. *Les Coucous bénévoles, sous des dominos jaunes* (on l'aurait parié !) claironnent à la cantonade leur petit motif (non pas la tierce mineure habituelle, mais toutes sortes d'intervalles brisés) ; « coucou, coucou », insiste le compositeur, en toutes lettres au-dessus de la portée. Va-t-on finir sur ce cortège de vieilles coquettes et de maris trompés ? Non, ce n'était qu'un intermède burlesque ; la conclusion est sérieuse, et amère. Voici *La Jalousie taciturne, sous le domino gris-de-maure* : couplet d'Othello, dans le grave, chromatisme menaçant des voix intérieures. Voici surtout *La Frénésie ou le Désespoir, sous le domino noir*, course folle *(très vite)*, débandade de doubles croches... « Une ample comédie à cent actes divers », disait La Fontaine ; une douzaine de miniatures peuvent suffire ; ce petit ensemble nous reflète ; il est aussi un microcosme de l'art de Couperin.

...Surtout si on lui ajoute la dernière pièce de l'ordre, dont la place après ces dominos ne saurait être accidentelle. *L'Âme-en-peine* leur sert d'épilogue ; musique éplorée, coupée de silences, endolorie de syncopes et d'appogiatures. « Solitaire et mélancolique » : cette fois Charpentier voit juste ; jamais ce ton de si mineur n'a si bien traduit le désenchantement et l'oubli ; aucun ordre de Couperin ne finit si désemparé.

QUATORZIÈME ORDRE. — Sept pièces, en ré majeur et ré mineur. C'est l'ordre bien connu des oiseaux. Avec *L'Hirondelle* et *Le Coucou* de Daquin, *La Fauvette* et *Les Tourterelles* de Dagincour, *Le Rappel des oiseaux* de Rameau, *Le Concert des oiseaux* de Dandrieu, quelle jolie volière ! Cela tirelire et turlute, cela coucoule, cela trisse et ramage et froue et pépie... Mais Couperin est poète ; délaissant l'imitation, la description facile et la tierce du coucou, il préfère écrire des manières de nocturnes, tout semés d'aveux et d'abandons.

Le célèbre *Rossignol-en-amour* n'a pas fini de lancer, dans la nuit opaline, ses précieuses notes d'or. Couperin l'a pourvu d'un « double », plus orné encore, où il demande à l'interprète de ne pas « s'attacher trop précisément à la mesure ». « Accents plaintifs », note-t-il au-dessus d'un intervalle de quinte, quatre fois répété ; dans la « petite reprise », l'oiseau éperdu lance ses plus beaux trilles (« augmentez par gradations imperceptibles ») ; est-il si différent, au fond de la nuit madrilène, le rossignol qui chantera dans les *Goyescas* de Granados ?

*La Linotte effarouchée* semble en cage. C'est un vol prisonnier que celui de ces croches à 12/8, qui prennent leur élan et s'arrêtent court.

Avec *Les Fauvettes plaintives* (en ré mineur, *très tendrement*), Couperin ajoute une pièce de choix à sa collection de pièces luthées. Elle fait partie, avec *Le Dodo* du *Quinzième Ordre*, *L'Attendrissante* du *Dix-huitième* et *La Muse-Plantine* du *Dix-neuvième*, des trésors de ce *Troisième Livre*, ceux qu'on n'a jamais fini d'épuiser. Juchées dans le registre aigu, les parties marchent surtout en tierces parallèles, avec des appels, des échos, des frissons chromatiques ; prédominance de l'intervalle mélodique de seconde mineure ; impression d'improvisation, d'errance des motifs et des harmonies ; et ce lancinant rythme pointé qui est l'image même du soupir.

*Le Rossignol vainqueur* reprend le rythme de *La Linotte*, mais avec quelle liberté ! Au lieu de tourner sur elles-mêmes, de revenir sans cesse à leur point de départ, les croches ici servent de tremplin à l'envol ; plus loin, par petites roulades, elles miment ce chant orgueilleux qui semble ne plus devoir s'arrêter.

On ne quitte peut-être pas les oiseaux avec la pièce suivante : si cette *Julliet* est celle de Roméo (et pourquoi pas ? le protagoniste de la *Jalousie taciturne* du *Treizième Ordre* a bien quelque chose d'Othello...), voici un rossignol de plus dans les parages... En ré mineur, et pourtant *gaiement*, c'est une pièce en trio, avec une « contrepartie » à jouer « sur différents instruments, mais encore sur deux clavecins ou épinettes ».

Le célébrissime *Carillon de Cythère*, scie des collections de « classiques favoris », est néanmoins toujours plaisant, avec son motif obstiné de quatre notes, et ces sonorités graciles, ces chatoiements harmoniques que les deux mains, pelotonnées le plus souvent à distance de tierce ou de sixte, font naître dans l'aigu du clavier. Ici encore, faut-il beaucoup d'imagination pour entendre, dans les frondaisons de l'Île heureuse, tout un ramage ?

Une pirouette pour finir : un petit rondeau babillard, délicatement ouvragé, que Couperin s'amuse à intituler *Le Petit Rien* (et Dagincour, après lui, voudra écrire un *Presque-Rien* !) ; c'est souvent sa manière de prendre congé, sans façons, avec un clin d'œil.

QUINZIÈME ORDRE. – Huit pièces, en la majeur et la mineur. C'est l'ordre, par excellence, des prés, des champs, des pastoureaux et pastourelles, comme le montrent, commençons par elles, les deux « musettes » : *Musette de Choisy* et *Musette de Taverny*, qui se ressemblent et « se jouent de suite », à la demande de l'auteur ; pièces en trio, comme *La Julliet* du *Quatorzième Ordre*, où deux voix se répondent, en babillant à qui mieux mieux, en passant du majeur au mineur, au-dessus d'un bourdon infatigable. *Les Vergers fleuris*, au rebours, débutent mélancoliquement, en la mineur, avec leur rythme iambique (brève-longue) et leur multiple et sensible ornementation ; dans la deuxième partie, majorisée, le printemps se fait davantage sentir, et les odeurs de la campagne, et la joie des villageois :

« dans le goût de la cornemuse », indique Couperin, en reprenant encore une fois son bourdon de quinte à la main gauche ; rien de primitif, cependant, mais les délices des suspensions, des retards, des arpègements qui font vibrer l'air autour de la moindre de ces notes.

Si *L'Évaporée* et *La Douce et Piquante* sont des bergères, elles doivent garder leurs moutons dans Honoré d'Urfé, ou dans les décors de Boucher. Leurs jeux en effet sont raffinés, et bien loin du primesaut. Dans la première, à deux voix, les mains se piquent à des intervalles disjoints, à des imitations, – et le titre est mensonge, ou antiphrase : il y a trop d'adresse là-dedans, la technique infaillible de Bach ; cette évaporée sait regarder où elle va ! La seconde bergère a deux visages, de façon plus avouée encore que *La Babet* du *Deuxième Ordre* ; avec une nouvelle et double antiphrase : car n'est-ce pas plutôt la première partie, brève et taquine, en mode majeur, qui évoque le deuxième adjectif ? et la deuxième partie, mineure, pensive en ses harmonies de septièmes et ses dessins descendants, qui mérite le premier ?

Ce ne sont pas les champs, mais la ville et la cour, que hantent la première et la dernière pièce de l'ordre. *La Régente ou la Minerve* (en la mineur) renoue, après plusieurs ordres qui s'en passaient, avec l'usage d'une allemande liminaire, où Couperin aime à dérouler les prestiges d'une riche polyphonie ; *noblement*, demande-t-il, mais *sans lenteur* : ce n'est pas un décor de théâtre, une grande machine privée d'âme, à la Lully, mais toujours une parole humaine.

*La Princesse de Chabeuil ou la Muse de Monaco* s'adresse à la fille du prince de Monaco, – lequel écrivait à Couperin ces lignes qui valent d'être citées : « Il n'y a point de jours qu'on n'exécute ici quelqu'une de vos pièces et que je ne rende hommage à la divine Muse qui vous les a inspirées. Déjà ma petite fille en joue le premier livre, et ne croyez pas qu'elle s'arrête aux pièces simplement gracieuses, enjouées ou galantes. Il lui faut du grand, du sublime et même du chromatique. » La petite princesse avait quatorze ans (et devait mourir à dix-huit). Est-ce hasard si Couperin retrouve, dans cette pièce adorable, le rythme syncopé, les notes insistantes du dernier couplet des *Délices*, qui terminent ces « scènes d'enfants » qu'il appelle *Les Petits Âges (Septième Ordre)* ?

Huit pièces, avons-nous dit ; il en manque une ; c'est la plus belle, *Le Dodo ou l'Amour au berceau*. Il y faut oublier ville, cour et campagne. C'est, *sur le mouvement des berceuses*, une des pièces les plus intimes de Couperin, peut-être celle où sa tendresse s'exprime de la façon la plus nue, sur un thème enfantin, en harmonies fragiles, dans une monotonie voulue. Pièce « croisée », prévue pour un clavecin à deux claviers ; mais qu'à cela ne tienne, jouez-la au piano, les mains empiètent un peu l'une sur l'autre, mais ne se gênent guère. Jouez-la longuement, sans ornements de préférence, en tâchant d'*écouter*, au-delà de vous-même, de votre temps, et de cet autre temps qu'on vous a trop décrit encombré de rubans, de dentelles, de mignardises. Vous éprouverez que ces riens peuvent toucher jusqu'aux larmes ; et vous n'aurez plus que dédain pour tant de pièces montées qui, sous le nom de sonates par exemple, imposent leur vide suffisance.

SEIZIÈME ORDRE. – Sept pièces, en sol majeur et sol mineur. Une caricature *(Le Drôle de corps)*, au milieu de galanteries, de figures de romans précieux, la plupart converties en purs instants de musique.

Le meilleur de l'allemande initiale, *Les Grâces incomparables ou la Conti* ? Ces chutes de tierces arpégées, si douces et expressives, au début de la seconde partie ; Couperin le sait bien : il les reprend à la fin et les prolonge, les utilise encore dans la « petite reprise », – rare moment de verticalité dans ce tissu de lignes horizontales.

*L'Hymen-amour* offre un curieux assemblage ; deux morceaux en réalité, l'un dans le mode mineur *(majestueusement)*, à 3/8, d'une beauté à couper le souffle ; mélismes ensorceleurs : le cœur tremble à ces arpèges de neuvième (mes. 18-21, 41-43), si singuliers pour l'époque ; liberté infinie, mais concertée : observez comment la seconde partie inverse, en se jouant, le thème de la première. L'autre morceau, en sol majeur *(gaiement)*, à 6/8, est plus conventionnel, et terre à terre ; serait-ce l'*amour*, chose quotidienne et prosaïque, après le poétique *hymen* ? On s'en voudrait de gloser...

Musique énigmatique que celle des *Vestales*, dont la première partie est un rondeau, et la seconde une pièce binaire. Encore ce rythme iambique (brève-longue), qui traduit l'incertitude. La main gauche ne se décide pas : danse-t-elle ? donne-t-elle la réplique ? ne fait-elle qu'accompagner ? mais alors, avec quelle séduisante variété dans les figures, la plus inattendue étant, mes. 70-71, ces arpèges à la Mozart. La « petite reprise », pour finir, est si belle qu'on la reprendrait volontiers trois et quatre fois (à ce signe on reconnaît les poètes, dont quelques moments nous créent un monde clos, circulaire, où nous voudrions que le temps se suspendît).

*L'Aimable Thérèse* est mal qualifiée ; c'est « la touchante », « l'émouvante » qu'il faudrait dire ; ce mot d'« aimable », aujourd'hui, peut recouvrir le chiche et l'insignifiant. Ce sont des plaintes qu'elle exhale, surtout dans la deuxième section, où les batteries de doubles croches font palpiter la ligne mélodique.

*Le Drôle-de-corps* (en sol majeur, *gaillardement*) retrouve le burlesque des *Fastes* du *Onzième Ordre*, annonce *Le Gaillard-boiteux* du *Dix-huitième*, et ouvre la voie aux nombreuses facéties du *Quatrième Livre*. Est-ce un éclopé ? un contorsionniste ? Peu importe, l'intermède est drôle en effet : sauts d'octaves, silences, petits motifs boiteux...

On répugnera, en revanche, à traquer l'humour dans *La Distraite* (en sol mineur, *tendrement, et très lié*) ; tant pis, après tout, pour le titre ! Ces triples croches qui tombent inopinément, çà et là, au point d'ébranler la mesure, n'altéreront jamais l'émotion qui naît de la courbe mélodique, des résonances arpégées, des frôlements imités du luth, de telle longue pédale au-dessus de laquelle l'harmonie se détraque (mes. 20-24) ; autant jouer ces cascatelles avec sensibilité, expressivité, comme un trop-plein d'ardeur impossible à contenir.

La preuve que cette *Distraite* est une pièce grave et sérieuse ? Après elle, selon l'usage de Couperin dans ces cas, *La Létiville*, qui ferme l'ordre, n'est qu'un badinage en forme de gigue, écrit en trio : sujet, basse et contrepartie.

DIX-SEPTIÈME ORDRE. – Le plus court de tout l'œuvre de Couperin. Entièrement en mi mineur, et aussi « classique », à sa manière, que le *Huitième*, régi par si mineur. Ramenons ces cinq pièces à leur forme, avouée ou non, et nous obtenons une façon de suite : allemande, invention à deux voix, rondeau, courante, gigue.

*La Superbe ou la Forqueray* : en hommage à celui qui fut, avec Marin Marais, le plus grand violiste de son temps, Couperin compose une magnifique allemande. Ceux qui y voient une parodie (de qui donc ? de Forqueray ? mais il est à cent lieues, le brave homme !) se privent d'aimer à sa valeur cette page vraiment superbe. Elle peut évoquer Bach ; mais Bach lui-même trouverait quelque chose à y apprendre : ces attaques de syncopes sur le temps faible (mes. 7, par exemple), qui appartiennent si fort à notre compositeur qu'il en fera plus tard l'essentiel de *La Couperin (Vingt et unième Ordre)*.

Des doigts, il faut des doigts, et certes rien d'autre, dans *Les Petits Moulins à vent*, que fait tourner un inépuisable courant de doubles croches. Ce profil clair de Couperin, en frontispice de tant d'anthologies, a beaucoup nui à sa face obscure, encore cachée à la plupart des amateurs.

Le rondeau des *Timbres* donne dans l'harmonie imitative, comme *Le Carillon de Cythère* du *Quatorzième Ordre*, et rien n'est plus exquis que ces sonnailles, que ces grelots trébuchants. Prêtons l'oreille pourtant, et le cœur, au troisième couplet, qui délaisse ces jeux faciles pour aller encore une fois, en style luthé, à la recherche de sonorités plus rares, de fugitives et poétiques dissonances, aussitôt disparues qu'effleurées.

Suit une *Courante*, sans titre ; il n'y en avait plus depuis le *Huitième Ordre*, il n'y en aura plus ; la mode a passé ; Couperin adresse un salut à son *Premier Livre*, et feint d'en retrouver le ton. Quant aux *Petites Crémières de Bagnolet*, gigue finale, écoutons-les comme une de ces bagatelles vite et bien faites, au courant de la plume, que relève toujours un détail piquant : ici, la pédale de dominante, ce si qui claironne dans la seconde partie (mes. 13-16).

DIX-HUITIÈME ORDRE. – Curieuse proximité, dans cet ordre en fa majeur et fa mineur, de pièces graves, parfois même douloureuses, et de morceaux franchement comiques ou caricaturaux. Groupons ces derniers, écrits tous trois dans le mode majeur. *Le Turbulent (très vite)*, d'abord à 2/4, se livre à toutes sortes d'espiègleries et d'acrobaties, s'amuse aux fausses relations (mes. 4), oblige la main gauche à des bonds (mes. 8), à des traits où elle doit rivaliser avec la droite ; puis il s'assagit un peu, passe à 3/8, où son entrain de casse-cou n'est plus marqué que par le rythme iambique, qui tape du pied avec lui.

*Le Gaillard-boiteux*, qui conclut l'ordre *dans le goût burlesque*, est une autre caricature, au trait plus acéré encore ; personnage peut-être du théâtre de la Foire, il boite en effet, tout l'indique, depuis les sauts d'octaves (ce sont les « béquilles » des estropiés du *Onzième Ordre* !), les chutes de septième, les syncopes appuyées, jusqu'à cet extravagant 2/6 indiqué plaisamment au début (la pièce, en réalité, se joue à 6/8).

Qu'est-ce que *Le Tic-toc-choc ou les Maillotins* ? Couperin en a emporté le secret avec lui (comme celui des *Culbutes jacobines*, de *L'Amphibie*, et de tant de titres énigmatiques). Pièce « croisée », c'est-à-dire pour clavecin à deux claviers, elle fait retentir, de façon fort industrieuse, un incessant petit martellement dans l'aigu. On y a entendu le bruit d'un atelier de menuiserie. Pourquoi pas ? Au piano (où la main gauche jouera une octave plus bas, ou mieux encore la droite une octave plus haut), l'imitation se perd ; mais quel régal de sonorités !

*Sœur Monique*, une des pages les plus célèbres de Couperin, nous mènera dans le groupe des pièces « sérieuses » (mot à ne prononcer qu'entre guillemets). *Sœur Monique* a vite conquis la gloire : un an avant la parution du *Troisième Livre*, elle circulait déjà sous forme de chanson (c'est elle, entre autres, que vise la rosserie de la Préface : « Je n'aurais jamais pensé que mes pièces dussent s'attirer l'immortalité, mais depuis que quelques poètes fameux leur ont fait l'honneur de les parodier... »). Elle a connu d'innombrables arrangements par la suite, dont un de Berlioz. Comment choisit la postérité ? Mystère. Ce chant est doux, tendre, ingénu ; le deuxième couplet, qui s'aventure en sol mineur, est plein d'une juvénile ardeur ; les doubles croches du troisième viennent bien sous les doigts... autant de raisons qui n'en sont guère. À peu de chose près, *La Verneuillète* a les mêmes caractéristiques, le même balancement, la même engageante volubilité. Mais qui connaît *La Verneuillète*, ou qui l'a « parodiée » ?

C'est à la famille du duc de Bourbon, dont l'un des titres était « Verneuil », que s'adresse, non seulement le petit morceau qu'on vient de nommer, mais surtout l'allemande initiale de l'ordre, *La Verneuil* (en fa mineur). Musique non point tant sombre que désabusée, un peu archaïsante dans ses lignes, et qu'avivent, dans la deuxième section, des accords de septième et des acciacatures.

*L'Attendrissante*, enfin, compte parmi les chefs-d'œuvre. Litote du titre, à peine corrigée par l'indication *douloureusement* ; « La Bouleversante », dirait notre âge d'inflation. Quelle est donc la souffrance qui peut dicter, à pareille époque, de pareilles harmonies (par exemple la terrible quinte augmentée de la « petite reprise ») ? Plaintes et gémissements, sur un inconsolable rythme pointé, qui fait avancer toute la pièce à la façon d'un convoi funèbre.

DIX-NEUVIÈME ORDRE. – La plupart des sept pièces de cet ordre, en ré majeur et ré mineur, semblent évoquer le monde du théâtre ou de la foire, depuis la *Pièce à tretous* qui l'inaugure (vieille orthographe pour « tréteaux »), jusqu'à ces « caractères » du répertoire, ces « rôles » d'ingénue ou d'enjouée.

Les deux premiers morceaux vont de pair et, dit Couperin, « se jouent de suite » ; ce sont *Les Calotins et les Calotines ou la Pièce à tretous*, et *Les Calotines*. La première est un rondeau en ré mineur, l'autre va du majeur au mineur en deux parties ; même 2/4, même écriture à deux voix aux imitations plaisantes, mêmes figures mécaniques de doubles croches, basse également loufoque avec ses sauts d'octave, – et toutes ces répétitions de réjouissante niaiserie... Le titre se réfère à une confrérie parodique et anticonformiste, créée au début du siècle, et dont, croit-on, firent partie Piron, Voltaire, et jusqu'à Louis XV ; et l'on venait de représenter, en 1721, à la foire Saint-Laurent, une pièce intitulée *Le Régiment de la Calotte*.

Deux voix également, et toujours à 2/4, dans *L'Ingénue*, de forme enchevêtrée (un rondeau en ré majeur, à deux couplets, *naïvement* ; une pièce binaire en ré mineur, *tendrement* ; la reprise du rondeau « sans jouer les couplets, pour finir »). On n'imagine pas portrait plus fidèle ; c'est l'éternelle Agnès ; la naïveté se traduit tout à la fois par la brièveté inattendue du refrain (quatre mesures, il est vrai répétées), par la charmante boiterie de ces croches un peu gourdes, par la maladresse de tel enchaînement (l'arrivée en la mineur, mes. 12, au prix d'une âpre fausse relation) ; la tendresse, elle, est dans les soupirs, les insistances du chant (mes. 33-34, préromantiques).

*L'Artiste*, en revanche, connaît ses moyens, et les utilise ; musique certes savante, mais persuasive entre toutes, qui, à partir d'un dessin unique et répété, trace des courbes d'une élégance infaillible. Peut-elle, cependant, rivaliser avec *La Muse-Plantine*, une des plus ensorceleuses parmi les pièces luthées, dont le refrain défait voluptueusement ses arpèges au-dessus d'une basse chromatique, dont la longue pédale, au début du deuxième couplet, induit l'âme en hypnose, dont les enchaînements de septième, au troisième couplet, nous livrent consentants à cette Muse (dont au surplus nous ignorons tout...).

Titre énigmatique aussi, entre ces deux pièces lyriques, que celui des fantasques *Cultures jxcxbxnxs* (lisez « jacobines »). Que parodient donc cette ligne mélodique en dents de scie, ces dégringolades de gammes, ces brutales modulations (mes. 33...) ? Et si la bouffonnerie n'était que dans le titre ? On entend çà et là la diane des casernes ; tout juste après, un cœur se plaint, peut-être amèrement ; décidément, la clé nous manque, sans doute à jamais perdue.

*L'Enjouée* vient faire la révérence, et terminer l'ordre sur les deux modes tour à tour, et les deux humeurs qui la caractérisent : *très gaiement*, elle n'emploie qu'un langage badin, une harmonie de routine ; *un peu plus tendrement*, elle surprend par sa gravité, sa soudaine âpreté (comparez les mes. 25 et 29 ; la première est déjà bien étrange ; la seconde est presque stridente).

## *Quatrième Livre*

PUB 1730 (l'auteur, Boivin et Le Clerc).

La Préface déclare achevées depuis trois ans les pièces de ce livre. Elle a quelque chose de pathétique dans sa façon d'évoquer le mauvais état de santé du compositeur (qui fait déjà « son paquet », comme aurait dit La Fontaine), et d'ironiser sur l'« immortalité chimérique où presque tous les hommes aspirent ». Pour autant, ce ne sont pas là des musiques lugubres ou valétudinaires ! et l'art de Couperin n'a jamais mieux respiré la force, l'assurance, la maîtrise du moindre détail. Mais on trouvera ici de plus longues, de plus profondes confidences, que la pudeur parfois dissimule sous des dehors trompeurs.

VINGTIÈME ORDRE. – Huit pièces en sol majeur et sol mineur (neuf en comptant pour deux *La Princesse Marie*). C'est un des ordres les plus minces ; la plume n'y a pas toujours attendu l'inspiration. Il renferme cependant deux pièces admirables, un double portrait, *La Fine Madelon* et *La Douce Jeanneton*. « Ces deux pièces se jouent alternativement », recommande l'auteur ; on le comprend : c'est la même substance, *affectueusement* et en majeur pour la première, *plus voluptueusement* et en mineur pour la seconde. Elles interrogent le registre aigu, où les mains se placent de connivence, se rencontrent, se disputent amicalement la place, parmi les coulés et les ports-de-voix délectables, les mystérieux froissements de sonorités. Sur le sentier de Madelon, Jeanneton va plus loin encore, découvre des coins inexplorés, des taillis vierges ; les mains, cette fois, s'y croisent : geste tout nouveau chez Couperin, et qu'on aurait tort de prendre pour une jonglerie ; ces secondes caressées dans un envol de la paume nous procurent, de la douceur et de la volupté, une impression réellement tactile...

Les mains, confiées au registre grave, se croisent également dans la médiocre *Sézile* (qui emprunterait son nom à Nicolas Sézile, trésorier des Offrandes et Aumônes du roi), mais avec un tout autre effet, celui d'un écho que la main gauche, réputée plus faible, doit donner au petit motif descendant de la droite.

Le reste de l'ordre va de la pièce de circonstance à la scène de comédie. *La Princesse Marie*, qui ouvre la série, est un hommage à Marie Leszczyńska ; elle doit dater d'avant ce 15 août 1725 où la princesse polonaise devint reine de France ; petite gavotte allègre, en deux parties, à quoi s'enchaîne, en guise de troisième partie, un « air dans le goût polonais », scandé avec une rudesse et une poigne qu'on voit peu souvent à Couperin. *Les Tambourins*, à l'autre bout de l'ordre, font une réplique française, et provençale, avec leur franchise populaire, leurs notes répétées, leurs petits moulinets de doubles croches joviales ; deux airs, majeur et mineur, qu'on alterne « tant qu'on veut » (le célèbre *Tambourin* de Rameau a paru en 1724, dans le *Deuxième Recueil*).

Petites comédies : les cabrioles de *La Bouffonne* (en sol majeur, *gaillardement*), avec les audacieuses neuvièmes de sa conclusion ; et dans *Les Chérubins ou l'Aimable Lazure*, les anapestes fantasques de la première partie, répercutés d'un registre à l'autre ; il est vrai que la seconde partie change de style, quitte la prose pour les vers, en tournoiements de notes légères, que l'harmonie irise.

Réservons une place secrète à *La Crouilly ou la Couperinète* où l'auteur, croit-on, esquisse le portrait de sa plus jeune fille, Marguerite ; c'est une nouvelle « scène d'enfants », comparable en tendresse, en délicatesse, aux *Petits Âges* du *Septième Ordre*. Le beau chant de la main droite ne serait rien sans la souple et caressante main gauche, qui l'écoute, lui répond, l'engage à chanter davantage encore et plus librement ; la musette lilliputienne qui la complète rejoint celles du *Quinzième Ordre* ; il y a une contrepartie, « pour la viole, si l'on veut ».

VINGT ET UNIÈME ORDRE. – Exemplaire. Il n'est aucune des cinq pièces de ce petit ordre, toutes en mi mineur, dont on voudrait se défaire. Et l'on remarquera qu'elles vont croissant en beauté, en rareté.

*La Reine des cœurs* avance au pas noble d'une sarabande ; mais ce n'est ni *La Majestueuse* ni *La Dangereuse*, et elle ne veut régner que par la persuasion ; on comprend qu'elle se pare de tous les « agréments » possibles, et que son intervalle de prédilection soit la tierce, dont la main droite se sert pour broder la plupart de ses motifs.

Encore un morceau que Bach aurait pu écrire : *La Bondissante* est moins française qu'allemande, dans sa rigueur et sa savante économie ; deux ou trois dessins suffisent à la pièce entière, du reste assez brève, mais réussie de la première note à la dernière.

Il avait certes l'embarras du choix, pour laisser son propre nom à l'une de ses pièces ; il a élu cette allemande : est-ce à dire que *La Couperin* soit tout le portrait de son auteur ? *Les Folies françaises (Treizième Ordre)*, avec leur diversité, le reflètent davantage. Ici, il se campe en musicien sérieux ; d'entrée on le voit habile aux imitations, enclin aux marches, aux basses chromatiques ; ce sont des biens qu'il partage avec une foule de compositeurs, géants et nains. Mais soudain le voici, à la mes. 13, tel qu'en lui-même... Ces enchaînements émouvants, cette gradation imperceptible, avec l'appui des syncopes sur le temps faible (qui fait vibrer la fin de *La Convalescente*, qui amorce les différentes parties de *L'Épineuse*, ces merveilles du *Vingt-sixième Ordre*) : même un sourd prononcerait le nom de Couperin.

Quel titre trouvé que celui de *La Harpée*, qui dit encore davantage que « La Luthée » par exemple, laisse entendre plus de résonances, et nous absout d'avance du péché de faire renaître ces frissons de notes amoureuses, au clavier de la grande harpe que peut être notre piano moderne ! La pièce déroule une grande phrase mélodique, qui s'enivre d'elle-même (louons les rosalies et les marches, lorsque les motifs sont si beaux !), prend à peine le temps de la cadence, à la double barre, repart en sens contraire, plus que jamais vivante (et que sont ces syncopes et ces retards, sinon une *respiration* ?), confortée par ces voix secondaires qui spontanément sortent d'elle, et lui composent un halo d'harmonies.

*La Petite Pince-sans-rire* est encore plus étonnante. C'est le lieu de remarquer qu'en ce *Quatrième Livre*, Couperin donne souvent, à ses pièces les plus neuves, les plus audacieuses, des titres qui le disculpent, en offrant l'alibi du « burlesque » à ses incursions, de plus en plus fréquentes, au-delà des normes de son temps. Ce sera le cas des *Tours de passe-passe* du *Vingt-deuxième Ordre*, de *L'Arlequine* du *Vingt-troisième*. (Par une même pudeur, Satie nomme *Airs à faire fuir* des morceaux qui comptent, comme par hasard, parmi ses plus mélodieux !) Sans doute faut-il ajouter, dans notre pièce, une allusion précise : les doigts *pincent*, en effet, des notes voisines, les laissent résonner de concert, en grapillons, en agrégats étranges ; et il ne s'agit pas de *rire*, mais d'écouter attentivement, *affectueusement* (puisqu'on vous l'indique !), l'univers de sonorités inouïes qu'ils ont éveillé. – De pages pareilles, chaque mesure est à citer ; mais on *pincera* surtout, et dix fois de suite, avec un bonheur accru, la « petite reprise » ; et en la comparant avec les mesures qui la précèdent immédiatement, on s'extasiera des deux ou trois différences infinitésimales, qui témoignent d'une oreille aiguë et exigeante.

VINGT-DEUXIÈME ORDRE. – Six pièces en ré majeur et ré mineur (neuf, si l'on compte pour trois *Le Trophée* et pour deux les *Menuets croisés*). L'humeur y est surtout plaisante, parfois farceuse ; mais on mettra la dernière au rang des plus belles inventions de Couperin.

*Le Trophée* renouvelle *La Triomphante* du *Dixième Ordre*, avec infiniment plus de goût, et s'amuse à déployer une virtuosité à l'italienne, ou à l'espagnole (modestement : nous ne sommes pas chez Scarlatti !) : départ arpégé sur deux octaves, bonds de dixième, martellement d'accords... Deux airs l'accompagnent, l'un majeur, l'autre mineur, celui-ci très expressif en ses trilles de conclusion aux deux mains.

*Le Point du jour* se donne pour une « allemande » ; mais à 2/4, sans rien de la solennité des grandes allemandes qu'on rencontre une fois sur deux en tête des ordres couperiniens. Deux voix murmurantes, parfois trois à la faveur de quelques tenues. Admirons la souplesse, la variété des dessins mélodiques : combien de musiques ne peut-on faire, grands dieux, avec de simples groupes de quatre doubles croches !

*L'Anguille* n'est pas une pièce imitative ; la métaphore vise la forme du morceau lui-même. Cette invention à deux voix, Couperin pouvait l'écrire bien sage, avec juste ce qu'il faut de piquant pour séduire l'amateur, et tous les ingrédients dont le grammairien raffole. Mais non, telle une anguille qui file entre deux eaux, disparaît dans le creux d'un rocher, réapparaît là où on ne l'attend guère, sa pièce déconcerte à chaque ligne, passe du majeur au mineur comme du coq à l'âne, bouffonne (mes. 29) et va jusqu'à irriter (mes. 71)...

Le début du *Croc-en-jambe* ne présage pas de la suite ; ces sauts successifs de quarte, de quinte, de sixte, imités aussitôt par la basse, ne sont après tout que l'indice de la bonne humeur (*gaiement*, est-il marqué). La première cadence rompue (mes. 10) n'en surprend que davantage ; on tombe à la renverse, on se casse le nez. Tout le reste est d'encre facétieuse ; la conclusion traîne exprès, sans cesse retardée par l'impertinente cadence ; va-t-il bientôt s'arrêter ! – Un des morceaux les plus réussis de la veine humoristique de l'auteur.

Dans le genre de la pièce « croisée » à deux claviers, même Couperin ne pouvait enchérir sur *Le Tic-toc-choc* du *Dix-huitième Ordre*. Les deux *Menuets croisés* reprennent la démonstration, avec moins de bonheur ; les deux mains, prisonnières du registre aigu, batifolent, jasent autant l'une que l'autre, et s'entremêlent tant et si bien qu'on ne distingue plus ce qui est du thème, ce qui est de l'harmonie.

*Les Tours de passe-passe* : voilà, finalement, un fort méchant titre, pour une des douze ou quinze pièces de Couperin qu'au jeu de l'île déserte on emporterait sans faute avec soi. Méchant : car il ne met l'accent que sur l'aspect formel, purement extérieur. De fait, ces croisements de mains continuels (sur le même clavier, dans ce registre aigu que Couperin vieillissant affectionne, autant que sa jeunesse aimait le grave), au milieu du fin réseau d'harmonies tissé par le jeu luthé, produisent une impression magique : quel est le truc ? qui fait quoi ? d'où proviennent ces sons et quelle est la main qui les déclenche ? Couperin, comme le Rameau des *Trois Mains* (du *Troisième Recueil*, publié en 1728), feint de ne vouloir intéresser que le badaud ; mais le badaud, hélas, se divertit un moment, et poursuit sa route. Tant pis pour lui, on recommence ; l'ami de Couperin, alors, tâche d'oublier ce titre (est-ce que Bach en a mis, après tout, à la gigue de sa *Première Partita* ?), et recueille note à note, au plus profond de lui, l'émotion que ce morceau engendre.

VINGT-TROISIÈME ORDRE. – Presque entièrement en fa majeur ; cinq pièces (ou huit, si l'on prend séparément les parties des *Gondoles* et des *Satyres*). L'ordre, fort dépareillé à première vue, est en réalité un petit miroir couperinien : tour à tour une grave allemande, une pièce imitative, un reflet du théâtre, une longue et tendre rêverie, un morceau burlesque.

*L'Audacieuse* ne l'est pas, comme on pourrait le croire, par l'écriture harmonique (contrairement à *L'Épineuse* du *Vingt-sixième Ordre*), et il serait vain de guetter sur son chemin des étrangetés. L'adjectif vaut pour « fière », et c'est le moins qu'on puisse dire de cette allemande, dont pas un instant le rythme pointé ne se relâche, ni le souffle ne faiblit. Cette magnificence un peu guindée, ce ton de certitude évoque le *Premier Livre* et, au-delà de lui, le siècle de Louis XIV.

*Les Tricoteuses*, un des plus savoureux parmi les nombreux morceaux imitatifs de Couperin, ont leurs rangées de doubles croches bien ordonnées, bien méticuleuses, cliquetant joyeusement, jusqu'à l'impardonnable moment de distraction de la fin, ces « mailles lâchées » dénoncées au-dessus de la portée (mais oui, on vous le réitère, Satie a Couperin dans son arbre généalogique !), que traduisent des septièmes diminuées, dans l'affolement général !

Dans la surprenante *Arlequine*, c'est l'indication de départ qui surprend, et chagrine, une fois la pièce entendue. *Grotesquement* ! Alors qu'elle est pour nous, aujourd'hui, un tissu d'harmonies extraordinaires, et si troublantes que nous ne saurions les tirer vers le rire. Non plus les lignes tremblantes du style luthé, mais la verticalité triomphante, avec ces notes frappées ensemble, ces dissonances attaquées non de biais, mais franchement, et rudement. Entre parenthèses : que voilà déjà une écriture pianistique ! Mais quelle erreur, si l'on jouait ces pages à la pochade, dans le style du *Gaillard-boiteux* ! Comment croire que ces effets de percussion, ces secondes hardies, ces progressions de septièmes et de neuvièmes n'étaient pour Couperin que l'expression de la *burla* ? Répétons-le, c'est par pudeur, et peut-être par timidité, qu'il protège ses trouvailles, et leur donne le masque du ridicule...

L'agencement des *Gondoles de Délos* est complexe ; et qu'il y a loin de cette architecture inventive aux premiers rondeaux de Couperin ! Trois parties, toutes dans l'aigu ; la première, binaire, sert de refrain à la deuxième, également binaire, ainsi qu'à la troisième, elle-même un rondeau... Joignons-y la rare alternance de trois tonalités : fa majeur, ré mineur, fa mineur. La musique ne se soucie guère, pourtant, de cette apparence de contrainte ; c'est un chant continu, baigné d'arpèges de barcarolle, à la façon des *Roseaux* du *Treizième Ordre*. Cependant n'imaginons ni lagune marine, ni cieux vénitiens : ces gondoles mythologiques, dans le goût rococo, mouillent dans l'eau du grand canal de Versailles.

*Les Satyres, chèvrepieds* passent du grave au vif, en deux parties contrastées, toutes deux limitées au registre grave. « Dans un goût burlesque », précise la deuxième, et ici on peut prendre l'auteur au pied de la lettre : rudesse des rythmes, des accords, et de ces *aspirations* caricaturales (le staccato accentué de Couperin). La première partie ne charge pas moins, avec sa gravité parodique.

VINGT-QUATRIÈME ORDRE. – Ses derniers ordres, Couperin y mêle les genres, plus volontiers encore que dans les précédents. On dirait qu'il veille à les composer les plus représentatifs possible, à ne rien laisser ignorer de son art. En la majeur et la mineur, celui-ci compte huit pièces seulement, mais plusieurs sont particulièrement développées : c'est un des plus longs parmi les vingt-sept. Et l'un des plus sérieux : aucune pièce imitative, aucune burlesque ; le ton y est noble, ou tendre, ou brûlant, il n'est jamais railleur.

Les deux premiers morceaux forment un petit diptyque : d'une part *Les Vieux Seigneurs*, de l'autre *Les Jeunes Seigneurs, ci-devant les Petits-Maîtres*. « Sarabande grave », précise Couperin de la première (en la mineur, *noblement*). Gardons-nous d'y voir de la moquerie, celle qui s'exerce, par exemple, dans *Les Vieux Galants* du *Treizième Ordre*. Le compositeur médite ici sur sa propre vieillesse. Pages comme immobiles : à quelques écarts près, le thème progresse par degrés conjoints, imperceptibles ; il y a, dans ces belles harmonies où s'exalte l'écriture verticale, mille beautés offertes d'un air un peu désabusé.

*Les Petits-Maîtres* alternent mineur et majeur *(légèrement)* ; écriture à deux voix, limpide, mais où les batteries d'intervalles brisés créent l'illusion de voix supplémentaires. Cela s'affaire, cela court, un peu dans tous les sens, dans tous les registres ; petits motifs fébriles ; là aussi sans nulle intention satirique ; à son âge grison, Couperin confronte sa jeunesse ; celui-là ne voit en toutes choses que le mélancolique mineur, propice aux regrets ; pour celle-ci, la vie est noire et rose tour à tour ; elle est pressée et désordonnée, comme ces doubles croches, tout l'opposé des noires précautionneuses de la sarabande ; elle est pleine d'ardeur : n'y retrouve-t-on pas (mes. 20-23), sur la même basse et dans le même ton, les septièmes diminuées de *L'Ingénue* du *Dix-neuvième Ordre* ?

Les titres des quatre pièces suivantes égarent à plaisir le lecteur : *Les Dards homicides, Les Guirlandes, Les Brimborions, La Divine Babiche ou les Amours badins...* On dirait quatre chapitres pris au hasard dans un roman précieux, ou quatre sonnets de Tristan l'Hermite. De là à n'imaginer que madrigaux de ruelle, il n'y a qu'un pas, – qu'on ne franchit plus quand on a écouté la musique. Ces morceaux ont du souffle, des proportions. *Les Brimborions*, loin d'être des bibelots, enchaînent quatre parties de plus en plus belles ; l'une engendre l'autre, en lui prêtant un motif, une inflexion ; l'anapeste un peu court de la première féconde la deuxième, qui le développe en dessins de doubles croches ; un petit moutonnement de la troisième suggère à la dernière ces batteries de tierces cristallines, nouveau et touchant carillon d'une Cythère de plus en plus illusoire.

Le rondeau des *Dards homicides* varie, avec ses figures, ses tonalités ; le premier couplet va vers mi majeur, le deuxième vers fa dièse mineur et ut dièse mineur, le troisième vers ré majeur ; inépuisable veine mélodique, coulant sans effort apparent.

*La Divine Babiche* n'est que confidence, épanchement. Conversation à deux ou à trois ? La main droite, en intervalles brisés, se donne à elle-même la réplique. *Voluptueusement, sans langueur*, note Couperin : c'est le savant connaisseur des choses amoureuses qui s'exprime, l'analyste désabusé des *Folies françaises (Treizième Ordre)*, qui sait précisément séparer, comme nul autre, la volupté de l'indolence, de l'engourdissement des sens à quoi lui-même nous a conviés dès *Les Langueurs tendres* du *Sixième Ordre*, et nous conviera encore dans *Les Ombres errantes* du *Vingt-cinquième*, ou *Les Pavots* du *Vingt-septième (nonchalamment, languissamment...)*. La volupté, chose rarissime dans son œuvre, beaucoup plus vouée à la tendresse, *La Divine Babiche* ne la partage qu'avec *La Douce Jeanneton (Vingtième Ordre)*.

*Sans langueur*, recommande à nouveau le musicien des *Guirlandes* ; mais il commence par préciser : *amoureusement*. L'adverbe, plus encore qu'à la façon de jouer cette pièce, un des fleurons du *Quatrième Livre*, s'applique à la manière dont les voix s'y entrelacent, pour former ganses, festons et broderies, autant de rets où l'harmonie demeure prisonnière. Registre grave : nous voici derechef au cœur de l'univers nocturne des pièces luthées, avec ce même rythme pointé qui, trois lustres plus tôt, prêtait tant d'éloquence à *L'Enchanteresse* du *Premier Ordre*. – La deuxième partie de la pièce, mineure, est curieusement peu inspirée ; elle sent l'exercice ; et Couperin devait s'en douter, qui demande qu'on reprenne, après elle, tout le début.

*La Belle Javotte* a beau s'être appelée « autrefois *L'Infante* », ces deux titres associés ne lui donnent pas davantage de poids ; douze mesures indifférentes, à la manière des quelques pièces du *Premier Livre* que Couperin sacrifie aux doigts de ses élèves ; d'ailleurs elle doit dater de cette époque. Mais sa présence en cet ordre si riche n'est pas inutile ; elle sert d'astérisque ; elle sépare de toutes les autres la dernière pièce, cette *Amphibie* qui est peut-être sa création la plus géniale, un nouveau microcosme de son art après celui des *Folies françaises*, – dépourvu cette fois d'allusions, de clins d'œil, vierge de littérature, puisque aussi bien le titre nous demeure une énigme (« un être hybride, propose Pierre Citron, ou simplement, défi aux doctes du temps, un monstre »). Dans la forme, et au sens le plus large, une passacaille ; la basse est libre, avec un mouvement le plus souvent descendant ; quelquefois elle fait « de la chromatique », comme on disait alors dans les salons, et tire la musique vers le mineur. Sur ce mince canevas, Couperin n'en finit pas de broder, tâchant, dans ces façons de variations, où rythmes, figures, harmonies concourent, d'embrasser « la scène de l'univers », plus simplement la gamme des sentiments. *Noblement*, c'est cette allure de sarabande, sans rien pourtant de guindé, de corseté, et où bientôt se joint le rythme pointé, où chantent coquettement les tierces coulées. *Gaiement*, c'est le badinage léger des triolets ; *affectueusement*, ce sont les merveilles renouvelées du style luthé, avec retards et syncopes, où se prennent « les notes qui s'aiment » (chez Couperin, toujours l'intervalle de seconde !). Le plus émouvant : le *modérément*, en mode mineur, procession d'accords descendants, tout entrecoupés de silences, lignes rongées par une incoercible tristesse, qui se mue lentement en résignation.

VINGT-CINQUIÈME ORDRE. – Cinq pièces dans cet ordre, en partie voué à l'étrange, oracles, cérémonies secrètes, évocations de fantômes... et dont la singularité semblerait attestée, formellement, par le fait qu'il est le seul à utiliser trois tonalités : ut majeur, ut mineur, et le relatif de ce dernier, mi bémol majeur. Couperin, dans sa préface, dérobe l'explication plus qu'il ne la fournit, prétend avoir écrit d'autres pièces au relatif, qui auraient été égarées. Pour nous, la seule chose tangible, c'est ce ton surnuméraire, qui désigne, qui dénonce même, les « visions » de la première pièce.

Comment séparer ici la satire du sérieux ? Cette *Visionnaire* (en mi bémol majeur) est assurément un portrait charge (le dernier de Couperin), qui ouvre l'ordre sur des accents imprécatoires (rythme pointé, *gravement et marqué*) ; on les prendrait au tragique, avec ces modulations et cette arrivée à la dominante mineure (si bémol mineur), si ne suivait une deuxième partie plus légère *(vite)*, où les croches se défripent, quittent l'antre obscur de la pythonisse et vont courir au grand air. Le rythme pointé, à la fin, et les petits dessins ascendants ne traduisent plus que des rires, et congédient les propos extravagants et pompeux.

*La Mystérieuse* (en ut majeur, *modérément*) l'est de plusieurs façons. D'abord par ces passages où l'harmonie prend une voie secrète, non seulement imprévue, mais impénétrable après coup : le fameux passage où, dans un environnement en la mineur, le si hésite à deux reprises entre bémol et bécarre (mes. 15-16), puis le ré entre bécarre et dièse. Mais on croit déchiffrer dans toute la pièce des opérations magiques, figures circulaires, passes répétitives (le passage harmonique cité n'est qu'une d'entre elles), mouvement immobile de la droite sur quelques notes, tandis que la gauche accompagne de loin, à pas comptés ; et l'on voudrait évoquer ces vers de Victor Hugo, dans un poème des *Orientales*, qui conseille de se méfier

> De la vieille qui va seule et d'un pas tremblant,
> Et de ceux qui le soir, avec un bâton blanc,
> Tracent des cercles sur le sable...

Au surplus une pièce admirable, comme le sont, chez Couperin, toutes celles qui veulent « persuader ».

Ici viendrait, pour fermer le triptyque du mystère, la cinquième pièce de l'ordre, *Les Ombres errantes* (en ut mineur, *languissamment*). Mais le morceau est si beau qu'il sort de tout cadre, et nous retient d'imaginer ici d'autres « ombres » que celles du cœur. Quittons les maisons hantées, les larves, les bals de revenants, même si Couperin y a souscrit, et voyons dans ces dessins brisés, ces frôlements de notes où les mains se joignent, ces vibrements de luth, ces syncopes et soupirs, ce chromatisme des voix intérieures, de nouvelles barricades de notre propre secret.

Les deux pièces restantes forment deux portraits opposés. *La Muse victorieuse* (en ut majeur, *audacieusement*) ne vaut que d'être mentionnée ; elle s'agite à grand bruit, sans avoir grand-chose à dire, même les doigts ne s'en contentent pas ; on y relèvera cette curiosité : à la fin de chaque section, l'avant-dernière mesure est à 3/4, dans un contexte à 3/8. – *La Monflambert* (en ut mineur, *tendrement, sans lenteur*) est cousine de la *Sœur Monique* du *Dix-huitième Ordre* ; même mélodie câline à 6/8, même accompagnement arpégé, et à la fin une semblable entrée de doubles croches ; mais ce n'est pas un rondeau, et le mode mineur, que l'autre n'effleurait que dans l'un de ses couplets, lui donne une profonde et durable mélancolie. Norbert Dufourcq y voit une Monique vieillie, « à la chandelle », regrettant son fier dédain...

VINGT-SIXIÈME ORDRE. – Cinq pièces en fa dièse mineur. De quels maux, de quels chagrins sort *La Convalescente* ? Elle en a gardé une humeur grise, un ton de déploration, auxquels n'est pas étrangère cette tonalité sentie à l'époque comme hasardeuse. Est-ce après tout du compositeur lui-même qu'elle exprime les douleurs ? Cette allemande est l'une des plus expressives qu'il ait écrites, on y est aux marges d'un aveu. La main droite se partage en deux voix, qui se répondent des doigts forts aux doigts faibles, et parfois s'attardent de chaque côté du temps, en suspensions au-dessus de la basse (mes. 9-10). Plusieurs moments étonnants, comme ces accords de septième frappés (mes. 16-17), et aux dernières lignes le jeu des secondes insistantes, sans oublier le chromatisme partout insinué.

Avec le ton qu'il a choisi, Couperin ne saurait donner qu'une *Gavotte* empreinte de nostalgie, laquelle parfois tourne même à la plainte. Dans *La Sophie*, il montre jusqu'où il peut aller à la rencontre de Bach ; ce lucide contrepoint et ces lignes réglées rejoignent son illustre contemporain (et certes c'est autant de retranché à sa propre fantaisie) ; mais voici, mes. 28-34, des battements aux deux mains, comme des trémolos en sens contraire, qui arrêtent le cours de la sémillante invention à deux voix : et ici ne parle plus que notre poète.

Pourquoi ce titre au rondeau intitulé *L'Épineuse* ? À cause de son dernier couplet (un rondeau dans le rondeau !) qui, passant au mode majeur, révèle ce buisson hérissé de six dièses, fort improbable à l'époque (en dehors du *Clavier bien tempéré*...). À cause aussi de ce réseau ininterrompu, un de plus, où la seconde est l'intervalle privilégié, propice aux dissonances les plus frémissantes ; et de ces basses du dernier Couperin qui chromatisent chaque fois qu'elles le peuvent. Rien de plus émouvant que le troisième couplet qui, après les basses calmes des deux autres, fait tanguer la main gauche en croches.

Au sortir d'un pareil morceau (car il faut en sortir, et par l'antithèse ; clore l'ordre là-dessus eût été irréparable, un enfermement de la conscience, circonvenue dans un piège de nœuds, de lacets, de caresses trompeuses), quel brutal et bénéfique changement que cette *Pantomime*, secouée de motifs hilares, dans un rythme pointé si abrupt (noter l'indication : *gaiement et marqué, et d'une grande précision*) qu'il vous attrape, saugrenu ou pas, des allures de cake-walk ! Accents syncopés (appuis sur la deuxième croche du 2/4), dissonances cocasses (les neuvièmes, mes. 34-36, 38-40), bonds rapides pour faire sonner à plusieurs registres le petit appel fiérot.

VINGT-SEPTIÈME ORDRE. – Le plus court, avec ses quatre seules pièces en si mineur ; et peut-être (ose-t-on le dire ?) le plus décevant... tant on aurait désiré, *alla romantica*, quelque chant du cygne. Mais non, Couperin nous quitte à la dérobée, – et d'être les dernières qu'il fait imprimer ne conférera à ces quatre-là nulle aura particulière.

Aussi, dépêchons-nous. L'ordre commence et finit comme du Bach, ou presque. Comme du Bach : la grave allemande intitulée *L'Exquise*, dans sa diction claire, son équilibre, sa plénitude sonore ; la *Saillie*, avec ses symétries et ses imitations. Ou presque : la deuxième section de cette *Saillie* tourne le dos à la première, et ce petit motif espiègle, sautillant, à répétition, suffit à nous redonner notre compositeur, quand nous ne l'espérions plus.

*Les Pavots* feront d'autant plus d'impression qu'on prendra bien lentement le *nonchalamment* indiqué. Musique vraiment narcotique, avec sa prédilection pour l'aigu, son monotone pas de noires, ses redites, ses accords comme écoulés goutte à goutte au fond d'une clepsydre (tierces, quartes arpégées). Les opéras de Lully contiennent de ces plages stagnantes (sommeil d'Atys, de Renaud), et Couperin semble en imiter l'effet orchestral de violons en sourdine et de flûtes en mouvements parallèles, ainsi que la singulière immobilité.

*Les Chinois*, bien entendu, sont ceux que le pinceau de Boucher met à la mode, que les décors accueillent, que les maîtres de musique font danser dans leurs ballets, pour l'amusement des amateurs d'exotisme. La pièce de Couperin simule un scénario : de cérémonieuses révérences (*lentement*, à 6/4), une danse allègre où éclatent des fanfares (*vite*, à 2/4), et une façon de menuet (*lentement*, à 3/4), une ligne à peine, pour prendre congé.

*Les Préludes de « L'Art de toucher le clavecin »*
PUB 1716 et 1717 (l'auteur et Boivin).

Couperin feint de les présenter comme des exemples, ou des exercices à jouer au seuil de ses pièces du même ton, pour « dénouer les doigts ». Ce sont pourtant des morceaux à part entière. Fort méconnus, ils nous donnent entre autres quelques pages luthées de plus, moments précieux, petits miracles de grâce et de profondeur, où tremblent les retards, où la dissonance glisse en effleurements. Ainsi le *Premier Prélude* (en ut majeur), le *Deuxième* (en ré mineur), ou le *Septième* (en si bémol majeur) dans sa seconde moitié, servent-ils d'écho à *La Ménetou*, aux *Charmes*, aux *Jumelles*. Il n'a manqué aux *Préludes* que d'avoir des titres, qui auraient prolongé dans notre mémoire leur pénétrante poésie...

## Louis COUPERIN
(1626-1661)

L'aîné et le plus talentueux des trois frères Couperin, l'oncle de François Couperin le Grand. Il a son maître et son modèle en Chambonnières, qu'il dépasse autant dans la forme que dans le fond. Lui aussi réunit, au sein d'une même tonalité, des danses binaires, en majorité allemandes, courantes et sarabandes ; mais il s'essaie également à ces pièces plus amples que sont les passacailles et les chaconnes ; et il compose ces morceaux étranges que sont les « préludes non mesurés », pures improvisations à réimproviser sans cesse, car leur notation aléatoire, en grandes plages de rondes, accepte les solutions les plus diverses. Le contenu, surtout, nous étonne : prélude, sarabande ou chaconne, ce qui distingue Louis Couperin dans sa partie, c'est son oreille audacieuse, encline aux dissonances, aux retards, c'est sa polyphonie nombreuse et ses rythmes piquants, c'est son goût pour les tonalités rares, qui lui fait employer à l'occasion le ton de fa dièse mineur *(Pavane)*, peu fréquenté au clavier en cet âge de tempérament inégal. À ces hardiesses, ses mélodies gagnent une saveur particulière, et une variété propre à refléter les émotions les plus changeantes, les plus opposées.

Inédite de son vivant, son œuvre pour clavecin se trouve pour l'essentiel dans le manuscrit Bauyn de la Bibliothèque nationale, que suit l'édition de Paul Brunold (L'Oiseau-Lyre, 1936 ; revue par Thurston

Dart, 1959, puis par Davitt Moroney, 1985). Quelque cent trente pièces : d'abord tous les préludes non mesurés, puis, regroupées par tonalités, les danses et les chaconnes ou passacailles. La tonalité de ré mineur, la plus prodigue, compte vingt-trois pièces, dont neuf sarabandes et six courantes ; celle d'ut majeur offre quinze pièces, dont sept sarabandes... On voit qu'il ne s'agit pas de « suites » ou d'« ordres » (termes encore inemployés, d'ailleurs) ; c'est un classement pratique, sans plus.

La plus curieuse des **Pièces en ut majeur** est assurément la *Passacaille* (n° 27), dont le thème principal (« grand couplet ») dissone si rêchement, si sévèrement dans le ténébreux registre grave ; au bout de dix couplets, le dernier retour du thème, dans le mode mineur, prend une allure singulièrement funèbre.

Parmi les nombreuses **Pièces en ré mineur**, deux *Sarabandes* (n[os] 49 et 51) sortent du lot par l'éloquence de leurs retards, de leurs enchaînements, de leurs syncopes ; l'une grave, mais encore souriante, l'autre éplorée (écoutez son attaque abrupte, sur une dissonance). – Trois pièces (n[os] 52-54) se suivent de façon piquante : après les périodes carrées et le rythme égal de la *Canarie* et de la *Volte*, la *Pastourelle* intrigue par ses courtes phrases de trois mesures. – Le grand moment de cette tonalité, c'est la première *Chaconne* (n° 55), un des sommets de l'œuvre de Louis Couperin, avec déjà, par moments, tous les effleurements, tous les retards caressants des plus belles pièces luthées de son neveu François ; ici aussi, la mesure initiale du refrain attaque hardiment une expressive dissonance, dont le retour régulier (et plus loin la transposition) hante l'esprit et l'obsède.

Des cinq **Pièces en ré majeur**, on aimera beaucoup la *Sarabande* (n° 60), d'un tour moderne (elle pourrait dater d'un siècle plus tard), aux douces et parlantes inflexions, avec ces accords frôleurs de septième, ces enchaînements imprévus et en même temps naturels.

Il y a beaucoup à glaner dans les **Pièces en fa majeur**, dans des climats aussi divers que l'allégresse faraude et courtaude du *Branle de Basque* (n° 73), l'impétuosité de la première *Gigue* (n° 76), la noblesse de la première *Chaconne* (n° 78), au « grand couplet » si original par ses syncopes. – Mais l'ornement de la série est le *Tombeau de Mr. de Blancrocher* (n° 81), dédié à un luthiste célèbre (mort vers 1655) dont pourtant on n'a rien pu conserver. Louis Couperin y fait assaut à la fois de tout son savoir et de toute sa sensibilité ; il « touche » autant qu'il « surprend », nuançant d'avance le mot de son neveu, et témoignant que l'un ne devrait pas aller sans l'autre. Tout sonne ici étrange et neuf, les premières mesures à l'allure de cortège, la section plus vive où l'on croit entendre, sur cette pédale de dominante et avec ces retards multipliés et ces vibrations dissonantes, le jeu même du luthiste défunt, les trois mesures répétées qui semblent par deux fois tinter le glas, et cette fin enfouie pas après pas dans une affliction de plus en plus profonde ; non point tant, d'ailleurs, la douleur, que la gravité d'un philosophe devant la mort, un sérieux prémonitoire : Couperin n'allait-il pas bientôt lui-même disparaître, à l'âge de trente-cinq ans ?

Je n'ai pas cité d'allemande encore ; l'*Allemande* (n° 82) des ***Pièces en sol majeur*** figurerait mieux qu'une autre dans ce choix nécessairement limité, grâce à son tour plus simple, à ses inflexions plus naturelles et coulantes, dépourvues des heurts et complexités, quelquefois inutiles, qui caractérisent ordinairement cette danse.

Un nouveau chef-d'œuvre, après le *Tombeau* du luthiste Blancrocher, se trouve dans les ***Pièces en sol mineur*** : la *Passacaille* (n° 98), ample pièce d'une seule venue, sans un moment de faiblesse, et qui suffirait à montrer comme Louis Couperin, au rebours de Chambonnières, non seulement aimait parfois respirer large, mais en avait le pouvoir. Beauté austère et méditative ; la gravité, à la fin, prend du champ, le morceau s'ouvre au mode majeur, en des courbes harmonieuses et bienfaisantes ; mais les neuf dernières mesures, en glissements chromatiques, reviennent invinciblement au sombre climat initial.

Dans les ***Pièces en la mineur*** scintille cette bizarre *Piémontaise* (n° 102) où, entre autres détails, on bute à la mes. 5 sur une rude appogiature supérieure de la quinte (accord de la) ; – et mentionnons le *Menuet du Poitou et son double* (n° 111), aux phrases de six mesures, un peu clopinantes et pourtant coquettes.

Terminons en citant, parmi les tonalités peu courantes, la si tendre et recueillie *Sarabande en si mineur* ; la conquérante *Allemande en si bémol majeur* ; et surtout cette *Pavane en fa dièse mineur* que beaucoup tiennent pour la perle de l'œuvre de Louis Couperin : trois parties, de plus en plus chargées, comme si cette mélodie continue se nourrissait d'elle-même, s'approfondissait en avançant, ne voulait pas finir avant d'avoir épuisé toute sa matière.

En tête du recueil, et hors de ces cadres tonaux, la quinzaine de ***Préludes non mesurés*** qui semblent avoir été la spécialité de Louis Couperin : aucun autre claveciniste n'en a écrit autant. Onze des quinze répondent exactement à l'appellation : plages étendues, sans barres de mesure, où les notes s'égrènent et s'agglutinent dans leurs propres vibrations, consignées uniquement en rondes. Cette écriture suppose la complicité et l'entendement de l'interprète : à lui de jeter une boussole au milieu de ces ondes, d'ordonner ces notes, de les rassembler en rythmes concevables, de dénouer les unes en accords, de déclamer les autres en récitatif ; plusieurs versions sont possibles, également satisfaisantes, au gré de l'heure. – Les quatre autres préludes comportent au milieu une section mesurée, en style imitatif, chargée de faire diversion ; ainsi en use Rameau, dont le seul « prélude non mesuré », dans le *Premier Livre* (1706), sera considéré comme un hommage au glorieux aîné.

## Henry COWELL
(1897-1965) Américain

Son nom, pour le pire ou le meilleur, restera lié au *cluster*, à cet agglomérat de secondes, plus ou moins grand, allant de trois notes à deux octaves ou davantage, produit par les doigts à plat, ou le poing serré, ou l'avant-bras entier abaissé sur le clavier. Plus tard, Cowell préféra parler d'« harmonie de secondes », mais le premier nom leur est demeuré. Il fait image, et rappelle à jamais ce gamin de quinze ans qui, un jour de 1912, jeta ces « grappes » sonores aux oreilles d'un public éberlué, sous prétexte de lui évoquer les terribles marées du dieu Manaunaun.

Cowell, pourtant, ne se résume pas à cette trouvaille, qu'il partage d'ailleurs, sans le savoir, avec Ives, et qui lui valut une réputation d'énergumène et d'iconoclaste, jusqu'à ce qu'un Schönberg ou un Bartók se fussent portés garants du sérieux de sa démarche. Et même en y ajoutant l'invention du *string piano*, qui consiste à jouer directement sur les cordes de l'instrument, par exemple en les pinçant comme celles d'une harpe, ou en en tirant des harmoniques, on est loin d'avoir fait le tour de cet homme extraordinaire (qui consigna une partie de ses procédés dans un livre paru en 1930, *New Musical Ressources*). L'œuvre démesurée qu'il nous laisse, pour peu qu'on y fouille, révèle un insatiable appétit de la musique sous toutes ses formes, et plus exactement du son sous tous ses aspects. Car il ne fut pas long à découvrir que tout l'intéressait, en matière auditive : le folklore, certes, depuis les chansons de son père, d'origine irlandaise, jusqu'aux airs de l'opéra chinois, qu'il entendit à San Francisco ; mais aussi les intonations de la parole, le bruit de la mer et du vent, le sifflement des trains, les cris de la rue, qu'il rêvait, à dix ans, de transcrire en musique.

Un jour le tente une mélodie pentatonique, à peine embellie de quelques effleurements à même les cordes du piano ; un autre jour la modalité d'un hymne américain, qu'il harmonise le plus diatoniquement du monde ; un autre encore, un quatuor atonal ; le lendemain dix pages d'orchestre aux dissonances terrifiantes ; et le surlendemain les imbrications rythmiques les plus complexes, pour lesquelles il met au point, avec Leon Theremin, un appareil électrique, le *rhythmicon*. Aucune hiérarchie des valeurs, dans cette quête sans cesse recommencée, tant dans le temps que dans l'espace (quête nullement solitaire : Cowell, ouvert aux autres, fut un infatigable défenseur de la musique contemporaine). Il n'y a de commun entre *Tiger*, pièce à clusters (1928), l'*Ostinato pianissimo* pour huit percussions (1934), la *Gaelic Symphony*, sur des airs irlandais (1942), et le *Concerto pour koto*, un instrument japonais (1962), que le désir de vivre, comme il le déclara à un journaliste, « *in the whole world of music* ».

## LES PIÈCES EXPÉRIMENTALES

On trouvera dans cette première section : d'abord les œuvres pianistiques où Cowell expérimente le cluster, puis celles qui mettent en jeu le *string piano*, enfin celles qui mêlent intimement les deux techniques. Quant à la pièce intitulée *Fabric*, elle propose une notation inédite de la polyrythmie.

Il va de soi que ne figurent ici que des œuvres publiées. Les inédits sont innombrables (le catalogue de Cowell, dressé par William Lichtenwanger, avoisine le millier de numéros, dont le piano occupe le cinquième).

### *The Tides of Manaunaun*
COMP 1912 (d'après l'édition ; 1917 d'après Lichtenwanger). PUB 1922 (Breitkopf & Härtel).

« Manaunaun était le dieu du mouvement ; longtemps avant la Création, il déchaîna de formidables marées, qui balayèrent tout l'univers et mirent en branle les particules et les matériaux dont les dieux allaient bientôt faire les soleils et les mondes. » Le récit de John Varian dut agir sur l'imagination du jeune Cowell comme un catalyseur. Pour traduire les marées furieuses du chaos primordial, il inventa le cluster : la main ou l'avant-bras posé sur le clavier, au fond du piano, englobant toutes les notes chromatiques comprises dans une octave simple ou double (oscillation obstinée la-ré), procure une sorte de basse informe et menaçante, bientôt retentissant de *pp* à *ffff*, à un choral solennel, du plus pur diatonisme, harmonisé de surcroît en accords parfaits (en si bémol mineur, *largo, with rhythm*). Au plus fort de la pièce, les clusters deviennent plus sélectifs, passant alternativement sur les touches blanches ou les touches noires, pour former un véritable contrechant à la mélodie principale. Puis la sonorité décroît, et l'on retombe dans les limbes silencieux.

(Deux pièces plus tardives, *The Voice of Lir*, de 1920, et *The Hero Sun*, de 1922, également inspirées d'arguments de John Varian et employant les mêmes techniques, composent avec *The Tides* le cycle des *Three Irish Legends*. En 1940, repensée pour piano et orchestre, la pièce devint la première de *Four Irish Tales*, suivie de *Exultation*, *The Harp of Life* et *The Lilt of the Reel* : voir ces pièces plus loin.)

## *Exultation* – *The Snows of Fuji-Yama* – *The Harp of Life*
COMP 1919 (*Exultation*, d'après l'édition ; 1921 d'après Lichtenwanger) et 1924 (les deux autres). PUB 1922 (Breitkopf), 1927 (Breitkopf) et 1927 (Associated Music Publishers).

Trois pièces séparées, à rattacher à la précédente. Dans *Exultation*, les clusters de deux octaves accompagnent une mélodie d'allure folklorique, bien assise dans un ton de fa dièse mixolydien (avec mi ♮, d'où une armure à cinq dièses seulement). Eux-mêmes sont d'ailleurs fort harmonieux, car joués sur les touches noires : on a l'impression d'une sorte de harpe exotique. Impression similaire, évidemment, dans *The Harp of Life*, choral assez naïf, dans le plus catholique si mineur, les clusters, plus larges encore, passant d'une main à l'autre, dans les intervalles de la mélodie.

Pour évoquer les *Snows of Fuji-Yama*, on s'attend à un thème pentatonique, et on l'a en effet, la main gauche l'énonçant normalement, dans la nuance *p*, et l'avant-bras droit le redoublant d'une auréole de clusters, joués *ppp* (ton de fa dièse majeur, *andante delicato*).

## *Dynamic Motion* – *Five Encores (What's This, Amiable Conversation, Advertisement, Antinomy, Time Table)*
COMP 1916-1917 (d'après Lichtenwanger ; *Advertisement* 1914, *Time Table* 1914-1915 d'après l'édition). PUB séparément 1922 (Breitkopf & Härtel), sauf *Time Table* 1982 (Associated Music Publishers).

La modernité de *The Tides* ou d'*Exultation* est toute relative ; les clusters de la basse n'affectent en rien un chant simple et même simpliste, aussi tonal ou modal qu'on pouvait le souhaiter quelques siècles plus tôt. En revanche, *Dynamic Motion* est une pièce d'avant-garde. Les clusters envahissent toutes les parties, en alternance rapide avec des accords dissonants, dans des rythmes heurtés, avec une dynamique violemment contrastée ; leur rôle est tantôt mélodique, tantôt percussif, comme en ces mesures où le poignet droit vient renforcer la main gauche aplatie sur une octave. On notera aussi l'emploi des sons harmoniques, obtenus en pressant silencieusement les touches pour libérer les étouffoirs de quelques cordes, l'autre main frappant des sons qui entraîneront la vibration des cordes en question.

*Advertisement*, le plus intéressant des cinq *Encores* qui escortent *Dynamic Motion*, y va carrément des poings, après des joliesses presque raveliennes (tout le début fait songer à quelque « valse noble et sentimentale », à peine plus détraquée...). « *Fists always* » ! Le poing droit saute des touches noires aux touches blanches, le gauche accompagne, non sans s'aider parfois de l'avant-bras ; dans les deux dernières pages, les poings alternent, qui sur les noires, qui sur les blanches, en un dru martellement, à la fois joyeux et féroce.

*What's This* est une brévissime toccata, brusquement arrêtée au bout d'une page. Dans *Amiable Conversation*, fort court lui aussi, les mains échangent leurs rôles, jouant tour à tour les clusters ou la mélodie pentatonique, à cela près que la droite s'appuie toujours sur les touches blanches, la gauche sur les noires. Le plus curieux d'*Antinomy*, une pièce assez étendue, ce sont, au tout début, ces trémolos entre les avant-bras, dans la même position parallèle de touches noires (droit) contre blanches (gauche), escaladant le clavier en crescendo. *Time Table*, à des résonances variées et brouillées dans les basses (clusters, notes harmoniques, effets de troisième pédale), superpose une musique étrange et méditative, aux lignes chromatiques, aux harmonies dissonantes, qui favorise septièmes, neuvièmes, octaves diminuées et augmentées.

### The Lilt of the Reel – Tiger
COMP 1928 (*Tiger* 1930 d'après Lichtenwanger). PUB ? à Moscou comme *Dve piesy* (« Deux Pièces »).

Il n'y a pas plus opposé que ces deux pièces et Cowell voulait sans doute montrer, en les assemblant, que ses procédés s'adaptent à tous les styles. Le « rythme du *reel* », qui est une danse irlandaise, scandée à 6/8, anime la première (en fa dièse majeur, *allegro rubato*), mélodieuse entre toutes et sans surprises, avec son thème joyeusement joué, pour l'essentiel, en clusters (touches noires, à l'exception du si et du mi).

La seconde est peut-être la plus gratifiante des pièces « à clusters » de Cowell : l'auteur ne se borne plus à donner un aperçu de son invention, comme un représentant expliquerait le fonctionnement d'un nouvel aspirateur, mais il compose un morceau d'inspiration authentique, où cette invention n'est qu'un procédé parmi d'autres. Des clusters, il y en a certes beaucoup dans *Tiger*, et de toute espèce : joués du plat de la main, boxés du poing, écrasés de l'avant-bras (et même des deux réunis). Mais il y a aussi des accords vrombissants, hérissés de dissonances, et des arpèges doucement effleurés ; il y a de délicats effets de « sons harmoniques », flûtés dans la résonance d'un accord posé du bout des doigts ; il y a des suites mélodiques ; une grande variété d'attaques et de nuances ; des crescendos impressionnants. C'est au fond une toccata, et des plus difficiles, pourvue de la même sorte de hargne et de pugnacité *(allegro feroce)* que la fameuse de Prokofiev.

### Fabric
COMP 1917 (d'après l'édition ; 1920 d'après Lichtenwanger). PUB 1922 (Breitkopf & Härtel).

Ce qui est ici « expérimental », c'est la notation : pour rendre plus lisible, selon lui, cette écriture à trois parties aux rythmes irréguliers (une basse en arpèges, un dessus en souples arabesques, un chant à l'alto, avec de nombreux triolets, quintolets, septolets..., dans un mètre à 2/4), Cowell propose un code homogène, fait de triangles, carrés, rectangles et losanges, tendant à éliminer les petits chiffres dont on se sert (fort bien !) d'ordinaire. Élucubration inutile, et sans lendemain, bien entendu. Reste la musique elle-même : que cache donc ce vilain titre de *Fabric*, qui sent l'usine ou le laboratoire ? On vous le donne en cent : un beau nocturne à la Scriabine (en si bémol mineur, *andante*)...

## *Aeolian Harp – The Banshee*
COMP 1923 et 1925. PUB 1930 (W.A. Quincke & Co.).

Après les clusters, voici le *string piano*, cette invention de Cowell qui tire parti de l'intérieur même de la harpe couchée qu'est notre instrument : au lieu de promener ses doigts sur les touches et de frapper les cordes par petits marteaux interposés, le pianiste effleure, caresse, pince les cordes, avec le gras du doigt ou avec l'ongle (est-il nécessaire de signaler que ces expériences ignorent superbement le modeste piano droit ?). On notera l'évolution d'une pièce à l'autre : dans *Aeolian Harp*, une main doit presser silencieusement chacun des accords successifs, pendant que l'autre arpège les cordes correspondantes à l'intérieur du piano ; dans *The Banshee* (« La Dame blanche », personnage mythologique), l'exécutant se tient debout dans l'échancrure de l'instrument, les deux mains occupées dans les cordes, qu'il heurte de toutes les façons possibles (explicitées dans le mode d'emploi joint à l'œuvre), un comparse se tenant assis au clavier à seule fin de garder enfoncée la pédale forte tout au long de la composition...

La musique obtenue, en vérité, est décevante. Quelques enchaînements d'accords euphoniques dans l'un, quelques lignes de vibrant récitatif dans l'autre, ne méritent pas tant d'efforts de la part du pianiste-harpiste.

(Des années 1922-1929 datent plusieurs pièces inédites pour la même technique harpée, comme *The Sword of Oblivion* ou *The Sleep Music of the Dagna*.)

## *Piece for piano with strings – The Fairy Bells*
COMP 1924 et 1929. PUB 1982 (Associated Music Publishers).

Son titre abstrait convient à la première, qui se présente comme une étude complexe, où Cowell résume ses diverses approches du jeu pianistique. Elle commence dans un calme trompeur, par des clusters de deux octaves, brouillés au fond de l'instrument. Mais le volume augmente peu à peu avec la vitesse, et les clusters de la gauche scandent bientôt un thème rageur et obstiné ; puis c'est une danse féroce où les deux avant-bras violemment abaissés accentuent ensemble le premier temps de chaque mesure. Le calme revient, pour une brève et poétique section consacrée au jeu des doigts sur les cordes, méticuleusement précisé par des notes de bas de page. Nouvel accès de brutalité, cette fois à coups de poing, que les mains alternent par-dessus la vibration d'un cluster dans la pédale. Retour à la paix des profondeurs, avec deux glissandos conclusifs, à même les cordes.

Il y a moins de recherche dans *The Fairy Bells*, qui associe également les deux techniques : la main gauche, tout au long des trois pages, joue pianissimo de petits clusters, diatoniques ou chromatiques, pour servir de discret accompagnement à une très simple mélodie que les doigts de la droite pincent dans les cordes.

### Sinister Resonance
COMP 1930. PUB 1940 (Associated Music Publishers).

La qualité véritablement « sinistre » du son obtenu dans ce morceau le met un peu à part. La partition, une page à peine, où quelques phrases de complainte tournent autour des mêmes notes obstinées, indique les sons réels, que le pianiste devra produire de diverses façons, la sonorité, tantôt caverneuse, tantôt flûtée, changeant à chaque phrase. Exemple : pour les cinq notes de la première phrase, on n'utilise que la corde la plus grave du piano, raccourcie (« bloquée ») d'un doigt de la main droite, selon la hauteur de la note désirée, cependant que la gauche enfonce la touche...

## LES PIÈCES TRADITIONNELLES

En marge de ses expériences (ou est-ce le contraire ?), Cowell a abondamment écrit pour le piano, dans tous les styles imaginables (et parfois nommément : le catalogue comporte, par exemple, au n° 33 un *Prelude after the Style of Bach*, de 1913 ; au n° 47 un *Quasi Mozart*, de 1913 également ; au n° 108 des *Imitations in Style of Various Composers*, de 1914). Ce côté caméléon peut irriter, d'autant que le résultat est souvent décevant ; mais il y a quelques bonnes surprises, qu'on trouvera ci-dessous, – le reste étant relégué aux PIÈCES DIVERSES.

### Nine Ings
COMP 1917 (n°s 3-8), 1922 (n°s 1 et 2) et 1924 (n° 9). PUB 1922 (les six premiers, comme *Six Ings*) et 1982 (avec les trois autres) (Associated Music Publishers).

Rien ne rapproche ces morceaux, sinon leurs titres en « ing » (gérondif anglais) ; rien, et nul ne pourrait les imaginer issus du même compositeur, tant l'idiome employé diffère de l'un à l'autre. C'est Cowell sous son aspect le plus éclectique, qui prend son bien où bon lui semble, – d'ailleurs avec talent. Voici les chaînons de tierces majeures, à la Debussy, de la première pièce, *Floating* (« En flottant », *placido*), que la main droite à 3/4 superpose tant bien que mal à une gauche à 4/4. Voici, dans la deuxième, *Frisking* (« En gambadant », *vivo e leggiero*), les cabrioles d'une basse narquoise, décalée d'une croche par rapport aux accords du chant, et jouant opiniâtrement en si bémol mineur (cinq bémols à la clef) quand celui-ci avance dans le plus pur ré mineur (un bémol). La troisième, *Fleeting* (« En fuyant », en la mineur, *allegretto placido*), serait presque banale en son habit de romance, chantée en sages accords, n'étaient quelques duretés dans les arabesques chromatiques de l'accompagnement.

Il y a de la mauvaise humeur dans la quatrième, *Scooting* (« En filant »), une petite toccata en accords martelés, bloquée dans le grave et très dissonante. La cinquième, à la trame chromatique serrée, n'est pas moins dissonante, mais son allure rêveuse *(andante)*, ses sonorités délicates et presque irréelles correspondent bien à son titre, *Wafting*, qui se dit d'un souffle d'air porteur de sons ou de parfums. La sixième, *Seething* (« En bouillant », *allegro*), n'est qu'un furieux coup de colère, où les mains fouillent le registre grave, l'une en spirales de septolets, l'autre en accords égratignés de secondes.

Précise et concise, jetée du bout des doigts, la septième pièce, *Whisking* (« En partant comme une flèche », *allegro molto*), a la même sorte d'impertinence acérée que certaines des *Visions fugitives* de Prokofiev, exactement contemporaines. Enfin, de lentes sixtes chromatiques, enfouies au fond du piano, sous un thème gémissant et comme désaccordé, forment l'atmosphère fuligineuse de la huitième, *Sneaking* (« En se faufilant », *larghetto*), avec laquelle vient contraster le chant insouciant de la neuvième, *Swaying* (« En oscillant », en la majeur, *andantino*), harmonisé de petites grappes de trois notes.

(Nombreux autres *Ings*, encore inédits ou perdus.)

### *Rhythmicana*
COMP 1938. PUB 1975 (Associated Music Publishers). DÉD à J. M. Beyer.

Comme le titre l'implique, trois études de rythme, d'écriture bien traditionnelle en dépit de leurs difficultés particulières, à rattacher à l'époque où Cowell expérimente le « rhythmicon » (cet appareil électronique capable de jouer les combinaisons les plus complexes), mais qui n'épouvanteront guère les pianistes d'aujourd'hui, aguerris à pire. La première pièce surtout (en si mineur, *impetuously*), avec ses quintolets, sextolets, septolets de noires sur quintolets de croches, paraîtra calquée sur du Scriabine (voyez *Fabric*, plus haut, dans le même cas), avec le rehaut de stridentes secondes, qui la rendent plus pathétiquement romantique. La deuxième superpose des dessins encore plus irréguliers (treize-contre-sept, onze-contre-huit, etc., cela change sans cesse, la main n'a guère le temps de prendre des habitudes), dans un climat chromatique exacerbé. Dans la troisième (en fa majeur, *allegro vivace*), la main droite est à 3/4, la gauche à 5/4 ; on échange au milieu du morceau ; diatonisme total, pas la moindre altération.

## Celtic Set

COMP 1938 pour orchestre, 1941 version piano. PUB 1941 (Schirmer). DÉD à Percy Grainger (qui dirigea la version originale à sa création le 6 mai 1938).

Le type même de ces œuvres de Cowell que Slonimski qualifie plaisamment d'« audacieusement conservatrices ». Il faut, convenons-en, une façon de courage à rebours, à cette date et quand on est l'inventeur des *clusters* et du *string piano*, pour assembler ainsi trois souvenirs de folklore irlandais, – un *Reel* (c'est le nom d'une danse, rythmée à 6/8), un *Caoine* (c'est celui d'un chant funèbre) et un *Hornpipe* (une danse encore, à 2/2, très prisée des matelots), – et les garder intacts de toute tentation moderniste, de toute velléité d'appropriation. Ce ne sont pas des Jocondes que ces petites pièces, mais même à des Jeannetons il ne faut pas mettre de moustaches ; Cowell leur laisse leur fraîcheur native, les pare des harmonies les plus simples, dans les tons les plus quotidiens (respectivement si bémol majeur, ut majeur et la mineur) ; cela nous donne, à tout le moins, un agréable déchiffrage.

(Des années 1935-1937 datent, dans le même esprit, une pièce intitulée *The Irishman Dances*, et un petit cycle inédit, *Back Country Set*, comprenant *Reel*, *Jig* et *Hornpipe*.)

## Set of Four

COMP 1960. PUB 1976 (Associated Music Publishers). DÉD à Ralph Kirkpatrick.

Quatre pièces pour clavecin (comme on l'entend dès le nom du dédicataire), mais qui conviennent également au piano. La première, un *Rondo*, a pour refrain une sonnerie d'accords bimodaux *(maestoso)*, dans une métrique additive 4/4+1/8, et pour épisodes des passages en traits alternés ou en clusters. La deuxième est un *Ostinato* à nouveau bimodal *(allegro)*, un peu bavard mais séduisant, où les mains s'affairent en accords brisés, dans un curieux unisson « décalé » ; parfois la gauche fuse en gammes sur des échelles étranges ; début et fin en ut. Un sérieux, trop sérieux, trop long *Choral* (en sol majeur, *largo*), dont les clusters évoquaient à Kirkpatrick « un hymne joué sur un vieil harmonium asthmatique... », précède une *Fugue et Résumé*, morceau ainsi baptisé parce que la fugue, maussadement chromatique *(moderato)*, s'y interrompt pour un rappel des mouvements précédents.

## PIÈCES DIVERSES

Un dernier tour d'éclectisme. Dans ***Anger Dance***, composé en 1914 (publié en 1925, Breitkopf), on découvre un cousin américain de Satie, le Satie de *Vexations* ; le morceau, qui s'est appelé également *Mad Dance* (il n'y a qu'un saut de la colère à la folie !), ne serait qu'une petite chose inoffensive et vaguement ridicule, avec ses unissons geignards et ses accords bien quotidiens, n'étaient ses nombreuses et invraisemblables barres de reprise : il faut répéter jusqu'à dix fois certains groupes de deux mesures !

Le titre d'*Episode* recouvre quatre pages d'étude (en sol dièse mineur, *allegro*), d'idiome traditionnel, bien tonal, encombré de chromatisme ; essentiellement des doubles notes staccato ; nuances très douces : même le crescendo ne mène que de *ppp* à *p*. (Année de composition : 1921 d'après Lichtenwanger, qui signale deux autres *Épisodes* inédits, datant de la même époque ; 1916 d'après l'édition de 1922 chez Breitkopf.)

Avec *Vestiges*, pièce écrite en 1920 (publiée en 1982, Associated Music Publishers), encore une autre direction possible pour notre caméléon : une esthétique de l'amorphe et du grisâtre, un hyperchromatisme bien-pensant, bien-pesant ; sous couvert de sérieux, un ennui sans nom. On lui en pardonne plus aisément ses coups de poing sur le clavier et ses pincements dans les cordes du piano, facteurs de musiques spontanées et sincères. (Ton de ré dièse mineur, *allegretto maestoso*.)

On regrette, en déchiffrant *Maestoso*, morceau composé en 1926 (publié en 1940, New Music), que l'idée de départ, intéressante, ait si mal abouti. Décrivons-la, cette idée, en termes graphiques, du moins la première page. Il faut imaginer trois portées ; sur celle du haut, un thème d'octaves, sur celle du bas, une basse également en octaves ; la portée médiane comporte uniquement des secondes, que la main droite doit saisir (pincer, coincer) entre les octaves du thème ; difficulté horripilante, et en même temps affriolante : les pianistes aiment bien qu'on les fasse souffrir ! Mais le jeu (qui se complique dans les pages suivantes) n'en vaut pas la chandelle. Une fois de plus, le vitriol du chromatisme ronge toute velléité de chant ou d'harmonie. (La pièce, en 1928, devint le troisième mouvement de la *Sinfonietta* ; elle sonne mieux à l'orchestre.)

Entre 1947 et 1950, le compositeur a rédigé bon nombre d'inventions, quelques-unes à l'intention de sa femme Sidney. Elles sont inédites, à l'exception d'une *Two-Part Invention in Three Parts* publiée en 1960 (Associated Music Publishers), courte pièce (en ut majeur, *allegro moderato*), tricotée de croches et doubles croches, avec juste les frottements qu'il faut pour se sentir deux siècles plus loin que Bach. Dans ce genre de pièces, Cowell montre une application d'élève, bien éloignée de la grinçante désinvolture d'un Virgil Thomson, par exemple, autre auteur d'inventions...

## Johann Baptist CRAMER
(1771-1858) Allemand

Allemand d'origine, Anglais d'adoption, Cramer fut le pianiste préféré de Beethoven. Mais son nom n'évoque sans doute rien au commun des mélomanes, alors qu'il fait partie du bagage de tous les pianistes : il n'en est guère dont l'apprentissage se soit passé sans quelques études de Cramer. On en garde en général un souvenir attendri, qu'on refuse, par exemple, aux études de Czerny. Autant celles-ci, en effet (n'en déplaise à Stravinski, qui voyait un « musicien de race » dans l'auteur de *L'École de la vélocité*), ne semblent se soucier que de mécanisme, et ne nous rappellent que des heures d'ennui, autant celles-là abondent en trouvailles proprement musicales, habillent de chair leur squelette de formules, et nous ont donné, par-dessus le profit technique, le plaisir de leurs chants et de leurs harmonies. On y prend conscience, avec le recul, de cette particularité de Cramer, visible dans toute sa musique (dans ses nombreuses sonates, ses rondos, ses variations) : une écriture pianistique résolument moderne, où les générations successives viendront puiser tout autant que chez Hummel, mise au service d'un vocabulaire ancien. En lui cohabitent un fervent de Bach, de Mozart surtout, dont il a voulu retrouver la grâce, et un romantique qui s'ignorera toujours.

Les études dont il s'agit plus haut sont les ***Quatre-vingt-quatre Études***, parues en deux recueils (op. 30 et 40), respectivement en 1804 et 1809. Battant d'une douzaine d'années d'avance le *Gradus* de Clementi (celui-ci lui en tint longtemps rigueur), Cramer est avec Reicha l'un des pionniers de ce genre de l'*étude* pianistique, qui s'est rapidement propagé au début du XIXe siècle, mais dont les origines remontent, dans le désordre, aux *Lessons* de Purcell et de Haendel comme au *Klavierbüchlein* de Bach à l'intention de son fils Wilhelm Friedemann, ou encore aux préludes de *L'Art de toucher le clavecin* de Couperin, aux *Essercizi* de Scarlatti, plus près aux *Probestücke* de Carl Philipp Emanuel. Le succès des *Études* de 1804 se discerne au nombre des imitations (Steibelt, dès l'année suivante, produit une *Étude en cinquante exercices*), – et mieux encore au choix de vingt et une que Beethoven y pratiqua à l'intention de son neveu Karl (choix et commentaires découverts et publiés à la fin du siècle dernier).

Beethoven, à défaut de composer sa propre méthode, avait élu chez Cramer les numéros susceptibles de former, comme il l'a dit à un familier, « la meilleure préparation à ses propres œuvres » ; choisissons uniquement, quant à nous, en fonction de la beauté intrinsèque de chacun des morceaux. Voici un tour d'horizon du premier recueil (études 1 à 42) : le n° 3 (en ré majeur, *moderato*), frais courant de triples croches en dessins brisés, climat de bonheur printanier ; – le n° 7 (en si bémol majeur), que Mendelssohn a dû beaucoup aimer, où les deux mains brisent ensemble des accords, en mouvement perpétuel à 6/8 : moutonnements de pastorale, d'autant qu'y restent prises en vibration des pédales de tonique et de dominante ; – le n° 15 (en mi bémol majeur, *maestoso*), dessins arpégés en aller et retour, une main après l'autre, avec un thème noble et passionné, aux couleurs préromantiques ; – le n° 16 (en fa mineur, *moderato con espressione*), qu'on devrait jouer vite en dépit de l'indication : ces figures de la main gauche deviennent des rafales, et c'est déjà, à sa manière, une petite « Révolutionnaire », ou tout au moins une « Appassionata » ; – le n° 21 (en sol majeur, *moderato*), à 12/8, en vaguelettes de doubles croches à la main droite (travail d'écart entre les doigts faibles), plein de charme et de naïveté dans le coloris, et toujours dans ce climat bucolique qui réussit à Cramer ; – le n° 24 (en ré mineur, *con moto*), triolets fiévreux, en va-et-vient puis en dessins brisés, sur le staccato de la basse : c'est un peu le *Prélude en ré mineur* du premier *Clavier bien tempéré*, revu alla romantica ; – le n° 27 (en la bémol majeur, *vivacissimo*), accords brisés de la droite (travail d'extension) sur des basses profondes et presque immobiles, belles harmonies tournoyantes ; – le n° 31 (en si bémol majeur, *allegro*), triolets de doubles croches dans un dessin brisé legato, sur le staccato de la main gauche, en mouvement perpétuel (travail d'endurance), comme un essaim vibrant d'harmonies d'où s'échappent çà et là des bribes mélodiques ; – le n° 37 (en si bémol majeur, *prestissimo*), martelage aux mains alternées (doubles notes à droite, octave brisée à gauche), et des croisements dans la section centrale : beaucoup de bravoure, avec peu de risques ; – le n° 38 (en mi bémol mineur, *moderato*), élégie couleur d'automne, arpèges en halo immobile, changeant imperceptiblement de teinte, avec de jolies appogiatures intérieures.

Du second recueil (études 43 à 84) : le n° 48 (en fa majeur, *moderato*), ondulations de croches en accords brisés, aux deux mains, dans un rythme à 6/4 ; – le n° 55 (en si mineur, *molto agitato*), une des plus belles études, dessin de triolets à notes répétées à la main droite, avec un chant décalé sur les temps les plus faibles (la deuxième note de chaque triolet), avec l'appui d'une gauche qui chante tout autant ; – le n° 58 (en sol majeur, *allegro non tanto*), étude de tierces, l'une des meilleures du genre chez Cramer : en fait un double mordant suivi d'une note piquée au cinquième doigt ; – le n° 61 (en fa dièse mineur, *allegro comodo*), autre étude de tierces (et de sixtes), trémulement à droite, que la gauche souligne, et croise quelquefois : entre Clementi (les trémolos de sixtes de quelques sonates) et Saint-Saëns (troisième étude du *Premier Livre*, première du

*Deuxième*) ; – le n° 62 (en la majeur, *allegro spiritoso*), ravissant, envols arpégés de triples croches, harmonies délicatement appogiaturées ; – le n° 70 (en si bémol majeur, *scherzando*), pour son humour, son rythme de polka, ses notes joyeusement répétées sous une mélodie ingénue ; – le n° 72 (en la bémol, *allegro non tanto*), lyrique, où le style brisé crée, comme dans Bach, l'illusion de plusieurs voix (prendre une allure bien modérée, pour ne pas froisser le chant dissimulé à l'intérieur) ; – le n° 77 (en ré majeur, *andante maestoso ed espressivo*), d'avance un nocturne de Field, avec sa main gauche en vastes accords brisés et sa droite en fioritures de bel canto ; – le n° 81 (en fa dièse majeur, *moderato assai*), étude de jeu polyphonique, trame serrée à quatre voix, pourtant légère (elle est préférable à d'autres de même technique, qui ne sont que de banals chorals figurés : le n° 41 par exemple) ; – enfin le n° 84 (en ut majeur, *moderato assai*), à quatre voix également, quatre lignes de croches superposées, modulant chromatiquement aux tons les plus éloignés.

Ce choix n'est pas limitatif : encore une fois, on trouve beaucoup de vraie musique, et un réel bonheur digital, dans ces études, qui dureront sans doute aussi longtemps qu'il y aura des apprentis pianistes. Elles ont reçu un supplément de seize numéros dans la révision de 1835 ; publiées séparément, ce sont les *Seize Études op. 81* (chez Haslinger), aussi réussies : par exemple le *moderato* en ré majeur, « en carillon », où les deux mains batifolent d'un ton à l'autre, en doubles croches à 12/16, perchées au-dessus de basses tenues dans la pédale (au risque, voulu, de mélanger les harmonies de tonique et de dominante) ; ou le *scherzando* en sol majeur, étude d'endurance pour les accords battus ; ou l'*andante tranquillo* en si mineur, suave étude d'accords brisés en sextolets ; ou l'*allegro di bravura* en ré majeur, joyeux (et rude) ferraillement de doubles notes. Mais ces études en rab, anachroniques à une date où ont déjà paru les *Études op. 10* de Chopin, n'ont jamais eu beaucoup de succès. Nul n'a retenu non plus les autres recueils d'études, et c'est dommage pour l'un d'entre eux, intitulé *Dulce et utile* (op. 55), paru en 1815, six mouvements relativement étendus, dont le dernier, une crépitante et éprouvante *Toccatina* en la bémol majeur, aurait pu connaître quelque fortune auprès des virtuoses.

Cramer était ainsi destiné à demeurer l'homme, non pas même d'un seul genre, mais d'une seule œuvre, ce double opus 30 et 40 qui le maintient en vie parmi nous. Le reste de sa production est bel et bien perdu, un copieux amas de rondos et de caprices, de variations et de fantaisies, et surtout de **Sonates**, une soixantaine, réparties sur quarante ans de composition, et dont il manque toujours un catalogue raisonné. De nombreux coups de sonde dans ce désordre *(in gurgite vasto...)* ne m'ont ramené que quelques pages valables, des réussites isolées, aucun trésor. Passe pour les premières, légères, mozartiennes, bien ancrées encore dans

le XVIIIe siècle finissant. Plus tard, entre Dussek et Clementi (et ne parlons pas de Hummel, ni de Weber, ni de l'étonnant Pinto), Cramer sonatiste fait pâle figure. Hâtons-nous de préciser que rien ici n'est laid, ni même terne ; mais ces banalités souvent joliment brodées s'effilochent vite. On dirait qu'il n'a jamais pensé que l'une quelconque des inventions nombreuses qu'on lui voit dans ses études (sur tous les plans, même celui de la mélodie, qu'on lui a dénié à tort) pouvait devenir le germe d'une sonate.
– On peut s'en faire une idée ; quelques-unes de ces partitions, naguère introuvables ailleurs que dans les bibliothèques, sont aujourd'hui accessibles, grâce aux efforts de Nicholas Temperley, qui a consacré à Cramer trois volumes de la série *The London Pianoforte School* (chez Garland ; Sonates : volume 10, 1984).

La période médiane (entre 1800 et 1810) contient peut-être les meilleures de ces sonates. La *Sonate op. 22 n° 3*, en la mineur, est la dernière de trois sonates dédiées à Haydn (publiées vers 1799 à Vienne, chez Artaria, sous le numéro d'opus 23 ; puis vers 1801 à Londres, chez Clementi). L'*allegro moderato* est remarquable par son économie et son originalité : il est entièrement basé sur un dessin d'arpèges alterné entre les mains, qui lui donne l'allure d'un mouvement perpétuel, et tout le développement n'est qu'un jeu d'harmonies changeantes, aussi agréable à l'ouïe qu'au toucher. Modulations très expressives dans l'*adagio con espressione*, à 3/8, tout en accords en rythme pointé. Le finale, *allegro quasi presto*, s'inspire manifestement de celui de la *Sonate en la mineur* de Mozart ; mais dépourvu de thème (au fond, c'est la caractéristique de toute l'œuvre), il ne peut, dans ses figurations recommencées de doubles croches, rivaliser avec l'admirable mélodisme du modèle.

Des trois sonates op. 25, publiées en 1801 (Clementi), on peut retenir les deux dernières, pour leurs qualités opposées. La *Sonate op. 25 n° 2*, en ré majeur, après un *allegro spiritoso* délicieusement insouciant, dans son 6/8 pimpant, et un *andantino* au climat de pastorale, étourdit par l'alacrité de son rondo, *quasi presto*, entonné par un motif (trois notes répétées, avec appogiature brève) qui revient régulièrement scander sa course. La *Sonate op. 25 n° 3*, en mi bémol majeur, surprend par son premier mouvement, *moderato con espressione*, qui, après un début quelconque (on a beaucoup vu ces pédales de tonique et de dominante, et ces infatigables thèmes de tierces), promène son développement dans des routes étranges, semées de dissonances ; et l'on aimera beaucoup l'*allegretto non troppo* central, façon de menuet, pourvu d'un trio mineur aux ombres préromantiques, – avant un rondo « en carillon » un peu décevant, dont l'unique intérêt réside dans ces indications de pédale qui font vibrer la basse sous les volées de sixtes où se joignent les deux mains.

Il faut placer au tout premier rang des sonates de Cramer l'une des trois qu'il a dédiées à son ami Dussek (publiées en 1803, chez Clementi), la *Sonate op. 29 n° 2*, en la bémol majeur. Est-ce dû à une émulation naïve, au désir de se montrer à son avantage devant le compositeur de tant de belles et consistantes sonates ? Il est certain que l'*allegro moderato* prend d'emblée un tour plus sérieux, et révèle plus d'étoffe que les œuvres précédentes. Les « passages » y sont moins voués au contentement des doigts qu'à l'approfondissement de la substance thématique ; les idées ont plus de relief, les harmonies plus de saveur. Cette longue ondulation de doubles croches (mes. 17), d'un seul tenant, avec toute la moirure des notes de passage, est en soi une trouvaille, qui connaîtra un magnifique aboutissement dans le développement. Le grave et dolent mouvement lent (en ut mineur, *moderato con espressione*) a cette particularité qu'il inverse son thème dans le trio majeur, puis le varie à la reprise, en battements de doubles croches. Quant au rondo *(moderato scherzando)*, qui commence banalement (ce n'est rien, se dit-on, que ce motif guilleret sur ses accords battus), ses couplets ne cessent d'en creuser la matière ; il ressemble souvent à du Dussek, avec parfois comme des éclairs de Schubert.

Terminons ce survol avec deux exemples qui montrent jusqu'où Cramer peut s'avancer au milieu de la jeune génération (qui ne lui fera pas fête !). Ayant donné le surnom de *L'Ultima* à une sonate parue en 1812, dont il pensait que ce serait effectivement la dernière, tant la mode n'était plus à ce genre, Cramer fut obligé d'appeler les trois suivantes... *Les Suivantes*, tout simplement ! La *Sonate op. 59*, dernière du brelan, en mi mineur (publiée en 1817, chez Clementi), s'achève sur un étonnant rondo *(allegretto)*, qui passerait sans doute pour du Mendelssohn si on le jouait à brûle-pourpoint à une assemblée de connaisseurs, – le Mendelssohn classique de certains capriccios pareillement à 6/8 et en mode mineur, au même tournoiement élégant de figures en doubles croches, et d'un tout semblable pathétisme, par petits accès, vite retenus.

Dans la *Sonate op. 62*, en mi majeur, qui a pour titre *Le Retour à Londres*, une des toutes dernières de Cramer (publiée vers 1818 chez Breitkopf & Härtel), c'est à l'*allegro* qu'on s'attachera, imparfait, et même brouillon, mais insolite. Après une introduction lente qui en annonce le thème, il déboule à 6/8, sur un trait à l'unisson des mains, poursuit, rempli de tumulte (Temperley y entend les bruits de la rue londonienne...), le chant presque constamment en octaves, l'accompagnement en dessins brisés ; fort beau développement, dans une atmosphère inquiète ; tout le morceau a du mal à se décider entre gravité et légèreté.

**Jean CRAS**
(1879-1932) Français

Autre « marin favorisé », comme le disait Chalupt de Roussel, autre navigateur que la musique aussi « prend comme une mer », selon le fameux vers de Baudelaire... Plus que Roussel, plus que Rimski, Cras est allé au bout de ses deux passions : quand la mort le surprit, il venait d'être nommé major général du port de Brest. On n'en est que plus étonné de l'importance de son catalogue, de sa variété, de sa valeur : de nombreuses mélodies, au premier rang desquelles *L'Offrande lyrique* de Tagore et les *Robaiyat* d'Omar Khayyam ; des partitions de musique de chambre, du *Quatuor* de 1909 au *Quintette avec piano* de 1922 ; le drame *Polyphème*, d'après Samain ; l'envoûtant *Journal de bord* pour orchestre ; le testamentaire *Concerto pour piano* ; et bien sûr des pièces pianistiques.

C'est l'œuvre d'un lyrique, où son maître Duparc, qui l'appelait « le fils de son âme », trouvait « l'émotion, l'effusion, le don de soi-même sans lesquels la musique est inutile ». D'avoir vécu plus longtemps sur les océans, et sous le ciel libre, que dans les salons mondains et les cénacles, il a la vue large, le souffle puissant, et les modes n'ont sur lui aucune prise. Certes, il passera d'un style au début trop chargé, trop diffus, à relents franckistes et wagnériens, à un art plus souple et parfois teinté d'impressionnisme (lui qui pourtant disait réprouver « le système invertébré » de Debussy). Mais à aucun moment il ne cédera au simple plaisir des sons, au jeu gratuit des formes. Cette phrase d'un article qu'il écrivit en 1928 (sur le matérialisme en musique) le résume assez justement : « Je n'ai jamais écrit une ligne qui ne me soit dictée, et j'ai toujours redouté avant tout de faire du métier. » On peut le trouver trop sérieux, trop ardent, trop souvent prolixe. Mais il y a quelque chose d'enthousiasmant dans cette exigence d'absolu.

### *Poèmes intimes*

COMP 1902 (nos 1 et 2), 1904 (no 4), 1911 (nos 3 et 5). PUB 1912 (Demets). DÉD à Mme Benedicktson, Henri Duparc, Ricardo Viñes, Mme Jean Cras, Marthe Dron.

Après quelques pièces de jeunesse (un *Scherzo*, un *Impromptu pastoral*, demeurés inédits), la première partition pianistique publiée de Cras recueille ces morceaux échelonnés sur plusieurs années, au hasard des escales, des paysages.

*En Islande*, le premier « poème » (en fa mineur), écrit à Reykjavík, s'accompagne d'une exclamation liminaire : « *Allaz ! Ar Vretoned zo leun a velkoni !* » (« Hélas ! Les Bretons sont pleins de tristesse ! ») Et il est vrai qu'elle se lamente, cette pièce, avec ce dessin dodelinant (deux croches suivies d'une noire) qui sert tantôt à la mélodie, tantôt, dans la partie centrale, à l'accompagnement sous un chant doucement souligné de syncopes ; un peu plus court, le morceau aurait plus de force ; il languit.

Que Cras ne sache pas toujours s'arrêter à temps, la deuxième pièce le montre, ce *Preludio con fughetta* également écrit en Islande, la même année 1902. Le prélude (en mi majeur, *tranquille*) est adorable de grâce, d'ingénuité, et la reprise finale du thème à la gauche, sous les guirlandes heureuses de la droite, a beaucoup de naturel et de fraîcheur ; là où il pèche, c'est dans son développement, laborieux, soucieux déjà d'annoncer la fugue ; et il y a cette fugue, hélas, inutile et redondant exercice sur le même thème qui nous avait comblés...

La troisième pièce, *Au fil de l'eau* (en ré dièse mineur, *assez vif*), est presque exempte de défauts, et sa dizaine de pages enferment une pensée renouvelée ; le mouvement perpétuel des triolets, au début, réparti entre la gauche, qui a le chant, et la droite, entraîne un léger frémissement d'harmonies ; il y a des moments d'abandon, des reprises, un bel élargissement avant la fin, et une conclusion impalpable, embuée de sel et d'embruns.

Le titre de la quatrième, *Recueillement* (en ut dièse mineur, *lent*), se réfère à Baudelaire, dont le vers célèbre sert d'épigraphe : « Sois sage, ô ma douleur, et tiens-toi plus tranquille... » C'est le plus émouvant, le plus inspiré des *Poèmes intimes*. Avec son flux égal de quintolets, que la main gauche souligne moins d'un thème que d'une émanation de l'harmonie, on dirait d'abord l'accompagnement d'une mélodie virtuelle, murmurée dans l'âme, d'une sorte d'*innere Stimme* offerte à la pensée de l'absente (Cras a dédié le morceau à sa femme). Le chant, énoncé sobrement aux mes. 6-8, ne s'essore qu'un peu plus tard sur ce remous d'harmonies, et d'ailleurs retombe assez vite ; il consiste en quelques notes, met toute sa force à les répéter, et on le verra plus loin se répondre en échos d'une voix à l'autre.

Dans *La Maison du matin*, qui cite deux vers de Samain (« La maison du matin rit au bord de la mer, / La maison blanche au toit de tuiles rose clair... »), c'est un tout autre musicien que l'on découvre, non plus le Breton « plein de tristesse », mais un être heureux, empli de la joie bienfaisante du soleil, des souffles de la brise, de l'ébat lumineux des vagues sur le rivage. Pièce touffue (en ré mineur, *joyeux et alerte*), sans doute trop riche et composite d'écriture ; mais on retient le rire argentin des quartes du thème principal, l'émiettement de notes répétées qui accompagne la deuxième idée, et le passage, cinq pages avant la fin, où la gauche croise le moutonnement de la droite pour aller poser son chant dans l'aigu.

## Danze

COMP avril 1917. PUB 1920 (Rouart-Lerolle). DÉD à Fidardo Federici, Mme Charles Cras, Isaure (sa femme), Édouard Schneider.

Écrites à Tarente, « à bord du *Commandant-Bory* », ces « Danses » au nombre de quatre forment comme une sonate, ambitieuse sous tous les rapports, et généralement à la hauteur de cette ambition.

La première est une *Danza morbida* ; et le compositeur a bien fait de préciser le sens de l'adjectif italien : trop de gens le traduiraient spontanément par « morbide », quand il ne désigne qu'une danse « souple, molle, alanguie » (et la *morbidezza* de Chopin n'est justement synonyme que de langueur, de volupté, d'abandon). C'est une pièce admirable (en sol dièse mineur, *lent*), commencée sur de persistantes et envoûtantes pédales (sol ♯ à la basse, en valeurs longues ; si au milieu, en syncope sous le thème), le thème s'animant ensuite, comme en autant de variations, avec le flux des doubles, des triples croches, s'accordant un répit (le passage à 2/4), pour atteindre un nouveau crescendo, avec des trilles au paroxysme, avant l'extraordinaire reprise du début, posé cette fois sur une pédale de do ♯, une pédale intérieure de mi, et une étrange oscillation birythmique qui fait entendre un ostinato de trois doubles croches (sol-ré-do) au mépris de la barre de mesure ; l'effet en est vraiment magique.

La *Danza scherzosa* qui suit (en fa majeur, *animé*) est le morceau le plus enthousiaste du piano de Cras, le plus empli d'allégresse sans rides, de rires sans arrière-pensées, – et sans rien non plus de frivole. Un bain de bonne humeur, dans lequel on se plonge avec délices, depuis ce motif initial de doubles notes, qui s'ébroue dans la lumière dorée, jusqu'à cet air de danse (entré en ré, mes. 26), qu'escorte un contretemps de noires. Il y a des trilles sonores, des trémulements, des dessins qui se tire-bouchonnent, de soudains jaillissements d'arpèges. Rien de trop, rien non plus d'approximatif : la maîtrise, ici, du fond comme de la forme, est souveraine.

On s'étonnera d'autant plus, dans la *Danza tenera* (en ré bémol majeur, *très lent et expressif*), non point tant du délayage des idées, que de leur valeur inégale. Le début, par exemple, est bien banal, et compassé ; on entend plutôt un contemporain de Franck que de Debussy. Le seul moment qui retienne est, au milieu, ce cantique ému, en fa dièse mixolydien (avec mi ♮), mesuré à cinq et sept temps, presque un choral de cathédrale engloutie...

Le finale, une *Danza animata* (entre sol dièse mineur et si majeur, *vif*), copieux et redoutablement virtuose, est une fête de rythmes, de bigarrures ; l'innocent 6/8 du début, en réalité lui-même déjà en butte à des déplacements d'accents et à des équivoques, est vite supplanté, à la troisième page, par des juxtapositions de mètres, qui tout en imprimant à ces thèmes populaires une cadence boiteuse, les fait redoubler d'entrain, – comme dans une kermesse débridée où les violons se déglinguent, où nul ne sait plus où donner de la tête et des pieds ! Tout cela fort long, encore une fois (presque vingt pages), et d'autant qu'il faut également saluer l'apparition de fragments échappés des autres danses... Mais cela vous a de l'allure, de la décision, et une jubilation communicative !

## *Paysages*
COMP octobre 1917. PUB 1920 (Durand). DÉD à Henri Gil-Marchex.

Ces morceaux sont le fleuron de l'œuvre pianistique de Cras ; complémentaires, ils représentent les deux aspects de son âme, ses deux versants, le sombre, l'ensoleillé. Écrits avec soin, mais sans jamais paraître laborieux, inspirés en chacune de leurs pages, ils ont aussi pour eux de servir le pianiste, lequel, après avoir témoigné de sa sensibilité dans le premier, doit déployer toute sa bravoure dans le second.

La première pièce est un *Paysage maritime* (en ut mineur, *lent et soutenu*), dont le thème mélancolique, épandu dans l'ombre ondoyante des quartes de la droite, ne s'oublie pas de sitôt ; d'ailleurs un des morceaux les plus sobres qu'ait écrits le compositeur, tirant parti d'une matière très économe, et ne la forçant pas hors de son cadre le plus juste, le plus approprié.

Au rebours, la deuxième pièce, un *Paysage champêtre* (en mi bémol mineur, *animé*) qu'il dit « inspiré par la nature brindisienne » (le *Commandant-Bory* continuait sa campagne en Adriatique), est luxuriante dans ses thèmes, ses harmonies, ses multiples épisodes. Cras lui-même a veillé à prévoir jusqu'à huit mouvements métronomiques différents, alternés dans le désordre, et la difficulté s'accroît encore du nombre considérable de ralentissements et d'accélérations, qui envoient au diable métronome et mesure. Il faut au pianiste beaucoup de savoir-faire ; mais il en est payé au centuple par ces pages colorées, manifestement nourries d'airs du terroir, tour à tour bondissantes au rythme des notes répétées, ou soulignées d'accords battus, ou caressées de trémolos.

# César CUI
(1835-1918) Russe

Qui est plus connu, Louis Durey ou César Cui ? Car il faut savoir si l'on dira : « Durey est le César Cui du Groupe des Six », ou bien : « César Cui est le Durey du Groupe des Cinq. » L'un comme l'autre aujourd'hui a reculé dans l'ombre de ses compagnons, jusqu'à n'être plus qu'un nom, tout juste bon à faire un compte. Mais ne tentons pas le parallèle. Le modeste Durey n'a jamais tenu à son clan, d'ailleurs éphémère, que par un fil artificiel, un lasso qu'il s'était laissé passer au cou dans un moment d'inattention. Cui a été, du sien, le porte-parole ardent et talentueux.

Le Russe, pourtant, avait encore moins de choses en commun avec ses amis que le Français avec les siens. C'est un cas étrange. Faut-il défendre les théories nationalistes de la *kouchka* ? Sa plume est une épée, il l'aiguise, pourfend l'adversaire d'un trait impitoyable ; à l'en croire, pas de salut hors du réalisme, du folklore, de la couleur locale, – et un Tchaïkovski, un Rachmaninov n'ont qu'à bien se tenir. S'agit-il de composer ? Il reprend sa plume d'oie, et vous écrit cent pages à l'occidentale. Ses opéras sont tirés d'Hugo, de Richepin, de Maupassant, de Dumas père, de Heine, que d'ailleurs il édulcore ; ses mélodies parlent moins souvent russe que français, et l'on y rencontre pêle-mêle Coppée, Sully Prudhomme et Leconte de Lisle (jusqu'aux *Roses d'Ispahan* !) ; enfin son piano, qui abonde en valses, en préludes, en impromptus, en feuillets d'album, suit résolument les traces de Mendelssohn, de Schumann, de Chopin, dont il a plus souvent les défauts que les vertus.

Ce dernier bagage est considérable. Cui a été, au piano, le plus prolifique des musiciens du Groupe : plus de cent pièces, échelonnées sur quarante ans. À quoi bon ? Les seuls *Tableaux* ont suffi à la gloire de Moussorgski, la seule *Petite Suite* de Borodine vaut bien des sonates de l'époque, et *Islamey* sera joué tant qu'il y aura des pianos et des pianistes (au détriment, d'ailleurs, de quelques autres chefs-d'œuvre du même Balakirev, tout aussi éclatants). À côté de ces vifs coloriages, les aquarelles de Cui sont pâlichonnes. On leur a fait d'autres reproches, injustifiés. On a prétendu, par exemple, que leur auteur connaissait mal l'instrument ; mais on ne verra nulle part que sa rédaction soit maladroite, bien au contraire. Il n'a certes pas les pouvoirs de Balakirev, non plus que son aveugle et farouche dévotion pour Liszt ; mais un pianiste en demeurera satisfait ; les doigts s'y sentent à leur aise ; est-ce toujours le cas dans les *Tableaux d'une exposition* ? Puis on a mis l'accent sur son art de miniaturiste (*Miniatures*, c'est le titre de quelques-uns de ses morceaux les plus célèbres), en voulant par là rabaisser de son mérite ; mais qu'ont donc écrit Scriabine et Liadov, pour bonne part (et leur part la meilleure), sinon des instantanés musicaux ? Le tort de Cui, c'est de n'avoir rien de neuf à dire, si même il le dit parfois joliment. On trouvera dans ce catalogue moins de hauts que de bas ; mais certaines partitions méritent qu'on secoue un peu leur poussière, tels la *Suite op. 31* (1883), le recueil *À Argenteau* (1887), le *Thème et Variations* (1901) ou les *Préludes* (1903) ; et quelques pièces qui sentent le terroir montreront que ce fils de Français avait un coin d'âme russe.

### *Trois Morceaux* (op. 8)
COMP 1877. PUB 1883 (Rahter, Hambourg).

Détestable *Nocturne* au seuil du cahier (en fa dièse majeur, *andantino*), qui vous incitera à le refermer, lecteur, à tout jamais. Sachez cependant que vous vous privez du *Scherzino* qui lui fait suite (en fa majeur, *vivace*), page exquise, agreste et dansante, vite et bien enveloppée dans quelques tournoiements, quelques harmonies entêtées et fraîches comme un bouquet printanier. La *Polka* finale (en mi bémol majeur) est simplette ; on la déchiffre distraitement, et on l'oublie.

### *Douze Miniatures* (op. 20) – *Six Miniatures* (op. 39)
COMP 1882 et 1886. PUB ? (Bessel) ; 1891 regroupées chez Leduc *(Dix-huit Miniatures)*. DÉD « à ma petite Lydie ».

Ces pièces de moyenne force, et de moyenne inspiration, ont eu leur temps de célébrité (qu'attestent des transcriptions nombreuses, par exemple l'opus 20 pour orchestre, sous le titre de *Suite miniature*). Il serait trop facile de les mettre au rebut, sans autre forme de procès. Elles sont, en vérité, ce que les feront leurs interprètes. Chacun peut à loisir y déployer son mauvais goût, elles offrent prise ; ou bien mettre en avant leur écriture élégante, et leurs menues trouvailles.

Dans l'opus 20, *Expansion naïve* (n° 1), *Aveu timide* (n° 2), et même *Souvenir douloureux* (n° 6), valent davantage que leurs vilains titres à la Tchaïkovski ; scènes d'une enfance peinturlurée de rose, qu'un peu de tact empêchera de verser dans la fadeur. On ne détestera pas le *Cantabile* (n° 5, en si bémol majeur, *moderato*), dans l'esprit d'un lied ; l'amusant scherzo intitulé *Mosaïque* (n° 7, en sol majeur, *vivace*) ; la pimpante *Petite Marche* (n° 10, en la majeur) ; la *Mazurka* (n° 11, en fa dièse mineur, *moderato espressivo*), qui renferme ce qu'il faut de *zal*, avec un milieu contrasté, énergique, de couleur populaire. Les meilleurs numéros : le bref *À la Schumann* (n° 4, en fa majeur, *allegro*), qui sonne une petite fanfare de chasse, à 6/8, et qui, placé dans l'*Album pour la jeunesse*, tromperait son monde ; et le *Scherzo rustique* (n° 12, en ut majeur, *allegro non troppo*), d'une réjouissante verdeur.

Dans l'opus 39, la pièce intitulée *Marionnettes espagnoles* (n° 1), la plus connue de l'ensemble des *Miniatures*, laissera accroire aux apprentis pianistes qu'ils ont des doigts, puisqu'ils savent secouer de si jolies tierces ; et la *Feuille d'album* (n° 2, en mi bémol majeur, *andantino*) se fera pardonner sa sentimentalité par ses fines harmonies.

### *Suite* (op. 21)
COMP 1883. PUB 1884 (Durand & Schoenewerk). DÉD à Liszt.

Ce cycle de quatre pièces est à marquer d'une pierre blanche, parce qu'il contient, sous le titre de *Ténèbres et lueurs* (n° 2, en sol dièse mineur, *andantino*), un morceau singulier, d'une encre inhabituelle chez César Cui, où de lugubres et pesantes croches rampent dans le fond du clavier, où bientôt monte la fièvre, avec un beau thème passionné qui déclame dans l'aigu, pressé de triolets haletants.

Le reste n'est pas à dédaigner : un *Impromptu* (n° 1, en la bémol majeur, *vivace*) dont le thème s'appuie à contretemps sur les troisième et sixième croches d'un 6/8 papillotant, et pourvu d'un intermède en mi majeur, à 2/4, rythmé comme une danse populaire ; – un gracieux *Intermezzo* (n° 3, en la bémol majeur, *allegretto*), au rythme anapestique, aux harmonies claires et douces, à la Liadov ; – et un finale *Alla polacca* (n° 4, en mi majeur, *moderato maestoso*), en forme de rondo : fier refrain calé au deuxième temps sur la dominante, premier couplet (en la majeur) tout zébré de petites gammes, second couplet (en sol dièse mineur) lyrique et chopinien.

### *Quatre Morceaux* (op. 22)
COMP 1883. PUB 1885 (Bessel). DÉD au pianiste Theodor Leschetizky.

Après la réussite de la *Suite op. 21*, l'inspiration de Cui retombe, selon cette succession de hauts et de bas qui caractérisent sa production trop facile. Banalissime *Polonaise* (en ut majeur, *moderato maestoso*) ; absurde *Bagatelle italienne* (en si bémol majeur, *allegro*), bâclée comme un compliment qu'on laisse à l'hôtesse après un dîner en ville ; *Nocturne* (il fut célèbre...) bien larmoyant (en fa dièse mineur, *andante non troppo*), sur le même rythme de marche où Chopin a posé quelques-uns de ses plus beaux chants, et que rachète à peine un intermède (en sol bémol majeur) léger et froufroutant. – Mais on doit sauver des flammes le dernier morceau, un *Quasi Scherzo* (en si bémol majeur, *allegro non troppo*), joyeux divertissement sur un motif obstiné, avec un intermède à la barcarolle ; sans compter la dépense virtuose (staccato partout saupoudré, nombreux passages d'octaves), une bonne dose d'humour et une forte saveur de terroir préviennent ces pages de toute mignardise.

### Valse-Caprice (op. 26)
COMP 1883. PUB 1888 (Bessel). DÉD à Anna Essipov-Leschetizky.

En la bémol majeur *(allegro)*. Bien trop longue, hélas, et répétitive. Ses bons moments en perdent de leur suc. Elle aurait dû s'arrêter au bout des sept premières pages, qui cadencent dans le ton ; après (il y en a vingt-deux...), il n'est presque rien que l'on n'ait déjà entendu, sous une meilleure forme. L'introduction est charmante, qui scintille de fins arpègements ; le premier thème nerveux à souhait, avec son attaque redoublée sur le deuxième temps, et plus loin ses basses en tangage. Mais il faut être Balakirev (voyez ses *Valses*, quelques-unes vraiment admirables) pour étendre si loin, avec un art renouvelé, une matière initialement ténue.

### Deux Bluettes (op. 29)
COMP 1886. PUB 1888 (Bessel). DÉD à la comtesse de Mercy-Argenteau (voir l'opus 40).

La première, une *Valse* (en mi bémol majeur, *allegro*), est dans l'ensemble aussi sentimentale, aussi vaine que l'annonce imprudemment le titre, et pour une fois on ne courra pas après cette « occupation inutile » ! Mais la deuxième pièce est bien différente, un *Scherzando giocoso* (en sol majeur, *allegro non troppo*), d'accent russe, dans son 2/4 syncopé et son thème bondissant par anapestes successifs.

### Deux Polonaises (op. 30)
COMP 1886. PUB 1888 (Bessel). DÉD à Anton Rubinstein.

Ce ne sont pas des polonaises « héroïques » ; elles ne sentent pas la poudre et ne fréquentent guère le champ de bataille. Mais elles ne sont pas non plus destinées au boudoir, et leurs pensées fermes, leur étoffe solide, leur écriture ramassée les empêchent de tomber dans la mièvrerie. La première (en fa majeur, *allegretto*) a des moments de tendresse, des inflexions schumanniennes, et le rythme de la danse s'y fait moins sentir que dans la seconde (en si bémol majeur, *allegretto*), plus fière, et même empanachée. On goûtera, dans cette dernière, le trio en mi bémol mineur, auquel le staccato et l'accompagnement syncopé confèrent une couleur étrange et spectrale.

### Trois Valses (op. 31)
COMP 1886. PUB 1888 (Bessel).

Un cahier ravissant, assurément plus français que russe : sans aller jusqu'à Fauré, on peut ici songer à Reynaldo Hahn. La première valse (en la majeur, *allegro*) est preste et enjouée, dans son mouvement d'arpèges en aller et retour, et ses croisements de mains, de préférence au un-deux-trois habituel ; même le trio (en fa majeur), qui retrouve le rythme à trois noires, fait montre de souplesse, avec ses syncopes et ses silences. La deuxième (en mi mineur, *allegretto*), trois pages à peine, n'est qu'arpèges gracieux, sous un thème mélancolique. Bien plus pimpante, la troisième (en ré majeur, *allegretto mosso*) commence comme une mazurka, s'amuse beaucoup d'une deuxième idée en staccato, où passent des lueurs modales ; un trio se berce ensuite, indolemment (en si bémol majeur) ; la dernière reprise fait tinter sixtes et tierces, et la fin s'enhardit jusqu'aux octaves.

## *Trois Impromptus* (op. 35)
COMP 1886. PUB 1887 (Heugel).

Bien médiocres. Passe encore pour le premier (en la majeur, *allegro*), en forme de valse, qu'entraîne à toute allure le staccato de sa basse. Le deuxième (en ré majeur, *allegro*) n'est qu'une danse bruyante et vulgaire, avec un insipide trio ; le troisième (en la mineur, *allegretto mosso*) un affreux feuillet d'album, au-delà de toute indulgence.

## *À Argenteau* (op. 40)
COMP 1887. PUB 1888 (Bessel). DÉD au comte et à la comtesse de Mercy-Argenteau (cette dernière, une mécène belge, passionnée de musique russe, est l'auteur d'un ouvrage sur César Cui). En partie orchestré (n[os] 1, 4, 5, 8 et 9).

Il y a de bonne et de moins bonne musique dans ce recueil de neuf « pièces caractéristiques », qui prend comme leitmotiv les lettres musicales du mot ARGENTEAU, c'est-à-dire A-G-E-E-A (la-sol-mi-mi-la). Du moins délaisse-t-il parfois l'air confiné du salon pour quelques escapades de plein air.

Ainsi la première pièce, pour célébrer *Le Cèdre* de la propriété, emprunte-t-elle la cadence d'une marche, rythmée d'un ostinato de la basse (en fa majeur, *allegro maestoso*). L'*andantino* central, basé sur le motif « Argenteau », est de caractère lyrique ; et l'on jurerait y entendre du Rachmaninov.

La deuxième pièce, *Farniente* (en ré majeur, *allegretto*), très mièvre en sa partie principale, se rachète en son milieu, véritablement inspiré, l'un des moments les plus inattendus de ce piano de César Cui : atmosphère intime, rêveuse, un peu morose, rendue fort suggestivement par ces harmonies délicates, cette mélodie épandue sur le roulement continu et modulant des croches de la basse.

Suivent deux pièces bien enlevées : un espiègle *Capriccioso* (en ré bémol majeur, *allegretto grazioso*), et une marche lilliputienne, haut perchée dans l'aigu, que Cui a baptisée *La Petite Guerre* (en la majeur). Mais la *Sérénade* (en sol dièse mineur, *allegretto mosso*), dans son rythme guilleret à 6/8 et ses effets de guitare, ne plaira qu'à ceux qui ne connaissent pas celle de la *Petite Suite* de Borodine, quasi contemporaine et dédiée à la même comtesse d'Argenteau.

On fera quelque cas de la *Causerie*, une étude (en fa majeur, *moderato*), où, en plus de la basse, les deux voix qui conversent sont confiées à la main gauche, tour à tour soprano et ténor, cependant que la droite dessine entre les deux une épaisse haie de doubles notes. Certes, pour renouveler ce scénario connu, il faudrait des thèmes et des harmonies moins ordinaires ; mais la rédaction pianistique est séduisante, et dément ceux qui, faute sans doute d'y avoir mis les doigts, hasardent des phrases sur la « maladresse » du piano de Cui.

La *Mazurka* (en sol majeur, *allegro*) est alerte à souhait, avec son départ sur des quintes rustiques, et s'octroie juste ce qu'il faut d'attendrissement dans son intermède (en ut majeur, *poco meno mosso*). Après quoi la huitième pièce, intitulée *À la chapelle* (écho, cette fois, du *Au couvent* de la *Petite Suite* de Borodine ?), restitue fort bien l'atmosphère du lieu saint, la religiosité naïve de l'assistance, les registrations de l'orgue (en sol bémol majeur, *andantino*).

Enfin, à la gloire du *Rocher* sur lequel était bâti l'ancien château fort, sur les bords de la Meuse, Cui rédige une « ballade », dont les volets extérieurs (en mi bémol majeur, *allegro risoluto*) sonnent en fanfare le nom transposé d'ARGENTEAU, tandis que le trio (en sol bémol majeur, *moderato semplice*), en ses lignes pures et sa mélodie caressante, semble vouloir évoquer la douceur même des temps passés.

### *Trois Mouvements de valse* (op. 41)
COMP 1888. PUB 1888 (Bessel).

Un joli brelan, certes frivole, mais si plaisamment rédigé qu'on l'absout volontiers. Et il y a là des trouvailles d'oreille, des moments de grâce, tout un art de l'« élégant badinage », qu'on peut priser sans passer pour évaporé. Ce sont surtout les deux premières qu'on retiendra : une *Valse-Scherzo* (en la majeur, *allegro*), posée d'abord sur un dessin rythmique obstiné formant pédale, et dont l'intermède module avec fraîcheur par tierces majeures ascendantes ; et une *Valse-Intermezzo* (en mi mineur, *allegro non troppo*), pour sa section centrale en si majeur, léger bruissement de doubles notes, souligné de pédales. La troisième, une *Valse à la viennoise* (en la majeur, *allegro*), est plus conventionnelle.

### *Cinq Morceaux* (op. 52)
PUB 1895 (Bosworth). DÉD des n[os] 2 et 3 à Louis Diémer, des n[os] 4 et 5 à Raoul Pugno.

Cahier inégal. Nul ne songerait à sortir de l'oubli la deuxième et la troisième pièce, un *Petit Caprice* bien salonnard et un fade *Intermezzo*. La première, un *Prélude* (en mi bémol majeur, *moderato*), peut intéresser par son adroite superposition d'un thème de noires pointées à un accompagnement de noires (avec un dessin intérieur de croches), d'où l'impression d'équivoquer entre 3/4 et 6/8. La cinquième, une *Marche-Humoresque* (en ut majeur, *allegro giocoso*), rachète par sa jovialité une inspiration plutôt triviale. Mais il faut s'arrêter à la quatrième, une belle *Étude-Fantaisie* (en ut mineur, *allegro vivace*), aux accords brisés plongeants, qui ne manque ni de vigueur ni d'accent, et où fleurit un intermède en la bémol, berceur et sentimental, avec son rythme à 12/8 et ses phrases reprises en canon.

### *Quatre Morceaux* (op. 60)

PUB 1901 (Jurgenson). DÉD à Hedvige Zaleska, Alexandre Siloti, Léocadie Kachpérov, Marie Kerzine.

Ils ne sont guère d'une grande originalité, mais viennent bien sous les doigts, sans surcharges, sans maladresses. Il y en a pour tous les goûts : de l'humour dans la *Jadwinia-Polka* initiale (en la majeur, *allegretto mosso*), qui pour un peu sonnerait comme du Smetana ; du lyrisme dans la *Novellette* (en mi majeur, *andantino*), meilleure dans sa partie principale, souplement rythmée à 9/8, que dans son trio d'accords battus (et rebattus...) ; enfin du panache et de l'éclat dans la *Mazurka* (en la majeur, *allegro*) et la *Polonaise* (en ré majeur, *moderato maestoso*), cette dernière particulièrement développée, et pourvue de deux trios contrastants.

### *Thème et Variations* (op. 61)

COMP 1901. PUB 1902 (Jurgenson). DÉD au pianiste Joseph Hofmann.

Sur une idée banale (en ré majeur, *moderato*), un de ces thèmes à compartiments (trois fois huit mesures, à 2/4) comme à peu près tout le monde en savait écrire à l'époque, César Cui compose huit variations qui dépassent vite leur prétexte et pourraient bien constituer sa meilleure composition pianistique. Les légères croches à 6/8 de la 1$^{re}$, le jeu des mains alternées de la 3$^e$, les gammes staccato de la 5$^e$, le finale alla marcia (et à la russe), voilà pour le brio ; mais pour son charme pénétrant, ses longues pédales, ses tendres harmonies, son romantique trois-contre-deux, on élira le beau nocturne de la 4$^e$ (en fa dièse majeur, *andante*), où Cui se rapproche à s'y tromper de la manière de Liadov.

### *Vingt-cinq Préludes* (op. 64)

PUB 1904 (Jurgenson). DÉD à Marie Kerzine (n$^{os}$ 1-7), Mme M. Barinov (n$^{os}$ 8-10), Mlle V. Maurina (n$^{os}$ 11-13), Mme B. Marx-Goldschmidt (n$^{os}$ 14-16), Joseph Sliwiński (n$^{os}$ 17-19), Ignacy Paderewski (n$^{os}$ 20-22), Ossip Gabrilovitch (n$^{os}$ 23-25).

Tout n'y est certes pas du même rang, mais nul ne devrait se flatter de connaître Cui, et de savoir porter un jugement sur lui, sans avoir passé en revue cette collection. L'opus 64 contient en effet quelques-uns de ses morceaux les plus inspirés. Est-ce l'influence de ceux de Scriabine ? et l'ambition fugace de laisser à la postérité, entre de nombreux recueils factices et d'usage courant, un édifice organisé, régi par le cycle des quintes, et où s'enserrent des pensers plus forts, des harmonies plus rares, des textures pianistiques plus variées qu'à l'ordinaire ? On l'a souvent remarqué, c'est une pierre de touche que ce genre du *prélude* ; à plus d'un compositeur, il arrive à soutirer sa vérité. Sans lui, celle de Cui n'eût pas été complète. Partout ailleurs, le mondain en lui a l'avantage ; il peut trousser une valse charmante, réussir une mazurka sensible et racée ; mais c'est toujours un art de bonne compagnie. Dans quelques-uns de ces préludes, il se découvre, pose la jaquette, consent, on ne sait par quelle soudaine impudeur, à des accents violents et tourmentés qui ne lui ressemblent guère, et nous le rendent singulièrement attachant.

Ce sont ces moments exceptionnels qu'on explorera en priorité. Parmi eux, dans l'ordre : le quatrième prélude (en si mineur, *allegro*), farouche, emporté, vers la fin confinant à l'épique, après un *maggiore* de couleur russe où de petits grelots viennent tinter au-dessus de phrases impaires, que souligne le balancier de la pédale de tonique ; – le huitième (en ut dièse mineur, *allegro*), grandiose et tragique, plein de panache et de vigueur, au pouls des accords en rythme pointé ; – le dixième (en sol dièse mineur, *allegro non troppo*), le plus beau de la série, digne assurément du Scriabine des jours sombres, avec ce thème de mâle tristesse, à la crête des arpèges dessinés par les deux mains, puis au milieu du remous de doubles croches ; – le quatorzième (en si bémol mineur, *moderato*), scandé à cinq temps, à la russe, âpre et scriabinesque à son tour, mais dans un climat plus volontaire, moins résigné ; – le seizième (en fa mineur, *andantino*), morne et endolori, où le thème semble tourner sur place sans pouvoir s'élever, sur une basse en accords brisés elle aussi rivée à quelques points ; – le vingt-deuxième (en ré mineur, *lento*), menaçant, lente poussée, par degrés, de forces d'abord tapies dans le grave, qui reprennent de plus belle après la fausse accalmie du trio.

Moins singuliers, mais également réussis : la pastorale paisible du cinquième prélude (en ré majeur, *allegretto*) ; – la chanson plaintive du douzième (en mi bémol mineur, *allegretto*), si délicatement harmonisée ; – la romance du treizième (en fa dièse majeur, *andante*), sur de doux accords syncopés, qui gagne soudain en élan et en force, pour retomber dans un épilogue extatique ; – enfin la fraîche mélodie du quinzième (en ré bémol majeur, *andantino*), d'écriture originale, en souples arabesques déroulées dans un rythme à 7/8.

(Un mot sur ce chiffre de vingt-cinq et sur l'ordre des tonalités adopté par Cui. C'est bien celui des quintes, mais à cette particularité près, par rapport aux *Préludes* de Chopin, qu'ayant commencé en ut majeur, Cui poursuit par les tonalités à un dièse, à deux dièses, etc., en plaçant toujours le mineur avant le majeur ; cela donne : ut majeur, mi mineur, sol majeur, si mineur, ré majeur, etc. On remarquera que cela revient, en réalité, à enchaîner les tons de tierce en tierce, tour à tour majeure (ut-mi) et mineure (mi-sol). La vingt-quatrième tonalité atteinte étant ainsi celle de la mineur, il ne reste plus qu'à regagner ut majeur, vingt-cinquième prélude, pour parachever la boucle.)

### *Deux Mazurkas* (op. 70) – *Trois Mazurkas* (op. 79)
COMP 1907 et 1909. PUB ? (Jurgenson). DÉD à Marie Wostriakov ; à Mili Balakirev.

La première de l'opus 70 (en la bémol majeur, *allegretto mosso*) commence fièrement, campée sur son troisième temps, et ces douze mesures forment une ritournelle, qui reviendra par intermittences et conclura le morceau ; au milieu, un couplet de teinte obscurcie, chuchoté en mineur, scandé de quintes paysannes. Mêmes ingrédients dans la deuxième (en la majeur, *allegretto*), plus longue et plus complexe : une ritournelle (mais finement variée à chaque reprise), un couplet mélancolique en la mineur avec des échos du soprano au ténor, un autre en ré majeur avec des bourdons de quinte enchaînés.

Très délicate, la première de l'opus 79 (en la majeur, *allegro*) a de courtes incises qui ont l'air de mimer un dialogue. La deuxième (en si mineur, *allegro*) est plus « à la valse », avec des petites phrases têtues, une certaine âpreté dans le développement. – Mais la troisième (en ut majeur, *allegro*) est de loin celle qui accroche le plus durablement l'oreille et le souvenir, et sans doute une des plus belles mazurkas de Cui, un spécialiste du genre. Tout le début, en particulier (à prendre un peu moins vite que le tempo indiqué, sous peine d'écraser les lignes), exhale un fort parfum champêtre, avec sa quinte de tonique obstinée, son appui sur le deuxième temps, ses délicieux frottements sur les touches blanches, son passage express par si bémol et la bémol, avant de retourner s'épanouir dans le ton d'origine.

### *Cinq Morceaux* (op. 83)
COMP 1911. PUB 1911 (Jurgenson). DÉD des n<sup>os</sup> 1-3 à Mme Jouchkow, du n° 4 à Mme Robowska, du n° 5 « aux modernistes, hommage admiratif ».

Un recueil paradoxal, c'est le moins qu'on puisse dire ! Il est à la fois touchant, en ces premières années de notre siècle, de voir Cui aussi farouchement ancré dans le siècle précédent (comme Balakirev l'a été jusqu'à sa mort), au point d'en défendre les poncifs, et piquant de le voir emprunter le langage de ses petits-neveux « modernistes », le temps d'un hommage narquois. Les quatre premières pièces, *Esquisse*, *Valse*, *Notturno* et *Polonaise*, ne sont guère faciles à défendre, même si l'on porte le compositeur dans son cœur ; tout au plus le *Notturno* bénéficiera-t-il de l'indulgence que l'on est près d'accorder, certains soirs de brume sentimentale, à ce que Poulenc appelait l'« adorable mauvaise musique », – encore que, dans ce registre, César Cui ait fait mieux. Mais cette cin-

quième pièce sort de l'ordinaire, et son titre est tout un programme :
*Rêverie d'un faune, après la lecture de son journal* (en fa dièse mineur,
*andantino*). Nous attendons Debussy, corrigé par Satie ; et ces trois pages
remplissent presque exactement notre attente. L'appel initial, montant
graduellement à chaque retour, le motif languide en va-et-vient sur les
touches blanches, insensible aux dièses de l'armure, évoquent ironiquement la flûte où, selon Mallarmé, Debussy a soufflé « toute la lumière » ;
mais la partie centrale *(giocoso)*, son aride basse de quintes, ses fausses
notes, sa raideur avec son impertinence, font apparaître un autre faune, le
facétieux bonhomme d'Arcueil, – et c'est lui aussi qui va plaquer, après
le doux accord final de tonique, les deux sol ♮ incongrus et méchants !

### *Trois Mouvements de danse* (op. 94) – *Cinq Morceaux* (op. 95)
PUB 1914 (Belaïev). DÉD de l'opus 94 à Alexandre Glazounov.

Des distractions d'octogénaire, d'intérêt très inégal. Commençons par
le second recueil, le moins bon des deux. Rien que d'impeccable ; mais
quelle terrible absence d'imprévu ! Pas une page ici ne rend un son neuf ;
et presque aucune un son sincère. C'est de la brocante, exécutée à l'instant et vaguement patinée à l'ancienne. La *Valse* et la *Mazurka* sont bien
éloignées des petites réussites des opus 31 ou 41, 70 ou 79 ; parodions
Beethoven : « Parties du salon, qu'elles aillent au salon ! » La *Polonaise*
finale peut faire illusion, mais seuls les doigts y courent, l'esprit demeure
récalcitrant. L'essentiel du *Nocturne*, si le pianiste y met du sien, passe la
rampe, et quelques beaux enchaînements d'accords font regretter que le
compositeur ne s'y soit pas davantage attelé. La meilleure des cinq pièces
est sans conteste la quatrième, une *Humoresque* (en si bémol majeur,
*allegro*), bien enlevée, à condition qu'on ne lui imprime pas un rythme
de menuet (le début s'y prête), et pourvue d'un trio de couleur russe, où
la mesure hésite capricieusement entre 2/4 et 3/4.

Les *Mouvements de danse* se tiennent mieux, tirent moins à la ligne, et
le dédicataire dut les apprécier. Une courte *Mazurka* (en fa majeur,
*allegro*), élégante sans afféterie, précède une *Krakovienne* (en sol majeur,
*allegro non troppo*) qui sautille gaiement au rythme syncopé de sa basse ;
la dernière page fort bien venue, avec son bourdon décalé sur les temps
faibles. Dans la *Polonaise* finale (en mi majeur, *allegro poco maestoso*),
à quelques moments de gravité songeuse (le passage au relatif), on peut
presque parler d'inspiration...

# Carl CZERNY
(1791-1857) Autrichien

La plupart des élèves de piano lui gardent rancune ; il a contribué, plus que d'autres, à assombrir leur apprentissage, à leur ôter peu à peu l'idée, pourtant naturelle, qu'une heure au piano pouvait être divertissante. « Tu as joué ton Czerny ? » Cette question répétée sur le ton de l'admonestation, quelques-uns parfois n'ont plus voulu l'entendre, et ont claqué à jamais le couvercle de l'instrument. Ceux qui ont tenu bon ont vu se succéder sur leur pupitre, au fil des progrès, plusieurs de ces recueils d'*Études* : du *Premier Maître* à *L'Art de délier les doigts*, en passant par *L'École de la vélocité*. Les professeurs les plus retors ont dispensé aussi *L'École de la main gauche* ou *L'École du legato et du staccato*. Ils avaient l'embarras du choix, dans la liste du millier d'œuvres destinées par Czerny à l'enseignement du piano, sous toutes ses coutures.

Son principe se défend : on ne résout une difficulté que par la répétition. Ses exercices se bornent donc à réitérer le passage délictueux en le promenant à travers tons et octaves ; ainsi, d'une formule digitale à l'autre, se construisent ses pièces, où il prend soin d'éviter à l'esprit, à plus forte raison au sentiment, toute distraction de nature à gripper le mécanisme qu'il a minutieusement mis en place : point de surprise dans la mélodie, point de modulation intempestive, aucun changement de tempo, aucune digression d'aucune sorte. Rien à comprendre, rien à interpréter. Un seul impératif : jouer vite, de plus en plus vite ; on y est poussé par un rythme harmonique extrêmement lent, et des dessins naturellement accordés aux doigts, tombant sous la main sans la forcer.

Ces études sont-elles aussi désagréables que leur réputation les a faites ? C'est selon. Il est certain qu'elles ne risquent pas de dissoner, qu'elles ne comportent rien de saugrenu, ni même de trivial. On sait que Stravinski affectait de les goûter beaucoup, disant qu'il appréciait en Czerny « le musicien de race ». Mais les jeunes pianistes, qui généralement ne manient pas le second degré, trouveront plus de joies musicales, et autant d'efficacité, dans les *Études* de Cramer. Quelques virtuoses, au-delà de ces cahiers qu'ils ne fréquentent sans doute plus, entretiennent la *Toccata* (op. 92) parmi leurs morceaux de bravoure ; cet implacable moteur de doubles notes, pour avoir inspiré une page célébrissime, la *Toccata* de Schumann, qui pousse encore plus loin le péril du poignet (et la musique, il va sans dire), mérite ce retour de sympathie.

Czerny a été le professeur de piano de l'Europe entière, au point de sacrifier à la pédagogie ses ambitions de compositeur, qui furent grandes, si l'on en juge au nombre insensé de ses ouvrages. Ne parlons même pas de ses symphonies, concertos, œuvres de musique de chambre, de ses messes, opéras, chœurs et lieder ; mais quel adepte (volontaire ou forcé) de ses diverses *Écoles* sait-il que Czerny a offert au piano des nocturnes, des polonaises, des caprices, des fantaisies, des impromptus, du reste poursuivis par les moqueries de Schumann ou de Chopin ? Qu'il a écrit une douzaine de **Sonates** ? Pas seulement la terrifique *Sonate d'étude* (op. 268), petite encyclopédie portative des difficultés du piano, où brille cependant un scherzo de poétique virtuosité, – mais des morceaux véritablement inspirés, datant de sa jeunesse, par exemple la *Sonate en la bémol* (op. 7), en cinq mouvements, publiée vers 1820 (Artaria), qualifiée d'« admirable » par Liszt, et qui mêle au classicisme le plus pur (le *capriccio fugato* final) une ardeur toute romantique : on sera étonné par le *prestissimo agitato*, où un thème passionné et belliqueux est converti dans le trio en une valse tendre qu'on jurerait échappée à Schubert. Hélas, nul prince charmant, nul pianiste sans doute ne viendra ranimer d'un baiser ces belles endormies...

La gloire de Czerny aurait pu être attachée à la fameuse édition des œuvres pour clavier de Bach, chez Peters, qui a servi pendant un siècle et demi à des générations de pianistes ; hélas, si elle comporte d'excellents doigtés, elle est entachée d'indications de phrasé, de nuances, de dynamique, de tempo de son cru, qui nous transmettent probablement la manière dont Beethoven jouait le Cantor, mais ne nous paraissent pas plus supportables pour autant. Elle restera, cette gloire, d'avoir formé le jeune Liszt, et d'avoir reçu la dédicace des premières *Études transcendantes*.

# D

**François DAGINCOUR**
(1684-1758) Français

On croit peut-être dénigrer Dagincour (ou d'Agincourt) en l'appelant un imitateur de Couperin ; au contraire, c'est sa gloire. Dans la préface de son unique livre de clavecin, publié en 1733, il vante le « beau chant », la « vraie harmonie », la perfection des ornements mis au point par son prédécesseur ; il appelle *La Couperin* une de ses allemandes ; dans bien d'autres pièces, on le sent prêt à s'effacer devant ce modèle admiré. Mais cette humilité est excessive, – et tout reproche superflu. Son inépuisable don mélodique suffirait déjà à distinguer Dagincour des nombreux gratteurs de papier de l'époque, des tourneurs de menuets et de gavottes, des trousseurs de portraits et de scènes de chasse ou de guerre ; mais cela ne saurait le satisfaire, il lui faut ces entrelacs d'harmonies, ces dissonances caressantes, ces frôlements étranges, toutes ces curiosités d'oreille qui nous ont rendu à jamais chères les plus belles pièces de Couperin. Innover ? Pour quoi faire, quand on a tellement de délicates et profondes pensées à exprimer, dans le langage où l'on se sent le plus spontanément à l'aise ? Il nous prolonge de quelques pièces encore le poète des *Charmes* et des *Barricades mystérieuses*.

Cette quarantaine de pièces, réparties en quatre ordres, constituent presque tout son bagage. Le reste : quelques airs chantés, des versets pour orgue. À en croire sa préface (et comme Daquin un peu plus tard), il avait la matière d'un deuxième livre de clavecin, qui n'a jamais vu le jour.

## Livre de pièces de clavecin
PUB 1733 (Boivin). DÉD à la reine Marie Leszczińska.

PREMIER ORDRE. – En ré mineur, il compte treize pièces, dont huit sont des danses de la suite traditionnelle ; deux rondeaux seulement ; et trois pièces libres.

Les deux *Allemandes*, placées en tête, sont très différentes l'une de l'autre. La première, rythmée à 4/8 et intitulée *La Sincopée*, doit peut-être moins son nom à ses syncopes (il y en a encore davantage dans la suivante) qu'à ses phrases inégales et impaires (la première à cinq mesures, la deuxième à sept), ou même à son instabilité tonale (beaucoup de cadences rapprochées) ; du reste l'écriture est claire, souvent à deux voix, si l'on ne prend pas en compte les accords constitués par les notes tenues. Tout autre est la seconde, appelée *La Couronne* ; plus longue et plus complexe, et rythmée à 4/4, elle prodigue les ornements, entrecroise les voix, se plaît à de nombreux retards et syncopes, s'offre un parcours sinueux.

Groupons ensemble *Courante* (n° 3), *Sarabande* (n° 4), *Gigue* (n° 6) et *Menuets* (n°s 11-13), qui complètent la suite de danses. La *Courante* est capricieuse à souhait, et donne l'impression d'improviser sans cesse sa matière ; les deux sections sont indépendantes, aucun motif n'est repris. La *Sarabande* (en ré majeur, *lentement*), avec sa riche parure d'accords, ses arpègements de luth, ses harmonies précieuses (ou rares : bel accord de neuvième, quatre mesures avant la fin), mérite son surnom, *La Magnifique*. *La Bléville* est une gigue pleine d'imprévu (à 6/8, *légèrement*) ; ici encore, beaucoup de retards et de syncopes, favorisant d'insidieux frôlements harmoniques, comme la succession de secondes des mes. 8-11. Le *Menuet*, son *Double* et l'*Autre Menuet* (ce dernier en ré majeur) n'ont pas grand intérêt, et leur position en fin d'ordre laisse à penser que le compositeur a voulu remplir un blanc avec ces trois petites pages.

Les deux rondeaux, qui encadrent la *Gigue*, sont en antithèse. *Le Pattelin*, rythmé à 2/2, garde tout au long du refrain et des deux couplets son air fruste, son rythme paysan, son écriture à deux voix. Cette rusticité de bon aloi fait place, dans *La Sensible* (à 3/4, *lentement et coulament*), à une mélodie tendre et plaintive, où les phrases impaires et l'harmonie recherchée contribuent à l'expression de cette « sensibilité » ; le deuxième couplet, en fa majeur, est particulièrement bien venu.

Restent les trois pièces libres (n°s 8-10). *Les Dances provençales* (en trois parties : majeur, mineur, majeur) évoquent d'abord *Le Pattelin* : même allure carrée et débonnaire, même rythme à 2/2, semblable écriture à deux voix ; mais la troisième partie voit l'intrusion du rythme à 6/8, qui clôt la pièce dans une allure de gigue. *La Caressante* et *La Sautillante* forment un couple contrasté ; opposition de mode : mineur pour l'une *(tendrement)*, majeur pour l'autre ; de longueur : deux pages lentes contre une rapide ; de rythme et d'humeur : un mélancolique 6/8 contre un joyeux 2/2 ; enfin de texture : l'écriture, très broussailleuse dans la première, devient linéaire dans la seconde.

DEUXIÈME ORDRE. – Dans la succession de ces sept pièces, en fa majeur, la structure de la suite ancienne a volé en éclats, – comme chez Couperin, après le *Premier Livre*. Il n'en subsiste qu'un mince menuet d'une page. Des six autres, trois sont des rondeaux, deux des pièces libres, la dernière une ample chaconne à dix couplets. Il y avait un semblant d'organisation dans le *Premier Ordre* ; ici tout est laissé à la fantaisie.

*La Pigou*, toute inscrite dans le médium, voire le grave du clavier, en acquiert une sorte de chaleur communicative, une ferveur, à quoi concourt aussi le mouvement perpétuel (mais *modérément*) de ses doubles croches, souvent aux deux mains à la fois, intimement rapprochées dans le même espace. Le rondeau du *Colin Mailliard*, au contraire, se meut dans l'aigu, les deux mains l'une sur l'autre (du moins au clavecin, où l'on doit employer les deux claviers sans accouplement ; au piano, on joue la gauche une octave plus bas) : imitations, répliques, jeux spirituels de deux voix qui se rejoignent, s'évitent, se chevauchent. Les deux rondeaux suivants sont franchement lyriques : *La Pressante Angélique*, avec le balancement de son 6/8 *(affectueusement)*, le dialogue ému de ses deux voix, le charme étrange de ses phrases inégales, impaires le plus souvent, les intervalles expressifs de son deuxième couplet, en ré mineur ; *Le Précieux*, avec sa mesure plus régulière, à 2/2 *(tendrement)*, sa carrure (le refrain comme les deux couplets ont chacun huit mesures, de rythme identique), son écriture à trois et quatre voix, et ce ton de douceur répandu du début à la fin.

Un très court et très banal *Menuet* (c'est décidément une pièce à remplissage !) sépare les deux pièces les plus longues de l'ordre. L'une, *Les Deux Cousines*, est en réalité formée de deux morceaux complémentaires, tous les deux bipartites. Où Dagincour a-t-il pris ses modèles ? On ne sait, mais ces portraits sont charmants, et sans doute ressemblants. La première cousine est plus grave, plus solennelle ; la seconde plus enjouée ; à toutes deux, le compositeur fait hommage de triolets : c'en est un assurément, puisque c'est le seul endroit où il les emploie, de tout son livre de clavecin... Pour terminer l'ordre, et magistralement, voici *La Sonning*, chaconne à dix couplets, pleins d'ingéniosité, de variété mélodique, rythmique, harmonique ; parmi les meilleurs, le 7e, qui vaut par sa main gauche virtuose, en doubles croches ; le 9e, avec ses effets de harpe (accords arpégés) ; le 10e, à la belle écriture luthée, où les retards engendrent des harmonies troublantes, qui anticipent sur les merveilles des deux ordres suivants.

TROISIÈME ORDRE. – Onze morceaux, dont quatre rondeaux, six pièces libres (ces dernières ont gagné en proportion). Le seul reste de la suite ancienne est la *Gavotte* finale.

Les deux premiers ordres contenaient souvent de la belle musique, et parfois de la touchante. Ils ne faisaient pas pousser des cris d'admiration. La première pièce de ce *Troisième Ordre*, d'emblée, coupe le souffle : *L'Ingénieuse* est aussi admirable, en vérité, que les plus hautes pages de Couperin (et désormais Couperin sera sans cesse évoqué). Retards, frôlements des notes tenues, secondes et septièmes insinuantes, harmonies flottantes ; et ces thèmes tendres et pressants, ces notes répétées insistantes, ces syncopes haletantes. C'est de ces pièces qu'on ne se lasse pas de jouer, de celles qui parlent

> À l'âme en secret
> Sa douce langue natale.

*La Villerey ou les Deux Sœurs*, qui répond aux *Deux Cousines* de l'ordre précédent, a deux parties, comme on l'imagine, et très dissemblables, en dépit de leur 6/8 commun, pour dépeindre à tour de rôle le tempérament souriant, enjoué, de la première, – capricieux aussi, avec ces phrases irrégulières, une fois de plus, et impaires ; puis le caractère mélancolique de la seconde, dans le mode mineur, où le discours, en revanche, est plus soutenu.

*L'Agréable* est un rondeau à trois couplets, l'un plus beau et plus inventif que l'autre. Refrain pourtant assez carré, qui marche droit devant lui sur une basse tendue comme un fil. Le premier couplet, à trois et quatre voix, fait dialoguer les deux supérieures d'abord, puis toutes ensemble ; le deuxième va au relatif mineur, avec quelque chose de plus hésitant, de plus réticent ; le troisième, toujours en si mineur, surprend par ses arpèges descendants à la main droite, en marche d'harmonie chromatique, par ses septièmes mélodiques à la main gauche ; toutes ces notes, qu'il faut effleurer du bout des doigts et laisser vibrer, ont un étonnant pouvoir de persuasion.

*La Fauvette* est plaisante, – comme le sont ses pareils chez maints devanciers (pas seulement Couperin...), qui ont ouvert leurs suites à la gent volatile. Les six dernières mesures (« petite reprise ») pépient joliment, en notes répétées incisives aux deux mains.

*La Mistérieuse* est, après *L'Ingénieuse* qui l'inaugurait, la seconde merveille de cet ordre. À 4/8, sur un rythme pointé d'ouverture lullyste qui persiste de bout en bout, elle combine trois et quatre voix, les superpose, les alterne, les dénoue, et cela donne des rencontres harmoniques délicates, d'une ravissante liberté.

*Le Val joyeux* est un « vaudeville », de carrure régulière, à 3/8, en trois volets de seize mesures chacun (deux fois huit). D'abord le thème principal *(gracieusement)*, au rythme dansant, avec çà et là un accent sur le deuxième temps, populaire en diable ; puis un « double » où la droite brode des doubles croches sur le tissu harmonique du thème ; et pour finir une variation mineure. On poursuit avec *Le Moulin à vent*, délicieusement imitatif, avec ses moulinets de doubles croches dans les deux mains (rythme à 6/16), ses trilles prolongés, ses arpèges brisés.

Trois rondeaux enchaînés maintenant. *La Minerve* ne s'appellerait pas de la sorte si son rythme à 3/4 et ses noires empesées n'évoquaient noblesse et solennité (*majestueusement*, indique le compositeur), tant dans le refrain que dans les deux couplets, aux harmonies de plus en plus riches. La signature de Dagincour : la phrase à cinq mesures du début, si curieuse. *L'Étourdie* n'est que gaieté facile, croches rapides dans le refrain, doubles croches bavardes dans les deux couplets, où les mains jasent à distance de dixième ; aucune recherche dans l'harmonie, banale à dessein : pas d'altération dans le refrain, un sol ♯ dans le premier couplet, qui va vers la dominante, un la ♯ dans le second, qui va vers le relatif ; voici pourtant, dans ce second couplet, une pointe d'humour... harmonique, et qui justifie le titre : par deux fois la main gauche feint de se tromper, place un ré ♮ quand on attend un ré ♯, un do ♮ quand on attend un do ♯ ; l'effet est savoureux ! Enfin *Le Presque Rien* mérite son sobriquet, par ses périodes bien régulières, son débit évident, son allure pressée, – et la même (volontaire ?) absence de recherche que dans le rondeau précédent, dont il est, à 3/8, un décalque parfait.

On est bien loin des subtilités de *La Mistérieuse* avec la gavotte finale, intitulée *La Courtisane*, rapide, bonnement carrée, et commune. Fait-il exprès ? Dagincour, à la fin de ses ordres (trois fois sur quatre), se dépêche et bâcle un peu. Sans doute pense-t-il qu'après ces mets copieux, le dessert doit être léger, un sorbet vite expédié...

QUATRIÈME ORDRE. – Le mode majeur domine largement dans cet ordre, qu'on dira donc en mi majeur, malgré le mineur de la première pièce. Il comprend douze morceaux : six rondeaux, trois danses et trois pièces libres.

Dagincour n'avait plus écrit d'allemandes depuis le *Premier Ordre* ; il y revient avec *La Couperin*, allemande à 2/2 (en mi mineur), pièce d'une grande beauté, mélancolique et douce, à la fois un hommage et la preuve d'un art aussi achevé que celui de son devancier. La technique consistant à enrober la note finale d'une phrase ou d'un élément de phrase d'un halo de notes (une guirlande formant l'accord, la résonance pour ainsi dire de cette note) atteint ici son sommet. Toute la pièce est ainsi constellée d'amas harmoniques, scintillations clignotantes, glissements des notes les unes sur les autres.

Le rondeau des *Violettes fleuries* (dans le mode majeur, comme toutes les pièces suivantes, excepté *La D'Houdemare*) vaut surtout par ses multiples ornements (titre oblige !) ; par le charme aigu, dans le deuxième couplet, de tout un passage de secondes à la main droite, nées des notes tenues ; par la nostalgie du *minore* final, qui se balance sur ce 6/8 aux allures de sicilienne.

*La Tendre Lisette* est une courte gavotte, dont les dernières mesures sont coquettement enrubannées. *L'Empressée* doit son surnom aux doubles croches qui ne cessent d'y circuler d'une main à l'autre. *La Jeanneton*, un rondeau, fleure une odeur de peuple, avec ses rythmes francs et carrés, son écriture à deux voix, saine et sans mystère. Trois pièces agréables, sans plus.

Les trois qui viennent, en revanche, trois rondeaux, sont les meilleures de l'ordre. Refrain et couplets, dans *La Princesse de Conty*, forment une sorte de mélodie continue, sur le rythme d'une lente sicilienne (à 3/4) ; comme d'ordinaire chez Dagincour (et chez Couperin), le morceau croît sans cesse en beauté ; le long couplet final est magnifique, avec ses imitations (l'écho des mes. 37-43, sur trois registres), sa marche harmonique descendante (mes. 46), et ces altérations mineures qui aboutissent inopinément au majeur conclusif. – *L'Harmonieuse*, quant à elle, suffirait à immortaliser le nom de Dagincour. Ce sont ses *Barricades mystérieuses*. L'aspect même de la page est parlant : voici encore une pièce luthée, où toutes ces liaisons entre les notes qui se prolongent d'une mesure à l'autre matérialisent aux yeux, avant même que les oreilles ne les entendent, de mystérieux agrégats sonores. La mélodie, ici, n'est jamais que l'émanation de l'harmonie, et l'on comprend le titre du morceau ; il s'agit moins de chanter que de laisser éclore, de distance en distance, ces accords précieux qui vibrent longuement et se fondent l'un dans l'autre. – *Les Tourterelles* tournent plaintivement autour de quelques notes, d'abord dans le mode majeur, puis dans le mineur, où leurs syncopes continuelles prennent plus de force expressive encore ; seules quelques mesures du couplet mineur final, jouées égales et soutenues d'accords immobiles, rompent un instant avec cette respiration haletante, ces battements d'un cœur troublé.

Au sortir de ces musiques profondes, on se récrée avec *La Badine*, un rondeau encore, où les doubles croches s'en vont légères, liées deux par deux, dans un rythme à 3/8 ; on notera les deux styles qui se succèdent dans le couplet final : la première moitié ressemble à une invention à deux voix, la seconde emploie une moderne « basse d'Alberti ». – Et de même on dira que *La D'Houdemare* et *La Moderne* reflètent deux mondes différents, dont l'un va supplanter l'autre. La première (en mi mineur, *d'une légèreté modérée*) regarde vers le passé, et si elle songe à l'un des Bach, ce ne peut être qu'au père, à Jean-Sébastien. Mais c'est Philipp Emanuel, semble-t-il, que tâche d'imiter la seconde (en mi majeur), en sa vélocité de *solfeggietto*, en ses traits divisés entre les mains, en ses croisements, et jusque dans les effets d'écho qu'elle tire des deux claviers. On n'enlève rien à Dagincour, au contraire, en constatant qu'il est plus à son aise dans la première des deux.

*Menuet* conclusif ; il est aussi plat qu'on peut l'attendre ; pas une altération ; pas l'ombre d'une idée... Qu'importe ? Sourions, avec le compositeur. Et déplorons que la page, cette fois, ne se tourne pas sur un nouvel ordre, le début de ce *Deuxième Livre* qu'il nous avait promis, et que nous regretterons à jamais...

# Luigi DALLAPICCOLA
(1904-1975) Italien

Deux partitions, voilà tout ce que ce remarquable pianiste a laissé à ses pareils. Un total d'une vingtaine de minutes. Mais qui nécessitent, en effet, des virtuoses (il en faut aussi pour les trois « hymnes » de la *Musica per tre pianoforti*). Ces œuvres séparées de dix ans sont l'opposé l'une de l'autre ; on peut dire qu'elles appartiennent à deux siècles différents : l'âge romantique et l'âge sériel. La *Sonatine canonique* glorifie la tonalité, la plénitude des accords, la virtuosité spectaculaire ; elle a pour dieux Paganini et Liszt réunis. Le *Quaderno* célèbre la ligne, la rupture de la triade, la promotion du degré chromatique, et une acrobatie plus mentale que digitale ; il en profite pour honorer Bach et son divin tétragramme : aussi loin qu'on aille en musique, on trouve toujours Bach (de même qu'à toutes les époques, dans *2001 : L'Odyssée de l'espace*, les vivants se heurtent à la même énigmatique pierre noire). Suivant son penchant, on favorisera l'une ou l'autre de ces deux œuvres irréductibles, inconciliables ; la seule chose qu'elles aient en commun, c'est l'amour de la chose bien faite, de la mesure impeccablement ouvragée, un idéal de beauté plastique, qui ne peut laisser indifférent.

### *Sonatine canonique sur des Caprices de Paganini*
COMP 1943. PUB 1946 (Suvini Zerboni). DÉD à Pietro Scarpini.

Dallapiccola disait avoir voulu donner, après l'équivalent *pianistique* de Liszt, un équivalent *contrapuntique* de la technique de Paganini, en touchant le moins possible à l'harmonie d'origine. Et, songeant sans doute à une scie de concours comme *La Chasse*, il ajoutait avec humour : « Le morceau, heureusement, est très difficile, et ne risque pas d'être joué par les jeunes filles du conservatoire... »

Voici en tout cas l'une des œuvres les plus exquises qu'un musicien italien de notre temps ait consacrées au piano. Dallapiccola peut bien passer, aux yeux des historiens, pour être l'auteur du *Quaderno musicale*, les pianistes, eux, se féliciteront toujours qu'un auteur si sérieux n'ait pas dédaigné de se récréer en recréant quelques *Caprices* de Paganini, – exactement comme Busoni a pu s'amuser à enchevêtrer, dans *An die Jugend*, un prélude de Bach et sa fugue... D'ailleurs Dallapiccola va récidiver : sa *Tartiniana prima* (1951), sa *Tartiniana seconda* (1956), pour violon et orchestre de chambre, accommodent l'auteur du « Trille du diable ».

Le premier mouvement de la *Sonatine* suit le plan tripartite, ABA, du *Vingtième Caprice* paganinien, son modèle principal. Dans les volets extérieurs (en mi bémol majeur, *allegretto comodo*), le thème de Paganini, haussé d'un demi-ton mais maintenu dans son rythme original à 6/8, se superpose à son image canonique ralentie à 6/4, cependant que résonne à la basse la pédale de tonique, battue à 3/4. Polyrythmie, mais aussi polytonalité : le canon est en la bémol. L'impression est celle d'une boîte à musique, un peu détraquée et d'autant plus ravissante. – Le panneau du milieu (en ut mineur, *allegro molto misurato*) reproduit très exactement, à l'une des mains, le *minore* central du caprice de Paganini, avec ses moulinets agiles et ses mordants caractéristiques sur le premier temps ; mais à l'autre main il donne, comme contrepoint inattendu, un fragment du *Treizième Caprice*, où bruit un semblable moteur de doubles croches. Collage séduisant, et pleinement réussi.

Le deuxième mouvement est basé sur le début du *Dix-neuvième Caprice*. Un *largo* l'ouvre et le referme, déclamatoire et dissonant, avec ses trilles stridents que pourtant dissipe un vol plané d'arpèges soyeux. Le corps de la pièce (en mi bémol majeur, *vivacissimo*), où le staccato, les notes répétées, les appogiatures d'origine sont multipliés par un canon à distance de blanche, évoque, dans sa bousculade bouffonne, les piaillements d'une basse-cour...

Pour servir de mouvement lent à sa « sonatine », Dallapiccola prend ensuite les huit premières mesures du *Onzième Caprice* de Paganini. Il énonce d'abord le thème dans le grave (« oscuro »), avec un simple canon à l'unisson (en ut majeur, *andante sostenuto*) ; puis dans le médium (« più chiaro »), en suivant scrupuleusement son modèle ; alors seulement, il le soumet à un traitement « à l'écrevisse », trilles et gruppettos compris, tour de force médiéval, qui annonce les rébus du futur *Quaderno* ; enfin il retourne au canon à l'unisson du début, transposé en fa, infiniment doux et lointain.

Le finale (en mi bémol majeur, *alla marcia, moderato*) touche à trois caprices à la fois. C'est le *Quatorzième* qui en fournit l'essentiel, dans un imperturbable canon à l'octave, qui fait fi de tous les frottements qu'il occasionne. Atmosphère joyeuse de carnaval, où l'ombre de Schumann est encore plus présente que celle de Paganini. À la faveur du rythme dactylique, voici passer, au détour, le motif de « caccia » du célèbre *Neuvième Caprice*. Et les dernières mesures de citer, dans un éclair, les voltes fantasques du *Dix-septième*...

## *Quaderno musicale di Annalibera*

COMP août-septembre 1952. PUB 1953 (Suvini Zerboni). DÉD à sa fille Annalibera, pour ses huit ans. CRÉ par Vincent Persichetti (29 novembre 1952, Pittsburgh). Orchestré en 1954 sous le titre de *Variazioni per orchestra*.

Commande du Festival de musique contemporaine de Pittsburgh, cet ensemble de onze pièces, d'une durée totale de quatorze minutes (l'auteur en a interdit l'exécution partielle), est tout entier placé sous le signe de Jean-Sébastien Bach : depuis son titre, référence au fameux *Klavierbüchlein* d'Anna-Magdalena, jusqu'à ses « contrapunctus » savants, dignes de ceux de l'*Offrande musicale*, en passant par le thème BACH, dissimulé dans la « série » qui le gouverne.

Car l'œuvre est sérielle, purement dodécaphonique, la première de cette nature chez le compositeur ; et même on dira qu'elle lui a servi d'étude en vue des *Canti di liberazione*, bâtis sur la même série. Mais ce principe, chez d'autres si stérile et inhumain, n'a tué chez lui ni l'humanité ni la musique. Et ceux que trop de science intimide s'apercevront avec étonnement que les pages les plus poétiques sont justement celles où triomphe un savoir consommé.

La première pièce, *Simbolo (quasi lento)*, est un acte de foi, comme son nom l'indique ; c'est elle qui présente, en transpositions successives, et comme autant d'échos, ce thème formé sur le nom de Bach, qui a hanté plus d'un musicien.

La deuxième, *Accenti*, est un instantané de vingt-sept secondes, au compte du compositeur : une page *allegro con fuoco*, percutée de coups secs et violents, qui rompt le climat méditatif de la précédente ; accords arrachés, rythmes heurtés, accents irréguliers, silences aussi agressifs que les sons.

Le *Contrapunctus primus (mosso, scorrevole)* est un contrepoint de courtes figures brisées qui se répondent dans l'espace. Un chant domine, *mp*, en blanches et rondes, bien carré dans sa mesure à 4/2 ; un autre, « molto *p* », lui sert d'écho canonique, en blanches et noires pointées (augmentation et diminution ensemble). Il s'y mêle, à partir de la neuvième mesure, les renversements de l'un et de l'autre. Énorme difficulté, pour le pianiste, de rendre perceptibles ces plans sonores, qui s'entrecroisent dans un espace étroit, la moitié haute de l'instrument.

*Linee* (« Lignes ») : il y en a deux, un accompagnement de croches, arythmique, en intervalles brisés *(tranquillamente mosso)*, et un chant, plus soutenu, logé d'abord à l'intérieur de ces croches, puis s'évadant vers l'aigu, cri d'oiseau, intense, persuasif.

Ses vingt-deux secondes font du *Contrapunctus secundus (poco allegretto, alla serenata)* le plus bref de ces onze petits morceaux ; son contenu un des plus réussis. C'est un canon « contrario motu », par mouvement contraire, à distance de croche. On dirait deux donneurs de sérénades, l'un reflétant l'autre dans le miroir du bassin, l'imitant avec un léger décalage, – celui qui sépare hier de demain, la vie de la mort, le rêve de la réalité. On les entend s'accorder, jeter quelques raclements de mandoline, des bribes mélodiques (« affetuoso »), des pizzicati fuyants, et disparaître, happés l'un après l'autre par le vide. Un haïku, sans défauts.

*Fregi* (« Ornements ») : douze mesures méditatives *(molto lento, con espressione parlante)*, dont les six dernières reprennent les six premières en inversion, avec échange des mains.

La septième pièce, *Contrapunctus tertius*, est un canon « cancrizans », à l'écrevisse. Dallapiccola choisit comme à dessein cette forme savantissime pour un *andantino amoroso*. Intervalles très doux, septièmes effleurées, quartes, quintes, quelques tierces bien harmonieuses. En dépit de la fragmentation du texte, parsemé de silences, il faut donner l'impression d'une plénitude ; « sempre parlante », prescrit l'auteur. Ici le savant austère et l'amoureux fervent ne font plus qu'un... (Noter pourtant cette coquetterie de médiéviste : la page offre d'abord le graphisme du rébus, imprimé à l'encre rouge, puis sa solution.)

*Ritmi (allegro)* est une étude rythmique où les douze notes de la série, en plus de leur succession mélodique obligée, reçoivent une certaine individualité d'attaque, de valeur, d'intensité.

L'écriture dépouillée, presque « blanche », de la neuvième, jure avec son titre de *Colore*, sauf à se souvenir que la superposition des couleurs du spectre aboutit à ce blanc un peu fantomal. Des septièmes, des quintes, des tierces, se suivent erratiquement, traversées d'un fil de croches expressives. Atmosphère d'extase, à la Scriabine (*affetuoso, cullante*, c'est-à-dire « berceur »).

*Ombre*, à l'inverse, est surchargé de sons violents, les notes de la série superposées au fond du piano, en guise de prélude et de postlude *(grave)*. Au milieu, une plage paisible faite d'appels étouffés, avec l'omniprésence de l'intervalle de seconde mineure (celui de BACH), en mystérieux trémolos.

Enfin c'est l'épilogue de la *Quartina (molto lento, fantastico)*, ainsi nommée à cause de ses quatre phrases de quatre mesures chacune, où l'on entend tour à tour, en mélodie accompagnée d'accords, les quatre formes de la série d'origine : directe, inversée, rétrograde, rétrograde inversée. Peu importe pourtant la grammaire : le résultat est un poétique et mélancolique adieu ; et le compositeur, pour en laisser vibrer longtemps les derniers accords (si mineur superposé à si bémol majeur), n'emploie pas la double barre finale, ne ferme pas la porte de la mesure, la laisse ouverte aux parfums de la nuit.

## Jean-François DANDRIEU
(1682-1738) Français

En nommant *Premier*, *Second* et *Troisième* les trois grands livres de clavecin qu'il a publiés entre 1724 et 1734, et qui ont fondé sa renommée, Dandrieu entendait sans doute désavouer ses trois livres précédents, peu connus, datant du tournant du siècle, trois petits livres écrits par un jeune homme de vingt ans plus ou moins familier avec les œuvres de Chambonnières, Lebègue et d'Anglebert. Deux décennies plus tard, c'est à Couperin qu'il veut se mesurer, et l'on comprend qu'il se reconnaisse mal dans ses premiers essais ; il les a laissés disparaître avec les derniers exemplaires, dont il ne reste qu'un ou deux aujourd'hui, objet d'étude pour les savants. Les pages qui suivent ne concerneront que les trois livres reconnus par leur auteur.

Couperin : les titres de Dandrieu indiquent clairement le rival et le modèle. De l'un à l'autre, les épithètes se répondent, *La Distraite* ou *La Lutine* revivent dans *L'Étourdie* ou *La Coquette*. Les dénominations galantes, inspirées de la « Carte du Tendre », se valent, *Les Idées heureuses* ou *Les Langueurs tendres* du premier, *Les Tendres Accents* ou *Les Doux Propos* du second. *Le Concert des oiseaux* se souvient de toute une volière, du *Rossignol en amour*, des *Fauvettes plaintives* et de *La Linotte effarouchée* ; et si *Le Carillon* n'est qu'un raccourci du *Carillon de Cythère*, si *Les Abeilles* modifient à peine *Le Moucheron*, on trouve des *Papillons* chez les deux. Inutile de poursuivre, tout un chacun, à l'époque, a cédé à cette mode des titres pittoresques ; et si cela se voit beaucoup chez Dandrieu, c'est qu'il totalise environ cent cinquante pièces (Couperin environ deux cent quarante).

Pour le reste, les deux univers sont foncièrement différents. Peu de pièces « luthées » chez Dandrieu, qui a le contrepoint plus ferme, le trait plus continu et les plans plus tranchés ; son style, celui d'un maître artisan qui pourrait en remontrer aux autres, y gagne une netteté particulière (on l'a comparé tantôt à celui des Allemands, tantôt à celui des Italiens), mais le sacrifice du flou et de l'approximatif lui ôte une bonne part de poésie. À défaut de savoir renouveler son matériau mélodique et harmonique, il s'est attaché à la variation ; nombre de ses pièces, surtout dans les dernières suites, ne sont que prétextes à « doubles », du reste parfaitement écrits et attrayants aux doigts.

## Premier Livre
PUB 1724. DÉD au roi.

Enrichi d'une préface et d'une table d'agréments, ce *Premier Livre* officiel comporte cinq suites. La pièce la plus attachante de la *Première Suite* (en ut) est celle qui l'ouvre, *La Plaintive* (dans le mode mineur), qui répond si justement à son titre, par son chant entrecoupé de silences ou de syncopes, sa façon de relancer, en la transposant, sa petite phrase dolente. Autre perle, *L'Harmonieuse*, une succession de trois rondeaux (un majeur entre deux mineurs) sur le même principe : mètre à 6/8, la gauche marquant les temps, uniformément en noires pointées, la droite en croches à contretemps, en brisures, tenues, syncopes, le tout formant d'incessants petits halos d'harmonies changeantes. Dans le même esprit, *La Mélodieuse*, en deux rondeaux, réussit moins son affaire ; ce jeu des mains constamment décalées, on le retrouve dans *Les Enchaînements harmonieux* de Daquin, avec tellement plus de saveur. Le reste de la suite est comparativement plus faible (et une pièce comme *Les Folies amusantes*, avec ses couplets variés en diminution progressive, n'est que l'ancêtre des *Variations en ut mineur* de Beethoven : aussi vaine, aussi assommante). – Mais on ne saurait passer sous silence, ne serait-ce que pour les décrire, les fameux *Caractères de la guerre* qui clôturent la suite ; transcrite d'une suite d'orchestre publiée par Dandrieu en 1718, c'est une de ces scènes de genre qu'on reproche à quelques clavecinistes post-couperiniens, et dont le modèle est justement dans Couperin *(Les Fastes de la grande et ancienne ménestrandise)*. L'auteur en est assez fier pour la mentionner dès son titre et la commenter dans sa préface. Point de recherches harmoniques, il va sans dire, dans ces pièces élémentaires, à la portée du plus vaste public, qu'il doit étonner, amuser. Tonique et dominante, amplement ressassées, suffisent et sont dans la vérité de ces marches et de ces sonneries militaires. Tour à tour *Le Bouteselle*, *La Marche*, deux *Fanfares*, *La Charge* (où s'entendent des coups de canon dans le grave, écrits en accords parfaits de quatre notes, mais que Dandrieu conseille de remplacer en frappant « du plat et de la longueur de la main les notes les plus basses du clavier », ce qui revient à avoir inventé, avant Ives et Cowell, le *cluster* !), *La Mêlée* (gammes et arpèges vertigineux aux mains alternées), *Les Cris* (trémolos et gammes aux deux mains), *Les Plaintes* (accords de septième diminuée), *La Victoire*, *Le Triomphe* (deux rondeaux, le second suivi d'un double virtuose).

De la *Deuxième Suite* (en sol), on retiendra *La Prévenante* (mode mineur), touchante, avec son chant caressé de tierces ou sixtes brisées dans la même main, qui à la fois l'auréolent et lui confèrent une certaine réticence ; – *La Gémissante* (également au mode mineur), un rondeau, avec les échos d'une main à l'autre de ces motifs sur trois notes conjointes ascendantes ; – et surtout le célèbre *Concert des oiseaux*, non pas une pièce, mais une petite suite au sein de la suite, commençant par *Le Ramage*, passant par *Les Amours*, finissant par *L'Hymen*, à deux doubles, l'un en triolets de croches, l'autre en doubles croches (recette unanimement suivie) ; on est perché la plupart du temps dans le registre aigu, avec tremblements à la tierce, sur quelques notes gazouillantes ; du descriptif, à peu de frais (où est le merveilleux *Rappel des oiseaux* de Rameau, publié la même année ?), mais plaisant à jouer comme à entendre. – Au chapitre des curiosités : la première pièce de la suite, *La Contrariante* (sol majeur), dont on conçoit qu'elle ait tiré son titre de son rythme à la fois pointé et syncopé, où nul ne peut manquer de voir, deux siècles et demi plus tard, une prémonition du rag !

La *Troisième Suite* (en mi) vaut essentiellement par *L'Agitée*, très belle pièce, et très contrastée, composée de deux rondeaux, l'un mineur, l'autre majeur ; le titre convient plutôt à la seconde partie, où frémit et insiste un courant de doubles croches, qu'à la première, laquelle, avec ses syncopes (tout ce début si romantique !), et pour peu qu'on la prenne à une allure bien modérée, serait plutôt une douce élégie. – Voyez aussi *La Bouillonnante* (mi mineur), une gigue à 6/8, bien enlevée, avec quelques remarquables effets de syncope (accords en vibration) dans la seconde partie. – Un morceau comme *Les Cascades*, premier de la suite, montre les dons de caméléon de Dandrieu ; il comprend deux parties qui, confiées à Bach (celui d'Arnstadt), auraient fini en « prélude et fuguette » ; le « prélude » d'ailleurs est presque parfait dans son économie, sa symétrie, son maillage étroit à deux voix ; la « fuguette », embryonnaire, tourne court : notre Français n'a pas la patience voulue, et songeait à autre chose !

Trois pièces sortent du lot, dans la *Quatrième Suite* (en la) : le rondeau des *Tendres Accents* qui l'inaugure (la mineur), petite élégie aux traînantes syncopes ; *L'Empressée* (la mineur), presque un « petit prélude » de Bach, croches contre noires, aussi vite que le titre le suggère ; *La Favorite* (la majeur), rondeau à deux doubles, où je ne sais quelle monotonie stridulante finit par avoir quelque chose d'irrésistiblement plaisant...

La *Cinquième Suite* (en ré) se signale par *La Fête de village* : une gavotte, une gigue, un menuet, un second menuet avec son double, toutes ces danses sont scandées du même bourdon de quinte dans le grave (voyez le même effet dans la *Musette* et le *Tambourin* de Daquin) ; saveur de terroir assurée, quoique ce soit ici bien long et quelque peu excessif. Moins long, cependant, que les effets répétitifs, le radotage (à rendre fou !) du *Carillon* en cinq volets qui ouvre la suite. – *La Chasse* est une pièce encore dont s'enorgueillit la préface ; interminable et fatigante ineptie, série de fanfares sur tonique et dominante ; si, revolver sur la tempe, on doit absolument choisir, peut-être préférera-t-on la pièce équivalente de Daquin.

## Deuxième Livre

PUB 1728 (Boivin). DÉD au prince de Conti.

Six suites. La *Première Suite* (en ut) commence avec deux hommages, deux « à la manière de » fort réussis : *La Lully* et *La Corelli*. Mais la merveille de la suite, et peut-être du livre, c'est la pièce suivante, intitulée *La Lyre d'Orphée* (en ut mineur) : il suffit, en vérité, de ce morceau pour faire litière de tous les jugements négatifs portés sur Dandrieu, et pour racheter des pages entières de guerres et de chasses ; pièce admirable, digne des plus émouvantes de Couperin et de Dagincour ; dès la première partie, on est ému par ce chant, ces syncopes, ces voix qui s'entremêlent timidement ; mais ce ne sont que les apprêts des beautés qui éclatent dans la deuxième partie, où le style luthé joue à plein, avec des harmonies toujours plus rares : touchantes huit dernières lignes, avec ces progressions par appogiatures sur l'accord de septième de dominante.

La *Deuxième Suite* (en fa) forme un ensemble cohérent, sous le signe de la musique et de la danse. Elle débute par un *Concert des muses* (en fa mineur), prélude à une *Suite du concert*, passacaille en trois rondeaux, un majeur entre deux mineurs ; ceux-ci sont fort beaux et d'un lyrisme soutenu ; le rondeau majeur s'emberlificote, hélas, dans une virtuosité stérile. Vient ensuite une *Mascarade*, comprenant une *Entrée des masques* (en fa majeur), scandée avec gaieté, un *Polichinelle* (majeur), sautillant d'un air réjoui, et des *Dominos*, sous forme de deux menuets enclavés (majeur et mineur) : ils n'égalent pas ceux des *Folies françaises* de Couperin, mais on ne s'ennuie guère en leur compagnie.

Un thème aussi circule dans les pièces de la *Troisième Suite* (en ré), celui de l'amour, et de ses « surprises », comme dirait Marivaux. On y voit, d'entrée de jeu, une *Magicienne* préposée à d'obscurs sortilèges : courte ouverture en lent rythme pointé, suivie d'un épisode plus rapide, à 2/4, écrit comme une invention à deux voix. Puis c'est un petit scénario galant, avec le chant tendrement éploré de *L'Amant plaintif*, la danse légère (et court-vêtue ?) de *L'Indifférente*, le menuet légèrement frisé du *Galant* ; avec surtout *Les Tendres Reproches* (mode majeur, les morceaux précédents étaient en mineur), une des plus belles pièces luthées de Dandrieu, toute en voix intérieures et caresses harmoniques. Le roman ne finit pas trop mal, si l'on en croit la paisible conclusion des *Serments amoureux* (ré mineur à nouveau), à l'orée d'éternels recommencements. – En bout de suite, le petit ensemble de *La Pastorale*, en quatre mouvements : *Marche, Les Bergers rustiques, Les Bergers héroïques, Le Bal Champêtre* ; rien de saillant dans ces tableautins ; on peut s'amuser de l'opposition entre le mineur, le *gaiement* et le 2/2 des « rustiques », et le majeur, le *tendrement* et le 3/4 des « héroïques ».

La *Quatrième Suite* est entièrement en si mineur, et contient bien des arrêts obligés : *Les Doux Propos*, pour ses courbes sensibles de doubles croches, brisées de silences ; *La Pathétique*, aux étonnants chromatismes ; *La Fidèle*, une sarabande persuasive, sans détours ; *La Capricieuse*, une gigue pleine de surprises rythmiques ; enfin *L'Étourdie*, savoureuse et cocasse, brinquebalée sur une basse en octaves brisées.

La moisson est plus maigre dans les deux dernières suites du livre. De la *Cinquième Suite*, happons *Le Caquet* (en mi majeur), pièce célèbre, pour ses notes répétées jacassantes ; et *L'Impérieuse* (toujours en mi majeur), qui ne mérite pas ce titre, tant elle est douce, et fuyante, et secrète, dans ses phrases syncopées, ses ornements délicats, sa prédilection pour le registre aigu. De la *Sixième Suite* : plutôt que *L'Éclatante* (en la majeur), bien commencée, mais un peu gâchée par ses deux doubles bavards, – l'*Aubade* finale, titre regroupant quatre morceaux également en la majeur *(Le Réveil, Les Sentiments, La Fleurète, Les Adieux)*, simplissimes, presque toujours bornés aux harmonies de tonique et de dominante, mais délicatement tracés : et il y a tout de même, dans le dernier couplet des *Adieux*, cette ombre mineure, où pénètre soudain le regret...

### *Troisième Livre*
PUB 1734 (l'auteur et Boivin). Sans dédicace.

Divisé en huit suites. C'est de loin le moins intéressant ; non seulement parce que Dandrieu y reprend, dans les deux premières suites, des pièces de ses livres de jeunesse, en les recouvrant de titres à la mode qui n'y changent rien (ces morceaux demeurent ce qu'ils étaient, de la production honnête et courante), – mais aussi parce que s'y accumulent les pièces à variations, dont le compositeur semble s'être fait une spécialité. Il y déplace l'intérêt sur l'adresse, l'exhibition, au détriment des trouvailles mélodiques et surtout harmoniques ; et ces doubles attendus, selon la même progression, du triolet de croches aux doubles croches, sont vite lassants. Quelques réussites isolées : *L'Arlequine* de la *Première Suite* (en ré mineur), une gigue à 9/8, au scintillant cliquetis de doubles notes ; *La Champêtre* de la *Deuxième Suite* (en sol majeur), avec ses effets de flûtiaux ; *L'Insinuante* de la *Quatrième Suite* (en sol mineur), un menuet aux ornements graciles, bercé de croches continues ; *La Volage* de la *Septième* (en la majeur), un rondeau charmant par l'insistance de son thème, qui dément le titre avec humour ; *La Caressante* de la *Huitième* (en mi mineur), une gigue des mieux venues, sérieuse et même sévère ; enfin de la même *Huitième Suite*, et pour ne pas paraître bouder les variations, *La Mignonne* qui la referme (et referme le livre), un thème dansant coquettement sur ses notes conjointes deux par deux, avec quatre doubles.

# Louis-Claude DAQUIN
(1694-1772) Français

---

Trente pièces à peine, en un unique livre de clavecin, publié en 1735, constituent l'apport de Daquin à cet instrument, et au nôtre (il l'appelle pourtant *Premier Livre* et en annonce un second, qui ne vit jamais le jour) ; il faut laisser à l'orgue, auquel il est premièrement destiné, le *Livre de noëls*, douze pièces dont seule la registration de l'instrument à tuyaux peut balancer la monotonie. Trente pièces ; mais qui donc peut en nommer une seule, en dehors de ce *Coucou* universellement répandu, et de cette *Hirondelle* qui le suit d'une aile plus timide au ciel de la gloire ?

On a dit Daquin superficiel, parce qu'il privilégie la pièce descriptive, et surtout parce qu'il donne volontiers dans la virtuosité. Il ne s'en cache guère, se flatte d'avoir inventé l'agrément des « trois cadences » (un trille triple, qu'on verra aussitôt fleurir chez maint compositeur), mais insiste dans sa préface qu'avec un bon doigté « l'exécution en deviendra bien moins difficile qu'elle ne paraît sur le papier ». Il demande de la « précision », de la « délicatesse », de la « propreté » ; et cela fait écho au jugement de l'abbé de Fontenay, qui vante, dans le *Dictionnaire des artistes* (1776), l'égalité de ses mains et sa « précision inaltérable dans la plus grande rapidité du jeu » : on sait que ce fut un enfant prodige, qu'il étonna Louis XIV en jouant devant lui à l'âge de six ans, et que jusqu'au bout de sa longue carrière d'organiste, successivement dans les églises les plus prestigieuses de Paris, de Saint-Paul aux Cordeliers, pour finir à Notre-Dame, la foule se bousculait pour assister à ses improvisations spectaculaires. Il n'empêche, pour revenir à ses pièces de clavecin, que certaines ne sont en effet que de purs exercices digitaux, un « art de la vélocité » avant celui du bon Czerny. Et cependant on se tromperait en le bornant aux démonstrations des *Vents en courroux*, ou au creux remplissage de ses interminables *Plaisirs de la chasse*. Daquin est souvent frivole ; comme il est souvent étriqué, se contentant de courts motifs indéfiniment répétés ; et souvent plat, se bornant à des mélodies, à des rythmes sans surprise. Mais quelques pages (et non seulement ce *Coucou* assez justement vanté) le montrent capable de profondeur, de poésie gracile et rêveuse ; et les mêmes doigts qui se dépensent en gammes vaines et fastidieuses savent parfois ourdir une trame d'harmonies vaporeuses et troublantes : Daquin, dans ses *Enchaînements harmonieux*, prouve qu'il n'a pas trop oublié les *Barricades mystérieuses* du grand Couperin.

## Livre de pièces de clavecin

PUB 1735 (l'auteur). DÉD à son élève Mlle de Soubise.

PREMIÈRE SUITE. – Dix pièces en sol, dont cinq danses. L'*Allemande*, notée à 2/4, dédaigne ostensiblement les complexités polyphoniques et les détours de la mélodie ; c'est plutôt une invention à deux voix, et quelque peu scolaire. Mais rien de vif et de gai comme les deux *Rigaudons*, l'un en rondeau à deux couplets, en sol mineur, l'autre passant au mode majeur pour servir de trio au précédent ; lignes claires, rythmes francs, quelques tierces chantantes, quelques croches aux cadences, pour remonter le mouvement.

La *Musette* et le *Tambourin* sont un peu trop longs, avec tous leurs couplets, pour que ne s'épuise pas leur humour, dû à leurs thèmes élémentaires et à leurs basses de quintes rustiques, tonique-dominante sans discontinuer, en mobile dessin brisé pour la première, en accord statique pour le second.

*La Guitare* est un rondeau charmant (à 6/8, *gracieusement*), moins descriptif que son titre ne le laisse attendre, et plus soucieux de simple musique que d'effets : à peine, dans le deuxième couplet, voit-on passer un accord de septième diminuée, et entend-on vibrer à la fin quelques retards expressifs.

On a médit des *Vents en courroux* ; et il est vrai que ces gammes et ces arpèges rapides où les mains doivent alterner en virtuoses (leur rôle est nettement indiqué par le compositeur) sont bien creux, non par définition, mais parce que l'harmonie se réduit au schéma le plus banal ; il en faut certes davantage pour « faire sentir la fureur des flots et la vivacité des éclairs... » (Avertissement).

On dirait, dans les deux rondeaux enchaînés des *Bergères*, que Daquin tente de refaire, modestement, *Les Bergeries* de Couperin ; il n'en approche guère ; du moins met-il beaucoup d'ingénuité dans ces pièces complémentaires, l'une dans le mode majeur, très lisse, et trop babillarde (mais bien « pianistique », avec cet accompagnement de croches qui souligne souvent le chant à la tierce ou à la sixte), l'autre dans le mineur, plus tendre, qui semble parfois (fin du deuxième couplet, avec son long trille double) le dialogue de deux flûtiaux.

Aussi bien le refrain que les trois couplets de la joyeuse *Ronde bachique* (à jouer *rondement*, bien sûr !) ont en commun de sonner deux fois leur musique, d'abord dans l'aigu, puis dans le grave : comme si l'on voyait danser, à tour de rôle, bacchantes et nymphes, silènes et bacchants ; la pièce est basée sur la chanson bourguignonne « Margot, labourez les vignes » ; croches continues aux deux mains, à l'exception du dernier couplet, qui diminue le chant en doubles croches.

Autre morceau controversé, *Les Trois Cadences*, qui n'est écrit que pour faire valoir des trilles triples (deux à la main droite contre un à la gauche) et des traits de main gauche ; cela ne devrait pas nous empêcher d'y distinguer, bel et bien, un plan de forme sonate, à deux thèmes différenciés (ou du moins une idée distincte dans le long groupe à la dominante : mes. 26), avec développement et réexposition abrégée (mes. 100) à la tonique.

DEUXIÈME SUITE. – En ré ; elle ne compte que six morceaux, dont le plus connu est le dernier, *L'Hirondelle*, rondeau en deux parties (majeur-mineur), pourtant vite lassant dans le surplace affairé de ses deux voix, de ses petits tourniquets et tournicotons de doubles croches. Il laisse dans l'ombre ce qui est sans doute la plus belle pièce de Daquin, *Les Enchaînements harmonieux*, encore un rondeau en deux parties, dont d'ailleurs la première, dans le mode majeur (et très exactement son deuxième couplet, où la texture s'étend à quatre voix), surpasse de beaucoup la seconde, dans le mineur ; syncopes tout au long (les deux mains perpétuellement décalées), retards, entrelacs harmoniques, vibrements délicieux, à faire bondir le cœur.

Les autres pièces se partagent entre majeur (*La Favorite* et *Le Dépit généreux*, chacune avec son double) et mineur (une *Allemande* et une *Courante*). Celles-là paraîtront frivoles (quoiqu'il y ait de bien jolies inflexions dans *La Favorite*) ; leurs doubles, surtout, ont l'air de tourner à vide avec leurs notes de passage. Celles-ci, au contraire, ont une allure grave et sérieuse qu'on ne connaît pas généralement à Daquin ; l'*Allemande* est nourrie de chromatisme ; la « petite reprise » de la *Courante*, en caressants triolets, est une trouvaille.

TROISIÈME SUITE. – En mi ; avec moins de morceaux encore, tout juste quatre rondeaux ; mais elle compte le célébrissime *Coucou*, qui lui sert d'ouverture (en mi mineur, *vif*). Que reste-t-il, dira-t-on, de ce tricotage infatigable de doubles croches, de cet appel naïf de l'oiseau (l'éternelle tierce descendante, que Pasquini déjà multipliait à tous les registres d'une *Toccata* bien connue), qu'en reste-t-il après tant d'auditions ? Plus qu'on n'imagine ; ces pages sont véritablement *trouvées*, thème et harmonie, texture et disposition instrumentale ; forme et fond, certes aussi ténus l'un que l'autre, n'en sont pas moins fondus en un tout réussi, difficile à refaire, même pour l'auteur (son *Hirondelle*, je l'ai dit plus haut, ne vole pas bien loin).

On s'ennuie vite de *La Joyeuse* (en mi mineur, *légèrement*, à 3/8) ; sa trame est si claire que rien ne reste pris dans les mailles ; elle s'agite en vain, petite joie inféconde, petit bonheur d'écervelée. Curieusement, les autres beaux moments de la suite le doivent au mode majeur : le rondeau de *La Tendre Sylvie*, où les voix viennent s'accoler à la tierce ou à la dixième, – et la deuxième partie de *L'Amusante*, double rondeau, étrangement fade en son début mineur, puis se découvrant saveur et odeur ; ce mi majeur permet, cela va sans dire, les ombres fugitives d'ut dièse mineur, qui adoucit encore ces croches, les rend plus persuasives.

QUATRIÈME SUITE. — En ut, bâtie de façon inhabituelle ; d'abord trois pièces (un rondeau isolé et deux menuets complémentaires) ; puis tout un « divertissement » en sept pièces, *Les Plaisirs de la chasse*. Le rondeau, intitulé *La Mélodieuse* (en ut mineur, *gracieusement*), en est encore le meilleur moment ; le peu qu'il donne à la vanité des doigts (traits alternés du troisième couplet) ne dépare pas la spontanéité du reste. On retrouve ces traits, plus inconsistants, dans le *Premier Menuet*, en ut majeur, auquel le *Deuxième Menuet*, mineur, sert de trio.

Puis, le majeur ayant définitivement conquis la place, le divertissement cynégétique peut commencer. « On peut l'exécuter, dit l'auteur dans son Avertissement, sur les cors de chasse, hautbois, violons, flûtes, musettes et vièles... » C'est assurément le seul moyen d'y trouver quelque intérêt. Au clavier, hélas, il n'y a rien que de très ennuyeux dans ces fanfares et ces marches, ces appels de chasseurs et de chiens, ce rondeau de *La Prise du cerf* qui est tout bonnement l'occasion d'un déchaînement de gammes, pour ne rien dire des *Réjouissances* finales, consistant en deux menuets et une gavotte variée, celle-ci encore plus stérilement virtuose que tout ce qui a précédé, virant au pur exercice digital. Triste façon de prendre congé du musicien ! Retournons vite, pour nous consoler, à ces *Enchaînements harmonieux* de la *Première Suite*, où seule comptait la musique...

# Claude DEBUSSY
(1862-1918) Français

Il est vain de se rebiffer, avec Debussy lui-même, contre l'étiquette d'« impressionniste » qui est accolée, depuis l'origine ou presque, à sa musique. Mieux vaut chercher à en affiner le sens (et à en faire profiter les nombreux musiciens que cette étiquette concerne au même titre, depuis Grieg et Liszt jusqu'à Griffes, Bridge ou Malipiero). Quand on aura dressé la liste des sujets de prédilection de cette troupe, le vent, les sources et le feuillage, les nuages, la montagne et la mer, les parfums de la nuit, les cloches, les soleils couchants, on n'aura guère avancé. Et même en remarquant leur collusion de plus en plus avouée avec les autres arts, littérature en tête, qu'obtient-on de sérieux ? Ce mot d'« impressionnisme », appliqué à ce qui les inspire, est moins satisfaisant qu'appliqué aux procédés par lesquels ils le restituent.

Les moyens formels ont beau être nombreux et variés, ils sont subtilement apparentés par l'effort même auquel ils se prêtent, et qui ne saurait porter qu'un seul nom, celui qui sert de titre à la première pièce de l'*Iberia* d'Albéniz, « évocation ». Évoquer n'est pas décrire, on tâchera de le redire, ou tout au moins de le penser, devant chaque nouveau disciple de cette esthétique si particulière où le tableau achevé compte moins que l'esquisse, la ligne que les pointillés, la couleur que le délayage qui la précède. Chaque fois qu'un compositeur, au piano (c'est de piano que nous nous occupons), a préféré l'hésitation mélodique, le flou harmonique, l'équivoque rythmique, chaque fois qu'il a privilégié l'espace, le silence, le temps dérobé, il n'a plus été éloigné de *suggérer* ce qu'un autre *énonce* tout rondement.

Il y a des époques, bien entendu, pour cela. Demander cet art à Bach, à Mozart, n'a aucun sens. La suggestion musicale est venue après toutes les autres (la poétique, la picturale) ; il a fallu, pour la favoriser, les étapes de l'histoire du piano, les jalons de l'histoire de l'harmonie ; ces deux domaines, en s'enrichissant parallèlement, ont pu fusionner sous les doigts des premiers « impressionnistes » : *Son des cloches*, cette « pièce lyrique » où Grieg précède *La Vallée des cloches* de Ravel, a bénéficié à la fois de la pédale du piano et de la dissonance libérée.

Ce long prologue pour exprimer qu'à Debussy, poète des sons, on saura gré d'avoir eu d'abord, et ensemble, le génie de l'harmonie et le génie du piano, – la liberté de l'une et de l'autre. Le reste ne compte guère.

Dans ce reste s'entassent par exemple, abondamment prêtés par ses ennemis, les défauts inhérents à une telle démarche, à une telle sensibilité. La délicatesse d'un art rejaillit négativement sur son auteur. Une écriture ténue paraît anémiée, un style raffiné est réputé égoïste et coupé du monde, un ton pudique passe pour froid. On parlera d'amusements de fin d'époque, de délices de sybarite ; on citera les vers de Verlaine, cet « empire à la fin de la décadence, / Qui regarde passer les grands barbares blancs / En composant des acrostiches indolents... ». Beaucoup voient encore dans l'art debussyste un beau fouillis esthétique où règnent l'approximatif, le vaporeux, le fragmentaire. Et certes cet art, singulièrement dans la musique de piano, qui le représente pour bonne partie, ne supporte aucun appui trop net ; cela dans tous les domaines. Pas de son trop volumineux, pas de trait trop marqué, de phrase trop nourrie, de rythme inflexible. Et de même, pas de forme tranchée, pas de cadre préétabli. On sait le goût de Debussy pour les fins diffuses, effilochées : il interrompt sans terminer (la fameuse *Sérénade*, emblématique !), – et d'ailleurs ne commence pas toujours franchement. (Un début et une fin trop signalés situeraient la musique comme un moment dans la chronologie ; il n'a pas dû aimer le terme de « moment musical », qui présuppose un chronomètre.) Mais cet adepte apparent du vague et de l'informe, où la néfaste étiquette d'« impressionniste » l'enfermait (et plus encore cet adjectif de

« debussyste » contre lequel il s'éleva tout autant : « Les debussystes m'ennuient... »), cherchait, consciemment, un ordre supérieur, en réclamait pour lui-même comme pour les autres un usage bien compris, rêvant à « quelque chose de plus épars, de plus divisé, de plus délié, de plus impalpable, quelque chose d'inorganique et pourtant d'ordonné dans le fond ».

On parle souvent du piano « orchestral » de Debussy, et la vue de certaines pages, où les signes se répartissent sur trois portées, pourrait renforcer l'impression de l'oreille. Mais le terme prête à confusion. Si vous comprenez par là que Debussy, à tel étage de sa partition, entend une flûte, à tel autre un cor, et ailleurs un violoncelle, les fameux *quasi flauti, quasi corni*, etc., de Liszt, vous n'y êtes guère ; ce coloriage illusoire et naïf ne l'intéresse pas ; il n'a jamais essayé d'imiter un timbre instrumental (pas plus, allez le répéter aux obsédés de musique imitative, qu'il n'a tâché de décrire un ruisseau, un brouillard, une bourrasque). Mais si dans la notion d'« orchestre » vous voyez la profondeur de l'espace, la variété des attaques, la diversité des nuances, l'imbrication des plans, alors oui, pourquoi pas ce terme après tout ? Corrigeons-le aussitôt en affirmant qu'après Chopin, Debussy est le premier compositeur qui ait cherché à exploiter tous les pouvoirs du piano, à le forcer dans ses retranchements, à dévoiler ses couleurs et ses timbres, bien plus nombreux, bien plus subtils qu'on ne l'imagine.

Voilà où l'art impur du Français rejoint l'art si pur du Polonais. Pour celui-ci, rien n'a jamais compté que les sons, que les rythmes, que la substance musicale ; à celui-là il a souvent fallu le prétexte, l'alibi de la littérature, des arts plastiques, des phénomènes naturels. Qu'importe, au piano ils se ressemblent, partagent une même passion pour l'instrument, mettent une pareille curiosité à l'explorer de fond en comble. Et ce qui les y mène est un goût identique pour la nouveauté harmonique, où ils savent trouver la source de leur liberté.

Le piano de Debussy est donc un instrument élargi, d'abord par la virtuosité. L'héritage de Chopin et de Liszt, entre ses mains, continue de s'enrichir, sans céder de sa fonction essentiellement poétique. Il ne l'emploie jamais pour briller, mais pour exaucer à la fois les désirs d'une imagination illimitée et les convoitises d'une oreille aiguë. Ce que l'oreille veut entendre, les doigts s'ingénieront à le produire. À côté des périls traditionnels, dont les études romantiques constituent un catalogue, des difficultés inédites apparaissent : le toucher différencié de chaque doigt, le poids de chacun précisément réglé, et jusqu'à la position de chaque phalange. – Et c'est un instrument agrandi par la pédale, grâce à laquelle les vibrations tournoient dans l'espace, se mêlent, se prolongent.

Une chose pourtant, qui peut sembler capitale, distingue Chopin de Debussy : Chopin se trouve du premier coup, n'ayant fait qu'une bouchée de ses devanciers, qu'il supplante superbement à l'âge où d'autres s'occupent à de laborieux travaux scolaires. Debussy, qui devait influencer tant de musiciens, et imposer, le plus doucement, le plus pacifiquement du monde, une nouvelle direction à la musique, a commencé par transpirer lui-même de nombreuses influences : Grieg et Massenet, Borodine et Wagner, Chabrier et Satie... Et il est vrai qu'on le débite facilement en périodes, et que le musicien des lucides *Études* (1915) et celui de la *Suite bergamasque* (1890), si mollement verlainienne, semblent aux antipodes l'un de l'autre. Mais cette approche du piano leur est commune, et quand bien même Debussy met du temps, au piano plus encore que dans ses mélodies ou son orchestre, à se découvrir (en termes de forme, de pensée achevée), la lecture des fameux carnets où Maurice Emmanuel, son condisciple, s'est amusé à noter ses audaces sacrilèges, aux cours de Guiraud ou de Delibes, est éclairante. Dès alors Debussy se fiait entièrement à son ouïe, mise aux aguets par ses doigts aventureux ; dès alors il s'impatientait qu'on fût incapable « d'entendre des accords sans réclamer leur état civil et leur feuille de route » ; et il privilégiait le « plaisir » de la trouvaille, une basse, un enchaînement, qui le disculpait de toute faute prétendue.

Avec cela, une fois identifiés les ingrédients de l'harmonie debussyste, à qui pourra-t-on assurer que leur emploi permette de réussir les mêmes musiques ? Dieu sait pourtant s'ils ont été utilisés, après lui, à satiété, ces accords parfaits parallèles, ces quintes successives d'organum médiéval ; et ces tritons, ces secondes, ces septièmes, ces neuvièmes surtout (car la septième est plutôt la gourmandise de Ravel), autant de dissonances parfois plus moelleuses que la consonance même ; et tous ces merveilleux modes anciens, cette échelle pentatonique ; cette gamme par tons favorisée par la quinte augmentée, marque de fabrique indélébile... Mais la plupart de ses suiveurs ont pris comme une fin ce qui n'était chez lui qu'un moyen, le meilleur, de « fixer des vertiges ».

Et certes, il faut en art de la gratuité. Mais sur le nécessaire, jamais le superflu ne prendra durablement le pas. C'est à cette nécessité intérieure qu'a tendu, toujours davantage, la musique de Debussy. Le jeu poétique des sonorités, qui comble l'esprit et les nerfs, la vacance féconde où nous met l'humour, la course de la fantaisie à travers les quatre éléments, les mille inventions du rêve, voilà qui remplit les *Images*, les *Estampes*, les *Préludes* (1903-1912, la décennie prodigieuse !), qui les peint de coloris toujours nouveaux. Mais l'étonnante évolution de Debussy, c'est de se détourner progressivement de sa propre création, pour accéder, dans ces *Études* testamentaires qui sont au piano le pendant des *Sonates* instrumentales, à la « région où vivre », à l'air raréfié, purifié d'éléments impurs. Alors il ne faut plus évoquer un orchestre, même imaginaire, même figuré ; la musique consent à ne montrer désormais, « en blanc et noir », que l'âme mise à nu.

# LES SUITES ET RECUEILS

## Suite bergamasque

COMP 1890 (pour l'essentiel ; revue avant publication). PUB 1905 (Fromont). En 1904, quand l'éditeur l'annonça « sous presse », elle comprenait : *Prélude, Menuet, Promenade sentimentale* et *Pavane* ; puis elle faillit s'augmenter de *Masques* et de *L'Isle joyeuse*, à l'encre encore toute fraîche, finalement publiés à part (voir LES PIÈCES ISOLÉES).

Comme dans la *Petite Suite* à quatre mains et les mélodies du premier recueil de *Fêtes galantes*, l'esprit de Verlaine et celui de Watteau se conjuguent à nouveau dans cette partition juvénile, qui demeure, malgré qu'on en ait, une des plus goûtées de son auteur. On ne niera pas que Grieg ou que Massenet s'y profile, – mais enfin le salon fin de siècle de la *Rêverie*, du *Nocturne*, des *Arabesques* et autres colifichets romantiques s'ouvre au grand air, les masques sortent en bande sur la mousse, et au lieu des girandoles, c'est un rayon de lune qui éclaire la scène, celui-là même

> Qui fait rêver les oiseaux dans les arbres
> Et sangloter d'extase les jets d'eau...

Et certes, les « verlainiennes » de 1904, *Fêtes galantes II* pour chant et piano, *Masques* et *L'Isle joyeuse* pour piano seul, parleront une langue moins molle et moins suave, feront moins de charme, lésineront davantage sur les « ris framboisés » que moque Mallarmé dans son *Placet futile* ; il n'empêche qu'à ses joliesses, cette suite mêle des accents nouveaux pour l'époque, et propres à susciter à la fois l'imagination et l'émotion.

Ce cadre archaïsant et stylisé de la suite de danses, qu'emprunteront, chacun à sa manière, tant de musiciens français (et quelques autres !), du Chausson de *Quelques danses* au Roussel de la *Suite opus 14*, du Ravel du *Tombeau de Couperin* au Daniel-Lesur de la *Suite française* ou au Maurice Emmanuel de la *Sonatine alla francese*, c'est moins un artificiel « retour à... » qu'une façon, par-delà les modes, de se réclamer d'une tradition vivante ; et Debussy, en fin de trajectoire, offrira encore à ses chers clavecinistes l'hommage de ses *Sonates* pour instruments divers. Du reste, quelle liberté dans ces bornes feintes ! Pas question, dans la *Suite bergamasque*, d'unifier les tonalités, comme le veut l'usage ; fa majeur et la mineur, ré bémol majeur et fa dièse mineur, on ne peut rêver palette plus bigarrée (Ravel, dans le *Tombeau*, est autrement sobre et discipliné). Puis ce *Menuet* sans trio est un rondo déguisé, ce *Passepied* se bat à 4/4 au lieu du 3/8 habituel. Et il y a cet impressionniste *Clair de lune*, pendant du *En bateau* de la *Petite Suite*, avec plus de magie, plus d'épaisseur poétique, avec plus d'abandon.

Le *Prélude* (en fa majeur, *moderato*), semblable en cela à ceux des suites anciennes, commence comme une improvisation où l'instrumentiste dégourdit ses doigts. C'est du moins ce que laissent entendre ces arabesques qui, pendant dix mesures, flottent dans l'air, affranchies de la pesanteur et du temps (« tempo rubato », précise le compositeur). Une seconde idée, dans un si bémol de couleur lydienne, leur oppose son chant homophone, à quatre, cinq et six voix (on a vu cette façon d'écriture, les deux mains rapprochées en accords, à l'intérieur de la *Rêverie* ou des *Arabesques* ; on la retrouvera souvent chez Debussy). L'épisode central est d'abord un tissu de figures flexibles et capricieuses (mes. 20), tendu sur la chaîne de quelques accords ; plus loin (mes. 44) s'ébranle un cortège, à quatre reprises, escorté à la basse d'octaves en mouvement contraire. Le crescendo qui s'ensuit ramène le thème initial, dont les arabesques concluent la pièce dans la jubilation.

Si le *Menuet* (en la mineur, *andantino*) était entièrement rédigé dans l'encre de son premier thème, ce serait un bijou sans défaut : saveur du mode dorien (sixte majeure fa #), grêles sonorités de luth, tierces mélodieuses de la réponse, ce début est exquis, comme aussi les quatre mesures de transition (18-21), avec leur staccato et leur rythme de tambourin. Mais le deuxième thème, sa grande phrase vibrante et pâmée, ses doublures, ses batteries, qui reviennent avant la fin avec plus de grandiloquence encore, font sourire. Heureusement, pour dégonfler ce lyrisme facile, il y a la giboulée de gammes joyeuses (mes. 50) et les accords dansants (mes. 58) d'un troisième épisode, il y a le gai retour du premier thème, sur une pédale de si ♭, il y a surtout cette poétique coda, qui feint d'hésiter entre ut majeur et la mineur, et trace avant de disparaître un délicat glissando dans l'aigu.

Quelle distance du miraculeux *Clair de lune* (en ré bémol majeur, *andante très expressif*), au *Nocturne* contemporain, pourtant de même tonalité, et de sujet similaire, mais si complaisant, si déclamatoire, si infatué de lui-même ! C'est que celui-ci, posé entre une bonbonnière de Sèvres et un éventail brodé, n'en appelle après tout qu'à Benjamin Godard (je ne dis pas Massenet) ; et celui-là à toutes les créatures invisibles qui palpitent dans l'ombre et le silence du parc verlainien. Que recommander à celui qui, après cent mille autres, entreprend de jouer ce morceau célébrissime ? De compter ses temps, soigneusement, intraitablement ! Le début, sinon, ce réseau fragile de croches ondulantes, de duolets, de syncopes, d'accords embués de pédale, risque de n'exprimer qu'un consciencieux mauvais goût. La barre de mesure, ici, est salutaire ; on a trop fait de *Clair de lune* l'archétype du flou, de l'à-peu-près musical (on aurait pu le prendre dans le *Notturno* des *Pièces lyriques* de Grieg, aussi lunaire et vaporeux). Le « tempo rubato » des mes. 15-26 s'installe de lui-même si l'on respecte les valeurs : qu'est-ce en effet qu'un duolet ? un accroc à la mesure, une atteinte délibérée à la loi du métronome ; il suffit à relâcher juste ce qu'il faut de rigueur. – Après l'envoûtante immobilité de ces premières pages, l'entrée des arpèges de doubles croches, *un poco mosso*, produit toujours son effet sur l'auditeur même le plus endurci ; sur cette nappe liquide, le chant si tendre, en tierces, s'épanche encore avec sa fraîcheur native. Toute la partie centrale, qui s'anime soudain en passant en ut dièse mineur (mes. 37), puis s'apaise avec le contrechant de la voix intérieure sur une mouvante pédale de la ♭ (mes. 43), est d'une grande séduction sonore. À la reprise, les notes qui tintent à la basse et les lambeaux d'arpèges qui traînent sous le thème lui confèrent un aspect immatériel ; et l'on écoutera avec émotion ce do ♭ qui fait passer, brièvement, la blancheur laiteuse de sol bémol majeur. La lune de la *Terrasse des audiences* (du deuxième livre de *Préludes*), celle du *Temple qui fut* (du deuxième livre d'*Images*), luiront d'un éclat plus étrange, plus froid, plus lointain, sur un paysage plus désolé ; combien plus amical, l'astre qui éclaire les fêtes galantes et les reflète en l'eau d'un bassin !

Enfin le *Passepied* (en fa dièse mineur, *allegretto ma non troppo*), qui a failli s'intituler *Pavane* et ressemble un peu à celle de Fauré (op. 50), est des quatre mouvements celui qui remporte la palme. Il a tout pour lui, et d'abord son thème principal, si gracieux, si juvénile, sur son accompagnement de croches piquées ; ce rythme d'accompagnement lui-même, maintenu de bout en bout, pulsation délicate mais inflexible, une main de fer dans un gant de velours, que n'émeut ni le rubato des triolets de noires, ni les volutes chantantes, ni les tendres modulations. Transparence d'une écriture linéaire, sauf pour un thème secondaire d'accords allégrement rythmés. Encore une coda impondérable, prompte à s'évaporer dans l'air : mode dorien, batteries cristallines dans l'aigu, avec la cellule du thème initial à la basse (fa ♯-do ♯-si), et cadence plagale.

### *Trois Images « oubliées » (ou « inédites »)*
COMP 1894. PUB 1977 (Theodore Presser Company).

« Oubliées », on appelle ainsi, faute de mieux, trois *Images* de l'année 1894 (on voit que Debussy avait élu ce titre impressionniste bien avant les deux célèbres séries de 1904-1907), offertes à la jeune Yvonne Lerolle. Le manuscrit, qui appartenait à Alfred Cortot, demeura longtemps inédit. Mais seule la première, dont en effet le compositeur ne se soucia plus, mérite cet adjectif. La deuxième n'est, à peu de chose près, que la *Sarabande* de *Pour le piano*. Dans la troisième se dessinent les *Jardins sous la pluie* du futur recueil d'*Estampes*.

« Conversations entre le piano et soi » : cette mention de l'autographe convient bien au premier morceau (en fa dièse mineur), dont on s'étonne que Debussy l'ait « oublié », quand il a publié, de ses tiroirs des années 1890, des brimborions de moindre valeur. Il est vrai que la pièce peut sembler faire double emploi avec la suivante : dans le rythme à trois temps, pareillement empreint de lassitude et de solennité, et qu'assouplit une même alternance de croches normales et de croches en triolets ; dans l'écriture d'accords aux deux mains ; dans les inflexions mélodiques et les modalismes. Mais elle a sa propre grâce et son mystère, et rien ne dira l'expression si particulière, de ferveur cachée, de joie dérobée aux regards, que revêt la dernière page, convertie au mode majeur, et toute palpitante de secondes appogiaturées. – Nul titre, mais une indication de tempo et de caractère : *lent, mélancolique et doux.*

Les deux versions de la *Sarabande* ne différant que par des détails (allant dans le sens d'un allègement, d'une simplification), on se reportera à la pièce définitive (dans *Pour le piano*), tout en se souvenant de l'incipit plus précis de la première : « avec une élégance grave et lente, même un peu vieux portrait, souvenir du Louvre, etc. »

« Il n'est pas défendu, recommandait Debussy à sa jeune inspiratrice, d'y mettre sa petite sensibilité des bons jours de pluie. » Voilà qui s'applique surtout à la troisième pièce, dont le titre complet, gentiment ironique, se lit : *Quelques aspects de « Nous n'irons plus au bois »... parce qu'il fait un temps insupportable !* Cette chanson enfantine, on la retrouve dans *Jardins sous la pluie*, comme dans les *Rondes de printemps* (des *Images* pour orchestre). Clapotement de doubles croches, dans cette écriture en mains alternées, si reconnaissable ; le thème va, vient, module, change de mètre et de vitesse, passe d'un registre à l'autre, chuchote ou crie tout soudain. À la fin se met à tinter une cloche, « qui ne garde aucune mesure », dit Debussy, façon plaisante de décrire la birythmie du passage, la cloche scandée à 3/4 sous la chanson à 6/8. Admirons aussi, dans cette conclusion, les feintes de l'harmonie : ton de ré, certes, fortifié régulièrement par la basse, mais avec un sol lydien qui, parfois, aidé par un perfide la ♯, tire l'oreille vers fa dièse majeur. Puis les sonorités s'adoucissent, s'enfoncent dans l'ouate, la cloche faiblit (« assez, la cloche ! », note l'auteur entre parenthèses). La pluie a peut-être cessé, mais l'enfant s'est endormi.

## *Pour le piano*

COMP 1894-1901. PUB 1901 (Fromont) ; la *Sarabande* a d'abord paru dans *Le Grand Journal*, supplément du 17 février 1896. DÉD à Mlle M.-W. de Romilly, Mme Rouart, Nicolas Coronio. CRÉ par Ricardo Viñes (11 janvier 1902, Société nationale).

Quelque temps après la *Suite bergamasque*, voici une nouvelle suite, dont le titre volontairement sobre met l'accent sur l'instrument, comme le fera en 1915 celui des trois pièces pour deux pianos, *En blanc et noir*. Plus de fêtes galantes, ici, plus de masques dansant sur l'herbe, ou rêvant « au calme clair de lune triste et beau ». La *Suite* donnait acquit du passé, résumait le « premier Debussy » ; celle-ci entrebâille un carreau de fenêtre sur l'avenir. Pas davantage : elle est loin d'être révolutionnaire. Comment le serait-elle ? Gardons à l'esprit que Debussy travailla à la

*Suite bergamasque* jusqu'à sa parution en 1905, et que la première version de la *Sarabande* de *Pour le piano* remonte à l'hiver 1894 ; c'est dire que les quatre pièces de l'une et les trois de l'autre ont dû se côtoyer sur le pupitre. L'air de famille est frappant. Que l'on enchaîne, sans crier gare, tels fragments pris dans la première puis dans la seconde, on trompera plus d'une oreille avertie. Et cependant, quelque chose de plus robuste s'impose ici dans la rédaction pianistique, de plus libre dans le travail thématique, de plus subtil dans l'harmonie.

Le *Prélude* (en la mineur, *assez animé et très rythmé*) présente d'emblée ses deux thèmes, dans le même ton, le premier exubérant, martelé à la gauche, cinq mesures de notes répétées caractéristiques, le second chantant au contraire, et déroulant paresseusement sa phrase au-dessus d'une longue, d'une interminable pédale de tonique (pour ainsi dire jusqu'à la mes. 42 !). La droite accompagne en doubles croches, suivant cette technique de mains alternées qui est une des constantes du style « toccata » chez Debussy, qu'on retrouve dans le troisième volet de la suite, qu'on a vue à l'œuvre dans la mélodie *Fantoches* (premier recueil des *Fêtes galantes*), qu'on reverra bientôt dans les *Jardins sous la pluie* (des *Estampes*). Un crescendo ramène le premier thème, en ut majeur, dans l'éclat de grands accords aux deux mains, coupés de lumineux glissandos. Un rapide trait descendant : on revient à la pénombre, au chuchotement, avec cette mystérieuse partie centrale, toute frémissante de longs trilles mesurés, peu à peu baignée dans une pédale de la ♭, et où les deux thèmes, harmonisés en gamme par tons, se répondent, le second assoupi en ses paisibles noires, le premier cliquetant dans l'aigu cristallin. Reprise modifiée : d'abord l'ondulation du second thème, puis les puissants accords du premier, qu'ensuite les deux mains martèlent bruyamment, pour l'apaiser peu à peu et le dissoudre dans l'espace. La coda est particulièrement originale : c'est une cadence en petites notes, deux mesures de récitatif, suivies de brillants traits de harpe, gammes modales et gammes par tons en aller et retour, – avec, pour conclure, six accords solennels, que Debussy a curieusement soulignés d'un *ff* chacun.

La *Sarabande* (en ut dièse mineur, *avec une élégance grave et lente*), toute parfumée d'archaïsme, semble déjà, avant celle du premier livre d'*Images*, un « hommage à Rameau ». Mais dans sa gravité, dans sa douce mélancolie, peut-être passe-t-il avant toute chose un visage féminin, celui d'Yvonne Lerolle, à qui Debussy offrit en 1894, en même temps qu'un éventail japonais « en souvenir de sa petite sœur Mélisande », un cahier longtemps inédit d'*Images* (voir plus haut *Trois Images oubliées*), où figure la première version de notre *Sarabande* (celle de l'édition de 1901 garde la même dédicataire, devenue entre-temps Mme Rouart). Harmoniquement, la pièce doit sans doute au Satie des *Sarabandes* (1887) qui, avec Chabrier, Chausson et quelques autres, enchaîne à plaisir les septièmes majeures et mineures et les neuvièmes de dominante. Mais alors que le bon Satie semble plutôt vouloir constituer un catalogue de curiosités, Debussy découvre le pouvoir mystérieux de ces sonorités inédites, leur force suggestive, leur contenu d'émotion et de rêve. Paradoxalement, il emploie ces accords si neufs à évoquer le passé ; la saveur des modes anciens contribue pour beaucoup à cet art d'illusionniste. Voyez l'énoncé du premier thème, en accords homophones aux deux mains : sous couvert des quatre dièses d'ut dièse mineur, sol dièse phrygien et si mixolydien se succèdent subtilement ; lenteur processionnelle, qu'il faut rigoureusement maintenir (« au métronome ! », disait Debussy à Marguerite Long) ; la magie s'accomplit ; on songe au vers de Victor Hugo : « Et ceci se passait en des temps très anciens... » Ces dissonances si bien sonnantes, si enchanteresses, n'est-ce pas le plus bel acquis de cette fin de siècle ? Cependant, les secondes et les quartes du second thème (mes. 23) ont moins de moelleux, et préfigurent celles qui, dans le deuxième livre d'*Images*, accompagneront le froid rayon de lune « sur le temple qui fut ».

La *Toccata* qui conclut l'œuvre avec brio et superbe (en ut dièse mineur, *vif*) plut tellement, à la création, qu'elle fut bissée. Elle n'a jamais perdu de sa popularité, et il arrive même, comme pour celle du *Tombeau de Couperin* de Ravel, qu'on l'entende isolée du restant de la suite. C'est l'un des sommets de la virtuosité debussyste. Griserie d'un mouvement perpétuel de doubles croches, tour à tour alternées aux deux mains, lancées en arpèges, tourbillonnant au-dessus des accords de la main gauche, frémissant en impondérables trémolos. Une joie dionysiaque, annonciatrice de celle de *L'Isle joyeuse*, habite par moments ces pages, et pour un peu déborderait les barres de mesure. L'épisode central (longues pédales, thème et syncopes à la main gauche, va-et-vient d'arpèges à la main droite, puis interversion du rôle des mains) ménage un magnifique crescendo, lequel, comme si souvent chez Debussy, se brise inopinément sur une série de traits « *pp subito* ». Ici se place tout un épisode poétique, où le premier thème renaît peu à peu du murmure, retrouve ses forces, rentre plus éclatant que jamais, en ut dièse majeur. Fin exultante (*le double plus lent* : Marguerite Long conteste l'authenticité de cette indication), en accords, à faire sonner à toute volée.

## *Estampes*

COMP juillet 1903. PUB 1903 (Durand). DÉD au peintre Jacques-Émile Blanche. CRÉ par Ricardo Viñes (9 janvier 1904, Société nationale).

Est-ce de ces trois pièces, et des *Jeux d'eau* de Ravel, parus un an plus tôt, qu'il faut dater le renouveau du piano en ce début du XXe siècle ? En tout cas elles inaugurent, au piano, la « deuxième manière » de Debussy. D'une part, elles portent à leur maturité les éléments stylistiques épars dans les pièces antérieures, et déjà rassemblés dans *Pour le piano* ; et d'autre part, elles rompent avec les titres abstraits qui, à l'exception du

*Clair de lune* de la *Suite bergamasque* (et de ce dernier adjectif...), coiffaient sobrement jusqu'alors sa musique. Il est vrai que les *Nocturnes* pour orchestre *(Nuages, Fêtes, Sirènes)* les ont précédées sur cette voie ; mais l'orchestre, chez Debussy, et la musique vocale sont toujours en avance sur le piano. Ce pianiste, à son instrument, se montre longtemps timide, peut-être pour mieux vaincre sa facilité. Quoi qu'il en soit, en 1903, le fruit est mûr ; et l'arbre ayant porté à profusion, plus de dix ans s'en nourriront, avant que les *Études* testamentaires et les caprices *En blanc et noir* pour deux pianos ne nous ramènent à des aliments plus austères.

« Estampes », donc, bientôt suivies d'« images » et de « préludes » qui semblent solliciter, plus encore que l'ouïe, la vue, le toucher, l'odorat, établissant en musique ces correspondances ténues que Baudelaire, le premier, devina en poésie. Ce n'est pas pour rien que l'un des plus beaux préludes prend pour titre un vers fameux, « Les sons et les parfums tournent dans l'air du soir ». Cet art, qui ne se veut pas descriptif, mais suggestif, privilégie la *sensation*, ce dont on a pu, on peut encore, le quereller. Mais qui nous assurera que la musique soit d'abord affaire de *sentiment* ?

Faisons, du reste, la part de l'une et de l'autre : ces trois morceaux forment une manière de géographie sentimentale. Ce n'est pas l'album de voyage d'un dilettante. Les trois horizons qu'il évoque, Extrême-Orient, Espagne, Île-de-France, sont durablement inscrits au cœur du musicien ; il n'est que de feuilleter son œuvre pour les retrouver, dans tous les genres ; il les ressent dans ses artères, alors que son Angleterre et sa Grèce ne sont filles que de la littérature, et des arts.

La première pièce du cahier, *Pagodes* (en si majeur, *modérément animé*), fixe une fois pour toutes, sur la page, l'émotion ressentie par Debussy à l'Exposition de 1889, où il eut la révélation du *gamelan* javanais. « Rappelle-toi, écrit-il à Pierre Louÿs (22 janvier 1895), la musique javanaise, qui contenait toutes les nuances, même celles qu'on ne peut plus nommer, où la tonique et la dominante n'étaient plus que vains fantômes à l'usage des petits enfants pas sages. » Et de même que l'orchestre exotique répète inlassablement quelques courts motifs, en les imbriquant dans des rythmes complexes, ainsi *Pagodes* est-il entièrement construit sur quelques thèmes pentatoniques, la variété naissant de leurs transformations (le premier thème, par exemple, apparaît placidement à la mes. 3, s'effeuille en triolets aux mes. 11 et 23, en doubles notes à la mes. 27, en doubles et triples croches à la mes. 37), de leurs multiples contrepoints. Longues pédales, secondes vibrantes, trilles clairs, sonorités de cloches et de gongs remplissent l'espace, diversifiant à l'infini une matière harmonique pourtant monochrome (de la couleur de ces toits dorés que fait miroiter la lumière). À peine si la quarte augmentée (mi ♯) du troisième thème (« sans lenteur », mes. 33) fait une diversion dans cette immobilité voulue, qu'accentue encore le rythme lourdement syncopé de l'accompagnement. Pianistiquement, les brillants traits arpégés des trois dernières pages annoncent les *Reflets dans l'eau* du premier livre d'*Images*.

*La Soirée dans Grenade* (en fa dièse mineur, *dans un rythme nonchalamment gracieux*) n'est pas la première pièce « espagnole » de Debussy : une *Lindaraja* pour deux pianos la précède (1901), qui utilise comme elle le langoureux ostinato d'un rythme de habanera. L'une et l'autre ne peuvent cacher ce qu'elles doivent à la *Habanera* que Ravel écrivit en 1895 dans une version pour deux pianos, et qu'il allait orchestrer dans sa *Rhapsodie espagnole* sans y changer un iota. Même tonalité, même lancinante pédale de dominante, harmonies jumelles et thématique fatalement apparentée : on comprend qu'il y ait eu à l'époque une querelle de préséance... Mais il ne s'agit pas ici de comparer les mérites respectifs des deux musiciens (et auquel des deux dira-t-on que s'apparente la belle *Habanera* pour orchestre de Louis Aubert ?). *La Soirée* demeure, et sans doute à jamais, un des morceaux les plus troublants, les plus sensuels de la musique pianistique. Falla, qui a souvent exprimé son enthousiasme devant un tableau dont la vérité lui paraissait tenir « du prodige » (et qui va jusqu'à citer précisément cette pièce dans son *Homenaje* de 1920 à la mémoire du compositeur français), insistait sur le fait que Debussy, à l'époque, n'avait pas encore vu l'Espagne. Détail bien secondaire ; combien de touristes musiciens (et combien d'Espagnols !) n'ont trouvé à composer, même en puisant dans le folklore, que de vulgaires cartes postales... Fort d'un pouvoir d'évocation sans égal, Debussy donne à voir, à entendre, à respirer : éclat des costumes, des lèvres, des regards ; tambourins et guitares, voix rauques, accents véhéments, soupirs étouffés ; parfums des chairs et des chevelures ; et ces odeurs d'œillet et d'aguardiente qu'à son tour il dira sentir dans l'*Iberia* d'Albéniz. Des mélodies nombreuses et contrastées fondent ce nocturne, tour à tour alanguies ou vibrantes, allant du silence à la violence, comme le fera *La Puerta del vino* du deuxième livre de *Préludes*, autre estampe grenadine. Voici, après les six mesures occupées à placer le rythme de la habanera, le thème mauresque de départ, à la caractéristique seconde augmentée (la-si ♯), qui éclôt pétale après pétale sous la caresse de la pédale supérieure de dominante, ce do ♯ qui semble battre le pouls de l'œuvre ; il est suivi d'un brusque *rasgueado* de guitare, qu'on entendra de loin en loin comme une ritournelle. Voici un deuxième thème, en tons entiers, avec son rubato expressif (mes. 23), et cette fois le do ♯ de la pédale s'y superpose, suscitant des grappes de secondes frôleuses. En voici un troisième, en la majeur (« très rythmé », mes. 38), qui pousse du *mf* au *ff*, fier comme Matamore et claquant des talons, avant de s'apaiser en festons voluptueux. Toute la pièce se passe ainsi en refrains lancés en l'air, abandonnés, repris, sans qu'un instant on puisse avoir l'impression du décousu, tant est forte l'unité d'atmosphère. Le sombre, et même le fatal y dominent, ce qui rend plus magique encore, vers la fin, les deux brèves intrusions de castagnettes joyeuses (« léger et lointain », mes. 109 et 115), avant l'irréelle coda, qui noie lentement dans le souvenir les dernières bribes de musique.

Après la chaude nuit andalouse, accueillons l'ondée bienfaisante de *Jardins sous la pluie* (en mi mineur, *net et vif*). Jardins français, assurément, puisqu'on y entend « Dodo, l'enfant do » (que citera encore, dans *Children's Corner*, la berceuse de l'éléphant), et « Nous n'irons plus au bois » (qu'employait dès 1894 une des *Images oubliées*, et qui sert à nouveau dans *Rondes de printemps*, troisième des *Images* pour orchestre). Le diatonisme naïf et quotidien succède ainsi à l'échelle pentatonique et au mode mauresque ; et aux bonzes cérémonieux, aux couples de danseurs fiévreux, un enfant qui, dans sa chambre, attend la fin de l'averse. La pluie clapotait déjà, en monotones doubles croches, dans l'accompagnement de *Il pleure dans mon cœur* (une des *Ariettes oubliées*) ; et c'est du même petit crépitement assourdi qu'une des *Épigraphes antiques* à quatre mains remerciera « la pluie au matin ». Ici, le piano dessine, pour le premier thème, les mêmes tournoiements que dans la *Toccata* de *Pour le piano*, ou que dans *Chevaux de bois* (des mêmes *Ariettes oubliées*) : technique familière à Debussy, une note ou un accord à gauche, trois notes d'arpège ascendant ou descendant à droite. « Dodo, l'enfant do » passe ainsi en se jouant du mi mineur initial, chuchoté sur la pointe des doigts, à un éclatant ré bémol majeur (après avoir traversé, entre autres, fa dièse majeur et mineur et ut mineur). Une progression par tons entiers mène à un long trille fa ♯-sol ♯, mesuré en triolets, sur lequel se pose par deux fois, hésitant et comme frileux, le second thème, « Nous n'irons plus au bois », interrompu à la basse par un retour imprévu du premier. C'est pourtant ce timide second thème qui percera soudain la brume (mes. 128) et, « en animant jusqu'à la fin », éclatera comme le soleil retrouvé, dans un lumineux mi majeur.

## *Images*

COMP 1904-1905 (1re série), 1907 (2e série). PUB 1905 et 1908 (Durand). DÉD de la 2e série à Alexandre Charpentier, Louis Laloy, Ricardo Viñes. CRÉ par Viñes (1re série 6 février 1906, salle des Agriculteurs ; 2e série 21 février 1908, Cercle musical).

Les *Estampes* en 1903, une première série d'*Images* en 1905 (ne comptons pas les *Images oubliées* ou *inédites*, bien plus anciennes), une deuxième en 1907 : ainsi Debussy, à l'orée du siècle, place-t-il trois recueils pianistiques comme des jalons sur sa route. Ce sont des triptyques, et ce chiffre trois lui va, qui dénombrera durant quelques années aussi bien ses mélodies (*Fêtes galantes II*, *Le Promenoir des deux amants*, les *Ballades de Villon*) que ses œuvres pour orchestre (les trois volets de *La Mer*, les trois *Images* orchestrales, dont l'une, *Iberia*, se subdivise à son tour en trois tableaux). Cet équilibre évident, et si universellement éprouvé, d'un mouvement lent encadré de deux plus animés, le relie à l'esprit de la suite et de la sonate, qu'il ne délaissera à vrai dire jamais, et auquel ses dernières années s'attacheront avec force. Mais le contenu des *Estampes* et des *Images* diffère totalement de celui de *Pour le piano*. D'abord par l'écriture instrumentale, qui tend à une orchestration du piano, avec des résultats tout autres que ceux du dernier Beethoven ou du premier Brahms, dont les sonates ont l'air de réductions d'orchestre. Debussy magnifie l'instrument, l'exploite dans ses ressources les plus insoupçonnées, l'élargit par la pédale, le diversifie par les attaques, l'emploie comme champ d'expérimentation d'harmonies sans cesse plus neuves. Dans le deuxième cahier d'*Images*, il lui faudra trois portées pour inscrire, sans trop risquer d'être trahi, cette richesse de thèmes, de timbres, de plans sonores.

Par ailleurs, en utilisant après celui d'« estampe » ce terme d'« image » qu'il avait laissé dormir depuis les inédits de 1894, le compositeur entérine la comparaison de son art avec celui des peintres « impressionnistes ». Étiquette vite insupportable, dont il aura beaucoup de mal à se défaire, à coups d'études pour piano et de sonates instrumentales. Qu'importe ? À l'époque des *Images*, Monsieur Croche non seulement écoute « les conseils du vent qui passe », mais trouve à ce vent, à cette pluie, à cette brume, à ces cours d'eau, à ces feuillages, les plus troublants équivalents sonores. Gardons-nous d'oublier, cependant, quand nous songeons à ces six pièces, que deux d'entre elles répondent encore à l'esthétique abstraite de l'époque précédente : *Hommage à Rameau* est une sarabande, et *Mouvement* une étude de rythme.

PREMIÈRE SÉRIE. – « Sans fausse vanité, je crois que ces trois morceaux se tiennent bien et qu'ils prendront leur place dans la littérature du piano... à gauche de Schumann, ou à droite de Chopin... as you like it. » L'avenir n'a pas démenti ces mots adressés par Debussy à son éditeur ; c'est l'un de ses recueils les plus joués, – au détriment, d'ailleurs, de la deuxième série d'*Images*.

Sur le thème qui, depuis les *Jeux d'eaux à la villa d'Este* de Liszt, a lentement envahi le répertoire pianistique, il est intéressant de comparer *Reflets dans l'eau*, la plus connue de toutes les *Images*, et les *Jeux d'eau* de Ravel (1901), tout aussi célèbres. La différence entre ces deux pièces, et partant entre les deux musiciens, réside dans ce mot de « reflets ». L'art de Ravel, aussi peu « impressionniste » que possible (les *Miroirs*, et seuls quelques-uns d'eux, ne sont qu'une tentation sans lendemain) et délicieusement enclin à l'artifice, décrit, d'une eau captive et domestiquée, les mille facettes de diamant ; ces notes innombrables, égrenées avec une précision qu'on a qualifiée d'horlogère, représentent autant de gouttelettes lucides. Chez Debussy, l'eau est libre et souveraine, mais elle est un mensonge, un miroir déformant qui ne reflète après tout que notre propre mélancolie. C'est ce que dit le « tempo rubato » prescrit au début de la pièce (en ré bémol majeur, *andantino molto*), si opposé à l'inflexible tempo ravélien, et endormant d'emblée la conscience dans l'à-peu-près. C'est ce que suggère ce motif de trois notes, ce la, ce fa, ce mi, qui, jetés comme des cailloux dans l'onde, propagent à la surface du clavier les belles harmonies de septième et de neuvième, comme des cercles concentriques, dans la résonance de la pédale de tonique. Ces accords, qui s'effeuilleront plus tard en mouvants triolets (mes. 36), peignent une attente immobile ; il faut le double impact d'une paire de secondes (do-ré) pour mettre progressivement en mouvement cette nappe liquide *(quasi cadenza)*, et la précipiter en éclaboussures d'arpèges, sous lesquels surgit enfin le second thème, au rythme pointé presque solennel. Les pianistes qui se font les doigts sur ces quadruples croches irrégulièrement groupées par treize, quatorze et quinze, semblent ignorer le *ppp* prescrit à ces prestiges, et que le thème lui-même ne comporte qu'un *pp* « doux et expressif ». Excusons-les, pourtant : ce sont là des nuances « rêvées », qui résistent mal à la réalité des doigts, de l'instrument... et des salles de concert ! Du reste, quand ce second thème revient à son tour, planant cette fois au-dessus des arpèges (mes. 51), il s'exaltera en accords de plus en plus sonores. La structure du morceau est ainsi un simple ABAB, à quoi s'ajoute, dans le calme retrouvé, l'une des codas les plus poétiques de Debussy, juxtaposant le souvenir des deux thèmes, et laissant vibrer une dernière fois, très lentement, « dans une sonorité harmonieuse et lointaine », les obsédantes trois notes initiales.

Dans la deuxième pièce, *Hommage à Rameau* (en sol dièse mineur, *lent et grave*), prend forme musicale l'admiration que Debussy a souvent exprimée dans ses articles de critique pour un musicien dont il revendique l'héritage, et qu'il idéalise, par exemple, face à la « grandiloquence menteuse » de Gluck, à la « métaphysique cabotine » de Wagner, à la « fausse mysticité du vieil ange belge » Franck (lettre à Louis Laloy du 10 septembre 1906). C'est l'époque, aussi bien, où il était occupé à réviser quelques œuvres de Rameau pour les éditions Durand. On aurait pu craindre un pastiche ; il n'en est rien, et cette musique ne ressemble pas plus à du Rameau que le *Tombeau* de Ravel ne ressemblera, plus tard, à du Couperin. La filiation ne se voit pas aux procédés (c'est peu de chose que cette couleur archaïsante qui faisait déjà le charme de la *Sarabande* de *Pour le piano*, du *Menuet* et du *Passepied* de la *Suite bergamasque*), mais à l'esprit. – Trois grands volets en cet *Hommage*, qui se veut « dans le style d'une sarabande, mais sans rigueur ». Le premier oppose une mélodie d'allure grégorienne, commencée dans la nudité (unisson des mains), soutenue ensuite d'accords parfaits processionnels qui se souviennent des *Ogives* et autres pièces « médiévales » de Satie, à une seconde idée plus sombre, dont les tierces redoublées sont frôlées à leur crête de secondes douloureuses, et qui s'élance par deux fois dans un crescendo aboutissant à l'énoncé du thème grégorien, *f* d'abord, puis *p* en écho, sur la pédale de tonique. La deuxième partie, à son tour, passe d'un court motif en forme d'appel (qu'on retrouve, curieusement, dans *Le Gibet* de Ravel) à une belle progression d'accords, scandée par un ostinato d'octaves à la main gauche, qui s'y prend elle aussi à deux fois pour arriver à un éclatant fortissimo (mes. 51), que paraphe un arpège étincelant du grave à l'aigu. Enfin la dernière partie combine des éléments des deux premières ; admirons-y une nouvelle harmonisation (mes. 57) de la mélodie « grégorienne » (sur une pédale de ré ♯), ainsi que les graves accords qui, pour conclure, descendent de plus en plus lentement les degrés de marbre du mode dorien.

La troisième pièce ne se veut, son titre l'indique à peu près, qu'une étude : écrit dans un seul tempo *(animé)*, et dans le ton parfaitement neutre d'ut majeur, *Mouvement* est fait tout entier du même et infatigable rythme de triolets. Titre cependant trompeur ; en réalité, rien n'est plus immobile que cette musique, et ces triolets ont beau s'affairer, ils tournent sur place, ils demeurent pris dans l'étau de quelques quintes (do-sol, ré-la, si ♭-fa) aussi obsédantes et sidérantes que celles de *Masques*. Longues pédales, harmonies stationnaires, et périodiquement, imperturbablement, ce thème claironnant, composé d'accords parfaits sans la tierce, embryon mélodique immédiatement repris dans le grave, avec d'ailleurs beaucoup de bonhomie : car cette monotonie n'engendre ni morosité ni sarcasme, et Cortot dit avec justesse qu'elle ne ressemble encore en rien à l'exaspération, à la tyrannie rythmique dont Stravinski, Bartók et tant d'autres seront les adeptes. La partie centrale, qu'il faut se garder de ralentir, est à peine plus « mouvementée ». Amorcée par un gruppetto moqueur de la gauche (mes. 63), c'est d'abord une ondulation de triolets, en mouvement contraire aux deux mains, portant à sa surface un petit thème hâtif, qui sera ensuite mis en valeur au centre du clavier, entre une double haie de fa ♯, dessin d'octaves brisées dans l'aigu, ostinato de trois croches à la basse. Reprise des mes. 5-45 (le da capo est chose rarissime chez Debussy) et coda superposant trois plans sonores : des triolets dans l'aigu (dont chaque attaque est une seconde majeure), une basse qui descend lentement de fa ♯ à do, et entre les deux, délicatement posé, le thème de l'intermède.

DEUXIÈME SÉRIE. – Cette nouvelle série, séparée de la première par la composition de *La Mer*, en reprend le contenu en quelque sorte, puisqu'une pièce lente, introspective et tournée vers le passé y tient le milieu entre une évocation de nature et un morceau voué aux caprices du rythme. Plus subtile que la précédente, plus accomplie, plus riche (et nécessitant une disposition sur trois portées), elle n'a pas eu la même fortune.

*Cloches à travers les feuilles*, en particulier, demeure la moins connue du public ; c'est pourtant la plus belle des six *Images* (il faut espérer que ceci n'explique pas cela). Louis Laloy en situe l'origine dans ces cloches qui, de la Toussaint à la Fête des morts, ne cessaient de sonner dans les campagnes. Ce prétexte en vaut un autre ; l'important est que soient associés, une fois de plus, et transmués en musique, des mystères aussi impalpables que ceux de la distance, de la durée, du devenir. Métamorphoses de la lumière, pérennité de l'arbre, et ces carillons étagés dans le lointain, comme déjà chez Liszt *(Les Cloches de Genève)*, chez Grieg *(Son des cloches)* ou chez Ravel *(La Vallée des cloches)*. Pour suggérer le frémissement du feuillage, voici d'abord un contrepoint de trois motifs *(lent)*, basés sur la même gamme par tons, avec, pour dire le multiple dans l'unitaire, des valeurs et des rythmes variés, et même, comble de raffinement, une orthographe différenciée, les mêmes notes étant prises, suivant la ligne, pour dièse ou pour bémol. *Voiles*, dans le premier livre de *Préludes*, fera un usage plus radical encore de ce procédé qui a tant servi, par la suite, aux imitateurs de Debussy. Dans quelle tonalité se trouve-t-on ? Allez donc le savoir... Ces arabesques flottent au gré de la brise, délivrées apparemment de toute tonique, encore que les attire par avance (mes. 7-8) cette note sol vers quoi toute la coda tendra bien malgré elle. Mais bientôt les ramures laissent filtrer la lumière, avec ce thème si pur qui se pose en tremblant sur d'harmonieux quintolets (« comme une buée irisée », inscrit entre les portées ce poète qui demandera un jour au rythme d'un prélude, le fameux *Des pas sur la neige*, d'avoir « la valeur sonore d'un paysage triste et glacé ») ; et par-delà le rideau d'arbres se fait entendre, *un peu animé et plus clair*, un motif de cloches en effet (il ne faut pas rougir de s'y laisser prendre), qui tintinnabulent sur leurs arpèges brisés de doubles croches, tour à tour en mi (avec un la ♯ lydien), en si bémol, en mi à nouveau, en ut dièse, et dans les nuances les plus diversifiées. L'espace, après les avoir répercutées, les escamote ; et c'est le retour des contrepoints du début, avec le tremblement des branches d'arbre, et le doux rayon qui perce une dernière fois le brouillard et qui, dans une étrange et soudaine lassitude, incline la pièce à finir en sol mineur.

Un bel alexandrin, d'une préciosité toute mallarméenne, sert de titre à la pièce suivante, *Et la lune descend sur le temple qui fut* (en mi mineur, *lent*), titre trouvé après coup, dit-on, par le dédicataire, Louis Laloy. Qu'elles s'apparentent à la Grèce des *Danseuses de Delphes* (du premier livre de *Préludes*) ou à l'Inde de *La Terrasse des audiences* (du second livre de *Préludes*), ces pages en tout cas n'ont rien des nocturnes voluptueux, tout frissonnants d'arpèges, que Verlaine, Watteau et l'esprit bergamasque inspirèrent au compositeur (et dont on retrouvera l'écho moqueur dans la *Sonate pour violoncelle et piano*, qui faillit s'appeler « Pierrot fâché avec la lune »). Ici le froid rayon lunaire, en se posant sur la pierre ou le marbre, ne suscite que suites de quintes piquées de secondes inclémentes, hiératiques processions d'accords parfaits, ou encore cet admirable contrepoint de deux mélodies (mes. 12-15), dont l'une, avec son mode pentatonique et ses ornements cristallins, évoque le *gamelan*, et l'autre, avec ses triolets nostalgiques et sa couleur dorienne, la flûte d'un pâtre de Théocrite. Tous ces éléments s'enchaînent de la manière la plus souple, et il n'y a pas de cloisons dans ce morceau plus rêvé qu'écrit, qui ne dépasse pas une seule fois la nuance *p*.

Dans *Poissons d'or* (en fa dièse majeur, *animé*) on veut voir aussi bien, qui un bocal de poissons rouges, qui une estampe japonaise, qui un paravent chinois. Poissons peints ou vivants, la musique de Debussy n'en a retenu qu'un prétexte à suggérer tour à tour le mouvement le plus brusque et l'immobilité la plus médusée. Il n'est pas interdit, bien sûr, d'imaginer coups de queue et battements de nageoires (par exemple dans le levé du thème principal), frémissements de l'eau et lueurs mordorées. Mais on peut aussi, plus sagement, devant une « image » peut-être en effet trop parlante, se borner à rendre compte d'une « étude », pour les trémolos, pour les trilles, pour les arpèges lancés, qui en composent l'essentiel. Même cette forme si fantasque et si libre se ramène à une manière de rondo. Appelons refrain ce premier thème, tout bruissant de ses six dièses et de son accompagnement tremblé (où le sol × frotte délicieusement dans l'harmonie de fa dièse) ; il réapparaît (mes. 18) en ré dorien, dans un environnement de trilles légers, retrouve d'un bond fa dièse, tend vers mi bémol ; il se modifie (mes. 46), prenant une inflexion rêveuse, croches alanguies et paresseux quartolets de noires, que sillonne le rapide éclair des arpèges ; il entre enfin brutalement (mes. 80) en accords arrachés au clavier, par-dessus le grondement turbulent des basses, s'adoucit en revenant au ton initial, s'apaise et s'endort, porté par les ruissellements de l'harmonie. Trois couplets, le premier encore apparenté au refrain, plein de fraîcheur et de bonheur (mes. 10), le deuxième espiègle, avec ses appogiatures et ses cascades scintillantes (mes. 30), le dernier obstinément rythmé et conduisant un grand crescendo (mes. 58). Après ces jeux de reflets, de moirures, de tressaillements électriques, prolongés par une cadence en petites notes, « scherzando », qui fond joyeusement les harmonies d'ut et de fa dièse, les trois dernières mesures, basculant magiquement du mineur au majeur, plongent peu à peu dans le silence.

### *Children's Corner*

COMP 1906-juillet 1908. PUB 1908 (Durand), avec une couverture dessinée par l'auteur. DÉD « à ma chère petite Chouchou, avec les tendres excuses de son père pour ce qui va suivre ». CRÉ par Harold Bauer (18 décembre 1908, Cercle musical).

À peu près dans le même temps que Ravel *(Ma mère l'Oye)*, Debussy écrit lui aussi des enfantines. Prenons garde à ce titre ; c'est un « coin », c'est une « chambre » d'enfants ; on ne sort pas de cet espace lilliputien (alors que Fauré nous conduit au « jardin de Dolly », et Ravel au « jardin féerique »). Et certes, les *Scènes d'enfants* de Schumann, les *Enfantines* de Moussorgski (ces mélodies auxquelles Debussy consacra en 1901 un article chaleureux dans *La Revue blanche*) sont également des musiques sédentaires ; mais la grave mélancolie, la frayeur, la violence qui y passent leur donnent de tout autres dimensions. L'univers enfantin, Debussy affecte (par pudeur, par jeu, ou par conviction profonde ?) de n'en voir que la partie émergée : ces « joujoux » auxquels il consacrera, en 1913, un ballet entier *(La Boîte à joujoux)*. Un éléphant de peluche, une poupée de chiffon, un petit pâtre de bois verni, un polichinelle, tels sont les pacifiques habitants de cette nursery très-comme-il-faut (et donc, à cette époque d'anglomanie, obligatoirement anglaise, comme l'éducation que Mme Debussy voulait pour sa fille). Cet humour pince-sans-rire (celui, bientôt, des quelques préludes « anglais », *Minstrels* et autres *General Lavine*) n'apparaît au demeurant que dans les titres ; et il y a la minute de vérité de *The snow is dancing*.

Les *Études mélodiques op. 125* de Heller se terminaient par une « leçon » parodique, sur les « cinq doigts » chers à Czerny ; et Debussy entamera ses propres *Études* par un hommage narquois à la même formule. Mais on ne perçoit pas l'ombre d'une moquerie dans la première pièce de *Children's Corner*, *Doctor Gradus ad Parnassum* (en ut majeur, *modérément animé*), en dépit de l'allusion à Clementi. Le ton d'ut a beau proposer sa naïve blancheur, il ne bascule pas dans la niaiserie. « Égal et sans sécheresse », indique d'emblée le compositeur ; dans ces formules d'arpèges toutes gonflées de musique et qui, très vite, ne ressemblent qu'à du Debussy, celui de *Jardins sous la pluie* par exemple, on aura du mal à ne voir que la « gymnastique hygiénique et progressive » exécutée « tous les matins, à jeûn » à quoi lui-même feint de les ramener dans une lettre à son éditeur (15 août 1908)... Et si la sage tonalité de départ implique une certaine réserve, voici arriver (mes. 33-44) les armures bémolisées, où l'arabesque du thème (en lentes croches après les doubles croches animées du début) s'accompagne par trois fois, en douze mesures, de l'indication « expressif ». Après quoi le mouvement repart, s'accélère, termine la pièce avec brio, comme une toccata miniature.

*Jimbo's lullaby* (en si bémol majeur, *assez modéré*), loin d'être éléphantesque, fait l'économie tant des notes (thèmes nus, grêles accords, nombreux silences) que du volume sonore (qui culmine dans l'unique *mf* de la mes. 53). Mais la berceuse se complaît dans le grave, ce registre de contrebasse où Saint-Saëns a confiné l'éléphant de son *Carnaval des animaux*, et Poulenc la berceuse de son *Histoire de Babar*. Trois motifs y alternent : le thème pentatonique, « doux et un peu gauche », qui semble tracer le portrait de « Jimbo » (orthographe fautive du compositeur pour le seul « Jumbo » que les enfants anglo-saxons connaissent !) ; les cinq notes médusées de « Dodo, l'enfant do » ; et un thème d'accords répétés qui viendra contrepointer à la fin (mes. 63), avec une délicatesse infinie, le thème initial. Tout le morceau, très poétique, est comme hypnotisé par l'emploi de l'intervalle de seconde, qui induit à la torpeur.

Appogiatures et staccatos de guitare pour *Serenade for the Doll* (en mi majeur, *allegretto ma non troppo*), aussi allusifs que les retrouvera bientôt *La Sérénade interrompue* du premier livre de *Préludes* ; et ce sont les mêmes quintes vides, la même espèce d'immobilité. Mais un drame (héroï-comique) se joue dans la seconde, que trouent de brusques éclats « rageurs » (c'est le mot écrit entre les portées) ; la sérénade enfantine, elle, est tout assourdie de pédale (« il faudra, précise une note, mettre la pédale sourde pendant toute la durée de ce morceau, même aux endroits marqués d'un *f*») ; et s'il lui arrive de se plaindre (mes. 45, à l'indication « expressif »), c'est à mi-voix, – et d'ailleurs elle est aussi vite « interrompue » que l'autre. Parlons d'autre chose, s'il vous plaît, semblent dire ces menues secondes qui introduisent, puis accompagnent un petit thème en arpèges (mes. 69), avant la reprise du début.

La quatrième pièce du cahier, *The snow is dancing* (en ré mineur, *modérément animé*), a-t-elle vraiment quelque chose d'enfantin ? On veut bien faire l'effort d'imaginer un visage d'enfant contre une vitre, où viennent cogner les légers flocons blancs. Mais c'est ici, plutôt, un spleen de « grande personne » ; comme dans l'épilogue des *Kinderszenen*, l'adulte soudain prend la parole, et c'est une parole poétique. Pianistiquement, ces pages ne dépareraient nullement l'une ou l'autre collection de *Préludes* ; elles anticipent, dans le même ré mineur désolé, sur *Des pas sur la neige* (n° 6 du premier livre). Ce sont deux visions complémentaires ; le prélude est immobile, désespérément lent, enfoui dans la glace et la solitude ; dans *Children's Corner*, les deux mains alternant en doubles croches incessantes imitent à s'y tromper (il n'y a pas de quoi sourire) la neige monotone, le vent murmurant. Fragments mélodiques çà et là, serrant le cœur : le thème en valeurs longues, noté « doux et triste », et que la basse dit à l'unisson en valeurs abrégées (mes. 22) ; le motif amorcé par un si♭ en triolets (mes. 34) qui vient troubler la placidité des groupes de quatre doubles croches. Fin magique, dans l'extrême aigu, « sans retenir ».

Petit frère tour à tour du Faune mallarméen et de ce Puck du *Songe d'une nuit d'été* que célèbre un des *Préludes*, *The Little Shepherd* (en la majeur) passe sur son pipeau d'une mélopée expressive, sans accompagnement *(très modéré)* à un air de danse bien rythmé *(plus mouvementé)*. Nombreux modalismes (par exemple la seconde augmentée, ré-mi ♯, de la mes. 19), à quoi s'opposent, non sans ironie peut-être, les cadences parfaites qui séparent les sections de la pièce. (On entendra un écho de ce « petit berger » dans le troisième tableau de *La Boîte à joujoux* : « Un pâtre qui n'est pas d'ici joue du chalumeau dans le lointain ».)

Golliwogg, une poupée noire créée par Florence Upton à la fin du siècle dernier, donne à Debussy l'occasion, par association d'idées, d'écrire son premier essai dans le style « nègre », mis à la mode par les « minstrels » sur les plages anglaises. D'où ce *Golliwogg's cake-walk*, qui termine le recueil dans une note de franche gaieté (en mi bémol majeur, *allegro giusto*). On retrouvera ce rythme dégingandé dans le *General Lavine* du deuxième livre de *Préludes*, et dans le passage de *La Boîte à joujoux* qui reprend la pièce publiée en 1909 sous le titre *The Little Nigar*. Cependant, le meilleur de ce finale, ce ne sont ni ses syncopes ni ses brusques contrastes de nuances, mais, précédée et suivie d'accords appogiaturés des plus bouffons, la citation, « avec une grande émotion », des premières notes du Prélude de *Tristan* (mes. 61), – laquelle échappe encore plus aux enfants que l'allusion initiale à Clementi...

## *Préludes*

COMP décembre 1909-février 1910 (1er livre), 1910-1912 (2e livre). PUB 1910 et 1913 (Durand). CRÉ du 1er livre nos 1, 2, 10, 11 par Debussy (25 mai 1910, Société musicale indépendante), nos 5, 8, 9 par Ricardo Viñes (14 janvier 1911, Société nationale), nos 3, 4, 6, 12 par Debussy (29 mars 1911, Concerts Durand); du 2e livre nos 4, 7, 12 par Viñes (5 avril 1913, Société nationale).

Il n'y a rien de plus opposé, à première vue, que les *Préludes* de Debussy et ceux de Chopin, dont on dit qu'ils leur ont servi de modèle. Chopin, après Bach, avant Heller ou Scriabine, s'attache à épuiser les vingt-quatre tonalités, une par prélude, dans un ordre préconçu, et son recueil forme un tout indissociable. Debussy n'a pas ce souci : on relèvera chez lui, par exemple, trois fois fa majeur, deux fois ré bémol majeur, deux fois ré mineur, et le couple enharmonique fa dièse/sol bémol ; en revanche, ut mineur, fa mineur, sol mineur, la mineur, si mineur manquent à l'appel. Quant à l'exécution intégrale de ces morceaux, « ils ne sont pas tous bons », disait le compositeur, qui n'en jouait jamais que trois ou quatre choisis. Chopin, dans ses *Préludes*, cultive une forme lapidaire, d'une concision parfois draconienne : vingt à trente secondes pour les plus courts. Mais ce sont des poèmes de quatre, cinq et six minutes que *Feux d'artifice*, *La Terrasse des audiences du clair de lune* et *La Cathédrale engloutie*. Chopin pratique la vertu d'économie : une seule figuration, un seul dessin par morceau ; voici la main gauche volubile et légère du *Troisième Prélude*, les térébrantes notes répétées du *Douzième*, les triolets harmonieux du *Dix-neuvième*. Il est vrai qu'un seul motif, bruissant au ras des touches, évoque chez Debussy *Le Vent dans la plaine*, qu'un même rythme résonne monotonement dans *Des pas sur la neige*, et qu'il n'y a en effet que des tierces alternées dans le prélude du même nom, – mais Debussy, à son ordinaire, ne prétend pas s'en tenir à l'écriture des premières mesures ; il pense encore qu'un tel choix l'appauvrit ; ses *Études* bientôt prouveront le contraire. Les *Préludes* de Chopin ne gaspillent pas une seconde du temps que leur auteur leur a si parcimonieusement dévolu ; le moindre d'entre eux est *achevé*, ayant tout dit dans ce minimum d'espace et de moyens ; les *Ballades*, qui ont plus de temps pour elles, peuvent se permettre un semblant de décousu, d'improvisation. Debussy, lui, ne cesse d'improviser, et ses « préludes » méritent d'autant mieux leur appellation que l'essentiel, peut-être, y est exprimé après coup, dans le silence où chacun d'eux retombe, au bout de quelques pages enchanteresses ; il eût pu d'avance employer l'artifice graphique que Mompou utilisera quelques années plus tard : supprimer la double barre finale, laisser la dernière mesure entrebâillée ; comme la dernière porte dans *Les Nourritures terrestres*, elle ouvre souvent « sur la plaine », c'est-à-dire sur l'espace sans bornes de la rêverie. – Enfin Chopin, contrairement à Schumann ou à Liszt, n'a jamais cédé à la manie des titres (d'autres se sont donné ce mal à sa place ; passe pour ses éditeurs anglais, moutons de Panurge de la mode et bons mercantis ; mais daubera-t-on jamais assez sur les titres que Cortot a infligés aux *Préludes*, si même à la dérobée ?). Pas de programme ! ou plutôt, à chaque auditeur le sien... Debussy, loin des sobres étiquettes de sa « première manière », qui culmine dans l'humble intitulé de la suite de 1901 *(Pour le piano)*, poursuit la façon des *Estampes* et des *Images* ; avec cette nouveauté, pourtant, qu'il a fait placer les titres à la fin de chaque pièce, et entre parenthèses ; ainsi se donne-t-il l'air de ne rien vouloir imposer : coquetterie charmante, et vain artifice, qui n'a pu tromper que le premier déchiffreur ! En réalité, ces deux cahiers font à la littérature, à la peinture, au spectacle des êtres et des choses, une part plus large encore que les précédents. Monet, Turner ou Sisley passent dans telle évocation de la neige, de la tempête ou de la brume. Dickens ou Baudelaire parraînent tel portrait ou tel paysage. D'allusif qu'il était jusqu'alors, le trait devient parfois descriptif, imitatif ; le scénario de *La Sérénade interrompue* n'a rien à envier à celui des *Folies françaises* de Couperin ; *Minstrels* ou *General Lavine* sont des eaux-fortes à la Callot.

Mais une particularité des *Préludes* de Chopin vaut pour ceux de Debussy : ils résument à merveille leur compositeur. Il y a plus vaste, plus fort, plus complexe chez l'un et l'autre ; il n'y a guère plus varié. De même qu'on trouve en ceux de Chopin un raccourci des genres qu'il a cultivés (étude, nocturne, mazurka, ballade ou scherzo), de même les vingt-quatre de Debussy font révérence à chacune de ses inspirations, sous une forme souvent plus concise et concentrée que les *Images* ou que les *Estampes*. Ce sont, pour reprendre la boutade de Léon Vallas, « des pastiches écrits à la manière de... Debussy ! ». La Grèce ou l'Égypte antique y passent, avec l'Espagne et l'Italie ; l'humour anglais se glisse au travers ; les fées et les lutins de Shakespeare y donnent la réplique à une héroïne de Leconte de Lisle ; la légende aussi prête quelques figures ; la nature occupe le reste à ses sortilèges d'eau, d'air, de terre et de feu.

PREMIER LIVRE. – Après le *Prélude à l'après-midi d'un faune* (1894), les *Chansons de Bilitis* (1898), le troisième *Nocturne* symphonique, *Sirènes* (1899), les *Danses* pour harpe (1904), la deuxième *Image* du deuxième livre, *Et la lune descend...*, si du moins ce temple est grec (1907), avant *Syrinx* pour flûte seule (1913) et les *Épigraphes antiques* pour piano à quatre mains (1914), le premier prélude, *Danseuses de Delphes*, évoque une Grèce antique à laquelle bien des musiques de ce début de siècle se sont abreuvées (le *Socrate* de Satie, le *Daphnis* de Ravel, les *Odes anacréontiques* de Roussel, la *Perséphone* ou l'*Œdipus Rex* de Stravinski en témoignent diversement), Grèce vue à travers le miroir de l'art et de la littérature, tout autre que cette Espagne à quoi Debussy donne au contraire, en sa musique, une existence réelle et quotidienne. La pièce (en si bémol majeur, *lent et grave*) compose une sorte de fronton au recueil ; deux pages hiératiques, à la démarche inflexible, que ne trouble aucunement la subtile alternance des mesures à trois et quatre temps, et que nul changement de tempo n'interrompt (c'est le seul des vingt-quatre préludes à conserver jusqu'au bout son mouvement initial). On songe à l'inspiration « gnossienne » ou « gymnopédiste » de Satie (et les mes. 21-24, impénétrables, y renvoient sans doute consciemment). Distinguons trois plans sonores : les basses, les accords processionnels, et successivement deux thèmes, le premier à l'intérieur des accords, chromatique, de rythme pointé et d'allure ascendante (c'est une danse non pas profane, mais sacrée ; on gravit les marches du temple), le second pentatonique, en octaves, descendant de l'aigu sur une pédale de fa (dominante). Beaucoup d'accords parfaits juxtaposés, qu'on retrouvera dans cette autre « antique », la *Canope* du deuxième livre. Grécité française, un rien factice, un rien compassée. Debussy, d'après Marguerite Long, jouait ce prélude « avec une exactitude presque métronomique ».

La gamme par tons, avec sa tonique indéterminée, sa nature équivoque et flottante, lui suggère-t-elle l'espace et le lointain ? Systématisant le procédé de *Cloches à travers les feuilles* (deuxième série d'*Images*), dont tout le début est hexatonique, Debussy n'emploie dans le deuxième prélude, *Voiles*, que les six notes do, ré, mi, fa ♯, sol ♯, si ♭ (et leurs doublets orthographiques), à l'exception de six mesures (42-47) pentatoniques, sur les touches noires (et, soyons scrupuleux, de fugitives notes de passage à la mes. 31). Dans ces limites voulues se déploie une étonnante diversité de rythmes et de plans sonores, que domine la figure initiale, en tierces, « dans un rythme sans rigueur et caressant ». Nombreuses pédales : l'omniprésent si ♭, pôle tonal de la pièce, pulsation sourde et obsédante, supprimé pourtant dans les trois dernières mesures, qui feignent de se résoudre en ut majeur (tierce finale do-mi) ; le motif berceur qui occupe les mes. 22-28 ; le trille ré-mi des mes. 32-37. L'ambiguïté tonale déteint sur le titre ; on disputera longtemps encore de la nature de ces « voiles » : sont-*elles* marines ? sont-*ils* aériens ? poème de l'air ou bien de l'eau ? Rien n'empêche de confondre l'un et l'autre, même si le thème principal de la pièce, qui semble s'élever lentement du large (mes. 7), rappelle le troisième tableau de *La Mer*.

*Le Vent dans la plaine* (en mi bémol mineur, *animé*) tire un saisissant parti d'une formule digitale que Debussy emploie souvent dans son style « toccata » : un doigt de la gauche opposé à une ligne brisée de la droite en aller et retour. Cela peut peindre le mouvement ; ici, c'est l'obsession du surplace : sextolets infatigables et sibilants, par-dessus quelques notes qui tracent à peine l'ébauche d'un chant. Le vent froisse l'herbe et l'épi, à fleur de terre, dans le moutonnement léger de la lande ou du champ, comme dans le poème verlainien (« Le vent dans la plaine/ Retient son haleine ») ; horizon à perte de vue, souligné par la pédale de si ♭ (dominante) au milieu du clavier. Ce premier énoncé s'interrompt pour quatre mesures d'accords de septième, descendus de l'aigu, et qu'éclaircit la sixte majeure (do ♮). Bruissements à nouveau, interrompus cette fois par d'impalpables trilles mesurés, sur les deux formes de la gamme par tons. Quelques mesures plus sonores, en sol bémol majeur, avec de brusques accords arrachés au clavier, sur trois octaves successives. Les pages suivantes reprennent le thème initial, le font moduler, le ramènent au ton de départ, où le coupent une dernière fois les cristallins accords de septième. Coda vaporeuse, avec des triades juxtaposées chromatiquement sur la pédale de dominante, et un ultime si ♭ vibrant tout seul jusqu'à l'extinction.

*Les sons et les parfums tournent dans l'air du soir* : ce n'est pas ce seul vers d'*Harmonie du soir* que commente le quatrième prélude (en la majeur, *modéré*), mais le poème entier de Baudelaire (déjà mis en musique par Debussy, en 1890), et peut-être plus singulièrement le vers suivant, « Valse mélancolique et langoureux vertige ». Valse lente, en effet, valse nocturne, aux harmonies voluptueuses, au rythme las (un 3/4 élargi parfois à 5/4). Délices de la verticalité ! La longue pédale de tonique soutient les accords changeants qui habillent ces thèmes fragmentaires : la courbe des premières mesures, dénouée avec langueur ; le motif aux implorantes notes répétées (mes. 9). Plus loin c'est une pédale encore, figure brisée sur les notes do ♯ et ré ♯, qui accompagne à la droite la douce et lasse mélodie d'accords de la gauche (mes. 18). L'interminable tournoiement ramène ces bribes de chant, les remporte, les enveloppe dans l'ombre étouffante, où la parenthèse de quelques accords parfaits juxtaposés fait brusquement scintiller des étoiles (mes. 34-36). Le plus beau moment est, mes. 41, ce surcroît thématique d'un envol de noires appuyées sur des arpèges de doubles croches *(tranquille et flottant)* : le musicien, après le poète, « du passé lumineux recueille tout vestige »... Pour finir, « une lointaine sonnerie de cors », que ponctue quatre fois le la grave, aux confins du clavier.

Le cinquième prélude, *Les Collines d'Anacapri*, fait la part chez Debussy d'une gaieté franche, directe, exprimée sans arrière-pensée ; non pas le bonheur amoureux de *L'Isle joyeuse*, mais celui, plus élémentaire, d'exister, dans le rire de la vie, sous des cieux privilégiés de soleil et d'air marin. Si majeur, peu utilisé par Debussy, et qui n'offrait dans *Pagodes* (des *Estampes*) qu'un alibi aux touches noires de la « gamme chinoise », ici resplendit de lumière ; il est frère du mi majeur « joyeux et emporté » de l'*Étude pour les octaves*, ou mieux encore de celui qui, dans les *Jardins sous la pluie* d'*Estampes*, inonde les deux dernières pages de rayons dorés : comparez les deux conclusions, c'est le même enivrement de doubles croches, jusqu'au double arpège final, jusqu'aux ultimes notes criées dans l'aigu radieux. – Quelques mesures d'introduction plantent le décor : des arpèges vibrants de mandoline *(très modéré)* et une réponse de flûtiau *(vif)*. Alors, du fond des collines, parviennent les thèmes de tarentelle (mes. 14, 24) ou de canzonetta (mes. 31), accompagnés tour à tour d'un trémolo ou d'une pédale supérieure de dominante (fa ♯) qui mettent l'air en effervescence. Et comme il y a, dans la liesse de midi, place aussi pour le rubato sentimental (le gamin de Naples s'amusant, comme le *minstrel* de Londres, à passer de la cabriole à la rengaine), Debussy enchaîne, dans le même si majeur qui décidément régente le morceau tout entier, une chanson des rues d'une vulgarité délicieuse, que son rythme balancé (celui de la habanera) rend plus langoureuse encore *(modéré et expressif)*. Après cet intermède, la danse repart de plus belle, en tourbillon perpétuel, jusqu'aux derniers arpèges, lumineux paraphe dans l'azur.

Aussi sombre que le précédent était ensoleillé, dans cette tonalité désolée qui a présidé à la tristesse de *The snow is dancing (Children's Corner)*, autre page hivernale, et qui marquera celle de *Canope* (deuxième livre de *Préludes*), *Des pas sur la neige* (en ré mineur, *triste et lent*), une des pages les plus prenantes du piano de Debussy, suggère sur le papier déjà, par le graphisme des notes, la blancheur du paysage, le silence, la solitude. La différence avec la pièce enfantine réside avant tout dans cette nudité et cette immobilité : là-bas les flocons dansants, ici cette chape d'angoisse, sur la lande et le cœur mis à nu. Trois éléments superposés : le rythme des « pas », une figure obstinée de seconde majeure ou mineure dont le compositeur précise qu'elle « doit avoir la valeur sonore d'un fond de paysage triste et glacé » ; des fragments mélodiques, tour à tour douloureux ou attendris ; des accords et des notes de basse, parfois sous forme de pédale de tonique. On se sent l'âme étreinte au retour du second motif (mes. 28), « comme un tendre et triste regret », harmonisé par des accords parfaits qui tentent de l'entraîner d'un la bémol mineur couleur de charpie à la lumière vaporeuse de ré bémol ; rechute soudain en ré mineur, avec le rythme des pas transporté à l'aigu où il prend sa signification véritable : c'est un glas... La pièce, après avoir égrené un lent arpège descendant, « morendo », jusqu'au fond du clavier, se clôt sur un accord aussi glacé que le paysage.

Avec *Voiles* et *Le Vent dans la plaine*, *Ce qu'a vu le vent d'ouest* forme, en ce premier livre, le troisième volet d'un triptyque du vent (en fa dièse mineur, *animé et tumultueux*). Ces pages où, après le zéphyr et la brise, souffle la bourrasque, ces portées où hurle l'ouragan impressionnent toujours l'auditeur ; on peut se demander, pourtant, si le compositeur s'y trouve à l'aise. Lui d'ordinaire si sobre, si épris de litote, il touche au paroxysme. Lui qui manie souvent des fils de la Vierge et des gouttes de rosée, le voilà remuant un matériau grossièrement « romantique ». La houle des arpèges introductifs, qui gagnent peu à peu toute l'étendue de l'instrument ; le thème d'accords accompagné de trémulantes quintes brisées ; les menaçantes progressions chromatiques ; les trilles et trémolos aux mains alternées, les allers et retours d'octaves brisées, les martellements : c'est du Liszt, et pas du meilleur, celui de la *Dante-Sonate* (car les traits lisztiens du vingt-quatrième prélude, *Feux d'artifice*, tout aussi virtuoses, sont d'une plume autrement légère !). Mais il n'importe, ce morceau révèle un Debussy méconnu, capable d'âpreté, de violence et de fureur (ah, les rauques, les rageuses secondes redoublées, d'abord lointaines à la mes. 10, exacerbées à la mes. 35, férocement criardes dans les dernières mesures !) ; le Debussy qui signera, cinq ans plus tard, la barbare *Étude pour les accords.*

« Sur la luzerne en fleur assise, / Qui chante dès le frais matin ? / C'est la fille aux cheveux de lin... » Debussy, vers 1880, avait mis en musique cette *Chanson écossaise* des *Poèmes antiques* de Leconte de Lisle ; il y revient dans ce morceau célébrissime, un des rares préludes accessibles aux doigts des amateurs, – ramenant une fois de plus ce thème baudelairien de la chevelure, qu'on rencontre aussi bien dans les *Chansons de Bilitis* que dans *Pelléas*. Fort différente cependant des héroïnes de Pierre Louÿs et de Maeterlinck, et loin des troubles harmonies où se meuvent *La Chevelure* et la « Scène de la fenêtre », *La Fille aux cheveux de lin* est peinte à la manière préraphaélite, comme dans cette *Damoiselle élue* du jeune Debussy, que le texte de Rossetti décrit les cheveux « jaunes comme le blé mûr ». Une claire mélodie (en sol bémol majeur, *très calme et doucement expressif*), énoncée d'abord toute nue, puis harmonisée de la manière la plus simple ; une candeur virginale, un discret arôme d'archaïsme ; mais aussi le sourire mutin de la section centrale *(un peu animé)*, au pas dansant.

Avec le scénario que suggère *La Sérénade interrompue* (en si bémol mineur, *modérément animé*), l'ironie fait son entrée dans les *Préludes* : à cette veine appartiendront les *Minstrels* du même livre, le *General Lavine* et l'*Hommage à Pickwick* du second. Gardons-nous cependant de confondre la qualité d'humour spécifiquement britannique des trois derniers, proches en cela de *Children's Corner*, et cette page espagnole, où le trait caricatural, à la Goya, n'empêche ni la plainte, ni la colère, ni l'épanchement lyrique. C'est essentiellement un rondo, avec pour refrain les staccatos, les notes répétées, les arpègements de guitare (« quasi guitarra », prescrit la première mesure) et les petits motifs circulaires que l'amoureux transi enchaîne, « comme en préludant », pour se faire les doigts, sous les fenêtres grillagées de sa belle. Trois couplets forment la sérénade proprement dite. Le premier, qu'appelle et soutient un *rasgueado* de quintes obstinées, a tout juste le temps de bégayer timidement quelques notes (mes. 32), suivies d'un bout de refrain, et voici la première interruption, soulignée d'un changement de tempo *(très vif)*, d'une modulation brutale, d'une accentuation vigoureuse et d'une pointe dans l'intensité ($f < sff$), le tout dans l'espace exigu de deux mesures : lui a-t-on claqué la persienne au nez ? lancé le contenu d'un pot (« el agua ! », comme dans le *Don Juan* de Montherlant...) ? Toujours est-il que c'est sur la pointe des doigts que ce pauvre héros reprend sa guitare, et sa sérénade à peu près où il l'a laissée. Cette fois, le thème se développe (mes. 54), l'harmonie s'enrichit, et ce deuxième couplet, plantant là son accompagnement, finit en vocalise, dans le pur style du *cante jondo*, efflorescence du chant qu'on sent prêt à jaillir désormais en toute liberté... Las, deuxième coup d'arrêt : en ré majeur, et à 2/4, une marche se profile au lointain (sourions d'y reconnaître le début du *Matin d'un jour de fête*, troisième mouvement d'*Iberia*, « image » pour orchestre) : est-ce le guet ? ou une cohorte d'étudiants qui reviennent d'une tournée des tavernes ? Le chanteur riposte par deux mesures de son refrain *(rageur)* ; on lui répond (*pp* subito) par trois mesures de marche ; il rétorque d'une nouvelle mesure furibonde et, sans plus attendre, enchaîne un troisième couplet (mes. 98), encore plus développé, – que pourtant, subitement refroidi, il n'a pas le cœur d'achever. Un dernier bout de refrain, quelques arpèges, quelques notes répétées, un sforzando plein de dépit, et il s'éloigne pour de bon... Ce n'est pas une simple pochade mais, dans son mélange de brusquerie, de fièvre, de sarcasme, après *La Soirée dans Grenade* des *Estampes* et avant *La Puerta del vino* du second livre des *Préludes*, un authentique échantillon d'âme espagnole.

Le « programme » du prélude précédent était à peine suggéré par quelques indications entre les portées, d'ailleurs sujettes à différentes lectures. Il n'y en a qu'une du suivant, cette *Cathédrale engloutie* si populaire, premier cité sans doute de tous les morceaux pour piano de Debussy, avec le *Clair de lune* de la *Suite bergamasque*. C'est la légende bretonne de la ville d'Ys, qui fut engloutie au IVe siècle à cause de l'impiété de ses habitants, mais reçut la grâce d'émerger de temps à autre, avec sa cathédrale, comme un avertissement perpétuel aux vivants. On peut en vouloir à cette pièce pour deux raisons contradictoires. Elle conforte dans leur opinion ceux pour qui Debussy est le musicien du flou, de l'à-peu-près, de l'inconsistant ; peu de pages sont aussi noyées dans la pédale, aussi fondues dans l'immobile et l'insaisissable. D'autre part, elle rassure les timorés ; jamais Debussy n'aura paru plus simple ; ces accords parfaits, cette continuité mélodieuse, cette absence de relief ; et la longueur du temps imparti (du temps *perdu*, dont le public a besoin, lui qui suit la musique à distance, et à vitesse limitée)... – Six mesures d'introduction (en ut majeur, *profondément calme, dans une brume doucement sonore*) esquissent le paysage : cette série ascendante d'accords parallèles, sans la tierce, à la manière d'un organum médiéval, cet accord-pédale dans l'aigu, ces basses descendant lentement vers ut, la tonique, qu'elles n'atteindront qu'à la mes. 14, évoquent à la fois le large et le passé, c'est-à-dire l'éloignement ensemble dans l'espace et dans le temps, brouillage sonore que tâchent de percer des cloches encore irréelles. Le premier thème (« doux et fluide »), en valeurs longues, redoublé sur trois octaves et soutenu par une pédale de mi, est la voix même de ces temps anciens, nue et désolée, étrange parenthèse modale (mi lydien, avec la ♯) sur le chemin d'ut majeur. Alors, le motif des cloches (« peu à peu sortant de la brume ») s'accroît, s'épand, tour à tour en si, en mi bémol, en ut à nouveau, sur de vastes arpèges et des octaves à tous les registres, qui font surgir des eaux la cathédrale : choral resplendissant aux grandes orgues (« sonore sans dureté »), en accords parfaits de huit notes, majestueux comme des piliers (et l'on s'aperçoit aussitôt que ses trois premières notes sont celles du motif des cloches, qui ne faisaient donc que le préparer). Il ne faut pas craindre, ici, d'abuser de la pédale ; le do grave qui sert d'assise aux harmonies pendant quatorze mesures leur cause des remous ; Debussy y tenait, comme le prouve son enregistrement de cette pièce. Quatre mesures ponctuées de secondes lointaines ramènent le silence *(p, più p, pp, più pp)*. Retour et développement du premier thème *(un peu moins lent)*, cette fois en ut dièse mineur, sur pédale de dominante (sol ♯) : admirons la subtile modification modale, avec ce la ♯ devenu dorien. Mais la cathédrale doit retourner à son abîme fatidique ; ut majeur lave la page de tous ses dièses, installe au fond du clavier une nouvelle pédale, un arpège inarticulé, grommellement d'eaux lourdes et menaçantes, à la surface de quoi résonne une ultime fois (« comme un écho ») le thème de choral. Six mesures de cloches pour conclure (« dans la sonorité du début »), où aux quartes et quintes parallèles s'allient de plaintives secondes.

Une merveille de grâce et d'esprit : *La Danse de Puck* (en mi bémol majeur, *capricieux et léger*) rit de son rythme pointé, de ses gammes et arpèges lancés, de ses trilles. Rire empreint de bienveillance : le « joyeux nomade de la nuit », la féerique créature du *Songe d'une nuit d'été* de Shakespeare, n'est-il pas l'antithèse du méchant Scarbo d'Aloysius Bertrand, qui inspira à Ravel ses pages les plus sarcastiques ? Mille fois plus aérien que ce gnome, aussi éthéré que les « exquises danseuses » qui peupleront le quatrième prélude du second livre de figures impalpables, même son ironie est gentille (la bitonie du motif de cor, do ♭-sol ♭, interrompant à la mes. 6 un énoncé qui feint d'hésiter entre mi bémol majeur et ut mineur ; les accords appogiaturés qui bouffonnent à la mes. 18), et il passe sans heurts du bond à la rêverie (le chant « doucement soutenu » de la main gauche, mes. 32). Kaléidoscopiquement composé de fragments irisés que seule assemble la fantaisie, le morceau finit sur une pirouette : le feu follet disparaît dans un éclair de triples croches.

Les *Minstrels* du douzième prélude (en sol majeur, *modéré, nerveux et avec humour*) sont les modèles de la poupée Golliwogg, qui danse le cake-walk à la fin de *Children's Corner*. Nés dans les plantations d'Amérique, ils apparurent vers 1900 en Europe, dans les fêtes foraines, où leurs numéros mêlaient irrésistiblement le mime, la danse, la cabriole et la chanson, au son des banjos, des tambourins et des cornets à pistons. C'est ce même mélange qui fait la saveur de la pièce, assemblage d'éléments contrastés, répétés dans le désordre (et cependant procédant d'une pensée maîtresse, et parvenant à créer l'illusion d'un ordre supérieur). Les voici épars : le motif de l'introduction, où gruppettos et basses staccato suggèrent banjos et tambours (on le retrouve un peu avant la fin du « numéro ») ; une ritournelle claironnante, reprise huit fois dans le morceau, avec des accentuations variées, précédée ou non de secondes hoquetantes ; un intermède « quasi tambouro » (mes. 58, repris à la fin, sans doute pour donner le signal de la quête...) ; et quelques lambeaux de thèmes, toujours ironiques, soit de danse raide (mes. 13, 23), soit de marche moqueuse (mes. 37), soit de rengaine sentimentale (mes. 64), avec çà et là quelques cuivres glapissants et désaccordés. Réussite incomparable, d'un goût suprême, conquis sur ce « mauvais goût » qu'il frôle à chaque instant ; ce premier livre de *Préludes*, gorgé de merveilles, n'a pas à rougir de finir sur un pied de nez...

DEUXIÈME LIVRE. – *Brouillards*, le premier prélude, et l'un des plus admirables de la série, est parfaitement défini par son titre : brume bitonale de cette pièce dont on peut dire, pour simplifier et aux exceptions près, que la main droite y joue sur les touches noires, en rapides arpèges descendants, et la gauche (« un peu en valeur ») sur les touches blanches, en paisibles accords de quintes justes ou diminuées (positions souvent rencontrées chez Bartók, par exemple dans les *Burlesques*, au début de la 2$^e$, au milieu de la 3$^e$). En quelle tonalité se trouve-t-on ? Du diable si on le sait : la « blancheur » des premières pages et la pédale de la dernière suggèrent ut majeur ; ainsi le brouillard laisse-t-il passer, par intermittence, la lueur rassurante d'un phare au lointain. Les thèmes ne sont pas moins vagues, la forme moins imprécise. À peine si quelques mesures font contraste : l'étrange mélodie en doubles octaves, qui perce un moment la nue, aux confins opposés du clavier (mes. 18 ; comment ne pas songer à Bartók encore une fois, et précisément aux *Musiques nocturnes* de la suite *En plein air*, où les mains espacées énoncent un choral au milieu des bruissements indistincts de la nature ?) ; les deux traits ascendants qui rayent brusquement la page (mes. 29-30) et la mystérieuse nappe d'arpèges qui les suit. Beauté des mesures ultimes qui, comme si souvent chez Debussy, rentrent dans le silence originel (à la lettre : « presque plus rien »).

Nettement tonal (un ut dièse mineur couleur de deuil) et de forme claire (un classique ABA), le deuxième prélude, *Feuilles mortes*, est une rêverie d'automne, dont les harmonies voluptueuses et le rythme engourdi ne sont pas sans rappeler *Les sons et les parfums...* du premier livre. Une première partie *(lent et mélancolique)*, flottant entre 3/4 et 2/4, juxtapose des fragments mélodiques apparemment indépendants, et cependant reliés par un fil invisible. Le rythme des mes. 4-5 (aux anapestes caractéristiques) va servir, au début de la deuxième partie *(un peu plus allant et plus gravement expressif)*, de basse obstinée, jusqu'à la riche superposition de plans sonores des mes. 25-30 : accords *ppp* dans l'aigu, mélodie en voix médiane, pédale à la basse. Deux lignes semblent traduire alors, avec leurs brusques triolets d'accords parfaits, un cri d'angoisse ou de révolte devant la fatale débâcle des feuilles. Retour du premier thème, avec l'approfondissement de la distance, et fin sur un argentin motif de cloches (quatre notes descendantes, aussitôt redites en valeurs augmentées). « De la chute des feuilles d'or célébrant la glorieuse agonie des arbres, du grêle angélus ordonnant aux champs de s'endormir, sortait une voix douce et persuasive qui conseillait le plus parfait oubli. » Ces lignes d'un article de Debussy, paru dans *La Revue blanche* (15 novembre 1901), commentent d'avance ce prélude.

*La Puerta del vino* du troisième prélude (en ré bémol majeur), une des portes de l'Alhambra de Grenade, fut suggérée à Debussy par une carte postale qu'il avait reçue de Manuel de Falla. Elle achève le cycle espagnol commencé en 1901 avec *Lindaraja*. Comme cette pièce ancienne pour deux pianos, et comme *La Soirée dans Grenade* des *Estampes*, elle emprunte d'un bout à l'autre le rythme à la fois las et pressant de la habanera. Il faut se pénétrer de l'indication de départ, qui résume admirablement l'esprit de cette musique plus espagnole que nature : « avec de brusques oppositions d'extrême violence et de passionnée douceur », – d'où ces incessants contrastes de dynamique, dont les premières mesures montrent l'exemple, avec ces rudes appogiatures et ces gruppettos de guitare qui griffent méchamment l'harmonie, aussitôt suivis de la sonorité la plus feutrée. Toute la pièce est construite sur de longues pédales, de ré♭ dans les volets extrêmes, de si♭ au milieu, qui avec le ton maintiennent obstinément la pulsation de la danse. Âpre et magique nuit d'Andalousie ! Pour en évoquer le « chant profond », il suffit de cette mélopée dans le mode mauresque, qui semble tourner autour d'un mi répété, et dont les bécarres insidieux (si, ré, mi) jurent avec les cinq bémols de l'armure. La savoureuse bitonie est encore accentuée par l'inflorescence vocale, ces triolets, sextolets, septolets où le chant se gonfle et s'attarde, avant de retomber sans forces sur la tonique enfin rejointe (mes. 19). Et voici l'écho étouffé de cette plainte, un rubato d'octaves, agrémenté de frémissants arpègements, en mouvement contraire des deux mains. Il en sort un nouveau motif (mes. 31), plus énergique, plus hardi, qui bientôt s'exacerbe en accords parfaits juxtaposés, mais finit par mourir à son tour sur l'inflexible ré ♭ de la basse. Modulation brutale, en si bémol, pour l'épisode central, qui déclame « passionnément », puis fait une allusion « ironique » aux premières mesures, avant de les développer en « gracieux » intervalles de quintes et de sixtes : compliments galants, véritables *requiebros* à la manière du Granados des *Goyescas*... La reprise harmonise la mélopée mauresque en tierces que la bitonie rend étrangement acidulées ; et il y a un extraordinaire effet de lointain dans les deux mesures de rubato qui, suspendant le rythme de la habanera et éclaircissant l'harmonie, feignent d'aller en ré, retardant d'autant l'inévitable fin en ré bémol.

De même que la fraîcheur des *Jardins sous la pluie* succédait, dans les *Estampes*, à la torride *Soirée dans Grenade*, de même, à ce poème du feu qu'est *La Puerta del vino* succède un poème de l'air, *Les fées sont d'exquises danseuses* (en ré bémol majeur, *rapide et léger*). Même tonalité, pourtant (et cette redondance ne paraîtra insolite qu'à ceux qui ignorent que Debussy ne voulait pas d'une exécution intégrale des *Préludes*, mais qu'on y fît un choix, – comme lui-même chaque fois qu'il en donna des auditions). Il est vrai qu'après l'insistante pédale du morceau précédent, ré ♭ semble être ici, à rebours, la chose à éviter par excellence ; la tonique, ce tyranneau, mettrait un boulet aux chevilles des danseuses ; le morceau accumulera donc les faux-semblants et les échappatoires. Tout, d'ailleurs, y est fantasque, et la forme plus que le reste encore. C'est par commodité qu'on le subdivisera en trois parties, très inégales. Une introduction et une conclusion similaires (mes. 1-23, 101-127), pleines d'arpèges bruissants alternés aux deux mains (la droite sur les touches noires, la gauche sur les blanches, comme dans *Brouillards*, du même second livre), de trémolos sans poids ni pose, de trilles en chaînes rieuses, encadrent une longue section quasi improvisée, apparemment cousue des éléments les plus hétéroclites, qu'élit l'humeur du moment (mais il y a toujours, de l'une à l'autre, des correspondances, et ces jeux sonores d'une trompeuse liberté se révèlent, à l'analyse, rien moins que gratuits) : un thème *rubato*, tout d'élan juvénile (mes. 24) ; un autre *sans rigueur*, dont le rythme pointé marque l'abandon plus que la contrainte (mes. 32) ; un autre encore, enguirlandé de triples et quadruples croches, sorte de valse languide (mes. 58, 67), qui sera citée une dernière fois, sans accompagnement, dans la résonance des arpèges conclusifs. (Un mot du titre : il est emprunté au *Peter Pan* de James Matthew Barrie, dont une illustration figure une fée, dansant sur un fil de la Vierge.)

Comme *La Fille aux cheveux de lin* du premier livre, *Bruyères* (en la bémol majeur, *calme, doucement expressif*), après des pièces que l'époque dut trouver « expérimentales », marque un retour momentané à la consonance, à la simplicité, voire à la naïveté. Même ondulante souplesse, même fraîcheur bucolique de la mélodie, même harmonisation en accords parfaits, mêmes quotidiennes cadences. Le *little shepherd*, le pâtre de *Children's Corner* n'est pas loin, ni d'une certaine façon cet amant qui, dans la première des *Chansons de Bilitis*, offre à sa bien-aimée, « pour le jour des Hyacinthies », une syrinx, « faite de roseaux bien taillés ». Et c'est la flûte, en vérité, que suggèrent ces arabesques légères qui, après les mesures placides du début, font soudain vibrer l'air, éveillent l'écho d'un chalumeau plus grave, montent capricieusement dans l'azur, en redescendent par paliers, sans cesser jamais de chanter : chaque double et triple croche assume ici son volume de musique. Aucune rupture dans la partie centrale, en si bémol majeur *(un peu animé)* ; il serait vain de nommer ici un deuxième, un troisième thème, tant ces fils harmonieux paraissent composer le même tissu, jusqu'à la reprise, jusqu'à la sereine conclusion où, dans le fond du clavier, mais « sans lourdeur », tournoient lentement les dernières figures.

Le *General Lavine – eccentric* qui fait l'objet du sixième prélude (en fa majeur), et qui nous ramène au music-hall des *Minstrels* du premier livre, a réellement existé. Edward La Vine apparut en août 1910 au théâtre Marigny, sorte de clown mécanique, de paillasse désarticulé, réplique de chair et d'os (« de bois ! », disait pourtant Debussy) au Golliwogg de *Children's Corner*, – d'où cet hommage en forme de cake-walk. Une introduction de dix mesures le campe à son entrée en scène, savoureuse, avec ce levé « strident » de trois triples croches, atterrissant cinq fois de suite sur le do central du clavier (dominante), le tout entrecoupé d'accords parfaits bien railleurs. La danse alors démarre *(spirituel et discret)*, tassée dans le registre de la contrebasse, entre une basse encore plus grave et des accords à contretemps, égratignés parfois d'appogiatures. La partie centrale (mes. 46) s'amuse des accords de l'introduction, les traîne, les déforme, soulignant bouffonnement les contorsions du général fantoche ; le plus drôle est, mes. 65, ce court accès de fièvre ou d'émotion, dégonflé au bout de trois mesures... Reprise à l'identique (ce n'est guère fréquent chez Debussy) des mes. 11-34, suivie d'une tentative de modulation, avant l'accélération et les ornements de plus en plus stridents de la fin.

Un des sommets du piano de Debussy, *La Terrasse des audiences du clair de lune* ajoute un nocturne encore, une rêverie lunaire de plus, à ce cycle de la nuit dont la majeure partie de son œuvre est tributaire, l'autre étant placée sous l'invocation du soleil. Le titre, qu'il soit emprunté à Loti (qui décrit, dans *L'Inde sous les Anglais*, des « terrasses pour tenir conseil au clair de lune ») ou à René Puaux (dont une chronique du *Temps* relate les cérémonies du couronnement de George V comme empereur des Indes), peut faire croire à quelque nouvelle estampe exotique, un réchauffé de *Pagodes*, avec les modes hindous au lieu de la gamme chinoise. Il n'en est rien, et peu de préludes sont aussi dépourvus d'anecdote, aussi purs d'emprunts et de clins d'œil. Nuit de lune et d'étoiles, à la dure clarté de fa dièse majeur. Les molles armures bémolisées du nocturne fauréen, les tonalités feutrées de Watteau, celles du *Nocturne* de 1892 ou du *Clair de lune* de la *Suite bergamasque*, n'ont pas eu long cours chez Debussy : voyez plutôt les cinq dièses qui scintillent dans le *Clair de lune* des premières *Fêtes galantes*, dans *De soir (Proses lyriques)* ou *Harmonie du soir (Poèmes de Baudelaire)* ; les six dièses qui transportent « les parfums de la nuit » *(Iberia)* ou qui président au moment le plus abandonné de *La Soirée dans Grenade (Estampes)* ; les sept dièses qui, à la fin de *Recueillement (Poèmes de Baudelaire)*, saluent l'entrée de la nuit : « Entends, ma chère, entends la douce nuit qui marche... » Ce ciel d'améthyste n'est pas moins propice à la volupté ; au contraire, il y ajoute on ne sait quel faste, et donne aux sens ce qu'il dérobe au cœur. – Un court motif de sept notes *(lent)*, harmonisé en accords de septième, écarte les tentures (on y a abusivement entendu « Au clair de la lune » ; c'est avoir beaucoup d'imagination, et quelque strabisme d'oreille) ; alors, par deux fois et chaque fois plus bas, tombe lentement des cintres une arabesque de notes chromatiques, impalpable et presque irréelle *(ppp)* : ici encore, comme dans les *Images*, le rayon de lune « descend sur le temple qui fut », et l'on ne saurait mieux peindre, en si peu de mesures, la torpeur, l'engourdissement d'un paysage nocturne. Le motif de sept notes, redit en accords mineurs, achève cet énigmatique lever de rideau. Trois mesures plus fantasques (*un peu plus animé*, en si bémol majeur), comme un fugitif ballet d'ombres, retardent d'autant le corps de la pièce. Celui-ci accumule les richesses : harmonies, timbres, plans sonores espacés d'un bout à l'autre de l'instrument. Aux mes. 16-18, par exemple, on distingue, entre une pédale grave et une pédale supérieure de do ♯ (dominante), un chant du ténor, dans le balancement du rythme à 6/8, une frise continue de secondes majeures (si-do ♯), et un thème chromatique en octaves aux deux mains. Ce motif s'anime, se met à palpiter (et l'on croit entendre les battements du *Clair de lune* de *Fêtes galantes I*), prend l'allure d'une valse qui, si amplement orchestrée soit-elle, doit d'abord demeurer dans les bornes du piano, du pianissimo, et n'aura que quelques mesures pour s'enivrer de son propre tournoiement, avant de retomber dans le murmure. Les dernières lignes citent, comme à travers un songe, l'hypnotisante arabesque du début, suivie du motif de sept notes, en harmonieux accords de sixte, et concluent dans l'aigu, par une succession de quintes, toutes nues et diaphanes, avant l'étagement de la cadence parfaite.

L'*Ondine* du huitième prélude (en ré majeur, *scherzando*) ressemble aussi peu à sa sœur du *Gaspard de la nuit* de Ravel, que les *Reflets dans l'eau* des *Images* à *Jeux d'eau*, ces cousins éloignés. L'eau ravélienne a des facettes, et la lumière y fait luire, comme chez Valéry, « maint diamant d'imperceptible écume » ; d'autre part, son écoulement s'inscrit dans la durée, sa matière est organisée ; Ondine, fée industrieuse, règle à l'équerre et au métronome le ballet des fontaines, des cascades, des geysers. Mais hormis quelques éclaboussures d'arpèges, quelques traits scintillants, le prélude debussyste n'est pas particulièrement aquatique ; et c'est une humoresque de plus ; cette Ondine-ci, à la manière de Puck et des « exquises danseuses », assemble capricieusement les motifs, les combine, les défait, dans un ravissant et poétique désordre. *Scherzando* : il faut, avec le compositeur, tirer parti de cette indication initiale. Tout y souscrit, non seulement l'écriture fragmentaire des quinze premières mesures (grappillons de notes doucement écrasées, triolets frétillants, arpèges lancés, allers et retours soyeux, gruppettos de cristal), mais aussi les thèmes principaux : le premier, caressant, en doubles croches liées deux par deux, que les mains à l'unisson font palpiter (mes. 16) ; le second, en notes répétées, qui ironise par-dessus le trémolo de quinte augmentée de la gauche (mes. 34), se développe « murmurando » en valeurs augmentées (mes. 46), revient dans le grave, souligné de secondes narquoises et d'une étrange ondulation chromatique (mes. 56). Délices encore d'un humour fantasque, dans les ruissellements bitonaux de la coda, qui juxtapose et superpose ré majeur (la tonique) et fa dièse majeur.

Onze mesures sonores et solennelles *(grave)* composent un portique au prélude suivant, *Hommage à S. Pickwick Esq. P.P.M.P.C.* (en fa majeur, la tonalité de *General Lavine*, autre exemple d'humour à l'anglaise dans ce second livre). Moins « hypocrite » (ou « inappétissant » !) que tel et tel de Satie *(Choses vues à droite et à gauche*, ou *Sports et Divertissements)*, ce choral un peu guindé avoue pour basse le *God save the King*, espièglerie presque identique à celle qui fait surgir, dans le cake-walk final de *Children's Corner*, le thème sacro-saint du Prélude de *Tristan*... Cependant, ayant rendu les honneurs au charmant héros de Dickens, Debussy change de ton *(peu à peu animé)* et retrouve le rythme de gigue, incisif et pointé, qui avait servi dans le premier livre au ballet de Puck et de toutes les féeriques créatures de Shakespeare. Mais cette danse-ci, loin d'être funambulesque, foule le sol du commun des mortels, posée sur un tapis de croches et de noires bien rassurantes, et interrompue d'accords parfaits massifs *(retenu,* mes. 21-26) qui, s'ils témoignent de l'humeur réjouie de Pickwick, ne nous cachent rien de son embonpoint ! Que d'esprit, dans ces pages sans importance : le salut cérémonieux mais souriant des mes. 9-11 et 41-43 (« aimable ») ; l'ornement malicieux, en triples croches, des mes. 26-29 ; le motif strident des mes. 37-40, sous le battement obstiné des tierces ; et par-dessus tout, un peu avant la fin (mes. 44), le sifflotement d'un gamin des rues, qu'on imagine passant au loin, gouailleur, les mains dans les poches et la casquette sur l'oreille, – presque plus authentique que le *ragamuffin* qu'on entendra bientôt dans une des *London Pieces* d'Ireland.

La trentaine de mesures de *Canope* (en ré mineur, *très calme et doucement triste*) comptent parmi les plus inspirées du piano de Debussy, et il y a cent fois plus de musique dans ces pages si pauvres, si nues, que dans toute la bourrasque de trémolos et d'arpèges de *Ce qu'a vu le vent d'ouest*. Y préside à nouveau la tonalité de l'affliction (celle de *Des pas sur la neige* du premier livre de *Préludes*, de *The snow is dancing* de *Children's Corner*, et de l'inconsolable *Pour ce que Plaisance est morte* des *Trois Chansons de France*). Dans la procession d'accords parfaits juxtaposés du début, on a parfois entendu un souvenir de la *Promenade* des *Tableaux* de Moussorgski. Ces sonorités d'organum font place, dès la septième mesure, à une mélopée de couleur orientale, avec le gémissement de ses notes répétées et de ses degrés altérés (ce do ♯, surtout, qui frotte durement contre le do ♮ de l'harmonie). Un troisième thème chante alors (mes. 11), comme une voix très pure et apaisante, enserrée de grands accords immobiles, et culminant sur un ré appogiaturé dans l'aigu. La section centrale contraste à peine *(animez un peu)* : doubles appogiatures, dessin d'octaves brisées, citation du deuxième thème, traits chromatiques noyant le ton ; ainsi la douleur marque-t-elle le pas, dans ces plages de digression, vainement oublieuses. Et voici le retour des lents accords du début, dont l'harmonie bifurque soudain vers un accord d'ut majeur, inattendu, à neuvième ajoutée (ré), qui soutient le bel orbe du troisième thème *(plus lent, très lent)*, sans en pouvoir dénaturer le lancinant ré mineur.

Un avant-goût des *Études*, au milieu de ces images de brume et d'eau, de lune et de feuillage : le prélude pénultième, une toccata, ne veut rien évoquer, sinon le motif didactique qui lui donne naissance, *Les Tierces alternées*. Il s'y tient de façon péremptoire, et en tire toute sa substance : à part une douzaine de quartes diminuées plus orthographiques que réelles (mes. 40-45) et deux notes de basse isolées (mes. 108, 110), le morceau n'est fait que de tierces majeures ou mineures, distribuées aux deux mains. Ce parti pris, plus radical encore que tous les arguments des *Études*, où il s'en faut que le discours soit subordonné à une seule catégorie grammaticale, produit un petit miracle ; rien n'est plus poétique, plus imaginatif, que ces pages si concertées. Dix mesures d'introduction *(modérément animé)* : quelques tierces frileuses, sur des portées trop vastes pour elles. Mais d'un coup ces fils télégraphiques s'emplissent d'un bourdonnement incessant *(un peu plus animé)* : toute une volière de doubles croches y est lâchée pendant trois pages, dans une giration statique qui n'est pas sans rappeler les cercles paradoxalement immobiles de *Mouvement* (premier cahier d'*Images*). La main gauche, dans ce halo (« légèrement détaché sans sécheresse » : ne craignons pas la pédale...), timbre délicatement quelque chose qui est moins un thème qu'une émanation de l'harmonie ; la droite est souvent en appogiature sur la gauche (on ne parlera pas ici de bitonie ; les tons sont bien perceptibles, mais le musicien les froisse comme de la soie). Une courte section centrale (mes. 91-116) reprend en se jouant le motif erratique de l'introduction, d'abord sur les tons entiers, puis en mi bémol majeur, renforcé deux fois par un appui sur la dominante (ces deux notes de basse, si curieuses, isolées dans cette texture de tierces). Enfin huit mesures de transition, libérant à nouveau les doubles croches, mènent à une reprise écourtée ; quelques frissons chromatiques, un dernier surplace, et pour conclure, une dernière tierce do-mi qui vibre solitaire au milieu du clavier.

*Feux d'artifice*, apothéose des deux livres de *Préludes*, et l'un des morceaux de Debussy les plus prisés des virtuoses, tire son brio pyrotechnique de l'atelier de Liszt : traits divisés aux deux mains, glissandos, arpèges véloces, accords puissants, octaves martelées, trilles et trémolos en chaîne, – il n'y manque même pas la cadence (*quasi cadenza*, écrit ironiquement Debussy) en pluie de petites notes cristallines. Les vingt-quatre premières mesures (en fa majeur, *modérément animé*) forment une manière de préambule, où l'on peut imaginer que la foule peu à peu se rapproche et s'agglutine (guirlande de triples croches aux mains alternées, « crescendo molto », avec des sauts périlleux à chaque bout du clavier), avant le départ des premières fusées (un glissando vertigineux, sur les touches noires, rayant l'instrument de haut en bas), et les premières étincelles (ce trille rapide où crépitent les secondes phosphorescentes). Alors seulement de lumineux arpèges introduisent ce qui sera le leitmotiv de la pièce, davantage un appel qu'un thème, avec son saut de quinte caractéristique ; le voici d'abord à la basse ; la droite l'énonce ensuite, par-dessus les gerbes arpégées, le paraphrase, le varie en accords ; puis les deux mains le lancent en traits incisifs, le déclament sur trois octaves. Éclaboussures sonores et bariolage des tonalités : l'armure à bémol unique, qui suggère timidement fa majeur, ne vaut que pour les premières pages ; on dira plutôt que le morceau est construit sur une succession de pédales : fa, sol, do, sol à nouveau, la bémol, etc. Au milieu des feux de Bengale, des chandelles romaines et des étoiles multicolores qu'allument sans cesse ces pages qui sacrifient à une belle virtuosité, il y a un moment d'intense émotion, hélas trop court : l'épisode en fa dièse mineur (mes. 57-60), avec ce chant étrangement désabusé, tendu sur des arpèges qu'on jurerait de harpe. Il y a aussi, et peut-être surtout, après l'épuisement des dernières fusées de la fête, cette coda merveilleuse, une des plus inoubliables de Debussy : sur un trémolo presque inaudible, formant pédale de ré♭ dans le fond du clavier, résonne au lointain (« de l'autre côté de la scène », comme dans le *Mauvais cœur* de Léon-Paul Fargue), un fragment de *Marseillaise*, en ut (« Formez vos bataillons... Marchons, marchons... »), que rejoint un ultime sursaut du motif principal, déjà enfoui dans le souvenir.

## *Études*

COMP août-septembre 1915. PUB 1916 (Durand), en deux livres. DÉD à la mémoire de Chopin (non mentionné dans la partition imprimée). CRÉ par Walter Rummel (14 décembre 1916).

On sait que c'est la révision des œuvres de Chopin, à quoi il s'attelait pour la maison Durand, qui suscita chez Debussy une réflexion sur la technique du piano, et le désir d'entreprendre à son tour des « études ». Or, Chopin écrivit ses premières *Études* à vingt ans, mettant à l'orée de son œuvre une fracassante déclaration de principes. Debussy, lui, résume ici son art, les acquisitions d'une vie, dans les domaines mélangés de l'harmonie, du rythme, de la forme, du timbre, de l'écriture pianistique, tout en ouvrant la porte sur l'avenir, une nouvelle « manière » que ses jours comptés n'allaient pas lui permettre d'accomplir. Pour cette célébration de l'instrument, il renonce aux titres anecdotiques des *Images* ou des *Préludes* (dont l'avant-dernier, *Les Tierces alternées*, rompait déjà avec le figuratif), et feint de pousser le souci pédagogique jusqu'à préciser, en tête de chacune de ses pièces, le « terrain » pianistique défriché, – ce qu'au fond ni Chopin, ni Liszt, et pas même Cramer ou Moscheles, n'avaient fait. Le premier livre a l'air ainsi de sacrifier davantage au mécanisme (les « cinq doigts », les « tierces », les « octaves »...) et le second aux recherches de sonorité (« agréments », « sonorités opposées », « arpèges composés »...). Mais ce prétendu pédagogue ne laisse pas d'être désinvolte ; un avant-propos goguenard le dispense de donner des doigtés à ses pièces (c'est pourtant une des principales préoccupations des professeurs de piano !) ; en voici les derniers mots : « L'absence de doigté est un excellent exercice, supprime l'esprit de contradiction qui nous pousse à préférer ne pas mettre le doigté de l'auteur, et vérifie ces paroles éternelles : « On n'est jamais mieux servi que par soi-même. » Cherchons nos doigtés ! »

Les amoureux du « premier », voire du « deuxième » Debussy, continuent, semble-t-il, de bouder ces pages. Le parti pris d'abstraction, de « musique pure » (l'affreux mot !) dont elles s'accompagnent leur donne à imaginer une œuvre décharnée, cérébrale, un produit de laboratoire. Mais avec des titres (et qui sait, un futur Cortot en inventera !), la réputation de difficulté qu'on a faite aux *Études* n'aurait guère tenu. Ceux qui n'y appliquent, tout bonnement, que leurs oreilles, les aiment chaque jour davantage. Debussy a en commun avec Chopin d'employer des traits instrumentaux à des fins poétiques ; les doigts, certes exaltés (beaucoup moins, d'ailleurs, que chez Liszt, Balakirev ou Liapounov...), lui servent de prétexte à créer, dans une liberté qui s'enivre d'elle-même, d'incomparables poèmes sonores, enfants du caprice et de l'imagination.

PREMIER LIVRE. – *Pour les cinq doigts, d'après Monsieur Czerny*. On se croirait revenu, avec cet énoncé de la première étude, avec son blanc ut majeur et son tempo initial *sagement*, à la nursery gentille de 1908, à ce *Children's Corner* dont la première pièce prétend railler, en Clementi, un autre fournisseur de méthodes et d'exercices digitaux. Ici pourtant la parodie est à la fois plus vive et génératrice de plus d'invention musicale. Et s'il est vrai que les cinq notes de départ, do-ré-mi-fa-sol, en aller et retour, édifient les cinq pages du morceau, c'est plutôt parce que le musicien en prend sans cesse le contrepied... Ut majeur, égratigné dès la deuxième mesure par un la ♭ moqueur, ne tient pas longtemps la distance : il a beau revenir en force dans les doubles croches par trois (mesure à 12/16) de la deuxième page, on lui oppose bientôt son ennemi le plus radical, ut bémol et son cortège de bémols assourdis. Même son triomphe final, et obligé, aux derniers accords, est assujetti à une fulgurante gamme de ré bémol, qui sillonne le clavier, véritable avatar de l'harmonie de sixte napolitaine. Quant au tempo précautionneux des premières mesures, où le pianiste a l'air de marcher sur des œufs, un endiablé *mouvement de gigue* a tôt fait de le supplanter, ne concédant çà et là un zeste de rubato que pour repartir de plus belle. Avec sa griserie de la vitesse, ses reprises nerveuses, son humour (par exemple le délicieux « scherzando » de la quatrième page, tout piqueté de staccatos, de trilles et d'arpègements), cette étude est le plus engageant des préambules.

La deuxième étude, *Pour les tierces* (en si bémol mineur, *moderato ma non troppo*), ne peut certes pas rivaliser de virtuosité avec l'étude correspondante de Chopin (n° 6 de l'opus 25) ; aussi bien Debussy n'a-t-il choisi qu'un tempo modéré, qui ne s'anime que dans la dernière page. Mais quelle souplesse, quelle variété dans le traitement d'un intervalle auquel le moindre tâcheron de la musique a voulu un jour sacrifier ! Ces tierces, il les fait tour à tour ondoyer en séquences diatoniques, murmurer en légers trémolos, ruisseler en arpèges ; il les noue chromatiquement, les projette d'une main à l'autre et du registre aigu au grave, les assemble pour finir en accords verticaux. L'harmonie n'est pas en reste, depuis le si bémol mineur initial (fortement modal et tenté de laisser la place à son relatif ré bémol) jusqu'à telles fugitives modulations, blancheur parfaite d'ut majeur (mes. 8-9), diaprure de mi majeur (mes. 28-31), sans oublier cette longue pédale de la deuxième page, qui soutient le vacillement de si bémol entre majeur et mineur. On remarquera surtout combien la plupart de ces suites de tierces *chantent*, au lieu de se contenter, comme chez tant d'autres, d'un rôle ornemental ; c'est au point que l'on entend à tel détour, et dans le même « tempo rubato », un souvenir du *Clair de lune* de la *Suite bergamasque* (mes. 13), plus voluptueux encore et plus éperdu.

Une des plus libres, des plus fantasques, est la troisième étude, *Pour les quartes* (en fa majeur, *andantino con moto*). Debussy pouvait-il ne pas dédier une pièce entière à son intervalle favori ? Comme le Scriabine des *Études op. 65*, qui donne droit de cité, tour à tour, aux neuvièmes, aux septièmes, aux quintes, il en fait le plus harmonieux des objets sonores, porteur de mille réminiscences, qui se conjuguent sans heurts : *gamelan* javanais, gamme andalouse, modes médiévaux. Tout le morceau ne fait que préluder, change sans cesse de tempo (vingt-trois fois en quatre pages !), de mesure, d'humeur. Çà et là une cadence laisse à penser que ce vagabondage est terminé, que l'on débouche sur un thème (par exemple mes. 8-9, 11-12, 18-19), mais c'est une illusion. Et cependant ce décousu, qui est celui de la rêverie, a sa logique interne ; et du reste rien n'est plus poétique que ces ébauches de mélodies qui n'aboutissent pas. Une exception, pourtant, à la troisième page *(sempre animando)*, avec cette belle progression rythmée par l'ostinato ré♭-la♭, et traversée de cascades de quartes cristallines.

La douce et mélancolique quatrième étude, *Pour les sixtes* (en ré bémol majeur), surpasse encore la précédente dans l'emploi du rubato, qui est moins ici la marque du caprice que de la tendresse. Ces sixtes que Debussy avoue plaisamment, à son éditeur, avoir longtemps tenues pour « des demoiselles prétentieuses, assises dans un salon, faisant maussadement tapisserie, en enviant le rire scandaleux des folles neuvièmes », il arrive pourtant, en les superposant ingénieusement aux deux mains, à en composer des agrégats mystérieux et troublants. La forme de la pièce est nettement tripartite, deux volets jumeaux, d'allure paisible et méditative, encadrant un panneau central *poco agitato*, où les sixtes se pressent en accords répétés, s'alanguissent, se bousculent à nouveau, s'éteignent sur un si♭ réitéré dans le grave.

Après cette page intime et secrète, la cinquième étude, *Pour les octaves* (en mi majeur, *joyeux et emporté, librement rythmé*), est une fête bruyante, pleine de vie et de couleurs, qui retrouve quelque chose de la lumière méditerranéenne des *Collines d'Anacapri* (premier livre de *Préludes*), avec plus d'exubérance encore et d'éclat. Morceau de bravoure, où le virtuose doit projeter ses mains d'une région à l'autre du clavier, à grands sauts téméraires, ou (dans la sourde et grondante section centrale, à l'allure de toccata) les faire épineusement se chevaucher. C'est la danse ici qu'on exalte, plus que le chant ; n'allons pourtant pas y voir, comme certains commentateurs, une banale valse-caprice...

Le premier livre se clôt avec le mouvement perpétuel de la sixième étude (en sol bémol majeur, *vivamente, molto leggiero e legato*), dont le titre énigmatique, *Pour les huit doigts*, est explicité par une note en bas de page : « Dans cette étude, la position changeante des mains rend incommode l'emploi des pouces, et son exécution en deviendrait acrobatique. » Argument perfide : privé de ses pouces, plus d'un pianiste, au contraire, perd une bonne partie de ses pouvoirs ; et Marguerite Long n'hésitait pas, négligeant cette note et préférant obéir à la fois au titre et au fameux conseil de la préface (« Cherchons nos doigtés ! »), à supprimer plutôt le cinquième doigt de chaque main... Mais qu'importent ces détails ? La pièce est une merveille de légèreté, d'agilité, de grâce fragile et fuyante, toute en ondulations sonores (triples croches par quatre aux mains alternées), faite de gammes, de trilles, de trémolos, de glissandos, rivalisant avec *Les fées sont d'exquises danseuses* et *Feux d'artifice* (du deuxième livre de *Préludes*) dans leurs moments les plus aériens. Pas le moindre thème pendant quatre pages ; ce n'est qu'à la dernière (mes. 53) que « les basses légèrement expressives » font entendre un embryon mélodique, vite étouffé dans l'accélération finale.

DEUXIÈME LIVRE. – La septième étude, *Pour les degrés chromatiques* (en la mineur, *scherzando, animato assai*), qui commence le second livre, est un autre mouvement perpétuel de triples croches, et l'une des inspirations les plus étrangement originales de Debussy. Un incessant bourdonnement d'insectes, « sempre leggierissimo », y sert de fond sonore à un simple et diatonique thème de quatre mesures, régulièrement énoncé par la main gauche (d'abord à une voix, puis harmonisé), suivant un rythme immuable, direct ou rétrograde. On ne peut suggérer davantage avec aussi peu de matière, et cela ressemble par avance à ces bruissements impalpables, frissons d'ailes et bruits d'élytres, dont Bartók emplira ses musiques nocturnes.

À l'opposé des deux précédentes, la huitième étude, *Pour les agréments* (en fa majeur, *lento, rubato e leggiero*), dernière composée des douze, répudie l'économie de moyens et le métronome des toccatas pour une matière luxuriante et un relâchement délibéré du temps et de l'espace. Ce n'est pas elle, assurément, qu'on pourra diviser en compartiments. Morceau complexe, d'un étonnant foisonnement de thèmes, de rythmes, de sonorités, de tonalités changeantes, de figures ornementales pour lesquelles le mot d'*agréments*, s'il met l'accent sur l'admiration sans bornes que Debussy vouait aux clavecinistes français, ne laisse pas d'être impropre. Morceau, par ailleurs, d'une séduction immédiate, respirant par endroits la sorte de bonheur enchanté dont est faite *L'Isle joyeuse*, et que le compositeur lui-même décrivait comme « une barcarolle sur une mer un peu italienne ».

*Scherzando*, cette indication placée au seuil de la neuvième étude, *Pour les notes répétées* (en sol majeur), ne se dément pas tout au long des six pages qui la composent, – et dont le graphisme à lui seul est déjà parlant : il n'est que de voir ces staccatos de doubles croches qui la criblent, par groupes de deux, de trois, de quatre, de six, ces grappes de secondes qui s'y accrochent, ces arbustes d'accords décharnés qui y poussent au hasard comme au milieu du désert. Ce n'est pas la première fois que s'exerce sur Debussy cette fascination de la note répétée : *Danse* et *Masques*, entre autres, y gagnent leur vertige, et *La Sérénade interrompue* (premier livre de *Préludes*) son côté sombre et fatal et sa rage rentrée. Corrigeons notre première assertion : il n'y a pas moins de « fatalité » dans cette étude, et sans doute faut-il, d'un épisode à l'autre, voir une ironie (une antiphrase) dans le *scherzando* en question. Car cette musique parfois grimace, et ce n'est pas toujours pour rire ; certaines brusqueries, certaines stridences ne trompent guère, non plus que certaines plaintes. Ce mélange, n'est-ce pas le climat, déjà, d'un autre « scherzando », celui de l'*Intermède* endolori de la *Sonate pour violon et piano* ? Un moment pourtant de l'étude ne dégage ni agressivité ni amertume : le thème « expressif et léger » (mes. 28) que la gauche énonce sous un accompagnement de secondes majeures, et qui reviendra dans l'aigu (mes. 58), par-dessus la pédale de si et les délicats doubles triolets.

Un sol ♯, orthographié parfois la ♭, sert de pivot aux harmonies de la dixième étude, *Pour les sonorités opposées* (en ut dièse mineur, *modéré, sans lenteur*). Il vibre dès le début sur trois octaves, résonne sourdement dans le grave, se laisse frôler trois fois d'un la insidieux, tinte au-dessus de trois mesures « dolente », accompagne à contretemps le thème « expressif et profond » qui, mes. 7, s'énonce dans le médium, redoublé entre les deux mains (le pouce gauche se retrouvant malaisément sur les mêmes notes que le pouce de la droite en octaves). Vient ensuite (mes. 15) une grave mélodie d'accords en noires, sous laquelle serpente une ligne chromatique de croches : nouvel inconfort des mains, croisées pendant dix mesures. Alors, contraste inattendu, parvient d'on ne sait quel ciel plus clément (c'est presque le motif initial des *Collines d'Anacapri*) un appel joyeux, cloche ou pipeau, d'abord « lointain », puis « de plus près », sur un sol ♯ formant pédale (mes. 31). Nous arrivons enfin au cœur de l'œuvre : sur le même sol ♯ lancinant, le crescendo orchestral de ce thème intense *(animando e appassionato)*, qui brusquement s'apaise et s'éparpille dans l'extrême aigu en petites notes irisées. La coda égrènera trois fois encore, et de plus en plus éloignée (dans l'espace ? dans le souvenir ?) la radieuse volée de cloches. Toute la pièce est un subtil agencement de plans sonores, exigeant un toucher non seulement diversifié, mais à la fois scrupuleux et divinatoire : que faire par exemple, entre autres difficultés, des mes. 38-40, où le compositeur indique l'une après l'autre ces trois nuances, « *p* doux », « *p* marqué », « *p* expressif et pénétrant » ?

L'arpège, ce vivant symbole de la liquidité chère au poète du *Jet d'eau (Cinq Poèmes de Baudelaire)*, de *Reflets dans l'eau* (premier cahier d'*Images*), de *Poissons d'or* (deuxième cahier d'*Images*) ou d'*Ondine* (deuxième livre de *Préludes*), pouvait-il ne pas fournir l'alibi d'une « étude » ? Voici justement la onzième étude, *Pour les arpèges composés* (en la bémol majeur, « dolce e lusingando », sans indication de tempo). La pièce a beau ne porter que ce titre méthodique, son graphisme déjà, comme pour l'étude des notes répétées, est suggestif. Ces petites notes à la Liszt, par exemple, qui jaillissent en gerbes et retombent, qui dégringolent en escaliers, qui ouvrent et referment les branches d'un délicat éventail de gouttelettes, nul ne pourra s'empêcher d'y voir, d'y entendre à l'avance fontaines et cascades, rivières tranquilles et torrents impétueux (ou, pourquoi pas, coups de vent, murmures de brises, giboulées). Il y a pourtant davantage, en cette pièce, que le mirage atmosphérique. Si la première partie (mes. 1-24) semble en effet « descriptive » (employons tout de même les guillemets), et dédiée aux jeux aquatiques, avec ces flottants sextolets de doubles croches parmi lesquels se balance doucement le plus persuasif des thèmes, avec ces bouillonnements de quadruples croches qui portent jusqu'à l'aigu les cercles d'onde et la frange d'écume engendrés par le chant des basses profondes, – c'est aux jeux de l'humour que se donne la partie centrale (mes. 25-49), qui rompt la belle régularité des nappes d'eau et des cascatelles, pour un discours capricieux, fait de courts motifs parodiques (un air persifleur, un fragment de danse espagnole...), où l'arpège ramassé sur lui-même distribue à gauche et à droite ses joyeuses chiquenaudes (*giocoso*, dit le texte, et *scherzandare*). L'esprit qui anime ce passage est si espiègle et si spontané qu'on est tout heureux que la dernière partie, après avoir retrouvé le flux mélodique initial, ne puisse s'empêcher d'y glisser à deux reprises un rappel, pianissimo, du fringant rythme espagnol.

On affronte un Debussy inhabituel dans la douzième étude, *Pour les accords* (en la mineur), qui paraît bien plutôt écrite à la gloire de ce « rythme de machines » dont la musique commence alors, avec Stravinski ou Prokofiev, à donner des exemples. Des trois termes de l'indication de départ *(décidé, rythmé, sans lourdeur)*, le troisième est d'ailleurs le plus difficile à respecter. Ces accords massifs, suivis du saut périlleux d'une double octave à chaque bout du clavier, comment les jouer sans poids et sans brutalité ? Que le flou impressionniste est donc loin ! Dans ce pilonnage de l'instrument, l'alternance irrégulière du ternaire et du binaire dans une mesure à 3/8 donne à penser que cette force élémentaire est à la fois aveugle et sourde. L'intermède central (en fa dièse majeur, *lento, molto rubato*) nous transporte à l'autre extrême ; le son se raréfie, le silence envahit les mesures, l'approximation abolit la durée ; « *pp* », « *più pp* », « *molto pp* », « *sempre pp* », c'est sur le bord des touches que s'enchaînent ces sereins accords parfaits. Musique introspective, refermée sur son mystère, et que quelques tierces lointaines, par-dessus le rythme menaçant retrouvé sourdement dans la basse, rattachent aux accords bruyants du début. Certes, ce n'est pas la plus belle des douze *Études* ; mais c'est indubitablement celle qui révèle le mieux en Debussy d'autres mondes possibles, et demeurés inexplorés.

## LES PIÈCES ISOLÉES

### *Danse bohémienne*
COMP 1880. PUB 1932 (Schott).

C'est la plus ancienne composition pianistique que l'on ait conservée de Debussy. Il l'écrivit à l'époque où il était pianiste chez Mme von Meck, la généreuse protectrice de Tchaïkovski, – laquelle, d'ailleurs, ne manqua pas de demander l'avis du maître sur les quatre pages de son « petit Bussy ». Tchaïkovski répondit (lettre du 8 octobre 1880) que c'était « une fort gentille chose, mais réellement trop courte », que les thèmes n'aboutissaient pas, que la forme était brouillonne. Le jugement peut paraître sévère, de la part d'un compositeur qui, au piano, commit beaucoup d'œuvres aussi courtes et aussi expéditives. Quant à nous, nous chercherions en vain Debussy dans cette œuvrette vaguement exotique (l'exotisme des cabarets de Moscou ?), un *allegro* en si mineur aux allures de polka ; et si même le motif des mes. 17-18 préfigure le *Ballet* de la *Petite Suite* à quatre mains, c'est peu de chose. Un seul moment moins banal : quatorze mesures avant la fin, ce passage hésitant et rêveur, sur pédale de sol, où vibre la septième majeure.

### *Deux Arabesques*
COMP 1888. PUB 1891 (Durand & Schoenewerk).

Que dire de ces pièces si connues, qui ont enchanté tant de leçons de piano, dont elles étaient la récompense au bout d'ennuyeux exercices ? On serait ingrat de ne pas leur témoigner, en retour, un peu d'indulgence. Au surplus, pour beaucoup de gens, ces bluettes *sont* Debussy ; leur dire le contraire, c'est mutiler en eux quelque chose à jamais. Elles retardent beaucoup sur les *Ariettes oubliées* de la même époque (le piano, chez Debussy, traîne les pieds derrière la mélodie) ; et en même temps, ce n'est plus la *Danse bohémienne* de ses dix-huit ans. On y entend des joliesses à la Delibes et à la Massenet ; et cependant, elles ont un charme pénétrant, que peuvent leur envier, *Danse* exceptée, toutes les « pièces diverses » de l'époque.

La première (en mi majeur, *andantino con moto*) se fait pardonner plus que l'autre son péché de coquetterie ; et même elle est touchée d'une certaine grâce, surtout en sa partie principale : légers triolets tournoyant en arpèges, ou déroulant leurs volutes (leurs « arabesques », c'est le mot) au-dessus d'une basse en croches égales (c'est le fameux trois-contre-deux qui donne à n'importe quelle musique un tremblement caractéristique, auquel on se laisse toujours prendre). Au total, ces pages méritent le titre que Poulenc accrochera à l'un des portraits de ses *Soirées de Nazelles* : *Le Charme enjôleur*. La partie centrale, en la majeur *(tempo rubato, moins vite)*, est plus terne, laborieuse dans ses modulations, sentant son collège.

La deuxième (en sol majeur, *allegretto scherzando*) possède l'espièglerie, l'impertinence de certains moments de la *Suite bergamasque* ou de la *Petite Suite* à quatre mains. Un petit ornement caractéristique y sert de tremplin à l'esprit de scherzo. Le staccato, la précision rythmique importent ici autant que, dans la précédente, le legato et le temps dérobé ; et si l'on a d'abord prodigué la pédale, ici on l'économise (du moins dans la première partie). Notons encore l'emploi déjà si particulier des silences (dans les cadences, par exemple) et la minutie maniaque des indications :

il y en a six, du *f* au *ppp*, dans les sept dernières mesures ! Dans celle-ci encore, le milieu languit. C'est le défaut commun à bien des œuvres de ce « premier » Debussy : il se force à remplir, à coups de progressions harmoniques (on songe à Grieg), des épisodes médians qui lui paraissent indispensables, cette forme ABA étant, et allant demeurer, celle qu'il utilise le plus.

## Valse romantique
COMP entre 1880 et 1890. PUB 1890 (Choudens) ; puis 1903 (Fromont) en même temps que *Danse* et *Ballade*. DÉD à Rose Depecker.

Un des bibelots de salon de cette époque où Debussy se cherche à tâtons au clavier du piano. Ce n'est pas le plus vilain. La pièce (en fa mineur, *tempo di valzer moderato*) témoigne l'amour du jeune compositeur pour Chopin et Borodine. Mais elle n'est pas dénuée d'ironie ; cela ajoute à son charme, et fait pardonner ici ou là quelque remplissage facile. La section centrale emploie gracieusement le mode lydien (sol ♮ en ré bémol majeur), et l'atmosphère allègre de la conclusion, en fa majeur, rappelle celle du *Prélude* de la *Suite bergamasque*.

## Danse – Ballade
COMP entre 1880 et 1890 (*Danse* certainement plus près de 1890). PUB séparément 1891 (Choudens), comme « Tarentelle styrienne » et « Ballade slave » ; puis 1903 (Fromont) sous leur titre actuel. CRÉ de *Danse* par Lucien Wurmser (10 mars 1900, Société nationale).

*Danse* (en mi majeur, *allegretto*) est de loin le fleuron de la demi-douzaine de pièces qui mènent à la *Suite bergamasque*. Toute joie de vivre et saltation, évoquant parfois Chabrier, annonçant *Masques* (c'est la même incessante giration d'un 6/8 qui s'amuse parfois à se déguiser en 3/4, le même vertige de notes répétées), elle éclate de rythme et de couleur, avec une verve unique à cette époque dans la production pianistique de Debussy (le piano de *Chevaux de bois*, dans les *Ariettes oubliées*, y parvient aussi, à sa manière). Mais elle ménage également des coins d'ombre et de silence, des chuchotements, des frémissements. L'harmonie abonde en trouvailles, comme ces tendres neuvièmes du second couplet (mes. 179), qui sourient dans un halo de pédale. – Ravel devait orchestrer la pièce en 1923 (comme il l'avait fait en 1920 pour la *Sarabande* de *Pour le piano*).

On peut n'être pas insensible au parfum « carlovingien » (comme le nom de Mathilde dans *La Bonne Chanson* de Verlaine...) de la *Ballade* (en fa majeur, *andantino con moto*) et cependant la trouver longuette. C'est qu'elle fait de la répétition sa règle, de la rosalie son procédé, et noie le tout dans des flots d'arpèges. Son premier thème surtout (ne disons pas trop vite qu'il est en fa : ce si bémol à l'armure indique, au début, un mode de la phrygien), autour de ses cinq notes, rabâche beaucoup, en figurations nombreuses, à peine varié par la modulation. Le second *(animez peu à peu)*, plus chargé d'avenir, fait pressentir les futurs mirages aquatiques, les ondes marines, le poudroiement d'or de la lumière ; on y respire plus au large, et l'épisode en mi majeur est un des beaux moments de ce « premier Debussy ». Le retour du thème initial justifie l'épithète primitive (« Ballade slave ») : rien n'est plus russe, en effet, que cet unisson liturgique et ces quintes vides redoublées (sol dièse mineur phrygien). Et l'on goûtera la subtilité de l'acheminement final vers fa, par équivoque enharmonique (sur pédale de mi #/fa) et délicats éclairages modaux.

## *Nocturne*

COMP entre 1880 et 1890. PUB 1890 *(Le Figaro musical)* ; puis 1892 (éditions Paul Dupont) ; plus tard Sirène musicale, Eschig.

La plus médiocre des pièces de jeunesse. La faute est-elle au titre, avec tout ce qu'il semble entraîner, dans les salons fin de siècle, de larmoiement facile ou de pesant marivaudage ? C'est en tout cas sans humour aucun que l'on déclame ici, parfois à pleine voix. Arpèges généreux, batteries, syncopes, et ce beau ton de ré bémol majeur, humbles artisans de la réussite du contemporain *Clair de lune* (de la *Suite bergamasque*), ne servent ici qu'une émotion suspecte, les délicatesses d'une vieille demoiselle à son piano. De jolis détails harmoniques sont gâchés au milieu de tours convenus. Cependant l'*allegretto* central en fa, à 7/4, aussi « slave » que la fin de la *Ballade*, avec ses unissons et sa couleur liturgique, sonne comme du Borodine, ou du Rimski.

## *Rêverie – Mazurka*

COMP entre 1880 et 1890. PUB 1904 et 1905 (Fromont). Debussy les avait vendues à Choudens en 1891 (rachetées par Hartmann, puis par Fromont) ; mais la *Mazurka*, également cédée à Hamelle (une « distraction », selon Léon Vallas), avait déjà paru en 1890.

« Vous avez tort de faire paraître la *Rêverie* », s'irrite le compositeur dans une lettre à Fromont, « c'est une chose sans importance (...) ; en deux mots, *c'est mauvais* ! » Jugement à peine assez sévère ; il faut un grand interprète pour dissimuler le côté sirupeux de cette pièce d'autant plus célèbre qu'elle flatte éhontément la sensiblerie de tout un chacun. Ne la rapprochons pas de Fauré ; même le premier Fauré a plus de réticence, et surtout plus de discernement. Tout n'est pourtant pas « mauvais » dans cette page (ce n'est pas l'indéfendable *Nocturne* !). Le début en particulier, cette mélodie (en fa majeur, *andantino sans lenteur*), qui s'épand sur une pédale de si ♭ (sous-dominante), avec ces syncopes de l'accompagnement qui finissent par faire perdre le sentiment de la mesure, est joliment trouvé. Et de même, après l'épisode en mi majeur qui regarde à la fois du côté de Grieg et de Borodine, ce retour du thème initial en voix médiane, dans le lacis d'arpèges des parties extrêmes.

Qu'a donc la *Mazurka* de plus que le *Nocturne* ou que la *Rêverie* ? Un peu d'humour, cette épice qui épanouit les brouets les plus communs. On relèvera ici encore, qui Borodine, qui Grieg, tant il est vrai que Debussy, en ces années d'apprentissage, prend son bien où il l'entend. Mais ces feintes, ces élans interrompus, ces reprises nerveuses, ces grâces souriantes lui appartiennent. La pièce (en fa dièse mineur, *scherzando*) n'est mazurka, à vrai dire, que dans ses volets extérieurs ; la partie centrale, en ré majeur, plus fluide, plus vagabonde, sort de cette veine, chez Debussy, qu'on appellera « bergamasque », et qui met dans les mesures, tour à tour, le sourire de Colombine, l'ironie de Pulcinella, la mélancolie de l'« éternel Clitandre » : la barre de mesure se relâche (séquences à deux temps en plein 3/4), le rythme pointé s'assouplit, les slavismes de la première partie cèdent la place à de frais motifs de ronde ou de chanson.

## *D'un cahier d'esquisses*

COMP 1903. PUB 1904 (d'abord dans l'album de musique de *Paris illustré*, numéro de février, sous le titre « Esquisse » ; puis chez Schott frères, Bruxelles). CRÉ par Maurice Ravel (20 avril 1910, concert inaugural de la Société musicale indépendante).

Ce titre modeste recouvre une courte et belle pièce qui, plus que dans les *Estampes* qu'elle précède de peu, aurait pu figurer dans les *Images* de 1905. Esquisse, certes, puisqu'elle évoque à plus d'un endroit le premier volet de *La Mer (De l'aube à midi sur la mer)*, à laquelle Debussy a commencé de travailler en cette année 1903 ; et d'ailleurs cette rédaction sur trois portées, que la deuxième série d'*Images* va systématiser, a presque l'air ici d'une réduction d'orchestre. Mais morceau complet en lui-même, achevé, d'une grande séduction sonore, – et que les pianistes devraient sortir plus souvent du demi-oubli où il est reclus. C'est une manière d'improvisation (en ré bémol majeur, *très lent, sans rigueur*), qui tire pourtant son unité du motif rythmique initial, omniprésent d'un bout à l'autre de ces quatre pages. Accords enchaînés pour le seul plaisir des sonorités, sur des basses également mélodieuses ; longues pédales, comme celle de si ♭ (mes. 20) sous un thème de tierces préfigurant *L'Isle joyeuse*, ou celle, à la fin, de ré ♭-la ♭ (tonique-dominante), noyée dans un vaporeux *ppp* ; vastes arpèges succédant à des plages immobiles ; et ces appels répétés, d'abord vibrants, puis étouffés dans le lointain. Avec, en bien des endroits, cette alternance du ternaire et du binaire, qu'on a rapprochée à tort des habaneras de la même époque (*Lindaraja*, ou *La Soirée dans Grenade*, volet central des *Estampes*), et qui traduit plutôt l'air du large et la pulsation marine...

## *Masques – L'Isle joyeuse*

COMP juin-juillet et juillet-août 1904. PUB séparément 1904 (Durand). CRÉ par Ricardo Viñes (18 février 1905, Société nationale).

On ne devrait jamais séparer ces deux pièces, à la fois pareilles et non-pareilles, proches et lointaines, comme les visages de Janus, ou les côtés pile et face d'une monnaie. Oublions à la rigueur qu'elles commentent, à leur manière, les événements de la vie privée de Debussy à cette époque, le suicide manqué de Lily Texier, leur séparation, l'embarquement pour Jersey, nouvelle Cythère, en compagnie d'Emma Bardac. Surtout, elles parachèvent le cycle verlainien commencé avec les *Ariettes oubliées* (ou, si l'on préfère, avec la *Pantomime* de 1882), poursuivi avec la *Petite Suite* à quatre mains, la *Suite bergamasque* et les deux recueils de *Fêtes galantes*, – cela sans compter les projets de ballet ou de théâtre qui ne purent s'accomplir. Mieux, elles le résument. Nul mieux que Debussy n'a su entendre et traduire l'équivoque bergamasque :

> Tout en chantant sur le mode mineur
> L'amour vainqueur et la vie opportune,
> Ils n'ont pas l'air de croire à leur bonheur...

D'une part les déjeuners sur l'herbe, les sérénades, les ingénus billets d'amour ; de l'autre, la voix désespérée du rossignol, le rire mauvais du faune de terre cuite, et le vieux parc solitaire et glacé où viennent s'endolorir quelques fantômes. Dans cet univers à notre ressemblance, plus cruel et plus vrai qu'il n'y paraît, le très clair et le très obscur se talonnent, – et les mélodies de 1891 comme celles de 1904 le montrent bien, fidèles à la fois à Verlaine et à Watteau. *Masques* et *L'Isle joyeuse* vont plus loin encore dans l'antithèse, et mettent à l'exprimer une force inégalée : Debussy n'écrira plus rien, au piano, de cette ampleur.

Non qu'il faille, pour goûter la lumière de la seconde, sa plénitude de soleil et de bonheur, s'exagérer la noirceur de la première. Mais étonnons-nous que *Masques* (qui mérite largement son titre, évocateur de secret jalousement gardé, de duplicité, de mensonge) ait pu passer, et passe encore, aux oreilles de plus d'un musicien, pour un badinage, avec son allure de tarentelle ou de rondeña, accompagnée de luths, de mandolines ou de guitares, rythmée de tambourins : Debussy, vous diront-ils, n'a-t-il pas caressé l'idée de l'incorporer, avec *L'Isle,* dans la sereine *Suite bergamasque,* non encore éditée à l'époque ? Pourtant, le compositeur n'a pas caché à Marguerite Long que *Masques* était « l'expression tragique de l'existence ».

Pièce inquiète et tourmentée, où l'angoisse rôde sous la forme de ce tournoiement invincible, qui donne le vertige, qui confine au malaise. Tout le début (en la mineur, *très vif et fantasque*) fait du surplace, avec ces quintes obsédantes, ce moteur de toccata aux mains alternées, et cette persistance rythmique qui, d'hésiter entre 6/8 et 3/4, comme la *Danse* de 1890, n'en est que plus irritante. Le troisième volet du premier cahier d'*Images* donnera bientôt le titre ironique de *Mouvement* à une giration tout aussi immobile. Entre deux séquences de martellement, de harcèlement, qui vont du *pp* le plus ténu au *ff* le plus vigoureux, et enchaînent la mineur, ut majeur et fa majeur, il y a place pour un thème plus expressif, d'abord impérieux, ensuite doucement persuasif, sous des batteries de secondes formant pédale (mes. 80, 96). L'intermède central, en sol bémol majeur *(cédez un peu)*, rompt ce rythme fatidique, mais n'en demeure pas moins menaçant pour autant, avec ces croches raréfiées qui ne font plus que dessiner, à l'intérieur d'un lent et mystérieux thème d'accords, une longue pédale de ré ♭ (dominante). Par deux fois tintinnabule, dans un poétique halo, un motif en octaves, sur l'échelle pentatonique des touches noires : déjà le carillon de Cythère ? Puis c'est une pédale de sol dans l'aigu, par quoi l'on retourne peu à peu au rythme initial de toccata, avec soudain, au bout d'un crescendo, l'éblouissement trompeur de mi bémol majeur (mes. 256). Reprise de l'opiniâtre surplace, des quintes métalliques, et de ces attaques sèches qui évoquent les cordes pincées. La coda part du thème de l'intermède, tout engourdi sous le grelot de la pédale de fa ♯, dresse une impalpable colonnade d'accords arpégés (« sourd et en s'éloignant ») ; et l'on tambourine du bout des doigts un dernier la dans le grave, avant l'ultime accord, où la tierce majeure clignote comme une étoile à travers l'ombre des branchages...

Autant *Masques* est sombre et souterrain, autant *L'Isle joyeuse* éclate au grand jour. Rien n'arrête sa progression dans la lumière. Ce n'est pas la lugubre Cythère où Baudelaire n'a trouvé qu'un pendu à son image ; ce n'est même pas celle de Watteau, qu'on devine au loin dans la poussière dorée du crépuscule, embuée de brumes et peut-être de larmes ; encore moins l'île « fortunée » de Samain, l'île « heureuse » d'Ephraïm Mikhaël, ces poètes décadents qui n'y ont vu que pâmoisons délicates et madrigaux caramélisés. Une joie virile entraîne ces pages, certes les plus passionnées, les plus enivrées que Debussy ait écrites.

Six mesures d'introduction « quasi una cadenza », trilles et triples croches fantasques sur les degrés chromatiques : si c'est la flûte de *L'Après-midi d'un faune*, elle a perdu en nonchalance et gagné en vigueur ; elle invite ardemment au voyage. Trilles et arpèges installent le ton de la majeur (justement opposé au la mineur de *Masques*), et éveillent un premier thème *(modéré et très souple)*, coloré par la quarte augmentée du mode lydien (ré ♯), avec ce rythme en valeurs pointées et triolets qu'emploiera *La Danse de Puck* du premier livre de *Préludes*, et qui danse en effet, qui cabriole au soleil. Plus loin, sous le roulis léger mais persistant de la droite, la gauche ajoutera, en tons entiers (mes. 21), un appel à la fois doux et entêté. On passe de 4/4 à 3/8 : dessins chromatiques en mouvement contraire, croisements de mains, et la délicieuse boiterie du trois-contre-deux, que suit un rappel de la « cadenza » initiale, harmonisée en ut dièse. Ces jeux de vagues et de reflets, où le soleil poudroie, où l'écume argentée luit et jaillit en gouttelettes, préparent l'entrée du second thème *(un peu cédé, molto rubato)*, un lyrique chant d'accords au-dessus des vagues d'arpèges en quintolets. Serait-on, contre toute attente, dans un succédané de forme sonate ? Oui, bel et bien ; et le caprice ayant ses propres lois, nos deux thèmes vont « se développer » (employons tout de même de prudents guillemets), dans une atmosphère d'arpèges, tour à tour vaporeux ou scintillants. Voici la récapitulation, ou plutôt le finale orchestral *(plus animé)* : premier thème sur une longue pédale de la (mes. 160), puis à deux temps sur les tambours de la basse, par enjambement de la barre de mesure (mes. 186), puis coupé de trompettes retentissantes (accords de mi bémol, de fa) ; deuxième thème en apothéose (mes. 220), contrepointé par les mêmes fanfares, et emporté vers une magnifique modulation en fa/si bémol (mes. 236), dans un surcroît de joie et de sonorité. La coda *(très animé jusqu'à la fin)* suscite à nouveau les trilles irisés, les ruissellements chromatiques de l'introduction, et conclut en quatre mesures fulgurantes, par un trémolo *fff* aux mains alternées, un éclat dans l'aigu, et un brusque éclair de feu au tréfonds du clavier.

## *Morceau de concours*
COMP fin 1904. PUB janvier 1905 (revue *Musica*), sans nom d'auteur ; puis 1980 (Durand).

Composé pour un concours de la revue *Musica*, dont le gagnant se voyait offrir un piano. Sujet : identifier les auteurs de six pièces non signées (Massenet, Chaminade, Saint-Saëns, Serpette, Rodolphe Berger... et Debussy !) dans une liste de dix-huit noms. Les vingt-sept mesures de Debussy seraient peu de chose si les premières et les dernières d'entre elles ne se retrouvaient dans les esquisses du *Diable dans le beffroi*, cet opéra d'après Edgar Poe, auquel le compositeur travailla toute sa vie sans le mener à bien. Le ton de la piécette (qui finit, sur un pied de nez, en la bémol) préfigure le persiflage des préludes « anglais ». On sourira aussi de la « marque de fabrique » débonnairement glissée au milieu du morceau, dans ce passage où les deux mains à l'unisson jouent coup sur coup les deux transpositions de l'inévitable gamme par tons !

## *Le Petit Nègre*
COMP 1909 ? PUB 1909 (dans la *Méthode élémentaire de piano* de Théodore Lack, « contenant quarante petits morceaux faciles et inédits spécialement écrits pour cette méthode par les plus grandes célébrités musicales ») ; puis 1934 (Leduc).

Ce cake-walk (en ut majeur, *allegro giusto*), petit frère de celui qui termine *Children's Corner*, est la pièce la plus rudimentaire, la plus simple d'exécution du piano de Debussy : et de fait, on n'en prive pas les débutants. Au rythme déhanché, aux tierces chromatiques d'accompagnement, au staccato du début fait place l'unisson attendri du couplet en fa. Debussy, loin de dédaigner cette œuvrette, en reprendra le thème principal dans *La Boîte à joujoux* (thème du soldat anglais). (À noter encore que le dernier éditeur a modifié l'anglais approximatif du titre de Debussy, *The Little Nigar*, et préféré *The Little Negro*.)

### Hommage à Haydn
COMP 1909. PUB janvier 1910 (numéro « Haydn » de la *Revue de la Société internationale de musique*, avec des pièces de Ravel, Dukas, d'Indy, Hahn) ; puis 1910 (Durand). CRÉ par Ennemond Trillat (11 mars 1911, Société nationale).

Alors que le nom de Haydn souffle à Ravel, dans cet hommage collectif, un menuet gracile et délicieusement suranné, cousin de ceux de *Sur l'herbe* (mélodie d'après Verlaine) et de la *Sonatine*, Debussy, moins inspiré, n'en a tiré qu'un exercice d'écriture. Après un court prélude, lointain et désabusé, qui constitue le meilleur moment de l'œuvre, avec sa façon de différer le ton de sol majeur *(mouvement de valse lente)*, le thème est tour à tour diminué en guirlandes de doubles croches *(vif)*, augmenté en choral à la basse et au soprano, fragmenté dans le suraigu *(retenu)*, dérythmé au-dessus d'un staccato obstiné de la main gauche *(peu à peu animé)*, traité en accords chromatiques *(animé)*, pour culminer dans un fortissimo. La fin joue uniquement sur les trois premières notes du thème, en grands accords placides, pianissimo, avant deux mesures du prélude, et une dernière arabesque qui file trouer l'aigu du piano.

(C'est d'une étrange façon qu'on a abouti au motif si-la-ré-ré-sol de HAYDN : en épuisant alphabétiquement les notes du clavier à partir de la = A, sauf à donner à la lettre H son équivalent dans la notation allemande, si ♮.)

### La Plus que lente
COMP 1910. PUB 1910 (Durand).

Écrite, selon une boutade du compositeur, pour « les innombrables *five o'clock* où se rencontrent les belles écouteuses ». Que nous voilà loin de Verlaine ! Mais Debussy réussit ici ce qu'il a raté dans l'*Hommage à Haydn*, un pastiche irrésistible, qui parvient à mêler la tendresse à l'humour. Car on s'amuse d'abord à ce thème si hésitant, si énervé, au vrai sens du terme (en sol bémol majeur, *lent, molto rubato con morbidezza*), à ces harmonies suspendues, à ces frissons (la fugitive ondulation de croches à l'unisson, mes. 27), à ces tournoiements enfiévrés (mes. 37), à ces cris de passion qui secouent soudain la page d'octaves véhémentes (mes. 45), à ces coquetteries, ces clins d'œil, ces battements d'éventail (l'épisode en tierces, mes. 86) ; puis l'on se trouve ému à l'évocation de tant de grâces éphémères. Autant le *Nocturne* de la période 1880-1890 nous chagrinait à force de sérieux, autant cette pièce ironique et frivole finit-elle par nous jeter dans la mélancolie...

(L'éditeur Durand la fit arranger pour « orchestre de brasserie ». La lettre que Debussy lui adresse à cette occasion, et dont quelques mots sont cités plus haut, ne cache-t-elle pas, sous beaucoup de désinvolture, une manière de désappointement ?)

## Berceuse héroïque
COMP novembre 1914. PUB 1915 (Durand). Orchestrée en décembre 1914.

« Pour rendre hommage à S.M. le roi Albert Ier de Belgique et à ses soldats. » C'est sous les auspices du *Daily Telegraph* qu'un certain nombre d'artistes des pays alliés apportèrent leur contribution à la publication d'un *King Albert's Book*, hommage à la résistance de ce roi, où l'on rencontre avec celui de Debussy les noms d'Elgar, de Messager, de Bergson ou de Monet. La pièce de Debussy (en mi bémol mineur, *modéré*), endeuillée, confinée dans le grave de l'instrument, berceuse à la fois de la douleur et de la mort, est une de ses œuvres les plus touchantes. Elle traduit certes ce temps de guerre qui affecta le compositeur dans ses fibres, mais aussi de lutte contre la montée sournoise de la maladie. Dix mesures d'unisson font une introduction à tâtons dans l'ombre, avant une première partie au rythme à la fois de berceuse et de marche fantôme, en lents accords processionnels scandés par les noires monotones de la basse, avec au bout l'écho de trompettes guerrières (mes. 21). L'épisode médian *(en animant et en augmentant peu à peu)* est une sourde et menaçante montée d'octaves, depuis le fond du piano, pour arriver à l'énoncé (en ut majeur, « fièrement ») de la « Brabançonne », hymne national de la Belgique (mes. 38), que Debussy trouvait pourtant « peu faite pour enflammer les cœurs de ceux qui n'ont pas été bercés par elle ». Le morceau s'achève sobrement par le rappel de la marche, des trompettes dans le lointain, et de quelques bribes de l'hymne, écrasé, en secondes majeures, au milieu de la vibration des vastes accords conclusifs.

## Élégie
COMP décembre 1915. PUB décembre 1916 (dans l'album « Pages inédites sur la femme et la guerre », dédié à la reine Alexandra, femme d'Édouard VII) ; puis 1978 (Jobert).

Encore une œuvre inspirée par la guerre, comme la *Berceuse héroïque*, la deuxième pièce d'*En blanc et noir* pour deux pianos, et le *Noël des enfants qui n'ont plus de maison*, pour chant et piano. Plus précieusement, ces vingt et une mesures encore tout à fait inconnues sont les dernières du piano de Debussy. Musique désespérée, écrite dans ce ré mineur qui fut le ton hivernal de *The snow is dancing* (dans *Children's Corner*) et de *Des pas sur la neige* (du premier livre de *Préludes*), le ton funèbre de *Canope* (du deuxième livre de *Préludes*) et de *Pour un tombeau sans nom* (dans les *Épigraphes antiques*, pour piano à quatre mains), elle dit à voix basse, comme une douloureuse confidence, les affres confondues de la guerre et de la maladie (c'est en ce même décembre 1915 qu'on tente une opération qui ne fera que retarder les progrès du mal). Écriture tapie dans le grave, comme celle de la *Berceuse*, avec cette longue plainte de la main gauche qu'avivent les notes ornementales, dans des harmonies si dépouillées qu'elles vous donnent froid au cœur.

## Abel DECAUX
(1869-1943) Français

Énigme de cet homme qui fut organiste et professeur d'orgue, mourut septuagénaire, et n'a laissé apparemment pour tout bagage de compositeur qu'un recueil pour le piano, les *Clairs de lune* publiés en 1913 par Chapelier. Ces quatre pièces qui semblent taquiner l'atonalisme lui ont attiré l'appellation de « Schönberg français » (il serait même un précurseur du maître allemand, puisque leur composition s'échelonne de 1900 à 1907). Réputation flatteuse ou fâcheuse, selon qu'on goûte ou qu'on exècre la technique en question ; mais réputation usurpée, bon prétexte à quelques délires verbaux. À les examiner de près, on n'y trouve qu'un abondant chromatisme, avec un emploi assidu de la gamme par tons, élargie, il est vrai, par diverses appogiatures. Dans la mesure où cette gamme n'a pas de tonique (ou, ce qui revient au même, peut en avoir six indifféremment), certains sont portés à la dire atonale ; mais sinon un ton, c'est bel et bien un mode, tout limité qu'il est à deux transpositions.

Ce faux air de Schönberg, Decaux le doit aussi à son sujet ; comme André Schaeffner, qui a commis quelques phrases sur la « lunologie musicale », on peut être tenté de rapprocher les *Clairs de lune* et le *Pierrot lunaire*. Mais il y a bien d'autres lunes en musique, et sans remonter aux plus vieilles (pardon !), en voici à la même époque chez Debussy : celle qui descend « sur le temple qui fut », celle qui éclaire la « terrasse des audiences », ou celle qui pointe dans le ciel bergamasque de Watteau... Qu'aux molles clartés, aux vapeurs, aux frissons debussystes, aux silhouettes rêveuses au fond du grand parc, l'étrange Abel Decaux oppose des teintes blafardes et des figures inquiétantes n'en fait pas pour autant un expressionniste, et de son art un composé de neurasthénies. Les « immobiles fantômes », les « cauchemars abracadabrants » dont parle l'épigraphe de Louis de Lutèce rappellent celle que le *Scarbo* de Ravel emprunte à Aloysius Bertrand ; et n'y a-t-il pas les mêmes « hantises nocturnes » dans *Les Heures dolentes* de notre Gabriel Dupont ? Puis il faut parler de la texture de ces pièces, vanter ce pianisme si particulier, qu'on pourrait d'emblée, au graphisme des pages, reconnaître pour français ; musique soutenue, continue (voyez l'emploi incessant des deux pédales), quand l'essence de Schönberg est dans la rupture et la discontinuité.

La première pièce des *Clairs de lune*, intitulée *Minuit passe* (composée en 1900), commence par un lent prologue, quelques notes longuement tenues (noter la cellule descendante initiale, ré-do-la ♭-mi, récurrente dans tout le cycle), quelques accords spectraux, qui dissonent en luisant dans les ténèbres. Puis, tandis que la basse frappe obstinément un triton (do-fa ♯-do) qui traduit « les douze coups de minuit », des traits de triples croches s'émiettent rapidement vers l'aigu, arpèges en tons entiers effleurés d'appogiatures. Reprise écourtée du prologue, peu à peu fondu dans l'épaisseur muette de la nuit.

C'est d'abord un rythme qu'on perçoit dans la deuxième pièce, *La Ruelle* (composée en 1902), un rythme syncopé qui en constitue au fond le thème principal : quelques octaves insistantes, à contre-mesure à la main gauche, la droite venant donner l'ahan du temps fort sous la forme d'un accord du mode hexaphonique. Un court motif chantant essaie de se faire entendre, au-dessus de « pas dans la nuit » brièvement scandés et happés aussitôt par le silence. Des octaves brisées (les quatre notes du leitmotiv) stridulent dans l'aigu leur trémolo métallique. Les pas se rapprochent, se précipitent. Panique. On réentend dans le grave l'accord de triton (« minuit ») de la pièce précédente, qui bientôt monte en chaînes parallèles, vitesse et volume accrus jusqu'au cri affolé. Points d'orgue ; plage d'accords vacillants ; ces terreurs sont vaines, il n'y a rien ici de vivant, que « les yeux sinistres de la lune », comme dans le poème d'Hugo... Et à nouveau le rythme syncopé du début, sous sa couche d'accords augmentés.

Placée sous le signe du *Dies irae*, la troisième pièce, *Le Cimetière*, la dernière écrite des quatre (1907), emploie pour harmoniser la vieille prose liturgique (sans parler de sa manière de la fragmenter) un subtil mélange d'ingrédients : accords parfaits relevés par l'acciacature de la septième majeure, contrepoint bimodal et bitonal, effets de cloches avec leur fausseté singulière. Après les sonorités impalpables de la première partie, étouffées dans la ouate du pianissimo, la pâte d'accords, au milieu, sur trois portées, peut sembler épaisse, mais un usage très précis et ingénieux des pédales en diversifie la couleur. La dernière page rentre graduellement dans un silence véritablement terminal.

La longue dernière pièce, *La Mer* (1903), est un admirable morceau à ajouter à tous ceux que la musique française de piano a dédiés à l'élément marin (auprès non seulement de *L'Isle joyeuse* de Debussy ou d'*Une barque sur l'océan* de Ravel, mais aussi de ces chefs-d'œuvre honteusement méconnus que sont les *Sillages* d'Aubert, *La Maison dans les dunes* de Dupont, *Le Chant de la mer* de Samazeuilh). Pages virtuoses, labourées de houles et de ressacs, pailletées d'écume, depuis ce début sourd, noyé dans les deux pédales, qui roule l'harmonie de la gamme par tons dans les basses, en laissant surnager peu à peu le thème liminaire du « minuit », jusqu'à ces rafales sonores, ces trombes tombées de l'aigu pour rejoindre la colonne d'arpèges qui monte du grave de l'instrument. Et certes ce n'est pas ici une mer amicale, mais un élément inquiétant, pourvoyeur d'angoisse et de mort. – Au total, ces *Clairs de lune* atteignent vingt minutes à peine de musique, qui suffisent à garder à Decaux une place de choix dans le piano français du XXe siècle.

## Marcel DELANNOY
(1898-1962) Français

Ce musicien qui s'écriait qu'il voulait « être original en restant naturel » a défié toutes les modes, et depuis, hélas, elles le lui ont rendu. Ils sont loin, aujourd'hui, ses grands succès de théâtre, et jusqu'à ce *Poirier de Misère*, tant goûté par Ravel, qui révéla en un soir le talent puissamment singulier, cru, presque primitif, d'un jeune homme de vingt-cinq ans, un art, comme écrivit alors Jean Marnold, « sans le moindre atome wagnérien, debussyste, stravinskiste ou schönbergoïdal ». Qui nous redonnera ses opéras, ses ballets, son *Quatuor*, son *Concerto de mai* pour piano ? Du moins les chanteurs pourraient-ils rouvrir ces recueils si riches de sève musicale que sont, entre autres, les *Historiettes* d'après Moréas, les *Regrets* d'après du Bellay, ou les *Quatrains* de Jammes ; et les pianistes feuilleter quelques-unes des trop rares partitions qu'il a offertes à leur instrument.

Les ***Quatre Mouvements*** composés en 1921-1924 (publiés en 1925, Jobert), qui révèlent autant d'aspects du jeune Delannoy, demeurent, dans leur propos sans prétention, sa meilleure contribution à ce répertoire. Le premier mouvement, *Faubourien* (en sol majeur), dédié à Germaine Tailleferre, n'aurait pas déparé le fameux *Album des Six*, avec ses airs sifflés, ses flonflons de polka acidulée, ce soudain rythme de habanera qui le traverse à l'improviste. À l'opposé, le deuxième, *Sylvestre* (en fa majeur), extrêmement poétique avec des moyens très personnels, célèbre autant le silence et la solitude que le précédent se vouait à la rumeur et à l'allégresse populaire ; des quintes bourdonnent dans le grave, des volutes de hautbois tournent dans l'air vibrant de senteurs agrestes, et la fin, au bout de quelques mesures plus fortes, rentre à nouveau dans l'espace éthéré ; la pièce est dédiée à la pianiste Henriette Faure, qui a créé le recueil. Ensuite vient un mouvement *Triste* (en mi bémol majeur/mineur), qui semble un hommage à Honegger (comme l'une des *Trois Pièces* de Honegger avait été, en 1915, un hommage à Ravel) : dans cette écriture austèrement horizontale, ce chromatisme dolent et un peu laborieux, ces traits tirés, on distingue volontiers le maître et l'ami ; ajoutons ce surcroît de sympathie que la pièce est dédiée à Andrée Vaurabourg, future épouse de Honegger. Enfin, offert par Delannoy à sa sœur Licette, le mouvement *Enjoué* (en mi bémol), aigre-doux, pointu, redonne ses droits à l'humour, dans le subtil détraquement harmonique qui, au bout d'une page apparemment anodine, affecte plaisamment ces petits motifs allègres.

Ces quatre pièces s'affirment originales et inventives, à l'orée de la carrière du compositeur. De l'invention, ce n'est pas ce qui manque au **Rigaudon** publié en 1929 dans l'album collectif *Treize Danses* des éditions Eschig, parmi des pièces de Ferroud, Harsányi, Martinů, Tansman et quelques autres. Franc et alerte, taillé à la serpe, il superpose habilement les modes (si bémol majeur sur sol mineur au début) comme les rythmes (la deuxième idée, mes. 17, introduit à la gauche un ostinato à 5/8 sous le débonnaire 2/4 de la droite), s'offre un trio faux à ravir, où ne manquent pas quelques rosalies de l'effet le plus cocasse, et avant de conclure en bon et dû sol, se divertit à lancer, comme une fausse alerte, un arpège de mi majeur... (Le morceau est dédié à Ricardo Viñes.)

Une série de sept impressions enchaînées, parue en 1930 (Fortin) sous le titre **La Clé des songes**, montre des talents plus variés encore, mais l'inspiration, sinon l'écriture, s'y fait plus lâche. Un étrange et caverneux prologue, scandé de tam-tams dans l'extrême grave, traversé de rauques appels et de fanfares stridentes, prend le titre de *Souterrain, gare, bêtes, guerre* (pour Marius-François Gaillard). Quatre lignes de sonorités exotiques, empilements argentins de quintes, vibrements de cloches dans l'aigu, gammes pentatoniques, évoquent un lointain *Pays natal* (celui d'Hélène Pignari, la dédicataire ?). Puis un balancement obsédant et une mélopée presque immobile, pour décrire *Palais, port* (pour Geneviève Lacroix) ; un tohu-bohu rythmique, d'une grande âpreté, pour représenter *Escaliers, rues*, à l'intention de Ferroud (grand amoureux de « foules », comme on le sait par son poème symphonique) ; trois lignes de plainte funèbre, titrées *Deuil*, offertes au cinéaste Jean Grémillon ; une vive et rafraîchissante *Source* (pour Guy Flamant), dont les sonorités bruissent entre les mains alternées. Enfin vient l'épilogue d'*Une femme blonde*, quintessence de vulgarité concertée, de suavité enjôleuse et calculée, avec ses échos de jazz, ses effluves nocturnes : Delannoy avouait s'y souvenir d'une jeune fille mexicaine, le grand amour de ses quinze ans, et envoie ce portrait-souvenir à son rival de l'époque, qui n'était autre que... Jacques Février !

Quelques morceaux épars. Plutôt que **Dîner sur l'eau**, pièce composée en 1937 pour le recueil *À l'exposition* de l'éditeur Deiss (hommage à Marguerite Long), où elle figure auprès des contributions d'Auric, Ibert, Milhaud, Poulenc, Sauguet, etc., pièce aimable et bâclée, où on ne reconnaît guère la plume aiguisée de Delannoy, – on retiendra **La Prise de Guingamp**, rédigée pour le deuxième recueil des *Contemporains*, de l'éditeur Pierre Noël (1951) ; elle révèle un compositeur habile aux enfantines (genre périlleux entre tous), fin conteur d'histoires en musique, – celui qui a fait don à sa fille d'un petit ouvrage empli à la fois de tendresse et d'ironie, *Le Cahier de Sylvine* (publié en 1948, Eschig) : il faut y lire surtout la *Berceuse contre avions*, où un chant de la plus grande douceur vient à bout des trilles épais et des méchants clusters qui figurent le bourdonnement de l'appareil...

## Frederick DELIUS
(1862-1934) Anglais

Le nom de Delius ne saurait évoquer que l'orchestre et que la voix ; auprès de ses ouvertures, idylles et poèmes symphoniques, auprès de ses mélodies et de ses chœurs, les quelques pages qu'il a accordées au piano ne sont pas plus significatives que celles de Wagner... ou de Berlioz. Mais tous ses fervents, que continuent de toucher sa mélancolie douce-amère, sa naïve poésie des collines et des jardins d'été, des nuits fluviales et des premiers coucous du printemps (pour faire allusion à tant de titres célèbres partout ailleurs qu'en France), malgré son impressionnisme vieillot et ses couleurs de pastel, seront heureux de déchiffrer les meilleurs de la quinzaine de morceaux qui constituent son baluchon pianistique. Les plus anciens datent des années 1885-1890 ; on en retiendra fort peu de chose : tout au plus les *Deux Pièces* esquissées à Croissy, qui nous font regretter la suite, où peut-être il eût rivalisé avec le premier Debussy. Ensuite Delius met plus de trente ans à revenir au piano. Aveugle et paralysé, il dicte à sa femme Jelka, en 1922-1923, les *Five Piano Pieces*, un cahier spirituel et varié ; puis les *Trois Préludes*, petits poèmes printaniers dont on s'étonnera, avec émotion, qu'ils aient pu être soutirés au douloureux automne du compositeur.

*Zum Carnival (Polka)*, composé en 1885, est un badinage sans prétention qui commence en ut majeur et finit en la mineur, dans un fort relent de kermesse viennoise, avec dans la seconde partie des appogiatures cocasses, à jouer (c'est difficile !) à la fois fortissimo et « gracioso » (sic). (La pièce a été publiée en 1892, par A.B. Campbell, « de Jacksonville » ; et dédiée à un ami, toujours de Jacksonville, William Jahn Jr.)

Une pièce intitulée *Pensées mélodieuses n° 2* date du 10 juin 1885 (publiée en 1988 dans l'intégrale de Boosey & Hawkes). Ce numéro ne signifie rien, car il n'en subsiste pas d'autre. C'est une interminable romance, une médiocre schumanniana (en fa majeur, *allegretto moderato*), sur un uniforme accompagnement d'arpèges, et que ses modulations successives divisent en petites cloisons.

La même intégrale publie **Deux Pièces** esquissées en 1890, à Croissy : une *Valse* qui finira dans les *Five Piano Pieces*, et une *Rêverie* demeurée inachevée. Elles sont tout autre chose que les morceaux précédents, et même parlent un langage singulièrement neuf. La *Valse*, commencée en sol majeur, achevée (ce n'est pas le mot !) en mi bémol majeur, sonne comme du Poulenc, de façon, voudrait-on dire, alarmante... C'est l'époque où Debussy écrit la *Suite bergamasque*. Ces progressions modulantes d'accords sont plus modernes, même si leur charme mélancolique nous paraît affadi. La *Rêverie*, à la riche parure harmonique, module encore plus, ne tient pas en place ; dommage qu'elle s'arrête court.

Toujours dans cette intégrale, **Badinage** et **Presto leggiero**, deux pièces composées vraisemblablement en 1890. Le *Badinage*, appelé encore *Danse lente* (en ré bémol majeur, *giocoso*), semble plutôt, par l'écartement des parties mélodiques, destiné au piano à quatre mains. Le *Presto leggiero*, vif et aérien et rythmé à 3/8 (en fa majeur), pose une droite en doubles notes à rythme iambique sur une gauche en arpèges descendants, avec le rebond d'une note répétée.

Une **Danse** datant de 1919 a été publiée dans le premier numéro de *Music and Letters* (janvier 1920). Après trente ans d'indifférence, Delius revient au clavier avec cette gavotte (en la mineur, *grazioso, piuttosto un poco vivo*), pastiche ironique, à la façon du contemporain *Tombeau de Couperin* de Ravel, encore qu'avec une pâte plus épaisse : accords capitonnés aux deux mains, sans aération. Elle sonne évidemment mieux au piano qu'au clavecin auquel elle est en principe destinée.

Enfin voici les **Five Piano Pieces** composées en 1922-1923 et publiées en 1925 (Universal). Delius avait pensé les offrir à sa filleule Yvonne O'Neill, qui ne reçut en définitive que la petite *Valse* en ut. Le restant du cahier, jugé trop difficile, est dédié à Evlyn Howard Jones. – C'est tout d'abord une *Mazurka* évasive *(con moto)*, trente-huit mesures en modulation perpétuelle, où le ton de fa majeur n'est établi qu'à la première et à la dernière ligne. Puis vient la *Valse for a little girl* (en ut majeur, *lento*), toute en syncopes, le chant à la main gauche, les accords à la main droite, laquelle ajoute bientôt sa propre voix à la polyphonie. Suit la fameuse *Valse* ébauchée à Croissy en 1890 ; elle est ici plus longue du double, à cause de la reprise, et s'achève en sol majeur comme elle a commencé *(gracefully and with verve)*. La quatrième pièce est une berceuse très originale, *Lullaby for a modern baby* (en ré majeur, *very slow*), dont la particularité est de comporter une partie à fredonner, « *to be hummed* » (on peut la remplacer par un violon jouant avec sourdine), au-dessus d'un accompagnement très doux et dodelinant. Pour finir, une *Toccata* (en la mineur), fort courte mais des plus séduisantes, trois pages où le flot ininterrompu des doubles croches (thème en rythme pointé, dessins ascendants à la gauche) s'irise d'harmonies changeantes.

Les ***Three Preludes*** de 1922-1923, dictés à sa femme comme les *Five Piano Pieces*, concluent la courte production pianistique de Delius. Ce sont trois délicates vignettes, toutes les trois en ré (sans indication d'armure), dans la même écriture de doubles croches ondulantes. Le premier prélude *(scherzando)* est une barcarolle au rythme souple, respirant le contentement de l'âme, la fraîcheur du paysage ; de temps à autre passe un petit coup de vent, qui ride l'eau d'un frisson de triples croches. Le deuxième *(quick)*, charmant badinage, a un dessin brisé obstiné, que fait palpiter, comme imperceptiblement, la modulation ; presque pas de chant (car on ne donnera pas ce nom au léger support de la basse), mais seulement ce tremblement d'harmonies heureuses. Dans le dernier, au contraire *(con moto, with lively undulating movement)*, le va-et-vient berceur des arpèges soutient, dans la pédale, une belle mélodie, gonflée de confiance et de joie. (Publiés en 1923, Anglo-French Music ; les deux premiers sont respectivement dédiés à Howard Jones et Adine O'Neill.)

## Claude DELVINCOURT
(1888-1954) Français

Quatre recueils constituent tout l'apport de Delvincourt au répertoire du piano ; mais ce n'est pas négligeable dans une œuvre aussi mince, qui ne dépasse pas, tous genres confondus, la quarantaine de partitions. Quatre recueils assez variés pour embrasser l'essentiel de sa personnalité : la *Boccacerie*, cinq portraits d'après le *Décaméron*, d'une couleur, d'une truculence irrésistibles ; les *Cinq Pièces*, où alternent le chant et la danse, à la manière des suites anciennes ; les *Croquembouches*, une suite gastronomique, où un défilé de pâtisseries lui sert de prétexte à de délicieux exercices de style ; enfin les *Heures juvéniles*, tour d'horizon du monde enfantin, par un adulte assez proche encore de l'enfance pour en avoir gardé à la fois la rouerie et la candeur. Ces musiques imaginatives sont toutes marquées du même sceau, vite reconnaissable ; tels profils thématiques acérés, tels rythmes cocasses ne trompent guère dès qu'on les a une fois repérés ; tels enchaînements harmoniques, telles modulations signalent immédiatement leur auteur à l'oreille. Enfin elles ont le don, moins commun qu'on ne pense, de mettre l'auditeur en joie. Peu d'états moroses, peu d'accès mélancoliques résistent à cette sorte de médication. Et ce n'est pas seulement dû à l'humour qui assaisonne une bonne part de ces pièces ; non, ce sentiment d'allégresse que l'on éprouve à les entendre ou à les jouer vient d'ailleurs : de leur *exactitude* ; c'est-à-dire d'une intime adéquation de leurs moyens avec leurs fins.

Il y a peu de chances qu'un tel art revienne bientôt à la mode. On dirait qu'il ne manque à personne. Il n'était déjà que le lot de quelques originaux, à qui souriaient, par-dessus tout, son innocence et sa gratuité. Ravel est le dernier dont on ait toléré les « occupations inutiles » ; s'il revenait nous offrir des valses et des rigaudons, nous lui taperions sur les doigts. – Puis, c'est un art *français* ; et cet adjectif, hélas, a fini par irriter, parce qu'on lui a associé des vertus négatives, le raffinement étriqué, l'élégance distante, la correction paralysante, voire la sécheresse, quand il n'était synonyme que de modération, de politesse et de pudeur. Nous n'avons pas de scrupule à envahir le prochain, et nous ne sentons plus qu'un mot court et bien choisi en vaut quatre grandiloquents et mal appariés. Surtout nous avons perdu l'usage exact de l'ironie ; nous n'en percevons que le sel (quand nous n'avons pas les papilles bouchées), nous n'en comprenons plus l'alibi.

Je n'ai pas cité Ravel au hasard : on ne voit personne d'autre à qui comparer Delvincourt, pour la perfection du métier, la sûreté de l'écriture, l'économie du matériau ; mais aussi pour ce goût de l'esquive et de la feinte qui l'engage à se détourner de sa propre émotion au moment qu'elle lui devient embarrassante. Grands seigneurs tous les deux, qui n'écrivirent jamais une note de trop. Et certes, la prodigalité d'un Milhaud ou d'un Albéniz n'est pas moins signe de noblesse, gentilshommes cousus d'or qui ont les poches trouées exprès, pour faire profiter le monde entier de leurs ducats inépuisables. Mais il y a des nouveaux riches de la musique, qui veulent nous en étaler plein la vue ; leur générosité est un laisser-aller de plus. À Delvincourt comme à Ravel, un vieux précepte d'aristocrate a enseigné qu'un sou est un sou ; ils nous laissent des œuvres accomplies, où ni le temps ni l'espace n'est perdu. L'immense popularité dont jouit l'un, l'excessive méconnaissance où croupit l'autre, ne sont que des accidents de la fortune, peu de chose au regard de l'éternité. L'un est un maître, dira-t-on, l'autre n'est qu'un petit maître ; mais l'étalon de la Conférence des poids et mesures n'en impose qu'aux moutons de Panurge.

À ceux qui oseront quitter quelquefois le troupeau, recommandons, après ces morceaux de piano de Delvincourt, d'aller découvrir, fraîche comme en son premier jour, la poésie délicate de *Ce monde de rosée*, une suite de quatorze *uta* japonais, pour chant et piano ; d'autres mélodies encore : les loufoques *Onchets*, d'après Chalupt, et les vertes *Chansons de la ville et des champs*, sur des textes du XVIIe siècle ; les séduisantes *Danceries* pour violon et piano ; le pittoresque *Bal vénitien* pour orchestre ; et enfin (parce que l'homme, avec son pain et ses jeux, vit aussi de la parole divine) l'émouvant, le poignant *Salut solennel*, tout vibrant d'espérance et de foi.

### *Boccacerie*

COMP 1922. PUB 1926 (Leduc). DÉD à Daniel Éricourt, Robert Casadesus, Jean Doyen, Henri Gil-Marchex, Beveridge Webster. CRÉ par Beveridge Webster (date ? Société musicale indépendante). Orchestré en 1924.

Cinq pièces de voltige pianistique, formant une suite éblouissante, à laquelle les virtuoses s'honoreraient de consacrer un peu de leur temps. Le langage de Delvincourt est loin d'y être définitif : il sacrifie justement trop au détail, il surcharge ses lignes, tourmente son harmonie, joint chromatisme et polytonalité dans des pages qui paraîtront inextricables au déchiffrage (et ces accidents pullulants ! et ces multiples plans sonores, auxquels trois portées suffisent à peine ! et ces chevauchements incommodes des mains !). Mais une lecture approfondie révèle la fermeté du dessin, la clarté des thèmes, le dosage parfait des divers ingrédients dans l'extravagance et l'humour.

L'idée, assurément, n'était pas banale, de mettre en musique quelques moments du *Décaméron* de Boccace ; ces histoires de haute graisse comique ont inspiré bien des tableaux, des romans, des vers, des pièces de théâtre, et plus près de nous des films. Pourquoi un musicien n'en aurait-il pas tiré parti (on a bien vu un Pierné s'inspirer de la « Carte du Tendre » de Mlle de Scudéry, un Georges Migot emprunter à La Fontaine ou à Florian les arguments de son *Petit Fablier*...) ? Delvincourt choisit vite et bien : il prend, dans les huitième et neuvième journées du célèbre recueil, un groupe de compères bien connus, peintres florentins et joyeux larrons, dont le passe-temps préféré semble avoir été de tourner en bourrique un de leurs confrères. Et sans qu'il puisse jamais s'agir ici de musique descriptive, sans même qu'il faille relire les nouvelles en question pour avoir le « programme », voici cinq portraits réjouissants, d'une verve inégalable, – que l'orchestre (pour quatre d'entre eux) est venu plus tard exalter encore.

*Maso del Saggio* est notre premier personnage, protagoniste, entre autres, des troisième et cinquième nouvelles de la huitième journée. Boccace le décrit comme « *un giovane di maravigliosa piacevolezza in ciascuna cosa che far voleva, astuto e avvenevole* ». C'est lui qui lance le canular de la pierre héliotrope, censée rendre invisible cet âne de Calandrino ; c'est lui et ses amis qui déculottent le malheureux juge... La pièce qui le portraiture (en ut dièse mineur, *avec vivacité*), malgré toute sa fantaisie et son apparent désordre, obéit en réalité à la forme sonate et s'articule autour de deux thèmes : le premier (« léger et net ») est comme un air guilleret que l'on siffle mains dans les poches, et que talonne un accompagnement d'accords brisés de neuvième (au lieu de la dixième classique), tels que les aime Delvincourt à cette époque, – avec une idée secondaire (une « transition ») qui monte à plusieurs reprises les degrés chromatiques, en rythme pointé. Le deuxième thème (mes. 50) est un bref appel de cors, qui dissone (il est en fa dièse) sur un ostinato de quatre doubles croches formant pédale de sol : on entend d'ici l'exquis frottement bitonal. Développement sur A, et réexposition libre (B cette fois en ut, sur basse en ut dièse), – avant une brève et brillante coda *(très vif)*.

*Calandrino*, c'est le souffre-douleur de la bande. Ce simplet, ce naïf est la victime désignée des rieurs, et toutes les farces le prennent pour cible : ici on lui vole un pourceau, pour l'accuser ensuite de l'avoir vendu à l'insu de sa femme ; là on lui fait accroire qu'une pierre merveilleuse le dissimulera aux regards ; ailleurs, avec la complicité d'un médecin, on le persuade qu'il est « enceint » ; ailleurs encore, feignant de favoriser ses amours avec une gaie luronne, les compères avertissent sa femme, qui accourt le rosser en public... De toutes ces joyeusetés, Delvincourt tire une pièce étonnante, à mi-chemin entre le burlesque et le grinçant, voire l'émouvant : ce pauvre bougre, après tout, nous touche par ses malheurs, par sa façon, à chaque nouveau tour, d'aller quémander l'amitié de ses bourreaux, sans les soupçonner jamais de se moquer de lui ! – C'est d'abord, « dans un caractère de gaucherie naïve et grotesque », quatre lignes décousues, errantes, prélude où traîne un motif en dents de scie, où serpente un trait chromatique, où s'esquisse un thème au rythme aussi balourd que le personnage, – qu'accompagne ensuite le staccato d'un accord brisé. Un thème plus dessiné, plus ferme, claironne ensuite à la main gauche, sous un ferraillement de quintes enchaînées, tout cela d'une acide bitonalité, et dégénérant en polka endiablée. Au centre de la pièce, un moment étonnant : le pantin se révèle un être de chair, et voici sa plainte (ou sa romance amoureuse ?), exhalée sur des arpègements de guitare (tritons obstinés, superposés, serrés dans le registre grave), coupée de cris rauques, de brusques sursauts où les mains écrasées l'une sur l'autre arrachent des accords au clavier, avec toujours, de loin en loin, la quincaillerie des quintes dans le suraigu. La dernière page résume le portrait : il y a le gémissement de Calandrino (« déclamé et plaintif »), les rires étouffés des plaisantins (« lointain et gouailleur »), le retour du malheureux, berné par les uns, rossé par les autres, sur un dernier geignement (« pleurnichard »). (Tonalité mouvante et capricieuse ; les trois dièses à l'armure ne correspondent pas à grand-chose...)

Il y a plus de suite dans les idées dans *Bruno*, que décrit une scintillante toccata (en ut dièse mineur, *vif et net*), où la droite dévide adroitement son ressort de doubles croches au milieu des accords piqués de la gauche, – avec de soudains piétinements sur la tonique, des grommellements sourds dans le grave. Attention, cependant : ce n'est pas du Prokofiev, ce n'est pas un « pas d'acier » ! Pour un ou deux *f*, que de *pp* et même de *ppp* ! Tant de notes à jouer, à cette vitesse, dans un espace si resserré, et pourtant avec délicatesse : autant dire que notre Florentin n'est pas un rieur à gorge déployée, mais un finaud qui sourit en catimini des tours qu'il ourdit avec ses compères en matoiserie. Relisons les mots de Boccace qui les concernent : « *uomini sollazzevoli molto, ma per altro avveduti e sagaci* » ; et pour preuve écoutons maintenant l'intermède (« bien chanté, souple et nonchalant »), où les doubles notes alternées frissonnent sous ces phrases de couleur phrygienne (do ♮ en si mineur, ré ♮ en ut dièse mineur) ; certes, cela éclate ensuite d'une joie plus bruyante, mais de si courte durée. Puis c'est tout un épisode de percussions dans le grave, avec quelques motifs stridents, un air « mystérieux » qui s'éloigne, l'écho d'un tambour à l'horizon ; et enfin, après quelques traits nerveux encore, la reprise abrégée de la toccata initiale, qui décroît du *ff* au *pp*, et disparaît, happée au fin fond de l'instrument.

La quatrième pièce, *Nello*, est celle qui dépeint le plus retors peut-être de ces compagnons de *burla*, un maître en fait de tromperie. Car au brio, à la gouaille, au fantasque, au bariolage des rythmes et des sonorités, elle a préféré l'écriture sobre d'une espèce de gigue *(animé, sans hâte, avec une certaine nonchalance)*, aux nuances plutôt douces, à l'écriture transparente, plus horizontale que verticale et le plus souvent à deux voix seulement. Mais elle cache bien son jeu ; par exemple, malgré les deux seuls bémols à l'armure, ce si bémol est plus mineur que majeur, et amolli du phrygien do ♭ (seconde mineure) ; malgré le 9/8 affiché, la basse est fréquemment à deux temps (et tant pis pour la barre de mesure !). La polytonalité, avec un matériau si frêle, est plus piquante, plus agressive encore, et cette feinte douceur sait hausser le ton : entendez, dans l'intermède, ces superpositions facétieuses, un rythme obstiné qui semble vouloir imposer sol bémol, un thème qui va de si bémol (avec si ♮ et mi ♮ !) à mi (mineur puis majeur, et avec ré ♮), une basse « très en dehors » en la mineur, qu'on retrouve plus loin en neuvièmes. – À la reprise, fausse rentrée du thème initial en ré majeur/mineur (sur un la grave tenu, pédale de dominante), avant que l'équivoque si bémol s'affirme à nouveau comme tonique. Coda mystérieuse (« très fluide »), où des accords de quartes se dissolvent peu à peu sur l'ostinato en sol bémol de l'intermède, – qui n'empêche pas une conclusion en si bémol. – On ne saurait trop conseiller à l'interprète de cette pièce de la prendre bien au-dessous du mouvement indiqué. Outre qu'elle constitue en quelque sorte le « mouvement lent » de la suite, ses phrases souples et balancées pâtiraient d'un excès de vitesse ; il faut ici, à la danse, préférer le chant.

Le musicien a gardé (comme on le comprend !) *Buffalmacco* pour la fin. Sous ce surnom d'époque se cache le peintre Buonamico di Cristofano, contemporain de Giotto, personnage des plus populaires à Florence, dont on vantait le caractère moqueur, les réparties faciles, l'esprit inventif, – et qui, outre Boccace, a également inspiré Sacchetti (l'auteur des *Trois Cents Nouvelles*). Le morceau (en fa dièse mineur, *rapide et nerveux*) déborde d'idées dans son plan tripartite, rivalise de fantaisie avec le portrait de Calandrino, dont il compose un commentaire pétillant de malice. Dans le volet A, distinguons entre autres le dansant thème initial, de rythme dactylique, leitmotiv de notre héros ; un enchaînement de quintes sautillantes (« en plaisantant ») ; un motif « violent », staccato d'octaves accompagné de coups de griffes répétés ; une marche bouffonne, acidulée, à la Stravinski (mes. 22). Toutes ces saillies n'en préparent que mieux l'atmosphère unique de l'intermède B (dans un si bémol étrangement mauresque), d'une grande difficulté de réalisation, tant il y faut d'attaques différentes, de nuances opposées, de couleur ; l'écriture à trois portées permet de visualiser le plus possible les contrepoints : le rythme un peu lourd, oscillant, des basses, – le gruppetto « très sec », avec sa note répétée de crécelle, – l'accord voluptueux où traîne do♭, seconde phrygienne, – enfin, « très en dehors », le chant, si défaillant, si gonflé d'amour, qu'on a du mal à le soupçonner parodique, une imitation méchante des plaintes de Calandrino, dont justement le propre leitmotiv et les cris jaillissent soudain, avant une reprise de la mélopée entêtante, transposée dans un ré tout aussi andalou. – Au bout de cette très belle page, et après quelques grimaces, quelques crocs-en-jambe au benêt, c'est la reprise de A, dans le désordre, et librement varié.

## *Cinq Pièces*

COMP 1923. PUB 1926 (Leduc). DÉD à Henri de Miramon, Hélène Léon, Jeanne Leleu, Édith Pifre, Armand Ferté.

On peut les jouer séparément ; mais elles composent, réunies, une suite bien équilibrée ; et quelques menus défauts s'y estompent au profit de l'ensemble.

Deux thèmes alternent dans le *Prélude*, le premier caressant, insinuant, charmeur *(sans lenteur)*, sur une souple basse syncopée qui ne cesse de monter par furtifs glissements chromatiques, le second plus carré, plus franchement diatonique *(sensiblement plus animé)*. Dire que la pièce est en sol mineur, sous prétexte des deux bémols à l'armure, est abusif ; elle n'arrête pas un instant de moduler, et du reste s'achève en sol majeur.

Délicieuse *Danse pour rire* (en ut majeur, *vif et léger*), où Delvincourt retrouve le secret des cake-walks debussystes : Golliwogg et le General Lavine revivent dans cette pochade, où ut majeur a fort à faire pour se défendre contre l'assaut des notes étrangères, où les mains se chevauchent, se disputent l'aigu du clavier, où les rythmes verveux, les appogiatures truculentes, les staccatos persifleurs, et jusqu'à telle phrase qui tente de chanter davantage (vite démentie par l'indication « un peu grotesque » !), annoncent les bons moments des *Croquembouches*.

Le *Tempo di minuetto* serait lui aussi, à sa façon, une « danse pour rire », surtout si l'on respecte l'indication métronomique (la noire à 138), qui fait courir ce thème, déjà pressé par ses notes répétées et souligné d'appogiatures narquoises. Mais la pièce (en la mineur/majeur), quelque peu longue, est inférieure à la précédente, et sa meilleure partie est son trio, où une ample phrase se déploie sur un accompagnement divisé entre les mains, et qui évoque la mandoline ou le luth (les accords parfaits qui s'enchaînent peu après n'ont-ils pas, justement, un parfum d'archaïsme ?). Joli retour du thème principal, sur un staccato de quintes chromatiques à la main gauche.

La *Berceuse* qui suit *(très calme)* est fort belle, et intrigante par son usage subtil de la bitonalité : voyez ce début où, nonobstant une armure à cinq bémols, le chant dodelinant de la droite a l'air d'être en fa, ou mieux en la phrygien (avec si ♭), et la gauche, avec son pouls égal à 6/8, en sol bémol... Morceau presque de bout en bout maintenu dans les nuances douces, jusqu'au *pppp* final.

Pour conclure, une robuste *Danse hollandaise* (en la majeur, *animé sans hâte*). Thèmes carrés, harmonies sages, en dépit de quelques épices : on reconnaît moins, ici, la griffe (c'est le mot !) de Delvincourt. De la verve, oui, mais qui demeure un peu poussive, – d'autant que le mouvement préconisé (la noire à 108) rend malaisé le passage d'octaves en doubles croches (ré bémol), marqué de surcroît « très léger »... Trio en ut, plus fruste encore, et scandé par la quinte grave, en bourdon.

## *Croquembouches*

COMP 1926. PUB 1931 (Leduc). DÉD à sa filleule Annie Pifre. CRÉ par Jean Doyen (23 mars 1932).

Douze pièces, une des partitions les plus exquises que le piano se soit vu offrir dans notre premier demi-siècle. Que ceux qui admettent que la musique puisse être détournée vers la... pâtisserie battent avec moi leur coulpe ; nous sommes voués au mépris des gens sérieux. – Stylistiquement, l'œuvre marque un tournant ; en quelques années, le compositeur a considérablement simplifié sa manière ; son harmonie, toujours personnelle, est plus franche ; et son trait, dégrossi, vise plus juste, et plus loin.

Premier « Croquembouche », l'*Omelette au rhum* (en sol majeur, *allegretto*) : petite marche d'accords à la main droite, cependant que la gauche descend précautionneusement les degrés. Quelques rythmes de jazz surgissent comme intermède, brusquement interrompus par un motif trémulant dans le grave : c'est qu'on flambe l'omelette, et que Delvincourt, farceur, ne résiste pas à la tentation de citer... la mort de Brünnhilde dans Wagner ! Reprise, le thème initial dévidé cette fois en dessins brisés, au ciel du clavier.

La *Linzer tart* (en ut majeur, *allegro assai*) se déguste, bien sûr, au son d'une valse, dont le thème est confié à la gauche, sous les accords révérencieux de la droite. Plus loin, dans telles tierces capricieuses, à la viennoise (mes. 28), on reconnaît la patte du Ravel des *Valses nobles et sentimentales.*

Pour le *Rahat Loukhoum* (en sol mineur, *très tranquillement*), une mélopée orientale, ondoyant souplement en arabesques voluptueuses, par-dessus les sèches percussions des tambourins et les longues tenues de la pédale de tonique. Par deux fois, comme intermède, des volutes de flûte phrygienne (mi ♭ en ré mineur) ou mauresque, qu'on entend une dernière fois avant la conclusion.

Il y a plus d'abandon encore dans la habanera qui illustre la *Grenadine* (en ut dièse mineur, *allegretto*), dont le nom ne pouvait manquer d'évoquer le fameux Alhambra tant de fois célébré en musique. Sur ce rythme lascif (basse pointée, motifs alternant les croches par deux ou par trois), que peut-on écrire, après la *Habanera* de Ravel ou celle de Louis Aubert, après *La Puerta del vino* et *La Soirée dans Grenade* de Debussy, pour ne citer que ces exemples ? Le morceau de Delvincourt, sans atteindre leur pouvoir suggestif, et sans dissimuler ce qu'il leur doit, est assez réussi, du moins dans sa mélodie principale. Le reste cède à des poncifs (thème du ténor, mes. 23), non sans quelque clin d'œil à l'auditeur... Jolie fin, *ppp*, qui s'effiloche sur la pédale de dominante.

*Meringue à la crème* (en ut mineur, *allegro vivace*) : le titre est tout un programme ; voilà en effet un gâteau « double » et paradoxal, et Delvincourt, avec son à-propos habituel, fait son profit aussi bien de la coquille, de l'enrobage, que du remplissage ! Dans les volets extérieurs, une vive toccata d'accords aux mains alternées, à jouer « sec et croustillant » ; à l'intérieur, une romance qui, partie de la majeur, module à la façon de Fauré, en arpèges « doux et crémeux »...

« Avec un humour tout britannique » : le Debussy de *Minstrels*, du *General Lavine* et de l'*Hommage à Pickwick* sert de modèle au délectable *Plum-pudding* (en sol majeur, *allegro moderato*), cuisiné de petits motifs sifflotés, de rythmes de cake-walk ou de gigue, et corsé de staccatos ironiques et d'appogiatures railleuses.

Que notre musicien soit plus à son aise dans le cocasse que dans le sérieux, la septième pièce le démontre : ces *Puits d'amour* (en ut majeur, *lent sans excès*), qu'il faut certes jouer, comme il le demande, « dans un sentiment très tendre et profond », sont un tantinet laborieux. L'inspiration languit, le temps s'éternise ; style de romance, en accords, qu'une lente oscillation de croches balance tout au long ; et le « crescendo e animando » du milieu ne donne pas vraiment le change. Du moins le morceau, placé au centre du recueil, marque-t-il quelque répit de l'humour, qui ne s'en donnera que plus libre cours dans les suivants.

Un cliquetis de doubles notes dans l'aigu, avec des fausses notes de boîte à musique détraquée : ce sont les *Croquignoles* (en mi bémol majeur, *vif et léger*), – et le compositeur s'amuse ici, visiblement, de la double acception du terme ; si celui-ci désigne un gâteau sec, il signifie aussi, en argot, une chiquenaude : ce qu'imite la main sur les touches. N'oublions pas non plus l'adjectif *croquignolet*, « mignon »...

*Baba* (en ut dièse mineur, *assez animé*) : l'armure à trois dièses indique ici le mode phrygien, à seconde mineure (ré ♮). Pièce étrange, avec des vagues arpégées d'une main à l'autre et un petit thème orientalisant. Dans l'intermède, *alla marcia*, un petit tremblement accompagne, à l'alto, le motif débonnaire, sur des accords sèchement piqués par la gauche.

On ose à peine parler de « musique descriptive » ! mais c'est bien ce que sont les *Pets de nonne* de la dixième pièce (en mi bémol majeur, *moderato non troppo*), avec leurs gruppettos comiques, leurs sèches notes répétées. Toujours cet humour modulatoire, qui par exemple fait atterrir en la (mes. 4) une phrase qui finissait d'abord en la bémol...

Pour le *Nègre en chemise* (en sol majeur, *allegro non troppo*), le choix s'imposait : un rag, plaisant à souhait, rythmé et déhanché, avec par endroits la sorte d'acide bitonalité qu'emploie Ravel dans le *Blues* de sa *Sonate pour violon et piano*.

Onze pâtisseries coup sur coup : les oreilles y résistent mieux que l'estomac, – lequel, après ce sucre, ces crèmes et ce chocolat, a besoin d'une bonne purge. On lui administre alors l'*Huile de ricin* de la dernière pièce, sous les espèces d'une fugue (en ré mineur, *molto moderato*), dont le sujet, commencé « doloroso », à pas lents, se précipite soudain en triolets de doubles croches, tout comme (pardon !) les entrailles en déroute... Morceau désopilant, jusqu'au strette final à la quinte, et aux mesures conclusives sentencieusement ralenties.

## *Heures juvéniles*

COMP 1928. PUB 1931 (Leduc). DÉD à Alain Jouët, Pierre Humbert, Roland Busser, Jean-Claude Ibert, Jacqueline Ibert, Jean-Louis Delannoy, Jacques Rivier, Claude Roland-Manuel, Yolande Jouët, Suzanne Mèghe, Priscilla Wright, Claude Busser.

Douze pièces à nouveau, adorables « scènes d'enfants », et celle de ses quatre partitions pianistiques où la physionomie de Delvincourt nous apparaît de la façon la plus complète. Car le peintre ne peut faire qu'il ne nous livre ses propres traits au fur et à mesure du tableau. Or, aux côtés de l'humour, intangible, se montre ici la tendresse ; et tout autant que chez Schumann, le poète consent à parler.

On reconnaît d'emblée Delvincourt à la pièce initiale, *Pour jouer le matin, en se levant* (en si bémol majeur, *allegretto, non troppo vivo*), petite marche débonnaire et pimpante : dans la netteté du contour mélodique, la franchise du rythme, la désinvolture des modulations, l'harmonie volontiers modale. Quel réveil joyeux et résolu !

Contrairement au Debussy de *Children's Corner*, qui démarre sur les exercices, par ailleurs si poétiques, de *Doctor Gradus*, Delvincourt ne sollicite l'étude que dans sa deuxième pièce, ironiquement intitulée *Pour jouer avant de se mettre au travail*, alors qu'elle constitue elle-même ce travail, et qui pourrait être sévère : c'est en effet un canon, deux voix qui se poursuivent *(décidé)*, toutes deux en clé de sol, d'abord à distance de deux noires, puis (mes. 12) de trois noires, avec un effet de stretto irrésistible. Tout le morceau est délicieux, qui tourne le labeur en récréation, avec ce staccato guilleret, ces notes répétées drolatiques, – et cette perpétuelle modulation par les bémols qui nous mène par exemple, en quelques notes, d'ut à... fa bémol !

L'enfant a-t-il mal récité sa leçon ? Le morceau suivant, *Pour se consoler d'une punition*, semble l'indiquer... Mais on est loin de *L'Enfant suppliant* de Schumann ! Commencé en ré mineur *(sans lenteur)* sur le mode de la plainte, avec sa seconde augmentée pleurnicharde (si ♭-do ♯) et son accompagnement syncopé, il s'anime peu à peu, passe au majeur *(allegro)*, où le thème initial se brise joyeusement en accords.

*Pour jouer après un bon déjeuner* : petite pièce au rythme de polka (mais *sans hâte*, « tranquille et confortable » !), d'un goût parfait, d'un humour charmant, dissimulé, sourire du coin des lèvres, comme en ces mesures qui s'amusent à osciller du ton initial de mi bémol à celui de mi, – une phrase dans l'un, une réponse dans l'autre, avec une surprenante aisance.

Un moment poétique, maintenant, avec *Pour jouer quand il pleut* (en ut majeur, *allegro moderato*). Delvincourt ajoute un morceau de choix à l'innombrable série des pièces pianistiques inspirées par la pluie (citons-en deux des plus étonnantes : la troisième pièce de l'opus 11 de Kodály, qui commente mélancoliquement les vers de Verlaine : « Il pleure dans mon cœur/ Comme il pleut sur la ville », – et la sixième des *Épigraphes antiques* de Debussy, pour quatre mains, qui remercie « la pluie au matin »). Trottinement monotone des doubles croches, alternées aux deux mains qui empiètent l'une sur l'autre, la droite bloquée sur un sol central, la gauche esquissant quelques motifs, intervalles brisés, gammes modales, où toutes sortes d'altérations n'empêchent pas la persistance d'ut majeur, – comme le rideau de la pluie, s'il voile le paysage, ne l'efface pas complètement aux yeux. Dans la section centrale, quelques accords chantent à la basse, estompés dans le trémolo bitonal de la droite. À la fin, la musique ralentit, diminue, avec le thème de la pluie réduit en bribes, dernières gouttes de l'ondée bienfaisante, avant les délicats accords de la cadence « napolitaine » (ré bémol/ut).

Ensuite une *Polka pour faire danser la compagnie* (en la majeur) ; il y flotte l'esprit de Satie, son ton pince-sans-rire, ses fausses notes imperturbables, avec, dans l'intermède, de burlesques flonflons populaires, qu'on imagine nasillés par les pistons et les accordéons.

*Pour jouer à une gentille petite amie* (en sol majeur, *andante*) : une romance, gentiment attendrie, avec son accompagnement de croches bien liées, et quelque chose de la manière de Fauré dans l'intermède, caressé d'arpèges.

La petite étude qui suit, *Pour un carrousel autour d'une table* (en ré majeur, *allegro non troppo*), fait feu de ses tierces et autres doubles notes, sur une basse d'accords piaffants, au rythme de chevauchée ; pianistiquement, c'est un des morceaux les moins faciles, il faudra aux jeunes mains de la poigne et de l'endurance.

Un moment plus sérieux : sans aller jusqu'au *fast zu ernst* schumannien, Delvincourt entend lui aussi que les petits êtres de sa nursery ne sont pas à l'abri de la souffrance. La neuvième pièce, *Pour jouer quand on a du chagrin*, leur parle à mi-voix *(moderato)*, et s'apitoie sur eux, dans ce thème frileux qu'endolorit le mode phrygien (si ♭ en la mineur) ; le milieu retrouve l'accompagnement syncopé de la troisième pièce, propre ici encore à traduire l'émotion.

Figures bondissantes, allers et retours de doubles croches : *Pour jouer avant d'aller se promener* est une vraie petite toccata (en ré majeur, *vif et joyeux*), dont la technique de figurations partagées entre les mains, et même parfois l'écriture harmonique, rappelle les *Jardins sous la pluie* debussystes. Il y faut des doigts déliés, un sens délicat de la pédale, un art déjà consommé des enchaînements.

Les deux pièces restantes sont les plus belles du recueil. *Pour jouer le soir en rentrant* (en la majeur, *andantino*) emprunte le rythme d'une lente sicilienne, pour exprimer la paix crépusculaire, la joie paisible du foyer retrouvé, la douceur d'une journée de vacances qui s'achève. Modulations heureuses, toujours imprévues, toujours naturelles. Le milieu passe en fa, puis en la bémol, avec un thème à peine murmuré, auquel l'aigu donne un lointain écho, – et l'on ne peut qu'admirer la simplicité avec laquelle, par de menus glissements chromatiques, on retourne au ton initial, pour quelques mesures conclusives.

Cet art de la modulation fait merveille dans la berceuse finale, *Pour jouer avant de se coucher* (en mi majeur, *très calme*) : ce thème attendri et souriant sur ses accords, avec la vibration de quelques basses, à la reprise se met à clignoter ; on passe de mi à fa, à ré bémol ; la basse enfin s'arrête sur si (dominante du ton principal), cependant que le motif berceur semble perdre un à un tous ses dièses ; on ne saurait mieux suggérer le mol engourdissement du sommeil. Enfin, voici rejointe la tonique, – et posés délicatement, *ppp*, les derniers accords, où la sixte ajoutée (sol ♯) tinte comme un grelot.

PIÈCES DIVERSES. – Complétant les *Heures juvéniles*, une petite pièce enfantine a paru en 1952 dans l'album *Les Contemporains*, 4ᵉ recueil, de l'éditeur Pierre Noël. Intitulée **Galéjade**, c'est une polka d'une délectable fausseté *(allegro giocoso)*, en sol majeur, s'il faut en croire l'armure et le dernier accord, assertion que la musique se hâte de faire voler en éclats !

## François (Charles) DIEUPART
(1670 ?-1740) Français

La gloire (obscure, avouons-le) de Dieupart, c'est d'avoir été l'un des quelques musiciens dont Bach recopia des œuvres, à des fins d'exercice. Si les *Suites anglaises* de son cadet sont ainsi dénommées, c'est sans doute à lui qu'elles le doivent ; il vécut en effet la plus grande partie de sa vie en Angleterre, y écrivit ses ***Six Suites pour clavecin***, où Bach trouva des modèles de clarté, d'équilibre, de savoir souriant, – les exemples peut-être les plus achevés de la « suite à la française ».

Dieupart dut être un homme épris d'ordre, de mesure. Une extraordinaire régularité règne dans cet unique ouvrage, paru en 1701 à Amsterdam (chez Estienne Roger). Les six suites (trois majeures, trois mineures) sont bâties sur le même patron : sept pièces exactement pour chacune d'elles ; toutes remplacent le « prélude non mesuré » habituel par une ouverture lullyste ; puis viennent, le plus canoniquement du monde, allemande, courante, sarabande et gigue ; entre ces deux dernières, se glissent deux danses qui auraient pu être « facultatives » : mais Dieupart adopte toujours une gavotte suivie d'un menuet (hormis dans la *Suite en ré majeur*, qui a un passepied). On est loin du désordre qui règne chez les clavecinistes français de l'époque, – ou tout simplement de la fantaisie dont Bach fera preuve dans ses suites et partitas.

Une particularité plus rare encore : Dieupart a donné de ces suites une version alternative pour violon ou flûte, avec basse de viole et archiluth (on trouve ces parties séparées dans l'édition des *Suites* par Paul Brunold, revue par Kenneth Gilbert, L'Oiseau-Lyre, 1979).

La *Première Suite* (en la majeur) est une des mieux venues. Dans l'*Ouverture*, un *Gay* à 3/4, où deux voix se contrepointent en croches babillardes, sert de volet central entre deux pans plus solennels, à 4/4 *(gravement ; lentement). Allemande* et *Courante* à riches festons polyphoniques. La *Sarabande*, avec le rythme de croches de sa première phrase, donne à croire qu'elle sera mouvementée ; mais dès la phrase suivante, c'est la noire cérémonieuse qui commande ; va-t-on vers l'austère, ou le revêche, avec cette dure quinte augmentée de la mes. 6 ? Non, c'est un accident de parcours, le reste n'est plus que sourires. *Gavotte* et *Menuet* aussi enjoués l'une que l'autre. La *Gigue* est celle où l'on a trouvé le modèle du *Prélude* qui ouvre la *Suite anglaise* de même tonalité chez Bach (BWV 806), lequel d'ailleurs ressemble encore plus à une gigue de Gaspard Le Roux.

Dans la *Troisième Suite* (en si mineur), une *Ouverture* composite : le premier pan en lent rythme pointé ; le troisième aussi lent et rayé de petites gammes ornementales ; entre les deux, une toccata miniature, deux voix en doubles croches, rouage minutieusement remonté. L'*Allemande*, où la voix supérieure chante d'un bout à l'autre, avec quelques échos, paraîtra singulièrement persuasive, par la répétition d'une petite cellule, sur une même cadence. La *Courante* est plaisante, tirant le meilleur parti de l'équivoque habituelle entre 3/2 et 6/4. Mélancolique *Sarabande*, à deux seules voix, le chant porté tout au long par un fluide continuo de croches ; c'est la plus simple et non la moins émue des six sarabandes de Dieupart. Et voici la *Gavotte* la plus espiègle des six, dont un rythme de croches empressées, à la main gauche, lance les phrases (mes. 1, 5), qui retombent ensuite sagement sur des noires ; la deuxième partie est plus rassise, elle va presque se figer (mes. 13-14)... quand la fin précipite à nouveau la cadence. Adorable *Menuet* : cette première phrase, très courte, mais énoncée deux fois, la deuxième fois sur une basse descendue à l'octave (comme dans la *Sarabande en ré*) ; et au contraire ces phrases si longues de la deuxième section. La *Gigue* est moins une danse qu'une chanson de terroir : un unique motif passant d'un registre à l'autre, avec même quelque chose comme une réexposition juste avant la fin. – Voilà décidément, on l'entendra à l'usage, la meilleure des six suites de notre auteur.

La *Cinquième Suite* (en fa majeur) a une étrange *Ouverture*, avec cette intrusion répétée d'un mi ♭, dont pourtant la force modulatoire est aussitôt diluée ; le volet médian est une gigue à 6/8, pleine d'esquives elle aussi, et sans cesse colorée de mineur (successivement ré, sol, ut). Retenons la spirituelle *Courante*, sa première phrase si originale sur son accompagnement de tierces, sa rythmique pleine d'imprévu, ses piquantes syncopes finales, où les mains se poursuivent par à-coups ; la *Gavotte*, moins naïve que narquoise, presque uniquement composée de phrases en gamme descendante ; le *Menuet en rondeau* qui dévide, quant à lui, du soprano à la basse un petit chapelet de croches en rosalie.

Quelques bons morceaux encore. Dans la *Deuxième Suite* (en ré majeur) : la *Courante*, au sautillement plein d'humour ; la *Gigue*, de deux à quatre voix souplement conduites, un badinage certes, mais plein d'élégant savoir ; et surtout la très douce et caressante *Sarabande*, si avenante aux doigts, avec l'adieu si charmant de la « petite reprise » de quatre mesures, pour laquelle, sous le même chant, la basse descend à l'octave inférieure. Dans la *Quatrième Suite* (en mi mineur) : la *Courante*, fort capricieuse, plus souvent à 6/4 qu'à 3/2, et où quelquefois la basse, en accords brisés, semble un accompagnement de romance ; la *Sarabande*, plaintive, un tendre reproche, que l'on pourrait déjà prendre pour un moment de Couperin.

# Ernö DOHNÁNYI
(1877-1960) Hongrois

De quatre ans l'aîné de Bartók et son condisciple à l'Académie de Budapest, Dohnányi ne peut que souffrir de la comparaison. Tous deux ont subi, en leur prime jeunesse, l'influence envahissante de Brahms. Mais un jour, sans crier gare, Bartók rompt ses amarres avec le romantisme et repart à zéro (littéralement : il tire un trait sur ses œuvres juvéniles et recommence son catalogue). Ce n'est pas assez que l'exemple de Kodály lui ait ouvert les trésors du véritable folklore magyar ; il est curieux de toute la nouveauté qui s'accumule en ce tournant du siècle, l'embrasse toute et choisit sa voie, qui est celle de la liberté. En quelques partitions, il s'affranchit brutalement du passé. Dohnányi, lui, ne cesse de consolider ses liens ; et jamais il ne se résignera à tuer le père. En 1908 paraissent des *Bagatelles*, quatorze pièces où Bartók invente Bartók ; en 1908 paraissent aussi des *Humoresques*, où Dohnányi, par-delà Brahms, remonte à Mendelssohn, et presque à Bach. C'est qu'elle lui convient à merveille, cette musique, dans son ampleur, ses émotions, ses moyens éprouvés ; et elle correspond exactement à ses ressources de pianiste. Qu'est-ce qu'un épigone, sinon quelqu'un qui s'est trompé de date de naissance ? Venu au monde un peu plus tôt, Dohnányi aurait vécu de pair à compagnon avec son idole, et ses compositions auraient flatté le goût du jour, au lieu de sembler sans cesse plus anachroniques.

Voici, au fond, un Rachmaninov qui n'a pas eu de chance. Outre que ce dernier possède indéniablement, pour datés que soient son vocabulaire et sa syntaxe, un ton neuf et personnel qu'on chercherait en vain chez Dohnányi, il est sans doute plus facile à la descendance de Chopin qu'à celle de Brahms de tromper son monde. Chopin mène à Scriabine, c'est-à-dire à une sorte de révolution ; Brahms ne mène qu'à Reger.

Les contempteurs de Dohnányi, qui tout simplement ne supportent pas cette « musique de pianiste », lui font un plus sérieux grief : celui d'avoir ignoré ses origines. Le fleuve de sa musique coule si loin des sources vives du folklore que, lors même qu'il vient, sur le tard, à s'inspirer de la mélodie populaire (notamment dans ses *Ruralia hungarica*), il y paraît contraint ; le hungarisme approximatif de Brahms et de Liszt lui va davantage. On voit pourtant Dohnányi défendre avec enthousiasme, quand il prend son bâton de chef, les œuvres de ses compatriotes (comme il soutient Debussy ou Stravinski). Mais il croirait tricher que de leur emboîter le pas sur toutes ces routes neuves, vers toutes ces riches contrées ; aucun goût ne l'y prédispose, aucune nécessité ne l'y pousse ; il préfère en recevoir les nouvelles chez lui, installé dans ses thèmes rassurants, ses harmonies confortables, comme un autre dans ses pantoufles.

Ce bonheur cossu est-il vraiment haïssable, en musique ? Ce sont des sots qui le prétendent. Et d'autres (ou, mon Dieu, peut-être les mêmes) s'obstinent à penser qu'on ne doit œuvrer que dans la direction de l'histoire. Que de musiciens tués, et jusqu'à leur souvenir, en application de ce principe étroit ! Tout n'est pas égal dans la musique de Dohnányi, et particulièrement dans la longue liste de ses ouvrages pianistiques ; mais il y a là quelques morceaux magnifiques (les *Rhapsodies*, la *Pastorale* de l'opus 17, l'*Impromptu* de l'opus 41, la plupart des *Études*) qu'il serait absurde de négliger sous prétexte qu'ils dérangent le bon ordre de la chronologie...

## *Quatre Pièces* (op. 2)

COMP 1896-1897. PUB 1905 (Doblinger). DÉD à Elsa (Kunwald), qui allait être sa première femme. CRÉ par Dohnányi (7 octobre 1897, Berlin).

Dans cette vaste et chaleureuse ombre de Brahms, où même Bartók devait se sentir quelque temps à son aise, Dohnányi, au lendemain du succès de son *Quintette op. 1 pour piano et cordes*, nous donne un cahier à la fois ardent et fantasque. La première pièce est un *Scherzo* (en ut dièse mineur, *allegro*), dont les phrases serrées, sans cesse relancées par deux croches de « levé », viennent buter sur des accords à point d'orgue. En contraste, un trio en ré bémol majeur, aux lents accords, au climat de légende, dont on retrouvera le thème un peu avant la fin du morceau, orthographié en ut dièse, scandé à la basse d'un sol ♯ persistant (pédale de dominante), « quasi timpani ».

Suit un *Intermezzo* (en la mineur, *vivace*), dont les motifs espiègles bondissent dans l'aigu, comme des clochettes, en rythme anapestique. La mélodie de l'intermède majeur *(meno mosso)* est d'un lyrisme affectueux, et toute souriante sur ses calmes batteries.

Un autre *Intermezzo* (en fa mineur, *sostenuto, con espressione*) nous ouvre une âme plus passionnée. Des vers de Reinick lui servent d'épigraphe : « *Wo Du auch wandelst, bin Ich dein...* », « Où que tu ailles, je t'appartiens... » La partie principale est sombre, anxieuse ; mais par deux fois un chant plus clair l'interrompt (en la bémol majeur, puis en fa majeur dans un entour d'arpèges séraphiques), et pousse la pièce à sa conclusion consolée, pacifiée.

La dernière pièce est un *Capriccio* (en si mineur, *presto agitato*), tendu, nerveux, presque halluciné, avec son staccato et ses accents en porte-à-faux ; il s'accorde un premier intermède (en sol majeur, *allegretto*), tendrement ému, reprend sa course et ses bonds, s'arrête à nouveau pour un choral (en si majeur) aux accents peu à peu triomphants, reprend une dernière fois, et conclut dans un furieux emballement (« strepitoso », « tempestoso »).

## *Variations et Fugue* (op. 4)
COMP 1897. PUB 1903 (Doblinger). CRÉ par Dohnányi (1er octobre 1897, Berlin).

On aimerait davantage cette œuvre de jeunesse, écrite à vingt ans, si le compositeur s'était contenté des variations, au nombre de treize, bien élaborées et de suc authentiquement brahmsien, et ne leur avait ajouté, pour faire le poids, une fugue monumentale qui dure à peu près autant qu'elles et tourne à vide, comme à peu près toutes les fugues, hélas, depuis la mort de Bach.

Le thème, un *tempo di minuetto* en sol majeur, dû à Emma Gruber (future épouse de Kodály, et à qui Dohnányi vient de dédier la *Valse op. 3* pour piano à quatre mains), suit le découpage bien connu, en deux fois huit mesures, avec reprise. C'est tout ce que Dohnányi en retient, avec une partie de la structure harmonique, sur laquelle il s'empresse de raffiner ; quelques traces à peine de la mélodie subsistent çà et là ; cette désinvolte liberté nous éloigne de l'exercice scolaire.

La 1re variation abandonne d'un coup le rythme solennel du menuet, qu'elle injecte de croches à la partie supérieure et de doubles croches (arpèges) à l'accompagnement. La 2e fait courir, par des martellements des mains alternées, un frémissement chromatique à travers l'harmonie ; technique virtuose, avec croisements et sauts de la main gauche ; on remarquera que les reprises sont variées. Dans la belle 3e, en sol mineur, on entend toute la mélancolie grise de Brahms, et ses trois-contre-deux pantelants, ses harmonies dolentes, ses effets d'écho (mes. 9-10). Rythmée, franche et fougueuse, la 4e, qui revient au mode majeur. La 5e passe à 6/8, et son rythme pointé de sicilienne, « scherzando », agreste et frais, évoque la 19e des *Variations Haendel* de Brahms ; à noter qu'on retrouve, à défaut du « thème » initial, décidément invisible, l'hésitation entre mi majeur et mi mineur qui en caractérise la dernière phrase (mes. 13-14).

Admirable 6e variation, en sol mineur *(adagio non troppo)* : tierces plaintives, voix intérieure syncopée, et la particularité d'une reprise variée des huit premières mesures, avec un décalage expressif du chant par rapport à la barre de mesure. Du pur Brahms, et plus que jamais... Toujours en sol mineur, la 7e, qui passe à 2/4 *(allegretto)*, est une humoresque légère et fuyante, en rythme pointé. À 2/4 également, mais dans le mode majeur, la 8ᵉ a d'un bout à l'autre le même ahan syncopé (brève-longue-brève), les deux mains transportant sans cesse, conjointement, leurs accords d'un registre à l'autre. La 9ᵉ, qui part de la « tête du thème », et retourne au 3/4 initial, assène ses octaves, « con bravura », à chaque main tour à tour. Les mains en accords, dans la 10ᵉ, vont l'une vers l'autre puis se séparent. Glissements chromatiques dans la 11ᵉ, créant des halos mystérieux. La 12ᵉ a tout d'une valse, lourdement scandée. Enfin la 13ᵉ *(vivace)* redouble aux deux mains ses groupes de croches par deux, accentue fortement chaque temps et fait monter par degrés, crescendo jusqu'au fortissimo, un motif de quatre notes inspiré du thème.

Ce thème, qu'on avait plus ou moins perdu de vue dans les variations, rentre en force comme sujet de la fugue finale ; il a beau être un peu malmené, converti de trois à quatre temps, c'est lui sans conteste, avec même son petit gruppetto (mes. 3 du thème), – lequel ne sera pas pour peu dans le dévidage ennuyeux (et rudement virtuose !) de ces douze pages...

## *Passacaglia* (op. 6)

COMP 1899. PUB 1904 (Doblinger). DÉD à Mme Oliverson. CRÉ par Dohnányi (4 mars 1899, Londres).

À jouer « à la manière d'une ballade », le compositeur a tenu à le préciser en tête du morceau. La précaution n'est pas inutile : il importe, dans une passacaille ou dans une chaconne, qu'on fasse oublier le prétexte, cette basse obstinément répétée à toutes les pages, et parfois élevée elle-même au rang de thème. La *Passacaglia* de Dohnányi ne compte pas moins de trente-six variations, où cette cellule initiale de huit mesures, ni plus ni moins banale que toutes les basses de passacaille, est omniprésente ; et cela devient vite fastidieux si l'on ne se force pas à la dissimuler.

On y est aidé par l'auteur, qui joue habilement et comme imperceptiblement du glissement entre mi bémol mineur (le ton de départ) et son relatif sol bémol majeur, – qui invente à son mannequin d'osier les parures les plus diverses, – qui en détourne l'attention par des motifs adjacents. Les premières pages sont particulièrement belles, qui progressent jusqu'à la pédale répétée (mi♭) de la 5ᵉ variation, puis enchaînent quelques variations majeures (on sera sensible à la couleur brahmsienne de la 10ᵉ, en tierces et sixtes), avant d'arriver à une série de modulations. Il n'empêche, l'œuvre est inégale, et l'on peut trouver le temps long, surtout dans les variations centrales, à la fois déclamatoires et techniques (tel déchaînement d'octaves, tel galop d'accords, telles gammes en rafales, telles chaînes de trilles stridents). Une heureuse halte, vers la fin, juste avant la reprise du *tempo primo* sur pédale de tonique : les variations en mi bémol majeur, abreuvées de lyrisme nocturne (28ᵉ-31ᵉ). Les derniers numéros sont brillants, l'ultime variation, avec ses fougueuses doublures, ressemblant à s'y méprendre à la dernière des *Variations op. 4.*

## *Quatre Rhapsodies* (op. 11)

COMP 1902-1903. PUB 1904 (Doblinger). DÉD au professeur Stephan Thomán. CRÉ par Dohnányi (29 novembre 1904, Vienne).

Ces pièces où réapparaît un motif principal semblent former les quatre mouvements d'une sonate cyclique. L'influence de Liszt (et même un brin de Chopin) s'y conjugue sans heurts à celle de Brahms.

La première (en sol mineur, *allegro non troppo, ma agitato*) adopte le plan d'un allegro de sonate, avec assez de fantaisie pour justifier le terme de « rhapsodie » : car le rhapsode, libre comme le vent et couchant à la belle étoile, dédaigne le trois-pièces exigu des sonatistes. Et n'est-ce pas une preuve aussi d'indépendance qu'il faille vingt mesures au thème principal, déclamé sur ses arpèges et modulant, pour se laisser prendre au licou du ton de sol mineur ? Vient le tendre, l'obsédant deuxième thème, chanté au ténor sous les octaves syncopées de la main droite (que remplacent plus loin des accords brisés), et lui aussi modulant, allant de ré à mi, de ré à do, par petits paliers dérobés. De sourds trémolos agitent le développement, parcouru d'appels et animé d'accents guerriers. C'est par eux que se conclut la pièce, au bout d'une reprise raccourcie.

On entend dans la deuxième de ces *Rhapsodies* (en fa dièse mineur, *adagio capriccioso*) un « lassan » à la manière de Liszt, « hongrois » aurait dit ce dernier, c'est-à-dire plutôt tzigane. Voici, sous ces phrases accentuées comme un récitatif, les trémolos caractéristiques, ainsi que, logés entre le premier et le quatrième temps (mesure à 4/8), les sanglotants arpèges de cymbalum, qui avivent de leurs petites notes, en virtuoses croisements de mains, la nostalgie de l'éternel déraciné. L'épisode majeur, plus civilisé, et dégrisé en quelque sorte, évoque autant Chopin que Liadov ou que le premier Scriabine, surtout en ses guirlandes de doubles croches à trois-contre-deux, que la reprise transformera en traits chromatiques et trilles. Au milieu, sur de longs arpèges pédales en aller et retour, s'exhale un chant de tierces, presque italien, quant à lui, en ses modalismes.

Après ce mouvement lent, la troisième pièce (en ut majeur, *vivace*) sert de scherzo à ce succédané de sonate, alternant deux idées contrastées : l'une dynamique et rythmique, au dru staccato, aux bonds vifs, aux joyeux croisements de mains, – l'autre lyrique et passionnée (« *mit Schwung* », « avec élan »). Dans les martellements étouffés de la partie centrale, se profile, plus ou moins reconnaissable, en valeurs longues, la cellule génératrice de l'œuvre.

En guise de finale, la quatrième rhapsodie (en mi bémol mineur, *andante lugubre*) propose des variations sur le *Dies irae*. D'abord énoncé piano sur une pédale de dominante (si bémol), puis entonné dans une fanfare d'accords, le thème funèbre cède bientôt la place au sujet principal de l'œuvre (premier thème de la première rhapsodie), planant au-dessus d'un flot d'arpèges qui le transforment en nocturne amoureux, à la Liszt. Cette idée alterne ensuite avec le thème lyrique de la troisième rhapsodie. Au sortir de cet intermède, on retrouve, plus « lugubre » que jamais, le *Dies irae*, majorisé pourtant dans la pompeuse et énergique péroraison.

## *Winterreigen* (op. 13)
COMP 1905. PUB 1906 (Doblinger). CRÉ par Dohnányi (29 novembre 1906, Vienne).

Après les partitions virtuoses que sont la *Passacaglia* ou les *Rhapsodies*, ces dix « rondes d'hiver », sous-titrées « bagatelles », font quelquefois la part d'un piano plus simple, en tout cas plus intime. Elles semblent nées du long texte de Viktor Heindl cité en épigraphe, lequel exalte le pouvoir évocateur des sons, qui raniment les rêves et redonnent de l'éclat au vieil or des souvenirs. C'est une célébration aussi de l'amitié que ce cahier où l'on voit passer, au hasard des dédicaces, « l'ami Bob », « l'ami Jan » ou « l'ami Aujust », sans compter cette « Ada » qui prête les lettres de son nom au thème de la troisième pièce...

La courte première pièce, *Widmung* (« Dédicace », en mi bémol majeur, *allegretto quasi andante*), ne rougit pas de tomber dans la romance, ou dans le « rêve d'amour » lisztien ; le charme en est vif, et le sentier sinueux des modulations, dans la deuxième moitié, pique l'intérêt jusqu'à la fin. On remarquera, camouflé dans le dessin de l'accompagnement, un emprunt au début des *Papillons*, du reste bien à découvert dans les dernières mesures : l'épigraphe de Heindl parle en effet d'une jeune femme à son piano, d'une page de Schumann, et d'un pétale de rose fané...

Dédiée « à l'ami Bob », la deuxième pièce, *Marsch der lustigen Brüder* (« Marche des joyeux compagnons », en ut majeur, *allegro*), pétrie d'accords de quinte augmentée, est aussi franche et débonnaire que le titre le laisse entendre, – tandis que la quatrième, *Freund Victor's Mazurka* (en sol mineur, *mit Humor*), tantôt espiègle, tantôt lyrique, semble faire le portrait du poète de l'épigraphe. Dans l'intervalle, le compositeur promène inlassablement, dans les dix-huit mesures de *An Ada* (« À Ada », en ré mineur, *andante*), le motif de trois notes formé par ce prénom (la-ré-la), en l'harmonisant de façon variée : voyez par exemple comme il glisse habilement de fa majeur à fa dièse mineur (mes. 9-10).

La cinquième pièce, *Sphärenmusik* (en fa dièse majeur, *adagio ma non troppo*), évoque à sa manière un voyage en ballon de Dohnányi ; et les sphères célestes étant cloutées d'étoiles, elle prend la forme d'un nocturne, aux magnifiques harmonies lisztiennes, commencé dans un empyrée séraphique (ces accords qui descendent en tremblant, soutenus de basses profondes), poursuivi dans l'essor plus humain des arpèges, par vagues, par cascades. À deux reprises, comme en une halte de l'émotion, les accords s'immobilisent, s'étagent lentement du bas au haut du clavier, emprisonnant dans la résonance une insistante note de cristal. – Tout autre est la nuit de la septième pièce, *Um Mitternacht* (en mi mineur, *agitato*), proche par l'esprit, sinon par la lettre, du *In der Nacht* de Schumann *(Fantasiestücke)*, avec sa matière incandescente, ses arpèges à gros bouillons, ses phrases entrecoupées. – Entre les deux fleurit une *Valse aimable* (en fa mineur), de l'écriture la plus fine, de l'harmonie la plus exquise, et l'on se dit, la honte au front, que l'on n'est pas loin de la préférer à ses voisines plus ambitieuses...

On retrouve une technique hautement virtuose dans la huitième pièce, *Tolle Gessellschaft* (« Joyeuse compagnie », en ut majeur, *vivace giocoso*), dédiée « à l'ami Naz » (quelque bon larron !) ; en forme de variations, tour à tour étude de sixtes, d'accords, de traits chromatiques, sans cesse plus folle et plus rapide, elle s'achève en grandiose, ferraillante et verveuse toccata. – À cette humeur réjouie s'oppose, dans la neuvième, *Morgengrauen* (« Grisaille du matin », en fa mineur, *andante quasi adagio*), la brume des longues pédales et des syncopes étouffées, d'où émerge par bribes, avec peine, et comme avec ennui, un chant plaintif, triste salut à une journée mal désirée. – Heureusement, le *Postludium* qui clôt le recueil (en ut majeur, *allegro non troppo*) balaie ces nuages, pousse un bel élan dans un ciel rasséréné, porté par un va-et-vient d'arpèges, et, concluant comme il a commencé, par les notes la-ré-mi, nous révèle aux dernières mesures qu'elles forment le mot *Ade*, c'est-à-dire « Adieu »...

## *Humoresques* (op. 17)

COMP 1907. PUB 1908 (Simrock). CRÉ par Dohnányi (10 octobre 1907, Bergen). DÉD au docteur Fritz Langer.

Il y a, dans ce recueil, incompatibilité entre titre et sous-titres : des « humoresques », par définition, jouent à changer d'humeur, manient la fantaisie, et même le fantasque, et même le fantastique. Une marche édifiée sur une basse obstinée, une fugue, des variations, une toccata, s'accordent-elles à ce dessein ? D'habitude, Dohnányi trouve un stimulant dans les contraintes de la forme ; ici, elles ont bridé son imagination.

La *Marche* (en mi bémol majeur, *allegro moderato*), d'abord amusante et pimpante, avec son ground de quatre notes (mi♭-ré-do-si♭), finit par lasser, et les détours et faux-semblants enharmoniques de son intermède, cousu de triolets, sont un peu forcés.

La *Toccata* (en ut mineur, *allegro molto*), quelque effort d'expressivité qu'elle fasse (ces martèlements, ces moulinets, ce chant pantelant), est assez creuse, et son passage le plus mémorable rappelle fâcheusement l'*Étude révolutionnaire* de Chopin. On y notera un sol pédale archi-grave, praticable uniquement sur certains pianos Bösendorfer, dont le compositeur aimait à jouer.

Le thème de la *Pavane* (en sol majeur, *allegretto, quasi andante*), un air de luth Renaissance, gracile et naïf, est étouffé dès la première des cinq variations dans la cage d'une écriture à quatre voix qui le prive d'air et de mouvement ; on demeure insensible au tour de force qui consiste, dans la 3e variation *(scherzando)*, à superposer au thème initial le fameux « *Gaudeamus igitur* » des étudiants du Moyen Âge ; admettons toutefois que la dernière variation vole plus haut, qui passe subrepticement en si majeur *(tranquillo)*, épilogue tendre et rêveur, bercé par une persistante pédale de tonique.

De la *Fugue* finale, que précède une *Introduction* solennelle (en mi bémol mineur, *allegro*), on se bornera à dire qu'elle est d'une maîtrise confondante, qu'elle rompt çà et là avec le sérieux linéaire pour des épisodes à la toccata, en doubles notes, et qu'une machinerie si compliquée ne laisse pas de place à l'émotion.

Et pourtant... La meilleure de ces pièces est sans conteste la quatrième, une *Pastorale* (en mi majeur, *andante con moto*) ; et même c'est tout simplement l'une des plus belles inventions de Dohnányi, qu'il faudrait isoler de ce cahier pour la donner souvent à entendre. Or elle est toute régie par le procédé le plus rigoureux qui soit, celui du canon : dans la première partie, canon à deux voix et à l'octave, à deux temps de distance, entre soprano et alto ; dans l'intermède, canon inversé entre les voix inférieures, à un temps de distance ; à la reprise, canon à trois voix, l'alto à la sixte inférieure du soprano, le ténor à la sixte inférieure de l'alto. Et la grâce ayant soufflé, ce qui aurait pu n'être qu'un exercice ennuyeux se mue en musique sensible. Ces voix qui dialoguent, dans le balancement paisible de la mesure à 6/8, au-dessus des longs bourdons de quinte posés au fond du piano, ce sont deux oiseaux printaniers parmi les branches ; la partie centrale, où la main droite fait trembler un dessin de doubles notes, y ajoute le murmure des ruisseaux ; et quoi de plus grisant, à la reprise, que cette impression (je dis bien impression) d'harmonieuse, d'ondoyante polytonalité (une voix en mi majeur, la deuxième en sol dièse mineur avec le la ♮ phrygien, la troisième en si majeur, ton de la dominante), comme si tous les nids éveillés se répondaient à travers la forêt ?

## *Trois Pièces* (op. 23)

COMP 1912. PUB 1913 (Simrock). CRÉ par Dohnányi (30 novembre 1912, Szeged).

Une suite composée d'une *Aria* (en ut majeur, *con moto*), épanouie, comme une grande floraison lyrique, et dont les harmonies fruitées font songer à Fauré ; d'une *Valse impromptu* (en mi mineur) assurément de sang viennois, toute en pointes légères, en hésitations, et où passe fugitivement on ne sait quel brouillard sentimental (mais la deuxième partie, dans le mode majeur, plus scandée, plus bruyante, tire sous la clarté des lustres ce couple amoureux qui se cachait dans l'ombre) ; enfin d'un *Capriccio* (en la mineur, *vivace* à 3/8), feu d'artifice virtuose, fait de bonds, de feintes, de brusqueries, de haltes ironiques, et dont l'intermède à 4/8 fredonne son thème sur un accompagnement en contretemps. – On notera que les premières notes de l'*Aria* reviennent au début des pièces suivantes.

### *Suite dans le style ancien* (op. 24)
COMP 1913. PUB 1914 (Simrock). CRÉ par Dohnányi (17 février 1914, Berlin).

Ces pages, que le compositeur destinait visiblement à sa propre consommation d'exécutant, ont peu de chances de trouver aujourd'hui un public. Trop difficiles pour un amateur, même moyennement doué, elles ne sauraient sourire au virtuose. Dans cet art d'accommoder les restes de la suite ancienne, et de les adapter à un goût plus moderne, Dohnányi a des émules insurpassables. Comment cette écriture compacte, cette inflation d'accords et de doubles notes, pourrait-elle se comparer à la texture légère du *Tombeau de Couperin*, pour ne citer qu'un exemple, presque contemporain ? Ce qu'on retiendra à la rigueur de cet assemblage, c'est, loin du ronronnant *Prélude*, de l'épaisse *Allemande*, de l'épuisante *Gigue*, de la *Sarabande* teintée de Wagner et du *Menuet* coloré de Grieg, l'humour à l'emporte-pièce de la *Courante* (en la mineur, *allegro*), encore qu'il faille deux pianistes au même clavier pour lui rendre pleine justice...

### *Six Études de concert* (op. 28)
COMP 1916. PUB 1916 (Rózsavölgyi). CRÉ par Dohnányi (12 décembre 1916, Szeged).

C'est encore à sa propre bravoure de concertiste que Dohnányi sacrifie dans ces morceaux de virtuosité transcendante, qui exaltent une technique de poignets et d'avant-bras, plus que de doigts. Car excepté la cinquième étude (en mi majeur), dédiée à la pure vélocité digitale, et qui divise entre les mains ses arpèges ininterrompus de triples croches, où bientôt vient se prendre une mélodie enivrée, les autres études sont essentiellement rédigées en doubles notes, en octaves, en accords.

Il en est ainsi de la première (en la mineur), où un dessin d'accords tombe en cascade au-dessus du thème volontaire de la main gauche, avec inversion des rôles dans les lignes suivantes ; de la deuxième (en ré bémol majeur, *presto*), peut-être la plus étonnante des six, qui confronte en frissonnants chromatismes le staccato de doubles notes d'une main au legato de triolets de l'autre ; de l'héroïque quatrième (en si bémol mineur, *poco maestoso*), au lourd et piaffant motif initial, aux trémolos compacts, aux octaves tonitruantes (le « grandioso » cher à Liszt !) ; enfin de la sixième (en fa mineur, *vivace*), la plus célèbre, intitulée *Capriccio*, où les mains se chevauchent acrobatiquement, se divisent en accords brisés, se succèdent en martellements serrés.

Mettons à part l'originale troisième étude (en mi bémol mineur), redoutablement difficile, consacrée au jeu alterné des mains : on n'imagine pas la précision d'attaque, l'irréprochable égalité qu'il faut au pianiste pour donner l'illusion d'une seule main sur ces dessins de gammes en va-et-vient, quand chacune en réalité en picore une note tour à tour... Et que dire quand cela se complique d'octaves ou de tierces !

## Variations sur un thème hongrois (op. 29)

COMP 1917. PUB 1921 (Rózsavölgyi). CRÉ par Dohnányi (26 décembre 1917, Budapest).

Avec ces dix variations sur un chant populaire hongrois, Dohnányi s'essaie, sur le tard (il a quarante ans), à chanter « dans son arbre généalogique ». Il le fait de façon encore timide, et tributaire du pianisme romantique. S'il sent bien le modalisme du thème, harmonisé à peu près à la Bartók, il ne peut se défendre de l'édulcorer en le tirant vers Schumann ou Brahms (comme dans la 10e variation, long épisode majeur, d'ailleurs fort poétique). Mais il n'empêche, des variations comme la 3e *(andante)*, nostalgique mélopée de tierces et sixtes, où pleure la seconde augmentée et qui survole le thème inscrit dans un remous d'arpèges à la main gauche, – ou comme le couple 8e-9e *(vivace)*, avec sa rude scansion et ses contretemps, le montrent en chemin vers un art plus authentiquement national, qu'il atteindra en partie dans ses *Ruralia hungarica*.

## Ruralia hungarica (op. 32a)

COMP 1923-1925. PUB 1925 (Rózsavölgyi). DÉD à sa mère. CRÉ par Dohnányi (24 septembre 1924, Pécs). Cinq des sept pièces orchestrées (op. 32b), et trois arrangées pour violon et piano (op. 32c).

Si ce n'est pas le sommet du piano de Dohnányi (car on a le droit de préférer ses œuvres précédentes, tout entachées qu'elles sont de post-romantisme !), c'est en tout cas la partition où il se rapproche le plus des sources vives de la musique hongroise, s'y abreuve à son tour, après ses illustres compatriotes Bartók et Kodály, – trop tard sans doute pour que cela puisse déterminer chez lui un changement significatif...

À quelques notes près, il n'est rien dans la première pièce (en ut majeur, *allegretto, molto tenero*) que Brahms n'aurait pu écrire. L'en aimera-t-on moins pour autant ? Et comment ne pas être touché par ce gracieux, cet ingénu dodelinement du thème, à la basse, sous les accords à contretemps, et par ses harmonisations successives, comme cet énoncé mineur (mes. 19, au soprano), où le fa ♮ prend une teinte phrygienne ?

Mais la deuxième pièce (en sol mineur, *presto ma non tanto*) a d'emblée une autre couleur, et par-delà la grande ombre portée de Brahms, on aperçoit les lueurs contemporaines. Ce thème de danse, plein de verve et d'ébriété, harmonisé de quintes frustes, clame assurément son origine, et qu'il ne la faut pas trahir ! D'autres thèmes s'enchaînent (la pièce est longue), toujours à cette cadence infatigable, avec des ostinatos rythmiques et mélodiques, et des pédales sentant fort le terroir.

Un pur moment de lyrisme, la troisième pièce (en mi mineur, *andante poco moto, rubato*), où d'expressifs triolets précèdent la mélodie, l'accompagnent, la réchauffent, lui répondent tendrement. Il faut l'avoir entendue à l'orchestre (le thème à l'alto solo, les triolets au hautbois) pour en pénétrer toute la poésie. L'intermède majeur, où le chant plane sur un mouvement continu de doubles croches, est d'écriture plus ordinaire.

Bartók n'eût pas désavoué la quatrième pièce (en la mineur, *vivace*), où la basse de cinq croches descendantes rappelle la dernière pièce de son cycle *En plein air*, et qui alterne en les comptant pour égales des mesures à 5/8 et à 6/8. Thème d'accords compacts, descendant lui aussi, dans une sorte d'obsession rythmique.

La cinquième (en la majeur, *allegro grazioso*) évoque une comptine, en ses petites phrases carrées, aux cadences gentiment répétées, alors que la sixième (en fa mineur, *adagio non troppo*) est un grand nocturne sombre, où la main gauche demeure tapie au fond du piano dans ses lents accords brisés, sous les octaves du chant ; section centrale agitée, remuée de trémolos, comme un récitatif funèbre (toujours ce « lassan » des rhapsodies lisztiennes).

Pour clore le cycle dans la bonne humeur, la septième pièce (en ut majeur, *molto vivace*) adopte l'allure d'une polka ; triolets bondissants du début, sur le bourdon persistant des basses (quinte do-sol), grouillement de doubles croches hilares talonnées par la gauche, petits martelages dans le choc des appogiatures, et *vivo* conclusif, à mettre les danseurs hors d'haleine !

## *Six Pièces* (op. 41)
COMP 1945. PUB 1947 (Lengnick). CRÉ par Dohnányi (1945, Graz).

On trouvera dans ce cahier quelques-uns des joyaux du piano de Dohnányi : richesses intimes, et peu spectaculaires. Ce compositeur qui sentit son siècle avec quarante ans de retard nous donne ici des pages qui semblent issues de la plume du dernier Liszt, à supposer que ce Liszt ait vécu jusqu'à l'orée de notre âge, jusqu'au moment de transmettre lui-même le flambeau à Debussy. C'est invinciblement ce que l'on entend dans l'*Impromptu* initial (en mi majeur, *andante espressivo e rubato*), un morceau dont on ne se lasse pas, une petite chose précieuse, hors des sentiers virtuoses : impromptu non point digital, comme ils le sont presque tous, mais de la variété lente, celle qui donna naissance, un jour de grâce, à l'incomparable début du *Deuxième Impromptu* de Chopin. Il s'ouvre sur quelques voix chantantes, qui se superposent en tons délicats, puis fleurissent en tierces mouvantes, d'une délicieuse fraîcheur harmonique ;

plus tard, au bout de ces points d'orgue où l'improvisateur paraît chercher son fil, il s'épanouit au-dessus d'un courant d'arpèges, puis s'arrête aussi mystérieusement qu'il a commencé.

Après un drôle de *Scherzino* tout en notes piquées, en chiquenaudes, et qui finit en ut majeur après avoir traversé tous les éclairages harmoniques possibles *(allegretto con mosso,* comme écrit le compositeur !), – et une brève *Canzonetta* aux accords nostalgiques, que Grieg et Debussy auraient pu signer ensemble vers 1890 *(andante rubato),* – Dohnányi tente de réussir ses *Jeux d'eau* avec la quatrième pièce, intitulée *Cascades* (en fa dièse majeur, *il più presto possibile*), la seule du cahier à exiger un virtuose : faite uniquement, comme son titre le laisse prévoir, d'arpèges et de gammes en gerbes aquatiques, que les mains alternées font ruisseler à travers le clavier, elle est trop longue, et complaisante, perdue dans son propre vertige, incapable d'émouvoir.

On n'aura pas de mal à préférer à ces mirages, – et même au poétique dernier morceau, intitulé *Cloches* (en mi bémol mineur, *andante con moto, mesto*), et tout vibrant, pendant ses sept pages d'aria nocturne, d'une obstinée pédale de tonique, dans les profondeurs du piano, – l'amusant *Ländler (tempo giusto, scherzando),* ne serait-ce que pour sa désinvolture, son insolence harmonique : voyez comme il ne lui faut que six mesures, au début, pour passer du ton de sol à celui de fa dièse...

### *Trois Pièces singulières* (op. 44)

COMP mai-juin 1951. PUB 1954 (Associated Music Publishers). DÉD à John et Martha Kirn. CRÉ par Dohnányi (21 mars 1952, Tallahassee).

« Singulières », en effet. Qui n'a pas entendu la première de ces pièces, *Burletta* (en mi bémol mineur, *allegro*), ne connaît qu'à moitié notre auteur ; on l'y voit capable de noirceur, de méchanceté. Percutées dans ce rythme curieux qui additionne des mesures à 5/4, 4/4, 3/4 et 2/4, d'agressives dissonances vrillent les pages, lancent leurs sarcasmes, ne s'arrêtent que pour un bref intermède chantant, repartent en guerre en cognant de plus belle...

Charme étrange du *Nocturne* (en mi majeur, *andante*), sous-titré *Cats on the roof,* « Chats sur le toit », à cause d'un intermède « miagolante », miaulements plaintifs d'arpèges descendants, en harmonies évasives. Une grande instabilité règne tout au long de la pièce ; le compositeur septuagénaire rôde à tâtons dans sa prison tonale, entrevoit un soupirail mal barré d'où il pourrait s'échapper, recule, se calfeutre dans ses habitudes, se borne à graver quelques dessins subversifs sur les murs.

Le *Perpetuum mobile* final reprend, en la compliquant considérablement, l'écriture du *Scherzino* de l'opus 41 ; c'est une véritable toccata *(presto),* où les deux mains s'escriment ensemble en batteries de doubles notes, en accords martelés, dans un climat sombre auquel le chromatisme ne laisse pas de répit (l'ut majeur de départ et d'arrivée ne signifie pas grand-chose). Par instants, on se croit dans Prokofiev. Fin spectaculaire, – si du moins l'on choisit de finir, au lieu de répéter le morceau *da capo ad infinitum*, comme le suggère diaboliquement l'auteur, juste avant la coda !

PIÈCES DIVERSES. – En dehors d'une quarantaine de *juvenilia*, composées entre 1884 et 1894 et toujours inédites (le lot ordinaire de bagatelles, impromptus, mazurkas et scherzos, mais aussi plusieurs sonates), et sans compter les études purement didactiques et les nombreuses transcriptions de concert que Dohnányi rédigea d'abord à son usage personnel (valses de Schubert, de Brahms, de Delibes, de Strauss, y compris le tour de force de sa propre *Valse boiteuse*, brillantissime étude de tierces d'après le n° 3 de la *Suite en valse op. 39* pour orchestre), il existe aussi quelques pièces publiées sans numéro d'opus.

De 1898, une **Gavotte et Musette** (publiée en 1905, Doblinger), en si bémol majeur, pimpante, légère de touche, finement harmonisée, mais qui, selon la petite histoire, parut trop difficile à l'archiduchesse Henriette, qui l'avait commandée au jeune compositeur ; de 1899, un **Feuillet d'album** (publié en 1977, Editio Musica Budapest), petit rien en fa majeur, mais si rempli de tendresse qu'on voudra le jouer deux fois plutôt qu'une ; de 1913, une **Fugue pour la main gauche** (publiée en 1962, Associated Music Publishers), en ré mineur, où le résultat ne vaut pas la fatigue (notons tout juste l'humour de la suscription : «*for one advanced left hand or for two unadvanced hands...* ») ; enfin, de 1920, une ravissante **Pastorale** (publiée en 1922, Rózsavölgyi ; à ne pas confondre avec celle de l'opus 17), en la bémol majeur, écrite d'après un chant de Noël hongrois, et dans laquelle entre deux volets paisibles, où la musique se berce à 6/8 pointé sur de changeantes quintes vides, retentissent les carillons d'un *allegro* à 2/4, enveloppés dans la pédale.

**Paul DUKAS**
(1865-1935) Français

Vingt fois sur le métier ? Plutôt quarante ou cinquante... Il y a peu d'exemples d'une telle exigence, d'un tel esprit critique, plus durement exercé envers soi qu'envers les autres. Mort à soixante-dix ans, Dukas ne laisse qu'une douzaine de partitions, d'une perfection inégalable. Il est vrai qu'il en a détruit autant, ou davantage ; et que parmi les rescapées, certaines (*La Péri*, par exemple) ont vu les flammes de bien près ! Après 1912, le critique et le pédagogue prennent délibérément le pas sur le compositeur, lequel montre à peine, à de rares intimes, une poignée d'ouvrages plus ou moins avancés.

Sa vie est ainsi comme un vaste terrain de silence, plissé de quelques soulèvements de montagnes : car il a plutôt la spécialité de la crête, et de la vue imprenable. C'est un homme de hauteur, tant dans l'inspiration (ou la respiration, comme on voudra) que dans les moyens employés. On comprend que le commun des mortels ait du mal à le suivre dans la *Symphonie*, dans la *Sonate*, dans *Ariane et Barbe-Bleue*. Pour la foule, il risque de demeurer à jamais l'auteur de *L'Apprenti sorcier*, une œuvre facile, qui du moins donne à voir autant qu'à entendre, une œuvre éblouissante, universellement admirée, – qui pourtant ne le représente qu'à moitié.

Et les « connaisseurs » ? L'un l'assimile à Socrate, l'autre à Prospero : c'est encore lui donner du surhomme. Au concert de louanges dont on l'entoure depuis toujours, il manque ce presque rien, préférable à toute l'admiration du monde : la connivence. Cette musique est trop parfaite ; on y voudrait quelque faux pas qui la rendît plus humaine. Et trop intellectuelle ; on y aimerait un peu d'abandon. Elle nourrit l'esprit et on en sort meilleur, à force de détachement. Mais on vit aussi de pain, Dukas n'en offre guère ; pour lui emboîter le pas, il faut en avoir fait soi-même provision. Alors, quelle jouissance que cet art ! et comme il sait combler en nous la part de l'idéal ! L'œuvre de piano, surtout, est exemplaire : quatre morceaux, soit le tiers du catalogue, ce qui n'est pas rien. Deux sont des pics, la *Sonate* et les *Variations* ; il faut ahaner pour arriver au sommet. Les deux autres, de brefs hommages à Haydn et à Debussy, nous feront éternellement regretter que Dukas ne soit pas plus souvent descendu dans nos humbles, nos rafraîchissantes vallées...

### *Sonate en mi bémol mineur*

COMP 1899-1900. PUB 1901, nouvelle édition 1906 (Durand). DÉD à Saint-Saëns. CRÉ par Édouard Risler (10 mai 1901, Paris, salle Pleyel).

À la fois beethovénienne et franckiste ; romantique, assurément. On n'y pressent pas davantage le XX$^e$ siècle que, par exemple, dans les deux sonates que Glazounov écrit à la même date charnière. Mais peu importent ces questions de style ; elle n'a qu'un défaut, cette sonate : c'est d'être monumentale, de conception symphonique, devançant la copieuse sonate que d'Indy va bientôt produire (1907). Ces monolithes se verront toujours préférer les légères sonatines de Ravel ou de Roussel. Au moins celle de Dukas nous épargne-t-elle le « cyclisme »... Le difficile est de s'y engager ; une fois cet effort consenti, on se prend à l'aimer, quelque aversion que l'on nourrisse pour l'algèbre du thème A et du thème B (trois mouvements sur quatre obéissent à la forme sonate, sans rechigner). C'est une belle et puissante musique ; Debussy lui-même, peu suspect de complaisance envers cette esthétique, dut en convenir (voir son article de *La Revue blanche*, 15 avril 1901).

Le premier mouvement (en mi bémol mineur, *modérément vite*) commence par un thème sombre, endolori ; la gauche, croisant les batteries de la droite, le joue sur les temps faibles, en syncope, après avoir posé les octaves de la basse. Cette gravité, d'emblée, fait songer à Franck, et entre autres au *Deuxième Choral* pour orgue : c'est la même atmosphère d'angoisse, la même résignation. Il faut se garder de presser les doubles croches de l'accompagnement, et leur conserver au contraire ce battement monotone au ras du clavier. Le second thème, annoncé à la basse (en ut bémol majeur), puis affirmé et développé à l'aigu (en sol bémol majeur), est plus franckiste encore que le premier, – cette fois dans le genre exalté, – et ses syncopes plus marquées. Le développement, comme il se doit, confronte les deux idées, avec un dramatisme croissant, une vitesse accrue, des accents vigoureux, des martellements : on a beau savoir le factice de ce plan formel, et sentir l'automatisme de ces enchaînements de tonalités, une flamme anime ces pages, que couronne l'énoncé du second thème, en si bémol puis mi (mes. 131, 141), dans une figuration de triolets et avec l'écho d'un canon à l'octave entre soprano et basse. Réexposition attendue, – et coda consolatrice, vraiment inspirée, élargissant le tempo pour laisser rayonner la lumière du second thème, qui fait encore, trois mesures avant la fin, une ultime apparition, courte plage en mi mineur entre deux points d'orgue.

Le deuxième mouvement (en la bémol majeur, *calme, un peu lent, très soutenu*) adopte également la forme sonate, en opposant un premier thème méditatif, d'abord sobrement harmonisé à trois voix, puis évoluant chromatiquement sans jamais quitter franchement la tonique, – à un second thème plus lyrique et ardent (en mi bémol majeur), accompagné de triolets, aussi mobile et entrelacé de contrepoints que l'autre était stable. Le développement les entraîne dans les tons lointains de sol bémol, fa, si bémol, et enfin sol, où l'entrée d'une figuration de sextolets de doubles croches, avec un long trille de tonique, ajoute encore à la clarté. Ces sextolets ne quittent plus l'accompagnement, baignent de leurs ondes la réexposition des thèmes, auxquels ils communiquent une poétique vibration. Les dernières mesures s'immobilisent peu à peu, en accords éthérés, et le mouvement se clôt sur un dernier arpège, montant du grave à l'aigu. – Ample morceau, qui rappelle, dans sa diminution progressive des valeurs, les variations du dernier Beethoven.

Ce n'est pas seulement parce qu'il est un peu plus court qu'on préférera aux autres le troisième mouvement, mais bien parce que, de toutes les idées de cette sonate, celle qui ouvre ce scherzo est la plus excitante, la mieux venue pour le piano : cinq pages trépidantes (en si mineur, *vivement, avec légèreté*), où les accords martelés, à la toccata, les accents soudains, en coup de poing, les murmures aussi subits, à fleur de touches, suggèrent quelque danse démoniaque, entre Méphisto et Scarbo. Une seconde idée, sur la dominante de sol, tempère un instant cet engrenage impitoyable, en lançant son thème d'accords au-dessus d'une main gauche en basse d'Alberti et frissonnantes doubles croches. Mais l'impétuosité initiale reprend aussitôt, s'exacerbe, et cependant vient buter sur de lentes octaves, à des enchaînements d'accords parfaits, coupés de silences, préludant au trio. Celui-ci, rien ne le laissait prévoir, est une fugue à trois voix, des plus énigmatiques, avec ses chromatismes, son sujet austère, son contre-sujet torturé (« on s'enfonce, notait Blanche Selva, dans une sorte de souterrain plein de mystérieuse horreur... ») ; elle s'immobilise en débouchant sur les lents accords parfaits du prélude. Le scherzo recommence, qui cite, sur la fin, le sujet de la fugue, et se heurte à nouveau aux traînants et placides accords parfaits. Ceux-ci, par deux fois, brisent les derniers ressorts du martellement initial, le réduisent à un petit soubresaut rythmique, – un do traîne un instant au centre du clavier, – avant la rapide et presque bâclée cadence.

Finale encore plus imposant que les mouvements précédents. Il commence, sous les auspices de Beethoven, par un préambule *(très lent)* où, comme dans celui de la *Hammerklavier*, le compositeur semble chercher, à l'improvisade, ses éléments, plaque quelques accords vigoureux, les relie de traits fantasques, éveille un rythme, trouve un germe d'idée, y renonce pour un autre... Cette quête lui est profitable : ce n'est pas deux, ce n'est pas trois, mais jusqu'à cinq motifs distincts qu'il utilise en ce finale. Les principaux : le long thème initial en mi bémol mineur *(animé,* mes. 14), tout en syncopes inquiètes, tant dans le chant que dans l'accompagnement, et le thème d'octaves en si majeur puis mi majeur, battu de croches égales, que d'Indy apparente à l'hymne « *Pange lingua* » (mes. 78), et qui fait un peu l'effet du *grandioso* de la *Sonate* de Liszt. Joignons-y le vibrant, l'enthousiasmant choral qui conclut l'exposition, martelé fortissimo (mes. 136). Le développement, avec tant de matière, ne peut être que riche et complexe ; pianiste et auditeurs y résistent mal à la fatigue. Mais la réexposition, d'un grand éclat instrumental (ces batteries qui crépitent sous le deuxième thème !), est digne d'admiration, et les dernières pages donnent, comme l'écrivait Pierre Lalo au lendemain de la création, « la sensation d'une sorte d'ode pleine d'une immense joie héroïque ».

## Variations, Interlude et Finale sur un thème de Rameau
COMP 1903. PUB 1907 (Durand). DÉD à Jacques Durand. CRÉ par Édouard Risler (23 mars 1903, Société nationale).

Précédant de peu celui de Debussy (premier livre d'*Images*), cet hommage à Rameau révèle un Dukas sorti des ombres postromantiques, et s'acheminant vers la clarté. Après l'épaisseur et la complexité, voici les lignes plus déliées, la texture plus diaphane d'une œuvre qui puise sa force aux sources du classicisme français. Le prétexte ? Le plus mince menuet, peut-être, de Rameau, ce drôle de *Lardon* qu'on trouve dans la *Suite en ré* du *Deuxième Livre*, seize mesures un peu boiteuses, d'ailleurs non dépourvues d'humour. Il vaut largement, ce thème, la valse niaise qui a permis au nom de Diabelli d'être accolé à celui de Beethoven... Et quoi qu'il en soit, Dukas ne l'utilise pour ainsi dire que par allusion, de biais, à partir de fragments, de reflets, qui déroutent l'analyse et piquent la curiosité.

Dès la 1re variation *(tendrement)*, le précieux entrelacs de ces quatre voix en contrepoint fleuri n'a plus grand-chose à voir avec l'original ; à force de retards et d'appogiatures, le thème est méconnaissable ; à peine si les grands pivots harmoniques sont respectés ; et Dukas ajoute au début une anacrouse malicieuse, que le menuet de Rameau ne comportait pas. L'énergique 2e, qui passe à 2/4 et au relatif (si mineur, *assez vif, très rythmé*), déplace rapidement ses accords, en fier rythme double-pointé ; on peut feindre de reconnaître, dans le motif en octaves de la basse, les mes. 3 et 4 du thème.

La 3e *(sans hâte, délicatement)* retourne au ré majeur initial, avec un tissu serré de doubles notes, composant une frémissante polyphonie à quatre voix ; dans cette stylisation du thème de Rameau, le chant, d'abord à la basse, s'inverse en passant au soprano dans la deuxième partie. La 4e variation *(un peu animé, avec légèreté)* retrouve, contre toute attente, le thème entier, mais à 4/4, avec des syncopes, des déplacements d'accents qui le dénaturent, comme s'il était projeté dans un miroir déformant ; accompagnement de triolets, harmonies chromatiques, nombreuses dissonances.

Étrange 5e variation *(lent)*, où le retour aux trois temps du menuet, les cadences, la marche, l'ordonnance classique, au fond, du morceau, donnent l'illusion que l'on entend le thème, ou du moins un air apparenté, coulé dans le même moule (en vérité, le point de départ, ici, semble être tout simplement le trille de la deuxième mesure du *Lardon* !) ; polyphonie à quatre voix et davantage, extrêmement modulante. À l'opposé, la 6e *(modéré)*, une des plus belles, est merveilleusement transparente, et d'une relative diatonie ; le thème y devient une simple gamme, qui monte et descend en festonnant, prise dans un lacis d'imitations et d'échos.

La 7ᵉ variation *(assez vif)* est un caprice plein d'humour, et presque un embryon de toccata, où un fil de doubles croches chromatiques, à la main gauche, soutient quelques prestes dessins jetés staccato et ponctués de silences. Le thème n'y est que virtuel, et l'on pourrait, comme l'a vu Cortot, le superposer (à trois temps contre quatre !) à cette variation ornementale, – à condition d'avoir vingt doigts...

La 8ᵉ, qui module beaucoup *(très modéré)*, palpite de triples croches, en grands arpèges, en légers martellements. La 9ᵉ danse au rythme d'une gigue *(animé)*, à 9/8, staccato d'un bout à l'autre, et fait passer d'une main à l'autre les trilles caractéristiques, les cadences parfaites du thème, dont on attrape au vol, si même disséminés, les éclats rieurs. La 10ᵉ, qui affecte l'allure d'une sarabande *(sans lenteur, bien marqué)*, n'est pas sans évoquer une des *Études symphoniques* de Schumann (n° 8). Enfin la 11ᵉ (en ré mineur, *sombre, assez lent*) termine cette première partie dans un climat inattendu : trémolos modulants, chargés d'inquiétude, crescendo d'angoisse, et retombée, avec un thème très doux à la crête des vagues ; un moment d'arrêt, puis reprise de ce remous et de ce crescendo, qui regagne le silence.

Comme dans le finale de la *Sonate*, un *Interlude* vient rompre l'ordre, la rigueur des pages qui précèdent, et proposer une manière de rêverie : le musicien improvise, noue et dénoue ses figures, autour de fragments rêvés du thème, que la modulation ramène peu à peu au ton de ré majeur. Alors arrive le triomphant *Finale*, en réalité une douzième variation, dont l'allégresse et la vitalité ne se démentent pas jusqu'au bout. On y entend un motif essentiel, né de l'interlude (et de la mes. 4 du thème), vif, bondissant, fortement scandé, éperonné par des imitations qui lui redonnent sans cesse du nerf et du mordant. Enfin s'ajoute à l'édifice le menuet même de Rameau, d'abord en ses premières mesures (en mi bémol majeur, puis fa majeur), ensuite dans son intégralité (en ré), débouchant sur l'apothéose de la coda, qui accélère par degrés jusqu'à la fin.

## Prélude élégiaque

COMP 1909. PUB 1910 (numéro du 15 janvier de la *Revue de la Société internationale de musique*, consacré à Haydn ; puis Durand).

Cette courte page a vu le jour à l'occasion du centenaire de la mort de Haydn, pour lequel la revue de la *S.I.M.* avait organisé un hommage collectif. Dukas s'y joignit à d'Indy, Debussy, Ravel, Widor et Reynaldo Hahn. Le thème proposé était le nom même du vieux maître, générateur des notes si-la-ré-ré-sol. Si Ravel s'amusa à un menuet, Debussy à une valse lente, et Hahn à un thème varié, tous exercices frivoles et teintés d'ironie, Dukas, plus sérieusement, composa cette élégie (en ré majeur, *lent et recueilli*), où le thème s'énonce en procession d'accords, et alterne avec une mélodie plus souple, ponctuée d'appels, rayée de brusques traits de triples croches. Le plus beau passage : les mesures marquées *calme*, avec cette mélodie à la gauche, sous les croches pures et fragiles qui s'élèvent vers l'aigu.

## *La Plainte, au loin, du Faune...*

COMP 1920. PUB 1920 (*Revue musicale*, numéro de décembre) ; puis 1921 (Durand).

Autre pièce de circonstance, et cependant un joyau dans ce *Tombeau de Debussy* auquel participèrent, entre autres, Satie, Falla, Roussel, Bartók, Ravel et Stravinski. C'est une des plus touchantes pensées qu'on pût offrir au musicien du *Prélude à l'après-midi d'un faune* ; et Dukas a visé juste en choisissant le célèbre thème de flûte, pour en tresser sa pièce (en sol majeur, *assez lent*), en y évoquant, de façon sensible et saisissante, le style même, les inflexions, la respiration de Debussy, – sans que pour autant on puisse parler de pastiche : ces raffinements d'harmonie et de contrepoint sont bien de la main de Dukas. Une vivante émotion palpite en ces pages, dans le glas lancinant de ces notes répétées, dans ces chromatismes douloureux, dans ces cortèges de sixtes pleureuses, et jusque dans ces troublantes superpositions bitonales (la majeur et si bémol mineur à la mes. 3, ré majeur et ut mineur à la mes. 8). La coda est indicible : ostinato de neuvièmes et faible pouls chromatique à la basse (fa-sol-fa ♯-sol...), la main droite en arpèges dans l'aigu, avant une ultime et lente réminiscence du *Faune*...

# Jacques DUPHLY
(1715-1789) Français

Apparemment un nom parmi d'autres, un de ces noms frais et charmants qui composent le bouquet des clavecinistes français ; fleur tardive, à l'heure où le paysage musical se transforme, où s'estompe en France le souvenir des luthistes, où la musique italienne gagne du terrain, où entre en scène le pianoforte, fier comme Artaban, d'avance assuré de son succès. Mais de la cinquantaine de pièces qui représentent tout l'œuvre de Duphly (on pourrait dire : toute sa vie, dont on sait bien peu de chose), presque aucune n'est indifférente. C'est un privilège qu'il partage avec les plus grands, avec Couperin et Rameau, avec son maître Dagincour, et que lui envierait un Dandrieu ou un Daquin. Cela ne tient pas seulement à la justesse des proportions, à la sûreté des traits, au brio scarlattien, pétri d'intelligence ensemble et de sensibilité, qu'il répand si souvent et avec un plaisir si manifeste ; dans les pièces vives, celles où les mains affairées tracent des lignes précises, autant que dans les tendres, où se prolonge le style brisé avec ses frémissements, ses approximations et ses ruptures harmoniques, rayonne le don du mélodiste, original et fécond ; et l'on verra Duphly, dans le dernier de ses quatre livres, où sévit la basse d'Alberti au détriment du contrepoint, dépenser avec prodigalité ce don qui le conduit tout naturellement au style galant.

Un mot sur les titres de ces morceaux, qui se montent à quarante-six (en comptant pour un seul les danses doubles). Aucun croquis générique, comme peuvent l'être, chez Couperin, *L'Attendrissante* ou *L'Évaporée* ; aucune scène pittoresque ; en dehors des *Colombes*, aucun oiseau, et des *Grâces*, aucune abstraction ; neuf pièces se contentent du nom de la danse ou de la forme (allemande, courante, menuet, gavotte, rondeau) ; et même une pièce, à la fin du premier livre, se suffit de l'indication *légèrement*. Les titres restants, trente-quatre, désignent des personnes de l'entourage de Duphly, dressant ce que François Lesure appelle « une sorte d'annuaire de ses relations », amis, protecteurs, artistes de l'époque ; ne voyons pas des portraits où il n'y a le plus souvent qu'hommage, ajouté après coup à la musique.

## Premier Livre

PUB 1744 (Boivin, Le Clerc et l'auteur). DÉD au duc d'Ayen.

Il comprend quinze pièces, réparties en deux tons successifs, huit en ré et sept en ut.

Presque tout est du premier choix dans la « suite » en ré, dès l'expressive *Allemande* initiale (en ré mineur), suivie d'une *Courante* (en ré majeur) où cohabitent si curieusement le style italien, coulant et continu, propice aux courses virtuoses, et le style français, émouvant dans ses brisures, ses syncopes, ses retards (délices harmoniques de la deuxième partie, depuis la mes. 21). Ensuite vient *La Van Loo* (ré majeur), portrait supposé de la femme du peintre, mais vrai mouvement de sonate, sur quelques idées bien définies : l'entrée sur une main gauche qui monte en gamme et redescend en arpège, le petit martellement récurrent de toccata aux mains alternées et croisées, l'épisode à la dominante mineure avec ses accords de septième (une façon de second thème). *La Tribolet* (en ré mineur, *vivement*) sonatise aussi, à la Scarlatti, unifiée par ce thème vrillé de notes répétées. Elle s'inscrit entre deux *Rondeaux* : le premier (majeur) séduit par un refrain entêtant, caressé d'un tendre accompagnement, et par un dernier couplet réellement préromantique, aussi bien dans les inflexions que dans les harmonies inattendues ; la tendresse du deuxième rondeau (mineur) est plus pensive, son pas plus calme, et le refrain ici encore hante l'esprit, avec à la main gauche toutes ces septièmes issues de retards consécutifs. Enfin *La Damanzy* (en ré majeur) élit un rythme langoureux de sicilienne ou de canarie, alors que *La Cazamajor* (majeur également) tournoie en triolets, à 3/4, dessinant des arpèges véloces où les mains, une fois de plus, alternent et se croisent, comme chez Scarlatti, non sans faire entendre au passage, tel un parfum d'Espagne, la caractéristique seconde augmentée (mes. 24, 86).

Dans la « suite » en ut se distinguent les deux premières pièces, dans le mode mineur : une *Allemande*, modelée d'émotion dans ses moindres arabesques, et une courante titrée *La Boucon*, où étonnent des inflexions déjà bien schumanniennes (on ne saurait assez recommander aux pianistes de sacrifier sans scrupule tous les ornements, ou presque ; le piano s'en passe, la vérité des notes se suffit, et sort rayonnante de ce décapage).

À voir aussi, la troisième pièce, *La Larare* (en ut mineur également), qui, par deux fois, glisse trois mesures chantantes au milieu d'un exercice de voltige pour les mains alternées.

## *Deuxième Livre*

PUB 1748 (Boivin, Le Clerc). DÉD à Victoire de France, seconde fille de Louis XV (la même à qui Mozart, seize ans plus tard, offrira son « opus 1 », c'est-à-dire les sonates pour clavecin et violon K. 6 et 7).

Quatorze pièces. La pièce initiale qui, fière et conquérante, agile et industrieuse, ouvre une « suite » en ré, s'intitule opportunément *La Victoire*. On lui préférera les suivantes : *La De Villeroy*, qui va vers l'âge classique, par la fermeté du dessin, la facture des traits virtuoses, comme ces passages en arpèges et octaves brisées, les deux mains parallèles, à la dixième (à sa façon, un mouvement de sonate ; noter, au début de la deuxième partie, l'inversion du premier thème) ; et *La De Vatre*, gigue scarlattienne, à 3/8, en vifs et joyeux triolets. Une pièce française, la seule au mode mineur, dans ce lot italianisant : *La Felix*, rondeau à deux couplets, qui revient à nouveau à la diction particulière, aux caressantes beautés du style brisé des luthistes.

Trois pièces sont groupées dans le ton de la : *Les Colombes*, en réalité deux rondeaux imbriqués, allant de mineur à majeur ; *La Damanzy* (deuxième du nom), petite toccata rieuse à la Scarlatti (en la majeur), où l'on remarquera, un peu avant la fin, une véritable *cadenza*, sur pédale de dominante, avec trilles et points d'orgue ; et, première du brelan et la plus remarquable, *La Lanza*, vaste mouvement de sonate (la majeur également), où l'on distinguera un prologue fier, affirmation tonale par gammes et arpèges, – un premier thème en tierces, caractérisé par ses phrases de trois mesures, sur un éventail d'arpèges, – un deuxième thème chantant (« gracieusement »), glissant en marche harmonique à partir de la dominante mineure, sur un accompagnement d'accords brisés (une variété de basse d'Alberti), – puis une section virtuose, à divers jeux, intervalles brisés de plus en plus larges, alternances et croisements de mains, le tout repris dans la deuxième section.

Quatre morceaux forment une « suite » en mi : *La De Beuzeville* (en mi majeur, *tendrement*), un rondeau de climat pastoral ; *La D'Héricourt* (en mi majeur, *noblement et vif*), où les mains se croisent avec adresse ; *Gavottes* et *Menuets*, deux paires de danses alternant les modes, pleines de charme et d'originalité : sur ces rythmes si communs, Duphly brode encore des thèmes neufs, voyez celui du menuet mineur, si étrange avec sa quinte descendante, puis son lourd accompagnement d'octave brisée.

Des trois pièces en sol, il faut retenir la dernière, *La De Brissac* (en sol mineur), mais en feignant de n'avoir pas lu l'indication initiale, *gayement* ! À nos oreilles ces croches à 6/8, ces courbes flexibles et tendres, dans cette tonalité, ne peuvent que mélancoliser...

### Troisième Livre
PUB 1758 (Bayard, Le Clerc et l'auteur). Sans dédicace. (On ne compte pas ici six pièces qui demandent un accompagnement de violon.)

Onze pièces, qui se répartissent en cinq tons ; et l'on se hasardera encore moins à employer le mot « suites » (le livre suivant, quant à lui, changera de tonalité à chacune de ses six pièces). La plus belle, parmi les trois en fa, est sans conteste *La Forqueray* (en fa mineur), rondeau blotti dans le registre grave ; Duphly, qui lui donne à dessein le nom du fameux violiste, y réussit ses *Barricades mystérieuses*, en ce dernier couplet, surtout, qui ondule et frissonne avec tant de volupté. On fera moins de cas de la *Chaconne*, certes imposante, mais trop longue, et dont les dernières pages sentent l'huile ; et même de *Médée*, pièce violente et vindicative, à jouer « vivement et fort ».

La première des trois pièces en ré, *Les Grâces* (en ré majeur, *tendrement*), est un des fleurons de l'œuvre de Duphly ; les deux mains, accolées, chantent aussi persuasivement l'une que l'autre ; le compositeur va jusqu'à leur prescrire, ici et là, un léger décalage (indiqué par des points sur les notes de la main gauche), expressif comme le rubato des romantiques ; rêverie amoureuse, dans un parc à la Watteau ; on voudrait d'avance à ces pages, pour épigraphe, les vers de Verlaine :

> Colombine rêve, surprise
> De sentir un cœur dans la brise,
> Et d'entendre en son cœur des voix...

*La De La Tour* (du nom du peintre), unique pièce en sol majeur, est un brillant *essercizio*, tracé à deux voix, d'une main à la fois ferme et légère. *La De Guyon*, en mi majeur, emploie elle aussi le plus souvent deux voix, mais se soucie moins d'éblouir que de séduire, par la grâce de ses figures. En mi aussi, en alternant les modes, du mineur au majeur, les ravissants *Menuets* : force unissons dans le premier, mains à la tierce et à la sixte dans le deuxième, où s'immiscent quelques piquantes secondes. Enfin, en la majeur, autre joyau du livre, le rondeau intitulé *La De Chamlay*, dont le refrain s'impose au souvenir, par ses syncopes bien sûr, mais aussi par ses inflexions originales ; les deux premiers couplets le décalquent en changeant d'harmonie, et le troisième, soudain désireux de briller, diminue la mesure en doubles croches.

## *Quatrième Livre*

PUB 1768 (Bureau d'abonnement musical). DÉD à la marquise de Juigné (son hôtesse).

La décennie qui sépare ce livre du précédent a vu, avec l'avènement d'un nouvel instrument, celui d'un nouveau style de clavier. Duphly n'hésite pas à en faire son profit ; sur les six morceaux que compte ce dernier livre, quatre utilisent, et abondamment, la basse d'Alberti, ni plus ni moins que, par exemple, les premières sonates de Jean-Chrétien Bach, qui datent de la même époque. Pour autant, on ne parlera pas ici de « progrès » (notion d'ailleurs aussi vaine que friable) ; en abusant de son procédé, comme d'un jouet neuf, Duphly nous lasse vite, malgré la qualité de ses thèmes. Toutes sont à parcourir ; mais la plus réussie des quatre pièces en question est *La De Drummond*, un rondeau en la mineur, presque un andante mozartien par sa mélancolie particulière, sa façon de creuser la phrase, de la relancer. Il est permis de préférer les deux autres morceaux, plus « à l'ancienne », et qui terminent le livre : *La Pothoüin* (en ut mineur, *modérément*), un rondeau d'une inspiration élevée, un peu gâté dans son troisième couplet par un remplissage virtuose, et *La Du Buq* (en sol mineur), où les mains jouent fréquemment à la sixte, en marches harmoniques.

# Gabriel DUPONT
(1878-1914) Français

« Aimés des dieux », ainsi Jean Mistler avait-il intitulé une série de chapitres sur quelques génies fauchés dans l'éclat de leur âge et dans la plénitude de leurs dons. Mais il ne suffit pas de mourir à trente-six ans pour être « aimé des hommes ». Voyez, en musique, le fossé qui sépare Mozart de Pierre-Octave Ferroud, ou de Gabriel Dupont ; les dieux avares leur ont compté le même fatidique nombre d'années ; mais au premier seulement ils ont conféré l'auréole, que même les plus obtus des humains n'ont pas manqué d'apercevoir. Ferroud et Dupont, s'ils ont reçu eux aussi quelque chose de la flamme divine, personne aujourd'hui n'en est éclairé.

Trente ans après la mort de Dupont, Henri Collet, tâchant de remuer cette cendre, se servit d'un mauvais argument. « S'il avait eu la chance, écrit-il dans *L'Information musicale* du 28 janvier 1944, de posséder un nom exotique, sa destinée eût été changée. » Propos rapide et superficiel : que peuvent les syllabes d'un nom contre les ciseaux d'une Parque impatiente ? Même signée Duponski, cette œuvre eût paru trop courte, qui se borne à quatre opéras, une vingtaine de mélodies et deux suites pour le piano ; l'histoire, personne chiche et pratique, préfère les fruits à la promesse des fleurs. Même signés Dupontiev, ces morceaux de piano, d'abord acclamés, auraient fini par trop avouer la maladie et la mort ; et il semble, hélas, que rien ne vieillisse aussi mal que la sincérité en ces matières.

« Un talent de chambre de malade » : le mot est de Field, à propos de Chopin ; et Dieu sait s'il est injuste et sot ! Mais on a cru pouvoir l'appliquer à moindre risque à la musique de Gabriel Dupont. C'est à ce talent souffreteux que le limite le bon Paul Landormy, si dévoué d'ordinaire à la musique française (parfois au point de ne plus distinguer le bon grain de l'ivraie) ; il n'entend dans *Les Heures dolentes* de Dupont que « la pitoyable confession de sa misère » et leur ôte, au bénéfice de l'authenticité, toute valeur esthétique. Il se dit prêt à plaindre, à défaut d'admirer. Comme d'autres, il aura lu trop vite, et, accroché à quelques titres, à quelques mots, qui ont des relents tour à tour de serre chaude et d'hôpital, instruit le procès ensemble de la forme et du fond.

Au tournant du siècle dernier, les poètes moroses et maladifs du *douloir* sont légion ; Chausson et Maeterlinck communient dans un mal indéfinissable, où les ont précédés Duparc et Lahor, où les rejoignent Koechlin et Sully Prudhomme, Aubert et Samain, – et qui niera que Fauré et Verlaine, à leur façon sublime, ou même le jeune Debussy, en compagnie de Bourget, y aient trempé ? Ce ne sont que fleurs vénéneuses, agonies exquises, ennuis verts et crépuscules d'automne, tels qu'en ces vers de Rodenbach *(Douceur du soir)*, mis en musique par Dupont :

> Comme une bonne mort sourit le crépuscule
> Et dans le miroir terne, en un geste d'adieu,
> Il semble doucement que soi-même on recule,
> Qu'on s'en aille plus pâle et qu'on y meure un peu.

Quand le spleen se porte ainsi à la boutonnière, où commence et finit la langueur purement morale ? la douleur purement physique ? Chez Gabriel Dupont, qui se sait condamné à brève échéance, oserait-on ne voir que délectation funèbre et galanteries macabres, dans ce long entraînement à mourir ? *Les Heures dolentes*, un peu plus tard *La Maison dans les dunes*, ne relatent pas des blessures à fleur d'âme, mais commentent les étapes d'une maladie, avec son cortège éprouvant de rémissions et de recrudescences, – le premier recueil plus chargé d'angoisse, le second d'espoir ; celui-là prisonnier d'une chambre, celui-ci ouvert à l'horizon marin.

Les détracteurs ont la vue courte (je ne parle que du fond), qui n'ont lu entre les portées que ces mots : « sentiment douloureux », « sentiment de mélancolie intime », « sentiment d'effroi mystérieux » ; qui n'ont perçu que la grisaille (le morne après-midi dominical, le passage du médecin, les fleurs de la visiteuse), ou que la noirceur (dans ces pages où « la mort rôde », où le malade est en proie aux « hallucinations », où « mon frère le Vent » hurle contre les vitres, où les « houles » gémissent lugubrement au cœur de la nuit). Il faut déchiffrer aussi ces autres mots : « animé et joyeux », « joyeux et ensoleillé », « lumineux et calme », « vif et gai » ; il faut ressentir les taches de couleur (ces « gouttes de lumière », ces « grandes clartés aveuglantes » du soleil sur les vagues ou dans le jardin), écouter les sonorités verveuses (les rires des enfants et leurs comptines, la voix des cloches, aussi allègre que chez Séverac), baigner avec le compositeur dans cet amour si aigu de la nature, de la pluie et du vent, des arbres, des rayons dorés, du ciel étoilé, de la mer par-dessus tout, sous toutes ses espèces, à toutes les heures du cadran. Il y a ainsi deux versants, l'un d'ombre et l'autre de lumière, en l'âme de Gabriel Dupont ; à la jointure, une zone fragile et émouvante, celle qui lui fait éprouver, comme le dit l'un de ses titres, l'étrange « mélancolie du bonheur » ; – et qui voudrait le saisir en peu d'espace n'a qu'à écouter son *Poème* pour piano et quatuor, dont les trois mouvements le résument : « sombre et douloureux », « clair et calme », « joyeux et ensoleillé ».

Ces pensers tantôt sereins, tantôt chagrins et prémonitoires, ces visions, ces impressions fugitives, Gabriel Dupont les a modelés dans une langue harmonieuse, et plus originale qu'il ne paraît de prime abord. Certes, les successions de tons entiers, les quartes et quintes parallèles, les enchaînements de septièmes et de neuvièmes, les effleurements de secondes, les échelles modales évoqueront Debussy, – de même que ce pianisme caractéristique, avec ses nuances parfois au bord de l'impondérable, son jeu des mains alternées, sa disposition orchestrale sur trois portées. À l'époque où Dupont compose ses deux recueils, c'est-à-dire entre 1903 et 1909, dans un temps d'*Estampes* et d'*Images*, tout le monde est atteint de debussysme, y compris Debussy ! Cela s'attrape avec l'air qu'on respire, surtout si l'on sort à peine de l'adolescence. Mais Dupont est moins mobile, moins pointilliste, il manie moins le discontinu (précisons : il prend moins ses distances, et n'a nullement besoin de l'alibi de l'humour, des pichenettes de l'ironie). Et l'on s'apercevra que le chant, chez lui, aime quelquefois s'attarder en courbes suaves, ou que l'expression peut confiner au pathétique, l'éloquence au dramatique : à ces moments, il procède aussi bien de Fauré que de Franck. Voilà trois noms lâchés, et non des moindres ; quand le mélange a mal pris, ces influences opposées déconcertent ; mais qu'elles se fondent heureusement, il en sort un climat particulier, peut-être même un style, qu'à l'usage on sait reconnaître, non sans émotion.

## Les Heures dolentes

COMP 1903-1905. PUB 1905 (Heugel). Quatre d'entre elles orchestrées à la demande d'Édouard Colonne (s'exécutent dans cet ordre : *Épigraphe* ; *La mort rôde* ; *Des enfants jouent dans le jardin* ; *Nuit blanche*).

Quatorze pièces, feuilles de température, formant comme le journal d'une maladie, rythmant la marche fatidique du temps, notant l'insouciance d'un matin de soleil, l'ennui grisâtre d'un après-midi de pluie, la douceur des songeries crépusculaires, l'horreur des angoisses nocturnes.

La première pièce, *Épigraphe* (en ut mineur, *lent et grave*), donne d'emblée le ton de l'œuvre, en se plaçant sous l'invocation de ces vers d'Henri de Régnier :

> ...la voix mélancolique et basse
> De quelqu'un qui n'est plus là-bas mais se souvient
> Du pays monstrueux et morne d'où il vient.

Page en effet *dolente* (voyez l'indication de la mes. 11 : « sentiment douloureux »), rythme funèbre, accords aux arômes flétris (dès cet emprunt dépressif à la sixte napolitaine, ré bémol) ; elle ressasse une plainte, se soulève peu à peu sur les triolets de la basse, en modulation, s'anime, pour un peu se révolterait, – et finit par choir à bout de forces.

La pièce suivante, *Le soir tombe dans la chambre* (en mi bémol majeur, *lent et recueilli*), joue sur deux motifs essentiels, dont l'un se berce à mi-voix sur un mouvement de noires bien égales, et dont l'autre (« doux et mystérieux ») se déploie en triple unisson, entrelacé de triolets qui le font palpiter d'une vie secrète. Il y a cet énoncé attendrissant du premier à la main gauche, en ut mineur, puis son retour presque inaudible, *ppp* dans l'aigu ; mais c'est le second surtout qui nous touche à sa dernière apparition, avec son tremblement de triolets en doubles notes vaporeuses, brouillées comme la lumière du couchant. La conclusion, modalisante, déplie doucement l'arpège tonique en y glissant de lentes tierces par tons entiers.

L'éclatant la majeur de la troisième pièce, *Du soleil au jardin (animé et joyeux)*, secoue la torpeur, la pénombre et l'intimité où se complaisait ce début de cahier. Après la chambre étouffante du crépuscule, voici le plein air et la joie du matin. Les accords claquent avec allégresse, les mains se doublent sur ce thème pimpant, non sans quelque emphase. Le morceau cède un moment à la mélancolie (le passage « languide », harmonisé de très douces, de très consonantes septièmes), mais reprend vite de la vigueur et de l'élan, et, après avoir cité à la basse le motif de l'*Épigraphe*, finit dans une robuste santé.

Comme on peut s'y attendre, la *Chanson de la pluie* (en ut mineur, *modéré, sans lenteur*) égrène tout au long les gouttes d'eau de ses croches, notes répétées lancinantes, qui forment autant de pédales successives (et d'abord sol, pendant les vingt et une premières mesures, entre les lignes chantantes des parties extérieures, tour à tour dominante en ut et tonique en sol). On notera la modale sixte majeure (la ♮), embuée de tristesse. Le mode majeur final, pourtant, annonce l'éclaircie, et la seconde ajoutée à l'accord conclusif semble un rai de soleil filtrant à travers la nue.

La cinquième pièce, *Après-midi de dimanche* (en fa mineur, *très modéré*), se partage en impressions contradictoires. C'est d'abord un « sentiment de mélancolie intime », avec cet ample chant bercé d'arpèges, à la Fauré, qui met seize mesures à se résoudre sur la tonique (on sera sensible au poignant frôlement de neuvième mineure du départ, effet repris à la mes. 9). Mais égayant d'un coup l'atmosphère, la section centrale passe au relatif majeur et jette à travers l'air des volées de cloches *(animé et joyeux)* ; elles sonnent les vêpres, dans un vaste crescendo qui met en vibration tout l'instrument (et ces accords défectifs, sans la tierce, évoquent irrésistiblement le piano de Séverac). La reprise, ingénieusement, remplace les arpèges du premier volet par des accords battus qui en condensent les notes ; et quand, pour conclure, le motif des cloches revient, à travers la distance, le ton de fa mineur et la nuance estompée (triple et quadruple piano) lui confèrent une couleur presque lugubre.

La courte sixième pièce, *Le Médecin* (en ré bémol majeur, *lent et mystérieux*), fait tour à tour la part de l'espoir et de l'inquiétude : d'une part un court motif syncopé, fondu dans les nuances *pp* et *p*, harmonisé de beaux accords où vibrent les secondes lumineuses, et qu'élargit à la fin la quarte lydienne (sol ♮), – de l'autre la gamme par tons, énigmatique, déclamée *poco più f*.

Il y a du relâchement dans l'écriture du septième morceau, *Une amie est venue avec des fleurs* : la chambre du malade ressemble tout à coup à un boudoir fin de siècle ; on y entend une romance un peu mièvre *(modérément animé)*, qui s'applique à fauréiser, mais digresse, traverse tous les tons, de son ré mineur initial à son ré majeur final, s'enrubanne toujours davantage, demeure au bord du sentiment.

C'est d'abord une chanson fugitive que *La Chanson du vent* (en mi mineur, *très animé et léger*), qui bruit doucement au ras des touches, réverbérée à l'aigu par son accompagnement de triolets ; elle s'arrête au bout d'une phrase, change de tonalité, recommence, ponctuée d'un arpège qui fuse jusqu'au sommet du clavier et subsiste un instant en vibration dans l'atmosphère. Mais plus loin (mes. 21), ce chant prend de l'ampleur, car ce n'est pas ici le susurrant *Vent dans la plaine*, et encore moins le terrifiant *Vent d'ouest* des *Préludes* de Debussy ; il respire avec l'homme, tâche d'épouser sa mélancolie. Cela dure peu ; voici de nouveau des lambeaux qui s'effilochent, une ondulation de triples croches sur la gamme par tons, des secondes stridentes, des quintolets escaladant l'azur. De même, dans l'intermède, à des passages pointillistes, staccatos fantasques et batteries frémissantes, s'opposent des phrases plus soutenues, que gonfle la pulsation syncopée des accords intérieurs. La dernière page tressaille toute d'un essaim d'ailes impondérables, qui feignent de tomber, rasent le fond de l'instrument, remontent d'un seul essor, saluées par le brusque éclat des accords conclusifs.

La tendre mélodie d'*Au coin du feu* (en fa mineur, *lent, intimement*), d'abord en style de choral, à quatre voix, se voit transformer à son retour par l'accompagnement en doubles croches, qui défait les accords en arpèges onduleux. Intermède plus animé, harmonisé de septièmes, et dont le thème berceur revient à l'extrême fin, inclinant la pièce au majeur.

Les *Coquetteries* de la dixième pièce, une valse (en la bémol majeur), sont bien charmeuses, d'une frivolité concertée, avec de jolis raffinements de l'écriture, toute en pointes, mais le morceau s'éternise : c'est qu'il tient à citer, dans l'un de ses épisodes, le motif de l'*Épigraphe* initiale, – et l'on aurait pu faire l'économie de ce développement. Mais quoi, dans un cahier où flottent tant de souvenirs, tant de pressentiments, où l'humeur est plus souvent grise que rose, ce morceau en forme de parenthèse a son prix...

L'humeur est noire dans la pièce suivante, une des plus belles de Gabriel Dupont, intitulée *La mort rôde* (en ut mineur, *modéré, sans lenteur*). Après une introduction de huit mesures où un sol obstiné se balance au-dessus des accords de la gamme par tons, elle oppose à quatre reprises un thème doux et plaintif, chanté à l'unisson par le soprano et la basse, avec un accompagnement d'accords brisés à contretemps, – et un épisode *agité et sombre*, où la gauche martèle un motif menaçant, en octaves. Alors vient la citation du passage « douloureux » de l'*Épigraphe*, avant une coda irréelle, battue de cloches lointaines, et descendant peu à peu dans le grave et dans le silence.

Nous tenons un nouvel et fort antidote au spleen avec la douzième pièce, *Des enfants jouent dans le jardin* (en ré bémol majeur), une des plus développées et des plus inventives, – rafraîchissante, enthousiasmante, par une verve pianistique digne parfois de Séverac et de Chabrier. Plusieurs sections enchaînées la composent, plusieurs motifs repris dans le désordre et à travers tons, dans les allures de l'improvisation. Éclat des accords initiaux, crissants de secondes ; rythme de quasi-valse (mais à 6/8) de l'épisode *animé et léger* ; ici des fanfares claironnantes, là des bonds espiègles, ailleurs une échappée lyrique (toujours le souvenir plus ou moins confus de l'*Épigraphe*) ; mais plus que tout, comme dans les *Jardins sous la pluie* debussystes, le retour, par bouffées alacres, de la fameuse ronde enfantine « Nous n'irons plus au bois », pour laquelle la mesure passe à 2/4, et le rythme se précipite *(vif et gai)*.

*Nuit blanche – Hallucinations* : le titre de la treizième pièce (a-t-elle exprès ce numéro fatidique ?) est tout un programme, que la musique s'attache à suivre. On y distingue plusieurs thèmes accolés : le motif initial de cloches sourdes, un glas, en accords défectifs (sans la tierce), sonnant au-dessus d'une double pédale de secondes, et qu'on retrouve en conclusion dans le registre grave (ces secondes fondues dans l'espace, nous les réentendrons dans *Le Bruissement de la mer*, huitième morceau de *La Maison dans les dunes*) ; sous ce morne, cet implacable accompagnement de secondes, un thème A *(sombre)*, qui s'extrait péniblement du grave, et connaîtra, un peu avant la fin, une furieuse apothéose, avec les secondes multipliées à gros bouillons d'écume, *fff* ; un thème B qui n'est autre, une fois de plus, que celui du « sentiment douloureux » de l'*Épigraphe* ; un thème C *(très animé, sentiment d'effroi mystérieux)* qui enchaîne des accords parfaits sur un rythme hagard, se développe, culmine en fortissimo ; un thème D qui reprend le motif principal de l'*Épigraphe*, à différents registres et dans différentes textures, toujours plus menaçant et fatal. Tout cela fait une pièce expressive, – où bien sûr le debussysme de Gabriel Dupont le cède à son franckisme : sur ce terrain du sentimental, du pathétique, la vieille école en lui continue de battre la nouvelle.

Et voici l'apaisement final, avec l'épilogue intitulé justement *Calme*. L'ut mineur grisâtre de l'*Épigraphe* est supplanté par un lumineux et candide ut majeur *(sentiment de fraîcheur et de clarté*, précise l'indication liminaire). Un thème confiant, harmonisé par de chaleureuses dixièmes, s'exhale doucement dans cette lueur comme d'aurore, bienfaisante et amie ; et quand le thème de l'*Épigraphe* lui-même surgit, balancé à trois-contre-deux sur un mol tapis d'arpèges, il a perdu toute inquiétude, et chante avec une sorte d'enfantin bonheur. À peine le mineur colore-t-il un instant quelques mesures, avant la lente péroraison, dont les accords sereins s'étalent largement sur les touches blanches.

## *La Maison dans les dunes*
COMP 1907-1909. PUB 1910 (Heugel). DÉD à Maurice Dumesnil.

Ces fiers mots placés en exergue : « Seul avec le ciel clair et la mer libre » ; ils sont de Nietzsche. Si *Les Heures dolentes* gardaient la chambre, confinées dans la maladie, ne goûtant de l'extérieur que les cris d'enfants joueurs, que les fleurs d'une visiteuse, qu'un peu de soleil, de pluie et de vent contre les carreaux, ce nouveau recueil, de dix pièces, s'ouvre au grand air, à cet air marin dont le convalescent vient remplir ses poumons malades. On y verra les heures du jour tout autant marquées, – mais c'est au rythme de la mer, à sa pulsation à la fois fraternelle et effrayante : la mer au matin, dans les dunes ; la mer sous le soleil vertical de midi ; la mer infatigable de minuit, roulant au loin sa houle sonore, au milieu du sommeil des hommes.

Le cahier commence par une promenade, *Dans les dunes, par un clair matin* (en fa mineur). On y entend, après quatre mesures de prologue *(lent et expressif)*, deux thèmes contrastés ; l'un *(un peu animé, clair et léger)*, qui ressemble à s'y méprendre au début de l'*Introduction et allegro pour harpe* de Ravel, se prélasse rêveusement au-dessus d'accords en triolets, que soutient la quinte changeante des basses ; l'autre *(plus lent, intimement expressif)*, qu'accompagnent des contretemps, témoigne de plus d'impatience et d'ardeur, et d'ailleurs il y éclate, au plus fort du crescendo, deux mesures de vrai bonheur *(joyeux et ensoleillé)*. Reprise finale du premier thème, citation du prologue, et conclusion majeure.

Les *Voiles sur l'eau* de la deuxième pièce (en sol majeur, *modéré*) se balancent, comme le précise une indication, « suivant un rythme doux, et paresseux, et lent », qui peint en effet leur tangage. En guise d'intermède, un thème au ténor, bercé d'un roulis de tierces en doubles croches, montant peu à peu, s'accroissant, comme empli d'embruns et d'iode (« houleux et expressif »), puis retombant sur la grève, où le rejoint le premier thème. Fin paisible et silencieuse (« mystérieusement »), avec une longue hésitation entre majeur et mineur.

Dans *La Maison du souvenir* (en ré bémol majeur, *modérément lent*), trois pages discrètes, confidentielles, nimbées d'une douce lumière, semble passer le souvenir de la *Berceuse* de Chopin : même tonalité, même longue pédale de tonique, et ce mélisme caractéristique de la première mesure... Plus loin, en la majeur, une phrase chante « avec une infinie tendresse » ; mais pourquoi faut-il, pour revenir au ton initial, tant de laborieux chromatismes ?

On écoutait, dans *Les Heures dolentes*, une *Chanson de la pluie*, une *Chanson du vent* ; voici à nouveau ces éléments rivaux et fraternels : la quatrième pièce, *Mon frère le Vent et ma sœur la Pluie* (en la mineur, *très animé*), mêle intimement, et comme irréductiblement, les deux aspects antagonistes de l'art de Gabriel Dupont, sa part franckiste, sa part debussysante. Sans la cerner précisément, on ne sera pas loin de la vérité en disant que les volets extérieurs, qui font gronder le vent (« sombre et inquiet »), avec ce thème carré appuyé sur les octaves de sa basse, mais transfiguré dans la conclusion grâce au rayon de soleil du mode majeur, doivent beaucoup à Franck, – alors que la section centrale *(plus modéré*, « doux et monotone »), où la pluie est suggérée à l'aide d'arpèges, de bruissements, de murmures impressionnistes, emprunte à l'art de Debussy.

*Mélancolie du bonheur*, le très beau titre de la cinquième pièce (en ré majeur, *très modéré*), recouvre une inspiration fauréenne, que ce soit dans le premier thème, épandu sur de paisibles accords, avec le dactyle caractéristique en fin de phrase, – ou dans le second *(un peu plus animé)*, un canon entre soprano et ténor, escorté d'accords syncopés (le canon n'est-il pas souvent, chez Fauré, la traduction de la connivence, de l'intimité, comme en cette pièce de *Dolly* justement nommée *Tendresse* ?). À la reprise, voici des cloches encore, après celles qui sonnaient les vêpres dans *Les Heures dolentes* (n° 5) ; celles-ci, tout aussi dominicales, sont pascales de surcroît, puisque la pièce est écrite un « dimanche de Pâques, au large »...

Avec *Le soleil se joue dans les vagues*, nous tenons sans doute le chef-d'œuvre pianistique de Gabriel Dupont. C'est un paradoxe : ce musicien de la mélancolie, de la désespérance, de la rêverie douce-amère, du douloir et du deuil, était plus fait encore pour exprimer la joie (et le rire : par exemple on le trahit si l'on oublie qu'il est le musicien d'une goûteuse *Farce du cuvier*). Dans *Les Heures dolentes*, la pièce intitulée *Des enfants jouent au jardin* témoignait d'un don généreux pour la verve, la couleur, le piano ensoleillé. Il y en a encore plus ici, avec cette fantaisie proprement poétique, cette ébriété de vivre et de sentir qui fait le prix, chez Debussy, de *L'Isle joyeuse*, chez Séverac, de *Baigneuses au soleil*. – Septièmes lumineuses jetées à poignées sur les touches, traits scintillants et glissandos, tout le début déjà crépite d'étincelles, luit de feux et d'eaux moirées (en fa dièse mineur, *vif, clair et léger*). Plus loin (mes. 58), en mi majeur, chante la voix même de la mer, interrompue un instant par tout un ballet de gouttelettes fantasques (ce staccato de secondes, ces fuyantes gammes par tons), mais reprenant à pleine force, accompagnée à contretemps (birythmie 3/8 sur 2/8) par ces quintes graves venues du large et de la profondeur. Vers le milieu de la pièce, c'est le chœur ardent des rayons qui entonne un hymne *(modéré, lumineux et calme)*, – avant la reprise du premier thème (« comme des gouttes de lumière »), et la bruyante, l'éclaboussante coda au mode majeur (« comme de grandes clartés aveuglantes »), battue d'accords joyeux, zébrée de traits, picorée de trilles d'argent.

C'est un étrange et prenant nocturne que la septième pièce, *Le Soir dans les pins* (en la mineur, *modérément lent et expressif*), point indigne des plus beaux de la dernière manière de Fauré : même pudeur, même sobriété, même façon de chant replié sur soi, d'harmonie circulaire. Le pouce de la droite énonce ces notes mélodiques, les autres doigts plaquant les accords à contretemps, cependant que la gauche trace une ligne de basse presque aussi chantante. Après un intermède où l'âme passe tour à tour par l'obscur et le clair, par l'anxiété et l'apaisement, avec on ne sait quel abandon dans ces triolets chuchotants, le thème initial renaît, – et cette fois encore, comme dans telle pièce des *Heures dolentes (Au coin du feu)*, l'harmonie des accords se défait en arpèges de triples croches, à jouer « très effacé », jusqu'au quadruple piano final.

« Comme un grand bercement monotone » : ainsi doit-on sentir la pulsation syncopée de la huitième pièce, *Le Bruissement de la mer, la nuit*, et ces secondes traînantes qui accompagnent presque tout au long une mélodie d'une extrême douceur, noyée dans la brume des pédales.

« Sourdine tout le temps », précise le compositeur : les rares mesures qui s'échappent de la nuance *p* garderont ce côté feutré, cette impression de lointain, cette oppression du large ouvert à tous les points cardinaux ; la mer immense roule sa vague à l'infini, dans un murmure confus qui fait battre le cœur, cause à la fois d'inquiétude et de torpeur. Tonalité incertaine, elle-même aussi confuse et fluctuante ; bornons-nous à ces deux repères : ut mineur au début, mi mineur à la fin.

Le charme mélodique et harmonique de *Clair d'étoiles* (en si bémol majeur, *très modéré*), son rythme à trois-contre-deux, où des triolets accompagnent à contretemps le thème de la gauche, son canon lyrique à la reprise, où les deux voix chantantes enserrent des battements de doubles croches, – tout cela contribuerait, si Gabriel Dupont était connu, à mettre cette pièce au rang de ses plus populaires. Étonnons-nous, cependant, qu'après des pages de belle venue, d'inspiration originale, d'écriture ferme, il ait cédé ici à la facilité, et quelque peu forcé sur la joliesse et la suavité...

La dernière pièce du recueil, *Houles* (en fa mineur, *modéré*), est un impressionnant poème où s'entremêlent, en une lutte sombre et farouche, les vagues de la mer et celles du souvenir. Plusieurs motifs y sont brassés dans un désordre plus organisé qu'il n'y paraît à première vue. Les principaux : le thème du prologue (« rude et sombre »), avec ses coups violents et son brouhaha dans le grave ; le thème « morne et houleux » qui surgit sous des arpèges en aller et retour (mes. 9) et s'adoucit en passant à la main droite ; le thème « clair et joyeux » qui, avec ses accords défectifs (sans la tierce) et ses trilles vigoureux, figure « le rire énorme de la mer » (mes. 41, *assez animé*). À cela s'ajoutent deux échos de pièces antérieures : la grande phrase lyrique de *Mélancolie du bonheur* (elle entre à la mes. 33, en fa dièse mineur, en canon entre basse et soprano, et conclut la pièce, rassérénée, en fa majeur), et le rythme syncopé de *Voiles* (dès la mes. 44, et plusieurs fois, tapi au cœur de la musique). Âpreté et douceur, douleur et joie, révolte grondante et résignation silencieuse alternent dans ces seize pages, qui comptent parmi les plus inspirées de Gabriel Dupont.

PIÈCES DE JEUNESSE. – On fera une mention rapide des premières publications du compositeur, où rien ne transparaît de son futur talent. Elles consistent en **Deux Airs de ballet** et en **Quatre Feuillets d'album**, édités chez Gallet, respectivement en 1896 et 1897. Les premiers, une *Pavane* en sol mineur, raide et compassée, et une *Aria* en fa majeur, d'une étonnante niaiserie, ne méritent même pas l'honneur d'un déchiffrage. Des seconds (dédiés à Louis Vierne), on éliminera sans regret la *Fughette*, scolaire et dépourvue d'humour, ainsi que le lourd et bancal *Air à danser* (un menuet), tous deux en sol mineur ; on peut consacrer quelques instants à la *Berceuse*, en ré bémol, un peu molle mais plaisante, et surtout à la *Valse* initiale, en ré majeur, qui ne manque pas de saveur dans son économie.

## Francesco DURANTE
(1684-1755) Italien

Durante, auteur d'un vaste ensemble de musique sacrée (messes, psaumes, motets, cantates et autres oratorios), nous intéresse au premier chef pour *Six Sonates*, publiées à Naples vers 1732, sous le titre exact de *Sei Sonate per cembalo divise in studi e divertimenti*. Comme celles d'Alberti, puis de Paradisi, elles ont en effet la particularité d'obéir à un schéma identique, en deux mouvements, le premier *(studio)* d'une certaine étendue, de style contrapuntique, à l'ancienne, le second *(divertimento)* beaucoup plus court, plus capricieux, d'écriture plus libre, généralement homophonique et tournée vers le futur. Le terme « sonate » n'est qu'une commodité, il ne recouvre rien de ce qu'on y entend d'ordinaire, – pas même la forme binaire de celles de Scarlatti, l'exact contemporain de Durante, et son compatriote.

Ces douze morceaux en six sonates ont beaucoup de séduction, et leur célébrité n'est pas vaine. Ils sonnent joliment au piano, et l'on aurait tort de s'en priver. On les taxe parfois d'académisme, mais presque aucun d'eux ne mérite ce reproche ; les entrées en contrepoint ont beau se succéder, elles n'empêchent pas les embardées de la fantaisie ; alors la trame savante se relâche, et les doigts vont s'ébattre en figures joyeuses.

Rien de pédant, par exemple, dans le *studio* de la *Première Sonate* (en sol mineur), un allegro à 6/8 basé sur l'arpège de septième diminuée ; pour faire diversion, voici des séquences hâtivement cousues, des motifs secondaires, comme ce thème de tierces qui claironne plusieurs fois ses syncopes, et auquel est confiée la conclusion. *Divertimento* d'une page, un allegro à 3/8, gentiment bousculé de triolets.

Le *studio* de la *Deuxième Sonate* (en ré majeur), un allegro à 4/4, veut justifier son titre en accumulant en quelques pages les formules d'exercice ; le petit thème brisé et détaché du début n'est qu'un prétexte ; ce qui compte, ce sont ces motifs qui grimpent les degrés en rosalie et où les mains s'imitent à qui mieux mieux, plus loin ces formules brisées à la tierce, à la dixième, ou encore ces petits trilles nerveux. Le *divertimento* passe encore plus vite que le précédent, comme lui à 3/8 et monnayé en triolets.

Plutôt une invention qu'une fugue, la *fuga* qui ouvre la *Troisième Sonate* (en ut mineur) ; le sujet descend une gamme, moitié diatonique et en croches, moitié chromatique et en noires ; même s'il n'est pas traité de bout en bout, il confère à la pièce, en dépit des dactyles du contre-sujet, un caractère sérieux, – qui rejaillit sur le *divertimento*, un canon strict à l'octave.

Le thème du *studio* de la *Quatrième Sonate* (en la majeur), après les degrés conjoints et l'humeur grise de celui qui ouvrait le précédent, sautille gaillardement en lignes brisées ; autre *fuga* tout aussi peu fuguée, prenant vite sa liberté. Remarquez l'écriture de l'entrée en mi (mes. 12-14) : ce style brisé, qui crée artificiellement une troisième voix, propice aux retards, ne donne-t-il pas une idée de la façon dont on doit jouer ces musiques (je veux dire : toutes celles du temps, à commencer par Bach), le moins raide, le moins sec possible, un legato moelleux où les doigts ne craignent pas de traîner un peu sur les notes ? – *Divertimento* guilleret, et même hilare, qui fait déjà songer au premier Haydn.

C'est peut-être dans le *studio* de la *Cinquième Sonate* (en fa mineur), le plus long des six, que l'on croira entendre un ronron connu : ces figures ont beaucoup servi, depuis les notes répétées du thème, prises chaque fois d'un degré plus bas, jusqu'à la réponse en sixtes descendantes, – surtout jusqu'aux trop nombreuses marches d'harmonie, sur des accords brisés violonistiques, qui imitent le remplissage des concertos vivaldiens. Le *divertimento*, rythmé à 12/8, est divisé en trois sections dont les deux premières sont reprises ; il emploie une gamme, tour à tour descendante et montante, et pour finir la hache menu, en mouvement contraire aux deux mains.

Le *studio* de la *Sixième Sonate* (en si bémol majeur) est différent de tous les autres : bipartite, il débute par une sorte d'arioso de violon, en fioritures de triples croches sur un continuo d'accords bien posé, puis enchaîne sur un allegro au thème drolatique, simple arpège du ton dégringolant à trois reprises pour atterrir chaque fois un degré plus bas ; vie grouillante et verve de ces pages, où frétillent des dessins aux mains croisées, où la droite fait des bonds de trois octaves. Le *divertimento*, à l'allure de gigue à 6/8, a un thème original, qui enchaîne, en arpèges et en mouvement contraire aux deux mains, par tonique et dominante, les tons successifs de si bémol majeur, ut mineur et ré mineur.

Outre ces *Studi e Divertimenti*, l'œuvre pour clavier de Durante comporte des *Toccatas*, ainsi que quelques sonates et pièces diverses encore inédites.

## Louis DUREY
(1888-1979) Français

En laissant paraître une *Romance sans paroles* dans le fameux *Album des Six* (1920), Durey avait eu l'air de signer une allégeance ; mais on sait qu'il ne fut pas, l'année suivante, de l'aventure des *Mariés de la tour Eiffel*. Et sans doute éprouva-t-il plus de soulagement que d'amertume de ne pas figurer dans le poème de *Plain-Chant* où Cocteau noue la gerbe une dernière fois :

> Auric, Milhaud, Poulenc, Tailleferre, Honegger,
> J'ai mis votre bouquet dans l'eau du même vase...

On se tromperait, cependant, en interprétant sa volte-face comme le réflexe salutaire d'un homme qui reconnaît son erreur, dénonce une incompatibilité d'humeur et tient à se démarquer des amis de la veille. Ce Groupe si éphémère, et lié, comme a dit l'un d'entre eux, par des « dégoûts communs » presque autant que par des passions partagées, n'était ni étroit ni obtus, et si Honegger et Auric (la carpe et le lapin !) ont pu quelque temps y cohabiter, à plus forte raison Durey pouvait-il y garder ses pénates. S'il s'est empressé d'ôter cette casquette, c'est qu'elle était trop voyante à son gré. De tous les musiciens de cette époque, il est peut-être celui qui supportait le moins les salons, les cafés, les concerts, les slogans, les manifestes, – le tintamarre du monde et les projecteurs de la publicité. Ce trait est essentiel pour comprendre une œuvre en marge de la vie musicale, à l'abri de ses courants contradictoires, élaborée dans la solitude et le renoncement à ce que Montherlant appelait la « gloi-gloire » ; le labeur d'un artisan, toujours modeste, souvent mécontent de sa besogne, mais persuadé, au fond de sa retraite, de travailler pour la cité.

Les grandes pages de Durey, celles qui continuent de nous émouvoir et méritent de sortir de l'oubli où on les confine, se trouvent dans sa musique vocale, plutôt celle de sa jeunesse, des *Images à Crusoé* de 1918 aux *Vergers* de 1932. Saint-John Perse et Rilke, mais aussi Cocteau dans *Le Printemps au fond de la mer* ou les *Chansons basques*, Apollinaire dans *Le Bestiaire* ou la *Cantate de la prison*, et Pétrone, et Théocrite, lui ont tiré ses plus beaux accents. Il a des réussites aussi dans le genre instrumental (les trois quatuors, la délicieuse *Sonatine pour flûte*). Mais le piano est décidément le parent pauvre de sa production. On trouve quelques éléments d'explication dans une lettre à Frédéric Robert, que celui-ci reproduit dans sa monographie sur Durey. Se reprochant d'avoir « sauté du coq à l'âne, sans grande suite dans les idées » et s'accusant d'« incohérence de style », le compositeur souligne, à sa décharge, la difficulté qu'il y avait, en 1920, à se garder à la fois de l'impressionnisme et du romantisme, sans tomber à pieds joints dans le piège du néoclassicisme. Pour contrer tous ces ismes, il eût fallu des accointances plus fortes avec l'instrument lui-même, dont il s'avoue incapable de dominer la technique. « J'ai dû, conclut-il, sagement me borner à me servir du piano pour exprimer, sous une forme concise et le plus souvent dépouillée, mes sentiments. »

Laissons de côté l'argument de la technique pianistique (Satie et Mompou n'écrivent pas non plus, et Dieu merci ! de la musique de pianiste) et revenons à cette notion d'incohérence. Le « coq-à-l'âne », pour reprendre les termes de Durey, n'est pas toujours signe de pensée faible et d'écriture indigente. Un Stravinski l'a élevé, au contraire, au rang de vertu stylistique, – outre qu'il s'amusait beaucoup, en changeant sans cesse de défroque, à semer la troupe de ses suiveurs... Mais sous chacun de ses déguisements, il nous a donné des œuvres fortes et originales, qui finalement ne ressemblent qu'à lui ; avec le recul, la marque en est infaillible, et nous avertit au bout de quelques mesures. C'est ce poinçon de fabrique, justement, qui manque au piano de Durey. Pour nous en tenir à la poignée d'œuvres échelonnées sur les années vingt : le Durey homme-sandwich (« Vive le Coq, à bas l'Arlequin ! ») de la *Romance*, le Durey sombre et brutalement dissonant des *Trois Préludes*, le Durey plus amène, presque insouciant, et soudain féru de virtuosité des *Deux Études*, le Durey classique et clavecinique de la *Sonatine* et des *Inventions*, le Durey watteau-fauréen du *Nocturne*, tous ces êtres ne forment pas un portrait, ni même une silhouette. Jamais, en ces pages de piano, on ne peut le prendre en flagrant délit de personnalité. Cela n'enlève rien au réel agrément de certaines d'entre elles. Mais on comprend que le musicien ne s'y soit pas reconnu. Le clavier, du reste, cessera de l'intéresser : un quart de siècle se passe avant les *Basquaises* et les pièces *De l'automne 53*, qui ne sont que de maigres reliefs. On se prend à rêver en consultant la liste des quelques inédits, où, en dehors des *Scènes de cirque* de ses dix-neuf ans, d'un *Prélude et Élégie*, et de deux sœurs jumelles de sa *Sonatine*, on lit ce titre, *Autoportraits*, à la date de 1967 : comme si l'octogénaire, à la lumière des limbes, avait enfin pu apercevoir quelque chose de son visage éternel...

### *Romance sans paroles* (op. 21)

COMP août 1919 (Paris). PUB 1920 dans l'*Album des Six* (Demets). DÉD à Ricardo Viñes.

Une fort jolie chose *(andante con moto)*, tout à fait dans le genre du Poulenc des *Mouvements perpétuels*, où d'ailleurs l'influence de Stravinski transparaît à chaque ligne. Un petit thème de deux fois trois mesures s'y répète en des tons différents, le plus souvent en fa dièse mineur (malgré la tonique de ré majeur qu'essaie d'imposer la basse). Le titre de *Romance* est trompeur (et l'éditeur aurait préféré celui de « Ronde ») : l'intensité, la sécheresse des attaques, la crudité des dissonances démentent toute sentimentalité. Mais un charme, indéniablement, opère en ces deux pages que Durey, des lustres plus tard, continuait d'aimer.

### *Trois Préludes* (op. 26)
COMP 1920 ? PUB 1974 (Éditions françaises de musique). DÉD à la mémoire de la pianiste Juliette Meerovitch.

Un langage âpre et brutal, inclément aux oreilles et comme insoucieux de plaire, donne à ces pièces l'aspect d'un bloc singulier, monument funéraire élevé dans la révolte des sens et de l'esprit. Le premier prélude *(sombre, très lent)* est nourri d'un contrepoint austère et atonal, dans des nuances douces, effacées, avant le bref et tragique crescendo qui mène en quelques mesures au *fff* conclusif (accord final de mi bémol mineur, avec une tierce sol ♮-si ♮ qui dissone cruellement). Le deuxième prélude *(très lent, grave et résigné)* est plus cacophonique encore, avec ses progressions d'agrégats monstrueux, dans la terreur nocturne et les cris ; « résigné » : c'est un vœu pieux. Enfin éclate l'emportement du troisième *(très animé, avec dureté et violence)*, le dramatisme de ses octaves augmentées, de ses martellements ; le voilà pourtant qui s'assagit, s'achève en fugato *(très modéré)*, dans la couleur endeuillée de si bémol mineur.

### *Deux Études* (op. 29)
COMP 1920 ou 1921. PUB 1974 (Éditions françaises de musique). DÉD à Ricardo Viñes et Germaine Survage.

À l'inverse des *Préludes*, voici les pièces peut-être les plus charmeuses du piano de Durey, si même elles n'en sont pas les plus représentatives. Et certes on y retrouve accords dissonants, agrégats atonaux (et l'amour indéfectible pour l'octave augmentée ou diminuée) ; mais l'inspiration est radicalement opposée à celle du cahier antérieur ; à la noirceur répond ici la couleur la plus sémillante ; et au propos tragique, urgent, une « occupation inutile » à la Ravel.

Durey savait-il que deux *Impromptus* de Massenet (de 1896) s'intitulent *Eau courante* et *Eau dormante* ? C'est en tout cas le titre qu'il donne, mais au pluriel, à ses *Études*, écrites dans un style de virtuosité proprement impressionniste, celui qui relie Debussy et Ravel à Liszt, – et qu'on voit à sa pièce de 1916 pour piano à quatre mains, *Carillons* (et plus tard à sa mélodie *La Fontaine*, dans le cycle des *Vergers*).

La trouvaille de la première, *Eaux courantes (modérément animé, mais léger et capricieux)*, c'est son début, cette droite en arpèges changeants de fluides triples croches (la mineur, fa majeur, sol majeur, ut majeur, si bémol majeur...) qui bitone sur une gauche obstinément rivée à ses do ♯

et sol ♯. Qu'il est doux et frais, ce ruissellement de gave dans le matin ! Puis un chant s'élève à la basse, monte vers les hauteurs, parmi les cascatelles ; une série de crescendos élargit le torrent, dont maintenant l'écume argentée bouillonne. La pente s'adoucit, le calme revient, avec les clapotements murmurants du début ; fin paisible, en la majeur.

Pour évoquer des *Eaux dormantes*, la seconde étude *(lent, sombre et dense)* a recours, tout au long de ses onze pages, à un trille mesuré sur sol ♯, dont la vibration obsédante, au milieu des lents agrégats et des mélodies pensives, produit une étonnante impression d'immobilité (le morceau demeure ainsi suspendu sur la dominante d'ut dièse mineur). On ne se défendra pas de songer ici au *Gibet* de Ravel *(Gaspard de la nuit)* ; c'en est l'atmosphère, à défaut des harmonies. La pièce, du fait de ce trille infatigable où doivent alterner les deux mains, et du large spectre sonore utilisé (basses profondes, échos, plans différenciés, polyharmonie d'accords complexes), est de réalisation plus difficile que la précédente.

### *Première Sonatine* (op. 36 n° 1)

COMP 1926. PUB 1929 (Heugel). DÉD à Jacqueline Ibels (qui la créa en privé chez l'éditeur Heugel).

La seule éditée d'un groupe de trois sonatines écrites la même année, c'est une œuvre charmante et méconnue. Tout n'y est pas d'aussi bonne venue, et le mouvement lent en particulier (commencé en la mineur) mêle des ingrédients de nature et de valeur trop différentes, passant d'une grave et suggestive procession d'accords, scandée par le rythme iambique de la basse (brève-longue), à des motifs de romance banale, à la façon du Steibelt des *Classiques favoris*. Précisément la même année, l'andante de la *Sonate* de Sauguet réussit bien mieux son hommage au passé !

Mais le premier mouvement de Durey (en ut majeur, *modérément animé*) est attachant, avec son thème initial d'allure folklorique, à 5/4 (la tendance d'indyste de la « chanson de terroir », que raille gentiment Cortot), ses propos simples et bien tranchés, ses harmonies sans histoire ; on lui pardonne volontiers un développement quelque peu laborieux.

Meilleur encore, le finale (en ut majeur, *très animé*), dont le diatonisme, le « blanc majeur », les naïves rosalies ne vont pas sans d'acides frottements, renouvelés de Stravinski. L'écriture en imitation du thème principal (mes. 13-19) annonce les *Inventions*. Changement d'éclairage et d'époque avec le second thème, une romance 1900, ingénue et tendre, qui se dorlote sur ses arpèges en triolets.

### *Nocturne en ré bémol* (op. 40)

COMP 1928. PUB 1932 (Chester).

Titre abusif : il est en si bémol mineur *(lent et calme)*, et seules les toutes dernières mesures vont en ré bémol majeur, de façon d'ailleurs abrupte et forcée. L'écriture évoque le dernier Fauré (surtout l'épisode central, enrobé d'arpèges), et l'on s'y méprendrait parfois, n'était que la pâte (et la patte) est plus lourde, l'harmonie infiniment moins subtile, – et qu'il y manque la grâce (avec et sans majuscule). Mais comparer est injuste, il faut écouter cette pièce en dehors du modèle ; elle est attachante, dans son romantisme avoué, sa gravité, ses teintes crépusculaires. Durey n'y tenait guère : il l'a offerte à l'éditeur Chester, à qui il devait l'argent d'un achat de partitions de Stravinski !

### *Dix Inventions* (op. 41)

COMP 1924-1928. PUB 1928 (Heugel) ; réédition 1980 (Éditions musicales transatlantiques), avec des suggestions de Françoise Petit pour l'exécution au clavecin. DÉD à Marius-François Gaillard. CRÉ par Gaillard (3 juin 1929, salle Pleyel).

« Dans un moment de grande pénurie d'idées et pour me forcer à écrire quand même, j'ai mis sur le papier cette série d'*Inventions* à deux voix... », a noté Durey à propos d'un recueil de morceaux pour divers instruments, op. 35, demeurés inédits. C'est à partir de ces « pièces formalistes, la plupart sans intérêt », qu'il a rédigé les *Inventions* de l'opus 41, pour piano. Pensait-il aussi peu de bien du second opus que du premier ? Ou bien l'écrémage effectué avait-il fini par le satisfaire ? Telles quelles, ces pièces ne peuvent renier leur origine satiste, et dans deux directions différentes : musique de « neuf heures du matin », pour quelques-unes, insouciantes comme un devoir de vacances ; mais elles présentent plus souvent l'austérité, l'infrivolité des chorals et des pages « mystiques » du maître d'Arcueil.

La première *(très calme)* sonne comme du Poulenc, mais celui des *Promenades*, qui ne cherche pas à éviter les tours un peu rugueux et les frottements (tonalité capricieuse : le début, par exemple, va de fa lydien à ut, le milieu vagabonde, la fin accepte sol majeur). La deuxième (en sol mineur, *allegretto*), sur le motif à peu près de la fugue en ut mineur du premier *Clavier bien tempéré*, est un curieux mélange d'euphonie ordinaire et de grimaces harmoniques. Pensive, la troisième (en mi mineur, *très modéré*), entraînée par ses croches, s'aventure dans les tons bémolisés, tourne bride, recommence, s'offre un court emballement de doubles croches, rentre au bercail ; nombreux (et malaisés) croisements de mains.

La quatrième *(lent et grave)* est peut-être la plus belle, une page vraiment étonnante, par son intensité, sa couleur d'angoisse et de ténèbre ; chromatisme, dissonances poignantes, errance atonale rappelant les *Trois Préludes* ; à jouer pourtant sans dureté, en privilégiant le chant.

La cinquième *(tranquille)* tournait paisiblement, sage et réservée, jusqu'à ces menus grains de sable qui grippent la machine, à mi-parcours, et la font passer de fa à fa dièse mineur. La sixième *(animé et rythmé)* n'est qu'un gribouillis, sans queue ni tête ; il y a pourtant, quand les deux mains ont bien dissoné, chacune avec son orthographe systématiquement divergente (ré ♭-mi ♭ à droite, do ♯-ré ♯ à gauche, etc.), il y a quelques mesures rafraîchissantes, naïvement mélodieuses, en si bémol mineur ; mais cela ne dure guère. Dans la septième au contraire *(modéré)*, tout chante, en bonne entente et diatonie, malgré quelques infimes laideurs, laissées par mégarde...

Robuste gaieté de la huitième (en ut majeur, *rythmé*), où l'on croise les mains, au milieu, pour des dessins en dents de scie ; et semblablement de la dixième (en ut mineur, *très animé*) qui adopte l'allure d'une gigue, à 12/8, avec d'amusantes notes répétées et une fin éclatante, triple forte. Entre les deux, la neuvième *(modéré, mélancolique)* a besoin, plus qu'une autre encore, du concours de l'interprète ; au déchiffrage, ses réelles beautés passent inaperçues ; il y faut des doigts inspirés, et méditatifs ; quelques passages de quintes et quartes parallèles rendent un son très médiéval.

## *Dix Basquaises* (op. 68)

COMP mars 1951. PUB 1968 (Chant du monde). DÉD à Hélène Boschi. CRÉ par Boschi (23 juin 1951).

Pour mémoire. Ce sont de petites choses faiblardes, sans inspiration et pour ainsi dire sans goût, chansons folkloriques platement harmonisées. Le désir est louable, chez Durey, de faire partager sa manne au plus grand nombre ; mais quoi, ces thèmes un peu mieux enrobés n'en seraient pas devenus inaccessibles. Quant à croire qu'ils risquaient de perdre leur fraîcheur, il suffit de songer aux merveilleuses *Nurseries* d'Inghelbrecht, bel exemple d'un traitement à la fois raffiné et respectueux du folklore.

## *De l'automne 53* (op. 75)

COMP 1953. PUB 1974 (Éditions françaises de musique). CRÉ par Hélène Boschi (16 avril 1964, salle Marguerite Gaveau).

Il y a deux réussites au moins dans ce cahier de six pièces, écrit comme à part soi au milieu d'œuvres plus ambitieuses : la première pièce (en ut majeur, *modéré, très expressif*), dont les accords bitonent subtilement, au-dessus d'une persistante pédale de tonique (le do, d'abord répété au milieu du clavier, puis servant de pivot fixe à des arpèges de plus en plus vastes), comme en attente de la résolution finale ; – la troisième (en si mineur, *expressif et concentré*), une procession commencée au fond du piano, dans un rythme uniforme à 7/8, et croissant en force à mesure qu'elle progresse vers l'aigu. Joignons-y, pour faire un compte, le deuxième morceau *(bien modéré)*, dont le si d'abord dorien (avec sol ♯) vire franchement au majeur, et qui est d'une extrême euphonie, en ses phrases naïves de pastorale.

Le reste est plus négligé, et décousu de style comme d'inspiration : un caprice espagnol dans la quatrième pièce *(allant)*, qui va de la à mi, avec un 6/8 battu à 2+4 croches, un chant pris dans la serre d'un accompagnement en octave brisée, et des effets de *rasgueado* à la Falla ; – « un poco di Liszt », bien inattendu, dans la cinquième (en ré dièse mineur, *modérément animé*), où le thème est survolé d'un trémolo dans l'aigu ; – un hymne dans la sixième *(majestueux)*, crescendo du début à la fin, et concluant avec ut dièse mineur et mi majeur superposés.

## Jan Ladislav DUSSEK
(1760-1812) Tchèque

Blanc ou noir ? Que décident aujourd'hui « les jugements de cour » ? Réfléchissez avant de répondre, car Dussek, sans être puissant, n'est plus aussi misérable qu'il l'a été durant tout notre ignorant XXe siècle. Je me souviens d'un morceau de piano, destiné aux enfants, écrit par un compositeur de notre temps que je ne nommerai pas, et qui prétendait, par moquerie, donner les recettes du parfait sonatier d'après l'exemple de « Du-Sec » (entre autres ; il y pourchassait aussi de son humour un certain « Hummez-le »). Quoi dire, sinon que ce compositeur, par ailleurs estimable, n'avait sans doute jamais lu, de Dussek, que les quelques sonatines que l'on fait ânonner aux débutants. Je lui souhaite d'être tombé, depuis, sur la sonate de *L'Adieu*, sur l'*Élégie harmonique*, sur *Le Retour à Paris* (et d'avoir découvert la *Sonate en fa dièse mineur* de Hummel ; et d'avoir appris que Clementi a composé autre chose que le *Gradus ad Parnassum*).

Ce n'est pas par hasard que j'associe, même entre parenthèses, ces trois noms ; et l'anecdote n'est qu'un prétexte. Ce trio de sonatiers, sonatistes ou sonateurs sort progressivement de l'ombre ; au lieu des raseurs que l'on redoutait (sur la foi d'ouvrages occupés à redire les mêmes sottises), on découvre des musiciens de haute volée. Il en reste d'autres encore, de leur temps, à dépoussiérer ; mais ces trois-là assurent un lien indispensable entre deux continents ; ils comblent un hiatus mystérieux ; ils expliquent Beethoven au sortir de Haydn, Chopin au sortir de Mozart.

Dussek demeure le moins connu, bien qu'ayant composé quelque trois cents ouvrages (à côté des sonates pour piano, il y a celles pour violon et piano, au sein d'un amas de musique de chambre, sans oublier une vingtaine de concertos). On sait quelquefois l'appeler, comme ses contemporains, « le beau Dussek », qualificatif qui lui était accolé depuis qu'il avait inventé (nous en avons gardé l'usage) d'installer son piano de biais sur l'estrade, pour montrer son profil... Pianiste extraordinaire, doué à la fois d'une virtuosité prodigieuse, où il n'avait que Clementi pour rival, et d'un toucher chaleureux et profond. La virtuosité, parfois excessive (voyez sa *Sonate op. 9 n° 2*), allait de pair avec une inépuisable invention de figures : dès ses premières œuvres, il semble penser à un instrument futur (ne l'éprouve-t-on pas également chez Bach et chez Scarlatti ?). Mais aussi, à côté du prestidigitateur, un aventurier de la pensée musicale, pionnier de la sonorité, de l'harmonie.

Ce qui l'a perdu, paradoxalement, c'est cette abondance de ressources, cette richesse prophétique. Des passages entiers de Beethoven viennent de lui en droite ligne ; recopiés, retenus, refaits, qu'importe ? autrefois, chacun prenait son bien chez autrui, et Molière pillait allégrement Cyrano. L'ennui, c'est qu'avec la confusion des dates, on n'a plus vu qu'il se projetait chez son cadet, on l'a pris lui-même pour un reflet.

Qui parcourt la trentaine de sonates de Dussek aperçoit d'autres prémonitions encore, et plus troublantes : tout le cortège des romantiques, de Schubert à Brahms, de Schumann et Chopin à Smetana. Qualité à double tranchant ; il risque de disparaître dans ces entités plus abouties. Or, il est lui-même, avant d'être tous ces autres dont on accable quelque peu sa personne ; original, audacieux et complexe, et cependant tributaire de son temps, auquel il revient le plus simplement du monde, entre deux vagabondages. Il ne faudra pas s'étonner, au lendemain d'une partition exceptionnelle et chargée d'avenir, de le voir retourner à l'idiome de Mozart.

## LES SONATES

Leur nombre exact est sujet à caution (comme toujours à cette époque), à cause des rééditions sous des numéros d'opus anarchiques, des transcriptions, des doublons. Je m'en tiendrai, pour la commodité, aux vingt-neuf sonates rééditées par Jan Racek et Václav Jan Sýkora dans la série « Musica antiqua bohemica » (Prague, 1960-1963). (Il n'y manque que les trois sonates op. 14 arrangées à partir de sonates de violon.)

On peut les répartir en tranches chronologiques assez bien délimitées : seize sonates dans la période anglaise (1789-1799), précédées de la seule sonate que l'on croit composée à Paris vers 1788 ; huit sonates dans la période des tournées en Europe (1800-1807) ; quatre sonates dans la dernière période, à partir du retour de Dussek à Paris (1807-1812). Mais l'évolution de Dussek est loin de s'y montrer régulière. Les sonates « anglaises » offrent le plus de variété. Onze d'entre elles ne comportent que deux mouvements, souvent (mais pas forcément) l'indice d'œuvres légères. Parfois Haydn et Mozart servent de modèle, ou encore Clementi ; parfois aussi (dans l'opus 35) Dussek vole d'un coup de ses propres ailes, qui se révèlent puissantes, aptes à porter d'autres que lui après lui. L'époque européenne voit la naissance de deux chefs-d'œuvre singuliers, en partie antithétiques, et complémentaires : la *Sonate de l'Adieu* et l'*Élégie harmonique* ; ici, ce n'est plus seulement Beethoven qui est pressenti, ce sont les futurs romantiques ; mais cette époque comprend aussi le très faible opus 47. La période finale, dont toutes les sonates ont de trois à quatre mouvements, se partage également entre sommets (*Le Retour à Paris* et *L'Invocation*) et basses plaines.

Dans les unes comme dans les autres, les réussites sont dues à un mélange caractéristique de trouvailles pianistiques et harmoniques. La verve de Dussek peut faire merveille dans ses rondos et ses menuets-scherzos, sa réelle et toute moderne sensibilité nourrir quelques moments d'introspection dans les mouvements lents, sa largeur de souffle et son ampleur de vue remplir d'idées un allegro de sonate ; mais ce que l'on retient le plus (délices, au fond, de déchiffreur plus que d'auditeur), ce sont ces passages de texture opulente, prophétiquement romantiques, où les deux mains sont traitées en égales, cette plénitude de l'écriture, inspirée par le nouvel instrument (dans sa variété anglaise : un piano plus sonore et plus lourd) à un adepte passionné et intelligent ; et ce sont ces accords, ces enchaînements imprévus, ces audacieuses dissonances, ces troublantes notes de passage, ce goût toujours plus poussé pour le chromatisme, ces modulations aux tons lointains, en dehors des sentiers battus, qu'une oreille toujours aux aguets lui fait choisir de préférence aux tours plus communs, – où d'ailleurs il ne dédaigne pas de retomber, bien trop vite à notre gré. Justement, un tel style, où la surprise commande le jeu, est forcé de se dépasser sans cesse : le degré d'échec qu'on peut constater chez Dussek est à la mesure de l'attente que font naître, pour la suite, ses plus beaux moments ; il nous gâte, et nous amène à lui être, malgré nous, sévères, quand il a si peu que ce soit déçu notre espoir. Nous avons tort, évidemment ; nous oublions cette vérité élémentaire : qu'un précurseur ne sait pas qu'il en est un...

### *Sonate en la bémol majeur* (op. 5 n° 3, C. 43)[*]

PUB 1788 (Boyer, Paris). DÉD à Mme de Mongeroult. Les deux premières sonates de l'opus sont écrites « avec violon obligé ».

Quelle qu'en soit la date, c'est une œuvre importante, du moins par le premier de ses deux mouvements. Et s'il faut s'en tenir à la date indiquée (celle du premier séjour à Paris), elle est même singulièrement vigoureuse, pour un compositeur de vingt-cinq ans qui, tout en prenant Clementi pour modèle, montre une assurance, un savoir-faire bien personnels, et déjà plus d'une caractéristique de style et de pensée.

---

[*] La lettre C désigne les numéros du catalogue dressé par Howard Allen Craw (University of Southern California, 1964).

Ce qui frappe dès l'abord, en cet *allegro* initial, c'est l'ampleur inusitée des parties : l'exposition du premier thème occupe trente-trois mesures (à quatre temps), le pont trente-neuf à lui tout seul, trente-neuf encore le deuxième thème et sa codetta ; le développement cinquante et une. On ne s'étonnerait pas que ce fût là le matériau d'un concerto, dans sa réduction pianistique : d'une part le tutti, de l'autre le solo. Et celui-ci est inventif, avec ses entrées corrigées, ses apartés, ses digressions. L'insistance initiale sur la pédale de tonique (mes. 5-13) est certes un tour clementinien (voyez cependant comme la réexposition en fait bon marché, préférant, après un point d'orgue expressif, la couleur mineure et la feinte modulation, mes. 169) ; mais le passage chromatique qui suit est original, dans sa crudité ; neuf aussi, et parlant, celui qui, en plein pont, module brusquement en mi majeur et prend des chemins de traverse (mes. 49) : on a envie d'y voir l'essentiel du morceau, plus encore que dans l'innocent second thème ou dans les batteries et les arpèges mozartiens du développement (commencé, notons-le, par un saut inattendu de mi bémol, la dominante, à fa bémol, à l'autre bout du spectre !).

Auprès de ces pages, le deuxième mouvement, un rondo *(allegro non tanto e con spirito)*, rentre dans le rang ; non point parce qu'il rompt le sérieux du précédent, – tous les rondos en font autant, c'est même leur raison d'être à la fin d'une sonate ; mais parce qu'il pourrait, à peu de chose près, être signé de la plupart des bons faiseurs de l'époque. Les thèmes chantent, l'écriture est claire, la facture habile, la main droite s'octroie le facile brio de quelques octaves brisées, et l'espiègle triolet initial en forme de mordant joue parfaitement son rôle de ressort.

## *Trois Sonates* (op. 9, C. 57-59)
PUB vers 1789 (Sieber).

La première édition de ce groupe de trois sonates prévoyait une partie de violon, un pur ad libitum où cet instrument se contente de doubler la mélodie ou quelque voix intérieure ; les rééditions les ont vite présentées comme des sonates pour piano à part entière.

SONATE op. 9 n° 1 (en si bémol majeur). – Deux mouvements. Le premier *(allegro non tanto)* commence avec énergie, accords et octaves brisées délimitant le cadre tonal, tonique et dominante. Suit une calme mélodie, « dolce con espressione », sur des accords brisés, aux notes répétées insistantes, à la Schubert : l'harmonie y est d'un coup plus subtile. Le deuxième groupe, plus étendu, a d'abord une figure de triolets que le crescendo accélère en arpèges de doubles croches, puis un beau thème « cantabile » (en fa majeur). Développement modulant (commencé en sol mineur) sur tous ces motifs ; modulation surprise (mes. 106) en mi bémol majeur, ton de la sous-dominante, pour une réexposition très écourtée, qui ne ramène qu'à la toute fin la mélodie chantante du premier thème.

Le deuxième mouvement est un rondo *(allegretto grazioso)* où Dussek, tout en suivant Mozart (celui de cette sorte particulière de rondo où le mètre à 6/8 entraîne joyeusement et comme en se jouant mélodies et harmonies), se révèle un maître du genre, y mettant déjà son grain d'humour particulier. Mais il y a place aussi, auprès de ce brio léger, pour la trame plus épaisse, l'inspiration plus grave du couplet en sol mineur, de couleur beethovénienne.

SONATE op. 9 n° 2 (en ut majeur). — Le style concertant de l'*allegro con spirito* a sûrement influencé (entre autres...) le Beethoven de la *Sonate op. 2 n° 3*, écrite dans ce même ton d'ut majeur favorable aux prouesses digitales. Long premier groupe où, à l'attaque claironnante des deux mains à l'unisson succèdent des jeux virtuoses, tierces brisées par exemple, déferlant d'une main dans l'autre, toutes deux soumises, comme chez Clementi, au même traitement. Le second thème (en sol majeur), chantant « con espressione » sur son lit d'arpèges, enclôt lui-même une section de traits, et la codetta s'amuse à des gammes en tierces. Et si le développement alterne virtuosité et expressivité, on voit bien que c'est la première ici qui intéresse notre musicien, — hormis toutefois le beau passage en la mineur (mes. 115) et son romantique « con dolore ».

« Les tendres plaintes » : ce titre de Rameau conviendrait bien au *larghetto* (en la mineur) ; et qui voudrait saisir le pouvoir de quelques notes répétées n'a qu'à se rejouer simplement les mes. 15-20, aux tierces persuasives. Dommage que le morceau soit coupé d'un intermède banal, au relatif majeur (ut).

Finale de forme binaire *(presto assai)*, d'une verve parodique (voyez le branle-bas du développement, dans le mode mineur !), tout réjoui de son unique thème, que Haydn a dû revendiquer pour sien dès les premières notes, à quoi Dussek aura rétorqué qu'en tout cas ces fébriles moulinets de doubles croches n'appartiennent qu'à lui...

SONATE op. 9 n° 3 (en ré majeur). — En deux mouvements. Dans l'*allegro maestoso con espressione*, le premier thème se campe solidement sur la pédale de tonique, comme tant de débuts clementiniens, au risque de quelques rudes frottements (ré ♯ contre ré ♮) ; puis viennent les passages virtuoses habituels, tierces agiles, vigoureuses gammes d'octaves. Très belle idée secondaire, modulant de fa dièse mineur à la majeur, où s'enchaînent les triolets volubiles du second thème. Sixtes et tierces ondulent gracieusement dans le développement, avant une reprise écourtée.

Le finale *(prestissimo)*, avec son tourbillon de triolets, paraîtra creux ; il y passe cependant une certaine drôlerie d'opéra bouffe : ces répliques de l'aigu au grave (mes. 12-20 et apparentées), du Rossini avant la lettre.

***Trois Sonates*** (op. 10, C. 60-62)
PUB vers 1789 (Sieber).

Comme celles de l'opus 9, ces trois sonates ont d'abord paru avec des parties de violon : artifice de vendeur, à une époque où il y avait beaucoup d'amateurs du genre ; elles n'ont pas tardé à passer pour ce qu'elles sont en réalité, de pleines et entières sonates pianistiques.

SONATE op. 10 n° 1 (en la majeur). – L'*allegro moderato* ne renouvelle pas beaucoup le plan et le procédé de son équivalent de l'opus 9 n° 3, sinon qu'il l'accroît en volume, notamment dans le développement ; même départ orchestral, sur la pédale de tonique, aussitôt suivi d'un énoncé *pp* du même thème, où l'on reconnaît l'entrée du soliste ; gammes prestes, octaves brisées remuantes, et tout un art de faire attendre le second thème (c'est l'ampleur que nous relevions dès la *Sonate op. 5 n° 3*), – lequel est toujours aussi *parlant* (« con espressione »), même s'il n'exprime pas encore des choses bien profondes. La réexposition, comme de coutume, compresse le matériau, – et fait bien.

Le mouvement lent (en mi majeur, *adagio cantabile*), avec son emboîtement en forme ABACA (huit mesures pour A, six pour B, douze pour C qui passe au mode mineur et quitte un peu la placidité du reste), préfigure le plan du rondo qui le suit *(allegro assai)*, de loin le meilleur mouvement de l'œuvre, et où l'on voudra retenir, après les courses espiègles, la brève plainte du couplet en la mineur, touchante comme du Mozart.

SONATE op. 10 n° 2 (en sol mineur). – Première sonate *in modo minore* de Dussek : est-ce assez pour lui conférer plus d'importance que le restant du brelan de l'opus 10 ? L'apparition du mineur chez Clementi (dans la *Sonate op. 7 n° 3*, publiée en 1782) me semble avoir, avec moins d'apprêts, plus de force et d'âpreté ; mais voilà, Clementi poursuit la veine du Haydn de la *Sonate en ut mineur*, et Dussek, indiscutablement, annonce le Beethoven de la *Pathétique*, – autant dans le *grave* initial, avec sa texture épaisse, son lourd rythme pointé, ses brutales oppositions de nuances, ses dialogues pathétiques où la main gauche, croisant les remous d'harmonies de la droite, énonce les questions dans le grave et les réponses dans l'aigu, – que dans le *vivace con spirito* final, aux robustes octaves, aux infatigables tournoiements d'accords brisés, dans une atmosphère tendue, où l'on serait mal venu de tirer le second thème vers la *burla*, au vu des accents menaçants ou implorants qu'il acquiert dans le développement (complexe !) et dans la reprise. Tout cela, encore une fois, un peu extérieur : gestuelle de qui se sait observé, et en rajoute.

SONATE op. 10 n° 3 (en mi majeur). – L'absence de mouvement lent n'enlève pas son rang à cette sonate, la meilleure que Dussek ait jusqu'ici composée, notamment pour son finale. Commençons par lui ; il est dans le mode mineur *(presto con fuoco)*, et c'est lui qui marque les véritables débuts de Dussek dans ce mode. Le mineur de la sonate précédente n'était pas dépourvu de quelque théâtralité, d'ailleurs bonne à prendre, dans un temps où les adeptes du genre se guindaient volontiers. Ce mineur-ci ne s'étale pas, ne déborde pas sur la page, il est ramassé sur lui-même. Toute la force du thème, à 6/8, thème unique dont dérivent toutes les idées, et qui module tour à tour au relatif (sol) et à la dominante mineure (si), vient de ses arêtes précises, qui se prêtent au contrepoint ; et pour une fois les doubles croches en avalanche se soumettent moins au caprice des doigts que du propos.

Dans le mouvement initial aussi, à vrai dire *(allegro maestoso e moderato)*, c'est la couleur mineure qui séduit, – que ce soit dans ces mesures où chacun des thèmes fléchit à son tour, ou dans tout le début du développement, parti en ut dièse mineur (le relatif du ton initial), et si romantique d'accent. On notera, comme une curiosité ou une transgression des prétendues règles, que le second thème, pourtant exquis, ne reparaît plus...

### *Sonate en la mineur* (op. 18 n° 2, C. 80)

PUB 1792 (Preston & son). DÉD à Mlle Bathoe. Les sonates n<sup>os</sup> 1 et 3 de l'opus ont un accompagnement de violon.

Deux mouvements, d'une surprenante affinité avec le style de Mendelssohn, annoncé dans quelques-uns de ses traits les plus caractéristiques. L'*agitato assai* est le prototype des agitatos que l'on rencontre dans les *Romances sans paroles* : une ardeur policée, une fébrilité encore en surface, le tout enveloppé dans une facture impeccable. – Les sonneries de cors, l'alerte 6/8 du rondo *(allegretto moderato)* préfigureraient telle *Chasse*, et tout aussi bien, en en augmentant la vitesse, cette technique de la double croche véloce, qui chez Bach fournissait à la gigue, et que Mendelssohn amène au scherzo.

### *Sonate en si bémol majeur* (op. 23 ou 24, C. 96)

PUB 1793 (Longman & Broderip). DÉD à Mrs. Chinnery.

L'*allegro con spirito* est absolument délicieux. Humour léger, insistance moqueuse de cette espèce de gruppetto (deuxième temps de la première mesure) qui remplit tout le mouvement de son rebond. Le deuxième thème, commencé comme un cliché, et d'ailleurs pourvu du même motif en guise d'anacrouse, s'ouvre à de ravissantes modulations (un aller et retour de fa majeur à fa mineur, puis la bémol) que poursuit, en plus étonnant encore, le développement, avec sa basse chromatiquement ascendante. Schubert approche, – et tout autant dans la « pastorale » du deuxième et dernier mouvement, un rondo *(allegretto moderato con espressione)* : rêverie douce et accents charmeurs du refrain, mais aussi, plus loin, sonores appels de cors et jolis effets de grelots dans l'aigu.

***Sonate en ré majeur*** (op. 25 n° 2, C. 127) – ***Sonate en ré majeur*** (op. 31 n° 2, C. 133)

PUB 1795 (Corri & Dussek). DÉD à Lady Elizabeth Montagu ; à Miss Wheler. Les n°ˢ 1 et 3 de ces opus sont écrits pour piano et violon/flûte ; l'opus 31 contient de surcroît trois *Préludes*.

Un recul ? Prenons-les plutôt comme des récréations, sonatines plus que sonates, mozartiennes de ton et de texture. Le modèle est très proche dans celle de l'opus 25, et même sa grâce se retrouve dans ces trois mouvements sans histoires : un vif *presto* à 3/4 précédé d'une page d'*adagio maestoso*, – un court *larghetto* (en sol majeur), – un rondo *(allegramente)* qui rit de toutes ses doubles croches agiles, et qui est devenu célébrissime sous le surnom de « La Matinée ».

La sonate de l'opus 31 est, dans le même genre, plus originale, – dès le premier mouvement *(allegro non tanto)* où, si le développement se réduit à sa plus simple expression, la reprise contient quelques belles échappées (mes. 139-151), entre les deux thèmes proprement dits ; – dans l'*adagio con espressione* (en la majeur), au milieu duquel s'envolent des bouffées schubertiennes ; – surtout dans le rondo final, une « pastorale » *(allegro non troppo)*, dont le refrain joue si modernement de sa pédale de tonique, à la musette, sur laquelle les sons s'entrechoquent, au point de faire penser à la rusticité de certaines pages de Poulenc, ou même de Bartók.

***Trois Sonates*** (op. 35, C. 149-151)

PUB 1797 (Corri & Dussek). DÉD à Clementi.

Le premier opus à marquer d'une pierre blanche ; ses propres découvertes combinées aux meilleures leçons du passé se concentrent dans ce trio de sonates où Dussek ne s'adresse plus (selon la dialectique de Philipp Emanuel Bach) à l'amateur, mais au connaisseur.

SONATE op. 35 n° 1 (en si bémol majeur). – Profusion de matière dans le premier mouvement *(allegro moderato e maestoso)*, – avec un long premier groupe où, après le pas tranquille et enjoué d'un motif de tierces et de sixtes, s'active un turbulent passage en trémolos (mes. 18), – et un second groupe encore plus ample, où le thème « chantant » attendu est moins cette phrase entraînée sur un battement d'octave brisée (mes. 58) que, de part et d'autre, cette mélodie qui plane sur la première note des doubles triolets de la main droite, à la Schubert (merveilleux parages bémolisés, mes. 52-54). Le développement retient d'abord l'épisode en trémolos, commencé en ré bémol majeur, glisse ensuite en si majeur le thème de départ en tierces et sixtes, revient à ces trémolos qu'il fait moduler encore en mains croisées : du coup la réexposition, très écourtée, les économise, adonnée presque toute au second groupe thématique.

Joyeux et frétillant finale *(allegro non troppo ma con spirito)*, appareillé comme les meilleurs rouages de Mendelssohn quand il se veut classique, et où intervient, en plein développement, un vigoureux fugato.

SONATE op. 35 n° 2 (en sol majeur). – Sans doute un cran plus bas que la précédente ; mais elle bénéficie, dans l'*allegro*, d'un adorable second thème, aux échos mozartiens, et qui se donne le luxe, à la reprise, de couper net l'amorce du premier au bout de quatre mesures à peine, pour s'épandre paisiblement à sa place, et non pas, comme on l'attendait (et comme il vient ensuite) dans le ton initial, mais dans un improbable mi bémol ! Charmeur aussi, tant dans ses inflexions que dans ses harmonies, le thème de codetta, qui plane suavement sur un double battement de croches.

Le rondo *(molto allegro con espressione)*, battu à 6/4, sonne comme du Beethoven, en plus bavard : on se serait passé, notamment, du *minore*, tissé de gammes qui passent d'une main à l'autre. Mais quelle jolie fin que cette dernière ligne aux accords vacillants sur pédale de tonique, à la sonorité lentement décrue...

SONATE op. 35 n° 3 (en ut mineur). – Un mordu de Beethoven élira certainement cette sonate avant bien d'autres de Dussek : elle ajoute une trente-troisième sœur à la famille qu'il idolâtre. En particulier l'*allegro agitato assai*, si l'on n'en connaît pas l'auteur, fait illusion jusqu'au bout ; et ce n'est pas uniquement affaire d'ut mineur (d'ailleurs les deux tiers de l'exposition utilisent le relatif majeur). La même découpe des motifs, la même sorte de véhémence, d'inflexibilité (et les points d'orgue, et les croisements de mains, et les batteries insistantes) qu'on verra aux sonates en mode mineur de la jeunesse beethovénienne s'y trouvent présagées. Pour autant, mettra-t-on cet allegro au-dessus de celui de la *Sonate en si bémol*, du même opus ? Voire. Si loin qu'il invente, ici Dussek sort de lui-même, on l'identifie mal : je veux dire que ce n'est pas celui qu'on souhaite... et du reste il n'a pas donné beaucoup d'exemples de ce dramatisme efficace mais sommaire, de cette pensée remontée à bloc, toute tendue vers un seul but, décidément aveugle à tout chemin écarté, à toute digression.

Les beaux détails abondent dans l'ample mouvement lent (en mi bémol majeur, *adagio patetico ed espressivo*), un peu au détriment de la ligne générale, de la continuité ; mais justement, on peut préférer cette esthétique de la surprise. Grande variété de figures : rythme pointé du thème initial, triolets fluides et berceurs (mes. 9), dessins de doubles croches à notes répétées (mes. 17) ; et surtout nombreuses trouvailles d'harmonie : voyez le début de la deuxième section, qui minorise, bémolise jusqu'à rompre, et passe soudainement en si majeur.

L'« intermezzo » de quatre lignes *(presto)* qui précède le finale montre d'un coup comment aurait pu se terminer la sonate si Dussek avait persisté à « pathétiser » jusqu'au bout. Mais non, il tourne casaque, opte soudain pour le mode majeur, et nous donne un de ses finales les plus réjouissants *(allegro molto)*. Non moins beethovénien, peut-être, – mais c'est alors ce Beethoven qui se souvient de son maître Haydn, jusqu'en ses plus vertes bouffonneries, le Beethoven par exemple du *Rondo en sol* « sur le sou perdu ». Haydn, assurément, aurait pu écrire ce thème fruste et jovial, où sonne la rustique et savoureuse quarte lydienne (fa ♯), et le trimbaler ensuite en le secouant de rires et de cahots drolatiques !

### Trois Sonates (op. 39, C. 166-168)
PUB 1799 (Longman & Clementi). DÉD à Mrs. Apreece.

SONATE op. 39 n° 1 (en sol majeur). – En comparaison de celles de l'opus 35, ces trois sonates-ci paraîtront plus simples, plus limpides, en particulier cette *Sonate en sol*, où Mozart retrouvé sourit dans le filigrane. L'*allegro* répartit avec beaucoup d'équité les passages chantés, en croches, et les traits véloces de doubles croches. Le mouvement suivant est un grand morceau soudant le lent et le rapide : un court et merveilleux *andantino* à 2/4 s'ouvre, au bout d'une page, sur le remuant 6/8 d'un *allegro ma non troppo* en sol mineur ; l'*andantino* recommence, presque au complet ; l'*allegro* reprend, vite converti, cette fois, au mode majeur. Rien que pour le doux cantique central (et rien que pour ces mes. 25-26, aux tierces de passage si tendrement étranges...), il faut avoir déchiffré ces pages.

SONATE op. 39 n° 2 (en ut majeur). – On en a médit, avec un peu de hâte et beaucoup de myopie. Pourquoi veut-on que la clarté de la texture, l'affabilité et la franchise des thèmes soient indignes de l'auteur, et le ramènent à l'orée de son parcours ? On ne se pose pas tant de questions quand on arrive, chez Beethoven, devant la « sonate facile » de l'opus 79. Une fois de plus, à les considérer de près, que de charmantes choses, et originales, en dépit de la modestie du propos ! Dans l'*allegro moderato*, la courbe du second thème, surtout quand s'y mêlent de ductiles triolets ; tout le mouvement lent (en fa majeur, *andantino quasi larghetto*), pour sa touchante ingénuité, et sa gracieuse modulation passagère en la bémol ; et dans le rondo *(allegretto)*, empli de trompes de chasse, la progression de l'épisode mineur, qui soudain semble vouloir s'étendre, s'ouvrir, quitter le climat guilleret du restant.

SONATE op. 39 n° 3 (en si bémol majeur). – En deux mouvements. Il faut admirer ici encore, dans l'*allegro con spirito*, les inflexions du second thème, en son habillage d'harmonies délicates, – ce qui n'empêche pas de se laisser griser, dans le développement, à ces triolets modulants, si bien huilés. – Le rondo est pourtant autre chose *(andantino espressivo, ma con moto)*, qui tient, au fond, à la fois de mouvement lent, par son tempo modéré et son refrain caressant, et de finale, par son ampleur, sa variété, l'animation progressive de ses couplets fourmillant de valeurs brèves. Maints arrêts attendent le déchiffreur : par exemple ce subit et si chaleureux glissement en ré bémol (mes. 22), et sa variation, plus loin, en triolets, dans le goût d'un impromptu de Voříšek ou de Schubert. Dans les dernières pages, emmenées à un tenace rythme pointé, le thème pourrait passer (on l'a beaucoup dit) pour quelque chant du Tyrol.

### *Sonate en la majeur* (op. 43, C. 177)

PUB 1800 (Longman & Broderip). DÉD à Mme Bartolozzi (femme du peintre Francesco Bartolozzi).

Au tournant du siècle, deux sonates successives, les opus 43 et 44, font mesurer la stature de notre compositeur ; mais si la seconde, dite *de l'Adieu*, a connu quelque célébrité, cette *Sonate en la*, en deux mouvements, semble être passée inaperçue. Pourtant, quiconque met ses doigts sur l'*allegro moderato* est aussitôt frappé par la densité de la texture (ces basses d'Alberti élargies à la dixième, ces doubles notes et ces octaves à la Clementi, mais nettoyées du pur brio, chargées de sens mélodique et harmonique), par la richesse et la variété des idées (le second thème n'apparaît qu'à la mes. 46, et cette exposition est si longue que Dussek est amené à tronquer sévèrement la reprise). Le développement est particulièrement remarquable : non pas en tant qu'il développe, chose finalement à la portée du premier venu, mais par la saveur des modulations, le jeu presque voluptueux des notes de passage, le plaisir tactile de ce pianisme où déjà s'annonce Chopin.

Le rondo *(allegro)*, huit pages bien serrées, sur un refrain fringant, secoué du rire de ses dessins brisés, est fertile en surprises : l'une des meilleures est cet emprunt inopiné à ut majeur (mes. 85), suffisamment claironné pour nous faire croire à un véritable changement de cap, et abandonné au bout de quelques mesures ; et l'épisode central, avec ce croisement de la gauche chantante par-dessus les difficiles trémolos de doubles notes de la droite, a beaucoup de chaleur et d'accent.

### *Sonate en mi bémol majeur* (« *L'Adieu* ») (op. 44, C. 178)

PUB 1800 (Longman & Clementi). DÉD à Clementi.

Une des grandes sonates de son auteur, et de l'époque. Elle commence par une introduction dans le mode mineur (*grave*, à 4/4), au pesant rythme pointé, dont les sombres accords, projetés sans cesse de pianissimo à fortissimo, tracent le profil du thème de l'*allegro moderato* qui va suivre (ce début pathétique n'a peut-être qu'un équivalent : vingt ans plus tard, le début de la dernière sonate de Clementi, la fameuse *Didone abbandonata*). L'allegro a beau ramener le majeur, il garde de ce début une gravité singulière, et même une urgence, qui obère tous les motifs, de dessin d'ailleurs apparenté. Le développement démarre abruptement sur la dominante de mi majeur (après la cadence en si bémol qui termine l'exposition), et au bout de quelques tournoiements dans le cercle harmonique, redonne aussi brutalement (après un accord annonçant ut mineur) le mi bémol de la réexposition.

Le mouvement lent *(molto adagio e sostenuto)* est en si majeur, tonalité inattendue (l'enharmonique de do bémol, sixte mineure du ton principal) ; il adopte une forme sonate libre, où, entre deux pans de lourde texture pianistique, une section centrale passionnée sert de développement, sur une figure obstinée qu'elle promène fébrilement à travers tons (voyez, pour un abus de ce procédé, les deux *Fantaisies*, dans LES AUTRES ŒUVRES) ; on notera le retour au thème A préparé par une pédale de dominante, sur laquelle glissent chromatiquement des accords.

Ici se place un *tempo di minuetto più tosto allegro*, ce qui revient à dire que Dussek, comme Weber, camoufle sous ce terme de « menuet » ce qui est en réalité un scherzo. Ton de sol dièse mineur, prévisible, lui, puisque c'est le relatif du si majeur précédent ; et habilement choisi : le morceau, dans ses dernières mesures, se servira de l'enharmonie sol ♯/la ♭ pour préparer le mi bémol retrouvé du finale. – En contraste prononcé avec le caractère ombrageux du menuet, avec l'inquiétude qui l'infiltre tout au long, le trio (en la bémol, *con molta espressione*) non seulement se déride, mais danse la valse, avec une exquise candeur ; c'est le seul moment détendu de toute la sonate, le seul où s'estompe jusqu'au souvenir de l'émotion qui a pu la susciter.

Le finale, un rondo-sonate (en mi bémol majeur, *allegro moderato ed espressivo*), emploie dans son refrain ces syncopes tant aimées de Dussek, et qu'on lui reprocha souvent à l'époque ; sans aller jusqu'à l'obsession qui tourmentera un jour prochain le finale de l'*Élégie harmonique* (op. 61), voici de l'inquiétude, de l'ardeur mal contenue, des pressentiments soulignés par ces brusques changements de mode (mes. 35), par cette étrange chaîne de septièmes diminuées (mes. 90), par ce couplet en ut mineur... Un mécanisme de nerfs, de ligaments, d'artères, garde son effervescence à ces pages, jusqu'à la dernière : s'il faut revenir au programme du titre, ce n'est certes pas ici le « retour » salué à la fin des *Adieux* de Beethoven, mais, en cet ultime volet de la sonate, un « adieu » plus ressenti que jamais.

***Trois Sonates*** (op. 45, C. 179-181)
PUB 1800 ? (Clementi & Cie).

À peu près n'importe quoi décevrait après la *Sonate de l'Adieu* ; à plus forte raison ce trio de sonates visiblement destinées à des pianistes plus modestes, en dépit de la mention « grandes sonates » affichée par l'éditeur.

SONATE op. 45 n° 1 (en si bémol majeur). – Des beautés éparses (par exemple telles modulations subites vers les bémols, tels passages chantants, sur l'aile des triolets) n'arrivent pas à dissiper, dans le premier mouvement *(allegro cantabile)*, l'impression qu'on tourne à vide, sur des idées anciennes et rebattues. – On prendra un peu plus au sérieux, puisqu'il le demande, l'*adagio patetico* (en mi bémol), dont le thème principal, tierces en procession très lente, à rythme pointé, sur des basses en octaves, possède une sorte de noble tristesse. Mais les guirlandes qui suivent, quand bien même certaines préfigureraient Field (à défaut de Chopin), cachent mal les creux qu'elles recouvrent. – Reste le pétillant « rondo scherzo » *(allegro da ballo)*, avec son refrain à la polka (avant la lettre), irrésistible de verve et piquant d'épices diverses ; le tout un peu longuet, certes, mais on va, on court jusqu'au bout sans déplaisir.

SONATE op. 45 n° 2 (en sol majeur). – Contrairement à la précédente, qui allait se bonifiant, celle-ci perd peu à peu de sa substance. Le *larghetto sostenuto* qui l'introduit promet beaucoup ; il commence comme une tendre pastorale, mais peu à peu les sforzandos lui confèrent une couleur plus intense, et l'on verra (mes. 27) qu'il ne recule pas devant de dures dissonances. L'*allegro molto* qui s'y enchaîne est linéaire, précis, économe de matière, comme peu de morceaux chez Dussek ; mais le développement, sur ce motif initial élémentaire (une gamme), tourne à la caricature : c'est le Beethoven des jours maigres, tournicotant le même dessin sur tous les tons. – Le rondo *(andantino con moto)* aurait peu d'intérêt sans son épisode au relatif mineur (C dans un plan ABACA) – et aussi, de la même eau, cette coda qui s'enclenche à la cadence rompue, feint d'aboutir, repart en douce, fait sonner un brusque mi bémol majeur, enfin traîne poétiquement sur la pédale de tonique, avant le joyeux paraphe d'accords.

SONATE op. 45 n° 3 (en ré majeur). – L'*allegro moderato* est sans conteste le morceau le plus séduisant de tout cet opus 45. On va d'une surprise harmonique à l'autre (dès la mes. 4, cet accord d'appogiature, puis ce flirt avec mi mineur), d'un bonheur mélodique au suivant (les inflexions schubertiennes de la mélodie qui s'épand sur triolets à la mes. 9, le tour si romantique que prend le second thème à la mes. 39, la soudaine, éphémère et chopinienne coloration mineure de la codetta à la mes. 73, sans parler de cet accès schumannien à la mes. 95 du développement). Tout le futur s'inscrit mystérieusement dans ces portées, si même un peu discontinu, et la pièce serait parfaite sans quelques creux passages de gammes auxquels le virtuose n'a pas résisté.

On se serait passé tout aussi bien, dans la section mineure du *larghetto con moto* (en sol), de ces gammes roulées par la main gauche, fortissimo, grondement parasite dans un mouvement qui vaut avant tout par son lent bercement de sicilienne et par la chaleur et la troublante beauté de quelques harmonies.

Après ces deux mouvements chargés de sens, après leurs jeux de clair-obscur, le rondo *(allegro moderato assai)*, encore une amorce de polka, mais d'un caractère tout débonnaire, et bien rassis auprès du frénétique finale de la première sonate de l'opus, aura du mal à s'imposer, malgré toutes sortes de joliesses, de clins d'œil et d'aguicheries.

### *Deux Sonates* (op. 47, C. 184, 185)
PUB 1801 (Broderip & Wilkinson). DÉD à Rosa Marshall.

SONATE op. 47 n° 1 (en ré majeur). – La plus faible, sans contredit, de toutes les sonates de Dussek. Est-ce une commande de la dédicataire, à la recherche de « sonates faciles » ? Et quand cela serait, pourquoi ne réussit-il pas aussi bien que dans telle autre des années précédentes (op. 25 n° 2, ou op. 39 n° 2) ? Quoi qu'il ait mis de métier dans ces pages, scrupuleux et visible à maint détour, il a manifestement hâte d'en sortir. Imitons-le ; il n'y a presque rien à glaner dans l'*allegro con spirito*, et ce n'est pas le refrain du rondo « à la militaire » qui nous retiendra (mais peut-être, tout de même, l'amorce de l'épisode mineur). L'*adagio* (en sol) serait quelconque, n'étaient quatre romantiques mesures de *minore*, pas une de plus, qui viennent soudain le couper de la façon la plus étrange.

SONATE op. 47 n° 2 (en sol majeur). – En deux mouvements. Le premier *(allegro ma moderato ed espressivo)* n'a pas beaucoup plus d'intérêt que les pages qui précèdent, et l'on a envie de reprocher à son deuxième thème d'avoir adopté le rythme pointé un peu niais du « rondo militaire ». Mais le refrain du rondo *(andantino con moto)* est si tendrement berceur qu'on pardonne volontiers à tout le reste.

### *Sonate en fa dièse mineur* (« *Élégie harmonique* ») (op. 61, C. 211)
COMP 1806-1807. PUB 1807 (Pleyel). DÉD au prince de Lobkowitz.

Une des œuvres maîtresses de Dussek, écrite à la mémoire de son ami le prince Louis-Ferdinand de Prusse, tombé à la bataille de Saalfeld. Une imagination audacieuse, dans la forme comme dans la virtuosité, dans l'harmonie comme dans la mélodie, nourrit ces pages où l'on peut d'avance désigner du doigt, à telle phrase, à tel accord, tel ou tel des futurs romantiques.

L'œuvre, en deux mouvements, est sombre, presque du début à la fin, dans la persistante couleur de cendre de ce fa dièse mineur qui convient si bien à l'élégie, à la déploration. L'introduction du premier mouvement *(lento patetico)* crée d'emblée le climat funèbre, de deuil et de déréliction. Des lignes tortueuses rampent dans le grave, se soulèvent péniblement, retombent. Puis un thème avance en hésitant ses notes répétées, à voix très basse, par modulations successives, entrecoupé de brusques et violents accords, aux dissonances non résolues, pour finalement s'épandre sur un flot d'arpèges ; une dernière phrase, « con duolo », s'éteint doucement sur ses accords battus. – Alors commence le mouvement proprement dit *(tempo agitato)*, avec un premier thème au rythme pointé, auquel la gauche fait écho à contretemps ; thème anxieux, fébrile, opiniâtre, en dents de scie, qui donne de la tête contre on ne sait quel mur, qui change d'octave, jette un cri dans l'aigu, s'abat, recommence un demi-ton plus haut. Le second thème, tard venu, en est le contraire, rien qu'une plainte longue et douce, soutenue d'arpèges, exhalée dans l'aigu puis redite une octave plus bas. Entre les deux, plusieurs motifs secondaires, qui serviront dans le développement. Celui-ci est tissé de merveilles ; par deux fois, en particulier (mes. 130 et 144), la porte s'ouvre sur l'avenir : le galbe pur de ce chant, ces enchaînements inouïs, et si euphoniques, ce ne peut être que Chopin.

On sait, depuis l'aube des temps musicaux, que la syncope est l'indice par excellence de l'angoisse, de la douleur, du cœur qui bat à rompre, de la respiration qui va manquer. Aussi n'est-ce pas pour rien que le rondo-sonate final est syncopé d'un bout à l'autre de ses deux cent dix mesures, hormis les cinq dernières *(tempo vivace e con fuoco quasi presto)*. Talonné, bousculé par sa basse de croches, le thème du refrain, en porte-à-faux, se cogne sans cesse à la barre de mesure, s'endolorit, se nourrit de son propre gémissement. Le couplet en si mineur change d'allure ; c'est Schumann qu'on y perçoit, sans confusion possible, celui des empoignades, des accents martelés, des accès de révolte. Le couplet majeur, en sol bémol (enharmonique), d'une infinie tendresse en son murmure à trois et quatre voix, évoquerait quant à lui Schubert. Le dernier mot reste, comme on l'imagine, au refrain, en son piétinement inconsolable, qui finit par s'enfouir au fond du clavier.

### *Sonate en la bémol majeur (« Le Retour à Paris », ou « Plus ultra »)*
(op. 64, ou 70, ou 71, C. 221)
PUB 1807 (Pleyel). DÉD à la princesse de Bénévent.

Le premier titre de la sonate, celui de *Retour à Paris*, s'entend de lui-même : il traduit la joie qu'éprouve Dussek à retrouver la capitale française au bout d'une absence de dix-huit ans. Le second, *Plus ultra*, dans l'édition anglaise de 1810, est une réponse ironique à une sonate du virtuose Woelfl, intitulée *Non plus ultra* par son auteur, bouffi de suffisance et persuadé d'avoir atteint les limites du brio pianistique... Mais peu importent ces étiquettes ; voici une œuvre magnifique, une des plus belles créations de Dussek ; il s'y montre décidément l'avant-coureur de Schubert, de Schumann, de Chopin, voire de Brahms, autant dans les progressions harmoniques, le chromatisme aventureux des modulations, la richesse mélodique, que dans l'invention instrumentale ; et quelle variété d'inspiration, du fougueux et de l'ardent à l'humoristique, en passant par le sentimental...

Quatre mouvements. Le vaste premier *(allegro non troppo ed espressivo)* commence par un thème d'accords, posé sur un roulement d'arpèges, et assez remué (l'émotion du retour !) pour tenter de moduler, *schubertianamente*, dès la quatrième mesure. On ne tarde guère à s'évader pour de bon : voici, mes. 13, le ton aberrant de ré bémol mineur (sous-dominante mineure), qui fait gémir cette petite phrase et son écho dans le grave ; et d'autres sentiers s'ouvrent encore, pour lesquels l'armure échange ses bémols contre autant de dièses ; on atteint si majeur, on lambine, attiré par tant d'imprévu : d'ailleurs le second thème (en mi bémol, « con amore ») n'est guère pressé d'entrer en scène, avec ses propres équivoques, ses glissements, ses reflets de tons étrangers, avant la course ébulliente et syncopée de la codetta. Un si opulent matériau nous vaut, évidemment, de nouvelles pages prodigues, dans le développement, dans la reprise, – et l'art de Dussek est si maîtrisé qu'à nul moment on ne sent la surcharge ou la disparate.

Mi majeur pour le mouvement lent *(molto adagio con anima ed espressione)* : oscillation tonale dont useront et abuseront les romantiques. Chopin, celui des premiers *Nocturnes* ou des mouvements lents de *Concertos*, hante d'avance ces pages, sans doute trop brodées par endroits, et d'une lourde et somptueuse étoffe. (De Chopin, la *Fantaisie op. 18* de Hummel, publiée vers 1805, s'approchait déjà, en son mouvement lent, mais plus timidement : plutôt par la main du tailleur que par le tissu employé.)

Est-il menuet, est-il scherzo, ce troisième mouvement qui se présente sous les deux appellations *(tempo di minuetto, scherzo quasi allegro)* ? Scherzo, sans hésiter, dans son esprit, depuis l'extraordinaire ambiguïté harmonique qui l'introduit (fa dièse mineur, se dit-on ; trois lignes plus loin, tour de passe-passe, on est bel et bien en la bémol majeur) ; mais il faut prendre garde à cette écriture de noires, à ce « quasi allegro », qui interdit toute précipitation. Le trio, en mi, à jouer « tutto sotto voce », est un bijou, d'une perfection miraculeuse ; évoquons, dans son doux climat de pastorale, ces autres poètes bucoliques que furent, issus du même terroir, Tomášek (dont les premières *Églogues* datent précisément de 1807) et Voříšek ; la modulation en ut, dans la deuxième partie, si simplement et génialement amenée après une septième de dominante sur si, est un enchantement.

Le long finale, lui aussi titré « scherzo » *(allegro con spirito)*, est un mouvement endiablé, nouvelle prémonition de polka (et ici, bien entendu, se profile Smetana), d'une drôlerie, disons même d'une pitrerie, délicieuse. Puis quel piano ! Ces triolets qui voltigent, bourdonnent, parfois murmurent fébrilement aux deux mains entre des voix chantantes et modulantes, pour repartir de plus belle en gammes étincelantes, en arpèges ondoyants, – et toujours sur la cadence malicieuse, gentiment péremptoire, de la basse...

### Sonate en ré majeur (op. 69 ou 72 n° 3, C. 242)

PUB 1811 (Cianchettini & Sperati). DÉD à la duchesse de Courlande. Les deux premières sonates de l'opus sont écrites pour piano et violon.

On aura vite fait, en déchiffrant cette sonate, de conclure à une date de composition bien antérieure à celle de l'édition. Placée au milieu d'œuvres de première grandeur, elle fait pâle figure et nous ramène plusieurs années en arrière. Ce qu'elle a de meilleur, c'est son troisième et dernier mouvement, une *Chasse* lancée au galop *(allegro scherzo)*, dans le rythme à 6/8 inséparable du genre ; ce pourrait n'être qu'une brillante parade de vélocité, mais le développement module beaucoup et de façon fort piquante : il faut aller y regarder de près.

### Sonate en mi bémol majeur (op. 75, C. 247)

PUB 1811 (Breitkopf & Härtel). DÉD à la comtesse de Périgord.

Peu digne, elle aussi, des vraies « grandes sonates » qui l'entourent (car elle revendique cette étiquette !), quoiqu'on sente ici beaucoup de talent, mais endormi, comme pouvait l'être parfois, dit-on, celui d'Homère. Le développement de l'*allegro ma non troppo*, oui, atteint à nouveau des régions plus graves que ne le laissait prévoir le début ; et à sa sortie, la feinte reprise du premier thème en ut mineur, pour quelques mesures, permet d'entrevoir ce qu'aurait pu donner cette sonate, si elle avait choisi le bon mode... – Même dans l'*andante moderato* (en si bémol), d'inspiration haydnienne, ce n'est qu'en *minore* que le thème principal trouve sa couleur authentique, sa vérité, au milieu de lignes banales.

Les réserves tombent quelque peu devant le rondo final *(allegro moderato grazioso)*, pour la « grâce » en effet, susurrante et tendre, de son refrain, où passe l'ombre (pianissimo !) du mode mineur ; et pour l'épisode en la bémol, d'une expression si rêveuse, dans le sourire confiant de certains moments de Schubert.

### Sonate en fa mineur (« L'Invocation ») (op. 77, C. 259)

PUB 1812 (Naderman). DÉD à Betsy Ouvrard.

L'ultime sonate de Dussek est l'ouvrage d'un homme malade, et l'on ne doit guère se tromper en imaginant que l'« invocation » en question s'adresse à la divinité. C'est la plus sombre, la plus sourdement agitée de toutes ses sonates, et certains de ses cris, plus encore que pathétiques, sont désespérés. N'en faisons pas pour autant un chant du cygne, et ne lui octroyons pas une palme qu'elle ne mérite qu'à demi. L'œuvre est puissante, parfois saisissante, et riche de musique ; ce n'est pas la plus belle sonate de Dussek. Elle le statufie dans l'ombre de Beethoven, et de celui de l'*Appassionata* ; elle est presque totalement dépourvue de ce qui fait la spécificité de son tempérament, de son talent, et qui n'apparaît, en réalité, que dans les moments de rêverie, de tendresse ou d'humour, dans les heures bienfaisantes et dorées. Le noir peut lui aller, mais en demeurant une pointe ; si cette couleur s'étale, elle ôte en originalité à ses pages ce qu'elle leur prête de prétendue profondeur. Profond, chez lui, est un lyrisme amical et souriant ; le pathos aura l'air presque toujours (et n'est-ce pas la même chose, entre nous, chez Beethoven ?) de lui errer à fleur de peau. Une exception, l'*Élégie harmonique*, réussite inimitable, impossible à recommencer : mais aussi, la douleur s'y montre de biais, et comme rétrospectivement. – Je ne m'étendrai donc guère sur cet opus 77, dont la valeur est certaine, moins certain le retentissement lointain, qui seul compte. La force s'en émousse, me semble-t-il, aussitôt passée l'écoute.

Premier mouvement grave et sombre, d'un bout à l'autre *(allegro moderato ma energico)* ; et comme préoccupé d'une seule idée ; peut-on s'empêcher d'entendre, dans le développement, un mécanisme modulatoire trop bien réglé, qui pourrait tourner pendant quelques pages encore sans qu'on ait besoin d'intervenir ?

Un *tempo di minuetto* comme deuxième mouvement, écrit en canon à la seconde, ce qui ne lui donne pas nécessairement un air pédant, mais le distingue, au milieu de pages plus étoffées, par sa texture transparente. Le trio, dans le mode majeur, est à isoler : merveilleux moment musical, dont les syncopes, les phrases de tierces et de sixtes, le sourire débonnaire font inévitablement (tout le monde l'a dit) songer à Brahms. C'est au moins un des mérites de cette sonate que de nous assurer que l'on va, à partir d'ici, vers cette époque bénie où les bons musiciens rateront leurs allegros de sonate, mais réussiront si bien leurs *Klavierstücke*...

Touchante mélodie de l'*adagio* (en ré bémol majeur) ; le *minore*, en voulant la creuser, curieusement la banalise. Au rebours de telle sonate plus ordinaire, où le mode majeur entérinait le frivole et l'inconsistant (je pense en particulier à l'opus 75), celle-ci gagne à s'échapper des ombres lugubres qui la cernent de toutes parts : ainsi, dans le rondo *(allegro moderato)*, c'est dans l'épisode en fa majeur que l'on reconnaît enfin le Dussek qu'on a accoutumé d'attendre et d'aimer, – outre qu'on y accueille aussi, avec un sursaut de l'âme, le pressentiment des *Scènes d'enfants* de Schumann...

## LES AUTRES ŒUVRES

Dussek n'existe que dans ses sonates. Faute de s'en convaincre, ou simplement de le savoir, on lui a fabriqué un double artificiel, auteur de sonatines, de rondeaux, de variations. Quoiqu'il se soit souvent trouvé forcé de composer « *in the selling way* », comme il l'écrit plaisamment dans une lettre à Clementi, ce musicien-là n'est pas exécrable, et quelques-uns de ses confrères se seraient contentés de son bagage ; mais quoi, ce n'est pas le nôtre ; je le passerai plus vite en revue.

Finissons d'abord des **Sonatines**, au nombre de six, que l'on rencontre sous les numéros d'opus 19 ou 20 (C. 88-93) ; ce furent, publiées en 1793 (Longman & Broderip), des sonatines pour flûte (ou violon) et piano ; dans leur version pour piano seul, due sans doute au compositeur, elles ont été en faveur dans tous les lieux où l'on enseigne cet instrument. Elles ne méritent nul outrage, petites compositions parfaites dans leur genre, toutes en deux mouvements rapides, le second cinq fois sur six un rondo. Outre un souci de clarté formelle, de propreté instrumentale, visible dans toute la série, deux d'entre elles se donnent la peine d'éveiller aussi, chez les enfants auxquels elles sont censées s'adresser, un plaisir purement mélodique, voire harmonique : la *Troisième Sonatine*, en fa majeur, dans son *allegro* initial à 6/8, glisse de menus raffinements, et le *minore* du rondo s'envole du côté de Mozart ; la *Sixième Sonatine*, en mi bémol majeur, après un efficace et sobre *allegro*, possède le rondo le plus charmeur, dont le refrain se déplie comme un tendre sourire.

Les **Variations**, environ deux douzaines, sont pour la plupart écrites avant 1800, tels les *Six Petits Airs variés* (op. 6, C. 44-49) publiés en 1788 (Boyer), qui exploitent des chansons à la mode comme « L'amour est un enfant trompeur », ou « Ô ma tendre musette », et se préoccupent uniquement de virtuosité (au point, dans le dernier nommé, de ne plus entendre la douce mélancolie et les inflexions dolentes du thème). Hélas, les quelques variations tardives ne sont guère meilleures ; les dernières en date, par exemple, sur le thème « Partant pour la Syrie » (C. 249), en mi bémol majeur, publiées en 1811 (Breitkopf & Härtel), ont beau être contemporaines de la *Sonate « L'Invocation »*, elles n'en épousent pas la modernité ; l'écriture pianistique est évidemment plus avancée que dans les thèmes variés de jeunesse, la texture plus riche ; mais l'auteur demeure prisonnier de son cadre, et n'y fait que des travaux de couture et de broderie ; à peine aperçoit-on, dans la coda, une porte qui s'ouvre, un rai de clarté harmonique venu de l'extérieur (en vérité quelques moirures, sur un fond implicite de dominante) ; trop tard, le morceau est fini.

Les **Rondeaux**, deux douzaines eux aussi, sont également concentrés dans la première période : le dernier et le plus célèbre, *L'Adieu* (C. 175), a paru en 1799 (Corri & Dussek). On a plus de mal encore à reconnaître ici Dussek ; de ce maître du genre, qui a réussi dans ses sonates quelques-uns des plus piquants, des plus étourdissants rondos de l'époque, on s'attend à des étincelles : rien ne jaillit des maigres bouts de thème qu'il est occupé à frotter.

On se rabattra sur le chapitre des **Pièces diverses**, où quelques bonnes surprises sont à signaler. Non point *La Chasse* (C. 146, parfois numéroté op. 22), un allegro de sonate en fa majeur, point vilain, et qui a eu son temps de gloire, mais dont les sonneries et les petits galops à 6/8 ne sortent pas de l'imagerie naïve de ce sujet mille fois traité (publiée en 1797, Pleyel, Corri & Dussek). Non point l'étrange composition intitulée *The Sufferings of the Queen of France* (op. 23, C. 98), parue chez Corri dès décembre 1793 (Marie-Antoinette a été exécutée le 16 octobre), dont les dix pièces de longueur et de tonalité variées peignent entre autres l'emprisonnement de la reine (*largo* en ut mineur), ses adieux à ses enfants (*agitato assai*, les deux mains affrontées à contretemps), sa résignation après la sentence (*adagio innocente* en mi bémol majeur), sa prière avant de mourir, – et où ne manquent ni le tumulte de la foule, en roulements de doubles croches, ni l'affreux glissando descendant de la guillotine... Non point même les *Trois Préludes* (op. 31, C. 135-137), publiés en 1795 (Corri & Dussek), trop brefs et pointillistes pour laisser autre chose que des regrets ; ou le gentil mais insignifiant andante en si bémol majeur baptisé *La Consolation* (op. 62, C. 212), publié en 1807 (Breitkopf & Härtel), compromis entre rondeau et variations. – Mais, hors normes, et pour nous des exemples précieux de ce que devaient être les improvisations de Dussek, la *Fantaisie et Fugue en fa mineur* (op. 55, C. 199), publiée en 1804 (Breitkopf, dédiée à Cramer), longue folie modulatoire dans tous ses volets, même celui qui prétend sacrifier aux règles d'une forme rigoureuse entre toutes ; et surtout la *Fantaisie en fa majeur* (op. 76, C. 248), publiée en 1811 (Breitkopf), plus longue encore et plus fantasque en son enfilade de huit mouvements dépareillés : distinguons-y le quatrième, un « Menuet du carême » en sol mineur, entre le bougon et l'attendri ; le sixième, un « Prélude », en arpèges modulants, de couleur préromantique ; et surtout le huitième, une « Polacca » quelque peu répétitive, mais pleine de panache et parfois de fougue.

## Henri DUTILLEUX
(né en 1916) Français

Bien que marié à l'une de nos plus grandes pianistes, Dutilleux n'a pas favorisé l'instrument : Geneviève Joy n'a pas eu, auprès de ce compositeur essentiellement tourné vers l'orchestre, la même influence qu'Yvonne Loriod auprès de Messiaen, ou que Monique Haas auprès de Mihalovici, et la **Sonate** qu'il lui a dédiée en 1948 se trouve être, avec *Trois Préludes* récents et quelques pièces moins importantes, son unique contribution au répertoire.

Mais contribution majeure. Non point qu'elle rende compte de l'univers de Dutilleux : elle est trop ancienne, bornée par ses premiers choix, entravée par tout un appareil scolastique dont il allait bientôt se défaire ; sans la désavouer, il l'a nommée son « opus 1 » (et cela fait songer à Bartók, qui avait attribué ce numéro à sa *Rhapsodie*, faute d'avoir le cœur de la renier). Mais enfin, elle n'a de défauts qu'à la lumière de l'évolution d'un créateur qui s'est débarrassé de ces défauts prétendus ; elle révèle déjà une bonne part de ses qualités, ne serait-ce que ce goût d'une forme agencée avec minutie, et cette oreille sensible aux plus menues variations harmoniques ; c'est une grande sonate, que même son auteur n'empêchera pas de continuer à emporter l'adhésion. Elle n'a cessé, depuis sa création, d'être jouée dans le monde entier. Le répertoire contemporain n'est pas si encombré de chefs-d'œuvre que l'on puisse impunément ranger celui-ci au placard...

Trois mouvements. Le premier (en fa dièse mineur, *allegro con moto*) est mémorable pour son thème initial sur quelques notes insistantes, à la discrète bimodalité : mineur dorien dans le chant (la ♮, ré ♯), majeur dans l'harmonie (la ♯). Ce thème, à vrai dire, est omniprésent, on le devine dans la ligne et la texture du second thème (énoncé pieusement à la dominante, selon les règles ; mais là aussi, que de ruses, que d'épices dans la préparation !). La coda le martèle bruyamment, le plaque en sourdes sonorités de choral, le dérythme, l'anime *sempre stringendo* jusqu'au paraphe conclusif, marmonné dans le grave.

Le deuxième mouvement *(assez lent)* est un *Lied*, dans le ton principal de ré bémol, assorti de différentes teintes modales (par exemple le do ♭ mixolydien du thème à la première mesure, frottant contre le do ♮ de l'harmonie), de chromatismes, qui instillent lentement un sentiment d'angoisse généralement peu compatible avec cette tonalité. La marche des basses, feutrée, mais égale et comme inexorable, contribue à ce climat : d'ailleurs presque tout le morceau se joue dans les nuances douces, les crescendos ne mènent jamais loin. La section centrale, tout aussi murmurante, ménage une éclaircie, avec ses frémissements de triples croches aux deux mains, vapeur harmonique où bientôt surnagent, marquées un peu plus fort, les notes d'une lente gamme chromatique. Brève reprise, où vient tinter la pédale de dominante (sol ♯/la ♭, par enharmonie), et dont les dernières mesures s'éloignent dans le brouillard.

Pour finale, un *Choral et Variations*. Le thème du choral (*large*, à 3/2), déclamé dans l'aigu, en doubles octaves, a quelque chose de médiéval dans son hiératisme, de grégorien dans sa couleur et son intonation ; ses énoncés successifs le varient d'avance et le traitent en canon. 1re variation rythmique (*vivace*, à 2/4), débutant staccato dans le grave ; on reconnaît le thème, déboîté, scandé comme une danse primitive ; semblant de fugato. 2e variation dans l'esprit d'un scherzo (*un poco più vivo*, à 6/16), où les doubles croches par trois tourbillonnent avec légèreté. Dans la 3e (*calmo*, à 4/2), le choral s'énonce très lentement au milieu d'un halo d'harmonies. La 4e (*prestissimo*, à 6/8 et 2/4) a le brio d'une toccata. Le mouvement se termine dans la lumière de fa dièse majeur, avec un vibrant énoncé du choral.

(La *Sonate* a été créée le 30 avril 1948 par sa dédicataire, à la Société nationale, et publiée en 1949 chez Durand.)

Les ***Trois Préludes***, publiés en 1994 (Leduc), datent de 1973, 1977 et 1988. Le premier, *D'ombre et de silence*, peut passer pour un hommage au Debussy des *Images* : Dutilleux réussit à son tour le « temple qui fut » et le rayon lunaire, avec ces lentes phrases d'accords où les secondes s'empilent puis se résorbent, cependant que sonne par intermittence la plus grave septième du clavier ; pour finir, un air de flûte part d'une note en vibration, tournoie dans l'air et s'éteint. – Le deuxième prélude, *Sur un même accord*, répète doucement un accord de quatre notes (sol-si ♮-fa ♯-si ♭), dans des dispositions variées et enrichi de sons adjacents, immobile au milieu de traits et d'attaques diverses, souples lianes de triolets, frissons électriques de doubles et triples croches, brusques éclats de métal ; au bout de quelques pages, un nouveau son obstiné, un ré ♯, se fait jour, se fond à l'accord initial, brave avec lui les dernières effervescences, expire seul au lointain. – Le troisième prélude, *Le Jeu des contraires*, écrit pour le concours de piano William Kapell, part d'un postulat technique ; ces « contraires », ce sont des palindromes et des miroirs, tant mélodiques qu'harmoniques ou rythmiques ; ici les intervalles se resserrent, là les figures s'écartent en éventail, les mains jouant en sens opposé ; le meilleur de la pièce : les trois pages finales *(lent et mystérieux)*, épilogue aux marges du silence, avec, dans la résonance de sourds accords au fond du clavier, le bris de cristal de traits de quadruples croches dans le suraigu. (Dédicataires respectifs : Arthur Rubinstein, Claude Helffer, Eugene Istomin.)

En complément, on citera brièvement quelques morceaux pianistiques séparés de près de quarante ans : ***Au gré des ondes***, recueil de six petites pièces, publié en 1946 (Leduc), où l'on goûtera particulièrement le *Prélude en berceuse*, pour l'étrange glissement modal de son thème (fa ♯/fa ♮ en si mineur), l'*Hommage à Bach*, pastiche délicat et point dénué d'émotion, ainsi que l'*Étude* finale, spirituelle et toute piquetée de staccatos ; – ***Blackbird***, courte pièce composée pour l'album collectif *Les Contemporains*, 2e recueil (Pierre Noël, 1951), petit portrait d'oiseau-prophète, à jouer *vif, clair et précis*, depuis son appel incisif dans le suraigu jusqu'à ces petits dessins de notes répétées chromatiques, en sur-place au milieu du clavier ; – ***Tous les chemins mènent à Rome***, pièce brève composée pour la *Petite Méthode de Marguerite Long* (Salabert, 1963), très évocatrice, avec ses volutes de grégorien alternant avec de très doux accords d'harmonium ; – ***Résonances***, un morceau de quatre pages, écrit en 1965 à l'intention de Lucette Descaves et publié par elle dans le premier recueil des « Nouveaux Musiciens » (Choudens), qui propose aux jeunes pianistes des attaques contrastées d'accords (chaque main tour à tour en acciacature sur l'autre), alternant avec des traits rapides à l'unisson : jeu de résonances feintes, d'une grande habileté ; – enfin *Petit Air à dormir debout* (Billaudot, 1984), tramé à deux et trois voix irréelles et sommeilleuses.

# Antonín DVOŘÁK
(1841-1904) Tchèque

Pour quelques monuments classés, placés sous la protection du public (qui ne sait plus pourquoi il les a choisis : on s'attroupe devant le *Concerto pour violoncelle* ou la *Symphonie du Nouveau Monde* comme les touristes devant la *Joconde*), pour quelques partitions bien vivantes, que d'œuvres mortes chez Dvořák ! Des pans entiers de ce vaste catalogue, que l'on n'exhume que dans son pays natal. C'est le cas de l'œuvre pour piano. On la connaît mal ; euphémisme ; la vérité est qu'on ne s'en soucie guère. Quelques-uns, si vous leur sifflez la célèbre *Humoresque* (où l'homme de la rue, de Buenos Aires à Moscou, peut vous suivre, et qu'il peut poursuivre sans vous), sauront qu'elle est de lui, et se souviendront peut-être qu'il s'agit d'une pièce de piano, parmi d'autres qui n'ont eu « ni cet excès d'honneur ni cette indignité ». Mais après ? On croit avoir assez fait pour ce compositeur en écoutant parfois, ou en mettant sur le pupitre, les *Danses slaves* à quatre mains, que du reste on préfère dans leur version orchestrée.

Prendra-t-on pour excuse que Dvořák lui-même se souciait fort peu du piano ? Voilà encore une demi-vérité. Il ne fut pas pianiste, soit, – principalement pour des raisons matérielles. À ses parents, de condition modeste, un violon coûtait moins cher qu'un piano ; et c'est comme musicien d'orchestre, violoniste et altiste, qu'il gagna longtemps sa vie. Il fit un peu d'orgue, en pis-aller. Ce n'est qu'en 1880 qu'il put avoir un piano à lui. Mais il dut aimer suffisamment cet instrument pour, à force de ténacité, d'occasions attrapées au bond, d'exercice sur des claviers de fortune, acquérir la technique qui lui permit un jour de tenir la partie de piano dans sa musique de chambre (laquelle, on le sait, l'utilise largement : une sonate et une sonatine pour violon et piano, quatre trios, deux quatuors, deux quintettes, et des pièces diverses). Il tarde, certes, à écrire pour le piano seul ; mais l'année de ses « débuts », 1876, voit naître coup sur coup non seulement les légers *Menuets* ou la facile *Dumka*, mais aussi l'ambitieux *Thème et Variations*, sans compter son unique *Concerto pour piano*, qui traite l'instrument en roi, et même en tyran. À trente-cinq ans, c'est-à-dire à un âge où Schubert était déjà mort, où Mozart n'avait plus qu'une année à vivre, Mendelssohn trois, Chopin quatre, Dvořák semble en passe de rattraper le temps perdu. Mais le destin malicieux s'en mêle : il devient célèbre ; et désormais les éditeurs ne cesseront de lui réclamer... quoi ? des sonates ? On se doute bien que non : des danses, des feuillets d'album, des bagatelles aisées à écouler ; l'année 1880 est fertile à cet égard. Mis à part les deux cycles à quatre mains de 1881 et 1884 (*Légendes* et *De la forêt de Bohême*), il attendra beaucoup avant de se mettre à des œuvres plus élaborées : les *Impressions poétiques* sont de 1889, la *Suite en la* de 1894. Ce ne sont pas des chefs-d'œuvre. La fleur de son inspiration pianistique, Dvořák l'a répandue en de menus morceaux, que l'on n'a jamais pris au sérieux.

On a tort. C'est là justement qu'il faut aller le chercher. Le *Thème et Variations* n'a pas eu de descendance ? Tant pis... ou tant mieux ! C'est une réussite, que Dvořák n'allait peut-être pas recommencer. À bien considérer sa musique de chambre, par exemple, même les ouvrages les plus aboutis, on se dit qu'une sonate, voire une ballade ou une fantaisie de Dvořák eussent manqué à la fois de souffle et de rigueur. Le développement n'est pas le fort de ce rhapsode ; il sait allonger sa sauce, mais à la manière de Schubert : à force d'invention mélodique, aussi féconde, aussi inépuisable que chez son aîné, et rehaussée par les saveurs d'une harmonie originale ; mais il risque souvent d'être prolixe et besogneux. Embourgeoisés (une sonate, n'est-ce pas quelque chose comme un appartement cossu, bien disposé, signé d'un bon architecte ?), ses défauts auraient été voyants. Dans la chaumière des *Écossaises*, des *Valses*, des *Mazurkas*, ils n'ont le temps que d'être des qualités...

Pianistes, venez-y, quoique la virtuosité, dans ces morceaux intimes, soit tenue en laisse, que les acrobaties n'y prolifèrent pas (ils n'en sont pas, pour autant, toujours simples à jouer : la richesse polyphonique en rend certains fort malaisés sous les doigts). Venez, déchiffrez, il y faut quelques heures à peine. Peu de musiques pianistiques sentent aussi bon que celle de Dvořák, peu sont aussi claires, aussi innocentes. Disons même : aussi propres. On peut s'en servir sans mettre de gants. Elle n'embourbe pas. Elle n'a que des avant-pensées. Voilà d'ailleurs qui lui donnera, aujourd'hui, mauvaise réputation. Le « goût du jour », qui s'éternise, comme il trouve des vertus à l'ennui et à la laideur, a fait de la spontanéité et du charme un péché. Parodions le fabuliste : plaire du premier coup, quel crime abominable ! Rien que la mort, et cetera. Il y a plus grave encore : cet homme est un optimiste impénitent, qui aime Dieu, la nature, le foyer, la patrie ; et si même ce sont les valeurs du lyrisme universel, sa musique en prend, aux oreilles des délicats, un petit air de niaiserie (on le reproche aussi au piano de Grieg). Employons, nous autres, le mot de « naïveté », infiniment plus juste, – d'autant que la chose survécut chez Dvořák, miraculeusement, quand il eut gagné du métier, quand il eut appris à lutter, avec un acharnement que l'on commence seulement à mesurer, contre ses dons, contre son intuition. Oui, un art naïf. On s'émeut doucement au spectacle des êtres et des choses, on chante un couplet, on danse une polka, on pleure, on éclate de rire, et la vie est bientôt écoulée : il n'y a pas là de quoi philosopher beaucoup. Cet art est proche du peuple, qui le reconnut d'emblée, – comme il sait d'instinct quelles sont les sources qui rafraîchissent, quels sont les sentiers ombreux, les bois accueillants, les odeurs familières.

## LES SUITES ET RECUEILS

On trouvera dans cette rubrique les *Silhouettes* de 1879, les *Six Morceaux* de 1880, les *Impressions poétiques* de 1889, ainsi que la *Suite en la* et les *Humoresques* de 1894. J'y range également les *Églogues* (1880), petit cycle attachant, que son compositeur méjugea et laissa dans ses tiroirs.

### *Silhouettes* (op. 8, B. 98)*
COMP octobre-novembre 1879. PUB 1880 (Hofmeister).

Leur numéro d'opus est trompeur : elles datent de l'époque du *Concerto pour violon* (op. 53) et des *Valses* (op. 54). C'est une petite supercherie de Dvořák, désireux de donner quelque chose à l'éditeur Hofmeister ; or son éditeur Simrock avait, par contrat, un droit de regard sur toute nouvelle composition. Ce numéro vieillissait d'un coup le recueil. Demi-mensonge, pourtant : ces douze pièces, en effet, regardent vers le passé ; la plupart des thèmes sont repris des deux premières symphonies et du recueil de mélodies *Les Cyprès*, œuvres qui remontent à 1865. Les *Silhouettes*, au titre suggestif, sont toutes remplies du souvenir de son douloureux amour de jeunesse pour Josefina Čermáková, mué cependant en souriante tendresse.

Le cahier, hélas, est inégal, et sans tomber jamais dans le pire, prodigue le médiocre à côté du meilleur. Laissons le médiocre (la fade sentimentalité de la sixième pièce ; la pleine page d'octaves creuses qui affaiblit la septième, si bien commencée ; les clichés de la huitième), et retenons le meilleur : la première, non pour l'*allegro feroce* qui en forme le cadre, mais pour l'épisode en ré bémol majeur *(allegretto grazioso)*, ce rythme hésitant de l'accompagnement, cette pédale de tonique, sous un thème délicatement ému dans le grelot de ses ornements (c'est la mélodie

---

* L'abréviation B. se réfère au catalogue établi par Jarmil Burghauser (Prague, 1960).

« Dans un bois, près d'un ruisseau » des *Cyprès* ; la deuxième (en ré bémol majeur également, *andantino*), si ingénue, quinze mesures à peine, qui eussent gagné toutefois à ne pas être interrompues par une inopportune cadence ; la tendre et berceuse dixième, si finement harmonisée (*allegretto grazioso*, début en sol, fin en mi) ; la onzième (en la majeur, *allegro moderato*), qui se souvient avec délices des *Papillons* de Schumann.

## *Églogues* (B. 103)

COMP janvier-février 1880. PUB 1921 (Hudební matice), par les soins de Josef Suk, son gendre.

Dvořák ne dut pas être satisfait de ces quatre pièces, auxquelles il destinait le numéro d'opus 56. Il ne les publia pas, donna leur numéro aux *Mazurkas* du mois de juin, et employa ailleurs leur matière : la première, passant de 2/4 à 3/4, devint la *Cinquième Mazurka* ; le thème principal de la troisième fut repris, en mineur, dans l'*Églogue* des *Morceaux op. 52* ; la quatrième fournit des éléments à l'une des *Danses slaves* (n° 1 de la deuxième série, op. 72)... Pour une fois, le compositeur s'est montré trop sévère. Le seul défaut de ces pièces est leur structure rudimentaire : forme ABA, avec da capo intégral de la première partie ; Dvořák la tient de son modèle, Tomášek, premier à avoir écrit de semblables « églogues » ; péché véniel que ces reprises à l'identique ; on le lui pardonne, devant tant de fraîcheur et d'invention mélodique.

La première églogue (en fa majeur, *allegro non tanto*) a des allures de polka ; syncopes joyeuses, trilles, arabesques de sextolets, et un trio encore plus en verve, avec ses accents en porte-à-faux et ses facétieuses basses d'Alberti : on y résiste mal à la tentation de la vitesse.

Syncopes aussi dans la deuxième (en ré majeur, *quasi allegretto*), dont le thème principal entièrement posé sur la partie faible du temps ondoie doucement, avec beaucoup d'innocence (innocence, aussi, des trois chuchotantes mesures de clausule, à la fin de chaque section). Le trio stridule un peu, où des appogiatures mordent sans répit le thème dans l'aigu (rythme anapestique : deux brèves, une longue).

La troisième (en sol majeur, *moderato*) vaut mieux que son « imitation » de l'opus 52 ; d'abord le mode majeur convient davantage à ce thème berceur, si simple et si confiant ; ensuite il est rehaussé ici de contretemps qui disparaissent de la version finale ; enfin la giboulée de doubles croches du trio, un *presto* à 6/8 pareillement supprimé, fait une diversion amusante... et sourit aux doigts du pianiste !

La quatrième pièce (en mi majeur, *allegretto*) débute comme un adieu, se fait plus espiègle dans un second motif qui part de la mineur pour retourner à la tonique initiale, reprend son ton d'épilogue mélancolique... et pourrait fort bien se borner ici ; les deux pages en mi mineur qui lui servent de trio abondent en lieux communs ; ce sont les seules, de tout le cahier, à sentir la fatigue.

### Six Morceaux (op. 52, B. 110)

COMP juin 1880. PUB 1881 n°s 1, 2, 3 et 6 (Hofmeister), sous le titre *Impromptu, Intermezzo, Gigue, Eclogue* [sic] ; le n° 4 parut en 1921, partageant l'appellation d'*Impromptus* avec une pièce en sol/mi (qu'on trouvera dans les PIÈCES DIVERSES) ; le n° 5 ne fut publié qu'en 1961 (Artia, Prague).

Fruits d'une époque (1880-1881) où Dvořák commence à être harcelé par les éditeurs, ces morceaux fournissent aussi la preuve d'un certain sens critique, exercé à plus ou moins bon escient. De même qu'il avait renoncé (à tort !) à faire paraître les *Églogues* contemporaines, de même écarta-t-il deux des six morceaux qui devaient à l'origine constituer ce cahier, ne conservant que ceux qui lui paraissaient former un ensemble homogène, une manière de suite à la Schumann (dont l'opus 32, par exemple, est un *Scherzo, Gigue, Romance et Fuguette*).

C'est Schumann, sans conteste, qu'évoque le départ de l'*Impromptu* (en sol mineur, *presto*), dans son ambiguïté rythmique (groupes de deux temps en 3/8), sa bousculade d'arpèges, ses contrastes violents ; couleur pastorale pour l'épisode médian, en ut majeur *(andante e molto tranquillo)*, coulé dans un souple et murmurant 9/8 ; au total, on jugera ce Florestan et cet Eusebius plutôt pâlichons.

L'*Intermezzo* (en ut mineur, *larghetto*) est d'une meilleure veine ; c'est même la seule pièce du recueil qui vaille le détour. Début fantomatique, aux harmonies troublantes, sur le rythme obstiné d'une basse en croches égales où persiste un mi ♭, et d'autant plus obsédant qu'il comporte des reprises ; on songe à un funèbre chant d'automne. La dernière partie module beaucoup, bémolise à tout-va, reprend une fois encore le début, et, ultime surprise, finit au relatif (mi bémol).

Après ce morceau original, la *Gigue* (en si bémol majeur, sans indication de tempo) semblera bien terne, et ses petits sautillements dépourvus d'enthousiasme ; milieu en sol mineur, avec des imitations assez scolaires.

La dernière pièce offerte à la publication, l'*Eclogue* (noter l'orthographe anglaise du mot), reprend la troisième des *Églogues* inédites, non sans en amoindrir les vertus ; en particulier, l'habillage en sol mineur du thème primitivement majeur est assez malheureux ; on avait une pièce touchante, on n'a plus que des lieux communs.

Les deux morceaux écartés (n°s 4 et 5 dans l'ordre primitif) sont respectivement un *allegro molto* en sol mineur, danse entraînante, peut-être trop proche du n° 1 pour pouvoir figurer dans le même cahier ; et un bruyant *tempo di marcia* en mi bémol majeur (à 3/4... mais ce n'est pas plus curieux que pour la marche qui termine le *Carnaval* de Schumann !), dont le meilleur moment est l'épisode d'accords en syncopes, accompagné de croches staccato (« secco »), gentiment moqueuses.

***Impressions poétiques*** (op. 85, B. 161)
COMP avril-juin 1889. PUB 1889 (Simrock), en trois cahiers.

Dvořák n'eut que peu de goût pour la musique à programme, et attendit longtemps avant de lui sacrifier quelques partitions : timidement dans l'*Ouverture hussite* (1883), plus franchement dans les trois ouvertures de 1891-1892 *(Dans la nature, Carnaval, Othello)*, qui sont le triptyque de la solitude, de la vie et de l'amour, – avant de créer le genre du « conte musical tchèque » avec ses poèmes symphoniques de 1896 *(L'Ondin, La Sorcière de midi, Le Rouet d'or, La Colombe)*, où la musique suit presque pas à pas le texte naïf du poète Erben. Pour le piano, il n'écrivit dans ce genre que le cycle à quatre mains *De la forêt de Bohême* (1884), et ce recueil d'*Impressions poétiques*. Encore n'y pratique-t-il pas la manière de Liszt, pèlerin passionné d'art et de littérature, à qui parlent tout autant un lac suisse, un chant de Dante, un tableau de Raphaël. Ses titres ne sont pas ceux d'un album de voyage romantique, mais plutôt, à la Schumann (son modèle avoué), des notations discrètes, suggérant un lieu, un moment, une scène familière, un état d'âme, quand ce n'est pas tout simplement l'intitulé d'une danse ou d'une chanson. Lui-même l'écrit ingénument à son éditeur : « Chaque pièce aura son titre, parce que chacune doit exprimer quelque chose. »

On aimerait que cette œuvre crépusculaire, ambitieuse, une des rares où Dvořák, au piano, sort du cadre de la miniature, tant dans les dimensions que dans les moyens utilisés, fût de bout en bout digne d'éloge. Non, elle est très inégale, et sans doute en raison même de ces moyens et de ces dimensions. La longueur, la surcharge, peuvent ici devenir irritantes ; et, chose étrange, même le jaillissement mélodique semble parfois se tarir.

Commençons par les meilleures de ces treize pièces. La première, *En cheminant dans la nuit* (en si majeur/mineur, *allegro moderato*), est un beau nocturne pailleté d'étoiles, traversé de lucioles et de feux follets. Un thème de choral, dans le mode majeur, présenté tour à tour en accords puis en arpèges, alterne avec un épisode fantasque, dans le mode mineur, où luisent les staccatos malicieux et courent les dessins brisés ; la section centrale, en sol majeur *(poco meno mosso, quasi andantino)*, d'abord paisible et ensommeillée, s'emplit peu à peu de murmures, de trémolos cristallins qui vibrent dans l'aigu.

La troisième pièce, *Au vieux château* (en mi bémol mineur/majeur, *lento*), n'a certes pas les résonances douloureuses, le côté hanté du *Vecchio Castello* de Moussorgski *(Tableaux d'une exposition)*, mais n'est pas moins réussie dans son genre : passant de mineur à majeur, elle oppose une sombre mélodie, parfumée d'archaïsme, à un motif plus enjoué, caractérisé par sa pédale de tonique, son accompagnement syncopé, et les guirlandes de triples croches qui lui font écho dans l'extrême aigu. – Mêmes effets de pédale et mêmes sonorités argentines, si aimées de Dvořák, dans la huitième pièce, *Danse des lutins* (en la bémol majeur, *allegretto*) ; délicieux trio en mi majeur, oscillant au rythme d'une berceuse.

Enfin, la deuxième et la onzième pièce se répondent aux bouts de l'œuvre, et sont deux « scènes mignonnes », comme dirait le Schumann du *Carnaval*, dont elles s'inspirent. L'une, *Badinage* (en sol majeur, *allegretto leggiero*) passe du bond joyeux (technique de mains alternées) au couplet lyrique (chant de la droite sur un tapis d'arpèges et de trémolos) ; limitée à trois pages, la pièce était parfaite ; dommage qu'elle ait cette inutile rallonge en sol mineur et si bémol majeur. L'autre « schumanniana », *Causerie* (en fa majeur, *andante con moto*), énonce à plusieurs reprises une phrase très chantante et très douce, que relaient, à bâtons rompus, des épisodes contrastés, pleins d'insouciance et d'humour.

Le reste n'a pas cette qualité. *Chanson printanière* (n° 4, en la majeur, *poco allegro*) ne fait que compliquer d'appogiatures et de frottements harmoniques une thématique à la Mendelssohn, à grandes brassées d'arpèges fleuris, le tout encadré comme un chromo de quelques mesures d'accords pompeux. *Ballade champêtre* (n° 5) ne commence pas mal, avec cette alternance d'un petit motif résolu, énoncé sans accompagnement, en si bémol mineur, et d'une réponse enjouée, cascade joyeuse dans le mode majeur ; mais que de bavardage, et, dans l'épisode central, que d'inutile tapage ! *Cruelle souvenance* (n° 6) est la plus mauvaise pièce du cahier, disons même de tout le piano de Dvořák, l'une des rares fois où on le prend en flagrant délit de mauvais goût ; en si majeur, malgré son faux début en sol dièse mineur *(andante)*, elle se contorsionne ridiculement sur un accompagnement de tango (mais oui, de tango !), dans des harmonies que leurs enchaînements alambiqués n'empêchent pas d'être conventionnelles ; on dirait les pires accès de sentimentalité de Tchaïkovski (qui n'a pas encore écrit, à l'époque, l'affreux *Tendres reproches* de l'opus 72, digne pendant de notre morceau).

Le *Furiant* (n° 7, en la bémol mineur, *allegro feroce*) est d'une autre encre, Dieu merci ; il n'a que le défaut, inhérent à cette danse, de se répéter beaucoup ; peut-être aussi sa « férocité » sent-elle un peu le factice, avec ces véhémentes descentes d'octaves chromatiques ; mais le milieu n'est pas mal venu (en mi majeur), qui sous-tend son thème à 3/4 d'un accompagnement d'arpèges senti à 6/8.

La *Sérénade* (n° 9, en ut majeur, *moderato e molto cantabile*) offre le cas curieux d'un thème des plus malgracieux dans sa première présentation (à 4/4, accompagné d'arpèges rachitiques), et brusquement embelli quand il revient à 6/8, en accords homophones (l'écriture, à s'y tromper, de la *Mélodie* de Grieg, du 4e recueil des *Pièces lyriques*, publié tout juste un an avant les *Impressions* de Dvořák).

La *Bacchanale* (n° 10, en ut mineur, *vivacissimo*) tient les promesses de son titre, démarre en danse endiablée ; puis notes répétées et triolets jacassent plaisamment dans un deuxième motif, en ut majeur ; on eût pu se passer de l'épisode en la bémol qui, avec son thème de choral entrecoupé de cascades, refait pauvrement le *Troisième Scherzo* de Chopin.

Avec *Près de la tombe d'un héros* (n° 12), Dvořák regarde, une fois n'est pas coutume, du côté de Liszt ; et voici que sa muse, ordinairement « légère et court-vêtue », s'affuble de brocarts pesants et coûteux ; est-il besoin de dire que cela ne lui sied guère ? Passe pour le début *(grave, tempo di marcia)*, une sorte de *lassan*, épique dans sa douleur. La suite tombe rapidement dans l'emphase, chose infiniment délicate à manier ; il y faut l'élégance, l'humour, le « second degré » de Liszt, justement ; le passage en la majeur, avec ses octaves déclamatoires et ses allers et retours d'arpèges dans l'aigu, fait certes sourire, mais c'est à l'insu de l'auteur.

*À la montagne sacrée* (n° 13, en ré bémol majeur, *poco lento*), qui termine ces *Impressions*, évoque un célèbre lieu de pèlerinage, situé en Bohême, à quelque distance de Vysoká où Dvořák passait ses vacances. Nouvel ersatz du *Troisième Scherzo* : des cascatelles harmonieuses alternent avec les phrases d'un choral, qui a toutefois l'originalité d'être écrit à cinq temps ; coda poétique (pour reprendre l'adjectif du titre du recueil), sur un la ♭ inlassablement répété (pédale intérieure de dominante).

### Suite en la (op. 98, B. 184)

COMP février-mars 1894. PUB 1894 (Simrock). Orchestrée en 1895.

« New York, le 24.2.1894, à la St-Matthieu (11 degrés de froid) » : c'est la mention qui figure en tête de l'autographe de cette œuvre, où Dvořák se repose de la *Symphonie en mi mineur*, du *Quatuor en fa*, du *Quintette en mi bémol*. Sans doute songe-t-il qu'à cette date, dans sa Bohême natale, on fête l'approche du printemps... Cela expliquerait la joie qui rayonne à travers toute la partition, le contraire d'une composition hivernale. Même la mélancolie y garde le sourire. Les éléments américains (pentatonisme, mode éolien à septième degré mineur, syncopes, rythmes pointés, etc.) dominent, colorés parfois de slavismes : ce n'est pas le moindre attrait d'une œuvre injustement négligée des pianistes. Le compositeur les en a peut-être détournés lui-même, en l'orchestrant dès l'année suivante (pareille mésaventure est arrivée à la *Holberg-Suite* de Grieg, dont la version originale pour piano est oubliée au profit de sa transcription pour orchestre à cordes).

Cinq mouvements, reliés par la tonalité. Le premier est un *moderato* (en la majeur), dont le thème d'abord solennel est repris à mi-voix sur le ton de l'idylle ; trio en la mineur *(più mosso)*, plein d'effervescence, où tournoient les doubles croches, grondent les octaves, et se répondent d'une main à l'autre les motifs.

Le deuxième mouvement (en ut dièse mineur, *molto vivace*) tourbillonne en triolets exubérants et cède quelque peu au déclamatoire ; mais il encadre un épisode en ré bémol d'une belle inspiration ; douceur infinie de ce thème, harmonies fragiles, émotion discrète et profonde à la fois ; parfum champêtre, qui n'est certes pas d'une forêt du Nouveau Monde, mais d'un sous-bois de la vieille Bohême.

Le troisième mouvement (en la majeur, *allegretto*) revient au plus pur folklore nord-américain, et seul le rythme à 3/4 empêche son refrain d'être un cake-walk (et encore ! il y a des valses à cinq temps...). Pourtant, le dernier de ses trois couplets, qui soudain mélancolise, évoque un moment l'âme inconsolée d'Eusebius...

Le quatrième mouvement (en la mineur, *andante*) réclame un grand interprète, qui gardera tout son prix à la candeur qui s'y manifeste. Il faut ici peu de chose, en effet, pour basculer dans la pire sentimentalité, et transformer en mièvre romance ce qui est une berceuse, soutenue d'un bout à l'autre par un rythme uniforme de croches par quatre.

Enfin le dernier mouvement *(allegro)*, commencé en la mineur, avec l'allure et la verve paysanne d'une gavotte, se poursuit en la majeur, aux sonorités d'une musette (registre aigu et bourdon), et conclut en reprenant le thème initial du premier mouvement, dans une apothéose d'accords *fff*, de trilles et de trémolos.

### *Humoresques* (op. 101, B. 187)
COMP août 1894. PUB 1894 (Simrock).

« L'*Humoresque* de Dvořák » (comme on dit « la *Polonaise* de Chopin »), dont nul ne saura jamais expliquer l'incroyable célébrité sous toutes les latitudes, et sous toutes les formes de transcription que les commerçants de la musique ont pu imaginer, n'est que la septième de ce recueil de huit pièces. Écrites en pleine « période américaine », et d'après des esquisses faites en Amérique (dont l'une pour un opéra avorté, *Hiawatha*, l'autre pour une symphonie sans lendemain), elles s'en ressentent moins que la contemporaine *Suite en la*, peut-être parce que Dvořák les rédigea pendant ses vacances à Vysoká, dans sa chère Bohême. À côté de modes et de rythmes d'outre-Atlantique, elles manifestent quelques slavismes caractérisés. Il hésita longtemps sur le titre, songea à de nouvelles *Danses écossaises* (ce qui explique les compartiments de huit mesures de la première et l'inflexible 2/4 de toute la série), et se décida enfin pour ce terme qu'il avait employé dix ans plus tôt pour une courte pièce (en fa dièse majeur, B. 138, voir PIÈCES DIVERSES) ; il leur va bien, ce sont en effet des moments d'humeur variée, et fugitive.

Il est assez vain de s'endurcir contre leur charme. Même les moins réussies offrent ici ou là une trouvaille d'oreille, un accent imprévu, qui les sauvent de la vulgarité. Dans la première (en mi bémol mineur, *vivace*), au fatigant et tonitruant refrain, c'est l'harmonisation délicate du passage *maggiore* (mes. 25), si tendre et si doux. Dans la cinquième (en la mineur, *vivace*), tout aussi abusivement piaffante, c'est vers la fin l'épisode en la majeur, écho paisible où tintent de grêles clochettes, dans le nimbe de la pédale. Et même dans l'illustrissime septième (en sol bémol majeur, *poco lento e grazioso*), qu'on voudrait abandonner désormais à un repos bien mérité, c'est, au milieu de la trame, le tremblement de telle appogiature, qu'on redécouvre à chaque fois comme si on ne l'avait jamais entendue. Ce qui fait aimer la deuxième (en si majeur, *poco andante*), ce ne sont ni son staccato initial sur des quintes vides, ni ses rosalies candides, mais ses mesures finales, qui se souviennent de Brahms ; la troisième (en la bémol majeur, *poco andante e molto cantabile*), ce n'est pas son alternance de passages avec ou sans pédale, ce ne sont pas les contretemps délurés de son second thème (en mi), mais la saveur inattendue d'un contrepoint renversable (mes. 33), ingénu et tout le contraire d'un devoir d'école.

Celles qui restent n'ont pas besoin qu'on les défende. La quatrième (en fa majeur, *poco andante*) a le plus beau début de la série, plus loin un délicieux balancement de sixtes, plus loin encore un dessin de notes répétées deux par deux d'une drôlerie irrésistible. La sixième (en si majeur, *poco allegretto*), une des plus riches, emprunte tour à tour les accents de la déploration, de l'élégie, de la rêverie mélancolique, et pourrait être une *dumka*. La huitième, enfin, balance sa partie principale (en si bémol mineur, *poco andante*), de couleur sombre et même menaçante (le do ♭ phrygien, les unissons, les sèches quintes vides de la deuxième idée), par un *maggiore (vivace)* où les mains se bousculent joyeusement.

## LES GRANDES PIÈCES ISOLÉES

Il s'agit ici de trois morceaux d'une certaine envergure (les autres sont regroupés en fin d'article, voir PIÈCES DIVERSES). La pièce de résistance est le *Tema con variazioni* de 1876, peut-être le chef-d'œuvre du piano de Dvořák, un joyau méconnu du piano romantique. La *Dumka* contemporaine, pour être moins parfaite, n'en propose pas moins, sous une forme que le compositeur affectionna tout particulièrement, quelques-unes de ses inflexions les plus authentiques. Quant au *Dumka et Furiant* de 1884, il faut le considérer comme une entité, une sorte de rhapsodie, un condensé d'âme bohémienne.

## *Dumka* (op. 35, B. 64)
COMP décembre 1876. PUB 1879 (Bote & Bock). DÉD à Olga Hoppe.

Premier emploi par Dvořák de cette forme aujourd'hui liée à son nom (sa musique de chambre en sera pleine, et le *Dumky-Trio* est une de ses œuvres les plus fêtées). Le terme, à l'origine, désigne un type de chanson ukrainienne ; le compositeur, qui semble l'associer, consciemment ou non, au mot tchèque *dumat* (« méditer avec mélancolie »), en a fait cette succession caractéristique de rêverie douce-amère et de danse rustique, qu'empruntera la grande *Doumka* de Tchaïkovski, ou celle, plus modeste, de Balakirev. Aux uns comme aux autres a pu servir d'exemple l'alternance de *lassan* et de *friska* des *Rhapsodies* de Liszt.

Pièce à moitié réussie seulement ; elle est par trop longue et répétitive (ces reprises...) ; et quoiqu'elle s'en tienne en gros à la forme du rondo, elle laisse une impression de décousu qui est plus encore le fait de la maladresse que de la désinvolture rhapsodique. Mais que de charme, et de spontanéité ! En ré mineur *(andante con moto)*, son refrain nostalgique s'embellit à chaque retour de quelque ornementation nouvelle (la deuxième fois, de notes répétées évoquant le cymbalum ; la troisième, d'intervalles brisés de triples croches imitant la guzla). Un premier couplet, assez bref, en si bémol majeur, fanfaronne joyeusement, en alternant les mesures à deux et à trois temps. Un second, beaucoup plus étendu, forme un intermède, passant d'un paisible sol majeur à un sol mineur un peu déclamatoire avec son rythme pointé et ses traits de main gauche. Il y a une coda anticipée avant l'intermède, reprise pour finir, dans un surcroît de fioritures ; l'harmonie y incline vers le majeur, mais avec si ♭, et mi ♭ (seconde mineure phrygienne).

## *Thème et Variations* (op. 36, B. 65)
COMP décembre 1876. PUB 1879 (Bote & Bock).

Voici l'une des plus belles œuvres du piano de Dvořák, et l'on s'étonne de ne jamais l'entendre, pas plus au disque qu'au concert, à l'exception près. Le public lui serait acquis d'emblée ; et elle a de quoi séduire le pianiste, dont tout l'éventail de ressources est sollicité.

On a dit, un peu trop vite, que ces variations prennent pour modèle celles de la *Sonate op. 26* de Beethoven. Il est vrai que c'est la même tonalité (la bémol majeur), la même mesure à 3/8, et dans la troisième variation de l'une et l'autre œuvres, le même *minore* en rythme syncopé. En cherchant, on trouvera aussi des correspondances de la 2e de Dvořák à la 5e de Beethoven (les triolets), et vice versa (les octaves). Mais encore ? Ceux qui font ces comparaisons n'*entendent* pas la musique ; ils en *lisent* les signes sur la portée. Voilà des ingrédients qui appartiennent à tout le monde. Il n'y a rien de beethovénien dans les thèmes de Dvořák ;

rien non plus, on s'en doute, dans ses harmonies. Au surplus, avec tout le respect qu'on doit au monument des Trente-deux Sonates, l'opus 36 de Dvořák est cent fois plus inspiré que tout l'opus 26 de son prédécesseur.

Le thème *(tempo di minuetto)* est d'une richesse et d'une étendue inhabituelles (quarante-cinq mesures). Plutôt que de lui reprocher l'une et l'autre, en ayant l'air de craindre qu'il n'ait épuisé du premier coup ses moyens (on l'a dit par exemple du thème de la *Ballade op. 24* de Grieg), pénétrons-nous de sa douceur tremblante, écoutons ces échanges d'une voix à l'autre, et goûtons par-dessus tout le tracé original de la première période, en deux phrases de cinq puis sept mesures, qui troublent notre prosaïque sentiment de la symétrie. La période suivante (mes. 13-24), qui ajoute au même tissu les fronces de quelques triolets, semble déjà une variation. Surgissent alors, en grand contraste, huit mesures plus enjouées, où au chromatisme succède la claire diatonie des arpèges, et qui mènent au seul *f* de la page ; alors le thème se replie à nouveau, et finit où il a commencé, dans ses demi-teintes et ses harmonies automnales.

La 1re variation pétille de doubles notes staccato, hormis les huit mesures d'arpèges brisés qui reprennent l'épisode diatonique du thème ; on remarquera, à trois reprises, une modulation en mi, caractéristique, dont profiteront la plupart des variations suivantes. Dans la 2e tournoient les triolets, s'entrelaçant aux notes mélodiques, puis déplaçant les accents sous le thème en octaves, puis encore, pour le second épisode, s'enrichissant de doubles notes harmonieuses. Dégrisée, la 3e *(poco meno mosso)* n'a plus le cœur à jouer ; ce mode mineur, ces syncopes sanglotantes, ces modalismes (gamme dorienne des mes. 5-6), ces modulations perpétuelles, ces soudaines accélérations de tempo qui trahissent l'improvisateur solitaire, et jusqu'à ces sixtes endolories et pourtant si charmeresses, en font une *dumka*, une des plus belles de Dvořák. Rien ne pouvait mieux s'y enchaîner que la vive 4e variation *(allegretto scherzando)*, au rythme de danse morave ou slovaque, infatigable staccato d'accords. La 5e est tout entière en épuisants sauts d'octaves (épuisants : pas seulement pour le pianiste !), qui mettent à mal jusqu'aux claires mesures de l'épisode ; cette poutre dans l'œil de l'œuvre, un grand interprète en fera une paille, assurément ; mais on est tout heureux d'apprendre que le compositeur, après la parution, biffa la variation dans son autographe, en précisant : « mieux vaut supprimer ». La 6e *(poco andante e molto tranquillo)* « raconte », dans ce ton vieil or de sol bémol majeur (non inscrit à l'armure) qui sonne ici légendaire et lointain ; « il était une fois... » ; les beaux accords lunaires mènent par degrés dans une rêverie sans bornes, sans chronologie, à mille lieues du thème qui l'a suscitée ; il faut, mes. 31, la double chiquenaude du sol ♮ et du do ♮ pour nous rendre à la réalité, c'est-à-dire au ton initial de la bémol. Viennent alors la 7e variation *(più mosso)*, qu'électrise et magnétise le flux des triples croches, sous un thème dont le rythme obstiné et les harmonies modulantes rappellent le *Quinzième Quatuor* de Schubert ; et la 8e, finale développé, qui d'abord piaffe gaiement avec ses accords percussifs et son rythme pointé, puis cite plus sobrement le thème, ensuite fait mine de céder à la bravoure de rigueur (arpèges de harpe, en quadruples croches, et martellement d'octaves alternées), avant de conclure, « *pp* molto tranquillo », en lents accords arpégés, sur un délicat trémolo de la basse.

## *Dumka et Furiant* (op. 12, B. 136, 137)
COMP septembre 1884. PUB 1885 (Urbánek). DÉD à Mařenka Rusová.

Comme pour les *Silhouettes*, le numéro d'opus trop bas peut induire en erreur ; et ce diptyque séduisant est loin d'être une œuvre de jeunesse. Dvořák y propose (et l'on évitera de séparer ces morceaux) la même alternance de lent-vif, de *lassan-friska*, que Liszt dans ses *Rhapsodies hongroises*. L'élégiaque *Dumka* (en ut mineur, *allegretto moderato*) se charge de dire la peine et la mélancolie, le sentiment d'abandon et de lassitude, en phrases très douces où les croches normales tremblent sur les triolets de l'accompagnement, ou en accords feutrés, le plus souvent sur le ton de la confidence ; tandis que le bondissant *Furiant* (en sol mineur, *vivace*), lâchant l'individu pour la collectivité, traduit la joie d'une fête de village et crie bien haut dans l'aigu ses motifs de danse, mais sait aussi, l'espace d'un trio au mode majeur, aux accords paisibles et quotidiens, dire la paix des champs et des vallons, le ciel tendre, l'air pur.

## LES DANSES

Cinq recueils où passe, par fraîches bouffées sonores, le plus spontané de l'inspiration de notre compositeur : valse ou mazurka, danse écossaise ou *furiant* tchèque, il n'est jamais plus à son aise que dans ces riens que son art délicat et sensible transforme presque toujours en « choses de beauté », « *a joy for ever* », selon les mots du poète.

## *Deux Menuets* (op. 28, B. 58)
COMP 1876. PUB 1879 (Stáry, Prague).

Parmi les premières pièces pour piano de Dvořák, avec la *Dumka* et le *Thème et Variations* de la même année 1876 (en tenant pour négligeables deux polkas et deux pots-pourris de jeunesse).

Ce titre de *Menuets* dissimule en réalité deux petites chaînes de valses (ou de ländlers ; ou de *sousedskás*, leur équivalent tchèque), comparables en tous points à celles de Schubert, dont elles ont l'heureux primesaut, l'abondance mélodique, le charme juvénile ; elles devraient, comme les *Danses écossaises*, faire la joie des amateurs. Chaque « menuet » se divise en cinq sections (plus une coda qui reprend la première), et enchaîne les tons les plus variés. Un seul tempo est indiqué pour tout l'opus, *moderato* ; mais on fera aussi bien de ne pas s'en tenir à la lettre, et de trouver à chacune de ces miniatures l'esprit (et l'allure) qui lui convient. À remarquer tout particulièrement : dans le premier « menuet », la première section, en la bémol, avec son étrange et séduisante phrase de neuf mesures ; dans le deuxième, les harmonies parfumées de la cinquième section, en si bémol.

## *Danses écossaises* (op. 41, B. 74)
COMP novembre-décembre 1877. PUB 1879 (Stáry, Prague).

Après le labeur du *Stabat Mater* et des *Variations symphoniques*, Dvořák dut prendre un grand plaisir à la composition de ces miniatures, si fraîches et si vivaces, sœurs des *Menuets op. 28* et enrichissant comme eux le répertoire du « piano facile ». Elles sont quatorze, avec une coda qui reprend et prolonge la première, et empruntent toutes le même rythme à 2/4, le même schéma de deux fois huit mesures (reprises), le même tempo, *vivace* (mais comme pour les *Menuets*, il vaut mieux ne pas obéir aveuglément à cette indication). Cadre rigide, mais invention fertile ; et une diversité à quoi les changements de tonalité ne sont pas étrangers.

## *Deux Furiants* (op. 42, B. 85)
COMP juin et septembre 1878. PUB 1879 (Bote & Bock). DÉD à Karel Slavkovský (pianiste qui avait créé le *Concerto pour piano* en mars 1878).

Le *furiant* est cette danse populaire tchèque, pleine de fougue, de fierté, d'obstination, qui alterne en principe trois mesures à deux temps et deux mesures à trois temps. Il y en a, nommés ou non, dans la *Sérénade op. 44*, dans les *Danses slaves op. 46*, dans le *Sextuor op. 48*, il y en aura dans la *Suite tchèque*, dans le *Concerto pour violon*, dans la *Sixième Symphonie* : les années 1878-1880, qui lui apportent d'un coup la célébrité, sont par excellence les « années slaves » de Dvořák, – et le furiant un des pôles de sa musique, l'autre étant la dumka. Une bonne part de son inspiration oscille de l'un à l'autre, et nombre d'œuvres les réunissent (par exemple, pour le piano, l'opus 12, *Dumka et Furiant*).

Les *Deux Furiants*, s'ils ne respectent pas l'alternance rythmique qui devrait caractériser cette danse, en ont l'esprit bouillant et même véhément. Ce sont des œuvres pianistiquement ambitieuses, et brillantes (quoique d'écriture épaisse et souvent malaisée). Ce brio de concert s'accorde-t-il toujours avec le matériau thématique ? On a parfois l'impression d'ingénues fleurs des champs que des bouquets trop prétentieux asphyxient. Au reste, les deux morceaux se ressemblent, ont le même tempo *(allegro con fuoco)*, des tonalités jumelles (ré majeur pour la première, ré mineur et fa majeur pour la seconde), des motifs apparentés, la même sorte d'exubérance, les mêmes longueurs. On préférera le n° 2, plus contrasté, et surtout sa section méditative et comme improvisée (mes. 116), aux rythmes hésitants, aux sonorités de pipeau.

*Huit Valses* (op. 54, B. 101)
COMP décembre 1879-janvier 1880. PUB 1880 (Simrock), en deux cahiers.

Elles sont nées d'une commande du Casino national de Prague, qui voulait des danses pour son trentième bal annuel, et s'était adressé, entre autres, à Dvořák, Fibich et Smetana. Le compositeur s'aperçut bien vite que celles qu'il s'était mis à écrire n'étaient pas assez « dansantes » ; il en fit ce recueil pianistique et composa autre chose pour le bal du Casino (les *Valses de Prague*, B. 99).

L'éditeur souhaitait le titre de « Valses tchèques » ou « slaves » ; Dvořák s'y refusa. Simrock avait pourtant raison : rien de la valse viennoise dans ces huit pièces, rien qui suggère les riches lambris, les plafonds dorés, les girandoles et les toilettes somptueuses. Simples, spontanées, tout au bonheur de chanter, elles s'ébattent en plein air, respirent l'odeur de la campagne et le vin des auberges. Leur « facilité », certes, a des limites ; elles rabâchent parfois la formule heureuse qu'elles ont trouvée, modulent à perdre haleine, ne savent plus s'arrêter ; mais leur ingénuité est séduisante, leur verve communicative, et elles méritent d'être plus connues. Peut-être le succès populaire de deux d'entre elles (n[os] 1 et 4), que le compositeur transcrivit aussitôt pour quatuor à cordes, a-t-il nui au restant. Chacune à son tour serait à citer pour quelque trouvaille, pour quelque coloris harmonique. Distinguons la troisième (en mi majeur, *poco allegro*), fière et impétueuse ; et la septième (en ré mineur, *allegro moderato*), nostalgique, à la Chopin, et du reste ayant l'air de citer la *Mazurka en mi mineur* de l'opus 41.

*Six Mazurkas* (op. 56, B. 111)
COMP juin 1880. PUB 1880 (Bote & Bock).

Elles ne rappellent que de biais Chopin, le grand modèle : des inflexions, une cadence, un enchaînement ; mais l'esprit est tout autre ; il y a ici moins d'invention, mais plus d'ingénuité, moins de grâce, mais plus de robustesse ; et si elles distillent quelquefois un soupçon de mélancolie, elles sont plutôt portées à folâtrer. Saillies de l'harmonie, inépuisable fécondité des thèmes, qui chantent à n'en plus pouvoir...

Des six, on retiendra surtout : la deuxième (en ut majeur, *vivo e risoluto*), hardie et tapageuse, avec un ravissant trio à saveur modale et une coda ralentie qui s'éteint progressivement dans l'aigu ; la quatrième (en ré mineur, *lento, ma non troppo*), un peu longue, mais très inspirée, passant délicatement de la nostalgie du début au tendre espoir de son intermède majeur ; la cinquième (en fa majeur, *allegro non troppo*), assurément la plus prenante de toutes, emplie de raffinements harmoniques, et dont le thème principal poursuit longtemps l'auditeur (c'est celui, étendu de deux à trois temps, de la première des *Églogues*).

(Une septième mazurka, en ré majeur, assez quelconque, fut publiée après la mort de Dvořák ; en mai 1880, c'était une « écossaise », qu'il transforma en juin en mazurka, sans l'employer, l'estimant à juste raison indigne des précédentes.)

## PIÈCES DIVERSES

On ne mentionnera que pour la forme deux *Polkas* de jeunesse (B. 1 et 3) ; l'une, en ut majeur, date de 1855 ou 1856 ; l'autre, en mi majeur, de 1860 (publiée en fac-similé en 1903). Des années 1871-1875 datent encore deux *Pots-pourris* (B. 22 et 43). Tout cela guère plus que des morceaux de convention, pour faire danser la compagnie.

Sous le titre de **Feuillets d'album** (*Lístky do památníku*) ont paru en 1921 (Hudební matice) trois pièces datées respectivement de février 1881 (B. 116) et de mai 1880 (B. 109/2 et 3). Seule la deuxième (en fa dièse mineur, *allegretto*) est appelée *Albumblatt* par Dvořák ; c'est une babiole de salon, dont le thème s'attriste sur un accompagnement syncopé. La première (en la majeur) est bien autre chose, et le titre des éditeurs lui va mal : cent quarante-six mesures, dans un esprit rhapsodique, le *moderato* initial alternant avec un *allegro vivace*, suivi d'un épisode *scherzando*, et d'un autre à l'allure de lourde danse paysanne ; la pièce, considérablement remaniée, deviendra la première des *Légendes* pour piano à quatre mains. Enfin, troisième feuillet de cette publication posthume, une pièce en fa majeur *(allegro molto)*, la meilleure de la série, pleine d'humour et de sémillante écriture pianistique ; des tourbillons de triolets *p* sont coupés d'accords *f* ; le trio, lui, oppose des basses menaçantes et des réponses apaisantes dans l'aigu.

Les éditeurs de 1921 ont joint aux *Feuillets* deux **Impromptus**. L'un, en sol mineur, n'est autre qu'une des deux pièces écartées par l'auteur de ses *Morceaux op. 52* (voir plus haut). L'autre, un court *allegretto* qui va de sol majeur à mi majeur (B. 109/4), est une page assez touchante, proche de l'improvisation ; début et fin dans un hésitant 3/8, milieu à 2/4 pointé.

Apparentés à ces pièces : un petit rien de huit mesures, en sol mineur, écrit en décembre 1882 et intitulé **Otázca**, c'est-à-dire « Question » (B. 128a), – et en effet interrogatif, en son court parcours modulant, qui s'arrête sur la dominante, et qu'il faudrait reprendre indéfiniment, comme le *Warum* de Schumann ; ainsi qu'un **Feuillet d'album** (B. 158) de juillet 1888, seize mesures en mi bémol majeur, amorce de romance à l'italienne, qu'on sent bien que l'ennui a interrompu...

Écrit et publié en 1883 (Vilímek), l'*Impromptu en ré mineur* (B. 129) est un scherzo à deux trios, ou un rondo à deux couplets, d'une belle facture et d'une inspiration soutenue. La partie principale (en ré mineur, *allegro scherzando*), fébrile, inquiète, emploie sans cesse le ressort d'un petit arpège descendant. Le premier trio (en si bémol majeur) imite une chevauchée, au ras des touches, talonnée d'octaves, ponctuée à chaque phrase d'un fortissimo d'accords. Mais le meilleur est le lyrique second trio (en ré majeur) où, dans un climat apaisé, soprano et ténor tiennent un dialogue amoureux sous les étoiles. (Dédié à son ami R. Veselý.)

De 1884, une ***Humoresque*** en fa dièse majeur (B. 138), destinée au recueil *Pianoforte* de l'éditeur Urbánek, morceau sans prétention, d'une réjouissante bonne humeur ; un refrain au rythme pointé, où les deux mains rivalisent, la gauche battant la droite en adresse ; deux couplets, dont un à l'allure de marche (en ré majeur).

Publiées en 1888 (Urbánek), deux ***Petites Perles*** (B. 156), pièces enfantines, l'une en fa majeur *(vivace)* et dans le rythme d'une polka, – l'autre en sol mineur *(allegretto grazioso)*, valsette pour faire danser « grand-papa et grand-maman ».

Édités en 1911 seulement (chez Simrock), la ***Berceuse*** et le ***Capriccio*** d'août-septembre 1894 (B. 188) étaient destinés à un nouveau cycle entrepris au lendemain des *Humoresques*, et demeuré inachevé. – Le début de la *Berceuse* (en sol majeur, *molto moderato*) est délicieux, qui se balance en rythme syncopé sur sa pédale de tonique, et bientôt incline au ton de mi dorien (avec do ♯). Dommage que le milieu (en sol mineur, *poco più mosso*) n'en tienne pas les promesses. – Le *Capriccio* est un morceau de forme ABABA, où le refrain au rythme de polka (en sol mineur, *allegretto scherzando*) revient séparer un couplet majeur, sonore et fanfaron, de sa variation *ppp*, avec bourdon de quinte, avant de terminer rondement en huit mesures.

(Anton Eberl. Son. in Gm, op. 39 (≈ 1806) ***

# E

## Johann Gottfried ECKARD
(1735-1809) Allemand

D'une lettre écrite de Paris, en février 1764, par Léopold Mozart, à sa famille : après avoir énoncé que « toute la musique française ne vaut pas le diable », il note un changement considérable, juge que le goût actuel des Français aura bientôt disparu, et se félicite que les Allemands règnent ici en maîtres ; parmi eux, Schobert et Eckard.

De ces deux rivaux adoptés par la France, Grimm dit que le premier est le plus aimé, parce que le plus charmant et le moins complexe, mais qu'au second appartient le vrai génie. L'examen des pièces lui donne raison, et tort aux doctrinaires Wyzewa et Saint-Foix, lesquels, dans leur violent antigermanisme, n'ont plus d'oreilles ; contents d'avoir nationalisé Schobert, ils n'entendent en Eckard qu'un autodidacte, qui n'aurait pas de don mélodique, et développerait, à leur gré, longuement et fastidieusement. Ils lui reprochent d'être resté « trop allemand malgré ses relations parisiennes ». Grâce au ciel (et sans doute bien malgré eux), ils lui accordent « un sentiment passionné qui ne manque pas d'une certaine originalité, et qui se traduit notamment par un goût très marqué pour les tons mineurs ». Ces vagues de passion, justement, cet *Empfindsamkeit* poli par les muses françaises, font le charme des sonates d'Eckard.

Eckard est aussi un champion de la sonate pour clavier seul, quand la vogue était à la sonate avec accompagnement de violon. Il est surtout, comme bientôt Jean-Chrétien Bach à Londres, le premier à Paris à sacrifier au nouvel instrument à cordes frappées. Son opus 1 annonce « Six Sonates pour le clavecin », mais ajoute cet Avertissement explicite : « J'ai tâché de rendre cet ouvrage d'une utilité commune au clavecin, au clavicorde et au forte e piano. C'est par cette raison que je me suis cru obligé de marquer aussi souvent les doux et les fort, ce qui eût été inutile si je n'avais eu que le clavecin en vue. » L'opus 2, quant à lui, titre clairement « Deux Sonates pour le clavecin et le pianoforte ». Dans l'un et l'autre ouvrage, non seulement les contrastes de dynamique mais bien des passages de technique spécifique (basse d'Alberti, dont il fait grande consommation, octaves brisées, traits zigzaguant à travers le clavier) indiquent où va la préférence du compositeur, friand de virtuosité autant que d'expression.

Au total huit sonates, l'essentiel de ce que l'on connaît de son œuvre, les trois premières étant de loin les plus riches, nourries de Philipp Emanuel Bach, avec un tour plus net et plus moderne, et comme ce dernier adoptant la forme en trois mouvements, le thème unique, le développement abondant et la réexposition abrégée.

Les *Six Sonates op. 1* ont été publiées à Paris en 1763, avec une dédicace au violoniste Pierre Gaviniès. Trois mouvements dans la *Première Sonate*, en si bémol majeur, le plus remarquable étant, entre un *cantabile* à 4/4 et un *allegro assai* à 2/4, l'*amoroso* central (en mi bémol), où la mélodie s'accompagne d'accords brisés en triolets, et dont on se dit qu'il a dû servir de modèle à l'*andante amoroso*, de même tonalité, de la *Sonate K. 281*, composée par Mozart en 1774 (et en tout cas à l'*andante* de la *Sonate K. 279*, plus proche encore). Non seulement la tonalité, le rythme et l'écriture sont voisins, mais aussi bien ce climat de songerie partagée, de confidence. Un fort bel endroit, dans la deuxième partie, est celui de la modulation en ut mineur, le chant entrecoupé, à grands intervalles brisés, au-dessus de la basse en noires (mes. 36).

Les trois mouvements de la *Deuxième Sonate*, en sol mineur, conservent ce ton et ce mode, sombre et presque fatal, comme chez Clementi quand il ne veut pas sourire. Le meilleur : le finale, un *presto* à 6/8, énergique et farouche, où la gauche, quand elle se lasse de son roulement de croches, talonne de ses octaves une droite haletante.

La *Troisième Sonate*, en fa mineur, a un saisissant premier mouvement *(allegro maestoso e staccato)*, forçant je ne sais quelle note tragique par son rebond perpétuel (rythme pointé, où les deux mains participent à égalité), ses unissons rageurs hérissés de trilles (mes. 21), puis au contraire, dans le relatif majeur, la détente, par ses ondulations d'octaves brisées ; le développement est particulièrement efficace ; art infrivole, mais jamais pédant. – Le mouvement lent (en ut mineur, *affetuoso*, à 2/4) surprend par le choix qu'il fait du ton de la dominante mineure ; écriture syncopée, donnant du relief à ce lacis de lignes chantantes, que des fusées viennent soudain traverser. – Finale mouvementé, techniquement difficile, par le rôle dévolu à la main gauche (*vivace*, à 6/8).

À ces trois sonates très classiques, équilibrées, à l'allemande, succèdent trois sonates plus fantaisistes. La *Quatrième*, en la majeur, n'est constituée que d'un seul mouvement, un *andantino* chantant, à 2/4, sur un accompagnement presque uniforme d'accords brisés (triolets de doubles croches) ; c'est cette sonate que Mozart a arrangée comme mouvement de concerto (K. 40). Pareillement, la *Cinquième*, en ut majeur, se compose d'un unique *allegro*, à 4/4, où alternent basse d'Alberti (un brin trop remuante !) et triolets, avec un beau passage en la mineur dans le développement. Enfin dans la *Sixième Sonate*, en mi bémol majeur, se suivent une fantaisie intitulée *con discretione*, page noire de triples croches, tant dans le remous d'harmonies arpégées que dans les figures mélodiques, et un menuet à six variations brillantes, piquant et original.

Les ***Deux Sonates op. 2*** ont paru en 1764, toujours à Paris. Trois mouvements à nouveau dans la *Première Sonate*, en fa majeur. L'*allegro* initial est frappant par les syncopes du premier thème, entièrement décalé par rapport aux noires de la basse ; et par la réexposition inattendue de ce thème dans le mode mineur. Puis viennent un *andante* (en si bémol) sur basse d'Alberti, plutôt banal, et un *minuetto* pourvu d'un trio mineur.

La *Deuxième Sonate*, en mi majeur, n'a que deux mouvements, très réussis : un *andante* plein de douceur, et un rondo *(allegretto)*, mesuré à 3/8, où l'on appréciera en particulier l'épisode mineur, si mozartien, parlant d'avance ce langage où sens et cœur sont réunis à la raison.

# Hanns EISLER
(1898-1962) Allemand

Peu nous importent, aujourd'hui, son engagement politique, son marxisme militant, ses cantates prolétariennes, son parti pris d'un art utilitaire, à consommer illico par le plus grand nombre. Fait-il ou non de la musique ? Il en fait ; et rien ne saurait autant nous réjouir que de voir, entre ses mains, les austères et grisâtres recettes de son maître Schönberg, conçues pour une délectation solitaire, s'apprêter à devenir le prétexte d'œuvres légères, ironiques mais amicales, accessibles sans trop d'efforts.

Ce n'est pas encore le cas de la ***Première Sonate*** (op. 1), composée en 1923, bien surchargée, et quelquefois inutilement violente. Schönberg en aima tellement les prémices qu'il n'en attendit pas la fin pour la recommander aux éditions Universal (où elle parut en 1924). Mélange de tradition et de nouveauté : le moule est strict, forme sonate pour les deux mouvements extrêmes (et, qui plus est, avec le vieil usage de la reprise de l'exposition), et forme lied ABA pour le mouvement central ; mais le matériau est atonal, encore qu'on sente la forte attraction d'une tonique mi bémol, qui conclut les trois parties (et dont plusieurs indices renforcent la présence : voyez par exemple, dans le premier allegro, à la mes. 5, cette simple et candide septième de dominante). L'*allegro* initial est enjoué, vivement lancé par le tremplin d'un arpège, et se complaît dans des sonorités cristallines (grelots de doubles notes et chaînes de trilles dans l'aigu) ; l'*intermezzo*, en passacaille *(andante con moto)*, gagne justement, par sa répétition d'une courte basse de quatre mesures, un fort valable repère tonal ; l'*allegro* final est plus fougueux, plus rude, plus humoristique aussi, où dominent des figures à crépitantes notes répétées.

Un art plus flatteur pour l'oreille s'exerce dans les quatre **Klavierstücke** (op. 3) de la même année 1923 (publiés en 1926, Universal) ; et un art déjà plus distancié. Dans la première pièce *(andante con moto)*, ce « grazioso » à base de lignes brisées, de staccatos pincés du bout des doigts, est sûrement malicieux, et presque hilare ce soudain fugato central. Mais après le bref coup de colère de la deuxième *(allegro molto)*, qu'on n'a guère envie de prendre au sérieux, la troisième *(andante)* pose un climat étrange, où l'extrême pointillisme de l'écriture n'empêche pas l'essor, par deux fois, d'une phrase lyrique *(ruhig, « calme »)*, accompagnée d'accords syncopés ; puis un *adagio* contemplatif, vraiment beau, avec un cri violent à la toute fin. Énorme contraste, dans la dernière pièce, entre l'*allegretto* mystérieux du début et le furieux *molto allegro* qui s'y enchaîne.

Il y a indubitablement plus de recul ironique encore dans la **Deuxième Sonate** (op. 6), en forme de variations, composée en 1924 (publiée chez Breitkopf). La texture aérée, la brièveté de chaque épisode (l'ensemble ne durant d'ailleurs que huit minutes), la variété des atmosphères, et jusqu'à quelques relents de jazz, expliquent la séduction que peuvent exercer ces pages, où le sérialisme est plus un moyen qu'une fin. Les trois premières des quatorze variations forment scherzo, trio, et reprise inversée du scherzo ; la 4e *(larghetto)* sert de mouvement lent ; la 6e alterne *andante* et *presto* ; la 9e est une marche burlesque.

Eisler ira plus loin dans la transparence et la légèreté avec les huit **Klavierstücke** (op. 8) composés en 1925 (publiés en 1958, Peters), plus loin aussi dans la liberté vis-à-vis de Schönberg et du dodécaphonisme, et commencera d'adopter ce mélange stylistique qui constitue l'attrait de ses meilleures partitions : à coté du staccato méchant, des brusqueries, de la sécheresse concertée, telles phrases expressives, tels fragments tonaux, qui semblent, dans ce contexte, des citations ou des parodies, mais n'en font pas moins partie intégrante de la substance musicale. Retenons la fin sarcastique du premier morceau *(allegretto)* ; les passages benêts exprès du deuxième *(kräftig)* ; surtout l'exquis thème varié du troisième, entre persiflage et émotion naïve.

La période 1926-1934, celle des séries d'œuvres chorales « pour les masses » et des débuts de la collaboration avec Brecht, ne voit plus rien naître pour le piano, sinon les petites pièces pédagogiques, bien tonales, des opus 31 et 32 (distinguons, dans ce dernier, le bouffon *Rondo* final, interrompu un moment par quelques mesures plaintives), et la *Sonatine* de l'opus 44, intitulée *Gradus ad Parnassum*, qui édifie ses quatre mouvements sur une même série de douze sons.

Deux partitions seulement, un peu plus tard, dans les années d'exil, viendront compléter le mince catalogue pianistique d'Eisler (presque inexistant, si on le compare, par exemple, à ses deux cent cinquante chansons dans tous les genres), et il faut regretter qu'elles n'aient rien de la séduction de la musique de chambre de la même époque (les deux nonettes, les deux septuors, ou le fameux quintette des *Quatorze manières de décrire la pluie*).

Ce seront d'abord les *Variations* de 1940 (publiées en 1973, Deutscher Verlag für Musik, Leipzig), ouvrage étendu, savant, revêche, bien qu'un dodécaphonisme habile y ménage de nombreuses plages tonales, et dont le thème et les onze variations débouchent sur trois finales successifs. On a vu dans le profil à notes répétées de ce thème une ressemblance avec celui que Papageno, dans *La Flûte enchantée*, essaie de chanter malgré le cadenas qui lui ferme la bouche : allusion fort claire aux tracas d'Eisler, en butte à la censure américaine. En conclusion du dernier finale, à l'allure de tarentelle, la série initiale de l'œuvre résonne, décalée, au fond de l'instrument.

Ce sera ensuite la ***Troisième Sonate*** de 1943, composée aux États-Unis (publiée en 1960, Peters), une œuvre acerbe et intense, qui se ressent d'une période difficile et d'expériences contradictoires ; son meilleur interprète, Christophe Keller, la définit avec justesse quand il parle de la « gesticulation désespérée » du premier mouvement, du « chant funèbre » du deuxième, et de la « danse lugubre » du dernier.

## Maurice EMMANUEL
(1862-1938) Français

Six courtes *Sonatines* constituent tout l'apport de Maurice Emmanuel au piano : trois quarts d'heure à peine de musique. Mais un coup d'œil au restant du catalogue, qui ne compte que trente numéros en plus de cinquante années de composition (de la pantomime *Pierrot peintre*, de 1886, au *Poème du Rhône* pour orchestre, de 1938), montre que dans cette production parcimonieuse la ration du piano n'est pas maigre, et que la répartition entre musique pianistique, musique de chambre, musique d'orchestre et musique vocale est assez équitable. D'ailleurs ce petit nombre d'opus est trompeur ; il faut savoir qu'Emmanuel a détruit, en 1922, une cinquantaine de partitions ; et non point, comme tout le monde, des *juvenilia*, mais des œuvres mûres, de ses trente et quarante ans. Signe d'insatisfaction, à la manière de Dukas, cet éternel mécontent de soi ? Ou de protestation contre une tenace méconnaissance ?

Il n'est pas toujours bon d'avoir plusieurs cordes à son arc. En dépit des tentatives renouvelées de la critique ou des interprètes, l'histoire continue à retenir de lui, injustement, la figure du musicologue, du pédagogue, du théoricien, du folkloriste, au détriment de celle du créateur, – d'autant que la plupart de ses œuvres ont été publiées sur le tard, longtemps après leur composition, et que beaucoup sont demeurées inédites. On se souvient de sa thèse sur *L'Orchestique grecque* ou de son *Traité de l'accompagnement modal des psaumes* en oubliant sa *Sonate pour violoncelle*, on cite plus volontiers son *Histoire de la langue musicale* que ses délicieuses *Odelettes anacréontiques* ou que son *Trio pour clarinette, flûte et piano*. L'érudition est-elle à ce point incompatible avec l'art ? Vue de cerveaux étroits et de natures frileuses, dont bien des musiciens ont pâti : voyez le destin, comparable, de Charles Koechlin.

Oui, Emmanuel aima les modes anciens, bien qu'ils lui aient valu d'être exclu par Delibes du concours de Rome ; ils émaillent sa musique, et il n'est presque pas de thème, chez lui, qui obéisse aveuglément à ce qu'il nommait « le tyran ut » ; toujours une altération heureuse les parfume de lydien ou de mixolydien, de dorien ou de phrygien, avec une souplesse étonnante, avec une acuité qui lui donne le pas, en matière d'invention harmonique (car il faut bien que tous ces thèmes s'harmonisent), sur Debussy lui-même, son condisciple chez Guiraud. Oui, il s'adonna, dans la foulée de son maître Bourgault-Ducoudray, à des recherches sur le folklore ; et elles n'ont pas seulement abouti aux *Chansons bourguignonnes*, relativement connues (la partie émergée de son iceberg !), mais également à la *Suite pour violon et piano*, où revivent les mélodies populaires grecques, à la *Deuxième Symphonie*, imprégnée de folklore breton, au *Quatuor en si bémol*, où il emploie un thème tzigane, recueilli au cours d'un voyage en Europe centrale.

Cette curiosité, loin de faire de lui un froid abstracteur de quinte essence, a nourri sa sensibilité et fécondé sa musique. Dès l'orée de sa carrière, elle lui a donné les armes de la liberté. Nul ne dirait, à l'audition, qu'un tiers de siècle a pu passer entre la première et la dernière des *Sonatines* (1893, 1926), tant celle-là est stupéfiante de nouveauté, d'originalité, d'audace, aussi éloignée du romantisme moribond que de l'impressionnisme naissant. Un autre que lui se serait drapé dans la cape du révolutionnaire, aurait chahuté les innombrables avatars musicaux de cette fin de siècle, aurait entraîné X et Y dans une *École de ceci*, un *Groupe de cela*. Mais Emmanuel œuvrait dans le silence et la modestie ; et ce travers aussi, autant que ses écrits musicologiques, lui aura coûté la gloire, que le monde accorde plus souvent aux bruyants affairistes qu'aux travailleurs secrets.

### *Première Sonatine (« Bourguignonne »)* (op. 4)
COMP 1893. PUB 1923 (Heugel), avec les *Deuxième* et *Troisième Sonatines*. DÉD à Isidore Philipp.

Cette œuvre qui exalte le terroir, comme le feront les *Chansons bourguignonnes* de 1913, est étonnamment neuve pour l'époque : la gamme par tons, les accords parallèles, la polymodalité, la polytonalité sont ici chose courante ; Debussy, l'exact contemporain d'Emmanuel, n'en est alors qu'à ses *Arabesques*...

Le premier mouvement (en la majeur, *allegro con spirito*) est tout entier construit sur les trois notes du carillon de Notre-Dame de Beaune, et sur les quatre du carillon de Saint-Bénigne, cathédrale de Dijon, qui sonne, en motifs de plus en plus longs, le quart, la demie, les trois quarts et l'heure. L'allant rythmique est donné par les doubles croches dactyliques d'une chanson que, rapporte l'auteur, fredonnaient « les enfants de chœur, vers 1875 » :

> Pierr' le sonneur,
> Vieux radoteur,
> Qui fait des fug' en la mineur...

C'est merveille que d'entendre ces superpositions de rythmes, de mélodies, de tons, ce contrepoint savoureux, jamais pédant, et pourtant si sûr de son fait. Un moment exquis, par exemple, est l'entrée du carillon de Saint-Bénigne (mes. 29), en mi mineur, sur le carillon de Beaune en la majeur, tous deux au-dessus d'une pédale de mi ♭... Tout cela, d'ailleurs, court et sobre, quand un autre l'aurait éternisé. Fin lointaine, avec un ré ♯ lydien flottant au-dessus de l'accord de tonique.

Le deuxième mouvement (en ré mineur éolien, *scherzando*) est un *Branle à la manière de Bourgogne* : danse carrée, à deux temps, par périodes égales de quatre mesures, bien assises sur leurs basses ; on sait que Poulenc à son tour en retrouvera le rythme dans sa *Suite française*, adaptée de Claude Gervaise. Plusieurs sections contrastées, aux tons changeants, à l'écriture différenciée, comme autant de petites variations. On notera l'absence de sensible (couleur éolienne du mineur, mixolydienne du majeur) et le glissement perpétuel d'un mode à l'autre : la première entre si bémol majeur et ré mineur ; la deuxième entre fa dièse mineur et la majeur, plus guillerette ; une autre entre mi bémol mineur et sol bémol majeur, en tierces staccato ; une qui va de si bémol majeur à fa majeur, en triolets, avec le chant à la partie médiane ; une dernière enfin qui traite le thème à trois temps, en l'ourlant de gammes légères, en le festonnant d'arpèges. Toutes finissent en claironnant les quatre mesures initiales, comme une ritournelle. Accord conclusif majeur.

Le troisième mouvement (en la bémol majeur, *andante simplice*), une petite page admirable de candeur et de douceur, piano et pianissimo d'un bout à l'autre, a pour thème « un des airs inventés par le vieil aveugle, carillonneur à l'Hôtel-Dieu de Beaune pendant plusieurs décades, et qui s'appelait Vivant ». Il l'énonce à l'alto, sous la clochette d'un mi ♭, pédale supérieure de dominante, avec à la gauche des accords à contretemps. Dans la partie centrale, le thème passe au soprano, sur des harmonies franchement bitonales : il s'en faut d'un rien qu'elles soient justes, c'est ravissant...

Le finale est une *Ronde à la manière morvandelle* (en la majeur, *giocoso*), franche et drue, âprement scandée, avec ses périodes inégales (phrases successives de huit, sept, six temps), ses appogiatures bruissantes, ses pédales imitant le bourdon de la vielle. Forme ABCAB : dans B (mes. 43) revient l'écho du carillon de Beaune, au milieu des traits virtuoses de quelque violoneux de village ; dans C retentit celui de Saint-Bénigne (le quart à la mes. 63, la demie à la mes. 67, les trois quarts à la mes. 85, l'heure à la mes. 88) : il est, comme disait l'auteur, « de plus en plus détraqué »...

## *Deuxième Sonatine (« Pastorale »)* (op. 5)

COMP 1897. PUB 1923 (Heugel), avec les *Première* et *Troisième Sonatines*. DÉD à Isidore Philipp.

Plus « impressionniste », assurément, que la précédente, qui gardait de bout en bout une grande netteté de contours, quand ici règne le flou de la pédale. Mais « imitative » ? Certes, un rythme pointé fait la caille, un trille le rossignol, une tierce mélodique le coucou, ingrédients qui ont beaucoup servi, ne serait-ce que dans une certaine *Symphonie pastorale*... Mais avec ces riens qui l'amusent, que de musique sous la plume d'Emmanuel ! Ces volatiles sont le prétexte d'une promenade à travers champs et forêts, à l'écoute des mille bruits de la nature, de sa pulsation profonde. Et n'en profitons pas pour nous écrier, comme certains, qu'il annonce Messiaen ! Comme s'il suffisait d'un oiseau en musique pour voir se profiler l'ennuyeux auteur du *Catalogue* !

En revanche, *La Caille* (en sol majeur, *moderato ma jocoso*) fait songer à Séverac, surtout en son début : cette liberté rythmique, comme d'une improvisation, cette souplesse harmonique, le charme sonore de ces prestiges pianistiques égrenés dans l'aigu. Peu importe, au fond, que ce signal pointé représente un oiseau ; il traduit avant tout la joie d'un paysage insouciant, repu de soleil, celui des ménétriers et glaneuses du *Chant de la terre*, des muletiers de *Cerdaña*. Après ce prologue, le cœur du mouvement (mes. 15-54) est une ample effusion d'accords, où résonne sans cesse l'appel initial, et qu'accompagne un ruissellement ininterrompu d'arpèges, à travers trois octaves. Rappel du prologue, et brève *cadenza* pour finir.

*Le Rossignol* (en si bémol majeur) est écrit sur trois portées, qui rendent plus lisibles les divers plans sonores. Il commence par six mesures *adagio*, où un thème d'accords paisibles et berceurs se déploie dans le médium, entre les dessins que la gauche, croisant la droite, place tantôt à la basse, tantôt à l'aigu. Dans la deuxième section *(andantino molto moto)* s'élève par trois fois le chant du rossignol, celui même de l'*andante* de la *Symphonie pastorale* : une note d'abord, puis deux, puis le trille qu'elles forment, qui survole un lacis de voix chantantes, à 12/8. L'*adagio* recommence, en ré, pour sept mesures. Fin sur un dernier appel du rossignol, qu'enserrent délicatement, contrepoint renouvelé de Beethoven, le cri de la caille et la tierce du coucou.

Voici *Le Coucou*, maintenant (en sol majeur, *leggiero*), avec sa tierce descendante caractéristique, lancée à tous les registres et dans tous les tons, entraînant la musique dans une gigue joyeuse. Deux minutes à peine, mais d'allant irrésistible, de vivace et tenace fraîcheur. Les croches rebondissent alertement, la gauche plaque en syncopes des accords de bourdon (sans la tierce) ; ailleurs les mains se croisent, un chant fervent répond au motif de l'oiseau. Quelques mesures avant la fin, dans le lointain, montent les trilles du rossignol.

### *Troisième Sonatine* (op. 19)

COMP 1920. PUB 1923 (Heugel), avec les *Première* et *Deuxième Sonatines*. DÉD à Isidore Philipp. CRÉ par Yvonne Lefébure (28 mai 1921, Cercle musical et dramatique indépendant de Paris).

Le jeune compositeur des sonatines précédentes est maintenant presque sexagénaire. Il est l'auteur de belles partitions de musique de chambre, de sensibles mélodies, d'un ambitieux *Prométhée enchaîné* qui l'a occupé de 1916 à 1918. Auteur méconnu : le monde musical n'imagine toujours pas qu'un érudit puisse se doubler d'un artiste. N'importe, Emmanuel revient au piano, avec ensemble deux nouvelles sonatines. Plus de programme, ici, mais le jeu poétique des sons et des rythmes, dans une forme toujours originale, un vocabulaire aussi neuf, en ces années vingt, que celui des premières sonatines pouvait l'être à la fin du XIXe siècle.

Le *Moderato* initial est en mi bémol majeur, avec deux bémols seulement à l'armure, à cause de la quarte lydienne la ♮. Écriture aussi libre que savante ; elle ne semble céder, encore une fois, qu'à l'improvisation, dans une atmosphère de joie, et même d'exaltation, que rien jusqu'au bout ne vient rompre ; mais en y regardant de près, on dénicherait une exposition, un développement, une réexposition abrégée, toute la panoplie du sonatiste, adaptée au caprice du moment. C'est au primesaut des thèmes, à la souplesse de leurs enchaînements, qu'on doit cette impression de musique buissonnière. Distinguons un premier thème, mobile, sinueux, avec son accompagnement en forme d'écho rythmique (valeurs pointées) ; un second (mes. 17), caractérisé par l'insistance sur quelques notes (rythme syncopé), au chant comme à la basse, et où voltigent, bouillonnent, virevoltent des triolets. Cette opposition de valeurs nourrit la pièce, traduit à merveille les élans, les réticences, les sautes d'humeur. On notera comme l'ensemble se meut, de préférence, dans les nuances assourdies : le *f* est rare et ne dure guère.

Peu de musiques sont aussi baignées de douceur et de paix que le début de l'*andante tranquillo* (en ut majeur, avec à la clé le fa ♯ du mode lydien) ; calme crépusculaire, propice à la songerie, comme d'un paysage de campagne où tombe lentement la nuit. Chaque phrase du chant éveille, dans les basses, de grands accords de dixième qui semblent reculer l'horizon à l'infini. Puis, avec l'arrivée en sol (dominante), fusent quelques gammes dans l'aigu, pianissimo, comme un dernier éclat de lumière. La section centrale est différente ; sur pédale de mi, s'accroissant, s'élevant, elle entonne une manière de péan obstiné, en octaves syncopées, redoublées à la basse et à l'aigu. Mais cela dure une douzaine de mesures, les lignes rêveuses du début se rassemblent, traversées de frémissantes triples et quadruples croches, qu'on dirait solubles dans l'air ; et tout s'éteint sur un ultime accord parfait.

Finale à la toccata (*vivace*, en mi bémol, toujours avec deux bémols à l'armure), dont le début scintillant éclate à l'extrême aigu, chant de noires escorté de fantasques doubles croches. Plus loin (mes. 70) est citée une chanson bourguignonne (à 3/8, sur des arpèges à 2/4, noyés dans la pédale) : c'est « Vlà que l'alouette chante », qu'Emmanuel a harmonisée dans les trente *Chansons bourguignonnes* de 1913. Vers la fin (mes. 194), un souvenir du premier thème du premier mouvement, sans qu'il faille, de grâce ! parler de « cyclisme » ; une dernière page *(con fuoco)* martelée d'octaves et d'accords ; mais les mesures conclusives adoucies, avec encore l'écho du premier mouvement, dans un souffle.

### *Quatrième Sonatine (« sur des modes hindous »)* (op. 20)

COMP avril 1920. PUB 1923 (Durand). DÉD à Busoni. CRÉ par Robert Casadesus (23 avril 1932, Société nationale).

La dédicace allait de soi : Busoni, lui-même auteur de six *Sonatines* pour piano, peut-être le meilleur de son œuvre (la dernière date de mars 1920), était particulièrement friand de modes anciens ou exotiques, et en général de toutes les expériences possibles dans le champ sans bornes de l'harmonie.

Pourtant, l'œuvre d'Emmanuel demeure assez sage ; comme les *Évocations* ou le *Padmâvatî* de Roussel, elle prend les modes hindous pour alibi, et loin d'adopter leurs formules ou *ragas*, les traite librement, à l'occidentale.

Ainsi l'*allegro* initial est-il écrit en ut lydien (avec fa ♯), mais avec altération des deuxième et sixième degrés dans la forme descendante (ré ♭, la ♭) : tout le début s'en tient presque entièrement à l'échelle ainsi définie. On pourrait s'ingénier (mais que c'est inutile !) à distinguer une façon de forme sonate : un premier thème étale, en valeurs longues ; un second (mes. 24) plus mobile, avec un dessin caractéristique de trois notes répétées ; l'ébauche d'un développement ; une reprise de B, transposé ; une coda. Écoutons-y plutôt un jeu sonore, et séduisant, d'arpèges vaporeux que les mains se partagent en se croisant, et où viennent vibrer quelques notes mélodiques. Et le temps y serait aboli, n'était le frein qu'imposent ici ou là des mesures de ponctuation (9, 16, 61...) où brusquement se déchire le tissu soyeux des doubles croches.

L'*adagio* (en fa dièse mineur, mais phrygien, avec sol ♮) est un nocturne d'une intense et étrange beauté. Début hypnotique, où les octaves errantes du thème, à 6/8, sont bercées d'un fluide mouvement d'arpèges, dans de grands vibrements d'accords tenus par la pédale. Plus loin une section plus mouvementée, mêlant le 5/8 à la mesure initiale, part du silence, d'un murmure au ras de l'ivoire ; le chant s'exhale dans un environnement de triolets, en des harmonies debussystes (beaucoup de tons entiers), puis s'élève (remuement de quadruples croches à la main gauche), s'enfle au point de forcer cette basse à s'exalter à son tour, en octaves accentuées. Alors tout s'apaise, et les octaves du thème initial, brièvement repris, rentrent dans la solitude, sous la lune opaline et silencieuse.

Le motif principal du finale *(allegro deciso)* est des plus singuliers : 3/4 et 2/4 entremêlés, avec tour à tour des triolets martelés fortissimo entre les deux mains, et de sourdes basses en rythme anapestique. On y retrouve l'ut modal du premier mouvement, avec son fa ♯, son ré ♭, son la ♭. Tout le début est claironné massivement ; à quoi s'oppose ensuite un thème doux et lumineux, mollement accompagné d'accords brisés tournoyants. On débouche, et c'est pour le moins inattendu, sur un *tempo di walzer*, tout enguirlandé de doubles croches aussi voluptueuses que dans Fauré, avec des retours du thème initial, – lequel, après avoir feint de se prêter, lui aussi, au vertige alangui de la valse, achève l'œuvre en puissance, *fff.*

### *Cinquième Sonatine (« alla francese »)* (op. 22)

COMP 1925. PUB 1927 (Lemoine). DÉD à Robert Casadesus. CRÉ par Casadesus (26 janvier 1929, Société nationale). Orchestrée en 1935 sous le titre de *Suite française* (op. 26), avec l'ajout d'un *Divertissement*, entre *Sarabande* et *Gavotte*.

Le titre de la version orchestrale est plus exact : suite plutôt que sonatine, et retrouvant la manière, l'esprit des anciens maîtres, qu'elle va prendre jusque dans la Renaissance. À cette révérence à la danse s'ajoute un hommage au folklore français, dont tous les modes sont ici employés à tour de rôle. Mais pour compter six mouvements, les dimensions de l'œuvre n'en restent pas moins étroites, calculées au plus près par un musicien qui eut toujours la phobie du bavardage : à peine une douzaine de minutes.

L'*Ouverture* doit son titre à sa structure tripartite lent-vif-lent. Deux volets *adagio* (en si bémol majeur, avec le mi ♮ du mode lydien, d'où ce seul bémol à l'armure ; noter aussi la caressante sixte mineure, sol ♭), au thème recueilli, avec quelques rythmes pointés attendus, sur un accompagnement où traîne la pédale de tonique, – y encadrent un *allegro vivo* piaffant et coloré, entre gigue et ronde, où se bousculent les triolets.

La *Courante* qui suit (*allegretto*, en ré mixolydien, sans sensible : le do est bécarre) semble échappée du *Tombeau de Couperin* de Ravel ; délicatesse de ces lignes pures qui s'enchevêtrent sans se heurter, raffinement de ces cadences modales si parfumées, subtile équivoque rythmique entre binaire et ternaire, équilibre et dosage des sonorités ; rien qui pèse ; et cette économie...

Cœur de la sonatine, une *Sarabande* (*adagio*, en sol dorien, avec mi ♮ sixte majeure). Accords émus, atmosphère méditative, comme un souvenir lointain (« du Louvre », ainsi que la sarabande des *Images oubliées* de Debussy ?). Au milieu se produisent quelques rencontres bitonales, par la marche mélodique de ces accords, qu'il faut cependant jouer avec douceur, malgré un léger crescendo. Fin feutrée, assourdie.

La *Gavotte* (*allegro giocoso*) mêle le mode lydien (sol ♯ en ré) à des emprunts à la gamme par tons qui l'obscurcissent un peu. Morceau très bref, plein d'humour bon enfant, avec ses tierces cliquetantes, ses brusques oppositions de nuances, ses sauts d'un registre à l'autre, ses mains alternées.

Emmanuel convie ensuite à ces fastes « alla francese » le couple *Pavane et Gaillarde*, cher aux musiciens de la Renaissance, deux danses complémentaires et basées, comme il se doit, sur le même motif initial, – qui passe ainsi de quatre à trois temps. Toutes les deux sont en fa dièse, la première (*solenne*) mineur sans sensible (ou éolien), la seconde (*più mosso, scherzando*) majeur, également sans sensible (ou mixolydien).

D'une grande difficulté d'exécution, la bondissante *Gigue* finale (*vivace*, en ré, avec le mi ♭ du mode phrygien) est un mouvement perpétuel de doubles croches tournoyantes, à 12/16, le plus souvent à deux voix, dont chacune à son tour prend le chant.

## *Sixième Sonatine* (op. 23)

COMP avril-mai 1926. PUB 1928 (Lemoine). DÉD à Yvonne Lefébure.

C'est la plus dense, la plus concise de la série. Une fois de plus, ni le temps ni l'espace ne font rien à l'affaire : ces trois mouvements qui atteignent tout juste les sept minutes d'exécution recèlent des trésors de musique, que plusieurs écoutes ne suffisent pas à épuiser. Cela ne signifie pas que l'œuvre soit difficile (sinon pour le pianiste !) : au contraire, elle est d'une séduction immédiate, – laquelle ensuite engendre une durable connivence.

Elle aussi pourrait revendiquer le surnom de « pastorale », sans programme ornithologique, uniquement par ce côté férié de la musique, sa respiration comme champêtre, ses thèmes de plein air, comme le montre d'emblée le *scherzando* initial (en la majeur), si proche de Milhaud par son 6/8, ses dessins souples, ses vivantes doubles croches poussant leurs vrilles d'une main à l'autre à travers le clavier, ses harmonies odorantes et changeantes. Comme contraste, un motif percussif (mes. 32) remplace le chant et le legato par un staccato d'accords dansants, martelés gaiement aux deux mains.

Le deuxième mouvement (en fa majeur, *adagio*) est comme une secrète sarabande, à la fois émue et un rien distante, énoncée presque du bout des doigts, de crainte de trop en dire, et de le dire trop haut : il n'y a qu'un seul *f*, un peu avant la fin. Le contrepoint chromatisant du début débouche sur des plages d'accords euphoniques, où la main droite anticipe légèrement sur la gauche, d'où une passagère impression de bitonalité ; ainsi à plusieurs reprises, les lignes demeurant claires, le chant privilégié.

Le finale est virtuose (en la majeur, *presto con fuoco*), une sorte de toccata, avec unissons de doubles croches en rafales, motifs de notes répétées sur un chant d'octaves à la basse, et bruyante coda de triolets *(prestissimo)*. Musique pour pianistes accomplis, certes, mais non pour ferrailleurs : « À Yvonne Lefébure, précise l'autographe, ces croches lentes ou véloces, que ses doigts *perlineront*. »

## Georges ENESCO
(1881-1955) Roumain

Peut-on entrer dans deux légendes à la fois ? Enesco appartient à celle des grands violonistes, qui ont fait rêver les foules à travers la planète ; en tant que compositeur, il ne s'imposera sans doute jamais qu'à des *happy few*... Comprenons-nous, on ne lui reproche pas d'écrire, on veut bien faire crédit à son *Poème* pour violon et orchestre, à ses *Sonates* pour violon et piano, – comme on admet que Liszt, que Rachmaninov aient écrit pour leur instrument. Mais manier la symphonie, tâter de la mélodie, s'essayer même à l'opéra ! Quelle ambition suspecte ! Et pourvoir au répertoire du piano, quelle vaine occupation...

Il faut pourtant s'y résoudre : le catalogue complet d'Enesco, qui fourmille d'œuvres de jeunesse non numérotées, pour la plupart inédites, prouve abondamment que la composition fut son premier et précoce amour et sa principale visée, loin devant le violon (avec lequel il disait n'avoir fait qu'un mariage de raison), devant le piano (dont on ne sait pas assez qu'il jouait en virtuose). Quand le *Poème roumain*, en 1898, le révèle au public parisien, il n'a pas encore son prix de violon, et peut déjà expérimenter que les critiques, et les confrères, apprécient médiocrement que l'on ait plusieurs cordes à son arc. N'importe, il persévère, écrivant d'ailleurs lentement, dans les affres, avec force brouillons et ratures, soucieux de ne rien laisser au seul hasard. En sorte qu'il n'y a presque pas de déchets dans ses trente-trois opus officiellement déclarés, où prédominent la musique de chambre et les œuvres orchestrales, une place à part devant être réservée à son opéra *Œdipe*, son ouvrage sinon le plus achevé, du moins le plus cher à son cœur.

L'essentiel de sa production pianistique consiste en trois *Suites* et deux *Sonates*, assez idéalement réparties dans le temps pour qu'on puisse, avec leur seule aide, mesurer à la fois le développement du compositeur et la constance de ses inclinations.

Les deux premières *Suites* montrent chez le jeune Enesco une même révérence pour les maîtres d'autrefois (que traduira encore, quelques lustres plus tard, la *Deuxième Suite d'orchestre*) ; mais au lieu que celle de 1897, dans son « style ancien », semble un devoir scolaire, celle de 1903 insuffle une vie nouvelle aux danses des clavecinistes, comme le font, à la même époque, tant de musiciens autour de lui ; et nul ne méconnaîtrait l'air français qu'on y respire. Cette nouvelle suite, sous son masque dix-huitième, n'en manifeste pas moins chez lui, comme tant d'autres partitions (par exemple la *Première Symphonie*, ou le *Premier Quatuor avec piano*), un romantique invétéré, parfois lyrique jusqu'à la grandiloquence.

Autre constante : l'inspiration populaire. Au sang roumain qui coule dans ses veines, Enesco a donné d'emblée libre cours ; et c'est dans ce genre périlleux d'une musique issue du terroir que son art s'est le mieux approfondi, s'affinant ensemble et s'enrichissant, jusqu'à s'exprimer de manière intensément originale. Déjà, en 1916, les meilleures des « pièces impromptues » qui forment la *Troisième Suite* pour piano s'éloignent du folklore facile et extraverti qui fit le succès irrésistible des *Rhapsodies roumaines* pour orchestre, – succès à double tranchant, dont Enesco se sentit poursuivi durant toute sa vie. Les deux magnifiques *Sonates*, fruits de sa belle maturité (1924 et 1935), inventent à la fois leur substance et la manière de la traiter (la fameuse *Troisième Sonate pour violon et piano* complète admirablement la série). Le terme de « sonate » convient-il, d'ailleurs, à ces œuvres qui tissent les arabesques d'un folklore imaginaire, où revit l'art rhapsodique et ornemental des ménétriers moldaves, les *lautari*, avec leur *parlando rubato* caractéristique, leur mélange de nostalgie et d'ardente tristesse (le *dor*, équivalent du *zal* polonais), tout cet ensemble de motifs et de techniques qui constitue la *doina* ? L'écriture en est superbement libre, intuitive et pourtant savante, complexe et pourtant précise, l'enchevêtrement des lignes (« Je suis essentiellement un polyphoniste, et non pas du tout l'homme des jolis accords enchaînés », lui fait dire Bernard Gavoty dans ses *Souvenirs de Georges Enesco*) n'y ayant d'égal que l'extrême scrupule des annotations. De ces pages hérissées de signes, aussi difficiles à lire qu'à jouer, coule dans sa fraîcheur de source vive une des musiques les plus poétiques de notre temps ; on s'étonne que les pianistes puissent persister à l'ignorer.

### *Première Suite, dans le style ancien* (op. 3)

COMP 1897. PUB 1898 (Énoch). DÉD « respectueusement » à Mlle Murer. CRÉ par Murer (1897, Paris).

À l'époque de cette œuvre, Enesco n'a que seize ans, mais il a déjà noirci beaucoup de papier à musique, et dédié en particulier au piano quantité de pièces, quelques-unes achevées, la plupart à l'état d'esquisses, qui forment un paquet d'inédits. Son catalogue officiel comprend, de la même année 1897, le *Poème roumain* pour orchestre (op. 1), joué à Paris avec grand succès, et la *Première Sonate pour violon et piano* (op. 2). Ces partitions révèlent des dons précoces et exceptionnels, et, sinon une voix originale (car trop d'influences contradictoires s'y font jour), du moins une ébahissante sûreté de plume, bien au-dessus du *vulgum pecus* qui traîne dans les conservatoires. Cependant, de tout ce labeur juvénile, la *Suite op. 3* est le moins intéressant, par la nature même du projet. Pastiche réussi de style baroque, mêlant adroitement Bach, Haendel et les clavecinistes français, mais pastiche sans humour (le contraire, à cet âge, eût été surprenant) : on s'y ennuie à périr.

Ton de sol mineur, sauf pour l'*Adagio*, écrit dans le relatif si bémol majeur. Le *Prélude (grave)*, commencé en lents accords pompeux, se termine par une cadence de traits alternés en triples croches. La *Fugue (allegro moderato)*, à trois voix, dépasse assurément l'honnête besogne d'un écolier ; et par instants on se croirait quelque part dans le *Clavier bien tempéré*. L'*Adagio* est moins défendable ; cousu de gros clichés, avec ses basses redoublées et sa lourde texture, il sonne comme une transcription d'orchestre à cordes. Un virtuose peut se divertir au *Finale (presto)*, labouré d'arpèges vaillants et de trémolos ; mais c'est à condition de laisser courir ses doigts, en songeant à autre chose...

***Deuxième Suite*** (op. 10)
COMP 1901 *(Toccata)* et 1903. PUB 1904 (Énoch). DED à Louis Diémer. CRÉ par Enesco (1903, Paris).

Cette nouvelle *Suite* de quatre pièces, qui remporta le prix Pleyel au concours de composition organisé en 1903 par *Musica*, abandonne toute référence directe au passé ; si elle l'évoque, ce n'est que de biais, comme le font tant de « suites » à cette époque, et singulièrement chez les musiciens français, tout heureux de trouver dans les vieilles danses de leurs clavecinistes un dérivatif à la sonate. Que de bourrées, alors, et de passepieds, et de sarabandes, et de forlanes ! Français d'adoption, Enesco est de la partie ; il vient d'inclure un menuet dans sa *Première Suite d'orchestre* (op. 9) ; aussi tard qu'en 1915, il en composera un autre, entre sarabande, gigue et bourrée, dans sa *Deuxième Suite d'orchestre* (op. 20). Ce sont les moments de son œuvre où il a attrapé quelque chose de l'air d'une famille qui compte aussi bien Saint-Saëns que Debussy, Chausson que Roussel.

Il y a tant d'enthousiasme et d'exubérance, tant de juvénile prodigalité dans la *Toccata* initiale (en ré majeur, *majestueusement mais pas trop lent*), qu'on a envie de lui pardonner ses effets trop faciles, ses rosalies, ses marches harmoniques, et jusqu'à cet engorgement de sonorités que dix doigts suffisent mal à maîtriser. Des doubles notes affairées du début aux gammes d'octaves de la fin, en passant par les accords criblés d'accents du second thème (« bien rythmé, franchement »), c'est une pâte massive et remuante, pétrie dans la joie par un apprenti sympathique, qui, à vingt ans, a déjà derrière lui deux sonates pour violon, un octuor, une symphonie concertante pour violoncelle, et les fameuses *Rhapsodies roumaines* qui feront tant pour sa gloire.

Dans la lyrique *Sarabande* (en ré majeur, *noblement*) se conjuguent impressionnisme et romantisme, et Fauré tend curieusement la main à... mettons Rachmaninov ! Il y a des moments d'une magnifique et généreuse opulence. On goûtera la variété de la reprise, qui entre en si bémol majeur et remplace les accords arpégés du début par de languides arpèges. L'intermède, en si majeur, se laisse bercer d'un monotone dessin descendant, la mélodie confiée aux pouces, dans le médium. Pourtant l'ensemble est un peu long, défaut coutumier au compositeur, et quelques coups de ciseaux auraient été bienvenus.

Rien de tel dans la *Pavane* (en si mineur, *lentement bercé*), une des pièces les plus saisissantes du jeune Enesco, la première de son piano qu'on puisse qualifier d'exceptionnelle. Il n'y est plus un simple *compositeur*, c'est-à-dire un homme habile à *poser* l'une sur l'autre un certain nombre de parties musicales ; il s'y fait poète, visité de la muse peut-être la plus touchante qui soit, celle de la pastorale. « Quasi flûte », l'indication qu'on lit à la quatrième mesure est valable pour le morceau entier ; mais le piano fait mieux que d'imiter flageolets et pipeaux, il éveille tout un bocage d'oiseaux. Perchés sur le branchage de l'accompagnement, ce sont mille gazouillis, trilles, fioritures de triples et quadruples croches, d'une merveilleuse souplesse rythmique, d'une délicatesse infinie. La section centrale, au mode majeur *(un peu plus lent)*, n'est pas moins inspirée ; et cette fois la main gauche aussi travaille à cette ornementation précieuse, égrène ses accords, place des contrechants syncopés, se répand en arpèges. Dans la dernière partie, légers sextolets et vastes arpègements tressent leurs mailles fines ; les harmonies glissent par paliers, dans un pianissimo de rêve, que brise l'éclat soudain de deux accords ; et l'air frémit une dernière fois (« diaphane »), dans un soyeux va-et-vient de septolets.

Une *Bourrée* termine l'œuvre (en ré majeur, *vivement*), d'une verdeur, d'une robustesse à faire vibrer l'instrument dans ses combles. « Sec et martelé », le thème principal, en tierces, semble un signal de cuivres, et les pages suivantes enchérissent en volume, en force, font donner toute la fanfare. Le deuxième thème, long à venir, se signale par une petite descente de notes répétées, en modulation, sur une basse en arpègements. Toutes sortes de traits se succèdent, des élans d'arpèges, des triolets électrisés, des trémolos au ras des touches (on se croit souvent dans la *Toccata* de Debussy), jusqu'aux volées de cloches de la conclusion. Une fois de plus, le jeune compositeur ne compte ni son temps ni sa peine ; cette fête de rythmes et de motifs traîne sans doute un peu, s'enivre de ses propres sonorités, a du mal à s'arrêter : mais on s'y plaît, et cela ressemble à ces réjouissances de village, où l'on ne veut plus se quitter, où l'on danse jusqu'à l'aube, sans prendre garde à la fatigue !

*✱✱✱ Clear theme, dramatic.*

### Troisième Suite (« Pièces impromptues ») (op. 18)

COMP 1913-1916 (les deux premières à Paris, les autres en Roumanie). PUB 1958 (*Muzica*, supplément au n° 8). CRÉ par Ion Filionescu (1959, Bucarest).

Le manuscrit de ces sept pièces, que lui-même appelait « impromptues », n'a été retrouvé que deux ans après la mort d'Enesco. Elles ne forment pas un ensemble aussi cohérent que les deux suites précédentes ; elles ne changent pas seulement d'humeur ou d'objet, mais aussi de style, et de valeur, et il y a fort loin de l'humble *Mélodie* au rutilant *Burlesque*, et surtout à l'extraordinaire *Carillon* qui les couronne en beauté.

La première pièce, *Mélodie* (en sol majeur, *andantino*), est une effusion très douce, dans une atmosphère de rêverie romantique. Au thème proprement dit, qui vibre à la cime de grands arpèges changeants (la pédale, comme toujours chez Enesco, est méticuleusement notée, pour de longues et vaporeuses résonances), se mêlent des voix intérieures. Tout cela « senza rigore », et comme improvisé.

La suivante, *Voix de la steppe* (en mi mineur, *allegro moderato*), est d'une couleur russe très réussie. On entend ces « voix dans le lointain », que le vent tantôt rapproche et tantôt éloigne, complainte mélancoliquement alanguie de triolets, avec des cadences en quintes vides. Au bout de trois pages plutôt hésitantes, la pièce prend du corps, les rythmes s'accentuent ; est-ce une horde de guerriers qui paraît, dans ce crescendo d'octaves de la basse, sous les battements saccadés de la droite, puis dans ces accords énergiques, « tutta forza » ? Mais en quelques lignes, et sur des trémolos ténus, c'est la disparition du mirage...

La *Mazurk mélancolique* (en la majeur, *moderato un poco allegretto*) a quelque chose, aussi, de doux-amer, que traduit d'emblée le fa ♮ (sixte mineure) de son obsédant petit motif. Des harmonies suaves, une ornementation arachnéenne : c'est une des plus jolies (j'emploie le mot à dessein) parmi les pièces d'Enesco. L'intermède, plus solennel, moins fuyant (quoique aussi « rubato »), s'appuie sur des quintes et hésite entre fa majeur et son relatif ré mineur.

Des accords à contretemps sous un thème qui grimpe en boitant ses intervalles brisés, des notes répétées qui piaillent, des martellements bouffons : c'est le vivant début de la *Burlesque* (en ré majeur, *vivace non troppo*). Le trio (en si bémol majeur, *tranquillo*) imite à s'y tromper le ton moqueur qu'affectionnent les préludes « anglais » de Debussy (*Minstrels* ou *General Lavine*) ; la main gauche, avec ses glissements, se prend pour un trombone ; la droite lui répond par quelques accords goguenards, « staccatissimo ». Reprise plus colorée, plus mouvementée encore. Un cinglant accord de tonique : est-ce fini ? Non, voici une longue coda, qui convertit les thèmes à 3/8, s'anime sans cesse *(furioso, più prestissimo)*, termine en accords éclatants.

La cinquième pièce mérite son titre d'*Appassionato* (en ré majeur, *con slancio, ma ben sostenuto*) ; elle est du plus pur romantisme, du genre échevelé et même grandiloquent. Elle feint d'oser un peu de bitonie : en réalité, ces accords étrangers à l'harmonie fondamentale sont autant d'appogiatures ; tout le début est impavidement assis en ré, voyez la gauche ; et la droite en glissant un la ♯ par-ci, un ré ♯ par-là, ne gagne que quelques frissons, d'ailleurs délectables. Les pianistes, bien entendu, seront séduits par ces nappes d'arpèges, ces trémolos, ces accords déclamés, toute cette fin ruisselante de triples et quadruples croches à travers le clavier.

Les deux derniers morceaux se jouent enchaînés, et cela fait un assez long minutage, plus de dix minutes, dont les deux tiers consacrés au *Choral* (en la bémol majeur, *moderato, non troppo lento*). Mais il vaut la peine d'en passer par ces versets litaniques d'accords parfaits, en vastes empilements, rédigés sans mesure, comme pour mieux noter la respiration du chant, sa liberté, son style d'église, – pour en arriver au *Carillon nocturne*, qui en amplifie le propos (en mi bémol majeur, *l'istesso tempo*). C'est peut-être le carillon le plus réussi du répertoire pianistique, qui en compte des quantités. L'effet de suggestion obtenu par Enesco est d'une force sans commune mesure avec les approximations des uns et des autres. Comment y parvient-il ? La recette semble consister en enchaînements de neuvièmes, en octaves augmentées doucement dissonantes, timbrées dans l'aigu. Avec ces ingrédients, un autre en ferait-il autant ? Il faut parler de l'emploi subtilissime de la pédale, des attaques prévues au milligramme près, de la disposition des accords, des registres employés, des mixtures, des interférences de motifs, des enchevêtrements de plans. Quand, dans l'allégresse des cloches, vient se joindre le thème du *Choral*, on ne se tient plus de joie. Et comment exprimer cette fin aux frontières du silence, les lointaines sonorités qui se défont dans l'espace, les ultimes vibrations...

### *Sonate en fa dièse mineur* (op. 24 n° 1)

COMP juillet-août 1924. PUB 1926 (Énoch). DÉD à Emil Frey, pianiste et compositeur suisse. CRÉ par Enesco (novembre 1925, Bucarest ; puis 24 avril 1926, Paris, Société nationale : il était, au même concert, le violoniste de la *Deuxième Sonate pour violon et piano* de Ropartz).

Après avoir donné au piano des « suites » de plus en plus capricieuses (la dernière n'est-elle pas composée de « pièces impromptues » ?), Enesco pourrait sembler, avec ses « sonates », rendu à une forme plus rigoureuse. Il n'en est rien, et cette *Première Sonate* en particulier ressemble à une vaste improvisation, – l'œuvre en vérité d'un rhapsode, et non d'un sonatier ! L'analyse, pourtant, ne manquera pas de vous révéler que cette liberté d'allure cache une élaboration poussée, et qu'un grammairien pointilleux s'est tenu dans l'ombre du poète. Ce poète qui sait éveiller au clavier les sonorités les plus variées, les accords les plus rares, qui les entremêle et les fait longtemps vibrer, qui rythme et dérythme ses motifs, selon les lois secrètes, imprévisibles, d'un rubato instinctif, on ne s'étonnera pas qu'il ait voulu transmettre à l'interprète les moindres de ses gestes, de ses intentions. Cela se voit d'emblée quand on feuillette la partition, au graphisme très personnel, aux pages surchargées d'indications, parmi lesquelles bon nombre de signes inusités (celui, en particulier, de la demi-pédale, grâce à quoi les harmonies se touchent, se pénètrent confusément).

Une phrase mystérieuse, à l'unisson des mains, ouvre le premier mouvement (en fa dièse mineur, *allegro molto moderato e grave*) ; on en goûte aussitôt le modalisme : la quarte augmentée si ♯, le sol ♮ phrygien, autant de fortes saveurs de terroir. Elle est l'âme du morceau, invisible, omniprésente. Puis vient un premier thème, à la main gauche (mes. 9), dont le rythme pointé, la terminaison ascendante, l'insistance finale sur un demi-ton se retrouveront à travers tout le mouvement. D'abord calme et murmuré, des triolets bientôt l'agitent, des accords l'étoffent, dans une grande mobilité de nuances. Le deuxième thème *(pochissimo meno mosso)* est un chant implorant, que quintes et quartes font doucement ondoyer. Des cloches très douces et très lointaines annoncent le développement, à prédominance lyrique ; des élans passionnés, en accords tumultueux, y alternent avec des plages étales et contemplatives, où la musique est comme absorbée par le silence. Les dernières pages résument ce choix : on culmine une fois encore dans le *fff*, on croit finir dans le grandiose et l'exacerbé, – mais tout ralentit, s'éloigne, s'éteint dans un souffle.

Le deuxième mouvement (en si bémol majeur, *presto vivace*) feint de commencer à la manière d'une fugue, plutôt moqueuse en sa sécheresse chromatique, et délibérément en dehors de la tonalité. Mais il tourne vite en toccata et s'anime d'une vie trépidante. Écriture aérée, précise, efficace ; ici pas de vague à l'âme ni de pathos, le barde a laissé la place au jongleur. On sourira, vers le milieu, à l'épisode comiquement intitulé « lamentoso » ; on goûtera la brève échappée d'allure populaire, rythmée à 5/4 ; et l'on guettera, entre les deux, l'instant où le mouvement, qui piétinait, se remonte au moyen d'une petite gamme, comme un ressort (p. 21-22).

Contrairement à l'usage, Enesco conclut sa sonate par un mouvement lent, sept pages parmi les plus poétiques qu'il ait dédiées à notre instrument *(andante molto espressivo)*, et qui peignent, selon ses propres termes, « l'atmosphère nocturne de la plaine roumaine ». De fait, voilà l'horizon immobile, jusqu'à l'infini, suggéré par ce la ♯ insistant qui s'égoutte au milieu du clavier, et que cerne ensuite un petit ostinato chromatique (tonique de départ : le ton rarissime de la dièse mineur ; mais c'est l'enharmonique de si bémol, ton du mouvement précédent). Sous le ciel clouté d'étoiles monte la lente mélopée d'un pâtre (« doloroso »). La plainte, un peu plus loin, cède à une sorte de douce extase, l'accompagnement se liquéfie en triolets de doubles croches, cependant qu'on rejoint fa dièse, véritable tonalité du morceau (« lusingando »). Dans la joie conquise, flûte et cymbalum ne suffisent guère, les dernières lignes convient des harpes, avec arpèges et glissandos harmonieux. Mais c'est une joie secrète, tout intérieure ; le musicien ne cesse, jusqu'au bout, de nous rappeler au *ppp* ; et c'est du bout des doigts qu'il faut poser, sans les frapper, ces « accords de résonance » qu'il affectionne (voyez le *Carillon nocturne* de la *Troisième Suite*), et qui vibreront mystérieusement à travers le clavier.

### Sonate en ré majeur (op. 24 n° 3)
COMP janvier 1934-mai 1935. PUB 1939 (Salabert). DÉD à Marcel Ciampi. CRÉ par Ciampi (6 décembre 1938, salle Gaveau).

Il n'existe pas de « deuxième sonate », bien que la place lui fût réservée dans l'opus 24 ; Enesco ne mena pas à bien les ébauches qu'il en avait tracées (pourtant, jusqu'à la fin, il en disait avec tristesse : « Elle est là, dans ma tête... »). Mais dix ans après la poétique et profonde *Première Sonate*, si imprégnée d'effluves roumains, cette *Sonate en ré* paraîtra plus souvent française, et participer davantage du divertissement, du moins dans ses mouvements vifs. « Elle est toute de gaieté, avoue l'auteur, tellement en contradiction avec l'atmosphère où elle est éclose. »

C'est d'abord l'agrément pianistique du *vivace con brio*, dont le joyeux premier thème n'est pas sans rappeler le début de la *Bourrée* de la *Suite op. 10* : non seulement la même tonalité, mais les mêmes triades pétulantes, répétées de la même engageante façon, – avec évidemment plus d'art, plus de raffinement rythmique et harmonique. Le second thème, « dolce rustico », que colore au début le mode phrygien (la ♮ en sol dièse mineur), a des accents de pastorale, avec de délicats mordants et de jolis grelots en écho du grave à l'aigu. Développement sans histoires : ce n'en est pas une que la brusque modulation en mi bémol, qui en amène de nouvelles, plus délicieuses les unes que les autres, toujours dans un « sotto voce » suggestif. La reprise aussi est classique, jusque dans ses variations. La fin s'inspire de celle des *Papillons* de Schumann : un accord silencieux, qui perd ses notes une à une, et la cadence placée du bout des doigts.

Le mouvement lent (en si majeur, *andantino cantabile*) aurait dû suffire à imposer cette sonate au répertoire des pianistes. C'est encore un de ces moments ineffablement beaux, où Enesco emprunte aux ménétriers de son pays leur art des mélopées nostalgiques, ornées d'une profusion d'arabesques, aux rythmes fluides, aux notes vibrantes. Dans ce tissu à la fois souple et serré se frottent tendrement les secondes (on songe aussi, de biais, aux pièces luthées de Couperin), s'arpègent rêveusement les accords, s'agrippent les doux mordants et les frêles appogiatures, se répondent amoureusement les motifs de *doina*. Ici point de métronome ; le temps s'immobilise, désagrégé par le rubato. La mesure change sans cesse, la barre ne signifie plus rien : Satie et Mompou l'auraient abolie sans remords, laissant s'épanouir sur la page, dans leur native liberté, ces mélismes inspirés. Tout chante, et à tous les registres ; et chaque voix à son tour se grisant de son propre chant, la mélancolie devient ardeur, la songerie devient fièvre. « Pensieroso », « doloroso », sans doute, mais aussi « appassionato », tel est l'homme nocturne, que son cœur tient éveillé dans les ténèbres...

Ces pages étonnantes pouvaient-elles passer sans retour ? Le finale *(allegro con spirito)*, plein de verve et d'ébriété, y aspire une bonne part de sa substance, et l'on reconnaît, rythmé de neuf, plus d'un fragment mélodique. En alternance, lui-même offre les notes répétées et l'allure emballée d'une sorte de toccata. Plus loin, c'est le matériau du premier mouvement qui rentre à l'improviste (« con suono, giocoso »), entraînant une éclatante péroraison.

PIÈCES DIVERSES. – Enesco, à sa mort, laissait de très nombreux morceaux inédits, la plupart datant de sa première jeunesse. Il en a paru quelques-uns depuis, dont un **Prélude et Fugue** en ut majeur, daté de septembre 1903 (publié en 1965 chez Salabert). Écrit à l'ancienne, certes, mais moins académiquement que les baroqueries de la *Première Suite*, il témoigne de plus d'aisance et de souplesse, et utilise à bon escient la modalité. Le *Prélude (très modéré)* roule doucement ses doubles notes, module par périodes, sur de longues pédales, fige ses doubles croches pour une coda en lents accords. La *Fugue*, à trois voix *(modéré)*, adopte un rythme à 12/16 qui la fait danser ; texture légère, parsemée de silences ; la seconde moitié rajoute des broderies virtuoses.

En 1922, voulant honorer Fauré dans son numéro d'octobre, la *Revue musicale* s'adressa à sept compositeurs qui avaient été ses élèves : Aubert, Enesco, Koechlin, Ladmirault, Ravel, Roger-Ducasse et Schmitt. Enesco offrit son **Hommage** dans une courte pièce (en ut majeur, *molto moderato e cantabile*), composée à partir des cinq notes données, établies sur le nom du vieux maître : fa-la-sol-ré-mi. Impalpable, indécise, avec le brouillard de son accompagnement d'arpèges (« harmonieux et voilé ») et le flou de sa modulation perpétuelle, elle veut sans doute évoquer la manière de Fauré, mais suggère plutôt celle de Scriabine.

## Oscar ESPLÁ
(1886-1976) Espagnol

La musique d'Esplá semble moins rattachée au folklore espagnol, dans son sens large, qu'au folklore levantin, dans son sens restrictif, celui de la côte méditerranéenne. Et il est vrai que c'est une *Suite levantina*, pour orchestre, primée en 1911 au concours de composition de Vienne, qui a définitivement engagé dans la musique cet homme protéiforme qui avait commencé par des études de philosophie et qui venait d'obtenir un diplôme d'ingénieur ; de même, elle est d'origine levantine, cette échelle qu'il s'est inventée (do, ré♭, mi♭, mi♮, fa, sol♭, la♭, si♭), – laquelle, par bonheur, n'affecte pas systématiquement sa musique. Pourtant toute l'Espagne, chants et danses, rythmes exaltés, vives couleurs, allégresse bruyante ou sourde mélancolie, revit dans cette œuvre abondante, aujourd'hui étrangement mal connue, dont le piano occupe une bonne part. Musique vouée à la déesse Harmonie : si spontanés que soient les thèmes, cueillis dans leur fleur, prêts à chanter longtemps dans la mémoire, Esplá n'aura de cesse qu'il ne les enjolive de ces accords raffinés dont il est généreusement nanti ; chez d'autres, on pourrait craindre que tant d'art finisse par étouffer le naturel ; mais il est de ceux qui combinent l'un et l'autre, apparemment sans effort ; et si tout n'est pas à retenir dans ce copieux catalogue, ses meilleures pages méritent largement qu'on leur redonne un peu de lustre, – et d'amitié.

Enjambons des *Impresiones musicales* de jeunesse (1905), un *Estudio fugado*, un *Scherzo*, etc., pour arriver à la **Suite de pequeñas piezas**, cinq pièces composées en 1916 (publiées en 1931, Union musicale franco-espagnole). On y distinguera en particulier les numéros impairs, qui se veulent des hommages. Ainsi le doux et nostalgique *Preludio* (en si mineur, *allegro tranquillo*) se présente-t-il comme une « offrande à Bach », et tâche de rappeler, par cette claire écriture à deux voix, l'une en croches, l'autre en doubles croches, quelqu'un des petits préludes du maître, – qui n'aurait jamais hasardé, bien sûr, certaines de ces harmonies : ce n'est donc pas un pastiche, mais une page écrite, affectueusement, au sein d'une ombre tutélaire. Pareillement, c'est l'esprit de Scarlatti qu'invoque la troisième pièce, appelée *Aire de danza pastoral* (en si bémol majeur, en dépit des quatre bémols de l'armure, qui n'indiquent que des accidents modaux, d'ailleurs passagers) ; on reconnaît une rythmique, une façon de réitérer les motifs, de superposer les mains, – et surtout le bonheur, augmenté de tout le vocabulaire moderne, d'une écriture d'acciacatures, qui fait crisser les accords. Enfin la dernière pièce, un *Paso de operetta*, dédie à Offenbach ses thèmes sautillants, ses airs de marche bouffe, son goût du coq-à-l'âne.

Des années 1916-1920 datent trois « pièces enfantines » parues en 1929 (Union musicale franco-espagnole) sous le titre **La Pájara pinta** et le numéro d'opus 25 ; elles utilisent des airs populaires, rehaussés d'une attrayante, et souvent étonnante, parure harmonique. Tout d'abord *El Conde de Cabra* (en mi bémol), au si joli début, rythmé à la marche, avec la persistance de la pédale de tonique, et le piquant va-et-vient bimodal (sol ♮ à droite mais sol ♭ à gauche, autrement dit majeur sur mineur) ; la suite contient beaucoup de surprises harmoniques encore, soulignant des thèmes qui ne demandent qu'à chanter.

La deuxième pièce, *La Viudita del Conde Laurel*, est une mazurka (en la bémol), hélas un peu longue, d'où la sensation d'avoir émoussé au bout de deux pages le plaisir qu'on a pris à son faux air dix-neuvième (et même schubertien), insensiblement abandonné pour des harmonies délicieusement perfides, et sous le même masque indifférent ; on retrouvera la pièce comme deuxième mouvement de la *Sonate espagnole*.

La redite est aussi le défaut de la troisième pièce, *Anton Pirulero* (en ré bémol), la plus innocente des trois, la plus euphonique, mais qui a le tort de ressasser thèmes et harmonies sur tous les tons.

Les *Tres Movimientos* de 1921 (publiés en 1931, U.M.F.E.) sont décevants. Qui s'embarque dans l'*Étude* initiale doit emmener des provisions pour une longue route ; au début le paysage vous sourit, les doigts courent agréablement sur ces dessins faciles où presque chaque double croche veut chanter ; quatre pages plus loin, on s'inquiète de l'arrivée ; on a changé plusieurs fois d'armure (on était parti en si mineur, *allegro giusto*), mais celle à cinq bémols fait qu'on s'arrête, au bord d'un *andante* ; on jette un œil en avant, il reste cinq pages, on rebrousse chemin. – Le *Paso doble* conclusif (en la majeur) est trivial, de surcroît mal ficelé.

Mais entre ces deux ratages s'étend une adorable *Danza antigua* (en la bémol mineur), aux savoureux archaïsmes, danse tour à tour sacrée et profane, où le modal tantôt rehausse de ses ors le brocart de ces beaux accords solennels (les sections à 4/4), tantôt exalte la verte fraîcheur de ces motifs de ronde champêtre (sections à 6/8), où la gauche va piquer ses appogiatures au milieu même des dessins de la droite : mes images se télescopent, tant il est vrai que les modes, loin de s'en tenir à nos seules oreilles, stimulent confusément chacun de nos sens...

Les *Cantos de antaño* (« Chants d'antan »), trois pièces composées en 1930 (Eschig, 1949), se présentent comme des « esquisses sur des cadences populaires espagnoles » ; elles se disent aussi « suite pour enfants », sans raison, car elles sont difficiles (la première franchement injouable, à trois portées correspondent bel et bien à trois mains), et pas particulièrement enfantines. La *Berceuse* médiane, en sol bémol majeur, s'y distingue, par ses frottements étranges et doucereux. On notera aussi, comme une curiosité, que la troisième pièce, *Tarana*, emploie le même thème que la célèbre *Fête-Dieu à Séville* d'Albéniz (premier cahier d'*Iberia*).

Mêmes dates de composition et de parution, même éditeur pour les trois « impressions » qui composent la « suite folklorique » ***La Sierra*** (« La Montagne ») : entre un *Canto de vendimia*, dont la mélopée déroule ses volutes sur un tonique rythme de fandango, et une sémillante *Danza levantina* à 6/16, dont la basse alterne les groupes de trois et de deux doubles croches, prend place une des plus jolies pièces d'Esplá, un *Aire pastoral* (en ré bémol, *allegretto*, à 6/8), où une quinte grave affirme obstinément le ton sous un chant fertile en accidents de toutes sortes, mêlant modalité et bitonalité avec la plus exquise délicatesse.

Le compositeur a réuni en 1931, sous le titre ***Levante***, dix « mélodies et thèmes de danse » (recueil publié en 1933, U.M.F.E.) ; il faut, dans ce jardin qui ressemble quelquefois à celui des *Chansons et Danses* de Mompou, se promener à loisir, et de chants colorés, d'harmonies odorantes faire sa cueillette, jamais deux fois la même. Voici celle du jour : la deuxième pièce (en mi bémol majeur), d'abord chaste et pensive, et qui veut ensuite, en mélismes plus modaux et froncés de notes répétées, nous confier je ne sais quel ancien et dolent souvenir ; la troisième (en ré majeur), petite rengaine enjôleuse, sur sa pédale obstinée de tonique-dominante et ses batteries intérieures où se mêlent intimement les deux mains ; la neuvième (en ré bémol majeur), décidée, un peu claironnante, et de tracé si franc, alors que son accompagnement glisse lentement en sixtes chromatiques.

Quelques années et quelques partitions plus tard (*Évocations espagnoles, Toccata y Fuga*...), voici la **Sonata española** (op. 53) composée en 1949, à la demande de l'Unesco, pour le centenaire de la mort de Chopin. Un fort bel ouvrage, ouvert par un *andante romantico* (en mi bémol mineur), qui tient les promesses de son intitulé. Qu'est-ce donc ici que le « romantisme », sinon, quel que soit l'idiome que l'on utilise (et celui d'Esplá demeure constamment personnel), le consentement à ces phrases qui s'étendent, à ces arpèges, à ces accords battus ? Le mouvement est d'ailleurs divers, fluctuant de rythme et de tempo, changeant de figuration et de couleur pianistique ; le plus beau moment, c'est peut-être la reprise du thème initial, métamorphosé, les accords hiératiques du début devenus un immobile ondoiement de croches et doubles croches, et la basse ne lâchant plus, pendant une vingtaine de mesures, la tonique. Fin dans le mode majeur : ou du moins, sur des accords battus rappelant l'atmosphère du *Quatrième Prélude* chopinien, s'y essaie-t-elle, malgré toutes sortes d'accidents tirant vers le mineur.

Le deuxième mouvement, je l'ai dit plus haut, n'est autre que la mazurka centrale de *La Pájara pinta* : le compositeur ne pouvait lui trouver meilleur usage. – Quant au troisième *(allegro brioso)*, il semble vouloir, après le Chopin des nocturnes et des mazurkas, faire entendre celui des ballades et des scherzos ; mais ces pages respirent indéniablement l'Espagne, et l'on songe plutôt au Chopin espagnol, à Granados, en plus vigoureux d'accent, en plus torturé d'harmonie.

Partition ambitieuse, à découvrir. Pourtant, s'il faut choisir, le chef-d'œuvre du piano d'Esplá me paraît être cette ***Lírica española*** (op. 54) publiée de 1952 à 1954, en cinq cahiers (Unión musical española), où il a enserré, en les ouvrageant avec amour, quelques chants et danses de son terroir. Le premier cahier, intitulé *Bocetos levantinos* (« Esquisses levantines »), contient six pièces, dont deux au moins remarquables : la troisième, *Canción de cuna* (« Berceuse », en fa dièse mineur, *andante sostenuto*), profondément mélancolique, laissant lentement planer son chant insistant sur de paisibles arpèges de croches (très prenant épisode majeur, aux frissonnantes dissonances, la ♯ et la ♮ happés dans le même halo d'harmonies) ; la quatrième, *Paso de baile serrano* (« Pas de danse à la montagne », en ut majeur, *allegretto comodo*), morceau délectable, triomphe des syncopes dans le thème et des acciacatures dans l'harmonie ; ménageons une petite place à la sixième, *Ritmos de la Huerta* (en mi majeur, *allegro brillante*), pour ses chocs bimodaux, sa verve un peu criarde, sa robuste bonne humeur.

Le deuxième cahier, *Tonadas antiguas* (« Airs anciens »), se compose de trois pièces, beaucoup plus courtes, plus simples, dont la première, une touchante *Romance* (en ut mineur), mesurée à 6/8, sur des basses en noires pointées, se joue avec beaucoup d'agrément.

Nous ne prendrons pas en compte le troisième cahier, puisqu'il s'agit de trois chansons pour voix et piano. Les trois pièces du quatrième cahier, *Impresiones musicales sobre cadencias populares*, sont de petites merveilles, peut-être les plus précieuses de toute la *Lírica*. Elles se répondent et s'équilibrent parfaitement. Les volets extérieurs, *Aire andaluz* et *Ritmo de bolero*, se vouent au rythme, à la danse, l'un avec son alternance caractéristique de 6/8 et de 3/4 et sa joie non dépourvue d'âpreté, l'autre avec son allégresse plus franche, dénuée d'arrière-pensées. Au centre est le joyau, l'une des pièces les plus simplement belles d'Esplá, *Cadencia balear* : sourde et cuisante plainte, avec le cheminement obsédant des voix intérieures en noires monotones, sur de longues basses vibrantes.

Enfin le dernier cahier, le plus complexe et virtuose, forme une *Suite característica* de trois morceaux : une *Habanera* (en si bémol mineur), qui alterne la langueur et les brusques élans, dans une langue savoureuse, qui parfois caresse et parfois rudoie, et où semble passer le souvenir des *Saudades* de Milhaud ; une *Ronda serrena* (en ré majeur/mineur), fantasque, plutôt rhapsodie que danse, pleine de points d'orgue et de variations de tempo, dont les triolets tantôt se bousculent, tantôt se réfrènent, ici support du rythme, et là déclamation ; une *Sonatina playera* (en si bémol majeur), piquante et séduisante, avec à la fois la grâce de ses chapelets de tierces et la fausseté narquoise de ses harmonies.

# F

## Manuel de FALLA
(1876-1946) Espagnol

L'œuvre rare et altier de Manuel de Falla ne compte que des chefs-d'œuvre. Passé quelques années d'apprentissage, plus rien d'inutile, de médiocre, de banal, ne tombe de sa plume. On l'a comparé à Dukas, à Ravel, pour cette quête opiniâtre de la perfection. Il leur ressemble aussi par le dépouillement progressif de sa musique, par son renoncement aux vaines richesses, à cela près qu'il s'agit moins d'un choix esthétique que d'une exigence morale. Ravel met encore de la coquetterie, et de l'orgueil, à troquer les brocarts du *Trio* contre la bure de la *Sonate pour violon* ; le *Retable*, dix ans après les *Nuits dans les jardins d'Espagne*, c'est le résultat d'une ascèse, et Falla, comme le plus humble des cénobites, ne songe pas à tirer gloriole de sa pauvreté. De même, les longues périodes de silence de Ravel ont quelque chose à voir avec la paresse et le dilettantisme, celles de Dukas avec l'ennui et le dédain ; Falla, entre deux œuvres, médite sur son art ; et l'œuvre suivante est le fruit de cette macération, qui le mène à sacrifier toujours davantage à l'esprit la chair et le sang, à l'éternel le plaisir immédiat et la séduction facile.

Sa musique de piano reflète cette évolution. Elle se borne pour l'essentiel à deux titres, les *Quatre Pièces espagnoles* et la *Fantaisie bétique* (car c'est tricher que d'y compter les transcriptions des danses de ses ballets, si répandues soient-elles). Ce peu de notes, que les pianistes sont enclins à juger peu pianistiques, parce qu'ils n'y font pas feu de leurs quatre fers, suffit à imprimer la marque de Falla dans le répertoire.

Les *Quatre Pièces* (1907-1908) doivent beaucoup à Albéniz, leur dédicataire, au véridique et définitif Albéniz d'*Iberia*, terminé en ces mêmes années, dans ce même Paris remuant et cosmopolite. Elles doivent plus encore aux impressionnistes français, à ce Debussy, à ce Ravel plus espagnols que nature, qui ont appris à Albéniz à fuir la carte postale, à préférer l'évocation à la description (*Évocation* : n'est-ce pas le titre de la toute première pièce d'*Iberia* ?). Mais dans *Iberia*, il subsiste des traces du rhapsode génial qui jeta si longtemps la musique par les fenêtres, qui gaspilla ses dons en brimborions simplets et charmeurs. Albéniz a beau avoir connu (trop tard !) la férule de la Schola, la rigueur lui demeure étrangère, la luxuriance est toujours son péché mignon. Falla, au contraire, répugne au gaspillage, – comme à l'opulence ornementale et chopinesque de Granados : pour lui, une double croche est une double croche ! Qu'importe que l'on entende, dans ces *Pièces espagnoles*, des cadences, des modulations, des rythmes, des effets pianistiques albéniziens ? Ils sont réduits au strict nécessaire. Son aîné aurait ici développé, là digressé délicieusement, là joyeusement superposé les thèmes, enchevêtré les contrepoints, étagé ses harmonies en grappes d'accords injouables, ses motifs en plans sonores irréalisables à moins de cette « troisième main » que lui réclamait en riant Blanche Selva... Falla burine son trait, élague sa matière, la resserre dans une forme efficace et qui, pour être travaillée, n'en donne pas moins l'illusion de la spontanéité.

Dix ans plus tard, la *Fantaisie bétique* (1919) renie définitivement aussi bien Albéniz que Debussy. Le peu qui restait de flou et d'indécis disparaît, et la sécheresse l'emporte. Falla offrait encore à festoyer ; désormais il impose le jeûne. Sa musique renonce à séduire. Elle ne caresse plus, elle rudoie. L'âme andalouse, au lieu de se répandre en jasmins odorants, en éclats de rire, en fumées de vin bleu, brûle ici comme un fer rouge, se consume comme un tison sous la cendre. Ce ne sont plus les frais jardins du Generalife où le piano ruisselle au milieu des fontaines, mais un désert brûlé de soleil, où s'accusent les lignes et les reliefs. La matité de *L'Amour sorcier* mais surtout le dénuement du *Tricorne* ont montré la voie étroite ; où l'orchestre s'est décharné jusqu'à l'os, le piano peut bien le suivre.

Hélas, il n'ira pas plus loin. Il nous manque, qui eût fermé la boucle, une partition représentative de la dernière manière de Falla, celle du *Retable* et du *Concerto*. Mais justement ce dernier, qui s'adresse au clavecin, machine aride où rien ne vibre, où rien ne s'émeut, laisse entendre que l'instrument de Chopin et de Liszt, si durement qu'on le traitât, qu'on entravât sa voix et sa résonance, serait demeuré trop mélodieux en cette ultime période, aurait continué de répandre ses harmonies profanes, de dérouler ses courbes impures et païennes, quand Falla voulait retrouver la ligne austère du grégorien. La sévère procession d'accords du *Tombeau de Paul Dukas* (1935) donne quelque lointaine idée du piano désincarné auquel pouvait rêver le compositeur en sa solitude de mystique et d'ermite ; mais c'est à Federico Mompou que reviendra de traduire la *música callada* de Jean de la Croix, la musique qui se fait silence, parce qu'à la fin tout est silence.

## Quatre Pièces espagnoles
COMP 1907-1908. PUB 1908, 1909 (Durand). DÉD à Isaac Albéniz. CRÉ par Ricardo Viñes (27 mars 1909, Société nationale).

Faut-il si peu de temps à la chenille pour devenir papillon ? Il n'y a rien de commun entre la poignée de morceaux de jeunesse répandue de 1899 à 1903 (voir PIÈCES DIVERSES) et ces quatre pièces radieuses, commencées à Madrid, achevées à Paris. Voici Falla libéré des espagnolades, du pittoresque faux et clinquant où s'obstinent, paradoxalement, ses compatriotes demeurés en Espagne. Il va sur les traces d'Albéniz, mais avec un esprit français, et le discernement qui déjà le singularise. Auprès des images rutilantes d'*Iberia*, sa musique a l'air d'une épure.

Ces quatre pièces célèbrent successivement quatre régions. La première, *Aragonesa* (en ut majeur, *allegro* à 3/8), après trois mesures introductives, dont les accords empilés claquent joyeusement sur les touches blanches, « con brio », débute par un vigoureux motif de *jota* aragonaise, qui passe d'une main à l'autre, d'abord en mi puis en ut : gamme accentuée, gruppetto caractéristique sur le deuxième temps (triolet), alternatives de force et de douceur, que l'accompagnement souligne tour à tour de tierces sèchement frappées ou d'arpèges enveloppants. Peu à peu ce premier thème faiblit, et l'on ne distingue plus, répété insatiablement, que son triolet, – qui donne naissance au chantant second thème (en sol majeur, *tranquillo*), une *copla*, où les contrechants, les échos, les imitations, les réponses à toutes les voix finissent par former une ramure légère, avec ces gruppettos pépiant de branche en branche comme des oiseaux insouciants. Reprise du premier thème (mes. 70), fébrile, inquiet, modulant, sur une nouvelle formule d'accompagnement en accords brisés, bientôt suivi du second (mes. 107) : les deux se combinent alors, dans un grand éclat sonore (*ff* « con anima »). Puis la musique ralentit, s'apaise, s'effiloche, jusqu'au *ppp* conclusif.

La paresseuse et sensuelle *Cubana* qui suit (en la majeur, *moderato*) se signale par une perpétuelle oscillation entre 3/4 et 6/8 (rythme de *guajira*), aussi bien dans le chant que dans l'accompagnement, qui parfois se contredisent. L'interprète y doit faire preuve d'une souplesse de félin : qui trop compte, ici, passe à côté de la musique ! Après trois mesures de prélude, en nerveux accords de guitare, vient se prélasser un premier motif, tout de rêve, d'abandon, d'indolence nocturne, prompt à moduler, pour rentrer plus promptement encore dans le ton. Contrepoints subtils, réponses que le thème se fait à lui-même, dans un jeu raffiné et qui ne pèse guère. Au bout d'une cadence surgit soudain un nouvel élément (*poco più vivo*), rythmique, dansant, avec son *zapateado* et ses accents plus réguliers : Erato passe la main (ou plutôt le pied !) à Terpsichore ; le sang bout dans les veines, le vin dans les pichets de grès, et pour un peu l'on croirait percevoir le claquement des paumes, les cris d'allégresse, les exclamations. Le rythme s'alentit, le son s'éloigne, quelques tambourins, quelques guitares traînent encore, – et c'est la rentrée du premier thème, d'abord en accords (mes. 79), puis sous sa forme initiale, précédée des accords d'introduction. Quelques jolies variantes mélodiques et harmoniques (une couleur passagère d'ut mineur, puis de mi bémol majeur, un savoureux accord altéré pour passer des bémols aux dièses), et le morceau se termine, comme le précédent, dans le murmure (quadruple piano !), son thème étouffé dans les derniers, et nostalgiques, vibrements de guitare.

C'est la merveille du recueil, et sans doute une des plus belles pages de Manuel de Falla, que la *Montañesa* (en ré majeur, *andantino tranquillo*), qui célèbre la Montaña, partie de la Castille comprise entre le Pays basque et les Asturies. Page impressionniste, elle porte le sous-titre de « paysage », mais on n'en a pas besoin pour entendre, comme dans la vallée ravélienne, résonner dans la brume et la distance toutes ces cloches, d'abord au long des dix mesures d'introduction, calfeutrées dans l'ouate de la sourdine, en pédales, syncopes, notes traînantes et insistantes, tintements, dans le médium et l'aigu (avec tels raffinements modaux, do mixolydien, sol ♯ lydien, qui font frissonner les portées), puis sous l'essor mélancolique du premier thème, qu'elles escortent de leur buée sonore... Ce thème, on y a reconnu une chanson de la région de Santander (« *Una noche muy oscura* ») : Falla, contrairement à Albéniz, tient à faire son miel des fleurs du folklore. Le second thème, à son tour *(più animato)*, proviendrait d'une chanson asturienne (« *La Casa del señor cura* ») ; thème vivant, bruyant de doubles croches, orné de trilles, bariolé de modulations, évoquant rondes et bruits d'enfants, mais qui s'évanouit aussi soudainement qu'il est né, « con mistero », avec le retour des angélus et de la paix crépusculaire. On l'entendra pourtant une ultime fois, quelques mesures avant la fin, « comme un écho », dans le ton de mi bémol, qu'un ré ♭ mixolydien rend plus lointain encore, et comme antérieur même au souvenir, – avant l'étonnante volte-face qui amène les dernières mesures au ton de ré.

*Andaluza* (en mi mineur, *vivo*) fait un brillant finale, – et comme à peu près tous les finales, se tient un léger cran en dessous des pièces précédentes. Disons plutôt qu'il y entre un grain (tout petit !) de convention : c'est l'Andalousie, et son flamenco, que nous imitons le mieux dans nos espagnolades... De la *Sérénade* de 1899 à cette *Andaluza*, des voluptueux jardins andalous des *Nuits* à l'âpre *cante jondo* de la *Fantaisie bétique*, on peut mesurer l'étonnante ascèse de Falla, rejetant peu à peu, dans sa recherche de la vérité d'un peuple, tous les oripeaux. – De forme ABABA, la pièce débute par un frénétique motif de *bulería*, où les mains entremêlées arrachent les accords fortissimo et les pimentent d'acciacatures ; « très rythmé et avec un sentiment sauvage », précise le compositeur. C'est ensuite une plaintive *copla* gitane *(doppio più lento)*, qui, sur une basse obstinée traduisant fidèlement le *punteado* de la guitare, s'exacerbe progressivement, en ré mineur puis sol mineur, et roule en volutes fleuries de *cante jondo*. La *buleria* reprend *(agitato)*, se développe, martelée à la basse, puis dans un dramatique crescendo d'accords syncopés (« avec expansion »). Un nouvel énoncé de la *copla*, beaucoup plus bref, et dans un mi majeur inattendu, rafraîchit d'un coup l'atmosphère : cette plainte n'est plus qu'assentiment tendre, et sourire délicieux. Dans la sonorité maintenant estompée s'attarde un dernier rythme de *buleria*, et la coda survient, « misterioso », petit trottinement de la basse (mi-fa, mi-fa, et l'ostinato d'un si à contretemps), sur lequel se détachent quelques arpègements. On entend, juste avant la fin, tinter la sixte majeure (do ♯), dernier témoignage de réconciliation et de paix.

### *Fantasía baética*

COMP janvier-mai 1919. PUB 1922 (Chester). DÉD à Arthur Rubinstein. CRÉ par Rubinstein (1920, New York).

Les *Nuits dans les jardins d'Espagne*, les *Sept Chansons*, *L'Amour sorcier*, *Le Tricorne* occupent Falla pendant dix années ; il ne revient au piano qu'à la faveur d'une commande de Rubinstein ; c'est pour lui donner un chef-d'œuvre, l'un des plus grands que cet instrument ait inspirés à un Espagnol.

La *Fantaisie* ne concède presque rien au charme ; les sortilèges debussystes des *Noches* sont bien éventés ; à leur place, l'abrupt, le sauvage, l'aride, le convulsif. Ces pages parmi les plus dissonantes de Falla, on comprend, malgré la bravoure qu'elles revendiquent, que leur dédicataire ne les ait guère aimées, et qu'après lui les pianistes les aient longtemps boudées. Aujourd'hui, tout de même, on les propose un peu plus souvent au public, – qui n'en sort jamais sans une sorte de stupeur.

Pour célébrer sa chère Bétique (*Baetica* : nom de l'Andalousie en latin), Falla transforme le piano en une espèce de guitare géante qui prélude, dispose librement ses motifs, digresse en phrases chantantes, en figures purement rythmiques, avant d'accompagner en sourdine la mélopée du chanteur. Forme ABCDABC (avec coda), où D sert d'intermède entre deux volets symétriques ABC. A est un long prologue instrumental, où les thèmes claquent drûment, en arabesques rapides (mes. 1-8), en accords martelés (9-15), en gammes, en arpèges scintillants (16-28) ; plus loin ce sont des trilles murmurants (36), des glissandos vertigineux rayant le clavier dans les deux sens (58), de crépitantes notes répétées (79) ; tant d'idées, tant de rythmes, et tous ces incessants changements de mesure n'en donnent pas moins à l'auditeur une étrange impression de surplace : on tourne en rond, comme les derviches et les sorciers, pris dans un cercle inexorable. Alors seulement, au bout d'une attente anxieuse, et cependant que la guitare se fige sur quelques arpèges monotones, c'est au tour du chanteur (B : mes. 121) ; notes libres et vibrantes, roulades gutturales, alternant avec l'accompagnement sourd de l'instrument ; chant à la fois intense et doucement persuasif (on notera cette surprenante indication : *ff ma dolce*, qui inverse le célèbre *pp ma sonoro* d'Albéniz) ; la trouvaille étonnante, ce sont ces appogiatures incisives et méchantes (do ♯ contre do, mi ♯ contre mi), qui arrivent à suggérer le rauque, l'imprécis troublant de la voix, et jusqu'aux quarts de ton des mélismes andalous... Après le chant, la danse (C : mes. 150) : accords battus, ostinatos torrides, nouveaux martellements et glissandos, piétinements de notes répétées, la musique s'apaisant pourtant peu à peu, se raréfiant, s'arrêtant sur un point d'orgue.

L'admirable « intermezzo », après ces pages chauffées à blanc, vient proposer ses phrases mélancoliques, sa consolante douceur. C'est un *andantino* en ut dièse mineur (les cinq dièses de l'armure rendent compte du mode dorien, avec la sixte majeure la ♯), dont le thème quasi enfantin, plus proche encore de la parole que du chant, dodeline sur une basse de croches, pianissimo d'un bout à l'autre ; berceuse « pour endormir la souffrance », comme on lit dans le premier des *Charmes* de Mompou. On n'imagine pas plus émouvante, plus désarmante nudité : il faut un virtuose pour jouer ce qui précède ; mais des doigts humbles, et même des doigts hésitants suffisent ici à éveiller la musique, une des plus sensibles, des plus gonflées de larmes que l'on ait jamais écrites.

L'accalmie est de courte durée ; le mouvement reprend, et ce sont à nouveau les motifs de guitare, du rapide *punteado* au violent *rasgueado*, le *cante jondo* véhément qu'accompagnent les cordes à vide, la danse effrénée et tragique que scandent sèchement les octaves de la basse ; cette reprise, d'être considérablement abrégée (la moitié moins de mesures que l'exposition), n'en acquiert que plus de vigueur. Une vive coda (mes. 370), où s'entrechoquent et se brisent tous les thèmes, porte l'œuvre à son point de rupture.

### *Homenaje (pour « Le Tombeau de Debussy »)*
COMP 1920. PUB décembre 1920 *(Revue musicale)*, puis 1921 (Chester).

À peine moins efficace, dans sa version pianistique, que l'original écrit pour guitare, c'est la contribution de Falla au « Tombeau de Debussy », gerbe collective, nouée sous les auspices de la toute jeune *Revue musicale* par des musiciens aussi divers que Dukas, Ravel, Stravinski, Satie, Bartók ou Florent Schmitt. Pièce brève et nue, où l'émotion affleure dès les premières mesures : rythme lent de habanera *(mesto e calmo)*, motif de deux notes servant de refrain, comme un gémissement sourd, sur la quarte fondamentale de l'accord de la guitare (mi-la), et que parachève un accord rapide et nerveux, presque arraché à l'instrument. Passe alors un premier souvenir de l'ami disparu : un thème en triolets tout droit surgi de l'*Iberia* debussyste. Le rythme s'exacerbe, s'affole en triolets de doubles croches, puis freine à nouveau et redonne libre cours à la plainte. Vers la fin, une brusque modulation permet à Falla de citer *La Soirée dans Grenade*, cette *Estampe* qu'il trouvait plus espagnole que nature. Alors le refrain, une ultime fois, se fait entendre, et meurt, « perdendosi », dans le silence. (Ton de la mineur, sur la dominante mineure dorienne, d'où le do ♯.)

« C'est une bouffée de musique, embaumée comme une couronne d'œillets », disait Vuillermoz de cette page, que Falla devait orchestrer par la suite, pour en faire le deuxième mouvement de sa suite *Homenajes*.

### Pour le Tombeau de Paul Dukas

COMP décembre 1935. PUB 1936 (supplément mai-juin de la *Revue musicale*).

Cet hommage où Falla s'associe à huit autres compositeurs, amis ou élèves de Dukas (dont Schmitt, Pierné, Ropartz, et le jeune Messiaen), brise le long silence qui entoure, dans sa retraite solitaire, la pénible gestation de son *Atlantide*. Mais pouvait-il s'abstenir en la circonstance, lui à qui Dukas prodigua tant d'amitié, de conseils, de leçons, pour ne rien dire de l'exemplaire rigueur dont il lui fut le modèle ? On ne s'étonnera pas que la pièce, quarante-deux mesures (en fa mineur, *andante molto sostenuto*), toute en accords processionnels et endeuillés, au rythme égal, alternant le *f ma dolce* et le *pp ma sonoro*, tire sa mince substance de la monumentale *Sonate* de Dukas, dont elle finit par citer un thème, celui de la fugue du troisième mouvement. Orchestrée, elle constituera le troisième des *Homenajes* (auprès des hommages à Arbós, Debussy et Pedrell). Mais c'est au piano qu'il faut l'entendre, dénuée d'emphase, testamentaire, dans l'atmosphère raréfiée du *lento* du *Concerto pour clavecin*.

PIÈCES DIVERSES. – Un ***Nocturne***, une ***Sérénade andalouse*** et une ***Valse-Caprice***, composés en 1899-1900, avaient paru aux États-Unis. Falla eut beau les renier : ces pièces, les premiers essais pianistiques d'un vieil adolescent, furent rééditées sans son consentement en 1940 (Unión musical española). Sans nuire en rien à sa gloire, elles confirment qu'il fut tout l'opposé d'un génie précoce. Le *Nocturne* (en fa mineur), tout de langueur et de volupté, trouve le temps de jeter quelques mélismes orientaux sur une main gauche empruntée à Chopin. La *Sérénade andalouse* (en ré mineur), romantique à souhait avec ses thèmes tour à tour « abandonnés » ou « gracieux », tient maigrement ses promesses ; le peu d'andalou qu'elle a (son prélude sautillant, ou le petit boléro qui précède sa coda) imite le premier Albéniz : chez l'un comme chez l'autre, cette pâle couleur locale est vite délavée en rythmes banals et cadences conventionnelles. Du moins ces pages montrent-elles que le jeune compositeur a d'emblée la fibre folklorique, qu'il exerce à la même époque dans une série de zarzuelas, dont, à l'une près, il ne nous reste que les titres. Quant à la *Valse-Caprice* (en ut majeur), elle n'a rien d'espagnol, mais une sentimentalité de salon, bien cosmopolite (allez savoir si ces minauderies sont à prendre au sérieux !). Elle ne se hasarde pas davantage aux scintillantes, aux séduisantes inventions instrumentales des valses de Saint-Saëns ou de Fauré, mais, hormis une poignée de mesures un peu plus virtuoses, demeure dans les bornes d'un piano « moyenne force », comme on lit sur les catalogues d'éditeurs...

Un volume d'*Obras desconocidas* (1980, Unión musical española) contient une **Chanson** d'avril 1900 et une **Danse des gnomes** de mars 1901. La *Chanson* (en ut mineur, *andante mesto*), au rythme de valse lente, semble en son début quelque gymnopédie d'Espagne, mais rejoint vite, de tout le bruissement de ses froufrous de doubles croches, le salon auquel elle est destinée. La *Danse des gnomes* (en ré majeur, *allegretto con moto*) est plus proche de Grieg que de Liszt ; Falla ne refait pas (il n'en a ni le goût ni les moyens...) l'étourdissant *Gnomenreigen*, mais évoque plutôt un cortège de trolls mignons (*cortejo*, dit d'ailleurs l'autographe, et non pas *danza*), scandé de noires bien égales, pianissimo ; un intermède en fa dièse mineur précède la reprise, qui finit dans l'aigu, enjolivée d'octaves cristallines.

Composé en 1903, un **Allegro de concert** complète la production pianistique de cette période que le poète Gerardo Diego a appelée, avec beaucoup d'humour, « Prémanuel de Antefalla ». Pourquoi, quand elles étaient enfouies dans ses cartons, avoir offert à ces pages une publication posthume (1986, Chester) ? La *Sérénade*, la *Chanson* ne montraient qu'inexpérience et spontanéité. Ici, le musicien se compromet avec l'attirail de la vaine virtuosité, pour participer à un concours du conservatoire de Madrid (le jury préféra à son *Allegro* celui de Granados, qui vaut à peine davantage). Mosaïque ennuyeuse, où l'on reconnaît ici une tournure de Schumann, là un rythme de Mendelssohn, ailleurs une séquence de Chopin, une harmonie de Fauré, de Grieg, du premier Debussy... et même (pourquoi pas ?) un presque rien d'andalou, mes. 173, juste avant la reprise. Falla ne reviendra qu'une seule fois au piano virtuose, mais ce sera pour un confondant chef-d'œuvre, la *Fantasía baética*.

Le volume d'*Obras desconocidas* cité plus haut renferme également un **Chant des bateliers de la Volga**, écrit en mars 1922. Ce morceau longtemps inconnu fut exécuté pour la première fois par Antonio Iglesias, le 21 juin 1971, dans une conférence commémorant le 25e anniversaire de la mort de Falla. On pourrait dire que ce n'est jamais qu'une harmonisation de plus d'un thème rebattu (*andante sostenuto*, en ré mineur, mais sur la dominante mineure la). Mais d'une part les harmonies en question sont étonnantes, allant du simple accord parfait aux agrégats les plus étranges, offerts non comme une friandise, mais comme un breuvage de racines amères ; et d'autre part on constatera qu'en choisissant ce *Canto de los remeros*, qui ressasse obstinément les mêmes intervalles, jusqu'à l'obsession, Falla trace une fois de plus le cercle magique, prononce les mots incantatoires propres à disperser les démons...

Pour finir, un mot sur les transcriptions, répandues au concert et colportées par le disque : les deux *Danses espagnoles* de l'opéra *La Vie brève*, les danses du *Tricorne*, les extraits de *L'Amour sorcier*. Les pianistes ont raison de s'estimer trop parcimonieusement pourvus par Falla. Ils ont tort néanmoins de vouloir se rattraper avec ces pièces qui leur garantissent un facile et piètre succès. Le principe n'est pas en cause ; mais ces arrangements, où lui-même n'a peut-être pas trempé (ceux de *La Vie brève*, par exemple, sont dus à Gustave Samazeuilh), sont bien mornes, et trahissent doublement Falla, autant dans son piano que dans son orchestre. Il faut être Liszt ou Stravinski pour réussir une transcription qui sonne comme un original. Laissons à leur cadre scénique, à leur rutilante couleur instrumentale le fandango de la *Meunière*, la farruca du *Meunier*, et jusqu'à cette *Danse rituelle du feu* qui fut un des bis préférés d'Arthur Rubinstein.

## Giles FARNABY
(1563 ?-1640) Anglais

Farnaby, bachelier en musique mais menuisier de son état, fut un amateur de génie, qui ne put donner à sa passion que le temps du loisir. Toute son œuvre se ramène, avec quelques airs spirituels, quelques psaumes et motets à quatre voix, et une vingtaine de *Canzonets* publiées à Londres en 1598, à la cinquantaine de pièces qui figurent dans le *Fitzwilliam Virginal Book* (cette fameuse compilation d'œuvres pour virginal due à Francis Tregian, la consolation de ses années de prison, de 1609 à sa mort en 1619 ; réédition : Dover, 1963 ; voir aussi le volume Farnaby de *Musica britannica*, XXIV, édité par Richard Marlow en 1965). Ces pièces suffisent à lui assurer une place de choix parmi les virginalistes professionnels ; entre Bull le virtuose et Byrd le poète, il est le lutin, l'alerte chansonnier qui n'a besoin que de quelques lignes pour dire amicalement son brin de joie ou de nostalgie.

Il ne l'est pas toujours. Comme tout un chacun à l'époque, Farnaby s'est adonné aux ***Fantaisies***, forme essentiellement contrapuntique ; il y en a onze sous son nom dans le *Fitzwilliam Virginal Book*, soit le cinquième de son œuvre. Mais ce n'est pas un genre où il excelle ; s'il a l'imagination voulue, le souffle lui manque ; et peut-être n'y a-t-il souscrit que pour donner des gages de sa science et de son sérieux, sans trop y croire. Il ne peut s'empêcher d'interrompre leur polyphonie de remplissages où ne fonctionnent que les doigts : par exemple, dans le n° 129 du *Fitzwilliam Virginal Book* (n° 5 de *Musica britannica*), si gravement commencé, les cadences réitérées des dernières pages, comiques à force de harcèlement ; ou dans le n° 229 du *FVB* (n° 10 de *MB*), qui faisait un beau départ de fugue, mais qui perd sa substance en chemin. Du reste, presque toutes les *Fantaisies* finissent en stériles et fatigantes efflorescences ; et bien qu'elles contiennent d'étonnants exemples de virtuosité (cette technique véritablement ambidextre qui nous époustoufle, pardon ! chez les virginalistes...), elles dégénèrent vite en ennui. Un morceau sort du lot : le n° 208 du *FVB* (n° 9 de *MB*), sobre et pensif, nourri autant de musique que de savoir, un peu moins défiguré que les autres par sa conclusion ; on y trouvera une piquante progression de ré à si, puis de si à ut, le tout en trois mesures.

Il est certain que le génie de Farnaby est ailleurs, et singulièrement dans les formes où il peut lâcher la bride à son instinct, celles où sa candeur reprend le dessus, servie par une imagination féconde. Commençons par les ***Variations***, qui forment le tiers de son œuvre et où, bien qu'il épuise nombre de procédés, changements de rythme, de texture, d'harmonie, il ne semble jamais sec ou pédant ; tout au plus quelquefois pourrait-il passer pour maladroit, dans son désir de montrer l'étendue de ses dons. On remarque d'emblée l'ambitieux *Wooddy-Cock*, six variations qui font songer à la technique de Bull, mais étranges (mis à part le charme des modes et des fausses relations) par un maniement qu'on dirait rustique de cet attirail virtuose ; distinguons le début de la 5e variation, où les mains accolées jouent quatre voix, l'alto et le ténor (aux doigts forts) tricotant en doubles croches. Plus inventives et audacieuses, les dix-neuf variations sur *Up Tails All*, un air naïf, presque enfantin, de huit mesures à peine, prétexte à traits de main gauche, à jongleries rythmiques, à denses textures polyphoniques. Autres thèmes encore, chacun avec sa couleur propre : *The Old Spagnoletta*, en sol mineur, ravissant et tendre, aussi facile qu'ingénu ; *Quodling's Delight*, d'une douce et grisante mélancolie ; *The New Sa-Hoo*, minuscule, et si gentiment espiègle. – Mais rien ne vaut peut-être le plaisir pris à *Rosasolis*, douze variations sur un thème de quatre mesures, qui oscille entre ut et sol (parfois mixolydien), fruste et populacier, décidément gai et robuste, l'ensemble donnant l'impression d'une ritournelle sans fin, dévidée dans la bonne humeur générale.

Parmi les ***Danses***, on donnera la préférence aux quatre *Masques*, trois fort petits, intitulés simplement *A Mask*, tous les trois en sol mineur et dans le même halo de mélancolie, un autre au contraire étendu et exubérant, sous le titre *The Lady Zouches Mask*, en ut ; et l'on n'aura garde d'oublier le joli *Toy*, en deux sections avec reprises, d'une diction si naturelle, franc d'allure et pourtant coquet.

Bien entendu, Farnaby n'a pas manqué de fournir au genre des *Pavanes et Gaillardes*, qui du reste ne sont pas, chez lui, forcément reliées (sept pavanes, trois gaillardes). Toutes ne sont pas réussies : quand il paraphrase la *Lachrymae Pavan* de Dowland ou la *Flat Pavan* de John Johnson, il s'emberlificote dans ses figurations renouvelées du luth, abandonne dans ces taillis broussailleux la plupart de ses vertus. Mais les pièces originales sont remarquables par leur simplicité, leur fraîcheur, leur atmosphère intime, leur efficace concision : telles sont la pavane intitulée *Giles Farnaby's Dream* et la gaillarde *His Rest*, toutes deux en trois minuscules sections de quatre mesures chacune, plus une mesure de clausule. Associons-leur la toute petite allemande qu'il a nommée *Farnaby's Conceit*, brève comme une signature, de celles qui ne s'embarrassent pas de paraphes décoratifs. Un peu plus élaborée, la *Gaillarde en la* (n° 269 du *FVB*, n° 20 de *MB*), avec ses sections à reprises variées, si chantantes, sans fioritures, et dont la troisième joue si finement de ses silences.

De « rêve » en « repos », ces derniers morceaux, avec leurs titres, nous ont mené insensiblement dans une catégorie de pièces que l'on pourrait dire « descriptives » ; tels sont *The King's Hunt* (« La Chasse du roi »), qui reprend le programme implicite de la pièce homonyme de Bull, avec ses sonneries, ses galops, ses poursuites ; et *His Humour*, un morceau d'une exquise ironie, qui commence dans la bonhomie et l'enjouement, comme un air populaire, puis s'évade en méandres chromatiques, s'enorgueillit d'imitations savantes : c'est un Farnaby farceur, parodiant les musiques compliquées de son temps, en oubliant allégrement qu'il en a tâté lui aussi.

## Gabriel FAURÉ
(1845-1924) Français

---

Jankélévitch ne se trompe pas : on a à peu près tout dit sur l'art de Fauré lorsqu'on a employé, pour le résumer, le terme de *charme*. À condition, ce terme, de lui donner son sens le plus pur. Car c'est un « mot de la tribu », je veux dire un de ceux qui, à force de circuler entre les hommes, ont perdu toute valeur, comme une monnaie de mauvais aloi. On trouve aujourd'hui du « charme » à tant de choses insignifiantes ou stupides... Même en musique, la notion de charme risque de n'englober, à première vue, que le charmant, – le joli, le mignon, le mignard. Or l'étymon latin, *carmen*, désigne entre autres le sortilège (et c'est ainsi que l'entend Mompou dans ses *Charmes*) ; il exprime une opération magique. Celui qui charme est un charmeur, c'est-à-dire un enchanteur, un sorcier. Il circonvient la conscience, il s'en saisit, par des moyens dont il garde jalousement le secret.

On a tout dit, et l'on n'a rien dit, avec ce mot. Car si chacun peut sentir le pouvoir mystérieux de la musique de Fauré, le secret justement n'en est pas *formulable*, ne se réduit pas à des formules. On analysera sans mal un certain nombre de procédés, inflexions mélodiques, enchaînements harmoniques ; et peut-être, d'en relever davantage que chez un autre compositeur, croira-t-on naïvement que Fauré n'est pas difficile à imiter. Qu'on s'y essaie ; on tracera quelques mesures, quelques lignes de son style : Casella l'a bien tenté dans son *À la manière de...* Et comme Casella, on aura mis en cage un corps inerte, et laissé l'âme, l'âme imprenable, au-dehors.

Tout ce qui précède (je le dis un peu tard) suppose qu'on ne doute pas de la grandeur de Fauré. On s'est plaint longtemps qu'il ne sortait guère des frontières de la France ; c'est chose faite aujourd'hui, il en sort. Pas toujours à son avantage. Mais balayons plutôt devant notre porte : voit-on qu'en France on le prenne à sa juste stature ? Tant de gens s'imaginent l'aimer, qui s'en tiennent à une poignée de mélodies de jeunesse, aux premiers nocturnes, aux premières barcarolles, – et quand même on y joindrait la *Ballade*, tout ce pan trop connu projette son ombre sur l'essentiel. C'est Fauré mesuré à l'aune de Mendelssohn, de Gounod, enfermé dans un style juvénile qu'il faut avouer bien compassé encore, quand il n'est pas mièvre, et digne des boudoirs fin de siècle, « pleins de roses fanées ». Mais la séduction en est immédiate et sans encombre ; pour déborder cet horizon restreint, on doit consentir à quelques efforts.

Fauré est l'héritier naturel de Chopin. Non point simplement parce qu'il partage une même répugnance pour les titres, les programmes, les anecdotes, et se contente d'enclore sa pensée en formes « pures », préludes et barcarolles, valses et nocturnes, impromptus et variations (je dirai, pourtant, à propos des *Nocturnes* ou des *Barcarolles*, comme il faut tâcher, paradoxalement, d'apercevoir dans leur filigrane quelques images de ces poètes qu'il met en musique, singulièrement de Verlaine, et plus précisément du Verlaine inspiré par Watteau). Il a reçu, après Chopin et dans sa droite lignée, le don de cette « grâce plus belle encor que la beauté », qui le préserve miraculeusement de jamais rien écrire de laid, de noueux, de convulsif, d'exagéré. Les phrases « à col de cygne » que

Proust décrit dans Chopin, Fauré les dessine à son tour, d'instinct, sans se forcer. L'inlassable curiosité du Polonais pour les accords inusités, pour les résolutions inhabituelles, son adresse à lover un contrechant dans les voix intérieures, son sens aigu des dispositions les plus euphoniques, se retrouvent chez le Français. Chez tous deux, il y a ce bonheur du toucher, ce contentement indicible à tramer, d'une main à l'autre, une toile précieuse. Gauche et droite complices, amicales, et pourtant indépendantes, comme en nulle autre musique pianistique. À Chopin, pour inverser le rapport, conviendraient aussi bien ces lignes de Vuillermoz sur Fauré : « Qui n'a pas éprouvé la joie délicate de tenir sous ses doigts ces accords dont un mécanisme fragile assure la féerique transformation, qui n'a pas pris plaisir à nouer et à dénouer les fils qui les unissent... ignore une volupté musicale d'une rare intensité. »

Et cependant, contre l'évidence même, on voudrait proclamer que les doigts, chez Fauré, ne servent de rien. Quand ils auront pris ce beau, cet émouvant plaisir de virtuosité poétique qu'ils trouvent chez son prédécesseur (car sa musique aussi leur offre des pièges à déjouer, des obstacles à franchir, elle leur concède ici ou là un peu de bravoure et d'éclat, leur permet de jeter aux quatre coins de la salle quelques gammes perlées, quelques arpèges étincelants), qu'auront-ils réussi ? Plus que tout autre, Fauré les subordonne aux oreilles : il faut à ses interprètes une ouïe divinatoire. Et sans doute Liszt n'exprimait-il pas autre chose en jugeant la *Ballade* « trop difficile »...

Cette condition remplie, l'écriture harmonique de Fauré est un inépuisable sujet d'émerveillement, et le premier agent du fameux charme. Les septièmes, les neuvièmes enfin libérées s'enchaînent en progressions de plus en plus souples et ingénieuses ; les modes anciens remis à l'honneur colorent ses accords parfaits, donnent à ses cadences leur parfum caractéristique, leur font « éviter la trop pathétique sensible », selon les mots de Jankélévitch. Son trait le plus remarquable, accru et affiné avec le temps, c'est ce qu'on a appelé la modulation feinte : une façon inimitable de se dérober à la résolution flagrante, de quitter le ton, de s'en éloigner parfois jusqu'aux antipodes, pour mieux y revenir. Chaque grande page de Fauré renferme de ces surprises, escamotages qu'il réussit toujours avec autant d'élégance, comme en se jouant. À côté de sa subtilité, bien des compositeurs, et des plus grands, ne sont que des pataugeurs, des gâcheurs d'accords.

Esquissons, pour finir, un rapide survol chronologique. L'œuvre de Fauré se prête pour ainsi dire naturellement à une répartition en trois périodes. De 1863, date attribuée aux *Romances sans paroles*, à 1886, année de la *Quatrième Barcarolle*, domine un pianisme romantique, issu autant de Chopin que des *Romances* de Mendelssohn, luxuriant et même voluptueux. Ici, surtout, se sont toujours attendries les « belles écouteuses » et pâmés les dandys, encore que leur échappât l'essence même de leur plaisir, plus complexe qu'ils ne le conçoivent. Puis s'écoule un silence pianistique de sept années, consacré au *Requiem*, aux *Mélodies de Venise*, à *La Bonne Chanson*. Fauré, quand il revient à l'instrument, a changé, de façon perceptible ; son art ne sera plus gratuit, ne sera plus frivole ; et de plus, il est devenu comme infaillible : l'oreille désormais lui dicte la note qu'il faut, au moment qu'il faut. À la grâce, il ajoute la force, celle du détail comme celle du dessin d'ensemble. « Main dominée par le cœur » : à quel musicien conviendrait mieux ce vers d'Eluard ? Le paradoxe de Fauré, c'est que l'inverse lui convient tout autant. Son triomphe est dans l'équilibre entre ces contraires. Voici l'époque rayonnante des *Sixième* et *Septième Nocturnes*, des *Cinquième* et *Sixième Barcarolles*, de *Thème et Variations*. Nouvelle absence. La *Septième Barcarolle* (1905) change de cap. Il y a des créateurs qui ne progressent que dans le dénuement, la sobriété, la discipline. Chaque jour ils se dépouillent davantage, se privent des trésors qu'ils avaient accumulés ; ils n'ont plus de faim que pour le pain simple, et plus de soif que pour l'eau, humble et quotidienne : voyez Ravel ou Falla. Fauré, lui aussi, n'a cessé d'épurer son langage. On parle souvent à son propos de « blancheur » : cela traduit l'aspect visuel des partitions de la dernière période, ces lignes transparentes, resserrées, cet emploi presque exclusif de blanches, de noires, de croches, qui raréfie les signes sur la page, et contraste avec le grouillement d'encre des doubles et triples croches qu'on observe dans les périodes antérieures. Privation et macération : la dissonance, qui chez ce sensuel faisait autrefois, à force de douceur, toute la délectation d'un passage harmonique, devient rugueuse ; et d'ailleurs, l'écriture horizontale du contrepoint a pris définitivement le pas sur la verticalité des accords, induisant d'étranges rudesses. Ce dernier Fauré est bouleversant, parce qu'à cette langue personnelle, audacieuse, exigeante, s'attache à présent une signification profonde et grave ; elle ne touche plus seulement nos sens, cette surface en nous de la peau et même du cœur ; elle nous parle de notre durée et de notre devenir, avoue la douleur du renoncement, l'angoisse de la vieillesse et de la mort. Le sortilège n'a pas fini d'agir ; mais ce n'est plus le philtre qui ouvre l'île heureuse et les jardins enchantés ; c'est un breuvage d'amertume et d'oubli.

## LES BARCAROLLES

C'est à ce genre, s'il fallait choisir, que le nom de Fauré mérite d'être lié à jamais. Non seulement parce qu'il est, de tous les compositeurs, celui qui lui a consacré le plus d'œuvres et de temps (treize barcarolles, et quarante ans de sa vie), mais parce qu'un genre en perdition trouve avec lui à se renouveler, à dépasser les bornes où la tradition l'avait maintenu, à passer de l'anecdotique à l'universel.

Cette longue fidélité n'est peut-être due, à l'origine, qu'au goût entêté de Fauré pour les arpèges. Ils constituent, du début à la fin, un des éléments essentiels de son vocabulaire ; et où donc ce symbole musical de la liquidité pouvait-il s'exercer mieux que dans des pièces vouées au monde aquatique ? Non pas d'ailleurs à l'eau sous toutes ses espèces : ce ne sont ni fontaines, ni cascatelles, ni jeux d'eau impressionnistes qu'elles peignent, mais le sillage d'une barque sur l'eau d'un lac ou d'une imaginaire lagune, avec tout l'indolent cortège des rêveries amoureuses. Ainsi du moins Fauré commence-t-il son cycle, reprenant la barcarolle où l'ont laissée Mendelssohn (les « vénitiennes » des *Romances sans paroles*), Chopin (la *Barcarolle*, bien sûr, mais aussi le *Nocturne en sol majeur*) ou Liszt (plutôt la *Gondoliera* des *Années de pèlerinage* que les deux *Lugubre Gondola* des dernières années) : les coups d'aviron des quatre premières ne les éloignent pas toujours du salon. Au fond, plutôt qu'à l'art de Verlaine, c'est à celui de Samain qu'elles s'apparentent :

> En cadence, les yeux fermés,
> Rame, ô mon cœur, ton indolence
> À larges coups lents et pâmés.

Quand du reste il mettra ces vers *(Accompagnement)* en musique, Fauré se sera créé un langage plus sobre. Pour l'instant, voici les prestiges d'une riche et même luxueuse écriture pianistique, favorable aux doigts, tendre aux oreilles, voici les délices d'un rythme qui, dans le cadre d'un 6/8 presque immuable (dix fois sur treize : le 6/4 de la *Septième Barcarolle* ne fait pas exception), se plie à toutes les souplesses, et visualise, en quelque sorte, cette eau sonore, ses moires, ses reflets. Bientôt, cependant, la *Cinquième Barcarolle* quitte le lac aux rives paisibles pour le grand large ; l'air marin s'y engouffre avec violence ; si barque il y a, ce ne peut être que « sur l'océan », comme dans les *Miroirs* de Ravel. Où sont désormais les rêveuses gondoles, le clapotis des canaux, la traversée du pont des soupirs ? Halte, on ne joue plus ! L'âme ballottée autant que le corps prend conscience d'une plus grave destinée ; et c'est ce fort et mâle musicien qui fera un jour chanter, de manière inoubliable, le vers pathétique de Jean de la Ville de Mirmont : « Je ne veux que la mer, je ne veux que le vent » *(L'Horizon chimérique)*.

Les dernières barcarolles renoncent à davantage encore. Et d'abord aux vaporeuses tonalités bémolisées du début ; au mode majeur, dans la plupart des cas ; au charme, à la volupté ; à l'euphonie ensorceleuse ; à la richesse prodigue ; à la vaine virtuosité. Si elles gardent tangage et roulis, c'est pour bercer les souvenirs, parfois les douleurs, comme dans les derniers *Intermezzi* de Brahms. Ce flot, bientôt, sera celui d'oubli ; cette barque, celle du funèbre passeur. Un homme ici inscrit, à l'aide de quelques signes, de plus en plus rares sur la portée, l'inexorable avancée de l'âge. C'est l'évolution, également, des *Nocturnes* ; mais elle nous touche, dans les *Barcarolles*, peut-être plus profondément. Le miroir s'incline lentement, qui captait de ravissants paysages, un rêve poétique, un mirage tremblant ; c'est nous-mêmes désormais que l'eau reflète, et qu'elle emporte sans retour.

### *Première Barcarolle, en la mineur* (op. 26)

COMP vers 1881. PUB 1881 (Hamelle). DÉD à Mme Montigny-Rémaury. CRÉ par Saint-Saëns (9 décembre 1882, Société nationale, avec le *Premier Impromptu*).

Presque une berceuse ; et n'est-ce pas, du reste, le balancement du *Schlummerlied* de Schumann *(Albumblätter)* ? *Allegretto moderato*, comme dans la *Cinquième*, la *Septième*, la *Huitième*, la *Dixième*, la *Onzième Barcarolle* (seul ou accompagné, ce mot d'*allegretto*, qui désigne chez Chopin déjà le tempo de barcarolle, se retrouve dans douze des treize pièces de Fauré). La mélodie, d'abord, se blottit frileusement à la voix médiane ; les deux mains se la partagent, entre la basse et les accords. Une seconde phrase, plus chaleureuse, suscite les premiers arpèges mouvants (mes. 9), se déploie, gagne l'aigu ; ces éclaboussures accompagnent le retour du thème initial, le forcent à sortir de sa réserve. Cadence et point d'orgue : comme souvent chez le jeune Fauré (voyez le *Premier Nocturne*), la première section se suffit à elle-même ; qu'il s'y arrête, et c'est un prélude. La deuxième partie, dans le relatif ut majeur, adopte un rythme plus caressant encore, sur lequel le chant feint de se croire à 3/4 ; birythmie délicieuse, dont le halo d'arpèges aplanit toutes les arêtes. Le deuxième énoncé se renforce d'octaves, s'enfièvre (« con suono »), se calme, pour quelques mesures de *cadenza*, gouttes de lumière dans l'aigu du piano. La reprise, économe, aborde A par sa seconde phrase, revient à la première, l'accompagne d'un petit dessin obstiné. Arpèges tranquilles et accord majeur pour clore un morceau au charme facile, – que le disque permet d'entendre joué par son compositeur.

### *Deuxième Barcarolle, en sol majeur* (op. 41)

COMP août 1885. PUB 1886 (Hamelle). DÉD à Marie Poitevin. CRÉ par Poitevin (19 février 1887, Société nationale).

Une des plus longues, avec la *Troisième Barcarolle*. Elle débute comme une sérénade : accords arpégés de guitare, sur les deuxième et cinquième croches de la mesure, gracilité de la texture, et ce ton engageant *(allegretto quasi allegro)* ; vingt-quatre mesures qui forment un tout, et que ferme l'accord de tonique. Le deuxième thème, moins indécis, se laisse emporter par son ample 9/8, le flux de ses gammes, le bouillonnement de ses arpèges ; et le voici qui déclame à toutes forces (mes. 43), avec une impudeur quasi romantique. C'est au troisième thème de nous faire pénétrer dans le monde fauréen ; ici le terme de barcarolle se justifie (mes. 75) ; balancement nonchalant de la main gauche, tremblement du thème au pouce de la main droite, dans un ton de si bémol majeur sans cesse filtré par la gaze des modulations, à l'image même des rayons que le feuillage tamise, du flot changeant, des cieux recommencés. La dernière partie reprend A, abrège B, et finit de manière surprenante, l'insistance d'un fa ♮ donnant à croire, jusqu'aux derniers accords, que l'on va conclure en ut majeur...

### *Troisième Barcarolle, en sol bémol majeur* (op. 42)
COMP 1885. PUB 1886 (Hamelle). DÉD à Henriette Roger-Jourdain.

Libre et féconde, et pleine d'imprévu. Tout le début *(andante quasi allegretto)* se donne l'allure d'une improvisation : motifs à peine esquissés, modulations trompeuses. Est-ce triste, est-ce gai ? On hésite à répondre, jusqu'à l'entrée d'un thème mieux dessiné (mes. 14, « espressivo »), dont le ton de mi bémol mineur (relatif) et le cri ne nous trompent guère. Mais un peu plus loin, une volte-face nous ramène à sol bémol : délicat épisode écrit à trois portées, avec ses arabesques cristallines, ses effets de pédale à la Liszt (celui d'*Au bord d'une source*), sa joie paisible. Un petit coup de baguette enharmonique : nous voici en fa dièse ; tout ce qui précède n'était qu'une mise en train ; le thème qui chante maintenant est un des plus originaux de Fauré, – que l'hésitation savamment entretenue entre la ♮ et la ♯ fait osciller de l'endolori à l'enjoué. Écriture caractéristique du chant dans le médium, entre les basses arpégées et les volutes déroulées dans l'aigu ; harmonie souvent modale, avec quelque chose, çà et là, d'andalou, qui ferait presque songer d'avance aux *Goyescas* de Granados. Un troisième épisode, en ré majeur (mes. 92, « leggierissimo »), se balance au gré de clairs accords parfaits, sillonné de gammes ascendantes que les mains alternées conduisent du grave à l'aigu ; ces traits finissent par ramener, dans leurs scintillements, l'élan du deuxième thème (mes. 108) ; puis c'est la reprise des trente-trois premières mesures, suivies d'une coda qui clignote de dièses à bémols, et s'évapore *ppp*, en fragiles accords de harpe.

(Des auteurs qui se sont copiés les uns les autres ont médit de cette pièce. L'un d'eux a franchi une sorte de Rubicon : plaignant Fauré de devoir encore, à l'époque, donner des leçons pour vivre, et courir de Versailles à Louveciennes, il ne voit dans la *Deuxième* et la *Troisième Barcarolle* qu'« un reflet de l'agacement que lui procurent les longues heures perdues sur les banquettes des trains de banlieue » !)

## *Quatrième Barcarolle, en la bémol majeur* (op. 44)
COMP 1886. PUB 1887 (Hamelle). DÉD à Mme Ernest Chausson.

On la joue plus que d'autres ; sa brièveté, sa simplicité thématique et pianistique y sont pour beaucoup ; c'est pourtant, après les rares beautés de la précédente, une page un peu mièvre, et comme bâclée. L'insistant premier thème, qui alterne les arpèges à 6/8 et les accords à 3/4 *(allegretto)*, nous ramène sans cesse à la tonique. Les modulations n'y font rien ; on croit, avec une joie mêlée d'un peu d'inquiétude, s'éloigner de la rive ; on aborde à nouveau, d'abord par d'évidentes cadences, puis par des moyens plus subtils. Écoutez par exemple comme les mes. 32-33 rentrent en la bémol, au terme d'une dérive dans les tons les plus lointains : tous ces dièses mués d'un coup en bémols, c'est un de ces tours d'illusionniste où Fauré devient imbattable. Le deuxième thème, qu'une fois de plus les mains se partagent dans le registre médian, entre la basse et la parure d'accords brisés (un rien suffirait à le pousser dans la romance, c'est miracle qu'il frôle ce péril sans y tomber), module beaucoup à son tour ; mais quand on s'attend qu'il prenne son essor, il débouche abruptement sur le motif initial, son sage accompagnement, sa mesure tour à tour divisible par deux ou par trois.

## *Cinquième Barcarolle, en fa dièse mineur* (op. 66)
COMP été 1894. PUB 1894 (Hamelle). DÉD à Mme Vincent d'Indy. CRÉ par Léon Delafosse (2 mai 1896, Société nationale).

Une des plus belles, et sans doute la plus riche de toutes. Ce n'est pas seulement un poème de l'eau (elle soulève pourtant plus de gerbes d'écume, elle bouillonne avec plus d'éclat que les précédentes, elle sent le sel du large et les embruns) ; c'est un morceau passionné, et qui atteint une violence qu'on ne soupçonne guère chez Fauré, et qu'on retrouvera dans la *Huitième Barcarolle*, le *Cinquième Prélude*, le *Douzième Nocturne*.

Il ne lui faut que quelques mesures, les quatorze premières, pour affirmer sa volonté de contrastes : fa dièse mineur le cède à fa dièse majeur ; et la douce plainte du début, ce motif tombant, avec son étrange do ♮ (la quinte diminuée du mode locrien), sa main gauche également descendante, devient un claironnant appel, ponctué de basses sonores et coléreuses. Le second thème oppose aux blocs d'accords du premier la souplesse d'une mesure à 9/8 originalement découpée en trois noires suivies de trois croches ; les six bémols de sol bémol majeur (enharmonique) ne tiennent pas longtemps devant l'insidieuse attaque des modulations. Voici d'ailleurs à nouveau le thème initial (mes. 32) qui suscite, en se développant, l'ondulation d'un motif secondaire, formé d'intervalles brisés et de notes répétées, avec un premier et fulgurant crescendo. Si Chopin se montre encore, c'est celui des *Ballades*, celui des coups de sang, des cris exaspérés. Un court intermède en mi bémol (mes. 61, « cantando ») apporte une embellie ; la houle s'apaise ; la mesure alterne le 2/4 et le 6/8, les superpose : à ces jeux rythmiques, à ces caprices, on se croirait bientôt rentré au port ; et peut-être, cette mer infinie, n'a-t-on fait que la rêver ? Mais non, les deux thèmes ennemis, B d'abord, A ensuite, reviennent en force, « crescendo molto », dans un dernier paroxysme (et l'on n'entend pas sans saisissement le lourd ébranlement des basses, aux mes. 102-103). Après quoi, la dernière page, consacrant le majeur, n'est plus qu'arabesques légères, vaguelettes lumineuses, dans un climat réconcilié.

Tel est ce chef-d'œuvre, où Fauré renoue avec le piano, après quelque huit années de silence. Il est vrai que c'étaient les années splendides des *Mélodies de Venise* et de *La Bonne Chanson*.

## *Sixième Barcarolle, en mi bémol majeur* (op. 70)

COMP 1895-1896. PUB 1896 (Hamelle). DÉD à Édouard Risler. CRÉ par Risler (3 avril 1897, Société nationale).

Aux lames de fond, aux paquets de mer de la barcarolle précédente, celle-ci préfère les eaux dormantes d'un lac aux reflets mordorés par le couchant. C'est l'une des plus simples, des plus économes. Rien ne vient déranger la ligne pure du premier thème *(allegretto vivo)*, qui tend souplement ses arceaux au-dessus du miroitement des arpèges. Le second énoncé, en octaves, parle un peu plus fort, mais c'est signe de confiance, non point d'impatience, et les ruissellements qui le terminent ajoutent à sa fraîcheur. Le voluptueux intermède, en si majeur, est plein de ces feintes résolutions qui, après avoir fait mine de nous égarer, nous ramènent avec adresse au ton initial. Admirons aussi les faux-semblants du rythme, cette intrusion du binaire dans le ternaire, par un subtil enjambement de la barre de mesure ; que nous voilà loin du monotone 6/8, à l'immuable cadence, qui bride les *Gondellieder* de Mendelssohn ! Enfin la dernière partie, après avoir associé les deux thèmes, disperse au vent quelques gouttelettes encore, qui retombent en pluie imperceptible, jusqu'au fond du piano.

## *Septième Barcarolle, en ré mineur* (op. 90)

COMP août 1905. PUB décembre 1905 (dans *Le Figaro illustré*) ; puis 1906 (Heugel). DÉD à Mme Isidore Philipp. CRÉ par Arnold Reitlinger (3 février 1906, salle Érard).

D'aucuns diront que c'est une vue de l'esprit : mais, pour le déchiffreur, ce 6/4, au lieu du 6/8 attendu, change sensiblement quelque chose. L'absence de doubles croches donne à cette barcarolle un air de gravité que n'avaient pas les précédentes. Au graphisme répond la réalité des notes. Ce début réticent *(allegretto moderato)*, qui veut ensemble dire une douleur et la cacher, cette mélodie parcimonieuse, qui avance à petits pas chromatiques, piétine, rebrousse chemin, cet accompagnement obstiné mais discret, qui ne se glisse qu'à contretemps, et même s'efface absolument à la fin de chaque mesure, ces pages enfin si nues et cependant chargées de l'émotion la plus poignante, nous révèlent un nouveau Fauré. Entre la *Sixième* et la *Septième Barcarolle*, il y a dix ans, et l'expérience tragique de la surdité, qui a peut-être le rôle le plus important dans cette ultime évolution de son langage. Moins désespérée, pourtant, que la *Neuvième* ou la *Dixième Barcarolle*, notre pièce admet comme deuxième thème un lumineux motif d'accords arpégés, en fa majeur, que traversent des gammes filantes, distribuées de bas en haut aux deux mains, les mêmes qui rayent le ciel nocturne de la huitième des *Pièces brèves*. Et c'est lui qui, après la reprise du thème initial (qu'il va survoler un instant), conclut la pièce en ré majeur.

### *Huitième Barcarolle, en ré bémol majeur* (op. 96)

COMP 1906. PUB 1908 (Heugel). DÉD à Suzanne Alfred-Bruneau. CRÉ par Édouard Risler (12 janvier 1907, Société nationale).

Il y a beaucoup de force dans cette pièce relativement courte *(allegretto moderato)*, écrite d'une seule coulée, tournée certes vers une joyeuse et grisante lumière, mais avec on ne sait quoi de tendu, d'obstiné, de brusque, et presque d'acariâtre. Les staccatos qui font rebondir les croches sur les temps forts, les unissons, les subites giboulées, les arpèges nerveux donnent au premier thème un caractère très affirmé, à quoi le second oppose vainement sa douceur évasive, ses syncopes, son accompagnement de gammes translucides. Rien ne laisse prévoir, au bout de la reprise, cette coda vigoureuse, et ce fortissimo tonitruant qui fait voler les dernières mesures en éclats.

### *Neuvième Barcarolle, en la mineur* (op. 101)

COMP 1909. PUB 1909 (Heugel). DÉD à Mme Charles Neef. CRÉ par Marguerite Long (30 mars 1909, salle Érard, avec le *Cinquième Impromptu*).

Un seul motif, comme dans le *Neuvième Nocturne*, antérieur d'une année, compose toute la pièce *(andante moderato)*, infiniment réitéré, à tous les registres tour à tour, à toutes les voix, dans les nuances les plus diverses, depuis le funèbre grave où il commence à mi-voix, dans l'immobilité, jusqu'à l'aigu strident où l'emporte le courant des gammes et des arpèges. Au fond, un thème varié, dont ne changent que les figures d'accompagnement. Presque pas de modulation : il n'y a que ce dolent la mineur, éolien le plus souvent (avec sol ♮), parfois phrygien (avec si ♭), et cette obsédante demi-cadence (mes. 14, 33, 53). Monotonie voulue, hypnotique et magique, où le renouveau de la parure ajoute au lieu de retrancher : suivez le chant au ténor (mes. 15), dans le lacis des parties adjacentes ; écoutez ces tierces défaillir (mes. 32), et palpiter ces octaves brisées (mes. 52). Plus loin, c'est l'ébauche d'un canon (mes. 56), dans le tremblement des arpèges. Cette variété justement ne distrait pas une tristesse invariable ; elle l'accroîtrait, plutôt, de tout le possible refusé : tel la ♭, dominante dans un accord de septième, faisait pressentir ré bémol majeur, sa correction en sol ♯ nous ramène à notre la mineur (mes. 44-45) ; tel do ♯ tâchait de glisser vers le *maggiore*, sans succès (mes. 62, 64). La dernière page, après de merveilleuses et tendres guirlandes, renonce au thème lui-même, dont elle n'articule plus que des lambeaux ; et dans les elliptiques mesures finales, c'est la dalle d'un tombeau qui se scelle à jamais.

### *Dixième Barcarolle, en la mineur* (op. 104 n° 2)
COMP août-octobre 1913. PUB 1913 (Durand). DÉD à Mme Léon Blum.

Elle ressasse une peine infinie, comme la précédente, et dans la même tonalité ; il est vrai que ce fut, trente ans plus tôt, celle de la *Première Barcarolle*, dont la mélancolie à fleur de peau était toute pétrie de grâces. La mineur, ici, prend sa couleur de deuil, qu'accentue l'hésitation entre si ♮ et si ♭ (phrygien). Le bercement de la gauche, cette sourde pulsation de la première page sous ce thème si sombre *(allegretto moderato)*, fait bientôt place à des gammes descendantes, qui ont dans leur roulement je ne sais quoi de fatal. « Car nous nous en allons, comme s'en va cette onde, / Elle à la mer, nous au tombeau. » Ces vers de Paul Bourget qui n'ont inspiré au jeune Debussy qu'une barcarolle trop molle et trop fleurie *(Beau soir)* pourraient servir idéalement d'épigraphe à ces pages de Fauré, embuées de larmes. Au bout de ce thème, pourtant, le ton de si bémol luit un instant comme un arc-en-ciel après l'ondée ; mais soudain tout se détraque dans l'harmonie (mes. 35) : voici peut-être les trois ou quatre lignes les plus inclémentes du piano de Fauré, fausses relations, enchaînements de neuvièmes mineures, avec la persistance, à la main gauche, du rythme initial. Plus loin, après une belle progression (alternance d'accords de septième majeure et d'accords parfaits qui dévalent l'aigu en se brisant), le thème rentre au ténor, chante sa plainte, et meurt sous les derniers arpèges dévidés par la droite. On prêtera l'oreille, neuf mesures avant la fin, à cette insolite réminiscence du motif de la *Neuvième Barcarolle*, qui souligne, s'il le fallait, la parenté des deux pièces. Une ultime irrésolution, dans les notes raréfiées de la fin : la tierce de l'accord hésite entre dièse et bécarre, et le mineur a le dernier mot, dans le fond du clavier.

***Onzième Barcarolle, en sol mineur*** (op. 105)
COMP 1913. PUB 1914 (Durand). DÉD à Laura Albéniz, fille du compositeur.

Elle n'a rien de commun avec sa contemporaine, et le mode mineur ne l'assombrit guère. À peine si l'énigmatique exorde *(allegretto moderato)*, cet unisson, ce thème cerné de doubles octaves, cette harmonie de quintes vides, cette impression d'immobilité, donne le change ; dès l'entrée des doubles croches (mes. 9), un élan la saisit et ne l'abandonne plus. Dessins d'octaves brisées autour des motifs mélodiques, qui semblent, sur la nappe aquatique, le sillage que la barque va creusant. Ici à nouveau, après les berceuses du chagrin, on parle de navigation, de voyage, d'aventure ; à nouveau les voiles s'enflent aux vents alisés, les poumons s'emplissent d'air marin, comme dans la *Cinquième Barcarolle*, – et un magnifique crescendo, soulevant ces pages, aboutit à de fières octaves, arrachées fortissimo du clavier (mes. 89-97). Mais voici l'imprévisible : une longue coda, passant en sol majeur, retourne au paisible et sobre mouvement de croches ; le thème initial y découvre son véritable caractère, celui de la méditation. Ce voyage, au bout du compte, n'était que songe intérieur, traversée recommencée de la conscience...

***Douzième Barcarolle, en mi bémol majeur*** (op. 106 bis)
COMP août-septembre 1915. PUB 1916 (Durand). DÉD à Louis Diémer. CRÉ par Diémer (23 novembre 1916, Concerts Durand).

La jumelle insouciante du pathétique *Douzième Nocturne*, écrit durant le même été. Elle nous ramène quelque vingt ans plus tôt, à la *Sixième Barcarolle*, de même tonalité. Cette grâce, cette langueur, cet abandon presque voluptueux, cette façon de chant heureux, qui s'étourdit de son propre charme... Dirait-on jamais qu'il y ait eu, avant elle, les parages sombres des *Neuvième* et *Dixième Barcarolles* ? En tout cas, c'est ici la dernière bergamasque du piano de Fauré (l'année suivante, c'est l'*andante* de la *Deuxième Sonate pour violon* qui cédera en frissonnant à la douceur de charmer). Le thème principal *(allegretto giocoso)* se prélasse au-dessus d'un bercement d'arpèges, module, s'exalte en octaves, – et après un intermède en ut mineur, d'une effusion vraiment italienne (sommes-nous donc revenus au Lido ?), et qui mêle le binaire au ternaire, trouve moyen de rentrer dans une écriture canonique (soprano-ténor, à la double octave, à distance de noire pointée) d'une souplesse, d'un naturel confondants (mes. 62). La fin, sur le thème B, balance amoureusement entre mi bémol et ut (feutrés tous deux par la sixte mineure), avant l'accord de tonique conclusif.

***Treizième Barcarolle, en ut majeur*** (op. 116)

COMP février 1921. PUB 1921 (Durand). DÉD à Mme Soon Gumaelius. CRÉ par Blanche Selva (28 avril 1923, Société nationale).

Elle forme, avec le *Treizième Nocturne* de la même année (décembre), un couple aussi antithétique que celui de la *Douzième Barcarolle* et du *Douzième Nocturne*. Ces nocturnes s'enfoncent dans une nuit de l'âme à la fois et du corps ; s'ils regardent vers le passé, c'est dans la souffrance et les regrets ; ces barcarolles, elles, mériteraient presque ce titre de Poulenc, pour l'un des portraits de ses *Soirées de Nazelles* : *L'Alerte vieillesse*. Voyez la délicatesse, la transparence de ce début, qui chante naïvement, et presque enfantinement. L'indication *allegretto* est à prendre au pied de la lettre : cet ut majeur, n'est-ce pas justement le ton de l'*Allégresse* des *Pièces brèves* ? Et c'est encore celui d'*Eau vivante* (dans *La Chanson d'Ève*), autre poème aquatique. Après l'énoncé en croches sages, voici les fils de doubles croches, tendus sous les claires octaves. Deux idées secondaires font comme deux couplets à ce semblant de rondo : un motif qui alterne 3/4 et 6/8, comme dans la *Quatrième Barcarolle* (mes. 29) ; un curieux passage à 9/8 où, dans l'ostinato de la main gauche, crissent les secondes (mes. 57). Au dernier énoncé du thème principal, les arabesques de l'accompagnement s'enrichissent d'un gruppetto de triples croches, tout irisé de soleil. Fin très douce, murmurante, où les derniers cercles de l'eau se défont.

## LES NOCTURNES

Treize, ce nombre fatidique est celui des *Nocturnes* comme des *Barcarolles* ; et comme celle des barcarolles, la série des nocturnes couvre toute la carrière du compositeur : quarante-cinq ans, avec çà et là des interruptions, des silences qui marquent moins la désaffection que la réflexion, et qui correspondent finalement à un changement de « manière ». À leur tour ils résument fidèlement les trois périodes de Fauré. Ses premiers pas, le jeune Fauré les pose dans les traces, pour lui toutes fraîches encore, de Chopin ; il réutilise des procédés pianistiques, des contours mélodiques, des enchaînements, des rythmes que la vingtaine de nocturnes de son prédécesseur ont épuisés. Les sentiments non plus ni les sensations ne sont neufs ; et Fauré, souvent, les édulcore. À Chopin, en un mot, il ajoute une sensibilité harmonique plus aiguë, une syntaxe plus libre, mais aussi un plus mol abandon, un charme plus facile. Il lui arrive de s'emporter, comme au milieu du *Deuxième Nocturne* : on n'y croit guère. Où sont les fièvres, les colères, les rages de Chopin ? Si le premier de la série manifeste une gravité, un sérieux étonnants, les quatre suivants évoquent le salon, à des degrés divers : parfois l'on se complaît parmi les napperons, les potiches et les girandoles ; ailleurs on ouvre la croisée, ailleurs encore on sort prendre le frais sur le seuil, et même jusqu'au fond du jardin...

Le *Sixième*, le *Septième Nocturne* ont un autre pouvoir. Ce qui n'était que prose poétique devient poème. On ne peut se défendre de les rapprocher des nombreux nocturnes qui éclosent à peu près au même moment dans les mélodies, inspirés de Verlaine et de Samain. Les jets d'eau qui sanglotent dans *Clair de lune*, la lune rose et grise de *Mandoline*, la lune blanche de la troisième mélodie de *La Bonne Chanson*, les jardins de la nuit qui fleurissent dans *Soir*, la nuit de langueur et de mensonge d'*Arpège*, voilà des images auxquelles Fauré ne demeura pas insensible ; l'alibi de ce genre où texte et musique ne font qu'un lui permet de les cultiver ; il prétendra d'autant mieux que sa musique instrumentale, elle, est pure de littérature. C'est une esquive : ces nocturnes pianistiques, quel esprit fort n'y verra que des thèmes, des rythmes, des harmonies ? Dès qu'on a prononcé le mot « nocturne », le décor est planté. La différence entre eux et les précédents, c'est qu'ils ont pour décor l'infini du ciel étoilé, et pour aliment l'infini de la rêverie, de la passion, de la volupté, de la douleur humaine. Ré bémol majeur, ut dièse mineur : ce couple contrasté, semblable à celui de l'opus 27 de Chopin, résume une esthétique ; Fauré y est au sommet de ses dons, à leur point d'équilibre.

Quelque chose, pourtant, s'il s'en fût tenu là, aurait manqué à sa grandeur. Dans sa dernière période, toute d'ascèse, de dépouillement, de renoncement aux qualités mêmes qui paraissaient inséparables de son art, ce ne sont plus des nocturnes qu'il écrit, mais des élégies couleur de cendre. L'une d'elles, en effet, pleure la mort d'une jeune femme ; toutes portent leur poids de larmes, de regrets, de désespoirs ; parfois la révolte les cabre un moment : quoi donc, c'en est fini, de la jeunesse et du bonheur ? – mais elles finissent par se résigner. La nuit, l'épaisse et terrible nuit se referme comme un tombeau.

### *Premier Nocturne, en mi bémol mineur* (op. 33 n° 1)

COMP vers 1875. PUB 1883 (Hamelle). DÉD à Marguerite Baugnies. CRÉ par Marie Jaëll (21 février 1885, Société nationale).

Fauré, dans cette forme du nocturne qu'il fréquentera jusqu'au bout, entre par la voie royale : mi bémol mineur, tonalité splendide et rougeoyante, tout embrasée de lueurs crépusculaires, de ces derniers tisons qui ravivent la peine, avant la montée de la nuit. Admirons comme d'emblée il trouve un ton de grave et noble douleur, que n'auront ni les nocturnes suivants, ni, bien entendu, les premiers impromptus et barcarolles. Le thème initial *(lento)* compose à lui seul un morceau ; ses vingt mesures l'assimilent à un prélude (et même, très exactement, au *Quatrième Prélude* de Chopin) : des accords battus accompagnent un chant intense, à 3/4, caractérisé par le rythme pointé du troisième temps ; il y semble prendre à chaque fois un nouvel essor, mais retombe, lourd de détresse. La deuxième partie est longue et variée. C'est d'abord, dans cette même teinte de mi bémol mineur, un sombre choral, accompagné de sourds et menaçants sextolets (en réalité des doubles triolets, si l'on s'en tient à la rigueur du solfège, qui distingue entre deux-fois-trois et trois-fois-deux). Mais bientôt s'envole un essaim de doubles notes, des souffles légers rafraîchissent l'atmosphère, et c'est la merveilleuse accalmie d'un thème en sol majeur (mes. 39), d'une écriture pianistique ingénieuse : la gauche, croisant la droite, joue la mélodie dans l'aigu ; la droite, une octave plus bas, lui fait écho, en rythme pointé, tout en tissant à contretemps les mailles d'un filet d'harmonies délicates. Le choral d'angoisse et le chant de paix alternent une fois encore. Puis une vive cadence raye la page, impose un rythme de notes répétées qui va persister sous le retour de A, en subtiles appogiatures. La dernière page laisse discerner, dans le lointain, le grondement des sextolets, avec à deux reprises une courte phrase d'adieu, inconsolée.

### *Deuxième Nocturne, en si majeur* (op. 33 n° 2)

COMP vers 1881. PUB 1883 (Hamelle). DÉD à Louise Guyon.

Il est moins personnel, incontestablement. Non pas tant parce que Chopin se profile dans la première partie *(andantino espressivo)*, dans la rêveuse placidité du thème, dans la volupté des harmonies, dans l'accompagnement quasi processionnel, et même dans le contrepoint des deux voix supérieures, qui produit de bien ravissantes secondes (c'est le meilleur Chopin qui soit, celui par exemple du *Dix-Septième Nocturne*, également en si). Mais la section centrale (en si mineur, *allegro ma non troppo*), avec ses tourbillons de triolets partagés aux deux mains, ses octaves, ses accents, tout cet appassionato en chambre, cette fébrilité de surface, nous semble aujourd'hui fort convenue, en dépit de beaux détails.

### *Troisième Nocturne, en la bémol majeur* (op. 33 n° 3)

COMP vers 1882. PUB 1883 (Hamelle). DÉD à Adèle Bohomoletz. CRÉ par Léontine Bordes-Pène (23 janvier 1886, Société nationale).

De tous les nocturnes de la première période, c'est celui qui sent le plus le boudoir, qui tient les propos les plus futiles, et cependant comment s'empêcher envers lui d'une certaine indulgence ? Il a des tours mélodiques aussi séduisants que ceux, dix ans plus tard, du jeune Debussy, avec les harmonies les plus charmeresses qu'on puisse rêver, une façon irrésistible de se jouer des modulations, des équivoques enharmoniques. Point ici de douleur vraie ou fausse, de passion réelle ou affectée ; on marivaude, on madrigalise, et Verlaine n'est pas loin, – ses *Ingénus* du moins, à défaut de son *Colloque sentimental*. La forme est parfaite, un

ABA traditionnel, mais où il n'y a pas une mesure de trop. Le premier thème *(andante con moto)* pose, au-dessus d'une haie d'accords syncopés, ses longues arabesques où croches par deux et par trois alternent capricieusement. Le milieu fait ses délices du trois-contre-deux, donnant à chaque main à tour de rôle la mélodie ou les arpèges en triolets, et modulant de la façon la plus suave, comme enivré de son propre parfum. Liszt aurait écrit quelques-unes de ces progressions, ainsi que telles mesures caractéristiques, où l'accompagnement prend sur le chant (mes. 36) le retard d'un demi-soupir...

### *Quatrième Nocturne, en mi bémol majeur* (op. 36)
COMP 1884. PUB 1885 (Hamelle). DÉD à la comtesse de Mercy-Argenteau.

Il mêle le neuf et l'ancien. L'ancien, c'est cette première partie *(andante molto moderato)*, où une ligne de noires et de croches, qu'emphatise parfois un triolet, se déploie sur un accompagnement d'accords à quoi manque, comme chez Liszt, le premier demi-temps (voir le nocturne précédent) : d'où cette impression d'une main gauche à la remorque de sa compagne, qui la presse de toute l'ardeur de son chant. Au deuxième énoncé, ainsi que l'ont fait cent mille morceaux dans le passé, le thème s'enfle en octaves, et les accords de la gauche s'ouvrent en vastes corolles d'arpèges. Le neuf, c'est la partie centrale ; et d'abord cet épisode en mi bémol mineur, « tranquillamente », ondulation de doubles croches aux deux mains, comme dans la mélodie *Nell*, et où des motifs captifs se répondent d'un registre à l'autre, avec, également répercuté de l'aigu au médium, le tintement des cloches du soir. Plus loin (mes. 40), c'est une magnifique effusion, de ce lyrisme heureux qui tâche de gonfler, à la même époque, *Rencontre* et *Notre amour*, – en vain : les vers de mirliton de Charles Grandmougin et d'Armand Silvestre n'inspirent que modérément notre compositeur ; mais le piano seul réussit, là où les mélodies achoppent ; et le ton voluptueux de sol bémol majeur, là où les tonalités de si et mi nous laissent sur notre faim. Ce chant fervent, avec son accompagnement palpitant, ses réponses dans le grave, son crescendo, son « appassionato » consenti (mes. 52), n'en est pas moins muni dès son début d'un garde-fou : « sans presser », recommande Fauré ; crescendo et accelerando ne sont synonymes que pour les pianistes brouillons... Enfin, voici le retour attendu du premier thème, puis d'une dernière et lointaine volée de cloches, qu'on imagine cette fois matinales : comme les « blondes sœurs » de cette *Messagère* de Van Lerberghe, que Fauré mettra un jour en musique *(Le Jardin clos)*, elles

> Franchissent le seuil indistinct
> Où de la nuit devient de l'aube...

### Cinquième Nocturne, en si bémol majeur (op. 37)
COMP 1884. PUB 1885 (Hamelle). DÉD à Marie Christofle.

Le début *(andante quasi allegretto)* peut faire craindre un feuillet d'album fâcheusement sentimental, avec cette phrase en pâmoison sur les syncopes de l'accompagnement (les mêmes que dans le *Troisième Nocturne*), et ce trait de *cadenza* dans l'aigu, conventionnel et quelque peu vain. Mais la deuxième proposition (mes. 19), au riche contrepoint, où les trois voix chantantes tombent lentement vers le grave, exprime une sombre mélancolie et ne provient plus des cartons du pianiste mondain. Et d'ailleurs ces harmonies si neuves, où la trompeuse enharmonie règne en souveraine, suffisent à rattraper ce que les contours mélodiques conservent encore de mollesse. Plus loin (mes. 49), voici le tendre *cantabile* d'un nouveau thème, d'abord enserré dans de sveltes accords arpégés, puis accompagné de doubles notes mélodieuses. Le meilleur de la pièce est pourtant l'*allegro* central en si bémol mineur, qui, sans doute un peu long, contraste par sa véhémence : un chant cantonné dans le grave et le médium, entre les basses et les triolets d'accompagnement qui moutonnent houleusement sur plus de trois octaves. Dans ce farouche développement, de cent coudées supérieur à l'intermède du *Deuxième Nocturne*, on a la surprise d'entendre surgir, méconnaissable de force et d'éclat, le thème B, soutenu de puissants arpèges ascendants. Puis l'élan retombe, les harmonies se dispersent en poussière, une basse toute nue surnage, qui ramène le thème initial, escorté de lents triolets qui le font boiter délicieusement (trois-contre-deux). Admirons, pour finir, la feinte des dernières mesures, qui font mine d'aller en sol majeur, avant d'aboutir, le plus souplement du monde, en si bémol.

### Sixième Nocturne, en ré bémol majeur (op. 63)
COMP été 1894. PUB 1894 (Hamelle). DÉD à Eugène d'Eichthal.

Voici, de tout le piano de Fauré, le début peut-être le plus magique : sur des basses profondes, en valeurs longues, un chant d'une sérénité indicible (*adagio*, à 3/2), que sa courbe pure, ses harmonies délicates, son rythme régulièrement posé sur un dessin intérieur de triolets rendent inoubliable. On l'a dit triste, mélancolique, et même douloureux ; c'est l'entendre mal. D'impalpables altérations (ici un sol ♮, là un do ♭) et une incursion enharmonique en la majeur (mes. 7) n'empêchent pas ce premier thème d'être fermement établi en ré bémol majeur, trois fois affirmé par la cadence, – ré bémol, ton fauréen par excellence, celui de *C'est l'extase* et de *Soir*. Et de même, quelques octaves (mais « dolce » !), quelques mouvements de triolets et un crescendo jusqu'au *ff* ne mettent jamais cette paix délectable en danger. Ce qui, après le point d'orgue, surgit maintenant à la mes. 19 pourrait sembler un intermède ; c'est plutôt une autre physionomie de cette même nuit, où à la clarté lunaire de ré bémol, à sa calme torpeur, succède son négatif, ut dièse mineur, avec son cortège d'ombre et d'inquiétude. Thème à 3/4 *(allegretto molto moderato)*, qu'essoufflent contretemps et syncopes, et qui finit par se répondre à lui-même d'une voix à l'autre (mes. 37). Par une merveilleuse progression à base d'appogiatures, il va s'enchaîner (mes. 57) à la fin du thème initial, qui n'a que six mesures pour cadencer dans son ré bémol natif.

Alors seulement commence la section centrale *(allegro moderato)*. Un bruissement d'arpèges alternés aux deux mains, plus insaisissable que le murmure des sources, que la brise à travers les branchages, fait glisser la tonalité de ré bémol à la. Si jamais Fauré a pu frôler l'impressionnisme musical, c'est dans ces pages frémissantes, où rien ne pèse, où rien ne pose, où tout suggère, musique atmosphérique, et poreuse à la multiple simultanéité des sensations. Aux cimes du clavier, dans le fouillis des étoiles, chante un des plus beaux thèmes de Fauré ; le voici bientôt qui alterne avec le thème B, en un développement fécond où les motifs s'animent et s'exaltent, jusqu'au retour triomphal de A (mes. 111), à la basse, sous des gerbes d'arpèges somptueux. Fausse rentrée, pourtant ; la véritable a lieu quelques mesures plus loin ; heureux et apaisé, le chant plane à nouveau sur le clapotement des triolets, et après quelques esquives de l'harmonie, où bémols et dièses se disputent la place à coups feutrés, la sérénité de ré bémol s'étend sur les dernières mesures, et lentement les engourdit.

## *Septième Nocturne, en ut dièse mineur* (op. 74)

COMP août 1898. PUB 1899 (Hamelle). DÉD à Adela Maddison. CRÉ par Alfred Cortot (20 mars 1901, Société nationale).

Encore un début admirable, et si splendide, en vérité, que la suite, tout inspirée qu'elle est, s'en trouve amoindrie. On pouvait déjà éprouver, dans le *Sixième Nocturne*, que la section centrale, avec toutes ses merveilles, n'ajoute rien aux premières pages ; dans le *Septième*, on respire d'emblée à une telle hauteur, que l'on ne peut plus que redescendre... Dans une mesure inusitée à 18/8, un thème de choral *(molto lento)* s'appuie d'abord sur un dessin en rythme iambique (croche-noire), qui lui confère son poids de tristesse, sa gravité accablée ; l'une et l'autre lui demeurent acquises, même après qu'un fil de croches a remplacé les iambes au deuxième énoncé, qui s'arrête sur la dominante. Une nouvelle idée, en ré majeur *(un poco più mosso)*, ramène la tendresse, et la naïve illusion du bonheur ; elle entremêle en son chant croches par deux et par trois, se reflète du soprano à l'alto, puis, alternant avec le thème initial (mes. 19), lui donne une réplique sans cesse plus passionnée. C'est pourtant le premier qui conclut, dans le grave, et dans l'ombre funèbre d'ut dièse mineur.

Voilà trois pages sublimes. Ce qui suit est d'une autre encre : subtile,

certes, inventive, infiniment habitée ; mais enfin, le ton change, devient...
dira-t-on plus profane ? – il rentre, en un mot, dans le siècle. C'est un
*allegro* en fa dièse majeur, où concourent quatre motifs : un do ♯ qui tinte
quatre fois dans l'aigu (mes. 39) ; un dialogue amoureux des deux voix
supérieures (mes. 42) ; un chant d'octaves, ample, fier et presque conquérant (mes. 55) ; un dessin de croches à deux-contre-trois, tendre et
persuasif. On les retrouve tous dans le magnifique crescendo qui ramène
le thème initial du nocturne. Transition étonnante : les harmonies de ce
retour sont foncièrement majeures (suivez, à la basse, ces quintes qui
grimpent de mesure en mesure, en mi, en sol, en si bémol, en ut) ; mais
par-dessus le dessin iambique, le chant monte péniblement les degrés
chromatiques. Est-ce à nouveau le désarroi ? Mais non, la coda passe en
ré bémol, rejoint la clarté laiteuse, les ronds de lune qui ouvrent le *Sixième
Nocturne* (le cycle est ainsi bouclé) ; elle cite le duo d'amour ; et parmi
les ruissellements de gammes et d'arpèges, cette pièce commencée en
sombre nocturne s'achève en lumineuse barcarolle.

### Huitième Nocturne, en ré bémol majeur (op. 84 n° 8)

COMP septembre 1902. PUB 1902 (Hamelle), comme n° 8 des *Pièces brèves*. CRÉ par
Ricardo Viñes (18 avril 1903, Société nationale, avec les *Pièces brèves* n°ˢ 2, 4 et 7).

Elle aurait pu s'appeler « barcarolle », cette « pièce brève » dévolue
par la suite à remplir le numéro huit dans la série des *Nocturnes*. Ceux
qui ne savent peser la musique qu'au nombre de pages et de notes jugent
ce nocturne trop léger, surtout au sortir des deux précédents. Voyons-y
plutôt le dernier havre de sérénité, les dernières clartés d'étoiles, les derniers effets de lune, avant l'avare et profonde nuit des derniers nocturnes,
voués au mineur, nourris d'angoisse et de solitude. Ré bémol y préside,
allumant feux follets et lucioles, dans le grand parc où Fauré a si souvent
côtoyé les amoureux de Verlaine et de Watteau. Le début de la pièce
*(adagio non troppo)* laisse envelopper son calme thème, énoncé dans le
médium, de tout un réseau arachnéen de gammes et d'arpèges, tissé par
les mains alternées (cette écriture, qui irise la coda du *Septième Nocturne*,
se retrouvera ailleurs, par exemple dans le deuxième thème de la *Septième
Barcarolle*). Indications minutieuses de la première page : « *pp*, sempre
*pp* » pour l'accompagnement, « *p* e cantabile, sempre cantabile » pour le
chant. Deux pages plus loin, dans le même lacis de figures, des cloches
tintent dans la distance, comme, « à travers les feuilles », celles d'une
*Image* de Debussy ; fraîches septièmes majeures (mes. 11-14), modulations fugaces, les bémols s'éteignant d'un coup au profit des dièses. Tout
le morceau se passe à ces halos, à ces bruissements d'arbres, à ces égout-
tements de fontaines, – et il faut se garder, même dans l'exaltation des
crescendos, d'écraser ces lignes si pures, ces harmonies si fragiles ; dans
les quelques *f* imprudemment notés par Fauré, Dieu nous préserve des
broyeurs de touches !

***Neuvième Nocturne, en si mineur*** (op. 97)
COMP 1908. PUB 1908 (Heugel). DÉD à Mme Alfred Cortot.

Nous sommes bien loin, ici, des prestiges du *Sixième*, du *Septième Nocturne*, de leur riche parure, de leurs amples développements. Fauré s'y adressait encore à un public, fût-il hypothétique, – et les pianistes aujourd'hui ne font pas autre chose, qui les ont élus durablement. À partir du *Neuvième*, il semble ne plus s'adresser qu'à lui-même, dans une manière de journal intime. En tout cas, il ne perd plus de temps en discours ; et de même, il économise sur la matière employée. Pages nues, au graphisme révélateur, préoccupées de l'essentiel, qui n'est pas seulement « invisible aux yeux », mais également inaudible aux oreilles, à moins d'effort, et d'amitié. Comme bientôt dans la *Neuvième Barcarolle*, d'un an sa cadette, il n'y a qu'un seul thème dans cette pièce, un thème de supplication et d'inquiétude *(quasi adagio)*, répété par périodes, passant d'une voix à l'autre, accompagné d'incessantes syncopes. Écriture à quatre ou cinq parties, mais dépouillées, incisées de silences. On ne peut écrire plus sobre et plus intense à la fois. Seules les douze mesures finales, virant au mode majeur, parviennent à s'échapper de ce climat de tristesse résignée, et font planer, rassérénées, une ardente phrase d'adieu sur l'oscillation des accords brisés.

***Dixième Nocturne, en mi mineur*** (op. 99)
COMP septembre-novembre 1908. PUB 1909 (Heugel). DÉD à Mme Brunet-Lecomte.

Il paraît d'abord le jumeau du précédent : même texture aérée, mêmes syncopes, même motif d'une mesure, semblablement répété *(quasi adagio)*. Mais il y a ici plus d'opiniâtreté, de colère rentrée, que délivrent de soudains sursauts d'accords (mes. 6-7). Dans le pathétique dialogue qui s'amorce ensuite entre les voix extrêmes, la double croche vient ajouter halètement et fébrilité (c'est un tout autre effet, de ferveur et d'espoir, que la même formule rythmique obtenait deux ans plus tôt dans la mélodie *Le Don silencieux*...). Comme le précédent, ce nocturne aussi va vers le majeur, s'y donne cours, mais au dernier moment il se ravise et, après quelques vaines arabesques chantantes, se replie, désabusé, dans le mode mineur et le registre grave du début.

***Onzième Nocturne, en fa dièse mineur*** (op. 104 n° 1)
COMP 1913. PUB 1913 (Durand).

Le plus poignant des treize *Nocturnes*, une élégie « en souvenir de Noémi Lalo » (épouse du critique Pierre Lalo), et qui annonce cette autre déploration, l'*Inscription sur le sable* du *Jardin clos* :

> Toute, avec sa robe et ses fleurs,
> Elle, ici, redevint poussière...

Monothématique, comme les précédents, et pareillement syncopé tout au long *(molto moderato)*, tour à tour la plainte, le cri, la révolte, la résignation s'y font jour. On est à mille lieues de l'extatique *In paradisum* du *Requiem* ; et certes la mort n'est pas ici la « poussière d'étoiles » dont parle ingénument *La Chanson d'Ève*, et que ré bémol fait doucement scintiller, mais la porte fermée, le pan muré où se meurtrissent les vivants. Musique vraiment désespérée, que l'harmonie, très torturée, rend à chaque instant plus déchirante, à coups de dures équivoques (c'est un des sommets de l'écriture enharmonique de Fauré), de résolutions simulées (les si belles et si tristes mes. 39-44 : avec tous ces bécarres annulant l'armure, avec ces touches uniquement blanches, s'achemine-t-on vers ut majeur ? plus probablement vers fa lydien ? non, on revient au douloureux ton initial). Partout sonne le glas : dès le début dans la pédale obsédante du ténor ; ensuite, et jusqu'à la fin, dans ce dactyle funeste qui semble cogner au fond du cerveau. Les mots traduiront mal l'effet de la dernière page : entrée soudaine des doubles croches (ces batteries que reprendra *La mer est infinie*, dans *L'Horizon chimérique*) ; et c'est comme si les larmes, longtemps refoulées, coulaient d'un coup sans pouvoir tarir.

### *Douzième Nocturne, en mi mineur* (op. 107)

COMP août-septembre 1915. PUB 1916 (Durand). DÉD à Robert Lortat. CRÉ par Louis Diémer (23 novembre 1916, Concerts Durand).

Tragique et sombre, sans répit. Il débute par quatre mesures anxieuses *(andante moderato)*, opposant l'accord majeur *f* à l'accord mineur *p*, avec un thème syncopé, inégalement réparti sur les croches à 12/8. Suit une mesure d'élan, en quartolets, vers on ne sait quelle lueur inaccessible ; et le thème reprend deux fois encore, une tierce plus haut à chaque fois, avec la même oscillation modale, et les mêmes bouffées d'impatience, avant de retomber et de mourir sur un tremblement d'accords où, de tonique, mi devient dominante de la mineur. Alors commence une deuxième partie (mes. 21), stridente à donner froid dans le dos, de ces secondes que la main droite écrase par-dessus les dessins tournoyants de doubles croches. Page vigoureuse, effervescente, emportée dans une animation croissante, mais dont les vagues s'essoufflent et se brisent sur la grève désolée du ton initial. Reprise de A, sans modification, et reprise variée de B, dont l'accélération cette fois débouche sur une coda farouche, dramatique, dissonante *(allegro ma non troppo*, et plus loin : *più mosso)*. Finale de ballade plus que de nocturne ; les deux mains y brassent ensemble de grandes masses sonores (« sempre *f* », « sempre *ff* »), et ne s'apaisent que sur les derniers accords, où, quelque espoir de victoire que ce sursaut de révolte ait fait luire, le mineur triomphe, une fois de plus, du majeur.

*Treizième Nocturne, en si mineur* (op. 119)
COMP décembre 1921. PUB 1922 (Durand). DÉD à Mme Fernand Maillot. CRÉ par Blanche Selva (28 avril 1923, Société nationale).

Encore ce chiffre treize, et cette fois fatal : après la *Treizième Barcarolle* de février, la dernière, voici le dernier nocturne. Fauré le pressentait-il ? Aucun autre n'est aussi chargé de regret, de désir ensemble et de renoncement, aucun ne tourne un regard aussi perdu vers ce passé qui nous change, comme dit Cocteau, en statues de larmes. Et il faudrait citer Mauriac : « Ce n'est pas la mort qui ne saurait se regarder en face ; que faisons-nous d'autre que de finir notre vie face à face avec elle ? Ce qui ne peut s'affronter, c'est notre vie vécue. » Voilà pourquoi le déchirant *Onzième Nocturne*, qui pleure Noémi Lalo, tout étouffé qu'il est d'angoisse, et privé d'air et d'espoir, paraît moins terrible que celui-ci, qui ne s'ouvre aux aquilons, aux ouragans juvéniles, que pour retomber de plus haut dans son morne ressassement.

Le début *(andante)* se joue au milieu du clavier, les deux mains tissant côte à côte, en syncope, les mailles d'une sorte de choral à quatre voix, dont le fil, du fait même de cette proximité des doigts, s'agglutine sans cesse en secondes, aussitôt dénouées. Tous ces retards et ces notes de passage, dans ce registre exigu, et en dépit des nuances douces, finissent par créer une vive tension, entretenue d'ailleurs par les progressions chromatiques. On sent qu'un battement d'aile est ici prisonnier. Il se délivre soudain, avec force, dans un élan d'octaves (mes. 22) ; ce nouveau thème se développe, par saccades, instable et tourmenté (il faut y noter un petit piétinement sur quatre notes, sur le rythme noire pointée-croche), allant de fa dièse mineur à ut majeur, pour nous ramener inopinément, par une chute d'un demi-ton, particulièrement dépressive, au choral initial, tout gémissant maintenant de chromatismes.

Le nocturne pouvait s'arrêter ici ; il aurait ressemblé à celui de Noémi Lalo, une déploration au bord d'une tombe. Le cœur se serait refermé sur sa propre cendre. Mais non, la flamme jaillit à nouveau, et voici s'engouffrer les triolets volubiles d'un *allegro* (début en sol dièse mineur), porteurs d'une longue phrase lyrique, à quoi va répondre, en canon d'un registre à l'autre, le motif de quatre notes qui piétinait obstinément dans la première partie. On devine ce qu'il veut dire, ce rappel, si pressant qu'on n'entend plus que lui, au sein même de ces pages exubérantes, certes point gaies, mais du moins fiévreuses, passionnées, en un mot vivantes : allons, il n'est plus temps. Déjà revient, puissamment déclamé, le premier thème de l'œuvre ; vaines gammes argentines, inutiles traits de virtuosité ; inutile éclat sonore ; un accord fige brusquement les croches, immobilise le mouvement ; et l'on retourne au tempo initial.

Qu'a-t-il vu, le vieil homme, aux bords lointains de sa jeunesse, en ce mirage où l'a transporté le vol des triolets ? Qu'a-t-il donc vu, qu'il en revienne si désabusé ? Cette fois le choral est un chant d'adieu ; à peine y a-t-il encore deux cris, jetés dans une bouffée d'arpèges ; puis le chant se replie, avec la nuit qui tombe, pousse une ultime gamme, et rentre dans la paix de l'oubli.

## LES IMPROMPTUS

Fauré fait mentir son titre : rien n'est plus concerté que ces prétendus « impromptus ». Ceux de Chopin, qui les inspirent, et qui sont eux aussi scrupuleusement écrits, parvenaient à feindre un air « improvisé ». Ici règnent, comme toujours chez Fauré, la règle et le compas ; mais pour autant, qu'on n'aille pas croire ces morceaux guindés, ou austères ; ils décevraient leur monde, qui est celui des salons ; non, ils remplissent toutes les conventions : brio, charme, fantaisie, frivolité, – avec au surplus cette distinction suprême, inhérente à la moindre page de Fauré, qui devine infailliblement le seuil infime où l'on passe du bon au mauvais goût.

Il y en a cinq (le « sixième » est une transcription de l'*Impromptu pour harpe*, longtemps et faussement attribuée au compositeur). Trois sont des œuvres de jeunesse, dont le deuxième bat des records de popularité ; ils sont variés à souhait, et on aurait imaginé que Fauré s'y arrêtât ; car sa muse salonnière n'a qu'un temps, et meurt de sa belle mort. Pourtant il recommence, vingt ans plus tard, à l'époque du *Premier Quintette* et de *La Chanson d'Ève*, et sans rien ajouter peut-être à la gloire du genre, qu'il continue de trahir, ajoute à la sienne propre : le *Quatrième Impromptu*, trop méconnu, devrait compter parmi ses chefs-d'œuvre pianistiques.

### *Premier Impromptu, en mi bémol majeur* (op. 25)
COMP septembre 1881. PUB 1881 (Hamelle). DÉD à Mme Emmanuel Potocka. CRÉ par Saint-Saëns (9 décembre 1882, Société nationale, avec la *Première Barcarolle*).

L'agitation du premier thème *(allegro ma non troppo)*, qui semble naître de l'écume de ces arpèges qui bouillonnent pendant trois mesures au fond du clavier, ses courtes phrases haletantes, la manière dont il s'épuise au bout de deux pages, évoquerait une improvisation en effet. Mais ni cadences de petites notes, ni points d'orgue, aucun décousu : cette musique est disciplinée. La deuxième partie, en la bémol majeur *(meno mosso)*, s'apparente aux barcarolles, dont Fauré, cette même année 1881, entreprend le cycle : même nonchalance, mêmes mirages aquatiques, et cette écriture à la Liszt, qui partage le chant aux deux mains, en l'enserrant entre les basses et les éclaboussures de l'aigu. Après la reprise du thème initial, la coda se servira du second pour un poétique adieu.

## Deuxième Impromptu, en fa mineur (op. 31)

COMP mai 1883. PUB 1883 (Hamelle). DÉD à Mlle Sacha de Regina. CRÉ par Saint-Saëns (10 janvier 1885, Société nationale, avec le *Troisième Impromptu*).

Un des morceaux les plus joués de Fauré, jusqu'à l'abus. On comprend que ce rythme de tarentelle *(allegro)*, ces tourbillons de croches infatigables aux deux mains, cette vivacité à la fois éclatante et fragile attirent les pianistes, qui y font feu de leurs dix doigts. Ils ont tort : « Fauré, écrit Marguerite Hasselmans, le jouait comme un poème tendre et passionné, sans pluie de perles, sans cataractes d'accords, sans brio foudroyant. » Chopin est ici omniprésent, et plus encore dans l'épisode majeur, où la droite, par-dessus les arpèges de la gauche, se plaît à divers jeux rythmiques, 3/4 en 6/8, deux-contre-trois, accentuations sur les temps faibles. Forme ABAB, la première partie reprise sans changement, la deuxième modifiée, élargie en coda diaphane, dans l'aigu. La trouvaille de cet impromptu, et qui fait qu'on le réentend malgré tout sans déplaisir ? Ces accords impondérables, à 2/4, qui par trois fois viennent freiner la course des croches, et que Vuillermoz compare joliment à « des sauts gracieux de chamois ou de gazelles ».

## Troisième Impromptu, en la bémol majeur (op. 34)

COMP 1883. PUB 1883 (Hamelle). DÉD à Mme Eugène Brun. CRÉ par Saint-Saëns (10 janvier 1885, Société nationale, avec le *Deuxième Impromptu*).

Ne surprend-on pas Fauré, dans cette œuvre, en train de délayer un peu sa matière ? Elle est ravissante, mais elle a deux pages de trop. Ce début si inspiré *(allegro)*, un thème ardent et juvénile, avec sa volubile escorte d'arpèges, ses harmonies déjà « verlainiennes », déjà dignes du *Clair de lune* qui ne naîtra que quatre ans plus tard, cet intermède plus grave *(molto meno mosso)*, que le mineur endeuille d'un coup, que les contretemps remplissent d'inquiétude, et dont la plainte se berce à deux-contre-trois (distinguons aussi, l'une des premières fois, ce dactyle persuasif, qui éclôt si souvent au bout des phrases fauréennes, pour leur donner l'envol ou les reposer au sol, pour les exalter ou comme ici les endolorir), cette ingénue rentrée du premier thème au bout de quelques traits enharmoniques, – tout cela, dans une simple forme ABA, ne pouvait-il suffire ? Fauré cependant retourne à B, en déroule quelques mesures, feint d'hésiter, reprend le début de A, ramène B derechef, ramène A, termine enfin par une coda scintillante, qui fait applaudir le pianiste, mais n'a pas la qualité du reste.

***Quatrième Impromptu, en ré bémol majeur*** (op. 91)
COMP été 1905. PUB 1906 (Heugel). DÉD à Mme de Marliave (Marguerite Long). CRÉ par Édouard Risler (12 janvier 1907, Société nationale).

Le plus riche et subtil des impromptus. Prenons garde que le thème principal *(allegro non troppo)* n'est pas la voix supérieure, court motif syncopé de quatre notes, mais plutôt le ruban de doubles croches de l'alto, doué d'une vie, d'une palpitation propre, et tout rempli d'allégresse, par-dessus les coups de boutoir de la main gauche. La partie centrale, en ut dièse mineur, quitte ce fringant 2/4 pour un 3/4 bien pondéré *(andante molto moderato, quasi adagio)*, où le deux-contre-trois, les modulations feintes, les fausses résolutions, les équivoques enharmoniques, et jusqu'à l'écriture imitative la plus savante, concourent à une atmosphère intensément lyrique. Il s'agit bien d'improvisation maintenant ! Rien n'est plus pesé que ces lignes, et leur grave beauté est de celles qui ont pris le temps de mûrir. Voici cependant, dès la fin de cet épisode, et le contrepointant, les gammes du premier thème, et bientôt la reprise. La fin propose l'échange des synonymes ré bémol/ut dièse, et c'est moins une coquetterie d'écriture qu'un pas de plus vers la lumière.

***Cinquième Impromptu, en fa dièse mineur*** (op. 102)
COMP 1909. PUB 1909 (Heugel). DÉD à Cella Delavrancea. CRÉ par Marguerite Long (30 mars 1909, salle Érard, avec la *Neuvième Barcarolle*).

Toccata étincelante *(allegro vivo)*, basée sur l'échelle hexatonique, tissée de groupes de quatre doubles croches que se lancent d'abord les mains alternées, puis que la droite fait courir au-dessus des motifs rythmiques de la gauche. Ce n'est qu'un exercice de style, d'une frivolité qui peut étonner à ce stade de l'œuvre de Fauré (et le titre d'« impromptu », ici, a valeur d'excuse...), mais d'une écriture si adroite, d'un dessin si précis qu'on en est aussitôt séduit.

(« Moi aussi, aurait dit Fauré à Marguerite Long, je sais ce que c'est que la gamme par tons ! » En tout cas, il n'en a jamais fait système, cet impromptu étant l'exception. Tout l'y menait, pourtant, autant son goût, à la Liszt, pour l'accord de quinte augmentée, que sa prédilection pour le mode lydien et ses effets de triton.)

***Sixième Impromptu***
PUB 1913 (Durand).

Sous ce titre a paru une transcription pour piano de l'*Impromptu pour harpe, op. 86*, écrit en 1904 pour le concours du Conservatoire de Paris (en ré bémol majeur, *allegro molto moderato*). Elle n'est pas de Fauré, ce qui lui ôte de son intérêt ; et le serait-elle, qu'on ne saurait lui accorder plus de faveur. Cette musique partage le lot habituel des morceaux pour harpe, toujours euphoniques, et que des *harpèges*, par définition, sillonnent presque de bout en bout, non seulement pour soutenir les thèmes, mais pour leur propre brio, leur ruissellement de sonorités enchanteresses ; sortis de cet instrument, ils ont l'air mièvres, trop jolis, trop sucrés.

## LES VALSES-CAPRICES

Ces quatre pièces mal connues (deux dans la première période, deux dans la deuxième, couvrant au total dix ans) sont précieuses à plus d'un égard. Par rapport au genre : ce sont les sœurs des valses les plus brillantes de Chopin, Liszt et Saint-Saëns ; elles sont aussi frivoles, aussi inventives, et encore plus stylisées ; et certes, elles raffinent sur le matériau : rythmes de plus en plus souples (soupçonnait-on que le 3/4 recelât tant de ressources ?), harmonies toujours plus neuves et subtiles (Chopin, lui, semble répugner à gaspiller ses richesses dans une valse !), beauté radieuse des thèmes, tout simplement ; mais surtout l'ironie les sauve, à chaque page ; inutile de les prendre de haut : elles ont, sur elles-mêmes, le recul nécessaire... Par rapport à Fauré : qui ne connaît pas ces valses n'a pas mesuré, chez notre compositeur, les capacités d'éclat, de force, de verve, autant de qualités qui le rapprochent un moment de Chabrier, et même du Poulenc des *Soirées de Nazelles* (n'en déplaise à ce dernier !).

### *Première Valse-Caprice, en la majeur* (op. 30)
COMP 1882. PUB 1883 (Hamelle). DÉD à Mlle Alex. Milochevitch.

Ce sont les années, chez Fauré, du piano par excellence, qui voient naître coup sur coup les premiers nocturnes, impromptus, barcarolles ; et cette valse-caprice inaugure elle aussi une série. Inspirations diverses. De tous ces genres, la valse est par définition le moins sérieux, et le plus virtuose ; mais comme Fauré élève la virtuosité au niveau d'un jeu exquis, on serait mal venu de bouder ces prestiges. Valse à tiroirs, telles celles que Chopin appelait lui-même « brillantes » : les thèmes vont et viennent, comme au hasard de l'improvisation (mais le « caprice » est illusoire et dissimule une réelle rigueur). On retrouve dans l'écriture du début *(allegro moderato)* cette façon d'envelopper le thème, énoncé aux mains alternées, d'un essaim d'arpèges tournoyants : la *Première Barcarolle* emploie déjà ce procédé cher à Liszt (et du reste, plus qu'à Chopin, c'est à Liszt que s'apparentent ces pages, techniquement et harmoniquement, un Liszt un peu embourgeoisé, revu à travers Saint-Saëns). Une deuxième idée, rythmée celle-ci *(meno mosso)*, fait songer aux *Valses romantiques* pour deux pianos que Chabrier rédige la même année justement ; Fauré, comme lui, mêle beaucoup de verve à beaucoup de délicatesse, et sitôt son motif claironné, l'entoure de fines arabesques, sans cesse renouvelées. L'épisode « dolce ed espressivo » (huitième page), colloque des deux voix supérieures, luit étrangement de ses frottements et de ses chromatismes. Après la reprise de B, arrêté à sa culmination sur un accord de septième de dominante, l'œuvre finit par une coda d'abord songeuse *(molto moderato)*, qui s'accélère peu à peu, avec l'effet de birythmie du thème à deux temps sur les trois temps de la basse.

### *Deuxième Valse-Caprice, en ré bémol majeur* (op. 38)
COMP juillet 1884. PUB 1885 (Hamelle). DÉD à Mme André Messager. CRÉ par Léontine Bordes-Pène (16 février 1889, Société nationale).

Elle suit, à peu de chose près, le plan tracé dans la précédente. Une première partie oppose le balancement régulier d'un thème doux et berceur *(allegretto moderato)* et le rythme bien marqué d'un motif qui lui répond en piaffant sur ses accords vigoureux *(un poco più mosso)*. Scintillement argenté de tout un passage de croches modulantes, dans l'aigu : que ces pages sont délicieusement futiles ! Il n'est pas donné au premier venu de savoir si bien perdre son temps... Nouvel énoncé des deux idées, que suspend tout à coup un point d'orgue. La deuxième partie *(molto più lento)*, oscillant d'ut dièse mineur à ré bémol majeur, mélancolise et badine tour à tour. C'est ensuite une longue flânerie, avant la reprise du début, dans un tempo plus modéré, et une écriture à la Liszt, substituant aux accords des cascades d'arpèges. Le dernier mot est au motif rythmique *(allegro)*, qui termine la pièce avec éclat et bravoure.

### *Troisième Valse-Caprice, en sol bémol majeur* (op. 59)
COMP 1893. PUB 1893 (Hamelle). DÉD à Mme Philippe Dieterlen.

Le premier thème *(allegro moderato)* s'élance avec force du médium à l'aigu, sur le tremplin de son gruppetto ; arpèges dorés et gammes perlées lui font cortège, et quatre pages se passent ainsi à le promener sur tous les tons. Un deuxième thème, en ré bémol majeur, doux et murmurant, a tous les dehors de l'improvisation, avec ses phrases séparées de tintements dans l'aigu et de points d'orgue. Puis à la valse succède réellement le caprice, dans un épisode charmant et désinvolte (mes. 189), qui mime en ce 3/4 une mesure à deux temps, et que termine le feu d'artifice des gammes, crépitant *f* dans le ciel de l'instrument, et s'éteignant sans bruit, *pp*. Un intermède *(più lento)*, dévolu au trois-contre-deux, transforme B en rêverie dansée, avant le retour de A dans le registre grave, accompagné d'ironiques staccatos. Notes piquées encore dans l'étincelante coda *(più vivo, quasi presto)*, qui jette joyeusement sa poudre et ses paillettes aux... oreilles !

## *Quatrième Valse-Caprice, en la bémol majeur* (op. 62)
COMP 1893-1894. PUB 1894 (Hamelle). DÉD à Mme Max Lyon. CRÉ par Léon Delafosse (2 mai 1896, Société nationale).

Librement bâtie sur quatre thèmes qui alternent, s'imbriquent, se répondent, avec d'autant plus de souplesse qu'ils possèdent des motifs en commun. Le premier *(molto moderato quasi lento)*, capricieusement rythmé, avec de traînantes syncopes, se déploie paresseusement sur sa propre image, en canon au ténor ; distinguons-y, dans la première mesure, la cellule de base du morceau : trois notes, les deux dernières répétées (mi-ré-ré). Un deuxième thème (mes. 34), plus valsé, ondoie d'une main à l'autre ; toutes les voix y chantent et y contribuent. Un troisième (mes. 66) assène impérieusement ses octaves et les répercute du haut en bas du clavier. Un quatrième enfin (mes. 82, *più mosso*) scintille en arpèges au-dessus d'un accompagnement de croches, et se termine par la cellule de trois notes, glissée dans un rythme de duolets. Jeux de toute nature, jeux d'adresse et d'humour, lubies soudaines, souveraine fantaisie, – et les délices d'une virtuosité intelligente. La coda se veut tapageuse, mais avant les accords fortissimo des dernières mesures, s'attardent une dernière fois, entre deux points d'orgue, les trois notes rêveuses du thème initial.

## LES AUTRES ŒUVRES

### *Romances sans paroles* (op. 17)
COMP 1863 ? PUB 1880 (Hamelle). DÉD à Mme Félix Lévy, Laure de Leyritz, Mme Florent Saglio. CRÉ des n°s 1 et 2 par Pauline Roger (25 février 1881, Société nationale).

On a copieusement médit de ces trois pièces, œuvre d'un musicien de dix-huit ans, encore élève à l'école Niedermeyer. Leur titre les entraîne dans la réprobation qui poursuit injustement les *Romances* de Mendelssohn. Les mêmes qui moquent leur côté « salonnard » font bonne figure au *Premier Recueil* de mélodies, tellement plus mièvre et plus pauvre. L'affreux *Après un rêve* continue à désarmer les esprits les plus forts, qui viennent ensuite crier haro sur ce piano juvénile. Pourtant, contrairement à Debussy, Fauré est bien plus mûr dans son piano, et plus personnel, que dans sa musique vocale. Il y est plus ferme. Ces trois pièces, courtes, simples, naïves, qui avec Mendelssohn révèrent Schumann, ne sont pas à rejeter ; la forme en est parfaite, et les promesses nombreuses.

Accordons à ses détracteurs que la troisième (en la bémol majeur, *andante moderato*) prodigue un peu trop de ces « sorbets et confitures » que les amoureux verlainiens emportent avec eux à Cythère : quel thème suave, sur les coups d'aviron si réguliers de l'accompagnement, quelles harmonies enjôleuses... Mais guettons, à la reprise (mes. 40), ce canon inattendu des voix supérieures : sa souplesse atteste une belle maîtrise.

La deuxième romance (en la mineur, *allegro molto*), tout entière sur un seul rythme, un même accompagnement d'arpèges ascendants, est un tourbillon que rien n'arrête. Romantique, assurément (et pourquoi pas ? vous avez vu la date ? c'est celle des *Troyens à Carthage* de Berlioz...) ; mais il n'y a rien de pâlot dans ces pages, aucune pâmoison de salon ; c'est une antiphrase que leur titre de « romance », et quantité de détails harmoniques les préservent de la banalité.

La meilleure est pourtant la première (en la bémol majeur, *andante quasi allegretto*) : les deux autres pourraient être signées de tel ou tel ; celle-ci est fauréenne dès le seuil. Sur un accompagnement qui ne se départ pas de son rythme syncopé, les phrases ont ce galbe reconnaissable entre tous. Ici encore, une voix intérieure (le ténor) vient talonner le chant, l'imitant, à distance de croche, comme un écho poétique.

## *Ballade, en fa dièse majeur* (op. 19)

COMP 1877-1879 (version définitive avec orchestre en 1881). PUB 1880 (Hamelle). DÉD à Saint-Saëns. (Fauré a donné la première audition de la version avec orchestre, le 23 avril 1881, à la Société nationale, orchestre dirigé par Édouard Colonne.)

Si les *Barcarolles*, tout au long de la vie de Fauré, chantent les mirages de l'eau, la *Ballade*, à l'orée de son œuvre, est le vibrant poème de la forêt. Il avouait avoir voulu refaire, à sa manière, les fameux « Murmures » de *Siegfried*. À sa manière : rien, dans ces pages, qui puisse un seul instant évoquer l'art wagnérien ; et non point celle des romances déliquescentes du *Premier Recueil* de mélodies, dont il est enfin sorti, mais le style ferme, original, qui vient de s'affirmer dans la *Première Sonate pour violon et piano*, dans le *Premier Quatuor avec piano*, un style déjà inimitable, tant dans ses contours mélodiques que dans ses harmonies.

Pourquoi « ballade » ? À ce mot, depuis les romantiques, ne s'attachent que des visions épiques ou funèbres, des sursauts héroïques, des fièvres, des colères, des effrois, des cauchemars. Les poèmes que Chopin, que Liszt, que Brahms lui-même écrit sous ce titre, sont emplis de fantasmagories. La nuit y règne, presque sans partage. Sol mineur, la mineur, fa mineur, chez Chopin, tendent leur velours noir. Au lieu que Fauré, en élisant la tonalité de fa dièse, celle justement de la radieuse *Barcarolle* de Chopin, s'avance d'emblée dans la lumière, et dans l'espace rassurant du jour. Ce qu'elle a de légendaire, sa *Ballade* l'emprunte au royaume des sylvains et des dryades, qui dansent dans la poussière dorée du soleil, dans la brise du printemps, dans le tamis frissonnant du feuillage.

L'œuvre, longue environ de quinze minutes, et d'un seul tenant, s'organise librement à partir de trois thèmes. Les deux premiers définissent une première partie. Avec A, une phrase rêveuse, berceuse, balancée sur un calme accompagnement d'accords *(andante cantabile)*, on pénètre sous les frondaisons de la forêt ; un moment d'une indicible poésie : le second énoncé du thème (mes. 21), avec sa réponse en canon (que la version orchestrée confie à la flûte) ; c'est un des dons les plus miraculeux de Fauré, on le sait, que de conférer tant de grâce et de naturel à un procédé de grammaire... Avec B (en mi bémol mineur, *allegro moderato*), on s'avance plus loin dans le domaine enchanté ; et ce motif souple et mouvant, d'ailleurs moins *beau* que *joli* (ce sera le seul reproche à cette pièce autrement sans défauts), surgira à maint tournant de l'œuvre, comme un sentier familier. Le voilà qui cède un moment la place à A, dialogue avec lui, ensuite s'écarte, se tient en retrait, en attente. Car au bout de quelques pages, une deuxième partie commence, d'abord *andante*, sur le mode improvisé, comme s'il ne s'agissait que d'un interlude, puis dans l'entrain joyeux d'un *allegro* (en si majeur) ; c'est un même thème C, simple broderie sur un intervalle de seconde, qui passe ainsi d'un climat à l'autre, et de 6/8 à 4/4, et de l'hésitation à la folle exubérance des arpèges en triolets, sans compter que B, quelques mesures plus loin, est à nouveau de la fête. Enfin, une troisième et dernière partie retourne à fa dièse ; le mouvement baisse de plusieurs crans de métronome *(allegro moderato)* ; la sonorité s'adoucit ; et le battement de C, en se métamorphosant en trilles, en frissons de tierces, en gruppettos, révèle son secret : la fin de la *Ballade* est une immense volière, avec des gazouillis et des roulades à chaque branche d'arbre, et dans chaque buisson « le chœur des petites voix ». Conviés eux aussi, les élans de B portent jusqu'au bout cette musique rayonnante, jusqu'aux derniers frémissements d'arpèges, impondérables, dissous dans le silence.

(La version avec orchestre, de loin la plus jouée, a beau être séduisante, on a tort de négliger la version d'origine, celle que le vieux Liszt avait trouvée « trop difficile », – dans quel sens ? – mais qui va si bien aux doigts des pianistes...)

## *Mazurka* (op. 32)
PUB 1883 (Hamelle). DÉD à Adèle Bohomoletz. CRÉ par Léontine Bordes-Pène (23 janvier 1886, Société nationale).

Parue avec les deuxième et troisième *Impromptus*, les trois premiers *Nocturnes*, la première *Valse-Caprice*, elle doit pourtant remonter aux années soixante-dix, peut-être même à l'époque des *Romances sans paroles*, encore qu'elle montre plus d'ébriété harmonique, plus de liberté que ces dernières, qui ne boivent que de l'eau sucrée et se tiennent encore un peu guindées. Moins mazurka que valse, elle est comme une ébauche des *Valses-Caprices*. Elle adopte la forme rondo, avec un refrain qui bondit d'abord en rythme pointé, pour courir ensuite en triolets (en si bémol majeur, *moderato*), – un premier couplet original (en sol mineur), qui superpose 2/4 et 3/4, avec un si♭ obstiné à la basse, – un second couplet plus lâche (en mi bémol majeur), de caractère improvisé, qui d'abord module à pas comptés, soudain s'emporte, et dont on aurait pu se passer...

### Thème et Variations (op. 73)

COMP 1895. PUB 1897 (Hamelle). DÉD à Thérèse Roger. CRÉ par Léon Delafosse (10 décembre 1896, Londres, St. James Hall).

Ce chef-d'œuvre couronne la « deuxième manière » de Fauré, et présage les beautés plus austères de la période suivante. On ne fut pas long à en reconnaître l'importance : il est imposé dès 1910 au concours du Conservatoire. Depuis, il a fait le tour du monde ; c'est l'œuvre pianistique la plus jouée de Fauré, et l'un des sommets du répertoire. Lui qui ne laissa pas de sonates pour son instrument, il y aborde la « grande forme », et loin d'y délayer son art, le resserre encore davantage, le raffermit, le décante, heureux des bornes qu'il s'est volontairement assignées. Il en montre toutes les facettes, mais ce n'est pas une démonstration technique, qui ne pourrait dégénérer qu'en ennui ; ce n'est pas non plus un déballage de virtuosité, qui ne plairait qu'aux adeptes de ce sport. C'est « de la musique avant toute chose », et jusque dans le moindre détail.

On n'a pas manqué de rapprocher ce thème de celui des *Études symphoniques* de Schumann. Même tonalité (ut dièse mineur), même coupe (avec, à chaque section, un repos à la tonique), même écriture verticale, semblable pas de marche solennelle. Mais le thème de Fauré, par ailleurs le plus simple des deux (une gamme mineure ascendante, qui redescend en lignes brisées ; une réponse également en degrés conjoints), a quelque chose de plus sombre, de plus fatal, et presque de funèbre, avec son incessant rythme pointé et ses accents à contretemps.

La 1re variation *(lo stesso tempo)* confie le thème, encore inchangé, à la main gauche, qui marque également les accords à contretemps, sous les guirlandes de la droite, gracieux contrepoint de doubles croches ; d'un coup, la gravité du thème se mue en charme. La 2e *(più mosso)*, impatiente et fantasque, hache le thème en fragments, et distribue sur trois parties les doubles croches piquées ; la réponse, elle, est traitée en syncopes éloquentes.

On passe à 3/4 pour la 3e *(un poco più mosso)*, où la mélodie, entre binaire et ternaire, prend une allure dansante, et même sautillante, les contrariantes croches par deux freinant l'élan des triolets. La 4e, toujours à trois temps *(lo stesso tempo)*, est brillante, et même athlétique (une fois n'est pas coutume !) : elle fait descendre de l'aigu un arpège éclatant, contre une poussée d'accords brisés à la main gauche, qui scande avec vigueur le thème ascendant, fortissimo (Liszt eût ajouté : « con bravura »...) ; puis les mains échangent leurs rôles et leurs motifs ; huit mesures plus douces, au milieu, et haletantes, comme un bref répit. La 5e *(un poco più mosso)*, où le thème n'est plus qu'une gamme très fluide, est dévolue à des successions de tierces et sixtes parallèles ; toutes les parties chantent : il y faut des doigts bien déliés.

Retour au 4/4 initial pour la 6e variation *(molto adagio)*, infiniment calme et méditative. Les deux mains en octaves, aux deux bouts du clavier, se dirigent l'une vers l'autre ; accords à contretemps dans la partie médiane ; on devine le thème à gauche, en rythme pointé ; dans la dernière ligne, la mélodie de la main droite se brise en délicats triolets. La 7e *(allegro moderato)* propose des imitations canoniques entre soprano et ténor ; inquiétude de ces syncopes, de ce crescendo, que résout un grand arpège de harpe ; ferveur de la deuxième phrase, au legato expressif. Encore des doubles notes dans la sereine 8e variation *(andante molto moderato)* : tierces parallèles au ténor et à l'alto, basse en blanches syncopées, qui semblent un nostalgique appel de cor, et mélodie doucement émue, avec son lent rythme pointé.

La merveilleuse 9e variation *(quasi adagio)* réutilise l'écriture caractéristique, et si fauréenne, de *C'est l'extase* (dans les *Mélodies de Venise*) ou de *J'ai presque peur* (dans *La Bonne Chanson*) : mélodie nocturne, lentement épandue sur des accords à contretemps (en doubles croches séparées de quarts de soupir). Beauté harmonique des trompeuses premières mesures qui, à coups de bémols feutrés, feignent de moduler, et retombent si naturellement sur le ton, grâce à l'enharmonie la♭-sol♯. Cortot, qui n'est pas toujours si bien inspiré, trouve ici une heureuse formule : « Le cœur, écrit-il, est prêt à se fondre sur le sol dièse, qui tremble au sommet de la courbe mélodique, comme une étoile dans le soir. »

La 10e variation (*allegro vivo* à 3/8) se souvient de la neuvième des *Études symphoniques* ; scherzo étincelant, où les tourbillonnantes croches du thème, à chaque main tour à tour, sont contrariées par les contretemps de l'accompagnement ; la fin, d'un éclat magnifique, tire un feu d'artifice : si l'on s'arrêtait maintenant, que d'applaudissements !

Mais non, il faut passer par une porte plus étroite, et sortir de l'œuvre à la dérobée : c'est l'épilogue de la 11e variation *(andante molto moderato espressivo*, à 3/4), qui élit enfin, au bout du cahier, le radieux mode majeur. Écriture polyphonique, d'une confondante simplicité dans sa richesse. Le thème est à la basse, mais qui désormais s'en soucie ? Un monde nouveau s'ouvre, dont il aura simplement été la clé. Évoquons Verlaine, une fois de plus :

> Un vaste et tendre
> Apaisement
> Semble descendre
> Du firmament...

Ou bien, parvenus aux chaleureuses mesures finales, songeons à ce vers de la future *Chanson d'Ève* : « Comme Dieu rayonne aujourd'hui... »

### Pièces brèves (op. 84)

COMP 1869 (n<sup>os</sup> 3 et 6), 1899 (n° 1), 1901 (n° 5), 1902 (n<sup>os</sup> 2, 4, 7 et 8). PUB 1902 (Hamelle). DÉD à Mme Jean Léonard-Koechlin. CRÉ en partie par Ricardo Viñes (18 avril 1903, Société nationale : les n<sup>os</sup> 2, 4, 7 et 8).

Deux fugues de jeunesse, deux morceaux destinés à l'épreuve de déchiffrage du Conservatoire de Paris (*Capriccio* et *Improvisation*), les quatre autres répartis sur quelques mois, sans doute en vue de la publication. On ne joue, de cet opus, que la dernière pièce, qui se trouve être, de l'autorité de l'éditeur, le *Huitième Nocturne* (Fauré voulait s'en tenir au sobre « Pièces brèves » ; c'est Hamelle qui, lors de la deuxième édition en 1903, imposa tous ces titres). Le recueil est certes hétéroclite, et ces morceaux n'ont en commun que leur brièveté ; il n'en possède pas moins le charme d'un intime et secret jardin, où les fervents de Fauré se plaisent à aller flâner.

Souriante candeur de la première pièce, *Capriccio* (en mi bémol majeur, *andante quasi allegretto*), dont le thème à 9/8 s'ouvre comme un bourgeon, et s'épanouit dans les fines ramures d'une écriture à quatre parties. Une seconde idée (mes. 11), baignée de ruisselants arpèges, n'est qu'un prétexte à ramener, à conforter la première ; et dès lors elles s'entremêlent, en chantant avec fraîcheur.

La deuxième, *Fantaisie* (en la bémol majeur, *allegretto moderato*), est plus rétive, plus fuyante, – et ne se donne à l'amateur qu'au bout de plusieurs déchiffrages. Courts motifs en rythme pointé, contretemps de l'accompagnement, souples lianes des arpèges, irisations de l'harmonie, en font un moment de grâce poétique.

La *Fugue* en la mineur *(andante moderato)* est aussi peu fauréenne que possible, – et si c'est la tonalité, ce n'est guère ici le ton, on s'en doute, des *Neuvième* et *Dixième Barcarolles* ! Agréons-la pourtant pour sa transparence, pour sa simplicité, pour sa mélancolie souriante, tout en regrettant ce *maggiore* final, qui en dénature d'un coup le fragile parfum.

La quatrième pièce, *Adagietto* (en mi mineur, *andante molto moderato*), représente en ce cahier l'inspiration la plus grave de Fauré, celle par exemple qu'il a trouvée quatre ans plus tôt pour évoquer, dans *Pelléas et Mélisande*, la mort de son héroïne. Thème à l'alto, dolent et accablé, pris dans la serre de quelques accords parcimonieux, sur le premier temps de la mesure à 3/4. Plus loin s'ébranle doucement le cortège des croches, et la tension croît, jusqu'au désespéré cri d'octaves de la mes. 30. La dernière page est d'une beauté indicible, avec ces poignantes progressions harmoniques, cette profonde pédale de dominante, et le pouls syncopé du ténor dans les huit mesures conclusives, pleureuses, mais réconciliées.

*Improvisation*, cinquième pièce (en ut dièse mineur, *andante mode-*

*rato*), mérite amplement son titre, non seulement par ses figures (l'arpège initial, qui s'étire paresseusement, le triolet alangui qui ferme la phrase, les syncopes de la basse), mais aussi par ses modulations capricieuses.

La *Fugue* en mi mineur *(andante moderato)* est tout l'opposé de sa placide jumelle : ses notes répétées et son rythme obstiné lui confèrent, tout au long de ses trois pages, une étrange inquiétude.

*Allégresse*, qui vient ensuite (en ut majeur, *allegro giocoso*), rappelle assez le climat, dans *La Bonne Chanson*, de *Puisque l'aube grandit*, ou de *Donc, ce sera par un clair jour d'été*, autres musiques d'enthousiasme et de juvénile ferveur. Et d'ailleurs, ces triolets joyeux, en ascension arpégée, sur lesquels se détache moins un thème qu'une émanation mélodique de l'harmonie, ce pourrait être la partie de piano d'une mélodie, une de celles, de plus en plus fréquentes chez Fauré, où il semble que la voix soit elle-même l'accompagnatrice, et qu'on puisse à la rigueur s'en passer...

La dernière pièce est le *Huitième Nocturne* ; on se reportera à la série des *Nocturnes*, où elle est commentée.

## *Préludes* (op. 103)

COMP 1909-1910. PUB 1910 (n$^{os}$ 1-3), 1911 (n$^{os}$ 4-9), 1923 (recueil) (Heugel). DÉD à Élisabeth de Lallemand. CRÉ des n$^{os}$ 1-3 par Marguerite Long (17 mai 1910, Société musicale indépendante).

Il faut répéter, inlassablement, que voici l'un des plus hauts chefs-d'œuvre de Fauré, et le plus scandaleusement méconnu. Pianistes pitoyables que ceux qui croient se glorifier de leur centième exécution de l'*Appassionata*, quand ils n'ont pas même lu, simplement de leurs yeux lu, ces trente-six pages.

Neuf préludes, aussi variés que possible. Exacts contemporains de ceux du *Premier Livre* de Debussy, mais leur antithèse. Ceux-ci, quoiqu'ils s'en défendent, doivent une partie de leurs pouvoirs à la littérature, à la peinture, à la mode, à l'exotisme : sérénades andalouses, tarentelles napolitaines, cake-walks anglais ; souvenirs de Shakespeare, de Baudelaire, de Dickens, de Leconte de Lisle ; marines, paysages de neige ou de brume, inspirés par Turner ou Monet... Rien de tel chez Fauré ; plus encore que pour les *Barcarolles* ou les *Nocturnes*, où tout au moins les mille images de l'eau et de la nuit guident le commentateur, on se sent démuni devant ces pages uniquement préoccupées de musique, et qui y mettent tant de savoir et de certitude, – mais aussi tant d'imagination, de fantaisie, de liberté.

La première page du premier prélude (en ré bémol majeur, *andante molto moderato*) est de ces moments magiques, si fréquents chez Fauré, qui se passent à feindre de moduler, de s'évader du ton, pour y revenir plus sûrement encore, par des couloirs secrets. Tremblement d'un thème de blanches et de noires, d'une invincible paix, au-dessus d'un accompagnement mouvant, syncopé, que les deux mains trament de concert. Même climat nocturne dans la partie centrale, qui se balance indolemment, comme une très tendre berceuse, avant le retour de A, presque à l'identique.

On ne jurerait pas que le deuxième prélude (en ut dièse mineur, *allegro*) soit de Fauré. Quel intrigant morceau ! Un mouvement perpétuel de triolets de doubles croches à 5/4, partagé aux deux mains, au ras des touches, « leggierissimo », l'apparente plutôt à une étude. Foin des grâces, des arpèges aquatiques, des navrantes syncopes ! Ce sont des grésillements, des frissons électriques, des tournoiements à donner le vertige. Harmonies étranges, se complaisant ici ou là dans les « tons entiers » (à quoi le *Cinquième Impromptu* vient de rendre un hommage ironique). Les quatorze dernières mesures, converties au mode majeur, s'immobilisent d'un coup en beaux accords (mode andalou), sur une longue pédale de tonique : l'effet est saisissant.

Le troisième (en sol mineur, *andante*) a recouvré l'atmosphère élégiaque et nocturne du premier ; mais à la sérénité répond ici l'inquiétude. Tout le début, comme improvisé, semble chercher le ton ; hésitation des duolets dans ce 9/8 ; silences et points d'orgue en ces quatorze mesures, un seul *f*, le reste à peine chuchotant. À la quinzième entre un thème éperdu, qui module aussitôt, revient à deux reprises encore, chaque fois d'un peu plus haut. On le devine ensuite à la main gauche (mes. 24), contrepointé par le motif inquiet du début. Le morceau n'est fait que d'attente, d'élans, de retombées ; cette ardeur contenue séduit d'emblée ; c'est sans doute, de la série, le plus facile d'accès.

Le quatrième (en fa majeur, *allegretto moderato*) est une courte barcarolle, d'une fraîcheur délicieuse (plutôt clapotement de rivière que de lac ou de mer), toute parfumée de la senteur de l'herbe mouillée ; ce 6/8 où parfois les croches vont ingénument par deux, ce thème qui grimpe à l'aigu en trois bonds légers, ce murmure des gammes et des arpèges intérieurs, ces harmonies qu'on voudrait dire pastorales, tout cela compose un morceau insouciant, où le *f* est l'exception. (Une curiosité : les mes. 9-10 seront reprises, à peine modifiées, dans le *Menuet* de la suite d'orchestre *Masques et Bergamasques*.)

Tout l'opposé du précédent, le cinquième prélude (en ré mineur, *allegro*) est tumultueux, véhément, passionné, et le plus romantique de la série, avec ses trois-contre-deux, ses syncopes, ses unissons déclamatoires, ses pointes de violence. Mais soudain, voici la dernière page, inoubliable : les triolets disparaissent, la fougue enflammée s'éteint, il n'y a plus que ce contrepoint fragile de quatre voix très nues, leur parfum d'archaïsme, leur sobre émotion.

Le sixième (en mi bémol mineur, *andante*) ne renonce pas une seconde à son propos, celui d'un canon à la double octave, entre soprano et basse, à un temps de distance, avec une libre voix intérieure pour compléter l'harmonie. Dans ces bornes étroites, Fauré nous livre trois pages des plus expressives, d'une gravité comme endeuillée, pleines de doux reproches, de tendres regrets.

Ces batteries de doubles croches, qui palpitent sous les phrases gonflées de sève du lyrique septième prélude (en la majeur, *andante moderato*), on les trouve dans l'accompagnement de plus d'une mélodie, dans le *N'est-ce pas ?* de *La Bonne Chanson*, dans *L'aube blanche...* de *La Chanson d'Ève*, autant de musiques de ferveur, de naissance à la lumière et à l'espoir :

> L'aube blanche dit à mon âme :
> Éveille-toi, le soleil luit...

Parti dans l'incertitude, en tâtonnant, le morceau s'exalte peu à peu, en de magnifiques progressions, plane dans les rayons, retombe doucement à terre. Les dernières mesures font joliment pressentir fa dièse mineur, avant d'aller en la.

Une étude à nouveau, le huitième (en ut mineur, *allegro*), qui se consacre aux notes répétées. Le dessin thématique, très original, mêle notes simples et octaves, en staccato léger. Pages vivantes et dansantes, d'une inépuisable jeunesse.

En contraste, le neuvième prélude (en mi mineur, *adagio*) forme un sombre épilogue, dans l'atmosphère des tout récents *Neuvième* et *Dixième Nocturnes*, en moins tourmenté toutefois, et plus méditatif. Tout chante ici, autant la main gauche, véritable violoncelle, toute en croches, avec quelques traînantes syncopes, – que la voix supérieure, au dolent rythme pointé, aux cadences résignées. Harmonies singulières, audacieuses, qu'il faut se garder de brouiller dans la pédale. L'accord majeur, à la fin, chargé d'espoir, luit (c'est un vers de Verlaine) « comme un brin de paille dans l'étable ».

## Pierre-Octave FERROUD
(1900-1936) Français

Le destin aura été doublement cruel envers Ferroud : l'accident qui l'emporta à trente-six ans lui a coûté à la fois la vie et la survie. Les absents ont toujours tort. Son mince et pourtant précieux catalogue, quand il ne fut plus là pour le défendre, qui s'en soucia ? Les nécrologues ont pleuré des vertus fécondes, sourcilleuses, un savoir affûté, un langage original ; mais les œuvres, déjà, passaient la promesse des fleurs, il ne fallait plus cesser de les proposer à la consommation. Si Ravel, si Debussy avaient été fauchés au même âge, on se demande combien les joueraient aujourd'hui. Ferroud n'a certes pas écrit *Gaspard*, mais il s'en approche. À certaines de ses pages, il n'a manqué que les affiches de concert, les programmes de concours, les journaux, la radio, le disque, – en un mot la répétition, voire le ressassement. Une longue patience, le génie ? Mais il faut ensuite compter avec la patience des foules, qui seules peuvent le convertir en durée. Sinon, comment comprendre, après qu'on les a lus, que n'aient pas duré la *Sonate pour violoncelle*, les *Poèmes de Valéry*, la *Sonatine* ou les *Types* pour piano ?

Il suffit de ce piano, exemplaire, pour résumer le parcours du compositeur : une vingtaine de pièces, en une quinzaine d'années (du *Spleen* de 1918 aux *Fables* de 1931), et des jalons bien visibles. Ferroud n'est pas d'un coup lui-même ; il commence par ravéliser (la *Sarabande* de ses vingt ans, et l'essentiel du *Parc Monceau*). Puis il incline du côté de Florent Schmitt, dont il est l'ami plus encore que le disciple, ce Schmitt qui s'écriait : « Il faut que le pianiste en ait plein les mains ! », et qui lui donne le goût d'une polyphonie opulente, d'une belle et nombreuse pâte sonore (voyez la *Forlane*, justement dédiée à Schmitt, et la troisième *Étude*, intitulée *Ombreuse*). Mais ce gourmet de Ferroud, cet amateur d'accords savoureux, cet adepte de la modulation imprévue, ne dissimule pas longtemps son jeu. L'harmonie, pour lui, n'est en réalité que la servante du contrepoint. Et voici que ce dernier, d'abord limité à des tours de force (le canon perpétuel d'*Interviouve* ; ou, pour citer une mélodie de la même année 1922, la délectable *Sollicitude*, sur un texte de Franc-Nohain, qui traite en canon polytonal la farandole de *L'Arlésienne*...), envahit peu à peu la place. *Ombreuse* parvenait encore à garder l'équilibre entre les deux, et même *Types*, quoique au prix de la difficulté technique, quelquefois harassante. Mais après les *Poèmes de Toulet* et la *Sérénade* à quatre mains, la *Sonatine* de 1928 confirme une nouvelle manière. Désormais, une page de Ferroud peut se reconnaître à vue : des dessins de croches qui sinuent aux deux mains, qui se croisent, la gauche survolant parfois la droite pour aller piquer une note dans l'aigu, puis retombant dans son domaine. La matière, en se rétrécissant, devient plus dense ; un sens de plus en plus impérieux de l'économie pourchasse et bannit les redoublements ; la polytonalité n'est plus un hasard, mais une nécessité ; on croit frôler ce monstre, l'atonalisme, mais c'est l'impression d'une oreille paresseuse : ces lignes se veulent indépendantes, bien à l'aise dans leurs tons respectifs, et comme indifférentes aux agrégats qui résultent du vertical. À son tour, d'ailleurs, ce contrepoint rend des points à l'harmonie : un emploi intelligent de la pédale, des tenues subtiles permettent de créer, dans maint passage à deux voix, un véritable nimbe harmonique, – sans oublier, particularité remarquable de l'écriture de Ferroud, ces notes de basse qui si fréquemment forment pédale, et à quoi revient obstinément le cinquième doigt de la gauche, comme pour assurer aux chants et contrechants un lieu commun et familier.

Cette évolution de la forme a sa contrepartie dans le fond. Le premier Ferroud, parmi ses ingrédients favoris, compte l'humour, et même la blague. Il donne, nous l'avons vu, le titre (et l'orthographe !) d'*Interviouve* à un canon ; il cite Molière à propos d'un « vieux beau » et Toulet à propos d'une « bourgeoise de qualité » *(Types)* ; il met en musique d'affreux (mais hilarants) calembours de Franc-Nohain, Jean Cocteau, René Kerdyk *(À contrecœur)* ; en 1928, pourtant bien assagi, il portera à la scène, d'après Tchekhov, une épique extraction de dents *(Chirurgie)* ; et l'année suivante traitera en blues l'aria de la *Suite en ré* de Bach. On peut certes songer à Satie ; comme aussi se souvenir que Florent Schmitt n'est pas seulement l'auteur d'une *Tragédie de Salomé* et d'un *Psaume XLVII*, mais aussi d'un *Clavecin obtempérant*, d'une *Suite sans esprit de suite*, et que son poème symphonique sur les ronds-de-cuir *(Fonctionnaire MCMXII)* vaut bien la « farce odontalgique » de Ferroud. Par ailleurs, ce premier Ferroud s'appuie volontiers sur un titre, sur un programme ; il décrit les moineaux, les promeneuses, les bambins d'un jardin public *(Au parc Monceau)*, le grouillement d'une métropole *(Foules*, pour orchestre). – Mais lentement ces tendances vont s'inverser, cet humour et ce sarcasme s'estomper, cette observation amusée et narquoise disparaître. À Franc-Nohain, à Toulet, succèdent Valéry, Goethe, Supervielle ; aux titres suggestifs les énoncés abstraits : le recueil des *Fables*, qu'on eût attendu aussi imagé que, par exemple, les *Histoires* d'Ibert, n'a que des indications de mouvement. Les dernières œuvres qu'il lui fut donné d'écrire, c'est à la musique de chambre que Ferroud les consacra, domaine de prédilection de ce qu'il est convenu d'appeler la « musique pure ».

Cet art exigeant, de plus en plus dépouillé, aurait-il jamais rallié le plus grand nombre ? On a pu, Ferroud, le trouver froid, et trop intelligent. Pourtant c'est ici, dans cet air raréfié, que respire son vrai lyrisme. Il y en avait dans *Sur le banc* (du *Parc Monceau*), mais un peu conventionnel et appliqué. Il y en avait dans le *Vieux Beau* (de *Types*), mais un peu forcé, caricatural, à la façon de Ravel dans *Le Paon* (des *Histoires naturelles*). En voici dans le deuxième mouvement de la *Sonatine*, ou dans la quatrième des *Fables*, et qui n'a pas besoin de mots ni de prétextes pour nous toucher au plus profond.

## *Sarabande*

COMP novembre 1920. PUB 1923 (Éditions du Magasin musical, Pierre Schneider). DÉD à sa mère.

Plus connue dans sa version orchestrale, cette pièce (en fa dièse mineur, *dans un mouvement lent, mais gracieux*) fait songer, étrangement, à la fois à Ravel et à Franck. Au premier elle se rattache par sa clarté, sa transparence, l'archaïsme parfumé de ses modes (surtout le dorien), de ses cadences gentiment surannées, – encore que Ferroud ajoute à l'harmonie ravélienne quelques épices de son cru, plus inclémentes... Franck inspirerait, lui, quelques excès de « la chromatique » (pour parler comme les précieuses de Molière !). Agréable morceau, au demeurant, où le compositeur, après avoir traité son thème en mineur, s'essaie à le majoriser, avec beaucoup de subtilité.

## Au parc Monceau

COMP 1921. PUB 1925 (Rouart-Lerolle). DÉD à E. de Féligonde, André Cœuroy, Serge et Suzanne Berthoin, Gilberte Cœur. CRÉ par Gilberte Cœur (4 avril 1922). Orchestré en 1925.

Quatre « croquis » (c'est le sous-titre), dont trois tout à fait exquis. C'est l'album d'un promeneur, observateur malicieux (cet œil bientôt s'exercera dans *Types*), mais point dépourvu d'émotion. La première pièce, *Chat jouant avec des moineaux*, est délicatement tracée, d'une pointe fine, à la Ravel, à qui ses harmonies font irrésistiblement penser. On entend d'abord, dans un prélude de dix mesures (en si bémol majeur, *lent*), les secondes piaillantes des oiseaux, on voit (« nonchalant ») l'étirement du félin. Puis, mouvement de gigue, voici les bonds du chat (« rageur »), les sauts adroits des moineaux (« ironique ») dont les secondes reviennent crier dans l'aigu. La fin parle d'elle-même : surplace de croches à la basse, suivi d'un trait fulgurant qui raye le clavier de bas en haut, aboutit au *ffff*, – et où un moineau a dû laisser quelques plumes...

Pas de jardin sans ses bancs et ses rencontres ; devançant de quelques lustres Pierre-Petit (*Le Banc*, de la suite intitulée *Bois de Boulogne*), Ferroud, dans sa deuxième pièce, *Sur le banc*, met un dialogue. Après trois mesures d'unisson introductif, commence un premier thème, accompagné à contretemps, mélancolique et même plaintif, avec sa curieuse, son incertaine rythmique, qui mêle mesures régulières à six croches (3/4) et mesures de sept croches (notées 3+½). La phrase passe au ténor, un ton plus bas, et lui succède au soprano un dessin plus animé (à 9/8) qu'à son tour le ténor imite. Questions et réponses s'échangent, de plus en plus passionnées ; puis tout retombe (écoutez ce murmure de la main gauche, « plat et très égal »), et après un nouvel unisson, le soprano conclut, à mi-voix (fin en mi mineur, sur un accord de onzième).

Le troisième morceau, *Nonchalante* (en la mineur/majeur), dépare un peu le recueil, et l'épigraphe de Baudelaire en est sans doute le meilleur moment (« ...cette fille très parée, / Tranquille et toujours préparée »). C'est un tango, qui aurait pu dispenser saveur, humour, goguenardise : non, il est fade, presque inepte, trop banal pour être pris au sérieux, pas assez pour faire sourire. Déhanchement de rigueur, thème simplet, et, comment le croire de Ferroud, harmonies quelconques, qu'une dissonance ici ou là tente de racheter. Il faut peut-être une lecture au deuxième ou au troisième degré : mais le jeu en vaut-il la chandelle ?

Consolons-nous avec la dernière pièce, la plus réussie, la plus séduisante de ces pages, *Bambins* (en fa majeur, *mouvement de ronde française*). Ce n'est pas la plus personnelle : des souvenirs de Ravel, de Debussy, voire d'Albéniz et de quelques autres s'y bousculent. Mais quelle verve dans ce finale, et quelle joie pianistique ! Le thème principal rit d'abord de ses secondes, sur un trémolo obstiné de la gauche (octave brisée), puis jaillit, bondit en phrases courtes et dansantes, que des arpèges bientôt font moduler. Dans l'intermède, qui délaisse 6/8 pour 3/4 et 2/4, on entend « Il était un petit navire » et « Maman, les p'tits bateaux » : ce détour par Satie est le bienvenu, que souligne un commentaire *sui generis* : « Les enfants jouent au train. Peut-être songent-ils à de possibles catastrophes. Ils s'initient aux rudiments de l'art naval. » Puis on vous développe allégrement, virtuosement, ces motifs, et même on vous y enveloppe une valse « à la viennoise », avant la reprise du début, presque à l'identique, mais transposé. Pièce scintillante, qui mériterait à elle seule qu'on exhumât parfois ce cahier...

### Prélude et Forlane

COMP mai et juillet 1922. PUB 1924 (Durand). DÉD à Florent Schmitt. CRÉ par Henriette Faure (20 mars 1924).

Un fort attachant diptyque (en fa dièse mineur), et comme une preuve d'allégeance envers cette école française qui a ressuscité, au XX$^e$ siècle, les danses des anciens clavecinistes. Un dessin brisé de croches accompagne, dans le *Prélude*, un motif de quelques notes, en valeurs longues, qui semble tout droit sorti, avec son harmonie, son modalisme, sa couleur sombre, de Roussel *(modérément animé)*. Plus loin un motif plus découpé se répond en canon, à distance tour à tour de triton et de septième majeure (on entend d'ici les frottements !). L'oscillation initiale revient, et l'étrange mélancolie de ces notes grêles, qu'un arpège final porte par paliers dans l'aigu.

La *Forlane* (à jouer *à l'aise*) demande infiniment de tact, de variété digitale, et tout simplement de technique, pour faire ressortir ces thèmes au rythme simple, au contour clair, au milieu d'un lacis harmonique qui paraîtra d'abord inextricable au déchiffreur. Réseaux d'arpèges à tous les registres, accords de mandoline, ornements frémissants, plans sonores multiples, attaques et nuances elles-mêmes très diversifiées, – jusqu'aux dernières pages, où les trois portées suffisent à peine à noter distinctement cette orchestration du piano. La conclusion, très belle, fait entendre, *très lent et très assombri*, le dernier écho de la danse ; et quatre mesures brillantes servent de paraphe, accords violemment raclés, glissando sur les touches noires, et un fa ♯ final asséné *ffff* au fond du piano.

## Trois Études

COMP juin 1918, septembre 1922 et janvier 1923. PUB 1922 (n° 1) et 1932 (Éditions du Magasin musical, Pierre Schneider). DÉD à Henri Rambaud, Germaine Leroux, Lucette Descaves. CRÉ par Madeleine Berthelier (27 mars 1923).

Ferroud a donné ce titre, ou surtitre, à trois morceaux d'époque et d'esprit bien différents. Le premier, *Spleen* (en fa majeur, *lent*), se trouve être le plus ancien du catalogue pianistique de l'auteur. Avec ses quintes, sa couleur modale, son allure hiératique, il suit pas à pas le premier Ravel, celui de *Sainte* (mélodie d'après Mallarmé). Thème en accords immobiles, sauf dans deux sections où il s'accompagne d'arpèges. Le tout bien pâlot, et sage comme une image.

*Interviouve*, le deuxième *(vif)*, doit son titre farceur à son procédé d'écriture : deux voix y bavardent tout au long, en canon perpétuel. Le triton qui les sépare perpétue aussi des harmonies méchantes ; staccatos et dents de scie achèvent d'ôter toute espèce d'agrément. Étude, oui : les doigts y triment, durement.

Étude encore plus, la troisième pièce, *Ombreuse*, qui délaisse la vélocité acrobatique pour le travail des sonorités. Cette fois, il s'agit d'une des plus belles inspirations de Ferroud. Piano somptueux où, sur trois portées, s'enchevêtrent les motifs, comme dans la *Forlane* de 1922. Ce contrepoint poétique et précis à la fois est la marque même de Ferroud. Tout le début (en ut dièse mineur, *à l'aise*) bruit de secondes, étagées du médium à l'aigu, par-dessus le chant. Puis des arpèges se mettent en mouvement, accompagnant telle phrase, happant au passage telle autre, exhalant eux-mêmes des notes mélodiques. Le milieu retentit de lentes octaves, reliées par une étonnante efflorescence de triples croches, où la bitonalité se fait étrangement caressante. La fin, à nouveau, résonne de ces secondes, argentines comme des clochettes.

## Types

COMP mars 1922, mars et mai 1924. PUB 1925 (Rouart-Lerolle). DÉD à Ennemond Trillat, Henri Gil-Marchex et Henriette Faure. CRÉ par Hélène Pignari (12 mars 1927). Orchestré en 1931.

Le chef-d'œuvre pianistique de Ferroud, trois morceaux inventifs, séduisants, dont le dernier atteint des sommets de virtuosité et peut rivaliser, à sa manière, et par des moyens tout différents, avec le *Scarbo* de Ravel. Sa fantaisie, son humour y font merveille : gageons qu'un jour, qu'on souhaite proche, les pianistes remettront ce cahier dans leur répertoire, où il figurera parmi les fleurons de la musique française de piano.

Le *Vieux Beau* de la première pièce, précédé d'une épigraphe empruntée à Molière (« Tenez, tous vos discours ne me touchent point l'âme : / Horace, avec deux mots, en ferait plus que vous »), joue de trois thèmes : A *(très vif)*, rythmé comme une gigue, tout en bonds et accents subits, montant du grave sur ses appogiatures, redescendant en accords de septième, qu'accompagne un frisson de notes chromatiques ; B (en si majeur, *avantageusement*), marche bouffonne, en rythme pointé ; C (« expressif et découragé », mes. 63), qui superpose arpèges à 4/4 et accords à 3/4 (parfaits, ces accords, malgré l'écriture enharmonique de ce maniaque de Ferroud !), et se distingue par une pédale qui glisse de sol majeur à mi mineur. Ces thèmes se coupent, s'échangent, se développent richement. Notons cette phrase accompagnée d'arpèges de quintes (mes. 118), et cette belle orchestration (mes. 123) qui empile sur trois portées les arpèges volubiles de la pédale, le thème C au milieu, et dans l'aigu, une nuance moins fort, les motifs ironiques de la gigue. La coda, « épique » (!), amenée par un glissando descendant, clame B au ténor, *ffff*, avec des guirlandes de triples croches à tous les registres, dans un triomphant si majeur. Pour finir, un dernier glissando, ascendant celui-ci, deux accords, une pause, – et soudain, imprévisible comme un pied de nez, une citation du *Phi-Phi* de Christiné (« C'est une gamine charmante... »), avant l'ultime accord, « sec », comme il se doit.

La deuxième pièce, *Bourgeoise de qualité*, est une valse (en fa dièse mineur), qui cite Paul-Jean Toulet (« A-t-elle toujours l'air d'une belle armoire en cœur de noyer, pleine de linge et des plus solides parfums ? – Mon Dieu, je ne vois pas... »), ce délicieux Toulet dont Ferroud, en 1925, mettra cinq poèmes en musique. Les sept mesures d'introduction en révèlent l'esprit et la conduite : alternance de *fff* et de *pp* aussi brusques les uns que les autres. Tout le morceau se promène ainsi de motifs coquets, linéaires, transparents, où les voix se répondent spirituellement, se taquinent, en un mot marivaudent, – à de soudains élans passionnés, marqués d'accords brutaux. Un mélange très personnel d'harmonies tonales et de fragments bitonaux, voire aux limites de l'atonalisme, fait le charme de ces pages, où du reste la plupart des motifs se ressemblent, se complètent, émanation d'une même figure de base. Après une façon de développement central, la pièce s'achève, à peine transposée, comme elle a commencé.

L'effarante difficulté d'exécution (pour ne rien dire du déchiffrage !) de la troisième, *Businessman*, vise-t-elle à commenter l'épigraphe, de Toulet encore : « L'argent est une troisième main » ? On soupçonne plutôt le contraire : qu'épigraphe et titre ne sont venus qu'après coup, justifier un morceau virtuosissime, où en effet il faudrait trois et même quatre mains pour rendre compte des multiples plans sonores, harmonies, contrepoints enchevêtrés... Une introduction crépitante *(très vif)*, en martellements, traits, accords arrachés (le tout premier, un accord de treizième, résume en quelque sorte le climat harmonique du morceau), précède l'énoncé de deux thèmes, l'un très nettement découpé, presque un sujet de fugue (mes. 16), soumis aussitôt à des réponses imitatives, – l'autre *(un peu moins vif*, mes. 42) plus lyrique, et que mille accidents dans l'accompagnement et les basses n'empêchent pas de sonner bel et bien en mi bémol mineur puis en fa mineur (on croit y entendre une réminiscence de Bartók, de l'andante du *Premier Concerto pour piano*, qui ne sera écrit qu'en 1926 !). Scherzo fantasque, éclatant de couleur et de rythme, et concluant dans une joyeuse précipitation.

### The Bacchante
PUB 1929 (Eschig, dans le recueil collectif *Treize Danses*).

Une pochade sans grand intérêt, qui se contente de cuisiner à la sauce jazz, en le transposant en ut majeur, le fameux « air » de la *Troisième Suite pour orchestre* de Bach, – et qui ne témoigne pas, ce faisant, d'une verve particulière... Harmonies de pacotille : de la part de Ferroud, on attendait davantage de piquant ! Il faut croire qu'il n'est pas à son aise sous cette défroque d'amuseur (le tango du *Parc Monceau*, qui croque une *Nonchalante*, ne vaut guère davantage). Le seul sourire que puissent forcer ces pages laborieuses, elles le doivent à l'indication initiale, d'esprit satiste : *very much deferential...*

### Sonatine en ut dièse
COMP août-septembre 1928. PUB 1929 (Durand). DÉD à Hélène Pignari. CRÉ par Pignari (8 mars 1929).

*Types*, en 1924, semblait fermer une époque ; la *Sonatine* en ouvre une, de toute évidence. Elle montre un Ferroud plus volontaire, plus dépouillé, moins adonné à l'humour, plus enclin à l'abstraction. Les *Sonates pour violon* et *pour violoncelle*, le *Trio d'anches*, le *Quatuor* confirmeront ces tendances, auxquelles s'ajoute un goût sans cesse plus affirmé pour les musiques d'Europe centrale.

Ainsi le premier mouvement de cette *Sonatine*, qui débute par un thème d'accords vigoureux *(allegro molto e risoluto)*, est-il sans doute d'un art français, mais qu'on entend tout influencé par le style de Bartók, par ses rythmes, ses modes caractéristiques ; ut dièse hésite entre majeur et mineur, et la gauche, jouant presque sur la droite, accompagne sur les touches blanches, en sixtes bitonales. Le deuxième thème *(un poco meno vivo)* délaisse les blocs verticaux pour les lignes horizontales, et l'exubérance, la franchise, pour une plainte murmurée, en demi-teintes. Ces deux façons alternent jusqu'au bout, le plus « classiquement » du monde.

On dirait, dans le deuxième mouvement (en sol mineur, *allegretto poco rubato*), que les deux mains ont choisi de s'ignorer délibérément, et que ces lignes superposées vont chacune son chemin harmonique ; pourtant, au bout de quelques déchiffrages, on perçoit l'intimité où elles vivent, et leurs rapports certes fragiles, mais d'une précision méticuleuse. Voilà l'une des pages les plus simples de Ferroud, et il faut d'autant moins s'en priver qu'elle est une excellente introduction à sa manière mûre. Le sentiment tonal, en dépit des frottements bitonaux, subsiste, renforcé par ces pédales (sol, fa ♯, mi...) qui, en se relayant, assurent un ancrage à l'oreille. Musique dense, recueillie, parfois douloureuse.

Rythme de gigue et croches par trois (9/8 et 6/8), rapides et légères, dans le finale *(vivace)*, dont une mélodie de l'année suivante, *L'Abeille* (des *Trois Poèmes de Valéry*), retrouvera l'alacrité. Ici encore, que l'on tente l'expérience de jouer toute seule cette main droite si franchement tonale, si définie en ses contours harmoniques, si bien découplée en phrases, en motifs bondissants ; alors seulement on ajoutera la gauche, qui la contrecarre espièglement, non sans marquer peu à peu, à l'oreille familiarisée, quelques repères et pivots autour desquels se bâtit l'harmonie du morceau. Autant que dans le premier mouvement, on voit passer Bartók à l'horizon (les ostinatos !), mais l'ensemble demeure plus latin qu'exotique. Presque aucun répit dans cette course, où les mains rivalisent d'adresse, jusqu'à la brillante coda, *poco a poco più vivo*.

## *Fables*

COMP janvier-juin 1931. PUB 1931 (Durand). DÉD aux enfants de musiciens amis, dont Rivier, Ibert, Roland-Manuel. CRÉ par Magda Tagliaferro.

« Transposée dans l'ordre musical, la fable doit se débarrasser du bagage de l'allusion ; elle ne peut pas prétendre à autre chose qu'à distraire et à instruire, comme sa sœur littéraire, mais d'une manière plus discrète. » Ces mots, cités par Claude Rostand, sont de Ferroud lui-même. Nous voilà prévenus : ne cherchons pas ici un commentaire de La Fontaine ou de Florian, comme on le trouve dans *Le Petit Fablier* de Migot. Depuis la *Sonatine*, Ferroud ne s'encombre plus de programmes, et s'il lui prend l'envie, après les complexités de *Types*, de raconter simplement, presque innocemment, des histoires à ses jeunes dédicataires, on ne saura pas lesquelles. Libre à chacun d'y suivre son imagination, de se traduire en images ces pages de pure musique. Mais qui donc aujourd'hui les connaît, et les fait connaître ? Ces « enfantines », pourtant, remplaceraient avantageusement bien des sonatines « favorites », – et à l'amateur qu'effarent à juste titre les embûches du *Businessman* ou de la *Forlane*, révéleraient enfin notre musicien.

En dépit de l'armure à trois dièses et du dernier accord, on est plutôt en ut dièse mineur qu'en la majeur, dans la première pièce *(tempo molto moderato di marcia, un poco burlesco)* ; tierces chromatiques à l'accompagnement, sous un thème guilleret, puis rythme pointé et petits rantanplans en triolets ; et de très jolies modulations passagères.

La suivante (en si bémol mineur, *tempo di valz*), au bout de quelques mesures faussement banales, dissone terriblement, vire au noir, et n'évite pas une laideur un peu besogneuse, à la Chostakovitch. Quelle différence avec la troisième (en mi majeur/mineur, *allegro giusto*), qui s'ébroue gaiement, lance ses petites fusées, chante en beaux accords parfaits, talonnés de vifs arpèges ascendants, – avant de s'accorder, par deux fois, l'intermède d'une petite marche aux basses obstinément appogiaturées.

La quatrième pièce *(allegretto moderato)* est le plus souvent en ut mineur, qu'indiquent bien ses trois bémols, mais elle semble commencer en ré bémol majeur, et d'ailleurs ne cesse pas de moduler. Elle s'apparente au mouvement lent de la *Sonatine* : façon de romance à deux voix, dont les lignes sinueuses se croisent, s'échangent, et parfois feignent de s'ignorer. Atmosphère de gravité, de recueillement. Évitons toute sécheresse : un emploi intelligent de la pédale y fait vivre, avec ces contrepoints, des harmonies subtiles et chaleureuses.

La cinquième (en ut majeur, *allegro assai*) emporte l'adhésion, et paraîtra la meilleure du cahier. Gigue ou tarentelle dans les volets extérieurs, à 6/8 et 2/4, et scandée par un do obstiné, elle passe à 3/4 pour un merveilleux trio (un chant ingénu, quelques guirlandes d'arpèges) qui tinte lumineusement dans l'aigu.

Enfin la sixième, qui sert d'épilogue *(comodo)*, superpose, pour l'essentiel, un motif sur les touches noires à un accompagnement de quartes sur les touches blanches, et cette bitonalité, loin d'être acide, est très prenante. Le trio, quant à lui *(più vivo)*, impose ut majeur, et utilise entre autres jeux la quarte augmentée du mode lydien (fa ♯). Reprise, fin raréfiée, et accord conclusif désinvolte, en la majeur.

## Zdeněk FIBICH
(1850-1900) Tchèque

Méconnu chez lui, inconnu dans le restant du monde, il a fini, dans ce peloton des « romantiques » tchèques où il talonnait Smetana et Dvořák, par céder la place à Janáček, son cadet de quatre ans seulement, qui a eu la bonne fortune de pousser jusqu'au premier quart du XXe siècle. Fibich est mort à cinquante ans, dans la force de son art ; deux ou trois décennies de « modernité » lui auraient sans doute édifié un socle plus ferme, d'où sa statue se fût dressée à jamais.

S'il est chaque jour un peu plus oublié, ce n'est faute ni d'ouvrage ni de talent. Quoiqu'il ait détruit ou perdu près de la moitié de ses partitions, il y a fort à faire avec ce qui reste, considérable sous tous les rapports, et dans tous les domaines : opéras et mélodrames, symphonies et poèmes symphoniques, mélodies et chœurs, musique de chambre. Par quelque endroit que vous y pénétriez, vous serez frappés de sa maîtrise, de son invention, de sa culture. Mais on l'a déclaré, sans appel, moins slave que teuton. Ce reproche, s'il se justifie par les modèles auxquels Fibich se conforme, ne vient-il pas aussi, en partie, de sa tranquille assurance ? Auprès de lui, créateur précoce, nourri dans les sérails de Leipzig et de Mannheim, habile au développement thématique et aux astuces du contrepoint, Smetana et Dvořák, en leurs débuts, font figure d'autodidactes. Libre à chacun de lui préférer ensemble leur maladresse et leur authenticité ; mais on ne saurait, sans mauvaise foi, mésestimer la vigueur de son inspiration, la fantaisie de son imagination, l'acuité de sa sensibilité.

Le piano, dans une production si vaste, peut passer pour un parent pauvre, et vous aurez plus pressé d'aller à la découverte du *Quintette*, de la *Symphonie en mi mineur*, du mélodrame *Jour de Noël* ou de l'opéra *Šárka*. Pourtant, la seule œuvre pianistique qu'on sache citer de Fibich (sans d'ailleurs la connaître), les *Nálady, dojmy a upomínky*, totalise trois cent soixante-seize morceaux (1892-1899), qui prouvent que notre instrument ne le laissait pas indifférent. Ce sont des feuillets d'éphémérides amoureuses, où, sous l'anecdote, beaucoup de bonne et vraie musique est demeuré vivace encore, et embaume comme au premier jour. Ajoutons-y deux petits cycles dédiés l'un à la montagne, *Z hor*, l'autre à la peinture, *Malířské studie*, et voilà précisée l'esthétique d'un musicien accoutumé à se nourrir d'images : un glacier alpin, une toile de Fra Angelico, deux taches de rousseur au cou de sa jeune maîtresse, lui parlent davantage qu'un sujet de fugue.

Tchèque ou non, cette musique ? Schumann l'influence durablement, dans ses thèmes comme dans ses rythmes, surtout le Schumann intimiste des *Scènes d'enfants* et des *Scènes de la forêt*. De Wagner, Fibich imite souvent la palette harmonique, bien que l'appliquant avec trop de soin, et sans le fondu de son modèle. Pour le folklore, il n'en a consommé que très modérément, à petites doses, et seulement à l'occasion. Mais au-delà des procédés techniques, ce qui le relie à ses compatriotes, c'est une identique disposition de l'âme, ouverte à la naïveté, à l'esprit d'enfance, à la contemplation de la nature, à la tendresse, à la joie tranquille ; inclinant par-dessus tout, comme irrésistiblement, à la réminiscence. Il annonce Novák et Suk, ces autres romantiques, imprudemment attardés dans un âge de machines et voués comme lui au culte fervent du souvenir.

## LES « NÁLADY »

*Nálady, dojmy a upomínky* : ce titre générique et volontairement vague, qu'on traduira approximativement par « Humeurs, Impressions et Souvenirs » (le mot *nálady* est parfois rendu par celui d'« images », le mot *upomínky* par celui de « réminiscences »), ne recouvre pas moins de trois cent soixante-seize pièces, composées de 1892 à 1899, et publiées en quatre opus distincts, eux-mêmes subdivisés en plusieurs parties. Si courts que soient la plupart de ces morceaux (une page en moyenne), le chiffre est considérable. C'est que par leur biais, à cette époque, Fibich a tenu en musique un véritable journal amoureux, né de sa liaison avec la jeune Anežka Schulzová, une de ses élèves de piano, – par ailleurs poétesse et librettiste des derniers opéras du compositeur. Jour après jour y sont notés des élans, des désirs, des regrets ; des conversations paisibles, de vives querelles, des accès de jalousie ou de tristesse ; des promenades, des sorties au théâtre, des péripéties de voyage ; des anniversaires ; des descriptions du physique d'Anežka (détaillé de la tête aux pieds, avec une minutie d'anatomiste !) ; et quantité d'allusions plus obscures, qui nous échappent. De tout cela, précisons-le, rien ne transparaît dans la publication : il fallut attendre l'étude des autographes par Zdeněk Nejedlý (1925), qui en révéla les titres, les menus indices, les multiples renvois d'une pièce à l'autre, et de ces pièces au restant de l'œuvre. Car le « journal » avait fini par constituer un vivier, où le compositeur vint pêcher des thèmes pour tel opéra, tel mélodrame, telle symphonie en cours : l'opéra *Hedy*, en particulier, lui a emprunté à pleines poignées.

On comprend qu'une masse aussi énorme de musique ait toujours découragé tant les interprètes que le public. Même un déchiffreur en chambre ne sait trop par où commencer son exploration. « Je veux lire en trois jours *L'Iliade* d'Homère », s'écrie Ronsard, en recommandant à son valet de le tenir enfermé le temps prescrit ; on veut bien croire qu'il vienne à bout de la tâche : *L'Iliade*, au fond, se lit comme un roman. Mais la trame des *Nálady*, j'entends la musicale, non point l'anecdotique, est singulièrement lâche et décourage l'entreprise. Fibich a livré ces pages sans aucune discrimination ; une bonne partie ne mérite que le rebut ; dans le reste, il y a trop de redites, trop de départs semblables, d'arrivées identiques ; que d'hymnes, par exemple, que de cantiques et de méditations calqués les uns sur les autres ! Et cependant, judicieusement groupés, et en quantité raisonnable, nombre de morceaux auraient pu connaître la fortune des *Scènes d'enfants* : c'est en effet à ce cahier de Schumann que l'on songe le plus fréquemment en écoutant les confidences de ce Tchèque encore bien mâtiné d'Allemand. Pour goûter cette voix plus variée qu'il ne semble au premier abord, force est, si l'on ne peut y mettre bon ordre soi-même, d'accepter un choix. Quelques anthologies tchèques s'y emploient ; je propose le mien, que d'ailleurs j'ai voulu assez large, et généralement indifférent aux titres (confidentiels, n'est-ce pas ?) de l'autographe ; et tout en élaguant dans chacun des quatre opus, j'essaie d'en conserver la physionomie.

(On fera toujours bien d'adopter la numérotation continue de ces pièces, pour éviter les erreurs.)

## Nálady, dojmy a upomínky (op. 41)

COMP 1892-1894. PUB 1894 (Urbánek), en quatre cahiers (I, *Nálady*, quarante-quatre pièces, n°s 1-44 ; II et III, *Dojmy*, quarante et une et quarante pièces, n°s 45-85 et 86-125 ; IV, *Upomínky*, quarante-six pièces, n°s 126-171).

Disons d'emblée qu'on ne sent pas de réelle distinction entre une « impression », un « souvenir » et une « humeur ». Le compositeur devait avoir là-dessus des idées arrêtées, qui n'ont pas trait à la substance musicale : un accès de jalousie sera une « humeur », deux taches sur le cou d'Anežka une « impression », et la visite à un ermite un « souvenir ». Si l'on abandonne les mots et qu'on se fie aux seules notes, ces notions se confondent (mais après tout, et n'en déplaise aux chichiteux, sait-on vraiment trancher à tous les coups entre un « capriccio » et un « intermezzo » de Brahms ?). Bornons-nous à noter que certains morceaux comptent huit mesures à peine, quand d'autres s'étendent sur quelques pages ; que beaucoup sont d'une extrême facilité technique ; que quelques-uns pourtant requièrent des doigts bien dégourdis ; et enfin qu'on trouvera, dans les uns comme dans les autres, idylles et pastorales, marches, danses, chorals, chansons enfantines, scherzos, hymnes, romances...

*NÁLADY.* – On jouera avec profit la succession des n°s 1 à 9, bien individualisés, et où l'invention n'a pas le temps de s'émousser ; qu'on oublie l'anecdote amoureuse, ce ne sont plus que des *Kinderszenen*, parfaitement réussies, à la fois spontanées et ouvragées avec soin : un prélude aux accords mystérieux, qui met sur la voie d'un secret à découvrir (en mi bémol majeur), une pièce allante et joyeuse (en sol majeur), une plainte douce, sur des accords qui descendent lentement par paliers (en la mineur), l'évocation d'on ne sait quel effroi enfantin (en sol mineur), celle d'un bonheur simple et sans mélange (en si bémol majeur), une page méditative, aux expressives notes répétées (en fa majeur), un petit rien fait de bonds guillerets (toujours en fa majeur), une romance (en mi bémol majeur), une polka mignonne (en sol majeur).

Dans le n° 19 (en mi mineur), un des plus longs, Fibich peint son autoportrait, en fougueux plutôt qu'en rêveur ; et aussitôt après, dans le n° 20 (en sol mineur), funèbre, impressionnant de noirceur, il nous décrit les affres de la jalousie *(žárlivost)*. Les n°s 23 à 26 sont pareillement chargés d'angoisse : sombres pressentiments (en fa dièse mineur), tourment de l'esprit, scandé par un lugubre ostinato (en sol mineur), tristesse accablante (en fa mineur), résignation douloureuse (en si bémol mineur).

L'atmosphère est à l'idylle, au contraire, dans le n° 28 (en fa majeur), où les doubles croches sonnent comme des grelots, dans le n° 30 (en mi majeur), effusion lyrique sur une basse toujours syncopée (autographe : « Comment Anežka dort »), – et si elle se trouble un instant dans l'inquiétant n° 31 (en mi bémol mineur), série d'enchaînements curieux aux deux mains parallèles, elle va jusqu'à l'extase la plus fervente dans le n° 39 (en fa dièse majeur), qui fait partie d'une série de morceaux où Anežka est portraiturée en robes de différentes couleurs.

*DOJMY*. – C'est dans les deux cahiers d'« impressions » qu'on trouvera les morceaux relatifs à l'anatomie d'Anežka : le n° 67 (en ut majeur), simple et tendre, évoque deux taches sur le cou de la jeune fille ; le n° 81 (en si bémol mineur), où les deux mains jouent à l'unisson des accords de harpe, veut décrire sa poitrine, et le n° 87 (en si bémol majeur) le mouvement de ses hanches quand elle marche, au moyen de longues pédales oscillant de tonique à dominante.

Ce sont des « enfantines » encore, et charmantes, que les n°s 60 (en sol majeur), qui semble dire un allègre réveil matinal, 62 (en la mineur), chanson doucement dolente (« les joues »), 66 (en si bémol majeur), tout de candeur et de confiance (« le cou »), 73 (en si bémol majeur), au rythme espiègle, 80 (en sol majeur), au climat pastoral, 89 (en la bémol majeur), un des meilleurs, léger et dansant, paré d'une jolie modulation en mi, 91 (en sol mineur), capricieux et plein d'humour, avec ses croisements de mains. De tous ces petits riens assemblés on peut former une suite, efficace dans sa variété. En voici une autre, aussi variée : les n°s 51 (en fa mineur), ondoyant et mouvementé (« les cheveux »), 54 (en la bémol majeur), tour à tour pimpant et lyrique (« la langue »), 55 (en si bémol majeur), crépitant de notes répétées (« les dents »), 71 (en si bémol mineur), presque une berceuse (« les bras »), 78 (en sol majeur), un piquant badinage, 84 (en ré majeur), qui sonne comme un adieu chuchoté.

Originaux et suggestifs : les n°s 76 (début en ré majeur), où la gauche pose un thème obsédant à l'intérieur du battement d'octave de la droite (« les doigts »), 83 (en sol majeur), au chant nu, comme d'une flûte champêtre, qu'ensuite quelques notes viennent harmoniser, 94 (en la bémol majeur), une petite volière, d'où Fibich tirera d'ailleurs le thème d'Ariel pour son opéra *Bouře*, « La Tempête », 116 (en ré bémol majeur), aux notes répétées endormeuses, 117 (en ré mineur), un croquis rapide, dans une inspiration sarcastique, plutôt rare chez notre auteur.

*UPOMÍNKY*. – Il y a quelques très belles pages dans ces « Souvenirs ». Le n° 127 (en ut majeur), où soprano et basse se répondent de part et d'autre de l'harmonie, traduit l'entente des amants, l'accord de leurs sentiments, à la veillée. Le n° 131 (en si majeur), d'abord « silencieux et timide », dans l'anxiété de son rythme pointé, déborde soudain d'allégresse. Le n° 135 (en la majeur) est une polka remplie de bonne humeur et de franchise populaire. Agrestes à leur tour, mais sans rudesse, la pastorale du n° 146 (en sol majeur), sur son bourdon de quinte grave ; et l'adorable valsette du n° 161 (en si bémol majeur), dans son sourire ingénu (l'autographe signale ici une excursion dans les Alpes).

Retenons encore : le n° 147 (en la mineur), tout en contrastes, alternant les accords liturgiques et les appels d'oiseaux (les amants, en randonnée dans une forêt, rencontrent un vieil ermite) ; le n° 151 (en ré majeur), certes bref, mais à la mélodie si obsédante ; l'explosion de joie du n° 154 (en sol majeur), avec ses gammes ascendantes et ses accords bruyants ; enfin le suave n° 165 (en la majeur), entre berceuse et barcarolle, respirant le parfum même du souvenir.

(Ce que dans l'ensemble on goûtera le moins, et qui embarrasse pourtant une grosse partie de l'œuvre : les pièces proprement « amoureuses », qu'on reconnaît à leur accompagnement d'accords battus, à leur thème sentimental, déclamatoire, souvent à deux-contre-trois ; ce pathos ne nous touche plus guère, si ne le rachètent, comme chez Schumann, des harmonies splendides. L'exemple de ce type de pièces : le n° 139 (en ré bémol majeur, *lento*), réutilisé dans le poème symphonique *V podvečer*, « Au crépuscule », et devenu célèbre, sous le titre de *Poème*, dans la transcription pour violon et piano de Jan Kubelík.)

## *Novella* (op. 44)

COMP 1895. PUB 1895 (Urbánek), en quatre cahiers (I, dix pièces, n°ˢ 172-181 ; II, six pièces, n°ˢ 182-187 ; III, sept pièces, n°ˢ 188-194 ; IV, dix pièces, n°ˢ 195-204).

Un opus infiniment plus « raisonnable », du point de vue de la taille ; et d'ailleurs tout autre chose que le précédent, dans son écriture, sinon son propos. Les morceaux, moins nombreux, sont plus étendus, plus variés, et pianistiquement plus ambitieux. Il s'agit en somme de quatre suites, qu'on pourrait s'aventurer à jouer chacune dans son entier : les pièces sont inégales, mais les meilleures comptent parmi les plus inspirées de Fibich et emportent aisément la partie.

L'auteur, lui, parle de « chapitres », ce qui prouve qu'il faut rattacher son titre ou sous-titre de *Novella* au genre de la « nouvelle » plus qu'aux *Novellettes* de Schumann. L'autographe renseignera les curieux : du 22 au 25 août 1895, Fibich a passé quatre jours de villégiature à Karlsbad, dans la famille d'Anežka, et ces pièces en commentent les péripéties.

PREMIER CAHIER. – Le plus riche, le plus égal d'inspiration. Distinguons en particulier trois numéros successifs : le n° 177 (en la majeur), une valse, qui déborde de verve et d'entrain, et qu'interrompent deux trios contrastés (elle évoque les retrouvailles des amants, après le voyage en train, fort descriptif, du n° 174) ; le n° 178 (également en la majeur), une adorable pastorale, toute de sourires ensoleillés, et pourvue d'un « scherzando » central au staccato léger, aux harmonies rafraîchissantes ; le n° 179 (en fa majeur), une idylle rêveuse, qui arpège voluptueusement les accords de son thème au-dessus de longues pédales de quinte.

DEUXIÈME CAHIER. – Encore un bel ensemble, d'où ressortent le n° 182 (en si bémol majeur), longue et intense méditation, s'élevant peu à peu en un rayonnant acte de foi ; le n° 183 (en si bémol mineur), tripartite et fortement contrasté, les volets A, très courts, dolentissimes, en rythme pointé, enserrant un poétique volet B, où les deux mains dans l'aigu s'égaient en ruisselets de doubles croches (l'autographe indique qu'il s'agit d'un portrait d'Anežka) ; le n° 185 (en la majeur), songerie douce, aux harmonies chromatiques, à la Wagner.

TROISIÈME CAHIER. – Le moins convaincant, quoique Fibich y multiplie les effets « scéniques » et « rhapsodiques », morcelant sa matière, changeant d'humeur et de tempo, suivant à la lettre les détails de son scénario secret. Voyez le n° 188 (en la majeur), avec ce thème qui s'impatiente (d'abord *molto moderato*, repris *allegro con fuoco*), et s'apaise, cependant qu'un cor de poste au lointain signale enfin l'arrivée de la lettre tant attendue. Ou encore le n° 189 (en ré majeur), commencé sur huit coups d'horloge, poursuivi dans un climat « placide », pour déboucher sur une valse de boîte à musique, et plus loin sur une marche parodique de Meyerbeer : on se trouve en effet chez Pupp, un fameux café de Karlsbad, où l'orchestre se démène ! – Si, négligeant le programme, il n'en fallait retenir qu'un, ce serait évidemment le n° 193 (en ut majeur) : ce n'est qu'un badinage, mais qu'il est charmant, avec son rythme enjoué de polka, ses tierces cajoleuses, ses piquantes modulations !

QUATRIÈME CAHIER. – Le n° 196 (en ré mineur) est encore une bien jolie réussite ; tintinnabulement de doubles croches à la main droite, à la gauche l'ombre d'un chant : nul besoin de l'autographe pour imaginer une promenade sous la pluie. Il pleut encore dans le n° 197 (en si bémol majeur), avec ces trémolos modulants dont la droite accompagne la fruste chanson populaire de la gauche. Dans le n° 198 (en si bémol majeur également), simple romance apparemment, que berce un rythme syncopé, on notera le curieux ajout, à chaque phrase de quatre mesures, d'une mesure supplémentaire de clausule. Enfin l'on citera le n° 203 (en sol mineur), où les amants se séparent : trottinement du cheval de fiacre, adieu *(quasi recitativo)*, retour solitaire du compositeur, qui se fredonne les tragiques dernières mesures de l'opéra *Hedy*.

## *Nálady, dojmy a upomínky* (op. 47)

COMP 1895-1896. PUB 1896 (Urbánek), en dix cahiers (I-IV, *Nálady*, soixante-sept pièces, n°s 205-230, 231-248, 249-259 et 260-271 ; V-VIII, *Dojmy*, cinquante-neuf pièces, n°s 272-284, 285-302, 303-313 et 314-330 ; IX et X, *Upomínky*, vingt-deux pièces, n°s 331-339 et 340-352).

*NÁLADY*. – Avec le temps, l'inspiration s'est beaucoup émoussée dans ces cahiers, où Fibich est fatalement amené à se répéter ; je parle des « scénarios », mais dans le cas précis d'un journal musical, tenu presque au jour le jour, l'anecdote en s'appauvrissant entraîne l'indigence de la musique. Quelques pages sont trouvées, comme la sensible effusion du n° 210 (en si bémol majeur), aux harmonies délicates (l'arrivée en sol bémol), dont le calme est soudain troublé par un brusque « con fuoco », parce que, dans la « très belle lettre reçue d'elle », quelques lignes doivent frapper d'un plus fort accent, – ou l'*appassionato* du n° 227 (en mi mineur), avec son thème fiévreux et son remuement d'accords brisés, bon à prendre après trop de pièces uniformément immobiles, – ou encore le délicieux n° 230 (en si bémol mineur), évoquant, avec ces doubles croches qui déroulent leurs volutes vers l'aigu, la jeune femme en train de fumer (thème par endroits orientalisant : est-ce une pipe turque ?). Mais beaucoup sont plus que ternes.

Dans les deuxième et troisième cahiers, Fibich, à court de sujets, recommence une description des habits d'Anežka ; peu importe, si cela redonnait du nerf à sa plume ; ce n'est guère le cas (mais reconnaissons que la pièce qui la peint en veste légère, n° 241, en la bémol, a de la grâce et de l'humour dans son allure de polka). Quelques jolies choses : le n° 233, bercé de syncopes, ou comment passer plaisamment d'ut majeur à mi bémol (mes. 8), voire à mi (mes. 44) ; la petite étude d'arpèges du n° 256 (en la bémol majeur).

Les douze morceaux du dernier cahier, en revanche, plus développés, plus consistants, nourris d'idées moins banales, forment un ensemble de qualité. L'autographe révèle qu'il s'agit d'une série de portraits féminins, qui ont stimulé l'imagination du compositeur. Parmi les meilleurs : le n° 260 (en ut majeur), teinté d'un délicat archaïsme ; le n° 262 (en sol mineur), très développé, commencé en mazurka légère, s'échauffant, passant de 3/4 à 3/8 pour un trio plus rustique, retrouvant le « grazioso » initial ; le n° 264 (en ré majeur), une gavotte, elle aussi assez longue auprès du reste, et pourvue d'une musette mignonne, scandée de l'habituel bourdon de quinte ; le n° 267 (en sol mineur), esquisse ironique d'Anežka en odalisque, parmi des arabesques langoureuses, avec l'inévitable arôme de la seconde augmentée.

*DOJMY.* – Choix plus difficile encore qu'ailleurs : certaines pièces débutent si bien ! À leur seuil attirant on se laisse prendre, et trois lignes plus loin elles déçoivent, faute de rigueur, ou de foi en elles-mêmes. Il me semble que les morceaux les plus remarquables se regroupent au début de la série, dans le premier cahier, et même dans sa première moitié. On pourrait y voir des *Waldszenen*, des églogues dans la souvenance de Tomášek. Il est bien dommage qu'un instantané musical aussi pur et parfait que le n° 273 (en la majeur) soit perdu dans ce vaste ensemble, où nul ne viendra le quérir ; quelques mesures suffisent, on se retrouve dans une forêt de Bohême, souriante, amicale ; et ce n'est pas un « oiseau-prophète » qui lance du haut de sa branche cet appel de tierce cristalline, entre deux phrases émues du promeneur, c'est un simple coucou... Dans le n° 275 (en fa majeur), ruisseaux et chants d'oiseaux se mêlent dans ces doubles croches qui brodent à l'aigu sur le chant confié au ténor de la main gauche ; et rien n'a plus d'élan printanier, rien ne respire autant d'élémentaire bonheur que les sixtes du n° 276 (en si bémol majeur).

Le troisième cahier, de dix pièces, paraît former un tout, uni par une inspiration non seulement amoureuse, mais juvénile, naïvement exprimée ; dialogue du n° 303 (en mi bémol majeur), confié aux pouces, entre les accords de la basse et les guirlandes du dessus ; interrogations du n° 304 (en fa majeur) ; émois frissonnants du n° 307 (en sol mineur), cantonné dans l'aigu ; rêverie du n° 308 (en la bémol majeur), en arpègements de harpe, toute la pièce à la main gauche uniquement ; et l'étrange monologue du n° 309 (en si bémol majeur), en phrases de cinq mesures, accompagnées d'accords battus.

*UPOMÍNKY*. – Des « souvenirs » en effet, comme le touchant n° 331 (en sol majeur), qui cite une *Romance* de Mendelssohn qu'Anežka jouait dans les années 1880, du temps de ses études de piano avec Fibich ; ou le n° 341 (en la majeur), pièce « du quatrième anniversaire », qui cite entre autres le fameux thème d'amour du n° 139. D'autres resteront plus obscurs, plus enfouis, et nous n'en respirerons que l'effluve lointain ; des pièces comme les n°s 334 et 335 (en ut et fa majeur), avec leur indication *festivale*, les accords joyeusement claironnants de l'une, les trilles agrestes de l'autre, évoquent des étés ensoleillés, harassés de bonheur ; et la tendre pastorale du n° 342 (en sol majeur), sur son bercement monotone, persistant même quand les accords de la mélodie se sont tus, parle de soi. Ailleurs il manque l'explication de ces brusques contrastes, de ces emportements, de ces éruptions de gaieté, de cette gravité vite tournée, hélas, en badinage, quand ce n'est pas en minaudage ; nous n'en aurions pas besoin si les notes nous retenaient davantage.

### *Nálady, dojmy a upomínky* (op. 57)

COMP 1896-1899. PUB 1902 (Urbánek), en trois cahiers (I, sept pièces, n°s 353-359 ; II, dix pièces, n°s 360-369 ; III, sept pièces, n°s 370-376).

Le plus décevant de ces quatre opus. Peut-être quelques-uns de ces morceaux, non datés et de publication posthume, remontent-ils aux années de jeunesse ? On ne trouvera presque rien, dans ces derniers cahiers, qui puisse soutenir la comparaison avec les précédents, surtout avec les deux premiers opus, les plus riches de musique. Le bilan est bientôt fait. Rejetons avant tout le scolaire thème varié que le compositeur offre à Anežka pour son anniversaire (n° 358). Retenons trois fort jolies pastorales, les n°s 355, 360 et 375 ; la première (en la majeur), balancée à 6/8, s'accompagne de pédales de quintes ; la deuxième (en si bémol majeur), toute grâce et délicatesse, est teintée de fluides couleurs impressionnistes ; la troisième (en mi majeur), aux sixtes chantantes, se prélasse au-dessus d'un ostinato rythmique à notes répétées. Gardons aussi trois pièces d'accent populaire : le n° 361 (en ut majeur), alerte, persifleur, en dépit du choral qui le traverse à deux reprises ; le n° 365 (en sol majeur), polka humoristique, aux tierces frétillantes ; et le n° 366 (en sol également), une danse de terroir, originale par son rythme alternant sans cesse un 3/4 *moderato* et un 3/8 *poco vivo*. Et rajoutons par-dessus, à la rigueur, le n° 362 (en la bémol majeur), une romance ironique, où les staccatos et les notes répétées démentent la langueur des arpèges.

## DEUX PETITS CYCLES

### Z hor (Des montagnes) (op. 29)
COMP 1887. PUB 1888 (Urbánek). DÉD à Jaroslav Vrchlický.

Ce cycle montagnard, qui scelle en musique une des passions de Fibich, est conçu en deux parties : une grande pièce servant de prologue, et un enchaînement de six pièces plus courtes. Ces dernières sont inégales ; le *con fuoco* initial, commencé en si bémol mineur, aussi ardent que s'il s'échappait d'une page de jeunesse de Brahms ou de Dvořák, a tôt fait de prendre, dans le relatif majeur, les molles couleurs d'une idylle. Puis ce sont essentiellement des valses (ou des ländler), tantôt attendries et mélancoliques, tantôt exubérantes. Et certes ces musiques de charme ne répondent qu'imparfaitement au titre, et l'on est loin, par exemple, du *Soir dans les montagnes* de Grieg : plutôt que l'air des cimes, on respire ici l'atmosphère un peu close des veillées, dans des hameaux qu'on ne peut se défendre d'imaginer plus bourgeois que paysans. Mais le prologue (en ré majeur, *andante placido*), d'une rayonnante beauté, vaut à lui seul qu'on s'attache à cet opus ; au premier thème qui s'épanouit lentement, au murmure frais des doubles croches simulant quelque source ou quelque torrent, succède, tout constellé des lueurs d'ut dièse majeur, un merveilleux chant d'accords (« harmonioso », puis « eufonico ») ; et dans cette effusion poétique, Fibich est au plus près des vers de l'épigraphe, empruntés à son ami le poète Jaroslav Vrchlický (dont il musiqua, entre autres, la trilogie *Hippodamie*), qui disent la nuit cristalline et le ciel étoilé.

### Malířské studie (Études de peintures) (op. 56)
COMP 1898-1899. PUB 1902 (Urbánek). DÉD à Marie Panthès.

À peu près dans les années où Reynaldo Hahn écrit ses *Portraits de peintres*, Fibich a la même idée de confronter musique et peinture, avec cette différence que le sujet de ses pièces est moins le peintre que le tableau. Reynaldo, du reste, ne fait que s'inspirer de quelques poèmes du jeune Proust, comme il aurait pu trouver sa matière dans *Les Phares* de Baudelaire ; il surajoute sa littérature à celle d'un autre, et la peinture n'est qu'un vague prétexte à des musiques que Satie aurait dites « d'ameublement ». Fibich entend restituer une émotion profonde, ressentie devant une toile précise (il nomme non seulement l'auteur et le tableau, mais également le musée en question) ; il est plus proche, en cela, du Liszt pèlerin qui tombe en admiration devant le *Sposalizio* de Raphaël et tâche d'en trouver l'équivalent sonore. Et quoique nous soyons loin, ici, des splendeurs du piano lisztien, ce recueil, à sa façon, est une vraie réussite, qu'il faut faire découvrir aux pianistes de bonne volonté.

La première pièce (en fa majeur, *andante*), inspirée par une *Solitude en forêt* de Ruysdael, forme toute une scène champêtre ; une vie animale et végétale palpite dans la touffeur des accords ; double, triple et quadruple piano, pour en préserver le calme et l'intimité ; plus loin bruissent les doubles croches d'un ruisseau d'argent (« lusingando, pochettino animato ») ; en guise d'intermède, une chasse au cerf, avec ses cors et ses taïauts (en ré majeur, *allegretto*).

La fameuse *Bataille entre Carnaval et Carême* de Breughel l'Ancien nous vaut une pièce contrastée (en ut majeur, *allegro con brio*) où une danse joyeuse et tapageuse, lancée par un tremplin de quintes rustaudes et sentant le vin et les pâtés de viande, est coupée à plusieurs reprises par le « lamentoso » des moines faméliques, – qui d'ailleurs finissent par avoir le dessus, et inclinent la conclusion au mode mineur, au registre grave et à la sourdine...

La troisième pièce (en ut majeur, *andante mosso*) est fort émouvante, dans sa parure d'harmonies anciennes, modes d'église et phrases de cantique, – odeur de cierge et de missel, lueur de vitrail, – pour illustrer (on voudrait dire « enluminer ») la *Ronde des élus* du *Jugement dernier* de Fra Angelico (« Giovanni da Fiesole »). Et la cinquième lui répond, dans le même esprit archaïsant, en enfilant quelques danses du XVIIIe siècle, menuet, musette, moulinet, gavotte, délicieusement surannées, pour une *Fête de jardin* de Watteau (ton principal : ut majeur). Entre les deux, il y aura eu, pour le *Io et Jupiter* du Corrège, un morceau d'une belle ampleur (en mi majeur, *moderato*), aux harmonies wagnériennes, où l'ardeur amoureuse monte à des cris passionnés.

## PIÈCES DIVERSES

Nous cueillons un adolescent de quinze ans dans les **Feuillets d'album** (op. 2), composés en 1865-1866, cinq pièces brèves où s'exprime à la fois beaucoup de candeur et de talent. Une mélodie très tendre fait d'abord une *Dédicace* (en ré majeur, *andantino*) ; une *Petite Fantaisie* moud gaiement un fugato de vingt mesures (en si bémol majeur, *vivace*) ; il n'en faut que seize au *Chant de pêcheur nordique* (en la mineur, *andantino*), à quatre voix, nostalgiquement balancé à 6/8 ; enfin, après un minuscule et néanmoins turbulent *Capriccio* (en ré mineur, *presto*), vient un *Épilogue*, adieu paisible et souriant (en sol majeur, *allegro moderato*).

Le **Scherzo en mi mineur** (op. 4), de 1866, et le **Scherzo en mi bémol majeur** sans numéro d'opus, de 1871, ont été republiés ensemble en 1953 (Editio Supraphon). Le premier est trapu et bondissant, avec ses accords en surplace et son staccato continu, à la Mendelssohn *(presto)* ; le second, plus contrasté, privilégie d'abord les colorations mineures *(molto vivace, con umore)*, s'octroie un deuxième thème harmonisé de sixtes plaintives, puis passe de 3/4 à 2/4 pour un trio au rythme de marche, à la Schubert.

De 1871 date une **Mazurek en si majeur**, republiée en 1936 (Urbánek). Elle n'a rien de mémorable, et ce n'est que par paresse auditive que l'on évoquera çà et là le souvenir de Chopin (à meilleur droit y trouvera-t-on, encore une fois, celui de Schubert).

L'*École du piano*, traité théorique pour lequel Fibich s'adjoignit la collaboration de Jan Malát (publié de 1883 à 1891), contient un certain nombre de pièces anciennes, et quelques-unes composées spécialement pour la circonstance. Parmi ces dernières, une **Polka en la** de 1882, qui, sans avoir l'alacrité des merveilleuses *Polkas* de Smetana, est fort plaisante à jouer ; et une **Sonatine en ré mineur** de 1885, publiée séparément en 1947 (Urbánek), en trois mouvements, point vilaine, malgré un soupçon d'académisme dans l'allegro initial, racheté par le capricant *furiant* du finale, et surtout par la courte romance de l'adagio, qui aurait pu trouver place dans les *Nálady*.

D'autres pièces de cette *École du piano* ont été rassemblées en 1960 par Věra Koubková (chez Artia, Prague), sous le titre **Dětem** (« Pour les enfants ») ; elles sont insignifiantes, à l'exception d'une d'entre elles, intitulée *Jaro a mládí* (« Printemps et jeunesse »), brève effusion de bonheur paisible, dans des teintes d'aquarelle.

De 1885 datent deux **Rondinos** (publiés en 1890), le premier en fa majeur, le second en sol majeur ; accordons le prix à ce dernier, pour son espièglerie, sa vivacité rythmique, et son trio à l'allure de valse.

Terminons avec un court morceau de 1897, portant le titre suggestif de **Dolce far niente** (en mi mineur, *andantino quasi allegretto*) ; ce n'est qu'une « bagatelle », comme Fibich lui-même la dénomme, mais elle a beaucoup de charme, dans son balancement indolent, ses bouffées sentimentales, et les clignotements inattendus de ses harmonies.

(À noter qu'une centaine de pièces, juvéniles pour la plupart, ont été détruites ou perdues, dont trois sonates.)

# John FIELD
(1782-1837) Irlandais

On ne le joue guère, et pourtant voilà un nom que l'histoire ne pourra jamais rayer de ses tablettes. Quel singulier destin, pour un compositeur, que d'être cité seulement pour une frange infime de son œuvre, et toujours à propos d'un autre compositeur ! Car c'est le nom de Chopin qui éveille celui de Field, et ce Field est toujours celui des *Nocturnes*. Des concertos, des sonates, des rondos, des variations, des fantaisies, des études qu'il a pu écrire, personne ne souffle mot. Les méchants vont jusqu'à dire qu'on ne mentionnerait pas davantage ses nocturnes, s'ils n'avaient eu ceux de Chopin comme successeurs. En vérité, il faut inverser la proposition : sans les nocturnes de Chopin, ceux de Field seraient sans doute mieux connus, plus estimés, certainement plus joués (ou, dans un autre chapitre, sans les concertos et les études de Chopin, ceux de Hummel, etc.).

Sans vouloir détourner la parabole évangélique, ne faut-il pas un génie pour faire fructifier des *talents* ? Le stupéfiant, le désarmant génie de Chopin, c'est d'avoir dépossédé ses précurseurs de leurs maigres économies de bourgeois, pour les faire travailler dans sa propre bourse, et les reverser au monde avec une prodigalité de grand seigneur. Son invention féconde, l'inépuisable et complexe imagination qu'il insuffle aux idées de l'un, aux tours de l'autre, les métamorphose de fond en comble ; il en tire un parti que leurs possesseurs n'avaient même pas entrevu. Peu importe alors la mainmise, le séquestre de biens, devant les précieux trésors accumulés, de l'or et des perles fines au lieu du cuivre.

Il n'empêche qu'il faut laisser à Field le bénéfice de l'innovation, et non tant précisément dans ce domaine du nocturne où elle est indéniable, que plus généralement dans son attitude face à l'instrument auquel s'accroche toute son œuvre. Il peut manquer de force (et pourtant, à la muse idyllique, mélancolique ou songeuse qui lui inspire ses nocturnes, on doit joindre une muse plus musclée, qu'on voit à l'œuvre dans tel rondo, telles variations, et qui n'a pas moins influencé Chopin), il peut manquer d'adresse dans le maniement des formes (et c'est vrai qu'il est plus à l'aise dans les pièces courtes et la structure ABA) ; mais il témoigne, avant ses cadets de 1830, d'un sens aigu des possibilités du piano, en termes de couleur, de sonorité, d'expressivité (il l'a peut-être gagné en travaillant pour Clementi, comme montreur de pianos, de Londres à Saint-Pétersbourg !). Field est le premier lyrique du piano, à part entière. Le sentiment poétique qui anime ses meilleures compositions a son origine dans l'amicale pression des doigts sur le clavier ; et aussi, car il fut un des premiers à pressentir que la technique libère l'esprit, dans l'envol léger de ces doigts, dans leurs courses agiles, leurs sauts périlleux d'un registre à l'autre. Il a beau avoir, comme pianiste, déçu Chopin (qui s'en promettait des merveilles sur ce qu'on lui disait que son propre jeu ressemblait à celui de l'Irlandais), en France on l'appela le « Racine du piano », ailleurs on le compara à Paganini, ailleurs encore à la Catalani, ce qui revient à lui concéder à la fois la virtuosité la plus ébouriffante et le chant le plus pur.

## LES NOCTURNES

On doit s'efforcer d'oublier la miraculeuse beauté des poèmes chopiniens, leur perfection et leur splendeur accrues, année après année, d'effacer la traînée lumineuse qu'ils laissent dans la mémoire de quiconque les a une seule fois écoutés, pour se représenter l'état de la musique pianistique vers 1814, date à laquelle apparaît le *Premier Nocturne* de Field. Simplifions : ce ne sont alors, dans ce domaine, que sonates s'il s'agit de musique sérieuse, que variations et rondos s'il s'agit de musique récréative. D'un côté la tête y reçoit son compte, de l'autre les doigts. Il manque à l'instrument un genre où épancher le cœur, à la manière de la romance vocale ; et il est vrai que c'est l'époque où le piano, fort de ses progrès mécaniques, ambitionne de rivaliser avec la voix, en « cantabilité », en expressivité, en émotion. Field réussit, avant Chopin, cette transposition tant attendue. Sa trouvaille, c'est d'offrir au pianiste, peu importe sous quel nom (il hésita longtemps entre « romance », « nocturne », « pastorale » ou « sérénade »), la disposition la plus apte au bel canto : partant de l'idée simple que la main droite doit pouvoir librement chanter dans son registre aigu, il confie à la gauche à la fois les notes de la basse et l'harmonie logée dans le médium sous forme d'accords brisés ou plaqués, la pédale servant de liant entre ces deux niveaux de l'échafaudage sonore.

Telle est l'écriture des plus célèbres, des plus efficaces nocturnes de Field : le *Premier* et le *Deuxième*, le *Cinquième* et le *Sixième*, le *Dixième*, le *Onzième*. C'est celle de la plupart de ceux de Chopin. Elle rompt avec la façon ancienne de réunir dans la main droite les notes du chant (aux doigts faibles) et l'essentiel des notes de l'harmonie : la façon de Beethoven dans l'*adagio sostenuto* de la *Sonate « Clair de lune »*, qui sera encore utilisée par Schubert dans l'*Impromptu en sol bémol* (de l'opus 90) ou par Mendelssohn dans un bon nombre de ses *Romances sans paroles*. Elle valorise le toucher (et celui de Field fut renommé en son temps). Surtout, l'affranchissement de la main droite, enfin souveraine de sa portion de clavier et forte de tous ses cinq doigts, permettra cette profusion ornementale si caractéristique du nocturne, ces roulades et fioritures imitées de l'art des chanteurs, et transmuées chez Chopin en pures délices instrumentales.

Voilà la nouveauté la plus importante de Field ; elle touche à la forme et à la technique. La nouveauté du fond est plus hasardeuse (et le terme plus discutable), car il est injuste de n'en assigner qu'à lui l'aspect négatif : je veux parler de ce ton de mélancolie suave, de rêverie douce, de langueur et d'abandon, qui féminisera la plupart des nocturnes, longtemps après lui, – même si Chopin a pu trouver, pour certains des siens, des accents plus virils, emportés, belliqueux. Ce ton, on l'entend déjà dans les « romances » du siècle précédent, dans certaines « églogues » de Tomášek, et tout simplement dans bien des mouvements lents de sonates (voyez en particulier Dussek et Clementi).

Reste à se demander, tout de même, pourquoi ce terme de « nocturne » ; pourquoi ce besoin d'appeler la nuit à la rescousse. Le *notturno* du XVIIIe siècle, celui de Mozart, n'est jamais qu'une *sérénade*, c'est-à-dire une musique de plein air, donnée à la tombée de la nuit, pour le plaisir d'un prince et de ses hôtes. Mais chez Field, on est bien forcé d'invoquer la littérature, ne serait-ce que ces *Nuits* de Young que le musicien irlandais ne pouvait méconnaître, et qui eurent tant de retentissement sur les jeunes romantiques. D'un crépuscule badin, encore éclairé des derniers feux du jour, et d'une soirée galante, illuminée de torchères, on glisse peu à peu vers des ombres plus épaisses, on plonge vers le minuit, où l'âme s'interroge. Qu'est-ce donc qui fait trembler le cœur de l'homme, parmi le cœur battant de la nuit ? Field ne pose pas nettement la question, mais dessine le contour d'un paysage, où elle pourra s'exercer ; ce sera à Chopin, à Fauré, de tâcher de la formuler, et même de noter des réponses, toujours évasives, et contradictoires.

C'est un casse-tête que le nombre exact des nocturnes de Field et que leur datation. La plupart d'entre eux ont reçu, déjà de son vivant, des noms fort divers, au hasard des éditions ; beaucoup ont connu des versions sensiblement différentes. Field lui-même a donné les numéros 1 à 8, puis 11 à 16, en laissant un curieux trou que les éditeurs se sont efforcés de remplir à l'aide de pièces assimilées, mais jamais de la même façon. On retient ici les seize nocturnes du catalogue de Cecil Hopkinson, en y ajoutant le *Nocturne en mi majeur* (« Grande Pastorale »), numéroté 17 dans la plupart des éditions, ainsi que le nocturne « Le Troubadour ». N'y figure pas, en revanche, le morceau intitulé « Midi », faux nocturne et vrai rondeau (voir LES AUTRES ŒUVRES).

### Premier, Deuxième et Troisième Nocturnes (H. 24-26)*

PUB 1814 (Peters, Leipzig) ; ils avaient paru séparément vers 1812 chez Dalmas à Saint-Pétersbourg ; autres versions des n°ˢ 1 et 2 comme n°ˢ 2 et 3 des *Trois Romances* parues en 1815 chez Breitkopf ; en outre le n° 1, transcrit en si bémol et pourvu de vers de Pétrarque, paraîtra en 1825 à Naples comme n° 1 de deux *Passatempi musicali*.

Les deux premiers, respectivement en mi bémol majeur *(molto moderato)* et en ut mineur *(moderato e molto espressivo)*, peuvent passer pour des archétypes, dont s'inspirera la génération suivante. Quoique de modes opposés et de mètres différents (12/8 pour le premier, 3/8 pour le deuxième), ils sont écrits à l'identique : une longue ligne mélodique uniformément accompagnée d'accords brisés en croches ou doubles croches par trois. Le temps, dans l'un et l'autre, semble suspendu, comblant d'avance le vœu lamartinien, et la rêverie se berce à ce rythme aquatique ; mais il y a davantage de placidité dans le nocturne majeur, où l'harmonie aussi est immobile, que dans le mineur, qui la renouvelle, et où un peu de deux-contre-trois rompt parfois la monotonie du chant. On pressent Chopin presque partout ; dans le tracé des phrases, bien sûr, et dans l'accompagnement largement espacé qui appelle un emploi généreux de la pédale, mais aussi dans tel saut mélodique (septième puis neuvième au début du n° 1, mes. 10, 14), dans telle succession de sixtes, dans tel effet de voix intérieure à la main gauche, dans telle cadence, et jusque dans les traits décoratifs des codas ; un Chopin pâle encore, et comme ankylosé.

Le troisième nocturne (en la bémol majeur, *un poco allegretto*) est d'un type différent ; avec son écriture à quatre parties, dans une mesure à 6/8 où la croche se monnaye bientôt en triolets, ce pourrait être un mouvement lent de sonate, – et d'ailleurs on songe inévitablement à l'*andante cantabile* de la *Sonate pathétique* de Beethoven. La tonique est omniprésente, en longues pédales rêveuses (toute la fin, en particulier), ce qui n'empêche pas, à mi-chemin, une bien jolie modulation en si majeur.

### Quatrième et Cinquième Nocturnes (H. 36 et 37)

PUB séparément 1817 (Breitkopf & Härtel) ; le n° 5, transcrit en fa, avec des vers d'Ippolito Piedimonte, formera le n° 2 des *Passatempi musicali* parus en 1825 à Naples. DÉD à Marie de Rosenkampf ; à Mme de Schimonowski.

Le *Quatrième Nocturne* (en la majeur, *poco adagio*), sans être caractéristique, est l'un des plus beaux de la série. Les volets extérieurs (forme ABA) utilisent ce paisible rythme à 4/4 où une basse en croches à grands dessins brisés soutient les broderies du chant : le patron sur lequel sera taillé, entre autres, le mouvement lent du *Deuxième Concerto* de Chopin. Harmonies ravissantes, bien que simples. La section centrale commence en la mineur, sur la même idée thématique, mais évolue vite vers ut

---

* La lettre H renvoie au catalogue de Cecil Hopkinson (Londres, 1961).

majeur, pour amorcer deux pages agitées, passionnées, très modulantes, où une mélodie expressive s'accompagne d'arpèges roulants en triolets de doubles croches.

On retrouve un Field *sui generis* avec le court *Cinquième Nocturne* (en si bémol, *cantabile, assai lento*), rythmé à 12/8 et de forme ABAB, où A propose à nouveau la même façon de chant rêveur baigné d'arpèges que les *Premier* et *Deuxième Nocturnes* ; mais B est d'écriture différente, en batteries d'accords : on en relèvera chez Chopin, par exemple dans le *Nocturne op. 32 n° 2*. (À noter qu'un des manuscrits, où le nocturne est plus développé, retenait le titre de « Sérénade ».)

### *Sixième Nocturne* (H. 40)
PUB vers 1817 (Wenzel, Moscou).

Il est en fa majeur *(andante tranquillo)*, mais fut transposé en mi pour servir de mouvement lent au *Sixième Concerto*. Rythmé à 6/8, sur le schéma habituel (mélodie accompagnée d'arpèges brisés), mais avec une ornementation plus riche que les précédents, fioritures de triples croches, quintolets en frisettes.

### *Septième et Huitième Nocturnes* (H. 45 et 46)
PUB séparément vers 1821-1822 (Dalmas, Saint-Pétersbourg). DÉD à la princesse Marie Dolgorouki ; à Mme de Chotlaynzov. Notre *Septième* est numéroté 13 chez Liszt-Schuberth, avec le titre de « Rêverie-Nocturne » ; et notre *Huitième* est numéroté 9 chez Liszt-Schuberth, 10 chez Peters et Breitkopf.

Le *Septième* (en ut majeur, *sognante*) ne ressemble à rien d'autre chez Field. La mélodie est confiée à la main gauche (le pouce, au-dessus d'accords battus aux autres doigts), la droite se contentant d'abord de faire sonner la clochette d'un sol (dominante), qu'elle agrémente ensuite d'un obsédant dessin en forme de double gruppetto. Rythme à 3/4, peu fréquent (on ne le rencontrera que dans les *Treizième* et *Seizième Nocturnes*). Rien ne vient déranger la paix profonde où l'on se laisse peu à peu assoupir.

Le *Huitième* (en mi mineur, *adagio*), battu à 12/8, court et concis, se souvient évidemment du début de la *Sonate « Clair de lune »* ; même roulement monotone de triolets, et çà et là les mêmes notes répétées qui se désolent (par exemple mes. 14-15).

### *Neuvième Nocturne* (H. 14E)
PUB 1815 (Breitkopf & Härtel) comme la première de *Trois Romances* ; il constituait, dans une version plus longue, le premier mouvement du *Deuxième Divertissement pour piano et quatuor*, paru vers 1811 à Moscou ; publié ensuite comme « Pastorale », « Rondeau pastoral », « Rondeau favori »..., enfin en 1835 comme « Neuvième Nocturne » (Hofmeister). Conservé comme nocturne dans la plupart des éditions, numéroté 7 chez Liszt-Schuberth, et 8 chez Peters et Breitkopf.

En la majeur *(andante)*. En dépit de tous ses ersatz, c'est vraiment un nocturne, et le plus ancien de tous, si l'on s'en tient à la version de 1811.

On y trouve d'avance (mes. 17) l'accompagnement à la valse, en mesure composée, qu'emploie plus radicalement le nocturne suivant, et que reprendra Chopin dès son *Nocturne op. 9 n° 2*. Chant serein ; atmosphère doucement songeuse ; quelques traits joliment perlés.

### *Dixième Nocturne* (H. 30)

PUB 1816 (Breitkopf & Härtel) sous le titre de « Romance » ; dans son édition de 1835, Hofmeister l'appelle « Dixième Nocturne », comme il avait appelé « Neuvième » la « Pastorale » en la majeur (voir ci-dessus) : c'est la meilleure façon de remplir ces n°s 9 et 10, étrangement laissés libres par Field lui-même, qui reprend sa numérotation à partir du suivant. En tant que nocturne, numéroté 8 chez Liszt-Schuberth, et 9 chez Peters et Breitkopf.

En mi bémol majeur *(andante spianato)*, et le modèle le plus évident du *Nocturne op. 9 n° 2* de Chopin, de même tonalité, de même rythmique (à la valse lente), presque de même thématique, c'est l'un des plus célèbres nocturnes de Field. Il ne s'y élève pas plus haut que la romance douce (et doucereuse !), mais les menus larcins de son génial successeur empêchent de lui rester indifférent. À chaque pas, à chaque détour, on croit entendre les métamorphoses futures ; c'est assez pour lui épargner l'oubli.

### *Onzième Nocturne* (H. 56)

PUB 1833 (Schlesinger, Berlin et Paris). DÉD à Mme d'Ignatiov, dans l'édition française.

Peut-être est-ce le plus beau nocturne de Field (en mi bémol majeur, *moderato*), dans son climat feutré et sa sérénité (les parties extérieures) comme dans sa prenante nostalgie (tout le milieu). À voir la page imprimée, on croit retrouver le *Premier* ou le *Cinquième Nocturne*, avec leur accompagnement ininterrompu de croches à 12/8 et leurs dessins chantants. Mais cette simplicité cache ici une cantilène plus pure, et plus longue de souffle, des harmonies infiniment plus originales (avec des incursions inattendues, comme ce soudain si majeur, vingt-neuf mesures avant la fin). Et l'on ne saurait compter pour rien l'effet de halo, dans les premières pages, de cette pédale de dominante (si♭), que la gauche effleure obstinément.

### *Douzième et Treizième Nocturnes* (H. 58D et 59)

PUB 1834 (Meissonnier, Paris). DÉD à Mlle Pismerky. Numérotés 14 et 15 chez Liszt-Schuberth.

Le *Douzième Nocturne* (en sol majeur, *lento*), qui est également le mouvement lent du *Septième Concerto* publié la même année, est le plus court de tous, au point de susciter une impression d'inachèvement ; il lui manque quelque chose comme un intermède, et ce thème à lui seul, qui se prélasse ingénument sur son lit d'arpèges en grands allers et retours (ces effets de harpe qu'on verra un jour à l'*Andante spianato* de Chopin, également en sol), nous laisse sur notre faim.

Le *Treizième* (en ré mineur, *lento*) a plus de corps, encore qu'il s'éloigne résolument du type « nocturne », pour ressembler plutôt à quelque adagio de sonate, voire à quelque « romance sans paroles », comme le suggère l'édition de Liszt. D'ailleurs toute la modernité pianistique de Field s'y estompe, pour une écriture plus banalement traditionnelle.

### *Quatorzième, Quinzième et Seizième Nocturnes* (H. 60-62)

PUB 1836 (Richault, Paris). DÉD à la princesse de Galitzen. Numérotés 16, 17 et 18 chez Liszt-Schuberth. Le *Seizième* avait à l'origine un accompagnement de quatuor ad libitum.

Il y a incontestablement un recul de l'inspiration dans ces derniers nocturnes. Ce qui faisait la spécificité du genre, tel que Field l'avait inventé dès les premiers, a presque entièrement disparu (et il faut bien dire qu'il lui était difficile de se renouveler : seul Chopin pouvait fournir une nouvelle dimension à ces schémas formels limités). Le pianisme est plus timide, l'ornementation s'appauvrit, même l'harmonie se contente des mêmes sentiers battus.

Du *Quatorzième Nocturne* (en ut majeur, *molto moderato*), de loin le plus étendu du compositeur (neuf à dix minutes), et assemblé de bric et de broc, comme un fragment d'opéra, on retiendra, plutôt que le premier thème, de la famille de ces mélodies à quatre temps qu'accompagnent des accords de guitare (la *Sérénade* de Schubert !), l'étonnant épisode en sol, un des plus beaux moments de Field (dommage qu'il faille venir le prendre dans ce morceau inégal), qui fait chanter des sixtes et des tierces, sur une pédale obstinée de tonique (accord sans la tierce), formée d'arpèges en triolets.

Le *Quinzième* (également en ut majeur, *molto moderato*, et également à 4/4) retravaille une esquisse ancienne, avec une singulière absence d'idées. Quant au *Seizième* (en fa majeur, *molto moderato*), ce qu'il a de meilleur, ce sont les passages où les noires du rythme à 3/4 se subdivisent en triolets, nous redonnant quelque chose du Field des premiers nocturnes, de son bel canto à l'italienne, de sa grâce évanescente.

### *Nocturne-Pastorale* (H. 54)

PUB 1832 (Collard & Collard, Londres) comme « Grande Pastorale » pour piano et quatuor à cordes ; puis 1833 (Schlesinger, Paris) sous le titre de « Nocturne-Pastorale ». Numéroté 10 chez Liszt-Schuberth, 17 chez Peters et Breitkopf.

En mi majeur *(andante con moto)*. Il était presque deux fois plus long dans sa version pour quintette, et l'on ignore qui l'a raccourci à ses quatre-vingt-dix mesures actuelles (Liszt, peut-être ?). L'écriture est chargée, comme peut l'être une réduction, mais séduisante. Dans ce piano décoratif et somptueux, Chopin se profile de façon particulièrement troublante : voyez comme le retour du thème à la main gauche, sous les arabesques de triples croches de la droite, préfigure la fin irréelle du *Deuxième Impromptu*.

### Nocturne « *Le Troubadour* » (H. 55)
PUB 1832 (Cramer, Londres). DÉD à Catherine Moncanov.

Une petite pièce en ut majeur *(moderato)*, qui n'ajoute rien à la collection des *Nocturnes*, – sinon quelques minutes de naïveté, où se berce ce thème facile, dans son enrobage de tonique-dominante, sur son accompagnement battu à contretemps et ses pédales insistantes.

## LES SONATES

### *Trois Sonates* (op. 1, H. 8)
PUB 1801 (Clementi, Londres). DÉD à Clementi.

Field n'a pas vingt ans, il n'est l'auteur que de quelques variations et rondos, et d'un concerto, le *Premier Concerto*, exécuté en 1799. Ces trois sonates, ses seules œuvres à porter un numéro d'opus, avec la *Fantaisie op. 3*, peuvent passer pour une sorte d'hommage à son maître, en même temps qu'une carte de visite, – qui bientôt ne lui servira de rien : il y a si loin de ces œuvres « classiques », encore un tantinet scolaires, et privilégiant l'agilité sur l'expressivité (elles n'ont pas de mouvement lent), aux fameux *Nocturnes* qui annonceront bientôt la jeunesse romantique...

SONATE op. 1 n° 1 (en mi bémol majeur). – L'*allegro moderato* initial commence à la Clementi, avec son thème « cantabile » sur pédale de tonique ; joli second thème, chant de la gauche sous les batteries de la droite, toutes les deux hissées dans l'aigu. Développement modulant, comme il se doit, et tapageur ; on notera la surprise d'une fausse rentrée, en mi bémol mineur, bifurquant en sol bémol majeur, et développant encore un peu, avant la véritable réexposition. – Mais la sonate vaut essentiellement par son rondo *(allegretto)*, fort célèbre en son temps et souvent publié séparément. Voilà, pour ceux qui ne connaissent qu'un seul aspect de Field, de l'antithèse de nocturne, de l'antidote à toute mélancolie ! Le refrain en particulier, qu'on a spontanément envie de siffler, est délicieux d'humour, avec sa basse qui piaffe en dixièmes et son rythme pointé de *schottische* ou « écossaise » (rappelez-vous la première des *Écossaises* de Chopin). Il y a un brin de remplissage virtuose (et préchopinien !), mais c'est léger, alerte, spirituel, jusque dans le couplet mineur, qui ne se prend pas un instant au sérieux.

SONATE op. 1 n° 2 (en la majeur). – L'*allegro moderato* n'offre rien que de banal, et peut dormir en paix dans l'oubli. L'*allegro vivace*, en forme d'arche (ABCBA), est infiniment meilleur, même s'il abuse, en ses basses, de l'octave brisée. Il ne sourit qu'à moitié, alternant une façon butée de foncer, tête en avant, avec des passages à la Schubert, presque valsés. Les épisodes mineurs ont une âpreté inattendue, qu'un jeu incisif et dépouillé pourra même colorer d'on ne sait quelle secrète angoisse.

SONATE op. 1 n° 3 (en ut mineur). – Inspiré, qui sait, par la tonalité, Field écrit plus fougueux, plus tendu, plus ample aussi dans son premier mouvement *(non troppo allegro, ma con fuoco e con espressione)*, qui, tout en devant toujours beaucoup à Clementi, montre davantage de liberté dans le maniement du matériau, dans l'enchaînement des idées, dans la palette harmonique. – Mais c'est encore le rondo (en ut majeur, *allegretto scherzando*) qui est le plus riche d'invention, comme si, à cette époque, l'humour lui allait mieux que la gravité. Thème guilleret, d'essence populaire, agrafé de petits ornements rieurs qui font se croiser les deux mains ; gammes véloces des couplets, tournant au mouvement perpétuel de doubles croches ; le tout un peu longuet et répétitif, mais fort plaisant.

## *Quatrième Sonate, en si majeur* (H. 17)

PUB 1813 (Dalmas, Saint-Pétersbourg). DÉD à Alexandrine de Nekloudov.

On mesure, des trois premières sonates à celle-ci, le chemin qui peut mener d'une génération à l'autre : entre Clementi et Chopin, voici un trait d'union de plus. Le style s'est dégourdi, s'est assoupli ; le dialectique recule encore, au profit du sensible ; de plus en plus l'harmonie est affaire d'oreille, et non de cerveau. Il n'empêche, Field n'est pas entièrement à son aise dans le *moderato* initial, et sa façon de couper court, à la fin, en écrasant sa reprise en une page, montre bien qu'il a hâte d'en sortir. – On trouve des idées plaisantes dans le rondo (*moderato* également), commencé sur un accord de septième de dominante, et d'allure russe, ce qui n'est pas pour surprendre chez un compositeur qui non seulement a longtemps vécu en Russie, mais s'est inspiré de ce terroir dans plus d'un cahier de variations. Le morceau est brillant, sans que les doigts aient trop à y faire ; çà et là perce Chopin, une fois de plus (celui, par exemple, du rondo du *Concerto en mi mineur*).

## LES AUTRES ŒUVRES

**Rondos**. – Un des genres les plus prisés du public, et auquel un pianiste compositeur était forcé de s'adonner. Field, dans ses concerts, les alternait avec des nocturnes.

Quelques-uns emploient des thèmes populaires, comme le *Rondo écossais* sur le thème « *Speed the Plough* », dont on a deux versions, l'une en si bémol majeur, l'autre en si majeur (publiées respectivement en 1800 à Londres et en 1814 à Leipzig), la seconde nettement plus « écossaise », avec ses bourdons de cornemuse ; ou l'*Introduction et Rondo* sur l'air « *Come again, come again* » (publiée en 1832 à Londres), en mi majeur, rondo quelconque, mais adagio introductif assez proche du style des *Nocturnes*, le chant balancé sur la vague de grands arpèges en triolets.

D'autres rondos sont des arrangements par Field des rondos de ses concertos, comme la *Polonaise en rondeau* (publiée en 1813 à Saint-Pétersbourg) qui provient de la polacca du *Troisième Concerto* ; morceaux toujours brillants et séduisants, quoique ayant subi d'abondantes coupures.

D'autres enfin sont des arrangements d'œuvres de musique de chambre, comme le *Rondo favori* en mi majeur, publié à Londres en 1813, d'après le *Premier Divertissement pour piano et quatuor*, puis abrégé d'une cinquantaine de mesures en 1832 et devenu célèbre sous le titre de « Midi ». Liszt, curieusement, le fait figurer dans son édition des *Nocturnes*, en alléguant qu'il y avait des nuits blanches à Saint-Pétersbourg ! Il serait banal, un petit rien frivole et creux (qui annonce pourtant de fort près le *Premier Rondeau* de Chopin, op. 1), n'était cette coda imprévue, énigmatique, où sonne par douze fois, comme les douze coups de l'horloge, un mi heurté au centre du piano, sous la dispersion des dernières bribes de musique.

***Variations et fantaisies***. – Trois fantaisies, cinq cahiers de variations, à mettre dans le même sac : les fantaisies en question, à leur façon, sont autant de thèmes variés.

Il en est de remarquables. Et tout d'abord la *Fantaisie sur l'andante de Martini, op. 3*, en la majeur, publiée en 1812 (Kühnel ; mais peut-être auparavant en Russie) ; ce Martini est en réalité Vincente Martín y Soler, et le thème provient d'un de ses opéras. Field brode avec autant d'ingéniosité que de caprice sur ce canevas réduit, et l'on ne cesse d'entendre, dans la texture, dans les inflexions, dans les clignotements harmoniques, des prémonitions de Chopin.

Non moins intéressante, la *Fantaisie sur le motif de la polonaise « Ah, quel dommage »*, en sol majeur, publiée en 1816 (Breitkopf & Härtel). Le thème est de Boieldieu, qui l'aurait rajouté à son *Calife de Bagdad* pour la diva du moment, une demoiselle Philis Andrieux ; Field s'en soucie bien peu, n'y trouve qu'un prétexte parmi d'autres à déployer une étonnante liberté harmonique, saute du coq à l'âne, module tout au long, et se réserve un finale virtuosissime, où les mains s'affrontent en dessins brisés de triolets en mouvement contraire (la gauche fréquemment en dixièmes).

Enfin, on peut prendre la peine d'aller regarder l'*Air russe favori varié*, en si bémol majeur, publié en 1809 (Schildbach, Moscou), variations carillonnantes sur le thème « *Kamarinskaia* » : en arrivant aux sauts acrobatiques de la fin, on voit distinctement l'origine de l'effrayante quatrième variation des *Variations sur « La ci darem la mano »* de Chopin.

**Divers.** – Pour mémoire : quelques danses, comme l'aimable *Sehnsüchts-Walzer*, en mi majeur, ou la *Danse des ours* publiée par Dessauer dans son ouvrage sur Field (1912) ; un *Andante* en mi bémol, publié en 1852 en Russie, d'une inspiration séraphique ; un court *Largo* en ut mineur, écrit pour Marie Szymanowska (reproduit en fac-similé dans le catalogue thématique de Hopkinson) ; des exercices, dont un *Exercice modulé dans tous les tons majeurs et mineurs*, publié en 1816 à Leipzig, tout en dessins brisés, parfois tortueux, de doubles croches infatigables à la main droite puis aux deux mains, et que Field, à ce que l'on raconte, a joué quotidiennement pendant toute sa vie.

## Johann Caspar Ferdinand FISCHER
(1665 ?-1746) Allemand

Au sein d'une production peu abondante (des suites d'orchestre, de la musique sacrée, quelques opéras aujourd'hui perdus), deux recueils de suites ou partitas constituent l'apport de Fischer à la musique de clavier ; il y sert, avec assurance et originalité, de truchement entre la France et l'Allemagne. L'étroite suite à la Froberger, limitée à quatre danses fondamentales (allemande, courante, sarabande, gigue), ne lui suffit pas. Il a montré dès son opus 1, le *Journal du printemps*, « consistant en airs et ballets, à cinq parties et les trompettes à plaisir » (1695), qu'il est perméable au goût versaillais. Ce que Böhm n'a tenté qu'en une seule de ses onze suites (la deuxième, lullyste depuis son ouverture jusqu'à sa chaconne finale), Fischer le renouvelle à chacune des siennes ; il n'en est pas deux qui se ressemblent ; truffées, comme dit l'intitulé du premier recueil, de « galanteries diverses », dont le nombre est variable et l'ordre fantaisiste, riches de suc mélodique, aussi contrastées qu'équilibrées, elles mènent directement aux suites de Bach.

Les huit suites qui composent le ***Musicalisches Blumen-Büschlein***, parues d'abord en 1696, à Schlackenwerth, sous le titre français de *Pièces de clavecin*, puis en 1698, à Augsbourg, sous leur titre définitif, offrent au déchiffreur la plus agréable et la plus variée des promenades. Ce n'est pas un « bosquet » pour rien. On pique là un prélude, choisi dans l'un des modèles proposés (par exemple celui de la *Première Suite*, en ré mineur, en fioritures, à la façon des débuts de toccata chez Froberger ; ou celui de la *Deuxième Suite*, en fa majeur, tout en accords battus que martèle souvent le rythme dactylique et qui parfois dissonent et modulent brutalement ; ou celui, unique en son genre, de la *Sixième Suite*, en ré majeur, en accords brisés aux mains alternées, une note à gauche, trois à droite, dont se souviendra le *Prélude en si bémol* du premier *Clavier bien tempéré*), – là un menuet (il y en a six, c'est la danse la plus fréquente dans le recueil, et Fischer a l'art de le trousser ; celui de la *Sixième Suite* est un bijou, avec son thème presque inchangé sur une harmonie tour à tour majeure et mineure), – ailleurs une gavotte, une bourrée, ces danses tant choyées par Lully.

Quelques danses ne font qu'une unique apparition, comme la *Gigue* (à 3/4, en fugato) de la *Sixième Suite*, ou le *Ballet* (tout en rythme pointé, avec la rare indication *presto*), la *Canarie* (fuguée, comme chez Lebègue, et avec inversion du thème dans la deuxième section) et le *Passepied* de la *Deuxième Suite*, ou encore le *Branle* de la *Quatrième* (en ut majeur : il passe originalement du rythme à 2/2 du branle de Bourgogne au rythme à 3/4 du branle gai ou branle de Poitou). Il y a une *Plainte* dans la *Septième Suite* (en sol mineur), deux voix chantantes, au pas continu d'une basse de noires, avec des silences expressifs (des « soupirs », dans les deux sens du terme). En marge de la danse, la *Cinquième Suite*, en mi mineur, et la *Huitième*, en sol majeur, ne comportent qu'une pièce après le prélude initial ; mais aussi s'agit-il, dans l'une, d'une *Aria* suivie de huit variations (comme dans la *Partita « auff die Maÿerin »* de Froberger), substantielles, quoique un peu sentencieuses (pourtant la dernière est piquante, avec son frétillement d'accords répétés) ; et dans l'autre d'une *Chaconne*, qui passe un moment par le mode mineur, où la rehausse un chatoiement chromatique.

Pour finir, s'il fallait choisir une suite complète, j'opterais pour la *Troisième Suite*, en la mineur, la plus sobre et néanmoins la plus expressive : un paisible *Prélude* (si du moins on le prend d'allure modérée), dont les volutes de triolets tournoient avec grâce, – une *Passacaille* en rondeau, pénétrée de douce mélancolie, volontairement dénuée de tout effet extérieur, – une *Bourrée* revigorante, – et un délicat *Menuet*, plus français que nature, et auquel ne manque même pas la « petite reprise » chère à nos clavecinistes.

Les neuf suites du **Musicalischer Parnassus** (publiées vers 1738, à Augsbourg, mais sans doute composées longtemps auparavant) tirent leur nom du fait que chacune d'elles se présente sous le patronage d'une des muses. *Clio* préside à la première suite, en ut majeur, dont le *Praeludium harpeggiato*, avec son écriture uniforme d'accords brisés et son rythme harmonique à la mesure, évoque d'avance (si la pièce de Fischer est bien l'aînée des deux) le *Prélude en ut* du premier *Clavier bien tempéré*, où Bach n'aura plus qu'à recouvrir d'un peu de chair cette ossature toute prête ; outre les danses habituelles, allemande, courante, sarabande, menuet et gigue, cette suite inclut un *Ballet anglais*, goguenard et sautillant (à 4/8, une sorte de *country dance*, contredanse).

La deuxième suite, *Calliope*, en sol majeur, en compte un également, et plus guilleret encore ; elle se passe fort bien de l'inévitable brelan (allemande, courante et sarabande), ajoute après la *Gigue* une *Bourrée*, et double les *Menuets*, dont le second sert de trio au premier ; surtout, elle commence par une *Ouverture* à la française, dix mesures de 4/4 solennellement pointé, avec un bref motif descendant, suivies d'un *presto* à 3/4 en contrepoint imitatif.

À relever dans la troisième suite, *Melpomène*, en la mineur, après le court *Prélude* et l'*Allemande*, et avant *Gigue*, *Bourrée* et *Menuets* alternés, un *Passepied* vif et rieur, un *Rondeau* à deux couplets qui trottine à petits pas de souris, et une simple mais parlante et touchante *Chaconne*.

Avec ses enchaînements d'accords battus et son rythme parfois dactylique, la *Toccatina* qui ouvre *Thalie*, la quatrième suite, en si bémol majeur, rappelle le *Prélude* de la *Deuxième Suite* du *Blumen-Büschlein* ; on retrouvera cette écriture au début de *Terpsichore* et d'*Uranie* (et l'on s'amusera des synonymes, « toccatina », « tastada », « toccata », que Fischer a adoptés pour ces morceaux dédiés au « toucher » sous ses espèces les plus percutantes...). Une souple *Allemande*, deux *Menuets* alternés, dont le second passe au relatif mineur, un *Ballet* et une *Gigue* complètent cette suite, la plus courte du recueil.

Le *Prélude* d'*Erato*, la cinquième suite, en mi mineur, tresse de tendres guirlandes entre les voix ; l'*Allemande* poursuivant de la même manière, on ne sent guère le passage de l'un à l'autre, d'autant que les deux emploient de semblables dessins à notes répétées. *Chaconne* dansante, ce qui est rare ; *Gavotte* tout autant, et en sabots, ce qui est fréquent ; et dans la *Gigue* l'habituel 6/8 pointé.

*Euterpe*, la sixième suite (en fa majeur), où se succèdent d'abord un *Prélude*, une *Allemande*, un *Air anglais*, une *Bourrée* et un *Menuet*, est surtout remarquable par sa *Chaconne* finale, ample et sonore, virtuose même, comme le montrent la variation aux mains alternées, celle où les deux mains tricotent à distance de sixte, celle qui sautille sur un tremplin de notes répétées.

Vigoureuse et ferraillante *Tastada*, au début de *Terpsichore*, septième suite (en sol mineur), toujours dans cette écriture d'accords battus dont Fischer semble friand, et où il sait glisser de savoureuses dissonances ; suit une belle *Allemande*, une de celles où l'on voit le mieux chez Fischer (comme en certaines de Böhm) se profiler les allemandes de Bach. La nouveauté de la suite, auprès des danses déjà rencontrées dans les précédentes, est un *Rigaudon*, franc, trapu, gaillard, où cependant le trio fait contraste, amolli par un courant de croches.

Après un début innocent, où se distingue l'*Harpeggio* initial, en accords brisés, lui aussi avant-coureur du premier prélude du *Clavier bien tempéré*, la huitième suite, *Polymnie* (en ré majeur), finit en musique à programme : ses trois dernières pièces, une *Marche* pimpante et claironnante, un *Combattement* rempli d'accords brisés qui dégringolent d'une main dans l'autre, et un joyeux *Air des triomphants*, scandé à 3/8, semblent peindre à leur (timide) façon quelques « caractères de la guerre », supplément à ceux que Dandrieu, en 1724, a glissés dans son Premier Livre... ou tout simplement à la *Marche* et à l'*Air des combattants* que Fischer lui-même avait déjà introduits dans le *Journal du printemps* mentionné plus haut.

Ce n'est pas pour rien que la neuvième et dernière suite (en ré mineur) se place sous la protection d'*Uranie*, muse du savoir ; elle résume à elle seule la variété des autres. Allemande, courante, sarabande et gigue sont au rendez-vous, comme autant de membres fondateurs du genre ; il s'y ajoute, en qualité de membres associés, une gavotte, un rigaudon avec son double (le seul « double », en vérité, de l'œuvre de Fischer), et deux menuets alternés. Elle commence dans le martellement d'accords d'une *Toccata* ; elle conclut par une magnifique *Passacaille*, le chef-d'œuvre du compositeur ; on y voit que le miniaturiste peut parfois s'autoriser de plus vastes dimensions, sans nuire pour autant à la sensible perfection de son dessin.

Les curieux ne manqueront pas de feuilleter les deux recueils plus expressément destinés à l'orgue : **Ariadne musica** (paru en 1715) et **Blumen-Strauss** (1732). L'*Ariadne*, ensemble de vingt préludes et fugues, avec en supplément cinq ricercari, est célèbre pour avoir servi de modèle au *Clavier bien tempéré* ; Fischer y étend à dix-neuf le nombre des tonalités explorées (vingt en comptant le mi modal du sixième prélude) : c'est le « labyrinthe » dont il se vante de fournir le fil. Dans le cadre exigu auquel il se restreint (car ces pièces devaient servir aux offices catholiques de la cour du margrave de Bade, et le plus long prélude ne fait que vingt-cinq mesures, le plus court seulement sept), il témoigne d'une invention inépuisable, renouvelant rythmes, figures et textures ; on perçoit sans cesse, et jusque dans cette variété, des ébauches du grand œuvre de Bach. – Le *Blumen-Strauss*, quant à lui, comprend huit séries de six fugues, chaque série enserrée entre un prélude et un finale, et la brièveté y est également de rigueur. On verra, en les examinant, que le rôle du pédalier se borne en réalité à tenir quelques basses, et qu'un bon nombre de ces morceaux se réduisent sans mal au clavier.

## Jean FRANÇAIX
(1912-1997) Français

Voici le cas d'un merveilleux pianiste, qui n'a pas beaucoup sacrifié au piano. Certes il lui donne la vedette dans un *Concertino* (1932), dans un *Concerto* (1936) ; il en fait le partenaire du violon dans une *Sonatine* (1934), du violoncelle dans un *Mouvement perpétuel* (1944), de la flûte dans un *Divertissement* (1953) ; il l'utilise en accompagnement de la voix dans son *Adolescence clémentine* sur des vers de Marot (1942), dans ses *Poésies* de Charles d'Orléans (1946), dans ses *Anecdotes* de Chamfort (1949) ; il réunit deux pianos le temps de *Huit Danses exotiques* (1957). Mais le piano seul est chichement servi : une dizaine d'œuvres, au sein d'une production considérable, couvrant plus de soixante-dix ans de composition.

Leur examen fait regretter cette parcimonie. Mais on la comprend. Françaix a gardé, à l'égard du piano, une vision romantique ; ses dieux, au clavier, se nomment Beethoven, Chopin, Schumann. Or, il ne compose pas leur sorte de musique. Peu lui chaut, quand c'est son tour, le message, l'aveu, le dédoublement de l'âme. Ce n'est pas son cœur qu'il porte en écharpe, c'est son esprit ; il l'a pointu, léger, virevoltant ; c'est son humeur ; il l'a joyeuse, insouciante. L'écriture pianistique risque, celle-ci, de la rembrunir, celui-là, de l'alourdir, de l'empâter.

Oui, cette infatigable gaieté requiert des instruments plus contondants (par exemple rien ne lui plaît davantage, depuis quelques lustres, que le double quintette à vent). Au piano, notez-le bien, il se tire d'affaire par l'excès de vitesse, le coq-à-l'âne, le staccato, l'absence de pédalisation. Mais on a beau cribler le piano, tôt ou tard il attire le moelleux, l'accord gras, l'arpège ruisselant. Qu'en faire ? Bien moins expansif que Chabrier ou Poulenc, dont il ne revendique, au mieux, que l'espièglerie, Françaix n'irait pas se rouler dans la farine sentimentale, même entre deux rigolades. La palette impressionniste ? On peut lui faire valoir que l'auteur de *La Cathédrale engloutie* est le même que celui du *General Lavine* ; mais je soupçonne notre auteur de trouver l'humour de Debussy affreusement sérieux, peut-être même d'une infinie tristesse, un jeu de vieux guindé solitaire, qui même en pantoufles garde son chapeau melon.

Il s'en est donc tenu, en ce qui nous concerne, au strict nécessaire. Une *Sonate* qui est plutôt une suite, un divertissement scarlattien ; de ravissants *Portraits de jeunes filles*, où peut s'exercer à loisir un considérable talent pour la satire ; un *Scherzo*, des *Bis* jetés en pâture aux virtuoses, à condition qu'ils aient ses doigts de vif-argent et ses détentes électriques ; surtout d'admirables valses d'après Valéry, cet *Éloge de la danse* qui devrait suffire (mais qui donc y a été regarder ?) à conserver à jamais son nom dans les tablettes du piano de notre temps.

## *Scherzo*
COMP 1932. PUB 1935 (Schott). DÉD à Isidore Philipp.

Deux minutes à peine (une seule, si l'on ne fait pas les reprises !) ; c'est déjà, avant ceux de 1967, un « bis » étincelant (en ut dièse mineur, *vif*) : et l'on garantit les hourras au pianiste qui, en guise de rappel, secouera aux oreilles du public ces grelots cristallins.

## *Cinq Portraits de jeunes filles*
COMP 1936. PUB 1937 (Schott). DÉD à Isidore Philipp.

L'art du portrait est-il français avant toute chose ? On le croirait en songeant à nos clavecinistes, et plus près de nous à un Jacques Ibert, à un Guy Ropartz. Comme eux, Jean Françaix manie la pointe ; comme eux aussi, il rend vivants des caractères éternels : art de moraliste, fort différent de celui où s'exerçait, de l'autre côté de l'Atlantique, un Virgil Thomson, préoccupé de fixer sur son papier de vrais modèles, célébrités, amis, rencontres de passage.

*La Capricieuse* (en mi majeur, *vivo*), à quoi voit-on qu'elle l'est en effet ? À cet espiègle rythme à 5/8 qui la fait danser, à ce staccato pointu et persifleur, à ces brusques sauts d'octave, à cette versatilité qui la fait passer d'un ton à l'autre. Elle ne tient pas en place ; mais prenez garde que ce n'est pas le portrait d'une turbulente, et que l'on ne sort pas souvent des nuances douces et du « delicatamente » indiqué tout au début.

Un lent rythme de forlane berce la rêverie de *La Tendre* (en sol majeur, *andantino*) ; musique presque immobile, où glissent paisiblement, dans les deux pédales, les harmonies de septièmes.

Il suffit de suivre à la lettre les indications du texte, et *La Prétentieuse* apparaît au grand jour (en si bémol majeur, *allegretto*). Ces réticences, ces octaves pincées suivies de silences, ces *f* et *ff* soudains, aussitôt étouffés de pianissimos, ces triolets déclamatoires et ces traits qui se tire-bouchonnent (mes. 9-15), font un portrait peu charitable, mais savoureux, – et véridique...

À quoi pense *La Pensive* (en ut dièse mineur, *andantino*), sous le voile mystérieux de ses accords brisés, qui tournoient dans l'air comme de la gaze ? On ne sait, mais ce doit être à des choses très sereines, car pas un instant elle ne s'éloigne du pianissimo initial. Quelques phrases mélodiques, en valeurs longues, flottent entre la basse et l'harmonie.

*La Moderne*, on s'y attend, aime le jazz ; peut-être un peu trop : la pièce est longue (en mi majeur, *allegretto*). Le compositeur des *Danses exo-*

*tiques* pour deux pianos est certes à son aise dans ces rythmes déhanchés, qu'il varie justement comme une succession de danses ; mais lui d'habitude si économe de son temps, devient ici prolixe, ne veut plus lâcher ses motifs. Tant pis, on lui emboîte le pas de bonne grâce, jusqu'au galop irrésistible de la coda, que ponctue, comme un pied de nez, le rappel des quatre premières mesures de *La Capricieuse.*

### Éloge de la danse
COMP 1947. PUB 1950 (Schott). DÉD à François Valéry.

L'idée est séduisante, de tirer de quelques épigraphes de Paul Valéry (extraites du dialogue *L'Âme et la Danse*) l'inspiration d'un cycle de valses ; elle a fourni à Françaix sa meilleure partition pianistique, ses *Valses nobles et sentimentales,* point indignes du chef-d'œuvre de Ravel. Est-ce la beauté acérée, la puissance d'évocation du texte qui a durci sa volonté, qui l'a poussé à refuser la moindre facilité mélodique et même harmonique ? Le fait est que cet *Éloge* est d'une exceptionnelle qualité d'écriture ; l'artisan des notes et l'ouvrier des mots se rejoignent pour une œuvre de pure poésie.

« Elle semble d'abord, de ses pas pleins d'esprit, effacer de la terre toute fatigue, et toute sottise... » : la première pièce (en sol majeur, *amabile, rubato*) est toute en pointes légères, avec un rien de distance ironique, par la vertu de son motif initial de notes répétées.

« Elle était l'amour... elle était jeux et pleurs, et feintes inutiles... les oui, et les non, et les pas tristement perdus... » : la deuxième (en sol mineur, *allegretto*) triche délicieusement sur le temps, propose un 3/4 à syncopes, comme autant de battements de cœur, alors qu'on peut y entendre, plus amplement, plus paisiblement, une valse lente à 3/2. Le thème en noires pointées des mes. 17-24, repris à la fin au ténor, n'en est que plus expressif, en sa tâtonnante birythmie.

« Elle trace des roses, des entrelacs, des étoiles de mouvement, et de magiques enceintes... Elle cueille une fleur qui n'est aussitôt qu'un sourire... » : la troisième (en ré bémol majeur, *grazioso*) va par petites touches chromatiques, séparées de silences. À jouer sur le bout des doigts, sans poids, jusqu'à la fin, quelle que soit la densité des accords.

« Elle a fait tout son corps aussi délié, aussi bien lié qu'une main agile... Ma main seule peut imiter cette possession et cette facilité de tout son corps... » : chromatisme également dans la quatrième (en si mineur, *vivo*) ; mais ici c'est un mouvement perpétuel, un ruban souple et continu de croches, où la pédale met un léger halo. Basse toutes les quatre mesures, avec l'harmonie syncopée sur le troisième temps.

« Elle célébrait tous les mystères de l'absence... elle semblait quelquefois effleurer d'ineffables catastrophes... » : encore les équivoques rythmiques, si propres à cette « âme de la danse » qu'exalte Valéry, dans la cinquième valse (en si mineur, *andantino*) ; car on jurerait à 2/4 ce début tendrement berceur ; et plus loin la basse ne marque-t-elle pas un insidieux 6/8 ? Pièce vraiment touchante, le chant au seuil de la plainte, interrogatif, sans espoir de réponse...

« Voici le chœur ailé des illustres danseuses ! C'est un bosquet aux belles branches tout agitées par les brises de la Musique ! » : la sixième (en sol majeur, *allegro assai*), en guise de finale, est une fête du mouvement, du tournoiement, de l'envol ; valse-caprice, avec ses élans et ses brusques oppositions de nuances *(ff-pp)* ; en contraste, un intermède au rythme imperturbable, et délicat comme une porcelaine.

### Sonate
COMP 1960. PUB 1960 (Schott). DÉD à Idil Biret.

Sonate : sûrement pas la conception beethovénienne, à message et tralala métaphysique ; et même pas la façon haydnienne, plus favorable aux jeux d'esprit, mais tout aussi tributaire d'un moule formel. Sonate dans le sens où les préclassiques l'entendaient, de musique à faire *sonner*, en toute liberté. Et d'ailleurs le terme de « suite » eût mieux convenu encore. Quatre mouvements : un *Prélude* (en la majeur, *allegrissimo*), dépouillé, une ligne qui court sur une basse, transportant dans tous les tons son amusant thème initial, à 7/4 ; – une *Élégie* (en ré mineur, *andantino con moto*), de couleur automnale, dans une écriture polyphonique où, entre le chant et la basse, deux voix intérieures trament ensemble leurs dessins de croches ; – un *Scherzo* (en fa dièse mineur, *vivace*), pointu, hérissé de dissonances, dont on ne saurait décider s'il est goguenard ou irrité pour de bon ; – enfin une *Toccata* (en la majeur, *allegretto*), délicieuse quincaillerie de doubles notes, aux harmonies pleines d'imprévu, et qui serait devenue célèbre, au même titre que la *Toccata* de Poulenc, si elle n'était pas un finale de sonate.

### Cinq Bis
PUB 1967 (Schott). DÉD à Nadia Boulanger.

Spirituels en diable, et d'une imparable efficacité pianistique ! *Pour allécher l'auditoire*, une petite danse à 2/4 (en ré majeur), émaillée de gammes chromatiques, perchée sur les échasses d'une basse de croches staccato ; *Pour les dames sentimentales*, une romance de suavité choisie (en ut majeur, *teneramente*), variée en gammes, arpèges et tierces déliquescentes ; *En cas de succès*, le punch du mètre à 5/4 (en sol majeur, *vivo*), aux mains alternées, droite en accords, gauche en octaves ; *En cas de triomphe*, une rumba narquoise et acidulée (en fa majeur) ; *En cas de délire*, un mouvement perpétuel de doubles croches (en ut majeur, *prestissimo*), que la basse talonne à contretemps.

## De la musique avant toute chose
COMP 1975. PUB 1976 (Schott).

Joli titre pour ce cahier de dix pièces enfantines, le pendant pour deux mains des *Portraits d'enfants* à quatre mains. Elles vont du très simple au passablement difficile, comme si le compositeur s'était amusé à survoler en un mince cahier tout un cycle d'études pianistiques.

*Le Nouveau-Né* (en ut majeur, *andantino*) n'a besoin que de deux doigts à la main gauche, do-ré-do-ré, obstinément, en noires, sous la droite en blanches et rondes. Dans *Le Bébé* (en fa majeur, *adagio*), elle s'enhardit jusqu'aux « cinq notes » de monsieur Czerny ; la droite chante une berceuse, sans craindre de faire sursauter les voisins avec son si ♮ lydien. Dans *Les Jumeaux* (en ut majeur, *moderato*), net progrès, les mains se suivent de près, en canon ; et le passage du pouce devient monnaie courante. Puis c'est *L'Enfant égaré* (en la mineur, *allegro*) : titre gentiment ironique pour une pièce où la droite joue à trois temps, sur une gauche nettement scandée à deux, – de quoi perdre en effet le nord ! *L'Enfant sage*, lui, travaille consciencieusement son mécanisme : doubles croches à droite, notes tenues à gauche (en ut majeur, *andantino*). On verra que la même façon de basse d'Alberti sert aux phrases paisibles de *L'Enfant rêveur* (en sol majeur, *moderato*). Dans *L'Ingénue* (en ré majeur, *allegro*), on tricote de tous les doigts à la fois, les mains presque immobiles au milieu du clavier. Enfin les trois derniers numéros introduisent franchement à l'humour de Françaix, à ses harmonies piquantes et facétieuses, à son pianisme précis : *Le Petit Soldat* (en ut majeur, *molto secco e ritmico*), une marche bouffonne, aux mains alternées, – *Le Petit Rat* (en fa majeur), une valse aux nombreux chromatismes, – *Un jeune loustic* (en la bémol majeur), une irrésistible polka, pour laquelle il faut un véritable petit virtuose !

## Variations sur le nom de Johannes Gutenberg
COMP 1982. PUB 1983 (Schott).

Dans ces *Variations* qu'il créa lui-même, à Mayence, quand on lui remit la médaille de Gutenberg, un fringant septuagénaire se donne libre cours d'espièglerie. Voyez comment, sitôt l'énoncé du thème, dans le fond caverneux du piano *(largo)*, un glissando amène l'ironique 1re variation *(andante)*. Et si, en dépit de son 7/4, la 2e se veut pompeuse *(moderato)*, si la 3e est presque romantique dans son trois-contre-deux *(larghetto)*, on se rattrape avec les grelots moqueurs de la 4e *(allegrissimo)*, avec les petits martellements effrontés de la 6e *(presto)*, avec surtout les traits véloces de la 8e *(risoluto)*, à jouer « senza pedale ». On pouvait s'arrêter ici ; que non : un dernier grommellement du thème, dans les basses, altéré, et un glissando conclusif, triple piano.

*La Promenade d'un musicologue éclectique*
COMP 1987. PUB 1989 (Schott). DÉD à Émile Naoumoff.

Un mélange d'humour et d'émotion. L'humour est attentionné dans l'*Hommage à Haendel*, qui reprend à son compte, dans ses accords de marche solennelle et son rythme pointé, toute la pompe qu'on associe à l'auteur du *Messie* ; – complice dans l'*Hommage à Scarlatti*, lequel aurait pu, à notre époque, tracer l'exercice piquant et virtuose que lui offre Jean Françaix de sa plume bien taillée ; – satirique dans le *Petit hommage à la musique contemporaine*, où l'on apprend (pédagogiquement !) les vertus du silence, la force du cluster, l'importance de quelques bruits parasites (« heurter du dos des médius recourbés la marque centrale de l'instrument », ou « laisser tomber le couvercle » !). L'émotion affleure dans la mazurka de l'*Hommage à Frédéric Chopin*, et plus encore dans l'*Hommage à Maurice Ravel*, mélange de menuet gracile et de valse sentimentale. Enfin, dans un improbable *Hommage à Adolphe Adam (de l'Institut)*, Françaix, après un semblant de nocturne, livre une véritable toccata, zébrée de gammes, d'arpèges, hérissée de doubles notes.

PIÈCES DIVERSES. – L'amateur de déchiffrages pourra examiner la version pianistique (copieuse !) des **Six Grandes Marches dans le style du Premier Empire** (Éd. transatlantiques, 1956) ; marteler le **Rock'n Roll du commandant Touquedillon** (paru en 1963 dans la *Petite Méthode de Marguerite Long*, Salabert) ; s'ébahir, s'il le trouve, d'un petit cahier oublié des catalogues, **Pour Jacqueline** (Senart, 1923), où un gamin de dix ans taquine la bitonalité ; et en attendant la parution du **Nocturne** en hommage à Chopin (1994, commande de la Société Chopin à Paris), essayer au piano les six pièces délectables de *L'Insectarium* pour clavecin (Schott, 1959 ; dédié à Wanda Landowska) : la toccatina de *La Scolopendre* (n° 1), la danse déhanchée des *Talitres* (n° 4) se prêtent fort bien à ce détournement...

# César FRANCK
(1822-1890) Français d'origine belge

Le génie est-il le fruit de la patience ou de l'impatience ? Le cas de Franck donnerait plutôt raison à Buffon contre Valéry. Car il a mis plus de temps que quiconque avant d'obéir à son *genius*, – ce petit dieu tutélaire qui nous ressemble, nous rassemble, et tâche de nous guider depuis le premier jour. La chose, vérifiable dans tous les domaines où il s'est avancé, orchestre, voix, orgue, musique de chambre, est particulièrement flagrante dans son œuvre pianistique. Le piano ne lui inspire d'abord que des pièces brillantes, sur des airs d'opéras à la mode, dont le modèle, à défaut de Liszt, n'est que Thalberg ou Hertz. Franck, qu'un père tyrannique a voulu armer, de pied en cap, en pianiste virtuose, en pourfendeur de claviers, obéit à ce goût louis-philippard dont on dira, par euphémisme, qu'il ne se confond pas exactement avec le bon goût. Concentrés dans les années 1842-1845, ces pensums ont eu pour unique résultat d'éloigner leur auteur du clavier. Durablement : quarante ans, l'espace d'une vie, celle de Chopin par exemple ! S'il était mort durant ces quatre décennies, Franck n'aurait pas son nom dans un dictionnaire du piano. Mais en 1884 et 1886, coup sur coup, le voilà qui compose deux triptyques pianistiques, *Prélude, Choral et Fugue*, suivi de *Prélude, Aria et Finale* ; et ce faisant, non seulement il entre dans les dictionnaires, mais il gagne sa place au panthéon de l'instrument.

Ces années soixante-dix et quatre-vingt marquent la renaissance du piano en France, comme en témoignent des œuvres aussi différentes que les *Études op. 52* de Saint-Saëns (1877), le *Poème des montagnes* de d'Indy ou les *Pièces pittoresques* de Chabrier (1881), les premiers *Nocturnes* de Fauré (1875-1882), les *Sarabandes* de Satie (1887) ; et Franck y apporte la caution la plus solide qui soit. Certes on peut se demander, avec Norbert Dufourcq, s'il ne va pas « à l'encontre du génie français ». Ces deux partitions mêlent, d'ailleurs avec bonheur, Bach et Beethoven, Schumann et Wagner ; leur monumentalité jure avec notre amour de la pièce brève, leur sérieux avec notre inclination au divertissement, à l'anecdote, au pittoresque, leur épaisseur avec notre finesse, leur gravité avec notre verve, leur lyrisme romantique (et même emphatique) avec notre pudeur et notre ironie. Un Germain transmet ici un héritage germanique ; il magnifie le choral et la fugue, la forme architecturale, les développements contrapuntiques, le travail combinatoire à partir d'une cellule originelle. Mais que ce style chez nous aussi ait fait école, qu'on en suive la longue trace jusque dans le premier quart du XX$^e$ siècle, avec Dukas ou Ropartz, Bréville ou Pierné, indique à tout le moins qu'on l'attendait, qu'on en espérait un renouveau, d'ordre peut-être plus moral qu'esthétique.

Ajoutez que tout se subordonne, chez Franck, au religieux, que toute page écrite équivaut à un acte de foi ; l'art pour l'art n'a pas ici de place ; et nul ne songera à nier cet élan recommencé de toute son œuvre vers les hauteurs. Mais selon qu'on ratifie ou non l'image d'un *Pater seraphicus*, qu'on appelle ou non Fra Angelico en renfort, on verra en Franck un être pur et éthéré, affranchi des réalités quotidiennes, ou bien l'on se demandera, avec Maurice Emmanuel, s'il n'était pas « un sceptique que la grâce a touché, un violent que la mansuétude évangélique a conquis ». La massive clarté où se résolvent tant de ses œuvres nous émeut moins que ses ténèbres, plus proches de notre commune humanité ; et musicalement parlant, bien que cette dévotion triomphante ne soit pas bondieusarde et sache presque toujours éviter la fadeur, le gouffre où il se traîne en gémissant a sans doute plus d'attrait que l'empyrée auquel il aspire.

Dans sa peinture, une chose l'aide en particulier, c'est son langage harmonique : un vocabulaire original, issu de Liszt et de Wagner, développé dans le sens d'un chromatisme plus poussé, par altération d'accords, résolutions exceptionnelles, enchaînements nouveaux de septièmes et neuvièmes. Cette harmonie, dont la modulation continue hérissait Debussy, n'en a pas moins donné aux thèmes de Franck une saveur caractéristique. Elle fait oublier la pauvreté de ses rythmes, la carrure de ses phrases. Elle assure à ses moments de ferveur et d'extase des accents inoubliables ; mais elle est plus éloquente encore dans ses moments d'angoisse et de douleur.

## LES DEUX TRIPTYQUES

Dès 1862, Franck écrivait, pour l'orgue, un *Prélude, Fugue et Variation* (c'est la troisième des *Six Pièces op. 16*), si séduisant que les pianistes n'hésitent pas à le dérober aux organistes, dans la transcription qu'en a fournie Harold Bauer. Mais ce premier triptyque, modeste et tout classique, ne laisse en rien (sinon dans son plan tripartite) présager les deux chefs-d'œuvre du sexagénaire. Quoi qu'on en ait dit, la *Toccata, Adagio et Fugue* de Bach, pour orgue (ou tout autre triptyque du Cantor, puisque certains manuscrits accordent un mouvement lent à tel ou tel autre *Prélude et Fugue*), ne les annonce pas davantage ; le volet médian, chez Bach, n'a pas de rapport avec le reste ; c'est une effusion lyrique, glissée entre deux pans contradictoires. Au lieu d'une œuvre à compartiments, cloisonnée comme une suite ou comme une sonate, Franck élabore un tout indissociable, qu'unifie non seulement le principe cyclique, inégalable moyen de cette fin, mais surtout l'inspiration d'un cœur obsédé d'idéal, convaincu des pouvoirs de la prière, et tout entier tendu à la conquête de la sérénité. Robert Jardillier ne se trompe pas : il faut un certain « état de grâce » pour bien faire sentir ces musiques, qui progressent irrésistiblement de l'ombre à la lumière, et de la terre vers les cieux.

Les pianistes peuvent se féliciter que Franck ait choisi, pour ces deux partitions, ce piano abandonné depuis des lustres. Le piano plutôt que l'orgue ! Il est vrai qu'à celui-ci, d'ailleurs, loin de montrer de l'ingratitude, il réserve son testament, les trois magnifiques *Chorals*. Mais enfin, le voilà, sur le tard, qui découvre l'âme véridique d'un instrument dont il n'avait tâté que la surface. La réconciliation date du *Quintette* (1879) ; l'entérinent également les deux œuvres pour piano et orchestre : le poème des *Djinns* (1884) et les *Variations symphoniques* (1885) ; bientôt suivra la *Sonate pour violon et piano* (1886). Cette floraison d'automne, plus encore que belle, est émouvante. Elle répare au centuple le temps perdu.

### Prélude, Choral et Fugue

COMP 1884. PUB 1884 (Énoch). DÉD à Marie Poitevin. CRÉ par Poitevin (24 janvier 1885, Société nationale).

« Morceau d'une exécution disgracieuse et incommode, où le *Choral* n'est pas un choral, où la *Fugue* n'est pas une fugue, car elle perd courage dès que son exposition est terminée, et se continue par d'interminables digressions qui ne ressemblent pas plus à une fugue qu'un zoophyte à un mammifère, et qui font payer bien cher une brillante péroraison. » Cette réflexion acidulée de Saint-Saëns, bien connue, ne discrédite pas son auteur ; simplement, elle tranche entre deux conceptions de la musique. Si l'on veut des modèles de « prélude et fugue », on les trouvera, par exemple, dans Saint-Saëns lui-même : plusieurs de ses *Études* ne sont pas autre chose. Nul doute, d'ailleurs, que si Franck s'en était tenu à sa première idée, qui était en effet de composer un diptyque, une sorte d'hommage à Bach, le résultat aurait rencontré l'approbation de son cadet. Ce qui enraye le mécanisme traditionnel, c'est cette nouvelle et géniale idée d'un choral central, et de la réunion finale des trois volets du triptyque. Du coup la fugue n'est plus un problème mathématique, orgueilleux et clos, se suffisant à soi-même, réussi dès lors qu'on arrive au *quod demonstrandum* ; c'est un acte poétique et ouvert, et Franck y peut revendiquer la même liberté que Beethoven dans celle de son opus 110.

Trois thèmes fondent le *Prélude* (en si mineur, *moderato*) : une mélodie principale très douce (mes. 1-7), ombrée d'inquiétude, enveloppée d'arpèges de triples croches dans la même main droite qui l'énonce, et en léger décalage par rapport à la basse (on en a rapproché les premières notes du motif BACH) ; un thème plus anxieux (mes. 8-13), déclamé « a capriccio », en octaves péremptoires, avec de pathétiques notes répétées et de brusques silences ; une courte réponse consolatrice, « molto espressivo » (mes. 13-15). Ces trois motifs une fois exposés, ils sont aussitôt repris : A et B sans changements, à la dominante mineure (fa dièse mineur), C en revanche développé (début en mi mineur), avec des imitations, dans un climat méditatif et morose, où le chromatisme entretient la plainte et la ravive. On revient en si mineur pour le dernier retour de A, amplifié, endolori par les modulations passagères (mi bémol mineur, sol dièse mineur), et s'arrêtant lentement sur l'accord de tonique.

Une mesure de transition mène au *Choral (poco più lento)*, constitué de deux éléments antithétiques, en alternance. Appelons D le premier, en syncopes sur une basse en octaves, chromatique et modulant, dans un effort de supplication qui évoque à Louis Aguettant le vers de Verlaine : « Et pourtant je vous cherche en longs tâtonnements » ; et E la réponse céleste, le choral proprement dit (en ut mineur), lumineusement diatonique, en accords arpégés, glorifié par une disposition pianistique encore inédite, où un rapide croisement de mains permet à la gauche de placer un écho de cristal à l'octave de la dernière note jouée par la droite. D rentre une première fois, plus pressant, plus court (cinq mesures au lieu de onze), modulant vers fa mineur, où E vient s'énoncer dans une nuance plus forte, avec une conclusion légèrement différente. Le second retour de D, plus ardent, s'étend à quatorze mesures et module péniblement vers mi bémol mineur, où E le rejoint avec éclat, fortissimo.

Quarante-deux mesures (116-158, *poco allegro*) servent d'intermède avant la fugue, dont elles annoncent le thème, sous les allures de l'improvisation ; fragments étouffés, séparés de silences ; puis élaborés au-dessus d'un remous de triolets à la basse, dans une accélération progressive jusqu'au *molto vivo* où, sur la pédale de dominante, un trait s'entortille jusqu'à l'aigu et retombe en cascade d'arpèges aux deux mains, qui plaquent enfin les accords puissants d'où sort le sujet de la *Fugue*. Ce sujet (F, pour poursuivre notre algèbre), les pages qui précèdent en ont fait pressentir le dessin descendant, les notes répétées, le chromatisme, communs à toute la thématique de l'œuvre. Exposition sobre, à quatre voix ; épisode venant de l'intermède (mes. 179) ; reprise du thème au relatif (mes. 192) ; nouvel épisode (mes. 210), qu'on réentendra ; inversion du thème, en strette (mes. 218) ; et ici un admirable développement (mes. 232), où des triolets fiévreux courent autour du thème, énoncé chaque fois plus fort. Une *cadenza* improvisée, aux arpèges divisés entre les mains, ramène avec le ton de si mineur les figurations du *Prélude* (mes. 286), sur lesquelles réapparaît, inattendu, dans une étrange lumière, le thème du *Choral* (mes. 311), suivi, à la basse, de celui de la *Fugue* (mes. 334), qui fusionne et s'exalte avec lui. Péroraison resplendissante, carillonnante, dans un si majeur triomphal.

### Prélude, Aria et Finale

COMP 1886-1887. PUB 1887 (Hamelle). DÉD à Léontine Bordes-Pène. CRÉ par Bordes-Pène (12 mai 1888, Société nationale).

De proportions plus vastes encore, d'une égale qualité d'inspiration et de sérieux, pourvu de thèmes aussi mémorables, ce second triptyque demeure obstinément moins populaire que le premier. La raison en est due en partie à une certaine uniformité rythmique, et même à un certain manque de variété mélodique ; ajoutons qu'il est tracé d'une écriture pianistique moins séduisante : souvent, ici, perce l'organiste, attaché à sa soubasse et à son plein jeu. *Prélude, Aria et Finale* n'en reste pas moins une belle réussite ; pour le fond : voici un nouveau témoignage d'élévation morale et spirituelle, d'ardente vie intérieure ; pour la forme : après Liszt, Franck apporte sa propre solution, originale, au problème de la sonate romantique.

Le *Prélude* (en mi majeur, *allegro moderato e maestoso*) expose à trois reprises son premier thème, au caractère solennel, à l'allure de marche (la troisième fois, il va de la main gauche à la main droite, et de la dominante à la tonique). Il y a dans ces pages, qui se terminent dans une sonorité éclatante, une sorte d'affirmation joyeuse et radieuse, et, dirait-on même, une « objectivité » qui ne présage rien des développements futurs. Le deuxième thème, en effet, dans sa registration d'orgue, opposant les phrases « non troppo dolce » du médium aux phrases « dolcissimo » de l'aigu, est décrit par Cortot comme un dialogue « entre l'oraison qui vient de la terre et les voix qui descendent du ciel » ; au lieu du rythme pointé, fier et assuré, voici des triolets qui se glissent parmi les croches normales, apportant leur hésitation, leur rubato, leur « subjectivité ». Retour de A, en ut dièse mineur (mes. 69), plus altier encore, accompagné d'accords à contretemps ; long intermède en style fugué (mes. 84), dont le sujet s'énonce en blanches, « sostenuto e serioso », et qui, au passage, laisse filtrer quelque chose du thème du *Finale* (mes. 113) et de celui de l'*Aria* (mes. 125) ; enfin dernière rentrée de A, dans la sombre tonalité de mi bémol mineur, d'où il monte rayonner dans le ton initial de mi majeur. (Ce thème A dont la reprise ressemble à celle d'un refrain n'assimile-t-il pas quelque peu ce *Prélude* à un rondo ?)

Seize mesures de récitatif, feignant d'abord le ton de sol dièse mineur, puis posant par enharmonie celui de la bémol majeur, servent d'introduction à l'*Aria*, cœur du poème, dans son mysticisme ingénu *(lento)*. Elle comprend deux phrases sur le même modèle : quatre mesures chantées au soprano, quatre mesures de réponse à la basse (un peu comme l'opposition, à l'orgue, entre récit et pédalier). Après une courte ritournelle, ondulation de croches sur la pédale de tonique, la deuxième phrase se développe (mes. 37), et sa réponse avec elle. Ritournelle à nouveau, puis réexposition complète des deux phrases, à la main gauche, avec des contrechants aux parties supérieures (mes. 57). Ritournelle, en octaves, puis variation de la deuxième phrase (mes. 77), en triolets de croches et doubles croches. Le morceau se clôt sur une coda pleine de ferveur, basée sur les notes de l'introduction.

Les premières mesures du *Finale* (en ut dièse mineur, *allegro molto ed agitato*), coupant brutalement avec le climat extatique du morceau précédent, nous plongent dans les affres et l'obscurité. De sourds martellements dans le grave enflent une houle inquiétante, d'où sort (mes. 22) le premier thème, hagard, avec ses notes répétées chromatiques, au-dessus des remous de la gauche. Tout autre est cependant le second thème (mes. 47), résolu, exultant, qui va de ré majeur à la bémol majeur, où le décore une brillante arabesque de triolets ; on en a souvent critiqué la trivialité ; il est vrai qu'il faut ici un interprète de premier ordre, qui non seulement ne l'accentue pas, mais s'efforce d'atténuer cette emphase théâtrale (elle n'étonne qu'à moitié si l'on songe au finale des *Variations symphoniques*, ou à la coda de la *Sonate pour violon et piano*, pourtant deux rayonnants chefs-d'œuvre). Le premier thème rentre en sol dièse mineur, l'enharmonique (mes. 81), chuchotant, toujours aussi tourmenté et fébrile. Mais voici bientôt réapparaître, porté par les mêmes arpèges, transformés en célestes vibrements de harpe, le thème de l'*Aria* consolatrice, en ré bémol majeur ; il ne suffit pas à pacifier le cœur, plongé une fois encore dans les ténèbres du thème initial, dans l'effroi de ses martellements (mes. 118) ; thème de plus en plus pathétique et désespéré, réexposé en mi mineur (mes. 132). Le second thème, repris en mi majeur (mes. 156), se sachant insuffisant à entraîner le morceau dans une décisive lumière, ramène sur ses talons le thème du *Prélude*, clamé en triomphe, « grandioso », scandé d'octaves de pédalier (mes. 180). Enfin, par un tour de force renouvelé de *Prélude, Choral et Fugue*, Franck introduit au ténor, sous le thème du *Prélude* enrobé maintenant d'arpèges transparents comme de la gaze, celui de la coda de l'*Aria*, unissant ainsi, selon les mots de Cortot, « la requête de la foi et la réponse du ciel ». Péroraison paisible et réconciliée, dans des sonorités douces et presque immatérielles.

## LES AUTRES ŒUVRES

Des *Variations brillantes* sur des airs de Hérold en 1832, deux sonates et une fantaisie en 1835, montrent en Franck un compositeur précoce, et, comme ils le sont presque tous, attiré d'emblée par le piano. Rien que d'impersonnel dans ces pièces demeurées inédites ; quoi que son père ait rêvé pour lui, Franck n'est ni Mozart ni Mendelssohn.

À ce piano, un peu plus tard, nanti de son bagage d'écolier, il consacrera quelques vaines années, minutieusement jalonnées de numéros d'opus (d'un nouveau catalogue, le précédent ayant été gommé par Franck père). En 1842, chez Schlesinger, paraît une **Églogue** (op. 3), sous-titrée *Hirten-Gedicht*, « Chant du berger », « dont la pastorale monotonie, dit drôlement Cortot, n'est troublée que par l'antithèse d'un orage généreusement descriptif » : et je crois que l'orage en question passe encore mieux, dans sa naïveté d'image d'Épinal, que l'interminable délayage en mi bémol (jamais ce ton n'aura semblé si incolore) qui le prépare... De 1843 date un **Grand Caprice** (op. 5), paru chez Lemoine, en sol bémol majeur, avec un épisode central en fa dièse mineur, l'ensemble assurément virtuose, mais d'une technique épaisse et ferraillante, par paquets d'accords et lourds martelages ; et un *Souvenir d'Aix-la-Chapelle* (op. 7). En 1844 c'est au tour de *Quatre Mélodies* transcrites de Schubert (op. 8) ; d'une *Ballade* en si majeur (op. 9), dont il suffit de jouer deux pages pour la condamner sans appel ; et de deux *Fantaisies* (op. 11 et 12), sur des thèmes de Dalayrac, qui imitent sans génie la bravoure de Liszt. En 1845 paraît une *Fantaisie sur des airs polonais*. Enfin, Franck écrira encore deux *Mélodies* ou *Romances sans paroles*, inédites, dédiées à Félicité Desmousseaux (qu'il épousera en 1848). On peut se faire une idée de cette production grâce au volume d'œuvres de Franck publié par Vincent d'Indy (1922, Oliver Ditson Company, New York ; réédité chez Dover), qui retient généreusement l'*Églogue*, le *Grand Caprice* et la *Ballade*.

On s'arrêtera à peine un peu plus sur **Les Plaintes d'une poupée**, seule exception dans les fameux quarante ans où Franck tient le piano en exil, et sur la **Danse lente** qui vient s'incruster entre les deux triptyques de la fin. *Les Plaintes d'une poupée*, petite pièce écrite en 1865 (en sol majeur, *andantino*) et publiée chez Mangeot, nous donne un aperçu de ce qu'eût été, s'il en avait eu l'idée, un recueil d'enfantines de Franck ; il a beau simplifier son style à l'extrême (rien qu'un thème ingénu sur une basse d'Alberti), il lui garde au moins sa gravité. La *Danse lente* (en fa mineur, *quasi lento*), écrite en 1885 pour un album musical du journal *Le Gaulois*, jure avec le reste de la production du vieux Franck, même si l'on veut y voir (mais le peut-on vraiment ?) la même espèce d'humour que celui dont Debussy saupoudre sa *Plus que lente* ; et certes, le Satie des *Gnossiennes* aurait pu tirer de son côté ce thème vaguement oriental sur son rythme vaguement hiératique. À d'autres, décidément : Franck n'était guère fait pour la babiole.

## Girolamo FRESCOBALDI
(1583-1643) Italien

Comme celle de Bach le sera en son temps, l'œuvre de Frescobaldi est un creuset où se fondent les styles et les nationalités. L'organiste de Saint-Pierre de Rome n'est pas un révolutionnaire, mais il résume un passé, pressent un avenir, sert de trait d'union entre Renaissance et Baroque. En faisant basculer la polyphonie du vocal à l'instrumental, il porte à leur perfection les formes dont il hérite. Le madrigal, avec la liberté de la mesure, lui a surtout donné ce goût caractéristique des recherches harmoniques et du chromatisme ; il y ajoute sa force d'expression (les *affetti cantabili*), son mélange de logique et de fantasque, son amour pour l'arabesque décorative, qui dénoue les contraintes du savoir, son penchant pour la virtuosité. Il cherche déjà l'unité dans la diversité : le principe de variation, qu'il introduit dans toutes ces formes si écrites, ricercare, ou canzone, les revigore. Il sent, avec toute la complexité de sa science et l'austérité dont il est capable, qu'un art plus sobre, plus détendu est en marche ; et que la tonalité va bientôt remplacer la modalité.

On ne s'attend pas qu'un pianiste joue du Frescobaldi ; d'autant que trop souvent ce clavecin est de l'orgue ; entendez qu'à son époque les musiques sont interchangeables et les destinations incertaines ; deux fois sur trois le « clavier » pressenti est celui de l'instrument à tuyaux (dans quelques toccatas *alla levatione*, mais en particulier dans les fameux *Fiori musicali* de 1635, que Bach admira jusqu'à les recopier, et qui réunissent trois messes d'orgue). Mais il n'est pas étonnant qu'un pianiste, surtout un déchiffreur, soit attiré par cet homme qui parfois jetait prodiguement les notes, dans un éclatant désordre, et d'autres fois les écoutait attentivement, leur trouvait des chemins inhabituels, pour des rencontres étranges. Le pullulement virtuose excite les nerfs autant que l'esprit ; les dissonances, les fameuses *durezze* (et leur nom d'abord) éveillent la curiosité, pour ensuite la combler jusqu'à l'émoi.

On se reportera à l'édition des œuvres d'orgue et de clavier de Frescobaldi par Pierre Pidoux, chez Bärenreiter, en cinq volumes (1949-1958).

Les *Toccatas* passent à juste titre pour le fleuron de l'œuvre de clavier de Frescobaldi. Il y en a douze dans le *Premier Livre* de 1615, onze dans le *Second Livre* de 1627 (dont cinq précisément pour l'orgue, avec l'emploi de longues pédales). Le poète y prend le pas sur le spéculateur, l'amoureux fervent sur le savant austère (celui des douze *Fantaisies* publiées en 1608). L'imagination y règne en maîtresse ; les lois obscures de l'improvisation supplantent les règles établies. Jusque dans sa préface, Frescobaldi professe les joies du jeu inégal et de la spontanéité ; pour un peu il reprendrait au clavier le principe évangélique : que ta main gauche, ami, ignore ce que fait ta main droite... Une des mieux venues est la *Toccata IX* du *Premier Livre*, en la mineur ; on y distingue quatre parties, enchaînées sans changement de mesure (mais on devra varier le tempo) : la première, à quatre voix et d'un pas plutôt lent, expose les deux thèmes de la pièce ; la deuxième, qu'on sent plus rapide, les développe (mais c'est un bien grand mot, et surtout un mot trop matériel), dans un essaim de traits virtuoses ; la troisième brode de paisibles contrepoints, où l'on a tout loisir de méditer ; la dernière part une dernière fois en dessins brillants et termine dans le mode majeur. Nulle rigueur, en vérité ; nulle part la donnée initiale ne s'impose ; le reste du tissu s'inspire vaguement de ces premiers motifs. La plupart des toccatas procèdent de même façon, entre introspection et ostentation.

Les toccatas du *Second Livre* vont plus loin dans la variété rythmique et la virtuosité, la plus étonnante étant peut-être la *Toccata IX*, en fa majeur, qui bouillonne des idées les plus diverses, juxtaposées de la manière la plus fantasque ; ici des accords reliés par des broderies de gammes ou de trilles, là d'audacieuses superpositions de mètres, là des plages d'harmonies statiques, partout la dissonance prodiguée dans l'essor des figures antithétiques ; sous l'accord conclusif, une petite sentence console l'exécutant effaré par ces complexités : « *Non senza fatiga si giunge al fine...* » (à trois cents ans de là, nous retrouverons cette phrase, approximativement citée, au seuil de la *Toccata* de Busoni). – Du même livre, la *Toccata VIII*, en fa majeur, est célèbre pour ses *durezze e ligature* ; ici aucune prouesse digitale, mais, dans une austère écriture de rondes et de blanches, le jeu singulier des syncopes, des retards, des fausses relations, des frôlements d'harmonies.

Dans les **Ricercari** (dix dans le *Livre de Ricercari et Canzoni* de 1615), d'aspect plus ancien et conservateur, Frescobaldi montre son habileté consommée ; ce sont des tours de force, utilisant toutes les ressources du contrepoint, emplis de surprises magistrales, d'imprévus déroutants ; des exemples de cette *prima prattica* qui s'oppose à la *nuova maniera* et aux *moderne fatiche* dont se vantent préfaces et dédicaces des *Toccatas*. Le *Ricercare IX*, en la mineur (plutôt « du neuvième ton »), travaille sur quatre sujets, introduits l'un après l'autre, développés, combinés par deux ou trois, sauf dans quelques mesures d'exceptionnelle densité, en fin de section, où les quatre se superposent (mes. 37, 42, 68). – Le *Ricercare VIII* se donne pour règle de n'employer aucun degré conjoint (« *obligo di non uscir di grado* ») ; le *Ricercare VI* s'impose l'ostinato fa-fa-sol-la-fa. – Tout cela sans morosité, ouvert au contraire aux saillies spirituelles, à l'enjouement.

Les **Canzoni** (cinq dans le *Livre de Ricercari et Canzoni* de 1615, six dans le *Second Livre de Toccatas* de 1627, et onze *Canzoni alla francese* dans l'édition posthume de 1645) utilisent cette forme issue de la chanson française (comme le ricercare est né du motet), dont elle a gardé la souplesse, l'allant, les idées jaillissantes. Le rythme à quatre temps et les lignes horizontales de noires et de croches y alternent régulièrement avec des sections à trois temps, plus chorales d'aspect et en valeurs plus longues ; mais ces contrastes sont amoindris par l'unicité des sujets. Une des plus belles est la *Canzone III* du livre de 1615, en sol mineur, à cinq sections : la première n'est rien d'autre qu'une petite fugue à quatre voix, alerte et mélodieuse ; le deuxième panneau, à 3/1, feint de changer de thème, mais en réalité le même sujet se dissimule à l'alto en valeurs longues, comme il s'esquisse à la basse dans le quatrième panneau, également « choral », à 3/2 ; les troisième et cinquième parties ont des diminutions successives, la cinquième faisant appel à quelques doubles croches. – Les *Canzoni* de l'édition de 1645 sont plus ramassées, plus équilibrées encore d'écriture ; le déchiffreur d'aujourd'hui les trouvera sans doute plus « modernes » et les feuillettera avec un vif plaisir ; elles portent toutes (du fait peut-être de leur éditeur, Alessandro Vincenti) la mention du thème populaire qu'elles exploitent, *La Rovetta, La Sabbatina, La Crivelli, La Scacchi*, etc., qui aide à les individualiser.

Les ***Caprices***, morceaux multipartites où passent toutes les adresses contrapuntiques du ricercare, toutes les souplesses rythmiques de la canzone, sont très séduisants, et d'une grande diversité. Douze sont réunis dans le *Livre de Caprices* de 1624 ; et trois dans l'édition de 1637 du *Premier Livre de Toccatas*. Certains se posent des rébus harmoniques à résoudre, comme le *Capriccio di durezze*, à quatre voix, qui présente toutes sortes de retards, d'anticipations, de résolutions inattendues, ou le *Capriccio cromatico di ligatura al contrario*, qui joue des fausses relations et des modulations simulées. D'autres s'amusent de thèmes populaires comme *La Spagnoletta, Fra Jacopino* ou *Ruggiero* (du premier, on dit qu'il fit cabrioler un singe, à Sienne, dans une église !). Un autre encore, étourdissant d'ingéniosité, se suffit du cri d'un oiseau, le *Capriccio sopra il Cuccho* (et l'on sait qu'il sera souvent sollicité en musique, ce coucou, avec sa chute de tierce mineure !).

Le *Capriccio di obligo di cantare la quinta parte senza toccarla* pique la curiosité et la sagacité de l'exécutant en lui proposant une partie supplémentaire à chanter, sans lui indiquer l'endroit où elle entre dans la polyphonie. Le *Capriccio sopra la Battaglia* appartient au genre descriptif et récréatif dont on trouve des exemples aussi bien chez les virginalistes (*The Battle*, de Byrd) que chez les clavecinistes français (*Les Caractères de la guerre*, de Dandrieu) : mêmes procédés, rantanplans d'accords et motifs claironnants. Mais l'affaire est plus sérieuse, et même sévère, avec les deux pièces sur l'hexacorde (un genre souvent pratiqué par les virginalistes) : le *Capriccio sopra la, sol, fa, mi, ré, ut* aligne jusqu'à dix sections, chacune avec son rythme, sa marche et ses dessins propres, fondues pourtant dans une unité supérieure par ces six notes omniprésentes, et génératrices.

Terminons par les ***Variations***, ou *Partite*, comme on les appelle à l'époque. Elles sont disséminées à travers l'œuvre : *Partite sopra la Romanesca, sopra la Monicha, sopra Follia*, et sur d'autres mélodies célèbres utilisées par tous les compositeurs du temps. – Citons les stupéfiantes *Cento Partite sopra passacagli* (du *Premier Livre de Toccatas*, édition de 1637), où une courte basse obstinée se prête cent fois de suite aux inventions de la voix supérieure ; on passe de passacaille à chaconne, on change de rythme et de ton ; rien ne force à tout jouer, l'auteur indiquant d'emblée qu'il laisse à chacun son pas et ses sentiers. – Enfin, celles qu'on trouve le plus souvent dans les anthologies (et qu'on entend quelquefois) sont les variations de l'*Aria detta la Frescobalda* (du *Deuxième Livre de Toccatas*) : un thème adorablement tendre, dont une variation est en forme de gaillarde, une autre en forme de courante (avec ses doubles) ou de gigue ; comme les toccatas de Frescobaldi annoncent Buxtehude, on voit pointer ici la suite de danses, la partita de son élève Froberger.

## Johann Jacob FROBERGER
(1616-1667) Allemand

L'œuvre de Froberger, presque entièrement dédiée au clavier (clavecin ou orgue), témoigne d'avance de ces « goûts réunis » auxquels tenteront d'aboutir les générations suivantes. Frescobaldi, qui fut son maître à Rome, Chambonnières et Louis Couperin, qu'il côtoya à Paris, s'y mêlent sans trop de heurts à ce qu'il butina à Vienne, à Bruxelles ou à Londres. Soixante compositions, sur la centaine qu'on lui attribue avec certitude, sont contenues dans trois Livres autographes, de 1649, 1656 et 1658, dédiés les deux premiers à l'empereur Ferdinand III, le troisième à son successeur Léopold I$^{er}$ (tous trois conservés à Vienne). On y trouve ensemble le versant italien de Froberger, dans les toccatas, fantaisies, ricercari, canzoni et caprices, et son versant français, dans les suites de danses.

Cette musique, pétrie de savoir (elle a longtemps servi, par exemple dans le cercle de Bach, de modèle d'écriture fuguée), n'en fait jamais une aride et vaine démonstration. Elle peut pécher par monotonie, manquer d'audace harmonique, de largeur de vue ; mais presque jamais l'élégance ne lui fait défaut. Elle trahit une âme sensible, inclinant à la gravité, à l'introspection, un être qui souvent médite et s'interroge, qui plaint autrui autant qu'il se complaint, qui dédaigne la pompe, et qui même dans ses moments de joie évite l'éclat et la bravoure.

Inédite de son vivant (à l'exception de la *Fantaisie sur l'hexacorde*), elle dut cependant, à en juger par sa renommée rapide et universelle, circuler largement en copies. Les premières éditions consistèrent, en 1693 et 1696, à Mayence, en deux recueils, sous l'appellation générique de *Partite*, que le titre vante comme *ingegnosissime, rarissime e curiose* ; et *Dix Suittes de clavessin* parurent à Amsterdam en 1698. Aujourd'hui, après l'édition de référence de Guido Adler (dans les *Denkmäler der Tonkunst in Österreich*, 1897-1903), l'œuvre complète est accessible grâce aux trois volumes édités par Howard Schott (Le Pupitre, Heugel, 1979, 1989, 1992).

Avec ses trente **Suites** pour clavecin, Froberger a contribué à introduire en Allemagne le genre favori des luthistes français ; il les veut courtes, et les compose presque invariablement de l'allemande, de la courante, de la sarabande, et parfois de la gigue (fréquemment placée en deuxième position), danses auxquelles il lui arrive de fournir un « double », ou variation ornementale. Il aime aussi, sans en faire une règle, unir thématiquement ses danses, tirant notamment la courante de l'allemande : voyez la *Suite I*, en la mineur, ou la *Suite XXI*, en fa majeur, où ce calque est particulièrement apparent.

Les allemandes sont souvent les morceaux les plus intéressants de ces suites, du fait qu'elles utilisent plus libéralement que les autres cette écriture « luthée » ou « brisée » propre à créer l'illusion polyphonique, et dont les entrelacs ont tant de séduction au clavier. Froberger leur a visiblement prodigué tous ses soins, avec ses pensées les plus profondes. Quatre d'entre elles portent un titre, qui prend dans leur célébrité la part qu'on devine ; celle de la *Suite XII*, en ut majeur, est un *Lamento sopra la dolorosa perdita* de Ferdinand IV, qui s'achève par une longue gamme ascendante, figurant la montée au ciel de l'âme du roi défunt ; celle de la *Suite XIV*, en sol mineur, une *Lamentation sur ce que j'ai été volé*, pièce des plus saisissantes, par ses dissonances et ses brusques modulations ; celle de la *Suite XX*, en ré majeur, une *Méditation faite sur ma mort future* ; celle de la *Suite XXX*, en la mineur, une *Plainte faite à Londres pour passer la mélancolie*. On y joindra deux pages isolées, qui ont largement contribué à la gloire de Froberger : le *Tombeau de Blancrocher*, luthiste fameux qu'il connut à Paris, et que pleure, entre autres, une pièce de Louis Couperin, et la *Lamentation* sur la mort de Ferdinand III ; l'une est en ut mineur, l'autre en fa mineur, et toutes deux doivent se jouer « à la discrétion », « sans observer aucune mesure », – et il est vrai que ces méandres mélodiques, que ces harmonies fantasques, que toute cette esthétique baroque de l'affliction et de la mort ne peut s'accommoder du temps réglé et de l'espace mesuré...

Morceaux admirables, non toutefois les plus courants sous la plume de leur auteur. Pareillement, la plus célèbre de ces suites est une composition atypique, la *Suite VI*, en sol majeur, dite « *Auff die Maÿerin* », la seule à prendre pour prétexte un thème populaire, qu'elle traite à la fois en *partite* et en suite de danses. Après l'énoncé de la mélodie (« prima partita »), d'allure simple, mais déjà tressée d'une souple polyphonie, se proposent cinq variations, plutôt virtuoses dans leurs diminutions, suivies d'une courante (avec son double) et d'une sarabande sur le même thème ; la plus étonnante est la « sexta partita », à quatre voix, d'un ténébreux chromatisme, qui de façon inattendue tourne en sévérité l'insouciance originelle de la *Maÿerin*.

Les **Toccatas** (une vingtaine) reprennent la manière de Frescobaldi, avec plus d'ampleur mais moins de diversité. Ce sont les devancières des toccatas et fugues qui fleuriront en Allemagne du Nord ; elles enchaînent toutes, après une introduction à l'improvisade (accords et traits de gammes et d'arpèges), deux ou trois fugatos, qui souvent varient le même sujet, avant une brève conclusion en fioritures. Exemplaire, la brève *Toccata I*, en la mineur : dix-huit mesures de prélude décoratif où les deux mains se relaient dans les figures ; vingt-cinq mesures de contrepoint imitatif sur un motif brisé ; vingt-sept mesures sur le même motif, mais scandé à 12/8. Autre exemple, la *Toccata II*, en ré mineur, également découpée en trois parties, une introduction à figures inflorescentes, un développement fugué sur deux motifs contrastés (l'un en doubles croches et diatonique, l'autre en croches et chromatique), un finale à la gigue (6/4) tout brusqué de syncopes. Ces deux-là plutôt modernes, anticipant sur le langage du siècle suivant ; mais il en est de nettement archaïsantes, comme la *Toccata XI*, en mi mineur, aux dissonances nombreuses, aux enchaînements surprenants, et tout assujettie à un fort rythme iambique (brève-longue).

Les meilleures des suites et des toccatas ne perdent pas trop à sonner au piano. Les autres genres où s'est illustré le compositeur doivent demeurer l'apanage du clavecin, et plus souvent encore de l'orgue ; notre instrument ne fait que ternir cette musique, dont il accentue la monotonie ; quelques exceptions, pourtant, sont concevables, – et il est des soirs de déchiffrage solitaire où une fantaisie de Froberger sera la bienvenue, parmi la *Música callada* de Mompou et les *Préludes flasques* de Satie.

Les **Ricercari** et **Fantaisies** (respectivement quatorze et sept authentifiés) s'apparentent à des fugues, avec leurs thèmes lents et sérieux, leur *alla breve* généralisé, cette texture de rondes et de blanches et ce contrepoint austère qui font penser à la polyphonie vocale de la Renaissance italienne. Distinguons la *Fantaisie II* en mode de mi (phrygien), d'une inspiration soutenue, suprêmement émouvante si on sait la tendre d'un bout à l'autre sans faiblir, et qui semble une ébauche de la *Fugue en mi* du second *Clavier bien tempéré*. Un peu à part, la *Fantaisie I* sur l'hexacorde ut-ré-mi-fa-sol-la, et la *Fantaisie IV* qui traite un scherzo connu de l'époque, « *Lascia fare mi* », sur les notes la-sol-fa-ré-mi.

Autre groupe, celui des **Capriccios** (dix-sept) et **Canzoni** (six), encore des façons de fugues, mais plus vivantes, souvent plus enjouées, écrites sur des thèmes plus meubles et de franche découpe, parfois même de caractère comique (voyez celui du *Capriccio XIII*, avec sa note initiale huit fois répétée), qu'elles varient rythmiquement en un certain nombre de sections. Notons toutefois ces exemples de chromatisme, non exempt d'âpreté douloureuse, que sont le *Capriccio VI* en ut majeur et la *Canzone II*. La plupart de ces compositions sont hélas fort longues, et cantonnées dans leurs sujets, sans la diversion salutaire qu'apporteraient des épisodes, et les contrastes proviennent essentiellement des changements métriques.

# G

**Niels GADE**
(1817-1890) Danois

Ceux mêmes qui pensent n'avoir jamais rencontré du Gade sous leurs doigts en ont un peu joué, sans le savoir, s'ils fréquentent les enfantines de Schumann : le *Nordische Lied* de l'*Album pour la jeunesse* est écrit sur les lettres GADE, et stylistiquement lui ressemble beaucoup. Plus fidèle encore, le portrait qu'en a tracé Grieg dans une de ses *Pièces lyriques* (de l'opus 57), qu'il intitule simplement *Gade*, et où il arrive, en diluant ses propres couleurs, à rendre le trait et les teintes caractéristiques de son modèle.

Car le Danois précède le Norvégien d'un quart de siècle. Il est d'un temps où le nationalisme musical sommeille encore profondément. Si quelques ouvrages ont d'abord laissé croire que le terroir l'intéressait, son long séjour à Leipzig l'a vite ramené aux normes de la musique allemande, à ce style cosmopolite dont Mendelssohn et Schumann sont les grands prêtres. Du reste, ce fugitif parfum de Scandinavie ne se dégage qu'en ses débuts orchestraux. Qu'on prenne les deux premiers recueils pianistiques de Gade (son double opus 2), on y reconnaîtra d'emblée les deux ombres tutélaires, qui s'étendront désormais sur son œuvre, et quelquefois s'y affronteront.

Elles ne le poussent, bien entendu, que dans ses propres choix : non point la sonate, mais le *Klavierstück*, et mieux encore le *Charakterstück*, la pièce de caractère, plus propre au salon qu'au concert. Ce solide symphoniste, capable d'ampleur à l'orchestre, habile à brasser solistes et chœurs, se satisfait de n'être au piano qu'un miniaturiste délicat. Son unique *Sonate* fournit la contre-preuve : le bâti est sans défauts, mais l'édifice est trop vaste, et les bouquets d'idées y perdent presque tout leur arôme.

Deux de ses titres résument Gade, et le bornent : *Aquarelles* et *Idylles*. Le premier, qu'il a beaucoup utilisé, indique un choix de matériau, des couleurs claires, tendres, lavables, un dessin fluide et sans ombres. Le second reflète, en lui, le doux contemplatif, le bucolique souriant, cette « âme poétique et musicale pleine de ferveur » dont parle Schumann à propos des *Fleurs printanières*, pour lesquelles il donnait aux diables tous les « pianotages virtuoses ».

Il n'a manqué à ce compositeur que de se renouveler. Que ce soit romance ou scherzo, et qu'il plaisante ou s'attendrisse, il recommence souvent les mêmes morceaux ; on a vite fait le tour de ses thèmes, de ses rythmes, surtout de ses harmonies. Exceptons pourtant sa dernière œuvre pianistique, les *Nouvelles Aquarelles* de 1881, sa meilleure œuvre avec l'*Arabesque*. A-t-il changé, depuis les *Aquarelles* de 1849 ? On dit généralement que non. À les observer, ces rythmes, ces figurations, ces dispositions pianistiques ressemblent à ce qu'il a toujours employé. Mais en vérité ces morceaux ultimes sont impensables à une autre date ; ils montrent l'aboutissement d'un style ; ils vont plus loin en transparence, en sûreté de touche. Ils offrent des enchaînements plus rares, des dessins mélodiques plus souples, des ruptures, des reprises : la liberté de celui qui n'a plus à fournir des gages de son talent. Peut-être d'ailleurs n'adresse-t-il ces pages qu'à lui-même, après un long regard sur sa jeunesse, à la tombée du jour...

## LES RECUEILS

***Rébus*** (op. 2a)
COMP 1840 ? PUB 1875 (Lose).

Trois morceaux, un *Scherzo* (en si bémol majeur), vif et fantasque, un très court *Intermezzo* (en sol majeur), et un *Alla marcia* (en ut majeur), qui tous se tournent du côté de Schumann, celui des *Scènes d'enfants*. C'en est l'ingénuité, l'humour, les harmonies fraîches, les changements d'humeur. Le titre de *Rébus* vient de ce que Gade, en ayant l'air de prendre pour prétexte le fameux motif BACH (si ♭-la-do-si ♮), dissimule, un peu partout, les quatre notes qui traduisent son propre nom (sol-la-ré-mi). C'est encore un trait schumannien que cet amour des « mottos » : qu'on songe seulement au nom de Mme Abegg ou aux lettres dansantes qui, dans le *Carnaval*, épellent tantôt le nom de Schumann, tantôt celui de la ville natale de l'éphémère Estrella ; et j'ai rappelé plus haut que Schumann a écrit, sur le nom de Gade, une pièce de son *Album pour la jeunesse*...

## *Fleurs printanières (Foraarstoner)* (op. 2b)

COMP décembre 1840-février 1841. PUB 1842 (Lose & Olsen) ; version révisée en 1873 (la troisième pièce passe d'ut à ré majeur).

Dans les *Foraarstoner*, qui furent sa première œuvre pianistique publiée, Gade reprend une idée de Mendelssohn ; ces bouquets en musique, son aîné les a déjà noués dans ses *Caprices op. 16*, qui s'inspirent d'œillets et de fleurs en trompette. Gade a choisi le perce-neige, la violette et la rose ; cela donne trois romances (en fa majeur, si bémol majeur et ré majeur), d'atmosphère identique, de thèmes voisins, de semblable écriture. La voix supérieure a presque partout la suprématie ; seule la deuxième pièce consent, fugitivement, à laisser le chant à la main gauche. Dans la première et la troisième pièce, la droite, avec le thème, joue des accords à contretemps ; la gauche, dans la deuxième, superpose aux basses un petit battement sur deux notes, repris ensuite par sa compagne. Une même figuration assure l'unité de chaque morceau. On tient ici un « patron » éprouvé dont Gade se servira jusqu'à la fin.

## *Aquarelles* (op. 19)

COMP novembre-décembre 1849 (1ᵉʳ cahier) et décembre 1852 (2ᵉ cahier). PUB 1850 et 1853 (Horneman & Erslev). DÉD à Frederikke Brunn.

Ces dix pièces au titre suggestif, qui rompent le long silence pianistique des années à Leipzig, sont les plus populaires du piano de Gade. Leur brièveté, leur charme facile, leur aisance sous des doigts même inexpérimentés, leur ont longtemps garanti une place de choix sur le pupitre des amateurs, auprès des premiers cahiers de *Pièces lyriques* de Grieg.

Leur plus grand défaut est la suavité où parfois elles se laissent glisser : c'est le cas de l'*Élégie* initiale (en mi mineur, *allegretto quasi andantino*), qu'on aura du mal à empêcher de larmoyer ; ou même de la *Canzonette* (en la mineur, *allegretto con espressione*), sentimentale et parfumée à l'eau de rose. Mais entre les deux bondit un premier *Scherzo* (en mi majeur, *allegretto*), frais et juvénile ; et l'*Humoresque* qui suit (en sol majeur, *allegro con leggierezza*), malicieuse et piquante, est vraiment réussie. Il est décidément plus facile d'amuser que d'attendrir.

La *Barcarolle* (en fa majeur, *allegro moderato*), avec son thème affectueux et son paisible flux d'arpèges, semble l'accompagnement d'un lied de Schumann ; on la prendra plutôt *moderato* qu'*allegro*, pour ne pas abîmer sa poésie ingénue et fragile. L'espiègle *Capriccio* (en mi bémol majeur, *allegro molto vivace*), rythmé à 6/8, sautille gaiement sur ses accords à contretemps ; son intermède (en la bémol) n'est pas moins heurté, qui alterne, une mesure sur deux, le fixe (les deux mains bloquées en blanches pointées) et le mobile (arpèges de croches à la basse). Sixtes tendres et limpide courant de doubles croches enjolivent la courte

*Romance* (en ré majeur, *andante con moto*) qui, chez Mendelssohn, serait tenue pour une des plus belles. L'*Intermezzo* (en si majeur, *allegro commodo*) s'anime de petits arpèges que les mains alternées font tomber en cascatelles. Les motifs un peu trop faciles de la *Novellette* (en la bémol majeur, *allegretto*) dansent sur le dactyle du modèle schumannien ; ici, il faut plutôt pousser le mouvement vers l'*allegro*, sinon la ligne s'engonce et le rythme s'alourdit. On termine avec un deuxième *Scherzo* (en la majeur, *allegro vivacissimo*), tout en prestes battements d'accords staccato, une vraie volière, avec un trio mineur où passe un peu d'ombre furtive.

### *Danses populaires (Folkedandse)* (op. 31)
COMP 1855. PUB 1855 (Horneman & Erslev).

Quatre morceaux qui ne ressemblent guère au Gade que l'on connaît : ils sont plus virtuoses, l'écriture en est plus chargée, et il y traîne des odeurs de terroir, bien perceptibles dans les deux dernières, une polka endiablée (entre ut dièse mineur et mi majeur, *molto vivace*) et une mazurka qui balance de la peine au contentement (en sol mineur, *allegro non troppo*). La polonaise initiale (en fa mineur, *moderato*) ne peut manquer de faire songer à Chopin ; une fois n'est pas coutume : Gade n'a vraiment pas d'affinité avec lui.

### *Idylles* (op. 34)
PUB 1857 (Horneman & Erslev).

Quatre pièces, un cahier inégal, qui commence mieux qu'il ne finit. *Dans le jardin* (en sol majeur, *allegro vivace e grazioso*) dit fort bien la joie d'un matin de plein air, la caresse du soleil, la fraîcheur de la mousse, le parfum des arbres, le gazouillis des oiseaux. Une vie exubérante habite ces courts motifs, ces trilles, ces arpèges où la gauche semble courir après le thème de la droite. Rien de plus gracieux que la modulation en mi bémol, qui fait rire sous cape un staccato d'accords. – Dans *Au bord du ruisseau* (en fa majeur, *allegretto quasi andantino*), un murmure égal de doubles croches accompagne la courbe des phrases chantantes. – Un frémissement d'ailes, sous la forme d'accords ascendants : c'est le départ des *Oiseaux voyageurs* (en ré majeur, *allegro scherzando*) ; hélas, ils ne sont pas « prophètes », ceux-là, et tombent vite dans la romance, ramenant le cahier au salon, – où la dernière pièce, *Crépuscule* (en si bémol majeur, *andantino tranquillamente*), se calfeutre frileusement ; les reflets de l'eau, le sillage de la barque bercée en ce rythme à 6/8, sont de pure forme : des motifs de tapisserie...

### D'un cahier d'esquisses *(Fra skizzebogen)*
COMP 1857. PUB 1886 (Hansen). DÉD à sa seconde femme, Mathilde.

Les meilleures de ces huit *Esquisses*, que le compositeur garda si longtemps dans ses tiroirs, comme autant de feuillets de journal intime : la première, *Gazouillis d'oiseaux* (en la majeur, *allegro scherzando*), petite chose exquise, trois pages où frémissent les feuillages et les plumages, où vibrent les ramages ; les mains rapprochées sur le clavier font longuement onduler les doubles croches ; l'harmonie luit étrangement de secondes furtives ; la cadence en la est évitée jusqu'à la fin ; – la troisième, *Pensées silencieuses* (en sol majeur, *allegretto quasi andantino*), chanson tendre et confiante, ébauchée dans la solitude ; – la quatrième, *Mélodie* (en ut majeur, *andante con espressione*), tout juste vingt-quatre mesures, discrètes, émouvantes, de la polyphonie la plus translucide qui soit ; – la cinquième, *Pigeon voyageur* (en sol, *allegro grazioso*), un impromptu, rythmé à 9/8 et animé d'une joie naïve.

### Noëls *(Børnenes Jul)* (op. 36)
COMP 1859. PUB 1859 (Horneman & Erslev).

Des enluminures charmantes ; on comprend qu'elles aient été durablement populaires, figurant dans tous les recueils de « morceaux choisis » ; ce sont autant de pages ajoutées à l'*Album pour la jeunesse* de Schumann, par un disciple assez ressemblant.

Tintements assourdis des *Cloches de Noël* (en fa majeur, *andantino con moto*), en pédale de tonique/dominante, sous un cantique ingénu ; elles sonnent ensuite un peu plus fort, puis s'estompent au lointain ; les remplace un nouveau cantique, que l'on peut chanter ad libitum, en s'accompagnant d'un piano devenu soudain aussi rustique qu'un harmonium de village. La deuxième pièce, *L'Arbre de Noël* (en la majeur, *con moto*), est une marche guillerette ; les enfants, qui ont dû recevoir une panoplie de petits soldats, défilent drolatiquement autour du sapin. Ils se partagent ensuite en deux groupes, qui pour la *Ronde des jeunes garçons* (en la mineur, *allegro vivace*), animée et turbulente, qui pour la *Danse des jeunes filles* (en mi majeur, *allegro grazioso*), une valse menue. La cinquième et dernière pièce réunit les bambins pour un *Bonsoir* (en fa majeur, *allegretto*) ; après quelques pirouettes, ils prennent congé.

### Pièces de fantaisie *(Fantasistykker)* (op. 41)
COMP 1861. PUB 1861 (Horneman & Erslev). DÉD à la princesse Anna de Hesse.

Quatre pièces. La première, *Dans la forêt* (en si majeur, *molto vivace*), où retentissent les sonneries de cors obligées, passerait aisément pour du Schumann (et du jeune !), avec son élan mélodique et ses arpèges entraînants. – Dans la deuxième, à condition de prendre un peu au-dessous du mouvement indiqué cette romance aux inflexions caressantes (en fa mineur, *allegretto agitato*), on rendra sensible la tendresse blessée de la *Mignon* de Goethe, qu'elle a choisi d'évoquer.

Martellements du bout des doigts, friselis de doubles croches, trémolos frémissants, c'est assez pour restituer, dans la troisième, l'atmosphère fantastique des *Contes de fées* (en sol mineur, *allegro molto*). – Schumann encore, celui des marches fières et pimpantes, dans la dernière pièce, *À la fête* (en si majeur, *allegro moderato e marcato*), dont l'éclat s'atténue un moment pour un paisible choral.

## *Nouvelles Aquarelles* (op. 57)
COMP été 1881. PUB 1881 (Hansen).

Le compositeur a soixante-quatre ans ; il y a vingt ans qu'il n'a plus rien consacré au piano, en dehors d'une ou deux pièces de circonstance. Qu'il y revienne soudainement, qu'il reprenne le titre d'une œuvre de jeunesse, est révélateur. Ce n'est pas une nouvelle sonate qu'il songe à brosser, à grands coups de pinceau, mais bien, une ultime fois, quelques-uns de ces feuillets où il sait encore, en peu de traits et sans inutile dépense de couleur, le meilleur de lui-même. On ne dira pas qu'il y traîne de la morosité ; seulement ce je ne sais quoi d'imperceptiblement nostalgique, qui fait trembler le trio de l'*Humoresque*, la fin du *Nocturne*, le milieu du *Scherzo*, et jusqu'aux naïves rosalies de la *Romance*.

L'*Humoresque* (en la mineur, *allegro scherzando*) se veut « dans le ton populaire », « *im Volkston* » ; cela nous vaut une langue un peu âpre, ces unissons, ce fil de tierces qui a l'air d'un accord de treizième, ces rudes mordants ; après quoi le trio, *maggiore*, chuchote sa petite chanson confiante.

Des battements d'octave brisée confèrent au *Notturno* (en mi majeur, *andantino espressivo*) son climat extatique, propice au dialogue entre ténor et soprano.

La vitesse *(allegro vivace)* est certes indispensable aux doubles croches du *Scherzo* (en ré bémol majeur), à ses ondulations, à ses notes répétées ; mais il faut prévoir de prendre plus lentement l'intermède (au relatif mineur), où passe comme un écho plaintif de Schubert. On notera, mes. 27-33, des modulations chromatiques tout à fait inhabituelles chez Gade.

La *Romance* (en la majeur, *andantino amabile*) ne regarde plus, comme celle des premières *Aquarelles*, du côté de Mendelssohn, mais ressemble beaucoup aux romances de l'*Album de la jeunesse* de Schumann, par exemple à celle en fa majeur (sans titre, n° 26), dont elle a les courbes, les rythmes, et la candeur.

Schumannien aussi, le *Capriccio* qui termine le cahier (en fa majeur, *allegro vivace*) ; on ne saurait rêver pages plus exquises pour mettre un point final au catalogue pianistique de Gade, – qui vivra neuf années encore, sans plus jamais revenir au piano seul. Tressaillements de joie, élans, brusques arrêts, reprises plus joyeuses encore, surprises de l'harmonie et du rythme (ce 3/4 qui bouscule le 6/8 initial), tout ici respire la liberté de l'improvisation.

## L'*ARABESQUE* ET LA *SONATE*

***Arabesque*** (op. 27)
COMP 1854. PUB 1854 (Lose & Delbanco). DÉD à Mathilde Staeger, qui devait devenir sa seconde femme en 1857.

Comme la *Sonate* de la même année, c'est une œuvre en quatre mouvements, avec des motifs récurrents. Mais là se borne la comparaison ; l'une observe avec sérieux les règles du genre et le ton propre à la « grande forme » ; l'autre n'est que fantaisie légère, enchaînant ses parties sans interruption, du prélude à la coda, sautant d'une humeur dans l'autre, avec des cadences d'arpèges ou des séquences d'accords pour lier l'ensemble. On y aimera particulièrement la première partie (en fa majeur, *allegro vivace*), dont le thème rieur s'ébroue en staccatos, déclenché, entretenu par le ressort des dactyles, – en vérité un des meilleurs moments du piano de Gade, si même il ne le doit qu'à l'imitation de Schumann. Après deux épisodes à la romance (en ut majeur, *andantino cantabile*, et en mi majeur, *allegretto grazioso*) et un turbulent scherzo (en fa majeur, *allegro molto vivace*), on retrouve, pour conclure, ces mesures pleines d'entrain.

### *Sonate en mi mineur* (op. 8)
COMP 1839-1840 (première version) ; révisée 1854. PUB 1854 (Breitkopf & Härtel). DÉD à Liszt.

On peut, à la rigueur, la considérer comme une des grandes sonates du romantisme (qui n'en a pas fourni beaucoup) ; l'école danoise n'en a pas d'autre, avec celles de Hartmann. Ses huit symphonies prouvent assez que Gade, ce miniaturiste, était à son aise aussi dans la fresque, et d'un point de vue purement formel la *Sonate en mi mineur* n'encourt pas de reproche. Ni rhapsodie ni monstre babylonien. La dédicace à Liszt n'entraîne, Dieu merci, aucune démonstration de bravoure. C'est de bonne et solide musique, comme disent les artisans. Un mince feuillet d'album, s'il est réussi, nous parlera pourtant davantage ; il dira simplement ce qu'il a à dire, sans le marteler dix fois...

Le premier mouvement *(allegro con fuoco)* est écartelé entre deux styles, celui de Mendelssohn et celui de Schumann, à leur plus opposé. Après le péremptoire unisson de rondes et de blanches qui lui sert de héraut (si-sol-mi-si, arpège descendant de mi mineur) et qui reviendra dans chacun des trois autres mouvements, le premier thème a cette animation un peu factice, ou du moins superficielle, qui caractérise souvent l'*agitato* mendelssohnien. Tout autre est le deuxième thème (en ut majeur, *un poco lento e sostenuto*), qui tombe comme la paix du soir ; toujours des arpèges descendants ; mais au lieu des remuantes, des fatigantes croches, voici des triolets de noires, et de délicates harmonies baignant un chant point indigne de ceux d'Eusebius ; au fond, le seul moment inspiré. Le développement est terne, en dépit de son brouhaha ; et la réexposition, sinon la surprise d'entendre le deuxième thème (cette fois en mi) avant le premier, n'apporte plus rien de neuf.

L'*andante* (en sol majeur) est d'assez belle venue. Gade y est dans ses terres. C'est une romance, ou un lied, qui ne tombe ni dans le larmoyant ni dans l'enrubanné. L'écriture se partage entre accords à note répétée et arpèges, et cette alternance de surplace et de mobilité ajoute au charme de ces pages paisibles. La partie centrale (en mi bémol) veut plus d'énergie, plus d'accent ; ce sont encore les mêmes figures, d'où l'unité du mouvement. À la fin de la reprise, citation du « motto » initial de la sonate.

Un rythme syncopé, à la Brahms, emporte le scherzo (en si mineur), qui tire son efficace de sa brièveté ; la version révisée supprime en effet un long trio ; ainsi pas un instant la tension ne se relâche. On aurait tort de s'en tenir au mot *allegretto* qu'on voit au départ ; il faut lire avant tout, entre les portées, les mots « con fuoco » ; et donner à ces pages la couleur d'une ballade nordique. – À la fin, nouvelle citation du motif de départ.

Le finale (en mi mineur, *molto allegro e appassionato*) est la partie défectueuse de l'œuvre. Mais n'en est-il pas souvent ainsi chez Mendelssohn (qui pourrait l'avoir écrit de la première à la dernière note) ?... Ce n'est pas faute de vigueur ; mais on gravite en rond dans ces harmonies trop sages, dans ce rythme monotone de triolets tournoyants. Le thème nourricier de la sonate, mis ici à forte contribution, n'en dit pas davantage que dans l'*allegro* initial, où il s'est déjà épuisé. Coda frénétique, en martellements, *ad usum populi*. – D'ailleurs, une interprétation impatiente, emportée, enlevée avec panache, fera sans doute oublier les faiblesses de la *Sonate*, ses chapelets d'arpèges, ses harmonies de confiseur ; on l'applaudira volontiers ; mais aura-t-on envie de la réécouter ?

## PIÈCES DIVERSES

En dehors des recueils commentés plus haut, Gade a offert quelques pièces à des revues, et publié sans numéro d'opus deux petits recueils anodins. J'examinerai rapidement ces pages qui n'ajoutent rien à son portrait.

L'*Allegretto grazioso* en la majeur, publié en 1842 dans *Sangfuglen* (Copenhague), recueil collectif de pièces enfantines, n'est qu'un vilain morceau de genre, de surcroît mal écrit, que ses petits accords arpégés rendent plus maniéré encore et plus exaspérant (sous-titre : « L'Oiseau chanteur » ; encore un qui ne prophétise guère).

Sous le titre de *Mélodies populaires scandinaves*, le compositeur a publié en 1844 (Lose & Olsen) une collection de trente thèmes suédois, danois ou norvégiens. Les plus longs de ces morceaux tiennent en quatre lignes, la plupart en deux et trois. Autant dire que Gade ne veut ici ni développer ni embellir ; il harmonise, simplement, humblement, quoiqu'il y mette du talent et du goût. On est loin de ce que fera Grieg dans ce domaine. L'oreille de Gade, jusqu'au bout, demeure allemande. Pas une épice modale, pas une altération de couleur, aucune évocation d'instrument paysan.

Une *Saltarella* en ré majeur, écrite à Rome en 1844, a paru en 1900 dans *Musik og Sang*, n° 31 (Copenhague) ; c'est la seule pièce échappée au silence pianistique des années 1842-1848, une bagatelle de vingt secondes à peine, petit grelot de boîte à musique.

*Trois Feuillets d'album* datent de mai 1850 (publiés en 1852, chez Lose & Delbanco). On ne donnerait pas cher de la *Canzonetta* initiale (en si bémol majeur), bonbon à la guimauve, dont n'eût pas voulu un pensionnat de jeunes filles. Le *Scherzo* final (également en si bémol) n'est pas plus défendable, et son *minore*, en particulier, agace tout autant. On peut sauver, à la rigueur, le court *Capriccio* central (en mi majeur), dont les prestes arpèges ascendants, retombant en mélodie, expliquent le sous-titre de « Sylphides ». L'absence de numéro d'opus pouvait nous mettre la puce à l'oreille : Gade ne devait pas avoir beaucoup d'estime pour ces brimborions.

Un *Scherzino* en mi bémol, bondissant sur ses notes répétées, et une petite *Barcarolle* en fa, schumannienne et doucement émue, ont paru en 1852 dans *Skole og Hjemmet*... etc., n$^{os}$ 18 et 26.

Les éditions Henle ont publié pour la première fois, en 1989, parmi des recueils connus, un *Andantino* en ut dièse mineur, datant de 1860 ; on y a gagné (!) deux pages fâcheusement sentimentales, hésitant entre romance et valse. Bien meilleur, de la même année, le bref *Scherzo* en ut majeur (publié en 1882, Hansen), quintessence de l'humour de Gade.

Autres valses, le morceau intitulé *Dandserinden* (« La Danseuse »), en fa majeur, publié en 1860-1861 dans *Illustreret Tidende*, ainsi que le *Scherzino-Aquarelle*, en ré mineur, publié en juillet 1861 dans *Musikalisk Museum* : à la frivolité de l'un répond la sentimentalité de l'autre, mièvres toutes les deux.

Enfin, en 1866 ont été publiés, comme n$^{os}$ 1 et 7 de *Musikblade udgivne af Foreningen Fremtiden*, une *Danse folklorique* en ré bémol, sans aucun piment de folklore, mais pourvue d'un malicieux trio tournoyant, et une *Romance* en la bémol, pur pastiche de Mendelssohn, d'un charme pénétrant ; et en décembre 1876, dans *Illustreret Tidende*, une ***Aquarelle*** en la majeur, fragile et lointain écho des *Papillons* de Schumann.

Précisons pour terminer que de nombreux morceaux, complets ou fragmentaires, sont demeurés en manuscrit ; la plupart datent des années 1837-1841, et, curieusement, semblent révéler chez le Gade d'avant Leipzig des tentations d'écriture virtuose.

## Baldassare GALUPPI
(1706-1785) Italien

---

Le *Buranello*, comme on l'appelait, du nom de l'île de Burano près de Venise, où il est né, fut le compère de Goldoni ; ensemble, ils signèrent quelques grands succès de théâtre, les drôleries de l'un relevées par la verve de l'autre. Presque personne ne s'aperçut, à son époque, qu'il écrivait aussi des sonates pour clavier : une centaine, autant que d'opéras, qui auraient été composées entre 1740 et 1760, et dont moins du quart furent publiées de son vivant.

L'édition de **Six Sonates** procurée en 1963 par Edith Woodcock (Stainer & Bell) offre un petit panorama de cet art simple et délicat qui inspira un poème à Robert Browning (« *Brave Galuppi ! that was music ! good alike at grave or gay !* »). Quatre sonates en deux mouvements, les deux autres en trois, avec cette particularité que le premier est toujours lent.

Le charme du *larghetto* qui ouvre la *Première Sonate*, en la mineur, s'effrite au bout de quelques lignes ; la mélodie, avec cet accompagnement trop pauvre, réduit à quelques notes maigrement répétées, semble avancer à l'aveuglette. L'*allegro* rattrape cette impression ; il n'a pas beaucoup plus de chair, mais l'imagination du pianiste peut du moins rebondir sur ces échos, ces répétitions, les mettre en scène.

L'*andantino* de la *Deuxième Sonate*, en ut mineur, en rythme pointé, dans une écriture à trois voix, a une sorte de mâle tristesse, renforcée par les dissonances. On n'y croit plus qu'à moitié quand on passe à l'*allegro*, véritable scène de comédie, querelle d'époux, avec répliques serrées, tohu-bohu de gammes, triolets vifs, égratignures de triples croches.

Une des mieux développées, la *Troisième Sonate*, en si bémol majeur : un *andantino* très chantant, d'humeur élégiaque (on relèvera des « soupirs » expressifs, en syncope, et une ornementation légère et variée), et un pétillant *allegro* à 3/8, avec reprise finale à la tonique (de bonne sonate !).

Le meilleur mouvement de la *Quatrième Sonate*, en ut mineur, est le troisième, un *allegro assai* à 3/8, remuant, nerveux, avec des passages où les mains alternent rapidement dans l'aigu. Le *larghetto* initial rappelle un peu trop le début de la *Fantaisie* du même ton chez Bach. Entre les deux, un *allegro* décousu, et mièvre dans ses moments de basse d'Alberti.

La *Cinquième Sonate*, en la majeur, est assurément la plus réussie de ce petit groupe ; ici l'écriture est ferme et les idées se suivent sans chute de tension. L'*andante*, finement ornementé, est d'une grâce toute mozartienne ; dans l'*allegro* suivant, preste, enlevé, solidement cousu dans ses réparties, plane l'ombre du génial Napolitain ; « Scarlatti du pauvre », soit, mais on se divertit.

Dans la *Sixième Sonate*, en sol mineur, un *largo* affligé, marchant à pas pesants, conduit au fugato du deuxième mouvement *(allegro energico)* ; et l'on finit sur un *allegretto grazioso*, qu'on pourrait prendre pour un menuet (à 3/8), s'il ne frémissait pas soudain de toute une vie de triples croches.

# Orlando GIBBONS
(1583-1625) Anglais

Il est de loin le plus jeune des « *three famous masters* » dont le célèbre recueil *Parthenia*, publié à Londres vers 1612, fit connaître quelques pièces choisies, – les autres étant Byrd et Bull. L'étiquette peut surprendre, mais malgré sa jeunesse, sa popularité était déjà établie ; il avait acquis à vingt et un ans la charge d'organiste de la Chapelle royale et ses pièces circulaient largement en manuscrit (une quarantaine de sources en subsistent encore, dont le *Cosyn's Virginal Book*, qui en contient la moitié). Ce renom et cette parité avec les plus grands lui sont restés. Son œuvre n'est pas étendue, une mort précoce l'a empêché de donner au clavier autant de pages que ses prédécesseurs : au total quarante-cinq pièces (rééditées par Gerald Hendrie dans le volume XX de *Musica Britannica*, 1962). Mais les accents qu'il y a mis défendent qu'on le mêle à l'ordinaire des musiciens de son temps.

Plus près de Byrd, son aîné de quarante ans, que de Bull par la moindre place qu'il fait à la bravoure, encore que certains morceaux se distinguent par des traits où l'on voit qu'il n'usurpe pas sa réputation de virtuose (les deux **Préludes** en la mineur et sol majeur, n[os] 1 et 2 dans *Musica britannica*, zébrés de gammes à chaque main tour à tour), il répand souvent, jusque dans ses danses, un courant de gravité, qui n'est pas seulement la mélancolie élizabéthaine. Dufourcq le dit « romantique avant la lettre ». Il suffit, pour comprendre ce jugement, d'entendre parmi ses *Pavanes et Gaillardes* (respectivement au nombre de quatre et sept) la pièce intitulée *The Lord of Salisbury his Pavin* (en la mineur). Courte, sobre, en trois parties croissant en intensité, elle atteint par des moyens simples, ou plutôt peu voyants, à une émotion profonde, intériorisée, une espèce de pathétique purifié de gestes et de déclamation ; multiples fausses relations, appogiatures et retards expressifs, altérations modales, pimentent une polyphonie d'ailleurs fort claire ; les dernières lignes, par l'accumulation d'un unique dessin (deux croches, une noire) qui se poursuit à toutes les voix en retardant d'autant la cadence, sont inoubliables. (Parue dans *Parthenia*, n° 18.)

Pour tâter d'un Gibbons moins sévère, capable de sourire, et quelquefois davantage encore, on regardera les autres *Danses*, quelques-unes fort brèves, des condensés d'inspiration : cinq allemandes (dont une en sol majeur, accorte et sans façons, intitulée *The King's Jewel*), trois courantes, et surtout cinq masques, aussi délicieux l'un que l'autre : voyez surtout les huit mesures qui se nomment *Welcome Home* (en ré mineur), un petit rien griffonné dans un moment d'insouciance, ainsi que le *Lincoln's Inn Mask* (en ut majeur), écho de taverne, franc et dru, bon enfant.

Des six séries de *Variations*, il faut retenir, pour leur valeur d'exemples opposés, *The Queenes Command* et *The Woods so wilde* (ce dernier thème déjà varié par Byrd). Dans la première, Gibbons donne sept variations de plus en plus acrobatiques à un petit thème naïf de quatre mesures (en ut majeur) ; dans ces gammes effervescentes, cette main gauche qui court sur plusieurs octaves, on le surprend en flagrant délit de virtuosisme ; ce n'est pas le plus fréquent de ses péchés, mais il faut bien qu'il y soit tombé quelquefois pour que nous comprenions l'engouement de ses contemporains (c'est l'un des six morceaux de lui publiés dans *Parthenia*, au n° 20), et le titre qu'il gagna de « *musician for the virginalls to attend in his highnes privie chamber* ». – Dans la seconde série, la virtuosité certes présente (elle est inséparable du genre, et chaque virginaliste entendait en remontrer à ses confrères !) se mue rapidement en poésie ; après la première et riche élaboration du thème à quatre voix (il va curieusement de fa majeur à sol majeur, et l'on notera, mes. 3, un expressif accord augmenté), après les dessins de doubles croches des deuxième et troisième variations, où la droite et la gauche rivalisent d'adresse, voici le paisible courant de croches de la quatrième, l'étrange frénésie de la cinquième, scandée d'octaves brisées en bourdon, avec un mordant sur chaque temps ; voici le rythme ternaire, à la gigue, de la mélodieuse sixième ; les brisures de la septième, d'accent si « moderne », où des bribes mélodiques restent prises sur les temps les plus faibles (deuxième et quatrième notes des groupes de quatre doubles croches) ; la texture toute lisse de la huitième, qui favorise les sixtes ; enfin l'adieu souriant de la neuvième, quelque peu nimbée de nostalgie.

Gibbons nous a laissé dix *Fantaisies* (dont une pour deux claviers), plutôt destinées à l'orgue qu'au virginal, les sommets de son œuvre. Deux sont exceptionnelles, où le compositeur, bien éloigné de toute préoccupation digitale, se concentre uniquement sur le travail d'une trame étonnamment riche et dense. Celle que le manuscrit de Cosyn intitule *Fancy in Gamut flatt*, en sol mineur (n° 9 dans le volume de *Musica britannica*), a quatre longues pages (quatre-vingt-quinze mesures) et toutes sortes d'aventures, depuis ce premier thème caractérisé par une quarte diminuée (si ♭-fa ♯) qui joue un rôle autant harmonique que mélodique ; on retient le surprenant passage modulant de ré mineur à si bémol majeur (mes. 26-36), où un petit motif entraîne sans cesse en avant l'harmonie et diffère le repos de la cadence. Plus belle encore, la *Fantazia of foure parts* (n° 17 de *Parthenia*, n° 12 de *Musica Britannica*), qui ne juxtapose pas moins de sept thèmes différents, dans un style de motet, empreint de sérieux et de grandeur. Suspensions et retards, dans la seconde moitié du morceau, produisent des décalages rythmiques, qui font un heureux contraste avec la marche plus rectiligne de la première. Magnifique musique, digne de résumer un compositeur au plus haut de son art.

## Alberto GINASTERA
(1916-1983) Argentin

La division que l'on observe d'ordinaire, dans la production relativement courte de Ginastera, entre les œuvres « nationalistes » et les autres, et dont la charnière est le *Deuxième Quatuor à cordes* (1958), n'a pas d'intérêt en ce qui concerne sa musique de piano, pour la raison évidente que l'essentiel de cette œuvre pianistique s'inscrit justement avant cette date, dans la première moitié de sa vie. De 1937, année des *Danses argentines*, à 1952, année de la *Première Sonate*, on compte à peu près une partition de piano tous les deux ans, et ces musiques s'équilibrent parfaitement avec celles pour l'orchestre, la voix ou les formations de chambre. Mais ensuite trente ans s'écoulent sans que Ginastera revienne au piano seul, trente ans où l'élément national se décante, où les problèmes d'écriture et de forme prennent le dessus, avec un fond, selon ses propres termes, « néo-expressionniste », où il tâte des techniques sérielles et de l'atonalisme : les concertos, les trois opéras, les trois cantates dramatiques, les *Estudios sinfónicos*. L'étonnant c'est qu'en retrouvant l'instrument pour deux sonates testamentaires (1981 et 1982), il renoue avec sa première inspiration. Voici donc un piano entièrement dévoué à l'exaltation d'un terroir.

Le nationalisme de Ginastera est d'une grande variété. Mais qu'il s'inspire des légendes guaranies (le ballet *Panambí*, qui inaugure officiellement son catalogue en 1936), de la littérature « gauchesque » (l'ouverture pour le *Fausto criollo* d'Estanislao del Campo), ou qu'il retrace des scènes de la vie dans les pampas (le ballet *Estancia*, ou le cycle vocal *Las Horas de una estancia*), il a soin d'épurer le folklore auquel il emprunte. Il en retient surtout des cellules mélodiques et rythmiques, pour y infuser ses propres thèmes, dans des harmonies également très personnelles, d'une joyeuse rudesse, où d'emblée la polytonalité joue un rôle primordial. Au piano, à l'abri des titres et des programmes, son inspiration se partage à égalité entre chant et danse. Danse : les trois *Danzas argentinas*, les cinq *Danzas criollas*, le *Malambo op. 7*, mais aussi la *Danza criolla* des *Préludes américains*, la *Criolla* de l'opus 6, le finale de la *Première Sonate*, les mouvements rapides de la *Deuxième Sonate*, toute la *Troisième*, autant d'œuvres qu'emportent des rythmes vigoureux et primitifs, par exemple celui du *malambo* des gauchos, véritable joute dansée, frénétique, inexorable, qui tourne à la toccata. Chant : la *Vidala* ou la *Pastoral* des *Préludes américains*, le *Rondó* sur des comptines populaires, la *Norteña* de l'opus 6, le *harawi* qui sert de mouvement lent à la *Deuxième Sonate*, plages lyriques, oasis de tendresse ou de nostalgie.

## *Danzas argentinas* (op. 2)

COMP 1937. PUB 1939 (Durand). DÉD à Pedro Sáenz, Emilia Stahlberg, Antonio De Raco. CRÉ par Antonio De Raco (27 octobre 1937, Buenos Aires).

Quel fringant début de catalogue que ces pièces aux senteurs de terroir, une lente entre deux rapides, toutes trois régies par le rythme à 6/8... Morceaux juvéniles (l'auteur, âgé de vingt et un ans, est encore étudiant au Conservatoire de Buenos Aires), mais déjà si caractéristiques, avec leur franchise, leur absence de politesse, leur façon de brusquer l'auditeur, de lui envoyer aux oreilles leurs notes écrasées, de le harceler de répétitions de rythmes et de motifs. Morceaux si sûrs d'eux-mêmes, et se servant de cette brusquerie pour charmer, et même aguicher...

La première, *Danza del viejo boyero*, « Danse du vieux bouvier » *(animato e allegro)*, au rythme de *malambo*, s'amuse à superposer une main sur les touches blanches à l'autre sur les touches noires, ce que traduit aux yeux la différence d'armure : rien à la clé pour la droite, cinq bémols pour la gauche. Bitonalité stridente, et pourtant fausse : le thème, joué en accords de seconde et quarte, secs et précis, tire l'oreille vers ut majeur, sol majeur ou mi mineur ; les croches pressées et monotones de l'accompagnement forment un halo harmonique, senti comme une vaste appogiature. Le dernier arpège évoque les cordes à vide de la guitare.

Où n'a-t-il pas traîné, cet air de la *Danza de la moza donosa*, « Danse de la jeune fille gracieuse » (en la mineur, *dolcemente espressivo*), qui flatte si fort l'oreille (et les viscères) ? On jurerait l'avoir toujours entendu. Bimodal comme bien des thèmes du folklore argentin (un do ♯ pointe dès la première phrase), subtilement décalé par rapport au rythme uniforme de la basse (trois croches/croche-noire), enrichi bientôt de voix adjacentes, de doubles notes voluptueuses (« soave »), d'accords où vibrent les secondes (« intenso ») et qui vérifient une fois de plus le pouvoir mystérieux de la dissonance quand elle griffe et caresse à la fois, il gagne sans cesse en force, en persuasion ; et quoique une part de nous y regimbe, l'autre ne peut que céder à tant de cajoleries.

La *Danza del gaucho matrero*, « Danse du gaucho malin » (en ut majeur, *furiosamente ritmico e energico*), n'est que rythme et vigueur, une petite toccata construite en mosaïque de dessins répétés, où le pianiste fonce tête baissée dans les syncopes harassantes et les ostinatos. Le mécanisme implacable des croches à 6/8 du *malambo* est ici d'une redoutable efficacité. La seconde méchante s'infiltre partout, stridulant dans les motifs, dans l'accompagnement. Presque partout : il y a des passages en accords parfaits parallèles, que d'ailleurs le choc des basses fait dissoner ; à d'autres endroits, c'est à nouveau le joyeux antagonisme des touches blanches et des touches noires, l'allègre bousculade des tons. Tout cela chante drûment, dans un éclatant ut majeur, qui a vite fait d'annuler l'incertitude tonale des premières lignes. « Mordente », « violente », « salvaggio » : il faut une poigne... de gaucho ! pour tenir sans faiblesse jusqu'au bout et finir en quadruple forte !

## *Tres Piezas* (op. 6)

COMP 1940. PUB 1941 (Ricordi americana). DÉD à Lia Cimaglia de Espinosa, Marisa Regules, Mercedes de Toro. CRÉ par Hugo Balzo (16 octobre 1940, Montevideo).

Évocation de trois folklores, celui de la province de Cuyo, celui du nord, celui des Créoles. La première pièce, *Cuyana* (en la mineur, *allegretto*), joue de l'équivoque entre le 12/16 indiqué des arpèges d'accompagnement (où les doubles croches vont par trois) et le 6/8 évident de la mélodie (qui les voudrait par deux) ; mélange de bitonalité aigrelette, d'accords de quartes, et de bons vieux accords parfaits ; quelques syncopes appuyées, quelques notes répétées insistantes. À la reprise, des superpositions d'accords, décalés d'un demi-ton entre les mains (et notés « opaco »), évoquent ces halos de notes parasites que font parfois vibrer les cordes de la guitare.

Sur un obsédant ostinato de la basse (quintes appogiaturées), tambourinant dans un rythme qui additionne 3/8 et 3/4, la deuxième pièce, *Norteña* (en ré mineur, *lento*), mène une déploration funèbre, sourdement, pensivement. Au milieu, exaltation soudaine, où une bruyante polyharmonie résulte de la superposition de deux couches indépendantes de triades mineures (écriture à trois portées). Fin étouffée, où véritablement, comme l'écrit Janáček, « la parole manque » : par quatre fois l'accompagnement s'arrête, comme se figerait un cortège, pour laisser monter, dans le lointain, une voix brisée, qui s'exténue.

C'est une fête allègre et tapageuse que la dernière pièce, *Criolla* (en la majeur, *allegro*), à la gloire du monde fourmillant de la pampa ; on y retrouve l'équivoque bien connue d'un 6/8 parfois battu comme un 3/4. Trois lignes d'introduction rythmique, en accords scandés fortissimo ; puis des arpèges agiles courent sous une mélodie sinueuse ; piments bitonaux à poignées, sans que jamais se perde le sentiment des basses ; de nouveau les accords d'introduction, plus longuement développés. En guise d'intermède *(muy lento)*, une rengaine populaire, ou *milonga*, dont les vers de mirliton sont cités au-dessus de la portée ; rythme langoureux de habanera, harmonisation en quintes diminuées et grands élans romantiques. Après quoi la danse reprend de plus belle, pour s'achever dans le délire des glissandos.

## *Malambo* (op. 7)

COMP 1940. PUB 1942 (Ricordi americana). DÉD à Hugo Balzo. CRÉ par Balzo (11 septembre 1940, Montevideo).

Quelques pages pour célébrer cette danse des gauchos, dont le rythme infatigable (croches à 6/8, en diverses variantes métriques) nourrit une bonne partie de la musique de Ginastera. Après un court prélude où l'on entend les cordes à vide de la guitare (une signature de l'auteur ! voyez la fin de la *Danza del viejo boyero*, dans l'opus 2, ou celle du *presto* de la *Première Sonate*), le mécanisme du *malambo*, remonté à bloc, commence à se dévider à toute allure, en toccata obstinée, dans un vaste crescendo du *pp* au *fff* : à trois reprises, la même façon de basse circulaire, la même cellule mélodique, naissant dans le registre grave, voyant ses notes successivement doublées, triplées, quadruplées jusqu'à l'accord de septième, et gravissant le clavier jusqu'à éclater dans l'aigu.

## *Preludios americanos* (op. 12)

COMP 1944. PUB 1946 (Carl Fischer), en deux volumes. DÉD à Raúl Spivak. CRÉ par Spivak (7 août 1944, Buenos Aires).

C'est l'avantage de ce genre du prélude : en douze morceaux totalisant tout juste douze minutes, Ginastera donne un condensé de son art ; tantôt le rythme roboratif, la joyeuse énergie d'une danse ou d'une étude ; tantôt une veine intime et tendre, pour de simples chansons cueillies aux branches d'un arbre du pays.

*Para los acentos* (en fa majeur, *vivace*) : aussi bref que le premier prélude de Chopin, celui de Ginastera, en moins de trente secondes, lance une ruée de croches à 6/8, en intervalles brisés (surtout quartes et quintes, et quelques secondes écrasées au passage !). Le titre, « Pour les accents », concerne moins le systématique enjambement de la barre de mesure que les passages contrariants où la gauche plaque des noires ou bien se met à grouper ses croches par deux.

*Triste* : l'intitulé du deuxième prélude (en ut mineur, *lento*) couvre treize mesures à peine, à deux voix très nues ; chanson enfantine, ou complainte ancienne, venue du plus lointain des âges. L'accord final superpose les tierces majeure et mineure.

La *Danza criolla* (en fa majeur, *rustico*), bien calée sur le ton, en dépit de tout le bariolage bitonal de la gauche, rappelle en cela la première des *Danzas argentinas*. Le rythme, tapageur et martelé, équivoque entre 6/8 et 3/4. Vers le milieu, dans le soleil d'ut majeur exacerbé par les bémols de la basse, crie soudain un motif de tierces, à tue-tête.

Le quatrième prélude, *Vidala* (en sol mineur, *adagio*), est une petite cantilène, subtilement harmonisée, sonnant comme du Mompou. Couleur modale de la sixte majeure. C'est si simplement beau et si court qu'on a irrésistiblement envie de le reprendre une ou deux fois encore.

Le cinquième prélude se joue sur les cinq notes do-ré-mi-sol-la, d'où son titre : *En el primero modo pentafono menor*. Dans un souple rythme à 7/8 *(andante)*, deux bergers se répondent en canon, à trois mesures de distance. Fin en la mineur.

Un hommage maintenant (il y en a trois autres dans la série) : l'*Homenaje a Roberto García Morillo*, compositeur argentin, de cinq ans l'aîné de Ginastera, prend la forme d'une brève toccata (en ut mineur, *presto*), au motif andalou, martelé sur le mode phrygien.

Aussi instantanée que celle « pour les accents », voici une nouvelle étude, *Para las octavas* (en ut majeur, *allegro molto*), bref et fougueux déchaînement d'octaves criardes, « sempre *ff* e marcato ».

L'*Homenaje a Juan José Castro* (en ré mineur, *tempo di tango*) est un mince et délicat feuillet d'album, qu'il faut, comme le quatrième prélude, rejouer plusieurs fois, pour mieux se pénétrer de son charme. Quelques notes mélancoliques, posées du bout des doigts, sur un accompagnement légèrement déhanché. À la reprise, ce thème parcimonieux n'est plus qu'un trille d'oiseau, désolé, avec un vif arpège de cristal pour conclusion.

Une nouvelle toccata, l'*Homenaje a Aaron Copland* (en sol majeur, *prestissimo*), gaie, exubérante, avec son moteur de doubles croches, ses syncopes, ses cris stridents dans l'aigu.

*Pastoral* : nous tenons, avec le dixième, le plus suggestif de ces préludes (en fa majeur, *lento*). À cause (mais il n'y a pas de causes en musique, il n'y a que des effets) de cette pédale mélodique et rythmique de la voix intérieure, en syncope, entre une basse de quintes et un chant en valeurs longues, que la bitonie rend étrange, lointain, comme enfoui dans le rêve.

Tout en bonds, en à-coups, en rythmes heurtés, l'*Homenaje a Heitor Villa-Lobos* (en fa majeur, *vivace*) est un concentré de violence et de vitalité.

Le dernier prélude, *En el primero modo pentafono mayor*, est la réplique au cinquième, sur les mêmes cinq notes, mais cette fois sur une pédale de do qui force ut majeur. Des accords processionnels *(lento)*, évoquant, selon le compositeur, un cortège inca, s'étagent sur trois et quatre portées, dans un vaste crescendo (de *mf* à *ffff*). Le mode n'est pas pur : à partir du milieu interviennent des altérations dissonantes, do ♯, ré ♯, fa ♯, sol ♯, mais dans l'aigu, où elles se fondent à l'harmonie ambiante, – et ces « mixtures » suggèrent tout un jeu de cloches, avec leur fausseté mélodieuse.

### Suite de danzas criollas (op. 15)

COMP 1946 ; révision 1956. PUB 1957 (Barry & Co). DÉD à Rudolf Firkušný. CRÉ par Firkušný (26 juillet 1947, Buenos Aires).

Musique simple, directe, l'équivalent de la *Suite op. 14* de Bartók, – comme les *Danzas argentinas* sont les petites sœurs américaines des *Six Danses roumaines*. Cinq pièces et une coda, qui se jouent sans interruption (six minutes au total).

Il faudrait avoir une écorce bien rude pour demeurer insensible à l'attrait de la première (en sol majeur, *adagietto pianissimo*) : balancement de berceuse, harmonies suavement dissonantes (ces belles grappes d'accords posées pianissimo), mélodie ingénue, facile, infiniment quotidienne, comme l'eau, le pain, l'air qu'on respire.

La deuxième, d'une vitalité extrême, vous secoue de ses rythmes déhanchés, vous éclabousse de son ut majeur *(allegro rustico)* : la droite écrase bruyamment de la paume un cluster de huit notes (toute une gamme !) ; la gauche ne peut tenir en place et bondit joyeusement du grave à l'aigu.

Puis c'est la douceur rêveuse de la troisième (en fa dièse mineur, *allegretto cantabile*), où une phrase tendre descend de l'aigu, en octaves brisées, sur un accompagnement d'arpèges en mouvement contraire. Subtilité, solubilité rythmique : la mesure est à 11/8, composée d'une addition de 6/8 et 5/8, mais on notera que le 6/8 n'affecte que la gauche (croches par trois), et que la droite joue en réalité à 3/4 (croches par deux) ; et il s'y mêle, au deuxième énoncé, un canon du thème, qui fait encore davantage trembler ce tissu délicat.

Il y a, dans la quatrième (en la mineur, *calmo e poetico*), une insistance, une façon de persuader à la Mompou. Thème de chanson populaire, agrémenté de diverses notes modales, embué d'arpègements, dans le flou des deux pédales.

Le lourd et sourd moteur de la cinquième pièce (en la mineur, *scherzando*), toccata d'accords, laisse échapper par bribes des airs de fête, que les mains pilonnent gaiement (« martellato »). On se jette du même élan dans le brouhaha de la coda *(presto ed energico)*. Fin brusquée, en ré majeur.

### *Rondó sobre temas infantiles argentinos* (op. 19)

COMP 1947. PUB 1951 (Boosey & Hawkes). DÉD à ses enfants Alex et Georgina. CRÉ par Lía Cimaglia Espinosa (3 mai 1949, Buenos Aires).

Quatre pages mignonnes, où Ginastera harmonise avec un mélange d'art et de simplicité quelques comptines (il les dit « argentines » ; elles sont transplantées d'Europe ; disons-les universelles, et chacun les reconnaîtra du fond de sa propre enfance). La texture est translucide, les harmonies fraîches et rieuses ; le contretemps de l'accompagnement ajoute un surcroît de bonne humeur. Ton de sol majeur pour le refrain *(allegro)*, débonnaire ; ton de si majeur pour le premier couplet *(andantino, con dolcezza)*, rêveur et lointain, où traîne la pédale de dominante ; ton de ré pour le deuxième couplet. Çà et là quelques cabrioles, des gammes alertes, un glissando, servent de liant.

### *Première Sonate* (op. 22)

COMP 1952. PUB 1954 (Barry & Co). DÉD à Johana et Roy Harris. CRÉ par Johana Harris (29 novembre 1952, Carnegie Music Hall, Pittsburgh).

Résultat d'une commande du Carnegie Institute pour le Festival de musique contemporaine de Pittsburgh, la *Première Sonate* de Ginastera fut aussitôt célèbre et acclamée. Concise (quinze minutes environ), variée, brillamment pianistique, elle a tout pour plaire. Sans aucun emprunt direct au folklore, l'auteur s'y inspire, une fois de plus, des musiques de la pampa argentine, transmuées dans un langage universel.

Le premier mouvement (en la mineur, *allegro marcato*) est du condensé de forme sonate. Un seul thème, mais présenté sous deux aspects contrastés qui suffisent à la dialectique chère aux manuels ; et ce thème s'appuie simplement, au départ, sur les notes de l'échelle pentatonique : do-ré-mi-la-sol. Pugnace dans son énoncé initial, en tierces qui dissonent à force de fausses relations d'une partie à l'autre, et que ponctue une basse énergique, il prend ensuite les couleurs de la pastorale, finement harmonisé, fragile, auréolé d'arpègements. La métrique, infatigablement changeante, entretient tout au long du morceau ce rythme à la fois de bonds et de piétinements, dans l'esprit des danses créoles, qu'on reconnaît aussitôt pour du Ginastera.

Étonnant début du *presto misterioso* (en ré mineur), en forme de rondo : aux bords de l'inaudible, dans la résonance des deux pédales, les deux mains tracent à l'unisson leurs figures brisées à 6/8, à trois octaves de distance. Peu importe que les douze premières notes du refrain constituent une « série » : Ginastera est aussi peu dodécaphoniste que Barber dans sa récente *Sonate* (1949). Ces frémissements de matière impalpable sont à peine troués, une fois ou l'autre, par quelques bouffées mélodiques (comme le thème d'accords parfaits de la mes. 48), qui rentrent aussitôt dans les limbes d'où ils étaient sortis. La fin se décompose, se défait maille à maille, becquetée d'oiseaux invisibles : voyez le graphisme de la page, où peu à peu les demi-soupirs remplacent les croches, et que signe, après un arpège de guitare, un ré profond, quatre fois répété.

Le troisième mouvement *(adagio molto appassionato)* est de caractère rhapsodique. De lents arpèges égrenés de bas en haut dans la vibration de la pédale (rythme à 5/4) créent d'abord l'espace du songe, et son attente. Puis un premier thème se dessine, un second (« lirico », à 2/2), tous deux atteignant par degrés à la passion la plus véhémente. Les arpèges du début reviennent clore le morceau, le dernier échelonnant au-dessus du si grave l'ensemble des douze demi-tons chromatiques. Notez l'indication finale, « pianissimo sonoro ma lontanissimo », qui complique d'un cran encore la fameuse et paradoxale formule d'Albéniz...

En guise de finale (en la mineur, *ruvido ed ostinato*), une formidable toccata, riche de martellements, d'accords puissants et colorés, d'octaves criardes et verveuses, dans un rythme qui alterne le 3/8 et le 6/16 (c'est-à-dire l'accentuation par deux ou par trois doubles croches, cette caractéristique du folklore argentin). Trois thèmes, arrangés selon un plan de rondo. Fin spectaculaire, en octaves sur le piétinement d'un agrégat de secondes, « tutta la forza, feroce ».

### *Deuxième Sonate* (op. 53)

COMP 1981. PUB 1981 (Boosey & Hawkes). DÉD à ses amis Dorothy et Mario di Bonaventura, qui en furent les commanditaires. CRÉ par Anthony di Bonaventura (29 janvier 1982, université de Michigan).

Après la *Première Sonate*, trente ans se passent où Ginastera abandonne le piano : il lui offre deux concertos, mais n'écrit plus rien pour piano seul. C'est donc un retour en force que celui de cette *Deuxième Sonate* ; et cette fois il s'inspire plutôt des musiques du nord de l'Argentine, d'origine Aymará ou Quechua, avec, dit-il, « leurs gammes pentatoniques, leurs mélodies tristes ou leurs rythmes allègres, leurs *kenas* et tambours indiens, leurs ornements mélismatiques microtonaux ».

Au début de l'*allegramente* (en la mineur), on croit réentendre l'*allegro* de la *Première Sonate* : ce sont les mêmes tierces en conflit bitonal et bimodal d'une main à l'autre, presque le même motif, la même effervescence rythmique, marquée par d'incessants changements de mesure.

Mais on découvre vite une harmonie bien plus hérissée d'altérations, avec un usage généralisé de l'agrégat, voire du cluster. C'est parfois un fourmillement de sons dans le même espace exigu, telles ces mesures notées à quatre portées en clé de sol, où le pianiste a fort à faire (et y parviendra-t-il ?) pour dissocier les parties extérieures, un harcèlement de secondes, des parties chantantes qui leur sont agglomérées en agrégats chromatiques. Mais c'est plus loin qu'éclate l'originalité du morceau : dans l'évocation, qui sert de second thème ou second groupe de thèmes, des tambours primitifs (« come una cassa india »), un paquet de quatre notes serrées à l'extrémité de l'instrument, accompagnant une mélopée toute rauque d'appogiatures ; – et dans celle des flûtes indiennes (« lontano e soave come kenas »), qui modulent en échelle pentatonique en bitonant les unes sur les autres (deux armures différentes à la clé). Moment de forte saveur exotique, d'un grand pouvoir suggestif. Le moteur d'accords du début rompt le charme et conclut le morceau dans un tumulte joyeux.

Admirable mouvement lent, peut-être le sommet de l'œuvre pianistique de Ginastera. Trois parties le composent. D'abord un *adagio sereno*, non mesuré, où l'auteur utilise un *harawi*, chant d'amour de l'époque précolombienne. Pour en rendre les inflexions, les mélismes, les ports de voix infinitésimaux, il a l'idée d'un « unisson » subtilement faux, où les deux mains jouent thème et appogiatures à distance d'octave augmentée, de septième majeure, de neuvième mineure : n'est-ce pas ainsi que Falla, dans la *Fantasía baética*, parvenait à suggérer les quarts de ton du chant mauresque ? – Le volet central *(scorrevole)* est plus original encore : deux lignes superposées de croches véloces à 7/8, que les mains jouent plaquées l'une sur l'autre, « il più pianissimo possibile e volante, come un soffio », « comme un souffle ». Ce murmure bitonal à ras de touches veut suggérer, et il y parvient à merveille, le frémissement du vent nocturne dans les plaines andines. Enfin trois lignes reprennent l'*adagio*, lentement aspiré par le silence.

Le finale, comme celui de la sonate de 1952, est une toccata massive, plus « féroce » encore et « violente » (ces adjectifs se lisent dans les portées), bousculée de rythmes implacables, d'agrégats sonores, de traits incisifs, de doubles notes bruyantes, jetées par poignées sur le clavier.

### *Troisième Sonate* (op. 55)

COMP 1982. PUB 1982 (Boosey & Hawkes). DED à Barbara Nissman. CRÉ par Nissman (17 novembre 1982, New York).

Ginastera ne fait pas dans l'interminable et le besogneux. Les deux précédentes sonates duraient une quinzaine de minutes chacune ; cette petite dernière en compte un peu moins de cinq ; aussi n'est-elle constituée que d'un seul mouvement, de forme binaire (deux sections avec reprise et coda), basé « sur des danses indiennes et coloniales d'Amérique latine ».

Ces pages n'ajoutent rien de plus qu'un numéro au catalogue du compositeur. On leur reprochera de ne pas s'embarrasser de nuances : c'est du piano de boxeur, fortissimo d'un bout à l'autre, à coups (c'est le mot) d'agrégats bitonaux, dans un perpétuel et harassant changement de rythmes et d'accents *(impetuosamente)*. Des glissandos (difficiles ! de tierces, d'octaves) font des trouées de lumière dans cette masse un peu grise et compacte. La coda, avec ses effets de guitare et sa petite ritournelle pimpante, met enfin de vraies taches de couleur.

PIÈCES DIVERSES. – Trois ***Piezas infantiles*** de 1934 (sur huit écrites) ont paru en 1942, sans numéro d'opus, dans la collection *Latin-American Art Music* des éditions Schirmer. Toutes les trois en ut majeur, elles s'inspirent, avant le *Rondó* de 1947, de comptines populaires et prodiguent joyeusement la fausse note et la bitonie : septièmes majeures d'*Antón Pirulero*, en succession chromatique, criblage de secondes et de quartes de *Chacarerita*, trémolos criards d'*Arroz con leche*.

En 1948 a été publiée une **Milonga** (Ricordi americana). Il s'agit de la transcription de la *Canción al árbol del olvido* (n° 1 des *Dos Canciones op. 3* pour voix et piano, de 1938), destinée à une « collection didactique de musique argentine » de l'éditeur. Page populaire, hélas assez quelconque (en fa mineur, *lento*), molle et sentimentale, sur un rythme de tango (la *milonga* en est une des sources, avec la *habanera*), – que n'importe quel faiseur aurait pu signer.

Enfin de 1970 (publiée en 1973, Boosey & Hawkes) date une « recréation » pour piano, fort bruyante, inflationniste, en paquets de quintes et d'octaves, de la ***Toccata*** pour orgue de Domenico Zipoli (en ré mineur). On veut bien comprendre que Ginastera se soit senti une sorte de dette envers ce jésuite toscan, qui finit ses jours en Argentine, à Córdoba ; mais on préférera de loin la sobre version originale...

## Alexandre GLAZOUNOV
(1865-1936) Russe

La moitié de sa vie dans un siècle, la seconde dans un autre : ce peut être une chance, ce fut pour Glazounov (il n'est pas le seul) une infortune. Enfant prodige, auteur à seize ans d'une symphonie qui fut saluée comme un événement (« petit Glinka », l'appela Balakirev ; et le critique Stassov, habituellement féroce, « notre jeune Samson »), adulé à dix-neuf ans par le mécène Belaïev, qui ne fonda sa maison d'édition, somme toute, que pour donner un écrin à ce joyau, fêté à vingt-quatre ans par l'Europe entière, – puis bardé d'honneurs et devenu le mentor de plusieurs générations de compositeurs, qui le choient comme peu de maîtres l'ont été, Glazounov n'aura rien entendu au XX$^e$ siècle. En 1906, date de sa dernière symphonie, il a quarante ans, il touche au sommet de sa gloire, et a composé l'essentiel de son œuvre (exactement cent quarante-neuf des cent quatre-vingt-sept numéros du catalogue dressé par Maria Ganina). Et jusque-là, un concert d'éloges universel. Mais il s'obstinera à durer (voyez un peu la présomption !) trente ans encore, de survivre au *Mathis* de Hindemith, au *Wozzeck* de Berg, à l'*Ionisation* de Varèse (je cite en vrac), sans changer un iota, ou presque, à son style, c'est-à-dire sans se renier ; et le voilà taxé d'académisme. Ainsi le veut l'histoire, qui a un fil, un courant, et ne sait pas, la pauvre, regarder en arrière.

Éloges : on lui a tout accordé, en effet, et l'on n'exagérait guère. Éclat de l'orchestration, où il rivalise avec Rimski, beauté des idées mélodiques, raffinement de l'harmonie, où il suit Liszt et Balakirev, sens de la forme, des proportions, fantaisie, verve rythmique, et tant et plus. Surtout l'on se félicitait qu'il ait su concilier Saint-Pétersbourg et Moscou, les Cinq et Tchaïkovski, et demeurer profondément russe sans se couper du monde ; et sans jamais lui dénier ni flamme ni vigueur, on lui savait gré, pour reprendre l'opinion d'Herbert Günther, d'une œuvre « apollinienne, mais jamais plate, passionnée, mais jamais hystérique ».

La mariée était-elle trop belle ? Passé un temps, on ne vit plus que les défauts de ses vertus. Il lui manquait le « je ne sais quoi », la coquetterie dans l'œil, les taches de son, le nez arrogant, la bouche veule, la tenue négligée, la mise provocante, qui en affriolent plus d'un. Sa muse n'était plus à la mode. Auprès des jeunes Russes, les Prokofiev, les Stravinski, les Mossolov, qui se déchaînaient, que pouvait Glazounov, leur maître ? Ils étaient prêts à démolir la maison ; lui guère, qui y habitait si heureux.

Aujourd'hui que ces luttes se sont estompées avec l'éloignement des dates, les casseurs d'autrefois ayant peu à peu rejoint le peloton des bâtisseurs, on redécouvre Glazounov. Mais ce sera toujours celui de l'orchestre (huit symphonies, de nombreux poèmes symphoniques, des ballets) et de la musique de chambre (sept quatuors), – qui prouvera, à des oreilles neuves, sa grandeur. Celui du piano ne compte guère à côté. Ce pianiste virtuose jouait aussi du violoncelle, de la clarinette, du cor, du trombone. Il n'a pas le profil ordinaire du pianiste-compositeur, dont sa patrie regorge, tels Liadov ou Liapounov, Scriabine ou Balakirev, qui se consacrent presque exclusivement à leur instrument. Adolescent, et bien qu'ayant rempli, comme tout un chacun, de pleins cahiers de babioles pianistiques, il proclamait sa prédilection pour l'orchestre. Le piano ne fut pour lui qu'un délassement, – plus fructueux, hâtons-nous de le dire, que chez Tchaïkovski, lequel vouait l'instrument à tous les diables. Glazounov l'a aimé comme on aime les mots croisés, l'aquarelle, les vers de circonstance, les parties de dominos. Il lui a confié des pages éphémères, souvent brillantes, baptisées pudiquement, à la Chopin et loin de tout programme, préludes, études, nocturnes, barcarolles, impromptus. La valse, par-dessus tout, a ses faveurs ; il y réussit à merveille, et d'ailleurs lui ouvre grandes aussi les portes de son orchestre ou de sa musique de chambre. Deux sonates, tardives, sont au piano sa plus grande ambition : morceaux superbes, où pourtant il paraît un peu plus apprêté, où il calcule davantage, – où tout simplement il a moins de jeunesse et d'ardeur. Après elles (1901), l'instrument ne lui parle plus, sinon le temps de deux beaux concertos.

Tant de précautions pour dire qu'il faut d'abord découvrir Glazounov dans ses terres, puis, l'ayant apprécié à sa valeur, aller se délasser, à sa façon justement, entre deux symphonies ou quatuors, à ces riens charmants, si bien faits, si joliment pianistiques, où il entre tour à tour de l'esprit, de l'émotion, de la grâce, de la mélancolie, de la verve, et parfois la plus pénétrante poésie.

## PIÈCES EN RECUEILS ET PIÈCES ISOLÉES

Une trentaine de morceaux, qui reprennent tous les genres chopiniens, à l'abri de toute sollicitation d'ordre littéraire ou pictural. Le pittoresque, Glazounov ne l'admet que dans sa musique orchestrale (voyez ces titres : *Le Printemps*, *La Forêt*, *La Mer*, et tant d'autres). Tout au plus a-t-il intitulé « La Nuit » une de ses trois *Études*.

### Suite sur le thème Sascha (op. 2)
COMP 1882-1883. PUB 1887 (Belaïev). DÉD à sa mère.

Sonates, scherzos, variations, danses : Glazounov, à quinze ans, a déjà des cartons pleins de musique. Mais voici sa première œuvre pianistique publiée (il est déjà le musicien fêté, le prodige de la *Première Symphonie*), cette suite de quatre pièces où le diminutif de son propre prénom, orthographié à l'allemande, lui fournit six notes directrices : mi♭ (S : lisez Es), la, mi♭, ut, si, la, employées tour à tour à la basse ou au chant. On notera le triton initial, qui détermine le caractère instable, et vite modulant, de l'harmonie.

Une courte cadence introductive, léger martellement d'accords brisés, mène à la première pièce, un *Prélude* (en ré majeur, *allegro moderato*) aux triolets tourbillonnants, aux lueurs fantasques, digne d'un Schumann qui serait russe : la variante de la section *agitato* pilonne le clavier dans le plus pur style Balakirev...

Suit un *Scherzo*, à son tour plus schumannien que nature (en la mineur, *allegretto*), rythmé comme la dernière pièce des *Kreisleriana*, mais espiègle, quand l'autre était sinistre, et tout riant de ses fines appogiatures. Le trio (en fa majeur, *allegro vivace*) remplace le 3/8 par un 2/4, aussi vif et sautillant.

On pardonnera au *Nocturne* (en ré bémol majeur, *andante amoroso*) deux pages de trop, et une complaisance à la sentimentalité, à l'emphase ; comment, en effet, ne pas céder à ces harmonies séduisantes, impressionnistes avant la lettre ? Longues pédales, accords altérés, modalismes, notes ajoutées... L'exposition variée du thème (mes. 26), dans un poétique et lointain tintement de cloches, est un moment admirable, comme aussi la longue coda sommeilleuse, que l'équivoque enharmonique constelle de dièses.

L'œuvre se termine par une *Valse* (en sol majeur, *allegro*), éblouissante, préfigurant tant d'autres dans l'œuvre de Glazounov, qui seront toujours réussies. Écriture pianistique d'une précision, d'un brio sans défauts : Liszt et Balakirev y président, comme ils sont en filigrane dans l'harmonie.

(Un *Intermezzo* et une *Fugue* de 1881, sur le même thème, furent écartés de l'œuvre définitive.)

## *Prélude et deux Mazurkas* (op. 25)

COMP janvier (le *Prélude*) et août 1888. PUB 1890 (Belaïev). DÉD à Marie, Stanislas et Félix Blumenfeld.

Malgré le début prometteur de la *Sascha-Suite*, cinq ans se passent où Glazounov n'écrit rien pour le clavier, à l'exception d'une *Miniature* (en ut majeur, sans numéro d'opus). Car il ambitionne d'être un compositeur « d'orchestre, pas de piano ». Mais il y revient avec ce beau cahier, tout semblable à ceux que Liadov écrit à peu près à la même époque (op. 10 et 11, parus en 1885 et 1886), à cela près que Glazounov ne pratique pas la vertu d'économie de son aîné de dix ans : son prélude, par exemple, compte cent cinquante-deux mesures, ce qu'aucun des *Préludes* de Liadov n'a jamais voulu atteindre...

Dans le *Prélude* (en ré majeur, *andante mosso*), un lacis de croches capricieuses et chantantes se déploie d'une main à l'autre, avant de servir d'accompagnement à un grand thème lyrique, qui se souvient de l'adagio du *Premier Concerto* de Liszt. Ce thème, ensuite, passera à la gauche, sous une ornementation de doubles notes câlines.

La première *Mazurka* (en fa dièse mineur, *allegro moderato*) est tripartite, chaque section à son tour divisée en trois (ABA-CDC-ABA). A est mélancolique, baigné du fameux *zal* des mazurkas de Chopin, et caractérisé par ses ornements sur les temps faibles (deuxième et sixième croches) ; B, plus russe que polonais, harmonisé d'accords parfaits, semble un hymne liturgique ; C, enjoué et charmeur, a des boucles, des frisons coquets ; D sonne vigoureux et martial. La coda vire au majeur et finit dans un poétique unisson.

Le fier motif initial de la deuxième *Mazurka* (en ré bémol majeur, *allegro vivace*), d'abord éclatant d'octaves et d'accords sonores, plus loin au contraire assourdi, sert de refrain entre des épisodes contrastés, gracieusement dansants, ou paisiblement rêveurs. La coda s'anime de triolets, avant les pompeux accords conclusifs.

### *Deux Morceaux* (op. 22) – *Nocturne* (op. 37)
COMP 1889. PUB 1890, 1892 (Belaïev). DÉD à Elizabeth Kreisler, Catherine Kraïnski ; à A. Artsiboucev.

Trois belles pièces, qui feront la joie des pianistes tant soit peu curieux. Glazounov y est au sommet de ses dons d'harmoniste, et ne craint pas encore l'originalité. Le premier des *Deux Morceaux* est une *Barcarolle* (en ré bémol majeur, *allegretto*), aux harmonies vaporeuses, au rythme berceur, toute clapotante, à la reprise, de ses dessins de doubles croches dans l'aigu. Le second est une *Novellette* (en ré majeur, *allegretto tranquillo*), qui, malgré son titre, et contrairement à celle de Liadov publiée la même année, ne doit rien à Schumann : grande mazurka à la russe, elle déborde de vie et de couleurs, et en plusieurs endroits fait songer au premier Debussy (souvent russe, lui aussi !). On notera que les six premières notes du thème semblent citer l'épisode central de la *Fantaisie-Impromptu* de Chopin.

Russe aussi, dans les moelles, le *Nocturne* (en ré bémol majeur, *andante*), avec sa tranquille mélodie, transfigurée à la reprise par un accompagnement de grands arpèges (et la transparence de l'écriture canonique), – avec sa coda, qui fait vaciller ses harmonies au-dessus d'une longue pédale de tonique, – avec surtout son intermède *(poco più animato)*, aux étranges rudesses, aux accords liturgiques, aux lignes modales, le meilleur de la pièce.

### *Trois Études* (op. 31)
COMP mars 1889 (n° 3), août 1891 (n° 2) et mai 1891 (n° 1). PUB 1892 (Belaïev). DÉD à Sophie Poznanski, Barbe Hartung, Marie Blumenfeld.

Le joyau du cahier est sans conteste la troisième, pourtant la première écrite (en mi majeur, *allegretto quasi andantino*) ; on la connaît sous le titre de *La Nuit*, que justifient ces doubles notes en lent trémolo qui scintillent par-dessus le chant effusif de la gauche. Harmonies impressionnistes, frissons nocturnes, souffles printaniers : ces pages peuvent compter au rang des chefs-d'œuvre du piano russe.

Les deux autres études lui sont bien inférieures. La deuxième (en mi mineur, *allegro*) tombe vite dans la fadeur sentimentale ; et Glazounov aurait pu faire l'économie de l'intermède majeur, qui démarque une fois de plus (voyez le *Prélude* de l'opus 25) le mouvement lent du *Premier Concerto* de Liszt. Du point de vue technique, elle superpose à une gauche en croches normales les triolets de la droite en accords brisés, avec le thème tenu en noires par le pouce ; à la reprise, nouvelle formule : la gauche a des triolets de noires, ce qui apparente le passage à l'*Étude en fa mineur* de Chopin (op. 25 n° 2). Quant à la première étude (en ut majeur, *allegro*), plus habile que vraiment inspirée, elle s'affaire à des doubles notes, jette quelques lueurs chromatiques, quelques modulations moirées dans la partie centrale, et sur la fin s'offre un moment de martellements dans le style de Balakirev.

***Valse sur le thème SABELA*** (op. 23) – ***Petite Valse*** (op. 36) – ***Grande Valse de concert*** (op. 41) – ***Valse de salon*** (op. 43)

COMP février 1890 (op. 23), août 1892 (op. 36) et 1893 (op. 41, 43). PUB 1890, 1892, 1893 (Belaïev). DÉD à Nadejda Sabela ; à Nicolas Lavrov ; à M. et Mme Nicolas Brühl ; à Hélène Glazounov, sa sœur.

Cinq ou six valses voient le jour coup sur coup, en trois ans, comme si, tout occupé à la *Troisième Symphonie*, au *Quintette op. 39*, aux poèmes symphoniques *Le Kremlin* et *Le Printemps*, Glazounov ne trouvait à offrir au piano que des restes. Pourtant, ne boudons pas ces pages, dont l'une au moins mérite amplement d'être connue, jouée, et célébrée.

D'une délicieuse frivolité, la *Sabela-Valse* est écrite sur le nom de la dédicataire, d'où son thème (S = mi ♭, A = la, B = si ♭, E = mi, et LA =...la !) ; mi est tour à tour bémol et bécarre, irisant d'autant l'harmonie ; plus loin, des modulations d'une déconcertante habileté (avec l'enharmonie mi/fa ♭), et le froufrou soyeux des appogiatures.

La *Petite Valse op. 36* (en ré majeur, *allegretto grazioso*) est une autre babiole, d'une extrême délicatesse de finition, toute en doubles notes, et tombant si juste sous les doigts que les virtuoses en feront leurs délices.

La *Valse de salon* (en ut majeur) a raison de revendiquer ce prétexte... et ces « belles écouteuses » qui en suivront chaque phrase avec les yeux songeurs et la tête dodelinante. Elle est par trop facile, et même un peu guimauve (surtout l'épisode en fa mineur : mais quoi, ce passage pâmé n'eût pas déplu à Poulenc, qui défendait l'« adorable mauvaise musique » ; et Chabrier, avant lui, vantait le « bon mauvais goût »). La partie principale est la meilleure : thème aux pouces, enguirlandé d'arabesques, avec une idée secondaire en sixtes, joliment pianistique.

Tout autre est la fameuse *Valse de concert* (en mi bémol majeur, *allegretto*). On se sent un peu honteux d'aimer cette œuvre, que certes on n'emporterait pas bien loin avec soi en cas de catastrophe, mais qu'on est content de retrouver, de temps à autre, par exemple entre deux sonates. Il ne faut pas en abuser : son charme est volatil et ne résiste pas à trois ou quatre déchiffrages répétés ; mais il opère dès les premières mesures, avec ce thème de tierces qui s'installe aussitôt dans la mémoire, et qu'on ne cesse plus de fredonner. Toute la valse est d'ailleurs, d'une certaine manière, un « éloge des tierces » : les voilà serrées en gammes ; divisées brillamment entre les deux mains ; les voilà chantantes, gracieuses, agitées, espiègles, hésitantes, attendries. Vingt rengaines de la valse viennoise revivent dans ces couplets, comme autant de clins d'œil : ce sont les mêmes, après tout, que Ravel utilisera à son tour, en les agaçant d'harmonies acidulées...

*Trois Miniatures* (op. 42)
COMP 1893. PUB 1893 (Belaïev). DÉD à Mme et Mlle Alphéraky.

C'est une *Valse* encore que la troisième de ces pièces (en ré majeur, *allegretto*) ; elle est mince, mais on s'amusera beaucoup à la déchiffrer, ne serait-ce que pour entendre les harmonisations successives de son thème principal, la deuxième fois avec un contrechant sur les temps faibles, la troisième en contrepoints cristallins dans l'aigu. Elle fait songer à plus d'un égard à la célèbre *Tabatière à musique* de Liadov, qui paraît la même année.

Les deux autres *Miniatures* valent davantage. La *Pastorale* initiale (en ré majeur, *allegretto*) est un feuillet poétique, aux sonorités fragiles, aux harmonies délicates ; un soupçon d'étrangeté s'y mêle à beaucoup de candeur ; balancement obstiné et berceur du rythme à 6/8. La *Polka* qui suit (en si bémol majeur, *allegro*) est-elle écrite pour les lutins, pour les feux follets ? Pas un instant on n'y touche terre ; doubles notes cliquetantes dans l'aigu, presque tout au long ; un intermède *grazioso* en sol bémol ; et en conclusion, une longue pédale de tonique, sous des harmonies tremblotantes comme des lucioles.

*Trois Morceaux* (op. 49)
COMP 1894. PUB 1895 (Belaïev). DÉD à Anna Essipova.

Des trois, le deuxième, un *Caprice-Impromptu* (en la majeur), est le plus remarquable, et compte parmi les meilleures inspirations pianistiques de Glazounov. Dessins fantasques de doubles croches, harmonies chromatiques, intrusion du 3/4 dans ce 6/8, vivacité d'un ballet d'étincelles, à quoi succède, dans l'intermède, la chaleur d'une mélodie expressive, caressée d'arpèges. Tout au long, harmonies chatoyantes : on songe à Balakirev, mais aussi à Fauré...

Le *Prélude* (en ré bémol majeur, *moderato*), grave et sombre, expose en valeurs longues un thème de choral, qu'il harmonise de beaux accords et fait longuement moduler, avant de le reprendre au ténor, sous un contrechant de croches. La *Gavotte* (en ré majeur, *moderato*) est fraîche, piquante, finement harmonisée, avec au milieu une musette rêveuse, où deux chalumeaux se confortent, sur les quintes vides de la basse.

(De cette même année 1894, une *Barcarolle sur les touches noires*, en fa dièse majeur, écrite pour l'album du 25ᵉ anniversaire des éditions Bessel.)

## *Deux Impromptus* (op. 54)
COMP 1896. PUB 1896 (Belaïev). DÉD à Hélène Trohimovski, Thérèse Leschetitzki.

Pages exquises, et « vaines », comme les danseuses de Valéry... Le premier *Impromptu* (en ré bémol majeur, *allegro*) est un mouvement perpétuel, où les doubles croches virevoltent dans une sorte de surplace, au gré d'harmonies instables : la brusque modulation en la majeur fait l'effet d'une brise parfumée. Le second (en la bémol majeur, *allegretto*) s'apparente à une valse, passe d'un transparent contrepoint de croches à des figures de doubles croches (scandées à deux temps en pleine mesure à 3/8), module en mi, s'agite un peu dans un pianisme à la Balakirev (thème brisé en accords d'une octave à l'autre) ; coda *animato*, avec une étonnante pédale de tonique, sur laquelle oscillent les accords les plus étrangers au ton.

## *Prélude et Fugue* (op. 62)
COMP 1899. PUB 1899 (Belaïev). DÉD à August Bernhard.

Ce diptyque inaugure, au tournant du siècle, une manière plus grave, mais aussi plus guindée, plus académique, du piano de Glazounov. Ton de ré mineur. Le *Prélude (andante capriccioso)* roule de lourdes gammes ascendantes, terminées par des trilles volontaires, et les alterne de phrases de choral, aux harmonies chromatiques. *Fugue* monumentale *(moderato)*, à deux sujets, l'un diatonique et l'autre chromatique, lesquels, une fois exposés, s'additionnent dans un climat grandiose. Rappel, en conclusion, des accents du *Prélude*.

## *Thème et Variations* (op. 72)
COMP août 1900. PUB 1901 (Belaïev). DÉD à Inna Boussov.

Une des œuvres les plus connues du piano de Glazounov, où il se divertit à imiter le style d'un certain nombre de compositeurs, à partir d'un thème de sept mesures (en fa dièse mineur), à la fois populaire et liturgique. Toutes les variations, au nombre de quinze, ne se valent pas, et certaines sont franchement ennuyeuses. Mais il y en a de fort belles : la 4ᵉ, où de grands arpèges embrassant la dixième pleuvent de l'aigu sur le thème du ténor, qui monte à leur rencontre ; la 6ᵉ, qui ressemble à du Fauré, celui justement de *Thème et Variations* : broderie de gammes, s'élargissant en octaves, sur une basse solennelle, double-pointée ; la 8ᵉ, tourbillons dansants de croches à 6/8 ; la 9ᵉ, en la (relatif), qui fait un détour par fa, puis fa dièse, et vibre de cloches lointaines ; la 11ᵉ, poétique impromptu à 3/8, qui élit fa dièse puis ré, et tresse de sensibles contrepoints dans l'aigu ; mais surtout la merveilleuse 14ᵉ qui, dans le ton enharmonique majeur de sol bémol, laiteux et lunaire, énonce le thème au ténor, sur d'amples arpèges de nocturne en triolets, et l'accompagne, à deux-contre-trois, de doux et tendres accords à la main droite.

### Deux Préludes-Improvisations
COMP décembre 1917 et juillet 1918. PUB 1976 (Belaïev).

Les trois lustres qui séparent ces petites pièces des grandes sonates de 1901 sont loin d'être stériles, en dépit des heures consacrées à l'enseignement : quantité d'œuvres chorales et orchestrales voient le jour, entre autres les *Septième* et *Huitième Symphonies*, le *Concerto pour violon*, les deux *Concertos pour piano*. Mais pas plus le piano que la musique de chambre n'attirait désormais le compositeur. Quand il revient à notre instrument, c'est pour lui donner ces deux morceaux étranges, désabusés, que marquent sans doute les rudes journées de la révolution et de la guerre civile, – mais que tourmente aussi (ceci mêlé confusément à cela) l'influence du dernier Scriabine. Attirance et rejet à la fois, comme on se détourne d'un philtre dangereux, après y avoir trempé les lèvres : le mot de « Poèmes » qui les désigne parfois est un indice ; et leur publication posthume en est un autre, contradictoire...

La première pièce (en sol mineur, *lento patetico*) est tout entière issue de ses quatre premières notes, mi-si-la-sol, que le flux des arpèges entraîne chromatiquement vers des rives toujours changeantes. Le voile de mélancolie ne se dissipe qu'un moment, dans quelques lignes fortement bémolisées *(tranquillo)* où les harmonies planent très haut au-dessus d'une pédale de mi bémol.

Plus obscure, la deuxième (en mi mineur, *andante mesto*) est une véritable improvisation nocturne, poussant ses accords altérés comme s'ils titubaient dans les ténèbres, rencontrant des lueurs inquiétantes, défaisant soudain ses nœuds harmoniques en vols iridescents de doubles croches, retombant dans une morne lenteur.

### Préludes et Fugues (op. 101) – *Prélude et Fugue en mi mineur*
COMP 1918-1923 (op. 101) et 1926. PUB 1925, 1935 (Belaïev). DÉD du *Prélude et Fugue en mi mineur* à Leonid Nikolaïev.

Fruits de cendre amère, comme aurait dit Gide, et n'apaisant pas la soif ; mais ces morceaux révèlent les craquements que l'évolution inéluctable de la musique fait subir à un édifice de certitudes : le vieux Glazounov, avec tout son bagage romantique, confronté à la modernité... Le plus saisissant des diptyques de l'opus 101 est sans conteste le deuxième, en ut dièse mineur, avec son *Prélude* obsédé par l'accord de quinte augmentée, et sa *Fugue* qui n'est qu'un long gémissement chromatique où les voix se confortent l'une l'autre.

Le diptyque de 1926, qui est, avec l'*Idylle op. 103*, la dernière composition pour piano de Glazounov, vaut moins par sa *Fugue*, trop longue et (malgré un capable début) tournant peu à peu à vide, que par son *Prélude*, dont une étrange sonnerie d'accords parallèles introduit les trois épisodes successifs : tour à tour en ut mineur, en sol dièse mineur, et enfin dans le ton définitif de mi mineur, une phrase douloureuse monte du grave, suscite des échos imitatifs aux autres voix, nourrit une polyphonie très chromatique, qui progresse en force et en mouvement, pour à chaque fois retomber dans la lenteur et le silence.

*Idylle* (op. 103)
COMP 1926. PUB 1928 (Belaïev). DÉD à Elena Gavrilova.

La dernière pièce de Glazounov. Il a encore dix ans à vivre, mais son piano s'arrête ici. Quelque chose nous émouvra toujours dans les *ultima verba*. Ceux-ci, de surcroît, sont d'une rayonnante beauté, qu'on sent bien qui n'est pas due seulement à un métier consommé. Dans ces neuf pages (en fa dièse majeur, *andantino sostenuto*), une sorte de barcarolle d'automne, la mélancolie se berce comme si, le morceau achevé, elle ne pourrait trouver d'autre asile ; et la pièce ne semble pas vouloir finir. Lovées dans d'admirables harmonies, les mélodies s'enchaînent rêveusement, parlant d'un autre âge, de tout un univers disparu. Un *scherzando*, en cours de route, rompant le flux des arpèges en doubles croches pour quelques accords agrestes et bondissants, apporte une bouffée de souvenirs, le fantôme insouciant de la jeunesse ; plus loin le 6/8 se bat en 3/4, dans le rubato d'une pensée errante. Il faut connaître ce morceau, qui transporte calmement à l'époque de la *Sonate* de Bartók l'esthétique de Chopin et du premier Scriabine.

## LES DEUX SONATES

De ces deux partitions jumelles, un pli est pris de vanter les beautés nombreuses, les thèmes généreux, les harmonies somptueuses, la forme impeccable, tout en regrettant leur manque d'originalité. Et certes, être original, en 1901, c'est composer *Jeux d'eau*... Tous ces Russes qui s'obstinent à « sonatiser » dans un temps d'*estampes*, d'*images* et de *miroirs* (voyez, à la même époque, Balakirev, Rachmaninov, Scriabine, Liapounov et bien d'autres), et toujours *in modo romantico*, où s'épanche un lyrisme qui ne peut s'empêcher d'être déclamatoire, théâtral, bouffi de larmes, de cris passionnés, d'accents désespérés, – on a tôt fait de les juger académiques. Ils emploient des patrons éprouvés, ceux de Chopin et de Liszt. Sonates pour sonates, on ira leur préférer, à l'ombre de la Grande Muraille beethovénienne, l'austérité, le sérieux indubitable de celles de Dukas, de d'Indy, – qui ne sont guère plus originales. C'est bouder, encore une fois, son plaisir. Au diable l'histoire des formes et l'évolution du langage ! Il est grand temps de rendre justice à ce piano romantique qu'en effet les Russes prolongent jusqu'en plein XXe siècle (on ne lui fait grâce que quand il débouche sur une révolution, comme dans le cas de Scriabine !), et dont ces deux sonates de Glazounov sont des fleurons.

Pour autant, on ne s'empêchera pas de préférer nettement la seconde à la première ; celle-ci, un peu trop bavarde et échevelée, ne semble écrite que pour préparer la suivante, plus sobre, plus réfléchie, de proportions plus parfaites. Telles quelles, elles couronnent le piano de Glazounov, jusque-là voué essentiellement au *Klavierstück*.

### Première Sonate, en si bémol mineur (op. 74)
COMP 1901. PUB 1901 (Belaïev). DÉD à Nadejda Rimski-Korsakov, femme du compositeur.

Au début de l'*allegro moderato*, six mesures d'un dessin sinueux de doubles croches amènent le premier thème, « passionato », en octaves ; le dessin passe à gauche, en accompagnement, remonte à la surface pour un épisode *agitato*, et remplit tout le mouvement de sa fébrilité. Le second thème (en ré bémol, *meno mosso*), doux et chantant, comme le veut l'usage, est à deux-contre-trois ; le moule de ces phrases, de ces harmonies, a beaucoup servi, et servira encore ; le Chopin de la *Troisième Sonate* en a tiré le meilleur ; selon l'humeur (faites l'expérience), on s'y laisse prendre ou bien l'on s'en irrite. Développement fourni, en vagues modulantes, amenant et reprenant sans cesse le thème principal, et s'octroyant même, dans son élan, un nouveau départ après la reprise : il a manqué ici quelques courageux coups de ciseau... Belle et paisible coda, pourtant, après ces remuements sonores, – toute en harmonies glissées, jusqu'au pianissimo final.

Le deuxième mouvement (en fa dièse majeur, *andante*) expose un thème d'une grande sérénité, rêverie aux étoiles, puis le pare d'ornements toujours plus riches, guirlandes de triolets, batteries de doubles croches, contrechants précieux. L'atmosphère est sans doute un peu trop suave, et l'on apprécie le contraste que vient apporter l'épisode mineur *(appassionato)*. Ainsi le mouvement participe-t-il à la fois du thème varié et de la forme lied ABA.

Long, trop long finale (en si bémol majeur, *allegro scherzando*), et qui concède trop aux doigts avec ses figures prestes, mais clinquantes, de triolets, ses doubles notes trébuchantes, ses arpèges en aller et retour au-dessus des octaves de la gauche (quatrième page). Pourtant un de ses couplets le sauve, celui qui, en mi bémol mineur, pousse une plainte sourde, peu à peu déchirante, sur de petites vagues arpégées que les mains se partagent : c'est le plus beau moment de la sonate, on pourrait lui sacrifier le bavardage impénitent du reste, et surtout cette péroraison grandiose et quelque peu vaniteuse, qui fait assaut de bravoure et d'éclat.

## Deuxième Sonate, en mi mineur (op. 75)
COMP 1901. PUB 1902 (Belaïev). DÉD à Narcisse Elenkovski.

En trois mouvements elle aussi. Le *moderato* initial est empreint du sérieux et de la gravité de son premier thème qui, avec ses intervalles brisés et son rythme trochaïque obstiné (longue-brève), se prête aux questions, réponses, échos du contrepoint : on le voit bien dans le développement, tout occupé à faire passer ce dessin (une quinte descendante, suivie d'une tierce ascendante) d'une main à l'autre, et si éloigné de l'emphase rhapsodique du développement correspondant dans l'opus 74. Le deuxième thème, lui, ressemble comme un frère à celui de l'autre sonate : lui aussi est au relatif (sol), et chante à deux-contre-trois sur un accompagnement d'arpèges, avant d'être pris *(poco più mosso)* dans un courant de doubles croches, où il s'appassionne, et nous vaut une belle envolée pianistique. Un autre passage remarquable : l'épisode *allegro animato* du développement, avec ce thème principal qui halète, en accords syncopés, sur les lignes brisées de la gauche.

Au lieu du mouvement lent, Glazounov nous propose ensuite un scherzo (en ut majeur, *allegretto*) ; et si quelque tyran voulait brûler ces sonates, ce seraient les pages à épargner à tout prix. Étude plus encore que scherzo, essaim joyeux de doubles notes à 9/8, d'une infinie délicatesse de touche, et que la diaprure des harmonies rend sans cesse plus impalpable. La section centrale, plus véloce encore, a de murmurants trémolos, et des motifs espiègles qui se répondent de l'aigu au grave. Pages parfaites, les plus difficiles peut-être du piano de Glazounov, assurément les plus excitantes.

Le finale *(allegro moderato)* n'est pas moins long que celui de la *Première Sonate*, mais il s'impose par sa grandeur, ses idées, sa décision, son énergie, sa progression irrésistible. Rien ici qui fasse le jeu du vain brio. Deux thèmes se partagent le terrain, menés tous deux au même infatigable rythme pointé : le premier, issu du thème initial de la sonate, a des allures de marche héroïque, et de chevauchée quand il s'emballe ; le second, schumannien en diable, est une belle et large échappée lyrique, en accords, talonnée par le sourd galop des basses. La surprise de la récapitulation : le premier thème traité en fugue, laquelle, toute fugue et savante qu'elle est, ne laisse pas, avec ses croches enfin lisses, de nous reposer du rythme pointé. Une autre surprise : celle de la coda, qui, passant au mode majeur, retrouve le thème du scherzo, le traite en choral, à la russe, avec des effets de carillons dans l'aigu, et finit par le combiner au sujet de la fugue.

## Reinhold GLIÈRE
(1875-1956) Russe

Il est venu trop tard dans un monde qui rajeunissait à vue d'œil. Mais quoi, lui refusera-t-on ce qu'on a fini par consentir à Rachmaninov, de deux ans seulement son aîné ? Le droit d'ignorer la marche de l'histoire, de s'en tenir aux leçons apprises, dès lors qu'elles lui permettaient de s'exprimer dans toute sa vérité ? Comme à la plupart de ses compatriotes, dans sa génération, l'héritage de Chopin lui a suffi ; il a laissé à Scriabine le soin de l'élargir, de l'asseoir irrécusablement dans notre siècle. Son destin ne fut pas de sonder de nouveaux mondes harmoniques, mais d'étayer fermement celui où il habitait.

Le catalogue dont il va être question couvre un temps très court, à peine huit ans (1904-1911). Car il y a deux Glière bien distincts : celui d'avant la Révolution, qui s'adonne au piano, à la mélodie, à la musique de chambre (et les trois symphonies ont plutôt l'air de corps étrangers), celui d'après, qui abandonne justement ces trois genres (à l'exception de deux quatuors aussi égarés), et n'œuvre plus qu'au ballet, à l'opéra, au concerto, sans compter les ouvertures et marches patriotiques.

Rien ne sert de claironner que les années où il courtise le piano ont vu naître, dans ce domaine, le *Gaspard* de Ravel et les *Pièces op. 11* de Schönberg, pour ne citer que des compositeurs du même âge. On gagne davantage à constater que la centaine de pièces que Glière a données au piano ne comportent presque pas de déchets ; que cette beauté vainement poursuivie par tant d'autres, il est de ceux qui l'ont caressée le plus simplement du monde, sans jamais devoir la brutaliser. Il y a mis un amour de la chose bien faite, un art détendu, où la primauté est laissée au chant, qu'il a naturel, abondant, souvent persuasif. C'est par cette qualité qu'il séduit les jeunes pianistes entre les mains desquels on place encore, de temps à autre, quelques morceaux de lui. Mais il ne s'est pas contenté de fournir à la jeunesse et aux amateurs ; à côté de ces agréables dessins au pastel que sont les *Pièces caractéristiques op. 34* ou les *Morceaux faciles op. 43*, les *Préludes op. 30* forment une véritable fresque pianistique, puissante et colorée, un des derniers flamboiements de la virtuosité romantique. Il ne leur a manqué, pour être reconnus aujourd'hui à leur juste valeur, que d'être promenés à travers la planète, par un pianiste qui se serait appelé Glière, qui aurait choisi l'exil doré et les estrades, qui serait entré vivant dans la légende, – au lieu de quoi notre homme, après une vie de fonctionnaire de la musique, jonchée de médiocres honneurs, est mort dans ce qu'on appelait l'Union soviétique. Voilà qui suffit à le couvrir pour longtemps d'une chape d'ignorance et d'oubli.

### *Scherzo* (op. 15)
COMP 1904. PUB 1905 (Jurgenson). DÉD à Alexandre Goldenweiser.

En ut dièse mineur *(vivace)*. Le premier opus pianistique de Glière est un morceau qui ne manque pas d'allure, dans son piétinement d'accords battus à 4/4 (ce n'est pas le mètre que l'on attend dans un scherzo, mais Glière a un précédent célèbre, le *Scherzo* de l'opus 16 de Mendelssohn : mêmes battements rapides et semblable staccato) ; inflexions communes, harmonies de grande consommation ; mais le pianiste se laissera prendre volontiers à ces pages qui tombent si bien sous les doigts. L'intermède (en la) fait plus que de frôler le salon, il y tombe béatement, avec ce dialogue pantelant du soprano et du ténor de part et d'autre des accords syncopés...

### *Deux Morceaux* (op. 16)
COMP 1904. PUB 1905 (Jurgenson). DÉD à sa femme, à Leonid Nikolaïev.

Le premier est un *Prélude* (en ut mineur, *andante*), qui amplifie de manière saisissante la donnée du *Quatrième Prélude* de Chopin : accords battus, en modulation de plus en plus chromatique et serrée, accompagnant un chant d'une sourde tristesse. Il faut noter l'effet retentissant de la reprise, *fff*, où la dislocation rythmique (passage de 4/4 à 3/4) permet au thème de se répercuter du médium à la basse.

Quoique de belle venue pianistique, on trouvera sans doute le deuxième morceau, une *Romance* (en mi majeur, *allegretto e leggiero/andante con sentimento*), trop somptueux de parure pour des pensées somme toute assez banales. L'« appassionato » convié en ces pages ne se soulève qu'à fleur de peau.

### *Cinq Esquisses* (op. 17)
COMP 1904. PUB 1905 (Jurgenson). DÉD à Sergueï Taneïev.

Deux pages d'accords à 6/8 font un joyeux scherzo d'entrée (en si bémol majeur, *vivace*), – avant une courte étude de doubles notes (en mi bémol mineur, *presto*), taillée dans un mètre à 5/8, de climat sombre, allant de la douceur à la véhémence (harmoniquement, on dirait une petite sœur des *Trois Nouvelles Études* de Chopin). Puis vient un caprice (en la majeur, *allegretto*), où, sur une basse en arpèges à 9/8, la main droite décalée sautille en anapestes. Les quatrième et cinquième pièces paraîtront sans doute trop proches d'écriture, toutes deux à 3/4 et en rythme pointé, toutes deux fort chromatisantes, l'une dans la grisaille de la mélancolie (en ut majeur, *andante*), l'autre sur le mode héroïque (en fa dièse mineur, *energico*), avec de fortes colorations schumanniennes dans son épisode central.

**Trois Morceaux** (op. 19)

COMP 1905. PUB 1906 (Jurgenson). DÉD à Nathalie Koussevitzki (n$^{os}$ 1 et 3), Boleslav Jaworski (n° 2).

Un intermezzo entre deux mazurkas. La première *Mazurka* (en la mineur) est de celles qu'on peut prendre en marche, et quitter avant l'arrivée... La deuxième *Mazurka* (en si mineur) est autre chose ; que le déchiffreur ne se hâte pas, aux seules premières lignes, de la condamner pour frivolité ; je ne prétends pas qu'elle soit grave : mais qu'il attende les modulations en chaîne du deuxième épisode et ses froissements d'harmonies ; qu'il guette, sous la reprise du thème initial (mes. 47), le contretemps expressif du ténor ; il n'aura pas perdu son temps, et reviendra quelquefois à cette jolie pièce.

L'*Intermezzo* (en si majeur) n'abandonne ni la mesure à 3/4, ni le rythme pointé, ni l'appui sur le deuxième temps : mazurka à sa façon, mais rêvée, dans l'irisation des harmonies chromatiques ; un bref *con fuoco* au milieu ; et toute la dernière page *ppp*, effilochant paisiblement ses accords.

**Trois Morceaux** (op. 21)

COMP 1905. PUB 1906 (Jurgenson). DÉD à Nathalie Koussevitzki (n$^{os}$ 1 et 2), Marie Glière (n° 3).

Trois pièces reliées par les titres et l'atmosphère, comme trois fragments de journal intime. La première, la plus belle, s'intitule *Tristesse* (en la bémol mineur, *larghetto*) ; deux pages à peine, dans un 6/8 si lent que le balancement n'en est plus perceptible, et drapées dans des harmonies de deuil et d'affliction. La reprise double aux deux mains le thème et l'accompagnement, comme dans un suprême effort de parole ; mais les dernières mesures reviennent au chant nu du soprano, plus lent encore ; fin évasive, sur la dominante.

Un frétillant rythme pointé traduit ensuite la *Joie* (en si majeur, *vivace gajamente*) ; les deux mains miment des gambades, dans des harmonies lumineuses dont le halo se déplace à travers le clavier ; quelques lignes de noires chantantes, auréolées d'arpèges, font un intermède ingénu.

Le bonheur est-il trop lourd à porter ? Voici maintenant du *Chagrin* (en mi mineur, *andante lamentoso*), marqué par le chromatisme, par le dessin tombant des phrases, par l'irrésolution de l'harmonie, – par ce cri soudain des deux mains violemment crispées sur leurs accords altérés (mes. 23)...

## Six Morceaux (op. 26)
COMP 1906. PUB 1906 (Jurgenson). DÉD à Georgui Konius.

Le recueil commence par trois *Préludes*, qui vont du pensif au sombre, et du sombre au lugubre. Le premier (en si bémol majeur, *moderato*) veut chanter avec douceur, sur ses arpèges souples, mais d'étranges altérations grippent le mécanisme, et sous la fausse sérénité transparaît bientôt une réelle anxiété. Le deuxième (en mi bémol mineur, *andante*) répète jusqu'à l'obsession un quintolet de croches sur trois notes (mi-fa-sol), dont il accompagne une mélodie dolente, qui essaie vainement de se tirer de cette ornière ; c'est la couleur de certaines pages de Rachmaninov. Le troisième enfin (en si mineur, *funebre*), procession d'accords s'élevant peu à peu du *mf* au *ffff*, atteint, dans sa sobriété, à une grandeur tragique et désespérée.

Les trois dernières pièces sont d'une qualité bien inférieure, et se cantonnent au salon : une *Chanson simple* (en mi mineur, *moderato*), qui confond simplicité et banalité, et déroule sans vergogne ses clichés mélodiques, qu'aucune trouvaille harmonique ne vient sauver ; une *Mazurka* (en ut dièse mineur, *tranquillo*), d'un charme facile, en sa robe surannée ; une *Feuille d'album* (en si bémol majeur, *allegretto*), ouvrage de dames, mais qu'on ne peut se défendre d'aimer, parce qu'elle ressemble à du Grieg, et qu'il y a de bien jolis chatoiements harmoniques dans l'intermède *(più mosso)*.

## Trois Mazurkas (op. 29)
COMP 1906. PUB 1907 (Jurgenson). DÉD à Léopold Godowski.

Assez contrastées pour former un petit cycle. La première (en si mineur) est la plus mélancolique, en dépit de l'animation de son second épisode, sur le tremplin des notes répétées. La deuxième (en la bémol majeur) est la plus énigmatique, – à moins qu'on ne veuille parler de désinvolture, devant sa hâte à fuir le ton de départ : on atteint si bémol mineur à la mes. 4, on va (par le plus long !) en mi bémol majeur à la mes. 12, puis on passe un moment en ut mineur, avant le curieux silence (mes. 30) qui permet au la bémol initial de remontrer son nez, comme si de rien n'était... Après quoi, la troisième (en si bémol mineur) propose son climat tendu, presque tragique, et sa riche écriture polyphonique (bel énoncé du thème au ténor, mes. 18, sous le contrechant de la main droite).

## Vingt-cinq Préludes (op. 30)
COMP 1907. PUB 1907-1908 (Jurgenson) en cinq cahiers.

Le chef-d'œuvre du piano de Glière. Il serait temps de redécouvrir ces *Préludes* variés, profonds, et redoutablement virtuoses, aujourd'hui que ceux de Rachmaninov, qui ne leur sont pas supérieurs, ont acquis partout droit de cité.

Les tonalités s'enchaînent par demi-tons, comme dans *Le Clavier bien tempéré* : ut majeur, ut mineur, ré bémol majeur, ut dièse mineur (enharmonique), etc. Le premier prélude (en ut majeur, *moderato*) forme au recueil un portique de larges accords, reliés de façon originale, dans les tons les plus éloignés de ce blanc majeur de départ, qui ne dure guère. – Le deuxième (en ut mineur, *sostenuto*) semble une paraphrase, plus lugubre encore et déclamatoire, du *Vingtième Prélude* de Chopin, de même tonalité.

Dans le troisième (en ré bémol, *vivace*) battent des accords répétés, sous un thème qui, balançant entre le ton et le relatif, passe sans cesse de l'élan joyeux à l'inquiétude. – Dans le quatrième (en ut dièse mineur, *presto impetuoso*), de fougueux arpèges ascendants, en triolets, semblent hisser l'un après l'autre les fragments du thème, par groupes de deux accords, en rythme trochaïque (blanche-noire).

Commencé comme une rêverie paisible, dans un rythme souple, au gré d'harmonies fuyantes, le cinquième (en ré majeur, *andante*), soudain débordé par un flux de doubles croches, tourne à la tempête, à la passion, avant de regagner la sérénité interrogative du début. – Élémentaire dans son principe, le sixième (en ré mineur, *con amarezza*) n'en est pas moins un des plus beaux ; le thème est une simple gamme chromatique, qui descend lentement, en noires, avec quelques persuasives notes répétées ; l'accompagnement, en doubles croches, est chromatique lui aussi, dessinant aux deux mains un moutonnement de tierces ; vers la fin, dans une sonorité accrue, thème et accompagnement sont redoublés à l'octave. On ne pouvait trouver mieux que ce mot d'*amarezza*, placé en tête du morceau : c'est bien d'amertume, et de découragement, qu'il s'agit.

Il y a une sorte de bonheur primitif, un peu brouillon, dans le thème emballé du septième prélude (en mi bémol, *allegro*), qu'essaient à la fois de soutenir et d'endiguer les grands arpèges de la main gauche. – Et par opposition, une douleur aussi fruste et brutale dans le piétinement d'accords du huitième (en mi bémol mineur, *affanato*), aux syncopes haletantes, à l'inlassable rythme pointé.

Climat extatique dans le neuvième (en mi majeur, *andante*), aux nombreuses figures ascendantes, peu à peu gonflées d'ardeur, – non pas l'extase de Scriabine, lorsqu'il lève l'ancre pour on ne sait quelle Île fortunée, mais plutôt celle de Rachmaninov, plus rapprochée de la terre ferme, plus tributaire des sens. – Rachmaninov, le parallèle n'est certes pas fortuit dans le dixième prélude (en mi mineur, *allegro*), où Glière semble décalquer le quatrième des *Moments musicaux* de son compatriote (écrits en 1896) : même tonalité, même thématique de tierces, même accompagnement roulant de doubles triolets, avec chez le cadet une couleur moins sombre, grâce au jeu des modulations.

Certains jours on en sourira, car elle est vraiment trop complaisante, et d'autres fois on se laissera baigner par cette longue vague lyrique du onzième prélude (en fa majeur, *allegro*), par ces noires chantantes dont chacune soulève à son tour sa gerbe d'arpèges, contribuant à la nappe continue de l'harmonie (il y a quelque chose ici, dans le thème et dans la disposition pianistique, de la première des *Quatre Pièces op. 1* de Grieg ; mais le rythme à 5/4 le tourne à la slave). – Qu'il paraît farouche, après cela, et irréconcilié, le douzième prélude (en fa mineur, *presto*) ! Ses petites propositions, entrecoupées, syncopées, sous la bourrasque des traits brisés chromatiques, gagnent peu à peu en puissance, se gonflent d'octaves et d'accords, redisent dans tous les tons le même refus, la même vaine colère ; c'est le vers de Victor Hugo : « Et mon cœur est soumis mais n'est pas résigné... »

Le treizième prélude (en fa dièse majeur, *andante*) est serein, contemplatif, qui dénoue d'abord avec lenteur ses arpèges, tant dans le chant que dans l'accompagnement, puis les rassemble, prend du corps, fait toucher terre à sa rêverie (« accelerando », « *ff* animato »), avant de regagner l'éther vaporeux. – C'est un grave choral que le quatorzième (en fa dièse mineur, *sostenuto*), sobrement édifié sur quelques cellules, et nourri de ce chromatisme qui, depuis toujours en musique, traduit la plainte et le gémissement.

Quelque bonne contenance qu'on veuille faire, le quinzième prélude (en sol majeur, *andante*) irrite et déçoit ; ce thème qui se balance sur le va-et-vient d'octaves brisées de la basse manque fâcheusement de tenue, malgré tous les embellissements que cherche à lui apporter l'harmonie. – Les deux pages du seizième (en sol mineur, *moderato*) sont meilleures, avec leurs accords essoufflés, en crescendo ; mais on en a trop souvent entendu le pareil ; excitation au premier degré, auquel l'épiderme ne réagit plus.

Après ce passage à vide, on retrouve une plume inspirée avec le dix-septième prélude (en la bémol majeur, *presto*), bref et saisissant, tout en intervalles chromatiques, les deux mains le plus souvent en sens contraire ; tonalité instable, évidemment, et couleur fuligineuse, alternance de murmures et de grondements. – Emportement et impatience dans le dix-huitième (en sol dièse mineur, *agitato*), véritable étude pour les octaves, les accords, les sauts périlleux, dans le style de Scriabine.

Scriabine encore dans le dix-neuvième prélude (en la majeur, *tranquillo*) ; c'est son ton pensif et désabusé, et jusqu'à sa perplexité modale, avec ces lueurs chromatiques qui font, à peine engagé, basculer le thème dans le ton relatif. – Encore un qui déclame, et contre lequel on voudrait se défendre : mais ce vingtième prélude (en la mineur, *con passione*) n'a pas de mal à vous soulever dans ses tourbillons puissants, à vous faire partager sa fièvre ; et sinon l'esprit, du moins les doigts ne résistent guère à ce pianisme échevelé !

On goûtera sans réserve le vingt et unième (en si bémol majeur, *moderato*), sa rayonnante quiétude, son ample mélodie d'accords appuyée aux quintolets de la basse, marchant sur cette onde harmonieuse comme Jésus sur les flots... – Les pantelants accords répétés du vingt-deuxième (en si bémol mineur, *allegro agitato*), sur une main gauche en octaves chromatiques, entretiennent tout au long une expression ardente et pathétique, qui frôle sans cesse la grandiloquence.

Une page à peine pour le vingt-troisième (en si majeur, *adagio*), un des plus simplement beaux, avec ses accents de vieux cantique, chuchoté d'un bout à l'autre, de *pp* à *ppp*. On notera une singularité rythmique : Glière aurait pu rédiger la pièce à 2/4, mais alors il la banalisait, rabotait toutes ces syncopes, ces accents secondaires qui, dans le 3/4 qu'il a préféré, lui donnent un pouls secret, un ressort mystérieux. – Le vingt-quatrième (en si mineur, *allegro assai*) n'est qu'une brève et électrisante irruption d'octaves, d'une noirceur à la Scriabine. – Enfin le vingt-cinquième (en ut majeur, *presto*) boucle la boucle en revenant au ton de départ, d'ailleurs aussi peu candide et vierge d'altérations que dans le *Premier Prélude* ; c'est un morceau magnifique, dont l'unisson de triolets aux deux mains ne manque pas de rappeler le finale de la *Sonate funèbre* de Chopin, en instillant le même effroi, la même impression de course à l'abîme.

### *Douze Pièces enfantines* (op. 31)
COMP 1907. PUB 1907 (Jurgenson).

Pièces de moyenne force, qui semblent conçues pour donner à l'élève un avant-goût des divers genres (prélude, étude, valse, mazurka, nocturne...) qui l'attendent au sein du grand répertoire romantique.

Après un *Prélude* (en mi bémol majeur, *andante*) où les accords battus de la droite font imperceptiblement moduler le chant confié au ténor de la gauche, vient un *Nocturne* (en fa dièse mineur, *andante*) plus modulant encore, et presque jusqu'à l'exaspération : voyez la deuxième page, avec ses coups de barre successifs, et la manière brutale avec laquelle, parvenu en sol mineur, on rentre au bercail du ton initial...

La *Berceuse* aussi (en si bémol majeur, *andantino*) a des moments d'instabilité tonale, plutôt par équivoques que par réelles modulations, dans ces courtes mesures de prélude, d'interlude et de postlude, que font trembler les syncopes de la basse.

Des syncopes, il y en a tout au long de la *Rêverie* (en ré mineur, *andante*), où les deux mains jouent à contretemps, le chant décalé d'un quart de soupir par rapport à la basse. Il faudra bien se pénétrer du titre et de l'indication métronomique : la tentation est grande, au déchiffrage, de jouer plus vite et plus haletant, et il en résulte un tout autre morceau, la contemplation muée en poursuite, la songerie en frayeur !

La *Chanson populaire* (en la majeur, *moderato*) est d'une fraîcheur exquise, avec ses phrases bien cadencées, reprises par la basse après le soprano, et son bref intermède où cliquettent les notes répétées. Et si la *Valse* (en si bémol majeur) et la *Romance* (en mi mineur) cèdent à trop de facilité mélodique, on leur pardonne en faveur de leur naïve simplicité.

Pour suivre : une *Étude* (en la bémol) qui fait ruisseler, sous les phrases effusives de la mélodie, d'harmonieux arpèges descendants, répartis entre les deux mains ; une charmante *Mazurka* (en ut majeur) ; un *Chant oriental* (en fa mineur, *allegretto*) qui s'octroie autant qu'il faut de langueur et de couleur exotique, tant par son rythme à 5/8 que par ses mélismes modaux, où gémit par exemple la caractéristique seconde augmentée.

Le *Feuillet d'album* (en ré majeur, *tranquillo*) met-il quelque ironie à être aussi salonnard ? C'est la seule pièce, en tout cas, dont le recueil aurait dû se passer. Mais on termine bien avec l'*Air de ballet* (en la, *grazioso*), vif et spirituel, à jouer du bout des doigts.

### *Vingt-quatre Pièces caractéristiques* (op. 34)

COMP 1908. PUB 1908 (Jurgenson) en quatre cahiers de six pièces chacun. DÉD à Evgueni Gnessine.

Des « scènes d'enfants », écrites avec un raffinement qui témoigne d'un infini respect pour la « jeunesse » à laquelle leur sous-titre les adresse. L'ensemble est d'une qualité soutenue et se déchiffre avec plaisir. Parmi les meilleures : *Petit Poème* (n° 1, en fa dièse mineur, *andante ma non troppo*), écriture à quatre voix, très fine, pour une mélodie chagrine et touchante ; *Danse polonaise* (n° 2, en sol majeur), petite mazurka pleine de fraîcheur ; *Les Larmes* (n° 3, en mi bémol mineur, *andante*), la plus étonnante peut-être, harmonies étranges et douloureuses, syncopes, thème gémissant, par hoquets convulsifs ; *Arlequin* (n° 8, en ré majeur, *scherzando*), délicieux, espiègle, léger, les deux mains perchées dans l'aigu ; *Au berceau* (n° 10, en ré bémol majeur, *andante*), avec son ostinato rythmique, deux notes conjointes en va-et-vient dans l'épaisseur de la trame ; *Scherzo* (n° 14, en fa majeur, *vivace*), ravissant badinage, rythmé à cinq temps ; *Chanson russe* (n° 15, en mi mineur, *moderato*), émouvante, dans sa robe harmonique de jeune paysanne ; *Danse des badins* (n° 16, en fa majeur, *allegro giocoso*), autre scherzo réussi, ornements en pichenettes, sautillements joyeux, harmonies multicolores ; *Méditation* (n° 21, en mi mineur, *andante*), moins enfantine que le reste, dans sa gravité soucieuse.

### *Deux Esquisses* (op. 40)

COMP 1909. PUB 1909 (Jurgenson). DÉD à Thérèse Ouchkov.

Deux morceaux admirables, dignes des plus belles pages de Scriabine. Ils s'opposent comme le jour et la nuit, et ce passage du clair à l'obscur est bien marqué dans leur rapport tonal, celui des *Nocturnes op. 27* de Chopin. Atmosphère de nocturne dans le premier (en ré bémol majeur, *tranquillo*), chaude et voluptueuse ; harmonie pétrie de grâces, enveloppant doucement ces lignes mélodiques évasives : on dirait que les arpèges ascendants de la gauche montent s'achever en chant à la main droite. – Dans la seconde pièce (en ut dièse mineur, *allegro molto e leggiero*), pleine de grésillements inquiétants, domine de bout en bout le rythme pointé, figurant peu à peu une sorte de chevauchée fantastique.

### *Huit Pièces faciles* (op. 43)
COMP 1909. PUB 1909 (Jurgenson). DÉD à Marie Medvedev.

Mélodieux *Prélude* (en ré bémol, *moderato*), tissé d'arpèges alternés d'une main à l'autre, en de délicats enchaînements harmoniques. Courte *Prière* (en ut dièse mineur, *andante religioso*), en accords, à saveur de vieux cantique. Naïve *Mazurka* (en sol mineur, *grazioso*). *Matin* candide (en fa majeur, *andante*), chant serein sur des accords battus, avec à la fin de discrets gazouillis. *Soir* bien triste, au contraire (en si mineur, *andante*), petite mélopée sur une pédale obstinée de tonique/dominante. *Rondo* joyeux, *Arietta* peut-être un brin trop sentimentale, *Petite Marche* faite pour le ballet.

### *Douze Esquisses* (op. 47)
COMP 1909. PUB 1910 (Jurgenson). DÉD à Mikhaïl Guelever.

Un recueil discret et secret, qui semble une façon de journal intime. On n'en saurait tirer parti au concert, mais le déchiffreur y trouvera son aliment et aimera y revenir. Parmi les meilleurs moments : les phrases rétives, le chromatisme plaintif de la première pièce (en la mineur, *molto sostenuto*), épigraphe désabusée ; les tournoiements ensoleillés de la deuxième (en ré dièse mineur, *con leggerezza*) ; le duo de flûtes qui se joue dans la sixième, sur le mode populaire (en la majeur, *andantino*) ; les remous gémissants de la septième (en fa mineur, *agitato*), où clame l'appel angoissé du septième degré abaissé (mi ♭) ; et l'émouvant cantique de la huitième (en mi majeur, *religioso*).

### *Trois Esquisses* (op. 56)
COMP 1911. PUB 1912 (Jurgenson).

Glière, peut-être influencé par la propre évolution de Scriabine, amorce ici un tournant ; voici une langue plus subtile, des mélodies plus fluides, des harmonies plus recherchées, avec une prédilection pour l'accord de quinte augmentée, employé absolument, pour son étrangeté, et non point inscrit dans un processus modulatoire comme chez Balakirev.

C'est le cas en particulier de la première pièce (en la majeur, *andante*), si profondément belle, où les deux mains chantent autant l'une que l'autre et se confortent dans ce climat pensif, la gauche avec sa souple ligne de doubles croches, la droite avec ses lents accords. – La deuxième (en sol dièse mineur, *leggiero e capriccioso*) a des rythmes dansants, des bonds fantasques, une extrême délicatesse de figures ; Scriabine, plus hardi dans ses titres, l'eût appelée « Poème ailé » ou « Guirlandes ». – La troisième (en ré bémol majeur, *con moto*), avec sa rayonnante mélodie d'accords et ses batteries palpitantes, est essentiellement une traversée harmonique, pleine d'imprévu ; des mirages nous appellent, nous éloignent du ton, nous jettent dans l'inconnu ; un adroit coup de barre redresse le cap.

# Mikhaïl GLINKA
(1804-1857) Russe

Auprès de ses deux opéras, *La Vie pour le tsar* et *Rousslan et Ludmilla*, et de la fantaisie orchestrale *Kamarinskaïa*, toute la musique composée par Glinka ne compte pour rien, et pour moins encore celle qu'il a dédiée au piano. L'instrument qui a tiré leurs plus beaux chants à Schumann et à Chopin, ses contemporains, ne lui a inspiré que des colifichets de salon, d'ailleurs rédigés avec soin, propices à un brio de bon aloi, et non dépourvus d'un grain d'humour : en particulier de nombreux cahiers de variations, genre florissant de l'époque, auquel il n'a pas dédaigné d'offrir son écot, et quantité de danses, pour amuser la compagnie. Inutile de dire qu'il n'y a pas la plus légère saveur de terroir dans ce fatras froufroutant. Le butin serait maigre sans la *Barcarolle* et le *Souvenir d'une mazurka*, deux pièces tardives (1847) ; elles ont en commun, pour le fond, le regret du passé, la douce et mélancolique remembrance ; et pour la forme, d'être enfin de la musique, recherchée dans son détail harmonique aussi bien que mélodique, et nous rendant sensible l'âme véridique d'un compositeur.

Une douzaine de cahiers de *Variations* : c'est le genre qui prédomine dans le catalogue pianistique de Glinka. La plupart sont des compositions de jeunesse, écrites entre dix-huit et vingt-quatre ans, pour briller dans les salons de Saint-Pétersbourg : les *Variations sur un thème original* (en fa majeur), en 1824 ; les *Variations sur « Benedetta sia la madre »*, une romance à la mode (en mi majeur), et les *Variations sur une chanson russe*, toutes deux en 1826 ; les *Variations sur un thème de Cherubini* (de l'opéra *Faniska*), en 1827. À 1822 remontent les *Variations sur un thème de Mozart* (celui du glockenspiel, dans le finale du premier acte de *La Flûte enchantée*), où l'on a le choix entre piano et harpe, et dont Glinka donna une version révisée aussi tard qu'en 1856.

Arrêtons-nous un instant sur les *Variations Cherubini*, prototype du genre ; on y trouve à peu près tous les ingrédients qu'emploie Glinka dans ces plats faits à la va-vite : le rythme de polka, tour à tour égal ou syncopé (var. 1 et 5), le rythme pointé qui sautille frivolement (var. 2), les triolets volubiles, en gammes et arpèges, qui vont quincailler dans les aigus (var. 3), le moment nocturne de l'adagio, plus ou moins ornementé, accompagné d'arpèges ou, comme ici, d'accords battus (var. 4).

Les *Variations sur un thème de Donizetti*, celles *sur un thème de Bellini*, celles *sur deux thèmes du ballet Chao-Kang*, composées en 1831-1832 à Milan (on peut y joindre le *Rondo brillant sur un thème de Bellini*), autant de souvenirs du séjour en Italie, témoignent de l'engouement de Glinka pour l'opéra du cru. À la même époque, Donizetti lui inspire un *Impromptu* pour piano à quatre mains, d'après *L'Elisir d'amore*, et une *Sérénade* pour sept instruments, d'après *Anna Bolena* ; Bellini un *Divertissement* pour piano et cordes, sur des thèmes de *La Sonnambula*.

Dans toutes ces œuvrettes, les doigts se dégourdissent, en une virtuosité perlée, à la Weber. Il y a maintenant des introductions, des interludes, des codas à panache. Les plus amusantes sont les *Variations Chao-Kang*, avec leur thème de clochettes mignonnes, leurs effets de boîte à musique, la valse effervescente qui les conclut ; les plus brillantes, les *Variations Bellini*, où l'introduction compte deux grandes pages à l'improvisade, où l'interlude quitte le ton solennel d'ut pour la couleur alanguie de la bémol, où le finale caracole, et jette sa verve pailletée à tout-va.

Composées en 1833, à Berlin (et publiées en 1841), les *Variations sur une romance d'Aliabiev* prennent pour sujet le fameux *Rossignol* où Liszt aussi s'est diverti. Si elles ne peuvent rivaliser avec la version du génial Hongrois, elles n'en sont pas pour autant négligeables. Le thème, avec ses deux parties nettement marquées, opposant le chant *(andante con grazia)* à la danse *(più mosso)*, permet des effets de contraste, particulièrement efficaces dans la coda.

Les *Variations sur un thème écossais* de 1847 sont sans conteste les meilleures de Glinka, une œuvre relativement tardive, où il s'occupe moins de bravoure que de musique. Le thème « écossais » en question est en réalité une chanson irlandaise, *The Last Rose of Summer*, celle même qu'emploie Mendelssohn dans sa *Fantaisie op. 15*. Naïf et doux, sur ses arpègements de guitare, il s'auréole dans la 1$^{re}$ variation de broderies délicates, où la gauche dispute à la droite le registre aigu ; la 2$^e$ variation l'harmonise de façon plus subtile ; et le long finale l'emporte sur les contretemps de son rythme à 6/8, puis l'emmène chevaucher dans le mode mineur, à 3/8, et pour finir l'énonce à la basse, sous des roulements d'arpèges. – La dédicataire, Élisabeth Ouchakova, avait été pour Glinka un tendre amour de jeunesse. « Mémoire du cœur, dit l'épigraphe, empruntée à Batiouchkov, tu as plus de pouvoir que la triste mémoire de la raison. »

On ouvrira maintenant le tiroir des *Danses et pièces diverses*. Quadrilles et contredanses : Glinka fournit sans complexe à ce répertoire à la mode. Comme exemple des quatre ou cinq séries qu'il jeta sur le papier, citons les *Nouvelles Contredanses* de l'*Album lyrique*, un recueil collectif de 1829 ; elles suivent l'ordre habituel des figures : le *Pantalon* (en ré majeur), dans un 6/8 résolu que fouette une stridente note répétée ; l'*Été* (en sol majeur), à 2/4, pimpant comme une polka ; la *Poule* (en la majeur), de nouveau à 6/8, emportée, pleine de coups de talons ; la *Trénis* (en fa majeur), à 2/4, moqueuse, avec un fort accent sur la deuxième croche ; et un finale *pomposo* (en la majeur) ; le tout parfaitement inutile, mais très plaisant à déchiffrer.

Quelques valses, d'intérêt très inégal : un *Cotillon* en si bémol (de l'*Album lyrique* de 1829), comique à force d'insignifiance ; une *Valse de l'adieu* (Turin, juin 1831), représentant une minute à peine de « chopinata », très réussie ; les *Deux Valses* en mi bémol et si bémol, publiées en 1839 dans un recueil collectif (avec les *Variations russes* et les *Cherubini*), la première bien fade, la deuxième au contraire relevée d'appogiatures, avec çà et là, oui ! quelques idées ; enfin et surtout, écrite en 1839, la *Valse-Fantaisie* en si mineur, plus connue dans sa parure orchestrale (1856), et dont le thème principal a des orientalismes caractéristiques.

Un certain nombre de mazurkas, toutes très courtes, dont la *Mazurka en ut mineur* publiée en 1843 dans le *Nouvelliste*, – au thème plaintif *(lamentabile)*, point indigne de Chopin. On accordera pourtant une tout autre valeur au plus tardif *Souvenir d'une mazurka* (voir plus bas : les *Deux Pièces* de 1847).

Ces danses encore à retenir, parmi une dizaine de babioles : une *Tarentelle* en la mineur (1843), moins d'une minute de musique, et plutôt russe qu'italienne, avec ses nombreuses pédales, son 2/4 bien scandé, ses courts motifs obsédants ; une *Polka enfantine*, que Glinka offrit à sa petite nièce Olga Chestakova (1854), et qui a la particularité de commencer et de finir par une berceuse : « Dodo mon p'tit poulot, dodinette ma p'tite poulette »...

À citer encore, dans le chapitre des pièces diverses : trois nocturnes, l'un pour piano ou harpe (1828), un autre titré *Le Regret*, un troisième *La Séparation* et dédié par Glinka à sa sœur Élisabeth (1839) ; tous trois dans un style dérivé de Field, avec plus de beurre et de confiture que n'en osa jamais tartiner le pianiste irlandais. Et pour changer d'air, trois fugues de date incertaine (1833 ?), fruit morose de ses études avec Siegfried Dehn à Berlin.

Terminons en beauté avec les ***Deux Pièces*** de 1847 (quatre en réalité, que Glinka écrivit à Smolensk au lendemain de son retour d'Espagne, entre septembre et décembre 1847 ; mais l'une d'elles, le *Thème écossais varié*, a déjà été signalée plus haut ; une autre, une *Prière*, en la majeur, tombe dans toutes les fadeurs de la romance ; les deux autres, heureusement, sont deux réelles réussites).

Ces deux pièces ont été publiées ensemble par Glinka, sous le titre « Salut à la patrie ». Pour être précis, on dira qu'au *Souvenir d'une mazurka* (en si bémol majeur, *vivace capriccioso*) échoit l'honneur d'être le chef-d'œuvre du piano de Glinka. Un chef-d'œuvre de quatre minutes et demie... Mais qu'importe le chronomètre ? Ce thème est vraiment touchant, avec son étrange oscillation entre mineur et majeur, ses hésitations, ses silences, son désir non exaucé d'aller au relatif. Plus loin, le ton change, le rythme s'affirme davantage, la danse semble emporter la tristesse ; n'est-ce pas ce que conseille la citation de Métastase, « Sans illusions, adieu la vie » ? Mais on revient à ce thème endolori. La coda, qui balance elle aussi entre le pas énergique et l'aile du rêve, s'achève en murmure.

Dans la *Barcarolle* (en sol majeur), de forme tripartite, la partie A est si inspirée que, quoi qu'il fasse, l'intermède B reste en deçà. Il est pourtant simple, ce début, où des accords brisés bercent paisiblement le thème du gondolier ; la trouvaille, c'est que ce thème, énoncé dans le médium du clavier, est escorté à l'aigu d'un double fragile, que le cinquième doigt de la droite effleure brièvement à la manière d'une appogiature, en sorte que chant et contrechant sont imperceptiblement décalés ; l'effet est irrésistible, – et plus réussi encore si, au lieu de l'*allegro moderato* prescrit, on joue plutôt un *andante*. La fin diminue peu à peu la sonorité, s'enfouit dans la brume avec les derniers gruppettos, les dernières notes modales, ce la ♭, ce si ♭ si italiens. « *Ah, se tu fossi meco sulla barchetta...* », « si tu étais avec moi sur la barque... », soupire la chanson de Felice Romani, citée en épigraphe.

# Hermann GOETZ
(1840-1876) Allemand

La courte vie de Goetz, sa multiple activité de professeur, de concertiste, de critique, en dépit d'une santé toujours chancelante, ne lui ont permis d'écrire qu'une œuvre fort réduite, limitée à vingt-deux numéros d'opus (plus quelques inédits et un opéra inachevé), dont la moitié n'ont été publiés qu'après sa mort. Son premier opéra, *La Mégère apprivoisée*, a eu son heure de gloire ; mais en qualité, c'est sa musique de chambre qui emporte la plus belle part, avec notamment un *Quatuor* et un *Quintette*, tous deux pour piano et cordes, qui compteraient parmi les fleurons de leur genre au siècle romantique, si nous étions habitués à contempler autre chose, en musique, que les devantures éclairées et les luxueux présentoirs. Ses mélodies aussi méritent mieux qu'une pieuse pensée, en particulier les adorables *Rispetti op. 4*, qui sont des chansons italiennes, tour à tour malicieuses ou tendres.

Notre instrument, quant à lui, n'a eu droit (en dehors d'un chef-d'œuvre qui déborde notre propos, la *Sonate à quatre mains*) qu'à deux *Sonatines*, et à deux petits cycles de neuf et six pièces respectivement, les *Lose Blätter* et les *Genrebilder*. Les sonatines n'importent guère, ni plus ni moins mal fagotées que les dizaines de leurs pareilles qui ont encombré les pupitres du temps. Mais la plupart des pièces en recueil sont dignes de survie. Goetz s'y révèle un maître de la petite forme : c'est-à-dire qu'il a l'art d'enclore, en peu de place, et servi par des dons ensemble de mélodiste et d'harmoniste, une pensée sensible. Qui emploie ce dernier mot doit avertir qu'il ne l'entend pas au sens de la *sensiblerie*, mais de la *sensibilité*. Tel esprit fort affirmera, à la hâte, qu'un morceau comme *Bei dir !* (le cinquième de l'opus 7) devait faire larmoyer les demoiselles ; je le crois en effet : elles se laissaient prendre au titre, et Goetz en a commis quelques-uns d'insupportables ; mais gageons que peu d'entre elles touchaient le fond de cette musique, en pénétraient le sens et le travail. C'est le détail de cet art, l'accord trouvé, le degré fléchi, la cadence retardée, la courbe longuement tendue, qui le rend singulièrement émouvant, – et nous fait déplorer à jamais que les dieux, à ce jeune disciple de Schumann et de Mendelssohn, à cet ami de Brahms, n'aient pas consenti quelques années de plus.

### *Lose Blätter* (op. 7)
COMP 1865-1869. PUB 1870 (Breitkopf & Härtel). DÉD à Clara Schumann.

Neuf « feuilles éparses », au gré du jour, de l'envie, selon la peine ou la joie, mais finissant par composer un véritable cycle, un cycle double, des « Scènes de la forêt » que traverserait un petit roman amoureux.

Ainsi la première pièce, *Durch Feld und Buchenhallen* (« À travers champs et hêtraies », en ut majeur, *heiter, gemächlich*, « serein, à l'aise »), est-elle comparable à l'« Entrée » des *Waldszenen*. Chez Goetz comme chez Schumann, on a franchi d'emblée une porte mystérieuse, et l'on baguenaude dans les senteurs fraîches et l'air léger. Le bonheur est plus exubérant chez celui-ci, plus intériorisé chez celui-là, – du moins dans les premières lignes, car bientôt le thème abandonne son sage accompagnement à la noire, et revient déployer sa courbe sur un fond de syncopes (mes. 19), qui jusqu'à la fin seconderont son ardeur.

À l'autre bout du cycle, toujours comme dans celui de Schumann, nous entendrons un « Adieu », plutôt un « Au revoir » (*Auf Wiedersehn*, en la bémol majeur, *langsam, mit herzlichem Ausdruck*, « lent, très affectueux »). Ici, plus nettement encore, Goetz s'écarte de son aîné ; au lieu de la longue envolée lyrique, ce n'est qu'une courte page de congé, un feuillet teinté d'une délicate et tendre tristesse, où le thème donne sans cesse l'impression qu'il aurait plutôt choisi, si on l'avait laissé libre, le relatif mineur...

Toujours dans le climat champêtre, sinon forestier, la deuxième pièce, *Frisch in die Welt hinaus* (« En avant, au bout du monde », en fa majeur, *freudig, erregt*, « joyeux et animé »), dont le titre ambitieux n'exprime, après tout, que cette sorte d'optimisme sans brides qui nous saisit au sein d'une nature ensoleillée, où mille chemins ouverts nous attendent : ces arpèges ascendants débordent d'allégresse, ces motifs sont conquérants, et si le trio, plus doux et retenu, se charge lentement de mystère et de voix étouffées, ce n'est que pour faire repartir de plus belle les élans de l'allegro. – Ces mouvements de l'âme, dans la sixième pièce, ce sont les zéphyrs qui les symbolisent (*Ihr flüchtigen Winde, wohin, wohin ?*, « Où fuyez-vous, les vents rapides ? », en sol mineur, *sehr lebhaft*, « très animé »), – et dans la huitième les murmurants ruisselets (*Frühlingsgruss*, « Salut printanier », en la majeur, *lebhaft*) : là quelques alarmes, ici un contentement sans rides, et dans l'une comme dans l'autre un identique courant de doubles croches à 6/8.

J'ai parlé d'un roman amoureux, qui semble se dessiner dans les pièces n$^{os}$ 3 à 5. La troisième, à vrai dire, intitulée *Einsamkeit* (« Solitude », en mi bémol majeur, *langsam, mit Empfindung*, « lent, expressif »), pourrait n'exprimer que ce sentiment tout élémentaire et paisible de l'existence, tel que la contemplation des grands espaces l'inspirait à Rousseau, promeneur solitaire, – encore que cet accompagnement d'octaves brisées, à la reprise, avec ce vaste crescendo, trahisse une émotion plus charnelle. – Mais voici, dans le quatrième morceau, que s'avouent des *Liebesscherze* (en sol majeur, *munter, scherzhaft*, « vif, malicieux »), pleins de bonds, d'arrêts, de reprises, de silences (toute la coda, émiettée, du bout des doigts) ; et voici surtout, avec le cinquième, l'illustration même du « Rêve d'amour », comme dit Liszt : ne sourions pas du titre, *Bei dir !* (« Auprès de toi ! », en ut majeur, *langsam und innig*, « lent et fervent »), et laissons-nous bercer par cette admirable musique, un lied romantique parmi les plus inspirés : beauté grave de la mélodie épandue sur son lit d'arpèges en triolets, beauté des échos, des voix secondaires (à partir de la mes. 18), charme captivant des harmonies (par exemple, d'emblée, cette étrange et sourde pédale de tonique, immobile au fond des accords changeants).

Cette cinquième pièce serait le joyau du recueil, n'était la septième, plus attachante encore, plus nourrie de sève, ample et contrastée. Le titre, *Heimathklang*, est mal traduisible, qui évoque la « voix », le « ton », les

« accents » du pays ; et comme le morceau alterne la sérénité et l'inquiétude, le clair et l'obscur, on ne démêle pas, autour de ce « pays », la part de regret, de révolte, de soumission confiante ; mais du moins ces pages nous représentent-elles les deux aspects complémentaires de l'âme de Goetz, son côté Eusebius et son côté Florestan. Au premier revient, bien sûr, la floraison mélodique initiale, en ce ton nocturne de si majeur qui italianise le chant et fait luire la moire des arpèges (*langsam und sehr ausdrucksvoll*, « lent et très expressif ») ; au second les épisodes mineurs (le premier débute en mi bémol mineur), dans l'agitation des triolets et des accords battus ; à la fin, la paix l'emporte, durablement : il ne reste, de la fièvre passée, que ce remous de triolets dont s'accommode fort bien le thème initial, en le tournant en douce caresse, en effleurement d'harmonies.

## *Deux Sonatines* (op. 8)
COMP 1869. PUB 1872 (Rieter-Biedermann, Leipzig).

Sans aller jusqu'à éprouver à la lecture de ces deux sonatines le sentiment de frustration qui naît de celle des trois *Sonatines pour la jeunesse* de Schumann (œuvres besogneuses d'un musicien en péril), on trouvera mitigée leur réussite, souvent pâles leurs couleurs, indifférents leurs thèmes. Elles se veulent faciles aux doigts, pédagogiques, surtout la première ; mais pourquoi manquer à ce point d'imprévu ? La « moyenne force », au piano, n'exige pas qu'on renonce à ce point à soi-même. Placé entre les deux seuls autres opus pianistiques de Goetz, si replets, cet opus 8 est maigre, n'a pas grand-chose à dire et semble d'un autre auteur. Il demeure un plaisant déchiffrage.

Des trois mouvements de la *Première Sonatine*, en fa majeur, le meilleur est l'*allegro moderato*, par la grâce d'un touchant second thème, tendrement dodelinant, qui sera d'ailleurs le premier à revenir, au bout d'un développement modulant aux tons les plus lointains.

Dans la *Deuxième Sonatine*, en mi bémol, le mouvement à retenir est sans conteste l'*andantino* (en la bémol), d'atmosphère pastorale, avec son bercement de croches paisibles à 6/8, que rompt un moment le 2/4 plus agité d'un trio au relatif mineur. Et s'il en faut encore un, plutôt que le rondo final, au refrain plus digne de Hummel que de Goetz (et pourtant, comme l'épisode trouve moyen d'arranger l'affaire en glissant vers le mineur !), on élira l'*allegro con brio*, dont le petit ressort initial, à la basse, assure au développement sa fermeté et son économie.

## *Genrebilder* (op. 13)
COMP 1875-1876. PUB posth. 1876 (Kistner, Leipzig). DÉD à sa sœur Marie.

Méchant titre, avec son cortège de connotations péjoratives : quel « genre » soupçonner, en effet, si ce n'est celui du salon ? Mais ce titre une fois gommé (et le compositeur ayant ici, grâce au ciel, évité les sous-titres tarabiscotés des *Lose Blätter* !), on se trouve en présence de six pièces des plus poétiques, d'ailleurs voulues telles, puisque les surmontent autant d'épigraphes tirées de poètes divers, comme Lenau, Müller ou Storm.

Il n'y a dans la première (en ré majeur, *andantino espressivo*) qu'une mélodie continue, une phrase unique et immense, renaissant d'elle-même à chaque fois qu'on l'imaginerait s'amollissant vers la cadence, reprenant souffle dans le vivier de la modulation, toute portée sur le flux de ces grands arpèges (ici des triolets de doubles croches, à 2/4) qui semblent inséparables, chez les romantiques, de toute effusion du cœur.

L'épigraphe de la deuxième pièce, due à Storm, parle des yeux étincelants d'une belle dédaigneuse ; et voici des traits qui fusent, des arpèges qui scintillent, et vers le milieu d'adorables modulations vers les tons bémolisés (on avait commencé en sol majeur, *allegro scherzando*, et l'on s'évade jusqu'aux parages de la bémol mineur, d'où l'on revient d'une pichenette !).

Avec la troisième pièce (en mi bémol majeur, *larghetto*), nous tenons une simple et douce confidence, placée sous le signe de quelques vers de Lenau, qui disent le regret des lieux où l'on fut heureux, dans les années dorées de la jeunesse... Douce, mais chaleureuse, dans l'amitié de trois ou quatre voix entrelacées ; simple, mais raffinée, avec des trouvailles harmoniques qui comblent d'aise le déchiffreur, – lequel, on le sait, avance lentement à l'oreille, attentif à la moindre variante, au moindre bémol susceptible de minoriser un accord, de modifier un degré.

Dans la quatrième (en ré bémol majeur, *presto*), plus agile encore et plus fraîche que les vents qui soufflaient *(wohin, wohin ?)* dans le sixième numéro des *Lose Blätter*, une brise matinale jette ses tourbillons de gais triolets. À l'opposé, c'est une bise d'automne, aigre et glacée, qui fait frissonner de doubles notes la cinquième (en la mineur, *allegro impetuoso*), à laquelle un trio en fa majeur, tricoté à quatre parties, ne donne qu'à peine un peu de chaleur ; du moins le thème en revient-il tout à la fin, majorisant le ton d'origine, telle une brusque échappée de soleil.

Comme il avait terminé son recueil précédent par un lent feuillet d'album, au mépris des fins avantageuses qui vous attirent les applaudissements, de la même façon Goetz choisit de conclure celui-ci par une berceuse (en sol bémol majeur, *larghetto*) : balancée à 3/8, avec ses bémols vaporeux, son souple triolet sur le premier temps, ses appogiatures caressantes, elle invite à la fois au repos et au songe ; les dernières lignes, où vibre longuement l'hypnotique pédale de tonique, glissent par degrés dans le silence.

**Eugène GOOSSENS**
(1893-1962) Anglais

Il est arrivé à Goossens la même chose que, chez nous, à Pierné ou à Inghelbrecht : le chef d'orchestre a pris le pas sur le compositeur. Voilà trois hommes (on en citerait beaucoup d'autres) que la passion pour les ouvrages d'autrui dévie peu à peu de leur propre musique. Ils y sont aidés, si l'on peut dire, par le public, qui regarde d'un œil suspicieux les hommes à tout faire, les Maître Jacques prompts à échanger la casaque du cocher pour le tablier du cuisinier. Au public il faut l'un ou l'autre, et bientôt le musicien lui-même s'en convainc, n'écrit plus qu'à l'occasion, entre deux tournées. Ainsi l'œuvre de Goossens n'occupe-t-elle, pour le principal, que la première moitié de sa vie ; et sa musique de piano, en particulier, a pour bornes sa vingtième et sa trentième année.

Loin de s'en plaindre, on gardera en mémoire cette jeunesse, et mieux cette juvénilité, si alerte et sûre d'elle, dans l'examen d'une poignée d'œuvres où éclate, dès le début, une étonnante maîtrise. À Goossens, comme à Ravel, fut épargné le tâtonnement. Il a assimilé en moins de rien quelques influences inévitables (Debussy et Ravel, Scriabine et Stravinski), les a fondues dans une incontestable personnalité. Ses premiers critiques ont pu juger son âme impassible, son encre compliquée ; mais tous ils ont dû convenir d'un talent original, d'allure plus française qu'anglaise, fait d'acuité, de brio, de concision ; fait de calcul adroit, d'équilibre subtil. D'ailleurs sa prétendue froideur, résultat d'une inclination au jeu et à l'humour, allait bientôt céder à plus d'épanchement, et sa complexe et noueuse écriture chromatique se déliter en diatonisme. Mais plus simple et plus chaleureux, il perd une partie de ses pouvoirs : les *Ships*, qui baignent dans une eau romantique, sont moins réussis que l'acide et malicieux *Kaleidoscope* (ainsi opposera-t-on, dans sa musique de chambre, le *Deuxième Quatuor*, avec toute son éloquence, aux ironiques *Five Impressions of a Holiday*, pour flûte, violoncelle et piano). Goossens est de ceux dont le temps émousse la pointe ; il faut le prendre en ses jeunes années, où son art fait mouche à tous les coups.

### *Étude de concert* (op. 10)
COMP 1915. PUB 1916 (Chester). DÉD à Winifred Christie.

Huit pages (*moderato leggiero*, à 2/4). Un inlassable mouvement de doubles croches aux deux mains, en arpèges, sur des harmonies de quartes à la Scriabine, de cette sorte où l'oreille espère à chaque mesure une résolution qui ne vient guère. Du dessin brisé de la droite émerge une mélodie, au rythme insistant (croche pointée-double croche). La fin cadence orgueilleusement en ut majeur.

### *Kaleidoscope* (op. 18)
COMP 1917. PUB 1918 (Chester). Orchestré en partie en 1949.

Cet album de douze pièces constitue le chef-d'œuvre pianistique de Goossens, alors âgé de vingt-quatre ans. Ses vertus et ses défauts, ses pouvoirs et ses limites y sont contenus. C'est une réplique au *Children's Corner* de Debussy, en plus acidulé, en plus railleur, en moins ému. L'auteur excelle à la fois dans l'humour et dans la brièveté. Manque-t-il de cœur ? En tout cas, il ne veut pas s'attendrir. Voici des « enfantines » uniquement occupées de jeux et de joujoux. Mais quelle séduisante réalisation pianistique !

La première pièce, *Good Morning* (en ut majeur, *moderato con anima*), est gaie, on s'en doute, et ne demande qu'à rire, dans le matin frais levé, avec ses pichenettes d'accords, ses secondes criardes au-dessus d'un rang de tierces chromatiques, son petit thème désinvolte, comme sifflé, sur une basse d'Alberti moqueuse, son paraphe d'accords pointus.

La deuxième, une *Promenade* (en ré majeur, *con moto*), va à cinq temps, enchaînant sans trop de heurts ses accords changeants, sur une basse décidément rivée à la tonique. Les dernières lignes éveillent, dans le halo du ton, la douce septième mineure (do ♮).

On s'amuse beaucoup avec *The Hurdy-Gurdy Man* (« Le Joueur d'orgue de Barbarie »), qui moud à toute allure sa chansonnette (en mi majeur, *tempo di valse*), sans prendre garde un instant aux fausses notes de son instrument désaccordé. Pédale de tonique, avec un do ♮ (sixte mineure) qui couine obstinément. L'intermède, lui (en ut majeur), n'arrive pas à se décider entre si ♭ et si ♮. (La pièce, reprise en 1960, fournira un *Capriccio* : voir plus loin.)

Puis vient une *March of the Wooden Soldier* (« Marche du soldat de bois », en la mineur, *moderato*), aussi décidée et militaire qu'on peut s'y attendre, avec timbales, fanfare et solo de cornet à piston ; suivie de *The Rocking-Horse* (« Le Cheval à bascule », en sol majeur, *giocoso*), dont le thème en va-et-vient, à 6/8, et la pédale appogiaturée évoquent à la fois le mouvement du jouet et son surplace.

*The Punch and Judy Show* de la sixième pièce (en la majeur/mineur, *con fantasia*), c'est l'équivalent anglais de notre Guignol. On peut imaginer les facéties des personnages, rien qu'à cet air guilleret, ce staccato de doubles notes, ces sauts brusques, ce glissando strident, ce trépignement conclusif...

Rythme boiteux à 5/8, basse rampante, thème plaintif et accords gémissants : c'est le climat de *A Ghost Story* (« Une histoire de fantômes », en fa mineur, *andante lamentoso*), terré dans le registre grave, – avec lequel contrastent aussitôt le ronron régulier, l'aigu cliquetant, la chanson pimpante et gentiment niaise de *The Old Musical Box* (« La Vieille Boîte à musique », en mi bémol majeur, *leggiero*).

On reste au milieu des jouets avec *The Clockwork Dancer* (« La Danseuse mécanique », en si bémol majeur), un menuet quelque peu dissonant et grinçant, – et avec *Lament for a Departed Doll* (« Complainte pour une poupée défunte », en si bémol mineur, *andante espressivo*), dont on ne s'étonnera pas qu'elle évoque non seulement le tour mélodique, mais l'harmonie de Ravel, en plus âpre. Fin en fa mineur. (À noter, pour ce qui est de la thématique, que l'on enterrait déjà une poupée dans l'*Album pour enfants* de Tchaïkovski.)

La ritournelle délurée de *A Merry Party* (« Une joyeuse réunion », en fa majeur, *moderato con spirito*) ne finit jamais sur le ton où on l'attend ; même la fin, après avoir avoué fa, bifurque et place la tierce fa-la au sommet d'un accord de onzième sur mi bémol...

Le cahier se clôt comme il a commencé, après une journée bien remplie : faisant pendant au bonjour matinal, voici *Good Night* (en si bémol majeur, *tranquillo*), un paisible nocturne, dont la mélodie se prélasse au-dessus d'accords délicatement irisés, en modulation incessante. Écrit un peu plus tard, le morceau passerait pour avoir emprunté au jazz...

## *Four Conceits* (op. 20)

COMP décembre 1917. PUB 1918 (Chester). DÉD à William Murdoch.

Dans la foulée de *Kaleidoscope*, de nouveaux morceaux caractéristiques de la manière du jeune Goossens : un art alerte, pointu, persifleur, affectant l'indifférence. Le titre est difficile à traduire ; *conceit*, c'est la vanité, la suffisance ; autant dire que le compositeur manie la satire, – et jusque (voyez la deuxième pièce) dans ce qui pourrait le toucher...

*The Gargoyle* (« La Gargouille », en la mineur, *moderato con moto*) privilégie la grimace. La main droite pique un staccato d'accords que la gauche griffe d'appogiatures brèves : cela rappelle l'écriture de *Un peu gris*, la deuxième des *Burlesques* de Bartók. Beaucoup de septièmes enchaînées, comme toujours chez Goossens. Trois lignes avant la fin, le ton cède à son relatif, ut majeur ; on entend, « quasi organo », quelques accords liturgiques, du fond de la cathédrale ; et la gargouille jette ses derniers ricanements.

Chacune des mains, dans *Dance Memories* (« Souvenirs de danse »), a son armure : la droite joue en la majeur (trois dièses), la gauche en la bémol, plutôt mineur (armure défective à trois bémols), et elles tâchent de profiter tant bien que mal de quelques notes communes en composant une valse aigre-douce et discordante, d'un effet singulier, comme perçue à travers la déformation du souvenir. On peut jouer à faire prédominer l'une ou l'autre tonalité ; la gauche, en gros, mène le jeu ; mais la conclusion signe un la majeur indiscutable.

*A Walking Tune* (« Un air de marche ») dément ironiquement son titre, qui laissait présager simplicité et spontanéité : harmonie complexe et chromatique, nébulosité d'accords compacts, étouffant le naturel de la mélodie (entre ré dièse mineur et son relatif fa dièse majeur ; les deux sont d'ailleurs superposés dans l'accord final).

Elles donnent vraiment l'illusion de manipuler les fils de la poupée, ces mains qui, dans *The Marionette Show* (en ré majeur, *con brio*), alternent prestement sur le clavier, l'une sur l'autre, dans un infatigable rythme pointé. Morceau presque tout en force ; peu de notes, mais stridentes, violemment percutées, jusqu'au *fff* final.

## *Nature Poems* (op. 25)
COMP 1919. PUB 1920 (Chester). DÉD à Benno Moiseivitch.

Le brio facile et la cocasserie du *Kaleidoscope* ont fait du tort, dès l'époque (et que serait-ce aujourd'hui où l'on ne joue plus l'un ni l'autre !), à ce cahier où Goossens renouvelle, sinon sa forme, du moins son fond. Plus question, ici, de marionnettes, de poupées mécaniques, d'orgues de Barbarie ! Le musicien referme la boîte à joujoux et, sorti respirer au grand air, montre qu'il n'a pas la poitrine aussi étriquée qu'on pouvait le craindre. Ces trois morceaux, difficiles, développés, complexes, revendiquent d'emblée un pouvoir *poétique* ; mais aussi, ils en laissent tout l'usage à l'auditeur : comme dans les *Préludes* de Debussy, les titres sont discrètement marqués à la fin de chacun, entre parenthèses. Voici à quoi je songeais, semble dire l'auteur ; libre à vous de rêver ailleurs. – Et cependant, encore une fois, on ne pourra se défendre de préférer les petites pièces antérieures qui, si même elles avaient un but moins sérieux, y allaient droit et sans fard.

La meilleure est sans doute la première pièce, *Awakening* (« Réveil »), qui sort lentement des limbes du sommeil, représentés par un accord caverneux qui superpose ré mineur à fa dièse majeur *(andante moderato e con moto)*. Un appel répété sourd de ces harmonies, gagne le faîte du clavier, devient chant et même vocalise *(più mosso)*, porté par des accords syncopés. Le concert s'étoffe, s'étend à la nature entière ; où il n'y avait qu'un oiseau, une ramure, ce sont toutes les bêtes du bois, dans tous les feuillages, jusqu'au « *fff* triomphante » qui en est l'apothéose. Cependant Goossens répugne à finir en tintamarre : un épilogue ramène le calme *(andante tranquillo)*, dans la sérénité de sol bémol majeur, aussi radieux et affirmé que son enharmonique, au début de la pièce (fa dièse), était obscur et vacillant.

De belles cadences ravéliennes viennent régulièrement éclaircir et même élucider, dans la suivante, *Pastoral* (en si bémol majeur, *andantino grazioso),* un langage chromatique quelque peu abscons, qui n'est pourtant pas dépourvu de charme ; et puis, le thème se balance avec tant d'indolence, au-dessus de ces ronciers d'accords ! Au milieu *(poco più mosso),* le voilà qui prend du corps, épaulé d'accords battus ; arpèges et doubles notes achèvent d'étoffer la page. Comme dans le morceau précédent, un vibrant *fff* est vite atteint ; et de la même façon, on termine en douceur, dans la résonance ouatée de la pédale de tonique.

La dernière pièce, *Bacchanal,* vaut moins par sa partie principale, qui fait tout ce qu'elle peut pour mériter le titre et l'indication liminaire *(allegro molto e feroce),* – rythme dru, octaves puissantes, accords martelés, – que par sa section médiane, en ut dièse, harmonieuse, miroitante, embaumée de parfums printaniers, et croissant peu à peu dans une joie vraiment dionysiaque.

## *Hommage à Debussy* (op. 28)
PUB 1920 (*Revue musicale,* dans le « Tombeau de Debussy »).

Jouez-la trois ou quatre fois de suite, pour vous dépêtrer de cette impression d'une « hérédité confusément wagnérienne », à laquelle céda Vuillermoz quand il en rendit compte à l'époque (et de poursuivre, avec tant d'humour qu'on ne peut se défendre de le citer : « Debussy pourrait protester, dans l'au-delà, contre cette façon de pleurer en s'essuyant les yeux avec un mouchoir acheté, il y a fort longtemps, à Bayreuth » !). Jouez-la donc, tâchez de gommer peu à peu le « superchromatisme » habituel de Goossens ; il reste cette phrase endeuillée qui se déplie lentement, se replie, recommence, s'arrête pour évoquer l'âme de Debussy en quelques beaux accords cristallins, – reprend enfin, se scinde entre deux registres (avec le mi♭ supérieur timbré comme un glas), hésite douloureusement entre deux tonalités, se décide à finir un demi-ton plus haut, ralentie, en mi bémol.

## *Deux Études* (op. 38)
COMP 1923. PUB 1924 (Chester). DÉD à Margaret Bannerman et Tomford Harris.

La première, *Folk-Tune* (en ré mineur, *moderato tranquillo e con moto),* n'a d'étude que le nom ; ou alors c'est une étude d'harmonie, à l'usage de l'oreille et non des doigts. Un thème des plus simples, et en effet « populaire », tant il chante au fond du souvenir, avec sa jolie couleur dorienne, y est énoncé par deux fois, et les harmonies de plus en plus complexes qui le revêtent n'enlèvent rien, fort heureusement, à son ingénuité.

Dans la deuxième, un *Scherzo* (en mi bémol mineur, *rhythmic),* la virtuosité reprend ses droits, les doigts courent alertement au train d'une gigue à 6/8, qu'un accent sur la cinquième des six croches fait un peu clopiner.

***Ships*** (op. 42)
COMP 1924. PUB 1924 (Curwen).

Ces trois « préludes », comme il les appelle, montrent un Goossens émoussé, édulcoré, rendu à la consonance et au diatonisme. Certains soutiendront qu'il a trouvé son classicisme et sa maturité, d'autres qu'il a perdu l'essentiel de son charme en abdiquant le chromatisme après avoir congédié l'humour... Il est vrai qu'il y a loin du piquant et drolatique *Kaleidoscope* à ces « Navires » mélodieux, coloriés avec application et sérieux, comme des images d'Épinal.

Ce sont tour à tour *The Tug* (« Le Remorqueur », *agitato*), avec son coup de sifflet, son lourd ébranlement, puis son ronron paisible, au rythme égal des accords brisés ou des trémolos ; – *The Tramp* (« Le Steamer »), qui se balance avec langueur dans son mètre à 9/8 *(moderato con moto)* en jouant suggestivement d'une bimodalité la majeur/mineur ; – enfin *The Liner* (« Le Transatlantique », en mi bémol majeur, *majestically*), qui fend orgueilleusement la houle joyeuse figurée en arpèges aux deux mains.

***Capriccio***
COMP 1960. PUB 1960 (album du centenaire des éditions Chester).

Ce n'est pas un tardif retour au piano, mais, en guise d'hommage à son principal éditeur, un souvenir de sa jeunesse que nous donne ici Goossens. À partir du *Hurdy-Gurdy Man*, la pièce la plus connue de son recueil le plus célèbre, *Kaleidoscope*, voici trois pages savoureuses. La complainte du joueur d'orgue passe par tous les tons et tous les climats, va du nostalgique au burlesque, se ralentit, se précipite, carillonne dans l'aigu ou grommelle dans le grave. Un vieil enfant s'amuse ; il n'a pas perdu la main...

# Enrique GRANADOS
(1867-1916) Espagnol

La plupart de ses œuvres ne sont pas datées, ou seulement de façon imprécise ; mais il n'empêche qu'on a vite fait de cerner le piano de Granados. Dans une première période (autour de 1890), il alterne feuillets d'album et morceaux espagnols, les uns comme les autres sans force et sans avenir, si l'on excepte quelques moments heureux, comme les charmants *Valses poéticos*. Au bout de ces tâtonnements, voici par brassées les *Danses espagnoles*, qu'il joue partout, qui le rendent d'un coup célèbre, et sans doute lui donnent la mesure de son propre talent. Vient alors, à l'aube de notre siècle (environ 1900-1909), une période ouvertement romantique, qu'illustrent en particulier les *Scènes* du même nom, – et au théâtre les nombreux drames lyriques écrits en collaboration avec le poète Apeles Mestres : belle et bonne musique, qui pourtant ne l'aurait pas fait survivre longtemps à sa précoce mort. Les *Contes*, les *Esquisses*, les *Études* pour la jeunesse, où il n'est qu'un Schumann au petit pied, à la fois doctoral et naïf, ne pèsent pas bien lourd. Ainsi nanti, il courait droit à l'oubli. La Muse le négligeait, ne lui envoyait que ses servantes, braves filles accortes à qui il doit ses pages les plus agréables. Soudain, c'est elle-même qui le frappe de son aile : il compose ses *Goyescas*, chef-d'œuvre inexplicable, un des joyaux du piano espagnol, – que suivent, dans le domaine vocal, les merveilleuses *Canciones amatorias* et *Tonadillas*. Dans ces musiques longtemps rêvées, un être tout neuf se révèle. Le sort l'arrête net, à peine éclos. N'importe, il ne mourra plus.

Son parcours, à le survoler, ressemble de façon saisissante à celui de son compatriote Albéniz. Tous deux naquirent catalans, furent largement autodidactes, s'acquirent un renom de virtuoses et d'improvisateurs ; tous deux écrivirent sans compter pour leur instrument, imitèrent Mendelssohn, Schumann, Chopin, colorièrent de jolies cartes postales du pays ; tous deux nourrirent aussi l'ambition de l'opéra ; et ils disparurent au même âge, quarante-huit ans, au moment qu'ils venaient d'achever l'œuvre qui, enfin, après cent banalités et une poignée de pages prometteuses, témoignerait à jamais de leur génie. Ce parallèle souvent fait n'est pas inutile, tant on a pris l'habitude de mesurer le second à l'aune du premier. Et pourtant Albéniz et Granados n'ont pas grand-chose de commun.

Albéniz, quand il prend sa plume romantique, sait bien qu'il pastiche, et s'en amuse ; le sel de l'ironie assaisonne souvent, chez lui, tous ces plats qu'il réchauffe, tous ces restes vite accommodés. Mais Granados est né romantique ; il n'a pas besoin de se forcer ; il ne porte ni masque ni costume d'emprunt. Peut-être se prend-il trop au sérieux, plus proche en cela de Chopin que de Schumann, qu'une fois sur deux l'*Humor* accompagne. D'ailleurs sa pudeur naturelle, sa distinction, sa sensibilité féminine, à fleur d'âme, et jusqu'à cette nonchalance qu'on attribue à ses origines créoles, l'apparentent avant tout au poète des *Nocturnes*.

Ces deux Espagnols, l'Espagne les divise davantage encore, – celle du moins de leurs chefs-d'œuvre (car pour l'autre, celle des chromos-souvenirs, il n'en faut pas parler, c'est l'Espagne approximative de tout un chacun, et du premier faiseur venu). C'est à Albéniz, sans conteste, à ce Maure déclaré, qu'on doit laisser l'Andalousie, c'est-à-dire les couleurs violentes, les parfums capiteux, les cris rauques du flamenco, la frénésie des rythmes, la sensualité des thèmes, l'âpreté, la volupté des harmonies, et cette vie grouillante des rues, des tavernes, des ports. Granados est infiniment plus raffiné, plus civilisé, moins peuple. Et bien que de sept ans le cadet, il est d'un temps plus ancien. Il a pu, à l'occasion, fréquenter l'Alhambra ; le cas échéant, il a pu feindre de s'intéresser à son propre temps ; mais c'est Madrid qui le hante, celui de Charles IV et de Goya, tout frémissant de passion à l'aube du *romanticismo* ; la *tonadilla* est son genre, le *majo* son modèle, et il trouvera, pour mettre ce monde en musique, « un mélange d'amertume et de grâce » (ce sont ses termes), pénétrant et singulier.

La forme, obsession croissante et d'ailleurs inutile chez Albéniz, que les gens de la Schola subjuguaient (on le voit bien dans sa *Vega*), n'a guère préoccupé Granados, non plus que l'ambition d'être « moderne ». La forme, à ses yeux, est un habit qu'on se confectionne au hasard, à la circonstance, et qu'on ne mettra qu'une fois. Peu lui chaut la proportion juste, le dessin arrêté ; regardez l'étendue de certaines *Goyescas* ; jamais il n'a su ou voulu manier les ciseaux ; l'important est que dans cet habit, sur le moment, il se sente à son aise. Quant au fond, c'est un tout-venant de mélodies, qu'harmonisent, au petit bonheur des doigts, ces accords mille fois rencontrés chez l'un ou l'autre des musiciens qu'il aime, et qui certes datent un peu (ils datent autant chez Poulenc : tant pis, ou tant mieux !). Çà et là un tour plus personnel, mais rarement. Si les *Goyescas* dépassent le reste de cent coudées, c'est que l'ambition (tardive !) de laisser une œuvre plus solide, mieux étoffée, et pianistiquement plus difficile, lui multiplie les doigts et les mains, lui dicte cette ornementation somptueuse, ces précieux contrepoints qui ne peuvent manquer d'éveiller des harmonies plus subtiles, plus originales : elles demeurent bien prudentes auprès des audaces d'Albéniz, qui émerveillaient Debussy.

Que lui accordera-t-on ? (car on voit bien que dans ce parallèle il n'emporte pas la palme). Plus qu'on ne pense. Des thèmes, oui, certains inoubliables : il est né mélodiste, et bat, de ce point de vue, tous les Espagnols. Une façon unique de les dérouler, de les reprendre, de les promener alternativement dans l'ombre et la lumière, dans la joie et la douleur. Ce poète n'est pas celui des sensations impalpables, des frémissements de l'air, des poudroiements du soleil et de l'eau, du scintillement des étoiles ; et à quelques lignes près, l'impressionnisme, vertus et défauts, lui est demeuré étranger. Le jardin nocturne de la *maja* est avant tout un jardin émotif et sentimental, buissons de roses où le cœur se déchire aux épines, et saigne silencieusement, avec cette volupté des larmes dont on sait bien qu'elle est plus féconde que celle du bonheur.

### *Valses poéticos*
COMP 1887. PUB vers 1910 (Unión musical española). DÉD à Joaquín Malats.

Sept valses, entre un prélude et un épilogue. Rien ici qui ressemble à la grande valse de concert de Weber, de Chopin ou de Balakirev, de Saint-

Saëns ou de Fauré, – mais plutôt, à la manière de Schubert, de petites pièces de charme, « en robes surannées », souriantes aux doigts du pianiste : l'amateur les déchiffrera sans peine, et le virtuose en fera le sorbet de son programme.

Les grelots et sonnailles du prélude *(vivace molto)* installent le ton de la majeur, pour une première valse coquette, dont on jurerait qu'elle veut citer le scherzo du *Quintette* de Dvořák, de même tonalité (et de la même année !). La deuxième (en fa majeur) se souvient plutôt des *Papillons* de Schumann. Tierces mélancoliques dans la troisième (en ré mineur), où pourtant un épisode majeur, sautillant, apporte le contraste nécessaire. La quatrième (en si bémol majeur), si l'on obéit à l'indication du compositeur *(allegro humoristico)*, doit pétiller de tous ses staccatos, de son rythme bien enlevé. Tierces à nouveau dans la cinquième (toujours en si bémol), mais gaies, cette fois, à la viennoise, cependant qu'un intermède en croches incline la pièce au mode mineur. La sixième (en fa dièse mineur) s'avoue « sentimentale » (la deuxième se déclarait bien « noble ») : on la croit volontiers, et tendrement pâmée, avec ses persuasives notes répétées, et son petit mordant, joli comme un accroche-cœur. La septième enfin (en la majeur) n'est qu'un rapide tourbillon (une « pause », comme dit ironiquement le Schumann du *Carnaval*), avant l'épilogue, un *presto* à 6/8 qui, au bout de quelques cabrioles, ramène pour conclure, et comme une heureuse surprise, la reprise intégrale de la première valse.

### *Deux Impromptus*
COMP avant 1890 ? PUB 1912 (Dotésio).

Le premier (en la mineur, *vivo e appassionato*) a déjà le côté fantasque, improvisé, le rythme tour à tour nerveux ou abandonné, les thèmes colorés, les harmonies changeantes des *Goyescas* ; il n'y manque que l'invention pianistique. Un intermède majeur vient par deux fois (en sol, puis en la) interrompre ces arabesques volubiles par son sage tempo de menuet.

Le deuxième (en sol majeur, *allegretto*) est dit *Impromptu de la codorniz* (« de la caille »), parce qu'on y entend l'appel caractéristique de cet oiseau ; joli dessin de vacances, aux couleurs de pastel.

### *Danses espagnoles*
COMP à partir de 1889 ? PUB 1893 et 1898 (Dotésio), en quatre recueils.

Acclamées du public, prisées de musiciens aussi divers que Grieg, Saint-Saëns ou César Cui, ces douze pièces ont suffi, dès avant notre siècle, à la renommée de Granados ; on n'en compte plus les arrangements et les transcriptions, signe d'une faveur où même les *Goyescas* ne les ont pas supplantées. Dieu sait pourtant comme ces dernières sont plus charnues, plus colorées, plus inventives, moins encombrées de lieux communs et d'influences romantiques : ainsi, auprès des flamboiements et des rutilances de l'*Iberia* d'Albéniz, ses *Chants d'Espagne* nous semblent-ils pâlots et guindés... Mais enfin, ces *Danses* s'efforcent de rompre (elles n'y parviennent pas toujours) avec les espagnolades de salon ; elles abondent en beaux moments de musique ; et les rythmes populaires qui les animent leur insufflent un surcroît de vie et d'authenticité.

Dédiée par le compositeur à Amparo Gal, sa future épouse, la première danse, fière et fringante en sa partie principale (en sol majeur, *allegro*), prend un peu plus loin l'allure d'un menuet, dans le mode mineur *(poco andante)*, avec un accompagnement de quintes obstinées.

Inutile de s'endurcir contre la célèbre deuxième (en ut mineur, *andante*), baptisée *Oriental* : sous les doigts d'un interprète inspiré, cet hypnotique flux de croches monotones, ce captivant thème de tierces retrouvent leur charme intact. La *copla* centrale *(lento assai)* est plus envoûtante encore, avec ses longues pédales, sa plainte blessée, ses modalismes, et le tremblement de ce contrechant pris dans les mailles de l'accompagnement.

La troisième (en ré majeur, *energico*) fait claquer ses unissons avec panache, rythme vigoureusement ses trois temps de fandango, avant de s'attendrir un court moment dans le ton relatif (si mineur). Elle est un peu répétitive ; et l'on gagne à ne pas jouer toutes les reprises.

De même, on ferait bien de pratiquer une coupure (indiquée par quelques éditeurs) dans la quatrième, dite *Villanesca* (en sol majeur, *allegretto alla pastorale*), pièce d'ailleurs délicieuse, balancée à deux temps, avec son insistante pédale de tonique sur le premier, sa clochette aigrelette sur le second, et un thème d'une limpide et fraîche simplicité. L'épisode central, *canción y estribillo*, en donne, dans le mode mineur, une version sentimentale, et recueillie comme un cantique.

C'est encore une scie que la cinquième danse, *Andaluza* (en mi mineur, *andantino quasi allegretto*), et qui, contrairement à l'*Oriental*, ne résiste pas à l'usure. Les pianistes en mal de bis la joueront longtemps encore ; mais il faudrait laisser aux auditions d'élèves ses appogiatures de guitare, ses syncopes faussement fiévreuses, son Andalousie de pacotille, et les rosalies vulgaires de la partie majeure...

On n'en apprécie que davantage la réussite de la sixième (en ré majeur), *Rondalla aragonesa*, qui, commencée sur le bout des doigts, *allegretto*, accélère peu à peu son petit motif circulaire, augmente de force et d'éclat, aboutit au *vivace*, et, pour se libérer du frein des noires sur le premier temps, troque soudain son 3/4 pour un 2/4 où virent joyeusement les croches. Au milieu, en contraste, chante une *copla*, que quelques accords très simples escortent de loin en loin, sans rigueur.

La septième, *Valenciana* (en sol majeur, *allegro airoso*), est dédiée à César Cui ; toute cambrée de contretemps coquets et parée d'arpègements, elle s'ouvre par deux fois à un épisode *più tranquillo*, où la gauche mène la danse, sous les accords piqués et appogiaturés de la droite.

De la huitième (en ut majeur, *moderato assai*), entre deux volets extérieurs un peu bruyants, au rythme de *sardana*, bloqués sur la pédale de tonique et pimentés du si ♭ mixolydien, on retiendra le délicieux intermède *(più mosso)*, où le dactyle inhérent à toute la pièce (longue-deux brèves) soutient un contrepoint délicat, avec des harmonies piquantes, des hésitations de mode, de charmantes réticences.

La neuvième (en si bémol majeur), après un prologue « brillante », en accords énergiquement rythmés *(molto allegro)*, adopte l'allure d'une mazurka *(più tranquillo)* dont la mélodie fringante aurait fleuri au bord de la Méditerranée ; triolets sur le premier temps, ostinato de quintes à la basse, contrechants intérieurs, et soudain des fusées virtuoses, de sveltes tournoiements dans l'aigu.

La dixième (en sol majeur, *animato*) est bien connue ; hélas, c'est la plus quelconque de toutes ; son petit motif unique, monotone, insistant, inlassable, et son accompagnement guitaristique, à contretemps, font le plus éculé des lieux communs.

Avec les mêmes ingrédients, mais mieux dosés, la onzième danse (en sol mineur) est une des plus belles de la série. Une figure rythmique appogiaturée, répétée tout au long, y sert à la fois de thème et d'accompagnement ; parfum d'archaïsme de la deuxième idée, où un fier thème de noires claironne au-dessus d'un staccato de doubles croches. La partie centrale *(largamente, quasi recitativo)*, très inspirée, avec sa polyphonie à trois et quatre voix, a des résonances liturgiques. Noter la fin sur la dominante.

La douleur contenue, étouffée, de la douzième, une façon de boléro (en la mineur, *andante*), où la caresse frileuse des appogiatures ne fait qu'aviver la plainte des tierces, se donne plus libre cours dans le bref intermède. Couleur mauresque, indubitable, avec quelque chose de fatidique et de désabusé.

### *Six Pièces sur des chants populaires espagnols*
COMP avant 1900 ? PUB vers 1910 (Pujol). DÉD à Cecilia Gomez de Conde.

Elles sont sept en réalité, puisque le cahier commence par un court *Preludio*, qui alterne récitatif et arpèges de guitare. Il y a peu à glaner ici ; plus virtuoses que les *Danses espagnoles*, dont elles reprennent la mouture, elles ont infiniment moins de tenue. Écartons d'emblée la première, *Añoranza*, décousue et quelque peu vulgaire. La quatrième, *Marcha oriental* (en ut mineur), vaut à peine davantage : les thèmes en sont rebattus, les harmonies conventionnelles, mais on peut trouver (ou mettre) un peu d'humour goguenard dans les basses et les accords imperturbables qui soutiennent les mélismes andalous de son trio. À l'interminable cinquième, *Zambra*, qui reprend la manière de la cinquième *Danse espagnole*, à la grâce un peu mièvre de la deuxième, *Ecos de la Parranda*, qu'introduit, entre deux pédales, un frisson de tierces, on préférera les gammes joyeuses et scintillantes, la bravoure un peu burlesque de la rustique troisième, *Vascongada* (en sol majeur), et surtout la verve du *Zapateado* final (en ré majeur), sa bousculade, ses trilles, ses ornements, ses grelots, les traits fantasques de son intermède mineur.

### Six Études expressives
COMP entre 1902 et 1906. PUB vers 1910 (Unión musical española). DÉD à son élève Maria Más.

Elles vont du pensum (la première, un thème varié des plus anodins ; la deuxième, qui alterne, mesure à mesure, un rapide éclair de triolets et un petit motif placide ; la troisième, *El Caminante*, où la main gauche « chante », comme on n'ose pas dire, sous les sages arabesques de la droite) à la romance (la brève sixième, sous-titrée *Maria*, et traçant sans doute, en style pseudo-chopinien, le portrait de la *discípula* dédicataire du recueil). Il y a plus de musique dans la cinquième, qui, sous le titre de *La Ultima Pavana*, fait entendre une tristesse sourde et résignée.

La meilleure, cependant, de ces études, la seule à sauver de l'oubli, est la quatrième, *Pastoral* (en sol majeur, *andantino*) ; la droite y réunit deux voix tendres, sur une gauche obstinément rivée à la pédale de tonique (exactement la même écriture que dans une pièce des *Cuentos* contemporains : *Viniendo de la fuente*). Mignon et dansant trio *(gallardo)*, avec son trille mesuré, et la saveur mixolydienne de son fa ♮. Toute la pièce évoque pipeaux et chalumeaux.

### Cuentos de la juventud
COMP entre 1902 et 1906. PUB ? (Musical Emporium, Barcelone). DÉD à son fils Eduardo.

Si les *Six Études expressives*, autre recueil d'enfantines, ne sentent que la besogne, en revanche ces dix petites pièces coulent de source, et méritent d'être plus largement connues. Elles peuvent, au répertoire ordinaire (souvent tristounet) des petits pianistes, ajouter couleur et chaleur. Elles ont leur modèle, sinon dans les inimitables *Scènes d'enfants* de Schumann, du moins dans son *Album pour la jeunesse*.

Il y a des moments de joie bruyante (la *Marcha*, n° 10, aux appogiatures comiques), des moments de peur (*El Fantasma*, « Le Fantôme », n° 8, aux unissons inquiétants), des moments d'attendrissement (les n°s 2 et 9, qui se font pendant, avec leurs tons mineurs et leur mélodie descendante, portraits respectifs de la « Mendiante », *La Mendiga*, et de l'« Orpheline », *La Huerfana*). Il y a des songeries douces (le n° 7, *Recuerdos de la infancia*) et de graves étonnements (n° 4, *Cuento viejo*, « Vieux Conte »).

La nature parle dans la troisième pièce *(Canción de Mayo)*, romance printanière aux arpèges paisibles ; et dans la cinquième (*Viniendo de la fuente*, « En revenant de la fontaine »), qui reprend l'écriture de la *Pastoral*, la plus réussie des *Six Études* : deux voix accolées à la main droite, au-dessus des arpèges de la gauche formant pédale de tonique. Mais on retiendra par-dessus tout, peut-être, l'émotion pudique de la première pièce *(Dedicatoria)*, et la tendresse de la sixième qui, de n'avoir pas de titre et de ne compter que seize mesures mélancoliques, s'adresse plus simplement encore au cœur.

## *Esquisses (Bocetos)*
COMP entre 1902 et 1906. PUB 1912 (Dotésio).

Cinq pièces faciles, qui tâchent de retrouver la fraîcheur, la candeur des *Cuentos de la juventud*. Ce sont, tour à tour : une chanson de chasse (*Despertar del cazador*, en si bémol majeur), où le chasseur à peine éveillé fait le bravache, sonne ses cors, gentiment moqué par ses propres staccatos ; un conte (*El Hada y el Niño*, en ut majeur), où les accords brisés de la fée, doucement modulants, se souviennent du premier prélude du *Clavier bien tempéré*, tandis que la basse d'Alberti où l'enfant lui répond, « con molta espressione », regarde plutôt du côté de la *Sonate facile* de Mozart ; une valse (*Vals muy lento*, en la majeur), échappée, qui sait ? des *Valses poéticos*, où sa mélancolie, sa grâce chopinienne, sa tendre oscillation de la à fa feraient bonne figure ; une pastorale (*La Campana de la tarde*, en fa majeur), où quelques notes répétées imitent le tintement de la cloche, où vibrent quelques poétiques pédales, où s'enchaînent mystérieusement quelques tons éloignés ; enfin une légende (*Países soñados*, avec le sous-titre *Palacio encantado en el mar*, en si mineur), nocturne qui mêle à beaucoup de Liszt un peu du premier Fauré, et dont les lentes vagues d'arpèges, réparties entre les deux mains, emportent dans leurs remous un chant sensible, qui ne cesse de moduler. – Recueil inégal, mais agréable à lire, et reflétant une âme ingénue.

## *Allegro de concert*
COMP 1903. PUB 1906 (Unión musical española). DÉD à Joaquín Malats.

Ce morceau bavard et brillant, qu'un critique de l'époque qualifia sévèrement de « fantaisie à la Puccini », fut primé au concours organisé par le Conservatoire de Madrid (parmi les rivaux malheureux de Granados : le jeune Manuel de Falla...), et son succès ne s'est pas encore démenti : les virtuoses y jettent beaucoup de poudre aux yeux, et le public applaudit de bon cœur. La forme est lâche, le cliché pullule, mais ces pages, décidément, plaisent sous tous les cieux, et il est vain de leur chercher noise.

Le premier motif n'est qu'un tourbillon d'arpèges, triples croches toutes rutilantes de leurs sept dièses (ut dièse majeur, *molto allegro*) et de leurs harmonies faciles. Le deuxième, en si, un vrai thème, chante *alla romantica*, accompagné de syncopes. Un troisième (mes. 55) déclame à toute force, brandit ses octaves, secoué de triolets emphatiques. La section centrale est un *andante spianato* en sol (et l'on notera que ce terme, emprunté au Chopin de l'opus 22, reparaît dans l'épilogue des contemporaines *Escenas románticas*) ; les arpèges du début, convertis en sextolets de doubles croches, ondoient cette fois sous un thème tour à tour caressant et passionné, qui en est comme l'émanation mélodique. Quelques traits de bravoure, où le virtuose gagne ses galons ; et c'est la reprise, avec un joyeux martellement final.

### Scènes romantiques (Escenas románticas)
COMP vers 1904. PUB vers 1912 (Unión musical española). DÉD à Maria Oliveró.

On serait mal venu de ne voir qu'une série de pastiches dans ces six pièces où Granados a mis le meilleur de son cœur. Il ne se contraint pas à parler ce langage : c'est le sien, tel qu'un amour fécond pour les grands romantiques du piano le lui a donné. Il tâche de demeurer à la hauteur de ses modèles, de gommer de son hispanisme, et peut-être force-t-il un peu son talent. Ces pièces ne valent que l'une par rapport à l'autre, par l'atmosphère affective qui les unit, toute d'exaltation sentimentale, avec un rien, parfois, de théâtral : sans doute ne se tromperait-on pas en voyant dans ce cycle pianistique l'écho des drames lyriques qui, à la même époque, absorbent le compositeur.

Il y a assurément du *zal* dans la *Mazurka* initiale (en si bémol mineur, *poco lento con abandono*), cette mélancolie typiquement slave qui endolorit celles de Chopin, et qu'en un tournemain Granados imite. Pourtant, à tel accent, à telles tierces bariolées, ne reconnaît-on pas l'Espagne ? et n'occupe-t-elle pas, gracieuse et enjouée, une bonne part de la section majeure ?

Suit un récitatif, balançant entre la songerie et les échos de la danse ; puis, sous la constellation des sept dièses à la fois (ut dièse majeur, *lento*), commence une caressante *Berceuse*, sur un simple motif descendant, qu'au deuxième énoncé des syncopes font palpiter, et qui s'arrête un bref instant pour quelques mesures dans le mode mineur.

La troisième pièce (en sol majeur, *lento con extasis*), qui n'a pas de titre, mais qu'on a parfois appelée *El Poeta y el Ruiseñor*, n'est d'abord qu'une façon de nocturne un peu mièvre : chant de tierces, arpèges, croisements de mains, trémolos et traits volubiles où le rossignol s'égosille (combien plus sobre, celui des *Goyescas* !). Elle débouche soudain sur un épisode dramatique, très modulant, longue déclamation d'octaves, accompagnée d'accords syncopés et de basses profondes remuées dans les ténèbres ; au sortir de cette fièvre, le thème initial, avec ses arpèges et ses ruissellements, semble une oasis de fraîcheur.

Très brève, la quatrième (en sol majeur, *allegretto*) ne sert que d'interlude ; c'est une nouvelle mazurka, qui ne dit pas son nom, et demeure indécise entre majeur et mineur.

Après Chopin, c'est Schumann que suggère la cinquième pièce, la plus ample, la plus virtuose du cahier (en mi bémol mineur, *allegro appassionato*) : effervescence, emportement, réponses animées d'un registre à l'autre, accompagnement haletant, – et plus loin, sur la gauche largement arpégée en triolets, cet ardent thème d'octaves. Longue et étrange coda : une page d'arpèges éthérés, *ppp*, quelques mesures de mazurka aux harmonies chromatiques, un rappel de la troisième pièce, et pour finir un court récitatif, aussi simple et nu que le restant était somptueusement paré.

Et voici l'épilogue (en mi bémol majeur), un *andantino* pour lequel Granados retrouve ce terme de *spianato* qui a déjà servi à Chopin ; chopinien d'ailleurs, mais d'un Chopin qui aurait connu le jeune Fauré, ce nocturne vaporeux et lunaire, balancé au gré de vastes arpèges, achève le cycle dans la sérénité.

## *Scènes poétiques (Escenas poéticas)*

COMP entre 1904 et 1907. PUB 1er livre 1912 (Dotésio), joint au *Livre d'heures* ; 2e livre 1923 (Unión musical española). DÉD à sa fille Soledad.

Sur la route des *Goyescas*, et s'y rattachant par des liens subtils, ces morceaux méconnus sont dignes d'un meilleur sort. Ils ne réclament pas l'abattage d'un virtuose ; des doigts d'amateurs suffiront à en éveiller le sortilège ; plus vaut ici la ferveur que le brio.

Le premier livre comprend trois pièces : une câline *Berceuse* (en sol majeur, *amorosamente*), d'écriture polyphonique, dont les claires harmonies cèdent la place, dans l'épisode central, à l'inquiétude des chromatismes ; une romance (en ut majeur, *lento molto espressivo*), évoquant, en ses chants et contrechants, les amoureux des *Maîtres chanteurs* de Wagner *(Eva y Walter)* ; enfin, *Danza de la rosa*, une petite valse aux ornements coquets, mordants et gruppettos, qui ne laisse pas de préfigurer au passage la *copla* de la *Sérénade* des *Goyescas*.

Quatre pièces dans le second livre (posthume), plus évocatrices encore et comme improvisées. *Recuerdos de países lejanos* (« Souvenirs de pays lointains ») : un récitatif (en mi majeur), des triolets soudains, des modulations, des échos, des arrêts, une alternance d'accords placides et de vie bruyante. *El Ángel de los claustros* : un *adagio religioso* (en mi bémol majeur), avec ses douces théories de tierces, sa pédale de tonique, ses accords de choral au milieu de la procession ; les sonorités font penser aux jeux de flûte d'un orgue. *Canción de Margarita* : le profane après le sacré ; un thème de sicilienne triste (en sol mineur, *quasi allegretto*), deux fois entrecoupé de quelques mesures véloces ; fin énigmatique, sur l'accord de septième diminuée. *Sueños del poeta* : s'il ne *parle* pas, comme chez Schumann, du moins ce poète, endormi « *en el jardín de los cipreses y las rosas* » (selon l'épigraphe), rêve-t-il en attendant son heure, veillé par la Muse ; accords sommeilleux et pédale de tonique (en mi bémol majeur, *andante espressivo*) ; parmi ses songes, et sur une basse obstinée de si, des bribes encore des *Goyescas*, dont le motif du *Coloquio*...

## Goyescas
COMP 1909-1911. PUB 1912 et 1914 (Dotésio), en deux cahiers. DÉD à Emil Sauer, Édouard Risler, Ricardo Viñes, sa femme Amparo, Harold Bauer, Alfred Cortot. CRÉ par Granados (11 mars 1911, Palais de la musique catalane).

Le radieux chef-d'œuvre de Granados, que rien, ou presque rien, dans sa production antérieure, ne laissait prévoir. Où il n'avait fait que tracer, d'un crayon élégant et facile, des pastels de salon (valses, mazurkas, impromptus, caprices à la douzaine), des gravures d'album romantique (les *Escenas*), des coloriages d'Épinal (les *Danses espagnoles*, oui, si fort qu'on les puisse aimer...), le voici qui manie enfin la vraie couleur ; et la toile flamboie, le relief éclate au visage. On dira qu'il le doit, justement, à ce Goya que toujours il admira, que même il tâcha d'imiter quand il fut question d'illustrer l'édition de l'œuvre, et plus tard d'en esquisser les décors à la scène : non point le visionnaire des « peintures noires », des *Disparates*, non point le Goya de Baudelaire (« cauchemar plein de choses inconnues »), mais le peintre de la vie madrilène, de ce XVIIIe siècle finissant qui balance entre passion et frivolité, celui de ces jeunes gens de l'aristocratie, ces *majos* et *majas* qui brûlent d'amour en rivalisant de grâce et de galanterie, qui meurent la fièvre au cœur, l'ironie aux lèvres. Et cependant ce projet *goyesque*, à lui seul, n'eût pas suffi à métamorphoser l'art de Granados. La musique n'est pas affaire de titres et de scénarios. Qu'on en mette aux *Danses espagnoles*, elles feront illusion auprès des sourds, mais n'en vaudront pas davantage. Non, Goya ne fut ni prétexte ni semence ; simplement, il se trouva au carrefour, lorsque Granados eut décidé de changer de route, de tourner le dos à sa facilité.

Il suivait, à quelques années de distance, l'exemple d'Albéniz (le dernier cahier d'*Iberia* a paru en 1909). Ces deux improvisateurs de génie, qui gaspillaient follement leurs dons, devaient bien finir par apercevoir cet or entre leurs doigts ; loin de le serrer avarement, et à l'inverse de ces compositeurs dont la dernière manière est sobre et raréfiée, ils le débarrassèrent de sa gangue, de ses impuretés, le fondirent en joyaux, en ornements magnifiques. Le piano des *Goyescas* ne resplendit pas moins que celui d'*Iberia*, quoique d'une autre façon, car Albéniz est tout sens, quand Granados est tout sentiment et ne renie pas un instant son romantisme. Granados est à l'image de ses héros, passionné mais idéaliste, passionné mais réservé ; en un mot : aristocrate. Si loin qu'il aille dans l'émotion, il se défiera de la sensualité ; voilà pour le fond, mais nous parlions de la forme : si richement qu'il brode ses arabesques pianistiques, il évitera la surcharge injouable, empêché d'ailleurs par une oreille harmonique infiniment plus sage que celle du téméraire Albéniz.

Contrairement à *Iberia*, dont chaque pièce est un tout, les *Goyescas* forment un cycle, uni par l'esprit, par l'atmosphère, par les thèmes, – sans compter cette trame scénique qui, développée, permettra à Granados de tirer de son œuvre un opéra : de jeunes amoureux (c'est le sous-titre des *Goyescas* : *Los Majos enamorados*), un bal aux chandelles, un rival, un rossignol pour confident, un duel au clair de lune, la mort du *majo* aux pieds de sa bien-aimée... On n'ose recommander d'en jouer l'intégralité, qui dépasse les cinquante minutes ; c'est pourtant le seul moyen d'entendre les dernières d'entre elles qui, reprenant tous les thèmes de la partition, n'ont pas d'existence propre et sont rarement exécutées.

La première pièce, *Los Requiebros* (« Compliments galants », en mi bémol majeur), se partage entre deux thèmes d'égale séduction, empruntés à la populaire *Tirana del Trípili* de Blas de Laserna, qu'elle ne cesse de varier, dans une folle et précieuse dépense d'ornements, de traits, de contrechants, de fioritures. Nul souci de « développement », cette obsession des forts en thème ; la seule règle est ici de plaire, et certes on est conquis par cet air improvisé, cette invention perpétuelle, ce va-et-vient de la nonchalance et de la grâce (*con garbo* !) à la fougue (*con gallardía* !). Le morceau a beau compter quatorze pages (et neuf ou dix minutes), on ne trouve pas le temps long, occupé que l'on est à suivre les métamorphoses des motifs, à en admirer les sutures (car ils se joignent parfois l'un à l'autre, dans le même envol enthousiaste), à les reconnaître, là à la crête des arpèges, ailleurs martelés à la basse, ailleurs dans telle section à trois portées, marqués au pouce gauche entre le fond d'accords et les éclaboussures d'une droite virtuosissime. Le galant, dans cette pièce liminaire, en jette plein la vue (et l'oreille !) à sa belle ; mais ce ne sont pas des madrigaux de salon français ; toujours ce sursaut d'orgueil, cette cambrure, ce panache qui trahit l'âme espagnole.

La deuxième pièce, *Coloquio en la reja* (traduit « Duo d'amour » : la *reja* est la fenêtre grillagée derrière laquelle la jeune fille répond à son soupirant), se fait tantôt mélancolique, tantôt ardente ; parfois la passion brûle sous la cendre et lance des reflets rougeoyants ; d'autres fois affleure une étrange tristesse, qui s'efforce de sourire, comme si la plaisanterie seule pouvait dévier le cours des larmes. Toute la première partie (en si bémol mineur, *andantino allegretto*), où, selon une note du compositeur, les basses doivent imiter la guitare, improvise librement autour de deux motifs essentiels ; l'un, mélodique (mes. 15-16), reconnaissable à ses triolets, monte quelques notes, avec élan et confiance, et retombe aussitôt, endolori (ce double mouvement caractérise toute la thématique des *Goyescas*) ; l'autre, harmonique (mes. 29-32), est une progression chromatique descendante, de l'effet le plus pénétrant et dont on n'oublie plus la couleur. Cela suffit à remplir quelques pages de phrases réticentes, de mouvements chaleureux, de cris passionnés (mes. 49), de soupirs (le thème *amoroso* de la mes. 80, qui n'est qu'une variante développée du motif principal), de chuchotements, et même de persiflages, avec çà et là l'écho des *Requiebros* : car encore une fois le *spiritoso* et l'*appassionato* se suivent de près, et s'enchaînent sans heurts, avec autant de sincérité, de spontanéité. Quelques lignes de moins n'auraient rien gâté, – mais allez demander cette litote à un Espagnol, à celui-ci surtout, dont la redite est le péché mignon ! Les tenants de l'économie attendront plutôt Falla... Au milieu de la pièce s'élève une *copla*, en mi bémol majeur, d'une émouvante tendresse, dont la phrase, incertaine elle aussi, passe du majeur au mineur, et qui s'orne toujours davantage de doubles notes et de riches accords. Quelques mesures avant la fin, un récit à l'unisson des mains *(con dolore e appassionato)* ; et le duo s'achève sur les accords du début, avec un lent arpègement du grave à l'aigu.

Vient ensuite le fameux *Fandango de candil* (« à la lueur de la lampe »), pièce étincelante et virtuose (en ré mineur, *allegretto, gallardo*), soumise infatigablement à ce nerveux triolet qui en rythme les trois temps, qui cingle les motifs et les fait rebondir, qui ourle les cadences, qui frémit dans les basses, ou circule d'un registre à l'autre et parfois aux deux mains à la fois, en festons de gammes et d'arpèges, tel un fil d'argent dans la trame multicolore des harmonies. De courts dessins s'élancent de toutes parts, toujours inachevés, toujours préludant, laissant s'exaspérer une attente, que remplit de temps à autre le même thème inlassable, fier et fatal, – cependant que le tambourinement des triolets continue d'enfiévrer cette atmosphère, déjà chauffée à blanc par les acciacatures, les doubles notes, les mordants. Modulations capricieuses, traits fantasques, comme au milieu ces martellements violents, ces effets de guitare, cette intrusion de triples croches, qui rajoutent encore à la frénésie ornementale. Inoubliable moment de musique : on y retient par-dessus tout, peut-être, cet irritant et savoureux conflit entre le régime d'une improvisation, sans cesse reprise à sa source, et la stabilité rythmique imposée par le corset des triolets.

Le thème de la quatrième pièce, *Quejas, ó la Maja y el Ruiseñor* (« Plaintes, ou la Maja et le Rossignol »), chantera longtemps encore dans les mémoires ; on voudrait s'en défendre par pudeur, – mais quoi, c'est l'un des plus beaux de Granados, et le cœur ému et pantelant des *Goyescas*. Il est d'abord esquissé dans une manière de prélude (en fa dièse mineur, *andante melancolico*), dix-neuf mesures délicatement ouvragées à quatre voix, dont chacune semble à son tour vouloir occuper la place et se donner libre cours, dans un climat de sourde tristesse : on songe à certaines pages du dernier Chopin, où la moindre note est gonflée de musique, où la main gauche en particulier (et voyez ici les mes. 15-17) prend la parole et ne la lâche qu'à regret. – Alors seulement vient s'exhaler cette plainte, ce chant bouleversant, fait à vrai dire d'une phrase unique, en accords sur une basse d'arpèges, redit successivement en fa dièse mineur, en si mineur, avec de menues irrégularités dans la répartition des temps et des périodes, qui le rendent plus humain encore, plus passionnément éloquent, – passion dont témoignent aussi les multiples indications, accelerandos, ritenutos, rallentandos, qui émaillent presque chaque mesure. Ici plaide, et vaticine, et se tourmente, et tourne en rond l'âme romantique ; et que ferait-elle d'un « développement », quand la seule chose qui lui importe est cette effusion insatiablement répétée, qui aboutit à ces lignes torturées *(en un sentimento doloroso)* où fa dièse majeur se voile de toute la grisaille des degrés mineurs, ce ré ♮ dépressif, ce la ♮ de gruppetto qui heurte convulsivement le la ♯ de la basse... À nouveau les quatre voix dolentes du prélude, et l'on s'arrête sur la tonique majeure. Est-ce fini ? Non point. À la *maja* éplorée, le rossignol répond quelques trilles, quelques arpèges fugaces, vite évanouis dans le jardin nocturne, – avant l'ultime accord, sur la dominante.

La cinquième pièce, *El Amor y la Muerte*, la plus longue du cycle (plus de douze minutes), donne son dénouement à tout ce drame goyesque qui, commencé dans la galanterie, les révérences, les coups d'œil et d'éventail, ne pouvait s'achever que dans le sang. De toutes les pièces c'est aussi la plus fantasque, la plus imprévisible en sa marche, en ses détours, d'où le sous-titre de « ballade » que lui append le compositeur. L'essentiel en est repris aux précédentes, comme autant de souvenirs, parfois fulgurants, en poussées de fièvre, en accès de frénésie, d'autres fois sourds, et plus intenses encore, plus déchirants, mêlant le doux passé à la tragique réalité présente. Ainsi, dès les premières mesures *(animato e dramatico)*, le rappel du thème amoureux du *Coloquio*, avec son corollaire harmonique, à la basse chromatique descendante ; plus loin, celui des *Quejas* ; plus loin encore, des bribes des *Requiebros* et du *Fandango*. Pendant sept pages, l'harmonie module sans répit, le tempo fluctue, les nuances les plus opposées se succèdent, et cette instabilité reflète tout à la fois l'angoisse, la supplication, la révolte, l'ultime et fou sursaut d'espoir, dans un mélange extraordinaire et vraiment inimitable. Au bout de ces mouvements désordonnés, voici soudain, contre toute attente, un moment de calme et de mesure : un grand *adagio* en si bémol mineur, qui ramène, sur un fond d'accords syncopés, éployée dans l'aigu du clavier, comme un oiseau qui plane, la poignante mélodie des *Quejas*, qu'on ne peut écouter sans frémir. Puis à nouveau quelques lignes rhapsodiques, où les triolets remuent à travers l'instrument leur houle désespérée, et qui mènent à l'admirable et bref épisode sur pédale de sol, « molto espressivo e come una felicità nel dolore » (a-t-il lu notre Musset, Granados ? Musset qui se plaignait de Dante :

> Dante, pourquoi dis-tu qu'il n'est pire misère
> Qu'un souvenir heureux dans les jours de douleur ?...

> En est-il donc moins vrai que la lumière existe,
> Et faut-il l'oublier du moment qu'il fait nuit ?)

Après cette lueur, fragile en effet dans la nuit, les dernières mesures, dramatiques à l'extrême, et descriptives, peignent la mort du *majo*, avec d'ailleurs une rare économie de moyens : cinq notes octaviées, comme un appel de la ténèbre, – quelques accords suspendus, – et un sombre glas de cloches, où retentit une ultime fois le motif amoureux.

Ce dénouement fatal pouvait suffire, il est bien dans l'esprit des drames romantiques, où jamais l'amour ne va sans la mort (citons cette fois Cocteau : « Soyez prudent, beau couple, on vous reconnaîtrait / Si vous n'aviez pas un seul masque... »). Mais il y manquait le soufre, les lueurs infernales, la fantasmagorie, voire l'humour macabre, tous ingrédients qu'on trouve, entre mille exemples, à la fin de la *Fantastique* de Berlioz, ou dans certaines fantaisies d'un Théophile Gautier plus espagnol que nature. Granados ajoute alors, malgré lui peut-être, et c'est le seul moment vraiment goyesque de cette suite, un épilogue, une *Serenata del espectro*, où le *majo* tué en duel revient hanter les lieux de son amour, et racler sa guitare sous les fenêtres de la belle... Cette imagination nous vaut un étonnant caprice, avec ce piano qui se dépense en imitations guitaristiques de toutes sortes, pincements nerveux, acciacatures, mordants, grands accords arpégés que les deux mains arrachent ensemble au clavier. Le rythme dansant, à 3/8, unit tous les motifs, très brefs, et tirés de l'œuvre entière, dans un esprit de dérision auquel pourtant se mêle une sorte d'amère pitié, une douleur décharnée qui semble rire de son propre dénuement. Deux épisodes lyriques arrêtent l'élan de cette lugubre et grimaçante gaieté : le premier (en fa mineur, mes. 143) fait entendre, entre la basse et les trémolos de l'aigu, un chant d'une tristesse infinie, qu'on reconnaît bientôt, sous son rythme de valse lente, pour le *Dies irae* ; le second (en mi majeur, mes. 204) enveloppe dans un lacis d'arpèges, divisés aux deux mains, le beau thème de la *copla* amoureuse *(Coloquio)*. Conclusion aussi saisissante que celle de la « ballade » précédente : coupant court aux effusions, aux regrets, l'angélus de l'aube tinte au clocher, – et le spectre « disparaît, pinçant les cordes de sa guitare », mi, la, ré, sol, si, mi...

## *El Pelele*

COMP 1914. PUB 1915 (Schirmer). DÉD à Enrique Montoriol Tarrés.

Qualifié de « goyesca » et repris au prologue de l'opéra que Granados tira de sa suite pianistique, ce morceau (en si bémol majeur, *andantino quasi allegretto*) est souvent, et abusivement, incorporé à celle-ci. Il a beau être empli de verve et de panache, il est d'un métal plus vil ; les idées en sont quelconques (ah, les naïves et déliquescentes rosalies !), les harmonies sans surprise, le pianisme moins original, – et plus simplement, il manque de *nécessité*, vertu malaisée à définir, qui relie les six pièces des *Goyescas*, qui les rend à jamais indissociables, et uniques dans leur genre. Il faut jouer tout seul, hors de tout contexte, ce *Pelele* (le mot vient de Goya : c'est ce pantin de chiffon que, dans une toile célèbre, des femmes font sauter sur une couverture tendue par ses quatre coins, image dérisoire du pauvre cœur de l'homme). Il séduit par sa vie trépidante, ses octaves clinquantes et bruyantes, ses marches de septième majeure, ses batteries d'accords, et par la caressante *tonadilla* de la partie centrale, – mais ce n'est pas, tant s'en faut, du meilleur Granados.

### Livre d'heures (Libro de horas)
COMP ? PUB 1912 (Dotésio), joint au premier livre des *Scènes poétiques*.

On dirait les glanes des *Goyescas*. Petit cycle plutôt sombre, qui nous promène du clos vespéral, un peu fantomatique, de la première pièce, *En el jardín* (en fa majeur, *andante*), toute tamisée de contrepoints qui tremblent comme des branchages, – à l'échafaud de la dernière, *Al suplicio* (en fa dièse majeur, *lento*), qui cite la mort du *majo* des *Goyescas* dans ses sonorités de cloches sourdes, – en passant par le paysage désolé de la deuxième, *El Invierno : la muerte del ruiseñor* (en mi mineur), incontestablement la plus belle, avec les syncopes de sa basse profonde, ses accords douloureux, le bref choral de sa partie centrale, et pour conclure, dans un pianissimo inaudible, les notes exténuées mais cristallines de ce rossignol qui fut le confident de la *maja* amoureuse...

PIÈCES DIVERSES. – La moisson est maigre, de ce Granados « première manière » qui se partage entre les bluettes de salon et la bimbeloterie espagnole. Dans le premier domaine, pour une ou deux réussites (les *Valses poétiques*, les *Impromptus*, décrits plus haut), que de méchants petits riens, tels que l'inepte *Marche militaire*, la valse *Carezza*, viennoiserie des plus vulgaires, la tristounette *Elvira*, une mazurka de série, comme le moindre amateur en sait fabriquer tous les jours, la *Valse de concert*, pourvue de toute la pacotille d'un genre insupportable quand il n'est pas transcendé (allez plutôt voir les merveilles qu'en tire un Glazounov !).

L'*Impromptu* en ut majeur, dédié par Granados à son élève Frank Marshall, mérite largement son nom (même si l'on y trouve un thème, sa variation lente, son développement, sa réexposition), par le décousu de ses figures et de ses enchaînements ; c'est mondain, faussement passionné, faussement brillant. Mais l'*Estudio* en mi majeur, pièce à cloisons, où l'on va de thème en thème sans jamais retourner au premier, retient l'attention par son début si fauréen, avec sa quarte lydienne et ses feintes modulations. La ***Barcarolle*** en fa majeur, qui se veut un hommage à Massenet, rappelle elle aussi le premier Fauré ; et les syncopes alanguies de sa basse, ses langoureux trois-contre-deux, ses harmonies moirées ont assez de charme. Le *Paysage*, lui, séduira par son climat rêveur et nocturne, sa longue pédale de tonique (mi), ses voix chantantes, son flottement entre mi et mi bémol, et plus que tout par son milieu à l'espagnole, où l'on croit entendre à l'avance un motif des *Goyescas*.

Enfin l'on pourra déchiffrer négligemment les *Cartas de amor*, quatre valses « intimes » et comme à l'état d'ébauche, que Granados a dédiées à sa future épouse ; et se distraire à la pièce intitulée *A la pradera*, qui promène de la bémol à ut son petit thème dégourdi et bon enfant, très « ronde française », à la Poulenc.

Côté Espagne, tout, ou presque, est indigne des fameuses *Danses*. Il y a des exercices chétifs, à la fois maladroits et triviaux, la *Moresque*, la *Canción árabe*, les deux danses *A la cubana* ; il y a des espagnolades faciles et clinquantes, dans leurs oripeaux à quatre sous, la *Rapsodia aragonesa* (publiée en 1901), le *Capricho español*.

Quelques pièces pourtant sortent du lot. D'abord celle qui s'intitule *Jacara* (sous-titrée *Danza para cantar y bailar*), pour ce que sa *copla* sert d'ébauche à celle du *Coloquio* des *Goyescas*. Ensuite les **Deux Danses espagnoles** « op. 37 », dédiées respectivement à la mémoire de Vincente Esteve et au pianiste Ernest Schelling : une *Danza lenta* (en ré majeur), tendre et nostalgique, par petites phrases coupées de silences, sur un accompagnement d'accords ouatés où traîne, hypnotiquement, la pédale de tonique ; et une *Sardana* (en mi majeur), aux couplets entraînants, aux phrases impaires caractéristiques. Enfin l'**Oriental** (datant sans doute de 1902), sous-titrée *Canción variata, Intermedio y Final* : un thème expressif, balancé à 6/8, et que mélancolise encore la septième mineure (la ♮ en si mineur) ; un joli pont modulant entre les variations ; celles-ci au nombre de quatre, dont on retiendra surtout la 3$^e$, subtilement harmonisée, et finissant en douloureuses syncopes, que chacune des quatre voix s'approprie à son tour ; l'intermède *(tempo di danza árabe)* se souvient peut-être un peu trop du *Casse-noisette* de Tchaïkovski ; finale enlevé (en ut mineur), qui ne rejoint le ton initial que pour les derniers accords, *fff* lento, et du plus curieux effet.

(À noter que nombre de ces œuvrettes portent des numéros fantaisistes et propices à la confusion : l'opus 35 désigne aussi bien le *Paysage* que la *Valse de concert* ; l'opus 38 aussi bien la *Marche militaire* que la valse *Carezza* ; l'opus 39 recouvre soit l'*Impromptu en ut*, soit le *Capricho español*... Et cette autre chose étrange : les *Deux Gavottes* publiées en 1973 par Unión musical española, comme « opus posthume » de Granados, ne sont autres que celles de la *Sixième Suite anglaise* de Bach !)

# Giovanni Battista GRAZIOLI
(1746-1829) Italien

De ce musicien qui vécut quelque trois quarts de siècle, sans presque jamais quitter Venise, où il fut l'élève et le successeur de Bertoni, nous ne possédons que douze sonates pour le clavier (et six avec violon obligé). Sans aller jusqu'à dire, comme La Bruyère à propos de son Phédon, qu'« il n'en coûte à personne ni salut ni compliment », convenons qu'il n'a jamais suscité beaucoup d'enthousiasme. Longtemps ne circula, d'ailleurs, de ces sonates, qu'une *Sonate en sol* (et parfois son seul adagio), la onzième de la série : des fées semblaient y avoir expressément veillé, sans raison particulière. Aujourd'hui que le reste est édité, on en relèverait d'autres de la même qualité. Mais quelle est-elle donc, cette qualité qui les fait prendre, même par leurs rares défenseurs, avec de prudentes pincettes ? Elle tient à la seule mélodie, au détriment de tout ce que l'on attend d'ordinaire d'une sonate de clavier : l'accompagnement est d'une sobriété qui confine parfois à l'indigence, la conduite harmonique sans surprises, la virtuosité sévèrement tenue en bride, – mais cela chante, avec naturel et simplicité ; au point, en somme, que lorsque le chant s'arrête, par la force des choses, Grazioli demeure impuissant, ne souffrant guère d'avoir recours, au rebours de ses confrères, à ces « passages » qui non seulement remplissent l'attente, mais procurent enfin à l'instrumentiste l'occasion de briller.

Bien évidemment cet art, assez sourcilleux pour arriver, dans un espace réduit (mieux vaut parler de sonatines que de sonates), à de petits miracles d'équilibre et de clarté, est dénué de fantaisie. À mi-chemin entre le « style sensible » des fils de Bach, la verve colorée de Galuppi et le classicisme mûri de Haydn et de Mozart, il a beau emprunter aux uns comme aux autres, son principal souci paraît être de ne pas se singulariser, de ne susciter aucun pli, aucune dureté, de ne pas éclabousser... Faut-il pour autant, comme certains, dans ce contraste entre un métier si achevé et un langage si borné, trouver l'image même de la décadence vénitienne à la fin du XVIIIe siècle ? Et ne peut-on souligner, en la lui tenant pour vertu, cette délicatesse innée qui lui permet de garder la même douceur dans la joie comme dans la mélancolie ?

Pour finir, c'est un vain reproche qui est fait à ces sonates, que celui d'être taillées sur le même patron, trois mouvements, presque toujours dans la succession vif-lent-vif : on en dirait autant de la plupart de celles de Mozart. Pourquoi diable une sonate serait-elle, à chaque fois, le lieu d'une expérience formelle ? Grazioli, c'est vrai, n'emploie ni le rondo ni la variation, encore moins la fugue. Il n'a de curiosité que pour les tons les plus voisins, se limite à trois dièses, à deux bémols, ne se risque à aucune modulation périlleuse. Mais dans le cadre qu'il s'est choisi une fois pour toutes, on trouvera plus de variété qu'on ne l'imagine : sur trente-six mouvements, quelques-uns certes se ressemblent (et dans Haydn ?), mais il arrive la plupart du temps à renouveler ses rythmes, ses attaques, ses textures, et même ses inflexions.

En réalité, il ne manque à cette douzaine de morceaux que d'être plus répandus. Un amateur, apprivoisé sans mal à leur technique, en ferait vite ses délices. Dans quelques pages, assurément, il faut passer à la hâte, et laisser filer ses doigts distraitement. Mais dans bien d'autres (presque tous les mouvements lents), on aimera s'arrêter, heureux de surprendre, sous ce fin réseau de notes sans apprêts, l'écho d'une âme candide et discrète ; et ce nom de Grazioli ne ment pas, qui évoque la grâce, avec l'ingénuité.

## *Douze Sonates*

PUB dans les années 1780 ? (Zatta, Venise), soit en un seul volume, soit en deux parties de six sonates chacune, numérotées opus 1 et 2 ; rééditées par Ruggiero Gerlin en 1943 (vol. XII des « Classici musicali italiani », Milan).

SONATE n° 1 (en fa majeur). – L'*allegro*, bien que menu de texture, et presque grêle par endroits, déborde d'une saine vitalité : un déchiffreur, au seuil de cette série de sonates, doit s'assurer d'emblée un toucher ferme, et rechercher une pâte sonore qui les empêche de tomber dans la minauderie. On est fort proche, ici, de certains débuts haydniens des années 1770 ; et si Haydn se dépêche de prendre plus d'élan (et de risques), Grazioli ne lui est pas inférieur en insouciance, en esprit guilleret. – La cantilène de l'*andantino* (en si bémol majeur), après un début hésitant, se déploie longuement sur ses accords brisés en triolets ; climat d'idylle, de tendresse confiante. – L'*allegro* final ne songe qu'à jouer ; deux idées bien tranchées, l'une plus rythmique, l'autre plus coulante et chantante, avec de nombreux effets d'écho, comme on les goûte à cette époque, naïvement, entre piano et forte.

SONATE n° 2 (en sol majeur). – On entre tout de go dans le joyeux *allegro* (à 3/4), comme si on le prenait en marche ; profil descendant du premier thème, avec ses échos à la gauche ; véritables imitations du second, dont le développement, si bref soit-il, fera son profit ; aucun remplissage, nulle trace de la basse d'Alberti ou de ses dérivés, mais une dense écriture à deux voix. – Écriture de trio pour l'*adagio* (en ut majeur), tendre et chantant, à la Philipp Emanuel Bach, la surcharge en moins. – L'*allegretto* final (à 3/8) est facile, enjoué, gentiment babillard ; on l'aurait vu profiter davantage du rythme pointé de son début : mais non, c'est l'affaire de quatre mesures, tout le reste coule sans un pli.

SONATE n° 3 (en si bémol majeur). – Pas de contrastes dans l'*allegro cantabile*, qui mérite son nom : tout y chante, ou presque, les idées enchaînées dans une mélodie continue (où fait tout de même un fâcheux effet, après l'essor de la première phrase, cette suture maladroite des mes. 12-13). Mozart n'est guère bien loin, et n'aurait pas hésité à signer tout le début du développement, avec ces triolets qui dramatisent la modulation en sol mineur. – Dans l'*adagio* (en mi bémol majeur), les idées mélodiques se distinguent moins par leur nature que par leur accompagnement : la première repose sur des accords en croches bien statiques, la seconde s'épanouit plus librement grâce à des harmonies qui se dénouent en triolets et vont effleurer les modes mineurs. – C'est justement la coloration mineure, dans le développement, qui donne son prix au finale *(allegro)*, autrement plus quelconque, vite fait, pour conclure.

SONATE n° 4 (en ut majeur). – Le ton est plus « antique » dans cette sonate, et si l'on a pu songer à Mozart à quelques endroits des précédentes, ici ne passe que l'ombre des fils de Bach : l'*allegro moderato*, surtout, leur est tributaire, tant dans les séquences harmoniques que dans le rythme pointé. – On retrouve ce pointement dans l'*allegro* final, dans un même rythme à 2/4, avec des dessins semblables (si ce n'est eux, ce sont leurs frères), et cette façon de « déjà entendu » amuse moins qu'elle n'ennuie. – Entre les deux mouvements vifs s'étend un *andantino* (en fa majeur), aussi peu inspiré que le reste, où le triolet s'échine en vain à mettre un peu de vie.

SONATE n° 5 (en la majeur). – Le début de l'*allegro* sort de l'ordinaire avec ses petits martelages et sa ponctuation d'accords (c'est le geste initial de la *Sonate en mi, op. 5 n° 5*, de Jean-Chrétien Bach) ; le développement les réutilise, et ces quelques séquences, comme aussi les batteries d'intervalles brisés, font une heureuse diversion dans le mélodisme ambiant. – Pure cantilène de l'*adagio* (en ré majeur), planant librement au-dessus des noires précautionneuses de la basse ; le dessin des phrases, les appuis, l'essor de quelques doubles croches, tout rappelle Mozart (et même, précisément, lent pour vif, le début de la *Sonate K. 333*), un Mozart ébauché, à l'aquarelle. – À deux voix apparemment frêles, mais qui savent s'épauler, se répondre, se renvoyer l'initiative, le finale *(presto)* est un des mieux ficelés de la série, aussi dru que spirituel.

SONATE n° 6 (en ré majeur). – Avec ses imitations d'une voix à l'autre, ses nombreuses octaves, son cloisonnement marqué entre les deux thèmes (le premier au mode majeur, le second au mode mineur, avec changement d'armure), l'*allegro* de cette sonate manifeste sans doute plus d'ambition que la plupart des autres. – L'*adagio* (en si mineur) poursuit dans cette manière, et sinon le plus beau, c'est du moins le plus riche de l'ensemble des sonates, le plus orné, le plus large de souffle ; il ne lui manque, pour être à la hauteur de ses pareils chez Haydn, par exemple, qu'une main gauche un peu moins compassée ; tel qu'il est, un jeu sensible en exprimera toute l'affliction, les replis d'ombre, les sursauts expressifs. – Enfin, pour couronner l'œuvre, et confirmer par l'exception la règle de sobriété que semble s'être fixée Grazioli, l'*allegro* final est bellement virtuose, lançant avec alacrité son thème syncopé, jetant ses basses d'octaves sous les brisures de la droite, égayant son second motif de gruppettos et de trilles, filant folâtrement sur plus d'une centaine de mesures, un record chez notre auteur.

SONATE n° 7 (en fa majeur). – Un seul thème, en mélodie continue, un seul accompagnement tout au long, la basse d'Alberti : le *cantabile* initial de cette jolie sonate ne s'embarrasse pas de variété ; mais comme il chante bien, avec autant d'âme que de délicatesse ! Le mouvement lent de la *Sonate facile* de Mozart n'a-t-il pas, d'ailleurs, un même intarissable écoulement sur une basse toute semblable ? – Peut-être, après ce début lyrique, l'*adagio* (en si bémol) fait-il un « cantabile » de trop ? On ne l'écoute que d'une oreille distraite. – Mais c'est pour mieux goûter la faconde, l'humour, et ensemble la grâce du *presto* final, petit badinage entre Scarlatti et Cimarosa.

SONATE n° 8 (en si bémol majeur). – Cimarosienne, cette sonate l'est beaucoup plus encore, surtout dans ses deux mouvements rapides (*allegro* tous les deux), l'un à 2/4, l'autre à 3/8 ; et cela ne va pas sans une certaine sécheresse, que l'on ne connaît guère à Grazioli (il est sobre, quelquefois étriqué, et souvent pusillanime, n'osant pousser dans leurs retranchements ses idées même les plus belles ; mais il n'est pas sec). Ici, les notes courent sans souci ni de paraître ni même d'être ; le battement des doubles croches, de deux en deux, semble plus mécanique encore, dans le premier mouvement, que la basse d'Alberti (et l'on est tout aise de retrouver cette dernière au meilleur moment du développement, mes. 40). – Reste un touchant *larghetto* (en sol mineur, à 6/8), capable d'exprimer naïvement et simplement (mais voyez le rôle des notes répétées) la lente montée des regrets.

SONATE n° 9 (en ut majeur). – Plaisir purement instrumental, une fois n'est pas coutume, de l'*allegro* (qui commence, remarquera-t-on, comme la toute première *Sonate* de Mozart, dans le même ton), avec ses arpèges élancés, ses modulations, son écriture concertante. – *Andantino* maigrelet, insignifiant (en fa majeur). – Le finale *(allegro)* n'est pas d'une invention considérable, mais ce petit rouage de doubles croches, bien remonté, donne le change, et l'on s'amuse assez à le voir se dévider...

SONATE n° 10 (en la majeur). – L'accompagnement, dans l'*allegro*, est réduit au strict minimum : une ligne de croches lourées, qui se répètent de quatre en quatre, sourd et monotone continuo de violoncelle, sous un chant lui-même assez heurté, aux phrases séparées de silences ; le second thème se voit pourvu d'un peu plus d'étoffe ; mais dans l'ensemble, on imagine volontiers, avec William Newman, que l'exécutant (et Grazioli lui-même) devait se charger de fortifier ce matériau trop chétif. – Une épure également, tel apparaît le *larghetto* (en ré majeur), surtout si on le rapproche de l'adagio de la *Sonate Hob. XVI/24* de Haydn, dont il semble s'inspirer, tout en en gommant les fioritures ; au demeurant une page sensible, et toujours mélodieuse. – Finale à 3/8, une fois de plus *(allegro)*, fiérot et malicieux, l'un dans ses appels de trompes à la tierce et à la sixte, l'autre dans ses motifs syncopés et ses échos d'un registre à l'autre.

SONATE n° 11 (en sol majeur). – Voici la seule des sonates de Grazioli qui soit un peu connue, puisqu'il lui échut maintes fois l'honneur de figurer dans les anthologies de « vieux maîtres » et autres « clavecinistes italiens ». Elle le mérite assurément, par la fermeté de son écriture, par l'équilibre idéal entre ses parties, et plus encore par la présence d'un fort beau mouvement lent, souvent transcrit pour violon ou violoncelle et piano. – Commençons par lui, un *adagio* (en sol mineur), dont le motif unique, orné de dolents gruppettos, se répète sans changement au fil des modulations ; l'allant de croches de l'accompagnement, le même exactement que celui du *larghetto* de la *Dixième Sonate* (en réalité deux voix superposant leurs noires en syncope), pose problème par sa simplicité même : seuls des doigts en connivence, attentifs à ne pas relâcher leur pression, à ne pas laisser retomber le son ou raccourcir les valeurs, pourront éviter ici la monotonie.

Le mouvement initial *(moderato)* est un modèle de sonate, ou plutôt de sonatine, plein aux doigts avec ses deux seules voix (mais dont une basse d'Alberti), enchaînant les idées (les variétés d'une même idée) avec grâce et naturel ; quelques colorations mineures permettent de creuser le propos, qui n'est jamais fade, en dépit de son ingénuité. – Quant au finale, c'est un *tempo di minuetto*, à 3/8, le seul menuet de toute la série ; il n'a pas grand-chose à dire, mais le dit avec joliesse, et même on peut tâcher de mettre un brin d'impertinence dans ces répliques forte/piano et ces motifs en rythme lombard (brève-longue).

SONATE n° 12 (en fa majeur). – Il y a de la décision dans l'*allegro* initial, comme on le voit à ses nombreuses figures pointées, ou à l'empressement joyeux de quelques triolets. – Mais l'*adagio* (en ré mineur) tombe à plat, à cause de la placidité par trop excessive de son accompagnement, limité au début à des accords séparés de silences ; plus loin, quand la main gauche consent à se mouvoir en triolets, c'est le chant qui est frappé de langueur. – Du coup l'on attend avec impatience le *presto* final (à 3/8), remuant quant à lui, mais pauvre de sens, hélas, autant que de savoir...

# Alexandre GRETCHANINOV
(1864-1956) Russe

De tous les compositeurs qu'on puisse nommer, à quelque siècle ou pays qu'ils appartiennent, nul assurément n'a pratiqué autant que Gretchaninov ce qu'on appellera, sans sourire, l'art d'être grand-père. Sans compter un nombre volumineux de mélodies et de chœurs, une trentaine au moins de ses recueils pianistiques sont consacrés aux enfants. Et si même on est au fait des éternelles difficultés financières de l'auteur, on aurait mauvaise grâce à considérer ce monceau de pièces comme un labeur purement alimentaire. Chez d'autres, et de plus grands, le genre de l'« enfantine » peut tourner à l'aigre besogne ; ils y perdent à la fois leur esprit et leur cœur. Gretchaninov, en ce domaine, n'a presque rien écrit de contraint. Il n'a jamais eu besoin de cet ingrédient équivoque, l'ironie, par quoi beaucoup de musiciens croient pouvoir excuser le fade goût de leurs piécettes. Non, il a simplement laissé venir à lui, serrés autour de lui, en cercles affectueux, tous les enfants, les vrais, de tous âges ; il leur a raconté des « historiettes », peint des « tableaux », des « aquarelles », des « gouaches », les a souvent entraînés en « promenade », leur a adressé des « lettres amicales ». Autant qu'un profond amour, on sent dans sa musique un grand respect pour cet univers, ces jeux, ces joies, ces chagrins. L'étonnant, c'est qu'au bout de tant de recueils, où bien évidemment les mêmes thèmes repassent (chansons et danses, berceuses, contes, cantiques, etc.), son écriture soit restée musicale, ses harmonies fraîches, ses thèmes spontanés. Ce ne sont point des « enfantillages », le moindre déchiffreur s'en convaincra, qui peut encore y trouver du plaisir ; et les virtuoses qui accueillent volontiers les *Scènes d'enfants* de Schumann dans leurs programmes, n'auraient pas à rougir des *Pervenches* ou de *La Journée d'un enfant*.

Le programme de l'*Album d'enfants* (op. 98), quinze pièces de niveau technique très facile, composées en 1923, peut servir d'exemple à tous les autres : on retrouvera généralement un conte, triste ou gai ; une marche, propre sans doute aux soldats de plomb ; une berceuse, pour l'enfant ou pour sa poupée ; des danses variées ; des jeux d'intérieur (le cheval de bois est presque toujours de la fête) ou de plein air ; et aussi, car un enfant se sent parfois « plein de tristesses », des pièces évoquant un adieu, un chagrin, un effroi. Les pièces les plus saillantes : la cinquième, *Cheval et cavalier,* pour son jeu de mains alternées, et les dérapages harmoniques de la deuxième page ; la septième, où les incises maussades de la main gauche peignent avec beaucoup de naturel un *Mécontentement* ; la onzième surtout, *Affreuse histoire*, très évocatrice, par ses accords répétés suivis de silences, ses dissonances, ses accents, ses accélérations.

Voici encore **La Journée d'un enfant** (op. 109), dix pièces composées et publiées en 1927 (Schott), un peu moins simples que les précédentes. Même scénario, mais compris entre un réveil et un coucher, tous deux annoncés par la même courte *Prière*, aux accords liturgiques, de couleur très russe. C'est au total un recueil assez réussi, où l'on retiendra en particulier la cinquième pièce, d'une tendresse à la Schumann, intitulée *Papa et Maman* ; et la sixième, *Visite chez grand-mère*, où les mains alternent gaiement en croches à 3/8, la gauche se chargeant de quelques appogiatures comiques.

On trouvera plus grave l'atmosphère des **Bagatelles** (op. 112), quinze pièces composées et publiées en 1927 (Zimmermann). Il n'est que d'entendre la première pièce, *Au matin*, d'accent si dubitatif, se cherchant lentement, déroulant rêveusement ses triolets, « quasi improvisazione », sur une basse qui tangue. Il y a plus d'une tristesse : la quatrième pièce est une *Plainte*, la sixième un *Souvenir* mélancolique, la huitième s'intitule *La Douleur* et gémit beaucoup, et la dixième est une *Marche funèbre*... Mais tout finit par un *Joyeux départ*, rythmé à 5/8, et d'accent délicieusement populaire.

Quelques autres titres d'albums à feuilleter, et à répandre parmi les jeunes pianistes : *Historiettes*, op. 118 (Leduc), *Album de grand-père*, op. 119 (Schott), *Feuilles d'album*, op. 139 (Durand), *Pervenches*, op. 158 (Belaïev).

Les rares pages pianistiques qui n'ont pas cette préoccupation... paternelle (car le mot *pédagogique*, ici, convient mal), et qu'on trouve dans la première partie du catalogue de Gretchaninov (précisément avant 1920, à croire que, tout le temps qu'il demeura en Russie, il visait un autre public), ne sont pas moins, sous leur sérieux de grandes personnes, des miniatures. C'est ainsi, notre instrument ne lui a jamais tiré plus de quatre pages de suite. La plupart ne sont guère défendables, et Gretchaninov y montre autant de facilité que de mauvais goût.

Voici par exemple les **Pastels** (op. 3), cinq pièces composées en 1893-1894, publiées en 1894 (Belaïev). Du travail de bon faiseur, pour un magasin de mode, où viendront froufrouter les élégantes des beaux quartiers. La première pièce, *Plainte* (en sol mineur, *andantino*), la troisième, *Chant d'automne* (en ré mineur, *allegretto*), ne valent pas davantage, l'une dans le genre larmoyant, louchant sans honte du côté du *Quatrième Prélude* de Chopin, l'autre dans le mélancolique. L'*Orage* de la quatrième pièce (en mi majeur, *vivo*) fait sourire ; il a beau forcer çà et là ses trémolos, ce n'est qu'un gentil zéphyr, peint sur une bonbonnière de Sèvres. Mais on se plaira à la cinquième, un *Nocturne* (en la majeur, *allegretto semplice e poco rubato*), sobre et délicat de facture, évasif de rythme, une petite chose fugace et charmante, où du moins la pensée n'a pas inutilement pesé ; et plus encore à la deuxième, une *Méditation* (en si mineur, *andante sostenuto*), de couleur authentiquement slave, commençant en cantique, tournant à la mazurka, s'achevant dans l'indécision, sur la dominante.

Entre ces *Pastels* et les **Deux Pièces** (op. 37), composées en 1905, une trentaine d'opus et une dizaine d'années font un trou considérable, essentiellement comblé par des mélodies et des chœurs, ainsi que par les deux premières symphonies de l'auteur. Ne croyons pas qu'il revienne au piano poussé par l'urgence ; non, il glisse ces petits riens comme il essuierait sa plume sur le coin de sa manche, et repart pour une nouvelle série d'œuvres vocales, avant les prochains arrêts pianistiques. – Des doubles croches scandées par trois dans une mesure à 6/8, contre une basse régulière, font l'envol tourbillonnant de l'*Impromptu* (en fa majeur, *allegro*) ; après quoi l'inspiration retombe bien à plat, pour un *Prélude* plaintif, en accords maussadement battus (en si bémol mineur, *andantino poco rubato*).

Mais les **Quatre Mazurkas** (op. 53), composées et publiées en 1911 (Zimmermann), forment un cahier agréable et varié. Mention spéciale pour la deuxième (en fa majeur, *allegro moderato*), murmurante, certes, mais à forte odeur de terroir, avec ses quintes et ses pédales ; et pour la troisième (en fa mineur, *lento melancolico*) qui, d'un dessin pointé de la main droite, surligne discrètement les accords chantants de la gauche.

S'insérant comme de justesse au milieu d'une quinzaine d'œuvres vocales (mélodies, quatuors vocaux, chœurs, et l'opéra pour enfants *Le Songe du petit arbre de Noël*), de nouveaux **Pastels** (op. 61), huit pièces composées en 1913, forment un des meilleurs cahiers pianistiques de Gretchaninov, un des plus poétiques. Ils tiennent de l'instantané : six sur huit comptent à peine une page ; et cette économie, jointe à une écriture harmonique plus recherchée qu'à l'ordinaire, leur réussit beaucoup.

La première pièce est un *Prélude* (en ré bémol majeur, *lento*), véritable épigraphe au seuil du cahier, avec ses lents accords songeurs, sa métrique souple, ses harmonies modales, rendues plus étranges encore par l'absence totale d'altérations (un demi-ton plus bas, cela se jouerait sur les touches blanches). Noter les quintes successives de la basse, et la fin suspendue sur la dominante. – La deuxième, un *Caprice* (en si bémol mineur, *allegro vivace*), en triolets rapides et houleux, dans des harmonies à la Rimski, semble un accès de colère, – vite amadoué par les *Caresses* qui suivent (en mi bémol majeur, *moderato*), seize mesures qui sont de la quintessence de salon, avec juste ce qu'il faut de coquetterie dans leur rythme pointé à 6/8.

En quelques accords, la quatrième pièce, *Conte* (en ré majeur, *mode-*

*rato*), a tracé le décor et peint l'atmosphère des *skazki*, ces effrayants contes de nourrice qu'on retrouve chez tant de Russes, de Moussorgski à Medtner ou Prokofiev. La quinte augmentée, intervalle instable et inquiétant par excellence, joue ici un rôle essentiel, elle se niche partout, dans la détente initiale en triolets (« strepitoso »), dans les accords plaqués *sff*, dans le « martellato » menaçant qui suit : la sorcière aux yeux de braise saute à califourchon sur son balai, et l'enfant tremble d'angoisse...

Après une petite *Valse* ciselée comme un bibelot (en fa dièse majeur, *moderato*) vient un feuillet intitulé *Reproche*, qui vaut bien mieux que son titre pour jeunes filles en fleurs : page énigmatique, partie du ton de la majeur *(recitando, sempre rubato)*, s'égarant, bifurquant sans prévenir, au hasard des altérations, pressée d'en dire le plus dans le moins de place, et finissant sur un accord « interrogatif ». – Lequel mène tout droit à la pièce suivante, *Moment douloureux* (en mi bémol majeur, *lento, poco rubato*), autre morceau inspiré que son titre dessert : dix mesures seulement, enfoncées dans une souffrance aiguë, que traduisent sobrement ces accords modaux, ces dissonances, ces enchaînements de quintes rappelant le *Prélude*, cette tonique persistante, ce rythme fatal où le quatrième temps retentit de timbales funèbres.

Que le climat du cahier se soit assombri depuis le début, que la grisaille l'ait peu à peu submergé, en dépit du titre, la dernière pièce en est la preuve, un *Épilogue* (en fa mineur, *mesto*) aux lignes errantes, à la plainte feutrée, aux dessins chromatiques, aux rythmes aussi souples que la parole, qui s'achève, ou plutôt ne s'achève pas, sur la dominante, – et c'est comme si le cycle entier demeurait sans réponse.

Les **Moments lyriques** (op. 78), trois pièces composées en 1917 et publiées en 1918 (Chester), sont des bagatelles ; mais aucune de ces pièces, d'une page chacune, n'est inutile. Un minuscule *Prélude* (en si majeur, *tempo rubato*), qui s'essore avec bonheur et fait miroiter toute une suite, se referme à peine énoncé, avec une étrange hésitation entre majeur et mineur. La *Berceuse* qui suit *(lento)* n'est un peu plus longue que parce qu'elle reprend deux fois ses trois lignes de musique, – très douce, flottant sur un accompagnement syncopé, et hésitant, quant à elle, entre sol bémol majeur et son relatif mi bémol mineur. Enfin vient une *Mazurka* (en mi bémol majeur, *allegro grazioso*), souple et piquante, rehaussée de menus frottements d'harmonies.

Terminons par les **Deux Sonatines** (op. 110), composées et publiées en 1927 (Schott). Des récréations, assimilables aux pièces enfantines, sinon qu'elles demandent, la seconde surtout, des doigts bien déliés, et même de la poigne. Elles sont assez parentes d'inspiration, mais sans doute la brève *Première Sonatine*, en sol majeur, est-elle la plus poétique des deux ; on la dirait printanière, dans la joie étonnée de l'*allegretto* initial, aux phrases entrecoupées de silences, ou dans l'exubérance de l'*allegro* final, – n'était le caractère plus sombre, endolori, du *largo* médian. La

*Deuxième Sonatine*, en fa majeur, participe de la même ébriété (manifestée, comme dans la précédente, par l'emploi fréquent d'appogiatures brèves) ; elle démarre sur un *allegro giocoso* robuste et dansant, poursuit avec un menuet drolatique et pimpant *(moderato grazioso)*, enfin conclut par un vigoureux *allegro*, entre fugato et toccata.

## Edvard GRIEG
(1843-1907) Norvégien

La popularité excessive de *Peer Gynt* et du *Concerto en la mineur* laisse dans l'ombre le meilleur Grieg : celui des mélodies et du piano. Les premières représentent le tiers de son œuvre ; le second, qui seul nous concerne ici, un autre tiers : vingt-trois numéros d'opus sur un total de soixante-quatorze (en ne comptant ni les œuvres à quatre mains, ni la demi-douzaine de morceaux non numérotés, ni les nombreuses transcriptions qu'il fit de ses mélodies ou de ses pièces d'orchestre). Cette œuvre pianistique traverse un purgatoire. Très connue jusque dans les premières années de notre siècle et fréquemment jouée (les trois volumes des éditions Peters y ont beaucoup contribué), on n'en cite aujourd'hui qu'une poignée de pièces mineures, celles que jouent les apprentis pianistes ou que déchiffrent encore quelques amateurs, de moins en moins nombreux : en gros, le premier cahier des *Pièces lyriques*. Les virtuoses, quant à eux, l'ont bel et bien abandonnée. À peine inscrivent-ils à leur programme, quelques rarissimes fois, la *Sonate* ou la *Ballade en sol mineur*, qui ont la chance d'être des œuvres développées, de donner à *voir* autant qu'à *entendre*, mais qui sont loin d'être représentatives.

Grieg souffrit toute sa vie d'une incapacité à manier les grandes formes. Sur ce point, ses années d'études à Leipzig (1858-1862), de son propre aveu, ne lui ont rien appris. Il n'avait pas de dispositions pour le « développement ». Cet art du réchauffé demande plus que du savoir-faire : il faut y adhérer pleinement. Du reste, la nouveauté de ses thèmes, de son harmonie n'entrait pas dans ce cadre préfabriqué ; et pour créer ses propres formes au fur et à mesure, il eût fallu être Debussy... Chaque fois que Grieg s'est mesuré à la forme sonate, ce fut un échec plus ou moins déguisé : trois sonates de violon, une de violoncelle, un quatuor à cordes en témoignent diversement. En revanche, son inspiration courte, mais spontanée, colorée, chaleureuse, était à l'aise dans la forme brève : mélodies, petites pièces de piano. Comme à Schumann, un texte lui parle d'emblée, un simple titre lui suffit ; sa pensée n'a besoin que de ces rapides contours, de ces quelques suggestions ; elle épuisera vite le sujet, et songera à autre chose. Sans compter que, très tôt, le folklore lui vient en aide, le conforte dans sa manière de composer : quoi de plus « complet », justement, que les motifs populaires, faits de courts fragments plusieurs fois répétés, et allant droit au but, sans gaspiller ni l'espace ni le temps ? Grieg a lui-même fort bien résumé son art intimiste : « Des artistes comme Bach et Beethoven ont, sur les sommets, élevé des églises et des temples. J'ai voulu bâtir pour les hommes des demeures où ils soient heureux et se sentent chez eux. »

Ce pianiste né, ce pianiste dans l'âme, c'est peu de dire que la virtuosité ne l'intéresse pas ; il l'évite le plus souvent possible, et du coup n'apporte rien de neuf à l'histoire de la technique. Mais c'est au clavier qu'il explore les beaux accords dont il a le secret ; harmoniste étonnant, d'une curiosité inlassable, d'une subtilité d'oreille toute moderne, il profite, après les grands découvreurs que sont Chopin et Liszt, du contact des touches. La plupart de ses morceaux valent avant tout par la merveilleuse parure de leurs thèmes (beaucoup ne valent même que par cela), qui confère à sa musique une indiscutable originalité. Dans ce domaine également, le folklore l'enrichit ; en voulant découvrir les « harmonies cachées » (l'expression est de lui) des mélodies nationales, il ne cesse de nuancer sa palette, d'affiner ce sens harmonique si aigu, dont il disait modestement : « C'est un mystère, même pour moi. »

L'évolution stylistique de Grieg a été rapide, l'affaire de quelques années. Il fut d'abord leipzigois malgré lui, et sa première œuvre pianistique publiée *(Quatre Pièces)* regarde du côté de Schumann et de Mendelssohn. En 1863, à Copenhague, il rencontre Gade et, sans commencer encore à « norvégiser », contracte quelque chose du style élégant, tiré à quatre épingles, de ce Danois qui parle de fonder une musique scandinave sans avoir lui-même renoncé tout à fait à imiter les Allemands. La rencontre décisive, pour Grieg, sera celle de son compatriote Rikard Nordraak, qui allait subitement mourir en 1866, à vingt-quatre ans, trop tôt pour laisser une œuvre ; néanmoins son influence arracha définitivement Grieg aux vieilles barbes de Leipzig : dès les *Humoresques*, dédiées à Nordraak, pointent la saveur des thèmes, la verdeur des rythmes norvégiens, déguisés encore sous des appellations contrôlées. Et si la *Sonate en mi mineur*, plus tard la *Ballade*, peuvent faire croire à un retour momentané à la discipline allemande, l'essor des *Pièces lyriques* confirme l'orientation nationaliste et le choix de la forme brève : ces pièces jalonnent sa vie, en dix recueils (1867-1901), composant une sorte de journal. En chemin, il y a place pour les harmonisations de chants et danses populaires, nées d'une étude approfondie des mélodies norvégiennes, d'abord celles du recueil de Ludvig Lindeman, découvert en 1869, puis celles qu'il recueille lui-même dans les années

1890 : ces opus 17, 66, 72, qui sont sans doute ses chefs-d'œuvre, méconnus et irremplaçables, modernes au point d'évoquer la manière de Bartók. Auparavant, il aura plus d'une fois fait songer à Liszt, dont certes il n'imite jamais l'écriture virtuose, mais dont l'harmonie l'influence durablement (l'harmonie de l'*Églogue* des *Années de pèlerinage*...) ; ainsi qu'aux Français de cette fin de siècle, au premier Debussy surtout, qu'il annonce, et dont il connut et apprécia la musique, écrivant quelques mois avant sa mort, à propos du *Prélude à l'après-midi d'un faune* : « Musique extravagante mais très pleine de talent, et qui m'est dix fois plus sympathique que le plum-pudding des jeunes Allemands... »

Il ne faut pas se cacher les défauts de cette œuvre ; et d'abord son inégalité, particulièrement sensible dans les *Pièces lyriques*. Il ne semble pas que Grieg, à l'exception près, se soit donné la peine d'en façonner de véritables cycles, et cela a nui à leur diffusion : on n'en a joué, ordinairement, que des morceaux choisis. Tonalités rarement accordées, inspiration hétéroclite, on est loin de l'unité profonde des recueils schumanniens. À chaque fois, le bon grain est mêlé d'ivraie ; et cette ivraie, on la doit presque toujours à la sentimentalité, voire à la sensiblerie. Ce candide, parfois, n'a pas de recul ; un étrange manque de jugement lui fait absoudre des thèmes faciles, des inflexions vulgaires, tout ce qu'on stigmatise sous le nom de « musique de salon ».

Du point de vue formel, on reprochera au style de Grieg sa manie de la répétition ; c'est même la première chose qu'on remarque, jusque dans les meilleures pages. Le double da capo systématique (ABABA) est la plaie de ses petites pièces ; tant de reprises écrites lassent l'auditeur ; et les plus séduisants enchaînements harmoniques y perdent leur charme le plus vif, celui de la surprise.

Une fois ces réserves formulées, il ne reste qu'à admirer un art qui brille de nombreuses facettes. Sachons-lui gré, d'abord, de connaître ses limites, et de s'en servir. Grieg a laissé à d'autres l'ambition de gonfler des baudruches (et s'il les a enviés, à preuve son admiration pour Wagner, dont il entendit quatorze fois de suite *Tannhäuser* dans sa jeunesse, c'est qu'il ne voyait pas l'épingle qui suffit à les crever). Dans les plus réussies de ses pièces, il prouve qu'il ne faut pas plus de deux pages pour séduire, pour étonner, pour émouvoir.

Car cet art est avant tout poétique. Le miniaturiste qu'est Grieg n'a pas son pareil pour enfermer dans le moins d'espace possible un état d'âme, une impression d'atmosphère, une confidence, une scène pittoresque, une figure de légende, un paysage (et Dieu sait s'ils sont vastes, les cieux de son pays !). Les rares morceaux qui ne portent pas de titre en suggèrent un aussitôt. Pourtant rarement la littérature s'en mêle. Il croque sur le vif, d'après nature, ne s'invente ni double ni mentor, n'affectionne ni charades ni mottos. Mais de circonscrire l'objet de son élan du moment, de sa peine, de sa rêverie, lui donne la mesure exacte de sa liberté ; elle est immense, dans les bornes qu'il s'est choisies.

Cet art est aussi plus varié qu'il ne paraît. On n'a rien dit de Grieg tant que l'on n'a parlé que de l'élégiaque, omniprésent certes, avec sa mélancolie, son vague à l'âme si caractéristique. Mais sa musique exalte tout autant le rythme, le bond, à commencer par les danses nationales (le *gangar* modéré, à 6/8 ; le vif *springar* ou *springdans*, à 3/4 ; le *halling* plus vif encore, à 2/4), qu'il manie avec une robustesse, une franchise, une alacrité surprenantes. Et elle retrouve, après Liszt et avant Chabrier, les vertus du rire. Chopin, par exemple, n'en a presque pas l'usage, et l'on connaît plutôt le sourire un peu guindé du dandy des *Valses* ; quant à Schumann, son *Humor* est un composé singulier, volatil, où il entre du sarcasme, de l'ironie et de l'amertume. Grieg ose aller parfois au bout de la verve la plus endiablée, de la plus rustaude bouffonnerie ; et il le fait, comme on dit, au premier degré, avec un cœur très pur.

Voilà justement, pour finir, en quoi cet art est neuf. Il pourrait l'être par les ingrédients empruntés au terroir : la sensible qui préfère tomber sur la dominante au lieu de monter à la tonique, l'emploi modal de la quarte augmentée ou de la seconde diminuée, les quintes vides, les longues pédales, l'alternance du majeur et du mineur, les changements de rythme, tout cet ail de cuisine populaire, qui permet de reconnaître infailliblement dix mesures de Grieg, – mais qui fournit aussi des armes aux parodistes. Il l'est surtout par une qualité très particulière d'inspiration, due le plus souvent à une fraîcheur, une naïveté, une bonté peu communes : cela manquait à une époque de méchants et de blasés...

## LES *PIÈCES LYRIQUES*

Après avoir assuré la gloire de Grieg, elles contribuent aujourd'hui à l'obscurcir. Ces soixante-six pièces réparties en dix recueils le long d'une vie (de 1867 à 1901) ne sont pas toutes des chefs-d'œuvre. Les deux premiers cahiers, surtout, ont des faiblesses ; comme ce sont les plus faciles à jouer, on en a usé et abusé, et avec l'inévitable désaffection s'est implantée l'idée que Grieg n'était qu'un musicien de salon. Quand Poulenc cite des exemples de ce qu'il appelle « l'adorable mauvaise musique », le nom de Grieg voisine pour lui, spontanément, avec le nom d'Anton Rubinstein, celui, on s'en doute, de l'impossible *Mélodie en fa*.

Grieg lui-même se plaignait, semble-t-il, que les éditeurs lui redemandent sans cesse des *pièces lyriques*, pour fournir aux amateurs de tout poil (ceux-là mêmes à l'usage desquels il transcrivit pour le piano seul un choix de ses lieder). Il alla jusqu'à s'écrier que ces morceaux étaient « les poux et les mouches » de sa vie d'artiste. C'est qu'il aspirait, en son for intérieur, aux sonates et aux symphonies. Et cependant, tout son art se reflète dans ces miniatures, avec son âme et sa pensée ; il a trouvé, dès les premières, sa voix véridique ; et sa longueur de fil, le juste espace qu'il fallait à son inspiration. Plus on avance dans le temps, et plus ces cahiers se remplissent d'émotions profondes, exprimées dans une langue à la fois ingénieuse et ingénue. Les valses, les feuillets d'album, les élégies sentimentales du début, que déjà concurrençait le remuant cortège des danses populaires, cèdent la place à des impressions de nature : la tombée du soir dans les montagnes, le flûtiau d'un garçon vacher, le frais murmure d'un ruisseau, les ombrages accueillants de la forêt, l'écho des cloches à travers les vallées. Toutes les créatures de la féerie scandinave viennent hanter la rêverie du poète, sylphes, gnomes et lutins. Surtout, Grieg se révèle, et de façon de plus en plus sensible, comme un musicien de la mémoire, qui chante non seulement le regret du pays *(Dans mon pays, Mal du pays, Vers la patrie)*, mais le regret plus vif encore du passé, de la jeunesse *(Jours écoulés, De la jeunesse, Menuet de la grand-mère, Il y avait une fois, Passé, Souvenirs)*, qu'il sait pourtant ranimer, comme par magie, le temps d'un *halling* ou d'un *springdans*.

## *Pièces lyriques (Lyriske Stykker), 1er recueil* (op. 12)
COMP 1867. PUB 1867 (Horneman). DÉD à Betty Egeberg.

Ce premier recueil, que plus de quinze ans séparent du suivant (après, l'écart entre les cahiers n'atteindra que deux ou trois ans seulement), n'annonce qu'imparfaitement la variété et la richesse du genre « lyrique », tel que Grieg le traitera. Si ces huit pièces comptent parmi les plus connues du compositeur, elles le doivent principalement à leur facilité d'exécution ; qu'il les ait ou non destinées lui-même aux « petites mains », elles ont vite été réquisitionnées pour servir de matériau pédagogique.

Mettons à part, à plusieurs crans du reste, l'*Arietta* qui introduit à la fois le recueil et le cycle entier. Merveilleux début, en effet, proche en atmosphère de celui des *Scènes d'enfants* de Schumann. Ce thème si simple (en mi bémol majeur, *poco andante e sostenuto*), avec ses croches insistantes, descendant lentement sur des arpèges partagés entre les mains, ce chuchotement qui s'arrête et reprend imperceptiblement, cette fin qui n'en est pas une, les dernières notes suspendues sur des points d'orgue et laissant cours à la rêverie, tout cela est d'un poète à la fois naïf et profond. Ajoutons, pour le romanesque, que trente-quatre ans plus tard le même thème sera repris dans la dernière pièce du dernier recueil, sous le titre de *Souvenirs*, à peine altéré et comme embelli encore par le travail obscur de la mémoire...

Une autre réussite est la troisième pièce, *Chant du gardien* (ou « du veilleur », qui traduit mieux le titre original, *Vaegtersang*). Écrite après une représentation du *Macbeth* de Shakespeare (Julius Röntgen, ami de

Grieg, prétend que c'était celui de Schiller), elle oppose, comme le jour et les ténèbres, un choral en mi majeur *(molto andante e semplice)* et un intermezzo en mi mineur, sous-titré « Esprits de la nuit », où par quatre fois, pour dissiper les spectres et leur arpège mystérieux dans le grave, résonne le cor du veilleur.

Mentionnons encore la *Mélodie norvégienne* (n° 6, en ré majeur, *presto marcato*), dont au moins la première partie est originale, avec les quintes de sa basse, vrai bourdon par-dessus lequel un thème de violoneux descend allégrement les octaves ; le *minore*, sur pédale de tonique, est plus banal.

Les autres pièces sont faibles ; leur relative nouveauté, à l'époque, tenait à quelques teintes aujourd'hui délavées, à quelques accents bien émoussés. La *Valse* (n° 2, en la mineur, *allegro moderato*), si ressassée dans les auditions d'élèves, n'a qu'un thème sans grâce ; le parfum modal ne la sauve guère, et demeure aussi impuissant dans la *Mélodie populaire* (n° 5, en fa dièse mineur, *con moto*), une mazurka de salon, languissante et répétitive. Rabâcheur également, le *Feuillet d'album* (n° 7), petite chose sans importance : sur ce rythme, la troisième *Humoresque* de 1865 a déjà fait bien mieux ! Le *Chant national* (n° 8) est un choral assez platement harmonisé. Quant à la *Danse des sylphes* (ou « des elfes », n° 4), elle démarque inévitablement, et petitement, Mendelssohn ; il faudra, pour plus d'originalité en ce domaine, attendre la *Sylphide* du septième recueil, ou le *Lutin* du dixième.

## *Pièces lyriques, 2ᵉ recueil* (op. 38)
COMP 1883. PUB 1883 (Peters).

Comme le précédent, et bien que l'art de Grieg s'y montre considérablement affermi, ce recueil allie le pire au meilleur. Il faut isoler, bien au-dessus des autres, la première des huit pièces, une *Berceuse* (en sol majeur, *allegretto tranquillo*). Doucement balancé dans ce 2/4 syncopé qu'affectionnent les musiques du sommeil et de la consolation (croche-noire-croche), ce joli thème enfantin s'auréole d'harmonies délicates, que la pédale indiquée brouille en taches impressionnistes ; voyez en particulier les accords changeants qui, au sortir du *minore* central, raccompagnent le thème jusqu'à la reprise, sur une longue pédale de sol.

Les pièces les plus intéressantes sont ensuite la quatrième et la cinquième, un *Halling* et un *Springdans*, qui forment une paire de danses complémentaires, liées par leur tonalité (sol mineur, sol majeur), leur folklore, leurs paysannes basses de quintes vides, leur exemplaire concision. Le *Halling* surtout *(allegro marcato)* sent la campagne, avec ses secondes écrasées et ses sautillants anapestes ; le *Springdans* démarre à mi-voix, léger, presque irréel *(allegro giocoso)*, s'enfle joyeusement jusqu'au fortissimo, et diminue peu à peu, pour finir mystérieusement sur une seule note, ré, la dominante. Adjoignons-leur la *Mélodie populaire* (n° 2, en mi mineur, *allegro con moto*), scandée elle aussi comme une danse : rythme pointé, accent de repos sur le deuxième des trois temps, nombreuses pédales.

Le reste ? Bien maigre, et même déconcertant. La *Mélodie* (n° 3, en ut majeur, *allegretto*), d'une sentimentalité doucereuse, multiplie vainement l'élan circonspect de ses arpèges. L'*Élégie* (n° 6, en la mineur, *allegretto semplice*) ne vaut guère davantage : la figure chromatique qui la commence a bien quelque chose de douloureux, d'insinuant, qui accroche, mais le *cantabile* de la suite, accompagné d'accords battus, est affreux (il y a une seconde *Élégie* dans le quatrième recueil, op. 47, elle ressemble à celle-ci comme une sœur). La *Valse* (n° 7, en mi mineur, *poco allegro*) est une fade « chopinata », alanguie de rubatos (elle remonte à 1866, date à laquelle le compositeur l'offrit à la sœur de sa future femme). Le *Canon* (n° 8, en si bémol mineur, *allegretto con moto*) est peut-être heureux comme canon, mais ce thème plaintif, une gamme ascendante qui s'y prend à quatre reprises pour franchir l'octave, est bien quelconque ; le *maggiore*, tout en accords, est plus inspiré, plus finement harmonisé, et l'on y guette le curieux effet de cette mesure « supplémentaire » qui, canon oblige, s'ajoute à chaque période de huit mesures.

## *Pièces lyriques, 3ᵉ recueil* (op. 43)

COMP 1886. PUB 1886 (Peters). DÉD au professeur Isidor Seiss.

Ce cahier, très populaire, a sur les précédents l'avantage d'une certaine unité de ton. *Papillon*, *Oisillon*, *Poème érotique* et *Au printemps* se répondent, formant un petit cycle, ouvert au frémissement printanier de la nature et des êtres. *Voyageur solitaire* et *Dans mon pays* vont ensemble, et sont plus introspectifs. Et l'on n'aurait pas de mal à relever un motif mélodique commun aux six numéros...

L'envol chromatique des doubles croches et leur retombée en arpèges, plus loin le rythme pointé, s'accordent au titre de la première pièce, *Papillon* (en la majeur, *allegro grazioso*), schumannienne d'écriture, un peu répétitive, mais bien agréable.

Dans la deuxième, *Voyageur solitaire* (en si mineur, *allegretto semplice*), les voix extrêmes, à l'unisson, énoncent un chant nostalgique, aussi simple que touchant, sobrement harmonisé par les voix médianes ; noter l'effet bitonal de la mes. 15, avec ces rudes quintes vides de la gauche, étrangères au mouvement harmonique de la droite.

La troisième pièce, *Dans mon pays* (en fa dièse majeur, *poco andante*), répète trois fois, la première à l'aigu, les deux autres une octave plus bas, un thème paisible, aux croches régulières, aux harmonies heureuses. On remarquera que ce rythme élémentaire (une noire suivie de deux croches) sert souvent, chez Grieg, à énoncer une sorte de bonheur sans histoire, lié à la patrie, et mêlé de gratitude (*Gratitude* : n'est-ce pas justement le titre de la *Pièce lyrique* op. 62 n° 2, de semblable rythmique ?).

La quatrième pièce (en ré mineur, *allegro leggiero*) est la plus inventive peut-être du recueil. Cet *Oisillon* n'est certes pas *L'Oiseau-prophète* de Schumann, mais dans son genre il est parfait. Le petit trémolo de triples croches, harmonisé en quartes et quintes, les quintes de la basse, le registre aigu, la modalité, les silences, tout cela crée un climat poétique, de frissons imperceptibles et soyeux.

Le *Poème érotique*, en revanche, si connu soit-il, n'en est pas moins la pièce faible de l'opus (en fa majeur, *lento molto*). Passe encore pour son début, calme et soutenu, basé sur le motif commun à l'ensemble du recueil. Mais le milieu, avec ses batteries, son crescendo, et ce thème qui n'en finit pas de s'élancer en tierces ascendantes (un tic de Grieg !), tire trop vers la romance de salon.

Enfin, on ne peut demeurer insensible à la sixième pièce, *Au printemps* (en fa dièse majeur, *allegro appassionato*), si chaleureuse, avec son *cantabile* de la main gauche sous les battements de la droite, et s'enflammant par degrés : les mains se rejoignant à l'unisson dans la section centrale et déclamant jusqu'au fortissimo, la reprise ajoutant des octaves au thème initial et un flot de croches, en arpèges, à l'accompagnement (harmonie très lisztienne des dernières pages). Sans rivaliser avec ces chantres du printemps que sont les musiciens tchèques, Grieg a traduit avec beaucoup de justesse cette exaltation, ce sentiment de renaissance et de délivrance, après le long emprisonnement de l'hiver ; et l'on songe aux vers de Verlaine :

> L'hiver a cessé : la lumière est tiède
> Et danse, du sol au firmament clair.
> Il faut que le cœur le plus triste cède
> À l'immense joie éparse dans l'air.

– Ce détail encore, qui a son prix : Grieg lui-même a enregistré cette pièce, sur rouleaux.

## *Pièces lyriques, 4ᵉ recueil* (op. 47)
COMP 1885-1888. PUB 1888 (Peters). DÉD à Élisabeth Hornemann.

Un recueil de sept pièces, apparenté au deuxième recueil, puisqu'il contient, comme lui, un *halling*, un *springdans*, une élégie, une « mélodie », une valse. Comme d'habitude, Grieg réussit les deux danses norvégiennes. Le *Halling* (n° 4, en ré majeur, *allegro*), qui tient en une seule page, vient de *Peer Gynt* ; une quinte vide, accentuée sur le second temps, y sert de pédale, sous les traits guillerets d'un violon campagnard, ses frottements, ses appogiatures, ses propres quintes, ses fébriles allers et retours de doubles croches. Le *Springdans* (n° 6, en sol majeur, *allegro vivace)* est plus bondissant encore ; mêmes basses de quintes, mais harmonies de sixtes, triolets, et la saveur de ses phrases de trois mesures.

Une autre danse, la *Valse-Impromptu* (n° 1), se révèle sous ce titre banal l'un des morceaux les plus étranges de Grieg : ce morceau en mi mineur *(allegro con moto)* démarre en effet en la mineur à la main gauche ; le thème, qui entre à la troisième mesure, donne l'impression d'être en mi majeur (sixte majeure en tout cas : do ♯) ; cette sorte de bitonalité avant la lettre, jointe à un rythme subtil, crée un effet fort curieux. Valse fantôme, plus rêvée que dansée, et qui n'a que le défaut, inévitable chez Grieg, d'être répétitive.

Goûtons à sa valeur le *Feuillet d'album* (n° 2, en fa majeur, *allegro vivace e grazioso*), dont le titre trompeur dissimule une pastorale, légère de touche, pleine de sonorités délicieuses (les battements de la deuxième partie, dans l'aigu, par-dessus le chant de la main gauche ; on devra y éviter d'écraser le son dans un fortissimo intempestif).

Restent trois pièces plus lyriques : *Mélodie* (n° 3, en la mineur, *allegretto*), à l'obsédant rythme trochaïque (noire-croche en 6/8), au thème désolé, obstinément répété à travers tons (et quel usage raffiné de l'enharmonie !) ; *Mélancolie* (n° 5, en sol mineur, *largo*), morceau pénétrant, aux mélismes douloureux, sur une inamovible quinte grave ; *Élégie* (n° 7, en si mineur, *poco andante*), la moins bonne du recueil, fort proche de la pièce homonyme de l'opus 38, sauf qu'ici c'est le thème « plaintif » qui commence (à la gauche, descendant peu à peu l'échelle sous les contretemps de la droite), et la seconde idée qui emploie ce chromatisme gémissant, propre à rendre le contenu du titre...

### *Pièces lyriques, 5ᵉ recueil* (op. 54)
COMP 1891. PUB 1891 (Peters). DÉD à Julius Röntgen.

Un chef-d'œuvre, presque sans défauts. Au lieu de la collection disparate que sont souvent les divers recueils de *Pièces lyriques*, voici un véritable ensemble, d'une plus grande unité de ton encore que l'opus 43, et tout inspiré par l'air des cimes. Dans l'été 1891, Grieg se promène à pied dans les montagnes du Jotunheim, avec Beyer et Röntgen ; ils vivent dans les alpages, voient passer les troupeaux, entendent le cor (le *lurlok*) des gardeuses de vaches ; Grieg note des mélopées, dont une berceuse qui servira dans l'opus 66. Ces six pièces ne reflètent rien d'autre, et pour une fois, tout sentimentalisme de salon a disparu.

La pièce intitulée *Garçon vacher* constitue l'un des plus beaux débuts de recueil qu'on puisse imaginer (en sol mineur, *andante espressivo*). D'abord une mélopée à fort parfum populaire (la quarte augmentée do ♯), ponctuée par quelques accords ; puis d'étonnantes séries chromatiques, très wagnériennes, comme des lambeaux qui s'effilochent sur des basses audacieuses. Après quelques mesures modulantes (des quintes qui descendent de tierce en tierce), le thème rentre en triple canon. Fin brumeuse, d'une grande poésie.

De la *Marche norvégienne* ou *gangar* (en ut majeur, *allegretto marcato*), au motif volontaire, inlassablement répété sur un rythme constant, aux frustes enchaînements de septièmes, le meilleur se trouve dans la section centrale : sonorités cristallines, éveillées pianissimo dans l'aigu.

La troisième pièce, *Marche des nains* (« des trolls » serait plus exact), est pleine d'humour, peut-être un rien trivial, avec sa basse en croches staccato, ses accords battus descendant chromatiquement (et comiquement !), ses guirlandes, son crescendo menant le thème à l'octave supérieure, suivi d'un diminuendo facétieux où les fusées de triples croches s'en donnent à cœur joie (en ré mineur, *allegro moderato*). Le *maggiore* central, au contraire, choisit le dépouillement, pour un chant ingénu et discret.

On a souvent évoqué à propos du *Notturno* (en ut majeur, *andante*) le *Clair de lune* de la *Suite bergamasque* de Debussy, qui date sensiblement de la même époque. Il est vrai que la rencontre est troublante. Plus d'une pièce de Grieg et bien des morceaux de Liszt ont déjà prouvé que Debussy n'est pas le premier à s'intéresser aux neuvièmes (par exemple). Mais ici le rythme hésitant, le trois-contre-deux, la subtilité de l'harmonie, les fluides battements de doubles croches, et jusqu'à ce languide « più mosso » du milieu, tout rapproche ces musiques que croit séparer la géographie.

La cinquième pièce, *Scherzo* (en mi mineur, *prestissimo leggiero*), oppose les triolets décoratifs de la main droite à un thème de noires et de croches qui monte à la gauche et redescend aussitôt. Çà et là des mesures de silence accentuent le côté aérien du morceau. L'intermède majeur *(più tranquillo)* reprend ce thème par augmentation, en l'harmonisant de beaux accords sur les temps forts, translucides comme du vitrail ; et telle cadence modale (mes. 107-110) ne sera pas oubliée du premier Ravel.

*Son des cloches* (en ut majeur, *andante*), à l'autre bout du cahier, est le digne pendant de *Garçon vacher*. C'est agencé de rien, et que c'est admirable ! Des quintes se répondent, se superposent à contretemps, d'une main à l'autre, la gauche en ostinato, la droite formant comme un thème de trois quintes (parfois agrémentées d'une tierce en appogiature brève), tour à tour descendantes ou ascendantes. La « polytonalité », pour oser le mot, est renforcée par l'utilisation de la pédale, qui noie les harmonies dans une ouate impressionniste. Pianissimo mystérieux tout au long de la première page ; puis un rapide crescendo de deux lignes, jusqu'au *fff* où concourent toutes les cloches de la vallée ; reprise assourdie, en tintements dans l'aigu ; fin dans le grave, imperceptible, sur une dernière quinte vide.

(Les n^os 1 à 4 du recueil, orchestrés par Anton Seidl, mais revus par Grieg, forment la célèbre *Suite lyrique.*)

### Pièces lyriques, 6ᵉ recueil (op. 57)
COMP 1893. PUB 1893 (Peters). DÉD à Hermann Scholtz.

Après le sommet qu'atteignait le précédent, ce cahier paraît à nouveau bien inégal. Une des six pièces survole l'ensemble, la sixième, *Mal du pays*, morceau en clair-obscur. D'abord s'élève (en mi mineur, *andante*) une sorte de récitatif douloureux autour de quatre notes (les notes du cor des gardeuses de vaches...) ; puis les voix extrêmes s'imitent en canon sur ce motif. L'épisode majeur *(molto più vivo)* est un *springdans*, tout dans l'aigu, rafraîchissant avec son thème lydien (quarte augmentée la ♯) sur les quintes brisées de la basse.

Deux pièces de valeur : *Gade* d'abord (n° 2, en la majeur, *allegro grazioso*), simple hommage de Grieg au compositeur danois, son ancien maître (disparu en 1890), avec ce premier thème paisible, épandu sur des basses sages, et soudain ce halètement d'échos dans la partie centrale, en canon ; puis *Elle danse* (n° 5, en ut majeur, *tempo di valse*), en effet une valse de plus, où la frivolité est transfigurée par l'acuité du trait.

Le reste est maigrelet. *Jours écoulés* (n° 1) n'est en son début (en ré mineur, *andantino*) qu'un morceau de genre, salonnard, emphatique, et qui se souvient, bien mal, du *Quatrième Prélude* de Chopin ; ce qui le rachète, comme souvent dans les pièces chétives de Grieg, c'est son *maggiore* central qui, attaquant beaucoup plus vite le thème initial *(allegro vivace)*, transforme le chant plaintif en danse joyeuse. *Illusion* (n° 3, en la mineur, *allegretto serioso*) est aussi fadement sentimental, avec son tremblement de sixtes, son chant porté de la droite à la gauche, ses cadences conventionnelles. *Mystère* (n° 4, en sol majeur, *andante espressivo*) refait du Wagner, sans grande conviction : chromatisme et récitatif, ou l'art (facile) du remplissage.

### Pièces lyriques, 7ᵉ recueil (op. 62)
COMP 1895. PUB 1895 (Peters).

Six pièces, d'inspiration aussi disparate que les précédentes, mais avec de plus évidentes réussites. Passons rapidement sur la *Sérénade française* (n° 3, en la majeur, *andantino grazioso*), pièce assez fade, qui sans doute se veut ironique (un pastiche ?), mais n'effleure qu'à peine son but.

*Sylphe* (ou *Sylphide*, n° 1, en si mineur, *allegretto con moto*) est une valse inavouée, au rythme pointé, un caprice lisztien, vif et léger, d'une grande délicatesse d'écriture ; entre autres trouvailles : la brusque arrivée, dans ce rythme à trois temps, de mesures à quatre, dont les accords brisés dégringolent le clavier, en mouvement contraire aux deux mains.

Les doubles croches de *Ruisseau* (n° 4, en si mineur, *allegro leggiero*) peignent plutôt un cours agité qu'un paisible courant : trilles et trémolos à la main gauche, tierces brisées à la droite, tour à tour montantes et descendantes, et ce butoir répété du troisième temps.

Restent trois fort belles pièces. *Gratitude* (n° 2, en sol majeur, *allegretto semplice*) énonce une phrase longue et lyrique, de croches et de noires heureuses, très simplement harmonisée ; le milieu, en revanche, veut des harmonies chatoyantes et de longues pédales, pour un motif de trois notes qui s'élève chromatiquement, crescendo et stretto.

*Vision* (n° 5, en la majeur, *poco andante ed espressivo*) est le titre d'un nocturne, très doux et rêveur, presque entièrement joué piano et pianissimo, dont le chant se déploie sur des arpèges modulants ; une phrase de quatre mesures se répète, à peine altérée, en avançant, par de minuscules changements enharmoniques.

Enfin, *Vers la patrie* (n° 6, en mi majeur, *allegro giocoso alla marcia*), inversant l'ordre habituel de ces pièces où Grieg évoque la terre natale, débute par un thème bondissant et réjoui, sur un ostinato rythmique, aux harmonies printanières, aux modulations surprenantes, et offre un *minore* central, tout d'émotion et de nostalgie.

## *Pièces lyriques, 8ᵉ recueil* (op. 65)
COMP 1896. PUB 1897 (Peters).

De loin le plus long des dix recueils de *Pièces lyriques*. Deux morceaux au moins dépassent le cadre de la miniature : le premier et le sixième, l'un avec huit pages, l'autre avec dix, – dépassent aussi, pianistiquement, la « moyenne force » qui suffit à la plupart de ces pièces. Tant mieux pour *Jour de noces* (n° 6, en ré majeur, *tempo di marcia un poco vivace*), la perle du cahier, une des pages les plus connues de Grieg, et pour une fois à juste titre. Le quinquagénaire y rejoint le jeune auteur de la *Marche nuptiale* de l'opus 19, et livre un tableau de genre, scandé comme une danse populaire et retentissant de carillons, coloré et verveux dans son harmonie (nombreux accords de neuvième et de onzième) comme dans son pianisme. Le milieu (en sol majeur, *poco tranquillo*) contraste par sa sobriété, son canon à l'octave et ses harmonies plus conventionnelles.

Ce même éclat pianistique nuit à *De la jeunesse* (n° 1, en ré mineur, *allegro moderato e tranquillo*), où la tendre mélopée du début finit par être écrasée par ces octaves martelées aux deux mains ; le thème déclame, se dénature dans l'enflure des fortissimos. Le joli *springdans* du milieu (en ré majeur, *molto più vivo*) vient heureusement nous rafraîchir tout cela. Dans *Mélancolie* également (n° 3, en si mineur, *andante espressivo*), quoique avec des dimensions plus modestes, après un thème très nu, énoncé dans le registre grave, on arrive à une page déclamatoire, agitée d'octaves, comme du mauvais Liszt.

L'ingénu *Chant du paysan* (n° 2, en la majeur, *andante semplice*) est un exemple des mélodies norvégiennes que Grieg recueille la même année pour composer son bouquet de l'opus 66 ; il est harmonisé diatoniquement dans sa partie principale et chromatiquement dans son couplet. La *Ballade* (n° 5, en ut mineur, *lento lugubre*), à ne pas confondre avec la grande *Ballade op. 24*, est un morceau sobre et poignant, d'une tristesse profonde et résignée.

Terminons avec *Salon* (n° 4, en la majeur, *allegretto con grazia*), qui est, de l'aveu même du titre, la quintessence de ce que Grieg a composé dans ce genre, et d'ailleurs un succès, valse en sa première partie (le 6/8 décomposable en deux fois 3/8), et romance dans la seconde (le 6/8 scandé 3/4, avec les contretemps expressifs de l'accompagnement). Début inventif : le morceau démarre sur une neuvième de dominante, et module plusieurs fois avant de faire entendre enfin la tonique, à la quinzième mesure.

### Pièces lyriques, 9ᵉ recueil (op. 68)
COMP 1898-1899. PUB 1899 (Peters).

Il contient une fois de plus, avec ses six pièces, le meilleur et le pire. Le meilleur : le fameux *Soir dans les montagnes* (n° 4), une des compositions les plus étonnantes de Grieg, qu'il allait instrumenter un peu plus tard. Mi mineur ici impose son climat, avec tout ce que le compositeur lui a souvent fait exprimer de solitude et de mélancolie (*Mal du pays*, op. 57 n° 6 ; et bientôt *Il y avait une fois*, op. 71 n° 1 ; *Passé*, op. 71 n° 6 ; *Résignation*, op. 73 n° 1). À peine deux pages. Huit mesures de prélude *(allegretto)* où la main gauche égrène quelques notes, pizzicato, sous un si (dominante) tenu longuement au centre du clavier ; puis *(andante espressivo)* une première partie offrant un thème très nu, trente-huit mesures d'absolue monodie qui rappellent le solo de cor anglais du troisième acte de *Tristan* (et notez bien qu'il est confié au hautbois dans la version instrumentée) ; une deuxième partie reprenant intégralement le thème, cette fois en l'harmonisant, ou plutôt en en exprimant l'« harmonie cachée ». Avec les moyens les plus économes, Grieg arrive à exprimer ici la poésie de l'espace, de l'air nocturne, de la nature sauvage et souveraine.

Le pire : la pièce qui précède (et on lui en veut de cette promiscuité !), intitulée, sans rire, *À tes pieds* (n° 3, en ré majeur, *poco andante e molto espressivo*) ; Grieg y démarque Liszt dans ce qu'il a de plus banal, rêves d'amour et autres breloques sentimentales ; et pourtant ses harmonies (en particulier les modulations de la troisième page, sur une pédale de la ♭) lui donnent un charme pervers, qui nous trouvera parfois étrangement soumis...

Le reste du cahier est d'intérêt varié. Il n'y a rien à dire du *Chant des matelots* (n° 1, en ut majeur, *allegro vivace e marcato*), un choral bien carré, bourru, un peu simplet. Le *Menuet de la grand-mère* (n° 2, en sol majeur, *allegretto grazioso e leggierissimo*) est très attachant ; le début a l'air d'un pastiche, tout droit sorti de la *Holberg-Suite* ; mais la deuxième page, avec ses croches à l'unisson des mains, dessinant le fantôme d'une danse, a je ne sais quoi de désolé, comme un souvenir indicible, blotti dans un coin de la mémoire.

La *Valse mélancolique* (n° 6, en sol mineur, *tempo di valse tranquillo*), à cause de quelques harmonies acidulées, évoque d'avance à certains le Ravel des *Valses nobles et sentimentales* ; on en est loin ; et elle perd en redites ce qu'elle peut avoir de séduction ambiguë et d'invention.

Grieg instrumenta aussi la cinquième pièce du cahier, *Au berceau* (en mi majeur, *allegretto tranquillamente*). C'est un morceau heureux, avec ce rythme élémentaire, en croches et noires bien égales, qui est chez lui comme l'expression de la candeur et de l'esprit d'enfance. Adorables et douces tierces dans l'intermède, avec des harmonies du premier Debussy.

### Pièces lyriques, 10ᵉ recueil (op. 71)
COMP 1901. PUB 1901 (Peters). DÉD à Mine Röntgen.

Le plus beau, le plus achevé des dix, ce dernier recueil de *Pièces lyriques* résume l'art de Grieg dans ses plus hautes qualités. Pas de place ici pour le salon. Mais le souvenir y rôde, avec l'ombre de la mort ; mais la nature consolatrice y fait entendre ses murmures ; mais l'âme nordique y bat au rythme des chants et des danses.

La première pièce, *Il y avait une fois*, est le dernier de ces morceaux en clair-obscur, nombreux chez Grieg, où un volet nostalgique débouche sur un *maggiore* au rythme de danse. Regret du passé d'abord, avec ce rythme pointé et ce thème désabusé de quatre mesures, présenté en deux harmonisations successives (en mi mineur, *andante con moto*). Puis joyeuses réminiscences, dans un *springdans* (en mi majeur, *allegro brioso*), chuchoté au début, comme si on laissait sourdre lentement un souvenir heureux, puis jaillissant, *f* et *ff*, et enfin diminuant à nouveau jusqu'au silence. Le retour du premier thème, après cette page lumineuse, n'en est que plus accablé.

La deuxième pièce, *Soir d'été* (en ré bémol majeur, *allegretto tranquillamente*), est un paisible nocturne, dans une tonalité que Grieg a rarement employée. Écriture verticale, aux harmonies rares, aux subtils clignotements enharmoniques ; et parfois la giboulée bienfaisante de doubles croches jetées dans l'aigu du clavier.

Lui succède un scherzo fantasque, *Lutin* (en mi bémol mineur, *allegro molto*). Notes piquées, pianissimos électriques, brusques accents, rythmes obstinés, avec des modulations qui nous remémorent la *Marche des nains* de l'opus 54.

La quatrième pièce, *Repos de forêt* (en si majeur, *lento*), nous ramène à Liszt, une fois de plus, celui justement des *Murmures de la forêt*. Plutôt qu'un nocturne, on y verra une méridienne, au pied des hauts arbres qui tamisent les rayons du soleil. Que de trouvailles harmoniques, ici encore ! Et cette pulsation régulière, la respiration même de la futaie, due à ces grands et profonds arpèges de la main gauche, au rythme uniforme, qui ébranlent doucement le grave du piano. La fin, où les arpèges se stabilisent en lents accords, est admirable.

Un *Halling*, maintenant (en ut majeur, *allegro molto*), pour rompre le cours de la rêverie ; morceau rempli de liesse, et même parfois bruyant et chahuteur (troisième page), dont le thème initial semble un écho de la *Marche nuptiale* de l'opus 19, et où figure le seul glissando de l'œuvre pianistique de Grieg.

La sixième pièce, *Passé* (en mi mineur, *andante doloroso*), est une déploration, écrite *in memoriam*. Rien n'y saurait mieux convenir que ces accords chromatiques qui descendent péniblement les degrés, ces dissonances, cette tonalité instable ; mi mineur, décidément voué au souvenir, à l'évocation de ce qui est à jamais perdu, prend des teintes fuligineuses. La deuxième partie, au contraire, montre un thème ascendant, dans les tons majeurs : vers quel espoir ? Mais c'est la phrase initiale qui retourne, et qui a le dessus.

Enfin *Souvenirs* (en mi bémol majeur, *tempo di valse*), dernière du recueil et dernière *Pièce lyrique*, reprend de façon saisissante l'*Arietta* qui constitua, trente-quatre ans plus tôt, la première. Grieg a transformé les deux temps de la pièce d'origine en valse-hésitation ; hésitation de la mémoire, qui suspend le thème, le fait basculer de mi bémol à ré, à si bémol, revenir à mi bémol, et s'arrêter d'un coup, en plein essor, comme fauché par la barre de mesure. Et cet arrêt nous bouleverse, encore plus irrémédiable que la question sans réponse du *Warum* de Schumann...

## LES AUTRES RECUEILS

### *Quatre Pièces* (op. 1)

COMP 1861. PUB 1863 (Peters). DÉD à son professeur Ernst Ferdinand Wenzel.

Grieg était peu fier de ce cahier, fruit de ses années d'études à Leipzig, et où sa personnalité ne filtre guère. On peut aimer pourtant la longue effusion schumannienne de la première pièce (en ré majeur, *allegro con leggerezza*), et ces doubles croches ferventes qui portent le thème, d'une seule coulée, sans digression.

La deuxième (en ut majeur, *non allegro e molto espressivo*) a choisi à tort la complication : chromatisme inutilement chargé, pour ce thème si simple, presque enfantin ; le milieu (en mi mineur, *allegro capriccioso*) est gratifié d'un petit motif tournoyant et cabriolant.

La troisième, une mazurka (en la mineur, *con grazia*), a peut-être Chopin dans le filigrane ; mais quel Chopin malingre, avec ces grâces affectées et cette mièvrerie ! L'épisode central (en fa majeur) change du tout au tout : vivacité des harmonies et des rythmes, bondissement des triolets, la fenêtre s'entrebâille sur la campagne.

Le thème de la quatrième (en mi mineur, *allegretto con moto*) semble avoir traîné partout ; il se plaint, sans trop y croire, et sauf exception (mes. 8) en des harmonies bien convenues. Le deuxième épisode (la mineur), en arpèges brisés partagés entre les mains, rappelle à nouveau Schumann.

### *Tableaux poétiques (Poetiske tonebilder)* (op. 3)
COMP 1863. PUB 1864 (Horneman). DÉD à Benjamin Feddersen.

En mai 1863, Grieg est à Copenhague, où il se lie avec les compositeurs danois Hartmann et Gade. Ils ont laissé leur marque dans ces six pièces, dans leur lyrisme de salon et leur obéissance à la syntaxe des romantiques allemands. Pièces très courtes : aucune ne dépasse les deux pages ; ensemble inégal, avec pourtant de vraies réussites.

La première pièce (en mi mineur, *allegro ma non troppo*) est presque une valse en son début, frileux et chuchoté, et comme réticent ; mais elle s'enfle soudain, « *ff* con fuoco », et finit en trombe.

La deuxième (en si bémol majeur, *allegro cantabile*) est une promenade ; elle sent le plein air, le matin, l'insouciance. Harmonies ravissantes, surtout dans le passage central, fait de battements d'accords changeants à droite, sur un motif de gamme ascendante à gauche.

Le troisième morceau (en ut majeur, *con moto*) n'a pas grand intérêt, malgré son joli rythme de sicilienne ; et le quatrième (en la majeur, *andante con sentimento*) lâche ce mot de « sentiment » et inaugure la série de pièces fades qui ont valu à Grieg le surnom (peu glorieux, qu'on ne s'y trompe pas !) de « Mendelssohn du Nord » ; simple bluette, pleine de redites (Grieg y adopte, et pour longtemps, le fatigant da capo...), et que ne sauve même pas l'harmonie, ici banale.

Le cinquième (en fa majeur, *allegro moderato*) contient le premier des thèmes authentiquement « Grieg », avec un indubitable accent norvégien, mélodie et harmonie ensemble ; on retrouvera souvent le mélisme des mesures initiales, avec ce qu'il suggère de paix, de soleil calme. La section centrale (en la mineur, *vivo*), dont le thème palpite pianissimo sous des batteries de doubles croches, a de belles et inventives harmonies, et déjà (mes. 40-42) les quintes vides, d'allure populaire, dont Grieg fera un emploi si constant.

Après ce sommet, la dernière pièce (en mi mineur, *allegro scherzando*) n'est qu'un caprice à la Mendelssohn, dont les doubles croches courent légèrement sous les doigts, réveillant elfes, lutins et autres follets fantasques...

### Humoresques (op. 6)
COMP 1865. PUB 1865 (Horneman & Erslev). DÉD à Rikard Nordraak.

Ce premier chef-d'œuvre, Grieg le doit à l'amitié du dédicataire, cet autre musicien norvégien qui le poussa à tourner le dos à Mendelssohn et Schumann, et à écrire une musique nationale. Nordraak devait mourir très jeune, en mars 1866, et Grieg composera dans cette circonstance une touchante *Marche funèbre* (voir PIÈCES DIVERSES).

Certes, Grieg dissimule encore les thèmes populaires et les rythmes nationaux qui l'inspirent, sous des indications rassurantes et conformistes : valse, menuet, *burla*. Mais nul n'en est dupe. La première pièce (en ré majeur, *tempo di valse*) est un *springdans*, d'une verdeur irrésistible. Il n'y faut surtout pas le sage *tempo giusto* d'une danse mondaine, mais un mouvement assez rapide pour en exalter la spontanéité, la crudité. L'épisode central est particulièrement bien venu, avec ses quintes vides paysannes, ses harmonies à la « premier Debussy », et la longue pédale de dominante qui précède la reprise.

Et de même, la deuxième pièce (en sol dièse mineur, *tempo di minuetto ed energico*) est tout sauf un menuet. Le début pesant, volontaire, cède vite la place à un épisode enjoué (en ré bémol majeur), au rythme pointé et aux triolets rapides : un *springdans*, lui aussi. La pièce n'a que le défaut (péché ordinaire de Grieg) d'être répétitive. Il paraît qu'elle plut beaucoup à Liszt ; quand Grieg la lui joua, en 1870, à Rome, il la trouva « héroïque ».

La troisième (en ut majeur, *allegretto con grazia*) est une petite merveille. Thème de danse, à la saveur populaire, s'élançant en rythme pointé à 2/4, sur l'appui régulier de la basse en croches. Le milieu *(fortissimo con fuoco)* scande pesamment son motif, qui tourne sur place autour de quelques notes ; raclements de pieds... et de violons villageois ! La reprise s'agrémente d'harmonies nouvelles (avec quatre mesures caractéristiques, modulant par tierces ascendantes). Courte coda, avec le halo d'un accord de neuvième, et l'effet inattendu d'une mesure de silence, avant la cadence.

Un dernier *springdans* pour couronner le cahier (en sol mineur, *allegro alla burla*). La *burla*, ici, permet l'invention à foison, et le morceau est riche d'épisodes variés, d'harmonies surprenantes, d'acciacatures, de passages lydiens (mi ♮ en si bémol, do ♯ en sol). La fin, majorisée *(più allegro)*, s'anime crescendo sur une longue pédale de dominante : l'œuvre se termine dans un débordement d'enthousiasme.

### Scènes de la vie paysanne (Folkelivsbilder) (op. 19)
COMP 1869-1871. PUB 1872 (Horneman & Erslev). DÉD à Johan Peter Hartmann.

Trois pièces formant un véritable cycle, qu'il ne faut pas morceler (comme souvent) au profit de la deuxième. Tout les unit, les tonalités, la relative longueur, la difficulté pianistique (œuvre ambitieuse, à cet égard, dans la production du compositeur), et plus que tout le rappel, à la fin de la troisième, des thèmes des deux précédentes.

Le premier numéro, *Sur les montagnes* (en la mineur, *un poco allegro*), voulu rude et primitif, commence pianissimo et staccato, les deux mains à l'unisson sur un motif élémentaire (remarquons-y le sol ♮, sensible éolienne, de la mes. 8), qu'ensuite accompagnent des accords compacts dans le grave du clavier ou de lourds trémolos dans l'aigu. Le *maggiore* central, plus détendu en son début, reprend le thème et y va lui aussi, peu à peu, d'accords véhéments. Coda *presto* sur une longue pédale de tonique.

Le deuxième morceau, *Marche nuptiale* (en mi majeur, *alla marcia*), peint un cortège de noces, son approche, son défilé joyeux, son éloignement. La célébrité de ces pages est justifiée, c'est du Grieg inventif, coloré, jaillissant. Le rythme pointé dure tout au long, les pédales de tonique et de dominante se succèdent, les basses en quintes sont évidemment de la partie, ainsi que les effets de tierces, les accords de neuvièmes, les piquantes modulations. Saine gaieté, qui atteint son paroxysme à la troisième page (« sempre più forte ») ; puis les flonflons s'éloignent, on n'entend plus que l'écho du thème, et les dernières quintes, « morendo », dans le lointain.

Moins nordique qu'italienne, la *Scène de carnaval* qui clôt le cahier (en la mineur, *allegro alla burla*). Sur un régulier balancement de croches à 6/8, on croit entendre une sérénade à la mandoline. Dans l'épisode majeur, deux violons babillent à l'unisson. La dernière section citera, entre des bribes de carnaval, le thème ralenti de la *Marche nuptiale*, puis, dans le *prestissimo* de la coda, déformera le thème montagnard du premier morceau. Conclusion enthousiaste, à grandes volées de quintes et de quartes carillonnantes.

## *Feuillets d'album* (op. 28)

COMP 1864, 1874, 1876 et 1878. PUB 1878 (Warmuth, Christiania). DÉD à Minna Petersen.

Recueil inégal, qui rassemble quatre pièces d'époques différentes. La première (en la bémol majeur, *allegro con moto*), après une introduction de six mesures, propose un thème assez mièvre (encore que sa jeune insouciance ait de quoi plaire), sorte de rosalie sur un accompagnement syncopé (rythme à 2/4) qu'agrémente un triolet ornementé sur la dernière croche. Plus loin, ce triolet s'étant déplacé sur le premier temps, on voit se profiler le début de la *Deuxième Arabesque* de Debussy.

La deuxième pièce (en fa majeur, *allegretto espressivo*) a des harmonies déliquescentes, réminiscences de *Tristan*, pour un thème qui s'alanguit béatement sur ses appogiatures. La section centrale, comme si souvent chez Grieg, est de plus grande qualité ; l'inspiration arrive par bouffées ; à partir de la mes. 24, c'est une autre pièce, d'atmosphère pastorale, aux gracieux dessins ondoyants sur des accords de neuvième.

Le troisième *Feuillet* (en la majeur, *vivace*) nous mène d'emblée au meilleur Grieg ; ce n'est qu'une valse, mais elle est exquise ; et ici, du moins, les trouvailles de l'harmonie servent un propos imaginatif. Dans l'épisode mineur, un *springdans*, perce peut-être un souvenir de la *Krakowiak* de Chopin ; on y quitte résolument le salon pour le plein air.

Dans la quatrième pièce *(andantino serioso)*, l'enharmonie do dièse mineur/ré bémol majeur permet un contraste expressif entre l'obscur d'un thème mélancolique, qui regarde à la dérobée vers le passé enfui, et le clair d'une danse virevoltante *(allegro giocoso)*. On relève cette opposition dans quelques-unes des *Pièces lyriques* : par exemple *Mal du pays* (op. 57 n° 6) et *Il y avait une fois* (op. 71 n° 1).

### *Improvisata sur des chants populaires norvégiens* (op. 29)
COMP 1878. PUB 1878 (Warmuth, Christiania). DÉD à Ida Aqvist.

Deux morceaux sans histoire, et sans importance. Un peu l'équivalent norvégien des *Rhapsodies hongroises* de Liszt, mais imparfaitement accomplis. Le premier (en la mineur, *allegretto con moto*) a comme principal défaut d'être monotone ; après cinq mesures de prélude, sur la dominante, il répète sous plusieurs formes rythmiques un énoncé à fort parfum de terroir ; on goûtera la section *molto vivace*, sur pédale de tonique, qui débute comme un *springdans*, puis se décore de triolets, avec l'effet de clochette d'un mi aigu.

Le second morceau (en fa majeur, *andante*) n'arrive à être qu'une romance sentimentale assez fade, du moins dans sa première partie ; le *presto* central (en ré mineur) a plus de saveur, qui fait rouler des triolets à toute allure, au milieu des quartes et quintes paysannes.

### *Holberg-Suite (Fra Holbergs tid)* (op. 40)
COMP 1884. PUB 1885 (Hansen). DÉD à Erika Lie-Nissen. Version pour orchestre à cordes en 1885.

« Au temps de Holberg », dit le titre exact. C'est pour commémorer le bicentenaire de la naissance de Ludwig Holberg (1684-1754), le « Molière du Nord », que Grieg écrivit cette œuvre « en perruque » (le mot est de lui), qu'il n'aimait guère, et qui allait pourtant devenir si célèbre dans sa version instrumentée, – laquelle supplante, hélas, presque toujours l'original. L'œuvre a réellement beaucoup de charme, et le pastiche y est d'autant plus habile qu'en dépit des cadences, des inflexions, des rythmes, des ornements anciens, Grieg y est sans cesse décelable, à des riens impondérables, à tel détour de phrase, à telle harmonie caractéristique.

Un prélude, un air, et trois danses reliées par la tonalité, comme le veut l'usage d'autrefois. Le *Prélude* (en sol majeur, *allegro vivace*), tissé de doubles croches, commence par une ondulation d'accords brisés, poursuit par un thème en rosalie que la gauche pose dans l'aigu par-dessus les roulements de la droite et qu'elle descend ponctuer d'accents de timbale dans le grave. Deux pages de cadence, à la toccata, où les deux mains se partagent les traits, puis retour de l'introduction et du thème chantant ; conclusion en accords massifs.

La *Sarabande* (en sol mineur, *andante espressivo*) est aussi cérémonieuse qu'on peut l'attendre ; écriture à quatre voix, mais sans surcharge. L'épisode en si mineur, avec sa mélancolie un peu grise, trahit Grieg malgré lui.

Retour au majeur avec la *Gavotte (allegretto)*, qui monte bravement, et plaisamment, un petit escalier, par groupes de deux noires, et le redescend avec des croches. Au milieu fleurit une délicieuse *Musette* (en ut majeur) dont le thème proprement dit est précédé et suivi d'un bourdon du plus bel effet.

La quatrième pièce est un *Air* (en sol mineur, *andante religioso*), ample mélodie de caractère baroque, ornée de gruppettos, sur un battement régulier d'accords.

Pour finir, un *Rigaudon* (en sol majeur, *allegro con brio*), pointu, spirituel en diable, avec son cliquetis de croches pressées, ses frottements, ses effets de pédale, ses échos malicieux, et le trio mineur, délicatement ouvragé, qui l'agrémente.

## *Impressions (Stemninger)* (op. 73)
COMP 1901-1905. PUB 1905 (Peters).

Ce recueil de sept pièces, la dernière œuvre pianistique de Grieg, est moins un épilogue aux *Pièces lyriques* (dont le dernier cahier date de 1901) qu'une véritable récapitulation de toutes les inspirations du compositeur. Le titre se traduirait aussi bien par « états d'âme », « humeurs », comme le mot allemand *Stimmung*. Il y a la pièce de salon, même si elle se déguise en *Sérénade estudiantine* (n° 6) ou en *Hommage à Chopin* (n° 5) : l'une se balance mollement sur son rythme à 6/8 (en la majeur, *andante espressivo*) ; l'autre, sous-titrée « Étude », ne semble avoir retenu de Chopin que quelques harmonies, et cette agitation en chambre, un peu factice (en fa mineur, *allegro agitato*). Il y a le feuillet d'album : *Résignation* (n° 1, *allegretto con moto*), le dernier mi mineur de Grieg, avec sa curieuse phrase de trois mesures qui s'ouvre sur un accord arpégé et se replie frileusement. Il y a l'humour bon enfant : *Scherzo-Impromptu* (n° 2, en si bémol majeur, *allegro capriccioso*), dont le thème caracole sur un rythme syncopé, à 2/4 ; on sourira à la troisième page, aux deux ou trois mesures où il feint d'aller en la majeur, comme s'il se trompait, ainsi qu'à la fin accélérée. Il y a enfin le thème cueilli dans le folklore : *Thème populaire* (n° 4, en la bémol majeur, *andante pastorale*), page courte et délicate, déroulant doucement ses triolets sur des pédales successives.

Il faut mettre à part deux pièces admirables. La *Chevauchée nocturne* (n° 3, en ré mineur, *allegro misterioso*) est un morceau développé, à la technique exigeante, où le piétinement sourd des accords, d'abord inaudibles puis croissant jusqu'à un *fff* qualifié de « feroce », où le rythme abrupt (accent répété sur la troisième noire du 3/4), les longues pédales et les silences (deuxième page), créent un climat, peu fréquent chez Grieg, d'effroi et presque d'hallucination. L'épisode majeur *(meno mosso)*, sur le même thème, procure un moment de détente, encore que quelques harmonies grimaçantes viennent rider cette tranquillité.

Mais la merveille du cahier, sur laquelle d'ailleurs il se clôt, c'est l'*Air du montagnard* (n° 7, en sol mineur, *allegretto semplice*). Il fallait que le dernier mot, chez Grieg, restât à cette nature nordique, à ces paysages où il vécut si intimement. Voici qu'il referme le précieux livre d'images, fidèlement élaboré jour après jour. La pièce n'a qu'un unique thème, d'abord diatonique puis chromatisant, énoncé seul au début, ensuite accompagné en canon de son écho à distance de blanche, dans différentes tonalités, et toujours sur des basses de quintes longuement tenues ; la pédale se charge d'amalgamer les harmonies. L'effet est indicible, celui d'un phénomène de réverbération, au milieu des vallées, où la mélodie circule, se perd, revient flotter à la surface de l'air, se dissout dans le silence. Et l'on ne saurait imaginer un adieu plus touchant...

## LA SONATE ET LA BALLADE

### *Sonate en mi mineur* (op. 7)

COMP juin 1865. PUB 1866 (Breitkopf & Härtel) ; édition revue 1887 (Peters). DÉD à Niels Gade.

Une œuvre ambitieuse, qui freine un moment la détermination « nationaliste » que montrent les *Humoresques* de la même année. L'élève de Moscheles et de Reinecke pouvait-il, malgré qu'il en eût, ne pas se mesurer à la forme sonate ? Gade lui-même (dont la *Sonate op. 28*, également en mi mineur, semble avoir çà et là servi de modèle) pousse Grieg à écrire plus long, plus développé que les petites pièces auxquelles il commence à livrer le plus sûr de son art. Mauvais conseils d'un Scandinave demeuré très allemand. Grieg s'y remettra à plusieurs reprises (trois sonates pour violon, une pour violoncelle), sans grand succès. Il est vrai que ni Chopin ni le premier Schumann n'ont fait bon ménage avec une forme entre toutes rebelle au jaillissement, au décousu romantique ; mais du moins voyaient-ils grand. Grieg a la vue courte, et le souffle aussi ; hors de la miniature, il est mal à l'aise. S'il se borne déjà, dans ses pages les plus brèves, à répéter ses motifs, comment pourrait-il tenir le pari du « développement » ? – Et cependant, il y a de beaux moments dans la *Sonate en mi mineur*, en particulier dans le mouvement lent ; et le finale, à sa manière, est presque une réussite. L'ensemble a de la couleur, de la fraîcheur, une ardeur juvénile, et ne sent pas le devoir de collège.

Le début de l'*allegro moderato* imite le départ de la *Sonate en sol mineur* de Schumann (phrase lyrique, un peu déclamatoire, accompagnée de grands arpèges brisés de doubles croches), et plus subtilement celui de la *Sonate* de Gade (le deuxième énoncé du thème, en canon). Le second thème, en sol (relatif), plus scandinave, arrive en accords sur une pédale de dominante, passe aussitôt en si mineur (ce glissement est caractéristique). Le développement, en plus du premier thème, joue d'une petite phrase à 6/8, en dialogue aux voix extrêmes sur des accords à contretemps. Reprise et coda *(allegro molto)*. Le morceau est concis, l'alibi formel tient le parcours, sans rien de bien original.

Le deuxième mouvement (en ut majeur, *andante molto*) est plus personnel ; comme plus tard l'adagio du *Concerto*, c'est une sorte de nocturne, dont le thème se pose d'abord sobrement sur une basse en noires (le rythme de marche de plusieurs nocturnes chopiniens), puis rayonne sur des arpèges en triolets qui font insensiblement passer de 4/4 à 12/8. Le milieu s'anime en doubles croches virevoltantes ; le thème y revient, déclamé fortissimo en accords, avant une fin paisible et endormie (rares enchaînements d'accords des dernières lignes, une signature de l'auteur).

Ainsi qu'on le voit dans la deuxième *Humoresque*, de la même année 1865, l'indication *alla menuetto* du troisième mouvement (en mi mineur) recouvre plutôt quelque danse populaire, au pesant rythme iambique (noire-blanche), avec un trio majeur de coloris pastoral, sur ses basses de quintes.

Le finale *(molto allegro)* se partage entre deux idées fortement contrastées, un thème impétueux, au 6/8 haletant et piaffant, auquel on n'arrive pas à tenir la bride, et les phrases douces et chuchotantes d'un choral, que le rythme de chevauchée interrompt à plusieurs reprises, et qui pourtant fournira à l'œuvre une fin grandiose, déclamée dans le mode majeur.

## *Ballade en sol mineur* (op. 24)
COMP 1875-1876. PUB 1876 (Peters).

Faux titre, cette *Ballade* n'en est pas une ; ou, du moins, elle n'appartient pas à l'art rhapsodique et décousu (en apparence) des ballades de Liszt ou de Chopin. D'ailleurs le titre complet se lit *Ballade en forme de variations sur un chant populaire norvégien*. Grieg, qui sort de deux grandes machines, les musiques de scène pour le *Sigurd Jorsalfar* de Björnson (1872) et le *Peer Gynt* d'Ibsen (1874-1875), prend-il sa revanche sur tant d'héroïsme forcé ? Au piano, il se retrouve. Il a déniché dans le fameux recueil de Lindeman (voyez les *Danses et Mélodies op. 17*) un thème de la région de Valders, seize mesures en tout, deux fois quatre mesures en sol mineur, quatre mesures qui tentent d'aller au relatif (si bémol), et de nouveau les quatre premières. Ce chant si désemparé, un rien monotone, il en accentue l'expression en l'harmonisant de manière saisissante, avec une basse qui descend chromatiquement tout au long (on a parfois jugé trop riche cette parure, – et fait le même reproche, quelque peu vain, au *Thème et Variations* de Dvořák).

La 1$^{re}$ variation, en triolets, feint de ne voir que l'harmonie du thème, qui n'est qu'à moitié cité, au bout de quatre mesures, dans l'échelonnement des accords, et aussitôt abandonné. La 2$^e$ *(allegro agitato)* est d'écriture schumannienne, avec les arpèges qui dessinent à la main droite une broderie du thème, relayés par les accents de la gauche. Dans la 3$^e$ *(adagio)*, les pouces marquent respectivement le thème et son reflet à la partie supérieure (que l'on doit jouer plus fort : « la sopra melodia molto tenuta »), au milieu d'arpèges brisés oscillant en mouvement contraire ; le passage en si bémol mineur est particulièrement beau. Cependant, jusqu'ici, à part le thème, il n'y a rien qu'un Allemand n'eût pu signer. La 4$^e$ variation *(allegro capriccioso)* prend d'un coup ses distances : son petit égrènement de doubles croches chromatiques tombe sur un joli mi ♮ (sixte majeure), pour une cadence bien populaire de *springdans*, sur une pédale de tonique frottée de dissonances. La 5$^e$ *(più lento)* fait alterner, toutes les deux mesures, un court récitatif (on songe au début de la *Première Ballade* de Chopin) et une cadence sur l'harmonie du thème. Les 6$^e$ et 7$^e$ variations *(allegro scherzando)* s'enchaînent sur le même rythme et font feu de leurs doubles croches ; dans l'une les deux mains se partagent les doubles notes, deux par deux ; dans l'autre elles se suivent canoniquement, à distance de croche, en dessinant staccato de prestes arpèges. Ce premier groupe de variations s'achève avec la 8$^e$ *(lento)* où le thème, en accords, s'entoure d'échos à contretemps, dans le grave d'abord puis dans l'aigu.

Une courte halte avec la 9$^e$, presque une petite pièce indépendante, tant le thème, sous l'ornementation, est devenu indiscernable. Les dernières variations, plus virtuoses que les premières, se jouent enchaînées. La 10$^e$ *(un poco allegro e alla burla)* est un scherzo fantasque, à 12/8, avec son rythme pointé, sa gauche à contretemps, ses harmonies singulières ; elle se termine par une série de septièmes de dominante, montant par demi-tons vers la dominante de ré majeur. Contre toute attente, c'est ré bémol qui commence la 11$^e$, grande cadence modulante, « crescendo e animando », sur une gauche rythmique faisant pédale de dominante : on passe de ré bémol à mi, puis à sol, où l'on s'installe (progression par tierces mineures ascendantes, familière à Grieg). La 12$^e$ variation *(maestoso)* est un grand chant triomphal : accords en valeurs longues (augmentation du thème), ponctués par un même motif rythmique sur le temps faible. Après un martellement d'accords « strepitoso », on enchaîne sur la 13e *(allegro furioso)*, à nouveau en sol mineur : accords arpégés en mouvement contraire aux deux mains, clamant un thème devenu danse barbare, lequel s'exacerbe dans la 14e variation *(prestissimo)*, alterné en canon aux deux mains. Arrêt brusque sur un sombre et profond mi ♭, qui glisse à ré ; longue pause. Alors, avec un effet aussi inattendu que dans les *Variations Goldberg* ou dans la *Sonate op. 109*, le thème est repris, piano, dans sa proposition initiale, sans pourtant les mesures en majeur qui pouvaient l'éclairer, – comme si ses métamorphoses n'avaient fait que le révéler à lui-même dans sa désolation.

Dans ce chef-d'œuvre, dont on ne s'explique guère qu'il soit si méconnu (ou inconnu, tout bonnement), Grieg parvient à concilier son art de miniaturiste (chaque variation est délimitée par un cadre, dans sa forme et son fond) et son éternelle ambition d'écrire des œuvres de grandes proportions. Avec la *Sonate*, c'est la plus développée de ses compositions pianistiques, et elle réclame une technique éprouvée.

## LES ŒUVRES TIRÉES DU FOLKLORE

### *Danses et Mélodies populaires norvégiennes* (op. 17)
COMP 1869. PUB 1870 (Rabe & Harloff, Bergen). DÉD à Ole Bull.

C'est dans le recueil de Ludvig Lindeman (1812-1887 ; organiste d'Oslo qui commença en 1840 à rassembler le trésor des mélodies nationales) que Grieg a trouvé la matière d'une de ses œuvres les plus originales et les plus ignorées (avec les opus 66 et 72). Les *Pièces lyriques*, si prisées à leur époque et dans les premières années de notre siècle, ont laissé dans l'ombre ces œuvres qu'il faut aller redécouvrir. Ici la structure est donnée, Grieg se contentant d'harmoniser ces thèmes parfois très simples, et même frustes, d'autres fois plus élaborés, toujours captivants. Il y réussit comme personne. Le peu qu'il ajoute, brèves introductions et codas, ne leur fait pas dépasser la page ; et encore répète-t-il plusieurs fois la mélodie, en en variant l'harmonie avec un goût d'une extrême acuité, où il préfigure Bartók. Ce ne sont pas les fleurs sèches d'un herbier, loin de là ; partout, entre les mesures, circule et bout la sève. Il y a des danses, le *springdans*, le *halling*, la danse paysanne humoristique. Il y a des chants pour chaque circonstance : les noces, le voyage, le deuil, la célébration des héros. Faute de les citer toutes, je commenterai quelques-unes de ces vingt-cinq pièces, en engageant le déchiffreur à lire et à relire l'ensemble du cahier.

Le premier morceau est un bon exemple, avec ses quatre harmonisations d'un même motif de *springdans*. La première fois, des quintes vides forment à la basse une pédale de tonique ; la deuxième fois, l'accompagnement accentué à deux temps contrarie le 3/4 du thème, et tolère des frottements insidieux (neuvième de la mes. 17) ; la troisième fois, la main gauche a un mouvement de croches, et un petit contrechant intérieur qui descend en noires l'échelle chromatique ; la quatrième fois, habillage d'accords, qui terminent la pièce fortissimo.

La sixième pièce, *Chant de la mariée*, est admirable, avec son rythme de sicilienne, ses étranges phrases de six mesures, son équivoque tonale (elle a l'air de commencer en ut majeur, alors qu'elle va vers la mineur), ses harmonies subtiles, et cette coda impalpable qui finit dans un murmure.

La septième, un *halling*, est rondement menée, avec ses contretemps amusants, ses réponses dans l'aigu, sa verve et son ingéniosité. Plus loin, la quinzième évoque Fauré et sa *Sicilienne*, jusque dans l'alanguissement final de la sixte napolitaine.

La dix-huitième, *Danse humoristique*, l'une des rares un peu développées, est gaie et remuante, d'un vif agrément pianistique, dans le choc des notes répétées, des trilles, des accords staccato, des accents contrariés.

## *Mélodies norvégiennes* (op. 66)
COMP 1896. PUB 1897 (Peters). DÉD à Frants Beyer.

Autre recueil de mélodies populaires harmonisées. Celles-ci, Grieg les a lui-même rassemblées avec son ami Beyer. Dans l'été 1896, il est à Fosli, une prairie du Hardanger au-dessus de la cascade du Voeringfoss : « J'ai mis sur le papier, écrit-il, des combinaisons harmoniques à faire dresser les cheveux sur la tête... Quand on a le Voeringfoss à ses pieds, on se sent plus indépendant et audacieux que dans les basses vallées. » Audace et modernité, en effet, dans ce cahier qui mériterait d'être largement répandu : ici (et dans les *Slåtter*) se trouve peut-être le plus grand Grieg, le plus libre, le plus aventureux.

Ces dix-neuf pièces, plus encore que celles de l'opus 17, seraient toutes à signaler. Distinguons cependant la première (en ré majeur, *andante/allegretto*), sur un appel ou *kulok* de trois notes (ré-mi-fa), miniature de quelques mesures, que relèvent çà et là septièmes et neuvièmes ; la deuxième (en sol mineur, *andante espressivo*), pour laquelle Grieg devait avoir une certaine dilection, puisqu'il la cite en entier dans une lettre à Röntgen : thème innocent, à 6/8, mais harmonisé de façon retorse, avec des contrechants très chromatiques ; la sixième (en la mineur, *andante/allegro*), admirable morceau, qui alterne un *lok* et un chant d'enfant, en les fondant avec beaucoup d'art ; les septième et huitième, qui s'enchaînent (en ré mineur toutes les deux) : l'une est une berceuse *(allegretto con moto)*, d'une savante simplicité, les deux mains jouant d'abord à l'unisson, puis plaçant quelques harmonies aérées, – l'autre est un *lok* très touchant *(andante)*, avec son petit motif mélancolique, qui précède un air de danse.

La dixième (en la majeur, *allegro marcato*), gaie, enthousiaste, est un vrai morceau « du matin ». La quatorzième, très riche (en la majeur, *andante tranquillo*), est celle dont Delius utilisera le thème dans sa fameuse image symphonique *On Hearing the First Cuckoo*... : trois présentations de la mélodie, chacune précédée d'un prélude, et pour finir une cadence plagale et un trémolo pianissimo dans l'aigu. La dix-huitième (en ré majeur, *adagio religioso*) est la plus brillamment pianistique, mais on peut préférer à ses développements les quelques mesures rapides et sobres de tels autres numéros. La dix-neuvième et dernière (en sol mineur, *allegretto semplice*) est une berceuse encore, une des plus poignantes, avec l'effet étrange de ses phrases impaires, les harmonies inspirées de la fin, sur pédale de tonique.

## *Slåtter* (op. 72)
COMP 1902-1903. PUB 1903 (Peters).

Ce recueil de dix-sept pièces, aujourd'hui toujours méconnu, est le chef-d'œuvre du piano de Grieg, et l'une des œuvres les plus fascinantes du répertoire. Qu'il ait été boudé par son époque, passe encore : il jure trop avec l'image que l'on avait du compositeur d'après les plus sucrées de ses *Pièces lyriques*. L'âpre vent des montagnes pénètre dans le salon confiné, bousculant les bibelots, les tapisseries au point de croix et les fleurs séchées ; la rudesse paysanne y malmène les faiseurs de politesses et les tourneurs de madrigaux. Rythmes, harmonies, échelles modales, tout y offusque les bonnes manières. Musique *barbare* : après avoir annoncé Debussy, c'est Bartók que préfigure ce Grieg, « le nouveau Grieg », comme disaient à Paris quelques vrais musiciens, qui s'enthousiasmèrent pour cette œuvre hors du commun. Pas assez, sans doute, pour lui assurer la survie. Elle demeure à découvrir. On y tient l'ultime état d'une oreille et d'une pensée musicale sans cesse affinées.

Des diverses tentatives de Grieg pour transcrire les airs de son pays, celle-ci est la plus poussée. On appelle *slåt* un de ces airs de danse que jouent les ménétriers, surtout ceux de la région de Hardanger, sur le *hardingfele*. Cet instrument, apparenté à la viole d'amour, possède, en plus des quatre cordes accordées de façon variable, quatre cordes sympathiques ; il permet tout un jeu de vibrations, de basses obstinées, et d'intervalles aussi bien consonants que dissonants. La mémoire fidèle des virtuoses transmettait à travers le temps les plus beaux airs des plus fameux d'entre eux ; à l'orée de notre siècle, ils étaient de moins en moins nombreux, et avec leur extinction allait se perdre un trésor. Un des derniers, nommé Kurt Dahle, pour sauver de l'oubli ceux qu'il connaissait, suggéra à Grieg de les transcrire.

Ainsi naquit ce recueil singulier où le compositeur, pour garder aux thèmes leur rusticité, leur âcreté, leur vigueur, les souligne de dissonances audacieuses. On croit entendre les fausses notes du ménétrier, son jeu rugueux et impavide, ses effets percussifs, avec la vibration parasite des cordes sympathiques.

On peut classer les *Slåtter* en quatre groupes : le *halling* (généralement à 2/4), le *springdans* (à 3/4), le *gangar* (à 6/8) et la danse de mariage (à 4/4). Dans le genre du *halling*, retenons le n° 4, *Halling de la colline enchantée* (en ré majeur, *moderato*) : rythme syncopé de la basse, en quintes vides, deux parties à la main droite, avec des frottements de septièmes majeures ; en guise d'intermède mineur, Grieg travaille en augmentation (croches au lieu de doubles croches) le thème du ménétrier. – Plus étonnant, le n° 11, *Deuxième Halling de Knut Luråsen* (en ré majeur, *allegretto tranquillo*), d'une ingéniosité, d'une originalité incroyables ; il y a d'incessants bonheurs dans les harmonies, dans les rythmes ; des moments où le rythme à 3/4 supplante le 6/8 ; de brusques éclats (« feroce » !) et de suaves douceurs.

Parmi les *springdans*, citons le n° 2 (en ré majeur, *allegro moderato*), au thème obsédant à force de redite ; on notera les figurations variées de la basse : rythme pointé, contretemps, contrechant avec pédale sur le temps faible, accords accentués, accords syncopés, octaves ; et la droite n'est nullement en reste d'idées.

Dans le genre du *gangar*, voici, au n° 6, celui du *Gars meunier*, du nom d'un ménétrier des années 1850 (en ré majeur, *allegretto e marcato*) : d'abord une note appogiaturée sur chaque temps, brève, sans pédale ; peu à peu des quintes, toujours avec l'appogiature ; la droite, sous son thème, insinue à contretemps et contremesure un la, pédale de dominante ; on respire, comme partout ailleurs dans les *Slåtter*, le parfum agreste, entêtant, de la quarte augmentée lydienne.

Les meilleures de ces pièces, ce sont peut-être les danses de mariage. Par exemple, au n° 3, la *Marche nuptiale de Telemark* (en ré majeur) ; pièce magnifique, scandée sur le même rythme d'un bout à l'autre (croche-croche-noire) ; au début, les trilles, les mordants, les secondes, les appogiatures, tous ces frottements insidieux forment une parure chatoyante ; au milieu, la procession se rapprochant, c'est un crescendo d'accords, accompagné d'un motif de quatre notes descendantes, en octaves, qui rappelle l'épisode fameux de la *Polonaise héroïque* de Chopin. La dernière page, avec ses dissonances hardies, son climat raréfié, le murmure final de quelques accords impalpables, sixtes et septièmes, n'a pas son pareil chez Grieg lui-même. – Mais la merveille des merveilles, c'est, n° 8, la *Marche nuptiale du meunier* (en la majeur, *allegretto grazioso*), « imaginée par le meunier, précise une note, quand sa fiancée rompit avec lui pour en épouser un autre ». Comment dire l'atmosphère poétique, d'une infinie bonté (il n'y a pas d'autre terme), qui imprègne la pièce ? Un même dessin rythmique à la main gauche, des harmonies de plus en plus troublantes, où se froissent les secondes, et tous ces ornements délicats autour de la mélodie... À peine si cinq ou six mesures parlent un peu plus fort ; le reste n'est que chuchotement, « sempre dolce », comme si les regrets, au fur et à mesure, se muaient en tendresse.

## PIÈCES DIVERSES

On ne mentionnera que pour la forme quelques œuvres juvéniles : un cahier de vingt-trois miniatures *(Småstykker)*, écrites vers 1859, et trois pièces d'avril 1860, conservées à la Bibliothèque de Bergen et à l'Académie royale de Stockholm.

La **Marche funèbre** composée en avril 1866, un mois après la mort de Rikard Nordraak, et publiée la même année chez Horneman, est un morceau d'une étrange beauté (en la mineur, *lento*). Pour dire adieu à ce musicien prématurément disparu, dont l'influence a fait prendre à son art un tournant si décisif, Grieg a non seulement trouvé des accents poignants, mais il semble avoir tenu, en employant un langage modal et des accords neufs et singuliers, à témoigner qu'au-delà du tombeau, le souffle de son ami allait continuer d'emplir sa propre musique, et leur ambition commune de s'accomplir. Le *maggiore* central, en particulier, contient des enchaînements audacieux, où se dessine, avec trente ans d'avance, le Ravel de la *Pavane*...

Les **Trois Pièces** sans opus, de publication posthume (1908, Peters), sont de valeur inégale. La *Danse fougueuse* (en mi majeur), non datée, vaut par son thème principal, qui tombe en brisant ses intervalles au-dessus de quintes consécutives ; le reste est plus quelconque. – Le morceau intitulé *Nuages orageux* (en sol mineur), une esquisse de 1891, complétée par Julius Röntgen, anime d'une main à l'autre, en arpèges alternés, de menaçants bancs de nuages ; il traîne en longueur et en vaine virtuosité ; on comprend que Grieg ne l'ait pas retenu dans le cinquième recueil de ses *Pièces lyriques* (le cahier « montagnard » par excellence), de la même année. – Il aurait dû, en revanche, inclure le *Cortège des gnomes* de 1898 dans le contemporain neuvième recueil (à la place, par exemple, du médiocre *À tes pieds* !). Musique *sui generis* ; le premier venu, aux premières notes, en devinerait l'auteur. Ce n'est presque rien, mais c'est efficace : un petit motif trémulant sur des quintes vides, dans le même rythme obstiné, modulant rapidement par tierces de mi mineur à ré majeur, se répétant trois fois en changeant de registre, du grave à l'aigu, passant de *pp* à *ff* pour simuler l'approche du cortège, puis repartant comme il était venu, s'éloignant, se dissolvant dans l'air, avec une dernière quinte au fin fond du clavier.

Enfin, des nombreuses transcriptions de ses propres œuvres, entreprises par Grieg pour satisfaire ses éditeurs, il faut citer celles de douze lieder, en deux cahiers de six pièces chacun (op. 41 et 52). Elles ne sont pas indifférentes. Grieg en effet ne se contente pas de transcrire, il ajoute, il brode, il développe, il paraphrase, pensant *instrument* quand il avait pensé *voix* ; on y est un peu dans sa fabrique ; qui veut le surprendre au travail, gagnera beaucoup à comparer l'arrangement à l'original.

## Charles Tomlinson GRIFFES
(1884-1920) Américain

La figure de ce compositeur américain est fort mal connue de ce côté du monde. Les plus avisés le rattachent au courant impressionniste, et il est vrai que son œuvre pianistique la plus célèbre, les *Roman Sketches* pour piano (où se trouve le fameux *White Peacock*, « Le Paon blanc »), le montre proche de Debussy, dont il possède les antennes sensibles, la vive imagination, l'écriture raffinée et divinatoire. Du reste, de nombreux musiciens, sous les horizons les plus divers, ont compris avec l'auteur des *Estampes* et des *Images* que « voir le jour se lever est plus utile que d'entendre la *Symphonie pastorale* », que rien n'est plus musical qu'un coucher de soleil, et que le privilège de capter les variations atmosphériques et de les reconstituer à la *distance* voulue n'est peut-être dévolu qu'à la musique. En particulier, toute une littérature pianistique, souvent mésestimée, tente de restituer les mirages de l'eau, du vent, des feuillages, les vibrations de l'air, l'écho des cloches lointaines, fixant des vertiges, créant des paysages sonores plus captivants parfois que les vrais. Auprès de nombreux Français, mais aussi d'un Belge comme Jongen, d'un Polonais comme Szymanowski, de ces Anglais qui se nomment Ireland ou Bridge, l'Américain tient sa place, une des meilleures, parmi ceux qu'a gagnés cette esthétique.

Il avait d'ailleurs commencé, ayant fait ses études à Berlin, par écrire dans le style de Brahms, de Strauss, de Wolf. À vingt-cinq ans, entendant les *Jeux d'eau* de Ravel sous les doigts de Rudolph Ganz, son voisin de pension (et le dédicataire de *Scarbo*), il eut la révélation, foudroyante, de ce qu'obscurément il recherchait dans l'univers des sons ; il n'eut de cesse qu'il n'eût déchiffré tout Ravel et tout Debussy, et qu'il se fût mis à leur école ; après le temps des sonates et des lieder allemands, venait l'heure d'un métier plus souple, d'un vocabulaire affranchi, l'époque

(1910-1916) qui vit naître au piano les *Tone-Pictures* et les *Roman Sketches*, – et dans le domaine de la mélodie les *Tone-Images* et les *Four Impressions*.

Les enchaînements parallèles de triades, de septièmes et de neuvièmes, les notes ajoutées, les accords augmentés, les échelles modales et l'inévitable gamme par tons n'auraient fait de lui qu'un épigone : Griffes joignit vite à tous ces procédés ses propres curiosités, par exemple son goût pour l'harmonie chromatique reçue des Allemands, qu'il voulait continuer d'explorer, et son authentique attirance pour l'Orient, qu'expriment, entre 1915 et 1918, des partitions comme les *Five Poems of Ancient China and Japan*, la pantomime orchestrale *Sho-jo*, ou le *Poème pour flûte et orchestre*, mais qu'attestait déjà, en 1912, la pièce pianistique *The Pleasure-Dome of Kubla Khan* (plus connue dans sa version orchestrale).

Cependant l'impressionnisme ne devait être qu'une halte provisoire dans le parcours du compositeur. La *Sonate* (1918), les trois *Préludes* (1919), montrent un nouveau départ ; les titres suggestifs disparaissent, les miroitements harmoniques font place au pur travail du contrepoint, la couleur cède à la ligne ; Griffes est en route vers son classicisme, quand il est fauché par le sort, à trente-six ans. La musique américaine a perdu avec lui, sans nul doute, un de ses talents les plus prometteurs.

## *Three Tone-Pictures* (op. 5)
COMP 1910-1912. PUB 1915 (Schirmer). DÉD à Leslie Hodgson.

Ce cahier (sa première œuvre publiée, avec l'opus 6, sur la recommandation de Busoni) marque l'arrivée de Griffes à maturité ; il tourne le dos au postromantisme allemand pour s'engager dans la mouvance impressionniste.

Dans *The Lake at Evening* (en la majeur, *tranquillo e dolce*), une phrase expressive s'étire lentement au-dessus d'une pédale insistante (la tonique, la, dans les volets extérieurs ; un si dans la partie centrale, pivot d'une série de modulations). Pédale également rythmique : un persistant anapeste (croche-croche-noire), créant l'équivoque d'un 2/4 au sein du mètre à 3/4. Cette monotonie et cette immobilité voulues, tout en faisant penser au *Gibet* de Ravel (voyez aussi le début de *Nightfall*, dans les *Roman Sketches*), rendent à merveille l'épigraphe empruntée à Yeats : « J'entends toujours l'eau du lac clapoter faiblement sur le rivage. » Dans l'accord final, vibration de la sixte ajoutée (fa ♯).

Quelques vers d'un poème d'Edgar Poe, *The Sleeper*, évoquant « *the mystic moon* », servent d'épigraphe à la deuxième pièce, *The Vale of Dreams* (« La Vallée des rêves », en mi bémol majeur, *sognando*) : surprenante musique, d'une qualité d'extase assez proche de Scriabine, quoique avec d'autres moyens, car ce chromatisme si souple devrait plutôt quelque chose à Debussy. Le rythme syncopé du début, la longue pédale de dominante, fournissent d'avance à la songerie un support favorable ; le beau dessin chromatique de tierces qui vient y éclore (avec son écho, étouffé, au pouce de la gauche) monte à l'aigu, se répète, sans vraiment trouver de point final, – et la modulation, plus loin, ne le lui donnera pas davantage : aussi bien ce serait ramener cruellement le rêveur sur terre... Même la sorte de panique qui gagne soudain la musique (« inquietamente », « agitato »), dans son crescendo romantique, est de courte durée. La fin, admirable, reprend la première page, en remplaçant les accords syncopés par un paisible roulement d'arpèges, qui ne cesse plus jusqu'au bout.

Voilà encore, dira-t-on au sortir de *The Night Winds* (en mi bémol mineur, *presto fuggevole*), une simple exploitation de la gamme par tons. Certes ; mais celle-ci est singulièrement brève, et saisissante. Pour évoquer, non point, comme Debussy, le vent qui siffle au ras de la plaine ou les rafales du vent d'ouest, mais le « *mystic wind* » d'une nouvelle citation de Poe (du poème *The Lake*), il suffit de ces arpèges alternés à toute vitesse entre les mains, où passe un chant de tierces frileuses. L'échelle hexatonique, bonne à la moitié des toniques (puisque ses transpositions sont limitées à deux), laisse flotter la musique dans l'indécision, jusqu'à l'apparition finale de l'accord de mi bémol mineur. Apaisement, alors, lent effilochement des sonorités, « quasi da lontano » ; et quelques derniers frémissements légers, avant le silence.

## *Fantasy Pieces* (op. 6)
COMP 1912-1915. PUB 1915 (Schirmer). DÉD à Gottfried Galston.

L'absence de titres imagés n'est qu'un premier indice ; sitôt qu'on pénètre dans la musique, on se convainc d'une correction de trajectoire. Disons plutôt qu'après le coup de barre vers l'impressionnisme, ces trois pièces semblent jeter un dernier regard en arrière, du côté de la rive romantique. Cela se sent beaucoup dans la *Barcarolle* initiale (en si bémol majeur, *andantino ma non troppo*), qui s'apparente en esprit, en couleur méditerranéenne, à celle de Chopin, et, quoique touchant à des mondes harmoniques plus neufs (avec ce mélange favori de Griffes : triades contre tons entiers), fait une part semblable à un opulent accompagnement d'arpèges, à un lyrisme parfois ardent et passionné, dans une écriture pianistique très dix-neuvième siècle. Les deux dernières pages, surtout, « poco più animato e trionfante », paraîtront fort proches du modèle. Mais le début a son charme propre, ce thème énoncé à la main gauche, tout amolli de la quarte lydienne (mi ♮).

Le *Notturno* (en la bémol majeur, *tranquillamente ma non trascinato*, c'est-à-dire « sans traîner ») hésite quant à lui entre debussysme et fauréisme. Le premier lui va davantage : tout ce début chantant, dans le flou de la gamme par tons, que la reprise baigne de fluides triolets. Le reste est plus composite, et d'inspiration moins soutenue.

Le rythme bondissant du *Scherzo* (en mi bémol mineur, *vivace e fantastico*) ne trompe guère : sous cette appellation passe-partout se dissimule une véritable tarentelle, qui nous assure, si besoin en était, que la scène de ces « fantaisies » est en Italie. Le rouage des croches à 6/8 est remonté à bloc, les basses de quintes talonnent joyeusement le thème, que parfume au passage l'aromate du mode phrygien (seconde mineure : fa ♭). Multiples pédales, en particulier dans le trio *(poco meno mosso)*, debussysant, étagé sur trois portées, avec à l'aigu la clochette argentine d'un si ♭.

### *Roman Sketches* (op. 7)

COMP juin 1915 (n° 1) et mai 1916 (n°s 2-4). PUB 1917 (Schirmer). DÉD à Rudolph Ganz (n° 1), Winifred Christie (n° 2), Paul Rosenfeld (n° 4). *The White Peacock* orchestré en 1919 pour un ballet.

C'est le cahier, de tout l'œuvre de Griffes, qui le montre au plus intime avec l'univers de Debussy ; néanmoins, son propre style s'y fait de plus en plus perceptible ; un alliage personnel d'idiomes, un chromatisme plus insidieux, une attitude de plus en plus élusive envers les fonctions tonales, donnent à ces pièces leur caractère singulier.

Des quatre pièces, la plus célèbre est la première, ce *White Peacock* (« Le Paon blanc ») qui laisse une impression presque magique. Son apparente liberté formelle, sa souplesse de figures, de rythmes, de transitions, ne doivent pas cacher une construction rigoureuse, sur quelques thèmes voisins : le double arc initial en tons entiers (qu'on retrouvera aux dernières mesures), suivi d'un glissement flûté, sur les degrés chromatiques *(languidamente e molto rubato)* ; le motif en rythme pointé, nettement en mi majeur, et à 5/4, qui évoque une danse gracieuse (mes. 8) ; la mélodie centrale qui s'essore en accords, sur un lit d'arpèges en triolets *(con languore)*. La fin, énigmatiquement, demeure irrésolue : neuvième de dominante, comme aux premières mesures, et les volutes hexatoniques finissant toutes seules dans le vide. – Le morceau s'inspire d'un poème de Fiona MacLeod, pseudonyme de l'écrivain écossais William Sharp, dont Griffes devait mettre trois poèmes en musique, dans son opus 11.

La deuxième pièce, *Nightfall* (« Tombée de nuit »), offre le plus complet contraste entre des volets externes assez sombres (en sol dièse mineur, *lento misterioso*), où bat le pouls syncopé de pédales intérieures et où se morfond bientôt (mes. 14) un chant de tierces et de sixtes, de couleur italienne (voyez comme son balancement à 6/8 est contrarié par la persistance d'un rythme de noires à la basse, qui tâche de garder la pulsation primitive), – et une partie centrale qui, partie du relatif, élit le ton enharmonique de la bémol majeur *(tranquillo)* et remplace l'immobile ostinato du début par de mouvants arpèges de barcarolle : les lumières de la ville se sont allumées, transformant la nuit, selon l'épigraphe empruntée à William Sharp, en une « rosée sur la fleur du monde ». La fin, revenue aux lents accords et aux syncopes, en garde une hésitation modale : mineur et majeur se disputent les dernières mesures, feutrées, jouées du bout des doigts, – et le majeur l'emporte de justesse.

On voudra évoquer Liszt, Debussy et Ravel à la fois dans *The Fountain of the Acqua Paola* (en ré bémol majeur, *allegro moderato*) ; mais Griffes ne se borne pas à ajouter une pièce de plus (et des plus séduisantes !) au répertoire déjà fort étendu des pièces aquatiques. Plus que des effets pianistiques, ce sont des tours harmoniques qu'il expérimente. Le début peut bien sonner lisztien (souvent Griffes aime à égarer l'auditeur ; ou plutôt, ayant gagné sa confiance, à le surprendre), mais le reste a vite fait de nous donner des accents originaux, des frottements inédits, des enchaînements insolites. Le passage le plus étonnant, dans ces mirages de gouttelettes, ces vapeurs d'écume irisée : celui où des triolets de croches et de noires se superposent à des doubles croches (mes. 29), en un soyeux froissement chromatique.

De même, la paisible diatonie du début de *Clouds* (« Nuages », en ré bémol majeur, *tranquillo*), lente procession d'accords dans un mètre à 7/4, est trompeuse ; au bout de quelques mesures, voici dans l'aigu, toutes frêles et à contretemps, des notes doucement dissonantes, nées en réalité de la modalité, mais qui semblent bitoner, comme si l'instrument se déréglait. L'impression de deux lignes étrangères l'une à l'autre s'accroît encore, avec ces enchaînements d'accords tremblants, à deux-contre-trois, au-dessus de vastes arpèges formant pédale (mes. 10). Le même effet de lointain (mystères de la distance...) revient à la toute fin : les mains se déplacent d'un bout à l'autre du clavier, pour poser tour à tour les quintes vides redoublées de la basse, et l'étagement d'accords et d'arpèges dans le registre aigu, – et l'on peut y voir l'écho fidèle des vers de William Sharp, évoquant « les dômes dorés » de la Ville éternelle, « noyés dans des vallées de neiges impénétrables ».

## *Sonate*

COMP décembre 1917-janvier 1918. PUB 1921 (Schirmer). CRÉ par Griffes (26 février 1918, New York). Le deuxième mouvement orchestré en 1919 comme *Nocturne*.

En même temps qu'elle marque une avancée de Griffes, ouvrant dans sa musique cette ultime et riche période que le sort fit si brève, cette *Sonate* figure au tout premier rang des sonates américaines pour le piano, par sa vigueur de pensée, sa densité, son économie, son agrément pianistique. Quinze minutes pour trois mouvements enchaînés, où l'on voit le compositeur renoncer au luxe harmonique, à toutes ces opulentes et charnelles gourmandises de l'écriture verticale dont il faisait ses délices, au profit d'un tracé linéaire, et des plaisirs plus abstraits du contrepoint. – Du reste, ce mot de « plaisir » est mal choisi : voici peut-être les premières pages où Griffes, plutôt que de céder à la gratuité (nécessaire aussi, entendons-nous ! l'indispensable superflu...), manifeste comme une urgence d'écrire ; l'œuvre est autrement tendue, et même jusqu'à l'austérité, que toutes celles où il ne s'occupait que de nuages, de lacs et de fontaines ; elle est autrement expressive, au point de rejoindre, par-delà son style avancé, une sorte de pathos romantique, de l'essence la plus pure, débarrassé de ses scories.

L'œuvre semble naître tout entière d'une échelle arbitrairement choisie, à forte couleur orientale : un mode de ré où le deuxième degré serait phrygien (mi ♭), la tierce indécise entre le mineur et le majeur (fa ♮/fa ♯), la quarte lydienne (sol ♯), la sixte généralement mineure (si ♭), et la sensible au demi-ton (do ♯). Le premier mouvement *(feroce/allegretto con moto)* se soumet sans broncher à la dialectique ordinaire des deux thèmes contrastés : l'un régulièrement à 12/8, trouble et remuant, surtout quand il s'étoffe en accords et que l'accompagnent de houleux arpèges de doubles croches, – l'autre plus placide, démarrant sur une oscillation obstinée de deux notes à la basse, et caractérisé par un accident métrique inattendu, à savoir l'immixtion de quelques mesures à 10/8 qui le font un peu boitiller.

Le deuxième mouvement s'enchaîne sans interruption (en mi bémol mineur, *molto tranquillo*) : alternance de phrases à l'allure de choral, au pas hiératique, dans le ténébreux registre grave, et d'autres déployées dans l'aigu, souplement accompagnées d'arpèges de croches. L'épisode central s'enfle jusqu'à l'appassionato ; puis c'est le retour au calme, avec ce chant tranquille sur un mouvement oscillant de la basse, repris à l'*allegretto* et amplifié, dans un climat presque d'hypnose.

L'*allegro vivace*, en forme de rondo-sonate, évoque à s'y tromper un Prokofiev encore à naître, celui par exemple de la *Septième Sonate*. Rythme implacable, confrontant 6/8 avec 3/4 (et parfois avec 2/4, ce qui est plus facile). Un peu avant la fin, on réentend le chant mystérieux et paisible du mouvement précédent, sur son va-et-vient de croches. Coda *presto*, magnifique d'éclat et de pugnacité.

### *Three Preludes*
COMP 1919. PUB 1967 (Peters).

Le dernier Griffes, admirable de concision, de lucidité, d'originalité. Plus encore que la *Sonate*, ces trois pièces qui n'atteignent pas les cinq minutes et concentrent pourtant un pouvoir de beauté et d'émotion que leur envieraient bien des morceaux « développés », nous font mesurer la perte que la musique a subie avec la disparition prématurée de ce compositeur. L'absence de toute indication (tempo, dynamique, nuances) n'empêche pas de les entendre à demi-mot : il y a de la brusquerie, presque de la colère dans les accords de la première, que talonne une basse en tremblement sur deux notes (thème de quatre mesures, trois fois répété, avec une réponse chaque fois différente), – de la douceur et de la persuasion dans la deuxième, la plus mystérieusement belle des trois, – de l'expectative dans la troisième, mesurée à 5/4, et qui, après quelques phrases interrogatives à la main gauche, et par deux fois une bitonale et cristalline séquence d'accords dans l'aigu, se résout en la majeur.

PIÈCES DIVERSES. – Comme son compatriote MacDowell, Griffes a eu sa période romantique, qu'illustrent encore, malgré bien des œuvres détruites de son plein gré, un certain nombre d'inédits (1898-1910) : des *Variations op. 2*, quatre *Préludes*, une *Mazurka en la mineur*, trois sonates en un ou deux mouvements.

La période suivante a également ses inédits : une *Sonate en fa dièse mineur*, une *Rhapsodie*, une *Légende*, une *Pièce en ré mineur*, une *Danse en la mineur*. Quoique nés parmi des pièces impressionnistes, ces morceaux, que Griffes considérait sans doute comme des études de composition, prospectent plutôt dans le sens du chromatisme. L'un d'entre eux, le ***De profundis*** de 1915, a été publié (en 1978, Peters) ; c'est une sorte de grand nocturne triste et désabusé (en sol mineur), de forme sonate assez stricte, baigné d'arpèges, à jouer rubato d'un bout à l'autre, selon Donna K. Anderson, qui en a assuré l'édition ; pages composites : on croira y sentir, auprès d'accents authentiques et particuliers, l'influence conjuguée de Liszt, de Wagner, de Scriabine.

Fort différent, le morceau intitulé **The Pleasure-Dome of Kubla Khan**, mieux connu dans sa version orchestrale de 1917 (pourvue du numéro d'opus 8), mais dont la version originale, en 1912, s'adresse au piano. Le compositeur s'inspire du poème de Coleridge, peignant d'abord, dans un halo brumeux, la rivière sacrée qui « coulait à travers des grottes merveilleuses vers une mer ténébreuse », puis les jardins, les fontaines, les « coins ensoleillés de verdure » ; on entend ensuite, de l'intérieur du « palais de plaisance », le bruit des danses, leur rythme enfiévré et croissant ; et la fin, apaisée, revient aux « grottes de glace » du début.

Signalons, pour terminer, que Griffes a composé dans ses dernières années cinq petits recueils pédagogiques, de six pièces chacun, consistant en danses, marches, chants patriotiques, sonneries militaires, airs populaires, réduits à leur plus simple expression. Schirmer les a publiés (1918-1920) sous le pseudonyme d'Arthur Tomlinson.

## Gabriel GROVLEZ
(1879-1944) Français

Encore un pianiste, un chef de chœur, un chef d'orchestre, dont on oublie qu'il a été d'abord, ensuite, et toujours un compositeur. Qu'il ait fait partie de la fameuse bande des *Apaches*, qu'il ait donné la première audition à Paris de la *Sonatine* de Ravel (et créé plus tard, à l'orchestre, *Ma mère l'Oye*) aurait dû lui valoir l'intérêt, pour le moins, des ravéliens et des ravélisants. Ils auraient retrouvé le dieu dans le labeur de l'officiant : c'est en effet à Ravel que ressemble le meilleur Grovlez, celui du ballet *La Princesse au jardin*, du poème symphonique *Le Reposoir des amants*, de l'opéra *Le Marquis de Carabas*, de quelques fins recueils de mélodies, – et de quelques morceaux de piano, au milieu d'une production abondante.

Après le lot ordinaire des pièces juvéniles, la première composition pianistique à montrer mieux que des promesses, ce serait **Recuerdos**, pièce composée en 1909 (publiée en 1910, Durand), et dédiée à Ricardo Viñes. C'est une fantaisie dans le goût espagnol (en ut dièse mineur), qui semble enchaîner, comme l'annonce le titre, des « souvenirs » de danse et de chanson. Pages colorées, au charme facile, depuis le portique d'accords *(large et sonore)* jusqu'au mélancolique épilogue *(lent)* où tintent doucement les appogiatures, en passant, entre autres épisodes, par une habanera, figée et feutrée, comme entendue au lointain.

Des trois **Improvisations sur Londres**, écrites en septembre 1910 dans la capitale anglaise (et publiées la même année chez Augener), on peut goûter la première, *Westminster Abbey*, évoquée par des cloches sourdes, et par un choral qui réutilise la technique de celui de Franck *(Prélude, Choral et Fugue)*, c'est-à-dire que la main gauche, après avoir rejoint la droite en grands accords arpégés, la croise pour marquer le chant dans l'aigu ; on notera la citation, non peut-être dépourvue d'humour, d'une fugue de Haendel, citoyen londonien s'il en fut ! – Mais la meilleure du cahier est la troisième pièce, *Soir de dimanche sur les bords de la Tamise* (en la bémol majeur, *modéré*), une rêverie paisible, bercée du clapotement doux d'une barcarolle (à 6/8, les harmonies très floues dans les deux pédales), avec les derniers reflets du jour dans l'eau presque immobile, et l'effeuillement des « roses tardives » dont parle l'épigraphe de William Henley.

Il y a une nouvelle *Barcarolle*, et sous ce titre cette fois avoué, dans les

***Trois Pièces*** de 1912-1913 (publiées en 1914, Durand), dédiées à Louis Laloy. Elle prend place entre une espagnolade relativement quelconque, intitulée *Évocation*, et un *Scherzo* impertinent, d'ailleurs plutôt une valse, et même la neuvième « valse noble et sentimentale » (faites-en l'essai sur des oreilles curieuses, et donnez à deviner l'auteur !). Cette *Barcarolle* (en ré bémol majeur, *moderato*), c'est l'un des morceaux les plus voluptueux que le genre ait inspirés, un moment de grâce du piano de Grovlez ; et le pianiste, une fois passé l'obstacle d'un déchiffrage laborieux (beaucoup d'accidents, dans une mesure à 6/4 trop étendue et des tonalités déjà chargées ; beaucoup de croisements de mains, péché mignon de Grovlez), ne trouvera plus que délices à ces harmonies vaporeuses, à ces frôleuses appogiatures, à ces cadences cristallines qui viennent, par deux fois, rompre le cours du voyage, et de la songerie.

On ne doit pas confondre ces *Trois Pièces* avec les *Trois Pièces* de 1902, juvéniles et mal dégrossies ; ni avec les *Nouvelles Pièces* éditées en 1919 par Jacques Vuillemin, fort banales, inexplicablement. Mais déjà les ***Fancies***, sept pièces publiées en 1915 chez Augener, ne marquaient-elles pas un certain recul de l'inspiration, avec le choix d'un matériau plus rudimentaire, où la fantaisie de Grovlez n'arrive pas à se donner libre cours ? Il y a bien, après une *Sérénade* un peu triviale (quoique agréable à jouer), après un *Nocturne* trop mièvre, cette *Petite Valse* ravissante (en la bémol), dont les harmonies plaisantes et aguicheuses ne vont pas jusqu'à faire rougir, – ainsi que cette tendre *Berceuse* (en la), appuyée sur le mouvement de balancier de la basse, et qui, avant de s'éteindre, laisse résonner au bout du clavier de lointaines clochettes ; mais la *Fileuse* est bien trop longue, dont le procédé de mains alternées (croches à gauche, aller et retour de triples croches à droite) tourne bientôt à vide ; les modulations de la *Rêverie* ont je ne sais quoi de forcé, de besogneux ; et certes le *Cake-walk* final est bourré d'humour : mais comment faire mieux, en fait de burlesque (et poétique !) que le *General Lavine* de Debussy ?

On reprochera aux ***Trois Valses romantiques*** de 1916 (publiées en 1917, Durand) de se prendre au sérieux, de ne pas jouer assez de leur décalage avoué ; elles viennent bien joliment sous les doigts, mais l'oreille voudrait quelque piment à cette euphonie trop libéralement consentie (dans ce genre plus périlleux qu'on ne le pense, obéré par la réussite des *Valses nobles et sentimentales* de Ravel, en attendant l'admirable *Éloge de la danse* de Jean Françaix, on pourra préférer la ***Valse-Caprice*** publiée en 1938 par Eschig, à la fois plus fine et plus âpre). Toujours de 1916, ***Deux Études de difficulté transcendante*** (publiées en 1919, Durand), la première, *Naïades*, dédiée aux doubles notes, la seconde, *Kobolds*, concernée essentiellement par les octaves, toutes deux redoutables, et qui vraiment ne rendent pas au centuple (pas même au double) le labeur qu'elles impliquent.

Une part de la production pianistique de Grovlez s'est spécialisée dans l'« enfantine », avec des réussites diverses. Des trois cahiers qu'il a dédiés au monde de l'enfance, le premier, *L'Almanach aux images*, publié en 1911 (Augener), est le mieux venu, le plus substantiellement musical. Chacune des huit pièces est précédée, en guise d'épigraphe et de programme, d'un petit poème naïf de Tristan Klingsor (celui même qui fournit à Ravel les textes de *Shéhérazade* et à Grovlez de charmantes *Chansons enfantines*). Des *Marionnettes* (en mi majeur) ouvrent le recueil, dansant le menuet, faisant la révérence, tandis qu'Arlequin joue du fifre, haut perché dans l'aigu, loin au-dessus du tambour des basses. La *Berceuse de la poupée* (en la bémol) harmonise finement, et modalement, « Dodo, l'enfant do ». Suivent une *Sarabande* (en si mineur), aux arabesques délicates, que viendront danser « marquises et bergères, en fanfreluches du passé », – et une *Chanson du chasseur* (en ré majeur), commencée en fanfare sur le mode lydien (avec sol ♯), mais d'un chasseur dont on nous assure qu'il rentre bredouille : « Tous les lapereaux dansent encore leur ronde... » Puis c'est le trottinement des *Ânes*, sur un intervalle obstiné de quinte (tonique-dominante, en la bémol), qui ne veut pas prendre en compte les accords de plus en plus étrangers de la main droite ; – l'air improvisé, au chalumeau champêtre, du *Pastour* (en la mineur), « pleurant au bord de la fontaine » ; – la *Chanson de l'escarpolette*, une valse viennoise aux tierces coquettes (en la bémol majeur) ; – et enfin les touchantes *Petites Litanies de Jésus* (en sol majeur), si candidement harmonisées, avec ce texte en regard :

> Jésus des carrefours et des chemins,
> Pendu comme un oiseau mort aux croix de bois,
> Avec les roses des clous aux mains,
> Jésus des gueux et des rois,
> Souriez-moi...

On ne trouvera pas le même fil poétique, la même justesse de ton dans *Au jardin de l'enfance*, six pièces composées en 1916 (publiées en 1917, Chester), et où Grovlez, cette fois, prend prétexte de poèmes de *L'Art d'être grand-père*, de Victor Hugo. La berceuse de *La Sieste* est bien prosaïque après celle qui endormait la poupée de *L'Almanach*. *Choses du soir* parle un peu moins à ras de sol, dans son opposition entre l'air de biniou de maître Yvon, *allegretto* à 2/4, et la grisaille du paysage où luit faiblement la lune, *moderato* à 3/4, « con dolore » (entre parenthèses : quel beau poème ! hélas tronqué, il eût été trop long comme épigraphe ; relisez-le, pour arriver au vers merveilleux, l'un des plus inattendus de Hugo : « La faim fait rêver les grands loups moroses... »). Quintes et quartes se bousculent joyeusement dans la *Chanson de grand-père*, tandis que la *Chanson d'ancêtre* sonne ses fanfares, en crescendo, sur les roulements de timbale de la basse. La *Chanson pour faire danser en rond les petits enfants* est scandée, comme il se doit, d'un infatigable et revigorant bourdon de quinte. En conclusion, la danse espagnole de *Pépita*, tristement conventionnelle. C'est l'écueil de cet album : tous les airs qu'on y entend semblent avoir traîné partout...

Soyons un peu moins sévères avec le dernier recueil enfantin, **Le Royaume puéril**, huit pièces composées en 1930 (publiées en 1931, Heugel), d'après des poèmes de René Chalupt. Mais entendons-nous sur ce mot d'« enfantin ». Les précédents cahiers se destinaient aux doigts mêmes des petits pianistes ; celui-ci ne saurait toucher (et encore !) que leurs oreilles ; ce sont des pièces difficiles, où Grovlez a mis plus d'art, plus de recherche harmonique et pianistique, quitte à perdre un peu de spontanéité. Ce ton différent, ce regard d'adulte averti, s'accordent d'ailleurs avec les textes de Chalupt, dont l'ironie imperturbable, l'humour à froid, les allusions multiples, dans tous les registres, ne sauraient s'adresser à des enfants. Un choix, parmi ces miniatures ouvragées avec autant de soin que de distance : la deuxième, cortège parodique du *Mariage de la cousine*, qui cite évidemment, affreusement déformée, la *Marche nuptiale* de Mendelssohn ; – la troisième, *Bassins du Luxembourg*, fine et suggestive barcarolle, pour les caravelles, les frégates, les goélettes que les enfants lancent dans « les mers closes » du jardin ; – la quatrième, *Foire des Invalides*, pour son tohu-bohu délicieux, ses sonneries de bugle avant le numéro, sa musique de cirque, lourdement accentuée, bariolée de dissonances, avec le glissando final, « toboggan » du sommeil de Totor, rentré chez lui « perclus de délices » ; – enfin la sixième, *Leçon de danse*, pour son mélange incongru de rythmes de gavotte, de polka, de mazurka, de shimmy, de fox-trot, de charleston...

Deux partitions encore à signaler. La **Sarabande** publiée en 1921 (Durand), en la bémol mineur, est bien séduisante dans sa parure d'accords rutilants, dans sa langueur tout espagnole, et pourrait passer à bon droit pour un hommage à Ravel, dont elle imite adroitement des inflexions, des enchaînements, des cadences. Les deux **Impressions** plus tardives, publiées en 1934 (Heugel) et dédiées à Marguerite Long, forment une antithèse facile, mais toujours valable et saisissante ; la première, *Nostalgique*, commence et finit avec les deux mains bitonalement opposées, la droite sur les touches blanches (en la mineur), la gauche sur les noires (accord de ré bémol sans la tierce), dans un climat très oppressant, que n'arrive pas à transformer l'épisode suivant, fondé sur la gamme par tons ; la seconde pièce, *Joyeuse* (en la majeur), est au contraire de couleur franche, de rythme bien appuyé, pleine de martellements enthousiastes, de vives lueurs ; quand l'autre se traînait dans la pénombre, elle s'ébroue au soleil retrouvé.

## Camargo GUARNIERI
(1907-1993) Brésilien

Le renom international de Villa-Lobos a rejeté dans l'ombre, pour nous autres européens, les noms de quelques compositeurs brésiliens qui ne lui sont nullement inférieurs. C'est le cas de Guarnieri, son cadet de vingt ans, auteur d'une œuvre luxuriante et attachante, étendue à tous les domaines, notamment celui de la mélodie : près de trois cents, nourries d'une généreuse sève lyrique. C'est ce lyrisme imaginatif que célébrait, dès la *Première Sonatine* (1928), le poète et musicologue Mário de Andrade, fer de lance du mouvement nationaliste au Brésil, qui contribua à lancer Guarnieri sur le devant de la scène musicale. Loin de tout académisme, et renonçant aux modèles importés, le compositeur nouait son art à ses racines ; il n'en montrait pas moins son goût d'une écriture raffinée, dans l'élaboration de la forme comme dans le traitement de l'harmonie.

Cette harmonie se préoccupe autant, et parfois plus, de l'horizontal que du vertical. Guarnieri estimait que le folklore de son pays, par sa vigueur et sa fécondité, ne pouvait se suffire d'accords, si rutilants qu'on les choisisse, et qu'il fallait traiter ces mélodies (ou leur équivalent, puisqu'il préféra toujours en recréer l'esprit plutôt que les utiliser telles quelles) par la polyphonie. La superposition des voix, des rythmes, voire des tons et des modes, aboutit chez lui à des effets d'une prodigieuse richesse. Au piano, cela donne ces entrelacs caractéristiques où les déchiffreurs s'aventurent avec délices, poursuivant, comme le compositeur a dû le faire lui-même, un même thème dans ses méandres recommencés : car il est familier du thème unique, dont toute une pièce amplifiera les ressources.

Son catalogue pianistique compte une centaine de pièces, qui témoignent que sa palette est aussi large que sa vision, qu'il est aussi à l'aise dans la forme sonate que dans la danse populaire, qu'il peut passer du chromatique au bitonal, et même à l'atonal. Il n'y a apparemment rien de commun entre les *Valses*, qui ne se soucient que de charme, et les *Études*, d'une difficulté considérable, autant dans le fond que dans la forme. Les *Sonatines* représentent la part d'une musique plus policée face aux pièces plus colorées que sont le *Chôro torturado*, la *Dansa selvagem* ou la *Toada triste*. Mais le Guarnieri qui touche au plus vif est celui des *Ponteios*, ces cinquante préludes d'essence romantique, héritiers de ceux de Chopin et de Scriabine, et reflétant à la fois la diversité d'une âme et la variété d'un idiome musical.

## LES SONATINES

Elles sont au nombre de six, et jalonnent la production de Guarnieri (1928-1965), qui les jugeait particulièrement représentatives de son évolution. Comme la *Sonatine* de Ravel, elles ne doivent le diminutif de leur titre qu'à la finesse de leur texture.

### Première Sonatine
COMP 1928. PUB 1958 (Ricordi Brasileira). DÉD à Mário de Andrade.

Célébrée par son dédicataire, qui en fit une sorte de manifeste du nationalisme, elle contribua grandement au renom naissant de Guarnieri. On la loua de concilier avec adresse un matériau basé sur le folklore brésilien et une forme classique et sérieuse. Le thème principal du premier mouvement (en ut majeur, *molengamente*), à 2/4, oscille avec charme sur une basse de croches en va-et-vient obstiné ; le second *(com alegria)*, après le chant, exalte la danse, avec force accents et syncopes, et la basse cette fois se dégingande, aidée du dactyle réitéré à chaque premier temps (nous autres, habitués à Milhaud, nous retrouvons ici un *saudade*...). Développement adroit, et reprise des thèmes dans l'ordre inverse de leur exposition.

La *modinha* du mouvement lent (en mi mineur), qui passe de la main gauche à la main droite dans son *ponteado* de guitare, paraît aujourd'hui, quelque intérêt qu'elle ait présenté à l'époque, bien relâchée d'inspiration ; et tous ses contrechants n'y sauraient rien changer, non plus que la « coquetterie » (*bem dengoso*, est-il indiqué) qu'on y doit mettre ; quittons vite ces inflexions sucrées et ces rosalies éprouvantes, pour la joyeuse petite toccata du finale (en la majeur), vigoureusement martelée par les deux mains l'une sur l'autre, d'abord en quintes, puis en tierces, plus loin en accords sous une mélodie syncopée.

### Deuxième Sonatine
COMP 1934. PUB 1973 (Ricordi Brasileira). DÉD à Vanya Elias.

D'une esthétique radicalement opposée à celle de la précédente : on n'imagine pas que les deux œuvres puissent être nées du même compositeur. À quelques années des rengaines faciles et des rythmes du terroir, comment, si ce n'est pour les fuir et changer de route, peut-on écrire ces trois mouvements arides, qui souscrivent nettement à l'ennemi le plus farouche du folklore, l'atonalisme ? Atonaux, remarquons qu'ils ne le sont pas de la même façon. Le premier *(alegre com graça)*, si l'on isole la main droite, chante bel et bien en ut majeur, et tout compte fait assez gaiement, comme un air populaire, ou une comptine ; la gauche, seule, est presque aussi bénigne, dans son ostinato autour de do, son diatonisme initial, un peu plus loin ses tons entiers ; ensemble, plus rien ne va, sans compter que sous le 2/4 officiel du chant, l'accompagnement entend jouer à 3/4... Le mouvement lent *(ingenuamente)* superpose les deux ostinatos décalés de la main droite à une gauche chantante, très libre d'inflexion et de rythme, pleine de chromatismes. Le finale *(espirituoso)* est plus détraqué encore ; les mains n'ont franchement plus rien de commun, ni rythmes, ni échelles. – Une œuvre expérimentale, point détestable, mais atypique ; pourtant ce n'est pas un accident de parcours. Son écriture linéaire et sa limitation au registre aigu se retrouveront dans la suivante, pour de tout autres résultats ; et la *Sixième Sonatine*, à nouveau, tentera le langage atonal.

## *Troisième Sonatine*
COMP 1937. PUB 1945 (Associated Music Publishers). DÉD à Alonso Anibal de Fonseca.

La plus plaisante, la plus facile à aimer (quoique lui-même ne l'aimât guère) des sonatines de Guarnieri. Elle tire sans doute une part de son charme du registre aigu auquel il a choisi de la confiner (les deux mains sont écrites en clé de sol), conférant ainsi à ses thèmes, eux-mêmes enfantins et graciles, des sonorités de boîte à musique. Cela convient particulièrement à l'*allegro* initial (en fa majeur), de stricte forme sonate sous ses aspects ludiques, et surtout à son premier thème, aux jacassantes notes répétées, aux syncopes vivement accentuées, auquel la main gauche apporte le renfort de son propre staccato. Quoique limité à quelques notes, le second thème chante davantage, dans une jolie couleur lydienne (fa ♯ en ut) ; c'est un air du folklore, connu sous le titre « *O Cego* » (« L'Aveugle »).

Le mouvement lent (en fa mineur, *con tenerezza*) est de la quintessence de sentimentalité brésilienne, traitée (on veut croire...) avec un zeste d'humour : la main droite s'éplore, en douloureux intervalles modaux, tandis que la gauche, en ses dessins enveloppants, glisse de furtives et frissonnantes fausses notes, comme pour distraire l'oreille de cette mélopée trop aguicheuse.

En guise de finale, cinq pages de fugue à deux voix (en fa majeur, *ben ritmico*), tonique, roborative, un petit rouage de doubles croches bien ajustées, qui finit fortissimo, avec le sujet en augmentation à la basse. (On trouvera une fugue encore à la fin de la *Sixième Sonatine*, avec la mention *humoristico*, qui aurait pu servir ici.)

## *Quatrième Sonatine*
COMP 1958. PUB 1973 (Associated Music Publishers). DÉD à Italiano Tabarin.

Encore une sonatine de vacances, et d'enfance, d'une euphonie presque constante ; les quelques touches éparses de bitonie, sans agressivité aucune, ne font qu'aviver les contours de ces figures insouciantes, celles qui, dans le premier mouvement *(com alegria)*, s'ébrouent dans un amusant surplace ; ou celles qui, dans le troisième *(gracioso)*, feignent de se tirer sagement à la ligne comme du Mozart. Ton d'ut majeur, où rit le fa ♯ du mode lydien. – Il y a un peu plus de gravité dans le mouvement lent (en fa majeur, *melancólico*), et quelques plus sensibles rudesses ; ces arpèges qui voudraient bercer le chant le faussent comme en dépit d'eux-mêmes et de leur mouvement caressant...

### *Cinquième Sonatine*
COMP 1962. PUB 1962 (Ricordi Brasileira). DÉD à Joseph Battista.

Écrite pour servir de morceau imposé au concours de piano organisé cette année-là par Radio Eldorado. Il faut retenir le beau mouvement lent, d'une page à peine (*muito calmo*, à 4/4), une mélodie plaintive, dont la droite joue à la fois le thème (noire pointée-croche) et son enveloppement d'arpèges de croches, au-dessus d'une basse disjointe ; musique en modulation perpétuelle, par petits glissements chromatiques ; départ en ut dièse mineur, arrivée en mi mineur. Les mouvements rapides sont moins réussis. Ils ont pourtant des débuts séduisants, le premier (en la majeur, *com humor*) avec ses phrases au long souffle, les deux mains tournoyant l'une au-dessus de l'autre, en deux voix uniques qui n'arrivent pas à s'échapper de l'emprise du ton, – le troisième (en la majeur, *com alegria*) scandant haut et clair son petit motif spirituel, qu'émaillent plaisamment toutes sortes d'accidents modaux ; mais tous deux tournent court ; même les rythmes de samba qui animent les épisodes du finale n'arrivent pas à ranimer l'intérêt.

### *Sixième Sonatine*
COMP 1965. PUB 1973 (Associated Music Publishers). DÉD au pianiste Caio Pagano.

Le premier mouvement se donne en vain pour *gracioso* : ces deux voix affairées, préoccupées, courant leur chemin de croches sans prendre garde l'une à l'autre, sinon en de brefs moments (le second thème) où elles consentent à la fois aux accords et à la bitonalité (le bitonal, Dieu merci ! est autre chose que l'atonal, et même il en est le parfait antidote), oui, ces deux lignes en mouvements anguleux, en accidents hirsutes, obsédées par l'intervalle de quarte, ne sauraient être « gracieuses » que par antiphrase, et font un début bien revêche à cette ultime *Sonatine*.

Bien différent, le mouvement lent, un des moments les plus poétiques du piano de Guarnieri. Ici, quoique étrangères l'une à l'autre, les deux mains s'écoutent ; leurs chants de tierces en fausses relations ont beau diverger, leur superposition, où l'analyse ne verrait que des agrégats inclassables, sonne avec une étrange euphonie ; cette fois, le terme choisi par le compositeur correspond à la réalité : *etéreo*, voilà l'impression que laissent ces pages ; et les dixièmes qui viennent, dans ce pianissimo généralisé, marquer quelques accents plus forts, sont aussi mal accordées et non moins « consonantes ». L'épisode central est d'un coup plus sonore, dont les accords dressés en piliers polyharmoniques éclatent comme dans une nef de cathédrale. Et l'on finit comme on a commencé, dans ce climat de limbes, où l'on entendrait une âme voler... (On trouve le pareil dans le mouvement lent du *Cinquième Concerto* pour piano.)

On peinera dans la fugue finale *(humorístico)*, autant si on la joue que si on l'écoute ; fugue à deux voix, sur un sujet (humour oblige !) tout disjoint, cassé, secoué de notes répétées railleuses. Ton de mi, si l'on veut, mais corrodé de chromatisme, atonalisé à force de mauvais traitement. Pourtant, avec l'accoutumance, un déclic se produit, on se prend à goûter cet exercice insolent, – qui s'interrompt un moment pour une citation des tierces éthérées du mouvement lent, et s'achève *ffff* dans un tintamarre d'octaves.

## LES PIÈCES SÉPARÉES

Une quinzaine, essentiellement des chansons et des danses, à quoi l'on ajoutera la *Toccata*. Outre les dix morceaux commentés ci-dessous, on trouve une *Canção sertaneja* (1928), une *Toada* (1929), un *Improviso* (1948), une petite berceuse intitulée *Acalanto* (1954) ; un *Preludio e Fuga* est demeuré inédit.

### *Dansa brasileira*
COMP 1928. PUB 1946 (Associated Music Publishers). DÉD à Antônio Munhóz. Orchestrée en 1931.

Une des pièces les plus célèbres du compositeur, dans sa version pour orchestre. Quintessence de samba (en mi majeur), bon enfant, un peu vulgaire, – le thème au dessin descendant, taraudé de notes répétées, comme les rendrait un plectre de guitare, l'accompagnement rythmique et obstiné sur de longues pédales (dactyle incessant de la première moitié de la mesure et accent sur le quatrième temps), la fin accélérée, en joyeux brouhaha. Quelques épices modales (par exemple le ré ♮ mixolydien). Portrait de Guarnieri à vingt ans, encore peuple et sans prétention.

### *Chôro torturado*
COMP 1930. PUB 1947 (Associated Music Publishers). DÉD à João Souza Lima.

On connaît bien, grâce à Villa-Lobos, ce terme de *chôro* qui désigna d'abord un ensemble instrumental de musique populaire urbaine (les musiciens eux-mêmes étant des *chorões*), puis par métonymie la musique jouée. Ses caractéristiques : l'improvisation virtuose, chaque musicien étant soliste à son tour, la variation autour des thèmes, toujours simples et sentimentaux, l'adjonction de contrepoints libres (le *contracanto*), parfois très dissonants. Comme son illustre aîné, Guarnieri a composé de nombreux *chôros*, pour toutes sortes de formations, de la pièce de piano au grand orchestre, qui coulent l'esprit de cette musique dans une forme impeccable et stylisée.

Le *Chôro torturado* (en fa mineur) en est le parfait modèle. D'abord par la nature de ses thèmes, qui expriment une douleur aiguë, intolérable, impossible à contenir plus longtemps, et ne pouvant s'exhaler qu'à grands cris passionnés, dans le déchirement des harmonies ; d'ailleurs on relèvera, à la suite de ce terme initial de *torturado*, si expressif, ces mots encore : *restless* (agité), *disconsolate* (inconsolable). Ensuite par leur accentuation irrégulière, où abondent syncopes et décalages rythmiques ; par leur caractère d'improvisation, souligné par les « cedendo », « rallentando », « affrettando », « precipitando » ; par l'intrication de dessins secondaires, contrariants de rythme et de ton, terrain faux et perfide où la mélodie tâche pourtant d'aller jusqu'au bout. On aimera tout particulièrement, entre deux élans enfiévrés, l'épisode en la mineur, où deux lignes s'affrontent, un chant de triolets avec appogiatures, au-dessus d'une basse de croches « senza pedale ».

## *Dansa selvagem*
COMP 1931. PUB 1955 (Ricordi Brasileira). Orchestrée la même année.

Un étonnant morceau, où l'emploi de l'ostinato (cette main gauche dont les doigts pivotent infatigablement sur quelques notes), de la birythmie (la mélodie est à 3/4, en noires bien marquées, sur le rythme à 2/4 de l'accompagnement), de la bitonie, de la dissonance méchante (le passage vraiment *sauvage*, mes. 46, avec ces « stridentes » neuvièmes mineures !), fait passer un frisson nouveau, caractéristique de Guarnieri, au milieu de tant de musiques nationalisantes.

## *O Cavalinho de perna quebrada*
COMP 1932. PUB 1944 (Associated Music Publishers).

Il s'agit d'un « petit cheval à la patte brisée », qui trottine tristement sur une même basse obstinée pendant deux pages (en sol majeur, *allegretto*), pour ralentir dans la troisième. Le thème doit plus au jazz américain qu'au folklore du Brésil. Ce n'est qu'une pochade, où l'on s'amusera des notes modales (le fa ♮ mixolydien, par exemple), ainsi que de l'équivoque entretenue tout au long entre majeur et mineur.

## *Toccata*
COMP 1935. PUB 1947 (Associated Music Publishers). DÉD à la pianiste Guiomar Novães.

*Piccante ma con garbo* : l'indication initiale nous empêche de ne voir dans ces huit pages qu'une mécanique de doubles notes, que l'accumulation de la dissonance fait de surcroît paraître mal huilée. Toccata ou pas, *garbo*, cela signifie le charme et la grâce ; en jouant lentement ce morceau (les notes liées, dans un premier temps), en en écoutant attentivement la conduite harmonique, on en découvre l'euphonie cachée ; le staccato demandé s'ajoute plus tard, quand il ne risque plus d'égratigner ; la vitesse enfin donne de la légèreté à ces rebondissantes notes répétées, que soustendent les dessins brisés de la gauche (en rythme dactylique obstiné). La section centrale est plus facile à rendre, et ses unissons généreux, son accompagnement de secondes à contretemps, parlent d'eux-mêmes. – Morceau de bravoure, bien entendu, un des plus difficiles de l'auteur.

### *Toada triste*
COMP 1936. PUB 1942 (dans la collection « *Latin-American Art Music for the Piano* » des éditions Schirmer). DÉD « à Anita ». Orchestré en 1936.

En mi majeur, avec différents accidents modaux (la sixte, la septième sont souvent mineures), et à jouer *com muita saudade*, dans ce climat de vague à l'âme qui fait le charme de tant de thèmes brésiliens. La mélancolie, ici, se berce de tierces et sixtes câlines, sur la vibration de longues pédales, d'incessantes et subtiles syncopes, de quelques très douces dissonances, et de ces fausses relations qui féminisent encore des inflexions déjà bien alanguies. La pièce est rédigée sur trois portées, qui laissent apparaître la délicatesse de la trame polyphonique.

### *Lundu*
COMP 1935. PUB 1947 (Ricordi Brasileira). DÉD à Rudolf Firkušný.

Le *lundu* est le nom d'un air de danse afro-brésilien (danse de la séduction, parfois violente et frénétique), auquel on adaptait des paroles de caractère comique, et qui s'accompagnait de guitares et de castagnettes. Guarnieri s'abandonne ici aux joies perverses de la bitonalité et de la birythmie. Au début par exemple (*con gioio* [sic]), la main droite plaque une figure obstinée de croches staccato, qui a l'air en ut mineur (modal), au thème fortement accentué de la gauche, qui a l'air en la majeur ; l'une et l'autre sont renvoyées, si l'on peut dire, dos à dos : on est le plus souvent en mi mineur, et la fin vient bruyamment l'affirmer. Quant au rythme, on relèvera en particulier la fréquente superposition de quatre croches à trois noires. Le milieu, aussi exubérant, est plus charitable aux oreilles, avec ses motifs syncopés bien assis en ut majeur (et calés par le bourdon grave do-sol), et plus franchement populaires.

### *Ficarás sosinha*
COMP 1939. PUB 1948 (Ricordi Brasileira). DÉD à Damaris Sprague Smith.

« Tu resteras seule » : c'est le nom d'une comptine bien connue au Brésil, et dont l'air, comme la plupart des chansons enfantines de ce pays, semble importé de France. Guarnieri en compose deux pages mignonnes (en la mineur, *grazioso*) ; d'abord une petite mélodie triste, syncopée, oscillant sur les intervalles disjoints de sa basse de noires, où traîne le la tonique ; puis au milieu *(più mosso)* la comptine elle-même, qui alterne bénignement 3/4 et 2/4, joliment contrepointée, et juste assez faux pour faire sourire ; enfin la reprise, et une dernière citation de la comptine, un peu ralentie.

### Maria Lucia
COMP 1944. PUB 1948 (Ricordi Brasileira). DÉD à Maria Lucia Simões.

Ce bref et touchant morceau (en la mineur, *semplice*) ajoute un fleuron à la collection des pièces qui se jouent sur les touches blanches uniquement, – et Dieu sait qu'il n'est pas facile pour un compositeur de marcher longtemps sur une corde aussi raide, de plus illustres l'ont appris à leurs dépens ! Guarnieri y parvient parfaitement, écrit à la fois « simple » (c'est son adjectif) et profond. Voici une mélodie continue, au fil des croches, qui se nourrit d'elle-même, s'ajoute ici et là les voix qui la confortent, d'où une polyphonie allant de deux à quatre voix, aisée et transparente, dans un ambitus limité à deux octaves et demie, dans la moitié supérieure du piano. Ton de mélancolie diffuse et crépusculaire ; et cette pédale de la traînant longtemps comme un halo...

### Dansa negra
COMP 1946. PUB 1948 (Associated Music Publishers). DÉD à Lydia Simões.

En ut dièse majeur/mineur, une pièce voulue répétitive, lancinante (souvenir d'une cérémonie rituelle à Bahia), reprenant à cinq reprises le même matériau mélodique, avec un crescendo de *p* à *fff* dans les quatre premières, suivi d'un brusque diminuendo final. Elle est moins élémentaire qu'on peut le croire ; les ostinatos rythmiques de la gauche varient subtilement (avec des passages de forte birythmie : scansion à 3/8, à 3/4, sous la mélodie à 2/2), le chant s'orne de contrepoints, et le diatonisme apparent s'aigrit de nombreuses dissonances.

## LES *PONTEIOS*

Guarnieri a donné ce nom de *ponteios* à cinquante pièces de piano, composées de 1931 à 1959, et publiées en cinq cahiers de dix (Ricordi). Le terme dérive du verbe *pontear*, qui désigne une façon de pincer un instrument à cordes, généralement la guitare (on parle aussi de *ponteado*, ou *punteado* en espagnol) ; il évoque sans doute l'écriture linéaire, presque « pointilliste » de ces morceaux, sortes de préludes, la plupart très brefs, alternativement lents et lyriques ou vifs et brillants, couvrant en miniature toute l'étendue stylistique de la musique brésilienne, et révélant dans le même temps toutes les facettes du compositeur, la diversité de ses goûts, de ses procédés, les nuances variées de sa sensibilité. C'est le pendant, chez Guarnieri, des *Cirandas* de Villa-Lobos, à cela près que, contrairement à son aîné, Guarnieri ne fait pas d'emprunts au folklore, n'y butine pas directement, mais en recompose le suc à sa manière.

Ne pouvant tout passer en revue, j'indiquerai ici quelques préférences ; mais il faut, impérativement, feuilleter ces cahiers, remplis de belles et profondes musiques, et devenus dans leur pays des classiques du répertoire pianistique.

### *Ponteios, 1er cahier* (nos 1-10)
COMP 1931-1935. PUB 1955 (Ricordi Americana).

On ne manquera pas de retenir le n° 3 (en ut majeur, *dolente*), où la main droite chante une mélodie de tierces plaintives, sur une gauche berceuse, qui défait monotonement, au milieu du clavier, ses lentes spirales de croches, avec la persistance d'une seconde sol-la tenue au long des mesures. Frottements bitonaux, d'une étrange et prenante douceur. Dans la seconde moitié de la pièce, le chant s'étoffe en accords, des basses apparaissent (jouées par la droite en croisement), quintes vides reculant chromatiquement jusqu'au do-sol final.

À l'opposé, le n° 4 (en si bémol mineur, *gingando*), dédié à Anna-Stella Schic, tout aussi bitonal, mais acide, et d'une rude et sauvage gaieté. Rythme à 5/4, mais l'ostinato de la gauche, en surplace sur quelques notes, avec de fortes syncopes, déboîte la mesure ; le thème, d'abord linéaire, puis déclamé en octaves, s'adjoint au troisième énoncé un sinueux contrechant chromatique.

### *Ponteios, 2e cahier* (nos 11-20)
COMP 1947-1949. PUB 1956 (Ricordi Americana).

Une riche moisson. Le n° 12 *(decidido)* est un mouvement perpétuel, trois pages de figures brisées dans l'aigu, en doubles croches, que s'efforce de suivre l'ostinato de croches de la main gauche (elle aussi en clé de sol), malgré ses accents contrariants, à la valse (tentatives répétées d'installer un rythme à 3/8 dans ce 2/4 et 3/4). Fin en la mineur, un peu imprévue : on pivote obstinément, d'un bout à l'autre de la pièce, autour d'un mi modal.

On ne peut qu'aimer d'instinct le thème facile mais si joliment harmonisé du n° 13 (en mi bémol mineur, *saudoso*), avec ses accords brisés en arpèges, descendant d'une main à l'autre, dans un climat de torpeur et d'abandon.

Le n° 16 est un des plus simplement beaux (en fa majeur, *tranquilamente*). La droite accompagne, avec une monotone descente de cinq notes à peine changeantes, en doubles croches, sans égard pour la barre de mesure et le 2/4 indiqué ; la gauche chante dans le médium un petit thème syncopé, et pose de temps à autre quelques basses, quintes ou quartes vides. Modalisme : au mixolydien de la gauche (mi ♭), la droite ajoute le si ♮ du lydien ; parfum captif, entêtant, à travers le temps et l'espace.

Aussi populaire dans son mélange d'épices modales, le n° 17 (en mi majeur, *alegre*) n'est que franche gaieté, celle d'une comptine, dans l'éclaboussement des appogiatures et la verdeur des basses syncopées ; tout le début sur la pédale de dominante (si).

Dans le n° 18 (en sol majeur, *nostalgico*), on est à 2/4 et 3/4, mais comme la gauche joue un ostinato de sept croches, sept notes recommencées, cela crée une étrange birythmie, bien propice à la nostalgie, sous ce thème de couleur lydienne (quarte augmentée do ♯) qui s'éplore doucement et peu à peu s'additionne de doubles notes et d'accords.

Captivant, le n° 19, qui se veut un hommage à Ernesto Nazareth, chantre de la musique populaire. Thème de romance, mais les chromatismes, les fausses résolutions, l'espèce de strabisme des basses le transfigurent ; de la quintessence de salon.

### *Ponteios, 3ᵉ cahier* (n°ˢ 21-30)
COMP 1954-1955. PUB 1957 (Ricordi Americana).

Le n° 22 *(triste)*, qui tient en une page, semble un prélude de Scriabine, un peu déformé d'harmonie, tout en syncopes et chromatismes douloureux (cadence finale en fa mineur).

Dans le n° 26 (en mi mineur, *calmo*), l'accompagnement enchaîne des doubles notes (en majorité quartes et quintes), surtout par groupes iambiques, double croche-croche (l'équivalent d'un 3/16), causant autant d'à-coups (mais *pp*) sous la mélodie pensive, bien découpée à 2/4. À mi-parcours, échange des rôles : chant au ténor de la main gauche, la droite prenant la frise de doubles notes, qu'elle complique d'une appogiature brève. Climat de tristesse, accentué par le modalisme.

Toutes ces pièces lentes s'apparentent à autant de romances, sublimées par un art sensible au plus imperceptible bémol. Tel est le n° 28 (en fa majeur, *calmo e sentido*), dont le thème s'énonce au pouce de la droite, tout le reste étant figuré en petites notes, frêle réseau d'accords brisés, avec des effets birythmiques ; impression de nimbe harmonique, impalpable, autour de la mélodie. Fin sur l'accord de septième de dominante.

### *Ponteios, 4ᵉ cahier* (n°ˢ 31-40)
COMP 1956-1957. PUB 1959 (Ricordi Americana).

Chopin revu et corrigé, dans le n° 31, à travers le prisme sud-américain (en mi majeur, *triste*) ; syncopes, réticences, harmonies de jazz (ou presque ; on en trouvera davantage dans le groupe des n°ˢ 35-38), mais c'est la conduite impeccable d'un prélude, sa tranquille assurance. On comparera les deux harmonisations différentes de la mélodie, la première fois sur pédale de tonique puis de dominante, la deuxième (mes. 14) sur une basse plus mouvante.

Le n° 34 (en ut majeur/la mineur, *calmo e solene*) a le ton d'un choral, dont les phrases asymétriques (combinées de 4/4 et de 3/4), jouées dans le grave par les deux mains à distance de dixième, reçoivent l'écho obstiné d'une tierce descendante sol-mi, appel de coucou à travers l'espace.

D'une fraîcheur, d'une allégresse communicatives, le n° 39 (en la majeur, *dengoso*) laisse les deux mains se répondre en petites phrases syncopées, colorées de la septième mixolydienne (sol ♮). Vers la fin, on a clairement modulé en ré : cela n'empêche pas un dernier (et désinvolte) accord en la.

### *Ponteios, 5ᵉ cahier* (nᵒˢ 41-50)
COMP 1958-1959. PUB 1961 (Ricordi Americana).

Le n° 41 (en ut mineur, *tristemente*) est admirable dans sa simplicité ; thème anxieux, énoncé au centre du clavier par la droite, la gauche l'entourant d'arpèges dépressifs, que toutes sortes d'altérations modales font gémir.

Le chant toujours à la partie supérieure, bien en relief sur le maillage serré des doubles croches, le n° 44 (en fa mineur, *desconsolado*) est un pur *saudade*, d'une intense mélancolie, – un des *Ponteios* qu'on sera porté à trouver mélodiquement trop relâchés, harmoniquement trop faciles, mais néanmoins toujours sauvés par le raffinement du détail.

Gaieté, alacrité du n° 45 (en la majeur, *con alegria*), où les mains s'appuient l'une à l'autre sur des mètres variant de 2/4 à 3/8, avec la persistance de la pédale de dominante (mi). Notes modales : sixte et septième mineures, mais non forcément dans les deux mains, d'où de délicieux clignotements harmoniques.

Deux pièces des plus contrastées, chacune à l'une des extrémités de l'inspiration de Guarnieri : le n° 47 *(animado)*, véritable étude en *moto perpetuo*, où les deux mains besognent durement sur des accords changeants qu'elles brisent en sens contraire, – et le n° 48 (en ut dièse mineur, *confidencial*), de caractère élégiaque, très délicatement harmonisé, à trois et quatre voix de croches sinueuses, qui aurait pu être une *Cançó* de Mompou.

Hommage déclaré à Scriabine, le n° 49 (en ut mineur, *torturado*), avec son écriture d'accords martelés, ses harmonies fiévreuses et pathétiques, n'en adopte pas moins le rythme argentin caractéristique, à 3+3+2 croches.

On n'aurait garde d'oublier l'ultime *Ponteio*, n° 50 (en mi bémol mineur, *lentamente e triste*). Ce chant dolent de la main gauche, caressé des accords brisés de la droite, dans une métrique des plus souples, alliant le simple au composé (6/8, 9/8, 4/8), c'est celui d'une élégie funèbre, dédiée par le compositeur à la mémoire de son beau-père.

## ŒUVRES DIVERSES

Dans les marges des *Sonatines* et des *Ponteios*, deux suites : les **Cinco Peças infantis** achevées en 1933 (publiées en 1941, Ricordi Americana), petites enfantines rédigées en clé de sol ; et la **Suite Mirim** de 1953 (publiée en 1955 aux mêmes éditions), qui réunit *Tanguinho*, *Modinha* et *Cirandinha*, après un prélude *Ponteando*.

Entre 1934 et 1958, Guarnieri a composé dix **Valses**, qui rejoignent en esprit les *Valsas de esquina* écrites à la même époque par son compatriote Mignone. C'est peu de dire que la valse a connu un succès phénoménal au Brésil, qui l'a adaptée au climat de sa musique ; elle est devenue, au même titre que la *modinha*, une émanation de l'âme populaire, et véhicule la même nostalgie : le rythme se dilue, la danse devient chant, et chant plaintif, embué d'émotion, prompt à glisser dans la sentimentalité, voire dans la sensiblerie. Guarnieri a beau enrober artistement ses valses (toutes dans le mode mineur), multiplier appogiatures, frottements divers, chromatismes, contrechants intérieurs et méandres, il ne les rendra pas moins complaisantes. On ne les boudera pas pour autant ; elles montrent jusqu'où sait « aller trop loin » un musicien de race. Voyez en particulier, dans le recueil des cinq premières valses, paru en 1963 (Ricordi Brasileira), la *Deuxième Valse* (en ut dièse mineur), concentré de spleen musical, frémissante de délices harmoniques (dont quelques oreilles, d'ailleurs, lui feront grief, comme on peut reprocher à un brouet banal des épices trop raffinées).

Aux antipodes de ces danses faciles, Guarnieri a offert au piano des **Études**, au nombre de quinze, publiées en trois volumes de cinq pièces chacun ; études de grande technique, quelques-unes de difficulté transcendante, mais non toutes intéressantes du pur point de vue musical. Les meilleures se trouvent dans le premier cahier, composé entre 1949 et 1954 et publié en 1955 (Ricordi Americana) : la deuxième (en ré bémol majeur, *brillante*), mouvement perpétuel de la droite en dessins de doubles croches, la gauche en croches staccato sur des dixièmes, réitérant toutes les quelques mesures les mêmes harmonies, avec de subtiles modifications (l'impression est celle d'un obsédant surplace) ; – la troisième (en ré dièse mineur, *appassionato*), la plus romantique de toutes les études, où une figure stridente dans l'aigu (séries d'octaves brisées descendantes précédées du demi-ton supérieur) survole le chant ardent qui s'épanouit au médium, porté par de larges accords tenus ; à mi-parcours, échange des rôles, les dessins brisés passent à gauche, en roulements menaçants, la droite prend le chant, qu'elle égratigne d'appogiatures gémissantes ; – la cinquième, la plus alléchante, une formidable étude de doubles notes legato (en sol bémol majeur, *con moto*), avec une basse dansante qui se déhanche sur quelques harmonies recommencées.

# Carlos GUASTAVINO
(1912-2000) Argentin

Un premier impératif : pour examiner la production pianistique de Guastavino (un pan important, d'environ soixante-cinq pièces, dans une œuvre par ailleurs considérable dans les domaines les plus divers, au premier rang desquels les mélodies pour chant et piano, plus de cent soixante), on doit négliger la chronologie, oublier la marche de l'histoire, et s'imaginer quelque part vers la fin du XIX$^e$ siècle, dans le sillage qui va de Chopin à Granados, en passant par quelques Russes, – ce qui n'est, après tout, sauf pour les modernistes militants et obtus, que le plus salutaire des exercices. Une deuxième consigne, bien plus rude : supporter un grand nombre de pages horripilantes, des bonbons sentimentaux, des sirops harmoniques, le salonnard dans ce qu'il a de plus complaisant, de moins défendable (un Poulenc, quand il y tombe, et toujours exprès, s'en défend par l'humour). N'aurait-il écrit que ces colifichets qui se nomment *Bailecito*, ou *Gato*, ou *Pampeano*, ou les trois pièces de *La Siesta*, ou les cinq de *Las Presencias*, ou même les dix de *Mis amigos*, cousus de clichés honteux, de rosalies, d'harmonies douceâtres, on tirerait un grand trait de plume sur ce compositeur. Mais Guastavino, hélas, est capable du meilleur comme du pire ; hélas, dis-je, parce qu'il nous oblige à le guetter, pour ne pas perdre le bon grain dans la calcination de l'ivraie. (Et déjà, je m'en veux, parce qu'à certaines heures une pièce comme *Mariana*, n° 4 des *Presencias*, à égrener ses harmonies déliquescentes sous les doigts, jusqu'à ces dernières lignes où l'harmonie se détraque savamment, peut nous remuer cœur et entrailles...)

Ses moments heureux, Guastavino les doit presque toujours à des thèmes populaires, à condition de les choisir avec soin, de ne pas accentuer leur facilité, de travailler à les sertir dans une parure qui en rehausse l'éclat natif (ce n'est pas le cas de son dernier cahier, les complaisants *Diez Cantos populares* de 1974). Sa boutique harmonique, en effet, est une caverne d'Ali Baba ; on y trouve des matériaux vulgaires, bons aux pires chansonnettes, au laisser-aller de la « variété », à cet art inepte qu'on désigne en anglais du nom de *soft music* ; mais on y rencontre aussi des éléments plus rares, qu'il est fort habile, l'étrange homme, à mettre en œuvre ; à de tels moments, il peut faire songer à Guarnieri, à Allende, voire à Mompou : ce n'est pas un mince éloge.

Il faut retenir, dans la musique de piano de Guastavino, les **Diez Preludios**, composés et publiés en 1952 (Ricordi Americana), qui prennent prétexte de mélodies populaires enfantines, à la façon des cahiers qu'Inghelbrecht intitule *La Nursery*. Et comme le Français, l'Argentin offre ici de petits joyaux d'humour et de sensibilité, par la grâce d'harmonies et de rythmes inventifs. Chose rare chez Guastavino, les dix pièces sont presque toutes aussi réussies. On notera en particulier : la première, *La Dama Dama* (en sol majeur, *allegro giusto*), dont le petit thème incisif, à notes répétées, se répercute en échos d'une main à l'autre (bitonie du début, do sur sol !), module brusquement en changeant de registre, se voit affubler à tel endroit d'un accompagnement à trois temps quand lui-même est à deux temps, et en mineur alors qu'il est en majeur (mes. 10-13), et plus loin d'accords qui tambourinent aigrement à un demi-ton de distance (vers la fin, la gauche en la bémol !) ; – la quatrième, *Margarita* (en si mineur, *grave*), à la mélodie simple et touchante, finement harmonisée à trois voix, avec au début et à la fin une basse en funèbre rythme pointé au fond du piano (une curiosité : les premières mesures, en guise de prélude, citent la mélodie à l'écrevisse, c'est-à-dire à rebours) ; – la sixième, *Una niña bonita* (« Une jolie fille », en sol mineur/majeur, *allegretto semplice*), plutôt pour sa partie mineure, avec sa couleur dorienne (mi ♮) et ses nombreuses quintes vides, que pour la majeure, où l'on retrouve les tierces chéries du compositeur et ses arpèges d'harmonies faciles ; – la septième, *¡ Cuantas estrellas !* (« Combien d'étoiles ! », en la mineur, *allegretto scherzando*), où la droite joue la mélodie legato, dans sa vêture d'accords et ses syncopes (entre 3/4 et 6/8), au-dessus d'une basse au staccato de guitare ; – enfin la huitième, *Un domingo de mañana* (« Un dimanche matin », en mi mineur, *andante*), traitée en fugue à trois voix, très euphonique et bien menée.

Les **Diez Cantilenas argentinas**, de 1956-1958 (publiées en 1958, Ricordi Americana), harmonisent et développent à leur tour des thèmes populaires. Tous ne sortent pas grandis de ce traitement : ce qui, dans la rue et les champs, garde sa fraîcheur, risque au salon de s'altérer, de se faner comme une fleur confinée dans un vase ; et parfois la franche rusticité est préférable à de douteuses délicatesses... Il faut donc choisir dans ce cahier trop long et un peu hétéroclite. La première pièce, *Santa Fe para llorar* (en mi mineur, *moderato*), est de celles qu'on retient ; chanson triste ; c'est, transposé dans l'idiome sud-américain, le climat d'une mazurka de Chopin, parmi les plus mélancoliques ; et plusieurs passages, harmoniquement, pourraient se retrouver chez cet aîné de plusieurs générations. – La deuxième pièce, *Adolescencia* (en sol mineur, *allegretto* *moderato molto espressivo*), est une des plus belles, surtout dans sa partie mineure (la partie majeure allonge trop le morceau, peut-être indûment, et en dilue le charme) ; lignes ondulantes d'arpèges, chromatismes, trame à plusieurs voix très souples ; thème de regrets, tout endolori, harmonies encore chopiniennes (et l'on songe aussi parfois, mais c'est tout comme, à certaines pages de Mompou). – Le handicap de la cinquième, *Abelarda Olmos* (en fa mineur, *andante sostenuto*), c'est sa date ; écrite cinquante ans plus tôt, sous la plume de Granados, elle aurait à bon droit toute sa valeur (hélas, c'est ainsi que nous sommes, quoique nous nous en défendions : les oreilles bouchées, l'œil fixé sur l'échelle du temps) ; comme chez l'auteur des *Goyescas*, le côté « chanson sentimentale » est sublimé par l'écriture pianistique, profusion ornementale où doubles notes, triolets et degrés chromatiques jouent leur rôle le meilleur. – *Herbert*, la septième pièce (en fa dièse mineur, *andante*), est un autre fleuron du recueil ; beau thème, de toute façon ; et la parure de ce chromatisme diatonique, dont le secret remonte à Chopin, l'embellit encore ; tissu vibrant d'appogiatures, frottements très doux qui font pleurer davantage encore la mélodie ; coda particulièrement suggestive, avec sa pédale de tonique, rythmée comme un tambour funèbre.

Dans le domaine des œuvres « pures », celles du moins qui ne tirent pas du chant populaire l'essentiel de leur substance, Guastavino a écrit une sonate et des sonatines. La *Sonatine en sol mineur* de 1945 est trop mièvre et trop sucrée, en ses harmonies de chansonnette à la guimauve, pour qu'on s'y arrête. La **Sonate en ut dièse mineur** de 1947 (Ricordi Americana, 1953), en quatre mouvements enchaînés, est bien plus plaisante à déchiffrer, pourvu qu'on ait une fois pour toutes oublié sa date de composition, et qu'on la situe, par exemple, du côté des sonates de Glazounov (lesquelles, au tournant du siècle, sont elles-mêmes bien en retard sur leur temps) ; on en retiendra surtout le scherzo (en la majeur, *molto vivace*), séduisant par son mouvement ininterrompu de quintolets de croches aux deux mains, joliment modulant sous un thème qui en épouse alternativement trois et deux (noire pointée, noire) ; le finale, trop long, traite en fugue un air de folklore (comme le fera, cinq ans plus tard, le huitième des *Diez Preludios*).

Restent enfin les **Tres Sonatinas** de 1949 (Ricordi Americana, 1950) : composées d'un unique mouvement chacune, et intitulées respectivement *Movimiento*, *Retama* et *Danza*, elles s'apparentent par leur travail rythmique, puisqu'on y voit toutes les façons d'accentuer, de varier, de disloquer la mesure à 6/8, « à la manière populaire argentine », selon la précision du sous-titre. Toutes les trois, commencées en mineur (respectivement la, mi et ut), se terminent dans l'allégresse du mode majeur. La plus plaisante aux doigts, avec ses bonds, ses entrechoquements et ses nombreux croisements, est la troisième ; le compositeur l'a dédiée à Rudolf Firkušný.

# H

**Georg Friedrich HAENDEL**
(1685-1759) Allemand, naturalisé anglais

Le clavecin ne fut pas son fort. Non que Haendel ait jamais cessé de lui offrir préludes et variations, chaconnes et sonatines, et d'amples fugues, et des dizaines de bagatelles, et des danses par poignées. Pour la quantité, il répond à peu près à l'attente, quoique dans un terrible désordre (qui nous vaut des problèmes de datation et d'authenticité dont nous ne sortirons sans doute jamais). Mais le nombre, comme le temps, ne fait rien à l'affaire ; et c'est de la qualité que nous nous plaignons. Ce géant dans le champ de l'opéra, de l'oratorio, de la cantate, n'est plus qu'un nain dans notre domaine.

Haendel a toujours souffert, c'est entendu, de la comparaison avec son « contemporain capital ». Ses fervents s'en offusquent : oubliez Bach, disent-ils. Mais comment diable le pourrions-nous ? Comment séparer ces créateurs non seulement de même rang, mais de même âge, et de même terroir (si même ils ne se sont jamais rencontrés, et que l'un soit resté les pieds et l'âme plantés dans son Allemagne quand l'autre s'acclimatait à l'Angleterre) ? Comment, devant une sarabande de Haendel, oublier celles dont s'émaillent les *Suites françaises*, les *Suites anglaises*, les *Partitas* ?

Le virtuose du clavier, en Haendel, se double d'un improvisateur de génie qui composait d'un seul jet, et qui a trop souvent dédaigné de mettre par écrit ses trouvailles ; d'autres se sont acquittés de la tâche, il y est en partie étranger ; cet état d'inachèvement ne permet pas, en toute justice, de se représenter nettement ce pan de sa musique. Mais une fois ce point accordé à ses défenseurs, qu'ils conviennent (puisque aussi bien on ne peut guère imaginer qu'elle eût beaucoup changé sous cet aspect, l'eût-il revue et corrigée) de la pauvreté harmonique de cette musique de clavier. Aucune recherche ; les plus simples accords lui vont, pourvu qu'on le comprenne ; et le public est le principal objet de ses soins. Il a pour lui ses contemporains, qui vantaient son naturel et l'opposaient déjà au Cantor, qu'ils trouvaient artificieux et difficile. Ce naturel, qui force l'enthousiasme à la première écoute, ne supporte pas l'épreuve de la redite, et encore moins celle du déchiffrage réitéré, où les doigts découvrent tous les creux cachés à une oreille paresseuse. Voilà pourquoi l'on voit si peu de pianistes se mettre à ce répertoire. Mais quelques belles pages se laissent ainsi perdre à tort, en particulier dans les *Huit Suites* de 1720, que d'ailleurs on sait vanter, sans les jouer.

Le grand écart entre le génie de Haendel et celui de Bach tient dans un mot : l'objectivité, puissante et parfois violente, cette virile vertu qui donne leur impact à ses musiques pour la scène, – opposée à la toute féminine subjectivité, à l'effusion, aux effleurements tâtonnants du sensible et du secret. Un art objectif n'a besoin que de démonstration, il brosse à larges touches vigoureuses, et le rythme est son atout principal ; un art subjectif doit patiemment creuser ses phrases, incurver ses mélodies, trouver l'accord, la modulation, le grain harmonique particulier qui touchera au plus profond la chair même de l'âme. Ceux pour qui la musique est connivence et réconfort, *medicina doloris*, selon les mots inscrits sur le clavecin de Vermeer, entre l'un et l'autre ont choisi depuis toujours.

## LES PIÈCES ÉDITÉES DU VIVANT DE L'AUTEUR

### *Le Premier Recueil (Huit Grandes Suites)*

PUB 1720 (Smith & Mears, Londres), sous le titre *Suites de pièces pour le clavecin, 1er volume*. Les suites n°s 2, 4 et 8 ont paru frauduleusement à Amsterdam (chez Jeanne Rocher) entre 1719 et 1721 (avec certaines de celles du *Deuxième Recueil*, voir ci-dessous).

Voilà le seul volume de clavecin dont on soit sûr que Haendel l'ait surveillé jusqu'à sa sortie de presse ; nous le devons uniquement, comme il le précise dans son avant-propos, au souci qu'il eut d'arrêter dans leur cours les copies, falsifications et publications clandestines qui se répandaient à son insu (on lit des choses toutes pareilles dans la préface du *Premier Livre* de Couperin). La date de parution ne doit pas tromper sur le contenu de l'ouvrage, dont bonne partie remonte aux jeunes années de l'auteur, comme on le voit par des copies plus anciennes (la *Troisième Suite*, par exemple). Telles qu'elles sont, ces suites trahissent de nombreuses influences, des « goûts réunis », qui viennent de France, d'Allemagne, d'Italie. Aucune n'est disposée comme l'autre. La *Quatrième*, où les quatre danses ordinaires (allemande, courante, sarabande, gigue) sont coiffées d'un prélude, est un pur produit allemand, auquel ne manque même pas l'unicité thématique recherchée par Froberger ; la *Deuxième*, alternant deux fois adagio et allegro, applique le patron de la *sonata da chiesa* italienne. Ici ou là se glisse un air varié, un prélude non mesuré, une ouverture à la française. La fugue, surtout, est omniprésente : cinq fois en huit suites.

SUITE n° 1 (en la majeur). – Le *Prélude*, un reste du « prélude non mesuré » des luthistes et clavecinistes français, est tissé d'accords arpégés, notés en rondes, et sollicite l'imagination de l'interprète, qui doit les dénouer en savants et précieux entrelacs, – à jouer souplement, un peu en marge du métronome, à l'improvisade. Il est suivi d'une *Allemande*, entièrement basée sur deux motifs en miroir, de quatre notes conjointes, l'un descendant, l'autre montant. *Courante* un peu compacte, mais chantante, qu'on gagne à prendre à une allure très modérée. Les bonds d'octave de la *Gigue* sont plaisants, qui lancent et relancent la course espiègle des croches à 12/8.

SUITE n° 2 (en fa majeur). – Une des meilleures. Moins une suite, d'ailleurs, qu'une sonate préclassique, avec la succession lent-vif-lent-vif. L'*adagio* initial déroule ses fioritures de bel canto sur un continuo de croches bien égal ; ce pourrait être le mouvement lent de quelque concerto à l'italienne (et c'est l'ébauche de celui du *Concerto italien* de Bach, qui magnifie le genre). L'*allegro*, une sorte d'allemande (mais une vraie, ayant renoué avec la danse), voue également à la dextérité d'un violon imaginaire ses allègres dessins de doubles croches, la basse n'ayant, une fois de plus, qu'à suivre humblement le virtuose. Puis un court *adagio*, à l'allure de sarabande, décoré de mordants et de trilles, dans le ton relatif (ré mineur), – suivi d'un *allegro*, fugue à quatre voix serrées et nourries, avec un contre-sujet assez bien profilé pour entraîner une double fugue, difficile d'exécution, mais si vivante, si enlevée, si réjouie qu'on n'y résiste guère.

SUITE n° 3 (en ré mineur). – Elle commence bien mieux qu'elle ne finit. Après un *Prélude* en guirlandes d'arpèges, et un *allegro* fugué, quelque peu sévère et abstrait, vient une fort belle *Allemande*, aux accents mélancoliques, qui pourrait se trouver dans une *Suite française* de Bach (ce n'est pas souvent qu'on peut faire ce rapprochement !). *Courante* triste, plaintive, en ses détours recommencés (à jouer sans hâte, pour laisser chanter toutes les parties). Mais voici que tout se gâte avec l'*Air* : car si sa présentation proprement dite, toute filigranée d'une décoration prolixe, d'un pullulement de petites notes, peut donner le change, les cinq variations qui suivent dévoilent un corps mélodique maigrelet, aux harmonies rudimentaires, – qu'elles habillent à nouveau, chichement, des frusques habituelles : doubles croches au soprano, puis à la basse, puis à l'alto, puis croches à 12/8 ; mais beaucoup se laissent prendre, hélas, à ces inanités sonores. On se rattrape un peu avec le *presto* final, à 3/8, tricotage à deux voix, entre deux pans d'accords solennels : tout le monde reconnaîtra ce morceau, qui termine aussi l'ouverture du *Pastor fido*, le *Concerto grosso op. 3 n° 6*, le *Concerto d'orgue op. 7 n° 4*.

SUITE n° 4 (en mi mineur). — Elle s'ouvre par une fugue splendide (*allegro*, thème consistant en trois appels de la dominante, en noires, suivis d'un long déferlement de doubles croches), périlleuse à jouer, un des morceaux techniquement les plus difficiles de Haendel, — qui sait oublier le savant pour le sensible, prend des accents lyriques, se met à bouillonner en marches harmoniques, *alla romantica* (mes. 45-47), annonçant des passages similaires de Schumann. Après un tel morceau, et comme pour l'équilibrer, se glissent quatre mouvements de danse, les canoniques allemande, courante, sarabande et gigue ; mélodieux à l'extrême, simples d'écriture, fluides sous les doigts ; on remarquera que les trois premières emploient un même motif de départ, à la façon des vieilles suites allemandes à variations (dans la *Sarabande*, ce motif se dissimule à la partie de ténor).

SUITE n° 5 (en mi majeur). — Elle est à jamais célèbre pour son *Air à variations* final, qui a réjoui des générations de pianistes petits et grands, avec leur public, sous l'appellation (non contrôlée !) de « L'Harmonieux Forgeron ». Quoi qu'il faille penser de l'anecdote (Haendel passant devant l'échoppe d'un forgeron, au cours d'une promenade ; l'écoutant qui chante en martelant son fer ; ému par ce mélange du son de l'enclume et de la voix de l'artisan ; notant ce thème, notant ce si et ce mi du métal, qui lui donneront dominante et tonique...), on gardera ce titre imagé, qui contribue à rapprocher des clavecinistes français ce morceau qui leur doit sa vie joyeuse, ses plans clairs, sa cadence régulière, gentiment mécanique, comme le rouage d'une boîte à musique au cœur d'une bonbonnière de Sèvres. — Les autres morceaux de la suite sont d'une belle venue, et dignes de leur ton rayonnant de mi : un *Prélude* à quatre voix souples et chantantes, une *Allemande* aux riches harmonies, une *Courante* à 3/8 qui, pour une fois, mérite son nom, et doit s'enlever avec une véloce légèreté.

SUITE n° 6 (en fa dièse mineur). — Courte suite en quatre parties, dans la succession rare lent-lent-vif-vif : un *Prélude* méditatif, en polyphonie à quatre voix, libre et décorative, en rythme pointé ; un *largo* à 3/4, pompeux, non dépourvu de pathos, tout d'accords en rythme pointé lui aussi ; ensuite un *allegro* à 4/4, fugué, dont le thème descend une gamme, ce qui donnera vers la fin tout un passage de chutes successives, vertigineusement relayées à tous les registres ; enfin une *Gigue* à 12/8 *(presto)*, le meilleur moment de la suite, peut-être une des gigues les plus réussies de Haendel, colorée, charnue, infatigable.

SUITE n° 7 (en sol mineur). – On ne saurait éprouver une amitié farouche pour cette suite pâlichonne, la moins substantielle des huit, bien qu'elle se termine sur l'un des morceaux les plus célèbres de Haendel, la *Passacaille*, cheval de bataille de tous les apprentis démolisseurs de touches, – et qui durera, hélas, ce que dureront les auditions d'élèves : l'espace de plusieurs siècles encore... Suite composée de bric et de broc ; elle débute par une *Ouverture* à la française (*presto* entre deux pans *largo*) ; il est fâcheux que ce volet central garde, en l'aggravant, le rythme pointé des autres : on en a bientôt « la cervelle rompue », comme Jupin avec les grenouilles de la fable ! (Le compositeur réutilisera sa pièce, en 1734, comme ouverture de son pastiche *Oreste*, en la transposant en la mineur.) Suivent un *andante* et un *allegro* qui ressemblent comme des frères à des inventions à deux voix de Bach ; puis une *Sarabande* à 3/2, solennelle, avec un faux air des « Folies d'Espagne », – une *Gigue* un peu bâclée, – et enfin cette *Passacaille* à quinze variations, d'une monotonie grisâtre et guindée.

SUITE n° 8 (en fa mineur). – Grave, riche, et d'une « mâle fierté ». Elle a pour préambule un admirable *adagio*, de couleur préromantique, sous le baroquisme extérieur de l'écriture : dessins pointés, syncopes, ornements, chromatismes. Arrêt sur la dominante, et enchaînement avec un *allegro* fugué, si dense et emporté que les voix s'y tassent parfois en accords. Dans l'*Allemande* (essentiellement à deux voix, et plutôt, d'ailleurs, une invention), la pensée vient peut-être à la traîne des doigts ; mais la *Courante* a beaucoup d'éloquence ; et la *Gigue* termine en virtuose, avec quelques sauts périlleux à la main gauche. On notera que tous les morceaux de la suite sont basés sur les notes de l'accord parfait, égrenées au début du *Prélude*.

## *Le Deuxième Recueil*

PUB 1733 (Walsh, Londres), sous le titre *Suites de pièces pour le clavecin, 2ᵈ volume*. Une grande partie du contenu de ce recueil avait paru dans l'édition d'Amsterdam mentionnée à propos du *Premier Recueil* (chez Jeanne Rocher, entre 1719 et 1721).

Le compositeur ne semble pas pour grand-chose dans cette nouvelle publication, qui fut sans doute soutirée à sa vigilance, qui est entachée d'erreurs, et où se retrouvent des morceaux d'époques et de styles divers, regroupés à l'aveuglette, sous l'étiquette trop commode de « suite ». Ce n'est guère une suite que la *Première*, où ne figure aucune des danses attendues, – que la *Deuxième* ou la *Neuvième*, constituées l'une et l'autre d'une chaconne, avec ou sans prélude.

La *Première Suite*, en si bémol majeur, commence par un *Prélude* en arpeggio (dont Tippett a tiré en 1941 sa *Fantasia on a Theme of Haendel*), suivi d'une *Sonata*, toute en batteries de violon, et d'une *Aria con variazioni*, célèbre pour avoir servi de thème à l'opus 24 de Brahms ; Haendel la pourvoit lui-même de cinq variations : dessins brisés de doubles croches à la droite, puis à la gauche, croches à 12/8 à la droite, puis à la gauche, finale un rien plus corsé. Les éditions modernes incluent ici un *Minuet* gracile (et fort joli), qui emploie pourtant le ton relatif, sol mineur.

La *Deuxième Suite*, en sol majeur, n'est qu'une vaste *Chaconne*, nantie de vingt et une variations : autant de formules digitales, vraies *lessons*, d'un mortel ennui si on les moud l'une après l'autre.

La *Troisième Suite*, en ré mineur, est l'une des plus agréables à jouer, et sans doute, à la date de publication, l'une des plus récentes. *Allemande* mélancolique, aussi souple et naturelle que du Bach ; *allegro* à 3/8, doubles croches sur croches, qui n'est qu'une courante italienne sans l'anacrouse ; *Air* à 3/4, qui n'est qu'une sarabande, douce et tendre ; *Gigue* folichonne, à deux voix, précise, efficace, une sorte de mouvement perpétuel ; enfin un *Menuetto* conclusif à trois variations : les noires du thème développées en croches, à la main droite dans la 1re, à la gauche dans la 2e, aux deux mains dans la 3e. (Noter la manière, reprise à la suite-variation de Froberger, de commencer les deux premiers morceaux par les mêmes notes ; les suites n[os] 4 et 6 en font autant.)

Les *Quatrième*, *Cinquième*, *Sixième* et *Septième Suites* sont apparentées : elles ont quatre ou trois mouvements, qui sont les danses canoniques (dans leur orthographe anglaise de l'époque, *allmand*, *corrant*, *saraband* et *jigg* ; la *Cinquième* n'a pas de courante, la *Sixième* pas de sarabande, du moins dans l'édition de 1733). La meilleure, de loin, est la *Sixième*, en sol mineur, dont les pièces ont beaucoup d'ampleur et de richesse : en particulier l'étonnante gigue finale, forte de cent quarante-trois mesures coruscantes et galopantes, qui provient de l'opéra *Almira* (1705). Noter aussi la sarabande de la *Quatrième*, en ré mineur, en variations sur la *Follia*.

La *Huitième Suite*, en sol majeur, est la plus développée, avec une *Allemande*, un *allegro* à dessins arpégés, bien connu des « classiques favoris », une *Courante* babillarde, une *Aria* dont la volubilité dément le titre, un fort long *Menuetto* à ritournelle, une *Gavotte* et ses doubles de plus en plus véloces, et la *Gigue* qu'il faut pour conclure avec brio.

La *Neuvième Suite*, en sol également, jette un court *Prélude* au-devant d'une interminable *Chaconne*, dont les soixante-deux variations constituent à elles seules un manuel didactique, – à consommer avec modération. (La pièce avait été éditée dès 1732 à Amsterdam, par Witvogel, et désignée comme « opus 1 ».)

## *Six Fugues (Voluntaries)*
PUB 1735 (Walsh, Londres), avec la mention « Troisième Ovarage ».

Comme dans les suites qui précèdent, il faut ici éloigner la comparaison et éviter de songer à l'écrasante stature de Bach. Celui-ci, dans une fugue, recrée parfois le monde ; et d'autres fois, ayant inventé la fugue-poème, dont nul après lui ne retrouvera le secret, il nous livre des confidences, des émois, de graves pensers ou de rayonnantes joies. On peut dire de ses fugues ce qu'on dit des sonates de Beethoven : chacune est distincte des autres. Haendel ne remue ni science ni conscience, étale aussi peu son savoir que ses sentiments ; comme beaucoup de ses collègues (et mieux que la plupart), il se déclare satisfait si, au bout de quelques pages de trot sur des sentiers faciles, il a ramené à l'écurie ses motifs (plus souvent deux qu'un : car il aime à coupler d'emblée sujet et contre-sujet, et à celui-ci lâche souvent la bride).

La première fugue, en sol mineur, a fini dans l'oratorio *Israël en Égypte* (chœur *Er schlug alle Erstgeburt Ægyptens*) ; et de fait, avec la sixième, en ut mineur, c'est une des plus chantantes, de celles qui justifient l'engouement de Mattheson pour la série : « Toutes les notes parlent », écrit-il. Mais la deuxième, en sol majeur, est claironnante et tambourinante, vraie fugue pour les trompettes et les tambours, digne de quelque entrée royale, avec son infatigable crépitement de notes répétées (on la retrouve comme finale du *Concerto op. 3 n° 3*). La troisième, en si bémol majeur, lisse et paisible, a une grande plénitude sonore. On s'ennuie vite dans la quatrième, en si mineur, qui n'a d'objet, au bout d'une page, que d'aligner d'interminables séquences. Et cependant, voici la cinquième fugue, en la mineur, qui nous force à nuancer notre impression générale : ce thème si étrange, avec ses chutes de septième, ce chromatisme omniprésent, cette harmonie âpre et audacieuse, ces accents poignants montrent, du compositeur, un visage douloureux qu'au clavier on ne lui connaît guère (notons que cette fugue a également servi à *Israël en Égypte*, pour le chœur *Mit Ekel erfüllte der Trank*).

### *Sonate en ut – Capriccio en fa – Prélude et Allegro en sol mineur – Fantaisie en ut*

PUB vers 1732 (Witvogel, Amsterdam), comme « opus 2 à 5 ».

Cinq compositions d'époques diverses furent publiées sans autorisation par cet éditeur hollandais, comme opus 1 à 5 ; la première est le *Prélude et Chaconne* que Walsh ajoutera en 1733 aux huit suites du *Deuxième Recueil* (voir plus haut). Walsh, d'ailleurs, se hâta de faire paraître à son tour les quatre morceaux restants, dans le cinquième livre de sa série *The Lady's Banquet*. On imagine que le compositeur ne se félicita pas de voir se répandre des pièces aussi faibles. Ce ne sont que stériles dévidages de gammes, d'arpèges, de batteries, à la façon des pires concertos de violon italiens. Des quatre pièces, seul le *Capriccio* apporte peut-être un peu d'esprit à des harmonies creuses et à des formules rebattues.

## Sonate en sol
PUB entre 1719 et 1721 (Roger, Amsterdam).

Parmi les suites et pièces publiées frauduleusement par l'éditeur hollandais sous le titre *Pièces à un et deux clavecins* figure cette *Sonate*, qui n'eut pas d'autre édition du vivant de Haendel et ne fut rééditée qu'en 1928 (collection Aylesford). Écrite pour clavecin à deux claviers (nombreux effets de tutti et soli) et formée d'un seul mais copieux mouvement, elle vise à l'éclat, au brio virtuose, fait courir la main gauche dans tous les sens, donne quelques tierces vétilleuses à la droite, passe de doubles croches à triolets, ne s'accorde presque aucun répit pendant cent vingt-trois mesures ; imitation pour une fois réussie des concertos italiens.

## PIÈCES POSTHUMES

À peu près une cinquantaine de pièces, dont la publication s'est étendue de la fin du XVIIIe siècle à notre époque, par à-coups en quelque sorte, et dans le désordre. D'abord parurent les deux *Suites en sol mineur* et *en ré mineur* composées en 1739 pour la princesse Louisa, la première vers 1770, chez Thompson, les deux réunies vers 1793, chez Arnold, sous le titre *A Third Set of Lessons* (avec la *Lesson en la mineur* et la *Chaconne en fa*). Entre ces deux dates ont vu le jour, chez Longman & Broderip, *Six Fugues Faciles* (ou Fughettas) dont l'attribution est aujourd'hui contestée. Un siècle plus tard, en 1894, dans le volume 48 de la Haendel-Gesellschaft, a paru un *Klavierbuch aus der Jugendzeit* (titre donné par l'éditeur, Chrysander), contenant essentiellement deux *Suites en ré mineur*, une *Sonatine en ré mineur*, un *Prélude et Capriccio en sol majeur*, ainsi qu'une *Partita en la* d'authenticité douteuse. Puis ce fut, en 1928, l'édition par Squire et Fuller-Maitland d'un choix des pièces faisant partie de la collection Aylesford, dont une trentaine d'inédits. Enfin l'édition en quatre volumes de Bärenreiter (1955-1975) a ajouté encore une douzaine de morceaux à cet ensemble.

Peu de surprises à attendre de ce supplément. Le meilleur Haendel, au clavier, c'est encore celui des *Huit Suites* de 1720. Voici pourtant un rapide survol de ces morceaux, rangés par genres pour la commodité.

**Suites**. – Au premier rang viendraient les deux suites de 1739 pour la princesse Louisa : une *Suite en ré mineur* et une *Suite en sol mineur*, aussi plaisantes l'une que l'autre, faciles aux doigts, bâties sur le même modèle, avec la succession allemande, courante, sarabande et gigue. La première est un peu plus simple, plus intime que la seconde, dont l'allemande en particulier, en style d'invention à deux voix, s'extériorise et renvoie vertement d'une main à l'autre ses petits motifs sautillants.

Mentionnons aussi les deux *Suites en ré mineur* du *Klavierbuch aus der Jugendzeit*. La première commence par une ouverture tripartite, poursuit par une allemande, une courante et deux sarabandes, et conclut par une chaconne à dix variations ; rien que de très facile, style italien, coulant, sans aucun de ces raffinements harmoniques et de ces entrelacs du style brisé à la française qui nous touchent dans les suites de Bach ; mais pour les sarabandes (l'une entrecoupée de silences, l'autre appuyée de notes répétées deux par deux), on ne regrettera pas d'avoir déchiffré ce morceau. La seconde suite, moins lisse, après un prélude aux traits divisés entre les mains, et la succession habituelle de l'allemande, de la courante et de la sarabande, propose un air varié, où l'on reconnaît une première version (moins élaborée, mais à sept variations au lieu de cinq, avec en particulier un finale à triples croches) d'un mouvement de la *Suite en ré mineur* (n° 3) de 1720 ; après quoi viennent une gigue et un menuet.

Ajoutons enfin la *Suite en ut*, œuvre juvénile qu'on fait remonter à l'époque de Hambourg (avant 1706), et qui, après un prélude, une allemande, une courante, une sarabande avec son double et une gigue, s'achève par une chaconne assez célèbre. Comme finale de la suite, cette *Chaconne* a déjà vingt-six variations ; elles furent portées à quarante-neuf dans une version qui l'isole comme une pièce indépendante : c'est sous cette forme (celle de la collection Aylesford, publiée en 1928) qu'on la rencontre habituellement ; petit manuel portatif de technique digitale, elle rejoint la *Chaconne* à soixante-deux variations qui clôt le *Deuxième Recueil* de 1733.

Pour rester dans ce genre de la chaconne, auquel Haendel (l'improvisateur en lui) sacrifia souvent, n'ayons garde d'oublier la grande *Chaconne en fa* publiée dès 1793 (chez Arnold), avec des indications de registration pour clavecin à deux claviers ; pièce très connue, qui, loin de tomber dans une dispendieuse et vaine virtuosité, maintient tout au long son air de gravité, sa texture compacte et son mouvement de croches.

**Sonates et sonatines**. – Une *Sonatine en sol* et une *Sonatine en si bémol* ne sont que de courts morceaux de moins de vingt mesures, à deux voix, d'un débit facile et plaisant. La *Sonatine en sol mineur* de la collection Aylesford, toujours à deux voix, va jusqu'à vingt-cinq mesures, remarquables par leur chromatisme, leur âpreté, leur sévérité. La *Sonatine en ré mineur* du *Klavierbuch* est en réalité une gigue, à 12/8, robuste et entraînante, que beaucoup de manuscrits donnent comme finale de la *Suite en ré mineur* (n° 4) du *Deuxième Recueil*. À cette famille appartiennent des pièces isolées comme l'*Allegro en ré mineur* et l'*Allegro en ut majeur*, également de la collection Aylesford, morceaux roboratifs, compromis entre une invention de Bach et un allegro de Vivaldi.

Le *Concerto en sol*, dit *Sonate* dans certaines copies, est agencé de transcriptions : le premier mouvement reprend la *Sinfonia* de l'acte III de l'opéra *Scipione*, le second transpose de fa à sol l'andante du *Concerto grosso op. 3 n° 4* ; pur vivaldisme, que le clavier ne peut que ternir. La *Sonate en sol mineur* consiste en un larghetto, au thème dolent et touchant, qui s'arrête sur la dominante ; quelle en était la suite ? La *Sonate en ut*, en trois mouvements, de date tardive (vers 1750 ?), était peut-être destinée à une horloge musicale ; on le soupçonne à ses deux voix limitées au registre aigu ; ce qui n'ôte rien de sa valeur à cette composition, une des meilleures du clavier de Haendel ; si le larghetto et la gavotte finale ne sont que de délicates miniatures, l'allegro initial, de forme sonate (élémentaire, mais vraie, avec une façon de réexposition), est substantiel, et évite les facilités mélodiques auxquelles résiste rarement l'auteur.

**Préludes.** – Une douzaine, ce qui justifie ce petit paragraphe. Des arpeggios isolés, notés en rondes, que l'interprète aura à dénouer, comme les *Préludes en fa majeur, fa mineur* et *sol mineur* de la collection Aylesford, ou les *Préludes en ré mineur* et *fa dièse mineur* publiés pour la première fois par Bärenreiter (1970) ; le dernier nommé servait de prélude, dans une version primitive, à la *Suite en fa dièse mineur* (n° 6) du recueil de 1720. – Mais aussi un *Prélude et Capriccio (ou Toccata) en sol*, un des morceaux les plus virtuoses de Haendel, prélude en traits volubiles aux mains alternées, où l'on assiste à la joyeuse mise en train de l'improvisateur, capriccio ferraillant de doubles croches, remonté comme un moteur, et qui en donne pour son argent au public ébahi massé autour de l'instrument.

**Divers.** – On rencontre encore toutes sortes de pièces isolées : le mouvement de concerto miniature qu'Arnold a publié en 1793 sous le nom de *Lesson en la mineur* (et que Chrysander fait précéder d'un court prélude non mesuré, dans le même ton) ; de nombreux airs, la plupart provenant de la collection Aylesford, dont un *Air en fa* pourvu de deux doubles ; des danses, comme la belle *Allemande en la mineur*, dont on peut regretter qu'elle n'ait pas figuré dans une suite, ou comme la brève bourrée en sol mineur intitulée *Impertinence*.

# Reynaldo HAHN
(1875-1947) Français d'origine vénézuélienne

Le piano (avec l'essentiel des mélodies) ne meuble que la moitié de sa vie. Quand il trace les dernières portées du *Rossignol éperdu*, Hahn a trente-six ans ; il lui en reste autant à vivre, où il ne donnera à l'instrument que quelques piécettes ; opéras, opérettes et ballets prennent durablement le relais (l'œuvre la plus célèbre de Hahn, *Ciboulette*, est de 1923). Cette musique pianistique est donc l'œuvre d'un jeune homme ; et elle s'inscrit tout entière dans le cadre historique de la Belle Époque. Reynaldo qui fut, de cœur et d'esprit, l'un des grands amis de Proust, qui fournit un accompagnement musical à la récitation des *Portraits de peintres* de Proust, à qui peut-être Proust dut de connaître la *Sonate en ré mineur* de Saint-Saëns, un des modèles présumés de la « Sonate de Vinteuil », Reynaldo est un personnage de premier plan dans ce monde où naquit et mourut la *Recherche*. Rien qu'à ce titre, sa musique devrait nous intéresser, quelque appréhension que l'on nourrisse, en dépit de Proust (et de Cocteau, qui a merveilleusement décrit Hahn dans ses *Portraits-souvenir*), devant cette coqueluche de salons, prodigue d'un art enrubanné et facile, à l'usage des midinettes et des bourgeois oisifs.

Ces préventions s'estompent à la lecture des partitions ; ou plutôt, non, elles se métamorphosent. On garde un quant-à-soi ; on sourit de tant d'intitulés à programme, de tant d'épigraphes et d'exergues (quelle culture ! toute la littérature y défile, et à tout propos !), de tant de précisions de lieux, dates et circonstances ; on s'irrite de bien des phrases roucoulantes, de bien des harmonies framboisées (et l'on en veut presque à Verlaine d'avoir pleuré en écoutant, en 1893, les *Chansons grises*, qui sont à la mélodie ce que les *Juvenilia* ou les *Premières Valses* sont au piano). Mais aussi, on se met à faire bonne figure (bonne oreille...) à des inflexions que leur suavité ne condamne pas, et même favorise longtemps, malgré qu'on en ait, dans le souvenir. Puis voici que l'on tombe sur des pages étonnantes, qu'une autre signature aurait depuis longtemps suffi à sauver ; on a la révélation d'un langage, capable de fermeté dans le dessin, de subtilité dans l'harmonie, capable de vigueur et d'âpreté ; surtout on découvre une âme, quand on ne voyait qu'une figurine de mode. Ce *Rossignol éperdu*, par exemple, qui renferme les meilleures inspirations de Reynaldo, on se dit qu'on y reviendra souvent, qu'on le feuillettera avec toujours plus d'amitié.

## *Juvenilia*

COMP 1890 (n° 3), 1891 (n°s 1, 6), 1893 (n°s 2, 4, 5). PUB 1902 (Heugel). DÉD du n° 4 *(Feuillage)* à Léon Delafosse.

L'auteur a entre quinze et dix-huit ans ; il a déjà composé ses fameuses *Chansons grises* d'après Verlaine, qu'il chante lui-même en s'accompagnant dans les salons les plus huppés de Paris. Le moins qu'on puisse dire, c'est qu'il a de la facilité. Dans tous les sens : il écrit une langue pure, sans effort apparent ; et ces mélodies, ces harmonies heureuses ne demandent qu'à se faire aimer. C'est sans doute pourquoi on les déconsidère : la pensée, à qui il faut quelque chose à croquer, même en musique, n'a rien ici à se mettre sous la dent ; on ne mâche pas, on gruge ces musiques ; au mieux on les suce comme des bonbons. Pour l'amateur, ce sont de plaisants déchiffrages.

Le *Portrait* (en la bémol majeur, *modéré*) qui ouvre le cahier est aussi désuet que charmant. Un même rythme syncopé, à 3/4, berce du début à la fin ces phrases tendres, harmonisées en tierces ; on ne quitte pour ainsi dire pas le ton, et la pédale de tonique traîne pendant plus de la moitié de la pièce, hypnotisante.

Un vers de Molière sert d'épigraphe à la *Promenade* (en ut majeur, *modéré, avec quelque fantaisie*) : « La campagne à présent n'est pas beaucoup fleurie. » On a la mention du lieu, Saint-Germain. Mais le temps ? Fin d'hiver ? Début d'automne ? Quoi qu'il en soit, le morceau est des plus sereins, se partageant entre des accords battus et des arpèges à la Fauré, et jouant sur l'équivoque entre binaire et ternaire. On module peu, là encore, et dans les tons les plus proches ; et les nuances demeurent douces tout au long.

Quoique la plus ancienne, la troisième pièce, *Demi-sommeil*, est la plus originale d'écriture (en la mineur, *pas trop lent*). La main gauche trace obstinément une ondulation de noires, en va-et-vient entre le bas et le haut du clavier, et qu'il faut, bien entendu, immerger dans la pédale. Plus que la houle immobile du sommeil, on dirait le graphe même de la respiration, du cœur assourdi, de la conscience indécise, exilée on ne sait dans quels limbes tranquilles. Une seule nuance, *ppp*. La droite pose quelques notes longuement tenues. Le jeu subtil de l'enharmonie fait entrevoir, en plein la mineur, les confins éloignés d'ut dièse ; mais c'est un mirage ; la seule certitude est cet arpège recommencé du ton, sur lequel vient mourir à l'aigu un dernier mi. – L'épigraphe, cette fois, est de Chateaubriand, tirée des *Mémoires d'outre-tombe* : « Je m'endormis ; mon repos flottait sur un fond vague d'espérance. »

*Feuillage* (en la bémol majeur, *allegretto*), autre souvenir de la forêt de Saint-Germain, est une aquarelle naïve, aux couleurs fraîches. Ici s'enroule un motif de croches, où les deux mains concourent à la tierce et à la sixte, intervalles suaves par excellence ; là tintent des clochettes, au-dessus du murmure des arpèges ; ailleurs la gauche reprend, capricieusement et comme en songe, les interrogations de la droite. Tout cela se répète beaucoup, mais sans lasser, peut-être parce qu'on l'écoute à moitié, en pensant à autre chose... (Le dédicataire, Léon Delafosse, est ce pianiste que Reynaldo connut chez Montesquiou, et dont Proust allait faire le modèle de son Morel.)

Dans *Phoebé* (en si majeur, *lent*), écrite un soir d'octobre « dans la campagne en Angleterre », luit faiblement le clair de lune, au-dessus d'une haie d'accords modulants ; trois portées figurent ce paysage, presque aussi réalistement qu'en un dessin ; harmonies à la Grieg.

À la Wagner, celles qui dominent dans *Les Regards amoureux* (en mi bémol majeur, *assez lent, avec sentiment*) ; le cahier se clôt sur une note élégiaque ; début quelque peu déclamatoire ; mais l'épisode central est plus souriant (« avec charme »), où s'obstine longuement un si ♭, sous les accords harmonieux de la droite.

## *Au clair de la lune*
PUB 1892 (May et Motteroz).

Une curiosité. Un « conte en musique », édité luxueusement, et préfacé par Alphonse Daudet, où Hahn accompagne de onze petits morceaux un texte et des dessins de Louis Montégut, neveu de Daudet. L'argument ne pèche pas par l'originalité : un couple d'amoureux (« deux vingt ans beaux et candides »), cherchant « le coin propice aux aveux », est dérangé tour à tour par le soleil couchant, par la lune, par la cloche de l'angélus, par la chouette, le ruisseau, le ver luisant, le lys « qui ouvre dans la nuit son grand œil pâle », les orties, le vent... « si bien qu'ils reviennent sans s'être rien dit ». Ces banalités puériles ont leur pendant, on s'en doute, dans la musique. Le « grand œil flamboyant et rouge » du soleil est traduit par des accords répétés et stridents ; la lune se lève dans la clarté laiteuse d'un nocturne en sol bémol ; la « lanterne verte » du ver luisant grésille dans l'aigu ; au lys on octroie la blancheur d'ut majeur ; les rafales du vent suscitent des tourbillons de doubles croches, véritable étude pour la main gauche.

À choisir, on retiendra l'épisode de l'angélus, avec ses phrases de cantique entrecoupées de tintements lointains ; celui de la chouette, tout en accords funèbres (ut mineur !), avec de loin en loin l'appel de l'oiseau (tierce mineure descendante mi ♭-do) ; celui du ruisseau bavard, en trémolos cristallins ; et la marche du retour *(un peu triste, mais gracieux)*, accompagnée d'accords à contretemps.

## *Portraits de peintres*
COMP 1895. PUB 1896 (Heugel). CRÉ par Édouard Risler (28 mai 1895, chez Mme Madeleine Lemaire).

Inspirées de médiocres vers du jeune Proust, ce sont d'assez faibles musiques. Quatre pièces. Pour *Albert Cuyp*, « marais de clarté stagnant dans le ciel vide », de lentes batteries d'accords dans l'aigu (en si bémol majeur, *andante*), encadrant un volet central plus animé, dont le rythme, « un peu lourd, comme la croupe des chevaux flamands », évoque le départ des cavaliers, « tentés par les champs ardents, les fraîches ondes ». – Pour *Paulus Potter*, « sombre chagrin des ciels uniformément gris », un petit motif « désolé » (entre mi mineur et sol majeur, *andante*), se répétant d'un ton à l'autre, sans parvenir à trouver une résolution satisfaisante. – Pour *Anton Van Dyck*, « douce fierté des cœurs, grâce noble des choses », une romance (en fa majeur, *avec élégance et mélancolie*), dont le style hésite entre Grieg et Schumann. – La meilleure, à tout prendre, est la dernière pièce (en fa dièse majeur, *andantino quasi allegretto*), pour *Antoine Watteau*, « crépuscule grimant les arbres et les faces », où l'on excusera un air de sérénade assez trivial (mes. 10), en faveur de quelques arpègements poétiques, de quelques harmonies irisées, à la Debussy (dont la *Suite bergamasque*, à la même époque, et par le biais d'un vrai poète, Verlaine, constituait un hommage un peu plus digne de Watteau...).

## *Premières Valses*

PUB 1898 (Heugel). DÉD à Joseph Morpain (n<sup>os</sup> 1, 2, 4), Antonin Marmontel (n<sup>os</sup> 6, 9), Édouard Risler (n° 8), Suzette Lemaire (n° 7) ; le n° 5 « à l'ombre rêveuse de Chopin » ; le reste sans dédicace.

Dix pièces et une introduction. Les tonalités sont choisies pour s'enchaîner, les climats aussi : c'est en somme un petit cycle, à la manière des *Valses poéticos* de Granados, – encore que cet adjectif leur convienne moins que chez l'Espagnol : elles rasent davantage le sol, et certaines ne se contentent pas de charmer, elles minaudent, sur des lieux communs.

L'*Invitation à la valse* qui ouvre le cahier (*allegretto rubato*, à 6/8) est une des meilleures pages, avec sa part d'improvisation, d'indécision, sa façon de quitter le ton de la majeur pour aller préparer le ton du morceau suivant. Celui-ci, la première valse proprement dite (en ré bémol majeur, enharmonique de l'ut dièse attendu, – *avec élégance*), est coquette, désinvolte, avec des lacis, des lignes brisées échappées de Chopin. La deuxième (en mi majeur, *allegretto con moto*) se souvient plutôt de Schubert et ne déparerait pas l'un quelconque de ses cycles en hommage « aux belles Viennoises ».

Quoi qu'on en fasse, la troisième (en la bémol majeur) est indéfendable, et ce n'est ni son tempo effréné *(très, très vite, à un temps)*, ni sa basse staccato et pianissimo « d'un bout à l'autre », encore moins son sous-titre (*Ninette* !), qui sauveront ces mignardises. Banalissime, la quatrième se dit *Valse noble* (en si majeur, *avec du mouvement*) ; à ses octaves pompeuses, on l'aurait deviné.

La cinquième, du coup, aurait dû se dire *sentimentale* ; elle est offerte « à l'ombre rêveuse de Chopin » (en la mineur, *pas vite, simplement*). Assez réussie ; la gauche, qui ne lâche pas un instant la tonique, fait des passes d'hypnotiseur ; la droite mélancolise, avec des bouffées caractéristiques de *zal* polonais ; les troisième, sixième, septième degrés ne cessent d'hésiter entre majeur et mineur. Au sortir de cette évocation, la sixième valse (en ré majeur, *assez vite*) nous entraîne dans un tourbillon ; les harmonies convenues de la partie principale et son rythme vif à 3/8 cèdent la place, au milieu, à des accords plus recherchés, et à de calmes phrases à deux temps (résultant des syncopes).

La septième (en si majeur, *modéré*) s'intitule *Berceau*, sans doute parce que son thème est calqué sur « Dodo, l'enfant do » ; elle a tout pour tomber dans la fadeur, mais un pianiste complice (ou simplement un cœur naïf) en fera quelque chose de touchant ; et une oreille exercée goûtera la saveur, dans les dernières mesures, d'un la ♮ mixolydien, bien inattendu.

Il n'y a pas grand-chose à tirer de la bruyante huitième (en mi majeur, *pas vite*), sauf à se laisser griser par les jolies enharmonies de la section centrale, où les lourds accords disparaissent au profit d'arpèges aériens. Mais la neuvième est inspirée (en la bémol mineur, *un peu languissant*) ; page de nostalgie profonde, de regrets, s'exprimant sans détour et touchant juste (elle est sous-titrée *La Feuille* : ce ne peut être que feuille d'automne...). La dixième, alors, vient prendre congé (en la majeur, *sans rigueur*), épinglée de ce vers de Baudelaire : « Le plaisir vaporeux fuira vers l'horizon » ; viennoiserie, et longuette, mais les syncopes du thème principal camouflent le cliché en ardeur.

### Sonatine en ut majeur
COMP 1907. PUB 1907 (Heugel). DÉD à Louis Diémer.

Une bricole, – qu'on s'étonne de trouver dans les années où Reynaldo rédige les meilleures pages du *Rossignol éperdu*. L'*allegro non troppo* initial, qui compte sept pages, en a bien cinq de trop. Le thème principal est plaisant, et annonce, parfois à s'y tromper, des musiques comme la *Suite en ut* de Poulenc (la carrure des phrases, la raréfaction des notes, les cadences, les passages à la tierce et à la sixte, l'exposition au mode mineur). Mais Poulenc, quand il bêtifie, le fait *cum grano salis*, et taille plus court. Reynaldo ne veut plus quitter la place, s'empêtre, recommence indéfiniment ; et il y a quelques motifs franchement pénibles, cousus de vilaines rosalies.

Le mouvement lent (en sol majeur, *andantino rubato*) est une romance à variations, où l'on trouvera, sans surprise, la recette habituelle : les doubles croches à 6/8 du thème prolifèrent ensuite en triples croches, en sextolets, bourgeonnement rococo autour de phrases vaines, – emberlificotées dès le départ. Mais pour la 2e variation, léger martellement de sixtes et tierces, et surtout la 3e, en sol mineur, où l'harmonie miroite imperceptiblement sur une insistante pédale de tonique, on ne regrettera pas trop le détour.

Le finale, s'il est dit *en forme de tambourin* (en ut majeur, *vivo assai*), le doit au rythme fruste, à la pédale bourdonnante de son trio mineur. Le reste gambade sans arrière-pensées, sillonné de gammes où les doigts filent en quintolets.

### Thème varié sur le nom de Haydn
COMP sans doute 1909. PUB janvier 1910 *(Revue de la Société internationale de musique)* ; puis 1913 (Heugel). DÉD à Lady Lewis.

C'est la contribution de Hahn à l'« Hommage à Haydn », où il rejoint Debussy, Ravel, Dukas, Widor et d'Indy. Les cinq notes qui correspondent au nom du vieux maître (si-la-ré-ré-sol) servent ici, comme chez Ravel, d'amorce à un menuet (en sol majeur, *allegretto grazioso*) ; mais là s'arrête la comparaison. La page de Ravel est un bibelot ravissant, précieusement habillé d'harmonies rares, et ironiquement tourné vers le passé. Hahn, avec d'ailleurs beaucoup de savoir-faire, écrit dans le style même de Haydn, au détail près ; et comme dans le mouvement lent de sa *Sonatine*, il utilise les recettes éprouvées et automatiques des thèmes variés d'antan : une variation en doubles croches, une en triolets, un *minore* en accords à contretemps, et la dernière d'un coup plus rapide *(allegro assai)*, changeant de rythme et passant à 2/4. Exercice d'école, plat et froid. Dire qu'à la même époque, la dernière partie du *Rossignol éperdu* consacre de si belles pages à Versailles, à un passé transfiguré...

## Le Rossignol éperdu

COMP 1902-1910 (quelques pièces datent des années 1890). PUB 1912 (Heugel). DÉD diverses, voir ci-dessous.

L'*opus maximum* de Reynaldo Hahn, cinquante-trois pièces en quatre parties, – avec le sous-titre explicite de « poèmes ». On y trouve de tout : des scènes de genre *(L'Enfant au perroquet, Passante, Matinée parisienne)* ; des impressions de nature *(Le Bouquet de pensées, Soleil d'automne, Effet de nuit sur la Seine)* ; des sujets artistiques, autour d'un tableau *(Les Noces du duc de Joyeuse)*, d'un vitrail *(L'Ange verrier)*, d'une fresque *(Faunesse dansante)* ; des carnets de voyage, où l'on va de Hambourg à Biskra, de Venise à la côte d'Eyoub, dans un exotisme à la fois spatial et temporel, imitant tantôt le style Renaissance et tantôt la flûte arabe. Mais surtout, disséminés à travers l'œuvre, et souvent ses morceaux les plus réussis, des fragments de journal intime, des confidences d'amour malheureux, à demi-mot, à demi-note *(Gretchen, La Fausse Indifférence, Antiochus, Berceuse féroce, Hivernale, Le Pèlerinage inutile...)* ; ces pièces injustement négligées, qui sans doute un jour auront à nouveau leurs chances, justifient les mots du compositeur : « Ce recueil, avouait-il à ses intimes, est presque entièrement écrit avec des larmes. »

PREMIÈRE SUITE. – La partie la plus importante des quatre, trente pièces, composées pour la plupart entre 1902 et 1910.

« Penche un peu ton oreille à cet oiseau qui pleure : / C'est moi ! » Ces vers de Marceline Desbordes-Valmore, qui couronnent le *Frontispice*, sans doute Reynaldo en faisait-il en même temps, et secrètement, l'épigraphe désolée de tout le *Rossignol*. C'est une des plus belles pièces de l'ensemble ; et même on ira jusqu'à dire que si le reste avait toujours été de cette encre, il n'aurait pas pâli au fond d'un tiroir. Deux pages (en fa dièse majeur, *mélancoliquement*), où une phrase murmurée et tremblante, d'abord toute nue au milieu du piano, s'accompagne ensuite de quelques sixtes songeuses, s'harmonise d'accords très doux, module un bref instant, retombe dans le ton et disparaît.

*Andromède résignée* (en si bémol majeur, *pas lent*) est une de ces pièces à clé introuvable, qu'on soupçonne ici et là dans le recueil. Qui donc est cette Andromède point trop fâchée de vivre avec un monstre, et que persifle l'épigraphe empruntée à Vigny : « Ce vieillard t'enivrant de son baiser jaloux » ? Allez donc savoir... Mais voici trois pages délectables ; le motif dansant de la Belle, teinté de « mélancolie moqueuse », laisse un instant la place au thème d'octaves de la Bête, « passionné, plaintif », nimbé d'harmonies fauréennes, – et reprend non moins assuré, toujours « insoucieux ».

Tout en reprochant à la *Douloureuse rêverie dans un bois de sapins* sa longueur, son apparent désordre, son style composite (Massenet, Fauré, mais aussi Liszt, voire Schumann), on devra reconnaître qu'elle est inspirée, d'une veine lyrique profonde. C'est un grand *andante* nocturne, où les épisodes s'enchaînent grâce au liant des croches par trois de la mesure composée ; entre autres : le bercement initial à 12/8, sous le ciel constellé des sept dièses d'ut dièse majeur, au gré d'une ondulation d'arpèges où le pouce gauche caresse quelques notes chantantes, cependant que vacillent lentement les accords altérés de la droite ; un motif de tierces, dans le médium, accompagné de tintements cristallins ; et la trouvaille, plus loin, de cette déliquescente mesure à 16/8 (des groupes répétés de 5+3 croches), où le chant s'enrobe amoureusement...

*Le Bouquet de pensées*, souvenir du jardin botanique de Hambourg, se suffit de dix-sept mesures, paisibles, candides, mystérieuses, infiniment douces, où des volutes tournoient sur place, en bouquet justement, comme autour du lien d'accords qui les rattache à la base ; modalismes naïfs et feintes maladresses ; l'harmonie oscille de fa à ut, celui-ci teinté de mixolydien, avec un furtif mais parfumé emprunt à sol bémol, à l'autre bout du spectre sonore.

*Soleil d'automne*, une très belle pièce (en si majeur, *très modérément animé*), a des arpèges ascendants, au rythme évasif, noyés dans les deux pédales et ancrés sur la dominante (fa ♯) ; des motifs chantants, dans un murmure ; un intermède plus libre encore, aux harmonies plus recherchées et sinueuses ; une fin extatique, effleurée du bout des doigts. L'épigraphe est de Mme de Sévigné : « Ces beaux jours de cristal... »

*Gretchen* est le titre d'une pièce assez dramatique, et d'une couleur inaccoutumée chez Hahn. Elle repose sur le contraste grinçant et renouvelé entre la colère rentrée de l'amoureux éconduit (remous d'arpèges modulants, aux mains alternées, *agité*) et le ländler placide que danse, perfide et faussement ingénue, la belle Marguerite, « heureuse à faire mal au cœur », selon le mot de d'Alembert sur Mme Denis, que rapporte l'épigraphe. La pièce, commencée en fa mineur, finit sur un énigmatique si ♭.

Deux citations de Verlaine (« Baiser, rose trémière... », « Sans même savoir qu'elles sont pardonnées... »), c'est peut-être beaucoup pour *Les Deux Écharpes* (en sol majeur, *heureux, égal, cadencé*), une courte valse à 3/8, accompagnée d'arpèges, fluide, vaporeuse, coquette, enrubannée, très (trop) charmeuse, – mais réussie à sa manière. (Dédicace à Gabriel Frontin.)

On verra dans le bref *allegretto appassionato* de *Liebe ! Liebe !* un fragment de journal intime, scrupuleusement daté (26 septembre 1904), et pourvu d'une épigraphe parlante (de Baudelaire) : « Toi qui, comme un coup de couteau, / Dans mon cœur plaintif es entrée... » La gauche marque un thème haletant, presque hagard (« accentué, vibrant »), sous des accords modulants et syncopés ; la fin *(agité, intense)* dissone douloureusement ; ré ♭ et ré ♮ dans le dernier accord, irrésolu.

*Éros caché dans les bois* : rien qu'une romance un peu fade (en la majeur, *modéré, calme et mystérieux*), comme un carton de tapisserie aux couleurs passées.

*La Fausse Indifférence*, ce titre à la Marivaux recouvre une touchante élégie (en ut dièse mineur, *modéré*), où une voix nue exhale sa plainte, accompagnée de sixtes (celles du *Frontispice*) ; les harmonies, au milieu, font songer à Liszt. On veillera à bien jouer à 6/4, c'est-à-dire les noires par trois : sinon, rien ne reste des syncopes de la mélodie.

La *Chanson de midi* (en la bémol majeur, *allegretto*) a des sonorités agrestes, des couleurs de pastorale, un papillonnement de tierces et de sixtes, des traits de chalumeau, – sous l'invocation de Théocrite : « Viens sous ces oliviers sauvages, pour que je te dise quelque chose. »

Dans *Antiochus* (en si majeur, *lent*), la citation est de Goethe : « *Es schwindelt mir, es brennt mein Eingeweide !* » (« La tête me tourne, les entrailles me brûlent ! »). Nouveau fragment de journal (voyez *Liebe ! Liebe !*), à la date du 23 novembre 1904. L'écriture est originale : la gauche marque inflexiblement pendant trois pages la quinte grave si-fa, la droite plaque à contretemps des accords changeants, tâchant de moduler sans y parvenir, malgré tous les accidents, ramenée inéluctablement au pôle tonique. Cet Antiochus désespérément fidèle à une femme occupée ailleurs, c'est bien sûr le héros de la *Bérénice* de Racine, pathétique et crucifié...

On ne peut qu'admirer *Nevermore*, quatorze mesures à peine, mais si expressives (en fa dièse majeur, *lent*), où la gauche, après avoir posé la basse, croise les accords gémissants de la droite pour aller frapper, à contretemps, avec une régularité d'horloge fatidique, la clochette argentine d'un do ♯.

Plus court encore, dans son glacis d'harmonies chromatiques, le *Portrait* (en fa dièse mineur, *modéré*), qui commente ces deux vers de Verlaine : « Des jeux d'optique prestigieux, / Un tourment délicieux des yeux. »

*L'Enfant au perroquet* : une gracieuse estampe (en si majeur, *élégamment, assez lent*), aux rythmes fluides et plastiques, au caractère improvisé.

Publié séparément en 1906, *Les Rêveries du prince Églantine* est un des morceaux les plus connus du piano de Reynaldo (en la bémol majeur, *doux et lié*) ; il est charmant, et l'on y cède sans trop de remords. Joli thème songeur, sur un accompagnement monotone et caressant, ondulation de quintes et sixtes, qui sans effort apparent le mène à des tons aussi éloignés que fa ou la...

Quelle étrange page que celle qui s'intitule *Ivresse* ! Le titre, l'épigraphe (de Flaubert : « Noie mon souffle de ton haleine ! Que mes lèvres s'écrasent à baiser tes mains... »), sont contredits, apparemment, par la placidité de ces noires égrenées une à une (en fa mineur, *assez lent*), dans une nuance qui va de *p* à *ppp*. Un air oppressant ne tarde pas à monter, pourtant, de ces accords chromatiques, à la couleur sombre, à l'accablante et sourde progression. L'antiphrase joue à plein, et jusque dans les silences.

*L'Arôme suprême*, c'est l'intitulé, accompagné d'une citation de Crébillon fils (« respirant mutuellement leur âme... »), d'un court feuillet d'album (en sol bémol majeur, *très lent*), au rythme de barcarolle ; frêles harmonies fuyantes, cadence indolente et syncopes ; et un dernier accord poétiquement irrésolu (neuvième de dominante altérée).

La *Berceuse féroce* est un des morceaux les plus inspirés du cahier. Vraiment touchant et navrant, ce *Dodo l'enfant do* qui se donne pour une « réplique à une pièce de Couperin » (*L'Amour au berceau* du *Quinzième Ordre*), mais sert avant tout de pendant, désolé, désabusé, au *Portrait* qu'on lit plus haut, et dont il cite au passage les premières mesures. On saisira l'hypallage : « féroce », ce n'est pas cette berceuse qui l'est, mais bien cet amour qu'il eût mieux valu étouffer au berceau... Accompagnement dodelinant, tierces douceureuses, harmonies modales : les quatre dièses de l'armure notent, plus qu'un incertain ut dièse mineur, qui tarde à venir, ou que l'inattendu la majeur final, le fa dièse mineur dorien du début, à sixte majeure, embaumé comme un bouquet de violettes.

*Passante* : un petit rien, une esquisse gracile (en mi bémol majeur, *andantino*), au rythme souple et dansant, – plus brève que les quatre lignes de Fénelon qui l'annoncent...

La *Danse de l'Amour et de l'Ennui* est inégale. Tout le début est très trouvé (en fa dièse mineur, *posément, sans lenteur*) : un thème nu présenté pendant seize mesures, puis harmonisé et pourvu d'un contrechant à l'alto. C'est déjà la manière, entre ironie et sérieux, de Chostakovitch et de Kabalevski, que ce diatonisme frotté de dissonances, ce rythme las et imperturbable. La suite, qui chromatise, est curieusement plus plate, et aride, en dépit du *langoureusement* indiqué. Mais la fin est expressive, qui se défait lentement des liens de l'harmonie et rejoint le silence.

*Ouranos* est le titre d'un morceau ambitieux (en ré majeur, *excessivement lent*), très chromatisant, une sorte d'hommage à d'Indy plus encore qu'à Franck, avec, dans le ré du dernier accord, la résonance de tons entiers (fa ♯, sol ♯, si ♭).

Ils se balancent suavement, ces *Héliotropes du Clos-André*, dans leur 6/8 *plutôt lent*, et leurs harmonies tendrement équivoques (début en ut dièse mineur, fin en mi majeur, avec la résonance de la septième mineure ré ♮). La pièce, écrite à Maisons-Laffitte en 1910, est dédiée à Mme Georges Cocteau, mère de Jean, lequel fréquenta beaucoup Reynaldo cette année-là, et le croqua plus tard dans ses *Portraits-souvenir*.

On goûtera le climat impressionniste de la pièce intitulée *Effet de nuit sur la Seine* (en fa dièse majeur, *modéré*), où le chant s'accompagne d'un tremblement d'accords aux mains alternées ; couleur sombre des registres grave et médian ; « beaucoup de pédale », pour brouiller lueurs et sonorités. Reynaldo a dédié ces pages à Édouard Risler (déjà dédicataire d'une des *Premières Valses*).

Autre morceau aquatique, et dédié à un autre grand pianiste, Paderewski : *Per i piccoli canali*, inspiré à Hahn par les canaux de Venise (en ré mineur, *andantino*). C'est une de ses pièces les plus développées, et dont pas un instant, au long de huit pages, ne se perd la mélancolique poésie ; une *gondoliera* du souvenir, où l'eau grise de la lagune reflète plus de tristesses que de joies. Une indication de la troisième page, « amoureux et sombre », où la main gauche chante à mi-voix sous les arpèges moirés de la droite, vaut aussi bien pour la pièce entière, pour le thème initial au nonchalant balancement, qui reprend sa plainte dans les tons les plus éloignés, pour l'épisode central, voilé de bémols, amolli de tierces bien italiennes, et tout tremblant de ses multiples syncopes.

Un rythme uniforme (noire pointée-croche) accompagne la rêverie nonchalante de *Mirage* (en fa dièse majeur, *modéré*), que souligne jusqu'à la résolution finale un insistant do ♯ (pédale de dominante), d'où de nombreuses rudesses harmoniques, qu'il faut pourtant adoucir dans la pédale. La pièce est dédiée à la princesse Edmond de Polignac.

La souplesse des rythmes, la rareté des harmonies, le travail délicat du contrepoint, et jusqu'à la citation de Heredia (« Ces deux enfants divins, le Désir et la Mort »), essaient vainement, dans la *Danse de l'Amour et du Danger*, de donner le change ; mais ce n'est qu'une romance assez mièvre (en si majeur, *grave et cadencé*).

*Matinée parisienne* : voilà le Reynaldo le plus spontané, – charmant, coquet, spirituel, mais pas nécessairement mondain : n'allons pas prendre cette « matinée » pour celles des Guermantes ; il s'agit plutôt d'une promenade matinale à Paris, d'une flânerie (« en flânant », « flâneur », lit-on au passage), avec des refrains connus, des airs d'opérette ou de chanson (« comme sifflonté »), sur un rythme de valse, dans des harmonies enjouées et faciles.

*Chérubin tragique*, qui cite Musset (« Les noirs séraphins... »), est un impromptu passionné (en fa dièse mineur, *assez rapide, avec agitation*), au rythme haletant, à l'accompagnement tourbillonnant, avec des appogiatures et des enharmonies à la Fauré.

Fauréenne également, et qui clôt cette *Première Suite*, l'élégie romantique des *Chênes enlacés* (en fa dièse majeur, *andantino agitato*) ; on pourra la trouver trop sentimentale, mais elle ne tombe ni dans le banal ni dans le vulgaire. « Touffu », demande la première indication de pédale ; les deux mains s'enchevêtrent, s'éloignent, se rapprochent à nouveau, formant sous le chant un riche et dense taillis d'harmonies.

ORIENT. – Six pièces, les quatre premières composées en Turquie en 1906, les deux autres en Algérie en 1909. Une citation de Malherbe au seuil de l'ensemble : « Vous avez une odeur des parfums d'Assyrie. »

C'est d'abord le rythme égal et cadencé, le bercement monotone de *En caïque* (en fa majeur, *andantino*), à l'image du flot paisible de cette côte d'Eyoub qui inspire la pièce. La main gauche a le chant, la droite l'accompagne doucement, avec sur le premier temps de légères appogiatures. (Dédié à la comtesse d'Arnoux.)

La mélopée de *Narghilé* (en la mineur, *très modéré*) s'enroule aux fils de la portée, comme des volutes de fumée bleue, en quintolets, triolets, et autres figures capricieuses. Couleur exotique des altérations. Le début et la fin, posés sur la sous-dominante, semblent en ré dorien.

Dans *Les Chiens de Galata* (en fa dièse majeur, *lent*), des progressions chromatiques, dans le grave, forment le fond d'un thème alangui, d'une voluptueuse tristesse. (Sous-titre : « Effet de nuit sur la Corne d'Or. »)

Une dernière promenade en caïque, « au clair de lune », avec la *Rêverie nocturne sur le Bosphore* (en si bémol mineur, *nonchalant*) ; arpèges descendants, suggérant le sillage de la barque ; accords arpégés ; et une mélodie languide, quasi immobile. Au milieu, des tierces chromatiques semblent peindre la pâleur laiteuse de la lune, – comme, bientôt, dans *La Terrasse des audiences* de Debussy... (La pièce est dédiée à Édouard Hermann.)

On est hypnotisé par *La Rose de Blida* (en mi majeur, *calme, cadencé, argentin*) : un ruban de doubles croches recommencées, quelques motifs indolents, et presque tout au long la même quinte grave mi-si. L'épigraphe est de Baudelaire : « Infinis bercements du loisir embaumé... »

La dernière pièce, qui évoque *L'Oasis* de Biskra (en sol majeur, *adagio, calme et rêveur*), est de loin la meilleure de ces six « orientales ». Nudité, simplicité de ces vingt-sept mesures, qui ne s'embarrassent pas d'exotisme, mais restituent, par la permanence d'un petit motif caressant, à peine varié, et par la persistance de la tonique, à la fois la fraîcheur de ce lieu de halte et l'immensité de l'horizon qui l'entoure. Une seule altération : le fa ♮ qui, à la mes. 15, suggère un mixolydien passager, parfumé comme une brise au sein des palmes.

CARNET DE VOYAGE. – Neuf pièces, de 1908 et surtout 1910 (deux ou trois datent des années 1890). Épigraphe collective : « Ose te tromper et rêver » (Schiller).

Débarrassons-nous d'abord, dans le désordre, des morceaux les moins réussis. Il y a des recherches de rythme, un certain agrément pianistique dans *Faunesse dansante* (c'est celle du Rosso, au palais de Fontainebleau), qui en masquent le décousu. Mais rien ne sauve la *Nativité* (celle de la crèche de Nuremberg), pièce besogneuse, ennuyeuse, avec ses archaïsmes d'école, ses festons et ses astragales de convention ; ni la marche variée des *Pages d'Élizabeth*, qui tourne à vide au bout de quelques mesures ; ni les *Vieux bahuts* (du musée d'Orléans), à quatre voix et plus, aussi chantournées et vieillottes que les meubles en question, et où un peu d'humour aurait affiné le propos. Dans *L'Ange verrier*, inspiré des vitraux de la cathédrale de Bourges, Reynaldo voulait obtenir du « cristallin », du « scintillant » ; des doubles notes dans l'aigu n'y suffisent pas ; les harmonies sont quelconques, et ces motifs recommencés bien languissants.

Le reste, divers, est de qualité. *Le Jardin de Pétrarque*, un *andantino* aux accords transparents (en la majeur), est naïf, touchant, évocateur (dédié à Pierre de Nolhac). Dans *Le Petit Mail* (en ré mineur, *calme et doux*), Reynaldo traduit les « rêveries de Calvin adolescent » en une brève page énigmatique, à quatre parties, où les croches sinuent à 5/8, et qui conclut, de façon imprévue, sur l'accord du sixième degré (si bémol). *Les Noces du duc de Joyeuse*, un tableau du musée de Versailles, lui inspirent un joli pastiche de dancerie Renaissance (en ré majeur, *carré, mais souple et svelte*), à l'archaïsme savoureux, aux nombreux effets de pédale (par exemple les vastes arpèges en aller et retour qui transportent le bourdon ré-la sur trois octaves).

Mais le meilleur de ce *Carnet de voyage*, et peut-être de tout ce *Rossignol éperdu*, c'est la pièce qui s'intitule *La Jeunesse et l'Été ornent de fleurs le tombeau de Pergolèse*. Deux pages émues (en la mineur, *modéré*), au délicat parfum d'autrefois, rythmées à 5/4 ; écriture canonique, d'une grande lucidité. Vers le milieu quatre mesures purement harmoniques font éclore une phrase très tendre, posée sur une pédale de do. La fin retourne au silence, il ne reste qu'un dernier la, qui vibre encore un peu au fond du clavier, et disparaît.

VERSAILLES. – Huit pièces, composées la plupart en 1908 et 1910.

On ne dira rien de l'*Hommage à Martius* (lequel, d'après Pline, cité en épigraphe, « inventa l'art de tondre les bosquets »), sinon que Hahn y joue aux modulations feintes et circulaires, sans s'éloigner jamais du ton initial de mi.

*La Reine au jardin* (en si bémol majeur, *larghetto*) vaut à peine davantage, pastiche de pavane, en grands accords et rythme pointé ; de même que, trois numéros plus loin, *La Fête de Terpsichore* (en mi bémol majeur, *modéré*), sorte de menuet à 6/8, aussi frisé que les perruques des danseurs. Quant au *Réveil de Flore* (en mi majeur, *animé*), inspiré par le Bassin du printemps, il a de gracieux envols de triolets, des modulations charmeuses, mais s'éternise, et finit par lasser.

Quelle belle pièce, en revanche, que *Le Banc songeur*, souvenir du Grand Trianon... Juste une page *(très lent)*, entièrement édifiée sur un bourdon ré-la, joué en arpège et dans un contretemps perpétuel avec les accords de la droite. On croit être en sol au début, sur pédale de dominante ; bientôt on se sent en ré mixolydien, jusqu'au do ♯ final qui nous assure un quotidien ré majeur...

Les *Adieux au soir tombant*, un « duo mimé » (en ré majeur, *andantino appassionato*), sont extraits du ballet de Hahn *La Fête chez Thérèse*. Soprano et ténor se donnent la réplique, de part et d'autre d'un buisson d'accords syncopés. Romance, mais point trop fade, et mêlant une pincée d'ironie à son brouet amoureux.

*Hivernale* : une élégie, vraiment touchante, et pour une fois plus sensible que sentimentale (en fa dièse mineur, *sans aucune lenteur, mais calme*) ; thème d'accords, dans une métrique expressive qui alterne 7/4 et 2/2, et par petites phrases, que vient ensuite survoler un glas, dans la distance ; plus loin, les mains le posent dans l'aigu, battu de croches, à l'unisson (« calme et frileux ») ; fin en accords, froids et translucides, comme du givre.

Avec la dernière pièce, *Le Pèlerinage inutile* (en ré mineur, *rêveur*), c'est le retour à l'endroit des amours, aux lieux de la joie ancienne, – inutile en effet, parce que tout est transformé. L'épigraphe le dit d'avance, empruntée (approximativement) à Hugo : « Que peu de temps suffit à changer toute chose ! » Plus désabusé encore qu'Olympio, et voulant exprimer ce « changement », le musicien, après avoir énoncé sans accompagnement son thème de deuil et de mélancolie, l'enchâsse en des harmonies à la Franck, chaque fois renouvelées, comme imperceptiblement, par les degrés de la basse, les altérations modales, les synonymies enharmoniques...

### *Deux Études*
COMP 1927. PUB 1927 (Heugel). DÉD à Juliette Bouquet.

On aurait rêvé d'un épilogue au *Rossignol*. Mais un Reynaldo bien moins jeune (et tellement plus détaché...) est l'auteur de ces deux pièces, telles un peu, dans l'harmonie, que les aurait signées Fauré s'il avait souscrit au genre de l'étude. La première (en la bémol majeur, *allegro* à 6/8) est toute en tourbillons gracieux, accords brisés diaprés et changeants, scintillants de notes répétées. La seconde (en ré mineur, *animato assai* à 3/4) trace de rapides guirlandes de triolets, à chaque main tour à tour ;

l'étude tient au fait que ces dessins sont émaillés de tierces : troisième croche de chaque triolet à la main droite, première à la gauche ; coda dans le mode majeur.

## Ernesto HALFFTER
(1905-1989) Espagnol

Le seul titre de gloire d'Ernesto Halffter, ce sera sans doute d'avoir mis un point final à la fameuse *Atlantide* laissée inachevée par la mort de son maître Falla. Il y a consumé une partie de sa force, et quoiqu'on puisse dire qu'il est au moins pour moitié dans cette œuvre ambitieuse, la tâche nous aura privé de musiques peut-être plus singulières encore. Le peu que nous en avons vu le fait pressentir : quelques pages symphoniques, dont la *Rapsodia portuguesa* (1938) et surtout le fameux ballet *Sonatina* (1928), quelques morceaux de musique de chambre, dont le *Quatuor à cordes* (1923), quelques mélodies, dont *Automne malade*, d'après Apollinaire (1927), – enfin une poignée de pièces de piano, le domaine où il semble avoir œuvré le plus assidûment.

Il suffit des **Crepúsculos**, trois « pièces lyriques », écrites en 1920, mais en réalité revues en 1936 (publiées en 1986, chez Eschig, avec une dédicace à ses parents), pour s'en persuader : Ernesto Halffter est un magicien des sons, et son oreille, sensible à la plus légère vibration du piano, lui fait accomplir à cet instrument des miracles de poésie. Ce sont des réussites purement sonores, – et l'on pourrait se passer du programme (trop long, si même il est touchant) qui précède la première pièce, *El viejo reloj del castillo* (« La Vieille Horloge du château », en si bémol majeur, *moderatamente tranquillo*) ; peu nous chaut, somme toute, que les personnages du vitrail s'animent, que l'horloge accélère ses battements, que les cloches sonnent, et que dans la réalité retrouvée l'enfant sente « s'élever, dans une pure joie d'espoir, le mystérieux prélude de son avenir ». Voilà trop de mots pour une émotion plus intense : née de faits essentiellement musicaux, – de cette octave brisée, par exemple, qui forme une pédale obstinée de tonique au début et à la fin, de ces accords s'arpégeant en sourdes résonances, de ces tintements indistincts dans l'aigu, de ces notes répétées insistantes.

De même, dans la troisième pièce, le titre, *Una ermita en el bosque* (« Une petite chapelle dans la forêt », en ré bémol majeur, *allegretto tran-*

*quillo*), aurait pu disparaître, ou ne figurer qu'entre parenthèses, à la fin, comme ceux des *Préludes* de Debussy ; on les entend bien, cette délicieuse fausseté des cloches lointaines, et cet effeuillement de vieux cantique dans le registre grave ; on entend surtout des harmonies ineffablement belles, et l'on demeure à s'étonner que tant d'accidents dans les accords, tant de frottements et de frôlements contre nature puissent se résoudre en euphonie.

Entre ces deux morceaux s'étend une *Berceuse* (en fa majeur), apparemment la moins révisée des trois ; je veux dire, plus exactement, qu'on y distingue la couche ancienne (tout le début, thème et harmonies), et les glacis plus élaborés qui ont enjolivé d'autres parties.

La **Sonate en ré majeur**, commencée à Madrid en 1926 et terminée à Paris en 1932 (publiée en 1934, Eschig), est d'une habileté diabolique. Elle doit quelque chose, assurément, au Stravinski de la *Sonate*, en ce sens qu'elle applique à Scarlatti le traitement que le Russe appliquait à Bach, et qu'une certaine rythmique déboîtée, un certain diatonisme méchamment hérissé de fausses notes, cette impavidité même devant les dissonances les plus inclémentes, qui d'ailleurs n'empêchent pas quelques lignes plus loin la bénignité la plus imprévisible, – tout cela sent une leçon bien apprise, une influence consentie. Mais cette première impression passée, la *Sonate* de Halffter demeure ce qu'elle est : originale, et profondément espagnole, autant dans ses moments de puissance et d'éclat (presque un vacarme, si l'on n'y prend garde : voyez le début, « *ff* con slancio ») que dans ses soudaines douceurs (le *cantabile*, « con tenerezza », qui vient simuler un mouvement lent dans cette partition en réalité d'un seul tenant). Le moins utile, avouons-le, c'est le fugato de la page 5 (mais à ce stade, curieusement, on l'attendait, on le voyait arriver !). Très belle et sonore coda, en carillon, jusqu'au *fff*.

Il y aura quelque chose de moins spontané, de plus aride et acide, dans la **Sonate** tardive de 1986, qui reconnaît quant à elle, jusque dans le sous-titre (« Hommage à Domenico Scarlatti »), jusque dans l'adoption de la structure binaire à reprises, sa dette envers le génial Napolitain. Elle doit beaucoup aussi au dernier Falla, celui de l'ascèse et du désert calciné de soleil. Pointue, corrodée d'acciacatures, au demeurant fort séduisante de pianisme, elle semble une sorte d'égoïste et précieux exercice...

Puisque nous parlons d'hommage, venons-en tout de suite à celui que Halffter a rendu en 1987 à Chopin, et du même coup à Arthur Rubinstein qui l'a reçu en dédicace (« *con viva admiración y gratitud* »), dans la pièce intitulée **Nocturne automnal** (publiée en 1989, comme l'*Hommage à Scarlatti*, Eschig). Trois pages *(lento e mesto)*, où semble enclose toute la mélancolie du monde. Le plus étonnant est qu'elles puissent recréer, alors que l'idiome en est si éloigné, si dissonant (parfois jusqu'à la souffrance !), l'illusion de la musique de Chopin, – peut-être par la grâce de ce traînant rythme de mazurka, de quelques cadences, de telle inflexion dolente où, à force de sympathie, et dans la lumière blafarde et les derniers rougeoiements de l'automne, est resté prisonnier un peu de l'âme du génial Polonais...

De l'année 1988, trois autres **Hommages** (publiés en 1994, Eschig), que Halffter adresse respectivement à Turina, à Mompou et à son frère Rodolfo. Les vifs contrastes, le décousu voulu, les couleurs un peu criardes de l'*Homenaje a Joaquín Turina* cèdent la place, dans l'*Homenaje a Federico Mompou*, à une valse très simple et très sentimentale (en la mineur, *dolentemente*), dont pourtant l'épisode central est relevé de frémissantes dissonances ; après quoi, dans l'*Homenaje a Rodolfo Halffter*, entre deux sonneries d'accords mystérieux (les dernières échelonnées sur cinq portées !), passent des bribes de chansons et de danses, tel thème enjolivé de mordants, tel rythme pointé de gigue à l'ancienne.

On remontera plus haut, jusqu'en 1945, pour un hommage plus connu sans doute, celui qu'en compagnie de Mompou et de Rodrigo, Halffter voulut rendre à Ricardo Viñes (leurs trois pièces ont paru en 1947, Editora nacional). Mompou offrit la huitième de ses *Chansons et Danses*, déchirante « chanson qu'il aimait tant », Rodrigo écrivit une *Torre bermeja*, qui liait à Viñes le souvenir d'Albéniz, – et Halffter un **Llanto** (en ut dièse mineur, *andante moderato assai*), d'une noble et profonde tristesse, en ses accords hiératiques et ses cadences modales, où il semble pleurer d'avance, tant son style ici lui ressemble, la disparition toute proche de Falla...

Quelques pièces encore : plutôt que *L'Espagnolade* de 1937, composée pour le recueil collectif *Parc d'attractions* (hommage à Marguerite Long, publié en 1938, Eschig), qui s'éternise et répond hélas trop bien à son titre aguicheur, – plutôt que la triviale *Habanera* de 1950 (mais qui donc n'a pas sa *Pavane pour une infante défunte* ou son *Prélude en ut dièse mineur* ?), – et plutôt même, si séduisantes soient-elles, que les deux danses (*de la Pastora* et *de la Gitana*) transcrites du ballet *Sonatina* (1927), retenons le **Pregón** publié en 1950 (Eschig), une évocation de Cuba (en fa dièse majeur, *allegretto ritmico e grazioso*), sur un intrigant et voluptueux rythme à 5/8, ainsi que la **Sérénade à Dulcinée** publiée en 1951 (toujours Eschig), aux effets réussis de pizzicato de guitare, à la savoureuse bimodalité : on gagne à s'initier au piano de Halffter par ces deux morceaux charmeurs, et relativement faciles à jouer.

## Rodolfo HALFFTER
(1900-1987) Espagnol, naturalisé mexicain

Plus d'un compositeur pose ce problème : jusqu'où le suivre dans son évolution, que l'on n'ose pas toujours nommer une quête ? Quand on se persuade qu'il s'est trouvé, pour le meilleur, prendra-t-on avec lui un chemin qui le détourne de sa nature, qui lui fait perdre son originalité en échange de recettes stériles et d'un art plus grincheux, si même les historiens flattent l'art en question de l'étiquette de moderne ?

Rodolfo Halffter, après quelques tâtonnements, s'était rencontré. Disciple de Falla, comme son frère Ernesto, il poussait dans le sens de son maître, – moins aride, cependant, et plus joyeux, d'une joie en tout cas plus terrestre. Son écriture pianistique, dans les œuvres de sa belle maturité (les années quarante), se distingue entre cent : une pointe lucide, des rythmes à contremesure, le goût des septièmes à cru dans l'accompagnement, l'instinct le plus sûr pour la bimodalité (car ce n'est pas une science que celle du mélange des tons, c'est un don, qu'aucun traité jamais ne remplacera) ; le tout baignant dans une indéniable saveur espagnole. Que désirer de plus ? Mais un esprit malfaisant le poussa dans les parages du sérialisme ; d'autres ont connu cette tentation, l'ont surmontée, ou trompée avec humour. Il y succomba vraiment ; et à des œuvres inspirées et sans prétention succédèrent des compositions tristounettes, qui ne lui ressemblaient presque plus.

Composées en 1928 (publiées en 1930, Unión musical española), les ***Dos Sonatas de El Escorial*** (op. 2) se réfèrent à Scarlatti et à Soler, qui hantèrent tous deux le sombre et grandiose monastère. Sonates brèves, en un mouvement bipartite, leur matériau se limite à deux voix qui courent l'une au-dessus de l'autre en s'imitant, plissées de quelques mordants. La *Première Sonate* (en ré mineur), la plus tempérée, ne s'autorise que de légères dissonances, effleurements passagers qui ne raient en rien la tonalité ; elle joue, en revanche, de la birythmie, avec l'équivoque entre 3/8 (binaire) et 6/16 (ternaire). La *Deuxième* (en la majeur) est plus bruyante et piquante (le passage « con gioia », sur des basses de septièmes ; et les arpèges bitonaux qui suivent, mi sur fa, si sur ut), mais guère moins charmeuse. Une jolie réussite de jeunesse.

De 1932 date un ***Preludio y Fuga*** (op. 5, publié en 1933, U.M.E.). Rien d'insolent (et de drôle !) comme le *Prélude* qui, après avoir plaqué quelques quartes hargneuses, tourne un petit motif à ressort, banale clausule en doubles croches, tirée de quelque fugue dix-huitième, mais vitriolisée par la bitonalité ; quelques lignes bien diatoniques ne font qu'entretenir la perplexité ; un peu plus loin le manège recommence, une tierce mineure plus haut ; fin en fa majeur, préparant le fa mineur de la *Fugue*, beaucoup plus sage, et que son sujet en dents de scie n'empêchera pas de chanter, pour peu qu'on ne l'articule pas à la mitrailleuse...

Sautons la *Danza de Avila* et les *Pequeñas variaciones elegiacas* de 1936-1937 pour arriver à ce premier sommet du piano de Rodolfo Halffter : l'***Homenaje a Antonio Machado*** (op. 13), quatre pièces composées en 1944, dédiées au grand poète espagnol, dont elles citent des vers en épigraphe. Images d'Espagne, en effet, vivement coloriées mais jamais vulgaires, plus proches de Falla que d'Albéniz (encore que quelques échos d'*Iberia* se mêlent parfois à la leçon de la *Fantaisie bétique*). La première pièce (en ré bémol majeur) peut servir de symbole, avec sa citation (« *Heme aquí, pues, España, en alma y cuerpo...* »), toute en cambrures, en impulsions, en jets et retours de flamme, dans l'allant de ses thèmes rehaussés de mordants ; à la fois joie primitive et sombre fierté. Voyez aussi la quatrième (également en ré bémol), dont le thème de quintes carillonne au-dessus d'un moutonnement de doubles croches.

Deux œuvres antithétiques, maintenant. D'abord le cahier des ***Once Bagatelas*** (op. 19) de 1949 (parues en 1950, Ediciones mexicanas de música). Dans la veine des *Bagatelles* de Bartók, et fort brèves pour la plupart, ces pièces écrites pour initier les jeunes pianistes à diverses pratiques de la musique moderne n'en constituent pas moins, pour autant, de vrais moments musicaux. Beaucoup s'amusent à des rythmes variables, enchevêtrés, capricieux, dérogeant à la fraction indiquée et enfreignant la barre de mesure : telle est la première, où 2/4, 3/4 et 3/8 ne sont que leurres, mais qui n'en perd nullement son ingénuité, sa fraîcheur. D'autres fraient la voie à la bitonalité, à la bimodalité, comme la quatrième, où si lydien fleurit sur sol majeur, – ou la septième, dont les arpèges bimodaux (ut majeur sur ut mineur, la mineur sur la majeur) évoquent l'exquise fausseté d'un chœur de cloches.

L'autre cahier est celui des ***Tres Hojas de álbum*** (« Trois Feuilles d'album », op. 22), daté de 1953 et publié en 1964 (U.M.E.), – musiques infiniment plus « sérieuses » (je mets exprès ces guillemets), où Rodolfo Halffter aborde l'écriture dodécaphonique. Se succèdent une élégie, un scherzo, une marche grotesque ; le tout plutôt dépouillé, souvent pointu ; et s'ils se défendent visiblement de tout charme, ces morceaux demeurent plus amènes que la plupart de ceux que ce stérile procédé a suscités.

Rodolfo Halffter a offert au piano trois sonates, fort dissemblables de facture. La ***Première Sonate*** (op. 16), composée en 1947 (publiée en 1948, Ediciones mexicanas), est de style composite. Le meilleur des trois mouvements est l'*allegro deciso* initial (en ré mineur), avec un premier thème habillé de tierces, un second thème « grazioso » bien que déboîté entre 6/8 et 5/8 sur des accords à contretemps ; il est très espagnol et rappelle, en climat harmonique, en couleur pianistique, l'*Hommage à Machado*. Dans le *moderato cantabile* (en ré majeur), de caractère religieux, on croit entendre à tour de rôle la psalmodie de l'officiant et le choral sonore des fidèles, à grand renfort d'accords juxtaposés et superposés, tantôt parfaits, tantôt agencés de secondes et de quartes. L'*allegro con spirito* final (en ré mineur) se donne, pour rire, des airs d'invention à la Bach ; mais il manque de sel et rate ses effets, sauf dans le passage central, qui affiche sa bitonalité par des armures différentes à chaque main.

Plus ambitieuse, avec ses quatre mouvements, et plus réussie, peut-être même son chef-d'œuvre pianistique, la **Deuxième Sonate** (op. 20), écrite en 1951 (publiée en 1955, Pan American Union), a été dédiée par Halffter à son ami Carlos Chávez, chef de file de la musique mexicaine. L'*allegro* (en ut majeur) est ravissant à entendre comme à jouer ; le pianiste se délecte de cette écriture précise, de ces accords translucides, de ces cabrioles et sautes d'humeur ; l'auditeur retient d'autant mieux les deux thèmes principaux qu'ils sont coulés dans deux mètres distincts, 3/8 pour la gamme du premier, 2/4 pour le pas sautillant du second ; le développement vagabonde dans les tons les plus divers, mais il est remonté comme un mécanisme d'horlogerie, et à lambiner ne perd pas de son efficace. – Le mouvement lent (en la mineur, *andante poco mosso*), très inspiré, va de la plainte (tout ce grave et sensible début, scandé par la pédale de tonique) à la tirade amoureuse, avec presque ce *garbo* que l'on rencontre dans les *Goyescas* de Granados. – Dans le scherzo (en ut, à 3/8), tout émoustillé de secondes, passent des rengaines populaires, tandis que le trio (en mi, à 2/4) se berce de grelots de cristal. – Enfin vient un rondo (en ut), au refrain guilleret, bien assujetti sur ses quintes vides, avec un couplet qui superpose sans façon les quatre bémols de la bémol aux quatre dièses de mi...

La **Troisième Sonate**, de 1967 (publiée en 1968, Ediciones mexicanas), parle un tout autre langage. Parle-t-elle, d'ailleurs ? Avec ce style inarticulé, les quelques restes de vocabulaire valide ne donnent rien à entendre. Des velléités expressives, dans le *moderato cantabile*, tournent court ; la note répétée, ou la redite pure et simple, si persuasive qu'elles se proposent d'être (et favorisant l'accoutumance à telle inflexion), ne peuvent lutter contre le décousu, l'émiettement, le pernicieux changement de registre qui brise, depuis Schönberg, la moindre ligne mélodique. Jamais l'artifice du procédé sériel n'aura paru si vain.

On ne finira pas sur ce constat d'échec. Presque octogénaire, Rodolfo Halffter a montré, dans les trois pièces intitulées **Sequencia** (parues en

1979, aux mêmes éditions), qu'un surcroît de sève authentique circulait dans sa musique. On reste saisi devant la force du *Preludio*, fait d'appels cuivrés, de récriminations amères, réitérées sur quelques notes, dans une modalité à la Falla, qu'échauffent inlassablement les dissonances. L'*Interludio* non plus ne relâche pas son emprise, avec ses phrases piétinant sur un rythme de marche un peu boiteuse (incessants changements métriques), scandées au fond du clavier par une quinte vide ré-la. Le *Postludio*, plus pointu, alterne les éclats d'allégresse *(con gioia)* et les plages méditatives.

# Roy HARRIS
(1898-1979) Américain

On ne fréquente guère, de ce côté de l'Atlantique, l'œuvre de Harris, une des figures les plus importantes de l'histoire musicale de son pays. Ce n'est pas sa production pianistique (les doigts d'une main suffisent à la nombrer) qui le fera davantage connaître. En dehors de la *Sonate*, ouvrage ambitieux, dans lequel il se cherche encore, le piano ne lui a été qu'un délassement entre deux compositions plus sérieuses (*Recreation*, ce titre d'une de ses pièces vaut pour toutes les autres) et ne lui a soutiré que des miniatures. Le fait paraît plus curieux quand on sait que sa femme Johana a été l'une des grandes pianistes américaines, dédicataire de plus d'une partition à travers le continent (par exemple de la *Première Sonate* de Ginastera). En 1936, il lui a offert en cadeau de noces son *Quintette avec piano* ; elle l'a peut-être aidé dans la rédaction de ses pièces ; mais elle n'a pas suscité chez lui le désir d'un *opus maximum* pour l'instrument seul. (Un cas similaire, chez nous : celui de Dutilleux.)

Ces petites choses, si opposées à son style ordinairement fait d'expansion et de puissance, peuvent cependant servir d'introduction à sa musique ; car outre qu'elles ne délaissent pas son univers harmonique et mélodique habituel, elles ont une séduction immédiate, par leur simplicité même et leur brièveté. Même la *Sonate* n'est pas vraiment virtuose, Harris répugnant à l'effet gratuit, et ne rédigeant jamais qu'en termes de pensées musicales. À plus forte raison la *Suite*, la *Petite Suite*, les *Ballades américaines* se prêtent-elles au déchiffrage de l'amateur. Ses « contrepoints d'accords » ne sont pas toujours bien pianistiques, mais l'absence de fioritures, la clarté rythmique, la transparence des harmonies (jusque dans la polytonalité, toujours très sage) emportent l'adhésion. Une réelle poésie baigne la plupart de ces pages, qui invoquent parfois le folklore (les *Ballades*, les deux premiers morceaux de la *Suite*), et l'évoquent toujours, chants populaires ou hymnes religieux.

### Sonate (op. 1)
COMP 1928. PUB 1931 (Cos Cob Press). DÉD à Elly Ney.

L'œuvre à laquelle il conféra l'honneur d'ouvrir son catalogue (il en avait écrit bien d'autres auparavant) fut composée quand Harris était en France, élève de Nadia Boulanger. Si Virgil Thomson la trouva « grossière et laborieuse », elle lui valut un article dithyrambique d'Arthur Farwell, qui paraphrasait plaisamment celui de Schumann sur Chopin : « Messieurs, un génie, – mais gardez vos chapeaux ! »

La sonate s'ouvre par un *Prélude* hiératique et massif *(maestoso, con bravura)*, portique où des accords dressés comme des piliers superposent leurs harmonies rudimentaires (quartes et quintes en quantité), les déplacent en mouvement contraire ; pages frustes et sonores, presque belliqueuses : même le « piano subito » se veut « robusto ».

On enchaîne avec un *Andante ostinato*, qui doit cette appellation à toutes sortes de figures opiniâtres : entre autres l'obsédant premier thème *(misterioso)*, tapissé d'accords en polyharmonie (toujours ce mouvement contraire aux deux mains, caractéristique), dans un mètre à onze noires (4+3+4), – et la basse arpégée du deuxième thème *(più mosso)*, succession des tons de ré majeur, de ré bémol majeur et de sol mineur, sur laquelle traîne une mélodie énigmatique, de couleur tonale indéfinie.

Le *Scherzo* final *(vivace)* débute comme une invention à deux voix, à la fois aigre et piquante en ses rythmes asymétriques (à jouer sans pédale et avec la plus grande précision) ; puis l'écriture se corse, les jeux contrapuntiques se font plus complexes ; une cadence *presto* amène une coda solennelle, écho amplifié du *Prélude*, et l'œuvre s'achève en vacarme triomphal (« con tutta la forza »).

### Little Suite
COMP 1938. PUB 1939 (Schirmer).

Que ce musicien au souffle large, à la carrure imposante, qui portait en lui quinze symphonies, ait eu son jour d'humilité, pour écrire ces quatre petits riens simplement et vraiment musicaux, voilà un sujet de ravissement, – celui qu'on éprouve, par exemple, devant les *Bagatelles* de Beethoven ou le *Printemps* de Milhaud.

Avec la première pièce, *Bells*, Harris ajoute une minute à peine de musique à ce thème des cloches si répandu dans le répertoire pianistique. Quelques accords cristallins de quartes et de quintes, harmonisant de trois ou quatre façons la même gamme descendante, au-dessus d'un accord-pédale de ré, suffisent au sortilège ; et la sourdine crée en alternance un poétique effet de lointain.

Trois lignes pour *Sad News* (« Triste nouvelle »), dont la mélodie à 7/8 est nettement en sol mineur, sous la polyharmonie des accords ; le dernier accord étage des quartes, placidement.

Toujours à 7/8, mais dans un mouvement rapide, la troisième pièce, *Children at play* ; sur un ostinato presque inchangé de la gauche, qui brise alternativement les accords de ré et de si bémol, la droite zigzague en petits motifs ; on court, on crie, on bouscule ses camarades, on s'essouffle, on s'amuse beaucoup...

Enfin dix mesures d'accords transparents, chuchotement de berceuse, suggèrent le « sommeil » *(Slumber)* ; si loin que l'on dérive, on se sent ancré en ré mineur ; mais l'étagement final de quintes ouvre la porte au rêve.

### *Piano Suite*
COMP 1942. PUB 1944 (Mills Music).

Trois pièces. Octaves et accords, rudement accentués, sonnant *(ringing* !) comme autant de cloches, dans une métrique complexe et un tempo fluctuant, forment l'airain de la première pièce, *Occupation.*

La deuxième, *Contemplation*, prend prétexte de l'hymne irlandais « *Be Thee My Vision* », pour une longue improvisation, tantôt en style de choral, en beaux enchaînements d'accords, tantôt, plus rhapsodiquement, à grand renfort de trilles, roulades, fioritures de bel canto (écriture bien rare chez Harris !).

Pour finir, *Recreation* est le titre d'une sorte de tarentelle, emportée dans un gai tourbillon, plaquant quartes et quintes, s'amusant de quelques effets de birythmie (troisième page), de quelques touches de bimodalité (toute la fin).

### *American Ballads*
COMP 1946. PUB 1947 (Carl Fischer).

La *Quatrième Symphonie,* dite « Folk Song Symphony » (1939), s'inspirait déjà du folklore américain, – dont non seulement les thèmes et les rythmes, mais aussi les légendes, jouent un rôle important dans la musique de Harris. Ce petit recueil pianistique en est un autre exemple ; cinq pièces, de simples arrangements de chansons populaires ; rien à voir avec les *Excursions* que Barber a savamment élaborées à partir d'un matériau semblable.

*Streets of Laredo* (en ré majeur) : du charme, un balancement tendre, des harmonies fraîches où dominent les septièmes ; la partie centrale se joue trois fois plus lentement que le reste. – *Wayfaring Stranger* (en mi bémol mineur) : deux pages au rythme triste et las, à la façon d'une gymnopédie. – *The Bird* : des doubles croches fusent en dessins brisés ; unissons ; appels et réponses ; c'est un petit concert de gazouillis dans les arbres. – *Black Is the Color of My True Love's Hair* : tout juste onze mesures, très sobres, dans un ton d'ut hésitant entre majeur et mineur ; quelques accords vibrants pour prologue, un chant des mains à l'unisson, lointain, comme entendu en rêve ; l'accord final superpose doucement mi majeur à ut majeur. – *Cod Liver Ile* : le plus fruste ; pour l'essentiel, des unissons à deux octaves de distance, séparés d'accords ponctués fortissimo, qui continuent de résonner sous la mélodie ; trois lignes à la valse font un intermède naïf.

### *Toccata*
COMP 1949. PUB 1950 (Carl Fischer).

On pourrait l'appeler *Toccata, Choral et Fugue*, d'après son organisation tripartite. Elle est toute issue du même motif, l'arpège brisé qui retentit comme un appel à la première mesure. Cet arpège donne d'abord naissance à la toccata proprement dite *(con bravura)*, environ quatre pages d'improvisation, découpées en mètres variés (3/4, 6/8, 7/8, 9/8...), et où l'on retrouve le goût de Harris pour les traits en unisson, articulés dans la vibration d'accords tenus par la « troisième pédale » (voyez le dernier numéro des *American Ballads*). – Puis le même motif sert à un choral, en accords polyharmoniques, où le rythme, dans une mesure à 9/4, est tour à tour trochaïque (longue-brève) et iambique (brève-longue). – Enfin c'est un fugato à deux voix, sec et concis, avec quelques traits de la toccata en guise de conclusion sonore. Ton final de ré majeur, qu'on voit poindre et chercher à s'affirmer tout au long de l'œuvre.

## Tibor HARSÁNYI
(1898-1954) Français d'origine hongroise

Ce Français d'adoption, comme le furent avec lui les compositeurs de ce qu'on a nommé vers 1925 l'École de Paris, ce fondateur, avec Ferroud, de la société de musique contemporaine Le Triton, est bien oublié aujourd'hui. Il erre au dernier sous-sol du purgatoire, en dépit d'une œuvre originale, et sympathique. Quiconque prend le temps de déchiffrer ses deux douzaines de partitions pianistiques m'accordera cet adjectif. Voici d'abord un musicien sans poids ni pose, qui, plutôt que de rivaliser avec d'autres dans la grandeur et la componction, s'est laissé aller à son goût du burlesque, à un moderne esprit de scherzo, où le favorise une science consommée du rythme : superpositions de toutes sortes, boiteries, chevauchements, accents contrariants, mesures impaires et biscornues ; le jazz, une vraie passion, l'influença durablement. C'est ensuite un de ces trop rares amoureux de la petite forme, qui mesure ses inspirations à son aune, et peut ainsi leur accorder une finition impeccable ; préludes « brefs », pièces « courtes », « bagatelles » : comptant chichement, il écrit clair, précis, aéré, et c'est un plaisir renouvelé que de voir à l'œuvre, dans un espace calculé au plus juste, l'harmonie joyeusement hardie qui le caractérise. Ce style épuré fait merveille dans la bitonalité, le préservant des vilains empâtements où se signalent quelques-uns de ses confrères.

Le déchiffreur de « moyenne force » gagne, avec Harsányi, un fort plaisant répertoire. Et le concertiste n'est pas délaissé : il y a dans le lot quelques pages de remuante et drue virtuosité. Entre deux morceaux turbulents (ou même agressifs : on va avec lui de la chiquenaude et de la taloche au coup de poing !), après les scherzos dégingandés et les fox-trot parodiques, quelquefois le poète parle : le *Dimanche* du cycle *La Semaine*, le premier ou le dernier des *Préludes brefs*, la quatrième *Étude rythmique*, le *Nocturne* de la *Suite*, les *Pastorales*, sont autant de haltes, où l'on entre dans l'amitié d'un cœur simple, que l'humour et le mouvement ne faisaient que masquer.

## *Quatre Morceaux*

COMP janvier-février 1924. PUB 1924 (Deiss). DÉD à Francis Casadesus.

Sort du lot, et mérite un long moment d'arrêt, la deuxième pièce, une *Sérénade*, aussi poétique et cocasse à sa manière que la *Sérénade interrompue* de Debussy, et à laquelle chacun voudra imaginer un petit scénario, tant elle est pittoresque. Rantanplans de la basse, au début, en ostinato discordant sous un thème d'accords qui s'efforce au « grazioso » ; petits allers et retours de gammes, avant un thème en rythme pointé, que la croche surnuméraire de ce rythme à 7/8 fait avancer par à-coups ; plus loin des effets de guitare, accords frottés, notes piquées ; un peu avant la fin, trois mesures de lents accords, couronnées d'un point d'orgue ; et dernier couplet du donneur de sérénade, terminé brutalement par trois accords rageurs.

Le reste du cahier déçoit, auprès de ce tableau coloré : un *Prélude* laborieux ; un *Air* alternant 7/8 et 5/8, et nettement en ut dièse mineur, sur un accompagnement maussadement bitonant, qui monte en arpège et redescend en doubles notes ; une *Danse* un peu plus fraîche, dont le principal ingrédient est la seconde.

## *Petite Suite de danse*

COMP avril 1924. PUB 1925 (Deiss). DÉD à sa femme Loli.

Cinq pièces ; une œuvre inégale, dont l'intérêt décline au fil des pages. La première pièce (en la majeur, *allegretto moderato*) est de loin la meilleure, qui, sous le titre significatif de *Jeu*, s'amuse à glisser sous un thème d'allure folklorique, scandé à 2+3+3 ou 3+3+2 croches, un accompagnement à quatre temps bien régulier, en accords brisés. On pourra goûter aussi, tout en les trouvant trop longues pour leur propos, la deuxième, une valse acidulée à la Ravel, titrée *Intimité* (en ré majeur), et la troisième, qui pousse l'humour jusqu'à s'intituler *Démence* (en sol mineur, *allegro*), quand elle ne fait qu'employer les redites, les piétinements, les brusques changements de mesure, les brutales fausses notes qu'affectionne le compositeur ; savoureux trio bitonal *(tranquillo)*, une sérénade de tierces, sur des arpègements de guitare.

Le reste est faible. *Un portrait* (en mi bémol majeur, *allegro ma non troppo*) se complaît dans le sirupeux, en vertu de Dieu sait quel *private joke* ; et la *Fête* finale (en ut majeur, *vivo*), commencée comme un parodique exercice pour les cinq doigts, tourne bientôt à vide, en fatigants et redondants accords.

## *La Semaine*

COMP juin 1924. PUB 1927 (Heugel). DÉD à Denyse Molié.

Ces sept petits morceaux, écrits « pour tous les jours de la semaine », forment un des meilleurs cahiers de Harsányi ; il y est déjà tout entier, reconnaissable et goûteux.

On commence dans l'animation, et dans l'exubérance, avec *Pour lundi*, une danse bruyante et rythmée (en ut majeur, *allegro agitato molto*), typiquement hongroise, qui répète obstinément ses cinq notes et son bourdon de quinte sur le premier temps, avec des déplacements d'accents et des changements de mètre (6/8, 11/8, 9/8, 8/8...) bien caractéristiques du style de l'auteur. – *Pour mardi*, une danse alerte (en sol majeur, *allegretto grazioso*), alternant deux idées contrastées, l'une vive, à trois temps, l'autre à deux, pesamment scandée à contretemps.

*Pour mercredi*, une très douce rêverie *(andante cantabile)*, au gré d'arpèges immobiles, en souples triolets, formant pédale tour à tour de mi et de sol, où viennent se prendre quelques notes thématiques, cependant que la basse arpège des accords de dixième apparemment étrangers au ton, mais qui se fondent paresseusement dans le halo. Morceau très poétique, à effleurer à peine, de crainte d'en détruire le charme irréel. – Tout autre est le fox-trot écrit *Pour jeudi* : à la fois fruste et débonnaire, mêlant à son rythme de base (2/2) des mètres parasites (5/4, 9/4), et rattrapant ses boiteries par des accents péremptoires... Fin en fa.

On croit entendre Bartók ou Kodály dans le thème nostalgique de *Pour vendredi* (en la mineur, *allegretto sostenuto*) ; thème de cinq notes, accompagné d'accords de septième à contretemps. Au milieu, c'est l'équivoque d'une mélodie à trois temps et d'un accompagnement à deux, à la polka, obstiné et sourd. Fin sur l'accord de dominante (mi).

Joie du congé ! *Pour samedi* est tout animé de triolets vivaces et chahuteurs, qui propulsent gaiement les motifs et les font rebondir (en la majeur, *allegro*). – Quant à la dernière pièce, *Pour dimanche*, c'est la plus belle, un chant de l'aube *(sostenuto)* où les notes de la mélodie percent lentement la brume des tierces qui moutonnent au milieu du clavier ; la fin (en ré mineur) laisse monter un lointain angélus, sous les tintements des cloches dominicales.

### *Douze Petites Pièces*
COMP septembre 1924. PUB 1926 (Deiss).

*Ad usum delphini*, des morceaux « de moyenne difficulté », comme il est précisé sur la couverture, et dont les meilleurs peuvent faire songer d'avance à la charmante *Petite Suite* de Jacques Ibert. Tels sont le *Prélude* (n° 1), qui tricote vaillamment ses doubles croches ; la *Valse* (n° 2), gracieuse et enjouée, frottée d'un zeste d'ironie ; la *Danse* (n° 5), où les enfants apprendront à se dérouiller le rythme, avec ces intrusions du deux-temps dans le mètre à 3/8 ; le *Chant* (n° 6), petit bijou de quatre lignes, où la gauche énonce un air mélancolique sous un contretemps de tierces ; la *Forlane* (n° 8), émaillée de fines trouvailles tant harmoniques que rythmiques.

### *Sonate*
COMP février 1926. PUB 1928 (Universal). DÉD à Alexandre Tchérepnine.

Comme la plupart des compositeurs, Harsányi a cédé un jour à la tentation de la sonate ; et comme eux il y a laissé des plumes. Son unique *Sonate* pour piano ne le montre pas toujours à son avantage. Il n'y a rien à tirer, en particulier, du premier mouvement *(molto agitato)*, agité, oui, et brouillon, et vide à mourir. Le deuxième *(lento)* est à peine meilleur, dont un cortège de quintes accompagne la morne plainte. Mais le troisième *(allegretto scherzando)*, un caprice tout en nerfs, criard dans ses harmonies, dégingandé dans ses rythmes, est assez réjouissant quand on en a maîtrisé le désordre. Enfin c'est une vraie foire que le rondo final (en la majeur, *allegro giocoso*), dont certes la bonne humeur ne tarit guère ; mais on voit le fil à coudre, le ravaudage ; et on se serait volontiers passé de son affreux petit couplet fugué...

(1926-1928 : années « sonatiques » du compositeur, comme en témoignent la *Sonate pour violon et piano*, le *Duo pour violon et violoncelle*, la *Sonate pour violoncelle et piano*.)

### *Six Pièces courtes*
COMP janvier 1927. PUB 1927 (Heugel). DÉD à Ilona Kabós.

La première est une marche drôlissime, un persiflage réussi, avec son rythme obstiné, ses notes répétées, ses quintes sèches, son trio « grazioso » piqueté d'arpèges dans l'aigu, et surtout, pour conclure, ce ré insistant de caisse claire, sur lequel s'éteignent lentement les derniers borborygmes des cuivres.

Dans la deuxième *(andante)* s'exprime on ne sait quel amer regret, que des tons de plus en plus bémolisés ne font qu'endolorir davantage (début et fin en sol mineur).

La troisième (en sol majeur, *allegro*) est un scherzo à cinq temps (addition de mesures à 3/8 et 2/8), corsé d'un dansant rythme pointé ; nombreux accords de septième ; c'est espiègle et piquant, on croirait entendre du Jean Françaix.

La quatrième, qui tient en une page, de couleur sombre, et même lugubre (en mi bémol mineur, *lento*), est une déploration, au rythme régulier de la blanche, le chant tour à tour au ténor, au soprano, pour finir à la basse ; gémissements, tout au long, des octaves diminuées. – Très amusante, la cinquième (en si bémol majeur, *allegro ma non troppo*), aux nombreux changements de rythme, où persistent cependant les tierces d'un anapeste moqueur. – Pour terminer, un brillant caprice (en mi majeur, *presto*), qui fuse gaiement en traits de doubles croches, en arpèges virevoltants, à la toccata.

## *Deux Burlesques*

COMP février et août 1927. PUB 1928 (Heugel). DÉD à Ilona Kabós.

Le futur auteur de la *Rhapsodie burlesque* pour orchestre (1948) a déjà lancé, un peu partout, les traits d'une ironie acérée ; ici, il jette du vitriol, produit dangereux, dont on peut soi-même s'éclabousser (voyez du côté de chez Chostakovitch), – et qu'un Prokofiev utilise à si bon escient dans ses *Sarcasmes*. Sans être aussi exemplaires, ces pages de Harsányi sont des plus excitantes, des plus revigorantes qu'il ait écrites. Il y faut un virtuose (comme la dédicataire...), et qui ait, en plus des doigts et des nerfs, beaucoup d'esprit, et un bon brin de méchanceté.

La première *(con brio)* est la plus facile à entendre ; on y voit, entre deux éclairs multicolores, les mains pétrir ensemble le médium du clavier, l'une sur les touches blanches, l'autre sur les noires (cette fausse bitonalité chère à Bartók et au Debussy de *Brouillards*) ; glissandos, accords martelés, octaves stridentes jalonnent le parcours, au gré de l'humeur ; au milieu se prélasse ingénument un semblant de blues.

La deuxième *(animato)* semblera plus décousue, plus complexe aussi de rythme et de matériau. Mais ces 3/4+1/8, ce 7/16 ou ce 41/16 ne prouvent paradoxalement qu'une chose : le caractère improvisé de ces figures en dents de scie, qui tirent la langue au métronome et finissent comme elles l'entendent, au mépris de toute symétrie. Pianisme acrobatique, à grande vitesse, dans le caractère d'une étude. Ici également, un intermède d'accords battus apporte un court répit.

## Cinq Préludes brefs
COMP février 1928. PUB 1928 (Sirène musicale).

« Brefs », c'est-à-dire encore plus « courts » que les *Six Pièces* de l'année précédente, plus denses, et par là même plus significatifs. Une particularité à noter : la mesure changeant sans cesse, l'auteur estime plus pratique de ne pas la chiffrer.
On mettra le premier prélude *(lento)* au-dessus des autres ; c'est une page, dans sa simplicité, sa gravité méditative, d'une beauté singulière ; très peu de notes ; de courtes phrases, que rejoignent sur leur fin quelques accords ; d'ailleurs une euphonie voulue (on voudrait dire : consentie) ; pas de place ici pour le sarcasme ou la violence. Fin en ut dièse. – A l'inverse, le deuxième *(allegro)* piaffe d'impatience, se fâche, se moque, rabâche ses maigres motifs, plaque ses accords comme des gifles. – Dans le troisième *(allegretto grazioso)*, l'écriture d'une invention à la Bach, quelque peu grinçante, n'empêche pas, pour servir de cadence, des accords de jazz. – Les redites du quatrième *(allegro)*, ses ostinatos par petits bouts enchaînés tant bien que mal, son coq-à-l'âne blagueur, sont du plus pur esprit satiste. – Et l'on finit sur la note douloureuse et poignante du cinquième *(lento)*, façon de choral, étrange, au bord de l'atonal.

## Trois Pièces de danse
COMP mars 1928. PUB 1928 (Heugel).

Trois danses stylisées, sophistiquées, celles mêmes qu'on retrouvera deux ans plus tard dans *Baby-Dancing* : un *Tango* (en ut mineur), où la main gauche démantibule méchamment le rythme à 2/4, plaque les harmonies par clusters, « toujours très sec », sous les dessins arpégés de la mélodie ; un *Boston* alangui, aux harmonies terriblement fausses, et dévertébré par ses multiples syncopes ; un *Fox-trot* qui demeure longtemps hésitant et boiteux (de quoi affoler tous les métronomes !), avant de proposer, en son milieu, un air plus normal et des harmonies presque triviales...

## Rythmes
COMP février 1929. PUB 1929 (Deiss). DÉD « à Claire ».

Sous-titrées « inventions », ces cinq pièces ont le tort de systématiser une des particularités de l'écriture de Harsányi ; le joyeux déboîtement rythmique comme l'angoissant ostinato de syncopes ont besoin d'être mis en situation ; considérés comme des fins en soi, ils tournent à vide. Cela produit, par exemple, cette incompréhensible première *Invention*, harcelée de tics, impraticable. Une seule pièce réussie dans ce cahier, – mais vraiment accrocheuse : la deuxième (en fa majeur, *allegretto scher-*

*zando*), des accents de jazz sur un 5/8 au début fort sage, puis savamment perverti (mes. 15) par le 2/4 de la basse et le 3/8 du contrechant de croches.

### *Bagatelles*
COMP décembre 1929. PUB 1930 (Leduc). DÉD à Michel Dillard.

Cinq pièces sans prétention (le titre ne ment pas !), d'un agrément renouvelé. Un *tempo di marcia*, aux attaques sèches, d'autant plus précis dans sa rythmique qu'il n'entend guère respecter le 2/4 qu'il a imprudemment placé de garde à son seuil (fin en la) ; un *andante* adorable, aux doubles notes chantantes, au balancement d'arpèges, qui rattrape par sa langueur les menus frottements et fausses relations de son parcours ; un *allegretto scherzando* où les mains se poursuivent en courts motifs staccato ; un *lento* où tierces et sixtes romantisent dans une métrique très souple (et l'on se dit que Brahms, s'il était né un demi-siècle plus tard...) ; enfin un *allegro* à 6/8, qui semble une gigue désarticulée par toutes sortes d'accents contradictoires.

### *Suite*
COMP février 1930. PUB 1930 (Senart).

Quatre pièces. Rythmes abrupts, apparent décousu du *Prélude* (en sol majeur, *allegro*), mais autant d'éléments qui s'intègrent à une structure rigoureuse, où ne manque pas le travail canonique. On retrouve en particulier, sans cesse opposés, le jet initial de doubles croches (mes. 1), et le doux et harmonieux motif de tierces qui lui répond (mes. 2-4).

Il faut beaucoup d'art au pianiste pour rendre justice à la *Romance (andante quasi allegretto)*. C'est une musique insolite et désincarnée, où un thème de doubles notes, de couleur presque romantique, essaie de tenir en équilibre au-dessus d'une basse trouée de silences (à respecter, bien entendu, mais sans employer ce sec staccato français qui est la mort de la musique !). Au milieu viennent pourtant chanter sans fard des accords plus francs, sur des basses plus amples et plus chaleureuses. Contrepoints çà et là, diaphanes comme les fils d'une dentelle. Fin en si bémol.

L'*Intermezzo* est une petite toccata *(presto)*, quatre pages virtuoses, en triolets d'un bout à l'autre, que se répartissent les mains alternées : crépitements, brusques accents, pianissimos tout aussi subits et impondérables.

La *Suite* aurait pu se terminer sur ce brio ; mais Harsányi, intervertissant l'ordre coutumier, choisit de finir par un *Nocturne (andante)*, page inspirée, d'une grande intériorité, avec des enchaînements originaux de doubles notes (la main droite fait chanter deux voix), sur une basse en arpèges paisibles, ou en batteries d'octaves brisées. Fin en fa dièse.

## Baby-Dancing
COMP avril 1930. PUB 1930 (Senart).

Huit pièces. Une œuvre de charme. Le loup rentre ses griffes et montre patte blanche. Ce sont bien ses rythmes favoris, son écriture acérée, ses dispositions pianistiques ; mais, s'adressant à de jeunes pianistes, il les enrobe en des harmonies clémentes, – au point de frôler parfois le Charybde ou le Scylla de la musique légère, avec tous ses poncifs.

Ainsi le *Tango* (n° 2) n'évite-t-il pas la guimauve, ni la *Samba* (n° 7) la trivialité, – encore que l'ironie veille, au moins dans le premier, et dégonfle le pathos par de soudaines boiteries rythmiques, de brusques déplacements d'accents... L'humour est d'ailleurs partout présent dans ces pièces. Amusantes, les réticences du *Boston* (n° 3), aussi désinvolte qu'une valse de Ravel, les langueurs du *Blues* (n° 6), où semble s'enrouer un saxophone, et l'opposition des deux *Csardas* (n[os] 4 et 5), l'une nostalgique, l'autre joyeuse, toutes deux évocatrices du folklore hongrois.

Les meilleures pièces, pourtant, sont la première et la dernière : respectivement un *Fox-trot*, épure du genre, deux pages quintessenciées, aux syncopes drolatiques ; et un *One-step* têtu, fonçant tête baissée du début à la fin, sans reprendre son souffle, avec un aplomb de jeune bouledogue !

## Suite brève
COMP juillet 1930. PUB 1930 (Deiss).

Rien ; un passage à vide. On peut tenter quelque chose pour le quatrième des cinq morceaux, un *Blues*, à condition de jouer avec lui le jeu de la distance, du second degré : rêverie erratique, dans la fragmentation des motifs et le relâchement du tempo, qu'accentuent les silences, jetés au hasard sur la page.

## Cinq Études rythmiques
COMP novembre 1933. PUB 1952 (Chester).

Le titre peut tromper, ce n'est qu'une suite, fort avenante, équilibrée entre lent et vif, entre sourire et émotion. On aimera beaucoup la deuxième *(moderato cantabile ma ben ritmato)*, mélange d'humour et de profonde mélancolie, avec ce fil mélodique qui s'interrompt, qui repart, qui trouve son propre cheminement, en dépit d'un rythme cahotant, sorte de rouage auquel il manquerait des dents... La troisième pièce aussi est bien venue (en fa majeur, *allegro giocoso*), thème entre ronde et comptine, dans un 9/8 qui tient bon contre les cahots des accords d'accompagnement, rehaussés de vives secondes. – Mais le petit joyau du cahier, et qui rejoint les plus belles inspirations de Harsányi, est la touchante quatrième pièce (en mi mineur, *quasi andantino*), avec sa mélodie de tierces très douces, que suit discrètement une basse attentive à ne pas en distraire la tristesse.

### Pastorales
COMP avril 1934. PUB 1934 (Eschig). DÉD à Nelly Sluizer.

Quatre morceaux de moyenne difficulté, d'écriture claire, d'harmonies heureuses. Leur titre leur va bien. C'est en effet une atmosphère idyllique que celle du *Prélude* (en mi majeur, *allegro giusto, ben ritmato*), dans ses tierces souriantes, et jusque dans son petit fugato central, à jouer rond et modelé, sans aucune sécheresse. — On emploiera la pédale également dans l'*Élégie (allegretto quasi andantino)*, c'est l'auteur qui l'indique, et même en ces accords que leur ponctuation risque de faire passer pour « détachés », quand ils ne sont qu'effleurés, timbrés dans la résonance. La pièce part de si bémol majeur, module beaucoup, en équivoquant sans cesse entre majeur et mineur. On n'y mettra ni larmes ni grisaille, seulement une attention un peu émue. — La *Musette* (en ré majeur, *allegro ma non troppo*) est exquise, qui cabriole à 5/8, en ostinatos successifs. — Enfin ce sont les trois pages alertes d'une *Danse*, lancée par un piquant refrain, taillé à l'emporte-pièce (en la majeur, *allegro giocoso*).

### Trois Pièces lyriques
COMP juin 1944. PUB 1952 (Chester).

Sombres, et même lugubres ; des monologues étranges, dans une langue qui évite méthodiquement (car il y faut presque un système !) l'euphonie et le charme. Après le trou que la guerre a creusé dans la production du compositeur, le nouveau Harsányi déconcerte.

### Trois Impromptus
COMP juillet 1948 (n° 2), avril 1952 (n° 1), mai 1952 (n° 3). PUB 1952 (Heugel). DÉD à Ina Marika.

Le premier, intitulé *Mouvement*, petite toccata où les mains se chevauchent en martelages *(allegro con brio)*, donne un moment l'illusion qu'on retrouve le compositeur d'avant-guerre, celui d'un âge innocent et insouciant. Mais les deux suivants, une *Flânerie* et un *Nocturne*, regagnent la morosité des *Pièces lyriques*, la distillent dans des harmonies toujours plus indéfinies ; on ne peut se défendre de l'idée que ce morne décousu est involontaire, et comme la marque d'une irrémédiable incertitude.

PIÈCES DIVERSES. — Pour mémoire, une ***Rhapsodie*** achevée en octobre 1924 (parue chez Deiss, 1925). Harsányi ne gagne rien à forcer son talent ; en voulant montrer son souffle, il gonfle une outre inutile ; le moindre « prélude », la moindre « bagatelle » est chez lui plus musicale que ces pages emportées, boursouflées, et pleines (hélas) de bons sentiments...

Pour le recueil collectif de *Treize Danses*, paru en 1929 aux éditions Eschig, Harsányi écrit un **Fox-trot**, en si bémol majeur. Plus facile (et plus banal) que celui des *Trois Pièces de danse,* il est bon enfant, gentiment boiteux, avec juste ce qu'il faut de dissonances. Effet orchestral des passages à trois portées : on entend soupirer le saxophone à l'aigu, le médium se déhanche en rythme pointé, et la basse plante inflexiblement ses noires.

Toujours chez Eschig, un autre album collectif, le fameux *Parc d'attractions*, suscité par l'Exposition de 1937, et auquel participèrent Tchérepnine, Martinů, Mompou, Honegger, Tansman, etc., reçoit de Harsányi la contribution d'une pièce intitulée **Le Tourbillon mécanique** : une toccata *(vivace con brio),* où les mains jouent en martellements, dans des sonorités souvent debussystes, et qui sert de finale virtuose et tapageur au recueil (paru en 1938, avec une dédicace à Marguerite Long).

Entre ces deux pièces, et paru chez Leduc (1931), un **Blues**, en la bémol majeur, peut-être évadé de la suite « enfantine » *Baby-Dancing* de la même époque, ou même écarté en raison de sa plus grande sophistication.

Enfin, pour le troisième recueil de la série pédagogique *Les Contemporains* (1952, éditions Pierre Noël), une **Étude**, court *presto* à 6/8 (en la mineur), le plus souvent à deux parties, dont une en notes répétées tambourinantes ; « leggiero » d'un bout à l'autre.

# Franz Joseph HAYDN
(1732-1809) Autrichien

Ce sera toujours un illustre méconnu : en dehors des spécialistes, qui peut se flatter de connaître *sérieusement* une œuvre aussi vaste ? Qui a écouté tous les opéras ? toutes les messes ? déchiffré toutes les compositions pour baryton ? Ou simplement qui distingue l'un de l'autre tous les quatuors, toutes les symphonies ? Mais il n'importe ; Haydn bénéficie d'un préjugé favorable ; ce bourreau de travail et ce puits de science musicale s'est vu associer, paradoxalement, des notions d'insouciance et de facilité ; à lui seul il peut symboliser l'allégresse en musique, la bonne humeur, la plaisanterie spirituelle ; et l'adjectif « haydnien » est au rire ce que l'adjectif « webérien » est à la virtuosité.

Certes, on n'oublie pas que cette âme apparemment vouée à la sérénité a connu des nuages, et que cette gaieté a été mise à mal. Ce fut le cas, en particulier, dans l'époque qu'on a dite du *Sturm und Drang* (environ 1765-1772), où la musique autrichienne revendiqua le bizarre et l'excessif, l'inquiétude, la douleur, l'angoisse de vivre et de mourir. Éphémère poussée de fièvre, maladie de vieillesse du XVIIIe siècle (quand le romantisme en retrouvera les symptômes, ce sera l'acné juvénile d'un nouvel âge). Le mouvement rejoignait au fond, car l'histoire des humeurs, comme l'autre, est un éternel recommencement, l'*Empfindsamkeit* de Philipp Emanuel Bach, – époque excentrique où l'on prodigua les dissonances, les arrêts, les reprises, les lignes anguleuses, les rythmes versatiles. Haydn, comme tout un chacun, composa des œuvres d'orage et de tempête, dans les tons mineurs. Cela donna des sommets, d'où ne veulent pas redescendre les gens sérieux pour qui le batifolage musical est un crime.

Ces sommets, bien qu'admirables, ne sont pas ceux de Haydn, mais ceux de l'époque. Les siens propres, il les a conquis dans la voie étroite, infiniment plus stimulante à son gré, de la discipline bellement consentie. La logique, la clarté, le refus du superflu fondent sa force ; ils ne l'empêchent pas d'exercer la seule vraie forme de liberté qu'il ait revendiquée : celle de se divertir en composant.

On a longtemps tenu pour mineure sa musique de piano (à l'ombre des beethovéniennes, hélas, que de sonates mortes avec leurs auteurs !), et négligeable le rôle même de cet instrument (le clavecin d'abord, mais faisons court...) dans sa vie. Or Haydn, qu'on imagine volontiers écrivant à la table, noircissant à volonté du papier réglé, ne craignait pas de s'écrier, bien avant les romantiques : « Je suis un clavier vivant. » Le moment, à son époque, n'est certes pas venu de parler de connivence avec l'instrument, encore moins d'identification avec lui ; mais on doit compter avec un commerce assidu, celui qu'entretenait de son côté un Philipp Emanuel Bach. Ce dernier, dans ses innombrables sonates, ses fantaisies, ses rondos, prouve que l'improvisateur prend le pas sur le scribe ; il ouvre la voie au pianiste-compositeur du siècle suivant. Haydn, sans être un exécutant de première force, avoue trouver ses prémices au contact des touches ; cela laisse à ses idées, même retouchées par un intense travail, de plus en plus méticuleux et infaillible avec les années, un côté primesautier, naturel, peut-être même naïf, qui n'est pas leur moindre charme.

## LES SONATES

De grandes incertitudes demeurent encore au sujet de ce pan considérable, à tous les points de vue, de la production de Haydn. Elles concernent non seulement le nombre exact de sonates qu'il a écrites, et les dates où il les a composées, mais aussi, pour quelques-unes, leur degré d'authenticité. La difficulté tient d'abord au fait qu'on ne possède les autographes que de treize d'entre elles, et encore ne sont-ils pas tous complets ; d'autre part, Haydn lui-même n'en a fait publier qu'une partie, à partir de 1774, alors que ses premières sonates datent sûrement d'avant 1760. Les éditions du XIXe siècle, manquant d'ordre et de rigueur, ont entretenu la confusion.

Le catalogue de Hoboken recensait cinquante-deux sonates ; celui de Christa Landon, le plus suivi aujourd'hui, en contient soixante-deux. Trois de celles de Hoboken sont reconnues inauthentiques (Hob. XVI/15-17). Aux quarante-neuf restantes, la numérotation Landon ajoute sept sonates perdues des années 1765-1770 dont on n'a que les incipit, deux sonates en mi bémol retrouvées (mais considérées depuis comme douteuses), la version en mi, seule authentique, de la sonate en fa Hob. XVI/47, et deux œuvres classées par Hoboken dans d'autres rubriques (XVII/D1 et XIV/5) ; de plus, elle répartit en deux sonates (L. 4 et 5) les mouvements de Hob. XVI/11. On s'en tiendra à la numérotation et à l'ordre Landon, à l'exception du regroupement des sonates L. 34, 35 et 53.

La composition des sonates de Haydn s'étend sur une quarantaine d'années (d'environ 1755 à 1795) ; c'est dire qu'elles reflètent l'évolution d'un compositeur fécond et versatile, dont l'inspiration et le métier ont épousé les changements de son époque, le goût fluctuant de son public, – et jusqu'à cette « loi du marché », déjà toute-puissante (que Philipp Emanuel Bach respectait au point de garder par-devers lui ses œuvres les plus ambitieuses !). On y distinguera quatre périodes, fort inégales d'importance et d'intérêt. La première comprend les sonates L. 1 à 18, de chronologie mal établie, mais certainement composées avant 1765. L'instrument auquel elles se destinent est le clavecin ; le public qu'elles visent, celui des amateurs et des élèves (comme les deux ou trois douzaines de trios à cordes de la même période) ; le modèle qu'elles suivent, Wagenseil, musicien viennois dont trois recueils de six sonates parurent entre 1753 et 1756. La plupart de ces œuvres de jeunesse, fort courtes, ne se donnent que comme des « divertimenti » ou même des « partitas » ; aucune n'est écrite dans le mode mineur ; elles comportent généralement trois mouvements (quatorze des dix-huit) et le menuet, repris à la suite ancienne encore toute proche, y est omniprésent, soit en lieu et place du mouvement lent, soit en finale les rares fois où ce mouvement lent existe. Quant à la forme sonate, elle se cherche ; les deux sujets ne sont qu'ébauchés, souvent apparentés ou même identiques (monothématisme) ; on n'y trouve pas à proprement parler de développement, mais plutôt, entre exposition et reprise, un épisode modulatoire.

Une deuxième période (1765-1771), avec les sonates L. 19 à 33, correspond au fameux *Sturm und Drang*, aux neuves et brutales revendications du Moi, où la musique autrichienne devance de quelques années la littérature allemande (le *Werther* de Goethe date de 1773, et de 1776 la pièce de Klinger qui a donné son nom au mouvement). Désir de subjectivité, d'expressivité, recherche de l'effet, quitte à admettre un rien de désordre et d'excès, – moins cependant que n'en revendique Philipp Emanuel Bach, musicien de l'*Empfindsamkeit*, et nouveau maître à penser et à sentir (reconnu comme tel par Haydn, qui déclarait avoir étudié avec zèle l'*Essai sur la manière de jouer du clavier* de son aîné). C'est l'époque où Haydn, dans sa musique instrumentale, a fréquenté le plus assidûment les tonalités mineures ; et la sonate pour piano n'est pas en reste : cinq sonates sur quinze, si du moins l'on compte les sonates perdues L. 21 et 25. On retient avant tout que ses plus beaux mouvements lents sont nés dans ces années de brève autant qu'ardente passion. Mais les premiers mouvements ne sont pas moins élaborés ; sous les allures, parfois, de l'improvisation, la forme sonate s'affirmit, la trame se resserre, un matériau efficace y est traité de façon inventive et variée (voyez en particulier les réexpositions, toujours pleines de métamorphoses). À la verve rythmique, à l'approfondissement mélodique répond une harmonie de plus en plus riche, étayée souvent par un art consommé du contrepoint. La technique en appelle aux virtuoses. Les deux sommets de la période, les sonates en la bémol majeur et en ut mineur (L. 31 et 33), qui ne s'adressent évidemment qu'aux « connaisseurs » (au point que Haydn conserva la dernière dans ses cartons jusqu'en 1780 !), suffiraient à placer à jamais leur auteur au rang des maîtres du genre.

Les sonates publiées entre 1774 et 1784 (L. 34 à 56) peuvent paraître, considérées dans leur ensemble et malgré leur inépuisable diversité, en recul sur ces partitions quasi préromantiques. Surtout la première série, six sonates dédiées au prince Nicolas Esterházy, fait un contraste assez voyant, et beaucoup de critiques ont eu du mal à admettre une chronologie (pourtant prouvée) où à des pages brûlantes et pathétiques succède un ton de badinage et de légèreté. Cependant l'invention de Haydn est toujours aussi fertile, et même davantage, comme s'il compensait par des trouvailles purement formelles, par des jeux d'esprit et d'écriture, et aussi par cette joviale santé partout répandue, ce qu'il nous retire en émotion et en profondeur ; on le verra, en particulier, renouveler de toutes les façons le tonique mélange du rondo et de la variation. Mais ne soyons pas injustes : il lui arrive d'employer à nouveau, quoique de manière moins spontanée, plus raisonnée, une palette sombre, des accents dramatiques ; et ce d'autant plus qu'il a désormais en vue, indubitablement, le pianoforte, ses possibilités dynamiques, ses contrastes, ses tenues, son toucher sensible à la pression la plus intime des doigts. Mais l'ouvrage même, les mille finesses d'une écriture sans cesse plus libre et assurée, comptent pour lui davantage. Des fils de Bach et de Wagenseil, il a tiré une synthèse originale, qui porte sa marque. Dépassant le *Sturm und Drang*, admirable accident de parcours, Haydn avance inéluctablement, comme Mozart et son temps, dans la voie du classicisme.

Les cinq dernières sonates (L. 58 à 62), avec toute leur variété, forment un groupe solidaire. Il ne viendrait à l'esprit de personne de les comparer aux cinq dernières beethovéniennes. Elles ne poussent pas plus loin les conquêtes (tout au plus les pianos anglais, plus sonores, ont-ils légèrement modifié l'écriture des plus tardives), mais rayonnent d'un éclat tranquille, dans leur sage et féconde richesse.

### *Dix-huit Sonates* (L. 1-18)

COMP avant 1765.

SONATES L. 1-3 (Hob. XVI/8, 7, 9). – Plus proches de la suite que de la sonate, et du reste appelées « partitas », comme la plupart des sonates jusqu'à L. 33, ce sont des miniatures, sans doute destinées par Haydn à l'exercice de ses élèves. Respectivement en sol, ut et fa, elles adoptent le plan, qu'on retrouvera longtemps encore, de deux mouvements rapides encadrant un menuet. La première y ajoute un andante, d'ailleurs minuscule : avec ses neuf mesures, c'est le plus court mouvement de la série (et de toutes les *Sonates*). Le plus long ne l'est pas de façon considérable : cinquante-cinq mesures (allegro final de la deuxième). L'unité de ton règne d'un bout à l'autre, sauf dans les trios des menuets, quand ceux-ci en ont, qui passent au parallèle mineur (L. 2) ou à la sous-dominante (L. 3). Embryon de forme sonate. Rien à signaler, dira le guide, sinon le finale de L. 3, déjà intitulé *scherzo* (Haydn est d'emblée sur la bonne voie !), délicieux à jouer, comme un bref éclat de rire. Typiques aussi, la fébrilité joyeuse des figures, les vifs contretemps, et la persistance du triolet dans les menuets.

SONATES L. 4 et 5 (Hob. XVI/G1 et XVI/11). – La sonate L. 4, en sol majeur, continue de suivre le plan des précédentes, un menuet entre deux mouvements rapides. On remarquera, dans l'*allegro* initial, la boiterie caractéristique des phrases impaires (à trois ou cinq mesures). *Minuetto* avec trio (en ut) ; et trio aussi (en sol mineur) dans le *presto* final, lequel, avec sa franche gaieté, demeure le meilleur de l'œuvre.

Bien que signalée au catalogue Breitkopf de 1767, la sonate L. 5, également en sol majeur, est d'authenticité douteuse, et serait plutôt l'assemblage d'un copiste à partir de mouvements divers. Ainsi le *presto* de la précédente y reparaît-il, curieusement, comme premier mouvement ; le menuet final, de saveur rustique, est probablement de Haydn (mais son trio ?) puisqu'on le retrouve dans un *Trio pour baryton* (n° 26). Réserves sur l'*andante* (en sol mineur), d'ailleurs fort expressif, en forme sonate.

SONATES L. 6-9 (Hob. XVI/10, XVII/D1, XVI/5, XVI/4). – La sonate L. 6, en ut majeur, va croissant en intérêt. Le *moderato* initial est assez sec, bien qu'il offre plus de matière que les précédents débuts de sonates. Le menuet roule ses triolets accoutumés, sauf dans le trio *(minore)*, qui prend le ton de la plainte. Le *presto* final a des idées vives, bien délimitées ; noter les passages colorés de mineur, en contretemps, et la rythmique impaire (à trois mesures) du début du développement.

Le premier mouvement de la sonate L. 7, en ré majeur, est un court thème varié, où les trois variations conservent strictement la basse du thème, la main droite seule variant ses figures (un peu comme dans une chaconne). Suit un menuet sans trio (et sans intérêt) ; et un finale enjoué qui s'amuse, entre autres, à quelques croisements de mains.

On émet quelques doutes sur l'authenticité de cette dernière sonate ; et plus encore, plus sérieusement (quoiqu'elle figure au catalogue Breitkopf de 1763), sur la sonate L. 8, en la majeur, dont l'*allegro* virtuose, de type scarlattien, avec un long premier groupe qui module dans sa seconde partie, et un second thème en mi mineur (avec changement d'armure), s'écarte de la technique ordinaire de cet ensemble de sonates juvéniles. Menuet plus facile. Et revoilà le brio, dans le *presto* conclusif, qui change pareillement d'armure pour le second thème, joue comme d'habitude avec les rythmes impairs, et superpose à l'occasion les doubles croches à trois-contre-deux.

La sonate L. 9, en ré majeur, n'a que deux mouvements, et c'est dommage, tant ils témoignent d'aisance, de sûreté. Thèmes bien diversifiés dans le premier (sans indication de tempo), court mais efficace, un des rares 4/4 de cette époque, et où l'on notera l'écriture des traits divisés entre les mains. Paisible menuet, gardant sa tonalité jusque dans le trio ; relevons la petite coquetterie de la cadence rompue (mes. 3-4).

SONATES L. 10-14 (Hob. XVI/1, 2, 12, 6, 3). — La sonate L. 10, en ut majeur, n'est encore qu'une sonatine, mais elle inaugure une manière plus expressive, caractérisée par la présence d'un mouvement lent, généralement à la place du menuet (lequel sert alors de finale). Volubile *allegro*, avec ses deux thèmes enchaînés sur une basse d'Alberti infatigable (mais fatigante !) ; mouvement si « perpétuel » qu'on ne voit pas la suture entre développement et réexposition, d'autant que la rentrée se fait en la mineur, modulant rapidement vers ut ; musique facile, ne disant pas grand-chose, mais le disant bien : encore faut-il suppléer à l'absence totale d'indications par tout un jeu d'échos et de contrastes. — L'*andante* en style de cantilène, qui conserve le ton d'ut, festonne des triolets de doubles croches sur une basse en croches bien régulières ; quelques persuasives notes répétées ; mais le propos reste ténu. — Menuet placide et débonnaire, où pourtant le trio témoigne quelque âpreté (en ut mineur).

Avec la sonate L. 11, en si bémol majeur, on accède d'un coup à la Sonate (majuscule de rigueur) ; et c'est assurément la plus belle de toute cette série. Le *moderato* initial, amplement bâti (cent quarante-huit mesures), est riche d'idées variées, auxquelles la figure du triolet sert d'élément commun et de liant : la première monte en doubles notes l'accord de tonique ; la deuxième joue de ses notes répétées deux par deux, d'abord simplement motrices (mes. 17), puis chantantes (mes. 31) ; la troisième a des batteries d'octaves brisées sur un chant de la main gauche. Contrastes, dialectique resserrée par des harmonies plus dissonantes. – Voici ensuite le premier mouvement lent où l'on puisse parler d'inspiration (en sol mineur, *largo*), avec son chant épandu et souvent syncopé au-dessus d'une basse d'accords répétés ; couleur grise, accents prenants, où peut-être transpire l'influence de Philipp Emanuel Bach. – Des syncopes aussi, fort expressives, dans le trio mineur du menuet conclusif.

La continuité trop lisse, le dévidage ininterrompu de triolets, tant mélodiques qu'harmoniques, dans l'*andante* qui commence la sonate L. 12, en la majeur, l'a fait soupçonner d'inauthenticité ; Haydn a d'ordinaire une plume plus capricieuse ; mais de quelque main qu'elle soit, c'est de la belle ouvrage ! – On s'arrêtera longuement, dans le menuet relativement sage qui s'y enchaîne, à l'étonnant trio mineur : la basse chromatise, le chant syncopé s'en décale d'un demi-temps, alterne les degrés conjoints et les sauts d'octave, dessine des courbes émouvantes. – Le finale, à 3/8, est remarquable par ces phrases impaires (de sept mesures), qui se dérobent si curieusement à notre instinct de la carrure et nous coupent le souffle ; ajoutons-y d'espiègles hésitations entre majeur et mineur.

La sonate L. 13, en sol majeur, est la première dont on ait conservé l'autographe. Elle sort de l'ordinaire par son plan en quatre mouvements (la toute première sonate, L. 1, en avait quatre aussi, mais de dimensions lilliputiennes), et par la battue à quatre temps de son *allegro* initial (voyez aussi L. 9 et L. 10), qui abonde en dessins rythmiques de toutes sortes : tortillements de triples croches, triolets, rythmes pointés, syncopes, chaînes de trilles sur accords battus. – Menuet développé, avec un long trio mineur aux mordants têtus. – Le mouvement lent (en sol mineur, *adagio*) reprend le patron de celui de la sonate L. 10 : long déroulement de triolets chantants, au-dessus du battement d'accords de la main gauche ; mais la respiration est ici plus ample, l'harmonie plus riche, et l'improvisateur, à la fin de chaque partie, arrivé sur l'accord de quarte et sixte en point d'orgue, a le champ libre pour une brève *cadenza*. – Joyeux finale *(allegro molto)*, sans poids ni pose, avec juste ce qu'il faut de brio.

On recule incontestablement (façon de parler, car notre chronologie est approximative) avec la sonate L. 14, en ut majeur, exercice aride, d'une sobriété décharnée. *Allegretto* de structure binaire, en mélodie continue, sur un roulement perpétuel et bien ennuyeux d'accords brisés en triolets ; *andante* languissant, en forme sonate (et en sol) ; menuet vaguement assaisonné d'ironie, avec, une fois de plus, le contraste des teintes mineures et du ton sérieux du trio.

SONATES L. 15 et 16 (Hob. XVI/13 et 14). – Plus légères, plus brillantes, faisant l'économie du mouvement lent, compensé par le *minore* du menuet ; mais aussi le style est de plus en plus ferme, ramassé, sans perte de substance ni d'énergie. La sonate L. 15, en mi majeur, première de ce ton bien dièsé que Mozart n'emploie pour ainsi dire jamais, commence par un *moderato* fiérot, guilleret, où les notes répétées en doubles croches viennent mettre une animation folâtre. – Au menuet quelque peu solennel, au pas de ses noires, répond un tendre trio (en mi mineur). – Le *presto* final est le premier pour lequel on risquerait sa main au feu, de confiance : par la verve, par les contrastes, par la découpe claire et les enchaînements adroits, il ne saurait être que de Haydn ! La petite fanfare du début, dont l'accord monte crânement les degrés, le clignotement de majeur à mineur, l'entrée bruyante des doubles croches avec leur roulement, et dans la seconde partie ces motifs allègres qu'accompagne une basse d'Alberti bien déliée, sans compter l'emploi humoristique des silences, ce sont les ingrédients d'une verve qu'on reconnaît entre mille.

On les retrouve à l'identique dans le finale de la sonate L. 16, en ré majeur, – autre *presto* à 2/4, du même brio, de la même écriture efficace et concise, avec, par rapport au précédent, un plus long détour dans les parages mineurs. – Auparavant, on aura entendu un *allegro moderato* plein de charme, à la rythmique des plus variées (du rythme pointé aux syncopes, du six-contre-quatre aux fusées de triples croches), où les mains se répondent parfois en contrepoint imitatif ; et un menuet fort original, qui s'ouvre à la volubilité des doubles croches, et laisse parler en son trio mineur la tendresse et la mélancolie.

SONATES L. 17 et 18. – Ces deux sonates en mi bémol majeur, découvertes en 1961 par Georg Feder dans un manuscrit contenant aussi les sonates L. 16, 15 et 11, sont aujourd'hui considérées, malgré quelques traits haydniens, comme inauthentiques (d'autant que l'on a trouvé depuis, pour la sonate L. 18, une copie qui l'attribue à un certain Mariano Romano Kayser, et qui la complète d'un finale assez étranger au style de notre auteur). C'est le cas de signaler qu'une autre sonate en mi bémol, numérotée XVI/16 par Hoboken, plus que douteuse, a été rejetée du corpus par Christa Landon.

## *Dix Sonates* (L. 19-28)
COMP entre 1765 et 1767.

SONATE L. 19 (Hob. XVI/47) (en mi mineur/majeur). – Comme pour marquer le tournant d'une pierre blanche, elle présente une succession de mouvements encore inédite : mouvement lent en tête, suivi de ce qui devrait constituer le finale, le tout couronné d'un ersatz de menuet, tous trois d'ailleurs à partir des mêmes cinq premières notes, une gamme descendante... L'œuvre vaut surtout par l'*adagio* initial, dans le mode mineur et le rythme d'une sicilienne, dont on retrouvera à la fois la coupe et le ton dolent et désabusé à tel détour de Mozart (mouvements lents de la *Sonate en fa K. 280* ou du *Concerto en la*).

L'*allegro* qui suit (mi majeur) est plus mince, mais d'une gaieté communicative ; on y remarquera fréquemment des phrases de trois mesures, intrigantes, et caractéristiques (par exemple mes. 9-11, ou 19-21). Le développement, modulant, tire essentiellement parti du petit motif initial descendant, omniprésent, qui s'arrange encore pour dilater la réexposition en l'entraînant dans le mode mineur.

Enfin, c'est l'imprévisible *tempo di minuet* (car le menuet proprement dit, avec son trio, disparaît momentanément des sonates de Haydn) ; il est raide, quoiqu'il s'en défende en laissant courir, dans la conclusion de chaque partie, un petit torrent de gammes ; ce n'est pas la fin qu'on attendait à une sonate si bien commencée. (Naguère plus connue, la version en fa de la même sonate, augmentée d'un *moderato* initial et publiée par Artaria en 1788, ne doit pas être de Haydn. Voir plus loin sonate L. 57.)

SONATE L. 20 (Hob. XVI/18) (en si bémol majeur). En deux mouvements seulement, elle est pleine de fraîcheur et d'idées. L'*allegro moderato*, des plus capricieux, offre toutes les figures possibles, du rythme pointé *alla marcia* du premier thème aux triples croches du second, en passant par des triolets, des syncopes, et même une figure anomale de quatorze doubles croches (mes. 7) ou des trous soudains dans le discours (mes. 13). Harmonie pareillement changeante, et inventive. L'humeur est plutôt à l'insouciance, mais il y a des moments plus tendus (mes. 25, syncopes et chromatisme ; et c'est une preuve de tension, sans doute, que le brusque arrêt du développement sur un accord de sol mineur). – Le finale *(moderato)* semble d'abord un « tempo di minuetto » qui ne veut pas s'avouer ; mais bientôt sa richesse, son écriture souvent contrapuntique, ses harmonies recherchées nous mènent bien loin du divertissement. Ici non plus ne manquent pas les silences éloquents (mes. 50), les points d'orgue, même si l'écriture est plus soutenue que dans le morceau précédent.

SONATES L. 21-27. – Il s'agit de sept sonates « perdues », dont nous possédons les incipit, grâce à l'*Entwurf Katalog* entrepris par Haydn en 1765. Christa Landon, en attendant qu'une heureuse trouvaille les ramène au jour, leur a assigné cette place dans son catalogue. Deux d'entre elles empruntent le mode mineur (L. 21 en ré mineur, L. 25 en mi mineur).

SONATE L. 28 (Hob. XIV/5) (en ré majeur). – C'était une huitième sonate perdue (voir ci-dessus), jusqu'à la découverte en 1961 d'un autographe fragmentaire : une vingtaine de mesures du mouvement initial, et le menuet complet. Ce menuet est surprenant par son trio, couleur de bistre, et d'une hargne rythmique (c'est le mot) très expressive : ces vives égratignures au départ du thème, ces réponses de tierces éplorées, ce ton sérieux soutenu tout au long.

***Quatre Sonates*** (L. 29-32)

COMP entre 1766 et 1770. PUB 1788-1789 (Artaria).

SONATE L. 29 (Hob. XVI/45) (en mi bémol majeur). – Composée en 1766 (on en possède l'autographe daté), elle inaugure un ensemble de chefs-d'œuvre connus et reconnus, parmi les plus joués de la série des sonates (d'autant plus, dirait-on, que Hoboken les plaçait vers la fin de son catalogue, à quelques pas des londoniennes). La forme trouve son équilibre, et l'invention du compositeur une force et une plénitude que des sonates futures pourront envier. Le *moderato* initial, à 4/4 (c'en est fini pour un temps des 2/4 à la veine légère), oppose l'écriture à deux voix de son gracieux premier thème (jeu d'échos et de réponses) au débit gentiment babillard du second, qu'accompagne, une fois n'est pas coutume, une basse d'Alberti remontée comme un petit moteur. L'antithèse n'empêche pas de nombreux points communs entre les thèmes : même saut de tierce au départ, identique tremplin de triples croches (mes. 5-6 et 20-21). Court développement sur le second thème et reprise variée.

L'*andante* (en la bémol) noue un dialogue à deux, parfois à trois parties : c'est dire que les deux mains y concourent avec autant d'importance, et que la ligne et le contrepoint y supplantent l'accord et l'homorythmie, comme si souvent chez Haydn, et si peu fréquemment chez Mozart ; à y regarder de près, on découvre une forme sonate, où les idées s'enchaînent souplement, sans nul besoin de contrastes ou de raccords.

Le finale *(allegro di molto)*, à 3/4, tour à tour enjoué ou volontaire, et tout scintillant de gammes et d'accords brisés, se corse de croisements de mains, de notes répétées (deuxième thème), de petits martellements, dans l'esprit de Scarlatti ; forme sonate à nouveau, et parfaitement huilée.

SONATE L. 30 (Hob. XVI/19) (en ré majeur). – De proportions plus amples encore que la précédente, elle a été composée en 1767 (autographe daté). Le premier thème du *moderato*, à 4/4, s'élance d'un air conquérant, en rythme pointé, sur l'appui du cinquième degré de la gamme (la), et après une idée secondaire plus chantante, tracée à grands intervalles, revient en triolets. Le second thème, lui, tour à tour descendant à la main gauche ou ascendant à la main droite, est talonné de notes répétées qui forment bientôt un vigoureux dessin d'octave brisée ; longue conclusion sur des accords brisés en triolets. Tous ces éléments interviennent dans le beau développement, mené au rythme des notes répétées.

On a souvent évoqué, à propos de l'*andante* (en la majeur), le mouvement lent d'un concerto pour violoncelle : tout y est, l'exposé et les reprises du tutti dans l'aigu, le chant cantonné dans le grave, sur son accompagnement d'accords répétés, le point d'orgue de la fin sur l'accord de quarte et sixte et la *cadenza* (à improviser !), suivie du trille habituel.

Le finale *(allegro assai)*, insouciant et bondissant, avec ses courts motifs à l'emporte-pièce, tient à la fois du rondo et de la variation : sections à reprises, qui font passer de ré majeur à ré mineur (et fa majeur) pour le premier couplet, puis à la majeur (et mi majeur) pour le second, seul le refrain étant varié à chaque retour.

SONATE L. 31 (Hob. XVI/46) (en la bémol majeur). – Une des trois ou quatre plus belles sonates de Haydn (et possédant, de toutes, le mouvement lent le plus admirable). Trois aspects essentiels du compositeur s'y montrent successivement. Voici, dans l'*allegro moderato*, l'inventeur inépuisable de motifs, de figures, de dessins capricieux ; on dirait qu'il improvise, liant à son premier thème à l'allure de marche des roulades de triolets virtuoses, martelant les basses en octaves brisées sous un petit motif de tierces, profitant du mouvement acquis pour établir, en guise de second thème, des échanges et des imitations d'une main à l'autre, empruntant de nouveau au thème A, retardant l'affirmation de la dominante, ne l'amenant (mes. 32) que pour conclure avec brio. Le développement module éperdument, entre gammes et martelages, bute plusieurs fois sur des points d'orgue, ne s'attarde guère, relance sans cesse l'intérêt. Réexposition variée, avec par exemple un bref et saisissant passage au mode mineur (mes. 83).

Haydn le lyrique, que l'on connaît moins, atteint dans l'*adagio* (en ré bémol) une extraordinaire profondeur de sentiment : écoutez à la main gauche ce dialogue amorcé de deux voix, où la droite vient se joindre, la merveilleuse expansion de ces gammes chantantes, sur ces trilles insistants, les harmonies inspirées du développement, – et plus que tout, juste avant la fin, cette digression inattendue, en octaves brisées, qui nous emporte avec la bémolisation en des régions plus lointaines encore, où le cœur chavire (ré bémol mineur, si double-bémol majeur !), et dont nous ramène, comme à regret, un simple accord de quarte et sixte, avec les habituels *cadenza*, trille et révérence.

Enfin, dans le *presto* final, en forme sonate, tout babillant de vives doubles croches où les mains rivalisent d'adresse, c'est l'homme d'esprit et de badinage, l'alerte humoriste, le cabri facétieux dont la postérité s'étend à Chabrier, à Poulenc, à Jean Françaix.

SONATE L. 32 (Hob. XVI/44) (en sol mineur). — En deux mouvements seulement ; œuvre sérieuse, et même grave, de cette gravité soucieuse qu'on verra aux sonates en mode mineur de Clementi. Le début du *moderato* annonce de façon frappante celui de la *Sonate en ut mineur* de 1771 (L. 33) : on y reverra les mêmes notes descendantes, encore qu'avec une plus grande expansion du thème (huit mesures contre quatre), et la même appogiature à la demi-cadence (la comparaison est encore plus claire avec l'énoncé de notre premier thème en ut mineur, au début du développement) ; en tout cas c'est la même façon de chant, avec ici quelque chose de plus pathétique. Ce thème A, dense et ramassé, se prête bien au travail contrapuntique, on le voit tout au long, mais surtout dans le développement (le beau stretto final). En contraste, bien qu'ayant le même levé en triolet, le thème B (en si bémol majeur) se distingue par sa petite cascade arpégée et son semblant d'enjouement, – semblant, car il ne dissipe pas la morosité ambiante, traîne lui aussi dans les teintes grises du mineur, avant d'être purement et simplement ramené à sa vérité, à sa nature mélancolique et poignante, dans sa réexposition en sol mineur.

Mi-figue, mi-raisin, l'*allegretto* qui suit, au « tempo de menuet » non avoué ? Sa forme curieuse (ABAB) le distribue entre mineur (A) et majeur (B), les deux dernières sections variant doublement les deux premières (c'est-à-dire variant jusqu'aux reprises), l'ensemble étant basé sur des thèmes apparentés par les premières notes et les cadences.

### Sonate en ut mineur (L. 33, Hob. XVI/20)
COMP 1771. PUB 1780 (Artaria, Vienne), avec L. 48-52.

Une des sonates qui ont fait couler le plus d'encre, ne serait-ce que pour en contester la date : comment cette œuvre tempétueuse et orageuse pourrait-elle précéder les six sonates du prince Esterházy (L. 36-41), si sages auprès d'elle ? C'est ainsi, pourtant, la date est attestée par l'autographe ; et d'ailleurs, des symphonies (n[os] 44 et 45) et des quatuors (op. 17 n° 4, op. 20 n° 3) contemporains trahissent les mêmes combats préromantiques. Haydn, sentant confusément tout ce que cette *Sonate en ut mineur* révélait en lui d'ombres cachées et de détours secrets, attendit quelque peu avant de la publier, au milieu de morceaux plus inoffensifs. La critique ne l'en repéra pas moins ; c'est elle que visent, dans l'*Almanach musical* de 1781, quelques phrases souhaitant « qu'on fît disparaître de l'ouvrage les morceaux qui ne répondent point à la célébrité de cet auteur et qui tiennent à l'incorrection et à la dureté du style... »

L'*allegro moderato* retrouve le ton sérieux, à la fois réfléchi et ardent, de la *Sonate en sol mineur* (L. 32). Au thème initial, élégiaque, harmonisé de tierces et sixtes dolentes, répond un second thème vainement consolateur, et d'ailleurs aussitôt pris, lui aussi, dans la tourmente : cet ourlet chromatique qui insiste tout seul dans l'aigu, cette brusque détente de doubles triolets, surtout ce geste théâtral d'une petite cadence *adagio*, gémissante, arrêtée sur un accord de neuvième de dominante, et suivie du réveil brutal d'un accord asséné avec force... Long développement où, plus encore que la plainte du premier thème, est exploitée la petite figure conclusive de cinq notes conjointes descendantes, modulant dans la fièvre, soulevant bientôt des houles d'arpèges aux deux mains. On retrouve, à la réexposition, l'anxieuse cadence en petites notes, pianissimo.

L'*andante con moto* (en la bémol majeur) ne le cède en beauté qu'au mouvement lent de la *Sonate en la bémol* (L. 31) ; il retrouve ce langage de l'introspection, ces phrases aux ornements expressifs, plus vocales qu'instrumentales, ces deux mains en relation étroite et presque aussi parlantes l'une que l'autre, ces accents pathétiques dus aux notes répétées, aux syncopes (dans ces émouvants passages où la basse soutient de ses tierces parallèles la ligne tremblée de la mélodie).

On pouvait s'attendre qu'après deux mouvements aussi chargés, le troisième *(allegro)* choisirait de s'alléger, de fond comme de forme. Mais non, c'est une forme sonate, de plan complexe, puisqu'on y trouve, après la réexposition, un développement secondaire, véritable digression harmonique, suivi d'une nouvelle et définitive reprise ; et pour le fond, sans quitter la plainte, il l'enfle en récrimination, voire en colère. Pianistiquement plus riche, avec ses nombreux croisements et ses traits entortillés, voilà un des finales les plus abrupts, les plus tendus de Haydn.

## *Six Sonates* (L. 36-41)

COMP 1773. PUB 1774 (Kurzböck, Vienne), comme *Sei Sonate per cembalo* ; plus tard chez Hummel, à Berlin, comme op. 13. DÉD au prince Nicolaus Esterházy.

Pour sa première publication (où l'on voit qu'il obéit à l'usage le plus répandu, qui veut qu'un auteur groupe ses œuvres par trois ou par six), Haydn souhaite-t-il donner de son art l'image la plus lisse, propre à lui attirer la faveur des amateurs ? Tout le monde s'accorde à trouver ces nouvelles sonates moins expressives que les précédentes, et techniquement plus faciles. Il est vrai que les sonates L. 29-33 représentent un sommet, et que toute œuvre qui n'irait pas dans le même sens nous paraîtra une reculade. Mais on se montre injuste ; la série « Esterházy » abonde elle aussi en richesses, et même il y règne une plus grande variété ; quelques mouvements lents nous y retiendront encore ; et l'on admirera le travail contrapuntique des deux dernières sonates, qui renvoient à des jeux tout semblables des quatuors de l'époque.

SONATE L. 36 (Hob. XVI/21) (en ut majeur). – Rythme de marche, omniprésent, pour l'*allegro* ; et monothématisme : il n'y a guère de différence entre les deux groupes, sinon que le second rajoute des triolets, souples et caressants, aux figures pointées et les prévient ainsi de toute monotonie. Cela n'empêche pas la prodigalité mélodique et harmonique : par exemple, dans l'exposition, après la cadence parfaite dans le ton de la dominante, cette digression au mode mineur (mes. 36) qui ressemble déjà à un petit développement ; ou bien, après les détours du vrai développement, culminant sur un accord de septième diminuée, les marches modulantes (sur le motif de conclusion) qui ramènent de la mineur à ut majeur.

*Adagio* en fa majeur, en forme sonate, avec un premier thème très sobre, chant comme improvisé par la droite, sur quelques accords que la gauche semble placer au hasard ; mais le deuxième thème contraste, par ses imitations ; pourtant on improvise toujours, comme le prouve cet arrêt soudain sur une septième diminuée (mes. 20), et l'espèce de cadence qui suit, très pianistique, avec ses octaves et sa cascade de tierces. Le moment de choix se trouve dans le développement, court mais expressif : teintes mineures, chant sur basse d'Alberti, syncopes, insistances, le lyrique ne craint pas de pousser sa plainte.

Des bonds, des échappées rieuses dans le *presto* final, lui aussi en forme sonate ; mais aussi de jolies ondulations chromatiques (mes. 22-30) ; et dans le développement des marches d'harmonie menant brusquement à la mineur.

SONATE L. 37 (Hob. XVI/22) (en mi majeur). – L'*allegro moderato* présente des idées assez bien diversifiées, qu'unit pourtant une même façon de piétinement sur des notes répétées. Le premier thème a beau compter deux propositions symétriques, de tonique à dominante, on notera la différence rythmique des cadences : l'une (mes. 2) prolongée sur le quatrième temps, l'autre (mes. 4) finissant abruptement sur le troisième. Le deuxième thème, câlin, module beaucoup et ne rejoint le ton de la dominante que cinq mesures avant la fin de l'exposition. Modulation aussi du bref développement, qui atteint sol dièse mineur. La réexposition, variée, s'offre notamment un point d'orgue *adagio*, et une plus longue digression (en arpèges, mes. 60-67) qu'au début.

Triolets chantants, comme si souvent chez Haydn, pour l'*andante* (en mi mineur, à 3/8), dans un climat paisible et crépusculaire. – Dans le finale *(tempo di menuet)*, on retrouve le faible du compositeur pour ce compromis entre rondo et variation, sur deux thèmes, l'un majeur, l'autre mineur, dont même les reprises sont variées : forme ABABA, A plus proche de l'esprit de la danse ancienne, par son rythme bien scandé, et B plus souple, sur un dessin caractéristique de doubles croches.

SONATE L. 38 (Hob. XVI/23) (en fa majeur). – Sans doute la plus connue de la série, en tout cas la plus célébrée. Les pianistes ne sauraient résister, dans le premier mouvement (sans indication de tempo), à ces virtuoses arabesques de triples croches qui, après un premier thème espièglement fanfaron, à la Gavroche, alimentent la bonne humeur de tout le restant de l'exposition, dans ses digressions inattendues (cadence rompue de la mes. 29), ses moulinets joyeux, ses batteries pressées ; ce sont elles qui lancent les dessins modulants du développement (lequel passe un moment, contrasté, en ré mineur) et plus loin s'y brisent en arpèges alternés d'une main à l'autre. À relever dans la réexposition : le long trille de la gauche en pédale de dominante (mes. 105-110), comme réamorcé à trois reprises par les cabrioles de la droite.

Avec le ton élégiaque, on retrouve dans l'*adagio* (en fa mineur) le rythme de sicilienne du début de la sonate L. 19 ; là-bas, cependant, l'accompagnement demeurait statique ; ici, il prolifère en liquides triolets de doubles croches, qui évoqueraient presque une barcarolle, et la main droite a sa part aussi d'arpèges harmonieux ; ce flot incessant berce la plainte, avivée çà et là par des mordants et des trilles.

Le *presto* final s'amuse d'un thème principal en dents de scie, drôlissime, qui fait d'ailleurs tous les frais d'une forme sonate assez lâche (on dirait plutôt un refrain dans un rondo) ; des vaguelettes d'accords brisés de septième servent de liant. L'écriture est d'une clarté, d'une aération, d'une économie exemplaires : voyez en particulier l'usage méticuleux des silences.

SONATE L. 39 (Hob. XVI/24) (en ré majeur). – C'est la sonate à découvrir, et à révéler (elle fut longtemps jouée, ainsi que les deux suivantes, dans une version pour violon et piano, inauthentique), – et c'est au fond la plus originale, la plus moderne de la série. On a souvent crié Mozart au vu de l'écriture de l'*allegro*, aussi lisse que virtuose, surtout dans les passages modulants aux mains alternées. Un seul thème, à la tonique puis à la dominante, frais et luron. On notera quelques beaux passages en contrepoint (surtout mes. 78-84).

Lyrique *adagio* (en ré mineur), où la droite chante longuement sur le battement régulier d'une basse en accords brisés ; aria de concert, prodigue en efflorescences, en sensibles syncopes. Fin sur la dominante, pour attaquer un étonnant finale *(presto)*, où le 3/4 du menuet a visiblement cédé la place à celui du scherzo, autrement dégourdi ! On s'en donne à cœur joie, l'esprit et les doigts en fête, – et pour une fois voilà des reprises que l'on ne rechigne pas à faire !

SONATE L. 40 (Hob. XVI/25) (en mi bémol majeur). – Deux mouvements seulement pour cette sonate ; on y a vu une régression, et il est vrai que le *tempo di menuet*, écrit en canon, jeu d'écriture dans le goût du dédicataire princier, ne peut se défendre d'une certaine sécheresse. Mais comment ne pas sentir toute la richesse du *moderato* initial ? Certes, par rapport à l'économie toute classique des précédentes, il manifeste une profusion toute baroque de thèmes, de rythmes et de figures, et une extrême instabilité, plus proche de Philipp Emanuel Bach que de Mozart ; il semble livré à l'improvisation ; et cependant, à bien regarder, la logique le commande.

SONATE L. 41 (Hob. XVI/26) (en la majeur). – L'étrange et paradoxale sonate ! Son deuxième mouvement, un *menuet al rovescio*, provient de la *Symphonie n° 47* (de 1772), et comme son nom l'indique, s'octroie ingénieusement comme seconde partie la reprise de la première en rétrograde (deux fois dix mesures) ; le trio l'imite (deux fois douze mesures) ; rythme continu de noires, et ici encore, comme dans le menuet de la sonate précédente, un peu d'aridité, ou tout au moins de componction. – Quant au finale *(presto)*, il compte à peine vingt-six mesures, uniquement occupées à des gammes véloces ; inexplicable brièveté, véritable pied de nez pour terminer cette première série publiée de six sonates !

Au contraire, le copieux premier mouvement *(allegro moderato)* regorge de richesses. Le thème principal, en sonnerie de cors, reparaît presque aussitôt à la dominante (mes. 9), mais s'ouvre sur une longue digression : petit dialogue contrapuntique commencé en mi mineur et progressant en marches d'harmonie, modulation portée par les octaves brisées de la gauche, dessins ascendants appogiaturés, brusque accord de septième diminuée, cadence appelée par l'accord de septième de dominante et le trille habituels, mais rompue, pour prolonger encore la promenade... et la dominante n'est retrouvée que le temps d'une conclusion de trois mesures. L'admirable développement juxtapose deux épisodes modulants, l'un parti des triolets qui concluaient l'exposition, et atteignant fa dièse mineur, l'autre issu du motif aux octaves brisées de la mes. 14 et faisant bientôt chanter soprano et alto en contrepoint. On remarquera que tout le début de la réexposition est décalé d'une demi-mesure : le thème principal n'est plus attaqué sur le premier, mais sur le troisième temps.

### *Six Sonates* (L. 42-47)

COMP entre 1774 et 1776 (fragment d'autographe daté 1774 pour L. 44 ; L. 42 est peut-être plus ancienne ; Haydn les désigne comme « *6 Sonaten von Anno 776* ») ; diffusées en 1776, sous forme de copies. PUB 1778 (Hummel, Berlin), comme op. 14.

Le retour du menuet se confirme : il y en avait deux dans la série précédente, il y en a ici cinq, deux fois en finale, trois fois comme substitut au mouvement lent. Autre particularité de la série : cinq des six finales sont en forme de variations.

SONATE L. 42 (Hob. XVI/27) (en sol majeur). – Clair, concis, tiré à la ligne, l'*allegro con brio* rase le sol ; c'est de bonne prose quotidienne, étayée de beaucoup de basse d'Alberti, et les doigts des « amateurs » de l'époque pouvaient s'y risquer sans péril. Le développement est un peu meilleur, qui se livre, avec son motif de six notes, à un large tour d'horizon tonal. – Cette impression de banalité, et plus encore d'impersonnalité, subsiste dans le menuet central ; du moins perd-il dans le trio (au mode mineur) ses triolets élégants et coquets au profit d'inflexions plus persuasives. – Le thème persifleur du finale *(presto)* se prête à quatre variations ; la troisième passe par sol mineur ; la quatrième a ses reprises également variées.

SONATE L. 43 (Hob. XVI/28) (en mi bémol majeur). – Thèmes bien contrastés dans l'*allegro moderato* ; le premier s'appuie sur l'accord de tonique, descend en tierces brisées, remonte en arpège ; le second (en si bémol) claironne en tierces joyeuses, sur pédale du ton. Cependant, comme idée secondaire, un même piétinement de notes répétées, avec trilles, suivi de gammes descendantes, apparaît dans chacune des moitiés de l'exposition (mes. 10 et 45). Notons encore, à mi-parcours, deux mesures *adagio* couronnées d'un point d'orgue, et le jeu des mains alternées sur un moutonnement caractéristique de doubles croches. Tout cela alimente le développement, qui module vite en ut mineur et s'y fixe : il n'est pas jusqu'à la sixte napolitaine (mes. 84) qui ne renforce le ton, – et ces lignes évoquent d'avance la première manière de Beethoven.

Ensuite, comme dans la sonate précédente, un menuet et des variations. Le menuet ajoute aux triolets coutumiers les bouclettes d'incessants gruppettos ; mais quel beau trio, dans la couleur exténuée de mi bémol mineur, avec ce motif descendant qui répète inlassablement sa plainte... – Le *presto* tire des merveilles de drôlerie d'un thème facétieux où les deux mains ne jouent presque jamais ensemble, mais se relaient, se poursuivent, se font écho. La 1re variation introduit des doubles croches ; la 2e pose le mordant d'un triolet sur chaque levé du thème ; la 3e, plus développée, passe un moment dans le mode mineur ; la 4e surpique le tout de doubles croches, à la « machine à coudre » (n'est-ce pas le mot de Colette sur Bach ?) ; et la 5e, pour finir, retrouve la simplicité du thème, avec d'imperceptibles changements.

SONATE L. 44 (Hob. XVI/29) (en fa majeur). – On ne peut se défendre de songer à Carl Philipp Emanuel Bach (le fantasque et non le sage, car cet homme était double !) et au style du *Sturm und Drang* devant les sautes d'humeur et d'écriture du *moderato* initial, sa variété de rythmes, d'attaques, de couleurs. Pages nettement destinées au pianoforte, comme l'indiquent les nuances *p* et *f*, ainsi que les crescendos. La première partie de l'exposition est plutôt carrée, avec un thème à l'allure de marche et des appuis bien cadencés ; la seconde, au contraire, voit des lancers de traits en arpèges, des martellements qui se précipitent, de grouillants triolets. Développement dramatique, commencé sur des accords intempestifs (do mineur, la bémol majeur), et s'installant bientôt dans le relatif ré mineur ; on notera les clignotements modaux des mes. 38-43, si expressifs, la vigueur des arpèges modulants des mes. 44-48, le point d'orgue et le silence retentissant (c'est le mot) de la mes. 49, l'effet préromantique de la sixte napolitaine de la mes. 52, les sauts des mes. 54-55, et leur stridence...

L'*adagio* (en si bémol majeur), qui suit la forme sonate, est un des plus beaux de ceux où Haydn utilise la basse d'Alberti : et sur ce flot paisible et continu, la phrase du second thème, essoufflée, trouée de silences, prend un caractère vraiment pathétique.

*Tempo di menuet* en guise de finale, fort original de structure : la partie principale, après l'éloquent *minore* du trio (tout en syncopes), n'est pas reprise telle quelle en da capo, mais deux fois variée, d'abord en triolets de croches, puis en doubles croches.

SONATE L. 45 (Hob. XVI/30) (en la majeur). – Cette sonate se distingue de toutes les autres par le fait que ses trois mouvements s'enchaînent sans interruption. Une série de gruppettos en rythme pointé constituent le thème principal de l'*allegro*, où sonnent aussi des motifs de fanfare (mes. 13, 55) et des unissons aux deux mains, où chantent de petits motifs syncopés, où la main gauche déroule à trois reprises une progression de doubles croches sous les accords battus de la droite. – Fin sur un arpège de septième de dominante, et modulation chromatique amenant l'*adagio* : dix-neuf mesures qui filent sobrement leur cantilène au-dessus d'une basse de croches, arpégée et détachée, en vrai pizzicato de cordes ; arrêt sur l'accord de mi majeur. – Et voici le finale, une fois de plus un *tempo di menuet*, une fois de plus en forme de variations : il y en a six, délicatement ouvragées, sur un thème frais et naïf, de seize mesures (deux fois huit, avec barres de reprise), dont elles gardent scrupuleusement la structure, la dernière variant aussi les reprises, comme Haydn, après Emanuel Bach, aime à le faire.

SONATE L. 46 (Hob. XVI/31) (en mi majeur). – Tout est chant dans le *moderato*, dont on a souvent noté la découpe symétrique : l'exposition comprend successivement trois groupes de deux mesures répétées ou apparentées (1-4, 5-8, 9-12), deux groupes de quatre mesures (13-16, 17-20), et une conclusion de quatre mesures (21-24). Presque aussi délimité, le développement laisse pourtant s'envoler une phrase lyrique, portée par des accords brisés en triolets (mes. 29-33). – Mais le meilleur de la sonate est à venir : c'est d'abord son *allegretto* central (en mi mineur), à 3/4, qui tisse une transparente polyphonie à trois voix, d'une gravité dont s'étonneront tous ceux qui n'ont retenu de Haydn que l'aspect réjoui et farceur illustré par tant de finales ; c'est ensuite son *presto*, à 2/4, variations délicieuses entre majeur et mineur, sur un thème de saveur fortement populaire, et slave, – où l'on croit entendre comme une anticipation de la *Krakowiak* de Chopin !

SONATE L. 47 (Hob. XVI/32) (en si mineur). – Sonate non seulement sérieuse, comme l'impose aussitôt le mode mineur, mais encore énergique, et par moments presque agressive. L'*allegro moderato*, dans sa sobriété, se révèle d'une remarquable efficacité ; plutôt que de risquer de perdre sa substance en rythmes et dessins variés, il use d'un matériau limité : le rythme pointé du premier thème (commencé en blanches, et lesté de mordants), et les battements de doubles croches du second. Développement relativement court, mais trapu, ramassé sur lui-même, sonore (les octaves des mes. 38-39), presque vindicatif (l'exaspération du rythme pointé dans les deux mains, mes. 43-45) ; et réexposition bien calée en si mineur, sans la moindre tentation d'éclaircie.

On retrouve si mineur, et des battements de doubles croches tout semblables, dans le sombre trio du menuet ; mais on sera passé, avec la partie principale, par le mode majeur, et par un thème lumineux, caractérisé par son levé de cinq notes conjointes suivi d'un saut ascendant (d'octave, de dixième, et même de quatorzième à la mes. 17).

Contrairement à la série précédente, dont la dernière sonate s'achevait en queue de poisson, avec une curieuse désinvolture, celle-ci se donne pour ultime mouvement le finale le plus vigoureux que Haydn ait écrit jusqu'alors ; tournant le dos aux faciles thèmes variés, c'est un *presto* de forme sonate, mené à fond de train par son insistant motif de notes répétées, en croches, qu'il martèle sans répit, et parfois avec une espèce de hargne. Ce thème A se prête au contrepoint, et le développement le prouve, avec une vigueur déjà toute beethovénienne : plus que le piano, on entend ici un quatuor à cordes, ou même l'orchestre d'une symphonie. Le thème B, quant à lui, en octaves ascendantes (descendantes dans le développement et la réexposition), s'accompagne d'un menaçant roulement de doubles croches. Conclusion bruyante, en triple unisson.

## *Six Sonates* (L. 48-52, L. 33)

COMP entre 1776 et 1780 (sauf L. 33 : 1771). PUB 1780 (Artaria, Vienne), comme op. 30. DÉD par l'éditeur aux sœurs Katharina et Marianna Auenbrugger.

Série fort disparate : ces morceaux vont de la sonatine facile, à l'usage des « amateurs » (L. 48), à la sonate difficile de contenu et de technique pianistique, à l'usage des « connaisseurs » (L. 49), et empruntent aussi bien au style ancien (L. 51) qu'au style moderne (L. 50). Elles sont désignées « *per il clavicembalo o fortepiano* », mais les signes de dynamique plus nombreux montrent que le choix de l'auteur est fait.

SONATE L. 48 (Hob. XVI/35) (en ut majeur). – Encore plus populaire, auprès des élèves, que la *Sonate en sol* qui ouvre la série « *von Anno 776* », elle apparaît bien superficielle, sous son aspect de modèle classique, auquel pourraient se référer les innombrables auteurs de sonatines ; l'*allegro con brio*, en particulier, souffre de se voir limité à un unique matériau thématique, et, comme la sonate L. 14, à ces fatigants accords brisés d'accompagnement, en triolets ; toutes les modulations du monde ne répareront pas cette faute initiale. – Dans l'*adagio* (en fa) on peut, oui, songer à la *Sonate facile* de Mozart ; mais il n'y souffle pas le même esprit, il n'y passe pas la même grâce. – L'*allegro* final semble reprendre, dans son 3/4 de menuet, les figures du premier mouvement ; c'est le meilleur des trois, dans sa forme originale de rondo où le premier couplet n'est qu'une variante du refrain ; deuxième couplet en ut mineur.

SONATE L. 49 (Hob. XVI/36) (en ut dièse mineur). – Aux unissons orchestraux du début du *moderato*, sonores, menaçants, s'oppose aussitôt une plainte sourde, en notes répétées ; ces éléments compris dans les deux premières mesures, et développés dès l'exposition, à tour de rôle, suffiront au mouvement tout entier (mais notons que la réexposition s'arrange pour tirer parti d'un élément passé d'abord sous silence, le rythme « lombard » de la mes. 6 : un exemple des constantes surprises que nous réservent ces sonates de Haydn). Dramatisme : le rôle accru des silences, les modulations brutales (mes. 44 : sol dièse mineur), les octaves plaquées ou brisées, les fortes oppositions de nuances.

La suite de la sonate eût été plus satisfaisante si les deux derniers mouvements avaient été inversés (avec la correction tonale nécessaire) : le menuet d'abord, le scherzo en conclusion. Tels quels, on est un peu surpris par cet *allegro con brio* (en la majeur), qui écarte d'une pichenette toutes les ombres du mouvement précédent ; plus surprenante encore, sa ressemblance avec l'*allegro* initial de la sonate L. 52 (voir ci-dessous), qui poussa le compositeur, « pour éviter la critique de quelques mauvais plaisants », à vouloir s'en expliquer dans un avertissement : « L'auteur l'a fait intentionnellement, pour montrer la différence dans le traitement. » (Lettre du 25 février 1780 à Artaria.) Mouvement à variations, où les quatre premières mesures du thème servent de ritournelle.

C'est un fort beau mouvement que le menuet final *(moderato)*, basé sur un thème slave du temps de l'Avent, dit « *Der Nachtwächter* » (« Le Veilleur de nuit »), que Haydn a utilisé dans une demi-douzaine de compositions ; la mélodie, décorée de souples arabesques de doubles croches, est d'une prenante mélancolie. En contraste, la sérénité, la douce clarté, le pas tranquille du trio majeur.

SONATE L. 50 (Hob. XVI/37) (en ré majeur). — Une des cinq ou six sonates les plus célèbres. Les pianistes comme les auditeurs ont toujours apprécié l'*allegro con brio*, son début joyeusement strident et trépidant, relevé d'appogiatures brèves et de mordants, ses moulinets, ses gammes véloces de doubles croches, et sans doute aussi, avec cette vie frémissante et ce dynamisme conquérant, la lisibilité toute classique de son plan. Ce n'est pas ici que l'on trouvera des zones d'ombre, des recoins d'étrangeté, et les amateurs d'un Haydn plus baroque n'en pourront rien tirer.

Le finale *(presto ma non troppo)*, isolément plus connu encore (il figure dans nombre de collections de « classiques favoris » pour la jeunesse), y a peut-être perdu quelque chose de sa fraîcheur native, que pourtant voudrait souligner d'emblée le mot *innocentemente* (une indication de caractère : chose bien rare chez notre auteur !). Mais on ne saurait le bouder ; sous des doigts inspirés, ce rondo varié, avec ses petites phrases symétriques, ses bonds, ses bousculades, et ses sauts du majeur au mineur, sera toujours irrésistible.

Entre les deux mouvements rapides, saisissant contraste (de style et de climat) du court mouvement lent (en ré mineur, *largo e sostenuto*), qui se hausse, en quatre lignes, au tragique et au fatal. Écrit à quatre voix, dans l'esprit d'une sarabande, il s'arrête sur l'accord de dominante, sans doute un peu trop tôt à notre goût, comme si Haydn répugnait à creuser plus avant cette veine où il ne se reconnaît guère...

SONATE L. 51 (Hob. XVI/38) (en mi bémol majeur). – Les deux thèmes de l'*allegro moderato* sont unis par leurs débuts, sur la même formule, – le premier plus rythmique, le second chantant davantage, tous deux pourvus de conclusions brillantes, où s'activent les gammes de triples croches. Long développement sur les deux idées. La réexposition est très capricieuse : fausse et brévissime rentrée en ut mineur (mes. 48), rentrée véritable (mes. 49) avec un nouveau petit développement sur les motifs rythmiques de A (en forme de cadence aboutissant à un point d'orgue), développement aussi des gammes de triples croches qui concluaient A, mais en revanche absence de l'élément chantant de B, duquel n'est réexposé que l'élément conclusif d'accords martiaux (mes. 66).

Une sicilienne à nouveau pour le mouvement lent (en ut mineur, *adagio*), profondément émouvant, encore plus proche que ses prédécesseurs (voir sonates L. 19 et L. 38) de l'adagio du *Concerto en la* de Mozart, autant par les sauts mélodiques du thème principal, sombre et pathétique, que par la phrase apaisante qui lui répond, bercée d'un mouvement de doubles croches. La forme employée est des plus simples : exposition et reprise variée (mes. 1-13, 14-26), fausse amorce de développement (27-32), réexposition sous forme de nouvelle variation (33), avec point d'orgue, cadence, et arrêt sur l'accord de dominante.

Le finale *(allegro)*, assez court, est en forme de menuet, vigoureusement scandé, avec un gracieux trio en la bémol.

SONATE L. 52 (Hob. XVI/39) (en sol majeur). – Haydn, qui a toujours quelque nouvelle astuce dans son sac de sonatiste, choisit de commencer ici, contre toute attente, par... un rondo *(allegro con brio)*, où il reprend, à peu de chose près, le thème du scherzando de sa *Sonate en ut dièse mineur* (L. 49), pour en tirer un « traitement différent ». Au vrai, les deux morceaux se ressemblent beaucoup, même dans leurs figures, le plus récent se distinguant pourtant par un épisode en rythme pointé (en mi mineur), de caractère populaire, et de franche rudesse.

Bel *adagio* (en ut majeur), à 3/4, uniquement voué au chant, qu'accompagnent presque tout au long des accords brisés en triolets de doubles croches ; on y notera, entre deux points d'orgue, une longue cadence conclusive.

Finale en forme sonate *(prestissimo)*, un des plus nerveux et des plus véloces de Haydn, sur un unique thème, qui sonne tour à tour à l'aigu ou au grave, accompagné d'une octave brisée et d'un mordant, en alternance avec des battements de doubles croches qui font monter les degrés à un petit motif rieur (mes. 23).

SONATE L. 33 (Hob. XVI/20) (en ut mineur). – Voir plus haut.

***Trois Sonates*** (L. 34, 35, 53)

COMP à des dates diverses (avant 1778 pour L. 34 et 35 ; vers 1780 pour L. 53). PUB 1783-1784 (Breadmore & Birchall, Londres) ; publication non autorisée par Haydn.

SONATE L. 34 (Hob. XVI/33) (en ré majeur). – De vifs arpèges ascendants lancent toutes les propositions du début de l'*allegro*, voué au brio ; cette tonalité de l'insouciance et de la quotidienneté n'est nulle part mieux suivie qu'en ces pages, où les doigts courent sans que l'esprit ait beaucoup à penser... – Il y a plus de matière dans le *tempo di minuet* final, où deux thèmes parents, de seize mesures, mais l'un majeur, l'autre mineur, se voient variés une fois chacun, le premier rentrant pour une ultime et brillante transformation, terminée aux mains alternées. – Mais le meilleur de l'œuvre est son *adagio* (en ré mineur), en forme sonate, où le rythme à 3/4 se subdivise en doubles triolets pour l'accompagnement de l'élégiaque second thème : ce sont de ces moments où Haydn et Mozart, par-delà toutes leurs différences de tempérament, se tendent fraternellement la main.

SONATE L. 35 (Hob. XVI/43) (en la bémol majeur). – Si elle est bien de Haydn, ce que quelques critiques contestent, c'est assurément la plus anciennement composée de ce groupe factice de trois sonates ; la technique du *moderato* initial, en particulier, paraît quelque peu primitive, les enchaînements maladroits et la substance, sans qu'on puisse la juger maigre, assez quelconque ; musique empotée, dont on n'a pas beaucoup d'exemples chez notre compositeur ! L'accompagnement persistant de triolets, nous l'avons déjà vu dans L. 14 et L. 48, dégénère vite en volubilité bavarde ou en sécheresse (l'un n'excluant pas l'autre). – Comme deuxième mouvement, deux menuets dont le second sert de trio au premier, détail archaïsant qui appuierait l'hypothèse d'une date assez reculée pour cette sonate ; rythme pointé, décidé, dans l'un, phrases câlines dans l'autre, tous deux restant en la bémol.

Quoi que l'on pense du premier mouvement, on ne pourra pas taxer de médiocrité le *presto* final, où Haydn nous revient égal à lui-même, ou du moins à l'image d'éternel blagueur que ses rondos lui ont forgée. C'est bien d'un rondo qu'il s'agit, de forme très élaborée, à trois épisodes apparentés (on notera l'allure improvisée du troisième, enchaînements d'accords brisés joués aux mains alternées, une note à gauche, trois à droite) ; le refrain, plein d'une verve gesticulante, est varié à chaque retour, avec beaucoup d'ingéniosité.

SONATE L. 53 (Hob. XVI/34) (en mi mineur). – Admirable premier mouvement, concis et précis, rare exemple de tonalité mineure souriante ; aucune emphase, aucune proclamation d'accords, mais des motifs enjoués, en écho d'une main à l'autre, de petites gammes frémissantes, de vifs et légers battements. Sans doute gagne-t-on à prendre le mouvement un peu moins vite qu'indiqué *(presto)*, si l'on ne veut pas tomber dans une faconde à la Scarlatti, – qu'évoquent irrésistiblement non seulement ces « passages », mais aussi bien les modulations du développement.

*Adagio* méditatif (en sol majeur), où la pensée tâche de rattraper au vol de délicates guirlandes de triples croches éparpillées dans l'air ; les dernières mesures se posent sur la dominante de mi mineur. On enchaîne ainsi avec le finale *(vivace molto)*, un rondo varié, entraîné au rythme presque incessant de la basse d'Alberti, et où alternent majeur et mineur, dans un climat de joyeuse innocence (*innocentemente* : le mot, une fois de plus, s'inscrit dans la portée).

## *Trois Sonates* (L. 54-56)

COMP 1783-1784. PUB 1784 (Bossler, Spire), comme op. 37. DÉD à la princesse Marie Esterházy.

Ce sont des sonates en deux mouvements, rapprochées parfois, à cause de leurs petites dimensions et de leur dédicataire, des *Damen-Sonaten* de Carl Philipp Emanuel Bach. Chose remarquable, un seul des six mouvements est écrit en forme sonate, les cinq autres relevant tous, chacun à sa manière, du genre de la variation, dont on a vu à quel point il était fécond chez Haydn.

SONATE L. 54 (Hob. XVI/40) (en sol majeur). – De tous les mouvements de Haydn qui réclament le droit à la candeur, l'*allegretto innocente* de cette sonate est celui qui en montre le plus, et de la plus vraie qui soit. Les autres « innocents » sont de vifs rondos (ceux des sonates L. 50 et L. 53), chez qui cette vertu s'exprime en rires, en franche et communicative gaieté. Mais ici l'innocence n'est que sourire et tendresse : rien de plus ingénu, rien de plus doux que ce premier thème (ou refrain), bercé dans son rythme à 6/8, enveloppé d'harmonies suaves, alliant la grâce à la bonté. Un second thème (ou couplet) le suit, dans le mode mineur, plus court de moitié, aussi inquiet, avec ses silences et ses syncopes, que l'autre était paisible. Comme dans ces autres rondos à variations que sont le menuet de la sonate L. 34 ou le finale de la sonate L. 53, chaque thème est varié à son tour suivant le schéma ABABA. À son dernier retour, A est presque méconnaissable, à force de tension, dans une écriture de stridentes notes répétées : on sent que B a déteint sur lui...

Le *presto* conclusif est de simple forme ternaire (ABA), mais A et ses reprises étant toujours embellis à leur retour, on l'assimilera à des variations. Énorme contraste entre les volets extérieurs, humoristiques et même bouffons, et le volet central, en mi mineur (relatif), âpre et véhément, nourri de contretemps et de syncopes.

SONATE L. 55 (Hob. XVI/41) (en si bémol majeur). – Début pimpant et décidé pour l'*allegro*, avec ce premier thème au rythme pointé, « gentiment militaire » (comme dirait Debussy !). Le second (en fa), après sa sonnerie d'accords initiale (mes. 21), vire au mineur pour une longue phrase portée par des triolets, module, revient au majeur, conclut longuement, avec festons chromatiques, trille et cadence insistante. L'attaque du développement sur le troisième degré abaissé (c'est-à-dire en ré bémol) est une trouvaille dont Beethoven se souviendra ; il est vrai que c'est un accord de passage, menant à mi bémol, où A et B s'enchaînent harmonieusement, B poussant ensuite vers sol mineur, où il prend un tour plus lyrique. Réexposition pour une fois sans surprises.

Encore un rondo varié pour le finale *(allegro di molto)*, de simple forme ABA. Le refrain, espiègle et crâneur, grimpe les degrés avec détermination, à chaque main à tour de rôle, en suscitant à l'autre un commentaire amusé de doubles croches ; au retour, il a ses reprises variées. L'unique couplet lui ressemble comme un frère, aussi turbulent, que n'arrive pas à assombrir le bref passage du mode mineur.

SONATE L. 56 (Hob. XVI/42) (en ré majeur). – On ne s'y trompera guère, en dépit de l'élaboration formelle et des trouvailles éparses : voici la moins originale des trois sonates de la princesse Esterházy, – la moins ronde, la moins en chair. Il faudrait peu de chose (pianistes, attention !) pour en appuyer la sécheresse et l'angulosité. Ainsi en est-il des variations du premier mouvement *(andante con espressione)*, si l'on observe les silences trop à la lettre, si l'on économise la pédale à l'excès : les recherches rythmiques, les nuances contrastées ne les empêcheront pas d'avoir l'air malingres et de sonner mal. Trois variations, la deuxième en ré mineur ; le thème, on l'a souvent dit, semble déjà lui-même une variation, tant il abonde en fioritures... – Le *vivace assai* développe sur trois pages la mince proposition initiale ; malgré les jeux du contrepoint, il y court une verdeur populaire, et ces gammes qui se font écho d'une main à l'autre, ces doubles croches crépitantes, par groupes de quatre, prouvent plus d'humour encore que de savoir. Il n'empêche : au bout de cette sonate dépareillée, on reste un peu sur sa faim.

### *Sonate en fa majeur* (L. 57, Hob. XVI/47)
PUB 1788 (Artaria, Vienne), comme « œuvre 55 ».

Il s'agit de la transposition en fa de deux mouvements de la sonate en mi L. 19, auxquels s'ajoute un premier mouvement *(moderato,* à 3/4) d'authenticité douteuse.

### *Sonate en ut majeur* (L. 58, Hob. XVI/48)
COMP 1789. PUB 1789 (Breitkopf).

C'est une commande de l'éditeur Christoph Breitkopf, pour un *Musikalisches Pot-Pourri* rassemblant divers auteurs, qui fit reprendre à

Haydn le chemin de la sonate pour piano, négligé pendant cinq ans au profit du trio (neuf œuvres composées entre fin 1784 et début 1789), du quatuor (treize) et de la symphonie (dix).

Sonate en deux mouvements. On voit s'accomplir dans le premier ce qui n'était qu'à moitié réussi dans son pendant, le premier de la sonate L. 56. On ne saurait en effet trouver deux débuts aussi semblables : l'indication de tempo *(andante con espressione)*, le mètre à 3/4, le style entre récitatif et improvisation et la rythmique élaborée du thème, le procédé de la variation, le mode tour à tour majeur ou mineur (forme ABABA). On dira que la différence est dans l'inspiration, et tout simplement dans la beauté de l'idée liminaire, – dans une écriture, aussi, plus ample, plus charnue, exploitant plus souvent le registre grave, confiant une sonorité plus soutenue à la main gauche.

Le réjouissant et dynamique rondo *(presto)* est le premier et l'unique exemple, dans les sonates de Haydn, du rondo-sonate, si familier à Mozart. Refrain (en ut) et premier épisode (en sol) sont traités comme les deux sujets (A et B) d'une forme sonate monothématique, le deuxième épisode, C (en ut mineur), servant de développement, avant le retour de A et de B en guise de réexposition. Haydn se renouvelle au point de rompre avec son habitude invétérée de varier chaque retour du refrain (et jusqu'à ses reprises...). Pianisme, ici encore, étoffé (voyez les accords et les trémolos de la main gauche, les octaves et les arpègements nourris de la droite), en comparaison de l'écriture plus linéaire du finale de L. 56.

## *Sonate en mi bémol majeur* (L. 59, Hob. XVI/49)

COMP juin 1790. PUB 1791 (Artaria, Vienne). DÉD à Anna (Nanette) de Jerlischeck (dans l'autographe), mais Haydn la destinait en réalité à Marianne von Genzinger.

Une des grandes sonates de Haydn, une de celles auxquelles toutes les époques ont réservé un accueil enthousiaste. L'*allegro* y est sans doute pour l'essentiel, qui, loin de toute nostalgie baroque, s'inscrit avec force et maîtrise dans le chapitre de la sonate classique, aux côtés des meilleures de Mozart, et des plus réussies du jeune Beethoven. Il est à la fois d'une étonnante richesse et d'une surprenante économie, les idées naissent l'une de l'autre, sans pourtant se bousculer ni se nuire ; au contraire, elles s'épaulent et s'équilibrent. Ainsi le thème initial, avec son anacrouse en roulement de doubles croches délurées, fait-il place à un thème de transition plus lyrique, en croches, qui monte dans l'aigu par larges paliers ; mais ce même roulement introduit, sans qu'on s'y attende, la longue phrase chantante du second thème, animée d'une vive basse d'Alberti, et dont on notera que l'élément le plus expressif, une descente de croches conjointes (mes. 29), provient de la mes. 3, – de même que l'arpège ascendant de la mes. 2 donne, beaucoup plus loin, dans la deuxième partie du second groupe, ce motif que la droite, croisant la gauche, va jouer dans le grave (mes. 42), avant d'y répondre elle-même à l'aigu. Dernier matériau de cette exposition, et non des moindres : les notes répétées (mes. 53) qui sonnent, bien avant Beethoven (mais après le Mozart de la *Fantaisie en ut mineur, K. 475*), comme un « motif du destin ». Le développement tient toutes les promesses de ce début et même davantage : Haydn, toujours imprévisible, et anticipant ici sur le Beethoven de la *Sonate en fa majeur* (op. 10 n° 2), l'entame par un travail contrapuntique sur le motif qui vient de conclure l'exposition ; puis c'est le double thème A+B, attaqué en ut mineur, longuement déployé et modulant ; ensuite les notes répétées du « destin », en d'expressives septièmes ; enfin une courte cadence *a suo piacere*, amenant la reprise. Variée, celle-ci, bien entendu : allongement, par exemple, du thème de transition, qui fournit aussi à la coda.

Même si l'on ne va pas jusqu'à voir comme certains, dans le mouvement lent (en si bémol majeur, *adagio e cantabile*), le portrait même de la dédicataire, il lui reste intimement lié ; les termes que Haydn emploie pour le décrire, dans sa lettre du 20 juin 1790 à Mme Genzinger, sont parlants : « ...il est chargé de signification, ce que je vous expliquerai en détail à l'occasion ; il est assez difficile, mais plein de sentiment... » Les volets extérieurs, assemblés comme une mosaïque dont les éléments sont sans cesse modifiés (une dizaine de variantes pour la première phrase), seraient plutôt d'humeur égale et paisible, n'était un passage en si bémol mineur, sur accords battus, haletant, presque tragique dans ses dissonances (mes. 21). Le volet central mineur, de couleur romantique, amplifie le propos, avec son chant largement déclamé sur un flot d'arpèges en doubles triolets ; il y a ici des croisements de mains expressifs, qui parurent si difficiles à Mme Genzinger qu'elle pria le compositeur de lui indiquer un arrangement (mais on ne voit nulle part qu'il ait souscrit à sa demande).

Après ces pages inspirées, le *tempo di minuet* conclusif peut sembler maigrichon, et comme pressé de prendre ses distances, de trancher avec cet épisode sentimental. On devra, au départ, veiller à ne pas jouer de façon saccadée les croches de la basse, qui soulignent la pédale de tonique. Mais on retrouve, avec le trio mineur (sur le même thème), un langage plus sensible et plus éloquent.

## *Trois Sonates* (L. 60-62)

COMP 1794-1795. PUB L. 62 1798 (Artaria, Vienne) ; L. 60 1800 (Caulfield, Londres), mais une première version de l'*adagio* avait paru dès 1794 (Artaria) ; L. 61 1805 (Breitkopf & Härtel). DÉD à Thérèse Jansen-Bartolozzi (pour la sonate L. 61 subsiste un doute, elle était peut-être destinée à Rebecca Schröter).

Le brelan des « sonates anglaises » (écrites à Londres, inspirées par une virtuose anglaise, élève de Clementi, et tirant parti des possibilités offertes par les pianos anglais) met un point final à l'aventure de la sonate chez Haydn ; à ce genre où peut-être il croit avoir tout dit, survivront quelque temps ceux du trio et du quatuor.

SONATE L. 60 (Hob. XVI/50) (en ut majeur). – Étonnante sonate, étonnamment méconnue encore aujourd'hui : Breitkopf ne l'ayant pas publiée dans les *Œuvres complètes*, le XIX$^e$ siècle ne s'en est guère occupé, et les éditions courantes de notre propre siècle suivaient l'exemple...
Le vigoureux et virtuose *allegro* se contente d'un seul thème, présenté d'abord en staccato léger, puis en force ; c'est lui qu'on retrouve à la dominante, tour à tour dans le grave ou l'aigu, accompagné d'arabesques de doubles croches ; tous les dessins lui sont subordonnés, en autant de variations, ce qui confère à ces pages une sorte d'impérieuse nécessité. La curieuse indication qu'on lit par deux fois, « *open pedal* » (mes. 73 et 120), attend une explication convaincante : pédale de soutien ou sourdine *una corda* ?
Comme les mouvements lents des sonates L. 56 et 58, l'*adagio* (en fa majeur), avec ses figures capricieuses, ses silences, ses soudaines fusées de petites notes, sa manière de mêler inflexions chantantes et gracieux embellissements, appartient au monde de l'improvisation, ce qui ne l'empêche pas de se couler sans heurts dans une forme sonate (mais sans développement). – Et l'on termine par un morceau extraordinaire *(allegro molto)*, véritable scherzo beethovénien, au discours abrupt, troué de silences, aux enchaînements aberrants, aux modulations brutalement interrompues, aux malicieux cliquetis de croches dans l'aigu ; il est fort court, malgré ses reprises, mais il n'en faut pas davantage pour bousculer tous les usages de l'époque, et tendre la main à notre modernité.

SONATE L. 61 (Hob. XVI/51) (en ré majeur). – En deux mouvements seulement, et d'un caractère moins virtuose que ses deux sœurs, ce qui a fait douter de l'identité de sa dédicataire (Griesinger, le premier biographe de Haydn, parle vaguement d'« une dame en Angleterre qui a conservé l'original mais réalisé pour Haydn une copie de sa propre main »). Ce qu'elle a de plus saisissant, c'est son finale à 3/4 *(presto)*, aussi court que celui de la sonate précédente, aussi ramassé, beethovénien avant la lettre (et si nous nous persuadions plutôt que ce sont les scherzos de Beethoven qui commencent par être haydniens ?), avec ses unissons, ses accents sur le troisième temps, ses fortes syncopes, ses âpres dissonances. – Le premier mouvement *(andante)*, quant à lui, ne peut évoquer que Schubert, dans ces phrases *cantabile* que la droite déclame en octaves, accompagnée d'arpèges en triolets ; on regrettera que les inflexions les plus câlines (mes. 11-19) ne soient plus jamais répétées ; mais il s'agit d'une forme sonate très libre, où la couture entre les parties est d'autant moins visible qu'il n'y a pas de reprise de la première, et que le développement commence à la tonique, comme une variation du début de l'exposition.

SONATE L. 62 (Hob. XVI/52) (en mi bémol majeur). — Un monument, le plus visité sans doute de tout le piano de Haydn, et d'ailleurs naguère encore signalé comme « première sonate » dans les éditions courantes. Il est vrai qu'outre ses beautés mélodiques et harmoniques, sa couleur et son relief éminemment pianistiques, son équilibre formel, elle a l'avantage de nous résumer le compositeur en ses différents aspects (comme la sonate L. 31, mais plus richement encore : il s'est écoulé, depuis, un quart de siècle !). Le premier thème de l'*allegro*, en accords majestueux, semble vouloir montrer d'emblée la différence de puissance entre pianos anglais et viennois. Alternant avec une phrase très douce et chantante qu'accompagnent de fragiles battements de doubles croches (mes. 6), il occupe l'essentiel de l'exposition, lui et son cortège de traits virtuoses, chaînes de tierces et gammes véloces. Le second thème se limite à une pimpante petite fanfare, en rythme pointé (mes. 27) ; on la réentend aux articulations du développement, d'abord en ut (mes. 46) puis dans le ton éloigné de mi (mes. 68), qui sera celui du mouvement lent, d'où l'on passe à la majeur, si mineur, pour retrouver, par glissements chromatiques, le ton initial.

Ce mi majeur de l'*adagio*, on a beau se dire, en le lisant fa bémol, que ce n'est au fond que le ton de la sixte napolitaine, il n'en revêt pas moins ce mouvement d'une teinte un peu étrange ; d'autres surprises, plus fortes encore, jalonnent le morceau, comme l'arrivée passagère en ut (mes. 10) sur un violent accord de neuvième de dominante. Un seul thème, en rythme pointé, avec des variations, y compris dans le pathétique *minore* central ; partout une grande instabilité rythmique, des ornements nombreux, d'insistantes notes répétées.

Le *presto* final nous redonne, après le musicien de cœur que l'on méconnaît souvent, l'homme d'esprit, – et tout autant que le mouvement précédent prospectait poétiquement les tons lointains et les rythmiques anomales, dans une forme libre, il s'en tient, pour lui, à la forme sonate, au ton de mi bémol et aux croches et doubles croches bien comptées du rythme à 2/4 dans sa plus quotidienne simplicité. La verve a justement besoin, pour s'exercer efficacement, de cette régularité métrique ; s'y ajoutent le tremplin des notes répétées, les accents cocasses sur la quatrième croche du temps, les points d'orgue, les ralentis, et tous ces passages où les mains alternées tricotent joyeusement.

## LES PIÈCES ISOLÉES

### *Capriccio en sol majeur* (Hob. XVII/1)
COMP 1765. PUB 1788 (Artaria).

Trois cent soixante-huit mesures sur le même thème ! c'est le tour de force de ce rondo (qu'on dit à la manière de Carl Philipp Emanuel Bach, quand celui-ci ne commença à publier les siens qu'en 1780). Le thème choisi est un air populaire, « *Acht Sauschneider müssen seyn* », dont les paroles loufoques sont ainsi faites qu'à chaque reprise le nombre des hommes qu'il faut « pour castrer un cochon » diminue d'une unité, de huit *(acht)* à un... On comprend que la répétition y soit un élément important, et que Haydn s'en soit donné à cœur joie, variant son matériau de toutes les façons (triolets, gammes filantes en doubles croches, rythmes pointés, arpèges, roulements, octaves brisées), et surtout modulant sans cesse, dans une sorte d'ivresse hilare. Tout cela certes plaisant, mais lassant, tout de même, au bout de quelques pages...

### *Variations en sol (ou en la) majeur* (Hob. XVII/2)
COMP vers 1765. PUB 1788 (Artaria), dans la version en la majeur, avec douze variations seulement sur les vingt, sous le titre *Arietta con 12 variazioni*.

D'une version à l'autre de cette œuvre, toutes plus ou moins authentiques, la tonalité, le nombre et l'ordre des variations diffèrent, la plus complète étant la version en sol (vingt variations) du manuscrit de la Société des Amis de la musique de Vienne (qui contient également les sonates L. 14, 16, 19, 30 et 42). Conçues sur un thème anodin de deux fois huit mesures, elles suivent le principe de la chaconne qu'on voit par exemple dans toutes les séries de variations de Haendel : basse (et harmonie) inchangée d'un bout à l'autre, sous des figurations variées. Ce n'est qu'un exercice de composition, revêche et figé (croisements de mains de la 3e variation, gammes de la 5e et de la 6e, notes répétées de la 8e, trilles de la 18e, octaves de la 20e...), d'une aridité qu'on n'aura pas souvent l'occasion de reprocher à Haydn.

### *Variations en mi bémol majeur* (Hob. XVII/3)
COMP vers 1770-1774. PUB 1788-1789 (Artaria).

Thème : celui du menuet du *Quatuor op. 9 n° 2* (1770). Un fort beau thème (deux fois dix mesures), délicatement harmonisé, et pourvu de douze variations d'une subtilité d'écriture que l'on chercherait en vain dans les *Variations en la majeur*, dont pourtant cette nouvelle série reprend le procédé de la basse de chaconne (doublement : puisque les deux sections ont toutes les deux la même basse, avec changement d'harmonie entre les mes. 1-4 et 11-14). Cette fois, la mélodie reste généralement identique à elle-même, ou du moins reconnaissable ; c'est la texture qui se modifie.

### *Fantaisie en ut majeur* (Hob. XVII/4)
COMP 1789. PUB 1789 (Artaria).

Haydn était particulièrement fier de ce morceau, composé, comme il l'écrit à son éditeur (lettre du 29 mars 1789), « dans un moment d'excellente bonne humeur », et dont il présageait qu'il plairait « autant aux connaisseurs qu'aux amateurs ». De fait, le succès ne s'en est jamais démenti ; tout pianiste est sensible à ce brio mis au service d'idées séduisantes, d'harmonies originales, dans une forme suffisamment souple pour donner l'illusion d'une improvisation perpétuelle.

L'illusion seulement : examinée de près, cette *Fantaisie* (que Haydn appelait aussi bien *Capriccio*) révèle sa nature de rondo-sonate. Le premier thème, ou refrain, s'élance tout guilleret sur un accompagnement tantôt plaqué, tantôt brisé, développe quelques roulements arpégés, pousse plus loin une brève séquence en imitations, avant de céder la place au second thème (à la dominante), mignonne sonnerie de cors rehaussée de mordants que la main gauche, croisant la droite, monte picorer dans l'aigu. Point d'orgue. Et ce ne serait ici qu'une exposition de sonate ; mais la « fantaisie » intervient, sous la forme d'un brusque accord de si bémol majeur, donnant naissance à une série de modulations par vagues d'arpèges (sur le modèle de celles qui suivaient déjà l'énoncé du refrain). Développement sur les deux thèmes ; on y trouve le fameux effet (bel et bien pianistique !) d'une octave isolée à la basse (mes. 192), à tenir jusqu'à l'extinction du son (« *tenuto finché non si sente più il suono* »). La réexposition, à peine amorcée, se corse d'un nouveau développement du premier thème, qui module d'ut mineur à si majeur et s'arrête sur un fa ♯ résonnant au fond du clavier (même effet que précédemment) ; ce fa ♯ glisse à sol, dominante pour accueillir le second thème à la tonique d'origine. Nouvelle vague d'arpèges « fantasques », nouvelles imitations sur le premier thème ; et coda étendue.

(On a préconisé de jouer cette *Fantaisie* comme prologue à la *Sonate en ut*, L. 58, du même mois de mars 1789.)

### *Variations faciles en ut majeur* (Hob. XVII/5)
COMP 1790. PUB 1791 (Artaria).

Sur un *andante* des plus enrubannés, néanmoins charmant, un morceau bien connu des apprentis pianistes, qui l'ont tous rencontré dans quelque collection de « classiques favoris ». Six variations toujours un peu plus ornementées, dont un *minore* attendri (5$^e$). Les mains, souvent haut perchées sur le clavier, en tirent de délicates sonorités de boîte à musique.

### *Variations en fa mineur* (Hob. XVII/6)
COMP 1793. PUB 1799 (Artaria). DÉD à la baronne de Braun (œuvre en réalité destinée à Barbara Ployer). Une copie porte le sous-titre *Un piccolo divertimento*.

Ceux pour qui le nom de Haydn n'est associé qu'à l'esprit, à la bonne humeur, à l'insouciance, sont toujours frappés quand ils entendent ces *Variations*, non seulement éloignées, par leur caractère préromantique, du portrait familier du « bon papa », mais aussi, dans leur forme insolite, des innombrables thèmes variés de l'époque. Variations en clair-obscur, par la nature même de leur thème, un long et riche *andante* en deux parties, alternativement dans le mode mineur et dans le majeur. La partie mineure, d'une gravité, d'une mélancolie intense, se suffirait à elle-même, et d'ailleurs constitue en quelque sorte sa propre variation : la mélodie passe d'un registre à l'autre, les mains se croisent, dans le même rythme pointé accablé. La partie majeure, un peu plus courte, est au contraire éclairée de sourires, traversée de rapides arpègements qui semblent vouloir chasser les mauvaises pensées.

Deux variations doubles ; la 1$^{re}$, après avoir traité le sujet mineur en syncopes et contretemps, en chromatismes affligés, saupoudre le sujet majeur d'une légère pellicule de trilles ; dans la 2$^e$ s'activent les dessins de triples croches, creusant les ombres du mineur, mais tournant le majeur dans la lumière. Pour finir, un exposé du thème mineur, brutalement interrompu par une cadence de l'effet le plus dramatique, véritable accès d'angoisse et de colère ; après quoi les derniers lambeaux du thème, funèbres figures pointées, s'effilochent dans le silence.

## Stephen HELLER
(1813-1888) Hongrois

Le grave, l'irréparable péché de Heller est d'avoir trop écrit : plus de cent cinquante numéros d'opus, presque tous consacrés au piano. Il l'expie cruellement, puisque même les amoureux de sa musique, ceux qu'ont touchés d'emblée certains préludes où, entre Mendelssohn, Schumann et Chopin, il parle une langue originale et profondément belle, – ceux-là mêmes qui désirent pousser plus loin leur curiosité, se sentent envahis d'angoisse et de doute devant cet amoncellement, et remettent au lendemain d'en connaître davantage. En sorte que malgré les efforts auxquels on a assisté ces dernières années, avec la parution, en disque, de plusieurs séries de *Préludes*, des *Nuits blanches*, des *Promenades*, cette œuvre attend encore un dépouillement plus systématique, qui révélerait d'autres joyaux, *Rêveries*, *Scènes d'enfants* et *Feuilles d'automne*, *Barcarolles* et *Mazurkas*, voire le monde inconnu des *Sonates* et des *Variations*. Elle attend surtout le livre qui la défendrait passionnément, ferait enfin reculer l'ombre et secouerait la poussière accumulées sur le « compagnon » schumannien, le Jeanquirit des *Davidsbündler*, l'être fragile, modeste et caché qui a lentement réuni, dans l'isolement, quelques-unes des fleurs les plus parfumées du piano romantique.

L'essence la plus pure de l'art de Heller est dans la miniature. C'est ce qui lui a valu la complicité des amateurs, mais aussi l'éloignement des pianistes, autrement dit du plus large public. Je sais bien qu'il y a des virtuoses qui programment ces mêmes *Mazurkas* de Chopin que le déchiffreur du dimanche est tout heureux de pouvoir placer sur son pupitre ; mais ils ont d'abord joué les *Ballades*. La chance de Chopin, c'est d'avoir réussi à mettre autant de musique dans une page brève et facile que dans ces partitions échevelées que seuls maîtrisent les surdoués. Heller, qui a composé de grandes pièces d'estrade, et plus souvent qu'on ne le pense, n'y a presque jamais parlé l'idiome poétique, émouvant, personnel qu'on lui connaît dans ses courts feuillets. Les pianistes, peu soucieux de jouer uniquement ses petits préludes, qui n'avantagent guère leurs doigts, l'ont relégué au deuxième, au troisième rang, et avec le temps plus bas encore.

Il faut s'y résigner (sans mal, à mon avis) : les qualités mêmes de sa musique l'empêchent de se développer en architectures grandioses, en pages éclatantes. Imagine-t-on Mompou s'occuper à des sonates ? Les quatre ou cinq tentatives de Heller dans le genre, en dépit de bons moments, n'atteignent jamais la perfection, encore moins l'émotion, d'un seul des *Vingt-quatre Préludes* (op. 81). Il s'y frotte par bravade, par convention, par secrète envie : inutile, il y faut une tête plus froide que la sienne, à défaut d'une tête « épique ». De même, il a donné, comme les plus faibles de ses contemporains, dans le travers de la fantaisie et du caprice sur des thèmes d'opéra. Même en y voyant les restes de ses improvisations de jeune virtuose nomade, de l'époque où son père l'emmenait sur les routes d'Europe, on a honte, pour lui, de cette partie de son catalogue. Ce sont les essais appliqués d'un timide, régulièrement émoustillé, malgré le passage inéluctable du temps, par l'idée de faire son chemin dans les salons de ce Paris où l'a conduit un rêve de gloire, d'être joué par tous les briseurs d'ivoire, de tenir l'affiche. Puis il retombe dans son indifférence, dans sa langueur habituelle, et écrit un nocturne, une valse, une barcarolle, des « feuilles volantes » (comme dit le titre d'un de ses recueils), des moments musicaux d'un style à la fois lucide et fantasque, et d'une étonnante variété d'humeur. Cette façon d'alterner, surtout au début, les besognes musicales et les plus pures effusions de son âme a quelque chose de navrant. Cependant, dans les dernières années, ce ne sont plus que des bouquets lyriques, éclos l'un après l'autre, avec on ne sait quelle urgence...

La nature aura été la grande amie de ce promeneur solitaire, qui cite Rousseau dans ses épigraphes, – et sa meilleure inspiratrice. En dehors des trois recueils de *Promenades*, des trois suites intitulées *Dans les bois*, voici encore des *Scènes pastorales*, des *Églogues*, des *Bergeries*. Joignons-y les étranges *Nuits blanches*, dont le titre allemand parle de « fleurs, fruits et ronciers ». La forêt, surtout, où Schumann est entré une seule et mémorable fois, lui ouvre constamment ses portes ; pourtant,

Heller n'aspire pas à la décrire ; c'est un contemplatif ; les rêves où elle le plonge lui suffisent. Ne croyez pas qu'ils soient tout uniment idylliques, et ce cœur capable seulement de pensées innocentes et naïves. C'est les réduire que de considérer ces cahiers comme des albums à colorier. Au sein de cet univers de féerie, à moitié apprivoisé seulement, qui sans doute le dédommage d'une prosaïque et servile existence, il lui échappe autant de tumulte que d'indolence, autant de chants de l'ombre que de cantiques lumineux.

Une autre des prédilections de Heller est l'enfance. Nommément, lorsqu'il réunit quelques pièces sous les titres de *Scènes d'enfants*, *Album à la jeunesse*, *Préludes à mademoiselle Lili* (op. 119) ; de biais, quand il consacre aux enfants des *Sonatines*, ou des *Études faciles* ou *progressives*, des *Études d'expression et de rythme*. Il faut entendre ces dernières à demi-mot : la pédagogie n'est qu'un prétexte ; la part de l'exercice y est bien moindre que celle de l'évocation, de l'impression aussi aiguë que fugitive ; et ce musicien n'a pas son pareil pour exprimer, en quelques lignes, d'une plume qu'elle fait un peu trembler, cette incurable nostalgie en nous d'un vert paradis, à jamais perdu.

## LES PIÈCES POÉTIQUES

La catégorie où l'on fait le plus de trouvailles (avec celles des *Études* et des *Préludes*). Inspiration principale : la nature (promenades, églogues, pastorales), les enfants.

Les pièces, peu nombreuses, que je laisse de côté : les très faibles *Quatre Arabesques* (op. 49) ; les *Drei Stücke* (op. 73) et les *Traumbilder* (op. 79) ; le trop long *Genrebild* (op. 94), en forme sonate, où pourtant le développement est assez saisissant, ainsi que son jumeau, l'*Allegro pastorale* (op. 95) ; le *Jagdstück* ou « Morceau de chasse » (op. 102), plein de vigueur, nourri de beaux accords, mais répétitif, sans but, épuisant au bout de trois pages de galopade ; les *Trois Ballades* (op. 115), où Heller tâte timidement et malhabilement d'un genre qui ne lui sied guère (rien ne s'y tient ; il n'a pas le décousu épique, mais idyllique ; pour cette raison, un trop grand espace lui est interdit) ; les médiocres *Trois Morceaux* (op. 121), où traîne une impossible *Rêverie du gondolier* pour laquelle on voudrait croire que Heller n'a servi que de prête-nom ; les *Trois Feuillets d'album* (op. 151).

### *Miscellanées* (op. 40)
PUB 1844 (Schlesinger).

Trois pièces. On peut négliger la *Rêverie* initiale. Mais *La Petite Mendiante* qui suit (en mi bémol majeur) est une pièce pleine de grâce, avec son rythme dodelinant et sa polyphonie transparente, la finesse du détail harmonique, la tendresse du chant ; sensibilité, mais non sensiblerie, le compositeur nous met en garde : *con sentimento ma senza affetto*.

La troisième pièce est une *Églogue* (en la majeur, *allegretto con moto*) ; la paix y règne, et le contentement ; Heller n'a pas son pareil pour accoler amoureusement les deux mains, sur des motifs caressants, dans une écriture des plus limpides.

### Scènes pastorales (op. 50)
PUB 1844 (Hofmeister).

Deux pièces. La première (en la majeur, *assez vif*) est une longue et fatigante rhapsodie sur un thème sautillant que rien ne renouvelle. Mais la seconde (en fa majeur, *mouvementé, mais avec calme*), qui n'est pas moins longue, sort décidément de l'ordinaire ; c'est une véritable étude d'atmosphère, où les motifs comptent moins que les touches harmoniques, d'une sensibilité très originale : suivez par exemple, à partir de la mes. 59, cet ondoiement de septièmes (par tierces successives) qui libère brusquement une série de modulations chatoyantes (de sol bémol à la, puis ré). Un simple bonheur d'exister rayonne en ces pages, – que Chopin a dû profondément aimer.

### Rêveries (op. 58)
PUB 1845 (Schlesinger).

C'est la première de tout un ensemble de pièces que la lecture de Rousseau inspirera à Heller. Sinon franchement dans le titre (il faudra attendre les opus 78, 89, 101), il le cite déjà, ici, en épigraphe : « En voulant me rappeler tant de douces rêveries, au lieu de les décrire, j'y retombais. » La pièce, en dépit de cette entrée en matière, est encore éloignée de ce que l'on espérait d'elle (et que nous donneront les suivantes : des exercices de la solitude) ; sa dialectique demeure beethovénienne, et son pianisme tout autant. L'élan des premières pages (en si mineur, *mouvementé*) finit par piétiner ; la texture est épaisse, les rythmes bridés par les barres de mesure. Et, curieusement, cela semble moins le poème de la rêverie que celui de l'action empêchée.

### Aux mânes de Frédéric Chopin (op. 71)
PUB 1849 (Breitkopf & Härtel).

J'aurais hésité à commenter ces pages, une vilaine tache dans l'œuvre de Heller, si elles ne reflétaient un mauvais goût assez généralisé pour atteindre même un homme de sa race et de sa distinction. Que la mort de Chopin l'ait plongé dans la consternation, et sans doute la douleur, on l'imagine ; qu'il ait aussitôt voulu rendre hommage à son aîné, on le comprend ; qu'il lui ait emprunté, pour ce faire, deux des *Préludes* (le quatrième et le sixième), on le conçoit. Mais comment le suivre quand il entreprend, fort maladroitement, de mêler les préludes en question (dans la première pièce, *Élégie*) ? Et pis, quand il les paraphrase avec lourdeur (dans la seconde, *Marche funèbre*), à grands coups d'accords nourris, – accomplissant, sans le vouloir, la parole de Schumann : ces délicates fleurs deviennent de monstrueux canons !

### *Promenades d'un solitaire, I* (op. 78)
PUB 1851 (Kistner) ; titre allemand : *Spaziergänge eines Einsamen*.

Six pièces. On pénètre ici avec plus d'éclat que dans la forêt schumannienne, où l'ardeur du jour est tamisée ; la nature qui accueille ce promeneur est en fête, et la première pièce (en fa dièse majeur, *allegro vivo*) commence par retentir d'appels et de sonneries ; plus loin, au centre de l'épisode mineur, vient pourtant une bien douce mélodie de tierces et sixtes, qui reflète un ciel plus voilé.

La deuxième (en fa majeur, *allegretto quasi allegro*) est une de ces églogues où Heller excelle ; les deux mains de connivence, la droite en noires, la gauche en croches, forment deux voix parallèles, que soulignent d'insistantes pédales. Le chant monte et retombe, dans un bercement continu ; tout est tendresse et tranquillité. Une coda, dans la sourdine, fait passer des colorations mineures sur un va-et-vient d'arpèges.

Si la troisième pièce (en si bémol mineur, *allegro*), avec son impétuosité un peu théâtrale, ne quitte pas le sentier de la banalité, la quatrième (en si bémol majeur, *andante*) est ravissante, qui prend comme départ le refrain « Il pleut, bergère », l'harmonise avec beaucoup de raffinement, le prolonge en poésie pensive.

La cinquième (en sol majeur, *allegretto con moto*) ne manque pas d'émotion ni d'ingénuité, si même on peut la trouver répétitive (et d'un effet trop facile sa pédale intérieure de dominante). Quant au dernier morceau (en sol mineur, *assai vivace*), il évoque chasse ou poursuite, dans l'élan de ses triolets, la vigueur soudaine de certains accents, la rumeur imperceptible, au contraire, de certaines séquences ; fin étrange, avec un arpège de septième diminuée qui s'étire avant l'accord de sol.

### *Promenades* (op. 80)
PUB 1852 (André) ; titre allemand : *Wanderstunden*.

Six pièces. La première (en ut mineur, *poco agitato, tristamente*), au rythme de barcarolle, est bien trop sentimentale, avec ses tierces pleureuses et son mode napolitain. Mais quel moment de grâce que la deuxième (en ré bémol majeur, *allegretto grazioso*) ! L'harmonie s'y suspend sur de longues pédales, dans la réitération d'un motif envoûtant, plutôt l'amorce d'une mélodie que son exposé ; et il y a ces curieuses mesures (9-16) où les deux mains doublent ensemble les deux voix d'un choral, qui jette une ombre de tristesse inexplicable au milieu de la sérénité.

À la passion, à la fièvre de la troisième pièce (en si bémol mineur, *molto vivace*) ou de la cinquième (en ut mineur, *allegro agitato*), ces relents du monde qui viennent assaillir le promeneur, – inspiration dans laquelle Heller n'est jamais qu'un pâle et timide reflet de Schumann, – on préférera sans mal le tendre bercement de la quatrième (en fa majeur, *lento*), d'abord balancée au calme allant des croches, puis parcourue d'arpèges de doubles croches, dont la mélodie se trouve comme soulevée de joie.

Enfin la sixième pièce (en si bémol majeur, *non troppo vivo, placido*) signe un retour au monde ; on quitte les bois, sur un air guilleret ; la coda, avec ses fraîches petites cascades, semble un souvenir de Schubert.

## *Nuits blanches* (op. 82)
PUB 1853 (Schlesinger) ; titre allemand : *Blumen-, Frucht- und Dornenstücke*.

Sitôt après l'opus 81 (voir plus loin LES PRÉLUDES), celui-ci se présente comme un nouveau cycle de préludes, mais avorté : d'ut majeur à mi majeur, les tons se suivent de quinte en quinte, entremêlés de leurs relatifs ; puis un accroc ; et il en manquera six pour faire le compte. Tels quels, ces dix-huit morceaux n'en constituent pas moins un ensemble cohérent, dont le titre donne la clé : visions fantastiques, rêveries, « songes troubles », comme aurait dit le Schumann des *Fantasiestücke*.

La première pièce (en ut majeur, *vivace*) n'est qu'une brève entrée en matière, par arpèges lancés d'une main dans l'autre. La deuxième (en la mineur, *impetuoso*), fébrile, électrisée, a des jets de doubles croches, puis perche un thème inquiet sur de grands accords sèchement plaqués par la gauche. La troisième (en sol majeur, *lento con tenerezza*) retrouve l'écriture câline de la deuxième des *Promenades op. 78*, où les deux mains se confortent dans l'expression d'un bonheur naïf. Dans la quatrième (en mi mineur, *molto animato*), on danse une tarentelle, de plus en plus échevelée, qui se termine en houleux tournoiements. La cinquième (en ré majeur, *andante quasi allegretto*), tout occupée de sa songerie, et brodant sur quelques phrases, ne cadence dans le ton qu'à la vingt-neuvième mesure, à partir de laquelle s'étendent de paisibles plages d'arpèges, aux deux mains parallèles.

Après le trottinement bourru de la sixième pièce (en si mineur, *allegro deciso*), l'innocente petite chanson de la septième (en la majeur, *più lento*), qu'accompagnent des accords arpégés de guitare, et les figures orageuses de la huitième (en fa dièse mineur, *allegro appassionato*), qui nous convainc une fois de plus que ce n'est pas ici le domaine de Heller, – on goûtera beaucoup la neuvième (en mi majeur, *allegretto con grazia*) où, par une disposition ingénieuse, les deux mains se succèdent sans cesse pour apporter chacune sa pierre à la mélodie enjouée qui s'édifie lentement avec ses harmonies.

Fiévreux, le dixième morceau (en ut dièse mineur, *allegro caratteristico*), plaqué d'accords brefs, remué de roulements sourds. Le onzième (en sol bémol majeur, *andante con moto*) a des sonorités de choral, du plus doux au plus sonore, comme joué à différents registres d'orgue ; dans la dernière partie, des cascades mélodieuses agrémentent le thème, énoncé au ténor de la main gauche. On peut négliger l'agitation un peu factice du douzième (en si bémol mineur, *molto agitato*), pour s'arrêter davantage, et avec émotion, sur la tendre pastorale du treizième (en ré bémol majeur, *allegretto grazioso*), aux inflexions parfois italiennes, et dont le rythme équivoque entre 3/4 et 6/8.

Heller n'est pas dans ses terres avec la polonaise de la quatorzième pièce (en fa mineur, *moderato e plintivo*), et tombe dans la fadeur ; passons aussi au large des trémolos et des unissons redondants de la quinzième (en fa majeur, *andante placido*), et des jets arpégés, en remplissage, de la seizième (en ré mineur, *allegro risoluto*). Ce fâcheux brelan allait nous gâter la fin du cahier sans la charmeuse dix-septième pièce (en si bémol majeur, *allegretto pastorale*), toute fraîche et verdoyante de ces petits ruisseaux d'harmonies où baigne un thème que Schumann aurait pu revendiquer. On termine sur un morceau rythmé, en nuances opposées, de couleur sombre (en sol mineur, *allegro non troppo*), qui semble évoquer quelque cortège de spectres, au fond de la nuit.

### *Six Feuillets d'album* (op. 83)
PUB 1853 (Schlesinger). DÉD à Joanna Marques Lisboa.

Une valse de poupée (en la bémol), un lied tendre, à quatre voix (en si bémol), une églogue aux accords dodelinants (en fa), une très douce berceuse (en la bémol), une sérénade enjouée, où le staccato d'une main s'oppose au legato de l'autre (en sol), enfin un épilogue rayonnant d'une joie enfantine (en mi bémol) composent cette petite suite familière, petits riens où toujours demeure pris un brin de poésie.

### *Dans les bois, I* (op. 86)
PUB 1854 (Breitkopf & Härtel) ; titre allemand : *Im Walde*.

Sept pièces. Le *Prologue*, alerte et claironnant (en la bémol majeur, *allegretto con moto*), mime une fanfare et presque une petite chevauchée ; on n'entre pas à pied, dans ce bois, et ce n'est pas l'humble sentier du promeneur des cahiers précédents ; celui-ci est consacré pour l'essentiel à l'évocation de la chasse. Puis c'est une *Mauvaise rencontre* (en mi bémol mineur, *agitato con passione*), exprimée en sursauts d'effroi à la Schumann, va-et-vient rythmique pour lequel la gauche doit croiser rapidement la droite ; le second épisode, lui, semble traduire la prière, avec ses phrases de cantique, coupées de lointains appels de cors.

La troisième pièce, *Halte des chasseurs* (en mi majeur, *andante con moto*), obéit elle aussi à un scénario implicite. C'est le thème initial, paisible, et peu à peu largement déclamé, comme un chœur improvisé, qui correspond véritablement à cette halte sous les arbres, à l'heure du zénith. Le *più animato* qui suit, puis l'épisode *minore*, cuivrés à nouveau de fanfares et secoués de rythmes belliqueux, de motifs précipités, illustrent les récits hauts en couleur, et peut-être un rien fanfarons, que se font les chasseurs.

Morceaux contrastés à souhait, les suivants : suggéré par des à-coups, à l'unisson des mains, le *Chemin perdu* (en la majeur, *allegro vivace*) réveille les peurs anciennes, suscite à neuf toute la mythologie fantasmagorique des forêts ; mais il n'y a que fraîcheur, réconfort et douceur bucolique dans *Sous la feuillée* (en la bémol majeur, *allegretto*), où tinte le cristal des doubles notes.

La sixième pièce, laissée sans titre, hormis trois muets astérisques (en fa majeur, *allegro assai*), n'en paraît pas moins décrire un fougueux hallali. Taïaut, taïaut ! clament toutes ces trompes, tandis qu'une page entière de septièmes diminuées, « con fuoco e capriccioso », fait pressentir la curée. La fin, pourtant, met une sourdine, et les derniers cors sonnent bien mélancoliques.

Épilogue magnifique, ardent, enthousiaste (en fa dièse majeur, *allegro risoluto*), qui ramène au passage les thèmes du premier et du troisième morceau.

## *Promenades d'un solitaire, II* (op. 89)

PUB 1856 (Kistner) ; titre allemand : *Spaziergänge eines Einsamen.*

Six pièces. Ce que la première (en si bémol majeur, *pas vite*) a de meilleur, c'est son début, vraiment d'un « sentiment agreste », comme indiqué au départ, la gauche jouant d'abord toute seule le thème et l'harmonie, la droite lui répondant, – et la ferveur exaltée qui s'ensuit. Le reste n'est pas de moindre qualité, mais la pièce est trop longue pour ce matériau fragile : dix pages ! voilà qui n'est guère coutumier à Heller. Tout le cahier, d'ailleurs, outre son pianisme plus virtuose, affiche une ambition d'espace et de durée ; le compositeur y veut prouver son souffle, sa largeur de vue, la résistance de ses idées. Elles résistent, mais à condition d'accepter les redites à la Schubert, les trous, les silences, les brusques changements de parcours : ainsi dans la deuxième pièce (en ré mineur, *d'un mouvement très vif et passionné*), scherzo impétueux où, entre les figures bondissantes ou tournoyantes, s'intercalent points d'orgue et récitatifs, et où le tempo ne cesse de fluctuer.

La troisième pièce (en ré majeur, *vivement et de bonne humeur*) déborde d'entrain et de joie de vivre. Amorcé trompeusement dans le relatif mineur, le morceau monte rapidement vers la lumière ; en vérité la double croche, ici, est un ressort de l'âme ; elle propulse les motifs, leur sert de tremplin ou de trapèze, les caresse comme une onde ou les agite comme une brise. La pièce suivante fournit l'antithèse (en sol mineur, *d'un mouvement agité*) ; c'est l'atmosphère houleuse de l'*In der Nacht* de Schumann ; flux et reflux de triolets sous un thème implorant ; ces pages fort belles souffrent moins que les autres d'avoir été poussées hors des proportions habituelles de Heller.

La cinquième pièce (en fa majeur, *molto vivace*), la meilleure du cahier, oppose sans cesse un motif d'accords claironnants, en mouvement ascendant vers l'aigu du clavier, et son écho chuchoté dans le médium ; s'y ajoutent, à intervalles variés, de murmurantes chutes de triolets, qui renouvellent l'effet de cascades du *Troisième Scherzo* de Chopin.

La dernière pièce (en la majeur, *assai vivace*) est hélas un peu besogneuse. Des choses charmantes (les volubiles traits de doubles croches, le thème d'accords de l'épisode mineur, « appassionato ») y côtoient des banalités, qui risquent de passer pour du remplissage. Disons-le pour finir : un interprète fervent saura en tirer parti, et hisser tout le recueil au premier rang des créations romantiques. Cet opus 89, qui renonce à la brièveté, n'est pas le plus représentatif de Heller ; mais c'est un de ceux que le public accueillera avec chaleur, pour son foisonnement même et son ampleur.

## *Trois Églogues* (op. 92)
PUB 1858 (Bote & Bock).

Un cahier qui s'accroît en qualité, de la première à la dernière pièce. Plus exactement : la première (en fa majeur, *allegro non troppo*) paraîtra un peu longue, et parfois effleurer le ton facile de la romance, mais la coda annule toute réticence, par l'attrait de sa rythmique ambiguë, cet accompagnement qui marque un 3/4 sous les phrases câlines, à 6/8, de la mélodie ; la deuxième (en sol majeur, *allegretto animato e con grazia*) est la plus équilibrée, entre des volets riants, de climat véritablement agreste, où l'on sent accourir vers soi des bouffées de printemps, et un intermède mineur plus grave, d'un contentement plus intérieur ; mais la troisième *Églogue* (en ut majeur, *allegretto con tenerezza*) a le plus beau début, le plus caractéristique de son auteur : une ondulation harmonique de croches à 6/8 qui passe souplement d'une main à l'autre, la main libre chantant dans le grave ou dans l'aigu, le tout avec une candeur inimitable (ce n'est pas que j'aime moins les guirlandes de l'épisode suivant, frais murmures de sources et de ruisseaux ; mais le vrai paysage reprend le dessus : nous étions dans celui de l'âme, plus *choisi*, n'est-ce pas ?).

## *Quatre Phantasiestücke* (op. 99)
PUB 1861 (Schott).

Quelques phrases nues, et ingénues, portées de loin en loin par des accords (deux doubles croches serrées) qui restent pris dans la pédale, voilà l'essentiel du premier morceau (en sol bémol majeur, *allegretto con grazia*), plus improvisé que rédigé, et servant de prélude au suivant : une sorte de ballade (en mi bémol mineur, *allegro appassionato*), pleine d'emportement, dont pourtant un épisode en si majeur calme un instant la fièvre. La troisième pièce (en mi bémol) nous offre un aperçu de ce qu'aurait pu être le « hungarisme » de Heller, s'il avait donné, comme Liszt, dans le genre : ce *moderato* plaintif suivi d'un *molto vivace* alerte et vigoureusement scandé, c'est le couple *lassan* et *friska* ! L'auteur aurait dû se borner ici ; la dernière pièce (également en mi bémol, *allegro capriccioso*), qui poursuit dans le même esprit, est hélas assez médiocre.

### *Rêveries du promeneur solitaire* (op. 101)
PUB 1861 (Simrock).

En mi majeur *(allegro non troppo).* – Un long, trop long poème de quatorze pages. Il y a des détails harmoniques splendides, et un passage particulièrement beau, ample progression d'accords, d'ut majeur à la majeur, posés sur les temps faibles d'une basse de croches en vrille (rythme à 6/8). Mais l'essence de l'art de Heller se perd dans cet espace, le parfum s'en évapore, faute de concentration.

### *Trois Romances sans paroles* (op. 105)
PUB 1862 (Rieter-Biedermann).

Aucune de ces trois courtes pièces ne correspond au titre, du moins comme on l'entend fâcheusement chez nous, où le mot de « romance » traduit mal celui de *lied* et garde un relent de salon. Nulle affectation ; mais un chant très simple et pur dans la première (en la majeur, *assai lento*), tantôt au pas des croches, tantôt baigné d'un ruisselet de doubles croches aux harmonies schumanniennes ; un petit galop dans la deuxième (en la mineur, *vivamente*), dont pourtant le rythme cède à quelques ritardandos ; et surtout une merveilleuse mélodie d'accords dans la troisième (en fa majeur, *allegro*), où je recommanderais un mouvement plus modéré, pour mieux faire ressortir ces enchaînements si délicats.

### *Bergeries* (op. 106)
PUB 1863 (Schott) ; titre allemand : *Schäferstücklein*.

Trois pièces. Une page à peine pour la première (en si bémol majeur, *lentement*), doucement bercée au rythme d'une valse assoupie. Deux pour la deuxième (en si bémol également, *très vivement*), espiègle, rieuse, et s'ingéniant à faire entendre des motifs à deux temps à l'intérieur de la mesure à 3/4. La troisième (en ré majeur, *vivement*) est inutilement allongée par un épisode au relatif mineur qui, si fort qu'il se pousse, n'arrive pas à rivaliser avec le charme de la partie principale, dont le thème danse gracieusement au-dessus d'un trémolo d'harmonies changeantes.

### *Feuilles d'automne* (op. 109)
PUB 1864 (Schott) ; titre allemand : *Herbstblätter*.

Deux pièces. La première (en mi bémol majeur, *allegro assai*) part d'un seul jet, d'un seul élan ascendant, renouvelé au gré des fluctuations modales ; cette instabilité entre deux humeurs, l'une impérieuse, voire batailleuse, et résolue, l'autre inquiète et réticente, persiste tout au long, entretenue encore par des syncopes, des sursauts rythmiques, des contrastes de nuances, des arrêts imprévus. La seconde (en fa majeur, *andante tenero*), empreinte à la fois de tendresse et de gravité (car c'est une chose sérieuse, on le sait, que le bonheur...), fait partie des pages les plus mystérieusement belles de Heller, depuis l'accord ravissant qui en entrebâille la porte (septième sur le deuxième degré), jusqu'à cette mélodie aux paisibles battements de doubles croches, qui revient ensuite au milieu d'une ouate de bémols, – jusqu'à cette coda ralentie, effleurée de tremblantes appogiatures.

### *Pour un album* (op. 110)
PUB 1864 (Kistner) ; titre allemand : *Ein grosses Albumblatt und ein kleines*.

Une jolie paire, des pièces aussi égales en qualité qu'inégales de longueur. La première, qui compte quatorze pages (en la bémol majeur, *allegro vivo*), est presque impressionniste en ses oscillations d'harmonies, par groupes légers et tournoyants de doubles croches. La seconde, en trois pages (en mi majeur, *allegretto con tenerezza*), confesse naïvement l'émoi d'un cœur simple ; mélodie hésitante, trouée de silences, doublée par les mains, avec dans la partie centrale un élan fugitif, porté sur l'aile des triolets.

### *Sept Lieder (ou Mélodies)* (op. 120)
PUB 1867 (Breitkopf & Härtel).

« Heureux temps, mauvais temps, tout devient chant... » L'épigraphe de Goethe s'accorderait à la plupart des petites pièces où, depuis les *Rêveries* rousseauistes de sa jeunesse jusqu'au *Voyage* en chambre de son hiver, Heller n'a cessé de tenir une manière de journal musical. Ce cahier enclôt bonheurs et tristesses ; celles-ci, souvent assourdies et couleur de pluie, comme dans la première pièce (en mi mineur, *allegretto*), peuvent virer, sinon au noir du désespoir, du moins au pourpre de la colère, comme dans la septième (en si bémol mineur, *allegro fuocoso*) ; ceux-là ont toujours chez lui des accents inimitables : paroles secrètes, teintées d'humour, des cinquième et sixième pièces, qui se répondent (toutes les deux en fa majeur, l'une *con espressione*, l'autre *con tenerezza*), – mais la quatrième pièce (en ré bémol majeur, *andante tenero*) est exceptionnelle par l'ardeur d'un lyrisme qui ne craint pas (voyez l'arrivée des battements d'accords en doubles triolets) de s'ébruiter, de se montrer au grand jour.

### *Feuilles volantes* (op. 123)
PUB 1868 (Breitkopf & Härtel).

Cinq pièces, un cahier inégal. Les meilleures sont la première (en mi mineur/majeur, *allegretto*), dont la petite chevauchée, en léger staccato, alterne avec des accords de choral ; surtout la troisième (en fa majeur, *andante quasi allegretto*), très contrastée, depuis les séraphiques accords arpégés du début, qui retournent à la fin ponctués d'une longue pédale de tonique, jusqu'aux remous joyeux et bruyants de la partie centrale, où les mains percutent des accords à contretemps.

### *Scènes d'enfants* (op. 124)
PUB 1868 (Breitkopf & Härtel).

Marquez-les d'une pierre blanche, ces dix pièces forment l'un des cycles les plus poétiques de Heller. L'imagination de l'auditeur, aidée des *Kinderszenen* de Schumann, y supplée aisément au manque de titres. Cette première pièce (en la majeur, *andantino con molto espressione*), avec son thème hésitant et comme inachevé, ses triolets balbutiants, ses fluides gruppettos, ne parle-t-elle pas à son tour, comme le début schumannien, de ces « pays étrangers » où l'enfant se laisse entraîner par sa rêverie ? L'air guilleret de la cinquième (en si bémol majeur, *allegretto con moto*) ne traduit-il pas un « bonheur parfait » ? Dans la sixième (en sol mineur/majeur, *andante quasi allegretto*), l'enfant quémande, avec des syncopes caractéristiques ; lesquelles, avec le passage au majeur, semblent indiquer qu'on a exaucé son vœu. Et la dernière pièce (en fa majeur, *allegro*), avec son rythme pointé, évoque une partie de cheval de bois.

Ailleurs on devine aussi des impressions de nature : la brise se joue dans les doubles croches virevoltantes du n° 2 (en la majeur, *allegro vivace*) ; dans le n° 7 (en sol majeur, *lento*), un paisible nocturne, la fenêtre est ouverte au ciel étoilé, en scintillants arpègements dans l'aigu.

Mais il y a de petites merveilles inclassables, qui soulèvent une émotion neuve, sans exemple avant Heller (celle qui naît de certains préludes, de certaines études de la fin) : le n° 3 (en ré mineur, *allegro assai*) où, après les premières lignes en staccato feutré et inquiet, sourd une mélodie si étrangement belle, sur un ourlet de doubles croches ; le n° 4 (en fa majeur, *allegretto*), qui semble marquer au début, dans son piétinement insistant, son crescendo, son brusque *ff*, son clair passage en la majeur, les battements d'un cœur heureux, mais qui, à force d'écraser des secondes, ne peut empêcher un bref moment de tristesse (« dolente »).

***Dans les bois, II*** (op. 128)
PUB 1871 (Breitkopf & Härtel).

Sept pièces. Dix-sept ans après le premier recueil de ce titre, non seulement la palette s'est affinée, mais le propos est plus subtil. Ainsi l'*Entrée* dans cette nouvelle forêt (en mi bémol majeur, *mouvement modéré, avec nonchalance*) se fait-elle dans des sonorités plus feutrées, où tierces et sixtes ne tiennent pas encore à suggérer des sonneries de cors.

L'agitation est pour la pièce suivante (en si bémol majeur, *très vivement*), qui retentit des *Bruits de la forêt*, dans son thème initial d'accords en va-et-vient, dans ses passages à rythme syncopé, dans ses arpèges dégringolants. « Bruyante » aussi, comme le dit sa propre indication liminaire, la *Promenade du chasseur* (en ré majeur, *mouvement très vif*), au rythme d'infatigables triolets.

Mais tout se tait pour la *Fleur solitaire* (en fa dièse mineur, *assez lent*), dont la mélodie aux intervalles disjoints, très doux et caressants, chante toute nue à la main droite, à peine secourue çà et là de quelques accords de la gauche.

La cinquième pièce raconte longuement une *Légende de la forêt* (en ré mineur, *vite*), inquiétante, à renfort de trémolos ; la sixième (en si majeur, *très rapide*) évoque un *Écureuil poursuivi*, et les mains se pourchassent en effet, en triolets éperdus. Enfin c'est le *Retour*, pièce énergique, un peu trop massive (en si bémol majeur, *vivement*), où l'on entend à nouveau, en les quittant, les « bruits de la forêt ».

***Petit Album*** (op. 134)
PUB 1872 (Simrock).

L'épithète, « petit », serait-elle choisie par modestie ? Heller, dans ce cahier de six pièces, veut sciemment pasticher Schumann ; voyez en particulier la *Novellette* initiale (en ré bémol majeur, *allegro vivamente*) qui, en dehors de tous les tours propres à Florestan, contient une allusion bien nette à *Warum*. Suivent un *Scherzino* tumultueux (en ré mineur, *allegro con fuoco*), tout martelé d'octaves rageuses ; une petite *Romance* chagrine (en fa majeur, *andante con anima*), boitillant sur un accompagnement syncopé ; une *Arabesque* fantasque (en la mineur, *molto vivamente*) traçant de grands arcs à l'unisson des mains.

Les deux dernières pièces, plus personnelles, valent à elles seules le détour : *Question* et *Réponse*, sur les mêmes motifs (en ut majeur), l'une hésitante, proche du récitatif *(lento con espressione)*, l'autre *(un poco più animato)* décidée, éloquente, renforçant ses dernières phrases de trilles chaleureux.

### Dans les bois, III (op. 136)
PUB 1873 (Breitkopf & Härtel).

Sept pièces. La première (en ré majeur, *allegro comodo*), qui reprend simplement le titre du recueil, *Dans les bois*, s'élance en fringant rythme pointé ; en contraste, la section centrale (en ré mineur, *poco animato*) brasse des remous de triolets. Après ce prologue, et avant le poétique épilogue des *Fleurs sauvages* (en mi bémol majeur, *allegretto con moto*), le cahier se consacre aux héros du *Freischütz* de Weber, « forestiers » s'il en fut : portrait de *Max* (en mi bémol majeur, *allegro molto vivace e passionato*), portrait d'*Agathe* (en si bémol majeur, *molto lentamente*), réunion de *Max et Agathe* (suite du précédent, puis, en sol majeur, *allegro molto vivo, con tenerezza*), couplets menaçants de *Gaspard* (en si mineur, *allegro energico e mordente*), délicieux badinage d'*Annette et Agathe* (en si bémol majeur, *allegro con gentilezza*).

### Album pour le piano dédié à la jeunesse (op. 138)
PUB 1874 (Simrock) ; titre allemand : *Notenbuch für Klein und Gross*.

Vingt-cinq pièces en quatre livres, le complément des *Scènes d'enfants* de 1868. Et comme ces dernières, un enchantement pour les amoureux de déchiffrage, qui y retrouveront à chaque page le Heller des petits *Préludes* et *Études* de la dernière époque (op. 119, 125), capable de rendre en quelques lignes une émotion profonde. « Petits et grands » : le titre allemand, moins restrictif que le français, invite chacun de nous à rentrer en soi, dans cette chambre enfantine que la rêverie, selon Bachelard, recompose instantanément. Quelques mesures de *Dédicace* ; puis, dans le désordre, des événements (un enfant qui pleure au n° 10, que l'on console au n° 11), des instants (un crépuscule au n° 3), des histoires (le cor d'Obéron au n° 22, des elfes dans les n°s 23-25), des rencontres (des tziganes dans les n°s 16-20, avec des rythmes et des cadences de csardas, une petite muette au n° 12, étonnamment suggérée par une unique note répétée au-dessus d'un thème d'accords).

### Voyage autour de ma chambre (op. 140)
PUB 1875 (Breitkopf & Härtel).

Le « promeneur » est-il las des chemins et des paysages ? Et ce voyage en chambre signifie-t-il qu'il donne congé aux senteurs agrestes, aux sources riantes, aux feuillages frémissants ? Il n'en est rien, et l'on comprendra que dans sa chambre il a reconstitué, en rêve, le décor de ses randonnées. Cinq pièces. La première (en fa majeur, *allegro vivace*) possède tout l'élan des départs radieux ; et certes, après ce début ensoleillé, s'ouvriront quelques zones d'ombre : mais quel *Wanderer* n'en rencontre pas ? D'ailleurs la pièce, autant dans ses inflexions, ses contrastes, ses vacillations entre majeur et mineur, que dans ses longueurs inaccoutumées, nous remémore fortement Schubert.

Plutôt schumannienne, la deuxième (en la bémol majeur, *allegretto quasi allegro*), qui part d'une proposition énigmatique et grave, pour soudain s'enflammer, arriver au *ff* de la passion, avant une coda impalpable, en légers volettements de triples croches.

Nouvelle antithèse, dans la troisième, entre l'air bourru de la partie principale, thème d'accords syncopés sur un piétinement de la basse (en ré mineur, *allegro agitato*), et la candeur, la fraîcheur de l'épisode alternatif (en la, puis en ré majeur, *lento*), phrase tendre épandue sur des arpèges en triolets, véritable « voix du lointain », comme en entendaient Florestan et Eusebius.

La quatrième pièce (en ré majeur, *lento con espressione*) est d'une singulière beauté ; au pianiste sensible qui la découvre, elle devrait suffire à donner l'envie de faire connaître en entier le petit cycle qui lui sert d'écrin. Ce thème initial d'octaves brisées, caressé d'arpèges, sur l'appui d'une neuvième de dominante qui tremble entre majeur et mineur, suscite une étrange émotion.

La forêt, assurément, et même l'appel des chasseurs, comme dans les trois recueils intitulés *Dans les bois* : le rythme pointé, à 6/8, de la cinquième pièce (en la majeur, *con moto*) clôt cette promenade imaginaire dans la verve et la bonne humeur.

### *Tablettes d'un solitaire* (op. 153)
PUB 1879 (Kistner) ; titre allemand : *Aufzeichnungen eines Einsamen.*

Beau titre, mais hélas un cahier bien faible, mis à part le premier des quatre morceaux, une courte page intitulée *Tendresse* (en ut majeur, *andante tenero*), où la main gauche chante à mi-voix sous un accompagnement d'accords syncopés.

## LES ÉTUDES

Deux catégories : les études de concert, les études pédagogiques. À l'exception notable de *La Chasse*, une réussite de jeunesse, les premières sont décevantes ; la *Grande Étude de concert* (op. 96), les *Trois Études* de l'opus 139 sont ambitieuses, mais sans intérêt, ni musical ni technique ; les *Deux Études* de l'opus 151 sont à peine meilleures (on peut se divertir à la deuxième, scintillement de triolets sur un rythme de polonaise) ; l'essence subtile et volatile de l'art de Heller se perd dans ces fioles trop larges. J'en reste donc, ci-dessous, aux études pour la jeunesse ; mais je fais la part d'un cahier original, les *Études techniques d'après Chopin*, un des derniers opus du compositeur.

***L'Art de phraser*** (op. 16)
PUB 1840 (Schlesinger), en deux livres. DÉD à Frédérique Rist.

Leur titre l'indique : les premières études de Heller ne sont pas des études de virtuosité, mais de musicalité ; en tant que telles, elles s'apparentent davantage à des préludes, et l'on peut même dire que c'est ici son premier cycle de préludes, vingt-quatre pièces disposées dans l'ordre des quintes, comme ceux de Chopin (publiés l'année précédente, en 1839). Les *Études op. 90* suivront le même plan.

Toutes ces pièces sont charmantes, d'accès relativement facile, et continuent à servir aux apprentis pianistes. On n'y trouve pas encore son art le plus personnel ; mais Heller s'y montre déjà un maître de la petite forme, habile à ciseler de courtes pièces, à épuiser son sujet en quelques pages, avec un constant souci d'euphonie pianistique. Aucun remplissage, ni de forme, ni (ce serait pire) de pensée.

Il évoque encore souvent Mendelssohn (n$^{os}$ 14, 23) ou Schubert (le gracieux n° 5, en ré majeur, la main droite en triolets, avec le pouce chantant ; ou le n° 15, en ré bémol, d'écriture voisine, la mélodie cette fois aux doigts faibles, et où l'on notera un joli début modulant, courant tout de suite vers mi bémol mineur et fa mineur).

Ce qui lui va le moins bien, c'est l'inspiration héroïque, farouche, guerrière (n° 18), où il s'avère banal ; l'*appassionato* n'est pas son fort. Mais il est hors de pair dans la veine pastorale, qui fait presque toutes les réussites du recueil : n° 7, en la majeur, si candide en son dialogue des voix, où la main gauche croise sans cesse la droite, et plus loin en ses arpèges enveloppants ; n° 13, en sol bémol majeur, un ländler, caressant, enjoué, parsemé de résonances délicates, de clochettes, d'effets d'écho, et gratifié d'une poétique coda où résonne un doux fa ♭, harmonie préfigurant la fin de la *Berceuse* de Chopin ; n° 17, en la bémol, la merveille du cahier, à la poésie fragile, à l'atmosphère lumineuse, avec des harmonies enchanteresses dans la partie centrale (cet accord de ré bémol qui clignote de majeur à mineur, mes. 25-28, au-dessus de la pédale de mi ♭).

On retiendra aussi, dans un autre genre, le n° 11, en si majeur, scherzo léger et dansant, avec une valse exquise en guise de trio ; le n° 19, en mi bémol majeur, un rondo plein d'humour, brillant mais sans vains artifices. Signalons enfin le n° 3, en sol majeur, pour une particularité stylistique qu'on retrouvera souvent : ces mesures de récitatif qui soudain laissent parler une main toute seule, à la fin d'une phrase ou avant une reprise (ici mes. 21-22) ; Heller a compris très tôt le rôle du silence, de la suspension, de la feinte digression.

***La Chasse*** (op. 29)
PUB 1844 (Schlesinger).

Composée pour la *Méthode des méthodes* de Moscheles et Fétis (celle même à laquelle Chopin consentit *Trois Nouvelles Études*). En mi bémol majeur, *prestissimo*. – Contrairement aux petites études de *L'Art de phraser*, c'est une véritable « étude de concert », qui fut très vite célèbre parmi les virtuoses du temps (Liszt, entre autres, la jouait volontiers). Notez bien qu'elle n'est nullement « transcendante » ; presque entièrement dévolue à des martellements entre les mains, qui suggèrent une chevauchée fantasque, elle demande plus de nerf que de muscle, plus de poignets que de doigts, et un amateur doué s'en tirera à son avantage. Au demeurant une belle page, loin des médiocrités que ce genre de la « chasse » a souvent engendrées à l'époque.

***Vingt-cinq Études mélodiques*** (op. 45) – ***Trente Études progressives*** (op. 46) – ***Vingt-cinq Études pour former au sentiment du rythme et à l'expression*** (op. 47)
PUB 1844 (Schlesinger).

Ce corpus de quatre-vingts études de moyenne difficulté, toujours réédité depuis sa naissance, n'a rien perdu de sa valeur pédagogique ; et il est vrai qu'elles font travailler les arpèges (45/9, 46/25), les tierces et sixtes (45/8, 45/12), les accords (45/15, 46/24), les syncopes et contretemps (45/6, 47/5, 47/21), le croisement des mains (45/22, 46/11, 47/23), les notes répétées (45/11, 46/23). Chacune a son petit terrain d'exercice. Mais ce sont avant tout des études *expressives*, – et la musique l'emporte largement sur le labeur.

Voici un choix, moins au hasard qu'à la grâce de l'instant ; il faut le prolonger d'autres instants, il n'y a presque pas de déchets, dans ces cahiers. Dans les *Études op. 45*, prenons la première (en ut majeur, *allegretto*), entrée en matière typique de l'auteur, son *Doctor Gradus ad Parnassum*, aussi frais et poétique que celui de Debussy, sous sa mine d'exercice ; la sixième (en si mineur, *allegretto con moto*), avec cette basse toujours en syncopes, furtive, dérobée ; la romance de la seizième (en si bémol majeur, *andantino con tenerezza*), confiée à la main gauche, sous le halo d'arpèges de la droite ; la dix-neuvième (en fa majeur, *allegretto grazioso*), petite barcarolle, avec dans la trame un trille mesuré, opiniâtre, de doubles croches ; la ravissante vingt-deuxième (en ré majeur, *allegretto con moto*), enchaînement d'arpèges aux harmonies délicates, où la gauche monte croiser la droite, et qui semblent l'accompagnement d'un lied de Schumann.

Dans les *Études op. 46* : la quinzième (en la majeur, *allegretto placido*), pour sa couleur pastorale, et ce climat d'innocence, répandu dans la musique de Heller, traduit ici en reprises circulaires, en répétitions de thèmes et d'harmonies, dans une insularité d'où l'on dirait qu'il ne veut plus sortir ; la dix-neuvième (en mi bémol majeur, *andantino*), autre églogue, aux accords chantants sur un va-et-vient obstiné de la basse ; la vingt-neuvième (en ré bémol majeur, *con moto*), où des essaims d'accords brisés virevoltent autour de la mélodie épanouie au milieu du clavier ; la trentième (en mi majeur, *allegro con moto*), qui rappelle le *Bonheur parfait* des *Scènes d'enfants* de Schumann, avec l'élan de son thème appuyé sur des accords à contretemps, qui plus loin se défont en triolets.

Des *Études op. 47*, il faudrait tout citer, ce sont de petits bijoux. Les plus parlantes : la quatrième (en sol majeur, *andantino con moto*), brève confidence, où l'on apprend aux jeunes pianistes le rôle irremplaçable des silences, des arrêts, la valeur des récitatifs, des changements de direction ; la cinquième (en mi mineur, *allegretto poco agitato*) qui, avec ses contretemps qui font haleter la mélodie, serait un peu le *Croque-mitaine* de Heller ; la rustique onzième (en fa majeur, *molto vivo*), tournoiement de croches sur les quintes vides de la basse, comme d'un instrument populaire ; la plainte navrante, dans la quinzième (en mi mineur, *adagio*), que soupire la main gauche, caressée par les triolets de la droite en surplace ; la vingt-troisième (en la bémol majeur, *andante*), un parfait prélude, dont les arpèges chantants s'étirent mollement sur les quintes de la basse, la gauche montant effleurer quelques notes dans l'aigu, et qui s'accorde à la fin quelques mesures de récitatif, à voix nue, comme aime à le faire Heller ; enfin l'épilogue de la vingt-cinquième (en ut majeur, *allegro molto vivace*), qui prouve que le cahier est un cycle à ne pas briser, car après les triolets enthousiastes du morceau proprement dit, reparaissent dans la coda quelques motifs des pièces précédentes.

### *Vingt-quatre Nouvelles Études* (op. 90)
PUB 1857 (Schlesinger).

Dans le genre des précédentes : petites pièces mélodieuses, de technique facile, mais très variée (et variée au sein d'un même morceau). Pourtant là n'est pas leur principal intérêt. On est toujours surpris de voir, chez ce musicien, la considération pour l'enfant, pour le petit pianiste, à qui, sous prétexte de simplification, il ne se laisse jamais aller à servir des fadaises ; au contraire, il peut lui arriver de lui chuchoter des choses sérieuses, et même graves, persuadé non sans raison qu'on le suivra davantage encore si l'on est ému. Et l'on a envie de dire que ce recueil n'enseigne pas tant à perler une gamme, à piquer un accord, à soutenir un trémolo, qu'à apprivoiser la mélancolie (n° 6, en si mineur, où un récitatif de doubles croches veut sans cesse s'évader du temps régulier mesuré par les accords), autant que le bonheur (n° 21, en si bémol majeur, pièce plus difficile qu'il ne paraît, par la diversité des climats, par les ruptures, les enchaînements à deviner). – Puis, comment ignorer que cet opus 90 contient une des plus belles pages de Heller, une des plus douces effusions de la musique romantique : la pièce en mi majeur (n° 9, *moderato*), presque rien, quelques spirales harmonieuses qui s'ouvrent et se referment entre de lents accords, comme si elles en étaient l'émanation, quelques basses chantantes, et des harmonies à faire battre le cœur.

(Ces *Études* sont classées dans l'ordre des quintes, comme viennent de l'être les *Préludes op. 81*.)

### *Vingt-quatre Études d'expression et de rythme* (op. 125)
PUB 1868 (Breitkopf & Härtel).

Une mine de brefs (mais durables !) plaisirs pour le déchiffreur (et pour ceux qui prêteront ici leur connivence). Une fois découvert, ce cahier est de ceux auxquels on revient le plus souvent ; et, pas plus que les *Kinderszenen*, on ne se résigne à l'abandonner aux jeunes à qui il s'adresse. D'ailleurs, à tout âge, chacun y trouvera ses propres ombres et ses reflets.

Quelques pièces d'exception : la quatrième (en sol majeur, *andantino*), où quelques lignes d'accords au rythme pointé encadrent de part et d'autre un petit roulis de chantantes doubles croches ; – la dixième (en fa majeur, *allegretto*), elle aussi tripartite : des accords piaffant gaiement aux mains alternées précèdent un dolent épisode mineur, repartent dans leur joie enfantine, mais sont arrêtés par une coda rappelant l'intermède (accent profond, cinq mesures avant la fin, de la sixte mineure ré♭) ; – la treizième (en si bémol majeur, *andante placido*), petit poème d'une extrême délicatesse, où chaque note compte, ce motif du pouce droit, ces notes répétées de la partie supérieure, et ici encore un court passage mineur, embué de tristesse, et une coda extatique où s'effrange un bien bel accord de neuvième ; – la quinzième (en mi bémol majeur, *poco lento*), entre nocturne et barcarolle, de fluides arabesques oscillant sur le bercement de croches de la basse.

Isolons la vingt-deuxième (en fa mineur, *lento*). Voilà une des trois ou quatre pièces les plus extraordinaires de Heller, pour laquelle, si elle avait eu la chance de figurer dans un cahier de Schumann, le monde aurait eu une dévotion particulière : des accords qui se brisent doucement à la main droite sur de lentes basses de noires, avec un thème syncopé qui s'appuie sur la dernière note de chaque groupe de quatre doubles croches, des harmonies merveilleuses, des points d'orgue où cette mélodie déchirante prend le temps et l'espoir de se rasséréner, – vainement, jusqu'à la conclusion, qui en accroît la peine, en disjoignant encore ses intervalles, pour retomber et mourir sur un dernier arpègement.

### Vingt et une Études techniques (op. 154)
PUB 1879 (Kistner).

Le titre complet continue ainsi : « ...pour préparer à l'exécution des ouvrages de Chopin ». Heller a en effet composé ces études à partir de passages empruntés à divers morceaux chopiniens, et développés dans leurs particularités techniques. En avant-propos, il a ces phrases modestes : « Il va sans dire qu'il ne s'agit ici que des difficultés matérielles. Quant au style et à l'expression, c'est à l'œuvre même de Chopin qu'il faut en demander le secret. » On s'amusera de retrouver, isolés de leur contexte et finement traités, des lambeaux du *Deuxième Scherzo* (études n<sup>os</sup> 1-3), du *Premier Impromptu* (n° 4), de la *Première Ballade* (n<sup>os</sup> 6 et 7), – et même, c'est plus surprenant, de quelques études, revisitées...

## LES PRÉLUDES

Quatre cahiers, relativement tardifs, et de dimensions variées : les *Vingt-quatre Préludes op. 81*, de 1853 ; les *Trois Préludes op. 117*, et les *Trente-deux Préludes op. 119*, dits « à mademoiselle Lili », tous deux de 1867 (« J'ai pensé à la Lili de Goethe, quand elle était enfant... », explique l'auteur à propos de ces derniers) ; enfin les *Vingt Préludes op. 150*, de 1879. J'ai préféré commenter tout l'opus 81, le plus ambitieux d'entre eux, plutôt que de glaner dans les quatre. Plus que jamais tout choix est ici absurde. Le déchiffreur qui les découvre les entretient longtemps, comme secrètement, et n'a de cesse de se créer ses propres climats, ses paysages, sa géographie sentimentale à l'intérieur de ce microcosme poétique.

### Vingt-quatre Préludes (op. 81)
PUB 1853 (Breitkopf & Härtel). DÉD à Édouard Monnais.

Ce recueil est le pendant, chez Heller, des *Préludes* de Chopin, et suit pareillement l'ordre des quintes ; composé semblablement de courtes pièces de caractère, aussi diversifiées que possible, qui épuisent en quelques pages leur argument, tant musical que technique, dans une écriture d'une exemplaire pureté. Qui connaît ces pièces peut affirmer en savoir assez long, déjà, sur leur auteur (et avouer qu'il lui est désormais attaché).

Au calme premier prélude (en ut majeur, *tranquillo, sereno*), une de ces pièces liminaires où Heller a peu d'égaux, où il nous place d'emblée au cœur d'un jardin poétique (ces grands accords de la gauche, sous les courbes paisibles du thème à 6/8), le deuxième (en la mineur, *vivace*) oppose son énergie, ses brusques arpèges descendants : mais la tension se résout par un murmure final au fond du clavier, que vient pourtant briser net le violent accord conclusif.

Le troisième prélude (en sol majeur, *allegro assai*) est chose exquise entre toutes, danse paysanne (« à la manière de Teniers », précise le compositeur), joyeusement scandée de quintes, sous ce roulement de doubles croches qui semble porter d'un couple à l'autre l'ondée bienfaisante du rire ; aussitôt, en contraste, s'ouvre le récitatif du quatrième (en mi mineur, *con moto*), tout juste trois lignes, confrontant la montée décidée des accords avec la descente hésitante d'une figure en arpège.

Dans le cinquième (en ré majeur, *non troppo presto*), un la obstinément répété en voix intérieure (pédale de dominante) fait vivre d'une vie sourde ces accords moins paisibles qu'il ne paraît, et où la septième diminuée est fréquente. Et comme pour secouer cette torpeur, le sixième (en si mineur, *molto vivace*) lance de vives gerbes d'arpèges, feint d'esquisser un pimpant motif de danse (« con leggiadria »), à la Schubert, puis le brutalise, le tire vers la vigueur et le piétinement.

Le septième prélude (en la majeur, *allegro moderato*) se donne pour une sérénade ; on perçoit, dans ces appogiatures, comme de légers grattements de guitare et, plus qu'un chant, l'essor d'harmonies chaleureuses, pour quelque mélodie de l'âme, quelque « voix intérieure » informulée. Encore une forte antithèse avec le huitième (en fa dièse mineur, *energico, aspramente*), colérique, en ses traits disjoints, à l'unisson, et ses sforzandos.

Avec le neuvième (en mi majeur, *semplice*), c'est l'abandon d'un choral ingénu, d'où se détache, dans la seconde moitié, le chant du ténor. Dans le dixième (en ut dièse mineur, *quasi improvisando con veloce leggerezza*), Heller doit vouloir que l'on trace, « comme un dessin graphique », un ballet de fantasques et fuyantes figures, avec ce thème de gammes ascendantes qui s'appuie sur le rythme syncopé de la basse (croche-noire-croche). Le onzième (en si majeur), si l'on suivait son indication, *vivace*, serait une tarentelle, animée de vifs arpèges à 6/8 ; il me semble qu'il gagne à être pris beaucoup plus lentement, passant de la danse au chant, devenant une sensible et émouvante barcarolle.

Et voici, avec le douzième prélude (en sol dièse mineur, *mesto*), celui que l'on emporterait si l'on n'avait plus droit qu'à un seul du cahier : « quasi un' elegia », une très douce complainte de la main gauche (à 6/8), calfeutrée sous les accords syncopés de la droite ; la délicate tendresse de Heller est ici sans égale ; cette unique page nous laisse imprégnés longtemps d'une inexprimable mélancolie.

Le treizième prélude (en fa dièse majeur, *con grazia*) est une barcarolle, plus belle et suave que celles (op. 141) que Heller écrira dans ses dernières années ; la magie naît ici de cette fausse tonique de si majeur à laquelle au début on se laisse prendre, et où le mi ♯ de la vraie tonalité instille sa saveur lydienne. Au sortir de ce rêve italien, apparenté au fa dièse de tant d'autres barcarolles (celle de Chopin, bien sûr, mais aussi celle de Liadov, et cette autre qu'est l'*Idylle* de Glazounov), nous voilà plongés dans les unissons tourbillonnants du quatorzième prélude (en mi bémol mineur, *appassionato*), aussi farouche et fiévreux, à sa façon, que le quatorzième de Chopin. Puis c'est la berceuse du quinzième (en ré bémol, *lento*), sur le va-et-vient véritablement hypnotique de cette basse de croches tout au long, où tanguent tonique et dominante.

Le seizième prélude (en si bémol mineur, *molto lento*) n'est pas la chevauchée hallucinée du prélude chopinien équivalent, mais choisit, au contraire, un morne rythme pointé de marche funèbre, tapissé de grands accords de dixième, sous un chant aux gémissantes appogiatures. Le dix-septième (en la bémol, *cantando, lietamente*) retrouve, après cette grisaille, la clarté et l'innocence d'une chanson enfantine (du pur et inimitable Heller), cependant que le dix-huitième (en fa mineur, *ardito, energico*), zébré de gammes descendantes, trahit à nouveau la frénésie et l'impatience.

Un souple jeu des mains alternées, dans le dix-neuvième (en mi bémol majeur, *con grazia leggiera*), transporte les harmonies en halos sur toute l'étendue du clavier, le thème épandu en phrases de plus en plus spacieuses. Le vingtième (en ut mineur, *molto lento*) avoue « l'expression d'une amère douleur » ; quelques phrases chantées en tierces, redoublées aux deux mains, quelques lents trémolos ; et des silences, précédant un double cri (mes. 18-22).

Ce n'est plus à Chopin, mais à Schumann que l'on songe, dans le vingt et unième (en si bémol majeur, *teneramente, ma con vivacità*) : n'entendez-vous pas, teintée d'humour en ses appuis et ses appogiatures sur le deuxième temps, une valse, de celles qui peuplent *Carnaval* et *Papillons* ? N'oublions pas que Heller, sous le nom de Jeanquirit, fut l'un des *Davidsbündler*, de ces « Compagnons de David » qui vont s'interrogeant, comme le plus fameux d'entre eux, sur l'étrange fatalité qui divise leur âme en jumeaux irréconciliés...

Deux danses encore se succèdent, toutes les deux à 6/8. Celle du vingt-deuxième prélude (en sol mineur, *animato*) est fougueuse, et non dénuée d'âpreté dans ses accents ; celle du vingt-troisième (en fa majeur, *gaio*) délaisse le sol pour gambader dans les airs ; et la voilà à mi-chemin décorée par une fine guirlande de doubles croches, dans un pianissimo soyeux. Enfin le cahier s'achève sur un paisible vingt-quatrième prélude (en ré mineur, *con espressione lirica*) ; à nouveau Heller évite le climat du prélude correspondant de Chopin, qu'agite une violente et foudroyante tempête ; il nous adresse un adieu, nimbé d'une souriante tristesse, avec ce thème appuyé au va-et-vient obstiné de la basse en croches (à 3/4) ; tout juste un bref remous de doubles croches, sur la fin, trahit-il un plus vif regret, avant les trois discrets accords conclusifs.

## SONATES ET SONATINES

Quatre sonates, trois sonatines, pour répondre sans doute, comme tout un chacun et sans y croire, à la fameuse interrogation de Fontenelle : « Sonate, que me veux-tu ? ». Je laisse de côté la *Première Sonate* (op. 9), de 1829, très faible de forme comme de contenu.

### Deuxième Sonate (op. 65)
PUB 1844 (Hofmeister).

Une espèce d'hybride, fougueusement romantique, mal dégrossi, plus fantaisie que sonate, et jurant outrageusement avec le style habituel de Heller. Le premier mouvement (en si mineur, *d'un mouvement chaleureux*) est compact, et même monolithique, affligé d'un trop long développement où abondent les redites. Le deuxième, intitulé *Ballade* (en si majeur, *modérément*), est plus intéressant, et nous transporte (pourquoi donc ? et le souhaite-t-il ?) dans une Russie de cantiques et de cloches vibrantes. L'*Intermezzo* qui suit (en sol majeur, *pas vite*) hésite entre valse et romance ; la main gauche y arpège de grands accords statiques, à la façon d'une guitare. Enfin dans l'*Épilogue* (en si mineur, *avec impétuosité*) repasse le souvenir du mouvement initial ; l'écriture y est plus malaisée encore, le pianisme plus revêche ; le compositeur aura-t-il jugé cette épaisseur plus convenable au genre « sérieux » de la sonate ?

### Troisième Sonate (op. 88)
PUB 1856 (Breitkopf & Härtel).

Dans celle-ci non plus on ne retrouve guère le compositeur des préludes et des études dont on goûte la concision et le suc. L'*allegro* (en ut majeur) tenait un bon début, avec ce thème qui monte du grave par petits ourlets de notes répétées, sur des accords battus ; mais la suite est poussive, et nulle phrase, au fond, n'est vraiment chantante, ce qui est un comble chez Heller ! Il n'y a là que des traits, et de plus assez lourds. – Terne scherzo (en mi mineur, *allegro molto vivo*), terne mouvement lent (en sol majeur, *andante quasi allegretto*). – Reste le finale (en ut majeur) qui, joué à la vitesse et dans l'esprit prescrits *(allegro umoristico e molto vivace)*, trahit en effet quelque verve schumannienne, dans ses dactyles et ses tournicotages de doubles croches.

### Quatrième Sonate (op. 143)
PUB 1878 (Breitkopf & Härtel). DÉD à Henri Barbedette, auteur d'un *Heller* publié deux ans plus tôt.

La plus réussie des sonates de Heller. L'*allegro risoluto* (en si bémol mineur) est sans doute un peu brouillon et de technique revêche (je ne dis pas : difficile), mais il vaut la peine d'être débrouillé, il y a une réelle et sombre grandeur dans ces pages pantelantes. On passera vite sur la *Légende*, peu inspirée, qui sert de deuxième mouvement (en sol bémol majeur, *andante*). Le scherzo (en si bémol majeur, *allegretto placido*) est le meilleur morceau de l'œuvre, et des quatre sonates ; peu importe que Schumann ait fourni tous les ingrédients, ils sont cuisinés à merveille ; on ne s'y ennuie pas un instant, autant dans la partie principale, en accords, où le thème est parfois talonné par une basse à contretemps, que dans le trio (en ré bémol, *molto vivace*), festonné de triolets. Schumann est par instants trop présent dans le finale (en si bémol mineur, *vivace*), où les triolets, cette fois, ne traduisent pas un envol heureux, mais une fuite éperdue ; fort belles pages, au demeurant, un peu gâtées par le galop conclusif, en octaves aux deux mains, dans le goût de Liszt.

***Trois Sonatines*** (op. 146, 147, 149)
PUB 1878 (les deux premières) et 1879 (Kistner).

Trois partitions légères et charmantes (en ut majeur, ré majeur, ré mineur) ; sous le titre modeste d'« étude préparatoire aux sonates des maîtres », elles contiennent de la musique simple et vraie : ces pages, pour la plupart, pourraient figurer, leurs développements en moins, dans ces cahiers de préludes et d'études où, penché sur la jeunesse, Heller a inscrit quelques-unes de ses plus poétiques pensées. Qu'on les déchiffre ; on voudra rejouer aussitôt certains mouvements : le piquant scherzo (en mi mineur) de la *Première Sonatine*, une poursuite, avec son trio majeur aux pédales obstinément répétées ; le « feuillet d'album » (en si bémol majeur) qui sert de mouvement lent à la *Deuxième* ; surtout le *lentamente con espressione* qui ouvre la *Troisième*, songerie crépusculaire, tout enveloppée d'un halo de triolets.

## LES AUTRES GENRES

Pas tous, bien entendu. Des catégories entières ne présentent aucun intérêt. Heller, par exemple, ne réussit pas dans l'impromptu : les cinq de son catalogue, pourtant répartis au début, au milieu et à la fin de sa carrière, quoique différents de style, demeurent dans les confins de la musique de salon. Les scherzos, les caprices, sans être forcément faibles, le desservent ; on ne le reconnaît qu'à grand-peine, sous ce déguisement de bateleur. – De même, il faut s'éloigner du monceau de transcriptions, rondos, fantaisies, paraphrases d'opéras ; il y est encore plus méconnaissable ; lui-même appelait la plupart de ces compositions des « travaux forcés ». Pour quelques réussites isolées (quelques-uns des arrangements de mélodies de Schubert, op. 35), que de partitions clinquantes, – qui sans doute faisaient plus pour le renom du pianiste compositeur que ses fragiles pastorales...

On trouvera ci-dessous les genres où Heller a fourni, à tout le moins, quelques pages dignes de son génie.

***Variations***. – Oublions les cahiers de jeunesse (pourtant célébrés par Schumann), qui s'inscrivent dans le goût du temps pour les thèmes variés aussi brillants que frivoles. À la fin de sa vie, trois cahiers exceptionnels montrent en Heller un génie particulier pour ce que l'on pourrait nommer la variation-puzzle, ou la variation-charade, qui lui permet, en combinant des motifs apparemment étrangers, de fondre en une seule œuvre, avec délicatesse, plusieurs hommages musicaux. Deux d'entre eux prennent Beethoven pour prétexte. Plus que des *Variations op. 130* (publiées en 1871, Breitkopf & Härtel), qui exploitent le thème des *Variations en ut mineur*, avec des allusions à la *Cinquième Symphonie*, à la *Neuvième*, au *Trio en ut mineur*, on fera grand cas des *Variations op. 133* (publiées en 1872, Schlesinger), vingt et une variations sur le mouvement lent (en ré bémol) de la *Sonate Appassionata*, certaines vraiment admirables, de profondeur et d'invention ; la diversité des techniques employées, des textures, des tonalités, des plans harmoniques est étonnante ; sans compter les clins d'œil : par exemple, la 7e variation s'ingénie à appliquer au thème de Beethoven le réseau d'arpèges aux deux mains, en petites notes, de l'*Étude en la bémol* de Chopin (op. 25 n° 1) ; dans la 12e, c'est l'une des *Études symphoniques* de Schumann qui est sollicitée, la troisième, avec ses traits violonistiques en aller et retour à la main droite ; quant à la dernière variation, elle superpose au thème, joué en accords par la main gauche, le dessin de doubles croches fébrile qu'on connaît au finale de cette même *Appassionata*...

Plus surprenantes encore, et plus raffinées, les *Variations sur un thème de Schumann, op. 142* (Breitkopf, 1877). Le thème en est le fameux *Warum* (n° 3 des *Fantasiestücke op. 12*). Ici encore, une série de jolis tours de force, qui ne nuisent pas à la beauté de la musique, ni à la qualité de l'hommage. Ainsi la 1re variation fait-elle entendre, en filigrane du thème, des bribes de *Des Abends* (n° 1 des *Fantasiestücke*), dont elle a d'ailleurs emprunté les dispositions pianistiques ; et l'épilogue, sous le titre *Schumann parle*, décalque avec adresse la dernière des *Scènes d'enfants*, celle où *Le poète parle*, pour en appliquer la grille et l'écriture au thème de *Warum*...

***Valses***. – C'est un terrain où Heller ne peut rivaliser ni avec Weber ni avec Chopin. L'extrême brio de l'un lui répugne ; l'humour désinvolte de l'autre n'est pas son fait. La *Valse élégante op. 42* (en mi bémol majeur), en dépit de ses nombreux épisodes et de ses changements de ton, demeure guindée. La *Valse sentimentale op. 43* (début en ut dièse mineur, fin en mi majeur) est décousue, instable d'humeur, bâtie vaille que vaille. La *Valse villageoise op. 45* (en fa majeur) est, dans sa robuste gaieté, la meilleure de ces trois valses parues en 1844 (Schlesinger). Dans la *Valse brillante op. 59* (en ré majeur), parue en 1845 (Schlesinger), il joue davantage le jeu de la futilité, et réussit une petite chose alerte et espiègle, en particulier dans ce refrain qui tournoie en pure diatonie (aucune altération), comme une toupie folle, et dont les groupes de quatre croches déboîtent drôlement la mesure à trois temps. Les *Deux Valses op. 62* (Schlesinger, 1846) ont du mal à décoller, malgré l'attrayant départ de la seconde (en la bémol majeur) ; les *Deux Valses op. 93* (Rieter-Biedermann, 1859) sont d'élégants colifichets (en ré bémol majeur et en mi bémol mineur), la première pimpante, la seconde énamourée, avec d'évidents souvenirs de la *Valse en ut dièse mineur* de Chopin.

Avec les *Ländler et Valses op. 97*, parus en 1860 (Kistner), Heller signe un vrai petit chef-d'œuvre du genre, peut-être sa meilleure contribution à cette danse si prisée de son temps ; douze pièces brèves, simples à jouer, mais jamais banales, étonnamment variées, bouquetées comme les plus fines de Schubert. Ajoutons-y les *Quatre Ländler op. 107* (Schott, 1863), adorables (les dessins brisés, en équivoque rythmique, de la troisième, les octaves brisées de la quatrième, où s'entremêlent les mains...), cela fait deux cahiers qu'on préférera aux neuf *Valses-Rêveries op. 122* (Breitkopf, 1867), ainsi qu'aux neuf pièces de *Un cahier de valses, op. 145* (Breitkopf, 1878), les unes et les autres bien agréables aussi, plus enlevées, mais plus frivoles.

**Tarentelles**. – Elles sont sept, en comptant parmi elles la *Fantaisie-Tarentelle op. 87*, intitulée « Scènes italiennes », – bellement virtuoses et toutes soulevées de terre par le même rythme à perdre haleine, prestos où les croches courent par trois (les ordinaires du mètre à 6/8 ou les triolets du mètre à 2/4). On retiendra surtout les *Deux Tarentelles op. 137*, dernières de la série, publiées en 1873 (Breitkopf), respectivement en mi mineur et sol majeur : l'une pour ses échos plaintifs au milieu de la danse, sa sentimentalité méditerranéenne, l'autre pour sa joie et ses violents coups de soleil.

**Polonaises**. – Au nombre de trois, tard venues dans la production de Heller : la *Polonaise op. 104*, publiée en 1861 (Breitkopf), et les *Deux Polonaises op. 132*, parues en 1872 (Simrock). Morceaux relativement copieux, au pianisme massif, où le compositeur n'est pas toujours à son aise ; ils n'en ont pas moins une réelle originalité, et s'éloignent des recettes toutes faites : voyez le début de la première (en mi bémol majeur), avec les houles d'arpèges qui roulent sous l'énoncé du thème. La meilleure, sans conteste, est la troisième (en la mineur), batailleuse, épique, et dont même le mode majeur (mi, dans l'épisode central) n'apaise pas la fièvre.

***Mazurkas***. – Également tardives ; *Quatre Mazurkas op. 148* et une *Mazurka op. 158*, toutes publiées en 1879 (Kistner). La dernière n'est qu'une page brillante et futile. Mais les quatre réunies ensemble sont de petits joyaux, qui ont surpris les secrets du fameux *zal* que les authentiques Polonais mettent spontanément dans les leurs ; la première (en la mineur) est d'humeur grise, la deuxième au contraire (en ré bémol majeur) heureuse et rêveuse, d'abord lente et presque cérémonieuse, puis s'animant jusqu'à tourbillonner ; la troisième (en fa majeur) a un ravissant intermède, confié à la main gauche seule, dont la pédale fait résonner les lignes en harmonies ; brusque et farouche la quatrième (en la mineur), avec son début martelé et ses soudaines saccades.

***Nocturnes et Barcarolles***. – Les nocturnes proprement dits (car on pourrait compter avec eux les sérénades ou même les canzonettas, que je laisse de côté) sont au nombre de quatre. Que ne peut-on isoler le deuxième des *Trois Nocturnes op. 91* (publiés en 1858, Senff) ! Les autres, tant le larmoyant nocturne en sol majeur que le brouillon et morne nocturne en sol mineur (dit « Nocturne-Sérénade »), sont presque toujours indignes de leur auteur. Mais le deuxième (en mi majeur, *andante con moto*) est inspiré, rempli d'effets curieux et poétiques : ces quintes graves qui viennent glisser la pédale de tonique sous l'harmonie de dominante, ces vibrations de cloches sourdes, ces tintements lointains, et au milieu cette phrase qui soudain palpite sur un ondoiement d'arpèges.

Quant au *Nocturne op. 103* (Schlesinger, 1861), il compte parmi les inspirations les plus délicates de Heller, avec ce chant hésitant (en sol majeur, *allegretto*) qui descend par degrés à la main gauche, et se love « avec tendresse » sous les tenues d'accords ; épisode central au mode mineur *(un peu plus vivement, passionné)* sur le même motif ; au bout de la reprise, une longue coda, palpitant d'abord en triolets, s'exaltant, s'arrêtant pour quelques mesures de récitatif, enfin se fondant en d'ultimes et très doux arpègements.

Prolongeons ce nocturne avec le cahier des quatre *Barcarolles op. 141* (publiées en 1874, Breitkopf & Härtel), pièces fort courtes, qui certes ne veulent pas rivaliser avec les splendeurs de la *Barcarolle* de Chopin, mais qui arrivent à mettre dans le balancement de leur rythme, dans l'euphonie un peu molle de leurs chants et de leurs accords, une prenante tristesse. La plus belle est la troisième, en fa mineur *(lento con espressione)*, dont la mélodie de tierces, en syncope sur la lente oscillation de l'accompagnement, aux basses profondes, prend un accent inoubliable.

## Adolph HENSELT
(1814-1889) Allemand

Entre pièces originales et transcriptions d'auteurs divers, trente-cinq des quarante numéros du catalogue de Henselt concernent le piano seul. Même en y ajoutant nombre de pièces et de transcriptions non numérotées, cela n'est pas considérable pour un homme qui vécut trois quarts de siècle et dont le piano fut l'unique passion. Il faut distinguer le jeune et éclatant virtuose, papillon éphémère, élève de Hummel, acclamé dans toutes les capitales d'Europe, mais au vrai détestant les concerts, qui l'ébranlaient physiquement et moralement, – le professeur, qui s'installa dès 1838 à Saint-Pétersbourg, où jusqu'à sa mort il régenta en tyran une partie de la vie musicale russe, – et entre les deux le compositeur, qui avouait en 1851, dans une lettre à Liszt, qu'il n'écrivait plus rien qui pût lui donner satisfaction, et qu'il préférait « aller à la pêche ou à la chasse, et rêver au *Freischütz* dans la profondeur des bois ». Une autre confession, dans une lettre à La Mara, est plus touchante ; Henselt, sans illusions sur lui-même, et considérant que ses pouvoirs ont reculé depuis sa jeunesse, ne reconnaît de valeur qu'à ses *Études* : « J'ai seulement fourni la preuve que j'aurais pu être un compositeur... »

Ainsi donc, pour une fois, le jugement de l'Histoire (personne si souvent inique) n'est pas injustifié. Les seules partitions de Henselt dont on puisse encore faire son profit, ce sont précisément ses *Études*, au nombre de vingt-quatre, couvrant dans le désordre tous les tons majeurs et mineurs et réparties en deux cahiers distincts : les *Douze Études caractéristiques op. 2* et les *Douze Études de salon op. 5*. On aurait, à la place du compositeur, inversé les appellations ; car les premières, toutes précédées d'une épigraphe poétique de son cru, dans un français maladroit, et d'un goût exécrable, méritent davantage le mot aujourd'hui infamant de « salon » ; les dernières, en revanche, ne portent que des titres relativement sobres, et justement « caractéristiques ». – Quoi qu'il en soit, le contenu des deux opus, guère éloignés dans le temps, se ressemble. Il est aussi foncièrement inégal. La mélodie est le point le plus faible de l'art de Henselt ; aucun de ses thèmes n'est inoubliable, et certains sont d'une affreuse platitude. Il se rattrape dans son harmonie qui, si elle n'atteint presque jamais les beautés de celle de Chopin ou de Schumann, montre plus de variété et d'audace que celle de Mendelssohn. Mais l'essentiel de ces pièces, on l'imagine, c'est leur apport à la technique de l'instrument. Henselt semble avoir été un magnifique pianiste, moins acrobate, moins histrion peut-être, mais aussi fascinant que Liszt, lequel jalousait, dit-on, le legatissimo de sa main gauche ; Schumann l'estimait grandement (étendant cette estime à ses œuvres : un des rares exemples, chez lui, d'une réelle et persistante erreur de jugement). Cependant, le trait dominant de sa technique, et donc de son écriture, ce sont les extensions, redoutables, écartelant les doigts, leur imposant de périlleux mouvements latéraux.

Dans les *Études caractéristiques* (op. 2), publiées en 1837 chez Hofmeister, et dédiées au roi Louis Ier de Bavière, on observe le phénomène dès la première pièce, placée sous la fière épigraphe « Orage, tu ne saurais m'abattre ! » (en ré mineur, *allegro molto agitato e grandioso*) ; formidable étude d'extension pour la main gauche, en vastes accords brisés en aller et retour sur deux octaves ; la main droite, par-dessus ces trombes orageuses, déclame un thème en octaves ; la pièce est belle, non entachée des clichés qu'on rencontre dans tant d'autres (on remarquera que Henselt commence son cycle par ré mineur, ton sombrement romantique, au lieu du joyeux ut majeur initial de la plupart des recueils d'études, dont l'opus 10 de Chopin et les *Transcendantes* de Liszt). – La deuxième étude du même cahier (en ré bémol majeur, *allegro moderato*), « Pensez un peu à moi, qui pense toujours à vous ! », est mélodiquement plus faible, mais techniquement plus périlleuse encore que la précédente ; chaque main à tour de rôle se trouve écartelée en grands dessins d'accords brisés, à jouer de surcroît legato (à nous l'aide de la pédale !) ; au milieu, comme dans la première étude et dans bien des suivantes, une petite plage de septièmes diminuées, pour servir de liant entre les parties.

D'autres études à retenir dans cet opus 2 : la sixième (en fa dièse majeur, *allegro*), qui fut célèbre (probablement grâce à son titre, « Si oiseau j'étais, à toi je volerais ! ») ; sixtes et quintes, par paires, aux mains alternées, imitent ce volettement, « con leggierezza, quasi zeffiroso », sur un appui d'octaves staccato (la gauche doit donc passer son temps à monter vers l'aigu pour les doubles notes et à redescendre pour les basses) ; c'est assez joli, frais et chantant ; – la huitième (en mi bémol mineur, *allegro agitato ed appassionato*), riche par ses plans sonores à quatre parties, à trois-contre-deux, avec échange des rôles, le chant tantôt à gauche et tantôt à droite ; beaucoup de flamme et d'ardeur, la fin en octaves de bravoure ; mais quelle affreuse épigraphe : « Tu m'attires, m'entraînes, m'engloutis ! » ; – la neuvième (en fa majeur, *allegro*), qui ménage une mauvaise surprise : après trois pages déjà assez pénibles à jouer (parce qu'à ces octaves de la droite, à ces dixièmes, à ces accords en polyphonie mouvante de la gauche, il faut garder une allure « innocente »), la reprise ajoute à la difficulté un dessin de notes répétées semblables à celles de la *Reconnaissance* du *Carnaval* de Schumann, alors tout récent ; le titre ? vous y tenez ? voici : « Jeunesse d'amour, plaisir céleste, / Ah, tu t'enfuis ! mais la mémoire nous reste... » ; – la onzième (en mi bémol majeur, *allegretto sostenuto ed amoroso*), « Dors-tu, ma vie ? », l'exemple même de ces caractéristiques arpèges de harpe à la main gauche, en va-et-vient, « sempre legatissimo », sous une mélodie indigente ; – enfin la douzième (en si bémol mineur, *moderato ma con moto, con afflizione*), annoncée par ce quatrain : « Plein de soupirs, / De souvenirs, / Inquiet, hélas ! / Le cœur me bat », et de fait toute haletante et soupirante, en rythme syncopé tout au long, dans un dessin de triolets (octaves et doubles notes) alterné entre les mains.

On glane un peu moins de musique dans les **Études de salon** (op. 5), publiées chez Breitkopf & Härtel. Il faut mettre à part, comme l'un des meilleurs morceaux de Henselt, la deuxième étude, sans titre (en sol majeur, *allegro brillante*), qui reprend la première de l'opus 10 de Chopin, déjà si méchante dans ses extensions, en en compliquant les arpèges avec des doubles notes sur la deuxième double croche de chaque groupe de quatre ; belles harmonies (même s'il leur manque le côté toujours bouleversant de celles du modèle) ; la pièce est justement d'autant plus réussie que, simplement constituée d'accords en mouvement, elle se passe de ces plates mélodies qui font tomber l'intérêt de la plupart des autres.

Un choix parmi le restant : la première, *Eroica* (en ut mineur), dont le thème est d'abord traité en « prélude » *(moderato)*, à la romance, bien en dehors au ténor de la gauche, entre la basse et les accords à contretemps de la droite, – puis en « étude » *(presto agitato ed appassionato)*, divisé en martellements entre les mains ; – la cinquième, *Verlorene Heimat* (« Patrie perdue », en fa dièse mineur, *con moto, appassionato e doloroso*), en accords battus, principalement à la gauche, qui les encadre de dixièmes ; deux chants parallèles, celui de la droite en octaves, celui de la gauche au ténor (pouce) ; assez expressive, surtout dans la dernière partie, syncopée ; – la sixième, *Danklied nach Sturm* (« Chant de grâces après l'orage », en la bémol majeur, *lento, sostenuto*), un cantique en deux parties : après l'exposition de chacune d'elles en lents accords, vient une variation décorative en sextolets de triples croches ; – la douzième, *Nächtlicher Geisterzug* (« Cortège d'esprits nocturnes », en sol dièse mineur, *allegro tempestoso*), en arpèges alternés de doubles notes, tour à tour ascendants ou descendants, avec un chant intérieur discret mais bien perceptible ; assez beau morceau, un peu délayé par ces séquences de septièmes diminuées dont l'auteur raffole...

Sorti de ces études, le déchiffreur égaré dans les petites pièces isolées qui occupent la plupart des numéros du catalogue de Henselt risque d'être, en avançant, toujours plus déçu. La **Rhapsodie** (op. 4), banalissime, est une tempête dans un verre d'eau. Les **Deux Nocturnes** (op. 6) sont d'aussi piètre qualité, l'un dans sa fébrilité de surface (il s'intitule

*Schmerz im Glück*, et passe naïvement du mineur de la « peine » au majeur du « bonheur »), l'autre *(La Fontaine)* avec ses arpèges aquatiques sous un chant des plus banals. L'***Impromptu*** (op. 7) est une sinistre salonnade, et comme lui, la ***Pensée fugitive*** (op. 8) se commet dans les pires poncifs, avec son thème d'octaves qui s'époumone au-dessus d'accords battus, dans des harmonies de quincaillier (le crescendo final, « appassionato », et l'aller et retour de la main gauche en octaves fracassantes, « con fuoco », ont dû faire mourir de saisissement des bataillons de jeunes filles...) ; le ***Scherzo*** (op. 9) est un peu meilleur, quoique bien confit, lui aussi, dans le sucre mendelssohnien (celui des imitateurs de Mendelssohn) : agitation de pacotille, et quelques fleurs bleues dans le trio ; quant à la ***Romance*** (op. 10), sentimentale à faire fuir, il ne lui manque que les paroles idiotes qu'on imagine...

Rien ne sert de continuer de la sorte. J'indiquerai plutôt les rares morceaux qui valent un déchiffrage, et parfois davantage. Au tout premier rang, après les *Études*, viendrait la ***Toccatina*** (op. 25), sorte de mouvement perpétuel (en ut mineur, *allegro agitato*), les deux mains rivalisant souvent ensemble de doubles croches tournoyantes ; six pages aussi étincelantes que nourries, sans rien d'inutile. – Mention favorable aussi aux juvéniles ***Variations de concert*** (op. 1), sur un thème de Donizetti (Breitkopf & Härtel, 1838) ; après tout, dans ce genre, on ne demande au compositeur que du brio, l'adresse d'un prestidigitateur ; il en a à revendre, et semble avoir déjà mis au point la plupart de ses trucs : les accords alternés du finale, en octaves et doubles notes où les mains se relaient, se retrouveront dans la dernière étude de l'opus 2.

Le ***Deuxième Impromptu*** (op. 17) mérite d'être parfois sorti des oubliettes ; la droite y joue, sous le chant qu'elle énonce au cinquième doigt, toute une dentelle harmonique d'accords brisés, en petites notes, et la gauche répond discrètement à la mélodie principale (en fa mineur, *presto agitato*) ; ce n'est pas trop sentimental, si l'on y veille ; et cela sonne fort joliment. – Mais le ***Quatrième Impromptu*** (op. 37) est le meilleur des quatre *Impromptus* échelonnés sur plus de vingt ans, d'une écriture dense et serrée, riche en imitations, à la manière du Mendelssohn « classique », voire « baroque », des *Charakterstücke* (en si mineur, *allegro non troppo*).

Quelques valses, comme on peut s'y attendre, jalonnent aussi l'œuvre de Henselt ; laissons la ***Valse mélancolique*** (op. 36), maigrelette, faiblelette, ennuyeuselette, et même les ***Deux Petites Valses*** (op. 28), dont la première, en fa majeur, est finement ouvragée, avec ses voix intérieures chromatiques et son thème partagé entre les mains, – en faveur de la seule vraiment digne d'intérêt, la ***Valse brillante*** (op. 30), intitulée « L'Aurore boréale » et dédiée « à Sa Majesté l'impératrice de toutes les Russies » ; elle commence en ut dièse mineur, finit dans l'enharmonique ré bémol majeur, en passant par divers tons et épisodes ; assez proche de certaines des valses de Chopin, – lequel y met plus de sel et d'euphorie.

Terminons par le *Frühlingslied* (op. 15) (« Chanson de printemps », en la majeur, *allegretto*), publié en 1844 chez Mechetti ; texture épaisse, démentant la naïveté du titre (premier énoncé en accords, puis variation, avec la gauche en arpèges) ; mais la mélodie est fraîche, l'harmonisation presque schumannienne ; un pianiste inspiré y donnera largement le change.

## Paul HINDEMITH
(1895-1963) Allemand

Si l'on aime Hindemith, on a toutes les raisons de priser particulièrement sa musique de piano. Elle est certes peu abondante, et comme perdue au sein d'une œuvre étonnamment féconde ; mais elle ne compte que des partitions exemplaires, qui le reflètent en entier, vertus et défauts, et retracent clairement les étapes de son évolution.

Il a d'abord été l'enfant terrible de la musique allemande, et, dans ce pays qui se relevait péniblement de la Grande Guerre, il a incarné la révolte contre le rêve, la rupture avec un romantisme qui n'en finissait pas d'agoniser, la foi en un monde de machines, tout en fustigeant la société bourgeoise, en passant ses valeurs au vitriol, en lui offrant un miroir cruel et déformant, où elle pût se regarder grimacer tout son saoul. Les *Tanzstücke*, puis la *Suite « 1922 »*, d'ailleurs expressionnistes à leur façon, ont secoué leurs premiers auditoires ; ils ne faisaient pourtant que reprendre à leur compte le pianisme d'acier de l'*Allegro barbaro* de Bartók, de la *Toccata* de Prokofiev, du *Pezzo in modo barbaro* de Casella (deuxième de l'opus 24), du *Piano-Rag-Music* de Stravinski, autant de moteurs inhumains, implacables, remontés à bloc, où l'instrument chéri des romantiques, leur confident et leur double, n'est plus qu'un engin à faire du bruit. Le lyrisme le cède au sarcasme, comme le charme à la cacophonie. « *Tonschönheit ist Nebensache* », « la beauté du son est accessoire » : cette indication de la *Deuxième Sonate pour alto seul* vaut bien le fameux « mode d'emploi » du *Ragtime* de la *Suite*, qui engage à jouer « *wie eine Maschine* ».

Ce machinisme et cette *Motorik*, ces grincements hargneux, ces sons désaccordés n'ont qu'un temps fort court. Pas un des musiciens cités plus haut qui n'en soit revenu, comme d'une erreur de jeunesse, tandis qu'il découvrait sa vérité profonde, libre du jeu ou de la provocation. Celle de Hindemith passe par la conquête du langage ; ce concret cache un spéculatif. Parallèlement à la série des *Kammermusik*, où divers instruments reçoivent leur lot, voici, au piano, les études de la *Klaviermusik* (1925-1927), du Bach mâtiné de Czerny, à l'usage des virtuoses contemporains. On y constate avant tout (mais le fugato initial du *Troisième Quatuor*, en 1922, n'avait-il pas tracé la voie ?) le recul de l'harmonie au profit du contrepoint. Ce ne sont pas les enchevêtrements étouffants du dernier Reger, mais les lignes plus aérées du baroque, ses dessins rythmiques, sa logique, ses formes : d'où cet air de famille de tant de thèmes de Hindemith, et aussi bien la familiarité où notre oreille peut les accueillir. Même la dissonance s'apprivoise, perd ses griffes, ses crocs ; on avait abusé de polytonalité, et dangereusement frôlé le précipice atonal ; on rentre au sein d'une tonalité élargie. Et le casse-cou d'hier mérite, après tant d'autres, l'épithète de néoclassique.

Avec les *Sonates* de 1936 (et grâce au tournant de *Mathis le peintre*), d'autres valeurs encore ressurgissent, comme d'une boîte de Pandore que la plupart des musiciens, en mûrissant, finissent par ouvrir ; et les grands maux d'autrefois deviennent de grands remèdes : voici de la grandeur, de la noblesse, vertus longtemps tenues pour décadentes ; voici de la tendresse, de l'émotion, de la chaleur, des élans romantiques. D'ailleurs sans excès : Hindemith jamais ne s'épanche ; il reste objectif, mais creuse plus profond ; le *moi* lui demeure haïssable, mais maintenant du moins dit-il *nous*, et tendant à son tour à l'universel (et non point seulement à cette médiocre démagogie musicale qu'est la *Gebrauchsmusik*, la « musique utilitaire », dont ce pédagogue né a vite fait son dada), offre-t-il aux hommes un aliment spirituel. La sincérité de son art est indubitable désormais, qui s'approfondit à divers contacts, celui par exemple d'un Gottfried Benn, dont il a épousé le pessimisme douloureux.

La boucle est bouclée, il n'ira guère plus loin, condamné à se survivre, c'est-à-dire à cette fidélité à soi que les moins clairvoyants confondent avec l'académisme. Hindemith vieilli fait songer au vieux Bach. Il n'est plus un phare pour la jeunesse, mais plutôt le vestige d'une époque révolue, un témoin de plus en plus solitaire et mélancolique, payant ainsi le prix d'avoir fini conservateur quand il avait commencé révolutionnaire. Après Schönberg, avant Messiaen, il a lentement édifié un système harmonique, à la fois original et limité, où les douze demi-tons entretiennent des rapports de parenté en ordre décroissant, d'ut à fa dièse ; nombre de points en sont contestables, mais c'est l'un des derniers bastions de l'empire tonal, et il s'y accroche, envers et contre tous. Son traité, *Unterweisung im Tonsatz*, date de 1934-1936 ; le *Ludus tonalis* (1942) en est, au piano, l'application, un monument de savoir contrapuntique, un éloge de cette folie combinatoire qu'est la fugue, avec son arsenal de diminutions, d'augmentations, de strettes, de miroirs, d'écrevisses, – où, grâce au ciel, on trouve aussi de la musique.

Cette évolution, il n'en faut pas surestimer l'importance. À quelque date qu'on la prenne, des accords épais du début aux austères contrepoints de la fin, la musique de Hindemith est reconnaissable et, tout compte fait, se ressemble, – et plus souvent par ses défauts que par ses qualités. On en distingue infailliblement la découpe claire, le rythme infatigable, la décision, la vitalité, et ce qu'il entre de calcul jusque dans ses abandons : « du Bach avec des fausses notes », disent ses détracteurs (qui exagèrent peut-être en affirmant qu'à l'opposé du Stravinski de la *Sonate*, il n'y a pas, dans ces fausses notes, une once d'humour). On en prévoit les harmonies : car rien n'est plus monotone, à la longue (voyez le dernier Scriabine), que ces quartes, ces quintes incolores, dans un contexte d'ailleurs bien diatonique, où la triade quotidienne et rassurante joue le premier rôle et gagne à tous les coups. Oui, cette musique est grise, et même uniformément, quand Chabrier disait que jusque dans le gris on peut trouver mille nuances ; car le piano impitoyable, contrairement à l'orchestre, ne camoufle pas la sécheresse du trait, ne maquille pas les clichés. Elle soulève rarement l'enthousiasme. Elle peut séduire, paradoxalement, le cerveau des sensibles, et toucher le cœur des raisonneurs.

## *In einer Nacht* (op. 15)
COMP 1917-1919. PUB 1990 (Schott).

On ne sait au juste ce qui a empêché à l'époque la publication de ce cycle de quatorze pièces, où l'on voit Hindemith aux prises avec toutes sortes de courants contradictoires, moquant les écoles officielles et les dogmes établis, tâchant d'assimiler tant bien que mal le jazz et l'art expressionniste, convoquant tour à tour le poétique et le trivial, le songe et la réalité (comme le laisse entendre le sous-titre, *Träume und Erlebnisse*, « Rêves et Expériences »). À la fin de sa vie, alors qu'il ne supportait pas sa *Suite « 1922 »*, il avait gardé assez d'affection envers ce cahier pour l'inscrire parmi les œuvres à publier dans le cadre d'une édition complète.

Les deux premières pièces s'enchaînent sans interruption, et le titre de la première, *Müdigkeiten* (« Lassitudes »), vaut pour les deux, dont une pédale tonique de do ♯ soutient tour à tour les lentes octaves persuasives et les tierces mélancoliques. Cette atmosphère, à quoi la troisième pièce ajoute son « Dialogue d'arbres devant la fenêtre » *(Phantastisches Duett zweier Bäume vor dem Fenster)*, plaintives octaves augmentées, frileux accords de quartes, crissantes secondes, – et la quatrième ses « Appels nocturnes » *(Rufe in der horchenden Nacht)*, auxquels la nuit attentive semble répondre, – évoque par avance toutes les musiques nocturnes de Bartók.

Les pièces suivantes quittent peu à peu cette oppressante immobilité :

voici dans la cinquième une marche narquoise ; dans la sixième des effets de vent dans la plaine, les mains alternées en secondes et tierces chuintantes, en accords brusquement tapageurs ; dans la septième (intitulée *Nervosität*...) un obsédant surplace ; autant de pages de plus en plus rongées par l'acide du chromatisme, comme le fantomatique *Scherzo* qui suit, qu'un soudain crescendo fait tonner dans sa partie centrale. Mais la neuvième pièce, un pur haïku, est à nouveau un îlot de calme et de poésie, en dépit d'un titre ironique *(Programm-Musik)* et des onomatopées qui lui servent d'exergue ; le coucou et le hibou *(Kuckuck und Uhu)* s'y font écho, dans le silence des portées.

Après quoi on a l'impression que sarcasme, persiflage et parodie prennent le dessus : la dixième pièce est un menuet cérémonieux, « d'après Humperdinck » ; la onzième une redoutable étude de birythmie, aux croches lancées *prestissimo* ; la douzième, *Böser Traum* (« Mauvais Rêve »), tourne en ridicule un motif de *Rigoletto* ; la treizième assène au clavier les coups d'un furieux *Fox-trot*, qui enchaîne, en guise de finale, sur une bruyante et pompeuse *Double Fugue*, – où le souvenir des nostalgiques morceaux du début achève de se volatiliser !

## *Sonate* (op. 17)
COMP 1920. PUB 1992 (Schott).

Longtemps portée disparue, elle a été reconstituée, grâce aux esquisses, par Bernhard Billeter. Bien qu'elle s'en tienne au schéma de l'opus 111 beethovénien (un allegro de sonate suivi d'un mouvement à variations), elle déplut à l'éditeur de l'époque, qui la jugea « un vrai casse-tête ». Aujourd'hui, et au vu du cycle *In einer Nacht* de 1917-1919 et des œuvres qui devaient lui succéder, on la trouvera plutôt timide, embarrassée, de style composite, d'écriture mal dégrossie. Ce qu'elle a de plus audacieux, c'est l'insupportable *stretta* conclusive, sur une basse obstinée, dans un volume sonore qui croît et décroît sans cesse, pour s'achever *ffff*. Le plus beau moment : l'étrange et obsédante troisième variation, façon de valse lente ou de « gymnopédie », tout agencée de quartes et quintes sibyllines.

## *Tanzstücke* (op. 19)
COMP 1922. PUB 1928 (Schott).

Une illustration, avec la *Suite* de la même année, de ce style violemment percussif et discordant qui fit, au jeune Hindemith, gagner ses galons de révolutionnaire. Si la *Suite* utilise, et démantibule, les rythmes syncopés du jazz, ces cinq morceaux-ci se servent de tours plus anciens, de carrures plus classiques, les parodient mauvaisement, se privant à plaisir de toute émotion.

Rien que poigne, le premier *(mässig schnell,* « modérément vite ») assomme l'auditeur comme un boxeur son adversaire. Un court motif de quartes, pointé, tient lieu de ritournelle ; des paquets d'accords dissonent, en chapelets chromatiques ; des octaves crient sur des basses pesantes. Dans le *più stretto* final, les deux mains, en un bel ensemble, assènent des sons de plus en plus violents. À jouer, s'il vous plaît, avec une maladresse voulue *(etwas unbeholfen vorzutragen)*.

Le deuxième *(sehr lebhaft,* « très animé ») aurait été le scherzo de la *Sonate op. 17* (perdue, mais reconstituée grâce aux esquisses). À des agrégats chromatiques criards, à de bruyants empilements de septièmes, à des secondes écrasées *fff,* succède régulièrement un petit motif gracieux et ballant qui, obstinément répété à la fin, terminerait le morceau avec délicatesse, n'était l'éclat cuivré des dernières mesures.

Le troisième *(mässig schnell)* prend l'allure d'une polka ; le thème va de la basse au soprano, accompagné de syncopes ; trio farceur, avec ses doubles croches cahotantes ; dissonances tantôt bouffonnes, tantôt grinçantes.

Le quatrième et le plus long, intitulé *Pantomime,* compte quatre brefs mouvements, avec une ligne d'octaves *ff* en guise de prélude. D'abord une danse fluette, parodie de gavotte, avec son thème de quintes et quartes, *grazioso,* et sa mesure libre, alternant capricieusement 4/8, 3/8, 5/8, 3/4. Puis une façon de menuet cérémonieux, hésitant entre deux et trois temps, avec de brusques gammes staccato, des gruppettos, des trilles, des haltes où résonnent, dans le lointain des basses, de plaintives secondes appogiaturées. Suit une sorte de marche, où les octaves sonnent à tue-tête, où tonnent d'épais clusters au fond du clavier. Pour finir, une gigue, d'abord très stylisée, mais qui aboutit vite à d'énormes paquets sonores, *ffff.*

Le dernier de ces *Tanzstücke,* débordant de vie et d'enthousiasme *(sehr schnell),* bat des accords aux deux mains, dans une atmosphère de kermesse. Joyeuse et drue polytonalité, tout heureuse de ses éclaboussures.

## *Suite « 1922 »* (op. 26)
COMP 1922. PUB 1922 (Schott).

L'œuvre à scandale, faite à dessein pour « épater le bourgeois », et dont Hindemith, sur le tard, rougissait sincèrement, s'alarmant que Schott pût vouloir la rééditer : « Ce n'est vraiment pas, écrit-il dans une lettre de novembre 1940, un digne ornement de l'histoire de la musique contemporaine, et un vieil homme est sérieusement déprimé de voir que ses péchés de jeunesse font plus d'impression sur les gens que ses meilleures créations. » Il est vrai qu'on continue d'aimer ce premier Hindemith, cet affreux galopin qui déboulonne la Beauté, et transforme en arme de combat (voyez aussi le finale de la première *Kammermusik* et son foxtrot dadaïste) ce jazz où par exemple Milhaud, dans ses *Rag-Caprices* de la même année 1922, ne voit, après Stravinski, qu'un jeu. Rudesse, brutalité, vulgarité, causticité se donnent libre cours ; l'harmonie est à la torture ; le piano lui-même est livré au massacre, il n'est que de lire le « mode d'emploi », fameux autant qu'infâme, du *Ragtime* final, qui prescrit à l'interprète d'oublier ce qu'il a appris au conservatoire, de se moquer éperdument des doigtés, de jouer sauvagement, « comme une machine »... Voilà qui convient en effet à quatre morceaux sur cinq ; car pour le panneau central, c'est autre chose, et il vaut, par son étrange poésie nocturne, bien des mouvements lents à venir.

L'œuvre commence par une *Marche*, sarcastique et discordante, avec ses tierces appogiaturées de fausses notes, ses accords bitonaux empilés, ses glissements chromatiques, ses nuances comiquement opposées. L'allure mécanique est encore renforcée par la risible petite ritournelle, ou cadence, qui vient maugréer après chaque section.

Le *Shimmy* qui suit, détraqué, désarticulé, pousse plus loin la satire. Forme curieuse : ABACD. Dans ABA, les trois mesures initiales servent de ritournelle, et leurs roulements chromatiques se retrouvent tout au long. A, grâce à ses basses, est plus rythmé, B plus improvisé, avec ses lancinantes notes répétées, ses trémolos, le foudroyant glissando en sens contraire qui le termine (la droite sur les touches blanches, la gauche sur les noires) ; tout cela imite, en plus épais, le *Piano-Rag-Music* de Stravinski (1919). Mais C représente un moment de douceur, deux fois énoncé, arabesques décoratives au-dessus d'un motif pointé, accompagnement syncopé. D, pour conclure, élargit le mouvement, et le spectre sonore : trois portées d'accords massifs, piles de tierces, agrégats polytonaux, assenés « con tutta la forza », du grave à l'aigu.

Au sortir de ce vacarme, le *Nachtstück* est une oasis inattendue. Lente procession d'accords, sous un thème de sarabande plus encore que de nocturne, caractérisé par son rythme (blanche, blanche pointée, noire) et sa note répétée initiale. Sonorités feutrées : une ligne à peine de *f*, le reste parfois au seuil du silence. L'intermède, confiné dans l'aigu, est d'une beauté profonde ; sol dièse mineur d'un bout à l'autre, égratigné vers le milieu par une gauche qui passe en fa majeur/mineur ; ostinato de la gauche, en lignes brisées ; la droite limpide, presque ravélienne.

La quatrième pièce, un *Boston*, se voulait-elle aussi caricaturale que les autres ? Cette valse hésitante, titubante, qui cherche son thème à tâtons sur ses noires, puis s'élance en arpèges capricieux, a quelque chose du charme des *Valses* de Ravel, et nous paraît, à tant d'années de distance, teintée d'indulgence. Elle est un peu bavarde ; avant la dernière reprise, un récitatif à l'unisson allonge inutilement un morceau qui avait tout dit.

Et voici le *Ragtime* provocateur, effrayant monceau de dissonances, de bruits, de rythmes syncopés, – mais qui compose, avouons-le, un finale magnifique ! Et la mécanique du trio, ces doubles croches toujours infatigables, dans le grave, que talonnent les secondes obstinées de la basse (si-do), à contretemps, coupe le souffle, plus encore que l'empoignade des volets extérieurs.

### *Klaviermusik* (op. 37)
### *I : Übung in drei Stücken (Étude en trois morceaux)*

COMP 1925. PUB 1925 (Schott). DÉD à son beau-père le Dr Ludwig Rottenberg.

Ce sont trois études virtuoses, et des plus redoutables, sous un titre de laborantin, qui se réfère ouvertement à Bach. L'iconoclaste, le démolisseur de la *Suite « 1922 »* cachait un bâtisseur...

Le premier morceau est un effarant mouvement perpétuel, une sorte d'invention à deux voix conviant les mains à un travail d'indépendance, inhumain de difficulté et d'abstraction. Asymétrie généralisée : la gauche, presque tout au long, doit affecter d'ignorer ce que fait la droite ; elles ne possèdent rien en commun ; sans compter sa propre tonalité, chacune a ses ostinatos à elle, ses répétitions à elle, ses rythmes, ses accents, qui ne se recoupent que rarement. Enjambements de la barre de mesure, changements métriques incessants, syncopes, compliquent encore le jeu. Premier intermède : au bout de quatre pages folles, les mains se retrouvent isorythmiques (mais sans mesure !), pour festonner quelques dessins en mouvement contraire (chaque main servant de miroir à l'autre), frémissements de doubles croches *ppp* ponctués de brefs accords *ff* aux deux bouts du clavier. On enchaîne, avant la reprise, sur un deuxième intermède, plus court, où des courses de lignes horizontales sont freinées d'accords syncopés, la gauche venant ensuite contrarier, par son rythme manifestement à 3/8, l'allure à 2/4 de la droite.

Revoici l'écriture en miroir dans l'irritant premier volet du deuxième morceau : un lent choral dont les notes en valeurs longues *(cantus firmus)* sont reliées par des traits fantasques, parallèles mais inversés, des deux mains. Pages striées de zigzags, triples croches en assemblages anomaux, créant, autour des harmonies assez sages du thème, une extravagante et dissonante bigarrure sonore. L'idée certes est ingénieuse ; le résultat peu convaincant... Le deuxième volet, qui s'enchaîne aussitôt, est autrement plus passionnant ; c'est un *prestissimo* à 15/8, sur une basse obstinée de quatre notes, si ♭-la ♭-sol ♭-fa. Hindemith rajeunit ici la forme chaconne ou ground ; les figures les plus diverses animent la droite de leurs bonds, courses électriques, entrechocs, accents ; la gauche n'est pas en reste : par-dessus, par-dessous, à côté des quatre notes fatidiques, elle trace aussi des contrechants, remplit l'espace laissé par les valeurs longues du ground, s'ingénie enfin à être à la hauteur de sa sœur virtuose.

La troisième étude est un rondo (*äusserst lebhaft*, « extrêmement animé »), lui aussi un mouvement perpétuel, adaptant ironiquement Weber au XXe siècle motoriste, et enchérissant sur son métier. Le refrain, bien carré et scintillant dans l'aigu, sert de repère, c'est le caillou du Petit

Poucet au milieu d'épisodes qui sont autant d'embûches. Le premier, où chaque main s'occupe à son affaire, fait bientôt entendre à la gauche une suite menaçante de cinq notes, crescendo, et chaque fois plus haut ; le deuxième travaille sur un surplace obstiné de trois croches, avec à nouveau des crescendos inquiétants ; le troisième offre son matériau mélodique à chaque main à son tour, l'exposé dans l'aigu s'accompagnant d'un déferlement de gammes, l'exposé dans le grave d'un staccato d'accords où stridule sans répit la seconde ré-mi. Notons encore que l'un des retours du refrain se développe longuement, en figures arpégées présentées une fois de plus en miroir : périlleux exercice de voltige, qui précipite les mains l'une vers l'autre et les éloigne à toute vitesse, et qui exige une adresse diabolique. Courte cadence, et l'on conclut en ut majeur (pourquoi pas ?), *fff* au fond du clavier.

## *Klaviermusik* (op. 37)
### *II : Reihe kleiner Stücke (Suite de petites pièces)*
COMP 1927. PUB 1927 (Schott).

Les trois morceaux de la *Übung* s'adressaient à des virtuoses consommés, téméraires, endurants. Ces treize-ci (certains disent quatorze, en comptant pour deux le diptyque initial) ne sont pas tous beaucoup moins difficiles, mais ils sont bien plus courts. Hindemith voulait sans doute qu'on feuilletât ce cahier, qu'on y choisît, selon l'humeur, telle ou telle page, à titre d'exercice, certes, mais aussi de récréation. Il faut avouer que peu sont avenants... Mais quand ils le sont, ils ont un charme étrange, que quelques interludes du *Ludus tonalis* retrouveront.

La première pièce, *Einleitung und Lied* (« Introduction et Lied »), se rattache à l'art baroque par sa profusion d'ornements, figures libres, dessins capricieux de triples et quadruples croches. Le rythme doublepointé domine, avec le pas d'une sarabande dans l'*Introduction* et le ton d'une mélopée dans le *Lied*. Dans l'une on notera la cadence finale, série de trilles dans l'aigu, et cascade de notes dévalant le clavier ; dans l'autre une pédale intérieure, véritable centre tonal, allant de fa ♯ à do ♯.

C'est ensuite une grinçante fugue canonique, à deux voix (*lebhaft*, « animé »), où pointe déjà l'académisme du *Ludus*. Les amateurs du genre remarqueront (grand bien leur fasse !) que la dernière exposition se fait par mouvement contraire... Tout autre est le morceau suivant, séduisante valse miniature, harmonisée à trois voix, et qui, malgré ses modulations et ses fausses notes, ne rougit pas d'être en ré majeur.

La quatrième pièce (*langsam, ein wenig rubato*, « lent, un peu rubato ») s'exerce au contrepoint renversable : la droite a d'abord la mélodie, et la gauche des arabesques ornementales, quintolets, septolets, et cetera ; puis les voix permutent ; ré ♯/mi ♭ sert de pôle tonal ; tout cela aride, peu inspiré.

La cinquième (*äusserst lebhaft*, « extrêmement animé ») est un délicieux rondo à l'allure de gigue à 9/8, dont le joyeux refrain de quatre mesures, séparant trois couplets variés, se pose, toujours identique à lui-même, sur une basse transposée de sol à ut, à la, à sol derechef ; volte-face de la coda qui, sur un volubile ostinato de la gauche, impose si majeur, sans coup férir. Après le beau temps, la grisaille maussade : pensum de la sixième pièce, si ardue à jouer, avec son mélange de staccato et de legato, ses contrepoints véloces, en dents de scie.

« Un poco di Bartók » avec la septième, ostinato sur fa, qu'aucune modulation ne parvient à semer, moteur de notes répétées staccato et de progressions chromatiques. Ici encore un contrepoint renversable, les mes. 14 et suivantes reprenant le début en inversant les parties. Morceau étonnant, excitant, qui ferait un bis original.

Suivent (n°s 8 à 10) trois trios (écrits en effet à trois voix rigoureuses), de contenu assez aride, et dont la difficulté d'exécution va croissant ; c'est parfois la quadrature du cercle : ces complexes polyphonies nécessiteraient souvent une troisième main, et exigent à tout le moins du pianiste une science consommée de la pédale. Le troisième trio, le plus gratifiant à jouer, avec son staccato implacable et ses motifs bien découpés, se singularise par un decrescendo continu de *ffff* à *ppp*, cependant que les voix ne cessent de monter à l'aigu, où elles finissent en boîte à musique, à bout de ressort.

La onzième pièce (*langsam und zart*, « lent et tendre ») est méditative, douloureuse, et après ces trois pièces montées n'offre qu'une étroite porte de sortie, où d'ailleurs l'on voit rôder l'ombre de Schönberg. Mais la douzième (*lustig*, « joyeux ») nous réconcilie avec le monde : bonne humeur narquoise, et même bouffonnerie de ce staccato, de ces notes répétées, de ces prestes sauts de septième, dans un franc ton de ré majeur repris à la valsette du n° 3.

Quant au finale (*lebhaft, frisch*, « animé, alerte »), c'est une des pièces les plus ravissantes du piano de Hindemith, et qui mériterait qu'on la sorte souvent d'un cahier où elle est, qu'on le veuille ou non, enterrée... Ici les astuces du contrepoint servent la verve et l'esprit, et l'on retrouve, domestiqué, un peu du génie iconoclaste de la *Suite* et des *Tanzstücke*. Distinguons : un motif anapestique omniprésent, un arpège ascendant avec son appogiature, et une petite gamme montante de cinq notes qui, d'abord dissimulée et insignifiante, finira par avoir le dernier mot. Pour servir de trio, un petit canon faussement candide et détaché.

## *Kleine Klaviermusik* (op. 45 n° 4)
COMP. 1929. PUB. 1929 (Schott).

Ces douze piécettes forment la quatrième partie des *Sing- und Spielmusiken für Liebhaber und Musikfreunde*, cycle pédagogique d'un Hindemith tout adonné, en ces années, à la *Gebrauchsmusik*. Elles ne sont pas pour autant à mettre entre toutes les mains. Leur simplicité semble les réserver aux débutants : ce sont, rangés dans l'ordre des demi-tons ascendants, de do à si, des morceaux sur cinq notes *(Fünftonstücke)*, ou quelque peu davantage, puisque des altérations chromatiques viennent les pimenter. – Il faut en réalité des oreilles mûres, et beaucoup d'art, pour muer ces petits riens en musique. Mal joués, ce sont des inepties, d'ingrats exercices où les artifices du contrepoint (toujours lui !) ou de la note à côté ne donnent pas assez le change. Il est difficile d'être facile ; et d'autres, le Stravinski des *Cinq Doigts*, le Casella des *Pezzi infantili*, le Bartók des premiers cahiers de *Mikrokosmos*, s'y sont cassé le nez. Un vrai musicien, cependant, sauvera ces morceaux en dépit d'eux-mêmes. Chemin faisant, du reste, l'arbitraire qui les ligote semble les gêner un peu moins ; les derniers numéros sont les plus inspirés, et le tout dernier, dans son dénuement, laisse une impression profonde.

### *Trois Sonates*
COMP 1936. PUB 1936 (Schott).

Écrites dans le même élan créateur, ces œuvres pour piano, qui inaugurent toute une série de sonates pour divers instruments, forment la part la plus libre, la plus spontanée du catalogue pianistique de Hindemith, entre les études de la *Übung* (1925) et les fugues du *Ludus tonalis* (1942). Musique en effet dénuée de parti pris, et qui se garde de refaire l'histoire de la sonate, d'en poser même le problème, et ne se force pas à choisir entre le schéma classique et les avatars du romantisme. Tout est bon, ici, à l'auteur, qui butine au hasard, et fait son miel selon l'heure et le lieu. Aussi diverses que possible, inégalement réussies, certes, mais avec des moments de réelle inspiration, elles ont un abord d'autant plus engageant que la tête et le cœur, pour une fois, ne s'y opposent pas.

PREMIÈRE SONATE. – Des trois la plus longue, la plus ambitieuse, mais hélas la moins plaisante à des oreilles latines. Née d'un poème de Hölderlin, *Der Main*, elle célèbre en effet ce fleuve qui baigne aussi bien Hanau, ville natale du compositeur, que Francfort, où il mourut. C'est une symphonie pianistique qui, sans rien décrire de précis, tâche de restituer une atmosphère, la gloire monumentale des villes, la paix bucolique des campagnes, la nostalgie d'un passé tout proche encore et frémissant.

Elle n'y parvient qu'à moitié ; beaucoup de ses parties sont languissantes, grisâtres comme la pluie. Le premier de ses cinq mouvements (*ruhig*, « calme ») est le mieux venu, petite marche sereine, que des triolets soudainement inquiètent, mais qui s'achève paisiblement, cadencée en mi. Le deuxième, lui, est d'un ennui indescriptible ; c'est encore une marche, très lente, et quelque peu lugubre ; elle s'ouvre sur un intermède que des croches plus animées, à 12/8, ne font pas moins morne ; on retourne au thème initial, avec un passage sourdement menaçant, sur un ostinato d'octaves dans l'extrême grave, où la tierce du ton de ré hésite entre majeur et mineur ; le meilleur du mouvement : la courte clausule de A (mes. 20), si joliment rêveuse, qui sert aussi de conclusion pacifiée.

Dans le troisième mouvement *(lebhaft,* « vif ») alternent plusieurs épisodes, apparemment sans lien, le principal sonnant comme un scherzo schumannien, en rythme pointé. Le quatrième reprend, en la modifiant légèrement, la matière du premier : regard en arrière et réminiscence, à la façon du Brahms de la *Sonate op. 5.* Enfin le dernier mouvement *(lebhaft)* se veut sans doute à l'image du fleuve, ample et large, et même démesuré, sans cesse accru d'idées nouvelles, où l'on finit par s'égarer ; c'est dommage pour l'un ou l'autre épisode, le troisième par exemple, vraiment beau, et transfiguré au deuxième énoncé par une ornementation de croches véloces dans l'aigu. Coda accélérée, à perdre haleine, avant la conclusion majestueuse, en accords *fff.*

(Les éditions Schott ont publié en 1981 des *Variations* qui formaient à l'origine le deuxième mouvement de cette sonate. Quoique de caractère plus spéculatif, on peut les préférer à la marche qui les remplace, surtout à cause de l'avant-dernière variation, *sehr langsam,* toute en roulades et fioritures, poétique effusion de rossignols nocturnes.)

DEUXIÈME SONATE. — C'est la plus réussie, peut-être parce qu'elle n'est qu'une sonatine (douze minutes, quand la *Première Sonate* en compte près de trente), et qu'au monumental, au pesant, succède le concis, le léger. La Muse ici fait l'école buissonnière, avant de retrouver, avec la fugue de la *Troisième Sonate,* les bancs d'école et la grammaire.

Trois mouvements, économes de moyens, mais prodigues de *charme,* la vertu par excellence qui manque d'ordinaire au piano de Hindemith... Pour un peu, on évoquerait la manière du Groupe des Six, ou plus justement celle du Prokofiev de la *Cinquième Sonate.* Écoutez le début de cette dernière, puis le premier mouvement de celle qui nous occupe *(mässig schnell,* « modérément vite ») : c'est la même insouciance, la même candeur enfantine, et le même emploi souriant de la basse d'Alberti ! Et certes il y a plus de naturel chez Prokofiev ; mais on saura gré à Hindemith de dissiper ici sa grisaille coutumière.

Le deuxième mouvement *(lebhaft)* tient autant du scherzo que de la valse ; écriture aisée, souple, aérée, thèmes vifs, rythmes spirituels. Le troisième, commencé dans la lenteur méditative *(sehr langsam),* se poursuit dans l'alacrité d'un rondo *(bewegt,* « animé »), dont le refrain badine sans arrière-pensée, sans sarcasme, mais non sans esprit, tantôt au soprano, tantôt à la basse. Quelques mesures du *langsam* initial concluent l'œuvre dans la quiétude, et la simplicité.

TROISIÈME SONATE. — Elle est plus inégale, avec encore de beaux moments, et semble résumer, en ses quatre mouvements, chacune des formes favorites de Hindemith. À un premier mouvement pastoral *(ruhig bewegt,* « modérément animé »), au rythme de sicilienne ou de forlane, et qu'animent en son milieu d'ondoyantes doubles croches, succède un espiègle scherzo *(sehr lebhaft),* plein de brio et d'entrain, à qui l'on reprochera seulement d'abuser d'une même formule rythmique, encore que de brusques mesures à trois temps viennent déranger le 2/2 initial ; délicieux trio, où des croches rient dans l'aigu cristallin, avant de passer à la basse, accompagnées d'accords battus.

Le troisième mouvement est une marche *(mässig schnell),* dont le thème issu du grave monte péniblement les degrés, puis retombe, comme à bout de forces ; un fugato lui succède, juste à point pour redonner du nerf à cette musique qui s'essoufflait ; quand la marche reprend, c'est avec plus d'âme et de corps, – jusqu'à la coda au rythme las, où ruissellent de loin en loin des arpèges de triples croches.

Au portrait du compositeur, il manque jusqu'ici son profil de *grammaticus*. Le finale y pourvoit, qui est une double fugue *(lebhaft)* : premier sujet énergique, martelé, répétant trois fois ses fiers intervalles de quarte ; deuxième sujet tout aussi décidé, où l'on reconnaît le fugato du mouvement précédent ; tous deux fondus à la fin, élargis et triomphants, dans un climat d'apothéose.

## *Ludus tonalis*

COMP 1942. PUB 1943 (Schott).

Entre un *Praeludium* et un *Postludium,* douze *Fugae,* reliées par onze *Interludia* : le titre latin a beau nous assurer qu'il s'agit avant tout d'un « jeu » *(ludus),* tout ce latin lui-même est-il de bon augure ? Malgré l'exemple de *L'Offrande musicale,* ne semble-t-il pas cautionner un savoir livresque et poussiéreux ? Hindemith ne se cache pas de vouloir édifier, à deux siècles de distance, un pendant au *Clavier bien tempéré,* – après avoir, dans l'opus 37, écrit sa propre *Klavierübung*. Mais la fugue, où Bach respirait naturellement, convient-elle encore à notre temps ? Qu'on l'emploie à l'occasion, passe encore ; un recueil entier peut-il s'entendre ? D'autant que l'auteur, en en faisant l'illustration de ses théories harmoniques, brave ici à la fois le passé et le futur. Cette œuvre ne vaut que pour lui, et pour quelques rares épigones ; la plupart des musiciens n'ont pas imité sa démarche, ou l'ont dépassée depuis longtemps : le *Ludus tonalis,* en 1942, loin d'être un manifeste d'avant-garde, consolide les derniers bastions de la tonalité.

Douze fugues : elles suivent l'ordre tonal de la série que Hindemith explicite dans son ouvrage théorique, et que la couverture de la partition reproduit sous la forme d'une spirale (ut, sol, fa, la, mi, mi ♭, la ♭, ré, si ♭, ré ♭, si, fa ♯, sans distinction entre majeur et mineur). Toutes sont à trois voix. Les plus savantes se révèlent (faut-il vraiment s'en étonner ?) les plus ennuyeuses : la première *(lento)*, une triple fugue, qui finit par superposer ses trois sujets, et auprès de laquelle la fugue de l'opus 106 beethovénien est un jardin fleuri ; la troisième *(andante)*, un palindrome, reprenant toutes ses notes dans l'ordre inverse, à partir d'un axe de symétrie situé dans la mes. 30 (Bach n'a jamais rien osé de tel ; Hindemith plus d'une fois : ainsi, mais à plus juste titre, dans l'opéra-minute *Hin und Zurück*, « Aller et Retour ») ; la neuvième *(moderato, scherzando)*, commencée si spirituellement, mais qui, à force de renverser son sujet, de le rétrograder « à l'écrevisse », d'inverser à nouveau le rétrograde, finit par suer ce labeur par tous ses pores ; la dixième *(allegro moderato, grazioso)*, en miroir, où la seconde moitié (à partir de la mes. 19) répète la première avec tous ses intervalles renversés.

Pourtant la quatrième *(con energia)* ne souffre pas trop d'être une double fugue, et quand, à la fin, le deuxième thème, capricieux et délicat de nature, se modifie pour s'imbriquer dans la dynamique du premier, on sent moins le tour de force que la nécessité musicale. Plus encore, la onzième *(lento)*, strictement canonique, à la quinte, sur une basse libre, est de la musique avant toute chose, épurée, mystérieuse, prise dans une irréelle et touchante lumière.

La sixième fugue *(tranquillo)* est énigmatique, avec son double appel initial ; la septième *(moderato)* adopte pour sujet, comme en écho, le motif pointé de l'interlude précédent ; la huitième *(con forza)* est sèche, toute en rythmes énergiques, et dévouée aux quartes, quintes, septièmes et neuvièmes.

Les plus réussies : la cinquième *(vivace)*, à la gigue, et que son long sujet (les douze demi-tons y apparaissent !) n'embarrasse guère, mais bien plutôt soulève au vent, joyeusement ; la deuxième *(allegro)*, plus espiègle encore, avec son rythme à 5/8, son sujet n'utilisant que quatre notes, ses intervalles crus de quartes, quintes, secondes, son stretto continu. On accordera la palme, pourtant, à la douzième *(molto tranquillo)*, introspective, et fragile, et désolée, avec son thème si simple où deux notes plaintives hésitent frileusement.

Malgré ces beautés éparses, il sera permis, à tous ceux qui ne font pas leurs délices de la fugue, de préférer les interludes, d'ailleurs conçus à bon escient, non seulement pour relier les tonalités des fugues, mais aussi et surtout comme une récréation indispensable entre ces moments parfois besogneux. Aussi libres, aussi variés que les pièces de la *Reihe* (op. 37 n° 2), ils regroupent des études virtuoses : le quatrième *(vivace)*, étincelant mouvement perpétuel, doubles croches legato contre croches staccato ; le huitième *(allegro molto)*, brillante toccata en accords alternés, avec une gigue pour intermède ; – des danses : le deuxième *(pastorale, moderato)*, délicate sicilienne, toute grâce et douceur, qui sonne comme du Milhaud, celui de *Printemps* ; le troisième *(scherzando)*, gentiment burlesque, qui fait penser à la fois au cake-walk et au XVIIIe siècle du *Tombeau de Couperin* ; le onzième, valse acidulée, parfois grimaçante, avec de jolis arpèges cristallins vers le milieu ; – des feuillets d'album : le cinquième *(moderato)*, mélodie expressive, accompagnée d'arpègements de tierces ; le neuvième *(molto tranquillo)*, un air de flûte, dont l'accompagnement d'accords se déplace par degrés (à rapprocher du *Lied* de l'opus 37). Il y a encore un bref mouvement de sonate, tout en gammes véloces et combinaisons polytonales, avec une réexposition à l'envers, qui reprend B avant A : le premier *(moderato)* ; une marche narquoise : le sixième, dont le clou est la section centrale, en octaves *pp* sur une basse bouffe de croches staccato ; enfin une autre marche : le dixième *(allegro pesante)*, mené tambour battant par un ostinato de la main gauche, et glissant de do dièse à si pour la reprise.

Reste à parler du *Prélude* et du *Postlude*, alpha et oméga de ce « jeu de sons », et démonstration de savoir, qui laisse abasourdi. Le *Prélude* va d'ut à fa dièse, en trois volets qui l'apparentent aux triptyques baroques : cadence initiale et libre improvisation en figures arpégées où les deux mains concourent ; arioso central à trois voix, sobre et méditatif ; choral solennel, à cinq temps (15/8), sur une basse obstinée, enfouie au fond du clavier. Le *Postlude* retourne le *Prélude*, à la fois écrevisse et miroir : il le lit à l'envers, de la fin au début, et inverse les intervalles (ce qui montait descend, et vice versa) ; de plus, il échange les parties entre aigu et grave (rien n'est plus étonnant, dans la section en fa dièse, que cet ostinato propulsé à la cime de l'instrument, tandis que les accords de choral rejoignent l'autre extrémité) ; on revient ainsi, bien entendu, de fa dièse à ut, et la spirale est bouclée.

Voilà ce livre, somme d'une vie et d'une pensée, et où Hindemith, comme le Bartók de *Mikrokosmos* ou le Chostakovitch des *Préludes et Fugues*, a cru donner le meilleur de lui-même. Mais ces combinaisons sonores touchent bien moins l'auditeur qu'elles n'ont diverti l'auteur. Une intégrale du *Ludus tonalis* est indigeste, on ne saurait assez la déconseiller ; n'en déplaise aux spéculateurs, il faut rompre la fameuse « spirale », choisir à sa guise dans ce recueil : chacun y trouvera son compte de musique.

# Gustav HOLST
(1874-1934) Anglais

L'œuvre pianistique de Holst se résume à six petites pièces, éparses entre 1924 et 1932. On pouvait s'attendre que ce compositeur d'envergure, que ce maître de la musique symphonique et chorale laisserait au piano quelque monument comparable à ses fameuses *Planètes*, à son *Hymn of Jesus*. Mais point ; il y est venu tard, déjà quinquagénaire, et ne fait que s'y divertir. Ce sont ici des récréations, pour lui-même et pour les autres ; morceaux de circonstance, destinés au cercle étroit des familiers, celui-ci pour l'anniversaire de sa fille, celui-là pour les noces d'argent d'une vieille amie. Aucun des six, pourtant, n'est quantité négligeable. Ce musicien de race les a ouvragés avec autant de soin que s'il se fût agi d'une grande sonate. Rien de banal, rien que son copiste eût pu tracer à sa place. L'harmonie, surtout, y est exquise, et contribue à l'impression de transparence qu'on en retire. Pièces d'ailleurs trompeuses ; en les feuilletant, on les croit simplettes, et presque enfantines ; à l'expérience, on découvre vite qu'il leur faut des doigts bien déliés ! Holst, tout empêché qu'il fut par sa névrite du bras, ne manquait pas d'imagination pianistique.

Quatre des six pièces empruntent au folklore ; et l'on y reconnaît cet amour du chant populaire que Holst, sous l'influence de son ami Vaughan Williams, montrait dès sa *Somerset Rhapsody* de 1906. Cependant, pressé par sa fille Imogen, qui désirait un morceau bien à elle, un morceau « *without any folk tunes* », il finit par lui écrire un *Nocturne* et une *Gigue* ; ce sont de petits joyaux ; quelques pièces de cette encre auraient constitué une suite délectable, que les pianistes auraient adoptée avec joie. Tant pis pour nous...

La ***Toccata*** composée et publiée en 1924 (Curwen), dédiée à Adine O'Neill à l'occasion de son vingt-cinquième anniversaire de mariage, est un curieux badinage (en ut majeur, *presto*), basé sur un thème populaire, « *Newburn Lads* », que Holst dit avoir entendu à l'âge de cinq ans, à l'orgue de Barbarie, moulu par un vieux musicien qui ne savait rien jouer d'autre et reprenait inlassablement son air, avec toujours des notes en moins... et quelques fausses notes en plus ! Les cent premières mesures sans aucune altération : les doigts, impavidement posés sur les touches blanches, triturent joyeusement ces motifs élémentaires, les tricotent aux mains alternées, les assoient sur des neuvièmes brisées, les asticotent de quartes, quintes, septièmes, autant de variations cliquetantes à une vraie scie musicale ! Au bout des cent mesures, et quand on va perdre patience, un glissando propulse le thème dans un aigu de féerie, où divers tons (de si à mi bémol) se le disputent, en grêles sonorités, d'une fausseté ravissante.

La pièce intitulée ***Chrissemas Day in the Morning***, composée en 1926 et publiée en 1927 (Oxford University Press), emprunte son thème au recueil *North Countrie Ballads, Songs and Pipe-Tunes* de Whittaker. On aurait tort de la jouer *un poco vivace*, comme indiqué ; elle y perdrait de sa poésie fragile. On songe ici, invinciblement, aux miniatures du dernier Liszt : cette écriture aérée, ces harmonies cristallines, ces modulations imperceptibles, ces silences surtout où la main droite, arrêtant le carillon de ses doubles notes, laisse la gauche continuer son thème comme si de rien n'était, – et le ralentissement final, l'effilochement de la musique, qui se dissout dans l'espace, avec un dernier do au profond du piano...

Un nouvel emprunt au même recueil de ballades, en 1927, fournit les deux morceaux intitulés ***O ! I Hae Seen the Roses Blaw*** et ***The Shoemakker*** (publiés en 1928, sous le titre *Two Folk Song Fragments*, Oxford University Press). Le premier de ces morceaux (en ut majeur, *andante con moto*), au frais prologue de neuvièmes, au thème balancé, avec la persistance de la pédale de dominante (sol) sur le deuxième temps de la mesure à 6/8, semble au début bien facile à jouer. On se détrompe vite : la seconde moitié, qui décore la mélodie de fines guirlandes de doubles croches, et plus loin d'accords de neuvième argentins, est assez vétilleuse ; il faut des doigts d'une indépendance consommée pour faire éclore, au milieu de ces ramures, de ces buissons, les notes du chant, comme autant de boutons de rose... – Le motif du « Cordonnier » (*The Shoemakker*, en sol majeur, *presto*) est guilleret à plaisir, campé sur ses temps forts, malicieusement escorté de quartes à contretemps. Puis chaque main à son tour le passe à l'autre : et que ce soit sous des gammes en si bémol ou sur des accords brisés chromatiques, il s'entête comiquement à rester en sol !

Le ***Nocturne*** que Holst a offert en 1930 à sa fille Imogen est son plus beau morceau pianistique (en mi bémol majeur, *moderato*), où un thème de quintes chante languidement à la main gauche, en bitonalité sous les clapotements de la droite, qui forme pédale supérieure de tonique. À deux reprises, cette atmosphère vaporeuse, ce climat de rêverie est troublé par un épisode *animato* où, entre deux bruyants coups de vent, on croit entendre le concert lilliputien des insectes, bruits d'élytres et frémissements de broussailles.

Toujours à l'intention de sa fille, Holst a composé en 1932 une ***Jig*** (en ré majeur, *vivace*), presque un mouvement perpétuel, qui alterne deux thèmes, le premier dru et acerbe, chromatisant (voyez son début, qui fait entendre tour à tour ré majeur et mi bémol mineur, par l'enharmonie fa ♯ / sol ♭), le second parfaitement diatonique, et suggestivement harmonisé de quintes médiévales.

(Ces deux pièces, publiées séparément par Curwen en 1934, ont été rééditées ensemble en 1965 chez Faber Music, sous le titre *Two Pieces for piano*.)

## Arthur HONEGGER
(1892-1955) Suisse

Comparée à sa musique symphonique, à sa musique lyrique, à sa musique de chambre, l'œuvre pianistique de Honegger ne pèse pas lourd. Faut-il croire qu'étant lui-même violoniste, il n'avait pas d'intérêt pour notre instrument ? On dirait plutôt que ce hardi bûcheron, qui taille avec vaillance dans la forêt de l'orchestre et des voix, demeure intimidé devant le piano. Si d'aventure il lui coupe des branches, c'est pour en faire, au lieu d'une sonate, ce bahut, des pièces brèves, ces guéridons. Il lui a fallu doubler l'effectif pour en obtenir enfin un meuble imposant, la *Partita pour deux pianos* (1940). Du reste, il ne s'y est pas mesuré longtemps. Du mince catalogue qu'il lui consacre, l'essentiel, en dehors de trois morceaux juvéniles, est écrit entre 1916 et 1923 : la *Toccata et Variations*, les *Trois Pièces*, les *Sept Pièces brèves*, les cinq pièces du *Cahier romand*. Après, ce ne sont plus, au hasard des années, que quelques glanes de circonstance, un hommage à Roussel, un autre à Bach, un troisième à Marguerite Long...

Cependant, ces partitions des années vingt ne sauraient nous être indifférentes. Au milieu du concert de l'époque, Honegger fait entendre une voix originale, – et mutinée. En dépit des consignes de Cocteau, de l'esprit de groupe, de la mode ambiante, il n'a que peu de penchant pour la ligne simple, l'accord grêle, la phrase nue, la forme étriquée ou absente ; pour lui, pauvreté c'est indigence. Qu'on lui parle plutôt des architectures de Bach, des enchevêtrements de Reger, des riches accords de Debussy. Et de même, il a peu de goût pour le canular, pour la foire et le music-hall, en un mot pour le *satisme*. La *Sarabande* qu'il donne à l'*Album des Six*, toute modeste qu'elle est, montre bien sa pente. Il laisse Auric, Poulenc ou Tailleferre tirer la langue aux passants et leur jouer du mirliton. Il n'a pas vocation d'enfant terrible et de bateleur. Ou peut-être a-t-il conscience que pour briller à ces jeux, sans ridicule, il faut une grâce, une légèreté qu'il ne possède pas. Feuilletez ses partitions, qu'y voyez-vous souvent ? D'épais accords, des agrégats chromatiques, des blocs sonores que le contrepoint sert à cimenter, comme dans le finale des *Variations*, le *Prélude* des *Trois Pièces*, la troisième et la cinquième des *Pièces brèves*. Il écrit lourd, d'instinct et de goût ; la surcharge ne lui fait pas peur, mais au fond il ne saurait pas l'éviter. Comment veut-on, avec cela, qu'il imite la niaiserie charmante de ses amis, leur laisser-aller, et même leur humour ? Mais il a d'emblée ce qu'ils n'ont pas encore en ces jours folâtres, ou qu'ils tiennent caché par on ne sait quel respect humain : une âme où le romantisme a laissé sa marque, des élans lyriques, des ardeurs et des colères, le sens inné de la grandeur. Son piano ne rend pas ce son d'airain. On déchiffrera toutes ces pages, parce qu'elles sont l'œuvre d'un homme droit et sincère, qu'on ne peut s'empêcher d'admirer ; on y aimera quelques moments, où l'instrument est parvenu à l'inspirer ; puis on retournera aux *Cris du monde*, à *La Danse des morts*, à la *Cinquième Symphonie*, à la *Cantate de Noël*, où Honegger est lui-même en entier, vivant et fort.

### *Toccata et Variations*

COMP septembre 1916. PUB 1921 (Mathot). DÉD à la mémoire de son oncle Oscar Honegger. CRÉ par Andrée Vaurabourg (15 décembre 1916), que le compositeur épousera en 1926.

Voici le véritable point de départ du piano de Honegger, – car il faut tenir pour négligeables (et ne pas les confondre avec celles de 1915-1919 !) les *Trois Pièces* de 1910, œuvre d'adolescent qui ne démontre que des dons d'imitateur (voir PIÈCES DIVERSES). La *Toccata* livre un accent bien personnel. L'enseignement de d'Indy a beau y être perceptible, comme la vénération pour Bach, la vitalité dont elle déborde est caractéristique, et ce langage aussi qui sait, avec tous ses nœuds, rester direct. Pages parfois rébarbatives aux doigts, mais puissantes, et pleines de vraie et sérieuse musique.

La *Toccata* (en si bémol majeur) suit un plan tripartite : un vigoureux premier volet *(vif)*, remuant d'une vie obstinée de doubles croches, qui accompagnent un thème bien découpé et débouchent sur une énergique fanfare d'accords sans la tierce ; un intermède *(lent)*, entre plainte et méditation, sur une pédale de sol ancrée dans l'extrême grave ; une réplique du début, qui cite un instant l'intermède, avant la conclusion rapide et brillante.

Le thème des cinq *Variations* est un paisible et profond choral à quatre temps *(grave*, en mi bémol mineur, en dépit d'une armure à cinq bémols). La 1re *(soutenu et agité)* le défait par fragments, sur une main gauche en double trémolo (triolets) ; effets de quatre-contre-trois, étagements complexes. La 2e *(animé)* le donne à la basse, le déboîte en rythme pointé, avec à la droite un accompagnement de doubles notes effarées. La 3e *(calme)* passe au mode majeur, pour une pastorale ravissante, qui dévide de souples arabesques sur les longues tenues de quintes de la basse. La 4e (en si mineur, *agité*) est emportée dans une ronde fantasque et inquiétante, tournoyant en triolets, harmonisée d'accords parfaits ; un moment lumineux, en son milieu, par la magie de quelques arpèges égrenés dans l'aigu, et la danse repart, toujours plus sombre. Enfin la 5e variation (en mi bémol majeur, *lent*), en guise d'épilogue, entremêle les lignes et les accords, toujours lisibles pourtant, et amène peu à peu, en ses modulations successives, une étrange sérénité.

### Trois Pièces
COMP novembre 1915 (n° 2) et mai 1919. PUB 1921 (Mathot). DÉD à Walter Morse Rummel, Maurice Ravel et Ricardo Viñes.

Elles témoignent d'une plume ferme, et l'on parlerait de progrès sur la *Toccata* de 1916 si la meilleure d'entre elles ne la précédait d'un an. C'est un *Hommage à Ravel* (en mi mineur, *modéré*) où l'on voit que Honegger sait tirer parti, ne serait-ce que le temps d'un pastiche amical, de la *Sonatine* de son aîné, de sa limpidité, de son élégance, de son goût de l'archaïsme. S'il tient à glisser sa propre marque (les chromatismes de la première mesure !), c'est toujours dans les intervalles, dans les respirations du morceau, avant de finir un paragraphe, de tourner une page.

Les deux autres pièces ne doivent qu'à Honegger lui-même. Le *Prélude*, expressionniste, sombre, hérissé de dissonances, rampe d'abord sur ses basses obstinées *(lourd et grave)*, s'agite peu à peu, gagne en force, en masse, en véhémence, jusqu'à cette conclusion sur trois portées, où les mains se transportent sans cesse d'un bout à l'autre du clavier, pour marquer ensemble ces paquets d'accords dans le grave, et ces doubles notes aiguës qui criaillent douloureusement.

La *Danse* finale *(rapide)* n'est au début qu'un frénétique surplace d'accords staccato, en courts motifs chromatiques en mouvement contraire ; les cinquièmes doigts jettent bientôt de brefs appels à l'unisson. Plus loin, aux croches à 6/8 succèdent les doubles croches à 2/4 ; trémolo de la gauche, notes répétées, et soudain, dans l'enchevêtrement des mains, un petit thème qui rit de sa propre bitonie, avec une basse d'Alberti aussi fraîche qu'en ses premiers jours. Alors les trémolos reprennent, et les batteries d'accords, et ces appels aux doigts faibles, croissant et accélérant jusqu'au *fff* terminal. Piano, comme celui du *Prélude*, percussif et motorisé, où déjà se profile l'auteur d'un certain *Pacific 231*.

### Sept Pièces brèves
COMP octobre 1919-janvier 1920. PUB 1920 (La Sirène ; Eschig). DÉD à Rose Martin-Lafon, Minna Vaurabourg, Andrée Vaurabourg, Marcelle Milhaud, Mytyl Fraggi, Mme E. Alleaume, Robert Casadesus. CRÉ par Andrée Vaurabourg (4 mars 1920, Société musicale indépendante).

Un modèle de concision, de densité, de variété, reflétant des humeurs diverses et montrant à tour de rôle toutes les facettes de l'art de Honegger.

La première *(souplement)* interroge, avec un peu d'inquiétude, que dissimule mal le trottinement anodin de sa basse de croches égales ; les quatre dernières mesures, doucement balancées, se souviennent de Satie, jusque dans la cadence imprévisible en sol dièse mineur.

La deuxième *(vif)*, entre deux brefs traits de colère, déroule un petit chant triste et murmurant, dont le 3/8 est démenti par l'ostinato à deux temps de l'accompagnement.

À la nudité, à la linéarité des précédentes s'oppose la troisième *(très lent)*, sorte de marche funèbre, mise en branle par un roulement de caisse, et allant son pas fatidique, en grands agrégats dont s'édifie une austère et massive polyphonie.

Après ces complexités, les quinze secondes de musique de la quatrième *(légèrement)*, claires, joyeuses, gentiment bitonales (et diatoniques !), sonnent comme un air avant-coureur du Groupe des Six, – tout comme la contemporaine *Sonatine pour deux violons*.

L'admirable cinquième pièce *(lent)* est une habanera (ou un tango, si l'on préfère), plus proche en esprit de *La Puerta del vino* de Debussy que des *Saudades* de Milhaud. Honegger, avec originalité, en présente d'abord l'accompagnement, déhanché et voluptueux, coupé d'un rapide grattement de guitare, – puis, à l'unisson des mains, le chant aux triolets expressifs, aux chromatismes plaintifs, – pour enfin superposer les deux. On ne s'écarte presque pas de la tonique obstinée, ut dièse mineur, dont l'accord termine la pièce, après un dernier staccato de guitare.

Humour et sarcasme à la Prokofiev dans la sixième pièce *(rythmique)*, aux rythmes tranchés net, aux staccatos malicieux, aux éclats soudains suivis de brusques douceurs (ces tierces accolées mignonnement, cette fin happée par le silence).

Enfin, c'est la joie exubérante et bruyante de la septième *(violent)*, la plus diatonique de toutes en dépit des apparences (un rutilant la majeur), car c'est un thème bien simple qu'elle clame au-dessus de ces batteries d'accords, en l'écrasant de secondes, et en en séparant les phrases par de verveux martellements où les pouces prennent deux notes à la fois. Musique robuste et saine, irrésistible finale d'un cahier exemplaire.

### *Le Cahier romand*

COMP 1921-1923. PUB 1923 (Senart ; le n° 1 avait paru en janvier 1922 dans le supplément de la *Revue musicale*). DÉD à Alice Ecoffey, Jacqueline Ansermet, Miquette Wagner-Rieder, Paul Boepple, René Morax. CRÉ par Andrée Vaurabourg (30 janvier 1924, Société musicale indépendante).

Honegger, dans ces cinq pièces offertes à des amis de Suisse romande (dont René Morax, le poète du *Roi David*), renouvelle la réussite des *Sept Pièces brèves*. Ce cycle, aussi bref, aussi dense, reflète à son tour, et peut-être avec plus de poésie, l'inspiration variée du musicien.

La première pièce *(calme)*, douce et tendre comme une pensée, s'étoffe peu à peu de deux motifs, qui alternent par deux fois, le second en ostinato, parmi des contrepoints transparents en modulation perpétuelle.

La deuxième *(un peu animé)* a le charme naïf, la fraîcheur de source d'une chanson enfantine. Deux voix à la main droite, l'une qui chante, l'autre qui babille ses chromatismes ; la gauche accompagne en arpèges, et parfois hérite de cette sinueuse ligne d'alto. Idyllique ré majeur, bien perceptible, et qui, après quelques vagabondages, revient et conclut.

La troisième *(calme et doux)*, à condition d'être prise au mouvement métronomique indiqué (la croche à 88), a l'allure d'un menuet et, par ses harmonies, ses appogiatures, ses retards, pourrait figurer, après celui des *Trois Pièces*, un second « Hommage à Ravel », plus acide que le premier, plus distant, et au fond plus proche du modèle. Les révérences, à chaque cadence, ne peuvent manquer de faire sourire...

Dans le tohu-bohu de la quatrième *(rythmé)* passent, avec le souvenir du *Petrouchka* de Stravinski, des syncopes, des déhanchements, de brusques à-coups, des sauts, des changements de registre inopinés, tout un matériau qu'on pourrait dire spécifique du jazz, – que Honegger, en ces années, ne renie guère : le *Concertino* de 1924 en sera la vivante et réjouissante preuve.

Le cahier prend fin sur une page merveilleuse *(égal)* : Honegger, des Six compères, a beau être le moins proche du maître d'Arcueil, c'est au meilleur Satie qu'il a pris l'essence de ces quelques mesures, qui tanguent paisiblement, en noires et croches, sur une basse linéaire (voyez aussi le balancement caractéristique de la fin de la première *Pièce brève*), et chantent avec ingénuité leur mélodie dorienne (la ♯ en ut dièse mineur). Cela dure à peine, – et ce pourrait bien être l'instant le plus émouvant du piano d'Arthur Honegger.

## *Prélude, Arioso et Fughette*

COMP octobre 1932. PUB décembre 1932 *(Revue musicale)* ; puis 1933 (Senart).

C'est la contribution de Honegger à l'hommage rendu à Bach par la *Revue musicale*, et auquel participèrent Poulenc, Casella, Roussel, Malipiero... Une minute de *Prélude (allegro)*, dont la figuration d'arpèges alternés entre les mains, partie du motif BACH, monte et redescend sur les degrés de la gamme chromatique, – une autre minute d'aigrelette *Fughette* à deux voix *(allegro)*, au thème en dents de scie, aux maigres staccatos, aux doubles croches mécaniques, encadrent un *Arioso (grave)* où les quatre notes fameuses, en *cantus firmus*, surnagent au milieu d'accords piqués, de chants et contrechants plaintifs. La conclusion de l'œuvre, *largamente*, clame le motif en accords solennels. Fin en si majeur. On notera, à l'imitation du maître, l'absence volontaire de toute indication de nuances. Y a-t-il beaucoup de musique là-dedans ? On ne peut se défendre de préférer, à ces pages exsangues, la *Valse-Improvisa-*

*tion* que Poulenc a sortie de l'illustre tétragramme, toute sacrilège qu'on l'a dite !
(Ce petit triptyque a été, en 1937, transcrit pour orchestre à cordes par Arthur Hoérée. Il y sonne mieux.)

PIÈCES DIVERSES. – La première œuvre pianistique de Honegger (et sa première éditée, chez Desforges) remonte à ses dix-huit ans : **Trois Pièces** composées en 1910 et dédiées à Robert Charles Martin, son professeur d'harmonie au Havre. Ce sont un *Scherzo* en fä majeur, une *Humoresque* en mi majeur et un *Adagio espressivo* en ut mineur, où l'adolescent, qui a déjà bravement écrit deux opéras et un oratorio, met des pas embarrassés dans ceux de Mendelssohn, ou de Grieg (le thème agreste de l'*Humoresque*, sur sa basse de quintes vides). On peut les oublier sans dommage.

De la courte **Sarabande** de 1920, incluse la même année dans le fameux *Album des Six* de l'éditeur Demets, le moins qu'on puisse dire est qu'elle jure avec le *Prélude* insolent d'Auric, la *Valse* délicieusement niaise de Poulenc, ou la frivole *Pastorale* de Germaine Tailleferre. Ni rengaines, ni fausses notes bariolées, mais un thème très expressif (en si bémol majeur), dans un dense contrepoint, repris pour finir au ténor, sous une double guirlande de triples croches.

**La Neige sur Rome** est le titre d'un prélude, extrait de la musique de scène pour *L'Impératrice aux rochers* de Saint-Georges de Bouhélier, et publié en 1926 (Senart). Deux pages d'harmonies raveliennes *(lent et doux)*, soutenues de bout en bout par une pédale de si.

En décembre 1928, Honegger compose une pièce destinée à l'hommage que la *Revue musicale* veut offrir à Roussel à l'occasion de son soixantième anniversaire (l'ensemble, signé de huit compositeurs, dont Ibert, Milhaud, Poulenc et Tansman, paraîtra dans le supplément d'avril 1929). Il choisit, pour son tribut, deux thèmes de Roussel, l'un dans *Le Festin de l'araignée* (la *Valse de l'Éphémère*), l'autre dans le *Concerto pour piano* (l'*adagio*), et les imbrique avec le motif musical issu des treize lettres qui forment le prénom et le nom du compositeur. Transpositions, renversements, changements métriques (la valse de Roussel prise à quatre temps), Honegger est à l'aise dans ces jeux, et son **Hommage**, commencé sur un rythme martelé de marche, s'achève dans une douce mélancolie.

Pour l'album *Parc d'attractions* des éditions Eschig (à ne pas confondre avec le contemporain *À l'Exposition* édité par Deiss : tous deux commémorent l'Exposition de 1937 et sont dédiés à Marguerite Long), Honegger rédige une brève notation, **Scenic Railway**. Après un début cahotant *(moderato)*, le train s'ébranle lentement (revoilà *Pacific 231*...), et c'est un *allegro* virtuose, mouvement perpétuel où les deux mains parallèles rivalisent d'adresse, en doubles croches ou triolets de croches, gammes, arpèges et trémolos bitonaux, avant de s'arrêter sur l'accord de mi majeur.

Deux *Esquisses* (1943-1944) pour illustrer l'éphémère notation musicale de Nicolas Obouhov, qui voulait figurer les touches noires par de petites croix, sans distinction de dièses et de bémols, – et quelques transcriptions, dont un *Souvenir de Chopin*, extrait du film *Un ami viendra ce soir* (1945), complètent le catalogue pianistique de Honegger. On ne fera mention que pour mémoire de douze pièces enfantines inédites, composées en janvier-février 1941 à l'intention de sa fille Pascale, sous le titre *Petits Airs sur une basse célèbre* : ce ne sont que d'humbles exercices, à usage domestique, dans le style de la *Méthode rose*, et la basse en question alterne sagement tonique, dominante et sous-dominante, en ut majeur ou mineur.

## Johann Nepomuk HUMMEL
(1778-1837) Autrichien

« Ni cet excès d'honneur ni cette indignité... » : Hummel ne méritait pas de voir rééditées jusqu'à dix ou douze fois, de son vivant, quelques-unes de ses œuvres ; et pas davantage qu'on ait tant de mal à se procurer, de nos jours, même le meilleur de sa production. Son époque l'a vénéré, autant comme compositeur que comme pianiste et pédagogue ; la nôtre ne le prend qu'avec des pincettes. Cet improvisateur à la veine prolixe, inlassable pourvoyeur des salons en rondos, variations, fantaisies, caprices et colifichets divers, a certes prodigué les pages médiocres ; mais les belles pages abondent dans son œuvre, elles sont dignes non seulement de respect mais d'amitié ; et la postérité, qui n'a vu que les premières, a mal tranché, une fois de plus. En outre, ce faisant, elle nous a privés d'un important jalon historique. Car quelques grands réprouvés de la Musique, qui ne sont souvent que de grands musiciens, requièrent une attention particulière, en cela qu'ils constituent autant de chaînons indispensables dans l'histoire de notre art. Chaînons manquants, méconnus certes du profane, mais aussi de la plupart des « connaisseurs ». Sans Dussek et Clementi, comment passez-vous de Haydn à Beethoven ? Et sans Hummel, de Mozart à Chopin ?

Mozart : c'est en ce giron fameux que le petit Hummel fut nourri, séjournant deux années dans la maison de son maître (1786-1788) ; et si jeune eût-il été (ou peut-être à cause de sa jeunesse même), la marque de cet enseignement lui resta indélébile. À mille endroits de sa musique, et quelque sentiment que l'on ait de la valeur de ses thèmes ou de la véracité de son inspiration, on est frappé d'un équilibre, dans la sonorité, dans la facture, dans les jointures d'une phrase, auquel ne peut s'appliquer que l'adjectif de « mozartien ». Ce n'est pas à Beethoven, c'est à Hummel qu'aboutit le classicisme viennois.

Entre les mains de ce pianiste, de cet improvisateur, l'un des plus doués de son temps, l'héritage mozartien prolifère ; et pour commencer, non point tant sa substance profonde que ses moyens extérieurs, son miroitement de surface. Or, contrairement à celui du clavecin, où les embellissements les plus divers ne sont qu'un appoint expressif à des notes immuables et n'influent pas sur le cours des idées, la nature de l'art pianistique veut que tout accroissement d'une note, tout bourgeonnement profite aussitôt à l'expression, et creuse l'idée, la grossit de nouvelles possibilités ; car un geste pianistique est déjà, en lui-même, une idée. Les trouvailles digitales, les innovations proprement techniques de Hummel (multipliant de toutes les façons le bagage déjà fort riche de Clementi), tout cet art de brillance modifie irrémédiablement le style instrumental, et à terme l'écriture tout court. Aux « passages » si originaux de Hummel, à ses tierces, sixtes et octaves, à ses figures brisées de toute espèce, à ses petites notes aux dessins variés, à son pullulement chromatique, à son fourmillement de décoration intérieure, il ne manque souvent que la nécessité (encore qu'on puisse professer, sans en rougir, un pur amour de ce brio tactile, objet obscur d'autant de convoitise que de dédain). Il invente ce qu'on aimerait appeler le « son » romantique, sans toujours savoir s'en servir, sans deviner lui-même à quel usage on peut le plier. En sorte qu'avec ce matériau du futur, il continue de travailler selon des règles anciennes, – d'où les hiatus et les inégalités qu'on lui reproche, parfois à bon droit, et d'autres fois en toute injustice. On dit qu'il n'a pas de beaux thèmes ; d'un point de vue tout classique, au contraire, il en a de mémorables, et la faveur immense dont il a longtemps joui ne signifie pas autre chose ; mais si on le compare aux générations qui l'ont suivi, et qui se sont enrichies à ses dépens, il perd à tous les coups.

On lui demande l'impossible, émoustillé qu'on est par celles de ses œuvres où Chopin, où Schumann se profilent, – telle la *Sonate en fa dièse mineur* de 1819, hélas unique en son genre, dont Schumann justement disait qu'elle suffisait à immortaliser le nom de Hummel, et qu'on aurait voulu voir se reproduire indéfiniment...

## LES SONATES

Les six sonates de Hummel retracent un parcours ; elles montrent comment, parti d'œuvres toutes classiques, la juvénile *Sonate en ut*, la *Sonate op. 13* dédiée à Haydn, un jeune improvisateur de génie, maître de ses outils formels, anticipant sur l'avenir, forge à son propre insu le langage dans lequel s'exprimera la génération romantique. Ce chemin est cahotant. La *Sonate en fa mineur* est un coup d'envoi, un envol. Après elle, la *Sonate op. 38* retombe. La *Sonate en fa dièse mineur*, en 1819, est imprévisible, dans sa subjectivité, sa fantaisie, son ardeur, sans oublier ce pianisme prophétique, qui sera pillé par tant d'émules, – et dont Hummel lui-même ne semble pas avoir perçu toutes les possibilités. La *Sixième Sonate* faiblit à nouveau (comme faiblissent les derniers concertos par rapport aux *Concertos en la mineur* et *si mineur*).

### Première Sonate, en ut majeur (op. 2 n° 3)

PUB 1792 (Preston, Londres). DÉD à la reine d'Angleterre. Le n° 1 de l'opus est un trio pour piano, flûte ou violon, et violoncelle ; le n° 2 une sonate pour violon ou flûte, et piano.

Si l'on garde en mémoire que Hummel n'est alors qu'un enfant prodige de quatorze ans, on pardonnera à l'*allegro spiritoso* d'être si dépourvu de musique. Il demande des prouesses à l'exécutant, c'est son principal souci. Sur des thèmes déjà éculés à l'époque, voici des octaves brisées aux deux mains (l'entrée en force du morceau), des arpèges volubiles de la gauche (l'accompagnement du second thème, à son deuxième énoncé), des trémolos (la conclusion), des accords brisés (dans le développement). Jamais ut majeur n'a dit si peu en tant de place (mais au vrai, la *Sonate op. 2 n° 3* de Beethoven fera-t-elle beaucoup mieux, trois ans plus tard ?). Quelle différence avec Clementi et Dussek (la *Sonate op. 9 n° 2* de ce dernier, également en ut, semble être ici le modèle inavoué), où la virtuosité est si inventive...

L'*adagio* (en fa majeur), de caractère méditatif, est un peu meilleur ; si rien ne s'y passe, du moins est-il court, et sans fioritures inutiles : les quelques traits (celui de la mes. 25, où les deux mains alternent prestement de bas en haut du clavier, en rappelle un comparable dans le mouvement précédent) ne sont pas envahissants. Dans cet art de l'ornementation, où Hummel deviendra un orfèvre et montrera la voie à Chopin, que de degrés encore à gravir !

Le *rondo*, lui, est tout à fait plaisant. On songe à un concerto, dans cet énoncé du court premier thème, d'abord présenté par le soliste, et repris par le tutti (bien noter la métrique, curieusement boiteuse : il y a une anacrouse, qu'on aurait tendance à marquer comme un premier temps). Le second thème, en sol majeur, est vite ondoyant de gammes et d'arpèges. *Un poco di Mozart* dans le couplet en ut mineur, très développé, avec une section centrale au relatif (mi bémol), et dont on appréciera les longues guirlandes qui ramènent le refrain. Récapitulation en ut, variée, – et coda démonstrative, où les mains se croisent avec brio.

***Deuxième Sonate, en mi bémol majeur*** (op. 13)
PUB 1805 (Bureau d'art et d'industrie, Vienne). DÉD à Haydn.

La *Première Sonate* était superficielle ; mais prometteuse : cette juvénile ambition instrumentale, qui tire tout le parti possible du piano moderne (l'anglais, celui de Dussek et de Clementi), ne tarde pas à se réaliser. Un détour par Salieri et Albrechtsberger (on y rattachera les trois *Fugues op. 7*), quelques recueils de variations pour affiner encore sa technique (les opus 8, 9, 10, 15), et voici une nouvelle sonate, mûre et maîtrisée. La virtuosité impatiente et piaffante se mue en élégance ; la texture, en demeurant mozartienne, s'enrichit ; le style galant vire au préromantique ; quand il n'y avait que de la joliesse, il y a maintenant de la grandeur ; le miracle, c'est que cela n'étrangle pas l'humour, qui sait à l'occasion reprendre ses droits.

Début pompeux de l'*allegro con brio* : un fier thème de marche ou de choral, en blanches, qu'un staccato de croches contrepointe à la basse, et qui finit en fanfare d'accords. Le deuxième thème (en si bémol majeur) est l'ordinaire et sentimental *cantabile* que l'on attend à cet endroit, accompagné d'accords brisés, et qu'un second énoncé enjolive ensuite de triolets. Une troisième idée met de l'esprit dans cette fin d'exposition : moutonnement de doubles croches aux deux mains, sur lequel flotte un thème pimpant et joyeux. Le développement, guère long, et qui répète plus qu'il ne construit, tient compte surtout de A, et particulièrement du trait en forme de ressort détendu qui l'a lancé à la première mesure. Reprise à l'identique, ou presque ; coda sur A, désigné cette fois explicitement, au haut de la portée, comme un « alleluia » liturgique.

Le très beau mouvement lent (en si bémol majeur, *adagio con gran espressione*) adopte lui aussi la forme sonate. Le premier thème, solennel, entre sur une colonnade d'accords arpégés, se poursuit en figures brisées où le souple triolet de doubles croches remplace la noire pesante et cérémonieuse. C'est aux triolets que le second thème doit son caractère rêveur, berceur, dont cependant la paix ne résiste pas longtemps à la poussée des modulations : la fin de l'exposition, en fa majeur, se presse, en accords battus et modulants, avec à la main droite deux voix haletantes qui dissonent douloureusement ; même chose, plus hardiment encore, dans le développement. Ce rythme de triolets persistera à la réexposition, berçant le premier thème à son tour.

Finale époustouflant, d'une efficace et radieuse écriture contrapuntique (en mi bémol majeur, *allegro con spirito*). Une note trois fois répétée en est le germe, qu'on trouve aussi bien dans le premier thème, – traité comme un sujet de fugue, claironné à tous les registres, en valeurs longues, entouré de dessins de doubles croches vifs comme l'éclair, – que dans le second, chantant avec charme, sur une basse d'accords battus.

Développement grandiose, aux allures de fugato d'abord, puis sillonné des élans d'une nouvelle idée, reconnaissable à son levé en triolet.

### Troisième Sonate, en fa mineur (op. 20)
PUB vers 1807 (Riedl, Vienne). DÉD à Magdalena von Kurzbeck.

Change-t-il de style, ou du moins de ton ? Est-ce le fruit le plus tardif de l'*Empfindsamkeit*, ou la fleur précoce du romantisme ? La *Deuxième Sonate* respirait l'optimisme, la santé, la décision. Celle-ci, plus libre, plus improvisée, nous entraîne dans des coins plus sombres de l'imaginaire. Tout le début de l'*allegro moderato* se cantonne dans le ton de la plainte, de l'élégie, avec ce premier thème replié sur lui-même, qui ne monte quelques degrés que pour retomber, puis traîner en pesantes syncopes. La période de transition a du mal à sortir de fa mineur, et quand elle s'y résigne, erre un peu confusément, ralentit, s'interrompt sur un point d'orgue, change de tempo *(allegro agitato)*, improvise à partir du premier thème, évite la cadence, s'arrête encore. Enfin arrive le deuxième thème, tout en jeux virtuoses, comprenant arpèges et gammes aux deux mains. Développement en fantaisie, d'abord à deux voix, expressives et confidentielles, puis passionné et fébrile, modulant avec beaucoup d'allure, dans des remuements de doubles croches. La réexposition, librement variée, s'aventure bien loin du modèle, fait l'économie de toute la transition, garde le plus longtemps possible ce ton mélancolique ; le deuxième thème, en revenant avec ses traits virtuoses, n'a plus rien de gratuit, – au contraire, chaque note pèse d'une sorte de nécessité. Remarquer l'effet des dernières mesures : la cadence finale allait se faire dans un murmure, « calando », n'était le brusque et violent roulement descendant vers le fa grave.

Les figurations de l'*adagio maestoso* (en la bémol majeur) partent toutes de ce thème des premières mesures, sorte de *cantus firmus* présenté à la main gauche, que caractérise un saut d'octave en trois notes (la-mi-la) ; on le retrouvera tantôt à la basse, tantôt à l'aigu. Atmosphère de paix et de recueillement. L'entrée des triolets favorise ensuite quelques échanges mélodiques, dans des harmonies fort belles, – qui n'atteignent pas toutefois l'intensité de l'*adagio* de la sonate précédente. Fin *attacca*, sur la dominante de fa mineur.

Le *presto* final est un des meilleurs moments des six sonates de Hummel, une de ses inspirations les plus originales. On serait bien en peine de lui trouver un moule préalablement défini ; c'est un exemple, entre vingt autres, de l'attrait du compositeur pour l'expérimentation formelle. D'abord seize mesures de dessins arpégés en triolets, qui peuvent faire songer à quelqu'une des sonates en fa mineur qui ont précédé la nôtre : celle de Clementi (op. 14 n° 3), celle de Beethoven (op. 2 n° 1) ; mais elles se révèlent une simple introduction, avec pause sur do, dominante. Ici, élévation soudaine d'un demi-ton : on passe en ré bémol, avec un motif de quatre rondes, sur un rythme d'accords répétés. Est-ce le deuxième thème ? Non point, car on retourne en fa mineur, pour une nouvelle idée en triolets, qui, elle, s'achemine vers le relatif (la bémol), et suscite quelques croisements de mains : on mettra ici, si l'on y tient, le deuxième thème. Une dernière idée conclut cette longue « exposition » : progressions ascendantes, au-dessus d'un frémissement de triolets. – Le développement prend d'abord appui sur le motif en rondes (plutôt un rythme qu'un thème : ce ne sont jamais les mêmes notes !), avec détour par la et retour à la bémol, où c'est le deuxième thème qui est utilisé ; nouvel arrêt sur la dominante, après une longue pédale. – Ici nous attend le plus étonnant de ce finale : non pas la réexposition prévue (de quoi, d'ailleurs ?), mais une coda *(ancor più presto)* qui passe en fa majeur et cite, toujours en rondes (ce qui fait l'unité de la pièce), le thème principal du finale de la *Symphonie Jupiter*, comme un hommage à Mozart, dans une éclatante écriture contrapuntique.

## *Quatrième Sonate, en ut majeur* (op. 38)

PUB vers 1808 ou 1812 (Artaria, Vienne). DÉD à la comtesse Lanczynska.

Peu importe la date de publication, gageons qu'elle est écrite avant la précédente, et même les deux précédentes ; sinon, c'est une reculade, que rien n'expliquerait. Prenez le premier mouvement (*allegro moderato*, précédé d'une introduction *adagio maestoso*) ; dans le fond, il revient à Clementi, à Mozart (le deuxième thème démarque le thème principal du finale de la *Sonate K. 330*) ; dans la forme, la virtuosité est plus adroite, plus personnelle, mais plus envahissante encore que dans la *Première Sonate*, à croire qu'ut majeur, décidément, n'a jamais horreur du vide ; bien des pages semblent échappées de quelque cadence de concerto ; reconnaissons que le compositeur nous prévient dès l'abord : *Sonata di bravura*, clame fièrement le titre...

Long mouvement lent (en fa majeur, *adagio con molto espressione*), plus « frisé » (l'expression est de Stravinski) que tous ceux de Beethoven, débauche de fioritures, de roulades, de gruppettos, essaims de quadruples et quintuples croches noircissant la page. C'est une leçon d'ornementation, parée de grâces réelles ; on y voit s'exercer un art peut-être sans prix : celui de tirer le meilleur parti de thèmes, de formules, de tours de phrase et même d'harmonies depuis longtemps écoulés à des centaines d'exemplaires. Appliquée à des mélodies plus originales, plus inspirées, on imagine où mène cette écriture, – où mène par exemple le mouvement lent de la *Cinquième Sonate*, ou bien celui du *Concerto en la mineur* : aux inflorescences de Chopin.

Le *prestissimo* final, une sorte de rondo, lasse au bout de quelques pages ; plus court, il eût gardé ses chances, que lui donnaient son esprit facétieux, son rebond, sa clarté toute classique (on dirait un pastiche de Haydn) ; mais sa maigre substance n'autorise pas une telle dépense d'espace et de temps. Il couronne comme elle le mérite une sonate qui sent l'application, – et que Hummel aura jetée sur le papier pour se garder la main...

## Cinquième Sonate, en fa dièse mineur (op. 81)
PUB 1819 (Steiner, Vienne). DÉD à la grande-duchesse Marie de Saxe-Weimar.

Schumann l'a beaucoup aimée, et travaillée dans son jeune âge, à la fois pour y dérouiller ses doigts, et se nourrir de cette sève romantique qu'elle laisse couler à toutes les pages, en alliant la fantaisie et l'émotion à la couleur. Mais c'est à Chopin qu'elle fait songer, en anticipant sur ses thèmes, son pianisme, souvent même son harmonie.

L'*allegro* initial est d'une richesse considérable ; Hummel y prodigue les idées, et pourtant l'on n'a jamais l'impression de la digression, ou du bavardage inutile. On peut reprocher au développement son écriture virtuose : mais elle est si appropriée au contexte ! – et peut-être aussi de ne pas vraiment développer le matériau exposé : mais qu'importe, l'exposition n'y pourvoit-elle pas assez ? Quatre mesures de prologue, unisson d'octaves, péremptoires et farouches. Un point d'orgue sur do ♯, dominante. Et le premier thème arrive, tassé dans le grave, avec le roulement sombre de son anacrouse et le lent arpègement de ses accords. Une soudaine fusée d'arpèges fortissimo, et c'est un nouvel énoncé du thème, plus ample, suivi d'une transition de deux pages : rarement second thème s'est si longtemps fait attendre, en laissant croire qu'il va pointer à tout moment hors de la coulisse... Mais l'attente est loin d'être vaine : les épisodes qui se succèdent entre-temps occupent l'intérêt, comme la belle arrivée en ut majeur où, sur la pédale de cette tonique passagère, monte une houle murmurante, qui s'accroît peu à peu et éclate comme une danse. Une fois le relatif atteint (la majeur), il y a encore quelques mesures délibérément buissonnières : fusées dans l'aigu, silences, points d'orgue. Enfin entre le second thème, étrangement insouciant après tant d'événements, avec son papillonnement de doubles notes joyeuses, de notes répétées. – Un pont modulant amène le développement (si bémol majeur), essentiellement sur le motif de transition : deux pages seulement, de brio pianistique (croisements de mains) et d'enchaînements harmoniques, où les mordus de « construction » se sentiront, nous l'avons dit, frustrés. – La réexposition commence au mode majeur (lumineux fa dièse !), revient au mineur pour l'énoncé suivant, adopte définitivement la clarté pour tout le restant du mouvement.

On monte d'un cran encore avec le mouvement lent (en si mineur, *largo con molt'espressione*), l'un des plus inspirés de Hummel. Forme des plus simples, ABA, où B emprunte le relatif (ré). Mais pas de véritables cloisons : c'est une musique ininterrompue, un nocturne opulent et passionné, à la Field (et même à la Dussek : car on ignore généralement que ce génie de Bohémien est à la source de ce style pianistique, où bientôt Chopin les surpassera tous). Mille motifs d'écriture s'y exercent, qui se fondent dans une unicité étonnante, un tissu précieux comme de la soie à fils d'or. Il y a des rythmes impérieux, des pulsations profondes, comme ce motif pointé qui ouvre les volets extrêmes et ponctue plus loin les échanges d'un registre à l'autre ; il y a ce thème « dolente », si sobre au début, que la reprise amplifie, en l'ornant de frisons, de volutes, d'agréments variés ; il y a ces arpèges de septième diminuée qui introduisent des bribes de récitatif, comme on en entend dans l'*arioso dolente* de l'opus 110 beethovénien ; il y a les pluies de perles, les cascatelles, les jets d'eau, les trilles enivrés de la section centrale ; tout cela évident, et nécessaire : la pensée guide les doigts, et par eux, qu'à son tour l'ivoire des touches suscite et délivre, elle trouve son accomplissement.

Puissant finale *(vivace),* basé sur deux thèmes on ne peut plus contradictoires, aussi bien dans le fond que dans la forme. Le premier, convulsif, précipité, piaffant, est fait de petites cellules obstinées, où dominent les notes répétées, stridentes, impatientes, sur une basse aux accents vigoureux ; transition en octaves, accompagnées d'un continuo de fébriles doubles croches. Le second thème (en la majeur) sacrifie aux valeurs longues, et au fugato : superbe écriture contrapuntique, aussi habile que d'ordinaire chez Hummel, passé maître, dès longtemps, à ces jeux. Le virtuose, pour autant, n'en perd pas ses droits : écoutez la conclusion, ces gammes de tierces dans les deux mains, ces crépitements de doubles croches, ces fusées, ces arpèges cascadeurs... Le développement, particulièrement long et riche, fait feu de toutes ces idées et, se pliant à ces styles si opposés, en tire encore de nouvelles ressources. La réexposition bascule en fa dièse majeur pour le second thème, mais à l'instant de conclure, ménage la surprise d'une coda en forme d'apothéose où, dans le mode mineur retrouvé, se conjuguent magnifiquement les deux thèmes du mouvement.

## *Sixième Sonate, en ré majeur* (op. 106)

COMP mars 1824. PUB vers 1825 (Diabelli, Vienne). DÉD à Eugénie Beer.

On retrouve, dans cette dernière sonate de Hummel, sa seule sonate en quatre mouvements, un compositeur plus classique : l'avancée de la *Troisième*, de la *Cinquième Sonate* vers un monde neuf, un continent à explorer, cède ici la place à une attitude plus conservatrice. Le métier demeure impeccable, il est peut-être même en progrès ; mais il y a comme une réserve dans le ton, si chaleureux puisse-t-il se montrer à l'occasion ; l'émotion, en somme, est maîtrisée. À l'exception près (le second thème de l'*allegro*, l'essentiel du *larghetto*), plutôt que de continuer à pressentir

Chopin, on croit souvent entendre ici le premier Beethoven. Il est vrai que le scherzo, contre toute attente, nous ébauchera plus d'une fois l'auteur futur d'un certain *Carnaval*...

Introduit par un motif de tierces, sorte de gruppetto trémulant, le premier thème de l'*allegro moderato*, essentiellement rythmique, tient peu de place, au profit d'une longue période de transition dont le dessin se répète en marches ascendantes, sur une pédale de ré, puis passe à la main gauche, sous des arabesques de doubles croches. En revanche le second thème (en la majeur) ne craint pas de s'étendre sur près de trente-six mesures : il se répète, s'offre un énoncé mineur, flâne quelque peu en route, – mais il s'agit de cette sorte de *cantabile* sur une oscillante basse d'accords, que Dussek et Field ont mis à la mode, et dont on trouvera longtemps la trace dans Chopin (les concertos surtout, ou l'*Allegro de concert*, mais aussi quelques nocturnes). Une troisième idée sert de conclusion : elle est, on s'y attend, uniquement virtuose, périlleux exercice de doubles notes, qui laisse l'interprète sur les dents. – Le développement s'occupe tour à tour du second thème (en fa majeur), puis des marches de la transition, pour finir en imitations canoniques (et acrobatiques !) sur les tierces du motif initial. – Réexposition écourtée, sans surprises.

Est-ce par antiphrase que le deuxième mouvement (en ré mineur, *allegro ma non troppo*) porte le titre curieux de *Un scherzo all'antico* ? Avec le rythme pointé impérieux de sa partie principale, avec surtout son *alternativo* dansant (en ré majeur), tout aussi pointé, plus léger toutefois et humoristique, et s'achevant, après la reprise, sur trois lignes étranges (une basse fantomatique sous un staccato d'accords répétés), il ne peut manquer d'évoquer Schumann... Mais Hummel faisait simplement allusion aux procédés d'imitation qu'utilise le mouvement, – d'une main d'ailleurs impondérable, qui parvient à en gommer l'aspect savant.

Un accompagnement arpégé en triolets sous-tend de bout en bout, à quelques mesures près, le *larghetto a capriccio* (en la majeur), où les plus indulgents penseront à Chopin, les autres plutôt à Field : c'est du Chopin rivé au sol, les ailes comme engluées dans une rêverie un peu mièvre ; et les octaves syncopées du milieu ne changeront pas grand-chose à ces gentillesses. Mais il faut reconnaître l'originalité de la dernière partie, fioritures de triples croches réparties dans le plus grand caprice, le « temps » ne jouant ici qu'un rôle approximatif ; l'improvisateur relaie le sonatiste, et, faisant mine de varier la mélodie initiale, la pulvérise aux oreilles ébahies, en paillettes multicolores.

L'ambitieux finale *(allegro vivace)*, tour de force d'écriture, séduira les amateurs : Hummel y prodigue toute sa maîtrise du contrepoint, avec des idées vivantes, un air de ne pas y toucher qui l'éloigne des professeurs de grammaire. Mais ces dix pages, nullement laborieuses, paraîtront longues à ceux pour qui tous les jeux formels ne vaudront jamais quatre lignes de sensible et spontanée musique. – Un premier thème caractérisé par ses rondes initiales (dont on sent bien qu'elles épauleront tous les contrepoints), son allure de fugato décidé, une texture faussement frêle, grosse en vérité de mille développements possibles ; un second thème ingénu et dansant (en la majeur), où l'auteur feint de laisser reposer quelques instants la machine contrapuntique ; le développement, là-dessus, peut s'élancer, et peut-être abuse-t-il un peu trop de sa facilité à moduler : sur de telles marches, on pourrait continuer pendant plusieurs pages encore ! Mais on s'amusera, malgré qu'on en ait, des trouvailles de la réexposition : la rentrée de B avant A, et d'abord en si majeur, ton lointain, avant de trouver le port du ton de ré initial ; et l'arrivée de A au-dessous de B, leur fugato, leur stretto incessant ; sans compter toutes sortes d'épisodes canoniques où le « compositeur » (au vrai sens du terme) s'en donne à cœur joie !

## LES AUTRES ŒUVRES

*Variations*. – Disons-le sans crainte : il y a une espèce de génie dans ce garçon de vingt ans et quelques qui, au sortir de l'enseignement de Mozart et Clementi d'une part, de Salieri et Albrechtsberger de l'autre, entreprend de conquérir le monde musical à l'aide d'une poignée de variations, d'un rondo ou deux, d'une fantaisie, tout en se préparant à livrer en pâture, à ceux qui ont la dent plus dure, de substantielles sonates. Du génie : on verra comme le musicien de la *Sonate op. 13*, plus encore celui de la *Sonate op. 20*, sait choisir son matériau, construire son édifice, et en même temps, avec beaucoup d'élégance, faire oublier jusqu'à sa maîtrise. En attendant, il y a l'adresse de l'acrobate et son numéro sans filet. Voyez les treize *Variations sur une chanson autrichienne* (op. 8), publiées vers 1801 (Artaria). Sur un thème quelconque (en sol majeur), qui monte les degrés, dans sa première partie, pour mieux les redescendre, en rosalie, voici un sac plein d'idées et de tours de passe-passe : les triolets à prestes écarts de la 2$^e$ ; les arpèges lancés, aux deux mains, de la 4$^e$ ; le long trille aggravé d'un chant de doubles notes à la droite, par-dessus les arpèges staccato de la gauche, dans la périlleuse 5$^e$ ; les batteries romantiques de la 7$^e$ ; l'exubérante gauche en triples croches de la 9$^e$ ; les croisements de mains de la 11$^e$ ; les martellements de toccata de la 13$^e$, avec le feu d'artifice de la coda. Pour qu'on ne l'accuse pas de sacrifier au seul brio, voici aussi le sérieux du *minore* (6$^e$), aux harmonies originales ; et plus encore, l'aberrant début de la 10$^e$, avec ses chromatismes inouïs. – Pages prometteuses, et à remarquer, dans le fatras incolore des variations de l'époque.

Les *Variations sur un thème de Cherubini* (op. 9), publiées vers 1802 (Artaria, avec une dédicace à l'abbé Stadler), on ne pourra pas les accuser d'être frivoles. Sur cette marche tirée de l'opéra *Les Deux Journées* de Cherubini, un peu boiteuse, avec ses trois phrases de dix, six et dix mesures, Hummel écrit six variations purement contrapuntiques (en mi majeur), – et le pianisme est ici affaire de tenues, de legato, de jeu polyphonique. Le thème passe d'une voix à l'autre, brodé de contrechants, traité en canon ; il s'offre un continuo de croches (5$^e$), des soupirs chromatiques (3$^e$), et pour finir (6$^e$) un envol de triolets, qui n'en affectent pas la gravité. L'écriture, d'une constante souplesse, empêche d'y jamais voir un labeur d'école. C'est une nouvelle facette de son art que Hummel donne ainsi à admirer au public.

Ce ne sont des chefs-d'œuvre ni chez l'un ni chez l'autre, mais il est amusant de comparer les *Variations sur « God save the King »*, en ré majeur (op. 10), publiées vers 1804 (Bureau d'art et d'industrie), avec celles de Beethoven sur le même thème, parues la même année. Celui-ci, parmi les siennes, inclut un *minore* expressif, accompagné d'arpèges ; il pratique un peu d'écriture horizontale dans la première, mais les autres ne font qu'enjoliver la mélodie, assez sagement, sans modifier les harmonies ; le pianisme est limité, et privilégie la droite. Hummel ne songe pas un instant que ce thème puisse mériter une effusion au mode mineur ; il fait à la fois plus d'harmonie et plus de contrepoint : la 1$^{re}$ et la 5$^e$ de ses six variations témoignent de sa maîtrise des lignes et contrechants, la 3$^e$ et la 4$^e$ renouvellent les harmonies (l'une avec ses chromatismes et ses septièmes diminuées, l'autre avec son deuxième énoncé finissant dans le relatif mineur) ; surtout, sans que ce soit un cahier virtuose, il s'occupe beaucoup de la main gauche, qui se démène en particulier dans la 4$^e$ variation, en d'incessants et difficiles arpèges.

Enfin, parmi deux douzaines encore de cahiers, accueillons les *Variations sur un thème de l'Armide de Gluck* (op. 57), en fa majeur, publiées entre 1811 et 1815 (chez l'auteur). À cette date, elles souffrent évidemment de la comparaison avec les variations de Weber, cet autre prodige, de huit ans le cadet de Hummel, qui enfourche des chevaux plus redoutables, éperonnant sans pitié son piano (les superbes *Variations sur un thème de Méhul* sont de 1812). Elles demeurent, c'est vrai, à la portée des amateurs un tant soit peu doués. Mais elles montrent bien du charme et de l'adresse. Retenons : le jeu alterné des mains dans la 1$^{re}$ ; le rythme guilleret de la 4$^e$ *(scherzando)*, une polka avant la lettre ; les effets de boîte à musique de la 7$^e$ ; le finale (10$^e$) qui, troquant le 2/4 du thème pour un preste 3/8 (comme dans l'opus 15), termine l'œuvre en valse tournoyante.

**Rondos**. – Une quinzaine, au premier rang desquels figure incontestablement le *Rondo en mi bémol majeur* (op. 11), publié vers 1804 (Bureau d'art et d'industrie) : un de ses morceaux les plus populaires, et qui restera longtemps encore, pour la majorité des pianistes, le seul de Hummel qu'ils se soient mis sous les doigts, et dont ils gardent un bon souvenir. C'est qu'il est d'un charme facile, que son humeur folâtre ne se dément pas un instant, et qu'il fait briller le virtuose à peu de frais... *Allegro scherzando*, c'est le mot : ce refrain bondissant, sur le staccato dansant de sa basse, ne sait que rire, et comme il se retrouve partout, à la gauche comme à la droite, qu'il alimente les épisodes de son dessin de notes répétées, au point qu'il n'est pas une seule idée, ou presque, qui ne lui doive quelque chose, jamais ce rondo ne risque d'engendrer la mélancolie. Dans l'esprit, on songe, en plus sage toutefois, plus urbain, à l'humour de Beethoven dans le *Rondo a capriccio* du « sou perdu »...

La virtuosité est à l'honneur dans le *Rondo brillant* (op. 109), en si mineur, publié en 1826 (Steiner). L'œuvre n'est pas insignifiante. Plus de vingt ans après le précédent, et à l'époque de la *Sixième Sonate*, Hummel a d'autres moyens ! Morceau webérien, plein de vie jaillissante, et jamais ennuyeux. Le premier thème (*vivace* à 6/8), qui s'élance fougueusement sur un arpège, est caractérisé par une série de frisettes en triolets, qui serviront tout au long. Quant au chantant deuxième thème, on a pu le comparer à celui de *Mit Myrten und Rosen*, le dernier numéro du *Liederkreis op. 24* de Schumann. Des « passages » virtuoses ramènent un énoncé de A, que coupe soudain un nouvel épisode (en sol majeur), où l'on passe à 4/4, les croches du rythme précédent devenant croches de triolets, pour accompagner en arpèges une manière de rêverie nocturne, où quelques harmonies aventureuses font songer à Liszt (enchaînement ré/si bémol/ré). Une réexposition dans les règles précède la conclusion, délicate et murmurante, ponctuée cependant de quatre accords *ff con fuoco*.

Il y a trois rondos dans le recueil des *Six Bagatelles* (op. 107) publié vers 1825 (Peters). Le *Rondo mignon* (en si bémol majeur, *allegro con brio ma non troppo*), qui mérite son titre, avec ce que cela comporte de bimbeloterie (bien faite !), est plutôt un allegro de sonate, où le même motif ou ritournelle fournit les deux thèmes : le premier en cascade d'arpèges, le second en accords rythmés, le tout cousu de transitions en écriture contrapuntique ; une fois joué, c'est vite oublié. – Au *Rondoletto russe* (en si bémol majeur, *allegro*), il ne manque qu'un peu de laisser-aller, une veine plus roturière. Avec ce refrain drôlement balourd, campé sur ses basses comme un paysan sur ses sabots, ces effets d'écho, ces pédales d'orgue de Barbarie, le morceau pouvait être désopilant, quelque chose d'aussi réussi que le truculent *Rondo a capriccio* de Beethoven. Hummel a de trop bonnes manières, qui reprennent vite le dessus. Pourtant ces pages valent d'être jouées, elles ménagent des coins de verve, des détails savoureux (celui-ci entre autres : l'attaque brutale en mi mineur...).
– Mais il faut retenir le *Rondo all'ungherese* (en ut majeur, *allegretto vivacetto*) : quel bis original, par exemple ! Ici, Hummel va jusqu'au bout de sa verve, avec ce thème de tierces dansantes, vaillamment rythmées,

dont on trouve le jumeau dans le finale du *Concerto en si mineur* (op. 89), – et la descendance (éblouissante !) dans la *Krakowiak* de Chopin. Rebonds joyeux, courses de triolets, motifs chantants que ridiculise gentiment ici un trille, là une note répétée ; sans oublier (sinon, ce ne serait pas du Hummel !) le fugato de l'épisode en ut mineur, basé sur les quatre mesures d'introduction, et si réjouissant par son arrivée incongrue en pleine danse villageoise. On se prend à songer aussi aux *Rhapsodies* de Liszt, de même « hongroiserie », – surtout au bout de la dernière entrée du refrain, avec ce motif piaffant sur des accords battus, et ce va-et-vient de ré mineur à ut majeur.

**Fantaisies et Caprices.** – Une seule œuvre valable dans ce tiroir, mais de taille, la *Fantaisie en mi bémol majeur* (op. 18), publiée vers 1805 (Bureau d'art et d'industrie). Elle mérite amplement son nom : c'est un vaste fourre-tout, dont chaque partie prise à part est cohérente, mais dont l'organisation d'ensemble ne relève que du caprice. Hummel ayant donné à la même époque, dans la *Sonate op. 13*, des preuves suffisantes d'orthodoxie, il se livre ici aux joies du désordre. Trois mouvements enchaînés, avec des ramifications internes, – où l'on trouvera quantité d'idées séduisantes, qui font passer sur des longueurs et des délayages. Plus que le premier mouvement proprement dit, un *allegro con fuoco* en mi bémol, de forme sonate, plein de fougue mais un peu répétitif, on aimera l'*andante* introductif, commencé à tâtons dans la lueur crépusculaire du mode mineur, poursuivi en rythme de marche, et montant peu à peu dans le jour. L'*allegro* n'a pas de réexposition, mais enchaîne, en une belle transition harmonique (vagues d'arpèges sur pédale de si, équation si/do♭, glissement à si♭ établi comme dominante...), sur le deuxième mouvement. C'est un *larghetto cantabile* en mi bémol, le plus beau moment de la partition : ce rythme de marche lente, ce chant inspiré du bel canto, ces fioritures délicates et inventives, auxquelles succède à la reprise une écriture en accords battus, nous dessinent l'esquisse d'un nocturne de Chopin ; l'illusion est plus forte encore dans la partie centrale, parmi ces arpèges vaporeux aux harmonies troublantes, aux frôlements étranges, aux modulations expressives. Le finale (en sol mineur : ce qui est pour le moins curieux au bout d'un morceau en mi bémol majeur !) est à son tour plein d'anticipations, ne serait-ce que dans le tourbillon fantasque de son premier thème *(allegro assai)*, qu'on jurerait schumannien, ou dans les octaves lisztiennes de son *presto* ; et quoique tout n'y soit pas de la même encre, une interprétation vivante, colorée, en un mot complice, emportera l'adhésion.

À côté de cette belle *Fantaisie*, le *Capriccio en fa majeur* (op. 49), publié entre 1811 et 1815 (chez l'auteur), paraît bien sage. Mais il n'est pas vain, on y exerce agréablement ses doigts, et à ses parties classiques, dans la veine du premier Beethoven, s'opposent sans heurts des moments romantiques. Une introduction brévissime de quatre mesures *(allegro con fuoco)*, trait descendant en trombe, suivi d'accords fortissimo, précède les cinq parties de l'œuvre : un *adagio ma non troppo* en fa majeur, qui commence par des accords, se poursuit par des arabesques aimables, et s'arrête sur la dominante ; un *allegro agitato* en la bémol majeur, de forme ABA, évoquant, dans ses dessins de doubles croches à 6/8, ces danses de lutins que sont les scherzos de Mendelssohn, et qui finit par moduler, de belle façon, vers mi ; un *allegretto scherzando* dans ce mi majeur, également tripartite (milieu dans le mode mineur) et qui, lui, ne regarde que vers le siècle précédent, avec son thème naïf et désuet ; le retour de l'*adagio* ; puis celui de l'*allegro*, cette fois en fa, décidément le meilleur de l'œuvre, qui fait une conclusion bien enlevée. – Œuvre méconnue, et qui vaut bien des « classiques favoris », par sa variété, son savoir-faire sans pédantisme, son brio sans excès.

*Vingt-quatre Études* (op. 125). – Terminons par ce recueil composé et publié en 1833 (Haslinger, Vienne), même s'il est quelque peu décevant... Il paraît quelques mois après l'opus 10 de Chopin, à quoi personne n'aura le mauvais esprit, ou le mauvais cœur, de le comparer. Ses *Études*, aussi bien, Hummel a mal choisi son temps pour les écrire. On imagine ce qu'aurait été un cahier composé à l'époque de la *Sonate en fa dièse mineur*, du *Concerto en la mineur* : Chopin prophétisé en mille endroits. Mais le monsieur de cinquante-cinq ans qui rédige l'opus 125 a troqué le goût (et l'intuition) de l'avenir pour la seule nostalgie du passé. Loin d'y montrer quelque romantisme que ce soit, et de sang, et de plume, il se campe en donneur de leçons, d'un classicisme aussi roide et racorni, parfois, que celui de Czerny. Schumann en est un bon juge, qui les trouvait adroitement écrites, mais dépourvues d'imagination.

Ce sont des exercices arides, par exemple – inutile de les signaler tous – que la première étude, course de gammes en mouvement contraire, ou la cinquième, arpèges banals en aller et retour, ou la neuvième, fatigante alternance d'accords $f$ et de traits $p$, ou la dix-septième, où les mains s'activent parallèlement en doubles croches, avec de petits sauts. Et de bien prosaïques pages, « en dépit de l'envie », que la plupart des pièces à l'ancienne, comme la quatrième étude, au rythme d'ouverture française, ou la sixième, une fugue : il faut Mendelssohn (celui des *Pièces caractéristiques op. 7*) pour redonner du lustre à ce style, ou simplement le réchauffer ; accordons pourtant à Hummel la réussite de la septième étude (en la majeur), polyphonie à quatre voix, sensible et racée.

Les meilleures de ces pièces : la troisième (en sol majeur), pour les tierces, si du moins le pianiste sait la tirer du corset qui la guinde et l'entraîner franchement dans la bonne humeur ; la huitième (en la mineur), pour les octaves, légère et spirituelle comme du Weber ; la dixième (en mi mineur), pour les appogiatures, qui préfigure l'étude chopinienne de même tonalité (op. 25 n° 5) ; la treizième (en fa dièse majeur), dédiée aux mordants, bibelot délicat, d'une très belle facture ; la quinzième (en ré bémol majeur), mouvement perpétuel de triolets de doubles croches, en festons décoratifs, avec des questions et réponses de l'aigu au grave ; enfin la dix-neuvième (en mi bémol majeur), d'une délicieuse frivolité, avec ses basses de polka, son rythme pointé, ses nombreux effets comiques.

# I

**Jacques IBERT**
(1890-1962) Français

Trois recueils, une poignée de pièces brèves, c'est tout le piano de Jacques Ibert ; et quelques transcriptions n'ajoutent guère au poids total, un fétu dans l'abondante moisson d'un compositeur qui s'est essentiellement dédié à l'orchestre, au ballet, au théâtre lyrique, aux musiques de scène et de film. Serait-ce qu'il ait voué le piano aux pages intimes, à la part secrète de son inspiration ? Non pas, c'est plutôt le rôle dévolu chez lui à la musique de chambre, celle du moins de sa maturité : le *Quatuor à cordes*, le *Trio avec harpe* contiennent de tels moments, où la pudeur se résigne à la confidence. Ni dans les *Rencontres*, ni dans les *Histoires*, ni même dans la *Petite Suite en quinze images*, l'instrument de Schumann et de Chopin ne vient servir de double. Ibert l'utilise en secrétaire. Avec beaucoup d'égards : tous les pianistes vous diront que ces pièces tombent merveilleusement sous les doigts. Mais une autre machine eût aussi bien convenu ; et celle-là d'ailleurs n'a pas gardé longtemps son acquis. N'est-il pas significatif que les *Rencontres* aient été aussitôt orchestrées pour un ballet ? Et que *Le Petit Âne blanc* des *Histoires* ait fait le tour du monde dans des versions pour violon, pour violoncelle, pour flûte et autre saxophone ?

Formons une parenthèse pour déplorer que, quelques partitions exceptées, la musique d'Ibert traverse un interminable, un inexplicable purgatoire. Le centenaire de 1990 n'y a pas changé grand-chose, et il n'y a point d'espérance que des chefs-d'œuvre comme *Angélique* ou *Le Roi d'Yvetot*, comme le *Louisville-Concert* ou la *Suite élizabéthaine*, comme *Les Amours de Jupiter* ou le *Chant de folie*, retrouvent de sitôt leur place, qui était la première. On a pu juger que c'était la rançon d'une indépendance inflexible, qu'Ibert revendiqua toute sa vie. Cinq ans seulement après la mort du compositeur, Bernard Gavoty pouvait l'apostropher en ces termes : « Un homme libre, voilà ce que vous étiez. Et c'est peut-être pour vous faire expier cette audace impardonnable qu'on organise autour de votre musique un silence qui, tout compte fait, l'honore. » Mais de son côté Roland-Manuel n'avait-il pas raison, dès 1930, d'augurer que les dons mêmes d'Ibert lui vaudraient la méconnaissance, l'ingratitude et, qui sait, l'oubli : « Le talent, il faut bien l'avouer, ne se porte plus guère. Il est suspect, et tandis qu'il se cache, le génie court les rues. » Phrase terrible, sous son allure de boutade. Elle convient à des vingtaines de nos compositeurs français, de Delvincourt à Delannoy, de Louis Aubert à Daniel-Lesur, à qui la mode et les modes n'ont pas pardonné leurs rebuffades, – et d'avoir porté un veston correct quand elle les voulait en guenilles de luxe. Ajoutons qu'Ibert, comme Poulenc et comme Jean Françaix, a l'insigne tort d'avoir de l'humour, et de le montrer. Dans ses *Amours de Jupiter*, l'aigle entraîne Ganymède aux accents d'un orchestre de jazz ; dans *Gonzague*, l'accordeur de piano, qui n'est pas pianiste, est prié de jouer devant les invités, ce qui nous gratifie d'un malicieux spécimen de musique d'avant-garde. La liste est intarissable des trouvailles de cet ordre, qui attentaient à la gravité de certaines chapelles où l'on ne sacrifie qu'à l'ennui.

Cependant il n'y a jamais eu de silence autour des *Histoires*, qui demeurent une des œuvres les plus populaires du piano français de ce siècle, sinon chez les maîtres virtuoses, du moins chez les apprentis, heureusement plus nombreux ! Paradoxalement, ce succès ne vaut rien à Ibert (de même que celui des *Jeunes au piano* et autres enfantines éclipse l'œuvre entier d'Alexandre Tansman). Elle lui ressemble assurément, cette musique si séduisante et si racée. Mais lui-même ne lui ressemble guère : il est infiniment plus varié, plus vaste, plus changeant. Tout ce catalogue pianistique ferait croire qu'il n'a qu'une corde à sa lyre. Des histoires, des images, des portraits. Le talent qui s'exerce ici, c'est celui du conteur, qui brosse en un clin d'œil une atmosphère, un décor et des personnages, et feint d'inventer, quand il se fie en vérité à l'intarissable imagination de l'auditeur. Ainsi, au début de son ballet *Le Chevalier errant*, tourne-t-on les pages du grand livre qui renferme les aventures de Don Quichotte. Le livre des *Histoires*, cousin des livres de *Préludes* de Debussy, laisse échapper une meneuse de tortues, une demoiselle anglaise, un mendiant, une marchande d'eau, et tout le cortège de la reine de Saba ; celui des *Rencontres*, tracé d'un style plus acéré, une troupe de charmants minois, bouquetières, bavardes et mignardes ; ailleurs il y a un gai vigneron, un cocher en verve, un espiègle de Lilliput. Mais les autres cordes ? Celle d'airain, par exemple, dont on le croirait dépourvu ? Quel dommage qu'avec cette plume alerte, ce sens de la proportion juste, cette confondante maîtrise d'écriture (aucun lexique, aucune syntaxe n'avait pour lui de secret), Ibert ne nous ait pas donné, au piano, l'équivalent de ses grandes partitions lyriques et symphoniques : l'ardeur romantique de la *Symphonie marine*, l'âpreté désespérée de la *Ballade de la geôle de Reading*, la violence du *Chant de folie*...

## Six Pièces
COMP 1917. PUB 1917-1918 (Gay).

On fera bien d'abandonner aux harpistes, à qui elles sont en principe destinées, ces pièces de jeunesse, appelées « romantiques » dans leur première édition, chez Gay, avant d'être reprises par Leduc. Elles peuvent aguicher un pianiste, durant quelques minutes ; elles finiront par l'agacer ; trop de joliesse, de mièvrerie, dans les harmonies comme dans les thèmes ; et tous ces ruissellements qu'autorise la harpe, ces « harpègements » qu'elle réclame, par définition...

Supposé qu'on s'y laisse prendre, on tâchera d'éviter les quatre dernières : une barcarolle, *En barque le soir* (en si bémol majeur), sans nerfs et sans goût, à force de clapotements et de suavité ; une bien languissante *Ballade* (en ut mineur), de couleur archaïsante, qui n'emprunte au premier Fauré que ses défauts ; un long pensum intitulé *Reflets dans l'eau* (en la bémol majeur), qui cite Rodenbach (« Le rêve de l'eau pâle est un cristal uni / Où vivent les reflets immédiats des choses... ») et aligne tout uniment des arpèges limpides, divisés entre les mains ; une *Fantaisie* plus longue encore (en ut bémol majeur), pleine d'effets aquatiques, depuis la *cadenza* initiale jusqu'aux glissandos conclusifs. – Mais on peut choisir *Matin sur l'eau* (en la majeur, *andante tranquillo*), une sicilienne charmeuse, caressée d'arpèges mélodieux, et tout droit issue de celle de Fauré (dans *Pelléas*) ; et plus encore le spirituel *Scherzetto* (en ré bémol majeur, *allegro moderato*), où la gauche s'amuse à contrarier, par ses syncopes, le rythme dansant de la main droite.

## Histoires
COMP 1922 (mais sans doute esquissées plus tôt). PUB 1922 (Leduc).

Ces dix pièces ont plus fait pour la gloire d'Ibert (et la fortune de ses éditeurs) que toute son œuvre réunie. L'une d'entre elles en particulier, le fameux *Petit Âne blanc*, a circulé et circule encore dans les transcriptions les plus variées, où parfois trempa l'auteur en personne. Le cahier entier mérite de durer. N'y voyons pas seulement, après ceux de Debussy, les *Préludes* du pauvre. Assurément ceux-ci ont pris ceux-là pour modèles ; ils les imitent dans l'écriture, dans leurs arguments poétiques, leur exotisme, leur humour, et jusque dans la coquetterie de placer le titre à la fin de chaque pièce. Mais ils ont infiniment plus de simplicité, d'ingénuité, de transparence. Avant même la *Petite Suite* de 1943, c'est à des enfants que s'adresse Ibert, ou à des adultes capables encore d'écouter un conte avec émerveillement...

*La Meneuse de tortues d'or* (en ré mineur, *un peu allant*) va paisiblement son chemin, avec son chant mélancolique, aux douces syncopes, harmonisé de septièmes ; une deuxième phrase a de délicates appogiatures, et un enchaînement d'accords parfaits ; plus loin naît un rythme berceur, dodelinement obstiné, qui accompagnera le thème à la reprise. Coda poétique, où le chant, escorté de quintes, disparaît dans un lointain mystérieux.

Le célèbre *Petit Âne blanc* (en fa dièse majeur, *avec une tranquille bonne humeur*) trottine gentiment sur une basse monotone de doubles croches, formant pédale de tonique, lance quelques ruades mignonnes, reprend son trot. Petit épisode de tierces cliquetantes aux deux mains, comme des grelots. Puis une seconde idée *(soudain très gai)*, qui rit sur des accords battus, passe à la basse, avec toujours quelques piaffements joyeux ; et le thème initial revient, plus débonnaire que jamais. C'est, dans ses bons jours, le Cadichon de la comtesse de Ségur, – à qui Paul Ladmirault consacrera tout un cahier (*Mémoires d'un âne*, publié en 1932). Ibert, lui, rentrait d'un voyage en Tunisie, patrie des ânes blancs...

La mélopée du *Vieux Mendiant (lent, tristement accablé)* est saisissante, dans sa simplicité : nue, désolée, avec quelques notes répétées qui tâchent d'être persuasives, elle est nettement en ut dièse mineur, au-dessus d'un accord obstinément rivé en si (sans la tierce) ; à peine change-t-on une ou deux fois de basse, pour un court instant, par glissement ; cet accord se trouve ainsi harmoniser le septième degré (mineur) du mode éolien. Couleur modale et ostinatos font ici songer à la manière de Bartók.

Un peu d'humour anglais, à la Debussy, avec *A giddy girl* (en sol majeur, *allant*), pour laquelle le compositeur préconise « un style de romance sentimentale anglaise », avec ritenutos maniérés, points d'orgue, nuances éloquentes. Ces deux mains qui alternent sur les accords cadencés, cette gauche qui croise coquettement la droite pour placer une ironique fin de phrase, ne se peuvent décrire à l'auditeur ; il y a ici un amusement gestuel, que seul le pianiste ressent, et qui le fait immanquablement sourire à chaque retour du motif de l'« étourdie » *(giddy)*. Sur la fin s'y ajoute, à la basse, un petit glissement chromatique, tout à fait irrésistible !

Deux pièces lentes, maintenant, de sujet semblable mais de style opposé ; elles peignent toutes les deux l'abandon, la solitude. Dans l'une, *Dans la maison triste* (en ut dièse mineur, *lent et plaintif*), écrite à trois portées, un do ♯ grave résonne tout au long de la première moitié, impliquant l'emploi de la troisième pédale, car la main gauche s'installe ensuite dans le médium, pour accompagner d'harmonies délicates une cantilène à sept temps, toute en syncopes et triolets. La seconde moitié du morceau fait entendre un choral (« doux et berceur »), en harmonies de septièmes, proche en atmosphère des sarabandes de Satie (ou de celle de

Debussy dans *Pour le piano*). Les deux dernières lignes sont étonnantes, dans leur économie de moyens et le pouvoir expressif qu'elles en tirent : un dernier souvenir du thème, à la gauche, dans l'extrême grave, la droite se contentant de répéter un faible mi, aux limites de l'audible...

Dans *Le Palais abandonné* (en si mineur, *grave et soutenu*), les mains jouent le thème à l'unisson, dans le registre médian, et se transportent à l'aigu pour faire vibrer, dans les intervalles laissés libres par la mélodie, des accords parfaits étrangers au ton ; effet de lointain, climat de mystère.

Après Debussy et Ravel, Ibert ne pouvait manquer d'inclure dans ses *Histoires* une pièce espagnole. C'est la septième, *Bajo la mesa* (en la mineur, *alerte et bien rythmé*) : rythme à 5/4, ostinato de la basse, accords acciacaturés que la droite arrache avec sécheresse, et une mélodie de couleur orientale, qui geint de toutes ses syncopes, récrimine sur quelques notes, et vient s'enrouler en feston aux cadences. La section centrale, plus variée, comporte un récit (unisson des mains), des effets de guitare (notes répétées, accords martelés du *rasgueado*), des lambeaux de phrases, de longues pédales, des effleurements de tambourins. Reprise à l'identique, et fin sur un dernier accord arraché.

Qu'elle est ravissante, cette *Cage de cristal* (en mi mineur, *un peu vite*), et comme on comprend que les jeunes pianistes aient du plaisir à la jouer ! Son thème de chanson populaire sonne d'abord à la gauche, sous des accords parfaits à contretemps. Une deuxième idée prend la relève, espiègle, pimentée d'appogiatures et accompagnée d'un trot de croches piquées. Le thème initial revient, harmonisé à quatre voix, comme un choral. Puis c'est une belle exaltation mélodique, sur des accords de septième, où bientôt s'immisce, à l'alto, le thème initial, avant la conclusion précipitée, sur le deuxième motif.

Le thème initial de *La Marchande d'eau fraîche* (en fa dièse mineur, *d'un petit pas égal et monotone*), joué staccato par les deux mains alternées, rend merveilleusement à la fois la démarche de la marchande, et le frais clapotis de la source où elle a puisé ses seaux... Un deuxième sujet (« gai et malicieux ») la montre vantant son eau précieuse, au milieu des caquets et des rires. Plus loin, soutenu par la pédale de dominante, c'est « un air de flûte lointain » qui déroule ses notes furtives. Puis le petit martellement reprend, et la marche repart.

La dernière pièce, *Le Cortège de Balkis* (en fa majeur, *dans un mouvement libre et brillant*), est sans doute la plus debussyste du recueil. Bonds légers du thème, proche de celui de *La Danse de Puck* (du premier livre des *Préludes*), triples croches trémulantes sur des basses à contretemps, souples rythmes pointés, avec la liberté d'une improvisation : ce sont les figures d'une danse rêvée, le ballet féerique de la reine de Saba. Fin fugitive, dans l'aigu, après une montée de quintes aux deux mains.

## Les Rencontres
COMP 1921-1924. PUB 1924 (Leduc). Les n°s 1, 2 et 5 orchestrés d'abord sous le titre *Trois Pièces de ballet* ; version symphonique intégrale en 1925.

Dans cette « petite suite en forme de ballet », la plus ambitieuse de ses œuvres pianistiques, Ibert déploie tous les prestiges d'une écriture variée, touffue, travaillée dans le moindre détail, d'un pianisme inventif, et d'une harmonie bien plus piquante que dans ses autres musiques de piano. Le trait devient précis, les frottements acerbes ; disons qu'il se ravélise, quand il était debussysant. Ce ne sont plus des enluminures fragiles, comme dans les *Histoires*, mais des eaux-fortes, burinées avec un soin extrême, – cinq portraits féminins, renouvelés des clavecinistes, et précédant de peu les *Jeunes filles* de Ropartz (1929) et les *Portraits* de Jean Françaix (1936). Il faut redécouvrir cette partition, une des plus séduisantes du piano français, dans le premier quart de notre siècle.

Après un mystérieux motif d'*introduction*, quatre notes en notation carrée, dont l'exécution est laissée au choix de l'interprète (comme les *Sphinxes* du *Carnaval* de Schumann ?), *Les Bouquetières* entrent en scène (en sol majeur, *vif*), avec la légèreté de leur thème en rythme pointé, leurs petits trémolos de secondes, les fusées qui relancent leurs motifs. « Dans un style de ballet Second Empire », précise le compositeur ; voilà qui implique sans doute quelques froufrous, quelques œillades, des coquetteries choisies : gare à jouer cela raide et empesé ! La section centrale est pleine d'ironie : thème en octaves, pâmé, que semblent ridiculiser les tambourinements de l'accompagnement, et ces tierces qui clignotent soudain, soulignées d'une gamme chromatique. Deux traits de harpe, trois notes qui traînent au milieu du silence : on croit revenir au début, mais non, l'intermède reprend, avec plus de passion, et ne s'arrête qu'à l'irruption de grands accords, fortement scandés, qui semblent moquer son lyrisme de pacotille. Alors seulement arrive la reprise, et le morceau s'arrête avec une dernière montée d'arpèges dans l'aigu, une ultime seconde vibrante au centre du clavier, et le sol grave de la basse.

La deuxième pièce à elle seule devrait valoir à cette suite une nouvelle fortune. Qu'on joue ou qu'on écoute une seule fois ces *Créoles* (en mi majeur, *souple*), on ne résistera pas à leur charme insinuant. Déhanchement voluptueux, et comme immuable, de l'accompagnement syncopé, calme rythme de habanera, et ces harmonies savoureuses, où les dissonances et la bitonalité ne sont que d'excitantes épices... La section centrale (en la bémol majeur, *un peu plus à l'aise*) a plus de langueur encore, et les syncopes y sont plus nombreuses, les basses plus vacillantes, les agrégats plus étranges, acidulés comme des fruits exotiques. On ne peut mieux évoquer la paresse des corps, l'oisiveté des âmes, la torpeur béate d'une île écrasée de soleil. Reprise, et fin un peu inattendue sur l'accord de sol dièse, où vibre la sixte ajoutée.

*Les Mignardes* sont-elles chinoises ? On le dirait à entendre ce début de gongs, de clochettes, de xylophones, rappelant les *Pagodes* debussystes (*modéré*, en la bémol mineur, – les six bémols indiquant ici la sixte majeure du mode dorien). Accords sans la tierce pour le thème pentatonique, ruissellements de doubles croches en doubles triolets. Le trio, lui, regarde plutôt du côté de l'Espagne : guitares, tambourins, claquements de talons, et bariolage d'accords, à l'andalouse... À la reprise, le thème initial tinte à l'aigu, prisonnier de giboulées d'arpèges, réparties entre les mains, puis retrouve ses quintes vides, l'accompagnement dévolu cette fois à la gauche. Un dernier énoncé du thème, un écho joué avec deux doigts, un arpège courant vers l'aigu, – et l'accord de tonique, avec, comme à la fin des *Créoles*, la sixte ajoutée.

La quatrième pièce est la seule où l'inspiration semble baisser d'un cran. Elles sont certes sémillantes, ces *Bergères* (en ut majeur, *tendre*), avec leur thème candide, leur rythme débonnaire, leurs ornements délicats. Mais, leur menu propos, peut-être ces harmonies trop raffinées l'obscurcissent-elles ; à si peu de matière, et si enjouée, il fallait moins de science. L'intermède, surtout, en montre trop, pour dire peu de chose, et même rabâcher. Pourtant, le courant de croches qui l'irrigue servira à rafraîchir la reprise. (« Morceau de passage », comme aurait dit Poulenc, pour reposer entre deux pièces de meilleure venue.)

*Les Bavardes* (en la majeur, *alerte*) sont en revanche tout à fait réussies, et composent un finale plein de verve et d'esprit. Un motif à 5/8, staccato de doubles notes alacres, caractérise ces joyeuses commères, dignes de celles qui caquettent chez Couperin, ou dans les *Tableaux* de Moussorgski. Le développement, sur un ostinato de la basse, alterne ce thème et un motif adventice entendu plus haut (mes. 13), et ménage un grand crescendo. Avant la fin, sonneries d'accords parfaits enchaînés, sous un long trille de la dominante (mi). Péroraison brillante, *fff*, en octaves, avec un arpège final plongeant dans le grave, et les deux accords de cadence arrachés au clavier.

### *Petite Suite en quinze images*

COMP 1943. PUB 1944 (Foetisch). DÉD à M. et Mme Lüthi-Nabholz.

Après la suite des *Rencontres*, Ibert n'avait plus offert au piano que quelques pièces brèves et isolées ; il y revient avec ce recueil de pièces faciles, une des plus belles musiques que l'on ait dédiées aux enfants (petits et grands). Dire qu'on l'y reconnaisse à chaque instant serait un pieux mensonge : peu d'auteurs ont ce privilège de garder intactes, dans de petites choses, leurs caractéristiques. Certes, on devine Ravel dès les premières mesures de la *Pavane* de *Ma mère l'Oye*, Debussy dans la moindre ligne de *Children's Corner*, et Satie dans les balbutiements des *Enfantillages* et autres *Peccadilles*. Mais peut-on vraiment désigner

Jolivet dans les *Chansons naïves* ? Séverac dans la *Valse romantique* d'*En vacances* ? Peu importe cependant ; ce que l'on ne peut méconnaître, à chaque page de ces quinze images, c'est le musicien sensible, c'est l'homme de goût et d'esprit, l'homme de cœur. Encore une fois, peu d'enfantines sont aussi profondément chargées de sens, nourries de suc. On est loin des fadaises que tel ou tel griffonne hâtivement et baptise, après coup, « Polka pour Aglaé », ou « Fanchon a du chagrin ». Que ceux qui jouent déjà cette *Petite Suite* lui conservent une part vivante de leur affection, et la placent souvent sur leur pupitre ; que les autres se hâtent de la découvrir, et d'en répandre la nouvelle !

Pièces trop courtes et trop fragiles pour qu'on les assassine de mots ; en voici une description rapide. Successivement un *Prélude* à trois voix, dont le thème chante tour à tour au soprano et à la basse, les deux autres voix formant une haie de doubles notes en valeurs plus longues ; une *Ronde* allègre, à 6/8 ; une façon d'invention à deux voix, véritable hommage à Bach, sous le titre *Le Gai Vigneron* ; une admirable *Berceuse aux étoiles*, dont le thème ingénu, harmonisé sobrement mais subtilement à quatre voix, flotte longtemps dans la mémoire ; un fringant *Cavalier sans-souci*, claironnant son thème joyeux sur le trottinement obstiné de sa basse en croches piquées ; une *Parade* « gentiment militaire », comme dirait le Debussy de *La Boîte à joujoux* ; un autre morceau très inspiré, *La Promenade en traîneau*, dont la mélodie se déploie lyriquement sur une basse d'Alberti qui imite l'allure monotone de l'attelage (et l'on ne sait quoi de désolé, en ces harmonies, serre la gorge et donne froid au cœur) ; une *Romance* expressive, sentimentale à souhait ; un *Quadrille* déluré ; une *Sérénade sur l'eau* dont les méandres mélodiques, sur le rythme égal d'une barcarolle à 9/8, semblent refléter les lents cercles de l'eau ; une petite étude de notes martelées, assez imitative pour pouvoir s'intituler *La Machine à coudre* ; un troisième morceau à marquer d'une pierre blanche, *L'Adieu*, qui avec son dolent thème de violoncelle à la main gauche, sous un accompagnement de doubles notes battues tout aussi chantantes, fait songer, en réduit et raccourci, à l'*Étude en ut dièse mineur* de l'opus 25 de Chopin ; une rêverie aux tendres syncopes, baptisée (pourquoi donc ?) *Les Crocus* ; un charmant *Premier Bal*, valse miniature, d'une élégance, d'un goût parfaits, pleine d'élans et de sourires entendus ; enfin, turbulente et quelque peu fruste, une *Danse du cocher*, scandée d'un bourdon obstiné où stridule une acciacature, et dont le thème se souvient de *L'Espiègle* de 1937.

PIÈCES DIVERSES. – Composé en décembre 1914 (et publié en 1916 chez Heugel), un **Noël en Picardie** inaugure le catalogue pianistique d'Ibert. Sous-titré « esquisse symphonique pour piano », il suit un argument du docteur Teissier, médecin d'armée en campagne. « Ce n'est point un Noël ouaté de neige... mais un Noël brumeux dans une nuit noire...

Petit soldat qui dans la tranchée entends le son lointain des cloches, ne sois pas triste ! Un Noël carillonnera une nuit à toute volée la gloire de la victoire... » Pages de circonstance, mais touchantes, avec leurs tintements sourds et persistants, leurs carillons de quartes étouffés dans la distance, l'éclosion, au bout d'un si ♭ répété, d'une mélancolique pastorale, et enfin la rayonnante et claironnante joie des dernières lignes, achevées en mi bémol majeur.

La pièce intitulée *Le Vent dans les ruines*, écrite « en Champagne » en 1915 (et publiée chez Gay en 1918), a beau avoir un titre impressionniste, elle tient à la fois de Liszt et du premier Fauré, dans son harmonie comme dans son pianisme. En fa mineur *(agitato assai)*, elle est faite de bruissements mystérieux, suivis de crescendos soudains. Écriture de mains alternées, tout au long, sauf dans la conclusion, où de très doux accords de septièmes enchaînées évoquent, parmi les dernières rafales de vent, un angélus de plus en plus lointain, – avant les trois mesures finales, rapides et violentes.

Des années vingt datent trois transcriptions, celles respectivement de *Féerique* (1924), de la *Française* écrite pour Ségovia (1926) et de la *Valse* de *L'Éventail de Jeanne* (1927). La première, quoique rédigée avec beaucoup d'habileté, sent trop la réduction, et ne peut rivaliser avec l'orchestre rutilant de la version originale. Mais la *Française* sonne aussi bien, et peut-être mieux, au piano qu'à la guitare (voyez d'ailleurs sa désignation facétieuse, « guitare pour le piano » !) ; et dans ces accords et ces gammes où les deux mains, en verve, alternent et se chevauchent, dans ces fausses notes stridentes, ces acciacatures cinglantes, ces rencontres bitonales, dans tout ce caprice brillant et coloré, le pianiste tient un attrayant bis de concert. Quant à la *Valse*, c'est du piano à part entière, au même titre que la *Pastourelle* de Poulenc (la plus connue des dix pièces de ce ballet collectif, où Ibert eut encore pour partenaires Ravel, Milhaud, Roussel, Auric...), et l'on aurait tort de s'en priver. On pourrait la considérer comme la neuvième « Valse noble et sentimentale » ; elle a, de celles de Ravel, les élans, les réticences, les coquetteries ; et la syntaxe en est fort voisine : harmonies aigrelettes, frottements bitonaux, ainsi qu'une précision d'orfèvre dans la notation.

Citons enfin deux autres contributions d'Ibert à des recueils collectifs. En 1929, une *Toccata sur le nom de Roussel*, pour l'hommage rendu à ce musicien par la *Revue musicale* : moins d'une minute de musique, spirituelle et pétillante comme un verre de champagne (parue chez Leduc) ; et en 1937, pour l'album *À l'exposition*, offert à Marguerite Long (édité chez Deiss), une pièce intitulée *L'Espiègle du village de Lilliput*, danse vive et légère, toute parfumée du mode mixolydien (sol majeur avec fa naturel, d'où l'absence de dièse à l'armure), avec un petit intermède mineur, ombré de mélancolie.

## Vincent d'INDY
(1851-1931) Français

Sévère, abrupt, escarpé comme sa montagne cévenole ; apparemment tout d'une pièce ; et on le lui rend bien. Ce doctrinaire intolérant, ce moralisateur entêté, ce contempteur du charme et de la sensualité, ce pourfendeur de l'art pour l'art, si rigide qu'il se battait en duel pour une opinion, pourquoi s'embarrasser de nuances quand il s'agit de le juger à son tour ? C'est dit, sa musique est laborieuse, ennuyeuse, inaccessible à l'émotion, à la tendresse, au plaisir. D'Indy a toujours montré plus d'opiniâtreté que d'abandon. Travailleur infatigable, à la journée réglée comme son papier à musique, il traque longtemps l'inspiration ; il croit pouvoir la forcer ; il lui tend toutes sortes de pièges scolastiques, que la maligne enjambe d'un pied léger. Avec son harnachement de règles et de formules, le pauvre compositeur est bien trop lourd à la poursuivre. Quand enfin il s'en empare, ce n'est pas elle, mais une cousine pédante, une vieille fille de province, affublée à la hâte d'un costume qui le leurre. Parle-t-elle, ce ne sont que chromatismes, qu'imitations, que constructions cycliques, où les thèmes x, y et z argumentent une assommante algèbre. Voilà un portrait souvent tracé, où il entre une part de vérité. Mais le modèle est infiniment plus complexe, malgré que lui-même en eût...

« Sans la foi, il n'est point d'art », affirme la préface du *Cours de composition*. Que d'Indy ait porté l'étendard de la religion catholique au point de combattre le choral protestant, au profit du grégorien, passe encore. D'ériger ses principes musicaux en articles de foi, c'est un pas plus hasardeux. Le fameux *Cours* vous a parfois des allures de Deutéronome. N'y contreviennent que les hérétiques. Mais à ses étroits préceptes, ni Beethoven, ni Schumann, ni Brahms, que d'Indy aimait si fort, ne figureraient parmi les élus. Encore moins Wagner, qu'il idolâtrait, et dont l'influence accable une bonne partie de ses œuvres. Cependant le *Cours* n'est le point de vue que du professeur (un des plus généreux, des plus dévoués, rendons-lui cet hommage, que la France ait connus). Le compositeur, à l'occasion, voit tout autrement. Les bornes que le premier croit nécessaire de poser sur le terrain, le second s'enhardit à les franchir.

Il y est poussé par deux ou trois forces, plus vives en lui que les leçons de la rigueur. La plus violente : un amour puissant pour la nature. Est-ce assez contradictoire ? L'homme de la Schola, de cette chose qu'on assimile aujourd'hui, à tort, à quelque grenier poussiéreux, ne respirait à son aise que dans ses chères montagnes, parmi les rochers exposés à tous les vents, les pins odorants, les bruyères, les torrents tumultueux. Cette âme étriquée par le dogme s'épanouissait à l'air des cimes, devant l'horizon infini. On assiste tout au long de son œuvre à cet apport bienfaisant et renouvelé, – à cela près qu'à partir de 1917, Agay, près de Saint-Raphaël, remplace le château des Faugs, et la mer la montagne ardéchoise. Le piano, à ces bouffées vivaces, a gagné le *Poème des montagnes* et les *Tableaux de voyage*, comme l'orchestre a gagné la *Symphonie cévenole*, *Jour d'été à la montagne*, le *Poème des rivages* ou le *Triptyque méditerranéen* (et son opéra *Fervaal* le début si poétique du deuxième acte, dans la montagne embrumée ; et son autre opéra *L'Étranger* l'étonnante « Tempête » finale).

L'autre source qui rafraîchit l'œuvre de d'Indy, qui en irrigue le sol ingrat et pierreux, c'est le chant populaire. S'il fut habile et même inventif en rythmes, aimant allier les mètres les plus divers, si le contrepoint, au détriment de l'harmonie, n'eut pas de secrets pour lui, ce n'était pas un fort en *thèmes* ; il n'en a pas créé d'inoubliables et en a commis d'assez malgracieux. Les meilleurs sont encore ceux qu'il a cueillis dans le folklore, lors de ses grandes randonnées à pied à travers le Vivarais (et dont il a publié une demi-douzaine de recueils). Thèmes souvent frustes, quelquefois rudes et pesants ; et c'est assurément cette verdeur qui l'attire. Mais leur spontanéité, leur naturel, leur accent de vérité nous changent de tous ces motifs volontaires (de ces « cellules », comme on disait à la Schola), créés de toutes pièces, avec leurs renversements et leurs rétrogrades, fabriqués pour être triturés, cyclés et recyclés dans cette façon de laboratoire à quoi le bon Franck, sans bien discerner l'avenir, a offert alambics et cornues. Chansons, rondes et bourrées ne sont pas seulement l'ingrédient indispensable des œuvres inspirées par la nature ; elles avivent de leurs couleurs la grisaille de maint ouvrage de « musique pure », qui sans elles ferait rimer grandeur et froideur : le *Scherzo* de la *Sonate pour violon et piano*, l'*Intermède* de la *Deuxième Symphonie*, celui du *Troisième Quatuor*, la *Gigue en rondeau* du *Deuxième Trio* sont des moments privilégiés de la musique de d'Indy, et tout simplement de vrais moments de musique. Le piano est peut-être mieux servi encore, avec le *Thème varié* et la *Fantaisie*, deux chefs-d'œuvre tardifs, qui valent bien des pages de sa jeunesse.

Voilà bien l'ultime contradiction de cet homme. Il s'aperçut qu'il lui restait, en dépit de lui-même, une âme juvénile (son remariage, en 1917, avec une de ses élèves de piano, y est pour quelque chose ; et le soleil de la Méditerranée ; et peut-être, après qu'il les eut combattus, le spectacle revigorant de ces jeunes iconoclastes qui s'ébrouaient joyeusement au sein de la musique). Et l'on put assister, dans la période dite « d'Agay », à une véritable métamorphose. Ce vieil amoureux de la Sonate se mit à courtiser une dame moins intimidante, la Suite, qui admet des manières plus libres, un ton moins soutenu, un langage moins guindé. Cet auteur broussailleux se trouva soudain armé de cisailles, tailla sans pitié dans ses buissons contrapuntiques, élagua son fatras d'école, y laissa enfin passer l'air et la lumière. Dans son catalogue pianistique (une vingtaine d'opus, soit un cinquième de sa production), c'est la *Fantaisie sur un vieil air de ronde française*, œuvre d'un alerte octogénaire, qui rejoint le mieux le *Poème* romantique de ses trente ans.

## LA SONATE ET LES QUATRE GRANDES ŒUVRES

Ces œuvres, autant de jalons, illustrent les trois âges de d'Indy : le *Poème des montagnes* et les *Tableaux de voyage* sa jeunesse, la *Sonate* sa maturité, le *Thème varié* et la *Fantaisie* son hiver. Elles résument son parcours, révèlent les meilleurs de ses dons, et devraient suffire à la survie de son nom parmi les pianistes.

### *Poème des montagnes* (op. 15)
COMP 1881. PUB 1886 (Hamelle). DÉD à Chabrier.

Ce *Poème*, chef-d'œuvre du jeune compositeur, alors âgé de trente ans, s'inscrit, à la suite de l'*Album d'un voyageur* de Liszt et avant certaines *Pièces poétiques* de Grieg, parmi ces musiques du plein air, des hautes cimes, des profondes vallées, qu'exalteront encore ses *Tableaux de voyage*, – et plus tard, sur ses traces, quelques belles pages de Ropartz *(Dans l'ombre de la montagne)*. Pèlerinage au cœur de la nature : c'est en Italie seulement que Liszt s'occupe à des livres, à des toiles, à des statues, à Dante et Pétrarque, à Michel-Ange et Raphaël ; en Suisse, il n'a d'œil, d'oreille et de cœur que pour les lacs, les sources, et ces ravins où l'écho des cloches s'exténue. Remarquons que Marie d'Agoult, qui l'accompagne, n'y paraît guère. Plus romantique, s'il se peut, d'Indy, dans ce cadre montagnard et cévenol qu'il chantera si souvent, peint une idylle : l'œuvre évoque en effet son amour pour sa cousine Isabelle, épousée en 1875, et bruit du souvenir de leurs fiançailles. Les trois volets en sont liés par un motif commun, une manière d'*idée fixe*, le thème de « la bien-aimée » : on reconnaît, enrobée de naïveté, la préoccupation d'une forme cyclique issue de Franck.

D'abord un court prélude, intitulé *Harmonie* ; parti de mi bémol majeur, et au rythme très lent de trois rondes par mesure (*large*, à 3/1), il consiste uniquement en grands accords vaporeux, qui juxtaposent les tonalités les plus lointaines (celles, en réalité, des pièces suivantes), avant de conclure sur l'accord de septième de dominante. On retrouvera ce morceau, un peu modifié, en épilogue.

La première partie, *Le Chant des bruyères*, s'ouvre sur un thème paisible et méditatif (en mi bémol majeur, *andante tranquillo*, à 4/4), au rythme doucement syncopé, à l'écriture de choral à quatre voix. On enchaîne avec un épisode (en ut majeur, *un peu plus vite*, à 9/8) où des doubles croches s'animent aux deux mains, sur une longue pédale de tonique. Le sous-titre *(Brouillard)* et l'indication de nuance (« *ppp* très lié et tout à fait estompé ») se complètent ; et en effet quelques notes thématiques à peine percent l'ouate de ces harmonies déjà impressionnistes. Échos de la cellule syncopée initiale, et souvenirs de Weber (la valse du *Freischütz*). Alors, dans le ton regagné de mi bémol, planant au-dessus des accords arpégés que soutient la pédale de dominante (si ♭), se lèvent les quelques notes, si expressives, du thème de « la bien-aimée ». Enfin le volet se referme (avec le sous-titre *Lointain*) sur son premier thème, le serein « chant des bruyères », accompagné cette fois, dans la brume de la sourdine, de trémolos impalpables et d'arpèges vastes et profonds.

Chabrier n'aimait guère la deuxième partie, *Danses rythmiques*, la jugeant trop gauche sous les doigts. Elle est pourtant du meilleur d'Indy, justement par son invention rythmique. Y alternent une danse (en sol majeur, *gaiement*) rude et franche malgré sa découpe capricieuse en mesures à 14/16, 8/16, 12/16, 10/16, – et une *Valse grotesque (allegro moderato)* dont on peut s'étonner que le dédicataire n'ait pas goûté la verve et les éclaboussures ! Au milieu, courte halte, avec la citation du motif de « la bien-aimée », dans un ré bémol inattendu et comme extasié.

La troisième partie *(Plein air)* commence par une *Promenade*, tissée d'accords où tremble une mélodie chaleureuse (en si bémol majeur, *andantino pas trop lent*, alternant 12/8 et 9/8). Puis c'est la rafale des *Hêtres et pins* (en si mineur, *allegro con fuoco*, à 2/4), avant le thème de « la bien-aimée », vibrant et soulevé de batteries de doubles croches. Le motif de la « promenade » réapparaît sous l'appellation de *Calme* (en fa dièse majeur), ce qui ne l'empêche pas de frémir d'arpèges et de contretemps ; et de même un *Coup de vent* reprend (en sol mineur) les martellements et la trépidation des « hêtres et pins ». Puis c'est la conclusion, sans doute un peu trop romantique, et naïve comme une image d'Épinal, avec le passionné *À deux* (en mi bémol majeur, *beaucoup plus lent*), où le thème de « la bien-aimée » devient, par l'écriture canonique, un duo entre soprano et ténor, porté par de grands remous d'arpèges, et toujours sur la pédale de dominante qui le caractérise ; et avec le doux et tendre *Amour (andantino calmato)*, qui le baigne encore d'arpèges et le berce à trois-contre-deux, mais cette fois sur la tonique (d'Indy lui-même a commenté cet emploi des pédales, l'une traduisant l'attente, l'autre la certitude).

En guise d'épilogue, retour de la page liminaire, *Harmonie*, où les mêmes lents et vastes accords sont redoublés jusqu'à l'extrême aigu (« à deux », n'est-ce pas ?), avant les six mesures finales, éteintes, presque imperceptibles, qui citent une ultime fois (avec la mention *Souvenir ?*) le motif amoureux.

### Tableaux de voyage (op. 33)
COMP 1889. PUB 1890 (Leduc). DÉD à Paul Poujaud.

Journal de voyage en treize étapes, rappelant quelques excursions dans le Tyrol et la Forêt-Noire, cette œuvre inégale, et sans doute un peu trop longue, contient quelques-unes des plus belles pages du piano de d'Indy.

Comme dans le *Poème des montagnes*, un leitmotiv de quelques notes parcourt le cycle, énoncé dès le début de l'énigmatique première pièce (en ut majeur, *assez lent*), dont le titre est un simple point d'interrogation, *?*. La deuxième, *En marche* (en fa majeur, *joyeusement*), fermement scandée, avec son staccato gaillard, son rythme pointé et ses accents sur les temps faibles, s'interrompt un moment pour une « causerie », où soprano et ténor se donnent la réplique ; le motif interrogatif y apparaît sur la fin, à la basse, discrètement.

Le thème syncopé de *Pâturage* (en la bémol majeur, *modéré, sans lenteur*), d'abord accompagné à la façon d'une valse, survole ensuite, dans l'aigu, un mince ruban de croches chromatiques ; et la joliesse ici ne va pas sans un peu de mièvrerie. Mais la pièce suivante est sans défauts, et c'est l'une des plus attachantes (en mi bémol majeur, *tranquillement*) : *Lac vert*, le titre va bien à ce souvenir de Fernsee, à ces harmonies parfumées, à cette mélodie sereine dont le balancement se heurte parfois, sans rudesse, à d'expressives syncopes.

La cinquième pièce, *Le Glas* (en ut mineur, *lent*), est sombre : quintes pesantes de la basse, chant accablé, et apparition, vers le milieu, du leitmotiv tout voilé de tristesse. *La Poste* (en la majeur, *assez vite*), après ce deuil, n'est qu'espièglerie ; elle superpose à un cliquetant et cahotant ostinato à 2/4 la gouaille d'un thème à 3/4, à jouer « bien en dehors », avec franchise et drôlerie ; poétique effet de lointain, pour finir.

*Fête de village* et *Halte au soir* sont plus quelconques, et le compositeur en aurait pu faire l'économie. Mais quelle merveille que *Départ matinal* (en ut dièse mineur, *gaiement et assez animé*), la perle du cahier ! Dans la verve, dans la couleur et l'invention sonore, d'Indy se rapproche ici de ce Chabrier qu'il aimait tant, et à qui il a dédié le *Poème des montagnes*.

Dans les « tableaux » restants, on trouvera peu à glaner. La dixième pièce, intitulée *Lermoos*, du nom d'un village tyrolien (en mi bémol majeur, *modéré, plutôt lent*), est encore fort belle, avec le rythme obstiné mais souple de sa basse (croche-noire-croche-noire, à 3/4), et ce thème qui s'épand sur une ondulation de croches ; l'écriture appogiaturée de la gauche, dans la dernière partie, est une trouvaille. Mais *Beuron* (c'est le nom d'une abbaye bénédictine), fugue à trois voix (en fa mineur, *calme et grave*), est ennuyeuse à périr, et l'emploi en contre-sujet du motif BACH n'y changera rien.

La douzième pièce, *La Pluie* (en si mineur, *assez animé*), évoque joliment les gouttelettes de l'ondée, réseau de fines doubles croches aux mains alternées, puis s'élargit pour peindre les « sommets dévastés » (en sol mineur), suggérés par ces quelques notes chantantes au-dessus d'un murmure de croches à la main droite, et de vastes arpègements de noires, à la gauche, noyés dans la pédale. Tout cela bien long, cependant. La dernière page (« au gîte ») passe au mode majeur.

La treizième et dernière pièce, *Rêve*, n'est pas à la hauteur des meilleures du recueil ; elle énonce d'abord de mystérieux accords, puis jette quelques élans rythmiques, que coupent un écho (accéléré !) du *Glas* et un rappel du *Lac vert*. Conclusion en ut majeur, sur le motif interrogatif duquel l'œuvre entière est issue.

(En 1891, d'Indy orchestrera six des treize pièces : *?*, *En marche*, *Le Glas*, *Lac vert*, *La Poste* et *Rêve*.)

## Sonate en mi (op. 63)

COMP 1907. PUB 1908 (Durand). DÉD à Blanche Selva. CRÉ par Selva (25 janvier 1908).

Après les *Tableaux de voyage*, d'Indy s'éloigne du piano : dix-sept ans, pendant lesquels il produit une abondante œuvre symphonique (*Istar*, la *Deuxième Symphonie*, *Jour d'été à la montagne*) et lyrique *(Fervaal, L'Étranger)* ; pendant lesquels, aussi, naissent les poèmes pianistiques de Debussy, Ravel, Déodat de Séverac, aux harmonies nouvelles, à la forme souverainement libre. Quand il revient à l'instrument, c'est pour montrer, et même démontrer, que dans un temps d'« estampes », d'« images » et de « miroirs », il garde le culte d'un art abstrait et rigoureux. La *Sonate* est une manière de credo, la meilleure illustration d'un idéal élevé, d'une technique consommée. Monument imposant, certes, et plus encore que la *Sonate* de Dukas, qui la précède de peu (1900). On ne lui rend pas justice en la regardant du dehors ; il faut y pénétrer ; et, négligeant à la fois son algèbre (voir l'analyse si rébarbative qu'en a donnée l'auteur !) et son idéologie, sa symbolique du Bien et du Mal (selon l'analyse non moins rebutante de Blanche Selva), n'écouter que la musique. On découvre une œuvre touffue, composite, inégale, mais étonnamment sensible, – au fond un des derniers témoignages du romantisme.

La construction est cyclique, avec trois thèmes principaux s'activant en trois mouvements : variations, scherzo, et finale en forme sonate.

Le premier mouvement *(modéré)*, après deux pages d'introduction qui, alternant par deux fois fougue et tendresse, citent les trois thèmes (appelons-les A, B, C), expose A, le plus important des trois (et que d'Indy appelle *thema*), sous la forme d'un paisible choral (en mi mineur, *simplement*). Suivent quatre variations amplificatrices, entre lesquelles B sert essentiellement de lien : climat tourmenté de la première, qui divise entre les mains les battements d'accords de l'accompagnement ; chromatismes douloureux, soupirs, appogiatures, arpègements de la deuxième ; volubilité, emportement des triolets de la troisième ; atmosphère fiévreuse de la quatrième (sol mineur), où C apparaît, en octaves au-dessus des sourds roulements de la basse, où B est pris dans un halo de trilles, où pour finir A et C se superposent, sans vraiment s'unir. Au bout de ces luttes, de cette angoisse, et comme s'il trouvait enfin sa véritable nature, voici A transfiguré, dans la lumière de mi majeur (*thema mutatum*, tient à préciser le texte), et dans une paix céleste qui fait invinciblement songer à tant de moments similaires dans la musique de César Franck.

Vif et piquant scherzo (en sol majeur, *très animé*), halte rafraîchissante avant le périple du finale. On remise un moment le *thema* et son sérieux, pour se divertir de figures brisées issues de B. Où est, ici, la sévérité ordinairement associée au nom de d'Indy ? Ces fantasques martellements d'accords, ces quintes rustiques à la basse, ces brusques oppositions de nuances, ce joyeux rythme à cinq temps, enfin toute cette vie frémissante est à l'opposé de la discipline ; ce qui reste d'école se fait ici buissonnier. Deux trios, dérivés respectivement de C et de B ; l'un (en mi bémol majeur) joue de ses longues pédales, de ses accords délicats (notre compositeur, quand il le veut, a aussi l'oreille harmonique...), de ses soudains envols de gammes légères ; l'autre (en ut mineur) est au contraire précis, nerveux, incisif, et contient à son tour un bref et savoureux épisode, sonneries bruyantes et festoyantes, riant de tout l'éclat immaculé d'ut majeur.

Le finale *(modéré)* reprend l'introduction du premier mouvement, en y ajoutant un nouveau thème (D), caractérisé par ses petits orbes qui s'élèvent graduellement vers l'octave et retombent en se brisant. Puis c'est le travail complexe d'une forme sonate où D et B servent de sujets principaux. Où le premier volet de l'œuvre n'avait fait que *varier*, celui-ci *développe*, non sans nous étourdir, parfois, de son complexe savoir. Il y a de beaux élans, que semble étrangement freiner l'écriture. Le déchiffreur, à tout le moins, s'emmêle les doigts et le cerveau : plus que jamais, ici, il faut un interprète inspiré, au souffle large, à l'âme épanouie, et qui puisse enjamber avec superbe les chausse-trapes techniques ! Enfin, après une première et discrète rentrée (où il est joué à contretemps au pouce droit et enrobé d'arpèges), le thème A connaît son apothéose (en mi majeur, *très large et puissant*), claironné à toute volée en accords, – qui ne laissent pas, cependant, de s'éteindre peu à peu : la dernière page, où quelques arpèges se défont lentement, où quelques accords s'exténuent, conclut dans une séraphique douceur.

***Thème varié, Fugue et Chanson*** (op. 85)
COMP août-septembre 1925. PUB 1926 (Rouart-Lerolle). DÉD à Blanche Selva. CRÉ par Selva (5 mars 1926).

Dans ces tapageuses années vingt, qui voient naître l'*Album des Six*, les *Improvisations* de Bartók, la *Suite « 1922 »* de Hindemith, y a-t-il place pour une œuvre aussi sage, aussi tournée vers le passé ? L'ombre de la Schola peut-elle s'étendre aussi loin ? Un franckiste, un d'indyste comme Ropartz donnera, en 1929, des *Portraits de jeunes filles* d'une fraîcheur, d'une liberté étonnantes, pour un homme de soixante-cinq ans... Mais d'Indy demeure imperturbable ; la forme prime, et l'ancienne grammaire ; ce qui ne l'empêche pas pourtant, çà et là, de sourire, de s'émouvoir : cette œuvre injustement méconnue recèle des moments de vivante musique.

Le *Thème* (en fa majeur, *lent et soutenu*) est caractérisé par son mouvement ascendant, en paliers, et par sa seconde augmentée initiale (sol ♯), qu'on retrouvera tout au long des variations ; il est compliqué, d'aspect plutôt revêche, et pourrait faire craindre le pire pour la suite. La 1$^{re}$ variation, dansante, en rythme pointé *(un peu plus vite)*, dissipe cette inquiétude, et encore mieux la 2$^e$, qui marque le thème aux pouces, au milieu de grands intervalles brisés, que les mains jettent en sens contraire. La 3$^e$ festonne en doubles croches chromatiques, avec croisement de la gauche, qui complète dans l'aigu la mélodie esquissée par la droite ; écriture séduisante, avec quelque chose de fauréen dans l'euphonie, la subtilité harmonique. Changement de rythme et de tonalité dans la 4$^e$ (en ré majeur, *plus vite, joyeusement*), où les croches à 12/8 tournoient en mouvement perpétuel. La 5$^e$ (en fa majeur, *assez lent*) est un nocturne, romantique et passionné, opposant le chant ternaire de la droite (9/8) à l'accompagnement binaire de la gauche (3/4). La 6$^e$ (en ré bémol majeur, *modéré*) est peut-être la plus belle, qui, sur une basse obstinée, fait entendre une étrange marche, hésitant entre le funèbre et le triomphal, et entre le mineur et le majeur. Enfin une 7$^e$ et dernière variation (en la majeur, *un peu plus lent*) apporte soudain, avec sa mélodie douce et chaleureuse et son accompagnement berceur, le souvenir de Schumann (celui du célèbre *Schlummerlied*).

Un récitatif *(modéré, sans rigueur)* sert de prélude à la *Fugue* (en fa mineur) : pourquoi celle-ci nous ramène-t-elle à l'école, dont quelques pages précédentes nous avaient fait sortir ? Ici, cela sent à nouveau la craie du tableau noir et la poussière des vieux manuels ; aucune nécessité n'a dicté cette page ; il fallait une fugue, par un présupposé de l'esprit. Tout le début, du reste, a encore de la substance ; à l'entrée des doubles croches, elle s'est peu à peu épuisée...

Mais voici, métamorphosant le thème de la fugue (lui-même dérivé du

*Thème* initial), la *Chanson* (en fa majeur, *animé et à pleine voix*). Qu'on ne se méprenne pas sur ce titre : ce dernier volet n'est pas le moindre en dimension, et se subdivise à son tour en plusieurs parties, à la façon d'un rondo, dont les couplets sont liés par une série de martellements aux mains alternées. Accents populaires, bonne humeur de l'énoncé initial. Puis c'est une section de couleur sombre, syncopée, très chromatisante (en ut mineur, *un peu plus large*). Plus loin, le thème est clamé avec une belle vigueur (en la majeur, *très animé*). La coda *(largement)*, en accords de choral sur d'amples arpèges, va de fa mineur à fa majeur, en triomphe, – avant une courte conclusion *(lent)*, recueillie, assourdie, où traîne une dernière fois la seconde augmentée qui fonde le thème, et l'œuvre entière.

## *Fantaisie sur un vieil air de ronde française* (op. 99)

COMP 1930. PUB 1931 (Heugel). DÉD à son ami de jeunesse Charles Langrand, « en souvenir de notre bon vieux temps ». CRÉ par Jean Doyen (28 mars 1931, Société nationale).

D'Indy, presque octogénaire, signe ici sa dernière œuvre pianistique. Il y renouvelle la réussite du *Thème varié* de 1925, et même avec quelque chose de plus libre, de plus alerte, disons : de plus jeune, dans l'écriture. Six variations (dont une fugue) sur le thème de « La Marjolaine », un finale plus varié encore et plus bariolé : ces pages ont toujours de quoi séduire, et les pianistes ont tort de s'en priver.

Un *Préambule* claironne les trois premières notes du thème (sol-la-ré), suivies de froufrous de triples croches aux deux mains accolées, et de rapides glissements chromatiques, fondus dans la pédale. Puis c'est le « vieil air de ronde française » lui-même (en sol majeur, *mouvement de marche*), gai et pimpant, imitant « fifres et cors de chasse », rythmé à 6/8, avec çà et là l'intrusion d'une mesure à 9/8 qui en froisse plaisamment la symétrie, sans compter quelques arrêts intempestifs, comme autant de chiquenaudes. La 1$^{re}$ variation (en si mineur, *le double plus lent*) est un contrepoint à deux voix : on y reconnaît bien le thème (et plus loin son renversement), mélancolisé par le mode mineur, le tempo, la nudité de l'écriture. La 2$^e$, « à trois » (en si majeur, *allègrement*), bondit à 3/8, sur les trois premières notes du thème, lancées à la volée. La 3$^e$ (en sol majeur), coiffée du mot latin *pluribus* (« à plusieurs voix »), modulante et éloquente, réveille le fantôme de Franck. La 4$^e$ (en mi bémol majeur) commence en marche, avec tambours à la basse et trompettes au-dessus, pour finir en romance, aux arpèges romantiques. Le lyrique nocturne de la 5$^e$ (en ut majeur, *très modéré*), où le thème inversé chante à deux-contre-trois sur les arpèges de la gauche, pourrait passer pour du Rachmaninov, avec quelques fausses notes ! Puis c'est un *Intermède*, reprenant le *Préambule*, avant la petite fugue agile de la 6$^e$ variation.

Variations aussi, tout compte fait, que le long finale de six pages, qui traverse divers rythmes et climats (on notera le martelage sur une note, fa ♯ ou fa, qui sert de cloison entre les épisodes), avant une joyeuse paraphrase du thème en notes répétées *(animé)*, et un dernier énoncé *(très animé)*, paraphé d'un glissando des deux mains en sens contraire, d'une acciacature goguenarde, et d'un triple sol conclusif, vigoureux comme un coup de poing.

## LES AUTRES ŒUVRES

Il y a de tout dans ce rayon, depuis l'exercice infrivole et maussade jusqu'à la sucrerie de salon. On donnerait à peu près tout le paquet pour les seules valses d'*Helvetia*, une partition adorable, aujourd'hui bien méconnue. (La charité commande que l'on passe sous silence les *Romances sans paroles*, op. 1, et la *Petite Sonate*, op. 9, où d'Indy n'a pas vingt ans et semble aussi peu à l'aise à l'air libre qu'en prison...)

***Quatre Pièces*** (op. 16)
COMP 1882. PUB 1885 (Hamelle). DÉD à Ernest Chausson.

Leur auteur ne les tenait pas en haute estime ; c'est d'elles qu'il écrit, en mars 1883, à Pierre de Bréville : « Dites à Hamelle que je lui destine des morceaux de piano à l'usage des *Fräulein*, tout ce qu'il y a de plus horrible ; cela lui plaira évidemment. » On ne sait, de fait, quoi épargner dans ce recueil sans inspiration, écrit pourtant au lendemain du *Poème des montagnes*, et la même année que les délicieuses valses d'*Helvetia*. Oublions la *Sérénade* (en mi majeur, *allegretto giocoso*), avec son irritant et grêle petit thème, accompagné tour à tour d'accords à contretemps « quasi pizzicato », d'arpèges staccato, et pour finir orné d'appogiatures, le tout voulant suggérer mandoline ou guitare (et penser que ce sont, dans la même tonalité, les ingrédients mêmes qui réussiront si bien au Debussy de la *Serenade for the Doll* !). Au morne *Choral grave* (en la majeur, *andante*), qui accumule en ses vingt-sept mesures tous les tics harmoniques de d'Indy, résolutions contournées, chromatisme abusif, c'est-à-dire utilisé à contresens, et toujours au moment le moins naturel, – au *Scherzetto* (en mi majeur, *allegro vivace*), qui pourtant, dans ses tournoiements à 3/8, ravira les *Fräulein* d'aujourd'hui, – on préférera l'*Agitato* final, sous-titré « Étude » (en si mineur, *allegretto con moto*) ; il semble au début un réchauffé de la *Sonate en sol mineur* de Schumann : il brasse pareillement les doubles croches, en arpèges brisés, sous un thème qui se veut d'élan et de passion, mais que rien ne tire d'une prose assez quelconque ; cependant l'intermède (en mi bémol) apporte une bouffée de réelle musique : beau thème d'accords, au-dessus de longues pédales, harmonies chatoyantes, contretemps expressifs, et le balancement final du trois-contre-deux.

(Noter que la *Sérénade* de cet opus 16 et la valse *Aarau* d'*Helvetia*, orchestrées, forment ensemble l'opus 28 de d'Indy.)

*Helvetia* (op. 17)

COMP 1882. PUB 1885 (Hamelle). DÉD à Fauré, Messager, Louis Diémer.

Réussite incontestable que cette suite de trois valses, dont chacune porte le nom d'une localité de la Suisse alémanique. À peu près à l'époque où Fauré compose ses premières *Valses-Caprices*, voici d'Indy à son tour piqué non d'une vilaine mouche, mais d'une vive abeille, qui réveille d'un coup ses muses les plus assoupies. Que n'a-t-il utilisé plus souvent cette encre légère ! Thèmes joyeusement chantants, harmonies fraîches, pianisme séduisant (chose rarissime chez lui : même le beau *Poème des montagnes* témoigne de quelques gaucheries). Et pour que les trois temps de la valse ne soient jamais un carcan, il lui trouve des souplesses et des nonchalances qui font fi de la barre de mesure, et accueille volontiers des motifs à deux temps dans l'envol de son 3/4.

Ainsi la première valse, *Aarau* (en ré majeur, *allegretto molto moderato*), est-elle toute palpitante de cette équivoque rythmique, avec sa mélodie battue à deux noires, par-dessus un accompagnement bien nettement à trois ; et le trio (en sol) y ajoute ses syncopes, et ses appogiatures.

La courte deuxième valse, intitulée *Schinznach* (en fa dièse majeur), se contente d'une forme ABABA où A et B sont toujours intégralement repris ; ce manque d'élaboration est pourtant compensé par un thème charmeur, et des harmonies délicates.

Le début de la troisième, *Laufenburg* (en si majeur, *allegretto non troppo*), la plus belle et la plus étendue, est caractérisé par ces deux croches de la basse, au troisième temps, qui scandent le rythme et donnent à la mélodie son aisance légère ; plus loin, à la faveur d'un épisode de croches soyeuses, un ravissant petit mordant s'installe, et vient accompagner la rentrée du thème. Trio en sol, fluide, en birythmie, et qui module avec beaucoup de raffinement.

*Nocturne* (op. 26) – *Promenade* (op. 27)

COMP 1886 et 1887. PUB 1889 (Hamelle). DÉD à Marguerite Lamoureux ; à Mme Robert de Bonnières.

Auprès de ceux que Fauré vient d'écrire (les *Quatrième* et *Cinquième Nocturnes*, publiés en 1885), il paraîtra bien pâle, et gourmé, ce *Nocturne* de d'Indy (en sol bémol majeur, *assez lent*), malgré maints passages caressants et presque voluptueux (la fin, par exemple, toute baignée d'arpèges) ; remarquons-y pourtant l'intermède (en ré majeur, *le double plus vite*), à la birythmie curieuse, les doubles croches à 2/4 de la main droite superposées aux croches à 5/8 de la gauche.

Selon les jours, on jugera bizarre la conduite harmonique de la *Prome-*

...nol majeur, *modéré et simplement*), ou bien on lui trouvera de charme acidulé. Ici encore, il faut noter l'intermède, de ...que impressionniste, avec ce friselis de tierces et autres doubles ...se bercent ces phrases tendres, en écho de l'aigu au grave.

*nian* (op. 30)
... PUB 1889 (Hamelle). DÉD à Clara Janiszewska.

...t du titre, il y a dans ces trois morceaux moins de Schumann ...de Mendelssohn ; et leur sous-titre, d'ailleurs, « chants sans pa... » semble l'avouer. Tout au plus la partie vive de la troisième rap...t-elle un passage de la grande *Humoresque*. Du reste, aussi bien ...ur Schumann que pour Mendelssohn, on reconnaît plutôt la lettre que ...esprit...

La première pièce est la mieux venue ; paisible méditation (en fa majeur, *modéré sans lenteur*), dont l'écriture disposée à quatre voix admet quelques imitations fugitives. On en retrouve le principe dans la troisième (en sol majeur, *assez modéré*), de forme ABA, où les volets extérieurs se répondent, le dernier élaborant en canon la mélodie principale ; c'est dans cette pièce que le fantôme de Schumann sort enfin de la coulisse : le volet central (en sol mineur, *vif*), avec ses rythmes enchevêtrés, sa fébrilité, ses élans fougueux, lui ressemble. La deuxième pièce, tripartite elle aussi, oppose à l'allant joyeux de sa partie principale (en mi bémol, *assez vite*) la gravité d'un intermède polyphonique et très modulant *(un peu lent)*, dont quelques mesures sont reprises à la fin de la pièce, en guise de conclusion.

### *Menuet sur le nom de Haydn* (op. 65)

COMP 1909. PUB 1910 (d'abord dans le numéro *Haydn* de la *Revue de la Société internationale de musique*, en janvier, puis chez Durand).

Cette contribution à un hommage collectif, auprès de Debussy, Ravel et Reynaldo Hahn, n'est sans doute qu'une bagatelle, elle n'en est pas pour autant à dédaigner. D'Indy y a mis plus d'esprit qu'on ne le dit d'ordinaire. Les cinq notes de HAYDN (si-la-ré-ré-sol) lui inspirent, comme à Ravel, un menuet (en sol majeur), qui ne manque pas d'ironie dans ses cadences, d'humour dans ses croisements de mains, de piquant dans ses détours harmoniques. Le trio, plus précautionneux, dévide un fil de triolets, d'une main dans l'autre.

### *Treize Pièces brèves* (op. 68)

COMP 1908-1915. PUB 1916 (Henn, Genève). DÉD « à mes élèves des cours de piano du 2ᵉ degré de la Schola cantorum ».

Petits morceaux composés en vue des épreuves de lecture ; la plupart manquent singulièrement de charme, et même de la plus élémentaire euphonie. On peut retenir, cependant, la pièce intitulée *L'a*[...], fa mineur, *tranquillement*), le *Chant triste* (en ut mineur, *modéré*), le *Souvenir* (en mi bémol mineur, *assez lent*), rythmé à 5/4, avec syn[...] et triolets. Ces harmonies parfois fort curieuses, obérées qu'elles sont [...] le pur souci du contrepoint, conviennent davantage à la veine élégiaque de d'Indy qu'à ses velléités d'humour : la *Burlesca*, le portrait de *L'Étourdie*, celui de *La Rieuse*, sont presque sinistres...

## Pour les enfants de tout âge (op. 74)

COMP 1919. PUB 1920 (Rouart-Lerolle), en trois livres. DÉD à Marie-Alice de la L[...]

Cette œuvre à but pédagogique avoué, cette « chronologie abrégée de la musique, des formes et des styles du piano » (il faut lire l'interminab[le] préface), en vingt-quatre pièces, on a envie de la considérer comme un enfantillage, la récréation d'un musicien bientôt septuagénaire. Sans le savoir, elle vise moins les enfants que les adultes, moins les débutants que les déchiffreurs avertis. Aux premiers, en effet, elle enseignera peu de chose : une sonate de Mozart, un prélude de Bach, un impromptu de Schubert leur parleront davantage que ces pâles copies, qui n'ont que les tics des modèles, sans aucune de leurs vertus. Mais ces trois cahiers pourront amuser les seconds. D'Indy a beau se défendre d'avoir produit des pastiches, et se vanter (à tort !) de n'avoir pas « repoussé, dans cette réalisation, les trouvailles harmoniques modernes », il entend bien suggérer, à chaque fois, les caractéristiques des compositeurs qu'il présente à son lecteur. On s'interrogera sur l'échec complet de quelques-uns de ces portraits : Couperin, Scarlatti, Mozart, Schumann, Debussy sont méconnaissables ; de leur euphonie, si naturelle, si primordiale à qui les veut entendre, rien ne demeure ; ils grincent horriblement, ils sont déformés comme dans un miroir de fête foraine. Et rien n'est plus déconcertant, et même désolant, que les deux pages (nos 8 et 13) qui, « après une audition de la *Passion selon saint Matthieu* » et « après une audition du *Douzième Quatuor* », prétendent faire revivre Bach et Beethoven.

Chopin, Liszt, Franck, et même Chabrier, sont mieux traités ; ils n'auraient pas signé ces pages (c'est toute la différence avec *À la manière de...*, les délicieux pastiches de Casella), mais la description est ressemblante. De l'ensemble des vingt-quatre pièces, les meilleurs moments sont peut-être les mélodies grégoriennes (n° 2), – la musette de Rameau (n° 7), qui n'a rien à voir avec Rameau, mais fait un joli badinage, tout bigarré de fausses notes et épicé de modalismes, – le Schubert (n° 15), presque authentique, lui, et inspiré. Notons enfin que dans le n° 22, sans titre, on reconnaît la propre écriture de d'Indy ; et que l'œuvre s'achève sur une note satirique (n° 24), caricature de ce que l'auteur nomme le *modernstyle* : glissandos sur les touches noires, sur les touches blanches, basses sèches, nuances opposées, fragments syncopés, et « avec un profond ennui », successions de quartes en mouvement contraire... (on trouvera une semblable satire, plus près de nous, dans *La Promenade d'un musicologue éclectique* de Jean Françaix, qui adresse un hommage de sa façon à la musique contemporaine).

### *Contes de fées* (op. 86)
COMP 1925. PUB 1926 (Rouart-Lerolle). DÉD à Berthe Duranton.

Une suite de cinq pièces, qu'on ne saurait dire « enfantine » ; elle a beau évoquer fées et princes charmants, son écriture la réserve à des pianistes confirmés. L'œuvre, une fois de plus, est inégale. Le *Cortège chevaleresque d'un prince charmant* qui l'ouvre (en si majeur, *mouvement de marche modéré*) est bien empesé, dans sa mesure à 5/4, et sonne étriqué, en dépit de ses accords solennels, qu'accompagne, dans la dernière page, une basse éclatante, en triolets arpégés. *La Fée Aurore* (en sol bémol majeur, *tranquillement*) est d'harmonie plus confuse encore que complexe ; tout juste les dernières mesures trouvent-elles un peu de la grâce que suggère le titre. Mais la pièce suivante, *Les Petits Marchands de sable*, est très prenante (en ré majeur, *mouvement de valse lente*) : sa longue mélodie de quintes possède un charme étrange, qui persiste à la reprise, dans un fin réseau d'arpèges, à trois-contre-deux. *Apparition* (en fa dièse majeur, *lentement*) mêle les clichés harmoniques aux sonorités déroutantes (le passage à 7/16). On termine dans la bonne humeur, et fort loin de l'imagerie des contes, avec la *Ronde des villageois* (en si mineur, *joyeux et un peu lourd*), dont les doubles croches décidées tournoient et dansent avec entrain.

### *Paraphrases* (op. 95)
PUB 1929 (Heugel). DÉD « à l'ami Paul Braud ».

Contre l'avis de Cortot, je tiens que ce cahier de six pièces est une petite réussite, et qu'il n'y a pas meilleure manière de quitter l'œuvre de piano de d'Indy que de le réunir, à sa façon plus modeste, au dernier chef-d'œuvre du musicien octogénaire, la *Fantaisie sur un vieil air de ronde française* (voir plus haut). Il est vrai que la langue est rude, les harmonies rugueuses, et inattendu le maniement des chansons enfantines qu'il a choisi de « paraphraser » ; mais quoi, on reconnaît ces thèmes (c'est toute la différence avec les *Pièces brèves*), et leur parure, loin de repousser, suscite la curiosité ; beaucoup d'humour se glisse entre les lignes, et qui n'est ni « morose », ni « appliqué ». Les meilleures de ces pochades : la troisième, *Il pleut, bergère*, où, après le thème de promenade, de plus en plus dissonant, tombent les « premières averses » en petit staccato chromatique et bientôt soufflent les « rafales » d'arpèges ; et la quatrième, *L'enfant do*, avec, après la mélodie bien connue, un « rêve » de l'enfant, caressé de triolets mélodieux.

## Désiré-Émile INGHELBRECHT
(1880-1965) Français

Prestigieux chef d'orchestre, Inghelbrecht écrivit surtout pour ce vaste et multiple instrument dont il jouait mieux que quiconque, et qu'il pratiqua fort longtemps. Des partitions comme les esquisses symphoniques intitulées *Automne*, le poème *Pour le jour de la première neige au Japon* et la *Rhapsodie de printemps*, ou comme les *Danses suédoises* et l'*Iberiana* pour violon et orchestre, révèlent deux de ses dilections particulières, la nature d'une part, de l'autre le folklore. On ne lui voit d'intérêt pour le piano que dans ses jeunes années ; et le peu de pages qu'il lui consacre reflètent les mêmes inspirations : voici des nénuphars au crépuscule *(Esquisses)*, un parterre inondé de soleil, un clair de lune au-dessus du coteau *(Paysages)*, voici des chansons du terroir de France *(Nurseries)* ou d'ailleurs *(Suite petite-russienne)*. Ce grand défenseur de la musique de Debussy, dont il fut l'ami, manie souvent la même plume que son aîné et la trempe dans une encre toute semblable à celle que nous aimons dans les *Images* ou dans *Children's Corner* ; et cependant, on parlera moins d'imitation que de connivence. Du reste, il sait donner à ses notations rapides un relief aigu, une fermeté que l'on ne trouve guère chez les francs épigones, les debussystes attardés, et qui parfois manque même au modèle ; et sa façon d'harmoniser un thème populaire est unique, délectable, d'une étonnante efficacité.

### *Deux Esquisses*
COMP janvier-février 1903. PUB 1912 (Senart). DÉD à Marcel Chadeigne.

Deux pièces impressionnistes, qui montrent en ce jeune homme de vingt-trois ans un adepte de ce qui se fait de plus moderne en son temps. 1903, c'est la date des *Estampes* de Debussy. Inghelbrecht n'est pas à la traîne. Sa *Marine*, la première des *Esquisses* (en ré majeur, *molto moderato*), emploie le vocabulaire du maître. Un remuement d'arpèges en quintolets suggère le flux et le reflux des vagues. Il s'agit moins de peindre que de faire sentir, – et sentimentalement. Lisons l'épigraphe : « Mes peines et mes joies sont comme les vagues de la mer. Les vagues qui viennent sur moi sont mes peines. Celles qui s'en vont de moi sont mes joies. » Le compositeur ne s'accorde pas le recul de l'esthète ; jeux d'eau et reflets ne lui seraient rien s'ils ne lui renvoyaient un écho de l'homme. Cette gamme par tons qui pose « tristamente » ses tierces majeures consécutives, ce soudain « appassionato » qui fait mousser une écume de triples croches, cette hésitation finale entre majeur et mineur attestent la permanence de l'âme romantique.

La deuxième pièce, *Nénuphars crépusculaires* (en sol mineur, *lento, grave*), est l'opposé de la précédente, toute immobilité quand l'autre n'était que mouvement. Ces grands accords profonds et religieux, qu'il faut, l'auteur le recommande, arpéger le moins possible, rendent « l'atmosphère anesthésique de la serre », telle que la décrit une assez longue épigraphe. Effet magique, à mi-parcours, de cette brusque modulation où les cinq dièses de si majeur succèdent aux deux bémols initiaux.

### *Suite petite-russienne*
COMP février 1907. PUB 1907 (Demets). DÉD à Madeleine Lapuszewska, Marguerite et Charles Sordes, Marcel Chadeigne, Ricardo Viñes, Florent Schmitt.

Inghelbrecht montra très tôt son goût pour les folklores de tous pays, qui l'amènera à écrire ses délicieuses *Nurseries*, harmonisations de chansons populaires françaises, aujourd'hui encore ses pièces les plus connues. Le titre de la *Suite petite-russienne* suffit à indiquer son inspiration. Cinq thèmes tour à tour y sont sollicités, dans une grande variété de couleurs, de rythmes, de climats.

*J'ai aimé Ivan* (en si bémol majeur, *moderato*) commence dans la mélancolie, sur un accompagnement syncopé, mais se termine en danse endiablée. – Le *Chant du vent* (*molto lento*) a l'air d'être en ut mineur, dans son premier énoncé, sans accompagnement ; puis le voici harmonisé en mi bémol, avec des contrechants chromatiques ; mais ut mineur l'emporte à nouveau à la dernière reprise, qui s'exalte jusqu'au fortissimo, avant de retomber mornement, sur la dominante.

*Kozatchka* (en ré majeur, *vivace*, puis *allegretto assai*) est une danse, à 2/4, que ses contretemps, ses vives appogiatures, ses quintes en bourdon, font rebondir dans l'allégresse ; l'épisode médian, plus chantant, s'accompagne d'arpèges volubiles.

Dans la quatrième pièce, intitulée *Mon cœur* (en si bémol majeur, *andantino*), le thème chante ingénument, redoublé deux octaves plus bas, avant d'être captif de beaux enchaînements harmoniques : entendez-le, par exemple, vers le milieu, planer sur le battement des accords, dans un ré bémol que la quarte lydienne (sol ♮) rend translucide et légendaire.

La dernière pièce, un *Chant de soldats* fièrement rythmé (en sol majeur, *allegro deciso*), s'arrange pour citer dans le désordre, comme autant de couplets de rondo, chacun des morceaux précédents, avec leur climat propre et leurs harmonies.

### *Paysages*
COMP septembre-octobre 1918. PUB 1920 (Chester). DÉD à Lucy Speiser (mais le n° 2 porte à la fin : « pour Mme Paulette Haurigot »).

Un chef-d'œuvre méconnu, cinq pièces alliant la poésie à l'humour, et de belle facture pianistique. On songe à la fois à Debussy et à Séverac.

C'est un peu le journal d'un week-end, non pas « de l'aube à midi sur la mer », mais du crépuscule à midi à la campagne, dans le val d'Oise.

*Courdimanche à l'horizon* est le titre d'une pastorale (en si majeur, *simplice*), fraîche et naïve, avec son flûtiau de berger, ses échos d'un registre à l'autre, ses contrepoints en lignes doucement sinueuses, ses accords de dixième montant harmonieusement des basses, et dans la section médiane ce chant paisible et vespéral qui s'exhale sur un ostinato de la gauche, dans l'odeur aromatique du mode dorien.

Un si ♭ qui résonne aux deux bouts du clavier, répercuté par l'écho ; des accords effleurés en appogiature ; un thème qui monte du grave à l'aigu, mêlant les harmonies de ré mineur et de fa mineur (c'est-à-dire frottant la ♭ et la ♮), – enfin un la ♭ tintinnabulant dans l'aigu, sur trois octaves : c'est le décor argentin de *La Lune sur la plaine* (en ré mineur, *lent et calme*), qui doit certes beaucoup à certaine *Lune sur le temple qui fut* de Debussy (deuxième série d'*Images*), – pour la palette autant que pour le sujet. Très beau passage central : thème nostalgique, en valeurs longues, au-dessus des arpèges asymétriques de la gauche, qui font fi de la mesure (croches par trois dans un rythme à 4/2) ; effet lunaire d'une notation qui superpose dièses et bémols sur les mêmes notes (par exemple ré ♯ et mi ♭, ou mi ♯ et fa).

Si la musique devient descriptive, dans *Le Réveil de la ferme* (*animé*, en ré dorien, sans si ♭), c'est avec une remarquable sobriété. Quatre notes conjointes y suffisent, fa-sol-la-si, avec un ré entêté qui crépite, assimilant la pièce à une étude pour les notes répétées : voilà suggérés les piaillements, les caquètements de la basse-cour, un glissando venant quelquefois imiter des ailes qui se froissent, un dindon qui fait la roue, ou le jabot avantageux d'un coq. Dans la partie centrale, de brusques et incisives appogiatures semblent simuler une querelle, une prise de bec ! Les dernières pages éclatent de traits mordants et d'accords, – mais un énorme diminuendo fait taire tout ce monde, et l'on n'entend plus, au fond du piano, que le ré, tonique tenace, qui finit par s'éteindre à son tour.

De même que Déodat de Séverac, en ses déambulations en Languedoc ou en Cerdagne, rencontre un *Coin de cimetière au printemps*, ou s'arrête devant *Le Christ de Llivia*, de même Inghelbrecht évoquera, au milieu de sa suite, *Une croix sur le chemin*, c'est-à-dire l'un de ces humbles et si nombreux calvaires qui jalonnent les campagnes de France. Ainsi le religieux côtoie-t-il le profane : ici Inghelbrecht se démarque de Debussy, dont ce ne fut jamais la spécialité. La pièce n'a pas d'armure à la clé, mais la présence insistante de la quinte descendante sol ♯-do ♯ ne laisse pas de doute sur le ton d'ut dièse mineur (un instant converti en ré bémol majeur, par enharmonie) ; elle régit même les rapports harmoniques les plus lointains, comme dans la section *calme*, un peu avant la fin, où elle sous-tend en pédale obstinée la plainte des accords chromatiques. Le reste de la pièce est en lignes souples, à jouer rubato, où s'entremêlent croches par deux et par trois.

*Le Parterre ensoleillé (modéré)* n'est que prestiges pianistiques, éclaboussures de lumière, grésillements d'étincelles, arpèges aussi vifs que des météores, tierces baignées d'or, martellements sonores où le ton de ré majeur est tout illuminé par la quarte lydienne sol ♯ (d'où cette armure à trois dièses). Les figures les plus capricieuses zèbrent la page comme autant de rayons. Des cinq pièces, c'est la plus virtuose, – la plus debussyste aussi : à chaque pas du disciple on voit la trace du maître ; et cependant, peu importe, la réussite est incontestable, et les pianistes ont décidément bien tort de se priver de telles beautés.

## TRANSCRIPTIONS

Après les *Paysages*, le catalogue pianistique d'Inghelbrecht se réduit à des transcriptions. On trouve dans une réduction pour piano (publiée en 1930, Universal) les **Trois Poèmes dansés** écrits en 1923-1925 pour la célèbre ballerine Carina Ari, qu'il connut quand il dirigea les Ballets suédois et qu'il devait épouser en 1928. La réalisation n'est guère engageante aux doigts du pianiste, et l'œuvre ne gagne rien (c'est une litote) à échanger ses couleurs orchestrales contre ce gris, si nuancé soit-il. Des trois pièces, intitulées respectivement *Rêve*, *La Danse pour les oiseaux* et *L'Album aux portraits*, la deuxième est celle qui a le mieux supporté la métamorphose. Tous ces motifs fantasques, picorés, becquetés sur la gamme par tons, secondes vrillantes, ramages arpégés, en alternance avec de lents accords de quartes et de quintes où les mains vont à la rencontre l'une de l'autre, composent une volière de plus dans le répertoire de notre instrument.

Les **Six Danses suédoises** de 1929, dédiées à Mascha Heyman et Gösta Nystroem (ce dernier, compositeur et peintre suédois) et publiées en 1932 (Salabert), sonnent fort bien au piano et constituent un agréable déchiffrage. Mais où est donc Inghelbrecht là-dedans ? Elles auraient pu être signées de quelque faiseur de la fin du siècle dernier. Simples danses du terroir, brouet ordinaire, relevé pourtant de quelques épices harmoniques : mais on est loin des *Slätter* de Grieg... ou tout simplement des raffinements qu'Inghelbrecht a mis dans ses propres *Nurseries*.

Car cette rubrique de transcriptions n'aurait pas lieu d'être, sans ces fameuses **Nurseries**, inséparables du nom d'Inghelbrecht. Il a commencé très tôt, dès 1905 et jusqu'à 1932, à harmoniser sous ce joli nom un choix de chansons enfantines, comptines, rondes, airs de toutes les provinces françaises. La version originale, la seule à prendre en compte, les destine au piano à quatre mains. Mais ces petites pièces sont si réussies dans leur genre, avec leur variété de touche et d'accent, leur alternance d'humour et de mélancolie, leurs harmonies fruitées, qu'on peut être tenté d'essayer la version à deux mains qu'en a procurée le compositeur. Il ne faut pas s'en priver ; mais on s'apercevra très vite qu'elle est souvent bien ingrate à jouer. Inghelbrecht n'y a rien élagué de l'original, se contentant d'accumuler sous dix doigts ce qu'il avait réparti efficacement à vingt. Sinon dans le propos, il n'est plus question ici de musique « enfantine » ; et l'auteur ne s'y trompait pas, qui a dédié les recueils à deux mains à de grands pianistes : Alfred Cortot, Marguerite Long, Walter Gieseking, Magda Tagliaferro... (le dernier à sa femme Germaine).

Si l'on s'en tient aux moins maladroites de ces réductions (publiées chez Mathot/Salabert, sauf le troisième recueil), voici quelques titres à relever. Dans le premier recueil, *Petit papa* (en la majeur, *andantino*), tendre et doux, qu'on aimera se rejouer pour la modulation en ut dièse à l'avant-dernière ligne, démentie sans coup férir par la dernière mesure ; *J'ai descendu dans mon jardin* (en ré majeur, *allegretto*), pour son amusante alternance de 2/4 et 3/4 ; *Berceuse pour une poupée malade* (en sol majeur, *moderato*), où la saveur de cette harmonisation de « Dodo, l'enfant do » fera passer sur quelques dispositions d'accords trop vastes.

Dans le deuxième recueil : *La Bergerie* (en ut majeur, *vivo non troppo*) et *Une poule sur un mur* (en sol majeur, *allegretto assai*), scherzos ravissants, à réserver à des virtuoses et pouvant servir de bis originaux, avec leurs notes répétées vivaces, leurs secondes joyeuses, les appogiatures cocasses du second, les effets rythmiques du premier, qui cite à trois-contre-deux « Il était une bergère »...

Dans le troisième (recueil publié chez Leduc) : *Nous n'irons plus au bois* (en fa majeur, *allegretto simplice*), aux harmonies exquises, un des plus inspirés de la série. Citons aussi, en dépit de passages vétilleux pour la main gauche, le plaisant *Sur le pont d'Avignon* (en si bémol majeur, *allegretto assai*).

Dans le quatrième (en réalité le cinquième, si l'on considère la numérotation individuelle des pièces) : la petite gigue guillerette de *La Boulangère* (en ré majeur, *allegro deciso*) et l'aubade mélancolique de *À mon beau château* (en si bémol majeur, *moderato*).

Dans le cinquième (voir remarque du paragraphe précédent) : *Malbrough*, tableau haut en couleur, avec les rantanplans de tambours, les fanfares (mode mixolydien : fa ♮ en sol majeur, si ♭ en ut majeur), la bataille saturée de trémolos graves, l'épilogue *maestoso* où les derniers cuivres expirent au lointain.

Dans le sixième et dernier recueil : *Le P'tit Marchand d'allumettes* (en ut majeur, *allegretto*), scherzo persifleur, pour ses secondes écrasées, ses appogiatures hilares, autant de pichenettes dans ce blanc majeur, – qui n'empêche pas le morceau de finir à brûle-pourpoint sur la dominante !

Enfin, à la même famille que les *Nurseries* appartiennent les **Pastourelles**, sept pièces où Inghelbrecht harmonise fort joliment des noëls anciens (version pour orchestre en 1943 ; version pour piano publiée en

1949, chez Durand). On reconnaîtra, par exemple, « Il est né, le divin enfant » dans la *Berceuse du bœuf et de l'âne*, – mais aussi, plus inattendu, dans *La Marche à l'Étoile*, le *Prélude* de *L'Arlésienne* de Bizet, qui n'est lui-même qu'un vieux noël provençal...

## John IRELAND
(1879-1962) Anglais

L'œuvre pianistique d'Ireland, forte d'une *Sonate*, d'une *Sonatine*, d'une *Rhapsodie*, de deux *Ballades*, d'une vingtaine de pièces en recueils et d'une vingtaine de morceaux isolés, pourrait bien constituer, avec ses mélodies, l'essentiel de son catalogue. Il y a mis le meilleur d'une sensibilité et d'un art irrémédiablement partagés entre impressionnisme et romantisme ; c'est-à-dire, comme on l'a souvent souligné, entre Debussy et Brahms. L'exemple de celui-ci, transmis par l'enseignement de Stanford, assure chez lui la solidité, parfois la rigidité de la forme, la précision de la ligne ; alors que celui-là lui a appris la souplesse, la couleur et la liberté.

Mais au commencement, pour Ireland, était la littérature ; plus exactement un livre découvert en 1906, *The House of Souls*, d'Arthur Machen, cet écrivain gallois dont il affirma plus tard que la lecture était indispensable à quiconque voulait comprendre sa musique. Les deux hommes se rejoignaient dans un même goût pour les mythes païens, les légendes celtes, tout un monde surnaturel, tout un univers occulte et ténébreux qui revit dans les *Decorations* du musicien. Certains lieux, comme les îles anglo-normandes de Jersey et de Guernesey, auront sur lui une emprise quasi magique, il y retournera fréquemment en pèlerinage, les invoquera dans quelques pages magnifiques.

De Debussy à Ireland, de Ravel à Louis Aubert, de Gabriel Dupont à Samazeuilh ou à Castelnuovo-Tedesco, la mer a toujours inspiré les grands impressionnistes. Ce ne sont qu'isles joyeuses et barques sur l'océan, houles, sillages, tempêtes sur les flots ! D'ailleurs, depuis Liszt, l'évocation de l'élément liquide sous toutes ses espèces n'est-elle pas une des spécialités du piano ? Ireland n'en doute guère, qui nous donne avec *Amberley Wild Brooks* une des pièces aquatiques les plus séduisantes de la musique anglaise. Au surplus cet amoureux de la nature, persuadé qu'elle est, selon les vers fameux de Baudelaire,

...un temple où de vivants piliers
Laissent parfois sortir de confuses paroles,

sait encore chanter l'éveil du printemps *(April, Fire of Spring)*, ou évoquer un cyprès, un cerisier *(Greenways)*, des amandiers en fleurs *(The Almond Trees)*.

La veine lyrique fournit une bonne part de l'œuvre pianistique d'Ireland. Non que les pièces qui précèdent ne dévoilent ses sentiments profonds ; mais enfin il en est de véritablement passionnées, et quelquefois jusqu'au pathétique, comme *For Remembrance, Obsession* ou le *Prélude* de 1924 ; comme encore le *lento* de la *Sonatine*. Alors se ranime en lui un double romantique, vaguement vergogneux d'ainsi s'attarder dans notre siècle, – un poète à fleur d'âme, dont le langage, si précis et dépouillé quand il s'agit de suggérer une clairière au clair de lune, court le risque de s'épaissir : voyez en particulier *Chelsea Reach*.

Un dernier Ireland, et non des moindres à mon gré : celui qui manie à merveille l'humour, et qui sait communiquer une franche et saine allégresse. Le *ragamuffin*, ou gamin des rues, qui passe en sifflotant dans les *London Pieces*, l'espiègle Puck dont un des *Pastels* fête l'anniversaire, le gai luron portraituré dans *Merry-Andrew* nous invitent à leur ronde, et il n'y a pas moyen de leur résister. Pas plus qu'on ne réfrène son enthousiasme devant la fin de la *Sonate* ou celle de la *Sonatine*, ou devant la dernière pièce du cycle *Greenways*, celle qui célèbre dans la verve le laurier et l'aubépine.

## LES CYCLES

### *Decorations*

COMP août 1912, mai 1913 et juin 1913. PUB 1915 (Augener).

Ireland a reconnu qu'il avait subi dans ce cycle de trois pièces, sa première œuvre importante pour le piano, l'influence des tout récents *Préludes* de Debussy (1910), et tâché d'imiter leur liberté de style, leur puissance de suggestion, la nouveauté de leur langage pianistique.

« *Here, between sea and sea, in the fairy wood,/ I have found a delicate, wave-green solitude* », dit l'épigraphe de *The Island Spell*, empruntée à Arthur Symons. L'île qui ensorcelle le musicien (*spell*, c'est le charme, au sens magique du terme) est Jersey, « solitude verte, entre mer et mer », – Jersey qui fut, huit ans plus tôt, l'« isle joyeuse » de Debussy... Pour traduire ce sortilège, la main droite fait tinter comme un carillon, « *as if a chime* », quelques notes cristallines, au-dessus de vaguelettes de doubles et triples croches divisées entre les deux mains (en ré bémol majeur, *allegretto*). Un grand crescendo central mène à des accords retentissants sur les touches blanches, assaut de clarté du soleil au zénith ; puis tout retombe dans la tranquillité et le murmure, avec l'eau qui frissonne au fond du piano et des gouttelettes de lumière qui perlent dans l'aigu azuré.

Une incurable tristesse imprime sa marque sur les trois pages de *Moon-Glade* (« Clairière au clair de lune »), elles aussi ornées de quelques vers de Symons. Des arpèges s'effilochent *(poco lento)* dans une harmonie mystérieuse, tissée en vérité de tons purs librement juxtaposés et parfois superposés. Une voix chante à l'abandon dans le flou de la nuit, caressée de très douces appogiatures ; poète et musicien regrettent la fuite du temps : « *I am sad in the night ; / The hours till morning are white, / I hear the hours' flight/ All night in dreams...* »

La troisième pièce, *The Scarlet Ceremonies* (« Les Cérémonies écarlates », en la bémol majeur, *con moto*), est issue d'un passage du roman *The House of Souls* d'Arthur Machen, qui eut une influence déterminante sur l'imaginaire d'Ireland. Cette histoire de petite fille entraînée dans un étrange royaume de fées lui fait écrire une de ses pièces les plus virtuoses, toute vibrante de trémolos, gagnant peu à peu en enthousiasme, dans les éclaboussures d'une harmonie en incessante modulation.

## *Préludes*

COMP 1913-1915. PUB 1918 (Winthrop Rogers).

Quatre pièces, un cahier inégal. Le premier prélude, *The Undertone* (en sol majeur, *poco sostenuto*), est plus un tour de force qu'une pièce inspirée, encore qu'on la puisse jouer avec beaucoup d'efficacité. Parler « *in an undertone* », c'est parler à voix basse ; et ici, ce qui se glisse presque à l'insu de l'auditeur, à l'intérieur de la trame de ces mesures à 5/8 (et parfois en dehors), c'est un motif obstiné de dix croches, qui persiste sans le moindre changement quelles que soient les harmonies où la musique se développe ; on finit inopinément en mi mineur.

Le troisième prélude, *The Holy Boy* (« Le Saint Enfant », en fa majeur, *andante tranquillo*), doit peut-être son nom au temps de l'Avent où il fut composé ; il a eu son heure de gloire, mais ce n'est qu'un cantique assez banal et dévot, confit dans un modalisme de convention.

Le quatrième, *Fire of Spring* (« Fougue printanière », en ré majeur, *animato*) est de loin meilleur, s'enflammant en effet progressivement (« *appassionato* »), pour finir dans une belle gerbe d'accords debussystes.

Mais le plus remarquable du cahier est le deuxième prélude, *Obsession* (en la mineur, *allegretto con moto*), avec sa tonalité instable, ses accords altérés, ses effets bitonaux, son allure de barcarolle spectrale, inquiète, échevelée...

## *London Pieces*

COMP automne 1917 (n°ˢ 1 et 2), 1920 (n° 3). PUB 1918 et 1920 (Augener).

Trois pièces, un des chefs-d'œuvre d'Ireland, et de la musique anglaise de piano ; il n'a pas trop vieilli, et ceux qui ne le connaissent pas, de ce côté de la Manche, le découvriraient encore avec plaisir. On emboîte volontiers le pas à l'auteur dans cette flânerie au cœur d'une ville qui l'a souvent inspiré (par exemple dans la *London Overture* pour orchestre).

*Chelsea Reach* est la barcarolle des bords de la Tamise, un opulent morceau de huit pages (en la bémol majeur), pétri dans une riche et chaude pâte d'accords. Sans doute y manque-t-il un peu d'air, et ce rythme uni de croches à 6/8, qu'aucune ondée, aucune brise de doubles croches ne vient rafraîchir, finit par paraître monotone. Mais quel lyrisme ! Ici le romantique l'emporte en Ireland, lui fait donner la main à Fauré, à Chopin, voire au Granados des *Goyescas*, – avec d'ailleurs une sentimentalité toute particulière, qui ne saurait procéder que d'une âme anglaise...

*Ragamuffin*, c'est le « gamin des rues » londonien, l'équivalent de notre titi, de notre gavroche. Il suscite une pièce délicieuse (en mi majeur, *con moto, ma non troppo allegro*), la meilleure des *London Pieces*, pleine de verve et de gouaille, et aussi d'ingénuité : on n'y trouvera pas le côté pince-sans-rire et quelque peu sarcastique de tel prélude « anglais » de Debussy (celui par exemple qui campe le *General Lavine*) ou, pour demeurer chez les Britanniques, de telle pièce du facétieux *Kaleidoscope* de Goossens. L'humour d'Ireland a moins d'angulosité que de rondeur. Son gamin se déhanche gaiement sur un petit air débonnaire, qu'il promène avec lui sur tous les tons. Un sifflet strident par-ci, une preste cabriole par-là, un glissando conclusif, et le voilà passé.

Dans *Soho Forenoons* (« Matinée de Soho », en la mineur, *allegretto*) traîne le souvenir des musiciens ambulants de ce quartier entre tous pittoresque, leur chanson naïve, que mélancolise la sixte majeure du mode dorien (fa ♯). Mais il y a aussi des bouffées joyeuses, des accents plus drus, des rythmes de tambourin ; et la fin est d'un éclat presque orchestral.

### *Greenways*

COMP 1937. PUB 1938 (Winthrop Rogers). DÉD à Herbert S. Brown, Alfred Chenhalls, Harriet Cohen.

Trois arbres, et trois citations poétiques correspondantes, sont sollicités dans cette petite suite pastorale, qui nous donne une fois de plus d'Ireland l'image d'un humaniste, mêlant nature et littérature dans la même ferveur.

La première pièce, *The Cherry Tree* (« Le Cerisier », en ré majeur, *moderato e con grazia*), a pour exergue des vers d'Alfred Housman : « *And since to look at things in bloom / Fifty springs are little room, / About the woodlands I will go / To see the cherry hung with snow.* » C'est un des morceaux les plus ravissants d'Ireland ; il y renonce à la fois aux subtilités compliquées de ses œuvres ambitieuses, et au maniérisme sentimental des autres. Cela coule de source, et charme sans mièvrerie. Une douce mélancolie imprègne ces pages traversées de frais courants, de brises légères qui font frémir la neige des cerisiers en fleurs ; le chant s'exhale avec confiance, en phrases harmonieuses, à partir de l'appui de quelques notes répétées.

À ces pages sereines s'oppose la grave et funèbre méditation de *Cypress* (en fa mineur, *andante mesto*), qui cite Shakespeare : « *Come away, come away, death,/ And in sad cypress let me be laid.* » Lignes torturées, rongées par le chromatisme, dissonances douloureuses.

Après quoi, nouveau contraste, *The Palm and May* (« Le Laurier et l'Aubépine », en mi majeur, *con moto*) est peut-être la pièce la plus radieuse, la plus épanouie de tout le piano d'Ireland, – et il ne s'agit pas de la verve bruyante et caricaturale de *Ragamuffin* ! « *The Palm and May / make country houses gay* », dit l'épigraphe empruntée à Thomas Nash. L'allégresse de ces arpèges agiles, de ces rythmes dansants, de ces triolets en arabesques brillantes, est vraiment communicative et fait bondir le cœur.

### *Sarnia*

COMP avril 1940-mars 1941. PUB 1941 (Winthrop Rogers). DÉD à Alfred Sebire, à « Michael », à Mrs. Mignot.

Un sexagénaire retourne aux paysages de ses trente ans, retrouve ces îles anglo-normandes qui l'avaient inspiré : après le Jersey de *The Island Spell* (première pièce des *Decorations*), voici Guernesey, « Sarnia » en latin, qui se voit consacrer tout un cycle, trois pièces, la dernière œuvre importante du piano d'Ireland.

La première pièce, *Le Catioroc* (en la mineur, *quasi lento*), suit de près l'épigraphe empruntée au géographe Pomponius Mela, selon lequel ce lieu est silencieux durant le jour, non sans qu'y rôde une certaine angoisse, mais dans la nuit luit de feux follets, résonne de chœurs d'égipans, accompagnés de flûtes et de cymbales (« *cantus tibiarum et tinnitus cymbalorum per oram maritimam* »). Toute la première partie, avec son obsédante pédale de la, frappée sur tous les temps, et son chant nostalgique, décoré d'arabesques et relevé de modalismes (le sol ♮ éolien, plus loin le fa ♯ dorien), rend véritablement perceptible ce silence d'un bord de mer, et ensemble on ne sait quelle sourde inquiétude, à goût de sel et d'embruns. La section centrale, au contraire, régie par le rythme pointé, frémit de joie et, partie de la bémol majeur, ne cesse de moduler, aussi bariolée et dansante que l'autre était monochrome et statique. Puis, la fête nocturne achevée, on retrouve la mélopée du début, sa pédale obstinée, son immuable lenteur.

On sera peu tendre, en dépit de l'envie, pour la deuxième pièce, *In a May Morning* (en mi bémol majeur, *con moto moderato*). Qu'elle cite une quinzaine de lignes des *Travailleurs de la mer* de Victor Hugo met d'abord en curiosité. On attend l'équivalent musical de ce printemps qui jette « tout son argent et tout son or dans l'immense panier percé des bois », de cette plénitude qui fait deviner « l'effort panique et sacré de la sève en travail ». Et l'on ne rencontre que la chanson légère d'une muse de cabaret, vêtue d'oripeaux harmoniques empruntés au jazz, voire à la « variété »... La partie centrale (en ré majeur), heureusement, renonce à cette guimauve, et s'ébat en rythmes joyeux, en arabesques gracieuses.

La troisième est bien meilleure, si même elle ne pèche pas par l'originalité. Harmoniquement, en effet, et un demi-siècle plus tard, Ireland finit comme Debussy a commencé. Ce qu'on entend dans ce *Song of the Springtides* (« Chant des marées de printemps », en ré majeur, *allegro comodo*), que précèdent quelques vers de Swinburne, c'est l'auteur d'une certaine *Suite bergamasque*, on peut même préciser : d'un certain *Passepied*. Comptez aussi que le morceau est un peu court d'idées, qu'il répète insatiablement ses motifs ; mais il y met tant de fraîcheur, de contentement, de charme ingénu, qu'on n'y reste pas insensible. Et pour les doigts, c'est un vrai plaisir !

### *Three Pastels*
COMP 1941 (mais le n° 1 remonte à 1906). PUB 1941 (Augener).

Un petit cahier poétique, où l'on aimera tout particulièrement la troisième pièce, *Puck's Birthday* (en la majeur, *vivace e brioso*), un scherzo agile et dansant où Ireland, après Debussy (et d'ailleurs dans le langage à peu près de *Minstrels*), célèbre le « *merry wanderer of the night* » de Shakespeare. La première pièce, *A Grecian Lad* (*poco andante*, début en sol mineur, fin en si bémol majeur), est une touchante élégie sur la mort de Narcisse, « *one that many loved in vain* », selon l'épigraphe empruntée à Housman ; couleurs de pastel, en effet, un peu délavées, dans des teintes roses et grises. Le moins réussi est le deuxième morceau, *The Boy Bishop* (en la bémol majeur, *calmato e semplice sempre*) qui, parti sur une phrase de grégorien, qu'il harmonise finement, avec un accompagnement en syncope ou contretemps, devient vite languissant et répétitif.

## LA SONATE ET LES GRANDES PIÈCES ISOLÉES

### *Rhapsody*
COMP mars 1915. PUB 1917 (Winthrop Rogers).

Une lointaine descendante des *Ballades* de Chopin. Ireland, qu'on dirait plutôt un miniaturiste, travaille ici dans la fresque, montre du souffle, trouve des accents de barde plus encore que de conteur.

Plan tripartite (ABA), où A est basé sur deux thèmes, comme une exposition de sonate, et où B sert d'intermède. Le premier thème de la partie principale est emporté, déclamé avec vigueur (en la mineur, *allegro riso-*

*luto*) ; le second tendre, doucement balancé (en fa majeur), et rappelant quelque peu, dans son atmosphère de légende, celui qui ouvre la *Deuxième Ballade* de Chopin. Tous deux se développent avant l'intermède. Celui-ci *(poco più moto)* commence dans un climat irréel ; ce sont des arpègements de soie, des tintements de cristal (« *a chime-like sonority* ») ; puis, la basse aidant, avec ses groupes scandés de quatre croches, cela devient une espèce de marche, croissant en force et en éclat, jusqu'au *con fuoco fff*. Réexposition de A, avec un nouveau développement (on notera le retour allusif, presque tronqué, du second thème, *tranquillo*, comme en rêve). Coda brillante, miroitante d'arpèges, dans le mode majeur.

### *Sonate*
COMP octobre 1918-janvier 1920. PUB 1920 (Augener).

Une des meilleures sonates d'une école anglaise qui en compte au total beaucoup plus qu'il n'y paraît dans nos concerts et dans nos disques. C'est une œuvre où le lyrisme prédomine, et qui de ce fait ne comblera qu'à moitié les amateurs de sonatisme dialectique. Ireland invente de beaux thèmes chantants, les habille d'harmonies opulentes, les développe dans un lacis de doubles croches où certains censeurs n'ont vu qu'une « monotonie affairée », mais qui enchante les pianistes, à juste titre.

Il y a d'excellentes choses dans l'*allegro moderato* initial (en mi mineur), en particulier le premier thème, expressif, bien profilé, avec un rien de Prokofiev ; il fournit d'ailleurs l'essentiel du morceau et accapare tout le développement. Un petit épisode pensif le sépare du second thème (en si bémol majeur), celui-ci d'un humour peut-être insolite après ce début sérieux, et rappelant, par son déhanchement et son accompagnement d'accords à contretemps, l'esprit gentiment railleur du *Ragamuffin*, le « gamin des rues » des *London Pieces*. Le développement est rempli, outre le premier thème, de carillons que les mains croisées secouent dans l'aigu. La réexposition (en ré mineur) traîne un peu trop sur l'idée principale, qu'elle redéveloppe, et a le tort de finir par une longue et bruyante coda. Mais enfin on va jusqu'au bout sans déplaisir.

Le mouvement lent (en si bémol majeur, *non troppo lento*) s'ouvre sur une grave et noble mélodie, évocatrice de temps anciens, et délicatement variée en ses énoncés successifs. La section centrale (début en si mineur), plus extérieure, embellie d'arpèges et de battements, a toute la langueur d'un nocturne romantique ; on y sent l'improvisateur au contact de l'ivoire, ne se lassant pas des harmonies qu'il éveille, les assemblant avec volupté. Le dernier volet ramène le premier thème dans une parure encore plus précieuse, et s'achève dans des sonorités très douces, effleurées dans le lointain.

Finale (en mi majeur) sur trois thèmes : un ample chant d'accords *(con moto moderato)*, servant de refrain, capable de s'élever jusqu'à l'héroïque, – une phrase où domine un dessin rythmique entraînant *(poco più moto)*, – un épisode plus lyrique, établi sur des pédales consécutives *(tranquillo)*. La nature même de l'inspiration d'Ireland pousse chacune de ces idées tour à tour, et plusieurs fois, vers son point culminant, et risque d'engendrer, si l'interprète ne sait pas les doser, une inflation de fortissimos : il faut garder le meilleur pour la fin, deux pages des plus enthousiastes, une rayonnante volée de cloches.

### Sonatine

COMP juin 1926-octobre 1927. PUB 1928 (Oxford University Press). DÉD à Edward Clark.

Brève et bien faite, classique dans ses proportions comme dans son matériau, variée, agréable aux doigts : une des réussites d'Ireland.

Le premier mouvement (en ré majeur, *moderato*) est monothématique ; tout y est issu de la figure initiale en triolets, et des deux premières mesures, sobres et tirées à la ligne : les trois notes répétées, le dactyle qu'on retrouvera dans tous les recoins. Musique méditative, comme du Prokofiev de la maturité (les pièces introspectives), avec parfois, par exemple à la reprise, des échappées buissonnières ; harmonie acidulée, mais claire ; des silences expressifs en guise de transition. L'œuvre suit le plan convenu sans barguigner, mais aussi sans qu'il y paraisse. Ce n'est pas un exercice d'école, la pensée s'est coulée tout naturellement dans ce moule qui lui convenait.

Le deuxième mouvement *(quasi lento)* est d'une gravité inattendue, et surprendra ceux qui croient qu'une sonatine, en choisissant le court et le simple, comme l'indique le diminutif, opte également pour l'enjoué, l'insouciant, voire l'insignifiant. Voici trois pages des plus poignantes ; et très nues, en dépit de leurs trois portées, qui servent seulement à distinguer les plans : la partie supérieure, où s'afflige un chant de tierces majeures, – la partie médiane, où traîne un motif chromatique, – la basse, où résonne de temps à autre au fin fond du grave une menaçante sixte mineure (fa-ré ♭), brisée, comme arrachée à deux timbales. Quel accès de douleur a pu dicter ces pages ? Et surtout quel soudain rayon en emporte jusqu'au souvenir ?

Car il s'y enchaîne *(attacca)*, de façon tout aussi imprévisible, un délicieux rondo (en ré majeur, *ritmico, non troppo allegro*), dont le thème à 6/8, le rythme dansant, même les harmonies, rappellent plutôt la tarentelle italienne que la gigue anglaise. Modalité charmante : dès le début, le dorien alterne avec notre majeur banal (do ♮, fa ♮). Il y a vers le milieu de jolis effets rythmiques, et des suites de tierces mélodieuses qui démentent l'âpreté de quelques basses dissonantes. Fin brillante, et incisive.

## *Ballade*
COMP 1929. PUB 1931 (Schott).

Elle est à rapprocher de la *Légende* pour piano et orchestre, qui baigne dans la même atmosphère de mystère et de mythe nordique. Le début *(molto lento)* traîne longuement à tâtons, sombre, étouffé dans le grave et la sourdine, autour du motif de trois notes (si-la-mi) qui nourrit toute l'œuvre. Il en sort un thème pensif et insistant *(lento non troppo)*, ensuite enrichi d'accords quelque peu influencés par le jazz. La section centrale *(con moto moderato)* repose sur un ostinato ré-do ♯-mi, qui pendant une cinquantaine de mesures, de plus en plus agitées, travaille à bâtir un vaste crescendo aboutissant à un fracas d'accords et d'octaves. On revient au tâtonnement initial, pour en sortir à nouveau, en triomphe, dans l'éclat métallique d'ut dièse majeur.

## *Ballade of London Nights*
COMP 1930 ? PUB 1968 (Boosey & Hawkes).

Plus facile d'accès que la précédente, elle n'en a pas moins de valeur pour autant, et son départ compte parmi les thèmes d'Ireland qu'on retient d'emblée, une grande phrase en doubles notes, toute lourde de regrets sur son balancement d'arpèges à 3/8 (en si mineur, *allegretto*). Le milieu s'anime de triples croches en cascatelles, en vaguelettes, vibre d'accords chatoyants (écoutez le froissement de ces triades parallèles, différentes à chaque main : de la consonance qui dissone !). Le thème principal rentre d'abord en sourdine, en des teintes crépusculaires, avec la persistance, au fond du piano, d'une note répétée, – avant d'être repris une dernière fois dans son harmonie initiale et son roulis de barcarolle. (La reprise est due au pianiste Alan Rowlands, qui prépara l'édition posthume ; le manuscrit était demeuré inachevé.)

# LES PIÈCES ISOLÉES

## *The Almond Trees*
COMP 1913. PUB 1920 (Ascherberg).

Ces « Amandiers » (en la mineur, *allegretto*) se rapportent à une estampe japonaise, aperçue à travers une vitrine de Chelsea. C'était un dimanche soir, le magasin était fermé ; quand Ireland revint le lendemain pour l'acheter, l'estampe avait été vendue... Quelques touches légères, un motif obstiné, des bribes pentatoniques, des quintes vides à la basse, des arpèges lumineux au fond du ciel, et vers le milieu les sonorités grêles d'un orchestre exotique, suffisent à recréer l'image convoitée, et même à la sortir de son cadre pour la faire palpiter dans notre paysage imaginaire.

### Merry-Andrew – The Towing-Path
COMP 1918. PUB 1919 (la première pièce chez Ascherberg, l'autre chez Augener). DÉD de *Merry-Andrew* à William Murdoch.

*Merry-Andrew* (« Le Pitre », en mi majeur, *con moto, ma non troppo allegro*), pièce au thème bondissant et allègre, aux joyeuses notes répétées, est d'un style relâché auquel d'ailleurs elle doit sa fortune ; la moindre phrase est attendue, les moindres enchaînements prévisibles ; on patauge dans la facilité. Selon l'humeur du moment, on sera enclin à se laisser gagner par ces pages enthousiastes, ou à bouder leur trop bon plaisir.

*The Towing-Path* (« Le Chemin de halage », en ut majeur, *allegretto sostenuto*), au thème également facile, dans des harmonies simples, a tout de même un charme tendre, un parfum de nostalgie, un joli bercement rythmique ; on dirait une chanson d'autrefois, dont l'émotion est demeurée intacte sous sa couche de poussière.

### Summer Evening – The Darkened Valley
COMP 1919 et 1921. PUB 1920 (Ascherberg) et 1921 (Augener).

Ce sont encore deux morceaux « de genre », on voit lequel à ces guillemets. Le premier (en fa majeur, *andantino*) est une molle rêverie assoupie sur de paisibles arpèges. Le second (en sol mineur, *allegretto sostenuto*) tire son titre de deux vers de Blake cités en épigraphe : « *Walking along the darkened valley / With silent Melancholy.* » Les vers sont plus beaux que la musique, certes charmeresse, mais qui enfile des lieux communs avec un vague air de tristesse élégiaque, une contrefaçon de Grieg. Le court intermède majeur est plutôt brahmsien de ton, et d'écriture.

### For Remembrance – Amberley Wild Brooks
COMP juin et juillet 1921. PUB 1921 (Augener) comme *Two Pieces*, dans l'ordre inverse de leur composition.

Elles offrent le plus complet contraste. La première, *For Remembrance* (en mi bémol majeur, *andantino con moto*), est lente, introspective, affligée d'un tourment secret et lancinant, que traduisent ces longs filaments de croches chromatiques, glissés en voix intérieures sous la plainte du thème, ce rythme boiteux où alternent irrégulièrement 3/4 et 2/4, ainsi que cette hésitation modale de la tierce, entre majeur et mineur (sol ♮ / sol ♭), lorsque au bout de sa longue errance, la phrase se décide à rentrer dans le ton (mes. 17-18, et à la fin). – La seconde pièce, *Amberley Wild Brooks* (« Les Ruisseaux sauvages d'Amberley », en la majeur, *con moto moderato, quasi allegro comodo*), est vive, exubérante, ruisselante d'arpèges, éclaboussée d'harmonies heureuses, où s'ébattent des chants bien diatoniques, où le chromatisme n'est qu'irisation, frange argentée dans cette écriture si plaisante aux doigts : une pièce aquatique de plus dans le répertoire !

## *Soliloquy* – *On a Birthday Morning*
COMP 1922. PUB 1922 (Augener) comme *Two Pieces*.

Elles sont d'inégale valeur. *Soliloquy*, assez quelconque, semble un réchauffé de MacDowell ; vague improvisation sentimentale (en sol majeur, *andante moderato*), où le compositeur s'écoute sans sévérité et se complaît.
– *On a Birthday Morning* (en mi mineur, *allegro poco vivace*) inaugure la série de pièces et mélodies célébrant l'anniversaire (22 février) d'un ami, dont on ne connut longtemps que les initiales, A.G.M. On sait aujourd'hui qu'il s'agit d'un choriste de St. Luke, Arthur G. Miller. La pièce, précédée de la mention « *pro amicitia* », fait tantôt la part d'une joie souriante, tantôt celle d'une dansante gaieté (en mi mineur, *allegro poco vivace*), battue d'accords entraînants et de rythmes pointés, comme de tambourins.

## *Equinox*
COMP automne 1922. PUB 1923 (Augener).

Une fort belle étude (en mi mineur, *poco agitato*), où les mains travaillent sans répit à superposer leurs rythmes et leurs dessins contradictoires, essentiellement des quintolets à droite, contre toutes sortes de combinaisons inégales à gauche. Qu'on se croie revenu un quart de siècle en arrière (cela sonne comme du Scriabine) n'a pas vraiment d'importance, tant la pièce est inspirée.

## *Prelude*
COMP février 1924. PUB 1925 (Augener). DÉD à A.G.M.

De tous les morceaux écrits pour l'anniversaire du mystérieux dédicataire (voir *On a Birthday Morning*), le *Prelude* du 22 février 1924 (en mi bémol majeur, *moderato e sostenuto*) est sans doute le plus sombre. De forme ABAB, il suit fort peu le ton de départ ; le chant passe vite, avec ses accords pesants, au relatif (ut mineur), où il cadence ; plus loin en si mineur ; et en ut mineur à nouveau. La partie B a un chant désolé dont l'harmonie clignote sur un obstiné mi♭ (ou ré♯). Partout le chromatisme jure avec le diatonisme. La reprise de A est « figurée », comme on le dit pour les chorals (n'en est-ce pas un, d'ailleurs ?) ; et B termine, lointain, dans l'ouate de la sourdine.

## *April* – *Bergomask*
COMP 1924 et 1925 (celle-ci pour le 22 février). PUB 1925 (Augener) comme *Two Pieces*.

De ces deux morceaux où rien n'est bien neuf, où l'influence persistante du premier Debussy se mêle à quelques tours caractéristiques, mais qui n'en perdent pas pour autant leur charme, on retiendra le premier surtout, *April* (en ré majeur, *allegretto quasi andantino*) : pastorale aux délicates couleurs de pastel, dont le chant, comme de flûte, ourle ses triolets à trois-contre-deux sur les croches de la basse, et qui accueille en son milieu des trilles d'oiseaux et des ruisselets de doubles et triples croches.

La deuxième, *Bergomask* (en mi bémol majeur, *allegro non troppo*), semble partir du même thème, scandé avec plus de mordant, entraîné dans la danse. La pièce est longuette mais plaisante, une des meilleures qu'ait inspirées à Ireland le mystérieux ami du 22 février...

### *Spring Will Not Wait*
COMP février 1927. PUB 1928 (Oxford University Press).

Toujours à l'intention de A.G.M., ce morceau repris du cycle de mélodies *We'll to the Woods No More* pourrait n'être qu'une romance sentimentale (en ré majeur, *moderato sostenuto*) ; mais sa façon d'errer d'un mode à l'autre, ses élans mal réprimés, ses surprenantes duretés au milieu d'harmonies suaves, lui confèrent une sorte de gravité douloureuse. Croyons-en le musicien, et les vers de son cher Housman, cités en épigraphe : qu'il se dépêche, le flâneur, car le printemps n'attendra pas !

### *February Child – Aubade*
COMP 1929 (février) et 1930. PUB 1931 (Schott) comme *Two Pieces*.

Malgré son début engageant, la pièce du 22 février 1929, *February Child* (en la majeur, *allegretto amabile*), – où passe le souvenir de Bobby, un autre jeune ami, né lui aussi en février, – est vite informe, décousue, comme une improvisation mal menée. On lui préférera de beaucoup l'*Aubade* qui, sans doute aussi improvisée, a du relief, de l'éclat, des couleurs variées, une réjouissante verdeur harmonique et rythmique.

### *Month's Mind*
COMP 1933. PUB 1935 (Augener).

En ré majeur, *andante moderato*. Elle a reçu son titre d'une vieille expression traduisant un ardent désir ; il faut l'imaginer, cette ardeur, couvant dans la torpeur de ces beaux accords de septième que baigne un ondoiement de croches, dans la mélancolie de ce ré mixolydien (avec do ♮) qu'on rencontrait déjà, avec une écriture assez semblable, au début de *Spring Will Not Wait*. Plus loin, dans l'épisode « dolente », une âme semble avouer sa secrète et fraîche blessure.

## PIÈCES DIVERSES

Sous le titre *In Those Days* ont paru en 1961, chez Schott, avec la mention « *from an early manuscript* », les deux pièces les plus anciennes que nous ayons d'Ireland, datées de 1895. L'une, *Daydream* (« Songerie », en si majeur, *with gentle movement*), flotte entre Brahms (tout le début) et le premier Debussy (l'épisode en ré majeur, ses enchaînements, ses pédales). L'autre, *Meridian* (« Méridienne », en la bémol majeur, *andante con moto*), ajoute un peu de Fauré, celui des *Barcarolles*, au mélange ; le résultat sonne bien, et chaleureux, surtout toute la partie centrale, modulante, qui chatoie en triolets harmonieux. (Déchiffreur, ne souriez pas trop à son italien de cuisine : « ben marcato il melodia »...)

La pièce intitulée *A Sea Idyll*, composée en 1900, a paru en 1960 dans l'album du centenaire des éditions Chester. Elle avait servi de premier mouvement à une œuvre qui en comportait trois ; les deux autres, sans doute inférieurs, sont demeurés inédits. C'est une barcarolle mélancolique (en fa mineur, *poco andante*), agréable aux doigts, un peu gâtée par de trop molles cadences.

On ne fera pas grand cas des **Three Dances** publiées en 1913 (Curwen) ; ces *Gipsy Dance*, *Country Dance* et *Reapers' Dance* (« Danse des moissonneurs ») sont autant de broutilles, entre l'exercice et le pastiche, dans un style vieux de trois quarts de siècle. En revanche, dans leurs simples atours et leur écriture à deux voix, les **Leaves from a Child's Sketchbook**, trois petites pièces enfantines publiées en 1918 (Winthrop Rogers), sont vraiment musicales. La meilleure est la première, *By the mere* (« Au bord de l'étang », en ut majeur, *allegretto*), que son rythme pointé fait danser. *In the meadow* (« Dans la prairie », en mi bémol majeur, *moderato*) est une très paisible pastorale, et *The Hunt's up* (en sol majeur, *con brio*) une chanson de chasse.

**Columbine**, pièce composée en 1949, fut révisée et publiée en 1951 (British & Continental Music). Écrite en vue d'un recueil collectif de morceaux « moyenne force », elle ajoute un dernier mot, inutile (le *Puck's Birthday* des *Pastels* constituait un meilleur adieu), à l'œuvre pianistique d'Ireland. Tantôt romance, tantôt valse (en ré majeur, *allegretto con grazia*), coquette jusqu'à la mignardise, on n'y voit que les défauts des qualités du compositeur...

# Charles IVES
(1874-1954) Américain

Une erreur communément commise, quand on parle de la musique d'Ives, consiste à la réduire à ses innovations. Sous prétexte qu'il a employé, avant tout le monde, la polytonalité et la polyrythmie, le *cluster* et le quart de ton, et jusqu'aux séquences aléatoires, on en fait un précurseur, on le tire du côté de l'avant-garde. C'est d'abord le ramener à des normes « européennes » auxquelles il entendait demeurer étranger, autant par paresse ou indifférence, que par nationalisme. Et c'est feindre d'ignorer, surtout, qu'il a revendiqué, tout au long de sa vie de compositeur (délibérément et définitivement arrêtée en 1926), tout le possible musical, ce qui revient à dire que les styles les plus divers, les plus improbables, se mêlent à chaque instant dans sa musique, sans préférence aucune et sans discrimination.

Il a reçu la plus étrange éducation musicale, d'un père encore plus original que lui, un homme féru d'acoustique, passionné de phénomènes d'écho, d'effets de stéréophonie, de microtonalité ; mais dans le climat musical de son jeune âge, il entre aussi bien la romance sentimentale que les psaumes dominicaux, aussi bien les chorals de Bach que le ragtime. Affranchi des règles, insensible à la hiérarchie des genres et des langages, Ives se donna, de surcroît, les gants de l'amateur : après avoir appris à jouer passablement du piano et tout en occupant des fonctions d'organiste, il accomplit des études universitaires, réussit une carrière fructueuse dans l'assurance, et ne s'adonna à la composition qu'à ses moments de loisir, découvrant de temps à autre, à une poignée d'amis, quelques rares fruits de ce labeur secret. Ainsi personne ne put-il l'infléchir, pas plus les interprètes que les éditeurs, la critique que le public, à écrire de la « jolie » musique (*nice*, l'adjectif qui résumait son horreur de la convention).

Œuvre sans ascendants, et longtemps privée de descendance. Ses premières compositions éditées, par ses soins, la *Concord-Sonata* et les *114 Songs*, le furent respectivement en 1920 et 1922. La plupart de ses partitions attendirent leur création quarante, cinquante ans et davantage. Les autres expérimentateurs du son en Amérique, Cowell, Ornstein, Varèse, Cage ou Harrison, ne se doutaient pas qu'ils marchaient sur ses traces ; pas plus que les grands inventeurs d'Europe, Stravinski, Milhaud, Bartók ou Schönberg, qu'il devance dans tous les chapitres de la syntaxe musicale du xx$^e$ siècle. Mais justement la musique d'Ives, écrite par fragments juxtaposés, selon le besoin pressant du moment, est tout le contraire d'une musique expérimentale, où l'effet obtenu devrait pouvoir se reproduire à volonté chez soi ou chez autrui ; une « trouvaille » d'Ives n'a de valeur ou d'intérêt qu'à l'heure et à l'endroit où elle se produit. Elle ne résulte jamais d'une théorie. L'instant musical l'absorbe, en même temps qu'il la justifie.

Pas de calcul préalable ; mais on voit se développer chez lui, en marge des partitions incessamment reprises, inséparable du processus créateur, une réflexion sur la nature, la valeur, les moyens de l'œuvre d'art, dont on peut tâcher d'appréhender l'essentiel en lisant les *Essays before a Sonata* qui accompagnèrent la publication de la *Concord-Sonata*. S'y découvre aussi une bonne part de son humour, déjà manifeste à plus d'un détour de sa musique : ironie et *nonsense* l'apparentent à Satie, autre anarchiste en chambre. Si loin que puissent se ressembler ces deux hommes, un autre point leur est commun : leur spécificité nationale. Satie n'est que français, dans ses vertus comme dans ses défauts ; et Ives, par toutes ses fibres, et jusque dans l'abnégation d'une œuvre intenable, « objet difficile à ramasser », comme aurait dit Cocteau, demeure l'un des rares compositeurs authentiquement américains, inspiré non seulement par le folklore de son pays, mais par ses paysages, ses usages, ses lois, son histoire, sa littérature.

Le catalogue d'Ives (dressé par John Kirkpatrick en 1960) est déconcertant ; vaste, assurément, touchant à tous les domaines ; mais nombre de morceaux sont inachevés ; d'autres perdus ; beaucoup ont été recommencés plusieurs fois, complétés à des époques diverses, et des fragments réutilisés ailleurs. Le piano y est représenté par deux sonates monumentales, des études, quelques pièces isolées, qui ne sont pas les moins singulières. On peut ne pas l'aimer d'amour, cette œuvre dérange, – qui nous empêche de recourir à nos classifications ordinaires, de poser devant elle la grille (chacun pour soi) de notre « beau » musical.

## LES SONATES

### Première Sonate
COMP 1901-1909. PUB 1954 (Peer International Corporation). CRÉ par William Masselos (17 février 1949, New York).

Avec ses cinq mouvements symétriques, – un mouvement lent central de forme ABA, entre deux scherzos en forme de ragtime, eux-mêmes encadrés d'un premier mouvement et d'un finale plus rhapsodiques, – elle a pour sujet, d'après les *Memos* d'Ives édités par John Kirkpatrick, « la vie à la campagne dans les villages du Connecticut en 1880-1890, les impressions, souvenirs, reflets de la vie des fermiers ». « Il régnait là, ajoute-t-il, une certaine tristesse, sauf à l'occasion des *barn dances* [les danses organisées dans les granges]... En été, on chantait des hymnes en plein air... Il y avait des sentiments, une ferveur spirituelle... » Le compositeur suggère aussi, comme un scénario possible de l'œuvre, une sorte de parabole de l'enfant prodigue, « la famille réunie dans le premier et le dernier mouvement, les ragtimes évoquant le garçon parti à l'aventure, et le mouvement central l'anxiété des parents ».

Sonate à programme, donc, et qu'on dirait de facture romantique, si le langage n'en était d'emblée si moderne, autant par la formidable liberté rythmique ou l'emploi impavide du contrepoint dissonant que par le procédé de la mosaïque et du *quodlibet*, avec collage de citations diverses, où voisinent chants populaires, airs de danse et cantiques religieux. La *Concord-Sonata* portera à son comble ce style si personnel, à la fois déroutant et fascinant.

Le premier mouvement *(adagio con moto)*, tout en ayant un thème principal récurrent (le motif ascendant qu'on entend à la mes. 3), utilise aussi, fragmentairement, les deux hymnes « *Lebanon* » et « *Wandering Boy* ». Le plus beau passage est sans doute celui où des arpèges rivés au do ♯ grave soutiennent le chant murmurant des accords *(slower and freely)*. L'épisode suivant *(andante con moto*, à 6/8), méditatif, s'emballe peu à peu jusqu'à l'*allegro risoluto* (à 3/4), qui sonne comme une marche rapide et hachée. Les dernières lignes citent clairement le premier hymne, à l'aigu, très doux et rêveur, coupé d'une bruyante interpolation du second.

Les deux mouvements pairs, aussi étonnants l'un que l'autre, sont constitués chacun de deux sections ; toutes se terminent par le même « chorus » : nommons-les IIa et IIb, IVa et IVb, pour dire qu'à l'exception de IVa, rajouté vers 1909 (et plus dissonant d'écriture, avec ses clusters criards), le reste remonte à un groupe de *Ragtime Dances* écrit entre 1899 et 1904. On y entend passer plusieurs chants religieux, dont « *Happy Day* » et « *Bringing in the Sheaves* ». Quintessence de ragtime, ils sont diaboliquement efficaces, avec leurs rythmes heurtés et syncopés, leurs brusques changements d'atmosphère et de style, leur exubérance, leur brio : si le Stravinski de *Piano-Rag-Music* avait pu connaître ces pages, aurait-il écrit les siennes ? On notera que IIb porte un sous-titre, *In the Inn* (« À l'auberge »).

Entre ces morceaux frénétiques prend place le mouvement central, tripartite, un *allegro* au milieu de deux sections *largo*, le tout basé sur l'hymne « *What a Friend We Have in Jesus* ». Tout le début semble un récitatif improvisé ; des quintes traînent tristement, des contours mélodiques se dessinent et s'effilochent aussitôt. Mais le milieu, avec la vitesse, trouve un rythme, et bientôt l'hymne est clamé (nettement en la majeur) sur un déferlement de gammes virtuoses à la main gauche. Puis c'est le retour au calme, à l'attente morne, avec les échos du chant s'essorant dans le lointain.

Plus abstrait, le finale révèle, en les énonçant d'emblée avec force, que toute l'œuvre est en réalité issue d'un germe de quatre notes, de couleur baroque, un composé seconde mineure-tierce mineure (ici : fa-mi-ré ♭-do), qu'on peut retrouver dans tous les mouvements. Motif insistant, dans une agitation croissante, que tâche ensuite de tempérer, avec ses arpèges paisibles, un court *andante allegretto*. Un moment mémorable, l'*adagio cantabile*, mystérieux et fuyant, poursuivi par un épisode qui, avec sa pédale d'ut, a son pendant en ut dièse dans le premier mouvement. Le morceau conclut en apothéose, en accords claironnants (accord final de mi majeur).

## Deuxième Sonate (« Concord-Sonata »)

COMP 1910-1915. PUB 1920 à titre privé, précédée des *Essays before a Sonata* ; 2ᵉ édition 1947 (Associated Music Publishers). CRÉ par John Kirkpatrick (20 janvier 1939, New York).

Un monument de plus de cinquante minutes ; le chef-d'œuvre pianistique d'Ives, et l'une des grandes sonates américaines. En vérité, on ne pourrait imaginer cette œuvre issue d'un autre ferment que le sol et que la pensée de ce pays. Plus encore que de résumer Ives, son art et sa vie (car elle est aussi largement « autobiographique » que la *Première Sonate*), elle reflète la mentalité de ses compatriotes, à travers l'évocation de figures emblématiques qui firent la renommée de la ville de Concord (Massachusetts) au siècle dernier (l'intitulé exact de la sonate est « *Concord, Mass., 1840-1860* ») : Emerson, Hawthorne, Thoreau, les Alcott père et fille, qui philosophe, qui poète, qui romancier, tous apôtres du transcendantalisme, à des degrés divers. Sonate à programme s'il en fut : Ives non seulement lui donne titres et sous-titres, mais la chapeautera, au moment de la mettre au net en 1920, d'une préface, les *Essays before a Sonata*, qui en commente abondamment le propos.

Ces auteurs figuraient depuis longtemps dans son univers intérieur, surtout Emerson ; et s'il eut l'idée de la sonate en 1911, une bonne partie remonte plus haut : le mouvement « Emerson » puise dans les esquisses d'une ouverture ou concerto de 1908, le mouvement « The Alcotts » reprend celles d'une ouverture de 1904, *The Orchard House*. Dès 1912, Ives pouvait jouer à un ami une version consistante de l'œuvre, mais il ne cessa jamais d'y travailler, même après publication (d'où les différences entre les versions de 1920 et de 1947). La musique rattachée à Emerson, en particulier, continuait à bouillonner dans son outre : « Il se peut que j'aie toujours du plaisir à ne pas l'achever », notait-il dans ses *Memos*. Des esquisses du concerto non intégrées à la *Concord-Sonata*, il tira des études pour piano ; et quatre *Emerson Transcriptions*, improvisées en 1920, continuèrent ce processus d'élaboration, d'enrichissement du même matériau.

De « sonate », l'œuvre n'a que le nom. On peut certes distinguer, comme dans les grandes sonates romantiques, un premier mouvement, un scherzo, un mouvement lent et un finale ; mais on ne voit pas que les notions d'exposition, de développement, de réexposition aient cours dans une musique agencée librement, par petits bouts, comme une mosaïque (que rend bien, pour les yeux, l'absence presque totale des barres de mesure et des indications métriques). En revanche, un certain nombre de thèmes président à la structure d'ensemble et en assurent la cohésion ; et d'abord, omniprésent d'un bout à l'autre de la sonate, celui de la *Cinquième Symphonie* de Beethoven, le célébrissime « thème du destin », qu'Ives reprend à son compte et qu'il appelle un « oracle ». Il y joint deux autres citations, l'une de l'hymne « *Missionary Chant* », l'autre de l'hymne « *Martyn* » ; ces thèmes, avec leurs notes répétées, ressemblent si fort au « motto » beethovénien qu'on finit par les mélanger, – ce qui est bien dans l'intention du compositeur. Enfin il y ajoute un motif de son cru, qu'il décrit comme « un thème de la foi dans l'homme, assez transcendant et sentimental pour l'enthousiaste ou le cynique, respectivement ».

Le premier mouvement, consacré à *Emerson*, et voulant glorifier à sa manière « la force et la beauté de la bonté innée dans l'homme, la nature et Dieu », est le plus complexe des quatre, le plus hétérogène, celui où le procédé de mosaïque est poussé le plus loin, comme si le compositeur s'assimilait lui-même au philosophe dont il dit, dans ses *Essays* introductifs : « Emerson écrivait par phrases ou par périodes, plutôt qu'en séquence logique... Souvent, avant une conférence, il recueillait sur des bouts de papier épars ses idées sur un sujet, comme elles lui venaient à l'esprit, et comptait sur l'humeur du moment pour les assembler, une fois sur l'estrade. » Aux thèmes généraux de la sonate s'additionnent deux thèmes propres au mouvement, le tout indissolublement imbriqué, dès la première page. De son état primitif de concerto, une bonne part de la musique a gardé un foisonnement orchestral, qui la rend excessivement ardue au pianiste (« est-ce la faute du compositeur, écrit encore Ives, si l'homme n'a que dix doigts ? »). Cette difficulté proprement technique s'accroît de tout ce que l'esprit doit souffler à l'interprète, à qui Ives demande une souplesse d'improvisateur, d'autant plus problématique qu'elle s'exerce dans un espace apparemment balisé, car les rythmes, les nuances sont méticuleusement notés. « Il y a beaucoup de passages qui ne doivent pas être joués trop régulièrement et dans lesquels le tempo n'est pas précis ; il peut varier avec l'humeur du jour, comme pour Emerson, les autres bardes de Concord, ou l'interprète... Le même poème d'Emerson ne donne pas le même sentiment selon qu'on le lit à l'aube ou au crépuscule. » – Au total, et malgré l'appel répété des quatre notes beethovéniennes, jetées dans cet océan comme une corne de brume, le mouvement laisse une impression confuse, que même plusieurs auditions ne dissiperont pas tout à fait. Mais il y a de beaux endroits, qui accrochent dès la première écoute : en particulier un épisode extatique tout bercé d'arpèges et porté par une longue pédale de do (p. 8-11), – et la dernière page, qui s'immobilise peu à peu et s'enfonce dans un silence d'outre-monde.

Dans son deuxième mouvement, dédié à *Hawthorne*, Ives cherche à suggérer l'univers fantastique des contes de cet auteur, avec en surimpression des impressions de sa propre enfance : il y a le givre sur les vitraux de la fenêtre, les petits diables dansant la ronde, le fantôme qui hante le cimetière, la parade du cirque dans la rue principale, toutes les folies du *Chemin de fer céleste* et de *La Maison aux sept pignons*. Cela nous donne trente pages de scherzo, mobiles à l'extrême, semées des traits les plus variés, allant des arpèges à la Liszt aux clusters à la Cowell (pour les plus étendus, qu'il faut jouer pianissimo dans l'aigu, le compositeur préconise l'emploi d'une réglette ; pour les petits agrégats, attaqués fortissimo « con furore », l'usage du poing). Citations et collages abondent, qui déclenchent de soudains contrastes de style et d'humeur, où se mêlent hymnes, ragtimes et fanfares.

Après ces deux mouvements touffus et difficiles, le troisième, *The Alcotts*, qui évoque la vie paisible du philosophe Bronson Alcott et de sa fille Louisa (l'auteur du célèbre roman *Les Quatre Filles du docteur March*), dans leur « Orchard House » entourée de vieux ormes, est d'une singulière et presque naïve simplicité. On s'éloigne plus fréquemment des bords atonaux, pour des harmonies sans histoires, des triades de tous les jours, ou pour une bitonalité très douce et rêveuse. Des hymnes résonnent, des cantiques s'élèvent, dans cet espace chaleureux où la citation de la *Cinquième Symphonie* traduit une émotion unanime, une même aspiration au bien, tout l'idéal partagé de la Nouvelle-Angleterre. Voici encore de vieux airs du folklore écossais ; et par deux fois les premiers accords de la marche nuptiale de *Lohengrin*, où Ives, avec les rêves de mariage de Louisa Alcott, cristallise son propre bonheur conjugal. – Un réfractaire à Ives pourrait commencer son apprentissage par ce mouvement de sonate, où il se sentira en terrain connu.

Pour son finale, *Thoreau*, Ives s'inspire du récit que cet auteur intitule *Walden, ou la Vie dans les bois*, fruit d'une expérience de vie frugale et solitaire, menée pendant deux ans aux bords de l'étang de Walden, près de Concord. C'est au fond le commentaire musical d'une journée de Thoreau, qui pourrait être une journée d'Ives, tant les deux hommes communient dans un même amour pour la nature et l'isolement. Le « programme », qu'on tirera de la lecture des *Essays*, est détaillé, et la musique ne rougit pas de le suivre : les échos de la campagne, la brume matinale à la surface de l'étang, l'ascension du soleil, la promenade en forêt, le tintement lointain des cloches de la ville, la vibration des pins dans l'air du soir comme une lyre universelle, la flûte du poète au fond de la nuit (et pour cette dernière évocation, Ives n'hésite pas à demander qu'une flûte des plus réelles joigne sa sonorité à celles du piano, l'espace de trois lignes enchanteresses, où elle joue le « thème de la foi dans l'homme »). La dernière page enfin se dissout dans l'espace nocturne, en échos de plus en plus atténués.

## LES ÉTUDES

Au sens où les entend un peintre : « études » de style, esquisses, travaux préparatoires, en vue d'œuvres de plus longue haleine. Elles devaient compter de vingt-trois à vingt-sept numéros, dont une dizaine furent menés à bien. Voici les plus importantes d'entre elles.

### The Anti-Abolitionist Riots in the 1830's and 1840's (Étude n° 9)
COMP 1908. PUB 1949 (Mercury Music Corporation).

Elle provient d'une cadence pour l'*Emerson Overture* ou *Concerto* demeuré inachevé, comme le montre la citation du motif de la *Cinquième Symphonie* de Beethoven (voir à ce sujet la *Concord-Sonata*). Agrégats et rythmes asymétriques caractérisent cette pièce courte et violente, où passe le souvenir du grand-père d'Ives, farouche abolitionniste.

### Étude n° 20
COMP 1908 ? PUB 1981 (Merion Music).

Sous-titre : « *Even durations – unevenly divided* » (« Durées égales – inégalement divisées »). Elle s'apparente à une marche, un peu caricaturale, telle qu'Ives les a toujours aimées, et suit un plan en forme d'arche aux reprises rigoureuses (ABCDEDCBA), où E, appelé « trio », est un étourdissant *quodlibet* de chansons populaires, comme « *Alexander* » ou « *The Girl I Left Behind Me* ». Contrepoints de toutes sortes (imitations, inversions, échange des parties, miroirs, canons divers), jeux polyrythmiques vétilleux, quelques clusters. L'ensemble plutôt austère : si l'on s'amuse vraiment dans le collage central, dans le reste on s'ennuie un peu...

### Some South-Paw Pitching (Étude n° 21)
COMP 1909 ? PUB 1949 (Mercury Music Corporation).

De quoi nous rappeler qu'Ives fut un mordu de base-ball. Elle aurait été écrite, selon Cowell, son premier éditeur, « *in fun and excitement, after seeing a good baseball game* » ; et son titre utilise une expression de l'argot des joueurs, qui désigne un *pitcher* (un « lanceur ») gaucher. La main gauche, en effet, y doit montrer indépendance et virtuosité. Deux minutes et demie de mosaïque dissonante, avec des citations d'un thème de Foster, « *Massa's In De Cold Ground* » (qu'on retrouve dans le dernier mouvement, « Thoreau », de la *Concord-Sonata*), et de l'hymne « *Antioch* » (« *Joy to the world* ») : l'une pour la tristesse de l'équipe vaincue, l'autre pour l'exultation des vainqueurs !

### Étude n° 22
COMP 1909. PUB 1947 (Merion Music).

Sans titre ; et plus brève encore que la précédente. On peut y relever des fragments des troisième et cinquième mouvements de la *Première Sonate*. Elle alterne *andante maestoso* et *allegro vivace*, jeux contrapuntiques et rythmiques. Par exemple, dans la section A, un motif se joue simultanément avec son inversion en miroir à la main gauche. Dans la section B (mes. 10-15), la main droite a un thème de trente et une notes, en séries chromatiques, présenté trois fois de suite, chaque fois une octave plus bas et avec des accents déplacés. Une note du manuscrit suggère un scénario : discussion, dispute, réflexion conclusive (« *as a remark after the row* » !).

### Étude n° 23
COMP 1909 ? PUB 1984.

Contient des matériaux de provenance diverse : une partie du quatrième mouvement de la *Première Sonate*, un fragment du premier mouvement (« Emerson ») de la *Concord-Sonata*, et une citation de « *Hello My Baby* », air bien connu de l'époque.

## LES AUTRES ŒUVRES

### *Three-Page Sonata*
COMP août 1905. PUB 1949 (Mercury Music Corporation).

La personnalité d'Ives, à trente ans, est mûre et tranchée, il n'en faut pas d'autre preuve que cette pseudo-sonate de six minutes, en trois mouvements enchaînés, qui tient en effet sur trois pages de manuscrit, et se veut satirique et sans concessions, comme l'avouent les *Memos* du compositeur : « Écrite, dit-il, en guise de plaisanterie, pour faire sortir de leur cocon les petits douillets *(the mollycoddles)* et écorcher les oreilles sensibles. »

Pourtant, comme chez Satie, à qui l'humour d'Ives peut parfois faire songer, la musique dément l'intention. Si le finale à l'allure de marche n'est pas dénué d'accents bouffons, de rythmes cocassement contradictoires (la marche contrepointe une valse !) ou méchamment désarticulés (le ragtime du *più mosso*), s'il superpose de façon grinçante une authentique série dodécaphonique à des harmonies d'arrière-boutique (mes. 11), s'il ne craint pas de conclure péremptoirement par un absurde accord d'ut majeur, on ne verra pas l'ombre d'une ironie dans l'*allegro moderato* initial, basé (qui dit mieux ?) sur les fameuses quatre notes du nom de Bach, tourné de toutes les façons possibles, inversions, permutations, etc., – et surtout dans l'*andante/adagio* central, deux minutes trente de musique, parmi les plus belles qu'Ives nous ait laissées. Oscillation obstinée, à la main gauche, de quelques accords brisés de dixième, dont la basse descend imperceptiblement jusqu'au fond du piano ; des accords tanguent doucement dans le médium, et plus loin dans l'aigu tinte un carillon, qui finit par ressembler à celui de Westminster ; ces différents plans et motifs ont chacun son rythme, son harmonie ; n'allons pourtant pas dire qu'ils ne sont pas accordés ; rien ne grince, rien ne sonne vraiment faux ; ce halo sonore trouble l'oreille et ensorcelle l'esprit.

## *Waltz-Rondo*
COMP 1911. PUB 1978 (Associated Music Publishers).

Un refrain et six couplets forment ce morceau de séduisante facture pianistique, quelques minutes de musique joyeusement polytonale : Ives lui-même a tâché de préciser dans quel ton se meut chaque main. Ainsi le refrain (de huit mesures) a-t-il une basse en ré (arpèges) et un thème oscillant entre ré et ré bémol (accords). Dans le premier couplet, les mains ne cessent de s'échanger ces tons ; dans le deuxième s'exerce une intrigante birythmie ; la basse du troisième, en ostinato, est un accord brisé de neuvième de dominante (de ré) sous un thème en ré bémol ; le quatrième, bruyant, travaille sur plusieurs plans, en ré pour les doubles accords de la basse, en ré bémol pour l'harmonie de la partie intermédiaire, en mi mineur pour la partie chantante ; on remarquera dans le cinquième l'effet amusant d'une fausse entrée du refrain (mes. 120 : « *wrong signal* ») ; le sixième commence un *quodlibet* des plus réjouissants, assemblage insensé de cinq ou six airs différents, poursuivi dans la coda, laquelle, dite également *Exam* ou *Digest*, résume l'œuvre en condensant les couplets dans l'ordre de leur apparition.

## *Varied Air and Variations*
COMP vers 1923 ? PUB 1971 (Merion Music) ; une édition incomplète, sous le titre *Three Protests*, avait paru en 1947.

Une plaisanterie musicale, aussi réussie que les meilleures de notre Satie. Ives y peint les affres d'un compositeur moderne (un *alter ego* d'Ives, on s'en doute), exécutant sa musique devant un parterre de belles dames que ses dissonances font protester.

Notez bien qu'elles protestent d'emblée, dès son entrée, sans l'avoir entendu (elles ont dû lire les méchants comptes rendus de la critique...) : cinq mesures d'accords doucement dissonants et mornes *(largo)*, intitulées « *first protest* ». Sans se dégonfler, l'homme leur joue son thème *(allegro moderato or andante con spirito)*, deux lignes d'unissons chromatiques, en dents de scie, à la rythmique aussi variée que le titre le laisse entendre (*Varied air* !), et qu'Ives compare au vieux mur de pierre qui entoure le verger, dont aucun moellon ne ressemble à l'autre... Nouvelle protestation du public. Le pianiste enchaîne une 1$^{re}$ variation, « harmonisant » (est-ce le mot ?) des pires dissonances son thème abruptement divisé entre le grave et l'aigu. Protestation. 2$^e$ variation *(march time or faster)*, où les mains reflètent leurs notes en inversion. Protestation. Pour la 3$^e$ variation, on y va d'un canon à la quinte, plus ou moins régulier. Protestation encore. « Soit, déclare le pianiste, je vais vous harmoniser joliment ce mur de pierres, en mi mineur, autant que possible. » Un tonnerre d'applaudissements (accords d'ut majeur, *ffffffffff* !) salue cette 4ᵉ variation à fort goût de ricercare baroque. Trop tard, le pianiste est furieux ; il leur jette à la figure tout ce qui lui tombe sous les doigts (sa 5ᵉ variation combine avec furie les trois premières et conclut par un violent cluster). Protestation, bien entendu, aussi morne que les autres. « Il devrait être poli, écrit encore Ives ; sinon, on ne l'engagera pas au prochain thé-concert... »

Pochade ? Moins qu'il ne paraît. Le morceau est sous-titré « *Study for ears* ». Ives règle narquoisement leur compte à ses critiques à longues oreilles, incapables d'écouter plus loin que mi mineur.

**IMPRIMÉ EN ITALIE
PAR G. CANALE & C. S.p.A.
BORGARO TORINESE - TURIN**

Early impressionism p.996, p.1469, p.948, 107

Aubert's "joyau", p.105, "resplandissant"
Balakirev "splendide", p.249
Enesco, p.1066, "ineffablement beau"